# 上海市志

## 区县简况

### 1978—2010

上海市地方志编纂委员会　编

上海古籍出版社

# 2017年上海市政区图

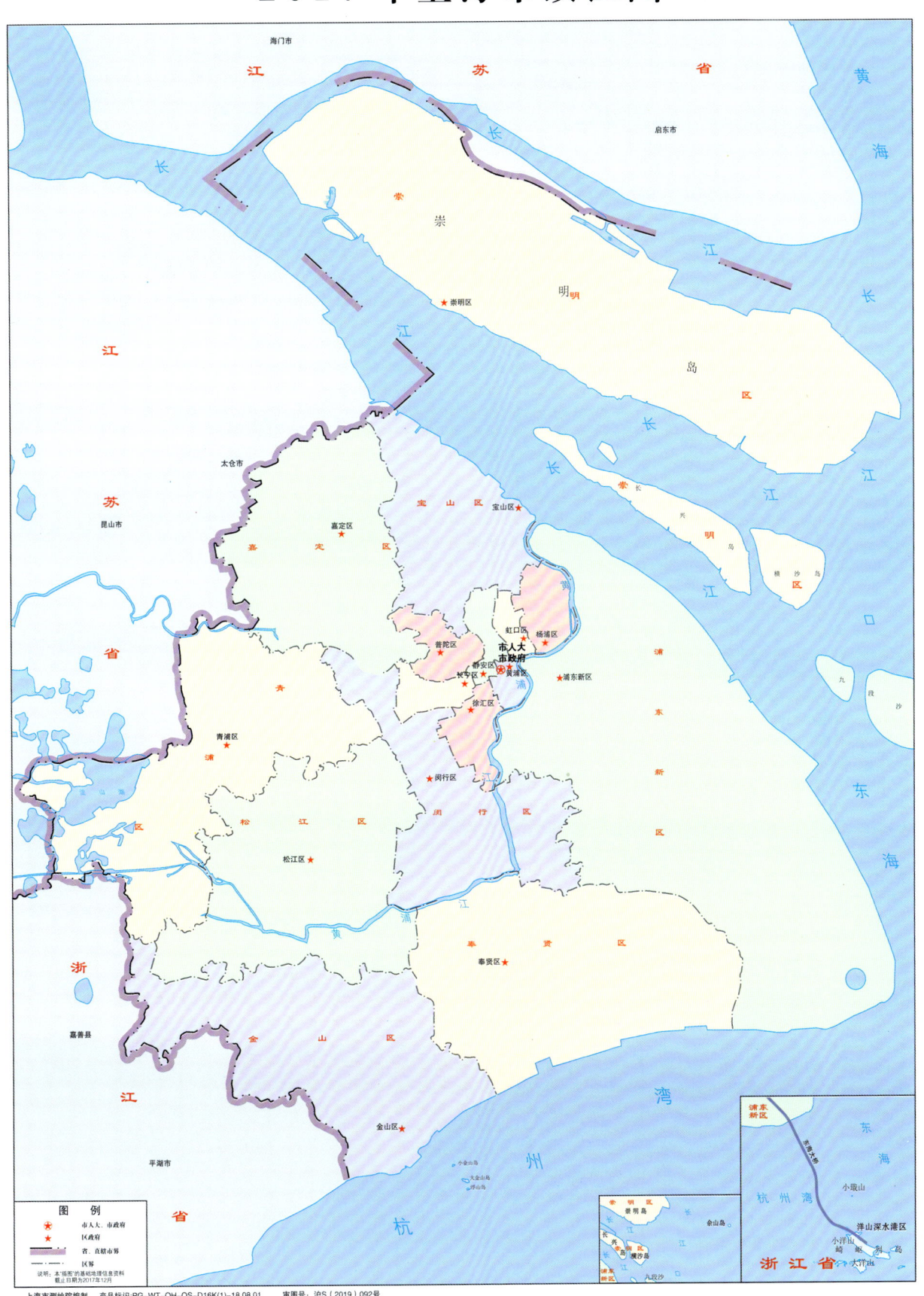

上海市测绘院编制　产品标识:PG-WT-QH-QS-D16K(1)-18.08.01　　　审图号: 沪S（2019）092号

# 2010年上海市政区图

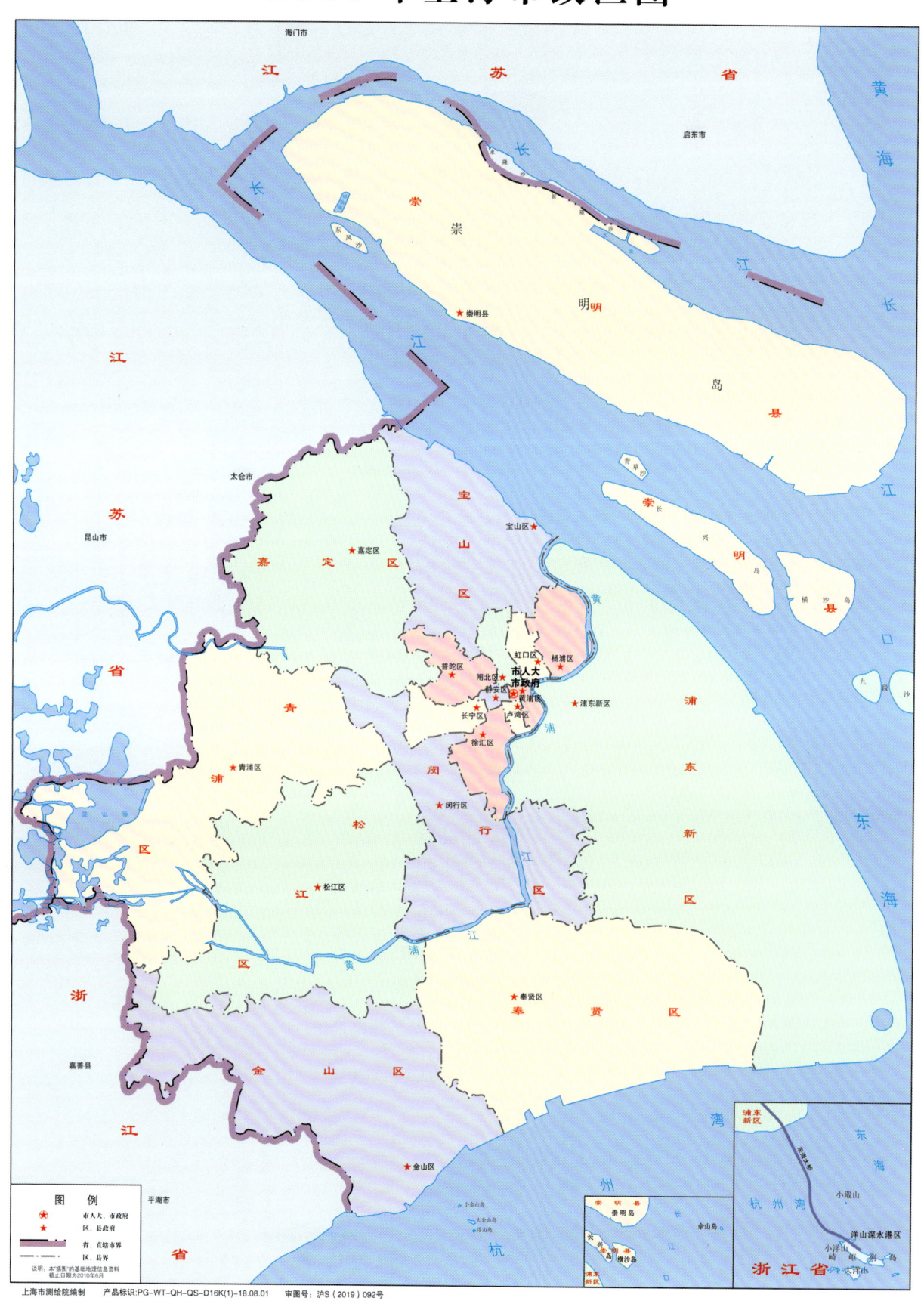

上海市测绘院编制　　产品标识:PG-WT-QH-QS-D16K(1)-18.08.01　　审图号:沪S（2019）092号

# 1978年上海市政区示意图

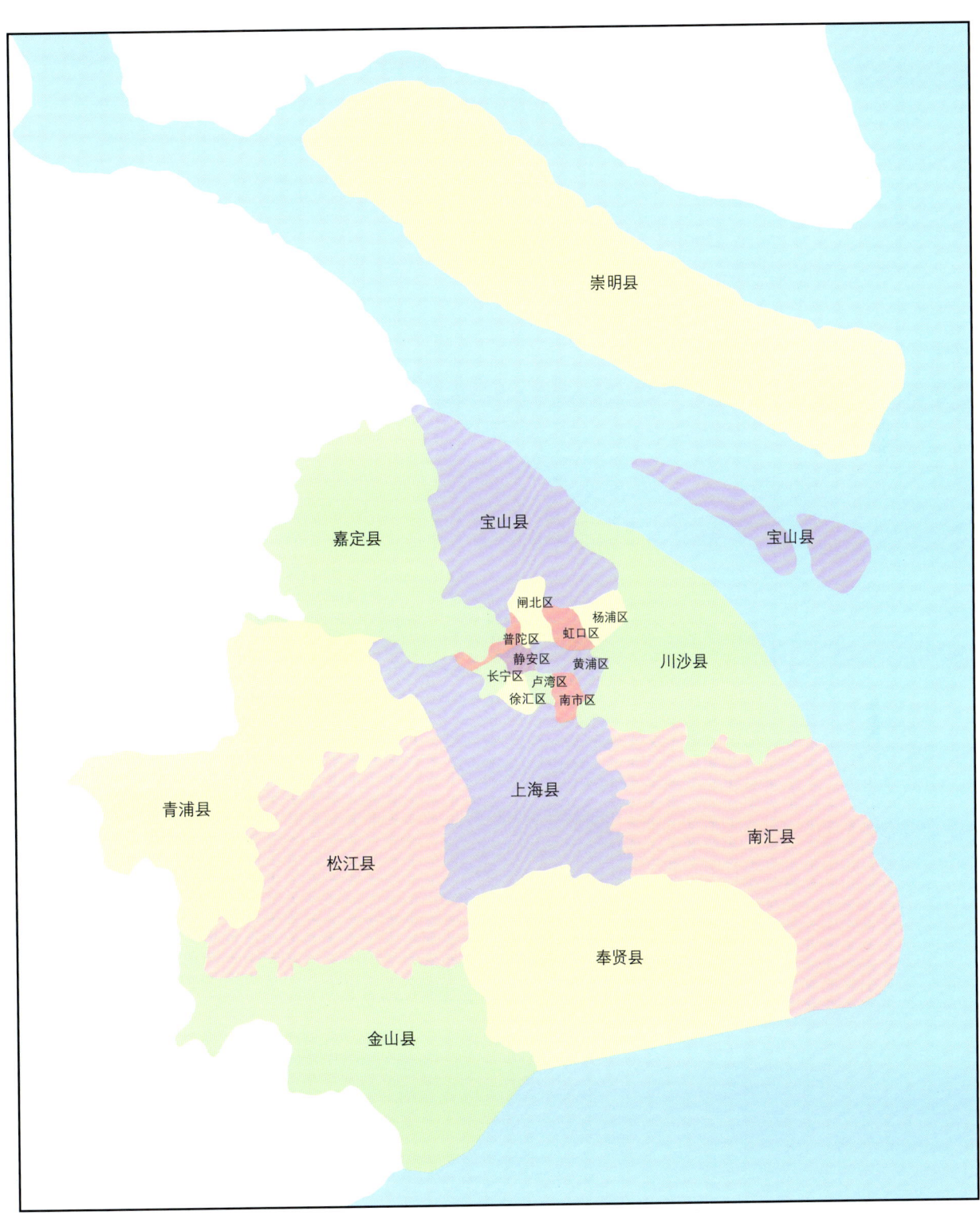

崇明县

嘉定县

宝山县

宝山县

闸北区

杨浦区

普陀区

虹口区

静安区

黄浦区

长宁区　卢湾区

徐汇区　南市区

川沙县

上海县

青浦县

南汇县

松江县

奉贤县

金山县

2010 年 5 月 1 日—10 月 31 日，上海世博会举办。
图为位于浦东新区的世博会永久建筑"一轴四馆"全景　（郭长耀摄）

2005 年 5 月 26 日，起于南汇区芦潮港，横跨杭州湾北部东海海域，直达浙江省嵊泗县小
洋山的东海大桥全线结构贯通 （吴慧全摄）

2009年10月31日，上海长江隧桥建成通车。
图为该工程组成部分——连接崇明岛和长兴岛的上海长江大桥 （蔡耀放摄）

1999年9月16日，浦东国际机场竣工通航。图为机场夜景 （杨焕敏摄）

1988 年 10 月 31 日，中国大陆第一条高速公路——A12（沪嘉高速）公路竣工　　（嘉定区志办提供）

1994 年 12 月 7 日，内环高架路全线竣工，全长 29.2 公里。
图为虹口区中山北二路、中山北一路交汇处　　（徐汇区志办提供）

1991 年 11 月 19 日，横跨黄浦江南市区、浦东新区两岸的南浦大桥通车　　（《上海年鉴》提供）

1995年12月10日，起于中山南路（鲁班路），迄于洛川路（共和新路）的南北高架路通车。
图为卢湾区段 （《上海年鉴》提供）

2006 年 7 月 1 日，位于徐汇区的铁路上海南站启用　（陈志民摄）

2010 年 7 月 1 日，位于闵行区的铁路上海虹桥站建成运营　（陈志民摄）

1995年4月10日，轨道交通1号线（徐汇区锦江乐园站至闸北区上海火车站站）试运行，7月投入运行。
图为2008年的徐家汇站站厅　　（《上海年鉴》提供）

2002年12月31日，位于浦东新区的世界第一条商业运营的高速磁浮交通系统——上海磁浮示范运营线通车。
图为磁浮列车由上海浦东国际机场站驶向龙阳路站　　（曹明摄）

2000 年 12 月 26 日，中国第一条城市高架轨道交通线——上海轨道交通明珠线一期
（徐汇区铁路上海南站站至虹口区江湾镇站）投入试运行　（陈志民摄）

2006年，位于金山区、奉贤区沿海的上海化学工业区　（杜志伟摄）

2007年12月21日，国内首架具有完全自主知识产权的新支线飞机
ARJ21-700（翔凤），在位于闸北区的上海飞机制造厂总装下线　（孟见新摄）

位于上海环球金融中心第100层，474

2008 年 8 月 28 日，位于浦东新区陆家嘴地区的上海环球金融中心竣工。
图为上海环球金融中心所在地区的夜景　（张锁庆摄）

的观光平台　　　（朱　岚摄）

2000 年 10 月 4 日，外滩观光隧道试营业，浦东出入口位于浦东新区的陆家嘴滨江大道，
浦西出入口位于黄浦区外滩广场北侧　（陈志民摄）

2004 年 12 月 31 日，位于浦东新区的上海东方艺术中心落成　（张锁庆摄）

1999年9月10日，位于闸北区共和新路的上海马戏城开门迎客。图为马戏城夜景　（杭凌冰摄）

1999年5月27日，位于卢湾区兴业路黄陂南路口的中共"一大"会址纪念馆扩建后对外开放　（金定根摄）

2004年9月15日，位于金山区的上海市公共卫生中心基本建成　（陈伯镕摄）

2001年10月，位于青浦区沪青平公路边的上海青少年校外活动营地——"东方绿舟"建成开放　（张锁庆摄）

2006 年，浦东新区的金融机构有 403 家，其中外资金融机构 206 家。图为金融机构聚集的陆家嘴地区 （朱岚摄）

2010年3月，黄浦区外滩地区综合改造工程竣工　（黄浦区志办提供）

2010年，静安区100幢重点跟踪的商办楼宇税金占全区税收的65%，全年税金超亿元的有17幢。

图为"梅泰恒"商圈夜景　（静安区志办提供）

2005年8月12日，位于闸北区的上海长途汽车客运总站启用。左上图为客运总站圆形售票大厅　（闸北区志办提供）

2006—201 年，西门子上海中心、德国大陆集团亚洲总部及研发中心、
安莉芳集团总部相继落户杨浦区大连路总部研发集聚区　（杨浦区方志办提供）

2007年，位于虹口区的上海犹太难民纪念馆成立。
图为修复后的摩西会堂外景。右下图为纪念馆还原了当
时犹太难民家庭的起居室，约平方米的房内摆满各种生
活物品　（上海犹太难民纪念馆提供）

2010年的金山城市沙滩　（王志刚摄）

2010 年，奉贤区南桥新城推进各项建设。图为南桥新城的住宅小区 （奉贤区志办提供）

2008 年 7 月，闵行生态新城 （闵行区志办提供）

2001年，嘉定区上海国际汽车城建设全面开工。图为2004年启用的F1赛车场　（陈启宇摄）

2002年1月，崇明县东滩自然保护区被列为国家重要湿地。图为湿地保护作业场景　（周生元摄）

2000 年，松江区政府与市教委签约合作建设松江大学城。2005 年大学城初具规模。
图为建成的复旦大学上海视觉艺术学院 （松江区志办提供）

2010 年，上海南汇临港新城 （浦东新区志办提供）

1991 年，南京东路旧貌
（黄浦区志办提供）

2008 年，南京路步行街　（黄浦区志办提供）

1989年，建造了人行天桥的徐家汇商业街　（徐汇区志办提供）

21世纪初的徐汇区徐家汇地区成为上海知名商业中心之一　（徐家汇商城集团提供）

1998 年，闸北区不夜城地区旧貌 　（周培鲁摄）

2010 年，闸北区不夜城地区 　（闸北区政府提供）

1997年，虹口区北外滩货运码头　（虹口区志办提供）

2010年，虹口区北外滩地区邮轮码头及商务楼宇　（虹口区志办提供）

90 年代，杨浦区五角场地区
（杨浦区志办提供）

2007 年，改造后的杨浦区五角场地区　（杨浦区志办提供）

卢湾区太平桥地区旧貌
（陈刚毅摄）

2008年，卢湾区太平桥地区新貌　（郭长耀摄）

普陀区中远两湾城旧貌 （普陀区志办提供）

2004年，改造后的普陀区中远两湾城 （普陀区志办提供）

1985 年，改造前静安区小莘庄地块内的弄堂
（静安区志办提供）

2004 年 10 月，在静安区小莘庄地块建造竣工的达安花园　（静安区志办提供）

1998年，松江新城未建设前的全景图　（松江区志办提供）

2006年，基本建成的松江新城全景图　（松江区志办提供）

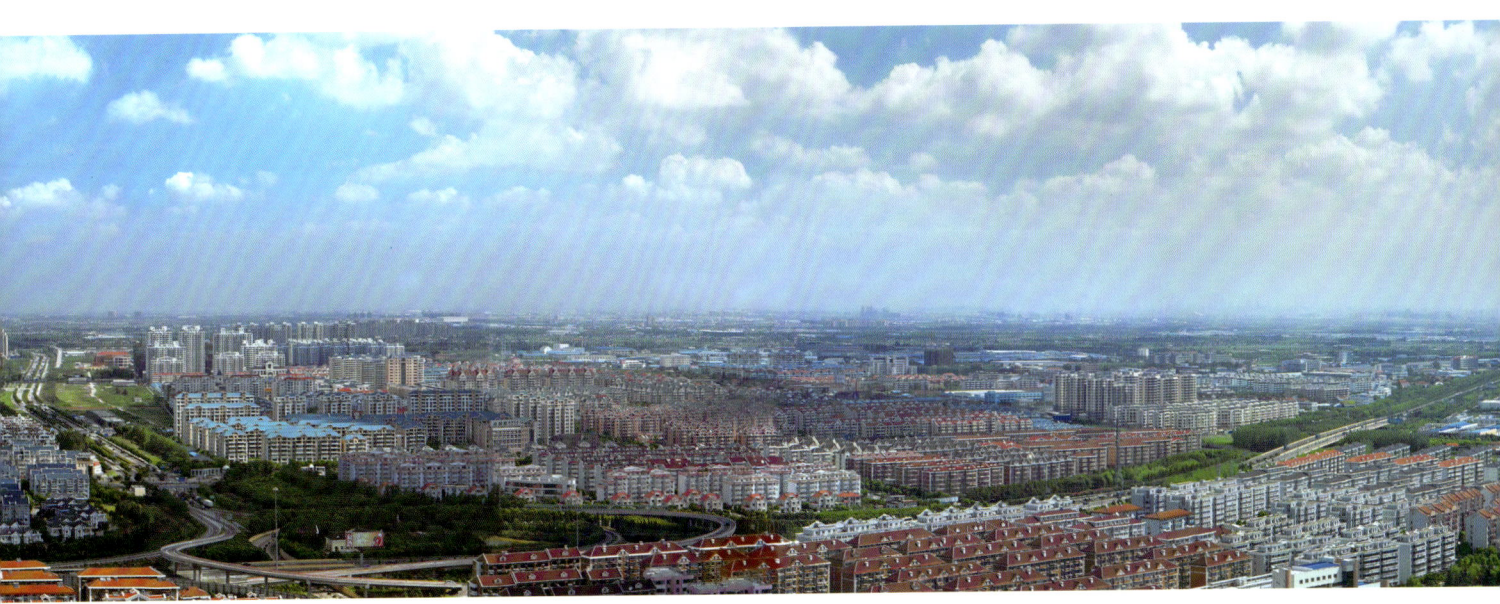

1980年1月，长宁区临空地区居民区 　（长宁区志办提供）

2010年7月，长宁区临空经济园区居民新宅 　（长宁区志办提供）

1991 年前的宝山区吴淞口旧貌　（陈世杰摄）

2010 年 8 月，黄浦江、蕰藻浜、长江三水交汇的宝山区吴淞口新貌　（丛晖摄）

2003年6月，位于黄浦区的延中绿地（广场公园三期）竣工 （黄浦区志办提供）

2010 年 5 月，徐汇滨江公共开放空间一期 3.6 公里建成　（西岸集团提供）

2003年1月，以卢湾区泰康路210弄厂房和石库门民宅改建的田子坊建成开放　（谢润秋摄）

1999 年 10 月 22 日，虹口区多伦路文化名人街街牌揭幕　　（张啸江摄）

2010 年的南市豫园元宵灯会　　（陈志民摄）

80年代，杨浦区"二万户"居民住宅 （杨浦区志办提供）

杨浦区在凤城一村原址上建造的新凤城小区，保留部分"二万户"历史建筑，并予以修缮 （杨浦区志办提供）

2006年7月，金山区廊下镇被市委、市政府定为上海新农村建设先行区。图为该镇农民社区一角　（张海峰摄）

静安区于2004—2006年对区内老式小区厨房和卫生间进行改造。
左上图为改造前的卫生间，右图为改造后的卫生间
（静安区志办提供）

2006 年 10 月 18 日，浦东市民中心启用　（《浦东年鉴》提供）

嘉定区华亭镇毛桥村是全国社会主义新农村建设示范村之一。

图为2006年的该村农家书屋 （陈启宇摄）

2010年6月1日，位于闵行区的全国首家自助体检小屋——儿童健康屋建成启用 （闵行区志办提供）

南汇新场桃园。左下图为新凤蜜露桃 （陆德福摄）

位于南汇区上海临港新城的上海市第六人民医院儿科门急诊大楼 （浦东新区志办提供）

## 《上海市志·区县简况（1978—2010）》编纂委员会

（2017.11—　）

主　任　　洪民荣

副主任　　王依群　生键红

委　员　　（按姓氏笔画排列）

马莉苑　王后法　王素炎　叶供发　朱雷萍　朱鑫德　陈　凌　陈　亮　李宏波

李维韻　沈越岭　宋振宇　汪志星　孟丽芳　陆　健　杨　兴　杨　隽　张正行

张　健　胡爱明　侯桂芳　秦　骞　徐　忠　夏　军　柴志光　黄文雷　程志强

滕振军

主　编　　莫建备


## 《上海市志·区县简况（1978—2010）》编纂委员会

（2015.6—2017.11）

主　任　　洪民荣

副主任　　生键红

委　员　　（按姓氏笔画排列）

马莉苑　王后法　王素炎　孙臣康　田联富　叶供发　许庆龙　许莅群　李宏波

刘国华　朱慈芳　朱鑫德　汪志星　沈越岭　宋振宇　张正行　张　健　杨　兴

陈　亮　吴才珺　胡爱明　姚月华　唐长国　徐　忠　徐建昌　徐勇军　柴志光

黄文雷　阎宗桂　程志强

主　编　　莫建备

# 《上海市志·区县简况（1978—2010）》编纂办公室

总　纂（主编）　　莫建备

副总纂（副主编）　马学新

编纂人员　　　　林德珍　吕志伟　余　璐


# 《上海市志·区县简况（1978—2010）》编纂人员名单

| 浦东新区 | 撰稿 | 陈长华 | | | | 统稿 | 杨　隽 | 审稿 | 柴志光 | |
|---|---|---|---|---|---|---|---|---|---|---|
| 徐 汇 区 | 撰稿 | 袁　元 | 朱　曦 | 童翔宇 | | 统稿 | 朱　曦 | 审稿 | 孟丽芳 | 苗善智 |
| 长 宁 区 | 撰稿 | 宋邦正 | 夏　军 | 姚亚茜 | | 统稿 | 夏　军 | 审稿 | 张正行 | |
| 普 陀 区 | 撰稿 | 颜伊磊 | | | | 统稿 | 侯龙其 | 审稿 | 滕振军 | |
| 闸 北 区 | 撰稿 | 滕志刚 | | | | 统稿 | 滕志刚 | 审稿 | 陈　凌 | |
| 虹 口 区 | 撰稿 | 王汉光 | 贾明艳 | 金一超 | 李俊章 | | | | | |
| | 统稿 | 冯谷兰 | 许莅群 | | | | | 审稿 | 陆　健 | |
| 杨 浦 区 | 撰稿 | 孙丕鼎 | 胡　峻 | 夏　飞 | | 统稿 | 侯桂芳 | 审稿 | 徐　忠 | |
| 黄 浦 区 | 撰稿 | 胡永隽 | | | | 统稿 | 胡永隽 | 审稿 | 张　健 | 汪志星 |
| 卢 湾 区 | 撰稿 | 彭　华 | | | | 统稿 | 彭　华 | 审稿 | 张　健 | 汪志星 |
| 静 安 区 | 撰稿 | 叶供发 | 竺慧君 | | | 统稿 | 叶供发 | 审稿 | 陈　凌 | |
| 宝 山 区 | 撰稿 | 谭雪明 | 王素炎 | 吴思敏 | 陈　亮 | 郭莹洁 | 贾如意 | | | |
| | 统稿 | 王素炎 | 谭雪明 | | | | | 审稿 | 陈　亮 | |
| 闵 行 区 | 撰稿 | 李志英 | 庞　宇 | | | 统稿 | 李志英 | 审稿 | 朱雷萍 | 许庆龙 |
| 嘉 定 区 | 撰稿 | 朱龙铭 | 张建华 | | | 统稿 | 孙培兴 | 审稿 | 沈越岭 | 宋振宇 |
| 金 山 区 | 撰稿 | 王应华 | | | | 统稿 | 王后法 | 蔡国欢 | 审稿 | 秦　骞 | |
| 松 江 区 | 撰稿 | 梁　潇 | 谭　畅 | | | 统稿 | 梁　潇 | 审稿 | 程志强 | |
| 青 浦 区 | 撰稿 | 史慕松 | | | | 统稿 | 王卫红 | 审稿 | 胡爱明 | |
| 奉 贤 区 | 撰稿 | 马莉苑 | 张燕伶 | | | 统稿：张燕伶 | | 审稿 | 马莉苑 | |
| 崇 明 县 | 撰稿 | 杨　兴 | 徐　兵 | 朱　洪 | 董　婧 | 田　畑 | | | | |
| | 统稿 | 杨　兴 | | | | | | 审稿 | 朱鑫德 | |
| 南 汇 区 | 撰稿 | 金达辉 | | | | 统稿 | 杨　隽 | 审稿 | 柴志光 | |

## 《上海市志·区县简况（1978—2010）》评议专家名单

组　长　　李　丽

成　员　　（按姓氏笔画为序）

马长林　卞关涛　年士萍　许洪新　何惠明　张忠民　张蕴杰　邵　建　顾嘉禾
曾　刚

## 《上海市志·区县简况（1978—2010）》审定专家名单

组　长　　李　丽

成　员　　（按姓氏笔画为序）

马长林　王　健　吕瑞锋　何惠明　张蕴杰　孟荣强　杨仁雷　顾嘉禾　徐长乐
黄金平

## 《上海市志·区县简况（1978—2010）》验收单位和人员

验收单位　　上海市地方志办公室

验收人员　　洪民荣　王依群　黄晓明　唐长国　黄文雷

业务编辑　　余　璐

# 凡 例

一、本志坚持以马克思主义为指导,遵循辩证唯物主义和历史唯物主义原理,实事求是记述上海市自然、政治、经济、文化和社会的历史与现状。

二、本志为上海市首轮社会主义新方志中《上海通志》《上海市级专志丛刊》之续,续义不续例,体例方面创新调整,并对首轮志书补缺正误。采用小篇平列体,分别编纂,陆续出版,汇为全志。

三、本志记述地域范围,以2010年底上海市行政区划为准。由上海市辐射至外地及国外、境外事物,兼及记述。

四、本志记述内容的时限,上起1978年,下迄2010年,以反映上海市改革开放全貌。首轮《上海市级专志丛刊》所缺或记述内容不够丰富的分志、分卷,上溯至事物发端。人民代表大会分志、政治协商会议分志、政府分志等,为保持同一届次内容记述的完整性,下延至2010年后的首个换届年份。

五、本志按自然、政治、经济、文化和社会为序设置分志、分卷,事以类从,类为一志,并兼顾当代社会分工的原则。全志除总述外,设置经济综述分志、工业综述卷、商贸综述卷、金融综述卷、口岸综述卷等,加强全志整体性。各分志、分卷采用篇章节体,卷首设概述、大事记,以专记、附录、索引殿后。

六、本志体述、记、志、传、图、表、录诸体各随其宜,力求内容与形式统一。

七、本志人物传遵循"生不立传"原则,入传人物排列先后以卒年为序。在世人物依例不立传,以人物简介、人物表(人物录)载之。

八、本志采用规范的语体文、记述体,行文按《〈上海市志〉行文规范》,力求严谨、朴实、简洁、流畅,以第三人称记述。

九、本志纪年,凡1949年5月27日上海市解放以前的用历史纪年,一般标示朝代、年号、年份,括注公元纪年;1949年5月27日上海市解放后,一律采用公元纪年。

十、本志所记述的地名、机构名称、职称及币种、计量单位,一般按当时称谓。

十一、本志所用统计资料,原则上根据统计部门公布的材料;未列入统计部门统计的,根据部门统计的材料。

十二、本志资料来源于国家档案馆、上海市及有关省市档案馆、部门档案馆(室),以及历史文献、口碑资料、社会调查、部门提供的材料等,均经考证核实,一般不注明出处。

# 编 纂 说 明

一、《上海市志·区县简况(1978—2010)》遵循《上海市志(1978—2010)》凡例要求,抓住区县特色,从一个侧面记述上海市 33 年改革发展历史。

二、本志以上海市区县改革发展脉络分阶段记述,不拘泥整齐划一,不面面俱到,在全国、全市改革发展大背景下,充分体现区县特有的改革发展进程。

三、本志记述上限为 1978 年,下限为 2010 年,为体现事物记述的完整性,可适当上溯下延。

四、本志包括凡例、目录、概述、大事记、正文、图、表、照片、附录、索引,既是《上海市志(1978—2010)》的一部分志,又保持一定的独立性。

五、本志正文采用平行列目体。因全市无统一标准,现按《上海年鉴 2011》区县排列立篇,下设章、节、目。南汇区于 2009 年 5 月并入浦东新区,离记述下限较近,故仍单列,置于最后。设图着重反映区县行政区划变化状况;设表全面反映区县 33 年政治、经济、社会、文化发展的基本情况,设卷首照、插文照,直观反映记述内容。

六、本志凡以年代指称的,均为 20 世纪。

七、本志中部门、机构名称出现频繁,特对相关名称的全称与简称,参照《党政机关、主要事业单位全称、简称对照表》统一处理;同时,整理《上海市 1978—2010 年推进区县改革发展部分文件目录》,均置于附录。

# 目　　录

# CONTENTS

# 概　述

上海,中国直辖市之一,简称"沪",地处东经 120°52′至 122°16′,北纬 30°42′至 31°48′;东濒东海,西接江苏省和浙江省,南临杭州湾,北界长江;行政区划面积 6 340.5 平方公里,其中陆域面积 6 218.65 平方公里,水域面积 121.85 平方公里。

1949 年 5 月 27 日,上海解放;5 月 28 日,上海市人民政府成立,接管国民党上海市政府及所辖 20 个市区和 10 个郊区区公所。之后,几经调整,至 1956 年,全市划为 15 个市区、3 个郊区。1958 年 1 月,上海、嘉定、宝山 3 个县从江苏省划入;11 月,川沙、青浦、南汇、松江、奉贤、金山和崇明 7 个县从江苏省划入。至此,上海市行政区划基本确定。

1978 年,上海市辖有黄浦、南市、卢湾、徐汇、长宁、静安、普陀、闸北、虹口、杨浦 10 个区,上海、嘉定、宝山、川沙、奉贤、南汇、松江、金山、青浦、崇明 10 个县。1980 年 10 月 30 日设立吴淞区。1981 年 2 月 22 日设立闵行区。1988 年 1 月 27 日撤销宝山县、吴淞区,设立宝山区。1992 年 9 月 26 日撤销上海县、闵行区,设立新的闵行区。是年 10 月 11 日撤销川沙县,划入上海县三林乡和黄浦、南市、杨浦 3 个区的浦东部分,设立浦东新区;撤销嘉定县,设立嘉定区。1997 年 4 月 29 日撤销金山县,设立金山区。1998 年 2 月 27 日撤销松江县,设立松江区。1999 年 9 月 16 日撤销青浦县,设立青浦区。2000 年 6 月 13 日撤销黄浦区、南市区,设立新的黄浦区。2001 年 1 月 9 日撤销南汇县,设立南汇区;撤销奉贤县,设立奉贤区。2009 年 4 月 24 日撤销南汇区,划入浦东新区。2010 年,全市辖有 1 个新区、16 个区、1 个县;户籍人口 519.27 万户、1 412.32 万人。2011 年 5 月 20 日撤销黄浦区、卢湾区,设立新的黄浦区。2015 年 11 月 4 日撤销静安区、闸北区,设立新的静安区。2016 年 6 月 8 日撤销崇明县,设立崇明区。

从 1978 年 12 月中共十一届三中全会胜利召开,到 2010 年上海世博会成功举办,33 年间,上海各区县不断探索具有自身特点的改革之路,全面推进经济社会发展,大致经历 3 个阶段。

## (一)

1978—1990 年,上海各区县拨乱反正,把工作重心转移到经济建设上来,走上改革发展之路。

这一时期,和全国一样,上海实现伟大的历史转折,开启改革开放的历史新进程。改革首先从郊区各县起步。1978 年春,奉贤县奉城公社爱民四队对棉田管理实行"任务到组,超产奖励"责任制,1979 年扩大到对各种作物全面实行联产责任制。其他社队相继效行。上海县推行以家庭联产承包责任为主的多种形式的农业生产责任制,推进粮棉油和副食品生产基地建设。崇明县先是实行小段包干、定额计酬、联产计酬等形式的农业生产责任制,之后逐步推行家庭经营、联合经营、集体经营等多种形式的农业适度规模经营。金山县则通过家庭联产承包,调低粮食统购基数,调整农村产业结构,农、林、牧、副、渔业得到全面发展。至 1983 年 5 月,上海郊区 95.4%的生产队实行家庭联产承包责任制,承包的土地面积达 21.46 万公顷,农户 105.4 万户。1984 年,除个别地区外,上海郊区普遍实行家庭联产承包责任制。

家庭联产承包责任制极大调动上海郊区农民的生产积极性,促进农村多种经营发展。种植业从单一的粮食生产转向以粮食和经济作物协调发展的"粮经型"结构;农业从种植业转向农、林、牧、副、渔全面发展;农村经济结构由原来的农业转向农业、工业、建筑等多种产业并举发展。同时,实施"菜篮子""米袋子"工程,改革土地耕作制度,变三熟制为两熟制,大大提高劳动生产率。其间,青浦县利用水乡自然资源优势,发展水产、水禽、水生蔬菜的"三水"生产,成为致富的重要门路。1985年,全县上市水产品1.33万吨、家禽347万羽、鲜蛋1 100万公斤。全县农业生产规模开始向综合经营方式发展,农副产品实行多渠道流通,各类专业户从1985年的1 777户增至1987年的6 135户,种田大户集中全县2%的土地,养殖专业户提供70%以上的产品。宝山县则以多种形式增加农业投入,建立农业社会化服务体系,改进统分结合的双层经营体制,发挥集体经济的优越性和个体经营的积极性,推动农村经济全面、持续发展。1987年,全县农业总产值达到1.43亿元,占工农业总产值的8.7%;种植业总产值7 519万元,占农业总产值的52.4%;农副产品交售金额1.31亿元,比1978年增长83.17%;主要农产品的商品率为48.5%。

随着农村改革深入,人民公社政社合一的体制明显不适合农村经济发展的实际情况。1983年3月,上海郊区以嘉定县曹王、马陆、南翔3个公社作为试点,召开人民代表大会,建立乡政府,开始政社分离工作,实行新的管理体制。之后,在试点基础上,各县的政社分设工作全面展开。至1984年6月,上海郊区206个人民公社全部召开乡人民代表大会,设立乡政府、村民委员会。

同时,为进一步改变单一农业经济,发展综合经营,上海郊区各县因势利导,发展乡镇企业。1984年7月,市委、市政府提出简政放权,增强县、乡发展乡镇工业的自主权。9月,市政府批转《关于扶持乡镇工业发展的几个问题的意见(试行)》,明确下放新办企业的审批权限,减轻乡镇企业税负,鼓励科技人员下乡。以工农联营企业为主的乡镇企业在上海农村迅速发展起来。1984—1988年,奉贤县相继出台《关于进一步发展乡村工业有关政策的补充规定》《关于发展村办工业的若干政策》等文件,引导乡镇企业崛起,并和其他县同步推行以厂长负责制、厂长任期目标制为主要形式的经济责任制,实行政企职责分开;在商业、供销系统则实行承包经营责任制、任期目标制、厂长(经理、主任)负责制、内部经济审计制的"四制"改革,逐步把商业企业推向市场;积极引导家庭个体工商业的发展。南汇县乡镇工业依托市区大工业在产品、技术、管理以及上海口岸的优势,与大工业、外贸部门、科研单位、高等院校实行联营,不断增强企业活力。1985年,全县实现总产值16.05亿元,其中乡镇工业总产值11.88亿元,占全县工业总产值的76%。上海县则通过工农联营、引进外资等多种形式,加快乡镇工业发展。1988年,全县有中外合资企业32家,吸引外资9 048.6万美元,居郊区之首。至1992年,上海郊区乡镇工业产值突破500亿元,实际完成产值523.8亿元,占全市工业总产值的21.6%。

上海郊区城乡一体化进程加快。川沙县调整县境城乡的建设布局,加强沿江地区的规划和建设,推动全县城镇建设、道路网修筑、旧城区改造和公用事业的发展。其间,改建塘川公路和川南公路等路段,在全县乡乡通公路;城厢镇和高桥镇新建居民住宅29.63万平方米以及商业、学校、医院、办公楼等100多万平方米,5.46万户农户建房151.58万平方米;以治理川杨河、浦东运河水质为重点,开展城乡环境综合整治和重点工业污染源的治理;开通数字微波通信,在上海郊区率先实现县乡间传输光纤数字通信;民用煤气通到城厢镇,结束川沙县没有煤气的历史。松江县则着力推进城乡融合发展。通过住房制度改革,推进商品房建设,逐步改善城乡居民的生活条件。1978—1985年,全县城镇公房年均竣工6.8万平方米。同时,加强城乡基础设施建设,增强城镇化发展活力。1990年12月22日,莘松高速公路建成通车,缩短县域与上海市中心的时间距离,带动全县经济社会快速发展。

　　上海中心城区各区在这一时期恢复区域经济,渐次推进城市经济体制改革,重点是增强企业活力,先后推行厂长经理负责制、承包经营责任制及租赁经营制,试行兼并拍卖和股份制改革等;加强和改善宏观管理,改革行政性工业公司,发展多种经济形式,培育和发展市场体系。1979 年起,杨浦区发动区属各部门,创办新的经济实体,推动区属工业发展。之后,又把转变区属工业体制作为突破口,推进经济、教育、科技等各方面体制的改革。1982 年起,长宁区积极配合上海市辟建虹桥开发区;区属经济开始由国营经济、集体经济向多种经济形式发展,并在区财贸、集体工业和城建系统进行以增强企业活力为中心内容的扩大企业自主权、试行各种责任制、搞活分配等改革。1984年创建全市首家民营股份制企业华宁实业公司。1986 年将常年亏损的集体所有制企业永红百货店拍卖给职工经营,被称为“沪上第一拍”。徐汇区积极探索放权让利、政策扶持、自我积累、滚动发展区域经济的新路子。1983 年,区财政收入首次突破亿元大关。是年,市政府决定在徐汇区的漕河泾地区建立微电子工业区。经过几年发展,1988 年 6 月经国务院批准,该工业区扩建为国家级上海漕河泾新兴技术开发区。徐汇区以此为契机,加快以房地产业、商业、旅游业、金融业为重点的第三产业发展步伐;对集体工业则着重转向技术改造,调整产业结构,提高产品质量和规模效益。

　　其间,各区打破以街道为块的管理模式,由区集管局对集体工业企业实行政治、业务统一领导。之后,深化改革,简政放权,实行政企分离。闵行区自 1982 年起对区属工业进行产业、产品结构调整,1984 年起对区属工业实行简政放权和经济承包责任制,1987 年起对区属工业实行政企职能分开和厂长(经理)负责制,试行企业职工工资总额与经济效益直接挂钩浮动办法。此外,兴办斯迈克轴承厂等 9 家联营企业,组织羽绒服装等 7 个产品出口,创汇 1 034 万美元。

　　在改革中,各区注重从区情出发,探索具有自身特点的发展之路。黄浦区以南京路等商业街为重点,逐步恢复经营特色、工艺特色和服务特色,构建贯通全区、联络邻区、购销两便的商业网络。虹口区改造和发展四川北路等商业中心。南市区恢复各类商业交易市场,其中十六铺农副土特产市场的辐射能力不断增强。静安区开放胶州路农副产品市场等集市贸易。卢湾区调整淮海路商业,开设柳林路等小商品市场;同时,稳步发展商业经营性公司和集团公司,引导私营企业、个体工商业健康发展;还拓展埠际横向经济联系和合作,扩大对外开放,引进资金和先进管理技术,发展合资合作项目。普陀区则提出建设上海繁荣的“西大堂”,加快发展区域经济,新建沪西综合市场、真如综合市场等农贸市场,建立健全生产资料、生产要素市场,加紧实施旧区改造。

　　1988 年,中央出台一系列财政政策,支持上海发展。上海也相应地对区县的财政体制作了较大改动,采取中央对上海的模式,实行包干的办法。这一新财政体制的实行,基本上解决了各区县财政困难的问题。南市、普陀、闸北、杨浦 4 个区实行“核定收支基数,前三年递增包干上缴,后两年增收分成”的办法,其余 8 个区实行“核定收支基数,包干上缴,增收分成,一定五年”的办法。崇明、金山 2 个县也实行“核定收支基数,包干上缴,增收分成,一定五年”的办法,其余各县实行“核定收支基数,前三年递增包干上缴,后两年增收分成”的办法。将上缴收入的基数包死,增收部分区县得大头,多收可多支,调动区县财政增收节支的积极性。

　　这一时期,城市建设取得重大进展。一是旧区改造提速。1983 年 3 月,长宁区提出以区内沪宁铁路为界,“重点建设路西,逐步改造路东”的“两步走”方针,即:路西以逐步拆迁改造周桥地区棚户简屋,征地建设新居民住宅为主;路东以改造为主,有步骤地分批拆迁改造棚户地区。虹口区对区境内的大连西路、天宝路、中山北路、广中路、海宁路、鸭绿江路等沿线棚户进行改造,同时,分批新建曲阳新村等居民小区。

　　1988 年 8 月,上海市第一次以国际招投标方式出让位于长宁区的虹桥开发区 26 号地块,这是上海土地使用制度改革试点的成功开始。此后，土地批租在各区县推开。1992年1月由香港中国海外发展有限公司、上海市卢湾区房屋建设开发总公司、上海华海科技开发公司合资组建的上海海华房产有限公司，对卢湾区棚户集中的"斜三"地块进行旧改，是上海对旧城区改造与土地使用制度改革相结合的一次尝试。

二是市政基础设施建设力度加大。1980—1990年，上海各区县用于市政基础设施改造和建设的投资达225亿元，相当于之前30年总投资的7倍。还配合市重大市政基础设施建设，先后为建成上海铁路新客站、虹桥国际机场候机楼、沪嘉和莘松高速公路、延安东路越江隧道、黄浦江上游引水一期工程、浦东煤气厂一期工程等大工程项目服务。到1990年，上海市区道路面积由1980年的894万平方米增至1787万平方米，城市园林绿地总面积和人均公共绿地面积分别由1783公顷、0.44平方米增至3570公顷、1平方米，绿化覆盖率提高到12.4%。生态环境不断改善。1993年12月，国内规模最大、投资达16亿元的上海市区合流污水治理一期工程（苏州河截流工程）主体工程建成通水，服务范围为普陀、长宁、静安、黄浦、闸北、虹口、杨浦、宝山、浦东新区9个区共70.57平方公里，服务人口255万人，截流系统末端平均旱流污水量170万吨/日（16.2吨/秒），苏州河水质由此开始好转。

80年代末，上海各区县已蓄势待发，向着改革开放的前沿迈进。

# （二）

1991—2000年，浦东开发开放，引领上海各区县深化改革、扩大开放。

1990年4月，中共中央、国务院作出开发开放浦东的重大决策。之后，又出台一系列优惠政策，支持浦东开发开放。1992年12月，中共十四大提出"以上海浦东开发开放为龙头，进一步开放长江沿岸城市，尽快把上海建成国际经济、金融、贸易中心之一，带动长江三角洲和整个长江流域地区经济的新飞跃"。浦东开发开放上升为国家发展战略，启动一系列创新之举：一是观念创新，在"浦东开发定位"问题上，确定"面向世界，率先与国际经济接轨"的思路，明确浦东开发开放不搞特区搞新区；在"怎样开发建设浦东"问题上，坚持"法规和规划先行"的思路；在"建设什么样的浦东"问题上，形成"浦东开发是社会的全面开发"的思路。二是体制创新，着力于建设社会主义市场经济体制和市场运行机制；以人为本，最大限度调动所有市场主体的积极性和创造性；狠抓行政体制改革，转变政府职能，做到"小政府、大社会、大市场、大服务"；加强法制建设，依法保制，依法治区，确保新体制运行公平、公正、有序，且富有活力和效率。三是产业升级创新，着眼于实现跨越式产业升级，优化产业结构，坚持"三、二、一"产业发展方向，坚持"金融贸易、基础设施、高新基础产业三个先行"的方针。四是集聚人才资源的创新，即实行人力资本积累优先战略，构筑人才资源高地，做到打破地域、行业、部门、职业的限制，公开选拔和多渠道地引进优秀人才。五是投资环境建设的创新，主要体现在浦东新区的行政机构扩大服务范围、提高服务质量以及提高办事效率上。至2001年，浦东开发开放从形态开发为主转向形态开发和功能开发并举，取得重大进展。主要表现在：一是综合经济实力增强。浦东新区1990年GDP为60.24亿元，2001年达到1 082亿元，是1990年的18倍，年均递增20%左右；浦东新区GDP占上海全市的比重由1990年的8.1%上升到2001年的22%。同时，产业结构不断优化，第三产业占GDP的比重由开发初期的20.1%上升到2001年的46.7%。2001年，完成工业总产值1 885.5亿元，其中高新技术产业产值912亿元，占工业总产值的48.4%；外贸出口110亿美元，占上海出口总量的40%；商品销售总额突破1 000亿元。二是陆家嘴、外高桥、金桥、张江4个国家级开发区出形象、出效益,其中陆家嘴金融贸易区成为上海建设国际金融中心的重要载体,外高桥保税区成为上海建设国际贸易和航运中心的重要载体,金桥出口加工区成为上海建设工业新高地的重要载体,张江高科技园成为上海迎接知识经济的重要载体。三是基础设施建设日新月异,建成南浦大桥、杨浦大桥、延安东路隧道等越江工程,建成浦东国际机场、地铁2号线、浦东信息港、外高桥港区三期、东海燃气工程等重大工程,建成东方明珠广播电视塔、金茂大厦等标志性建筑,实现基础设施由基础型向枢纽型跨越,浦东现代化新城区框架初步形成。四是招商引资成果显著,累计引进1 000万美元以上的项目有400多个,世界排名前500家著名跨国公司中有140余家入驻;累计引进内资项目近6 600个,注册资金约300亿元。五是社会事业全面发展。浦东新区政府先后投入27.1亿元,新建、改建、扩建600多个项目,包括:引进中欧管理学院、上海市第二工业大学、中医药大学,建成杉达大学、进才中学、浦东外国语学校;新建浦东文化馆、浦东新区图书馆、少年宫等一批文化设施和浦东游泳馆、源深体育中心等一批体育设施;动工建设一批具有国际先进水平的医疗机构。市、区两级文明小区覆盖率达80%,文明村镇覆盖率达50%。生态环境日益优化,获得全国第一个"国家园林城区"的称号。

在浦东开发开放带动下,上海各区县改革和建设进入新的发展阶段。

1992年起,上海多次调整行政区划:撤销闵行区、上海县,设立新的闵行区;撤销吴淞区、宝山县,设立宝山区;嘉定、金山、松江、青浦、南汇、奉贤陆续撤县建区,标志着上海郊区逐步走出传统农村范畴,加快城市化进程,开始向特大型的新型城市形态转型。与此同时,市委、市政府转发文件,扩大区县政府在利用外资、土地批租、项目审批、城市规划、资金融通、国有资源共享管理、财政税收等方面的权限,强化区县政府在发展经济、城市建设和城市管理方面的权限,把调动市和区县两个积极性与实施权责利相一致结合起来,把健全全市统一的宏观调控体系与健全区县管理运行机制有机地结合起来,逐步形成"两级政府、三级管理"新体制。由此推动各区县发展区域经济的积极性,乘势而为。1992—1997年,徐汇区利用土地批租事权下放,共批租土地45幅,面积47.66万平方米,获得出让金额10.92亿美元和8.69亿元人民币,除部分上缴市政府,其余资金主要用于区内动迁和市政配套设施建设。1992年4月,黄浦房产经营公司与新加坡国际开发有限公司合资受让黄浦区的北京东路136街坊(原71街坊)土地2.39公顷,兴建上海外滩京城,是为上海中心地区第一块土地批租。自此,黄浦区走出一条通过土地批租,引进外资,加快经济与城市建设协同发展的新路。

1995年5月起,为了加强街道、居委会和社区在城市建设、城市管理中的作用,上海在卢湾区五里桥、静安区静安寺等10个街道试点"两级政府、三级管理"。在此基础上,提出在市区实施"两级政府、三级管理(即市、区两级政府和市、区、街道三级管理)",在郊区实施"三级政府、三级管理(即市、县、乡镇三级政府和三级管理)"的新体制,并根据权责一致的原则,进一步扩大区县在各方面的权限。同时,把一批市属企业划转,由区县负责管理,以加快这些企业的转型及增加区县经济实力。90年代,上海城市管理体制和经济体制改革的重大举措,在实践中产生巨大作用。2000年,上海各区县共完成工业总产值6 604亿元;区县财政收入从1995年的121.4亿上升到2000年的282.15亿元,占市财政收入的比重从53%上升到57%。至此,上海经济形成市与区县共同发展的新格局。

这一时期,上海以建立社会主义市场经济体制、加快经济体制改革为目标,全面推进国有企业改制和改革,同时推进国有资产的战略重组,探索国有资产管理体制改革。改革初期的重点是转换企业的经营体制。1992年6月,徐汇区出台《关于转换企业经营机制,深化企业改革的意见》,提出"合(即举办中外合资、中外合作企业)""股(即组建股份有限公司或实行股份合作制)""改(即工业企业向第三产业转移,行政性公司转为经营性公司)"等14种企业转换机制的模式。之后,该区又进行公司制改制和现代企业制度试点工作,徐家汇商城集团等3家企业被列入市级140家现代企业试点单位之一。1996年,上海现代企业制度试点工作围绕推动企业优化重组、实现资源优化配置展开。同时,上海国有资产管理体制改革也有重大进展。到1997年底,全市各区县都组建国有资产管理机构,形成市和区县两级政府对国有资产的分级管理体系。

1992年12月起,上海产业结构实行战略性调整,推动工业布局大调整。在中心城区,主要发展都市型工业,门类包括服装服饰业、食品加工制造业、室内装饰装潢业、包装印刷业、化妆及洗涤清洁品制造业、工艺美术旅游品和文体用品制造业等,逐步形成梦巴黎香水、生字牌菊花晶等一批著名品牌,涌现上海新亚电器公司、上海国泰橡塑机电公司等一批都市型工业的"小巨人"企业。都市型工业的兴起,成为中心城区各区经济发展的亮点。1999年,长宁区都市型工业产值占全区工业总产值的比重达到70%。普陀区新杨工业园区则成为民营经济的发展中心和集聚地,各项经济指标始终保持高增长势头。其间,一些上海经济和社会发展仍然需要、但不适宜在中心城区生产的产业逐步转移到郊区的工业园区。郊区各区县工业园区建设迎来高潮。1994年5月,松江东部工业区被批准为市级工业区,改称上海市松江工业区,是上海首家市级工业区。之后,市政府批准郊区每个区县建立一个市级工业区,引领郊区工业进入园区集约化发展。青浦县则率先创办富民私营经济开发区,开郊区发展私营经济之先河。通过建立各种工业园区、经济小区、招商引资,发展私营经济和外向型经济,促进多种所有制经济共同发展。1995年,崇明工业园区有生产、贸易、建筑、交通运输等6类注册企业235家,总投资金额8.5亿元。其中合资企业15家,投资金额510万美元,完成税收3000多万元。2000年,青浦区富民私营经济开发区占地5平方公里,建有各类标准厂房15万平方米,吸纳各类企业2589家,注册资金13.4亿元,实现产值33亿元,上缴税金1.1亿元。

90年代初,着眼于"大商业、大流通、大市场,办成全国最大的贸易中心"的发展战略,上海在大力发展批发商业的同时,加速发展零售商业,形成不同层次、适应不同消费需要的商业特色;在大力建设面向全国贸易中心、农副产品交易市场的同时,新建浦东张杨路等市级商业中心,改造南京路、淮海路等商业街。至1995年,中心城区的商业中心由原来集中在黄浦、卢湾、虹口、南市4个区的南京路、淮海中路、四川北路、豫园商场的"三街一场",发展为"四街四城":南京路商业街、淮海路商业街、四川北路商业街、西藏中路商业街,以及豫园商城、浦东新区新上海商业城、徐汇区徐家汇商城和闸北区上海站(火车站)不夜城。之后,构建多心组团式都市商业圈,形成中央商务区、中心商业区、区级商业中心和专业特色街、居住区购物中心4个层次的商区布局。商业设施建设由追求量的增加转变为质的提高。商业业态进一步丰富。分布在中心城区的港汇广场、梅陇镇广场等现代化购物中心,东方商厦、太平洋百货等大型商厦,太平洋电脑广场等专题商厦以及专业百货、专业商场、专卖店和大型超市等,方便市民购物需求,繁荣各区商业。同时,郊区城市化加速,商业进一步发展、繁荣,建成一批现代化商业设施。1995年,金山县建成占地62.5公顷、建筑面积7.5万平方米的上海枫泾商城,是上海郊区起步最早,规模最大,具有商品集散、信息、交易功能的综合性贸易中心。

1990—2000年,上海以恢弘的气势,成功实现城市建设3个"三年大变样"。城市建设由"还债型"逐步发展到"功能型"塑造,大大改善城市环境和投资环境,市民生活质量明显提高,城市面貌发生深刻变化,为上海建设国际化的"一个龙头、四个中心"奠定坚实基础。一是城市交通初步形成主体网络。1994年12月,贯通南市、卢湾、徐汇、长宁、普陀、闸北、虹口和杨浦8个区的内环高架路建成通车,有效缓解市中心区域的交通压力,通过南浦大桥、杨浦大桥建设,把浦西和浦东的交通连为一体,对进一步开发开放浦东、促进"东西联动"起了重要作用。1995 年 12 月,途经闸北、静安、黄浦、卢湾 4 个区的南北高架路建成通车,纵贯上海市中心区。1999 年 5 月,上海第一条由宝山区引进外资组织施工的市重大工程逸仙高架路建成通车,方便宝山地区、宝钢与市中心的交通往来,为区域经济发展提供有利条件。9 月,途经黄浦、卢湾、静安、长宁等区的延安高架路全面建成通车。同时,在市区内环高架路以内建造"三纵(南北向)三横(东西向)"的地面快速干道。"三横"分别为南线陆家浜路外马路—徐家汇路—肇嘉浜路—徐镇路—虹桥路—中山西路,中线延安东路外滩—延安中路—中山西路,北线周家嘴路黄兴路—海宁路—长寿路—长宁路—中山西路;"三纵"分别为东线中山南路陆家浜路—中山东二路—中山东一路—吴淞路—嘉兴路溧阳路—四平路—中山北二路,中线中山南路鲁班路—重庆南路—重庆中路—成都北路—共和新路—中山北路,西线漕溪北路漕溪路—华山路—江苏路—江苏北路—曹扬路—中山北路。"三纵三横"主干道工程建成后,与"申"字形高架路网共同构成上海立体交通网络,使城市路网布局趋于合理,路网效率得以体现。其间,还提出以加强高等级公路建设为重点、以国道和环线为骨架、完善公路网络的建设目标,先后新建、扩建和改建亭卫公路、亭枫公路、杨高路、曹安路、沪闵路、内环高架路浦东段、罗山路立交、龙阳路立交、沪嘉高速公路引伸段、沪青平公路等高等级公路,为上海郊区经济发展提供有力的基础保障。在轨道交通建设方面,先后建成纵贯市区的地铁 1 号线、横贯市区的地铁 2 号线一期和从西面环绕市区的轨道明珠线一期工程(后改称 3 号线),形成总长 65 公里左右的初始网络。

二是公用设施建设快速发展。民用煤气,1996 年先后完成吴淞煤气厂扩建、浦东煤气厂二期和焦化总厂"三联供"工程,上海城市家用煤气普及率达到 90.8%。至 2000 年,全市燃气家庭用户达 539.6 万户,浦东地区实现管道天然气化,南汇县城镇使用上天然气。给水事业,开辟第二水源长江引水,新建和扩建凌桥、闸北等一批水厂,全市自来水的日供应量达到 680 万吨;提前完成郊区农村改水任务,使 500 多万农民在全国农村率先告别河水、井水,用上自来水。供水水质明显提高,市区供水管网水四项指标合格率为 99.92%。公交事业,1996—2002 年,公交车总量增加 30%,日营运里程增加 83%,日均客运量从 630 万乘次增加到 760 万乘次;每年新辟、延伸近百条线路,线网布局更趋合理;公交枢纽建设加快,完善市内各种交通方式之间以及内外交通之间的有机衔接。

三是旧区改造取得重大成果。1992 年 10 月,中共上海市第六次代表大会明确提出,到 20 世纪末,在全市拆除 365 万平方米危棚简屋。各区县纷纷响应,积极行动起来。其中,卢湾区耗资 70 多亿元,于 1997 年 12 月拆迁危棚简屋 337 736 平方米,提前 3 年完成成片拆除危棚简屋任务。2000 年 11 月,全市拆除 365 万平方米危棚简屋工作画上句号。与此同时,还开展旧住房成套改造,先在静安区张家宅、徐汇区钱家塘、南市区蓬莱路 250 弄试点,之后逐步推开。至 2000 年底,上海累计完成旧房成套改造 300 万平方米,受益户达到 10 万户。在旧区改造中,普陀区联手黄浦区对区内脏、乱、差的典型地区平江地块实施旧改,完成 3 449 户居民动迁和 65 个单位的搬迁任务,建成总建筑面积 30 万平方米的新型住宅区,被誉为"旧区改造的一个创举,加快住宅建筑的一个典范"。1995 年,静安区出台政策,允许中外企业可以合资或独资等投资形式,参建、联建改造区内简棚地块,推动旧区改造。1991—2000 年,杨浦区旧区改造加上市政动迁等,动迁居民 50 196 户、10 万余人,拆除旧房 199.62 万平方米,较大改善居民的居住环境和居住条件。

四是生态环境明显改善。90 年代以来,随着上海工业生产力布局大调整,推动近 3 000 家生产企业从中心城区迁出。同时,加快对重点污染地区的综合整治。长宁区的新华路、闸北区的和田路、普陀区的桃浦地区 3 个以工业废气为特征的大气污染严重区域,相继完成划块综合整治任务,提升区域环境质量。各区县也针对环境污染状况采取措施,大力整治。1984 年起,吴淞区的吴淞镇、友谊路、泗塘、海滨、马泾桥5个街道开展无黑烟区建设;1986年对区内长江路地区开展环境综合整治,推动上钢一厂转炉、平炉车间进行技术改造,消除8条严重污染大气的"黄龙",并采取煤气回收及废水循环利用等方法,减少废气、废水排放。杨浦区开展噪声治理,2000年,各街道均建成安静小区;开展污水治理,对杨树浦港、走马塘等内河进行疏浚和调水冲污;建设杨树浦港旱流污水截留工程,至2002年,杨树浦港、走马塘等内河的严重黑臭状况基本消除。

在21世纪到来之际,上海各区县已站在新的起点上,争当改革开放的排头兵。

## (三)

2001—2010年,上海各区县改革和建设掀起新一轮高潮。

进入21世纪,为把上海建成社会主义现代化国际大都市和国际经济、金融、贸易、航运中心,实现"四个率先"即率先转变经济增长方式、率先提高自主创新能力、率先推进改革开放、率先构建社会主义和谐社会,各区县奋发有为,努力开创改革和建设的新局面。

浦东新区作为中国改革开放的旗帜,继续发挥引领、带动、示范作用。2001年起,浦东进入全面建设阶段,基础设施建设实现从基础性向枢纽性的跨越,功能开发深入推进,城市综合功能不断提升,市场机制逐步完善,经济运行环境不断优化,经济的增长点开始向总部经济和研发经济转变,经济快速发展。2005年6月,国务院批准上海浦东新区进行综合配套改革试点,成为全国首个由享受政策优势的地区转向享有体制优势的地区。同时,改革从经济领域拓展到社会领域。是年12月,《中共浦东新区委员会、浦东新区人民政府关于深入推进综合配套改革试点的若干意见》提出:着力转变政府职能,着力转变经济运行方式,着力改变二元经济与社会结构;要把改革和发展有机结合起来,把解决本地实际问题与攻克面上共性难题结合起来,把实现重点突破与整体创新结合起来,把经济体制改革与其他方面改革结合起来,率先建立起完善的社会主义市场经济体制。之后,浦东开发开放进入成熟稳定期,最重要的标志就是第三产业快速发展,逐步取代一、二产业的主导地位。2009年4月,南汇区并入,浦东新区开始二次开发。2010年,全区实现生产总值4 707.52亿元,比1990年浦东新区、南汇区总和78.09亿元增长60.28倍;地方财政收入425.4亿元,比1990年浦东新区、南汇区总和5.5亿元增长77.35倍;工业总产值8 488亿元;高技术产业产值2 255亿元;外贸进出口总额1 865亿美元;各类金融机构649家,跨国公司总部达150家,占全市的一半。是年,上海世博会成功举办以及后世博效应,为浦东新区实现新的发展、增强国际竞争力提供新机遇。

同期,上海各区县努力实施转型。2000年6月"撤二建一"之后,黄浦区明确以商业为主导,现代服务业为方向,促进商、旅、文互动,推动房地产业发展,推进适合中心城区功能特点、具有独特优势的商业、旅游业、房地产业、现代服务业、文化娱乐业"五大产业"发展,重点建设外滩、南京路、人民广场、老城厢、现代聚居区"五大功能区"。2006年明确"一带(外滩沿黄浦江发展带)三区(南京路地区、豫园地区、世博园地区)"功能定位,加快重点地区功能开发。2008年以楼宇招商为重点,吸引行业龙头企业、跨国公司地区总部以及功能性机构落户。2010年实现生产总值787.2亿元;实现财政收入158.18亿元,比1978年黄浦、南市两区总和增长约50倍;实现社会消费品零售总额421.39亿元,比1978年黄浦、南市两区总和增长约30倍。卢湾区制定《卢湾区新一轮发展规划纲要(2003—2007年)》和卢湾区现代服务业发展、重点建设项目、国资管理体制和企业改革、淮海中路的调整与再发展、社会事业发展、社区设施建设六方面工作三年行动计划(2003—2005年),明确

"外向型格局、内涵式发展、功能性开发、个性化特色"的总体发展思路,规划建设北部地区的国际商务区、休闲商业区,中部地区的现代居住区和南部地区的博览观光区4个功能区。虹口区抓住黄浦江两岸综合开发的机遇,实施"突出重点,发展两翼"战略,推进北外滩地区综合开发和四川北路新一轮改造,产业结构由传统商贸业逐步向现代服务业转型。长宁区提出"依托虹桥,发展长宁,优化功能,增创优势"的发展方针,坚持发展为第一要务,实施科教兴区主战略,推进"数字长宁"建设,以优化功能为主线,推进经济结构、交通功能和住宅建设"3个优化",实施功能拓展、产业拓展、形态拓展和社会事业拓展。徐汇区在"十一五"时期着力推进以信息服务业为核心,以专业服务业、旅游会展服务业、金融服务业、科技研发服务业、国际交流和教育培训服务业、生命健康服务业为重点的现代服务业。杨浦区提出"两个依托"的发展战略,即依托高等院校、科研院所集中的优势和依托国有大中型企业在改革调整中形成的优势,作出建设杨浦大学城(后更名为"杨浦知识创新区")的决定。2004年4月《杨浦知识创新区发展规划纲要》获市政府批准,全力实施"知识兴区"战略,打造"知识杨浦"。

郊区各区县在转型中,新城规划和建设有序推进。宝山区大力推进现代化滨江新城建设。重点发展滨江带,逐步完善以吴淞口为核心的滨江发展带核心区域规划,以"三游"产业即邮轮产业、游船产业、游艇产业为主体功能的滨江开发格局基本确立,以"四老"即老港区、老码头、老堆场、老厂房转型为代表的滨江核心区域初现雏形。奉贤区紧紧围绕打造滨海产业集聚区、知识创新区、生态居住区、国际游艇母港基地、建设现代化滨海新城的目标,加快城乡一体化进程,推进南桥新城和海湾地区规划建设。崇明县重点实施"三岛联动、三次产业融合发展、经济社会民生三管齐下"的发展战略和"两轮驱动、两手抓、两促进"的发展战略。

新农村建设成绩斐然。嘉定区积极试点村镇宅基地置换,大力开展村庄改造,改变村容村貌,加强经济薄弱村的扶持,逐步形成与区域发展相匹配的城镇体系。青浦区加快发展现代农业,提高农民生活水平,推进社会主义新农村建设。2000年8月,全区实施"家家富工程",提高纯农户经济效益。2004年,全区农民增收3 340万元。奉贤区先后制定《奉贤区推进社会主义新农村建设2007—2009年三年行动计划纲要》《关于推进强村富民,建设和谐村镇的若干意见》等文件,推进宅基地置换试点,庄行镇"新华村模式""新叶村模式"及青村镇"北塘新苑模式"等成为新农村建设的有益探索。2005年《崇明三岛功能定位》经市委常委会审议并通过后,又相继形成《崇明三岛总体规划(2005—2020)》《崇明生态县建设规划》《崇明生态岛建设纲要(2010—2020)》以及与之配套的《崇明生态岛建设三年行动纲要(2010—2012)》,明确把崇明县建设成环境优美、资源集约利用、经济协调发展的现代化生态岛。着重推进绿色经济培育、生态环境改善、生态旅游开发、基础设施建设和新农村建设。崇明生态岛建设启动。

2009年4月,《国务院关于推进上海加快发展现代服务业和先进制造业建设国际金融中心和国际航运中心的意见》发布。上海"四个中心"建设,特别是国际金融中心和国际航运中心建设进入新的发展阶段。此前,围绕国际金融中心建设,上海加快完善金融市场,加快集聚金融机构,加快推进金融产品创新,跨境贸易人民币结算、股指期货、融资融券、信贷转让市场、上海银行间同业拆放利率等一批金融创新业务取得突破,上海金融市场功能显著提升。2002年3月21日,中国内地首家经营全面外汇业务的独资外资银行花旗银行上海浦西支行在黄浦区开业。2003年3月26日,国内首个银行卡产业园区在浦东新区开园。2005年8月10日,中国人民银行上海总部在浦东新区成立。2006年1月17日,国家发改委批复,以上海浦东新区陆家嘴金融贸易区为载体推进金融改革创新试点;9月8日,中国金融期货交易所在浦东新区挂牌。2008年5月9日,首届陆家嘴金融论坛成功举办。至 2010 年底,全市有各类金融单位 910 家,全国 2/3 的外资法人银行落户上海,在沪经营性外资金融单位达 173 家。同年,上海证券交易所各类有价证券成交金额 39.84 万亿元,其中股票成交金额 30.4 万亿元,股票成交量跃居全球第三位。上海期货交易所各品种总成交金额 123.48 万亿元。上海黄金交易所总成交金额 2.02 万亿元,黄金现货交易量跃居全球第一位。上海金融产业实现增加值 1 950.96 亿元,比 2005 年增长 1.4 倍,占上海生产总值的比重为 11.4%。

国际航运中心建设取得突破性进展。2010 年,上海航运运价交易有限公司落户虹口区北外滩,提供航运运价交易、航运运价交易信息等服务,进一步丰富区域内的航运交易要素,推动航运与金融融合发展;克拉克森航运经纪(上海)有限公司、上海辛浦森航运经纪有限公司、百力马(上海)航运经纪有限公司、百利航运经纪(上海)有限公司、毅联汇业航运经纪(上海)有限公司、祥华航运经纪(上海)有限公司、上海菁英航运经纪有限公司、上海津洋航运经纪有限公司、上海海高航运经纪有限公司纷纷入驻,填补中国航运经纪领域的空白,对上海国际航运中心建设具有里程碑意义。是年,上海港口货物吞吐量 6.5 亿吨,连续 6 年保持世界第一位;国际标准集装箱吞吐量 2 907 万标准箱,跃居全球第一位。上海空港旅客达到 7 170 万人次,货邮吞吐量达到 370 万吨。

国际贸易中心建设全面推进。"十一五"时期,上海虹桥商务区和浦东外高桥国际贸易示范区积极探索海关特殊监管区域管理体制和模式创新,成立上海综合保税区管委会,推动"三区三港"即外高桥保税区、洋山保税港区、浦东机场综合保税区、外高桥港、洋山港、浦东空港联动发展,推出贸易便利化措施,推进区域大通关合作,启动实施新型国际贸易试点,上海口岸作为中国进出口货物的主通道和中转枢纽功能进一步深化。2010 年,上海关区进出口总额 6 846.45 亿美元,占全国进出口贸易的 23%;上海服务贸易总额突破 1 000 亿美元,占全国比重超过 1/4。全市商品销售总额 37 383 亿元。

2002 年 12 月 3 日,上海获得 2010 年世界博览会的举办权。园区规划布局于浦东新区、黄浦区和卢湾区的黄浦江两岸,先后建成中国馆、上海世博展览馆等地标性建筑。2010 年 5—10 月,以"城市,让生活更美好"为主题的上海世博会成功举办。其间,上海用于世博会园区建设的直接投资达 30 亿美元,由此带动产业结构调整、交通基础设施建设、商业建设和旧城区改造的投资达 150 亿美元～300 亿美元,加速上海城市基础设施的现代化进程。同时,上海世博会带来的物流、人流、资金流和信息流以及各项综合服务,极大地推动上海国际经济、贸易、金融和航运中心建设。

上海各区县抓住迎办世博会的历史机遇,提升区容区貌,加快区境现代化、国际化。2005 年,黄浦区启动境内世博园区、轨道交通站点、越江隧道、绿地、道路等涉及上海世博会项目建设。至 2010 年,境内黄浦江沿线呈现新貌,外滩滨水区延伸到十六铺;十六铺至南浦大桥段土地实施储备、渐次改造,水上旅游中心、老码头创意区、国际金融服务区逐一问世;南浦大桥以西的上海世博会举办区域成片改造。途经境内的轨道交通从 2 条增加到 6 条(1、2、4、8、9、10 号线),越江隧道从 1 条增加到 5 条(延安东路隧道、人民路隧道、复兴东路隧道、西藏南路隧道、外滩观光隧道)。2008—2010 年,卢湾区实施包括南部滨江地区功能开发、淮海中路商业结构调整等在内的迎世博三年行动计划和以提高环境文明、秩序文明、服务文明水平为主要内容的《迎世博 600 天行动计划》,着力打造"世博会精品大客厅",城区面貌焕然一新,城区管理水平、文明程度和市民素质明显提高。长宁区积极落实市委、市政府部署,圆满完成迎办上海世博会各项工作任务,搭建"上海文明和谐西大门"创建平台,积极开展"世博先锋行动",广泛动员窗口单位、社区居民等各方力量参与世博、服务世博。同时,环境整治和景观建设取得显著成效。

2010 年 5 月 1 日,上海世博会举行开园仪式。至 10 月 31 日,累计入园参观人次达 7 308 万,创世博会历史之最；8万名园区志愿者、10万名城市服务站点志愿者、197万名城市文明志愿者提供志愿服务，成为上海世博会一大亮点。

上海世博会的举办，直接带动旅游会展、商业销售、交通运输、住宿餐饮等服务业快速增长，给上海各区县经济发展注入新的动力。上海世博会举办期间，全市实现社会消费品零售总额3 095亿元，其中园区商业零售额45亿元，世博特许商品销售额310亿元；全市星级饭店客房平均出租率78％，住宿业客房收入增长85％。2010年，全市国际旅游入境人数达到851.12万人次，比2009年增长35.3％。

2001—2010年，上海各区县坚持经济和社会协调发展，从群众最关心、最直接、最现实的利益问题出发，突出重点，统筹兼顾，尽力而为，量力而行，大力推进以改善民生为重点的社会建设，人民生活水平持续提高。2010年，全市各区县城市居民家庭人均可支配收入31 838元，农村居民家庭人均可支配收入13 746元，年均增长率分别达到11.3％和10.5％。

2010年后，上海各区县立足国家发展战略，围绕中心，服务大局，加快经济结构的战略性调整，突出科技创新优势，提升城区综合功能，优化城区形态，加强社会管理，着力保障和改善社会民生，加快资源节约型、环境友好型城区建设，深化改革开放，提升城区发展软实力，实现经济社会全面协调可持续发展，在发展中促转变，在转变中谋发展，探索具有中国特色、时代特征、上海特点的改革开放之路，在加快建设"五个中心"和具有世界影响力的社会主义现代化国际大都市的历史进程中谱写新的篇章。

# 大事记

## 1978 年

2 月　贯穿川沙县、杨浦区的上川铁路改建公路工程竣工通车。1975 年 12 月 10 日开工。全长 22.35 公里,是川沙县通往市区的主要公路之一。

4 月 1 日　行驶于上海县和徐汇区境内的公交龙吴线首次试行月票,票价 9 元。

7 月　市委书记彭冲到奉贤县青村公社检查"三抢"工作。

8 月　松江工艺品厂恢复"顾绣"生产。1980 年 10 月,该厂顾绣产品参加日本横滨市国际绣品展览会,有 8 幅被该市博物馆珍藏。2006 年 6 月,顾绣入选国务院公布的第一批国家非物质文化遗产名录;同月,在深圳第二届国际文化产业博览会上,松江"绣娘"钱月芳、富永萍、吴树新创作的《仙萼长春图系列》16 幅顾绣作品获金奖。

同月　位于奉贤县境内的市直机关"五七"干校(1968 年 10 月 9 日建立)等 10 余所市属各类"五七"干校相继撤销。

10 月　上海社会科学院正式复院,址设卢湾区淮海中路 622 弄 7 号。

12 月 23 日　宝山钢铁总厂在宝山县月浦地区动工兴建,是国家重点建设项目。1985 年 9 月 15 日,中国最大的 4 063 立方米宝钢一号高炉点火投产。

12 月　奉贤县平安公社与市水产养殖总场联合创办上海市奉贤海水养殖场。1979 年养殖对虾成功,是全国养殖对虾十大丰产县之一。2001 年,奉贤县南美白对虾、罗氏沼虾养殖面积和产量均列全市第一,是全国五大沼虾养殖基地之一。

1978 年　位于闸北区境内的铁路彭浦站改建为北郊站,被列为特等铁路货运站。

同年　上海县新泾公社天山大队实行男 65 周岁、女 60 周岁社员领取养老金制,率市郊之先。

## 1979 年

1 月 13 日　流经南汇县、上海县境内的大治河开挖工程完工,全长 39.5 公里,是市郊最大的人工河。南汇县境段长 30.1 公里,1977 年动工,分 3 期开挖。上海县境段 1978 年 4 月动工。

2 月 12 日　长宁区教育局在第二聋哑学校招收 2 个弱智辅读班,是全市首期智力低弱儿童辅读班。1981 年迁入愚园路 1112 弄 31 号。1986 年 2 月更名为长宁区辅读学校。1991 年 8 月改称长宁区初级职业辅读学校。

2 月　奉贤县在全市率先试点对全县地、富、反、坏分子的审查摘帽工作。1980 年底有 3 480 名地主、富农等被摘帽。

同月　崇明县大新公社建筑站施工工地地下挖出清代 4 门铁炮和 1 门铜炮。后收藏于上海博物馆。

同月　南汇县三墩人民公社、黄路人民公社与上海毛麻纺织工业公司合资联营的大治河毛纺厂成立,是全国首家农工联办企业。

5月4日　虹口区幸福院在张家巷路185弄191号成立,有工作人员6人,收留孤老32人,是全市首家区办养老院。

5月7日　虹口区东长治路街道福利工场成立,招生产人员28人,其中残疾人员19人、知青7人、退休工人2人,年收入21 881元。是全市首家街道办的福利生产单位。

6月1日　上海儿童食品商店在静安区南京西路980号开业,是全市首家经销儿童食品的专业商店。

6月　上海歌舞团在长宁区虹桥路1650号成立。

9月　黄浦区宁海西路、新永安路、凤阳路农副产品市场相继建立。同期,全市建立首批农副产品集贸市场25个,成为"菜篮子工程"的主要组成部分。

同月　卢湾区工人纠察大队成立,协助公安部门维护社会治安,下设10个中队,率全市之先。

同月　嘉定县、上海县、宝山县经上海市血防领导小组考核验收,成为全市首批消灭血吸虫病的县。金山县、青浦县于1983年12月通过考核验收,消灭血吸虫病。

同月　农业部组织长江流域8个产棉省市的100余名代表,到南汇县考察棉花高产技术经验。

10月　曹杨路停车场在普陀区曹杨路武宁路口建成启用。占地22 149平方米,可日停车400辆～500辆,专为外地运输车辆服务。

同月　宝山县建立农业技术推广中心,是全国29个试点单位之一,也是市郊首个。

同月　奉贤县钱桥橡塑厂聘请上海橡胶制品研究所助理工程师韩琨为业余技术顾问(俗称"星期日工程师"),引发震动全国的"韩琨事件"。1983年1月21日,"星期日工程师"在全国得到正名。

12月　宝山县蕴川路蕴藻浜桥建成。全桥24孔,总长427.05米,是跨越蕴藻浜最大的现代化预应力钢筋混凝土桥梁。是月,蕴川公路改建拓宽竣工,经蕴川路蕴藻浜桥通连共和新路,是县境北部地区唯一的南北向干线公路。

同月　金山县承建的上海石油化工总厂黄浦江引水工程竣工。1978年8月开工。输水道全长12.79公里。

同月　崇明县堡镇港客运码头建成运行。1978年3月动工建设。

1979年　位于长宁区的虹桥路1921号花园别墅宾馆对外开放。占地73.26公顷,定名为上海西郊宾馆,又称上海西郊国宾馆。

同年　杨浦区安排7万名返沪的上山下乡知识青年就业,占全市安置量的23.1%。

同年　奉贤县南桥镇光明乡开始种植黄桃,是市郊较早种植黄桃的地区。

## 1980 年

1月1日　汉语大词典编纂处和出版社在长宁区新华路200号成立。通过出版《汉语大词典》等,建立国内最大的汉语词汇数据库。

1月　流经南市区和川沙县的川杨河工程竣工。全长28.75公里,1978年冬开挖。川杨河同随塘河、浦东运河、曹家沟、三八河等33条河道相接,是全市一条主要的人工河流。1979年2月建成上南公路川杨河大桥,全长75.72米,宽14米。1981年4月1日,川杨河西源头接黄浦江的杨思水闸建成通航。1984年7月11日,挖通东段钦公塘大坝,统一川沙县水系。

4月11日　上海市和日本大阪府在嘉定县马陆人民公社举行"上海大阪友好人民公社"命名

仪式。

4月15日　全国县级直接选举工作办公室颁发《上海市静安区关于选举区第七届人民代表大会代表的工作计划》。作为民政部确定的差额选举试点单位,静安区第七届人民代表大会代表实行差额选举。

4月28日　美国驻沪总领事馆在徐汇区淮海中路1469号开馆;10月21日,法国驻沪总领事馆在徐汇区淮海中路1431号开馆。1985年2月11日,英国驻沪总领事馆在徐汇区永福路244号开馆。徐汇区逐步形成外国领事馆风貌区。

5月1日　位于普陀区的曹杨路桥即曹家渡桥改建竣工通车。

7月12日　业主陈贵根经工商管理部门批准在静安区华山路504号开设"味美馆",是改革开放后市区开设的首家个体餐厅。后因故于1983年5月关闭。

9月19—22日　上海县莘庄、龙华地区出现全市首次观察到的酸雨,pH值4.57～5.22。

9月26日　中共南汇县委召开全县广播大会,用1个月的时间组织干部群众开展致富大讨论。

10月1日　嘉定县在嘉定镇成立嘉定农工商联合企业,是市郊首创。

10月14日　青浦县崧泽文化遗址挖掘出距今5900年左右的陶釜。2004年5月12日发掘出6000多年前、年龄25岁～30岁的男性头骨。

10月30日　国务院批复上海市人民政府同意设立吴淞区。1981年7月30日中共吴淞区第一次代表大会召开,12月21—26日区政协第一届第一次会议召开,12月22—25日区第三届人民代表大会第一次会议召开,分别选举产生区委、区人大、区政府、区政协领导班子。

10月　卢湾区在柳林路上设立柳林路小商品市场。至1985年成为全市首个具有活动摊房设施的专业服装市场。1990年兴建柳林大厦,高29层。1995年完工,实现引场进室。2000年10月15日,上海国际服装中心在柳林大厦挂牌。

同月　位于宝山县的张华浜码头扩建成国际集装箱专用码头,有7个万吨级泊位、3490米铁路专用线。

同月　上海县基本完成扫除文盲任务,率市郊之先。

11月27日　世界卫生组织命名中国上海市嘉定县、广东省从化县、山东省掖县为该组织的初级卫生保健合作中心。

11月　杨浦区辽源街道文化中心在鞍山二村46号(甲)成立,是全市首个街道文化中心。

1980年　位于卢湾区高雄路2号的江南造船厂建成"向阳红10号"轮,是中国第一艘远洋综合科学调查船。

同年　嘉定县马陆人民公社工业利润1018万元,是市郊首个工业利润超千万元的人民公社。1983年,马陆乡农副工总产值1.01亿元,是市郊首个"亿元乡"。

同年　金山农民画首次在北京美术馆展出,138幅复制品全部由比利时"比中友好协会"购买。

同年　松江县建成商品鱼基地,有养殖场21个,精养鱼塘水面近100公顷。1984年,全县新辟养鱼塘534公顷,并初步建成生产配套体系。

## 1981年

1月22日　南汇县横沔、书院、大团、新港等公社搞"穷过渡"的生产大队恢复以生产队为基本核算单位。

2月1日　南市区福民街小商品市场设立,有 60 余个个体摊位。1983 年发展至 600 余个摊位,是市中心著名的小商品市场。1998 年迁入福佑路 225 号上海福佑商厦。

2月22日　国务院批复上海市人民政府同意恢复闵行区。12 月 22 日经中共上海市委批准重新建立区委,1982 年 4 月 20 日召开成立大会。1982 年 12 月 20—25 日区政协第二届第一次会议召开,12 月 21—24 日区第三届人民代表大会第一次会议召开,分别选举产生区人大、区政府、区政协领导班子。

3月30日　南市区举办纺织工业新产品开发展览会,区内 24 家纺织厂 600 余个产品参展。市长汪道涵视察。

4月5日　南市区境内的老城隍庙牌楼、戏台、大殿等古建筑修复竣工开放。

4月6日　奉贤县庄行公社新林大队率先试行工厂化育秧。1987 年 6 月,全县育秧工厂发展到 27 座。6 月 16 日,七省一市农机观摩考察团 27 人到奉贤考察工厂化育秧工作。

5月1日　位于松江县境内的佘山天主堂修复开堂。1982 年秋,华东六省一市天主教教务委员会在佘山创办中国天主教佘山修院。

6月4日　国家名誉主席宋庆龄骨灰安葬仪式在上海县虹桥路 1290 号万国公墓宋氏墓地举行。1984 年 1 月 10 日,国务院将宋庆龄墓地命名为"中华人民共和国名誉主席宋庆龄陵园"。

6月　上海市青浦县政府与江苏省昆山县政府联合成立淀山湖水产养殖场,水域面积 6 666.67 公顷,实行两县联办、独立核算、共同经营,每年定期投放鱼苗,保护渔业资源。10 月 3 日,两县联合发布《关于保护淀山湖养鱼生产的布告》,禁止在淀山湖进行无序、违法捕捞。

7月27日　上海联合毛纺织有限公司在黄浦区烟台路开业,是改革开放后经国家外经贸部批准建立的全市首家沪港合资企业。

8月31日—9月3日　宝山县、崇明县遭受 14 号强台风袭击。宝山县潮位 5.74 米,是 50 年来的历史最高纪录,决堤 37 处,重灾田 1 万公顷。崇明县新村公社新城大队大队长顾思礼、副大队长张林生在带领群众抗台抢险中不幸牺牲,是年被市政府追认为革命烈士。

10月9日　上海宋庆龄故居揭幕仪式在徐汇区淮海中路 1843 号举行。1994 年 10 月 25 日举行宋庆龄雕像揭幕仪式。

11月4日　上海教育书店在卢湾区淮海中路 717 号开业,是全市首家教育专业书店。

12月　虹口区曲阳知青菜场在曲阳路街道西南小区开张营业,是全市首家由待业青年办的菜场。

1981年　徐汇区修建位于南丹路 17 号的徐光启墓。1983 年 11 月 8 日,南丹公园更名光启公园。2003 年 6 月 6 日,徐光启墓再次修缮,12 月 27 日竣工。

同年　虹口区各街道相继建立信访工作联席会议制度。1983 年形成区、街道、里弄三级联席会议网络。

同年　杨浦区组建区女子足球队,是全市最早的女子足球队。

# 1982 年

1月8日　中国大百科全书出版社上海分社迁入长宁区古北路 650 号。通过总、分社的努力,1993 年《中国大百科全书》(第一版)74 卷出齐,是中国首部百科全书,被誉为"中华文化的丰碑"。1995 年更名为东方出版中心。

3月5日　黄浦区南京路第一医药商店、第一百货商店、武警上海总队一支队十中队等单位民兵、团员青年在南京路设"为民服务台",开展"学雷锋做好事"活动。之后,南京路一条街逐渐形成每月20日"为民服务日"制度,从未间断。

同日　中共代表团驻沪办事处旧址纪念馆即周公馆在卢湾区思南路71号、73号正式挂牌。1981年4月25日筹建。1985年对外开放。

4月3日　嘉定县曹王人民公社进行政社分设工作,是市委、市政府确定的唯一试点单位。

4月　静安区武定街道建立全市首家民办伤残儿童寄托所。

5月1日　位于松江县中山东路235号的方塔园建成开放,占地12.13公顷,有明代照壁、宋代方塔(又名兴圣教寺塔)等景点。

10月15日　联邦德国驻沪总领事馆在徐汇区永福路181号开馆。

10月　杨浦建筑工程队和位于杨浦区境内的上海机修总厂、上海胶鞋厂、上海家具机械厂等10余家单位"破墙开店",率全市之先。

11月7日　崇明县电话号码由四位制改为六位制,全市实现六位数拨号。1989年11月,县电话七位数拨号工程正式割接运行,实现市县通信一次拨号。

11月　上海龙柏饭店在长宁区虹桥路2419号建成营业,是全市改革开放后兴建的首家旅游饭店。1983年2月21日,中共中央政治局常委、中央顾问委员会主任邓小平到龙柏饭店视察,指出要大力发展旅游事业。

12月25日　青浦县重固福泉山东部遗址发现4000年前良渚墓葬;1988年10月21日发现马家浜文化泥质红衣陶罐残片及两眼水井,把上海的历史推溯到7000年前。2001年8月11日被国务院列为全国重点文物保护单位。

12月　普陀区新俪公寓在志丹路104号竣工,是全市第一幢"鸳鸯楼"(即结婚过渡房),132对大年龄结婚青年喜迁新居。

1982年　嘉定县被列为全国农村改善饮水工作的7个重点县之一。

## 1983 年

1月　普陀区烟糖果品公司所属友谊、安联两家烟杂店实行承包经营责任制,率全市之先。

2月1日　中共上海县委印发《"专业承包、包干分配"责任制的若干问题的意见(草案)》,上海县的农业生产逐步推行家庭联产承包责任制,率市郊之先。

2月9日　静安寺(华山路)人行地道工程竣工。1982年11月17日开工。全长27.05米,是市区最早建造的过街人行地道。

2月21日　中共中央政治局常委、中央顾问委员会主任邓小平视察虹口区曲阳新村知青菜场、商场和酒家,访问大连西路250弄居民;视察静安区胶州路农副产品市场。

3月1日　长宁区在全市率先建立婚前健康检查制度。

同日　虹口区公证处在海南路40号挂牌办公,是全市首家区公证处。

4月28日　17时30分,嘉定县遭九级以上暴风雨袭击,有9个人民公社58个生产大队的384个生产队遭遇冰雹,全县3653公顷农作物遭受不同程度损害,其中760公顷三麦油菜基本失收。倒塌社员住房110间、集体棚舍128间,重伤1人。

6月　上海游泳馆在徐汇区中山南二路1500号建成,占地8公顷,建筑面积1.58万平方米,观众席位 4 099 个。

同月　普陀区沪太新村在沪太路、延长路、子长路、志丹路地区开工兴建,规划建筑面积 70.8 万平方米,1994 年底全面建成,获全市居住区绿化配套建设第一名。

7 月 15 日　长宁区少年宫创办《小主人报》,由 15 岁以下少年儿童编辑,是全国首家。1985 年 8 月 31 日、1986 年 12 月 30 日,市长江泽民两次为该报题词。

7 月 20 日　上海市少年儿童活动中心佘山营地在松江县佘山南麓建成开营,建成面积 2.2 公顷,建筑面积 3 300 平方米。后经扩建面积增至 4 543 平方米,户外活动区 12 000 平方米。是由上海市妇女儿童工作委员会主办、市妇联主管的全国第一家少年儿童野外教育基地。

8 月 27 日　上海宾馆在静安区乌鲁木齐北路 505 号建成,高 91.5 米,是上海解放后建造的首座超过国际饭店高度的建筑。

9 月 18 日—10 月 1 日　第五届全国运动会在上海举行,是首次由北京以外的城市举办。开幕式在杨浦区江湾体育场举行,闭幕式在位于徐汇区的上海体育馆举行,25 个比赛项目分别由徐汇区、闸北区、虹口区、杨浦区、黄浦区、上海县、青浦县承办。

9 月　上海历史文物陈列馆在长宁区虹桥路 2270 号建立。1991 年 7 月更名为上海市历史博物馆,1992 年 9 月迁至虹桥路 1286 号。

10 月　上海县莘庄乡莘东村杨家湾生产队杨氏一家 6 口,承包生产队 3.99 公顷粮田,占生产队粮田总面积的 53%,是市郊首个粮食生产专业户。

11 月 8 日　明代杰出科学家徐光启逝世 350 周年纪念日之际,市委统战部、市文管会在位于南市区乔家路 228 号~244 号的徐光启故居"九间楼"前举行勒石纪念揭幕仪式。

11 月　上海具普及初等教育,1985 年普及初中教育,均率市郊之先。

1983 年　嘉定县传统特产"白蒜"每公顷产量突破 7 500 公斤,创历史最高纪录。1981—1987 年,每年出口蒜头 1 万吨左右,创汇 500 万美元,为国家大蒜出口基地之一。

## 1984 年

2 月 16 日　崇明县成为全国重点渔业县和市郊重要商品鱼基地,拥有 55 个淡水鱼养殖场,面积 1 020 公顷,位市郊前列。

3 月 31 日　青浦县召开粮食专业户大会,向 873 户专业户颁发"粮食专业户光荣证"。6 月 30 日召开多种经营专业户大会,向 831 户专业户颁发"多种经营优惠证"。

3 月　杨浦区政府以联建公助形式对境内最大棚户简屋区之一的凌家木桥实施改造,拆除旧房约 4.3 万平方米。1987 年建成建筑面积 14.83 万平方米的凌联新村,是全市最大的联建公助基地之一。

同月　静安区的延中复印技术研究所成立,是全市地区集体工业中首家技术研究机构。

4 月　市文管会对松江区佘山镇上的护珠塔(又称宝光塔)进行维修,1987 年 12 月 7 日竣工。该塔建于南宋绍兴二十七年(1157),原为砖木结构楼阁式塔,七级八面。清乾隆五十三年(1788)因火灾焚毁。后有人发现砖缝中有唐宋钱币,挖砖取钱,塔身底层被拆去四分之一。残塔高 18.81 米,塔身轴心线向东南偏出 2.27 米,倾斜度 6°52′52″,斜而不倒,为古建筑中罕见。

5 月　黄浦区南京东路全路商店开放夜市,营业时间延长至晚上 9 点,是新中国建立后全市首次开放夜市。至 6 月 1 日,市级商业中心黄浦区南京东路、卢湾区淮海中路、虹口区四川北路等 5

条主要马路 773 家商店开设夜市,营业时间延长到晚上 9 点。

6 月 30 日　中国共产党第一次全国代表大会会址纪念馆在卢湾区兴业路 76 号揭幕,邓小平题写馆牌。

7 月　长宁区建青实验学校在虹桥路 1161 弄 20 号成立,由建青中学、虹桥路第二小学及幼儿园合并,是全市唯一一所 15 年一贯制教育的学校,探索幼、小、中"三段一体"改革。

同月　上海县恢复两熟制粮食生产,是市郊较早实现两熟制改革地区之一。是年种植单季晚稻 1 800 公顷。

8 月 28 日　中共中央政治局常委、中央纪律检查委员会第一书记陈云为《青浦县志》题写书名,为青浦县博物馆题写匾额。

8 月　中共中央政治局常委、中央纪律检查委员会第一书记陈云为枫泾暴动领导者陆龙飞烈士题词:"陆龙飞烈士永垂不朽!"1988 年 4 月 1 日,陆龙飞烈士墓揭牌仪式在金山县枫泾公墓举行。

9 月 20 日　长宁区上海华宁实业公司在愚园路 1015 号开业。是全市首家民营股份制企业。

9 月 25 日—10 月 7 日　应中共中央总书记胡耀邦邀请,3 000 名日本青年访华,分批赴上海县、长宁区、闸北区等乡镇、街道与当地青年联欢。

9 月 26 日　青浦县境内的白(鹤)华(新)公路通车,全县实现公共汽车"乡乡通"。

9 月　国务院改造振兴上海调研组和上海市人民政府联合制订《关于上海经济发展战略的汇报提纲》。年底,市政府将《汇报提纲》上报中共中央和国务院,首次提出浦东开发。1985 年 2 月 8 日,国务院批准《汇报提纲》,肯定开发浦东的设想。

同月　雷锋半身铜像在普陀区长风公园落成,高 1.3 米,宽 1.2 米,重 1 吨。由上海市第二轻工业局系统 12 万名团员青年捐款铸造,是全国最大的雷锋铜像。

同月　静安区红棉吉他业余艺术学苑成立,是改革开放后全市首所私立学校。

同月　上海县西园饭店在虹桥路 2384 号开业,是市郊首家涉外饭店。

10 月 30 日　静安区的上海延中复印工业公司、中国银行信托咨询公司与美国莎士比亚有限公司香港分公司三方合资成立沪港实业有限公司,是全市首家由地区工业与银行、港商合资的企业。

10 月　位于徐汇区的华亭路小商品市场开业,以经营款式新颖服装为主。1985 年改名华亭路服装市场。2000 年 11 月 25 日迁入襄阳服饰礼品市场。

11 月 10 日　崇明—长兴—横沙输变电工程竣工,崇明县发电厂通过江底电缆向长兴岛输电。

11 月 18 日　位于长宁区武夷路 174 号的上海飞乐电声总厂所属企业——上海飞乐音响公司,更名为上海飞乐音响股份有限公司,经批准向社会公开发行股票,率全国之先,是新中国首家股份制上市公司。

11 月 21 日　位于普陀区的上海真如车站扩建竣工,占地 47.89 公顷,由四等小站改为一等客货运站。1989 年 1 月 1 日更名为上海西站。

11 月 29 日　市委第一书记陈国栋视察黄浦区天津中学。该校举办高中职业班,先后开设服装、外供、会计等 17 个专业,培养实用人才。

11 月　市政府批准长宁区开发古北新区规划方案。1986 年 12 月 12 日,上海古北新区联合发展公司成立,开始兴建。2005 年 12 月基本建成,建筑面积 300 万平方米,是全市首个大型高标准国际居住区。

12 月 25 日　普陀区内 35 户"老虎灶"(即熟水店)全部实行租赁承包,率全市改革之先。

12 月　露美美容厅在卢湾区淮海中路、茂名路路口开业,是全市首家专业美容厅。

同月 虹口区曲阳污水处理厂建成。1982 年 7 月开建。日处理污水 7.5 万立方米,是中型城市污水处理厂。

1984 年 虹口区团委在曲阳新村建成第一个青年绿园工程,1985 年建第二个,两园合计 3 900 平方米。市长汪道涵题词。

同年底 崇明县北门新村住宅区建设全面竣工。1978 年 6 月开工,占地 2.7 万平方米,建有 5 层、6 层居住楼 25 幢,是县内首个大型住宅区。

# 1985 年

2 月 1 日 位于上海县虹梅路 7 号的锦江乐园对外开放,是全市首座大型现代化游乐场。

2 月 21 日 位于黄浦区的人民公园举行南极石奠基仪式。该石由中国首批赴南极考察队从南极带回,高 2 米多,呈长圆形、黑褐色。

5 月 27 日 虹口区团委在黄渡路 107 弄 15 号李白故居内举行李白烈士浮雕落成仪式。1987 年 5 月,李白烈士故居恢复开放。

5 月 28 日 普陀区委和市总工会在沪西工人文化宫举行上海工人三次武装起义群雕像揭幕典礼。

5 月 普陀区沪西综合市场在曹杨路 1379 号竣工营业,占地 1.17 公顷,建筑面积 8 000 余平方米。

同月 五卅运动纪念碑在黄浦区南京西路、西藏中路西南侧奠基。1990 年 5 月 30 日落成。1989 年 12 月 12 日,为纪念五卅惨案遇害的茅丽瑛烈士牺牲 50 周年,区政府在南京东路 114 号烈士遇害处举行立碑活动。

同月 雁荡大厦在卢湾区雁荡路 107 号建成,是全市首座利用外资兴建的高级公寓。

6 月 7 日 位于闸北区宝山路 584 号的上海幼儿师范学校更名为上海市幼儿师范专科学校。1991 年改名上海市幼儿师范高等专科学校。是国内首所培养大专学历的幼儿教师学校。

6 月 中日定期海上班轮开辟,"鉴真"轮从虹口区外虹桥码头首航日本神户。

同月 上海港军工路集装箱装卸公司在宝山县淞南乡成立,由上海港第十装卸区与江湾机场集装箱货运站合并组建。有 9 个万吨级泊位、6 304 米铁路专用线,年吞吐量 480 万吨,是全国最大的集装箱码头。

7 月 1 日 普陀区举行药水弄棚户区改造工程开工典礼。1995 年 12 月竣工,命名为长寿新村。

7 月 25 日 市委书记芮杏文、市长江泽民视察普陀区长风商场和周围的商业网点设施。

8 月 1 日 上海大暴雨,杨浦区控江地区积水严重。市委书记芮杏文、市长江泽民涉水察看积水情况。1986 年 5 月 31 日,控江地区排水工程竣工。

8 月 5 日 位于卢湾区境内的复兴公园举行马克思、恩格斯石雕像落成典礼。

8 月 10 日 上海大江有限公司在松江成立,由上海市松江县畜禽公司、饲料公司和泰国正大集团正大上海有限公司合资建立,双方各出资 300 万美元。

8 月 位于闸北区光复西路 21 号的四行仓库旧址被市文保委列为"八百壮士抗日纪念地"。

9 月 上海市奉贤医学专科学校在南桥镇开学,是全国第一所县办全日制高等医学专科学校。

同月 金山县举办首届文化艺术节,以"改革开放以来的重大变化"为主题。之后每两年举办一届。

10月17日　市长江泽民到上海县检查农副产品生产,要求为保障城市居民生活,生产更多更好的蔬菜和猪、禽、蛋。

12月　华侨公墓"归园"在青浦县朱家角乡竣工营业。由乡政府与市民政局联办,占地9.69公顷,其中华侨墓区6.53公顷、市民墓区3.16公顷,总投资200万元,1985年6月动工。是市内唯一可兼顾遗体葬(仅限华侨和港澳台同胞)和骨灰葬的公墓。

1985年　大世界人行立交桥和南京路西藏路口人行立交桥在黄浦区境内相继建成使用。

同年　位于金山县朱泾镇万安街的中国人民保险公司金山支公司在全国首办生猪、西瓜、水稻、对虾、海堤险。1987年在全国首先试办农村合作医疗健康险。1988年在全国首办三麦、油菜、棉花等农业险种。

## 1986 年

1月　普陀区真北路立交工程建成通车,解决沪宁铁路道口交通严重阻塞问题。

2月　杨浦区沪东康复医院与中科院生理研究所协作,为特等残废军人张国华成功安装假肢,是全国首只可作手指张握、手腕旋转等6种动作的肌电手。

3月7日　长宁区委召开郭孝达事迹报告会,号召全区学习。郭孝达是长宁区中心医院肿瘤科主任医师,先后试制成功中国第一台光导纤维胃镜等一系列胃癌整治医疗器械设备。

3月27日　市委书记芮杏文率市财政局、劳动局、协作办、集体事业办等负责人到静安区康华电线电缆厂现场办公。

3月　南市区政府投资600余万元,分3期工程整修豫园。1988年8月修缮竣工。

3—6月　长宁区妇幼保健所在新华路街道试办新婚学校、孕妇学校和父母学校。1987年,全区开展优生优育系列教育。1993年9月,区妇幼保健所与区妇产科医院合并,更名为长宁区妇幼保健院。

4月　宝山县长兴乡(即长兴岛)建成万亩橘园,是全市重要的柑橘生产基地。

6月21日　上海古华中药材农商股份集团在奉贤县南桥镇成立,由奉贤中药饮片厂、县医药公司、县药材公司、江海曙光中药切片厂和全县200余家药农专业户共同参股。

7月11日　14时,南汇县新场乡、坦直乡、六灶乡一线遭受龙卷风袭击,22人死亡,540人受伤,损坏房屋4 361间,其中倒塌房屋2 764间,1 050户受灾。

8月29日　国务院批准位于长宁区的虹桥开发区为国家级上海虹桥经济技术开发区,面积0.65平方公里,是全国唯一以涉外商贸为特征、辟有领馆区的开发区;批准闵行开发区为国家级上海闵行经济技术开发区,面积2.13平方公里。

8月　货运汽车双层停车场在虹口区东大名路959号建成启用,是全国首家。

同月　静安区静园书场舞厅试办营业性舞厅,是改革开放后首先恢复的营业性舞厅。

9月26日　上海漕河泾微电子工业区在徐汇区奠基,占地1.7平方公里。1988年6月7日经国务院批准成立上海市漕河泾新兴技术开发区,执行国家级经济技术开发区政策,规划面积5.98平方公里。1995年12月15日进入"二次创业"阶段,西区破土动工,面积扩大1.89平方公里。

9月　上海静安老年医院在康定路834号建成开业,是全市首家老年专业医院。

10月1日　位于杨浦区的共青森林公园落成开放,总面积115公顷,是全市最大的公园。

10月23日　南市区最大一块棚户区西凌家宅公房基地动工,占地9.5公顷。1995年建成10幢高层、23幢多层的住宅小区。

10月24日　8时25分,位于长宁区的沪杭铁路三泾北宅道口运货列车出轨翻车,撞塌民房7幢,11人死亡,10人受伤(1人重伤)。18时35分恢复通车。

11月17日　中共中央总书记胡耀邦视察崇明县东平国家森林公园等,为崇明岛题词,为《崇明县志》题写书名。18日视察嘉定县,为嘉定科学卫星城题词;在位于青浦县淀山湖畔的大观园会见县委、县人大、县政府、县政协的领导成员。19日视察川沙县,参观乡镇工业产品陈列室并题词;视察奉贤县,参观工业、土特产品陈列室和奉贤县修编地方志成果陈列品并题词;视察南汇县芦潮港,并听取汇报。21日视察上海县虹桥乡并题词。

11月29日　华亭宾馆在徐汇区漕溪北路1200号建成开业,为四星级宾馆。是全市首家引进国际著名酒店管理系统的宾馆,也是全市早期高星级涉外宾馆。

12月9日　上海川南城市信用合作社在黄浦区江西南路33号开业,是全市首家城市信用合作社。

12月10日　位于长宁区长宁路1971号的永红百货店,经拍卖归职工个人经营,是全市首起拍卖集体所有制企业。

12月29日　上海奉贤商社在南桥镇成立,是市郊首家由国营商业、供销社商业、商办工业单位、基层供销合作社、乡镇企业及其他经济组织入股的新型股份制合作商业机构。

12月31日　普陀区中山北路、交通路跨铁路车行立交桥建成通车。桥体由平行不相连的北立交桥、高架桥、南立交桥组成,在软土地基区采用60米长钻孔灌注桩的建造技术,在全市属首例。

12月　崇明南门港务站新候船室竣工,总投资161.8万元,建筑面积2800平方米,可容纳旅客4000余人。

1986年　瑞金大厦在卢湾区茂名南路205号建成,是全市专为外贸企事业单位租用的贸易商厦。

同年　卢湾区辅读学校在局门路426号建成,实行学前教育、九年义务教育、初级职业技术教育一贯制,是市素质教育试验基地、市示范性特殊教育学校,全市辅读学校中唯一一所教师自培基地。

同年　上海县马桥乡俞塘村第五生产队工农业总产值470万元,工业利润103.5万元,是市郊首个创利百万元的生产队。

## 1987 年

1月5日　黄浦区西藏南路1号的大世界复业,由上海青年宫更名为大世界游乐中心。2003年因SARS(非典型肺炎)事件停业,2008年为修缮建筑闭门谢客。

1月7日　崇明县牛棚港至江苏省海门县青龙港的11万伏高压过江电缆铺设完成,全长2.61公里,是国内首条由内陆伸向海岛的过江电缆。

1月15日　闵行区成立武装警察中队,是全市首个区级武装警察中队。

1月23日　中英合作红宝石食品厂在静安区华山路375号建成投产,是全市粮食系统首家与外商合作的企业。

1月　位于普陀区的沪杭铁路外环线一期工程完成通车。原沪杭线通车次数大为减少,缓解了沪杭铁路道口堵塞现象。

2月16日 普陀区曹杨新村街道曹杨一村第一、第二居委会和五村第六居委会居民开始实行生活垃圾袋装化,率全市之先。

2月 上海县新泾乡在长宁区创办程家桥菜场,是农民在市区设立的首家农民菜场。

3月6日 21时许,松江县新浜、新五、大港、古松等11个乡遭受特大暴雨、冰雹和龙卷风的袭击,倒塌房屋、棚舍等1 727余间,733公顷三麦、1 533公顷油菜受重灾,死亡3人,重伤16人,轻伤44人。

3月20日 上海市各界人士在闸北区沪北电影院集会,纪念上海工人第三次武装起义60周年。市委书记芮杏文、市长江泽民等出席,并参观在闸北公园举办的上海工人第三次武装起义图片展览。

4月1日 位于崇明县西部的上海市跃进农场新安乳品厂建成一条特级袋装鲜牛奶生产流水线,每小时可生产包装4 800袋的鲜牛奶,直接缓解市区鲜牛奶供应紧张的局面。

4月18日 凌晨4时16分,普陀区沪杭线曹杨路道口发生火车和公共汽车相撞重大事故,6人死亡,38人受伤。

5月26日 奉贤县萧塘乡农工商联合社成立,是市郊首个乡级经济合作组织。

5月31日 首届上海国际艺术节在位于徐汇区的上海体育馆开幕。

6月13日 奉贤县庄行乡在农民个体工商业者中建立中共党支部,是市郊首个。

7月16日 市长江泽民视察南市区小南门复兴东路引线弄、火腿弄、和顺街危房,审视民建公助工程改造方案;9月,引线弄旧房改造工程动工。1988年底竣工。改建成5幢住宅,居民户均居住面积由19.1平方米增加到22.2平方米,增设厨房、阳台和厕所等。

7月22日 奉贤县洪庙集镇首期工程完工,160户农民进集镇落户,是全市首个农民集资兴建的集镇。1991年12月25—26日,市委书记吴邦国到奉贤县洪庙乡视察农民集镇建设并题词。

7月27日 虹口区欧阳街道优抚园在天宝西路241弄27号建成开放。园内布置街道范围内为国捐躯的32位烈士英名和李白烈士事迹展览,为烈士家属、革命伤残军人提供紧俏商品的优惠服务,以及学习、娱乐服务。是全国首个街道优抚园。

7月 静安区黄楼卡拉OK厅在延安西路国际贵都大饭店开业,是全市最早开设的卡拉OK厅。

8月7日 卢湾区延安中路385弄建成科普村,是全市首个科普村。

8月14日 上海市五讲四美三热爱委员会办公室等3个单位联合在奉贤县光明乡召开现场会,在市郊推广该乡首创的"新风户"活动。1991年在全市范围推广。

10月1日 电信大楼在黄浦区延安东路1122号建成营业,是中国自行设计的高层建筑,也是上海市重要的国际通讯枢纽。

11月25日 中共中央政治局常委胡启立视察上海县虹桥乡副食品生产;到松江县视察大江有限公司,参观泗联肉禽场、饲料厂和屠宰场。

12月3日 《奉贤县志》出版,是市郊首部正式出版的社会主义新方志。

12月10日 早晨浓雾封江,黄浦区陆家嘴轮渡站聚集数万乘客,人流拥挤,酿成重大伤亡事故,16人死亡,70余人受伤。

同日 上海豫园商场股份有限公司在南市区文昌路19号成立,由上海豫园商场改制而成。1992年5月16日吸收上海豫园旅游服务公司、南市区饮食公司等15个单位,采用募集方式,共同发起成立上海豫园旅游商城股份有限公司。1993年,豫园商城在方浜中路269号建成开业,投资近亿元,建筑面积7 740平方米。1994年经过大规模改扩建,商业面积增至10万平方米,形成外中内洋的建筑群落。

12月17日　位于南汇县境内的芦潮港简易码头竣工。1986年开建。平台长48.9米、宽10米,引桥长1 200米、宽4米,可停靠300吨~500吨位客轮,新辟上海芦潮港至浙江宁波航线。

12月19—20日,中共中央政治局常委、国务院副总理姚依林视察崇明岛长江北支牛棚港码头、团结沙等,参观县外贸出口展览。

12月23日　位于闸北区境内的跨越沪宁、沪杭铁路的恒丰路立交桥竣工通车,是国内第一座独塔单索面竖琴式斜拉桥。

12月28日　位于闸北区境内的新建铁路上海站开站通车典礼举行。中共中央政治局常委、国务院副总理姚依林出席并剪彩。

12月底　静安希尔顿酒店在华山路250号竣工,是全市最早建成的五星级宾馆。

12月　普陀区三官堂桥禽蛋市场在曹杨路60号落成营业,占地1 800平方米,是全市最大的禽蛋交易市场。1994年11月上旬在曹杨路1481号易址重建,1995年10月15日建成启用,新建市场面积扩大7倍。

1987年　位于黄浦区西藏路627号的星火日夜食品商店老店员王裕熙与全店职工实行集体租赁,年营业额突破600万元,利润44万元。1992年成立星火日夜实业公司,年营业额2 438万元,利润112万元,人均利税2.3万元。2002年迁至西藏中路628号~630号。

同年　35千伏地下变电站在卢湾区茂名南路58号的花园饭店内建成,是全国第一座。

## 1988年

1月13日　位于松江区中山东路中山小学内的唐代陀罗尼经幢被列为国家重点文物保护单位。始建于唐大中十三年(859年),高9.3米,现存21级,是全市现存最古老的地面文物。

1月27日　国务院批复上海市人民政府同意撤销宝山县、吴淞区,设立宝山区。6月16日,市委、市政府在宝山召开"撤二建一"干部大会,宣布宝山区委常委会组成名单。9月5—8日区政协第一届第一次会议召开,9月13—18日区第一届人民代表大会召开,分别选举产生区人大、区政府、区政协领导班子。

1月　闸北区新疆路街道、彭浦新村街道成立社区教育委员会,探索实现学校、社会、家庭一体化教育,率全市之先。

2月17日　甲型肝炎流行。是日(农历年初一),市长江泽民至静安中心医院和威海路287号治疗点视察,慰问病员及医务人员。甲肝流行致29万多人患病,其中绝大多数患者曾食用过毛蚶,从此毛蚶从上海餐桌上消失,一直未开禁。

3月14日　位于卢湾区香山路7号的孙中山故居对外开放。1994年7月26日在故居庭院举行孙中山铜像安置揭幕仪式。

3月22日　位于长宁区境内的上海虹桥经济技术开发区26号地块、1.29公顷土地实行国际招标,由日本孙氏企业有限公司中标,获50年使用权,是新中国首次批租国有土地使用权。1995年8月,建成29层双塔型太阳广场大厦,总建筑面积7.2万平方米。

3月23日　嘉定县在工业建设项目审批上实施由9个部门分头审批为集体会审,只盖县政府

1 个项目审批专用章,确定每周三为新项目审批日,简化手续,加快审批速度,率全市之先。

3 月 24 日　14 时许,嘉定县封浜乡沪杭铁路外环线匡巷站附近发生南京开往杭州的 311 次客车和长沙开往上海的 208 次客车相撞事故,28 人死亡,99 人受伤。

5 月 7 日　上海南桥 50 万伏超高压大型换流站在奉贤县邬桥乡启动运行。1985 年 11 月 25 日动工。是亚洲最大的换流变电站,结束上海电网 30 年 22 万伏最高输电电压等级的历史。

5 月 23 日　金山县亭林镇由考古人员发掘良渚文化墓葬 18 座。出土良渚文化陶、石、玉器 290 余件。

6 月 16 日　市长朱镕基视察徐汇区宜山菜场和由上海县梅陇乡与徐汇区田林街道合办的田林红金货栈,调研居民买菜难题,鼓励郊区乡镇到市区开设农民菜场。

7 月　华山医院新大楼在静安区乌鲁木齐中路 12 号落成。主体建筑 21 层,高 81 米,是全市最高的病房大楼。

8 月 25 日　上海合流污水工程开工典礼在闸北区举行。中共中央政治局委员、上海市委书记江泽民,市长朱镕基出席。为建设上海合流污水治理一期工程,闸北区填没污染严重的柳营河。工程西起普陀区丹巴路,东至浦东竹园长江口,截流总管全长 33.39 公里,总管输送能力为日排 140 万立方米污水。1993 年 12 月底主体工程建成通水,1995 年一期工程全面竣工。二期工程涉及浦东新区赵家沟以南地区,浦西的徐汇区、卢湾区以及吴泾、闵行等地区,1999 年底建成投入试运行。三期工程主要由中心城区北部污水处理主干网、50 万吨的竹园第二污水处理厂和杨浦、虹口、浦东三区的污水收集子系统组成,2003 年启动,2007 年建成。

8 月 26 日　奉贤县政府聘请 18 名廉政建设特邀监察员,是全市首批特邀监察员。

8 月 27 日　崇明县亚通公司的“鸿翔”号气垫船在崇明县南门港至宝山县宝杨码头客运航线投入营运。长 147 米,宽 43 米,是国内最大的一艘双体侧壁式气垫船,也是世界上船体最长的气垫船。

9 月 12 日　台湾巴拿马籍“昌瑞”号客轮首航来沪,泊虹口区东大名路上海港国际客运码头。至年底,累计来沪 12 航次,接送旅客 1 136 人次。

9 月 15 日　虹口区“恒源当铺”在南浔路 203 号开业,是改革开放后全市首家当铺。

9 月 26 日　松江县松江剧场落成演出仪式在松江镇中山中路 196 弄 36 号举行,是市郊唯一一个大型专业剧场。初建于 1953 年春,由私人合股搭建约 50 平方米的舞台。1959 年 10 月,县政府投资改建。1987 年重建全封闭式剧场,建筑面积 2 753 平方米,观众厅设软席座位 1 030 个。

9 月　位于闵行区江川路 333 号的上海汽轮机厂成功研制中国自行设计制造的首台核电 30 万千瓦汽轮机。

同月　上海市退休职工南汇护理院在南汇县宣桥乡设立,由南汇县结核病防治院和上海市退休职工管理委员会合作开办。初设床位 30 张,2001 年发展到 280 张,是全国首家临终关怀医院。

10 月 19 日　虹口区虹口公园改名鲁迅公园。

10 月 31 日　位于普陀区、嘉定县的 A12(沪嘉高速)公路竣工通车,2007 年新编号为 S5。1984 年 12 月 25 日动工。主体段长 15.9 公里,是中国大陆首条高速公路。

10 月　上海淀山湖风景区大观园工程在青浦县金泽公社竣工。1979 年 8 月 30 日动工建设。占地 137.93 公顷,总投资 3 800 多万元,是一座集中国皇家园林、私家园林、山水园林、寺观园林特色为一体的大型仿古建筑群。

11 月 10 日　中共中央政治局委员、上海市委书记江泽民视察黄浦区新世界贸易有限公司,调研实行"股份制"问题。

11 月 17 日　虹口区提篮桥街道台属许松林获台湾地区第一号"入台旅行证"赴台奔父丧。

11 月 19 日　远洋宾馆在虹口区东大名路 1171 号建成开业，屋顶设旋转餐厅，是全市首家。

11 月 30 日　虹口区曲阳文化馆在曲阳路 570 号建成开馆。1992 年成为全市首家不享受政府补贴的文化馆。

12 月 1 日　虹口职业介绍所在飞虹路 360 号成立，是全国工会系统创办的首家职业介绍所。

12 月 3 日　长宁区关心下一代协会在全市率先成立，并逐步建立街道（镇）、居委会关心下一代组织。

12 月 7 日　嘉定县南翔镇举行南翔寺砖塔修复竣工仪式。塔高 11 米，七级八面，始建于五代北宋年间，是全国仅存的一座年代最悠久的仿木结构楼阁式砖塔。

12 月 26 日　青浦县青浦镇至白鹤地区 60 路试验光缆开通并通过验收，是市郊第一条通信光缆。

12 月 29 日　上海县工商局召开首批私营企业合法经营证书发放大会，6 户获证。位于上海县的陈行乡皇佳服装厂注册资金 69.5 万元，雇工 214 人，是全市最大的私营企业。

1988 年　上海县马桥乡实现社会总产值 5.5 亿元，居市郊各乡之首。马桥乡旗忠村和俞塘村第五生产队工农业总产值为 2.9 亿元和 2 700 万元，分别居华东地区各村和全国各生产队首位。

## 1989 年

1 月 5 日　徐汇区饮食行业首次达成劳务输出协议，得天楼 3 名川菜厨师应聘于瑞典斯德哥尔摩荣华饭店。

3 月 10 日　金山县委、县政府在金山卫长春村举行纪念李一谔烈士英勇就义 60 周年暨李一谔烈士陵园揭墓仪式，中共中央政治局委员、上海市委书记江泽民题写陵园名。李一谔是金山共产党组织的创建人和领导人。

4 月 5 日　普陀区集体事业管理局和浙江铝业股份有限公司签订有偿转让友谊电讯厂产权合同，是全市首例跨省市企业产权有偿转让。

5 月 26 日　闸北区沪太路 1000 号的上海市回民中学举行首届西藏班学生毕业典礼，市长朱镕基出席并讲话。

6 月 6 日　晚，普陀区沪宁铁路光新路道口发生焚烧列车的严重骚乱事件，公安、司法部门会同相关部门开展清查工作，共查处 19 名骚乱犯罪分子。

同日　嘉定县境内沪宜公路南翔镇周家桥路段发生客车与货车相撞起火事故，8 人死亡，40 人伤。

6 月 20 日　集装箱垃圾中转站在卢湾区嵩山路 101 弄口建成，是全市第一座。

6 月 26 日　杭沪 364 次列车因遭破坏在松江县华阳桥乡发生严重爆炸事故，24 人死亡，11 人重伤，35 人轻伤。

7 月 1 日　位于黄浦区境内的延安东路越江隧道通车。全长 2 261 米，其中穿越黄浦江底的隧道长 1 476 米，是市中心连接浦东与浦西、跨越黄浦江的一条主要通道。1982 年 9 月 30 日三号风井动工，1984 年 12 月 18 日主体工程动工。

7 月 10 日　静安区劳务人才市场对外开放，是全市首个融人才、劳务、职业介绍于一体的劳务人才市场。

7月28日　虹口区法院开庭公开审理并宣告上海新光五金厂破产,是全市首家集体企业破产案。

8月3日　中共中央总书记江泽民视察上海县塘湾乡吴泾村丰产方、蛋鸡场和长毛绒玩具厂,并为新编《上海县志》题词。

8月15日　一架由上海虹桥机场飞往南昌的民航客机在起飞时坠落跑道北端的河中,5名乘客和1名机组人员生还,34人遇难。上海县华漕乡农民自发赴现场参与抢救。

9月1日　中华鲟集中放流仪式在崇明岛东端的中华鲟暂养站附近海面举行,是全市首次。1992年4月11日,上海市河蟹资源增殖中心、上海市中华鲟抢救中心在崇明县成立。1999年12月,市政府批准在长江口崇明岛东滩水域建立中华鲟幼鱼自然保护区。

9月26日　位于南市区中山南路1551号的三山会馆即上海工人第三次武装起义时工人纠察队沪南总部修复竣工。10月31日被定为上海市青少年教育基地。

9月28日　徐汇区在桂林路128号的桂林公园举办首届徐汇桂花节。1990年起由区政府与市文化局、旅游局、园林局等部门合办,改称上海桂花节,每年举办。

10月16日　杨浦区歆浦路街道西沟马家浜沪东造船厂临时防汛设施遭黄浦江潮水冲坍,附近661户居民家中进水。市委书记、市长朱镕基到现场视察。

10月19日　中国左翼作家联盟成立大会会址纪念馆落成仪式在虹口区多伦路145号举行。

10月12日　虹口区曲阳新村建成,市长朱镕基专程视察。新村于1979年8月31日动工,至90年代初,实际建成住宅建筑面积91.19万平方米,高层建筑34幢,多层建筑24幢,绿化覆盖面积20.5万平方米,绿化覆盖率34%,人均绿地面积1.38平方米。

12月　长宁区程家桥地段医院专设老年痴呆病房。1993年7月1日改建为长宁区老年痴呆专科医院,是国内首家收治老年痴呆的专科医院和红十字老年护理医院。

同月　上海物资贸易中心大厦在普陀区中山北路2550号竣工开业。主楼高113.8米,总建筑面积4.3万平方米。

同月　位于宝山区的罗泾放射性实验处理基地通过验收。占地3.86公顷,总投资1200余万元,部分处理设备达到国际先进水平,是国内首个综合处理放射线三废的实验处理站。

1989年　崇明东平国家森林公园对外开放。前身是1959年开始围垦建设的崇明东平林场,面积353公顷,是华东地区最大的平原人工森林。

## 1990 年

1月17日　明代抗倭英雄唐一岑灵柩迁葬仪式在崇明县举行,灵柩落葬县城东门果林场新墓地。墓园被列为市文物保护单位。

1月19日　上海第一条轨道交通1号线南段(徐家汇站—锦江乐园站)工程在徐汇区境内开工,1993年5月28日试运行。1995年4月10日,锦江乐园站至上海火车站试运行,7月投入运行。1996年12月28日,南延伸段(锦江乐园站—莘庄站)试通车,1997年7月1日正式通车。2004年12月28日,北延伸段一期(上海火车站站—共富新村站)通车。2007年12月29日北延伸段二期(共富新村站—富锦路站)通车。1号线全线36.89公里,设28个车站,途经宝山、闸北、静安(无站点)、黄浦、卢湾、徐汇、闵行区。

1月　黄浦区环卫局在南苏州路 344 号建造 1 座建筑垃圾中转站,占地 590 平方米,建筑面积720 平方米。装有喷雾降尘设备,全封闭式,7 月 1 日启用。可堆放建筑垃圾 1 200 吨,日转运量320 吨,建成后原 10 个垃圾临时中转堆点撤销。

2月 10 日　青浦县赵巷乡的"村镇住宅及其配套项目开发"通过国家科委验收,是国家级"星火计划"项目。

3月 3 日　位于徐汇区的上海漕河泾新兴技术开发区 B7～B10 地块批租给香港齐来贸易有限公司兴建台商工业城,面积 42 724 平方米,是全市首块工业用地有偿出让。

3月 20 日　位于卢湾区茂名南路 58 号的花园饭店开业。1984 年动工,1989 年竣工。是由日本野村集团和上海锦江集团合资兴建的五星级涉外宾馆。

4月 17 日　国务院总理李鹏访问徐汇区虹桥路 216 弄居民家,了解居民住房和生活情况;18日出席位于嘉定县的大众汽车制造公司举行的成立 5 周年庆祝大会,在会上宣布,党中央、国务院同意开发、开放浦东。

4月 30 日　上海市浦东开发领导小组成立。5 月 3 日,上海市浦东开发办公室挂牌。

同日　由卢湾区淡水路至黄浦区浦东沈家弄路的隧道五线开通。全长 7.26 公里,是国内首条隧道内电车线路,也是世界上首条在水底隧道通行的无轨电车线路。1996 年 8 月 31 日,隧道五线改由汽车行驶。

5月 21 日　农村宅基地普查、登记、发证和有偿使用工作在上海县颛桥镇集体村进行试点。之后在市郊逐步推广。

5月　位于黄浦区金陵中路 72 号的八仙桥菜场改建为"八仙桥副食品商场",是全市首家全日制、多功能、综合性的大型商场化菜场。

7月 4 日　普陀区药水弄清真寺在常德路 1328 弄 3 号开工重建,是上海解放后首座重建的清真寺。1992 年 4 月 4 日开斋节建成开放,更名为沪西清真寺。

7月 11 日　经水利部批准,青浦县被确定为全国第二批水利执法体系建设试点县,是全市首个。

9月 11 日　上海市陆家嘴金融贸易区开发公司、上海市外高桥保税区开发公司、上海市金桥出口加工区开发公司在浦东新区塘桥由由饭店挂牌成立,标志着浦东开发开放进入实质性启动阶段。

9月 30 日　青浦县金泽镇金姚村 88 户农户安装全自动程控电话,是市郊首个电话村。

10月 6 日　'90 上海黄浦旅游节在南京西路 388 号仙乐斯广场开幕。之后每年 10 月间举行一次。1996 年升级更名为上海旅游节。

10月 8 日　位于卢湾区长乐路 161 号的新锦江大酒店开业。1989 年竣工,1991 年 10 月被评为五星级宾馆,是上海首家由中国人自己管理的五星级酒店。

11月 7—8 日　市委书记、市长朱镕基视察宝山区长兴乡(即长兴岛)、横沙乡(即横沙岛),指出要把两岛建成"鱼米之乡、花果胜地、旅游景点"。

11月 10 日　崇明县在南门、向化地区新建的两座电视转播台竣工运行,岛上首次转播中央电视台和上海电视台的节目。

11月 22 日　崇明县政府举行团结沙围垦工程开工典礼。1991 年 2 月竣工,共围地 1 846.67公顷。1979 年 3 月和 1982 年 6 月曾先后进行两期促淤工程,构筑完成白港至团结沙之间一道长2 500 米、宽 2 米的促淤大坝。

11月 26 日　上海证券交易所在虹口区黄浦路 15 号浦江饭店成立,是新中国第一家证券交易所。1997 年 12 月 19 日迁至位于浦东新区陆家嘴地区的上海证券大厦。

11 月　上海市钢材市场在黄浦区南苏州路 325 号成立,是全市首家钢贸专业市场;12 月,物资部华东地区钢材市场在黄浦区设立。1991 年 1 月,上海市钢材市场青莲阁交易所在黄浦区设立。

12 月 22 日　宝山区吴淞化肥厂在吴淞工业园区建成投产,配有万吨级过氧化氢生产装置,为国内同类装置中生产能力最大。

同日　位于上海县、松江县的松(江)莘(庄)高速公路建成通车。1985 年动工。主线全长 20.59 公里,总投资 3.63 亿元。

12 月　南京路上好八连进驻长宁区愚园路 753 号。八连 1947 年 8 月 6 日成立于山东莱阳,1949 年 6 月进驻南京路执行警卫任务。

1990 年　位于长宁区江苏路 535 号的江苏路电话分局主楼竣工。高 10 层,建筑面积 1.2 万平方米,是全市最大的电话机房。

同年　位于杨浦区杨树浦路 2866 号的上海第十七棉纺织厂组建股份有限公司,位列全国棉纺行业第一利税大户,年利税总额为 5 413.3 万元。

同年　杨浦区政府按市政府颁布的"千年一遇"防洪标准,组织沿江两岸 110 个单位和城建部门,改建、加高防汛墙至 7 米以上的累计 2.25 公里,占沿江第一线岸线的 52.9%。

同年　上海商城在静安区南京西路西康路口建成营业,是集商业、旅馆、住宅、文化娱乐于一体的综合性现代高层建筑,也是全市最高的大楼。

同年　普陀区真北林带在区境西北部初步建成。1988 年 10 月开始兴建。占地 11.9 公顷,是全市首条城乡结合部绿化林带。

## 1991 年

1 月 1 日　位于宝山区的宝山气象台代表上海气象系统,即日起与世界各地交换高空、地面、热解等气象情报。

1 月 4 日　崇明县煤气工程竣工投产典礼在县政府礼堂举行。1986 年动工,结束岛上不用煤气的历史。

1 月 14 日　青浦县大盈乡寺前村古文化遗址考古挖掘,发现 5 000 多年前崧泽文化时期古墓 4 座、良渚文化时期古井 2 口、宋代古井 5 口及玉管、玉锥、陶壶、陶鼎、石凿、石刀等文物珍品近百件。春季第二次挖掘,发现崧泽文化墓葬 1 座、窑穴 1 个,良渚文化墓葬 4 座、水井 2 口,春秋战国墓葬 1 座,唐墓 2 座,宋井 5 口,出土良渚文化细刻纹双鼻壶、盆、豆、鼎、罐等陶器和玉管,宋代鬲炉、长颈瓶、壶等龙泉窑粉青瓷器 4 件。

1 月 24 日　黄浦区外滩彩灯、大楼泛光照明经市政府批准实行经常性开启制度。外滩建筑物灯光夜景大幅图片,被布置在首都人民大会堂上海厅。

2 月 1 日　市委书记、市长朱镕基视察普陀区太浜巷、潘家湾、潭子湾和朱家湾等地区的棚户简屋改造工作。

2 月 17 日　国家主席杨尚昆视察上海县马桥乡联建村和旗忠村。

2 月 26 日　市委书记、市长朱镕基视察虹口区四平路、东余杭路唐山里棚户区,提出实施"三个一点"即国家承担一点、单位负担一点、自己出一点改造棚户简屋。

2 月　嘉定县的嘉定镇、南翔镇,松江县的松江镇,青浦县的朱家角镇被列为上海市首批历史文化名镇。

3月22日　松江县新桥乡春申村建立市郊第一所村级文明学校。9月11日,县委、县政府召开县文明市民教育暨文明市民学校成立大会,建立全县性文明市民学校,率市郊之先。

4月6日　第一届上海南汇桃花节开幕式在南汇县周浦乡文化中心举办。之后每年3、4月举办。2002年经上海市政府批准,上海南汇桃花节升格为上海桃花节。

4月30日　连接黄浦区和虹口区的吴淞路闸桥建成通车。黄浦区1988年10月开工,虹口区1989年3月15日开工。主桥长142.67米,宽18.5米,双向四车道,闸门宽60米,是全国最大的防汛潮闸。

5月2日　市长黄菊到卢湾区现场办公,提出把淮海中路建成高雅特色的商业街。1992—2003年实施"西段改造,东段重建",共建设项目51个,建筑总面积129.1万平方米。2008—2010年逐步形成陕西南路至瑞金路段"百年经典"、瑞金路至重庆南路段"活力创新"、淮海中路至上海新天地段"时尚互动"、重庆南路至西藏南路段"高雅精致"4个主题商圈。

同日　静安古寺举行全国最大的释迦牟尼像(高3.8米,宽2.7米,重11吨)开光仪式。这尊缅甸玉佛像由新加坡佛教徒刘庚宇所赠,新加坡傅长春运输集团义务运抵。

5月17日　浦东新区城市化地区范围内第一块预征土地在张桥乡政府签约,地块面积2.78平方公里。

5月26日　长宁区癌症俱乐部(筹)在愚园路1032弄48号建立。1992年12月8日召开成立大会,会员300余人,是全市首个区级癌症康复法人社团。1998年,全区10个街道(镇)均成立癌症康复关心小组,形成"依托社区、融入社区、服务社区"的长宁"社区康复"模式。

5月29日　上海市第六人民医院新院在徐汇区宜山路600号建成开诊,中共中央总书记江泽民为新院落成题词。

5月30日　台湾渔民接待站在宝山区长兴岛凤凰镇开张。投资450万元,面积3000平方米,可同时容纳100人住宿、200人用餐和娱乐。

5月　奉贤县奉新乡沼气工程动工。1992年7月竣工,是全国首个乡级大型沼气工程。

6月24日　裕安大厦在浦东新区陆家嘴地区奠基。1990年8月5日由安徽裕安实业总公司与浦东开发办公室签订第一块土地批租合同,开始筹划建造,是首家进入浦东开发的省级公司。1995年6月26日竣工。

6月26日　上海市龙华烈士陵园一期工程在徐汇区龙华西路180号竣工,陵园纪念馆和纪念碑揭幕仪式举行。1994年5月二期工程开工,1995年7月1日陵园整体建成并对外开放。邓小平题写"龙华烈士陵园"园名,陈云题写"龙华烈士纪念馆"馆名,江泽民题写"丹心碧血为人民"碑词。

7月4日　凌晨1时,上海市接国家防汛总指挥部电话通知:决定打开位于青浦县内、和浙江省嘉善县交界处的红旗塘坝,加大太湖泄洪量。市委书记吴邦国、市长黄菊等到青浦县察看水情,在蒸淀乡召开防洪抗灾紧急会议,要求青浦、松江、金山三县紧急行动,做好防汛抗灾工作。7月5日炸开红旗塘坝泄洪;7月8日炸开太浦河钱盛荡坝加大泄洪流量。7月9日,中共中央总书记江泽民到练塘镇抗洪救灾工地慰问一线军民,乘汽艇实地视察现场。7月25日,中共中央政治局常委乔石到莲盛乡视察洪水灾情。11月20日,国务院总理李鹏视察太浦河工程,到青浦县、松江县慰问参加太浦河工程建设的军民。同月24日完成长1.59公里、宽28米、高5.8米、总土方11.78万立方米的太浦河大堤样板段工程。

7月10日　闸北区宋园茶艺馆建成开馆,建筑面积3 400平方米,是亚太地区规模最大的茶艺馆,也是全市首家特色茶艺馆。1994年4月17日,闸北区政府、上海敦煌国际文化艺术公司、上海茶叶学会联合举办的首届上海国际茶文化节在闸北公园开幕。之后每年举办。

8月7日　大暴雨伴随龙卷风袭击金山县北部乡镇和松江县。金山县3人死亡,158人受伤;松江县8个乡受灾,倒塌、毁坏房屋5 000余间,5人死亡,38人重伤,直接经济损失达2.1亿元。

8月18日　上海精品商厦在黄浦区南京西路1号开业,率全市企业自筹资金、自行还贷发展商业之先。

9月　宋庆龄幼儿园在长宁区虹梅北路64号建成开学,首期招收中、外籍儿童400名。

同月　闸北区申光彩印制版厂实行股份合作制,是全市地区工业中首家实行股份合作制的企业。

10月1日　嘉定县工人影剧场在嘉定镇清河路18号竣工开映,是市郊首座立体电影院。

10月21日　中共中央政治局常委、中央书记处书记李瑞环视察徐汇区田林住宅小区。23日视察南市区豫园。

10月　上海市档案馆自黄浦区四川中路220号迁至长宁区古北路684号。2004年5月,设立于黄浦区中山东路9号的上海档案馆新馆对社会开放。

11月5日　宝山区境内的吴淞蕴藻浜大桥改建工程开工。1992年9月改名为吴淞大桥,1993年12月10日全线建成通车。

11月8—9日　市委书记吴邦国视察嘉定县马陆乡、安亭镇、曹王乡。13日到崇明县视察农村工作,走访贫困村和贫困户,与县乡领导共商扶贫良策。

11月19日　连接南市区、浦东新区的南浦大桥通车典礼举行。1988年12月15日动工,全长8 346米,主塔高150米,是全市首座双塔双索斜拉桥。邓小平为大桥题名,国务院总理李鹏出席剪彩。

11月　崇明县南横引河疏浚工程经上海市内河疏浚公司5年施工竣工贯通,是新中国岛上最大的河道疏浚工程。

12月20日　上海影城在长宁区新华路160号落成开业。1999年2月14日被国家广播电视局评定为全市首家五星级影院。是历届上海国际电影节的主会场。

12月27日　位于浦东新区的上海外高桥发电厂开工兴建。一期工程120万千瓦,1997年11月10日建成;二期工程180万千瓦,2003年5月28日建成,2004年1月并网发电,4月23日第一台90万千瓦超临界燃煤发电机组并网发电。是国内装机容量最大的火力发电厂。

12月　全国政协主席李先念为长宁区新泾乡题词"发展生产,服务城市,参与国际交流,提高人民生活水平,建设社会主义新农村"。

1991年　普陀区长寿路49个商业网点调整改建工程全面竣工。总投资800万元,增加商店面积2 600平方米,其中营业面积2 150平方米,是全市大规模改造的商业网点之一。

同年　美国花旗、美国美洲、法国东方汇理3家外资银行在黄浦区延安东路100号联谊大厦相继开业。

同年　虹口区计生委研制开发"虹口区育龄妇女信息管理系统",创全国计生系统之先。2007年在全市率先实现人口计生信息数据资源共享。

## 1992 年

1月11日　上海爱德华造船有限公司在浦东新区南码头路挂牌成立,是国内首家中外合资造船企业。

1月16日　新加坡佛教信徒捐赠的3尊释迦牟尼玉佛迎抵位于普陀区的真如寺。寺庙始建于元延祐七年(1320年),其中真如寺大殿是全市唯一的元代木建筑。1996年11月20日被国务院定为全国重点文物保护单位。1999年12月24日真如佛塔落成,除必要的受力框架由水泥浇铸外,其余全部由木料构成,是真如古镇的标志性建筑。

1月17日　中共中央总书记江泽民视察位于徐汇区的上海漕河泾新兴技术开发区上海贝岭微电子制造有限公司,并题词;视察位于闵行区的上海闵行经济技术开发区。

1月30日　嘉定县封浜乡火线村每家农户均安装有线电视电话设施,是市郊首个有线电视电话村。

1月　卢湾区打浦桥斜三基地地块第一期19 790平方米,被上海市海华有限公司以100万美元取得70年使用权,是全市首块毛地批租。10月30日举行海华花园开工典礼,1995年5月9日建成。

2月10日　黄浦区外滩交通综合改造工程开工。一期工程1992年10月竣工,二期工程1993年12月竣工。黄浦江防汛墙外移14米~49米,中山东一路拓宽为十车道,中山东二路拓宽为八车道,北京东路、南京东路、福州路与中山东一路交叉路口各建造长45米的人行地道。

2月28日　市委书记吴邦国等到徐汇区召开现场办公会,确定徐家汇商城建设为市重点工程,并启动建设。2000年基本建成,是上海市著名商圈。

2月　松江县设立松江佘山风景管理处。1993年3月升格为上海佘山风景区管理委员会。

3月8日　闸北区启动不夜城开发建设,占地124公顷。6月25日举行首次土地批租签约仪式,5次批租共21幅地块,获批租资金2.3亿元。1993年5月22日,上海"不夜城"中心开工建设,1997年12月基本建成。

4月6日　青浦县凤溪乡实行劳动人口社会养老保险制度。全乡13个行政村、160余个乡村企事业单位和1个居委会,有1.2万余人参加,占适龄人口的98%。

4月17日　上海市外高桥保税区举行封关仪式,一期面积0.45平方公里。至2003年5月29日,经过6次扩大海关监管区域隔离设施,封关运作面积达到8.5平方公里。

4月20日　静安区梅龙镇酒家和上海电视机商店在全市商业系统中率先实行全员劳动合同制。

4月23日　国家教委在上海召开学习和推广青浦县教改经验现场研讨会。1977年起,青浦县进行数学教学研究与改革,教学质量与科研水平取得突破。1989年教改十年总结《大面积提高数学教学质量的改革实践与理论探讨》获全国首届教育科学优秀成果一等奖。

4月　黄浦区房产经营公司与新加坡国际开发公司合资受让北京东路71街坊土地2.39公顷,是全市中心城区土地批租、引进外资、改造危棚简屋用于商办的首例。

同月　嘉定县的上海嘉宝实业股份有限公司被市经委列为上海市股份制试点单位。5月经中国人民银行上海市分行批准,向社会公开发行股票2 500万元,12月2日在上海证券交易所上市交易。是全国乡镇企业中首家实行股份制的企业。

5月23日　上海枫泾粮油交易市场在金山县枫泾镇新泾路70号开业,是全市首家粮油交易市场。1993年4月敞开粮油供应,1995年5月停市。

6月8日　徐汇区试行民建公助"三个一点"统筹资金,即安置房按照房改优惠建筑造价,国家、单位和个人分别承担1/3,改造漕溪新村危棚简屋。

6月24日　宝山区吴淞口外炮台湾防波堤工程竣工。全长1 500米,宽12米,耗资1亿余元,是国内首座透孔式防波堤。

6月25日　宝山区月浦水厂在联水路167号并网供水。占地7.37公顷,建筑面积1.07万平方米,日制水能力40万立方米,是全市首座以长江为水源的水厂。

6月29日　奉贤畜牧水产总公司在南桥镇成立,是全市首家集畜禽品和渔产品于一体的产、供、销、加工一条龙的副食品企业集团。

7月1日　黄浦区区属商业企业成立三联集团公司、万象集团公司、南洋百货总公司、新世界贸易股份有限公司和小绍兴饮食总公司,在全市率先撤销行政性公司,成立集团公司。

7月9日　市长黄菊到徐汇区现场办公,徐汇区、黄浦区、宝山区成为上海市综合配套改革试点区。到杨浦区指导工作、听取汇报,对城区发展定位、"八五"发展重点和旧区改造作指示。

7月20日　青浦县蒸淀乡富民私营经济开发区建立并启动。占地47.47公顷,是华东地区首家私营经济开发区。

7月26日　日本伊藤忠商事有限公司在浦东新区上海市外高桥保税区设立外贸公司,是首次批准外商在国内设立独资外贸公司。

7月28日　上海市张江高科技园区开发公司在浦东新区峨山路95号4区挂牌开业,标志浦东开发的第四个重点分区建立。

8月28日　虹口区工商行政管理咨询事务所成立,是全市工商行政管理系统首个具有法人资格的咨询机构。

8月　虹口区长阳路62号犹太人"摩西会堂旧址"立牌纪念。1992年12月29日以色列总统哈依姆·赫尔佐格、1993年10月14日以色列总理拉宾等前往参观。

9月14日　杉达大学在浦东新区曹路镇开学,是全市首所民办大学。

9月25日　上海三利珍禽养殖联合体在奉贤县柘林乡成立。由南汇县、金山县、上海县、奉贤县63家养殖户加入,是全市规模最大、市郊首个跨县的民办珍禽养殖联合体。

9月26日　国务院批复上海市人民政府同意撤销上海县和闵行区,设立新的闵行区。11月4日,市委、市政府在上海县召开"撤二建一"干部大会,宣布区委常委会成员名单和相关决定。1993年3月2—6日区政协第一届第一次会议召开,3月24—30日区第一届人民代表大会第一次会议召开,分别选举产生区人大、区政府、区政协领导班子。

10月11日　国务院批复上海市人民政府同意设立浦东新区。撤销川沙县建制,并将黄浦、南市、杨浦三个区的浦东部分和上海县的三林乡并入浦东新区,总面积522平方公里。11月19日市委、市政府在浦东召开新区干部大会,宣布相关决定。1993年1月1日,浦东新区党工委和浦东新区管委会在浦东大道141号挂牌成立。

同日　国务院批复上海市人民政府同意撤销嘉定县,设立嘉定区。1993年1月8日,市委、市政府在嘉定召开撤县设区干部大会,宣布相关决定。2月10—13日中共嘉定区第一次代表大会召开,4月5—9日区政协第一届第一次会议召开,4月6—10日区第一届人民代表大会第一次会议召开,分别选举产生区委、区人大、区政府、区政协领导班子。

10月15日　金山县上海枫泾商城在枫泾镇朱枫公路588号开业。1991年7月1日开工建设，1995年基本完成全部建设项目，占地62.5公顷，投资9 040万元，是市郊起步最早、规模最大的具有商品集散、信息、交易功能的综合性贸易中心。

10月28日　中华人民共和国国歌曲作者、人民音乐家聂耳铜像在徐汇区淮海中路、复兴西路口街心花园揭幕。

10月　卢湾区日晖港综合治理工程启动。11月，徐汇区日晖港综合整治工程启动。原河道铺设地下钢筋混凝土双涵箱污水排放管道，上辟道路。日晖港被称为20世纪上海的"龙须沟"，1993年12月填浜工程竣工。1994年5月，日晖东路、日晖西路合并工程动工；12月23日竣工，25日通车，长1 100米。1996年5月22日命名为瑞金南路。

11月5日　中共中央政治局委员、上海市委书记吴邦国到黄浦区视察区域经济发展、南京路十大工程和旧区改造工作；到静安区视察，并为王家沙点心店题词。

11月28日　南汇县宣桥乡上海浦江缆索厂研制成功双层彩色斜拉索，后用于杨浦大桥等处，并开发出填补国内空白的悬索。

12月24日　中共中央政治局委员、上海市委书记吴邦国，市长黄菊视察徐汇区徐家汇商城工程建设项目和卢湾区淮海中路商业街改建工程。

12月28日　上海联通科技发展公司在长宁区延安西路2200号的国贸中心大厦楼顶设立无线寻呼东方台，是全市最早获得电信业务经营许可证的单位。主天线高150米，并在宝山、松江佘山、南汇等地设基地差转台。

12月　华能上海石洞口第二电厂一期工程在宝山区盛桥镇建成投产。1988年6月29日开工兴建。是国内首座超临界大容量火力发电厂。

1992年　位于南市区人民路大境路口的古城墙与大境阁修复工程启动。1994年12月完成，1995年对外开放。二楼为"上海老城厢史迹展览"，以图片、图表、实物、模型、灯箱等形式展现上海老城厢700多年的变迁。

同年　奉新国际风筝放飞场在奉贤县奉新乡建成，是继山东潍坊国际风筝放飞场之后中国第二个国际风筝放飞竞赛场。

## 1993 年

1月3日　虹口区乍浦路233号海底皇宫娱乐总汇地下室施工时发生重大火灾，11人死亡，15人受伤。

1月9日　上海浦东发展银行在浦东新区陆家嘴金融贸易区开业，是全市首家区域性、综合性、股份制商业银行。

2月1—3日　市长黄菊到崇明县现场办公，宣布促进县域经济发展的4个方面特殊政策。

2月　国务院总理李鹏在由中国作物学会58位农业专家考察南汇县后提交的《关于加强总结推广城郊型农业发展经验的建议书》上批示："南汇县以及上海郊区农业发展的材料很好，是符合农业向高产、优质、高效方向发展方针的。"

3月25日　上海图书馆新馆奠基典礼在徐汇区淮海中路1555号举行。1996年12月20日建成开馆。占地3.1公顷，建筑面积8.4万平方米，设计藏书量1 300万册。

3月28日　上海粮油商品综合交易市场在普陀区光复西路135号开业，营业面积6 000平方米,是全市粮油集散地之一。

3月30日　上海外滩经纪人市场在黄浦区中山东二路25号开业,是全市首家中介人市场。

4月14日　国务院总理李鹏视察闵行区旗忠村,并题词。17日视察徐汇区徐家汇商城建设。

4月22日　位于青浦县、闵行区境内的沪青平公路上海段改建工程完工并全线通车。全长53.2公里,其中青浦县49.07公里、闵行区4.13公里,属318国道起始段,是国家一级公路。

4月　位于卢湾区马当路306弄4号的大韩民国临时政府旧址对外开放。1992年,中韩正式建交后,韩国五任总统都在任期内莅临参观。

5月9—18日　第一届东亚运动会在上海举行。开幕式在虹口区虹口体育场举行,国家主席江泽民出席;闭幕式在位于徐汇区的上海体育馆举行。12个比赛项目分别由徐汇区、普陀区、闸北区、静安区、虹口区、黄浦区、杨浦区、嘉定区、青浦县承办。中国代表团共获105枚金牌。

5月31日　位于黄浦区南京路西藏路口,建于民国4年(1915年)的新世界商场4层钢筋混凝土大楼,于凌晨采用定向倾覆爆破拆除,是全市首次在繁华商业中心爆破建筑物。

6月5日　上海金山三岛(大金山岛、小金山岛、浮山岛)海洋生态自然保护区揭牌仪式在金山县山阳镇举行,中共中央政治局委员、上海市委书记吴邦国题写牌名。

6月15日　虹口区鲁迅公园内辟“梅园”,建“梅亭”,树韩国抗日义士“尹奉吉义举现场1932.4.29”纪念碑。1994年3月27日韩国总统金泳三、1995年5月14日韩国总理李洪九等前往参观。

6月　国家林业部批准松江县建立佘山国家森林公园。西佘山园占地60公顷,率先建成开放。1994年9月,东佘山园建成对外开放,山地面积57公顷。2008年8月被列为全国20个生态文化教育示范基地之一,是全市唯一入选的森林公园。

7月31日　位于闸北区的以机电、仪表为首的天潼路生产资料一条街建成。

同日　位于黄浦区的人民广场地下变电站建成。为5层钢筋混凝土筒体结构,深18.6米,内径58米,建筑面积9 400平方米,地面设300平方米的中央控制室,最终容量72万千伏,是国内首座超高压、大容量城市型的地下变电站。通过接受220千伏电网电力,向黄浦、南市、卢湾、静安等区的110千伏和35千伏变电所提供电源。

7月　32.8万吨级退役船“塔福坦”号在崇明岛冲滩成功,由位于崇明县竖新镇的新东联船舶工程有限公司拆解,是全市拆船业承接的最大吨位船舶。

8月1日　奉贤县邮电局S-1240全数字交换机扩容900门工程正式并网运行,是市郊首个电话全数字程控化县城。

8月8日　卢湾区淮海中路东段危棚简屋改造152基地5幢大楼竣工并举行仪式。1985年8月开工,是全市首个整街坊危棚简屋改造项目。

8月19日　待拆废油船“大荣丸”号在崇明岛上海鳌山拆船厂冲滩时激起巨浪,5人死亡,9人受伤,大堤受损开裂。

8月　上海申广房地产交易市场在静安区延安中路632弄50号成立,在全国率先实行房地产商直接进场设点销售模式。是通过计算机网络开展中介咨询、信息发布、房地产价格评估及产权证变更、转移、发放一条龙服务的房地产交易市场。

9月24日　全国人大常委会委员长乔石视察徐汇区徐家汇商城。

9月25日　江苏路拓宽工程竣工,市长黄菊等参加通车典礼。工程全长1 650米,是一条连接内环高架路南北两端的交通干道。1992年10月9日开工。

9月27日　以黄浦区命名的"黄浦星"命名仪式在第四届上海黄浦旅游节闭幕式上举行,由中国科学院紫金山天文台颁发"黄浦星"命名证书。

9月28日　新中国第一任上海市市长陈毅元帅的铜像在黄浦区中山东一路、南京东路口东面矗立,铜像高5.6米,台座高3.4米。中共中央政治局委员、上海市委书记吴邦国,市长黄菊出席揭幕仪式。

9月30日　浦东新区境内的罗山路立交桥建成通车。1992年9月开工。全长2239米,是全市首座大型五层互通式城市道路立交桥。

10月23日　连接杨浦区、浦东新区的杨浦大桥通车并举行典礼。1991年4月29日开工,全长7658米,是世界主跨径最大的斜拉桥。邓小平为大桥题名。

12月7日　位于金山县、闵行区的金山—闵行液化气输液管道竣工运行,是全市首条穿越黄浦江的液化气输液管道。

12月14日　虹口区凉城新村锦苑小区建成,是市政府列为实事工程的首个由区政府直接组织建设的居民住宅小区。

1993年　长宁区华阳路街道创造以"了解人、关心人、凝聚人"为主要内容的"凝聚力工程"。1994年4月,全市基层党组织推广"华阳经验"。2003年7月提出"凝聚党员、凝聚群众、凝聚社会"的凝聚力工程新目标。2009年成立"凝聚力工程"学会和各街道(镇)分会。

## 1994 年

1月5日　市长黄菊等到南汇县调研县的规划定位、财政体制、旅游项目建设、行政体制和土地批租,特别是道路建设等问题。7日到南市区调研旧区改造、商业发展等工作。

1月16日　上海崇明亚通股份有限公司投资建造的"莱福"号全垫升气垫船试航成功,是国内首艘全垫升气垫船。

1月24日　位于闵行区七宝地区的华东首座国内卫星地球站通过邮电部验收,由上海市长途电信局修建,陆续开通国内边远地区11个方向1134条电路。

2月9日　奉贤县启动撤乡建镇工作。至1995年2月,全县20个乡全部撤乡建镇,是全市首个完成撤乡建镇的县。

2月18日　普陀区和黄浦区举行合作改造占地8.9万平方米的平江危棚简屋签约仪式,是市内首个跨区联合大规模改造旧城区的大型项目。

3月1日　青浦县大盈肉禽联合总公司在大盈乡竣工。厂房面积1.56万平方米,投资3300万元,从荷兰引进设备,可年加工肉鸭400万羽。是市郊最大的肉鸭"产、加、销一条龙"企业。

3月14日　青浦县农村改水工程经市公用事业局、市爱卫办、市给水处联合验收小组验收合格。工程于1981年启动,1993年底县域城乡居民全部用上自来水。

3月22日　由黄浦区房产管理局与上海市房地产管理局联合组建的上海市房地产市场在黄浦区圆明园路43号开业,全市20家房产公司进驻交易。1994年下半年,该市场在全市率先推出"差价换房"。

3月23日　数字程控电话交换机在崇明县邮电局开通,接入市话网,岛上居民可直接拨打国内、国际长途电话。

3月25日　上海联合汽车交易市场在闸北区共和新路3550号建成开业,是汽车专业市场。

3月　金山县朱泾镇健康路幼儿园创办康复幼儿园,是市郊第一所。17日,经中国残疾人联合会验收,被列为中国残联和联合国儿童基金会援助项目。

同月　位于崇明县内的上海金林船务有限公司领到交通部颁发的经营许可证,是全市首家私营船务公司。

4月29日　上海逸夫职业技术学校在静安区巨鹿路700号落成。由市、区教育部门投资和港商邵逸夫捐资共2 000万元建造。占地9 380平方米,建筑面积15 336平方米,是全市中等职业学校中规模最大的学校之一。

5月10日　金茂大厦项目在浦东新区陆家嘴金融贸易区开工。1998年底建成,1999年8月28日开业。地上88层,楼高420.5米,是国内首座超高层大厦。

5月13日　松江县东部的松江工业区被市政府列为市级工业区,定名"上海松江工业区",占地20.56平方公里。

5月27日　上海市人民英雄纪念塔在黄浦区黄浦公园内建成开放,纪念上海解放45周年。中共中央总书记江泽民题写塔名。

6月27日　上海市西区劳动力综合市场在长宁区芙蓉江路91号建成开张,是全市首家劳动力综合服务市场。7月8日,中共中央政治局委员、上海市委书记吴邦国视察。1997年11月10日,中共中央政治局常委、书记处书记胡锦涛视察。

6月28日　中共中央政治局委员、上海市委书记吴邦国等到虹口区调研城区改革、土地批租、产业结构调整、企业制度改革、反腐败等。

6月29日　上海宝山钢材交易市场在宝山区中山北一路903号开业。是由宝山钢铁总厂、上海第一钢铁厂、上海第五钢铁厂等企业、集团直接参与的钢材现货市场,是全市最大的、辐射全国的钢材市场。

6月　金山县枫泾商城组建摩托车交易大厅,位于枫泾镇朱枫北路588号,是全市第一家摩托车交易市场。1996年8月成为江苏、浙江、上海地区最大的摩托车销售市场。

8月26日　上海公平贸易货栈在虹口区舟山路197号开业,属虹口区合作联社系统。注册资本28万元,经营罐头、糖果等11类商品。是全市首家以待业青年为主的民办大型综合性贸易货栈。

9月3日　上海八万人体育场开工典礼在徐汇区天钥桥路666号举行。1997年10月12日建成,改名为上海体育场。是国内规模最大、设备最先进的大型室外体育场。

9月6日　上海孙桥现代农业开发区暨上海浦东现代农业开发有限公司在浦东新区孙桥农场揭牌成立。规划面积400公顷,是国内首家综合性现代农业开发区。

9月8日　闸北区苏家巷棚户区改造工程启动。旧区占地34公顷,引进外资1亿美元。1999年6月基本完成,建成和泰花园、越秀苑、紫兰苑、新鑫公寓等住宅,共19万平方米。

9月21日　黄浦区境内的人民广场综合改造工程竣工仪式在旱喷泉广场举行。1992年9月14日开工,工程涉及主体建筑、市政配套和绿化建设等。

9月25日—10月5日　松江县举办首届松江—上海之根文化旅游节,20万海内外宾客参加观光。1998年10月、2001年9月、2006年9月分别举办第二、三、四届,之后每年举办。2010年9月举办第八届上海之根文化旅游节暨松江购物节。

9月28日　上海市江桥批发市场在嘉定区江桥镇曹安公路1936号竣工开业。占地10公顷,建筑面积2.4万平方米,年交易量30万吨。是由市财办和市农委联合兴建的国家级市场,是全市副食品大流通的重要集散地。

同日　崇明县开设《解放日报》《文汇报》《新民晚报》分印点，结束岛上三报隔日发行的历史。

9月　静安区居民住户燃气化率达99.7％，在全市率先实现燃气化。

10月1日　全市第一个公共广场升旗台在位于南市区的南浦大桥广场落成，南浦大桥爱国主义教育基地同时揭牌。

10月17日　中共中央政治局常委、中央书记处书记胡锦涛视察闵行区马桥镇旗忠村。18日视察南市区豫园商城。

11月19日　中共中央政治局常委、国务院副总理朱镕基到南市区视察豫园商城。

11月28日　南市区豫园商城与上海城隍庙修复委员会于城隍庙内举行上海城隍庙使用权交接仪式，归还庙大殿、元辰殿、财神殿、慈航殿、城隍殿、娘娘殿和庙内天井等庙产的使用权，面积为1 216.4平方米。

12月7日　上海内环高架路全线竣工，全长29.2公里。1991年10月动工。通车典礼在位于徐汇区内环线漕溪北路立交桥上举行。

12月20日　光新路铁路立交桥工程在普陀区光新路石泉路至甘泉路建成通车。1994年1月31日动工。底层为光新路非机动车道，中间层为横跨地道的沪宁、沪杭铁路和交通路，高层为光新路车行立交桥，全长1 306米，车行道宽16米，5个车道。是市内首座同时建有上、下立交桥的工程。

12月21日　上海富民—仓桥私营经济城在松江县仓桥工业区内建立，由松江县仓桥镇和青浦县蒸淀镇联合创办，是市郊首个跨区域私营经济开发园区。

12月28日　南京路塔式停车库建设工程在黄浦区浙江路九江路口竣工。是年8月开工。占地120平方米，可同时停泊轿车48辆、中型面包车24辆，是国内首座全自动塔式停车库。

同日　宝山区境内的沪太路（又称沪太公路）拓宽改建工程竣工通车。沪太路始建于1921年，是国内第一条商办省际公路，全长约38.5公里。改建总投资4.6亿元，建成国家一级公路标准，设四快二慢6个车道。

12月29日　位于南汇县境内的沪南公路拓宽工程竣工通车。1994年1月6日动工。按四快二慢国家二级公路标准建设，是县域通往市区的主干道。

## 1995 年

1月10日　《普陀区志》首发式在普陀区政府礼堂举行，是全市中心城区首部区志。

同日　"中国共产党第四次全国代表大会遗址"纪念碑在虹口区东宝兴路254弄28支弄底由上海市文物管理委员会竖立。

1月18日　上海环球乐园在嘉定区南翔镇陈翔路北侧、A12（沪嘉高速）公路东侧动工兴建。总投资5亿元，占地80公顷，1996年5月24日试营业。园内荟萃世界著名景点36处，其他景观100余处，大多数景点按1：1原型仿造。1998年5月因经营管理等原因停止接待游客。1999年2月破产停业。

1月21日　全国人大常委会委员长乔石到南市区视察豫园商城。23日视察青浦县大盈肉禽总公司。24日视察闵行区马桥镇旗忠村。

1月29日　上海建材商城在徐汇区宜山路407号开业，是全市最大的建材现货市场。

2月　崇明县庆成集贸市场在县城北门路279号建成营业。1993年下半年动工。建筑面积1.58万平方米,是市郊最大的综合性、多功能、全封闭的农副产品交易中心。

3月2日　民营科技企业上海复星高科技(集团)有限公司落户普陀区曹杨路500号,注册资金3 500万元。1998年7月,该公司股票成功上市,是全市首家股票上市的民营科技企业。2001年8月30日成立中共复星(集团)公司委员会,是全市首家建立党委的民营科技企业。

同日　上海市打假、治劣、销毁伪劣商品现场会在嘉定区南翔镇举行,销毁伪劣商品11万件,总价值950多万元,是全市历史上规模最大的一次销毁行动。

3月16日　刘海粟美术馆在长宁区虹桥路1660号落成开放,中共中央总书记江泽民题写馆名。

3月22日　上海安亭汽车市场在嘉定区曹安公路5555号开业。综合大楼建筑面积6 000平方米,是集办公、汽车展示、交易、办证、办照、结算于一体的汽车市场。

3月24日　杨浦区公证处定海路办事处揭牌,由杨浦区司法局和定海路街道办事处联合成立,是全市首家设在基层的公证机构。

3月28日　卢湾区中城(集团)有限公司与香港东华置业有限公司联合开发区境内最大棚户区打浦路53弄地块,举行金玉兰广场开工典礼。1998年竣工。

3月30日　上海环美乐园在嘉定区黄渡镇曹安公路4498号动工兴建,占地60公顷,总投资1.6亿美元。1996年9月开业,2001年破产停业。

4月18日　国务院总理李鹏到南市区视察豫园商城。20日视察卢湾区巨鹿路副食品商场、闵行区马桥镇马桥园艺场。

同日　上海浦东海关、上海外高桥保税区海关开关。

5月1日　位于浦东新区陆家嘴地区的东方明珠广播电视塔开播。主体结构高350米,电视塔天线桅杆高468米,居亚洲第一、世界第三。1991年12月3日动工,1994年10月1日登塔观光设施和主体照明系统投入运转。

5月3日　经国家经济体制改革委员会批准,金山县被列为18个全国县级综合改革试点县之一,是全市唯一。

5月21日　新加坡总理吴作栋、上海市长徐匡迪参加位于黄浦区延安东路550号的海洋大厦奠基仪式。大厦2001年竣工,2006年10月被新加坡腾飞集团收购,改名腾飞海洋大厦。

6月5日　闸北区和田地区环境综合整治总结大会召开。市长徐匡迪宣布,摘掉和田工业区重点污染地区的帽子。

6月13日　国务院批复同意在松江县佘山风景区建上海佘山国家旅游度假区。规划控制面积64.08平方公里,规划用地面积45.99平方公里。1999年8月8日举行佘山人工湖开工典礼,2000年8月18日竣工放水,命名为"月湖"。2007年4月10日上海欢乐谷一期项目动工,2009年9月12日建成开业。

7月1日　位于黄浦区人民大道200号的市政府大厦启用。主楼高21层,建筑面积8.4万平方米。

7月12日　黄浦区在广东路街道新建二村举行帮困粮油供应卡首发仪式,首批500张,率全市之先。

7月15日　黄浦区南京东路首次试行周末步行街。1999年9月20日全天候步行街开街仪式举行,全长1 033米,是全市首条步行街。中共中央总书记江泽民题写街碑。

7月中旬　上海北方商城一期工程在普陀区真南路竣工营业,其中3.6万平方米的北方停车场可停放600余辆货运机动车,是全市最大停车场。

9月11日　日本富士银行上海分行在浦东新区陆家嘴地区挂牌营业,成为首家落户浦东的外资银行。

9月14日　卢湾区政府建立江南造船厂科普教育基地,为全市首个区域性科普教育基地。

9月15日　上海市轻纺市场在嘉定区曹安公路1618号建成开张。1994年12月1日动工兴建。建筑面积6万平方米,设摊位3000家,是上海首家以专业经营中外轻纺原料、面料和服装为主的全国性大型批发市场。

9月18日　静安区武宁南路辟筑工程竣工通车。1994年12月15日开工。全长1.22公里,由区筹资金为主建设。

9月19日　普陀区曹安路市场被国家批准为全国23家鲜活农产品中心批发定点市场之一,是全市唯一定点授牌市场。

9月20日　卢湾区徐家汇路拓宽改造工程竣工通车。1994年11月17日开工。宽50米,拥有六快二慢8个车道,由区自筹资金修建。

9月22日　上海市北区劳动力市场在闸北区柳营路291号开业,以开发和合理配置劳动力资源为核心,兼顾职业技能培训。

9月27—29日　虹口区举办首届四川北路欢乐节,组织花车巡游、艺术家表演、沿街商铺自办特色节目等活动,成为上海旅游节的组成部分,之后每年举办。

9月　崇明县船舶交易市场在城桥镇南门路开设,是全市首家船舶交易市场。

10月26日　连接奉贤县、闵行区的奉浦大桥通车。1994年3月18日开工,是奉贤县自筹资金兴建的横跨黄浦江的大桥。中共中央总书记江泽民题写桥名。

10月29日—11月6日　第一届上海宝山国际民间艺术节在宝山区举办,有10个国家的12个表演团体参加表演。1998年、2000年、2004年、2006年、2008年连续举办。

11月17日　漕溪北路公交枢纽站在徐汇区漕溪北路中山二路口建成。占地约1.9公顷,7条公交线路由此始发。

11月18日　上海野生动物园在南汇县三灶乡南六公路东侧建成对外开放。1994年4月14日动工。由市政府和国家林业部合作,上海园林(集团)公司和中国野生动物保护协会共同投资兴建,占地153公顷,有动物80余种、3000余头(只)。

11月27日　黄浦区召开庆功大会,表彰上海申花足球队获'95全国甲A足球联赛冠军。

11月28日　崇明县新东联船舶工程有限公司建成10万吨级"华东"号船坞,是全市最大的船坞。

12月15日　中共中央政治局常委、国务院副总理朱镕基视察徐汇区康健新村街道康乐小区,走访居民家庭。

同日　奉贤县经电力部、华东电业管理局等部门验收,成为市郊首个农村电气化达标县。

12月20日　第一八佰伴新世纪商厦在浦东新区陆家嘴金融贸易区开业,是国内首家经国务院批准的大型中外合资零售企业。

12月21日　松江县李塔进行修缮工作,在地宫发现银舍利塔、阿育王塔、八棱形水晶杯等文物70件,初步考证为明天顺年间(1457—1464年)文物。1997年6月28日修复竣工。

12月26日　经市教委批准,静安区成为全市首个初中入学综合改革实验区,小学取消升学考试,学生全部就近入学。

**12月28日**　上海真丝商厦在徐汇区天平路139号开业,由上海徐汇纺织品合作公司投资建造,是全市最大的真丝专卖店。

**同日**　国歌词作者、戏剧家、作家田汉铜像在徐汇区长乐路、新乐路、富民路交汇处落成。

**12月**　上海第一条贯通浦江两岸的轨道交通2号线(中山公园站—龙阳路站)开工建设。1999年9月20日试运营,2000年6月11日正式运营,总长16.3公里。2006年12月30日,西延伸段(中山公园站—淞虹路站)开通运营。2010年3月16日,西段自淞虹路站延伸至徐泾东站。东段经2次延伸,于2010年4月8日延伸至浦东国际机场。至此连接浦东和虹桥两个机场,全线长64公里,设30个车站,途经浦东新区和黄浦、长宁、闵行、青浦区。

**同月**　闸北五金交电公司改制为上海新闸北五金交电有限责任公司,其中国有控股55%、行业集体经济联社参股10.8%、职工持股会持股34.2%,是全市首家改制的区属国有行业性公司。

**1995年**　闵行区被市委、市政府列为上海市党政机构改革试点区之一。年底区级党政机构由原来的59个减少到40个,精简32.2%;行政编制由原来的1397人减少到1117人,精简20%。

## 1996年

**1月11日**　法华塔纠偏工程竣工验收仪式在嘉定博物馆举行。塔中心由原来向东南位移120厘米,调整为东向位移5厘米,南向位移3厘米。30日,法华塔地宫发现3个长方形石涵,内有铁塔、玉石菩萨、玉弥勒佛、青铜佛像、青铜贯耳瓶、青铜熏炉、龙泉窑梅子青瓷盒及50多公斤古钱币等宋、元、明代文物。4月16日,塔体第六层壁龛里发现4个杉木箱,内有青铜如来佛像、青白釉香炉、德化窑瓷观音、古籍等明代文物40余件。

**3月18日**　宝山区的宝山民营科技园在罗泾镇沪太路、新川沙路开园。占地47公顷,首期开发15公顷,是全市首家区级民营科技园。

**3月28日**　上海国际服务贸易公司黄浦区分公司揭牌仪式在黄浦区人民路885号的淮海中华大厦举行,是全市首家区域性国际服务贸易公司。

**4月8日**　虹口区虹镇老街实施动迁改造,启动瑞虹新城建设,是全市棚户区改造工程之一。2010年一、二期竣工交房。

**同日**　上海唯实希望小学在青浦县小蒸镇揭牌。占地9000多平方米,校舍3900平方米,投资100多万元,是全市首所希望小学。

**4月13日**　全国政协主席李瑞环视察徐汇区康健新村街道康乐小区。

**4月15日**　普陀区委、区政府举行徐虎事迹报告会,发出《关于深入持久地开展向徐虎同志学习的决定》。20日,市委向全市人民发出学习通知,学习徐虎"辛苦我一人,方便千万家"的精神。

**4月26日**　中国、俄罗斯、哈萨克斯坦、吉尔吉斯斯坦、塔吉克斯坦五国元首在位于静安区的上海展览中心大厅签署《关于在边境地区加强军事领域信任协定》。

**4月28日**　闸北区大统路茶叶批发市场竣工开业,是全市最大的茶叶批发市场。

**4月30日**　中共中央总书记江泽民视察闸北区临汾路街道小区建设和闸北区青少年活动中心,并题词;视察卢湾区巨鹿路副食品商场。

**5月28日**　冠生园集团上海有限公司在南市区中华路1500号成立,由冠生园(集团)公司、黄浦冠生园公司、上海百年老店(集团)公司三方投资组建,是全国最大的综合性食品企业集团。

同日　上海音像制品交易市场在南市区陆家浜路 525 号开业。由区集管局等 6 家单位集资兴建,总面积 6 000 平方米,13 家公司进场交易。

同日　嘉定区华亭镇联华村与驻地部队携手建立占地 32.3 公顷的双拥农场。

6 月 1 日　仰光上海国际商厦在缅甸首都仰光举行开业庆典。商厦由上海静安工商联合发展有限公司、昆明国际经济技术合作公司、上海铁路局经济开发总公司联合投资,由静安区财贸系统经营管理,是中国在缅甸开设的首家大型企业。

7 月 11 日　市长徐匡迪到长宁区安顺路多旺连锁店考察居民早餐难问题。

7 月 18 日　中共中央政治局委员、上海市委书记黄菊视察卢湾区再就业工程。

7 月 28 日　上海市长宁区房地产交易中心在定西路 1308 号成立,是全市首家房地产交易中心。2008 年迁至剑河路 606 号。

8 月 18 日　中国通信产品交易中心在浦东新区上海市外高桥保税区正式开业。由全国各省、自治区、直辖市的 35 个邮电单位共同投资组建,是国内首家国家级通信产品交易市场。

9 月 5 日　上海永昌女子管乐队在普陀区沪西工人文化宫成立,是全市第一支由下岗女工组成的管乐队。

9 月 28 日　金山县漕泾化工区围海造田工程启动,举行抛石开工典礼。总面积约 970 公顷,1997 年完工,是市政府重大工程。

10 月 5 日　上海浦东物资流通中心在浦东新区建成运营,是国内首家集国际商品博览、国内外贸易代理、物资信息交流、现场商品交易等系列功能为一体的大型综合性交易中心。

10 月 6 日　上海卢工集邮品交易市场在卢湾区局门路 600 号卢湾区工人体育场内完成扩建改造。1983 年创办,是国内最大的室内邮币卡市场。

10 月 8—10 日　1996 全国农副产品交易会在宝山区沪客隆招商市场举办,来自全国及海外 600 家客户参加,共有 8 个大类、1 000 余个农副产品品种,协议交易总额 24.4 亿元。同时,华东农副产品交易中心挂牌,是国家级农贸市场。

10 月 10 日　沪闵高架路一期工程(漕溪路至柳州路)在徐汇区境内开工。1997 年 9 月 11 日通车,全长 2.52 公里。2001 年 12 月穿越徐汇、闵行两区的二期工程(柳州路至外环线莘庄立交)开工,2003 年 12 月 28 日通车,全长 5.4 公里,是 A8(沪杭高速)公路连接市区的重要通道。

10 月 12 日　上海博物馆新馆在黄浦区人民大道 201 号举行开馆仪式。1993 年 8 月开工。总面积 3.92 万平方米,高度 29.5 米。方体基座与圆形云挑相结合的建筑造型,具有中国“天圆地方”的寓意。

10 月 12—19 日　第三届全国农民运动会在上海举行。开闭幕式分别在虹口区虹口体育场、嘉定区环球乐园举行。共设 10 个竞赛项目和 3 个表演项目,由市郊 9 个区县承办,松江县内为主赛场。

10 月 19 日　闵行区上海新闵集团在云南省西双版纳兴建的新闵国际大酒店开业。上海市市长、云南省省长为酒店开业剪彩。

10 月 26 日　上海嘉珠副食品(集团)有限公司在嘉定区朱家桥镇成立,是全市首家由镇村集体企业和本企业职工共同出资组建的集团公司。

10 月　宝山区泗塘街道教工住宅新村竣工。1995 年 8 月 1 日开工。占地 3.33 公顷,投资近 4 000 万元,建造 540 套住房,是全市首个“广厦工程”。

11 月 27 日　凌晨 1 时许,黄浦区四川中路 397 号～417 号发生特大火灾,36 人死亡,19 人受伤。

11月28日　上海航运交易所在虹口区杨树浦路88号成立,是首家国家级航运交易所。

11月29日　位于浦东新区、黄浦区的延安东路隧道复线工程建成通车。1994年1月18日开工。

12月10日　嘉定区江桥镇曹江夜宵线开通,起讫点为普陀区曹杨路上海三汽公司至江桥镇,是全市首条公交乡镇夜宵线。

12月18日　开平路环卫综合码头在卢湾区开平路日晖港与黄浦江交汇处建成使用。1992年开工。面积8 300平方米,是全市最大的环卫综合码头。

12月25日　静安区完成39万平方米成片危棚简屋地块拆迁任务,率全市之先。中共中央政治局委员、上海市委书记黄菊致信祝贺。

12月26日　南市区南市百帮服务中心在中山南路1569号成立,是全市首个区级非正规就业载体。1994年6月1日,南市区董家渡街道率先设立百帮公司,是全市首家再就业服务载体。

12月31日　公安嘉定分局成立公路巡逻民警支队并上路执法,是全市首支公路巡逻民警支队。

12月　奉贤县大叶公路通车。由大叶公路建设有限公司投资,是全市首条由企业投资建设的收费公路。

1996年　崇明县温室试养白仔鳗首获成功,全县放养白仔鳗100万尾,育成商品鳗95万尾。是市郊唯一的白鳗培育基地。


## 1997 年

1月6日　南市区信访办、劳动局在周浦监狱设立职业指导站,就安排、解决刑释解教人员帮教、安置及预防重新犯罪开展工作,率全市之先。

1月8日　静安区的上海开开实业股份有限公司境内发行外资股(B股)8 000万股,在上海证券交易所挂牌上市。

1月9日　杨浦区法院开庭审理居民不服区土地规划局行政处罚案件,是全市首次涉及行政处罚法案件。

1月16日　全国人大常委会委员长乔石到闸北区临汾路街道社区视察并题词。

1月24日　日本第一劝业上海分行、日本三和上海分行、渣打银行上海分行和上海巴黎国际银行4家外资银行迁址浦东新区,经中国人民银行批准试点经营人民币业务。

3月21日　中国科学院上海化学新材料中试基地在嘉定区建成,是中国首个由国家投资兴建的化学新材料产业化"孵化器"。

4月29日　国务院批复上海市人民政府同意撤销金山县,设立金山区。5月12日,市委、市政府在金山召开撤县建区干部大会,宣布区委常委会成员名单和相关决定。5月14—16日区第一届人民代表大会第一次会议召开,5月15日区政协第一届第一次会议召开,分别选举产生区人大、区政府、区政协领导班子。5月16日,区委、区人大、区政府、区政协挂牌。

5月7日　上海慈善基金会众仁老人公寓在嘉定区南翔镇众仁路1号开工。由上海市慈善基金会与市民政局共同投资1.2亿元建造,占地3.4公顷,建筑面积3万平方米,有222套公寓式住房。1998年12月竣工,1999年5月启用。是全市慈善养老重大安居工程。

5月30日 卢湾区市民求助中心暨社区服务中心在瑞金二路410弄7号～8号运转,是全国首个区级市民求助机构。1998年1月7日,全国人大常委会委员长乔石视察市民求助中心。

5月 奉贤县县直机关党委率先在市郊县直机关内开展争创"三优"(优质服务、优良作风、优美环境)文明机关,争做"三满意"(群众满意、基层满意、领导满意)好干部活动。

6月12日 上海通用汽车有限公司和泛亚汽车技术中心有限公司成立大会暨奠基仪式在浦东新区上海市金桥出口加工区举行,是中美最大的合资项目。1998年12月17日,通用汽车项目的首辆新世纪轿车下线。

6月24日 连接徐汇区、浦东新区的徐浦大桥建成通车。1994年4月1日动工。全长6 017米,宽35.95米,主塔高217米。中共中央总书记江泽民为大桥题名。

6月30日 "上海市民迎香港回归"文艺晚会在黄浦区外滩陈毅广场举行,延续到7月1日清晨。中央电视台《东方时空》节目、上海电视台、东方电视台、上海人民广播电台、上海有线电视台作现场转播和录像转播。

8月18—19日 奉贤县、崇明县遭受11号台风挟暴雨和天文大潮双重袭击。奉贤县沿海最高潮位6.31米,黄浦江潮位4.8米,均达历史最高纪录。奉贤县金南东西塘海堤全线决溃坍塌,境内黄浦江沿岸全线进水。全县伤亡各1人,933公顷农田受淹,虾、蟹等水产养殖受损面积123公顷,680户居民家中进水,1 500平方米房屋倒塌,直接经济损失6 000多万元,其中水利设施损失912万元。崇明县最大风力11级,全县11处一线大堤出现严重险情,倒塌房屋2 700多间,1人死亡,5人受伤,直接经济损失1.5亿元。

8月28日 上海雷允上(北区)药业股份有限公司在虹口区高阳路396号～398号成立,是全市首家发起式股份制试点企业。

同日 亚欧国际海底光缆在崇明岛登陆成功。2000年9月14日开通。光缆系统全长3.8万公里,连接包括中国、英国、法国、意大利、新加坡、马来西亚、菲律宾、越南、日本、韩国等33个国家和地区,共设39个登陆站,中国上海、汕头各设1个登陆站。

9月8日 南市区实施非正规就业劳动组织就业人员社会保险,首批33人参加养老保险和医疗保险,率全市之先。

9月10日 静安体育中心游泳馆开馆仪式在康定路151号举行。建在5楼的游泳馆,离地面26.6米。

同日 上海国际体操中心在长宁区武夷路777号竣工。1995年7月28日开工建设,是区域大型综合性体育场馆,拥有多功能馆、训练馆。2005年游泳馆竣工。

9月 星嘉农机综合服务中心在嘉定机械化农场诞生,是市郊首家。

10月12—24日 第八届全国运动会在上海举办,开闭幕式均在位于徐汇区的上海体育场举行。中共中央总书记江泽民出席开幕式,国务院总理李鹏出席闭幕式。28个比赛项目分别由徐汇区、嘉定区、黄浦区、长宁区、闵行区、杨浦区、普陀区、宝山区、虹口区、青浦县、金山县承办。

10月15日 上海浦东国际机场建设工程在浦东新区和南汇县境内开工。1999年9月16日第一条跑道建成通航,2005年3月17日第二条跑道启用,成为国内首个两条跑道均可独立运行的机场。2007年扩建工程竣工,建成第三条跑道及第二座航站楼。

11月8日 中共中央政治局常委、中央书记处书记胡锦涛视察闸北区临汾路街道、卢湾区淮海中路社区服务中心和市民求助中心。10日视察南市区南市百帮服务中心,听取解决下岗失业人员就业情况。

12月10日　上海青松城在徐汇区肇嘉浜路东安路口落成开放。1995年6月开工建设,是全市主要的老干部活动中心。

12月16日　位于长宁区的强家角人行天桥建成,强家角渡口停止使用,是上海市苏州河上最后消失的轮渡。

12月18日　浦东新区的龙东大道、远东大道竣工通车,连接浦东机场周边地区8条路,即周祝路、顾江路、镇北镇、施新路、江心路、六施路、卫东路和东环路。1996年9月28日动工兴建,是浦东国际机场重要市政配套工程。

同日　卢湾区完成33.78万平方米成片危棚简屋拆除。中共中央政治局委员、上海市委书记黄菊致信祝贺,市长徐匡迪题词。

12月19日　市经委、市环保局和普陀区政府联合召开桃浦工业环境综合整治总结大会,桃浦工业区环境综合整治工程基本完成,历时10年,投入7.26亿元,摘去重污染"帽子"。市委书记黄菊致电祝贺。

同日　青浦县朱家角镇境内高30米的泖塔按原貌修葺一新。该塔建于唐乾符年间(874—879年),为五级四面方形砖塔,晚间塔顶悬灯,为泖河上往来船只导航。被世界航标协会宣布为世界航标遗产,并列入世界历史名胜灯塔百强之一。

12月21日　虹口区的虹口体育场动工拆除。1999年2月22日在原址东江湾路444号重建的上海虹口足球场落成,是国内首个专业性足球场。

12月23日　上海市有线广播电视网江底光缆在崇明县八滧港成功登陆。

1997年　大东海综合商社股份有限公司在黄浦区北京东路649号成立。1998年10月21日在第七届上海全国商品交易会上商社网上五金机电批发公司成立,是全市首家网上批发企业。

## 1998 年

1月1日　闸北区实施为95岁以上老人发放营养津贴、每年进行体检等政策,率全市之先。

同日　南市区董家渡792慈善敬老院(佳乐苑)揭牌。由市慈善基金会、东方广播电台联合上海市政公司、宝隆宾馆等援建。

1月7日　全国人大常委会委员长乔石视察南市区南市百帮服务中心、黄浦区劳动市场和卢湾区市民求助中心。

同日　市长徐匡迪视察静安区石门二路街道社区服务中心、曹家渡街道四和小区卫生综合服务示范点和静安寺地段医院设立的家庭病床;视察长宁区北新泾街道新泾五村社区卫生服务工作。

1月26日　闵行区完成国家公务员制度改革试点,率全市之先。

2月8日　虹口区创办的民办白玉兰学校在运光路40号落成,是全市第一所民办的小学、初中全日制寄宿制学校。2005年更名为上海市民办白玉兰中学。

2月19日　中国第一枚试验探空火箭发射纪念碑在南汇县老港镇东进村3组落成。1960年2月19日16时47分该火箭在此发射成功。

2月27日　国务院批复上海市人民政府同意撤销松江县,设立松江区。7月9日,市委、市政府在松江召开撤县建区干部大会,宣布区委常委会成员名单和相关决定。7月22—25日区第一届人民代表大会第一次会议召开,7月23—24日区政协第一届第一次会议召开,分别选举产生区人大、区政府、区政协领导班子。7月25日,区委、区人大、区政府、区政协挂牌。

3月22日　徐汇区的市重大环境水利工程张家塘泵闸枢纽工程开工建设,投资近1亿元。8月6日,市委书记黄菊等视察工程建设。1999年4月竣工。

3月30日　上海巴黎银行落户浦东新区陆家嘴金融贸易区,是全市唯一的中外合资银行。2003年12月4日率先由中外合资转为外商独资,更名为法国巴黎银行(中国)有限公司。

4月8日　黄浦区新黄浦集团在曹安路、真北路口开设新黄浦爱奇·爱特配售中心试营业,是全国首家引进美国商业经营模式,集购物、休闲、娱乐、餐饮于一体的超大型商场。

4月10—25日　第一届上海国际花卉节在普陀区长风公园举办。2000年4月7—16日、2002年4月5—14日、2004年4月9—18日、2006年4月7—16日连续举办五届。

4月21日　静安区万航渡路小学被国家教委命名为中央教育科学研究所实验学校。全国有6所学校被命名,该校是上海唯一的一所。

4月　闵行区马桥园艺场建成国产化种苗工厂,是全国首座。

同月　嘉定区的华亭特色农业园区在华亭镇启动。占地140公顷,辟主体农业种养、特色园艺、丘陵休闲度假、垂钓旅游观光等4个部分。

5月1日　位于奉贤县庄行镇新叶村的邬桥轮渡站建成通航,是黄浦江上首家由镇和村集资新建的轮渡站。

5月5日　黄浦区护理工服务社在汉口路347号成立,是全市首家为医院、敬老院、护理院、社区家庭病床提供护理服务的非正规就业组织。

5月8日　青浦县徐泾影剧院启用。由徐泾镇政府投资2 200万元建造,是市郊首座星级影剧院。

5月9日　普陀区上海新长征(集团)在长征镇成立,是镇级经济集团。

6月11日　公安虹口分局破获新中国成立后全市最大一起贩毒案,抓获贩运毒犯19人,缴获海洛因83.58公斤。

6月12日　上海浦东软件园在位于浦东新区的张江高科技园区启动建设,是国内规模最大的软件产业基地。

6月26日　嘉定区望新镇建成电话镇。至此,全区86.8%的家庭装上电话,标志着在市郊率先建成电话区(县)。

7月1日　位于宝山区、崇明县的长江口深水航道治理一期工程进入全面施工阶段。主体工程由12.7公里长的北导堤和20公里长的南导堤等组成,总投资32.7亿元。2000年3月实现8.5米目标水深并试通航,2002年9月通过国家竣工验收。二期工程2002年4月开工,2005年3月实现10米水深航道全面贯通,11月通过国家竣工验收。三期工程2006年9月开工,2010年3月实现12.5米水深航道全面贯通,2011年5月通过国家竣工验收。工程完工后第三、四代集装箱船全天候进出长江口,第五、六代集装箱船和10万吨级散货船及油轮乘潮进出长江口。

8月27日　上海大剧院建设工程在黄浦区人民大道300号建成开演。1994年9月开工。占地11 528平方米,建筑面积7万平方米,建筑高度40米。

9月9日　位于卢湾区中山南一路937号的红星轴承厂被拍卖,破产资产取得整体变现,是全市首例被拍卖的国营大中型破产企业。

9月23日　中共中央政治局常委、国务院副总理李岚清视察徐汇区慧谷科技大厦和位育高级中学、杨浦区科技孵化基地和位于该基地的复旦网络工程公司。

10月1日 宝山区吴淞口导堤河塘一号灯桩被拆除,改建为一座高20.8米的吴淞灯塔,总投资284万元。1999年12月29日竣工,成为上海港黄浦江入口处的标志性导航建筑。

10月6日 中共中央总书记江泽民视察青浦县赵巷镇方东村农业丰产方。

10月10—20日 崇明县首届森林旅游节在东平国家森林公园举办,以"绿色旅游,回归自然"为主题。之后每年9—10月举办。

10月17日 由上海市旅游事业管理委员会、卢湾区政府联合主办的首届玫瑰婚典在卢湾区淮海中路、复兴公园举行,来自全国各省市以及美国的380对新人参加婚礼游行等活动。之后该活动作为上海旅游节的主题活动每年举行。

10月26日 卢湾区居住物业管理投诉受理中心在瑞金二路48弄12号成立,率全市之先。

11月5日 市长徐匡迪到杨浦区视察"365"危棚简屋改造情况,走访江浦路1140弄居民;视察东茭白园和西茭白园区,了解改造进展情况。

11月19日 南汇县周浦镇生活垃圾压缩式中转站投入运行。总投资80万元,能接纳周围1万多人口日生活垃圾20吨,是市郊首座生活垃圾压缩式中转站。

11月20日 中共中央政治局委员、上海市委书记黄菊视察嘉定、青浦、闵行等区县,实地考察工业企业,召开座谈会,就如何办好市郊9个市级工业区发表意见。

12月15日 南市区十六铺农贸市场搬迁到沪军营路申威达机械厂空置厂房内和绿苑副食品交易市场。十六铺农贸市场是全市早期较著名的农副产品交易市场。

12月20日 上海浦东垃圾焚烧发电厂在浦东新区北蔡御桥工业小区开工建设。2001年12月26日实现并网发电,是国内最大、全市首家生活垃圾焚烧发电厂。

12月30日 上海书城在黄浦区福州路465号建成开业,占地3 713平方米,建筑面积39 830平方米,楼高27层。其中1层～7层用于图书零售,是全市首家超大型零售书店。

1998年 朱家角古镇上建于明隆庆五年(1571年)的五孔石拱桥(即放生桥),耗资50万元进行全面修理。该桥长70.8米、高7.4米,是全市最长、最高的古石桥。

## 1999 年

1月4日 闵行区上海题桥纺织染纱有限公司经外经贸部批准,成为享有自营进出口权的私营生产企业。全国首批共有20家,其中上海5家。

1月11日 徐汇区政府与中国科学院上海分院、上海有机化学研究所、上海天文台、华东计算机研究所和上海轻工业研究所举行"依托科技优势、发展区域经济"签约仪式,徐汇区全面实施科技发展战略。

1月26日 上海新普陀汽车服务股份有限公司在普陀区甘泉路开业,是全市首家区级出租汽车服务股份有限公司。

2月10日 奉贤县奉新镇新光村举行村民委员会换届直选,是全市"海选"试点村。

同日 崇明县私营企业贷款担保协会在城桥镇东门路108号成立,是全市首个由私营企业自愿组成、提供贷款担保的非营利性社会团体。

2月19日 中国首头携带人血清白蛋白基因的转基因试管牛"滔滔"在奉贤县奉新动物实验场诞生。

3月5日 6时50分,金山区境内320国道兴塔成毛路口发生特大交通事故。区锦山汽车服务公司中型客车与浙江省江山春光化工厂超载木材的大货车迎面相撞,15 人死亡,27 人受伤。

3 月 26 日　中共中央政治局常委、中央纪律检查委员会书记尉健行视察长宁区家庭居室装饰工程交易市场。

3 月 30 日　黄浦区上海魔术杂技团赴台湾进行民间艺术交流演出,是全市首家赴台交流演出的区级文艺团体。4 月 30 日赴美国纽约百老汇成功首演,是中国艺术团体首次登上百老汇舞台。

3 月　位于松江区佘山风景区内的佘山采石场停止采石。该采石场已开采近 30 年,为保护山林资源而关闭。

4 月 1—2 日　位于南市区的外马路水产批发市场搬迁至上海水产城中心水产广场和浦欣水产市场。

4 月 15 日　16 时 04 分,一架韩国大韩航空公司 MD-11 货运机从虹桥国际机场起飞不久坠毁在闵行区莘庄镇西南,机上 3 名机组人员全部遇难,并造成地面 5 人死亡、42 人受伤。

5 月 4 日　上海国家会计学院奠基仪式在青浦县徐泾镇举行。2001 年 5 月 16 日落成启用,是中国注册会计师上海培训基地。

5 月 20 日　位于宝山区的逸仙高架路竣工通车。1997 年 12 月 10 日工程开工,全长 9.5 公里。双桥发展有限公司投资 2.1 亿美元,是全市首次由区政府引进外资建造的高架道路。

5 月 25 日　普陀区长风公园上海"大洋海底世界"对外营业。由新西兰外商投资兴建,主体建筑位于银锄湖底 13 米处,是全市首家集大型海洋动物表演与水族馆鱼类展览为一体的综合海洋主题公园。

5 月　徐汇区肇嘉浜路(徐家汇至瑞金二路)扩建工程竣工。1998 年 3 月动工。全长 3.06 公里,是上海市道路网"三横"骨架建设的东西向主干道。

同月　崇明县新一轮农村土地延包工作完成。1998 年 12 月,侯家镇聚训村进行土地延包试点工作。1999 年全县推开,25 个乡镇 430 个村 5 239 个村民小组的 18.73 万家承包户完成土地延包签约领证,率市郊之先。

6 月 6 日　崇明县在新河镇举行"解放崇明岛登陆纪念碑"落成暨揭牌仪式。

6 月 16 日　奉贤县土地"延包"第一批签约仪式在邬桥镇耀东村举行,对土地承包合同协议书进行司法公证在市郊尚属首次。

6 月 29 日　位于卢湾区丽园路 713 弄的露天公用给水站被拆除,是全市最后一座露天公用水站。

6 月　金山区建成商用大容量、高速度、多协议覆盖全区的 IP 宽带多媒体通信网,率全国之先。

7 月 1 日　"雪龙"号科学考察船在浦东新区外高桥码头启航,首航北极,是中国政府组织的首次北极考察。

7 月 2 日　金山区连续 5 次遭受大暴雨、天文潮和江浙客水下泄的三重影响。凌晨,金山大桥最高水位 4.08 米,超过 1954 年最高水位 0.27 米,21 次超过防洪警戒线。长期高水位引发大面积洪涝灾害,区域直接经济损失 1.1 亿元。

7 月 31 日　崇明县的上海宝杨农副产品批发交易市场在宝山区宝杨路营业,是全市首个无公害蔬菜大型批发市场。

7 月　崇明县被国家认定为国家级生态农业县,是全市首个生态农业县。

8 月 8 日　上海国际会议中心在浦东新区陆家嘴金融贸易区落成。1996 年 5 月 18 日动工。

总建筑面积 11 万平方米,有可容纳 50 人~800 人的会议厅 30 余个。

8 月 10 日　上海市城区全气化暨天然气进入浦西庆典仪式在南市区新地苑举办,南市区成为浦西首个引入天然气的行政区。

8 月　金山区轮滑球馆在石化新成路落成。室内总面积 3 850 平方米,赛场面积 1 040 平方米,室外速滑场地面积 1.2 万平方米,是全国唯一、亚洲一流的轮滑比赛训练场馆。10 月 18—21 日,第八届亚洲轮滑锦标赛在金山区轮滑球馆举办,由亚洲轮滑联合会主办,中国轮滑协会和金山区承办。来自亚洲 12 个国家和地区的 400 名运动员、教练员、裁判员参加比赛。

9 月 10 日　位于闸北区共和新路 2266 号的上海马戏城建成,被誉为"中国马戏第一城"。

9 月 16 日　国务院批复上海市人民政府同意撤销青浦县,设立青浦区。12 月 21 日,市委、市政府在青浦召开撤县建区干部大会,宣布区委常委会成员名单和相关决定。2000 年 1 月 10—11 日区政协第一届第一次会议召开,1 月 11—12 日区第一届人民代表大会第一次会议召开,分别选举产生区人大、区政府、区政协领导班子。1 月 12 日,区委、区人大、区政府、区政协挂牌。

9 月 25—26 日　中共中央总书记江泽民视察徐汇区康健新村街道康乐小区党建工作。27 日考察闸北区新中高级中学。

9 月 28 日　位于闵行区中春路 2626 号的上海大华福利院开业,是全市首个由企业办的养老福利机构。

9 月　上海东方教育技术装备中心在嘉定区外冈镇沪宜公路 5800 号开工兴建。2001 年 11 月竣工落成,2002 年 5 月 28 日开业,是全国规模最大的、首家集工贸于一体的现代化教育技术装备大型专业市场。

10 月 17 日　首届中国上海国际艺术节升旗仪式在位于黄浦区的上海大剧院举行。11 月 2 日,艺术节开幕式在大剧院举行,中共中央政治局常委、国务院副总理李岚清,中共中央政治局委员、上海市委书记黄菊等出席并观看演出。艺术节为期一个月,包括舞台演出、文化艺术展览、群众文化活动和各类艺术品交易等。之后每年 11 月举办。

10 月 18 日　上海外高桥造船基地在浦东新区长江口南港河段南岸开工兴建。2002 年 10 月 25 日一期工程建成投产,2003 年 10 月 24 日全面完工。是国内规模最大、技术最先进的现代化船舶总装厂之一。

同日　上海华电煤炭交易市场在南市区陆家浜路、西藏南路口开业,集煤炭购、销、运、储于一体,是首个面向全国的开放型煤炭现货交易市场。

10 月 22 日　虹口区举行多伦路文化名人街揭牌仪式。名人街汇集左联纪念馆、鸿德堂、孔公馆等人文历史古迹,以及筷子博物馆、古钱币博物馆、文风奇石藏馆等小型私人博物馆。

11 月 1 日　中共中央政治局常委,国务院副总理李岚清视察普陀区万里示范居住区教职工住宅和学生公寓建设;视察闵行区启音学校。4 日视察静安区社区卫生服务工作;视察卢湾区与瑞金医院共同组建的瑞金医院卢湾分院。13 日视察闸北区新中高级中学、和田路小学。

11 月 2 日　普陀区桃浦镇桃苑村党支部成立,是全市首个外来人口党支部。

12 月 10 日　闸北区蕃瓜弄居住小区屋顶"平改坡"工程竣工,为全市首次尝试。

12 月 12 日　商务印书馆上海专卖店在黄浦区福州路 446 号开业,为全国首家。

12 月 19 日　晚上至 20 日凌晨,上海各界庆祝澳门回归祖国联欢晚会在黄浦区的黄浦公园内倒计时牌处举行。中共中央政治局委员、上海市委书记黄菊,市长徐匡迪出席。

## 2000 年

1月4日　位于奉贤县境内的上海市浦南病死畜禽无害化处理焚烧站举行落户庄行签约仪式,是国内首座病死畜禽全封闭、无害化处理焚烧站。2002年4月一期工程投入使用。

1月19日　连接嘉定区、江苏省太仓浏河的嘉浏公交线开通,由驻嘉中国人民解放军某部与嘉定大众公交有限公司共建,是全市首条双拥公交线。

1月26日　奉贤县小企业贷款担保中心在南桥镇成立,是全市首个由政府批准设立、实行规范运作的小额贷款担保中心。

1月28日　虹口区政府召开虹口港水系整治建设暨动迁工作动员大会。8月开始调水试验,年内基本消除虹口港段水质黑臭。全年共动迁2 111户居民、103家单位。

1月31日　普陀区宜川路街道社区工会联合会成立,是全市首个以街道为单位组建的社区工会联合会。

2月25日　位于黄浦区人民大道100号的上海城市规划展示馆对外开放。1998年4月20日动工建设,面积2万余平方米,全面展示上海城市规划与建设成就。

3月1日　上海淞沪抗战纪念馆(塔)在宝山区友谊路1号开馆。1999年3月22日动工兴建。纪念馆建筑面积3 490平方米,纪念塔高53.6米,共9层。主体建筑旁是淞沪抗战战场纪念碑、"淞沪抗战军民"大型雕塑、以"义勇军进行曲"曲谱为背景的水庭和"淞沪魂"石刻长卷主题纪念墙等。

3月28日　嘉定区开通"148"法律服务专线电话,为市民提供法律咨询、法律援助,率全市之先。

4月18日　浦东中央公园在浦东新区花木地区建成开放,占地140.3公顷,投资10亿元。2004年改名为世纪公园。

4月27日　上海松江出口加工区经国务院批准在松江工业区内设立。11月8日通过验收。面积298公顷,是全市首个国家级出口加工区。2003年3月14日批准在松江科技园区内设立松江出口加工区B区,面积300公顷。10月完成基础设施和海关监管设施建设,封关验收。

5月3日　全国政协主席李瑞环视察黄浦区南京路步行街。

5月　闵行区基本建成黄浦江涵养林,被列为市林业生态示范工程,是全市首条绿色生态走廊。

6月6日　陈云故居暨青浦革命历史纪念馆在青浦区练塘镇开馆。由1992年11月建成的青浦县革命历史陈列馆拆除重建,占地3.47公顷,建筑面积5 500平方米,总投资1.92亿元。2005年6月8日,陈云铜像在新馆广场揭幕。

6月13日　国务院批复上海市人民政府同意撤销黄浦区、南市区,设立新的黄浦区。7月1日,市委、市政府在黄浦召开撤二建一干部大会,宣布新的黄浦区委常委会成员名单和相关决定。7月18—19日新的黄浦区政协第一届第一次会议召开,7月21—22日新的黄浦区第一届人民代表大会第一次会议召开,分别选举产生区人大、区政府、区政协领导班子。7月22日,区委、区人大、区政府、区政协揭牌。

6月21日　市委在浦东新区召开干部大会,宣布新区区委常委会成员名单。8月3—4日新区政协第一届第一次会议召开,8月4—6日新区第一届人民代表大会第一次会议召开,分别选举产生新区人大、政府、政协领导班子。8月8日,新区区委、人大、政府、政协挂牌。

6月　金山区西部工程即太湖流域防洪除涝配套工程竣工。总投资2.3亿元。1996年4月动工。是区域百年以来最大的水利工程。

7月1日　延中绿地一期工程7.4公顷建成开放。延中绿地位于延安高架路中心结合点周围，从瑞金一路向东延伸至西藏南路，由19块绿地组成，涉及黄浦、卢湾、静安三区。其中黄浦区16.7公顷(含上海音乐厅绿地)，卢湾区7公顷，静安区3.48公顷。

7月23—25日　中共中央政治局常委、国务院副总理李岚清视察长宁区中心医院、华阳路社区服务中心、区计划生育生殖保健综合服务站。

7月29日，松江大学城奠基仪式在松江区新城举行。总面积533.33公顷。2002年底基本建成，上海外国语大学、上海对外经贸学院、上海立信会计学院、东华大学、上海工程技术大学、华东政法学院、复旦大学上海视觉艺术学院等7所学校先后入驻。

8月9日　宝山区境内的吴淞工业区环境综合整治全面启动，涉及21平方公里。市委、市政府确定用6年时间完成整治，设立30亿元基金。2005年基本完成。

8月13日　10时至10时27分，嘉定城区及南翔、安亭、马陆、戬浜、黄渡、外冈、娄塘等7镇成功演练防空警报试鸣，是50年来全市首次在非战争和非紧急情况下拉响防空警报。

8月17日　崇明县竖新镇、陈家镇等6个乡镇接受重庆市云阳县的三峡库区移民150户639人。2001年7月7日接受116户572人。2004年7月25日接受62户303人。

8月28日　向阳儿童世界商厦在静安区南京西路993号开业，是全市最大的儿童商品专业商场。

8月30日　金山区节水灌溉骨干工程建成，节水灌溉面积4 644公顷，示范区673.53公顷，同比节水20%～30%，是全市首个节水灌溉工程。

9月　位于奉贤县的上海神力科技有限公司研制成功国内首辆零排放、氢燃料为动力的电池车。

10月20日　位于徐汇区的大中华橡胶厂第一批1万平方米旧厂房爆破成功。12月11日第二批2万平方米旧厂房实施爆破，徐家汇公园建设启动，总投资10亿余元。2004年3月12日竣工开园，总占地面积8.65公顷。

10月27日　上海钻石交易所在浦东新区陆家嘴金融贸易区金茂大厦揭牌，是全市重要的国家级要素市场。2003年11月18日，世界钻石交易所联合会接纳其成为第25名会员。

同日　上海一百新干线旅游有限公司在黄浦区六合路39号开业，是全市首家大型综合性旅游交易服务市场。

10月28日　杨浦区提前2个月完成"365"危棚简屋改造，工程量占全市总量的1/4，为全市最大。

同日　上海二手车交易市场在嘉定区安亭镇开业。2002年8月28日，开工新建贸易园区工程项目，规划用地9.22公顷，建筑面积4.65万平方米，标志着全市二手车交易从初级的中介服务走上产业化发展之路。

11月12日　中共中央政治局常委、国家副主席胡锦涛考察静安寺广场和轨道交通2号线静安寺站，听取静安寺街道社区建设情况汇报。14日视察长宁区程家桥街道程桥二村社区建设工作；视察闸北区职业介绍所；视察卢湾区五里桥街道社区文化中心、桑城居委会，参观中共"一大"会址纪念馆。

11月28日　市政府确定徐汇区、黄浦区、浦东新区为上海市城市管理综合执法试点区。

11月　上海振华港口机械(集团)股份有限公司在宝山区长兴岛建港机生产基地,总投资10亿元,总面积100万平方米,岸线长3.5公里。2001年6月一期工程建成投产,是国内最大的港机生产企业。

12月1日　黄浦区在武胜路350号成立城市管理区监察大队,率全市之先。

12月9日　南汇县芦潮港东侧围垦工程通过竣工验收。1997年开围,面积约300公顷,大坝全长3.6公里,命名为"世纪塘"。

12月26日　中国第一条高架轨道交通明珠线一期(上海铁路南站站—江湾镇站)建成试运行。全长24.975公里,设19个车站,与1号、2号线形成"十字加半环"的雏形。2006年12月18日,北延伸段(江湾镇站—江杨北路)建成试运行后称3号线。全长40.3公里,设29个车站,途经徐汇、长宁、普陀、虹口、宝山区。

12月31日　徐汇区上海龙华旅游城在龙华路2865号～2933号开业,龙华皋鼓和敦煌艺术展同时展出。1998年5月25日工程开工。

## 2001 年

1月1日　位于浦东新区陆家嘴、黄浦区外滩之间的黄浦江行人观光隧道开放。1996年8月22日工程启动,是国内首条过江行人隧道。

1月5日　卢湾区太平桥地区大型公共绿地建设开工。6月8日竣工。绿化面积3.2万平方米,人工湖面积1.2万平方米。5月21日,中共中央政治局委员、上海市委书记黄菊视察太平桥绿地;6月12日,中共中央总书记江泽民视察太平桥绿地。

1月6日　上海化学工业区一期工程开工典礼在金山区漕泾镇举行,项目总投资1500亿元。

1月9日　国务院批复上海市人民政府同意撤销奉贤县,设立奉贤区。8月24日,市委、市政府在奉贤召开撤县建区干部大会,宣布区委常委会成员名单和相关决定。10月9—10日区政协第一届第一次会议召开,10月10—11日区第一届人民代表大会第一次会议召开,分别选举产生区人大、区政府、区政协领导班子。10月11日,区委、区人大、区政府、区政协挂牌。

同日　国务院批复上海市人民政府同意撤销南汇县,设立南汇区。8月24日,市委、市政府在南汇召开撤县建区干部大会,宣布区委常委会成员名单和相关决定。10月10—11日区政协第一届第一次会议召开,10月11—12日区第一届人民代表大会第一次会议召开,分别选举产生区人大、区政府、区政协领导班子。10月12日,区委、区人大、区政府、区政协挂牌。

2月　宝山区启动上海北部物流中心建设。年内建成4个配套项目,即上海海关公共型监管区、上海北部物流中心有限公司、海铁联运基地上海铁峰货运服务有限公司、黄泥塘内河集装箱码头。全区拥有仓库200万平方米、堆场298万平方米、各类货运车辆1.1万辆。

3月6日　闵行区华漕镇第一届私营企业(联合)职工代表大会召开,是全市首次私营企业职工代表大会。

3月18日　奉贤县人事局建立人事代理员制度,为单位择人、个人择业及其他人事人才服务提供中介和代理,率全市之先。

4月28日　卢湾区向明中学青少年法律援助网站暨法律咨询热线开通,是全市第一家由在校高中生自行设计,具有自我管理、自助教育特色的网站和法律咨询热线。

5月19日　奥地利奥特斯(中国)有限公司落户闵行区莘庄工业区。奥地利总统托马斯·克莱斯蒂尔、上海市市长徐匡迪等出席奠基典礼。

**5月30—31日** 中华环保世纪行"保护长江生命河"记者团50余人到崇明实地考察生态环境。6月1日,中华环保世纪行活动在长宁区举行,全国人大常委会率新华社记者30余人视察苏州河水质及两岸整治情况。

**5月** 国务院批准《上海市城市总体规划(1999—2020)》,提出"将崇明作为21世纪上海可持续发展的重要战略空间",明确将崇明岛建设为生态岛。2002年3月7日,崇明被国家命名为国家级生态示范区,是全市唯一的生态示范区。2010年1月20日,市政府公布《崇明生态岛建设纲要(2010—2020)》,成为新的建设里程碑。

**6月1日** 杨浦区黄兴公园在国顺东路369号建成开放,总面积62.43公顷,总投资7.6亿多元。

**6月6日** 中共中央政治局常委、国务院副总理李岚清到松江区视察松江大学城。

**6月12日** 中共中央总书记江泽民视察黄浦区延中绿地。

**同日** 上海针织十四厂都市型工业楼宇在卢湾区黄陂南路751号竣工启用,由卢湾区政府和上海纺织控股集团联合改建,是全市首幢都市型工业楼宇。

**6月16日** 上海宝华寺恢复重建奠基典礼在闸北区高平路1000号举行。寺院有700余年历史,40年代毁于战火。2006年5月28日举行寺院落成、殿宇佛像开光、方丈晋院升座典礼。

**6月22日** 嘉定区南翔福利院在南翔镇众仁路355号建成并投入使用。占地1.78公顷,建筑面积8 317平方米,床位250张,是市郊规模最大、床位最多、服务项目最完善的镇级敬老院。

**6月27日** 中共中央政治局委员、上海市委书记黄菊到长宁区天山路街道纺大一村居民区、虹桥街道虹储居民区、虹桥电子时代广场和凯桥绿地了解社区党建工作,开展调研。

**6月29日** 位于A20(外环高速)公路的闵行区环城公园建成开园,占地5.73公顷,是全市首座环城生态公园。

**7月3日** 杨浦区沪东工人文化宫总体改造工程竣工开放。改造投资近1亿元,总面积达2.8万平方米,设有8个功能区。

**7月20日** 南汇县14个镇49个村安置来自重庆市云阳县人和镇三峡库区移民194户808人。2004年8月15日,7个镇13个村安置第二批来自重庆市万州区三峡库区移民72户253人。

**7月24日** 奉贤县接受来自重庆市云阳县双江镇首批三峡移民197户808人落户,安置于14个镇。2004年8月15日接受第二批三峡移民87户303人落户。

**8月2日** 市长徐匡迪视察静安区"4050"再就业工程。

**8月5日** 南汇县周浦镇、康桥镇地区遭特大暴雨袭击2小时,降雨272.1毫米,为50年未遇,4 495户受灾,215户遭雷击,1人遭雷击身亡。

**8月13日** 闵行区七宝老街修复工程竣工。

**8月23日** 卢湾区法院裁定太平洋租赁公司破产,是国内首家破产的融资租赁公司,也是上海第一起由债权人向法院申请宣告债务人破产还债的案件。

**9月3日** 上海久隆模范中学在闸北区岭南路115号建成开学,是全市首所免费中学,即免交学杂费、书簿费、校服费、午餐费、活动费等所有费用。

**9月28日** 长宁区仙霞西路、剑河路的302街坊5丘地块开标会举行,是全市首块招标拍卖地块。

**同日** 上海国际汽车城全面建设开工仪式在嘉定区安亭镇举行,中共中央政治局委员、上海市委书记黄菊启动开工建设按钮。

9月　徐根宝足球基地在崇明县东平国家森林公园南首落成。占地 4.7 公顷,拥有 3.5 个标准足球场、1 个由德国进口的人工草皮铺设的室内足球场,及 1 个足球宾馆。

10月 20日　中共中央总书记江泽民视察卢湾区延中绿地和淮海中路楼宇灯光夜景。

10月 24日　黄浦区花样轮滑队代表中国队参加第九届亚洲轮滑锦标赛,取得五金二银一铜及花样轮滑团体冠军的优异成绩,举行庆功表彰大会。1980 年上海市黄浦区轮滑俱乐部花样轮滑队成立,已连续蝉联 16 届全国花样轮滑锦标赛团体冠军、7 届亚洲锦标赛团体冠军。2003 年,黄浦区轮滑馆在大林路 235 号落成,2004 年 5 月被命名为中国轮滑协会上海训练基地。

11月 2日　上海新国际博览中心在浦东新区龙阳路建成。1999 年 11 月 4 日建设工程启动。总面积 25 万平方米,有 17 个展厅。

11月 5日　位于嘉定区、江苏省太仓浏河的 A5(嘉浏高速)公路通车,全长 17.1 公里,是全市首个多元化投资建成的重大工程。

11月 9日　太平洋数码广场在徐汇区肇嘉浜路 1117 号建成开业,营业面积约 9 000 平方米,是全市乃至周边省市 IT 产品集散中心。

11月 16日　上海风力发展有限公司在崇明县陈家镇成立,崇明岛风电工程启动。2013 年 5 月,县域北沿风电场 24 台风电机投入运营,总投资 4.9 亿,装机容量 4.8 万千瓦,年发电量 1.09 亿千瓦时。

11月 23日　青浦区农村信用合作联社和赵屯镇新桥村签署建立信贷"信用村"联姻协议,7 户农民成为首批获贷户,是市郊农村发放支农贷款史上的首创。

12月 7—10日　上海·徐汇房地产展示交易会在香港会展中心举行,是全市实行内、外销商品房并轨政策后首次境外房地产展示交易会。

12月 11—13日　徐汇区被列为全国《2001—2005 年中国青少年科技普及及活动指导纲要》实施综合试验区,是全市唯一入选的城区。

12月 31日　崇明县新河千吨级多用途货运码头建成,总投资 2 700 万元,是岛上首座集装箱码头。

## 2002 年

1月 10日　奉贤区南桥法律服务所挂牌营业,是全市首家合伙制法律服务所。

1月 14日　中日、中日美海底光缆,沪闽、国光 1、国光 2 和七宝地球站、莘庄地球站光缆等国内长途通信一线干线通过闵行区境,是中国唯一国际长途通信干线。

1月 19日　虹口区四川北路大型绿地建设项目动工。9 月 28 日建成开放,更名为四川北路公园。总用地 4.24 公顷,是在市级商业街中心地段建成的大型绿地。

同日　百乐门舞厅在静安区愚园路 218 号重新开张。

1月 30日　卢湾区泰康路艺术街在打浦桥地区开市,全长 400 米,是全市最早的艺术街。1998 年区规划泰康路"工艺品特色街",1999 年 12 月 28 日第一家特色店"一路发"陶瓷卖场入驻开业,2000 年 1 月画家陈逸飞、摄影家尔冬强等一批艺术家进驻。工艺品特色街演变成艺术街,并汇集至 210 弄内。

1月　位于静安区南京西路 1455 号的上海嘉里商务中心入驻公司 2001 年度缴纳税金超过 1

亿元,是全市首幢"亿元楼"。

2月9日 青浦区召开农村税费改革工作动员大会,全面实施农村税费改革试点,成为全市税费改革工作先行区。

3月15日 浦东新区上海市张江高科技园区举行政府公报开放点揭牌仪式,是国内首家正式向社会公众开放政府公报的场所。

3月19日 中共中央总书记江泽民视察青浦区朱家角古镇并题词。

3月20日 嘉定区外冈镇农机服务中心在嘉定区外钱公路1398号成立,是市镇级农机合作组织。

3月 "东方绿舟"在青浦区朱家角镇淀山湖畔建成开放。2000年5月动工。占地373.33公顷,其中水域面积133.33公顷,建筑面积15万平方米,总投资12.26亿元,由八大园区组成,是全国首个青少年校外活动营地。

4月15日 安置静安、卢湾等区动迁居民的闵行区七宝镇静安新城和梅陇镇高兴花园2个住宅小区,分别移交闵行区七宝镇和梅陇镇及区有关部门进行属地化管理。

4月18日 闵行区虹梅路休闲街开街。全长480米,是沪上集欧美风格、融合国际多种文化的特色步行街。2010年4月被国家工商总局注册确认为国内首条老外街。

5月1日 上海大宁灵石公园在闸北区广中西路288号开园迎客,占地68公顷,是大型生态景观型城市公园。

同日 闵行区各类公园免费开放,率全市之先。

5月19日 "来自社区的歌声"群众音乐会暨南京路步行街"周周演"首演活动在黄浦区南京路步行街世纪广场举行。之后"周周演"活动一直延续。

5月26日 静安区静安寺街道在中华企业大厦商务楼建立党员服务点,率全市之先。2004年6月,全区104幢纯商务楼宇全部建立党组织、党员服务点,实现楼宇党建全覆盖。

6月6日 上海双希保险公估有限公司在浦东新区浦东大道1234号成立,是国内首家保险中介服务机构。

6月7日 位于黄浦区外滩地区的"外滩源"项目启动,是黄浦江两岸综合开发先行工程。一期占地面积9.7公顷,建筑面积27.32万平方米,包括外滩源33项目、益丰·外滩源、洛克·外滩源、半岛酒店和市政及环境景观配套五大项目。2010年3月18日,半岛酒店旗舰店正式营业。

6月16日 纪念民族英雄陈化成殉国160周年活动暨陈化成纪念馆新馆开馆仪式在宝山区友谊路1号临江公园内举行。新馆建筑面积300平方米,其中陈列面积170平方米。1992年5月16日建馆时,由赵朴初题写馆名。重修的新馆则运用声光电等科技手段艺术再现陈化成在吴淞炮台率军抗英的全过程。

6月25日 浦东新区土地资产交易中心在浦东新区金融贸易区成立,是全市首家土地有形市场。

6月26日 青浦区徐泾镇自筹资金、自行建设和管理的污水处理厂一期工程开工。2003年12月竣工投产,日处理能力2.5万吨,投资5690多万元。2012年9月二期工程启动,2013年12月竣工投产,日处理能力3万吨,投资5700万元。是区域城镇环保基础设施建设投融资体制的创新。

7月1日 奉贤区庄行镇实行农业分时电价,规定种养业农户生产用电可享受低谷优惠,率全市之先。

7月4日 "西气东输"终端工程在青浦区白鹤镇启动。9月5日,"西气东输"工程金山段开工。工程起点为陕西长庆气田,沿线设 5 个分输站,白鹤镇分输站也是上海段管网的首站。2003 年 10 月 7 日,天然气管输到白鹤分输站,试运行成功。2003 年 12 月竣工。

7 月 17 日　卢湾区军人驿站在瑞金二路 410 弄 8 号揭牌,是全市首家由地方政府兴建的设施,专为外地来沪军人提供各类便利服务。

7 月　上海固体废物处置中心在嘉定区娄塘镇嘉朱公路 2491 号建成启用。总投资近亿元,年处置废物 2 500 万吨,是华东地区最大的固体废物处置中心。

8 月 27 日　普陀区长寿路街道民间组织服务中心成立,是全市首个社区民间组织服务中心。

8 月 29 日　青浦区接收首批三峡库区移民 162 户 688 人落户,安置在重固、白鹤、赵屯、青浦、朱家角、练塘、西岑、金泽 8 个镇。2004 年 8 月 5 日,接收第二批三峡移民 79 户 301 人,安置在重固、白鹤、赵屯、朱家角、练塘、金泽 6 个镇和夏阳街道。

9 月 1 日　嘉定区接收首批三峡移民 121 户 486 人,安置于徐行、华亭、楼唐、外冈镇。2004 年接收第二批三峡移民 62 户 249 人,安置于徐行、华亭、外冈镇。

9 月 14 日　崇明县举行东滩湿地石碑揭牌仪式。湿地位于长江入海口,是候鸟迁徙路线上的重要驿站,也是白头鹤、小天鹅等珍稀水禽的重要越冬地,是东滩鸟类国家级自然保护区,面积 326 平方公里。1999 年,崇明东滩正式加入东亚—澳大利亚涉禽迁徙保护网络。2002 年 1 月被国际湿地委员会秘书处接纳为国际重要湿地。

9 月 18 日　位于闵行区东川路 3999 号的上海阿尔斯通交通设备有限公司制造的全市首列城市轨道列车成功下线,用于上海轨道交通 5 号线。

9 月 19 日　长宁区江苏路街道网上社区学校诞生。

9 月 30 日　位于卢湾区境内的上海新天地全面开业。1999 年动工。总投资近 1.5 亿美元,由香港瑞安集团和上海复兴建设发展有限公司合资开发。是以中西融合、新旧结合为基调,将传统的石库门里弄与现代建筑融为一体,集历史、文化、旅游、餐饮、商业、娱乐、办公、住宅为一体的特色区域。

10 月 1 日　金山区山阳镇杨家村 76 户农户接入 ADSL 宽带网,是市郊首个信息化村。

10 月 2 日　台湾慈济慈善基金会组织 100 多名台商到崇明新河敬老院开展慈善活动。

10 月 12 日　上海陆上货运交易中心在普陀区桃浦镇上海西北综合物流园区建成,是上海陆上物流行业首个大型功能性要素市场。

10 月 15 日　卢湾区通过市环保局验收,为全市首个"无燃煤区"。

10 月 16 日　上海港浦东集装箱物流工程基本建成,是全市规模最大、科技含量最高的现代化物流中心。

10 月 17 日　上海国际赛车场建设工程在嘉定区方泰镇开工。总投资 50 多亿元,占地 250 公顷,规划面积 530 公顷,可容纳观众 20 万人。2004 年 5 月 31 日,"上"字形赛道全面建成,包括主赛道、连接道和缓冲区,全长 5.45 公里,由 14 个不同转弯半径的弯道和 9 条直道组成,最大高低落差达 12 米,在连续曲线赛道处的下坡度达到 8%,赛道最高设计时速达 327 公里,符合 F1 赛事要求的世界一流赛道目标。6 月 3 日获国际汽联颁发的一级赛道证书,是全国首个国际赛车场。

10 月 18 日　正大广场在浦东新区陆家嘴金融贸易区开业。投资 4.5 亿美元,建筑面积 24 万平方米。1996 年 5 月 11 日动工。是国内最大的购物中心。

10 月 20 日　松江区在松江新城举行泰晤士小镇奠基仪式。2006 年 10 月 20 日举行落成典礼。占地 1 平方公里,建筑面积 50 万平方米,绿化覆盖率 60%。整体布局体现原汁原味的欧洲风情,是具有居住、旅游、休闲等多项功能的大型社区。

10月29日　上海浦东国际机场物流中心落成。占地6.9万多平方米,集仓储、包装、储运、物流加工和其他增值服务功能于一体,是国内规模最大的物流中心。

11月3日　卢湾区淮海中路670弄公厕10年经营权由普通工人李鸿芳中标,是全市首次向社会公开转让公厕经营权。

11月28日　嘉定区安亭新镇污水、垃圾综合处理工程开工典礼举行。2005年3月31日竣工启用。占地20.3公顷,总投资1.8亿元。是上海国际汽车城重大市政配套建设项目,包括建设日处理能力5万立方米的污水处理厂和日处理能力500吨的生活垃圾处理厂各1座,采用国际先进的环保理念,将污水、垃圾处理合二为一,在国内尚属首例。

12月4日　共和新路高架路通车剪彩仪式在闸北区举行,是全国首个集高架道路、轨道交通、地面道路"三位一体"市政工程。

12月6日　卢湾区开平路码头垃圾分拣中心运行,是全市首座生活垃圾分拣中心。

12月20日　上海江桥生活垃圾焚烧厂在嘉定区江桥镇绥德路800号建成投产。1999年9月8日动工。一期工程投资7.1亿元,占地15公顷,总建筑面积3.5万平方米,日处理垃圾1 500吨,是国内日处理能力最大的现代化生活垃圾焚烧厂。

12月31日　位于浦东新区境内的上海磁浮列车示范运营线建成。2001年3月1日工程动工。从浦东国际机场到龙阳路,全长29.86公里,用时不到8分钟。是世界第一条也是唯一一条采用常导高速磁浮交通技术的商业示范运营线。中国总理朱镕基和德国总理施罗德出席通车典礼并发表讲话。

12月　上海国际汽配贸易中心在嘉定区安亭镇嘉安公路3333弄动工建设。2005年基本建成。建筑面积24.8万平方米,其中一期近10万平方米,二期15万平方米,有国际品牌展示中心、国际采购大卖场、精品专卖智能化商铺900多个,总投资10多亿元。

## 2003 年

1月3日　上海申江北外滩开发建设有限公司、上海中远三林北外滩开发建设有限公司在虹口区东大名路908号金华大厦成立,北外滩综合开发工程启动。2005年6月16日,市长韩正专程调研,强调北外滩开发是黄浦江两岸综合开发的重中之重,要凸显功能定位,注意地下空间、交通设施、天际轮廓线及绿化的开发建设。

1月13日　中共中央政治局常委、书记处书记曾庆红视察长宁区虹桥街道虹储小区星光老年之家、居民事务公开栏和小区健身点。

1月16日　国药集团医药控股有限公司在黄浦区延安东路222号42楼注册成立,是中国最大的药品及医疗保健产品分销商及领先的供应链服务商。

1月29日　上海危险化学品专业市场在闸北区市北工业新区建成。建筑面积1.1万平方米,有550余个交易店铺,为全市首家危险化学品市场。

1月　卢湾区田子坊在泰康路210弄建成开放。由画家黄永玉将弄内5家闲置厂房改建而成,取史载中国古代画家田子方之谐音,称田子坊。2006年4月24日,全市首个创意行业知识产权保护联盟在此成立。2006年12月获首届中国北京国际文化创意产业博览会中国最佳创意产业园区称号。

2月13日　软件工程国家工程研究中心上海基地揭牌仪式在黄浦区河南中路500号华东电器集团公司举行。研究中心在北京、上海、厦门建立3个基地。上海基地由国家工程研究中心、黄浦区政府等共同投资，注册资本2000万元。华东电器集团是该研发机构首次吸纳的民营资本。

2月22日　位于闵行区七宝镇的中国残疾人体育艺术培训基地落成，是国内首座无障碍文体设施。

3月10日　绿色环保型17.5万吨"好望角"型散货船在浦东新区外高桥港口下水，是国内建造的最大吨位散货船。

同日　国务院批准在奉贤区境内设立上海闵行出口加工区。6月8日，上海闵行出口加工区开工建设。11月23日举行揭牌仪式。

3月21日　徐汇区黄道婆纪念馆在徐梅路700号黄道婆墓区东侧举行揭牌仪式，建筑面积280平方米。2002年3月28日开工建设。

3月24日　被列为2003年上海市政府实事项目的"百万家庭网上行"启动仪式在长宁区社区学院举行，市长韩正出席并讲话。长宁区和卢湾区率先试点，计划在3年～5年内对上海市百万女性进行电脑信息化利用技能和网络知识培训。

3月30日　生物芯片上海国家工程研究中心在浦东新区上海市张江高科技园区开工，12月底基本建成，是国内规模最大、现代化程度相当高的生物技术研发和产业基地。

4月1日　位于徐汇区肇嘉浜路1111号美罗城5楼的上海超级电影世界和虹桥路1号港汇恒隆广场6楼的永乐电影城，联合举行荣获"全国五星级电影院"揭牌仪式。全国首次评定的五星级电影院共6家，上海市仅此2家。

4月11—12日　"瀛通杯"全国公路自行车精英赛在崇明岛首次举办，来自北京、天津等国内10支车队48名运动员参赛。之后每年四五月举办。2006年称首届环崇明岛国际公路自行车赛，参赛成员达11个国家和地区。2007年称环崇明岛女子国际公路自行车赛，2011年称环崇明岛女子国际公路自行车赛和国际自行车联盟女子公路世界杯赛，参赛成员增至14个国家和地区。

4月27日　社区公益卫生保洁服务社在黄浦区人民广场街道成立，是具有非正规就业性质的社区公益卫生保洁服务社，也是上海市结合"非典"防治，积极探索公共卫生长效化管理的新机制。

5月12日　上海国际金融人才服务中心在浦东新区上海市陆家嘴金融贸易区开业，是国内首家国际性金融人才服务中心。

同日，于井子等11名抗击"非典"（非典型肺炎）的医护人员入党宣誓仪式在普陀区人民医院举行，市长韩正等出席。在抗击"非典"过程中，于井子等始终坚持奋战在第一线，将独到的人性化服务融入医疗工作。9月12日，普陀区人民医院成立"于井子护理小组"。

5月17日　市长韩正到青浦区调研，要求青浦继续推动区域、产业、土地"三个集中"，强化服务、环境、配套"三比"意识，努力降低商务成本。

5月27日　全国人大常委会委员长吴邦国视察卢湾区五里桥街道丽园小区和长宁区疾病控制预防中心"非典"防治工作。

5月28日　上海汽车博览公园在嘉定区上海国际汽车城动工。总用地面积76.8公顷，总投资16亿元，是以汽车娱乐、汽车展览、汽车文化为主题的综合性公园。园内划分为"中国园区""美国园区""英国园区""日本园区""欧洲园区"五大园区，分别建设具有地方特色风格的建筑，在国内尚属首个。

5月30日　金山众仁护理院在金山区枫泾镇枫阳路258号竣工。由上海慈善基金会、香港李嘉诚先生、金山区政府合作创办,10月23日对外开放。占地5.67公顷,建筑面积18500平方米,以"医疗、护理、康复、善终一条龙"为特色。

6月21日 连接宝山区和浦东新区的上海外环线越江隧道建成通车。1999年12月28日动工。总投资17.48亿元,全长2880米,隧道中段由7节沉管组成,隧道内可根据车流情况进行车道调整,是全市首次采用沉管法施工的越江隧道。

6月25日 南汇区与市农场局(上海市农工商集团公司)举行上海市东海农场政务移交签约仪式。签约后,东海农场的区域政务工作将纳入南汇区书院镇管理。2006年,朝阳农场、芦潮港农场实行属地化管理,分别划归祝桥镇、芦潮港镇管理。

6月28日 位于卢湾区、浦东新区的卢浦大桥建成通车。2000年10月25日动工。全长3900米,宽28.75米,是世界上跨度最长的钢拱桥。

6月 松江区永丰街道全面完成撤村建社区,16303名农业人口转为城镇居民,率市郊之先。

8月8日 青浦区朱家角古镇景区通过ISO国际质量认证,成为全市首个通过ISO国际质量、环境双认证的旅游景区。

8月16日 上海"停车诱导系统"黄浦区示范工程建成开通,选择停车问题最为突出、影响面极大的中央商务区(CBD)地区,共18个停车场、3000多个车位,率全市之先。至年底,已覆盖中央商务区、广场地区、豫园地区,停车场(库)泊位利用率平均上升15%。

8月29日 国务院总理温家宝到松江区松江新城和松江大学城视察,与大学生座谈,访问江虹小区居民。30日视察黄浦区延中绿地。

9月16日 上海港吴淞客运中心在宝山区吴淞街道黄浦江畔启用,9月25日举行开航仪式。接纳上海十六铺码头搬迁后的全部客运航线;开通19条到市区、6条到远郊的公交线路;配套建设省际长途汽车站1座,开通28条客运班线。成为上海北部地区水、陆交通重要枢纽。

9月27日 闵行区律师志愿团成立,是全市首家志愿为动拆户提供法律服务的团体。

10月15日 中国首次载人飞船神舟五号发射成功。位于闵行区的上海航天局作出重大贡献。

10月18日 上海市深水港工程建设指挥部港城分指挥部在南汇区临港新城举行滴水湖引水工程典礼。湖面直径2.66公里,总面积5.56平方公里,平均水深3.7米,最深处6.2米,湖水容量1620万立方米。2002年6月26日开挖,2003年10月6日完工,是临港新城的核心景观。

10月 上海船厂整体搬迁至崇明县竖新镇,是崇明县引进投资规模最大的一个企业。11月30日7万吨级半坞式船台主体工程竣工,是全市最大船台。

11月20日 崇西水闸工程在崇明县绿华镇竣工。2002年11月20日动工,总投资8316万元,是全市最大的水闸。

11月25日 位于闵行区境内的上海轨道交通5号线(莘庄站—闵行开发区站)建成通车。全长17.04公里,设11个车站,是国内第一条采用轻轨高架制式的线路。

11月27日 全国水利风景区建设与管理经验交流会在松江区召开,会上宣布30家"国家水利风景区"名单并授牌。松江区成为上海市首个国家水利风景区,也是全国唯一整个区域被列为风景区的地区。

11月 长宁区江苏路街道创建"人民调解李琴工作室",以"政府购买服务"方式,向居民提供法律咨询援助服务,是全国首家专业调处民间纠纷的社会组织。

12月1日 闵行区镇、街道机关实施领导干部公务用车改革。除保留特殊需要的公务用车外,全部实行交通费补贴办法,是全市公车改革试行地区。

12月13日　上海精星物流设备工业园在松江区车墩镇工业区奠基,是国内最大的立体仓库生产基地。

12月24日　静安区建成无障碍设施建设示范城区,率全市之先,成为全国无障碍设施建设先进地区。

12月27日　"8号桥"创意园区一期在卢湾区建国中路8号～10号落成,由闲置厂房改建而成,建筑面积2.8万平方米。设有"一园三中心",即上海产业咨询服务园、上海(国际)产业转移咨询服务中心、上海市工业开发区招商服务中心和上海时尚创作中心。2007年6月,横跨建国中路、连接南北园区的天桥落成,称为"创意之桥"。二期、三期分别于2009年9月、11月落成,分别位于卢湾区局门路436号和550号。一、二、三期总建筑面积5.5万平方米。

12月29日　青浦区朱家角新镇区珠溪路竣工通车。全长2.9公里,绿化带平均宽160米,绿化面积34万平方米,水面积14万平方米,总投资1亿多元,是全市首条江南园林道路。

12月　虹口区实施"抓创业促就业",构建区、街道(镇)、居委会三级扶持创业网络,形成政府引导、社会参与、各方协同抓创业促就业的工作格局,率全市之先。

同月　嘉定区环城河综合整治工程——"绿色项链"历时3年竣工,总投资2.8亿元。

2003年　位于黄浦区境内的人民广场交通枢纽综合改造工程竣工,是全市大型交通枢纽之一。施工范围北起西藏北路蒙古路,南至西藏南路复兴中路,涉及轨道交通建设、道路桥梁改建、架空线缆入地、公共绿地布置、交通优化组织、建筑保护修缮等多项建设内容。2002年7月21日开工。

## 2004 年

1月3日　上海港国际客运中心开工仪式在虹口区北外滩高阳码头原址举行。2008年8月4日建成。拥有码头岸线832米,辅助岸线247米,邮轮泊位3个。

1月17日　连接浦东新区、卢湾区的复兴东路越江隧道地下主体结构全线贯通。10月正式通车。全长2785米,是国内首条双层双管越江隧道。

2月23日　上海外高桥保税区物流园区在浦东新区外高桥港区开建,面积1.03平方公里。4月14日通过验收揭牌,是国内首家保税物流园区"区港联动"试点单位。

3月8日　普陀区西北物流园区公共型保税仓库在桃浦镇挂牌,可为园区内企业和周边地区企业提供保税货物的仓储以及包装、分类、拼装等简单的加工服务,是上海海关建立的首家公共型保税仓库。

3月11日　市长韩正到杨浦区调研,听取江湾—五角场城市副中心规划建设和杨浦知识创新区发展纲要的汇报,观看区重点地区规划模型。

3月12日　"世博林"碑在卢湾区境内的卢浦大桥下揭幕,区里启动"世博林"7年绿色行动计划。2010年3月12日,由"友谊林""希望林""奉献林""阳光林""和睦林""创意林""欢乐林"组成的"世博林"建成。

3月29日　全国换发第二代居民身份证上海市首发仪式在嘉定区举行。

4月19日　市政府第36次常务会议审议通过由市规划局和杨浦区政府共同编制的《杨浦知识创新区发展规划纲要》,5月28日市政府批复同意。

4月28日　上海大型综合农产品物流基地江杨农产品物流基地在宝山区境内的上海吴淞国际

物流园区内兴建。分两期开发,总用地 62.25 公顷,总建筑面积 10.4 万平方米,总投资 3.2 亿元。一期工程年底竣工。

5月12日 虹口区举行北外滩滨江绿地和公共开放空间项目开工仪式。至 2007 年共建成绿地 5 万平方米。

5月24日 国务院总理温家宝到静安区北京西路 1606 号慰问上海第六丝织厂退休职工、老劳模史林珍;视察黄浦区南京路步行街和科技京城。

5月26—30日 2004 年女子沙滩排球世界巡回赛(Swatch - TIVB)上海石化杯中国上海金山公开赛在金山区石化海边新建的沙排赛场举行。之后每年 4—5 月举办,至 2010 年连续办 7 届。

5月27日 台资华一银行徐汇支行在徐汇区漕溪北路 559 号开业。是中国第一家由海峡两岸合资成立的银行,合资方分别为台湾的莲花国际有限公司、永亨银行和上海浦东发展银行。

6月6日 首届全国汽车场地锦标赛在位于嘉定区的上海国际赛车场举行,标志着上海国际赛车场启用。9 月 24—26 日,世界一级方程式(F1)世界锦标赛中国大奖赛在此举行,17 万名观众观看 26 日的决赛,2005—2010 年每年如期举行。10 月 12—14 日,"必比登挑战赛"在此举行,是世界规模最大的清洁环保汽车大赛,在亚洲首次举办,全球 57 家企业生产的 74 辆汽车参赛,为历次赛事之最。

6月13日 上海市首个无偿献血屋在闵行区七宝镇乐购广场建成启用,当天有 165 人无偿献血 173 份。

6月20日 普陀区政府承办首届上海苏州河龙舟国际友好邀请赛,30 支国内外队伍参赛。之后每年 6 月间举办。

7月7日 位于杨浦区五角场的朝阳百货大楼成功爆破,五角场环岛进行脱胎换骨的改造。2006 年 4 月,朝阳百货大楼和大楼前的朝阳广场原址建成环岛下沉式广场。

7月20日 普陀区长征镇全民健身活动中心落成开放,是全市唯一的全国首批社区级全民健身示范工程。

7月27日 中共中央总书记胡锦涛视察崇明县优质蟹种繁育基地、优质杂交水稻繁种基地和前卫村农家乐示范点。28 日视察位于嘉定区的上海国际汽车城。

9月2日 高内涵药物筛选技术平台在浦东新区上海市张江高科技园区启用。平台将使新药的综合研发效率提高 1/2～2/3,是国内首个、亚洲第四个。

9月23日 中国国旗设计者曾联松(1999 年病逝于上海)纪念铜像落成揭幕仪式在嘉定区长安墓园举行。

10月11日 金山区金山卫城南门侵华日军登陆处遗址重修扩建工程奠基仪式举行。2005 年 8 月 30 日竣工。

10月15日 卢湾区金武官心理工作室成立,是全市首个社区服刑和刑释解教人员的心理工作室。

10月 英特尔公司(上海)研发中心项目在闵行区紫竹科学园区开工建设。2005 年公司成立,是全球最大的半导体芯片制造企业。

11月1日 麦德龙中国总部大楼在普陀区真北路 1425 号落成,是德国最大零售批发超市集团。

11月6—7日 世界青年标准舞锦标赛暨中国上海国际体育舞蹈公开赛在卢湾体育馆举行。由国际体育舞蹈联合会(IDSF)主办,中国体育舞蹈联合会、上海市体育局、卢湾区政府承办。

2005—2010 年连续举办。

11 月 8 日　奉贤区境内 A30(郊环高速)公路近沿钱公路东因大雾发生一起特大交通事故,10 人死亡,17 人受伤。

11 月 9 日　杨浦区举行延吉街道人民调解"杨伯寿工作室"和"杨伯寿人民调解带教点"揭牌仪式。街道以购买服务的方式调处居民纠纷。

11 月 16 日　位于金山区山阳镇的上海市公共卫生中心举行启用仪式。占地 33.3 公顷,总建筑面积 8.9 万平方米,设置床位 500 张。同时在大片草坪下预留管线,可迅速搭建 600 张临时床位。是市政府 2004 年重大项目"一号工程"。

12 月 3 日　闸北药品检验所获中国实验室国家认可委员会颁发的"中国实验室认可委员会认可证书",是全国首家全项目通过国家认可的省以下区域药检所。

12 月 7 日　奉贤区柘林绿都农业合作社在柘林镇成立,是全市首个土地入股的合作社。

12 月 10 日　中国乳业博物馆在闸北区万荣路 467 号开馆。占地 1 000 平方米,分古代、近代、现代三大展区,是国内规模最大的乳业博物馆。

12 月 25 日　"上海光源"在浦东新区上海市张江高科技园区开工建设。2010 年 1 月 19 日通过验收,是国家重大科学工程。

12 月 30 日　国家"863"高性能宽带信息网、第四代移动通信技术、上海市多媒体公共服务平台 3 个项目落地长宁区境内。

12 月 31 日　东方艺术中心在浦东新区花木地区竣工营业。2002 年 3 月 26 日开工建设。由 2 000 座的交响音乐大厅、1 100 座的中剧场、300 座的小演奏厅等组成,投资 7.8 亿元。

## 2005 年

1 月 12 日　澳门居民郭立明在闵行区工商分局申办个体工商户经核准,是全市首家澳门居民个体工商户。

1 月 24 日　普陀区月星慈善超市在桃浦镇开业,是全市首家慈善超市,为区内低保家庭和困难户提供物质援助。

同日　居住在静安区的香港居民胡虹翔女士成为全市首位香港居民个体工商户营业执照持有者。

1 月 28 日　位于静安区境内的上海航空公司开辟上海—台北直航专机抵台,两岸民航飞机 56 年来首次实现双向对飞航程,直抵两岸机场。

1 月 31 日　嘉定区外冈新苑项目开工仪式在外冈镇管家村举行。2006 年初步建成。占地 34 公顷,建筑总面积 33 万平方米,建造多层住宅 123 幢,可安排置换户近 1 300 户,是全市首个农村宅基地置换试点基地。

2 月 12 日—16 日　全国人大常委会委员长吴邦国到崇明县视察东平国家森林公园、东滩湿地、明珠湖等地。

2 月 18 日　静安区、普陀区设立二手房网上交易服务,率全市之先。

2 月 27 日　卢湾区辅读学校教师周宝妹设计的"眼神"被确定为 2007 年世界特殊奥林匹克运动会会标。2007 年 9 月 23 日,特奥会纪念雕塑"眼神"揭幕式在延中绿地举行。

2 月 28 日　卢湾区"'文文''明明'进校园"活动,被中宣部、中央文明办评选为全国未成年人思想道德建设工作创新一等奖。2004 年,区推出"道德阳光伴我成长——'文文''明明'进校园"活动,"道德阳光伴我成长——'文文''明明'进家庭"活动。2007 年推出"道德阳光伴我成长——'文文''明明'社会行"活动。2008 年 11 月"'文文''明明'进校园、进家庭、进社区"获全国第一届未成年人思想道德建设工作创新案例推广应用奖。

3 月 3 日　外高桥粮食储备库及码头设施工程在浦东新区长江南岸五号沟下游开工,占地 68.5 公顷,是全市最大的粮食储运基地。

3 月 10 日　静安区石门二路街道总工会成立。9 月 23 日实现街道总工会组织全覆盖,率全市之先。

3 月 28 日　卢湾区世博基地动迁拉开帷幕。5 月 7 日开始签约,至 12 月 30 日 788 户居民、24 家企业全部签约,在全市率先完成动迁工作。

3 月　位于浦东新区花木六里小区的中国浦东干部学院开学,占地 33.33 公顷。2003 年 6 月 22 日开工建设,是国家举办的 3 所干部学院之一。

4 月 11 日　黄浦区宗教教职人员继续教育学校在区社会主义学院挂牌,是全市首所民族宗教教职人员继续教育学校。

4 月 29 日　凌晨,黄浦区制造局路 867 弄 7 号居民楼发生火灾,10 人死亡,20 人受伤。

4 月 30 日—5 月 6 日　第 48 届世界乒乓球锦标赛在位于徐汇区的上海体育馆举行,全国人大常委会委员长吴邦国出席开幕式,中共中央政治局常委、国务院副总理黄菊出席闭幕式。中国乒乓球队囊括全部 5 个项目冠军。

5 月 18 日　迅达(中国)电梯有限公司在闸北区汶水路 40 号建成,是全球最大扶梯制造厂。

5 月 26 日　东海大桥实现全线结构贯通。大桥起于南汇区芦潮港,横跨杭州湾北部东海海域,直达浙江省嵊泗县小洋山。2002 年 4 月 8 日开工。全长 32.5 公里,是中国首座跨海大桥。

5 月 28 日　上海健乐颐养园在青浦区城区南侧建成开业。占地 33 公顷,建筑面积 17 850 平方米,设床位 300 张。2007 年床位达 714 张,是生态化民营养老基地。

6 月 5 日　青浦区赵巷镇社区文化活动中心落成。占地 2.70 公顷,总投资 3 000 多万元,是市郊规模最大的社区文化活动中心。

6 月 6 日　嘉定区现代农业园区开工奠基仪式在华亭镇举行。2007 年初步建成。规划用地 1 000 公顷,是全市规模最大的现代化农业园区。

6 月 27 日　南汇区惠南水厂扩建工程完工。2004 年 9 月开工,总投资 1.2 亿余元。日总净水能力达 24 万立方米,为扩建前的 2 倍,是洋山深水港区和临港新城的重要配套工程。

6 月 28 日　国务院批准嘉定出口加工区为全国新增 18 个出口加工区之一。该区总体规划面积 3 平方公里,位于嘉定工业区(北区)。

7 月 1 日　港汇中心在徐汇区虹桥路 1 号建成投入使用。2003 年 1 月动工。是全市首座双塔商务楼。

7 月 10 日　宝山区与崇明县完成长兴乡、横沙乡交接仪式,崇明岛、长兴岛、横沙岛由崇明县集中管辖,推进三岛联动发展。

7 月　北外滩航运服务集聚区被市政府确定为全市唯一以航运服务为特色的现代服务业集聚区。9 月 7 日,虹口区与中国海运(集团)总公司、中远集装箱运输有限公司、上海国际港务(集团)股份有限公司、上海航运交易所举行战略合作签约仪式,达成"服务上海国际航运中心建设,打造北外滩航运服务集聚区"战略合作协议。

8月1日　市长韩正到奉贤区调研经济运行情况和"三农"工作。2日到长宁区上海多媒体产业园区调研,视察上海无线通信研究中心、新思科技公司、伟景行的多媒体制作和多媒体公共服务平台等。

8月5—7日　金山区受"麦莎"台风袭击,9月11—12日又受"卡努"台风袭击,设施农业损失惨重,全区直接经济损失4.46亿元。

8月10日　中国人民银行上海总部揭牌仪式在位于浦东新区的国际会议中心举行。

8月12日　上海长途汽车客运总站在闸北区中兴路1666号启用。年发送旅客800万人次,是亚洲最大的长途汽车客运站。

8月15日　市政府举行奉贤区境内星火、五四、燎原等市属农场行政管理属地化移交总协议签字仪式。

9月12日　全国政协主席贾庆林视察黄浦区南京路步行街。13日视察嘉定区上海国际汽车城。14日视察长宁区江苏路街道社区服务中心,察看社区事务受理台、司法社工站、人民调解李琴工作室;视察松江区方松街道、松江大学城、台积电(上海)有限公司等。

9月20日　普陀区宜川路街道在中远两湾城居民区内成立居住区党委,是全市首家。同时建立社区社工站。

9月23日　全国人大常委会委员长吴邦国到长宁区视察上海时尚产业园。

9月29日　松江区医疗、医保、医药"三医联动"改革试点全面启动,是全市唯一的试点区。

9月　位于闵行区华漕镇的上海台胞子女学校开学。年底,在读台胞子女1200人,是全市首家专职接收台胞子女读书的学校。

10月6—7日　杨浦区主办的2005年国际极限挑战赛在新江湾城体育活动中心开幕。美国、澳大利亚、日本和欧洲等国家和地区的极限运动高手参加滑板、直板滑轮、特技单车、极限越野比赛和摩托车极限表演。2006—2010年连续举办。

10月10日　两港大道一期工程在南汇区上海临港新城建成通车。全长21.6公里,双向八车道,总投资21.14亿元,是连接临港新城各个区域的交通大动脉。

10月12日　"神舟"六号载人飞船发射成功,位于闵行区的航天局作出重要贡献。

10月15日　位于浦东新区的九段沙湿地自然保护区成为国家级自然保护区,"九段沙湿地自然保护基金会"同时成立。

10月17日　居住在徐汇区武康路113号的一代文学巨匠巴金于19时06分病逝,享年101岁。24日下午遗体告别仪式在位于徐汇区的龙华殡仪馆举行,全国政协主席贾庆林参加告别仪式。

同日　青浦区朱家角镇的《放生桥》刺绣,长54.2厘米,宽52.2厘米,搭载神舟六号航天飞船在太空遨游115小时32分钟后回到地面。11月4日在北京航天城举行返还朱家角镇的交接仪式。

10月18日　青浦区练塘镇东庄村进行党支部换届选举。经与会84名党员3轮投票选举,直接产生新一届党总支委员会,是市委推行的村级党支部直接选举的唯一试点单位。

同日　中国福利会宋庆龄幼儿园新园落成典礼在青浦区赵巷镇举行。占地7.35公顷,绿化率85%,建筑面积2.46万平方米,教育教学环境和设施现代化。有45个国家和地区的800多名幼儿入园享受高质量的学前教育。

10月27日　普陀区甘泉路街道图书馆成功接入上海市"一卡通"图书流通网络,是国内首家省级中心图书馆基层服务点。

11月8日　上海国利货币经纪有限公司在浦东新区陆家嘴金融贸易区筹建,是中国银监会批准的国内首家货币经纪公司。

同日　松江在西班牙拉克鲁尼亚举行的第九届全球国际花园城市大赛中获国际花园城市C级组金奖第一名,为上海首个"国际花园城市"。12月2日,授奖大会在松江区办公中心大会堂举行,松江获水晶奖牌。全球国际花园城市和国际花园社区竞赛活动始于1997年,是全球公认的"绿色奥斯卡"大赛,其设立的奖项也是全球世界城市建设和社区管理领域的最高荣誉之一。

11月10日　虹口区在摩西会堂旧址举办"战火中的诺亚方舟——犹太难民在上海"主题展,是上海"纪念世界反法西斯战争胜利60周年——犹太难民在上海"系列活动之一。

同日　汇丰冠军杯高尔夫赛在松江区佘山高尔夫国际俱乐部开赛,75名世界级高尔夫高手参加角逐。之后每年举办,2009年升级为世锦赛,即首届"世锦赛——汇丰冠军赛"。

11月　宝山区境内的新蕰川路通车。2003年12月开工。全长10.9公里,投资5.5亿余元,设六快二慢8个车道,为一级公路。

12月7日　上海多利农业生态园开工典礼在南汇区大团镇举行。总投资约1.1亿元,建设100公顷设施菜田。2007年建成。是上海规模最大的专业从事有机蔬菜种植和销售的有机农庄,集蔬果种植、农庄度假、生态旅游观光、农家乐、休闲务农体验为一体。

12月14日　国家火炬计划上海南汇医疗器械产业基地上海国际医学园区揭牌,上海微创投资管理有限公司等6个项目正式签约入驻基地,是中国首个国家火炬计划医疗器械产业方面的特色产业基地。

12月18日　崇明县药品检验所获得国家实验室认可证书,成为全国首家通过该项认可的县级药检所。

12月21日　位于松江区的上海市第一人民医院南院一期工程竣工。投资5亿多元,占地26.67公顷,住院床位600个。2006年8月28日开始营业。

12月30日,崇明县陈海公路中段工程竣工通车,全长67.2公里的陈海公路全线贯通。

12月31日　黄浦区世博动迁90%涉迁居民签约搬迁。2006年5月30日,黄浦区世博会园区居民签约搬迁工作完成。区内世博会园区占地面积87公顷,涉及董家渡街道和半淞园路街道的7个居委、10个街坊,共动迁区属企事业单位235家、居民8000余户。

2005年　金山区万亩生态公益林在干巷镇建成。林地东起松卫南路,西到金张公路,南与张堰玉兰园相接,北至松隐后岗村,区域总面积688.5公顷,造林487.47公顷。2003年启动建设。

## 2006 年

1月6日　杨浦区组建的上海院士风采馆在黄兴公园内建成开馆,是全国首家集中展示两院院士风采的主题展馆。

1月18日　徐汇区人民调解工作指导中心成立,是全市首个区级人民调解指导培训机构。

同日　位于闵行区龙吴路4280号的上海焦化有限公司一号焦炉停炉,每年减少排放二氧化硫700多吨,是1959年投产的上海最老焦炉。至此吴泾工业区环境综合整治启动。

1月22日　黄浦区九子公园开园仪式暨首届上海市游戏节系列比赛举行。位于成都北路、南苏州路口,占地7700平方米,是一个反映滚圈子、跳房子等9种老式弄堂传统游戏的主题公园。

1月27日　闵行区招投标管理委员会办公室暨招投标中心成立,是全市率先建立的政府集中进行招投标管理的统一的交易平台。

1月　松江区九亭镇19724名居民共分得红利1923万元。2004年,11个村撤村建社区,农民变居民,并成立镇实业公司经营集体资产,让居民成为股东,按股份每年分红利。

2月6日　中共中央政治局常委、中央精神文明建设指导委员会主任李长春视察卢湾区田子坊以及上海新天地广场。8日视察普陀区曹杨社区学校青少年校外活动场所。

2月25日　历时一年,浦东新区全面完成10660户世博居民动迁。

3月28日　上海风电科普馆开馆。位于南汇区滨海森林公园内,由市科委、上海市电力公司和南汇区科委、滨海森林公园等单位共同出资建设。设"能源的警示""风与风能""风力发电""风电和我们"4个展区,利用多媒体、虚拟实验软件等形式,全面展示人类利用风力资源的过去、现在和前景。是国内第一家专门普及和宣传风力发电科学知识的科普馆。

3月　位于闵行区华漕镇地区、长宁区新泾镇地区的虹桥综合交通枢纽工程获市政府批复,规划用地面积26.26平方公里。2010年3月16日,虹桥机场2号航站楼开通。2010年7月1日,铁路上海虹桥站运营,占地44公顷,站房总建筑面积24万平方米,站台设计规模16台30线,其中高速场10台19线。

同月　上海汽车会展中心在嘉定区上海国际汽车城核心贸易区启用。2004年11月11日开工。总投资3.58亿元,建筑面积6万平方米。

4月4日　位于长宁区的上海多媒体产业园定为国家级数字媒体技术产业化基地,是全国首个多媒体主题产业园。7月5日被授予国家文化产业示范基地。

4月7日　长宁区网格化管理信息系统运营,是全市加强城市管理网格化工作试点区。

4月8日　青浦区朱家角镇在北京人民大会堂举行的"'中华之行·魅力之旅'中国最值得外国人去的50个地方"颁奖大会上,被评为"50个地方"之一,是全市唯一。2008年9月22日通过住房和城乡建设部专家评审,成为国家宜居城市,是全国第二、华东第一。

4月20日　全国人大常委会委员长吴邦国视察金山区廊下镇中民村和社区卫生服务中心、金山现代农业园区万亩设施良田、农民宅基地置换设点工程万春苑等。21日视察崇明县长兴岛。

4月27日　长宁区西法华莱市场、黄浦区半淞园菜场、静安区大沽菜场、普陀区高陵菜场成为全市首批信息网络化管理试点单位。

4月28日　位于杨浦区军工路的上海东方国际水产中心建成运营,年交易量约占全市总量的40%,是全市最大的水产交易市场。

同日　上海奥特莱斯(OUTLETS)品牌直销广场在青浦区赵巷镇试营业。投资3.7亿元,占地16公顷,有商铺150家,是全市最大的品牌折扣直销中心。

6月6日　上海眼镜博物馆在闸北区宝山社区文化活动中心开馆,是全市首个由社区主办的行业类专题博物馆。

6月10日　徐汇区的乌泥泾手工棉纺织技艺、嘉定区的竹刻、松江区的顾绣、南汇区的锣鼓书及上海市的江南丝竹、沪剧、昆曲、京剧、越剧,被国务院确定为首批国家级非物质文化遗产。

6月12—13日　中共中央总书记胡锦涛视察浦东新区孙桥现代农业园区、张江镇环东村,以及洋山深水港区和上海振华港机等。

6月15日　廊下一路、廊下三路在金山区廊下镇通车运营,是市郊首条镇级公交线路。

6月15—16日　"环太湖地区新石器时代末期文化暨广富林遗存研讨会"在松江区召开,会上专家提出将"广富林遗存"命名为"广富林文化"。2008年3月27日,广富林遗址进行抢救性发掘,至 6 月已发掘面积 5 000 平方米,开探方 196 个,是全市规模最大的田野考古发掘。2013 年,广富林文化遗址被核定为第七批全国文物保护单位。

6 月 21 日　浦东新区设立信托登记中心,属非营利非金融性中介机构,是国内首家。

6 月　上海顺和渔业有限公司在金山区漕泾镇成立,是市郊首家农民远洋捕捞公司。

7 月 1 日　位于徐汇区的铁路上海南站建设竣工运营。2003 年 5 月动工兴建。总建筑面积 5.6 万平方米,运营线路以发往国内南方地区为主,是全球首个圆形火车站。

7 月 2 日　歌诗达邮轮"爱兰歌娜"号首航庆典在虹口区北外滩国际客运中心码头举行,属世界第一大邮轮公司嘉年华旗下。

7 月 25 日　市长韩正到松江区调研现代化农业和新农村建设;到南汇区书院镇调研都市型现代农业先行区建设,视察红刚青扁豆生产合作社、塘北水稻种植合作社、祥欣畜禽有限公司文化展示馆和书院农家乐。

7 月　位于崇明县城桥新城的明珠花苑基本建成。2003 年 9 月 9 日动工。是岛上规模最大的综合性精品社区,也是崇明新城建设重要配套工程。

8 月 6—7 日　国家体育总局、教育部在长宁区召开全国学校体育场馆向社会开放试点区工作会议。长宁区大力推进学校体育场馆向社会开放,率全市之先。

8 月 15 日　浦东新区合庆镇成立共一股份经济合作社,尝试村资分离改革。

8 月 18 日　上海石油交易所在浦东新区陆家嘴金融贸易区开张营业。

同日　崇明县南门水陆换乘中心投入使用。

9 月 8 日　中国金融期货交易所落户浦东新区陆家嘴金融贸易区。首个上市交易品种是以沪深 300 指数为标的的股指期货,是国内首家金融衍生品交易所,也是首家采用公司制组织形式的交易所。

同日　杨浦区举行市普教系统名校长、名师培养工程"于漪基地"暨"于漪教育思想研究中心"揭牌仪式。于漪是杨浦高级中学名誉校长,长期扎根杨浦教育,曾获全国三八红旗手、全国先进工作者称号。

9 月 10 日　金山区廊下镇人才服务中心工作站在廊下镇挂牌,是全市首个乡镇人才服务中心工作站。

9 月 15 日　三峡至上海直流 500 千伏输电线路青浦段工程竣工送电。施工 3 年多,西起湖北宜都蔡家冲,东至青浦区华新镇,是国家重点工程。12 月 9 日,全线投产仪式在华新换流站举行。

9 月 18 日　嘉定区"百姓说唱团"成立首场文艺演出暨上海市首家"农家书屋"挂牌仪式在华亭镇毛桥村举行。

9 月 20 日　中共中央政治局常委、中央政法委书记罗干到卢湾区视察工作。

9 月 23 日　松江区泖港镇和石湖荡镇袁隆平超级水稻示范基地进行试种超级水稻产量验收,经国内农业专家检测,每公顷达 1.2 万公斤以上,市郊试种超级水稻获得成功。

9 月 26—30 日　国际箭联射箭世界杯赛总决赛在闵行体育公园举行,来自 31 个国家和地区的 259 名运动员参赛。

9 月 28 日—10 月 6 日　虹口区承办第一届上海酒节,是全国首家以省级冠名的、综合性大型户外酒节。每年一届,已成为虹口区商业文化品牌。

9 月　位于闵行区的中环高架路虹梅路立交主线贯通,高 42 米,是国内城市最高的高架立交。

10 月 11 日　位于青浦区境内的上海市淀山湖风景区被国家水利部正式命名为国家级水利风

景区。

10月18日　浦东新区市民中心在合欢路启用,是全市首个。

10月21日　浦东新区启动创业风险投资引导基金,是国内首只由地方政府倡导设立的创业风险投资引导基金。

10月22日　闸北区大宁国际商业中心开业典礼在大宁国际商业广场举行。占地5.5公顷,总建筑面积近25万平方米,有15幢建筑、11个广场庭院、约2公里步行街。

10月24日　上海国际汽车博物馆在嘉定区安亭镇落成。2004年1月7日奠基。占地1.17公顷,建筑面积2.6万平方米,建筑高度32.45米,总投资近4亿元,是全市承载汽车博览、科教、文化等重要功能的特色博物馆。

11月1日　上海黄金交易所大厦在黄浦区河南中路、延安东路口竣工,由黄浦区国有资产总公司建设,是全国唯一的黄金交易场所。

11月4日　西门子华东总部大厦奠基典礼在杨浦区大连路500号举行,世界500强企业西门子公司上海中心落户杨浦。市委代理书记、市长韩正出席。

同日　卢湾区青少年活动中心上海青少年科技探索馆在建国西路137号开馆,是以体验科学方法为目标的青少年活动场馆。

2006年　吴淞炮台湾湿地森林公园一期工程在宝山区吴淞口竣工。东濒长江,西倚炮台山,陆地面积53.46万平方米,原生湿地面积约50万平方米,沿江岸线长1 974.13米。2005年11月动工,2007年4月26日对外开放。"炮台湾"因清廷曾建造水师炮台而得名。2008年11月二期工程动工,面积19.6公顷。

同年　虹口区开展以建立社区就业基地、减少"零就业"家庭为主要内容的"促进充分就业社区"建设工作。

## 2007 年

1月1日　静安区5个街道改变直接从事招商引资和经商办企业的职能,加强街道社会管理和公共服务功能,在全市领先一步。

1月12日　中共三大后中共中央局机关历史纪念馆在闸北区浙江北路118号建成开馆。

1月26日　中国海运长兴基地码头工程在崇明县长兴岛开工,20万吨级的"中海九华山"浮船坞竣工。2008年10月4日,30万吨级的"中海峨眉山"浮船坞启用,是世界上最大的浮船坞。

1月　上海交通大学空天科学技术研究中心在闵行区上海紫竹科学园区落成,是教育部在航天领域唯一的研究中心。

2月2日,联合利华中国总部大楼落成典礼在长宁区虹桥临空经济园区北区举行。2009年,联合利华全球六大研发中心之一的上海研发中心紧邻总部大楼落成,投资1亿美元,占地3公顷。2011年升级为北亚区地区总部,负责管理中国大陆及香港、台湾地区和韩国、日本的业务。

3月3日　肖邦纪念像落成暨捐赠仪式在长宁区中山公园举行。像高7米,重2.5吨,由波兰民间友好人士捐赠。

3月29日　国家高新技术产业标准化示范区(试点)在浦东新区上海市张江高科技园区揭牌,是国内首家试点示范区。

4月12日　市委书记习近平、市长韩正到崇明县调研,视察上海长江隧桥工程建设工地、港沿镇合兴大棚芦笋种植基地、县规划展示馆、城桥镇卫生服务中心等,走访三峡移民家庭。

4月17日　市委书记习近平到静安区江宁路社区(街道)党员服务中心、汇智创意园区、中华企业大厦视察基层党建工作,召开基层党建工作座谈会。

4月18日　上海市浦东新区劳动争议仲裁院成立,是全市首家劳动争议仲裁院。

5月14日　国务院总理温家宝视察长宁区新泾街道新泾社区卫生服务中心、虹桥街道虹储居民区群众家庭,与居民交谈。

6月6日　金山区石化街道成立世界卫生组织(WHO)社区健康教育基地,是市郊首个。

6月7日　位于浦东新区、黄浦区、卢湾区的上海世博园区动工。世博中心总建筑面积约14.2万平方米,有庆典会议中心、新闻中心、高峰论坛活动中心。12月18日中国国家馆动工,总建筑面积约16万平方米,由国家馆、地区馆及港澳台馆组成。12月28日世博文化中心动工,总建筑面积约12.6万平方米,是以大型中央舞台为主体的文化娱乐集聚区。

6月28日　嘉定区安亭镇加氢站在上海汽车博览公园建成,是全市首座为燃料电池汽车服务的加氢站。

8月2日　市委书记习近平、市长韩正考察闸北区彭五小区旧房改造和廉租房政策落实情况。

8月8日　位于黄浦区的百年老厂南市水厂改造工程开工,分两期实施:一期规模为日供水50万立方米,2009年7月10日竣工;二期规模为日供水20万立方米,2011年1月10日通水。

8月18日　黄浦区境内的外滩地区综合改造工程开工,自外白渡桥到中山南路、东门路止,涉及外滩通道建设、滨水区改造、截渗墙建造、新延东排水系统改建、公交枢纽和地下空间开发等六大工程项目。2008年3月5日,黄浦区延安东路高架外滩下匝道,俗称"亚洲第一弯"开始拆除,6月10日完成。2008年3月—2009年4月,成功对外白渡桥实施整体搬移、修缮、复位等工作。2010年3月28日,上海外滩综合改造工程竣工仪式在黄浦区外滩滨水平台举行。

8月23日　位于金山区松卫南路1700号的上海金山体育中心落成启用。占地24公顷,拥有3万个观众席,2006年2月18日开工建设,是继上海虹口足球场、天津泰达足球场之后国内第三座专用足球场。

8月27日　青浦区赵巷镇"巡回审判工作指导站"成立。区法院委派一名资深法官担任指导员,进行法律咨询、诉讼指导、巡回审判等活动。属全市首创,后在全区各镇(街道)推广。

同日　崇明县前卫村太阳能光伏发电示范工程并网投运,峰值发电功率为1.046兆瓦,是国内首家进入商业运营的兆瓦级太阳能光伏发电站。

同日　崇明县在虹口区场中路开设的特色农产品专卖店营业,25家农民合作社推出近百种海岛特产,是全市首家。

9月6日　浦东新区花木街道、闵行区虹桥镇通过联合国世界卫生组织的安全社区认证评估,成为全市首批2个"国际安全社区"之一。

9月10—30日　2007年女足世界杯赛在上海、天津、成都、武汉、杭州5个赛区举行,上海虹口区虹口足球场作为主赛场承担开闭幕式以及揭幕战、半决赛、决赛6场比赛。

9月12日　吉盛伟邦绿地国际家具村在青浦区赵巷镇开业。2006年5月动工,投资30多亿元,占地78.67公顷,建筑面积75万平方米,是国内规模最大的家具展销中心。

9月18日　位于浦东张江高科技园区张江药谷的和记黄埔医药(上海)有限公司和美国礼来公司签订战略合作协议,共同研发抗癌及炎症性疾病新药,是中国药物研究史上国外制药公司第一次将其全新药物交由中国公司研发,也是国内首试知识产权共享研发模式。

同日　普陀区民政局党委书记、局长曹道云获"全国诚实守信模范"称号，受到中共中央总书记胡锦涛接见。12 月 1 日被授予中华人民共和国最高荣誉奖"孺子牛奖"。2010 年 1 月，中共中央政治局常委李长春向曹道云致春节贺信。

9 月 29 日　徐汇区徐家汇人行桥竣工通行。该桥位于华山路、虹桥路、肇嘉浜路及漕溪北路交汇点，是全国首座铝合金轻便型天桥。

10 月 1 日　中共中央总书记胡锦涛到虹口区曲阳社区"阳光之家"看望社区智障人士、特奥运动员和志愿者，慰问密云学校特教教师。

10 月 2—11 日　第十二届世界夏季特殊奥林匹克运动会在上海举行，是首次在亚洲、在发展中国家举办。开幕式在位于徐汇区的上海体育场举行，国家主席胡锦涛出席；闭幕式在杨浦区江湾体育场举行。21 个比赛项目分别由全市 19 个区县承办。中国代表团获 459 枚金牌。10 月 10 日，世界特奥运动创始人尤尼斯女士的汉白玉雕像在位于松江区的上海特奥竞赛训练中心揭幕。

10 月 26 日　静安区成立劳动协会人民调解委员会，率全市之先。

10 月 27 日　长宁区举办纪念《布尔塞维克》创刊 80 周年系列活动。愚园路 1376 弄 34 号是 1927 年 10 月—1929 年 1 月中国共产党中央刊物《布尔塞维克》编辑部所在地，1984 年被列为市级文物保护单位，后成为区革命文物陈列馆暨《布尔什维克》编辑部旧址，是爱国主义、革命传统教育的重要基地。

10 月 29 日　上海西郊国际农产品交易中心在青浦区华新镇动工。由批发交易中心、展示直销中心和检测服务中心组成，占地 133.33 公顷，建筑面积 45 万平方米。2010 年 9 月 27 日展示直销中心竣工试营业，设 50 个场馆，是国内最大农产品交易中心。

10 月　闵行区女警察陆丽君被联合国授予"和平勋章"，是 2006 年在利比里亚维和的 18 名中国警察中的一员。

11 月 16 日　三级甲等医院复旦大学附属儿科医院新院在闵行区万源路 399 号落成。2008 年 2 月 29 日，新院开始试运营。

11 月　长江中下游湿地保护网络在崇明县东滩成立，是国内首个流域性湿地保护网络。

12 月 8 日　中共中央政治局委员、上海市委书记俞正声到奉贤视察新农村建设以及经济社会各项事业发展情况。

12 月 13 日　崇明县陈家镇 220 千伏变电站竣工投运。占地 17 480 平方米，建筑面积 10 794 平方米，是全市最大的同等级变电站。

12 月 18 日　静安区成为中国内地首个被世界卫生组织命名为世界卫生组织安全社区的行政建制区。

同日　位于黄浦区南京东路 830 号的上海市第一百货商店扩建工程竣工，新楼开业。2008 年 3 月 1 日对老楼进行建成以来最大规模的整体修缮工程，11 月 27 日竣工开业。

12 月 20 日　ARJ21 客户支援中心在闵行区紫竹科学园区建成，建筑面积 1.8 万平方米。2005 年 12 月 26 日奠基，是中国首个大型民用飞机客户支援中心。

2007 年　闵行区以居民电子健康档案（eHR）为核心，实施居民健康卡和医务人员绩效卡管理，率全市之先。2008 年成为卫生部应用居民电子健康档案推进居民健康管理信息化试点区。

同年　普陀区"两湾一宅"（即潘家湾、潭子湾、王家宅）地区旧区改造工程基本建成。1998 年 12 月 21 日开工建设，是市中心城区最大的旧区改造工程。

## 2008 年

1月2日　中共中央政治局委员、上海市委书记俞正声到虹口区调研北外滩航运服务集聚区、北外滩开业园区和上海航运交易所。

1月8日　"上海多媒体谷国家数字媒体技术产业基地"在闸北区广中西路挂牌,是国家级高新技术基地。

1月25日　黄浦区人民大道路面大修工程竣工通车。2007年11月开工。采用铸铜工艺精密制作的上海新"零公里"标志,迁移到人民广场旗杆与上海博物馆的中轴线位置上,首度与市民见面。

2月18日　航天新区一期建成,位于闵行区颛桥地区元江路。该区集火箭、卫星、载人飞船研制于一体,占地74.67公顷。

2月22日　静安区石门二路街道办事处青年党员崔兼明为挽救韩国白血病患者林顺英的生命,捐献120毫升造血干细胞,是全市首例跨国成功配对捐献者。

3月29日—4月12日　首届上海奉贤"菜花节"在庄行镇潘垫村举行。组织榨菜油、酿蜂蜜现场活动,农家趣味健身活动,传统民俗表演活动,农家特色点心供应和农副产品展销活动等。吸引游客22万余人次,实现农家乐、农副产品直接销售收入90.2万元。2009年3月28日—4月12日、2010年3月27日—4月12日连续举行。

4月16日　徐汇区交通事故争议人民调解委员会在龙吴路2138号成立,在全市首次将人民调解与行政调解、司法调解"三调联动"机制引入交通事故争议处理。

4月27日　崇明岛国家地质公园揭碑开园仪式在西沙湿地举行,被国家列入国家地质公园名录。

4月28日　金山区枫泾镇中洪村举行中国农民画村揭牌仪式,首批全国各地30位农民画家入驻。

4月29日　上海人民迎2008年北京奥运会倒计时100天文艺晚会暨上海奥运志愿者授旗仪式在卢湾区体育馆举行。中共中央政治局委员、上海市委书记俞正声,市长韩正出席。

5月1日　中国2010年上海世博会展示中心在卢湾区淮海中路300号香港新世界大厦开馆。2010年4月30日闭馆,累计接待国内外70个国家和地区的观众184.87万人次,团队14 997个,媒体807家,记者1 512人次。

5月2—4日　静安区首次承办梅龙镇广场国际剑联男女花剑世界杯赛,18个国家和地区120多名运动员参赛。中国队获男子团体冠军。2009年5月1—5日,2010年4月30日—5月4日连续承办赛事。

5月17日　普陀区15名、奉贤区13名特警队员赴四川参加抗震救灾,在漩口镇受到中共中央总书记胡锦涛的慰问和勉励。

5月23—24日　北京奥运会火炬在上海传递,点火仪式在位于黄浦区的上海博物馆北大门广场举行。中共中央政治局委员、上海市委书记俞正声,市长韩正出席。火炬传递途经黄浦区、卢湾区、杨浦区、浦东新区、徐汇区、闵行区、青浦区、嘉定区,收火仪式在嘉定区安亭镇上海汽车博览公园广场举行。主题为"传递圣火,奉献关爱"。总路程199.39公里。

5月30日　顾正红纪念馆在普陀区澳门路300号开馆,是弘扬五卅运动及沪西红色革命精神的重要爱国主义教育基地。

6月3日　位于卢湾区境内的江南造船厂举行建厂143周年暨搬迁崇明县长兴岛庆典活动,原址开工兴建江南造船博览馆,成为上海世博会场馆之一。

6月4日　中共中央政治局委员、上海市委书记俞正声,市长韩正带领市有关委办局负责人、全市中心城区党政负责人到杨浦实地考察创智天地和拆除重建基地,开展旧区改造专项调研。

6月7日　青浦区的吴歌、松江区的草龙舞、奉贤区的滚灯、徐汇区的剪纸和黄杨木雕、卢湾区的灯彩、宝山区的端午节、黄浦区的中医正骨疗法,以及市书场工协的苏州评弹和上海书画出版社的木版水印技艺共10项,被国务院列入第一批国家级非物质文化遗产扩展项目名录。

6月19日　美国美德维实伟克(上海)管理有限公司在徐汇区虹桥路1号港汇中心设立,是中心城区首家具有运营中心功能的地区总部。

7月6日　国务院总理温家宝到长宁区视察虹桥临空经济园区和联合利华中国总部、携程旅游网技术(上海)有限公司等。

7月8日　"4+8+17"医疗联合体在宝山区签约成立,以华山医院、曙光医院、市第一人民医院、市第三人民医院4家三级医院为主导,8家二级医院为支撑,17家社区卫生服务中心为落脚点,是全市首家"社区卫生服务集团"。

7月9日　中共中央政治局委员、上海市委书记俞正声,市长韩正视察金山区枫泾镇中洪村、金山第二工业区,调研新农村建设和先进制造业发展情况。到松江区调研先进制造业和新农村建设情况,视察五库现代农业园区、泖港镇黄桥村、黄浦江涵养林(泖港段)等。

7月10日　中共中央政治局委员、上海市委书记俞正声,市长韩正率市相关职能部门、市郊九区县党政负责人到嘉定区调研先进制造业发展和社会主义新农村建设,考察舍弗勒安亭研发中心、上海采埃孚变速器有限公司、马陆镇葡萄主题公园和永盛公寓等。

7月14日　上海国际航运研究中心揭牌成立仪式在虹口区上海大厦举行。

7月16日　国家数字出版基地在浦东新区上海市张江高科技园区挂牌成立,是国内首家国家数字出版基地。

7月　长宁沪剧团在美琪大戏院公演《废墟上的爱》,是全市戏曲舞台上首部反映抗震救灾的七幕大型原创沪剧。

8月1日　崇明县至江苏省启东市的崇启长江公路大桥奠基仪式在崇明县举行。2011年12月24日建成通车,全线双向6个车道,全长52公里。

8月5日　上海环境能源交易所在虹口区中山北一路花园坊成立,是国内首个环境能源领域各类权益交易平台。

8月20日　浦东新区正式启动个人本外币兑换业务,是国内首批个人本外币兑换特许业务的试点地区。

8月30日　位于浦东新区陆家嘴金融贸易区的上海环球金融中心建成开放。高492米,101层,2005年11月16日开工,是国内第一高楼。

8月　位于黄浦区中山南路497弄～505弄的"上海老码头"一期建成开业。占地2.5公顷,以老上海文化、历史为背景,保持最富上海韵味的"石库门"建筑特点,成为南外滩板块的时尚新地标。二期位于外马路653号,占地2.2万平方米,2011年开业。

同月　卢湾区五里桥街道社会组织服务中心运行,聚集社区共治自治类、公益服务类、爱心慈善类社会组织,是全市首个社会组织服务中心。

9月1日　浦东铁路上海南至南汇芦潮港的客运列车正式开行,全长93公里,单程运行70分钟,是上海又一条市郊铁路客运线。

同日　北京残奥会火炬在上海传递,起跑仪式在位于长宁区的上海对外贸易学院举行,中共中央政治局委员、上海市委书记俞正声出席。火炬传递途经长宁区、闵行区、松江区、徐汇区,在上海阳光康复中心广场举行结束仪式。

9月12日　普陀区上海月星环球港在中山北路宁夏路口奠基。2013年9月建成开业。总面积48万平方米,是亚洲中心城区规模最大的购物广场。

9月20日　上海闵行航天农业技术研究中心在闵行区联跃西路200号成立。25日,"神舟七号"飞船搭载闵行区的蔬菜种子、种苗17种200克,在太空开展航天育种科学试验。

10月5日　29.7万吨超级原油轮(VLCC)"长江之珠"号完工交付使用。由位于崇明的上海江南长兴造船有限责任公司于2007年5月8日开工建造,是上海建造的最大吨位原油轮。

10月28日　位于浦东新区的上海外高桥造船公司为新加坡海洋油船有限公司建造的"华山"号油轮命名交船。吨位31.8万吨,长333米,宽60米,深30.5米,是世界上首艘全面满足国际船级社协会(IACS)最新《共同结构规范》的载重量最大、款式最新的绿色环保型超级油轮。

10月31日　青浦区的"练塘茭白"获国家质量监督检验检疫总局批准,成为全市首个获得地理标志产品保护的蔬菜品种。

11月5日　上海市政府与中国航空工业集团公司在珠海签署加强战略合作框架协议。根据协议,双方将按照大型飞机研制重大科技专项的总体要求,在南汇上海临港产业园区建设国家级民用航空产业配套基地,一期规划用地5平方公里。

11月13日　浦东新区人民法院设立金融法庭,是国内首家设立金融法庭的法院。

11月15日　中国中化集团、中国远洋运输集团、中国海运集团、上海地产集团、上海建工集团、上海港务集团以及地中海航运公司,分别与上海港国际航运中心开发有限公司签约入驻虹口区北外滩滨江商务楼,投资约70亿元建设北外滩航运服务集聚区。

11月22日　大莲湖湿地生态修复工程示范项目(一期)启动仪式在青浦区金泽镇莲湖村举行。由青浦区政府、上海市绿化和市容管理局及世界自然基金会(WWF)联合举办,标志着黄浦江水源地保护工程正式启动。

11月29日　上海中心大厦项目在浦东新区陆家嘴金融贸易区开工,2016年4月27日试营运。共121层,主体建筑结构高580米,总高度632米,总投资148亿元。是世界第二、国内最高建筑。

12月6日　"中国之窗上海阅览中心·上海虹桥国际图书馆"在长宁区天山路356号长宁图书馆8楼成立,是国内首家面向境外人士的阅览中心。

12月12日　中共中央政治局常委、国务院副总理李克强到杨浦视察民生工程。

12月18日　徐汇区举行徐汇滨江公共开放空间综合环境建设暨丰溪路新建道路桥梁工程奠基仪式。2010年5月1日,徐汇滨江公共区域建成开放,总面积约25万平方米。

12月19日　全国政协主席贾庆林视察卢湾区"8号桥"创意园区。21日到长宁区视察上海多媒体产业园。

12月20日　吴淞口国际邮轮港工程开工典礼在宝山区宝杨路长航栈桥北侧举行。2011年10月试运营。

12月24日　南汇区医疗卫生中心在惠南镇落成。占地14.87公顷,投资6.6亿元,建筑面积

10 万多平方米，设置床位 800 张，新增核磁共振、DSA、物流传输、高压氧舱等设备。

12 月 26 日　上海动漫衍生产业园在宝山区大场镇上大路 668 号开园。由上海数字娱乐中心和上海宝山科技园联合建造，是国内首家专业动漫衍生产业主体园区。

12 月 28 日　青浦区 184 个村有 183 个村通公交车，是市郊首个基本实现公交"村村通"目标的区县。

## 2009 年

1 月 8 日　上海西站综合交通枢纽工程在普陀区上海真如城市副中心北部核心区域开建，是一条集沪宁城际铁路、城市轨道交通、城市公交为一体的现代化 A 类综合交通枢纽。2010 年 6 月 25 日，部分功能启用。

1 月 11 日　杨浦区在新江湾城举行世浦领世知识商务广场奠基仪式，标志着以科教为特色、以国际化为标准的五角场城市副中心三大功能区建设全面展开。

2 月 5 日　青浦区启动环淀山湖水环境综合治理工程，为期 12 年，总投资 31.7 亿元，共分 7 个大类 30 个项目。根据 2008 年 12 月 15 日江苏、浙江、上海签订的《长江三角洲地区环境保护工作合作协议（2009—2010 年）》，区已在兴建污水处理设施、取缔网箱养鱼、建设涵养林、种植水生作物等方面取得成效。

2 月 18 日　崇明县长江村镇银行举行开业仪式，是全市首家村镇银行。

2 月 23 日　上海医药临床研究中心在徐汇枫林生命科学园区成立。总投资 10 亿元，总建筑面积 6.5 万平方米，由市科委和徐汇区政府共同组建，是按照国际规范建立的，集临床研究、临床检测和专业培训于一体的研发与服务综合性机构。

3 月 19 日　浦东新区人民检察院设立金融、知识产权犯罪公诉处，是国内首个专业办理金融、知识产权刑事案件的公诉处。

3 月 21 日　智富名品城在普陀区桃浦镇古浪路破土动工。规划面积 116 万平方米，整个工程分 4 期进行。是全国首个为企业自主品牌提供全程服务的现代服务业集聚区。

3 月 26 日　闵行区自行车免费租赁服务项目启动。一期到年底在区内设置租赁网点 200 余个，投放自行车 1 万辆，在全市最早推出此项便民服务。

3 月 31 日　普陀区宜川社区老年日间服务中心落成对外开放，能同时接纳 300 名老人和残疾人活动。

4 月 18 日　注册在宝山区的"M50 网上创意园"正式上线，是全国首家有实体园区支撑的垂直创意门户网站。"M50"代表近代徽商周氏家族企业信和纱厂，后更名为上海第十二毛纺织厂、上海春明粗纺厂。2000 年通过业态调整，逐步引进以视觉艺术和创意设计为主体的工作室、机构和企业，成为全市具有标志意义的创意园区之一。

4 月 24 日　国务院批复上海市人民政府同意撤销南汇区，划入浦东新区。5 月 13 日，市委、市政府召开浦东新区、南汇区党政负责干部大会，宣布相关决定。6 月 18 日，市委到浦东新区宣布新的区委常委会成员名单。7 月 22 日中共浦东新区代表大会召开，8 月 5 日新区政协第四届第一次会议召开，8 月 6—8 日新区第四届人民代表大会第一次会议召开，分别选举产生新的区人大、区政府、区政协领导班子，完成浦东新区区划调整。

4 月 25 日　卢湾区青少年创新实践基地在卢湾区青少年活动中心启动，是全市首个青少年创新实践基地。

同日　南汇区举行芦潮港车客渡码头竣工通航仪式。2008年1月开工建设。全长290米,宽30米,连接海岸引桥长950米、宽14米,可靠泊5 000吨车、客渡轮船,总投资2.84亿元。

4月28日　松江区政府与漕河泾新兴经济技术开发区发展总公司签订"区区合作、品牌联动"战略协议,推进位于新桥、九亭镇境内占地181.47公顷的上海漕河泾开发区松江生产性服务业功能区的开发建设,是"三区联动"示范基地项目。

5月1日　博爱园命名仪式在卢湾区延中绿地举行,是全市首个慈善主题公园、传播慈善观念的群众性活动场地,为义诊、义卖等公益活动提供场所。

5月8日　奉贤区庄行镇农村土地承包经营权流转管理服务中心挂牌。庄行镇是全市第一批4个土地流转试点镇之一,其余3个为浦东新区曹路镇、金山区漕泾镇和崇明县竖新镇。

5月31日　位于闵行区的莘庄工业区社区股份合作社成立,是全市首个社区股份合作社。

6月2日　位于卢湾区香山路7号的上海孙中山故居纪念馆,与台湾中国国民党党史馆联合举办"永恒的丰碑"纪念孙中山先生文物文献展,是首度两岸联展。

6月10日　中共中央政治局委员、上海市委书记俞正声视察嘉定区嘉定新城、南翔大型居住社区基地、外冈新苑农民宅基地置换试点社区。

6月15日　超级计算机"魔方"在浦东新区上海市张江高科技园区投入使用,运算速度世界第十、亚洲第一。中国成为全球第二个能研发百万亿次超级计算机的国家。

同日　上海文化产权交易所在浦东新区上海市外高桥保税区揭牌成立,是国内首家文化产权交易所。

同日　中共中央政治局常委李长春视察虹口区"1933老场坊"创意产业园。

6月16日　推进上海海事仲裁工作暨上海海事仲裁院揭牌仪式在位于虹口区的上海大厦举行。

6月25日　中共中央政治局委员、上海市委书记俞正声到长宁区虹梅花苑小区视察综合改造工作。综合改造包括外墙粉涂,加盖坡屋顶,改造储水设备,更换或维修电梯、钢门窗护手,安装防盗门及整洁维护小区环境等。

6月26日　上海国际邮轮经济研究中心成立暨上海国际邮轮人才培养基地揭牌仪式在虹口区外滩茂悦大酒店举行。由市旅游局、虹口区政府和上海工程技术大学主办。

同日　上海自然博物馆新馆开工仪式在静安雕塑公园举行,市长韩正出席。2015年4月19日开馆。

7月6日　中国商用飞机有限责任公司设计研发中心在浦东新区上海市张江高科技园区奠基。11月30日揭牌。占地80公顷,建筑面积约60万平方米。12月28日,中国商用飞机有限责任公司总装制造中心浦东基地在浦东新区祝桥镇奠基,占地267公顷,建设面积115万平方米。

7月30日　徐汇区、闵行区、青浦区、奉贤区、金山区、浦东新区被列为上海六大生物医药产业基地。

同日　位于卢湾区、浦东新区的轨道交通13号线马当路站至长清路站全面贯通,全长约5公里,重点服务上海世博会。

8月12日　铁路金山支线改建工程启动。2012年9月28日通车运营,由上海南站至金山卫站,全长56.4公里,最短行车时间32分钟,是全国首条市郊铁路客运线。

8月26日　彭浦实业公司商务楼在闸北区灵石路680号奠基开工,是全国首个农村集体土地留用地试点开发项目。2013年1月15日建成。

8月27日　市长韩正到长宁区调研"三跨"（跨地区、跨部门、跨行业）群体性矛盾化解进展情况。

9月1日　美国硅谷银行有限公司上海代表处揭牌仪式在杨浦区创智天地举行，中共中央政治局委员、上海市委书记俞正声出席并为代表处揭牌。

9月9日　位于卢湾区境内的打浦路隧道复线工程实现贯通，总长约3公里，是上海世博会重大配套工程。

9月18日　上海农村产权交易所在奉贤区南桥镇揭牌成立。

9月19日　上海地面交通工具风洞中心在位于嘉定区的同济大学嘉定校区落成启用，是全国首个地面交通工具风洞中心。

9月25日　杨浦区在大连路绿地举行国歌纪念广场落成及国歌展示馆开馆典礼。

9月30日　顾村公园一期在宝山区顾村地区建成开放。总用地约430公顷，总投资约49.83亿元。一期用地约180公顷，二期用地约250公顷，是以生态休闲娱乐为主题的城市郊野森林公园。

10月13日　中共中央政治局常委、中央纪律检查委员会书记贺国强到崇明县视察长江现代农业园区。

10月15日　位于松江区的天马深坑酒店开工建设，2018年开业。共21层，位于水下的2层建筑通过先进的水族馆建造技术，使游客犹如置身海底世界，是国内唯一的下沉式酒店。

10月31日　位于崇明县、宝山区的上海长江隧桥建成通车。总长19.2公里，隧道长8.9公里，大桥长10.3公里，总投资126.16亿元，是世界上规模最大的隧桥结合工程。中共中央政治局委员、上海市委书记俞正声，市长韩正出席通车仪式。

11月9日　奉贤区境内的S4（沪金高速）公路因暴雨发生5车相撞事故，7人死亡，7人受伤。

11月10日　位于杨浦区的中国（上海）创业者公共实训基地举行揭牌仪式，是国内首个由政府搭建的创业者公共实训平台。

11月22日　上海奉贤巴士公共交通有限公司在南桥镇成立，成为全市公交新一轮改革后首个实现"一区一骨干"区域公交格局的远郊区县。

12月8日　上海晶城在闵行区梅陇镇开工，由徐汇区上海城开（集团）有限公司开发建设，属大型保障性住房项目，被列为2009年市重大工程。规划占地37公顷，建成后形成一个含55万平方米保障性住房，2.5万平方米商业及物业服务设施，5万平方米地下车库及人防设施，5.5万平方米教育、医疗、社区服务设施的大型综合保障性居住社区。2013年基本建成。

12月11—17日　徐汇区、闵行区作为上海市经济适用住房申请审核、轮候供应试点区，开展经济适用住房政策咨询周活动。18日开始正式受理申请。2010年7月12日，徐汇区举行公开摇号活动，取得摇号资格的申请家庭，每户派代表到所在街道镇会场参加现场摇号排序。

12月24日　上海交通大学医学院附属瑞金医院北院开工典礼在嘉定新城举行。2012年12月18日建成开诊。

12月29日　上海65米射电望远镜又称天马望远镜在松江区佘山镇奠基。2012年10月落成。反射面积达到3780平方米，由14圈共1008块高精度实面板组成，综合性能亚洲第一、世界第四。

## 2010 年

1月7日　市长韩正视察普陀区宜川路街道赵家花园"六小工程"（晾衣、停车、路面、绿化、椅子、门面），强调把推进旧区改造作为改善民生的重要工作。

1月10日　杨浦区被科技部确定为全国首批"国家创新型试点城区"，是全市唯一的试点区。

1月12日　中航商用飞机发动机研发基地在闵行区紫竹科技园区奠基，是集总部、研发、适航、工程、国际交流、专家公寓、客户服务等中心于一体的大型基地。

1月16日　位于杨浦区境内的上海高校技术市场揭牌，是全国首家高校技术市场。

同日　中共中央总书记胡锦涛视察卢湾区"8号桥"创意园区。

1月21日　"上海市每星期四爱国卫生义务劳动"启动仪式在黄浦区南京路世纪广场举行，市、区领导和18个区县爱卫办负责人及部分街道、行业代表参加。

1月22日　全国政协主席贾庆林到崇明县调研生态建设和环境保护情况。

1月30日　全国人大常委会委员长吴邦国到嘉定区调研，实地了解一批创新技术与科研成果的研发生产和应用推广情况。31日视察长宁区虹桥街道社区卫生服务中心。

2月4日　青草沙水源地原水过江工程输水隧道全线贯通仪式在崇明县长兴岛举行。工程包括长兴岛域管线、长江过江管和浦东连接管在内共14公里输水隧道。

2月6日　宝山区大场镇汶水路动漫街举行开街仪式。由50个独立的商铺组成，面积约5 000平方米，是全国首条以体验动漫生活为主导的动漫街，也是国内首个动漫产业品牌"动漫大场"的实体性标志。

2月27日　位于浦东新区的东海大桥海上风电场34台风机全部安装完毕。总机容量10.2万千瓦，年上网电量2.67亿千瓦，总投资23.65亿元，是国内首座大型海上风电场。

3月25日　中共中央政治局委员、上海市委书记俞正声，市长韩正等带领郊区（县）党政负责人和有关委办负责人，到嘉定考察奥托立夫（上海）汽车安全有限公司和上海大众动力总成有限公司，并召开郊区（县）先进制造业发展情况和下一步工作设想座谈会。

3月　长宁区延天绿地改建完成。由中山西路、天山路、延安西路所围成的三角地带，总面积3.1万平方米。

4月2日　浦东机场综合保税区通过国家10部委联合验收进入封关试运行，上海浦东机场综合保税区同时揭牌，一期封关区域1.6平方公里。

4月15日　由徐汇区石龙路至浦东新区成山路的龙耀路越江隧道通车。2008年3月10日动工。全长4.04公里，为上海世博会交通配套骨干工程，是连通铁路上海南站与世博园区后滩的越江通道。

4月26日　上海辰山植物园开园仪式在松江区佘山国家旅游度假区内举行。占地约207公顷，是上海市政府与中国科学院、国家林业局、中国林业科学研究院合作共建项目。

4月28日　崇明岛东滩国际湿地公园对外开放。占地8.6平方公里，分为耐盐植物区、珍稀濒危物种引入区、水涉禽招引区等部分。

同日　崇明南门农业旅游集散服务中心建成。位于县城南门路，占地23 106平方米，其农副产品购物中心面积2 300平方米。

4月29日　中共中央总书记胡锦涛在世博园区与静安居民、残疾人篆刻家蔡天石亲切交谈。

4月30日　20时10分，中国2010年上海世界博览会开幕仪式在位于浦东新区、黄浦区、卢湾区的上海世博园区举行，中共中央总书记、国家主席、中央军委主席胡锦涛出席并宣布开幕。5月1日举行开园仪式，全国政协主席贾庆林出席并开园。10月1日举行中华人民共和国国家馆日仪式，全国人大常委会委员长吴邦国出席并致辞。10月31日举行闭幕仪式，国务院总理温家宝出席并宣布闭幕。

4月　国家化学品及制品安全质量监督检验中心落户普陀区云岭东路345号，是国家认监委批准的全市首家安全质量监督检验中心。

5月21日　连接闵行区、奉贤区的闵浦二桥公路层建成通车，全长4.58公里。2007年1月8日开工建设，是全市首座公轨两用一体化双层特大桥。

5月29日　位于闸北区的铁路上海站北广场综合交通枢纽主体工程竣工。9月14日，中共中央政治局委员、上海市委书记俞正声，市长韩正听取该工程建设情况汇报，并实地考察。工程2005年5月18日动工。

5月30日　泰戈尔半身铜像在卢湾区茂名南路南昌路街角的绿化带内揭幕，由印度总统普拉蒂巴·帕蒂尔赠送并揭牌。

6月12日　徐汇区土山湾博物馆在蒲汇塘路55号开馆，2008年8月在土山湾孤儿院旧址上筹建。镇馆之宝为土山湾中国牌楼，高5.8米，宽5.2米，于1913年建成，曾参加1915年美国旧金山、1933年美国芝加哥和1939年美国纽约3届世博会。

6月22日　卢湾区南园滨江绿地对外开放。绿地由原南园公园扩建而成，2007年动工，水陆面积1.95平方公里。

7月8日　徐汇区与民航华东局签署共同发展徐汇滨江航空产业战略合作协议。12月29日，上海航空器适航审定中心和上海国际航空服务中心奠基仪式在位于徐汇区的龙华机场内举行。项目占地7.2万平方米，由4栋建筑围合而成，总建筑面积51万平方米，包含行政、办公、酒店和商业等功能。至2016年审定中心建成，服务中心结构封顶。

7月15日　"TD网络建设和应用试点示范区"在闵行区启动建设，是全市首个。TD网络是中国拥有自主知识产权并被列入国际电联标准的3G技术。

7月19日　中共中央政治局委员、上海市委书记俞正声到闵行区调研、探索建立的"城市综合管理和应急联动机制"即"大联动"工作。

7月23日　静安寺举行泰王国释迦牟尼金身佛像捐赠和泰佛殿落成仪式。泰国公主玛哈扎克里·诗琳通殿下出席捐赠仪式。

7月28日　"川气东送"上海市天然气主干网建设开工典礼在青浦区徐泾镇金云村举行。"川气东送"工程西起四川省达州市宣汉县、途径重庆、湖北、安徽、浙江、江苏等省（市），东至上海青浦区，全长1700余公里，每年可为东部及沿海地区输送120亿立方米的天然气。进入上海后的主干网全长39公里，项目投资627亿元。

8月13日　位于徐汇区蒲西路166号的上海市气象局测得徐家汇最高气温达到40℃，成为全市76年来极端最高气温（1934年为40.2℃）；最低气温为32.1℃，也是全市137年来最低气温最高的一天。

8月20日　松江区泗泾—洞泾大型居住社区建设启动，用地470公顷，规划建筑面积245.66万平方米。市政府在全市9个区（县）选定23个居住点，松江区入选4个，总用地面积27.76平方公里，为全市最多。

9月25日　国家电子商务综合创新实践区授牌仪式在浦东新区举行,是首个国家电子商务综合创新实践区。同时,浦东新区唐镇成为首个国家电子商务创新试点镇。

9月26日　中共中央政治局常委、国家副主席习近平到卢湾区五里桥社区调研社区党建工作。

9月27日　徐汇区衡山路838号的衡山电影院举行改建竣工试运行仪式。是上海解放后首家采用民间集资和国家投资相结合建造的电影院。

9月28日　上海地产普陀公共租赁住房项目(即馨越公寓)在千阳南路奠基开工,是全市首个公共租赁住房建设项目。

10月11日　金山区国家绿色创意印刷示范园区在金山工业区揭牌。规划面积245公顷,以绿色创意印刷产业为核心,重点发展绿色包装印刷、绿色特种印刷、智能标签印刷、防伪和票证印刷等十大产业。

10月18日　国家机动车出口认证检测平台在位于嘉定区上海国际汽车城建成,是国内首个国家机动车出口认证检测平台。

11月4—9日　第25届世界纯电动车、混合动力车和燃料电池车大会暨展览会在深圳召开。科技部部长在会上代表中国宣布,上海嘉定将成为中国首个电动汽车国际示范城市,上海国际汽车城将是电动汽车国际示范城市的率先启动区域。

11月5日　上海申迪(集团)有限公司与华特·迪士尼公司签署上海迪士尼乐园项目合作协议,落户浦东新区。2011年4月8日开工,2016年6月16日开园。

11月7日　位于奉贤区境内的金汇港南闸改造工程开工仪式在海湾旅游区举行。总投资2.9亿元,总净孔宽60米,规划最大排洪流量为每秒650立方米,是全市沿海规模最大的水闸。2014年8月29日竣工。

11月9日　中国上海人力资源服务产业园区挂牌仪式在闸北区举行,是全国人力资源服务产业首个国家级集聚区。

11月15日　14时15分,静安区胶州路728号高层居民住宅发生特别重大火灾事故,58人死亡,71人受伤,直接经济损失1.58亿元。

11月16日　普陀区中远两湾城养老院(宜川养老院)奠基仪式在远景路举行。2012年底建成使用。占地0.59公顷,建筑面积1.4万平方米,能容纳459个床位,是全市唯一的全国社会化养老服务体系建设试点项目。

11月　静安区恒隆广场入驻公司全年缴纳税金24.4亿元,成为全市首幢税金"月双亿元楼"。

12月7日　法国施耐德电气上海物流中心落户普陀区未来岛高新技术产业园,负责上海、华东、华中、西南及东南5个大区物流服务,是该企业在全国第三家物流中心。

2010年　卢湾区复兴中路、重庆南路路口思南公馆对外开放,包括酒店式公馆、多层公寓、特色专卖店、多元化餐饮等。1999年启动修缮项目。占地5万余平方米,保留保护老建筑51幢(包括周公馆2幢),其中39幢被确定为市优秀历史建筑。

# 第一篇　浦东新区

浦东新区位于上海市东部,因地处黄浦江之东而得名。境域早期为川沙县,1992 年 10 月撤销川沙县,设立浦东新区。

　　1978 年,川沙县行政区域面积 470 平方公里,辖有城厢、高桥、洋泾、杨思 4 个镇,施湾、六团、江镇、蔡路、合庆、城镇、黄楼、孙桥、唐镇、王港、龚路、顾路、杨园、张桥、金桥、东沟、高桥、高东、高南、凌桥、张江、北蔡、花木、洋泾、严桥、六里、杨思 27 个人民公社,下设 309 个大队、2 574 个生产队,户籍人口 16.85 万户、62.35 万人。1982 年,杨思人民公社部分地区计 3.49 平方公里划归南市区。1984 年政社分设,27 个人民公社改为 27 个乡;10 月,洋泾镇全部和洋泾、杨思、严桥、六里、张桥乡的部分地区共 19.35 平方公里,分别划归黄浦区、杨浦区和南市区。1986 年开展撤乡建镇试点,撤销北蔡乡建立北蔡镇,实行镇管村体制。1988 年 12 月,杨思镇划归南市区。

　　1992 年 10 月 11 日,国务院批复上海市人民政府同意撤销川沙县,将杨浦、黄浦、南市三区的浦东部分和上海县三林乡划出,与川沙县全境合并,设立浦东新区。行政区域包括川沙县的 3 个镇 26 个乡,杨浦区的歇浦路街道,黄浦区的陆家嘴路、张家浜、崂山西路、潍坊新村、罗山新村、梅园新村 6 个街道和洋泾镇,南市区的周家渡、塘桥、南码头、上钢新村 4 个街道和杨思镇,上海县的三林乡。1993 年 1 月 1 日,浦东新区正式挂牌成立,面积 522 平方公里,人口 143.75 万人。是年 4 月,城厢镇更名为川沙镇。1995 年 11 月,浦东新区开展大规模行政区划调整,施湾、六团、江镇、蔡路、合庆、黄楼、孙桥、唐镇、王港、龚路、顾路、杨园、张桥、金桥、高东、凌桥、张江、花木、严桥、六里、三林、高桥、城镇、洋泾 24 个乡撤乡建镇,其中江镇乡设为江镇,唐镇乡设为唐镇,高桥乡设为外高桥,城镇乡设为东城镇,洋泾乡设为钦洋镇;撤销陆家嘴路、张家浜街道,设立陆家嘴街道;撤销东沟、高南乡,设立东沟镇;撤销杨思乡、杨思镇,设立新的杨思镇;12 月设立金杨新村街道。1996 年 8 月撤销洋泾镇,设立洋泾街道。1997 年 1 月撤销川沙、东城镇,设立新的川沙镇;7 月设立浦兴街道。1998 年 2 月撤销罗山新村、金杨新村街道,设立新的金杨新村街道;撤销梅园新村、崂山西路、陆家嘴街道,设立新的梅园新村街道;歇浦路街道更名沪东新村街道;9 月撤销外高桥、高桥镇,设立新的高桥镇;撤销施湾镇、江镇,设立机场镇。1999 年 8 月设立东明路街道。2000 年 3 月撤销花木、严桥镇,设立新的花木镇;4 月撤销凌桥、高桥镇,设立新的高桥镇;撤销高东、杨园镇,设立新的高东镇;撤销顾路、龚路镇,设立曹路镇;撤销金桥、张桥镇,设立新的金桥镇;撤销合庆、蔡路镇,设立新的合庆镇;撤销唐镇、王港镇,设立新的唐镇;撤销杨思、三林镇,设立新的三林镇;撤销川沙、黄楼、六团镇,设立新的川沙镇。是年 8 月,撤销浦东新区管理委员会,建立浦东新区人民政府。2001 年 5 月撤销花木、钦洋镇,设立新的花木镇;撤销六里镇,将部分地区划入南码头路街道,部分地区划入北蔡镇;6 月,东沟镇更名为高行镇;11 月撤销张江、孙桥镇,设立新的张江镇。2005 年 12 月撤销川沙、机场镇,设立川沙新镇,实行功能区域与新镇合一的新的管理体制。2006 年 7 月,梅园新村街道更名为陆家嘴街道;撤销花木镇,设立花木街道。2008 年,浦东新区辖有陆家嘴、潍坊新村、塘桥、南码头、周家渡、上钢新村、洋泾、金杨新村、沪东新村、浦兴、东明路、花木 12 个街道,川沙新镇、高桥、北蔡、合庆、唐镇、曹路、金桥、高行、高东、张江、三林 11 个镇。2009 年 4 月,国务院批复上海市人民政府同意撤销南汇区,将其行政区划(辖有申港 1 个街道,惠南、周浦、大团、新场、芦潮港、祝桥、六灶、康桥、航头、泥城、宣桥、老港、万祥、书院 14 个镇)并入浦东新区。2010 年,浦东新区行政区域面积 1 429.67 平方公里,辖有 13 个街道、25 个镇,下设 722 个居委会、396 个村委会,户籍人口 181.48 万户、275.8 万人。

中共十一届三中全会以后,特别是浦东开发开放以来,区域改革和建设不断取得新进展,大致经历 3 个阶段。

1978—1992 年为经济社会恢复发展时期。这一时期,川沙县拨乱反正,纠正一系列"左"的错误,将工作重心转移到经济建设上来,走上恢复发展之路。一是加快发展农副工生产,提出落实农村经济政策和有关生产队自主权、劳动计酬等 10 条具体措施。农业从恢复定额管理逐步发展到家庭联产承包责任制,社队企业、畜牧副业则实行"九定一奖"生产责任制。1984 年,人民公社废止,政社分开,全县 2 631 个生产队实行家庭联产承包责任制,占生产队总数 99.96%,迈出农村改革的第一步。二是重点发展工业,同时抓好第三产业,加快发展经济。扩大企业自主权,扶持发展专业户、专业队、专业组和各种形式的经济联合体,开放县属三大镇和乡村集镇,鼓励集体企业和农民进城办商,新设集市贸易所,积极扶持个体经济办第三产业。三是发展外向型经济并积极参与浦东开发。县委、县政府作出"简政放权,放宽政策"10 项规定以及《川沙县 90 年代科技兴县发展战略》的决策,把主要靠资金和劳力投入转移到主要靠科技进步和提高劳动者素质的轨道上来,并加强一乡一点工业小区建设、集镇建设,转化企业主管局体制、扩大股份合作制试点、改革农村分配制度和人事制度。1992 年,川沙县新增工业投入 20 亿元,新办"三资"企业 150 家,新办内联企业 150 家;人均国民生产总值达到 1 000 美元。全县形成以农业为基础、乡镇工业为主体、外贸出口为导向、城市大工业为依托、农副工商各业齐头并进的格局。是年,全县工农业总产值达到 115.02 亿元,比 1978 年增长近 23 倍,县级财政收入 41 115 万元,比 1978 年增加 2.67 倍。

1993—2000 年为浦东开发开放时期。1995 年前为开发起步阶段,主要是编制规划、整治环境,积极为吸引外资创造条件,并分步、分片建设保税区、出口加工区、高科技园区和金融贸易区等;政策实施的基本目标主要是利用浦东的特殊政策推动浦东的开发开放,实现财力支持与融资机制创新相结合,扩大利用外资与扩大市场准入相结合、下放权限与体制创新相结合。其间,浦东完成跨越黄浦江的两座大桥及道路、通讯、能源为主体的第一轮十大基础设施工程,极大地改善了投资环境和城市面貌。城市基础设施投资累计 228.29 亿元,新建、扩建、改建道路累计 2 902 公里,面积 2 986 万平方米。1996 年后为重点开发与功能培育阶段,实施建设大工程、引进大项目、培育大市场的发展战略,初步形成基础设施比较配套的浦东新区的大格局,由基础开发转向功能开发。其间,建设以航空港、信息港、深水港为核心的新一轮十大基础工程,由此拓展浦东外向型功能内涵,构筑上海跨世纪国际大都市框架;以陆家嘴金融贸易区和外高桥保税区为载体的金融贸易功能开发全面推进,张江高科技园区和金桥出口加工区高科技产业带的技术创新和产业化功能日益增强,生产要素市场配置中心的地位初步显现,产业结构升级取得重大进展,形成以金融贸易和高新技术为主导的新型产业体系框架。同时初步形成体制推动的发展机制,逐渐淡化特殊政策的作用,使前期实行的体制特殊政策转化为体制一般政策。

2001—2010 年为建设一流新区时期。这一时期,政策、体制和功能支撑并举,重在体制创新及城区综合功能的拓展;引进和创新并举,重在提升综合竞争能力;城市化开发建设和管理并举,重在提高城区的管理水平、环境质量和文明素质,"使浦东成为 21 世纪上海现代化的象征,成为适应国际性城市及外向型经济发展需要的世界一流水平的新区"。以外高桥、金桥等 4 个国家级开发区为主要载体,深入推进功能开发,城市综合功能不断提升,市场机制逐步完善,经济运行环境不断优化,经济增长点开始转向总部经济和研发经济的开发,经济得到快速发展。加快推进国家战略,继续深化改革开放。2005 年,国务院正式批准浦东新区进行综合配套改革试点,成为全国首个由享受政策优势的地区转向享有体制优势的地区,同时标志着改革进入从经济领域拓展到社会领域,浦东开发进入全面建设外向型、多功能、现代化新城区的新阶段。之后,实施南汇区并入浦东新区的重大战略部署,经受住国际金融危机和自身结构调整的双重考验,坚持在一体化的大背景下统筹规划、整合资源、优化发展。2010 年,工业总产值增速明显,达到 8 488 亿元;高技术产业迅速发展,总量达到 2 255 亿元;外贸进出口总额达到 1 865 亿美元;浦东机场旅客吞吐量 4 040 万人次;洋山港、外高桥港集装箱吞吐量 2 509 万标准箱,推动上海港成为全球第一大集装箱港。区域内各类金融机构有 649 家,跨国公司总部达 150 家。有外高桥保税区、洋山保税港区、浦东机场综合保税区、陆家嘴金融贸易区、金桥出口加工、张江高科技园区 6 个国家级开发区,有孙桥现代农业开发区、康桥工业区、临港产业区、南汇工业园区、国际医学园区 5 个市级开发小区。

　　2008 年,浦东新区生产总值 3 150.99 亿元,比 1995 年增长 6.6 倍;财政收入 1 042.44 亿元,比 1995 年增长 25.63 倍;社会消费品零售总额 526.89 亿元,比 1995 年增长 3.79 倍。2010 年,区内有南浦、卢浦、杨浦、徐浦 4 座跨越黄浦江大桥,上中路、龙耀路、打浦路、西藏南路、复兴东路、人民路、新建路、延安东路、大连路、翔殷路、外环线 11 条车辆越江隧道和 1 条外滩人行观光越江隧道;有通往崇明的上海长江隧桥和通往洋山的东海大桥;有内环高架路、中环高架路、S20(外环高速)、G1501(上海绕城高速)、S1(迎宾高速)、S2(沪芦高速)和华夏高架路、龙东大道、张杨路、浦东大道、五洲大道等主要交通干道;有 2、4、6、7、8、9、13 号轨道交通线和磁浮列车线;有浦东国际机场、外高桥港区、洋山深水港区、上海汽车长途客运总站(东站)、川沙汽车长途客运站、南汇汽车长途客运站;有环绕区境西部和北部的黄浦江,以及东西向的川杨河、张家浜、大治河、白莲泾、惠新港、六灶港、石皮泐港,南北向的浦东运河、随塘河、曹家沟、马家浜、宣六港、渤马河、五尺沟、团芦港。有明代川沙古城墙一段、老宝山城一角等古迹,有钦赐仰殿、潮音庵、福泉寺、南山寺、露德圣母堂等宗教场所,有张闻天故居、黄炎培故居、太平天国烈士墓等纪念地,有东方明珠电视塔、陆家嘴中心绿地、滨江大道、世纪公园、上海野生动物园、孙桥现代农业开发区、新场古镇、三甲港海滨旅游区、滨江森林公园、滨海森林公园、鲜花港、滴水湖、东海大桥等旅游景点,有上海科技馆、浦东图书馆、南汇博物馆、东方艺术中心、东方体育中心、源深体育中心、南汇文化艺术中心、南汇体育中心等文体场馆,有上海桃花节、国际音乐烟火节等主要节庆活动。1999 年被建设部授予“全国园林城区”,2003 年、2007 年 2 次被全国爱国卫生委员会授予“国家卫生成区”,2004 年、2008 年 2 次被全国双拥工作领导小组、民政部、中国人民解放军总政治部授予“全国双拥模范城”,2005 年被中央文明委授予“全国文明城区”。

　　2011 年,《浦东新区国民经济和社会发展第十二个五年规划纲要》指出,到 2020 年浦东要基本建成科学发展先行区、“四个中心”核心区、综合改革试验区和开放和谐生态区,全面建成外向型、多功能、现代化新城区。谋划新布局,推动重点区域新发展,优化“一轴三带”总体布局。一轴,即全市从虹桥机场到浦东国际机场城市发展主轴的浦东段,是上海市东西轴线现代服务业集聚带的重要组成部分。“十二五”期间更加注重向东发展延伸,依托龙阳路枢纽、迪士尼乐园、上海东站等重大功能性项目建设,进一步推进文化、会展、旅游、商务等功能开发和要素集聚。三带:沿黄浦江综合发展带,是上海市黄浦江现代服务业集聚带的重要组成部分。与浦东沿江地区发展相融合,以小陆家嘴和世博地区为核心,重点发展与金融中心建设有关的金融、商务、会展、旅游等现代服务业,加快北部沿江地区产业转型升级和环境优化,集中体现城市高端服务功能。滨江沿海发展带,是全市沿长江和东海岸线的重要区段。以外高桥海港、浦东国际机场、洋山深水港、南汇新城为核心,重点发展与航运中心建设有关的航运、贸易、物流功能,旅游休闲产业及重装备、航空等先进制造业,是浦东新一轮发展的产业延伸区域、功能辐射区域和战略承载区域。中部产业发展带,是全市沿江沿海制造业产业轴的重要组成部分。以外高桥、金桥、张江、临港等产业区为主体,重点发展战略性新兴产业、先进制造业和生产性服务业,集中体现产业实力和研发创新功能。完善"7+1"生产力布局。强化重点开发区优势整合,承载"四个中心"功能,促进现代服务业和战略性新兴产业发展,推进重大战略和项目实施,在区域联动发展中拓展城市核心枢纽功能和综合服务功能,提升产业核心竞争力。重点推进新开发区域规划建设,形成发展新亮点。加快临港地区建设,促进产城融合和港、城、区、镇联动发展。聚焦金融、航运、贸易,建设核心功能区。坚持高端高效的产业导向,围绕战略性新兴产业主导区定位要求,大力发展战略性新兴产业,提升先进制造业能级。运用市场机制,加快创新体系建设,促进世博科技成果转化应用,积极推进高新技术产业化,加快形成创新驱动为主导的增长模式。大力推进农业现代化,建设社会主义新农村。改善社会民生,建设和谐浦东。加强城市建设和管理,建设生态宜居浦东。促进文化繁荣,建设人文浦东。实施信息化领先发展和带动战略,建设智慧浦东。深化改革开放先行先试,加强制度保障和人才支撑。

# 第一章　经济社会恢复发展

中共十一届三中全会后,川沙县、乡、村、队和个体工业 5 个轮子一齐转动,农、副、工、商各业齐头并进。1985 年,全县工农业总产值达到 191 586.4 万元,比 1978 年增长 2.95 倍。其中农业产值 17 270 万元,占总产值的 9.01%;工业产值 174 316.4 万元,上升到 90.99%。社会商品零售额 51 994 万元。国民生产总值为 111 676 万元,其中第一产业 11 344 万元,占 10.16%;第二产业 79 838 万元,占 71.49%;第三产业 20 494 万元,占 18.35%。1986—1992 年是川沙县解放以来国民经济增长最快的一个时期。1992 年,全县国民生产总值比 1986 年增长 2.6 倍,国民收入增长 2.4 倍。

## 第一节　农村生产经营方式

80 年代初,川沙县逐步实行家庭联产承包责任制,建立完善农业生产服务体系,发展农业适度规模经营。农村生产经营方式变革促进农村劳动力向二、三产业转移,加快农村经济发展。

### 一、家庭联产承包责任制

1978 年以后,川沙县从恢复定额管理逐步发展到联产承包责任制。1980 年秋,全县 2 658 个生产队中,实行粮、棉、油全面联产到组的队占 2.4%,实行单项作物联产到组(生产小组)、到劳(劳动力)的队占 7%。1983 年底,全县实行"统一经营,包干到户"的有 2 122 个生产队,占总队数的 77.7%。承包户的生产成果,除缴纳国家税收和上交一定集体积累、折旧费、管理费外,余下归己。此外,还有 500 多个生产队实行"统一经营,联产到劳""包产到组,联产计酬""专业承包,联产计酬""小段包工,定额计酬"等生产责任制形式。1984 年 6 月,县委和县政府作出进一步放宽农村经济政策的意见,规定延长土地承包期;确保务农社员分享企业利润;正确处理好生产队内部各业社员的分配关系;粮食包产指标要留有余地;集体要支持农业专业户、组改善生产条件等。1985 年底,全县实行家庭联产承包责任制的生产队有 2 632 个,占总队数的 97.59%。

这一时期,蔬菜地区 90% 以上的生产队仍实行以"两头统、中间包"为主的生产责任制,只有少数蔬菜生产队将菜田分包到户,实行"统一经营,包干分配"的家庭联产承包责任制。

推行家庭联产承包责任制后,确立农户在生产经营中的主体地位,农户在完成国家下达的计划面积种植后,对承包耕地有相对独立的经营自主权,在完成承包任务的同时,能把家庭剩余劳动力以及资金、技术等投向其他产业。尤其是青壮年劳动力,大多转入乡、村企业务工。1989 年 6 月,对江镇、合庆、黄楼、王港、顾路、金桥、高南、凌桥 8 个乡农情基点 144 个农情户的劳动力结构情况调查,在总劳动力 322 个中,以种田为主的 55 人,占 17.1%;在乡、村、队企业务工的 203 人,占 63%;外出劳动和经商的 33 人,占 10.2%;从事畜牧业的 7 人,占 2.2%;担任村以上干部的 16 人,占 5%;驾驶员、会计等其他人员 8 人,占 2.5%。从年龄结构来看,以种田为主的劳动力中,50 岁以上占 63%。从劳动力性别来看,以种田为主的劳动力中,男性占 18.2%。

## 二、适度规模经营

为推进农业适度规模经营,提升规模效益,县委倡导在农村发展专业户、重点户,鼓励土地逐步向种田能手集中。1988 年,全县 22 个产粮乡有承包面积 0.67 公顷以上的经营单位 87 个,承包耕田 195.9 公顷,约占全县粮田面积的 1.1%,平均每经营单位承包耕地 2.23 公顷。1991 年增加到 413 个,承包面积 1 032.93 公顷,占当年粮田面积的 6.39%。规模经营的主要形式有村队统一经营、专业队耕作、专业队经营承包、承包大户等。其中蔡路乡友谊村是全县唯一实行统一经营的村。自 1986 年实行以工补农、统一经营的模式,村共投入支农资金 96.1 万元,建成耕田成方、沟渠配套、排灌畅通的标准良田。1990 年又拨款 28 万元,修筑护坡、水泥明沟各长 850 米;配备价值 14.3 万元的农机具,其中大型拖拉机 5 台、耕耙犁 2 台、复式播种机 2 台、开沟犁 1 台、盖麦机 2 台、喷雾机 10 台。全村以生产队为单位,由 54 名劳动力组成 5 个农业服务专业队,直接从事 50.13 公顷土地的耕、种、收等农活,人均 1.13 公顷。另外,还组织一支 9 人农业服务队,为各专业队提供农机、排灌、施肥、植保等方面的服务。还从工业利润中拨出 12 万元,补贴生产队务农社员,人均得益 700 元;全村农业人口享受粮油调价补贴。队均集体积累 3 万余元。张桥乡张桥村北许生产队实行联产承包责任制后,承包户对种单季晚稻比较重视,轻视夏粮。针对这种情况,生产队从 1986 年“三秋”开始,对全队 8.2 公顷耕地实行“麦统稻分”的生产经营方式,麦子由专业队种植,单季晚稻仍按原来的口粮田分户种植。同时还相应作出两项调整:一是油菜分户种植,统一布局,成方连片;二是单季晚稻分户育秧,秧田统一布局,成方连片。夏粮专业队由 10 户农民组成,乡村的机械、排灌、植保等服务与其他农户同等待遇。1987 年夏收,3.33 公顷小麦总产 2.1 万公斤,总收入 5 200 元,成本 2 013 元,上缴 600 元,净收入 2 587 元,全部归专业队分配。是年,全县 28 个专业承包大户共生产粮食 439.3 吨,平均每户 15.7 吨;共提供商品粮 406.9 吨,平均每户 14.5 吨。

# 第二节　农　业　生　产

80 年代中期,川沙县对农业种植结构进行重大调整,使粮食生产稳中有升,同时适当发展西甜瓜、果树等经济作物和畜牧、水产,农业经济快速恢复和发展,农民收入大幅提高。

## 一、种植业

1985 年,全县种植业结构进行调整,由一年三熟制改为一年二熟制和二年三熟制;棉花大幅度减少,发展一部分西甜瓜、果树等经济作物,粮食定购任务减少。这次调整对于稳定发展粮食生产,减轻农民劳动强度,大量劳力向二、三产业转移,起了重要作用。90 年代初,川沙县境成为浦东开发开放的主战场,种植业不再停留在口粮自给的水平上,开始朝为大城市服务、为出口创汇服务的方向发展,同时开发旅游观光农业、设施农业和绿化生态农业,走“高产优质高效”的现代化农业新路。其间,农村经济得到快速发展,农村总收入由 1985 年的 20.19 亿元增至 1992 年的 133.6 亿元,增加 5.62 倍;农民劳均收入从 1985 年的 1 305 元增至 1992 年的 3 372 元,增加 1.58 倍;人均收入由 1985 年的 801 元增至 1992 年的 2 064 元,增加 1.58 倍。

农业机械化和农业耕作技术也有新的突破。水稻直播机及联合收割机推广使用,减轻农民种植粮食作物"三弯腰"的劳动强度。蔬菜地区大力发展钢管棚和铝合金温室,建立名特优蔬菜基地,引进国外名优品种,使蔬菜生产不受季节和地域的限制,满足蔬菜市场新的需求。

这一时期由于浦东开发开放,建设用地大量增加。全县耕田由 1986 年的 22 860.9 公顷减少至 1992 年的 16 215.4 公顷,减少耕田 6 645.5 公顷,占原有耕田的 29.1%。

## 二、畜牧业和渔业

县境农民有饲养畜禽和水产捕捞的传统,饲养品种主要有猪、牛、羊和鸡、鸭等。解放后,随着人民生活水平的提高,向市区提供副食品任务的增加,畜禽饲养和渔业生产不断发展。1985 年,全县生猪饲养量增加到 441 320 头,圈存奶牛 7 747 头。禽蛋生产已发展为集体场饲养为主,上市鸡蛋 248.95 万公斤、鸭蛋 695.21 万公斤。渔业生产中的海洋捕捞建立起一支配有导航仪、电台、鱼探器等设备的船队。内河水产已转为养殖为主,1985 年饲养鱼类水面积 1 756.6 公顷。新的饲养业中,有肉兔、长毛兔、鹌鹑、肉鸽、食用蜗牛、水貂、地鳖虫等。是年,全县畜牧水产业总产值 7 178 万元,占全县农业总产值的 41.56%,占全县工农业总产值的 3.75%。1986—1992 年,随着市场需求变化,畜牧和水产的养殖结构开始由数量型向质量型转变,其中肉猪向瘦肉型转变;畜禽和水产向名特优转变,发展乌骨鸡、七彩山鸡、绿头野鸭等家禽以及鳜鱼、加州鲈鱼、淡水白鲳鱼、青虾、中华绒螯蟹、鳖等水产的养殖。1987 年进行畜牧业生产区域的调整,在全县形成以蔬菜区为主的养猪生产区、中南部的禽蛋生产区、沿海夹塘地区的奶牛饲养区。1992 年,全县畜牧和水产业总产值 35 653 万元,占农业总产值的 57.71%,比 1985 年增长 16.15%。

# 第三节　工商业经营机制

80 年代后期,全县在政企分离、企业经营机制转换方面进行改革,在工业系统中实行厂长负责制、厂长任期目标责任制和股份合作制,县工业主管局由行政管理体制改制为经营实体公司等,增强企业在市场经济活动中的自主权和活力;商业则从传统计划经济体制向社会主义市场经济转变,商业部门以市场为导向,开展多种经营,增设网点,开辟自选商场、特色门店,发展有一定规模的商城、商厦、商场,扩大名、特、优、新商品的销售,丰富市场。

## 一、工业经营机制

川沙县工业系统改革,先后推行厂长负责制、工效挂钩制、上岗合同制和销售承包责任制。

### 【厂长负责制】

1985 年率先对川沙印染机械厂进行厂长任期目标责任制的试点。两年后又以川沙农业机械厂(后改名为浦东电工厂)为试点,在县办工业企业中推行厂长责任制,并逐渐推广到全县范围。这一制度因企业所有制性质的因素,厂长仍由行政主管局任命,但其他方面大致和乡镇企业厂长任期目标相同。

### 【工效挂钩制】

1987 年起,为制止已出现的经济滑坡和工资总额的失控,县工业局系统在平衡调整工资基数的基础上,将工资总额与利润指标挂钩,以实现增产增销目的。同时实行计件工资制,以调动一线工人的生产积极性。

**【上岗合同制】**

1992年,县工业局系统有高行液压件厂等3家企业实行全员劳动合同制,民生电器厂等14家企业实行上岗合同制,使企业初步建立上岗靠竞争、收入凭贡献、双向选择、能进能出的激励机制。

**【销售承包责任制】**

1992年,县工业局系统有19家企业推行销售承包责任制,主要有两种:全额承包制,即从销售额中提取一定比例给销售人员,提取比例上不封顶、下不保底,超支自负,节约归己,企业不再支付工资、奖金、差旅、交际等任何费用;部分承包制,即销售人员工资、奖金与销售基数挂钩承包或销售基数仅与奖金挂钩承包。

## 二、商业经营机制

60年代,逐步形成由县政府各个行政主管归口管理的国营商业管理体系。之后经多次归属调整和撤、建、并、合,至1978年12月,县商业局撤销,恢复川沙县供销合作社组织建制,县商业局管属的9家国营专业公司,统归县供销合作社管理。1984年7月,县供销合作社改为川沙县供销合作联合社,1985年辖有13家专业公司26个基层社及6家商办厂。全系统深化体制改革,主要抓经营体制改革、组织体制改革和全面推行经理、主任负责制。1987年,全系统基层社理事会、监事会改组,成立社务管理委员会,实行主任负责制和任期目标制。1988年,全系统直属企业实行经理负责制,进一步落实经营承包制,并进行职工收入分配改革。1989年1月1日,县供销社退出政府序列,改为企业。1990年对城镇、王港、蔡路3个以乡建社的基层社实行"撤三建一",进行按经济区建社的改革。其间,供销社系统按照办成农民群众的合作商业组织的要求,增扩股金总额1 076万元,农民入股面由原来的71.4%提高到84.1%。1991年4月,县供销社社务管理委员会改称社务委员会;县供销合作联合社复改为县供销合作社,并成立川沙县供销商业总公司,与县社实行"两块牌子,一套班子"。在劳动用工制度改革方面实行"4个允许"即允许双向选择、停薪留职、辞职和专业技术人员合理流动,在工资分配改革方面实行多种形式的"工效挂钩"。1992年,川沙县供销商业总公司更名为上海浦东供销商业总公司,所属有五金交电、化工、百货、糖烟酒、果品等10家总公司及3个商厦,高桥百货等7家公司以及新城、张江等17个供销商业公司、9家商办厂。

## 第四节　工　商　企　业

1978年后,全县工商业加快发展。1992年,全县县属、乡镇、村队工业企业4 261家,其中"三资"企业从1990年的33家增至365家。工业总产值1 089 362万元,比1985年增长3.76倍。全县商业经营机构总数8 927个,从业人员34 384人,社会商品零售总额211 711万元,集贸市场成交额15 180万元。

## 一、工业

### 【县办和乡镇、村工业】

1978年以前,全县工业产值几乎全部来自县办工业。随着乡镇工业的发展,县办工业产值所占比重逐年下降,1985年占全县工业总产值的19.6%,1992年仅占9.9%。其间,少数企业停产,大部分企业效益滑坡。1992年,全县工业局系统有工业企业36户,其中全民所有制企业2家、集体所有制企业34家,且规模不大。

1985年,全县乡镇、村两级工业企业有1136家、141696人,总产值11.94亿元。其中城厢、高桥、杨思3个县属镇的镇办工业企业有11家、1209人,总产值1554.5万元,利润总额315.2万元,产值、利润分别比1980年增长129%、68.5%。生产队工业企业有1370家、35047人,总产值14172万元,比1980年增长5.8倍;利润总额2147.21万元。这些工业企业与上海31家局所属的2000多个工厂和商业部门有业务关系,有61个乡镇村工厂成为市外贸局所属14家公司的定点企业,并与全国20多个省市确立产品销售和原材料供应关系。乡镇村企业生产需要的电力、煤炭、石油、化工原料以及部分钢材、木材等,基本上纳入县级地方计划。乡镇村工业企业由生产型逐步转为生产经营相结合,不断采用新工艺、新技术、新原料,促进生产不断发展,产品不断开拓。其中上海霞飞日用化工厂、江镇丝绸时装联营厂等9家企业被列为上海郊县重点企业,占郊县52家重点企业的17.3%。

### 【个体和私营工业企业】

1986年,全县从事个体工业和手工业的劳动者有1476人,主要行业有铁器、木器、竹器、自行车修理、制鞋、修钟表、缝纫、白铁等,产值553.96万元。1988年6月,《中华人民共和国私营企业暂行条例》颁布后,县内有10家个体工业户因其雇工人数超过8人而核准成为私营工业企业。1990年,全县从事生产加工业务的私营工业企业增至156家,产值1094万元,雇工人数接近2000人。1992年,全县个体工业从业人数1039人,比1986年减少29.61%;产值966万元,比1986年增长74.38%;利润241.5万元;上缴税金125.6万元。私营工业企业232家,为1988年的23.2倍,注册资金合计1091.88万元,产值2304.44万元,上缴税金22.5万元,雇工2832人。

## 二、商业

1978年起,县商业从计划经济体制向社会主义市场经济转变。1985年末,全县商业机构、网点有4572个,从业人员18729人;全年社会商品零售额51994万元,集贸市场成交额2762万元,农副产品收购额12309万元。1986—1990年,全县市场商品零售额年递增率17.25%。国有商业、供销社商业经营商品流通规模和范围不断扩大,各项业务都有新的发展。粮食部门超额完成粮油定购任务,扩展议购、议销业务;物资部门组织计划物资分配,保证工农业重点建设需要,同时大力组织计划外货源,平衡市场供需;食品、水产部门完成或超额完成副食品定购任务及调市计划。供销社商业经营业务不断发展,生产、生活资料供应量逐年增加。国有商业和供销社商业在商品流通领域中,发挥保障供给、稳定市场、繁荣经济的主渠道作用,尤其在做好"米袋子""菜篮子"和节日供应中优势明显。全县商业部门还加大改革力度,由过去的计划管理型向经营管理型转变。供销社商业逐步摆脱国营模式,完善服务体系,成为新型的群众性集体商业。1989年,县供销社被评为全国第一个县级供销社国家二级企业。乡镇集体商业及单位办第三产业蓬勃发展,个体有证商业户大量增加。集贸市场作为商业的补充,也发展较快,全县商品流通向多元化格局发展。

浦东开发开放后,川沙商业经济出现前所未有的发展势头。1992年,全县商业经营机构总数8 927个,从业人员34 384人,社会商品零售总额211 711万元,集贸市场成交额15 180万元。在发展社会主义市场经济的形势下,县商业部门走大流通、大市场、大商业的路子,深化体制改革和经营机制转换,粮食、物资、畜牧水产等管理部门分别成立总公司,实行政企分开,向"小管理、大经营"体系发展。商业经营部门以市场为导向,开展多种经营,增设网点,开辟自选商场、特色门店,发展有一定规模的商城、商厦、商场,扩大名、特、优、新商品的销售,丰富活跃市场。乡镇集体商业、单位集体商业和个体商业以及合营商业的经营额均有较大幅度的增长。是年,各种经济类型在全县社会商品零售总额中所占比重与1985年相比发生新变化:国有商业由26.36%下降为17.24%,供销社商业由40.35%下降为26.49%,合作集体(1992年5月后并入供销社)由14.2%下降为3.5%;乡镇及单位集体商业由13.69%上升为37.34%,合营商业由0.58%上升为6.9%,个体商业由4.82%上升为8.53%。全县商业经济基本形成以国有、供销社商业为主体的多元化经济结构和新型的、开放式的、多渠道的商品流通体制。

### 三、三资企业

县域内最早兴办的"三资"(即中外合资、中外合作和外商独资企业。中国港、澳、台地区投资兴办的企业也享受"三资"企业待遇)企业为沪港合资企业——联川兔毛有限公司,于1985年1月正式投产。1992年,全县累计批准"三资"企业377家,其中365家属第二产业,11家属餐饮和房地产等第三产业;工业企业开工投产的有174家;实现产值72 500万元,占全县工业总产值1 089 362万元的6.66%。

## 第五节 基 础 设 施

1978—1985年,川沙县在道路、房屋、雨污水管道、供电设施、供水设施建设等方面都取得长足进展。1986—1992年,根据浦东开发的初步规划,川沙县加强沿江地区的规划和建设,城镇建设、道路网修筑、旧城区改造、公用事业在新起点上跨出重要一步。

### 一、河道

川沙历史上内外交通以水路为主。1986—1987年,完成曹家沟、白莲泾及其他淤塞航道的疏浚,共清淤土方39.23万立方米;清除洋泾、白莲泾航道石块等碍航物230吨;打捞沉船17艘。1988—1990年,疏浚浦东运河、洋泾港、高桥港、马家浜港9.73公里,航段土方23.09万立方米,王桥港等其他航道河段31处、码头53处,土方18.28万立方米;打捞曹家沟、浦东运河、八灶港无主沉船3艘;清除杨思等水闸闸室大小石块30吨;拔除曹家沟、张家浜河段废弃砼桩99根。累计疏浚航道土方73.79万立方米,年均14.76万立方米,确保航道畅通,乡乡实现30吨级船舶通航。

1991—1992年,疏浚马家浜、横河港航线4.94公里,计土方10.24万立方米;清除打捞码头19

处,疏浚挖泥 12.33 万立方米;清除白莲泾航道六里航段 300 多吨碍航物和 45 吨水泥沉船 1 艘。

## 二、公路、桥梁

### 【公路】

1985 年,县内有公路 44 条,长 252.27 公里。1986—1990 年为适应工农业生产发展的需要,主要对一些弯曲、幅窄、基础差的公路及一些居重要位置的乡道,加以扩建、改建、裁弯取直。其间,市划拨 9 661 万元用于公路建设。实施的工程有:被列为上海市重点工程之一的塘川公路扩建改建工程,川南奉公路江镇段、合庆段、蔡路段延长拓宽,龙东路一、二期工程等,总长 37.462 公里。乡村公路建设进展也较快。5 年中总投资 1 700 万元,其中市拨 479 万元;建公路 22 条,52.8 公里。1990 年底,县内四级以上的公路由 1986 年的 188.71 公里增至 222 公里,平均每平方公里占有0.48 公里,超过上海郊县平均公路密度 0.34 公里的 41.17%。1991—1992 年,共新建、改建、扩建乡村公路 30 条,长 43.32 公里。公路项目有杨高路扩建、江海路东段新建、川黄路拓宽改建以及塘川路东段、川周公路东段、上川公路南段等六大扩建、改建工程,总长 37.475 公里。杨高路扩建工程被列为市政府头号重大工程,是开发浦东 10 项基础骨干工程之一。

### 【桥梁】

川沙于民国年间始筑公路桥梁。至 1985 年底,全县有公路桥梁 202 座,总长 5 400 米,其中干线公路桥 72 座、县公路桥 130 座;县属三镇有桥梁 20 座。1986—1990 年在扩建、改建塘川公路、川南奉公路建设工程中,桥梁建设有 20 座,747.87 延米(即延长米,工程计量单位),其中新建 5 座、改建 9 座、扩建 6 座。另有杨高路及军民路上改建桥梁 4 座,113.7 延米。5 年新建、改建和加固利用的乡村公路桥梁有 60 座,1 355 延米。1991—1992 年,按照县内进行的六大重点骨干公路建设工程的设计要求,开展沿路桥梁的建设、改造。杨高路扩建工程全线 14 座桥梁,按等级标准汽—超加、挂—300 重车线路设计和施工,其中难度最大的杨家路马家浜桥工程,总投资 340 万元,施工期达 6个半月。两年内,六大公路工程沿线共扩建、改建桥梁 20 余座,新建 33 座,700 多延米。

## 三、公用设施

1978 年后,川沙县逐步加快公用设施建设步伐。1985 年,全县有公房 204 万平方米。其间,有9.48 万农户建造新房,建房户约占总农户的 60% 左右,面积 971 万平方米。电力供应和自来水厂的建设进展快速。至 1985 年,全县有变电站 10 座,其中 5 座是 1978 年后增加的;高压线总长 600公里,农村集体线路 4 879 公里,用电量达 4.13 亿千瓦小时。全县共建有水厂 33 个,其中乡村办水厂 20 个,均为 1978 年后所建,总制水能力 6.7 万立方米/日。全县总人口的 28% 饮用自来水。1986—1992 年是县境城乡建设的重要时期。城厢镇和高桥镇新建居民住宅 29.63 万平方米,5.46万户农户建房 151.58 万平方米,新建商业、学校、医院、办公楼等 100 多万平方米。1990 年底,民用煤气通到城厢镇,结束川沙县没有煤气的历史。同时,以治理川杨河、浦东运河水质为重点,开展城乡环境综合整治和重点工业污染源的治理工作,推行和完善环境综合整治。1992 年,农村改水任务提前 6 个月完成,99.6% 的农村人口用上自来水。

# 第六节　社　会　事　业

80年代,随着经济社会全面恢复和发展,县财政收支状况显著改善,财政用于改善民生的支出显著增加,社会事业长足发展,居民生活水平明显改善。农村总收入由1985年的20.19亿元增加到1992年的133.6亿元,增加5.62倍;农民劳均收入从1985年的1 305元增加到1992年的3 372元,增加1.58倍。人均收入由1985年的801元增加到1992年的2 064.5元,增加1.58倍。全县职工年工资收入由1986年的1 497元增加到1992年的3 762元。

## 一、教育

1978年起,调整中小学校布局和领导体制,恢复升学考试制度,教育秩序日趋正常。是年,全县有小学270所、中学55所,中小学在籍学生105 725人。1985年,全县有幼儿园(班)417所、743班,入园幼儿22 392人;小学222所、中学32所,中、小学在籍学生79 984人。1986年9月,川沙县被评为全国基础教育先进县。1986—1992年,普通教育主要是巩固小学普及成果,实施九年制义务教育。在学校布局上,由于农村人口逐渐向集镇转移,归并撤销部分村校,适当扩大城镇学校规模,使小学减少45所,初中增加3所。职业教育进一步受到重视。成人教育加快发展,不但规模扩大、专业增加,学制也由短期到一年制和三年制。管理体制上,1986年开始实行"三级办学,两级管理,社会参与"的新体制。1988年起,各乡教育经费实行定额包干,增加经费投入,加快基础设施建设,使全县中、小学的校舍设备基本上得到更新改造。1992年,全县有各类全日制学校(含幼儿园)249所,在校学生11.2万人,占人口总数的18%;有教职员工9 679人。成人教育入学人数21.14万人次。全年教育经费总额8 989万元,比1985年增加3.7倍。

## 二、文化

1978年,全县有县级图书馆4座,文化馆、站32座。1985年,全县有县级图书馆4座。新华书店有门市部4个、基层销售点48个,自开业至1985年,共销售图书10 701万余册,旬刊《科技与信息》每期发行1万份。县有线广播站创始于1956年,1985年改为川沙县人民广播电台。有乡级广播机构31家;全县安装广播喇叭139 126只,入户率79%。1986—1992年,是全县文化事业发展最快的时期。县少年图书馆、县工人俱乐部两幢大楼建成使用,张闻天故居、黄炎培故居修复开放,川沙公园二期工程和高桥公园完工开放,川沙县文物保护管理所、张闻天故居管理所、黄炎培故居管理所成立。县级文化事业建筑面积新增1万多平方米。舞厅、歌厅、游艺房、弹子房、录像放映等各种商业性文化娱乐场所纷纷开业。其间,全县27个乡和1个镇(城厢镇)均办有图书馆,藏书由1986年的15万册增至1992年的29.9万册,建筑面积由1988年的2 296.7平方米增至1992年的3 324平方米。27个乡和1个镇(城厢镇)均设有文化站,建筑总面积由1990年的8 913平方米(不含影剧院和礼堂)增至1992年的15 580平方米。

## 三、卫生

1978年,全县有区级医院4家、医疗卫生机构71家,医院床位1 680张,医疗卫生技术人员

2 099人。1992年,有县级院、站、所、室15所,乡卫生院所25所,村卫生室300所,另有部门办的医务室143所,总计固定床位2 885张。医护人员队伍不断扩大,1992年有5 619人,平均每千人中有医生2.96人。政府实行"预防为主、面向工农兵、团结中西医、卫生工作与群众运动相结合"的方针。1984年,县内消灭血吸虫病。

## 四、体育

1978年,全县有体育场馆3家。80年代随着经济加快发展和人民生活改善,群众性体育活动蓬勃开展。1986年,全县参加体育活动的人数为17万人,1992年发展到24万人,占全县人口总数的38.7%。中小学校的体育工作在普及基础上提高,多数学校能做到两课(每周两堂体育课)、两操(每天有早操和课间操)、两活动(每周组织两次课外活动)。1990年9月被国家体委授予第三批"全国体育先进县"。1992年通过国家体育锻炼标准的学生,达到学生总数的85.2%。

# 第二章　浦东开发开放

1990年4月,中央作出开发开放浦东的重大战略决策。浦东开发开放标志着中国改革开放进入一个新的阶段,上海也由此走向改革开放的前沿。

1992年10月,国务院批复上海市人民政府同意撤销川沙县,其县域与杨浦、黄浦、南市三区的浦东部分和上海县三林乡合并,设立浦东新区。浦东开发开放后,经历以形态开发为主、形态开发与功能开发并举到功能开发为主的转变。经济实力跃上新台阶,地区生产总值从1992年的40.24亿元上升到1999年的4 707.52亿元。其间,投入城市基础设施的建设资金累计达734亿元,占同期全社会固定资产投资总量的26.7%。继提前完成以交通、能源和通讯为主的第一轮十大重点基础设计工程及各项配套设施项目之后,又投资1 000亿元,建设以"三港"(外高桥港、洋山港、浦东机场空港)为核心的新一轮十大基础设施工程,拓展浦东城市功能的内涵;结合沿江旧城改造,推进城市化进程,在陆家嘴中心城区形成现代化楼群集聚的城市景观。2000年,浦东新区城市化区域由1993年的40多平方公里扩大到近100平方公里。陆家嘴金融贸易区等重点开发小区出形象、出功能、出效益,奠定浦东新区发展的坚实基础。

## 第一节　决策与规划

浦东开发开放,是中国改革开放进程中的重大战略决策。浦东开发从基础开发入手,在开发研究、决策和实施过程中,坚持"规划先行",不断完善。

### 一、战略决策

80年代开始,上海就谋划利用上海独特的地理优势和经济基础,重建上海中心城市功能,并提出开发浦东的设想。

1984年春,国务院改造振兴上海调研组和上海市政府联合制定《关于上海经济发展战略汇报提纲》,其中包含"创造条件开发浦东,筹划新市区的建设"的重要内容。1985年2月,国务院批转《关于上海经济发展战略汇报提纲》,要求"重点向杭州湾和长江南北两翼展开,创造条件开发浦东,筹划新市区的建设"。

1986年10月,国务院批复原则同意上海市政府上报的《上海市城市规划方案的汇报提纲》,并指出:当前特别要注意有计划建设和改造浦东地区,要尽快修建黄浦江大桥及隧道等工程,在浦东发展金融、贸易、科技、文教和商业服务设施,建设新居住区,使浦东地区成为现代化新城区。

1987年8月,《浦东新区规划纲要(草案)》编制完成。1988年10月,市政府成立浦东新区领导小组及办公室。1990年2月26日,上海市委、市政府向中共中央、国务院提交《关于开发浦东的报告》。3月28日—4月8日,中共中央政治局常委、国务院副总理姚依林率领国务院特区办、国家计委、财政部、人民银行、经贸部等负责人来上海,就浦东开发进行专题研究、论证,完成上报中共中央、国务院的《关于上海浦东开发几个问题的汇报提纲》。4月12日,中共中央总书记江泽民主持政治局会议,原则通过国务院提交的浦东开发方案。4月18日,国务院总理李鹏代表中共中央、国务院在上海宣布,同意上海加快浦东地区的开发开放,在浦东实行经济技术开发区和某些经济特区的政策。4月30日,上海市浦东开发领导小组成立。

## 二、规划

### 【浦东新区总体规划】

1990年5月,上海市委、市政府向中共中央、国务院呈报《关于开发浦东、开放浦东的请示》,提出将浦东新区的规划范围扩大至黄浦江、长江口,至川杨河所包含的地区,面积由160平方公里拓展至350平方公里。实行总体规划,分步实施,把浦东建设成为高起点、高层次的新区;将浦东新区的开发与浦西老区的改造有机结合,建设成为具有合理的发展布局、完善的综合交通、完善的城市基础设施、便捷的通信信息系统以及良好的自然生态环境的现代化新区。1991年2月,上海市委书记、市长朱镕基向邓小平汇报浦东开发情况,其中包括浦东新区初步规划方案。邓小平指出:"开发浦东,这个影响就大了,不只是浦东问题,是关系到上海发展问题,是利用上海这个基地发展长江三角洲和长江流域的问题。"1992年7月,浦东新区总体规划方案编制完成,10月由市政府提请市人大常委审议。

之后由于浦东的开发开放,上海经济发展和城市建设开始发生巨大变化,一是上海确定在2010年成为现代化国际大都市的战略目标,二是上海确定大都市圈的城市发展格局,三是浦东的开发开放取得重大进展。这三大因素对上海、浦东新区的城市发展规模、布局、功能产生重大影响。于是根据浦东开发的实际情况对浦东新区总体规划进行修编,主要内容:一是浦东新区的城市化地区的范围调整到250平方公里,总人口控制在300万左右,其中城市人口控制在250万左右;二是在原总体规划组团结构基础上,根据浦东新区特点,将原六里工业小区调整为现代生活园区,增设孙桥现代农业综合开发区,使新区功能小区的设置更完整、更合理;三是明确将上海国际航空港、国际深水港、国际电信港,以及浦东铁路和快速道路系统放在浦东新区建设,奠定新区未来发展的主要产业结构和基础;四是根据深水深用,确保必要的生活岸线原则,预测长江疏浚后的通航能力,合理规划浦东新区临长江口27公里长的海岸线;五是按照人均公共绿地14平方米等指标配置新区绿地,形成与水系和道路网相结合的、组团间绿化相楔的绿化格局,创造良好的生态环境;六是根据城乡一体的原则,合理确定乡镇和乡镇工业的发展用地和布局,根据新区产业政策和导向,合理确定一、二、三产业的用地比例和布局;七是充分注意以人为中心进行规划,保证新区公建配套高标准,创造宜人的生活环境和质量。

在浦东新区总体规划修编的基础上,新区各相关部门开展道路、公交、轻轨、绿化、水系、电力、电讯、供水、排水、煤气、旅游等一系列专业规划编制,并将这些规划汇总、平衡、协调,纳入浦东新区的总体规划之中,成为浦东新区建设的法定文件。

### 【国家级开发区规划】

1990年4月,国务院批准同意在浦东分别建立中国第一个金融贸易区——上海市陆家嘴金融贸易区、中国第一个保税区——上海市外高桥保税,以及上海市金桥出口加工区。陆家嘴金融贸易区规划面积31.78平方公里,主要发展金融、贸易、商业三大产业,建成金融、贸易商业和市政三大中心。外高桥保税区规划面积10平方公里,为综合性开放区域,采用自由贸易和出口加工相结合的模式,建成中国在大陆开放度最大的自由贸易区域。金桥出口加工区规划面积19平方公里,主要建设发展出口加工业和第三产业,是集出口加工、贸易经营、商业服务、生活居住等功能于一体的综合性开发区域。同年9月,成立陆家嘴、外高桥、金桥3家开发公司,在全国率先采用公司制的市场化开发模式,开发建设开发区。之后,国务院又批复同意建立上海市张江高科园区。1992年7月28日,上海市张江高科技园区开发公司挂牌成立。张江高科技园区初期规划面积17平方公里。

## 三、重要政策

### 【国家支持浦东开发政策】

1990年4月30日在上海市政府举行浦东开发新闻发布会上,市长朱镕基宣布国务院同意在浦东采取10项优惠政策。一是区内生产性"三资"企业,其所得税减按15%的税率计征,经营期十年以上的,自获利年度起,二年内免征,二年后减半征收。二是在浦东开发区内,进口必要的建设机械设备、车辆、建材,免征关税和工商统一税。区内的"三资"企业进口生产用的设备、原材料、运输车辆、自用办公用品及外商安家用品、交通工具,免征关税和工商统一税;凡符合国家规定的产品出口,免征出口关税和工商统一税。三是外商在区内投资的生产性项目,应以产品出口为主,对部分替代进口产品,在经营主管部门批准,补交关税和工商统一税后,可以在国内市场销售。四是允许外商在区内投资兴建机场、港口、铁路、公路、电站等能源交通项目,从获利年度起,对其所得税实行前五年免征,后五年减半征收。五是允许外商在区内兴办第三产业,对现行规定不准或限制外商投资经营的金融和商品零售等行业,经批准,可以在浦东新区内试办。六是允许外商在上海包括浦东新区增设外资银行,先批准开办财务公司,再根据开发浦东的实际需要,允许若干家外国银行设立分行。同时适当降低外资银行的所得税率,并按不同业务实行差别税率。为保证外资银行的正常营运,上海将尽快颁布有关法规。七是在浦东新区的保税区内,允许外商贸易机构从事转口贸易,以及为区内外外商投资企业代理本企业生产用原材料、零配件进口和产品出口业务。对保税区内的主要经营管理人员,可办理多次出入境护照,提供出入境方便。八是对区内的中资企业,包括国内其他地区的投资企业,将根据浦东新区的产业政策,实行区别对待的方针,对符合产业政策,有利于浦东开发与开放的企业,也可酌情给予减免所得税的优惠。九是在区内实行土地使用权有偿转让的政策,使用权限50年～70年。外商可成片承包进行开发。十是为加快浦东新区建设,提供开发、投资必要的基础设施,浦东新区新增的财政收入,将用于新区的进一步开发。

1992年3月,国家对浦东新区又增加5项优惠政策和5项配套资金的筹措权。5项优惠政策:一是授权上海市自行审批在外高桥保税区内设立中资、外资从事转口贸易的外贸企业;二是授权上海市自行审批浦东新区内国营大中型生产性企业自营产品的进出口经营权;三是扩大上海市有关浦东新区内非生产项目的审批权限;四是扩大上海市有关浦东新区内生产性项目的审批权限,总投资在2亿元以下的上海可自行审批;五是授权上海市在中央核定的额度范围内自己发行股票和债券,具体发行事宜,由上海市自行决定,同时允许全国各地发行的股票在上海上市交易。给予上海在"八五期间"5项配套资金的筹措权:一是允许上海每年发行5亿元浦东建设债券;二是在原定每年给上海1亿美元贷款的基础上,每年再增加给予上海2亿美元的优惠利率贷款;三是允许上海在原定额度外每年再发行1亿元人民币股票,为浦东开发筹资;四是允许上海每年发行1亿美元B种股票;五是在原定每年国家支持2亿元拨款的基础上,1992年开始每年再增加1亿元人民币贷款。

1995年下半年,国务院允许率先在浦东试办中外合资外贸公司,允许中央各部委、各省市有条件的外贸公司在浦东开设子公司。1996年12月，经国务院同意，中国人民银行允许外资银行在浦东率先经营人民币业务。此外，国家各部委局还相继颁发支持浦东开发的其他各类政策措施。

**【上海市支持浦东开发政策】**

浦东开发开放后，在一年多的时间内，上海市政府先后制定发布《关于上海浦东新区产业导向和投资指南》《上海市鼓励外商投资浦东新区的若干规定》《关于上海浦东新区外商投资企业审批办法》《上海市浦东新区土地管理若干规定》《关于上海浦东新区规划建设管理暂行办法》《上海市外高桥保税区管理办法》《上海市外高桥保税区税收征管暂行办法（试行稿）》《上海市外高桥保税区人员和车辆出入管理办法》《上海外高桥保税区进出口商品检验管理办法》《上海市鼓励外地投资浦东新区的暂行办法》《关于落实浦东新区内资企业税收政策的执行办法》《关于对浦东新区内新建企业减、免所得税申报问题的通知》等文件，为浦东开发开放提供政策、资金、管理等方面的支持。另外，对长江三角洲及沿江地区省市参与浦东新区开发给予优先政策。

# 第二节 领 导 机 构

浦东开发开放从酝酿准备到启动开发，一直在中共中央、国务院关心支持下，在中共上海市委、市政府直接领导下有序推进。

## 一、浦东开发领导小组

1990年4月30日，市政府召开第一次开发浦东新闻发布会，宣布成立上海市浦东开发领导小组，下设浦东开发办公室和浦东开发规划研究设计院。其中，浦东开发办公室于5月3日在浦东大道141号正式挂牌办公，主要职能是拟订浦东开发规划，布置开发战略的实施；拟订浦东开发优惠政策，预征土地，组织实施重大基础设施工程项目，负责招商引资，宣传和发布浦东开发开放信息等。

1991年8月29日，国务院决定浦东开发归口国务院特区办管理。

## 二、新区党工委和管委会

1992年10月11日，国务院批准设立浦东新区。1993年1月1日，中共上海市浦东新区工作委员会（简称区党工委）、上海市浦东新区管理委员会（简称区管委会）在浦东大道141挂牌成立。浦东开发办公室停止职能。区党工委、管委会为副省级，实行"小政府、大社会"改革机制，实施"两块牌子、一套班子"的行政管理模式。下设中共浦东新区工作委员会办公室和浦东新区管理委员会办公室（为党政合一办公室）、中共浦东新区工作委员会组织部（浦东新区劳动人事局）、中共浦东新区纪律检查委员会（浦东新区监察局）、浦东新区综合规划土地局（浦东新区统计局）、浦东新区城市建设局（浦东新区环境保护局）、浦东新区经济贸易局、浦东新区社会事业发展局、浦东新区农村发展局、浦东新区工商行政管理局、浦东新区财政税务局。下辖11个街道、27个乡。1996年创建中共浦东新区城区工作委员会和中共浦东新区农村工作委员会，分别加强城市化和农村地区的管理。是年，浦东招商中心、知识产权中心、市民中心先后揭牌、启用，创新管理服务。

### 三、新区区委和区政府

2001 年 6 月 21 日,浦东新区召开全区党政负责干部大会,宣布建立中共上海市浦东新区委员会和中共浦东新区常务委员会。浦东新区党工委不再行使职权。中共浦东新区委员会下设纪律检查委员会(监察委员会)、办公室、组织部(编制办、人事局)、宣传部(文化广播电视管理局)、统战部(对台领导小组办、台办、民族和宗教办、侨办)、政法委、城区工作委员会、农村工作委员会、党校 9个机构。2003 年 2 月,中共浦东新区第一次代表大会召开,明确要以成功申办 2010 年上海世博会为契机,以增强综合竞争力为主体,以制度创新、扩大开放为动力,全面建设外向型、多功能、现代化新城区,力争到 2010 年基本实现社会主义现代化,基本形成现代化国际大都市新城区水平的经济规模和综合实力,基本形成与现代化城市功能相适应的产业发展格局,基本形成功能性、枢纽性、网络化的现代化城市基础建设格局,消除城乡二元结构,形成以人为本、人与自然和谐融合的可持续发展格局。

**2000 年 8 月 8 日,浦东新区挂牌仪式(浦东新区志办提供)**

2001 年 8 月 3—6 日,浦东新区第一届人民代表大会第一次会议、政协浦东新区第一届委员会第一次会议分别召开,选举产生浦东新区第一届人大常委会主任和副主任、浦东新区人民政府区长和副区长、政协浦东新区第一届政协主席和副主席、浦东新区人民法院院长、浦东新区人民检察院检察长。浦东新区管委会不再行使职权。8 月 8 日,中共浦东新区委员会和浦东新区人大、政府、政协、纪委在浦东大道 141 号举行揭牌仪式。2000 年底,浦东新区区级行政机构办公地迁址世纪大道2001 号。

浦东新区政府下设办公室、发展计划局、经济贸易局、科学技术局、劳动和社会保障局、社会发展局、农村发展局、建设局、环境保护和市容卫生管理局、财政局、审计局、公安分局、司法局、国家安全局、工商分局、税务局16个局办行政机构。

2006年，浦东新区区委和区政府下设的部分机构改革，农村工作委员会、发展计划局、经济贸易局和农村发展局、建设局、科技局，分别依次改革为农业委员会、改革和发展委员会、经济委员会、建设和交通委员会、科学技术委员会。

# 第三节　招　商　引　资

浦东开发开放后，投资规模不断扩大，内外资投资来源多元化。众多国内外大企业、大项目为浦东开发带来资金、技术和先进管理水平，奠定浦东开发高起点格局。内、外资企业在浦东新区的经营状况良好，投资回报率明显高于全国和上海市平均水平。

## 一、外商投资

### 【利用外资】

1990年后，国家在审批、税收等方面给予浦东新区很多优惠政策，国际资本进一步看好浦东，外商投资出现热潮。1993年，浦东新区批准外商投资项目数、投资总额、合同外资额分别比1990年增长33倍、63倍、63倍。1996年，浦东新区引进外资项目累计数和合同外资累计额分别占上海市同期的27.4％和24.4％，成为上海市引进外资的热土。1998年吸引合同外资额达27.90亿美元。其间，上海4个总投资超过10亿美元的项目即上海通用汽车、华虹NEC、上海克虏伯不锈钢、美国柯达均落户浦东。至1999年，来自世界67个国家和地区的外商投资5 942家企业，总投资294.43亿美元，合同投资115.68亿美元；世界500强企业中，有98家投资181个项目。2000年又新增外商直接投资项目693个，比上年增加47.7％；吸收外商投资合同金额28.84亿元，比上年增长1.7倍。外商投资高科技领域大项目明显增多，跨国公司增资活跃，网络公司投资踊跃。至年底，外商在浦东新区的投资项目已达6 635个，合同利用外资144.52亿美元。

### 【出口贸易】

1999年，浦东新区出口总额66.7亿美元，是1993年的5.5倍，对外贸易已形成专业外贸公司、三资企业、内资自营进出口企业和外省市贸易子公司、中外合资外贸公司齐头并进的格局。

### 【对外开放】

在工业项目利用外资的同时，开放领域不断扩大，服务贸易开放已涉及金融保险、贸易、通信、房地产、零售商业、餐饮、娱乐、咨询、信息、广告、设计服务等许多领域；建立了全国第一家生产资料保税交易市场，1 400多家会员单位遍及47个国家、地区和国内各省市；42家外资银行落户浦东，其中有19家获准经营人民币业务。

## 二、国内投资

1990年引进内资企业4家，注册资金1.2亿元。之后，国内大企业、大集团纷纷入驻浦东，内资招商取得重大成效,其招商引资方式和方法颇具特色。1991 年新增内资企业 6 家,注册资金 1.55 亿元,比上年增长 29.17%。1992 年新增内资企业 79 家,注册资金 507.16 亿元,其中上海宝钢集团有限公司注册资金 458 亿元。1993 年新增内资企业 511 家,注册资金 58.13 亿元,其中注册资金 10 亿元的有浦东新区国有资产投资管理公司,8.5 亿元的有上海市自来水公司。1994 年新增内资企业 215 家,注册资金 53.45 亿元。1995 年新增内资企业 267 家,注册资金 55.53 亿元,其中中国金茂(集团)股份有限公司注册资金 26 亿元。1996 年新增内资企业 298 家,注册资金 101.18 亿元,其中上海华虹(集团)有限公司注册资金 48 亿元。1997 年新增内资企业 258 家,注册资金 82.24 亿元,其中中远集装箱运输有限公司注册资金 61 亿元。1998 年新增内资企业 363 家,注册资金 58.54 亿元,有 17 家注册资金在 5 000 万元以上的国内大企业、大集团将其注册地和经营地搬迁到浦东。这些大集团、大企业具有投资和管理型公司多、技术含量高、资金到位率高、市场占有率高的特点。

经上海市政府协作办公室确认,10 家市外企业获得首批市外在沪企业(集团)证书。其中注册浦东新区的有 6 家,分别是上海庄安投资有限公司、上海同创信息产业有限公司、上海杉杉服饰经营有限公司、中海集团投资有限公司、华信投资有限公司、上海联办投资有限公司。1999 年新增内资企业 550 家,注册资金 69.54 亿元,其中上海外高桥造船有限公司注册资金 13 亿元。2000 年新增内资企业 926 家,注册资金 96.36 亿元,其中引进市外投资项目 529 个,注册资金 43.42 亿元。至此,进入浦东的内联企业达 6 100 家,认证的市外大集团公司达 34 家,不仅为浦东新区经济增长做出积极贡献,也为立足浦东、服务全国发挥良好的示范效应。浦东开发的辐射和服务作用日益加强。另外,中央有关部委和兄弟省市在浦东先后建成的"省部楼"成为连接内地和世界的重要窗口。

其间,证券交易所东迁浦东后发展迅速,上市公司达 480 多家;产权交易所迁址浦东后组建长江流域产权共同市场,3 年成交企业产权 2 600 多家,成交额 450 亿元;广东发展银行等一批地方商业银行以及非金融机构先后入驻新区;批准设立的外省市外贸子公司达 121 家,为中西部地区出口提供"借船出海"的通道。

# 第四节　市　政　设　施

浦东开发坚持"基础设施先行"。1991—1995 年,相继建成南浦大桥、杨浦大桥、内环线浦东段、浦东煤气厂二期、杨高路拓宽、外高桥新港区一期、外高桥电厂一期、凌桥水厂一期、浦东新区通信工程等重大基础设施项目。其中,杨高路拓宽和内环线建设分别被市政府列为 1992 年、1993 年度全市一号重大工程。1996—2000 年,实施新一轮十大基础设施工程项目,包括浦东国际机场、外高桥港区二期工程、地铁二号线一期、外高桥电厂二期、外环线浦东段和东海石油天然气供气工程等,初步形成融入全市、适应浦东开发格局的基础设施网络。

## 一、跨江大桥

### 【南浦大桥】

位于浦东南码头与浦西陆家浜路相对的黄浦江上,是浦东开发的起步工程之一。大桥为双塔双索面叠合梁结构斜拉桥,总长 8 346 米,主桥长 846 米、宽 30.35 米。工程总投资 8.2 亿元。1988 年 12 月 15 日动工,1991 年 11 月 19 日建成,12 月 1 日通车。这是为适应浦东开发开放需要,上海修建的第一座跨越黄浦江大桥,主塔上"南浦大桥"桥名由邓小平题写。

**【杨浦大桥】**

位于浦东罗山路与浦西宁国路路相对的黄浦江上,为上海内环线的组成部分。大桥为双塔双索面叠合梁结构斜拉桥,总长8 354米,主桥长1 172米、宽30.35米,双向六车道。工程总投资11.47亿元。1991年5月开工建设,1993年9月建成通车。

**【徐浦大桥】**

位于浦东三林路与浦西浦莘路相对的黄浦江上,为上海外环线的组成部分。大桥为双塔双索面混合型结构斜拉桥,总长6 017米,主桥长994米、宽35.95米,双向八车道。工程总投资20.25亿元。1994年4月开工建设,1997年6月建成通车。

**【卢浦大桥】**

位于浦东济阳路与浦西鲁班路相对的黄浦江上,为上海南北高架的组成部分。大桥为箱型钢拱梁结构,总长3 900米,主桥长550米、宽28.75米,双向六车道。工程总投资22亿元。2000年10月开工建设,2003年6月建成通车。

## 二、道路

**【杨高路扩建】**

市政府1992年一号重大工程,浦东新区十大基础骨干工程之一,全长24.5公里。工程南起上南路,北至江海路,是连接外高桥、金桥、陆家嘴、张江和六里开发区的纽带。前期动迁工作历时1个月,拆除152家工厂7万平方米建筑,搬迁395家农户、200户居民,动迁总面积达3.7万平方米。1992年1月25日开工,12月8日竣工通车。工程总投资约9亿元。扩建后,路宽从7米增至50米,道路中央为宽3米的绿化带,地下按规划埋设14条总长为240余公里的各类公用管线,其中包括长35公里的市政管道3条(2条雨水管和1条污水管),长125公里的水、电、煤、通讯管道9条。2005年4月,浦东开发15周年之际,对成山路至外高桥保税区5号门全长19.5公里路段进行"白加黑"(混凝土路面改为沥青路面)改造。12月,杨高路整治工程完工。在杨高路整治中同步实施"架空线入地",在距地面15米下方开掘全长3 180米、内径3米的杨高中路电力隧道,沿线10多座高压输电铁塔全部拆除。2006年春节前竣工。2006年12月杨高北路(金海路至环东一大道)11.8公里改建工程开工(不包括五洲大道立交工程),2007年12月竣工。

**【内环高架路浦东段】**

在浦东连接起南浦大桥和杨浦大桥,长约13.3公里,路面宽50米,双向六车道。总投资4.63亿元。1992年9月动工,1993年11月20日建成通车。

**【"七路"工程】**

包括同高路（后改名航津路）、汾河路（后改名金海路）、东徐路（后改名洲海路）、滨洲路（后改名博文路）4条新建道路和龙东大道、源深路、川沙路（后改名上川路）3条扩建道路,总长 20 公里,投资概算 12 亿元。1993 年 5 月 4 日开工,半年多时间就基本建成,改善了陆家嘴金融贸易区、外高桥保税区、金桥出口加工区、张江高科技园区、六里工业开发区的投资环境。

### 【"五路一桥"工程】

包括延安路隧道复线接线、世纪大道样板段、张杨路改建、同高路二期、沪南路改建、金桥立交桥等上海市重点实事工程。1994 年初开工,12 月 26 日竣工通车。工程实现"工程质量创一流、施工进度创一流、文明施工创一流、沿线环境创一流"目标,获上海市政工程金奖。金桥立交桥被评为上海市"白玉兰奖"。

### 【张杨路扩建】

西起浦东南路,东迄金桥路(原名上川路),全长 7.04 公里。1994 年 1 月 24 日开工,12 月 20 日竣工。总投资 9.58 亿元。是浦东新区一号重点工程。其中浦东南路至崂山东路路幅宽 42 米,崂山东路至金桥路路幅宽 60 米,东方路至金桥路段中央设有 20 米的绿化分隔带,为城市次干道。两侧地下建有集电力电缆、通讯电缆、给水管道等公用管线于一体的箱体式管沟(共同沟),燃气管道单独建有 1.65 米/2.1 米小室,为中国大陆第一条最长的共同沟。全线架设桥梁 5 座,安装各种类型路灯 530 座、路灯变电站 7 座,行道树 1 684 株,绿化面积达 13 万平方米。

### 【沪南公路扩建】

北起杨高路浦建路口,南至新开河桥与南汇县交界处,全长 7.54 公里。总投资 5.29 亿元。扩建后路幅宽 40 米,设六快二慢车道,是新区对外交通干道。1994 年 3 月 25 日正式开工,12 月 25 日全面竣工。

### 【"十路一桥"工程】

1996 年,浦东新区市政基础设施建设重要项目。其中,东方路改建、栖霞路扩建、上川路王桥段、上川路顾路段、航津路三期工程、金海路工程及张家浜三号桥工程"六路一桥"工程在年内先后竣工。上南路改扩建(德州路—外环线)、申江路(巨峰路—龙东大道)、外环线一期(徐浦大桥—杨高南路)、浦城路(东昌路—潍坊西路)建设工程为跨年度接转工程。

### 【远东大道】

从龙东大道至沪南公路,全长 24 公里(新区境内 13.48 公里),为浦东国际机场外场配套工程。总投资 15.41 亿元。1997 年动工,1998 年 12 月 18 日竣工通车。主次进场路工程是与远东大道同步实施的机场场外道路,直接连通机场内道路,全长 4.5 公里,投资 6.46 亿元,是浦东开发之初投资规模最大、工程项目最全的市政工程,也是浦东国际机场的"第一大道"。工程获上海市优质工程"白玉兰奖",远东大道立交获 2000 年中国建筑优质工程"鲁班奖"。

### 【中央大道(世纪大道)样板段】

曾名轴线大道,西起延安东路浦东出入口,东至浦东南路,全长 730 米,宽 80 米,快车道 44 米,设 12 条车道。两边各设有宽 2 米的机动车与非机动车隔离带和各宽 5.5 米的慢车道、人行道以及 5 米绿化带。西端建有面积达 3 000 多平方米的绿岛。工程共动迁居民 1 700 户、单位 43 家。工程总投资

3.3亿元，由陆家嘴金融贸易区开发公司自筹资金建设。1994年7月2日开工，11月30日竣工。

### 【S20（外环高速）浦东段】

1996年8月31日动工兴建，连接城市内环线、外环线及郊环线，是上海市重大工程、完善上海城市环线交通的一条重要城市快速干道。全长50.17公里，宽100米。一期工程自申江路至远东大道，全长9.87公里，1996年兴建，同年竣工，获得上海市市政工程金奖。2002年10月26日，二期工程竣工通车。

### 【南线快速干道】

简称南干线，1998年5月23日开工，1999年9月14日竣工通车，是浦东新区政府成立后，科技含量最高、一次性投资最大、第一条跨区县建设、全封闭、大规模实施改性沥青（SMA），以及首条对全线桥接坡进行新工艺处理的高等级城市快速干道，被评为中国市政工程金杯示范工程、2001年上海市道路示范工程。

## 三、轨道交通

2000年，上海轨道交通2号线运营，是第一条进入浦东的地下轨道交通线路。2009年，新区境内有地铁线路6条，总长105.2公里；磁浮列车线路1条，长33公里；有轨电车线路1条，长9.8公里。

### 【2号线】

一期工程于1995年12月28日动工兴建，总长15.38公里，西起长宁区中山公园，东至浦东龙阳路；浦东境内线路长4.42公里。2000年6月一期工程投运。二期工程延伸至浦东国际机场，成为连接上海虹桥、浦东国际机场间的一条快速通道。境内段线长38公里，有车站17座。设计时速80公里。

### 【4号线】

2005年12月试运行，全线为上海中心城区的地下交通环线。2007年底，4号线独立成环，境内段线长6.5公里，有车站5座。设计时速80公里。

### 【6号线】

2007年12月试运行，全线北起港城路，南至济阳路，线长33公里，为第一条全程在新区境内运行的市域轨道交通线路，有车站28座。设计时速80公里。

### 【7号线】

2009年12月5日试运营。全线西起宝山区美兰湖，东至新区花木路。境内线长13公里，有车站10座。设计时速80公里。

### 【8号线】

2009年7月1日浦东段试运营。全线北起市光路，南至航天博物馆。境内线长10公里，有车站6座。设计时速80公里。

## 【9号线】

2009年12月31日,9号线二期宜山路至杨高路站试运营。全线规划西起松江区松江新城,东至新区凌空路。境内先期投运4.7公里,有车站3座。设计时速80公里。

## 【磁悬浮(简称磁浮)列车】

西起龙阳路,东至浦东国际机场,全长33公里,呈大"S"形布局,有3处弯道,设计时速430公里,单程行驶时间约8分钟,总投资89亿元。2001年3月1日,工程在黄楼开工,中共中央政治局委员、上海市委书记黄菊启动开工按钮。磁浮列车示范线使用的第三代磁浮列车,具有启动、停止快,转弯半径小、动力足、占地少、环境污染低等优点。2002年8月9日,德国克虏伯公司制造的首批3节磁浮车厢运抵上海。9月,列车上线调试。2003年8月,磁浮列车示范线试运行,成为全球首条投入商业运行的高速磁浮轨道。2006年4月26日,上海磁浮列车项目通过验收。7月由成都飞机制造公司研制,拥有完全知识产权的国产磁浮高速列车,在上海完成首次试运行。

## 【有轨电车】

2007年12月,张江有轨电车1路工程开工建设,2009年12月31日通车。有轨电车1路西起轨道交通2号线张江站,东至集电港张东路、金秋路口,全长9.8公里,设15个车站。采用单轨嵌入地面道路,轨道上口与地面道路齐平,为上海市首条现代化有轨电车线路。项目总投资7.34亿元,新区政府出资30%,张江功能区出资70%。全车车厢长25米、宽2.2米、高3.13米,3节车厢编组,两端均有驾驶室(俗称双头车)。最高时速70公里,实际运行时速15公里～20公里。

## 四、港口

外高桥港区一期工程设计为集装箱和件杂货综合装卸作业区,1991年7月1日开工,1993年10月竣工,建成万吨级泊位4个、长江驳船位1个。1994年10月,一期工程通过国家验收。是年,先后开辟美西、欧洲、地中海、中东、北美、西非、南非7条国际集装箱干线,月固定航班达20余班。海关、动植物检疫、卫生检疫、商检等驻港服务机构相继开业。1996年,中共中央、国务院提出将上海建设成为国际航运中心,外高桥深水港区建设全面提速。一期工程于1997年6月实施,1998年6月改造工程竣工,将原4个万吨级泊位改建为3个集装箱船泊位,成为全集装箱化码头,岸线长900米,陆域面积50万平方米,堆场27.12万平方米,年吞吐能力60万标准箱。二、三期工程于1997年9月动工,2000年7月和2001年10月建成投产,合计建成大型集装箱船泊位5个,岸线总长1984米,陆域面积166万平方米,堆场95万平方米。2000年,外高桥保税区港务公司集装箱吞吐量达120.9万个标准箱,利润突破1亿元。港区与海关EDI实现联网,通关速度和配置准确率提高。

## 五、机场

浦东国际机场一期工程于1997年10月15日开工,占地32平方公里,总投资130亿元,设计通航保障能力为年 2 000 万人次旅客出入港、75 万吨货邮吞吐量。1997 年 10 月动工,建设 1 座航站楼、1 条飞行跑道及配套附属设施。1999 年 9 月 16 日,一期工程建成通航。2005 年 3 月 17 日,第二条飞行跑道启用,成为国内首个两条飞行跑道均可独立运行的机场。2008 年 3 月 26 日,第三条飞行跑道及第二座航站楼启动。2015 年 3 月 28 日,第四条飞行跑道启用。浦东国际机场是与北京首都国际机场、香港国际机场并列的中国三大国际机场。

## 六、公用事业

### 【供电】

1991 年 12 月 27 日,上海外高桥发电厂一期工程启动,占地 47 公顷,安装 4 台 30 万千瓦燃煤机组。1995 年 4 月 25 日,1 号机组建成发电。1997 年 11 月 10 日,一期工程全部投产,有效缓解浦东电力供应紧缺的状况。2000 年,浦东用电最高负荷达到 146.7 万千瓦,年售电 69.75 亿千瓦时。

### 【供水】

1992 年,浦东有供水企业 28 家,其中市属水厂 5 座、区属水厂 3 座、镇村水厂和部分自备水厂 20 座,按原体制隶属关系和地域距离的限制,分属三区（南市、黄浦、杨浦沿江地区）、二县（川沙全县和上海县三林乡农村化地区）管理,供水管网各成体系;日供水量 26.82 万吨。1993 年后,浦东新区加大供水设施建设力度,完成农村改用自来水工作,非城市化地区用上自来水,用水条件得到改善。位于凌桥地区的凌桥水厂占地 9.8 万平方米。第一期工程于 1994 年 6 月建成,日供水能力 20 万立方米;二期工程于 1996 年 6 月建成,日供水能力提高到 40 万立方米。

### 【供气】

1992 年,浦东燃气管线长 298 公里,全年销售煤气 5 783 万立方米,其中生活用气 5 096 万立方米,家庭用户 11.15 万户。是年 12 月,位于浦东东沟镇的浦东煤气厂二期工程竣工,总投资 2.12 亿元,日产煤气 200 万立方米。1995 年,东海平湖天然气工程动工建设,1998 年 11 月建成投产,工程总投资 66.22 亿元。1996 年,东海平湖天然气工程下游输气项目建设启动,总投资 14.08 亿元。1998 年起,浦东新区逐步实施天然气转换工程。1999 年 4 月,东海平湖油气田正式商业供气,日供气 120 万立方米。2000 年 10 月,新区 35 万原人工煤气用户全部转换为使用天然气。至年底,新区燃气管线总长 1 927.3 公里,其中高压管 147.4 公里、中压管 740.4 公里、低压管 854.7 公里。全年销售天然气 1.11 亿立方米,其中生活用气 4 540 立方米,天然气家庭用户数增至 38 万户。

### 【通信】

1992 年,浦东地区电话自动化全面建成。1993 年,浦东电信局与新区 15 个乡、50 个村签订电话村建设协议,25 个电话村启动建设,年内建成 20 个。1993 年 12 月 11 日,三林电话局房投入使用,开通 2 000 门程控电话,标志着浦东新区最后一个人工电话交换所退出历史舞台,浦东电话通信自动化全面实现。是年 12 月 28 日,东昌 1 万门程控交换设备开通,使上海本地网电话容量突破 100 万门,新区电话交换机总容量中程控交换机占比达 89％。1998 年 12 月 18 日,新区沈家宅"5081"局号 10 000 门程控交换机开通。2000 年,浦东电话总容量 109.57 万门,累计安装用户 76.57 万户,公用电话累计总数 8 750 部,浦东电信通信设施布局基本完成。

# 第五节　开发区建设

1990年9月11日,上海市外高桥保税区开发公司、上海市金桥出口加工区开发公司和上海市陆家嘴金融贸易区开发公司,经市政府批准,在塘桥由由饭店挂牌成立。这三大开发公司作为三大开发区的主体,其成立标志着浦东开发的全面启动。1992年7月28日,张江高科技园区开发公司揭牌。至此,浦东开发初期四大开发区建设全部启动,在短时间内迅速具备招商引资的硬件设施。经过9年的招商引资、产业布局,至2000年,四大开发区全部出形象、出规模、出效益,成为浦东开发开放的重地。其间,还建成孙桥现代农业开发区。

## 一、陆家嘴金融贸易区

位于浦东新区西北角的黄浦江和上海内环线合围之中,规划面积31.78平方公里,是国务院批准建立的以金融贸易为核心产业的金融贸易区。其开发建设经历两个阶段:第一阶段,以大规模的基础设施建设和利用土地的多元化融资开发为特点;第二阶段,以楼宇招商、环境整治和完善交通功能为特点。形态开发以"四个一"工程(一区:包括10万平方米的中心绿地建设和金融贸易区的建设;一道:长1500米的滨江大道建设;一线:文明景观路线建设;一块:菊园小区内上海商业城建设)及世纪大道建设阶段性成果为标志,进入形态开发与功能开发并举阶段。

1993年,陆家嘴金融贸易区累计批租土地53幅,其中外资投资企业18家,招标地块6幅,吸引投资139.5亿人民币和6.7亿美元,平均每个项目吸引投资和每平方米吸引投资均在全国开发区中居领先地位。陆家嘴金融贸易区开发公司投资3733万元,创办各类以安置劳动力为主的企业46家,安置农村劳动力2594人,赡养老人877人。还出资3000万元,与区内严桥乡、洋泾乡成立联合发展公司,按照统一规划、统一管理、统一进度、统一利益的原则开发陆家嘴金融贸易区151.13公顷土地,加快城市化步伐。区内累计开工大楼50幢,建筑面积260.9万平方米。银都、招商、世界金融、上海证券、汤臣、宝安、物资、新世纪大厦等金融、商贸大厦的建设,形成占地15.5万平方米的金融区、占地13.9万平方米的商业中心和占地89.9万平方米的商贸区,初步形成陆家嘴金融贸易区的雏形。1995年,区内累计开发土地面积3.08平方公里,动迁居民1.33万户、单位240家,拆除各类旧建筑138万平方米,旧城区得以成片改造;建成亚洲第一、世界第三高塔——东方明珠电视塔以及新世纪商厦、招商大厦等,建筑总面积80万平方米;亚洲最大的现代化商城新世纪商业城(建筑群)竣工在即;拥有6000个席位、亚洲最具现代规模的证券大厦结构封顶;46幢大楼基本竣工交付使用;陆家嘴金融贸易区初具规模,区内金融网点近200个,有分行(分公司)级金融机构18家。中国人民银行上海市分行迁址陆家嘴。中日合资上海第一八佰伴有限公司在陆家嘴开业。

1996年5月,市委、市政府和新区党工委、管委会决定在陆家嘴金融贸易区实施以创建优美城区为主的"四个一"工程,分区开发向集中开发转变;开发重点从大规模的基础设施为主的形态开发建设进入形态开发和功能开发并举的新阶段。1997年,陆家嘴(集团)有限公司累计直接批租地块69幅,累计吸引投资51.4亿美元,平均每平方米吸引投资7882.23美元;开工建设大楼项目123个,建设面积753万平方米;累计竣工大楼88幢。陆家嘴金融贸易区金融功能、要素市场和商贸功能的集聚和开发取得实质性增强。1998年,除国家级、市级要素市场集聚陆家嘴金融贸易区以外,宝钢集团、宁波杉杉集团、上海联办投资等一批大机构、大企业、大集团落户区内。1999年,陆家嘴

(集团)有限公司批租转让土地 7 幅,吸引投资 4.72 亿美元。累计动迁居民 25 154 户、单位 658 家,拆除各类建筑 204.9 万平方米。至 2000 年底,一个面向世界的现代化金融贸易区的雏形出现。区内建成高楼 289 幢,金茂大厦、东方明珠塔等成为上海新的标志性建筑;建成世纪大道、陆家嘴中心绿地、外滩观光隧道等观光、公益、交通设施,现代化新城区的框架形成。同时成功吸引中外金融机构 87 家,大集团、跨国公司总部或地区总部 25 家、国家级要素市场 6 家,以及各类贸易公司 2 000 余家,上海新的经济金融贸易中心的雏形呈现。通过土地批租,区内吸引 100 余个大项目入驻,吸引投资 58.9 亿美元。陆家嘴(集团)有限公司拥有总资产 170 亿元。

## 二、外高桥保税区

位于浦东新区,濒临长江入海口,地处黄金水道和黄金岸线的交汇点,紧靠外高桥深水港区,是全国首个国家进口贸易促进创新示范区和上海国际航运、贸易中心的重要载体。规划面积为 10 平方公里。1991 年 8 月 28 日启动首期 4 平方公里区域的封关建设工程,1992 年 3 月 9 日,海关总署对其中 0.453 平方公里的封关区域进行首次封关验收。1994 年 12 月 19 日通过 3.5 平方公里的验收,保税区封关面积扩大到 5.5 平方公里。1997 年 6 月 18 日,外高桥保税区第四次进行封关验收,验收区域为 0.9 平方公里,保税区封关面积扩大到 6.4 平方公里。

其间,外高桥港区一期工程开工建设,建成 4 个万吨级泊位和 50 万平方米的陆域面积及相关配套设施,4 个顺岸式码头全长 900 米,年吞吐能力 240 万吨。之后,外高桥港区进入滚动发展时期,在 10 余年中,先后完成外高桥港区的二期、三期、四期、五期工程,共拥有泊位 20 个、桥吊 70 台,码头总长度 5 001 米,陆域面积 530 万平方米。

外高桥保税区成立初期,招商成功的项目不多。1995—2000 年,随着开发建设全面推进,投资环境改善,外高桥保税区成为外商投资亚太地区的重要备选点。一批批知名跨国企业入驻,带动国内外中小企业前来投资。每年批准的投资项目在 400 个左右,投资金额在 5 亿美元左右。在国际贸易方面,1993—1996 年,仓储转口贸易比重较大,达到 60%,加工贸易进出口额占 26%,一般贸易进出口额占 11%,而且贸易规模较小,从事进出口业务的企业未超过 900 家,最大的企业进出口额也未超过 7 000 万美元。1997—2000 年,国际贸易步入规范化运作阶段,进出口贸易规模快速扩大,年均增长幅度达到 65%。加工贸易发展加速,进出口额所占比重上升至 48%,仓储转口贸易比重下降为 46%,一般贸易进出口额下降至 4%;从事进出口业务的企业数量增加至 1 200 多家,并且首次产生如英特尔科技公司这样的进出口额超过 10 亿美元的"超级大户"。在进出口加工方面,1993—1995 年以外商投资为主,且劳动密集型企业居多,产品主要为服装、电子元件、工艺美术品等。1996 年 4 月 1 日后,国家取消保税区以外外商投资企业进口自用设备免关税、进口增值税,使保税区加工企业的政策优势凸显,吸引英特尔、惠普、IBM、飞利浦等大批跨国企业入驻园区。同时推动保税区加工业由劳动密集型向技术集约型升级。在传统产品向高端科技产品升级的产品结构调整中,电子信息产业迅速成为保税区加工业的支柱。

## 三、金桥出口加工区

位于浦东新区中部,是中国第一个以出口加工区命名的国家级开发区,规划面积 27.38 平方公里,分为北区和南区两部分,其中南区于 2001 年 9 月经海关总署等八部委批准设立为上海金桥出口加工区(南区)海关监管区。1997年,金桥出口加工区被科技部命名为"金桥现代科技园",成为国家级高新技术园区。

1990—1992年,金桥出口加工区成立开发实体,获批国家级经济技术开发区。1992—1995年,进入大规模基础设施建设阶段,开发土地7.5平方公里,建成27.76万平方米标准厂房、2.14万平方米普通办公楼、1.58万平方米仓库和48.46万平方米动迁房;8幢多层高级公寓建成使用;华山医院浦东分院动工兴建,总投资5亿元,建筑面积8万平方米;高212米、38层的金桥开发区管理大楼新金桥大厦竣工使用;18条公交专线车通行;在全国开发区率先实现"九通一平"("七通一平"外加蒸汽、卫星通信)。同时引进项目298项,其中开工项目194项,竣工投产项目124项,引进项目中外方独资项目44项、中外合资项目101项、中资项目153项。合同投资总额41.86亿美元,其中外资14.82亿美元,占35.4%,实际投资8.15亿美元,投资额1000万美元以上的项目110项,占投资项目总数的39.7%;投资额3000万美元以上的项目38项,占投资项目总数的12.6%。1996—2000年,着重抓好重大项目引进,培育四大支柱产业,以高新技术为主导的现代产业体系基本形成。1996年1月,经市科委和市高新技术企业(产品)认定办公室组织认定和复审,首批20家进区企业被认定为高新技术企业;全年引进的35个项目中,高新技术工业项目25个,占比71%,高新技术产业发展得到扩展和强化。2000年经认定的高新技术企业达到72家,高新技术企业产值299亿元,占开发区工业总产值的65%。其间,上海一号工程上海华虹NEC电子超大规模集成电路项目奠基,上海通用汽车有限公司成立,给园区的通信产业和汽车产业带来巨大的发展空间和机遇。1998年4月5日,科技部批复金桥现代科技园成为上海高新区"一区六园"之一,进一步加快园区的开发建设,促进园区持续、快速、健康发展。以上海贝尔、上海西门子、上海联想等为代表的电子信息产业和以上海通用、泛亚、联合汽车电子等为代表的汽车及零部件产业迅速发展,形成电子信息和汽车产业链。加上家电制造业及生物医药与食品业,金桥逐步确定四大支柱产业的发展业态。

## 四、张江高科技园区

位于浦东新区中南部,规划面积25平方公里,分为技术创新区、高科技产业区、科研教育区、生活区等功能小区。1992年5月开始筹建,公司成立以后,即以国家认定的11类高科技项目作为园区产业发展的重点,开展招商活动。至1993年底,协议引进项目9项,其中高新技术项目6项,以精密仪器、自动化控制、软件和微电子项目为主;吸引投资22.2亿元,其中美元4413万元;批租土地面积13.6万平方米。1994年有6家跨国公司落户,进区的产业项目具有投资额大、产品技术含量高、市场占有量大和投资回报率高的特点,其中中瑞合资生产新型抗感药的罗氏制药有限公司、中挪合资生产新型造影剂的奈克明制药有限公司、重点开发生产基因工程人粒细胞因子的上海贝尔特企业公司的落户,使区内生物医药产业形成规模。1995年,科研教育区正式启动,第一个标志性项目上海外国语大学附属浦东外国语学校开工建设,上海交通大学研究生院张江分部落户。1996年,"国家上海生物医药科技产业基地"成立,国家新药筛选中心、国家人类基因组南方研究中心和新药安全评价中心等陆续入驻张江,奠定生物医药创新链的形成发展。1997年,博达数据通信发展公司、复旦金仕达公司、JAVA研究开发中心相继入驻,标志着张江高科技园区软件产业初步形成。其间,无线通信设备制造开始起步。1996年3月,美国摩托罗拉公司和上海无线通信设备制造有限公司共同出资成立的上海摩托罗拉寻呼产品有限公司,与张江高科技园区开发公司签订标准厂房和综合楼的租赁合同,主要生产新一代高速率FLEX制式寻呼机,年生产能力100万台。

1999 年 8 月,市委、市政府颁布"聚焦张江"的战略决策,明确园区以集成电路、软件、生物医药为主导产业,集中体现创新创业的主体功能。是年,张江被列为上海市技术创新重点发展区域。世界 500 强中的瑞士罗氏,比利时史克必成,美国联信、摩托罗拉,日本松下等 7 家跨国公司先后在张江园区投资 11 家企业。1999 年,张江园区被列为上海市技术创新的重点发展区域,围绕明确定位、调整规划、启动技术创新区、落实第一批项目、突出创新创业,张江园区的开发建设进入新阶段。

### 五、孙桥现代农业开发区

位于浦东中部发展带,简称农发区,于 1994 年 9 月 6 日成立。浦东现代农业开发有限公司同时揭牌成立。该公司(后与孙桥镇人民政府合作,更名为上海孙桥现代农业联合开发有限公司,简称孙联发公司)为农发区开发建设主体。

初期,农发区开发建设定位于"世界先进农业与中国农业的桥梁、中国传统农业向现代农业转变的桥梁"。2001 年 9 月,经科技部批准,农发区成为中国首批国家农业科技园区之一。2002 年,孙联发公司被认定为国家农业产业化龙头企业,通过"孙桥技术指导生产、孙桥标准全程监控、孙桥品牌统筹销售"模式带动周边农业发展。2004—2008 年,农发区先后成为"国家农业标准化示范区""全国工农业旅游示范点""国家农产品加工示范基地""上海品牌园区"。2010 年,农发区累计开发建设投资 9.5 亿元,1 平方公里农田面积通过 ISO14001 环境管理体系认证,建成现代农业设施面积 65 公顷、高标准温室面积 25 公顷,形成种子种苗、设施农业、农产品精深加工、生物技术、观光旅游等六大产业。农发区通过与国内其他省市合作,将现代农业技术、经验、品种辐射到全国,产生良好经济效益和社会效益。

农发区主要科研机构有孙联发的区级企业研发中心、孙联发企业博士后工作站、上海市设施园艺技术重点实验室(孙桥实验室)、孙桥院士专家工作站和农业部认定的设施园艺产品质量安全控制重点实验室。获得无土栽培有机缓施肥、观赏性树型番茄的栽培方法等 49 项专利。2001 年,"新型无土栽培装置进行蔬瓜果栽培"等 9 个课题被上海市、浦东新区批准立项;"生物防治技术在温室害虫防治中的应用研究"等 6 个项目通过专家评审,完成科技成果登记。2004 年,与上海市农科院合作承担的"现代大型温室标准化栽培技术体系研究与产业化示范"项目,获上海市科技进步一等奖;"一种新型无土栽培进行蔬菜长季栽培的示范推广(第三完成单位)"项目获上海市科技进步二等奖。是年 11 月,由上海市农委科技兴农重点攻关项目管理办公室下达的"害虫天敌繁殖基地的建立及天敌的推广应用"项目通过验收。

## 第六节　要　素　市　场

浦东开发早期着重培育和发展生产要素市场。随着一批金融、商贸设施先后建成,中外资银行、保险、证券等金融机构迁入浦东新区,浦东的要素市场加快聚集,成为浦东开发市场化资源配置的主导力量。

### 一、上海证券交易所(简称上交所)

1997 年从黄浦路迁入浦东南路 528 号上海证券大厦。12 月 19 日上午 9 时 30 分敲响了上交所搬入浦东后的第一声开市锣声。是日,邯郸钢铁股份有限公司成为在浦东上市交易的第一只新股。上交所大厅实用面积3 682平方米,拥有交易席位1 608个,电脑交易每秒钟速度可高达5 000笔。1998年4月获中国证监会批准的第一只证券投资基金"金泰基金"在上交所发行上市。之后,"兴华""安信""裕阳"3只证券投资基金相继发行上市,第一只可转换公司债券"南宁化工转债"在上交所上网发行、上市交易。年底,沪市股票市价总值达到10 625.91亿元,约相当于是年中国GDP的13%。

2004年,上海证券交易所证券交易大厅(浦东新区志办提供)

## 二、中国上海人才市场

系人事部和上海市政府共同组建的国家级区域性人才市场,下设商城路、中山西路、漕河泾、南昌路、恒丰路等分市场。1997年底迁址陆家嘴商城路660号乐凯大厦五楼。市场以公开、平等、竞争为原则,实现人才资源优化配置,通过人才交流、信息、社会化人事代理等服务功能和调节机制,构筑上海人才资源高地,为上海社会经济发展服务。1998年通过市场交流、人才引进、中介配置、人事代理、信息服务,为2万余家单位提供服务,吸引国内外1.2万余家单位和70万人次进场交流;推出以档案管理为基础,突出人事委托、人事策划、薪资咨询、人才评价以及出国政审、职称评审、代办社会保险等全方位人事代理工作,共接受2 500多家单位委托,为5万余名流动人员提供服务;进入上海热线,建立人才资源信息服务系统,接受2.5万余人的择业登记,有60余万人进入市场主页访问,3 000多家单位从信息库中找到合适人才。

## 三、上海商品交易所

1998年8月迁入陆家嘴。交易大厅拥有500多个席位,拥有先进的计算机交易和信息通信系统,包括楼宇自动化系统(BA)、通信自动化系统(CA)和办公室自动化系统(OA)。是年成交合约451.5万手,累计成交金额达348.47亿元。其中天然橡胶391万手,成交金额308.93亿元;胶合板60.5万手,成交金额39.54亿元。年底,上海商品交易所拥有会员168家。

## 四、上海期货交易所(简称期交所)

1999年5月由上海金属、商品、粮油3家交易所合并、组建。设址陆家嘴浦电路500号上海期货大厦。期交所隶属中国证券监督管理委员会,为期货合约的集中竞价交易提供场所、设施、服务并履行相关职责的非营利性法人。注册资本1.25亿元。是年,有会员206家,多为适宜进行套期保值交易的国有大中型企业,其中经纪公司会员150家,占72.8%;非经纪公司会员56家,占27.2%。上市交易品种有铜、铝、天然橡胶3个标准合约。1999年,期交所成交合约626.85万手,成交金额4909.79亿元。其中铜成交511.94万手,成交金额4249.15亿元;铝成交63.62万手,成交金额379.23亿元;橡胶成交120.22万手,成交金额281.41亿元。

## 五、上海钻石交易所(简称钻交所)

2000年10月经国务院批准,在世纪大道88号金茂大厦(今迁至世纪大道陆家嘴钻石交易中心大楼)创立,是中国第一家钻石交易所。钻交所按照国际钻石交易通行规则运行,为国内外钻石商提供公平、公正、安全、封闭管理的钻石交易服务。其机构设置为一个联合管理办公室、一个钻石交易所、若干个为交易所提供配套服务的机构和一批资质良好的钻石加工企业。联合管理办公室由上海市外经贸委,会同上海海关、国税局、央行上海分行、国家外汇管理局上海分局、市工商局和新区政府等组成。钻交所由中国工艺品进出口总公司、上海陆家嘴(集团)有限公司与若干家在世界珠宝钻石业有影响力的境内外公司共同投资组建。为钻交所配套的陆家嘴钻石加工区和龙华钻石加工区同时成立,从而形成“一所两区,东西联动”的经营发展模式。2001年8月,国务院颁布钻交所税收优惠政策,规定全国一般贸易项下钻石进口须集中到钻交所海关报关,并免除关税和零售环节收取消费税。钻交所设立由全体会员参加的会员大会,为钻交所权利机构,实行自律管理。会员来自海内外80多家从事钻石批发、加工、零售企业。钻交所经营管理面积5422平方米(2个楼层),内有设施齐全的交易大厅和海关、外汇管理、工商等政府机构入驻的一门式受理业务大厅,以及多家银行、保险、押运、钻石鉴定等配套服务机构,有近100间可供会员租用的高标准办公用房。

# 第三章 建设一流新区

2001—2010年,浦东基础设施建设实现从基础型向枢纽型的跨越,逐步"使浦东成为21世纪上海现代化的象征,成为适应国际性城市及外向型经济发展需要的世界一流水平的新区"。同时,以外高桥、金桥等4个国家级开发区为主要载体,深入推进功能开发,城市综合功能不断提升,市场机制逐步完善,经济运行环境不断优化,经济增长点开始转向新兴经济和研发经济的开发,第三产业快速发展,逐步取代一、二产业的主导地位。2005年,国务院正式批准浦东新区进行综合配套改革试点,成为全国首个由享受政策优势的地区转向享有体制优势的地区。改革从经济领域拓展到社会领域。浦东开发进入全面建设外向型、多功能、现代化新城区的新阶段。2010年,全区实现国内生产总值4 707.52亿元,地方财政收入425.4亿元,完成工业总产值8 488亿元;高技术产业迅速发展,总量达到2 255亿元;外贸进出口总额达到1 865亿美元;浦东机场旅客吞吐量4 040万人次;洋山港、外高桥港集装箱吞吐量2 509万标准箱,推动上海港成为全球第一大集装箱港;各类金融机构649家,跨国公司总部达150家,占全市的一半。为上海"四个中心"建设作出重要贡献。上海世博会的举行,为浦东实现新的发展、增强国际竞争力提供巨大的机遇,城乡环境不断优化,人民生活水平稳步提高,社会活力充分激发。

## 第一节 城市开发与管理

围绕建设一流新区的发展目标,浦东进行了富有成效的探索。

### 一、精深化开发

**【组建功能区域】**

进入21世纪,浦东新区将精深化开发作为重要抓手。区政府在一系列调查研究的基础上,作出进行区域整合、规划整合、功能整合、区镇联动的重要决策。2004—2009年分两批组建覆盖整个570平方公里行政区划的六大功能区域:陆家嘴功能区域面积42.77平方公里,以金融贸易、现代商务、会展旅游、商业休闲等现代服务业为主导;金桥功能区域面积90.42平方公里,以现代制造和出口加工业为主导;外高桥功能区域面积97.13平方公里,以国际贸易和海港物流为主导;张江功能区域面积119.31平方公里,以科技创新和产业化为主导;三林世博功能区域面积80.01平方公里,以会展旅游为主导;川沙功能区域面积139.83平方公里,以空港物流、文化旅游为主导。六大功能区域以成熟城区、开发小区或重大项目、规划建设中的新市镇为依托,形成浦东城郊一体、产业拓展、社会融合的新局面。其间,各功能区域统筹制定区域整体规划。如陆家嘴功能区域确定区域内5个功能中心;张江功能区域形成"科学城"的整体规划;外高桥功能区域形成以现代服务业为特色的区域产业规划、分区商业中心规划和休闲旅游规划;三林世博功能区域、川沙功能区域分别以上海世博会、浦东国际机场物流为契机,形成各具特色的区域经济社会发展规划。通过功能区域平台,新区规划在整体上实现细化、深化和跨越。同时,功能区域的建立,为区镇联动注入体制动力,促进浦东新区经济社会的均衡发展。

同期,浦东新区在原有"多心组团"基础上构建各具特色的产业布局。在陆家嘴功能区域,形成以小陆家嘴为核心的国际金融贸易功能集聚区、以浦东新区办公中心为核心的花木行政文化功能集聚区、以上海新国际博览中心为核心的会展功能集聚区、以新上海商业城为核心的现代商贸功能集聚区、以滨江及世纪大道周边组成的都市旅游功能集聚区;在张江功能区域,形成以微电子、生物医药等高科技制造、研发孵化为主导功能,以现代艺术、现代科普、现代娱乐等科技文化创意为特色的高科技产业核心区;在金桥功能区域,形成体现高科技、高附加值特色的先进制造业产业高地和服务基地,成为跨国公司区域性产品生产基地;在外高桥功能区域建成现代物流园区,建设综合功能完善的国际化港口重镇;三林世博功能区域成为上海城市功能和形象提升的标志性区域;川沙功能区域形成以现代物流、国际商务、会议展览为主体的现代服务区。

### 【推进"腾笼换鸟"】

浦东开发开放以来,坚持"功能开发重于土地开发""惜土如金"的理念,推进建设发展,创造单位土地产出的佳绩。金桥出口加工区2007年实现工业总产值1594亿元,地均工业产出达到106亿元/平方公里(按工业地块15平方公里计算),居全国前列;外高桥保税区多年来多项经济指标都占全国10余个保税区相关指标总量的一半以上。由此,新区政府审时度势,率先对产值、税收、就业3项指标均不足新区平均水平1/3的土地低效企业开展"腾笼换鸟"。至2007年底,93家企业完成"腾笼"目标,占计划的65%;共腾出土地124.5万平方米,占计划的72.46%;厂房78万平方米,占计划的73.2%。84家企业完成"换鸟"目标,完成土地调整120万平方米,占计划的70%;厂房74万平方米,占计划的68.9%。共新引进102户企业。同时,加大闲置土地处置力度,将82幅已落实具体建设内容的项目用地消化盘活。还推进"空间节约",着力规划开发高度集约化、多种资源共享的楼宇集群;进行集群化布局,适当提高每平方公里土地的人口密度、工业密度、交通密度、建筑密度,适当提高容积率。实施"腾笼换鸟"与新建同等规模的企业相比,不仅有效利用闲置土地和利用效率不高的资源,美化城市环境,还节约大量土地,节省水、电、路、气等工业配套设施等相关投入,促进土地资源的有效利用和土地效益的充分发挥,促进产业结构的升级。

### 【发展循环经济】

新区区委、区政府积极开展建筑节能、污染物减排、垃圾综合利用工作,"城市生活垃圾循环和再利用"项目获联合国改善人居环境最佳范例(迪拜)奖。加快发展循环经济,推进金桥功能区域生态工业园区建设和上海市循环经济示范园区建设,重点构建电子废弃物收集与处理等循环经济发展平台;推进循环经济试点项目,加快新区生活垃圾产业循环生态园建设。

## 二、精细化管理

精细化管理是打造一流人居环境、塑造浦东国际化城区新形象、提升浦东品牌效应的有力措施,是构建和谐社会的一项重要工作。

### 【网格化管理】

2006年,新区启动城市管理网格化建设。初步建成区和功能区域两级网格化信息平台,自主研发移动督办呼叫系统,在146平方公里建成区划分4 684个万米单元网格。经过试运行,实现城市管理问题一口受理、一网协同、快速处置,做到一次立案、一次派遣、一次受理、一次解决。2007年1月1日,新区城市网格化管理系统投入运行。至2009年,新区网格化管理覆盖区域占全市实施网格化管理面积的约1/6,网格化管理系统整体运行稳定、可靠,有效运行率达到99%。城市管理网格化的内容,也在向社会管理拓展。城管网格化,促进快速发现和处置机制的形成,促进城市管理和公共服务水平的提升。

## 【市民化平台】

2006年,新区逐步形成"一个平台、一个网络、三个载体"。"一个平台",即于是年10月18日正式启用的上海首家区级市民中心。379个办事项目进入市民中心窗口,各委办局140余条专线接入中心平台,84个前台窗口、77个后台支持实行综合受理,在"听政于民""问计于民"方面发挥很好的服务功能。如浦东新区发展与改革委员会在市民中心举办新区区域规划市民意见征询;浦东新区建设和交通委员会要确定"十一五"轨道交通公共换乘枢纽规划和11条示范公交线路服务质量标准,也在市民中心听取意见。2007年初,市民中心和政府政务网同时设置"金点子建议栏",市民对政府政策有什么建议,可以随时通过这一窗口发送。"一个网络",即"1(新区)+6(功能区域)+23(街镇)"的政务事务受理网络,通过这个网络更广泛地听取民意,吸收民智。"三个载体",就是区长网上办公会、听证会、市民议政会。新区政府明确,凡是涉及老百姓切身利益的有关事项,政府部门在作出决策前,都要召开听证会,听取老百姓的意见和建议。市民中心的建立,为浦东政府管理工作的精细化提供重要动力和平台。

## 【社会化组织】

浦东新区率先成立全国第一家社区服务行业协会和社会工作者协会,探索由社会组织承担政府委托的社会服务事项。率先创立的社工服务标准还上升为全国性专业标准。其间,新区加快构建微观层面的利益协商机制,在教育方面努力形成校方、学方、管理方3方协商机制,在医疗卫生方面努力形成院方、患方、管理方3方协商机制,在劳动关系方面形成劳方、资方、管理方3方协商机制,在协商中达成共识,在协商中推动共治,在协商中促进和谐,实现社会的精细化、人性化管理。2001年,浦东社会组织总数有200余家,2007年发展到653家,覆盖面提高,其中引进、改建和组建行业协会累计达到65家。在开发区层面,社会协商也得到健康发展,如在张江高科技园区,建立由77名委员单位主要负责人组成的园区发展事务协商委员会,形成园区民主管理新模式。

## 【数字化运作】

2007年,区政府委托高校、行业协会牵头制订企业社会责任标准的三级指标体系。集中力量完善财政、政府采购、资源配置、融资协调等方面的公共配套政策,建立企业社会责任推进工作机制、奖惩机制、信息发布机制等,鼓励企业健全相关管理制度,定期发布社会责任报告,调动广大企业参与和谐社会建设的积极性。2008—2009年,新区出台"排污企业环境诚信等级管理办法",着力构建企业环保诚信体系、劳动保障诚信体系等多层次、全方位的诚信责任体系。在迎办2010年上海世博会之际,浦东新区全方位创新城市管理,向"管理数字化、动作市场化、主体多元化、保障法制化"的方向发展,推进数字化城市管理,建立科学合理且具有可操作性的城市管理指标体系、城市精细化管理案例体系,同时提高城市综合管理执法的水平。

### 三、生态环境建设

"十一五"期间,既是浦东经济高速发展期,也是环境矛盾凸显期,主要面临 5 个方面的压力。一是经济增长的压力。循环经济格局尚未完全形成,资源消耗高和污染重的产业还占相当比例,产业结构仍待优化,经济增长及转型面临巨大压力。二是资源供给的压力。随着城市化进程的加快,人口大量导入,经济规模不断扩展,供水、供能的矛盾已经显现,土地资源日益稀缺,资源供给对发展的约束日渐凸显。三是环境容量的压力。随着城市化和工业化的快速推进,污染物排放总量呈上升态势,新区农村环境基础设施相对薄弱,环境质量持续改善难度加大。四是环境安全的压力。新区正处于城市化与工业化并进、传统工业与新兴产业并存阶段,环境矛盾与环境突发事件进入活跃期,与环境相关的社会矛盾日益复杂。五是综合管理能力的压力。政府环境管理职能有待深化、体制、机制有待完善,管理手段方式有待改善,公众参与环境保护的程度有待提高。

2006 年 4 月,区政府颁布关于加强环境保护工作的决定,指出:贯彻落实科学发展观和正确政绩观,坚持可持续发展战略,以综合配套改革试点为动力,以迎接 2010 年"世博会"为契机,实施环境优先发展方针发展循环经济,改善生态环境,培育生态文化,促进经济增长方式和城市发展模式的转变,实现经济、社会、环境协调发展,把新区建设成为最适宜人居、最适宜创业的生态城区。新区着重抓住 4 轮环保三年行动计划契机,持续推进生态环境建设。

2006—2008 年,新区第三轮环保三年行动计划,涉及 10 个领域 55 项任务,其中水环境治理与保护任务 8 项、大气环境治理与保护任务 10 项、固体废物治理任务 5 项、工业污染治理任务 6 项、生态建设任务 5 项、郊区环境保护任务 7 项、循环经济和清洁生产任务 4 项、生态文化任务 5 项、生态人居环境建设任务 3 项、环保自身能力建设任务 2 项;总投资(包括市下达任务)139.13 亿元,其中财力投资 36.74 亿元。

至 2008 年底,新区第三轮环保三年行动计划确定的市区共 108 项任务完成。浦东地表水环境质量达标;全年环境空气质量指数(API)达到和优于二级的天数达 88%以上,主要环境空气质量指标达到国家二级标准。区重点环保监管企业污染物稳定达标排放;城镇污水处理率达 76%,工业区污水集中处理率达 100%;建成烟尘控制区,扬尘污染控制区覆盖率达 100%;生活垃圾无害化处置率达 100%;绿化覆盖率大于 37%。全年 $SO_2$ 和 COD 排放量下降 2%,可吸入颗粒物和二氧化氮浓度分别下降 9%和 7.5%,环境空气质量优良率达 94%。完成杨思港、三林塘港等 541 条段河道整治,整治黑臭河道 26 条,城市污水纳管率达到 76%。推进生态绿化建设,新增公共绿地 93 公顷,绿化覆盖率达 37.4%。

# 第二节　综合配套改革

2005 年 6 月 21 日,浦东率先试点综合配套改革。新区区委、区政府根据国务院的要求,制定《2005 年—2007 年浦东综合配套改革三年行动计划框架》,提出浦东综合配套改革的十大任务,内容涉及政治、经济、文化、社会等各个领域。经过 3 年改革实践,14 个中央部门在浦东新区开展 23 项改革试点,"外汇九条"等一批在浦东先试先行的政策陆续推向全国,浦东成为中央试验各项改革措施的重要平台。2007 年 1 月,市政府制定《关于完善市区两级管理体制赋予浦东新区更大发展自主权的意见》;4 月,市人大常委会通过《关于促进和保障浦东新区综合配套改革试点工作的决定》,

为浦东加快改革步伐提供了良好的法律保障。2008年6月18日，浦东新区发布《2008—2010年浦东综合配套改革三年行动计划框架》，进一步明确浦东综合配套改革的目标：聚焦中央、上海、浦东3个层面的结合点，切实发挥好浦东综合配套改革先行先试作用，在全国改革攻坚的难点和重点问题上，率先取得实质性突破，力争在全国率先形成制度完备、运行高效、具有国际竞争优势的相对完善的社会主义市场经济体制框架。其标志是：基本形成完善的公共服务型政府制度框架，基本形成有利于金融等现代服务业发展的开放型经济运行规则体系，基本形成以张江为核心的区域创新体系框架，基本形成城乡一体发展的制度环境，基本形成制度创新的引领带动机制。

## 一、转变政府职能

### 【效能政府建设】

围绕建设效能政府，新区建立健全一系列制度。

**效能投诉制度**　2006年7月建立浦东新区行政效能投诉中心，把分布在各部门、各系统对行政机关及其工作人员的投诉处理资源集中到一个部门，形成统一投诉电话和网上投诉信箱、统一受理和统一监督办理的效能投诉机制。各街镇行政审批大厅、社区事务受理中心设立行政效能投诉点，拓宽人民群众对行政机关及其工作人员的投诉渠道，使监督更加具有针对性和群众参与性。制定《行政效能投诉暂行办法》，健全机构设置，确立受理范围，明确工作职责，建立相关的配套制度措施，使行政效能投诉更加具有操作性。开发行政效能投诉处理系统，对投诉问题及时进行梳理分析，定期通报，督促整改，把投诉查实的问题作为行政问责和责任追究案源，对相关责任人进行行政问责和责任追究。

**效能评估制度**　建立内外结合的监督体系和第三方评估制度，对效能建设进行终端监督。分别建立以测评员为主体的社会评估队伍和以"专业监督员、社会中介机构、网上评议"为辅助的内外评估队伍。确定评估指标体系，以执行力、公信力为一级指标，以政令畅通、行政执法、办事效率、政务公开、诚信服务、清正廉洁为二级指标，重点对"企业发展、居民动迁、生活环境、就业就医就学"等管理服务方面的工作绩效进行调查，对政府机关的工作作风、服务质量等方面作出综合评价，把评估结果及时反馈有关单位，并督促整改，将评估结果和整改情况向社会公开，作为被测评单位的奖惩依据，以督促政府经济社会管理、公共服务能力和水平的提高，及行政效能的提升。

**行政问责制度**　制定主体明确、层级清晰、可以量化的工作职位说明书，明确部门职责和岗位职责，分清工作责任和工作界线，实现责任到人、责任到位。2006年制定《浦东新区行政首长问责暂行办法》，对行政问责的主体、范围和程序等作出具体规定，明确要把社会关注和群众反映集中、强烈的问题作为问责的重点，建立一级对一级负责的工作机制。之后，又相继制定《浦东新区行政首长问责工作规程》《浦东新区行政首长问责暂行办法补充规定》《浦东新区行政监督违纪违规线索移送办法》，明确行政问责文书、线索移送等操作规范，规定区各行政监督部门发现有行政过错行为、违反政纪等情况，应当向区监察局移送线索，对上级移送案件、经济责任审计、媒体曝光、行政复议案件、电子监察、群众投诉、信访举报以及监督检查中发现的问题，对负有责任的相关人员都要进行问责和责任追究，典型案例给予全区通报。

**电子监察制度**　2006年10月，浦东市民中心建成启用，将原先分布在47个部门的379个办事项目，集中到84个前台窗口办理，提高行政效率，方便人民群众办事。借助市民中心电子平台，创建电子监察系统。2007年进驻市民中心的125个审批和办事事项实施电子监察，重点对"政务公开、审批时效、流程规范、收费合理、满意与否"进行实时、全程和自动监控，发现异常情况，进行预警提醒、监察纠错，使行政监察由事后监察为主转变为事前、事中、事后监察相结合，构建高效率政府服务平台。实现国家监察部关于"监察机关依法监察程序网络应用系统"和"纪检监察文书电子应用系统"的建设和运用，优化行政监察流程，规范依法监察行为。

**【权力公开透明制度建设】**
建设权力公开透明制度，新区出台一系列政策、措施。

**清权确权**　以法律法规为依据，按照职权法定、权责一致的要求，厘清权力事项，共清理出新区委办局层面各类行政权力事项5 500余项；街镇层面党务、政务、事务权力和办事事项1 100余项。明确权力行使依据和责任主体。设置科学流程，对梳理出的每一项权力事项绘制运行流程图，制定岗位责任说明书，注明行使职权的条件、承办岗位、办理时限、监督制约环节、相对人的权利、投诉举报途径和方式等内容，统一工作标准和程序。向社会公开，对清理后的权力事项逐项、逐条审核，逐项登记，编制行政职权目录，通过新区政府门户网站向社会公布。在清权确权工作中，对"重大决策、重要人事任免、重大项目安排和大额度资金使用"等"三重一大"事项作出更加严格的程序设置，进行重点规范和监管。

**权力公开透明运行电子平台**　2007年建立具有网上公开、网上办公、网上服务和网上监督4项功能的权力公开透明运行电子平台。平台由3个系统组成："权力公开专网"，是一个具有二级域名的网站，突出体现权力事项，让市民登陆后对党务、政务、社会事务各类信息"查得到，看得懂，用得上"，实现网上公开和办事；"业务办公系统"，集成权力事项的网上办公流程，各上线单位及工作人员按照网上设置好的程序、时限、权限和条件，可以很方便地进行受理和审批，实现网上办公；"权力监管系统"，具有"标准比对、信号预警、短信督办、数据分析"等功能，储存包括事项名称、权力依据、办事流程、监督指标等相关信息，是计算机自动监督的标准和依据。"权力监管系统"与各单位的业务办公系统连接，各单位权力事项在业务办公系统运作，"权力监管系统"自动、实时采集行政审批和办事等事项办理实施过程的有关信息，监督部门通过该系统对权力事项运行时限、程序和权限等情况进行监督，实现权力运作"看得见，听得到，管得住"。

**重点领域权力监督**　推动建设监督重要对象、重大事项、重点领域，构筑系统的制度反腐败网络。对区环保市容局、发展改革委、财政局、国资委等资金、资源、国有资产相对集中，而且公权力大的部门重点加强监督管理，对财政资金、规划审批、行政处罚等公众关注度高的权力事项重点加强规范运作，先后建设规划管理网上审批平台、行政处罚网上运行管理系统、固定资产投资管理平台、国库单一账户体系信息平台、镇级财政资金监管系统、国有资产信息管理平台。

**管理制度和长效工作机制**　建立权力事项增改废制度。各单位根据每年法律法规政策调整情况，提出权力事项增改废意见，由新区监察局、法制办、审改办共同审核，确定后统一调整。先后出台《加强浦东新区权力公开透明运行电子系统管理工作若干意见》和《浦东新区权力清理确认辅导手册》《浦东新区权力事项流程精编辅导手册》等具体操作规定。建立监督检查机制，修改完善《行政效能电子监察暂行办法》《行政效能投诉暂行办法》。建立考核评估机制，修改完善《行政效能评估暂行办法》，把权力公开透明运行情况纳入主客观相结合的绩效评估体系。建立责任追究机制，修改完善《行政首长问责暂行办法》《行政过错责任追究暂行办法》等制度，对领导不力和工作造成不良后果者，追究相关责任。

**【行政审批制度改革】**

新区改革行政审批制度，推出一系列创新机制，取得明显成效。

**审批事项精简**　新区政府先后5次对正在实施的审批事项名称、审批依据、审批性质、审批条件、审批流程、申请材料、审批时限、信息支撑、前置审批、委托审批、收费情况、监管方式、审批次数等20多项要素梳理和审核。行政审批事项从最初的724项减少到242项，包括条线垂直部门，改革率达到66.6%。承诺办理时限比法定时限平均压缩了61.8%。制定《浦东新区行政审批事项目录》，促进行政审批权力规范化、标准化运作。

**创新审批机制**　2001年，第一轮审批制度改革，对16个部门143项前置审批事项中的24项实行"告知承诺"审批方式，即审批机关将企业设立或开业应当符合或者达到的条件、标准、要求，告知申请人，申请人对照许可条件进行准备，然后向审批机关作出其已达到许可条件的承诺，审批机关根据申请人承诺作出认定，发放许可。由此，审批时限压缩到7个工作日以内。同时，审批机关在发证后3个月内到现场或用其他方式进行监管。经抽样调查，90.64%以上的企业能够履行承诺，95.6%的企业认为告知承诺审批方式实施效果显著。2002年7月开始，对外商投资企业的设立和变更，试行"一口受理，并联审批，各司其职，限时办结"的方式，审批时限从改革前的17个工作日缩短到7个～9个工作日。2008年起，外商投资企业设立审批时限由8个工作日压缩至4个工作日以内。新区外资项目审批事权由投资总额3 000万美元调整为1亿美元以下的鼓励类和允许类项目。其间，张江高科技园区开展内资企业设立"一表制"行政审批，外资企业设立"一表制"审批试点。"一网式"平台受理搭建政府、企业、公众之间的网上直通车，使园区企业能"不出园区办结所有的事"。其中将涉及7个部门的各类申请表中共性内容集中在一张表上，填写时间由6个～7个小时缩短为20分钟，实现"统一录入，数据共享，表格套打，透明流程"。建立工商、质监、税务三部门联动登记机制，依托信息平台实现"一口受理、一表登记、一次审查、一网流转、一次发证、一口收费"的运行模式，减少重复审查内容，制定《浦东新区企业设立联动登记实施办法》。在全国率先以电子化方式进行行政审批标准化改革，推进"一库两系统"建设，即行政审批事项库、行政审批管理系统、行政审批智能导航系统。新区242项审批事项的基本属性要素信息录入事项管理库，所有的行政审批项目从设立到运行实现透明管理。2010年5月1日实施《浦东新区企业设立联动登记操作规定(试行)》，至2011年底，已有6 530多户企业通过联动登记流程完成工商、质监、税务登记。

**优化建设项目审批流程**　集成基建工程审批环节和压缩审批时限。审批时限从改革前的280多个工作日减至100个工作日以内。2008年开展"招、拍、挂"用地建设项目审批专项改革，按照分类管理的方式，创新设计审查管理制度。除重要地区及特定项目外，前期审批时限原则上由原来的100个工作日压缩至50个工作日以内。市建交委和新区政府联合发布《浦东新区招拍挂用地建设项目审批改革意见》《上海市浦东新区建设项目设计文件审查管理办法》，减少初步设计和规划方案设计两个审批环节。在土地"招、拍、挂"之前提出相关技术参数、控制标准和管理要求，扩大实施技术审查和行政审批相分离。在建设工程验收中，探索推进"综合窗口一口受理、验收标准公开透明、企业自定验收事项、现场验收同步实施、结果及时统一反馈、建设工程档案数字化"的验收新机制。

**行政收费减免**　2004年1月1日起，张江园区试行"零收费"政策，对注册在张江高科技园区内的内外资企业以及研发机构、民办非企业、社团法人等实行行政审批和政府服务"零收费"，共有61项非资源性行政事业性收费项目实行免费。2008年，新区在市政府取消和停止征收148项收费项目的基础上，再停征84项。经统计，共取消和停止征收232项收费项目。

**企业年检试行申报备案制**　企业对申报的有关年检材料真实性予以承诺，而后，职能部门根据有关法律法规的规定,对公司类企业无 5 种违法记录及相关情形和无 15 种违反工商法规行为的,免予提交审计报告,予以简易检查并进行年检备案;对有违法违规行为的,采取重点检查并责令改正存在问题后,予以备案。经统计,简易检查通过企业占申报备案企业的 90% 左右。通过改革,将以行政机关为主导的年检制度,改为以企业自律为重点的申报制,将行政机关管理重心转移到日常监管中。同时,方便企业,降低运行成本,使企业能够把更多的精力投入到经营和生产中去。

## 二、转变经济运行方式

### 【科技体制改革创新】

新区大力推进科技体制改革创新。

**创业风险投资引导基金** 2005 年 11 月,国家发展改革委等 10 个部委联合出台《创业投资企业管理暂行办法》,提出可以设立政府引导基金。2006 年,新区区委 1 号文《关于加快推进自主创新的决定》明确,设立规模 10 亿元的创业风险投资引导基金,是全国首例由地方政府倡导设立的风险投资引导基金。同年 10 月,颁布《浦东新区创业风险投资引导基金试点方案》,引导基金正式启动。2008 年,区政府在《浦东新区促进自主创新的若干意见》中将引导基金由 10 亿元增至 20 亿元。通过引导基金的实践,浦东新区初步探索出一条政府资金发挥示范和引导作用,带动外资、民资等社会资本广泛参与,符合国际通行做法,按照市场机制规范运作,有效支持高科技企业和高新技术产业发展的创新之路。

**知识产权质押融资** 2006 年起,新区开展探索知识产权质押融资试点工作,帮助科技型中小企业度过发展过程中所需资金的困难阶段。2010 年,新区累计有 100 多家科技型中小企业通过知识产权质押融资获得 2 亿多元银行贷款,形成符合科技型中小企业的资产特征、能够可持续操作的知识产权质押融资贷款模式。

**浦东科技金融服务有限公司** 2008 年 10 月 21 日,浦东科技金融服务有限公司成立,是年为 7 家中小型科技企业发放委托贷款 0.54 亿元,并向企业提供包括委托贷款、转贷款及相关投融资咨询等综合服务。同时,探索创新融资产品,应用自身作为政策工具的信用优势,联合银行和信托机构向社会发行集合信托理财产品,与银行建立向中小型科技企业提供融资服务的战略联盟,一定程度上解决委贷资金的来源瓶颈。2009 年 11 月 4 日,浦东科技金融服务有限公司与中国农业银行上海分行及中泰信托有限公司举行发行集合信托理财产品签约仪式,与农业银行浦东分行签署总规模为 50 亿元人民币的银企战略合作协议。2010 年,浦东科技金融服务有限公司以企业市场竞争能力为主要审查条件,审批发放贷款 60 余笔,累计总额 7 亿元。

### 【鼓励创新成果产业化】

新区出台各项措施,推进多个项目,鼓励创新成果产业化。

**企业研发费用税前扣除** 2007 年度起,新区税务机关委托新区科委为企业研发费用税前扣除申报项目做认定。2008 年认定 2007 年度 158 家企业的 961 个项目,涉及研发费用 32 亿元。2009 年认定 2008 年度 422 家企业的 1 398 个项目,涉及研发费用 51 亿元,抵扣额 25 亿多元,抵扣额占全市的 20.8%。2010 年认定 2009 年度 527 家企业的 1 850 个项目,加上跨年度项目,新区 2009 年度共有 2 362 个项目享受到相应政策,涉及企业 550 家,涉及研发费用 64.29 亿元,抵扣额 31.78 亿元,比 2008 年度增长 27.12%。

**引进重大产学研结合项目** 新区重点引进具有自主知识产权和核心技术的项目、战略性新兴产业项目和带动性强的大项目等3类项目,包括中国商用飞机、大唐电信产业园、中国移动视频基地、上海交大数字高清电视产业基地等20多个国家级重点项目。有林洋、上药、复星等30多个重点企业项目和20多个海外人才创业项目落户浦东。中科院浦东科技园、抗体药物国家工程研究中心等一批国家级重点项目开工建设。

**支持重大新兴产业发展** 新区依托张江创新资源集聚的优势,发挥中国商用飞机等重大项目的带动作用,加大政策扶持力度,提升优势和战略领域的创新能力和产业实力,大力推进高新技术产业化。一方面,重点扶持52家单位申请承担的159个国家科技重大项目和92家单位申请承担的99个市级高新技术产业化项目,推动企业做大做强;另一方面,加快建设重点高新技术产业化基地,包括新能源、新药生产、医疗器械与医疗服务、航空配套、海洋高新技术、网络视听和下一代移动通信6个高新技术产业化基地,总面积约30平方公里。

**科技公共服务平台扶持机制** 2006年4月6日出台《中共上海市浦东新区区委、区人民政府关于加快建设自主创新示范引领区的决定》,提出"十一五"期间每年安排1亿元基建财力支持平台建设。同年8月,张江高科技园区出台《关于推进张江高科技园区孵化器建设实施办法》,对在张江园区内经认定的孵化器,每年按在孵企业形成年份新区财力增量部分的30%进行补贴,对在孵企业3年内给予25%～100%的房租补贴和30%的直接研发补贴。通过政策扶持,张江园区孵化出一大批有活力的创新型企业。2010年,新区累计引进上海超算中心、上海光源、中国检测中心上海分中心、国家上海新药安评中心、集成电路研发中心、半导体照明工程中心、国家新药安评中心、南方基因组(南方)研究中心等21家国家或上海的重大科技服务平台,约占浦东平台总数的51.2%。

## 【支持高新技术和战略性新兴产业发展】

新区通过财政扶持、优化产业布局,助推高新技术和战略性新兴产业发展。

**财政扶持** 一是发布"十二五"期间《浦东新区促进高新技术产业发展财政扶持办法》,提高新区科学技术经费投入的总体水平,建立高新技术产业的专项扶持资金,完善促进高新技术产业化财政投入持续增长机制。二是聚焦重点,整合新区促进科技发展的各类基金以及相关专项资金等财政资源,聚焦国家、上海和浦东新区的战略性新兴产业及科技重大专项、重大产业化项目的投入与配套、重点项目的贷款贴息及战略招商项目的扶持等。三是各级联动,建立新区区级财力与镇的投入联动机制,对于产业化基地、孵化器、公共服务平台建设以及部分具有功能性的产业化项目的资金需求,采取直接投资、参股、合作等形式予以支持。

**优化生产力布局** 2010年,新区调整生产力板块布局,每个板块都有明确的主导产业。其中,张江板块包括康桥工业园区和国际医学园区主要发展集成电路、生物医药和软件信息服务业;金桥板块包括南汇工业园区和空港工业园区,主要发展电子信息、新能源和民用航空;临港板块重点发展先进重大装备和海洋装备制造业。

**聚焦高端装备研发制造项目** 新区围绕集成电路和新能源高端装备制造等长期被国外垄断的领域,持续不断地给予土地、资金等方面的支持,并在多个领域取得重大突破。其中,中微半导体的刻蚀机、上海微电子的光刻机、盛美半导体的清洗机、曙海的非晶硅柔性薄膜光伏装备、理想能源的双结硅薄膜太阳能光伏装备相继投入或即将投入产业化。培育一批技术和标准领先、应用和市场广阔的创新集群、龙头企业、品牌产品,做到技术上有话语权,市场上有定价权。其中,电子阅读器、微型激光投影仪、笔记本电脑、智能手机等手持终端,在新区都有很好的发展基础。通过这种终端产品、应用集成的快速发展,带动芯片设计、芯片生产、标准制定、软件研发、供应链管理、市场营销等各个产业环节都得到快速发展。

## 三、城乡二元结构改革

### 【构建新型城乡管理体制】

新区在川沙新镇试行"区镇合一"的行政管理模式,探索城乡一体化发展的新路。2006年4月,川沙新镇所辖的华夏、城厢、城南、江镇、施湾、黄楼、六团7个社区,先后建立社区党委和社区委员会。社区委员会是社区一级新的组织层级,由社区代表选举产生;下设社区服务平台:社区事务受理平台、社区卫生服务平台、社区文化活动平台、社区城市管理平台,形成"1+4"共商共治的社区委员会管理模式,把行政、社会、市场3方力量协同起来,充当社区利益的协调者、社区矛盾的化解者和社区服务的组织者。社区委员会专注于社会事务的管理,其他具体行政性事务的运作主要由社区事务受理中心等行政派出部门操作。社区事务受理中心、社区卫生中心、社区文化中心是直接通达百姓的窗口、畅通政府管理的渠道,其工作人员由政府统一公开招聘,社区和居委会参加考核。这3个中心的工作与社区委员会保持良好的协调、互助、平等合作的关系,同时接受社区委员会的监督,推动政府与社会共同建设、共同管理、共同服务的社区体系不断完善。

2007年4月,华夏社区确定实施11个"社区实事项目"。这11个项目是从社区代表以及居民提交的70个"民意提案"中筛选而出,经社区委员会通过正式立项。在试点工作中,坚持以建立治安秩序良好、人际关系和谐、居住环境整洁、社区管理有序的和谐社区为主线,建设社区民主共治和居(村)委会依法自治两个平台,促进行政管理、社会管理和居(村)委会自治3个方面的有效结合。在民主管理、代表参与、财力筹集、服务协调4个机制方面进行探索,建立社区事务共商共治机制。

### 【农村经济要素城乡一体化】

新区启动以土地流转为主要内容的农村经济要素城乡一体化改革。长期以来,农村土地流转难以进入要素市场。新区在已有土地基础上,积极探索建立农村土地置换、经营、服务等为一体的城乡土地流转机制,盘活有限的土地资源,保持土地质量,保证农民权益,让农村土地进入规范的要素市场。具体做法:以小城镇发展改革试点为契机,找准土地流转制度改革的突破口。为了突破郊区城镇发展瓶颈,提升基础设施和社会事业建设水平,推进统筹城乡和"三农"发展能级,新区政府将郊区小城镇纳入土地要素改革市场,以优化产业结构,完善城乡建设用地水平,统筹产业和就业、城镇建设和公共服务、发展和改革等的协调发展。

建立镇级农村土地承包经营权流转管理服务中心。按照《上海市人民政府关于进一步完善土地承包关系建立健全土地承包经营权流转市场的指导意见》,2009年3月—2010年7月,新区先后在曹路镇、六灶镇进行建立农村土地承包经营权流转管理服务中心的试点。管理服务中心的主要职能是:提供流转信息、开展政策咨询、指导合同签订、承担中介服务、进行价格评估、交易受理和合同登记、承担纠纷调解等。其间,新区制定《浦东新区关于稳定完善农村土地承包关系加强农村土地承包经营权流转管理的实施意见》,规定各镇农村土地承包与流转细则和内部管理等项制度,逐步形成公平、公正、公开的农村土地承包经营权市场机制的管理服务机制,切实维护流转双方的合法权益。

### 【城乡公共保障服务均等化】

逐年提高农民养老金标准:2010年,新区农村农民平均养老金由原来每月几十元逐步提高至

449元。但由于各乡镇的经济发展不平衡,农民领取的养老金实际差距较大,最低为200多元,最高的已接近社保水平。健全多方出资的保障新体制:完善农村社会保障体系,健全个人缴纳、集体补贴、政府补贴的新型农村保障制度。2008年,新区出台《浦东新区农村社会养老保险的试行办法》,把农保制度由原来的各镇统筹提升为新区统筹,为逐步实现农村养老保险制度和城保、镇保相接轨打下基础。推进城乡保险制度对接和转换:新区在农保改革中体现3个"统一",即统一养老保险费的征缴基数和比例、统一农保养老金的计发办法、统一农保养老金的增长机制,建立区、镇两级财政投入机制,实行区一级集中管理农保基金。区、镇两级财政每年有1亿元资金投入农保基金。

**【城乡医疗卫生服务均等化】**

完善医疗资源布局:在新区规划中实施浦南医院、公利医院、浦东新区人民医院、第七人民医院等一批二级综合性医院的改扩建工程;2005年起,全区社区卫生服务中心及分中心由区级层面统筹建设;2006年,新区完成全部196个村卫生室标准化改造,通过市相关部门的验收。还引进三级甲等医疗机构到城市化发展较快的地区办院。提高农村地区社区卫生服务中心医疗水平和服务能力:是年9月,新区内25家镇卫生院全部移交新区政府卫生部门直接统一管理,并由新区财政出资,更新补充卫生院医疗设施,更好地实现优质资源向农村辐射;人员编制配备适度向农村卫生服务中心倾斜,提高乡村医生工资待遇,吸引优秀人才和应届毕业生从事农村卫生服务工作;每年统一安排全体乡村医生64学时在职培训,每二年到社区卫生服务中心进修学习两个月;所有乡村医生全部纳入镇保范围,并鼓励他们参加学历进修和资质晋升;开展"百名专家支援郊区卫生"活动,逐步实现该项工作制度化、常态化。建立新型农村合作医疗制度:出台《浦东新区新型农村合作医疗制度实施意见》《浦东新区新型农村合作医疗统筹补偿方案》,规定新型农村合作医疗基金筹集标准统一为每人每年700元,其中个人承担180元、企业和村集体承担100元、镇财政补贴210元、新区财政补贴210元;对农村五保户、低保户、残疾人等参加农村合作医疗制度的给予补助,资金由新区民政部门及慈善基金会、残联等部门和组织加以落实。推进村卫生室建设:2006年,新区率先在全市完成农村卫生室标准化建设,全区200多个村卫生室标准化建设通过市级验收,一般卫生室使用面积达到60平方米以上,大型中心村卫生室达到120平方米以上,标准卫生室内设诊疗室、注射室、康复室、计生指导、信息室、药房等。全区村级卫生室采取药物统一采购、药价统一标准,并取消药物加价,减轻农民医药费负担。

**【城乡教育公共服务均等化】**

新区十分重视农村教育的发展,采取多项措施推进城乡教育公共服务均等化。

**实施"四统一"扶持机制**　"四统一"即统一拨款标准、统一硬件配备水平、统一信息平台、统一提供教师培训与发展机会。教育总投入中对农村基础教育的比重逐步增长,基础教育各阶段生均公用经费持续增长,教师收入稳步增长。加大对农村学校校舍维修投入,使其硬件配置水平不低于城区同类学校。

**建立"管、办、评"联动机制**　在新的"管、办、评"机制中,政府行政教育管理部门变包揽一切为进行规划、制定政策和监督;把办学交还给校长,充分发挥校长办学的自主权和积极性;由社会第三方力量接受委托,负责评审学校教学成效。由此,将政府、学校以及社会力量有机地结合起来,发挥相互补充共同发展的作用。新区每年投入专项经费,委托管理公办学校教师专业培训,委托社会中介机构实施对各教育阶段教育机构的办学评审,并引导和支持社会力量参与教育事业,重点扶持民办学校内涵发展,积极推进"政府主导、社会参与"的多元化办学模式形成。

**优化农村教育资源配置**　在学前教育方面,充分发挥市示范性幼儿园对郊区幼儿园的示范带动作用,鼓励农村幼儿园创建示范性幼儿园;对未达标的幼儿园实施达标工程建设;在入园矛盾突出的城乡结合部或农村新建幼儿园;实现0岁~3岁婴幼儿教育逐步纳入学前教育体系。在义务教育方面,重点改造位于农村或城乡结合部的龚路中学、唐镇中学、凌桥中学等历史老校,实施初中学校标准化建设,在3年内完成所有公办初中学校全部达到市一类标准。同时,坚持高起点、高标准新建2所~3所寄宿制高中;进一步强化川沙中学、高桥中学、三林中学、陆行中学、浦东中学等创建示范性高中的扶持力度,扩大农村优质高中规模,逐步提高农村高中就读学生占全区学生的比例。在全区积极探索城乡"名校带弱校""名校办民校",鼓励城区办学质量较高的学校与郊区相对薄弱学校成立办学联合体。加强师资队伍建设,实施"名师工程",鼓励德才兼备的优秀校(园)长或骨干到郊区学校从事管理、教学工作,鼓励优秀应届大学毕业生到郊区学校任教。农村所有幼儿园、小学教师达到大专以上学历,其中50%的教师达到大学本科学历,3%的教师具有硕士以上学历;使全部农村中学教师达到大学本科学历,5%的初中教师和15%的高中教师具有硕士以上学历;加强英语教师培训,对农村所有英语教师培训实现全覆盖。大力开展数字化建设,打造农村学校数字化管理平台、学生数字化学习平台、教师数字化研究和培训平台,使农村所有的学校具备良好的教学条件。同时,不断强化信息技术培训,使所有教师能比较熟练地运用现代化信息技术开展日常教育教学工作。

**强化农民工子女学校管理**　在全市率先探索申办农民工子女学校的便捷方式,支持符合条件的农民工子女学校转为民办学校,同时推出非营利制度、签约制度、补贴制度、预算制度和审计制度,以制度保障来实施常态化管理。具体体现在:一方面建立浦东新区—教育署两级管理体系,以"安全、规范、质量"为目标,切实加强管理;另一方面努力改善农民工子女学校的办学条件,包括提供办校校舍和房屋修缮、配备教学器材、解决后勤保障(食堂设备)、为经济困难学生发放冬季校服、赠送图书等,让外来务工者子女享受教育均等化的福祉。

# 第三节　产业能级提升

2009年4月14日,国务院发布了《关于推进上海加快发展现代服务业和先进制造业建设国际金融中心和国际航运中心的意见》;5月8日,市政府发出了《贯彻国务院〈关于推进上海加快发展现代服务业和先进制造业建设国际金融中心和国际航运中心的意见〉的实施意见》;7月24日,新区区政府制定《浦东新区关于加快推进上海国际金融中心核心功能区建设的实施意见》《浦东新区推进上海国际航运中心核心功能区建设实施意见》。"两个中心"的建设成为浦东发展转型的主要任务。

## 一、国际金融中心核心功能区

2009年,虽然受到全球金融危机影响,浦东金融业仍然保持20%以上的增长速度。2010年,浦东金融核心功能区实现"三个集聚、三个先行",即建成金融机构、金融资金、金融人才集聚的核心地区,金融创新、金融标准制定、金融生态环境的先行地区。金融机构不断聚集,金融从业人员超过20万,金融业占全区生产总值的比重超过18%。

金融创新与服务功能提升。浦东除了拥有上海证券交易所、上海期货交易所、中国金融期货交易所 3 家全国性金融要素市场机构以及上海石油交易所、上海钻石交易所等区域性金融市场机构外,入驻的还有人民银行上海总部、上海银监局、上海保监局和上海证监局,形成"一行三局"的大格局。积极推进金融产品创新和金融市场体系完善。金融创新继续深化。中国金融期货交易所推出股指期货,银行间外汇市场推行做市商制度,中国人民银行推出上海银行间同业拆借利率(SHIBOR),全国银行间市场贷款转让交易系统在张江上线运行,上海股权托管交易中心挂牌成立,全国性信托登记平台建设取得积极突破。在国家有关部门大力支持下,进一步推动高能级、多种类金融机构集聚。首批获准设立消费金融公司。率先允许外资注册设立"股权投资管理企业"。同时,率先扩大金融业对外开放。国家外汇管理局在浦东新区开展了跨国公司外汇资金管理方式改革试点,取得积极成效,并在全国推广。率先开展 QDII 基金试点、个人本外币兑换特许业务试点、跨境贸易人民币结算试点。不断优化金融生态环境。强化金融人才集聚的政策支持,制定《浦东新区集聚金融人才实施办法》。强化金融法制环境建设,在浦东陆家嘴成立了上海金融仲裁院,成立全国第一个金融审判庭。金融后台基地建设不断完善。在张江银行卡产业园,以金融信息服务和金融业务流程外包(BPO)为核心,以技术密集型和资本密集型的金融技术服务为支持,集聚大量金融机构的后台机构,在银行卡、数据处理、金融服务外包等领域奠定发展基础,实现金融前后台业务的联系、联动发展,形成与陆家嘴遥相呼应的产业链条与体系。

## 二、国际航运中心核心功能区

浦东国际航运能力位居世界前列。2011 年,外高桥港和洋山港集装箱吞吐量达到 2 850 万标箱,推动上海港成为全球第一大集装箱港,水水转运、国际中转快速增长;浦东机场完成货邮吞吐量 310 万吨,位居世界前列,口岸功能进一步增强。

深化"三港三区"联动体制机制。浦东机场综合保税区顺利封关验收,正式运作,使浦东新区成为全国海关特殊监管区域中类型最丰富、功能最完善的区域。建立"三区"联动管理体制,设立市属区管的上海综合保税区管理委员会,统筹管理外高桥保税区、机场综合保税区和洋山保税港区,充分发挥特殊监管区整体效应,推动"三区"实现政策、资源、产业和功能的联动互补,发挥更大的集聚效应,同时以"三区"联动带动"三港"联动,实现国际集装箱枢纽港和机场空运枢纽港在功能上的互补,从而促进上海港口资源优势的发挥,以更加凸显"三区"作为海关特殊监管区域的整体优势,使其成为上海推进"两个中心"建设的重要平台和抓手。在外高桥保税区设立空运货物服务中心,在外高桥和机场保税区之间建立空运直通模式,航运资源配置与高端航运服务能力提高。

积极落实国家关于国际航运综合试验区有关政策。免征营业税政策效应不断扩大,对于降低企业营运成本、形成具有国际竞争力的税收环境产生积极的作用。进一步加快航运要素集聚,形成《关于浦东新区促进融资租赁业发展的意见》及其《实施办法》,出台《浦东新区促进航运发展财政扶持办法》《浦东新区集聚航运人才实施办法》。努力提升高端航运服务功能。启动单船单机项目公司(SPV)试点。首批单机单船融资租赁项目公司于 2010 年 6 月底在上海综合保税区设立,打破长期被境外机构垄断的飞机、船舶等方面高端航运金融服务市场。创新中转集拼监管机制。在洋山保税港区启动水水中转集拼业务,开拓厦门、南京等 8 个口岸的集货渠道。试点期货保税交割,获准在洋山保税港区对进口保税储存的铜和铝 2 个品种通过上海期货交易所开展期货保税交割业务试点。

按照国际贸易中心建设的要求,不断增强贸易国际化和便利化程度。深入推进口岸管理模式创新。成为全国质量监督检验检疫改革创新区,试点生物医药入境检验检疫模式创新。在外高桥保税区建立海关事务服务中心,实现海关远程视频审单、进口商品预归类、企业关务咨询服务等重要功能。聚焦新型商务模式发展。以春宇供应链、快钱等企业为典型案例,开展电子商务、贸易平台以及专业市场等领域调研,解决新业态、新模式企业发展遇到的瓶颈问题,获准成为首个"国家电子商务综合创新实践区"。同时,按照国家自主创新示范区建设的要求,不断完善自主创新和高新技术产业化制度环境。

## 三、先进制造业和现代服务业

### 【先进制造业】

2006—2010年,新区先进制造业初步体现了产业高端、高新、高效化的发展方向。2010年,新区工业"三大三新"产业完成工业总产值4 900多亿元,占全区工业总产值的比重为58%。电子信息产品制造业实现产值2 146亿元,成套设备制造业实现产值1 097亿元,汽车制造业实现产值1 382亿元,发展成为三大千亿级产业。生物医药制造、新能源、航空航天器制造等战略性新兴产业实现快速增长,与"十五"期末相比分别增加2倍~5倍。自主创新能力不断增强。高新技术产业产值达到2 800亿元,占全区工业总产值的比重为39%。高技术产业产值达到1 767亿元,占全区工业总产值的比重为25.1%。是年,浦东新区高新企业总数超过600家,研发机构总数达到340家,专利申请总量超过12 000件,位居全市前列。

2009年12月28日,中国商用飞机有限责任公司总装制造中心浦东基地奠基,为浦东相关产业转型发展注入强劲动力。基地占地约266.66公顷,总建筑面积约115万平方米,是国内最大的民用飞机总装制造基地,包括物流区、零部件生产区、部装区、总装区、整机喷漆区、试飞交付区、办公区、综合技术区八大区域,将满足ARJ21支线系列飞机、150座级大型客机和双通道大型客机的总装和试飞、交付任务的要求,成为中国自主研发民用客机的"摇篮"。

### 【现代服务业】

2007年,新区服务业总量增加值比重首次过半,达到50.6%;服务业就业比重达到60%左右。其间,浦东新区服务业增加值年均增速19%左右,高于GDP 14%左右年均增速。金融业与交通运输、仓储业和邮政业占GDP比重由"十五"末期的11%和3.8%上升至2009年的17.7%和4.6%。同期外贸进出口额由900余亿美元上升至1 389.9亿美元,批发零售业占GDP比重由9.5%上升至11.1%,房地产业占GDP比重则由8.1%下降至6.5%。新区服务业进入以金融业、航运物流业、与贸易相关的服务业为核心,其他各主要服务部门渐进调整、均衡发展、逐步优化的新阶段。

## 四、重点产业

### 【电子通信产品制造业】

2000年初,电子通信设备制造业工业总产值337.81亿元,占全区工业总产值的23.3%。2002年9月12日,《上海浦东微电子产业带发展滚动规划》通过专家评审。该规划提出建设浦东微电子产业带,规划用地面积20.5平方公里,以张江高科技园区为核心,以申江路为轴线,向金桥出口加工区和外高桥保税区两翼延伸,形成由微电子产业带和辐射区构成的南北向产业区。是年,中芯国际集成电路制造(上海)有限公司的二厂建成投产,连同已建成的一厂,月产 8 英寸 0.25 微米及以下的芯片 3.2 万片。英特尔(上海)有限公司宣布扩建浦东工厂,2002 年出口额 6.5 亿美元,名列上海出口企业第二名、上海集成电路行业出口第一名。2002 年,浦东电子信息制造业包含通信设备、雷达、广播电视设备、电子计算机、电子器件、电子元件、电子设备及通信设备修理等门类,工业总产值 685.64 亿元;生产大规模集成电路 11 519.87 万片,扫描仪 641.15 万台,打印机 764.98 万台,数字程控交换机 1 222.70 万线,移动电话 1 215.08 万部,激光视盘机 529.54 万台;35 户企业列入上海市科委批准的高新技术企业。

2004 年,新区有电子通信产品制造企业 169 户,从业人员 7.04 万人,工业总产值 1 027.43 亿元,首次突破 1 000 亿大关,占新区工业总产值的 29.2%。同年,中芯国际年销售收入近 80 亿元。3 月 17 日、18 日,中芯国际的股票分别在美国纽约与中国香港联合证券交易所上市。

2010 年,新区电子通信产品制造业总产值 1 906.15 亿元,占全区工业比重 22.5%。其中通信设备制造业产值 237.33 亿元,电子计算机制造业产值 1 029.34 亿元,电子器件制造业产值 383.51 亿元,电子元件制造业产值 127.36 亿元,其他电子设备制造业产值 4.55 亿元。行业销售产值 1 855.59 亿元,出口交货值 1 061.46 亿元,占全区工业出口总额的 49.4%,产品出口率 57.2%。行业总资产 1 233.32 亿元,利润总额 50.37 亿元,应交税金 7.73 亿元。主要产品产量:微型计算机设备 2 556.53 万部、晶圆片 238.19 万片、数字程控交换机 246.88 万线。

**【软件产业】**

2000 年 3 月 18 日,浦东软件园在张江高科技园区开园,和陆家嘴、金桥、外高桥 3 个软件园以及国家信息安全基地孵化楼一同初步构成适合软件开发、生产、经营和服务的软件生产体系。是年,国家 863 计划反计算机入侵和防病毒研究中心、国家信息安全工程技术研究中心等国家级研发机构启动运行,提升了张江软件产业的能级。同时通过提供完善的技术支持体系,组建生产力要素市场,使国内外优秀软件公司汇聚浦东,并搭建了"软件测试—远程培训—软件出口服务—构件化软件开发—电子商务—安全服务代理—共享数据中心"的软件开发应用、软件技术服务链。2010 年,新区软件产业已形成集聚优势。浦东软件园注册软件企业就达 1 000 余家,产值约 15 亿余元。IBM、INTEL、HP、BELL@ALCATEL、SIEMENS、微软、索尼、京瓷、花旗银行软件研发中心、SYNOPSYS、美国先进微电子、SATYAN、INFOSYS、TCS、CORE 公司软件研发中心以及中国银联、北京中软、联想、中兴通讯等知名企业入驻。是年,新区软件和信息服务业经营收入 1 380.2 亿元。其中软件产业经营收入 846.51 亿元,占比 61.2%;信息内容服务业经营收入 273.52 亿元,占比 19.8%。79 家企业超过 1 亿元产值;16 家企业入选 2010 年度国家规划布局内重点软件企业,占全市 51.6%。

**【生物医药制造业】**

2002 年,新区生物医药制造业实现工业总产值 64.06 亿元,占全市生物医药产业产值的 30%,占新区支柱产业产值的 3.8%,占新区工业总产值的 2.9%。在产业布局上形成 3 个发展基地:国家级的张江生物医药基地、金桥上海生物技术工业园区、上海外高桥医药分销中心。有生物医药制造业企业 77 家,其中,被市科委认定的高新技术企业有 29 家,占总数的 37.7%。是年,中国华源集团医药产品销售额逾 100 亿元,占中国医药行业总销售的 8%,产品出口额列中国医药生产企业之首。

2006年10月29日,瑞士罗氏药品开发中国中心在新区建立。这是中国第一个全功能临床药品开发中心。2007年在研发方面的投入超过80亿瑞士法郎,与多个合作伙伴建立研究与开发的业务联盟,包括罗氏控股的基因泰克和中外制药。

2010年,新区生物医药制造业工业总产值255.42亿元,占全区工业总产值3%。其中化学类药品产值147.68亿元,生物制品产值37.02亿元,中药产品产值9.29亿元,医疗器械产品产值45.17亿元。全年行业销售产值236.95亿元,出口交货值38.30亿元;行业总资产263.35亿元,利润总额33.42亿元,应交税金13.79亿元。

**【文化科技创意产业】**

2004年8月,张江文化科技创意产业基地建设启动,着重通过企业化、市场化的运作模式推动基地发展。张江文化科技创意产业基地的战略定位是:充分发挥高科技园区的综合优势和"聚焦张江"效应,以市场为基础,坚持文化与高科技密切结合,以政策为导向,主要以动漫、网络游戏、高科技影视后期研发设计制作和产品工业造型设计为基地发展内容,重点以动漫和网络游戏业为突破口,将文化科技创意产业建设成具有国际竞争力、有持续发展能力的高端产业,并集中体现"研发、培训、孵化、交易、展示"五大功能,以此搭建对外文化交流和对外文化贸易的市场运作平台,力争成为上海面向世界推进文化创新的重要基地。至2006年,美国艺电(EA)、盛大网络、第九城市、网星游戏、CORE等游戏软件企业,以及矽幻科技、创新科技等电影后期制作企业纷纷落户基地;涌现大量原创知识产权的文化科技创意类作品,如盛大网络公司的游戏"梦幻国度"、第九城市公司的游戏"快乐西游"以及上海视金石影视有限公司(SJS)的动画作品"超级青蛙战士"和"少林小子"。同时,中国美术学院上海设计艺术分院、上海电影艺术学院、上海戏剧学院创意学院等高校入驻,使张江和基地的产学研体系更为完善,也源源不断地把文化创意元素注入基地,为提升基地科技创意水平和实现可持续发展提供资源保证。是年,基地营业收入超过30亿元,带动相关产业产值约240亿元,其中以盛大网络和第九城市为首的网络游戏产值占全国70%以上。2010年,张江文化创意产业实现营业收入61.96亿元。园区今日动画影视制作有限公司制作的动画片《中华小子》赢得法国青少年节目收视率第一的荣誉和中国动画片金奖。SJS公司可以完成特效制作、三维动画制作等,还制作精美动画片《森林卫士》。上海电影艺术学院拍的公益影片《你是天使》,在美国洛杉矶获第三届好莱坞AOF国际电影节最佳外语片奖。

# 第四节 开发区功能拓展

经过9年的开发建设,陆家嘴、外高桥、金桥、张江四大国家级开发区从基础建设、产业布局为主导转为以体制创新、产业升级、能量集聚为方向,步入功能拓展、向外辐射、管理提升、环境优宜、服务至上的新阶段。

## 一、金融贸易区拓展

2000年后,陆家嘴金融贸易区以体制创新、产业升级、"金融聚焦"为动力,步入"重功能、重管理、重环境"的新阶段。2003年,市政府制定《推进上海国际金融中心建设行动纲要》,明确提出2020年将上海基本建成亚太地区国际金融中心之一,并开始向世界级国际金融中心迈进的战略目标。2005 年 4 月 6 日,新区政府公布《2005—2007 年浦东新区发展现代服务业三年行动纲要》,以金融业带动现代服务业发展成为纲领的总体思路。出台新的政策和措施,启动软硬设施建设,直接推动陆家嘴金融贸易区高速发展。

**【金融业】**

2010 年,陆家嘴金融业增加值 687.77 亿元,税收总额 344.37 亿元。区内建成商务楼宇面积 1 158.7 万平方米。有跨国公司地区总部 65 个。有外资金融机构 181 家,其中花旗银行、汇丰银行、东京三菱银行、渣打银行、恒生银行等在区内设立法人银行;中资金融机构 411 家,其中中国人民银行上海总部、交通银行总行、太平洋保险总公司、上海证券交易所、上海期货交易所、上海银监局、上海证监局、上海保监局等机构入驻。陆家嘴金融贸易区流量经济涵盖全国 31 个省、市、自治区,物流网络遍布 165 个国家和地区。区内集聚证券、期货、钻石、产权、石油等 10 多个国家级要素市场,以股票、货币、债券、外汇、商品期货、金融期货、黄金、产权市场等为主要内容的现代金融市场体系日渐成熟,基本确立国内金融市场中心地位。

**【会展旅游业】**

随着新区经济能量的不断增强与释放,陆家嘴社会经济环境的不断完善,浦东在中国和世界地位和知名度的不断上升,陆家嘴会展旅游产业逐步发展起来。2001 年 11 月,上海新国际博览中心建成开业,使上海的会展业重心由黄浦江西移至浦东,从此中国国际汽车工业展览会、中国国际工业博览会、华东进出口商品交易会等大型会展项目都在陆家嘴举办。同时,滨江大道、世纪公园、上海海洋水族馆、上海科技馆、浦东展览馆和金茂大厦(88 层观光厅)、上海环球金融中心(94 层观光大厅、97 层观光天桥、100 层观光天阁)以及高星级酒店等一批会展、旅游设施的建成开放,丰富了陆家嘴现代会展旅游产业的内涵,提高了规模与层次,吸引国内外大批游客、企业和各类机构来此游览或举办会(议)展(览)、参与会展。2010 年,陆家嘴区域内主要会展场所有上海新国际博览中心、浦东展览馆、上海科技馆、上海国际会议中心;主要旅游景点有东方明珠广播电视塔、上海环球金融中心、金茂大厦、世纪公园、世纪广场、世纪大道、滨江大道、陆家嘴中心绿地、上海海洋水族馆,其中 4A 级以上景点有东方明珠、上海科技馆、滨江大道、上海海洋水族馆、世纪公园。是年,陆家嘴举办展览 120 次,展览面积 398.39 万平方米,其中国际性会展 99 次,从事展览服务的企业近 200 家;召开会议 1 869 次,其中跨省市会议 157 次、国际性会议 36 次,与会人员 19.31 万人,包括海外与会人员 9 700 人。主要景点营业收入 12.69 亿元,接待人数 2 414 万人;宾馆营业收入 43.54 亿元,客房出租率 69.4%。

**【现代服务业】**

围绕金融业发展起来的现代服务业形成一定规模。2010 年,区内有服务业企业 1 000 余家,其中 546 家规模以上服务业企业营业收入 612.4 亿元,比 2009 年增长 26.4%。服务业企业涵盖近 30 个行业大类。在规模企业中,商务服务业、信息服务业、运输代理服务业、研究与技术服务业分别为 257 家、95 家、66 家和 55 家。其中,257 家商务服务业企业从业人员 3.27 万人、营业收入 311.11 亿元、利润总额 80.13 亿元;95 家信息服务业以陆家嘴软件园为主要载体,营业收入 91.99 亿元,营业收入超过 1 亿元的企业有 13 家;66 家运输代理服务企业营业收入 105.64 亿元,利润总额 8.57 亿元;55 家研究与技术服务业企业营业收入 42.8 亿元,利润总额 5.61 亿元。

2010 年,陆家嘴区域商品销售总额达到 5 239.72 亿元,上海宝钢钢材贸易有限公司、宝钢资源有限公司、小松(中国)投资有限公司、万向资源有限公司和中化国际(控股)股份有限公司 5 家企业的商品销售额占 24.5%。全社会消费品零售额 235.5 亿元,其中商业零售额 189.27 亿元、餐饮业营业额 46.23 亿元。一批大型知名商贸企业在陆家嘴逐步聚集,其中销售额超过 100 亿元的企业有 14 家;经营的商品主要涉及金属材料、机电、石油、化工产品等生产资料。

## 二、保税区拓展

2001 年 4 月 18 日,外高桥保税区进行了第五次封关验收,封关面积扩大到 7.52 平方公里。2003 年 5 月 29 日举行第六次封关验收,封关面积为 1 平方公里。2007 年 4 月 16 日对 0.44 平方公里微电子产业园区进行第七次封关验收。外高桥保税区 10 平方公里的规划面积,至此有 8.96 平方公里建成运行,成为全国 13 个保税区中封关运行面积最大的保税区。

### 【"区港联动"】

2004 年,外高桥保税区与外高桥港区在全国首试"区港联动",使保税物流园区形成国际中转、国际配送、国际采购和国际转口贸易四大功能,实现与上海各口岸的海运联动。2005 年,外高桥保税区由开发建设为主转变为管理服务为主,由政策优势向综合环境优势转变,发挥开发运营、产业引领、功能补全、社会支撑和示范带动五大功能。2006—2010 年,外高桥保税区成为国际化港城运营商,开发港城,引领产业,集成物流贸易,打造海港重镇。其销售收入、工业总产值、增加值、税收、集装箱吞吐量等主要经济指标,长期处于中国国家级保税区的前列,成为全国保税区的示范性区域。其间,2009 年 12 月 18 日,上海综合保税区管委会成立,作为市政府派出机构统一管理洋山保税区、外高桥保税区(含外高桥保税物流园区)及浦东机场综合保税区的行政事务。标志着上海"三港三区"联动工作实质性开启。9 年来,外高桥保税区的国际贸易稳步提升,年均增幅 25%;进出口贸易规模继续扩大,从事进出口业务的企业突破 3 200 家,涌现一批从事较大规模进出口业务的重点物流企业,其中美国伯灵顿全球货物物流有限公司年出口额超过 60 亿美元。

### 【出口加工业】

区内的出口加工业抓住国际制造中心向中国转移的机遇,积极优化出口加工产业结构,产值规模持续扩大,年均增幅达到 30%,产品科技含量不断提高,快速实现由技术集约型产品向高端知识型产品发展。如"惠普"黑白打印机、扫描仪升级到彩色打印机、投影机以及集合扫描、打印和传真功能的一体机;"飞利浦"黑白液晶显示器转型为彩色液晶显示器;"英特尔"投入了"奔腾 4"芯片的生产。企业效益增长。注册资本 820 万美元的飞利浦电子元件(上海)有限公司,投产第一年就盈利 1 500 万美元。企业的科研能力逐步增强。16 家企业被上海市科委认定为高新技术企业。2007 年引进的联想(上海)电子科技有限公司呈现跨越式发展态势。2010 年,外高桥保税区投产的出口加工企业有 209 家,累计厂房面积 145.55 万平方米,全年完成产值 707.64 亿元,产品销售率达 100.2%。

### 【物流业】

外高桥保税区物流业与出口加工业、贸易业相互依存、相互联动、相互促进,形成共同发展的良性循环。众多跨国公司把外高桥保税区作为其全球商品销售网络的周转基地,转口贸易量的快速增长带动了物流业发展。2003 年,区内最大的物流企业伯灵顿物流(上海)有限公司的进出口业务比上年增加了 11.5 倍。物流业的快速发展,一方面是包括贸易、加工业在内的保税区经济发展的结果;另一方面,为进一步推进保税区经济发展创造必要条件。2010 年,区内物流企业 900 余家,仓储面积 249.1 万平方米。

**【保税市场】**

2010 年,外高桥保税区建有 3 个保税综合市场和 16 个保税专业市场,有 6 083 家投资企业成为各类市场会员,年商品交易额达 638.53 亿元。保税市场以其在招商引资、商品展示、外贸代理、信息沟通等方面的特有功能,成为外高桥保税区经济的有机组成部分。

2010 年,上海综合保税区完成商品销售额 7 805 亿元(注册地口径),比 2009 年增长 39.3%。其中 120 家贸易型营运中心完成商品销售额 3 500 亿元,增长 43%;物流企业经营收入(含分拨企业分拨货值)3 300 亿元(注册地口径),增长 30%,其中物流业务营业收入 560 亿元,增长 58%。两大港口集装箱吞吐量完成 2 509 万标准箱,增长 17.3%。完成工业产值 707 亿元,增长 29.9%,其中高技术产业产值 453 亿元,增长 37.1%,占比 60% 以上。实现进出口总额 770 亿元,占全市 1/5,其中进口额 592 亿美元,增长 40%;出口完成 178 亿美元,增长 38.8%。是年,外高桥保税区在英国伦敦《金融时报》全球自由贸易区按八大要素综合评比中获得第一名。

## 三、出口加工区拓展

2001 年 1 月 9 日,国务院批准在金桥出口加工区(南区)设立海关监管区,规划面积为 2.8 平方公里,实行海关封闭管理,并享受赋予出口加工区的各项政策。2002 年 6 月 20 日,金桥出口加工区(南区)通过国家八部委验收,正式封关运行。年内,金桥出口加工区面积扩大到 27.38 平方公里。

**2010 年,金桥出口加工区(浦东新区志办提供)**

2010年,上海南汇工业园区、上海空港工业园区纳入金桥出口加工区管理,加工区面积达67.79平方公里。

**【先进制造业】**

进入21世纪,区内先进制造业能级和效益大幅提升。2001—2002年,区内累计引进项目527个,吸引投资102亿美元,累计吸引投资首次突破100亿美元。2003年,区内工业产值和销售产值分别达到1038.19亿元和1046.7亿元,首次双双突破1000亿元大关。工业产值占上海工业总产值的10%,在全国各开发区中名列第二。2006年,金桥出口加工区进入产业转型、结构调整的新时期,推动制造业向高端、高新、高效发展,至2010年,区内工业总产值由1320亿元提高到2092亿元,占上海市的6.7%、浦东新区的23.8%,年均增长9.6%;营业收入由1606亿元增长到2594亿元,年均增长12.7%;工业企业营业收入由1513亿元增长到2324亿元;上缴税收总额从65.5亿元提高到169.7亿元;工业企业利润由100.4亿元增长到163.2亿元;工业税收由64.1亿元增长到157.6亿元。工业企业利润和税收在上海41个国家级和市级开发区中排名第一。

**【生产性服务业】**

2006年,产业结构调整取得明显成效,基本形成生产性服务业和先进制造业二元协调、融合发展的产业格局。2006—2010年,引进项目中生产性服务业项目数和合同外资占比均达到75%左右。从产业档次来看,高端生产性服务业成为导入重点。通用汽车亚太总部、通用汽车前瞻性技术研发中心、阿朗亚太总部、辉门亚太区技术中心暨总部、LG亚太研发中心、中国移动通信视频基地、中国电信视讯中心、联芯科技有限公司等一批世界500强及国内大企业地区总部和研发中心相继落户金桥。从发展速度来看,生产性服务业营业收入从2006年的200多亿增加到2009年的336亿元,形成"地区总部、研发设计、商贸运营、信息服务外包"四大亮点;生产性服务业税收从2006年的1.4亿元提高到2009年的12亿元。生产性服务业已成为金桥出口加工区"二次开发"的重要推进力量。2009年,金桥生产性服务业引进项目44个,占引进项目总数的88%。惠而浦、柯达、通用中国、拜耳材料科技、埃驰等企业总部机构增资额1.86亿美元。生产性服务业增资总额首次超过制造业,标志着金桥产业结构调整进入先进制造业平稳增长、生产性服务业高速发展的新阶段。产业结构开始从制造业一业为主转变为制造业和生产性服务业"二轮驱动"、二元协调的新格局。大唐产业园、中国移动通信视频基地、中国电信视讯中心、上海贝尔全球信息技术服务中心、Hengsoft运营中心等一批新功能性项目先后入驻,形成金桥新的产业特色,促进金桥通信产业从设备设施制造向研发设计、应用服务和视频网络文化方向延伸发展,为打造"无线之都"、创建国家级ICT创新示范基地奠定基础。

## 四、高科技园区拓展

以市委、市政府颁布"聚焦张江"战略为标志,张江高科技园区进入发展快车道,园区规划面积扩展为25平方公里,聚焦效应、集群培育、辐射功能、先行先试等特征快速显现。

**【入驻国家基地】**

2000年1月,《上海市人民政府关于发布〈上海市促进张江高科技园区发展的若干规定〉的通知》(简称"张江19条")发布。规定成立张江高科技园区领导小组及办公室,由市、区两级政府和各职能部门充分委托或授权,建立重心下移、集中受理、高效便捷的行政审批和管理服务平台,使"张江事张江办"。"张江19条"的制定,不仅提出重点支持发展的产业,而且建立张江高科技园区发展专项基金等财力保障机制,确立鼓励企业设立研发中心、人才引进和激励等政策。2001年7月,《促进张江高科技园区发展的若干规定》(简称"张江新19条")实施细则颁布,"聚焦张江"的政策力度进一步增强。园区加快构筑生物医药创新链和集成电路产业链的框架,建有国家上海生物医药科技产业基地、国家信息产业基地、国家集成电路产业基地、国家半导体照明产业基地、国家863信息安全成果产业化(东部)基地、国家软件产业基地、国家软件出口基地、国家文化产业示范基地、国家网游动漫产业发展基地等多个国家级基地。在科技创新方面,园区拥有多模式、多类型的孵化器,建有国家火炬创业园、国家留学人员创业园,新经济企业发展取得重大进展。一批知名的、技术领先于国内、国际的集成电路、生物医药、软件、文化创意、金融服务等企业纷纷入驻张江园区,进一步提升园区科技综合实力。2010年,张江高科技园区累计注册企业6 500余家,其中外资项目2 392家,累计吸引外资投资总额203.57亿美元;内资项目4 103家,累计吸引内资注册资本218.65亿元。园区经营总收入1 556亿元,完成税收收入109亿元,完成地方财政收入34亿元。规模以上工业企业完成工业总产值608亿元;工业产品出口交货值235亿元。集成电路产业销售额202亿元,占全市的56.7%。生物医药产业实现营业总收入197亿元。

**【突破关键技术】**

张江高科技园区在国民经济与社会发展的一些关键技术领域实现突破,成为中国自主创新战略实施的关键载体之一。在集成电路领域,以地方政府国资主导的晶圆代工业,快速拉近与国际主流技术和产业水平的距离;IC设计企业突破国外技术垄断,IC材料与设备企业打破进口依赖。在生物医药领域,抗体药物、介入治疗器械、抗艾药物、CRO服务等细分领域处于国内领先地位。在软件和信息服务业领域,钢铁自动控制软件、中高端软件服务外包等领域具有强有力的国内竞争力。在文化科技创意产业,以科技与文化的融合优势,在网络游戏、数字出版和移动数字内容等细分领域取得快速发展,处于国内领先水平。2010年,园区累计专利授权5 934件。在《国家中长期科技发展规划纲要(2006—2020)》确定的16个重大科技专项中,园区内企业和机构在2个专项中承担重任。在"极大规模集成电路制造技术及成套工艺专项"确立的44个项目中,园区承担了7项。在"重大新药创制专项"中,园区共获支持项目99项,占上海的58%,占全国的10.2%。此外,张江高科技园区共承担国家重大战略课题216项,包括"973"计划17项、"863"计划129项、科技支撑计划35项、国家自然科学基金31项。2006—2010年,在历年国家科学技术奖励大会上,园区有13家企业获得17项国家科技进步奖。

**【集聚创新人才】**

进入21世纪,创新创业环境不断完善,由园区开发主体、政府类机构和社会类机构构建了企业孵化、专业平台、投融资、产业政策和人才服务等全方位的服务平台,为创新人才集聚奠定基础。2010年,张江高科技园区建成20多家孵化器和63家公共服务平台,形成由银行贷款、小额贷款和易贷通等组成的覆盖企业所有成长阶段的多元投融资服务体系。与此同时,集聚大批归国留学创新创业人员,显示出较强的全球资源整合能力,园区从业人员达14.24万人,其中本科学历以上从业人员占72%,每万名从业人员中理工科本科以上学历人数达4 516人。园区共吸引了6 000多名留学生归国创业,创办各类创新创业企业 600 多家,园区已经成为中国最重要的归国留学生创新创业基地之一。

# 第五节 现代商业

商圈、特色街市和商业社区是建设一流新区的重要商业业态。其中,特色街市成为新区商业的集聚地,其发展方向和轨迹代表着新区特有的经济功能和生活休闲功能。

## 一、商圈

新上海商业城商圈和小陆家嘴商圈是新区两大主力商圈,2007 年通过改造升级,持续保持快速增长,呈现出全新面貌。

### 【新上海商业城商圈】

坐落于陆家嘴金融贸易区,是区域"第一商业中心"。商圈以新上海商业城为基础,结合张杨路—东方路轨道交通枢纽建设和周边的发展优势、空间资源,以张杨路为中轴线,向南北辐射,北至商城路,南至潍坊路。功能定位立足中档,兼顾高档,具有购物、餐饮、商务、娱乐、文化、休闲等多种功能。1993 年规划用地面积 13.8 万平方米,建筑面积 80 万平方米,由 18 栋楼宇组成。1991 年 12 月,第一栋大厦福使达商厦动工。1994 年底,新上海商业城开工建设,1996 年 1 月 26 日主体工程完工。是年底,18 栋大厦中的 11 栋竣工启用。1999 年 2 月 6 日,由市商委、新区管委会共同组建的新上海商业城联合管理委员会及办公室挂牌,是年被列入上海"四街四城"市级商业中心。

2003 年,新上海商业城第二次开发概念性规划通过专家评审,2005 年二次开发改造全面展开,2007 年基本完成,形成以综合百货、专业市场(店)、餐饮业、娱乐服务业为主的四大经营业态。全年社会消费品零售额 58.2 亿元,比 2006 年增长 30.2%;2008 年增加为 73.67 亿元,比 2007 年增长 26.58%。

### 【小陆家嘴商圈】

2007 年,小陆家嘴商圈实现社会消费品零售额 15.93 亿元,比 2006 年增长 41.2%。正大广场是小陆家嘴商圈的商业主体,2008 年实现营业收入 18.27 亿元,比 2007 年增长 18.1%;餐饮业 6.16 亿元,增长 16%。

## 二、商业街

浦东开发之初,区内无特色商业街。之后,新区特色商业街陆续建成。2009 年,新区的滨江大道休闲餐饮街、上海湾时尚休闲街、上海金桥国际茶城、博览汇餐饮休闲广场被评为市特色商业街。还建成一批具有一定规模的区域特色商业街,有东方路商业街、昌里路特色街、妙境路商业街、张家浜创意街、崂山东路休闲街、银城南路极品街、龙汇路餐饮街、碧云路—红枫路商业街、川沙新源路步行街等。

## 【滨江大道休闲餐饮街】

位于沿黄浦江的滨江大道。12个各式风情的全玻璃房餐厅、酒吧、咖啡店、冰品屋和各式料理店临江而立,且均拥有绿地、亲水平台,有著名的星巴克、哈根达斯、宝莱纳餐厅等。2007年被市经信委评为市首批特色商业街。

## 【上海湾时尚休闲街】

位于八佰伴商圈,北靠小陆家嘴核心地,面临滨江高档国际社区。占地1.74万平方米,平面轮廓呈L形。具体由一组258米长、建筑面积约1.85万平方米的商业街区和1栋21层、建筑面积约2.34万平方米、建筑高度98.4米的甲级写字楼组成。地下建筑面积2.17万平方米,含商业用房和停车库。2008年被市经信委评为市特色商业街。

## 【上海金桥国际茶城】

位于东陆路1683号~1711号,2008年营业。全长500米,建筑面积4500余平方米,是全国唯一集品茶、制壶、销售为一体的花园式商业街。茶源来自福建安溪、武夷山及浙江、安徽、云南等地,由茶农和厂家亲自采摘、制作后,直接运输到商铺销售。同时,茶城配备2个冷库,供茶叶及时冷藏,保证货源正宗,品质稳定。2008年有商铺82家,其中特色商家15家,经营上百个品种。2009年被市商务委评为特色商业街。

## 【博览汇餐饮休闲广场】

位于芳甸路1088号,2004年建成。面积1.16万平方米,由地上2层和地下1层组成,集餐饮、购物、娱乐、展示、休闲、时尚于一体。2009年形成的特色餐饮场所有:米娜餐吧,主营西域美食新疆风味;四川江湖菜,根植于民间,师承多家,复合调味、中菜西做、老菜新做、北料南烹;山西晋韵游子情,是没有味精的餐厅,主营三晋特色,粗粮细做,农家菜肴,经典面食,设有特色炕包房;心代豆浆,主营面食、主食、靓汤、饮品等。实行全年24小时免费外送服务,填补区域夜间服务盲点。是年被市商委评为市特色商业街。

## 三、商业社区

2009年,新区有6个社区被评为国家和上海市的社区商业示范区。

## 【联泽国际社区】

位于花木街道,占地1.4平方公里,是高品质大型生态居住区。1995年由联洋集团公司统一规划,多家房产开发商分片分步实施开发。建设之初,确定社区商业集中配置的思路,构建"邻里中心"式社区商业模式,改变沿街式和住宅、商业混合的传统社区商业形式,实行高水平、多功能组团式集中配置,成为现代化住宅中商业配套样板示范区。2006年被商务部评为全国首批社区商业示范区。社区商业集中在证大大拇指广场和联洋广场。

**证大大拇指广场**　位于芳甸路199号,占地5.23万平方米。2003年10月15日奠基,2005年7月9日开业。广场有22幢建筑物,内设大型超市家乐福和主题卖场、精品购物、休闲娱乐、艺术中心、四星级酒店等多种业态组合的大型社区商业中心。以购物、美食、休闲、娱乐为特色,与主题广场融为一体,满足"一站式购物、一家人休闲、一整天逛街"的现代消费方式。

**联洋广场** 2008 年圣诞节开业,是一个融餐饮、购物、娱乐、商务于一体的商业中心。占地 2.5 万平方米,建筑面积近 7 万平方米,由 4 幢单体建筑构成,包括 1 幢有地下 2 层、地上 4 层,建筑面积约 5.8 万平方米的大型休闲购物商场,及拥有 300 间客房的联洋宜必思酒店。建筑风格融合大量老上海元素,包括瓦片盖顶、鹅卵石和青砖铺就的街路、外挑式铸铁阳台等。2008 年,联洋社区境外人士对生活环境满意度评价为新区各社区之最。

### 【三林世博家园社区】

位于浦三路东、川扬河南,是上海世博会场馆建设配套动迁项目。2004 年 11 月启动,2006 年全面建成,占地 2.5 平方公里,是年 12 月 20 日 1.07 万户动迁居民迁入新居。2005 年 10 月,配套商业开工,2006 年 6 月基本建成。社区商业面积 7.3 万平方米,其中南区邻里中心包括社区事务处理中心和面积达 21 万平方米的社区购物中心。北区商业群包括 5 800 平方米的标准化菜场和 6 600 余平方米的专业超市。衔接南区邻里中心和北区商业群的爱博路特色餐饮街共有建筑面积 2.3 万余平方米。基本满足消费者购物、休闲、娱乐、文化、社区服务一站式消费需求。2007 年被商务部评为全国第二批社区商业示范区。

### 【碧云国际社区】

位于金桥出口加工区,占地约 4 平方公里。由城市道路划分成 18 个地块,其中云山路东以高级别墅和公寓及配套设施为主,云山路西以中高档住宅为主。2001 年,社区初步建成。2002 年共有来自 27 个国家的外籍人士入住。2003 年底,社区有高级居住小区 10 余个,高级休闲场所 2 个,各类学校 4 所,医疗机构 2 家,大卖场 2 家,三星级、四星级酒店各 1 家。2006 年,社区商业销售额 17.53 亿元,其中 24 家餐饮企业营业收入 5.31 亿元。2007 年,社区成为上海首家通过 ISO14001 环境质量体系认证的国际社区。2008 年被商务部评为全国第四批社区商业示范区。

### 【百联临沂社区商业中心】

位于浦三路、临沂路口,总建筑面积 2.3 万平方米,有 5 个楼面,备有 3 800 平方米的停车场。由华联商厦股份有限公司负责改造、建设、经营管理,2002 年 1 月营业。商业中心集购物、餐饮、娱乐、健身、便民服务和社区服务于一体,为社区居民提供一站式、多功能、全方位服务。还专门开设全市首家由商家免费提供场地、面向社区居民的社区服务中心"邻里乐"。2007 年被市商委评为上海市首批社区商业示范区。

### 【文峰购物广场社区】

位于张杨北路 801 号,建筑面积 10 万平方米,其中经营面积 8.4 万平方米,地上共 5 层,设有 400 余个室内停车位。由江苏文峰集团经营,2003 年 9 月 29 日开业。有百货、家电、超市、家具、酒店、小吃广场、宾馆等多种业态,是集购物、娱乐、餐饮、休闲、文化于一体的综合购物中心。2008 年购物广场销售额 10 亿元,2009 年 11 亿元。2008 年被市经委评为上海市第二批社区商业示范区。

### 【金杨社区】

位于枣庄路东侧,西临金桥路。由上海金桥(集团)有限公司开发、建设的金杨路商业街,全长

900米,呈T字形态,由上海新金桥商业经营管理有限公司负责经营管理。商业总面积3.5万平方米,是新区开发最早的社区商业。其业态包括:中国银行、工商银行、建设银行、农业银行、浦发银行、农村商业银行等多家银行业;湘财证券公司等证券行业;童涵春、养和堂等品牌药店;联华、家得利等超市;乔家栅、大富贵、新亚大包等大众化饮食店;百世吉、威鹏、真维斯、达芙妮、奥康、宝大祥、丽婴房等服装服饰行业;新华书店、东方网吧等文化休闲业;苏宁电器等家电大卖场。2008年被市经委评为上海市第二批社区商业示范区。

# 第六节 服 务 世 博

2010年中国上海世界博览会(简称上海世博会)的举办,一方面为浦东建设一流新区注入新的动力,另一方面新区区委、区政府予以充分重视,组织人力、物力、财力,提供多方面保障,做出重要的贡献。

## 一、动迁任务

为保证上海世博会园区及配套设施建设,新区居民动迁总量占到全市的近60%。动迁期间,实施动迁诚信机制,凡涉及世博动迁的法律文书、政策口径、动迁工作人员情况、被拆迁人的基本情况、评估结果、安置房源、房源使用情况、特殊困难群体认定条件和安置结果9项内容全部公开。在实际操作过程中,建立公信人士和群众代表参与,律师、社工等志愿者参与的"两参与"制度,保证依法动迁,赢得动迁居民的理解和支持。同时,建立与世博动迁同步进行的监察、预防、审计、信访"四同步"机制,实现世博动迁全程监督。实施"三会"制度:针对居民的特殊情况、特殊要求,街道居委会干部、社区民警、动迁公司经办人进行专题协调会,凡是在政策允许范围内的合理要求尽量满足;通过行政裁决审理会,政府职能部门审核动迁居民的权证是否齐全,补偿方案是否合理,如果属于无理要求就坚决下行政裁决书;由人大代表、政协委员、公职律师、街道居委干部等出席的强迁听证会,让动迁部门讲清政策,动迁居民陈述理由,使双方的意见得到充分交流和沟通。新区还承担142家企业动迁和世博动迁安置房的建设任务。居民和企业动迁均顺利完成,保障2010年中国上海世界博览会的成功举办。

## 二、配套工程

上海世博会配套建设项目是重大工程中的重中之重。2008年,新区推进重大工程70项,累计完成投资207.1亿元,占是年计划投资的108.6%,创历史新高。2009年,新区负责实施的重大项目共107项,总投资1272.34亿元。25项由新区负责实施的世博配套道路,总长度约96公里,总投资420多亿元。其中张杨路改建,昌邑路、中环线、机场北通道、东西通道、内环线改造,中环线绿化带、机场北通道绿化带、云台路、东方路等项目的新建、改建,均在2010年3月底全面建成。

## 三、生态保障

新区全面推进水环境治理、大气环境治理与保护、固体废物治理、工业传染治理、郊区环境保护、循环经济和清洁生产、生态人居环境等工程建设,全面加强行业管理,全面提升环境质量。上海世博会举办前两年,推进、落实"截污治污、疏浚清淤、疏通水系、调活水体、营造水景、改善环境、长效管理"相结合的治水新举措,有效改善河道水质。2009年加快川南奉干管、华夏东路干管等污水管网建设,完成高东污水治理一期,高桥污水治理二期,北蔡、三林污水治理四期工程,城镇污水纳管率提高到80%以上。外环绿化生态专项建设共完成投资24亿元,建成云山路集中绿地等项目,建成由40套废水污染源在线监测点、4套地表水在线监测点和5套废气(烟气)在线监测点组成的污染源监测网络系统。在监测的32条主要河道共71个断面中,有48个断面水质有所好转,无黑臭河道。对曹家沟、三八河、东运盐河等骨干河道和608条中小河道开展综合整治,消除56.89公里的黑臭河道,建成100条生态景观河道。开展白莲泾水系综合治理工程,完成小腰泾、汤家派、咸塘浜北段、三林塘港等7条迎世博骨干河道的整治工程。加快节水型城市建设,完成30家节水型小区和金桥节水型工业园区创建;开展70家重点工业企业水平衡测试,25家企业被命名为上海市节水型企业。通过住房和城乡建设部的中期评估,获得优秀。

完成迎宾大道绿化群落调整改造、杨高南路的绿化景观、浦东南路和沪南路综合整治工程,按照"鲜花大道"的设计理念和施工要求,完成浦东南路样板段建设。全区共实施959条(段)道路的绿地整治382公顷;完成绿地调整改造176公顷。立体绿化1.7公顷,改造上南、济阳、合庆、梅园等5座老公园,调整21个旧居住小区的扰民绿化,还开展花坛花境、组合花卉、主题景点、公园景点、主题活动、行道树设施完善等各项工作。全面落实迎世博市容环境建设和管理600天行动计划各项工作目标。其中实施小区综合整新1 412万平方米,整治黄浦江等江河沿线环境45公里,整治交通主干道沿线环境97公里,拆除高炮广告310座,均占全市任务总量的50%以上。

## 四、志愿服务

2009年,新区扎实推进上海世博会志愿者工作,制定《浦东新区世博会志愿者服务工作指导意见》,下发《世博会社区志愿者招募实施细则》,招募世博城市站点志愿者2.9万人,完成新区33个外建站点、11个内建站点的选址规划。发出《关于组建浦东新区平安志愿者服务队的实施意见》,完成上海世博会社区志愿者招募,组建文明着装劝导志愿者服务队等队伍。全年,上海第二工业大学世博会志愿者工作站获上海市迎世博贡献奖——志愿服务贡献奖集体。迎世博巾帼文明劝慰志愿服务等10个项目被评为"十大志愿服务项目",有10人被评为"迎世博文明行动风尚奖十大明星人物"。

# 第七节 社会事业和精神文明

浦东新区开发开放20年来,坚持对科技、教育、文化、卫生、体育事业加大投入,改善民生,着力推进精神文明建设,一个崭新的、现代化的一流新区正在浦东地区崛起。

## 一、科教文卫体

### 【科技】

新区建立以来,围绕科教兴市、聚焦张江战略,以营造良好的创新创业环境为重点,完善政策环境、市场环境、法制环境和人文环境,实施高新技术产业先行战略,重点发展信息、生物医药、新材料、环保、现代农业、微电子、软件等高新技术产业。鼓励研发创新,加快完善创新体系、集聚创新资本,探索以科技投融资体系为核心、具有浦东特点的自主创新道路,科学技术事业逐步发展。其间,建设和引进浦东新区规划设计研究院、上海新药研究开发中心、国家中药制药工程技术研究中心、上海人类基因组研究中心、国家人类基因组南方研究中心、国家新药筛选中心等研发机构。先试先行科技金融创新、集成电路产业保税监管、生物医药入境材料检验检疫快速通道、国家知识产权试点园区、国家知识产权示范园区等重要政策。探索建立国家、上海市、浦东新区合力推进科技创新和产业发展的工作机制。围绕聚焦张江高科技园区,实施优秀人才集聚战略。2008年底,新区人才总量达46万余人,占上海市人才总量的1/4。其中两院院士13人,享受国务院特殊津贴、国家"新世纪百千万人才"等各类专家和高层次领军人才250余人,硕士、博士3万余人,国际化人才8万余人。是年,新区共获国家科技进步奖35项、市科技进步奖376项。专利申请量8 980项,其中发明专利3 065项、专利授权3 677项。经认定的科技公共服务平台26家,孵化器17家,企业博士后科研工作站34家,重点实验室16家,研发机构302家,其中国家级21家、市级63家、区级218家,成为国内研发创新机构最密集的区域之一。大力开展科技科普活动,连续两次被评为全国科普示范城区。全区建立科普教育基地39家,其中国家级6家、市级29家。

**【教育】**

新区建立以来,基础教育校舍占地增长100%以上,校舍建筑面积增长200%以上。2010年共有基础教育阶段学校571所,其中中学161所、小学173所、幼儿园226所、特殊教育学校3所、工读学校1所、职业中学7所;基础教育阶段学生39万人。有国际学校12所,外籍学生10 885人。全区教职工3万人,专任教师3万人。学前教育基本构建了托幼一体化格局;义务教育资源配置更为合理,学生接受教育的程度提高;高中教育超常规发展,优质高中教育资源有所扩大;成人教育初步构筑起全覆盖的社区教育网络;高等教育初具规模,上海中医药大学、上海金融学院、上海第二工业大学等整建制迁入新区,中欧工商学院、杉达大学、上海海关学院等在新区成立;北大浦东微电子研究院、清华上海微电子研发中心、复旦大学软件学院等进驻张江高科技园区。其间,还调整农村基础教育管理体制,实现"二元并轨",镇管的86所中小学和幼儿园全部由新区财政统一拨款,实现城郊教育的4个统一,即统一硬件配备水平、统一拨款标准、统一信息平台、统一提供教师培训与发展机会,为城郊教育均衡发展创造了条件。

**【文化】**

新区建立以来,建成东方明珠广播电视塔、上海科技馆、东方艺术中心、浦东展览馆等一批高标准、标志性的文化项目。搭建国际文化活动平台,创办上海国际音乐烟花节、环球嘉年华、陆家嘴金融文化周、张江科技文化节、首届国际小丑节等大型活动,打造一批具有浦东特色的文化活动品牌。2004年,国家和上海市文化科技创意产业基地在张江高科技园区挂牌,文化企业的集聚效应逐步显现。社区文化设施基本形成网络,积极开展"文化进社区"活动。深入开展文明创建活动,2005年荣获"全国文明城区"称号。

**【卫生】**

新区建立以来,改建东方医院、公立医院等5所综合性医院,引进中美儿童医学中心、中日友好瑞金医院、仁济医院、华山医院浦东分院等一批国内一流的医院。初步建立以一、二级医院为基本框架,以民办非营利性医疗机构为补充的基本医疗服务网络。健全公共卫生体系探索社区卫生综合改革试点,进一步提高疾病预防和控制能力,近年来先后荣获"国家卫生城区""全国社区卫生服务示范区"等称号。2010 年,新区各类卫生机构 1 057 所,拥有床位 1.52 万张,医技人员 1.89 万人,医疗机构和人员分别比 1993 年增长 60％和 40％。

### 【体育】

新区建立以来,相继建成浦东游泳馆、源深体育中心、六里棒垒球场等体育场馆。大力推进全民健身活动,公共体育场地不断增加,2010 年,全区 2/3 以上的中小学向社会开放学校资源。有公共体育馆 11 个;健身点 1 689 个,面积 92 万平方米;社区公共运动场 53 个,面积 6 万多平方米;农民健身家园 248 个,面积 14 万平方米。人均体育活动面积 2 平方米。2006 年,新区体育代表团获得上海市十三届运动会金牌总数第一。

## 二、精神文明

1995 年 3 月,浦东新区精神文明建设活动委员会成立(1996 年更名为浦东新区精神文明建设委员会,简称"文明委"),组织领导和协调全区精神文明建设,先后制定《浦东新区"九五"期间精神文明建设规划》《浦东新区建设文明城区规划》《浦东新区精神文明建设"十一五"规划纲要》等重要规划以及其他指导精神文明建设的规范性文件。

新区精神文明建设围绕提高人的素质和城市文明程度的根本目标,开展文明城区、文明镇、文明小区、文明村的创建活动,在各条线、各行业(包括外商独资企业和内联企业)、各开发园区开展文明单位、文明开发园区、文明大厦等的创建和评选活动,在全区范围内实现文明创建全覆盖;在公民思想道德建设中,广泛开展学雷锋树新风、先进思想道德的宣传教育和道德建设实践活动,实施"市民素质工程""窗口形象工程",城区进行"五个一工程"(一部好的戏剧作品、一部好的电视剧作品、一部好的电影作品、一部好的图书、一部好的理论文章)、农村进行"四个一工程"(在每个建制村建设一个有线电视网络、一个村民活动室、一所村民学校和一个村民健身点)建设,组织广大市民积极参与"创文明城,做文明人"——浦东新区创建国家文明城区百万市民签名活动、"与文明同行,做可爱的上海人"、"垃圾不落地,浦东更美丽"、"文明在脚下"、"文明星期六"、"我为奥运添光彩——浦东市民百日大行动"、"浦东市民迎世博"等一系列群众性大型主题实践活动。

在新区文明创建活动中,建立区志愿者协会等志愿者组织,围绕创建卫生城市、服务APEC 会议、抗击"非典"、"学习雷锋,做文明先锋"、服务世界夏季特卖会、"迎世博、讲文明、树新风"等开展一系列志愿服务活动,涌现区青年志愿者协会等优秀志愿者组织,还有众多个人先进典型。

新区精神文明建设取得丰硕成果。2002 年,被评为"上海市文明城区"和"全国创建文明城市工作先进城区"。2005 年成为全国首批文明城市(区)之一。2009 年,全区有市、区两级文明小区 634 个,市、区两级文明村 122 个,市级文明镇 6 个(2005 年版标准),市级文明社区 12 个(2005 年版标准)。在历届精神文明先进个人和事例评选中,评选出众多的"十佳好人好事"和"十佳好事"。

表 1-3-1 浦东新区主要年份基本情况

| 项 目 | 1978 年 | 1985 年 | 1990 年 | 1995 年 | 2000 年 | 2005 年 | 2010 年 |
|---|---|---|---|---|---|---|---|
| 区域面积(平方公里) | 470 | 448.39 | 446.11 | 522.75 | 533.45 | 569 | 1 429.67 |
| 水域面积(平方公里) | | 80 671 亩<br>(1983 年) | | | | | |
| 年末耕地面积(公顷) | 24 831.3 | 23 364 | 21 274.4 | 15 046 | 12 666 | 8 848.9 | 22 121.50 |
| 街道(个) | 0 | 0 | 0 | 11 | 11 | 11 | 13 |
| 镇(个) | 4 | 3 | 3 | 5 | 16 | 12 | 25 |
| 乡(个) | 27 | 27 | 26 | 27 | 0 | 0 | 0 |
| 居民委员会(个) | 0 | 13(小集<br>镇居委) | 28 | 354 | 468 | 582 | 752 |
| 村民委员会(个) | 0 | 327 | 325 | 333 | 298 | 251 | 393 |
| 年末户籍人口(万人) | 62.35 | 60.60 | 61.68 | 148.63 | 164.87 | 184.81 | 275.8 |
| 户数(万户) | 16.86 | 17.21 | 18.84 | 51.46 | 60.51 | 68.95 | 181.48 |
| 年末常住人口(万人) | | | | | | | 504.44 |
| 外来人口(万人) | | | | | | | 218.33 |
| 人口密度（人/平方公里） | 1 326 | 1 351 | 1 323 | 2 843 | 3 091 | 3 245 | 1 929 |
| 人口自然增长率(‰) | 9.5 | 3.5 | 4.02 | −1.81 | −1.71 | −0.58 | 1.06 |
| 城镇登记失业人数(万人) | | | | | | | 4.69 |
| 新增就业岗位(人) | | | | | | | 142 100 |
| 中学(所) | 55 | 32 | 32 | 80 | 100 | 103 | 161 |
| 在校生(人) | 47 445 | 26 242 | 33 070 | 82 755 | 138 941 | 114 300 | 140 800 |
| 小学(所) | 270 | 221 | 173 | 216 | 136 | 107 | 173 |
| 在校生(人) | 58 280 | 53 742 | 63 900 | 129 137 | 110 573 | 92 100 | 165 000 |
| 幼儿园(所) | | 25 | 36 | 132 | 148 | 166 | 226 |
| 在园幼儿(人) | | 22 392 | 26 200 | 35 972 | 34 000 | 44 600 | 83 300 |
| 职校(所) | 1 | 4 | 7 | 8 | 8 | 5 | 7 |
| 在校生(人) | 784 | 1 411 | 2 000 | 13 565 | 18 400 | 13 900 | 17 400 |
| 图书馆、室(家) | 4 | 32 | 3(县级) | 5 | 5 | 1(区级) | 39 |
| 文化馆、场(家)① | 32 | 3 | 30 | 3 | 4 | 4 | 3 |
| 影剧院、场(家) | 5 | 5 | 23 | | | | |
| 区级医院(所) | 4 | 5 | 42 | 44 | 46 | 57 | 56 |
| 医院床位数(张) | 1 680 | 1 800 | 2 670 | 4 368 | 5 930 | 6 520 | 15 200 |

(续表)

| 项　目 | 1978 年 | 1985 年 | 1990 年 | 1995 年 | 2000 年 | 2005 年 | 2010 年 |
|---|---|---|---|---|---|---|---|
| 医疗卫生技术人员(人) | 2 099 | 2 298 | 2 769 | 5 935 | 8 800 | 9 800 | 18 900 |
| 执业医师(人) | | | | 2 753 | 4 600 | 4 700 | 7 600 |
| 公共绿地面积(万平方米) | | | 66.7 | 290.89(公顷) | 1 479.26 | 4 155(公顷) | 5 566(公顷) |
| 人均公共绿地面积(平方米) | | | | 2.85 | 10.9 | 24.5 | 22.5 |
| 绿化覆盖率(％) | | | | 14.19 | 30.2 | 37.8 | 36 |
| 公园(个) | | | 7 | 9 | 13 | 17 | 20 |

说明：① 1985 年、1995 年不含文化站。

表 1-3-2　浦东新区主要年份国民经济基本指标

| 项　目 | 1978 年 | 1985 年 | 1990 年 | 1995 年 | 2000 年 | 2005 年 | 2010 年 |
|---|---|---|---|---|---|---|---|
| 生产总值(亿元) | | 11.17 | 60.24 | 414.65 | 920.52 | 2 100 | 4 707.52 |
| 第一产业(亿元) | | 1.13 | 2.22 | 4.22 | 5.65 | 6.09 | 31.47 |
| 第二产业(亿元) | | 7.98 | 45.89 | 283.92 | 487.34 | 1 070.96 | 2 036.58 |
| 工业(亿元) | | | 43.13 | 260.07 | 445.43 | 1 009.47 | 1 899.04 |
| 第三产业(亿元) | | 2.05 | 12.13 | 126.51 | 427.53 | 1 031.74 | 2 639.47 |
| 固定资产投资完成额(亿元) | | | 14.15 | 285.07 | 351.06 | 693.61 | 1 432.3 |
| 财政收入(亿元) | 1.11 | 4.15 | 4.24 | 39.15 | 103.21 | 494.94 | 1 700.32 |
| 地方财政收入(亿元) | | | | 23.47 | 56.40 | 155.31 | 425.4 |
| 地方财政支出(亿元) | 0.27 | 0.51 | 1.39 | 38.65 | 69.60 | 198.79 | 524.06 |
| 外贸进出口总额(亿美元) | | | | 71.96 | 254.86 | 994.75 | 1 865.62 |
| 出口额(亿美元) | 0.38(亿元) | 2.42(亿元) | 12.71(亿元) | 39.63 | 95.8 | 372.12 | 738.79 |
| 外商直接投资实际到位金额(亿美元) | | | | | 8.85 | 31.11 | 38.56 |
| 年末私营企业注册数(个) | | | | 1 254 | 13 300 | 27 605 | 80 100 |
| 工业总产值(亿元) | 2.39 | 17.43 | 43.92 | 1 122.22 | 1 625.77 | 4 241.04 | 8 488.02 |
| 农业总产值(亿元) | 2.45 | 1.73 | 2.22 | 10.35 | 12.57 | 11.62 | 31.47 |
| 住宅竣工面积(万平方米) | 1.06 | 4.8 | 30 | 199.84 | 216.17 | 408.44 | 296.7 |
| 社会消费品零售总额(亿元) | | 5.20 | 11.52 | 110 | 215.17 | 414.99 | 1 036.88 |

# 第二篇　徐汇区

徐汇区位于上海市中心城区西南部。因明末文渊阁大学士、著名科学家徐光启在境内肇嘉浜、李潆泾、蒲汇塘三水汇合处建农庄别业,部分后裔在此繁衍生息,故称"徐家汇"而得名。

1978年,徐汇区行政区域面积23.18平方公里,辖有新乐路、永嘉路、斜土路、枫林路、天平路、徐镇路、漕溪北路、湖南路、闵行、吴泾10个街道,下设101个居委会(除闵行、吴泾街道),户籍人口13.32万户、50.43万人。1980年9月建立宛平南路街道。1981年2月22日,闵行区恢复建制,划出闵行、吴泾街道。1984年9月划入上海县龙华、漕河泾镇。1985年从龙华、漕河泾镇划出部分地区设立长桥、田林街道。1986年2月划入上海县虹梅路以东、蒲汇塘以南1.33平方公里。1990年从田林街道及上海县划入部分地区设立虹梅路街道。1991年5月撤销宛平南路、漕溪北路街道,设立新的漕溪北路街道;撤销新乐路、湖南路街道,设立新的湖南路街道。1992年7月,上海县龙华乡全部、虹桥乡的4个村和梅陇乡的3个村划入,设立龙华乡和康健新村街道。1994年3月撤销徐镇路、漕溪北路、天平路、永嘉路、枫林路街道,设立徐家汇街道和新的天平路、枫林路街道。1996年7月设立凌云路街道。1998年5月,龙华乡撤乡建镇,改名华泾镇。2001年2月,撤销龙华镇,设立龙华街道;撤销漕河泾镇,设立漕河泾街道。2010年,全区行政区域面积54.93平方公里,辖有12个街道、1个镇,下设309个居委会和6个村委会,户籍人口32.61万户、91.09万人。

中共十一届三中全会以后,徐汇区广大干部群众抓住机遇,奋力拼搏,不断探索具有自身特点的改革发展之路,历经3个主要阶段。

1978—1990年为工作重心转移时期。主要是抓住以经济建设为中心,利用区域扩大和事权下放等有利因素,扩大企业自主权,全面推广经济责任制,激发企业活力,促进经济发展。1984年5月,区制定《关于扩大集体企业自主权的若干规定(试行)的通知》,给予区属集体企业经营、人事、资金运用等方面一定的自主权,推行"改、转、租"形式的改革,试点租赁、承包等多种形式的经营责任制。1987年贯彻企业所有权与经营权分离原则,在国营大中型商业企业中推行承包经营责任制,在小型企业中继续扩大租赁经营规模,在工业企业中试行抵押承包制、集体承包制等多种形式的经营责任制,同时改革企业领导体制,全面推行厂长(经理)负责制,进一步调动企业、职工积极性。1990年实行各种形式承包的全民、集体企业457家,实行租赁经营的企业505户。其间,制定《外地投资企业来徐汇区申办企业须知》《上海市徐汇区外商投资项目申请和审批程序试行办法》,横向经济联系取得成效,外向型经济起步发展。1990年底,实现内联协作项目921个,总金额2亿余元;新建中外合资企业12家、中外合作企业1家,利用外资近200万美元。

1991—2000年为经济结构调整时期。主要是经济和社会发展分两步走:在经济发展方面,改革经济体制,大力发展第三产业,区属经济逐渐向区域经济转变;在城区建设方面,抓好重点项目建设,加强基础设施和生活环境建设。1992年6月,区制订关于试行综合配套改革的方案,提出把房地产业、高新技术产业、商业和旅游业作为区经济发展的四大支柱产业。2000年,区第三产业实现增加值41.22亿元,占地区增加值比重的78.58%;四大支柱产业对区域经济的贡献度不断提高,其中以徐家汇商圈为代表的商业成为重要经济支撑;经济所有制结构不断优化,全区1600余家国有、集体企业中2/3的企业实行各种形式的改革。同时,随着市对区土地批租事权的下放,徐汇区发挥区域级差地租优势,吸引外资加快旧区改造和商品房建设,城区面貌发生巨大变化。"九五"期间,区启动危棚简屋改造基地44块,完成旧区改造79.8万平方米,建成和完善梅陇、康健、长桥等一批新型居住小区。开展重点交通设施建设,市"三纵三横"干道网络中的虹桥路、肇嘉浜路、华山路扩建改建工程相继完成;连接浦东的徐浦大桥、穿越区境的S20(外环高速)、轨道交通1号线、3号线(又称明珠线)一期、内环高架路及沪闵高架路一期等相继建成,形成现代化立体交通网络。

2001—2010年为建设国际一流中心城区时期。主要是抓住上海建设"四个中心"和迎办上海世博会的历史机遇,形成以高新技术为主导、都市型产业为支撑、服务型经济集聚发展的新型产业格局,坚持城区形态与城区功能统一,建设综合竞争力较强的现代化国际一流中心城区。区"十一五"规划确定推进以信息服务业为核心,以专业服务业、旅游会展服务业、金融服务业、科技研发服务业、国际交流和教育培训服务业、生命健康服务业为重点的现代服务业。2007年出台《徐汇区现代服务业"1+6"行业引导目录》《徐汇区关于加快发展现代服务业的若干意见》等政策,设立现代服务业专项资金,培育和引导现代服务业快速发展。2010年,现代服务业税收占全区税收总收入的36%,主导地位初步形成。发挥功能区在经济与社会发展中的作用,推进漕河泾新兴技术开发区、徐家汇知识文化综合商务区、铁路上海南站现代交通商贸服务区、衡山路—复兴路历史文化风貌区、枫林生命科学园区、滨江休闲居住商务区六大功能区建设。其间,区政府与上海市黄浦江两岸开发工作领导小组办公室签署《共同推进黄浦江沿岸徐汇区段综合开发合作备忘录》,启动徐汇滨江建设。2010年,滨江公共开放空间(一期)建成并对外开放,成为徐汇区主动转变经济发展方式,实现跨越式可持续发展的重要支撑。

2010年,徐汇区生产总值910.92亿元,比1995年增长38.88倍;财政收入232.07亿元,比1978年增长292.76倍;社会消费品零售总额352.14亿元,比1978年增长85.52倍。境内有铁路上海南站、长途客运南站、漕溪路公交枢纽站、上海旅游集散中心总站等交通枢纽设施;有"一桥二隧"即徐浦大桥、上中路隧道、龙耀路隧道穿越黄浦江连通浦东;轨道交通1、3、4、7、9、10号线经过区境。有上海交通大学、华东理工大学、上海师范大学等全日制高等院校8所;有中山医院、龙华医院、肿瘤医院等三级甲等医院8所;有中国科学院上海分院、上海科学院、中国船舶重工集团公司第七○四研究所等各类科研院所83所。有徐光启墓、龙华塔、龙华革命烈士纪念地、上海宋庆龄故居4处全国重点文物保护单位,徐家汇天主堂、国际礼拜堂等12处市级文物保护单位;有乌泥泾(黄道婆)手工棉纺织技艺、海派黄杨木雕、上海龙华庙会、上海剪纸4个国家级非物质文化遗产,土山湾手工工艺(绒绣)、江南丝竹等7个市级非物质文化遗产;有上海图书馆、上海游泳馆、上海体育场、上海大舞台(上海体育馆)等一批公共文化体育设施。1996年被国家教委授予"幼儿教育全国先进县(区)";2001年被国务院授予"全国基本扫除青壮年文盲、基本普及九年制义务教育工作先进地区";2003年被全国爱国卫生委员会授予"国家卫生区";2006年被文化部、国家文物局授予"全国文物工作先进区";1999年、2003年、2007年3次被全国双拥工作领导小组、民政部、中国人民解放军总政治部授予"全国双拥模范城";2005年、2007年、2009年3次被科技部授予"全国科技进步先进区"。

2011年,《上海市徐汇区国民经济和社会发展第十二个五年规划纲要》强调:要按照"南北均衡、东西联动"方针,促进南部与北部资源整合、协调共进。重点发展信息服务业、金融服务业、专业服务业、科技研发服务业、文化创意和旅游会展服务业。着力培育战略性新兴产业,加快发展电子信息、生物医药、新能源、新材料等行业。对接上海国际贸易中心建设,推进徐家汇商圈升级改造。以滨江地区和南站地区建设为重点,对接"黄浦江发展轴",发展现代服务业。深化"三大板块"即内环线以内的徐汇中央分区、内环线到外环线之间的徐汇南次分区、外环线以外华泾镇地区的城区布局和产业发展。徐汇中央分区突出城市副中心功能的优化提升,发展高端商务与商业,形成现代服务业集聚区,对接"虹桥枢纽—浦东空港发展轴",并辐射周边地区;徐汇南次分区,进一步提升产业综合实力,发展高新技术产业、现代服务业等,实现漕河泾开发区产业转型升级;外环线以外华泾镇地区推进生态都市产业园建设和升级,引导和培育生产性服务产业。

# 第一章　工作重心转移

1978年以后,徐汇区将工作重心转移到经济建设上来。为适应经济改革的需要和市对区简政放权,开展行政机构改革,完善机构设置,加强政府管理经济和城区建设的能力;在基层逐步推行企业经营制度改革,开展租赁、承包等多种形式的经营责任制试点,增强企业活力;加强横向经济技术协作,以"互惠互利、共同发展"为原则开展跨地区、跨部门项目合作,发展外向型经济,增加出口创汇,促进经济发展。1983年,区财政收入首次突破亿元。1984年在区境漕河泾建立微电子工业区,1988年经国务院批准,扩建为国家级上海漕河泾新兴技术开发区,为徐汇区发挥区域科技优势、调整产业结构奠定基础。

## 第一节　党政机构设置

"文化大革命"结束之初,徐汇区的工作机构党政未分,大组套小组、上下都是组,既是区委工作部门,又是区革委会办事机构。1977年4月以后,区委指派干部分别到各工作部门担任领导工作,逐步改变党政机构合一的状况。此后,伴随着以经济建设为中心的主题逐步确立,城区建设与管理职能的加强,区委、区政府不断调整、完善机构设置。

### 一、党委机构

1978年4月,市委决定对徐汇区党政领导班子作调整充实,同时恢复部、委、办、局等中共党务和行政主管部门,但中共徐汇区委和区革委会仍为一套班子。因当时清查和整顿需要,保留抄家物资处理办公室,设立落实政策办公室、清查办公室和整党办公室等临时工作部门。

1980年3月召开徐汇区第七届人民代表大会,选举产生区人大常委会、区人民政府(取代革委会),党政一元化领导体制结束,各机关、街道、工厂、企事业单位等也逐步实行党政分工。为加强党对经济工作和社会事业的领导,1984年先后设立财贸工作委员会和城建工作委员会,1986年设立教育工作委员会和卫生工作委员会。1987年,中国共产党第十三次全国代表大会后,区委探索对经济工作实行政治领导的途径,正确发挥政府机构管理经济的职能。1988年1月,区委三届五次全会制定《区委实行政治领导主要职责暂行细则》,加强对区经济、社会发展规划以及重大改革措施等重大问题的决策。1990年底,区委设办公室、研究室、组织部、宣传部、统战部、党校、政法委、老干部局、党史研究室和对台工作办公室10个工作机构,设财贸工作委员会、城建工作委员会、教育工作委员会、卫生工作委员会和计划经济工作委员会5个派出代表机构。

### 二、政府机构

1977年10月以后,徐汇区革命委员会贯彻党政分工原则,逐步恢复局(科)、委、办等工作机构的设置。1979年,区革委会设13个局(科)、2个委员会和5个办公室。

1980年3月恢复区人民政府。此后,对机构进行调整和增设。1984年陆续成立审计局、司法局、物价局、文化局、人事局、民族宗教事务局、住宅建设办公室、经济协作办公室。1986年,市政府加强区在城市建设和管理方面的职能,对区的机构设置进行适当调整。区相应成立计划经济委员会,经济协作办公室的职能并入区计划经济委员会。1987年成立区经济体制改革领导小组,以加快经济体制改革步伐。

1988年,中央对上海实行财政包干,市对区实行承包、分权、明责的决定,以财政包干为核心,在计划、外经贸、商业、劳动人事、城建等方面配套放权。为适应发展需要,区对外经济贸易办公室、区商业委员会同时成立。对外经济贸易办公室为科级机构,隶属于区计划经济委员会领导;区商业委员会与区财政贸易办公室实行两块牌子、一套班子,负责对全区商业工作的行政管理领导。1990年又相继成立建设委员会、市政管理委员会、环境卫生管理局、环境保护局、规划土地局、建设管理局,保留房产管理局,形成城市规划、建设、管理的领导体制。至此,区政府工作部门有39个,另设置协调性、临时性工作机构28个。

## 第二节　地　区　工　业

徐汇区地区工业起步于1958年各街道、居委会兴办的里弄生产组。1963年,区建立手工业管理局,开始形成一批初具规模的生产工场,主要为全市21个局、47个公司下属的189家工厂企业进行加工生产。1964年,全市工业领导体制调整,区内国营、公私合营工业企业归市主管局和有关工业公司直接领导管理。自此,区集中精力引导和扶持街道工业发展。1978年以后,区地区工业发展迅速,经历企业改革和体制改革两个阶段,逐步形成电子元件、电器仪表、皮塑日化、服装针织4个地区工业主要行业。1990年,全区共有工业公司6家,下设各类工厂91家,职工11 242人,工业总产值2.19亿元。

### 一、改革发展

中共十一届三中全会以后,徐汇区地区工业主要经历2个发展阶段。

**【企业经营方式】**

生产企业由加工型向产销型转变阶段(1978—1983年)。1978年1月,区成立集体事业管理局(简称区集管局),与街道办事处一同对街道生产集体企业实行行政生产业务上的双重领导。为发展生产、增加收入,安置回沪知青,改善职工生活,采取3项改革措施。一是改革企业结构。将同类产品、同行业加工、分散多处的生产组,改建为街道工厂,使有限的技术力量、生产设备得到充分利用。二是改革分配制度。街道工厂职工工资由日工资改为月工资,并建立劳保福利制度,激励职工生产积极性。三是转变生产方向。企业开展一主多副、一主多种经营,由加工型转向产销加工型;区集管局、街道增加厂房、设备、技术投入,帮助企业转型。1983年,区地区工业利润达1 107.86万元。

**【企业管理体制】**

街道工业管理体制改革阶段(1984—1990年)。1984年2月在区政协六届一次会议上,有委员提交一份"改革街道工业公司体制"的提案,受到区委、区政府高度重视。区集管局开展情况调研,8月形成《关于街道工业管理体制的调查报告》,实施两项改革措施:一是理顺领导管理体制,成立区集管局党委,街道工业企业与街道脱钩,党政隶属关系统一归区集管局管理;二是加强行业资源整合,撤销街道工业企业,按行业相近筹建专业公司,建立科达、华立、汇丰、富达4个以电子元件、电器仪表、皮塑日化、服装针织行业为主体的专业公司。改革取得明显成效,是年即实现工业利润1 417.83万元,比1983年增长近30%。

## 二、主要行业

### 【电子通信设备行业】

形成于50年代后期,最初为新乐路街道下属一个生产组,为上海无线电三厂、四厂加工无线电零件。70年代开始,长峰电视机元件厂、美声电器厂等厂为上海无线电四十一厂、上海电视一厂等单位加工晶体管和电源导线等,环球电讯厂开始生产拉杆天线。80年代后,新乐无线电厂和美声电器厂独立生产电视机。1990年,行业以科达电子工业公司为主体,共有工厂22家,其中电子及通信设备行业7家,其余15家分属电器、机械、交通运输设备、化学、医药、文教体育用品、建筑材料等8个行业,主要产品有黑白、彩色电视机(组装)和拉杆天线、稳压电源、消磁线圈、组合电路电子元器件等,产值5 158.34万元。

### 【仪器仪表、电器机械行业】

60年代,永嘉街道永嘉仪表组、漕河泾镇东西街加工场等生产组(工厂)开始生产电器、仪表电机等。70年代后,行业工厂逐步增多。东华电器厂加工和生产各种小型仪表用线圈、变压器,向阳远红外线器械厂生产远红外治疗器、脉冲治疗仪等。80年代又新建一些工厂,其中华夏电器仪表厂拥有系统的机械加工设备和制造仪表、电器的专用及测试设备,主要产品有车船用风扇、压力表和冷轧电缆接头3大类。1990年,行业以华立仪表工业公司和漕河泾工业公司为主体,共有工厂35家,分自动化仪表、仪器仪表、电子测量仪器、通信设备、交通运输设备、电器机械、计量器具、灯具等类,主要产品有继电器、汽车开关、安全阀、大气采样仪、粉尘取样仪、烟气测试仪、压力表、电磁流量计、单相异步电动机、自动心功能监测仪、金属电化标印仪、静电油漆喷涂成套设备、各类模具等,产值6 553.98万元。

### 【皮革塑料及化学工业】

皮革制品业形成于60年代初,漕溪北路街道鲁浦缝纫组为上海皮鞋厂加工手套,70年代末转为自产自销手套产品。塑料制品业始于70年代后期,卫星塑料电器厂将金属丝绒架改为塑料丝绒架,配套行销国外。1985年,天平塑料电器厂开始生产电视机塑料零件。化妆品制造业始于80年代初,香海美容厂从生产香水开始,不断增加品种,产品有40多种,成为地区工业的骨干企业。1990年共有19家工厂,隶属汇丰工业公司,其中皮革、毛皮、塑料制品、化学工业工厂7家,其余12家工厂分属电器机械、医药、缝纫机、金属制品、文教体育用品、印刷等行业,主要产品有非晶态环形铁芯、乙型肝炎诊断试剂、高纯度绒毛膜促性激素(HCG)、家用缝纫机、热处理件、塑料尺、教学模具、晒图、复印等,产值5 856.88万元。

**【针织、服装业】**

起步于 50 年代后期,区内一些里弄生产组从事服装加工、生产。60 年代新建一些服装、内衣厂。1986 年前后由于服装市场疲软,枫林针织厂、时新服装厂、向阳儿童内衣厂等转为生产收录机、电容器、合成洗涤剂等产品。80 年代后期,由于外销任务增加,棉针织品、服装制造业趋于稳定。其中 1980 年开办的上海弹性纤维织带厂,生产稳步上升,效益明显,至 1990 年的 10 年中为国家创汇 4 800 万元,利润 1 108 万元。1990 年底,行业以富达工业公司为主体,共有工厂 10 家,主要产品有丝光平面带、针织内衣、男女童装、针织儿童连衫裤、呢制服装、腈绒衫、西裤、童毯、中高级女鞋以及化学、皮革制品等,产值 2 817.14 万元。

# 第三节 商 业 市 场

中共十一届三中全会后,徐汇区贯彻改革开放方针,实施放权让利,逐渐形成以国营商业为主导,多种经济形式、多种经营方式、多种流通渠道、少环节、开放式的流通体系,促进区商业市场的繁荣与活跃。

## 一、集体和个体商业

**【集体商业】**

1979 年以前,区内老集体商业主要为个体商店、固定摊贩组成的合作商店或合作小组。后经拨乱反正,对老集体商业落实政策,明确合作商店是社会主义性质的集体经济组织,是社会主义商业的一部分。1981 年,区成立发展集体、个体、商业、服务业协调小组,加大对老集体商业和街道生活服务事业的扶持,重点扶助待业青年兴办合作社、组,新办集体企业。1983 年,区对街道生活服务事业管理体制进行改革,将街道生活服务事业同生产集体企业划开,同街道脱钩。区集管局撤销局生活科和街道生活服务总站、联合托儿所,成立区商业服务公司,并在公司下设 10 个中心站(堂、所)作为派出机构,加强对 120 余个基层网点的党政和日常业务领导。公司采取多种经营方式发展第三产业,福利性生活服务事业逐步向经营性企业转变,取得显著经济效益,1984 年,营业额1 099.9 万元,比 1983 年增长 70%。1985 年,区、街道(镇)成立合作联社;区内部分市、区属工厂、事业单位也积极自办集体性质的商业门店。1990 年,区集体商业销售额(含服务业)5.48 亿元,是1978 年的近 8 倍,成为区经济生活中的重要力量。

**【个体商业】**

在发展集体商业的同时,解除了过去对个体商业"左"的思想束缚。1981 年以后,区个体商业得到迅速恢复。1981 年与 1990 年相比,全区个体商贩由 433 家、453 人发展到 3 296 家、4 517 人;自有资金由 4.5 万元上升到 571.57 万元;年营业额由 94 万元上升到 6 611.79 万元,占全区社会商品零售额的 1.88%。以个体商贩为主体的集市贸易市场有 19 处,其中农副产品市场 16 处、小商品市场 3 处,平均每天上市摊位 1 812 个,全年商品成交额 1.58 亿元。

## 二、零售商业网点

区内原有商业网点少,基础差。1978 年初,包括粮油店和储蓄所在内共 1 013 户,需要承担徐汇、闵行、吴泾地区 48.69 万人的生产、生活供给任务。是年,区政府成立财政贸易办公室,通过公建配套,申请使用商业技措资金等办法增设商店。但区内商业网点仍与人民群众的需求增长不相适应。1980年,区政府财贸办制定《关于加强徐汇区商业网点建设的意见》,提出用2年～3年时间建设好徐家汇商业中心,商业建设要与城市改造建设规划结合起来。此后,区着重调整徐家汇地区、淮海中路商业网点,增补老、新村网点,配套建设新建新村网点。1984年,区商业网点使用面积23.11万平方米,比1978年增加7 646平方米,行业增加至57个。

1985年,区组织商业网点调查组对全区商业网点情况进行调查,提出建立市商业中心、街道商业中心和居民区小店群相结合的三级商业中心,着手实施一系列措施:是年开展商业服务管理体制改革,区商业生活服务公司将43个服务站和27个食堂按行业相近,成立服装、家用电器修配服务、日用百货和饮食4个专业公司;1986年,区政府将新开21家商业网点列入区政府实事项目;1987年成立徐汇区华山路部分商业网点改造领导小组;1988年制定《关于商业网点设施资金提取和使用的具体实施意见》,明确各种形式承包经营责任制的国营商业企业,在完成承包基数前提下,按月提取商业网点设施资金用于改建、增设商业网点。

1990年,全区零售服务门店增至3 000多家,网点使用面积增至31.17万平方米,从业人员5.6万人。区属商业企业(含服务业)销售总额由1978年的4亿元左右上升到17.59亿元(含区属部分工厂、企事业单位自营商业)。

## 三、华亭服装市场

80年代中期,区内不仅商业网点规模较小,而且特色商店、专业性市场更少,集贸市场也多为农副产品交易。随着改革持续深入,工业品贸易市场应运而生且逐渐形成特色,华亭服装市场是其中比较具有代表性的。

**1998年的徐汇区华亭路服饰市场(徐汇区志办提供)**

华亭服装市场建立于 1984 年 9 月,最初是为鼓励、引导非公有经济成分发展,增加知青和其他社会闲散人员就业门路而设立。由区工商局投资,将徐家汇肇嘉浜路绿化带和五原路上近 70 个服装摊点迁入,辟为小商品市场。1985 年 2 月,区工商局、税务局协助服装市场举办迎春展销会,一举成功。6 月,市场面积达 2 000 余平方米,设固定摊位 273 个、临时摊位 100 余个,短短 381 米的华亭路,解决 2 000 余人就业问题。是年,改称华亭路服饰市场,以新潮服装和零批兼营为两大特色,吸引大量顾客,与广州高第街、北京秀水街齐名,位列"全国三大服装街"之首,并被市政府外办作为涉外旅游接待单位之一。

2000 年 1 月,区政府为改善市场购物环境,还路于民,实施华亭路服饰市场入室工程,由新上海国际商城有限公司投资,在襄阳南路东面、淮海中路南侧,建设襄阳服饰礼品市场。10 月,华亭路上的 384 户业主完成整体搬迁。从开业至搬迁,该市场共纳税 2 293 万余元。2006 年 6 月 30 日,襄阳服饰礼品市场关闭。

## 第四节　扩大企业自主权

改革之前,区工业和商业的企业管理体制基本都是政企职责不分,企业吃国家"大锅饭",职工吃企业"大锅饭"。中共十一届三中全会以后,区里以搞活企业,提高经济效益为中心,有步骤地对企业管理体制进行改革。1979—1983 年以改革分配制度为主要内容,把企业经营好坏同职工收入联系起来,力求克服平均主义,办法是实行固定工资加浮动工资,联销、联利计酬。1984年 5 月,国务院颁布《关于进一步扩大国营工业企业自主权的暂行规定》。区政府随即印发《关于扩大集体企业自主权的若干规定(试行)》,决定区属集体企业在生产经营、干部任免、用人和劳动工资、奖金分配、职工奖惩、劳保福利改革、税后积累提留、厂长(经理)基金使用、财务、招聘技术人员和退休工人 10 个方面拥有自主权。此后,商业、工业企业根据自身行业特点,实行多项改革措施。

### 一、"改、转、租"

1984 年 5 月,市政府批转市财贸办公室《关于改进市区零售商业、饮食服务业经营管理的试行规定》,扩大商业企业的业务经营、财务、分配等自主权。区在小型、亏损和微利零售商业企业中推行"改、转、租"改革,主要做法是:一部分国营小型零售商业企业改为"国家所有,集体经营",少数转为集体所有制或租赁经营;老集体零售商业企业实行租赁经营。改革实现经营权和所有权的分离,企业自主权扩大,经济效益大幅增长。试行租赁经营 5 个月后,仅区烟草糖酒公司下属的 24 家合作商店利润就比 1983 年同期增长 51%,上缴税金增长 47%。企业拥有自主分配权,推行工资、奖金和劳动量挂钩浮动的分配制度,合作商店职工每人的月均奖金可达 270 元,比 1983 年同期增长 98.5%,充分调动了职工的积极性。1986 年底,区财贸系统 129 户国营小型企业改为"国家所有,集体经营",小型国营日晖采购经营服务部转为集体所有制企业,5 家国营小型企业和近 200 家老集体企业实行租赁经营。1987 年,市政府制定小型商业企业租赁经营配套改革的政策和条件,租赁经营成为国有和集体商业小企业主要的经营方式。租赁经营实行独立核算、自主经营、自负盈亏、照章纳税,并按规定缴纳租赁费、管理费、退休统筹金。企业租赁经营后新增资产归集体所有,税后利润的一部分可免征奖金税,使一批小型企业得到发展。1988 年,区财贸系统在全系统小型商业企业普遍推广租赁经营,促使企业真正成为独立自主、自负盈亏的商品生产经营者。1990 年,财贸系统 385 家小型商业企业实行租赁经营,占企业总数的 66.54％;经济效益有不同程度提高,30％企业明显上升,60％略有上升。

## 二、承包经营责任制

1985 年起,区根据中央经济体制改革决定的精神,首先在商业企业推行内部承包经营责任制。第六百货商店、第十五五金商店率先试点,以上一年的利润作为企业承包基数,然后将企业承包指标分解到部(柜组),由部(柜组)自主经营,自行分配奖金,同时允许内部劳动力自愿组合。1986 年,地区集体工业全面试行经济承包制和工利挂钩。1987 年 8 月按照市政府部署,区开展多种形式的承包经营责任制尝试,主要内容是包上缴利润,实行工资总额与上缴税利挂钩浮动。承包形式有基数承包、超额分成、低额补扣、抵押承包、目标承包、综合承包和单项承包等。至年底,区财贸、集管、城建、人防、社联、劳动服务公司等系统 204 家企业实行不同形式的承包经营。此外,对粮食油酱行业实行区粮食局综合承包经营;对菜场实行目标承包,联销计酬;对烟糖、燃料行业中的个别小店实行职工个人定率承包经营;饮食服务企业实行提成工资制。企业承包经营后,由于承包经营者责权利较一致,因此经营较活,效益较好,财贸系统商业销售额比 1986 年增长 21.44％,区属工业产值比 1986 年增长 14％。田林仪表厂厂长承包后,利润较 1986 年翻一番。

## 三、内联外引

1984 年前,区属部分企业已同外地企业建立横向经济联系。1984 年 12 月,区经济协作办公室成立,横向经济联合发展加快步伐。区属企业除在市内发展联合外,与兄弟省市地区之间的经济合作也逐步扩大。市内企业间经济联合方式主要为联合经营,包括国营之间联营、国营与集体联营、集体与集体联营,企业原来的所有制性质不变,联营企业的盈利以投资比例分成。与兄弟省市之间的经济合作方式主要为经济技术协作,协作形式有合资经营、合作经营、补偿贸易、技术转让、技术指导和提供商标、培训人才、技术咨询服务、特约经销、物资交流、商品(包括副食品土特产)交流、举办展销会 11 种。1985 年底,区与 21 个省、市、自治区的 177 个单位建立经济技术协作关系,实现协作项目 217 个,协进和协出总金额 1 300 多万元。1989 年,区除在市内和外省市发展联合外,还欢迎各地到区内开商店、办企业。3 月,区经济协作办公室制定《外地投资企业来徐汇区申办企业须知》,就工商、银行、税务、卫生防疫、环境保护、公安等方面提供咨询服务,组织、协调和牵线搭桥。7 月成立设在徐汇区各地企业协会,协助区经济协作办公室管理境内的外地投资企业。

在实行对外开放和实施沿海地区经济发展战略的新形势下,区开始重视内外结合,开拓外向型经济。1986 年 5 月,区属首家中外合资企业上海国际程序控制有限公司成立。1987 年更多企业注意引进外资,增加出口任务。与港商合资经营美快图彩扩中心,至年底创利 40 多万元。出口产品种类从织带、帽子、衬衫、手套、绣品等外贸纺织品扩大到鱼用绒毛膜促性腺激素等生物医药制品。全年工业总产值中出口产值 1 650 万元,比 1986 年增加 21.9％。1988 年 5 月,区政府成立对外经济贸易办公室,主管区属单位的外向型经济。1990 年底,全区共审批外商投资企业 10 家,总投资 556.85 万美元,注册资金 419.55 万美元,协议吸收外资 189.79 万美元。外贸出口产品主要有可编程序控制器、制冷冷冻、轻工机械设备、焊接钢管、生化制品、机械输送设备、高尔夫手套、鞋类、玩具等,创汇 96.02 万美元。

# 第五节　漕河泾新兴技术开发区

漕河泾新兴技术开发区位于徐汇区西部,东起桂林路(含路东的上海通信设备厂),西至虹梅路及路西 1.6 平方公里,北临蒲汇塘,南到漕宝路(含路南生物工程中试基地),规划面积 5 平方公里。该开发区是在漕河泾微电子工业区基础上建立起来的,主要任务是引进国内外高技术和资金,兴办新兴技术产业;将国内外高技术成果转化为工业化产品;跟踪国际高技术发展;培养高级科研、经营和管理人才。1990 年 4 月,市九届人大常委会第十七次会议通过《上海市漕河泾新兴技术开发区暂行条例》,明确开发区是新兴技术的研究、开发、中试、生产经营、培训的综合性基地,并对新技术企业给予减免税收等优惠和扶持。至年底初步形成微电子、光纤通信、航天航空、仪表电子、软件开发、生物工程等一批高技术研究、开发和生产群体。

2008 年,漕河泾新兴技术开发区(徐汇区志办提供)

## 一、发展进程

1957 年,漕河泾被市政府定为市仪表电子工业区。1984 年,市政府投资 1 亿元,在漕河泾地区建立微电子工业区发展上海新兴技术产业,规划占地 1.7 平方公里。市政建设在 1986 年 9 月动工。1988 年 2 月为充分发挥上海科技优势,调整产业结构,发展新兴技术产业和外向型经济,由市长江泽民签发上海市政府报告,向国务院申请建立上海漕河泾新兴技术开发区。6 月 7 日,国务院批复同意上海漕河泾新兴技术开发区列为中国沿海城市经济开发区,享受经济技术开发区和国家高新技术产业开发区的优惠政策,成为全国经济技术开发区中唯一的新技术开发区,采取分期征地,分批建设,开发一片,建设一片的滚动开发战略。1989年完成开发建设2.3平方公里,建有良好的市政、公用配套设施以及标准生产厂房和商贸活动中心;进入开发区的外商可以享受上海市所规定的优惠政策;上海的海关、税务、工商、金融、邮电、运输等部门在开发区设立分支机构,为外商提供"一站式"服务。

## 二、优惠政策

### 【税收优惠】

凡符合规定的新兴技术企业,可减按15%税收征收所得税;经批准可免购国家重点建设债券;以自筹资金新建技术开发的生产经营性用房,自1990年起,5年内免征建筑税。

### 【进出口优惠】

除国家限制进出口或实行进出口许可证管理的产品外,新兴技术企业生产出口产品所需进口原材料和零部件,免领进口许可证;出口其生产产品,免征出口关税。经海关批准,可在开发区内设立保税仓库和保税工厂,海关对进口的原材料和零部件进行监管,按实际加工出口数量,免征进口关税和进口环节工商统一税和产品税(或增值税)。

### 【创汇留成优惠】

新兴技术企业出口所创外汇,3年内金额留给企业,从第4年起,地方和创汇企业二八分成。地方外汇分成部分留给开发区,由开发区总公司按国家有关规定使用。

### 【信贷优惠】

银行对开发区内的新兴技术企业优先予以贷款支持。对外向型的新兴技术企业,优先提供外汇贷款。

### 【用人自主权】

新兴技术企业事业单位享有人事、劳动工资、收益分配、人才培训等自主权。外地优秀科技人员经批准进区工作可报进本市户口,经人口控制部门批准可减免缴纳城市建设费。

## 三、产业布局

1988年初,漕河泾微电子工业区有工厂和研究所51家、职工3.8万余人,主要以微电子技术为突破口,发展电子仪表类新兴工业。由于未能享受经济技术开发区优惠待遇,对外商投资的吸引力较弱。国务院批复同意将漕河泾新兴技术开发区列为上海经济技术开发区之后,市政府决定将漕河泾微电子工业区开发公司更名为漕河泾新兴技术开发区发展总公司。1989年1月,公司与外商合资,建立上海新兴技术开发区联合发展有限公司,吸引外资500万美元对开发区进一步开发建设。5月30日,3M中国有限公司签下土地租赁合同,成为开发区第一个外商独资企业。此后,飞利浦(PHILIP)、福克斯波罗(FOXBORO)等国际知名企业在园区内陆续投资,具有技术先进、外商投资比例大等特点,成为开发区产业的重要支柱,奠定开发区产业型基础。年底,园区外商投资企业达18家,外资投资近1亿美元。1990年初,开发区进行上海首块土地使用有偿出让,由香港齐来贸易有限公司批租工业用地4.37万平方米,投资8000万美元兴建上海台商工业城。年底,开发区初步形成微电子、光纤通信工程设备和现代通信技术、计算机软件、生物工程研究四大高新技术产业布局,共有单位88家,其中"三资"企业29家,职工总数45299人;完成工业总产值19.9亿元,上缴税收4.6亿元,出口创汇6383万美元。

# 第二章　调整经济结构

90年代初,区域进入经济结构调整的关键阶段。按照"规划要超前,发展要加快,开放要扩大,改革要领先"的思路,区提出关于实行综合配套改革的方案,建立房地产业、高新技术产业、商业、旅游业为四大支柱的经济框架结构。在该方针指引下,与旧区改造和新区开发紧密结合的房地产业迅速崛起;依托区域科技优势,发展高新技术产业和城市型工业,形成一批科技含量高、规模大、附加值高的骨干企业,尤其是民营科技企业迅速发展;大力开发旅游资源,龙华庙会、上海桂花节、撞龙华晚钟等活动影响广泛。这一时期最引人注目的是徐家汇商城基本建成,成为上海改革开放的标志性区域之一,也为徐家汇建成上海市城市副中心、商业中心、公共活动中心和商务副中心奠定基础。

## 第一节　经济体制改革

1992年初,邓小平视察南方发表重要谈话,改革开放进入新阶段。徐汇区从建设社会主义市场经济体制的要求出发,先后制定《徐汇区关于进一步下放权限的意见》《徐汇区关于进一步转换企业经营机制,深化企业改革的意见》《徐汇区股份合作制企业实施细则(试行)》《徐汇区国有资产管理体制及运行机制改革的试行意见》《徐汇区推进以现代企业制度为重点的企业配套改革的思路》等配套政策文件,深入推进经济体制改革。这一阶段改革显现出3个特点:由浅层次基础性改革转向深层次结构性改革,由适应性、探索性改革转向主动性、攻坚性改革,由以国有企业为中心的改革转向全社会与之配套的联动改革。

### 一、经营机制

1992年6月,徐汇区印发《关于转换企业经营机制,深化企业改革的意见》,指出转换企业经营机制关键要理顺政府同企业的财政关系、企业所有权同经营权的关系、企业生产同经营的关系、企业与职工的关系,并提出14种企业转换机制的模式:合,即举办中外合资、中外合作企业;仿,即仿照三资企业的管理,放开经营;股,即组建股份有限公司或实行股份合作;分,即实行税利分流、税后还贷和全员劳动合同制的配套改革;自,即以扩大企业经营业务、工资分配、劳动用工、商品定价、机构设置、投资发展自主权改革,简称"六自主"配套改革;全,即企业实行全员劳动合同制;改,即国营小型商业企业改为集体所有制,按照集体企业的方式经营、管理;转,工业企业向第三产业转移,行政性公司转为经营性公司;租,即对微利、亏损的小型工、商企业实行租赁经营;包,即推行新一轮各类承包经营责任制;联,即发展各类生产经营联合体;集,即组建有实力、综合经营的企业集团;并,即实行企业间的兼并,以促使企业生产要素的合理重组;卖,即对长期亏损、扭亏无望的企业,按照一定的法律程序进行拍卖。至1993年底,区医药、药材、烟糖、服装、百货等行业的9家行政性公司由管理型向经营型转变,全区实行股份合作制的企业284家,仿"三资"经营管理模式的企业2家,被拍卖的企业9家,租赁经营的企业67家,承包经营的企业42家,关停并转的企业10家。其中康华肉食品厂和上科实验研究所分别是市财贸系统第一家改制的商办企业和科技系统第一家新办的股份合作制研究所。企业经营机制的全面改革,为建立现代企业制度奠定基础。

## 二、企业制度

1993年11月,中共十四届三中全会作出《中共中央关于建立社会主义市场经济体制若干问题的决定》,明确应建立以"产权清晰、权责明确、政企分开、管理科学"为特征的现代企业制度。1994年起,徐汇区将企业改革重点转向公司制改制和探索建立现代企业制度。同时,改革国有经济管理体制。

### 【公司制】

1994年,区按《公司法》规定和现代企业制度要求,对已进行行政性公司转轨变型和少数股份合作制企业进行公司制改制,将单一国有独资企业组织形式改制成有限责任公司或股份有限公司。12月,现代音像电器总公司改制成有限责任公司,股金由国有资产、集体资产和职工持股会3部分组成。1995年,六百实业公司转制成国有控股的有限责任公司。1996—1997年,今亚实业总公司、汇丰药材总公司等7家企业改制或重组为有限责任公司,均设职工持股会,所有制形式多元化。同时,依据中央关于企业改革"抓好大的,放活小的"方针,陆续组建了一批集团公司以发挥规模效益。先是组建区内第一家商业企业集团上海万兴集团。之后,相继成立南方集团、徐家汇商城集团、新路达集团、新徐汇集团、徐房集团、汇成集团、城开集团。1996年,现代音像电器总公司、六百实业公司与徐家汇商城集团、汇成集团等6个集团公司的商业销售和参与的房产开发量分别占区属企业的64%和85%,成为区经济发展的主力军。

### 【现代企业制度】

1995年经市政府批准,区内徐家汇商城集团、现代音像电器有限公司、六百实业公司3家改制较为成功的企业被列入市级140家现代企业制度试点单位之中。试点工作主要围绕建立科学的组织制度和管理制度,形成适应市场经济要求的企业经营机制展开。3家企业均开展清产核资工作,对界定产权进行资产评估,签订国有资产保值增值目标责任书,落实资产经营责任制;进行制度创新和管理创新,完善企业法人治理结构,制订科学管理制度,加强企业战略发展研究,建立民主监督机制等;树立经济效益第一的思想,探索生产要素和存量资产的优化组合,提高经济运行质量。3家试点单位1995年销售收入共计27.3亿元,利润9 136万元,分别比1994年增长58.86%和69.88%,高出全市平均水平一倍以上。1996—2000年,先后有244家企业实行现代企业制度。通过企业改制,共盘活国有、集体存量资产和转让网点使用权计价1.09亿元。

## 三、管理体制

### 【管理体系】

1993年,市国有资产管理委员会成立。1994年,区在全市率先成立国有资产管理委员会及其办公室,加强国有资产管理,确保保值增值。1995年为推进建立现代企业制度,做到"产权清晰",区政府印发《徐汇区国有资产管理体制及运行机制改革的试行意见》,明确改革的主要目的是加强对区国有资产的统一调控,确保资源的优化配置;加强对区国有资产的统一管理,实现国有资产的保值增值。12月,区组建成立徐汇区国有资产投资经营有限责任公司,作为区国资委授权管理其他国有资产的投资主体,理顺产权关系。2000年,区国资委、国资办、授权经营公司三级国资管理新体系基本形成。区共有国有独资、控股企业(公司)232户,国有企业资产总量33.47亿元;集体企业446户,集体资产总量17.5亿元。区国有资产保值增值额累计2.76亿元,年平均保值增值率104%。

**【改革内容】**

1996—1999年,区国资改革深入推进。

**实现政企分开**　区在成立集团公司的同时,将集团公司的性质定位为国家授权的专司资产经营并行使股东权利的财团性法人,由集团公司行使授权范围内国有资产的占有、使用、处置和收益职能,并向区国资委承担授权国有资产的保值增值责任,实现政企分开。

**实施资产评估**　1996年起,区国资委在每个企业转制时进行资产评估和界定,全区国有企业均与区国资委签订资产保值增值的目标责任书。

**优化资产结构**　如引进华联集团的资金、管理机制和现代经营理念,对新路达集团进行资产重组;徐汇粮油企业发展有限公司的28个经营网点与市良友(集团)公司合作,共同投资组建上海良友徐汇连锁经营有限公司,所有制结构进一步优化。

**建立监督管理体系**　1999年,区国资委制定并实施《企业集团稽查员制度》《财务总监委派制度》等6项政策,确定国有资产保值增值率、净资产收益率等指标考核评价体系。

# 第二节　徐家汇商城

80年代初,徐家汇地区商业设施集中在华山路徐镇路(今虹桥路)、衡山路一带。形态以粮油、服装、鞋帽、眼镜、菜馆等提供居民日常生活必需品为主。店铺大多为单开间,数量不少,但规模不大,是以特色街市为主的商业模式。1986年10月,国务院批复《上海市城市总体规划方案》,徐家汇被列为上海城市副中心之一,确定肇嘉浜路、漕溪北路为改建重点。之后,区委、区政府开展深入调研,借鉴日本新宿和中国香港尖沙咀成功经验,着手制定徐家汇地区商业规划。1990年,区抓住轨道交通1号线建设机遇,将商业规划与轨道交通建设结合,以建设现代商贸设施和城市景观为特征,加速实施将特色街市建设为环形商业模式。1995年,徐家汇商城被列为市"四街四城"之一。2000年被列为市内"六大商圈"之一,成为上海改革开放的窗口。

## 一、功能与规划

1990年,按照"地铁兴商"方针,区委、区政府抓住轨道交通1号线建设机遇,邀请上海同济大学建筑设计研究院、上海市民用建筑设计院等单位,征集徐家汇商城设计规划。1991年4月,《徐汇区人民政府关于上海市徐家汇商业城规划设计方案、开发徐家汇商业城实施方案和配合市商业中心建设繁荣淮海中路西段商业方案的请示》报市政府审批。1993年5月,《徐家汇商业中心城市规划》(简称《规划》)经上海城市规划设计院牵头完成设计和论证。10月15—16日,区与市计委、市财办、市规划局共同组织召开徐家汇商城国际研讨会,商城规划构想得到与会领导、专家和学者认可。

1994年1月6日，市委书记黄菊到区调研时提出徐家汇作为上海旅游观光四大景点之一，要求徐汇区着力搞好市容和环境建设，使"乘轨道交通，逛徐家汇"成为上海市民的一个旅游热点。

《规划》确定商城建设目标：借鉴日本东京新宿、中国香港尖沙咀等国内外先进经验，将商城建设成为上海西区一个多功能、外向型、形态新颖、环境幽雅、经济繁荣、交通便捷、产业布局合理、市政设施完善的现代化城区。商城核心区域东起天钥桥路、天平路，西近宜山路，南连南丹东路、南丹路，北临广元路，占地0.24平方公里，拆除周围旧建筑物，形成开阔的空间徐家汇广场。规划建造40多项建筑风格各异的主体工程，总建筑面积约100万平方米。在总体布局上实行"3个结合"：高雅和繁华结合，作为商城骨干企业的大型综合百货公司和成片、成群的各种专业特色商店结合，零售商业和批发商业、对外贸易结合，以零售商业为主。在结构布局上实行"3个层次"：第一层次为环立的大型现代商厦群；第二层次为紧贴商厦的商务楼；第三层次为高层住宅，再由各条道路向外辐射、扩展建造商务、住宅楼宇。建设规划分三期进行：1992年，东方商厦、太平洋百货等10个项目11万平方米的建筑一期工程建设任务基本完成；二期工程美罗城、港汇广场等15个项目109万平方米的建筑，于1993年全部开工，1997年竣工；三期工程金融广场、南丹大厦等18个项目57万平方米的建筑，于1994年陆续开工建设，2000年竣工。

## 二、建设进程

90年代初，区内有上海制药二十一厂等高污染企业和徐镇老街等地段的危棚简屋需要动迁改造，加上轨道交通1号线施工给商业带来的直接影响，资金来源成为商城建设的最大难题。1992年，上海全面开展土地使用权有偿转让，区委、区政府抓住有利时机，实施土地批租、招商引资，利用外资改造老城区、建设新商城，拉开区建国以来规模最大的发展建设序幕。

第一期工程环绕徐家汇广场兴建、扩建10个商厦（商场）项目。1990年起，东方商厦、大千美食林、西亚宾馆、汇联商厦（扩建）、上海六百（扩建）、太平洋百货徐汇店（一期）、三街口商场（港汇广场前址）、中兴百货（改建）、徐家汇地铁商场、漕溪北路地铁商场先后开工，至1993年，与轨道交通1号线南端同步运营，合计建筑面积11.29万平方米，投入使用的营业面积10.3万平方米，形成商城的基本框架。

第二期工程15个项目和第三期工程18个项目在实施中变动较大。1999年底，相继竣工26个项目，投入使用的有太平洋百货徐汇店（二期）、港汇广场购物中心、美罗城等6个商厦和宾馆项目，建成上海实业大厦、美罗大厦、汇银广场等10个商务楼项目，建成嘉汇广场、汇金广场、亚都国际名园、帝景苑等10个商住楼及住宅楼项目，合计建筑面积142.96万平方米。因故辍工的6个项目中，5个项目于2003年先后复建，2004年、2005年相继建成，分别定名飞雕大厦、飞洲国际广场、腾飞大厦、港汇中心、莱诗邸，合计建筑面积32.59万平方米；金南广场于2005年11月起复建，易名汇智大厦。规划中拆迁大中华橡胶厂、中国唱片上海公司，改建为集购物、休闲、娱乐于一体的徐家汇广场，后改建为徐家汇公园。

## 三、运营管理

1992年3月成立由区长任组长、一位副区长任副组长的徐家汇商城建设领导小组，同时成立徐家汇商城建设指挥部，代表区政府对各重点建设项目行使组织、规划、协调、管理、服务等职能。

1994年3月为适应徐家汇商城建设发展,确保该地区统一协调和管理,经市政府批准新建徐家汇街道办事处。街道先后成立经济开发中心和楼宇经济管理办公室(即街道招商中心),组建徐家汇社区商务楼综合管理委员会,为入驻企业提供服务,帮助解决实际问题。11月经区政府决定,区内10家国有单位投资组建由30家企业组成的上海徐家汇商城(集团)有限公司,发挥集团公司在徐家汇商业中的管理协调作用。商城集团成立后,商城建设指挥部撤销。

1996年5月组建徐家汇地区管理委员会,围绕市容环境、社会治安、交通秩序、商业服务等管理内容,创立全方位、全覆盖、全天候和网格化的管理机制。

徐家汇商城"三合一"的运营管理模式,使商城成为"商业领先、多业集聚"的现代化商业中心。有东方商厦、太平洋百货、上海六百、汇金百货、汇联商厦、港汇恒隆广场6家综合百货商厦为主的百货零售业;以天钥桥路餐饮街为代表的餐饮业;由商业银行、保险公司、证券公司、典当公司汇集的金融业;由华亭宾馆、富豪环球东亚酒店、建国宾馆、衡山宾馆等构成的宾馆旅游业,凸显徐家汇商城的特有风格。各商场遵循不同定位,形成"错位竞争,共同繁荣"的经营特色。港汇恒隆广场集购物、餐饮、休闲、娱乐"一站式"服务,是全市中心城区最早形成的最大规模综合商业体;东方商厦以"礼在东方"为特色,成为国际精品窗口;太平洋百货以年轻女性为主要消费群体,倡导流行服饰;汇金百货集百货零售、名品专卖和现代超市为一体;上海六百坚持"实惠"的经营定位;美罗城是以"文化娱乐、时尚购物、休闲美食"于一体的文化休闲场所。同时,徐家汇商城还形成不少专卖特色,如宜山路的家具建材特色街,非洲国际广场的国际品牌折扣特色,百脑汇和太平洋数码广场的工厂专卖特色等。2000年,徐家汇商圈商业营业面积增至50万平方米,比1990年增长48倍,被列为市内"六大商圈"之一,东方商厦、太平洋百货、上海六百、汇联商厦、汇民百货、汇金百货6家主要商场零售额共计33.42亿元。

# 第三节　民营科技企业

1990年,区内科研机构有中国科学院上海学术活动中心;中国科学院上海分院所属单位14个,占分院所属单位总数的70%;上海科学院所属单位10个,占该院所属单位总数的37%;中央各部所属科研单位23个;市各委、办、局所属科研单位37个;大专院校所属科研单位62个;民办科技经营机构81个,科技资源雄厚。1991年,区里提出"科技兴区"方针,以科技进步推动经济发展,民营科技企业在科技体制改革中发展壮大,逐渐成为区域经济新的增长点。

## 一、形成与发展

区民营科技企业萌芽于80年代。1985年,区科委审查批准12家民办科研机构,其中9家开业,是区首批民办科研机构。至1990年8月,全区有民办科技经营机构81家,其中集体40家、私营5家、个体36家,共有科技从业人员1 582人。

1991—1997年,区民营科技企业逐渐发力,显现优势。主要做两项工作,一是加大资金支持。1991年,区政府加大对科技事业投入,设立科技发展基金,存量额度300万元,重点支持区属和民营科技企业项目开发。至1997年,滚动使用657万元,受益项目37个。是年,区建立民营科技企业风险担保基金300万元,与银行以"存一贷十"方式签订协议书,可获3 000万元贷款担保。1998年成立区高科技产业发展有限公司,除一部分资金用于风险投资外,主要用于对民营科技企业申请银行贷款提供担保。二是给予政策扶持。1992年,区政府印发《关于扶植民办科技机构和科技企业发展优惠政策》,民办科技企业发展到451家,新建近300家,超过历年总和;技工贸总收入13.2亿元,利润1亿元。1995年,区对科技事业进行总体规划,制定《徐汇区科学技术发展"九五"计划和十五年规划》《中共徐汇区委、徐汇区人民政府关于加速徐汇区科技进步的若干意见》。1996年,民营科技企业数达851家,技工贸总收入51.6亿元,利润4.3亿元。1997年5月,区政府印发《关于加速发展民营科技企业的若干意见》,内容包括民营科技企业的性质与重要地位、管理与政策导向、服务与环境改善、资金与融资体系、企业的内部管理等方面,产生较大影响。是年,870家民营科技企业实现技工贸收入62亿元。

1998年,区支持科技人员创办科技企业的力度加大,发起式股份制民营科技企业应运而生。区及其所属企业积极参股,促进产业资本与知识资本融合,加速民营科技企业产业化、规模化进程。大多数发起式股份制民营科技企业做到当年投产、当年实现可观的销售收入。上海交大慧谷信息产业股份有限公司运作半年,销售额近5 000万元,且当年获利。上海科华生物工程股份有限公司销售额近亿元。年底,区有民营科技企业1 050家,实现技工贸总收入73亿元,均创历史新高。其中,技工贸总收入超过500万元151家,超过1 000万元81家,超过5 000万元15家,超过1亿元7家,形成以电子信息技术和生物技术为主的产业特色。1999年,区成立高科技产业化领导小组和科技产业化推进委员会,促进科技成果转化,同时确定科技管理工作职责之一是扶持民营科技企业发展,推动以企业为主体的技术创新,促进产业能级提升和经济结构调整。7月,区政府建立的徐汇软件基地开始进驻企业。至年底,共入驻企业31家,完成产值10 986万元,产业集聚效应显著。2000年,区有民营科技企业1 009家,职工总人数3.14万人,技工贸总收入92亿元,总资产129亿元;其中工业制成品产值40多亿元,生物医药保健品和电了信息产业占较大比重,显现出新兴业态雏形。

## 二、领导与管理

1994年之前,区科委承担对民营科技企业的行政管理工作,但管理较为松散,制度也不完善。1994—1999年因民营科技企业数量迅速壮大,区从党建、行政、行业、群团4个方面加强对民营科技企业的领导与管理。

### 【党建工作】

1994年,区委组织部批准成立中共徐汇区民营科技企业总支委员会,下设1个独立支部、4个联合支部,由区科协党组代管,从组织上落实民营科技企业的党建工作。1995年创办民营科技党内刊物《思索与实践》,对民营科技企业现状、存在问题和对策进行思考和讨论。1998年12月18日在党总支基础上召开民营科技企业第一次党员大会,选举产生徐汇区第一届民营科技企业党委和纪委。下设6个独立支部、5个联合支部,共有党员104人。1999年完成各支部换届改选,党员增至126人。

### 【行政管理】

1999年,区科委设立民营科技企业科,提供民营科技企业年检、高新技术企业认定、技术合同认定等服务,加强对民营科技企业的行政管理。是年新办民营科技企业222家,注册资金12.23亿元,认定市高新技术企业9家,市高新技术成果转化项目8项,国家级、市级星火和火炬计划项目14项。

**【行业管理】**

1998 年 10 月,成立区民营科技企业家协会,由区域内民营科技企业家及热心支持民营科技实业的管理人员和研究人员组成,属社会团体性质,区科委是其业务主管部门;设理事长 1 人、副理事长 5 人,秘书长 1 人、副秘书长 4 人。会址设在区科委。

**【群团工作】**

1999 年 10 月,区民营科技企业召开团员大会,80 名团员参加,选举产生第一届总支委员会。团总支下属 3 个独立支部、1 个联合支部,填补民营科技企业共青团工作的空白点。12 月,召开区民营科技企业工会第一次代表大会,选举产生民营科技企业工会第一届委员会、第一届经费审查委员会,为全市首例。

## 第四节 房 地 产 业

80 年代,区房地产业逐渐起步。90 年代以高起点、高品质的商品房开发经营为引导,搞活二、三级市场,形成房地产从开发到交易的良性循环,同时带动房展会、建材、家居等配套产业,房地产业的支柱地位进一步凸显。

### 一、商品房

1980 年起,随着改革开放,侨民和港澳同胞进入区内定居或投资经营,逐渐形成侨汇商品房开发经营。市民则绝大多数居住公有住房。1985 年,区房管局开始拓展房产业务,发展商品住宅,是年建成商品房 4.6 万平方米,改变"只管房、代售房、不建房"的状况。1986 年为促进区房地产开发经营事业的发展,区房地局下属房产经营公司申请转制,从以直管公房经营管理、租赁管理、维修保养为主的经营性事业单位,转制为以房地产综合开发和商品房经营为主的专业公司。1987 年,公司开发的长桥新村首批商品房竣工。1990 年,区累计完成开发投资 1.47 亿元,施工房屋建筑面积 58.2 万平方米,竣工房屋建筑面积 21.8 万平方米。当时,通过房地产市场出售的商品房,主要出售给企事业单位,少量出售给个人。

1992 年 7 月,区利用外资改造旧区取得突破性进展,土地批租面积为老市区中最大;19 余万平方米住宅项目于 1993 年开工。随着区内土地批租、旧区改造的实施,商品房成批兴建,房地产经营开始以广大市民为主要对象。1996 年按照市政府关于搞活房产二、三级市场的要求,区建立房地产交易中心,为购房和交易的市民提供"一门式"服务。1998 年起为拉动内需,扩大商品房在市场上的流通,结合自身历史文化特色,每年举办以"住在徐汇"为主题的徐汇区房地产交易展示会。2001 年首次在境外香港会展中心推介徐汇的楼盘和土地招商项目,"住在徐汇"形成品牌。其间,区商品房销售和预售总量连续两年位居中心城区首位。

### 二、存量房

这一时期,徐汇区开始进行存量房买卖。

**【花园住宅】**

徐汇近代历史建筑资源丰富,拥有各类花园住宅60万平方米,占全市同类住宅总数的40%。1992年7月,徐汇区提出有步骤地调整置换花园住宅,腾出空房,以拍卖或招标形式出售,得到市政府支持。试点工作启动,主要内容为:区域范围内直管公房的花园住宅出售人是区房产管理局;出售可由买卖双方协商或以招投标、拍卖方式进行,以美元为货币单位,用外币支付;出售的花园住宅必须产权清楚、无纠葛;试点期间的公有花园住宅的出售,由区房管局报区政府批准;售后的花园住宅房屋产权归买受人所有,该花园住宅基地(包括园地)属一定期限的使用权;售后的花园住宅应合理使用,可以进入房地产市场;出售后的收入用于危房和旧区改造。为此,区房产管理局组建公房资产经营公司,通过调整布局、合理挖潜,是年在全市范围里首次开发出5幢花园住宅。1994年,区房管局成立旧花园住宅开发领导小组,并制定《关于花园住宅二次开发试点工作要求》,对花园住宅的开发程序、开发收入分配和开发选址进行规定。至1998年,共成功调整开发衡山路、建国西路、太原路、长乐路等地花园住宅50余幢。

**【公有住房】**

1993年10月经市政府批准,市房管局、市房改办组织力量进行公有住房出售试点,作为深化住房制度改革、加速推行住房商品化的重要举措。区按要求选择中山南二路950弄10号、20号两幢直管公房作为公有住房的出售试点,共计出售29套,建筑面积1862.99平方米,出售率80.86%;成本价为每平方米(建筑面积,下同)867元。在试点工作的基础上,1994年7月根据《上海市人民政府批转市房改办、市房管局关于出售公有住房的暂行办法的通知》,按照"政策优惠、购房自愿、产权归己、维修自理"的原则,公有住房出售工作全面展开。凡独用成套的新工房(一般职工住宅)都列入出售范围。一般按人均建筑面积24平方米控制,家庭人员中有一定职务或专业技术职称者可适当放宽,超过标准部分按市场价出售。至1995年6月,区公有住房出售成本价为每平方米902元,共出售公有住房35158套、181.3万平方米,出售率为55.87%,出售率和出售面积分别位居全市区县第一、第二。房改售房的单价,按成本价由政府每年公布。出售时再乘以地段、朝向、层次等增减系数和成新折扣率,并且按规定享受工龄、免缴房产税、契税、固定资产投资方向调节税,以及一次性付款给予20%的折扣等优惠,鼓励职工买房。

**【房屋置换】**

1997年9月,区被列入已售公房上市出售扩大试点区,职工所购公房获准上市。年底,买卖旧公房成交88套(户),其中51户"回购"了商品房。已售公房上市成为市民特别是工薪阶层改善居住条件的有效途径之一。可售公房进入市场的条件,是在交易前先购买可出售公房,再上市交易。1998年5月,市房屋土地管理局出台《上海市不可售公房差价交换试行办法》,不可售公房进入市场,不可售公有住房承租人将其承租的公有住房经所有权人同意,按照等价交换的原则,以货币补偿形式取得房屋所有权或使用权。区在全市首批试行不可售公房差价换房,1998年成交20万平方米,在中心城区中名列第一。此后两年内,三级市场交易量不断扩大,累计差价换房面积9.4万平方米。2001年以后差价换房逐渐减少。2003年房屋置换不再计入房地产登记统计范围。

### 三、物业管理制度

90年代前,直管公房的大修由区房管局下设的房屋修建公司负责,中修和小修由各房管所负责。1992—1993 年,区房管局对各房管所采取"既控制又开放"政策,实行"核定基数、定额包干、不足自补、新增自留"的经济目标责任制,鼓励房管所增收节支、开发挖潜,大力发展第三产业。各房管所发挥各自优势,相继成立经济实体,自给自足,基本形成"一业为主,多种经营"的格局。

1994 年为做好直管公房出售后的管理维修,区房管所实行经营与行政职能分离,12 个房管所全部转制为物业管理公司,由管理型向经营型过渡;区房管局按片区设立房管办事处,加强行政管理职能。是年,区配合市建委在康乐小区进行物业管理试点,将原康健房管所的人、财、物全部转入兴康物业公司,实行企业化运行。1995 年,康乐小区荣获"全国城市物业管理示范住宅小区"称号,为探索房管所向物业管理企业方向转换、走与社区服务相结合的管房新路提供经验。1997 年,随着住房制度改革和房地产市场发展,物业管理发展迅速,注册在区内的物业管理企业达 116 家。1998 年,区房地局按照"条块结合、属地管理"原则,管理重心下移,在区内 13 个街道(镇)设置房地办事处,作为行业管理与社区管理的结合点,把物业管理融入社区管理工作中,形成齐抓共管的网络管理机制。1999 年,区房地局加强对物业管理市场的规范,引进市场竞争机制和优胜劣汰机制,提高物业管理水平。在漕溪路金谷园小区组织全市第一个选聘、更换物业管理公司公开招标试点;在淮海西路新建商品房鑫城苑小区组织全市第一个新建小区前期物业管理公开招标试点。此后,区房地局制订《关于规范本区居住物业委托管理工作的实施意见》,采取业委会选聘、物业公司互换管理权、委托管理等方法,解决小区统一管理问题。2003 年初,在全区 460 个住宅小区实行小区经理负责制,后在全市推行。

## 第五节　旅　游　业

徐汇区人文历史底蕴深厚、旅游资源丰富。1990 年前,区旅游业尚未形成。之后,旅游业被列为区四大支柱产业之一,得以快速发展。区旅游管理部门大力拓展旅游功能,以建设龙华旅游城为重点,以组织旅游节庆活动为突破口,开发旅游资源和旅游产品,形成迎新春撞龙华晚钟、龙华庙会、上海桂花节三大旅游节庆活动品牌,形成一批不同类型的旅游景点(区),带动餐饮、住宿、旅游服务等多种行业发展。

### 一、旅游资源

1991 年起,区政府加强对区内旅游资源开发的可行性研究,形成一批旅游资源(景点)。2008—2010 年,上海首次系统、全面地对全市旅游资源总量、类型、级别、特点和分布规律进行调查分析。统计结果显示,虽然区在单体旅游资源数量上不占优势,但区内旅游资源绝大部分属于人文旅游资源,在旅游资源优良级比重方面,以 75.56% 位列各区县之首。区旅游资源主要分为 3 大类,共 44 处。

【旧居、旧址类】

此类总数有 13 处:盛宣怀住宅,淮海中路 1517 号;新康花园,淮海中路 1273 号;修道院公寓,复兴西路 62 号;张元济故居,淮海中路 1285 弄 24 号;上海海关专科学校办公楼,汾阳路 45 号,为市级文物保护单位;黄兴寓所,武康路 393 号;宋庆龄旧居,桃江路 45 号,为区级文物保护单位;徐汇中学崇思楼,虹桥路 68 号;宋子文旧居,岳阳路 145 号;爱庐,蒋介石和宋美龄旧居,东平路 9 号;

丁香花园,华山路 849 号;上方花园,淮海中路 1287—1305 号;上海交通大学原图书馆,华山路 1954 号。

### 【纪念地、公园类】

此类总数有 13 处:徐光启墓,南路路 17 号光启公园内;龙华革命烈士纪念地,龙华路 2887 号;上海宋庆龄故居,淮海中路 1843 号,为全国重点文物保护单位;黄道婆墓,徐梅路 700 号;黄母祠,龙吴路 1111 号上海植物园内;邹容墓,华泾路 1000 弄西,为市级文物保护单位;黄家花园旧址,桂林路 128 号;百代公司旧址,衡山路 811 号,为区级文物保护单位。另有康健园,桂林路 91 号;上海植物园,龙吴路 1111 号;衡山公园,广元路 2 号;襄阳公园,淮海中路 1008 号;徐家汇公园,肇嘉浜路 889 号。

### 【文化、综合类】

此类总数有 18 处:上海图书馆,淮海中路 1555 号;上海体育场等体育场馆群,天钥桥路 666 号,为上海标志性文化体育设施;龙华寺和龙华塔,龙华路 2887 号;徐家汇天主堂,蒲西路 158 号,为全国重点文物保护单位;国际礼拜堂,衡山路 53 号;上海工艺美术博物馆,汾阳路 79 号,为市级文物保护单位;东正教堂,新乐路 55 号;东方乐器陈列馆,汾阳路 20 号;中国蓝印花布馆,长乐路 637 弄 24 号;陈宝定算具陈列馆,建国西路 318 号;航天科技工程展示馆,漕溪路 222 号;公安博物馆,瑞金南路 518 号;昆虫博物馆,枫林路 300 号;董浩云航运博物馆,华山路 1954 号;云洲古玩城,大木桥路 88 号;龙华旅游城,龙华古镇;光大会展中心,漕宝路 88 号。

## 二、旅游品牌

1990 年,区内除华亭宾馆等 5 家市属高级宾馆外,仅有 30 家小型简陋的旅店和招待所;旅行社仅有 8 家;旅游业收入不到 1 000 万元。1993 年随着轨道交通 1 号线的开通运营,"乘地铁,逛徐家汇"成为上海旅游热点之一。"九五"期间,区将不同的旅游资源串珠成链,开发了多种旅游路线和产品:以龙华古寺庙、龙华古塔、龙华古街为特色的古典风貌景观线;开发名人故居,挖掘黄道婆、邹容等人文景观,形成与龙华烈士陵园连成一线的旅游专线;建成康健公园和桂林公园姐妹园特色风光线,逐渐形成徐汇都市旅游吸引力。2000 年,区内有星级宾馆 32 家,旅行社 40 家,旅游业收入 20.44 亿元,是 1991 年的近 300 倍;接待游客 393 万人次,是 1991 年的 26 倍。在多种旅游路线和产品中,每年举办的撞龙华晚钟、龙华庙会和上海桂花节为区内连续举办时间最长、最具特色的旅游节庆活动,也是上海都市旅游的品牌产品,社会影响广泛。

### 【迎新春撞龙华晚钟】

龙华寺内之钟楼,为清光绪十八年(1892 年)重建。楼中悬挂一口青龙铜钟,乃光绪二十年(1894 年)重铸。月夜风清,钟声悠扬,可传数里之远。"龙华晚钟"早在明代就被誉为"沪城八景"之一。1989 年 12 月 31 日晚至次日凌晨,区首次举行迎新年撞龙华晚钟特色旅游活动,成千上万中外游客相聚龙华寺参加撞晚钟、听钟声、看演出、猜灯谜、吃越年面、盖新年邮戳、龙华吉祥树许愿和广场狂欢等活动,形成"火树银花狂欢夜"的盛大场景。1992 年,"迎新春撞龙华晚钟"被国家旅游局定为"'92 中国友好观光年"上海地区开幕式暨'92 江浙沪旅游年开幕式活动。该活动作为上海都市旅游的特色品牌向国外推出后，在日本、韩国、东南亚等国家和地区引起很大反响，赢得"上海新年第一游"美誉。

### 【上海龙华庙会】

龙华庙会依托龙华古寺而形成，有300余年历史，于每年农历三月举办。1953年，政府首次参与组织，改名为"龙华物资交流会"。"文化大革命"期间中断。1980年恢复，1985年复名为"龙华庙会"，由徐汇区举办。

**1990年4月，徐汇区举办龙华庙会场景（徐汇区志办提供）**

1992年，龙华庙会既是"'92中国友好观光年"上海地区推出的十大节日之一，又恰逢龙华古寺建刹1750周年，吸引人数空前的海内外朝山者和旅游者。是年，经国家旅游局批准，龙华庙会被列为"上海民俗第一游"向国外推出，在保留原有敬香礼佛主题的基础上，充实文化活动和商业集市两大主要内容。此后，龙华庙会结合"五一"黄金周，年年增添新内容，先后邀请安徽花鼓灯、山西绛州鼓乐、河北吴桥杂技等特色表演，还举办多种文化展览、书市和各地风味小吃、土特产集市，受到市民欢迎。2008年6月，上海龙华庙会由国务院公布为第二批国家级非物质文化遗产名录。

### 【上海桂花节】

1989年9月，区政府举办首届徐汇桂花节。1990年起，区政府会同市文化局、市旅游局、市园林局等部门联办上海桂花节。活动区以桂林公园、康健园和在桂林路上临时搭建的"桂花村"为基地，以赏桂为主题，结合多项群众文化活动展开。以后每年一次的桂花节都有新内容。1994年，上海桂花节开幕式在新建的徐家汇商城举行，以"桂花秋韵"为主题，作为新中国成立45周年大型庆祝活动；1997年作为"9·27世界旅游日"中国主会场的系列活动之一；1998年首次纳入上海旅游节系列活动中；2001年在桂林公园举行"上海桂花节—唐韵中秋"文化游园活动，提出"民俗与创造相结合，经典与时尚相交汇"的口号；2003年发展为上海旅游节主题活动"唐韵中秋"。每次桂花节游客超百万人次。

## 三、龙华旅游城

龙华镇因龙华寺(塔)得名,历来是旅游胜地。1937年9月因遭受侵华日军的轰炸,风貌渐趋衰落。留存的居民住宅多为危棚简屋,环境较差,龙华寺(塔)被包围其中,直接影响文物保护和旅游功能开发。1995年5月,区旅游办与区计委、区规土局、龙华镇政府协同完成《龙华古镇旅游风景区规划框架的构想》。1996年4月,区政府召开龙华旅游区规划研讨会,确定旅游区范围为:东起龙华港,西至天钥桥路,南抵龙漕路、龙华西路,北近华容路,占地31.17公顷。设想旅游区能体现龙华古镇的风貌和民俗文化,与已形成的龙华撞钟、龙华庙会两大节庆活动相结合,实施"政府主导型"战略,以旅游开发带动旧区改造,把龙华建设成为具有中国佛教文化特色和江南民俗风格,集休闲、娱乐、购物、观光于一体的古镇旅游区。会后,先后成立龙华旅游区开发建设指挥部、龙华旅游城开发有限公司。1997年5月,龙华旅游城项目被国家旅游局确定为"九五"期间上海市区五大旅游景区之一和中国旅游"九五"计划优先项目。

1998年5月25日举行龙华旅游城一期工程奠基典礼。工程项目占地3.41公顷,建筑面积6万平方米,总投资4.8亿元;拆除危棚简屋5.2万平方米,动迁居民1 000余户、大小企业53家。至2000年,新建3栋明清风格的商业楼宇"龙华楼""今古楼""真趣楼",并有作为龙华旅游城象征的"慧日""净月"双亭廊桥,还建成地下车库7 000平方米,可泊车150辆。同时,新建龙华路(后马路—龙华西路),扩建龙华路,改建塔寺前的龙华路为步行街,建成以龙华寺为中心的塔园广场,恢复古山门,建造"龙华皋鼓"和"古越铜鼓",挖掘明镜池和智慧池。龙华塔经两期修缮,塔顶安置泛光源,古塔夜景更为玲珑剔透。12月31日,龙华旅游城举行开业典礼暨"龙华皋鼓"落成仪式。

龙华镇改造前,该地区以烟纸杂货小店为主,全年营业收入不足1 000万元,税收总额不足100万元。龙华旅游城开业一年后,商铺租售率达72.3%,日均接待游客1万人次,全年营业收入近2.8亿元。

# 第三章 推进城区建设

1992年起,徐汇区充分发挥区域级差地租优势,用好土地批租政策,兴国路地块成为全市各区中首次招标批租地块,创下每平方米楼面价1 816.89美元的最高时价。利用土地批租吸引外资进行旧区改造,建成一批新型居住小区。市政重大基础设施建设加速推进,形成现代化立体交通网络。创建国家卫生城区,"九五"期末全区绿化覆盖率达18.4%,人均公共绿地3.2平方米,创建成上海首个国家级可持续发展试验区。

## 第一节 土 地 批 租

90年代,随着市对区县土地批租事权的下放,区委、区政府决定把土地资源作为土地资产,利用土地级差实施土地批租,吸纳资金用于建设和改造城区、发展区域经济、改善人民生活。1992年6月15日,区内长乐路793号首幅地块实施土地批租成功。土地批租的形式主要有协议批租、招标批租和土地拍卖3种。徐汇区以协议批租为主,也有招标批租。

### 一、实施方式

**【设立机构】**

1992年6月成立区土地批租领导小组。下设土地有偿使用办公室,主要职责是:负责区可供土地批租地块的调查、经济估算及办理有关业务审核的报批;负责拟定土地批租地块的推出计划,报区政府审批,并根据区政府决定安排有关部门实施;会同有关部门对外洽谈和宣传土地批租有关政策;负责土地批租工作中涉及有关部门的协调工作。

**【确立批租原则】**

土地批租的地块必须符合城市的总体规划,尤其必须符合徐家汇商城的总体规划;批租地块以市政府认定的危棚简屋地区为主;批租的受让方力求是海外大公司、大开发商,加大引资力度;批租的价格力求合理公道,既体现徐汇区高级住宅区的真实价格,又不一味追求高价格。

**【制订管理规范】**

1992年8月,区土地有偿使用办公室制定《徐汇区土地批租管理暂行办法》,对土地批租的程序和收益分配作出明确规定。土地批租必经程序为:土地批租地块由区土地批租领导小组提出,也可由有关部门或外商提出,并经领导小组确认;区土地有偿使用办公室对拟批租地块向领导小组提交该地块的城市规划要求、现状情况(用地面积,居民户数、人口、单位情况等)、市政设施情况、规划道路红线、动迁房源落实情况等详细资料;区规划土地局负责对地块范围核准及提出城市规划具体要求,并与市土地局商量有关事宜,与外商洽谈批租具体事项,双方共同审阅《合同》草案,办理批租地块使用权回收手续。最后,市土地局、区规划土地局分别代表市、区政府与受让方、动拆迁和市政配套的实施单位签订相关合同。土地批租的收益分配原则是：市土地局代表市政府收取总出让金额的15％，区规划土地局代表区政府收取总出让金额的15％，政府收益提取后的其余部分交承包动拆迁和市政配套单位。

## 二、实施效果

1992—1997年，区共批租土地45幅，面积47.66万平方米，获得出让资金10.92亿美元和8.69亿元人民币。除部分上缴市政府外，其余资金主要用于动迁和市政配套设施建设等，成效体现在三方面：

### 【改造危棚简屋】

区将批租地块的选择首先放在亟待改造的危房、棚户、简屋地区，帮助居民尽早摆脱居住困境。长乐路793号地块是区内有名的危房区，1992年6月实施批租后，117户居民一次性动迁搬入新公房，新分配住房人均面积7.45平方米。徐镇路、同仁街、华山路地块，棚户简屋集中，1992年12月实施土地批租面积5.08万平方米，由港汇房地产有限公司主建港汇广场，共动迁居民近3 000户、单位59家。建国西路、嘉善路口危棚简屋地区有居民1 800户、单位4家，1994年11月由中国香港金马集团批租，是上海实施利用外资经营内销房后全市首幅批租地块，批租土地面积4.64万平方米，建设住宅面积19.05万平方米。

### 【治理环境污染】

对于企业和政府原本无力实施的高污染企业搬迁问题，结合土地批租予以搬迁。斜土路、天钥桥路东侧有50余年历史的上海染化十厂，排放大量污水、废气，严重污染城区环境，影响居民生活。1992年12月和1994年12月，先后两次实施批租土地面积共4.17万平方米，由华中房地产开发有限公司主建嘉汇广场综合楼，上海染化十厂等3家企业被动迁。位于肇嘉浜路、衡山路口地块的上海制药二十一厂长期排放"三废"。1992年8月实施批租土地面积1.01万平方米，由汇金房地产有限公司主建汇金广场商住楼，解决环境污染问题。

### 【改善城市基础设施】

结合土地批租统筹规划建设城市基础设施，使设施老化、不堪重负的问题得以方便解决。通过淮海中路太平洋广场项目批租，扩建区内道路，解决一批市政基础设施的老大难矛盾，新建长乐、天钥、华山等35KVA变电站和港汇、太平洋等一批电话站。1996年5月，韩国大宇集团签约地块对虹桥路辟通起到很大作用。

# 第二节 旧 区 改 造

至1990年，徐汇区根据"相对集中、成片改造"的要求，对危棚简屋集中地段进行改造，完成北平民村、市民村、塘子泾等7块基地改造任务。由于区内危棚简屋地块多、改造任务十分繁重，1991年起，区委、区政府抓住改革开放机遇，加快旧区改造步伐，取得明显成效。

### 一、危棚简屋调查

1991年,区委、区政府组织有关部门对漕溪新村和兆丰西路工房(俗称俘虏营)两块旧区基地进行专题调查。漕溪新村位于漕溪路东、龙漕路北、中山南路铁路以南,是1954年因肇嘉浜填浜筑路和中山医院、上海交通大学扩建,为安置动迁居民而建成的居住区,属竹木结构过渡性动迁用房。因历年人口增加,违章搭建层叠;又因下水道简陋且年久失修,每逢大雨必成泽国。兆丰西路工房则是1942年侵华日军建造,共15排300间竹木结构简屋,占地7553平方米,专供从东三省俘虏营释放后强制来日晖港车站和北票码头做苦力的劳工居住。抗战胜利后,工房被国民党政府的信德公司接收,改称兆丰西路工房,出售给当地居民和留住者。上海解放后,周边又搭建50余间。历届政府虽对该工房作多次改善,但效果甚微。

在对上述地块调查的基础上,又对全区危棚简屋开展调查。据统计,全区有危棚简屋和二级以下的旧式里弄住房集中地块56幅,主要分布在肇嘉浜路以北的嘉善路沈家浜、安福路、乌鲁木齐南路185弄、曹家弄等,肇嘉浜路以南、华山路以西的徐镇、漕北、斜土3个街道和龙华、漕河泾2个百年老镇,反映出人民居住条件差、厂、居矛盾突出,改造任务繁重的特点。

### 二、改建漕溪新村

1991年11月,区政府根据漕溪新村改建规模大、规划用地少、差级地价低的实际情况,提出动迁居民异地安置、私房送产权的政策。同时提出"三个一点"办法统筹资金,即改造资金由政府、单位、个人各出一点,获得市建委批复同意。

1992年6月,区住宅建设办公室制定《关于漕溪新村危房棚户区改造"三个一点"改革具体实施意见》,主要内容:一是居住在漕溪新村改造范围内的居民,异地安置至长桥、梅陇、浦东等地区。二是动迁居民安置房价格按房改优惠房的优惠价750元/平方米计算。居民出资1/3,以250元/平方米为计算基价,另加层次、朝向增减系数。居民所在单位出资1/3,按250元/平方米计算。三是对私房自有户、公房租赁户确定人口和安置房建筑面积后,按"三个一点"办法计算新房房价。四是对坚持不愿出资户或出资确有困难的被拆迁户,安置至市属地块、郊县管辖的公房。五是对漕溪新村试行"三个一点"安置居民的安置房,个人虽出资1/3,但其房屋产权和处置权全部归出资者所有,出资者自取得房屋产权证后5年内不准进入房产市场进行房产转让、买卖。

7月,漕溪新村改造正式启动,分四期推进。共动迁居民2552户、企事业单位22家,拆迁危棚简屋面积12.75万平方米。改造后形成漕溪一至四住宅新村,并建起望族城、漕东公寓、佳信公寓、宏润花园4个高品质住宅楼。

### 三、"365"危棚简屋改造

1992年,中共上海市第六次代表大会提出"到本世纪末完成市区范围内365万平方米危棚简屋改造"的目标。徐汇区列入"365"范围改造的危棚简屋有47万平方米。年底完成占地16.5公顷的全市最大棚户区之一的市民村改造工程。改造后的市民村改名乐山新村。1993—1994年共改造旧区36.67公顷,动迁居民近1.4万户。

1995 年 3 月,区政府召开旧区改造工作会议,要求切实加快旧区改造步伐。随后,制定《徐汇区旧区改造优惠办法》《关于鼓励房地产企业参与旧区改造暂行规定的通知》,对参与旧区改造的投资商实行减征城市房屋拆迁管理费、返还投资方向调节税、企业所得税等优惠政策。1996 年,区政府与区城建开发公司等 13 家房地产企业签订旧区改造目标责任书,共落实改造地块 28 幅。区还利用土地优势与房地产公司联建住宅和商务楼,推进改造任务实施。

1996—1997 年,区在南昌路 551 弄动迁地块试行动迁安置货币化方案。根据方案,居民可将自己的积蓄加入动迁安置费改善住房条件,甚至可以将动迁安置费作为按揭的首付款。1/3 以上居民(户)选择货币安置办法。

1998 年起,受亚洲金融危机影响,外商投资比例下降。区政府实行"熟地招商"办法,由政府或房产开发公司首先投入资金进行动拆迁,予以土地储备,待时机成熟后用熟地进行招商。在实际运作中,又创造多种形式:搭桥,即由区属房产公司利用单位及社会空置房作为动迁房源,安置动迁居民;换地,即由非区属房产商提供空置房,政府拿出资金,通过双方合作共同改造危棚简屋,然后再开发;抵押,即通过土地抵押来获取资金进行危棚简屋改造。1999 年启动旧房改造地块 11 幅,其中包括人口密度高、动迁难度大的肇嘉浜路 99 弄、汇南街、汇站街等地块,拆除危房 11 万平方米,动迁居民 5 700 余户。年底,全区提前一年完成市政府下达的"365"危棚简屋改造任务。

2000 年以后,新一轮旧区改造全面启动,改造重点转移到优化城区结构、提高城区功能和环境质量,呈现出动迁工作量有所下降但难度不断增大的特点。旧区改造工作为适应新情况实现 3 个转变:在运作机制上,实现以政府行为为主向市场行为为主的模式转变;在安置形式上,实现居民无偿安置为主向居民出资、有偿回搬及多种安置并存的形式转变;改造方式上,实现"以拆为主"向"拆、改、留、修"并存的方式转变。

# 第三节　重大市政建设

随着区域面积扩大和经济发展,徐汇区朝着建成上海城市副中心和商业中心的目标,加快建设步伐。区域内建设的重大工程规模大、发展快、效益明显,建成一批标志性、功能性工程项目。2010 年,区内基础设施得到极大改善,从初期"还债型"建设发展到枢纽型、功能性、网格化建设,形成由地下、下立交、地面、上立交、高架 5 个层面组成的立体交通网络。

## 一、徐浦大桥

徐浦大桥是外环线南端横跨徐汇区龙华乡和浦东新区三林乡的过江节点,是直接沟通 A11(沪宁高速)、A8(沪杭高速)的交通枢纽。大桥工程自 1994 年 4 月 1 日开工,1996 年 6 月 24 日建成通车。区境内自黄浦江西侧至西段引桥共 4.02 公里,动迁龙华乡居民 314 户、单位 5 家;征用龙华乡龙吴路土地 16.53 公顷,动迁费 4 984.4 万元。大桥全长 1 072 米,桥宽 35.95 米,为双向八车道;主塔呈 A 字塔型,相对高度 217 米;引桥全长 4 630.1 米,境内引桥位于龙吴路与浦莘路地段,长 2 604 米。

## 二、铁路上海南站

铁路上海南站是"十五"期间上海市重大交通基础设施。站区位于区境内新龙华地区,东起柳州路,西至老沪闵路,南邻石龙路,北依沪闵路,占地 60 公顷。2000 年 11 月,市政府和铁道部共同建立上海铁路南站建设领导小组。2001 年,启动建设前期工程,动迁华泾镇张塘村、牌楼村、新龙华村的村(居)民 1 271 户、单位 97 家,征用土地 24.53 公顷;实施轨道交通 1 号线入地改造工程(新龙华—桂林路段)、柳州路立交续建工程和老沪闵路下立交工程等。2003 年 5 月,铁路上海南站工程建设全面展开。2006 年 6 月,先后建成站屋、站场、站台和配套工程南北广场,建造绿化景观,改建轨道交通 1 号线、3 号线上海南站站点,改建、扩建、新建周边道路,新建邮政转运站、长途客运站和公交枢纽站等。7 月 1 日投入运营,以接发国内南方列车为主,是国家东南沿海最重要的交通枢纽,实现铁路、公交、轨道交通的立体连接。

## 三、"七路二隧"

"七路二隧"是区内上海世博会的主要配套项目。"七路"即宛平南路、东安路、瑞金南路、沿江通道(云锦路、龙华路)、滨江大道(丰溪路、枫林路),"二隧"即龙耀路越江隧道和打浦桥越江隧道复线,道路总长 20 余公里。2007 年启动前期动拆迁,共动迁居民 566 户、单位 111 家。2008 年 12 月工程全面开工。2010 年 2 月 11 日,打浦路越江隧道复线通车,与之配套的瑞金南路、龙华路、东安路、宛平南路建成通车。4 月 15 日,龙耀路越江隧道通车,与之配套的云锦路、枫林路、丰溪路(后改名龙腾大道)建成通车。其中龙耀路隧道在区境石龙路龙吴路设 1 对出入口匝道,天钥桥路云锦路设 1 个出口匝道。该隧道是上海西南地区连接浦东的东西向交通干道,建成后承担上海南站地区、龙华地区与浦东三林地区的越江交通。

## 四、高架道路

### 【内环高架路徐汇段】

内环高架路工程是上海首次由市、区两级政府分工负责并协同建设的市政重大工程,于 1992 年开工。内环高架路徐汇段长 6.3 公里,于 1993 年 3 月开工,动迁单位 231 家、居民 540 户;另有 7 条横向路段改建,动迁单位 25 家、居民 23 户;施工中搬迁水、电、煤、通信等 9 种管线,埋设各种管线总长 45.1 公里,建设绿化面积 4.44 万平方米,年底竣工。1994 年 12 月 7 日,内环高架路全线竣工,通车典礼在区内漕溪北路立交桥上举行。

### 【沪闵高架路徐汇段】

工程分两期进行。一期工程全部在区境内,南起漕溪路柳州路,跨越沪杭铁路,北接内环线漕溪路立交桥,总长 2.52 公里,1996 年 10 月开工,1997 年建成通车。二期工程是由市政府投资实行代建制管理模式的第一项市政重大工程,从 S20(外环高速)莘庄立交至柳州南路,全长 5.4 公里。区境内工程东起柳州路,西至虹梅南路立交,长约 2.6 公里。沿线在境内虹漕南路和桂林路设置 2 对上下匝道,并与虹梅路立交连通。2001 年 12 月开工,2003 年 12 月 28 日竣工通车。徐汇区主要承担沪闵路沿线绿化搬迁费 1 000 万元,动迁单位 19 家。

### 【S20(外环高速)徐汇段】

道路总长 97 公里。一期工程(西南段)北起 A12(沪嘉高速)公路,经 A11(沪宁高速)公路、沪青平公路、A8(沪杭高速)公路向东跨越黄浦江至浦东杨高路,1997年9月1日开工,1998年12月1日竣工。其中徐汇段位于华泾镇内的环南二大道,西起老沪闵路(朱梅路口),东至徐浦大桥黄浦江西侧,全长6.32公里;徐汇段道路工程自徐浦大桥西引桥至朱梅路交叉口,全长2.3公里。1996年征用梅陇乡、龙华乡农村土地24.56万平方米,动迁居(农)民192户。1997年完成浦东杨高路至浦西朱梅路林带绿化约69公顷、9.48公里,其中徐汇部分征用华泾镇土地5.11万平方米,动迁居民82户、单位3家。

### 【中环高架路徐汇段】

道路全长70公里,其中徐汇段9.3公里,包括:西段,虹梅路(蒲汇塘—嘉川路),全长4.35公里;南段,虹梅路转上中路(嘉川路—长桥自来水厂),全长3.85公里;越江段,上中路越江段浦西部分,长约1.1公里。工程于2004年4月开工,2008年竣工。动迁涉及虹梅、康健、凌云、长桥4个街道。市拨款4.8亿元,区融资筹款16.4亿元。

## 五、轨道交通

### 【1号线徐汇段】

一期工程自锦江乐园至上海火车站,全长16.21公里。沿线共设13座车站,其中徐汇区境内有5座地下站(常熟路、衡山路、徐家汇、上海体育馆、漕宝路)和2座地面站(上海南站、锦江乐园),全长8.4公里。徐家汇车站为折返式车站,可提供列车调头运行。南端的"新龙华"建有地面车辆段,可供列车维护保养及大中修。1990年1月开工。1993年5月28日,上海有史以来第一列轨道交通列车在徐家汇站举行1号线南段(锦江乐园—徐家汇站)试运行庆典仪式。1995年4月10日,北段下行线(徐家汇—上海火车站)正式通车。2004年12月为配合铁路上海南站建设,上海南站站完成入地改建。

### 【3号线徐汇段】

一期工程自铁路上海南站至江湾镇,全长24.98公里,沿途设19座车站,1997年7月1日动工,2000年12月26日通车试运营。徐汇区境内沿途设5座车站,其中上海南站站、石龙路站为地面站,龙漕路站、漕溪路站、宜山路站为高架车站;在石龙路站出岔设轨道交通停车场1处。

### 【4号线徐汇段】

该线从虹口区宝山路站开始,在虹桥路站与轨道交通3号线一期相接,全长22公里。沿线26座车站,其中徐汇区段长5.8公里,设大木桥路、东安路、天钥桥路、上海体育场和宜山路5座地下车站及1个地上蒲汇塘存车场。蒲汇塘存车场位于柳州路以西、桂林路以东、蒲汇塘及高压走廊以北、吴中路以南,距正线约1公里,可满足4号线36节列车的停车及检修。区境工程于2000年1月开工,至2002年12月5个站点竣工,共动迁单位405家、居民1 394户。

### 【7号线徐汇段】

该线从宝山区外环路至浦东新区芳甸路,全长34.38公里,设27座车站,全为地下线。徐汇段长4.8公里,设常熟路、肇嘉浜路、零陵路、浦江南浦站4座车站。2005年起,区启动实施零陵路站动迁腾地工程,进入建设阶段;常熟路站和东安路站办理用地手续;南浦站启动动迁。2009年,除浦江南浦站外,其余3个站点投入全线试运营。

### 【9号线徐汇段】

该线自枫泾经过市中心至浦东新区的外高桥,全长87公里,分两期施工。一期工程自松江新城站至宜山路站,总长31.73公里,设13座车站,其中徐汇区境内线路长3.6公里,设虹梅路、桂林路、宜山路3座车站。2004年初开工,2007年通车。二期工程,从宜山路至浦东金桥,全长26.12公里,设14座车站,其中区境内线路长4.5公里,设徐家汇、东安路、大木桥路3座车站。2006年开工,2009年底通车。

### 【10号线徐汇段】

该线是国内首条无人驾驶轨道交通线(开关车门除外),一期由新江湾城站至虹桥火车站,线路全长36.2公里,运营车站31座。徐汇区境内设陕西南路、上海图书馆、上海交通大学3座车站。2006年上半年动迁腾地,2010年4月开通运营。

## 六、城市道路

### 【徐镇路虹桥路改扩建工程】

虹桥路是上海市"三纵三横"主干道之一,跨长宁、徐汇两个行政区。徐汇区境虹桥路原路线曲折,路幅在10米～15米之间。工程西起淮海西路凯旋路口,东至徐家汇广场,与旧区改造和徐家汇商城建设结合。1996年7月开工,1997年9月竣工。改建后徐镇路更名为虹桥路,原虹桥路东段更名为广元西路。工程全长1650米,路幅宽50米,设六快二慢八车道。

### 【华山路扩建工程】

工程北起淮海西路,南至广元西路,全长469米,1998年3月开工,1999年8月竣工,总投资1.05亿元。扩建后的道路为沥青砼结构,路幅由原来11米拓宽至32米,双向六车道。道路建成后,对完善徐家汇交通枢纽和延安高架路中段江苏路匝道的交通分流起重要作用。

### 【肇嘉浜路扩建工程】

肇嘉浜路是上海市"三纵三横"主干道建设中最南端的一条东西走向干道。工程从徐家汇广场至瑞金南路,全长3.06公里,1998年4月开工,1999年5月竣工,总投资3.47亿元。拓建后的道路路幅宽63米,设双向机动车道和21米宽的中央绿化带,并在枫林路、宛平路路口新建两座人行天桥,设置10座公交港湾式车站。道路建成后有助于缓解市内交通拥挤状况。

## 第四节　改善环境质量

90年代,区委、区政府按照建设现代化城区要求,坚持走可持续发展道路,高度重视生态环境建设,大力整治大气、废水、噪声、河道,改善环境质量。同时,结合旧区改造,加强生态绿化建设,绿化覆盖率从1990年的9.99%提高到2005年的24.35%。推进社会管理体制综合改革,成功创建国家级可持续发展实验区。

## 一、生态环境

1991年起,徐汇区以创建国家卫生区为目标,坚持环境与经济、社会协调发展的方针,从单纯污染源治理向环保综合整治转变。2001年,区政府提出创建上海市环境保护模范城区。通过加强环保管理和深化治理,改善区环境质量。

### 【大气治理】

1991年,区大力开展大气污染治理。1993年在创建成"烟尘控制区"基础上,开展"烟尘控制区"二期工程,对全区范围内燃煤锅炉推广使用高效多管旋风除尘器,更换失效除尘器,同时削减炉窑数量。1995年,区"烟尘控制区"覆盖率100%。1997年加快改变燃料结构,开展清洁能源替代,推广蒸汽锅炉安装螺旋锁气排尘计量装置和脱硫装置。2000年,全区大气质量中总悬浮颗粒浓度为0.129毫克/立方米,二氧化硫为0.028毫克/立方米,降尘为8.35吨/平方公里,达到国家二级标准。

### 【废水治理】

1990年为解决长桥水厂取水口出现泡沫的问题,迁移上海合成洗涤剂厂排污口。1993年发放42家企业废水排放许可证,核实40家废水排放单位废水排放口。1996年,区全面实施重点污染单位的目标管理责任制。1997年铺设市政污水管网,污水经龙华、长桥处理厂处理达标后排放或纳入污水合流二期工程排放。1999年结合吴闵外排工程,督促企事业单位按期纳管,纳管单位45家。2000年,197家工业企业污染物排放全部达到国家排放标准,12种主要污染物排放总量分别削减20.63%～89%。工业废水年排放量从1996年的4 151.91万吨减少到2005年的1 187.96万吨。

### 【噪声治理】

1991年,全区有固定源噪声单位358个,噪声项目765个。治理后,合格的项目730个。1994年,区境内环线高架路(浦西)8.3平方公里有固定源噪声的单位共92家,达标率为90.2%。1995年,全区完成254家单位552个固定源项目的监测,达标项目539个,治理率100%,达标率97.6%。1997年建成衡山路—宝庆路交通噪声达标路段,虹梅街道为环境噪声达标街道。2000年,13个街道、镇均为环境噪声达标街道(镇),完成市环境噪声达标创建。

### 【河道治理】

1991年起,区政府加强河道整治力度。先后对东上澳塘等主干河道,天钥河、东漕河、泾宅河等中小河道疏浚清障。1998年,建立区河道整治领导小组和指挥部,制定《徐汇区河道综合整治管理暂行办法》。通过开展水环境建设,以改善河道水质、消除中心城区河道水质黑臭为重点,按照"先水面后水体、先上游后下游、先源头后沿线、先环境清后水质清、先拆违后绿化、先试点后推广"的工作思路进行整治。主河道护岸与建筑防汛墙结合,以疏浚清障、截污排管、沿岸绿化、水资源调度、水生态修复、建样板河等形式进行综合治理,水环境得到不断改善。2000年,区内13个监测断面平均水质综合指数为2.719,比1997年下降31.4%。

## 二、园林绿化

1990年，区园林绿化总面积466.08万平方米，有公园9座，公共绿地面积119.7万平方米，人均公共绿地面积1.69平方米，绿化覆盖率9.99%。1991年起，市、区政府加大对园林绿化和生态建设投入，从过去的"见缝插绿"发展到"规划建绿""均衡建绿""科技兴绿"并举，形成成片公共绿地与庭园绿化相结合，平面绿化与垂直绿化相结合，景观道路绿化与小区绿化小品相结合的区域绿化特色。

1999年，区政府和上海华谊（集团）签署关于大中华橡胶厂搬迁建绿工程协议。搬迁大中华橡胶厂和中国唱片厂上海分公司等单位，"迁厂建绿"，建造徐家汇公园。该项目被列为市重点实事工程。公园分三期建设，总投资10亿余元，完成一期开放一期。第一期动迁大中华橡胶厂地块，于2001年2月开工建设，9月对外开放；第二期动迁中国唱片上海分公司及周边单位、居民，2001年7月开工，2002年6月建成开放；第三期动迁宛平路地块，2003年12月动迁结束，2004年3月竣工开园。该园为开放式公园，整体布局形似上海市区版图，在中心区域建有上海老城厢微缩景观区。公园保留原东方百代唱片公司上海办公地和象征中国民族工业的大中华橡胶厂烟囱，选择区特色树种桂花作植被，并种植乔木50种、花灌木130余种，多为乡土树种。园内景观与衡山路和肇嘉浜路的景观道路融为一体，形成独特的"人在园中走，车在绿边行"的城市景观亮点。2005年，区园林绿化总面积1 333.24万平方米，有公园10座。公共绿地面积396.73万平方米，人均公共绿地面积4.47平方米，绿化覆盖率24.35%。

## 三、国家可持续发展实验区

可持续发展综合实验区是实施可持续发展战略的重要基地，是探索新型发展模式、推进社会管理体制综合改革的示范区。1997年12月，区向市政府申报建设上海市可持续发展综合实验区。随后，成立区可持续发展综合实验区领导小组，编制《徐汇区可持续发展综合实验区行动计划》，并开展可持续发展优先项目研究，向市政府上报优先项目4个，其中龙华旅游城为全市首批优先项目。1999年1月，徐汇区（中心城区类）被正式确定为上海市首批可持续发展综合实验区，是上海中心城区中唯一入选单位。中心城区类实验区的建设目标是：实施"科教兴区"和"可持续发展"战略，依靠科技引导，逐步达到实现若干系统的良性循环，筛选开发一批先进适用的城市型产业技术；探索技术与管理、政府指导与公众参与相结合，促进建立技术转化为生产力的机制和模式，创建科技产业化的孵化基地；实施若干具有示范功能、科技含量高的可持续发展优先示范项目；通过综合考评，培育出若干个人居环境协调、社会保障有力、精神风貌良好的现代化城市社区。区启动编制《上海市徐汇区可持续发展综合实验区实施规划（1999—2005年）》，并于1999年11月召开徐汇可持续发展研讨会。

2000年，区申报创建国家级可持续发展实验区。7月30日颁布《徐汇区关于推进可持续发展优先项目建设的若干意见》，提出优先考虑体现经济、社会、人口、资源、环境协调发展，技术先进、清洁生产和节约能源、减少废弃物排放的优先项目原则；就优先项目建设的规划和管理提出建立专家组审定制度，建立有限项目信息库和铭牌制度，建立可持续发展筹资机制和激励机制。2001年，科技部授予徐汇区"国家可持续发展实验区"铭牌，成为全市第一个国家可持续发展实验区。

2002年起，区按照国家可持续发展实验区要求，以可持续发展优先项目为抓手，推进各项建设工作。2007年11月，徐汇区国家可持续发展实验区通过专家组验收检查。

# 第四章 建设国际一流中心城区

21世纪伊始,区委、区政府在发展理念和工作方式上逐步实现区属经济向区域经济转变。在"十一五"规划中提出"努力使徐汇区成为科教兴市核心区、商务商贸集聚区、城市交通枢纽区、社会事业优势区、和谐舒适居住区,基本建成现代化国际大都市一流中心城区"的建设目标。大力发展现代服务业,完善科技创新体系建设,大力推进漕河泾新兴技术开发区、徐家汇知识文化综合商务区、铁路上海南站现代交通商贸服务区、衡山路—复兴路历史文化风貌区、枫林生命科学园区、滨江休闲居住商务区六大功能区建设。至2010年,徐汇区教育的优势进一步凸显,基础教育质量继续在中心城区保持领先,先后获国家教委"双高普九"进步显著奖,被授予全国"两基"教育先进区和全国科技教育综合试点区称号。历史风貌保护力度不断加强,颁布《关于进一步贯彻〈上海市历史文化风貌区和优秀历史建筑保护条例〉实施意见》,为衡山路—复兴路和龙华两片历史风貌区的保护提供保障。面对上海举办世博会的契机,区委、区政府加快徐汇滨江综合开发,"七路二隧"建设完成,滨江公共开放空间(一期)建成并对外开放,成为主动转变经济发展方式、实现跨越式可持续发展的重要支撑。

## 第一节 现代服务业

2002年,区域产业结构主要是以房地产、商业、工业和旅游业为主,其中房地产业是支撑区域经济快速增长的重要支柱产业。在中共十六大明确提出"加快发展现代服务业,提高第三产业在国民经济中的比重"之后,区委、区政府转变对"资金密集型""资源占用型"房地产业的依赖,谋求可持续、长远发展,提出调整产业结构,转变经济增长方式,大力发展以"知识密集型"为主的现代服务业。2010年,徐汇区基本形成以服务经济为主的产业结构,现代服务业实现营业收入900.8亿元,现代服务业增加值占全区生产总值的比重超过35%,初步建成具有科技创意领先、信息服务集聚、知识文化丰富、生命医学创新、商务商贸繁荣为特色的现代服务业综合区。

### 一、行业架构

2002年以前,徐汇区的服务业以商贸、餐饮、住宿、文化、娱乐等传统服务行业为主。2003年初,区首次提出加快发展现代服务业,主要以改造提升传统服务业为主,形成以"高增值、强辐射、广就业"为特征的服务业发展体系。徐家汇作为现代服务业发展的先导地区,开始优先发展以中介服务、信息应用服务为重点的知识密集型服务业和银行、证券、保险、投融资等资金密集型服务业。铁路上海南站、黄浦江滨江沿线(徐汇段)、上海体育城、龙华旅游区和光大会展中心等地区,重点发展现代物流、会展、都市旅游、休闲娱乐等关联度较高的服务业。此后,区重点引进律师事务所、会计师事务所、计算机服务和软件、金融保险、商务服务、科技研发等服务行业;培育广告创意、数字娱乐、教育培训、医疗健康和汽车服务等新兴服务行业。2005年,区现代服务业形成信息传输计算机服务和软件业、金融业、租赁和商务服务业、科学研究和技术服务业4个主要行业。2006年,区"十一五"规划结合区整体功能开发和产业基础,提出推进现代服务业"1＋6"行业结构建设,即以信息服务业为核心行业,发展培育专业服务业、旅游会展服务业、科技研发服务业、金融服务业、生命健康服务业、教育培训服务业6个重点行业。随后,陆续制定《"1＋6"行业目录》《徐汇区信息服务业三年行动计划》,研究制定专业、科研和文化服务业三年行动计划,开展教育培训、生命健康和旅游会展等服务业调研,引进和培育一批各重点行业的领军企业,行业效应逐渐显现。2010年,"1＋6"行业架构基本确立,其中信息、专业、科研和金融服务业支撑作用明显,营业收入和税收分别占全区现代服务业营业收入和总税收的91.2％、94.3％。

## 二、集聚效应

### 【发展楼宇经济】

2004年,徐汇区以楼宇经济为抓手,推动现代服务业集聚发展。先后召开楼宇经济专题研讨会和推进交流会,充分发挥街镇在楼宇招商管理和服务中的重要作用;制定《关于加快楼宇经济发展的若干意见》,建立楼宇招商新机制,提高商务楼宇中现代服务业的集聚度。是年引进的187家外商投资企业中,现代服务业企业148家,占79.14％。2006年出台"双落地"(商务楼宇中内外资企业工商、税务关系落地)政策,提高商务楼宇内企业注册属地率和税收属地率,区现代服务业税收首次位居工业、商业、房地产业之前。2007年制定《徐汇区关于加快发展现代服务业的若干意见》,对新建或改造的现代服务业专业楼宇、创意产业园和现代服务业特色园等产业载体,给予启动性资金扶持,进一步促进现代服务业集聚发展,提升产业显示度。2010年,区形成以港汇大厦、数娱大厦、城开大厦等重点商务楼宇和尚街、2577创意大院、文定坊等产业园区群为代表的现代服务业载体,吸引微软、阿迪达斯、三星、中智、安永等一批知名跨国企业入驻。

### 【建设集聚区】

"十一五"期间,徐汇区依托区域经济发展基础和科技文化资源优势,重点建设5个现代服务业集聚区:

**漕河泾现代服务业集聚区**　总占地约23万平方米,总建筑面积约80万平方米,依托漕河泾新兴技术开发区产业基础,推动高新技术产业和高附加值服务业并举发展。"十一五"期间,推进漕河泾高新科技产业服务区(W16、W19地块)、上海邮通信息科技园、仪电等重点地区和项目的建设,引进腾讯科技、凯科置业、罗克韦尔等知名企业。

**徐家汇知识文化综合商务区**　重点发展信息服务、专业服务、金融保险、教育培训、旅游休闲等现代服务业。"十一五"期间,结合徐家汇商圈已有商务楼宇智能化改造,重点建设上海数字娱乐中心、港汇二期、徐家汇中心等项目。其中,徐家汇中心项目由5个地块组成,总建筑面积62.9万平方米,先期4万平方米的城开国际大厦建成运营。

**铁路上海南站现代交通商贸服务区**　1号～5号地块项目土地开发面积36万平方米,建筑总量100万平方米,发挥南站交通枢纽集散功能,重点发展商务、商贸、旅游、创意等产业,打造地区级商贸中心和服务中心。"十一五"期间,完成地块动迁和南站周边地区及核心商务区城市设计方案编制。

**淮海—东湖现代商务商贸区**　项目总建筑面积约32万平方米,重点发展高端商业、高级商务、专业服务等,并引进跨国公司地区总部和专业服务机构。"十一五"期间,推进淮海路3号地块、建业里等重点项目建设和衡山路—复兴路历史风貌保护区的相关项目建设,基本建成商业繁华、商务发达、综合服务功能较强的高档商务商业区。

**枫林生命科学园区** 占地 5.46 平方公里,定位为国家生物产业基地扩展区,依托上海最强的医疗资源和研发力量,打造生命医学健康的技术研发和医疗服务高地。重点发展生命科学研发、医疗保健服务、国际学术交流、医疗教育培训、医疗器械展示和药品会展等现代服务业。"十一五"期间,主要推进开发伊泰利生命健康特色楼宇、上海医药临床研究中心、中科院有机所国家实验大楼、上海生物城等项目。

### 三、总部经济

2005 年,徐汇区将"总部经济"作为推动现代服务业发展、促进产业结构调整的重要抓手,提出大力发展总部经济,吸引跨国公司地区总部、投资性公司、研发中心和专业服务机构落户。是年,先后引进亿诺化学管理(上海)有限公司、万国纸业企业管理(上海)有限公司等 4 家管理型地区总部和 2 家投资性公司,实现"总部经济"零的突破。2008 年出台《徐汇区关于发展总部经济的暂行办法》及实施细则。政策主要涵盖 4 个方面:积极吸引总部经济落户徐汇;大力支持总部经济在徐汇区长期发展;积极鼓励总部经济高端人才集聚徐汇;形成区内合力,为总部经济发展提供全方位保障。政策收到良好效果,至年底,区内跨国企业地区总部共 20 家、投资性公司 19 家,其中包括美国雅芳、日本富士电机、英国 WPP 集团等世界 500 强企业。区外资总部经济机构数量跃居中心城区首位。2010 年,区外资总部经济机构数 64 家,保持上海中心城区第一。总部经济税收逾 20.57 亿元,比 2005 年增长近 21 倍,成为区域引进合同外资的主力军。

# 第二节 科技创新体系

"十五"期间,徐汇区围绕"领先的科技密集区"功能定位,依托区域内高等学校和科研机构,规划科技产业发展布局;大力发展以电子信息、生物医药保健品为主导的高新技术产业;注重对传统工业的改造,形成一批技术较新、规模较大、附加值较高的工业骨干企业。"十一五"期间,区运用"四入五联"("四入"即整体纳入、加快融入、加大投入、聚焦进入,"五联"即联系指导、联系走访、联系推进、联系服务、联系沟通)工作方法,进一步优化科技创新环境,企业自主创新能力明显增强,"产学研"紧密联动,科技成果产业化进程加快。2006—2010 年,区科技投入总金额超 25 亿元,区域科技创新体系基本建立。

### 一、科技创新

1999 年召开徐汇区科技工作会议,提出"大力推进科技产业化,进一步提高传统企业技术能级和竞争力"目标,以科技产业化推动区域科技创新。随后,成立区科技产业化推进委员会、知识产权管理委员会和专家顾问委员会,制定科技产业发展优惠政策。2000 年,区首次向杨福家、杨雄里等 12 位两院院士颁发徐光启科技荣誉奖章和徐光启科技奖章。该奖项是区科技方面最高奖项,奖励区域内在科技成果转化、科技产业化、科技与经济结合等方面作出突出贡献的科技人员,营造有利于科技创新的社会氛围。2001 年召开徐汇区科技创新大会,提出由科技资源大区向科技创新强区跨越的目标,发布《关于进一步促进高新技术转化和高新技术产业化发展的若干意见》《关于加强知识产权工作的实施意见》，优化科技产业发展环境。是年，区列入国家和上海产业化计划项目 44 个，列入市高新技术成果转化项目 32 个，分别比 2000 年增长 76%、166.7%；专利申请量 3 679 件，位列各区县首位。

2003 年，区召开高新技术产业发展推进大会，提出"科技徐汇"品牌战略，颁布《徐汇区关于推进导向性科技产业发展的若干意见》等政策，区政府分别与中科院上海有机化学研究所、微软（中国）有限公司签署合作协议，区科技创新由区属向区域纵深发展。2004 年 4 月与中科院上海国家技术转移中心签署合作备忘录，设立科技成果转化"种子资金"，鼓励区域内科技企业承接科研院所优秀科技项目实施转化，加速产业化进程。中标普华 office 系统 v1.2、茄科植物中茄尼醇的分离精制工艺、年产 20 吨手性光学纯环氧氯丙烷、微机械光开关试生产开发 4 个项目获资助。

2006 年，区召开科技工作会议，明确提出"四入五联"工作思路，构建区域创新体系。制定《徐汇区贯彻国家和上海市科技中长期发展规划纲要若干配套政策的实施意见》及其《实施细则》，明确"十一五"期间，科技投入占当年财政支出百分比分别达到"45667"（2006 年科技投入占比 4%、2007 年 5%、2008 年 6%、2009 年 6%、2010 年 7%）的要求。此后，区先后与中科院上海生命科学研究院、华东计算所等单位合作共建上海医药临床研究中心、"核心电子器件、高端通用芯片及基础软件产品"等重大项目，区域科技资源不断优化整合。2007 年，区与上海科技投资公司共同设立"汇科创投基金"，是区首个科技创业投资基金。2010 年探索科技与金融结合，出台《关于加强对科技型中小企业金融服务和支持的方案》《徐汇区知识产权质押融资试点工作方案》等，解决科技企业投融资难题。"十一五"末，区科技投入 7.91 亿元，占区财政支出 8.24%；有科技"小巨人"企业 115 家、高新技术企业 168 家，"产学研"紧密联动的区域科技创新体系基本建立。

## 二、科技园区

2000 年 2 月，区政府作出集中力量建设徐家汇科技密集区的决定，制定《上海市徐汇区人民政府关于促进徐家汇科技密集区发展的若干意见》。在区域内虚拟划分为东西两部分，西部以上海交通大学为中心，重点发展电子信息产业；东部以中科院上海分院、复旦大学医学院和上海中医药大学为支撑点，重点发展生物医药和保健品产业。通过建立密集区联席会议制度、组建密集区办公室等方式开展密集区运作。9 月 21 日，区召开徐家汇科技密集区战略研讨会，首次提出建设"三区三园"构想，并将该项目列为区"十五"期间发展重点项目。"三区三园"即徐家汇科技密集区与交大科技园、漕河泾新兴技术开发区与徐汇园、华泾工业园区与华东理工大学产业园，具体为：依托上海交通大学的科研优势和人才优势，与交大科技园合作，将徐家汇科技密集区建成以电子信息产业为主的产业基地；与漕河泾新兴技术开发区合作，将华泾镇在开发区内 3 块相对集中、合计面积 15.62 平方米的土地辟建为徐汇园，建成与开发区规划相符的、高新技术为导向的产业化基地；与华东理工大学合作，共同建设华泾工业园区和华东理工大学产业园，建成新材料和纳米技术产业化基地。

2003 年，区制定《关于加快徐汇科技园区发展的若干意见》，通过区、校、院合作共建，形成徐家汇教育、科研、科技商务密集区及上海生命科学园区、高新技术研发和产业基地、高新技术工业基地 4 个各具功能特征、科研和产业高度集聚的园区。是年，全市首家以自主知识产权和专利技术转化产业为主要群体的科技园区——上海专利技术产业化徐汇示范园区揭牌。

2004 年，区调整产业园区布局，贯彻"工业向园区集中"原则，在"三区三园"基础上确定 10 个主题园区（楼宇），其中复旦枫林科技园、华东理工大学科技园、交大海科园区和徐汇软件基地为科技园区。2006 年 9 月,区召开产业园区发展座谈会,提出重点推进"2010105"区域产业园区(20 个都市型工业园区、10 个科技园区、10 个创意产业园区、5 个孵化器)建设,纳入漕河泾开发区和枫林生命科学园区。2010 年,区获批将区域高新技术产业资源纳入上海张江高新技术产业开发区,形成"两区三板块"的高新技术载体格局,其中"两区"为漕河泾新兴技术开发区和枫林生命科学园区,"三板块"为滨江板块、交通大学板块和华东理工大学板块,建成科技园和孵化器近 60 万平方米。区"创业苗圃—孵化器—加速器—科技园"的园区体系趋于成熟。

# 第三节　现代化教育体系

90 年代,徐汇区实施"长桥教育工程"(针对新建的长桥学区开展的薄弱学校更新工程)取得成功,其经验被推广到田林、康健、虹梅、漕河泾等周边区域,推动全区中小学教育迈上新台阶。1999 年,区政府作出塑造徐汇教育品牌,为城区居民子女提供充分、优质的教育承诺。2001 年提出率先实现基础教育现代化,构筑上海基础教育新高地的奋斗目标。2005 年提出建设两大教育体系(现代国民教育体系和终身教育体系),率先基本实现徐汇教育现代化的战略目标。2010 年,区有各级各类中小学、职业学校、中等专科学校、幼儿园、特殊教育学校等 186 所,基础教育阶段在校学生 11.18 万人。区创建现代化教育新体系的改革取得良好成效,形成徐汇教育发展的鲜明特色和领先优势,基本实现区域南北教育优质均衡发展的目标。区教育局率先成为联合国教科文组织亚太地区教育局"联系中心",是全国唯一的地区级教育局。

## 一、"研训一体"新机制

2001 年起,按照市教委统一部署,区教育局在中小学进行第二期课程教材改革,课程由基础型、拓展型、探究型课程组成。区教育局提出"建峰填谷,摸清底线,各级各类争第一"的指导思想,采取"分类推进,层层深化"的实施策略,狠抓"备课、上课、训练、辅导、评价"教学五环节。各校结合实际,"以学生发展为本",重视在教学中落实"知识与技能,过程与方法,情感态度与价值观"的三维目标;在教学过程中重视师生互动,把接受式学习与探究式学习、体验式学习结合起来,把教师指导学生学习与学生自学、小组合作学习结合起来。2003 年,区教育局进一步提出学校领导带领教师开展教学研究,在课堂教学中进行听课、评课,提高教学效果。

2005—2008 年,实施"聚焦课题,决战课堂,构建更具有活力的课堂教学"的策略,开展"解读工程""百课工程""百题工程""范式工程""反思工程"(简称"5 个工程"),促进校长和教师的教学理念不断更新,教学质量不断提高。在"百课工程"中,以"遵循规律,行动推进,聚焦课堂,关注细节"为导向,探讨课堂教学的有效性。鼓励教师"上创新课",从 10 000 节课中选出 1 000 节优秀课,在讨论、修改的基础上再选出 100 节示范课,向全体教师展示,成为培训教师的课例。在"百课工程"的基础上,开展"百题工程""范式工程""反思工程",让教师在课改实践中确立 100 个专项课题,重点解决教学实践的操作。同时对课题进行反思验证,对成功的课题进行剖析,研究在课堂教学中执行课程标准的原则和方法,编写各科课堂教学中执行课程标准的"范式"手册,把优秀课教案、教法推广到全体教师。"5 个工程"的实施,推进课程教材改革的深化,使教学研究与教学、培训相结合,形成"研训一体"的教学研究新机制。2009 年 10 月在教育部召开的全国基础教育课程改革经验交流会上,徐汇区"研训一体"的教学研究模式作为典型经验在会上进行交流。

## 二、国际化教育科研

2001 年起,区注重教育科研质量,提升区教科研整体水平。2002 年,区教育局向联合国教科文组织亚太地区教育局递交《创建国际化现代教育革新实验基地的行动方案》,徐汇区成为联合国教科文组织的教改实验区,区教育局被批准为联合国教科文组织"亚太地区教育创新为发展服务计划"(简称 APEID)的"联系中心"。组织实施中国教育学会的实验项目——"创建区域性现代化终身教育体系的教改行动研究",以中国教育学会"全国教育改革实验区"和教育部"全国社区教育实验区"为载体,在学制、培养目标、教育内容、教学组织、德育、特殊教育、教育评价、学校管理、教师资源可持续发展、社区教育 10 个方面,分 16 个实验项目进行研究。2003 年 11 月,区教育局承办联合国教科文组织"亚太地区教育创新为发展服务计划"第九届年会,在会上作"创建区域性现代化终身教育体系,促进地区社会全面可持续发展"的学术报告。同月,在区举行的中国教育学会全国教改实验区现场会上,区教育局作"创建区域性现代化终身教育体系的教改行动与研究"主题报告,并将"构建区域性 0 岁~3 岁婴幼儿早期教育体系的实验研究""区域性推进和深化青少年现代科技教育的实验研究""引导学生主体性发展的德育研究""区域教育均衡发展研究""特殊儿童的教育研究"等实验项目作交流发言。通过会议,徐汇教改实验区以教育科研大项目统领、以教育科研专家与教育研究人员为骨干,带动基层学校领导教师共同推进地区教育改革的机制和经验,被推广到全国各教改实验区,成为区域性教育现代化改革实验的"徐汇模式"。

2009 年完成联合国教科文组织亚太地区教育局、中国教育学会徐汇教改实验区课题,初步建立区域性现代化基础教育新体系框架,形成一批学术成果,出版徐汇教改实验区教育论著丛书(共 13 本)。同时,在推进上海市教育科研重点课题"区域推进新课程实施的策略改进研究"中,学校申报的课题有 340 项立项,形成徐汇区推进新课程实施的大格局。

## 三、社区教育网络

2000 年,康健新村街道成立市民学校,是社区学校的雏形。2002 年,区在各街镇建立社区学校,初步形成"社区学校—居委教学点"社区教育二级网络。2003 年,区被教育部确定为全国社区教育实验区。2005 年,区政府召开教育工作会议,提出"率先建立以徐汇教育品牌为标志的优质、充分的现代化国民教育体系和以学习型城区为标志,开放多样的终身教育体系"。12 月,区成立社区学院,设社区教育部,负责全区社区教育课程体系建设、师资培训和师资库建设、理论研究、科研指导、社区教育网站和社区教育杂志建设工作,指导和协调街镇社区学校、居委教学点,协调整合终身教育体系,形成"区社区学院、街镇社区学校、居委教学点"社区教育三级网络。是年,区政府制定《上海市徐汇区人民政府关于印发徐汇区深入推进社区教育发展实施意见的通知》,对 13 所街镇社区学校调整建制,在年内分 3 批完成落实场地、经费和人员的实体化建设。同时,街镇各类行业社区学校分校并入街镇社区学校。2007 年开展社区学校三年示范校建设。2010 年,区社区学院共开设法政与教育类、文史与艺术类等 7 类 195 门课程,编制《居民英语读本》等教材 11 本;区社区教育网更名为终身学习网,运用信息化、网络化管理服务,开设网上课堂;13 个社区学校建成"一街一品"文化特色项目,开展面向老年、中青年、青少年、婴幼儿、外来人员和特殊人员的终身教育活动,实现"人人皆学、时时能学、处处可学"。

# 第四节 "康乐工程"

康健新村是20世纪末建成的新型居住区。建成初期,康健社区各项事业处于起步阶段,社区管理存在薄弱环节,康健街道党工委、办事处需要有一个符合民意、凝聚人心的工作抓手。1999年9月25日,中共中央总书记江泽民视察康健新村街道康乐小区时指示:"社区党建大有可为。""社区党建和社区精神文明建设结合起来,为居民办实事、办好事,就会有生命力。"2000年,康健街道党工委、办事处从社区居民构成等实际出发,启动以"使居民身心更健康,让社区生活更快乐"为内涵的"康乐工程"。此后,"康乐工程"立足区域化大党建,不断优化、拓展社区公共服务体系,在内容和形式上进行探索与实践。2010年,工程成为一个将社区党建和精神文明相结合,提升居民自治意识、参与热情和生活质量的民心工程。

## 一、主要内容

第一阶段(2000—2005年)。2000年建立"五个一"(建立一个党员活动网络、组建一支骨干队伍、建设一批文化设施、开辟一批活动场所、创立一组特色鲜明的活动主题)工作机制。2001年探索实施"五个让"(让陌生的人熟悉起来、让劳累的人轻松起来、让疏远的人亲近起来、让困难的人得到关爱、让奉献的人受到尊敬)工作法,调动社区居民参与社区活动的积极性。2002年,街道委托市社区发展研究会设立"社区生活快乐指标"研究课题,并根据指标制定乐在安居、乐在安民、乐在文化、乐在爱心、乐在参与"五个乐"的主题活动,分别从社区治安状况、社区环境质量、社区休闲娱乐和文化教育设施、居民群众支持参与程度和设立"康乐工程"爱心基金、营造社区爱心氛围5个方面,拓展街坊资源整合功能,促进康健社区人的全面发展,基本形成以社区党建为核心,带动社区其他各项事业协调发展的党建新格局。是年,"康乐工程"荣获首届中国地方政府创新奖提名奖。2003年提出"五个力":坚持以人为本,不断增强社会事业的保障力;整合资源,不断增强社会管理的控制力;综合协调发展,不断增强经济发展的推动力;密切联系群众,不断增强领导班子的创造力;完善各项制度,不断增强党组织自身凝聚力。2004年实现"五个让"再深化,开创网络进社区、进小区,"让陌生的人由熟悉到互动";建成全市首个社区体育场,"让劳累的人由轻松到健康";成立刘博士阳光心理工作室,"让疏远的人由亲近到信任";设立社区爱心基金,"让困难的人由受到关爱到自强";建立健全志愿者"双向服务"机制,"让奉献的人从受到尊敬到凝聚社会"。2005年注重"五个培育",培育和睦融洽的社区风尚,培育居民广泛参与的社区自治,培育、发展一批社会化专业组织和为民服务团体,培育便民便利的服务平台,培育执政为民的党群关系。

第二阶段(2006—2010年)。2006年,社区(街道)党工委、办事处将"康乐工程"建设的新目标确定为全面建设和谐社区,提出新"五个一":树起一面"旗",夯实社区党建;做实一批事,凝聚社区人心;打造一个"杯",激发社区活力;搭好一个"台",服务社区群众;铺好一张"网",提升管理能级。2007年推进新"五个让":让社区居民更融洽,让社区文化更多彩,让社区环境更宜居,让社区服务更便捷,让社区生活更平安行动计划。2008年开展新"五个乐":乐思民本、乐聚民心、乐为民富、乐推民主、乐让民安主题活动,推出一批社区明星,弘扬为"康乐工程"奉献的志愿者精神。2009年增强新"五个力":奏响理论的导向力,激活组织的凝聚力,锤炼作风的感召力,增强利益的协调力,夯实社区的向心力。2010年的建设主题为提升"五种能力":引领方向能力、凝聚人心能力、团队协同能力、整合资源能力、经济发展能力。

## 二、重点项目

### 【"千人访万家"活动】

2001—2005 年开展,旨在动员社区共产党员、干部和志愿者通过"串百家门,知百家情,解百家忧,暖百家心",了解社情民意,为社区单位、社区居民做好服务。走访活动以入户访谈的方式进行,走访人员依照调查问卷内容,利用晚上和双休日对走访对象进行访谈。调查问卷结合"康乐工程"推进的实践制定,内容包括对"康乐工程"的认识、对小区生活的评价以及对深化"康乐工程"的要求3 个部分。5 年内,累计 1 000 人次走访近 1 万户家庭,积累了大量第一手资料,为推进"康乐工程"提供思路与对策。

### 【打造"没有围墙的敬老院"】

为老服务是"康乐工程"的重要内容。2000 年设立康健新村街道老年家庭护理中心,在区内率先以居家养老服务的形式解决老年人的日常生活照料问题。2001 年创办康健新村街道居家养老服务中心。2004 年,制定《关于进一步深化居家养老服务工作实施意见》,实施民政部社区老年福利服务"星光计划",构建以居家养老和日托服务为主的社会养老模式。2006 年建成社区"一门式"为老服务机构——康健新村街道社区为老服务中心,提供日间照料、老年助餐、老年教育、影视播放、心理咨询、文化沙龙等服务项目。同时,创办康健新村街道社区特需服务社,为辖区内生活特困老人提供陪医、陪购、代购等助老服务。是年,"康健社区居家养老——没有围墙的敬老院"项目被评为区可持续发展实验区优先项目。2007 年,社区为老服务中心对 60 岁以上老人开展情况统计,更新录入数据库。2009 年基本建成由社区、块区和居民区所构成的三级为老服务网络。

## 第五节　历史风貌保护

徐汇区内保留下来的花园住宅、公寓、新式里弄住宅和教堂等优秀历史建筑,数量名列全市之最。1989—2010 年,市政府先后公布上海市优秀近代建筑、优秀历史建筑名单共 4 批 632 处,其中徐汇区 138 处,占全市总量的 21.8%。在上海市城市总体规划确定的 12 个历史文化风貌区中,涉及徐汇区的有衡山路—复兴路、龙华两片。2002 年 5 月,市人大常委会通过《上海市历史文化风貌和优秀历史建筑保护条例》,明确区、县房屋土地管理局负责本辖区优秀历史建筑的日常保护管理。2005 年 5 月,区颁布《关于进一步贯彻〈上海市历史文化风貌区和优秀历史建筑保护条例〉实施意见》,细化相关保护制度和措施。

## 一、保护规划

历史文化风貌区保护规划主要涉及以下 2 个区域:

### 【衡山路—复兴路历史文化风貌保护区(徐汇区部分)】

该风貌保护区总占地 7.75 平方公里,涉及徐汇、长宁、静安、卢湾 4 个区。徐汇区内部分为 4.3

平方公里,北至淮海路—长乐路,南至建国西路—嘉善路—肇嘉浜路,西至天平路—广元路—华山路,东至陕西南路。其主要特点是花园住宅和新式里弄。2004年,区政府与市规划局共同委托同济大学城市规划设计研究院,对该地区编制保护规划图。规划按不同的保护整治方式,将建筑分为Ⅰ类建筑(保护建筑)、Ⅱ类建筑(保留历史建筑)、Ⅲ类建筑(一般历史建筑)、Ⅳ类建筑(可拆除建筑)、Ⅴ类建筑(其他建筑)。该规划是上海市第一个获得市政府批准的风貌保护区规划。

**【龙华历史文化风貌区】**

2005年由区规划部门完成规划编制,规划范围:东至龙华路—后马路,南至龙华港,西至龙华西路,北至华容路,面积45公顷。规划功能定位:以文化展示、旅游观光和休闲游憩为主。它是上海中心城内历史悠久、文化类型多样的历史文化风貌区,物质遗存体现上海历史上宗教文化、传统民俗文化、红色革命文化以及近代工业文明的风貌特征。在上海市公布的优秀历史保护建筑中,龙华历史文化风貌保护区内有龙华革命烈士纪念地、龙华塔和龙华寺、7315厂3处。规划分为保护建筑、保留历史建筑、一般历史建筑、可拆除建筑、其他建筑5类,采用整体性、原真性、可持续性、分类保护的原则加以规划控制。规划着重对风貌区历史文化进行深度挖掘,延续完善旅游服务功能,优化拓展文化展示功能,充实强化休闲游憩功能。

## 二、保护利用

区优秀历史建筑保护工作由区优秀历史建筑保护委员会统一领导,区保护委员会办公室协调,区建交委、区经委、区规划局、区房地局等部门及相关街道办事处按职责分工协调推进,保护利用项目逐步实施市场化运作。

2001年,区建立历史风貌区和优秀历史建筑保护的专项资金,确保优秀历史建筑修缮工作顺利进行。2002年,区政府加大对优秀历史建筑保护性修缮、改造和再利用力度,改善旧城区居民居住质量,使保护利用的成果惠及居民。由区房地局牵头,通过对优秀历史建筑的保护修缮,提高建筑使用寿命、保护建筑特色和历史文化风貌,提高生活舒适度。修缮按3种不同方式进行:全项目修缮,对于重点房屋,进行房屋以及电线、管道等项目全面修缮;单项目修缮,对于有损坏或不符合整体风貌的房屋,进行屋面、外墙、电线等个别子项修缮;房屋外立面整治,对部分房屋外墙陈旧或与周边建筑不协调,影响街区整体风貌的进行外立面的整治工作。2003年,淮海中路1754弄实施全项目修缮。该弄建于1930年,住宅均为2单元~6单元联立式建筑,是上海市第二批优秀近代建筑。修缮采取清拆搭建、更新木结构体系、完善使用功能、增设地下车库、整治周边环境等保护环境风貌措施。修缮后,恢复居住单元27套,建成28个泊位的地下车库1座。改造工程保持了历史建筑风貌,成为上海市唯一正式实施并竣工的保护利用项目。

2004年,区建立历史建筑保护动态巡查制度,实现执法巡查、网格化巡查、物业公司巡查三层巡查共管保护网;区房地局建立基础数据库,以1949年前建造的建筑为统计对象,按建筑类型、保护要求、产权性质进行分类,为区优秀历史建筑的保护规划和决策提供基础数据支持。2007年制定《徐汇区历史文化风貌区和优秀历史建筑保护利用迎"世博"三年行动计划》,通过"以利用促进保护,以保护保证持续利用"的方式,实现对历史建筑的保护和历史建筑保护开发资金的良性循环。通过"捆绑式"置换方式,先后置换衡山路842号、五原路252弄17号等5幢花园住宅,总建筑面积1 567平方米;在确保对历史建筑保护的前提下,完成湖南路285号、兴国路67号、华亭路32号等花园住宅项目的招商,业态涉及酒店服务、办公、酒吧、私人会所等。

2009年,区开展对武康路历史街区综合整治,完成11条弄堂、20处沿街建筑、1 400米沿街围墙的整治和69处入口、门头改造。同时,制定历史风貌保护区保留历史建筑调查方法,按照风貌区保护规划的图则进行现场踏勘,逐幢核对保留历史建筑的位置、门牌号码和建筑类型,完成分布在衡山路—复兴路历史文化风貌区(徐汇区部分)4.3平方公里范围内1 830幢保留历史建筑的现场确认、拍照、登记等工作,形成翔实资料。2010年,区编制《武康路风貌保护道路保护规划》《岳阳路风貌保护道路保护规划》,将以建筑保护为主扩展为整个街区道路保护,确立风貌道路保护工作新模式。至年底,区累计修缮黄兴故居、自由公寓、永嘉新村、上海新村、克莱门公寓、武康大楼、西湖公寓、黑石公寓、集雅公寓等优秀历史建筑近10万平方米。

## 第六节 徐 汇 滨 江

徐汇滨江地区是上海市中心城区可较大规模成片开发的滨水区域,是黄浦江两岸综合开发的重要组成部分。该地区北起日晖港,南至关港,西至宛平南路—龙华港—龙吴路,东临黄浦江,与上海世博园区、浦东前滩地区隔江相望,区域面积9.4平方公里(外环内7.4平方公里),岸线长度11.4公里(外环内8.4公里),外环内规划总建筑面积约950万平方米,其中规划新建总建筑面积约650万平方米。徐汇滨江按照"规划引领、文化先导、生态优先、科创主导"开发策略,以及"一流的开发企业、一流的规划设计"总体要求,推动地区综合开发与建设,成为转型发展、产业升级的重要功能区,打造成为全球城市卓越水岸之目标。

### 一、发展历程

徐汇滨江地区是近代上海重要的交通运输、物流仓储和生产基地,聚集铁路南浦站、北票煤码头、上海飞机制造厂、龙华机场、上海水泥厂、白猫集团、上粮六库等大工业厂区,是一条封闭的传统工业岸线,市民无法踏足。

2007年,区政府与上海市黄浦江两岸开发工作领导小组办公室签署《共同推进黄浦江沿岸徐汇区段综合开发合作备忘录》,明确"市区联手、以区为主"的建设机制以及"政府主导、企业主体、市场运作"的开发原则,以土地收储、基础设施和公共环境建设为切入点,正式开展滨江地区功能结构升级与地区活力复兴,推动城市"棕地"开发实践。

2010年作为上海世博会的核心配套区域,徐汇滨江完成企业搬迁116家、居民3 500多户,完成土地收储约280公顷,建成30公顷公共开放空间以及"七路二隧"等骨干路网20公里,改造亲水岸线3.6公里,推动滨江岸线从生产性功能向生活性功能转型。

### 二、规划设计

2004年,区启动徐汇滨江地区规划前期研究,开展滨江地区规划功能咨询和国际方案征集,着手编制控制性详细规划和滨江核心地区城市设计,完成规划技术储备。2005—2008年,区对徐汇滨江的目标定位做了进一步深化,陆续编制完成黄浦江南延伸段B、C、D三个单元的控制性详细规划,获市政府批准。B单元主要在中山南二路以南、瑞金南路以西、东安路以东区域,定位为以总部经济、国际高端医疗服务为重点的滨江生命科学拓展区。C单元核心区主要在云锦路两侧、龙水南路以北、丰谷路以南区域,定位为具有文化传媒特色、国际航空服务业集聚的生态休闲商务区。D单元主要在中环线以南、外环线以北、龙吴路以东区域,是黄浦江两岸贯通工程徐汇段的重要建设区域,定位为"文化创意"和"科技创新"相融合的新型功能区。区开始研究滨江地区产业规划,对产业功能、开发机制进行探索。B、C、D三个单元通过"南拓""北连""西进"的开发战略,分阶段推动土地储备、基础建设和功能开发。

2008年开展徐汇滨江公共开放空间国际设计方案征集,英国PDR事务所"上海CORNICHE"公共空间规划方案中标。其规划理念是以龙腾大道为核心,由滨水岸线向腹地延伸拓展,通过开放宜人的沿江空间、便捷完善的交通系统、工业文明的城市记忆等将徐汇滨江建成开放、便捷、绿色、具有魅力的公共活动空间。方案内容包括:通过立体式的空间设计,提升空间品质;构建复合型的交通动线,在沿江区域构建滨水步道、健身跑道、有轨电车、林荫大道组成的四层交通网络;实施包容式的有机更新,保留城市记忆。对龙华机场、北票码头、上海水泥厂、铁路南浦站等近代民族工业遗存,制定分类保留措施,使其融入公共空间景观中。

2010年5月按照"上海CORNICHE"设计理念,滨江公共开放空间第一阶段建设任务基本完成,共建设沿江岸线3.6公里,用地面积约24万平方米,其中公共绿地面积14万平方米、广场铺装8万平方米、亲水平台1.4万平方米;完成龙华港桥和海事塔改建,对黄浦江畔北票码头塔吊等工业历史遗存进行保护式改建及修复;形成由景观大道、休闲自行车道、亲水步道组成的滨江开放空间交通系统。

表 2-4-1 徐汇区主要年份基本情况

| 项 目 | 1978年 | 1985年 | 1990年 | 1995年 | 2000年 | 2005年 | 2010年 |
|---|---|---|---|---|---|---|---|
| 区域面积(平方公里) | 23.18 | 43.57 | 46.64 | 54.76 | 54.76 | 54.93 | 54.93 |
| 水域面积(平方公里) | | | 1.84 | 3.82 | 3.82 | 3.82 | 3.82 |
| 年末耕地面积(公顷) | | | | 133 | 44 | 0 | 0 |
| 街道(个) | 10 | 11 | 12 | 9 | 12 | 12 | 12 |
| 镇(个) | 0 | 2 | 2 | 2 | 1 | 1 | 1 |
| 乡(个) | 0 | 0 | 0 | 1 | 0 | 0 | 0 |
| 居民委员会(个) | | | 339 | 237 | 365 | 314 | 303 |
| 村民委员会(个) | | | | 15 | 12 | 6 |
| 年末户籍人口(万人) | 43.47 | 65.81 | 71.74 | 80.62 | 86.77 | 88.74 | 91.09 |
| 户数(万户) | 13.32 | 18.07 | 22.55 | 28.19 | 31.32 | 32.06 | 32.61 |
| 年末常住人口(万人) | | | 71.73 | 89.29 | 99.46 | 102.34 | 108.51 |
| 外来人口(万人) | | | | 8.67 | 12.7 | 13.6 | 27.88 |
| 人口密度(人/平方公里) | 21 721 | 15 104 | 15 381 | 14 723 | 15 845 | 16 206 | 16 582 |
| 人口自然增长率(‰) | 1.67 | 7.2 | 3.01 | −2.76 | −1.71 | −1.82 | −0.64 |
| 城镇登记失业人数(人)[①] | | 1 131 | 7 664 | | | 20 617 | 20 471 |

| 项　目 | 1978 年 | 1985 年 | 1990 年 | 1995 年 | 2000 年 | 2005 年 | 2010 年 |
|---|---|---|---|---|---|---|---|
| 新增就业岗位数（个） | | | | | 7 533 | 44 711 | 52 695 |
| 中学（所） | 38 | 33 | 35 | 47 | 57 | 46 | 39 |
| 在校学生（人） | 57 086 | 26 190 | 25 334 | 41 534 | 65 214 | 51 668 | 37 719 |
| 小学（所） | 57 | 69 | 68 | 67 | 56 | 44 | 42 |
| 在校学生（人） | 35 074 | 34 097 | 52 678 | 67 940 | 36 774 | 34 766 | 30 395 |
| 幼儿园（所） | 100 | 61 | 68 | 58 | 71 | 77 | 85 |
| 在园幼儿（人） | 11 469 | 18 603 | 13 657 | 12 906 | 19 905 | 20 087 | 20 370 |
| 职校（所） | | | 1 | 3 | 4 | 2 | 2 |
| 在校学生（人） | | | 2 188 | 5 881 | 6 199 | 3 693 | 2 542 |
| 图书馆、室（家） | 2 | | 15 | 2 | 3 | 15 | 14 |
| 文化馆、站（家） | 2 | | 1 | 11 | 15 | 16 | 27 |
| 影剧院、场（家） | 8 | | 7 | 9 | 13 | 12 | 9 |
| 区级医院（所） | 5 | 4 | 5 | 6 | 6 | 4 | 4 |
| 医院床位数（张）② | 1 419 | 1 357 | 2 060 | 2 175 | 9 910 | 12 276 | 13 268 |
| 医疗卫生技术人员（人） | 2 282 | 1 792 | 2 891 | 2 770 | 12 987 | 13 448 | 16 669 |
| 执业医师（人） | 438 | 499 | 1 060 | 1 133 | 5 060 | 4 810 | 5 704 |
| 公共绿地面积（万平方米） | 20.93 | | 119.7 | 173.89 | 271.75 | 396.73 | 490.05 |
| 人均公共绿地面积（平方米） | 0.9 | | 1.69 | 2.2 | 3.15 | 4.47 | 5.38 |
| 绿化覆盖率（%） | | | 9.99 | 13.31 | 18.37 | 24.35 | 27.3 |
| 公园（个） | 2 | | 5 | 9 | 11 | 11 | 11 |

说明：① 1985—1990 年为待业人数；② 1995 年及之前年份为区属统计数据。

表 2 - 4 - 2　徐汇区主要年份国民经济基本指标

| 项　目 | 1978 年 | 1985 年 | 1990 年 | 1995 年 | 2000 年 | 2005 年 | 2010 年 |
|---|---|---|---|---|---|---|---|
| 生产总值（亿元）① | | | | 22.84 | 52.45 | 492.86 | 910.92 |
| 第一产业（亿元） | | | | 0.013 | 0.002 | 0 | 0 |
| 第二产业（亿元） | | | | 6.55 | 11.23 | 129.25 | 192.51 |
| 工业（亿元） | | | | 5.94 | 10.51 | 111.85 | 142.61 |
| 第三产业（亿元） | | | | 16.28 | 41.22 | 363.61 | 718.41 |
| 固定资产投资完成额（亿元） | | | 4.7 | 46.31 | 49.61 | 54.6 | 173.46 |

（续表）

| 项　目 | 1978 年 | 1985 年 | 1990 年 | 1995 年 | 2000 年 | 2005 年 | 2010 年 |
|---|---|---|---|---|---|---|---|
| 财政收入(亿元) | 0.79 | 1.81 | 3.34 | 10.67 | 20.7 | 100.3 | 232.07 |
| 地方财政收入(亿元) | 0.51 | 1.75 | 3.14 | 7.29 | 15.59 | 43.9 | 90.43 |
| 地方财政支出(亿元) | 0.17 | 0.15 | 1.34 | 6.17 | 15.04 | 50.17 | 99.29 |
| 外贸进出口总额(亿美元) | | | | | | 8.01 | 12.64 |
| 出口额(亿美元) | | | 0.047 | 0.64 | 1.86 | 4.43 | 6.68 |
| 外商直接投资实际到位金额(亿美元) | | | 0.17 | 2.7 | 0.85 | 6.1 | 5.57 |
| 年末私营企业注册数(个) | 362 | | 3 637 | | 1 443 | 7 873 | 18 189 |
| 工业总产值(亿元)[2] | | | 4.55 | 33.7 | 70.52 | 310.19 | 622.03 |
| 住宅竣工面积(万平方米) | 13.94[3] | 1.8 | 69.08 | 133.2 | 179.19 | 122.61 | 70.94 |
| 社会消费品零售总额(亿元)[4] | 4.07 | | 17.59 | 50.97 | 87.2 | 160.18 | 352.14 |

说明：① 2005 年之前为增加值,1995 年、2000 年为不变价；② 1990 年、1995 年、2000 年为不变价；③ 1978 年为新建工房数；④ 1995 年之前为"社会商品零售总额"。

# 第三篇 长宁区

长宁区地处上海市中心城区西部，因长宁路横贯境内而得名。

1978年，长宁区行政区域面积10.59平方公里，辖有新华、江苏路、华阳路、武夷、周家桥、天山、遵义7个街道，下设210个居委会，户籍人口9.36万户，34.53万人。1984年8月增设仙霞新村街道，上海县北新泾镇划入。1986年4月增设虹桥街道，9月增设程家桥街道。1987年6月，新华、武夷、天山、遵义街道依次改名为新华路、武夷路、天山新村、遵义路街道。1992年7月，上海县新泾乡划入。1994年5月撤销天山新村、遵义路街道，设立天山路街道。1995年3月撤销华阳路、武夷路街道，设立新的华阳路街道；6月撤销新泾乡，设立新泾镇，实行镇管村体制。1996年7月撤销北新泾镇，设立北新泾街道。2010年，全区行政区域面积37.19平方公里，辖有9个街道、1个镇，下设177个居委会、3个村委会，户籍人口21.49万户、61.62万人。

中共十一届三中全会后，长宁区实现工作重心转移，改革开放和经济社会发展大致经历3个时期。

1978—1992年为工作重心转移时期。区委、区政府把工作重点转移到以经济建设为中心上，提出"振兴中华，发展长宁"，把全区建成"经济繁荣、科技进步、环境优美、生活方便"新城区的目标，在全市率先制订"七五"规划。在实践中，以体制改革和对内对外开放为抓手，促进产业结构大调整。区域经济恢复发展，建设步伐加快，效益同步增长。1991年3月，区十届人大二次会议通过《上海市长宁区经济和社会发展十年规划设想和"八五"计划纲要》，确立区属商业销售总额年均增长12％、区属工业总产值年均增长8％、区属企业创汇总额年均增长20％、财政收入年均增长6％等主要目标。1992年7月，区委制定《关于贯彻中央2号、4号文件精神，加快经济发展和城区建设的若干意见》，首次提出"依托虹桥"的发展思路。是年8月制定"依托虹桥、开发两翼、突破中山、东西联动"的方针，提出"西区以虹桥国际机场、虹桥经济技术开发区和古北新区及天山地区为主线，形成以第三产业为主的虹桥商贸发展中心"的建设构想，继而提出并实施"214"工程（即建设中山公园、虹桥2个商贸中心和1个市西工业小区，带动商业、房地产业、工业、科技4个产业协调发展），实现全方位开放新态势，探索符合区域经济发展的新路子。

1993—2005年为依托虹桥发展时期。区委、区政府抓住"大虹桥"概念，打造"虹桥品牌"，放大"虹桥效应"，全面推进经济社会各领域的改革开放。1993年，《长宁区总体规划》形成，把虹桥商贸发展中心规划为以虹桥经济技术开发区为核心、以涉外经贸与商务为主导功能的重大项目。1995年12月，区委五届七次全会通过《上海市长宁区国民经济和社会发展"九五"计划和2010年远景目标纲要（草案）》，"依托虹桥，发展长宁"成为指导全区经济社会建设的总方针，明确虹桥开发区的功能辐射，加强配套，搞好服务，把长宁区建设成"四高一外"即高效益内贸、高新技术产业群、高质量文化教育、高级住宅区以及涉外功能的现代化新城区。是年，区政府编制目标纲要，把"虹桥商贸发展中心"修订为"虹桥涉外贸易中心"，实施虹桥涉外贸易中心、中山公园商业中心、虹桥临空经济园区三大经济组团的产业布局，带动相关产业开发，形成产业链。1996年，区政府编制完成《虹桥涉外贸易中心详细规划》，决定以虹桥开发区0.65平方公里为核心区、周围地区为中心区，总面积扩大至1.77平方公里。2000年10月，区委六届八次全会把"依托虹桥，发展长宁，优化功能，增创优势"作为"十五"计划期间的发展方针。2001年,区十二届人大五次会议确定实施以信息、咨询服务业为重点的"一业特强,五业拓展"产业结构调整战略,将虹桥涉外贸易中心建成具有较强的涉外经贸与商务功能、具有较强的服务和辐射长三角经济圈能力的商务中心。2005年12月,区委七届七次全会提出区"十一五"计划时期"拓展虹桥、提升功能、数字长宁、国际城区"的发展方针,努力在落实科学发展观、构建社会主义和谐社会等方面走在前列。全区改革开放和建设事业全面推进。

2006—2010年为西大门建设时期。区委、区政府以科技兴区为引领,以文明和谐西大门建设为抓手,围绕"数字长宁,国际城区"战略目标,全面深入推进"四个走在前列"即现代服务业集聚发展、社会事业发展、城区信息化建设和城区环境品质走在中心城区前列。2006年,区政府实施《长宁区鼓励企业自主创新的若干政策(试行)》,发挥"数字长宁"建设优势,聚焦信息产业和数字媒体产业,并于2007年在全市率先成立科技政策服务站和企业服务部,形成特色。2008年,区政府编制完成"四个走在前列"评估指标体系,引领区域经济社会科学发展;出台加快现代服务业发展、促进企业科技创新等15项政策,制定并试行《长宁区科技小巨人培育企业试行办法》《长宁区科技型中小企业技术创新资金试行办法》,促进企业创新发展。2009年,区政府制定《长宁区科技型中小企业技术创新资金试行办法》《推进长宁区高新技术产业发展的意见》和《推动长宁区软件与信息服务业发展的意见》,推动区域科技创新能力和综合竞争力的提高。这一时期,区委、区政府通过创建全国文明城区,迎办上海世博会的契机,不断提升城区品质,推进教育文化卫生事业,加大精神文明建设,使长宁区逐步成为上海文明和谐的西大门。

2010年,长宁区生产总值578.87亿元,比1995年增长29.66倍;区财政收入172.76亿元,比1978年增长318.92倍;社会消费品零售总额209.5亿元,比1978年增长88.15倍。境内有上海动物园、中山公园、天山公园、新虹桥中心花园及华山、凯桥等公共绿地;有虹桥国际机场,"三环"即内环高架路、中环高架路、S20(外环高速)和"五轨"即轨道交通2、3、4、10、11号线穿境而过;有华东政法大学、东华大学、上海交通大学安泰经济学院等6所全日制高等院校;有中共中央机关刊物《布尔塞维克》编辑部旧址、宋庆龄陵园等纪念地;有上海国际体操中心、刘海粟美术馆、上海影城、长宁区图书馆等现代文化设施;有国家级非物质文化遗产古陶瓷修复技艺和江南丝竹、沪剧等8项市级非物质文化遗产。1986年、1992年2次被国家计生委授予"全国计划生育先进区";1991年被国家教委授予"全国儿童少年工作先进区";1992年被卫生部授予"防盲治盲先进区";1994年被国务院残疾人工作协调委员会、国家教委、民政部、中国残疾人联合会授予"特殊教育先进区";1995年被国家教委、国家环保局授予"全国环境教育先进单位";1997年被民政部授予"全国社区服务示范城区";1999年被国家体委授予"全国田径之乡";2000年、2004年2次被全国双拥工作领导小组、民政部、中国人民解放军总政治部授予"全国双拥模范城";2005年被中央社会治安综合治理委员会授予"全国社会治安综合治理优秀区",被文化部授予"全国文化先进区";2001年、2005年、2007年3次被科技部授予"全国科技进步先进区";2008年被中央文明办授予"全国未成年人思想道德建设工作先进城市(区)",成为全市唯一获此荣誉的城区。2011年被中央文明委授予"全国文明城区"。

2011年,《长宁区国民经济和社会发展第十二个五年规划纲要》指出,要以上海国际贸易中心的重要承载区建设为抓手,聚集贸易核心功能,重点打造虹桥国际贸易中心核心区,搭建综合贸易服务平台,扶持电子支付、安全服务、物流信息等企业发展,创新在线购物、在线旅游等业态、模式为主的数字化和实体商贸融合发展。以上海市服务业综合改革试点为抓手,发挥区位和先发优势,做大做强专业服务、信息服务、现代商贸、航空及物流等重点行业,壮大会展旅游、金融服务等贸易支撑行业,发展文化创意、教育培训、医疗保障、社区服务、家政服务等现代服务业新增长点,带动社会服务业发展。以功能、产业、形态"三位一体"的国际商都建设为抓手,依托虹桥综合交通枢纽和虹桥商务区的优势,加快虹桥地区的国际商务商贸功能、中山公园地区的商业和文化休闲功能、临空经济园区的总部经济功能等三大功能区的能级提升,筹建长三角商会平台,形成与西大门、大虹桥错位发展、以高取胜的"东虹桥"发展格局。以"三化(数字化、网络化、智能化)一体"的智慧高地建设为抓手,持续"数字长宁"战略,加速网络宽带化和应用智能化建设,构建基础性应用服务平台,加快"三网(数字与手机电视、网络电话、电视购物)融合",推进基于物联网、云计算、下一代互联网技术为核心的示范应用项目建设,推动"数字惠民"工程,基本实现三大功能区高速光缆、无线宽带全覆盖。以营造高雅精致、低碳环保、绿色活力的精品活力城区建设为抓手,集聚低碳经济、新能源、物联网、生物医药等领域的一批高新技术企业和高端人才,增强区域创新活力;立足高品质城区环境,完善城区基础设施,完成新泾地区城市化,加快愚园路等历史文化风貌区保护性开发,提升市政、交通、市容绿化、河道、物业等管理水平,彰显"虹桥大都市、苏河老印象、长宁新社区"的城区新形象。以巩固社会主义核心价值体系为抓手,加强思想道德建设,倡导社会文明风尚,推进新建楼宇文化配套设施、优质均衡教育、为老服务体系等建设,培育良好的社会公德、职业道德、家庭美德和个人品德。

# 第一章  工作重心转移

1978 年以后,长宁区的工作重心逐步转移到经济建设上,以建立企业股份合作制为改革突破口,整顿流通秩序,制定和落实搞活企业、促进技术进步等政策,发展经济,加快建设。其间,区委、区政府抓住上海启动虹桥经济技术开发区建设时机,发挥虹桥开发先行优势,首次提出"依托虹桥"的发展思路。

## 第一节  经济社会恢复发展

1978 年,区委领导班子调整后,全面贯彻中共十一届三中全会路线、方针、政策,讨论真理标准问题,端正思想路线,拨乱反正,落实知识分子政策,加强社会治安综合治理,转化社会风气,把工作重点转向社会主义现代化建设。

### 一、调整班子

1978 年 4 月,市委重新任命长宁区委领导班子,区委、区革委 19 名成员前后调整 17 人;委、办、局 120 名主要领导干部调整 47 人。同时安排 54 名老干部充实区委和各委、办、局领导班子。全区受迫害干部和群众 3 630 人全部平反。1979 年,政协上海市长宁区委员会(简称区政协)恢复工作,区各民主党派和区工商业联合会(简称区工商联)、区归国华侨联合会(简称区侨联)等组织陆续恢复活动。1980 年后,区委多次清理"左"的思想,落实知识分子政策,恢复专业技术职称,恢复区业余科技学校,推动科技工作服务经济建设。同时,全面加强社会治安综合治理,在全区开展社会主义法制宣传。

1982—1989 年,区委、区政府坚持"两个文明(社会主义物质文明和精神文明)一起建设"的原则,在全区开展"五讲(讲文明、讲礼貌、讲卫生、讲秩序、讲道德)、四美(心灵美、语言美、行为美、环境美)、三热爱(热爱社会主义、热爱祖国、热爱共产党)"活动以及"全民文明礼貌月"等活动,有 40余万人次参加绿化植树、美化环境、整顿交通秩序,有 38.6 万余人次参加学雷锋、树新风、送温暖活动。1983 年,区委支持区少年宫创办全国第一份少年儿童自办的《小主人报》。1989 年 8 月,区创办"为孩子父母学校"。该校在 1992 年被国家教委和全国妇联分别授予优秀家长学校和全国家庭教育工作先进单位称号。长宁区被评为全国"热爱儿童先进区"。

### 二、城区建设

1977—1979 年,城区建设进入有序发展的轨道,完成区属单位基本建设项目 157 个,总面积7.84 万平方米。其中,建成以香花商场为中心的新华路商业街;新建和扩建茅台、娄山和天山 3 座菜场,建成安西路、古北路,安化路 3 个农副产品贸易市场(简称农贸市场);建成区中心医院新院和天山电影院;新建、扩建和改建一批中小学、托儿所和街道工厂。同时,养护道路 32 万平方米,新筑、翻修和维修定西路、长宁路等 14 个路段,翻修华山路、幸福路等 4 个积水地区的下水道,增强排水能力。至 1983 年,先后辟通江苏北路、娄山关路南段,改建、扩建天山路等 24 条道路,翻修区内全部弹街路面的小弄通道;新建工房 104.8 万平方米,改建一批简屋和棚户,解决 8 631 户居民住房困难;拆除全区公共给水站,自来水管接进千家万户。

建立区"三整顿"(整顿马路、整顿交通、整顿市容)领导小组,加强环境管理工作。1978—1979 年,全区清理无主垃圾 3 万余吨。1979 年开始对全区大气、水质、噪声等污染进行专业性监测。1980 年 8 月对全区炉、窑、灶进行全面治理,督促"三废"(废气、废水、废渣)单位外迁和撤、关、并。

1983 年 3 月制定《长宁区城市建设"六五"规划和"七五"设想要点》,提出以区内沪宁铁路为界,"重点建设路西,逐步改造路东"的"两步走"方针。即:路西以逐步拆迁改造周桥地区棚户简屋,征地建设新居民住宅为主,有计划地减轻路东压力,并对现有工厂予以控制,不再占地扩建和新建;路东以改造为主,按市的统一规划,结合市政建设,有步骤地分批拆迁改造棚户地区,调整、压缩、搬迁现有工厂。市政设施和商业、教育、文化、体育等设施,采取不断发展路西、充实调整路东的方针,逐步形成以中山公园地带为中心,天山路、新华路为两翼的新格局。城区基础建设逐步得到加强,为长宁未来长期建设加快步伐打下良好基础。

### 三、知青安置

1978 年,大批上山下乡知识青年(简称知青)返城。区委根据党的相关政策,集中精力做好返城知青安置工作,开始兴办合作社,拓宽就业门路。1979 年起将全区 146 个生产组合并成 52 家小型工厂,分属 7 个街道工业公司;组织集体经济,建立区住宅、市政、人防、劳动服务 4 个公司。是年,全区安置知青 1.36 万人。同时,大力发展知青合作社,1980 年为 79 家,1983 年为 217 家,安置知青 1 177 人。至 1992 年,区实行劳动部门介绍就业、推进自愿组织起来就业和自谋职业相结合的劳动就业政策,广开就业门路,统筹安置上山下乡回沪知青,基本解决"文化大革命"期间所造成的严重待业问题,共安置待业人员和回城知青 12.07 万人,安定民心,稳定社会秩序。

## 第二节 经济体制改革

1978 年以后,长宁区以改革为动力,促进区域经济恢复,区属工业、商业及市场呈现生机与活力。不计算物价因素,全区税收总额 1978 年为 0.38 亿元,1992 年为 2.49 亿元,其中区级财政收入 1.6 亿元。

### 一、工业体制

长宁区把加强工业管理作为发展区属工业的重要抓手,大力发展生产,提高生产能力,扶持私营企业,加强行业管理,在探索中逐步深化改革。

**【管理机构】**

1978 年,为便于管理和发展生产,区集体事业管理局(简称区集管局)成立,与街道共同管理里弄生产组。随后,全区146个里弄生产组按街道合并成52家小型工厂,由原来的产品加工服务逐步转向产品生产。1984年,街道工厂划归区集管局,组建行业性公司;街道重组服务队、修理站及为大工厂加工服务的小厂。企业生产能力得到提高。1992年3月,区工业建设联合公司成立,开始对国有、集体企业实行归口管理。

## 【私营企业】

1980年3月,区工商行政管理局恢复对个体工商户开业实行登记管理,当年申请开办的个体手工业户22家,从业人员22人。1984年9月,民办科技企业上海现代电镀涂饰研究所在长宁区建立,区内私营科技企业开始起步。1988年《私营企业暂行条例》颁布后,区内对不符合开业规定的企业进行整顿,部分被撤销,部分重新申办。年底,区内开业的私营企业有12家。其中规模较大的科技企业有2家:

**上海实用机电工程公司** 1985年成立,以工业自动化和机电一体化工程项目的承包为主,实行覆盖科研、设计、制造、配套、销售、培训、维修、技术服务等内容的一条龙经营方式,下设工业自控技术中心和电子电器厂,具备科研开发和加工制造能力,其YSB型液压试验装置,曾获首届上海科技博览会银奖、上海市科技进步二等奖和电子工业部重大科研奖,被评为1993年上海市民营"十佳"科技企业。

**上海现代自动化应用研究所** 1988年10月创办,以研究开发电子、电气、工业自动化等领域的新技术、新工艺、新材料、新产品为主,研制出国内首创的便携式电子焊接枪,获国家专利局颁发的发明专利权和实用专利权证书;研制开发的MO–101型电子喷灯,获1992年区科学技术进步一等奖和上海市新产品证书。

1992年,全区有私营工业企业包括个体企业186家,从业人员1102人,年产值1269.21万元,上缴税收70万元。私营企业发展纳入区经济发展规划。

## 【国营集体企业】

1980年后,区委、区政府加大改革力度,在区属工业企业中率先开展企业整顿、扩大自主权、两步利改税、推行生产经营承包责任制等一系列改革,劳动生产率得到提高,企业生产活力得到增加。

1987年,主人印刷厂在长宁区创办,成为全市城镇第一家股份合作制企业。随后,区政府在科技系统和小型工商企业推行股份合作制改革。其中,1992年初成立的上海望春花实业股份有限公司,是一家集工贸、房地产、社会服务、科研为一体的新型企业,主要生产染色印花平绒、仿丝绒及平绒服装、靠垫等产品,其"望春花"牌宽幅丝绒获泰国博览会金奖、国家"七五"星火奖。1992年,全区实行股份合作制的企业有244家。

其间,区内跨地区、跨行业的横向联营、工贸联营、国营集体联营等各种形式的联营增多,中外合资、中外合作、外商独资、股份合作制及股份制企业获得一定发展。1992年有区属企业464家,固定资产1.36亿元,职工26430人,产值9.75亿元,创利8368.15万元。区内"三资"(中外合资、中外合作、外商独资)企业78家,投资总额8094万美元,其中引进外资3597.5万美元。全区经济平稳发展,出现产权多元的变化趋势。

## 二、商业体制

1978年后,为缓解人民群众购物难、就餐难、住宿难等矛盾,搞活经济,在全区街道(镇)、里弄创办一批知青合作社、劳动服务公司。区属企事业单位、区内外省市驻沪机构及企事业单位兴办第三产业。部分待业人员从事个体经营。全区社会各界兴办的商业、服务业迅速发展。

### 【农贸市场】

1985年,全区先后建立农贸市场8个、农贸集市点12个,经营的商品除蔬菜、肉类、水产、家禽、禽蛋、豆制品外,还有来自江苏、浙江、江西、福建、黑龙江、新疆等地的干果(南北货)、杂粮、塑料制品、民用小商品等,合计300多种,年成交额2 246万元。1990年,水城路农贸市场迁入室内,成为区内第一家室内农贸市场。1992年底,全区共有农贸市场11个、集市贸易点13个、摊位4 021个,年成交金额21 953.13万元。

### 【小商品市场】

1982年4月,区内第一个小商品市场在娄山关路建成。1987年9月,安西路小商品市场建成,经2次扩建,形成全长350米的服装步行街,年成交额308.7万元。区内还每年举办各类商品展销会,规模逐渐扩大。1986年9月举办首届"天山街市"大型商品展销会,共有参展商店120家,其中,外省市及区内工厂60家,展销商品1 000种,营业额100.48万元。之后每年举办一届,连续举办7届,规模一届大于一届。1992年,第七届天山街市期间,在天山路、娄山关路、茅台路和古北路两侧设日用工业品展区、食品街、服装街、修理服务中心等,参展单位有市内各区工商部门和外省市工商企业800多家、个体工商户400家,展销商品上万种,营业额2 734万元。"天山街市"成为中心城区届时存在时间最长、最具特色的商业活动之一。

### 【商业企业】

1984年6月,市政府"放权、松绑"10条政策下达后,区内企业自主权进一步扩大,改革形式不断创新。区内横向联营和中外合作经营模式得到发展,部分商店开展一业为主、多种经营,自产自销各类适应市场需求的商品。1986年,《上海市长宁区1986—1990年经济和社会发展计划纲要》出台,改革由点及面,步伐加快。是年,全市首例集体合作百货店永红百货商店的拍卖试点,开启长宁商业小型企业拍卖、租赁经营和承包经营的改革之路。1987年,区财贸系统实行租赁、承包制。街道开办的集体商业、服务业,划归区集管局,经合并成立区商业服务公司。商业企业改革逐步向集体承包方向发展。

1988年,区政府借助财政新体制,加强对经济的调控,制订和运用政策促进经济发展,增强经济发展动力。是年,区内试点转换经营机制为核心的改革。到1989年底,财贸系统有22家大中型企业实行承包,229家小型企业实行租赁,48家企业实行厂长(经理)负责制。是年,区内大部分老店调整商品结构,陆续取消凭票证供应商品,精品屋、特色商店随之开设。全区共有各类商店2 212家(其中财贸系统商店923家、各类社会商业1 289家),比1978年的693家增加2倍多;从业人员41 606人;年销售额31.19亿元(包括外省市、市属、区属、私营商业等),其中区属商业年销售额20.94亿元(包括区属其他系统商业)。全区商业布局趋于合理,初步形成中山公园、天山路一条街

1986年12月,长宁区永红百货店招标拍卖会在区政府新会场召开(长宁区档案馆提供)

两个区级商业中心和曹家渡、江苏路、周家桥、北新泾镇等地区商业街。

### 三、财税体制

1985年,市对区实行"核定收支基数、固定留成、增收分成"办法,原按2%提取的区"机动财力"比例不变,对超过1984年收入部分按23.2%分成。长宁区选择"核定收支基数、包干上缴、增收分成"的办法。1987年起,区内改变收支两条线的财政管理方法,实行"核定收支基数、收支挂钩、总额分成"的体制,支出自求平衡,并在天山新村街道试行"街道财政"管理体制,实行"预算包干,增收分成",1988年在全区各街道推广,之后在全市各区推行。1992年,区财政体制改为"核定收支基数、递增包干上缴"办法,按每年递增1%定额上缴。同时,对"全额管理"单位,有条件地向"差额管理"单位过渡;对"差额管理"单位则"定向补助,结余留用",或逐步由"差额补助"向"自收自支"管理过渡。

1983年1月—1984年10月,国家对国营企业分两步实施利改税。全区实施国家新的税收法规,陆续开征10余种新的税种。1988年10月1日起恢复征收印花税。1992年,区征收的税种有20种,区实现税收总额2.49亿元,其中区级财政收入1.6亿元,分别比1978年增长5.55倍和8倍。

### 四、综合经济管理体制

1979年,区工商行政管理局设立,恢复注册登记工作,并加强市场、物价、计量管理,增加商标、广告和经济合同管理。随后,区审计局、区物价局、区计划经济委员会和区标准计量管理所相继设立,加强对商业、服务业价格的审价、核价管理和价格咨询服务,初步形成门类较全、综合协调的经济管理体系。

1983年起,区政府开始编制全区经济和社会发展纲要,以加强对区属经济的宏观调控。区计划经济办公室(后改为计划经济委员会)加大对全区经济动态的分析和预测,突出涉外经济贸易,引导外资投向,大力发展外向型经济,全区产业结构、产品结构和商品结构逐步调整。

1986—1988年,全区加强对流通领域的治理,在综合性、金融性公司(中心)中连续开展两次清理整顿,打击经济违法活动;商业部门开展创"物价、计量信得过"(简称"双信")活动,后又扩展为"物价、计量、服务、质量信得过"(简称"四信")活动。1988年,全区各行各业制定行业标准和实施细则。全区规范流通领域工作初见成效。

1991年为支持企业转换经营机制,发展第三产业,区工商局提出促进经济发展8项优惠措施。市内外有400多家科研单位、大中型企业来区洽谈项目,当年注册登记高新科技企业114家。同时,先后引进外省市投资企业205家,总投资8591.7万元;营业额49766万元,上缴税收777.77万元。区内批准外商投资企业项目(包括工业、商业、房地产业等)116个,协议吸引外资7023.42万美元。至1992年,全区注册登记的公有制企业5742家,注册资金39.63亿元;私营企业74家,注册资金661万元;个体工商户4659家,注册资金1042万元。申领《上海市行政事业收费许可证》的单位596家。区内以公有制经济为主体,私营、个体经济并存的格局基本形成。

# 第三节　重大项目

1995年,建在长宁区虹桥第26地块上的中国第一个土地批租项目——太阳广场大厦竣工开业(长宁区志办提供)

这一时期,区委、区政府抓住虹桥机场扩建机遇,提出"大虹桥"概念,确定"西区以虹桥国际机场、虹桥经济技术开发区和古北新区及天山地区为主线,形成以第二产业为主的虹桥商贸发展中心"的建设构想,虹桥经济技术开发区和古北新区的开发技术和功能辐射作用得到发挥。

## 一、虹桥开发区

虹桥经济技术开发区(简称虹桥开发区)西邻虹桥机场,以涉外经贸为主要特征,是上海第一个开发区,也是全国沿海14个开放城市中最早创建的国家级开发区之一。1984年,上海市政府批准虹桥开发区规划,开发区占地0.652平方公里,以合资企业统一开发经营的模式具体实施。随后,引进外资进行基础设施和项目建设。1988年,首次以国际招标进行土地批租试点,开上海土地使用制度改革之先河。每平方米土地吸引外资超过2000美元,成为国家级开发区中土地含金量最高的开发区。区委、区政府围绕涉外经贸与商务两大主导功能,适时提出虹桥涉外贸易中心建设目标,规划用地1.77平方公里,拟建项目建筑面积370万平方米,其中商业用地面积占70%。至1995年,虹桥开发区共有建设项目 74 个,总建筑面积 130 万余平方米,其中竣工面积 60.29 万平方米;批准项目总投资 15.76 亿美元,其中合同外资金额 11.74 亿美元。有 518 家中外金融、商务机构进驻开发区。周边兴建起虹桥上海城(一期)、远东国际广场等一批涉外贸易和商务活动的重大项目。虹桥开发区及其周边地区成为对外贸易兴旺、物资交流顺畅、游乐服务设施齐全的,具有现代国际化水准、面向 21 世纪的上海西大门经济贸易中心。

## 二、古北新区

随着虹桥开发区建设的不断推进,大量外籍人士来此工作。为解决外籍人士的居住问题,1984 年 11 月,上海市政府批准市房管局和长宁区政府联合开发建设为虹桥开发区配套的古北新区规划方案。规划用地 1.37 平方公里,设计建筑面积 300 万平方米,是上海规模最大的涉外高标准住宅综合区。至 1995 年,古北新区共批租土地 23.5 万平方米,建成 6 层高级公寓 15 幢、高层高级公寓 21 幢,建筑面积 62 万余平方米,另有公建配套建筑 0.8 万平方米;建成西郊花园 2 层独立式小别墅 88 幢,建筑面积 4 万平方米。古北新区建筑群体以典型的欧陆风格展现出现代化国际大都市的建筑风貌,被评选为"90 年代上海十大新景观"。

## 三、虹桥国际机场

上海虹桥国际机场地处上海市西部,占地 4.55 平方公里,始建于民国 10 年(1921 年)。上海解放后建为军用机场。1964 年 5 月,中国和巴基斯坦两国开通航线,虹桥机场被辟为国际机场。

1978 年后,为适应上海民航空运日益繁忙的需要,机场进行一系列的改扩建工程,加快各项配套设施建设,更新现代化设备并开通上海与达卡、东京、温哥华和纽约方向的远程国际对空通信电路,在民航上海管制区与日本那霸(后改福冈)管制区间建成由海底电缆连接的直通电话电路。1988 年 12 月兴建 T 型结构的国际候机楼,1991 年底竣工后,实现国内外旅客进出分流。之后,又引进国际上先进的着陆系统设备,更替原有的英制设备。1994 年 12 月 26 日,虹桥机场由中国民航总局交给上海市政府管理。机场通往国内外的航线和城市、年吞吐旅客和货邮,分别从 1979 年的 8 条、12 个、56.77 万人次和 1.59 万吨,增加到 1995 年的 109 条、86 个、1 107.6 万人次和 36.63 万吨。2010 年 3 月虹桥机场 T2 航站楼正式启用,飞机起降能力提高 60%。虹桥机场航空港的作用进一步发挥。

# 第二章　依托虹桥发展

1993—2005年,区委全面把握和正确处理抓改革、促发展、保稳定三者关系,将"依托虹桥,发展长宁"确定为全区发展的总方针,持续深化经济体制改革,实施产业结构调整;推动"凝聚力工程"建设,促进经济与社会协调发展。全区实现经济发展由区属经济向区域经济转变,实现城市建设由旧区改造向形态开发整体推进转变,实现社会事业由量的扩大向质的提高转变。

## 第一节　城　区　建　设

这一时期,区大力推进旧区改造和新住宅小区建设,建成一批新村住宅区和品质较好的中高档住宅小区、别墅区。其间,先后编制、实施《长宁路沿线地块市政公用基础设施规划》《北虹地区市政基础设施规划》《新泾乡市政基础设施规划》《长宁区中山西路以东及仙霞地区市政基础设施规划》《长宁区区域交通组织规划方案》《中环线沿线地区综合交通枢纽规划》《长宁区公共绿地规划》《上海市中心城公共绿地规划(长宁区)》,城区面貌发生巨变。

### 一、旧区改造

1991年根据市房管局认定,长宁区计划总量有152万平方米、分布于97个地块的二级旧里及以下的危旧房,为全区第一轮及新一轮旧区改造的重点对象,其中"365"危棚简屋有10.92万平方米。1992年,新泾乡划入长宁区后,新增计划外二级旧里房屋47.1万平方米。全区计划内、计划外二级旧里及以下危旧房改造面积达199.1万平方米。

为加快旧区改造,1995—1997年,区政府先后颁布《关于加快旧区改造的政策措施》《关于加快旧区改造政策措施的实施细则》等文件,并细化操作程序,在减免公房残值补偿、旧区改造基金、人防费、上缴商业网点费等方面实行更加优惠的政策,吸引投资者积极参与旧区改造。至2000年底,全区在第一轮旧区改造中,以完成"365"旧改为核心内容,改造开发与解困紧密结合,先后拆除"365"危棚简屋10.92万平方米,拆除旧里房屋153.98万平方米,动迁居民4.98万户。2001—2005年,启动新一轮旧区改造,实际拆除旧里房屋79.94万平方米,动迁旧区居民1.9万户。其中计划内拆房总面积38.14万平方米,动迁居民1.27万户;计划外拆房总面积41.8万平方米,动迁居民6 235户。

同期,推行"平改坡"与"综合平改坡"工程。1999年起先后对区境内延安西路、中山西路、轨道交通3号线沿线300多幢(即70—80年代建造的老公房)平顶房屋实施"平改坡"。随后,区内"平改坡"工程改造逐步由高架、轨道交通沿线向住宅区纵深发展,并在"平改坡"基础上,进行房屋整修、加层、增设配套设施和环境整治等的综合改造(即"综合平改坡")。区内威宁小区成为上海市首批"综合平改坡"试点的两个旧小区之一。至2005年,全区共出资1.9亿元,完成804幢房屋的"平改坡""综合平改坡"工程,竣工面积217.32万平方米。

区域住宅建设开始以政府部门、企事业单位为主体的兴建和参建方式,向以房地产开发企业为主体的市场化运作转变。1996年,区内全面推行"上海市新建住宅使用说明书""上海市新建住宅质量保证书"制度和住宅基地编码制度,促进住宅建设管理向规范化和法制化轨道发展,并在全区推行住宅建筑质量标准化建设。最初,住宅建设以无渗漏质量达标为基础。到建设天山路沿线100万平方米住宅时,以创建国家康居工程为抓手,开始关注居住质量。1997年,上海市四大示范居住区之一的虹康花苑示范居住区开发建设,占地34公顷,总建筑面积45万平方米。其中,一期住宅建筑面积9.18万平方米,二期住宅建筑面积11.7万平方米。该居住区坚持"四高"(高起点规划、高水平设计、高质量施工、高标准管理)理念,面向工薪阶层,公建配套设施齐全,绿化率高,运用较多新技术、新材料,工程优良率达100%。2005年,全区建成"四高"优秀住宅小区26个,总住宅面积200.33万平方米;创建"四新"(新技术、新材料、新工艺、新设备)技术小区14个。虹康花苑等22个新建楼盘获市级36个奖项,其中金奖4个、银奖4个、各类单项奖28个。

## 二、基础设施建设

随着城区建设稳步推进,区内道路、运输设施、立体交通、供排水设施、供电供气设施,以及邮政电信设施等民生基础设施建设得到全面改进和发展。

### 【交通道路】

90年代初,区内有主干道路11条。后经市调整合并和扩建,形成主干道路8条、次干道路23条。1993—2005年经市政府统一规划,区内延安高架路西段和延安高架路中段长宁段、内环高架路长宁段、中环高架路长宁段、S20(外环高速)长宁段等一批快速交通道路建成,组成全区快速道路交通网。其间,经有计划地改扩建和整修,区内次干道路达52条、一般道路63条,区内小区和里弄通道全部连通,与主干道和快速道路一起构成区域道路交通网。同时,大力推进区内桥梁、地下通道等立体交通建设,至2005年,区内苏州河跨河桥梁增至8座,新建立交桥4座、人行立交桥4座、人车混合地道和人行地道各1座。现代化城市立体交通网基本形成。

### 【交通运输】

1993年,区内公共汽车线路有38条。2005年增至80条,线路辐射全市13个区。其间,发展停车场(库)114个,总面积45.02万平方米,泊位1.31万个,改善区内"停车难";围绕全区内环高架路至S20(外环高速),设加油站19座,缓解"加油难";借助轨道交通2、3、4号线等贯穿区境,沿线设立众多站点,形成四通八达的轨道交通网络。2009年,轨道交通11号线建成,市民出行更加便捷。

### 【供水供气】

1995年,区内各类供配水管总长度300公里,其中供水干管总长45公里、配水支管总长255公里;2005年,区内直径75毫米以上供水干管总长度537公里,其中直径500毫米以上的大口径供水干管总长107公里,日均售水量25.76万立方米。区内敷设的煤气管道154公里,供气管道总长352公里。随后,区政府启动居民燃气全气化区建设,5座煤气调压站相继建成,市煤气公司在长宁设立沪西煤气营业所。1999年,全区基本建成居民燃气全气化区。2001—2005年,区政府实施大型供气设施改造项目30项。2005年,区内重要地下管线(中压管)总长2.4万米,设专用调压站195座。

**【电力设施】**

2002 年随着上海市电力公司投资建设的 220 千伏万航变电站投入运作,全区电网结构得到优化,境内供电"卡脖子"现象基本消除。2005 年,全区跨越的 220 千伏架空输电线路有 4 条,110 千伏变电站由 1 座增至 3 座,35 千伏变电站由 8 座增至 20 座。路灯的数量也随之增加,虹桥开发区、古北新区、中山公园商业区等繁华地区的夜景灯光工程得以实施。

**【邮政电信】**

1993—2005 年,区内电信分局合并,成立上海市电信有限公司西区电信局长宁分局。区内邮政营业网点增至 22 处,所有营业窗口实现电子化,服务功能健全。其间,移动通信得到快速发展,上海联通公司在区内有 1 个中心营业厅、3 个合作营业厅、39 个专营销售店;上海移动通信公司在区内有 6 个营业厅和 5 个专营店。

**【园林绿化】**

1993 年,全区绿化总面积 265.9 万平方米,绿化覆盖率 15.33%,人均公共绿地面积 2.15 平方米,绿化基础比较薄弱,分布不够合理。1998—1999 年随着区《创建文明西大门绿化发展三年规划》《景观道路绿化方案》《长宁区大树种植计划》的出台,全区公共绿地建设面积净增总量 45 万平方米,绿化总面积 663.39 万平方米;完成 39.92 万平方米 100 米外环线环城林带建设任务。2000年,全区绿化总面积 781.89 万平方米,人均公共绿地面积 4.59 平方米,绿化覆盖率 23.24%,在全市中心城区中名列前茅。2001—2005 年,全区实施《"十五"绿化发展规划》,推进 3 000 平方米以上大型公共绿地建设,华山、凯桥等一批绿地(公园)建成;结合河道整治,建成新虹桥河滨公园等沿苏州河景观绿线。其间,区内开展绿化景点改造提升,形成一批优美景点。新华路被誉为"上海花园马路第一条",与"绿色长廊"虹桥路一起被市绿化局评为景观道路。2005 年,全区绿化总面积 1 035 万平方米,覆盖面积 1 134.45 万平方米,覆盖率 29.62%,人均公共绿地面积 6.09 平方米。

# 第二节　产业结构调整

90 年代以来,区贯彻中央"抓住机遇,深化改革,扩大开放,促进发展,保持稳定"的指导方针,提出"依托虹桥、开发两翼、突出中山、东西联动"的思路,继而实施"214"工程。全区行业结构和布局开始调整优化,行业规模和经营效应得到提高,服务经济快速发展。

## 一、产业结构优化

区围绕建立现代企业制度和转换企业经营机制的改革目标,从国有企业改革入手,加快推进区属工业的优化调整,促进多种所有制经济全面发展。1993—2005 年,全区产业结构经历 3 次调整优化,第一产业和第二产业增加值占全区的比重逐步下降,第三产业增加值比重逐年上升,第一、二、三产业增加值比重由 1993 年的 2.1∶32.5∶65.4 调整为 2005 年的 0.1∶16.5∶83.4。

1993—1994 年,全区陆续搬迁 140 多家企业(车间)。其中,全市三大重点污染地区之一的新华路街道地区,关迁上海纸浆厂、上海蓄电池厂、上海钛白粉厂等污染严重的化工制造企业 25 家。其间,区属工业开始进行产权制度改革,并在完成清产核资基础上,成立区国有资产管理委员会,加强对国有资产的管理,明确企业资产保值增值的责任。1995年4月,一批区属企业作为产权制度改革试点单位,实施现代企业制度试点改革。是年底,全区204家老企业改制为股份合作制企业,143家改制为有限责任公司,并以资产为纽带,先后组建古北、九洲等7个企业集团。1995年,全区实现工业总产值21.13亿元,占区属社会总产值的19.3%;实现工业增加值4.86亿元,占区属国内生产总值的28.76%。

1995年编制《长宁区工业发展"九五"计划》,明确在保持经济总量增长的同时,继续坚持优化产业布局,提升产业结构。中山环路内开始实施第二产业向第三产业转移,并继续对污染工厂实施关、停、并、转、迁。1996年5月,区《1996年经济体制改革实施计划》出台,采取抓大放小、引外创新、突破难点、协调配套等措施,对区属企业持续进行改制。至1998年底,全区区属老企业改制面达95%,改制企业通过"三改一加强"(企业改革、改组、改造,加强企业管理),转变企业经营机制,提高企业素质。2000年3月,区政府又出台《区传统小企业深化改革的指导性意见》,加快小企业改制。至此,全区企业改制工作基本完成。全区工业总产值稳中有升,从1995年的21.13亿元增加到2000年的39.96亿元,年均增长13.59%。其中服装服饰业和电子电器业得到快速发展,产值分别占全区工业产值的40%和20%。

2001—2005年,区鼓励和促进外商及港澳台投资企业、私营企业、股份制企业发展,区属工业逐渐向区域工业转变。区属工业重点发展都市工业,利用市属企业闲置厂房改建新工业发展基地,区属部分工业企业向郊区加工基地转移,制造行业向服装服饰、电气机械、化工、食品、医药五大行业集中,并利用高新技术改造传统产业,提高工业整体素质和竞争力。全区工业总产值从"九五"计划期末的39.96亿元到"十五"计划期末的51.33亿元,年均增长5.14%。其中,服装服饰业、电子电器两大行业成为区工业经济发展的骨干行业,服装服饰特色产业逐步形成。

至此,全区产业结构实现调整优化,区属工业逐步走出困境,工业增加值占全区增加值的比重由1993年的29.8%逐年下降到2005年的12.6%。

## 二、劳动力要素市场

1995年为解决产业调整带来的人员下岗待业矛盾,促进劳动就业,区政府制订《区实施再就业工程的若干意见》,同时组建长宁区人才有限公司,市场配置人才功能逐步完善,市场机制配置人才的步伐加快。

1996年为强化政府促进就业责任体系建设,区建立开发就业岗位长效机制和督查机制。随后采取一系列措施,推进劳动力用工和分配制度改革。其间,累计投资2 200万元移址扩建西区劳动力市场,建立16个再就业服务中心,初步形成区劳动力市场管理服务中心、区职业技术培训考核服务中心、区劳动关系三位一体的"一条龙"服务体系。设立再就业基金,筹集再就业经费1 760万元,对企业富余人员开展就业培训,提高就业技能。采取新协保、内部退养、协商变更劳动关系等多种形式,妥善做好下岗人员分流安置工作。2000年6月为配合全区小企业改制工作,区政府出台《关于做好传统企业富余人员分流安置工作的通知》,开辟1 000个公益岗位,安置小企业下岗职工再就业。1996—2000年,全区增加就业岗位4.91万个,实现下岗失业人员再就业13.29万人次。

2001—2005年,区持续推进政府职能转变,进一步健全就业保障体系,市场环境得到不断优化。其间,区内取消劳动力市场,成立就业促进中心,负责开发和配置劳动力资源,为各类用工单位和广大求职者提供便捷服务;区政府先后出台《关于鼓励用人单位吸收本区低保就业援助对象和就业特困人员就业的试行意见》《关于促进就业有关优惠政策的补充意见》等政策,积极引导用人单位优先录用区内低保人员和就业特困人员,减少长期失业人员数量;区内低保人员数量10多年来首次出现下降,由2003年2.23万人下降到2004年的1.93万人;区公共财政用于下岗职工分流和促进就业专项资金1.06亿元,政府采取购买就业岗位、向社会要岗位等办法,净增就业岗位13.48万个,并为10.8万名农民工办理综合保险,城镇登记失业人数持续控制在市政府下达的指标之内。

## 三、新兴产业

区委、区政府根据全区经济发展实际,适时提出"依托虹桥,发展长宁"的发展方针,明确区域经济发展战略和功能定位。

1993年,区委提出建设"四高一外"(即高效益内贸、高新技术产业群、高质量文化教育、高级住宅区以及涉外功能)的现代化新城区总目标;区政府编制《上海市长宁区总体规划》,提出开发建设中山公园商业中心、虹桥涉外贸易中心、临空工业区,发展商业、房地产业、工业、科技产业,实现全方位开放的长宁建设新局面。以虹桥地区为重点发展区域,上海世贸商城、仲盛金融大厦、虹桥临空民营经济城等一批重大经济建设项目开始启动,房地产、金融等新兴产业迅速发展。区内新的经济增长点逐步形成。

1996年根据区内城市建设、旧区改造、产业转换需要,区政府对幸福路工业街坊、新华路上钢十厂工业街坊、天原化工工业街坊、第三制药厂工业街坊等地块的工厂企业进行土地置换。其间,涉及30家区属工厂企业,拆除建筑面积3.5万平方米;50多家市属工厂企业,共置换土地面积78.64万平方米。置换出的工业用地,大多建成住宅、商务、办公等综合性发展区域。天山路工业街坊结合仙霞科技贸易区的发展,建成计算机应用与软件开发等高新技术产业区域。占地2.03万平方米的虹桥工业点,建成发展智能电话机及传真机、电子器件零配件、食品、服装与玩具等产业区域。

1998年,区内实施"五业拓展"(即商业服务业、都市型工业、房地产及其延伸产业、主导型第三产业、高新技术产业)。1999年起,大力推进产业开发重点项目实施。至2000年,区内基本形成以虹桥涉外经济贸易中心为核心、中山公园商业中心和虹桥临空经济园区为两翼的生产力布局,商业、旅游业、都市型工业、主导型第三产业和高新技术产业得到长足发展。全区建成20个高科技、环保型的都市型工业园区。其中,上海时尚园等3个园被市经委命名为上海市创意产业集聚区。都市型工业产值占全区工业总产值的比重达到70%。房地产及其延伸产业,成为区域经济支柱产业。

2001—2005年,区委、区政府提出"依托虹桥,发展长宁,优化功能,增创优势"的发展方针,以优化功能为主线,推进经济结构优化,重点实施"一业特强、五业拓展",将信息咨询服务业作为"一业特强"的产业加以培育。全区以电子信息技术为代表的高新技术产业得到快速发展。同时,制定《长宁区现代服务业发展规划纲要》及相关行业发展规划。区内现代服务业经济发展开始加速。

## 四、现代商业

1993年初,区商委下发《关于贯彻落实深化商业企业改革若干意见》《关于商业企业推行股份合作制若干问题的补充意见》等文件,开始长宁商业企业改制。是年 4 月 20 日,长宁纺织五金厂等 6 家小型商业企业向社会公开拍卖。年内,全区 90% 以上的行政性公司转轨变型为经营性公司,完成 131 家企业经营风险承包的改革,组建 10 家股份合作制企业。

1994 年,全区第一家商业企业——九洲集团公司组建并投入运转。同年,探索推行连锁商业发展模式,组建长良便民连锁店。1996 年后,区委、区政府根据上海要率先建立现代企业制度的要求,从区情出发,注重"抓大、放小、放活",加大连锁经营商业企业的改革力度。到 1997 年,有 114 家商业企业改制为股份合作制企业,有 126 家改制为有限责任公司,有 152 家为行业内部托管。实施连锁经营或部分连锁经营的公司有 6 家。其中,新锦华公司超市和华联超市实行加盟连锁。1998 年后,区商业改革进入平稳发展和深入阶段。2000 年,区连锁商业的经营拓展至医药、饮食等 25 个行业,门店数 260 家。

2001 年起,区内分 3 批开展企业属地管理改革。长宁区合作联社、九洲(集团)公司等 22 家区属企业,成为首批属地管理的企业。2004 年推行商业资产经营公司改革,实行政企分开、政资分开。是年 11 月,全部区直属商业企业组建成上海九华商业(集团)有限公司。2005 年,全区基本完成公司制改造,初步实现产权清晰、投资主体多元化目标。

这一时期,随着商业规模逐步扩大,商业企业服务水平提升,现代商业迅猛发展,改变以往区域商业以传统中、小型商业企业为主,商业规模较小,缺少大型商业设施,业态单一的现状。

1993 年,区属首家大型综合型百货商厦——九洲商厦开业。1996 年,区内开始大量引进和开设超市连锁店和便民连锁店,业态逐步呈现多样性。随后,以家乐福、乐购等为代表的大型连锁超市,以华联、农工商为代表的各种连锁超市,以国美、永乐、吉盛伟邦等为代表的专业店、专卖店、特色店等陆续开业,改变区域单一业态经营的格局。2002—2005 年,区内引进龙之梦、百联西郊等为代表的大型购物中心和 FOXTOWN 折扣店、OA365 网上购物店等新型业态,填补区域商业业态空白。一批以总代理、总经销为代表的无店铺销售公司、楼宇商贸在区内迅速发展。中山商圈、虹桥商圈商业集聚度进一步扩大;天山路、仙霞路、愚园路、定西路等路段商业呈现繁荣兴旺景象。其间,区政府按照合理布局、均衡设置、方便购买的原则,加强市场规范,推进社区商业网点建设。2002 年,全区完成马路菜场入室工作,35 家菜市场成功创建"上海市食用农产品流通安全销售示范菜市场";整顿、调整综合市场和专业市场 13 家。2005 年实施《长宁区加强菜市场标准化建设和管理的工作方案》,有 22 家菜市场完成标准化改造。是年,全区社会消费品零售总额达 111.47 亿元,服务经济得到快速发展壮大。

## 第三节　三大经济组团

1993 年围绕"依托虹桥,发展长宁"的总方针,首次在《上海市长宁区总体规划》中提出开发建设虹桥商贸发展中心、中山公园商业中心、临空工业经济园区 3 个重点区域的构想。1994 年 5 月,区政府建立长宁区重大项目开发建设领导小组,实行"统一规划、统一审批、统一协调、统一管理"。1996 年初,《长宁区国民经济与社会发展"九五"计划和 2010 年远景目标纲要》把"虹桥商贸发展中心"修订为更具开放度的"虹桥涉外贸易中心",并对上述 3 个重点区域作出规划,构筑"一主两翼"格局,实施三大经济组团的产业布局,实行组团开发。之后,随着区域城市建设形态开发初具规模,并转向以产业开发为主,区重点项目建设逐步实行市场经济规范运作。

## 一、虹桥涉外贸易中心

虹桥涉外贸易中心,拥有国内第一个以涉外贸易为主导功能的国家级开发区——虹桥经济技术开发区,有 18 个国家驻沪领事馆及半数领事官邸,有上海第一个高标准涉外住宅区——古北新区以及虹桥路沿线 1 600 多幢高级别墅,是上海涉外商务楼最为集聚的区域之一。

1993 年编制《上海市长宁区总体规划》,将加快建设以虹桥涉外贸易中心为重点的商贸经济格局作为全区经济发展战略重点之一。

1996 年,区政府委托上海市城市规划设计研究院编制《虹桥涉外贸易中心详细规划》。规划面积 1.77 平方公里,东起中山西路,西至古北路,南起虹桥路,北至天山路,由核心区、中心区组成。核心区为虹桥经济技术开发区,面积 0.65 平方公里;中心区面积 1.12 平方公里。主要功能是涉外贸易、物资流通。到"九五"计划末,虹桥涉外贸易中心已凸显功能效应,上海世贸商城等一批功能性载体建成,虹桥涉外贸易中心展览展示、商务办公、商业购物等功能增强,并建成新虹桥中心花园公共绿地,生态环境得到进一步提升。

2000 年,区"十五"计划提出实施"一条轴线、三大组团、多点发展"的重点地域建设发展战略和三大经济组团的具体建设目标。其中虹桥涉外贸易中心的主要功能调整为"国际、商贸、文化",重点发展专业服务业、展览展示业和酒店旅游业。2004 年,区政府委托加拿大 B+H 设计事务所编制《虹桥涉外贸易中心概念规划》。新规划在原 1.77 平方公里的基础上向外拓展 1.38 平方公里,东起中山西路,西至芙蓉江路,南起红宝石路,北至玉屏南路,占地 3.15 平方公里,由核心区、中心区、延伸区组成。其中,核心区即虹桥经济技术开发区,以商务办公、展览展示、外事、宾馆功能为主;中心区规划新建 112 万平方米经济楼宇,分为遵义路商业商务区、娄山关路天山路商业文化娱乐区;延伸区规划新建 104 万平方米经济楼宇,分为古北商务区、古北路国际特色教育培训区。规划实施期限 12 年,建设土地 92.8 万平方米,开发总建筑面积约 259 万平方米。

2007 年,核心区建成各类经济楼宇 22 幢,其中展览场馆 2 个、宾馆 4 个、商务办公楼 9 幢、商住楼 5 幢、商业娱乐设施 2 个,建筑总面积 134 万平方米。中心区、延伸区相继建成经济楼宇 29 幢,建筑总面积 102 万平方米,其中商业 26 万平方米、办公 65 万平方米、宾馆酒店 11 万平方米;在建各类经济楼宇建筑总面积 20 万平方米。

## 二、中山公园商业中心

中山公园地区是区内发展较早的重点地区,其功能定位随区域经济不断发展而作出相应调整变化。

区政府在制定"八五"计划中提出,将中山公园商业中心建成上海中心城区内东西第三产业发展轴线西端一个商业发达、服务设施配套齐全、交通便捷的市级副中心。规划面积 0.6 平方公里。1993 年中山宾馆和九洲商厦建成开业后,该地区初步形成商业门类比较齐全,集购物、娱乐、餐饮、旅游为一体的区域商业中心。

随着长宁"大虹桥"概念形成,区政府在制定"九五"计划时提出,将中山公园商业中心建成以商业为主,集文化娱乐、旅馆、商务办公、金融、商住为一体,多功能、具有国际先进水平的商业中心。1996 年规划面积调整为 0.9 平方公里。进入 21 世纪,长宁"大虹桥"概念进一步完善,工作思路从"依托虹桥"向"拓展虹桥"转变。区政府在制定"十五"计划时提出,将中山公园商业中心建成以现代商业和多媒体产业为主导,兼有商务、休闲娱乐、文化和居住功能为一体的上海西部商业中心。2004 年规划面积扩大至 1.14 平方公里。

按照区域功能定位和发展规划,中山公园地区实施"一圈三街"("一圈"指 1.14 平方公里区域范围内以中山公园为核心形成的一个商圈;"三街"指与商圈相连的定西路特色商业街、凯旋路多媒体产业走廊和愚园路文化艺术休闲街)的开发建设。初期开发建设进展比较缓慢。2000 年后,该地区商业商务投资开发出现升温,周边地块开始集中开发,为中山公园商业中心硬件设施建设奠定基础。2003 年,愚园路文化艺术休闲街被市规划局列为上海 12 个历史风貌保护街区之一,2005 年又被市经委列为"十一五"计划时期上海规划建设的 20 条商旅文结合风情街之一。2006 年,中山公园商圈主要商业企业(不含 520 多家小型商店)全年零售总额 22 亿元,比 1999 年中山公园地区全部商业零售总额 11.48 亿元增长 91.64%。

## 三、虹桥临空经济园区

1993 年,《上海市长宁区总体规划》明确虹桥临空工业园区的规划总用地 410 万平方米,主要发展高新技术产业、出口加工业、仓储运输业等。1995 年,区政府制定"九五"计划时,将临空工业区更名为虹桥临空经济园区(简称临空园区),规划面积 280 万平方米,主要发展以高新技术为导向的出口加工业和仓储业。

**2010 年,临空 soho 全景图(携程公司提供)**

1998 年 8 月,区政府成立虹桥临空经济园区开发建设领导小组,园区建设逐步加快。到区"九五"计划期末,园区形态建设、市政道路、水电煤气等基础设施建设有了很大进展,园区服务体系建立健全,并建立起留学生创业基地。

2000 年,区"十五"计划提出"园林式、高科技、总部型"的发展目标,重点发展现代物流业、信息服务业和总部经济。2002 年围绕"数字长宁"发展方针,控制性详细规划确立南区以现代信息服务业为主集聚地,北区以总部经济为主集聚地。到区"十五"计划期末,临空经济园区拆平土地 190.40 万平方米,园区道路网格等基础设施基本建成,并建成神州数码科技园等项目。

临空经济园区从 1997 年 6 月引进第一个投资项目——美标综合楼起,至 2005 年,累计建造商

务办公楼和工业楼宇设施 56.51 万平方米(其中建成 24.52 万平方米);建成动迁安置住宅 28.68
万平方米、小区商品房住宅 11.09 万平方米和临时过渡用房 4.1 万平方米。北翟中学、新泾镇卫生
中心、易初莲花大卖场等坐落其中。2007 年,园区累计引进投资项目 36 个,其中境外投资项目 16
个、内资项目 20 个。引进项目批租用地总面积 53.5 万平方米,建筑面积 100.73 万平方米;投资总
额 53.99 亿元人民币。累计引进 166 家留学生企业,其中 70% 左右从事 IT 产业和高新技术产业。
是年,实现综合税收 12.86 亿元。总部经济逐渐成为园区主导经济。

# 第四节　招商引资

1988 年,全市对外经贸实行明责分权后,长宁区始有部分进出口权。随后,区政府在加强对外
出口贸易基础上,通过改善投资环境,制定优惠政策,拓宽引资渠道,完善外资企业管理,发展外向
型经济,开辟国际市场等,逐步实现投资项目由来料加工、来样制作和来件组装转向合资、合作创办
企业;涉外经贸管理由单纯引进外资、先进技术和设备转向拓展跨国经营业务、发展境外企业。

## 一、投资环境

90 年代初,在邓小平南方谈话精神指引下,区政府提出"以深化改革为动力,以发展外向型经
济和内联经济为突破口,进一步促进商业、工业、房地产业和科技产业协调发展"的新思路。1992
年,区政府抓住土地有偿使用办理权下放的契机,建立土地批租联席会议制度。随后,又制定出台
《长宁区土地使用权有偿出让管理办法》《长宁区科技产业发展规划》等政策,为全方位扩大开放,积
极吸引内外投资,区里营造良好的投资环境,逐步形成万商云集之势。

### 【政策宣传】

"八五"计划时期,区招商引资基本采用筑巢引资的策略,重点放在改善投资环境、制定优惠政
策等方面,取得初步成效。同时,区政府以主动走出去、积极引进来的开放姿态,拓宽引资渠道。每
年派出各类经贸团前往法国、英国、德国、日本、美国、意大利、新加坡、俄罗斯等国家和中国香港、澳
门、台湾等地区进行经贸洽谈、商务考察、贸易展览等活动,加强经贸交流。1996 年,区政府举办
"上海市长宁区虹桥涉外贸易中心发展战略专家咨询会"。此后,每年举行一次大型招商活动,加大
对长宁的宣传,让全国了解长宁,让世界了解长宁,带动招商引资。同时,加强与外省市和友好地区
的交流,组织招商引资团到广东、北京、江浙等地,到中国港澳地区和国外,有的放矢引入内外资金。
至 1998 年,区政府先后组团 8 次,组织小分队外出招商 4 次,访问 17 个省市和友好地区;区协作
办、招商中心等部门组成小分队,分 3 路赴山东、天津、四川、广东等省市,走访 69 家大型企业,宣传
政策,介绍长宁,吸引客商到长宁投资。2003 年起,区政府每年对纳税 1 000 万元以上的企业授予
纳税贡献奖,对纳税超过亿元的企业(房地产企业除外)授予特别贡献奖。2001—2005 年,区政府
通过专家咨询会、展示交易会、项目推介会、研讨会、迎春招待会等形式,广泛宣传,扩大长宁印象,
持续带动区招商引资深入。

### 【产业引导】

为提高招商引资质量与效果,1996 年,区政府健全招商引资工作机制,制订"招、留、增"等有关

规定和考核办法。1997 年上半年先后成立区招商工作协调小组,建立区招商中心,构建区招商引资工作网络,集全区力量进行综合招商引资。1998 年 7 月,区政府制订《关于贯彻市政府〈服务全国,扩大对内、对外开放的若干政策意见〉的实施办法》,推出区"一业特强,五业拓展"产业开发政策、楼宇政策、财政政策等,推动招商引资。2000 年,区内对外来重点投资企业、重点项目实施"特别服务卡"制度,开辟"绿色通道"。是年,区内引进注册资本金 500 万元以上的科技企业有 43 家。区招商引资开始从政策优惠向产业引导转变。2002 年,根据区经济发展要求,区政府把招商引资重点放在现代服务业,并采取招大招强、以大引强、以强引强、以外引外的策略,大力推进大型企业、强势企业和实效企业(重点企业)的引进力度。2004 年,区政府制订《关于对全区"引大引强引实"企业(项目)和部门招商引资企业认定暂行办法》及"补充意见",构建全区招商引资信息平台。招商引资出现引大、引强、引实、选优新局面。百联集团投资控股的友谊百货、相卫集团投资控股的仲盛建设工程、埃森哲地区管理总部,以及巴士集团、大众集团下属的一批城市公共交通服务企业先后落户长宁。

**【提升服务】**

为营造良好的投资环境,实现招商引资目标,1997 年 3 月,区招商中心对外挂牌,联合区工商分局、区税务分局等 16 个职能部门开展"一门式"服务试运行,综合实施招商信息、咨询、中介、服务。经过两年多实践,进一步定位"一门式"服务功能,明确以审批为主,与咨询服务相配套,并调整进驻部门,优化工作职责。同时,实施并联审批,建立考核机制,使到区内投资办企业的客商,享受到集中咨询、集中受理、集中审批、集中发证的"一门式"便捷服务。随后,区"一门式"服务开始审批局域网的试运行,为客商提供政务公开、政策咨询、项目办理进度查询和网上投诉等服务。2003 年,区首次在"一门式"服务大厅实行企业联合年检,受理内资企业年检 1.88 万家,外资企业年检 4 118家;区"一门式"服务税务窗口对申办税务登记的企业,在材料齐全的情况下,简化审批手续,实行当场受理、当场审核、当场发证。2001—2005 年,区涉外经贸工作连续 4 年被评为上海市外经贸工作组织奖一等奖。

## 二、引资成效

**【外商投资】**

随着区内对外开放不断扩大,外资引进的幅度同步增长。1993 年,全区批准外商投资企业有124 家,投资总额 3.25 亿美元,注册资本 1.54 亿美元,协议吸收外资 9 536.8 万美元,远超 1979—1992 年 14 年的外商投资总和。1995 年,全区批准外商投资企业 423 家,协议吸收外资 4.58 亿美元,涉外税收 1.12 亿元。1998 年虽然受亚洲金融危机影响,但区协议引进外资仍有 2.32 亿美元,比 1997 年增长 3.3%,获市政府颁发的 1998 年度引进外资贡献奖。1996—2000 年,区累计引进合同外资 8.8 亿美元。2000 年涉外税收达 4.2 亿元。投资者分布日本、美国、新加坡等 10 多个国家和中国香港、台湾等地区。2001—2005 年,区引进外商投资企业 614 家,引进外资 11.4 亿美元;引进外省市投资企业 1 225 家,注册资本金 78.2 亿元;引进外商投资现代服务企业 498 家,协议引进外资 6.48 亿美元;累计上缴税收 22.15 亿元。一批国内外著名企业和国家"863"项目落户长宁。

中国加入世界贸易组织后,促进区域外向型经济的发展,外资利用的领域不断拓宽,联合利华等世界 500 强企业和联邦快递金考等一批著名公司相继到长宁投资。2002 年,区大力推进"引大引强引实"工作,单个外商投资项目质量与规模显著提高。2003年后,注册资金3 000万美元以上的6家投资性公司和5家地区总部入驻长宁。2005年,区共有外商投资企业1 363家,在区注册独立核算的中国总部有日本康奈可等11家世界著名跨国跨境公司,并分别在区内成立投资性公司或地区性总部。

**【进出口贸易】**

这一时期,全区进出口贸易发生变化。区对外贸易总额幅度不断增长,外贸出口产品比重发生调整,外贸出口方式发生改变,外贸出口地区逐步扩大。1993年,区外贸出口4 700万美元,到2005年增至5.46亿美元。2004年和2005年在市中心城区出口额排名中均名列第一。区出口产品比重也出现重大变化。1996年以前以纺织品等轻工产品为主,1997年起机电产品出口额大幅增加。出口产品的结构向高技术、高附加值调整,计算机软件、微型电机、电梯配件、机械及生物医药等技术含量较高的产品逐步成为出口创汇的主力军。2004年,纺织品、机电产品、塑料制品成为区出口支柱产品,木制品、纸制品出口增幅提高。2005年,纺织品出口额占区出口商品的37.5%,化工产品和机电产品则分别占12.95%和14.92%。区产品出口方式同步发生变化,加工贸易日趋活跃,成为区内出口的新增长点。2005年,区加工贸易出口额达1.12亿美元,占区产品出口总额的27.76%。产品外销日本、新加坡、马来西亚等11个国家和中国香港、澳门、台湾3个地区。2003年随着贸易出口退税机制的变化,区对外贸易的重点由出口逐步转向进口,呈现逐年递增趋势。2005年,区对外贸易进出口总额为12亿美元,其中进口额达7.6亿美元。

随着区内"五业拓展"的实施,1998年起大力发展主导型第三产业服务贸易。是年,区服务贸易出口创汇6 505万美元,并呈现逐年增长态势。到2003年,区服务贸易出口创汇1.26亿美元,比1998年增长93.7%(2004年起,服务贸易出口创汇不再单独统计)。

# 第五节　房　地　产　业

1993—2005年,是区内房地产业迅猛发展时期。通过合理制定经营性建设项目用地计划,保障旧区改造供地需求,实施土地使用权出让招标拍卖办法和土地收购、储备,优化土地资源配置,全区土地利用进入良性运作轨道,使有限的土地资源得到有效利用,创造良好的人居环境。

## 一、住房制度

1991年,《上海市住房制度改革实施方案》颁布,全市福利分房开始向货币分房转变。之后,市政府批转《关于出售公有住房的暂行办法》《关于搞活本市房地局二、三级市场的若干规定》,全面推广已购公有住房上市交易。自此,区内存量房开始上市交易,商品房销售逐年增加,区房地产市场初步形成。

1999年12月起,区政府贯彻实行市政府《关于内销商品住房种类归并的若干规定》,将普通商品房、侨汇房、经济适用房和职工已购公有住房、动迁房、职工住宅和其他划拨土地上的住房交易,统一归并为内销商品住房交易,逐步建立统一的商品住房交易市场,简化交易手续,刺激住房消费,区房地产二、三级市场日趋兴旺,市场管理逐步规范。

1995年,长宁区就开始加强区房地市场管理的规范工作。其中之一是加强对区内中介经纪组织的管理,开展备案登记制度,对房地产经纪人员进行执业前统一培训和考核,规范行业行为。

1999 年进一步落实经纪人资格复训换证工作,加强对经纪组织的备案管理和年检。2005 年,区内实行房地产经纪企业网上备案制度。其间,为做好商品房预售管理,1996 年起,区内开始实行商品房预售许可证制,发放 44 件,预售面积 88.2 万平方米。2005 年,全区核发商品房预售许可证 540件,总预售面积 909.08 万平方米。

## 二、交易市场

1996 年以前,区内房屋交易规模较小。1996 年 7 月,上海市第一家区级房地产交易中心长宁区房地产交易中心(简称区交易中心)成立,集交易、信息、服务、管理功能于一体,以信息为龙头,以有形市场为载体,以土地使用权的合法流通为主要内容,发展房地产市场,规范房地产行为。1997年 4 月,区内首家房地产专业贷款担保公司新长宁置业服务公司成立,进驻区交易中心,为二手房贷款提供担保。1999 年,《上海公有住房差价换房交换试行办法》出台,区交易中心作为首批试点单位,推出不可售公有住房换购、减价换房业务,组织筹备大型房地产交易展示会,为全市房地产二、三级市场发展提供经验。2005 年 2 月,区交易中心再次作为全市首批试点单位,率先开展存量房网上交易和资金监管等相关业务。是年,完成网上挂牌 2 903 套,网上交易并资金监管 405 套。其间,累计成交房屋 15.86 万套、成交面积 1 653 万平方米、成交金额 1 250 亿元。其中成交商品房7.62 万套、989 万平方米、760 亿元;成交存量房 7.94 万套、632 万平方米、471 亿元。

## 三、社会效益

区内房地产及其延伸产业的高速增长,成为区级财政收入的重要来源。全区新建住宅面积由1993 年 208.4 万平方米上升到 2005 年 420 万平方米;区内人均居住面积从 1992 年 7.6 平方米上升到 2005 年的 15.18 平方米。区商品房投资从 1997 年的 18.13 亿元增加到 2005 年的 40.02 亿元;房地产投资占区固定资产投资比重从 1997 年 68.9%上升到 2005 年的 83.6%;房地产业实现增加值从 1997 年的 5.58 亿元增加到 2005 年的 20.11 亿元,增长 260.39%;房地产占区国内生产总值(GDP)比重从 1997 年的 19.4%增加到 2005 年的 26.6%。区内房地产业增加值由 1997 年的0.56 亿元增至 2005 年的 20.12 亿元,增长 34.93 倍;占全区增加值的比重,由 1997 年的 1.94%增至 2005 年的 26.61%。2001—2005 年,区房地产开发面积完成 616 万平方米,其中住宅累计竣工面积 465 万平方米,经济楼宇累计竣工面积 121 万平方米;实际交易面积总量 1 236.7 万平方米,交易额 1 049.6 亿元;完成税收 68.17 亿元。

区内房地产的快速发展,对推动区域城区建设,实现长宁区“宜居城区”目标,起到巨大促进作用。1993—2005 年,全区新建 5 万平方米以上大中型住宅 62 处、663.92 万平方米,新建别墅 21处、57.89 万平方米。1999—2005 年投资 1.9 亿元,完成区内“平改坡”和“综合平改坡”804 幢、217.32 万平方米。2002—2005 年,区创建“四高”优秀小区有 26 个、住宅面积 200.33 万平方米。区内居住环境得到极大改善。

# 第六节　凝 聚 力 工 程

90 年代,华阳路街道干部继承联系群众、了解民情的优良传统,提出“了解人、关心人、凝聚人”

为主要内容的"凝聚力工程"。通过建立特困居民救急基金、投资 6 万元建立 200 平方米特困老人生产基地、组织医疗小分队巡诊等 8 条具体解困措施，帮助身处困境的居民渡过困难、增强信心的做法，在全市推广。"凝聚力工程"建设成为长宁区基层党的建设工作的优秀品牌。

## 一、实践和推广

伴随着经济体制改革和经济结构调整，上海出现"百万职工大转岗"等情况，有相当数量的群众生活十分困难，迫切需要关心、帮助。为解决这一问题，1990 年 8 月，华阳路街道党工委贯彻《中共中央关于加强党同人民群众联系的决定》，组织街道干部对特困老人等部分居民进行家访，对群众的疾苦产生强烈反响。之后，街道党工委作出决定，将特困老人、重病患者、单亲子女等 10 种人作为走访关心对象，在全街道范围内的党员、干部中开展"串百家门、知百家情、解百家难、暖百家心"的大规模访贫问苦活动，对每次走访后的情况进行汇总归类，制定关心措施，抓好落实。1994 年 1 月，华阳路街道党工委把以"了解人、关心人、凝聚人"为主要内容的关心群众的工作命名为"凝聚力工程"。

1994 年初，市委组织部提出在基层党组织中开展"凝聚力工程"试点工作。长宁区召开"凝聚力工程"试点工作华阳路街道现场会，推广"华阳经验"。全区 82 个基层党组织为区级试点单位，按照市委组织部《关于学习和推广"华阳经验"，进一步搞好"凝聚力工程"试点工作的通知》《关于开展"凝聚力工程"试点工作的宣传提纲》要求，加强分类指导，总结推广遵义地段医院党支部、新华路街道泰安居民区党支部、希茜时装制衣总公司党总支、区少年宫党支部等全区 15 个试点单位的做法与经验。同时，全区各大口、系统、街道、镇、乡党委分别确定一批本系统、本地区所属的试点单位，列入党建三年规划（1995—1997 年），加大对基层党组织的指导、督促和检查力度。"凝聚力工程"正式起步。

至 1995 年初，在社会各界大力支持下，建立区级、处级单位以及基层三级帮困基金。其间，区委将建设"凝聚力工程"试点单位推广到全区 1/3 基层党组织，并在民营科技企业、外省市投资企业、私营企业协会、个体劳动者协会等新经济组织基层党组织开展试点工作。1995 年 6 月，全区 979 个基层党组织中有 331 个开展"凝聚力工程"建设工作，参与率 33.81%。是年下半年，"凝聚力工程"建设工作在全区基层党组织中全面推广。至此，全区各级基层党组织全面、扎实地投入"凝聚力工程"建设。

## 二、探索和发展

区委在持续推进"凝聚力工程"建设的同时，积极探索"凝聚力工程"建设的深化和发展，在 1996 年、1997 年先后下发《关于进一步开展"凝聚力工程"建设的几点意见》《关于进一步深化"凝聚力工程"建设的几点意见》，提出把"凝聚力工程"作为新时期党的建设的新的伟大工程的基础工程来抓，把深化"关心人"作为工作重点。1998 年 10 月，区委、区政府根据市委提出的"凝聚力工程"要"年年开新花，年年结新果"要求，做出《关于深入学习和推广华阳路街道先进经验，开展"做人民满意的公务员"活动的决定》，推动"凝聚力工程"建设深入。1999 年下半年，区委针对"凝聚力工程"建设中的一些深层次问题开展系列调研，制定下发《长宁区关于进一步推进"凝聚力工程"，加强和改进基层党的建设的意见》，建立区深化"凝聚力工程"联席会议制度，形成长效机制，进一步拓展"凝聚力工程"建设。其间,华阳路街道开展"五个一工程"(新建一个 1 000 平方米以上的社区服务中心、组建一支监察队、新建一块 500 平方米以上的公共绿地、创建一批文明小区、街道财政给予一定比例的支持)和社区党建、经济、文化、保障等社区工作十大体系的建设,积极探索"凝聚力工程"建设。

2003 年 9 月根据市委《关于进一步推进"凝聚力工程"加强和改进基层党的建设的决定》,区委制定《长宁区深化"凝聚力工程"建设五年发展纲要》《长宁区"凝聚力工程"考核评估办法(试行)》,"凝聚力工程"开始从"了解人、关心人、凝聚人"向"凝聚党员、凝聚群众、凝聚社会"新三项深化拓展和发展。2004 年按照市委"社区党建全覆盖、社区建设实体化、社区管理网格化"的要求,区委提出进一步在"五个凝聚力"(即班子凝聚力、党员凝聚力、人才凝聚力、群众凝聚力和"两新"组织凝聚力)上求深化、求拓展,以网格化管理推进"凝聚力工程"深化,形成区深化拓展"凝聚力工程"的整体格局。2005 年在先进性教育活动中,区委提出"凝聚力工程全覆盖"的目标,实现"两个提升"("凝聚力工程"向全覆盖提升,向党的先进性工程提升)。

"凝聚力工程"建设实现"6 个拓展",即从关心少数困难群体向关心多数人公共利益拓展,从物质关心为主向满足群众多元需求拓展,从党组织一家做向调动社会资源共同做拓展,从面对面走访向构建协调利益关系的机制拓展,从发挥党员个体作用向发挥团队影响力拓展,从运作活动项目为主向构建"党委领导、政府负责、社会协同、公众参与"的社会管理格局拓展。"凝聚力工程"建设的内涵更加丰富。

## 三、居民区党建和区域大党建

随着"凝聚力工程"建设经验在区内全面推广,区委加强基层党建工作方法的探索和典型培育,先后总结虹储居民区的"党总支工作法"、泰安居民区的"泰安经验"、纺大一村居民区的社区"共建联建"之路、荣华居委会的"沟通中外文化"(涉外工作法)和周家桥街道的"会所文化"等先进典型和经验,有力带动全区基层党建的发展。其中虹储居民区的"五必访"(新迁居民家庭必访,两劳释放人员必访,生病住院人员必访,下岗待业人员必访,热心小区工作的骨干必访)、"五必问"(每月户籍变动情况必问,遇到共建单位领导必问,碰到社区统战对象必问,70 岁以上老人情况必问,再就业上岗人员情况必问)、"五必记"(下岗待业情况必记,困难家庭情况必记,解难设想措施必记,居民互动服务必记,走访家庭情况必记),有效发挥居民区基层党组织密切党群关系的桥梁纽带作用和居民区各项工作的领导核心作用;泰安居民区创造的"时刻把居民放在心上,努力做到群众信得过的人""经济上解困、生活上解忧、精神上解闷""实施居民区议事会制度、楼组党员责任制、群众民主评议制"的"泰安经验",成为加强社区思想政治工作,推进民主自治,实现自我教育、自我管理、自我服务的有效途径。

同时,区委做出关于进一步学华阳、学虹储推进长宁区社区党的建设工作,以及关于学习推广"泰安经验"加强和改进思想政治工作的重要决定,整合党建资源,提出区域性大党建的思路,构建"双结合大联动"(楼宇党建与园区党建结合、园区党建与社区党建结合,"两新"组织党建与工青妇等群众团体工作联动)党建新体制。其间,区委加强对主要基层党建经验宣传,连续三届开展居民区党建工作"五朵金花""五朵银花"等先进居民区党组织群体的表彰活动,涌现出朱国萍、胡金英、俞静等一大批在全国具有一定影响力的基层党建示范典型。

## 四、成果和社会影响

华阳路街道党工委从开展"串百家门、知百家情、解百家难、暖百家心"的大规模访贫问苦活动开始,创造了以"了解人、关心人、凝聚人"为主要内容的"凝聚力工程",较好地回答了在社会主义市场经济条件下基层党组织"做什么"和"怎么做"两个共性问题。

1994年底,市委组织部和区委宣传部联合将有关总结推广"华阳经验"的文件、材料汇编成册,取名《春满华阳》,向全市基层党组织发行,产生巨大影响。1995年6月,区委举办《党的宗旨在闪光——长宁区建设"凝聚力工程"汇报展》,历时15天,受到各界高度评介。同年,区委组织部和宣传部联合在《长宁时报》上开辟《建设"凝聚力工程"专栏》,刊载先进典型和感人事迹40余篇,对全区基层党组织建设"凝聚力工程"起到推动作用。至1997年,各级基层党组织认真学习华阳经验,涌现出71个建设"凝聚力工程"的先进集体。2003年12月,《春色满园——长宁区"凝聚力工程"建设十年巡礼》一书出版,展示全区10年"凝聚力工程"建设的实践成果。2005年8月,区委围绕"两个提升"目标,举办"凝聚力工程全覆盖"研讨会,通过实证研究、理论探讨,"凝聚力工程全覆盖"的内涵意义和实践思路得到进一步丰富,为"凝聚力工程"建设的可持续发展奠定基础。此后,长宁区加强区域化党建工作,加快区域化大党建大联动机制的探索和完善,推动区域经济社会发展。2009年12月,长宁区"凝聚力工程"学会成立。

华阳路街道以"凝聚力工程"而闻名。1995年,华阳路街道建设"凝聚力工程"工作获1994年度上海市党建工作创新奖。1996—2005年又先后被中组部评为全国先进基层党组织,被人事部授予人民满意的公务员集体称号;先后获上海市劳动模范集体、全国"五一"劳动奖状、全国精神文明建设工作先进集体、市先进基层党组织标兵单位、全国文明单位、全国和谐社区建设示范街道、全国文化先进社区等称号。

长宁区"凝聚力工程"建设随着时代发展而拓展,顺应群众需求变化而提升,走过实践探索、全面推进、深化拓展等发展阶段,形成丰硕的实践成果,并逐渐发展成为长宁乃至上海基层党建工作的优秀品牌之一。

# 第三章 西大门建设

进入 21 世纪,长宁区发展理念从"依托虹桥"向"拓展虹桥"转变,提出"拓展虹桥、提升功能、数字长宁、国际城区"发展方针,以创建文明城区、建设文明和谐上海西大门为抓手,以区域经济由量向质转变为契机,着眼提升产业能级、提升环境质量、提升公共服务和提高人民群众生活质量,深入拓展虹桥功能,发挥"数字长宁"效应,集聚现代服务业发展,打造国际城区,推进精神文明建设,努力构建社会主义和谐社会,促进区域经济又好又快发展。长宁区连续 4 次在全市区县社会发展评估中获第一。

## 第一节 提升城区品质

1998—2001 年,长宁区提出"上海文明西大门"概念,并作为文明城区建设的重要载体加以实施。2006—2010 年随着迎办世博和全国文明城区创建,城区品质和文明程度越来越高,"文明西大门"创建持续推进,"虹桥大都市、苏河老印象、长宁新社区"的整体形象进一步显现。区成为上海世博会的精品展示区之一。

### 一、环境优化

区委、区政府抓住长宁区位优势,通过区域环境综合治理和管理体制优化,提升区域形象。2005 年,全区开展 7 项市容环境专项治理,城区市容环境进一步改善,被评为"上海市环保模范城区"和"上海市扬尘污染治理示范区"。2006—2007 年,全区无障碍项目、绿化项目改造和排堵保畅等公用设施配套设施建成;虹桥综合交通枢纽工程(一期)完成交地任务,储备用地老宅基动迁全面完成,企业动迁地块基本拆平。其间,城区网格化管理持续深化拓展,沿街面市容环境大门责管理全面实施,跨门营业、乱设摊等得到有效遏制,城区综合执法和长效管理得到加强。市容环境综合测评名列全市中心城区前茅。2008 年,区内全面启动迎世博 600 天行动计划,城区建设和管理得到进一步加强。其中,全面完成第三轮环保 3 年行动计划目标任务,顺利实施第一次全国污染源普查,轨道交通站(地铁口)和地下空间管理纳入网格化管理体系。2009—2010 年,按照"虹桥大都市、苏河老印象、长宁新社区"目标,打造区内延安西路、苏州河两条轴线景观灯光带,先后优化绿化景观 190 余公顷,完成楼宇景观灯光建设 114 幢,修复 95 幢,形成延安西路迎宾景观带、苏州河沿线景观带新亮点;实施内环高架路沿线综合整治等"五大战役",完成主要道路、水域、重点区域和虹桥综合交通枢纽周边市容环境整治,清理户外广告,整治店招店牌,消除"三乱"(乱搭乱建、乱贴乱画、乱堆乱摆);推进特色景观街道市容环境综合整治建设,建成以明清仿古建筑风格为主的北渔路民俗文化街区和以历史文化建筑为基调的愚园路历史文化风貌保护街区。

### 二、民生保障

2006 年起,区政府为提高人民群众生活水平和质量,持续实施安居工程,加大旧区改造攻坚力度,全面实施"阳光动迁"。2009年,区内实施改造和旧小区综合整治相结合的办法,拆除旧区建筑19万平方米,扩大廉租住房受益面,实行租金配租2 381户;完成旧小区综合整治240万平方米,4.8万户居民直接受益,群众居住条件得到改善。同时,又通过市区联手、多方协作、市场运作、扩大廉租住房受益面、多渠道筹措资金和房源等措施,有效破解上钢十厂旧改地块"三跨"(跨地区、跨部门、跨行业)遗留难题,84%居民完成动迁,全区旧区改造取得重大突破。至2010年,全区实施动迁二次征询制度,共拆除旧区约51万平方米,动迁居民约7 000户;完成旧小区综合整治345万平方米,7万户居民直接受益。

区政府还先后制定并实施医疗、教育、廉租住房、协保生活补贴等叠加救助政策,健全和完善社会救助信息"一口上下"服务系统,建立社区慈善基金工作站,构建多元化养老服务体系,残疾人帮困救助机制等;通过加大投资力度,实行积极就业政策,引导青年自主就业与自我创业,帮扶"零就业""双困"人员实现稳定就业;强化政府促进就业职能,实施"1+3"计划(即鼓励创业带动就业3年行动计划,以及稳定岗位、职业培训、就业援助3项特别计划),制定帮助困难人员就业和扶持创业等相关政策,加快促进就业社会责任体系的培育发展。全区社会保障体系建设得到进一步完善和推进。2006年,全区推行"四医联动"基本医疗保障,13.4万人受益。2007年,全区深化社区卫生服务综合改革,病人就诊费用持续下降,并顺利通过"全国中医药特色社区卫生服务示范区"复核。2010年,区内组织"万人看世博"活动,贫困家庭等18类群体逾8万人次进园区参观。2006—2010年,区财政累计投入5.17亿元用于促进就业等事业,累计新增就业岗位20.56万个;实施各类社会救助29.57万人次,发放救助金9 370.2万元;新增机构养老床位2 709张、居家养老床位2 624张。

## 三、文化先行

区抓住迎办2010年上海世博会的契机,大力发展公共文化事业,提升国际城区人文品质。

### 【设施布局】

制定和实施长宁区文化发展规划,优化区域公共文化设施布局。新建天山影剧院、改建长宁文化艺术中心等,建设社区文化活动中心和居民区文化活动室,为全区每个居委文化活动室出资2万元,订阅100种杂志和20种报纸,实现社区公共文化活动设施全覆盖。推动文化产业发展,鼓励以"虹桥路(新华路、延安西路)文化功能带"为主线的文化创意产业发展,重点建设新十钢文化创意产业集聚区、虹桥路国际文化走廊等,形成文化标志性区域。上海多媒体产业园被授予"国家文化产业示范基地"称号,并与新十钢视觉文化产业基地一起成为上海首批市级文化产业园区。推进历史文化风貌区、民俗文化和非物质文化遗产保护,重点做好沪剧、江南丝竹、西郊农民画、皮影戏等非物质文化遗产项目的保护和传承。长宁民俗文化中心被市文广局命名为首批上海市非物质文化遗产项目传承基地。2009年,区成功申报"法华牡丹嫁接技艺和相关习俗"项目为上海市第二批非物质文化遗产项目,陈甦萍、张徵明、姚震平为第一批上海市非物质文化遗产项目代表性传承人。城区文化品位得到提升。

### 【服务体系】

区政府围绕"区—社区—居民区"三级公共文化服务网络体系建设,加强区文化建设规划,确立区域文化发展基本目标。2006年起,结合市公共文化体系建设试点的时机,持续推进"7个100"(开展 100 场广场文化活动,创作 100 件群众文艺作品,培养 100 支社区文艺团队,推出 100 个活跃在社区的文艺明星,开展 100 场知识讲座,放映 100 场社区公益电影,建设 100 个居民区文化活动室)群众文化实事工程。随后,又实施公益性文化惠民服务,出台《长宁区社区公共文化活动中心建设与管理暂行办法》,规范社区文化活动中心的基本配置、功能设置、管理和服务;制定《长宁区公共文化资源配送制度》,成立公共文化服务产品配送中心,整合区级文化资源,推动公共文化服务进社区。区公共文化服务功能得到提升。

## 【群众文化】

区内大力整合文化资源,充实培育群众文化团队,通过传统文化活动和世博专项活动,丰富社区居民群众业余文化生活。其间,先后举办"世博号角"——长宁区庆祝中华人民共和国成立 59 周年广场舞展示、虹桥文化之秋艺术节、上海解放 60 周年群众歌会等活动,与美国德克萨斯州洛夫派克经典学校管乐队、危地马拉大学生代表团、美国宾西法尼亚州参议员举办民俗文化交流活动。2010 年,围绕世博主题,先后举办"畅享世博,炫彩长宁"——长宁区第八届虹桥文化之秋艺术节,举行"七彩长宁,璀璨虹桥"——中国 2010 上海世博会长宁社区市民专场文艺演出活动,组织"长宁,历史的钩沉——百幢经典老房子油画展",开展"异域风情"中外艺术交流等,全面展示区域文化底蕴。

## 【涉外文化】

随着区内国际化商贸投资环境形成,区域成为全市国际化程度最高的城区之一。区政府以需求为导向,以"文化娱乐"为重点,通过会所、社区网站及居委会向境外人士提供互动性、参与性的社区文化活动,开展文化外宣,满足社交文化需求,促进中外居民互相融合。2004 年,区创立"四个一"(一张英文生活信息地图、一份中英文双语报纸、一个多语言外文网站和一系列英文信息指南)涉外生活信息服务,持续推广。随后,又在全市区县中推出第一份英文生活信息地图(Living in Changning GuideMap——《生活在长宁》)。积极搭建中外居民交流平台,开展以"生活在长宁"为主题的中国传统重大节庆活动,让境外居民感受中国传统氛围和家庭理念。2007 年,活动主题从"生活在长宁"拓展到"工作在长宁、学习在长宁"。之后,每年将外籍人士家庭纳入长宁区"五好家庭"评选活动范围,诞生首批上海"五好文明家庭(外籍)"和全国唯一的"洋好家长"。

## 四、迎办世博

迎办 2010 年上海世博会,区委开展"世博先锋行动"党员主题实践活动,广泛动员窗口单位、社区居民等各方力量参与世博、服务世博。其间,全区深化实践"与文明同行,做可爱的上海人"主题活动,近千名交通文明志愿者上岗维护交通,查找突出顽症陋习和不文明行为近百项。大力倡导市民学外语,提高市民"双语"水平。组织"双语啄木鸟"志愿者服务队,对古北新区、虹桥开发区、中山公园多媒体园区进行语言文字规范检查,共查出 200 多起错误,纠错率达 98%。全区 10 所社区学校和社区文明单位举办世博知识讲座、报告、竞赛和文明礼仪培训 83 场,近万名市民参与,累计完成文明礼仪培训 25 万人、世博知识培训 52.65 万人、世博双语培训 6.75 万人。

2009 年,长宁区与市建交委、市卫生局、市交警总队、闵行区政府、青浦区政府、虹桥机场公司、申通地铁公司、古北(集团)有限公司等 37 个部门、单位、兄弟城区等,联手推动"上海文明和谐西大门"创建区域联动平台，通过合作，先后完成迎世博延安高架路整治、世博志愿服务等 20 多个建设工程和服务类项目，举办近 70 场各种形式的大型社会活动，营造浓厚的迎办世博氛围。之后又通过平台，采取市区联手、条块结合的方法，先后 3 次组织召开"塑造长宁区窗口行业服务新形象"工作会议，与 17 个窗口行业签订合作意向书，落实地区和行业创建 6 项责任和义务。

2010 年中国上海世界博览会举办，全区组建 2 万余人的园区志愿者、城市站点志愿者和城市文明志愿者队伍，包括党员志愿服务队和全市唯一的洋居民志愿服务队。建成志愿者服务站点 70 个，重点区域投入平安志愿者 1.1 万余人次。凝聚社会各界力量，开展"为世博进言献策"等活动，通过"凝聚力工程"学会平台，有效联系 650 多家区域单位共迎世博。区内 272 家中央和市属单位党组织、335 家"两新"党组织、1.5 万余名在职党员进社区报到参与世博先锋行动。迎博、办博期间，在全市 8 次文明指数测评中，长宁区连续 3 次位居中心城区第二。

世博会期间，区内接待内外宾、港澳台侨及商务团组等 439 团、1.1 万余人次，组织土耳其等国家馆日活动 10 次、2 400 余人次，开展涉外活动 22 场、1 400 余人次，接待美国戴尔、法国米其林等世界 500 强企业和重点企业 30 个、324 人次，引进"四有"（即有规模、有实力、有产业、有实效）企业 314 家。还对虹桥、古北等重点区域实行一体化、差别化管理，开展"诚信经商在长宁"主题活动、"申城万店无假货"示范店创建，推进虹桥友谊等 20 家重点商家加强商业诚信规范管理，提升服务能级；实施"购物节""旅游节""虹桥文化艺术之秋"，促进商旅文融合发展。"十一"黄金周，全区商业实现销售 2.15 亿元，比 2009 年同期增长 42.6%。

# 第二节　信息化建设

长宁区信息化建设从 90 年代初期引进计算机企业，发展民营科技产业起步。之后，区委、区政府提出"数字长宁"信息化发展战略，大力发展信息服务产业，使信息化建设贯穿于区域经济发展的全过程，提升西大门的能级。

## 一、智慧城区

"十一五"计划期间，"数字长宁"发展战略进一步优化。制定出台《长宁区信息化统计指标体系》，编制《长宁区电子政务三年行动纲要（2007—2009）》，推动全区政务信息化、社区信息化、管理信息化的发展。其间，围绕电子政务分领域集约化建设，提出《长宁区电子政务分领域建设任务书》，制定"4＋2"电子政务框架体系："4"是指区公务员统一门户和区机关办公系统、区综合经济管理信息系统、区城区综合建设与管理信息系统、区实有人口综合服务与管理信息系统；"2"是指区行政审批网上办事大厅和区电子监察信息系统，还包括信息系统管理办法、电子政务考核办法，以及《长宁区基础地理信息系统（GIS）数据标准规范》。实施实有人口管理与服务网格化项目，明确 1 262 个块长，落实责任制，有效掌握实有人口精确统计数据；拓展公共服务平台，建立上海市手机技术测试平台、数字终端无线天线测试中心（平台）、安防行业无线通信技术支撑研发平台；深化信息资源开发利用，制定《上海市长宁区开展综合信息化示范试点的推进方案》，推动国家信息资源开发利用综合实验区建设；推进区内政务网络整合，开通行政审批网上办事大厅，建立企业并联审批平台，并覆盖到一般居民和企业，提高服务效能。长宁区被评为"上海市区县电子政务综合示范区"。

同期，又制定《长宁区领军人才队伍建设实施办法》，设立多媒体博士后工作站，建立"博士后创新实践基地""创新人才服务中心",积极引进高端人才。其中区创建"长宁区国际信息化人才创新实践基地",吸引"洋学生"进入基地实践,提升数字媒体型企业的国际化水平,从整体上提升"数字长宁"的国际竞争能力。全区集聚各类软件、信息技术人才1.6万多人。

2010年起,长宁围绕"智慧城区"建设目标,加快信息化应用向服务化、智能化发展。其间,推进打造"3E城区",即E-government(电子政府)、E-community(电子社区)、E-business(电子商务),完善二期公务员统一门户和机关办公系统(OA);开展第三方评测机构对GIS系统功能、性能等的测试,完善电子监察系统核心功能及开发应用;制定《长宁区信息化项目绩效评估管理办法》,形成一套较为完整的信息化项目全过程管理体系。至此,长宁区信息化设点布局形成规模。

## 二、信息园区

"十一五"计划期间,结合信息服务业推进,制定《长宁区推进科技园区建设和发展的若干意见》,建立上海多媒体产业园、长宁信息园、虹桥临空经济园三大信息园区,形成都市科技园区集聚、信息企业集群发展效应。其间,建成长宁信息园信息服务基础平台;开发上海市多媒体公共服务平台,以信息化手段支撑企业改造发展;国家重大科技项目B3G移动通信和高性能宽带信息网(3TNet)等两个"国家863项目"取得阶段性成果。

**【上海多媒体产业园】**

位于区域东部。依托国家知识创新基地"中科院长宁科学园",重点发展计算机图形图像设计和制作,包括影视制作、动漫广告制作、游戏开发、多媒体信息服务、工业建筑设计、系统仿真、虚拟现实等。以"兆丰广场"为园区标志性楼宇,与周边联通为主的"新时空广场"、铁通为主的"上海铭光多媒体通信科技园"和中科微系统信息科技园有限公司入驻的"亨通大厦"形成产业结构群,集聚戴尔、LG、Synopsys、埃森哲、分众传媒、阿里巴巴、环球数码、联通等著名多媒体及信息技术企业,形成信息产业技术企业集群发展格局,被确定为"国家数字媒体技术产业化基地(上海)园区"和"国家文化产业示范基地"。同时,推进凯旋路"多媒体产业走廊"建设,在2.6公里长的10多幢楼宇中,启动百脑通数码城等5个特色园,吸引众多多媒体创意企业集群发展。

**【长宁信息园】**

位于区域中部。依托虹桥经济技术开发区优势,重点发展信息处理服务业、网络服务业、系统软件和应用软件开发、系统集成等。园区从思创大厦起步,拓展到远东国际广场、安泰大厦、虹桥上海城等商务楼宇,总建筑面积达50多万平方米。园区内拥有"数字化公共实训基地",建有"上海交大国家大学科技园慧谷白猫基地",集聚英特尔、爱立信、联想等一批知名信息技术企业,被认定为"市级软件产业基地"。

**【虹桥临空经济园区】**

位于区域西部。依托虹桥国际机场等便捷的交通优势,重点发展电子物流、电子商务等总部型高科技企业。吸引神州数码、联强国际、佳杰科技、携程网、亚马逊、史泰博、明基电通等优势信息服务企业入驻,被确定为"市级科技园区"。园区的建立和发展,促进区域信息服务业迅速扩展,种类包括IT供应链企业、电子商务企业、信息内容服务企业、通信设备研发销售企业、多媒体内容制作企业、流媒体技术研发企业以及各种应用软件研发企业。

2006—2010年，长宁申请专利9 114件，其中发明专利4 670件；新增高新技术企业98家、市级科技小巨人企业27家，推动高新技术成果转化项目107个。软件和信息服务业保持较高的增长速度，信息服务业完成税收46.8亿元，年均增长18.4%。

### 三、信息化应用

"十一五"计划期间，区坚持"统一规划、集约建设、资源共享、规范管理"的原则，推进信息化技术深入应用。长宁区被列为全国10个数字化城市管理试点区之一、上海社区管理与建设网格化试点区之一。

**【信息综合服务】**
区信息化网络建设以综合利用、互联共享为重点，开展"三网（市民服务网、机关政务网、企业服务网）融合"试点应用，并在2010年基本实现宽带普及、移动通信全覆盖（室外宏站、室内覆盖）、信息管线建设集约化、商务楼接入全覆盖、3TNET应用试点、有线电视双向改造全覆盖。

同期，全区通信服务得到进一步普及与提升，基础通信普及程度高于全市平均水平，在上海中心城区中处于领先地位。2010年，区内固定电话用户约43.15万户，宽带用户企业4.33万户、个人17.6万户，移动电话用户108.7万户；家庭宽带4M接入普及，且宽带速率处于大面积提速；区内2G/3G室外宏基站389个，其中站数155个，站距500米～800米，室内分布系统共建有955套，覆盖大部分商业楼宇和小区，有效面积覆盖率大于98%；WLAN覆盖热点666个。全区信息基础设施能级显著提升。

**【信息应用领域】**
以社会各个领域需求为目标，推进信息化系统和项目建设，初步形成"3E城区"。

**电子政务信息化**　建设和完善区机关网络和电子政务平台办公系统，开发适合各部门的3项大系统35项子系统、综合管理系统（综合经济管理信息系统、城区综合建设与管理信息系统、实有人口管理信息系统）和业务系统（网上办事大厅、政府投资项目监管平台、劳动促进就业信息化管理平台、政府采购信息管理系统等）；整合区内政务网络，强化区政务网络与信息安全；深化行政审批制度改革暨推进电子政务应用，率先进行市级网上行政审批改革试点，实现企业设立和建设项目在网上并联审批。

**城市管理信息化**　建设与完善数字化城市管理体系，通过区城市道路地下管线信息系统（RPIS），实现市政专业管线、综合管线建设与维护的全过程管理，区内由道路施工引起的管线损坏事故降低至零；推进城市网格化管理信息系统建设，通过GIS系统实现全区5大类84种的43万件城市部件的细分管理与精确定位，设置111个工作网格，实现巡查监管全覆盖；完成上海市城市规划地理信息系统建设，通过区规划管理信息资源库与规划成果展示系统（EMAPGIS地理系统），有效管理和展示包括卫星遥感影像、基础测绘资料、城市总体规划、分区规划、详细规划、专业规划等相关城市规划资料，城市规划管理水平与效率提高。

**社会事业信息化**　大力推行数字化教学模式，实施中小学数字周，并率先启动"家校互动"，通过实名制"市民信箱"免费为学生、家长、教师便捷沟通和个性化服务；推进数字化医院建设，建成社区居民健康档案信息管理系统、药品网上采购监管系统,搭建"三级医院—二级医院—社区卫生服务中心"双向转诊信息交换平台,启动区级医院和社区卫生服务中心"社保卡与银行卡绑定支付"项目;创建信息化特色小区,完成"我的居民"实有人口信息管理系统建设,建成覆盖全区 10 个街(镇)的社区管理和公共服务平台,推行"百万家庭网上行""扶老上网"工程,并在街道(镇)事务受理中心、小区活动室、龙之梦购物中心等 36 处的居民区、商务楼宇、商场布放多媒体自助终端"易付捷",促进社区管理与公共服务信息化。

## 第三节 现 代 服 务 业

按照《上海加速发展现代服务业实施纲要》要求,区采取规划引导、政策扶持等措施,加快虹桥涉外商务区建设,重点推进信息服务业、专业服务业、现代物流业、会展旅游业、文化服务业和金融业发展,进一步形成现代服务业整体发展优势。

### 一、明确目标

"十五"计划期间,区把发展现代服务业作为优化产业结构、提升产业能级的关键,出台《长宁区现代服务业发展规划纲要》及配套政策,并作为区经济发展的第一支柱产业来培育。随后,现代商业业态和现代服务业大量引入长宁。

"十一五"计划期间,为适应新经济形势,区实施"拓展虹桥"发展战略方针,坚持"窄领域、深开发"原则,以"2 个 45%"(即到 2011 年现代服务业税收占全区税收的比重达到 45%,三大经济组团税收占全区税收比重达到 45%)为发展目标,提出"2006—2010 年区现代服务业的发展路线",积极发展服务外包,扎实推进服务外包项目建设。2006 年,区被认定为"中国服务外包基地上海示范区"。同时,区内大力发展时尚创意,加快建设上海时尚园(二期)等创意产业园,打造"苏州河沿线创意景观带";实施品牌战略,以信息化为支撑,提升现代服务业的层次、规模和能级,加快构建高增值、高层次、高能级的现代服务业体系。全区现代服务业的企业和行业集聚度明显提高。联强国际、神州数码、佳杰科技等为代表的国内著名信息技术企业群,以及尼尔森、联邦快递、仲利国际租赁等一批专业服务业、现代物流业、金融服务业的知名龙头企业(公司)聚集长宁。区内现代服务业企业数量,2010 年比 2006 年增加 7.49%。

区现代服务业税收逐年攀高。2007 年,区现代服务业税收的绝对数及占全区税收比重均首次超过房地产业,成为第一支柱产业。2010 年,现代服务业完成税收 63.96 亿元,占全区税收的比重达 40%,比"十五"期末提高 7 个百分点,年均增速达到 23.9%,高于"十一五"规划中对于年均增速18%的要求。现代服务业在区内支柱产业的地位进一步提升。

### 二、多措并举

"十一五"计划期间,区应对国际金融危机,出台一系列保增长的政策举措,完善以现代服务业为核心的产业发展促进政策,形成符合长宁实际、具有区域特色的"开竣工"(指经济楼宇开工、竣工)和"招留增"(指招商、留商、增商)工作机制,促进全区现代服务业的发展。

**【产业布局】**

区内按照"三区二带"("三区"指中部大虹桥地区的"国际商务功能区"、东部中山公园地区的"商业商务功能区"、西部虹桥临空经济园区的"总部经济功能区","二带"指北部"苏州河沿线创意景观带"、南部"虹桥路、新华路、延安西路文化功能带")功能布局要求,整合三大经济组团的功能、产业、形态和政策,重点围绕"国际、商贸、文化"的功能特征,拓展虹桥涉外贸易中心的国际经贸与商务功能;围绕"商业型、休闲式、数字化"的功能特征,调整商业业态,拓展多媒体发展空间,提升商业内涵、档次和品位,推进中山公园市级商业中心建设,形成多媒体产业链;围绕"园林式、高科技、总部型"的功能特征,完善园区总体规划,加快基础设施和产业楼宇建设,集聚发展总部经济,并承接虹桥综合交通枢纽的辐射,使虹桥临空经济园区成为上海服务全国、服务长三角的核心区域。

**【扶植政策】**

2006年,进一步调整全区产业结构,加大对现代服务业企业和集聚区建设扶持力度,制定并实施《长宁区加速发展现代服务业的产业政策意见》,确定集聚发展现代服务业的目标。2010年,区以创建国家级现代服务业综合实验区、国家级贸易中心实验区为契机,深化、细化现代服务业发展目录,完善产业扶持政策,大力发展以经贸为核心的现代服务业,先后在电子商务、法律服务、中介咨询、专业会展、航空物流、教育培训、高端医疗服务等细分行业上形成新优势。同时,大力发展金融服务业,探索适应现代服务业发展的区域投融资体系建设,先后出台《加快推进长宁区金融服务业发展若干意见》《长宁区金融服务业三年行动计划》《长宁区加快金融业集聚发展扶持政策试行细则》《长宁区小额贷款公司监督管理暂行办法》等金融服务政策,建立"虹桥资募港"为主体的产业引导基金。其间,组建上海联合产权交易所中小企业融资服务中心长宁区分中心。

**【投资环境】**

区内新建一批高品质、智能化、设施完备的经济载体,重点加快商务楼宇智能化改造和设备更新,完善楼宇功能,楼宇档次得到进一步提升;加强对企业服务能力,建立健全为企业服务体系,畅通企业与政府沟通渠道,落实安商助商工作,强化企业信息化服务平台等功能性设施建设;优化商务环境,改造周边交通、绿化等公共基础,推进购物餐饮、休闲娱乐等配套设施营建,完善银行、会计师事务所等中介服务机构布点。同时,区抓住中国"入世"过渡期结束、服务贸易扩大开放的机遇,通过提高开放水平,提高引进外资质量,吸引一大批跨国公司地区总部、知名企业的结算中心、研发中心、营销中心、管理中心入驻长宁。

**【高新技术产业】**

区发挥"数字长宁"优势,大力培育发展高技术产业,依托区域内大专院校、科研院所的资源,推动信息、生物医药、新材料和环保等高新技术产业化,三大科技园区被纳入张江国家自主创新示范区管理体系。2006—2009年,颁布实施《长宁区鼓励企业自主创新的若干政策(试行)》,聚焦信息产业和数字媒体产业,在全市率先成立科技政策服务站和企业服务部,形成特色;推进《长宁区科技小巨人培育企业试行办法》《长宁区科技型中小企业技术创新资金试行办法》试行,建立多媒体产业公共服务平台,率先推出《长宁区青少年知识产权三年行动计划》;制定实施《推进长宁区高新技术产业发展的意见》等政策措施,区域科技创新能力和综合竞争力提升,"产学研"合作平台形成。2009年,区被命名为"上海市高新技术产业化(软件和信息服务业)产业基地"。全区共有高新技术企业 84 家,上海市高新技术成果转化项目认定 265 项。初步形成以上海生物制品研究所为核心的生物医药产业集聚,以瑞华集团及置信电气为龙头的节能环保产业集聚。

2010 年,区贯彻市政府《关于加快推进上海高新技术产业化的实施意见》,制定《长宁区推进上海市高新技术产业化(软件和信息服务业)产业基地方案(2010—2012 年)》,编制、修订《长宁区促进科技创新和高新技术产业化配套政策》《长宁区软件和信息服务业专项资金管理办法》《技术创新成果在本区产业化项目匹配政策》《关于区域内产业楼宇纳入科技园管理参照执行的扶持政策》等政策。区内高新技术产业得到蓬勃发展。是年,新增高新技术企业 9 家;全区高新技术产业产值915.41 亿元,税收达 26.6 亿元。

# 第四节　教育、卫生事业

"十一五"计划期间,区把教育、卫生事业发展与区域经济建设统筹规划,在政策上予以扶持,在硬件、软件建设上加大投入,全区教育、卫生事业全面发展。

## 一、优质均衡教育

"十一五"计划期间,区按照"走在前列"要求,建设教育基础设施,加强现代基础教育,实施素质教育,区内教育教学质量稳步提升。全区基本实现教育现代化,在中心城区中走在前列,被列为上海市推进教育现代化先行先试区。

**【设施布局】**
制定《长宁区教育现代化发展指标》,编制《长宁区教育设施布局规划修编(2008—2020 年)》。先后完成新世纪中学教学综合楼扩建工程、天山新村小学教学楼新建工程、区少年宫整体保护及改造,以及延安中学等 17 所学校、幼儿园教学、办公、学生活动场所的维修和改造工程;新建天山幼儿园、海贝幼儿园、愚一幼儿园凯欣分园等 3 所幼儿园;实施中小学教室光环境改善工程,完成 2 700余间普通和专用教室照明改造;成立中小学校舍安全工程领导小组,抓好中小学校舍安全工程,完成抗震加固校舍 9 万余平方米,西延安中学、长宁实验小学等 19 所学校完成加固投入使用;实施"数字校园"建设,开通"区名校长培养工程"专网,开发长宁教育管理平台,推进"长江之旅"校际网络协同学习平台二次开发及"名校长专网""名师在线""家校互动"等信息化平台应用。

**【基础教育】**
制定实施《长宁区学前教育三年行动计划(2006—2008)》《长宁区推进托幼一体化管理实施意见》,筹建上海市长宁托幼管理中心,实施保育员为培训对象的"护苗计划",构建全区幼教系统示范园(一级园—二级园)的优质资源辐射网络,有效推进区内学前教育一体化进程。随后,又从优化教育管理,加强素质教育出发,制定《长宁区教育改革和发展中长期规划纲要(2010—2020 年)》,促进教育内涵发展、特色发展。其间,深入贯彻《上海市学生民族精神教育指导纲要》《上海市中小学生生命教育指导纲要》(简称"两纲"),全区 3 所学校成为市生命教育试点学校,28 所学校申报区"两纲"试点学校。深化教育教学改革,加快公立转制学校办学体制改革,娄山中学、西延安中学、绿苑小学等转制学校恢复公办体制;实施素质教育,推进二期课改,深化"四关注"(即学前教育关注启蒙学习、小学关注快乐学习、初中关注有效学习、高中关注综合学习)为重点的课改,并在全区学生中普及青少年民族艺术系列培训。实施长宁区中小学家庭教育指导意见,开展中小学生近视、肥胖等预防工作,落实传染病防控措施,组织阳光体育活动,为未成年人健康成长提供良好环境。

**【特殊教育】**

制定实施《关于加强长宁区中小学随班就读学籍管理的办法(试行)》,对随班就读残障学生的招生条件、程序、就读起始年级、复测审核、撤销、升留级与毕结业等作出规范,保障残障学生完成义务教育。同时,利用区初级职业技术学校特教资源,开展后续职业教育。2008年起,以"走向有效学习"为主旨,开展随班就读视导,进行教育康复研究实践,构建学前教育、义务教育和职业教育相衔接的特殊学生终身教育体系,促进区内特殊教育发展。

**【师资队伍】**

区内先后出台《长宁区教育系统人才工作管理办法》《长宁区促进义务教育阶段师资合理均衡配置实施方案》《义务教育阶段中学高级教师职务预备级评聘实施办法》《义务教育阶段推进中学高级教师区域统筹的实施办法》等文件。其间,区内以"扩大基数、竞争入选、分层培养、目标管理"为原则,积极推进区域校际项目合作交流,启动深化"两名一基"(名校长、名教师、基础人才培养)工程。其中,名教师培养工程为148名学科带头人确立77个项目,带教学员609人;选送70名外语、双语教师赴境外培训。实行义务教育阶段师资合理均衡配置,先后三批44名新评高级教师参加该项活动,推动区内基础教育优质均衡发展。深化"两纲"教育,提出《教师职业生涯发展规划》,推进"师德、师风、师能"建设。2009年经市教委、教育部审定,全区共评出全国优秀教师1人,市教育系统先进集体2个、先进工作者1人,市模范教师5人,市园丁36人,区园丁189人。江苏路第五小学校长邵春安被授予"全国五一劳动奖章",长宁区辅读学校被命名为"全国巾帼文明岗"。

## 二、公共卫生服务

"十一五"计划期间,区政府坚持医疗卫生事业的公益性质,强化政府公共卫生和基本医疗服务职能,倡导文明、健康的生活方式,大力加强疾病预防、控制和应急系统建设,增强区域公共卫生应急处置能力,努力实现人人享有社区卫生服务。健康城区建设有效推进。

**【社区卫生服务】**

从加强社区卫生服务入手,统筹区域卫生资源,推进社区卫生综合改革。2006年起,区内推行医疗资源纵向整合机制,成立社区卫生服务管理中心,制定《长宁区社区卫生服务民主监督和评估方案》《社区卫生服务收支两条线资金信息流程图》《社区卫生服务药品采购监管流程图》等配套措施。之后,又制定《社区卫生服务中心社区公共卫生服务经费使用的若干指导意见》,对收支两条线的管理机制作进一步规范。其间,制定长宁区社区卫生药品采购监管方案,实施药品集中采购、统一配送,并规范社区卫生服务质量考核评估机制。全区社区卫生服务中心形成统一的竞争激励机制。同时,深化社区卫生服务改革,制定《长宁区社区卫生服务体系建设实施方案》,建立社区公共卫生服务督查组,实施年度社区公共卫生服务数量质控;完成7个标准型社区卫生服务站的扩建并投入使用,推进社区家庭健康责任制工作;实施"社区全科团队能级提升计划",选出10个全科团队与华东医院的 10 个专家顾问团队结对建设,予以专项经费资助;推行二级医院出院病人社区全科团队医生随访制,落实社区卫生服务利贫利老项目 10 余项。

**【医疗行业服务】**

先后制定《全区二级医院能级提升工作评估标准》《关于进一步加强医疗机构医疗安全工作的通知》《2008 年医疗安全督查标准》等文件,并于 2009 年重新修订完成 8 个区医疗质量控制标准,推进全区医疗行业服务规范化建设,提升医疗行业服务能级。按照区"十一五"计划目标,制定《长宁区护理事业发展三年行动计划》《长宁区卫生系统专业技术"创新团队"建设实施意见》,探索社区卫生健康管理新模式,开展居家护理和无业老人基本医疗辅助服务,并运用全国中医药特色社区卫生服务示范区创建成果,全面推行社区中医药服务,助推全区医疗服务水平提升。其间,制定《长宁区医疗机构设置规划》《长宁区民营医疗机构执业行为预警管理方案(试行)》,调整区域民营医疗机构布局和结构,完善管理机制。2010 年,区政府深化"四医联动"(基本医疗保险+基本医疗服务+政府医疗救助+社会组织医疗帮扶),推进各级医院合作,推广实施"3—2—1+1"("市内三级医院—区内二级医院—区内社区卫生服务中心+区疾病预防控制中心"为一体的健康教育和健康促进模式)。年底,累计完成改扩建标准型卫生服务站 40 个,全科服务团队素质得到提升,区域医疗卫生协同服务网络基本形成。2010 年,卫生部对长宁区实施《全国健康教育与健康促进工作规划纲要(2005—2010 年)》进行评估督导,全区 2009 年居民期望寿命达到 83.64 岁,比 2005 年的 82.17 岁增长 1.47 岁。

**【公共卫生体系】**

2006 年制定《长宁区人感染高致病性禽流感三级疫情预防控制工作方案》,启用区公共卫生应急信息平台,在 9 所医疗机构设置发热门诊,在防控人禽流感方面取得阶段性成效。随后,区内全面实施外来人员计划免疫措施,完成全区宾馆等职业卫生分级量化评定。同时,区着力完善公共卫生应急处置网络及应急预案,建立市区对接的公共卫生应急指挥中心,加强对疾病的监测预警分析,将处置规程纳入 ISO9000 质控体系。迎办上海世博会期间,区政府大力推进健康城区建设,制定《长宁区建设健康城区 2009—2011 年行动计划》《长宁区第三轮公共卫生体系建设三年行动计划》,举行市民健康教育活动,开展控烟等宣传,推行"健康进楼宇"卫生便利服务。成立"CFC 社区公共卫生政策研究中心""长宁区慢性病干预中心""长宁区妇女儿童心理健康指导中心""'治未病'健康管理中心"等一批公共卫生研究机构、服务中心,成功建成中医特色预防保健服务体系,推动区域公共卫生事业的发展。

**【公共卫生信息系统】**

2006 年,区域疾病预防控制监测预警信息系统、公共卫生监督综合管理信息系统、医疗机构监管信息系统等建设相继启动,社区卫生服务双向转诊信息平台建成。其中,"长宁区健康档案信息系统"荣获"2006 年中国信息化建设项目成就奖"。之后,区卫生信息中心承担的市科委科技攻关计划《区域医疗信息整合平台的研究与应用》启动,并在全区推广以"社区卫生全科团队服务信息管理系统(一期)"为核心的社区卫生信息化项目。区域公共卫生"大数据"格局初步形成。按照"基础先行、突出重点、逐步推进"的信息化建设原则,又制定实施《长宁区卫生系统电子政务三年行动计划》《长宁区卫生系统信息化建设管理(暂行)办法》等措施。2008 年,长宁区被卫生部信息化工作领导小组办公室列为居民健康档案信息化试点区。随着区域居民健康服务应用子系统、妇幼保健业务协同管理系统、重点传染性疾病症状监测系统、传染病信息管理及预警 GIS 系统等管理、监控、预警类系统相继建成，区继续医学教育信息网、居民健康在线资讯平台等一批信息化配套工程的建成启用，区域卫生数据中心基本建成，区内实现健康档案信息整合。信息技术在区内卫生改革发展中的支撑作用进一步发挥。

# 第五节　精神文明建设

2006—2010 年，区委、区政府坚持把和谐创建贯穿于精神文明建设全过程，以创建全国文明城区为抓手，深入开展迎世博系列主题实践活动，着力加强公民思想道德建设和未成年人思想道德教育，积极践行社会主义荣辱观，加大对志愿服务、未成年人思想道德建设、学习型社会建设的推动力度；以迎办世博为主线，充分发挥文明指数测评的导向作用、文明创建的基础作用、专项实践活动的推动作用和先进典型的示范作用，弘扬道德风尚，优化服务功能，提高队伍素养，提升精神文明创建工作水平。城区文明程度和市民文明素质显著提高，城市环境、城市设施、城市服务和市民的精神面貌发生深刻变化，建设和谐文明的上海西大门正在逐步实现。

## 一、志愿服务

### 【服务体系】

这一时期，区建立健全区志愿服务工作制度和志愿者参与全国文明城区创建的各项工作制度。区文明委统筹志愿服务，推动志愿服务在社会公益、急难救助、公共服务等方面深入开展；成功开展特奥会、上海世博会等特大型活动志愿服务，展现市民文明风采；组建、充实区级市民巡访员队伍，培育上海首支"白菜蓝莓"巡访队；初步建成"虹桥志愿服务网"公共服务管理平台。区域特色的志愿服务体系形成。

### 【服务活动】

全区广泛开展形式多样的志愿服务活动。2006 年，全区组织万名党员践行公共道德志愿服务行动。共青团区委开展"迎世博，做文明的长宁青少年"主题活动，组织 120 余名青年参与特奥会志愿服务工作，2 名青年到中国云南、老挝等地进行志愿服务。2007 年推出《长宁青年志愿者社区发展计划》，新招募青年志愿者 605 人，累计服务时间 44 230 小时，服务对象 39 801 人次。10 个居民区和社区单位成为青少年志愿服务示范基地。招募 256 名区域内高校大学生服务特奥会社区接待和赛事服务工作。2008 年，573 名卫生系统青年志愿者第一时间报名参加赴汶川抗震救灾医疗后备队，17 名公安、卫生、教育等系统团员青年入川抗震救灾和灾后援助工作。在奥运会安保任务中，860 名团员青年完成 25 个公交站点安保工作。2009 年，区委制定下发《关于在全区基层党组织和党员中深入开展"世博先锋活动"的通知》，要求全区党员在志愿行动中争当先锋。同时，区共青团系统开展"青春世博志愿行动"，招募世博会志愿者 1.4 万余人，组织青年参加"无烟世博""左行右立""双语纠错""知闻世博""积分换绿"等专项文明宣传行动。2010 年上海世博会期间，全区招募各类志愿者 5.6 万余人，建成志愿者服务站点 70 个，开展平安志愿服务 241.8 万余人次。

## 二、未成年人思想道德建设

### 【工作机制】

区全面贯彻落实中央 8 号文件精神,持续深化未成年人思想道德建设,健全领导体制和工作机制,在加强管理的基础上,持续开展净化社会文化环境,努力满足未成年人精神文化需求。同时,抓住重要时间段和时间节点,坚持打造特色品牌,开展有针对性的、丰富多彩的道德教育活动;创新研究未成年人思想道德建设工作测评体系,推动"学校、社会、家庭"三位一体未成年人思想道德建设格局逐步形成。长宁区成为全市首个全国未成年人思想道德建设工作先进区。

### 【教育实践】

2006 年随着区"三位一体"教育格局的建立健全,以及区"未成年人思想道德建设测评指标"课题研究初步完成,全区未成年人思想道德建设机制基本形成。随后,召开区未成年人思想道德建设工作联席会议,提出开展净化社会文化环境,满足未成年人精神文化需求的工作目标,建立长宁中学生校园广播电视网络联播网,组织"杰出青年校园行""百支啄木鸟小队与百个市民巡访团结对"等活动。2007 年,团区委与区检察院联合举办"构建长宁未成年人保护工作体系研讨会",开展社区青少年才艺展示、社区青少年体育节、"青春健康同行"、法制夏令营等活动,表彰 2006 学年区优秀少先队员、优秀少先队集体。是年 12 月 19 日,团市委、市科教党委、市教委和市学联在区内召开上海市中学生理论学习工作现场推进会,以长宁区、校、班三级理论学习组织体系为典型,总结近年来上海中学生理论学习工作的经验。2008 年,团区委组织实施未成年人文化导航系列活动,先后组织中小学生开展文化寻访、"队歌唱起来、领巾飘起来、鼓号响起来"少先队意识教育等活动。同时,以社区困难青少年为重点帮扶群体,实施"冬日阳光"帮困送温暖行动,创建"手拉手书屋",开展"六一"系列独生子女训练营等活动。2009 年,团区委突出青少年思想引导,组织"青年与科学发展观"系列报告 7 场,举办"传承五四精神,青春添彩世博"纪念活动,首次将少先队辅导员培训纳入教师干训系列。是年,团区委荣获"上海市未成年人思想道德建设先进集体"称号。2010 年,团区委编制《长宁区青少年发展"十二五"规划》,承接并完成市预防青少年违法犯罪核心指标体系试点,启动"争当四好少年"系列行动,组建 102 支世博红领巾志愿服务队,普及未成年人保护的法律知识,以"孩子也需要尊严"为主题引导家长理解尊重关心孩子,共同为未成年人健康成长营造良好氛围。

## 三、学习型社会建设

区委、区政府全面贯彻落实科学发展观,提出教育向社区延伸、向国际提升,促进构建终身教育体系和学习型社会的目标。2006 年,区委制定全区创建学习型城区行动计划,建立区终身教育推进委员会,推动以政府主导、社会多方参与的长宁终身教育新格局形成。随后,区终身教育指导服务中心创建,老年教育、社区教育、继续教育、职业培训等方面工作小组相继成立,长宁区老年综合大学同时组建。2007 年,区制定下发《关于推进学习型社会建设的实施意见》,以构建市民终身教育体系为目标的学习型社会建设全面启动。

同期,制定实施《长宁区社区学校规范化标准》。其间,建立社区学校联席会议机制,推行社区教育实验项目研究,开展示范性老年大学学校评估,编写《长宁区市民学习指南(2008 秋)》等社区教育教材,建设"学在长宁"终身教育网站,创建"全国科普示范城区",形成"数字科普"特色。同时,针对区域经济发展特点,成立区教育服务业发展委员会,制定"长宁区职业教育三年发展规划",出台《关于加强民非办学机构依法管理的若干意见》《长宁区促进教育服务业发展的若干意见》,加强现代服务业特色教育区的建设,为现代服务业发展培养国际通用专业人才。在上海市第三届教育博览会上,上海华浦进修学校的"华浦 ISEP 软件工程师课程"、上海长宁科技进修学院的"国际数码嵌入式技术认证培训"、上海昂立教育培训中心的"英语中高级口译培训"3 个项目获评上海市金牌项目。区内职业教育和教育服务业得到发展。

2010 年起,区通过整合各类社会学习资源,基本形成覆盖全区、规模适当、布局合理的市民教育网络体系,初步形成人人可学、处处可学、时时可学的学习型社会氛围。其间,区终身教育指导服务中心和上海交通大学海外教育学院合作承办上海海外教育研修学院并举行签约仪式;推进社区教育、非学历培训和学历教育,ACCA 国际注册会计师培训点、周洁舞蹈培训点、服装设计实验工场等一批培训机构的作用得到发挥;成立社区教育讲师团,长宁区学习型城区建设网同步开通;区社区学院成为首批"上海服务外包人才培训基地"。华阳路街道的《弱势困难群体创建学习型家庭的实验》获上海市教委优秀推荐实验项目,区教育局的《社区教育课程建设的实践和探索》《社区教育信息网络的建设及功能开发》和周家桥街道的《发掘新社区阶层人士的资源,创新社区教育资源整合机制》3 个项目被上海市教委列为重点项目。

2010 年制定《长宁区促进社会力量教育服务业发展的若干意见》,推动区社会力量办学进一步规范发展。是年,经区长办公会批准,长宁区教育服务业发展委员会成立。长宁华政虹桥法律服务园区、长宁现代职业教育集团、长宁现代教育培训中心、长宁教育服务业虹桥园区、长宁教育服务业发展指导中心等揭牌。昂立教育总部落户长宁区。是年 12 月 14 日,区获第二批"全国社区教育示范区"称号。

## 四、市民公共道德教育

区大力推进"凝聚力工程"向社会各方面拓展,深入实施《上海市迎世博文明行动计划》,积极开展"知荣辱、讲文明、迎世博、促和谐"公共道德教育实践活动,社会道德水平不断提高,全区环境文明、秩序文明、服务文明的水平明显提升。

全区各级党组织以"共产党员带头践行'八荣八耻',树立社会主义荣辱观"为主题,开展专题组织生活。区文明办会同公安交警、绿化市容等部门,连续 5 年开展文明行路、文明乘车、文明游园、文明用厕专项创建活动。至 2010 年,共有 40 个市区级交通文明路口、2 个交通文明路段、2 个交通文明区域开展创建,市民文明出行意识明显增强,主要道口交通秩序有了较大改善。全区围绕特奥会、奥运会,先后开展"爱心传递——迎特奥文明行动""奥运进社区"、奥运会赛场文明等系列主题实践活动,开展市民寻访活动,一些影响城市形象的不文明现象有明显改进。在迎世博 600 天、100天等行动中,全区进一步加强社会动员和精神文明建设,持续开展"百万家庭学礼仪""迎世博、讲文明、树新风"志愿服务行动和"三五"集中行动等一系列活动,全区有 200 万人次的市民参与,形成全民动员、全民参与的浓厚的筹办世博氛围。其间,虹储居委会党总支书记朱国萍获全国精神文明建设先进工作者称号,虹桥路街道居民顾泉雄获首届"全国道德模范"提名奖,新华路街道居民胡荣珍获"中国好人榜"之"诚实守信好人"称号。

### 五、全国文明城区创建

区按照市文明办关于"同城效应"的基本要求,围绕"3 年有突破、5 年见成效、7 年创一流"的总体要求,结合长宁实际情况和城区文明发展程度,开拓创新,精益求精,推动全区文明创建工作走在全市前列。

2005 年 12 月,区委提出"以创建全国文明城区为抓手,加强文明社区、文明小区建设,市民素质和城区文明程度进一步提高"的要求,明确"在全区 10 个街道(镇)全部建成上海市文明社区的基础上,进一步巩固社区创建成果;建成市文明示范标志区域 8 个",文明创建工作的内涵和外延不断拓展。全区"党委统一领导、党政群齐抓共管、文明委组织协调、相关部门各负其责、全社会积极参与"的精神文明创建体系基本形成。各项创建活动坚持以人为本,创新建设载体,扶持活动团队,培育活动品牌,搭建活动平台,取得群众性精神文明创建的丰硕成果。

2006 年起,区以上海市新版创建指标体系为引领,深入实施《创建全国文明城区三年行动纲要》,制定《长宁区迎世博文明创建行动纲要》,探索新一轮《和谐社区创建指标体系》,不断深化完善创建标准,推进创建工作升级。新华路、华阳路、江苏路、虹桥、周家桥 5 个街道成为新版标准实施后第一批市级文明社区。从 2008 年 11 月开始,全区上下拧成一股绳,把指数测评体系的相关标准转化为迎世博文明行动的自我要求。区在 10 个中心城区文明指数排名中一直走在全市前列,体现全区迎办上海世博会的丰硕成果和良好风采。2010 年,全区创建成 370 个文明小区(其中市级 213 个)、368 个文明单位(其中市级 71 个)以及 174 个文明弄、20 对军民共建先进集体(其中市级 15 对)、6 个市级文明示范标志区域。文明创建覆盖社会方方面面,创建成果惠及千家万户。2011 年 12 月 20 日,在全国精神文明建设工作表彰大会上,长宁区被命名为"全国文明城区"。

表 3-3-1　长宁区主要年份基本情况

| 项　目 | 1978 年 | 1985 年 | 1990 年 | 1995 年 | 2000 年 | 2005 年 | 2010 年 |
|---|---|---|---|---|---|---|---|
| 区域面积(平方公里) | 10.59 | 28.14 | 28.82 | 38 | 38 | 37.19 | 37.19 |
| 街道(个) | 7 (1979 年) | 8 | 10 | 8 | 9 | 9 | 9 |
| 镇(个) | 0 (1979 年) | 1 | 1 | 2 | 1 | 1 | 1 |
| 乡(个) | 0 (1979 年) | 0 | 0 | 0 | 0 | 0 | 0 |
| 居民委员会(个) | 210 | 210 | 210 | 222 | 183 | 174 | 177 |
| 村民委员会(个) | 0 | 0 | 0 | 9 | 8 | 6 | 3 |
| 年末户籍人口(万人) | 34.53 | 49.20 | 56.50 | 60.75 | 60.49 | 61.84 | 61.62 |
| 户数(万户) | 9.36 | 13.99 | 18.62 | 21.60 | 22.15 | 21.51 | 21.49 |
| 年末常住人口(万人)① | | | 58.54 | | 70.22 | 67.18 | 69.06 |
| 外来人口(万人)② | 0.85 | 0.84 | 0.88 | 0.92 | 16.27 | 11.06 | 14.54 |

（续表）

| 项　目 | 1978 年 | 1985 年 | 1990 年 | 1995 年 | 2000 年 | 2005 年 | 2010 年 |
|---|---|---|---|---|---|---|---|
| 人口密度(人/平方公里)③ | 32 608 | 17 485 | 19 606 | | 18 480 | 18 064 | 18 569 |
| 人口自然增长率(‰)④ | 0.35 | 8.52 | 3.7 | −2.91 | −1.12 | −2.16 | −0.31 |
| 城镇登记失业人数(人) | | | | 14 700 | 14 267 | 14 778 | 15 012 |
| 新增就业岗位数(个)⑤ | 10 553 | 4 048 | 3 506 | 9 242 | 30 368 | 45 655 | 36 085 |
| 中学(所) | 32⑥ | 29 | 24 | 34 | 37 | 29 | 26 |
| 在校学生(人) | 42 800 | 16 477 | 17 062 | 31 249 | 45 973 | 32 418 | 19 909 |
| 小学(所) | 53 | 53 | 54 | 62 | 35 | 26 | 25 |
| 在校学生(人) | 17 050 | 23 791 | 42 888 | 54 151 | 25 085 | 19 711 | 18 200 |
| 幼儿园(所)⑦ | 70 | 44 | 47 | 46 | 36 | 39 | 40 |
| 在园幼儿(人) | 11 279 | 13 825 | 22 588 | 9 839 | 9 580 | 9 305 | 13 175 |
| 职校(所) | | 7⑧ | 7 | 6 | 2 | 1 | 1 |
| 在校学生(人) | | 2 927 | 1 353 | 3 467 | 3 832 | 2 851 | 1 539 |
| 图书馆、室(家) | 6 | 9 | 10 | 11 | 13 | 13 | 13 |
| 文化馆、站(家) | 6 | 6 | 9 | 10 | 12 | 12 | 12 |
| 影剧院、场(家) | 5 | 6 | 6 | 6 | 6 | 6 | 6 |
| 区级医院(所)⑨ | 6 | 6 | 6 | 6 | 6 | 6 | 6 |
| 医院床位数(张) | 1 147⑩ | 1 569 | 1 980 | 1 920 | 2 202 | 5 105 | 6 619 |
| 医疗卫生技术人员(人) | 2 041⑪ | 2 547 | 2 867 | 2 793 | 4 311 | 5 229 | 8 975 |
| 执业医师(人) | 776 | 1 048 | 1 152 | 1 201 | 1 371 | 2 075 | 3 388 |
| 体育场馆(家)所 | 5 | 5 | 5 | 4 | 4 | 3 | 3 |
| 健身苑/点(个) | | | | | 3/61 | 7/180 | 7/360 |
| 公共绿地面积(万平方米) | | 110.40 | 125.04 | 134.49 | 203.25 | 378.08 | 438.57 |
| 人均公共绿地面积(平方米) | | 2.30 | 2.25 | 2.27 | 4.52 | 6.00 | 7.12 |
| 绿化覆盖率(%) | | 13.8 | 14.39 | 19.25 | 23.80 | 30.00 | 28.83 |
| 公园(个) | 3 | 3 | 5 | 6 | 7 | 12 | 12 |

说明：① 1990 年、2000 年、2010 年为人口普查数据；2005 年是 1%人口抽样调查数据；② 1995 年及以前数据为外来迁入人口；③ 按常住人口计算；④ 按户籍人口计算；⑤ 2000 年及以前为安置就业人数；⑥ 1978 年含完全中学和初级中学；⑦ 1978 年含托儿所；1985 年、1990 年、1995 年含独立幼儿园和小学附设幼儿园，分别不含幼儿点和托儿所附设幼儿班 51、130、4 个；⑧ 1985 年另有 8 所中学附设职业班；⑨ 2005 年、2010 年为医疗卫生机构数；⑩ 1978 年不含非区属单位；⑪ 1978 年不含非区属单位。

表 3-3-2　长宁区主要年份国民经济基本指标

| 项　　目 | 1978 年 | 1985 年 | 1990 年 | 1995 年 | 2000 年 | 2005 年 | 2010 年 |
|---|---|---|---|---|---|---|---|
| 生产总值(亿元)① | | | | 18.88 | 39.87 | 308.58 | 578.87 |
| 第一产业(亿元) | | | | | 0.07 | 0 | 0 |
| 第二产业(亿元) | | | | | 8.21 | 39.83 | 49.74 |
| 工业(亿元) | | | | | 6.80 | 29.65 | 27.83 |
| 第三产业(亿元) | | | | | 31.59 | 268.75 | 529.13 |
| 固定资产投资完成额(亿元) | | | | 17.74 | 38.76 | 47.85 | 59.85 |
| 财政收入(亿元) | 0.54 | 1.52 | 2.21 | 8.05 | 17.64 | 76.47 | 172.76 |
| 地方财政收入(亿元) | 0.54 | 1.52 | 2.21 | 6.01 | 10.59 | 36.19 | 72.08 |
| 地方财政支出(亿元) | 0.12 | 0.35 | 1.17 | 6.36 | 14.80 | 47.59 | 85.5 |
| 外贸进出口总额(亿美元) | | | | | | 12.03 | 46.16 |
| 出口额(亿美元) | | | | 0.89 | 1.35 | 4.43 | 12.63 |
| 年末私营企业注册数(个) | | | | | 2 158 | 7 326 | 12 029 |
| 工业总产值(亿元)② | 0.13 | 0.31 | 3.63 | 21.63 | 39.31 | 51.33 | 79.56 |
| 农业总产值(亿元) | | | | 1.44 | | 0.17 | 0 |
| 住宅竣工面积(万平方米) | | 42.3 | 47.94 | 75.98 | 85.8 | 96 | 116 |
| 社会消费品零售总额(亿元)③ | 2.35 | 4.25 | 13.70 | 34.96 | 67.85 | 111.47 | 209.53 |

说明：① 2000 年以前为增加值；② 1978 年为街道工业总产值，1990 年为区属工业产值，2005 年为工业销售产值；③ 1995 年及以前为商品销售数据。

# 第四篇 普陀区

普陀区地处上海市中心城区西北部，以境内普陀路得名。

1978年，普陀区行政区域面积18.62平方公里，辖有宜川新村、普陀路、林家港、东新村、沙洪浜、胶州路、曹杨新村、中山北路、朱家湾9个街道，下设119个居委会，户籍人口12.56万户、48万人。1982年2月，宜川新村街道划出部分地区，设立甘泉新村街道；曹杨新村街道划出部分地区，设立曹安路街道；8月，宝山县彭浦乡延长路居委会和龙潭大队4个生产队划入。1984年10月，嘉定县真如镇划入。1987年随着沪太、管弄大型居住区的建设，宝山、嘉定县部分地区再次划入，7月设立沪太新村街道；10月设立石泉新村街道。1988年10月，林家巷街道更名为长风新村街道。1991年9月撤销普陀路、胶州路街道，设立长寿路街道；撤销甘泉新村、沪太新村街道，设立甘泉路街道；撤销朱家湾、石泉新村街道，设立石泉路街道。1992年7月，嘉定县长征乡、桃浦乡划入。1993年3月，东新村街道更名为东新路街道；5月，沙洪浜街道更名为白玉路街道；12月，长征、桃浦撤乡建镇。1996年3月新设真光路街道和白丽路街道。1997年7月撤销宜川新村、中山北路街道，设立宜川路街道。1999年3月配合两湾一宅地块改造，闸北区沪宁铁路以南、恒丰路桥以西、苏州河以北地块划入。2000年5月撤销曹安路街道，并入曹杨新村街道；撤销白玉路街道，并入长风新村街道；撤销东新路街道，并入石泉路街道；撤销真光路街道，并入真如镇；撤销白丽路街道，并入桃浦镇。2010年，全区行政区域面积55.47平方公里，辖有6个街道、3个镇，下设243个居委会，户籍人口33万户、87.89万人。

中共十一届三中全会确定把全党工作重心转移到社会主义现代化建设上来，普陀区自此进入改革发展新阶段，大致经历3个时期。

1978—1990年为工作重心转移时期。1978年12月，普陀区根据中央和上海市委的精神，部署拨乱反正。通过真理标准的大讨论，统一思想，把精力集中到从区情出发，以经济建设为中心，循序渐进发展各项事业上来。1984年7月，区委、区政府第一次提出将普陀区建成上海繁荣的"西北大门"，加快发展区域经济，新建大批农贸市场，建立健全生产资料、生产要素市场，加紧实施旧城改造等发展目标，要求全区干部摆脱旧观念的束缚，跳出单一"服务"的狭隘框框，投入到经济建设中去。1986年，区委、区政府又提出"锐意改革创新，开发繁荣普陀，为改造振兴上海做出贡献"的战略任务，逐步形成发展大市场的区域经济发展新思路，对普陀区所具有的发展潜力和优势取得共识：一是有交通综合优势和区位优势；二是有丰富的土地资源；三是有工农业门类比较齐全的生产基地作后盾，有着培育和发展各类市场的空间，为发展大市场提供广阔的回旋余地。

1991—2000年为"西大堂"建设时期。90年代，普陀区紧紧抓住历史赋予的发展机遇，在实践中形成并不断完善发展思路和功能定位。1992年初邓小平南方谈话发表后，兴起新一轮改革和经济建设的高潮。1993年1月，区第五次党代会作出关于区域功能定位的重大决策："在开发建设中山北路生产资料一条街的基础上，实行'东西延伸，南北联动，全面开发'。"使普陀区进入历史发展的新阶段。其间，重点发展第三产业，调整传统工业。1995年，区委又进一步提出了"抓机遇、打基础、兴功能、树形象"的12字指导方针，明确把区域建成上海"西大堂"的功能定位,制定实施"三片联动"战略经济布局。为改善投资环境,推动区的经济和各项社会事业发展增添后劲,区委、区政府以道路交通和市政基础设施建设为突破口,规划实施"九路七桥二线一匝道"等重点项目建设,同时加快实施旧区改造步伐。1998 年,区委、区政府提出"服务是普陀第一资源"的理念,优先发展第三产业,积极调整第二产业,大规模开展招商引资工作,区域经济和社会发展进入快速增长期。

2001—2010 年为现代化新城区建设时期。进入 21 世纪后,区委、区政府提出经济和城区建设力争形成新的重点区域、景观特色和支撑项目,旧区改造力争有新的更大范围的突破,道路交通力争形成内环通、区外相连、立体化构架的发展目标。2003 年 1 月,区第七次党代表大会确定普陀区新一轮发展的总体目标:"用 10 年左右的时间,全面建设新普陀。实现目标的主要标志是:基本建立与上海现代化国际大都市相匹配的城市形象,基本展现上海'西大堂'的综合功能,基本保持经济在全市中心城区中等发展水平,基本建立以促进人的全面发展为中心的社会事业体系,基本形成人民群众安居乐业的多重保障机制,努力把普陀区建设成为经济更加发展、民主更加健全、科技更加进步、文化更加繁荣、社会更加和谐、人民生活更加殷实的现代化新城区。"围绕上述目标,普陀区加快推进长风生态商务区、真如城市副中心、中环组团商贸群、长寿综合服务带和桃浦都市产业园五大重点地区建设,积极发展楼宇经济、园区经济、滨河经济和现代物流业、现代商贸业、文化创意产业、科技研发产业、专业服务业;加快建设大型居住小区,实现旧区改造新突破,优化区域生态环境建设,创建文明城区,为新一轮发展奠定坚实的基础。

2010 年,普陀区生产总值 566.39 亿元,比 1995 年增长 26.76 倍;财政收入 154.76 亿元,比 1979 年增长 216.97 倍;社会消费品零售额 299.66 亿元,比 1978 年增长 86.11 倍。境内苏州河东西横穿,两岸岸线全长 21.54 公里。京沪线沪宁段、沪昆线沪杭段 2 条铁路线会合于区境内,设有上海西站。真南路和曹安路分别是 204(烟台—上海)、312(上海—伊犁自治州)国道的起始段。S5(沪嘉高速)公路与 G2(京沪高速)公路分别从区西北部进入区内。内环高架路、中环高架路、S20(外环高速)公路及轨道交通 3、4、7、11、13 号线贯穿区境。区内有华东师范大学中山北路校区、同济大学沪西校区、上海工程技术大学新村路校区等高校;有上海化工研究院、上海电器科研所、中国船舶第九设计院、上海市测绘院、上海司法鉴定科学技术研究所,以及上海造币厂、上海印钞厂、英雄金笔厂等一大批全国知名企业和科研院所;有玉佛禅寺、真如寺、基督教普安堂、沪西清真寺,以及上海元代水闸遗址博物馆、顾正红纪念馆、长风公园、沪西工人文化宫、梦清园、M50 创意园等文化、宗教和红色史迹场所。真如寺大殿、志丹苑元代水闸遗址为全国重点文物保护单位。江南丝竹为国家级非物质文化遗产。长风公园·长风海洋世界为国家 AAAA 级旅游景区。1986 年、1990 年、1994 年 3 次被国家体委授予"田径之乡",1988 年、2005 年、2009 年 3 次被国务院授予"全国民族团结进步先进集体"。

2011 年,中共普陀区第九次代表大会报告指出:要围绕建设上海西部新兴商贸科技区目标,推动产业向"一河五区"集聚。挖掘滨河文化,以文化创意、专业服务功能为主,加强苏州河沿线开发建设,将苏州河沿线打造成生产、生活、生态融合发展的实践示范区。聚焦长风生态商务区发展,推进跨国采购中心、长风金融港等功能性平台建设,优化软硬件环境,发展总部经济,深化上海市服务业综合改革试点工作。推进真如城市副中心建设,围绕建成辐射长三角的开放性生产力服务中心和服务上海西北地区的公共活动中心目标,推进土地收购储备与出让,加快重大项目建设,引进总部型、龙头型企业,集聚综合交通枢纽、高端产业经济、社会文化活动、公共配套服务功能。做强中环商贸区功能,围绕建设新兴市级商业中心和上海服务长三角的新平台,打造综合商业和专业商务功能片区,加快楼宇项目建设,强化招商引资举措,优化交通配套环境。提升长寿商业商务区能级,重点推进大自鸣钟、曹家渡、新武宁特色商圈建设,增强商务商业、文化创意、餐饮娱乐、旅游休闲等功能,建设特色商办楼集群。加快桃浦生产性服务业功能区战略调整,加强规划引导,推进配套设施建设,优化功能区环境,推进土地收储和资源整合,强化产业导入和营销招商等工作。

# 第一章　工作重心转移

这一时期,普陀区坚持解放思想、实事求是、一切从实际出发的思想路线,全面贯彻落实党的各项政策,将工作重心转移到经济建设上。兴办集体企业,推进集管系统工业发展,加快区属经济发展步伐,创办合作联社、街道镇工业、劳动服务公司、民政福利企业等;培育多种经济,大力发展集体、私营、个体经济,形成多成分、多形式、多渠道的流通网络;调整区域工业,北新泾工业区和桃浦工业区在调整中发展,市(部)属工业从技术改造、经营机制、开发创新等方面开始新一轮的产业调整;改造老旧住宅,兴建一批住宅小区,推进市政工程项目建设,改善区域居住环境。其间,普陀迎来各类专业贸易市场大发展,逐步形成上海西区物资贸易中心,成为一个亮点。

## 第一节　落　实　政　策

中共十一届三中全会后,根据中央部署,区委及时进行拨乱反正,恢复工作秩序,复查、平反"文化大革命"中的冤假错案,落实党的干部、知识分子、民族宗教、工商业者等各项政策,做好知青回城和就业安置工作。

### 一、平反冤假错案

1977年11月按照全国统一部署,开始复查、平反冤假错案。中共十一届三中全会后,根据"实事求是,有错必纠"的原则和对历史问题"宜粗不宜细,宜宽不宜严"的方针,进一步深入复查。全区复查"文化大革命"中的冤假错案1578件,全部平反昭雪。对民主党派、工商联中的冤假错案,国民党起义、投诚人员,台港澳同胞、归侨及其眷属和宗教界、少数民族中的冤假错案,逐一平反,落实善后工作。对于"文化大革命"前历次运动中的冤假错案,本着实事求是的精神,全部错的全部纠正,部分错的部分纠正,并为长期受诬陷、迫害的人员重新安排适当工作。组织专门人员清理被查抄的财物和被侵占的私人房屋,陆续发还或折价补偿。至1987年10月,区内抄家户的99.8%完成清退和补偿任务,归还私房395户,面积9013.6平方米。

### 二、落实党的政策

#### 【干部队伍】

落实政策,安排在"文化大革命"期间受到冲击和迫害的干部重新走向工作岗位。按照"革命化、年轻化、知识化、专业化"要求,培养和提拔中青年干部,充实到党政机关、街道镇领导班子。1979年,全区有各类干部11 252人,文化程度大专以上占34.8%;年龄25岁以下占9.3%,26岁~35岁占26.4%,36岁~45岁占36.6%,46岁以上占27.7%。其中在党政机关、群众团体任职的有997人(包含处级干部170人,处级干部平均年龄54.5岁)。1984—1985年,区委培养和选拔164名干部充实党政机关、街道镇领导班子。1990年,区委培养和提拔处级干部101人。全区有各类干部 16 920 人,其中在党政机关、群众团体任职的有 3 427 人(包含处级干部 260 人,处级干部平均年龄 49.19 岁)。

**【知识分子】**

1980 年根据中央和上海市委要求,区委建立组织部、统战部、人事局联合检查组,针对有关政策落实问题,对区属各系统的高、中级知识分子和中小学教师 735 人进行全面检查核实,逐步解决其中存在的安排使用不当、住房困难及夫妻长期分居两地等问题。根据国务院颁布的工程技术、农业、编辑、外语、经济、会计等专业技术干部职称的评审暂行规定,普陀区开始对专业技术人员职称进行评定。1982 年,区机关和区属企事业单位共有各类、各级专业技术人员 1 837 人。1983 年 9 月贯彻中共中央书记处和国务院决定,暂停职称评定工作。1986 年落实中共中央、国务院中发〔1986〕3 号文件精神,改革职称评定工作,实行专业技术职务聘任制。1987 年 2 月成立区职称改革领导小组,下设办公室。全区共有 632 个全民事业单位和部分集体事业单位参加职称评聘工作。建立工程、经济、会计、卫生、中教、小幼教 6 个系列的中级职务任职资格评审委员会,其余系列的中级职称和全部高级职称的评审均委托市有关评审委员会评审。1987—1990 年,全区共评定各级专业技术人员 13 738 人,其中正高级 12 人、副高级 310 人、中级 2 989 人、助理级 5 921 人、员级 4 506人。通过职称评审、晋升职称,知识分子的劳动成果得到社会承认,提升了工作积极性。

**【民族宗教】**

保障少数民族政治权利,凡有一定数量少数民族居民的街道地区,均推选少数民族居民代表参加居民代表大会;在少数民族居民较多的居民委员会,均有少数民族干部。尊重少数民族风俗习惯,1984 年成立区清真食品供应联合管理小组,不断改善清真食品供应。上海市回民中学招收藏族班学生后,区商业部门即按藏民习俗需要,保证供应奶制品食物。1988 年,全区菜场设清真专摊 11 个,沙洪、西康、胶州、宜川等较大的菜场新建清真冷库,全区有清真饮食网点 35 处。此外还注重培养少数民族建设人才。1989 年,区委组织部、统战部和区人事局、民族宗教局 4 个部门建立"民族干部培养工作联席会议"制度,制订培养少数民族干部的措施。1990 年,全区有各级各类少数民族干部 178 人,较 1978 年的 5 人有大幅增长。为保护宗教活动,重修、重建一批宗教场所,如修葺玉佛禅寺、恢复建设遭严重破坏的真如寺、重建药水弄清真寺。同时,各教加强对外交往活动,促进普陀区同全国各地和世界各国间的友好交流。

**【工商业者】**

1979 年 12 月,全区 1 287 名小商、小贩、小手工业者(占当时区工商业者总数的 78.5%)从原工商业者队伍中划出,作为个体劳动者对待。同时,根据中央精神,不再称原工商业者为资本家,在填写个人成份时,是干部的填写干部,和工人一样参加生产劳动的填写工人,已退休的按退休时情况分别填写干部或工人。

## 三、知青安置

1958 年开始动员知识青年上山下乡。1978 年,全区累计下乡人数 9.77 万余人,其中"文化大革命"期间有 8.94 万人,占 91.5%。

1978年后,根据全国知识青年上山下乡工作会议精神,停止动员下乡工作,并按照市政府的有关规定统筹安排知识青年回沪相关工作。全区因病和照顾家庭困难回沪1.94万人,职工退休招收其子女回沪工作1.07万人,从市属农场调回市区3268人,从新疆生产建设兵团调剂到上海海丰农场780人,商调回市区378人。同时,区结合中央相关精神,根据不同情况解决知识青年的就业问题。除通过家长退休招收其1名符合招工条件的子女顶替工作这一途径外,还积极在集体企事业单位进行安置。对在外省区农村同农民结婚和安置在乡镇企业工作的知识青年,实行每人每月40元左右的定期补助。

1980年以后,普陀区结合发展多种经济成分,贯彻实行"在国家统筹规划和指导下,实行劳动部门介绍就业,自愿组织起来就业和自谋职业相结合的劳动就业方针",逐步实行"先培训、后就业"和经过招工考试择优录用的原则,组建和发展劳动服务公司。其间,共安置待业青年劳动就业10.67万人,是上海解放以来普陀安置劳动就业数量最多的时期。1986年开始,根据国务院颁布的改革劳动制度的4项规定,全民所有制企业招收新工人全部实行劳动合同制,建立劳务市场开展劳动力合理流动,赋予企业辞退违纪职工的权力,扩大企业招工用工的自主权。其间,共安置待业青年劳动就业1.29万人。1990年底,全区有合同制工人1.86万人,尚有待业人员7200人。

另一方面,为帮助解决仍在外省区工作的知识青年子女就读、就业方面的实际困难,1989年开始允许每户知识青年的1名"年满16岁或初中毕业的未婚、未就业"子女来沪就读、就业。1990年底,全区共办理4838名知识青年子女入户。

# 第二节　集　体　企　业

改革开放后,以全民所有制为主体的多种经济成分企业有了较快发展。其间,普陀区加快兴办集体企业,大力发展集体事业系统企业和区属部门企业,培育重点区属企业。1990年,全区有各类区属集体企业401家,职工24037人,固定资产1.13亿元,年总产值4.32亿元,利润4924.43万元。

## 一、集管系统企业

集体事业系统工业始建于1958年,最初为各街道建立的90个生产加工组,生产加工项目有缝纫、麻袋、鞋帮、蜡笔、手套、手帕、玩具、纸盒、别针、药材、手工艺品等。1962年在一部分生产加工组中建立街道工厂。1977年发展到192个生产加工组和17家街道工厂,拥有固定资产原值1600万元,全年产值7900万元。1978年,17家街道工厂分别上交给市手工业局和仪表局管理,成为市属企业。同年建立区集体事业管理局,对生产加工组全面进行裁并改组,分批挂牌建厂,产品从加工型为主过渡到产销型为主。

1984年,区委、区政府改革集体工业管理体制,实行政企分开,组建普陀区工贸总公司,直接管理集体工业企业,按照专业化原则,在总公司下建立7个实业公司,另辖7个直属厂,发展食品、服装、建筑材料等产品。1990年,全区有各类集体事业系统企业109家,生产家用电器、仪表手表、食品(印铁制罐)、印刷包装、日用化工、五金及半导体元器件、机电及有色金属、皮塑箱包、服装鞋帽、工艺品玩具10个行业的产品,总产值1.85亿元,比1979年增长7.8倍;利润1405.6万元,比1979年增长1.67倍。外向型企业及产品数量也有较大发展,其中有出口产品的企业16家,产品22种,出口产值3 550.13万元。

## 二、区属部门企业

1979年以前,区属工业除集体事业管理局管理的以外,尚有校办工厂72家、商办工厂22家、建筑材料工厂2家,共96家。1980年后,校办工厂增加到88家,商办工厂增加到38家,新发展的有合作联社、街道镇、民政、劳动、房产、人防、侨联等部门和单位办的工业。其间,合作联社系统工业共建立自负盈亏集体所有制工厂43家,街道镇工业建立集体所有制工厂46家,民政系统工业建立福利工厂51家,劳动服务系统工业创办集体所有制工厂16家,其他系统所属工业也有较快发展。1990年,全区有292家区属部门企业,行业有食品加工、服装鞋帽、五金机械、汽车修理、日用化工、家用电器、印刷包装、文教用品、仪器仪表、建筑材料等。共有固定资产原值5 770.12万元,其中1980年以后增加4 864.12万元,占84%;年产值2.47亿元,年利润3 518.83万元,上缴国家税金1 354.34万元。

## 三、区属重点企业

随着改革开放的深入,区属企业有了新发展,生产设备基本完成更新换代,一部分企业开始转换经营机制,向社会主义市场经济接轨,同时在技术改造、提高质量、发展品种、扩大出口上寻求新突破,其中友谊制衣厂、永生五金电器厂、快乐食品厂等企业在全市具有一定影响,产品广为市民熟知。

### 【上海市友谊制衣厂】

改革开放后第一家专门生产出口衬衫的企业,占地4 171平方米,建筑面积3 089平方米。1979年引进一条先进的衬衫流水线,为美国比德曼公司生产国际名牌"豪士曼"衬衫,畅销美国、加拿大、法国。1985年获对外经济贸易部颁发的奖状,曾两次获美国比德曼公司奖牌。1990年拥有固定资产原值192万元,职工528人,完成出口产值1 491.89万元,实现利润86万元,上缴利税64.2万元。

### 【上海市朝阳袜厂】

建于1981年,是与市外贸公司联营的企业,拥有织造、缝头、染色、定型、整理五大环节的全功能袜子专业生产设备。主要产品有金松牌橡口暗条锦纶男袜、玫瑰牌橡口吊线弹力男袜和橡口平口长统、中统、短统各式透明女袜,畅销中国台、港、澳地区及新加坡等国;男女斜纹劳动手套,远销欧美市场。1987年生产的卡丝男袜获市优秀产品奖。1988年,玫瑰牌、金松牌、小黑猫牌系列化纤袜被评为市优质产品;工厂获出口商品质量许可证,生产的袜子成为市外贸公司的出口免检产品;被评为市级先进企业和市文明单位。1990年,企业占地2 139平方米,建筑面积4 431平方米,拥有固定资产原值420.51万元,有职工490人,完成产值794.08万元,实现利润100.2万元,上缴利税53.91万元。

### 【上海永生五金电器厂】

建于1987年,研制并成批生产电冰箱门封条焊接机、门封条45°切割机,填补国内空白。整机造价只有进口机的 20%,供广州、重庆、青岛、牡丹江等地几十家冰箱厂使用,反映良好。1989 年又研制生产冰箱门封条,具备冰箱门封条、焊接机、切割机配套生产的能力。1989 年、1990 年 2 次在全国电冰箱质量评比中,企业生产的门封条单项质量指标获全国第一。1987—1990 年,企业固定资产原值由 7.42 万元增加至 33.99 万元,产值由 39.37 万元增加至 135.52 万元,利润由 7.16 万元增加至 50.15 万元。

### 【上海快乐食品厂】

前身是普陀糕点工场,建于 1958 年。1982 年 8 月,新厂房在曹杨路 1026 号建成投产,总面积 4 469 平方米,改名快乐食品厂。从意大利、日本等国引进食品机械 5 台,专业生产中西糕点、糖果、冷饮。固定资产原值 508 万元,职工 300 多人。获 1987—1988 年度上海市财贸系统优秀企业管理奖,是区商办工业中创利最高的企业。

### 【上海万寿斋食品厂】

前身是普陀糕团工场,由正兴斋等 11 家糕团店组建。1985 年改名万寿斋食品厂,用房面积 1 906 平方米,固定资产原值 80 余万元,职工 97 人。产品由单一糕团发展为各色糕团、精美素点、蛋糕西点、法式面包。其中万寿牌净素月饼获 1985 年商业部优质产品证书、1988 年首届中国食品博览会银奖,成为市内外较负盛名的专业生产净素食品的商办工厂。

# 第三节　多　种　经　济

1979 年以后,随着国家开始调整购销政策,开放集市贸易,发展集体、个体等经济,区内逐步改革商业经济结构,坚持以国有商业为主导,积极兴办集体商业,适当发展个体和其他成分经济,在经营机制上,发生根本性的变革。

## 一、集体商业

### 【进销渠道】

逐步改变计划供应体制,开始建立市场机制,恢复和发展 50 年代初期的多渠道流通网络。1990 年除粮、油、煤仍计划供应外,农副产品陆续取消统购、派购,恢复和发展议购议销;日用工业品取消统购包销,商店直接自行采购和销售。其间,恢复和发展横向协作。以企业为主,跨地区、跨部门、跨所有制建立工商、农商、商商经济联合体。区粮食局、区属 12 个公司、3 个直属店,同市区、郊县的 53 个企业,江苏、浙江、安徽、山东、江西、广西、辽宁、黑龙江等省 40 多个市、县、乡镇的 70 个企业建立经济联合体,有合资联营、技术服务、提供场地、产品返销、定牌生产、委托加工、补偿贸易、经销代销、出租柜台等多种形式,供销两旺。

### 【销售结构】

从中低档向中高档发展。区财贸系统消费品销售总额中,吃、穿、用消费品 1990 年同 1965 年比,主食粮油类由 26.6% 下降至 10.36%,副食类(含副食品、烟酒、糕糖、南货、水果等)由 41.23% 上升至 49.33%,衣着类由 5.38% 上升至 7.55%,日用品类由 26.74% 上升至 32.75%,其中新兴的耐用消费品上升幅度最大。

**【管理机制】**

在商业企业内部着重对管理机制和分配方法作探索性的小改小革,力求克服平均主义,调动职工的积极性。1983 年初,区烟糖果品公司对所属安联、友谊两家小烟杂店实行个人承包经营责任制。一个月后,职工个人月薪分别为 470 元和 281 元,与"吃大锅饭"的企业职工收入相比,差距甚大。面对非议,区烟糖果品公司干部坚持改革方向,不断完善承包经营责任制,把起先实行的"定额承包"改为"定率承包",使国家、集体、个人三者收入都有上升,社会效益也有明显提高。1984 年 7月起对 24 家烟杂合作商店全面实行税后利润分成,职工工资全部浮动,并试行职工投资入股开店、年终分红的办法,股份合作制在经济改革中悄然兴起。同年,区对熟水业进行改革试点后,于 12 月25 日在全市率先对 35 户老虎灶全部试行租赁承包。在小烟杂店和老虎灶改革试点的基础上,全区商业经济同时进行改革探索,按不同行业、不同所有制、不同企业规模,采取不同的形式。集体商业企业确定利润承包基数,实行责、权、利结合,企业内部分配采取固定工资加浮动工资的办法,联销、联产、联利计酬。1984 年,中共十二届三中全会通过《关于经济体制改革的决定》,普陀区以提高企业活力为中心环节,加快商业改革步伐。1987 年实行所有权和经营权分离,完善企业内部经营机制,普遍推行"两保一挂"承包经营责任制,即保上缴税利、保发展后劲,工资总额与效益挂钩。通过一系列改革,增强企业活力,提高经济效益。随着企业改革的深入,1988 年 6 月,市政府批转市财贸办公室《关于市区商业管理体制分权明责的意见》,全区商业行政管理体制改革迅速展开。根据"放权明责,分级管理;减少层次,搞活企业;微观敞开,宏观调控"和责、权、利一致的原则,区域性的工作由区管理,区各行政性管理公司陆续改为经营性公司。

## 二、私营企业

改革开放后,在以公有制为主体、发展多种经济成分的方针指导下,一部分个体工商户经营规模逐步扩大,成为有雇工的私营企业。1990 年,全区私营企业发展到 40 家,其中工业 23 家、饮食业3 家、服务业 2 家、修理业 1 家、科技咨询业 10 家、其他 1 家,注册资金 203.8 万元,总产值 604.59万元。

1990 年以后,区加快发展私营企业,鼎盛时期全区共有私营企业 790 家,投资者 1 643 人,雇工7 290 人,注册资本 3.78 亿元。其行业主要是商业和社会服务业(包括批发和零售贸易、餐饮、社会服务)486 家,占总户数的 61.5％;雇工 4 317 人,占总人数的 59.2％;注册资本 2.31 亿元,占私营企业总资本的 61.1％。制造业 183 家,占私营企业总资本的 23.2％;雇工 1 882 人,占 25.8％;注册资本 8 162 万元,占 21.5％。其他行业 121 家,占总户数的 15.3％;雇工人数 1 091 人,占 14.9％;注册资本 6 541 万元,占 17.3％。其间,出现一批优秀私营企业,如上海阳天科技有限公司在 1995年全国 500 家较强私营企业中排名 108 位,上海联合营养技术实业公司分别被评为 1995 年度、1996 年度上海市优秀私营企业。随着改革发展的深入,私营企业逐步过渡到民营企业。

## 三、个体经济

个体经济由区内摊贩发展而来。1956 年私营工商业公私合营后,摊贩数量有较大提升,增至

13 699 人。1958—1965 年经过一系列方针调整,个体商贩数量随之减少,至 1976 年,有证商贩仅剩579 家。1979 年后对个体经济采取积极扶持、鼓励发展的政策。1990 年底,全区有个体工商户4 749 家,比 1979 年增加 9 倍;从业人员 6 002 人,比 1979 年增加 11.6 倍;注册资金 915 万元,营业总额(包括产值)1.11 亿元。其中,外省、市来沪经营的个体工商户 279 家,从业人员 292 人,资金21.55 万元,营业额 321.13 万元。

随着改革开放的深化,多成分、多形式、多渠道的流通网络逐步形成,全区流通规模迅速扩大。1990 年,全区有各种经济成分的商店 6 269 家(其中 1979 年后新发展的有 5 268 家),商业营业总额28.15 亿元,比 1978 年的 3.48 亿元增长 7.08 倍,其中新发展的多种经济成分的商业占 52.38%。

# 第四节　区域工业

1979 年以后,随着改革的逐步深化和开放的不断扩大,区域工业发生重大变化。北新泾工业区和桃浦工业区有了长足发展,园区内工业企业分别由 1960 年的 32 家和 10 家增长至 1990 年的71 家和 25 家,尤其是 1 000 人以上骨干企业发展至 15 家。区域内的市(部)属企业在发展中调整,各行业之间的比重发生变化,纺织业比重下降,轻工业新产品增多,化工医药快速发展,机器制造质量不断提高,粮油生产加工在全市占重要地位。

## 一、新兴工业区

普陀区是上海市老工业区之一,苏州河作为天然运输水道横贯全境,为其形成和发展提供先天优势。19 世纪末叶,中外商人在苏州河两岸兴建工厂,逐步形成以纺织工业为主体的工业区。上海解放后,随着社会主义经济体制建立、工业行业结构调整,区境西南及西北部兴建起北新泾、桃浦2 个工业区,发展化工、医药、机械、仪表、轻工等新的工业门类。

### 【北新泾工业区】
位于区境西南部。1959 年在该地区东首建立长风公园后,又称长风工业区。1960 年,区内企业发展到 32 家。1990 年增加到 71 家,占地 157.58 万平方米,在全区工业中的比重分别是:固定资产原值 6.41 亿元,占 17.7%;产值 13.12 亿元,占 16%;上缴国家税金 1.44 亿元,占 15%;职工40 830 人,占 20%。区内 1 000 人以上的骨干企业有上海华丰钢铁厂、上海人民机器厂、上海试剂一厂、上海染料化工七厂、上海纺织器材厂、上海天厨味精厂、上海木材一厂、上海化工机械一厂等。

### 【桃浦工业区】
位于区西北部,面积近 4.5 平方公里,从 50 年代起,陆续建起一批生产化工原料、医药、燃料、化纤、香料企业。历史上曾为上海民族工业发展做出过贡献的上海英雄制笔厂、振华造漆厂、泰山制药厂等著名企业也落户在这一地区。1987 年由于工业废料排放严重污染环境,桃浦环保治理被列为市政府实事项目之一,投入 10 亿资金,历时 10 年,进行清浊分流、集中供热、废水治理、农民搬迁等 42 项整治措施。1990 年,区内企业发展到 25 家,职工 17 504 人,其中化工厂 16 家,占全区化工厂数(33 家)的 49.4%;职工 14 240 人,占全区化工行业职工数(25 640 人)的 55.4%;产值 8.71亿元,占全区化工行业产值(11.44 亿元)的 76.4%。是年,桃浦工业区在全区工业中的比重分别是：固定资产原值4.07亿元,占11.74％;产值10.26亿元,占12.5％;上缴国家税金1.56亿元,占16.3％。区内1000人以上的骨干企业有上海橡胶厂、英雄制笔厂、上海第二制药厂、上海第六制药厂、上海联合香料厂、上海桃浦化工厂、上海振华造漆厂等。

## 二、市(部)属工业

改革开放后,区对市(部)属企业的管理、监督、服务职能有了扩大和提升,增强"重合同、守信用"管理,注重审计监督、物价监督、劳动争议调解仲裁、退休费统筹、职工待业保险、企业全员劳动合同制等。企业自身则从技术设备、经营机制、开发创新等方面着手,开始新一轮的工业调整。

区内市(部)属老企业不断更新换代传统工业及纺织、面粉、榨油业生产设备,解放以后新建的工厂引进新的技术设备。1990年同1980年相比,固定资产原值增加8.55亿元,增长34.3％;产值增加23.7亿元,增长47.8％。同时,转换经营机制,扩大企业自主权。从按上级指令性计划生产为主,转向自找原料、自定产品、自主经营,向市场经济转轨,参与市场竞争机制;发展横向企业联营和第三产业,实行一业为主,多种经营;纺织、面粉业开始组织企业集团;各企业开始实行多种形式的经营承包责任制,在经营活动、商品定价、劳动用工、工资分配、投资发展、设备机械更新等方面行使自主权。不少企业注重创新。面粉、榨油业开发面包、快餐面、人造奶油、豆奶、可可白脱等新产品。轻工业开发洗衣机、吸尘器、空调机、电饭锅等新产品。中西制药业开发新品种最多,发展最快,1990年的产值是1980年的2.54倍。区内市(部)属工业有130家工厂的产品推向国外市场,包括纺织服装、食品饮料、手表金笔、机械电器、金属材料、油漆染料、电子仪表、橡塑制品、中西药品、工艺美术品等100多种。老的名牌产品如佛手牌味精、华生牌电扇更新换代,还增加一批新的电器系列产品;英雄牌金笔、钻石牌手表的数量和质量,在全市均名列前茅。

区内市(部)属企业经历发展和调整,各行业之间的比重1990年同1956年相比,纺织业虽然仍居首位,但产值已从67％下降至32％;轻工业、化工医药业、粮油业等行业发展速度加快,产值分别为19.4％、17.6％及7.6％;机器制造业在技术设备、人才力量上具备配套制造各种机床、中型发电机、电动机、石油钻井设备、纺织机械、造纸机械、印刷机械的能力。

1990年,全区有市(部)属工厂205家,属24个局(公司)管理,占地面积573.98万平方米,建筑面积428.81万平方米,固定资产原值33.45亿元,产值73.26亿元,上缴国家利税9.31亿元。职工20.38万人。

## 第五节　贸　易　市　场

普陀区地处上海西部交通要津,优越的地理位置利于各类市场的形成与发展。1979年后,区内各类专业贸易市场进入大发展时期,不仅恢复"文化大革命"期间关闭的三官堂桥、宜川路、光新路等老农副产品市场,还新建沪西综合市场、三官堂桥禽蛋市场、陕西北路小商品市场及陕西北路商品调剂市场。1985年以后,区委、区政府根据区域地理条件,作出区的功能定位和开发的决策:以开发建设中山北路物资贸易街为龙头,大力发展各类专业贸易市场,在中山北路上海物资贸易中心大厦、中山商厦内开设经营汽车、黑色金属、有色金属、化工塑料等高档次的专业物资贸易市场,在光复西路、曹杨路、曹安路、上海西站新建上海调剂商品市场、上海西站小商品市场、上海曹安路农副产品批发交易市场、上海曹安路花卉市场、上海电子电器市场和上海纺织品服装交易市场等。

由此,逐步形成上海西区物资贸易中心。

1990 年,区内有各类市场 24 个,其中农副产品市场 19 个、生产资料市场 3 个、日用工业品市场 2 个;市场成交总金额 7.39 亿元,其中农副产品 2.6 亿元、生产资料 4.6 亿元、日用工业品 1 852 万元。

## 一、农贸市场

1949 年在真如镇、陈家渡、三官堂桥等处已有一批历史悠久的农副产品集贸市场。1958 年,农村实行人民公社化后,集市贸易随之消失。1962 年,工商行政管理等部门有组织地开放三官堂桥、宜川路、石泉路 3 个集贸市场。"文化大革命"期间,这些集贸市场全部关闭,仅有少量零星交易。1979 年 1 月,市工商行政管理局发布《关于恢复设立市区边缘地段集市贸易场所的通告》后,区农副产品集贸市场进入历史上大发展时期,以三官堂桥禽蛋市场、沪西综合市场等为代表的大型室内市场,成为家喻户晓的副食品交易集中地。

### 【三官堂桥禽蛋市场】

前身是三官堂桥农副产品市场,为 20 年代全市有名的农贸集市之一,并一直延续至解放以后。1962 年重新开放时,为全区规模最大的农副产品市场。1979 年恢复集市后,活鸡交易旺盛,1980 年家禽上市 9.87 万公斤。1984 年 10 月开辟 300 米长的鸡市场,改名为三官堂桥禽蛋市场。1987 年在曹杨路桥北首兴建占地 1 800 平方米的 2 层交易楼,底层以活鸡、鲜蛋交易为主,二楼为禽蛋加工、各种副食品和南北干货、土特产的交易场所,并建造苏州河水上专用码头。该市场同六省一市 40 多个县的 600 多个单位和养鸡专业户、贩运户建立购销关系。1990 年上市活鸡 1 383.97 万公斤,是 1980 年 9.87 万公斤的 140 倍;成交金额 9 556.29 万元,占全区农贸市场成交总金额的 36.73%。该市场上市活鸡占全市活鸡交易总量的 80%,在全市 129 个集市中独占鳌头。从 1987 年起,连续 4 年被评为全国文明集市。

### 【沪西综合市场】

1985 年建成。以经营农副产品为主的大型综合性室内批发市场,位于曹杨路、北石路梨园浜畔,是外地客商及货物进入市区的要道口之一,占地 1.17 万平方米,建筑面积 8 000 余平方米,总投资 280 万元;设有南北 2 个交易厅,经营南北地货、水产、粮油、肉类、水果、电子、电器、仪表等。该市场同全国 20 个省市、300 多个单位及专业户建立业务关系,先后建立苹果、生梨、香蕉、甘蔗、西瓜等 6 个货源基地,同 1 300 多家国营、集体、个体水果店建立批购关系,成为上海水果、土特产的集散地之一,被称为"沪西十六铺"。

1990 年,区内有大小集市点 37 个,其中 500 平方米以上市场有 20 个;农副产品集市贸易成交总金额 2.6 亿元,占全区副食品类经营总额的 48.5%,是 1980 年的 4 倍,名列全市第一。之后又新建上海曹安路市场、上海粮油商品综合交易市场。由此,区成为全市粮油、蔬菜、禽蛋的集散地之一。

## 二、生产资料市场

1985 年后,随着改革开放的扩大,市、区领导根据区域条件,作出新的功能定位和开发的重大

**2002 年,中山北路物资贸易街(普陀区档案馆提供)**

决策,以规划建设中山北路物资贸易街为龙头,筹建物资贸易中心大厦,发展汽车、金属、化工塑料等生产资料市场,形成上海西区物资贸易中心。在筹建上海物资贸易中心大厦时,开始管理经营汽车交易市场,由市物资部门设立汽车贸易中心,区负责对汽车交易市场的验证管理。1986—1990年共成交各类汽车 20 019 辆,金额 15.78 亿元。

1989 年建成上海物资贸易中心大厦,1990 年试营业,销售总额就达到 4.61 亿元。大厦坐落于中山北路 2550 号,主楼 31 层,总面积 4.3 万平方米,内驻有国家级期货市场、各类大型现货交易市场、上海金属交易所以及上海宝山钢铁总厂、上海石油化工股份有限公司、鞍山钢铁公司、十堰第二汽车制造厂等 151 家大中型骨干企业办事机构,内设超级小型计算机构成的信息网络,包括卫星地面接收、数百个电脑终端、数千门国际国内程控直拨电话,提供邮电、银行、工商、税务、物价等服务,集销售、信息、服务于一体,不仅是上海市西区物资贸易中心的龙头企业,而且是当时全国最大的物资贸易中心,位列国务院发展研究中心评选的中国 500 家最大服务企业之一,排名物资部 100 家最大企业的第二十三位。

上海物资贸易中心大厦建成之后,金属市场、化工市场先后进场开业。1991 年,金属市场成交黑色金属 22 459 吨、有色金属 7 969 吨,金额 1.68 亿元;化工市场成交 9 146 吨,金额 5 277 万元。1992 年 11 月,中山商厦内的塑料市场、化工市场开业。至此,中山北路上形成比较集中的生产资料市场,基本确立物资贸易街格局。

## 三、日用工业品市场

80 年代初,区在陕西北路、宜昌路分别建立小商品市场和旧货调剂市场。1990 年在宜昌路旧货调剂市场的基础上,发展经营电器元件和修理业务,改名为陕西北路商品调剂市场。1991 年后又新建上海调剂商品市场、上海西站小商品市场、上海电子电器市场、上海纺织品服装交易市场等。

### 【陕西北路室内小商品市场】

建于 1981 年,占地 1 400 平方米,设摊 50 余家,经营小百货、服装、童帽、玻璃、陶瓷、皮革、塑料、尼龙制品等 80 余种货品,多数是自产自销;还有修理钟表、拉链,配钥匙等服务性行业。市场内进行批量销售的品种有腈纶针织衫、尼龙衫等各种服装,远销新疆、山西、安徽、湖南、辽宁等省区。1982 年,销售额为 158.74 万元。后逐年上升,至 1990 年,销售额增至 1 157.83 万元。1984—1990年,连续被评为市工商行政管理行业的文明集市。

### 【陕西北路商品调剂市场】

原名宜昌路旧货市场,始建于 1983 年 9 月,占地 300 平方米,有简易棚房 56 间、个体户 30 余家,经营旧服装、旧家具、旧五金、修钟表等,经营方法为在场收购,就地出售。后又开放旧自行车、旧摩托车、旧两用车的买卖业务。1987 年经营电器元件个体户增加到 24 家,形成"家电维修一条街"。1990 年 4 月改名陕西北路商品调剂市场,有个体户 50 家、集体企业 1 家、私营企业 3 家。1984—1990 年共成交旧自行车 37 257 辆、旧摩托车 8 048 辆、旧两用车 7 854 辆,成交总金额2 313.32 万元,占整个调剂市场总金额 3 006.12 万元的 76.95%。

### 【其他市场】

进入 90 年代,区又陆续在中山北路物资贸易街南侧光复西路开设上海调剂商品市场、上海西站小商品市场、上海电子电器市场、上海纺织品服装交易市场等。由此,普陀区逐步形成以中山北路物贸街开发建设为龙头,以市场兴区发展区域经济的新格局。大市场不仅带来货畅物流、商盈人气,也为区赢得声誉。普陀育市场,市场兴普陀。

# 第六节　城区建设

普陀区由于历史原因,市政基础设施差,道路技术指标较低,地理上受"三线一河"(即铁路沪杭、沪宁、西长支线和苏州河)的分割影响较重,危棚简屋区面积较大且密度较高,沪上闻名的"三湾一弄"(即朱家湾、潘家湾、潭子湾、药水弄棚户区)就在区境内。解放后,历届政府十分关心住宅建设、道路交通等问题,但由于政府财力、建设投资不足,长期以来城区建设相对滞后。改革开放后,区委、区政府加大房地开发力度,推进旧区改造和新区建设;以市政道路建设为龙头,加快城区设施建设;以水、电、煤基础设施建设为重点,改善人民的生活质量。

## 一、老旧住宅改建

区老旧住宅改造主要以老式里弄及简易住宅、棚户简屋、私房 3 大类房屋为主。其中老式里弄及简易住宅大多为 20 年代前后建造,结构简陋、基础差、密度高、搭建多,居住拥挤,又年久失修,解放后超龄使用,部分房屋已成危险房屋;棚户简屋作为工业发展所带来的人口迁徙遗留物,多集中在苏州河两岸,形成比较闻名的"三湾一弄"棚户区。

## 【简易住宅】

50年代始，区政府每年都把危房督修、加固、拆迁列入工作计划，对公管危房区别不同情况进行小修、中修、大修，针对危险很大、确无价值维修保养的，则报请市有关部门加以改建。改革开放后，危房改建步伐加大，并同旧城改建规划和棚户简屋地区的改建结合起来。地方财政投资同系统建房、单位集资联建结合起来。真如镇及杨家桥老街的危房，结合单位联建方式进行改建；镇坪路的卫星新村危房，同太浜巷改建工程一起进行；光复西路江南工房及安远路祖德里的危房拆除后，因属工厂区范围，按规定不宜再建造住宅，遂移地新建多层住宅，安置原有住户。

## 【棚户简屋】

改建形式和投资渠道自80年代起，由国家统建转向单位自建、集资联建、联建公助和合作社联合建房，有1000多个（次）单位先后在区内建房。这些新建住宅大部分为钢筋、水泥、砖、木混合结构的多层楼房，有部分高层住宅，煤卫设备齐全，改善部分居民的居住条件，一定程度上也改善市容面貌。1988年，市第二轻工业局同市总工会联合组织以合作社形式在陆家宅后村改建成6层楼住宅5幢，计1.8万平方米。这种以国家贷款、单位资助、个人出资的组建形式，在全区还属首次。至1990年，有251个（次）单位以联建公助的形式在60个基地上建房，建筑面积60.78万平方米；动迁居民4662户，拆除棚户、简屋17.87万平方米。

## 【私房改建】

经历从政府投资和单位集资改建到鼓励居民自行翻建的过程。1981年建立以区城建办为主、有关部门参加的私房翻建工作组，制订《普陀区私房建筑管理规定》和鼓励办法，为领取翻建执照的住户在购买建筑材料上提供方便。区建筑部门设计出2层、2层半、3层楼等几种定型图纸供翻建户选用；许多工厂单位也积极配合职工翻建房屋，使私房居民能在较短时间内翻建好住房。一般将原居住面积20平方米左右的平房，逐步翻建成60平方米左右的楼房，少数为2层，多数是3层，房屋结构、条件都有改善和提高。问题是翻建后的私房住宅仍然规格不一，形式杂乱，室内住房较宽而室外环境较差，很难符合城市建设规划要求。

# 二、新建住宅小区

同一时期，区新建住宅小区步伐加快。1980年8月，区政府在人代会工作报告中提出"各方动员，大家动手，加快住宅建设步伐"，并贯彻《关于加快住宅建设若干问题的决定》，制订住宅建设七年规划，通过多种渠道千方百计多建房、快建房，尽力缓和居民的居住矛盾。1982年和1984年，区境地域两次扩大，为普陀发展住宅建设创造了条件。通过分批征用农田，先后拆除大李家宅、袁家桥、仇家巷、季家弄、西港塮、陆家宅、管弄、庄家桥、侯家宅、杨家宅、蔡家浜、赵园、念八图宅、侯家阁、朱家宅、王家巷等老宅基，新建大批住宅，包括区境东北部的太山新村、沪太新村、管弄新村和甘泉新村北块，区境西南部和西部的长风新村、桂巷新村、怒江新村、爱建新村，区境西北部的真如西村和真如地区的西块、北块两个居住区。1990年底，区内新建住宅小区有高层住宅44幢、42.73万平方米，并形成一批具有代表性的新建住宅小区：位于金沙江路南北及枣阳路东西两侧的长风新村，有多层住宅146幢、高层住宅5幢，总建筑面积39.11万平方米，其中各类公建配套4万平方米，还辟有花坛绿地，环境优美。毗邻闸北区的沪太新村，有多层住宅185幢，建筑面积46.2万平方米;高层住宅 10 幢,建筑面积 12.66 万平方米,地上、地下配套设施齐全,住宅单体设计形体多样,曾获 1988 年上海市优秀设计奖、1989 年城乡建设部规划设计奖。该居住小区配建新上海影都、区少儿图书馆及医院、学校、公园等,每个住宅群组都辟有绿地、建筑小品,曾被评为全市居住区绿化配套建设第一名。位于沪宁铁路南面的管弄新村,有多层住宅 84 幢,建筑面积 20.97 万平方米;高层住宅 7 幢,建筑面积 6.19 万平方米,公建配套 4.37 万平方米,其他各类公建用房 8 725 平方米,住房式样美观,环境绿化覆盖率高。

其间,普陀区科技馆、体育馆、图书馆、文化馆、电影院等一批大型文化体育设施相继建成。

## 三、市政建设

改革开放后,市政府先后批准在区内兴建一批大型市政工程项目,投资多,规模大,速度快,成效显著。

### 【道路】

为适应交通运输发展的需要,市政管理部门根据市总体规划,对区内原有干道进行大规模扩建改建,配套疏通,并新建不少住宅小区道路。1990 年全区有命名道路 121 条,总长 127.23 公里,总面积 212.8 万平方米;在住宅区和工厂企业、村落间还有一些无路名道路,总面积 84.7 万平方米。这一时期,区先后扩建、改建主要道路 22 条,新建道路 8 条。境内通行的公共汽车线路有 34 条,其中 25 条线路的起讫站点设在境内;无轨电车线路 4 条,其中 3 条线路的起讫站设在境内。

### 【桥梁】

区境内苏州河长 14.05 公里,为流经市区总长的 2/3,且支河密布。解放前河上多为桥身矮、桥墩多、承载力较小的桥梁,后陆续改建成桥身高、跨度大、承载力较大的钢筋混凝土桥梁。1990 年,区内有各类跨河桥梁 12 座,占市区苏州河上桥梁数一半以上,普陀成为上海解放后在苏州河上建桥最多的区;支河桥梁有 60 座～70 座,其中命名道路跨支河河流的车行桥梁 40 座,都为钢筋混凝土桥梁,宽度大体与路宽一致,承载能力最小为 10 吨、最大为 20 吨,对沟通全区的道路交通有重要作用。这一时期,区先后扩建、改建桥梁 12 座,还新建跨铁路的真北路、中山北路和岚皋路 3 座大型车行立交桥及一批人行立交桥和地道,缓解区内铁路道口交通受堵现象。

### 【公用事业】

供水、供电和供气的设施及排水系统也不断完善。1990 年,供水设施方面,区境内直径 150 毫米水管 7.3 万米、200 毫米水管 4 万米、300 毫米水管 3.1 万米、400 毫米水管 0.86 万米、500 毫米水管 1.7 万米、600 毫米水管 1.9 万米、1 200 毫米～1 500 毫米水管 0.97 万米,合计 19.83 万米,居民一户一表安装达 9.2 万户;供电设施方面,区境内形成以西郊变电站为中心,具有大、中、小变配站系统和超高压、高压、中低压的高空干线、电缆的输供电网络,居民用电需求基本得到保障;供气设施方面,区内建成居民用气调压站 54 处,工业用气调压站 28 处,全区使用管道煤气 12.7 万户,占总居民户的 54.2%;排水设施方面,区内有道路雨水排水管道总长度 13.84 万米,水闸泵站 10 座,污水提升泵站 3 座,雨水和污水合流泵站 34 座。

此外,区内的邮政、电信、防汛工程、环卫设施、公共文化体育场所建设都有很大发展和完善。

# 第二章 "西大堂"建设

90年代,普陀区得到快速发展。全区人民围绕"西大堂"的功能定位,贯彻"抓机遇、打基础、兴功能、树形象"的12字指导方针,着力实施南、中、北三片的布局战略,全面建设"10个一批"支撑目标体系,在改革发展过程中逐步确立四大支柱产业,推进普陀经济全面发展;以"九路七桥一匝道"为重点,大力发展城市基础设施建设,改善区内交通状况,并以旧区改造和住房配套改建为抓手,解决市民住房问题,改变区域面貌。同时,深化经济体制改革,整合中小企业资源,推行现代企业制度,形成一批有实力的骨干企业。民营科技企业崛起,一大批龙头民营科技企业在区域经济发展中扮演着越来越重要的角色,成为普陀区经济发展的重要力量。

## 第一节 功 能 定 位

改革开放后,经过多年的探索和发展,区委、区政府明确把建成上海"西大堂"作为区的功能定位和发展方向,制订实施"三片联动"战略的区经济发展布局,每年提出建设"10个一批"支撑性发展目标加以落实,重点集聚房地产业、商贸物流业、都市型工业、旅游服务业四大支柱产业的建设与发展。

### 一、"三片联动"布局

1990年开始,区主要功能从原来的工业和居住逐渐转向物资贸易,商业、旅游等功能也有所拓展。1991年3月,区"八五"规划提出要建成区属经济比较发达,第二、第三产业有一定特色,居住环境优美整洁,经济、社会协调发展的新城区。1995年,区委提出"抓机遇、打基础、兴功能、树形象"的指导方针。1996年3月按照区"九五"规划提出的要求,区抓住上海西区交通改善和建设上海物贸中心功能定位的历史机遇,集中全力,突出重点,高起点地开展基础建设,塑造上海"西大堂"风貌。其间,制定"南、中、北"三片联动发展的经济和城区布局:南片,内环高架路以南区域,主要开发建设长寿路商住街、中山北路物资贸易街和武宁路商业街,形成区商务贸易中心;中片,主要开发建设曹杨、宜川、长风、真如地区的住宅和社区商业中心;北片,为长征、桃浦镇地区,主要建设发展工业园区、大型配售配货中心、物流中心、大型超市为主的市场群落和大型住宅区。2001年,区"十五"规划在原先的基础上,提出继续优化"南、中、北"三片的城区布局,进一步明确战略定位,延伸覆盖范围。南片以中山北路为界,拓展商贸商务、餐饮娱乐、绿色休闲、中高档居住功能,形成"双龙戏珠"的格局,体现城市形象。中片为真北路以东、中山北路以西地区,主要是宜川、甘泉、曹杨、长风等大型住宅社区集聚地,以社区建设、环境建设、旅游休闲和城区管理为重点,进一步完善社区综合服务配套功能,成为环境优美的居住区域,体现安居乐业。北片突出大流通、大市场、大配送、生产加工功能,兼顾居住开发,体现综合实力。

### 二、"10个一批"目标体系

1997年起,区不断深化对区情的认识,提出建设"10个一批"的支撑性发展目标体系的计划,即每年排出 10 个经济、城建、社会发展等方面的具体项目,通过推动这些项目的建设,支撑年度计划目标的实现。在《普陀区 1998 年经济和社会发展计划(预安排)》中,具体提出:一是建设一批大中型企业总部和营销中心、民营科技企业总部、县以上驻沪办事机构和中介服务机构的集中地,使普陀成为对内物资贸易的经济高地;二是建设一批能够支撑区域长远发展的城市基础设施项目,基本形成区内道路交通框架和城市结构框架;三是建设一批超大型的配售配送中心、物流中心、超级市场,能够形成普陀特色的贸易基地;四是建设一批支柱行业、骨干企业和拳头产品,使区成为高新技术产业和都市型工业的基地;五是建设一批大型餐饮业、宾馆业、娱乐休闲业为主体的旅游服务产业,使旅游服务业上一个台阶;六是建设一批大型、优质、中低价位的住宅小区和现代化楼群,形成房地产支柱产业和产业集团;七是建设一批形象好、功能全、富有时代风貌的景观道路,强化城市管理,树立普陀新形象;八是建设一批功能齐全、服务配套的社区中心、文明小区和精神文明窗口,提高城区文明程度;九是建设一批社会事业项目,健全社会保障体系,实现经济与社会协调发展;十是建设和培养一批素质好、懂管理、会经营的干部队伍和企业家队伍。之后,区委、区政府按照科学发展观、政府职能转变和市场经济体制确立的新要求,不断修改完善"10 个一批"支撑目标体系,以适应区域功能定位和发展重点的变化,使之真正符合区域经济和社会发展的实际,走出一条普陀特色的发展之路。

## 三、支柱产业

这一时期,普陀区加快产业结构调整和优化产业布局的步伐,注重提高区域经济运行质量,以发展物资贸易为重点,重视节点商业和居住区商业建设,大力发展第三产业;着力调整工业结构,增加科技含量,加快两镇都市化进程。2001 年,区"十五"规划中明确将房地产业、商贸流通业、都市型工业、旅游服务业列为四大支柱产业。

### 【房地产业】

普陀区是上海旧区改造工程量最大的中心城区之一,房地产开发以住宅建设为主,随着旧里改造和新区建设的推进,区房地产业获得长足发展。"八五"期间,改造上海闻名的老棚户区药水弄,建设玉佛城、长寿新村和平江小区等一批新型住宅区,5 年共新建住宅 314.73 万平方米。"九五"时期,改造内环线以内最大的棚户区"两湾一宅"地区,建设中远两湾城、上海万里城、长征新城等一批优美住宅区,5 年共竣工住宅建筑面积 723.61 万平方米,比"八五"期间增长 136%。房地产业税收在区级财政收入中的比重逐年上升,2000 年占总税收的比重达 16.09%,逐渐成为普陀区的第一支柱产业。

### 【商贸流通业】

区内商业企业体制改革进一步加快。1992 年,区烟糖果品公司转制为上海快乐(集团)公司,成为上海第一家商业集团公司,1994 年兼并市百十二店,首开全市跨行业兼并国有大店的先例。1995 年,曹杨商城作为上海市第一批建立现代企业制度的试点单位,确立法人治理结构,1996 年转制为多元投资的有限责任公司。"九五"期间继续加大商贸业的发展力度,重点加强中山北路物贸街、长寿路等现代商住街的建设,形成 15 家年成交额超亿元的大市场,涌现出曹安市场、红星美凯龙、月星家具等上海市示范市场。1996—1997 年,在长征地区引进麦德龙亚洲总部、上海市农工商超市总公司,随之建成一批大卖场和大型超市。1997年10月,位于铜川路936号、占地5万多平方米的上海沪西水产市场(又称铜川路市场)建成开业。市场内设有海鲜、河鲜、冰鲜、冻品、半成品、南北货6大类9个特色交易区,其规模和交易情况享誉海内外,成为上海乃至华东地区最大的水产批发市场之一,2000年成交额20亿元左右。90年代后期,随着人口导入,为满足居民就近购物、休闲、娱乐的需求,先后建成宜川、曹杨、长风、桃浦等社区商业中心和梅川路商业街,"大商圈,小中心"的空间布局初具雏形。2000年,全区商业销售营业额211.33亿元,市场成交额230.77亿元,经济特色和产业优势进一步凸显。

### 【都市型工业】

90年代起,普陀区积极筹建工业小区,为区属工业进行产品结构、产业结构和企业组织结构调整创造有利条件,但工业总量增长不快。长征、桃浦两镇并入后,区工业获得较大发展空间,其他街道的工业逐步向两镇迁移。这一时期,区委、区政府将建设标准厂房作为发展工业的抓手,先后建成长征、新杨、星云、街镇等工业园区。同时战略性改组和改造开发长风工业区和桃浦工业区,通过市、区联手的方式对园区内原有化工、医药等不能适应区域发展需要的污染性企业进行改造开发。以高增值、广就业、低能耗、无污染为发展方向,通过"筑巢引凤",加大工业企业引进力度,企业逐步向园区集中,工业增长明显加快。2000年,全区累计建成标准厂房50.2万平方米,引进资金10亿元、项目160多项,完成工业增加值11.26亿元。

### 【旅游服务业】

改革开放后,普陀区旅游管理部门设置实现从无到有、从非常设到常设机构的变革和发展,旅游业也取得比较快的发展。1979—1993年,区内仅有2家旅游景点、7家旅行社和一些住宿企业,旅游产业规模小、发展慢。1993年10月,区计划经济委员会内成立非常设机构旅游事业管理办公室,1996年改为常设机构。在其统一管理下,区旅游业进入稳健发展期,"吃、住、行、游、购、娱"等旅游要素日益完善,在大力发展融都市风光、都市文化、都市商业为一体的都市旅游中,旅游资源潜能得到进一步开发。区内有闻名东南亚的佛教圣地玉佛寺,有市内唯一有山有水的游乐场所长风公园,有具有700多年历史的江南古镇真如镇,有上海第一个工人新村曹杨新村,有华东地区驰名具有主题内涵的游览佳处海洋世界,有两年一届吸引近百万游客的上海国际花卉节等。2000年,全区共有星级宾馆13家、国内旅行社38家,接待游客104.54万人次,营业收入2.24亿元。

全区服务性行业主要集中在照相、理发、沐浴、物资回收利用等,发展日趋时尚,服务项目日趋多样。为适应市场和社会需求的变化,发展方向也有较大转变,现代服务业载体建设加快推进,服务业开始融入大商务体系。1994年,全区服务行业营业额1.06亿元,实现利润0.01亿元,到2000年,营业收入增长至14.72亿元,实现利润1.87亿元。

## 第二节　经济体制改革

90年代初期,区经济体制改革主要集中在区属国有和集体企业的经营承包、租赁、兼并、拍卖等经营制度和经营方式改变上。90年代中期逐步深化经济体制改革,根据不同企业的实际情况,采取抓大放小,实行分类指导,推行现代企业制度改革试点,通过组建企业集团公司,扩大规模经营,加大资产组合力度。90年代后期,国有企业改革以资产重组为纽带,通过转制改造,联合兼并,结构调整，实行资产向优势企业集中，不断推进现代企业制度建设，区属商业、工业企业通过实施"靠大联大"，走出一条盘活存量资产与培育新的经济增长点相结合的发展道路。同时，加快推进街道镇集体小企业的改革，针对街道镇小企业的"三清"（清三无企业，清红帽子企业，清集体担保、贷款、集资）问题，制定特定的政策措施推进改革。

## 一、承包、租赁、兼并与拍卖

随着社会主义市场经济的确立发展，区属国有、集体企业逐步走上改革之路。

### 【承包经营、退资租赁】

前期改革从小企业入手，推广经营承包责任制、退资租赁等改革形式，增强企业活力，提高经济效益和社会效益。1994年，区政府制订《普陀区小型企业退资（租赁）经营试点办法》，尝试让企业职工个人或合伙人通过退资租赁、风险承包，购买规模小、资产少、效益一般的小型商业、企业，形成风险共担、利益共享机制。率先实行全体员工退资租赁改革的石泉路街道佳华帆布厂，由企业全体职工自担风险，分两期收回注册资金120万元。改制以后，经营者主动开拓市场，抓销售，抓资金回收，企业效益明显上升。1998年起，承包主体从个人扩展到集体，对长期亏损、资不抵债的小企业采取剥离重组、分立转制的方式进行改制，以集体承包形式组建股份合作制企业。上海电烙铁厂、上海宜川仪表厂等企业都通过承包改制，走出困境，扭亏为盈。

### 【"兼并、嫁接、重组"】

是经济体制改革的另一主要形式，其中上海快乐（集团）有限公司的改革发展具有一定代表性。公司前身为区烟糖果品公司，1992年转制后成为上海第一家商业集团公司，后兼并市百十二店，首开全市跨行业兼并国有大店先例。区属商业利用原有存量资产与优势资源，先后嫁接重组上海第九烟酒批发有限公司、上海永昌联华超市有限公司、上海复星医药有限公司、上海华氏大药房西部公司、上海华联商厦普陀店、上海商务中心普陀店、华联吉买盛新村店和曹杨店、上实联合大药房、云都浴场曹杨店及世纪联华桃浦店和宜川店、长寿店。嫁接重组中，全区让位商业营业面积16万平方米，吸引一大批优势商业大企业和区属商业嫁接重组。重组后区属企业享受优势大企业的商誉品牌、经营管理、资金人才等优势，增强市场竞争能力。

### 【拍卖、转让】

1993年，根据国务院和上海市政府规定，可将地处偏僻、规模较小、微利亏损或资不抵债的小企业试行拍卖或转让。区商业系统先后委托上海拍卖行集中对外拍卖7家商业小企业。对自主经营不佳的企业，采取关闭、腾出经营空间，将不动产以租赁形式吸引优势大企业进行资产组合。上海快乐（集团）有限公司、上海宜川购物中心（集团）有限公司、华联商厦普陀店、华联吉买盛、上海商务中心普陀店等都通过租赁方式，整合资源，使主业更突出，效益更明显。

## 二、整合重组

1996年起，区域经济体制改革进一步深化。根据不同企业情况，采取"抓大放小"，实行分类指导等一系列有效措施,推进全区现代企业制度建立发展。

**【企业集团】**

通过组建企业集团,扩大规模经营,加强企业存量资产流动和重组,调整产业结构。1994—1997年,普陀区共批准组建12个集团公司,注册资金11亿元,吸引社会法人资本及个人资本4 550万元,形成一批具有一定规模和实力的区属重点骨干企业。其中比较突出的如宜川购物中心(集团)公司,在探索新村地区的商业发展过程中,采取"靠大联大"方式,运用下属医药公司的存量资产,吸引调动市医药公司4 600万元资产入股,开展便民利民的社区商业服务,发展一批新村超市连锁店,取得较好的经济效益和社会效益。

**【有限公司】**

通过组建有限责任公司和股份有限公司,盘活存量资产,吸纳增量资产,向多元投资主体发展。1996年以区药材公司的存量资产和网点资源吸引复星高科技(集团)公司投资组建上海复星医药有限公司。1997年12月以曹安路市场为主体,由长征镇实业总公司、长征城乡建设开发公司、自然人康祖健等5个投资主体发起设立曹安菜篮子股份有限公司,加快曹安菜篮子工程产、供、销各个环节建设,为进一步扩大曹安市场的市场份额奠定基础。1998年,友谊制衣厂与国昌高级服饰有限公司联合组建上海友谊制衣有限公司,成为区内集体企业和民营企业联营的典型。是年,市属"放小"企业洗涤剂三厂破产后由申真涂料总厂收购,通过托盘控股将其改制为多元投资主体的上海经纬化工有限公司,成为区骨干企业参与放小企业改制的一个典型。是年11月,倍福来的士有限公司通过出资收购童的梦巴士汽车有限公司,联合长风实业公司等4家客运企业,发起设立上海新普陀汽车服务股份有限公司,其客运车辆占区属客运单位的1/3,成为普陀区客运行业的龙头企业。12月,上海银港旅游饭店股份有限公司由上海银城房地产开发总公司、上海凯缘实业有限公司、上海财源投资发展有限公司、上海贡德实业有限公司及自然人共同出资1 390万元,经市政府批准设立。其中法人资本1 278.8万元,自然人出资111.2万元,公司主要经营旅游业及餐饮宾馆服务业。

**【资产重组】**

以资产为纽带,联强并弱,优化结构,实现跨行业、跨部门重组。整合方式主要包括:

**股权重组** 即通过双方或多方的资产入股,形成多元投资主体,使区属企业的有限资产能充分享受到优势大企业的品牌商誉,如联华永昌超市有限公司、强生汽车服务股份有限公司等。

**置换重组** 即在股权组合的基础上,当法人资本大幅度增值后,将国有股权变现,腾出空间,放手扶持民营资本发展。通过置换组合,区国有存量资产得到大幅度增值变现,法人资本、民营资本沉淀区内并得到快速扩张发展,如复星药业公司等。

**划转重组** 即通过国有资产划转,利用国内大型企业的资金优势、品牌优势和技术优势共同发展都市型工业企业,如上海乐凯纸业有限公司等。

**破产重组** 即通过市属企业破产,吸引国内大型企业托盘,利用其原有生产资料,注入资金和先进技术,加快优势企业发展,如青岛啤酒上海有限公司等。

**特许重组** 即以企业营业执照、特种许可证等无形资产为"资本",吸收其他企业"借壳"发展,如上海环球电表厂等。

**嫁接重组**　主要针对长征、桃浦两镇和市属工业，将厂房、土地、设备作为"母本"，对其传统工业进行彻底"剪切"，以具有一定科技含量、附加值高的工业企业作为"父本"嫁接组合，形成一批具有较强市场竞争能力的工业企业。通过改组、改造和"靠大联大"，长征、桃浦两镇的镇办、村办工业基本完成产业结构优化升级。

## 三、街镇和村企业

### 【街镇企业】

80年代初，为解决上山下乡知识青年返城及社会闲散、残疾人员的就业问题而逐步发展起来。街镇企业组成由隶属各街镇的社会综合服务社、合作联社、劳动服务所、商业生活服务公司和民政福利5类企业（俗称街道经济"五条线"）组成。在组建企业时因缺经营场地、资金、技术，街镇各条线下属企业或经济实体均是以摊、亭、棚、洞等为营业场所的作坊式企业，其共同特点是经营规模小，档次较低。同时，由于历史原因，存在挂靠多、担保多、风险大、连带责任大、权责不明、产权不清、产权代表缺位等情况。其中绝大部分属"红帽子"企业，即由个人出资，以街镇下属公司的名义代为验资、办理工商执照的企业。1999年，各街镇开展"三清"工作，化解街道经济风险，街道经济有所发展。2000年，区政府下发《关于加快推进我区街道（镇）集体企业改革的若干意见》，各街镇成立改革领导小组和工作班子，制订改革工作计划，对1 082家街道企业进行分析摸排，将671家企业作为改制的重点企业。至2001年6月，通过清产核资、产权查证、资产评估、前置审批、变更登记等改制途径，基本完成改制工作，其中"红帽子"企业改制581家，街道集体企业改制90家。有222家企业改制为有限公司，93家企业改制为股份合作制企业，10家企业改制为合伙企业，261家企业改制为个人独资企业，办理工商歇业52家、税务歇业27家、其他形式6家。通过对671家企业的改制改造，街道与企业之间解除原有的资产关系和行政隶属关系，转移了5 000多万元的债务风险；40名职工解除劳动关系，341名职工协议保留社会保障关系。

### 【村级企业】

主要隶属于长征、桃浦镇，改革重点聚焦在解决企业与政府的依赖关系、职工与企业的依附关系，激活用工制度，维护职工利益等方面。长征、桃浦镇政府制订下辖集体企业体制改革的实施意见，明确企业劳动力界定范围及补偿办法，对企业改制的资产处置和操作程序提出要求。1997年开始，农村城镇化进程加快，为调动广大农民的积极性，逐步推行以村、队为主的股份合作制改革，推进农村经济发展。长征镇红旗村经历2年时间的试验、探索，成为农村集体经济改革的典范。桃浦镇加快新杨工业园区建设，推进招商引资，发展城市型工业，由桃浦经济发展总公司和新杨实业总公司联合改制组建上海新杨工业园区经济发展（集团）有限公司，注册资金1亿元，逐步形成产品、产业协作多元化，资本、资产股份化的结构。1998年按照区、镇总体经济发展要求，由镇农村集体资产管理委员会代表镇政府承担出资者的角色，吸纳社会法人投资，对新长征（集团）有限公司实行投资主体多元化改革。2000年，桃浦镇政府根据区域开发的实际情况和体制改革现状，制订桃浦镇经济体制改革工作计划和目标，加快产业结构调整和产业规划实施。通过对镇、村、队集体资产的梳理，保留资源性资产和部分优质资产，由镇农村集体资产管理委员会以注资形式充入盈富投资公司，使盈富投资公司成为村、镇企业改制的投资主体，并对其实行控股。

### 四、小企业

1994 年,根据《中华人民共和国公司法》要求,加快区属小企业老公司的改造,主要做法是在明晰产权的基础上,组成多元投资主体,逐步完善法人治理结构。至 1997 年,在改制、组建已完成的 1 424 家企业中,属老公司改制的有 240 家。

1996 年大力推进区粮食局博达便民总公司改制,以荣华经贸公司为试点,逐步扩大到欣华公司、长达公司,其中 10 家网点由快乐便民廉价超市兼并,9 家网点由农工商超市托管承包经营,其余 60 家网点全部实行股份合作制。推进区集体工业的改制,通过对金雁装潢总汇、倍福来服饰厂、华龙综合经营部等 8 家企业的产权界定、资产评估,实行股份合作制改革。对光亮仪表厂实行退资经营试点工作。1997 年 3 月,区域范围内共有各级各类企业 9 960 家,其中小型企业 9 033 家,占 90.7%。在小企业中,工业小企业 1 734 家,占全部小企业的 19.2%,其中区属工业小企业 1 275 家,占工业小企业 1 734 家的 73.5%。商贸餐饮小企业 4 690 家,占全部小企业的 51.9%,其中区属商贸餐饮小企业 3 794 家,占商贸餐饮小企业 4 690 家的 80.9%。社会服务小企业 983 家,占全部小企业的 10.9%。

1998 年加快所有制结构调整力度,坚持"先放开,后规范""先剥离分流,后全面理顺"的原则,加快区属商业困难小企业的放开搞活与人员分流。开展理发、沐浴、照相等行业的企业转制,将碧云美容院、金刚美容院、阔步皮鞋厂、同大昌文化用品商店等一批国有商业小企业成功地转制为股份合作制企业。1998 年共完成小企业改制 615 家,其中有限责任公司 77 家、股份合作制 37 家、退资租赁 27 家、风险承包 189 家、联营 28 家、老公司脱帽 60 家、其他形式改制 197 家。

一些严重亏损的小企业通过改制扭亏为盈,取得突破性进展。区粮食系统 52 家粮食经营网点,在坚持经营粮油制品的基础上,以便民利民为宗旨,积极开拓市场,企业效益明显提高,职工收入明显增加。通过产品开发和市场竞争,改制企业中涌现出上海申真涂料厂、上海曹杨粘合剂厂、上海华明开关厂、上海春光童鞋厂、上海普陀教具厂等 20 家具有一定产品、有一定发展潜力的区属骨干小企业。其中上海申真涂料厂转制为股份合作制以后,经济效益每年以 25% 的速度递增,企业规模迅速扩大。

## 第三节　民营科技企业

普陀区作为上海老工业区,由于历史原因,长期以来都以传统加工服务业作为区域经济支柱产业。随着改革开放深化,产业结构调整,原有的传统工业面临设施陈旧老化、技术水平滞后、环境污染加剧等问题,经济竞争力日渐衰弱。针对以上问题,区决定贯彻科技强区方针,大力发展民营科技企业,使其在区域经济发展中占有一席之地。

### 一、发展历程

1984 年 12 月,区科委首次批准成立上海民智科技咨询开发实业公司和通用电子技术开发公司两家民办科技经营机构,通过政策扶持和优质服务等确保民营科技企业顺利发展。1988 年随着改革的推进,学习北京"中关村电子一条街"成功经验,区内民营科技企业增加到 20 家,年创收 980 万元,利税 47 万元。但从总体上看,民营经济发展仍然缓慢。1992 年在邓小平南方谈话和中央"以公有制为主体,发展多种经济成分"等方针指导下,区里进一步推进民营企业的发展,先后制定《关于扶植科技企业发展若干办法》《关于广泛吸引科技人才的若干办法》《关于增加科学技术投入的若干办法》《普陀区高新技术企业认定条件和办法》等一系列政策文件,出台税收、奖励等招商、扶商、固商政策,鼓励民营企业家投资创业。一大批创新型科技企业应运而生。是年底,全区有民办科技企业 120 家,与 1991 年的 56 家民营科技企业相比,增长 1 倍多;从业人员 1 825 人,各类专业技术人员 1 209 人,分布在纺织、电子电器、化工、机电等专业领域,技、工、贸总收入 7 769.9 万元,上缴税金 161.4 万元,企业利润 422.6 万元。1993 年,区为民营科技企业争取市级星火计划项目,民营联合营养公司的"复康要素"项目夺标,开创民营科技企业进军市级项目的先例。

为确保民营科技企业在区域顺利开业创业,区工商、税务、财政、科委等部门从转变观念到热情服务,从政策扶持到内外协调,从注册办证到跟踪服务,从产品研发到企业管理,进行全方位的服务。国家实行新税制后,区政府在原有优惠政策仍有效的基础上,提出新的优惠办法,即通过将上交国家的税利中拿出一部分返还企业的措施,减轻民营科技企业负担;当民营科技企业要求从高校和研究院所引进高级科技人才时,区政府给予办理外地研究生、工程技术人员引进手续和申报上海正式户口等支持。

优越的创业环境、优惠的招商引资政策、完善配套的真诚服务,吸引诸如复星、康鹏、致达等创新型民营企业落户。其中上海复星高科技集团是非常有代表性的科技企业,于 1994 年落户普陀,在一系列科技产业政策的引导扶持下,聚集一批高科技人才,确定以基因工程为主体的现代生物医药高科技产业方向,通过参股、控股等方式介入到生物医药、房地产、钢铁、商业、金融等多个领域,始终把企业发展定位于主流市场有比较优势的行业,保持竞争中的强势地位,获得跨越式发展。1997 年,这家以 10 万元资金启动的民营科技小企业,年技、工、贸总收入达 5 亿元,跻身"全国百优"高科技企业行列,多年名列上海市百强民营企业排行榜首位。

进入 21 世纪后,民营科技企业伴随改革深化的步伐,开始向集团化、规模化和国际化发展,复星高科技集团、致达集团等相继上市。2000 年,区内民营科技企业有 1 255 家,从业人员 20 994 人,技、工、贸收入 80.63 亿元,实现利润 5.96 亿元,上缴税金 3.34 亿元。民营科技企业在促进产业结构调整、参与旧区改造、提高社会生产力、增加劳动就业、满足人民多样化需求等方面,发挥重要作用。普陀区成为全市民营科技企业发展势头最好的城区之一,企业规模、增长幅度均在上海中心城区中名列前茅。

## 二、发展平台

区域优势资源相对匮乏,民营科技企业要获得大发展,需借助政府政策扶植及精心培育。区委、区政府为深化"服务是普陀第一资源"的理念,致力于搭建民营科技企业发展平台,以高质量的服务推动民营科技企业健康发展。

### 【创业平台】

1999 年,区工商、税务、财政、劳动、人事、房产、外事、体改等部门开展大服务制探索,首开全市"企业办证一条龙",首创延伸式服务和全天候服务,实行限时办结制和问责制,满足企业快速注册办证需求。针对企业创业资金短缺的发展掣肘,区里先后组建科技投资发展公司和上海西大堂科技投资发展有限公司,承担贷款、投资、担保职能,初步缓解民营科技企业发展过程中的贷款和贷款担保问题。为寻求银行更多资金支持,区政府统一协调,召开"银企合作推进会",密切企业与银行之间的关系。通过努力,中国民生银行上海分行成为复星集团的财务顾问。1996年起,复星集团成为上海浦东发展银行重点支持的民营科技企业之一,每一个重要项目的发展,都获得浦东发展银行的优先支持。产业资本和金融资本结合,使民营科技企业走出一条资金周转、积累、扩张的成功道路。同时,区里积极申报各项科技计划奖励扶持资金,火炬计划、星火计划、小巨人计划等各项扶持奖励资金的数额居各区县前列,有力支持了民营企业的发展。

**【沟通平台】**

区积极在民营科技企业与乡镇企业间、民营科技企业与国营集体企业间牵线搭桥,促成合作经营;支持民营科技企业与乡镇企业联办药品研制厂,与街道企业一起参与联办中外合资企业,帮助科技企业实现产业化。1999年,区民营科技企业联合会成立,吸纳科技含量高、发展前景好的企业成为会员,定期组织会员交流;开展科技、税收、投资等专题政策培训、辅导、宣讲、座谈活动,使民营科技企业及时掌握国家、市各项政策;组织相近行业或相关产业的科技企业专题交流活动,为企业间相互了解搭建平台,促进企业共赢和发展。在注重科技企业沟通的同时,还善于主动构建科技企业与工商、税务、劳动、卫生、质检、安全等部门的沟通渠道,形成合力,扎扎实实为科技企业解决具体难题,支持科技企业发展。在全市率先为民营企业人员评定专业技术职称。大力推进民营科技企业国际化步伐,仅2000年就组织14批次出国科技考察和经贸洽谈,拓展民营企业家的眼光和思路,为其产品走向国际市场创造条件。银天车库、先达等不少科技企业与国外同行保持密切交流与合作,提高企业原始创新、集成创新和引进消化再创新能力。区科委与美国硅谷创业中心建立工作和业务联系。一系列扶植民营科技企业的举措,推进区内民营科技企业迅速发展。

# 第四节 旧区改造

普陀区地处市、郊结合部,基础设施差,二级旧里以下危旧房屋量大面广,人口密度和改造成本高,如"三湾一弄"(朱家湾、潭子湾、潘家湾、药水弄)曾是旧上海贫民窟的缩影。改革开放后,通过土地批租、区区联手、联合开发等方式,拓展融资渠道,不断加大旧区改造力度。1991年经市房地局认定,区境内危棚简屋面积46.2万平方米被列入市365万平方米危棚简屋改造(简称"365万")范围。1992年,旧区改造规划开始以"一线、二路、三区"(苏州河沿线,长寿路、曹杨路,白玉、东新、甘泉地区)成片改造为重点。"九五"时期,是区境内旧区改造速度最快、规模最大、动拆迁任务最重的时期。旧区改造以城市建设为依托,以改造"365危棚简屋"为重点,继续推进"一线、二路、三区"成片旧区改造。1998年8月10日,上海内环高架路内最大、最集中的棚户区"两湾一宅"(潭子湾、潘家湾、王家宅)成片改造正式启动,历时10个月,完成了近万户居民动迁任务。至2000年,全区共改造旧区地块314块,拆除房屋建筑面积338.3万平方米,其中拆除居住房屋建筑面积256.35万平方米,非居住房屋建筑面积81.95万平方米。同时,组织实施旧住房成套改造,改善配套设施和使用功能,延长住房寿命,提高住房质量和环境质量。

## 一、药水弄

药水弄(又名石灰窑)位于区境东南部,西康路以西,长寿路以北,占地10.6公顷,除少数砖瓦平房外,大部分是草棚、简屋,居住环境差,是全市较大的棚户区之一。80年代,市政府将"药水弄"列为全市23个旧区住房改造基地之一。1985年7月1日破土动工,采用单位集资联建、联建公助、市政投资建设动迁用房3种方式进行改造。1995年12月改建竣工,被市地名委员会命名为长寿新村。建设期间,共动迁居民3581户、单位75家,建造多层、高层住宅建筑面积27.14万平方米,绿化覆盖率12.24%。结合旧宅改造,延伸和拓宽常德路、宜昌路和澳门路,建有11万伏变电站、叶家宅泵站等市政配套设施,解决地区供水、供电、通信等一系列问题。沪西清真寺也纳入改建范围,建筑面积由342平方米扩大为1081平方米,在长寿新村住宅群中显示出独特的建筑风格。

## 二、平江地块

平江地块旧称"平江会馆",位于区境内东端,占地8.97公顷,居民总户数3449户、总人口1.06万人,单位65个。居民房屋95%以上是危棚简屋,地势低洼,雨季积水严重,是脏、乱、差的典型地区。1994年1月,普陀区与黄浦区开始"区区联手"合作改造平江地区。同年12月,完成3449户居民动迁和65个单位的搬迁任务,拆除居住房屋建筑面积6.9万平方米,拆除非居住房屋建筑面积3.3万平方米,创全市旧区改造动迁速度之最。1994年5月—1995年12月,普陀房地产总公司在桃浦新杨地区征用18.76公顷土地,新建配套齐全的桃浦七村动迁房,共74幢多层住宅(188个单元、4336套住宅),总建筑面积22.31万平方米,易地安置平江地区动迁居民。地块则由新黄浦(集团)有限公司投资12亿元建造新型住宅区,总建筑面积30万平方米,建有七层住宅14幢、二十四层住宅5幢、二十六层住宅2幢、三十层住宅3幢。工程于1994年6月开工,1997年12月竣工。平江地块"区区联手"的改造方式是上海利用内资实施成片改造旧区的新模式,被市领导誉为"上海旧城区改造的一个创举,是加快住宅建设的一个典范"。

## 三、朱家湾地块

朱家湾地块位于区境内东北部,占地7万平方米,是"三湾一弄"棚户区之一,居住条件差。1985年,开始改造朱家湾棚户比较集中的太浜港地块。1986年动迁、开工建设。1991年,太浜港小区基本建成。1992年开始,区政府通过地方财政投资和民建公助等途径,先后建成信义新村、朱家湾前浜等小区,陆续启动光新路铁路立交桥和轨道交通3号线等一批市政设施。2000年6月,朱家湾地区改造进一步加快,拆平镇坪路176弄～177弄地块,动迁居民1547户,拆除居住房屋建筑面积3.27万平方米,新建两个各自独立的"秋月枫舍"住宅小区,占地7公顷,建筑面积20.96万平方米,居民户数1600户。2003年,朱家湾地区通过危旧房改造、道路拓宽、单位搬迁,环境面貌发生巨大变化,新建华源世界广场、石泉金融大厦、石光新村大楼、光新大楼、秋月枫舍等一批环境优美的新型住宅区和商务大楼,以及乐购生活购物中心等一批商业配套设施。

## 四、"二万户"工房

50年代初,市、区政府兴建全国第一个工人新村曹杨新村(一村)。其后,为进一步缓解群众居住的困难和矛盾,市政府决定推广曹杨新村的成功经验在全市开辟9处基地、2000个单元,建成可安排2万户居民居住的工人安居房,俗称"二万户"。"二万户"工房结构简易,单体设计为五开间二层立柱砖木机构,厨房 5 户合用,厕所 10 户合用。随着时代变迁,这批设施简陋的工房无法满足居民的居住需求。1985—1986 年,区境内曹杨六村(部分)、曹杨四村(部分)和曹杨五村"二万户"工房进行较大规模的改造。1993 年起实施统一规划,先后对甘泉三村、甘泉二村、曹杨三村、曹杨二村、甘泉一村后块和部分未改造的曹杨四村、曹杨六村"二万户"工房进行改造。2003 年,"二万户"工房改造任务全部完成,累计拆除改造"二万户"工房建筑面积 11 万平方米,兴建沙田新苑、曹杨华庭、名都花园等一批新型住宅小区,总建筑面积 62.03 万平方米,改变城区面貌,改善居民的居住条件。

## 五、"平改坡"工程

1999 年,市住宅发展局下发《关于本市中心城区开展多层旧住宅平屋面改斜坡屋顶试点工作的通知》,决定针对中心城区多层旧住宅进行"平改坡"改造,解决原本平屋面"雨天易渗漏、夏天隔热差"及小区内管道损坏、绿化凌乱、违法乱搭建问题,改善居民居住质量和城市景观。1999 年 8 月,区住宅发展局牵头首次组织区内"平改坡"改造工程的协调工作,中山北路 3904 弄、3924 弄共 1.2 万平方米的 4 幢多层旧住宅进行"平改坡"改造试点,占全市"平改坡"改造试点总量的 60%,并率先安装景观灯。试点成功后,全区"平改坡"改造全面铺开,由一般单栋改造向成片改造及综合配套改造逐步推进。如将屋面水箱改为变频供水,重新整修小区围墙的配套改造,大幅提高居民饮水质量和生活质量。1999 年共完成 83 幢 22.65 万平方米"平改坡"改造任务。其后,在完成中山北路、曹杨路、长寿路、武宁路、金沙江路(大渡河路—枣阳路)等主要景观道路两侧"平改坡"改造任务基础上,又先后对真北路、大渡河路、真如西村、金汤路、光复西路、兰溪路、沪太路、梅川路、丹巴路、志丹路、北石路、花溪路、昌化路、宜川路、新村路、泰山一村、武威路等多层旧住宅实施"平改坡"改造,使区内多层旧住宅小区面貌焕然一新。

## 六、村镇老宅

区境内老宅主要指桃浦镇、长征镇和真如镇老旧私房,大多建于 70—80 年代,房屋为土木砖混结构,且规划不合理,居住分散不集中,造成土地资源严重浪费。为推进村镇城市化进程,区委、区政府提出"政府组织,统一规划,农民参与"的方针,加快老宅改造步伐。

**【桃浦镇】**
1992 年开始自筹资金进行老宅改造。1994 年先后建成梨园二村、一村农民别墅,李子园村 133 户农民迁进新居。1995—1997 年通过市政动迁,523 户居民告别老宅乔迁新居。1998—2003 年,各村按照"政府补贴一点,集体拿出一点,农民负担一点"的方法,进一步加快老宅改造,共建造农民新居 48.89 万平方米,安置农民 2 347 户。

**【长征镇】**
1994 年制订老宅改造动拆迁实施细则暂行规定,编制曹杨村城乡一体化规划,在全镇率先实施老宅改造。2000 年全面完成曹杨村老宅改造任务,1 000 余户村民迁入新居。五星村、长征村、横港村、五一村、真光村、新村村等相继实施老宅改造计划。真如镇杨家桥地区原是棚户简屋集中地,

1992—1997年,该地块完成三期改造。在改造老宅过程中,建成一批,迁入一批,852户农民全部得到安置。2000年,杨家桥地区综合服务大楼建成,整个杨家桥地区改造工程全面完成。

## 【真如镇】

1994年,真如镇庄家弄、梨园浜老宅改造起步,大部分地区属原长征乡。改造分为寺庙区、商业区、住宅区三部分。2000年基本完成改造任务,兴建金鼎花苑居住小区,住宅建筑面积6.84万平方米,公建建筑面积6827平方米。至2003年,真如镇老宅改造任务结束,全区最后一批老宅改造完成。

# 第五节 基础设施建设

随着事权逐步下放,市政基础设施建设发挥了两级政府两级管理作用,从而为城区建设注入活力。区建设系统通过采取"市、区联手""区、区联手""社区联手"等举措,以及由政府举债搞基础建设的办法,保证重点建设项目顺利实施。1991年起,为了改善投资环境,为区经济和各项社会事业发展增添后劲,区委、区政府以市政基础设施建设为突破口,规划实施"九路七桥一匝道"即扩建和新建A11(沪宁高速)公路入城段、长寿路、金沙江路、铜川路、新村路、真北路、曹杨路、大渡河路、祁连山路,改建长寿路桥、武宁路桥、曹杨路桥、真北路桥、镇坪路桥、大渡河路桥、祁连山南路桥,新建内环高架路、轨道交通3号线,新建内环高架路金沙江路匝道等重点交通网络项目,先后建成A11(沪宁高速)公路入城段和内环高架路一期等4条城市快速干道,扩建和新建长寿、武宁路、曹杨路等一批城市主次干道以及苏州河及其支流上的部分桥梁。至2003年,区境内命名道路从1991年的105条增至216条,道路总长度从116.37公里增至216.5公里,道路总面积从198.86万平方米增至439.65万平方米;桥梁从1991年的81座增至171座,立交桥从4座增至15座。

## 一、快速干道

### 【A11(沪宁高速)公路普陀段】

2007年命名为G2(京沪高速)公路普陀段。位于曹安路(真北路—万镇路)、武宁路(真北路—大渡河路),全长1886米,面积44639平方米。路幅:真北路西四车道,宽21.75米;真北路东六车道,宽26.25米,经真北路(武宁路口)互通式立交桥与大渡河路相连接。1995年2月28日开工,1996年9月15日竣工。A11(沪宁高速)公路入城段采用高架道路形式,在真北路立交桥处设有上下5条匝道,是上海市区连接江苏等外省市的陆上交通门户,有效改善真北路、武宁路交叉口原先交通严重阻塞的现象。

### 【A12(沪嘉高速)公路】

2007年命名为S5(沪嘉高速)公路。初建时,其终点位于祁连山路。1992年,区境面积扩大后,随着市郊边缘地区城市化进程的推进,规划扩建、改建真北路和汶水路。1993年,市市政工程管理局(简称市政局)决定对A12(沪嘉高速)公路进行延伸,从祁连山路延伸至真北路。是年1月开工建设,12月竣工通车。道路总长度3000米,宽50米,布置双向四车道。

## 【内环高架路普陀段】

位于中山北路沪太路至盘湾里,全长5 470米,净宽17米,四车道,面积92 990平方米。1991年实施工程前期工作,1992年10月正式开工,1993年12月20日竣工通车。一期总投资6.71亿元,动迁居民1 200户、单位160家。1999年增设金沙江路两对上下匝道,总投资9 000万元。内环高架路建成初期,道路交通效果明显,在高架道路上行驶15—20分钟便可到达市中心区。随着机动车辆日益增加,对内环高架路和地面道路采取排堵保畅措施。1997年4月在中山北路(武宁路口)南侧地面道路路口下匝道内侧增加一条向武宁路右转弯的机动车道,消除下匝道直行车辆与地面道路车辆右转弯相交堵塞的矛盾。1999年增辟中山北路、金沙江路口两对上下匝道,加速路口车辆的分流。

## 【A20(外环高速)】

2007年命名为S20(外环高速)。是全封闭、全立交的市内快速道路,其中普陀段位于桃浦镇内,长3.2公里,设红线100米,双向八车道,设计时速为每小时80公里,通过5条上下宽7米~8米的匝道,与A12(沪嘉高速)立交相连。工程于1996年12月开工,1998年12月一期竣工通车。

# 二、主、次干道

## 【曹杨路】

南接江苏北路、华山路进入市中心,北通312、204国道,是上海西部地区南北向的交通主干道之一。始建于1935年7月。1994年11月24日,曹杨路扩建工程开工,是市、区联手由区政府组织实施的第一条区境内城市道路工程,南起苏州河曹杨路桥,北至桃浦路铁路上海西站(原真如火车站),全长4.16公里。总投资3.2亿元。1996年8月底,全面建成通车。扩建改建后的路幅宽度增至32米,设四快(机动车道)二慢(非机动车道)6个车道,中间有0.5米宽的机动车与非机动车隔离带,沿线设有6对公交港湾式停车站。水、电、煤气、通讯管线敷设到位。

## 【长寿路】

市中心城区东西向主要交通干道之一。东起长寿路桥与闸北区天目西路相接,西至曹家渡与长宁区长宁路相连,是中心城区"三横三纵"交通网络中的北横。1995年,区政府决定对长寿路实施扩建。工程投资13亿元,其中前期动迁费9亿元;需动迁居民2 400余户、单位122家(其中商业网点83家,建筑面积2.8万平方米)。1996年10月,长寿路扩建工程开工,1997年11月20日建成通车,获上海市政工程金奖。扩建改建后,长寿路成为一条路幅为42米~60米、6个机动车道、2个非机动车道的交通主干道。道路总体绿化面积达到2万平方米;在全长2.76公里的长寿路上矗立起10座造型别致、风格迥异、具有现代气息的雕塑作品,烘托长寿路文化品位。

## 【真北路】

1993年为配合A12(沪嘉高速)公路东段(祁连山路—汶水路)延伸建设,同步新建真北路(汶水路—真南路)作为交通配套工程,与已建的真北路连通。1994年真光排水系统工程开工,对真北路全线进行埋设地下排水管道和道路修复改善建设,1995年10月竣工。1996年5月新建的真北路(汶水路—真南路)由市公路管理处移交普陀区。是年,市政局对真北路(武宁路—北新泾大桥)

扩建,总投资 2.12 亿元。道路拓宽为六快二慢,路幅宽 45 米。真北路全长(汶水路—北新泾大桥)7.8 公里,路幅 31 米~55 米,属全市 79 条交通主干道之一,区境内西部南北交通要道。车行道为四快二慢;快车道面积 14.6 万平方米,慢车道面积 77.8 万平方米,人行道面积 4.84 万平方米。

### 【新村路】

新建工程,是上海万里城建设的市政配套建设项目。新村路西段新建工程西起真南路,东至真华路,全长 1 410 米,工程投资 4 789 万元。新建后的新村路西段路幅 52 米,设 4 条快车道、2 条慢车道。1997 年 1 月开工,1999 年 4 月建成。新村路东段新建工程东起岚皋路,西至真华路,与建成的西段工程连接。工程投资 3 790 万元。道路宽度 25.5 米,长度 1 350 米,设有双向 4 个机动道、2 个非机动车道及人行道。1999 年 2 月开工,12 月建成。新村路建成后,成为区境内上海万里城东西向的城市次干道,便捷万里地区、真南地区及甘泉、宜川之间的联系,改善周边环境。新村路西段工程被评为上海市示范道路工程。

### 【大渡河路】

南北向交通次干道,南起光复西路,北至桃浦路,全长 4 827 米。其中金沙江路至桃浦路是"八五"计划期间新辟筑的延伸路段,长 3 157 米,沥青混凝土路面;全线连接金沙江路、怒江北路、梅川路、梅岭北路、武宁路、北石路、铜川路、芝川路、桃浦路 9 条道路交叉口。该路段下埋有 1 800 毫米~2 400 毫米直径的特大型雨水管道和中小型口径的污水管道。1991 年 3 月延伸段工程开工,1995 年 7 月竣工后,沟通大渡河路与 9 条道路交叉口的连接,有利于车辆分流疏散。

## 三、桥梁

### 【真北路桥】

为配合真北路扩建改建,市政局建设处对真北路桥(又名北新泾大桥)进行扩建改建,桥梁宽 45 米,布置四快二慢六车道。工程建设费 8 000 万元。1996 年 4 月开工,1998 年 5 月竣工通车。

### 【长寿路桥】

为配合长寿路扩建改建,在保留原桥的基础上,南北各新建一座机动车桥。工程费 3 500 万元。1997 年 11 月 8 日开工,1998 年 9 月 25 日长寿路北桥合龙,10 月 14 日南桥合龙,12 月正式竣工通车。

### 【曹杨路桥】

为适应已扩建的曹杨路、江苏路交通状况,曹杨路桥扩建工程作为市、区联手实施的市政项目,由普陀、长宁两区政府负责前期拆迁工作。工程范围为隆德路—长宁支路,主桥宽 32 米,布置四快二慢六车道。总投资 1 亿元。1997 年 12 月底开工,1999 年 6 月竣工。

## 四、其他

### 【供排水】

供水方面。为解决供需矛盾,市自来水公司不断扩大区内供水范围,增设和改造供水管网设施。1999年,自来水由市自来水公司直接供应,取消区境内给水站。

排水方面。完成合流污水治理一期工程建设,1990—2000年建成叶家宅、真光等11座排水泵站,增加排量113.02立方米/秒,区内积水点矛盾有所缓解。

## 【供电】

1998—1999年,市、区政府共同投资,用于电网建设及低压电网改造,先后新建成11万伏变电站1座、35千伏变电站2座、10千伏箱型配电站50余座,其中1999年新建街坊配电站8座,有效缓解低电压街坊用电难的矛盾,居民用电得到较大改善。

# 第三章　现代化新城区建设

21世纪初,是普陀区推进现代化新城区建设的重要时期。区委、区政府发挥区位及各类市场要素集聚优势,努力将区域建设成辐射长三角、服务全国的现代商贸服务区。其间,着力增强城区服务功能,全面启动五大重点地区建设;调整优化经济结构,大力发展以商贸、物流为主的现代服务业;稳步推进大型住宅区建设,创建一批优秀"四高"居住区;修复改善生态环境,经过4轮环保三年行动计划,区域环境质量得到显著提升。这一时期,伴随着重点地区强劲的发展态势,区内功能集聚效应日益凸显,对区域经济发展产生明显的带动作用,城区面貌发生了根本性改变,进入经济快速发展新阶段。

## 第一节　重 点 地 区

普陀区依托沪宁发展轴线,发挥陆上交通区位优势,实施空间整合战略,构建"三片五区"总体空间格局,即"南、北、中"三片布局,长风生态商务区、真如城市副中心、中环组团商贸群、长寿商业商务区、桃浦都市产业园五大重点发展地区。按照"功能定位、产业定向、规划定形、项目定格"的总体要求,聚焦重点,形成合力,加快推进现代服务业、科技产业园和都市产业园等建设,提高区域整体发展质量。

### 一、长风生态商务区

位于普陀区南部、内环高架路和中环高架路之间,规划开发面积为2.21平方公里,建筑容量315万平方米。原为北新泾工业区,90年代仍以传统化工及加工制造业为主。为打造新城区形象,加速调整城市功能和经济格局,2003年初启动商务区开发建设,先后完成3项总体规划、8项专业规划和6项课题研究。商务区分为商务会展、金融服务、文化旅游、高新技术四大板块,突出国际水准、生态效益等特色,建设重点聚焦在3个方面。一是优美的水绿生态环境。区内新建公共绿地、开发地块配建绿地和原有绿地共130多公顷,为上海中心城区所罕见。其中,沿苏州河2.7公里黄金水岸,规划建设80米～130米宽的绿色长廊、把长风公园银锄湖与苏州河水连通是两大亮点。二是结合轨道交通建设以及商务办公、会展中心等项目,对地下商业设施和地下停车系统两个地下综合体合理开发利用。三是建设先进的信息网络系统,为投资商和居住区提供安全、高效的信息化平台。再结合公共绿地建设,开发历史遗存,包括由上海化学试剂厂老厂房改建的游艇游船博物馆及游艇会所、在上海火柴厂旧址建设的商标火花展示馆等,彰显区域历史文化特色。

2010年,长风金融港项目正式启动。金融港以位于长风生态商务区核心区域的长风国际大厦为平台,集聚非银行类金融衍生业务,服务于上海国际金融中心、国际贸易中心建设。同时,由市外经贸委和普陀区共同投资建设的跨国采购中心,将集聚跨国采购企业和国际贸易机构,成为区域对外贸易服务的重要平台。

至 2010 年底,长风生态商务区吸引艺康纳尔科、施耐德电气、IFF(国际香料公司)、维氏钢刀、法国索迪斯、得嘉地板、劲霸男装、中国国电、中盐上海市盐业公司、安防科技等国内外知名企业入驻。长风金融港有 21 家股权投资与管理企业办妥工商、税务登记,注册和募集股权资金 28.3 亿元。按照整体规划设计,长风生态商务区将逐步建成"服务长三角,辐射国内外"的总部经济集聚地。

## 二、真如城市副中心

位于普陀区中部,规划总面积约 6.21 平方公里;核心区规划用地面积约 2.41 平方公里;总建筑面积 461.3 万平方米,其中新建面积 337.8 万平方米。副中心的构建,源于 1998 年上海市新一轮城市总体规划。该规划中,市中心城区布局采用"多心开敞式"空间结构,其中多心指多功能市级公共活动中心以及若干城市副中心。2001 年,规划得到国务院批复,真如地区正式确定成为上海 4 个城市副中心之一。后经几年的研究、论证和国际方案征集,2007 年 9 月市政府批复同意《上海真如城市副中心规划方案》,11 月 9 日开发建设工作正式启动。

**80 年代末真如庙会场景(金根宝摄)**

副中心以先进城市系统为依托,规划建成辐射长三角的开放性生产力服务中心和服务上海西北地区的公共活动中心,重点发展物流贸易、商务会展、文化旅游,具有承担中心的主导功能、专业功能、服务周边地区功能。采取纵横双轴、南北两心、商街合环、带形公园、点轴布局、圈层展开总体布局。其中,纵横双轴为曹杨路商务功能轴和铜川路西区文化休闲轴;南北两心为南部曹杨路和铜川路交汇点与北部上海西站周边地区形成两个集中建设的核心区;商街合环为曹杨路两侧的商业商务办公区,通过步行通道、两层通廊和地下空间连接,形成完全步行环通的休闲购物空间;带形公园为在铜川路南侧结合桃浦河规划成带状的城市公园,是副中心区域的生态休闲空间;公共交通系统呈点轴布局、圈层展开,形成以轨道交通为主干、公共汽车交通为辅助的公共网络体系。副中心建设有五大亮点,即发达的地下空间系统、高效节能的能源系统、先进的道路交通系统、可循环水处理系统、可持续环境保护系统,"节能、环保"作为中心理念贯穿整个建设过程。至2010年底,真如城市副中心的建设全面铺开。

### 三、中环组团商贸群

位于金沙江路和曹安路之间,总体规划用地面积70.66万平方米,总建筑面积200.36万平方米。该地块曾属嘉定县长征乡,1992年由嘉定县划归普陀区管辖。2003年开始规划建设,最初名称为真北商务区,2005年改称真北组团商贸群,2007年正式定名中环组团商贸群。

中环组团商贸群,凸显涉外经贸与商贸主导功能,是集商务、商贸、会展、宾馆、休闲等功能为一体的组团式的现代服务业集聚区。整个开发以组团式商贸群建设为重点,逐步形成汽车展销业、都市休闲业、流通展销业为基本业态的现代服务产业链,即以真北路为中心轴线,重点开发"四位一体"即整车销售、售后服务、零配件供应和信息反馈的汽车销售展示和维修中心,基本形成汽车展销业;在梅川路西段区域,重点开发面向广大市民的都市休闲娱乐中心,基本形成都市休闲业;在梅川路东段、真光路区域重点开发集建材、家具、百货、家电展销流通为一体的多功能、复合型展览商业群,基本形成流通展销业。

前期经由长征镇实施第一轮以调整产业结构为主的初步变革、第二轮以建设市场群落为主的加速发展期后,集聚比较雄厚的物质基础,建立比较健全的市场运作体制,为全面实施中环组团商贸群开发建设集聚一定的财力和人气。以麦德龙购物中心、农工商超市118店、曹安农贸市场等为核心的沪西大卖场、大市场群落为上海市民所知晓。

商贸群主要项目有:百联国际广场,位于曹安路、真光路口,总建筑面积41.2万平方米,集智

**2003年,梅川路文化休闲一条街(普陀区档案馆提供)**

能化写字楼、购物中心、高星级酒店于一体，其中 2006 年 12 月开业的中环百联商城是上海中心城区最大的购物中心之一，集聚品牌专卖店、超市、休闲娱乐、餐饮、影视等十大业态；绿洲中环中心，位于中环高架路金沙江路口，总建筑面积 32.2 万平方米，是集商业、办公、酒店式公寓等为一体，功能完善、交通条件优越的中高档商贸组团项目；118 广场，即农工商超市总部暨原来的农工商 118 店，在扩建后于 2008 年 1 月开业，总建筑面积为 25 万平方米，是集购物、娱乐、休闲、办公于一体的大型商贸办公中心；新伟商贸城，位于中环高架路怒江北路口，总建筑面积 29.1 万平方米，是包含商业设施、办公楼宇、露天休闲街的综合性的商贸城，2007 年底封顶，2008 年开始营业；中环生活广场，位于中环高架路曹安路口，总建筑面积 25.8 万平方米，其中商务办公楼 10.5 万平方米、商业 11 万平方米；祥和春天商务大厦，位于真光路、梅川路口，建筑面积 3.6 万平方米，是以商务办公为主的商务大厦。

## 四、长寿商业商务区

长寿路东起苏州河长寿路桥，西至万航渡路，全长 2.8 公里，是市中心城区东西向的主要交通干道之一，也是沪西地区的一条历史名街。1995 年，区政府决定对长寿路实施扩建。1997 年 12 月 20 日，全线建成通车。之后，区政府按照"建设面向 21 世纪绿色商住街"的要求，对沿线地块进行规划建设，新建秋水云庐、音乐广场、玉佛城等标志性景观建筑以及光明城市公寓、上海知音苑、阳光新苑、西部俊园、千路公寓、河滨围城、苏堤春晓名苑、大众河滨公寓等名苑豪宅；一批商务楼盘也拔地而起，如悦达、世纪、恒达、昆仑、中环、湖南、丽晶、沙田、半岛、财富时代等。各类餐饮、娱乐、购物、休闲等配套设施齐全，其中有新沈记、新南华、红子鸡、顺风、知味馆、舒友、彩虹坊等沪上知名餐馆，东方罗马、金色大帝、帝豪娱乐、上海歌城、麦迪森、力美健、星之健身等休闲娱乐场所，以及能提供几十个大类数万种国产和进口商品、满足不同层次顾客需求的亚新生活广场、家乐福超市、友谊商店、芳汇广场和我格广场等。落户的还有国美、永乐家电多家门店，以及中国移动公司旗舰店和中卫国脉大厦。

2005 年，长寿路地区建成商业、商务楼 39 幢，总建筑面积约 30 万平方米；住宅约 53 万平方米。"十一五"期间，长寿路沿线作为区"五大重点区域"之一，立足于"调整结构、拓展功能、提升能级"，以楼宇经济撬动现代服务业，形成集商务、旅游、购物、餐饮、休闲为一体的综合服务带。其总体布局为"一路、一河、三街、五乐章、七座桥"：沿长寿路，培育、完善以国际、国内中高档餐饮、休闲娱乐品牌为重点的商业轴线；保护开发苏州河，形成以滨水体验公共活动区域为重点的休闲长廊；培育发展叶家宅路休闲商业步行街、新会路餐饮酒吧特色街、东新路特色商品休闲街；发展、提升亚新生活广场周边高雅时尚购物圈、常德路周边核心枢纽商务圈、澳门路周边家居文化展示圈、胶州路周边宾馆公寓服务圈、玉佛禅寺周边宗教文化旅游圈；在苏州河上（长寿路桥至曹杨路桥段）设计改造昌化路桥、东新路桥、常德路桥等 7 座桥，使之成为新颖别致的特色景观桥。

## 五、桃浦都市产业园

桃浦是上海西部连接长三角及内地的重要陆上门户和交通要道，由此成为 21 世纪上海都市型工业和物资配载流通的重要基地。历史上桃浦是农业乡，2002 年根据市、区两级政府的规划和功能定位,结束蔬菜等种植,调整产业结构,大力发展都市产业,形成现代物流业、现代都市型工业等支柱产业。

**【工业园区】**

1995年12月,经区政府批准,在桃浦新杨村建立占地1.88平方公里,以工业为主,集商贸、仓储、现代物流业和现代服务业于一体的新杨工业园区,先后引进金叶包装材料、新气盛、金叶、智富、绿杨等一大批高质量民营企业,成为区域民营经济发展中心和集聚地,园区各项经济指标始终保持高增长势头。2000年,根据"在发展中调整结构,治理污染,改善环境"的发展思路,以桃浦工业区为基础,化市属存量为地方增量,以标准厂房工业小区建设为主,兴建桃浦都市型工业区。工业区总面积436.7公顷,其中工业用地158.96公顷、绿地面积113.51公顷,同时留有13.54公顷储备用地,作为远景发展的战略储备。2008年,桃浦都市型工业区被定位于生产性服务业功能区,赋予新的内涵。随着国际包装印刷基地、中欧国际广场、中鑫企业总部广场、康健金属广场、康鹏化学生产研发基地等重点项目的依次建成,园区实现跨越式发展,成为上海老工业区转型发展的典型。

**【物流基地】**

2000年开始,区重点发展现代物流业,在桃浦地区兴建西北综合物流园区。根据发展规划,逐步形成"一园区、一基地、一中心"的空间布局,其中"一园区"为未来岛高新技术园区,"一基地"为槎浦物流产业基地,"一中心"为位于槎浦基地内上海陆上货物交易中心,3者共同构建上海西北综合物流重镇骨架。西北物流园以省际物流集散功能为主,属陆路口岸型物流园区,集货运配载、交易、信息服务、仓储、流通、加工、配送、展示等物流服务于一体,被列为上海市"十五"期间重点发展的三大物流园区之一。

# 第二节　现代商贸服务业

在优化经济结构、努力形成以服务经济为主的产业体系过程中,普陀区重点聚焦发展现代商贸业、现代物流业、科技服务业、文化创意产业和专业服务业,促进区域服务经济的转型发展。

## 一、现代商贸业

商贸业在区域经济结构中居于重要地位。2002年编制《普陀区商业发展规划(2003—2012年)》,引导区商业在新时期的发展方向。

**【新兴业态】**

区商贸在业态上继续保持"大商贸、大市场"优势,通过调整,进一步凸显区域特色。一是引进国内外大型商贸企业,丰富经营业态。以大卖场、连锁超市、便利店和专卖店为代表的新兴业态不断涌现,并保持着高速扩张的势头。麦德龙亚洲总部、家乐福上海区总部、OBI中国总部等一批对区域影响重大的商业项目相继落成,形成对区域及周边消费的拉动和提升,直接推动普陀现代商贸快速发展。2010年全区有大型超市22家、购物中心和百货商店11家、专业店19家,建筑面积约151万平方米;有连锁商业网点621家。二是集聚各类交易市场,扩大经营规模。2010年有各类商品交易市场 106 家,其中消费品市场 99 家、生产资料市场 6 家、要素市场 1 家。物贸市场以 2 394.7 亿元的年成交额排在全国现货市场第一位。各类专业农产品批发市场为全市提供 70%左右的蔬菜、肉类、水产、禽蛋、花卉和水果,对全市农副产品市场价格起着指导作用。

**【商贸布局】**

在布局上构筑"大商圈、小中心"框架,完善多层次商业服务体系。"大商圈"中,梅川路文化时尚休闲街成为全市旅游休闲、商业特色街之一;由百联中环购物广场、农工商 118 广场、红星美凯龙、绿洲中环中心等大型商场组成的中环商圈,被正式认定为市级商圈;长寿商圈引进调频壹购物中心、芳汇广场、我格广场等,成为知名购物、餐饮、酒店、娱乐企业的集聚地;长风商圈完成形态建设,至 2010 年共建成商办楼宇 56.7 万平方米,稳步推进国浩大厦、跨采中心、7A 地块等重点项目;真如商圈加快基础设施建设,西站综合交通枢纽工程、货场搬迁等工作取得实质性进展。"小中心"建设经过调整,增强社区商业的服务功能,陆续建成光新路、兰溪路、万里、宜川、长风、桃浦、甘泉、石泉、真如、真光、星河世纪等社区商业中心,商业建筑面积约 64 万平方米;兰溪路社区商业中心被命名为全国社区商业示范社区;万里、光新路、甘泉路、宜川社区商业中心被命名为市示范社区商业中心。

## 二、现代物流业

现代物流业是在传统物资运输(货运)基础上建立起来的新型产业。2001 年,区委、区政府确定桃浦地区"十五"期间重点发展现代物流业,初步形成融停车、储存、运输配送、信息平台和第三方物流为一体的现代物流框架。是年底,市政府在《上海市"十五"现代物流产业发展重点专项规划》中提出,"十五"期间,上海市将重点发展和基本建成外高桥、浦东空港和西北三大物流园区,明确指出西北物流园区设在普陀桃浦地区,建设槎浦基地和未来岛科技物流园区基地,建立上海陆上货运交易中心,形成现代特色的物流园区。2002 年初成立普陀区上海西北综合物流园区推进领导小组,4 月组建上海西北综合物流园区集团有限公司。2003 年初,区政府制定《普陀区槎浦物流基地控制性详细规划》,5 月、9 月先后得到市发改委、市城市规划管理局批复。2001—2005 年间,园区共投入基础设施和农民老宅动迁资金 8.3 亿元;建设物流标准仓库和物流加工用房 39 万平方米,投资额达 9.75 亿元。根据规划,未来岛科技物流园区、槎浦物流基地作为园区最重要的 2 个物流产业聚集地,是区现代物流业的发展着力点。

**【未来岛科技物流园区】**

规划主导产业为现代仓储、物流及电子、机械等。2000 年启动园区先期开发,规划占地 153 万平方米,建设标准厂房 27.56 万平方米,引进被列入国家第八批重大项目和上海市重大技改项目的上海市医药股份有限公司医药连锁和现代物流上海医药物流中心项目,以及世界 500 强企业 3 家和一批有形象、有规模、有效益的强势企业如法国的施耐德、美国的艾佩达、日本的佐川急便等知名企业。2010 年实现税收 5.34 亿元。

**【槎浦物流基地】**

总用地约 270 万平方米,主要功能是为城市生活提供配送服务及发展第三方物流;基地内包含保税物流中心及陆上货运交易中心两大功能性项目。2000年组建西北物流集团公司,全面负责楂浦基地开发,并启动前期准备工作。2002年兴建上海陆上货运交易中心暨上海道路货运公共信息平台。2003年起,先后建成金迎路、武威西路延伸段等道路及绿化、河道整治等配套工程,初步形成道路网络,完成12万平方米楂浦新家园农民新居。2007年4月,陆上货运交易中心调整后异地重建。2008年1月,陆交中心信息平台网站正式开通。2010年9月26日,西北物流园区物流保税中心封关运营后,与陆上货运交易中心共同构成上海国际贸易中心建设的重要载体。是年底,保税中心海关为入驻企业办理报关业务18票,货值561.9万美元,征收税款总额101.9万人民币;货物品种涉及IT周边设备、电子元器件、精工标准间、生物反应器、橡胶制品、化工原料。

2010年,区物流业实现增加值8.5亿元,"十一五"期间年均增长7.7%;完成区级税收1.4亿元,占全区区级税收比重达到3.5%。引进家乐福、普洛斯、施耐德、上海医药等37个物流项目建成运营,承载70%的市内商场、超市配送业务,形成城市配送物流和医药物流的产业特色。物流业高端化发展稳步推进,合作成立"同济大学中国物流研究和培训中心"以及苏宁电器物流基地、神舟数码物流供应链总部等一批优质项目。普陀区现代物流业向着规范化、有序化、标志化、集约化方向发展。

## 三、科技服务业

2000年7月,区政府召开科技工作会议,提出"加强技术创新,推进区域科技事业发展,为繁荣上海西大堂多作贡献"的要求,将科技工作的重心从数量增长转移到质量提高,全面提升科技对经济和社会事业发展的贡献度。改组上海西大堂科技投资发展有限公司,使其成为支持中小民营科技企业技术改造、产品研发、自主创新的助推器。企业技术创新能力得到提升,区内民营科技企业随之开始向集团化、规模化、国际化发展,涌现上海华明电力设备制造公司、康鹏化学等一批全国知名的科技成果产业化"小巨人"企业,对区域经济的贡献度显著增强。2010年,全区科技企业达1 224家,资产总额1 244.34亿元,技、工、贸总收入655.16亿元,上缴国家税金50.53亿元,实现利润78.76亿元。高新技术企业总数突破110家。

搭建科技创新服务平台,先后组建华东师大科技园、上海市科技创业中心西区分中心、武宁科技园区、区科技创业中心中小企业孵化基地及民营科技企业总部大厦,为企业营造良好的创业环境。入驻的科技企业涵盖电子、电器、机电、软件、网络、通信、环保、医药、精细化工、高技术服务、先进制造等产业。2010年,科技园区实现总税收9.6亿元,完成区级税收2.7亿元。

### 【华东师大科技园】

2001年4月18日成立,是经市教委批准,由华东师范大学与普陀区政府共建的大学高科技园区,总部设在金沙江路1006号。园区整合学校、社会、政府资源,搭起支撑服务体系,逐步形成集资源、服务、信息、孵化为一体的社会化、专业化、市场化全方位的创业服务中心。根据21世纪全球科技产业发展趋势,结合华师大重点学科优势,园区逐步发展电子与信息技术、生物与医药技术、水科学与环保技术、新能源与高效节能技术,向科技密集型园区靠拢。华东师大科技园内有华东师大科技园工业园区、华东师大科技园申汉大厦、华东师大科技园国昌楼、华东师大科技园朝阳楼、华东师大科技园枣阳楼、华东师大科技园长风都市工业区、华东师大科技园武宁科技共同体、华东师大科技园平康工业园区8个分支机构,并设有管理委员会及办公室,为入驻企业提供咨询、商务、信息、培训、会务等服务。2010年实现总税收3 200万元,销售收入7.7亿元,入驻企业251家。

### 【上海市科技创业中心西区分中心】

位于桃浦地区上海西北综合物流园区南部,是由上海市科技创业中心和普陀区政府共同出资建设的全民所有制事业单位,是上海市科技创业中心的成员单位之一。2002年组建分中心管理委员会,实行管理委员会领导下的主任负责制。2003年利用原有场地和设施,改建2 096.81平方米的办公楼,于年底开始招商,为入驻企业提供咨询、融资、科技立项、协调、市场推广等服务。

### 【武宁科技园区】

2003年12月29日成立,位于武宁路501号,是普陀区政府与上海电器科学研究所(集团)有限公司、中国电力工程顾问集团华东电力设计院、信息产业部第五十研究所、上海化工研究院、上海市测绘院、中国船舶工业总公司第九设计研究院、邮政科学上海研究所、上海市地震局、上海市公路管理处9个部、市属科技机构共同创建的科技园区,旨在整合政府和社会资源,为科研院所改革、发展和科技成果产业化服务。园区科研机构的科研设施、实验基地、检测设备等资源实行互惠共享,为新办企业降低研发和生产成本,实行"一门式"服务,为入驻园区企业提供财务、税务、法律等服务。

### 【区科技创业中心中小企业孵化基地】

位于曹杨路500号普陀科技馆内,建筑面积9 375平方米,为入驻企业提供科技立项、成果转化、信息、培训等服务。基地先后孵化出申能股份集团、复星集团两家上市公司以及宏泉集团、康鹏化学有限公司等一批有一定规模的企业。

## 四、文化创意产业

进入21世纪后,文化创意产业的发展潜力日益显现,成为推动经济发展的重要引擎。区及时创新管理制度、统筹资源,为文化创意人才和企业发展提供完善的制度保护和良好的政策环境。利用区域优势和人文条件,聚焦重点行业,从文化休闲娱乐业、文化旅游业、文化艺术创作与经营业和软件动漫产业等方面入手,构建具有普陀特色的文化产业体系。2010年,区域文化创意产业集聚区达到10家,总建筑面积超过20万平方米,其中天地软件园、M50创意园、国家动漫游戏产业振兴基地、半岛艺术中心、谈家28文化信息商务港具有一定代表性。

### 【天地软件园】

2004年,区政府投资建设,是以文化创意产业、软件和信息服务业为主的高科技产业园区。企业入住率达98%以上,是上海中心城区规模最大的高科技产业集聚地之一。园区有100余家从事网络数字内容、文化创意产业的企业,其中动漫游戏为特色的文化产业发展最为迅速,成为园区的主导型产业。2010年,天地软件园税收突破亿元,被文化部授予"国家文化产业示范基地"。

### 【M50创意园】

2000年起,将上海春明粗纺厂转型为艺术创意园区,位于区苏州河南岸的莫干山路50号,占地约2.4公顷。园区定位以视觉艺术和创意设计为主体的艺术家工作室、文化艺术机构和设计企业,吸引来自 20 个国家和地区的 130 余户艺术家工作室、画廊、高等艺术教育以及各类文化创意机构，并在创意园区的基础上，积极开拓衍生业务，逐步形成 M50 品牌体系。M50 创意园先后获"上海市首批创意产业园区""上海十大优秀创意产业园区""全国工业旅游示范点""上海首批文化产业园区""上海名牌区域""国家 AAA 级旅游景点"等荣誉和称号，是上海乃至全国最具规模和影响力的创意产业园区之一。2010 年，M50 创意园实施品牌输出战略，在桃浦创意产业园开设分园。

### 【国家动漫游戏产业振兴基地】

位于华东师范大学校区内，是文化部批准成立的国家级动漫游戏产业振兴机构。基地服务于国家动漫游戏产业发展战略，实现教育培训、研究开发、产业孵化、国际合作四大功能。基地还为政府部门规范动漫游戏行业提供专业咨询。会展部每年举办国家级动漫游戏博览会，以专业性、国际性、综合性为宗旨，为中外同行提供交流合作的平台。

### 【半岛艺术中心】

2002 年 8 月 24 日正式落成，位于西康路、宜昌路交叉处的半岛花园内，由世纪之门置业有限公司投资，是联合上海 10 位著名艺术家林曦明、陈家泠、张桂铭、杨正新、施立华、任国雄、王劼音、仇德树、马小娟、卢治平共同创建的沪上第一家综合性民间艺术机构。半岛艺术中心包括半岛美术馆、半岛画廊、半岛版画工作室、半岛瓷艺馆等，每个主体都由该领域的沪上知名艺术家负责主持，使之更具专业性、领先性、国际性，并且常年免费开放。

### 【谈家 28 文化信息商务港】

位于谈家渡路 28 号，一期规划建筑面积 2 万平方米。产业园以谈家渡路区域印务包装文化为基础，打造文化礼品创意设计园区，吸引一批知名的设计师、工艺大师及工作室入驻，聚集礼品设计、印刷包装、会展策划、文化知识产权交易平台等，打造文化礼品创意设计高地。同时利用苏州河文化长廊的优势，结合 M50、上海苏州河历史展示中心等文化设施，发展文化旅游、影视制作以及广告会展业等相关业态，以支撑苏州河文化长廊的整体品牌建设。

## 五、专业服务业

2000 年后，区立足"大市场、大流通、大配送"的经济特色，专业服务业迅速发展，其中租赁与商务服务业发展日趋专业化，投资与资产管理、专业技术咨询、市场管理、企业管理服务等专业服务都取得不同程度的突破，涌现出中一投资、缆信网络、红星美凯龙、腾迈广告等一批年产税 500 万元以上的大型企业。

专业服务业中的金融服务业发展取得新进展，其中"长风金融港"项目以长风国际大厦为平台，建设长风生态商务区重点发展的三大特色板块之一，即以股权投资企业为重点的金融服务板块，2010 年 3 月 26 日挂牌。是日，美投国际、中国资本、上海联创、苏宁投资、维思资本、协丰创投、欣致投资 7 家境内外知名基金和企业与长风生态商务区管委会办公室签订入驻战略合作协议。之后，"长风金融港"共吸引 20 余家股权投资和管理企业入驻，募集资金 40 亿元，以"错位发展、补充配套"为原则，集中引进股权投资企业、境外私募基金、从事创业投资和风险投资的基金或企业，以及其他非银行金融机构和会计师事务所、律师事务所等中介咨询服务机构入驻落户，成为上海"一城、一带、一片、一面"国际金融中心的重要补充,服务于普陀商贸物流功能和上海国际金融中心、国际贸易中心建设。2010 年,区内拥有银行机构(支行级别)15 家,证券类金融机构 39 家和 20 余家股权投资和管理企业。其他诸如广告会展、会计及律师等专业服务业尚处于初步发展和培育阶段。2010 年,区内有律师事务所 55 家,实现区级税收 1 000.7 万元;有广告会展企业 271 家,实现区级税收 1 729.5 万元。

# 第三节　大型居住小区

2000 年后,区按照"依水傍绿"的要求,开发建设一批"四高标准"即高起点规划、高标准设计、高质量建设、高水平管理的中高档住宅,苏州河沿岸形成现代化亲水型住宅群,桃浦、长征等地区建设沿绿生态型住宅区,极大地改变了区域面貌,改善了城区环境。

## 一、上海万里城

上海万里城,是市政府为提高上海住宅建设整体质量水平而确定的跨世纪四大示范居住区之一,位于普陀区西北部,占地 216 万平方米,总建筑面积 227 万平方米,规划居住人口 6 万人,绿化率为 47%,绿化面积为 105 万平方米,人均占有绿化面积 17 平方米。项目由上海中环投资开发(集团)有限公司负责开发建设,主要包括万里真金苑、巴黎之春、中环家园、中环锦园、万里欣苑、万里雅筑、达安城市花园、中环花苑、愉景华庭、凯旋华庭、中环·凯旋宫、中浩云花园等小区。

万里城中央绿化带东西宽 100 米,南北长 1 000 米,设计理念突出生态城市森林主题,是继承中国传统文化和吸收法式外来文化风格的生态园林。附近道路以新村路为主干道,相连新建的真华路、真金路、富平路、富水路、水泉路。2004 年 9 月 28 日,总投资约 1.6 亿元的真华路立交建成通车,使东西近 2.7 公里范围内无南北向穿越沪宁、沪杭铁路通道成为历史。

上海万里城拥有上海晋元高级中学、民办进华中学、晋元附属小学、童的梦幼儿园等配套齐全的教育设施。在中央绿化带南段,有暨南大学旧址纪念碑。商业设施完善,家乐福万里店、万里美食休闲广场、菜市场、电信局、邮局、银行等生活配套设施,共同构建万里城商业圈。

## 二、中远两湾城

中远两湾城地块是区境内"两湾一宅"(潘家湾、潭子湾、王家宅)危棚简屋密集地区。1999 年 7 月开工建设,2005 年 9 月竣工,项目总建筑面积 160 万平方米,总投资约 67 亿元,分 5 期建设。是上海市内环高架路内规模最大的生态居住园区。

中远两湾城总体规划利用地块的自然形态和交通便捷、亲水资源等特点,突破传统组团概念,以"大梳大密"的手法,将居住区内 30 多幢大板式、板式、点式及台阶式联体住宅组合成 6 个住宅群体带,构成北高南低、沿苏州河方向层层跌落的建筑格局。居住区房型有 20 多种,户户朝南,多数住宅设计 3 个阳台,客厅宽度达 4.2 米~4.6 米,从一房一厅到四房二厅,从错层到跃层,满足各层次住户的需求。居住区内有建筑面积 6 万平方米的中央环岛公园、主题广场和富有江南特色的园林径园,以及滨河绿化带、中潭路林荫大道、小区北面环城绿化隔离带 3 条绿化带;配置三级商配设施、娱乐、健身、游泳池、老年人活动中心,1 所九年一贯制民办学校和 3 所高标准幼儿园;提供宽带上网、一卡通自动安保门禁系统和停车库程控系统等现代化通信和物业管理服务;充分运用可视化访客对讲机和智能化系统、大水量分质供水系统、新型墙体材料应用技术、居室隔热和隔音技术、有机垃圾生化处理、户式中央空调系统等成果。建成后,先后获"创新风暴"全国优秀住宅社区环境金奖、首届全国新世纪人居经典小区方案竞赛规划环境金奖、上海市"四高"优秀小区、上海市建设工程"白玉兰奖"等。总体规划由现代设计集团担纲,特邀美国著名专业景观设计公司泛亚易道公司进行景观设计,上海中远三林置业集团有限公司、中远发展股份有限公司、上海中远两湾置业发展有限公司投资开发,上海中远建设总承包有限公司施工。

## 三、绿地世纪城

绿地世纪城地块是旧区改造项目,位于区境内苏州河以北,总占地 25.07 公顷,总建筑面积 86.2 万平方米,其中地上建筑面积 84.6 万平方米,住宅建筑面积 79.6 万平方米;绿地面积 4.83 万平方米,绿地率 41.3%。总投资 30 亿元,分 4 期开发。上海春天(一期)项目用地面积 5.80 万公顷,建筑面积 19 万平方米,2000 年 12 月开工,2002 年 5 月竣工;世纪同乐(二期)项目用地面积 9.86 公顷,总建筑面积 33.5 万平方米,2001 年 10 月开工,2005 年 3 月竣工;绿地世家(三期)项目用地面积 3.80 公顷,总建筑面积 13.7 万平方米,2002 年 3 月开工,2004 年 7 月竣工。该地块由绿地集团和上海新龙基企业发展有限公司投资,上海绿地新龙基置业有限公司开发,上海船舶工业第九设计院、上海中房设计研究院设计,浙江国泰建设集团有限公司、浙江中联建设集团有限公司等单位参与设计和施工。

## 四、祥和名邸

祥和名邸位于区内长征新城中心地段,2002 年 4 月被建设部列为上海市创建国家康居示范工程小区之一。其中 301 号~310 号楼工程项目由 29 幢小高层组成,住宅建筑面积 23.8 万平方米;绿地面积 4.89 万平方米,绿地率 53.68%。2001 年 6 月开工,2003 年 11 月竣工。工程质量一次合格率 100%。小区规划布局合理,建筑空间组合注重立面转折和高低错落,建筑高度由南向北逐渐提升,有长约 700 多米的滨河贯穿小区。住宅区内广泛栽植具有海派特色的白玉兰。道路系统简洁流畅。地下停车库 3.2 万平方米,车位率 70%。采用全装修、智能化、分质供水、中水回用、箱式变压器、户室中央空调、太阳能等"四新"技术。上海申豪房地产有限公司投资开发。2003 年 11 月,住宅通过"四高"优秀小区验收。

## 五、大华清水湾

大华清水湾东临苏州河,西至凯旋路,北到武宁路,由 4 幢高层、3 幢小高层和 2 座商场组成,占地面积 4.91 万平方米,总建筑面积 13.10 万平方米,其中住宅建筑面积 10.53 万平方米;绿地面积 2.33 万平方米,绿地率 47.5%。2000 年 11 月开工,2002 年 8 月竣工。工程质量一次合格率 100%。一期住宅基地呈三角形,内辟儿童游戏区;环境绿化配置结合独特港湾与超长河岸线的自然资源优势,设置亲水平台和游艇码头;有现代西式园林、古典园林、南方现代园林和海派园林等景区。小区内配置智能化设备,备置周界报警系统、闭路电视监控系统、无线巡更系统、访客对讲系统、家庭报警系统。由上海华运房地产开发有限公司开发建设。该项目获 2003 年第三届上海市优秀住宅评选优秀房型奖和两幢单体白玉兰奖。

### 六、金沙雅苑·舒诗康庭

金沙雅苑·舒诗康庭位于长征新城，由 9 幢多层和 7 幢高层组成，占地 6.53 万平方米，总建筑面积 10.9 万平方米，其中地上建筑面积 10.74 万平方米，绿地率 41%。2001 年 1 月开工，2003 年 10 月竣工。工程质量一次合格率 100%。小区设计结合长带形状的地形特点，绿化布局采用由线型集中绿化和组团绿化串联成轴，贯穿整个小区；道路布局采用人车分流，人行道铺设花岗岩、清石板，降低了噪声。小区内配置智能化设备，备置周界防范红外线报警系统、摄像监视系统、一卡通非接触式门禁控制系统、保安巡更系统、导入电话网、有线电视网和高速宽带网等。项目由上海长征置业发展有限公司开发建设，机械工业部第四设计研究院上海分院设计，上海新马建设工程发展有限公司施工。2003 年，第三届上海市优秀住宅评选中获优秀住宅银奖。

## 第四节　生态环境

21 世纪初，区进一步加大环境保护力度，通过实施一系列环境建设三年行动计划，区域环境质量得到明显改善，形成全社会关注环境、爱护环境的良好氛围。

### 一、园林绿化

2001 年开始实施《普陀区创建绿色家园三年规划（2000—2002 年）》，全力推进 3 000 平方米以上公共绿地建设。2002 年在全市率先基本消除 3 000 平方米以上大型绿地 500 米服务半径盲区。结合大树引种，实现道路行道树基本全覆盖，建成长寿路等 10 条林荫道和绿化休闲道路；结合河道整治，建成横港河等 4 万多平方米的河道沿岸绿化，架构起大华清水湾、中远两湾城、半岛花园所组成的 3 000 多米长的苏州河景观绿线；完成 41.7 万平方米 100 米外环线林带的建设任务，2003—2005 年建成 30.96 万平方米、400 米宽的外环线林带，在沪宁、沪杭铁路沿线建设 3 万平方米绿地；建成清涧林带（一期）、梦清园（二期）、槎浦公园等 4 块 3 000 平方米以上公共绿地。初步建立由公园、街道绿地、行道树、居住区和单位绿化、河道绿化、高压线下防护林带等组成的"环、楔、廊、园"的科学绿化系统。

"十一五"期间，绿化系统得到进一步完善。环，即外环线生态林带，累计新建林带 30 万平方米。楔，即桃浦工业区楔形绿地一期。廊，即绿色走廊，完成苏州河两侧普陀段中环高架路以内滨河公共绿地新建和改建、朝阳河金沙江路以南段滨河公共绿地建设；完成轨道交通 7 号线、11 号线 12 座站点配套公共绿地恢复工作，重点优化和调整 3 号线沿线绿地；结合迎世博"600 天"行动计划对长寿路、中山北路、沪太路、武宁路、金沙江路、真北路、大渡河路、交通路等道路绿地进行调整改造和景观提升，对 A11（沪宁高速）、A12（沪嘉高速）进城段两侧绿化进行综合整治。园，即公园及大型绿地，5 年间新辟 9 幅 3 000 平方米以上大型公共绿地，建成开放武宁公园、面粉厂绿地、万里新村路以北中心绿地、长风生态商务区苏州河滨河绿地、真北路桃浦路东北角公共绿地；结合迎世博环境整治，改造公共绿地 200 万平方米，并先后对沪太、管弄、曹杨、长风、兰溪、宜川 6 座公园进行全园性整体改造,美化公园面貌。

2010 年,全区公共绿地总量达到 522.32 万平方米,专用绿地总量为 642.86 万平方米,行道树总量达 50 078 株;人均公共绿地面积提高到 6 平方米,绿化覆盖率 23.5%。

## 二、河道管理

区境内苏州河两岸岸线长 21.54 公里,从长寿路桥以西苏州河北岸中远两湾城至北新泾建德花园 15.36 公里,从长寿路桥以西苏州河南岸秋水云庐至曹家渡 6.18 公里,是上海中心城区拥有苏州河岸线最长的区。1990 年以前,由于老工业区废水排放,苏州河河道大多污染严重。经过 10 年的综合整治,区内水环境得到明显改善。进入 21 世纪后,区河道治理目标从简单的治污除害向更高标准的修复生态发展。

2000 年开始,落实水环境治理三年行动计划。第一轮三年行动计划重点围绕"面清、岸洁、有绿"目标。配合苏州河水环境综合整治,相继对桃浦河、西虹江、真如港、彭越浦开展治理,编制景观水系规划,创建曹杨环浜及朝阳河等示范达标河道和水景河道,改善和营造优美水环境。第二轮三年行动计划自 2003 年开始实施,目标为"截污治污、改善水质、消除河道黑臭"。其间,建成 400 米梦清园一期沿河景观、290 米大华清水湾二期沿河景观、中山路桥以东 200 米水岸豪庭景观岸线,同时加大力度开展对苏州河主要支流的截污、疏浚、绿化工作。至 2005 年,区内骨干河道和新河南浜等 19 条黑臭河道基本消除黑臭,中小河道实现保洁全覆盖。"十一五"期间,区河道管理以巩固提高水环境治理成果为抓手,结合区环保三年行动计划要求,落实河道治理、新建和维护工作。加强桃浦河引清调水的力度,桃浦地区 5 个水系小环基本沟通,完成与南北厅水系沟通工程;对外浜等 15 条河道开展深化治理,巩固 19 条河道基本消除黑臭的成果;种植、养护的水生植物面积达 4 万平方米。

## 三、环境治理

区环保三年行动计划始于 2000 年,其后滚动实施,并保持节点时间全面完成目标任务的推进力度。2002 年完成大气污染物排放达标区和环境噪声达标街镇创建工作,初步建立生活垃圾收集系统。2005 年成功创建成为环境噪声达标区,进一步遏制桃浦工业区恶臭气体污染排放,桃浦地区环境质量明显好转。2006—2010 年,区环保三年行动顺利完成第三轮目标任务并迈入第四轮,通过一系列整治建设,区内环境得到较大改善。大气方面,扬尘污染控制取得突破,所有建设工地全面实施扬尘污染规范化控制操作,2008 年成功创建为上海市扬尘污染控制区,可吸入颗粒物 PM10 年日均值为 0.093 毫克每立方,达到国家空气质量二级标准。至 2010 年,可吸入颗粒物 PM10 日平均值为 0.079 毫克每立方。噪声防治方面,2009 年,通过市环保局环境噪声达标区的复验,区域环境噪声达到二类区标准。工业污染治理方面,以都市型工业为标准,进一步优化区产业结构,对桃浦工业园区内 23 家污染严重的企业实行了"关、停、并、转",推进长风生态商务区实现规划转型,完成园区内污染企业搬迁工作。

# 第五节　精神文明建设

1997 年,普陀区精神文明建设活动委员会更名为普陀区精神文明建设委员会,下设区精神文明建设委员会办公室(简称区文明办),在区委领导下,负责制订全区精神文明建设规划,组织和指导全区精神文明活动开展。全区自上而下设立区部委办、街道镇、居(村)委会三级精神文明建设网络。2006年,普陀区成功创建上海市文明城区。

## 一、思想道德建设

贯彻落实《公民道德建设实施纲要》,广泛开展家庭美德、社会公德、职工道德教育,用丰富多彩、健康有益的群众文体活动,占领思想文化阵地,推动普陀思想道德建设和素质教育水平稳步提高。

2001年9月28日,区文明办、区建委、区园林所等在长寿公园举行"七不"文明公园的推进会,强化区公共绿地、公园等场所深化"七不"活动的组织、宣传机制。2003年,在全区广泛开展"小手牵大手""护绿养绿""帮困助学""道德排行榜""道德档案""道德点评"及"道德讲师团"等道德实践活动。2004年7月13日,区委、区政府召开普陀区加强和改进未成年人思想道德建设工作会议。区委成立普陀区加强和改进未成年人思想道德建设工作联席会议并下设办公室。2005年,创新未成年人思想道德建设形式和内容,把爱国主义教育、未成年人思想道德建设、"知普陀、颂普陀、爱普陀"区情教育和贯彻实施《上海市学生民族精神教育指导纲要》《生命教育指导纲要》有机结合。2006年,形成《普陀区"知荣辱、讲文明、迎世博"上海市民践行公共道德实践活动的实施意见》,开展社会主义荣辱观教育。

2007年,以"文明在我脚下""文明在我手中""百万家庭学礼仪"活动为载体,从争创学习型社区、学习型机关、学习型企事业单位和文明行业创建抓起,教育引导市民践行公共道德,共建和谐生活。2008年,制定普陀区迎世博加强精神文明建设和社会宣传动员600天行动实施计划分解表,明确各方责任。开通"普陀区迎世博专题网",发放《市民读本》15 000本、世博宣传资料20 000余份,开展市民世博知识教育培训上万余人次,营造宣传世博氛围。2009年,开展"迎世博、讲文明、树新风"主题实践活动,推动世博知识进社区、进校园、进机关、进单位,组织市民群众参加世博知识培训34万余人次,网上测试32万余人。2010年,以加强公民思想道德教育,践行社会主义核心价值体系为根本,倡导"精彩世博、文明先行"理念,引导市民在"参与世博、奉献世博"活动中,提高文明素养,践行文明礼仪,养成文明自律。

## 二、创建文明社区

区文明社区创建活动始于1989年。2000年,开展"婚育新风进万家"活动,推进《普陀区育龄群众普遍享有基本生殖保健服务工作规划》实施。2001年,形成《普陀区关于加强和改进社区思想政治工作的实施意见》,组织编写《社区居民思想政治工作100例》。开展向上海市首届孺子牛金奖获得者肖兆民学习活动,协助市文明办在普陀区举行首届社区电影节,甘泉、曹杨、石泉、长风等街道建设甘泉路、桂巷路、秋月枫舍、枣阳路等文化休闲街。2002年,推进科学、教育、文化、卫生、体育、法律"六进社区"工作。曹杨新村街道先后被命名为全国文明社区示范点和全国精神文明建设工作先进单位,石泉路街道被评为市文明社区。10月,中央文明办组织的全国"四进社区"交流会在上海举行,其中展示活动在曹杨社区进行。2003年,以塑造城市精神和提高市民素质为重点,开展群众文化展示活动87场次,参与1.7万人次,受益群众76万人次。全区各街道镇均创建成为市文明社区、文明镇。

2009 年,推广真如镇清涧第三小区"变废为宝"创建项目,为文明小区创建注入新内容。2010年,曹杨、甘泉、长寿、长风、宜川 5 个街道及真如、长征、桃浦 3 个镇,创建为市文明社区(街道)、文明镇。

## 三、志愿者活动

区文明办抓好并扩大志愿者队伍,使服务活动逐步做到经常化、社区化,管理更趋规范有序,建立和完善志愿者组织体系,发挥志愿者调配站的作用,促进团结互助、平等友爱的新型人际关系的形成,使志愿者服务成为市民自我教育的有效途径。

1998 年 6 月,区志愿者协会成立,负责全区志愿者社会公益活动的组织和协调。2000 年,志愿者队伍扩大到 3 万余人。组织"讲文明、树新风、迎新年"社区志愿者活动日活动,开展区内 10 余万名中小学生和社区志愿者参加学雷锋为民服务,参与第五届全国残疾人运动会的志愿者服务和第五次人口普查工作。2001 年,开展交通秩序、环境卫生、市容市貌等宣传整治。2002 年,成立区级机关干部志愿者总队,下设 58 支分队,机关干部 1 500 人参加,与各街道镇开展共建文明社区、文明镇活动。2003 年,全区志愿者队伍增加到 4 万余人。抗"非典"期间,组织志愿者深入社区守望相助,宣传文明、健康的生活习惯。参加第二届全国残疾人职业技能竞赛活动志愿服务。

2007 年,招募志愿者 1 083 人,参与 2007 年世界夏季特殊奥林匹克运动会志愿服务工作。2008 年,以"精彩世博,文明先行"为主题,进一步弘扬志愿精神。召开 2008 年志愿者工作年会暨迎世博 600 天志愿服务动员大会,11 个基地被命名区志愿者服务基地。2009 年,动员广大干部群众以实际行动参与世博、分享世博、服务世博。志愿者队伍达 12 万人,报名参加世博志愿者 9 600 余人。是年底,全区共有"平安""机关""红马夹""啄木鸟""护河队""交通文明""金晶"等志愿者服务队及社会各阶层人士、少数民族迎世博志愿者服务队等 650 余支,各级各类志愿巡访团 51 支。2010 年,发挥志愿者在平安世博、交通文明、清洁城市、文明游园、市民巡访、世博宣传、窗口行业和社区志愿服务"八大行动"中的作用,辐射至文明社区、文明镇、文明单位。其中区平安世博志愿者服务队是全市人数最多、覆盖面最广的一支服务队,共 33 154 人,日均在岗志愿者保持在 8 000 人左右。开展"世博进社区""世博进园区"等系列主题活动,近 5 000 名志愿者走上城市志愿服务站点岗位,累计服务市民和游客 88 万余人次。

## 四、创建文明城区

2003 年 1 月,区第七次党代会正式提出创建上海市文明城区的目标。12 月,区委七届四次全委扩大会议通过《关于创建上海市文明城区的决定》。2004 年将这项工作列入区委重点推进的六大工程之一,写入区政府工作报告。召开区精神文明建设暨创建文明城区推进大会,全面铺开文明城区创建工作。根据区委制定的实施意见,首先从巩固提高文明社区、文明镇、文明小区创建成果入手,推进文明小区"三位一体"管理机制,建立和完善管理、监督、自纠三大机制,实现文明社区、文明镇全覆盖的成果,为成功创建打下基础。

2005 年提出文明城区创建"10 个一"的具体要求,即组织一次专题讲座、举行一次宣传活动、召开一次大会、进行一次视察、开展一次检查、进行一次指导、组织一次暗访、组织一次预查、抓好一次整改、迎接一次检查。建立健全创建文明城区工作例会制度,创建工作月报制度,考核奖惩制,人大、政协、媒体、群众监督检查制,落实 102 项创建指标。同时,进一步完善创建工作体系,提出"点、线、面"相融合的理念。以社区学校为"点",为群众提供丰富多彩的精神文化活动;以开展"全面建设新普陀、争先创优做贡献"等主题教育活动为"线",构建公民思想道德建设体系;以巩固文明社区创建成果为"面",形成政府、社会、企事业单位和居民共创共建的氛围及机制。创建期间,全区建成9 所社区学校和 2 所分校,举办各类培训班近 170 万人次;建成徐虎劳模群体等 5 个公民道德示范实践基地,培育于井子、杨明辉等先进典型;新建和完善沪西革命历史陈列馆等 23 个爱国主义教育基地;上海国际花卉节、苏州河龙舟赛等大型活动成为展现区域经济发展、社会进步的亮点。

2006 年 4 月 11 日,区精神文明建设大会在区域少年城召开,市文明办主任宣读市委、市政府关于命名普陀区为上海市文明城区决定,代表市政府为市文明城区奖牌揭牌,普陀区成功创建成上海市文明城区。

表 4-3-1 普陀区主要年份基本情况

| 项　目 | 1978 年 | 1985 年 | 1990 年 | 1995 年 | 2000 年 | 2005 年 | 2010 年 |
|---|---|---|---|---|---|---|---|
| 区域面积(平方公里) | | 29.65 | 29.88 | 54.11 | 54.99 | 55.25 | 55.47 |
| 水域面积(平方公里) | | | | 1.79 | | | 1.65 |
| 年末耕地面积(公顷) | 2 269.44 | 2 029.58 | 1 596.53 | 438 | 186.5 | 122 | 0 |
| 街道(个) | 9 | 11 | 13 | 10 | 6 | 6 | 6 |
| 镇(个) | 0 | 1 | 1 | 3 | 3 | 3 | 3 |
| 乡(个) | 0 | 0 | 0 | 0 | 0 | 0 | 0 |
| 居民委员会(个) | 119 | 224 | 262 | 288 | 209 | 215 | 237 |
| 村民委员会(个) | 0 | 0 | 0 | 18 | 12 | 8 | 7 |
| 年末户籍人口(万人) | 51.67 (1979 年) | 65.85 | 76.33 | 82.57 | 84.27 | 85.79 | 87.89 |
| 户数(万户)① | 12.56 | 18.21 | 24.26 | 28.11 | 30.32 | 31.63 | 33 |
| 年末常住人口(万人) | | | | | | 110.6 | 128.89 |
| 外来人口(万人) | | | | | | 30.15 (流动人口) | 36.3 |
| 人口密度(人/平方公里) | 27 749.93 (1979 年) | 22 210 | 25 546 | 15 024 | 15 325 | 15 529 | 15 845 |
| 人口自然增长率(‰)② | | | | −3.57 | −1.33 | −0.59 | −1.75 |
| 城镇登记失业人数(人)③ | | 6 898 | 7 226 | 6 899 | 8 815 | 17 944 | 19 617 |
| 新增就业岗位数(个) | | | | | 7 605 | 33 397 | 25 365 |
| 中学(所) | 55 (1976 年) | 37 | 35 | 51 | 64 | 32 | 48 |
| 在校学生(人) | 63 554 (1976 年) | 21 023 | 30 019 | 44 290 | 67 480 | 37 100 | 28 911 |

（续表）

| 项　目 | 1978 年 | 1985 年 | 1990 年 | 1995 年 | 2000 年 | 2005 年 | 2010 年 |
|---|---|---|---|---|---|---|---|
| 小学（所） | 97（1976 年） | 65 | 78 | 74 | 47 | 30 | 28 |
| 在校学生（人） | 49 665（1976 年） | 32 226 | 59 310 | 73 741 | 34 718 | 27 500 | 27 763 |
| 幼儿园（所） | 91（1976 年） | 55（独立）84（幼儿班） | 217 | 70 | 55 | 46 | 71 |
| 在园幼儿（人） | 8 813（1976 年） | 18 709 | 28 801 | 20 204 | 14 811 | 13 000 | 23 015 |
| 职校（所） | | 15 | 9 | 5 | 4 | 2 | 1 |
| 在校学生（人） | | 2 599 | 1 653 | 3 674 | 5 523 | 3 050 | 2 015 |
| 图书馆、室（家） | 1 | 1 | 2 | | 2 | 14 | 11 |
| 文化馆、站（家） | 1 | 2 | 3 | | 6 | 10 | 13 |
| 影剧院、场（家） | 5 | 5 | 7 | | 7 | 6 | |
| 区级医院（所）① | 4 | 16（全民） | 17（全民） | 15（全民） | 16（全民） | 6 | 10 |
| 医院床位数（张） | | 1 197（全民） | 1 545（全民） | 1 895（全民） | 2 779（全民）⑤ | 4 456 | 6 770 |
| 医疗卫生技术人员（人） | | 1 069（全民） | 1 256（全民） | 1 354（全民） | 1 791（全民）⑥ | 5 412 | 6 625 |
| 执业医师（人） | | 739（全民） | 791（全民） | 1 079（全民） | 1 354（全民） | | 2 451 |
| 公共绿地面积（万平方米） | 170.9（1981 年） | 79.97 | 92.76 | 117.36 | 217.62 | 422.49 | 518.39 |
| 人均公共绿地面积（平方米） | 1.06（1979 年） | 0.84 | 1.22 | 1.47 | 2.62 | 4.93 | 5.9 |
| 绿化覆盖率（%） | 11.24（1981 年） | 10.39 | 12.75 | 15.35 | 12.81 | 20.04 | 23.5 |
| 公园（个） | 3 | 4 | 6 | 7 | 12 | 19 | 20 |

说明：① 2005 年为常住户；② 2005 年以常住人口计算；③ 1985 年、1990 年为待业人数；④ 1985—2010 年卫计委数据都是 6 个（表格为统计资料数据）；⑤ 2000 年卫计委数字 3 796（同上）；⑥ 2000 年卫计委数字 5 363（同上）。

表 4 - 3 - 2 　普陀区主要年份国民经济基本指标

| 项　目 | 1978 年 | 1985 年 | 1990 年 | 1995 年 | 2000 年 | 2005 年 | 2010 年 |
|---|---|---|---|---|---|---|---|
| 生产总值（亿元）① | | | | 20.4 | 41.57 | 72.53 | 566.39 |
| 第一产业（亿元） | | | | | 0.6 | 0.06 | 0 |
| 第二产业（亿元） | | | | | 13.4 | 25.41 | 109.04 |
| 工业（亿元） | | | | | 11.26 | 21.22 | 52.89 |

（续表）

| 项　目 | 1978 年 | 1985 年 | 1990 年 | 1995 年 | 2000 年 | 2005 年 | 2010 年 |
|---|---|---|---|---|---|---|---|
| 第三产业（亿元） | | | | | 27.57 | 47.06 | 457.35 |
| 固定资产投资完成额（亿元） | | | | | 46.70 | 84.36 | 120.86 |
| 财政收入（亿元） | 0.62（1979 年） | 1.52 | 2.44 | 8 | 17.66 | 78.80[②] | 154.76 |
| 地方财政收入（亿元） | 0.71 | 1.02 | 2.74（按税） | 5.26[③] | 12.7 | 45.02 | 51.97 |
| 地方财政支出（亿元） | 0.14 | 0.4 | 1.32 | 5.41 | 12.85 | 52.24 | 78.57 |
| 外贸进出口总额（亿美元） | | | | | 19.96（万元） | 7.21 | 14.02（亿元） |
| 出口额（亿元）[①] | | 491（万美元） | | 4.22 | 13.17 | 4.27（亿美元） | 8.09 |
| 年末私营企业注册数（个） | | 5 456（个体工商户） | 40 | 7 505（个体）435（私营） | 5 716 | 11 222（私企）11 650（个体工商） | 19 961（私营）13 641（个体工商户） |
| 工业总产值（亿元） | | 2.38（区属） | 4.26（区属） | 32.6 | 52.92 | 144.82 | 228.19 |
| 农业总产值（亿元）[⑤] | | | | | 1.1 | 0.38 | 0.2 |
| 住宅竣工面积（万平方米） | 14.06 | 70.82 | 65.7 | 60 | 151.04 | 165.96 | 54.56 |
| 社会消费品零售总额（亿元）[⑥] | 3.48 | 6.74 | 13.07 | | 76.08 | 110.57 | 299.66 |

　　说明：① 其中若干年为增加值；② 含托管经营企业收入；③ 区级收入；④ 1985 年为出口创汇额，1995 年为出口商品拨交额，2000 年为贸易出口拨交额；⑤ 2000 年、2005 年为农副业收入；⑥ 1978 年为商品零售额、商业营业总额，1985 年和 1990 年为商业销售额。

# 第五篇　闸北区

闸北区位于上海市中心城区北部。清康熙、雍正年间,吴淞江上先后建两座挡潮石闸,称之老闸、新闸,区境因在两闸之北而得名。

　　1978年,闸北区行政区域面积23.06平方公里,辖有天目西路、山西北路、开封路、新疆路、北站、宝山路、青云路、虹江路、汉中路、海宁路、烽火、中兴路、共和新路、彭浦新村14个街道,下设147个居委会,户籍人口15.7万户、57.33万人。1984年10月撤销海宁路街道,并入山西北路街道和北站街道。1985年2月设立大宁路街道。1987年烽火街道改称芷江西路街道,12月设立临汾路街道。1991年9月撤销山西北路、北站街道,设立新的北站街道;撤销新疆路、开封路街道,设立西藏北路街道;撤销汉中路、天目西路街道,设立新的天目西路街道。1992年,宝山区彭浦乡划入。1994年撤销彭浦乡,设立彭浦镇。1996年10月撤销天目西路、中兴路街道,设立新的天目西路街道;撤销西藏北路、北站街道,设立新的北站街道;撤销青云路、宝山路街道,设立新的宝山路街道;撤销虹江路、芷江西路街道,设立新的芷江西路街道。1997年9月,宝山区共康小区0.73平方公里划入。1999年5月,普陀区0.05平方公里划入。11月由闸北区代管的海军4724厂场中路北侧家属区约0.3平方公里划入。是年,宝山区共康小区0.01平方公里划入。2000年11月,虹口区0.01平方公里划入;闸北区0.05平方公里划归虹口区,西侧0.05平方公里划归普陀区。2010年,全区行政面积29.19平方公里,辖有8个街道、1个镇,下设207个居委会、1个村委会。户籍人口25.12万户、69.21万人。2015年11月4日,国务院批复上海市人民政府同意撤销静安、闸北区,设立新的静安区。

　　闸北区历史文化悠久,工业尤其发达,30年代即有"华界工厂发源之大本营"之称,同时也是中国经营性铁路的发源地。中共十一届三中全会后,全区人民从思想上、政治上、组织上进行拨乱反正,以经济建设为中心,改革开放走过了3个历程:

　　1978—1992年为经济社会恢复发展时期。1978年12月25日,区委发出《关于认真组织干部、党员学习中共十一届三中全会的通知》,重点对全区干部、党员进行党的工作重点转移到社会主义现代化建设重大决策上来的教育,为经济社会进入改革开放发展新时期奠定了基础。着重抓了三方面工作:一是推进政权建设,恢复和健全区级四套领导班子,同时认真搞好复查工作,消除"文化大革命"影响,落实各项政策,使区域发展呈现生机勃勃景象;二是推进经济建设,恢复和振兴区属工业和商业,吸引中外客商投资建厂,重新开放集贸市场,促进私营经济发展;三是推进铁路上海站建设。1985年2月制定《闸北区1986—1990年经济和社会发展计划(草案)》,明确这一时期以配合铁路上海站大型市政建设为龙头,带动城市改造和经济建设的指导思想,从而全面推进区域经济和社会事业发展,取得显著成效。

　　1993—2000年为推进城区建设时期。1993年2月,区委决定以不夜城建设为龙头,天目路、共和新路沿线开发为重点,新老客站即铁路上海站、北站地区两翼齐飞,南、中、北三片联动,构成全方位开放、高速度发展、大跨度推进的新格局。1996年,区委五届八次全会审议通过《上海市闸北区国民经济和社会发展"九五"计划和2010年远景目标》,明确以"一城、两路、三区"(即不夜城;天目路、共和新路;市北工业新区、大宁绿带休闲区、改造居住区)开发建设为重点,把区域建设成为上海繁荣发达的地区。围绕上述目标,区委、区政府一方面进一步推进经济体制改革,加大内引外联步伐,重视专业市场建设,实现区域经济的转型发展;另一方面加大旧区改造和市政工程建设,改善区域环境面貌,实现城市建设同步发展。与此同时,抓住区域特色教育的优势,乘势而为,振兴区域教育文化事业。

2001—2010 年为"陆上大门"建设时期。"十五"期间,区委六届八次全会审议通过《上海市闸北区国民经济和社会发展"十五"计划纲要》,提出以上海"陆上大门"为特征,以枢纽型交通为基础,突出不夜城一个龙头,推进苏州河沿线综合整治和共和新路高架、轨道交通 1 号线北延伸段的建设,完善南片(部)商务商贸功能,中片(部)文化休闲、居住和城市型工业功能,以及北片(部)大型居住区功能。"十一五"期间,区里在高度重视区域功能开发和空间布局的基础上进行优化。明确"南高、中繁、北产业"的发展战略,即区境南部主要体现为产业功能高端、形象载体高档、社会配套高品位,区境中部主要体现为商业繁华、文化繁荣、社区繁盛,区境北部主要体现为产业创新、产业集聚、产业辐射,区域发展转型加快推进,成为国家服务业综合改革试点区域。全区产业结构调整升级,服务经济快速发展,交通商务服务业、商贸流通服务业、房产建筑业和生产性服务业四大重点产业发展势头加快,成为区域经济的重要支撑,进一步推动了科、教、文、卫等各项社会事业的整体发展。

2010 年,闸北区生产总值 444.65 亿元,比 1993 年增长 42.89 倍;财政收入 112.35 亿元,比 1995 年增长 12.25 倍;社会消费品零售总额 180.05 亿元,比 1995 年增加长 3.03 倍;各类住宅总面积达 1 607.63 万平方米,人均居住面积 23.23 平方米。境内有铁路上海站、铁路北郊站即特等货运站;有轨道交通 1、3、4、8 号线;有长途汽车营运公司 10 余家,设 7 个站点,经营全国 11 个省、直辖市方向班线 1 007 条;有铁路上海站、北区汽车站、彭浦新村和北站地区 4 个重要公共交通枢纽。有宋教仁墓、吴昌硕故居、上海总工会旧址、四一二惨案群众流血牺牲地、中国同盟会中部总会、中共三大后中央局历史纪念馆等遗址。1988 年被国家教委授予"普及义务教育先进区",1994 年被国家教委授予"普及九年义务教育和扫除青壮年文盲区",1996 年、2001 年 2 次被国家教委、民政部和中国残疾人联合会授予"全国特殊教育先进区",1997 年、2000 年 2 次被国务院妇女儿童工作委员会授予"全国儿童工作先进(区)县",2002 年被民政部授予"全国民政工作先进区",2005 年被卫生部、财政部、教育部和中国残疾人联合会授予"全国残疾人康复工作先进区"。

2011 年,《闸北区国民经济和社会发展第十二个五年规划纲要》明确指出:区域将进一步"开闸扬波",加速提升城区功能与品质,为闸北集聚高端商务提供广阔空间。苏河湾开发将全面启动,东片重点引进世界知名品牌旗舰店、跨国公司总部等;西片依托中国上海人力资源服务园区,打造全国人力资源服务枢纽平台,并以滨水景观、历史建筑文化为依托,发展滨河观光旅游,打造人性化亲水休闲娱乐活动区域,使其成为上海时尚人士和海内外游客的重要汇聚地,成为传承上海历史文化,汇集现代时尚元素,集聚高档商业商务的城市新地标,成为闸北新一轮发展的重要引擎;中部地区重点建设大宁商业文化休闲服务业集聚区,体现繁荣繁华;北部地区重点建设生产性服务业集聚区,以市北高新技术服务业园区、多媒体谷、上大科技园等为中心,构筑上海乃至全国的高技术产业新高地。

# 第一章 经济社会恢复发展

1978年后,区委、区政府高度重视区域经济发展和社会就业。通过调整充实区各级领导班子,恢复健全各种工作机构,凝聚提升干部群众精神面貌,实现党的工作重心转移;认真贯彻落实党的干部、知识分子、劳动就业、科技发展等政策,使各项工作逐步走上正确轨道;加快区属工业的发展,充分发挥集管工业、商办工业、街道工业、乡村工业和其他部门办工业的积极性,不断提升区域的经济实力;大力兴办社会商业,发挥区财贸系统主渠道作用,鼓励区相关部门开店经营,同时,创造条件,吸引市区和外省市企事业单位来区投资经商,繁荣市场,服务居民;大力开放集贸市场,积极引导商业街市,鼓励个体、私营工商业者办厂。这一切既有效恢复和推进区域综合经济的发展,又为大批知识青年返城就业解决后顾之忧。尤其是铁路上海新客站建设,带动了区域经济社会、市政建设、人文环境全方位发展,是这一时期重要的抓手和最大的亮点。

## 第一节 党 政 机 构

### 一、区委

"文化大革命"结束后,各级组织经过清理整顿,区委各工作部门逐步恢复建立。1977年11月恢复党校、统战部。1978年2月重设办公室、组织部、宣传部。9月建立政法小组(政法委员会)。1979年7月重建区委纪委。1984年11月,增设党史资料征集办公室(简称党史办公室)。1985年4月建立老干部局。1993年底,区委工作部门有:办公室、组织部、宣传部、统战部、政法委员会、党校、老干部局、党史办公室。1985年6月,中共闸北区委员会纪律检查委员会改为中共闸北区纪律检查委员会(简称区纪委),设专职委员5人。1986年8月18—22日,中共闸北区第三次代表大会召开,选举产生区委委员25人,区纪委委员17人,时隔16年再次召开区党代会。之后,各届区委均设常委会,主持区委日常工作。

1978—1989年,区公安分局、审计局、司法局、民政局、文化局、人民防空办公室、劳动局、城市建设局、住宅建设办公室等部门党组和教育局、卫生局、财贸办公室、集体事业管理局、粮食局、财政局、工商行政管理局等部门党委以及区机关党委先后建立或重建。城市建设办公室党组撤销,财贸办公室党委改建为党工委。1990—1991年,区计经委、档案局、人事局、规划土地局、宗教局、物价局、市政管理委员会、城建委、民政局、审计局、监察局、环保局等部门党组和税务局、建设局、环卫局、房地产管理局、人民武装部等部门党委先后建立或重建。公安分局党组改建为党委。1992年4月,区文化局党组改建为党委,区机关党委改建为党工委。1993年,区外经委党组和计生委党组建立。1993年底,区属各部门共设党组21个、党委14个、党工委2个。

### 二、区人大

1980年初,区人民代表大会得到恢复。8月11—16日,区第七届人民代表大会第一次会议举行,采用差额选举,产生人大常委会主任 1 名、副主任 6 人、委员 16 人、区长 1 人、副区长 6 人、区法院院长和区检察院检察长各 1 人。

1980 年前,区人民代表大会不设常设机构,大会闭会期间,区人民委员会是区人大的执行机关。区第七届人民代表大会依法设立区人大常委会,作为区人大的常设机关,在大会闭会期间依法行使监督权、决定权和任免权等项职权。区人大常委会是集体行使职权,凡重大事项都须在常委会会议上讨论或审议,经过表决,作出决定、决议或审议意见。

历届区人大代表选举由区选举委员会主持,按单位或地区划分若干选区,分配代表名额,进行选民登记和选民资格审查,酝酿协商提出候选人,由选民按选区直接选举产生。1980 年 6 月—1993 年 3 月,区第七至十一届人民代表大会,各政党、各人民团体联名推荐的代表候选人名额都不超过应选代表总名额的 15%;大部分代表候选人由选民联名推荐,第七、第八届为选民 1 人提名 3 人以上附议,第九届起改为选民 10 人以上联名推荐。代表候选人名单经过选民反复酝酿,民主协商,根据较多数选民意见,按法定差额比例确定正式代表候选人,并向选民介绍,使选民了解正式代表候选人。随后,按《选举法》规定程序,进行无记名投票选举,投票结束,当即公布选举结果,经选举委员会确定后,公布当选人大代表名单。如区第十届人大代表选举,初步代表候选人由各政党、各人民团体联名推荐 44 人,选民推荐 7 729 人。经过选民反复酝酿、民主协商,按法定差额确定正式候选人 489 人,投票选举结果,当选区人大代表 297 人。

### 三、区政府

"文化大革命"期间,区人委被"造反派"夺权,政府工作陷于停顿。1967 年 9 月,区革命委员会(简称区革会)成立。1980 年 8 月撤销区革会,恢复区人民政府,设工作部门 21 个。1993 年区列入政府系列的常设机构有:区政府办、计经委、外经委、建委、市政管理委员会、监察委员会、科委、体委、计生委、财办、人防办、台办、财政局、工商局、劳动局、物价局、审计局、粮食局、集管局、房产局、规土局、建设局、环卫局、环保局、教育局、卫生局、文化局、档案局、人事局、民政局、宗教民族华侨事务局、司法局、上海市公安局闸北分局等 33 个;设有天目西路、西藏北路、北站、宝山路、青云路、虬江路、中兴路、芷江西路、共和新路、大宁路、彭浦新村和临汾路等 12 个街道办事处。

### 四、区政协

中共十一届三中全会后,区政协恢复活动。1980 年 8 月召开区政协第五届第一次会议,选举产生政协委员 285 人,代表了 22 个界别:中共、民革、民盟、民建、民进、农工、九三、无党派、工会、妇联、共青团、青联、工商联、教育、科技、文艺、体育、医卫、宗教、少数民族、侨联、特邀。以后,每年召开一次全会。1986 年起,区政协成为区级领导机构之一,直接参与区政大事的讨论,同时发挥人才库、智力库和海内外联系面广的优势,广泛开展社会服务和海内外联谊活动,为区域发展繁荣,促进社会主义民主政治建设和统一祖国服务。1993 年第九届起,每届任期 5 年。

## 第二节　落　实　政　策

1979 年,区委成立复查领导小组及办公室,按照"实事求是,有错必纠"的原则,首先对"文化大革命"中的冤假错案进行全面复查。1980年基本结束,共复查冤假错案5 340件,其中党员、干部2 038人。对受迫害者进行平反,受诬陷者全部恢复名誉,受迫害致死者予以平反昭雪。接着,对"文化大革命"前历次政治运动中由于"左"的干扰和影响而错误处理的案件,本着"全部错的全部纠正,部分错的部分纠正"的原则进行全面复查。1982年全部结束,共复查纠正错案670件。对"反右倾"受处分的干部136人,全部甄别平反。对"四清"运动中错案104件,全部纠正。在复查基础上,全面落实各项政策。

## 一、干部政策

1978—1980年,进行组织工作拨乱反正,整顿各级领导班子,落实党的干部政策。1981—1983年,贯彻市委《关于干部考察和处理领导班子中"三种人"有关政策问题的几点意见》。1984—1985年,区委制订《关于管理干部任免、审批权限的暂行办法》,在区级机关(街道)实行岗位责任制,对干部进行全员培训。1986—1988年,采取平时考察和年终考核相结合,实行干部一级考一级民主考核制度,进行组织人事管理体制改革,建立干部基本数据信息库,运用电脑管理干部资料。1989—1990年,对处级以上干部和副处级后备干部在1989年政治风波中表现、廉政情况和工作实绩进行考察,进一步健全干部管理制度。

1982—1983年,后备干部工作制度恢复后,从机关、学校、财贸等单位选拔优秀分子108人,充实区委、区人大常委会、区政府、区政协及区属单位领导班子。1984年,区委成立"建设第三梯队工作小组",按照干部"四化"即革命化、年轻化、知识化、专业化的要求,建立局、处两级后备干部队伍,推荐优秀分子305人列入后备干部人选,确定"第三梯队"培养对象137人,从中提拔局级干部2人、处级干部54人。1985—1988年补充处级以上后备干部138人。1989—1990年制定《后备干部工作暂行条例》,调整充实后备干部176人,使干部管理逐步走上正轨。

## 二、知识分子政策

1978年起,区委成立落实知识分子政策领导小组,复查平反知识分子在"文化大革命"中冤假错案1 848人。知识分子被错划"右派"405人全部改正,恢复和补发被错停、扣减工资145人,清退被查抄财物387人。恢复和提升知识分子科级以上职务88人,其中高于原职务38人。1982—1988年在知识分子中发展党员1 120人。1989—1990年建立知识分子访谈制度和区委、区政府领导与高级知识分子联系卡制度。

1980年起,相继建立区工程师技术职称评定委员会和区社会科学业务技术职称评定委员会。1983年,全区评定系列有工程、会计、经济、统计、图书、档案6个专业,累计评定技术职称2 529人。1987年2月成立区职称改革领导小组,相继组建6个中级专业技术职务资格评审委员会,16个初级专业技术职务资格评审委员会。高级专业技术职务资格评审由市负责。1989年9月,全区累计评聘专业技术职务13 811人,占专业技术人员总数78.43%,其中事业单位9 808人、企业单位4 003人。高、中、初级专业技术人员结构比例1∶9∶34。

## 三、劳动就业政策

1978年,区劳动服务公司建立。1980年大批知识青年回城后,各街道办事处成立劳动服务所。

根据"在国家统筹规划下,实行劳动部门介绍就业,自愿组织起来就业和自谋职业相结合"的三结合就业方针,1982—1984年组织集体所有制性质的市政、房修、打包托运等各种劳务队和饮食、服务等合作社,安排就业2.1万人,占全区3年就业总人数56.34%。1984年起,劳动服务公司负责境内待业救济金收缴、发放和劳动合同制工人社会化管理工作。1985年,公司系统有经济实体84个,从业人员4234人。1993年底,从事各种个体经营累计达7861人。

1979年起,企业招工实行"公开报名,德智体全面考核,择优录用"办法。1984年起,国有企业招收新职工实行劳动合同制。1986年起,企业可以辞退违纪职工。是年12月15日,闸北区在区少年宫举办全市第一个劳动力流动市场。20家工厂和待业人员及在职技术工人298人当面洽谈,双向选择,有86人被录用或转换工作单位。至1987年6月,共举办6次大型劳动力市场活动,1167人被招收录用或转换工作单位。其间,国际劳工组织官员及日本等国代表团参观后予以好评。1987年下半年起,区建立"周五固定劳务市场日"制度,并不定期举办大型劳动力市场活动。1993年建彭浦地区职业介绍所。

## 四、科技政策

1978年后,区域科技事业迅速得到恢复和发展。区政府制定科技发展计划,成立区科技专家组,扶植区属工业和民营科技企业,建立科技市场。区科委、区科协积极开展学术、技术交流和协作活动,组织科技项目攻关,开展科技咨询服务,支持"星火计划"项目的实施。1993年,区内有区属科技机构5所,民营科技机构197所,部、市属科技机构37所,学会、协会、研究会60个。全区科技人员35635人(不含教育、卫生系统)。

与此同时,加强科技普及工作。中兴路街道荣福村居委会组织科普小组,用黑板报、报告会等形式普及科技知识,村内食物中毒、触电事故得以避免;争吵打架、迷信活动、环境脏乱差的局面开始改变。1982年,区科协总结推广荣福村居委会开展科普宣传经验,6月在全国城市科普工作常州会议上交流。1983—1985年,荣福村连续3年被评为区文明里弄。

## 五、侨务政策

1979年12月成立区侨务办公室,1985年9月改设区宗教民族华侨事务局。侨务部门运用多种形式开展宣传,配合和推动有关部门落实侨务政策。归侨、侨眷在"文化大革命"中的冤假错案76件,全部平反,恢复名誉。历史案件28件,也依法复查改正。

"文化大革命"中,被挤占的"三侨"(华侨、归侨、侨眷)私房23户2256.4平方米,1986年底产权全部按政策归还业主。在土地改革和对私人资本主义工商业社会主义改造中,"三侨"私房6户1630.7平方米的遗留问题,也得到妥善处理。

归侨、侨眷知识分子政策进一步落实。1986年,归侨、侨眷知识分子262人中,被提升各级领导职务21人,晋升技术职称20人。至1993年,被评聘为高级职称21人,中级职称64人。

1990年9月,《中华人民共和国归侨侨眷权益保护法》颁布。1992年11月,《上海市实施〈中华人民共和国归侨侨眷权益保护法〉办法》颁布后,通过宣传和法律咨询活动,逐步深入侨心。区内一些侨界人士在出境探亲、留学、定居,房屋租赁、买卖、动迁,以及财产继承等方面产生的问题与纠纷,其合法权益获得法律保障。

# 第三节  区 属 工 业

闸北区区属工业主要有集管工业、商办工业、街道工业、校办工业、乡村工业、其他部门工业和私营工业。1979年为了安置大量返城知识青年和振兴区域经济的需要,各类区属工业都呈现加快发展的势头。尤其是区委、区政府在1984年投资1.44亿元辟建走马塘工业小区,对区属工业改造和结构调整,以及发展联营企业和"三资"企业起了重要的推动作用。

## 一、集管工业

区属集体工业始于1956年,是区劳动、民政部门为安排失业工人和烈军属生活,组建中兴纸盒组。1958年组成里弄生产组,1962年形成街道工厂。1978年3月,区集体事业管理局成立,归口管理193个里弄生产组,各街道办事处设集体事业管理组,负责生产组的行政和业务管理。1979年,里弄生产组吸收大批返城知识青年,为发展生产、添置设备、扩大规模、改组建厂,组成147家街道工厂。1984年6月打破以街道为块的管理模式,由区集管局对集管工业企业实行政治、业务统一领导,将行业、产品近似工厂分类归并成8家工业公司和1家商业生活服务公司。1988年,区集管局深化改革,简政放权,实行政企分离。1989年又将9家行业公司归并成5家,同时推出改革企业经营机制的"七字方针"即分、租、包、转、破、卖、关,得到市政府领导肯定。1993年底,区集管工业有工厂155家,职工1.42万人,工业总产值6.29亿元,比1979年增加9.73倍;利税3 968.15万元。主要行业有:电子通讯业,首家工厂为建于1979年的北站电子仪器厂;电气仪表业,首家工厂为建于1979年的福北仪表修造厂;金属制品业,首家工厂为建于1978年的宝源五金厂;塑料化工业,首家工厂为建于1979年的梅园铁粉厂;缝纫皮革业,首家工厂为建于1978年的新民劳防用品厂;印刷纸品业,首家工厂为建于1978年的华新纸箱厂;文教玩具业,首家工厂为建于1979年的华康绘图尺厂;食品业,首家工厂为建于1985年的春风食品厂。

## 二、商办工业

主要行业有:肉食品业,1918年区境即建有广同昌猪油栈,1993年共有中兴食品厂、闸北炒货食品厂等5家。豆制品业,1921年祝德兴豆腐店(作坊)开业;1956年公私合营前,境内有个体、私营豆腐作坊113家,个体、私营筋粉制品作坊49家;1985年,闸北豆制品厂引进日本豆腐流水线,在全市首家制成机制内酯盒装豆腐;1993年有工厂2家。另外,还有床上用品业、熟食业、咸菜豆芽业等行业。1993年,商办工业有工厂23家,职工2 380人,工业总产值8 734.12万元,利润480.02万元,上缴税金523.08万元,固定资产原值2 704万元。

## 三、街道工业

1979年,区生产生活合作联社(简称联社)筹备组成立。10月建立芷江木器厂是区内首家联社系统工厂,安置待业青年10余人。1984年联社工厂增至21家。另外,区内还有街道民政福利工厂19家、街道劳动服务公司工厂19家和各街道成立的社会劳动服务公司。1989年9月,区里成立街道经济办公室。1993年,街道工厂增至141家,职工2 876人,固定资产696万元,工业总产值1.02亿元,利润659.77万元,税收420.62万元。

### 四、校办工业

1980年2月,区校办工业管理处成立。年底,校办工厂增至83家。1985年1月成立闸北区校办企业公司。1987年为提高校办工业经济效益,由区教育局制定《关于闸北区中小学校办工厂收益分配的若干规定》《关于实行校办企业承包经济责任制的几点规定》,经济效益显著提高。1993年,全区有校办工厂88家,职工2 182人,固定资产原值1 289.08万元,工业总产值7 141.54万元,出口创汇16万元,利税1 757.93万元,比1980年增加13.66倍;弥补教育经费1 168万元,比1980年增加11倍。

### 五、乡村工业

区境乡村工业主要是彭浦乡(社)、村(大队)、生产队办工业,始于1958年。1978年4月,《人民日报》发表《社队企业要有一个大发展》社论后,企业建立和健全以经济责任制为中心的各项管理制度,转换经营机制,实行自负盈亏、自产自销,经济效益显著提高。1993年,乡办工业已有电子恒温糟等10种产品填补国内空白,乡办工业企业中有国家二级企业1家、市重点骨干企业等技术含量较高的工厂4家。其中,舒乐衬衫总厂组成由24家企业参加的跨地区、跨国界、跨所有制的上海舒乐时装集团公司。1993年,乡办工厂11家,职工3 322人,工业总产值2.68亿元,利税3 078.7万元,固定资产原值5 226万元;村办工厂83家,职工5 271人,工业总产值为1.93亿元,利税3 483万元,出口创汇562.2万元,固定资产原值5 137万元;生产队工厂76家,职工2 510人,工业总产值5 489.97万元,利税600.79万元,固定资产原值1 237.46万元。

### 六、其他部门工业

其他部门工业包括区劳动局1979年组建区劳动服务公司,以及区房管局、区运输公司、区环保局、区市政工程公司、区体委所办工业。主要产品有五金、机电、建筑材料、灯具、塑料制品、建筑工具、油灰、电梯等。区运输公司于1958年组成,80年代所办工业年产量增至11 000吨,除行销江南各地外,还远销新加坡、斯里兰卡、叙利亚等国家和中国香港地区,1984年,人均创汇1万美元。1993年,其他部门工业有工厂24家,职工2 089人,工业总产值5 151.54万元,利税412.46万元,固定资产原值1 547.2万元。

### 七、私营工业

中共十一届三中全会后,国家实行改革开放政策。1988年11月,区内建2家私营工厂,即伟洁时装厂和五椿针织运动衣厂。伟洁厂注册资金2万元,职工33人,从事服装加工。五椿厂注册资金90万元,职工91人,主要生产运动衣。1988—1993年,区内共开办私营工厂42家,其中乐达皮鞋厂、创新电镀助剂厂等10家因经营不善等原因关闭。1993年底,区内有私营工厂32家,总资本848.7万元。

# 第四节 社 会 商 业

1978年后,区内涌现多种形式的社会商业企业,数量逐年上升。1984年后,区财贸系统外的企事业单位经营商业服务业迅猛增长。区政府于1990年7月21日批准建立区社会商业联合会。1993年,全区社会商业独立核算单位3698家,从业人员51278人,年营业额91.32亿元,利润3.19亿元,税金9965万元。

## 一、区属社会商业

主要有街道办商业、服务业和系统(部门)办商业、服务业。街道办商业、服务业起源于1958年11月,各街道办事处兴办食堂、托儿所、服务站、洗衣作、缝纫铺、浴室、理发室等生活福利性单位576个,有1756名家庭妇女进入服务性行业。"文化大革命"中受到冲击,1978年恢复到172个,从业人员2902人;1989年发展到787家,职工1.53万余人,年营业额3.18亿元,利润3305万元;1993年又有了更大发展,有企业834家,职工1.34万人,年营业额15.34亿元,利润8470万元,税金4117万元。

1985年3月起,区属各系统(部门)纷纷兴办商业服务业,方便居民群众。区人防办于和田路275号开设佳宾旅社,面积1968平方米,职工18人,年营业额18万元。1987年8月,区集体事业管理局于天潼路737号~741号开设前进五金机械刀具经销部,资金15万元,职工28人,年营业额336万元。1988年7月,区教育局于共和新路1000号开设育新建材五金交电商店,资金40万元,职工30人,年营业额420万元。1988年9月,区集体事业管理局在梅园路360号4楼开设闸北工业销售公司工贸商场,资金200万元,经营仪表电工器材,职工106人,年营业额1440万元。10月,闸北爱建综合经营部建于浙江北路118号,资金25万元,经营日用百货工业电器,职工17人,年营业额245万元。1989年9月,区少年宫于宝山路326号,开设永青贸易经营部,资金15万元,经营日用五金,职工30人,年营业额240万元。1993年,区内机关、团体、医院、学校、工会、退休工人管委会、环卫、房管、文化馆站、园林、人防、体委等单位创办商业饮食服务业共826家,从业人员近万人,经营日用百货、食品水果、建材装潢、酒家餐厅、旅社招待所、维修服务、打包托运等吃、穿、用各类商品、服务项目。全年营业额14.6亿元,利润6144万元,税金2778万元。

## 二、市属社会商业

1979年,铁路系统首先兴办商业、饮食服务业。3月,上海铁路局(简称上铁)利民服务公司、上铁生活服务部率先开业,资金260万元,从业人员497人,经营面积4300平方米,年营业额1700万元。1985年开办上铁利克公司,资金150万元,职工392人,面积4600余平方米,年营业额3400余万元。至1990年,上铁先后开设美术广告公司、旅行社、经济开发公司、食品供应站等10家公司,资金3638万元,职工3293人,面积2.47万平方米。1985年,区内彭浦工业区先锋电机厂、四方锅炉厂、彭浦机器厂、压缩机厂等14家大厂纷纷破墙开店,举办经营部、营业经销部、服务部等商业服务业,销售锻压设备、锅炉化工设备、推土机等机电器材以及日用百货烟酒杂品等,资金572万元,职工1846人,面积1.39万平方米,年销售额7368万元。1987年,上海邮政局在共和新路1395

号开设邮购服务公司。1988 年,上海晴雨伞厂开设联合销售公司,资金 50 万元,职工 32 人,面积 200 平方米,年销售额 1 800 万元。1990 年,上海电力工业局在共和新路 2499 号开设上海电力宾馆,资金 400 万元,职工 120 人,面积 4 500 平方米,设有客房、餐厅。

在大商业、大流通、大市场浪潮推动下,区境市属企事业单位纷纷破墙开店。市郊、农场及其他单位竞相来区开办实业公司、工贸公司、经贸公司、发展公司等商业服务企业。1993 年,市属企事业单位办商业服务业共有 1 468 家,从业人员 3.45 万人,注册资金 1.48 亿元,年营业额 39.55 亿元,利润 1.5 亿元,税金 1 584 万元。

## 三、外省市属社会商业

1984 年前,外省市企事业单位在区境投资兴办商业、服务业仅有 17 家。1985 年后,陆续有江苏、浙江、安徽、福建、江西等 25 个省市自治区在区境投资兴办商业服务业。天津市汽车销售公司上海分公司,设于长安路 1001 号,注册资金 112 万元,职工 15 人,经营汽车及其零配件,1993 年销售额 4.78 亿元。柳州物资贸易公司上海经理部,设于公兴路 11 号,注册资金 50 万元,经营建筑材料,1993 年销售额 2 600 万元。河南洛阳轴承厂上海零售公司,设于公兴路 5 号,注册资金 690 万元,1993 年销售额 2 857 万元。1993 年,全区共有外省市自治区兴办商业 570 家,从业人员 2 175 人,注册资金 6.14 亿元,经营汽车及配件、金属建材、化工化肥、五金机械、机配电子、针织用品、食品百货、餐饮等,年营业额 21.83 亿元,利润 2 178 万元,税金 1 486 万元。

## 四、私营、个体商业

中共十一届三中全会后,重新肯定私营经济是公有制经济的必要补充,允许并鼓励待业青年和闲散居民从事商业、服务业,私营个体商业有较快发展。1982 年,全区有证个体商户 2 167 家(人),其中纯商业 1 112 家、饮食业 236 家,年营业额 206 万元。1987 年随着支持私营、个体商业发展政策进一步放宽,个体商业大幅度增长,全区有个体商户 4 735 家,6 362 人,年营业额 5 360 万元,与 1982 年相比,增长 25 倍。1993 年,全区有个体商户 5 328 家,从业人员 8 855 人,年营业额 2.23 亿元。

## 五、集贸市场

1979 年,全市第一个集贸市场在中山北路建立,经营来自各地的农副产品、工业品。之后,又建立了鸿兴路、彭浦农副产品市场,恢复七浦路农贸市场,设立安庆路农副产品市场。1980 年建立老沪太路、大统路农贸市场。1981 年,七浦路农贸市场改为小商品市场,经营服装、辅料和小百货,逐步发展为闻名全市的服装批发专业市场。1984 年,中华新路旧货市场正式对外开业,主要经营自行车零部件、旧五金、旧家具和劳防用品,为全市最早恢复、颇具名声的旧货专业市场,后迁址恒丰路立交桥北端桥洞。1987 年设立芷江中路综合市场、平型关路综合市场,除经营农副产品外,还经营日用小百货、服装、饮食、修理服务等业务。1988 年建成太阳庙路室内市场,成为经营冬笋、竹笋、毛笋的专业市场,后因场地狭小,迁往中山市场营业,聚集邻近省市"三笋"和其他农副产品,成为大型农副产品批发市场。在共和新路旱桥南堍两侧开设旱桥廉价商品交易市场,以经营旧货为主;又在东侧建成花、鸟、虫、鱼特色市场,后因建南北高架路,连同旱桥一起撤除。1991年10月,在铁路上海站南广场东侧地下候车大厅开辟集吃、穿、用为一体的大型综合性地铁商场,1993年10月为配合市里轨道交通1号线地铁车站施工而撤除。

1993年,区内共有农副产品市场9处、小商品综合市场4处,固定摊位1 941个。

## 六、商业街市

闸北区借助于新老铁路客站的优势,以及工业、人口集聚的特点,商业街市历来比较发达,1978年后又得到了新的发展。主要有:

### 【铁路北站地区街市】

清光绪十五年(1889年)至三十四年(1908年),淞沪、沪宁铁路先后设车站于宝山路两侧,周边地区即开设众多商店。民国五年(1916年),沪宁、沪杭甬铁路接轨后,北站地区商业、饮食服务业发展迅速。后虽经战争创伤,但1949年5月上海解放后,商店迅速恢复发展。1978年得益于铁路上海站,许多名特优商店仍云集于此,有商业行业38个,商店110家。80年代初期,街市日趋繁盛,有商店170家,每日接待顾客13万人次,是全市四大著名商业街(场)之一。1987年,铁路上海站西迁后,流动人口骤减,营业额曾一度下降近50%。1991年,区政府投资2 000余万元,对北站地区进行调整、改建、装修。1992年有行业17个、111家商店,职工3 104人,营业面积2.49万平方米,年营业额2.63亿元,利润346万元。1993年,营业额增至4.48亿元,比1987年增长近1倍,利润574万元,恢复到繁荣时期水平。

### 【铁路上海站地区街市】

1987年,铁路上海站西迁秣陵路,周边兴起全新商业店群。新客站启用后,相配套的中亚饭店、环龙商场同步投入使用。中亚饭店总面积3.2万平方米,1990年营业额1 591.88万元,利润186.92万元。环龙商场地处车站南二出口处对面,总面积1.1万平方米,其中营业面积6 000平方米,商场面积位居全市第三,是大型综合性商业企业。1991年,销售额1亿元,利润500万元,日客流量约5万人次。上海站南广场东南侧开设餐饮、服装、百货、金融等企业13家,营业面积3.52万平方米。1992年,上海站地区财贸系统网点有28家,职工2 652人,营业面积3.81万平方米。1993年,营业额3.17亿元,利润1 814万元。

### 【共和新路南端街市】

民国9年(1920年),共和新路南端两侧已有粮店等商铺。1956年,有商业网点203家。80年代建成上海新新百货公司,相邻有各类商店54家,营业面积2.2万平方米,从业人员1 334人,形成一处新的商业街市。同时,新村地区和老居民区的商业服务网点建设亦有新发展。1992年,营业额2.36亿元,利润666万元,是区境内上海站北面地区的重要街市。1993年,建设南北高架路,沿途拆迁商店41家,尚余商店13家,但营业额仍达2.7亿元,利润606.31万元。

### 【彭浦新村街市】

1958年新建彭浦新村居民点,随之在闻喜路、临汾路等沿街设店。之后,新村规模扩大,商业网点逐渐增加,成为区境内北部重要街市。1993 年,区财贸系统有行业 12 个,商店 128 家,营业面积 3.5 万平方米,年营业额 3.5 亿元。其他社会商业网点 378 家,其中街道办 294 家、外地企业办商店 84 家,营业面积 2 万平方米,营业额 3 亿元。新村集市贸易也颇为活跃,有露天马路集市 2 处即平顺路、闻喜路曲沃路,年成交额超亿元。

### 【天潼路街市】

1991 年起,调整改造天潼路商业街,重点经营机电、仪表等生产资料经营。1993 年有商店 128 家,其中经营生产资料商店 112 家,年销售额 10.22 亿元,形成生产资料一条街。1995 年,销售额猛增至 13.16 亿元,比 1990 年的 0.76 亿元增长 16.89 倍;1996 年,利润和税收分别是 1990 年的 4.9 倍和 6.7 倍。涌现出一批颇有实力的骨干企业,如农垦物贸中心年销售额达 1.7 亿元,农工商销售公司年销售额达 1.3 亿元,上海砂轮厂年销售额达 1.06 亿元。天潼路生产资料一条街跻身于上海财贸系统 10 条市级专业特色街行列。

### 【大统路街市】

南起新闸桥,北至芷江西路。1956 年有行业 39 个、商店 368 家,是区境内仅次于北站地区第二大街市。“文化大革命”受到影响,1978 年始得到恢复和发展。1992 年有商店 56 家,从业 855 人,营业面积 7 491.28 平方米,年营业额 5 709 万元,初步改变区境内商店北面少、档次低且分散的状况。

## 第五节　铁 路 上 海 站

百余年来,区境成为上海市区铁路设站早、车站多、历史久地区,铁路吴淞线上海站、淞沪线上海站、上海北站尤其是上海铁路新客站建设,对区域乃至全市经济、社会发展产生重大影响,使闸北逐步成为上海陆上大门。

### 一、建站营运

#### 【规划筹建】

为适应上海经济建设发展需要,1972 年上海铁路局申请兴建上海铁路新客站。1981 年 6 月 19 日,经国务院批准,国家计委下达《关于建设上海铁路新客站的批复》。7 月 31 日,市政府决定成立上海铁路新客站工程指挥部,着手筹建。

#### 【动迁施工】

1986 年 1 月,市政府成立了上海铁路新客站建设领导小组,市长江泽民任组长,成员由市有关部门及闸北、普陀、静安三区领导兼任。上海铁路新客站工程是一项由铁路、市政、财贸和公用事业组成大型综合市政工程。占地 49.75 公顷,其中 27.22 公顷是原铁路上海东站场区。新增用地动迁居民 7 219 户、31 485 人,拆除旧房 16.5 万平方米,安排动迁房源 40.28 万平方米;动迁单位 273 家,拆除旧房 8.5 万平方米。

**【竣工营运】**

1984 年 9 月 20 日举行开工典礼,铁道部部长和上海市市长出席剪彩。工程历时 39 个月,1987 年 12 月 28 日竣工启用,定名"铁路上海站"(简称上海站)。铁道部和市政府在上海站南广场举行隆重开站仪式,中共中央政治局常委、国务院副总理姚依林亲临剪彩,铁道部部长和上海市市长讲话。

## 二、站场设施

**【站屋、大厅】**

上海站大厅建筑是国内首次采用"高架候车,南北开口,高进低出"布局形式。上海站主站屋东西宽 276 米,南北深 277.6 米,高 24 米。大厅长 156 米,宽 30 米,高 12.9 米～15.9 米,总面积 4.5 万平方米。站屋分上下两层,下层旅客进口,上层旅客候车。站屋为全封闭结构,安装中央空调,装置自动电梯 7 部、直升电梯 11 部,设有电子群控检票系统、微机自动广播系统、电视集中监视系统、微机控制磁翻版显示系统以及调度指挥和应急联络无线电联络系统。站屋东西两侧设行包房各 1 座,建筑面积 1.17 万平方米。

**【站台、通道】**

上海站按每天接发旅客列车 72 对要求,铺设铁路线 15 条。站场设有 7 座站台,共 13 个站台面,7 座站台长度均为 500 米。离站中心 126 米东西两侧各有宽 9 米地道,南面有出口厅 2 座,北面有出口厅 1 座。旅客由地道经出口厅分散出站。

**【候车室】**

上海站有大小候车室 16 间,其中 10 间在高架大厅,南进口厅两侧有普通、团体、母子、软席候车室 6 间。全部候车室面积 1.4 万平方米,安装靠背椅 1.2 万只。

**【站区广场】**

上海站前后有南北两座广场,总面积 9.2 万平方米。南广场为主要广场,面积 6.9 万平方米,采用钳形步行广场布局,广场中心设临时停车位 120 个。北广场为辅助广场,面积 2.3 万平方米,设临时停车位 40 个。

## 三、以站兴区

1987 年上海站通车,规模是上海北站的 13 倍,为全国最大的现代化车站。对区域经济社会发展起着重要的推动作用。

**【以站兴路】**

上海站筹建时,对周边地区道路改建、辟建,按照车站客流、车流量和现代化交通、环境、设施诸方面因素,统一规划,同步施工,形成交通畅达格局。1987 年,天目西路已改筑成宽 50 米、"六快二慢",成为全市东西向一级主干道之一。恒丰路拓宽为 44 米～55 米,并将恒丰路桥改建成长 570

米、宽29.6米、跨苏州河的现代化混凝土钢衍大桥。在恒丰路北端,建起跨越铁路长630.1米、宽45.7米的恒丰路立交桥。由市中心经沪太路可同中山路高架内环线相连贯通全市,北沿沪太路可达江苏太仓、浏河等处。1996年建成的上海南北高架道路,在车站东侧的共和新路、天目中路处建设巨大的3层立交道路,成为上海站通往全市南北、东西地面交通的隘口。轨道交通1号线在汉中路、上海火车站设2个站点,使交通更为便捷、畅达,为车站巨大的人流、车流安全,快速疏散、运营提供良好条件,形成地面、地下、空中立体交通新景观。

### 【以站兴运(邮)】

1993年,站区有公共汽车始发客运线47条,其中全日线30条、小公交线7条、双层公交线1条、夜宵线9条,另有过境线6条,形成站区公共交通网络。在上海站南广场东西两个出口处及北广场出口处,设3个出租汽车调度站,对出租汽车行业全面开放,统一调度。在上海站主屋东侧建有联合售票大楼,是沪上唯一水陆空客运综合售票大楼。上海站地区还设有邮电支局、邮件封发处理中心、邮件运输局、电信营业处恒丰电话支局等,为广大旅客、市民服务。

### 【以站兴商】

上海站的启用有效带动这一地区商业的迅速发展。1993年,站区共有商场(店)202家,其中国有62家、集体120家、个体20家。站区网点呈全方位、多样化、多档次格局。站区楼群鳞次栉比,气势壮观。2家大商场即环龙商场、上海站内商场,6家大旅馆即中亚饭店、邮电大厦、铁路大厦、龙门宾馆、庐峰大楼、华东大酒店,8家大中型饭店即江南大酒楼、粤秀酒家、申城快餐厅、珉珉餐厅、加州牛肉面大王、申雅西菜社、天乐饮食店、迎宾楼餐厅等,构筑起上海站地区现代商业框架。

# 第二章　推进城区建设

进入 90 年代后,区委、区政府根据既定的区域发展目标,一方面继续抓住经济发展的主线,通过推进经济体制改革,激发广大干部群众聪明才智,不断增强企业的发展潜力;通过发展外向型经济,吸收全市、外省市乃至国际资金来区投资,拓宽经济发展的渠道和能力;加大各类专业市场建设,聚集人流、物流、信息流、资金流,形成特色的商业布局和网络,使区域经济呈现欣欣向荣景象。另一方面大力推进城区建设,改变区域面貌,通过旧区改造,包括危棚简屋拆迁、平改坡工程等,成片改变居民的居住条件和生活环境;通过市政建设,包括配合市重大工程项目实施,推进区重大工程建设,以及加强污染严重地区的整治,较大地改变了区域交通网络和环境面貌。与此同时,一如既往地重视中小学教育,大力推进特色教育,如成功教育、创造教育、民族教育、保障教育等,成为区里教育的一大亮点。更为重要的是,在铁路上海站正式营运后,及时启动"不夜城"重点项目,通过基础建设和功能开发并举,使其既成为上海对外的"窗口",主要公共交通集散地和商业副中心之一,也成为全区改革发展的聚焦点和对外开放的城市名片。

## 第一节　建　设　不　夜　城

不夜城地区位于市中心北部,区境西南隅。90 年代初,市长黄菊指示开发建设铁路上海站附近及汉中路、恒丰路沿线一带,定位上海综合商贸区,定名为"不夜城"。1992 年,区委、区政府以土地批租为突破口,推进不夜城开发,建设成为商业、贸易、文化娱乐、交通、居住等五大功能集聚地区。

### 一、规划

1991 年,区里划出东起大统路、北抵中兴路、西南以苏州河为界 0.6 平方公里地块规划不夜城地区。区里投资预算 250 亿元,扩建变电站 2 座,增容 2.8 万千伏安;建造 110 千伏变电站 2 座;35千伏变电站 1 座;电话局 1 个,增扩电话万门;2 万吨地下水库 1 座;兴建煤气调压站 7 座。8 月,《闸北区不夜城建设详细规划》经市规划局批准并列入市重点建设发展规划。1992 年 5 月 11 日成立上海市闸北区不夜城开发办公室(简称不夜办),负责统筹安排不夜城区域的规划、项目洽谈和综合建设。

1995 年 10 月制定《上海市闸北区国民经济和社会发展"九五"计划和 2010 年远景目标》提出,在不夜城地区建筑总面积 300 万平方米,其中商业设施 88 万平方米、商务办公设施 115 万平方米,总投资约 180 亿元。建成水库、电站、电话局、煤气泵站、铁路上海站南广场地下停车库等一流的市政基础设施。

2000 年,区里制定不夜城"十五"市政建设规划,进一步提出,绿化建设向空间立体发展。建设苏州河闸北段绿化,形成绿色通风走廊。计划在不夜城地区居住、商务办公楼宇建绿化用地 64 公顷。还进一步制订交通建设和道路建设规划。与此同时,市政府将不夜城地区列为上海商务副中心和上海十大商业中心之一，并纳入上海城市建设总体规划。地域范围拓展至 1.42 平方公里，东扩至南北高架。

2005 年，不夜城范围再次拓展面积近 2 平方公里，东起共和新路，南、西至苏州河，北临交通路、沪太路、芷江西路、普善路、中华新路，规划总建设量 386.71 万平方米。建成商业办公楼宇面积 109 万平方米，入驻企业总数 2 603 家，初步形成以现代交通服务业为核心，中小企业商务为支撑，旅游综合服务为特色，商贸服务、中介服务、房地产为配套的现代产业集聚区。

## 二、土地批租

1992 年，不夜城建设进入实质性开发阶段，其建设的巨额资金主要来源于土地批租。1992 年 2 月，市委、市政府进一步明责放权，实行"两级政府、两级管理"，在上海城市建设工作中，推出 2 条重要方针，其中之一是土地批租由浦东新区扩大到上海旧城改造地区，允许外商参与开发。由此，不夜城建设迎来土地批租热潮，取得突破性进展：1992 年 6 月 25 日，旧区改造土地批租正式签约，港沪发展有限公司以 1.31 亿美元获得新客站南片 5.78 公顷 50 年土地使用权；7 月 4 日进行第二次正式批租，香港恒基（中国）投资公司以 5 046.3 万美元获得 1.74 公顷 50 年土地使用权；7 月 8 日再次进行正式批租，加拿大杰汉森有限公司以 3 143.5 万美元获得 1.1 公顷 50 年土地使用权；1993 年 4 月 8 日，区总工会工人俱乐部大院地块进行正式批租，香港汉基百乐发展有限公司、上工文化发展总公司、上海汇贡经济发展总公司等以 729 万美元获得 50 年土地使用权；9 月 8 日，区政府大院部分土地进行正式批租，香港汉基百乐发展有限公司和上海北城实业公司以 1 238.6 万美元获得 50 年土地使用权，受让公司将在该地块建造"闸北广场"；闸北区将在政府大院北侧棚户简屋地段同步新建现代化"政务中心"大楼。上述 5 次批租共 21 幅地块，区里吸纳资金 2 亿多美元，使改造旧区的经济实力大增。1994 年，不夜城共批租地块 22 幅，占地 12.52 万平方米，可建面积达 78.32 万平方米。与此同时，不夜城大市政配套项目建设也在进行。1997 年底，6 万门电话局大楼竣工，2 万吨级半地下水库结构封顶，22 万伏变电站开工建设。是年，不夜城地区完成建筑总量 149.65 万平方米，开发初见成效。

## 三、楼宇建设

1994—1995 年是不夜城地区楼宇建设的快速进展时期。1997 年累计完成高层和超高层楼宇 36 幢。之后，由于东南亚金融危机冲击，外资投入下降，楼宇建设处于停滞状态，有些成为"烂尾楼"（指已办理用地、规划手续，项目开工后，因开发商无力继续投资建设或陷入债务纠纷，停工一年以上的房地产项目）。1998 年底，随着经济回暖，在不夜城主要干道天目西路上，集中建成华东大酒店、新亚广场、不夜城广场、锦程大厦、安源公寓、长安大厦、嘉里不夜城、不夜城商厦和闸北广场等 9 幢高层和超高层楼宇。2001 年加快 4 万平方米的沪晋大厦等商业办公楼建设，恢复部分"烂尾楼"工程建设。2002—2005 年，因摆脱亚洲金融危机影响，不夜城地区开发建设迎来第二个小高潮。2002 年，一天下大厦（即沪晋大厦）、现代交通商务大厦（即建谊大厦）、中房华东大厦、交运信息中心、不夜城工业区、区政府招待所、北广场大酒店等一批楼宇开工建设或复工。2003 年，地铁（旭汇）大厦复工建设，成为不夜城地区最后一幢"烂尾楼"也进入建设阶段。2005 年，不夜城地区上海现代交通商务大厦、上海交运大厦两幢楼宇相继竣工投入使用。至 2010 年，又先后兴建了地铁恒通大厦、中祥戴维斯大酒店、不夜城水库辅助楼、宝矿国际广场、恒基130项目、华森砖石商务广场等。

不夜城地区建住宅用房始于1995年。是年,内资建造安源教育公寓。1997—1998年建商品房,1997年售房面积11.8万平方米,1998年售房面积33.5万平方米。2002年,东南亚金融危机消除,房地产市场复苏,地区河滨花园、恒丰古北家苑等住宅用房相继竣工,建筑面积10万平方米。2005年4月,时代欧洲公寓一期项目结构封顶。年底,共建成住宅用房12幢,其中安源教育公寓等6幢住宅楼宇兼有商用办公功能。2010年又兴建了嘉里145地块两栋住宅楼,卓悦居一期、二期及中海万锦城一期等。

## 四、商务贸易

1997年,不夜城地区综合服务、商业旅游、信息交通枢纽、娱乐等综合功能逐步实现,区域性商务中心雏形逐渐形成。"九五"时期,不夜城列入上海四大商城之一,不夜城地区进行贸易、商务、交通、娱乐和居住五大功能开发建设。"十五"时期,围绕"打造上海现代交通商务区"的战略目标,推动上海现代交通商务区核心区商业规划实施,为不夜城地区商贸服务业起到先导性作用。

### 【商务建设】

1994年,不夜城地区加快商业服务业网点建设。1995年前后,陆续建成环龙商场、名品商厦、友谊服饰和机电大厦、中亚饭店、龙门宾馆、宫霄大酒店、华东大酒店、邮电大厦等商业设施。1996年,商业中心初具规模,列入上海商业"四街四城"之一。1998年,铁路上海站南面陆续建成3座人行天桥后,使三大商场连成一体,形成购物、旅游、观光带。2000年新建商贸楼宇面积37万平方米,2002年新建商贸楼宇29.35万平方米,至2005年共109万平方米。

### 【商务单位】

1996年,不夜城地区内有各类商务、商业单位1 495家。2005年各类企业及商务机构增至2 230家,比1996年增长49%。世界500强企业和许多国际著名企业入驻各楼宇,其中,嘉里不夜城和恒基不夜城广场两幢商务办公楼入驻有美国、英国、法国、德国、比利时、意大利、日本、瑞士、奥地利、澳大利亚等10多个国家和中国香港、台湾地区的各类公司和商务办公处等机构90多家,入驻单位密度达每平方公里1 370个。由于交通方便、楼宇性能较好,入驻单位众多,入驻商务单位密度全市第一。2005年共有各类企业和商务机构中,国有、内资企业227家,占总户数10.18%;集体、股份制企业369家,占16.55%;私营企业1 444家,占64.75%;外资企业(含中国港、澳、台投资企业)104家,占4.66%;其他企业86家,占3.86%。

各类金融机构纷纷抢滩不夜城,中行、工行、交行、建行、农行以及浦发银行、招商银行、光大银行、民生银行、华夏银行、兴业银行、上海银行均挂牌营业,中国人民保险公司、中国平安人寿、太平洋财险的分支机构也相继开业,形成上海又一金融机构最集中的区域。地区内交通便捷,南北高架,轨道交通1、3、4号线,3座长途汽车站,74条公交线路交汇于此,构成一个立体交通网络系统。在区域经济发展过程中,不夜城的"龙头"作用逐渐得到体现。2009年上缴税金达23.48亿元,占全区财政收入的25.61%。2010年与苏河湾合并统计。

至此,不夜城立足上海全局,着眼现代标准,依托独特便捷的交通区位优势,以交通产生的人流、物流、信息流、资金流为基础,整合闸北的交通和商务资源,全力打造上海现代交通商务区。随着上海交运集团、上海地铁运营公司等一批交通商务企业入驻不夜城,不夜城功能得到强化。一个欣欣向荣、商机无限的不夜城,正以其全新的姿态,成为上海北部地区的一个新坐标。

# 第二节　经济体制改革

1994 起,区域企业经历了经营机制改革、现代企业制度改革、产权制度改革等多种形式的企业制度改革。1999 年底,全区累计已实施各类改革的企业 2 429 家,改革覆盖率达到 90.1%,其中实施产权制度改革的企业 1 346 家。2000 年制定《闸北区关于推进区属企业改革的实施意见》,提出区属企业改制操作的具体方式有资产置换、兼并重组、资产租赁、关闭破产等;颁布《闸北区人民政府关于推进企业改革的配套政策意见》,对改制企业在劳动关系和社会保障、财税政策、房地产政策、财产处置等方面作了规定。

## 一、经营机制

### 【退资租赁、风险承包】

退资租赁改革,即由职工出资买下企业除房屋、土地使用权之外所有资产,政府在税收、工商、房产、社保及劳动等政策方面对企业予以扶持。1994 年 4 月对存量资产较多、经济效益较差、难以退资租赁又暂不具备股份合作制的企业,通过分期分批置换流动资产的办法租赁承包给职工经营。5 月,区内第一家租赁承包试点单位闸北炒货厂签约。是年,全区累计实现退资租赁 306 家,1995 年 90 家,1996 年 53 家,1997 年 12 家。1999 年 7 月制定《关于深化本区退资(租赁)企业改革的指导意见》,在税收扶持和国资、工商、中介扶持等方面提出一系列措施。

### 【重组转制】

1997 年,区内开始企业重组改制。上海小绵羊电器总厂与上海徽章厂资产重组,组建上海小绵羊器具有限公司;长征皮鞋厂和区内集管企业新民劳防用品厂组建上海天翼劳防制品有限公司;东方木器厂等企业则组建上海东方木业有限公司。之后,又通过放弃控股、资产变现、企业售让、公开拍卖等多种形式,继续促进国有、集体资本从一般竞争性行业中有序退出。2003 年,上海华东电气集团有限公司收购上海名品商厦 100% 股权,盘活存量资产 1.8 亿元,转变身份和分流职工 226 人。2005 年,闸北区医药公司与上海国药大药房资产重组。城投公司、北方集团、上海锦地实业股份有限公司、上海国投置业有限公司等 35 家区属国有房产类企业也进行整合重组。

### 【股份合作】

1994 年在全市率先建立上海市闸北区股份制企业管理服务中心。是年,吸引社会个人兴办股份合作制企业 70 家。1995 年又有 101 家进行股份合作制试点。1996 年新实行股份合作制试点企业 146 家,新增股本金 5 666 万元。临汾红十字老年医院试行股份合作制,建立员工能进能出、干部能上能下的机制,为全市卫生系统提供了试点经验。2000 年,全区股份合作制试点累计 1 360 家,注册资本总额 5.53 亿元,个人股份占总股本的 75% 左右。2001 年陆续终止试点。

## 二、现代企业制度

1995 年 12 月,区五金交电公司及其 3 个子公司列入上海市首批现代企业制度试点之一,将国有企业区五金交电公司改制为国家控股、集体和个人参股的有限责任公司。改制后,国家控股占 55%,行业集体经济联社参股 10.8%,职工持股会持股 32.4%,形成多元投资主体组成的有限责任公司。对不夜城房产集团等 5 家区级试点单位,根据《公司法》有序开展改制。1996 年,全区累计有 19 家国有小企业改革试点结束,合并改制成 15 家股份合作制企业或有限责任公司。之后,在上海灵广城市建设股份有限公司等企业中建立起优胜劣汰机制、覆盖全社会的保障机制、国有资产保值增值机制等现代企业制度基本框架。

## 三、产权制度

### 【组建企业集团】

1994 年 3 月,区里制定《闸北区培育、组建企业集团的初步意见》,组建上海中亚集团公司。1995 年 4 月,不夜城联合发展(集团)有限公司挂牌;是年,不夜城股份有限公司实施对江南大酒店等 5 家企业的股权置换,完成对中亚饭店 30% 股权的收购并实行控股,先后组建 3 个全资子公司和 1 个控股公司,并与市医药公司合股成立股份合作制药材批发公司。1997 年,区体改办和彭浦镇政府对上海永和企业(集团)有限公司进行重组,注册资产 1.5 亿元,成为区境注册资金规模最大的企业集团公司。1998 年 9 月,全区共组建企业集团 9 家,其中区属企业集团 7 家,非区属企业集团 2 家。

### 【公司制改革】

主要是组建有限责任公司。1994 年上半年,组建上海政友房地产发展有限公司,注册资本 1 500 万元。由区纺织品公司、百货公司和服装鞋帽公司合并组建闸北百货总公司。1994 年,全区直接登记组建的有限责任公司累计 51 家。组建股份有限公司。1997 年,在全市开创性地提出“三、三、四”工作思路,即 3 种组建模式:企业整体改制、企业部分改制、自然人共同发起。3 种控股方式:国家绝对控股、国家相对控股、自然人联合控股。4 项鼓励原则:鼓励以资本为纽带,以产业政策和市场为导向,企业之间自愿组合,政府部门应当起推动作用,但不强制干预;鼓励国有资本相对控股,广泛吸纳多种经济成分入股,拓展企业向社会直接融资的渠道;鼓励境外法人和自然人入股。2000 年,全区共有股份有限公司 9 家,其中上海云海实业股份有限公司的全部股份是由 261 名自然人持有。之后,几经变化,2005 年仅存上海不夜城股份有限公司和上海锦地实业股份有限公司。

### 【股权转让】

1995—1997 年,区内有 12 家企业股权(股金)转让,其中上海工业锅炉联营公司第二分公司等 9 家企业转让给企业职工,上海金伟磁性材料厂等 3 家企业转让给其他企业。

# 第三节　外向型经济

90 年代,区域利用“陆上北大门”的地理优势,既加强国内经济合作,又发展对外经济贸易,外向型经济格局逐步形成。

## 一、国内经济合作

1994 年起,区境招商引资环境逐步改善,各地企业包括中央企业纷纷来区投资。引资企业从劳动密集型逐步转向现代服务业、金融服务业、科技类等高附加值产业,实现从量到质的飞跃。1994—2005 年共引进外省市投资企业(集团)项目 1 323 家,引进资金 196.59 亿元,其中不少是大企业、大集团、大项目。1995 年 9 月,福建茶商在大统路 760 号建造占地 1 800 平方米、使用面积 3 000 平方米,有 86 间店面的全市最大的茶叶批发市场,1996 年 4 月 18 日开业,吸引福建、浙江、安徽、江苏、广西、江西、云南、湖北等地茶商进场经营。2005 年,全区引进 3 000 万元以上内资企业达 28 家,来源地为北京、广东、山西、甘肃、浙江、江苏和上海等,上海国药集团国大药房、上海硕诚置业有限公司、上海东杰广告传媒有限公司注册资金均达 1.5 亿元。

### 【管理机构】

1994 年,区政府协作办公室(简称区协作办)成立,归口区计经委,业务受市协作办指导。2003 年从区计经委划出,为区政府特定日常工作机构。2005 年易名为区人民政府合作交流办公室(简称区合作办)。2002 年 3 月 12 日,区招商服务中心成立,设招商咨询部、投诉监督部、综合管理部。各街道(镇)设招商服务分中心。2003 年起,区协作办与区招商服务中心合署办公。

### 【激励政策】

1994 年起,先后制定一系列重奖激励措施。1997 年完善《闸北区鼓励非区属企业发展经济及实施奖励的暂行办法》,对区域经济发展做出贡献的 253 家市属、外省市企业和 307 位企业家进行表彰奖励。1998 年制定 30 条实施细则,印发《闸北区关于非区属企业实行特别服务卡(简称特卡)制度的暂行规定》《闸北区对引进非区属大企业的单位及个人实行奖励的暂行办法》,对首批 23 家企业颁发特卡,对 49 家非区属企业发放收费登记证;对区外企业在工商注册、收费管理、财税引导、技改贴息、购房优惠、引进人才、职称评定、劳动用工等方面给予便利和服务。1999—2001 年,颁发特卡企业增至 35 家。21 世纪初,为确保招商引资政策延续统一,出台《关于闸北区招商引资财政扶持政策的若干意见》《关于进一步推动印刷行业发展的若干扶持政策》《关于加强本区建筑业税收属地、物业管理企业和内外资楼宇招商的服务工作的若干意见》等;为激励投资和纳税大户,出台《关于向特卡企业收费实行管理的办法》《关于加强闸北区纳税企业歇业、外迁管理工作的实施意见》,在政策享受、控购指标、出国考察、参政议政给予特别优惠和保护,并实行交费登记管理制度及配套措施;为鼓励中介及个人招商引资积极性,出台《关于鼓励单位和个人开展招商引资工作的暂行办法》,制定扶持企业发展、民营企业基金扶持、重点专业市场扶持、内资楼宇招商、投资企业参与旧区改造等措施;为适应区域生产结构调整,出台《关于闸北区培育发展核心产业扶持政策的若干意见》《关于上海现代化交通商务核心区范围内楼宇的扶持政策的若干意见》。

### 【服务举措】

1994 年,区协作办组织区域内外省市投资企业开展"重合同守信用活动",在全市区县协作办系统属首创。1995—1997 年,为方便外省市企业办证,简化审批手续,提高办事效率,设立由区计经委等 17 个部门参与的区申办企业受理中心,协调财税、工商部门为纳税大户解决项目投资、证照申领等事宜,协调区有关部门为企业改制重组、注册登记、项目启动等提供一条龙服务。2002 年又设立招商中心接待大厅,区工商、税务、外经贸、规划、房地产、质监、统计等部门先后入厅设柜服务。2003 年又实施《电话约谈制度》《企业联络员制度》《企业座谈会制度》《首问首办责任制度》,每月有80 名招商联络员对投资企业进行联络,及时反馈企业诉求,帮助解决困难。2004 年又推出"服务为企业、诚信在闸北"服务主题,区 21 个职能部门共提出 86 项诚信承诺服务举措,接待大厅从 16 个部门增至 29 个。此外,区财政拨款 1 000 万元成立小企业信用担保中心,多渠道为小企业提供金融支持服务。

## 二、对外经济贸易

1994 年始,区里扩大政策宣传,采取各种形式,积极引进外商投资。1994—2005 年共引进外资企业 541 家,引进外资 15.57 亿美元,出口总额 28.47 亿美元,进出口创汇 16.29 亿美元。其间,也经历了危机和波动。1994 年是审批外商投资企业较多的一年,共 46 家,注册资金 5 596.8 万美元,来自美国、日本、加拿大、韩国、德国、澳大利亚、巴西、新加坡等国家。1996 年,飞利浦公司落户闸北,为区境第一家外资 500 强企业。1998 年后受亚洲金融危机影响,外商投资减缓。2002 年才出现好转,新增外资企业 67 家,注册资金 1.12 亿美元,与 2001 年相比,增幅居全市中心城区第一,并在引资项目、资金、户数方面创全市 3 个第一。2003 年又审批 67 家,创全市多个第一:率先引进全市第一家外资餐饮企业,建立全市第一个外资购物、文化、娱乐中心,引进全市第一家中外合作办学机构。之后,引进外商投资进入快车道。2010 年共引进外国投资企业 844 家,其中,独资企业 555家、合资企业 253 家、合作企业 36 家,投资总额 25.47 亿。

**【管理机构】**

90 年代,区外经贸委是区域开展对外经济贸易的主要管理部门,内设办公室、项目审批科、管理协调科和外经科。1994 年 12 月经选举产生上海市闸北区外商投资企业协会替代上海市外商投资企业协会闸北区工作委员会。1996 年 4 月,中国国际商会上海闸北商会、中国国际贸易促进委员会上海闸北支会同时成立,主要职责协助企业申报、审核国际市场开拓基金、培训各类外企管理人才。

**【引资方式】**

主要有:一是组团招商。1994 年 3 月,区长率领招商代表团赴马来西亚、泰国、新加坡和中国香港地区进行大型招商活动,推介境内不夜城、凯旋城、市北工业新区和大宁灵石绿地四大开发区域。半个月中,先后与各大公司,财团签署各类合作意向书和预定合同 11 项。1995 年 3 月组织境内企业参加上海市赴美国旧金山招商活动,闸北区的招商和商业活动成效在赴美各区县中名列前茅。之后,又多次组团出国开展招商活动效果显著。二是牵线搭桥。1994 年 9 月,区外经贸委牵线,区旧区改造指挥部与香港帝怡投资公司就改造苏家巷棚户区达成协议,引入资金 1 亿美元。2003 年利用与著名国际中介机构及各国驻沪领事馆联系,扩大国际招商渠道,是年新批项目中,有32 个是由上述机构或领事馆介绍引进的,占 47.8%。2004 年 9 月以"2004 年闸北外商投资企业国庆招待会暨世界 500 强看闸北"为主题,邀请在上海的、特别是有投资意向的世界 500 强企业代表,推介区重点项目。之后,又先后引进飞利浦半导体有限公司、美国丹纳赫集团、迅达管理(上海)有限公司、日本大金公司、科勒(中国)投资有限公司等著名企业,2010年又引进首家外资劳务派遣公司任士高企业管理咨询(上海)有限公司、首家外资汽车租赁上海一嗨汽车租赁有限公司、首家外资翻译公司统益翻译(上海)有限公司等等。三是组建平台。2004年4月为加强与香港经济共同发展,构筑服务贸易领域合作平台,与上海市外国投资中心共同在区境设立"内地与香港关于建立更紧密经贸关系安排"(CEPA)。使香港在区境投资项目明显增加,年内共投资8个项目,增资2个项目,引进外资5 389万美元。四是以茶会友。"上海国际茶文化节"是区域国际交往活动的一个品牌,90年代,区里利用每年举办这一活动的机会,以茶会友,与国际贸易界人士沟通联系,扩大招商引资。此外,还组织境外商务考察团来区参观、重视留学生创业等。

### 【引资效益】

1994年后批准的外资企业中以高科技生产型较多,德国德律风根电子公司、法国阿尔卡特通信公司等科技含量和生产附加值较高企业的入驻,提升区境已有工业技术水平。1995年开放商业领域,位居日本商业第二的佳世客公司落户区境,其设施、管理、服务均属国际先进,带动和提升区境企业的管理、服务水平和老产品升级换代。1999年,嘉里不夜城、恒基广场和凯旋门大厦的租售率从34.6%提高到76.1%。入驻外资企业是年上缴税收1 200余万元。外资企业引进后,上缴税收逐年增长。1999年,外企税1.2亿元,占区财政收入比重11.66%。2008年,外企税对区域经济贡献度首次超过1/4。2010年,外企税总额达34.4亿元。

## 第四节　专 业 市 场

区委、区政府十分重视专业市场建设,通过改造、规范,建设一批具有规模化、集群化的市场群落。1994年,区内有专业市场19家,营业面积6.78万平方米,年成交额5.14亿元。2000年发展到79家,年成交额111.88亿元。较为知名的主要有:

### 一、七浦路服装批发市场

七浦路市场是全市最大的服装批发市场。1979年起步,是一个马路服装市场。1981年4月改名为七浦路小商品市场。1984年,区个体劳动者协会成立,既吸引本地经营户,又吸引大量江苏、浙江业主涌入,逐步形成七浦路服装批发专业市场,营业额突破4 000万元,市场初具规模。1988年6月1日,区政府综合经济管理部门实施定额收税收费和简化入场手续等5条优惠政策,市场迅速升温。

1990年,区"八五"规划把七浦路服装批发市场定为银都商圈区4项重点开发项目之一,使其由自发发展上升到政府规划引导发展。在区政府指导下,市场进一步优化,拆除马路简易摊棚,统一建造较为规范的卷帘门结构摊位,逐渐成熟壮大。90年代末,华亭路服装市场歇业,许多摊主涌入七浦路市场,注入新的活力,提升了服装品位,市场也向东延伸至河南北路,向西延伸至浙江北路,向南延伸至天潼路,向北延伸至塘沽路,规模越来越大,知名度日益提升。

1999年,区政府加强对七浦路服装批发市场的升级改造,由新七浦投资公司在七浦路179号投资2.8亿元建设新七浦服饰城,2001年9月开业,建筑面积3.11万平方米,共6层,商铺982个,经营近万种品牌男装、女装,拥有近 3 000 个具有较高知名度的服装品牌,其中一级代理的约占 70%。公司推行诚信经营管理,实行"质量保证金体系""先行赔偿制度"等。是年市场销售额 15 亿元,2005 年 23 亿元。至此,一幢幢商厦拔地而起。2006 年 3 月经统一规划,最后 736 户马路摊位全部进场入室,实现了由马路市场向楼宇市场的跨越。4 月,市场已有新七浦服饰城、凯旋城、新金铺、超飞捷、白马、七浦路服装批发市场(兴泰)、豪浦 7 家商厦开业,共投资 21.38 亿元,建筑面积 21.25 万平方米,有 4 261 个铺位,2 926 个经过工商登记的业主,其中个体经营户 2 843 家、企业 83 家。此外,联富、圣和圣两家商厦计 23.3 万平方米,万豪兰城、银都两家商厦计 9.12 万平方米,天星大楼周边地块 3.5 万平方米。2010 年,七浦路市场建筑面积达 28.84 万平方米,商业面积达 17.86 万平方米。

七浦路服装批发市场以"品种多、款式新、质量好、价格廉"见长,已成为长江三角洲地区乃至全国最具影响力的服装集散地之一,是上海商铺投资的热点、服装批发采购的热点和国产服装品牌汇集的热点。市场日均人流超过 2 万人,节假日高达 2.5 万人,年均人流量超过 700 万人,年销售量在 100 亿元左右,与北京的秀水街、广州的白马服装批发市场、武汉的汉正街服装批发商城、杭州的四季春服装批发市场一样,引领着城市服装批发行业的发展趋势。

## 二、大统路茶叶市场

1995 年在上海国际茶文化节期间,区政府从因生产销售"大白龙"茶叶而荣获最佳产品荣誉称号的福建寿宁县调查了解到,全市大约有 87% 的市民将茶叶作为最常用的饮料。然而,偌大的上海滩却没有一家规模像样的茶叶批发市场。本着"以茶会友,以友辅仁,以茶兴商"的宗旨,决定在 30 年代曾是上海茶叶进出口重要市场的大统路建立茶叶专业市场。经现场勘察、规划、论证,将大统路 760 号半是蔬菜半是花鸟的农贸市场改建成了一个占地面积 1 800 平方米,使用面积超过 3 000 平方米,共有 86 间营业店面的全市最大的茶叶专业批发市场,并于 4 月 28 日正式开业。市场开业后很快引起轰动,来自福建、浙江、安徽、江苏、广西、江西、云南、湖北等全国茶叶生产基地的茶商蜂拥而至,仅 1 个月时间便把 86 间店面包租一空。红、绿、花、乌、白、黑、黄 7 大类 120 多种茶叶在市场内均可见到,全国十大名茶均有供应。而最独特、最具魅力之处,在于市场内的茶叶均直接来自产地,不仅品种繁多,而且外省茶商采用直销形式,批零价均比全市国有、集体茶叶经销户低 40% 左右。保底的价格和繁多的品种引来了更多的客商和生意,全市 3 000 余茶庄、1 万多茶叶经销店都来批发,市场交易十分火爆。2004 年,市场交易额达 4 亿多元,成了全市茶客、外地茶商、游客心想往之之处。

## 三、走马塘生产资料专业市场

1997 年 4 月,大润发超市有限公司在共和新路 3318 号设立大卖场,走马塘地区即共和新路江场路客流量剧增,由此成为消费热点地区。1998 年 6 月,闽商在走马塘地区开办上海闸北胶合板市场后,又投资开办城大建材市场、九品灯具市场、九大洲建材市场,总营业面积 13.4 万平方米,出租摊位 850 个(间)。2004 年,四家市场进行整合,统一以"城大"的字号通过媒体广告宣传,提高知名度。是年参加上海市价格行业协会并获"诚信建设单位"称号;2005 年经中国建材行业协会考核,获"诚信建材市场"称号。2005 年,走马塘地区集中七大建材交易市场,营业面积 17.37 万平方米,营业额 30 939 万元,连同大润发及百安居 2 个大卖场,走马塘地区形成以灯具、装饰、装潢、家具等居室用品和生活、生产资料零售专业市场群落,总建筑面积 20.19 万平方米,全年成交额达 7.59 亿元。

### 四、联合汽车市场

1994 年 3 月开业,位于甘肃路 130 号,面积 4 300 平方米;1998 年迁至沪太路 1108 号,更名为"联合汽车城",由上海联合汽车集团公司经营,占地 17 784 平方米,为上海最大的汽车流通平台,在全国先后投资组建 10 多家相关连锁企业,1999 年发展成为全国规模最大的汽车交易市场。1998—2005 年,市场入驻交易商家 169 家,成交各类车辆 23.6 万辆,成交额 331 亿元。1993—1995 年获"全国文明市场"称号,2003 年获"上海著名汽车销售企业"称号,2004 年分别获市"服务诚信"先进单位、"全国 50 佳汽车经销商"称号。

## 第五节　旧 区 改 造

90 年代,区境内棚户简屋相对集中,铁路上海站建设,尤其是"不夜城"开发,给旧区改造带来契机。在实施过程中,区里还创造了"使用公积金、实行银行按揭、多方筹集资金、加快旧区改造"的通阁路经验,大规模实施旧区改造。2000 年,全区各类住宅总面积 1 035 万平方米,人均居住面积 14.62 平方米,累计拆除旧里弄和棚户简屋 1 553 户,面积 38.45 万平方米。

### 一、"365"危棚简屋

闸北区是全市"365"危棚简屋改造的重点地区。1992 年,上海市第六次党代会提出"到本世纪末完成市区 365 万平方米危棚简屋改造",区域列入全市"365"计划的面积为 27.4 万平方米。1994—1996 年,"365"危棚简屋改造完成 14.51 万平方米。1997 年,区内尚有旧区地块 60 块,面积 12.89 万平方米,居民 6 723 户。之后,通过拔点置换及结构性大修等方式在 20 世纪末全部完成改造,对地块予以销号。

### 二、二级旧里

1994—2000 年,区里重点改造集中在苏家巷地区、桥东地区、鼎盛里地区与和田地区。全区拆除住房建筑面积 98 万平方米,其中二级旧里以下房屋近 91 万平方米,动迁居民 3.07 万户。

2001 年,区境内有二级旧里以下建筑面积 198 万平方米,其中中山北路以南 154 万平方米、中山北路以北 44 万平方米。"十五"期间,确定"两点一线"即不夜城地区、宝山路街道地区和轨道交通沿线为重点,抓住上海筹办 2010 年世博会以及一批重大市政项目启动的机遇,加快推进新一轮旧区改造。2001—2005 年,全区拆除住房建筑面积 90.55 万平方米,其中二级旧里以下房屋 75 万平方米,拆迁居民近 2.86 万户,拆除单位用房建筑面积 35.88 万平方米,合计拆除各类房屋建筑面积 126.43 万平方米。2005 年后,在旧区改造实践中,出现了一系列新特点,体现"五变":变市场主导为政府主导,变被动拆迁为主动选择,变"数人头"为主为"数砖头"为主,变拆迁帮困一体为两者适度分离,变拆迁货币化补偿和外区安置简化为菜单式多种选择,得到市领导充分肯定。2010 年,全区拆除住房建筑面积 84.75 万平方米,其中二级旧里以下房屋 54.58 万平方米,拆迁居民近 2.53 万户,旧区改造的压力明显减轻。

## 三、"平改坡"工程

1999 年,区政府实施"平改坡"工程,是改善居民居住环境包括住宅防渗、防漏和隔热的利民工程。2000 年,区对部分"平改坡"工程出资 50%,获益居民 6 500 余户,是全市得益居民最多的区(县)之一,改造综合质量在全市名列第一。2002 年形成共和新路沿线南、中、北三大风格("平改坡""平改平""坡改坡")各异的"平改坡"建筑群。在全区旧区最密集的宝山路街道地区实施"平改坡"综合改造试点,新增公建面积 400 平方米,增加健身房、图书馆、医疗室等小区活动设施。1999—2005 年,全区"平改坡"工程 831 幢,建筑面积 167.05 万平方米,总投资 13 581.71 万元,其中市出资 5 824.64 万元,占 42.89%;区出资 7 757.07 万元,占 57.11%。2010 年,全区累计实施"平改坡"综合改造 520 万平方米。

## 四、成片旧区

### 【桥东地区】

东起新路、徐家宅路,南至交通路,西临共和新路,北至虬江路,占地 5 公顷,是区内有名的危棚简屋聚集区。需拆迁旧住房 6.4 万平方米,动迁居民 2 200 余户,单位 20 余家,其中"365"危棚简屋 4.44 万平方米,居民 1 567 户。1999 年 8 月,区政府成立桥东地区旧区改造大会战指挥部,并决定上海银都房地产开发公司为拆迁开发和融资主体。11 月启动"中—四"地块拆迁,仅用一个半月,动迁居民 1 169 户,拆除住房建筑面积 3.53 万平方米,拆迁单位 17 家,拆除单位用房建筑面积 9 200 平方米。2000 年 3 月"中—八"地块启动拆迁,年内动迁居民 986 户,拆除住房建筑面积 2.83 万平方米,动迁单位 8 家,拆除单位用房建筑面积 3 000 平方米,同时完成基地内的带拆旧住房任务。2002 年 9 月东方明珠置业有限公司建成"精文城市花园"即城上城,共 19 幢 9 层～33 层住宅和 4 层会所,面积 19.7 万平方米。

### 【鼎盛里地区】

东起南星路,西至南北高架路,南临曲阜西路,北至大统路,占地面积 1.8 公顷。"新—3"地块动迁居民 366 户,带拆 176 户;"新—24"地块动迁居民 393 户,带拆 177 户。1998 年 11 月启动,12 月完成动迁居民 608 户、单位 13 家,1999 年全面完成动拆迁任务。2000 年,区城市发展投资总公司实施开发建设,取名永盛苑,包括 2 幢 32 层、1 幢 21 层点式高层和 1 幢 11 层小高层,共约 6.8 万平方米,2002 年底全面建成。

### 【苏家巷地区】

东起大统路,南临中华新路,西至沪太路,北到中山北路,占地 41.4 公顷,住有居民 6 000 多户,是全市闻名的危棚简屋集中地区。1987 年,市长江泽民视察该地时就提出危房防范和改建措施。1994 年 9 月,区政府与香港帝怡投资有限公司签订了合作开发改造协议。第一期改造由区房地局、建设局、芷江西路街道分别组成3个动迁分指挥部,由区长挂帅,整体联动。1995年3月1日,市房屋土地管理局与香港帝怡投资有限公司、和田城市建设开发公司签订了苏家巷南块地区外资内销商品住宅土地使用权出让合同,从而开创了本市第一个利用外资开发经营内销房的先例。区委、区政府抽调精兵强将,成立了苏家巷旧区改造大会战指挥部,使用外商投资的2.3亿元资金搞动拆迁,短短6个月,动迁居民1 218户、单位18家,拆除民房3.17万平方米、厂房4 490平方米。动拆迁速度之快,为区内前所未有。之后,外商再投资3亿元,建设10.6万平方米的外资内销房。1996年10月,区委、区政府为了实现市政府提出的2000年前把环线内危房简屋全部拆平的目标,成立以区长为总指挥的苏家巷大会战指挥部,投资20个亿,由区内实力较强的房产公司划块参与改造,分块包干,限时完成。1999年4月,苏家巷地区已先后拆平五号地块、电站用地、二号地块、三号地块、六号地块、四号地块、七—1地块,动迁居民6 500余户,拆除危棚简屋近20万平方米;拆除企事业单位100个,建筑面积2.5万平方米;拆除违章建筑3 000余平方米。拆迁地块面积17.14公顷,可建筑面积50.6万平方米,拆迁总投资12亿元。建成和泰花园、越秀苑、紫兰苑、新鑫公寓等住宅19万平方米。6月10日,苏家巷大会战指挥部在四号地块隆重举行"苏家巷地区旧区改造基本完成,和泰花园揭牌暨北美公寓开工典礼",市长徐匡迪发来贺信。

### 【宝山路街道辖区】

1994年,宝山路街道范围先后有40个拆迁基地,涉及居民16 317户,拆除住房建筑面积46.72万平方米,拆迁单位448户,拆除单位用房建筑面积23.18万平方米。1996年,宝山路街道范围内的通阁路205弄三期采用"公积金和银行按揭贷款、吸纳居民资金、鼓励居民回搬"的旧区改造新路子,在半年内完成拆迁,回搬原地率60%,被称为通阁路经验。

## 第六节　市 政 建 设

区委、区政府在推进市政建设上重点抓了两方面工作:一是区域承载着大量市重大工程建设项目,配合并使之顺利实施是义不容辞的任务;二是和田地区地处市中心,已成为"三废"重灾区,对此进行综合整治刻不容缓。

### 一、重大工程

1995年1月成立区重大工程建设领导小组,下设办公室,为非常设机构挂靠区建委,业务直接向区政府负责,对区域内重点工程项目建设进行日常管理、督促检查和协调服务。

#### 【西藏北路—和田路辟通工程】

20世纪初,铁路沪宁线、沪杭线建成之后,区境就被一切为二,人员出行极为不便。打通和田路与西藏北路市中心的屏障,成为市民们的心愿。1997年12月,西藏北路—和田路辟通工程启动,范围南起西藏北路、新疆路,北至和田路、永兴路,全长743米,其中,下穿铁路地道长487米,隧道内为四快二慢六车道,按40米规划红线一次辟筑。总投资2.6亿元,被列为1998年市政府重大工程和区政府一号工程。市、区联手,由市政工程局负责工程施工,区政府负责前期动拆迁工作。1997年12月19日开始拆迁,1998年1月24日结束,完成500多户居民和20多家市、区属企业动迁任务。5月28日举行开工典礼,于1999年8月28日竣工通车。2000年6月实施西藏北路改建工程。工程南起中山北路,北至柳营路,全长595米,其中,俞径港至柳营路段为新建道路,路幅拓至32米,12月竣工。2002年6月实施西藏北路拓宽(二期)工程。工程南起中兴路,北至中山北路,全长约1090米,12月竣工。

### 【海宁路辟通工程】

跨虹口、闸北两区,虹口段东起九龙路接周家嘴路,南迄河南北路。闸北段河南北路至甘肃路,长755米,1998年被定为市政府重大工程之一。10月实施新疆路、海宁路道路拓宽改建,成为市区"三横"北线主干道之一。海宁路延伸至天目中路,新疆路从甘肃路至国庆路段更名为海宁路,路幅由9米~14.8米拓宽至50米~60米,设双向六快二慢车道。其中,车行道宽32米~35米。中央绿化分隔带4米,两侧机动车道各宽12.5米,机非分隔带各宽1.5米,非机动车道各宽4.5米。沥青混凝土路面,人行道铺砌彩色道板。总投资约19亿元。1999年8月竣工通车。

### 【南北高架路闸北段】

南北高架路自1993年10月25日开工,1995年12月建成通车。主线道路设计车速为每小时60公里,匝道为每小时35公里。闸北段跨越苏州河、天目路及铁路,循共和新路迄老沪太路,设1座跨铁路立交桥和1座城市道路立交桥。2001年3月,南北高架路北延伸段工程开工,沿共和新路向北延伸至泰和路,境内由老沪太路延伸至共康路。2002年12月建成使用。

### 【内环高架路闸北段】

内环高架路于1992年9月开工,1994年全线贯通,长29 126米,标准路段宽18米,设计车速每小时80公里。闸北段东起东宝兴路,西迄沪太路,长2.27公里,设有3个上下匝道,在共和新路交叉口与南北高架互通。内环高架路建成后,有效缓解了中心城区交通压力,并与沪太路、A12(沪嘉高速)公路、A11(沪宁高速)公路、沪青平公路、莘松高速公路衔接,向江苏、浙江辐射,加强与周边邻省地区的路网沟通。

### 【中环高架路闸北段】

中环高架路是市"十五"期间基础设施建设的重大工程项目,是介于内环高架路、S20(外环高速)之间的"城市环行快速路"。主线双向八车道,设计车速为每小时80公里。闸北段2003年9月施工建设,汶水路纳入中环线地面道路改建,主车道宽为11.5米~18.5米,辅车道除万荣路路口两侧为11米外,其余为宽7.5米,人行道宽为5米~8米,铺砌彩色道。2005年12月竣工通车,全长4.28公里,设有3个上下匝道。

## 二、重点地区治理

和田地区面积0.57平方公里,80年代是区境内化工污染重点地区。集中着染料化工、玻璃搪瓷、纺织印染、医疗器械、电子仪表等10多个行业的55家工厂和居民1700余户。有76根污染源烟囱、44台锅炉、55座炉窑,每年排放废水达630万吨、废气1555吨、废渣3.3万吨,负荷高于市区平均值的1.6倍和2.5倍,另外还有高分贝的噪声。居民要求整治的呼声十分强烈。

1986年4月成立了上海市和田地区深化治理联席会议综合整治办公室,主要负责和田地区总体规划、控制污染、协调治理、开发与大市政配套项目建设及资金筹集使用管理。历经8年,和田地区发生了巨变。一是相继搬迁上海染化一厂、搪瓷瓷釉厂等7家重"三废"污染源企业。工业废水的年排放量减少410万吨,占65%,污染负荷下降82.6%。废水中的有毒有害物已由1986年的4 438.1吨降至224吨,下降95%;工业废气年排放量减少9.67亿标立方米,占62%,污染负荷下降81.1%,废气中的二氧化硫、烟尘分别比1982年下降80.8%和94.3%;废渣年排放量减少1.9万吨,占41%;固定源噪声达标率为97%。环境监测的结果表明:该地区的总体环境质量水平已与市区持平,大气环境质量主要指标已好于国家二级标准。二是强化保留厂点"三废"的就地治理。按标本兼治、治本为主的原则,改革操作工艺,调整生产结构,引进先进技术,减少、消除污染,几年来共投入资金9 045.5万元,完成治理项目223个,22家企业停止生产含污产品,使烟尘合格率达97%,固定源噪声合格率达97%,工业废气年排放量削减3.39亿标立方米,废水年排放量下降126万吨。三是动迁受害居民。彻底改善了他们的居住条件,避免了矛盾冲突。四是改善市政基础设施。投资7 497万元,埋设排水管道1 516米,建成雨水泵站一座,总排水能力可满足年暴雨重现期排水要求,积水现象不复存在,域内街坊道路如中山北路、和田路部分翻修完毕,西宝兴路、平型关路路面拓宽,"断头""瓶颈"情况均已消失。五是合理调整置换住户迁出的土地,除解决部分单位厂点分散,增加市政改造用地,配置公用设施站点外,都用作绿化。新辟原沉金港绿带3.3万平方米、民和路街头绿地2 781.5平方米,西和田路两侧种植意大利杨树175棵。

1995年6月5日,市长徐匡迪等领导出席和田地区"三废"综合整治总结大会,代表市政府宣布"摘除和田路工业区重点污染的帽子",同时提出进一步深化治理要求,将地域南沿拓展到青云路,增加面积16.4公顷,自此,整个地区73.4公顷范围进入深化治理阶段。至1998年,结合旧区改造、城市建设规划和经济定位,经继续搬迁、改造仍有"三废"污染的工厂与危旧房屋,调整产业结构,适当保留无污染、高附加值的城市型工业,兴建一定规模的工业品市场、商业办公设施和较高标准的多层住宅,至此,和田地区成为商业繁荣、环境优美、配套齐全、交通便捷的新型商业及居住综合小区。

# 第七节　特色教育

2000年,区境内有中学52所,其中公办40所、民办12所,学生48 820人;有小学48所,其中公办45所、民办3所,学生42 173人。2010年有中学36所,其中公办30所、民办6所,学生25 603人;有小学34所,其中公办30所、民办4所,学生20 456人。长期以来,区委、区政府十分重视中小学教育,尤其重视特色教育的开展和推进。

## 一、成功教育

闸北八中从教学改革的实践中产生发展的一种教学方式,是以刘京海"成功教育"思想为基本的办学理念,以"自信、自主、大气、勤奋"为校训,注重面向全体学生,追求学生多方面的成功,重视学生的人文精神、科学素质和文化底蕴的培养。成功教育针对困难学生反复失败形成失败者心态的特点,坚持三个相信的教育理念,即相信每一个孩子都有成功的愿望、相信每一个孩子都有成功的潜能、相信每一个孩子都能取得多方面的成功,倡导"失败是成功之母,用成功激励孩子获得更多更大的成功"。1993年第一轮实验基本完成,取得显著成效。试点班的学生在思想、政治道德品质、心理品质、基础文化和基本学习能力等方面都有明显变化和提高。在区德育研究室组织的对全区"加强初中先进学校"14项学生行为规范的检查评比中,闸北八中名列榜首。在全区中学生学习方法比赛中,闸北八中获总分第五名,是全区初级中学唯一获奖者。学生的学习成绩也有明显提高,语文、数学、外语3门学科成绩,从入学时全区倒数第三名提高到中上水平,及格率100%,优良率85%以上。学生犯罪率为零。1995年,成功教育研究和实践扩大到区内20所学校,区里成立了"上海市成功教育研究中心"和"上海市成功教育扩大研究指导站"。1996年,成功教育研究和实践由小学、初中扩大到高中、职教、特教。是年,区里成立了"上海市成功教育研究所"。2000年3月2日承办"全国第二届成功教育研讨会",全国21个省市自治区的350余名教育专家、学者出席会议。2002年,区里成立"上海市成功教育管理咨询中心"。2004年,编辑出版《唤醒巨人——成功教育启示录》。2005年,《"成功教育"扩大研究》课题列为全国重点推广3个研究课题之一,被全国基础教育界广泛接受。2010年,《成功教育课堂改革新探索》荣获国家基础教育课程改革教学研究成果一等奖。成功教育已引起国际社会高度重视,美国、日本、澳大利亚、韩国、秘鲁、奥地利等国均派出专家来区学习研讨。

## 二、创造教育

和田路小学对陶行知"教学合一"的创造教育进行探索和实践,在此基础上,1990年经区教育局与上海市陶行知研究会、上海师大教管系合作研究,逐步形成的一种学习方法,旨在培养学生创造思维能力,既是对旧概念、旧事物认识的突破,也是思维方式本身的创新。之后扩大到区内9所学校进行研究和推广。1995年,区里成立"中国创造学会教育专业委员会",承办"全国小学创造教育研讨会";《小学实施"创造教育"的理论和实践》获"全国中小学创造教育研究项目优秀成果"一等奖。1999年成立"上海市闸北区创造教育研究所"。2000年,区内的风华初中、青云中学、中山北路小学、实验幼儿园等也被列为创造教育实验基地。是年编写出版《创造教育二十年》一书。2001年1月10日成立"上海市小学创造教育研究所",11月14日承办"全国创造教育论坛"。2004年4月13日,"全国小学创造教育研究与发展研讨会"召开,和田路小学首创的"虚拟创造实践平台"研究课题获市"第五届科研论文"二等奖、市"科研成果推广奖"、"全国创造成果奖"。

## 三、民族教育

上海市共康中学是一所以藏族学生为主、藏汉合校的寄宿制民族初级中学,是上海市行为规范示范校,是目前国内规模最大的内地西藏班(校)之一。1998年,回民中学西藏班整体并入共康中学,形成一所以藏族学生为主、藏汉合校的寄宿制民族教育初级中学。2000年在校学生282名,其中藏族学生135名,共9个教学班。2010年,在校学生712名,其中藏族学生540名,共24个班。学校教职工94人,其中专职教师79人,全部为本科学历,具有中高级职称的教师达到73.4%。学校占地面积近2公顷,建筑面积1.9万多平方米,建有教学楼、实验楼、办公楼、综合楼、图书楼、宿舍楼等。学校办学以来,牢固树立"为每一个学生的全面发展和为每一个学生的终身发展"的办学理念,认真遵循教育规律,面向全体藏汉学生,优化课程设置,促进学生个性多样发展。学校以艺术、体育为特色,学校的舞蹈队曾走上上海大剧院舞台,管乐队多次赴藏汇报演出,舞蹈、管乐、陶艺、摄像、机器人等成为学校校本课程建设的传统项目。学校注重学生对"家"的归属感、认同感,开展"上海也有我的家"活动,让每一个学子深刻铭记"民族是一家,祖国是大家"的道理。2007 年以来,学校荣获全国民族团结进步模范集体、全国教育援藏先进集体、全国民族中学教育协会示范校、上海市文明单位等。共康中学在西藏地区有着极佳的口碑和声誉,是藏族学生和家长首选的内地西藏班(校)之一。

回民中学前身是私立敦化初级中学,民国 34 年(1945 年)由中国回教学会创办,1956 年改现名,1957 年从南市区迁入沪太路 1000 号。学校是一所培养少数民族子女为主的完全中学,设备齐全,环境优美。学生来自回、藏、满、蒙、苗、壮、侗、汉、土家、朝鲜、鄂温克等 10 余个民族,是全市唯一的一所寄宿制民族完全中学。学校占地 3.73 公顷,环境优美,条件一流。拥有民族风格鲜明的教学楼、实验楼、信息技术综合楼、影剧院、台球馆、篮球馆、网球馆、田径场等场馆设施;设有初中部、高中部和全国民族中学教育协会培训中心、上海市青少年台球培训中心。2000 年共有学生 856 人,教职员工 112 人,有 14 个初中教学班、6 个高中教学班。2010 年,学生增至约 1 200 人,设 16 个初中教学班、18 个高中教学班,共 34 个教学班。教职工 127 人,中、高级职称的教师占 88% 以上。学校以"民族文化传承、民族艺术培养"为重点的民族特色教育,经市政府批准,学校被列为"全国民族团结教育基地"建设单位,是市"体教结合"先进单位,被评为"上海市民族团结先进集体"。1988年被国务院命名为"全国民族团结进步先进集体",1991 年被国家民委和国家体委授予"全国民族体育先进集体"称号。

## 四、保障教育

上海久隆模范中学位于岭南路 115 号,成立于 2001 年 9 月。由市教委和区政府共同投资兴建,属公办区重点完中。学校秉承"让每个学生都成为模范公民"的教育理念进行办学,努力让学生"今天成为模范学生、明天成为模范公民"。学校招收家庭经济收入处于最低保障线或有特殊经济困难的适龄青少年。在校学生除享受市教委规定的待遇外,还享受免除"学杂费、书簿费、校服费、午餐费、活动费",对部分路远学生提供公共交通补助,对优秀学生提供多项奖学金。从 2004 年第一批高中毕业生参加高考,到 2007 年,学生升学率为 100%,本科率为 90% 以上,1 200 多名困难家庭学生进入了高等院校,成了名副其实的模范学校。2010 年,学校有学生 880 人、7 个年级、26 个班,其中初中 4 个年级 15 个班,高中 3 个年级 11 个班,教师 83 人。校园有假山、喷水池、绿化长廊、草坪等,绿化面积达 3 945 平方米。学校有礼堂、电视导播室、塑胶跑道运动场、室内体育馆、多媒体演播室、DIS 实验室等先进的教育设施;开放式的校园网、机房,供学生使用的计算机 164 台,人均用机为 5.6∶1,高于市颁布标准。社会各界人士对学校也给予了多方面的关注和支持,对学校捐款、捐物 630 多次,累计捐款人民币 4 000 余万元、美元 14 余万元,其中,徐匡迪院士先后捐出了个人院士津贴和稿费 60 多万元。2007 年 9 月,学校被评为全国教育系统先进集体,荣获"上海市文明单位""上海华文教育基地""上海市科普体验实践基地""上海市语言文字规范化示范校""2008—2009 年度上海市安全文明校园""上海市红十字工作达标学校""上海市中小学毒品预防教育试点学校"等数十项市级以上荣誉或称号,还荣获联合国教科文组织"环境与人口可持续发展教育(EPD)项目成员学校"称号。

# 第三章　"陆上大门"建设

2000年后,区委、区政府围绕中心城区建设目标,加大"陆上大门"建设,着重推进铁路上海站北广场综合交通枢纽工程和上海长途客运总站建设,进一步提升区域交通枢纽地位;通过建设科技园区,逐步建成国家级和市级科技产业园格局,培育一批具有区域特色的高技术产业;通过打造"不夜城"商业商务区,筹建大宁国际商业广场,建设苏州河现代服务业集聚区,逐步实现上海现代交通商务区的战略决策;通过实施"环保三年行动"计划,开展环境达标工作,加大河道整治力度,推进园林绿化,进一步改善城区环境面貌;尤其是以举办上海国际茶文化节为契机,积极推进区域文化设施建设,开展各具特色的社区文化活动,提升市民精神文化素养,区域社会经济实现历史性的跨越。

## 第一节　区域交通枢纽

1987年,铁路上海站建成使用,强化了区域作为全市重要交通枢纽地位。随着上海长途汽车客运总站的筹建、竣工,铁路上海站北广场综合交通工程的启动、完工,进一步提升区域交通枢纽的功能,形成"六维"即铁路、公路、地铁、市内公交、出租汽车和私家车,"三层"即地面、地下、高空主体交通网络。2010年,区境内有铁路上海站、全国特等货运北郊站,年货运量占全市货运量的40%;有城市道路153条,总长度157公里;有公共交通线路176条;有轨道交通1、3、4号线贯穿;有长途客运公司(站)7家,经营长途班线1007条,年客运量1956万人次,占全市客运量的50%以上,真正成为上海北部地区集散人流、物流的"陆上大门"。

### 一、上海长途汽车客运总站

1987年,铁路北站被铁路上海站替代后,北站地区的大多数长途汽车站随着火车站的迁移而逐步转移。1998年,铁路上海站地区拥有长途汽车客运站14家,呈现站多、点散的零乱状况。

2000年5月,上海长途汽车客运总站(简称客运总站)开始筹建。2001年7月31日,区教育学院三产企业——上海芷新(集团)有限公司注册设立"上海长途汽车客运总站有限公司"。2002年1月26日与上海鹏欣(集团)有限公司签订《上海长途汽车客运总站投资建设及回购协议书》。根据协议,投资建设方为上海鹏欣(集团)有限公司下属两个子公司,回购营运方为上海芷新(集团)有限公司和闸北区国有资产投资公司。5月基地开始动迁,年底工程动工,2004年底竣工。

客运总站位于铁路上海站北广场西侧,东起孔家木桥路,西至恒丰路,南起交通路,北至中兴路。斥资7亿多元,总建筑面积为8万平方米,堪称亚洲最大的长途汽车站。整体造型像航空港,机翼形的候车楼与98.8米高的主楼均采用钢结构,香槟银颜色的金属板在阳光下熠熠生辉。建成后的客运总站售票大厅2000平方米,候车大厅3600平方米,东部旅游集散候车厅1300平方米,货运仓储2000平方米,共有82个售票窗口、26个检票口、52个发车位,所设置的查询、售票、检票、引导、通讯、巡更、消防、监控等14个系统,全部采用智能化管理。在售票大厅里,一个近60平方米的大型电子显示屏24小时滚动显示全部发班信息,还实时显示剩余座位,排队购票的旅客一目了然。车辆进站、发车、离站时间由电脑记录,既加强对车辆的管理,又提高班车正点率。车站设置160多个监控探头,工作人员通过监控室,随时关注售票厅、候车室的情况变化。

2005年8月12日,上海芷新(集团)有限公司将所属芷新北广场客运站420班次迁入客运总站,正式投入营运;9月20日,芷新不夜城客运站将100班次迁入;10月20日关闭芷新不夜城客运站,又将400班次迁入。客运总站每天发车1200余班次,日均接发送旅客4万余人次;平均单班行程327公里,总里程达39.2万公里,相当于绕地球近10圈。

客运总站拥有班线380条,直达江苏、浙江、安徽、江西、福建、山东、河南、湖南、湖北、北京等21个省市、118个地区、350余座县以上城市。2010年共发车445334班次,发送旅客868万余人次,分别占全市省际客运总量的34.47%和36.15%,其省际客运班线、营运公里、客运人次等指标列全市同行业乃至全国之首。客运总站还设有连接上海火车站、轨道交通的通道,使公交、铁路、轨道交通和长途客运相互贯通,实现了"零换乘"。2005年,客运总站被市城市交通管理局核定为一级站。作为特大型公共交通基础设施,也被2008年北京奥运会和2010年上海世博会定为重要配套基础设施,成为全市四大门户窗口单位之一。

为迎接上海世博会,全力建设好全市最大的陆上"世博迎宾大厅",2009年,客运总站又投入1000余万元进行设施改造,增加了立体通道电梯,购置了大量的安检设备,不但确保上海世博会的安全,而且缓解了上海北区的公共交通压力,加强了上海与华东地区乃至全国各地的政治、经济、文化交流与合作。商业配套设施也基本到位,设有各种餐饮店、超市、银行取款机、药房。同时,带动周边商铺生意日益红火,客房率攀升。客运总站所在的北广场已成为集便利购物、旅游服务、货物寄存等功能于一体的陆上交通商务旅游综合服务中心,基本达到航空机场公共服务设施一般标准。

## 二、铁路上海站北广场综合交通枢纽工程

2004年12月,市政府下发《关于铁路上海站北广场地区旧区改造政策》,明确北广场地区是全市旧区改造的重点地区之一,确定由上海地产集团和闸北区政府联合进行土地储备和前期开发,双方投资比例为85∶15,闸北区为责任单位。上海地产(集团)有限公司、上海市土地发展中心与区政府于2005年1月签订《铁路上海站北广场地区旧改合作框架协议》,对该地区实施土地收购储备。这是全市第一个市、区联手土地储备项目,标志着全市土地市场的一个重大转变。

铁路上海站北广场旧区改造项目占地25.86公顷,东至大统路沿永兴路至长兴路,南至交通路,西至彭越浦河,北至中华新路,加上中兴路拓宽(共和新路—交通路段)和大统路下穿中兴路两项道路工程,共需动迁居民8300余户、单位约300家、个体工商户460余家。为统一指挥和协调铁路上海站北广场地区旧区改造工作,区政府与上海地产集团共同组建"铁路上海站地区旧区改造指挥部"。2005年5月18日,区召开"铁路上海站北广场地区旧区改造动拆迁工作动员大会",改造项目正式启动。

为完成改造工作,区政府首先创新工作机制,开展旧区改造建功立业劳动竞赛活动,营造动拆迁良好氛围。其次,建立旧改动拆迁工作专门联席会议制度,由区主要领导负责。2006年召开听证会330场,及时了解情况。第三,建立前期手续办理每周工作例会制度,促进动迁管理工作制度化、规范化和信息化。2006年8月启动的上海站北广场东一和东二地块拆迁工作,年内完成动迁量的90%以上;2007年拆平收尾。2009年2月22日,上海站北广场三期动拆迁工作全面启动,包括广场西一、西二和广场北块,有居民3542户、单位79家。工作人员采取"5+2"(即5天工作日和2

天双休日)、"白加黑"(即白天加晚上)的工作制度,连续作战,实现年内开始、年内收尾的目标。

2009年2月,铁路上海站北广场综合交通枢纽工程启动建设,总投资50亿元。2010年1月15日于春运前竣工并投入使用。工程项目主要有:一是上海铁路局区域改造工程,包括北广场站屋、站台无柱雨棚、南广场客运设施等。呈现四大特点:站台无柱雨棚应用世界上最为广泛的"三跨一悬挑"结构,横跨7个站台面,总宽135.15米,最高达18米,覆盖面积达53145平方米,建成后的造型如起伏的波浪,美观而大气。北广场站屋扩容15倍,面积由原先的1000平方米扩大到15560平方米。地道、廊道由水磨石地面全部换成大理石防滑地面。新建的高架候车室里,旅客引导、资讯、查询、到发告示系统也同步扩容改造,新增各类资讯显示终端36套、多媒体查询终端6套,为铁路上海站客运服务实现信息化创造条件。二是站前中心广场建设。由地下层、地面层和二层平台构成。地下层包括地下一层建设出租车停靠通行专用车道,以及连接铁路地下出口、南北广场、轨道交通、长途客运站的行人通道;地下二层建设泊车400辆的停车库、设备区;地面层包括中心广场的改建、扩建,公交换乘系统的建设;远期预留二层步行平台,建成后将实现火车、轨道交通、出租车、公交车等的"零距离"换乘。三是公交枢纽站点建设。在铁路上海站北广场站屋东西两侧新建两个公交枢纽站点,分别设立8个和2个公交始末站,并与其他各类交通衔接,方便乘客换乘。四是周边配套路网建设。逐步启动中兴路西段道路拓宽工程、大统路下穿中兴路北延伸立交工程、恒丰北路桥两侧辅道拓宽工程、普善路(中兴路—沪太路)辟通工程等。

改建后的北广场站屋向东西两侧各延伸60米,向北延伸25米,总体呈"一"字形布局,建筑立面宽度与南广场主站屋相一致,东西两侧加建的廊道与既有高架候车厅相连。进站大厅通过自动扶梯、楼梯在二层与上海站既有中廊道相连接,形成统一整体。

## 第二节 高新技术产业

1996年,区委、区政府制定了"科教兴区"战略,不断增加科技投入,推进科技企业加大高新技术开发。1998年动用科技发展基金412万元,资助21个项目发展;1999年动用826万元,资助19个项目发展。进入21世纪,区里一方面鼓励、扶持科技企业申报国家、上海市科技创新基金项目,另一方面加大科技园区建设,逐步建成国家级科技园区,即上海大学科技园、市北工业园区;市级科技产业园,即上海多媒体谷、上海市闸北区科技创业中心。区域高新技术开发运用涉及面较广,但重点发展多媒体应用与产业、电子信息技术应用与产业、新材料应用与产业等。2010年,全区科技型企业超过3500家,其中获国家认定的高新技术企业突破100家、获市认定软件企业65家、认定的科技小巨人企业28家;实现总产值378亿元,总税收19.4亿元。

### 一、上海大学科技园

上海大学科技园(简称上大科技园)位于上海大学延长校区内,占地0.44平方公里,是上海张江高新技术产业开发区组成部分,是全市最早的10家孵化基地之一。创办于1991年,1993年9月2日列入国家级高新区,1998年4月5日调整为上海高新区"一区六园"组成部分,2003年10月16日认定为全国第二批国家大学科技园,2005年12月13日认定为国家级科技企业孵化器。上大科技园以软件和信息服务业为主导,同时涉及机电、新材料、环保、专业服务、影视文化等产业。2000年入驻企业45家,从业人数272人,知名企业有从事软件和信息服务业的上海海天信息系统工程有限公司等。2006年编制完成《上海张江高新技术产业开发区上海大学科技园区"十一五"发展规划》。2007年进行扩容,为功能拓展提供发展空间,完成"上海大学科技园区孵化器公共服务体系建设"。2009年完成延长校区改造一期工程,新建1.3万平方米的文武大楼。2010年入驻企业达399家,从业人数2 194人。这一时期先后引进上海海天信息系统工程有限公司、上海上大海润信息系统有限公司、上海上大鼎正软件股份有限公司、上海灿瑞科技股份有限公司、上海申传电气股份有限公司、上海天会皓闻信息科技有限公司、上海湃睿信息科技有限公司、上海克而瑞信息技术有限公司、上海岩芯电子科技有限公司、上海灵信视觉技术股份有限公司,以及易居(中国)总部等知名企业,步入快速发展轨道。

上大科技园先后被教育部、科技部授予高校学生科技创业实习基地,被市里授予市科技创新创业服务先进集体、市知识产权试点园区、市创业孵化示范基地、市大学生科技创业基金会优秀分会等荣誉。

## 二、市北工业园区

市北工业园区(简称园区)东临共和新路,西傍彭越浦,南起汶水路,北至走马塘,占地面积1.26平方公里。前身为区里开发的走马塘小区。1992年12月经市计委批准成立,由区政府统一开发建设,一期工程发展模式从建设单幢标准厂房向整地块开发方式转化,共完成7万平方米的厂房建设。1998年,园区正式成为上海张江国家自主创新示范区"一区多园"的重要组成部分。2003年二期工程启动建设,9月园区内的都市信息园结构封顶;2005年4月成为上海首批18家创意产业集聚园区,进入高速发展的轨道。6月,环达电脑(上海)有限公司在园区开业,是园区首个研发型企业。2006年6月,上海品天信息技术(上海)有限公司迁入,是首家国际服务外包企业,并于2007年和中铁工程总公司合作开发5号地块,与中冶公司、祥腾公司合作开发交运大件地块。2009年,园区完成近50万平方米的楼宇建设,同时通过加大招商引资力度、推动企业技术改造等手段进行产业转型和产业结构调整,有效推进园区的产业升级。

园区已成为带动区域工业发展的龙头之一,其中云计算、印刷媒体园、上海工业设计园和原创大师工作室等创意园区初具雏形;形成以美国科勒、中铁工程、日本住友化学为代表的区域性、功能性总部,以中国台湾神达、晶澳太阳能为代表的地区研发中心,以赛科斯、智联为代表的服务外包企业。随着知名企业的集聚,园区逐步成为全市生产性服务业集聚的重要基地。

2010年,园区共有注册企业2 780家,管辖面积拓至3.13平方公里,完成区级税收4.8亿元,对区域经济的贡献率达10.4%,第三产业主营业务收入493.9亿元,排名全市开发区第三位,成为区域重要的产业功能区。尤其重要的是,园区的功能定位非常集中,在完税企业中,信息通讯、科技研发、咨询服务、设计创意、商务服务、物流等生产性服务企业占7成。8月17日,市云计算产业基地落户园区,相继和微软中国、中国网络电视台、腾讯、阿里巴巴等企业签约,共建研发、计算、应用联盟和平台。园区还完善企业孵化器建设,年内完成41家企业入孵,使孵化服务成为企业服务新亮点。

## 三、上海多媒体谷

上海多媒体谷(简称多媒体谷)位于区域中部,东起北宝兴路、广中路、共和新路,西至彭越浦、

**2004 年建成的上海多媒体谷（闸北区政府提供）**

灵石路、沪太路,南起洛川路,北至走马塘,占地 7.7 平方公里,2002 年被市政府授牌为市级高科技园区并开始扩建,2004 年初步建成;2007 年被国家科技部正式认定为国家级数字媒体技术产业化基地。多媒体谷成立伊始已建有 9 幢商务大楼和标准厂房,建筑面积 3.5 万平方米,有上海大宁多媒体谷宽带网络发展有限公司等 20 余家多媒体企业入驻。2004 年,多媒体产业大厦、幻维创意科技大楼等工程相继竣工,入驻多媒体企业 30 家,全年实现技工贸收入 2.6 亿元,上缴区级税收 2 100 万元。2005 年实施《上海多媒体谷产业发展规划》,引进清华大学科技园,组建上海多媒体谷投资有限公司,推动多媒体谷核心区域的开发、招商、投融资和经营管理等,年底累计有 55 家高科技企业入驻。主要从事软件开发、影视制作、创意科技、专业设计、设备制造和多媒体应用。2010年,园区建成各种载体 13 万平方米,包括华清大厦、江裕大厦以及莱茵大厦一期,拥有办公楼宇近17 万平方米,商业网点 6 万平方米;引进各类高新科技企业 280 余家,入驻园区总人数 5 000 余人,完成总产值 28.36 亿元,上缴区级税收 5 632 万。

园区正朝着建成创新与创业企业的原创性核心技术研发基地、创新与创业人才的职业培训基地、核心技术的转移与转化基地的目标前进,促使多媒体技术和应用不断集成与融合,通过引进、消化、吸收世界多媒体相关行业尖端技术,引导企业走上拥有自主知识产权、掌握核心技术的良性发展轨道,实现企业在创新支撑服务平台上聚集、聚焦、聚合、聚变。

## 四、上海市闸北区科技创业中心

上海市科技创业中心闸北分中心于 2001 年 11 月成立,2005 年 8 月入驻共和新路 912 号的云华科技大厦。2009年8月经市科技创业中心和区科委批准更名为上海市闸北区科技创业中心(简称"中心"),9月由科技部评审授牌。中心的功能定位是:促进科技成果转化,培养高新技术企业和企业家,促进闸北高新技术成果的产业化;运作机制是:"政府引导、市场化运作、企业化管理";发展目标是:成为区域科技创业的高地、技术创新的源头、成果转化的平台。

2010年,中心累计孵化企业126家,累计孵化毕业企业5家;在孵企业自主知识产权数156项;孵化企业税收总额3 349.9万元;在孵企业就业人数1 486人;高新技术企业7家、小巨人(培育)企业2家,已成为区域内孵化科技创新的"摇篮"。通过吸引资本投资、整合资源、输出资本、管理及品牌,先后参股和管理输入数十家创新基地和科技园区。2008年获得"上海市火炬20周年先进集体"的荣誉称号,2009年被科技部认定为"国家高新技术创业服务中心",2013年被认定为"上海市首批创业孵化示范基地"和"上海市知识产权试点园区"。

# 第三节　现代商务区

2003年,区委作出打造上海现代交通商务区的战略决策,重点打造"不夜城"商业商务区,筹建大宁国际商业广场,规划建设"苏州河现代服务业集聚区",加强临汾路等9条商业街调整改造,成为区域经济重要组成部分。

## 一、大宁国际商业广场

大宁国际商业广场(简称大宁广场)位于共和新路(南北高架)与大宁路交界处,由上海福乐思特房地产发展有限公司开发,新加坡和中国香港等集团投资。2004年10月开工建设,斥资25亿元,占地5.5万平方米,2006年10月22日落成启用。大宁广场集零售、餐饮、娱乐、文化教育、酒店、办公楼、SOHO商住楼和现代服务业于一体,其中零售功能5万平方米,包括大型超市、旗舰店和精品店等;餐饮娱乐功能区4.5万平方米;办公楼及SOHO商住楼功能区3.9万平方米;文化教育类设施功能区1.5万平方米;其他服务功能区5万平方米,包括银行、旅行社、保健中心等。

大宁广场以其"多、大、新、齐"的商业形态深受广大消费者的青睐。品牌多:2万多个国内外知名品牌入驻,其中多个为首次登陆上海的品牌,如欧洲著名服装连锁店希雅衣家、法国女装时尚品牌波芒得、加拿大潮流服饰店Freedom Central,香港时尚生活概念店生活经艳,韩国最大的电影制作和发行商之一的希杰顶级国际化公司和上影集团共同投资经营的上影星汇影城等;规模大:总建筑面积25万平方米,包括15幢高低错落的建筑群、11个大小广场和庭院、约2公里的步行街和1 300个机动车位,犹如一艘商业航空母舰;风格新:以现代的建筑风格重塑传统商业区的尺度空间,将"生活、工作、消费"的人文活动融会在一起;功能齐:将酒店、办公、零售、文化、娱乐、现代服务业等八大功能有机分布在家庭欢乐、活力有感、中央休闲、时尚先锋和现代生活5个不同主题特色的商区中,为消费者提供便捷、时尚、舒适的全新消费享受。

大宁广场汇聚的人气还吸引了国内外商家的商气。"世纪风"主题活动推出"涉外品牌、大宁掠影",引来法国、日本、丹麦、泰国、美国、中国香港等国家和地区的品牌商品,让市民与国际交流同步。"中华城"主题活动,在大宁国际茶城"以茶会友,香溢金秋",让消费者领略云南异乡茶道的风采。"闸北韵"主题活动,有大宁国际茶城中国名茶茗会、太平洋百货黄金周促销、青云路眼镜联展服务长廊、联合汽车旧车换新及二手车免费评估、绍兴饭店优惠促销活动等。将最佳的商品、最美的形象、最好的感觉奉献给世人。

大宁广场满足了北上海近400万市民,尤其是区域80万市民日益增长的物质文化生活需求。2009上海购物节闸北主题活动构建"世界风、中华情、闸北韵"三大板块,大宁广场吸引消费者26万人次,闸北市民在区域内就能购买时尚高档商品。大宁广场还开通了网站(http://www.daningdaning.com),并与中国移动合作,推出可由手机直接登录的WAP网站,成为上海首家推广运用该技术的商业广场,为服务注入更多时尚和人文元素。

## 二、苏河湾商务区

苏河湾地区地处闸北最南端,坐落于苏州河畔,总用地面积3.19平方公里。东起罗浮路、武进路、河南北路,南临苏州河,西到恒丰路、苏州河,北至交通路、虹江路。苏州河闸北段素有"黄金走廊"之称,流经区境4.7公里,是上海一块水岸黄金宝地,也是最适合建立人性化亲水空间的区域之一。区"十五"计划纲要提出"推进南部苏州河沿线综合整治工程,加快沿线地块开发"和"加快建设苏州河现代服务集聚带"。2005年7月,市政府确定苏州河北岸(西藏北路)为全市现代服务业集聚区先期启动第一批项目。8月,区里建立苏州河沿岸现代服务业集聚区建设推进工作小组办公室,重点开发乌镇路至浙江北路东片地区沿岸的2 100米,推进地块动迁和土地储备。年底,新梅太古城启动建设,成为集聚区第一个开工项目,动迁居民1 007户。2010年,美国RTKL公司在众多世界级设计公司中脱颖而出,成为苏河湾城市规划设计主角,华侨城、中粮等重量级集团分别入驻,苏河湾地区开发进入实质性启动。12月15日,"上海苏河湾投资控股有限公司"揭牌成立。按照规划,苏河湾地区力争"五年初具规模,十年基本建成"。重点是实施三个战略:除已启动的苏河湾一号和"大悦城"项目作为引擎项目外,将在苏河湾地区孕育3颗"希望种子":一是曲阜路、文安路东北角的悦广场,将周边高密度商业办公项目整合成一体,通过由滨河地带引出的开放空间走廊向北、向东延伸,推动北侧及东北侧地块开发;二是晋元路、曲阜路西南角的商务公园,形成商务集聚区,同时拥有滨水及公园的双重景观优势;三是共和新路、北苏州河路东北角的苏河门户公园,采用紧密结合的独特建筑形态和大地景观,塑造出标志性的门户形象。这3颗"希望种子"将凭借其自身的标志性、公共性,带动整个苏河湾地区开发。

苏河湾实施低碳环保战略,打造苏州河生态走廊和曲阜路林荫大道两条"生态横轴",横向贯通整个苏河湾地区。其中,苏州河生态走廊将修建游艇码头,打造沿河休闲景观平台;曲阜路林荫大道将串联起浙北绿地、悦广场、晋元商务公园等多个公园广场,使未来的苏河湾在成熟的城市化地区中仍然保留绿树、碧水的生态环境。实施历史人文战略,在西藏北路、浙江北路之间区域塑造一条串联起苏河湾过去、现在和未来的"时光轴线",成为支撑起苏河湾开发的动力。让见证光荣的四行仓库、商贾云集的上海总商会、百年沧桑的石库门建筑、巍然矗立的高楼大厦等和谐共生,提升苏河湾地区的整体价值。

## 三、商业新业态

90年代,通过改造传统商业,区境引进各类大卖场、超市、便利店等新兴业态,并将连锁经营扩展到餐饮、药店、音像制品等行业,逐步形成现代商业格局。大型超市(大卖场)是区境最具活力的商业业态。区零售业以大卖场为代表的综合零售比重最高。2005年,大润发、易初莲花、华联吉卖盛在区境内 4 家大型超市实现销售 8.33 亿元。2010 年,区批发零售业生产总额 75.88 亿元,其中大型超市占比超 6 成。

大润发超市有限公司 1998 年 7 月 12 日成立,由不夜城公司与中国台湾润泰集团康润公司投资 3 000 万美元联合组建,总部设在区境。至 2005 年底,已在国内建立 60 余家分店,销售超过 85 亿元。2004 年被授予"上海市高营业额前 10 名非生产企业"第三名、"上海市外商投资先进企业"。大润发第一家仓储式超市闸北店,位于共和新路 3318 号,占地 3.33 公顷,卖场面积 2 万平方米,有 800 个停车位,系市内最大的仓储式大超市之一,日均销售额保持在 150 万元左右。2010 年,大润发闸北 3 家门店实现销售额达 14.3 亿元,比 2009 年增长 40.2％。华联吉卖盛超市公司 1998 年 12 月 29 日开业,总部设在区境,开业第 3 年即进入盈利回报期,2003 年公司销售额突破 35 亿元,利润 2 000 多万元;2004 年连锁店已达 25 家。华联吉买盛彭浦店是总公司第一家门店,地处彭浦新村临汾路 500 号,商场面积 1.5 万平方米,2003 年获上海市"服务诚信"先进单位、市"物价、计量"信得过单位等称号,2005 年营业额达 2.17 亿元。易初莲花超市公司汶水店、保德店分别于 2002 年和 2005 年开业,2005 年,汶水店销售额 1.3 亿元,保德店 1.02 亿元。2010 年,华联吉买盛彭浦店、易初莲花汶水店和保德店 3 家大型超市实现销售额近 5 亿元。

中小型连锁超市、便利店。2000 年,联华、华联、良友、可的、农工商、易买得、家得利、捷强等连锁商业公司落户闸北,其中联华公司在区内设立便利店 92 家,良友集团设分店 35 家,闸北烟草连锁配销网络户 766 家。至 2005 年,区境连锁超市、便利店等新型连锁业网点总计 500 余家,其中,华联超市与联华超市 31 家,销售额 1.97 亿元;喜士多、可的、好德、良友金伴、捷强连锁便利店共 126 家,销售额 7.2 亿元。

此外,许多大型商场业绩也相当可观。2009 年,太平洋站前店实现销售额 3.82 亿元。2010 年,大宁国际广场实现销售额 14.6 亿元,境内永乐、苏宁 5 家家电专卖店实现销售 6.62 亿元,斯柯达、别克等销售额 41.7 亿元。

## 第四节　环境整治

迈入 21 世纪,区委、区政府把环境整治的重点放在实施"环保三年行动"计划上,大力开展环境达标工作。继续加强河道整治,推进大型绿化建设,使区域环境与"陆上大门"相匹配。

### 一、环保三年行动计划

2000—2002 年完成第一轮"环保三年行动计划"。投入环境保护和建设资金 8.3 亿元,控制 141 家工业企业 9 项主要污染物排放总量;治理 48 个超标准固定噪声源;建成小型生活垃圾收集站 22 座,小区垃圾分类收集率达 40％。

2003—2005 年完成第二轮"环保三年行动计划"。投入环境保护和建设资金 7 亿元,完成 7 家严重污染企业搬迁或产业结构调整,完成 148 台燃煤锅炉清洁能源改造,工业废水排放量比"九五"期间削减 24.92％,化学需氧量排放量削减 41.84％,生活垃圾无害化处置率和资源化利用率分别为 100％和 30％,工业固体废物综合利用率 99.62％,危险废物安全处置率达 100％,卫生医疗机构医疗废物无害化处置率达 100％。

2006—2008 年完成第三轮"环保三年行动计划"。城市生活污水集中处理率达到 90.64％,基本实现污水收集管网全覆盖;全年空气质量优良率稳定在85%以上,达到国家二级标准;全区建成扬尘污染控制区;生活垃圾无害化处置率和医疗废物集中收集处置率达100%。

2009—2011年执行第四轮"环保三年行动计划"。每年投入环保建设总额不低于区增加值3%,3年累计环保投资27.83亿元。主要河道水质保持稳定,环境空气质量优良率3年保持在90%以上,全区通过"环境噪声达标区"复验,医疗废物集中收集率、危险废物无害化处理处置率均达100%。

## 二、环境达标目标

"一控双达标"工作始于1997年,"一控"指全国所有工业污染源排放总量控制在规定指标内;"双达标"指工业污染源排放污染物达到国家和地方规定标准,城市大气、水环境质量达到国家规定环境功能区标准。区环保部门开展乡镇企业污染源调查和危险废物申报检查,完成苏州河截流区内单位排污许可证复核换发,通过市级烟尘控制区年度复验,7个街道建成大气污染物达标街道,4个街道建成噪声达标街道,环线内三类噪声区域达到二类噪声功能区水平,城市环境综合整治定量考核进入市优秀行列。2000年加强对141家污染排放企业现场监理,对15个违反环保法规的企业进行处罚。区9项主要污染物排放总量均达到或低于市下达的控制值,大气环境质量3项考核指标均达到二级水平,水环境质量7项指标基本达标。需达标排放企业141家,其中90家企业实现治理达标,12家企业依法停产,31家企业完成产业结构调整,8家企业搬迁,污染排放达标率为100%,实现"一控双达标"工作目标。

### 【大气污染物排放达标区】

1997年下半年,开展大气污染物排放达标区创建工作并列入区政府实事项目。1998年,区境环线内北站、天目西路、宝山路、芷江西路4个街道提前4个月建成大气污染物排放达标街道,4个街道内的45台燃煤锅炉烟尘排放浓度均达国家排放标准,114台一吨以下的燃煤锅炉和茶水炉、73座炊事灶通过调整燃料结构,采用清洁能源,年燃煤由8.1万吨下降到3.97万吨,下降幅度达50.3%,减少烟尘排放317.71吨,削减二氧化硫排放729.59吨。1999年,内环线内500台(眼)燃煤小炉灶清洁能源改造工作是市政府实事项目。区内承担环线内8个单位10台燃煤炉灶改造任务,年用煤量减少187吨,烟尘排放减少8.78吨,二氧化硫排放减少33.45吨。是年,彭浦新村、临汾路、共和新路3个街道建成大气污染物排放达标街道,完成38台(眼)燃煤生产灶的清洁能源改造,改造率为97.55%,减少用煤3万吨,烟尘排放减少225吨,比创建前削减62%,二氧化硫排放减少523吨,比创建前削减51%。2000年建成大宁路街道和彭浦镇两个大气污染物排放达标街道,完成88台(眼)燃煤生产灶的清洁能源改造,削减用煤3.7万吨,烟尘排放减少294吨,二氧化硫排放减少701吨。至此,全区建成大气污染物排放达标区,使区域大气环境质量得到进一步改善。

### 【基本无燃煤区】

2000—2002年,区里开展创建基本无燃煤区工作。为有效实施污染物总量控制,落实防治扬尘污染管理措施,下发《关于开展"基本无燃煤区"工作的通知》,编制实施进度表,加大监察、监测力度,对创建街道清洁能源比例、燃煤锅炉清洁能源情况、三产清洁能源情况进行全面现场调查,实施排污申报登记和核发排污许可证,对列入清洁能源改造计划单位发放临时许可证,对工业窑炉和10吨以上燃煤锅炉单位发放烟尘、粉尘总量许可证,建筑工地、露天堆场等扬尘污染得到控制,临汾路、北站两个街道建成基本无燃煤街道。2001年,芷江西路街道建成基本无燃煤街道。2002年,天目西路、宝山路街道建成基本无燃煤街道。2003年,大宁路、彭浦新村街道建成基本无燃煤街道。2004年,彭浦镇建成基本无燃煤街道。2005年,共和新路街道建成基本无燃煤街道。至此,全区建成基本无燃煤区,区境环线内达到无燃煤锅炉目标,燃煤密度低于市验收要求3 500吨/平方公里·年,一次能源中清洁能源使用量占总能源77.25%,1吨以下燃煤小炉灶清洁能源使用率达100%,民用燃气普及率达100%。累计完成253台燃煤锅炉清洁能源改造,其中市下达区境环线内14台燃煤锅炉清洁能源改造全面完成,超额完成市下达指标10%,总燃煤量削减10.76万吨,烟尘排放量削减362.3吨,二氧化硫排放量削减1 898.03吨,基本消除中低价燃煤锅炉对人口密集区域环境空气质量影响,对煤烟型污染控制起到重要作用。

## 三、河道治理

区境内主要河道有苏州河(闸北段)、西泗塘河、中扬湖、彭越浦—东菱泾河道、俞泾浦河道(闸北段)、夏长浦河等。90年代,普遍状况是河水发黑发臭,河道两岸没有防汛墙。1998年对彭越浦、走马塘等7条河道的污染情况进行调查,年排放污水总量3 584.13万吨,排污工业企业64家,排污口75个。为改变这一状况,区里加强了河道整治工作。

**【苏州河闸北段】**

全长约4.7公里,东起河南北路桥,西至长寿路桥。1994年通过对沿岸企业调查,加大苏州河沿岸和六支流沿岸综合整治力度。苏州河合流污水一期截流区共涉及55家工业企业,年废水排放量1 131.48万吨,化学需氧量排放总量每天15.82吨。1996年,区环保局筹建闸北区苏州河环境综合治理领导小组。1997年建成苏州河北岸恒丰路桥—中恒通路97样板段,1998年建成苏州河北岸浙江路—乌镇路绿地,1999年建成苏州河北岸山西北路—福建北路桥绿地,2000年建成苏州河北岸汉中路—普济路桥绿地,2001年完成沿岸简易绿化建设,2003年建成苏州河北岸乌镇路桥—大统路桥绿地,2004年建成苏州河北岸光复路—汉中路绿地。2005年按期完成苏州河北岸综合整治目标以及绿化建设任务,完成彭越浦等河道引清调水工程,完成彭越浦、走马塘两侧截污纳管工作。苏州河闸北段环境综合整治投入建设资金7 364万元,新增绿地21 650平方米,改造道路1 810米,拆迁居民78户、单位4家,配合上海市苏州河环境综合整治办公室拆除各类装卸、粪便、垃圾码头共22处,对沿岸绿地进行养护管理。2010年,苏州河闸北段主要水质指标稳定在五类水标准,达到中心城区河道基本消除黑臭标识指数。

**【中扬湖景观河道】**

中扬湖位于市北工业新区内,2004年4月实施整治,范围自彭越浦中扬湖泵站起,向东至万荣路,全长800多米。市、区共投资650万元,新建护岸1 700多米,疏浚河道淤泥土方量4万多立方米,种植绿化1.4万多平方米,12月竣工。整治后,防汛墙达到百年一遇抗洪标准,两岸绿化景观美丽怡人,水质达到Ⅳ类水标准,防汛蓄涝能力提高。

### 【彭越浦—东菱泾河道】

1999 年起,彭越浦—东菱泾河道整治分段陆续实施。范围自交通路大洋桥起,至东菱泾与宝山区交界处,全长 9.2 公里。市、区共投资 9 000 多万元,新建、改建护岸 9 100 多米,疏浚河道淤泥土方量 46.35 万立方米,2003 年 2 月竣工。2005 年 7 月又一次实施疏浚,市、区共投资 712 万余元,疏浚河道淤泥土方量 11 万多立方米,9 月竣工。整治后,防汛墙达到百年一遇抗洪标准,两岸绿化清新怡人,河道畅通,水质改善,防汛蓄涝能力提高。

### 【夏长浦河道】

2001 年 1 月实施夏长浦河道整治,范围自彭越浦(白遗桥)起,至灵石路,全长 1 700 米。市、区共投资 2 300 多万元,新建护岸 2 800 米、排涝泵站 1 座,疏浚河道淤泥土方量 4 万多立方米,并将彭越浦至原平路一段建成景观河道,2002 年 9 月竣工。整治后,防汛墙达到百年一遇抗洪标准,水质得到明显改善。

此外,1999—2005 年,还对区域内的西泗塘河、俞泾浦河道(闸北段)、走马塘河道进行整治,达到预期效果。

## 四、园林绿化

1994 年初,区境绿地总面积 190.01 公顷,人均公共绿地 0.72 平方米,绿化覆盖率 9.01%。"九五"以来,区里结合国家卫生城市和国家园林城市创建,大力推动区域各类绿化建设。1997 年,区园林绿化行业达到全市达标行业标准。之后,区里又先后建成沉金港绿地、苏州河绿地、三泉公园、'99 广中绿地、共康高压线林带、大宁灵石公园、不夜城绿地等一批公共绿地,公共绿地系统框架基本形成。2010 年,全区绿化总面积增至 601.93 公顷,绿化覆盖率达 22.92%,人均公共绿地面积 3.24 平方米。大宁灵石公园、不夜城绿地是区域内较有代表性的绿地。

### 【大宁灵石公园】

位于广中西路 288 号,面积 56.36 公顷,是上海城市总体规划所确定的黄兴绿带、中央公园、"大宁—灵石"绿带三大绿地之一。90 年代启动建造,动迁居民 1 199 户,拆除住房建筑面积 79 214 平方米;拆迁单位 14 家,拆除单位用房建筑面积 12 442 平方米。2001 年基本建成,共完成地形土方堆筑 82 万立方米,挖湖土方 24 万立方米。种植乔木 1.4 万株,其中大树占 30%,各类灌木、竹、球类 29.6 万株,各式地被、草坪 21.6 万平方米,植物品种 200 余种,形成占地 19.33 公顷的绵延山地和 7 公顷水面;修建园区环路 7 公里,大小桥梁 10 座;建成 10 多个各有特色的中西式景点、景观建筑,两处大型入口广场,1 座大型石砌假山以及 3 座园门。累计投资 7 亿元,2002 年 5 月 1 日对外开放。公园定位为生态景观型的自然风景式城市公园,以自然山水为骨架,丰富的乔木、灌木、草坪、地被植物有机配置,以形成稳定、共生的人工植物群落。园区由东向西呈狭长形,东园建有湖堤景区、湖光山色景区及湖滨湿地景区。大宁湖位于东园中部,湖面酷似长颈宝葫芦状,东西长 700 多米,湖东开阔处宽约 250 米,湖西芦颈狭窄处仅宽 10 余米,岸线曲折绵延,湖面积约 6.67 公顷,湖内置 3 座小岛,供野鸭等鸟类栖息。湖东侧有 3 座石砌拱桥相连而成的百米长堤,颇有杭州西湖长堤的意境。湖边的白沙滩为吸引游客的最佳去处。公园主峰与大宁湖相依相伴,主峰坡下建有湖滨船坞,坞顶平台可观山赏湖,其上大型膜布屋顶造型别致,成为湖边必观之景。东园最西端建有沼泽湿地园,园内广植水杉,沿栈桥、岸滩浅植水生植物睡莲、芦苇、茅草、蓬蒿等,西侧尽头则有莲花一片,园中点缀茅草亭,野趣怡然。西园有山林景区和欧式风情景区,从西门入,依山势水流循台地东下,经小亭、造型音乐喷泉、规则式花坛、花盏式喷泉、欧式长廊到水舞台,全长约600米。景轴两侧配以开阔的疏林草坪,融合意大利台地式、法国规则式和英国自然式三大欧式古典园林景观,给人以气势博大舒展的景观享受。2004年10月,大宁灵石公园成功举办欢天喜地音乐激光烟火和空中芭蕾跳伞活动。2005年,广中公园与大宁灵石公园合并,统称"大宁灵石公园"。

2002年5月1日,位于闸北区广中西路288号的大宁灵石公园对外开放(胡鹰摄)

### 【不夜城绿地】

位于华盛路209号,面积4.3公顷。2001年10月开始拆迁,2002年3月拆平交地,动迁居民1 059户,拆除住房建筑面积42 300平方米;拆迁单位40家,拆除单位用房建筑面积12 021平方米,12月4日落成开园。绿地分为东西两部分,华盛路穿行而过。西部平地起山,山北水树阵和山南"开闸扬波"水景均为跌落式水池,分别种植水杉、华棕,形成"树在水中,水在林中"的特色景观。山顶建有木平台和扬波亭。沿山而下,有香樟林、竹林、银杏林,绿意盎然,季相分明。东部由北向南为狭长形,平行布置人工山体和大草坪,山体与草坪间的挡土墙同时为文化景墙,设"继往开来"浮雕,形象描绘闸北近现代发展历程。山上种植雪松、银杏、香樟、无患子、榉树、杜英等高大乔木,而绿地管理房置于山腹部,与山浑然一体。山下大草坪视野开阔,使人心旷神怡。下沉式广场位于华盛路中部,巧妙地将绿地东西两部分连接起来,内置旱喷泉,供市民休憩。绿地总体风格自然大气,又不失亲切雅致。种植乔灌木及地被植物百余种,成为不夜城地区重要的生态景观。2004年12月作为公园免费向市民开放。

# 第五节　文化事业

进入21世纪,区里重视文化事业的发展。一方面从区域特色出发,进一步办好"上海国际茶文化节",合作兴建上海马戏城,建成上海铁路博物馆、四行仓库"八百壮士英勇抗日"事迹陈列馆等一批特色展馆。另一方面制定政策引进社会力量参与文化设施建设。2010年,全区有区属公共文化设施64座(处),有娱乐场所192家、互联网上网服务营业场所66家、出版经营场所95家、音像制品经营场所33家、美术品经营单位9家、专业演出场所3家。1999年在全市率先实现社区文化"八个一"工程,逐步形成"一街一品"社区文化特色品牌,推进了区域文化繁荣。

## 一、上海国际茶文化节

1994年起,由区政府与市文联和市茶叶学会联合发起,每年4月间,举办为期一周的上海国际茶文化节(简称茶文化节),成为区域弘扬民族优秀文化、丰富市民文化生活、加强精神文明建设的重要载体。是年被文化部批准为全国唯一一个举办国际茶文化节的地区。

迈入21世纪,茶文化节不断办出新的特色。一是精心选择主题,彰显茶文化的时代性。2000年的主题为"千年茶情播五洲",2001年、2005年主题为"盛世茶缘""盛世茶飘香",2002年、2003年、2010年的主题为"中国茶情""ok,中国茶""中国茶,喝彩世博",2004年、2006年、2009年主题均围绕"茶,品味健康生活"。二是加强合作联办,扩大茶文化的参与性。市旅游委、市农委、市侨办、市外事办、市文明办、市合作交流办、市文广局、市绿化局、市文联、市文广集团、市供销社和市茶叶学会等单位分别与区政府联合举办茶文化节。2003年闭幕式走出上海在浙江新昌市举办,2004年在江苏溧阳天目湖畔的山水园广场举行,2005年在福建武夷山。之后,又分别在云南昆明、江苏宜兴等多地联合举办茶文化节,影响力不断扩大。每次茶文化节不仅有大型开、闭幕式,而且融表演、展览、论坛、茶艺等为一体,如绿色茶香文艺演出、家庭茶艺大赛、新茶名菜博览展销会、青少年千人笔会等。三是专辟茶乡旅游线路,体现茶文化的民族性。开辟了上海至溧阳、上海至新昌、上海至武夷山3条茶乡特色的旅游专线,游客逾万人。四是吸引国际友人参与,映衬茶文化的国际性。随着茶文化节知名度的提升,日本、韩国、新加坡、泰国、马来西亚等国,以及中国香港、台湾等地区的友人纷纷前来助兴、联谊。"茶食汇珍""茶点汇萃""茶浴服务""茶菜系列"都引起轰动,呈现了茶文化的商业价值。

茶文化节也有效推动群众性精神文明建设。全区各个街道(镇)和许多学校、企事业单位,开展各种小型多样、富有特色的茶文化活动。临汾路街道出资万元,为闸北区社会福利院和地区100多名孤老举行以茶敬老、以茶尊老、以茶送温暖的活动,在社区起到了敬老示范作用;在岭南公园开设150平方米的茶园,不定期地举办茶文化、养生知识讲座,每天吸引200名～300名老人在此品茶谈心,成为老人们的晚晴园。北站街道每年都要举办"群贤茶会"和书画展。大宁路街道楼组茶知识竞赛已成为传统保留项目。芷江西路街道茶歌茶戏之花长开不败。这些茶文化活动,潜移默化地陶冶着人们的情操,影响着人们的行为。

2010年,茶文化节已连续举办17届,规模越来越大,影响越来越远,体现了"以节为媒、扩大交流,立足上海、服务全国"的宗旨,闸北借此得到有效宣传。

## 二、上海马戏城

1998年7月由市文化局和区政府合作兴建,1999年9月竣工交付使用。位于共和新路2666号,面积2.25万平方米,以杂技场为主体建筑,有排练辅助楼、兽房和文化商业城等配套设施。杂技场是一座穹形圆顶建筑,设1638个座位,为上下连贯阶梯式排列,全场无竖立柱子,舞台一览无余。全场配有先进灯光设备和多声道、多重环绕音响,配有旋转舞台、复合升降舞台、镜框式舞台和吊杆及高空3圈马道,构成一座设施完整、功能齐全的杂技表演场所,能够同时在高空、半空和地面进行立体化演出,既能供杂技、马戏大赛和表演用,又能为综合性音乐、歌舞演出提供良好表演场所。文化商业城是马戏城重要配套设施,建筑面积1.2万平方米,有文化展示、文化商场、娱乐、餐饮等服务项目。

　　宽敞的空间、完备的设施,为上海杂技团不断创新、不断提高质量创造了条件。几年间,精品层出不穷。2002 年,上海杂技团创作了广受好评的《太极时空》等一批作品,在德国演出 139 天 149场,受到极高评价。2004 年 1 月,《太极时空》又到美国演出,同样受到了热烈的欢迎。上海马戏城是全国乃至亚洲最大、最好的马戏中心,曾接待过朝鲜、哈萨克斯坦、俄罗斯、越南、澳大利亚、美国等国家的杂技、马术团体,在国际上享有一定的知名度。尤其是《ERA(世纪)——时空之旅》,如梦如幻,把杂技艺术的健、力、美与舞台声、光、色融为一体,给观众以莫大的艺术享受和心灵震撼。

## 三、创意园区

　　苏州河北岸闸北区段有大量老仓库、老民居和众多人文历史遗迹,是区域商业、金融业、运输业发端之地。2002 年 10 月,区政府与上海一百集团联合召开苏州河水岸商业经济闸北段综合开发研讨会,确定开发概念性思路,着重发展创意产业,使老仓库、居民旧里焕发新貌。

### 【苏河艺术中心】

　　位于苏州河旁长安路 101 号,红砖 7 层楼建筑,始建于清代末年,最初为荣氏家族的福新面粉厂厂房,后改为上海市第一服装厂,属于上海市"不可移动文物"建筑。2005 年由挪威华人袁文儿先生及夫人丽莎女士改建成苏河艺术中心,建筑面积 2 000 平方米,以"促进当代艺术发展、扶持年轻艺术家"为宗旨,具有展览、交流、服务三大功能,是一个不以营利为目的,为当代艺术服务的民营式、专业化的文化艺术机构。

### 【福新面粉厂 2、3 号楼】

　　位于苏州河畔光复路 423 号,红砖建筑 3 层楼,是清末建筑组成部分,原属中国荣氏家族福新面粉厂。2005 年由上海河仓投资管理有限公司苏州香山古建筑有限公司负责修缮。2006 年由上海新波创意设计有限公司改建,经营文化艺术交流、策划咨询等业务,举行过当代艺术品拍卖会和扇面书画展,并附设数码图像、环境空间、服装创意等设计。公司也曾办过 2 次家具、沙发展览。

## 四、陈列馆、博物馆

　　2000 年以来,区里从区域特色出发,修缮和新建了一批陈列馆、博物馆。

### 【上海铁路博物馆】

　　2004 年 8 月建成,按照 1909 年原状,在具有英式古典建筑风格沪宁铁路上海站原样、原址上建设。馆址天目东路 200 号,是上海市科普教育基地。博物馆展示从 19 世纪 60—70 年代铁路进入中国后,上海及华东铁路 100 多年来的历程,反映铁路生产力变化、发展。展馆分 6 个部分,50 余个展项,近千件展品,内有珍贵铁路老设备、老器材和历史图片。

### 【四行仓库"八百壮士英勇抗日"事迹陈列室】

　　位于光复路 1 号。1937 年"八一三"淞沪抗战爆发,团副谢晋元率 524 团 1 营,退守苏州河北岸四行仓库，据险固守，共抵御日寇 4 天 5 夜，谱写了一曲爱国主义的颂歌。1995 年，为纪念抗日战争胜利 50 周年，四行仓库"八百壮士英勇抗日"事迹陈列室建成对外开放，陈列室展示厅设有谢晋元铜像、文献和历史照片 120 多幅，谢晋元日记、手迹等实物 3 件，以及四行仓库保卫战模型。陈列室分"淞沪抗战、喋血浦江""八百壮士、坚守四行""孤军生涯、英勇悲壮""英名不朽、精神永存"4 个部分。2014 年本着修旧如旧原则，进行全面改造，包含 1 个纪念馆、1 堵墙、1 个广场，纪念馆扩大至 3 000 多平方米，分为"序厅""血鏖淞沪""坚守四行""孤军抗争""不朽丰碑""尾厅"6 个展厅，2015 年 8 月 13 日完工开馆，成为上海唯一的战争遗址类爱国主义教育基地。

## 【其他】

1996 年兴建的上海工人三次武装起义史料馆，位于中兴路 828 弄；2000 年兴建的中国乳业博物馆，位于万荣路 467 号；2004 年兴建的闸北公安史料馆，位于天目中路 600 号；2005 年兴建的上海眼睛博物馆，位于宝昌路 533 号。

## 五、社区文化活动

2000 年始，开展"华彩四季"社区文化系列活动。"华彩四季"寓意一年四季中，无论是绿意盎然的春天、激情肆意的夏天，还是金色唯美的秋天，抑或白色浪漫的冬天，闸北群文活动以顺应季节周而复始的流转为时机，结合上海国际茶文化节、上海旅游节、上海国际艺术节和宝华寺新年撞钟等节庆活动和重大纪念日，以形式多样的文艺展示为载体，全面开展与季节相呼应的各类群文活动，如以茶文化活动为主要内容的"闸北之春"、以纳凉晚会为形式的"闸北之夏"、以广场音乐会为主题的"闸北之秋"、以书画展示方式为特色的"闸北之冬"等文化活动。近 10 万名社区居民活跃在"华彩四季"的文艺演出活动中。2004 年，区创作的上海说唱《风》荣获文化部群文最高奖项第十三届"群星奖"。2005 年，区群文创作作品 154 件。

1996 年，区文化局为拓展社区文化活动，在全市率先提出建立社区文化"八个一"工程，即街道（镇）建立一个文化中心站、一个图书馆、一个少儿图书馆、一个老年活动中心、一个儿童乐园、一个茶艺馆（室）、一个书画社、一个综合艺术团队。对增加社区文化发展空间，拓展社区文化阵地，满足不同层次市民文化生活需求，提升城区居民文化素质，起到积极作用。至 1999 年，全区 8 个街道、1 个镇社区文化"八个一"工程全面建成。

2001 年 11 月，社区文化"八个一"工程成果展示在彭浦新村街道举行。内容有反映开展群众文化活动图片展，特色文化茶艺荟萃，彭浦镇"光影交融"摄影展，以创建学习型家庭、学习型楼组为主题"书香雏声"读书演讲，青少年百米绘画长卷"丹青新苗"等。展示中心台集中展示闸北区在全市各类汇演中得奖节目照。

区的"一街一品"社区文化特色品牌建设取得长足、稳定的发展，北站街道的少儿京剧文化、宝山路街道的红色历史文化、大宁路街道的楼组文化、彭浦镇"文化达人秀"等在区内具有一定的知名度。在"一街一品"相对成熟的基础上，"一街多品"文化品牌的建设正逐步推广，形成"一街一品"牢固、"一街多品"繁荣的文化品牌建设格局。

2005 年，闸北区街道（镇）社区"一街一品"特色文化活动有临汾路街道的"书画芳香"：20 多件作品在全国、市书画展中得奖；宝山路街道的"红色宝山"：根据革命史料创作戏曲、舞蹈、诗歌、朗诵等文艺作品，举办"寻访革命历史、传承红色记忆"版面展示活动；芷江西路街道的"无声沙龙"：

发展聋哑人学习型团队;北站街道的"少儿京剧":先后拍摄成《十年排演的一场大戏》《京剧小子》《雏燕双飞》等专题片;彭浦新村街道的"戏曲文化":创作演出上百出小戏、小品和表演唱;共和新路街道的"家庭茶文化":开展茶艺进社区、茶艺进家庭、茶艺进楼组,培养茶艺"马大嫂";大宁路街道的"楼组文化":先后举办大宁社区楼组文化艺术节,有收藏、集邮、盆景、摄影、演唱等;天目西路街道的"时装合唱":配合时政宣传,自编、自演歌曲等由时装队伴舞;彭浦镇的"摄影文化":摄影团队逾百人,其优秀作品多次参加国内外摄影展并获奖,1983年"彭浦农民摄影展"在北京展出,上海人民美术出版社为彭浦镇群众摄影出版全国第一本《农民摄影作品选》,2000年被文化部社会文化图书馆司命名为"中国民间特色艺术之乡"。

表 5-3-1　闸北区主要年份基本情况

| 项　目 | 1978 年 | 1985 年 | 1990 年 | 1995 年 | 2000 年 | 2005 年 | 2010 年 |
|---|---|---|---|---|---|---|---|
| 区域面积(平方公里) | 23.06 | 27.95 | 27.95 | 27.48 | 29.20 | 29.18 | 29.19 |
| 水域面积(平方公里) | | | | | 0.52 | 0.42 | 0.52 |
| 街道(个) | 14 | | | 12 | 8 | 8 | 8 |
| 镇(个) | 0 | 0 | 0 | 1 | 1 | 1 | 1 |
| 乡(个) | 0 | 0 | 0 | | | | |
| 居民委员会(个) | 147 | | | | 229 | 211 | 208 |
| 村民委员会(个) | 0 | | | 7 | 7 | 1 | 1 |
| 年末户籍人口(万人) | 57.33 | 66.54 | 68.21 | 67.01 | 70.80 | 70.51 | 69.21 |
| 户数(万户) | 15.7 | 18.9 | 22.06 | 23.65 | 26.07 | 25.71 | 25.12 |
| 年末常住人口(万人)① | | 64.41 | 71.29 | | 70.83 | | 83.05 |
| 外来人口(万人)② | | | 2.49 | | 11.90 (1999 年) | | 20.00 |
| 人口密度（人/平方公里） | 24 861 | 23 808 | 24 403 | 23 529 | 24 245 | 24 164 | 23 713 |
| 人口自然增长率(‰) | 0.6 | | | −4.49 | −4.14 | −3.41 | −1.42 |
| 城镇登记失业人数(人) | — | — | — | — | 15 168 (1999 年) | 19 344 | 19 986 |
| 新增就业岗位数(个) | — | — | — | — | 6 587 (1999 年) | 24 231 | 25 254 |
| 中学(所) | 52 | | | | 52 | 47 | 36 |
| 在校学生(人) | 73 196 | | | | 48 820 | 42 114 | 25 603 |
| 小学(所) | 60 | | | | 48 | 35 | 34 |
| 在校学生(人) | 32 557 | | | | 42 173 | 22 976 | 20 456 |
| 幼儿园(所) | 80 | | | | 52 | 57 | 54 |
| 在园幼儿(人) | 8 966 | | | | 10 003 | 11 234 | 13 750 |
| 职校(所) | 0 | | | | 5 | 1 | 1 |

（续表）

| 项　目 | 1978 年 | 1985 年 | 1990 年 | 1995 年 | 2000 年 | 2005 年 | 2010 年 |
|---|---|---|---|---|---|---|---|
| 在校学生(人) | 0 | | | | 4 489 | 2 170 | 1 158 |
| 图书馆、室(家) | | | | | 11 | 11 | 11 |
| 文化馆、站(家) | 1 | | | | 11 | 11 | 10 |
| 影剧院、场(家) | 3 | | | | 5 | 4 | 4 |
| 区级医院(所) | 2 | | | | 5 | 5 | 6 |
| 医院床位数(张) | 848 | | | | 4 303 | 4 561 | 4 928 |
| 医疗卫生技术人员(人) | 2 288 | | | | 4 886 | 4 681 | 5 541 |
| 执业医师(人) | 326 | | | | 1 756 | 1 860 | 2 003 |
| 公共绿地面积(万平方米) | 19.63 | 26.93 | 41.75 | 61.76 | 119.96 | 182.96 | 223.92 |
| 人均公共绿地面积(平方米) | 0.34 | 0.41 | 0.62 | 0.92 | 1.69 | 2.58 | 3.24 |
| 绿化覆盖率(%) | | 6.2 | 9.79 | 10.92 | 14.90 | 18.05 | 22.92 |
| 公园(个) | 2 | | | | 7 | 7 | 7 |
| 城市居民人均住房面积(平方米) | 5.98 | 8.27 | 10.53 | 12.91 | 14.94 | 20.49 | 23.22 |

说明：① 1985 年为 1982 年人口普查数据；② 1999 年为 2000 年人口普查数据。

表 5-3-2　闸北区主要年份国民经济基本指标

| 项　目 | 1978 年 | 1985 年 | 1990 年 | 1995 年 | 2000 年 | 2005 年 | 2010 年 |
|---|---|---|---|---|---|---|---|
| 生产总值(亿元)① | | | | 16.7 | 33.37 | 237.96 | 444.65 |
| 第一产业(亿元) | | | | 0.14 | 0.045 | | |
| 第二产业(亿元) | | | | 4.81 | 9.09 | 50.69 | 80.99 |
| 工业(亿元) | | | | 3.84 | 6.05 | 42.17 | 48.27 |
| 第三产业(亿元) | | | | 11.75 | 25.03 | 187.27 | 363.66 |
| 固定资产投资完成额(亿元) | | | | 9.5 | 19.00 | 50.8 | 100.43 |
| 财政收入(亿元) | | | | 8.48 | 15.46 | 46.52 | 112.35 |
| 地方财政收入(亿元) | | 1.48 | 2.94 | 5.33 | 11.88 | 30.52 | 46.3 |
| 地方财政支出(亿元) | | | 1.27 | 5.61 | 11.15 | 35.07 | 69.16 |
| 外贸进出口总额(亿美元) | | | | | | 5.48 | 7.26 |
| 出口额(亿美元)② | | | 0.41 (亿元) | 4.43 (亿元) | 8.49 (亿元) | 3.4 | 4.46 |

| 项　　目 | 1978 年 | 1985 年 | 1990 年 | 1995 年 | 2000 年 | 2005 年 | 2010 年 |
|---|---|---|---|---|---|---|---|
| 年末私营企业注册数（个） | | | | | 1 701 | 9 063 | 12 443 |
| 工业总产值（亿元）③ | | 3.56 | 5.59 | 21.16 | 33.38 | 71.81 | 95.73 |
| 住宅竣工面积（万平方米） | | | | 66 | 74.28 | 80.16 | 34.44 |
| 社会消费品零售总额（亿元） | | | | 40.66 | 61.30 | 103.39 | 180.05 |

说明：① 1993—1999 年为区级增加值；② 1990—1999 年为出口交货值；③ 区属工业。

# 第六篇 虹口区

虹口区地处上海市中心城区东北部,因虹口港(旧称沙洪,其与黄浦江交汇处称洪口、虹口)而得名。

1978年,虹口区行政区域面积13平方公里,辖有虹镇、新港路、欧阳路、长春路、同心路、广中路、海门路、嘉兴路、吴淞路、乍浦路、横浜桥、东长治路、唐山路13个街道,下设173个居委会;户籍人口19.25万户、69.39万人。1979年7月,杨浦区玉田新村、宝山县江湾公社工农大队划入。1980年1月设立曲阳路街道。1984年9月,宝山县江湾镇和大八寺(今大柏树)地区划入。1985年7月设立大八寺街道,1988年8月改为运光新村街道。1987年11月设立凉城新村街道。1991年5月撤销吴淞路、乍浦路街道,设立新的乍浦路街道;撤销长春路、横浜桥街道,设立四川北路街道;撤销东长治路、海门路街道,设立提篮桥街道。1992年,密云路北端路东地段划归杨浦区。1993年12月撤销曲阳路、运光新村街道,设立新的曲阳路街道。1996年7月撤销嘉兴路、虹镇街道,设立新的嘉兴路街道;撤销新港路、唐山路街道,设立新的新港路街道;撤销广中路、同心路街道,设立新的广中路街道。2006年7月撤销江湾镇,设立江湾镇街道。2009年11月撤销乍浦路、新港路街道,辖区分别划入提篮桥、四川北路和嘉兴路街道。2010年,全区行政区域面积23.40平方公里,辖有8个街道,下设232个居委会,户籍人口27.74万户、79.06万人。

中共十一届三中全会后,虹口区经历恢复经济、推进改革、深化开发和治理3个发展时期。

1978—1989年为经济社会恢复发展时期。1979年,区委、区政府明确以经济建设为中心,两个文明一起抓,推动各项工作。重点发展以商业为主的第三产业,积极调整工业结构,加强城市管理与建设,促进各项社会事业发展。1986年8月,中共虹口区第三次代表大会确定虹口区"七五"期间经济和社会发展的奋斗目标与主要任务,强调把改革放在首位,发展以商业为重点的第三产业;调整集体工业,增强经济发展的后续力和综合服务力;搞活流通,繁荣市场;改造和发展四川北路、提篮桥2个商业中心;开发四平路、临平路和大柏树地区,规划建设曲阳、运光、丰镇3个新村。1987年,市权逐步下放,财政实行"分灶吃饭",财贸、集管、街道工业以及私营民营科技、个体经济等均有较快发展。1989年,全区商业营业额由1979年的6.42亿元增至23.07亿元,增长2.6倍,利润额增长1.43倍,上缴税收占区财政收入的60.1%,成为区财政收入的重要支柱。社会零售额达29.37亿元,列全市第二位。集管工业稳中有升。外贸出口突破亿元大关。

1990—1999年为推进改革发展时期。1990年底在基本完成"七五"计划各项主要指标的基础上,区制定十年(1991—2000年)规划和"八五"计划纲要。1992年明确经济发展的总体思路,即优先发展商业和房地产业,并以房地产业为龙头,促进旧区改造,带动商业建设,逐步把虹口区建设成为上海的主要商贸区,教育、文化先进区,高质量的居住区,以及国际、国内水路客运的集散地之一。1993年,全区商业销售额升至73.1亿元,连续3年位列全市第二。新办非区属企业700余家,累计外商投资166项。1990年11月,新中国第一家证券交易所上海证券交易所在虹口设立,一大批证券公司随之在虹口设立营业部,成为区财政收入重要来源。1995年围绕上海"一个龙头,三个中心"发展战略,提出"九五"时期虹口经济社会发展目标和2010年远景目标,重点推进市级商业街四川北路、大柏树上海工贸中心和北外滩金融商贸区3个功能区建设。1998年1月又提出要努力把虹口基本建成上海的主要商贸服务区、教育文化先进区、文明舒适的居住区和滨江旅游地区之一，成为经济、社会、环境可持续发展的现代化城区。重点推进四川北路、吴淞路、四平路、乍浦路、海宁路、东大名路、多伦路"六街"和大柏树上海工贸中心区，鲁迅公园、虹口体育场文化体育休闲娱乐区，北外滩金融、信息、商务和滨江旅游区"三区"建设，实施虹镇老街等地区旧区改造和虹口港水系的综合治理，加快产业结构调整和经济体制改革，促进经济社会协调发展。

2000—2010 年为深化开发治理时期。"十五"时期，虹口区抓住浦江两岸综合开发的机遇，实施"突出重点、发展两翼"战略，推进北外滩地区综合开发和四川北路新一轮改造，产业结构由传统商贸业逐步向现代服务业转型。2001 年，区确定箱包业为区都市型工业的"一业特强"，建成上海国际箱包中心。2002 年 1 月，区规划将北外滩地区建设成为集商务、航运、居住、休闲于一体的临江功能区。制定《关于支持航运服务产业发展的若干意见》，对航运服务业加大政策、资金扶持力度。2005 年制定《关于扶持知识服务业重点行业发展若干意见的通知》，重点支持信息传输、信息增值服务与计算机服务业、咨询调查业、科技服务业等行业发展。是年 7 月，北外滩航运服务集聚区成为全市唯一以航运服务为特色的现代服务业集聚区。2006 年，区"十一五"规划明确航运服务业、知识服务业、商贸旅游文化休闲业、房地产业为区四大主导产业，将政策扶持、招商引资及资源配置的重点向四大主导产业倾斜；制定加快航运服务业、知识服务业、数字媒体产业发展的扶持政策，先后发布《关于推进北外滩航运服务集聚区发展的若干措施》《关于加强科技创新能力建设若干政策》等文件；将北外滩航运服务集聚区作为"航运虹口"建设核心，推进项目建设，打造航运服务功能，使之成为全市乃至全国航运功能最齐全、航运企业最集中、航运要素最集聚的区域之一。2007 年 1 月提出用 5 年时间建设一个文明和谐的新虹口，在"突出重点，发展两翼"的基础上，以提升城区功能、增强区域竞争力为主线，打造"航运虹口"，完善"一区一街一圈"发展格局，推动北外滩航运服务集聚区、四川北路商业商务文化休闲街、大柏树知识创新与服务贸易圈建设，加大虹镇老街等地区旧区改造力度。制定《关于发展本区楼宇经济若干意见》，鼓励开发商业商务楼宇，加快房地产业从住宅为主向住宅和商办楼宇并举转变。四大主导产业实现区级税收占区级税收总量的 75.6%。是年，虹口区建成上海市文明城区。

2010 年，虹口区生产总值 58.6 亿元，比 1995 年增长 1.9 倍；财政收入 98.79 亿元，比 1978 年增长 93.09 倍；社会消费品零售总额 215.17 亿元，比 1995 年增长 4.25 倍。全区拥有航运企业 3 000 余家。境内有虹口港等 7 条大小河道组成的虹口港水系，全长 20.5 公里；有内环高架路、中环高架路横贯区境中部，轨道交通 3、4、8、10、12 号线穿越区境，虹口足球场综合交通枢纽建成为上海东北部最大的地铁和公交换乘中心；大连路隧道、新建路隧道、其秦线轮渡、泰公路轮渡连通浦东新区，外滩通道成为区境南部直达外滩的快速通道。有中国科学院上海技术物理研究所、上海材料研究所、华东电力试验研究院有限公司、上海勘测设计研究院等 8 家部、市属科研单位；有上海财经大学、上海外国语大学、上海青年管理干部学院、上海外国语大学贤达经济人文学院 4 所全日制高等院校。有中共"四大"会议遗址、李白烈士故居、鲁迅故居、鲁迅墓、中国左翼作家联盟成立大会会址等一批革命遗址、遗迹。有下海庙、摩西会堂、提篮桥监狱等历史建筑。有近千年历史的江湾镇。1995 年被国家教委授予"全国幼儿教育工作先进区"；被文化部、人事部授予"全国文化模范区"；1992 年、1996 年、1998 年 3 次被国家体委授予"武术之乡"；2001 年被教育部、财政部、国家计委授予"全国'两基'（基本普及九年制义务教育、基本扫除青壮年文盲）教育工作先进地区"。

2011 年，《虹口区国民经济和社会发展第十二个五年发展纲要》指出：虹口区必须把握坚持改革开放、坚持创新驱动、坚持改善民生、坚持绿色发展原则，基本形成上海国际航运中心现代航运服务体系核心功能,以北外滩航运服务集聚区为引领,增强航运交易、航运咨询、口岸服务、航运仲裁、航运中介、国际客运等航运服务功能;基本形成以现代服务业为主的服务经济体系,以"一区一街一圈"功能建设为重点,在高端服务业、新兴产业发展上取得突破,力争实现金融服务业、现代商贸业、信息服务业、专业服务业三级税收年均两位数增长,培养节能环保、新能源、新材料等战略新兴产业,基本形成完备的市政基础设施和城区管理体系,基本形成更加完善的公共服务和社会保障体系,把虹口建设成为商务商业繁荣、环境宜业宜居、文化特色鲜明、综合服务高效的现代化和谐城区。

# 第一章 经济社会恢复发展

1978年起,区委、区政府逐渐将工作重心转移到以经济建设为中心上来,实行改革开放,促进经济和社会事业发展。以创办社区服务产业为抓手,妥善安置回沪知青就业;重点发展以商业为主的第三产业,抓好人民群众生活必需品的市场供应;调整工业结构,组建虹口区集体事业管理局(简称区集管局),建立街道工厂,推进区属工业发展;加强城市管理与建设,将住宅建设与城市改造相结合,加快住宅建设步伐。区重视教育发展,通过调整中小学校布局,加强薄弱学校改造,提高教育教学质量,解决入学高峰困难。1985年,全区幼儿和适龄儿童入园入学率100%;1987年,初中入学率100%。同时,加强特色教育和成人教育,成为区域的一个亮点。

## 第一节 知青安置

1968—1977年期间,虹口区共有106 998名知识青年(简称知青)上山下乡。1979年,区政府发动社会各方力量,扩大就业渠道,安置回沪知青就业。

### 一、就业政策

70年代末,根据国务院《关于工人退休、退职的暂行办法》和市劳动局相关规定,虹口区人事局制定企事业、机关职工退(离)休、退职后招收其1名符合招工条件的子女参加工作(简称退休顶替)的政策,缓解回沪知青就业难矛盾。1977—1979年共安排92 694人劳动就业,其中安置回沪知青45 986人。至1983年,全区累计安置回沪知青和社会待业人员11.39万人,通过退休顶替实现就业5.86万人,相当一部分回沪知青被安排在街道工厂就业。

### 二、就业渠道

1980年为安排待业青年就业,区成立合作联社。1981年起,为了尽快安置返沪的知青和待分配的历届青年学生就业,各街道(镇)相继组织知青兴办福利工场、生产服务合作社、劳动服务所和社会综合服务所4类以商业服务业为主的经济实体。1983年2月21日,邓小平视察曲阳新村菜场、商场和酒家,对虹口区妥善安置知青就业工作给予充分肯定。至1984年,全区共有生活服务企业205家、从业人员4 091人,合作联社系统有208个社(组)、从业人员3 515人。1985年,全区165家商业服务企业合并组建虹口区商业服务总公司。1986年,区合作联社创办第一家工业企业上海虹乐玻璃电器厂。

区政府还发动社会各方力量,鼓励多形式、多渠道、多层次地发展集体工业、商业和市政、房修、装卸、服装加工等劳动服务企业,安置回沪知青。1979年,区教师进修学院专业培训一批回沪知青担任中小幼教教师,暂时弥补师资不足。1980年建立区职业培训学校,根据知青特点和用工单位职业需求,对知青开展职前教育和就业指导。先后开办商店营业员、宾馆服务员、公交售票员、电话接线员、托儿所保育员和缝纫裁剪工等70余个工种、127个班。

# 第二节 企业改革

1979年后，区委、区政府贯彻改革开放方针，把工作重心转移到经济建设上来，首先在财贸系统和区属工业系统中推进经营承包责任制等改革。商业方面，重点改革封闭式、少渠道、多环节的商业体制；区属工业方面，以扩大经营自主权、推行经营承包责任制为重点，取得明显的经济效益。

## 一、商业企业

### 【合作企业和饮食业】

进行利润包干试点改革。1984年根据市《改进市区零售商业、饮食、服务业经营管理试行规定》精神，虹口区制定《关于区属集体企业收益分配和简政扩权的规定》，在全区商业系统中开展利润包干试点改革，首先在合作企业和饮食业进行。试点改革后，商店具有自主权，职工多劳多得，企业和职工的积极性得到调动。如熟水业由于生意清淡，1984年起先后开设生活锅炉厂、综合修理厂、招待所等，由熟水中心店管理，既弥补亏损，又解决部分多余职工的再就业问题。1985年起，熟水店逐步由职工个人承包。到1993年，全区仅有25家熟水店在营业，年营业额132.39万元，利润3.48万元。

### 【国营企业和集体企业】

实行不同形式改革。中小型企业实行"国家所有、集体经营，以税代利、自负盈亏"的承包经营责任制。虹口商场等19家大中型商业企业实行经营活动、商品定价、劳动用工、工资分配、投资发展、机构设置"六自主"改革，并同步实行全员劳动合同制。三角地日用杂品商店等6家企业实行股份合作制，10家小型企业进行试点拍卖，34家微利亏损企业实行风险抵押承包。至1989年，全区财贸系统96%的大中型企业实行承包经营，80%的小型企业实行租赁经营，90%的老集体企业实行租赁或定率承包，从而带动全区商业改革的深化，取得了明显的经济效益。是年，全区商业营业额由1979年的6.42亿元增至23.07亿元，增加2.6倍；利润额增加1.43倍；上缴税收达区财政收入的60.1%，成为区财政收入的重要支柱；社会零售额达29.37亿元，列全市第二位。

### 【行政性公司】

主要是采取简政放权，撤销行政性公司建制。对粮油、百货、钟表眼镜文化用品、五金交电、纺织、服装鞋帽、医药等17个区属公司和178家中心店进行简政放权，实行经理负责制，撤销中心店建制，改由区公司直接领导基层商店，推行多种形式的经营承包责任制。至1989年，撤销26个行政性公司建制，建立经营服务型经济实体。区烟糖、果品等公司突破"市管批发、区管零售"的限制，相继组建批发部或批发站，自行采购货源的比重逐年上升，商品适销对路。同时，不少大中型商店尤其是四川北路上的大商店，改过去单一经营为多种经营和跨行业经营发展零售兼批发业务，恢复名特商店的产品特色、工艺特色、经营特色和服务特色，市场日趋活跃。四川北路集新百货店、艺林照相馆等13家商店调整扩大，逐步向名、特发展。

**【商贸业态】**

这一时期,区商贸业态不断突破、拓展。1988 年 9 月,新中国成立后上海第一家当铺恒源当铺在区境内的南浔路 203 号开业,以抵押放款为主,调剂个体工商户临时资金周转需求,支持个体工商户发展,创利效益在全市 10 家当铺中保持"第一当"地位。是年 11 月,位于区内东大名路 1171 号的上海首家带有旋转餐厅的远洋宾馆建成,被评为三星级涉外宾馆,并连续多年被评为上海市旅游优质服务单位。至 1989 年,区内共有宝隆宾馆、远洋宾馆、白厦宾馆、天鹅信谊宾馆、海虹宾馆、上海银珠大饭店、丝绸之路大饭店、上海国际文化交流中心 8 家涉外宾馆。

## 二、工业企业

**【企业经营自主权】**

1979 年起,集管工业企业自主权逐渐扩大。1981 年,友谊箱包厂等 6 家企业分别开展计件工资制和产品超额计件奖的试点工作。1984 年 6 月在沪光电表厂、快乐电子仪器厂试行经济承包责任制,之后在区市政公司、光明食品二厂等 102 家企业推行,占企业总数的 80%。1985 年,区属工业全面推行经济承包责任制改革,经济效益不断提高,年工业总产值由 1980 年的 9 595.76 万元增至 41 127.11 万元,年利润总额由 1980 年的 1 973.2 万元增至 4 306.74 万元。1987 年开始推行厂长负责制,1988 年在友谊箱包厂等 35 家工厂推开。同时,在区工业总公司、各专业公司及公司下属117 家企业实行层层经济目标承包。之后,为增强企业活力,促进区属工业的技术改造和新产品开发,区政府设立工业发展基金,用于扶持箱包、服装等支柱行业。1989 年,区属工业实现总产值60 353 万元,比 1980 年增长 6.29 倍;利润总额 3 692 万元,比 1980 年增长 1.87%。

**【经济承包责任制】**

1984 年 1 月,区政府将街道工场与街道脱钩,归区集管局集中统一领导。区集管局建立服装针织、印刷装潢、皮革塑料、电子仪器、日用五金、通用五金、机械配件、家用电器 8 家专业工业公司,领导全区 138 家企业。5 月撤销通用五金、机械配件 2 家公司,专业公司减为 6 家。年底完成工业总产值 2.15 亿元,利润总额 1 872.4 万元。1985 年 7 月,区工业公司改名为区工业总公司,在内部全面推行经济承包责任制,生产又有新的发展,工业总产值及利润分别比 1984 年增长 53.7% 和54.28%。1987 年以后为扭转企业亏损局面,采取组建和撤销部分企业性公司,部分企业实行调整兼并、内部租赁、"好帮差"、破产处理等措施,使集管系统 36 家亏损企业扭亏 11 家、减亏 10 家。1989 年后投资 1 001 万元,扶植重点企业和支持重点产品开发,进行技术改造项目 30 项,其中 16项部优、市优和市名牌产品被列入市地区工业技改项目。东方箱包厂箱包生产线、长征纸盒厂瓦楞纸生产线等技改项目投产后,产品质量和生产能力有明显提高。珍宝金银饰品厂、新港半导体器件厂、通用钟表配件厂等技改项目,实现当年立项、当年投入、当年产生效益。

**【中外合资企业】**

1988 年 11 月,区集管局下属友谊箱包厂与日本 ACE 株式会社合资兴建上海爱思旅行用品有限公司,引进先进管理和箱包生产技术,产品向中高档发展,主要销往国际市场,先后被评为全国出口创汇先进企业、上海市生产出口型外商投资先进企业、中国规模最大的 300 家外商投资企业之一,成为国内行业领先的现代化企业。1989 年,区集管局下属永美服装厂与日本大荣既制服株式会社、日本垣株式会社以及中国香港亚洲贸易公司合资建立上海康培尔服装有限公司,主要生产男式西服和西式大衣,产品95%以上销往日本,先后被评为全国外商投资先进企业、上海生产出口型外商投资先进企业、中国规模最大500家外商投资企业之一,并获全国和上海市出口创汇、年利润"双优"企业称号。

# 第三节　市政和住房建设

1978—1989年,为发展经济和改善人民生活,虹口区推进市政道路建设,启动危棚简屋改造和新居住区开发。

## 一、市政道路

区境内新建道路16条,建造吴淞路闸桥和西体育会路立交桥,扩建和改建吴淞路—四平路、周家嘴路—海宁路等交通主干道以及一批原有的中小支马路。

### 【吴淞路扩建和吴淞路闸桥建设工程】

1981年8月,区启动四平路全线扩建改建,车行道拓宽为26米,路幅30.75米～37米。工程于1983年竣工,改善市中心通往江湾体育场的主要道路之一的吴淞路—四平路通行条件。1989年3月15日,总投资1.43亿元的吴淞路闸桥建设工程动工,于1991年4月30日建成,既确保苏州河两岸56公里岸线的防汛安全,又缓解外白渡桥交通拥挤的矛盾,为国内外首创。随后,被列为市重大工程之一的吴淞路南段扩建工程启动。该工程拆除嘉兴路桥,新建宽33米的新嘉兴路桥;新铺设水、电、煤和下水管线,于1992年9月7日完工。自此,吴淞路成为市区往南经中山东一路直达南浦大桥,往北经吴淞路—四平路直抵五角场、宝山工业区的南北交通走廊。

### 【西体育会路车行立交桥工程】

1985年9月12日开工建设,是上海市首座装配式车行立交桥,南起东江湾路虹口游泳池门口,北至西体育会路上海外国语学院北门,主孔西侧是广中路,东侧为大连西路。主桥长288米,共21孔,加上前后两端引道桥总长665米,桥面总宽10米,车行道宽9米,主孔梁底净空高度5米,加上桥面大梁和栏杆,约有3层楼高。是年12月26日建成通车,缓解大连西路及西江湾路交通节点的拥堵状况。

## 二、旧居住区

1983年11月,区政府根据市旧居住区改造规划,对区境内的大连西路、天宝路、中山北路、广中路、海宁路、鸭绿江路等沿线旧居住区进行改造,并以海宁路、鸭绿江路沿线及中山北路、广中路周边等区域为重点。1984年3月,市城市规划设计院制定《1984—1990年上海旧区住宅改建基地布局规划》。规划分23个地区,简称"23片"。区境占其中"三、四"两片,即四平路沿线地区和大连路沿线地区。四平路沿线地区基地面积41.27万平方米,建造建筑面积77.74万平方米,拆除旧建筑面积31.9万平方米。大连西路沿线地区基地面积3.68万平方米,建造建筑面积

9.1万平方米,拆除旧建筑面积3.1万平方米。旧区改造中,久耕里、寿椿里和蒋家桥路、天宝西路可为代表。

### 【久耕里、寿椿里】

1981年,区政府决定对久耕里、寿椿里危旧房进行改造。其时,旧房建筑面积2.8万平方米,住户1481户,人均建筑面积3.5平方米。规划占地2.5万平方米,建造新住房6.14万平方米,安排住户1228户。改建工程分三期进行,第一期改建中间的简屋区,第二期改建南端的旧里危房,第三期结合扩建海宁路(鸭绿江桥—吴淞路段),在沿街建高层住宅。1984年4月1日改建工程开工,新建小区统一命名为久耕里。改建期间,市政府调拨曲阳新村赤北小区2万平方米住宅作为动迁房源。久耕里、寿椿里危棚简屋改建资金采用多渠道集资方法筹措,是统筹资金进行旧区改造的试点。至1990年底,改建工程总投资5800万元,其中职工单位集资425万元,地方财政危房改建基地投资1424万元。改造工程完成后,该地区居民人均居住面积由3.5平方米提高到5.5平方米。海宁路由18米拓宽至35米。

### 【蒋家桥路、天宝西路】

1982年,区住宅办为支持无单独建造职工住宅能力的单位,结合老宅基改造,试行集资统建,即由区住宅办统一管理资金,统一办理征地拆迁、委托设计、施工配套、考核造价、竣工分配,对蒋家桥路、天宝西路旧区进行改造。改建工程第一期动迁居民209户,拆除房屋面积9257平方米。由市、区属20余家单位集资改建。1983年9月,蒋家桥路住宅建设开工,首批在天宝西路北建造6层住宅14幢,建筑面积4.24万平方米,同时建造公共建筑1000余平方米。二期建造天宝西路以南6层住宅6幢,建筑面积1.44万平方米,及幼托建筑912平方米。蒋家桥路南、北块建筑总面积5.89万平方米,于1985—1988年初相继竣工,建成煤卫独用、设施齐全的各式新工房1129套。

## 三、居民新村

在改建危棚简屋的同时,区政府分批新建新村住宅,并实行多渠道集资、多层次建房政策,调动各单位建房积极性,住宅建设迅速发展。1981—1989年,全区新建各类房屋618.19万平方米,平均每年建成68.69万平方米。新建居民小区中,曲阳新村、凉城新村、丰镇新村可为典型。

### 【曲阳新村】

位于区境中部偏东,是上海市"六五"时期规划新建的12个居住区之一。规划用地61公顷,总建筑面积68万平方米,其中住宅建筑面积60万平方米、公建面积8万平方米,可居住6万人,人均生活用地10.21平方米。1979年8月破土动工,1980年、1986年经历两次规划调整,实际用地77.7公顷,住宅建筑面积增加到87万平方米,可住8.7万人。1983年2月,邓小平视察曲阳新村。1988年12月,曲阳新村获评"上海十佳建筑"称号,有美国、日本、法国、匈牙利等10余个国家代表团到访。

结合曲阳新村建设,新建、改建曲阳路、玉田路、玉田支路、赤峰路、密云路5条市政道路,总长4.91公里,以市政道路为界,将新村分为6个街坊小区。

**1997 年,虹口区曲阳新村新貌(虹口区档案馆提供)**

## 【丰镇新村】

位于具有 800 余年历史的江湾古镇范围内,规划用地 45.2 公顷,总建筑面积 53.3 万平方米,其中居住建筑面积 45.5 万平方米,可安排 3.5 万人居住。1985 年 5 月动工兴建。先后建成 10 个住宅区,其中 18 层高层住房有 10 幢,竣工总面积 58.8 万平方米,是年实际入住居民 11 225 户。

## 【凉城新村】

位于区境西北部,占地 105.2 公顷。1986 年,区政府设立市政建设指挥部,之后由上海市居住区开发公司第一分公司统筹征地,先后有上海市政建筑公司、复旦大学、虹口区住宅公司、江湾乡房产公司等 20 余家单位兴建住宅。新村以凉城路为界分东西两块,共有 6 个小区。1993 年,凉城新村竣工面积 72.34 万平方米,绿化面积 46 万平方米,绿化覆盖率 38%。

# 第四节　教　育　事　业

80 年代,虹口区调整全区教育结构、层次、规模及学校布局。1985 年开始实施义务教育法和义务教育条例,普通教育逐步走上依法办学的轨道,全区幼儿和适龄儿童 100% 入园入学。1987 年初中入学率达 100%。同时,涌现一批艺术、体育特色幼儿园和一批法制教育、艺术教育、心理健康教育、校园文化建设等特色中小学。1989 年,全区共有各类学校 225 所,在校学生 108 948 人。

## 一、学前教育

1976 年,幼儿园复归区教育行政部门领导。1978 年,全区有幼儿园 41 所。面对区幼儿人数增加,1977—1986 年,虹口区新建幼儿园 24 所,动员区域内职工人数在 1 000 人以上的企事业单位自办幼儿园 47 所,成立区商业服务公司统管街道办托儿所(设幼儿班)76 所,将 4 岁以下小班幼儿统归街道幼儿班招收。全区幼儿和适龄儿童 100％入园入学。1989 年,区政协牵头兴办第一家民办白玉兰幼儿园,并设寄宿班。其间,东余杭路幼儿园、密云路幼儿园等 15 所幼儿园被评为上海市办园成绩显著单位,四川北路幼儿园等 7 所幼儿园被评为上海市体育先进集体;区第三中心小学附属幼儿园的"全面关心幼儿健康、常识、音乐教学",东余杭路幼儿园的"语言、游戏教学及家庭教育",东宝兴路幼儿园的"体育活动、美工活动、后勤服务"等办园经验在全市交流介绍。

## 二、小学教育

1976 年后,小学普遍恢复少先队组织。此后,根据形势发展需要,在学生中开展系列爱国主义和思想品德教育实践活动等,重塑少年儿童良好品德行为。

1978 年,全区有小学 73 所。1985 年起,每年定期举行全区青年教师教学评比观摩活动,系统地开展"电化教学""精讲多练""质疑问难""德育渗透"等专题研究。

1989 年,全区共有全日制小学 87 所(含聋哑学校、辅读学校),在校学生 58 147 人。其中公办校 86 所,以及由民进虹口区委开办的境内第一所全日制寄宿学校白玉兰学校。虹口区第三中心小学为上海市实验性小学,列入全国名校行列。

## 三、中学教育

1978 年,区教育局建制恢复。1979 年,区调整中学布局。1982 年,全区 50 所完全中学合并为 18 所。1987 年,全区初中普及率 100％。1989 年有培华中学、外国语学校等完全中学 13 所,一批普通中学改办为职业高中或设置职业班。是年底,初中毕业生实行分流,初中毕业生合格率 94.3％。

1989 年,全区共有 30 所初级中学和 13 所高级中学,其中有北虹中学(原圣芳济学院)、市五中学(原仁善学校)、北郊中学(原晏摩氏女校)、继光中学(原麦伦书院)以及最早由中国人叶澄衷创办的澄衷中学(原澄衷蒙学堂)等百年老校,以及复兴中学、华东师范大学第一附属中学等上海市重点中学和上海外国语大学外国语学校等。

## 四、成人教育

区属成人高校 1 所,即虹口区业余大学。1981 年,联合国教科文组织拨款支持中国发展成人教育,虹口区业余大学成为上海市唯一获得该项拨款的成人高校。该校广泛开展国际间的合作与交流,1989 年与丹麦霍森多工艺学院结为姐妹学校;1991 年 5 月与法国文化协会合作建立上海市法语培训中心,隶属全球法语同盟,所有教师拥有 FLE 或 DAEFLE 对外法语教学文凭或资格认证,其中大部分成员都是法语母语的外籍教师,课程使用法语原版教材,搭配上海法语培训中心编写的配套教案、语音软件,使教学更生动、高效。

## 五、职业教育

1980年,区进行中等教育结构改革,先后在南湖中学、延风中学等10余所中学开办或附设职业班,并开办江湾职业学校。1985年2月,南湖、统计(原金沙)、长白、虹临、沙泾、广灵、延风7所学校正式命名为中等职业技术学校,同时成立区职业技术教育中心。之后,部分职业学校或停办、或合并做强。1989年,延风职业技术学校停办,全区有江湾、南湖等区属中等职业技术学校7所。

中等职业技术学校和普通中学附设的职业班,主要与银行、海关、统计、宾馆、商业、纺织、仪表、交通、运输、海运港务等部门联合办学,招收应届初中毕业生及18周岁以下历届初中毕业生,学制3年~4年。毕业生按双向选择原则,由联办单位择优录用,也可以自己组织起来就业或自谋职业。

# 第二章　推进改革发展

1990—1999年,随着浦东开发开放政策落地,虹口区立足区位优势和发展基础,坚持加快产业结构调整和所有制结构调整,建立健全"两级政府、三级管理"新体制,不断深化改革、扩大开放,推动区域经济快速发展。

## 第一节　转变政府职能

90年代中期,依照上海市实施"两级政府、三级管理"新体制,区在街道一级管理形成新管理体制与管理队伍,实行社区服务、综合执法等管理试点,形成第三级管理工作网络。区政府在经济、文化领域实行资产管理体制、中小企业产权制度、文化系统行政审批制度等改革,建立"一门式"受理制度、文化系统行政服务体系。

### 一、两级政府、三级管理

1996年,全市实施"两级政府、三级管理"新体制。虹口区成立区"两级政府、三级管理"试点工作领导小组,制定区社区发展五年规划和6个配套文件,将"两级政府、三级管理"工作纳入区政府的行政效能监察目标,于5月30日召开区城区工作会议,加快推进试点工作。

**【管理体制】**

按照市委、市政府"两级政府、三级管理"发展要求,区完善城区管理体制机制,落实各项措施,加强基层建设。居委会建设加强,调整和充实居委会干部队伍,先后3批招聘250名居委会专职干部,向社会公开招聘236名非专职干部;选派17名机关青年干部到居委会挂职;配齐居委会,江湾镇新建4个居委会,凉城新村街道3个居委会筹委会转为正式居委会,每个新建居委会2年内增拨8万元用于居委会建设。居委会与"三产"脱钩。乍浦路、四川北路、凉城新村、提篮桥、江湾镇5个街镇完成居委会与"三产"脱钩工作。理顺条块管理体制,开展联合执法、街道税收全返、派驻机构干部双重管理等探索试点工作。

**【试点内容】**

1996年,在区政府的领导下,各街道开展"两级政府、三级管理"各项试点工作。其中,乍浦路街道以管理体制改革为重点,成立"乍浦地区社区管理委员会"和"乍浦地区社区发展协调委员会";欧阳路街道试点以社区服务为主要内容,社区服务体系和网络初步形成;曲阳路街道开展综合执法试点,组建综合执法队,延长执法时间;凉城新村街道进行小区管理试点,推进街道、居委会与物业公司相结合的管理新模式,以自然居住小区为单元,建立小区管理委员会。同时,街道经济和协税实行全缴全返,街道财力基础得到加强。区财政将每年区级财政收入新增部分的1%～2%用于街道的社区管理等。

## 【改革成效】

1997年,区充实基层力量,明责放权,初步形成第三级管理工作网络。建立街道、镇综合管理政务公开、目标责任制度,强化街道办事处在城区管理中的职能;组建街道监察队,加强市容市貌管理和监督;全区环卫保洁公司进行垃圾箱房专业化管理试点。1998年,区完成公安派出所(警署)、工商所、地段医院和房产办事处与街道的对应设置,区工商局、区卫生局等有关职能部门向第三级管理层面下移相应的事权、财权、管理力量等。乍浦路街道试点成立街道劳动服务所、社区服务管理所、社会保障事务所、法律事务所和市容卫生综合服务所等中介机构,形成"小政府、大社会"管理格局。1999年建立区、街道(镇)社区综合执法管理联席会议制度。

## 二、转变管理职能

区委、区政府为进一步发展区域经济,全方位实行对内对外开放,改善投资环境,将政府经济管理职能从对区公有制企业的行政管理和保护,转到对区域各种所有制企业加强指导服务。同时,在文化系统实现由政府办文化向管文化转变。

## 【国有资产管理体制】

1992年7月,区政府成立区国有资产管理局,隶属于区财政局。1996年12月撤销区国有资产管理局,成立区国有资产管理办公室(简称区国资办),增挂区集体资产管理办公室牌子。1996年起,区国有公司制企业按《中华人民共和国公司法》要求,相继成立董事会和监事会。1997年、1999年,区国资办先后制定《虹口区企业监事会工作试行办法》《虹口区国有、集体企业加强监事会工作的若干意见》,联手区委组织部抓好国企董事会、监事会建设,形成内外制衡、相互制约的监管网络,实现对资产运行的日常监控和过程监督,保障国有资产安全高效运行。1999年,区国资办与区体改办合署办公(2005年更名为区国有资产监督管理委员会),对国资实行集中统一管理。区国有资产管理分为区国资委、归口国资委管理的各类区管直属(集团)公司、具体占用和使用国有资产的各类公司及基层单位3个层次,国资监管职能进一步明晰。是年,全区1100余家区属国有、集体企业中,实现产权制度改革的450户,放开搞活经营的240余户,关闭、歇业的近100户,已改制企业占企业总数的70%以上。2001年,区国资办会同区委组织部做好虹口工业集团外派监事长试行工作。其间,试行国有资产授权经营。区制定改革方案,提出产权制度一定要改革、社会资本一定要进入、经营者一定要持大股、要素一定要参与分配、职工劳动关系一定要转换的"5个一定要"。国企改革以"2个转换"为突破,209家企业或网点顺利转让,涉及营业面积17 991平方米,变现国有资产8 351万元,职工转换劳动关系1 700余人。国有资本基本从理发、熟水行业中退出,从洗染、沐浴、餐饮业退出家数分别占总家数的36%、38%、29%。

## 【国有企业改制重组】

从1994年起,区经济体制改革重点以国有企业改革为中心,探索公有制的多种有效实现形式。四川北路商业街新风钟表店、英姿照相馆、朝辉照相器材店、九洲黄金总汇、伟民空调器公司等国有名特优企业相继改制为股份合作制企业。1997—1999年组建雷允上(北区)药业、华艺建筑、舒乐出租汽车、新世纪文化用品4家发起式股份有限公司,同时推进区商业、工业、房产业、服务业等7个企业集团改革,促使60%以上的区属中、小企业转换机制。全区共有股份合作制企业746家,入股职工近 3 万人,总股本金 4.84 亿元,其中法人股 1.05 亿元、个人股 3.79 亿元。

### 【中小企业产权制度】

1997 年,区工业集团公司以产权转让、兼并破产、加盟连锁、歇业分立等形式放掉小企业 52 家。1998 年,全区共放掉小企业 104 家,其中区商业 41 家小企业加盟华联、联华等各大连锁公司,各系统利用网点租赁将企业转为个体经营 18 家,网点转让转为个体私营企业 45 家。私营企业中艺裤业公司兼并集体企业永美服装厂。1999 年完成小企业改革 74 家,其中 8 家企业转为私营企业。同时,在虹口工业集团公司下属的虹口制衣有限公司试点经营者群体回购企业股权(MBO)的改制方式,由经营者出资 350 万元购得该公司 70% 的股权。改制后,每年利润都超出改制前两倍以上。2000 年通过经营者或经营者群体回购企业这一主要改革形式,完成工业集团公司 21 家企业的产权制度改革。以四川北路斯为美美容院、燕记西菜社为代表的国有商业小企业成功转制为股份合作制企业。

### 【“一门式”受理制度】

1993 年,虹口区投资服务办公室成立后,改进企业引进审批方法,逐步实现为引进企业提供公开审批条件,简化审批程序,实行“一口收费”,为客商提供项目审批时的全过程代理、项目建设中的全方位服务,建立“一门式”受理制度。1994 年建立区领导、部门负责人、联络员多层次的走访企业制度,设立专用企业服务邮箱,构建反馈沟通渠道,解决企业发展经营中重点、难点问题。制定《虹口区投资服务管理暂行办法》《虹口区投资服务中心实施细则》及“并联审批”工作流程等制度,并向社会公开承诺办证、办照期限。区招商部门及街道、镇加强代理服务,对重点企业和项目全过程跟踪、协调、服务。1999 年 4 月 2 日召开虹口经济合作信息发布会,提出“三年免税”和以税抵租等优惠政策。是年,为加强政府服务职能,提高行政效率,扩大对内对外开放力度,改善投资环境,帮助区域内企业做大、做强、做佳,虹口区实施“绿色通道服务联系卡”联系制度,向雷允上北区药业股份公司、中星(集团)公司、银欣房地产有限公司、上海元祖食品有限公司等 80 家区内重点企业发放“绿色通道服务联系卡”。持卡企业在发展中得到区政府“通行无阻”的服务,可在项目审批、人才引进等方面享受优惠政策,在投资经营过程中遇到阻碍时可直接约见部门领导。

### 【行政服务体系】

1993—1997 年,区采取政策扶持、实行奖励、加强服务、全区动员等措施,支持和扶持非区属企业的发展。其间,共有 3 570 家非区属企业投资虹口,注册资金达 64.2 亿元。1998 年建立政府行政服务体系,出台《虹口区贯彻市政府扩大对内开放 24 条意见实施办法》,打破地域、所有制、服务对象的围墙,为在虹口纳税的企业提供多层次、全方位的服务;建立“一网二机制”,即多层次、全方位的重点企业服务网络,形成推荐、培育、扶持重点企业协调沟通机制和重点企业服务考评机制。

### 【区级财税体制】

1994 年,上海市推行市与区县分税制财政管理体制。区政府充分利用市对区下放的财权和事权,制定支持发展经济、深化改革的政策措施,改变原与街道的财政包干体制,实行分税制财政管理体制。以 1993 年上缴“4 税”(所得税、营业税、产品税、增值税)3 268.29 万元为街道的税收责任基数；按分税制口径分拆成中央固定收入、市级固定收入、区级固定收入三部分，完成上缴基数的超过部分，区实得的部分按 70％ 奖励给街道、镇。1995 年实行拨款包干。区财政对街道、镇行政经费以 1993 年核拨的 459.61 万元为基数，由街道、镇分别包干使用；同时给予税收超缴奖励，即街道、镇所属企业上缴"4 税"以 1994 年 1 772.68 万元为基数，从 1995 年起每年递增 4％，达到 1993 年上缴数 3 268.29 万元，保证街道、镇应得收入；如上缴"4 税"超过 1993 年基数，扣除 4％增量后，余额全部返回街道、镇。1996 年对街道、镇财力管理体制作出"取消基数，全缴全返，适当拨款，略有转移"规定，即街道、镇所属企业税收基数和协税基数全部予以取消；街道、镇所属企业及街道、镇协税上缴的增值税、营业税、城建税和企业所得税按区财政实得部分，予以全额返回。根据街道、镇在人口、地域和经济结构诸方面的客观因素，对街道、镇之间进行不超过 50 万元的财力转移支付，实施利益合理调整。1997 年在实施完善环卫经费分拨制度的基础上，区财政逐步将绿化、市政等方面的专项经费分拨给街道、镇，专项用于各专业部门的定向支出，实行"条费块转"。1998 年在保留 1996 年区对街道、镇原有政策的基础上，由街道、镇协征对个体和私营企业中从业人员个人所得税、自行车牌照税，以 1996 年为基数，增量的 80％由区财政返回街道、镇。

**【文化系统行政审批和人事制度】**

根据改革形势发展需要，区文化系统开展行政审批制度改革试点工作，对行政审批项目进行清理，取消 46 项，改革比例占 78％。1998 年后，区文化系统推行干部体制改革，基层单位党政主要负责干部实行聘任制，建立目标管理考核和奖惩制度。

# 第二节　商　　业

1994 年和 1996 年，区先后制定《虹口区经济和社会发展十年规划及"八五"计划纲要》和《虹口区商业发展"九五"计划》，对商业发展作出规划和部署，通过商业布局的调整，逐步建立以大型商厦为支撑、企业集团为骨干、名牌名品为驱动、高中低兼有的经营格局，促进虹口商业繁荣。

## 一、规划布局

**【"一街四地区"】**

1994 年，《虹口区经济和社会发展十年规划及"八五"计划纲要》提出"一街四地区"（一街为四川北路，四地区为海宁路乍浦路、鲁迅公园、大柏树、提篮桥）商业规划布局，重点发展多功能、综合性大型商业设施。该规划布局以四川北路为中心，辐射海宁路乍浦路、鲁迅公园、大柏树、提篮桥地区。其中，四川北路商业街按照"珠状串联、点状辐射、分段规划、各具特色"布局；海宁路乍浦路地区通过举办文化艺术节以及文化沙龙提升地位优势，发展餐饮、美容、美发、健身业；鲁迅公园地区结合"雅文化圈"建设，以鲁迅公园为轴心，融园林、娱乐、文化为一体；大柏树地区以日用工业品批发市场为依托，逐步形成若干个服务设施齐全的配货市场群，成为工贸中心；提篮桥地区主要是调整商业网点。

**【"点线面"】**

1996 年，《虹口区商业发展"九五"计划》出台，将商业布局调整为"点、线、面"（指大柏树地区、四川北路商业街区、北外滩金融贸易区)相结合的多层次、多功能的商业辐射网络。大柏树地区初步建成以沪办大厦、内贸中心为依托,以日用工业品交易为主的国家级贸易中心。四川北路商业街根据市中心商业区的规划要求,以覆盖中等收入者市场为起点和突破口,以零售商业为基础、批发贸易为支柱、现代化服务业为依托,与上海商务中心相呼应,逐步建设成繁华的购物中心和贸易中心。北外滩金融贸易区重点发展虹口港—东汉阳路唐山路—汇山客运站—黄浦江和提篮桥地区金融、贸易、服务业。提篮桥地区定位为依托港口,发展商务、商贸,重点发展商业、旅游业,扩建下海庙,打造集文化交流、民俗宗教、旅游风情、购物娱乐为一体的"口岸文化"圈。是年,区政府完成北外滩地区控制性详细规划。

## 二、商业街

区政府从区情实际出发,按照区的功能定位,发展商贸、旅游、餐饮等第三产业。1991年后,区域商业经过多次网点调整,逐步推进改革,形成市级商业大街、区级商业中心、街道地区商业群、新村配套商店四级网络。

### 【四川北路"商贸旅游文化休闲街"】

四川北路南起北苏州路,北至大连西路,全长3.7公里,拥有鲁迅公园、多伦路文化名人街和虹口足球场等文化体育资源,是上海著名的市级商业街之一。1994年,区属商业网点401家,营业面积5.12万平方米,年营业额30亿元,占全区商业的19%。1995年,四川北路新凯福商厦、福德广场、凯伦商厦、久事多伦商厦等相继开业,四川北菜场、一定好食品店、三角地菜场完成改造,支马路

1996年,四川北路中华名品街街景(虹口区档案馆提供)

形成"非"字型布局。结合市政设施改造,完成新凯福、久事多伦商厦、凯伦妇女儿童用品商厦等 11 个短平快项目,初显南繁(荣)、中专(卖)、北雅的商业特色。鲁迅公园地区把园林、娱乐、文化融为一体,并沿街开设有特色的商业饮食店,以适应日本游客较为集中的需要,成为对外交流的重要窗口。海宁路乍浦路地区在举办文化艺术节、文化沙龙的同时,发展餐饮、美容、美发、健身业;完成解放剧场和胜利电影院改造,建设成为商业文化中心。是年底,四川北路商业企业实现销售 85.54 亿元,比 1994 年增长 12.96%,完成计划目标 114%;利润 1.216 亿元,比 1994 年增长 4.24%。其中上海大祥(集团)公司销售额 200 802.08 万元,比 1994 年的 106 701.34 万元增长 88.19%;利润 5 703.42 万元,比 1994 年的 2 885.77 万元增长 97.64%,居全市烟糖行业第一。区粮食局开设便利店 100 家,销售额 8 亿元,居全市粮食零售行业第一。为进一步拓展市场,经过征集,确定"上海四川路,中华名品街"为新广告语。至 1996 年底,区商委在四川北路沿线辟出国际商厦川北分店、长春商行等 10 个经营网点,供国内名牌生产企业开设专卖店;远东电器商厦、虹口商厦等 16 家大中型商店调整商场布局,辟出专门场地开设经营国内名牌产品的专卖厅。1998 年经营布局调整后的四川北路,形成黄金珠宝经营街中街、"美好生活"家庭装潢工程市场、移动电话通信市场,引进南华火锅、百信鞋业和百年老店恒丰茶庄。1999 年引进"三专"(专卖店、专卖厅、专卖柜)商店 52 家,商店总量达到 215 家,其中评选出新海食品商城、群利床上用品公司等专业特色商店 20 家。四川北路商业街逐步成为经营国产名牌品种多、质量优、大类全、款式新和具有一定特色的商业中心街。2000 年,四川北路被商务部命名为国家级购物放心街。

### 【大柏树新兴商贸圈】

1985 年,大柏树地区依托日用工业品批发市场,建成曲阳路 801 号综合楼,完善原林路(现中山北一路)南北 2 个小区,发展邯郸路生产资料及曲阳路金融、商业、商务 3 条专业街,逐步形成若干个服务设施齐全的配货市场群,成为工贸中心。

### 【提篮桥地区"口岸文化"圈】

1995 年,提篮桥地区根据《虹口区经济和社会发展十年规划及"八五"计划纲要》,商业网点调整到 331 家,其中区财贸系统 46 家,占 14%;社会商业系统 155 家,占 47%;个体经济 130 家,占 39%。1996 年建立首家专业性市场提篮桥水果批发市场。又陆续建立公平路大王庙鞋料市场、公平路 88 号提篮桥港口市场、虹安综合批发市场、安国路农贸市场、舟山路集市。

### 【乍浦路美食街】

乍浦路美食街地处四川北路、海宁路、吴淞路"金三角"地区,全长 1 公里。1980 年只有几家饮食店。1990 年后,一大批以个体为主的经营者利用政府的优惠政策,开办餐馆、饭店,1994 年形成规模特色,进入繁荣和成熟阶段。是年,虹口区建立乍浦路美食街管理领导小组及其办公室,行使管理、协调、服务、教育的职能,使美食街健康、有序发展。1997 年,乍浦路有各类餐馆、饭店 104 家(其中国有 1 家、集体 34 家、中外合资 6 家、个体 60 家、私营 2 家、股份制企业 1 家),投资额 24 100 万元,从业人员 3 100 人,其中外来人员占 70%。经济结构从原来个体经营发展到国营、集体、个体和中外合资等多种经济成分并存。经营范围从单纯的餐饮业服务发展到餐饮、娱乐、文化等为一体的综合服务,成为闻名中外的美食街。1999 年 9 月,被上海市商委首批命名为上海市商业专业特色街。

## 三、商业场所

### 【大型商厦】

1994年,区内仅有虹口商厦和远东商厦,营业面积分别为2 400平方米和4 540平方米。为迅速改变虹口区商店规模小、设施差、装潢陈旧的落后面貌,区商委加大商业设施建设力度,通过内联外引、自筹资金等多渠道融资,共投入建设资金23亿元,新建新凯福、春天百货、叶大昌、福都等10座商厦,增加营业面积38 300平方米。其中,上海春天百货商城1996年3月对外营业,是上海烟草集团虹口烟草糖酒有限公司、上海大祥(集团)公司共同投资的中型综合性百货企业,以零售为主兼批发;福德商务中心大厦于1996年6月落成,由两幢高度平均为99.8米的筒式建筑物组合而成,整个建筑物地上28层,1层~6层分别设豪华厅、美容中心、桑拿浴室,7层~27层为写字楼,28层是夜总会,地下2层可停泊轿车100余辆,由区城市建设开发总公司与江湾房地产开发经营公司联手建造;福都商城于1997年3月28日试营业,由区商委独资兴建,1层~2层为购物层,3层~4层为休闲、餐饮、娱乐层,5层开设福都保龄球馆及汉德啤酒坊,地下1层为豪情KTV娱乐总汇,是四川北路上具有特色的集购物、休闲、娱乐为一体的多功能、综合性商业大厦;上海东宝百货有限公司由上海东方国际集团与香港高宝新时代发展有限公司共同组建,1997年由港方全权管理。

### 【大卖场】

1996年后,家乐福曲阳店、易买得曲阳店、麦德龙虹口商场相继入驻虹口。家乐福曲阳店于1996年1月开业,商业经营面积4 000平方米,是法国零售巨头家乐福和上海联华超市有限公司在上海开办的第一家大卖场,分为杂货、家电、纺织品、百货、生鲜5处,经营商品20 000余种。易买得曲阳店系中韩合资企业,隶属于韩国新世界集团,于1997年开业,经营面积9 000平方米。锦江麦德龙现购自运有限公司上海虹口商场于1999年9月开业,经营面积12 000平方米,经营商品2.5万余种。

### 【连锁店、便利店】

1994年,上海三角地总公司组建上海三角地超市公司,开设超市11家;区粮食局组建宏良便利连锁经营公司,改建49家便利商店;大祥集团公司和叶大昌集团公司各改建15家,加盟宏良便利商店。1996年,宏良便利连锁经营公司拥有21家连锁超市,宏良便利商店发展到100家。此外,区内还有华联超市9家,联华超市和农工商超市各3家,星地超市、为民超市、恒大超市、捷强超市各2家,百联、八仙、星地、豫园、友谊华侨、百家便利、家万全、广南、清真等各1家,共计有连锁、便利店153家。

### 【大型专卖店】

上海商务中心股份有限公司(上海商务中心家电城)1993年9月成立,总建筑面积15万平方米,为上海首家专业家电市场,主营家用电器、电子产品等,1997年以来连年排名上海家电行业单店销售额第一名。1997年秋举办以“弘扬国货名品,振兴中华彩电”为主题的第一届上海彩电节。此后,每年举办的上海彩电节成为上海商业节庆品牌,被评为上海优秀服务商标。2000年起,公司被市工商行政管理局列入免检企业行列,被市国家税务局、地方税务局评为上海市 A 类纳税信用单位。上海灯具城市场经营管理有限公司由上海明光灯具有限公司于 1995 年创办,营业面积 11 980 平方米,经营灯具、光源、电器、配件等 1 万多个品种,引进世界四大品牌(荷兰飞利浦、日本松下、德国欧司朗、美国 GE)经销商,1997 年被评为上海市十大规范市场之一。1997—1999 年连续 3 年被评为市文明市场。1998 年被市质监局授予上海市商品专业市场质量先进单位。上海吉盛伟邦家居曲阳店 1996 年建成,是上海市首家门店,拥有国家级展示厅及一流服务设施,被家具界誉为永不谢幕的中外精品博览会,汇聚中外 100 余家知名家具品牌,产品包括民用、办公两大系列,涵盖板式、实木、软体、玻璃金属、藤器、工艺饰品、布艺、装饰画等各大类别家具及饰品。

## 四、商业节庆

区通过举办四川北路欢乐节等各种系列节庆活动,实现商旅文体资源整合,起到以节兴市、促进综合消费的效果。

1992 年,鲁迅公园举办首届"上海—自贡金秋灯会",创下 200 万人观灯的盛况。1996 年为纪念鲁迅公园建园 100 周年,举办了第三届"上海—自贡金秋灯会",9 月 22 日—11 月 3 日共接待游客 50 万人次。

1995 年 9 月,区政府决定举办第一届"四川北路欢乐节",提出"走走看看其他路,买卖请到四川路"口号。1997 年后,"四川北路欢乐节"作为虹口区最大的旅游节庆活动和"上海旅游节"的组成部分,"土洋联动、虹口与外地联动、专业与业余联动、人文景观与自然风光联动",突出都市特点、虹口特色,开展社区之光群众文艺展演、长三角旅游资源推介展示会、上海旅游节彩车四川北路大巡游等活动项目。

# 第三节　多种所有制经济

1994 年,全区工商登记企业营业执照共 14 550 家,其中全民所有制企业 4 686 家、集体所有制企业 9 393 家、合营及其他经济类型企业 471 家。全区共有私营企业(含私营企业、独资企业、合伙企业、有限公司)252 家,个体工商户 6 291 家。工商登记企业(全民、集体、其他)与私营企业、个体工商户比例是 2.31∶1.49∶1。

## 一、国有企业

1994 年起,区经济体制改革重点以国有企业改革为中心,探索公有制的多种有效实现形式。首先是国有企业改制重组,组建集团公司。1994—1999 年,全区共组建四平房产、虹房、七百、中虹、大祥、虹口工业、舒天、叶大昌、长远、华东船务 10 家国有、集体集团性企业,其中重点扶持发展七百、大祥、虹房、中虹、四平、虹口工业、舒天 7 家。这 7 家集团拥有的国有资产占全区经营性国有资产的 80% 以上,商业销售额约占全区的 50%,工业销售产值约占全区的 70%。

### 【上海叶大昌(集团)公司(简称叶大昌集团)】

1993 年 2 月,由叶大昌食品店、丰满土特产食品商场、全丰贸易商场、虹口食品商场、新海火腿食品公司、冷冻食品分公司、批发经营分公司 7 家大型企业为骨干,结合 70 余家中小型企业组建而成,从业人员 1 664 人。4 月新建的 3 823 平方米厂房投入使用,有水果、南北货、炒货行业等网点 91 家,销售额 2.15 亿元,利润额 502.71 万元。1999 年,集团公司重组,由原叶大昌集团公司和虹基实业有限公司、日用品总公司、亚东物资(集团)公司组成。

### 【上海大祥(集团)有限公司(简称大祥集团)】

前身是区糖业烟酒公司。1993 年 11 月经区商委和市烟草专卖局批复同意,由上海烟草(集团)公司、虹口区糖业烟酒公司共同组建上海烟草(集团)公司虹口分公司。区糖业烟酒公司先后更名为上海大祥糖烟酒食品总公司、上海大祥食品总公司。为扩大经营规模,公司投资 2.78 亿元,建成上海春天百货商城和上海国际商厦,增加营业面积 16 000 平方米。是年,大祥食品总公司经区政府批准同意,与元祖食品有限公司(新加坡)合作成立上海元祖食品有限公司,总投资 158 万美元,注册资本 102 万美元,合作期限 15 年。1994 年,区商委撤销大祥食品总公司,成立上海大祥食品(集团)公司,年销售总额达 10.47 亿元,利税 5 114.38 万元。年内,上海大祥食品(集团)公司对集体企业虹口奋发食品总汇实行股份合作制改革。1995 年,上海大祥食品(集团)公司更名为上海大祥(集团)公司(简称大祥集团)。1996 年后,大祥集团兼并远东电器商厦(集团)公司。

### 【上海四平房产开发经营(集团)有限公司(简称四平集团)】

前身是四平开发经营总公司。1994 年经区政府批准转制为集团公司,注册资金 6 000 万元,资产总值 4 亿元以上。公司从事住宅及办公楼的建造和经营,为国家房地产开发一级资质企业。

### 【上海舒天(集团)有限公司(简称舒天集团)】

1994 年由区合作联社完善企业定位,以舒乐出租汽车公司为基础组建,成为区重点企业。1997 年,舒天集团划出区合作联社,培育以舒乐出租汽车公司为主的一批优势企业,建立舒乐货运、舒乐汽修、舒乐汽配、舒乐快递等企业,形成系列品牌。

### 【上海虹房(集团)有限公司(简称虹房集团)】

1995 年 11 月成立,注册资金 23 亿元。该公司授权经营管理 233.85 万平方米直管房,是以房地产开发为龙头,集物业管理、房屋销售置换、实业投资等为一体的国有房地产企业。

### 【上海七百(集团)有限公司(简称七百集团)】

1995 年 12 月成立。以上海市第七百货商店、新凯福大酒店等为核心企业,由区属鞋帽、服装、商业投资、商业贸易、文化用品、大名百货等公司和四川北路商业街上的凯伦妇女儿童用品商厦、福海商业中心、多伦商厦、美的商厦等 20 余家大型国有商业企业整建制组建,是以商业为主,兼有多种经营、服务、投资等功能的区属大型商业企业。七百集团由虹口商业资产公司授权经营,总资产 9 亿元,注册资金 1.1 亿元,员工 4 200 人,是市现代企业制度试点单位。1998 年,七百集团选择新风钟表总店、英姿艺术影楼、朝晖照相器材商店、虹光眼镜商店及新世纪文化用品公司等企业分别转制为股份合作、有限责任公司和发起式股份公司。转制后的企业实行职工持股、经营者持大股和经营者年薪制等市场化运作机制,并实行经营者竞聘上岗,是年实现销售 25.9 亿元、利润 2 244 万元。下属九洲黄金总汇进行转制,由国有独资商业企业改制为股份合作制企业。1999 年,调整经营结构,将市百七店和新凯福商厦重新组建成区第一家标志性企业上海第七百货商店开业,实现年销售额 23.29 亿元、利润 2 905 万元。

### 【上海中虹(集团)有限公司(简称中虹集团)】

1996 年 2 月由区住宅建设办公室与区城市建设开发总公司共同组建,成为注册资金 1.8 亿元、拥有下属子公司 11 家、参股公司 12 家的房地产开发国家一级资质企业。

### 【上海虹口工业(集团)公司(简称虹口工业集团)】

1997 年 1 月在虹口工业总公司基础上组建而成,是虹口最大的工业集团公司,由 6 家全资企业、28 家控股企业、5 家参股企业等组成。产品涉及轻工、服装、印刷、电子、机械等多个行业。

### 【上海长远集团(简称长远集团)】

1999 年 7 月,区政府决定,将虹口足球场与鲁迅公园合并,成立上海虹口足球场鲁迅公园联合发展集团,对外仍保留虹口足球场与鲁迅公园两块牌子。之后,改名为上海长远集团。

### 【雷允上(北区)药业股份有限公司】

1997 年由虹口医药公司组建,在全市率先实行股份合作制改革。

1999 年,全区累计发展股份合作制企业 746 家。其中,新组建雷允上(北区)药业、华艺建筑、舒乐出租汽车、新世纪文化用品 4 家发起式股份有限公司。

## 二、私营个体企业

1995—1998 年,区内私营企业、个体工商户数量逐年上升。1999 年,私营企业达到 1 047 家,其中制造业 84 家、建筑业 29 家、交通运输业 7 家、批发和零售贸易和餐饮业 613 家、社会服务业 148 家、其他行业 166 家,其中餐饮业占比较高。总产值合计 17 132 万元,销售总额(营业收入)合计 222 651 万元,社会消费品零售额合计 63 171 万元。个体工商户达 7 752 家。

在改革开放过程中形成的乍浦路美食街以非公有制经济占主体、多种经济成分共同发展为特色,2000 年有各类餐饮业饭店 50 余家,营业面积 5 万平方米,从业人员 3 100 人,年营业额 2.2 亿元。其中,珠江海鲜楼是一家私营企业,由于开业较早,经营得法,所以生意红火,为扩大规模,兼并相邻的旺楼餐厅,为乍浦路上首家,经营楼面从 10 个扩大至 20 个。

2002 年,虹口区私营企业增加到 4 942 家,个体工商户达到 12 387 家。工商登记企业(全民、集体、其他)与私营企业、个体工商户的比例为 0.72∶0.4∶1,个体工商户发展迅速。

## 三、外资合资企业

1994 年起,区加大招商力度,结合区域经济发展的特点和产业功能定位,开展形式多样的招商推介活动吸收外资,外向型经济得到快速发展。外商投资企业和中国港、澳、台资企业纷纷在区内开展生产经营活动;与 100 余个国家和地区的客商建立贸易关系,主要贸易市场为美洲、日本、欧洲和中国香港地区。

**【外商投资服务机构】**

1992年4月,区对外经济委员会(简称区外经委)成立,下设区外商投资服务中心。1994年成立区外商投资企业协会、中国国际商会上海虹口商会、中国国际贸易促进会上海虹口支会。后又增挂区航运服务发展办公室牌子。之后,区政府成立北外滩航运服务集聚区发展办公室,与区外经委合署办公。同期,成立多家对外贸易企业。1992年,上海申虹对外经济贸易有限公司成立,位于四川北路2071号3楼,是首家区属外贸公司。2001年改制成为有限责任公司,主要经营轻工、纺织、百货、陶瓷玻璃、文具、礼品等30余个大类约10 000种产品,客户遍及50余个国家和地区。1998年10月,上海虹口制衣有限公司成立,位于场中路261号,是区内首家获国家外经贸部批准经营进出口业务的自营进出口企业,主要生产各类衬衫,年产量300万件(套),产品全部销往日本。

**【引进外资与港澳台资】**

1990年,区批准外商合同投资总额46万美元,引进项目2个;批准中国港、澳、台资合同投资额230万美元,引进项目2个。相继引进高宝新时代、祥泰、香港瑞安集团、粤海大酒店、鸿洋置业等房地产企业,带动商务楼建设和旧区改造。1993年1月,虹口区牙病防治所与美国太平洋健康联合中心合作建办"上海太平洋口腔医院",总投资108万美元,注册资本为80万美元。中方出资比例为75%,计60万美元,以设备投入;外方美国太平洋健康联合中心出资比例25%,计20万美元,以美元现汇投入。1996年4月,中国香港瑞安集团出资5亿美元,与中虹集团合作,改造虹镇新港地区,5年内拆除该地区40万平方米危棚简屋,动迁居民14 000多户,建造120多万平方米住房和生活配套设施。1999年,区合同利用外资投资总额增至7 117.57万美元,引进美国、日本、百慕大群岛等11个国家及地区项目20个;合同利用中国港、澳、台资投资总额1 741.58万美元,引进项目14个。

**【国际经济交流合作】**

1994年开始,区政府寻求国际经济交流合作,每年举办境内外经济洽谈会,吸引境外资金投资虹口。组织区内相关企业积极参与区政府在日本、新加坡等国和中国香港地区举行的境外招商推介活动,同时举行航运服务业、房地产业、知识服务业、商贸业等招商专题活动,赴国外举办北外滩航运服务业推介会,邀请当地业界客商参加等,开展经济技术合作。1994年5月,区政府举行区对外招商会,推出89个重点项目(包括62个房地产开发项目),来自14个国家和地区的客商到会,7个项目签约,协议金额超过2亿美元。1995年,区政府组团参加旧金山上海招商活动。1996年10月,区政府举行96虹口对外招商会,重点推出16幅24万余平方米地块,50家大集团、大公司的客商出席,有7个项目签约,协议金额1.3亿美元。1997年9月,区政府在印尼雅加达举行投资说明会,三林、尚大、大马、维查雅、马龙佳、金光等10余家财团、大公司参加。

# 第四节　航运服务业

区境内北外滩区域曾是上海航运业特别是外贸进出口货物和散货运输的重要集散地。位于外虹桥(东大名路桥)的国际客运站,是上海港唯一的国际客运码头。90年代初,在北外滩开始发展航运服务业,成立上海航运交易所等机构,对码头港区进行改造。

## 一、交易服务机构

区委、区政府按照"百年大计、世纪精品"的要求,坚持高起点规划、高水平开发、高质量建设的发展战略,完成北外滩地区的城市规划设计、功能定位和产业导向研究,逐步推进区境内沿江重点项目和市政基础设施建设,集聚航运要素,形成航运品牌优势。

### 【上海航运交易所】

1996 年 11 月经国务院批准成立的上海航运交易所(简称上海航交所)是全国唯一的国家级航运交易所,由交通运输部和上海市政府共同组建,位于上海港汇山客运站客运大楼,地处杨树浦路88 号,属原上海港第三装卸区地块。上海航交所实行会员制,具有规范航运市场行为、调节航运市场价格、沟通航运市场信息三大基本功能,1998 年 4 月首次向世界发布中国集装箱运价指数,成为继伦敦波罗的海干散货运价指数之后的世界第二大运价指数。

### 【北外滩规划建设指挥部】

1997 年 7 月,区政府加强对北外滩城市发展规划建设工作的领导,成立区北外滩规划建设指挥部。1999 年成立东大名路航运街建设办公室(简称航建办),专门负责推进北外滩航运业发展。

### 【上海国际航运服务中心】

1998 年建立,位于上海航交所内,总建筑面积 17 670 平方米,是上海中心城区唯一"一门式"通关服务中心,驻有海关、检验检疫、边防、海事、金融保险、法律咨询等机构以及港、航、船、货代企业等 130 余家单位。2000 年因大通关,海关对进、出口报关实行分区设置,扩建大楼 3 层中区南部海关出口厅,扩建后大楼总建筑面积达 17 988 平方米。上海国际航运服务中心实现每周 7 天全天候通关服务,并提供船舶交易相关服务;拓展航运服务产业链,完善航运服务功能,推进运价报备、航运衍生品等重点项目建设;不定期举办航运沙龙、政策宣传讲座、业务培训等活动;开展与国际航运业界的交流与沟通。

## 二、码头港区

### 【码头】

虹口区沿黄浦江岸线长 2.5 公里,是上海远洋、沿海客货运的重要港口。码头总长度约 2.2 公里。黄浦码头为沿海客货班轮停靠码头,位于秦皇岛路东侧,建有 40 米宽的高桩板梁结构平台码头,有泊位 2 个,每个泊位长 149.2 米,前沿水深 8.5 米,可同时停靠 7 000 吨级海轮 2 艘;后方建有仓库 5 座,总有效堆存面积为 1.42 万平方米。杨树浦码头,东起秦皇岛路,西至临潼路,北临杨树浦路。汇山码头,位于杨树浦路—东大名路南侧,岸线长约 825 米。外虹桥码头,解放后改建为国际客运码头,位于虹口港东侧,为钢质趸船结构,前沿水深 10 米,全长 117 米,可停靠 5 000 吨级海轮。1993 年起,上述 3 个码头均由上海港客运服务总公司统一经营管理。公平路码头,位于公平路西侧,顺岸式固定码头,建有高桩板梁结构码头泊位 2 个,其中东泊可停靠万吨级以上海轮,西泊可停靠千吨级以下海轮。高阳路码头,位于黄浦江下游陆家嘴弯道北岸,岸线长约 1 113 米,有铪框架结构泊位 4 个,前沿水深 8.5 米,均可停靠万吨级海轮。1993 年起,上述 2 个码头由上海港高阳港务公司经营管理。

## 【港区】

港区设施几经改造,客货吞吐量不断增长,成为全市国际、国内水路客货运的主要集散地之一。1999 年,沿江码头万吨级以上的泊位有 12 个;公平路客运站开辟上海至青岛、大连、温州、广州等航线,为中国最大的沿海客运枢纽;外虹桥国际客运站开辟上海至日本神户、大阪、横滨和上海至香港的定期航班,是上海唯一的国际客运码头;高阳港务公司与世界上 150 多个国家和地区有货运往来,是上海港重要的外贸杂货装卸骨干企业之一;汇山装卸公司以装卸和转运百杂货、生铁、矿建材料等货物为主,航线遍及南、北方沿海和长江。

# 第五节　城 区 建 设

区委、区政府根据上海市加快建设"四个中心"和国际大都市的战略总目标,结合区情特点,推进、深化城区规划建设和管理工作。工作中,注重以人为本的规划理念,合理安排基础设施、绿化建设,加大与人民群众切身利益密切相关的危棚简屋改造,努力改善城区面貌。

## 一、道路

1994 年,区域内共有命名道路 240 条,其中主干道 15 条、次干道 72 条、支路 153 条,总长163.25 公里。另有街坊里弄道路 92 条,总长 61.14 公里。命名道路主要由上海市政工程管理处虹口工务所管理养护,街坊里弄道路由区房产管理局、街道(镇)管理。随着市政道路建设加快,交通状况明显改善。是年 10 月,内环高架路虹口段竣工通车,总工程费用 2.51 亿元。前期动迁由区政府组织实施,建设工程由市市政工程管理局和区建设管理局共同组织实施。内环高架路虹口段位于中山北路(东宝兴路至中山北路桥)、中山北一路(中山北路桥至中山北二路)、中山北二路(中山北一路至辉河路)间,跨越地面道路主要有东宝兴路西宝兴路、同心路、花园路、广中路、西体育会路、玉田路、赤峰路广灵二路、东体育会路、曲阳路、伊敏河路、密云路等,全路段长 4.21 公里,四车道。

1997 年实施的周家嘴路—海宁路扩建工程,是上海市"三横三纵"快速干道之东西主干道的重要组成部分,其中虹口段是以虹口为主实施的规模最大的市政建设项目,全长 3.15 公里,东起大连路,西至河南北路。同时翻建鸭绿江路桥,新建四川北路和吴淞路两座互通式人行天桥。全线下水道雨污水管、污水截流管以及水、电、煤、通信等公用管线按规划用量同步敷设。工程建设总投资2.11 亿元,动迁费约 10 亿元。1998 年 10 月 6 日开工,1999 年 8 月 26 日竣工。由此,沟通上海北部中心城区东西两翼交通的"三横"北线快速干道全线贯通。

1999 年,区域内道路总长 148.15 公里,初步形成快速便捷的交通网络。

## 二、桥梁

1994 年,境内桥梁共有 68 座,其中市管 4 座、区管 64 座。此后,数量有所增减。中山北路铁路桥、屈家桥、(淞沪线)铁路桥、牛郎桥、逸仙路 1 号桥、黄家桥、春生桥、军民友谊桥、西葛家桥、竹行桥、新浜桥、北新浜桥、沽源路桥、严家桥、广粤路 2 号桥、鸭绿江路桥、俞泾庙桥、万安桥、新市南路桥、邯郸路桥、广粤路 1 号桥等 26 座桥梁因道路改建、规划实施的需要而被拆除。新建鸭绿江路桥、车站北路桥、车站南路桥等 28 座,境内桥梁增至 70 座,其中市管 4 座,区管 66 座。境内桥梁中以外白渡桥最为著名,该桥于清光绪三十三年(1907 年)建成通车,1965—1999 年经历 6 次大修,作为优秀历史建筑,修缮遵循"修旧如旧"原则,最大限度地保持原有风貌。

## 三、公共绿地

1990 年,区公园绿地 180.67 万平方米,街道绿地 338.67 万平方米。1994 年,区园林绿化总面积 236.77 万平方米,绿化覆盖面积 283.45 万平方米,绿化覆盖率 12.07%,公共绿地面积 71.63 万平方米,人均公共绿地面积 0.86 平方米。

1995 年起,区加快绿化建设步伐,先后建成凉城公园、丰镇公园、曲阳公园,3 个公园面积共计 9.17 万平方米。1998 年开始实施"大树引种"项目,大规模引种各类树木,丰富行道树的品种。全区逐步形成"点、线、面"相结合的绿化系统。

至 1999 年,根据市绿化局提出的建设 3 000 平方米以上大型绿地和 500 米绿地服务半径的目标,全区建成绿地总面积 281 万平方米。其间,先后建成曲阳商务中心绿地、森林广场绿地、横浜桥西侧绿地、市河绿地等 16 块 3 000 平方米以上的大型绿地,面积 17.11 万平方米;建成河道绿地 12.8 万平方米;各街道、镇相继建成一块 500 平方米以上绿地。区内人均公共绿地面积 3.51 平方米,比 1990 年增长 3.08 倍;城区绿化覆盖面积 355 万平方米,绿化覆盖率 14.22%,比 1990 年提高 2.15 个百分点。

## 四、危棚简屋改造

90 年代,区旧区改造主要分为三大阶段:第一阶段是"365"范围内的危棚简屋改造时期,确定区内棚户最密集的虹镇新港地区、同心地区和曲阳路沿线地区为改造的重点;第二阶段是新一轮旧区改造时期,加大北外滩、四川北路区域的旧区改造力度;第三阶段是"十一五"旧区改造时期,确定北外滩地区和虹镇老街地区为重点改造区域。

1991 年经市建委认定,区境内有 41.3 万平方米危棚简屋列入市区 365 万平方米危棚简屋改造(简称"365"危改)的范围,占市区"365"危改面积的 11.32%。之后经调查,认定危改面积为 87 万平方米(含之前认定的"365"危改 41.3 万平方米危棚简屋)。根据危棚简屋的分布情况,确定其中 89 幅地块为首批旧区改造的重点。

1995 年,区政府通过土地批租、联合开发等方式拓展融资渠道,并以辟通曲阳路、扩建安丘路为突破口,全面启动大规模危改工作。1996 年通过招商引资,香港瑞安集团投资 5 亿美元与上海中虹(集团)有限公司合作,联合改造开发棚户最密集的虹镇、新港地区,建设区内大型住宅区瑞虹新城。是年 4 月,同属棚户密集的同心地区危改工作启动。至 1997 年,共拆除危棚简屋 30.17 万平方米,涉及 89 幅地块中的 68 幅。

1998 年,区政府将 89 幅地块中未启动的 21 幅危改地块改造责任落实到区建委、10 个街道(镇)及中虹集团、虹房(集团)有限公司、四平房屋开发经营(集团)总公司等单位,签订目标责任书。

至 1999 年,累计拆除危棚简屋面积 77 万平方米,提前一年完成 1991 年认定的区境 41.3 万平方米的"365"危棚简屋改造任务。

在这一轮危改中,虹镇老街地区是重点,改造范围包括周家嘴路以西、临平路以北、四平路以东、大连路以西的区域,跨越新港路、嘉兴路两个街道,总占地约 90 万平方米,计划拆除房屋建筑面积 130 万平方米,动迁居民 2.58 万户。1996 年 4 月,安丘路扩建工程启动后,在虹镇老街地区开工建设大型住宅区瑞虹新城。项目涉及虹镇老街地区 11 幅地块,分块分期进行开发。1997 年 9 月,安丘路扩建工程竣工通车。10 月经市地名办公室批准,将安丘路更名为瑞虹路。至 1999 年,危改 25 号地块、18 号地块、26 号地块、27 号地块拆迁工作启动。

# 第三章 深化开发治理

进入 21 世纪,虹口区抓住上海浦江两岸综合开发的机遇,探索现代化国际大都市中心城区的发展新路,实施"突出重点、发展两翼"战略,坚持"一区一街一圈"的功能布局,产业结构基本完成从传统商贸向现代服务业的转型,经济运行质量、城市管理水平和精神文明程度全面提升。

## 第一节 北外滩综合开发

2002 年 1 月,市委、市政府宣布黄浦江两岸综合开发正式启动,虹口北外滩地区逐步向现代航运服务集聚区方向发展。2005 年,北外滩航运服务集聚区成为全市唯一以航运服务为特色的现代服务业集聚区,至 2010 年底,集聚中国港口协会、上海航交所等 20 余家功能性机构。中海集团、中远集运和上海国际港务(集团)股份有限公司的总部,中国排名前 10 位的集装箱运输企业中的 7 家以及韩国现代商船、罗宾逊、伯灵顿(BAX),美国 UTI、布林克斯、锐德(Ryder)、法国 SDV 等国际知名航运物流企业都在区境设立公司或办事机构,其中 4 家是全球第三方物流企业 20 强中国地区总部。注册在区内的航运企业总数突破 3 000 余家。航运服务业区级税收达到 4.85 亿元,占区级税收的 12.1%。

### 一、规划

2002 年为确定北外滩地区功能定位和产业导向,区政府先后召开北外滩 CBD 地区功能定位、提篮桥商业功能建设、上海港国际客运中心周边地区商务功能定位、道路交通规划、综合开发策划等 10 次专家咨询会。相继完成《上海北外滩发展战略研究》《北外滩城市功能定位与产业导向研究》《上海北外滩地区航运服务功能发展规划研究》《北外滩综合开发策划方案》《虹口区北外滩航运服务集聚区域功能定位与发展研究》等课题。2007 年,《黄浦江核心段 W9 单元控制性详细规划》初稿完成,明确北外滩沿江地区功能定位以航运为主导,大力发展高端航运服务业,力争将本地区建设成为上海市航运服务集聚区,形成"一轴、四片"的功能结构:"一轴"即滨江公共活动轴;"四片"即虹口港以西的苏州河河口片区,虹口港以东、高阳路以西的上海港国际客运中心片区,高阳路以东、公平路以西的新外滩花苑片区,公平路以东的汇山地块片区。2008 年 9 月完成编制《北外滩航运服务集聚区发展规划》,将北外滩航运服务集聚区在布局上划分为航运服务区、历史风貌区、现代生活区。

### 二、机构

2002 年 1 月始,区委、区政府逐步推进区境内沿江重点项目和市政基础设施建设,集聚航运要素,形成航运品牌优势。2005 年,北外滩航运服务集聚区建设被列入上海市现代服务业发展规划和市"十一五"发展规划。

**【领导管理机构】**

2002年1月,成立上海市北外滩地区综合开发领导小组及其办公室,将东大名路航运建设办公室职能并入,设综合部、政策法规部、建设协调部、规划协调部和招商服务部5个职能部门,推进北外滩地区的开发建设和航运业招商引资工作。2003年8月在区对外经济委员会增设虹口区航运发展服务办公室(简称航发办),主要负责全区航运服务产业的规划研究、政策制订与实施,以及区内航运企业的招商与服务工作。2006年4月,上海市北外滩地区综合开发领导小组下设北外滩地区开发建设办公室(简称开发办)和北外滩航运服务集聚区发展办公室(简称集聚办)。

**【上海航交所和国际航运服务中心】**

上海航交所经1998年、2000年和2007年3次改扩建,建筑面积由原来的17 670平方米增加到19 653平方米。上海国际航运服务中心自2003年10月1日起实现全年365天、每天24小时的不间断通关服务。2007年,为适应不断增长的业务需求,上海国际航运服务中心进行改造。

**【上海国际航运研究中心】**

2008年7月14日,上海国际航运研究中心揭牌成立。该中心由上海海事大学、虹口区政府及中海集团、中远集运、上港集团、中外运等10余家单位共同发起成立,具有决策咨询、信息发布和人才服务三大功能,主要任务是承担政府和企事业单位委托的研究和咨询工作,组织跨国合作研究,收集国际航运市场信息,预测航运市场发展趋势;营造向世界开放的管理模式,为国内外航运和物流界专家、学者在中心从事研究提供必要条件;建立航运和物流信息与资料中心;组织、参与国内外具有影响力的航运、物流相关高端论坛;举办高层次、国际化的航运和物流人才培训;出版航运专业学术期刊等。

## 三、重大项目

2004年,北外滩开发建设进入项目落地关键阶段。北外滩沿江一线17个项目中,上海港国际客运中心、宝矿国际大厦等7个项目在2005年底前开工建设。至2010年底,北外滩沿江核心功能区竣工与基本竣工的建筑面积约90.5万平方米,其中地上56.6万平方米、地下33.9万平方米;在建建筑面积约为117.2万平方米,其中地上70.1万平方米、地下47.1万平方米。

**【航运服务设施】**

上海港国际客运中心是设施先进的国际邮轮母港服务平台,位于黄浦江和苏州河的交汇处,东至高阳路,南至黄浦江,西至虹口港,北至东大名路。规划地上建筑面积16万平方米,包括客运综合楼、港务大楼、9幢商办楼、音乐中心和艺术画廊等;地下建筑面积24万平方米;改建国际客运码头880米;建设滨江开放绿地和观景岸线面积9万平方米。由上海港国际客运中心开发有限公司开发,总投资约57亿元。2004年1月开工,至2010年底,客运综合楼、港务大楼施工过半。上海国际航运服务中心位于原汇山地块,东至大连路,南至黄浦江,西至霍山路,北至杨树浦路。地块内建筑是90年代建成的港运大厦,主楼为上海港务集团总部所在地,裙楼属上海航交所。规划占地142 716平方米,建筑面积320 900平方米,其中地下建筑面积245 820平方米,规划建造上海国际航运服务中心大厦等,由上海汇港房产有限公司开发,总投资约80亿元。该地块分东、中、西3块,

2010 年底,东块规划方案在审批中,中块的港运大厦改造结构封顶,西块地下结构施工中。此外,建筑面积 70 000 平方米的宝矿国际大厦于 2007 年竣工运营,占地 13 641 平方米、建筑面积 68 205 平方米的外滩茂悦大酒店 2007 年 11 月竣工运营,占地 8 826 平方米、建筑面积 26 478 平方米的东方海港国际大厦 2010 年底验收。2007—2010 年,上海白玉兰广场、浦江国际金融广场等项目在建。

### 【邮轮经济】

2004 年 7 月,经商务部批复同意丽星邮轮公司投资 285 万美元,在虹口北外滩设立独资丽星邮轮(上海)旅行社有限公司,注册资本 200 万美元,开展国内旅游、入境旅游和邮轮票务服务等,是上海第一家外资独资旅行社。2005 年 1 月,世界最大的邮轮公司——美国嘉年华集团高层到访虹口,达成在虹口设立邮轮母港的意向。2006 年 7 月 3 日,嘉年华集团旗下的意大利歌诗达邮轮公司"爱兰歌娜"号邮轮以北外滩为母港开设国际航线,是中国开设的第一条以国内港口为母港的国际邮轮定班航线。2009 年 11 月,世界第二大邮轮公司美国皇家加勒比邮轮公司上海办事处落户北外滩国际港务大厦。随着邮轮经济的快速发展,2010 年访问上海的 203 艘次邮轮(含客班轮)中,停靠北外滩的达 194 艘次,占 95.6%;266 434 人次的邮轮旅客中,从北外滩登陆的达 223 430 人次,占 83.9%。

## 第二节　现　代　服　务　业

21 世纪初,虹口区在深化改革、扩大开放的同时,加快经济结构调整步伐,结合区位优势,发展现代服务业,逐步形成以航运服务业、知识服务业、商贸旅游文化休闲业和楼宇经济为主的产业经济结构。

### 一、航运服务业

2003 年,区政府着眼功能定位,把航运服务业确定为发展现代服务业的重点产业之一。2010 年,根据《上海市推进国际金融中心建设条例》有关要求,制定《虹口区金融服务发展"十二五"规划》,提出要促进航运与金融业融合发展,使北外滩成为航运金融业"双重承载区",成为虹口的品牌。

### 【发布信息】

通过招商和推介,提高"航运虹口"在海内外知名度。2003 年,区政府在区外经委增设区航运办,并向在虹口的外商投资企业介绍《关于建立更紧密经贸关系的安排》(CEPA)政策实施后的优惠措施。组织虹口投资说明会,向来访的国内外企业介绍虹口投资环境和项目;组织北外滩航运服务业推介会;赴英国、日本、韩国、新加坡、德国等国家和中国香港、澳门地区开展虹口航运政策和四川北路招商说明会等专题活动,提高区发展航运服务业的知名度;举办航运物流服务业(北外滩)信息发布会等招商活动,扩大"航运虹口"的影响力。其间,还与来访的美国、新加坡、韩国物流企业和专家代表团交流。引进优特埃、硕达、罗宾逊、锐得等世界知名航运企业,提高全区航运服务业的质量和外向度。2010 年引进外资直接合同项目 123 个,其中航运服务业项目 33 个;外资直接投资合同金额 70 540 万美元,其中航运服务业 4 192 万美元。外商实际到位资金额 56 239 万美元。

**【航运经纪】**

通过引进一批航运经纪企业,加速航运金融业集聚北外滩。航运经纪作为为船货双方提供船舶租赁、船舶买卖、货物招揽等中介服务的航运服务门类,是国际航运服务业的一个重要环节。2010 年 7 月 29 日,克拉克森航运经纪(上海)有限公司、上海辛浦森航运经纪有限公司、百力马(上海)航运经纪有限公司、百利航运经纪(上海)有限公司、毅联汇业航运经纪(上海)有限公司、祥华航运经纪(上海)有限公司、上海菁英航运经纪有限公司、上海津洋航运经纪有限公司、上海海高航运经纪有限公司 9 家国际航运经纪公司,成为中国内地首批获得航运经纪营业执照的企业,填补中国航运经纪领域的空白,对上海国际航运中心的建设工作具有里程碑意义。10 月 8 日,上海航运运价交易有限公司正式落户北外滩,提供航运运价交易、航运运价交易信息等服务,丰富区域内航运交易要素,推动上海国际航运中心航运与金融融合发展。

**【研究论坛】**

通过合作交流,学习世界航运金融法律服务业先进经验。2009 年 7 月 18 日,"2009 上海国际航运高端论坛"在上海大厦举办,与会的国内外专家探讨"如何更好地应对金融危机",并分别就国家政策、航运周期、航运金融、航运服务业等主题进行交流。2010 年 3 月 5 日,上海国际航运仲裁院、上海市北外滩航运服务集聚区发展办公室、虹口区司法局在海鸥饭店共同举办上海国际航运高端论坛研讨会,以"构建国际航运法律服务信息交流平台,研究国际航运法律服务模式,探讨国际航运中心法制环境建设"为主题,旨在学习国际航运法律服务业先进经验,探讨建设国际航运中心法制环境的途径和方法,推动上海国际航运中心建设,构建和完善航运服务业体系。是年 3 月 24—25日,"国际航运上海论坛 2010"在外滩茂悦大酒店举行,共设全球化时代的国际航运中心发展、上海建设国际航运中心展望、全球经济和贸易展望、航运市场、航运服务五大专题,全球知名航运专家与会演讲。交通运输部和市政府领导共同为新成立的上海国际航运中心信息中心揭牌。9 月 19 日,"2009 年上海国际航运研究中心研究基金项目"举行结题评审会,"'国际航运发展综合试验区'内涵及相关政策的研究"等 3 个重点项目,"推进上海邮轮产业发展的环境分析与相关政策研究"等 5个一般项目,"上海与世界主要航运中心的国际物流绩效比较"等 3 个自选项目通过评审。研究中心汇总项目研究成果,形成上海国际航运中心建设的建议和意见,提交给上海航运中心建设相关的政府部门。

## 二、知识服务业

2002 年起,随着区产业结构调整和工业资源整合,创意产业园区等新兴产业业态应运而生。生产型工业企业开始从以箱包、服装为主的传统行业逐渐向以设计、销售为主的知识服务型行业转移,工业厂房转型为创意园产业区,资源利用率和整体产出率有了很大提升。经过多年努力和扶植,创意产业园区和知识服务业产业得到较快增长。2006 年,虹口区被上海市命名为"推进创意产业发展示范区"。

**【创意产业集聚区】**

2005 年起,区开始建立创意产业园区。是年,功能定位为产品设计、建筑设计、文化传媒、咨询策划、时尚消费,总占地面积 25 900 平方米、总建筑面积 62 878 平方米的智慧桥(原虹口建材厂)、空间 188(原上海无线电八厂)、通利园(原上海无线电模具厂)、德邻公寓(原上海信谊药厂)4 家企业被认定为"上海创意产业集聚区";绿地阳光园(原上海宝钢建设有限公司办公楼)被评为"中国十佳最具投资价值的创意产业基地";1933 老场坊成为区域重要的创意产业园区;花园坊节能环保产业园被评为上海市首批创意产业集聚区,上海环境能源交易所、上海市能效中心等功能性机构落户园内。2010 年底,全区创意园区已达 22 家,总建筑面积 40.7 万平方米,入驻企业 900 家,入住率为 85%。全年实现三级税收 4.7 亿元,比 2009 年增长 59%;其中区级税收 2.3 亿元,比 2009 年增长 81.6%。

**空间 188 创意产业园** 2005 年 11 月授牌成立,分为前庭和后庭两部分,前庭为厂房,后庭为 7 幢建于 30 年代的老洋房。园区集聚从事软件服务、互联网信息服务和咨询策划的企业,主导产业为数字媒体产业,主要企业有从事电子商务的京东网上商城、安欣信息网络公司、汇众益智公司、诚海电子公司及宽讯、天琦、友之息等软件设计科技公司。之后,园区被上海市信息委授予上海市数字媒体产业园,被科技部授予国家数字媒体技术产业基地,被全国工农业旅游示范点评定委员会评为国家级旅游示范点。

**1933 老场坊** 原为 30 年代远东地区最大的工部局宰牲场。2006 年 5 月授牌成立,占地 40 000 平方米,建筑面积 35 000 平方米,以设计、生活方式、求知三大核心元素为发展理念,引进企业 23 家。是年,先后举办法拉利 F1 激情之夜、雷达表 50 周年庆、丹麦设计时尚、《蓝莓之夜》首映派对等世界各地知名品牌推广发布活动 30 余场。2010 年,1933 老场坊被评为上海市首批示范创意产业集聚区,接待党和国家领导人以及上海世博会期间参观考察 120 批 4 000 余人次。园区入租率 61.88%,税收落地率 47.37%。2007 年 11 月,第三届上海国际创意产业活动周移师虹口区,主会场设在 1933 老场坊。活动周的主要内容有上海国际创意产业博览会、上海国际城市创意产业论坛、上海创意产业风云榜三大板块,长三角创意日、香港创意日、荷兰创意日、澳大利亚创意日、英国创意日、虹口创意日六大主题日。在虹口创意日开幕式上,以"航运虹口、创意无限"为主题,展示了虹口的人文风情、历史文化和创意产业发展。参与活动周的一些国外创意企业及其作品代表了世界创意产业领域内的最高水准,不仅提高了上海国际创意产业活动周的国际化程度,更扩大活动周的国际知名度。

## 【国家数字媒体产业园区】

2005 年 5 月,科技部发布《关于同意组建"国家数字媒体技术产业化基地"的批复》,同意在上海和北京、湖南、四川组建国家数字媒体产业化基地。7 月,区政府成立 TMT 产业发展领导小组和办公室,负责监督园区规划实施以及相关职能部门的政策落实和服务等;区科委编制上海数字媒体产业园区规划,以大柏树地区为辐射区域,占地 3 平方公里。出台相关政策,扶持数字媒体产业园区建设。2006 年 1 月,区发改委出台《虹口区加速发展现代服务业若干政策意见》《关于对入驻上海市数字媒体产业园区企业的扶持办法》,对空间 188 创意产业园、上海数字电视产业园、上海联合数字内容产业园等主题园区给予相应的财政补贴、房租补贴、产业基金和中介奖励。是年 4 月,上海数字媒体(TMT)产业园区获市信息委授牌。2010 年整合大柏树 930、中国出版蓝桥、明珠园 3 个区级创意产业园,获得上海市创意产业集聚区立项批复,共入驻近 50 家数字出版类企业,年产值近 6 000 万元。集聚相关产业,建成国家数字媒体技术产业化基地。至 2010 年,先后建成上海智慧桥创意产业园区、优族 173 创意园区、绿地阳光园产业园区、空间 188 创意产业园区、上海数字电视产业园区、上海联合数字内容产业园区,共有业内大型企业如东方有线网络有限公司、上海全景数字技术有限公司、四川九州电子股份有限公司华东分公司及上海分公司等163家企业入驻。这些园区以TMT产业为主体,以文化创意产业、资讯业、广告业、出版社、影视传媒业等为支撑,以休闲娱乐业、配套服务业等为辅助。其中,上海数字电视产业园区(原上海国泰食品厂)由东方有线网络有限公司出资1 000万元、区国资委出资200万元共同建设,功能定位为数字媒体分布通道平台中心,包括数字电视产业发展规划、相关设备研发和成果产业化、数字媒体节目制作等,重点引进数字电视节目制作企业、数字电视技术研究企业、数字媒体节目制作、数字机顶盒芯片供应商、机顶盒制造商及其他相关类别企业。2007年9月,通过国家数字媒体技术产业化基地(上海)考核评审,成为国家数字媒体技术产业化基地(上海)园区之一,入驻企业有上海全景数字技术有限公司、上海东方亿付信息服务有限公司等3家。上海联合数字内容产业园区2007年9月正式通过国家数字媒体技术产业化基地(上海)考核评审,成为国家数字媒体技术产业化基地(上海)园区之一,至2010年,有上海地创网络技术有限公司、上海大宗钢铁电子交易中心有限公司等40家企业入驻。

## 三、商贸文化旅游休闲业

2000年后,区加快商贸业的转型升级,调整商业业态,通过弘扬红色革命历史、挖掘海派文化底蕴、优化体育娱乐设施布局等,构建商务商业、文化休闲相互渗透、相互融合的商贸旅游文化休闲服务业发展格局。

### 【商业商务休闲街】

四川北路是区现代商贸业集聚的核心区域,也是商贸服务业、旅游服务业、文化创意产业和体育休闲业等服务经济集聚发展的"主动脉"。通过对沿线大型商业载体开展改造和业态调整,置换沿线中小商铺,逐步提高餐饮、休闲娱乐、健身美容、教育培训等"吃喝玩乐健业态"比例。以四川北路为重点的商业网点调整取得新进展,2010年,四川北路商业面积达71万平方米,商务面积54万平方米,吸引德国AMalpha基金、新加坡凯德商用和中国香港UM商业发展(中国)有限公司等外资,积极参与四川北路中段项目的建设和运营;调整、引进各类品牌88家;俞泾浦南岸的嘉美汇时尚街区开业。四川北路购物比例从2005年的80%下降至65%,餐饮比例从10%提高到17%,休闲娱乐比例从3%上升到4%。

### 【商贸文化旅游】

虹口区加强旅游产品开发,精心建设中共四大纪念馆,整合拓展多伦路文化名人街、1933老场坊等优秀历史建筑和文化旅游资源,特别是结合上海世博会的举办,以"畅游欢乐世博,体验经典虹口"为主题,对接和呼应世博主题活动,精心组织好上海购物节虹口系列活动、上海酒节、四川北路欢乐节等大型活动,打造北外滩水上国际门户,吸引国内外游客到虹口观光消费,带动商贸、休闲、文化等服务业发展。2010年,全区商贸旅游休闲业区级税收7.01亿元,同比增长21.5%,比2007年增长35%。

## 四、商务楼宇

2004年起,区把发展楼宇经济作为发展区域经济的主要抓手,调整房地产开发结构,住宅与商办土地供应面积比例由"十五"时期的 8：2 调整至"十一五"时期的 3：7,5 年累计竣工投用的商务商业楼宇面积达到 160 万平方米。区委、区政府要求牢固树立服务观念,强化服务意识,楼宇经济的产业集群和能量辐射效益显现。2010 年,全区纯商务楼宇企业入住率和税收落地率分别达到 88％和 68％。

**【属地管理】**

2006 年,区制定《虹口区商务楼宇属地服务管理办法》,建立服务楼宇区级管理平台,由区经委牵头每月召开商务楼宇服务工作统计联络员例会,对全区商务楼宇工作进行布置、落实、指导和协调,对重点区域的高品质楼宇的招商服务工作和产业集聚工作进行论证和业务指导,对楼宇集聚群制订产业和业态发展规划以及制订和贯彻落实商务楼宇的扶持政策等。建立街道工作平台,主要职能是建立楼宇管理相应机构,对每幢楼宇进行专人负责,强化对楼宇和企业的服务,密切政府与楼宇的联系,加强楼宇招商引资工作,为楼宇企业入驻区内提供"一门式"服务。2007 年起,商务楼宇各项工作改由区招商服务中心牵头管理。

**【产业集聚】**

调整产业结构,推进相关产业集聚群建设,其中以金岸大厦、上海滩国际大厦、海湾大厦为代表的北外滩地区商务楼宇吸引中海、中远、上港三大集团落户,大量企业跟进入驻,其航运企业集聚度达 50％；以商务大厦、柏树大厦、明道大厦为代表的大柏树地区商务楼宇,依托周边钢材交易市场,钢铁贸易企业集聚度达 40％；以高宝新时代、宇航大厦、商贸大厦为代表的四川北路、四平路沿线商务楼宇,经过产业结构的调整,商贸企业产业集聚度达 50％。2010 年底,全区有 62 幢可招商楼宇,办公面积 144 万平方米。入驻的 2 193 户企业中,航运服务业企业有 384 家,知识服务业企业 760 家,商贸旅游文化休闲业企业 806 家,房地产业企业(物业、中介)45 家。

**【经济效益】**

全区可招商楼宇主要分布在"一区一街一圈"区域,分别是：北外滩地区 15 幢楼宇,办公面积 49 万平方米；四川北路街区 12 幢楼宇,办公面积 29 万平方米；大柏树圈区 16 幢楼宇,办公面积 37 万平方米。至 2010 年底,楼宇内共有纳税企业 4 670 户,实现三级税收 23.6 亿元,比 2009 年增长 23.33％,占区三级税收的 23.01％。其中,北外滩地区 989 户,实现三级税收 9.37 亿元；四川北路街区 1 140 户,实现三级税收 5.32 亿元；大柏树圈区 893 户,实现三级税收 3.15 亿元。北外滩地区的楼宇企业以航运业为主,三级税收占全区航运业税收总量的 49.31％。四川北路街区的楼宇企业中,商贸休闲业比较发达,三级税收占全区商贸休闲业税收总量的 18.34％。大柏树圈区的产业集聚度相对比较薄弱,企业类型分布均匀。海湾大厦、广益大厦、宇航大厦、嘉丽商务中心、上海滩国际大厦、商务中心、海泰时代大厦 7 幢楼宇三级税收超过亿元,合计三级税收 11.09 亿元。

# 第三节　社　会　事　业

区委、区政府坚持物质文明和精神文明两手抓,社会事业欣欣向荣,社会发展更加和谐,城区文明程度不断提高,为全区经济和社会发展提供强大的精神动力和智力支持。

## 一、教育

进入 21 世纪,虹口区进一步贯彻《中华人民共和国教育法》《中华人民共和国义务教育法》和国家教育发展纲要要求,鼓励和推进社区教育、成人教育、家庭教育共同发展,初步形成大教育的工作格局。2001 年,区获全国"两基"(基本实施九年义务教育和基本扫除青壮年文盲)工作先进区称号。2004 年启动实施"三名(名学校、名校长、名教师)工程",积极培育名师、名校、名校长的成长,提升全区教育的总体水平。其间,制定《虹口区加强初中建设工程三年规划》,优化初中办学设施、教学模式等项目。2010 年,虹口区共有各类学校 147 所,其中高级中学 12 所、完全中学 3 所、初级中学 19 所、九年一贯制学校 6 所、小学 34 所、幼儿园 51 所、职校 1 所、特殊教育学校 1 所,在校生 65 434 人。

### 【多元办学】

区教育局开展以民办机制管理公办学校的改革试点,试点学校有华东师大一附中初级中学、复兴初级中学、江湾高级中学、新沪高级中学、钟山高级中学、太阳花小学。根据市教委指示精神,试点于 2006 年结束。前 3 所学校停止招生,分别新建新华初级中学、新复兴初级中学、新江湾高级中学,均为民办性质。新沪高级中学和钟山高级中学仍回归公办。太阳花小学撤销建制。之后相继开办民办白玉兰学校、白玉兰高级中学、克勒外国语学校(2005 年更名为上海外国语大学第一实验学校)、百树中学、迅行中学、汇民高级中学、瑞虹中学、新北郊初级中学等民办学校。其中民办瑞虹中学创办于 2000 年,以"正直、亲和、求索"的校风、"崇德、善教、宽厚"的教风、"自信、勤奋、坚韧"的学风享誉社会,历届毕业生以远高于入学进分的成绩升入高一级学校。校课题《托起低分段孩子的幸福生活》列入民办教育国家级课题并已结题,是上海市民办教育特色项目创建单位。民办白玉兰中学是一所融初中、高中于一体的完全中学,前身是白玉兰学校(上海市首批民办学校之一),在办学实践中形成"全面素质打基础,'三自(自强、自理、自学)''四会(会背 100 首古诗,会写一手好字,会用电脑学习,会用英语对话)'创特色"的学校品牌。2008 年 9 月因优化区域教育资源的需要,并入民办瑞虹高级中学。

### 【组团发展】

2005 年,区继续坚持"加强教育内涵建设,提高教育质量"的发展思路,工作重点转向全面推进第二期课程教材改革(简称"二期课改"),探索教育组团发展模式。是年 9 月,复兴高级中学、华东师大一附中、北郊高级中学被命名为上海市实验性示范性高级中学,南湖职业学校(简称南湖职校)成为国家级重点职校。2007 年,全区初步形成 4 个教育组团模式。由此,基层教育在区域呈北、中、南分布,并呈现普教、职教并举态势。

**复兴模式**　包括复兴高级中学、复兴实验中学、民办复兴初级中学。复兴高级中学由复兴中学高中部移址车站南路 28 号新建,以"创建满足学生充分发展需求的教育"为办学理念,在办学实践中初步形成"以学生发展为本"的课程体系,在德育、科技教育、体育、艺术、心理健康教育、后勤管理等方面取得显著成绩。先后与美国、韩国、德国、加拿大、日本、新加坡等国的中学结成友好学校。2007 年获全国信息技术创新大赛先进集体称号。多次被国家体委、教育部授予全国体育传统项目先进集体称号。学校学生男女排球队曾 3 次获全国中学生运动会冠军,以及第十届世界中学生运动会亚军。

**华东师大一附中模式**　包括华东师大一附中、华东师大一附中实验中学、民办新华初级中学、华东师大一附中实验小学。华东师大一附中于 2005 年由中州路迁移至虹镇老街 258 号,秉承"科研领先、教有特点、全面发展、学有特长"的十六字办学宗旨,坚持"培养研究型学生,造就研究型教师,建设研究型学校文化"的办学理念,不断探索教育改革,逐步形成"科研领先,教有特点,全面发展,学有特长"的办学特色,并且是全市最早试行学生思想品德教育大纲的学校之一。学校重视发展学生的兴趣爱好,开设 20 余门选修课,课外活动坚持"3 个(参加文体活动、科技小组活动、看书活动)1/3"。学生科技活动成果显著,多次组队代表中国学生赴美国、德国参加"头脑 OM"国际性比赛,多次获冠、亚军。

**北郊模式**　包括北郊高级中学、北郊学校、新北郊初级中学。北郊高级中学以"文化立校、科研立校"为办学理念,定期举办艺术节、体育节、读书节、社团节和学科竞赛、钢琴沙龙、社团活动及各种社会实践活动,多次组织师生到欧洲和美国、韩国、日本等国和中国台湾地区进行学术文化交流。2005—2006 年获上海市文明单位。2006 年获上海市普教系统师德建设十佳优秀项目奖。

**南湖模式**　包括南湖职校、南湖一分校、南湖二分校。南湖职校前身是虹口区职业技术中心学校。1998 年 3 月,市教委将三门路 661 号上海大学文学院校址划归虹口区,建设南湖职校,1999 年 10 月建成。2000 年 8 月,南湖银行职校、虹临职校、长白职校撤销建制,并入南湖职校。2001 年 12 月,市统计职校、市交通职校分别改为南湖职校第一分校和第二分校,同时南湖高级中学在第一分校内挂牌成立。学校设有总校、第一分校(南湖高级中学)、第二分校。总校拥有与专业紧密结合的模拟银行、世界流通货币教学展示室、邮轮实训室、国际商务实训中心、网络实训室、航空实训室、烹饪房等实训设施,设有金融、旅游、商贸、计算机等大类专业。2000 年后增设邮轮管理与服务、航空服务、烟草专卖与管理、动漫制作与设计、国际客运与管理、现代物流等新专业,其中金融事务是上海市重点专业。在市第一届、第二届"星光计划"学生技能比赛中,名列全市职校之冠。学生就业率在 96% 以上。第一分校(南湖高级中学)设有综合高中、报关业务、国际货运代理、航运会计、影视剪辑等专业,其中国际商务(报关业务)专业是上海市重点专业。学校以"高中合格＋职业意识＋职业基本技能＋就业能力"为综合高中培养目标,与市统计局联合承担统计从业人员的职后非学历培训任务。2005 年度获上海市教科院教育科研成果一等奖。2007 年 7 月,区劳动技术教育中心迁入该校,职业教育与劳动技术教育联动发展。第二分校有邯郸、运光两个校区,邯郸校区位于邯郸路 53 号,前身是市交通职校;运光校区位于巴林路 60 弄 8 号。学校先后与上海通用汽车公司和丰田汽车公司合作,成为上海通用汽车校企合作项目合作伙伴和丰田汽车公司 TEAM21 项目的实验学校。学校设有汽车运用与维修、轨道交通、外轮理货、船舶驾驶与轮机管理等专业,其中汽车运用与维修专业为上海市重点专业;拥有上海市开放(汽修)实训中心。毕业生就业率达 98% 以上。

2010 年 5 月 27 日,市教委、区政府与上海外国语大学共同签订《上海市教育委员会、上海市虹口区人民政府与上海外国语大学长期合作共建上海外国语大学附属外国语学校协议》和《上海市虹口区教育局与上海外国语大学附属外国语学校长期合作共建协议》,旨在进一步深化交流和合作并形成长效机制,继续在学校定位、教学管理、师资培养、课程建设、经费支持等方面促进上海外国语大学附属外国语学校的进一步发展,同时,也为全市基础教育领域探索和实践支持优质教育资源发展提供有益经验。

## 二、卫生

### 【市区医疗合作】

2000年7月,区卫生局与上海市第一人民医院以"合作、互利、共享、发展"为方针,在区属上海市第四人民医院基础上,组建上海市第一人民医院分院,同时保留上海市第四人民医院名称。合作后,医院级别与核定床位数不变,行政隶属关系、资产权属、人事隶属关系、财政供给渠道不变。该院实行院长负责制,院长实行任期目标责任制。合作期间,两院实行医疗设备资源有偿共享和实行双向转诊,连续多年质量考核名列全市同级医院前茅,医疗质量得到提高,医疗科研得到大发展。2010年,上海市第一人民医院分院"营养支持对卒中预后影响的系列研究"获上海医学科技奖三等奖。

### 【社区卫生服务中心】

2000年,区内7所地段医院体制转变,全部建成社区卫生服务中心,统一使用社区卫生服务标志。其中,广中路街道、凉城新村街道社区卫生服务中心成为市示范性社区卫生服务中心。2001年建成提篮桥街道、乍浦路街道、新港路街道3所标准化社区卫生服务中心。社区卫生服务经历初级卫生保健、健康促进、社区卫生服务3个阶段,逐步形成集预防、保健、医疗、康复、健康教育和计划生育指导"六位一体"的新型社区卫生服务模式。

2005年,区通过国家复核评估组的考核,被卫生部命名为第二批全国社区卫生服务示范区。乍浦路街道、凉城新村街道、新港路街道和广中路街道、欧阳路街道、嘉兴路街道社区卫生服务中心则分别成为上海市中医药社区卫生服务示范点和上海市中医药社区卫生服务示范点达标单位。虹口区成为上海市两个同时获得全国社区卫生服务示范区和全国中医药社区卫生服务示范区称号的区之一。

2006年,虹口区启动社区卫生服务综合改革前期准备工作,成立区卫生局社区卫生服务综合改革领导小组和办公室;制定《虹口区社区卫生服务综合改革实施方案》及11个配套文件,涉及综合改革管理机构建设、收支两条线管理、医保预付制管理、绩效考核体系建设、全科团队建设、降低医药费用途径、加强中医药服务和信息化建设等多项内容。之后,为整合区域医疗资源优势,发挥二、三级医疗机构和专业站所的技术优势,虹口区又率先在全市成立区社区卫生服务指导中心,下设11个指导分中心。

## 三、文化

2000—2010年,虹口区持续完善公共文化服务设施和网络,促进群众文化活动蓬勃开展。着力打造"以雅文化为特色,以社区文化为基础,以文化功能小区为支柱"的文化特色区,获全国文化模范区称号。随着经济发展,区域内大型文化艺术活动呈规模化和品牌化的发展趋势,如承办国际少年儿童文化艺术节中外少儿联欢(东北片)专场,举办千人大合唱,举办公民道德建设小品大赛、上海市无伴奏合唱节等;各街道社区文化活动呈多元化发展,业余文化团队逐步建立,群众性的自创、自编、自导、自演活动蓬勃开展,主要有书画、摄影、收藏、戏剧、讲座和举办社区文化艺术节等。

## 【公益性文化】

2004 年 4 月,区政府专题研究关于文体资源整合的情况,指出要通过实施文化和体育资源整合,推动文化事业与文化产业相分离,在积极引进市场机制办好文化产业的同时,促进公益性文化事业的发展。会议决定成立区文体资源整合工作领导小组,由副区长担任组长,区人事局、财政局、审计局、文化局、国资办和场园集团为成员单位;由区人事局、国资办拟定资源整合实施意见,规范操作,并注意与区国有资产管理改革工作相衔接。此后,区文化局下属的上海多伦现代美术馆、朱屺瞻艺术馆、曲阳文化馆、虹口区影院剧场业务所、国际电影院、东海电影院、大名电影院、胜利电影院、长治电影院、嘉兴电影院、群众剧场、东山电影院、永安电影院、江湾电影院、国光剧场、解放剧场、文化招待所,调整为上海虹口足球场鲁迅公园联合发展集团下属的事业单位。

## 【文化场馆】

2000—2010 年,区相继建设多伦现代美术馆、市总工会虹口区工人文体中心、虹口区图书馆等文化场馆。2010 年,全区有区级图书馆 2 家、街道图书馆 8 家,影剧院 7 家,文化馆、艺术馆、美术馆共 5 家,区文化艺术中心、社区文化活动中心 12 家。

**多伦现代美术馆**　2003 年 12 月建成开馆,展厅总面积 2 000 平方米,具有展览、研究、教育、收藏、交流五大功能,是中国第一个为当代艺术服务的专业化国办现代美术馆。

**上海市总工会虹口区工人文体活动中心(简称区工人文体中心)**　由虹口区第一工人俱乐部、第二工人俱乐部、区工人体育场联合组建,2004 年建成并投入使用,总建筑面积 18 230.31 平方米,有大型影剧场、专用影视厅、多功能活动厅、专用会议室、多媒体教室和大型会议室、宣教培训教室、劳模活动中心等。

**虹口区图书馆(虹口区文化馆)**　新馆于 2010 年 12 月在水电路 1412 号开馆,建筑面积 10 700 平方米,功能设施按照当时最新文化标准要求设计,是一座具有现代文化气息,集学习阅读、信息交流、群众文化、艺术展览、文化交流等功能为一体的中型图书馆、文化馆,是虹口区“十一五”期间的政府实事工程,创办的“文化快车”特色服务品牌,至 2010 年出车 2 400 余次,行车 67 000 余公里,服务基层读者 50 万余人次。虹口区文化馆主要承担全区群众文化活动的组织与辅导工作,至 2010 年,先后成立合唱团、曲艺队、越剧队、舞蹈队,参加市、区级大型活动 200 多场次;主办、承办、协办各类国家级和市、区级大型文艺活动 100 余场次。

## 【群众文化】

**小品创作**　2007 年,中国剧协在虹口区设立华东地区唯一一个小品创作基地,先后创作作品 20 余部,在全国、市的各项比赛中多次获奖,其中金奖 9 个。小品《寻找男子汉》在全国第二届中国戏剧奖小戏小品奖大赛中获中国戏剧奖后,被中央电视台 2008 年元旦晚会录用。2009 年,小品《实话实说》获中央电视台小品大赛非职业组三等奖;由该小品改编的《一句话的事儿》在 2010 年央视春晚上演,获“我最喜爱的 2010 春节联欢晚会节目”语言类节目二等奖。2010 年 10 月 23 日,第十二届中国上海国际艺术节群文活动——虹口戏剧小品节在虹口区工人文体活动中心剧场开幕。同时,社区群众创作小戏小品的热情高涨。2004—2007 年,广中路街道的《改动了快行动》、四川北路街道的《废水的报复》、江湾镇街道的《手心手背都是肉》、嘉兴路街道的《楼上楼下》等小品,先后获“德律风杯”公民道德建设小品大赛奖。

**群文活动**　2004 年 2 月,区域内 22 支群众业余合唱队、1 200 余名群众演员与上海歌剧院管弦乐队同台演出"奋飞的虹口——千人黄河大合唱"。2005年9月,18支社区业余合唱队登上上海东方艺术中心舞台,参加为纪念世界反法西斯战争暨中国抗日战争胜利60周年而举行的"和平万岁"群众歌咏大会。2010年以"百年精武、人文虹口"为主题的群文节目,参加上海世博会试运行期间的社区市民活动,参与上海世博会城市文化广场"周周演"和上海世博合唱节的专场演出。

**文化交流**　2001年起,区文化局代表团赴新疆伊犁进行访问,双方签订文化交流协议,建立合作项目;与四川德阳市文化局缔结两地文化友好协作关系,开展文艺创作、演出、文博和图书馆等工作合作。区文化艺术代表团和社区文化演出团,先后赴友好城区韩国釜山广域市东莱区访问演出。

## 【遗址遗迹】

2000—2010年,区文化局对区域内不可移动文物做地毯式清理查摸。2007年起,分3个阶段组织开展第三次全国文物普查,普查确定区境内有不可移动文物302处,编撰《虹口区第三次全国文物普查图录》。革命历史遗迹有中国共产党第四次全国代表大会纪念馆(简称中共四大纪念馆)、中国左翼作家联盟成立大会会址纪念馆(简称左联纪念馆)、李白烈士故居、上海鲁迅纪念馆等。优秀近代建筑有上海大厦、上海邮政大厦、浦江饭店、俄罗斯联邦驻沪总领事馆、虹口救火会、工部局警务处监狱、鸿德堂等。历史文化遗迹有多伦路文化名人街,于1999年10月22日竣工并对外开放,沿线及周边地区保存着鲁迅故居及茅盾、郭沫若和日本友人内山完造寓所,冯雪峰、丁玲和夏衍等文化名人早年参加革命活动的踪迹,以及中国左翼作家联盟大会、中华艺术大学、上海艺术剧社等文化遗迹。2001年被上海市旅游局命名为上海市文化特色街。2005年被命名为上海市博览休闲活动特色区域、上海市首批群众文化活动特色区域、上海市十大休闲街。2010年4月入围上海市"新20景",获第二届"中国历史文化名人街"称号。2010年,全区有各类文物保护单位(纪念地)40处,有58处建筑被列为上海市优秀近代建筑保护单位,全部挂牌。

**中共四大纪念馆**　位于四川北路绿地内,旧址为坐西朝东的砖木结构假三层石库门民居,1932年1月28日毁于日军炮火。1987年11月17日,市政府公布中共四大遗址为上海市革命纪念地点。2007年10月11日,市文管委和区政府在东宝兴路、宝源路口设中共四大会址纪念性保护标志,并举行标志落成典礼。中共四大史料陈列展筹建工作于2003年5月启动。2004年7月1日,中共四大史料展在左联纪念馆内对外试展,2005年正式展出。2006年,中共四大史料展从左联纪念馆迁址到多伦路215号,更名为"中国共产党第四次全国代表大会史料陈列馆"(简称中共四大史料馆),展出近百幅照片和近80件(套)实物及复制件等,被列入区爱国主义教育实践园区。2007年,区委决定在中共四大史料陈列馆二楼筹建"中国共产党在虹口"史料陈列馆,于7月建成对外开放。

**左联纪念馆**　位于多伦路201弄2号(原窦乐

**2001年12月8日,左联纪念馆正式对外开放**
(左联纪念馆提供)

安路 233 号,原中华艺术大学校址),是一幢坐北朝南、砖木结构 3 层英国新古典主义风格建筑。1989 年由区政府出资筹建。2001 年 12 月,市文管委与区政府联合举行"左联"会址纪念馆修复开馆仪式。2003 年 1 月被市政府命名为上海市爱国主义教育基地。开馆以来,曾举办"左联"成立 70 周年、"左联"五烈士牺牲 70 周年、柔石诞辰百年文物展、纪念"左联"五烈士诗文朗诵暨爱国主义教育基地挂牌仪式等纪念、学术活动。

**李白烈士故居** 坐落于黄渡路 107 弄 15 号(旧称亚西亚里),1985 年 11 月被市政府定为市级文物保护单位。1987 年,陈云为故居题名。先后被市政府命名为青少年教育基地、上海市爱国主义教育基地,被列为上海市红色旅游基地。

**上海鲁迅纪念馆** 由周恩来题写馆额,于 1951 年 1 月 7 日正式对外开放,馆址在山阴路大陆新村 10 号。1956 年在虹口公园(1988 年更名为鲁迅公园)兴建馆舍,9 月对外开放,为国家一级博物馆。2001 年、2003 年,上海鲁迅纪念馆先后被命名为全国爱国主义教育示范基地、上海市爱国主义教育基地。鲁迅故居位于山阴路(原名施高塔路)大陆新村 9 号,由上海鲁迅纪念馆管理,1959 年 5 月被列为上海市甲级文物保护单位,1977 年 12 月调整为市级文物保护单位。鲁迅墓位于鲁迅公园西北隅,1956 年新建,并在新墓前举行灵柩迁葬仪式。

**上海邮政大厦** 位于北苏州路 276 号、四川北路 1 号,于 1924 年竣工投用。建筑糅合巴洛克风格和洛可可装饰主义风格,是中国首家邮政通信机构。1989 年公布为市优秀历史建筑,1996 年由国务院公布为全国重点文物保护单位,现为上海市邮政博物馆。

**上海大厦** 位于北苏州路 20 号,于 1934 年竣工。建筑为现代主义风格,22 层,近似摩天大楼。1973 年,周恩来曾在此会见法国总统蓬皮杜。1989 年公布为市优秀历史建筑,1996 年由国务院公布为全国重点文物保护单位。

# 四、体育

区把发展体育事业和全民健身工作作为精神文明建设的重要组成部分,列入区的社会发展规划,加大资金投入和场地设施建设力度,竞技体育、群众体育和学校体育得到蓬勃发展,连续多次获得全国游泳之乡、武术之乡称号。

## 【虹口足球场】

区内拥有的全国第一家专业足球场。1998 年前为虹口体育场,经拆除重建,改称虹口足球场,占地 5.6 万平方米,建筑面积 72 557 平方米。2006 年 12 月举行国际足联 2007 年中国女足世界杯虹口足球场改造项目签约仪式,2007 年 7 月竣工,总投资 1.9 亿元。虹口足球场承办的重要赛事有:2003 年 LG 杯中国妇女女足锦标赛、2006 年上海国际足球锦标赛、2007 年女足世界杯比赛等。

## 【上海精武体育总会】

区内著名的武术馆校,始创于清宣统二年(1910 年)。1994 年自筹资金在精武体育馆原址建造精武大厦。1995—2001 年先后被授予上海市群众体育先进单位称号,被评为全国首批先进武术馆校、上海市体育社团先进集体。2002 年,精武体育会原址被区政府列入文物建筑保护单位。2007 年,"精武体育"被市政府列入非物质文化遗产名录。

# 第四节　社　会　治　理

虹口区按照上海市"两级政府，三级管理"发展要求，不断完善体制机制，密切条块关系，强化街道综合管理职能；不断完善社区服务，发展社区经济，繁荣社区文化，维护社区稳定，探索具有区域特色的社区建设管理新体制。

## 一、社团管理

为加强民间组织管理工作，使社会团体发挥积极作用，区按照国家和市有关法规和文件的规定，切实履行管理职责。

### 【预警监管网络】

2000年8月，区社会团体管理局成立。2002年后，区社团局加强与区、街道综合治理机构的联系，各街道建立社团管理预警网络联席会议，在居委会确定预警网络信息员，全区共有250余人，初步建立起网络健全、运转协调、行政高效、监督有力的社团管理四级预警监管网络。2008年，通过预警监管网络搜集到信息92条，其中下达行政告诫34件，责令整改23件，移送相关部门处理5件，依法取缔非法社会组织2家，责令注销名存实亡社会组织28家。

### 【依法监督管理】

2006年，根据市社团局《关于在全市实施社区群众活动团队备案的实施方案》，虹口区被列为全市首家"枢纽式"管理（对社区群众活动团队进行备案）试点单位，有827家体育健身、文艺、休闲、公益服务等社区群众活动团队登记备案，促进社区群众活动团体的有序开展。2010年，全区登记在册的各类社会组织有423家，包括城建协会、信鸽协会、人民调解协会、外资投资企业协会、财会学会教育协会、广告协会等专业性、联合性、学术性、行业协会社会团体147家，以及衡山虹妇幼医院、东方文化遗产发展中心、北外滩敬老院、博思堂职业技能培训学校等民办非企业单位276家。虹口区社团局依据国务院和市政府相关法规、规定，依法对全区社团和民办非企业单位进行监督管理，规范和引导社会团体和民办非企业单位基本行为，促进社会组织健康发展。

### 【创新管理方式】

对经济管理和服务类民间组织，充分发挥其在优化市场环境、推动经济发展中的作用；对文化艺术类民间组织，引导其推动文化和科学进步，激发社会活力，营造社会环境和谐发展；对社会管理和福利服务类民间组织，督促其提高社会公信力，调动社会各方力量，参与社会公益事业。以政府购买服务等形式，将江湾镇文化活动中心、曲阳路街道老年日托站等部分公益设施由民间组织管理。

### 【社会组织促进会】

2008年2月29日，区社会组织促进会第一届第一次会员代表大会在曲阳社区文化活动中心召开。区社会组织促进会由原民间组织促进会变更而来，是上海市第一家以社会组织促进会名义成立的社会团体,由在区社团局登记注册的全区社会团体和民办非企业单位自愿发起成立。

## 二、人口管理

为加强外来人口管理,区建立外来流动人口租赁管理和治安管理相结合的综合管理机构,制定出台一系列管理制度和措施,强化暂住证的发证、验证、查证3个环节的管理。2000年以抓租赁管理为落脚点,加大外来人口管理力度,制定出台加强外来人员治安管理8项工作措施,建立健全房屋租赁治安管理站和房屋租赁专管员队伍。2005年,新港路和曲阳路两个街道先行实施居住证试点。两年后,全面实施居住证制度。2008年探索实有人口管理工作新机制,实现实有人口管理"全覆盖、动态化、信息化"。明确"三个目标":对辖区实有房屋的信息登记率、准确率达到100%,对实际居住15天以上人员的信息采集率、准确率达到100%,建立身份证地址与户籍地址的同步变更机制。坚持实房管理、实住管理、实时管理、实情管理"四项原则"。围绕"房""证""信息化"3个关键因素,制定"以房屋管人""以证件管人""以信息系统管人"等10项措施。根据实有房屋及实有人口数酌情调配社区民警,规定原则上5年内不予调动。是年10月30日,凉城新村、江湾镇2个街道率先在全市开展试点工作。

## 三、共治自治

随着"两级政府、三级管理"新体制的实施,市对区、区对街道下放大量事权,街道对地区性、社会性、群众性工作实现综合领导协调,以块为主的三级管理网络做实做强,形成以街道为基本单位的社区管理体制新框架。2005年起推进社区建设扩大试点工作,着力把社区功能由管理转向服务。至2007年,全面完成10个街道的社区事务受理服务中心、社区文化活动中心、社区卫生服务中心(简称"三个中心")以及居委会办公室、居民区活动室(简称"两室")的建设。

### 【社区建设示范活动】

2002年,区贯彻《全国社区建设示范活动指导纲要》,在全区开展社区建设示范活动,建成市级社区建设示范街道、镇3个;社区建设示范居委会86个,其中市级32个、区级54个。2007年,民政部下发《关于开展建设和谐社区示范单位创建活动》通知。区从实际出发,深入推进文明社区、文明小区、文明单位等文明创建工作,社区示范建设活动推向高潮。年底,全区9个街道被评为市级示范街道,其中曲阳路、广中路、凉城新村等7个街道被评为市级模范街道;240个居委会被评为市级示范居委会,其中95个居委会被评为市级模范居委会。

### 【居委会"三会"制度】

在新的社区管理模式中,虹口区不断探索居民自治和社区共治的有效途径,形成以社区代表大会、居民代表会议和居民区"三会"(听证会、协调会、评议会)为主要平台的民主治理框架,居民群众参与社区建设的积极性显著提高。2005年进一步推进和完善"三会"制度,并制定听证会公示制、协调会责任制、评议会承诺制3项后续保障措施,保证居民群众有对居民区事务的民主决策、民主管理和民主监督权力。是年,曲阳路街道办事处被评为上海市先进街道办事处。

**【居委会"两室"达标建设】**

2006年,区制定居委会办公室和居民区活动室建设实施意见,推进居委会"两室"达标建设。是年4月,全区有市级模范街道4个、市级示范街道4个,占全区街道、镇总数80％;市级模范居委会25个、市级示范居委会200个,占全区居委会总数92％。是年8月,国务院研究室到广中路街道社区事务受理服务中心召开座谈会,开展和谐社区建设专题调研,对区推进和谐社区建设的经验和做法予以肯定。

## 四、文明城区创建

2001年3月6日,区召开"迎APEC会议,创文明城区"动员大会,启动创建文明城区工作,建立创建工作指标体系。会议向全区86万居民发出"提高自身素质,积极投身文明城区创建工作"的倡议,并提出"建设文化虹口,创建文明城区,争当文明市民"口号,制定《虹口区文明城区创建工作规划》。

2005年12月,区委七届七次全会审议通过《中共虹口区委关于创建上海市文明城区的若干意见》,明确创建文明城区的主要任务是提升市民综合素质、开展群众性精神文明创建活动、建设硬件设施、为民办好事办实事、凸显文明城区创建文化特色、营造良好社会氛围及健全工作机制,决定建立目标责任考核机制、设立创建文明城区专项资金、构建全员联动机制,区文明委统筹协调分类指导。是年,创建文明城区被写入《虹口区第十一个五年规划》。

2006年2月8日,区委召开区创建上海市文明城区动员大会,会议审议通过《虹口区精神文明建设委员会关于落实〈中共虹口区委关于创建上海市文明城区的若干意见〉的实施方案》,形成新的虹口区精神文明建设委员会班子。区文明办与区内4家沿江企业代表签订《共建精神文明协议书》,与各部门、街道签订《创建上海市文明城区目标责任书》,武警上海总队二支队、上海市第一人民医院、上海灯具城等22家单位共同签署倡议书。是年,区相继制定《虹口区文明单位创建管理规定》《虹口区文明社区测评体系》《虹口区文明小区测评体系》《中共虹口区委、虹口区人民政府关于进一步加强和改进未成年人思想道德建设的实施意见》等文件及有关部门规章制度,区文明办举办相关培训班。11月,市文明城区检查团到虹口区测评,在10个街道的部分文明小区以及金轩大邸建筑工地、曲阳文化活动中心、虹口图书馆、和平公园、市一分院、四川北路街道工商所、海宁路小学等作问卷调查和实地考察。2007年4月,虹口区被市委、市政府命名为上海市文明城区。全区创建市级文明社区8个,市、区两级文明小区310个,市、区文明单位280家,文明示范标志区域6个,获全国文明单位称号4个。

至2010年,虹口区有中共虹口区委党校等2009—2010年度上海市文明单位73家,新北东小区等2009—2010年度上海市文明小区201个。

表6-3-1　虹口区主要年份基本情况

| 项　目 | 1978年 | 1985年 | 1990年 | 1995年 | 2000年 | 2005年 | 2010年 |
|---|---|---|---|---|---|---|---|
| 区域面积(平方公里) | 13.355 (1979年) | 22.81 (1986年) | 22.81 | 23.45 | 23.449 | 23.40 | 23.40 |
| 水域面积(平方公里) | | | | 0.64 | | 0.89 | 0.4 |
| 年末耕地面积(公顷) | 0 | 0 | 0 | 0 | 0 | 0 | 0 |

| 项　目 | 1978 年 | 1985 年 | 1990 年 | 1995 年 | 2000 年 | 2005 年 | 2010 年 |
|---|---|---|---|---|---|---|---|
| 街道（个） | 13 | 15（1986 年） | 16 | 12 | 9 | 9 | 8 |
| 镇（个） | 0 | 1（1986 年） | 1 | 1 | 1 | 1 | 1 |
| 乡（个） | 0 | 0 | 0 | 0 | 0 | 0 | 0 |
| 居民委员会（个） | | 320 | 336 | 349 | 271 | 244 | 232 |
| 村民委员会（个） | 0 | 0 | 0 | 0 | 0 | 0 | 0 |
| 年末户籍人口（万人）① | 69.39 | 81.89 | 84.81 | 82.70 | 80.36 | 78.50 | 79.06 |
| 户数（万户） | 192 476 | 235 314 | 275 678 | 293 824 | 292 295 | 282 301 | 277 389 |
| 年末常住人口（万人） | | | | | 86.348 4 | 78.26 | 79.06 |
| 外来人口（万人）② | | | | 4.99 | 5.99 | 12.16 | |
| 人口密度（人/平方公里） | 691 399 | 815 942 | 37 180 | 35 270 | 34 269 | 33 546 | 33 786 |
| 人口自然增长率（‰） | 0.62 | 7.80 | 2.59 | −4.51 | −3.2 | −3.53 | −2.12 |
| 城镇登记失业人数（人） | | | | 2 796 | 7 650 | 14 902 | 16 517 |
| 新增就业岗位数（个） | | | | | 8 672 | 35 435 | 30 335 |
| 中学（所） | 49 | 44 | 43 | 43 | 53 | 50 | 32 |
| 在校学生（人） | 79 572 | 28 333 | 27 404 | 43 325 | 48 794 | 38 455 | 25 268 |
| 小学（所） | 73 | 83 | 85 | 78 | 54 | 41 | 34 |
| 在校学生（人） | 42 181 | 41 884 | 64 168 | 87 312 | 39 978 | 21 000 | 20 629 |
| 幼儿园（所） | 41 | 59 | 75 | 70 | 51 | 51 | 51 |
| 在园幼儿（人） | 8 952 | 23 772 | 18 231 | 20 646 | 9 519 | 10 725 | 13 180 |
| 职校（所） | | 16（1986 年） | 10 | 5 | 3 | 1 | 1 |
| 在校学生（人） | | 118 205 | 2 522 | 6 733 | 6 266 | 6 684 | 5 048 |
| 图书馆、室（家） | | 28 | 2 | 2 | 2 | 11 | 9 |
| 文化馆、站（家） | | 1 | 3 | 3 | 4 | 10 | 17 |
| 影剧院、场（家） | | 17 | 14 | 11 | 13 | 7 | 7 |
| 区级医院（所） | 3 | 5 | 6 | 9 | 6 | 6 | 6 |
| 医院床位数（张） | 1 324（1979 年） | 1 729 | 2 059 | 3 985 | 4 225 | 5 762 | 7 106 |
| 医疗卫生技术人员（人） | 2 993（1979 年） | | 2 509 | 6 082 | 6 307 | 6 840 | 8 230 |
| 执业医师（人） | | | 1 291 | 2 357 | 2 362 | 2 562 | 2 952 |

（续表）

| 项　目 | 1978 年 | 1985 年 | 1990 年 | 1995 年 | 2000 年 | 2005 年 | 2010 年 |
|---|---|---|---|---|---|---|---|
| 公共绿地面积（万平方米） | | | 180.68 | 77.9 | 110.65 | 137.23 | 152.05 |
| 人均公共绿地面积（平方米） | | 1.38 | | 0.94 | 1.38 | 1.75 | 1.92 |
| 绿化覆盖率（%） | | 5.06 | | 12.4 | 14.96 | 18.10 | 20.30 |
| 公园（个） | 6 | 6 | 6 | 7 | 8 | 9 | 9 |

说明：① 1978 年、1985 年、1990 年为总人口；② 1995 年为流动人口。

表 6 - 3 - 2　虹口区主要年份国民经济基本指标

| 项　目 | 1978 年 | 1985 年 | 1990 年 | 1995 年 | 2000 年 | 2005 年 | 2010 年 |
|---|---|---|---|---|---|---|---|
| 生产总值（亿元）① | | | | 20.2 | 38.8 | 73.51 | 58.6 |
| 第二产业（亿元） | | | | 4.5 | 31.645 0 | | |
| 工业（亿元） | | | | | 16.8（工业销售产值） | | 36.56 |
| 第三产业（亿元） | | | | 15.7 | 31.50 | 61.19 | 501.23 |
| 固定资产投资完成额（亿元） | | | 1.081 5 | 20.3 | 50.063 1 | 74.447 6 | 73.588 2（区级） |
| 财政收入（亿元） | 1.052 423 | 2.463 564 | 3.555 8 | 9.640 2 | 19.653 2 | 61.408 4 | 98.789 2 |
| 地方财政收入（亿元） | | 1.659 9（区管） | 3.264 3 | 6.105 6 | 14.20 | 30.008 9 | 48.355 8 |
| 地方财政支出（亿元） | | | 1.350 3（总支出） | 6.600 1 | 14.946 0 | 42.198 2 | 69.348 4 |
| 外贸进出口总额（亿美元） | | | | | 2.19 | 9.760 6 | 26.913 9 |
| 出口额（亿美元） | | | 0.18（出口产值） | 7.7 亿元 | 1.48（海关） | 4.735 8（海关） | 13.7 |
| 年末私营企业注册数（个）② | | 5 018 | 6 055 | 379 | 1 597 | 10 006 | 15 271 |
| 工业总产值（亿元） | | | | 17.08 | 23.79 | 34.33 | 76.32 |
| 住宅竣工面积（万平方米） | | 44.36 | 45.1 | 57.6 | 64.4 | 69.5 | 36.8 |
| 社会消费品零售总额（亿元） | | | | 41.005 7 | 78.220 7 | 122.033 8 | 215.17 |

说明：① 其中若干年为增加值；② 1985 年、1990 年为个体工商户。

# 第七篇 杨浦区

杨浦区地处上海市中心城区东北部,因黄浦江支流杨树浦港纵贯境内而得名。

1978 年,杨浦区行政区域面积 31.91 平方公里,辖有定海、隆昌、眉州、宁国、龙江、平凉、昆明、江浦、四平、辽源、凤城、控江、长白新村、沪东、吴淞镇、泗塘 16 个街道,下设 188 个居委会,户籍人口 71.66 万人。1980 年 1 月,吴淞镇街道、泗塘街道划归宝钢地区。1982 年,四平街道的玉田新村划归虹口区。1984 年 9 月,吴淞区殷行地区划入,设立殷行街道;川沙县东沟以西、荻柴浜以北和上川路以东地段划入沪东街道,划出海防新村,1987 年以歇浦路街道命名。是年设立延吉新村街道;宝山县五角场镇划入。1989 年 11 月,宝山区五角场乡划入。1991 年 10 月撤销定海、隆昌街道,设立定海路街道;撤销眉州、宁国街道,设立大桥街道;撤销龙江、平凉街道,设立平凉路街道;撤销昆明、江浦街道,设立江浦路街道;撤销辽源、四平街道,设立四平路街道;撤销凤城、控江街道,设立控江路街道;撤销五角场镇,设立五角场街道;撤销五角场乡,设立五角场镇。1993 年 3 月,歇浦路街道划归浦东新区。1997 年 6 月,宝山区江湾机场地区划入,设立新江湾城街道。2010 年,全区行政区域面积 60.61 平方公里,辖有 11 个街道和 1 个镇,下设 306 个居委会,户籍人口 38.07 万户、109.16 万人。

杨浦区具有百年工业文明、百年大学文明和百年市政文明。中共十一届三中全会以后,广大干部群众以经济建设为主线,推进改革开放,大致走过 3 个历程。

1978—1990 年为经济恢复时期。1978 年,区委、区政府根据党中央把工作重心转移到经济建设上来的精神,决定自 1979 年起,发动区属各部门,共同谋划,采取措施,创办新的经济实体,推动区属工业大发展。1985 年 3 月又制定《杨浦区 1985—1990 年城市建设和社会发展规划要点》,确定以经济建设为中心、城市建设为重点的发展战略,把发展住宅、绿化建设和转变区属工业体制作为突破口,推进经济、教育、科技等各方面体制改革,促进经济和社会各方面事业发展,1990 年 3 个突破口都取得显著成绩。

1991—2000 年为调整产业结构、推进城区建设时期。90 年代,一方面,随着全市传统工业战略大调整,杨浦区作为市属工业重要集聚地,加快产业结构调整,抓住基础设施建设带来了契机;另一方面,1992 年实行两级政府、两级管理的新体制,1994 年又实行分税制财政管理体制,区作为一级政府有了独立的财政,有了更大的自主权。1992 年 8 月,区委召开四届七次全会,决定建立五角场和控江路、鞍山路 2 个重点经济发展区;加快五角场镇的城市化进程,北部地区农副业基本消亡的同时,重点发展商业服务业、房地产业和外向型经济;开展土地批租,加快旧区改造,推进城市建设;支持境内大中型企业兴办三产;加大改革力度,配套改革范围逐步从财贸扩大到工贸、卫生、文化等系统。1996 年 1 月,区委召开五届七次全会,作出了区域进一步发展的奋斗目标和指导方针;3 月,区十一届人大四次会议审议通过《上海市杨浦区国民经济与社会发展"九五"计划和 2010 年远景规划纲要》,决定加大对五角场市级副中心、杨浦商业中心、黄兴绿地和环线两侧 4 个重点区域的开发建设力度,进一步推进"企业、市场、社会保障、政府"四位一体的综合配套改革,2000 年全面完成调整后的"九五"计划确定的各项目标和任务。

2000—2010 年为知识创新区建设时期。为了贯彻全市"科教兴市"战略,依托区域的比较优势,努力实施转型,区委、区政府提出了"两个依托"的发展战略,即依托高等院校、科研院所集中的优势和依托国有大中型企业在改革调整中形成的优势,作出建设杨浦大学城的决定,2003 年底更名为"杨浦知识创新区"。2004 年 4 月,市政府批准《杨浦知识创新区发展规划纲要》。市"十一五"规划把杨浦知识创新区纳入上海的创新基地之一。2007 年 2 月,杨浦知识创新基地获市政府有关部门正式批准。2008 年 8 月,市政府批复同意杨浦知识创新基地规划范围从 2.2 平方公里调整为 9.46 平方公里,并将其纳入张江开发体制和政策扶持范围。为了全面推进知识创新区的建设,区委始终坚持大学校区、科技园区、公共社区"三区融合、联动发展"的理念,还先后就创建文明城区、文化强区、法治化城区、学习型城区、环境友好型城区以及加强和改进党的建设制定一系列文件,提出"一线工作法"和大力弘扬"四敢精神"。经过广大干部群众的不懈努力,转型成效明显,2010 年成为"国家创新型试点城区"。

2010 年,杨浦区生产总值 894.69 亿元,比 1990 年增长 116.72 倍;财政收入 116.89 亿元,比 1978 年增长 119.51 倍;社会消费品零售总额 239.54 亿元,比 1978 年增长 49.43 倍。这其间,拆除旧房面积 399.99 万平方米,完成居民动迁 122 383 户,实现了大建设、大发展、大变化。境内有中心城区最长的黄浦江岸线(包括复兴岛)15.5 公里;有"一桥"即杨浦大桥,"二环"即内环高架路、中环高架路,"三隧"即大连路、翔殷路、军工路隧道,"四轨"即轨道交通 4、8、10、12(在建)号线,以及"六轮"即秦皇岛、丹东路、宁国路、定海桥、嫩江路、临江路过江轮渡线;有复旦大学、同济大学、上海财经大学等 14 所全日制高等院校;有上海柴油机股份有限公司、上海机床厂股份有限公司、上海梅林正广和股份有限公司、上海烟草(集团)公司等一大批全国知名的企业;有旧上海市政府大厦、市博物馆、市图书馆、市立医院等一批历经百年沧桑的优秀历史建筑;有上海港码头号子、江南丝竹 2 项国家级非物质文化遗产;有中国烟草博物馆、上海自来水科技馆、复旦大学博物馆、中国武术博物馆、国歌展示馆、江湾体育场、共青森林公园等文化体育设施。1986 年被中央绿化委员会评为"全国绿化先进单位";1991—2008 年 6 次被全国双拥工作领导小组、民政部、中国人民解放军总政治部授予"全国双拥模范城";1983—2010 年 8 次被国家体育总局命名为全国"游泳之乡";2010 年 1 月被国家科技部授予首批"国家创新型试点城区"。

2011 年,《杨浦区国民经济和社会发展第十二个五年规划纲要》指出,以国家创新型试点城区建设引领全局,深化"三区融合、联动发展",加快产业结构调整和能级提升,聚焦五角场功能区、滨江发展带、环同济知识经济圈、大连路总部研发集聚区、新江湾城国际智能化生态社区"五大功能区"建设,建设以科技金融创新为主导的城区创新服务体系,提升城市建设和管理现代化水平,加快资源节约型、环境友好型城区建设,协调发展社会事业,提高社会管理水平,推进文化发展繁荣,建立健全城区规划实施与保障机制,建立务实高效的服务型政府。

# 第一章 经济社会恢复发展

1978年以后,区委、区政府着重推进区属工业发展,创办新一轮街道工业、劳动服务公司、合作联社、校办工业、人防工业、民政工业等;根据党的相关政策,认真安置好上山下乡返城青年就业,维护社会稳定;积极发展社会商业,努力缓解人民群众购物难、住宿难、吃饭难、洗澡难、修理难的矛盾;大力促进科技发展,更好地为区内的市属企业、区属企业服务;破解市属大工业集聚区职工众多、居住困难的难题,加大资金投入,推进住房建设;改善区域环境,加快植树造林,尤其是园林绿化和居住区绿化建设,全区经济、社会面貌均发生显著变化。特别是在全市率先破墙开店、兴办三产,对发展地区商业、推进区域经济发展起了重要作用。

## 第一节 区 属 工 业

1978年,全区上山下乡回城青年达4万余人,社会就业问题突出,区政府以经济建设为中心,动员各部门力量,尤其是区爱建公司的成立,发挥区工商联一批工商业者的爱国热情,对区属工业发展,扩大就业机会,起了积极推进作用。

### 一、区工贸总公司

区属工业起步于1958年后发展起来的街道工厂。1964年和1977年,这些街道工厂都上交到市有关工业局,只剩下190个里弄生产服务组,1978年产值仅为6 184万元,主要工作是为区域内300余家市属大中型工厂进行加工服务。1979年,区委、区政府决定把发展地区工业作为贯彻党的以经济建设为中心精神的一项重要任务,并提出相应措施。一是将190个生产服务组改组为92家工厂,行政上实行区集体事业管理局和工厂所在的街道办事处双重领导,各街道成立集体事业管理所,并抽调一批干部充实加强局、所和基层工厂的领导。各厂除加工任务外,开拓自产自销和承接外贸任务。二是除区集体事业管理局系统外,要求各有关系统建立生产服务企业。其中有区劳动服务公司、区人防工程公司、区生产服务合作联社、区校办工业公司、区爱建公司以及商办工业、民政工业、城建工业、交运工业等。经过6年努力,区属工业有很大发展,1984年总产值达2.86亿元,比1978年增长3.6倍,利润5 230万元,上缴税金1 500万元。

1985年3月,区委制定至1990年的6年发展规划要点,对区属工业在经营机制和产品结构上进行改革和调整。撤销区集体事业管理局,成立杨浦工贸总公司,实行总公司、5家专业分公司和基层工厂三级管理,开始迈上了生产专业化的道路。全面推行厂长负责制和经济指标承包制,有力地推动生产的发展。调整产品结构,把发展外向型经济作为主攻方向。集中力量抓出口纺织品的质量提高、品种增加、款式翻新,以扩大外贸。抓好机电、五金等出口产品的研制开发。有4家工厂与市2家外贸公司签订联营协议。采取多种办法,引进先进设备79台(套),价值308万美元。

1990年,区属工厂发展到498家,职工34 765人,工业总产值8.86亿元,其中工贸总公司系统产值4.73亿元,占53.39%。6年累计利润3.88亿元,是上一个6年的2.2倍。

## 二、区爱建公司

上海市工商界爱国建设公司杨浦区分公司(简称区爱建公司)成立于1980年9月,是区工商联一批爱国工商业者响应党的号召,再度投身爱国爱区建设事业,集资创建的企业。在兴办区属工业进程中,特别是在初期,区爱建公司和一大批爱国工商业者扬蹄自奋,以其资金、智慧、双手,为振兴区域经济,作出重要贡献。下面这些有代表性的厂,从一个侧面反映了区爱建公司的作用和区属工业的发展。

### 【富丽服装厂】

1980年,区爱建公司提供资金、技术和人才,与辽源街道合作联办富丽服装厂,生产80年代风靡一时的涤纶服装,并获得上海针织厂的原料和技术支持。1983年创利润115万元,成为区域第一个利润过百万元的单位。1990年联营协议到期,累计销售额1.82亿元,税金1 161.61万元,盈利959.76万元,解决了数百名知青的就业问题。

### 【民联橡胶制品厂】

1980年3月,区爱建公司与昆明街道合办民联橡胶制品厂,原工商业者、曾担任正泰橡胶厂副厂长的杨少振垫付资金3万元,并带领5位橡胶专业人员起早摸黑,经4个月的辛劳,工厂建成投产,当年就实现盈利目标,成为一个奇迹。《解放日报》、上海电视台、联邦德国电视台等先后作了采访和报道。1987年联办协议到期,共创利200多万元。

### 【美的日用化学品厂】

1981年,区爱建公司与区人防公司共同投资25万元,联办美的日用化学品厂。爱建派出工程师谢忠庭任厂长、药剂师朱月祥任技术顾问以及其他专业人员等,当年筹建即投入生产,创出"可蒙"名牌和"孩儿面"品牌儿童产品,驰名全国,畅销全国各地。1991年联办合同到期,累计销售2.23亿元,纳税5 600万元,利润2 732万元。

# 第二节 地 区 商 业

长期来,区境地广人多,商业网点偏少。1979年,为了加快地区商业的发展,区财贸系统一方面加快商业网点建设,另一方面推进社会商业发展。与此同时,重新开放集市贸易,发展个体经济。

## 一、财贸系统商业

80年代初,随着新村住宅建设加快,商业网点也同步推进。1982年后逐步改建四平、鞍山、控江、长白4家百货商店。区百货业中经营面积500平方米、职工百人、年销售额500万元以上的商店达9家。控江路的打虎山路至鞍山路两侧开设环球食品杂货自选商场、松年参店、松鹤中老年服装、佳美绸布、东艺床上用品和佳佳大龄儿童服装鞋帽等专业商店,连接鞍山新村集体商业,形成新的商业中心。延吉新村地区为高层住宅配套,新建靖宇东路商业街市,设有营业面积3 000平方米,集购物、娱乐于一体,庭园式的市第三百货商店分店。新村地区新建有华联酒家、天府楼酒家、天云旅馆、环星家用电器商店等。浦东沪东新村建有商业网点。五角场环岛新建面积3400平方米的朝阳百货公司。老区成市地段,各行业著名大店、老店都已改建,门面装饰一新,服务设施改善,服务档次提高。市十大菜场之一的平凉菜场改建成3层共4020平方米的沪东购物中心。

1990年,区财贸系统商业网点1368户,职工数3.34万人,销售额18.41亿元,利润额4313.36万元,均比1979年有了大幅度增长。

## 二、社会商业

1984年,区政府提出,要加快推进第三产业发展,必须利用境内沿街大厂多、部队、院校多,有场地、有资金的独特优势。是年6月召开市属工厂、大专院校和区相关职能部门负责人会议,提出破墙开店、兴办三产的要求。又抽调5名干部成立了区网点建设指挥部,为申办三产的单位提供咨询服务,帮助协调、解决矛盾和困难,使社会商业迅速发展。1984年10月—1985年2月批准了385家,经营面积15万平方米,注册资金7000万元,就业职工2.5万多人,其中70多家正式对外营业。此后,社会商业每年以近200家的速度稳步发展,主要有4种类型:

### 【街道"三产"】
1979年以后,街道建合作联社和劳动服务分公司,安置知识青年和社会闲散人员。1984年以里弄干部和退休工人为主体兴办公用电话、自行车寄放站等服务设施。1990年有独立核算单位756家,网点1095个,其中服务修配业占61.9%,年营业额3.16亿元。

### 【区属"三产"】
1981—1985年,区属各局和部门响应区政府号召,破墙开店,创办社会商业114家,从业人员1670人,经营百货五金交电、纺织服装、烟糖食品、维修服务、建筑装潢、饮食服装等行业。1990年营业额1.72亿元。

### 【市属"三产"】
杨树浦路沿江一带多为工厂,商店极少,1984年后沿路先后有22家市属工厂开出商业网点32个,其中上海电站辅机厂兴办的广宁综合贸易公司有百货、食品、饮食、旅馆、农副产品、机械加工等8家商店。五角场地区的空军政治学院以"蓝天"为名,开设宾馆、饭店、百货商店、酒家、医药商店、文化用品商店、汽车修理厂等47家。亚明灯泡厂开设的亚明食品商店,1985年创业时仅有3个职工、一只柜台、10余种商品,年销售额38万元;1990年已发展到30个职工,4开间门面,年销售额250万元,1989—1990年连续被评为市优质服务先进集体,经理杨韵声被评为上海市社会商业唯一的全国商业劳动模范。1990年,市属企事业单位兴办的"三产"已突破378家,从业人员11795人,营业面积8.57万平方米,营业额3.85亿元。

### 【外省市"三产"】
江苏、浙江、江西、安徽、陕西等省市先后来区境兴办商业。1990年,各种商店、经营部、服务部等共77家,从业人员3839人,多数经营外地产的农副产品和工业器材,营业额7427.77万元。

社会商业作为新生事物,遇到不少困难,如行业缺乏业务指导部门,企业不了解供应政策和物价政策、进销渠道不畅通、市场信息不灵、内部管理制度不健全、从业人员不熟悉业务等。为了加强对社会商业的指导、协调、服务和管理,区政府于 1986 年 11 月 12 日正式成立区社会商业联合会。主要活动,一是提供商业政策、法规,传播商情和物价信息。组织社会商业参加市、区各项优质服务竞赛活动。二是开拓销售,调剂余缺。组织会员参加外省市的商品展销订货会,组织会员参加本市、区商品展销会,举办多项商品余缺调剂会,参加商品贸易交流会等。三是维护企业合法权益,处理经济纠纷。为会员办理经济诉讼案件 85 件,追回货款 490 万元。提供法律咨询 446 次,出具法律建议书 167 份,调解经济纠纷 49 起,修改审查经济合同 98 份。四是举办业务讲座,培训业务骨干。先后举办 12 种类型 33 期 1 975 人次参加的培训班和讲座。组织近 800 人次社会商业负责人到外省市考察学习,以提高经营管理水平。五是关心商企干部职工生活。先后组织 71 批疗休养活动,2 859 人次参加。1988 年,区政府在财贸办设立社会商业管理科,配备专职干部,形成与社会商业联合会相辅相成的管理服务构架,沟通社会商业与主渠道商业的关系,推动社会商业朝着良性轨道发展。

1990 年,区域社会商业网点已达 2 216 家,职工人数 34 506 人,销售额 9.48 亿元,利润 5 027 万元,分别占 1990 年全区商业总量的 57.5%、50.8%、33.9%和 53.8%,可称"半壁江山"。

### 三、集贸市场

"文化大革命"期间,区境集贸市场全部关闭。1978 年 12 月恢复沪东高庙、扬州路、周家嘴路、凤城新村蔡家宅等集市。1979 年恢复到 10 个。1980 年 2 月 1 日起,区工商局、公安分局实施凭证(照)设摊,开放三星路等 13 个集市,恢复个体户登记发证。1984 年各中心菜场附近设立农副产品集市。个体户从 1979 年初的 515 家增至 1985 年底的 5 302 家,从业人员 5 705 人,资金总额 240.89 万元,营业额 1 000 余万元。

1988 年 5 月,18 个大型集市由区工商行政管理局主管,21 个小型集市改由所在街道和工商所共管。1990 年底,区境有集市 29 个(与街道共管集市 11 个),其中农副产品 11 个、综合贸易 10 个、专项商品 7 个、农副产品批发 1 个。新宾路农副产品市场交易量最大,1990 年成交金额 1 592.5 万元,占区集市成交金额的 8.46%。凤城地板市场是上海最大的地板集散地,有专业户 53 家,全国各地地板产区均在此设有网点,1990 年营业额 968.9 万元。

至 1990 年的 10 年间,区工商局在 20 个大型集市投资 329 万元,建造简易房、活动房、玻璃钢大棚 1.81 万平方米,占区集市场地面积 61.2%。

1990 年入市的商贩、农民 367.9 万人次,成交金额 1.96 亿元,占区社会商品零售额的 6.38%,上市量 7 230.9 万公斤,其中肉、禽、蛋、水产、蔬菜等大类商品供应量,相当于区副食品公司同类商品供应量的 28.8%。1990 年,区个体经济 5 527 家,从业人员 6 779 人。其中手工业 128 家、饮食业 1 017 家、修理业 413 家、交通运输业 172 家、建筑业 13 家、商业 3 095 家、服务业 629 家、其他 60 家。

## 第三节　科技服务经济

1978 年 3 月,全国科学大会召开。8 月,区科协召开第二次代表大会,决定要贯彻科技为经济建设服务的方针,在实践中不断摸索新路子,取得可喜成效。

## 一、服务区属经济

1980年9月,区科协所属机械、电子、建筑3个学会组织9位工程师为区集管局考核技术人员。从出复习提纲、拟考题、阅卷、看技术档案到进行口试,提出20位技术人员名单,经区集管局批准,召开大会,发给证书,推动了集体事业单位职工学科学技术文化的积极性。区能源研究会为了适应节能工作的需要,会同区劳动服务公司和隆昌路街道,培训扶植待业青年,建立节能服务队。这支队伍在区能源研究会的指导帮助下,在不到一年的时间里,已先后测试50台锅炉,酸洗20台,管道保温4 000余米,对节能工作起到推动作用。区环境科学学会与区集管局3家小厂联合开发新产品,使其扭亏为盈,职工增加收入。区科协帮助康达磁头厂等区属企业项目论证,其中,1项列入市火炬计划,17项列入市星火计划,9个产品列入市级新产品。

## 二、服务市属企业

区机械工程学会热处理学组,1980年9月提出"热处理组织专业化生产"的建议,得到市经委的重视,并在杨浦区进行试点,成立热处理专业化领导小组。经过1年的工作,已在全区建立4个协作中心厂,撤销50个热处理点,节约大量能源,对提高产品质量、降低生产成本、提高经济效益起了很大作用。区焊接技术协会在有关部门的协作支持下,派出专家,经过1个月的技术攻关,完成了上海第二印染厂一台进口印染主机设备的不锈钢箱体焊接任务,质量优良,受到美方专家的好评,不仅为国家节约8万多美元的外汇,而且为中国人争了志气。区金属切削协会接受市钢铁研究所的委托,把一种高硬度的镍钛记忆合金新材料,用车削和铣削加工成宇航用的天线,为宇航事业做出贡献。各学会、研究会、协会为市属工厂求援的急、难、新技术和土建设计,为企业转产、挖潜、改造设备维修等方面提供大量技术咨询服务工作,取得各方面的好评。

## 三、支援外省市企业

80年代初,全国一些中小城市为了发展经济,纷纷兴办中小型的轻纺企业,急需技术力量支援。而杨浦区则是工业大区,区科协拥有一批刚退休不久的科技人员和工人技术骨干,完全有条件满足外省市的需要。根据中国科协和上海市政府"有组织有领导进行技术咨询服务"的意见,1984年,区科协决定组织成立离退休工程师协会和协会下的能工巧匠分会,协会有工程师250多人,其中高级工程师32人;分会有能工巧匠780余人。并对技术人员的咨询报酬、旅费、病假、医药费、咨询费、保险基金等问题,作了妥善的规定。

1984年共派出咨询考察组80多个,其中签订合同46个;派出技术服务队500多人。至1989年累计派出技术服务队200余支,1 400多人次,遍及全国24个省市,签订合同218个,咨询管理费收入70余万元。

1983—1988年,协会承接的咨询项目获得上海市科技系统科技咨询服务优秀项目二等奖2个:山东邹平棉纺织厂和湖南衡阳自行车厂;三等奖2个:黑龙江毛纺厂和张家口第五毛纺厂。

# 第四节 知青安置

1968—1978年,杨浦区累计上山下乡知识青年(简称知青)13.39万人,占全市的1/7强。1978年下半年知青大批返城,据统计,有4.07万人急需安排,成为涉及千家万户、关系社会安定的重大问题。

1979年1月,区委召开各街道党委书记和有关部局领导会议,传达和贯彻全国知青工作会议精神和市委的要求。2月又召开全区支部书记会议,传达贯彻中共中央、国务院关于进一步加强安定团结问题的通知,以及市委要求抓好当前几个突出问题,包括知青问题等的指示。为此,区委、区政府采取一系列措施。

加强领导,做好知青思想政治工作。区委由一名副书记挂帅,成立知青工作领导班子,各街道相应建立了工作班子。经过反复、细致的思想工作,在家长的配合下,数万名回沪探视的知青情绪逐步稳定,一大批知青重返农场工作。对支疆知青,也按照政策,分别进行妥善处理。

分别不同情况,统筹安排。对插队知青,除已在当地成家或调入工矿企业者外,均陆续回城安置。在农场的知青,按商调手续,分批调回;家长符合退休条件的,通过退休顶替回城安置。对支疆知青,其中少数符合知青条件的,参照上山下乡知识青年政策处理;对大部分已成家的支疆知青,如夫妻有一方符合回城条件者,合家安排调剂到市属海丰农场,先后安排725户、1 450人,另有26人安排到市郊农场。1985年对已经调入当地工矿企业单位工作的知青,尚未成家或婚配一方在本市的,按跨省市工人商调手续,放宽条件,分批予以调回。经过以上各种统筹安排,到1990年,全区经劳动部门批准回城的知青共9.12万余人。

广开渠道,安置就业。1979年起,区采取归口安排的做法,即由知青家长单位采取顶替或发展集体事业的措施进行安置。区政府创办了新一轮的街道工业、劳动服务公司、合作联社,发展了校办工业、人防工业、集体商业、民政工业等一批新的经济实体。是年,全区安排知青就业71 455人,其中退休顶替46 477人,是历史上安排就业最多的一年。1981年实行劳动部门介绍就业、自愿组织起来就业和自谋职业三结合的方针,除了发展集体经济外,还发展家庭手工劳动和鼓励支持个体经营,拓宽了就业门路。1983年,全区已有各种合作社成员4 696人,劳动服务公司2 273人,家庭手工和各种临时劳动5 762人,有证个体户597人。各街道工厂近3万名职工中,回沪知青占60%以上。经过统筹安排,1990年经劳动部门批准的9万余知青均得到妥善安置,安定民心,稳定社会秩序,为改革开放和发展经济创造良好的社会环境。

# 第五节 推进住宅建设

1978年,区政府组建住宅建设办公室,加强对住宅建设的领导。根据市政府制定的"企业职工住房问题由企业自行解决"的原则,形成地方财政投资、单位自建、集资联建、联建公助以及商品房开发等多种形式,加快住宅建设。80年代,有近千个单位(次)在区境建房。1985—1990年每年竣工面积达70万平方米~80余万平方米。1986年,境内在建的住宅基地多达186个。

## 一、多层住宅

50年代中期,住宅建设开始向多层发展,以3层为主,按层设置合用厨房和卫生间。1978年以后,在改革开放政策的推动下,住宅建设进入一个新的发展阶段,开始建造厨卫独用的5层~7层多层住宅。规模较大的有1981年由上海柴油机厂和上海内燃机研究所联建的殷行新村,占地1.67万平方米,共建128个单元,建筑面积10.81万平方米,配有托儿所、幼儿园,给本单位职工居住。1982年由上棉九厂和上棉十五厂等21个单位集资,拆除铁岭路大邢家宅自然村,建造鞍山八村,占地3万平方米,建有6层楼房50个单元,建筑面积5.13万平方米。1984年由区住宅建设办公室与上海市住宅建设总公司合作,在隆昌路西侧杨家浜村筹建了区境第一处商品房基地,建造6层混合结构住宅9个单元,9 697平方米。1987年由上海航道局等34家单位联合在浦东凌家木桥建成6层、7层混合结构住宅139单元,建筑面积14.83万平方米。

## 二、高层住宅

1980年,区境第一幢12层的高层住宅四平大楼坐落在大连路、四平路口。大楼由国家投资建造,建筑面积1.88万平方米,有公寓式居室300套,阳台、壁橱、煤气、卫生设备齐全,配有电梯2座,防空地下室2层,底层裙房开设商店。1990年,全区共建高层住宅59幢。其中,由上海电表厂在控江路、许昌路口建造的三峰大厦共有31层,高89.5米,有390套房间,是区境最高的商住楼。高层住宅最集中的地块在延吉新村的延吉四村、五村、六村、七村,共有14幢,拥有2 894套房间,建筑面积17.24万平方米。

## 三、规划居住区

1980年前,区域建有属市中心城区规划居住区的长白、控江、凤城、鞍山、工农等新村。之后,这些新村又有发展。列入市"六五"规划区的有长白、兰花、工农、民星等小区;列入市"七五"规划区的有开鲁、国和、市光、国定小区。

**【长白居住区】**
位于区境东部,在延吉东路北、松花江路南,东临安图路、敦化路,西至永吉路、营口路,占地面积35.67公顷,包括长白三村一部分及延吉二、三、四、五、六、七村全部,建筑面积51.45万平方米。其中住宅44.63万平方米,公建配套5.98万平方米,人防地下室0.84万平方米。包括中学1所、小学2所、幼儿园5所、街道医院1所、文化馆和图书馆各1座、公园1座,以及沿街铺面长达530米的商业网点,35千伏变电站1座、10千伏配电站6座等,1987年全面建成。10月,市长江泽民参观后题词:"建设配套齐全、生活方便、环境优美的住宅区,为改善上海人民生活条件而努力。"

**【中原住宅区】**
位于区境北部,规划用地345.1公顷,总建筑面积339.4万平方米。分为5个居住小区,1985年陆续启动。由于规模大,建设时间长,全部建成于"九五"规划时期。

# 第六节 绿 化 建 设

"文化大革命"中,全区的绿化建设受损严重。1982年5月,区里建立绿化委员会。1984年,各街镇和大厂、部队、大专院校也相应建立绿委会或领导小组,形成两级管理网络。8月,区人大常委会作出《关于动员全区人民开创绿化新局面》专项决议。区政府先后制定2个三年绿化发展规划。把绿化建设列为3个重要突破口之一,取得明显效果。1990年,全区绿化总面积664.64公顷,人均绿地6.13平方米,比1984年的人均1.72平方米,提高了256%;绿化覆盖面积1 125.4公顷,绿化率达18.88%。

## 一、街道绿化

1980年底,全区33条道路上共有街道绿化184处,12.93公顷,较集中的有控江路4.75公顷、长阳路1.52公顷,改变较长时期被违章建筑和马路仓库占用的状况,但仅是恢复到1960年的水平。1982年辟建区域第一处开放式街道绿化四平小花园,1983年建四平路的大连路至五角场行道绿化隔离带。1984年又辟建0.56公顷的敦化路小花园,建邯郸路车道绿化隔离带。1981—1984年共发展街道绿地6.23公顷。1985年起,多方面发动社会力量参加共建,尤其是1985—1986年辟建的翔殷路花带,全长2 000多米,面积3.7公顷,为区域内面积最大、绿化设施最全、参建单位最多的道路绿化工程。种植雪松、广玉兰等20多种乔木4 500多株,桂花、梅花、山茶、迎春等30多种花灌木2.15万余株,铺天鹅绒草坪7 000平方米等。1990年,全区61条道路上有街道绿地42.81公顷。其中,园林部门辟建的有38.64公顷,房产部门辟建的有2.56公顷,群众自辟的有1.6公顷。建有开放式街心小花园26处、9.5公顷,设有街亭、长廊、花架、花牌、假山、喷水池、雕塑等。

## 二、园林绿化

1978年,境内有复兴岛、鄱阳、平凉、杨浦、惠民等公园,面积26.11公顷。1981年,动迁卢家门和北马桥2处居民点,使杨浦公园扩大至21.06公顷。1984—1987年新辟共青森林、内江、松鹤、延春4座公园。共青森林公园位于军工路2000号,面积115公顷,原系苗圃,1986年10月1日开放,分6个游览区,其中骑驴、骑马区占地3.87公顷,森林区占地80公顷,野营林区占地2公顷,划船区水域13.67公顷,人生纪念林区占地10公顷,少年活动区占地0.87公顷。全园花木葱茏,绿荫蔽日,湖泊、丘陵错落其间,为市区最大的一座具有森林野趣的公园。1990年,全区共有公园9座,总面积147.32公顷。

1998年建成位于佳木斯路、沙岗路的3 100平方米佳木斯路绿地,2001年6月建成位于营口路、国顺东路的46.7公顷黄兴公园,2003年12月建成位于四平路、中山北二路的70 329平方米四平科技公园,2009年9月建成位于大连路、长阳路的27 051平方米大连路绿地。

## 三、居住区绿化

1978年,四平、辽源、凤城、控江、长白等街道普遍进行绿化建设。1980年新村绿化面积为25.06公顷,其中5个街道新开辟绿地10.05公顷,而以四平路街道完成的3.33公顷为最多。1986年,四平路街道以绿化进度快、绿化面貌好、市容整洁、环境优美,被评为全国绿化先进单位。1985年以来,出现一批环境优美的新村。鞍山四村是区内第一个实现园林化的新村,通过修棚架、花墙、置亭、廊、景门,筑花坛、假山,建儿童乐园,绿化率为22%,成为四季常绿、花草并茂的庭园式花园新村。控江二村 107 弄 1988 年通过整治，绿化率达 42%，成行香樟深入街道深处，玉兰、雪松、花木并茂，麦冬地被，四季常青。小花园 2 座，一在街坊进口处，花园内草坪如毯，四季花卉散栽全园；一在街坊深处，以雪松、桂花、竹林、紫藤棚架造景，一株近百年树龄的罗汉松生长茂盛。延吉新村由 7 个新村组成，绿地面积 12.33 公顷，绿化率 35%。其中六村、七村是多层与高层相结合的小区，占地 8.47 公顷，绿地 3.2 公顷，大面积种植天鹅绒草坪和乔木、灌木群体，花园草坪中置模纹花坛，4 座小花园分置汉白玉雕塑，小桥流水，假山亭榭，莲池喷泉，胜似公园。1990 年，新村绿化总面积为 110.52 公顷，加上旧式里弄、棚户简屋地区的绿化 13.25 公顷，全区居住区绿化面积为 123.77 公顷。

## 四、单位绿化

1978 年，全区 344 家单位有专用绿地 102.27 公顷，乔木 147 302 株，花灌木 45 394 株。但同 1964 年相比，专用绿地仍减少 53.87 公顷，胸径 40 厘米以上大树减少 17 702 株。1979 年起，以实现单位普遍绿化为目标，先普及，后提高，单位绿化有了大幅度的发展。1982 年，全区推广闸北发电厂"全日照喷雾快速育苗法"，在占地仅 2 平方米的苗床上填上 30 厘米～40 厘米的砻糠灰，每平方米可扦插杜鹃、米兰等 600 株左右，45 天生根，60 天可移栽上盆，受到各单位青睐，争相仿效。1983 年春，上海航海仪器厂、第二军医大学、上海机床厂绿化成绩显著，各单位急起直追，砌挡土墙，置花栏杆，建亭廊，筑水池，堆假山，修棚架，砌花墙，向园林化发展。1990 年，全区辟有专用绿地的单位 579 家，共有专用绿地 350.38 公顷，乔木 45 万多株，花灌木 31 万多株。其中被评为花园单位的有 18 家，绿化面积 139.7 公顷。上海市第一肺科医院绿化面积 7 779 平方米，绿化率 70.56%。第二军医大学绿化面积 25 万平方米，绿化覆盖率 49.65%，草坪面积达 9 万平方米，乔木 10 万株。复旦大学绿化面积近 23 万平方米，绿化覆盖率 37.71%，有乔木近万株，草坪面积约 45 000 平方米。

# 第二章　调整产业结构

1991 年，随着区域市属工业的调整，区委、区政府在大力配合的同时，积极推进区属企业的配套改革，包括转换经营机制和改革产权制度；积极实施"退二进三"的产业结构调整，使商业、服务业有了长足发展；积极解决市民居住困难的问题，大力推进房地产业开发；积极利用区域高校、大工业集聚的知识、技术优势，鼓励推进民营科技企业发展；积极把发展外向经济作为区域经济发展的重要组成部分，不断取得突破，开创了区域经济全面发展的新局面。这一时期最引人注目的是，作为市属工业的集聚地，面临产业结构大调整、大量工人下岗待业的趋势，如何配合、适应、把握，既是区域经济面临的严峻挑战，也是发展的极好机遇。

## 第一节　市　属　工　业

1990 年，区境内有市属工业 334 家，职工 42.5 万人，全部为公有制的国有企业。1993 年歇浦路街道划入浦东新区，实有市属工业 283 家，职工 39.2 万人。

### 一、关停并迁

1991 年 3 月，市委、市政府召开工业系统万人大会，决定把轻纺等已经或将要丧失竞争力的传统工业坚决压下来，全市纺锭从 250 万枚压缩至 75 万枚，150 万职工下岗分流。

1992 年后，区境内市属工业的调整力度逐年加大。经对 283 家市属工业企业的调查，2003 年累计关停并迁企业 154 家，下岗分流职工 214 774 人，其中纺织行业 37 家，86 061 人；轻工行业 49 家，52 933 人；机电行业 48 家，37 856 人；其他行业 20 家，37 904 人。关停并迁企业的土地通过优化置换，实行产业结构调整。经 2003 年实地调查，154 家工厂可以置换的土地为 504.35 万平方米，大致分为以下 6 种情况：

**【置换为建设住宅用地】**
共有 49 家，占地 202.97 万平方米。如：上棉十六厂破产后，2.83 万平方米的土地转让给锦江房产公司，建成住宅锦杨苑 5.27 万平方米。新沪钢铁厂停产后，许昌路的厂房占地 2.43 万平方米，新建住宅凯城新苑，建筑面积 5.45 万平方米。上海灯芯绒总厂停产，占地 4.4 万平方米，置换为又一村住宅小区，建筑面积 16.01 万平方米。上棉二十九厂破产后，占地 6.72 万平方米的厂房转让给中水公司，建成广杭苑住宅小区。上棉三十一厂占地 11.81 万平方米，停产后转为房地产开发，建成 14.04 万平方米的长阳新苑和 5.5 万平方米的申通公寓。上海重型机器厂江浦路厂房占地 2.37 万平方米，置换为新江浦公寓和万登花苑，建成建筑面积 4.92 万平方米。上海变压器厂怀德路厂房占地 1.4 万平方米，置换为全家福住宅小区，建成建筑面积 3.91 万平方米。上海电表厂许昌路部分厂房占地 1.49 万平方米，置换为耀浦苑住宅小区，建成建筑面积 2.83 万平方米。上海冶金设备总厂占地 24.39 万平方米，置换为银河苑住宅小区，建筑面积 8.74 万平方米。

## 【置换为新的二产、经济园区和科技园区】

共有26家,占地94.65万平方米。如:上海灯泡三厂置换为上海高科技企业杨浦孵化基地;上海手表三厂置换为大学生科技园区;上海钢窗厂和建筑木材厂置换为杨浦大学城用地;上海机床厂划出军工路上的18.80万平方米土地,置换为上海机床工具工业园区;上海手表厂置换为上海精密机械加工园区;中国版纸公司置换为万力工业园区,是全区最早成立的都市型经济园区;上海纸箱一厂置换为万力工业园区分部;中纺机利用标准厂房,与大桥街道合作,置换为大桥经济园区;上海第四漂染厂置换为上海室内纺织制品工业经济园区。

## 【置换为商业、服务业用房】

共有32家,占地54.45万平方米。如上棉三十厂占地2.79万平方米,置换为欧尚超市长阳店,营业面积1.1万平方米。上海华丰毛纺厂占地3.25万平方米,分别置换为大润发超市杨浦店和百安居建材超市杨浦店。上海绳网厂占地2.5万平方米,置换为神往大酒店等。

## 【置换为教育用地】

共有10家,占地61.42万平方米。如上海建筑机械厂占地18.6万平方米,转让给复旦大学建造大学生宿舍。上海自行车三厂占地19.8万平方米,转让给上海财经大学作为校区。杨浦木材厂占地4.23万平方米和上海电工机械厂占地7.11万平方米,转让给上海理工大学作为校区。上海建筑装潢陶瓷厂占地3.4万平方米,转让给新成立的鞍山实验中学等。

## 【置换为市政用地】

共有3家,占地6.41万平方米。如上海第一冷冻机厂占地4.2万平方米,被置换为街道绿化用地。上海液压附件厂占地0.71万平方米,因江浦路辟通而拆除。

## 【待处理和储备用地】

共有39家,占地84.45万平方米。如上海渔轮厂占地12.7万平方米,正泰橡胶厂占地11.94万平方米,上棉十二厂占地8.77万平方米等。

# 二、企业改革

主要有4种形式:

## 【集团公司】

1997年,上海梅林食品有限公司和正广和有限公司联合组成上海梅林正广和(集团)有限公司。1998年又与上海市食品进出口公司联合重组,成为中国食品行业中一家集工、贸、商、技于一体的大型综合性食品企业集团。集团有30多家主体企业和近100家相关企业。营业规模稳定在年50亿元以上,出口创汇1亿美元以上。1993年由上海烟草总公司上海市公司、上海卷烟厂、上海烟草储运公司等企业改制成为上海烟草集团,成为一个多元化、等级化、现代化的大型企业。在上海城乡建立21家配货中心、57家卷烟批发机构、2.4万余家卷烟零售网点,在全国8个省区建立13个烟叶基地。

**【中外合资企业】**

1995 年,上海电站辅机厂与美国西屋电气公司合资(2000 年美方全部股份转让给德国西门子公司),产品从 30 万千瓦升级到 60 万千瓦,成为世界上能够制造最高能级主辅机设备的厂家之一。是年,闸北发电厂与美方合资建立上海闸电燃气轮机发电有限公司和闸电燃气轮机发电厂,安装 4×10 万千瓦机组,1997 年 1 月投入运行,为全国发电容量最大的燃气轮机发电厂。1986—1995 年,上棉十九厂与日商钟纺织株式会社共同投资 6 520.21 万美元,组建上海华钟袜子有限公司等 7 家企业,生产的各类袜品 70％销往国际市场。上海梅林罐头食品厂与上海市食品进出口公司、中国香港贸基发展有限公司共建上海梅林食品有限公司,上棉十五厂与日商合资建立大野时装有限公司,上海海龙毛纺厂与日本和中国台湾地区商人共建福海龙织物有限公司,上海阀门厂与美商合资建立上海耐莱斯·詹姆斯伯雷阀门有限公司等。

**【现代企业制度】**

如上海柴油机厂 1993 年改制为上海柴油机股份有限公司,成立董事会、监事会,发行 A 股 22 942.44 万股、B 股 18 500 万股。加快技术改造步伐,产品升级换代。2003 年,销售收入 29.1 亿元,利润 1.65 亿元,比 1990 年的 3.49 亿元和 0.67 亿元,分别增长 734％和 146％。上海工具厂转制为总公司,下属部门改建为自主经营、自负盈亏的完全型工厂及分公司、子公司,激发了全体员工的积极性。2003 年人均劳动生产率 12.77 万元,比 1990 年的 5.21 万元,增加 145％。

**【多元所有制】**

如上海远东钢丝针布厂实行整体转制,注册资金 700 万元,其中国有占 15％,经营者群体占 70％,其他个人占 15％。中国纺织机械股份有限公司经多次改制,成为民营控大股混合所有制企业,在公司总股本中民营公司占 38％;国营占 14.9％;其他募集法人股占 6.25％;上市 A 股占 7.21％;外资 B 股占 33.63％。

2003 年,市属企业通过调整、改革,继续生产的有 97 家,职工减至 37 834 人,总产值 223.88 亿元;转资为股份有限公司的 64 家,职工 17 650 人,总产值 51.00 亿元;非公经济的民营企业 39 家,职工 2 548 人,总产值 8.46 亿元;外商合资企业 81 家,职工 22 698 人,总产值 104.58 亿元,形成多种所有制共存的局面。

# 第二节　区属企业

区属国有和集体企业的改革,一般先从商业和中小企业开始,然后是工业和集团公司。90 年代初,主要是实行租赁、承包经营,推进行政性公司转轨,之后,逐步进行股份合作制和企业产权制度改革。

## 一、经营机制转换

1991—1997 年,改革主要集中在经营机制转换层面上。其中商业企业先后实行租赁、承包、"六自主"等形式的配套改革。其中,租赁经营是最初的改革形式,1991 年曾达到 478 家,1994 年已减少到 25 家;承包从 1992 年开始,有 12 家企业实行风险承包改革,期限一般为 3 年～5 年,有集资风险承包、风险抵押承包、利润承包、目标承包、定额定率承包等形式,1995 年已有 541 家商业网点实施;"六自主"改革在大中型商业企业中试行,1992年,区政府选择朝阳百货公司开展以经营自主、分配自主、用工自主、定价自主、机构设置自主、投资发展自主为主要内容的改革,也是全市首批"六自主"改革单位。该店实行全员劳动合同制,干部竞争聘任,职工竞争上岗,调动干部和职工的积极性,当年完成销售额8 200万元,同比增长近50%。1993年,销售额达1.45亿元,企业积累和职工收入都有较大幅度提高。由于试点企业的成功影响,小型企业也纷纷要求参加,1993年已发展到193家。与此同步进行劳动用工和分配制度改革,1993年实行全员劳动合同制的有587家,参加签订劳动合同的职工2.2万人;实行上岗合同的企业有277家,参加签订上岗合同的职工有1.3万人。分配按岗位责任轻重和工作实效拉开差距,打破沿袭几十年的"铁饭碗""大锅饭"的平均主义分配制度。区属工业企业改革,重点是区工贸总公司,主要是进一步稳定和改善企业承包经营责任制,加强企业管理,使责任制落实到基层,工资奖金分配与经济效益挂钩。

## 二、行政性公司转轨

1992年9月率先在区糖业烟酒公司推行,转变为具有经营、管理、服务、实体型的经营公司,实行独立核算、自主经营、照章纳税、自负盈亏。1993年,全区12家商业公司,除了燃料、粮食、副食品3家公司暂缓转制和穿着用品公司正在划交区百货纺织品总公司外,其他8家行政性公司全部实行了转轨变型,成为具有独立法人地位的经济实体,管理人员从868人减少到512人。1994年,区燃料公司整体并入区物资总公司,区副食品公司转制成立上海阳普集团公司。1997年,区百货纺织品总公司转入上海三百集团。2000年2月,区粮食公司改制为杨浦粮油食品有限公司。

## 三、股份合作制

1992年3月,《上海市城镇集体企业股份合作制试点办法》颁布,区工业系统的美的日用化学品公司、区烟糖公司所属的盼明食品店和区生产服务合作联社的青联食品店进行试点,通过全面的清产合资,明确了股权人的权利、义务、股份红利分配、股权管理形式,理顺了企业产权关系,使职工成为既是生产经营者又是股资者,企业呈现良好的发展态势。1992—1997年,全区共发展各类股份合作制企业952家,占企业总数的79%。其中,区工贸集团23家,总股本金1 489.43万元,职工现金入股707.04万元。区商业、城建、人防、街道等系统也发展了一批股份合作制企业。通过改制,一批老企业经济效益明显增长。比较突出的有正章纺织制品厂、控江商场等。这些企业的利润比改制前增长49.2%,税收增长94.6%,职工收入增长12.5%,企业净资产增长106%。2000年10月,区百货公司所属的集体企业40余个网点,通过建立职工持股会,整体改制为股份合作制企业东鼎商业连锁合作公司,289名职工与原产权主体实行资产、劳动人事、行政隶属关系的割断,使企业真正成为完全走向市场的法人主体。新公司成立后,严格按公司章程运作,逐步形成企业经营决策、企业管理、内部分配等机制,并在企务公开、民主管理等方面有创新举措,成为区商业系统体制改革较为成功的企业。

## 四、产权制度

商业企业的产权制度改革起步于1997年12月,淮阳春烤鸭店等6家网点开始实行所有制转让试点,2000年累计转让网点101家,退出资产3678万元。2001年商业系统的餐饮、理发、洗浴、照相四个行业的国有资产全部退出,共转让网点91家,退出资金5109万元。2002年转让网点102家,退出资金4424万元,其中收回资金3016万元。2003年转让网点47家。此外,对4家较大企业进行整体改制,共有职工1770人,退出资产3.78亿元,收回资金1.78亿元。其中新蓝天宾馆整体出售给上海合庆绣品服装集团有限公司,收回资金8300万元;阳普超市改制为由企业经营者群体、社会法人共同出资的投资主体多元化的有限责任公司;杨浦粮油食品公司改制为由企业经营者群体与良友集团共同出资的上海良友食品有限公司;环球超市改制为由企业经营者群体与恒大公司共同出资的有限公司。工业企业的产权制度改革始于2000年。2003年工贸集团下属75家企业的产权制度改革基本完成,共有4248名职工参加改制,退出集体资产4.6亿元。其中9家纺织制品骨干企业的1347名职工参加改制,共退出净资产3.69亿元,按规定其中65%归企业的劳动群众所有,提取为职工安居保障基金和共享基金等,工贸集团实际收回的资金为5112.65万元。2003年560家街镇集体企业改制为民营,虽然挂着集体所有制的牌子,实际均为自然人所有,改制后退出集体资产1.45亿元。

2003年,全区共有1050家国有、集体企业完成产权制度改革,退出国有、集体资产11.79亿元,13799名职工与原企业解除劳动关系。国有、集体企业减少到859家,其中空壳企业207家,解决了企业陈旧的体制机制障碍,提高了市场竞争力。

## 第三节　新型商业业态

90年代,随着改革开放的深入,产业结构的调整,推行"退二进三",区域商业涌现大量新业态。

### 一、超大型超市

俗称大卖场,是90年代从国外引进的一种新型零售业态。它以商店规模大(营业面积通常在1万平方米以上)、购物环境舒适、经营品种齐全(商品通常在1万种以上)、挑选商品方便、商品价格便宜等优势,很快赢得广大市民喜爱。1998年1月23日,第一家易初莲花周家嘴路店在区境内开业,到2002年又先后开设了大润发杨浦店、欧尚中原店、欧尚长阳店、百安居杨浦店和物美四平店。2003年6家的营业总额达20.18亿元,占全区社会消费品零售额的20%;商场营业面积7.21万平方米,后勤设施面积1.48万平方米,停车场面积3.38万平方米;设有48条免费班车来回接送顾客。其中大润发杨浦店,位于黄兴路1660号。1999年11月由台湾润泰集团和上海不夜城集团公司合作创办,投资2.5亿元,商场营业面积1.48万平方米,经营商品1.6万个品种,另有30个专卖店经营中高档知名品牌商品。百安居杨浦店,位于黄兴路1616号,由英国著名零售业巨子翠峰集团旗下专门从事装饰建材零售的连锁店百安居建材超市投资2000万美元建造,2001年8月开业,建筑面积2.6万平方米,是上海的旗舰店,也是全国外商投资超市中首家获得进出口经营权的企业。

### 二、超市

超市一般分为3种,服务对象以居民和流动顾客为主。传统食品超市的经营面积为300平方米～500平方米，经营的商品一般有食品和生活用品，生鲜食品的构成不足 30％。标准食品超市的经营面积在 1 000 平方米左右，主要以经营生鲜食品为主，是对传统商品内容和形式上较完整的替代。大型综合超市的经营面积 2 500 平方米～6 000 平方米，可以全方位地满足消费者基本生活需要的一次性购足。1992 年 9 月 28 日，联华超市水丰店在控江路 658 号开张营业，是区内第一家超市，营业面积 360 平方米，主要经营生鲜食品、蔬菜、水果、饮料、南北货、粮油制品及日用生活用品、小家电等 5 000 多种品种，营业时间长达 15 小时，2000 年获市商委、市物价局、联华超市公司颁发的"规范超市"称号。1998 年 10 月 1 日在眉州路 300 号开张的上海捷强超市，商场面积 1 150 平方米，定位生鲜食品，提供新鲜蔬菜、肉类、家禽及各类速冻食品，2000 年获市商委颁发的"规范超市"称号。2001 年 8 月 26 日，上海杨浦华联吉买盛购物中心在控江路 1063 号开张营业，面积 8 500 平方米，是以生鲜食品为主要特色的大型综合超市，供应近 3 万种商品。2003 年底，区内有各种超市 85 家，商场面积 6.90 万平方米，其中华联超市门店 32 家、联华超市门店 26 家、农工商超市门店 10 家、家得利超市门店 8 家、捷强超市门店 6 家、其他 3 家。

## 三、便利店、专营店

便利店以"小、灵、便"的特点与超市的"大、全、廉"的特征在业态上形成互补。便利店定位于实用面积 100 平方米左右。营业时间一般在 15 小时以上，少量 24 小时日夜经营。杨浦区区域大、人口多，给便利店的发展提供了较大的空间。2003 年，全区有各类便利连锁店 380 家，其中快客 71 家、好德 83 家、可的 50 家、良友 57 家、21 世纪 62 家、"85818"39 家、罗森 2 家。

专营店单体规模一般也不大，它具有提供给消费者挑选性强、个性化和特制化商品的特点。又分专业店和专卖店两种：专业店以经营某一大类商品为主，是百货商店的分化形式；专卖店专门经营或授权经营品牌，它以品牌划分，只经营同一种品牌不同种类的商品。上述商店的出现，始于 90 年代，包括眼镜、珠宝、通信器材、服饰、鞋业、内衣、西点、食品等 10 多个行业 300 多家商店。其中专营西点食品的有元祖、可颂坊、克莉斯汀、新侨等 33 家门店；专营内衣服饰的有班尼路、古今、开开、三枪等 18 家门店；专营眼镜的有吴良材、茂昌、红星等 28 家门店；专营黄金饰品的有老凤祥、亚一等 12 家门店；专营皮鞋的有鹤鸣、达芙妮等 8 家门店。主要分布在五角场、控江路鞍山路市区商业中心、社区商业中心和综合性大卖场内。

## 四、专业市场

随着市场经济的逐步建立和改革开放的深入，区内各种类型的商业市场迅猛发展。2003 年共有各类市场 105 家，年交易额 239.32 亿元，其中年交易额在 5 亿元以上的有 5 家。上海曹安四平水产市场建于 1996 年，位于密云路 1018 号，占地面积 1.60 万平方米，有摊房 372 间专营国内外鲜活水产品，主要品种有鱼、虾、蟹等五大类共 200 多种，1999 年交易额为 12 亿元。国泰农副产品批发市场，1998 年 8 月开始营业，位于军工路 1233 号，占地面积 1.4 万平方米，主要经营猪肉、淡水鱼和黄鳝等农副产品批发，日均吞吐量猪肉 1 700 头、淡水鱼 150 吨、黄鳝 30 吨，交易额近 10 亿元。华东钢材市场，1998 年 3 月成立，位于杨树浦路 1038 号，经营面积 1 万平方米，年交易量 213 万吨，交易额 46 亿元。逸仙钢材现货交易市场，1996 年 11 月开业，位于逸仙路 899 号，占地面积 4.2 万平方米，交易席位 200 余个，年进出库钢材总量 650 余万吨，年交易额 138.44 亿元。上海中心水产批发交易市场,创办于1936年,1997年改名,位于江浦路66号,占地5.47万平方米,拥有水产专用码头、大型冷库、水产食品加工厂等设施,2003年入驻商家200多家,年交易量12万吨,交易额10亿元。

## 五、大酒店

1990年,全区有餐饮业网点229个,经营面积1.45万平方米,大部分属中小企业。随着改革开放和市场经济的发展,传统的中小型餐馆、饮食店跟不上社会发展的需要,大型酒店、饭店迅速发展,其特点是规模大、设施全、装潢好、环境幽,以特色菜肴、优良服务满足不同层次消费的需求。如上海远洋广场大酒店,1999年12月开业,位于四平路1188号,总投资2 500万元,营业面积1.2万平方米,同时可容纳1 500人就餐,分别设置海鲜广场、小吃街、中餐厅、宴会包房、夜总会、VIP包房、电影院、休息厅、游戏房等设施。上海财富大酒店,1999年6月通过租赁经营,2003年更名,位于邯郸路399号,总面积1.07万平方米,是一家集住宿、餐饮、娱乐、休闲为一体的宾馆,有客房部、百鲜楼餐厅、水中花桑拿、金银花夜总会、棋牌、西餐酒吧、商务中心等多种服务项目。上海新南华大酒店,2002年12月开业,位于国和路43号～51号,总面积4 800平方米。底层辟有宽敞、典雅、舒适的迎宾休息场所;二楼富丽豪华的大厅,可同时容纳700人就餐;三楼和四楼备有卫生设施、风格迥然的各类包房48间,整幢酒楼装修高雅,品味高尚。

2003年,全区共有餐饮业748户,经营面积20.8万平方米,营业总额6.8亿元,分别比1990年增长了2.3倍、13.4倍和10倍。

# 第四节　民营科技企业

区域高校密集,有着得天独厚的科技研究和开发优势,区委、区政府及时制定相关政策,创造条件,优化环境,促进民营科技企业快速发展。

## 一、发展历程

1984年,晓笑时装厂成立,是区境首家民营科技企业,注册资金3 000元,员工19人。1989年发展到36户,主要从事技术转让、技术开发、技术咨询、技术服务等经营活动,是由科技人员以调离、停薪留职、辞职等方式,在"四自二不",即不要国家投资和国家编制,在自筹资金、自愿结合、自主经营、自负盈亏原则下,根据市场需求而创办。5月颁布《私营企业登记须知(试行)》,规定从事技术开发业务的注册资金必须在5万元以上等限制性条款,一定程度制约民营科技企业发展。1991年全区仅有79户。

1992年初,邓小平南方谈话发表,区委、区政府先后制订《关于支持民营科技企业发展的若干意见》《关于加速科技进步的实施意见》,简化了企业的申办手续,规定科技人员创办无主管的股份合作制企业可享受集体企业的政策待遇等,推进民营科技企业的迅速发展。年底,新开业的民营科技企业就达111家。1994年,全区民营科技企业为372家,营业额4.47亿元,职工人数9 388人。

1995年,全国科技大会召开,实施科教兴国战略。区委、区政府在国家科委和市科委的建议下,在复旦大学、同济大学等高校的支持下,决定建立五角场高新技术产业园区。为扶持民营科技企业,区科技发展基金增加到 250 万元,增加科技发展风险基金 50 万元。1997 年 8 月,市科委和区政府共同出资在国定路组建上海高科技企业杨浦孵化基地及上海高新技术创业服务中心。1999年,区政府制定《贯彻〈上海市促进新技术成果转化的若干意见〉的意见》,简称 20 条,主要内容包括:加大资金投入和服务,放宽技术入股和技术分配的比例,放宽高校在职科技人员兼职从事民营科技企业有关奖励等。1996 年开始,民营科技企业开始向园区和基地集聚。2000 年,全区民营科技企业发展为 840 家,营业额 31.04 亿元,职工 19 207 人,分别比 1994 年增长 126%、594%和 105%。

## 二、成果与奖励

1991—2003 年间不仅取得了较快发展,也获得了丰硕成果。有 59 家民营科技企业获得"高新科技成果转化项目"65 项,获"国家科技部创新基金项目"24 项,获"火炬计划项目"29 项,获"重点新产品项目"62 项。被评为"上海市高新技术科技企业"有 63 家,有 4 家民营科技企业获"上海市科技进步奖"。联合基因、复旦光华 2 家科技企业获得"上海科技企业创新奖"。

上海万申计算机服务有限公司,位于闵行路 1 号,1993 年由同济大学一批青年教师创办,注册资金 20 万元。1996 年开发出证券系列软件,客户遍及全国。1998 年被国家科技部认定为软件骨干企业和上海市十大计算机软件企业。1999 年被认定为上海市高新技术企业,注册资金达 3 300万元。公司员工人人参股企业,年平均分红达 30%。公司对证券行业已形成一整套证券网络专业解决方案,在系统集成上获得美国因特尔(INTEL)公司华东地区唯一的授权方案供应商(IASP)认证、网络产品先进供货商(INCP)认证,以及上海市优秀软件产品称号等。

上海复旦天臣技术有限公司,位于邯郸路 98 号,1999 年成立。由数位留学归国人员、中科院研究院与复旦大学、复旦科技园共同创办,是一家从事商品防伪产品的研制开发、生产经营的高新技术企业。成功开发出反光水印、动感秘文、闪角图像、光角变色等防伪技术成果,填补国内空白,达到国际顶尖水平,具有自主知识产权。主导产品曾获上海工博会铜奖、上海科技进步奖等奖项,国内市场覆盖 20 多个省市,与贵州茅台等 100 余家企业建立稳定的客户服务关系,赢得较高的知名度和很好的质量信誉。

上海大亚科技有限公司,位于五角场高新技术园区,2001 年底成立,注册资金 1 亿元,办公面积4 000 余平方米。主要从事网络通信设备的生产、研发、营销与服务。员工 480 余人,科研人员占1/3,博士、硕士达 20%。研发领域包括非对称数字用户线路(ADSL)、无线局域网络(WLAN)、无线商话、数字机顶盒、新一代网络电话(VOIP)、数字电视盒(IP 机顶盒)等,研发水平居国内前列,先后获得多项技术专利和软件著作权,投资 300 余万元兴建了具有国内领先水平的无线射频实验室。公司的生产制造中心面积 6 000 余平方米,拥有 6 条先进的生产线,具有年产 1 000 万台终端设备的产能,2002 年 4 月获得 TUV ISO90012000 质量体系认证。2003 年,营业收入 3.11 亿元,被评为上海市高新技术企业、中国宽带接入市场成长最快企业等称号。

# 第五节　房　地　产　业

新中国成立后,城市土地逐步收为国有,国家对住宅建设采取统建、统管、统配,实行无偿分配和低租金政策。但由于人口增长很快,1975 年区域内居住困难户达 10 898 户,矛盾十分突出。80

年代,通过改革开放,采取多种措施,推进住宅建设,矛盾有所缓解,但没有得到根本解决。随着土地使用权有偿转让和住房制度改革,区委、区政府及时推进房地产业开发,使其成为第三产业发展的重要一环。

## 一、土地、住房制度

1991 年为了从根本上解决住房问题,市政府决定实行土地使用权有偿转让,期限一般为 30 年～70 年,逐步向社会主义市场经济过渡。区境内 1992—1994 年,共批租地块 18 幅,土地面积 17.86 万平方米,吸引外资 2.45 亿美元。1999—2003 年完成内资项目批租土地 113 幅,出让土地 234.33 万平方米,收取出让金 13.49 亿元。与土地使用制度改革相配套,1991 年 2 月市人大常委会批准《上海市住房制度改革方案》,内容包括逐步实现住宅商品化和自住其房,改变低租金、无偿分配住房的制度。1994 年 5 月,市政府出台出售公有住房的办法。1995 年 4 月,区第一批出售 39 767 套、建筑面积 187.77 万平方米。1997 年 10 月,市政府批准实行《关于可售公有住房上市出售的试行办法》,盘活了存量房产,激活了存量房销售。2003 年,全区累计出售公房 185 677 套(户)、建筑面积 943.44 万平方米,分别占整个可售公住房的 80% 以上。1998—2003 年,区存量房成交 66 201 套、成交面积 448.82 万平方米。1998 年已基本停止住房无偿分配制度。

## 二、开发企业

随着土地资源和房地产开始进入市场,一批房地产开发企业大举进入杨浦区。1993 年,全区有房地产开发企业 55 家,2003 年增至 258 家,其中国有 15 家、集体 7 家、私营 14 家、有限公司 222 家。1998 年开发投资金额 22.91 亿元,开发竣工面积 91.5 万平方米,2003 年分别增加到 66 亿元、163 万平方米。房地产开发企业的发展促进了区域住宅商品化、旧区改造和居民居住条件的改善。

1995 年,区房地产经纪企业为 61 家,其中房地产开发公司兼营经纪企业 49 家、专营经纪企业 10 家、个体私营经纪企业 2 家;取得房地产经纪人资格证注册的有 38 人。2003 年增加至 625 家和 2 054 人,其中,经纪企业独立机构 203 家、分支机构 422 家。经纪企业为促进流通、活跃房地产市场发挥了积极的桥梁作用,带动建筑市场蓬勃发展。1991 年,区内建筑施工企业 60 家、职工 6 603 人,总产值 6 863.2 万元,2003 年增加到 266 家、21 265 人,37.78 亿元。

## 三、交易市场

为了搞好服务工作,区政府于 1991 年成立杨浦房地产市场。1997 年在周家嘴路建立有 4 000 平方米的区房地产交易中心,集房地产交易、信息、服务和管理等多功能的大型综合交易场所。原交易、评估、权籍所、档案室整体建制归并,银行、财政、税务、公证等部门同时入驻办公。场内设置交易室、商务中心、会务中心,与市、各区县房地产交易中心计算系统联网显示和操作,为房地产开发企业、经纪企业和各方人士提供方便。

房地产业的兴起给区域经济社会发展带来明显效果。一是住宅建设大大加快。1952—1990 年共新建住宅 824.72 万平方米,每年平均 21.15 万平方米。1991—2003 年共新建住宅 1 419.16 万平方米,每年平均 109.17 万平方米,比前一时期增长 4.16 倍。二是居住环境明显改善。2003 年

8 层以上的住宅为 627.94 万平方米,比 1990 年的 71.41 万平方米增长了 7.79 倍。新建 17 个完整街坊,建筑面积 95.1 万平方米,绿化率达 35% 以上。简屋的面积 1991 年为 37.07 万平方米,2003 年减少到 10.9 万平方米;而人均居住面积 1991 年为 6.59 平方米,2003 年增加到 12.6 平方米。三是房地产业在区的国民经济中已成为支柱产业之一。1998—2003 年,房地产开发投资金额达 261.64 亿元;1996—2003 年,商品房成交金额达 321.50 亿元;1998—2003 年,存量房成交金额达 145.95 亿元;2003 年,房地产契税收入为 4.57 亿元,比 1997 年的 1 464 万元增长 30 倍。

# 第六节　外向型经济

1992 年起,区委、区政府把发展外向型经济作为区域经济发展的重要组成部分,推出一系列鼓励政策措施,在外商投资、外贸出口和外经工作方面实行多方位服务,招商引资工作有了新的突破。

## 一、外商投资

1992 年 5 月成立区对外经济委员会,制定一系列有关对外经济贸易的工作规定,加强归口管理。1994 年起,为促进外向型经济发展,围绕区域经济发展战略要求,先后组建杨浦国际商会、中国贸易促进会杨浦支会、杨浦区外商投资企业协会及上海海关驻杨浦监管站,形成区外经贸工作运行体系。

1992 年起,在邓小平南方谈话精神的推动下,区域利用外资工作进入发展轨道。1992—1993 年批准外资企业 126 家,吸引外资 4 850.77 万美元。为了改善区域投资环境,区政府把为外商投资企业服务作为工作重点。外商来区域投资,从项目立项到领取开业证书,由区对外经济咨询事务所开展"一条龙"服务。对已开业的三资企业,积极发挥区外商投资企业协会等民间组织的"助手、桥梁和纽带"作用,开展信息服务、人才培训、法律咨询、接受投诉等,为企业排忧解难。这一切大大促进了外商投资,从地区看,涉及中国港澳台、东南亚、欧美和大洋洲等 20 个国家和地区;从项目看,除加工业外,生产型服务项目、大型商业项目、高科技项目等都有较大发展,如上海煤气厂与日本客商合资成立的以竹代木新型建材项目、复旦大学与中信泰富合资的复旦网络技术有限公司项目;从企业类型看,除合资企业外,外商独资企业比重逐步增加,尤其是世界 500 强企业在区内投资,如汉高(中国)投资有限公司、欧尚超市有限公司、百安居建材超市有限公司等,推动了区域经济发展。1992—2003 年,全区审批外资项目 616 个,合同引进外资总金额达 11.5 亿美元。

## 二、外贸出口

区外贸出口始于 1978 年。1985—1990 年,区工贸系统外贸产值年均递增 45%,其产值在全市各区集管系统中连续 7 年居于首位。

1992 年以来,区委、区政府及时把握市政府提出的"大外资、大海外、大开放"和"在有条件的区县建立外贸公司"的机遇,决定成立杨浦区自主经营的外贸公司。1993 年 4 月 21 日由上海家用纺织品进出口公司、上海海外公司和上海杨浦工贸公司三方共同投资 1 000 万元联营组建的"上海腾龙国际贸易公司"成立,做到当年筹建、当年收益、当年出口创汇 350 万美元。逐步形成外贸公司、自营进出口企业和三资企业共同开展外贸出口的新格局。出口地区也从周边发展到欧美、中东、非洲和大洋洲。随着对外经济贸易的不断深化,区域内外贸出口企业也不断增加。2003 年,全区共有 84 家外贸企业,直接出口额 100 万美元以上的区属企业就有 22 家;全年出口总金额 4.72 亿美元,比 1993 年的 1.16 亿美元增长 3.07 倍;产品远销世界 96 个国家和地区。

## 三、国内合作

1984 年 8 月,区经济开发办成立,1996 年 10 月更名为区经济委员会协作办。1997 年 2 月和 2002 年 3 月先后出台《关于进一步服务全国扩大对内开放的若干意见》,明确区协作办负责全区国内招商引资、对口支援工作。

1991 年以来,为适应区域经济发展,一方面开展多种形式的招商活动,通过信息发布会、项目推介会、科技招商会、发展论坛会,以及组织招商考察团,多形式全方位地开展招商引资;另一方面加强招商引资的软环境建设,强化服务大致经历 3 个发展阶段。服务机构从多头分散到"一门式"受理,强化企业注册登记中心。1995 年建立区招商引资工作领导小组,各委办局开设服务窗口,吸引市内外客商来区办厂开店。2000 年 5 月设立区招商服务中心,完善由 18 个委办局参加的"一门式"服务机制,优化投资环境。服务形式从规定期限办理到网上并联审批、中介代理服务。2000 年证照按规定期限办理,以规范政府行政行为。2002 年推行网上并联审批,证照办理缩短为 5 个工作日回复。2003 年,区政府先后出台 3 项扶持政策,在全市首推政府购买中介服务举措,提高企业满意度。服务内容从办证办照到提供经营场地,协调解决困难。2000 年还根据投资者的需求,每年推荐经营场地达 100 余处。良好的投资环境,使招商引资取得重大进展。1991—2003 年累计引进各类企业 10 167 家,吸引注册资金 158.32 亿元,上缴税金 11 亿元。

# 第三章　推进城区建设

　　杨浦区是全市最大的老工业区,也是最大的危棚简屋区。为了解决厂房与民房交错混杂、废气噪声施虐、厂群问题突出的矛盾,1990 年,区政府撤销城建办,建立"两委",即建委、市政委;"五局",即建设局、规划局、房产局、环保局、环卫局;"一办",即住宅办,共 8 个处级单位。加上已建的质监站、建管所、市政所、河道所等执法部门以及住宅、市政建设、市政工程、修建、材料公司等企业单位,加上 11 个房管所、10 个环卫所,拥有近万名干部职工,担负起城区建设与城区管理的各项职能,着重推进旧区改造、基础设施建设和环境污染治理,2000 年均取得了重大成就。尤其是"365"旧区改造对危棚简屋集中的杨浦区有着特殊重要的意义,作为"民心工程",政府与百姓合力推进,交出满意答卷。

## 第一节　旧　区　改　造

　　区域工厂集中、人口集中、工房集中、危棚简屋集中,进入 90 年代,区委、区政府抓住土地批租的有利时机,吸收国内外资金,利用各种形式加大旧区改造力度。

### 一、"365"危棚简屋

　　1990 年,全区有危房、棚户、简屋 88 万平方米。1991 年,市政府安排的实事工程之一是"365"危棚简屋改造,要求到 2000 年改造全市 365 万平方米的危房、棚户、简屋,区境内的 88 万平方米包含其中。1992 年 8 月,区委四届七次全会通过加快旧区改造的决定,建立以区长任总指挥、15 个职能部门负责人参加的旧区改造指挥部,协调全区旧区改造工作。编制旧区改造的控制性详细规划,首期推出 28 幅、32 万平方米的批租地块,至 1993 年上半年,共出让 16 幅,收得出让金 2 亿美元,绝大部分投入旧区改造。与此配套,先后推出《加快改造危棚简屋的优惠措施及奖励办法》《奖励引进资金参与旧区改造办法》等 15 个文件。新组建区房地产开发总公司、城市建设综合开发公司、卫百辛房地产开发经营总公司、九州房地产开发公司、联益房地产实业公司、欣东房地产开发公司等 6 家实力较强的区房地产开发公司,吸引区外、市外房地产开发商共同开发。1993 年,全区房地产开发企业增至 55 家。1992 年开始启动王家宅、集福里等 9 块基地,至 1997 年全区共动迁居民 27 251 户,拆除旧房 112.8 万平方米,其中属于"365"的 39 万平方米,每年平均完成 6.5 万平方米,占总量的 44.32%。1991 年 2 月 12 日,市长朱镕基在视察高郎桥棚户地区时,曾含着热泪对居民说:"我天天在马路上转,看到上海棚户区的破烂样子,心里实在难受。老百姓太苦啦,我心里急啊。"1996 年该地区经过改造,建成绿化面积占 20% 以上的金鹏花苑,共有 8 幢 24 层楼的高层商品住宅,显著改善居民的住宅环境。

　　1998 年为了加快步伐,如期完成市"365"的实事工程,区政府采取补贴动迁资金,实行"3 个统一",即统一资金运作、统一房源使用、统一政策口径等措施。同时,市也加大对杨浦的支援力度,上海市城市建设投资开发总公司、上海中星(集团)有限公司等大型房地产企业,也参与区境东、西菱白园路等大型基地的旧区改造。至 2000 年的 3 年中,共拆除旧房 86.82 万平方米。其中属于"365"旧房的为 49.1 万平方米,平均每年拆除 16.37 万平方米,比前 6 年平均增长 1.52 倍,超额完成了市的实事工程。1991—2000 年加上市政等动迁,全区共动迁居民 50 196 户、约 10 万人,拆除旧房 199.62 万平方米。

## 二、"二万户"工房

50 年代初,上海市提出建设工人新村"二万户"的规划。"二万户"工房房屋结构与设备比较简陋,每幢上下两层,共住 10 户,合用厨房、卫生设备,居民有着强烈的改造愿望。1977—1978 年,杨浦区以控江、鞍山地区的"二万户"住宅进行试点,之后在全区范围内实施扩建改造。2001 年经区住宅发展局调查,全区未改造的"二万户"还有 9 744 户,建筑面积 29.61 万平方米,分布在长白、延吉、控江、四平 4 个街道的 14 个街坊中。区政府决定进一步启动对"二万户"的改造,10 月成立"二万户"改造办公室,12 月 28 日在控江街道 209 街坊,即控江二村 130 号~165 号先行试点,共有居民 534 户,拆房 1.70 万平方米。2002 年 5 月,区政府宣布全面启动 14 个街坊的"二万户"改造。12 月 11 日 228 街坊正式实施动迁,标志着全区剩余的 14 个街坊的"二万户"旧区改造全面实施。截至 2003 年 12 月已动迁居民 8 027 户。

上海新风城由 191 街坊风城一村改造而成,分为东西 2 个区域。西部为历史风貌主题区,以 13 幢 3 层连体别墅作为市劳动模范活动中心,8 幢 2 层连体别墅作为"二万户"博物馆。既延续"二万户"的建筑风格和建筑文脉,又反映新时期对"二万户"建筑的怀念和改进。东部为现代风貌主题区,主要由高层公寓构成。总绿化率 35%,总容积率 1.68。整个项目,别墅、公寓、宾馆合汇一城,运用生态和科技概念,展现延续历史和面向未来的新型上海住宅区。

## 三、"平改坡"工程

2000 年,区政府开始试点"平改坡"。此工程是市政府旧区改造的实事项目之一,即通过多层住宅的平屋顶改造为坡屋顶以解决顶楼居民的隔热、防漏,以及煤卫改合用为独用、美化城区环境等问题。2003 年累计改造 662 幢、建筑面积 132.4 万平方米。之后,继续推行,2009 年累计完成 1 316 幢、建筑面积 395 万平方米,受益居民 8 877 户。如建于 1977 年的江浦路街道双辽新村,占地 2.33 万平方米,共有多层混合结构房屋 56 幢,建筑面积 5.7 万平方米,住户 1 154 户。2004 年 6 月动工改造,11 月全面竣工。总投资 927 万元,解决包括上水、下水、漏水、积水和滴水在内的一系列影响居民生活的急难愁问题,改善了居住环境。

1991—2003 年,全区旧区改造共动迁居民 74 790 户,拆除旧房 282.19 万平方米。其中旧式里弄和简屋的面积降至 171 万平方米,占住房总面积的 6.9%。居民的居住环境和住房条件显著改善。

## 第二节 基础设施建设

杨浦区是市属大工业集中之地,也是人口集中之地,基础设施欠账较多,随着经济发展,90 年代根据市总体规划,区域开始一批重大基础设施建设。

## 一、杨浦大桥

区里承担配套任务,包括将宁国路从宽 15 米～17 米,拓宽至 52 米,共长 595 米;将黄兴路从宽 18 米～40 米,拓宽至 52 米,共长 3 860 米。以上共动迁居民 3 115 户、单位 93 家。并主动为大桥施工单位做好各项服务工作,确保大桥于 1993 年 9 月 23 日正式通车。大桥全长 7 658 米,主桥桥面宽 30.35 米,设六车道。区境内的引桥长 3 103 米,在河间路和周家嘴路各分叉出一单向上下桥匝道,是黄浦江上继南浦大桥后又一重大工程。

## 二、高架道路

### 【内环高架路杨浦段】

区里承担内环高架路杨浦段 3.9 公里长范围内 300 户居民和 21 家单位的动迁安置工作,实施迁移和埋设地下各类管线 29.85 公里、雨污水管 6.75 公里,投资 220 万元;新建杨树浦港桥 1 座,包干建成地面辅助道路等,共投资 1.3 亿元。1992 年 8 月启动,1994 年 9 月 30 日顺利通车。

### 【中环高架路杨浦段】

区里涉及北段即邯郸路—翔殷路和东段即军工路,全长约 10 公里,包括大柏树立交、邯郸路地道、五角场立交、翔殷路地面道路和高架道路、军工路翔殷路立交、军工路高架道路、军工路越江隧道等项目。其中五角场立交工程由邯郸路—翔殷路跨线桥(双向八车道)、环岛地面道路(双向四车道)、下沉式广场、黄兴路—淞沪路地道(双向四车道,总长 544 米)等组成。需动迁居民 297 户、单位 44 家,前期费用共 11 亿元。2003 年开始动迁,2011 年 1 月均已竣工通车。

## 三、越江隧道

### 【大连路越江隧道】

北起区境内大连路霍山路,南至浦东东方路乳山路,全长 2 566 米。隧道由 2 条平行的双向四车道组成。隧道长 1 560 米,净高 4.2 米,每条车道宽 3.75 米。大连路 60 米红线范围,动迁居民 1 050 户、单位 88 家,工程总投资 15.6 亿元。2001 年 6 月启动,2003 年竣工通车。

### 【翔殷路越江隧道】

是连接中环线的重要组成部分,隧道由 2 条平行的双向四车道组成。区境内(北线)长 2 287 米,共动迁居民 114 户、单位 9 家,拆除建筑面积 24 800 平方米,总投资约 17 亿元。2003 年 6 月开工,2005 年 12 月竣工通车。

## 四、轨道交通

### 【4 号线杨浦段】

区境内有杨树浦路和大连路 2 座车站,动迁居民 591 户、单位 48 家,前期费用 1.7 亿元,由区里承担。2001年6月开始施工,2005年12月4日杨浦段建成通车。

### 【8号线杨浦段】

区境内长9.65公里,共设9座车站:开鲁路、嫩江路、翔殷路、黄兴公园、延吉新村、黄兴路、江浦路、鞍山新村和四平路站。共动迁居民2884户、单位110家,拆除建筑面积32万平方米,区里承担前期动迁费17亿元。2001年开始动工,2007年12月29日建成通车。

### 【10号线杨浦段】

区境内长约9公里,设8座车站:新江湾城、殷高东路、三门路、江湾体育场、五角场、国权路、同济大学和四平路站。动迁居民85户、单位36家。2006年6月动工,2010年4月10日竣工。

### 五、周家嘴路辟通工程

周家嘴路是市规划中心城区"三横三竖"中最北一条横线上的主干道,也是杨浦大桥的配套工程。但该路从通北路—黄兴路之间共2.38公里路段,被成片的棚户简屋和数十家单位阻堵。1995年12月29日辟通工程正式启动,动迁居民1202户、单位59家,总投资5亿元。共建成六快二慢八车道、宽50米、中间设绿化隔离带道路;铺设水、电、话、煤各类管线32公里,新建昆明泵站1座,新建跨度22米、宽50米的赵家桥1座,新建三型变电站2座等。1997年6月6日竣工通车。

与以上市政工程配套,区域内辟通、拓宽大修道路126条(段),新建、改建桥梁20座,新建变电站13座,新建排水泵站13座,长期困扰居民的低洼积水、低电压等问题,得到很大改善,基本予以解决。

# 第三节　生态环境整治

1973年8月,区治理三废(废水、废气、废渣)组成立。1978年7月成立区环境保护办公室。1991年以后,随着市属工业的战略性大调整,生态环境整体也得到很大改善。

## 一、大气治理

1990年,全区有各种锅炉、炉窑、热水炉1158台,生活炉灶4952眼,年工业用煤216万吨。年平均降尘量为27.28吨/平方公里·月,由燃料燃烧产生的二氧化硫排放量为5.29万吨/年,飘尘年平均浓度为0.5毫克/立方米。使用煤球炉的居民有12.06万户,占居民总户数的37.8%,居民生活用煤量约10万吨/年。

1991年起,对区境内炉窑进行改造,更换除尘器;对主要用煤(油)单位实行排污许可证制度,使排放合格率和复检合格率等都达到100%。加上关停并转迁企业93家,居民使用煤气化的增多,区境绿化覆盖率的增加,环境空气质量得到进一步改善。2003年大气中的二氧化硫和烟尘排放量比1991年分别下降38.44%和78.18%,年空气质量指数达到或优于二级以上的天数占85%以上,大气质量有较大提高。

## 二、噪声治理

据 1986 年调查，全区 700 余家工厂，有明显噪声污染的为 250 多家；被市列为需要解决厂群矛盾的 88 家工厂，有 64 家属于由噪声引起；当年收到要求解决噪声问题的人民来信达 200 封。1991 年加强噪声治理，重点对企事业单位的固定噪声源，进一步采取建造消声隔音房、隔音墙、安装隔音罩、消声器等措施，对噪声严重而治理困难的 93 家实施了关停并迁。1997 年推行建筑工地夜间施工申报审批制度，强化对工地夜间施工环境的噪声管理。1993 年起，在各街道开始创建噪声达标小区工作。1991 年噪声达标区域覆盖率为 26.5%，2000 年已达到 100%，各街道均建成安静小区。

## 三、污水治理

黄浦江流经区镜长约 16 公里，1964 年出现黑臭，污染源主要是沿江 100 多家工厂和杨树浦港两岸工厂，每日排放工业废水 45 万吨。据 1985 年对污染源调查情况汇总，311 家工厂企业排放工业废水 1.83 亿吨，其中 1.39 亿吨废水未达排放标准，直接排入江河和城市下水道，占废水总量的 76.22%。全市有机污染大户共 40 家，杨浦区占 11 家，主要是制皂、汽水、毛条、制药、制革、棉纺织、造纸和化纤行业。1991—2000 年内环线以内的污染企业按规定有 90 多家关停并迁，2000 年工业废水排放量减少为 6 688.86 万吨，达标的排放率为 100%，黄浦江水质开始受到控制并趋向好转。但生活废水 2000 年达 1.52 亿吨，故内河水质仍然不佳。为此，1998 年起，对污水进行综合整治工作。一是对杨树浦港、走马塘等内河加大疏浚河道淤泥和调水冲污。1998—2003 年，共完成疏浚清淤 115.21 万立方米，调水 7.05 万立方米。二是建设列为 2001 年市重大建设工程的杨树浦港旱流污水截流工程，总投资 11.6 亿，动迁居民 1 519 户、单位 66 家，工程服务范围 12.54 平方公里，日均截流污水 41 万吨，建成污水截流泵站 11 座，埋设各类污水管道 10.54 公里。2002 年 1 月，工程全线贯通，境内的杨树浦港、走马塘等内河的严重黑臭状况基本消除。

# 第四章　建设知识创新区

进入 21 世纪,区委、区政府深刻认识到必须加快区域功能的调整,实施由传统工业区向创新型城区的转型,确定建设杨浦知识创新区,实现跨越式的发展,并从诸方面予以实施。加强与高校的协作,先后与 11 所高校签订了全面合作联手推进自主创新的框架协议,建立区、校领导定期会商和工作对接机制;依托大学优势学科,做大做强各类产业园区,进一步优化区域产业结构;积极构筑创新创业服务平台,为科技成果转化、创新创业营造良好环境;逐步打造人才高地,特别重视高层次人才的引进,充分发挥其支撑作用;在重点区域建设中,认真做好知识创新区功能开发,从而使杨浦知识创新区建设迈上新台阶。2010 年 1 月被科技部确定为全国首批、全市唯一的国家创新型试点城区,体现了区域的地位和特色。

## 第一节　制定"知识杨浦"目标

杨浦区从传统工业区向创新城区转型过程中,经历探索、拼搏、成功的曲折历程,逐步确立"知识杨浦"的发展目标。

### 一、困境探索

1992 年起,区境内市属工厂企业产业结构战略大调整,企业职工大量成为社会人进入社区,作为传统工业集聚区,如何改革发展面临严峻挑战。1995 年 11 月,区委就杨浦区功能定位和发展规划向市委呈送报告,提出"逐步形成城区布局合理、经济结构优化、服务功能完善、交通网络发达的现代化中心城区格局,建设成为先进的工业区、一流的科教区、优美的居住区、新型的旅游区,成为上海国际中心城市的出色一块"的发展目标。此后,区委进一步要求"抓住机遇,努力把潜在的优势变成现实优势""积极推进区域功能的战略转换""在继续发挥生产功能的同时,扩大服务功能和创新功能,进而发挥管理功能和集散功能",强调"一要顺应历史和经济发展的潮流,加快发展高科技产业;二要变资源优势为经济优势"。

这一时期建起五角场高新技术产业园区和上海高科技企业杨浦孵化基地,确定"江湾—五角场市级副中心、鞍山路商业中心、杨浦大桥两侧商住经济贸易区、调整改造沪东工业区及港区"等重点建设区域,作为转型铺垫,反映了广大干部群众与时俱进、追赶上海发展步伐的决心。

### 二、确立思路

1999 年 11 月 29 日,中共中央政治局委员、上海市委书记黄菊来杨浦区调研,肯定区里提出的"两个依托"的思路,即依托高校科研院所集中的优势和依托国有大中型企业在改革调整中形成的优势,重点对如何依托高校发展作了指示。2000 年 3 月,区委经过充分调研和论证,提出建设"大学城"的规划,明确要建设一个以高等院校为纽带,辐射周边地区,集教学功能、产业功能、生活功能为一体的局部优化区域。根据高校的分布状况，"大学城"规划为西区、东区、北区3个区域，首先抓好包括复旦大学、同济大学、上海财经大学等大学在内的"西区"建设，逐步向"东区""北区"辐射。"西区"面积约4.12平方公里，并进行功能分区规划。

全区人民十分关注区域的功能转型，区十二届人大常委会第十七次会议决定将26位代表提出的2件有关议案合并列为《依托高校集中的优势，推进本区经济和社会发展》的议案，要求区政府制订议案的实施方案。区十届政协第二十二次主席会议审议《关于上海大学城规划建设的几点建议》，报送区委、区政府。2000年7月，区委六届七次全会审议通过《关于依托高校优势推进杨浦经济和社会发展的决定》，进一步明确依托高校优势推动我区经济和社会发展的可能性和必要性以及主要途径和方法。

2001年1月8日，区委在市委七届八次全会上交流发言时提出杨浦区转型发展的总体思路，就是围绕"一个目标"，即建设"安居乐业"的新型城区，实施"两个依托"，坚持二、三产业并举，加快"四业"即高新技术产业、都市型工业、商业服务业和房地产业的发展。

2002年12月9日，文汇报以《倾力打造"知识杨浦"》为题报道杨浦区围绕"知识兴区"战略和实现"知识杨浦"目标所描绘的蓝图。12月27日，区委在市委八届二次全会的书面发言中再次提出，要塑造知识杨浦的新形象。

这一时期着力启动构架"知识杨浦"的"五个一"工程：以江湾体育场为核心建设1平方公里的大学城公共活动中心；在新江湾城建设1平方公里的复旦大学新校区；在全区高校周边置换1平方公里的土地，为高校拓展发展空间；建设100万平方米的高校教育设施；建设100万平方米知识产业基地。确定6类知识产业即教育培训、建筑设计、软件开发、环保科技、生物医药、咨询服务为重点发展方向。全区广大干部群众逐步达成共识，奠定转型发展的基石。

## 三、规划推进

2003年4月15日，市委召开关于杨浦大学城建设工作的专题会议，听取汇报并指出，构建以复旦大学为核心的杨浦大学城，是市委、市政府的一项重大战略决策，也是杨浦区面临的前所未有的历史性机遇，要求将杨浦大学城规划与杨浦区总体规划统一考虑，高起点编制。5月10日，区委七届二次全会根据市委专题会议精神，审议通过《关于高起点高水平加快杨浦大学城开发建设的决定》。区委、区政府成立杨浦大学城规划建设领导小组，同济大学城规学院也组成阵容强大的团队配合区里开展规划研究。年底，为了更好体现区域发展的内涵，"杨浦大学城"更名为"杨浦知识创新区"。

2004年4月19日，市政府常务会议审议通过由市规划局和区政府共同编制的《杨浦知识创新区发展规划纲要》，提出建设杨浦知识创新区的核心理念，即大学校区、科技园区、公共社区"三区融合，联动发展"；规划"两片（高校集聚区）、一线（创业走廊）、一带（滨江现代服务业功能带）"的空间布局；提出建设的主要任务和近期建设重点。按照建设杨浦知识创新区的规划，全区干部群众坚持不懈地抓落实、抓推进，转型取得显著成果，杨浦知识创新区初具雏形。

## 四、国家创新型城区

2010年1月，杨浦区被国家科技部确定为全国首批、全市唯一的国家创新型试点城区。1月16

日,区委八届十二次全会审议通过《关于全面建设国家创新型试点城区的决定》;1月20日,区十四届人大五次会议审议通过《杨浦国家创新型试点城区发展规划纲要》;3月16日,区政府常务会议通过《上海市杨浦区国家创新型试点城区工作实施方案》;明确建设国家创新型试点城区的指导思想、发展目标、战略定位、空间布局、重点区域和保障措施,提出要把杨浦打造成为知识创新策源地与新兴产业引领区、创新创业集聚地与服务经济先行区、高端人才汇聚地与高教改革试验区、先进文化弘扬地与品质生活示范区。

2010年12月,市政府办公厅印发《关于推进杨浦国家创新型试点城区建设指导意见》。2011年4月,上海市召开杨浦国家创新型试点城区建设推进大会,市长韩正指出,加快杨浦国家创新型试点城区建设,是上海"十二五"创新驱动、转型发展的重要内容。试点的关键是解放思想、敢闯敢试,创造性地开展工作,围绕股权激励、人才集聚、财政金融扶持和政府管理模式创新,加强协调,形成合力聚焦突破。

杨浦知识创新区建设开始进入国家层面先行先试的平台,转型更快、更深入地展开,创新的主题更加鲜明,迈入加快建设的新阶段。

# 第二节　产　业　园　区

区委、区政府在"十一五规划"中明确提出"两个优先、两个提升"的产业发展方针,即优先发展知识型、生产性现代服务业,优先发展以大学强势学科为支撑的高新技术产业;调整提升以产、学、研一体化为引领的都市型产业,稳步提升基础性服务业。

## 一、科技园区

2010年,区域内已有复旦大学、同济大学、上海理工大学、上海财经大学、上海电力学院的5个国家大学科技园以及上海水产大学科技园、上海体育学院科技园、五角场高新技术产业园、杨浦科技创业中心、创智天地、上海知识产权园、上海教育服务园、上海环保科技园、云计算创新基地等9个专业化科技园,基本形成"一区多园、一园多基地"的格局。各科技园区都有独立的园区运营管理公司,公司的股权结构多元化,由大学、政府、社会资金共同组成。2005—2010年,区实有科技企业由2 216家发展到4 390家,区域年专利申请数由1 927件增加到4 300件。

**【五角场高新技术产业园】**

1996年,杨浦区成立的首家科技园,其运营公司为上海杨浦科技投资发展有限公司,主要代表区政府对科技园区的建设履行投融资职能,搭建科技项目的投融资平台,致力于高新技术成果的转化,扶持和服务各类科技型企业成长,发展高新技术产业,被命名为"上海市软件产业基地"。园区通过10多年的发展,已拓展到11个基地,园区商务办公面积达33万平方米,培育了上海复旦天臣新技术有限公司、上海复旦光华信息科技股份有限公司、上海大亚信息产业有限公司、上海三高科技有限公司、上海万申信息产业股份有限公司、上海丽保数码技术有限公司等一大批高速成长的高科技企业。

**【四平科技公园】**

杨浦区大力发展科技园区时的首个突破口。区委、区政府在服务高校的工作中,一边大力整治高校周边环境,一边调整高校周边地块的功能布局,设法在有条件的地方先行突破。四平科技公园地处复旦大学和同济大学之间,占地7.73公顷,开发前是国泰农贸市场、五角场长途汽车客运中心以及宏通海鲜坊。2001年11月23日破土动工,高标准建设了5.33公顷绿地供居民休闲,同时建起一个开放型的科技园区,一期建设3幢共1.7万平方米的科技孵化楼,二期建设1幢5.4万平方米的复旦科技园大厦,成为复旦科技园的主园区。

**2003年,杨浦区创智天地园建成,体现"三区融合、联动发展"理念(杨浦区志办提供)**

## 二、都市型产业园区

杨浦区紧紧抓住区域内国有大中型企业"转型""转新""转性"调整和主辅剥离的机遇,支持有潜力的、嫁接改制的、利用空余的、调整污染的,积极推进都市型产业园区的建设。建设中实现块与条、区属与区域、街道与国企的联合,形成"国企得租金、职工得岗位、政府得税收、社会得稳定"的多赢局面,成为快速发展区域经济的重要形式。

2000年,区属工业布局逐步向都市型产业园区集中,街道(镇)和国有企业合作,在全区建立园区12个,每个又设有1个~3个分部,总建筑面积达27万平方米。2005年,园区面积达78.7万平方米。

都市型产业园区的发展由分散到集中、由低层次到高层次、由多行业到专业化,经历一个由量的扩张逐步向质的提升的转变过程。2002年按照建设与城市功能和生态环境相协调的现代绿色工业的要求,开展有规模、有形象、有效益、有特色的"四有工业园区"建设活动。2005年进一步优化都市型产业园区的结构布局,提出"梳理、调整、完善、发展"的思路,通过制定产业政策导向,实施综合园区向专业园区调整,明确提出大力发展家用纺织品业、钟表制造业及精密机械加工业、新材料产业、食品加工业、水产产业等优势产业,力求将更多国企存量载体打造成为以现代服务业为特征的创意产业园区。2009年建成一批具有鲜明特色的创意产业园区,如昂立创意设计园以建筑设计为特色,东纺谷创意园以纺织科技为特色,五角场800艺术区以文化艺术为特色,铭大创意广场是全国第一家以工艺品、艺术品和环境艺术为主题的创意产业园区,汇星创意产业园以工业设计为核心,海上新东坊创意产业园区旨在成为中国文化遗产保护、实践和展示基地及中国文化遗产联盟的学术高地。2010年,全区都市型产业园区达到21家,占地面积超过134万平方米,建筑面积79.3万平方米。江苏海安、大丰两大异地园区建设初具规模。

### 三、环同济知识经济圈

环同济知识经济圈是首批上海市创意产业示范集聚区之一,是杨浦区实施产业转型结构调整的一个成功案例,是市场自然选择、政府主动服务、校企紧密结合的产物。

90年代初,国家鼓励大学师生创办知识经济企业的政策相继出台,赤峰路逐步成为同济大学创办建筑设计公司或工作室的集聚地,被称为"同家军"。2003年2月,区政府通过对赤峰路全面整治,正式命名为"同济现代建筑设计街"。

2005年底,同济大学在和杨浦区共商区校发展时进一步提出建设环同济知识经济圈的设想。2007年6月,同济大学和区政府共同编制了《杨浦环同济知识经济圈总体规划纲要》,规划的核心圈面积约2.6平方公里,扩展区面积约10平方公里,并向区域内相关的产业园区辐射,规划打造成一个以知识、服务为纽带的经济活动圈,以创意、创新、创业为特征的创造力产业集聚区,产城互动的开放式和谐空间。

环同济知识经济圈核心区面积相当于杨浦区面积的1/25,却已汇集1 600多家现代服务业及配套企业,吸引了2.4万高素质的就业人口,被称为"中国'规'谷"。2010年其产值已达到150亿元,为杨浦区贡献逾5亿元地方财政收入,占区级财政收入的一成。

### 四、"一业特强"的家纺业

2001年按照市政府提出的"一区一业、一业特强、多业发展"的要求,杨浦区研究决定把室内纺织制品业作为区的"特色行业、特色产品",将区域内37家家用纺织品企业归类为特色产品企业。2002年5月置换位于一号路的上海第四漂染厂的厂房和商办楼,建立上海室内纺织制品工业经济园区。

为了把家用纺织制品业做大做强,区政府充分整合行业优势资源,和上海纺织科学研究院合作建设"上海现代纺织科技工业园";与东华大学合作建设"上海国际家用纺织品发展中心";引进上海鹏欣集团公司投资开发"上海国际家用纺织品工业园";上海纺织控股(集团)公司通过嫁接改制等形式,将上海毛巾一厂、毛巾三厂、凤凰毛毯厂、民光被单厂、民光国际企业有限公司等国有企业迁入杨浦;通过定向招商,山东亚光纺织集团、青岛喜盈集团、浙江洁丽雅股份有限公司、江苏群冠纺织服饰有限公司、福建佳丽斯家纺有限公司、四川德阳润宝印染有限公司、广东《布艺世界》杂志社等10余家大型家用纺织品企业以及江苏堂皇集团、浙江维科集团和广东雅芳庭集团等数家全国著名大型企业入驻园区。上海家用纺织品行业协会和上海纺织品商业行业协会也相继迁址到杨浦区,中国家用纺织品行业协会也在区域内设立上海办事处。

## 第三节　创新创业服务平台

为了推动创新创业的发展和促进科技成果的转化,杨浦区建立多方面的服务平台,许多载体在全国都属首创。

## 一、科技孵化平台

### 【上海高科技企业杨浦孵化基地】

1997年,市科委和区政府联手在国定路335号创建,同时成立上海杨浦高新技术创业服务中心。基地位于复旦大学附近,是全国在高新区之外建设的最早一批科技企业孵化器,也是上海市在高校周边建立的第一家科技企业孵化器。2010年,基地规模由最初的6 000多平方米扩大到11万平方米。

### 【上海杨浦科技创业中心有限公司】

2005年初,由上海杨浦高新技术创业服务中心与上海高科技企业杨浦孵化基地改制重组,成为国家级高新技术创业服务中心、国家中小企业公共服务示范平台、上海市高新技术企业,是上海市优秀孵化器。2009年成为全国第一家由孵化器建立的"企业加速器";成立第一家由孵化器作为主发起人的小额贷款公司;2010年成立由科技部引导基金参股的创业投资基金,成为国内首家拥有贷款和投资功能的企业孵化器;建立起以"创业导师+创业投资+专业孵化"为核心的创新服务体系,创立被誉为全国孵化器发展模式之一的"杨浦模式"。

## 二、知识产权平台

2004年4月19日,上海知识产权园在杨树浦路1320号开园,是上海知识产权公共服务平台,由市知识产权局、市版权局、市工商局、市总工会和区政府共同发起成立,旨在发挥"知识杨浦"的优势,探索知识产权成果转化的新机制、新模式,是全国唯一一个以"知识产权"为主题的特色园区。具有"服务窗口、交易平台、招商服务、信息中心"的功能,在全市范围内整合社会资源,依托知识产权制度保护、灵活合理运用知识产权制度,实现"两个集聚",即集聚政府办事机构、行业服务机构,集聚知识产权产业。同时,充分发挥其交易、整合、集聚和辐射功能,拓展服务市场,服务"长三角"、华东地区乃至全国,使之成为国家级专利、版权、商标交易中心。2010年,杨浦区全年申请专利4 692件,位列全市第三,其中发明专利2 799件,占全市总数的59.7%。

## 三、技术服务平台

### 【上海中小企业研发外包服务中心】

2006年12月12日在上海高科技企业杨浦孵化基地内揭牌,是在市经委和区政府支持指导下,由杨浦科技企业服务中心、复旦科技园投资有限公司、同济科技园企业管理有限公司共同出资成立的民办非企业单位,由上海杨浦科技创业中心有限公司具体运作,致力于发挥杨浦知识创新区与全市众多应用研究和开发资源的优势,根据广大中小企业研发外包的需求开展中介服务,并促进企业研发中心组建,推进产、学、研合作,以提高中小企业核心竞争力。上海中小企业研发外包中心联合研发外包接包企业、教育机构、研究机构、应用机构等单位建立研发合作联盟,核心技术大多来源于复旦大学、上海交通大学、同济大学、上海科学院等重点学府和科研机构,已先后与国内外知名软件企业如微软、国际商业机器公司(IBM)、宝信软件、神州数码、金蝶软件、方正科技等建立战略合作伙伴关系,合作联盟企业取得迅速的发展。

### 【联合国南南全球技术产权交易所】

2008年12月9日在创智天地落户,不仅促进杨浦的技术与国际资本对接,而且对提升上海乃至中国的科技成果产业化、技术产权交易的国际化都具有重要意义。交易所是联合国南南合作局属下新设的实体组织,由全球技术转移平台演变而来,旨在通过技术产权交易和技术援助来推动发展中国家的发展,是一个专业化、规范化、独立运行的技术产权交易平台,也是南南国家与发达国家技术与资本沟通的桥梁。2009年,交易所系统拥有17个工作站,覆盖30多个国家和地区,已有近1 000个挂牌项目,其中对接成功的有20个项目,价值1亿美元。

### 【上海高校技术市场】

2010年1月16日在翔殷路288号建立。是市教委、市科委和区政府共同建立的全国第一家高校技术市场,成立时就有45家技术供方成员单位、48家技术需方成员单位和8家科技中介服务方单位,充分显示组成单位的强大阵容。2011年就组织各类产学研合作活动50余次,合同登记数为4 018项、合同总金额11.12亿元,比2010年分别增长21.1%、35.1%。

## 四、教育培训平台

### 【上海教育服务园区】

2005年3月29日在国顺路288号建立,由市教委支持,区政府和上海电视大学发起,是全市第一家教育服务园区,面向全国提供优质教育资源,开展各种学历和非学历教育培训。园区占地4公顷,有智能化综合教学楼、多媒体教室、图书馆、语音室、计算机房、会议室、报告厅、运动场、学生公寓和餐厅等设施,能同时容纳5 000人进行各种培训。英国皇家音乐学院办事处、上海凯恩英语培训中心、行星上海英语培训中心、上海普天教师培训中心、上海五加一证书培训中心等17家国内外教育培训品牌机构相继签约入驻。拥有亚洲2号卫生教育频道,可将教育培训服务覆盖全市,延伸全国,具体运作由上海远程教育集团下属"上海学习广场教育科技有限公司"负责。

### 【中国（上海）创业者公共实训基地】

2009年11月10日在国定东路200号落成,位于江湾—五角场城市副中心,由市人力资源和社会保障局与区政府共同规划建设,国家人力资源和社会保障部命名,总投资近10亿元,占地4.93公顷,总建筑面积11.49万平方米,是全国首个由政府设立的专门为创业者提供服务的技术先进、资源共享、功能齐全的公共实训平台,具备创业实训功能和高技能人才培养功能,有六大培训平台:创业能力实训平台、产品实验试制平台、创业企业孵化平台、创业指导服务平台、职业技能实训平台、引进国际培训平台。基地通过创业实训、创业服务和创业园区,为创业者特别是创业大学生提供创业指导、创业培训、创业能力测试、创业能力培养、创业产品测试、创业孵化等一条龙服务。

## 五、投资融资平台

杨浦区在构建有特色的区域创新创业服务体系中,不断深化以金融创新推动科技创新的实践探索。

### 【区中小企业信用担保中心】

2005 年成立,是区级政策性担保机构,先后推出中投保担保、中小企业信用担保、统借统还、专项融资担保资金、大学生创业担保基金等 5 种融资担保模式,逐步形成以商业银行融资为主体、政策性融资担保为辅助、其他方式为补充的中小企业融资担保体系。2010 年累计为区内中小企业融资担保 300 笔、金额 16.13 亿元。2009 年主动对接上海国际金融中心建设的实施项目,出资 5 000 万元参股组建上海再担保有限公司,探索建立多方参与的风险共担机制,完善多层次的融资担保体系。

### 【风险投资服务园】

2006 年 12 月 10 日在创智天地成立,由上海市创业投资有限公司和区政府联合组建,是我国第一家专业性的风险投资服务园区,重点支持种子期、初创期的科技型中小企业,具有招商引资、信息交流、投资撮合、引导救助、咨询服务和工作服务六大功能。2008 年 8 月,区政府制定《上海市杨浦区风险投资引导和补助基金实施办法(试行)》,提出对创业投资企业、创业投资管理企业、创业企业孵化器以及初创期中小企业给予资助的政策和办法。2009 年 3 月成立区金融服务办公室,作为区政府的组成部门,为加快金融创新推动科技创新提供组织保障。

### 【硅谷银行上海代表处】

2009 年 9 月 1 日在创智天地挂牌,不仅带来资金,而且带来风险投资的运作理念和机制。通过财政预算拨款建立 3 亿元区政府引导基金,委托硅谷金融集团专业化管理,其中出资 2.4 亿元设立母基金,出资 6 000 万元与硅谷金融集团、社会资本等共同组建规模为 8 580 万元的中早期直投基金。母基金完成 59%的投资,参股大学生接力基金、鼎晖基金、德同基金等国内外知名基金,投资上海瑞一医药科技有限公司、泰坦化学有限公司等 4 个早中期项目。积极引导中早期直投基金关注区内产业项目,确定北京龙存科技有限公司、易保网络科技有限公司、晶宝利微电子有限公司等 6 个储备项目。出资 2 500 万元参与组建华登国际半导体创投基金,成为国家发改委、财政部首批试点的 20 个创投基金之一。推动组建科技部引导基金参股的寅福创投基金。制订杨浦区促进股权投资企业发展扶持办法,仅 2010 年就引进以民营资本为主体的恒洲集团、金立方投资咨询有限公司、明辉集团等共 18 亿元左右基金入驻。

### 【投贷联盟】

2010 年在全市率先建立以政府为主导,商业银行、投资机构、担保机构、专业中介机构等参与的投贷联盟,形成"园区推荐项目—专业中介机构评估项目—政府和金融机构联合开展项目对接或贷款跟进"的运作模式,初步探索出一条适合轻资产类科技型中小企业的债权融资和股权融资互动的金融服务模式。整合银行、担保、保险、投资机构、信托、专业中介机构等业务优势和风险偏好,创新推出"创智天地 1 号"中小企业集合信托债权基金、知识产权质押融资试点、"创智天地 2 号"中小企业集合信贷计划、"银园保"、"贷投通"、保单质押融资、应收账款池融资、中小企业集合中期票据等科技金融产品,为区内 29 家科技型中小企业融资 4.4 亿元,推动中小企业融资从过去单一的依赖银行信贷向运用多种金融工具并举的模式过渡。这些金融产品的推出,扩大了企业受益面,如"创智天地"系列等产品在浦东新区上海张江高科技园区、闸北区等地成功推广,形成批量化的融资模式。

**【上市培育工程】**

抓住国内多层次资本市场不断完善的机遇,启动中小企业改制上市培育工程,鼓励支持中小企业利用资本市场实现跨越式发展,从建立联席会议、制定扶持政策、加强数据库建设、开展宣传培训等方面着手,夯实中小企业改制上市工作基础。2010年,区境内有上海天跃科技有限公司、上海安硕信息技术股份有限公司、上海扬讯计算机科技股份有限公司、易保网络科技有限公司、觅缘(上海)信息科技有限公司等近10家上市培育企业,拟上市地点涵盖美国纳斯达克、中国香港联交所主板、国内中小板和创业板等全球多层次资本市场。

**【金融审判庭】**

2010年3月23日,杨浦区人民法院建立金融审判庭,针对风险投资引发的金融纠纷,开展金融审判研究和服务,维护金融秩序,为金融创新发展提供司法保障。

# 第四节　人　才　策　略

杨浦区把人才视作"第一资源",不断优化人才环境,创新人才工作机制,加大人才集聚力度,为知识创新区建设提供智力支撑和人才保障。

## 一、人才环境

区委坚持党管人才的原则,加强对人才工作的领导和统筹,2004年成立区人才工作领导小组,在区委组织部设立人才工作科。举办"杨浦知识创新区人才发展战略论坛",邀请相关领导和海内外专家为人才工作建言献策。开展"第一把手"抓"第一资源"考核,把人才工作摆上各级党政组织的重要议事日程。

2007年设立人才发展专项资金,即鼎元资金,每年区财政列支上千万元。2008年在全市率先创立具有区域特色的人才租房补贴政策,2009年扩大实施范围,当年就有191人享受此政策,发放补贴金额25万元,享受的补贴标准由原来每人每月200元提高到800元。2010年启用海外人才创业大厦,近10家企业入驻,新江湾城人才公寓正式开工,现代星州城人才公寓完成装修,启动实施"虚拟人才公寓"计划,形成多层次的人才安居体系。开展拔尖人才评选表彰,建成"上海院士风采馆",《杨浦时报》、杨浦有线电视中心开设专栏对人才典型进行宣传,在全区形成了"尊重劳动、尊重知识、尊重人才、尊重创造"的浓厚氛围。

## 二、人才服务

**【人才公共服务载体】**

2000年通过在新经济组织设立接待窗口、联手开展人事代理等办法,初步形成覆盖全区新经济组织的人事人才服务格局;成立杨浦出国留学人员工作站,为留学人员回国创业就职牵线搭桥,解决后顾之忧;开设"杨浦人才网站"和"杨浦人才热线"。2002—2003年先后在同济大学、复旦大学等11所高校建立杨浦区人才服务中心工作站。2007年开始,又相继在各街道(镇)建立人才服务中心,逐步形成人才服务的联动网络,提供"一站式"公共服务。

## 【人才公共服务机制】

2004 年按照现代企业制度,区人才服务中心与"上海中企人力资源咨询有限公司"合资成立"上海东凌国际人才有限公司",承担区人才服务中心人才市场的职能。同时还积极引入市人事局相关人才服务机构,吸引境内外猎头公司,加强与区域内人才中介服务机构的联系和协调。2006 年 12 月,杨浦知识创新区人才广场在淞沪路 605 号开业,新版杨浦人才网也同时开通。人才广场内设固定人才市场、业务受理大厅、人事档案室、培训教室、网络中心、人才中介机构等功能区域,既承担政府公共人事服务职能,又开展人才招聘、外包、咨询、培训等业务,还积极开拓猎头服务、薪酬设计、人才测评、企业咨询等项目。作为专业性的人事人才服务平台,是区县人才市场中规模最大、设施最先进的服务平台之一。

## 【人才交流合作】

通过和高校合作办学、委托培训等形式,提高区属干部的学历层次和文化素养。同时,和高校、市属条口以及国有大中型企业互派干部挂职锻炼,1998—2010 年先后有 272 名区、校干部进行了互派交流,有 60 余名市有关委办局、科研院所干部来到杨浦区挂职,19 名具有专业背景的挂职干部留在杨浦发展,形成人才共育共有的局面。探索人才"柔性流动"机制,实行项目聘用制,对一些重点、难点项目,以契约合同等形式聘用有关专家,约定项目指标、考核内容及奖惩措施;试行高校人才与区智力对接项目制,开展区校、校企合作,推进科研优势与产业优势融合;试行政府雇员制,在专业管理岗位、专业管理项目中,面向社会公开选拔,以灵活机动的方式聘用社会人员。打造以创新能力建设为核心的人才沟通平台,通过"环同济知识经济圈企业家俱乐部""创智人才沙龙""海上海人才沙龙"等载体,为重点功能区人才联手发展创造机会。还积极融入长三角人才开发一体化进程,借助与台州、南通、江阴、义乌等友好区市的联系,探索异地人才招聘、人事代理、大学生就业实习等合作平台,并通过建立共享人才信息库,实现人才合理流动、互动发展。

## 三、高层次人才

区委、区政府把推进以院士为代表的高层次人才工作列为人才工作中的重中之重,积极打造高层次人才工作示范区。

## 【拔尖人才评选表彰】

1990 年起,区委、区政府每 3 年开展一次专业技术拔尖人才评选表彰,2006 年第 6 批开始,评选范围在专业技术类基础上增加了经营管理类和高技能类;由体制内扩展体制外,入选的非公领域优秀人才占总数的一半以上。2009 年累计已有 7 批 376 人次受到表彰,还表彰了 8 位杨浦知识创新区突出贡献人才。建立了高级人才库,成立区领军人才"汇聚沙龙",便于领军人才建言献策和相互沟通。2003 年 9 月,市人事局和区政府共同组建杨浦知识创新区留学人员和博士后创业园区、大学生创业指导和人才创业服务中心,重点引进留学人员和博士后人才开发的高新技术项目。

## 【两院院士结对交友】

2004 年,区委、区人大、区政府、区政协领导与工作生活在区境内的两院院士结对交友,加强联系,重大事项及时征询院士的意见和建议,成立了全市首个区级院士服务中心,提供专门服务。组织"百名院士看杨浦"活动,增进院士对区情的了解。2006年建成上海院士风采馆,是全国首家以集中展示两院院士风采为主题的专门展馆,成为上海市爱国主义教育基地和全国科普教育基地,同时也是交流学术思想、探索创新思维的场所,定期举办院士咨询会、院士讲座、院士沙龙。该馆举办的"走近院士"系列活动,在院士与广大市民、青少年之间建立起一条互动交流的渠道;"院士茶座"系列活动则为科学家与企业家、艺术家等高层次人才搭建起一个思想碰撞、信息沟通、感情联系的平台。

**【海外高层次人才创新创业基地】**

2009年6月经中央人才工作协调小组批准,杨浦知识创新区成为国家第二批海外高层次人才创新创业基地,区委、区政府出台了加快推进基地建设的决定和实施意见,推出"3310"计划,即通过实施三大工程从而实现三大目标:实施"百千万"工程,实现标志性人才集聚的目标;实施人才环境工程,实现标志性成果突出的目标;实施主导产业集群发展工程,实现标志性产业清晰的目标。并推出与之配套的10项政策:降低创业启动成本、提供资金担保与贴息、设立项目风投基金、建立风险补偿机制、实施财政扶持补助、加快落实并推进引进人才的安居工程、优先安排医疗及子女教育、营造良好学术环境、发挥政府采购导向作用、建立便捷高效的服务平台。区委、区政府还积极组织参加北美中国留学人员高科技项目暨人才交流大会、"春晖杯"留学人员创业大赛和中国留学人员广州科技交流会、"海外博士团杨浦行"、"海外华人华侨专业协会会长世博行"、"旅澳专家团杨浦行"等活动,建立与海外留学生组织的联系网络,进一步密切与海外高层次人才的联系。2010年,全区已集聚35名国家"千人计划"人才;累计举行3批"3310"计划创业项目评审,共募集115个创业项目;区内"海外人才创业大厦"竣工启用,"新江湾城人才公寓"奠基开工。

# 第五节　服务高校发展

杨浦区积极实施依托高校优势加快转型发展的战略决策,确立"发展高校就是发展杨浦、服务高校就是服务杨浦"的思想理念,在实际工作中做到"3个舍得":舍得投入人力、物力、财力整治和美化大学周边环境,舍得腾出最好的土地支持大学就近就地拓展,舍得把商业和地产项目让出来建设大学科技园区。

## 一、整治周边环境

由于历史的原因,当时高校周边工厂、民房、商店犬牙交错,布局零乱,脏乱差现象突出。区委、区政府决定,把高校周边环境综合整治作为建设大学城的突破口,作为主动服务高校改革发展的首个战役。

2000年6月起,率先对复旦大学、同济大学、上海财经大学和上海体育学院周边的邯郸路、国定路、国顺路、四平路、彰武路、长海路、恒仁路等7条道路的9个路段开展整治。2002年和2003年又先后对国年路、国权路、政民路、武东路、武川路、水丰路等6条道路和国达路、国福路、政肃路、吉浦路、政法路、水丰路、政熙路、政化路、国定路、国泰路等10条道路的路段进行整治,共更换人行道板10多万平方米,车行道铺设沥青近25万平方米,新辟、改建绿地4万余平方米,破墙透绿近万米,清洗、粉刷建筑物立面近18万平方米,拆除违法建筑近4万平方米,改换道路照明灯69盏,新置雕塑

3座,房屋平改坡74幢。创建赤峰路建筑设计一条街。一些老大难问题在整治中得到解决,占路长达10年之久的国年路马路集市由新建的复旦综合市场取而代之,建设大武川地区排水系统,对复旦大学南校区的私房集聚点进行动拆迁等。

## 二、参与后勤改革

2001年3月成立上海东方大学城信息技术有限公司、物业管理有限公司、翻译服务有限公司,以后又成立了上海东方大学城餐饮服务管理有限公司。2001年6月,市教委和杨浦区共同成立上海市杨浦区域高校后勤社会化改革推进委员会。

物业公司通过竞标,赢得复旦大学新建的18万平方米研究生公寓、上海财经大学新建的2万平方米学生公寓和上海水产大学教学科研场所的物业管理权。继而又承接上海水产大学南汇校区二期及复旦大学东区学生公寓、北区学生公寓的体育馆、售货亭及李达三楼的物业管理任务。

餐饮公司先后在复旦大学、上海财经大学、上海电力学院、上海理工大学、上海印刷出版专科学校、第二军医大学开设餐厅15个,营业面积达2万平方米。

2002年在吉浦路建成建筑面积1.13万平方米的商业网点,为附近高校师生提供服务。2003年由区政府、学校和品牌商业企业联手,在复旦大学南校区建立"华联·复旦校园生活中心",给复旦师生和校区家属带来方便。

区委、区政府还努力帮助高校解决扩招过程中面临的学生宿舍紧缺问题。区体委将所属的五环大厦,区教育局将闲置的校舍,区阳厦物业协调区内企业将可利用的厂房、招待所等租赁给大学改造成学生公寓。区有关部门为高校新校区、学生公寓、学生生活园区建设等项目的审批提供"一门式"上门服务。

不少街道(镇)也为高校提供物业管理、保洁、保绿、餐饮、家政等方面的服务。如五角场街道将国定路农贸市场改建为高校商业服务中心,占地3 000平方米,营业面积4 000平方米,引进连锁便利店、超市、彩扩社、干洗房、面包房、咖啡店和异国情调的小餐馆等,还请上海图书公司设立大学城书店,有100多类3万多种书籍。

2005年5月,复旦大学百年校庆之际,复旦光华楼落成启用(杨浦区志办提供)

## 三、支持布局调整

"十五"期间上海进行了以"2+2+X"为标志的高等学校布局结构调整。"2+2"就是形成南北2个分别以复旦大学、上海交通大学为核心的高校集聚地,即杨浦知识创新区和闵行紫竹科学园区。2002年初,市委、市政府要求"复旦大学校区就地就近拓展","复旦大学的建设要与周边10多所高校共同规划"。区委、区政府大力支持区域内高校的布局调整和扩大办学规模,配合市计委、市教委、市规划局提出复旦大学及区域内其他高校就地就近拓展的规划方案并积极配合落实。区政府出资 2.5 亿元和上海市城市投资公司、市教委一起为复旦大学在新江湾城获得 100 公顷土地建设新校区,2003 年 12 月动工兴建,2005 年百年校庆时一期建成投入使用。拿出毗邻上海理工大学的春江苗圃 4 公顷多土地用于该校的发展,更通过收购上海自行车三厂、上海海达计时电子公司、上海电工机械厂、上海远东钢丝针布厂等大学周边的工厂,为大学腾出拓展空间,使大学用地从 4.2 平方公里增加到 7 平方公里。

### 四、共迎百年校庆

2005 年、2006 年和 2007 年分别迎来了复旦大学、上海理工大学和同济大学的百年校庆,区委、区政府以此为契机,把校庆的节点要求和区域转型的阶段性目标紧密结合起来,加快推进杨浦知识创新区建设。区委七届六次全会和七届八次全会对做好 3 所高校百年校庆工作做出决定,把校庆有关工作细化为 100 多个子项目有序、扎实推进。

环境整治方面,对 20 多条市政道路进行整修。对军工路、大连路、中山北二路等交通主干道进行全面的环境整治和美化;建设了 3 个泵站,改造 7 条道路的下水道,改造、装饰 7 座桥梁;对 36 幢楼宇、住宅进行"平改坡",拆除大量违法建筑,给建筑工地修建"艺术围墙",更新改造店招店牌、户外广告;不仅搞好道路配套绿化,还专门布置形式多样的花卉景点和景观灯光,烘托喜庆氛围。

重大项目建设方面,积极支持大学校内项目的建设。复旦大学的光华楼、正大体育馆、江湾新校区一期工程、国际学术交流中心,上海理工大学的新学生公寓、学生综合服务中心、学生创业园区大楼、新教学大楼和图文信息中心,同济大学的教学科研综合楼、中法中心、大学生活动中心、大礼堂保护性改建、研究生公寓、同济大厦 A 楼等都如期竣工。同时,创智天地、万达商业广场、百联又一城购物中心、中环线杨浦段、五角场环岛地区的地下空间开发等区的重大功能性项目也配合校庆加快推进。

文化宣传方面,开展"看高校、看杨浦"活动。举办以百年校庆为主题的大型画展、文艺演出,出版了诗文摄影集,组织了创业计划大赛、创业投资论坛、"城市治理与社区发展"国际研讨会等。在 3 个校庆日,与大学共同举办了主题为"共同拥抱""共同创造""青春万岁"的文艺晚会。配合中央、市新闻媒体对校庆活动作了全面报道,还与《新民周刊》合作,出了 2 期百年校庆专刊,杨浦时报、区有线台等都开辟校庆活动专栏。

区校共同筹办百年校庆,谱写"三区融合,联动发展"的新篇章,展现"大学的城市、城市的大学"的文化氛围。

# 第六节　重　点　区　域

杨浦区在建设知识创新区的过程中,坚持实施"聚焦五角场战略",着力推动大连路总部研发集聚区建设和推进黄浦江沿岸杨浦段的规划与开发,形成南北呼应的建设格局,城区面貌发生巨大变化。

### 一、江湾—五角场地区

江湾—五角场是上海四大城市副中心之一,又是上海十大商业中心之一,周边集聚复旦大学、同济大学等一批高校，历史上曾经是"大上海计划"中的市中心，百年大学文明和百年市政文明在这里交汇。区委、区政府在五角场聚焦资源、聚焦力量、聚焦政策，集中投放一批重大功能项目，努力把五角场建成集科技创新、科技中介、科教文化交流、金融服务、商务办公、商业购物、休闲娱乐等功能于一体，地上、地下空间联动的具有科教特色的现代服务业集聚区，使之成为"三区融合，联动发展"的示范性区域。江湾—五角场由3个功能区组成，南部的商业商务区和中部的创智天地初具规模，北部的知识商务中心建设正在加快推进。

## 【商业商务区】

2004年7月7日凌晨，作为江湾—五角场曾经的代表性建筑朝阳百货大楼爆破，标志着商业商务区建设开始启动。在此地块建起的万达广场于2006年12月23日正式开业，占地6.01公顷，3幢甲级写字楼建筑面积为8.17万平方米；商业面积26万平方米，5幢裙楼为5个商业建筑单体，分布着百货、超市、文化、娱乐、餐饮、食品、银行、通信、医药等业态，地下一层是4.5万平方米的商业步行街，地下二层是可容纳千辆汽车的大型停车场。2007年1月26日与万达广场隔街相望的百联又一城购物中心建成投入使用，占地1.47公顷，总建筑面积12.6万平方米，坐拥地面9层与地下3层，是集购物、餐饮、休闲、娱乐、健身等功能于一体的大型都市型购物中心。2009年12月29日，上海合生国际广场开工，项目占地2.35公顷，总建筑面积36万多平方米，规划有16万平方米的高端大型购物中心、180米高的5A甲级写字楼、高逾百米的23层五星级"凯悦酒店"等，是一个大规模、现代化、高品质的城市综合体。此外，金岛大厦、亚繁商厦、沪东金融大厦、上海东方商厦、麦科特金亿广场、上海大西洋百货、赛博数码广场等楼宇鳞次栉比。环岛的下沉式广场2015年8月15日正式命名为"五角场广场"，是通向五角场5条道路及万达广场、又一城购物中心、东方商厦的枢纽，广场地面刻有超大型杨浦区地图，上方为巨大"彩蛋"半包着的中环高架，五角场广场和彩蛋成为区域地标性建筑和景观。

## 【创智天地（又称"中央社区"）】

知识创新区建设的核心项目。由区政府和香港瑞安房地产集团联合建设，目标是打造上海东北部地区的创造新天地，使之成为兼具"巴黎左岸"生活韵味与"加州硅谷"创新氛围的地方。创智天地规划占地83.87公顷，规划建筑面积100万平方米。到2011年建成并投入使用的办公楼面积20.9万平方米。其由4个部分组成，一是创智天地广场，有9幢甲级办公楼，重点引进以跨国公司为主的总部级研发中心；二是创智坊，以乙级办公楼和公寓式办公楼为主，重点引进具有自主知识产权的创业型企业、外包服务企业等；三是科技园，以定制总部级公司办公楼为主，重点引进企业总部；四是江湾体育中心，以历史保护建筑为主，建成上海东北片重要的公共活动中心。创智天地目前以信息技术产业、现代设计产业和现代服务业三大产业为主要发展方向，企业中既有规模大、产值高的世界500强行业巨头企业，也有规模小、主业突出、核心竞争力强的中小企业，形成了大、中、小企业共存共荣、错位竞争、良性发展的产业氛围，国际商业机器全球服务（大连）有限公司上海分公司、易安信信息技术研发（上海）有限公司、甲骨文软件研究开发中心（北京）有限公司上海分公司、易保网络技术（上海）有限公司、卡巴斯基技术开发（北京）有限公司上海分公司、威睿信息技术（中国）有限公司上海分公司、日立解决方案（中国）有限公司上海分公司、四维图新信息技术有限公司以及美国湾区委员会上海办事处、硅谷银行上海代表处、上海大学生创业基金会、联合国南南全球技术产权交易所、联合国环境能源交易所等国际、国内著名科技企业总部和科技中介服务集聚平台已经入驻。2007年10月11日,世界特殊奥林匹克运动会闭幕式在江湾体育中心隆重举行。

## 二、大连路总部研发集聚区

大连路总部研发集聚区位于区域西南角,紧邻陆家嘴和外滩地区,占地约1.46平方公里。空间布局分为:北部即控江路以南、周家嘴路以北地区、中部即周家嘴路以南、长阳路以北地区、南部即长阳路以南、平凉路以北地区。

### 【北部地区】
2010年基本建成。2005年,海上海创意产业园在大连路920号建立,由上海实业集团和区政府联手开发,总建筑面积近10万平方米,由3栋创意商务楼和一条长400米的创意商业街组成。园区企业主要从事休闲娱乐、现代设计、商贸物流、科技金融等行业,是2005年度上海市首批十大创意产业集聚区之一。上海市创意产业中心也迁址"海上海"。由上海市创意产业中心、上海市创意产业协会等单位主办的首届"上海国际创意产业活动周"活动在"海上海"成功举行。北部地区内还有具备商办功能的贵人大厦、五环大厦、众合金融大厦等。

### 【中部地区】
2010年初具规模。2006年11月4日历经3年28轮谈判,西门子上海中心暨华东总部终于落户,是首家在区境内建设地区总部大楼的跨国公司,具有管理、行政、销售、营销、服务和培训等各项职能,设有研发中心,2011年10月31日投入运营。2009年11月18日,德国大陆集团亚洲总部及研发中心落成,投入运营,是世界500强企业之一、全球领先的汽车零部件供应商。2010年12月1日,安莉芳集团总部大楼落成,是国际著名女性内衣企业。中部地区还有北美广场、荣广商务中心、宝地广场、摩卡大楼、瀚海明玉大酒店等商务载体。

### 【南部地区】
2010年尚待开发。正在大力推进旧区改造,为后续发展提供空间。

## 三、滨江地区

杨浦区拥有15.5公里长的黄浦江岸线,占地约12.93平方公里,处于黄金水岸线的前走廊,是中国近代工业发展的摇篮,有着岸线长、历史久远、资源独特的特点。

2002年,滨江地区启动开发,通过基础调研逐步转入机制探索、规划深化和项目建设阶段,搭建了沟通、联络的体制机制平台,形成政府引导、企业配合、开发主体为主的机制模式。2010年,固定资产投资总额约947.6亿元,建成商务商业楼宇面积约40万平方米;编制控详规划3个;土地储备约94公顷,土地出让约50公顷;梳理文物保护项目40处,修复保护修缮利用项目近10处,累计保留面积达6万平方米;建成大连路隧道和翔殷路隧道,改造防汛墙6.6公里,建设道路近17公里,建设滨江公共绿地约2.3万平方米;规范沿江企业园区的招商、租赁工作,推进旧区改造,为滨江进一步开发创造条件。

2008年1月11日,渔人码头工程正式开工。项目占地16.67公顷,浦江滨水岸线700米,以

"海洋文化"和"渔文化"为主题,融合人文历史、浦江美景、亲水绿地,集海洋文化博览、世界海鲜特色餐饮、国际旅游服务、高级商务办公等功能于一体,围绕休闲娱乐、行业历史博览、国际饮食文化城三大功能区进行建设。2009年9月,上海国际时尚中心开始建设,位于杨树浦路2866号,由上海第十七棉纺织总厂老厂房改建,占地12.08万平方米,建筑面积约13万平方米,具有多功能秀场、时尚创意办公、时尚接待会所、时尚餐饮娱乐、时尚公寓酒店和时尚精品仓等功能。分4期建设,一期于2010年底竣工。2010年4月建成秦皇岛路水门,成为上海世博会园区客流量最大的水上门户。陆域部分建筑面积约5190平方米,水域部分有3个游船泊位,占用岸线共200米。上海世博会期间,发送入园航班1689次,游客392402人次;出园航班963次,游客26836人次。杨浦滨江段开发实现"点上突破"的目标。

# 第七节 新 江 湾 城

新江湾城原为空军江湾机场,位于区境的西北部,1994年7月停用,1996年军地双方正式签署土地交接协议,成为中心城区最大的成片开发土地。1998年1月,市政府将行政管理权划归杨浦区,成立江湾新城街道(筹)。2003年7月23日,市政府批准建立新江湾城街道办事处,成为上海中心城区第100个街道,行政面积8.67平方公里,规划居住总人口6万～8万人。上海城市建设投资公司受市政府委托,开始新江湾城的整体规划与开发管理。

新江湾城初期规划是作为上海的四大动迁安置房建设基地之一,主要目标是建设能容纳大量人口的经济适用住宅区,同时为仓储工业及地铁、电厂、水厂等市政公用设施和江湾—五角场城市副中心建设提供用地。但是,随着城市建设的迅猛发展和"科教兴市"战略的实施以及房地产业的拓展,其开发有了新的目标。

区委、区政府高度关注、积极参与新江湾城的开发建设。2001年底,专门邀请市政府发展研究中心开展课题研究,形成报告《筹建国际教育园区,带动上海东北部城区振兴——新江湾城功能定位论证》直接呈报市政府领导。2002年3月,区委、区政府向市委、市政府报文,建议在新江湾城内建设复旦大学新校区。在新江湾城建设规划中注入科教功能的提议引起市领导的高度重视。

2002年,市政府正式批准《新江湾城用地结构规划》,提出"绿色生态港、国际智慧城"的建设目标。规划凸显生态理念,以网络状的生态水系和渗透状的绿化体系构筑区域生态骨架,形成绿色空间与水系网络紧密结合、与人居空间相互渗透的居住环境。同时,强调人文观念,力求建立大学、知识产业和居住社区间的协调互动关系。总体布局则由知识商务中心、都市村庄、自然花园、复旦大学江湾新校区、新江湾城公园、江湾天地等六大板块组成,知识商务中心是江湾—五角场城市副中心的重要组成部分,以知识型办公为主导的商务功能区;都市村庄是新江湾城的主体聚居区;自然花园是高尚生活中心;复旦大学江湾新校区2005年已启用;新江湾城公园是以信息服务产业为主体的知识型服务中心;江湾天地以滨水休闲为主导,是居住区与公共活动紧密结合的综合社区。

新江湾城在开发建设过程中,采取"先地下后地上、先环境后建筑、先配套后居住"的熟地开发模式。2003年开始基础设施建设,2005年开发初具雏形。2006年起,新江湾城拉开大规模二级开发的序幕,吸引众多投资者的目光,美国汉斯地产公司和铁狮门房地产公司、新加坡仁恒置地集团有限公司、华润置地有限公司、珠江投资股份有限公司、浙江绿城房地产集团有限公司等房地产巨鳄相继加入开发行列。

**2003 年 7 月，市政府批准建立新江湾城街道办事处。图为新江湾城生态景观（杨浦区志办提供）**

新江湾城公共配套设施先进，复旦大学江湾新校区、同济大学第一附属中学、上海音乐学院实验学校、复旦科技园小学、中福会宋庆龄幼儿园、本溪路幼儿园分部等优质教育资源相继落户。设计新颖、功能设施齐全的文化中心，1.5 万平方米的体育运动中心和 1.2 万平方米的极限运动（SMP）滑板公园等可满足居民多元化、多层次的文化体育需求。2010 年 4 月连接新江湾城和虹桥国际机场的轨交 10 号线建成运营。新江湾城绿化面积超过总用地面积的 50％；辖区内水系面积 0.77 平方公里，呈现"六横三纵"的网络状分布。优越的生态环境、人文氛围和生活品位使之一跃成为继上海古北、联洋、碧云社区之后的"第三代国际社区"。2009 年 12 月，新江湾城街道被世界卫生组织（WHO）命名为国际安全社区，成为世卫组织社区安全促进合作中心第 164 位成员、中国大陆第 19 个国际安全社区；2010 年 10 月被联合国开发计划署、环境规划署授予"城市友好型示范项目—国际生态型社区"称号。

表 7 - 4 - 1　杨浦区主要年份基本情况

| 项　目 | 1978 年 | 1985 年 | 1990 年 | 1995 年 | 2000 年 | 2005 年 | 2010 年 |
|---|---|---|---|---|---|---|---|
| 区域面积（平方公里） | 31.91 | 52.44 | 59.63 | 52.13 | 60.61 | 60.61 | 60.61 |
| 水域面积（平方公里） | | | 6.59 | | 5.08 | 5.08 | 5.08 |
| 年末耕地面积（公顷） | | | 133.33 | 40.33 | 0 | 0 | 0 |
| 街道（个） | 16 | 16 | 16 | 10 | 11 | 11 | 11 |
| 镇（个） | 0 | 1 | 0 | 1 | 1 | 1 | 1 |
| 乡（个） | 0 | 1 | 1 | 0 | 0 | 0 | 0 |
| 居民委员会（个） | 188 | 375 | 425 | 465 | 314 | 306 | 306 |
| 村民委员会（个） | | | 7 | 7 | 6 | 0 | 0 |
| 年末户籍人口（万人） | 71.66 | 97.46 | 107.57 | 106.20 | 107.95 | 108.16 | 109.16 |
| 户数（万户） | | 25.72 | | 35.47 | 38.14 | 38.06 | 38.07 |

（续表）

| 项　目 | 1978 年 | 1985 年 | 1990 年 | 1995 年 | 2000 年 | 2005 年 | 2010 年 |
|---|---|---|---|---|---|---|---|
| 年末常住人口(万人) | | | | | | 124.6 | 131.32 |
| 外来人口(万人) | | | | | | | 23.86 |
| 人口密度(人/平方公里) | 22 455 | 18 585 | 18 040 | 20 373 | 17 811 | 17 845 | 18 010 |
| 人口自然增长率(‰) | 1.50 | −1.41 | 3.70 | −2.96 | −3.22 | −2.97 | −1.74 |
| 城镇登记失业人数(人)① | | 1 039 | 8 211 | 19 398 | 19 207 | 26 933 | 27 773 |
| 新增就业岗位数(个)② | | 2 093 | | 23 189 | 7 334 | 33 460 | 29 411 |
| 中学(所) | 71 | 87 | 48 | 56 | 74 | 62 | 54 |
| 在校学生(人) | 85 067 | 52 244 | 33 988 | 54 014 | 67 229 | 55 044 | 35 699 |
| 小学(所) | 101 | 103 | 106 | 94 | 64 | 46 | 44 |
| 在校学生(人) | 52 722 | 48 764 | 78 519 | 92 729 | 56 268 | 29 393 | 26 537 |
| 幼儿园(所) | 126 | 49 | 123 | 91 | 76 | 80 | 85 |
| 在园幼儿(人) | 16 815 | 25 441 | 40 160 | 16 061 | 15 684 | 15 880 | 20 061 |
| 职校(所) | | 4 | 4 | 3 | 1 | 1 | 1 |
| 在校学生(人) | | 4 369 | 1 200 | 4 247 | 4 756 | 3 060 | 1 545 |
| 图书馆、室(家) | 2 | 36 | 20 | 22 | 24 | 13 | 14 |
| 文化馆、站(家) | 1 | 17 | 21 | 14 | 18 | 13 | 13 |
| 影剧院、场(家) | 3 | 6 | 5 | 1 | 4 | 4 | 6 |
| 区级医院(所) | 6 | 6 | 8 | 8 | 8 | 8 | 8 |
| 医院床位数(张) | 1 314 | 4 436 | 5 574 | 5 088 | 4 756 | 5 888 | 8 332 |
| 医疗卫生技术人员(人) | 4 422 | 9 120 | 10 406 | 8 226 | 7 870 | 6 275 | 10 518 |
| 执业医师(人) | | 2 182 | 3 998 | 3 477 | 3 198 | 2 362 | 3 862 |
| 公共绿地面积(万平方米) | | | 190.27 | 216.1 | 301.56 | 377.62 | 441.00 |
| 人均公共绿地面积(平方米) | | | 1.77 | 2.03 | 2.72 | 3.48 | 4.08 |
| 绿化覆盖率(%) | | | 18.88 | 16.61 | 15.47 | 18 | 24 |
| 公园(个) | 5 | 6 | 9 | 11 | 11 | 14 | 14 |
| 城市居民人均住房面积(平方米) | | | | 7.14 | 10.4 | 12.07 | 23.4 |

说明：① 1985 年、1990 年、1995 年为待业人数；② 1985 年为就业人数，1995 年为安置待业人数。

表 7 - 4 - 2　杨浦区主要年份国民经济基本指标

| 项　目 | 1978 年 | 1985 年 | 1990 年 | 1995 年 | 2000 年 | 2005 年 | 2010 年 |
|---|---|---|---|---|---|---|---|
| 生产总值(亿元)① | | | 7.60 | 22.55 | 43.13 | 422.29 | 894.69 |
| 第一产业(亿元) | | | 0.081 | 0.007 8 | 0 | 2.37 | 4.4 |
| 第二产业(亿元) | | | 2.65 | 7.79 | 11.58 | 258.20 | 521.81 |
| 工业(亿元) | | | 2.48 | 7.30 | 7.60 | 245.21 | 494.06 |
| 第三产业(亿元) | | | 4.87 | 14.75 | 31.55 | 161.72 | 368.48 |
| 固定资产投资完成额(亿元) | | | 0.43 | 14.39 | 44.01 | 91.29 | 142.82 |
| 财政收入(亿元) | 0.97 | 1.97 | 3.97 | 9.86 | 15.96 | 56.58 | 116.89 |
| 地方财政收入(亿元) | | | 1.84 | 5.91 | 11.52 | 35.55 | 50.07 |
| 地方财政支出(亿元) | 0.23 | 0.50 | 1.64 | 6.45 | 12.61 | 41.65 | 82.65 |
| 外贸进出口总额(亿美元) | | | | | 3.5 | 4.48 | 6.48 |
| 出口额(亿美元)② | | 0.45 | 2.96 | 9.91 | 12.79 | 3.45 | 3.63 |
| 年末私营企业注册数(个) | | | 22 | 487 | 2 766 | 14 307 | 23 351 |
| 工业总产值(亿元) | 0.62 | 3.75 | 8.86 | 28.58 | 40.95 | 83.25 | 104.98 |
| 农业总产值(亿元) | | | 0.095③ | 4.93 | 0 | 0 | 0 |
| 住宅竣工面积(万平方米) | 17.05 | 77.87 | 77.05 | 101.80 | 106.11 | 39.85 | 46.4 |
| 社会消费品零售总额(亿元)④ | 4.75 | 13.3 | 30.15 | 43.67 | 70.77 | 133.6 | 239.54 |

　　说明：① 2000 年、2005 年为增加值；② 1985—2000 年数据为出口商品拨交额；③ 为不变价；④ 1978—1985 年为第三产业销售额。

# 第八篇 黄浦区

黄浦区位于上海市中心,因濒临黄浦江而得名。

1978年,黄浦区行政区域面积11.79平方公里,辖有北京东路、南京东路、牯岭路、长沙路、龙门路、金陵东路、广东路、四川南路及浦东地区的东昌路、崂山西路、张家浜11个街道,下设149个居委会,户籍人口16.1万户、59.22万人。1984年8月,川沙县洋泾镇、洋泾乡7个生产大队和严桥乡的部分地区共8.39平方公里划入。1985年5月,杨浦区沪东街道2个居委会划入,设立洋泾镇。1986年6月划张家浜街道东部和崂山西路街道南部地块,设立潍坊街道,1987年改名潍坊新村街道。1988年1月划崂山西路街道文登路以东地块,设立梅园新村街道;8月撤销北京东路、四川南路街道,设立外滩街道;撤销牯岭路、龙门路街道,设立人民广场街道;撤销南京东路、长沙路街道,设立新的南京东路街道;撤销金陵东路、广东路街道,设立新的金陵东路街道。1991年5月,东昌路街道改名陆家嘴路街道;7月,川沙县0.61平方公里划入洋泾镇。1992年3月划洋泾镇罗山路以东地块设立罗山新村街道。1992年10月,区域浦东地区的陆家嘴路、张家浜、崂山西路、潍坊新村、罗山新村、梅园新村6个街道和洋泾镇划归浦东新区,区域陆地面积减少为4.16平方公里,辖4个街道,为全市面积最小的"袖珍区"。

南市区位于黄浦区南面。1978年行政区域面积16.44平方公里,辖有半淞园路、小南门、王家码头、斜桥、陈家桥、蓬莱路、董家渡路、唐家湾、小北门、小东门、露香园路、豫园及浦东地区的周家渡13个街道,下设161个居委会,户籍人口18.5万户、64.78万人。1982年5月,上钢住宅小区3.01平方公里划入;8月,周家渡街道划塘桥地区设立塘桥街道。1984年,川沙县杨思、六里、严桥3个乡部分地区8.47平方公里划入。1986年8月划周家渡街道部分地区,设立上钢新村街道;划塘桥街道部分地区设立南码头街道。1988年撤销斜桥、王家码头街道,分别并入陈家桥、半淞园路、董家渡路、小东门街道;川沙县杨思镇及杨思乡部分村约2.54平方公里划入。1992年10月,区域浦东地区的周家渡、塘桥、南码头、上钢新村4个街道及杨思镇划归浦东新区。1993年7月撤销豫园、露香园路街道,设立新的豫园街道;撤销小北门、唐家湾、蓬莱路街道,设立老西门街道;撤销小东门、小南门街道,设立新的小东门街道;撤销董家渡路、陈家桥街道,设立新的董家渡路街道。是年,区域陆地面积减为6.78平方公里,辖有5个街道。

2000年6月13日,国务院批复上海市人民政府同意撤销黄浦区、南市区,设立新的黄浦区,辖有9个街道。2007年3月撤销人民广场、南京东路街道,划入金陵东路街道3个居委会,设立新的南京东路街道;撤销外滩街道,划入金陵东路街道9个居委会,设立新的外滩街道;撤销老西门街道,划入董家渡路街道2个居委会,设立新的老西门街道;撤销小东门街道,划入董家渡路街道10个居委会,设立新的小东门街道;撤销半淞园路街道,划入董家渡路街道8个居委会,设立新的半淞园路街道。2010年,全区行政区域面积12.49平方公里,其中陆地面积11.17平方公里,水域面积1.32平方公里;辖有6个街道,下设120个居委会;户籍人口18.64万户、60.19万人。2011年5月20日,国务院批复上海市人民政府同意撤销黄浦区、卢湾区,设立新的黄浦区。

中共十一届三中全会以后,区域坚持改革,加快发展,各项事业欣欣向荣,大致经历3个阶段。

1978—1992年是黄浦区工作重点转移时期。1979年1月,区委按市委部署向党员干部传达中共十一届三中全会精神,并在全区进行全党工作重点转移到经济建设上来的宣传教育,各项改革开始启动。1984年,区委、区政府采取"明责分权、财政包干"的措施,下放管理权限,扩大企、事业自主权,改革街道集体经济管理体制。逐步恢复商业经营特色,兴建各种类型商业街,发展区属工业,繁荣经济。1989年11月,根据《中共中央关于进一步治理整顿和深化改革的决定》精神,组织各部门编制完成1990年计划草案、三年治理整顿计划大纲以及"八五"发展计划轮廓设想。贯彻"一要稳定、二要鼓劲"的方针,开发浦东,改造浦西,搞好治理整顿和深化改革工作,进一步调动各方面积极性,促进区域经济和社会的发展。

这一时期也是南市区恢复经济建设时期。1978年12月,区委把工作重点转移到社会主义现代化建设上来,实现指导思想上的拨乱反正。1985年,区委贯彻执行中共中央《关于经济体制改革的决定》,出台区《深化经济体制改革和推进政治体制改革的总体方案》,从改革分配关系入手,调整国家、企业、个人的经济关系,扩大企业自主权,增强企业活力。1988年6月,区政府制定《贯彻市对区"实行承包,分权明责"决定的若干意见》,区与各街道、各口签订财政承包合同,实行层层承包。是年9月,区委贯彻中共十三届三中全会提出的治理经济环境、整顿经济秩序、全面深化改革的方针,制定三年治理整顿规划,提出治理整顿,深化改革,搞活企业的措施。1990年12月,区委四届三次全会根据市十年规划和"八五"计划纲要,提出南市区"依城靠水、东西联动、内调外引、一振多兴"的"八五"计划基本思路。全区经济持续稳定发展。

1992—2000年是黄浦区建设中央商务区时期。1992年4月,区委、区政府召开全区改革工作会议,以邓小平南方谈话精神为指导,对深化改革作全面部署。1993年,区政府提出要重塑黄浦区金融中心、贸易中心和文化娱乐中心,率先与国际经济接轨,成为连接国内外市场的枢纽,成为国内外商品和生产要素的流通中心,与浦东陆家嘴金融贸易区共同形成上海国际大都市的中央商务区,制定《黄浦区九十年代经济和社会发展规划纲要》《黄浦区总体布局规划》。1996年3月,区政府提出"到本世纪末,把黄浦区基本建成具有中等发达国家水平的现代化中心城区",制定《黄浦区经济和社会发展"九五"计划和2010年远景目标》。1998年,区政府总结5年来建设金融、贸易、行政文化3个中心的历程和经验,分析世纪之交的机遇和挑战,提出面向新世纪,要积极探索具有中国特色、时代特征、特大城市中心城区特点的发展新路,在经济结构调整、国有企业改革、拓展城市功能、调整教卫文体资源配置、加强精神文明建设等方面取得突破性进展。

这一时期也是南市区建设商业中心城区时期。1993年,南市区的浦东部分划归浦东新区后,区域面积减少3/4。区委审时度势,确定"市场建设、旧区改造和发展第三产业"3个战略重点和"重点发展第三产业,调整提高第二产业;第三产业中要大力发展旅游业、商贸业、房地产业、服务业等,第二产业中要重点发展都市型工业"的产业发展方针,先后提出"捏紧拳头,放开手脚,加快发展""破除围城意识,解放思想,实现超常规发展""齐心协力,负重奋进,争创一流""把握大局,迎难而上,共创南市新形象"的工作思路,将拓宽道路与加快旧区改造结合、土地批租引资开发与改造重点地区结合、危棚简屋地块拆迁与改善居民居住条件结合,大规模展开城区开发建设。至1999年,老城厢建设取得令人瞩目的进展。

2000—2010年是打造"经典黄浦"时期。2000年6月"撤二建一"之后,区委、区政府及时确立新的发展思路,明确以商业为主导,以现代服务业为方向,促进商、旅、文互动,推动房地产业发展,逐步形成适合中心城区功能特点、具有独特优势的商业、旅游业、房地产业、现代服务业、文化娱乐业"五大产业"发展新格局。2002年,进一步明确发展思路,即围绕增强区域核心竞争力主线,积极推进"五大产业"的协调发展,重点建设外滩、南京路、人民广场、老城厢、现代聚居区"五大功能区"。

2006年，明确"一带（外滩沿黄浦江发展带）三区（南京路地区、豫园地区、世博园地区）"功能定位，加快重点地区功能开发，招商引资，发展重点产业，综合经济实力明显提升。同时，紧紧抓住上海世博会举办、浦江两岸开发等有利时机，创新运作机制，全力推进市、区重大工程动拆迁，坚持"拆、改、留"并举方针，有计划、有步骤、多渠道、多方式实施旧区改造，城区面貌发生深刻变化。2008年，黄浦区以楼宇招商为重点，吸引行业龙头企业、跨国公司地区总部以及功能性机构落户，应对金融危机影响。2010年，区委、区政府团结带领全区人民全力推进"创平安、保世博，调结构、稳增长，攻旧改、促民生"等重点工作，圆满完成上海世博会相关任务，全面实现区"十一五"发展的各项目标，取得各项工作的新成绩，为城区新一轮发展奠定坚实基础。

2010年，黄浦区生产总值787.2亿元，比1999年黄浦、南市两区总和增长11.01倍；财政收入158.18亿元，比1978年黄浦、南市两区总和增长49.22倍；社会消费品零售总额421.39亿元，比1978年黄浦、南市两区总和增长29.25倍。境内交通便捷，有延安高架路、南北高架路、内环高架路以及轨道交通1、2、4、8、9、10号线穿越；有过黄浦江联通浦东新区的延安东路隧道、外滩观光隧道、复兴东路隧道、人民路隧道、南浦大桥及东金线、东东线、杨复线、塘董线、南陆线5条轮渡线；通行公交线路136条，设有88条公交线路的起讫站以及南浦大桥、武胜路、外滩新开河、沪军营路4处公交枢纽站，普安路、老西门两处公交集散点，29处公交港湾式站点。有上海博物馆、上海大剧院、上海音乐厅、上海城市规划展示馆、上海美术馆、上海市档案馆外滩新馆等文化设施，有外滩"万国建筑博览"近代建筑群、明代园林豫园和明代寺庙沉香阁3处全国重点文物保护单位，有外滩、人民广场、南京路步行街和豫园商业旅游区。2000年被国务院妇女儿童工作委员会授予"全国儿童工作先进区"；1992—2008年6次被全国双拥工作领导小组、民政部、中国人民解放军总政治部授予"全国双拥模范城"；2005年、2009年2次被国务院授予"全国民族团结进步模范集体"。

2011年，《黄浦区国民经济和社会发展第十二个五年规划纲要》指出，"十二五"仍是黄浦大改造、大建设、大投入、大发展的时期，这一时期经济社会发展目标是：上海国际金融中心建设的核心功能区地位进一步巩固，产业结构优化调整取得重要突破，城区环境面貌明显改善，社会建设进一步加强，居民生活水平和质量得到有效提高，城区综合服务功能显著增强，为打造现代化国际大都市核心商务区和上海"四个中心"重要功能区奠定坚实基础。以金融为核心、以现代服务业为主体的服务经济体系进一步完善，一批功能性企业和机构总部落户黄浦，经济的开放度进一步提高，现代服务业区级税收年均增长10%左右，金融业区级税收年均增长12%左右。外滩金融集聚带的形态建设和功能建设同步推进，老外滩的金融品牌进一步提升，十六铺地区重点功能性项目基本建成，董家渡地区土地储备基本完成，南外滩滨水区综合开发取得实质性突破。保持旧区改造又好又稳又快推进势头，外滩金融集聚带范围内董家渡地区成片二级以下旧里动拆迁基本完成，历史文化风貌区多方式改造取得新突破，城区管理常态长效机制初步建立，城区面貌进一步改观。在未来发展中，黄浦区将以提高发展质量和效益为中心，以全面创新为发展注入新动力，以改革开放为城区释放更多活力，以严守城区安全稳定为底线，统筹推进经济、政治、文化、社会和生态文明建设，更加注意强活力、扩开放、补短板、可持续、促公平，着力打造"四个标杆"即现代高端服务业发展标杆、城市管理的标杆、城区建设的标杆和从严管理、从严要求的标杆，努力实现"四个前列"即在经济转型升级、城市建设管理、基层基础建设、民生改善方面继续走在全市前列，建设好经典黄浦、精品城区。

# 第一章 工作重心转移

1978 年以后，黄浦区委、区政府根据党的相关政策，认真安置好上山下乡返城青年就业，维护社会稳定；着力发挥"黄金地段"的优势，全面规划，不断改造和建设繁华地段，发扬南京路、北京路等商业经营特色，恢复金陵路商业街；进行商业体制改革，组建特色市场，发展集体经济及个体和私人经济。

## 第一节 劳 动 就 业

1979 年，大批上山下乡知识青年（简称知青）回城。1980 年，黄浦区积累待业人员 19 539 人。是年改革劳动就业制度，实行"劳动部门介绍就业、自愿组织起来就业和自谋职业相结合"的"三结合"方针，拓宽就业渠道，1983 年，待业人员减少为 531 人。1986 年改革劳动制度，待业人员发生新的变化。1990 年对新增待业人员 5 855 人分类，其中应届毕业生占 24.4%，回沪知青子女占 13%，解除合同的合同制工占 22%，辞职、离职职工占 21%，开除、除名、辞退职工占 9.6%，解除劳教、刑满释放人员占 10%。1992 年底尚有待业人员 8 093 人，待业率 2.04%。

### 一、知青就业

1977 年，区累计有知青 8.93 万人。大批知青上山下乡后出现一些新的社会问题：城乡劳动力安排缺乏整体规划，下乡青年不少实际问题未能解决，安置人数过多地区增加农民负担等。这些问题在 1978 年后逐步得到解决。

1979 年起，区实行"任务到局，按口调剂，条块结合，统筹安置"原则，采取"子随父，女随母"办法安排，同时放宽职工退休顶替条件，让知青进家长退休单位顶替工作。全区 1973—1992 年批准回城知青就业 6.11 万人，其中归口安排 1.03 万人，顶替 3.63 万人，商调回沪 4 426 人，招工及其他就业 1.01 万人。据 1989 年 3 月普查，全区去外省知青回沪安排占 72%。对于仍在外省工作的知青以及组织动员到新疆生产建设兵团的支疆青年，1989 年起，每户允许有 1 名年满 16 周岁或初中毕业未婚未就业子女回沪就读入户。1990 年起，范围扩大到 1958—1965 年动员去外地参加农业生产的上海知青子女。1989—1992 年共批准知青子女回沪就读入户 7 810 人，其中支疆青年子女 1 871 人，上山下乡知青子女 5 939 人。

### 二、广开门路

1981 年，大批支疆青年（简称支青）因各种原因返回上海。全区共有 2 369 人，加上携带子女 2 080 人，共 4 449 人。区临时建立动员支青返疆工作办公室，组织市、区干部协同街道、里弄干部做支青返疆动员工作。经说服动员，至 1983 年，先后回新疆 2 169 人。1984 年，按市政府规定，对特困和有商调条件的支疆青年分别调回市区 634 人，调剂到市属海丰农场 1 188 人，安置崇明农场 26 人。

**【劳动服务公司】**

1979 年 5 月,区劳动服务公司建立后,重新组织集体经济,从小到大,从简单劳务到技术劳务,从单一项目向多项目发展。1990 年 10 月,区劳动服务公司实行政企分开,组建新宏利实业总公司,统一领导所属集体企业。至 1992 年共有工业、建筑业、商业、服务业等独立核算企业 28 个,职工 948 人,累计产值 64 009 万元、利润 3 694 万元。其中 1992 年产值 24 158 万元、利润 766 万元,比 1991 年分别增长 95.6% 和 44.6%,使集体经济进一步得到发展。同时,区劳动服务公司和各街道劳动服务所组织小集体性质的劳动服务队,从业人员 841 人,以进企业从事劳务为主。1982—1988 年,吞吐劳动力 7 071 人次,其中就业条件较差的刑满释放、解除劳教人员有 1 655 人次。

**【合作社和家庭手工业】**

1979 年大批上山下乡知青回城,待业人员增多。为多渠道安排待业人员就业,1980 年 9 月,区建立广开门路办公室,动员各行各业和街道兴办合作社,帮助待业人员走自愿组织起就业道路。领导亲自走街串巷,选点办社。先后办起商业、饮食业、服务业和运输业合作社 316 个,安排待业人员 6 607 人。1982 年成立合作联社,进行统一领导。其间,还组织 1 278 名妇女参加家庭手工业劳动,主要有手工编结、绣花、缝纫等,按件计酬。1979—1980 年,合作社和家庭手工业共安排 7 885 人就业。同时,鼓励待业人员自谋职业。1992 年,待业人员经工商登记从事个体经营有 4 558 户、6 658 人。

# 第二节　特色商业

同一时期,随着商品流通渠道不断拓宽,境内商业迅速恢复和发展。区属商业以南京路商业街为重点,1978 年起大力恢复商业特色。由于自行采购比重逐步扩大,国营专业公司计划配销比重逐年下降,经营逐年活跃。据此,区属商业的产品特色、经营特色、工艺特色和服务特色得以不断恢复,并进一步发展创新,市场日益丰实,销售年年大幅度增长。

## 一、专业街

区境的商业重心在浦西。以南京路商业街为中心,以北京路、福州路、金陵路、西藏路等专业街为副中心,并向各支路延伸扩展,形成纵横交错、贯通全境、联结邻区、辐射海内外、大进大出、购销两便的商贸网络。

**【南京路商业街】**

东起外滩,西至成都北路,全长 2.52 公里。改革开放让已经闻名遐迩的南京路焕发新的生机。1979 年,"文化大革命"中被迫改名换姓的 60 多户特色商店,逐步恢复市民熟知的老店名。1984 年,南京东路上的商店全部推迟"打烊"时间,开办起夜市。80—90 年代,南京路上 200 多家名特商店通过"旧瓶装新酒""拔牙镶牙"等形式进行全面改造,改善购物环境,发扬传统经营特色,推出新的特色服务。1990 年 6 月—1992 年 10 月,通过霓虹灯一期、二期、三期工程,从外滩到成都北路的 2 520 米南京路在夜间变成霓虹灯的海洋,遂有"中华灯光第一街"的美誉。

**【金陵路商业街】**

东起外滩,西迄延安东路,全长 2.3 公里。为适应市场需要,减轻南京路商业的压力,1982 年起大力推进金陵路商业街的商业复苏工作。经过 2 年的努力,共调整商业网点 80 余户,新设网店 30 余户,还相应地在金陵路上开设名特商店分店,使金陵路商业街市容为之一新,销售逐年增长,日趋繁荣,被称为"第二条南京路"。

**【西藏路商业街】**

南起淮海东路,北迄苏州河,全长 1.65 公里。改革开放后,西藏路向"美食、旅游、娱乐"业发展。1980 年起,大世界附近的春雷、老公兴、味芳、西藏等饮食店开设夜市。1987 年后,西藏路上旅游业发展迅速,新增大世界游乐中心旅行社、春秋旅行社、国际旅行社、华侨服务旅行社等 19 家,占区内旅行社的 60%,拥有专职、业余导游 1 472 人,设旅游线路 750 余条,1989 年接待 40.78 万人次,营业额 5 362 万元,利润 441 万元。其间,娱乐场所呈新姿态。和平电影院改建成现代化双厅电影院,大世界游乐中心、大上海电影院、中百大酒家等开设音乐茶座和舞厅,延长晚上营业时间,使西藏路夜市更旺。1990 年有商店 178 家,商业用房总面积 5 万平方米,商场面积 2.2 万平方米,注册资金 3 491 万元,年销售额 4.26 亿元,利润 3 774 万元。

**【北京路生产资料专业街】**

东起外滩,西至成都北路,全长 2.44 公里。1979—1989 年,新增 48 户五金店。五金网点不断向两侧的四川中路、浙江中路、贵州路和西藏路扩展,新开 123 家五金店。经营商品有机电、建材、交电、家电等 60 多类、数万个品种。1990 年有各类商业企业 273 家,商业用房总面积 13.92 万平方米,商场面积 2.3 万平方米,注册资金 9.3 亿元,年销售额 49 亿元,年利润额 5.2 亿元。

**【福州路文化用品街】**

东起外滩,西达西藏路,全长 1.45 公里。1990 年有商业网点 119 户,其中书店、仪器文具店 38 家,占总数的 31%;商业用房总面积 13.09 万平方米,商场面积 3.71 万平方米,职工 6 202 人,注册资金 4 789 万元,年销售额 21 亿元,年利润额 0.9 亿元。

**【云南路小吃街】**

南起金陵东路,北迄延安东路,全长 0.25 公里。改革开放后,特色风味逐步恢复和发展。在云南中路北段开设夜宵小吃市场,设 28 个摊位,供应串烤、面、馄饨、莲心汤、春卷等数十个品种,还有百货、服装摊位 12 个;云南南路有小绍兴鸡粥店、小金陵盐水鸭店、香满楼酒家、长安饺子楼等 22 家饮食店。1991 年被命名为"大世界美食街",1992 年更名为"上海美食街",供应品种有凤冠牌白斩鸡、活杀优质鸡、原汁白糖鸡粥等,还有烧饼、油条、粢饭等大众化点心。1992 年,全街有商业网点 185 户,其中饮食业 60 余户。

**【浦东商业街】**

这一时期,为适应浦东地区城市化规划的扩展,1984 年后,区属商业在浦东大力开发商业服务业。至 1988 年,区管辖的浦东地区已形成乳山路商业街、崂山东路、崂山西路商业街和潍坊小区商业中心,新开商业网点 200 余户,同时恢复东昌路商业街昔日的繁荣景象。

## 二、特色市场

改革开放后,各类露天市场日趋活跃,不断有着新的变化。1992年,区内共有露天市场13个(不包括国营、合作菜场)。

### 【中央商场】

位于南京东路、四川中路交接地段,营业面积1531平方米,是一个经营正品和副次产品兼营修配的综合商场。1978年后扩营收录机、西装大衣、皮夹克、羽毛衣裤等商品;设童装部,经营儿童服装、男女童鞋、玩具、游戏机等,并充实西段廉货市场商品,力求发扬特色。1988年后,先后对沙市二路16号、南京东路119弄和九江路100弄进行扩建和改造,形成现代化的商场,营业面积增加近1倍。还改建马路两旁摊棚。商场专设修配业务柜12个,是上海市修配服务最齐全的商场。1990年成立中央商场维修中心,增设特约维修部,扩大修配范围。1992年底有职工276人,年销售额3864万元,修配收入423万元,利润额218万元。

### 【宁海东路菜市场】

1979年后新辟农副产品贸易市场,专供个体商贩及近郊农民入场销售农副产品。与22个省市建立130余个副食品购销基地,货源充沛,除承担居民、机关、企事业单位伙食团约10余万人的副食品计划供应外,购销业务还面向市区及邻省地区。设立水产品、腌腊、活禽、活鱼、海味、烤禽、广式蔬菜、南北货、清真牛羊肉等20个特色专柜,其中以野味柜品种丰富而闻名全市。1988—1989年被评为上海市计量、物价信得过单位。1989年2月,市长朱镕基亲自将"信誉杯"授给宁海东路菜场。是年获全国商业先进企业称号。1990年被评为上海市先进企业。

### 【黄鳝市场】

位于永安路北段和新永安路东段,是市内外最大黄鳝批发市场,货源由产地贩运专业户通过水陆交通进市场,供应全市菜场、宾馆、饭店及个体户,还销往苏州、无锡、昆山、碖石等地。1990年有黄鳝棚架18只,面积240平方米,年销量1000万公斤,年成交额6195万元,年创税收412万元,管理费收入123.9万元,被誉为"不花钱的菜篮子工程"。1992年,销售额和成交金额比1990年分别增加5.52%和5.58%。

### 【花、鱼、鸟市场】

位于江阴路,东起黄陂路,西至重庆路,于1985年形成闻名全市的花、鱼、鸟市场。摊位设置按商品大类布局,有观赏鱼、养鱼工具、花卉、奇石、缸盆等;经营方式为零售和零兼批,消费对象以市民为主。1980—1992年,有固定摊位200个,随季节变化,还有花农及无证摊贩不时涌入,终年购销两旺。上海动物园、中山公园、植物园等公园和苗圃也提供产品参加经销。

## 三、名特商店

区认真贯彻"发展经济、保障供给"的方针,着力经济建设,调整行业结构和商店布局,恢复和发展"名、特、优"经营特色。"三阳""邵万生"等 30 家老字号先后恢复店名,"恒源祥""张小泉"等 68 家商店恢复传统经营特色和工艺。1989 年,市、区政府对特色店重新评定,核准为 115 家。同时,大店数量猛增,至 1991 年达 181 家。和平饭店、惠罗公司、外贸商场等名特商店分布于区境南京路、西藏路、金陵路、北京路等 39 条路段,以南京路最为集中,计 103 家;金陵路、北京路、福州路次之。

# 第三节　商　业　体　制

改革开放后,城乡经济活跃,多渠道流通,多层次发展,使境内商业获得新的生机。区属商业的迅速发展,得益于商业体制改革。

## 一、主要措施

1982—1985 年主要是疏理流通渠道,改革流通体制,扩大企业的自采自销权和部分留利权,在部分大中型企业中试行经营承包责任制,初步改变计划一统的购销体制,改变企业统收统支的经营管理格局,给企业一定的活力。1986 年起深化商业体制改革,改进和扩大经营承包责任制的范围,大力推行小型企业租赁制,用法规和合同的形式,确立国家与企业的分配关系,企业活力进一步增强。在这一基础上,不断深化改革,试行"利改税",核定企业留利水平。1992 年起,试行"六自主",即经营、定价、用工、分配、投资、机构设置自主改革,扩大企业自主权,改革劳动用工和分配制度,推行全员劳动合同制和上岗合同制,实行工资与效益挂钩的浮动分配办法等等。

## 二、成果效应

随着商业改革的深化,流通领域日益活跃,企业自我发展的能力和竞争能力不断加强,销售增长迅速。1992 年,区属商业销售额 84.5 亿元,比 1980 年的 15 亿元增长 4.6 倍;境内商业发展到 1.14 万家,比 1979 年的 2 818 家增加 8 554 户,增长 303.5%;全境社会商品销售总额为 504.25 亿元,其中零售额 119.94 亿元、批发额 359.01 亿元、其他 25.3 亿元。至此,境内大街小巷商业网点遍布、销售两旺的景象再次出现,黄浦区被称为"购物天堂"。改革开放,给区境商业带来蓬勃生机。

# 第二章　恢复经济建设

中共十一届三中全会以后，南市区积极、稳妥地解决好上山下乡知识青年（简称知青）返城问题，以及支援新疆建设青年（简称支青）回沪安置问题。坚持改革开放，发展多种经济形式，第三产业迅速发展，商品流通渠道不断扩大，"三门"（小东门、老西门、小南门）、"两街"（大兴街、浦东昌里路一条街）商业闹市更加繁荣兴旺，十六铺农副土特产市场辐射能力不断增强。

## 第一节　知（支）青安置

1978 年，成立区劳动局。1984 年，成立区人事局。随着经济体制改革的不断深入，推行人事劳动制度的改革，逐步改变统包就业、统配干部和统一规定企业工资标准等制度，搞活就业和分配。

### 一、落实政策

1978 年，区共有 11.5 万余名知青上山下乡。1977—1978 年，区经审批同意因病回沪知青 1.31 万人。同时，对 3 221 名生活困难的知青进行临时经济补助。1979 年根据国务院《关于统筹解决知识青年问题的意见》《关于工人退休、退职的暂行办法》的规定，区通过各种渠道，商调回沪知青 3.9 万人。其中父母退休顶替回沪 2.73 万人，病退和插队调回 1.16 万人，农场商调回沪 122 人。对插队已婚不符合回沪条件的近 5 000 名知青，实行定期补助的办法。对 285 名夫妻一方在外省、市分居两地的知青办理婚迁手续。同时，派出 6 批干部到知青比较集中的江西、安徽、吉林、云南、江苏、浙江 6 个省、100 余个县、400 余个公社调查了解，摸清情况，对已经上调工矿企事业单位、升学、提干等不符合回沪政策的对象，耐心做好稳定工作。1987 年对赴市属农场知青中的大龄未婚，或一方在市区、夫妻分居两地和丧偶的对象，开始分期分批调回市区工作。1989 年以后，则采取个别审批调回市区工作的办法。1992 年底，共调回市区 4 517 人。

1980—1992 年，区按照政策处理遗留问题，陆续调回知青 766 人，办理顶替回沪 1 224 人；商调支疆青年回沪 579 人，安置去海丰农场 672 人、市郊农场 8 人；上调工矿、大龄未婚青年、已婚配偶一方在上海、丧偶的对象商调回沪 4 392 人。办理知（支）青子女来沪入户 8 854 人，其中 403 人进入各类学校读书。

1977—1992 年，区按政策调沪的知（支）青共有 7 万余人，其中包括回沪入户知（支）青子女 8 854 人。

### 二、扩大就业

1978 年，全国劳动总局提出改革国家统包就业制度，逐步建立新的就业体制。根据国务院有关文件精神，工人退休后，可招收 1 名符合招工条件的子女就业。是年 10 月，南市区筹建区劳动服务公司，扩大就业门路。1978—1985 年共安置劳动就业 21.36 万人，是解放以来安置劳动就业数量最多的时期,其中职工退休由子女顶替进单位的 9.99 万人,从事个体经营的 800 多人。

1986 年根据国务院颁布的劳动制度改革的有关规定,企事业单位招收新工人一律实行合同制。为适应劳动制度改革的需要,1988 年,区劳务市场成立,实行面向社会、公开招收、全面考核、择优录用的原则,促进劳动力合理流动,扩大企业招工自主权。1986—1992 年共安置劳动就业 5.61 万人,其中安置农场知青职工商调和落实政策对象、随军家属、征兵对象、征地工等各类人员 3 526 人。

# 第二节　多　种　经　济

1978 年,区委实现把工作重点转移到以经济建设为中心,恢复和发展经济,改善人民生活。1979 年贯彻中共中央关于对国民经济"调整、改革、整顿、提高"的方针,进行经济体制改革,积极发展多种经济成分。

## 一、私营个体经济

1980 年起,全区个体经济迅速发展。街道和工厂企业通过开设商店、旅馆,解决部分回沪青年就业问题。以后又为安排富余人员、开拓多种经营等,竞相开店设铺,发展第三产业,市场发展明显活跃。是年 8 月 12 日,区工商行政管理局首次为 22 家个体工商户颁发营业执照。地处老城隍庙附近的福民街小商品市场也在同年设立,组织个体商贩和外地企业参与老城隍庙地区的小商品交易,市场内有 60 余个个体摊位。1983 年,发展到 600 余个个体摊位。小商品市场凭借老城隍庙小商品集散地的影响,发展迅速,交易兴旺,形成"小"(小商品)、"多"(多品种)、"廉"(价格廉)的经营特色,与豫园商场的"小、土、特"经营特色相映成辉。

1985 年 7 月,区个体劳动者协会成立,有工商业个体户 5 539 家。是年,建立东街旧货市场。沿街设摊 97 户,从业者 100 余人,收购和销售旧家用电器、旧服装鞋帽、旧大小五金、旧自行车、旧钟表、旧书刊等商品,部分摊贩还兼营修配业务,为居民修理家用电器、接装水电。1992 年,全区个体经营有 6 057 户,从业人员 8 569 人。以商兴市的南市区,逐步向大商业、大市场、大流通格局发展。

## 二、集体经济

1978 年 2 月,区集体事业管理局(简称区集管局)成立,负责管理全区的街道集体工业。1988 年 3 月为拓宽街道工业的产、供、销渠道,成立区工业公司,与区集管局两块牌子、一套班子。全区 385 个生产组,分别以街道为范围,按产品类同、规模适当的原则,合并组建 130 个工厂(场),由各街道办事处成立工业分公司负责管理。各厂的产品从加工型为主,逐步转为产销型为主,即从加工占 80％转为产销占 90％,形成区属集体工业系统的工业体系。

1981 年 4 月,区生产、生活服务合作联社筹备处成立。各街道建立 110 个生产、生活服务社队组织,部分知青就业问题得到落实。

1984 年,各街道工业分公司撤销,全区成立服装等 7 个行业公司;改变街道办事处与区集管局双重领导的管理体制,建立中共南市区集管局委员会,统一领导下属企业的政治、业务。此后,按先企业后公司的方式,推行经济承包责任制,承包企业占 90.4%。承包单位以利润为主要考核指标,确定利润基数,两年内不变,同时结合考核产值、流动资金周转天数、安全生产、企业整顿合格等指标,对微利、亏损企业进行抵押、租赁、减亏承包,还推行企业对企业、资产经营、单项承包等多种形式。由此,产值和利润都达到区集管局成立后的最高水平。

1986 年 10 月,区第一家与港商合资的上海东联塑料制品有限公司建成投产,产品销往国内及美国、日本、德国、荷兰等国。是年 12 月,区内首家信用社豫园城市信用合作社成立。

1989 年后对公益塑料皮件厂等 9 家企业推行股份合作制,把职工利益与企业利益紧密结合起来。对沪江电机设备厂等 3 家企业组建总厂,促进生产经营。对沪南纸品厂等 4 家企业试办福利工厂,减轻企业负担,保证残疾人员的正常收入。全局还有 1/3 的企业自费或在财政部门的支持下,实行定率挂钩、费用包干的销售承包。在改革开放中,有南阳塑料厂等 15 家企业从浦西迁往浦东,享受政策优惠,扩大生产经营,发挥产品优势。在行政性公司转轨变型上,进行筹建华东机械实业总公司的试点。撤销中华印刷装潢公司,其所属 10 家企业归属华东机械实业总公司直接领导,促进机制转换,增强企业活力。

1990 年前后,区集管工业推行经济承包制和厂长负责制,改革用工制度、分配制度和医疗制度,支持残疾人员筹办福利工厂,试行公司职能机制转换和部分企业实行股份合作制,实施产业结构调整,加快迁厂到浦东的步伐,发展"三资"企业和出口贸易产品,发生可喜的变化。

# 第三节 商 业 市 场

南市区素有农副土特产品和日用小商品集散地之称,从事埠际贸易的各类交易市场、农贸集市比较集中,成为区域商业的重要组成部分。改革开放后,各类商业市场渐次恢复。

## 一、交易市场

1978 年后,各类商业交易市场逐步恢复。1992 年,十六铺一带从事农副土特产品交易活动的交易市场(包括批发部、经营部等)已近百家,其中市专业公司开设的 87 家,区专业公司开设的 6 家,其他系统开设的 2 家。全国各省、市、自治区都有商贩前往交易,每年多达 20 万~30 万人次,年营业额 12 亿元左右,被称为"黄金市场"。

**【果品交易市场】**
有 27 个,在各类交易市场中数量最多。市果品总公司设在十六铺地区的交易市场有 7 个,经营来自全国各地的苹果、橘子、生梨、香蕉、西瓜、葡萄、杨梅等瓜果。1992 年,成交量在 180 万担以上,约占市果品公司总销量的 70%。区属 4 个果品市场 1992 年成交额为 2 200 余万元。

**【南北货交易市场】**
有 23 个。市食品杂货总公司所属 11 个批发机构中,有 6 个设在十六铺一带,从事红枣、黑枣、胡桃、桂圆、香菇、木耳等南北货以及蜜饯、调味品、炒熟货的埠际贸易。1992 年,交易额近 3 亿元,为市总公司总销售额的 66%。

**【副食品交易市场】**

有近 20 个。规模最大的为市蔬菜公司的副食品交易市场(原蔬菜南市场),营业面积 1.7 万平方米,底层为蔬菜地货交易市场,从事各地时鲜菜、花色菜及地货水果的批发业务;二楼交易厅主要销售各地土特产、食品、酒类、罐头、调味品等,批零兼营。该市场在关桥码头设有分场,从事蔬菜地货交易。1992 年,市场总成交额达 3.8 亿元,居全国同业交易市场之首。区副食品公司也设交易市场,经营鸡、鸭、鱼、蛋批发业务,1992 年交易额为 4 600 万元。

**【水产交易市场】**

有 17 个。称冠者为上海市第二水产供销公司(原上海鱼市场南市场)下设海味经营部、水产商店、水产食品工厂、冷冻厂、王家码头购销站等 6 个分支机构,经营江苏、浙江、福建等地的海鲜、河鲜、干鲜、海味等水产品和海鲜加工业务。1992 年,成交量 2.96 万吨,金额 1.2 亿元。其中海味经营部的鱼翅、海参、干贝、虾米的批发金额达 3 000 余万元。

**【禽蛋交易市场】**

有 3 个。市禽蛋公司所属上海禽蛋销售中心经营的鸡、鸭、鹅、蛋以及小包装的交易逐年发展,1992 年达 500 余吨,销售金额 1 300 万元。

**【粮油食品交易市场】**

有 2 个。1992 年 7 月,区粮食局所属十六铺粮油食品交易市场开放,经营粮、油、杂粮、饲料和食品五大类商品的批发业务,引进上海、江苏、浙江、安徽、河南、山西、吉林 7 个省市的客商 34 家及个体户 2 家,交易厅内设有现货交易摊位 20 个。场内大米有 20 余个品种,还有血糯米、乌贡米、紫香糯、龙睛糯、苏御糯、泰国香米等名贵品种。食油、杂粮等大类商品的品种也不下数十个。从开业到年底,成交量 1.02 万吨,销售金额 1 661 万元。

## 二、农贸集市

1979 年,外咸瓜街、老西门、徽宁路等地农贸集市相继建立。1992 年,全区农贸集市发展到 27 个,年成交额 2.06 亿元,比 1980 年的 1 730 万元增长近 11 倍。

27 个农贸集市中,以外咸瓜街老太平弄的十六铺农副产品市场范围最大,占地 3 500 平方米,摊位 500 个以上,经营的商品有来自江苏、浙江、安徽、山东、江西、湖北、福建、四川、黑龙江等省的干果(南北货)、杂粮、禽蛋、蔬菜、水产、水发、肉类、海蜇、果品地货共九大类 200 余个品种,交易零批兼营,价格随行就市。其中一些商品交易量可观,如来自山东、江西的生姜,一年可销 170 余万公斤。不少涉外宾馆、特色饭店也常来集市采购各种海产品。1987 年集市成交额 7 000 万元,1992 年达 5 187 万元。

## 三、小商品市场

福民街小商品市场,地处老城隍庙附近福民街,形成于 70 年代末。1981 年初正式建场。市场内设摊 940 多户,半数为来自浙江省椒江、嘉兴、绍兴、宁波和江苏省启东、南通等地的个体商贩和外地企业。上市商品有童装、童鞋、童袜、玩具、围巾、项链、发夹、化妆品及各种服装辅料等。销售以批发为主,兼营零售。每天市场客流量上万人次。1992年,成交额9 237万元,其中90%的商品为各地客商选购。1985年起连续5年被评为市、区先进集体,1988年被国家工商行政管理局命名为全国文明集贸市场。

## 四、旧货市场

1985年,东街旧货市场建立,方便群众调剂商品余缺。市场位于小东门东街,沿街设摊97家,从业者100余人,收购和销售旧家用电器、旧服装鞋帽、旧大小五金、旧自行车、旧钟表、旧书刊等商品。部分摊贩还兼营修配业务,为居民修理家用电器、接装水电。1992年,交易额267万元。

# 第四节　商　业　改　革

区在恢复各类商业市场的同时,贯彻改革开放方针,转换经营机制,调整商品结构,发展经营特色,建设商业网点,探索建立社会主义市场经济新路。1990年4月,中共中央、国务院批准浦东开发开放。市政府将南市区定位为中心商业区之一,促进区内商业改革的进展。1991年,区商业销售出现大幅度增长态势,销售金额比1990年增长25%。1992年销售金额又比1991年增长23%,达到34.3亿元;商业利润1.16亿元,增长24.7%。

## 一、内部整顿

1978年后,南市区商业部门通过整顿,恢复童涵春堂国药号等老字号商店和原有经营特色;企业恢复各种管理制度,改变无章可循、纪律松弛等状况;商店开展"学大庆、学大寨"运动,改善服务态度,提高服务质量。当时,市场商品供应仍较紧张,商业部门集中力量做好与群众日常生活密切相关的商品供应,为群众解决买菜难、买煤难、做衣难、吃早点难等问题。至1981年,形成"抓好黑白绿,搞活细小杂"(指燃料、粮食、蔬菜副食品和小商品)的工作经验,《解放日报》在头版作详细报道。其间,部分商店突破只能向批发部进货的单一模式,自行向市内外采购商品。零售商店冲破"市管批发、区管零售"的界限,建立商品经营部、批发商店、贸易中心,有条件的零售商店也兼营批发。一批企业发展横向经济联系,饮食公司、市百五店在外地开设分店,商店、商办厂在市外建立进货、销售、加工等协作单位。商品流通中开放式、多渠道、少环节的机制逐步形成。

## 二、经营机制改革

1983年起,商业企业进行内部改革。饮食店恢复实行拆账制,服务业采取提成计酬办法,一些行业的基层店推行奖金与销售利润挂钩等承包形式。1987年12月,豫园商场成为上海商业系统第一家股份制公司,向社会发行个人股票。1988年,在38家大中型国营企业中,有37家签订承包合同;645家小型企业中,有568家实行租赁经营,奖金自行分配,上不封顶,下不保底。是年6月,市各商业公司将人、财、物管理权限下放至各区公司,区政府建立商业委员会(筹),与财贸办合署办公。各商业区公司相继建立经营实体,为行政管理型公司转变为经营性公司创造条件。在15个区公司(局)中,有13个建立自己的经营业务,取得法人身份。中心店一级采取转型、合并、撤销或扩建成大型经济实体。

## 三、网点建设

80年代,区商业部门通过调整网店和使用商业配套用房等途径,开展网点建设。豫园商场新建老城隍庙工艺品商店、绿波廊餐厅、南方家电商店;老西门建成市百八店复兴东路商场等一批大型商店。南市区管辖的浦东地区,在充实塘桥、南码头、周家渡等商业网点的同时,集中力量,建设拥有浦东商场、三钢菜场等大型商业企业的昌里路商业一条街。

# 第三章　建设中央商务区

1992 年后,黄浦区委、区政府从区的实际出发,实施产业结构战略调整,推进以搞活国有企业为中心环节的各项改革,发掘土地级差效益,加大绿化环境整治,加快旧区改造,推进城区的现代化建设和管理,使全区经济发展速度明显加快,城市面貌发生巨变。

## 第一节　区属国有企业

1993 年起,区属国有企业按照现代企业制度要求,实施改革、改组和改造,实行资产重组,相继成立 11 个企业集团,并产生新世界、新黄浦、万象 3 家上市公司,重建面向市场的企业结构。

### 一、公司制改制

**【区属企业公司制改制】**

1992 年后先后组建上海新世界、上海黄浦房产、上海万象股份有限公司,分别于 1993 年、1994 年上市。1996—1997 年,上海东亚建筑实业、上海恒泰实业、上海市政建设、市第一医药商店、泰康食品等有限公司实施公司制改制。1997 年组建上海大东海综合商社、上海恒泰实业和上海杏花楼企业 3 家发起式股份公司,吸收社会股,设立职工持股会,体现经营者和经营者群体持大股,实行董事长与总经理分设。

**【区属企业股份合作制改制】**

1995 年起,区属企业股份合作制改制从集体企业逐步向国有小企业推进。1998 年,区体改办审批有限责任公司 15 家、股份合作制企业 75 家。1999 年底实施改制企业 686 家,占应改制户数的 77.08%。2000 年 1—6 月共审批有限责任公司 7 家、股份合作制企业 8 家,出售、兼并重组、破产等企业 17 家,共吸纳职工股 1393 万元,置换国有资产 803 万元,吸收外来资金 3.4 亿元。其间,企业试行经营者竞聘上岗,使资产经营责任制得到落实。采用多种形式搞活小企业。接收市轻工控股集团 6 家工业小企业,实行托管和改造。

### 二、行政性公司转轨

黄浦区调整企业组织结构,完成行政性公司转轨。

**【商委系统】**

1993—1997 年,23 个行政性公司全部转轨,组建 36 个经营公司。其间,组建新世界控股(集团)公司。经过兼并和改革,全区有集团公司 8 个、总公司 7 个、公司 3 个,商社和总厂各 1 个。1998 年 11 月,区供销合作社通过区工商局的注册登记,成为第一个在中心城区设立的区供销合作社,办事机构设在区经贸委。新组建的区供销合作社由上海金机(集团)公司及其所属企业和大丰土特产食品总公司及其所属企业组成,下辖独立核算企业 51 家、经营网点 144 个,在职职工 3 388 人,净资产 1.6 亿元。其中供销合作社集体资产为 1.3 亿元,销售收入 5.7 亿元,利润 686 万元。

### 【集体事业系统】

1992 年后,区属国有企业的改革推动区属集体事业系统下属企业的改革。区集体事业系统施行行业公司职能转换。至 1994 年,全系统 123 家企业分属 21 个经营性公司,分别为国华、国光、兴达、大华、新新、新亚、国泰、富莱、新上海商社、前进、风华、申花、沪光、华升、华昌、相见诚、申花汽服、新光、友谊、华新、美迪欣公司;另有纵横、供销经营部等直属经营实体 11 个。1995 年 8 月撤销区集管局,由新组建的区经贸委下设工业办公室统管全区区属工业。1998 年 2 月组建集体资产经营公司,以新新综合商社、新亚企业发展有限公司、国茂企业发展公司 3 家工业公司为主体,加上申花汽车服务公司、区托幼管理所、浦江职校、集成房地产公司及正大会计师事务所等 8 家企事业单位组成。是年 6 月更名为上海新新(集团)有限公司,共有总公司 3 家、直属企业 14 家、基层企业 108 家,资产总额逾 10 亿元,其中集体资产近 2 亿元。

## 三、组建企业集团

### 【资产优化重组】

1993—1996 年,黄浦区以市场为导向,以资产为纽带,以品牌为龙头,贯彻实施"抓大放小"战略,不断调整企业行业结构,促进资产优化重组,相继组建上海新世界控股(集团)公司、上海新黄浦(集团)公司、上海金外滩(集团)公司等 11 个集团。其中新黄浦(集团)公司、新世界控股(集团)公司于 1995 年被列入上海市首批 140 家现代企业制度试点企业中,1997 年被列入全市重点扶植的 54 家大型企业集团行列。1995 年底,11 家集团国有净资产为 14.9 亿元,占全区国有资产的 85%;销售收入为 106.7 亿元,占全区销售收入的 66%;利润总额为 37 524 万元,占全区利润总额的 70%;上缴税收为 28 767 万元,占全区财政收入的 32%。

### 【国有资产授权经营】

1997 年,区国资委分别对金外滩集团和从房地局分离出的新黄浦集团进行国有资产授权经营。1998 年对新世界控股(集团)公司和新万象控股(集团)公司分别进行授权经营。1999 年,新世界控股(集团)公司和新万象控股(集团)公司重组为新世界(集团)公司后,区国资委又对其进行重新授权经营。2000 年上半年,区国资委将黄浦投资发展有限公司纳入授权经营范围。至此,共有 4 个集团公司授权经营,占国有资产总量的 80%,区国有资产运营框架初步建立。通过规模经营,全区经济综合实力和市场竞争能力增强,主要经济指标处于全市领先地位。

## 四、股份合作制

### 【集体事业企业改制】

1992 年 6 月,黄浦区组建第一家股份合作制企业上海艺华电器厂。1993 年 2 月,上海集成实业公司组建股份合作制企业,成效明显,1994 年被评为全国集体商业优秀企业。是年 8 月组建全市规模最大的股份合作制企业小绍兴总公司,注册资本 3 000 万元,其中 2 864 名职工持股 2 200 万元,占注册资本的 73%。其特征是集体资产为借入资金,职工现金入股。1994 年 6 月,上海相见诚快餐公司改制为股份合作制企业,率先试行集体企业存量资产界定划分工作,对产权不清的集体资产进行划分。其特征是集体联合经济组织入股,职工现金加存量配置入股,设置退休、下岗工人集体股。

### 【国有中小企业改制】

1997 年,股份合作制改制工作从集体企业逐步向国有小企业推进。年底,经区体改办审批的股份合作制企业达 150 家。1998 年组建股份合作制企业再现热潮,全年经区体改办审批的股份合作制企业达 70 家。其间,上海大都市总公司下属华安美发厅、新新美容城、芬兰浴室、大观园浴室等 10 家国有企业经资产评估、确认,改制为合作制企业,吸纳职工股金 671 万元;上海杏花楼(集团)公司相继对下属扬州饭店、功德林素食处、德大西菜社、洪长兴羊肉馆、沈大成糕团点心店、大壶春点心店等 11 家国有小企业经资产评估、确认,改制为股份合作制企业或有限责任公司(内部设职工持股会),吸纳职工股金 1 318.82 万元;对上海泰康食品有限公司下属利男居食品厂、采文斋糖果厂实施改制,组建上海利男居食品总厂,为全区首家实行国有资产全额置换的股份合作制企业,注册资本 150 万元,全厂 451 名职工与母公司脱钩,出资 150 万元,其中经营者个人持股 35 万元,占总资本的 23%。

## 五、搞活小企业

区搞活小企业在"放"字上做文章,采取各种形式增强企业的市场竞争活力,并以点带面,逐步推进。

### 【转制私营】

1992 年 12 月试行小企业转制私营企业。上海耀华美术厂是全区第一家由集体转制为私营的小厂。业主郑小勇出资 13.3 万元买下企业全部产权,安置 119 名职工。企业经探索,搏击市场,至 1996 年,固定资产从 22.7 万元增加到 46 万元,上缴税金 168 万元,职工收入增长 2.5 倍,并按政策为职工办好养老、失业、医疗等社会保险。

### 【经营换股权】

1993 年试行亏损企业经营换股权。上海海音电讯厂是区经贸系统的一家集体小厂,有职工 56 人、退休工人 101 人,企业实收资本 40 万元,主要生产特种变压器及其他配套电源等产品,因长年亏损而资不抵债。1993 年实行经营换股权试点,即通过"经营创收,弥补损失,归还债务,改造亏损"的经营换股权。厂长方一鸣经 5 年努力,使濒临关闭的企业扭亏还生。1997 年改制为股份合作制企业,年底,上级领导落实经营换股权的承诺,厂长方一鸣拥有 49% 的股权(20 万元),成为大股东。上海海音电讯厂经营换股权经验先后在区里和市的区县工业系统改革大会上作交流;《解放日报》于 1997 年 9 月 16 日、10 月 27 日、12 月 16 日 3 次作报道,标题分别为《十五大让我更踏实了》《首家经营换股权企业转制成为股份合作制》《他拥有企业一半股权》;上海电视台、《新民晚报》、《上海改革》、《上海国资》等新闻媒体也予以报道。市体改委在全市改革总结工作中充分肯定这一改革经验。

**【出让网点,减员增效】**

1996 年实施出让网点,减员增效。7 月,新黄浦集团众鑫实业有限公司为适应建材业新一轮经济发展而调整产业结构。根据公司富余职工多的现状,提出"减员增效"方案,对下属资金少、规模小、技术装备落后、经营不善的小网点实施改制,出让网点,让老职工自愿组建股份合作制或民营企业。参加新企业的员工与公司解除劳动合同。由公司按员工工龄给予一定补偿,其原则上作为职工个人入股资金投入新企业。原经营网点提供给新企业使用。对上海汇佰商行、上海黄浦建材五金店等 12 家企业网点实施改制,使公司的小网点减少近一半,减员 200 多人,减员比例 43%,公司得以集中精力对外开拓新市场。

**【转制民营】**

1996 年实施国有小企业转制组建民营企业。上海东亚建筑实业有限公司将下属国有小企业明汇物业公司与总公司剥离,由 30 名职工共同出资组建上海明汇物业管理有限公司,走出一条国有小企业转制组建民营企业、人员分流就业上岗之路。

**【出售商业小网点】**

1997 年,区尝试出售商业小网点,职工成为个体经营者。7 月对上海王宝和等总公司下属的商业小企业改革突破原来租赁、承包的经营模式,尝试将零星小商业网点的经营权有偿转让给职工,鼓励职工以出资并买断工龄来置换企业的财产所有权和网点使用权。是年,共出售商业小网点 16 家,主要是烟杂、洗染、果品行业;参与置换的职工 25 人,售出网点建筑面积共 158.19 平方米,出售金额共 100.65 万元,人均出资 4.04 万元。出资置换网点的职工从事个体经营,成为自主经营者。

**【割断资产和劳动关系】**

1999 年实行资产和劳动关系"两个割断"的改制方式。上海大都市总公司在理发业深化企业改革,彻底解决体制、机制问题,对下属艺华、向群等 10 家理发店实施国有资本全部退出售让,网点使用权连带职工即"资产"和"劳动关系"两个割断的改制方式。企业由原国营变为民营,与大都市总公司脱钩,职工与大都市总公司解除劳动合同。实施改制后多安置下岗职工 20 余人,促进小企业真正走向市场。

**【依法破产】**

2000 年对资不抵债、扭亏无望的企业实施破产。上海凯凯鞋业公司是一家国有企业,生产的"凯凯"牌皮鞋曾风靡一时,后因市场竞争激烈、企业经营机制滞后、产品结构老化等原因,企业效益急剧下降。为制止"出血点",对上海凯凯鞋业公司实施依法破产,使企业平稳退出市场。是年 8 月,区人民法院宣告上海凯凯鞋业公司破产,之后成立清算组并通过清算方案,12 月破产程序终结。由此分流安置职工 232 人,其中 101 名职工与企业解除劳动关系,走向社会。

## 六、经营者竞聘

随着市场经济的发展和企业改制的推进,经营者由任命走向竞聘。1996 年开展经营者竞聘上岗落实资产经营责任制的试行工作,同时对新组建公司法人治理结构"新三会"(董事会、监事会、股东会)的建立和经营层的产生进行探索。

## 【竞聘上岗】

1997年,上海东亚建筑实业有限公司总经理岗位竞聘,改制企业试行经营者竞聘上岗制;上海第一医药商店有限公司、上海泰康食品有限公司的总经理岗位采用竞聘上岗、择优录用的做法,同时企业内部也实行竞聘上岗,从公司副总经理、部室干部、楼面经理到分、子公司经营者全部进行公开招聘,不讲资格论贡献,不讲级别论能力,人才资源优化配置;大东海综合商社、东亚建筑实业有限公司也作为试点单位,进行经营者竞聘上岗,择优录取企业经理人员。1998年,上海华盛实业总公司等企业亦试行经营者竞聘上岗。竞聘打开人才脱颖而出的通道,同时为完善经营者竞聘上岗机制积累经验。

## 【风险抵押竞聘】

把企业经营者推向市场,以企业经营成绩来选择经营者。1997年4月经专家考评委员会的资格确认和竞标评估,上海东亚建筑实业有限公司总经理徐闯从3位竞聘者中脱颖而出,以40万元个人财产作风险抵押,成为全市首例采取风险抵押竞聘上岗的企业经营者。此举提高经营者风险意识,打破"只包赢不包输"局面,建立"包赢又包输"的全新机制。企业经营者的竞聘上岗带动企业内部管理人员以及岗位职工的竞聘上岗,资产经营责任制得到落实。

## 【完善竞聘机制】

改制企业深化、完善企业内部经营者竞聘机制。1998年,一些已改制企业不满足形式上的转变,重视实际运作中的有效性,不断自我完善和发展。上海小绍兴总公司转制3年给企业带来生机和活力,企业资产迅速扩张,净资产比改制前增长1.17倍。总公司为了深化改革,进一步落实资产经营责任制,组建15家具有独立法人资格的规模较小的股份合作制企业;在这轮改制中,采取内部竞聘方法产生经营者,再次激发企业内部的生机和活力。

## 【股东选举经营者】

股份合作制企业,经营者由股东选举产生。1998年3月,上海大都市总公司下属芬兰浴室股份合作公司等15家改制企业通过第一次股东大会选举经营者,候选人只要符合条件,机会人人平等,得票最高者(需超过半数)当选。经营者由股东选举产生,群众基础好,有利于开展工作;也是企业干部机制的一个重大改革,改变以往只对上负责的现象。

# 第二节　土地使用制度

1990年起,区政府及区建委、房地局等部门开始采取措施,利用级差地租开发黄金地段土地资源;逐步动员浦西工厂迁往浦东,增加浦西第三产业用地;对市中心旧危房改造采取居民易地安置,原处改建商品房、办公楼。这一方式使山东北路松柏里、福建中路福申里、黄河路111号街坊等危旧房地块旧貌换新颜。从土地外销有偿出让(批租)、内销无偿划拨的双轨制,到内外销有偿出让的单轨制,土地使用制度改革取得突破性进展。通过实行土地有偿使用,为城市改造和建设积聚大量资金,推进旧区改造和市政基础设施建设。

## 一、土地批租

1991 年 6 月,区境内开始进行土地批租。1992 年 1 月,市政府发布《上海市建设用地管理办法》,向区级政府下放规划审批权、土地批租权和旧区改造权。是年 4 月,黄浦房产经营公司与新加坡国际开发有限公司合资受让区境内北京东路 136 街坊(原 71 街坊)土地 2.39 公顷,出让年限 50 年,出让总地价累计近 5 800 万美元,兴建上海外滩京城,建筑面积 20.08 万平方米。这是上海中心闹市地区第一块土地批租。自此,黄浦区走出一条通过土地批租,引进外资,加快经济与城市建设协同发展的新路。是年,即批租 10 块土地(其中浦东 4 块)。1994 年 12 月,上海黄浦投资发展总公司与印尼第二大财团金光集团共同批租,获得 189 号街坊 A 地块 50 年使用权,合资成立金光外滩置地有限公司,筹建"外滩金融中心"项目。批租受让土地总面积 1.76 万平方米,为区内最大的外资批租项目;出让金 9 561 万美元,每平方米楼面地价为 680 美元。之后,黄浦区运用"成熟一块、批租一块、启动一块"方式,促进延安东路北侧成线批租、成片开发,成功吸引内资 10.3 亿元、外资 8 592 万美元,陆续投入建设的有港陆广场,港泰广场,东海商业中心一、二期,83 号 A 块等 6 幢外资批租项目,以及福申一期、宁江大楼、申鑫大楼、82 号西块等 10 幢内资项目。根据市场运作和区域实际情况,在批租中还创造商业回搬、建市政配套设施等经验。在 86 街坊批租的同时,建造 7 000 平方米社会停车库。南京路地块批租,王开照相馆、燕云楼等名特优商店回搬。1993—1997 年,全区土地批租共 24 幅,出让面积 15.3 公顷,为旧区改造筹集巨额资金,调整区域用地结构,优化城市功能,为塑造现代城区形象奠定基础。

## 二、土地有偿使用

1994 年 5 月,市政府出台内资"六类"(商业、旅游、娱乐、金融、服务业、商品房)用地有偿出让办法,参照外资企业土地使用费收费标准,开始实施有偿使用。区政府执行市规定,凡经营性用地一律纳入有偿使用轨道;过去已承诺、凡未办理法律手续的均按新规定执行。收费标准按土地等级、用途确定单价,暂收 5 年,并按容积率高低采取不同收费标准。1995 年 7 月—2000 年 6 月,内资"六类"用地累计出让土地面积 5.18 万平方米,收取土地使用权出让金 11 166 万元。

## 三、补交土地出让金

1996 年 1 月起,按照市房地局颁布的《关于在划拨土地上以联、参建开发房地产项目需交纳土地使用权出让金的通知》要求,对在划拨土地上联建和参建房地产项目补收土地使用权出让金。1994 年 4 月 30 日前取得建设用地许可证的,按规定交纳 20% 出让金;5 月 1 日—12 月 31 日内批准的,交 60%。1995 年 1 月 1 日后取得用地批准书的,交 100%。至 1997 年底,全区参建联建用地项目 26 个,土地出让面积 5.57 万平方米,土地出让金为 4 253 万元。

# 第三节　旧　区　改　造

1989 年,全区有直管公房建筑面积 820 万平方米,其中急需改造的危房、简屋、棚户、旧式里弄约240万平方米。1993年前,区政府曾根据群众"急、难、愁"的实际情况,改造一批危旧房,但由于区级财力小,改造步子不大。1993年1月—2000年6月,区以土地有偿出让为突破口,全面推进旧区改造,约12万户居民居住条件得到不同程度改善。

## 一、改造形式

旧区改造主要有两种形式。以1993年为界,前期为零星改造,后期为成片改造。

### 【零星改造】

1993年前,居住用房中的危旧房主要是零星改造,采用将危旧房按原样改建成砖木结构二层楼房,或建成有煤卫设备的多层新工房等方式。1950—1992年零星改建22处,建筑面积12.21万平方米。对非居住用房的危旧房(主要是商业建筑),采用对屋面和立面进行粉刷装修或不改动外面结构、内部拆除改建及拆除一些老建筑、新建单幢商厦等方式改造。1992年,南京路上海电子商厦等"十大工程"改造,成为上海商业网点大改造的前奏。

### 【成片改造】

1993年后,区政府以市总体规划和区域经济社会发展规划为依据,以"土地批租"为突破口,打"国际牌"吸引外资,打"中华牌"吸引外省市资金,打"上海牌"吸引市内资金,并采取社会集资等多种方法筹集资金,加快旧区改造步伐。基本上采用半街坊和成街坊改造形式,后者约占已改造街坊总数的31%。改造中重视历史文化遗产的保护。在延安中路公共绿地动迁建设中,将坐落于淡水路66弄4号的市级文物保护单位——《中国青年》编辑部旧址(1924年)一幢2层旧里建筑完整地保护下来,修葺一新。

## 二、动拆迁

### 【动拆迁总量】

1993—2000年,全区共开发地块220块;204个街坊中112个得到不同程度的改造,其中成街坊改造35个;拆除旧房简屋128.41万平方米,累计动迁居民4.84万户,占全区总户数的10%以上,成为全市最大的人口导出区。

### 【动拆迁机构】

动拆迁工作按规定由市、区房地局管理,市房地局专设房屋拆迁处,区房地局设置拆迁科,主要是对动拆迁单位资质审核和认定、办理动拆迁地块冻结手续、颁发动拆迁许可证、对动拆迁工作人员进行政策和业务培训、受理无法达成协议的动拆迁双方提出的裁决申请以及对动拆迁单位实施年检考核等。动拆迁工作涉及千家万户,情况纷繁复杂,必然会引起社会波动。1995年,区内数十幅地块同时动迁,一度成为社会热点。一些地块的少数动迁对象在其过高要求得不到满足而纠集部分人闹事,不仅影响建设速度,也给社会稳定造成负面影响。区委、区政府把动拆迁工作纳为工作重点,是年4月成立区、街道两级动拆迁管理机构,运用全区合力,加强对动拆迁工作管理,及时化解动拆迁过程中的各类矛盾。区动拆迁办公室(简称区动迁办)主要成员由建委、房地局、信访办、法制办等委办局负责人兼任，警署、物业等部门参加，街道市政科直接参与。区动迁办从行业管理入手，对在区内注册的14个动迁单位进行资质考评和年检管理；对动迁工作人员进行政策法规和职业道德等方面系统培训，考核合格后上岗，做到依法动迁、文明动迁。每幅动迁地块做到动迁政策公开、动迁房源公开、动迁工作纪律公开，动迁人员持证上岗。区监察部门和街道动迁办均设立举报箱。在动迁实施前，把落实动迁房源作为动迁工作的"源头"，对房源现场踏勘；对小区设施不配套、交通不便、存在严重质量问题的动迁房屋要求动迁单位予以调整。审核建设单位提供的动迁方案，对动迁时间节点、补偿和奖励标准提出明确要求，以平衡各动迁地块之间可能存在的差距。

**【动迁服务】**

在动迁过程中，各动迁单位为动迁居民提供从看房、退租、迁移户口、进户、申报户口，到购买债券、申请煤气、转学、免费搬场等"一条龙"服务，减少居民办理手续往返奔走的麻烦。有的动迁单位提出"宁愿自己麻烦百次，不让居民埋怨一次"的工作要求，有的以"把困难留给自己，把方便留给居民"作为准则。对军烈属、孤寡老人、孤儿、残疾人和危重病人等有特殊困难的群体，在安置过程中充分考虑他们的实际问题，提供全方位服务。有的动迁人员捐出加班费为贫困家庭集资；有的动迁单位为孤老的新居粉刷并送上生活用品。动迁居民搬离旧居后，区各有关单位和负责人依然为他们服务。人民广场街道医疗大篷车只要接到原来街道居民电话，就立即赶赴居民新住处，为居民特别是老年患者送医送药。八仙集团等单位在动迁居民较为集中的居民小区先后开设数10家超市和便民店，为动迁居民提供主副食品，还出动近10辆菜篮子工程车巡回在古北、万荣、中原和大华等居民小区。对于大规模动迁中必然出现的矛盾和冲突，区动迁办与动迁单位加强协调，理直气壮宣传政策，耐心细致做居民工作，公正执行政策，不迁就无理要求，使动迁居民感到老实人并不吃亏，推进动迁工作。动迁中许多单位网点撤并，各有关部门和集团公司把安置职工作为稳定社会的重要工作。在延安高架路项目动迁中，区经贸委系统108家企业、12 712平方米的营业面积被拆除，该系统出巨资多渠道分流安置2 858名职工。

**【依法动拆迁】**

依法实施动迁贯穿于每项动迁全过程。从办理动拆迁冻结手续及动拆迁许可证，动迁工作人员持证上岗到实施行政裁决和强迁均严格依法办事。对于无视国家政策漫天要价，严重影响动迁进度甚至煽动闹事的极个别动迁居民依法实施行政裁决和行政限迁，维护政策法规严肃性。实施强迁，注意手续和程序符合规范，现场指挥得当，有关部门密切配合，执行过程文明。7年中，全区动迁居民10余万人，没有发生一起恶性事件，也未发生一起对强迁行为行政复议和行政诉讼的败诉案件。

# 第四节　市政基础设施

1993—1999年是区域旧区改造和基础市政设施建设力度最大时期。先后实施外滩交通综合改造、人民广场绿化综合改造、延安高架道路建设工程前期动迁、凤阳路等非机动车环路改建、九江路道路改建、天津路道路扩建、南京路步行街建设、轨道交通2号线人民公园站和河南中路站建造、延安东路隧道复线工程前期动迁、延中大绿地建设等一大批市、区重点工程项目，并对区域内道路及地下管线设施、防汛墙、公交站点等进行全面改造，新建一批电站、社会停车库及人行天桥，率先实现家用燃气区域全覆盖。实施区内住宅建设工程11项,建筑面积28.26万平方米;引导区属房地产企业和区属各系统到境外开发住宅,共实施住宅建设建筑面积194.34万平方米,其中主要工程23项,建筑面积150.91万平方米。

## 一、地面道路

1993—1999年,区内共扩建中山东一路(外白渡桥—延安路)、武胜路(西藏路—威海路)、凤阳路(六合路—成都路)、成都路(南苏州路—延安路)等10条道路;辟通牛庄路(福建路—顾家弄)、天津路(江西路—河南路)、滇池路(四川路—江西路)、九江路(西藏路—南京路)4条道路;出资2亿元改建市内第一条非机动车专用道,西起成都路,沿凤阳路、牛庄路、宁波路、虎丘路,北至乍浦路桥。区市政管理所负责养护管理小型市政道路及下水道等有关市政设施。1993年,区内有49条小型道路,总长4249米,面积1.7万平方米,各类口径的下水道长4944米。至2000年,大修改造其中的21条,减少和废弃17条陈旧的小型市政道路及部分下水道等设施。

上海"八五"期间骨干工程之一的外滩交通综合改造工程于1992年2月动工,第一期工程10月竣工。工程包括黄浦江防汛墙外移14米~49米,中山东一路(北京东路至延安东路)由六车道扩建为十车道,在北京东路、南京东路、福州路与中山东一路交叉路口各建造长45米的人行地道。第二期工程于1992年9月动工,1993年12月完成。工程包括黄浦江防汛墙外移31米~49米,中山东二路(延安东路至新开河)由六车道扩建为八车道,延安路与金陵路之间辟建长180米、宽17米、高2.9米的自行车、行人和残疾人三轮非机动车专用地道,分别在金陵路、十六铺两处建人行天桥,用防汛墙外移空间实施滨江绿地改造工程,新建呈扇形和葡萄型的绿地5800平方米。

## 二、高架道路

### 【南北高架路】

上海市市政重大工程,于1993年10月25日正式开工,1995年12月10日竣工通车。配合该工程建设,区除建延安路大型互通式车行立交桥和威海路、北京西路、新闸路匝道外,还在苏州河上建造连接闸北区段的跨河桥梁(全长127米、宽46米),并主要承担成都路沿线南起金陵西路、北至南苏州路全长2.6公里红线范围内的动拆迁工作。动迁工作从1993年3月启动,由区市政建设总公司、新黄浦集团、金外滩集团(原区住宅办)3个单位实施,仅用3个月的时间就将沿线拆迁范围内的2808家(含个体户116家)居民、189家单位全部搬迁。拆除居民建筑面积7.78万平方米,拆除单位面积5.04万平方米。刚建成不久的黄浦区图书馆也以爆破形式拆除,为南北高架工程的顺利施工创造条件。工程建成后,为全市中心城区道路网络迅速延伸打下扎实基础。

### 【延安高架路】

东段工程是1997年市政府一号重大工程,于1996年7月28日在延安东路浙江路口打入第一根桩,至1997年11月28日提前竣工通车。区承担从延安东路外滩至成都路沿线动拆迁任务,并将其列为区头号工程,成立以区长为组长的领导小组,从1996年7月底开始启动,得到沿线17幅地块内2809户居民、282家企事业单位和84家个体户的理解和支持。区在前期动拆迁中投入资金8.9亿元,仅用不到2个月的时间就完成全部动迁任务,保证高架道路工程顺利施工。工程对改善市中心至虹桥机场及其沿线的交通紧张状况起到重要作用。

## 三、轨道交通

### 【1号线】

1990年建造。区境内设人民广场和新闸路两个车站,其中人民广场站是轨道交通1号线中规模最大,也是唯一不封顶、透过顶棚玻璃采集自然光的车站,有5个出入口,其中靠人民广场东南角出口设有全市最大的公交客流集散点。

### 【2号线】

一期工程于1995年动工,2000年6月11日通车运行,共设中山公园站、人民公园站、河南中路站等12座车站。其中人民公园站和河南中路站由区政府负责建设。人民公园站是该工程中最大的,也是基坑开挖最深、最宽的车站。车站工程建设实际需投资5.49亿元。按照"地上带地下、开发带市政、政府企业共同承担、谁投资谁收益"的原则,上海华盛建设发展总公司为政府挑重担,自筹资金承包施工建设。其部分地下开发,车站建设前期绿化搬迁和建设后绿化恢复费用由区政府投资。工程于1996年11月27日开工,1998年5月25日主体结构封顶,被市市政质监站评为优良工程,还获得2000年度市市政工程金奖。河南中路站1997年12月31日开工,是轨道交通2号线开工最晚的一个车站,1998年12月31日完成主体结构,工程被上海市市政质监站评为优良工程。车站建设用地涉及4幅地块的动拆迁,由新黄浦集团和区经贸系统实施动迁并组织开发,共动迁居民995户、单位116家、个体户17家,拆除各种建筑房屋面积6.5万平方米,同时对车站范围内的地下管线进行搬迁和临管敷设,修筑通往天津路的6米通道,落实施工用电用水。

## 四、隧道

1979年,市政府决定建设黄浦江第二条越江隧道,是为延安东路隧道。1982年9月3日,工程三号风井破土动工,1984年12月18日主体工程开工,1989年7月1日通车,1991年4月通过国家验收。工程被评为1949—1989年市十佳建筑之一。隧道西起延安东路福建路口,东至陆家嘴杨家宅路口,全长2261米。其中穿越黄浦江底的隧道长1476米,外径11米,内径9.9米。隧道按双车道设计,路面宽7.5米,车道净高4.5米,南侧有0.6米宽的检修道。隧道建成后,交通量逐年增加。市政府遂于1994年启动延安东路隧道复线工程,是1995年市重大市政工程项目。工程由市黄浦江隧道建设公司与香港景立有限公司共同成立的沪港合作上海中信隧道发展有限公司承建,上海隧道设计院设计,上海隧道工程有限公司负责土建施工。浦西出口处的前期动迁由区市政建设总公司实施。工程浦西段的建设用地涉及河南南路以东、延安东路以南、四川路以西、金陵东路以北区域内的3幅土地。整个前期动迁分两期实施。第一期动迁自1994年年底启动,1995年7月29日亚洲大楼实施定向爆破,是年10月全面完成,总计动迁居民550户、单位26家。为尽快完成动迁,动迁单位串调房源,提高补贴标准,贴入资金700万元。第二期动迁始于1995年11月1日,隧道盾构进入浦西后,基地内不少房屋结构出现松动,为避免事故发生,保证盾构推进和工程进度,动迁单位抽调精兵强将,在当地街道、居委、派出所和房管所的支持下,克服种种困难,连续奋战50天,于12月25日完成全部204户居民、24家单位、3家个体户的动迁任务,拆除旧房面积7100平方米,确保隧道复线工程的进度。区市政建设总公司动迁部为此于 1996 年被评为上海市劳模集体。复线工程于 1996 年建成通车。

## 五、排水

黄浦区排水系统建造年份较早,随着城市发展,已难以承受日益增加的雨污水排放量。居民群众对污水冒溢、道路积水反应强烈。1993 年以后,历届区政府采取措施,对中山东路、成都路、延安东路、凤阳路、九江路、天津路、黄陂路等近 20 条路段下水道实施改建,从 20 毫米/小时降雨量道路不积水,提高到 36 毫米/小时降雨量、大部分道路 1 小时内积水退尽。区工务所注重日常养护,对反馈的堵塞、污水冒溢情况,及时安排人员予以解决。

# 第五节　环　境　绿　化

区环境保护工作随着区域内工业向第三产业调整,逐步转为以社会生活污染防治为主,以商办楼、宾馆、餐饮业废水、噪声、油烟排放及建筑工地夜间施工噪声为环境监督管理重点。1994 年建成区域环境噪声达标区。1999 年完成大气污染物排放达标区创建工作,年底建成基本无燃煤区。采取"见缝插绿""特色添绿""拆房建绿""规划建绿"等措施,先后建成人民广场、苏州河南岸沿线绿地,成都路、延安路沿线绿化,南京路步行街配套绿化,延安中路大型公共绿地(黄浦一期)等。1999 年达到人均占有公共绿地 1.11 平方米指标。根据市《苏州河环境综合整治规划》,1997 年 12 月建成区内苏州河沿岸首期样板段工程,1998 年 12 月完成二期工程,2000 年初启动三期工程,改变沿岸环境面貌。

## 一、环境保护

在 1989 年建成固定源低噪声控制区和烟尘排放控制区的基础上,区环境保护部门着力提高环境监测质量和覆盖面,加强对空调、餐饮业油烟气等城市生活污染防治和管理,强化环境监督执法,从单纯污染源治理走上环境综合整治轨道。1993 年完成烟尘控制区二期工程建设。1998 年,区内仅留的黄河利业制药有限公司(原黄河制药厂)和旭东海普药业有限公司(原海普药厂)两家非都市型工厂迁出区境。区环境保护工作重点由工业污染防治转向社会生活污染防治。

【废水治理】
区域内排放废水的主要是宾馆、餐饮、商办楼、医院、住宅小区等生活污水。1993 年对苏州河污水截流,区内排放水污染物化学需氧量($CODcr$)的企事业单位实行排污许可证制度,对 25 家企事业单位发放临时许可证,1999 年扩展到 30 家;对 14 家达到国家规定标准的单位发放正式许可证。是年,46 家重点排污单位废水排放量 524.97 万吨,有污水处理设施 22 套,处理达标量 112.78 万吨。对无污水处理设施的餐饮业安装隔油池,厨房废水经隔油池处理后排放。2000 年,生活污水排放基本纳入市政污水合流管网。

【大气污染治理】
1993 年对区域内炉、窑、灶进行治理改造,实施烟尘排放总量控制。年底,全区 158 台锅炉、灶头通过市环保局验收,以后每年均通过复验。1999 年,区内有小型燃煤锅炉(蒸发量≤1 吨/小时)和茶水炉 50 台,分布于酒店、旅社和沐浴业。是年,市将内环高架路内 500 台小型燃煤锅炉改用清洁燃料列为实事,下达黄浦区指标 44 台。区政府将指标分解,落实到相关委、办、局和街道,逐户整改,于 12 月中旬完成改造任务,其中改用天然气 1 台、电炉 2 台、轻油 9 台、管道煤气 10 台,拆除 22台。是年,按照市创建"基本无燃煤区"要求,区内推行清洁能源替代。区环保办上门对改炉单位宣传,帮助落实改炉措施。通过企业筹资、财政支持、发限期治理告知书等多种措施落实改炉计划。大都市公司在经营不景气情况下,投资 500 余万元,完成 1 个酒店、3 个浴室、3 个旅社的改炉任务。环境监理人员坚持每天高空瞭望,路面巡视,会同区工商、公安、街道等部门开展环境专项整治,取缔燃煤流动摊点。区内南京东路、金陵东路、外滩和人民广场 4 个街道提前一年建成"大气污染物排放达标街道"。全区燃煤锅炉数和耗煤量由 1995 年的 103 台、3.08 万吨减少至 1999 年的 17 台、6 770 吨;烟尘实际排放量从 196.1 吨减少至 44.4 吨;二氧化硫实际排放量由 583.9 吨减少至151.9 吨;区域内民用煤气普及率 99.4%;1 吨以下小炉灶清洁能源使用率 99.7%;煤耗密度 1 490吨原煤/平方公里·年;清洁能源占区总能源 87%;7 条主要交通干线及景观道路燃煤流动摊贩被取缔。经检测,空气质量中二氧化硫日平均值下降到 0.019 毫克/立方米,达到国家环境空气质量一级标准。1999 年 12 月 29 日通过市环保局验收,建成全市首批"基本无燃煤区"。

## 【噪声污染治理】

1989 年,区建成"固定源低噪声控制区",但其他噪声污染仍很严重。1993 年起除固定源噪声污染治理外,实施建筑施工噪声、社会生活噪声、交通噪声监督管理,对噪声排放超标单位发限期整改通知,对严重扰民的噪声排放单位严格执法,全面检查防噪降噪设施,对影响防治效果的隔声房、门、窗、消声器限期整改,采取封闭隔声措施,联合公安部门对商店音响喇叭执法检查,使固定源噪声排放达标率保持在 95%以上。1994 年 11 月,区通过市级验收,建成"环境噪声达标区"。随着城区改造加快,建筑工地噪声成为群众投诉热点。区环保办建立建筑工地施工申报制度和夜间施工审批制度,会同区建设局、区建筑工地管理所等部门,规范建筑工地噪声管理。要求工地筑围墙和使用低噪声机械,有"夜间施工告示牌"。开展"绿色护考行动",在中、高考前开始半个月,加强夜间施工突击执法检查,对违法单位严肃处理。1998 年,市政府将机动车禁鸣工作纳入环保实事。区开展机动车禁鸣宣传,环保部门和公安交警联合开展整治活动,区环境监测站在区域内 4 个固定监测点(后又新增 2 个禁鸣监测点),每周 3 次对机动车流量、鸣号、噪声进行监测,公安交警现场对违章鸣号车辆执法。年内,公安交警出动警力 3 656 人次整治违章鸣号,处罚 4 543 人次,处罚金额22 715 元。整治初,4 个路段昼间机动车平均鸣号率 30.5%,江西中路 110 号处鸣号率 76.9%。至11 月鸣号率平均值 3.7%,12 月降至 2%。

## 【固体废弃物处理】

区内固体废弃物主要是锅炉煤渣、医院废物、建筑垃圾和生活垃圾。1995 年产生 4 524 吨(不包括建筑和生活垃圾),其中煤渣 4 502 吨、其他 22 吨(包括危险废物)。推广使用清洁能源后,煤渣相应减少,1999 年产生固体废弃物 1 800 吨(不包括建筑和生活垃圾),其中煤渣 1 700 吨、其他 100吨(包括危险废物)。煤渣由环卫部门清运处理。危险废物主要是医院产生的医疗废物,由医院委托指定单位进行回收和处置。建筑垃圾和生活垃圾由环卫部门清运处理,做到日产日清。

**【其他污染控制】**

区内还有放射性、电磁波辐射等污染源。1999 年有放射性污染源 17 个,都是 X 光机,主要分布在医院、科研院(所)、博物馆等单位;电磁波辐射主要是移动通信中转站、变电站等,放射性、电磁波辐射等污染源,由市环保局所属辐射污染监理所统一监督管理。

**【环保执法和监督】**

1993—2000 年,区环保行政执法部门在日常环境监督管理中,强化行政执法,对违反环保法律、法规的 41 个单位处以行政罚款,罚金累计 20.09 万元。1993 年 4 月 1 日,西藏中路泵站隔栅水泵因遭重油污染而损坏,检查发现系黄河制药厂窨井内有一小孔间断冒出重油,修复漏洞后,打捞残油,核定重油陆续泄漏 10 吨左右,造成下水道水体严重污染,致使西藏中路泵站隔栅、水泵损坏、维修,造成直接经济损失 26 万元。根据《报告环境污染与破坏事故的暂行办法》规定,确认该药厂重油泄漏为特大环境污染事故,区环保局及时上报市环保局,同时要求该厂整改,并处以 2 万元罚款。此后,区环保局加强日常巡查,坚持 24 小时昼夜值班,区内未再发生严重环境污染事故。区环保办会同公安、工商部门组成联合执法检查队,加强社会生活噪声污染管理,对区辖商业、餐饮、服务、娱乐场所环境噪声污染严重单位进行 3 次突击检查,共查 22 个单位,发出限期整改 3 份、警告 2 份。1998 年,区环境监理所成立后,建专业执法队伍,至 2000 年 6 月共监理单位 2 212 家次,执法检查 829 次,处罚 18 家,罚款 6.73 万元,处理群众信访 361 件,并对区内 66 个主要污染排放单位的废水、废气排放口立标志牌 104 块。

# 二、园林绿化

**【人民公园】**

1995 年下半年配合轨道交通 2 号线人民公园站点建设,公园在总面积约 4.3 万平方米范围内迁移悬铃木、广玉兰、香樟、雪松等大树 472 株、各类花灌木 5 826 株。随着 1997 年轨道交通站点、1998 年地下水库、1999 年九江路扩建等市政工程建设竣工,公园面积由建园初的 11.91 万平方米减为 9.82 万平方米。2000 年 2 月,公园闭园综合改造,7 月 1 日竣工对外开放。改建后,由 120 平方米花坛、1 500 平方米大草坪及花卉展示厅构成公园中轴,分成以传统景观区域为主的西块和以休闲娱乐为主的东块;西块的水杉林、荷花池、翠碧湖、西山瀑布、紫藤架等景点在保留原有风格基础上进行改造。公园主轴线 2 000 平方米花卉展示厅,配备现代化展览设施,建有亭廊、喷泉、水体。

**【人民广场绿地】**

人民广场改建工程 1994 年 3 月动工,9 月 15 日建成开放。绿化设计由上海园林设计院担任。建成后绿地面积 8 万平方米,占广场总面积 13.7 万平方米的 58.4%。3 条 9 米宽彩色干道将广场分为 6 大块,博物馆占 1 块,绿化占 5 块。东西两侧沿武胜路弧形绿化带形成广场屏障,以常绿乔木为主;沿人民大道东西两块以大面积草坪为主;南面中间是上海博物馆;广场中心内园是 9 级发光玻璃台阶围绕的旱喷泉平台,中心由 3 圈不锈钢回水栅组成上海市版图。1998—1999 年实施“大树引入城市”,新种一批香樟、合欢、刺槐等乔木。1999 年 8 月和 2000 年 6 月将 2.5 万平方米草坪全部更换为“百慕达”草,秋季追播黑麦草。

### 【延安中路大型公共绿地（黄浦区一期）】

延安中路大型公共绿地（简称延中绿地）规划总面积 23 万平方米,跨黄浦、卢湾、静安 3 个区。绿地整体规划方案由加拿大蒙特利尔市 Williams Asselin Askaoui 景观建筑师和城市规划师共同策划,由上海市园林设计院作施工图设计。黄浦区一期由区园林绿化管理所承建,2000 年 1 月 20 日动工,6 月 20 日竣工,西起成都北路,东至淡水路,南始金陵东路,北达延安中路,总面积 37 355 平方米,是延中绿地一期主景部分。建成后,绿地内大树成荫,栽有紫薇、雪松、榉木、香樟、银杏等乔木,引种全市公共绿地上少见的马褂木、野黄桂、杜英、杜仲、毛竹等树种,还种植红王子锦带、熊掌木、紫金牛等新品种。精湛的建筑小品和各种园灯与绿化融汇一起,在市中心"肺部"形成一块具有生态功能的景观绿地。绿地内仍保留《中国青年》编辑部旧址。

## 三、苏州河环境综合整治

1997 年 5 月,区建立苏州河环境综合整治指挥部,下设办公室,归属区市政管理委员会,负责苏州河区辖规划红线内陆域部分规划、开发、建设及日常管理。是年完成一期样板段工程,1998 年完成二期工程,2000 年初着手三期工程。综合整治工程"治脏、治乱、建绿"的实施,改变了苏州河沿岸环境面貌,为人民群众提供观光、休闲、健身好去处。

### 【一期样板工程】

东起南苏州路乍浦路桥,西至河南路桥,全长约 600 米,占地 12 000 平方米。工程由上海建筑设计研究院总建筑师主持设计,区市政工程公司施工,1997 年竣工,绿化面积 8 000 平方米。景观分绿园、绿野、绿堤 3 段,种植雪松、广玉兰、香樟、水杉、桂花、茶花等各类乔木、灌木万余株;地形呈北高南低自然坡形,沿河平台统一改造为整齐优美的滨河步行道,草坪上缀以各式花坛,防汛墙在形状、格调上与外滩防汛墙相一致,成为外滩风景区延伸段。

### 【二期工程】

东起西藏路桥,西至乌镇路桥,全长约 550 米,绿化面积 4 000 平方米,区规划局设计室设计,区市政工程公司施工,1998 年建成。总体布局采取"一头两翼"方案:"一头"为长新大楼和中泰公寓之间的健身广场;"两翼"为向东、西两侧延伸的绿化带,象征"和平鸽展翅高飞"。横向分成三部分:南部是步行道,中间是绿园,北部建成集观光、休闲、健身为一体的滨河步行道,形成气韵生动的园林风景线。

# 第六节　文　化　设　施

1993 年后,境内文化设施建设突飞猛进。上海博物馆、上海大剧院、上海书城以及黄浦区图书馆等一批反映上海文化建设风貌的标志性建筑,先后在人民广场及其周边拔地而起。人民广场成为上海市行政和文化中心。上海博物馆建筑风格独特,楼宇自控系统达国际先进水平。上海大剧院造型别致,设备达国际一流水准。上海书城经营全国 800 多家出版机构的 15 万多种图书、音像制品和电子出版物,是上海有史以来第一家大型综合性图书零售点。黄浦区图书馆设备先进,达到国家规定的城区特级图书馆标准。与此同时,天蟾京剧中心逸夫舞台、大光明电影院、中国大戏院、新光影艺苑等一批建于 20—30 年代的文化设施,经大修改造,展示新貌。

## 一、上海博物馆

新馆选址人民大道 201 号,于 1993 年 8 月开工,1996 年 10 月 12 日建成开放。建筑总面积 3.92 万平方米,建筑高度 29.5 米,象征"天圆地方"的圆顶方体基座构成新馆不同凡响的视觉效果,在世界博物馆之林独树一帜。新馆设有 11 个专馆,3 个展览厅,展出面积 1.1 万平方米。展品上起新石器时代,下至明清及近代,大多为历代名作和精品。3 个展览厅不定期地举办海内外各博物馆的珍贵文物和艺术品展览。1996—1997 年,年均接待观众 110 多万人次。1996—1998 年接待国宾 20 余批、重要代表团 100 余批,包括美国、法国、德国、哥伦比亚、葡萄牙、芬兰、乌拉圭、尼日尔、马其顿等国家的总统、副总统,挪威国王、泰国总理、比利时副首相以及联合国秘书长等。1999 年接待人数跃至 132 万人次,其中接待中央及省部级以上贵宾 148 批;接待总理、部长以上重要外宾 89 批、391 人次,其中有荷兰、法国、沙特、泰国、日本、津巴布韦、塞浦路斯、厄瓜多尔、卢森堡等国女王、亲王、王子、总统、总理、议长及'99 财富论坛与会代表。

1996 年 4 月 30 日,中共中央总书记江泽民在参观时说:"上海博物馆是上海精神文明建设的基地,上海博物馆的文物,对外国人来说,这是中国的历史文化,是世界第一;对中国人来说,这是爱国主义教育最好最重要的精神财富。"还欣然命笔题辞"国之瑰宝"。是年 11 月,上海博物馆被市政府命名为"上海市青少年教育基地";1997 年 6 月,被中央宣传部列为"全国百个爱国主义教育基地"之一;1998 年 1 月 2 日,被共青团中央、中国青年志愿者协会命名为"青年志愿者服务示范基地"。

## 二、上海大剧院

位于黄陂北路 286 号,于 1994 年 9 月 28 日动工,1998 年 8 月 27 日试营业。总建筑面积 62 803 平方米,总高度 40 米,分地下 2 层、地面 6 层、顶部 2 层,共计 10 层。造型别致,四周外墙均系透明玻璃,晚间在灯光的照耀下晶莹剔透,被市民誉为"水晶宫",成为上海一大景观。1998 年 7 月 28 日,大剧院举行试演出。到年底,就有中央芭蕾舞团、中国儿童艺术剧院、上海芭蕾舞团、意大利佛罗伦萨歌剧院、柏林广播交响乐团、圣彼得堡玛琳基斯歌剧院、傅聪、东方歌舞团、上海交响乐团、日本 NHK 交响乐团、比利时佛兰德斯皇家芭蕾舞团、世界三大歌王之一的西班牙歌唱家卡拉雷斯等国际顶级音乐剧团、音乐大师,国内及上海"大牌"音乐歌舞团和著名歌唱家、音乐家在大剧院演出,票房收入达 5 052 万元,利润 3 150 万元,创国内演出市场纪录。1999 年接待国内外领导人来访 78 批、4 500 人次,其中外宾 110 批、3 259 人次。至 2000 年 6 月,大剧院票务代理点发展至 20 家。为培养稳定的观众群,整理常规客户档案 3 000 份。

## 三、上海城市规划展示馆

位于人民大道 100 号。1998 年 4 月 27 日打下第一根桩,1999 年 8 月竣工,2000 年 2 月向社会公众试展。展示馆通体白色,外观线条流畅,占地 3 600 余平方米,建筑面积 1.84 万平方米,从底层大厅至四层展示厅可供展示面积约 7 000 平方米;以"城市、人、环境、发展"为主题,叙述上海从小渔村发展成为中国最大的经济中心和国际型大都市的演变过程,反映上海城市总体规划,特别是改革开放以来上海城市面貌发生的巨变。为了让现代的上海人领略过去的"上海滩",展示馆在地下一层修筑一条 30 年代上海老街,有典型的各式中西建筑,有菜馆、老虎灶、咖啡店、绸缎庄等。

### 四、上海书城

位于福州路 465 号。1998 年 12 月 30 日建成开业,占地 3 713 平方米,建筑面积 3.98 万平方米,地面楼高 27 层,1 层~6 层用于图书零售,7 层为会展中心,8 层以上为智能型写字楼。为超大型零售书店,经营全国 800 多家出版机构的出版物 15 万余种,覆盖实用生活、中外文学、社会科学、文化教育、少儿读物、科学技术、艺术书籍各大门类,陈列大量港版、台版和外文厚版精品图书。1999 年共举办 254 场次的各类活动,累计接待读者 400 万人次,年图书零售额 1.15 亿元,单日图书零售额为 92.8 万元。年底,在市商委、解放日报社、劳动报社等单位联合举办的"我最喜爱的商店"活动评选中,上海书城被评为上海 10 家"我最喜爱的商店"之一。

### 五、黄浦区图书馆

原建筑位于延安东路 1440 号,1993 年 12 月因南北高架路建设工程需要被爆破拆除,临时迁至南京东路 670 号区文化馆六楼。1998 年 12 月 18 日,黄浦区图书馆新大楼落成开放。坐落在福州路 655 号,高 18 层。图书馆使用其中 1 层~9 层,使用面积 10 592 平方米,可供举办各种展览活动。图书馆采用图书流通、阅览一体化,凡持上海市各区、县公共图书馆 IC 卡的读者都可在此用计算机检索或借阅图书。1999 年 9 月与区信息办公室、南京路电子商务等单位合作,建成黄浦区 IP 宽带中心机房,开通计算机、通讯、有线电视三网合一的 IP 宽带网络试验平台,为读者游览 Internet 网上的信息提供一流的网络环境。1999 年接待读者 60 万人次,图书流通 32.5 万册次,刊物阅览 100 万册次。是年,分别被评为全国一级图书馆和上海市一级图书馆。

## 第七节　南京路步行街

80—90 年代,南京路上 200 多家名特商店进行全面改造,改善购物环境,发扬传统经营特色,推出新的特色服务。其间,通过区少年宫、中立升降厂、精品商厦土地级差置换,建成新的综合性、现代化的精品商厦,开业仅 4 个月,营业额达 1.2 亿元,不到两年全部还清 4 000 万元贷款。1992 年,南京路开展再造八大商厦(医药一店、协大祥、长城、大庆、南洋、协群、三联、中国照相),改建区文化馆、大光明电影院十大工程。当年开工,当年竣工。1993 年起实施成街坊地块改造,5 000 平方米以上大型改造商业项目 10 余个。1995 年 7 月,南京路从西藏中路至河南中路段试行周六步行街。1999 年 9 月 20 日,全天候南京路步行街开通,旅游、观光、购物的人群更多,销售额始终占据上海各条商业街首位。

### 一、周末步行街

1994 年起,区委、区政府就开始酝酿在南京东路首创上海第一条步行街,提升这条世界名街的商业功能,拓展旅游、文化功能。1995 年 7 月 15 日起在市公安局、公用事业局的支持下,试行周六

**1991 年的南京东路(黄浦区志办提供)**

步行街。这一举措引起各界关注,也吸引众多游人,出现百万人逛街的壮观场面。沿街商家调整商场布局、商品结构,发扬特色。周六步行街日营业额最高达 4 700 万元,是平时周一至周五平均额的 1.35 倍。步行街还设立 3 个物品寄放站,免费出租童车、轮椅,设立儿童寄托站,推出一系列便民利民服务。同时,南京路周边道路改造工程抓紧进行。1997 年 9 月 30 日,九江路综合改造工程竣工通车。天津路综合改造工程也实现当年立项、当年动迁、当年施工、当年竣工的目标,1998 年 12 月 23 日通车。这些都为全天候步行街建设夯实基础。

## 二、"全天候"步行街

1998 年 8 月 20 日,市长徐匡迪一行到区召开南京路步行街专题工作会议,提出要完善购物、旅游、文化、展示、商务五大功能,统一规划,分步实施,争取 1999 年 10 月 1 日前完成西藏路至河南路段建设的要求。南京路步行街建设是南京路面世 150 年来最大的一次改造。为建成一流的步行街,除了向法国、日本两家著名设计师事务所征集设计方案,还走出国门到法国里昂、德国科隆、荷兰阿姆斯特丹等城市步行街考察。是年 10 月 10 日,经专家小组严格评审,法国夏氏设计师事务所的"以人为本、华丽出采"的全新方案设计中标。同济大学建筑设计研究院、区城市规划管理局负责深化和施工设计,区建设发展有限公司承担施工建设。1999 年 9 月 20 日,东起河南中路,西至西藏中路,全长 1 033 米、总面积约 3 万平方米的一期工程竣工开街。中共中央总书记江泽民题写"南京路步行街"的街名。

　　南京路步行街中心线偏北是一条用深红色花岗石铺成的宽的金带,设置花坛、座椅、电话亭、服务亭、指示牌、雕塑、66盏德国路灯等,供游人小憩,体现"以人为本"设计思想。金带南侧是观光车道,让电动观光车行驶。一条无障碍盲道,体现关怀残疾人士的文明。步行街区域无上下街沿之分。步行街中段新辟占地8800平方米的世纪广场。广场东部设音乐旱喷泉。广场草坪上耸立一座"东方宝鼎"和"世纪元钟"。广场有34个造型各异的花坛,种植18棵独体构骨树。

　　南京路步行街开街后,江泽民、李鹏、朱镕基、李瑞环、胡锦涛、李岚清等党和国家领导人以及外国国家元首、政府首脑等先后视察参观。开街之际,《文汇报》以《"中华第一街"告别车水马龙》为题,赞"南京路终究还是独特的"。《解放日报》则用《再造生机和活力》醒目标题写道:上海,必须做出这样的决策;速度,必须体现上海的水平;调整,必须面向未来。南京路步行街充满时代气息,又饱含历史文传,把古今中外融于一体,人与环境和谐结合,显现出独特的风姿与活力。

## 三、步行街商业结构

　　1999年3月起,在市商委指导下,区经贸委负责南京路步行街商业结构的调整。调整重点是百货业。确定中百一店、华联商厦、新世界城保留综合百货,各有侧重,错位经营;19幢商厦调整为"一楼一个专业",如东海商都成为友谊欧洲商城,宝大祥商厦成为青少年儿童购物中心等,使综合百货比重从48.97%下降到23.84%。对20家有特色和发展潜力的名特商店保留、扶植和改造,国华瓷器商店增加工艺瓷、旅游纪念瓷的比重;完善餐饮服务业,利用空闲及非营业场地,增加餐饮面积,使餐饮比重从4.7%上升到11.09%。拓展休闲、娱乐功能,增开娱乐歌舞中心、影视厅、保龄球馆等,还推出各式休闲、娱乐茶吧和陶吧等,使文化娱乐比重从0.73%上升到9.13%。通过调整,沿街商业企业的经营布局、经营结构、经营定位、经营层次更趋合理,突出步行街购物、旅游、休闲、商务、展示五大功能,推动南京路向国际一流商业街迈进。

# 第四章　建设商业中心城区

1990年,中共中央、国务院批准开发开放浦东,南市区被定为上海中心商业区之一。1992年后按照上海"一年一个样,三年大变样"的改革发展要求,南市区城区建设和发展进入新的阶段。1993年,区域浦东部分划归浦东新区,全区面积减少3/4。面对时代机遇与发展困难,区委、区政府坚持解放思想,转变观念,深化改革,搞活经济,区域经济发生深刻变化;坚持实施旧区改造与土地批租、市建建设、改善居民居住条件结合,推进各类住宅建设,加快重点地区开发,城区面貌明显改善。

## 第一节　区属国有企业

1993年以后,随着社会主义市场经济的确立和发展,国有企业(含区集管局所属企业)改革重心从"放权让利"、经营承包责任制等,转向以产权制度改革、多元化投资主体形成、所有制结构调整为主导,以"抓大放小"和现代企业制度建设为核心,不断探索、深化。至1998年,南市区集聚工业、商业、房地产的优质资产、著名品牌、名牌企业,先后组建豫园、西门、中恒、南房、复兴城、南外滩六大集团,为形成区域支柱企业、发展优势产业奠定基础。

### 一、分类改制

进入90年代,区委、区政府从全区企业实际情况出发,分类制定不同的改革措施,促进国有企业增产增效,使全区经济发展呈现欣欣向荣景象。

【财贸商业系统】

1993年,宝大祥(商号)、协大祥、信大祥3家老字号绸布商店合并组成上海三大祥纺织品有限公司,1998年面临网点动拆迁、营业面积减少、市场环境严峻的形势,公司销售减少而利润却有较大幅度上升,达63.51万元,比1997年上升13.03%;税收达149.81万元,比1997年上升40.6%。1994年11月,南亚联营公司以国有资产800万元、集体资产210万元、职工持股会500万元3方出资方式改制为南亚旅游服务有限公司,发挥旅游优势,并通过持股会调动职工积极性,盘活存量资产,1995年实现销售2.01亿元、利润623万元,比1994年分别上升29.4%和49.8%,资产负债率下降16%。1996年1月,乔家栅实业总公司经资产评估,以国有资产900万元投入,吸引豫园股份和市新亚集团投资参股600万元,组建乔家栅有限公司,建立股东会、董事会、监事会为核心的法人治理结构,是年实现销售1.5亿元、利润170万元、税收521万元,比1995年分别增长37.8%、34.22%、43.92%,资产增值率达11.94%。1997年12月,区粮食局13家下属企业组成的昌盛经贸发展总公司,改制成南市粮油食品发展有限公司,以五福调味品、麦克西饼、玉泉食品、联合发展等公司为核心企业,资产总量720.56万元;职工持股为288.22万元,占注册资本40%。随后,五福辣油厂等一批品牌企业相继改制为有限公司。1998年以原南市糖业烟酒公司、南市果品杂货总公司为主体实行资产重组,成立上海老同盛有限公司,拥有22个连锁网点。西门集团所属西门电脑公司被评为高新技术企业,2000年上半年整体售让给中智富投股份有限公司。

### 【集管工业系统】

1993年3月,区集管局组建南市工业总公司,开始实现政府职能向经济实体型转换。1994年9月,南市工业总公司与超达食品总厂共同出资1 000万元,组建区工业首家有限责任公司超达食品工业有限公司,按现代企业制度要求对企业进行改制,打破原行政公司局限,以产业、产品结构调整为主要内容,跨公司组合。到1997年底,原8个公司的改制工作全部结束。1998年,全区接受市属划转企业37家,其中中恒集团接受22家。是年9月,经区国资委授权批准、市工商局登记,成立国有独资企业上海中恒投资发展有限公司,注册资金1.12亿元,行使对上海刃具厂等13家国有企业出资人的权责。集团改制组建上海刃具厂有限公司,对上海第十二机床厂实行资产委托管理,基本达到产权清晰、投资主体多元化的要求,迈开实行现代企业制度的第一步。

### 【街道企业】

1993年,区内各街道在区合作联社的指导、协调和管理下,调整结构,推进经营机制转换,推行个人合伙经营,推广股份合作制。各街道合作联社、社会劳动服务公司等小型集体企业,以改制、合并等形式相继组建工贸总公司或实业总公司,实行企业归口管理。至1997年,区内有十六铺工贸总公司(小东门)、豫园实业总公司(豫园)、三鑫工贸服务总公司(董家渡)、三利杰实业总公司(老西门)、宝通经济发展总公司(半淞园)等街道股份制企业,还有隶属区合作联社的恩利世经济发展公司。全区有街道企业412家,其中年创利50万元以上的12家。

### 【民政福利企业】

1993年,民政系统下属企业实行厂长经理聘任制和全员劳动合同制,完善企业各项管理制度,开发高新产品。全区有福利企业52家,安置残疾人947人,产值6 124万元。至1997年底,民政福利企业发展到98家,安置残疾人1 981人,年产值34 128万元,比1993年增长457.28%。

### 【劳动服务企业】

1993年以来,区劳动服务公司先后组建成立沪南机电电器商店、南市烟草机械配械配件厂、中南电梯安装工程有限公司、金寓置业发展公司、南联工业公司,开发家电维修、烟草机械配件生产、电梯销售安装、房产开发经营、建筑安装等项目。1994年,公司在15家下属企业推行全员劳动合同制,在册固定制职工1 100人全部签订劳动合同。

### 【校办企业】

1992年开始,教育系统组成汇盛发展总公司、汇润经济发展总公司、东亚房地产开发经营总公司、教育服务中心等企业,实施校企分开。1999年对全区校办企业进行资产重组,筹建上海大同教育发展有限公司,由上海东亚房地产股份有限公司,教育服务中心,松江、莲南工业园区,汇盛物业发展中心、福达物业公司、东仁商务中心,餐饮娱乐中心(三星级嵊泗度假村),教育产业投资中心六大主要经营板块组成,以多元化经营为基础,以市场需求为导向,敢于创新,追求高效,较好地完成区教育局下达的经济指标。

## 二、行政性公司转轨

1993—1994年,加快行政性公司的转轨变型。区属有限责任公司组建后,理顺公司内部体制,实行经营一体化,从原来的管理型旧体制转换成经营型的新体制,即从无工商执照到办理执照,逐步取消下属的总店、中心店建制,实行以总公司为一级法人、一级核算,核心层企业和子公司为二级法人、二级核算的形式,创造条件向资产经营一体化过渡。

1995年,老公司改制为多元投资企业。按照《公司法》的有关规定,区属行政性公司进行改制。区集管局选择华丰、飞虹两个重点骨干企业进行试点,吸纳本系统同类小厂、研究单位,组织核心层,对其他微利亏损小厂进行委托资产代管,为这些厂的发展提供空间,实现有效兼并。南市机电物资公司由行政性公司改制为南市机电物资有限公司,实现投资主体多元化,扩大资本总额,也为区域公司制改制提供经验。

1997—1998年,全区各主要集团子公司的改制全面推进,在总计94家子公司中,有81家完成改制,占总数的86%。中恒、豫园、万有全集团全部完成改制。集团子公司改制中,燃料公司1998年利润达70万元,超年度计划的80%,经营业绩明显上升。子公司改制为理顺集团内部的资产纽带关系,推进基层企业改革创造了条件。

## 三、现代企业制度

1993年以后以明晰产权、转换机制为重点,探索建立现代企业制度,推进资产重组和企业优化组合,组建股份有限公司和企业集团。

### 【股份有限公司】

1997年12月,中恒集团发挥名牌、品牌的龙头作用,组建飞虹轴承工业股份有限公司、超达食品工业股份有限公司,吸纳外来投资1344万元,实现资本多元化,激发股东和职工的积极性,扩大企业经营规模。是年由区外企业法人和66位自然人跨地区、跨所有制组建中智富投资管理股份有限公司,集聚资金、人才优势,新增投资5580万元。1998年,又先后组建上海东亚房地产股份有限公司、上海童氏药业股份有限公司、老庙钻石首饰股份有限公司、上海人民包装股份有限公司、中东实业投资股份有限公司和雷允上豫园健康股份有限公司6家股份有限公司,占是年全市组建的股份有限公司总数的1/10。在股份有限公司的组建中,吸引了不少兄弟省市企业投资,由老庙黄金与上海嘉定工贸公司、上海永胜珠宝公司和广东东莞恒宝首饰公司、汕头兴利经贸公司一起,共同发起组建老庙黄金钻石首饰股份有限公司;由豫园商城、豫园集团和中国(杭州)青春宝集团、成都通联药业有限公司、昆山市医药总公司共同发起组建上海童氏药业股份有限公司。1999年还吸引区外企业入驻,设立上海起帆科技实业股份有限公司。

### 【职工持股会】

在公司制改制中,经批准有74个企业设立了职工持股会企业,出资总额达63 021万元,其中职工持股会达15 448万元,占25%。职工持股会有利于优化企业的产权结构,解决企业所需资金不足等问题。1998年,区域企业改制纳入全区经济体制改革工作规划并强化服务。结合招商引资,由市电话发展总公司和市内电话局各区局共同组建各区局发展公司职工持股会，为增加地方财政收入、发展区域经济提供了支撑。

**【企业集团】**

**西门集团**　1994年8月由南市商业发展实业总公司、南市对外经济贸易公司、市百五店、市百八店、全泰服饰鞋业总公司、三大祥纺织品总公司、南市交电家电公司、南市百货总公司、南市机电物资公司、南市五金机械公司10家区商业公司组建成立西门集团和西门（集团）公司。西门（集团）公司行使对集团所属企业国有资产和集体资产的监管以及企业主要负责人任命等职权，决定集团的发展方向。1996年3月，十六铺物资（集团）公司并入西门集团，1997年1月大富贵餐饮公司划归西门集团管理。西门集团拥有20家子公司、300余家企业，有员工8 000余人。

**万有全集团**　1995年6月，副食品行业一些老店和特色商店联合组建成立万有全集团和万有全副食品（集团）公司。1997年5月，集团将国有独资企业性质改制为多元投资性质的有限公司，注册资金1亿元，其中国有资金占总资本金的51.4％，集体资金占48.6％，形成核心层企业、全资企业、控股企业、关联企业等组织体系，走上规模经营的发展道路。

**百年老店集团**　1996年，乔家栅有限公司、童涵春（南区）总公司、区果品杂货总公司、区饮食总公司、区燃料物资总公司、南亚旅游服务有限公司、南上海商业房地产有限公司、百老汇物业发展有限公司和昌盛经贸发展总公司、冠生园总公司、万有全集团等不同经济成分、不同经营门类的独立法人单位组成百年老店集团和百年老店（集团）公司，资产9亿余元。

2010年的豫园九曲桥和湖心亭（黄浦区志办提供）

　　**南房集团**　1996年,区房屋行政管理职能与经营职能分离,区房产局转换机制,成立上海南房(集团)有限公司,注册资本15.35亿元。

　　**中恒集团**　1996年由区工业总公司为核心改制成立上海中恒(集团)有限公司,总资产18亿元,注册资本2.1亿元,其中区集体企业资产管理部出资2亿元,职工持股会出资1000万元,拥有子公司20家,参股或关联企业200余户,各类生产经营场地21.3万平方米,从业人员15000人。1997年,中恒集团完成所有子公司的改制工作,变行政隶属关系为产权关系,扩大了生产经营规模。

　　**豫园集团**　1997年2月,按照"扩张资本,壮大品牌,拓展市场"的思路和现代企业制度的模式,豫园旅游商城股份有限公司和百年老店集团合并组建成立豫园集团。集团核心层企业为豫园(集团)有限公司,紧密层企业为豫园商城股份有限公司、乔家栅有限公司、老同盛有限公司、南亚旅游服务有限公司等7家子公司。重组后的豫园集团总资产27.4亿元,净资产10.28亿元,房产经营面积20多万平方米,下属独立核算企业194家,被市政府列入市重点扶持的54家大型企业集团之列。集团组建后将童涵春(南区)总公司、乔家栅公司注入豫园商城,增强豫园商城的实力,为扩张做大创造条件。同时,着手资本经营,注重商旅相融,加强产业开发,以连锁经营等形式拓展市场。年内,引进区外资金组建成立谷泰和金鹰2大集团,吸纳资金2.15亿元。

　　**复兴城集团**　1998年2月为集聚房产规模开发优势,集中区内房地产开发企业的优质资产,吸纳一部分外来投资,组建成立区房地产开发龙头企业集团复兴城集团,注册资本2亿元,其中国有资本占13990万元,法人资本6010万元。

　　**南外滩集团**　1998年3月组建成立南外滩集团,注册资本2亿元,形成复兴东路和南外滩2个重点地区开发的规模效应。

　　**同舟集团和国泰集团**　1999年组建成立由温州自然人在沪投资的高科技民营企业同舟集团和以民营经济为主的国泰集团。

# 第二节　土地使用制度

　　1992年起,全市开始实施土地使用制度改革,利用土地批租,多渠道、多形式地吸引和筹集建设资金,由此为区域老城厢的改造和建设带来生机。区境掀起招商引资、土地批租的热潮。随着土地制度改革的深化,1995年1月开始对利用内资开发建设商业、旅游业、娱乐业、金融业、商品房等项目的"六类"用地,实施土地有偿使用取得使用权,并实施土地转换、盘活存量等改革措施,发挥土地资产效益。

## 一、土地配置与利用

　　1993年后,根据土地管理的法律、法规和上海市城市总体规划要求,按照区域城市建设和旧区改造的目标任务,加强对土地的宏观管理,优化配置和合理利用土地资源,发挥土地资产的效益。至1999年,区办理各类建设用地317件,总用地面积181.05万平方米。其中,1993年批地29件,土地面积10.36万平方米;1994年批地170件,土地面积107.08万平方米;1995年批地13件,土地面积4.29万平方米;1996年批地38件,土地面积25.81万平方米;1997年批地25件,土地面积9.2万平方米;1998年批地23件,土地面积16.28万平方米;1999年批地19件,土地面积16.28万平方米。至 1997 年底，上海城市合作银行投资建设的南外滩广场大厦、交通银行投资建设的十六铺大厦和久事公司投资建设的久事大厦先后结构封顶。其中，久事大厦项目于 2001 年初竣工，建筑面积 68 080 平方米，由主楼和辅楼组成，主楼为智能纯办公楼，面积 5.03 万平方米，地上 40 层，层高 4 米；辅楼具商业、餐饮等多种功能，面积 9 290 米，地上 6 层、地下 3 层，可停泊车 250 辆。

## 二、土地批租

区境土地批租工作始于 1992 年，之后经历从单一的外资外销房地块批租到外资外销房、外资内销商品住宅房以及外资平价住宅房开发并举的发展过程。至 1997 年底，共出让地块 29 幅，土地总面积 20.67 万平方米，引进资金总额 4.762 亿美元。在已出让的 29 幅地块中，属于外资外销房的地块 24 幅，土地面积 13.86 万平方米，引进资金 36 268.12 万美元；外资内销房地块 5 幅，土地面积 6.81 万平方米，引进资金 11 351.15 万美元。其中，由区城市建设综合开发有限公司与香港中银集团所属新中地产有限公司、香港新华银行、交通银行、广东省银行合资兴建的"上海新中苑"，是区内第一个外资内销商品房项目，也是香港中银集团参与改造危棚简屋的首期项目。"上海新中苑"位于西藏南路 1433 弄，南临内环高架路，西近南北高架路，距南浦大桥 500 米，附近有公园、学校、医院，生活便利；占地 1.6 万平方米，由 5 幢高层和部分裙房组成，住宅层高 2.9 米，总建筑面积约 8 万平方米，绿化面积占整个小区面积的 40％以上。

## 三、土地有偿使用

1995 年 1 月，开始对利用内资开发建设的"六类"用地实施土地有偿使用取得使用权。至 1997 年，区境签订土地有偿使用合同 4 件，出让面积 3 746 平方米，建筑面积 1.05 万平方米，出让金额 192.25 万元。1997 年 1 月—2000 年 6 月，区境有偿出让内资六类土地 47 件，出让面积 28.75 万平方米，出让总金额 5 286.05 万元。

# 第三节　危棚简屋改造

南市区是上海棚户集中的城区之一。1993—1997 年在城市建设中坚持以危棚简屋改造为重点，通过推行目标责任制，采用动拆迁与市政道路建设、成片开发相结合等多种形式，实施"大拆大建"，加快城区建设。这一时期是南市区危棚简屋改造规模最大、发展最快的时期，共拆除危棚简屋 23.6 万平方米，占市核定危棚简屋量的 62.57％，动迁居民约 1.18 万户；新建住宅 137 万平方米，其中新建的高层住宅楼达 40 幢。1998 年，危棚简屋改造从"大拆大建"转向"重点拆，抓好建"，全区全年拆除各类旧房 20.26 万平方米，竣工商办楼 26.23 万平方米、住宅 37.84 万平方米。1999 年，全区拆除各类旧房 12.76 万平方米，竣工商办楼 21.26 万平方米、住宅 30.1 万平方米，全面完成 2 113 户住房困难户的住房解困。

## 一、调查认定

1991 年根据市政府要求，南市区对危房、棚户、简屋（简称危棚简屋）情况进行调查，统计危棚简屋地块 78 块,总占地 62.48 公顷,需拆除各类建筑面积 63.59 万平方米,其中危棚简屋建筑面积 37.72 万平方米,涉及居民 2.42 万余户。1996—1998 年,市房地局先后分 4 批认定区内危棚简屋地块共 72 块、建筑面积 40.99 万平方米,有 6 幅地块未予认定;要求在 2000 年底前完成拆除认定的 69 块、建筑面积为 37.12 万平方米,其余 9 幅、5.5 万平方米因改造条件不成熟,不列入考核计划,但可享受有关优惠政策。

1998 年,市房地局对危棚简屋地块进行重新认定。区内列入"125"(市政府 1997 年底统计,原 365 万平方米危棚简屋改造尚余的 125 万平方米)危棚简屋地块的有 28 幅、建筑面积 12.72 万平方米。1999 年,市房地局再次认定南市区列入"125"的成片改造地块 15 幅,危棚简屋建筑面积 12.32 万平方米;零星拔点地块 13 幅,危棚简屋建筑面积 0.4 万平方米。

## 二、改造措施

1993 年,区政府发出《关于加快本区危房、棚户、简屋改造的若干意见(试行)的通知》,对危棚简屋地块改造提出可操作性的实施措施。1995 年 9 月,区内建立由区长挂帅、房地局等部门负责人参加的危棚简屋改造领导小组,成立危棚简屋改造办公室(简称危改办),负责全区危棚简屋改造工作。全区大规模的危棚简屋改造工作正式展开。区政府通过危改办将危改任务按年度分解落实到区属各企业,签订目标责任书,作为企业的一项重要考核目标,要求按时保量完成危改拆迁。同时在市危棚简屋改造优惠政策基础上,结合区情,出台合资建房、有偿回搬、产权归己等一系列优惠政策,同时发放危改认定卡,确保各项政策的落实,并对危改与定量房搭桥进行试点。

## 三、改造实践

前期,危棚简屋动拆迁开展较迟缓。1996 年开始加快改造步伐。首先启动 64 号、74 号地块改造,位于半淞园路西北、西藏南路以东、中山南路以南,总占地 13.89 万平方米,总建筑面积 19.14 万平方米,其中危棚简屋建筑面积 3.69 万平方米,危棚简屋居民户数 1 425 户,实施拆屋建绿土地储备,1996 年 8 月开始动迁,2000 年 11 月底拆除全部危棚简屋。1997 年启动 70 号、71 号地块动拆迁工程,位于蓬莱公园西南、瞿溪路以北、保屯路以东,建设用地 1.75 万平方米,需拆迁危旧房 2.8 万平方米,动迁居民 668 户、单位 11 家。1998 年 3 月启动 7 号地块动拆迁改造,该地块系经市政府确认区内最大的危棚简屋地块之一,位于中华路以东、东门路以南、外咸瓜街以西、盐码头街以北,占地约 2.94 万平方米,为综合开发的土地储备,需拆除各类建筑面积约 7.18 万平方米,其中"365"危棚简屋面积 4.03 万平方米。先实施 7 号地块一期工程,其范围为老太平弄以北部分,需拆除建筑面积 4.2 万平方米。是年底,70 号地块全部拆平;7 号地块一期居民搬迁完成 75%,单位动迁完成 53%,完成拆除危棚简屋 2.54 万平方米。其间,还启动"五坊园"一期动拆迁工程,这是试行以"政府引导、企业合作、消化空置、储备土地"新模式为内容的"搭桥"工程之一,包括 60、61、62、63 号 4 幅改造地块,位于迎勋路以东、糖坊弄、桑园街以西、中华路以南、陆家浜路以北,占地 10.45 万平方米,居民约 3 700 户,其中被划定为危棚简屋地块的有 6 幅,面积约占总数的 1/2;地块内将辟通河南南路(中华路至陆家浜路),需动迁居民 372 户、单位约 20 家。"五坊园"危改地块分三期进行改造。其中,一期工程位于河南南路以东、跨龙路以西、江阴街以南、陆家浜路以北,1998 年 9 月底完成动拆迁,拆除房屋总面积 3.46 万平方米,其中危棚简屋面积 1.37 万平方米,动迁居民 1 215

户、单位 42 家,消化空置房 1 172 套,总面积为 7.59 万平方米。是年 11 月启动 19 号危改地块的动拆迁工程,位于中华路、白渡路交界处,属"365"危棚简屋改造地块,占地 6 500 平方米,拆除危旧房屋 1.02 万平方米(含单位),其中属"365"危棚简屋面积 2 474 平方米,至年底完成动拆迁任务。1999 年初启动 68 号危改地块动拆迁工程,位于车站支路以南、保屯路扬州酱菜厂以东,南与蓬莱公园接壤,占地 5 100 平方米,拆危面积 5 652 平方米,动迁居民 205 户,于 9 月底基本完成。是年底,全区完成危棚简屋动拆迁地块 10 幅,占地 29.6 万平方米,建筑面积 22.5 万平方米(其中危棚简屋 12.9 万平方米),动迁居民 8 089 户。尚有 19 个危棚简屋地块尚未改造,计建筑面积 5.4 万平方米,其中属"125"地块 11 幅,计 2.22 万平方米;属"365"地块 8 幅,计 3.18 万平方米。危棚简屋动拆迁总体上进展顺利。

## 第四节　市政基础设施

这一时期,区内市政基础设施投入不断加大,建设速度明显加快。至 2000 年 6 月,市和区直接投入区内用于市政设施建设的资金达 23.2 亿元,改善了历史遗留的落后状况。其中道路建设通过综合开发筹措资金,加大投入,采取"以房带路、以路促房"等形式,先后新建、扩建 10 余条主干道路,全区基本形成"一环三纵三横"的道路框架,一环:中华路—人民路;三纵:西藏南路、河南南路、中山南路;三横:复兴东路、陆家浜路、中山南一路。根据管养体制分开的原则和城市道路"一平四无一新",即道路平整和无积水、无侧平石缺损、无石板撬动、无违章搭建,护栏油漆一新的要求,加大对道路养护的投入,改建 10 余条次干道路,更新和埋设道路地下各类管线,海潮路等道路(段)改铺彩色人行道板和盲道,全部更新道路路名牌。在水、电、煤、通信等市政配套设施建设中,通过采用大型站点统筹等办法,相继建成迎勋、光启、白渡、福佑、人民等变电站和保屯、丹凤、东门、宁安、新中华等电话局房及复兴东路泵站和天然气过江井,区域内的供电能力由过去的 10 万千瓦扩大到 28 万千瓦;电话由过去的 4 万门扩容到 12.15 万门;煤气气化率由过去的 37.5% 提高到 96.49%,提前实现"全气化"。此外,还对南码头轮渡站进行改建,51 个给水站全部取消,防汛墙加高加固达到千年一遇的标准。

### 一、道路

1993 年起,在大规模旧区改造中,先后拓宽中山东二路、中山南路、复兴东路、陆家浜路等主要干道,辟通了西藏南路、河南南路等,基本形成"一环三纵三横"的道路框架。

**【道路拓宽】**
**中山东二路、中山南路(新开河北路至董家渡路)**　区内路长 2 200 米,扩建前路幅最宽处 24 米,最窄处 9 米。1993 年 3 月完成道路沿线 174 家单位和 2 261 户居民的动迁,拆除各类旧房 10 万平方米,实施道路施工,12 月 25 日竣工通车。扩建后道宽 42 米,其中机动车车道宽 24 米,两侧非机动车道各 4 米,全部为水泥混凝土路面;地下水、电、煤、通信、排水等各类管线一次到位。

**复兴东路(外马路至西藏南路)**　长 2 200 米,横贯老城厢,道路宽 7 米~12 米,沿线大多为危棚简屋,交通拥挤。1996 年 7 月实施道路扩建,动迁居民 5 690 户、单位 282 家,拆除旧房 16.49 万平方米,于次年 12 月 9 日竣工通车。扩建后的路幅宽 35 米~55 米,车行道面积 6.42 万平方米,人行道面积 1.74 万平方米，成为区内"三横"交通干道之一。同时，新建人行天桥 2 座，并建复兴排水系统泵站 1 座，铺设地下下水道 5 486 米、各类管线 1.96 万米，其中电力 21 孔 3 875 米、上水管 5 620 米、煤气管 5 709 米、市话 24 孔 4 362 米。沿线植树绿化 3.05 万平方米。

**陆家浜路（制造局路至海潮路）** 长 1 640 米，是通往南浦大桥的主要道路之一。1998 年开始分两期按道路规划红线 34 米~40 米进行拓宽，其中港湾式公交停车站路幅为 40 米，成为城市一级主干道。一期（制造局路至西藏南路）全长 402 米，动迁居民 33 户、个体户 2 家、单位 6 家，于 1999 年 1 月竣工通车。新筑路面约 3 618 平方米，加罩路面约 10 251 平方米；新筑彩色人行道约 3 417 平方米；道路绿化约 734 平方米，道路中央隔离带绿化约 317 平方米；地下敷设 21 孔电力排管 402 米，直埋电车电缆 402 米、12 孔市话管 402 米。二期（西藏南路至海潮路）全长 1 238 米，动迁居民 500 多户、个体户 36 家、单位 48 家，于 1999 年 8 月 28 日竣工通车。沿线添绿 7 000 平方米，建成清心堂集中式绿地 2 500 平方米，种植 150 多棵行道树。

**【道路辟通】**

**西藏南路（复兴东路至陆家浜路段）** 之前是一条宽不足 10 米的弯曲小路，1995 年 2 月开始动迁，动迁居民 1 545 户、单位 44 家，拆除房屋 4 万平方米。4 月开工筑路，12 月 25 日竣工通车。新建的西藏南路北起复兴东路，南至陆家浜路，全长 850 米，路幅宽 35 米，设四快二慢六车道，设计车速 40 公里/小时，按城市一级次干道设计。原三门峡路、新肇周路同时拓宽，更名为西藏南路，延伸到高雄路。

**河南南路** 之前其南段由北向南到中华路为止，1999 年起从中华路向南辟通延伸至陆家浜路。其间，动迁居民 375 户、单位 22 家，拆除旧房面积约 1.58 万平方米。2000 年 3 月 28 日道路施工，10 月 30 日竣工通车。路长 285 米，路幅 35 米，共铺设黑色路面 8 295 平方米、彩色人行道板 3 479 平方米。地下埋设直径 1 200 毫米下水管 245 米、21 孔电力排管 300 米、直径 1 000 毫米上水管 285 米、直径 300 毫米×2 上水管 550 米、直径 700 毫米煤气管 260 米、直径 300 毫米天然气管 250 米、12 孔电话管 300 米。

**其他** 南浦大桥至广灵四路非机动车通道（南市区段），从 1999 年 10 月 18 日开始新建，2000 年 3 月 10 日竣工。新建瞿溪路非机动车道，东起国货路，西至制造局路，全长 1 369 米，动迁居民 28 户。同时，铺设下水管 1 362 米、上水管 260 米，建成黑色路面 9 800 平方米、人行道板 5 040 平方米。

## 二、排水

1993 年以后，区内道路雨水排水管不断得到改善。道路排水合流管道总长 10.85 万米，其中小型管 5 993 米、中型管 3.30 万米、大型管 6 520 米、特大型管 9 960 米。

**【复兴泵站建设】**

原复兴泵站是排水能力 0.6 立方米/秒的临时泵站。排水系统东起外马路，西至黄陂南路，南达安澜路、梦花街、谈家弄、紫霞路，北抵兴安路、会稽路、大境路、梧桐路，泄水面积 253 公顷，不能适应系统排水需求，地块排水依赖周边相邻泵站。1997 年 7 月作为复兴东路扩建配套工程，投资 68 万元开工新建复兴泵站，安装进口潜水泵 12 台、雨水泵 8 台、污水泵 4 台，设计排水流量为 22 立方米/秒,沉井直径 26 米、高 14 米、集水范围扩大至 313 公顷。1999 年 5 月正式投运。区内原有的文庙、陆家浜路两座泵站,通过改造,排水能力达到每秒 19.4 立方米,泄水面积达 3.73 平方公里。

**【白龙港污水外排系统中线西段工程】**

1999 年开始实施,系市污水治理二期工程中线的向西延伸段,也是中线的起始段。工程建设的目的是将浦西黄浦、南市两区的 5 个排水系统的截流污水量共 27.7 万立方米/天输送过黄浦江,沿线再接入浦东北蔡综合区内未开发的空白区。工程的服务范围为浦西 8.88 平方公里,涵盖延安东路、新开河、复兴东路、文庙、陆家浜路 5 个排水系统。南市区主要实施浦西的文庙泵站、陆家浜泵站的截流改建工程,浦西截流管工程和浦西倒虹井工程。陆家浜泵站于 2000 年 8 月中旬交地,文庙泵站于 10 月底交地。工程实施后,解决整个南市区和部分黄浦区及北蔡综合区尚未开发部分的污水出路,为浦东截流总管沿线污水的接入创造条件。

# 第五节　绿 化 环 境

区委、区政府按建设现代化大都市中心城区的要求,加大绿化投入和建设,强化环境保护,加强环境卫生管理,创建全国卫生城区,使城区环境面貌有较大改观。

## 一、环境保护

区境环境保护工作贯彻可持续发展战略,在旧区改造和区域经济发展中,坚持环境与经济、社会协调发展的方针,从单纯污染源治理向环境综合整治转变,加强环境建设,强化环境监督管理和严格执法。1993 年开展"创建烟尘控制区建设",当年通过市验收;开展创建"环境噪声达标区"工作,至 1996 年达标区覆盖率 90% 以上,通过市验收。1999 年,老西门、半淞园路等 5 个街道均通过"环境噪声达标街道"市验收,豫园、半淞园路、小东门 3 个街道通过市"大气污染物排放达标街道"验收,南市区在全市各区县年度环境综合整治定量考核中评为优秀。开展"一控双达标"即污染物排放量总控、工业污染源达标排放和环境质量按功能达标工作。至 2000 年 6 月,40 家工业企业中有 35 家企业达标,区境主要污染物排放总量大幅度下降。

## 二、绿化建设

1993 年,区境内浦东地区划归浦东新区后,境内绿化总面积从 111.85 公顷降到 29.98 公顷。此后,按照"城市与自然共存"和"以人为本"的指导思想,实施"辟路增绿、拆屋建绿、见缝插绿、特色添绿"的方针,"点、线、面"全面推进完善,结合旧区改造,不断扩大绿地面积,提高绿化覆盖率和绿化景观档次、城区绿化生态功能。至 1999 年,境内绿地总面积从 29.9 公顷增加到 37.21 公顷,增幅达 24%。

"垂直、屋顶、盆栽"是区内的三大绿化特色。"空中花园"逐年增加。1995 年在全市"四百佳"绿化评比中,豫园商城国际购物中心有限公司、豫园商厦、龙门村分别获上海市百佳"商店绿化""屋顶绿化""里弄绿化"的荣誉称号。1997 年起,区内大力推进"特色添绿"工程,至 2000 年 6 月建成屋顶绿化 3 389 平方米、破墙透绿 950 米、桥柱绿化 100 米、沿口绿化 663 米、阶梯绿化 200 平方米、阳台绿化 200 组,并在豫园和小南门等地段挤地插绿,用箱体花卉组成移动式景点,用小花坛、立体花架、花钵组成休闲式绿地。

## 三、环境卫生

1993 年起,区境环境卫生工作由过去的重作业向管理与作业并举转变,向适应城区建设发展需要转变。实施环境卫生运作机制改革,先后完成事业单位聘用合同制等多项改革。1998 年 6 月—1999 年 4 月推行环卫"四清"即清扫、清运、清掏、清雪作业招投标,实现用工、分配、干部聘任、检查考核等多项改革和管理机制转换。1998 年、1999 年,境内环境卫生工作名列全市行业前三名。至 2000 年 6 月,境内建立以社区为单位的环境卫生管理网络,覆盖境内物业、学校、公交始末站、集贸市场、绿地、居住小区等,形成"全行业、全过程、全社会"的"三全"环境卫生管理格局。

# 第六节　豫园商业旅游区

南市区重点地区的改造建设快速有序推进。1991 年 4 月,豫园商业旅游区工程被列为上海市商业设施改造重点项目。改造后,豫园商业旅游区以其古代文明之韵的独特魅力名闻中外,成为上海著名的旅游景区,来沪的海内外旅游者大多会到此游览,也是接待国宾的重点场所。

## 一、豫园商城

90 年代,豫园商城改造建设进入高速发展时期,整个建设分为两期。

**【一期工程】**
1991 年被市政府确定为重点项目工程。主要内容是改扩建天裕楼、悦宾楼、和丰楼、藏宝楼、灵楼、豫园商厦、景容楼 7 幢楼宇,建筑面积 5.7 万平方米,总投资 6.88 亿元。1992 年,豫园商城成立,开始大规模改造建设,于 1994 年 9 月 28 日竣工开业。改造建设后,新增建筑总量 4.5 万平方米,经营面积比原来增加 20 倍。商城的仿古建筑群体与原有的商业建筑浑然一体,被评为上海 90 年代"十大新景观"之一。

**【二期工程】**
范围为环荷花池一圈,包括绿波廊酒楼、南翔馒头店、松运楼、湖滨点心店等改扩建项目。继一期工程竣工之后,几经建设和改造提升,使古色古香的商业饮食楼与九曲桥、湖心亭风格协调,相映成景,成为豫园核心风貌区。1999 年 9 月投资 10 380 万元的老饭店改建项目开工,2000 年 10 月竣工开业。改建后的上海老饭店占地 2 100 平方米,建筑面积 9 305 平方米,外立面设计为明清建筑风格,成为集餐饮、娱乐、住宿于一体的中高档宾馆。

## 二、"上海老街"

"上海老街"在方浜中路的河南南路至小东门人民路段,1999 年 1 月初动工改建,6 月 18 日竣工开市。总施工面积3.2万平方米,总投资2500万元,由豫园商业旅游区开发建设指挥部和区经贸委等部门联手实施。改建后的"上海老街"全长约825米,分东西两段:东段长约500米,是在方浜中路两侧已有店铺民宅建筑基础上进行大修和改建,恢复民国时期上海老城厢的民居市井风貌;西段长约325米,新建近4000平方米的明清建筑,以黛瓦粉墙、红柱飞檐、花格门窗为建筑风格,展示老城厢传统的民情风貌。

# 第五章　打造"经典黄浦"

　　进入 21 世纪,特别是"撤二建一"以后,新的黄浦区统筹黄浦、南市 2 个区的资源,规划发展商业、旅游业、房地产业、现代服务业、文化娱乐业 5 项产业,建设外滩、南京路、人民广场、老城厢、现代聚居区 5 个功能区,引发新一轮开发。同时借助上海建设"四个中心"的东风,以上海世博会举办与浦江两岸综合开发为契机,以外滩金融集聚带的发展为抓手,推进"一带三区"即外滩金融集聚带及南京路地区、豫园地区和世博园地区建设,着力打造"经典黄浦",全区进入新的历史发展时期。

## 第一节　外滩金融集聚带

　　黄浦区服从和服务于上海国际金融中心建设大局,着力重塑外滩金融功能,外滩金融集聚带建设进入加快推进的关键时期。

### 一、背景

　　外滩素有"东方华尔街"之称。50 年代以后,在计划经济体制下,外滩金融机构减少,行政管理机构增加,仅留存部分国有银行的市级分行。改革开放后,国外金融机构逐渐增加。1997 年为服务浦东的改革开放,国有银行的市级分行逐步迁至浦东。

　　1994 年成立的上海市外滩房屋置换有限公司,承办外滩大楼的置换。至 1999 年底,外滩沿线所置换的 19 幢大楼,绝大多数入驻外资、中资的银行及保险等金融机构。是年,全区有 150 家金融机构,其中,中资银行 88 家,外资银行 17 家,证券公司 32 家,保险、信托等公司 13 家,大多分布在外滩及其附近支路之上。"外滩金融街"的美称,终于实至名归。

### 二、建设

　　21 世纪初,上海按照"浦江两岸尽朝晖"的规划思想,启动黄浦江两岸综合开发。2001 年,黄浦区谋划外滩金融街向南延伸,南外滩地区成为金融集聚带的发展空间。2006 年从外滩自身特点出发,确定外滩金融集聚带功能定位总体上是以金融为主体,集聚发展金融业及相配套的现代服务业产业,为浦东陆家嘴发展金融要素市场、集聚重要金融机构和跨国公司总部提供服务,重点吸引证券、基金、投资银行、资产管理、融资服务等金融机构及会计师事务所、律师事务所等为金融服务的中介机构,发展成为国内外有重要影响的资产管理中心、资本运作中心和金融服务中心。其间,国内首家经营全面外汇业务的独资外资银行花旗银行浦西支行在和平饭店底层开业;由中国人民银行组建,中国唯一的黄金交易所上海黄金交易所在外滩中国外汇交易中心开业;阿玛尼、杰尼亚、卡地亚、纪梵希等一批国际高端商业服务品牌相继进驻。

　　2008 年,黄浦区提出建设外滩金融集聚带的目标,以形成金融机构及金融服务机构汇聚的产业集群,外滩特有的老大楼资源再次受到各方关注。之后,上海金融业联合会、上海清算所、金融家俱乐部以及东方证券、中海信托、中泰信托、云峰基金、凯石基金、铭德股权、国泰君安资产管理、农银金融租赁等功能性金融机构先后进入外滩楼宇,一批为金融配套的专业服务机构加快集聚,金融产业生态日趋完善。

2010年,黄浦区实施外滩金融集聚带建设的规划指导、基础建设和功能开发,发展纲要经区人大批准并对外发布,建设规划正式获市政府批准,一批重点项目建设取得实质性进展。3月28日,外滩滨水区综合改造工程竣工。改造后的滨水区北起苏州河口,南至新开河路十六铺水上旅游中心北侧,沿黄浦江岸线总长度约1.7公里,扩建新建黄浦公园广场、陈毅广场、外滩金融广场和外滩信号台广场,地面公众活动空间比改造前增加约40%;绿化面积达2.33万平方米,比改造前增加10%。4月30日,外滩源一期核心区域的公共绿地和圆明园路特色景观街基本建成并向公众开放,成为外滩金融集聚带的高端综合服务配套区域。9月初,外滩源33项目(原英国驻沪领事馆)完成修缮,定名"外滩源壹号"投入试运营。年内,上海半岛酒店正式开业,洛克菲勒项目基本完成老大楼外立面修缮,益丰大厦项目完成保护性修复;区政府与市浦江办签署南外滩滨水区综合开发合作协议,成立开发指挥部和工作机构,为发挥市区联动优势、创新土地开发机制、推进南外滩地区功能提升奠定基础。年底,规划用于外滩国际金融服务中心的土地出让,建筑面积42万平方米,发展企业会馆、企业总部、购物中心、艺术中心、精品酒店等业态;总建筑面积7.8万平方米的金外滩国际广场项目开工,为外滩金融集聚带拓展未来空间。同时,发挥外滩老大楼等独特资源优势,全年引进东方证券资产管理、国泰君安资产管理、农银金融租赁、中泰信托、云锋基金等新型金融机构19家。

# 第二节　楼　宇　经　济

"十五"期间,黄浦区以发展楼宇经济为突破口,以"三个一批"(即盘活一批、支持一批、建设一批)楼宇为重点,开发高品质商务楼宇,引进高能级企业机构,实施高层次服务配套,构筑都市中心高端商务区。税收亿元楼逐年增加,2010年为19幢,其中区级税收亿元楼6幢。

## 一、楼宇盘活

区实施"三个一批"的楼宇经济发展计划,成立楼宇领导小组,加强领导,分片包干,责任到人,强力推进,加强楼宇存量资源盘整,为发展现代服务业提供更多更适合的楼宇载体。

2002年盘活楼宇21.7万平方米,其中盘活甲级写字楼9.2万平方米。科技京城集聚一批高新技术企业,成为国内最大的集成电路设计产业化基地,年税收过亿元。2006年,合计盘活楼宇117.6万平方米。

2007年起,"三个一批"的概念调整为"支持一批、建设一批、推进一批",重点做好列入"支持一批"的9幢楼宇即都市总部大楼、兴业大厦、宏伊国际广场、亚龙国际广场、创兴金融中心、华旭大厦、体育中心综合配套楼、金豫商厦、庙前广场的竣工验收协调及招商服务工作。是年实现"支持一批"楼宇招商25.4万平方米。

## 二、老大楼置换

加大老大楼置换和次新大楼二次改造力度,重点抓好外滩地区老大楼资源的优化配置。2003

年后,外滩 3 号、5 号、6 号、9 号、18 号等老大楼功能提升,吸引世界一线奢侈品牌阿玛尼、卡地亚、杰尼亚等设立亚洲或中国旗舰店,JeanGorges 法国餐厅、米其林三星餐厅、依云 SPA 等世界级餐饮、休闲中心汇集,外滩地区成为上海时尚前沿和顶级消费区域。

2006 年成立区老大楼置换开发领导小组,下设办公室(设在区房地局),明确老大楼置换开发由端正集团为运作主体。端正集团专门成立国有独资子公司黄浦大楼置换开发公司,对区内共 216 幢、建筑面积 163 万平方米的老大楼,逐幢进行梳理,综合考虑地理位置、建筑质量、风貌特色和原始功能等因素,从置换调整的难易程度、文物等级等进行分析,将 47 幢、建筑面积 40 万平方米的老大楼列为置换开发重点,推进置换试点的相关工作。2007 年 9 月,端正置业有限公司更名为黄浦置业(集团)有限公司,注册资本增资为 1.85 亿元,形成以公房物业经营管理为基础、老大楼置换开发为重点、房地产经营和动拆迁并举的经营构架。年内,完成江西中路 255 号礼和大楼和北京东路 280 号盐业大楼两幢老大楼置换开发。2009 年 10 月 28 日,集土地储备、土地一级市场开发、综合配套设施建设和老大楼置换等职能于一体的上海外滩投资开发(集团)有限公司挂牌成立。年内通过签订租赁框架协议,引进"全国工商联并购公会"入驻盐业银行大楼 1 层～3 层;将江西中路 255 号礼和洋行大楼移交给东捷集团,并与东捷集团签订买卖合同,办妥产权过户手续;江西中路 261 号 4 层～5 层动迁置换进入实质性洽谈阶段。2010 年,四川中路 149 号申达大楼的置换改造完成,并增加现代办公地元素及停车库;市、区联动合作实施的第一个老大楼置换开发项目北京东路 270 号中一大楼,正式签订置换合作协议;九江路 230 号大生大楼后楼的置换工作完成居民签约启动准备;延安东路 160 号庆丰大楼前期置换工作推进中。年底,老大楼置换开发成果初显,引进企业累计实现落地税收约 1.5 亿元。

## 三、商务楼宇

为适应跨国公司进入和国内经济的活跃,境内商务楼宇尤其是甲级商务楼宇建设提速。同时,不断提升商务楼宇能级,为加快楼宇经济发展提供了有效载体。2000—2010 年,商业和商务楼竣工 389.5 万平方米,来福士广场、世茂国际广场、宏伊广场等现代商业设施相继建成,永安百货、353 广场、南京大楼、和平饭店南北楼以及外滩 3 号、5 号、6 号、18 号和广东路 102 号等老大楼按原有特色进行更新改造。2010 年,全区商务楼总量达到 477 幢,其中甲级写字楼 211 万平方米,占 23.68%。

## 四、总部经济

2002 年起,区着力引进知名品牌和商家进入重要商业街区,其中有德勤咨询(上海)有限公司、富士通微型电子亚太有限公司、史密夫律师事务所、中国惠普有限公司上海分公司、金蝶软件(中国)有限公司、诺基亚(中国)投资有限公司上海分公司、国药集团医药控股有限公司和东芝光磁科技(上海)有限公司等现代服务业企业和国内外著名公司的地区性总部或分支机构,城区发展能级得到提升。2007 年底,有 81 家世界 500 强企业和 38 家地区总部以不同形式落户黄浦,"亿元楼"总数达到 10 幢,楼宇经济持续发展。

2008 年,区以楼宇招商为重点,吸引行业龙头企业、跨国公司地区总部以及功能性机构落户。年内举行鼓励跨国公司设立地区总部政策发布会,圣戈班、日本邮船、瑞穗银行、葛兰素史克等 100

多家外商投资企业参加。全年引进世界 500 强企业 6 家、跨国公司地区总部 2 家。同时，着力提高税收落地率和单位商务办公面积产出率，"亿元楼"总数达到 19 幢，其中新源广场、金光外滩中心等区级税收"亿元楼"4 幢。2009 年和 2010 年，每年新增地区总部 3 家，总部经济规模持续扩大。

# 第三节　服务世博

2002 年 12 月 3 日，上海获得中国 2010 年上海世界博览会（简称上海世博会）的举办权。上海世博会园区规划布局涉及浦东新区、黄浦区和卢湾区的黄浦江两岸。由此，为南外滩区域脱胎换骨的改造，为区境的现代化、国际化带来历史机遇。区委、区政府把办好上海世博会作为首要的政治任务和重大的政治考验，明确举全区之力打造世博服务区，以全面完成区所承担的各项工作，保全市的大局，为确保上海世博会成功、精彩、难忘作出应有的贡献。

## 一、世博配套工程

上海加快机场、火车站、轨道交通等市政设施建设，应对世博会期间 7 000 万人以上国内外预测客流。上海世博会配套工程主要指园区四周的轨道交通、越江隧道、道路、水门码头、交通枢纽等项目。按照市统一部署，区主要承担区域内动拆迁等工程建设的配合工作。

2004 年 1 月起，按照市世博事务协调局统一部署，区里组织上海世博会选址范围内综合情况的摸底调查工作，形成包括户籍状况、土地状况、房屋状况、单位状况、在建待建项目、个体户情况、宗教房产、保护建筑、绿化情况、环卫设施、道路情况和拆迁基地情况 12 大类调查资料。11 月，黄浦区上海世博会园区区属企事业单位签约工作正式启动。大部分企事业单位进行异地新建，混杂在居民区中的产能落后、不符合产业发展规划的企业进行关停并转，妥善解决企事业单位的资金、土地、人员安置等问题。企事业单位及职工对动迁充分理解支持，克服诸多困难，确保按时搬迁，按时腾地。

2005 年以后，区境内世博园区、轨道交通站点、越江隧道、绿地、道路等涉世博会项目建设启动。2005 年 7 月成立区长负责的区动拆迁工作领导小组，构建领导小组下辖 1 个动迁办、4 个指挥部（重大工程指挥部、世博园区指挥部、外滩一体化开发办和旧区改造指挥部）、6 个街道分指挥部的工作格局。区委、区政府下发《关于落实各部门工作责任全力做好世博动迁的若干意见》，要求确立整体意识，落实相关责任，加强考核工作，确保完成任务。8 月 5 日，区委、区政府召开世博会园区居民动迁工作动员大会。至年底，90% 居民签约搬迁，创造中心城区动迁新纪录。2006 年 5 月，区世博会园区居民签约搬迁工作完成，涉及董家渡街道和半淞园路街道的 7 个居委、10 个街坊，共动迁区属企事业单位 235 家、居民 8 191 户，累计拆除各类旧房 41.71 万平方米。区上海世博会园区部队系统房屋动迁，也于 12 月按期完成搬迁签约任务。

2005 年 8 月—2008 年 7 月，历时 3 年，先后完成轨道交通 9、10 号线途经黄浦区域 5 个站点的动迁，"两路一桥"即河南路、昼锦路和福建路桥动迁，人民路越江隧道工程动迁，上海世博会园区配套道路即西藏路二、三期和南车站路、斜土路—国货路扩建工程动迁等 5 项动拆迁任务，动迁居民 1.6 万余户，单位 897 家，拆除旧房 88 万平方米。至此，全面完成区域内所有世博配套重大工程动拆迁任务。至 2010 年，黄浦江沿线呈现新貌，外滩滨水区延伸到十六铺；十六铺至南浦大桥段土地实施储备、渐次改造，水上旅游中心、老码头创意区、国际金融服务区逐一问世；南浦大桥以西的世博会举办区域成片改造。途径境内的轨道交通从 2 条增加到 6 条,即 1、2、4、8、9、10 号线;越江隧道从 1 条增加到 5 条,即延安东路隧道、人民路隧道、复兴东路隧道、西藏南路隧道、外滩观光隧道。

## 二、迎世博 600 天行动

黄浦区是全市《迎世博 600 天行动计划》实施的重点区域。2008 年,区迎世博 600 天群众性行动启动。5 月先行试点的云南南路经过半年的综合整治,以老字号美食街的形象开街,成为沪上新热点。之后 3 年,境内 401 条道路及附属设施得以整治和改建,33 条道路的信息架空线和 15 条道路的电力架空线入地,道路建筑立面全新整容,统一制作商店招牌,统一设置室外空调架,改变近代以来遗留的店招、电线杆、架空线、空调外机等凌乱不一的旧貌。根据上海世博会"城市,让生活更美好"的主题,环境整治向小区里弄延伸,粉刷墙面,清理垃圾,增加小区绿化,增设遮阳棚、伸缩晾衣架等便民设施。整个城区旧貌换新颜,前所未有。

上海世博会举办时,区委、区政府建立两套运行班子,调动行政资源服务于世博会的同时,确保其他工作正常运行。

## 三、世博安保与服务

作为上海世博会场馆所在区之一,涉及 0.87 平方公里的世博园区,出入口有 13 个,包括西藏南路、半淞园路陆上出入口和十六铺水门 3 个主出入口;有市、区两级反恐重要目标 25 处 31 家,需守护的公交码头站点 184 个,所担负的人民广场、南京路、外滩、豫园四大风景区和城区的平安及运行任务艰巨。2010 年 3 月,成立区世博会运行工作领导小组,设立领导小组办公室和运行保障、安保、宣传及媒体应对、外事工作、内宾服务 5 个指挥部(简称"一办五部")。3 月 23 日召开世博会工作誓师大会,就明确责任、完善指挥、分解任务、党建联建进行部署和动员。

**【指挥体系】**
建立区世博会工作领导小组双周例会制度、"一办五部"周例会制度、各工作组日沟通制度。对接市指挥系统,召开各类专题、工作会议数百次。完善区领导不定期抽查、专业队伍定期巡查和第三方全面检查的联动机制,市、区两级党代表及人大代表联系社区,征求基层群众办博意见建议,共完成市、区各类督办件 33 件,领导批示件 182 件。制定《世博会期间本区应急力量调动工作方案》,建立应急联络平台,组建 248 名民兵、100 名城管队员、240 名园内安保志愿者、500 人的机关机动力量和 867 人的机关储备力量 5 支应急队伍。世博会期间,实行"任务部下达、人员街道配、事务部门管"的工作机制,共出动应急队伍 22 批次、2 902 人次,在 24 个超 50 万客流高峰日以及酷暑高温和恶劣天气期间,始终保持园区参观和道路交通秩序良好。

**【世博安保】**
坚持"对照标准零差距、各项工作零差错、每次检查零起点",确保"日本青年上海世博访问团"等 5 000 余批次要人警卫任务万无一失,完成上海世博会开幕式和闭幕式、国庆彩灯开放、中国国家馆日等一系列重要节点的安保和景点人流管控工作。连续开展 22 个"平安世博"专项整治行动,全区报警类"110"、刑案发案数、交通事故、火灾事故均大幅下降。区公安分局推行"街面巡控十法",

在全市公安系统得到推广。科学配置专业和群防群治力量，完成6个街道综治中心建设，建立社区综合防控台账，完善"两个实有"（实有房屋、实有人口）全覆盖管理机制。上海世博会期间，打击处理挑头滋事的违法犯罪人员38人，定向随访精神病患者9万余人次，迅速妥善处置精神病人肇事、滋事事件63起。开展6大类、22项为世博安保部队服务保障项目。区属6个街道、13个委办局、9家企事业单位与驻区世博部队结对共建。全区有400多家单位投入1300多万元用于世博安保部队后勤保障服务工作，为部队解决服装、食品、医疗等40多项实际问题。

## 【城市运行】

创新建立"6—26—66"即6个街道分指挥部、26个责任区、66个岗区管理网络，加强"1＋4＋17"即世博园区周边＋4个重点风景区＋17条主干道重点区域管理，区连续2次在世博市政市容环保组"双月考评"中名列第三，半淞园路街道在世博园核心区域达标街道实效复查中5次获全市第一。提升窗口行业服务水平，推广"餐饮业现场卓越管理法"，即天天处理、天天整合、天天清扫、天天规范、天天检查、天天改进，开展"吊模斩客"专项治理、乳制品和地沟油专项整治以及公共场所经营管理安全检查，市场秩序保持良好，未发生重大安全生产事故。精心策划商旅文联动营销活动，打造"都市黄金旅游圈"和"上海笑天地"，举办"两岸城市艺术台北文化周""中国上海国际艺术节香港周""天天演"等活动。开通"旅游信息网"，新世界城与交通银行共同开发的"特许商品vip卡"和"都市旅游黄金圈"项目相继运营。

## 【接待服务】

从上海世博会试运行至闭幕，共接待国内代表团185批、5417人次；接待外宾团组102批、1627人次，其中部长级以上57批、1085人次，分别占总数的55.9％和66.7％。重要团组包括10余批次中央领导和原国家领导人的接待服务、10余批次港澳台代表团参观考察。组织12批次、2400余人次参加世博会国家馆日和国际电信联盟组织荣誉日活动，参加庆贺纪念、揭幕典礼、剪彩仪式等涉博外事活动16批次，组织劳模代表、各界人士、中小学生、社区居民、机关干部等3050人次入园参与省区市文化展演等重大活动。拓展境内外交流，与巴塞罗那市政府开展巴塞罗那案例馆老城区发展专题研讨，组织南京东路街道与香港元朗区议会代表团进行交流，举行外滩街道"侨之家"与日本神奈川友好协会交流活动，邀请32个国家和国际组织世博参展方的71名贵宾访问黄浦区，开展文化交流。

## 【宣传活动】

在上海世博会园区周边及主要街区、路段布置大型喷绘6个、灯箱广告30幅、道旗3040对、街景艺术小品主题景点9组105处。举办"看世博、聚精彩、促发展"市民宣讲86场次，开展"我的世博我的家园"征文活动，编辑出版优秀征文集4000册。编发《奉献世博风采录》系列书籍2.4万册，推出"海报奶奶""最牛交警""创意达人""城管花木兰"等先进人物。做好境内外记者采访报道服务工作，共接待中国中央电视台、英国BBC、日本NHK以及中国台湾TVBS等知名媒体记者30余批、1000余人次。建立园区高峰志愿者、城市服务站点志愿者和城市文明"八大行动"志愿者3支队伍，累计开展志愿者服务288.33万人次。区城市志愿服务站点实行的"四级管理、五分片区"的管理方式获市站点管理创新奖，"1＋2＋1"即1名站长＋2名大学生志愿者＋1名社会化招募志愿者老中青结合的配岗模式获市配岗管理项目奖。

**【党建保障】**

围绕点、片、面整合各级各类党组织资源,成立上海世博会园区临时党委,组织园区周边街道党员群众看家护园、群防群治,动员全区各级党组织和广大党员投身世博先锋行动。广泛开展创先争优活动,派驻世博园内的 318 名共产党员开展"世博先锋一线行动"的主题活动,创建"三有"即平安和谐有保障、宣传教育有成效、服务世博有特色党组织。通过"园外党组织关心园内党组织、党组织关心党员和员工、工团组织关心员工和青年""党组织服务党员和员工、党员服务员工、党员和员工服务世博"等方式,实现党内带党外、党员带群众。开展立功竞赛活动,同步推进工建、团建工作。关注园区劳动纠纷动态,及时稳妥处置 91 起涉博劳动纠纷。

**【长效机制】**

上海世博会后阶段,区委委托区人大开展调研,梳理总结上海世博会期间加强城市和社会管理方面的有效做法,推动形成长效机制。在中国 2010 年上海世界博览会总结表彰大会上,区公安分局南京东路派出所等 7 个单位获上海世博会先进集体称号,沈小弟等 12 人获上海世博会先进个人表彰。世博会期间,区委、区政府先后授予 40 个单位(第一类)和 304 个集体(第二类)"黄浦区世博工作优秀集体"称号,给予 112 人记三等功,给予 781 人嘉奖,授予 1 214 人"黄浦区世博工作优秀个人"称号。

表 8-5-1　黄浦区主要年份基本情况

| 项　目 | 原黄浦区 | | | | | 原南市区 | | | | | 黄浦区 | | |
|---|---|---|---|---|---|---|---|---|---|---|---|---|---|
| | 1978 年 | 1985 年 | 1990 年 | 1995 年 | 1999 年 | 1978 年 | 1985 年 | 1990 年 | 1995 年 | 1999 年 | 2001 年 | 2005 年 | 2010 年 |
| 区域面积(平方公里) | 10.03 | | 19.31 | 4.56 | 4.56 | 16.44 | | | | 8.29 | 12.47 | 12.49 | 12.49 |
| 水域面积(平方公里) | 1.76 | | 1.76 | 0.42 | 0.42 | | | | | 1.42 | 1.34 | 1.34 | 1.32 |
| 年末耕地面积(公顷) | 0 | 0 | 0 | 0 | 0 | 0 | 0 | 0 | 0 | 0 | 0 | 0 | 0 |
| 街道(个) | 11 | | 4 | 4 | 13 | | | | | 5 | 9 | 9 | 6 |
| 镇(个) | 0 | 1 | 1 | 0 | 0 | 0 | 0 | 0 | 0 | 0 | | 0 | 0 |
| 乡(个) | 0 | 0 | 0 | 0 | 0 | 0 | 0 | 0 | 0 | 0 | 0 | 0 | 0 |
| 居民委员会(个) | 149 | | | 76 | 63 | 161 | | | | 121 | 160 | 133 | 129 |
| 村民委员会(个) | 0 | 0 | 0 | 0 | 0 | 0 | 0 | 0 | 0 | 0 | 0 | 0 | 0 |
| 年末户籍人口(万人) | 59.22 | | | 28.50 | 24.36 | 64.78 | 75.59 | 79.64 | 48.42 | | 64.92 | 59.85 | 60.19 |
| 户数(万户) | 16.1 | | | 9.59 | 8.03 | 18.51 | 22.46 | 26.98 | 17.70 | 15.97 | 22.32 | 19.9 | 18.64 |
| 年末常住人口(万人) | | | | | | | | | | 44.29 | 71.67 | 67.84 | 42.99 |
| 人口密度(人/平方公里) | | | | 62 452 | 53 386 | | | | | 58 412 | 53 423 | 52 061 | 47 914 | 48 180 |

（续表）

| 项　目 | 原黄浦区 | | | | | 原南市区 | | | | | 黄浦区 | | |
|---|---|---|---|---|---|---|---|---|---|---|---|---|---|
| | 1978 年 | 1985 年 | 1990 年 | 1995 年 | 1999 年 | 1978 年 | 1985 年 | 1990 年 | 1995 年 | 1999 年 | 2001 年 | 2005 年 | 2010 年 |
| 人口自然增长率(‰) | | | | −4.91 | −5.13 | 0.54 | 7.84 | 2.31 | −4.50 | −4.05 | −4.58 | −4.30 | −1.85 |
| 城镇登记失业人数(人) | | | | | 4 854 | | | | | 6 815 | 12 811 | 12 883 | 13 750 |
| 新增就业岗位数(个) | | | | | | | | | | | 1.93 | 5.36 | 4.6 |
| 中学(所) | | | | 16 | 12 | 54 | 41 | 37 | 26 | 29 | 38 | 30 | 23 |
| 在校学生(人) | | | | 15 626 | 17 618 | 75 815 | 21 218 | 23 352 | 26 195 | 27 427 | 49 714 | 32 245 | 18 380 |
| 小学(所) | 51 | | | 25 | 12 | 74 | 73 | 82 | 39 | 22 | 31 | 22 | 18 |
| 在校学生(人) | | | | 24 392 | 12 381 | 36 404 | 37 949 | 68 275 | 43 542 | 24 064 | 18 277 | 13 326 | 10 904 |
| 幼儿园(所)① | 96 | 142 | | | 10 | 103 | 138 | 187 | 31 | 21 | 29 | 28 | 26 |
| 在园幼儿(人) | 11 893 | 23 998 | | | 2 473 | 12 339 | 21 132 | 32 089 | 6 960 | 4 231 | 6 022 | 6 397 | 6 461 |
| 职校(所) | | 6 | | | 2 | | 8 | | 2 | 1 | 3 | 9 | 6 |
| 在校学生(人) | | 3 736 | | | 5 907 | | 2 816 | | 2 583 | 2 986 | 6 272 | 17 588 | 10 250 |
| 图书馆、室(家) | | | | | 1 | 1 | | | | | 2 | 9 | 7 |
| 文化馆、站(家) | | | | | 5 | 1 | | | | | 10 | 10 | 7 |
| 影剧院、场(家) | | | | | 7 | 3 | | | | | 16 | 16 | 15 |
| 区级医院(所) | | | | | | | | | | | 11 | 13 | 12 |
| 医院床位数(张) | | | | 975 | 956 | 1 214 | | | 2 681 | 2 683 | 3 046 | 5 035 | 5 746 |
| 医疗卫生技术人员(人) | | | | 1 871 | 1 653 | 1 479 | | | 4 467 | 4 240 | 3 891 | 7 660 | 8 443 |
| 执业医师(人) | | | | | 774 | | | | | 1 146 | 1 760 | 1 561 | 2 905 |
| 公共绿地面积(万平方米) | | | | 26.5 | 27.06 | 5.79 | | | 11.33 | | 63.29 | 82.86 | 96.82 |
| 人均公共绿地面积(平方米) | | | | 0.93 | 1.11 | 0.09 | | | 0.23 | | 0.97 | 1.36 | 1.60 |

（续表）

| 项 目 | 原黄浦区 | | | | | 原南市区 | | | | | 黄浦区 | | |
|---|---|---|---|---|---|---|---|---|---|---|---|---|---|
| | 1978 年 | 1985 年 | 1990 年 | 1995 年 | 1999 年 | 1978 年 | 1985 年 | 1990 年 | 1995 年 | 1999 年 | 2001 年 | 2005 年 | 2010 年 |
| 绿化覆盖率(%) | | | | 9.78 | 10.00 | | | | 5.57 | 7.33 | 9.61 | 12.09 | 12.44 |
| 公园(个) | | | | | 2 | | | | | | 3 | 7 | 5 |

说明：① 1993 年之前的数据包括非教育局所办幼儿园的统计数字，1993 年起只统计区境内教育部门所属幼儿园数据。

表 8－5－2　黄浦区主要年份国民经济基本指标

| 项 目 | 原黄浦区 | | | | | 原南市区 | | | | | 黄浦区 | | |
|---|---|---|---|---|---|---|---|---|---|---|---|---|---|
| | 1978 年 | 1985 年 | 1990 年 | 1995 年 | 1999 年 | 1978 年 | 1985 年 | 1990 年 | 1995 年 | 1999 年 | 2001 年 | 2005 年 | 2010 年 |
| 生产总值(亿元)① | | | | | 39.51 | | | | | 26.01 | | 458.54 | 787.2 |
| 第二产业(亿元) | | | | | 5.25 | | | | | 4.94 | | 61.86 | 42.25 |
| 工业(亿元) | | | | | 2.91 | | | | | 3.95 | | 50.63 | 23.89 |
| 第三产业(亿元) | | | | | 34.26 | | | | | 21.07 | | 396.69 | 744.95 |
| 固定资产投资完成额(亿元) | | | | | 34.42 | | | | 15.12 | 33.07 | 66.00 | 120.53 | 98.21 |
| 财政收入(亿元) | 2.11 | | | 15.10 | 18.71 | 1.04 | | | 6.54 | 9.64 | 35.00 | 83.29 | 158.18 |
| 地方财政收入(亿元) | | 5.32 | 7.24 | 9.00 | 13.52 | | 1.94 | 2.91 | 4.35 | 7.34 | 26.21 | 38.68 | 64.36 |
| 地方财政支出(亿元) | 0.18 | 2.00 | 8.15 | 11.82 | | 0.18 | 1.31 | | 4.75 | 7.99 | 26.86 | 54.28 | 80.73 |
| 外贸进出口总额(亿美元) | | | | | | | | | | 14.59(亿元) | 3.70 | 8.10 | 25.18 |
| 出口额(亿美元)② | | | 0.26 | 0.75 | 5.85(亿元) | | | 0.42(亿元) | 5.03(亿元) | 10.88(亿元) | 2.60 | 5.46 | 8.98 |
| 外商直接投资实际到位金额(亿美元) | | | | | | | | | | 5.19 | 2.01 | 3.04 | 3.70 |
| 年末私营企业注册数(个) | | | | | 501 | | | | 219 | 550 | 4 300 | 9 354 | 7 526 |
| 工业总产值(亿元) | | | 7.18 | 13.39 | 13.21 | | | | 10.27 | 14.87 | 30.10 | 60.15 | 225.42 |

（续表）

| 项　目 | 原黄浦区 | | | | | 原南市区 | | | | | 黄浦区 | | |
|---|---|---|---|---|---|---|---|---|---|---|---|---|---|
| | 1978 年 | 1985 年 | 1990 年 | 1995 年 | 1999 年 | 1978 年 | 1985 年 | 1990 年 | 1995 年 | 1999 年 | 2001 年 | 2005 年 | 2010 年 |
| 住宅竣工面积（万平方米） | | 44.5 | | 41.50 | 13.54 | 8.59 | 40.15 | 37.1 | 21.90 | 30.10 | 57.77 | 59.90 | 76.69 |
| 社会消费品零售总额（亿元）③ | 8.59 | 26.9 | 53.46 | | 75.72 | 5.34 | 12.78 | 24.1 | | 47.65 | 120.00 | 170.27 | 421.39 |

说明：① 1999 年为增加值；② 原黄浦区 1990 年、1995 年为出口创汇，原南市区 1995 年为出口创汇；③ 原黄浦区 1985 年为商业零售额、1990 年为商业销售额，原南市区 1985 年为财贸系统国营、集体企业商品销售额，1990 年为商业销售额。

# 第九篇 卢湾区

卢湾区位于上海市中心南部,因芦家湾而得名。

1978年,卢湾区行政区域面积8.02平方公里,辖有五里桥、打浦桥、丽园路、顺昌路、济南路、嵩山路、淮海中路、瑞金二路、吉安路9个街道,下设109个居委会,户籍人口13.32万户、46.06万人。1989年3月撤销吉安路街道。1996年5月撤销8个街道建制,将五里桥街道全部、丽园路街道部分合并,设立新的五里桥街道;将打浦桥街道全部、丽园路街道部分、顺昌路街道部分合并,设立新的打浦桥街道;将瑞金二路街道全部、淮海中路街道部分合并,设立新的瑞金二路街道;将嵩山路街道全部、济南路街道全部、淮海中路街道部分、顺昌路街道部分合并,建立新的淮海中路街道。2010年,全区行政区域面积8.03平方公里,其中水域面积0.5平方公里,辖有4个街道,下设72个居委会,户籍人口10.28万户、30.44万人。2011年5月20日,国务院批复上海市人民政府同意撤销黄浦区、卢湾区,设立新的黄浦区。

中共十一届三中全会以后,卢湾区坚持以经济建设为中心,改革开放,促进地区经济和社会发展,大致走过3个历程。

1978—1990年为恢复经济建设时期。1979年,区委、区政府深入开展实践是检验真理唯一标准的讨论和宣传,恢复实事求是的思想路线,全面拨乱反正,把工作重点转移到现代化建设上来。1984年起,推进经济体制改革,推行多种形式的承包经营责任制、厂长负责制、小型企业租赁制,稳步发展商业经营性公司和集团公司,引导私营企业、个体工商业健康发展。同时,扩大对外开放。1985年起简政放权,扩大街道办事处权利,地区工业迅速发展。1988年,区委提出"以改革总揽全局,以经济建设为中心,解放思想,转变观念,振奋精神,坚定不移地加快经济体制改革,积极审慎地推进政治体制改革,探索在改革开放形势下加强党的建设的新路子,促进全区经济发展和社会主义精神文明建设,为实现区的工作转变打下一个良好的基础"的指导思想。这一时期,区域地区工业迅速发展,商业加快改革步伐,科技、教育、卫生、体育事业都有较大发展。

1991—2000年为建设现代化中心商业区时期。1991年编制《卢湾区经济和社会发展十年规划和八五计划设想》,确定加快淮海中路商业街大规模改造,区属工业产品结构调整,发展房地产等第三产业,建设商业繁荣、文化发达、环境整洁、生活便利、社会安定的现代化中心商业区的目标。1992年邓小平南方谈话发表后,全市推进"两级政府,两级管理",市对区进一步放权,区委、区政府及时提出以淮海中路、徐家汇路、中山南一路和南北高架路构成的"王"字形建设工程为主体框架,积极探索一条经济建设与城市建设紧密结合、协调发展的道路。1996年编制《卢湾区国民经济和社会发展"九五"计划》,提出在"王"字工程框架基础上,形成"一街一中心四园区"即淮海中路商业街,打浦桥商贸中心,以及淮海园区、瑞金园区、打浦桥园区、五里桥园区为重点的建设发展新格局,进而提出形态开发与功能开发相结合建设3个功能区(北部地区,即建国路以北地区,是推进商务商贸功能、休闲服务功能和现代居住功能的核心地区;中部地区,即建国路以南、斜土路以北地区,是推进休闲服务功能和现代居住功能的重点地区;南部地区,即斜土路以南地区,是推进现代居住功能和沿江休闲观光功能的重要地区)的发展方针,形成全区大改造、大开发、大建设、大发展的格局。2000年,区委六届六次全会提出"努力形成具有中心区特点的服务主导型经济""推进土地经济、楼宇经济向服务主导型经济过渡"的经济发展思路。"九五"计划期间,卢湾区基本实现从传统的中心商业区向初步现代化的中心商业区的转型。

2001—2010年为建设精品城区时期。2001年制定《卢湾区国民经济和社会发展"十五"计划》,提出实施科教兴区和可持续发展战略,发扬"精品"意识,建设国际性程度较高、城区服务功能优势明显、社会发展达到较高水平的国际大都市中心商业商务区。2003年,区委、区政府制定《卢湾区新一轮发展规划纲要(2003—2007年)》和卢湾区现代服务业发展、重点建设项目、国资管理体制和企业改革、淮海中路的调整与再发展、社会事业发展、社区设施建设六方面工作三年行动计划(2003—2005年)(简称"1+6"方案),明确卢湾的总体发展思路,即"外向型格局、内涵式发展、功能性开发、个性化特色",同时提出建设北部地区的国际商务区、休闲商业区,中部地区的现代居住区和南部地区的博览观光区4个功能区。2005年提出"十一五"期间基本建成以商业商务为主导功能、经济社会协调发展、多功能、开放型、现代化精品城区,成为上海现代服务业和时尚商业的重要集聚区、充满生机活力和创造力的文化特色区、各界群体和谐共处的现代居住区的发展目标。2008年率先在全市制定迎世博系列三年行动计划和迎世博600天行动计划,并针对卢湾区北、中、南地区发展不平衡的突出问题,提出实施"北部率先、中部崛起、南部开发"的发展战略,打造"世博会精品大客厅"。经过全区干部群众的不懈努力,至2010年,"十五""十一五"规划确定的主要发展目标和任务胜利完成,区域"服务经济为主、涉外经济为主、楼宇经济为主"的经济结构不断优化,现代化精品城区建设取得重要阶段性成果。

2010年,卢湾区生产总值122.46亿元,比1995年增长9.21倍;财政收入51.3亿元,比1978年增长55倍;社会消费品零售总额187.5亿元,比1978年增长43倍。有18幢楼宇税收超亿元,其中2幢超10亿元。境内有卢浦大桥、打浦路隧道(含复线)、西藏南路隧道越黄浦江连通浦东;有轨道交通1、4、8、9、10号线越境而过,13号线在建;有内环高架路、南北高架路、延安高架路交汇相连。有中共"一大"会址、上海孙中山故居、中国社会主义青年团中央机关旧址等全国重点文物保护单位3处,有中共"一大"代表宿舍旧址、《新青年》编辑部旧址、中共代表团驻沪办事处(周公馆)旧址、韬奋故居等市级文物保护单位11处和1处市级纪念地,有孙中山行馆、大韩民国临时政府旧址等区级文物保护单位19处,有江南制造总局、华懋公寓、瑞金宾馆等上海优秀历史建筑59处,包括5处市级文物保护单位,有刘海粟旧居、何香凝旧居、柳亚子旧居、梅兰芳旧居等区登记不可移动文物86处;有天主教伯多禄堂和君王堂、基督教诸圣堂和惠中堂、佛教法藏讲寺等宗教场所;有上海新天地、思南公馆、"8号桥"和田子坊创意产业园等上海旅游休闲新景观;有"何克明灯彩""石库门里弄建筑营造技艺"两项国家级非物质文化遗产;有国泰电影院、白玉兰剧场、卢湾区图书馆、雅庐书场、汪亚尘艺术馆、卢湾体育馆、卢湾体育场等文化体育设施。1994年、2005年、2006年3次被国务院残疾人工作协调委员会、国家教委、民政部、中国残疾人联合会授予"全国特殊教育先进区";1998年被民政部授予首批全国社区服务示范城区;1999年、2005年、2009年3次被中央文明委授予"创建全国文明城市工作先进城区"。

# 第一章　恢复经济建设

1978 年以来,遵循以经济建设为中心的基本路线,实行改革开放,发挥地区优势,外引内联,促进地区经济和社会发展。区委、区政府根据党的相关政策,安置好上山下乡返城青年就业,维护社会稳定。通过简政放权,扩大企业经营管理自主权,扩大街道办事处权力,转换企业经营机制,使企业拥有更多的自主权,地区工业迅速发展,逐步形成以电子、家用电器产品为主,多门类的集体工业体系。同时通过加强区属工业企业管理,挖掘生产潜力,开展技术改造和技术革新,调整产品结构,增产适销产品,保持生产稳定增长。加快商业改革步伐,加强对淮海中路一条街及全区商业网点的调整,恢复名、特、优、新、专业、高档等传统服务项目,发扬经营特色,提高管理水平和服务质量,适应不同层次消费需求。为解决居民住房困难,动员各方,加快住宅建设速度。面对经济发展造成的污染问题,加大污染治理和环境建设力度,环境质量提高,南北差距缩小。随着市场经济的发展,社会上对中、初级专业技术人才的需求量猛增,恢复并大力发展职业学校,至 1986 年,开办 10 所职业学校,有 4 所普通中学附设职业班。1990 年,区属商业、饮食服务业营业收入总额为 29 亿元,区属工业产值为 3.7 亿元,区财政收入完成 2.8 亿元,分别是 1980 年的 3.5 倍、5.1 倍和 2.5 倍。

## 第一节　区　属　工　业

### 一、体制改革

区属工业从体制改革着手,不断推进管理机制、经营机制变革,尤其是 80 年代后期,加快三资企业发展,极大增强区域经济活力。

**【管理机制】**

1978 年成立区集体事业管理局(简称区集管局)。1983 年为解决条块分割的矛盾,实行集中归口领导,区属工业与街道脱钩。

1979 年将全区 276 个里弄生产组组建成 64 个工厂。1984 年按照行业相近的原则,组建多灵电子、幸福电器、中亚仪表、曙光塑料制品、中华服装 5 家专业公司和 1 家商业生活服务公司。

1983 年为体现奖勤罚懒、奖优罚劣,推行计件和浮动工资制,在企业内部根据贡献大小,拉开工资差距和档次,克服分配上的平均主义。1984 年,区集管局在全市率先简政放权,制定扩大企业自主权的 10 条规定,在干部任免、招工用人、搞活分配、生产经营、税后留成等方面给企业更多自主权。同时引进大批技术和管理骨干,仅多灵电子工业公司 1 家就向全市招聘引进各类人才 50 多人。

**【经营机制】**

80 年代中期,区属工业改革进入攻坚阶段。推行以企业利润、税利挂钩、税收挂钩、外贸收购款挂钩等为主要内容的经济承包责任制。1985年,多灵电子等6个公司与区集管局签订经济承包合同,70%的工厂与公司签订经济承包合同。1988年进一步完善经营承包方案,并对有突出贡献的企业经营者予以重奖,较好地解决企业吃大锅饭的问题,使一部分干部和职工先富起来。同时,试行企业租赁。多年亏损的汉森电器厂在1988年试行租赁,当年便扭亏为盈。其间,以点带面,先在海鸥电器总厂、长乐电器厂等4个企业试行厂长负责制,后在全系统全面试行。

**【三资企业】**

80年代后,加快利用外资步伐,积极发展三资企业,至1991年底,区内建立了沪港合资提克服装有限公司、中日合资雅蝶时装有限公司、中美合资上海纸杯有限公司等11家三资企业,总投资749万美元,其中利用外资285.2万美元。成立于1987年的上海声泰音响制造有限公司是区属工业中第一家沪港合资企业,由上海多灵电子工业公司与香港泰山国际贸易公司合资成立,投资总额60万美元,注册资金60万美元,其中港方出资20万美元,沪方出资40万美元。该厂主要产品为电动式扬声器。90年代初开发高档汽车音响,品种有150多种。1988年,YD130-4型收录机用扬声器在全国质量评比中获电子工业部二等奖。1989年通过出口商品许可证验收,产品远销欧、亚10余个国家和地区。1991年,YDT59-11型扬声器获电子工业部一等奖,YD130型扬声器取得上海市仪表电讯局颁发的"免筛合格证"。多灵—澳森机械设备有限公司于1990年2月成立,为中英合资企业,投资总额900万元,注册资金800万元,建筑面积7 502平方米。公司有九大系列50多个规格的产品,为破碎机行业中颚式机规格最全、品种最多的生产企业之一。1991年3月试制成功国内第一台轮胎式辊式破碎机,产品远销欧洲、亚洲、拉丁美洲、澳洲等20余个国家和地区。

## 二、产业发展

80年代,区域经过产业发展与调整,至1987年逐步形成电子仪器仪表、家用电器、服装、塑料、纸品、食品机械等11个行业,产品生产向新技术、高层次、多功能、系列化方向发展。

**【拾遗补缺】**

1978年初,地区工业主要为大工业加工协作,拾遗补缺,当大工厂配角。是年,卢湾区以电子与家电产品为重点,开发产品,最早试制和投产的有淮海中路街道幸福工场的GX—1轻型洗衣机、吉安路街道孝和五金工场的琴键式开关16英寸电扇、嵩山路街道太仓电讯工场的BA102型改型发报机等。此后,各街道相继制订产品发展方向。1978—1979年,瑞金电讯元件厂的星宇牌12英寸黑白电视机、幸福洗衣机厂的幸福牌洗衣机、吉安电扇厂的三五牌16英寸电风扇、金鹿无线电厂的金鹿牌落地收音机、长乐电器厂的长风牌电吹风等,成为全市地区工业中较早推向市场的畅销商品。到1984年,自制产品的产值已由1978年的605万元猛增到16 629万元,增长26倍。1984年,区工业总产值20 738万元,为1978年2 642万元的7.8倍。

**【"三来一补"】**

1979年5月,区雅乐妇女用品厂承接日本蝶理株式会社来料加工,成为首家进行"三来一补"的企业,打开运用各种方式引进国外先进技术、管理和资金的大门。是年,雅乐妇女用品厂从日本引进 3 条流水线,有先进缝纫设备 140 台。之后,春雷电讯厂投资 10 万元装备 2 条收录机流水线,并以 10 万美元引进日本松下电器公司全套收录机调试仪器;声泰音响公司引进扬声器生产流水线、检测仪器及装配单机;上海纸杯厂从 1988 年起先后引进 3 条德国 CBU 纸杯流水线和 1 条美国纸杯制作流水线;双爱电器公司用 126 万元添置 2 条装配流水线和 90 台电脑吸尘器测试仪等,为产品更新换代打下基础。1984—1986 年开发新产品 230 项,其中国泰电讯器材厂 TSGT‑21 精密电脑温控仪在全国微机技术交流会上被评为三等奖,春光电子元件厂的 280 KV 高压硅堆测试装置被评为 1986 年上海市科技进步三等奖。

### 【重点产业和产品】

1984 年,多灵电子、幸福电器、中亚仪表、曙光塑料制品、中华服装 5 家专业公司和商业生活服务公司成立后,各公司采取发展重点产品和重点厂的策略。多灵电子工业公司主要生产收录机、电视机、收音机、扩大机、扬声器,公司实体研制的多灵牌风幕机系列获 1986 年上海市优秀新产品奖和 1991 年全国星火计划成果博览会金奖。幸福电器工业公司的主要产品有工业洗衣机、食品机械、炊事设备、电风扇和电动三轮货车。1985 年起,东方食品机械总厂先后试制投产月饼成型机、双轨糕饼自动成型机、巧克力中空成型机、果仁破碎机,其中双轨糕饼成型机为国内首创。中亚仪表工业公司的主要产品有电接点液位计、无声节电器、生理仪器。跃新保健敷料厂生产的医用 X 光追踪保健敷料外销澳大利亚、美国、英国、法国等国。1990 年,红旗仪表厂的 SBT‑237 喷香调光台灯获全国民用照明灯具"金鸡奖"设计大奖赛一等奖。

1987 年,海鸥电器总厂形成冷、热两大系列产品,品种多达 70 多种。多灵—澳森机械设备有限公司自 1985 年试制第一台细碎破碎机,到 1990 年相继开发圆锥式、低矮式、移动式、冲击式成套机组等九大系列 50 余个规格产品。1990 年起,调整产品结构,重点发展机械缝纫类,保持家用电器类,压缩广播电视类,使产品结构趋于合理。

## 三、石龙路工业小区

1979 年大批上山下乡知青返城,生产组成为安置部分知青的就业点。此后,随着区属工业的不断发展壮大,简陋的厂房和发展着的地区工业成为一个突出的矛盾。1984 年,区政府对有发展潜力、能够形成新经济增长点、经济效益好的企业进行分析研究,作出征地建工业小区、扶持区属工业经济发展的重大决策。1986 年,市经委批准卢湾区石龙路工业小区建设布置方案选址意见。小区位于区境外新龙华地区,占地 4.1 公顷,总建筑面积 40 200 平方米。后因资金不足,未能上马。1988 年起,随着改革开放的深化,浦东开发热潮引起的东西联动效应,以及分年度的技改贴息贷款方案的实施,小区建设进度加快。1991 年,区集管局抓住加速基本建设的机遇,编制《卢湾区集管系统石龙路工业小区建设规划》,12 月小区进入全面施工阶段。1992 年经市经委批准,石龙路工业小区由原基建项目转为技术改造项目。项目自筹资金 5 163 万元,技改专项贷款 2 754 万元。1993 年底,小区基本建成。

石龙路工业小区有矿山破碎机械、食品机械和小家电三大生产项目,包括多灵—澳森机械设备有限公司、海鸥电器总厂、双爱电器实业总公司、东方食品机械总厂 4 家企业。各厂迁入后,运用新工艺、新技术,扩大生产规模,提高产品质量,实行现代化管理。1993 年,4 家企业工业总产值 16 352.3 万元,占区地区工业系统的 45%;利润 1 850 万元,占区地区工业系统的 92%。

# 第二节　商　　业

1979 年起,区域商业调整网点,组建大中型商店,扩大经营规模;调整经营结构,恢复发展特色经营、特色服务,恢复发展老店、名店经营特色,形成一批工艺精湛、服务优质、服务独特的专业特色商店,开设柳林路、长乐路两处以服装为主的小商品市场,交易兴旺。区境的锦江饭店,是解放后上海接待来访外国元首的重要宾馆。1980 年后建成新锦江大酒店、花园饭店(上海)和城市酒店,瑞金宾馆开始对外营业,对区境、特别是淮海中路西段商业和服务业发展产生巨大的推动作用。

## 一、淮海路商业

70 年代末、80 年代初,淮海路上一些老字号陆续复名,并恢复传统经营特色。市商业主管部门和区政府分别命名 44 家市、区名特商店。1990 年,国内贸易部命名新光光学仪器商店、上海钟表商店、正章洗染店、东方眼镜商店等 24 家商店为"中华老字号",占全区 30 家"中华老字号"的 80%。

同时,各行业根据市场变化、消费结构的变换以及产品升级换代的情况,调整经营结构,形成新的经营特色。五金交电行业以经营家用电器为主,改造建立新艺装潢五金商店、新歌电视机商店、东方家用电器商店和专营吸尘器的开乐家用电器商店,开设沪上第一家专营电脑的上海电脑商店等,成为淮海中路上新崛起的重点行业。1984 年,百货行业开设天宝金银首饰店,服务业开设沪上第一家美容美发的露美美容厅。而后,又开设龙凤金银珠宝商店、白玉兰美容美发厅、沪江美容厅等。南希庆丰快餐、加州彩虹快餐、淮西快餐、长春食品商店快餐部、光明邨阳光食城、益民商厦小吃广场、麦当劳快餐等中外快餐,成为淮海中路上餐饮业的新军。

各商店根据经营业务,明确服务宗旨,结合淮海中路街情,形成商业街的服务特色。80 年代初期,涌现以长春食品店、万里服装店为排头兵的文明服务典范,掀起"学长春、赶万里"的文明服务竞赛活动。全国劳动模范、金龙丝绸呢绒公司营业员高园芳,从研究掌握顾客购物心理入手,热情接待顾客,总结出"四心、四勤、三声"(即热心、贴心、细心、耐心,口勤、眼勤、手勤、脚勤,招呼声、答询声、道别声)的服务规范。1984 年,卢湾区率先在全市开设夜市。这一时期,红星眼镜店特设小修小配专柜,修理员杨永康刻苦钻研修配技术,创出"代(零件替代)、改(改装)、试(试修)"三字修理法。新光光学仪器商店以修配望远镜等光学仪器而名重沪上,修理员林家瑶与其徒谭国宝、谢永明等,精心钻研新老各式相机修理技术,被誉为"照相机'医院'、光学仪器'大夫'"。1986 年,淮海中路被评为全国文明商业街。1990 年 3 月 15 日,长春食品商店率先在全国推出"悬赏提劣,劣一赏百"的活动,提倡诚信经营。

## 二、柳林路小商品市场

1979 年,八仙桥周围出现小商品无证摊贩;淮海中路、重庆南路路口的国营淮海旧货商店四周也出现许多"黄牛",兜售从南方沿海走私来的电子表、太阳眼镜等国外小商品。1980 年初,经常有100 余摊,多时达 200 余摊,严重影响交通和市容。

1980 年 10 月,区政府决定在柳林路上开设市场,引导个体商贩进场经营。市场位于淮海中路东首的柳林路上,西靠八仙桥商业闹市区。建场时北起淮海路,南至桃源路,摊位 80 个,零售节约

**80 年代中期的柳林路市场(黄浦区志办提供)**

领、枕套、尼龙包、玩具等小商品约 30 余种。1981 年南延至崇德路,摊位 182 个,上市商品增加成人服装、童装童袜、工艺制品、皮革制品、针织品等,品种增加到 70 多种。经营方式从零售为主发展到批量销售。1985 年已发展成为全市第一个具有活动摊房设施的专业服装市场,经营服装的企业、摊贩共有 676 人(户)。

为追求新、特、快,商贩重视市场信息,经常往返于广东、福建、深圳和珠海特区,了解南方和香港、澳门最新服装面料、款式变化。上市的服装由于款式新颖,深受消费者欢迎。全国有 28 个省市自治区的 600 余个地区、5 万余家个体户,慕名到市场进货。市场还专门设立代销点,为全国各地的 600 多个国营、集体商业贸易公司提供货源。

1990 年,柳林路小商品市场销售额为 4 881.4 万元,列全市小商品市场首位,比 1981 年的 190 万元增长 25 倍;上缴国家税收 222.1 万元,比 1981 年的 0.44 万元增长 500 倍。多次被评为上海市先进集市,并被评为 1989—1990 年度、1991—1992 年度全国文明集贸市场。1991 年受淮海中路市政建设影响,柳林路服装市场业务下降,摊位减少。是年,区政府批准兴建柳林大厦,建设室内小商品市场,扶持和发展日用商品交易市场。

## 第三节　安　置　知　青

1968 年起,根据国家有关政策,掀起上山下乡运动。至 1977 年,卢湾区共有知青 84 787 人分赴云南、贵州、江西、安徽、黑龙江、吉林、内蒙古和市属农场、市郊农村等地务农。1979 年实施父母退休子女顶替政策,外地知青顶替回沪 7 720 人,形成待业高峰。为解决返城知青、历届待业青年和社区残疾人员等就业问题,先后成立区劳动服务公司、区生产生活服务合作联合社,同时各街道大力发展街道直属企业、居委会三产企业和合作联社企业,提供就业岗位。

## 一、区劳动服务公司

于 1979 年 4 月成立,厂房占地 48 499 平方米,建筑面积 45 576 平方米,主要生产汽车座椅、布绒玩具、电器设备、压力容器、净水设备、电梯设备、锅炉装修、机械加工、仪器仪表和车辆改装等。所属企业均于 1979 年为解决回城知识青年和社会待业青年就业而逐步发展起来。初以淮海中路、顺昌路两街道房修队为基础,并入顺昌路街道基建队,共 400 余人。1979 年改组为土木工程一队、二队、三队,锅炉安装修理队,综合服务队和建筑设计室等,职工 735 人,90%为回沪知青。之后,逐步向生产经营型的工业企业过渡。1980 年,土木工程二队组建为锦华工艺玩具厂和风华电器厂。1982 年 2 月,土木工程三队改为卢湾水电安装队,1983 年 4 月又改为振华电器厂。1982 年 3 月,锅炉安装修理队改为锅炉安装修理厂。1984 年 9 月,土木工程一队改为达华电梯修配厂,1985 年又改为达华电梯厂。综合服务队和建筑设计室先后于 1984 年、1985 年歇业。1985 年,组建新华压力容器厂,专业生产压力容器;风华电器厂改为风华电讯器材厂。工业生产初具规模,场地、人员、设备都有较大改善,利润从 1979 年的 19.68 万元上升为 1984 年的 172.84 万元。1988 年,区运输公司所属上海篷垫厂、上海水处理设备厂、上海通用异型铝材厂、卢湾客车厂 4 家企业,划入劳动服务公司系统。各厂在转轨中注意自身改造,逐步引进新技术和设备,加强企业管理,提高产品质量,致力于开拓海外市场。同时引进外资,先后组建艾丽丝玩具有限公司、通成机械有限公司等 5 家中外合资企业。

## 二、区生产服务合作联社

1979 年为安排待业青年和社会闲散劳动力,区设立"广开门路办公室"。1981 年成立区生产生活服务合作联合社(简称合作联社),1984 年改称区生产服务合作联社。其间,各街道相继成立街道合作联社。1982 年有合作企业 170 家,安排就业 2 405 人,经营遍及工商服务、交通运输。生产经营场地因陋就简,工业多在地下室、防空洞,商业多在弄堂口、马路边设摊搭棚或建售货亭。此后,瑞金二路街道合作联社创办全市第一家以待业青年为主体的风光旅行社。五里桥街道合作联社在瞿溪路的鲁班路—打浦路段建立"天字"一条街,开设天天饮食店、天平百货商店、天乐果品杂品商店、天厨油酱商店、天艺打字誊印社、天信文教劳防用品商店等,为区境南部商业服务行业补网点。

## 三、街道工业

1980 年 10 月起,各街道相继建立工业公司。1984 年,集体工业划归区集管局管理。各街道为解决就业问题等兴办了一批工业企业,其中有丽园路街道丽丽服装厂、顺昌路街道莱蒙制衣厂、五里桥街道明光眼镜厂等。之后,又建立淮海中路街道佳佳服装厂、惠福电器元件厂,打浦桥街道华丽汽车维修站、丽新化妆笔厂,五里桥街道五岭电器厂、春绿服装厂,瑞金二路街道妇婴用品厂和霓虹电器厂等一批企业。先后安置待业人员 2 300 人次、残疾人 414 人,返聘低收入离退休人员 1 270 人。

1990 年,街道工业企业共有 29 家,其中淮海中路街道 4 家、济南路街道 3 家、打浦桥街道 5 家、五里桥街道 5 家、丽园路街道 4 家、嵩山路街道 3 家、顺昌路街道 3 家、瑞金二路街道 2 家,主要产品有五金、食品、服装、袜子、眼镜、灯具、激光电源、音响元件、制冷设备以及皮革、针织、塑料、橡胶制品和妇幼用品等。年税利达 100 万元以上的有上海佳佳服装厂、丽丽服装厂、春绿服装厂 3 家企业。

# 第四节　住宅建设

80 年代起,区域旧城区改造步伐加快。建设资金从单一财政拨款,转为企业联建、系统开发等多种渠道。危棚简屋改造和住宅建设逐渐与市政建设、经济综合开发相结合。所建住宅多为混合结构的单元楼,煤卫、厨房、阳台、客厅齐全,商业、学校、医院、道路、绿化等公建配套同步。1981—1990 年,建设住宅 119.41 万平方米,比前 10 年增长 2.9 倍。1984—1989 年,居民迁居 35 291 户,其中动迁 8 638 户,解困 26 653 户;排设下水管 2.54 万米,新修和维修房屋 73.7 万平方米;引水进屋 2 793 户,发展煤气用户 9 571 户。

## 一、商品房

区境商品房住宅建设于 80 年代起步。1983 年,上海国际建筑工程公司与香港永兴企业公司合资,率先在雁荡路 107 号建造 28 层外汇商品房住宅楼雁荡大厦,占地 0.35 万平方米,建筑面积 2.43 万平方米,造型为独立点状塔式体型,提供高级公寓住房 197 套。1987 年,区属商品房建设启动,至 1990 年底,主要基地有:龙华东路 342 弄,为区内第一个较完整的区属商品房基地,1987 年动工,1988 年竣工,砖混结构 7 层楼 2 幢,建筑面积 0.88 万平方米;龙华东路 239 弄,为 342 基地的后续基地,1988 年动工,1990 年竣工,砖混结构 7 层楼 6 幢,建筑面积 2 万平方米;瞿溪路 1079 弄,1987 年动工,1989 年竣工,5 层～7 层砖混结构楼 9 幢,建筑面积 3.25 万平方米,其中商品房面积 0.66 万平方米;龙华东路 384 弄,1988 年动工,1989 年竣工,建成 7 层混合结构楼 2 幢,建筑面积 1.06 万平方米。

## 二、区外贴地

区境地狭人稠,少建房隙地,危棚简屋地段建筑密度高,改造难以就地平衡。为加快旧区改造步伐,缓解住房困难矛盾,1980—1985 年在浦东川沙、徐汇康健等地征用和划拨土地 82.32 公顷,建造住宅楼及配套设施。

其间,在浦东地区先后征地 4 批。1980 年 4 月在川沙县杨思公社大道站大队征地 6.05 公顷,吸收劳动力和抚养老人 39 人,拆除房屋 369.3 平方米;12 月再次征地 31.75 公顷,吸收劳动力和抚养老人 437 人,拆除房屋 24 934.8 平方米。1982 年 6 月在大道站、杨中、西浦、三角地等大队征地 22.35 公顷,吸收劳动力和抚养老人 694 人,拆除房屋 1 286.6 平方米。1984 年 11 月在德州新村批准划拨土地 6.67 公顷,实征 5.5 公顷。实际共使用征地 60.15 公顷,用于住宅建设 38.91 公顷,其余用于道路和公建配套等;所建住宅区分别命名上钢新村、德州新村、济阳新村。

1984 年,市建委批准划拨旧区改造贴地 23.33 公顷,其中徐汇康健新村 16.67 公顷。该项目位于漕河泾康健公园南,距徐家汇 3.5 公里处,范围为虹漕路东、柳州路西、漕宝路南、沪闵路北。1986 年 11 月,卢湾区住宅建设办公室与上海市居住区开发公司第七分公司签订“补贴土地”协议书。1988 年 3 月与徐汇区商定联合开发。因卢湾方资金紧缺,改为分街坊包干实施。一、四街坊为卢湾方实施地块,建筑面积 13.63 万平方米。一街坊即长兴坊,1991 年 8 月动工,1993 年竣工,建造住宅楼 16 幢,建筑面积 73 322 平方米;公建配套设施有商业网点 1 744 平方米、菜场 1 977 平方米、幼儿园 1 218 平方米、托儿所 1 200 平方米、车库 1 400 平方米、绿化面积 11 000 平方米等。四街坊即长丰坊,1990 年 9 月动工,1993 年竣工,建住宅楼 24 幢,建筑面积 47 878 平方米。另有徐汇方代建 9 幢,19 476.21 万平方米;公建配套设施有小学 4 000 平方米等。

## 第五节　工业污染治理

随着区域工业的发展,区内工业废水的排放量增加,大气污染严重。全区开展以治理工业污染为重点的环境保护工作,关停并转迁一批污染严重、场地狭小的造纸、化工、染织等工厂,或实行第二产业向第三产业转换。1986 年 12 月率先建成低噪声控制区。1989 年建成全市第一个烟尘控制区。

### 一、水污染治理

80 年代,区境内年排放废水总量 2 514.62 万吨,其中工业废水 2 004.28 万吨,占 79.71%。工业废水多集中区境南部,其中五里桥街道占等标污染负荷的 75%。

1978 年起,区环境保护办公室以废水污染大户为重点,进行废水治理。1985 年前,电镀点都配有废水处理设施,采用离子交换、化学凝聚分离、酸碱中和等方法,基本达标排放。上海有色金属压延厂于 1986 年投资 145 万元兴建一座废水处理站,处理酸性含铜废水;1989 年投资 50 万元治理铍铜废水,处理率达 95% 以上。

对一些严重污染又无法就地治理的单位,督促其停产搬并迁。1985 年前,7 户用氰单位全部搬迁或停产。至 1993 年,共有上海活性炭厂、上海纱罩厂、上海电解锰厂等 19 家工厂、车间停产或搬迁出境,上海异型钢管厂、上海第十六制药厂等 9 家工厂也在短期内迁出。

### 二、大气污染治理

区境曾属全市大气污染最严重地区之一,南部尤甚。1980 年,区内排放废气单位有 35 家,排放废气 25 个种类,其中恶臭废气 9 家;有粉尘污染单位 41 家,主要种类有矽尘、铁末尘、木屑等。1983 年,排放废气单位达 95 家,排放废气 30 种,集中于五里桥、打浦桥、丽园路 3 个街道,次为顺昌路、淮海中路街道。其中苯废气为各工业废气之首。据 1985 年调查,区内烟尘年排放量为 1 616.37 吨、二氧化硫为 3 035.94 吨、氮氧化物 1 393.34 吨、一氧化碳为 231.34 吨。二氧化硫浓度日平均 0.157 毫克/立方米、氮氧化物 0.077 毫克/立方米。烟尘污染呈打浦桥和日晖东路、南阳桥至制造局路龙华东路口的两点一线分布。后果是酸雨频繁,据 1984—1985 年监测,出现过 pH

值 3.31。

80 年代起,对废气污染进行有计划治理。1981 年,1 吨以上大锅炉改造成机械炉排,基本消除大锅炉的黑烟。1982 年完成 1 吨以下小锅炉和单位生活灶的烟气治理项目 38 个,223 台锅炉安装除尘设施,安装率 83%。1984 年,区八届一次人代会作出年内实现"烟囱基本不冒黑烟"的决定。区环保部门采取限期治理、排污收费、罚款等措施;成立改灶小组,推广改炉经验,对 70% 尚未改造的生活炉灶实行改造、检查。1985 年经市环保局验收,合格率 90.7%,达到基本无黑烟区的标准。1985—1989 年继续治理尚存的冒黑烟炉、灶,经市环保局 4 次复验,黑烟消除率为 95.2%,烟尘排放合格率为 91.55%。1989 年 7 月在全市率先建成烟尘控制区。

## 三、噪声污染治理

区内曾因噪声源与民宅交错,厂群矛盾突出。噪声源主要是引风机、机器运转声、污水处理泵等,次为工场噪声污染。1978 年对 24 家噪声较严重的工场测定,超标 7 家,多属楼上、楼下,或一板之隔,或一墙之隔。1980 年始,采取调整机器设备布局,安装消音、隔音等措施,减少噪声污染。1985 年对 107 家市属工厂调查,噪声污染严重的有 22 家。噪声污染严重影响居民休息,群众来信来访日增,引起市、区领导重视。1986 年初,卢湾区将建设低噪声控制区列入为民办实事项目之一。2 月以嵩山路街道作试点,采用安装隔声窗、隔声罩、消声弯头、吸声披、吸声门、吸声墙、双层窗和隔声墙等,对 17 家单位 45 个固定噪声污染点进行治理,无法治理的停产、转产或搬迁,拆除 6 个噪声污染点。12 月通过市环保局验收,在全市率先建成低噪声控制区。

# 第二章　建设现代化中心商业区

90 年代,卢湾区进入大变样、大发展时期。城市发展从形态开发为主,逐步向功能开发为主转移。1992 年 1 月成功进行打浦桥"斜三"一期地块毛地批租,开上海在市中心实行以毛地批租形式成片改造旧城区之先河。进而以轨道交通 1 号线、内环高架路、南北高架路和日晖港治理等市政工程建设为契机,以土地批租为渠道,加快淮海中路商业街改造、打浦桥区域改造。经济发展从传统的区属经济逐步向开放的区域经济转化。实施全方位、多层次的开放战略,努力拓展国内外两种资源和两个市场,加强招商引资和对外经济工作,外资企业、私营企业、民营科技企业迅猛发展,全区非区属经济和非公有制经济比重分别达到 55% 和 43%。外向型、多元化的经济发展格局促进区域经济的快速增长,第三产业发展层次不断提高。"九五"期间,区内增加值年均增长 18.6%,地方财政收入年均增长 19.3%。企业改革从经营管理方式改革逐步向产权制度改革深化。通过组建企业集团和有限责任公司等形式,吸纳社会资本,构建多元化投资主体,基本形成以公有制为主体、多种所有制经济共同发展的格局。社会发展从注重社会事业项目建设走向以社区为载体的社会全面进步。实施"84422 工程",建设教育小区,加大教育投入,教育事业取得较大发展。实行"两级政府、三级管理"的城区管理新体制,形成社区成员和社会团体参加的社区管理新机制。2000 年,淮海中路现代化商业商务中心地位基本确立,打浦桥地区现代化商住区框架基本形成,卢湾商业商务功能积聚敷设的先发效应已经显现。

## 第一节　旧区改造

1992 年初,卢湾区大胆进行在市区利用外资改造旧区的实践,诞生市区第一块毛地批租项目——"斜三"基地(斜徐路第三居委会地块),拉开区境大规模旧区改造的序幕。1997 年底,经过 6 年的努力,提前 3 年完成 33.78 万平方米危棚简屋的拆除改造任务。同时,加强基础设施建设,使城市面貌发生很大变化。

### 一、土地批租

国有土地使用权有偿、有限期出让,习称土地批租。1992 年 1 月 25 日,市土地局与沪港合资上海海华房产有限公司签约,由后者承租"斜三"一期地块,位于打浦桥街道第 86 地籍号,是区域危棚简屋高度密集区,面积 19 790 平方米。出让后,由承租方建造高层公寓,建筑面积 90 351 平方米,并含市政道路、商业服务、幼儿园、街道绿化等配套设施。签约后,由承租方以 8 500 万元自行完成 1 044 户居民和 20 家单位的动迁安置。

之后,大东(淮海中路 138 号)、牙防所(淮海中路 137 号)、斜鲁、"斜三"二期等地块相继批租。至 1993 年底,区境内共有 10 幅地块批租,总面积 122 424 平方米,租金总额 4 080.36 万美元。区充分利用中心城区的区位优势,积极引进外资,以拆除危棚简屋为重点的旧区改造工作迅速开展。到 1996 年底,先后批租地块 39 幅,面积 30 余万平方米,收入出让金额 6 亿美元。

1992 年 1 月—1995 年 7 月,土地使用权有偿出让仅适用于外资项目。1996 年 3 月 24 日起,为鼓励房地产开发公司积极参与改造区内危棚简屋,对利用外资(包括内资)开发经营内销商品住宅地块上原属危棚简屋的部分,按所占地块面积比例免收土地使用费。对地块内其他土地,减收土地使用费。1998 年,区政府印发《关于进一步推进卢湾区旧区改造的实施意见的通知》,对确定的改造项目,除按市政府有关规定执行外,其土地使用权出让金按改造地块的实际面积,经市房屋土地资源管理局批准全部免交,或经区土地管理部门核准,退回土地出让金中返回区政府部分。

## 二、危棚简屋改造

区境内住宅建筑中,旧式里弄始建于 19 世纪 70—80 年代,新式里弄始建于民国初,花园住宅始建于 20 世纪初,公寓始建于 20 年代中,新工房于 80 年代大批兴建。其中有些房屋历经一个多世纪的变迁,建筑陈旧,质量下降,至 1991 年底,旧式里弄、棚户简屋及危房占住宅的 73%,整个地区公建配套不足,市政设施匮乏,居民居住环境日益恶化,各类矛盾日益突出,要求改造的呼声越来越高。

1992 年,上海市确立到 20 世纪末的居住目标,卢湾区作为中心城区之一,列入全市"365 万平方米危棚简屋改造"范围的有 33.78 万平方米,基地 71 块,涉及居民 16 530 户。是年,区域"危棚简屋改造"计划开始实施。1997 年 12 月 18 日,在打浦路 53 弄基地上举行全部拆除成片棚户简屋庆典仪式。经过 6 年努力,耗资 70 多亿元,实际拆迁 337 736 平方米,动迁危棚简屋居民 16 530 户,提前 3 年完成市委、市政府确定的在 20 世纪末完成成片危棚简屋拆除的任务。

## 三、改善居民住房条件

通过实施住房成套改造、"平改坡"工程、"小包围"工程,群众居住条件得到极大改善。从 1992 年开始,利用内外资加快旧区改造,先后建成 100 余个现代化居住小区。同时,对有条件的旧区实施成套率改造。1991 年对马当路 301 弄进行旧里改建成独用成套新里试点,获得成功。1997 年对茂名坊实施成套改造,成套率提高到 100%,绿化率从原来的 15% 提高到 23%。1999 年开始,对内环高架路、南北高架路两侧 100 米左右,淮海中路、延安中路两侧以及区南部地区的老工房实施平屋面改坡顶工程,完成多层住宅"平改坡"102.61 万平方米。1994 年实施公有住房出售制度。1995 年针对区内人均 4 平方米以下住房困难户,共 1 590 户,推行"三个一点"即政府、单位、个人各出一点的有偿解困政策,至 1999 年提前完成解困任务,成为全市第一个完成 1 500 户以上住房解困任务的区。

# 第二节　市　政　建　设

1992 年始,市政府加快兴建立体交通枢纽。区抓住这一机遇,把市政工程建设作为每年为人民群众办实事的一个重要内容,先地下、后地上,高速、有序地推进,使城区面貌发生很大变化。区境内环高架路、南北高架路、轨道交通 1 号线一期工程、卢浦大桥、延安高架路及开工建设的轨道交通 4 号线和 8 号线,形成地面、地下、高架相结合的立体交通骨架。

## 一、高架道路

### 【内环高架路卢湾段】

1992年开始兴建,连接南浦、杨浦两座大桥,将浦东、浦西联成一体。浦西高架路长29.2公里,其中卢湾区段长1 676.4米,东起制造局路,西至日晖东路康衢桥,由高架路、地面中山南一路以及鲁班路立交桥组成,共有桥墩78座。中山南一路鲁班路立交桥是内环线高架路与南北高架路在区境内的连接点,为一座含地面便道、内环高架路、定向匝道和南北高架路共4层的大型立交桥,高20多米,桥面标准宽度18米,匝道附近桥面最大宽度37.5米。项目于1992年11月启动,12月完成动迁,共动迁居民658户,拆除居民住房20 454平方米;动迁单位57家,拆除单位用房21 888平方米。1993年3月,中山南一路便道工程动工,12月竣工。

### 【南北高架路卢湾段】

1993年初,市政府开始实施南北高架路工程。总长8.45公里,其中卢湾区段长3.3公里,约占全程的40%。为按时完成项目动拆迁任务,成立"成都路工程卢湾区指挥部"和"卢湾区成都路工程领导小组"。1993年8月,金陵西路、重庆中路地区率先动迁,10月实施全线动迁。1994年1月,南北高架路工程卢湾区段率先完成动迁工程,共动迁居民5 053户,动迁单位285家,拆除建筑28.34万平方米。如此大规模的动拆迁,是区境乃至全市历史上前所未有。1995年5月,南北高架路南段在卢湾区率先建成试通车。6月,南北高架路全线建成通车。

### 【延安高架路卢湾段】

延安中路为卢湾区与静安区的分界路,长1 036米。延安高架路卢湾区段动迁工作于1998年4月启动,仅用45天时间,便于5月21日完成区境内661户居民和52家企事业单位的动迁任务。6月,卢湾区段完成拆除建筑和场地平整,率先向市工程指挥部交地施工。延安高架路地面道路为机动车专用道,沥青混凝土路面,路宽43米,设计时速40公里。

## 二、地面道路

90年代初,区境内有道路78条,全长67.76公里,总面积99.8万平方米,人均占有道路2.37平方米。1995年9月,辟有六快二慢八车道的徐家汇路扩建改建工程奏响凯歌。这是全市第一个由区政府自筹资金动迁并组织施工的道路扩建改造项目,东与陆家浜路相连直达南浦大桥,西与肇嘉浜路接通直抵徐家汇商业中心,成为市区东西向交通的主要干道之一。21世纪初,区共扩建改建道路16条,拓宽车行道面积30万平方米,拓宽人行道面积约7.5平方米;大修道路44条,大修道路面积31万平方米,大修人行道面积13.5万平方米,大修下水道3万米;区境内有道路72条,全长76.07公里,总面积136.06万平方米,人均占有道路4.15平方米。

## 三、轨道交通

### 【1号线】

全长16.1公里,其中卢湾区段长1 760米,在陕西南路和黄陂南路各设1座地下车站。区境内工程由市地铁指挥部负责协调,区分指挥部负责地面动迁、公交 26 路改道以及淮海中路商业网点调整等前后期配套工程。1992 年 2 月 4 日起,陕西南路至黄陂南路的淮海中路段进行封闭式施工,改建淮海中路路面,整理地下管线,进行轨道交通站台施工。9 月 16 日,路面施工结束,部分路段放行。车站地区因地下和车站地面施工继续封闭。1993 年 1 月 1 日,路面全线恢复通行。是年 5 月、10 月,轨道交通 1 号线黄陂南路站、陕西南路站分别完成主体结构。

### 【4 号线】

全长 22 公里,共设 19 个车站。其中区境内的鲁班路站位于鲁班路瞿溪路口西侧,呈东西走向,全长 170 米、宽 18 米、埋深 18 米;车站结构为地下三层,第一层为站厅,第二层为设备层,第三层为站台,设 3 个出入口,总面积 9 860 平方米,于 2000 年 10 月 17 日开始动迁,11 月 13 日完成动迁。鲁班路站施工范围动迁居民 216 户、单位 23 家,拆除房屋 22 000 平方米,平整土地后交市地铁建设公司施工。

## 四、桥梁

卢浦大桥北起南北高架路鲁班路立交桥,横跨黄浦江,过川杨河与 S20(外环高速)济阳路立交桥相接,全长 3 900 米,宽 39.5 米~41 米。大桥主桥长 750 米,采用中间提篮中承式拱梁组合体系;其中主跨 550 米,两边跨各为 100 米。全桥融合斜拉桥、拱桥、悬索桥 3 种不同类型桥梁工艺于一身。主桥设双向六车道和观光人行道。引桥按 4 个~6 个车道设计。桥主跨下与江面为 46 米航道净空,通航净宽 340 米。大桥两端的桥头堡有高速电梯从地面直达 50 米高的主桥面。大桥能抵御 7 级地震强度,能抗烈度为 8.5 级以上的强变形能力以及 12 级以上的强台风。因大桥建设,区共动迁居民 829 户、单位 47 家,拆除房屋面积 4.7 万平方米。大桥于 2000 年 10 月 18 日动工,2003 年 6 月 28 日竣工通车。

# 第三节　淮海中路国际商业街

1992 年,卢湾区形成重新改造淮海中路商业街的整体方案,即西段上"短、平、快"项目,尽快繁华;东段统一规划,成街成坊改造。至 2000 年,西段建成巴黎春天、百盛、伊势丹等大型百货商店,汇集法国、意大利、德国、日本等数十个国家和地区知名品牌服装服饰的专卖店,形成世界品牌服装博览街;沿街的绿化、花槽、透视橱窗、拱形街灯、广告等,构成国际性现代化商业街的独特风景线。东段建成中环、瑞安、香港、金钟、力宝等 10 余幢现代化商务楼,构成上海最具竞争潜力的商业商务硬件设施群,吸引大批国外知名企业进驻。淮海中路成功从商业街转变成国际时尚商业区。

## 一、商业街

淮海中路,东西走向,横贯卢湾、徐汇两区。区内西藏南路至重庆南路为东段,重庆南路至陕西南路为西段,全长 2.26 公里。1991—2000 年,该地区共拆除各类房屋 26.9 万平方米,动迁居民 11 576 户,竣工建设项目 51 个,竣工建筑面积达 129.1 万平方米,拥有香港广场、大上海时代广场等零售商场 50 万平方米、高级商务办公设施 41.5 万平方米。与改造、重建前相比,新增商务办公

2003年，淮海中路西段的人民坊沿街改造后引进国际品牌店入驻（黄浦区志办提供）

设施41.5万平方米、商业营业设施40万平方米，总投资超过150亿元。街区面貌发生巨大变化。

　　淮海中路改造总体上实施东段重建、西段改造的方针。1992年起，淮海中路西段的商业网点开始有选择地实施改造，尽可能保留其原有建筑风格。在抓紧实施西段改造的同时，区委、区政府确定了东段改造方案，即在西藏南路至南北高架路1公里的路段上，除淮海公园、东风中学、尚贤坊等保护保留地块以外，其余街坊全部拆除重建。淮海中路东段14个街坊先后通过土地批租方式进行重建，吸引九龙仓、新鸿基、丽兴、新世界、力宝、中海建设等国内外集团公司竞相投资开发，建设高级商业楼宇。先后建成瑞安广场、柳林大厦、上海广场、香港广场、力宝广场、大上海时代广场、金钟广场、兰生大厦、中环广场等14栋现代化大型商业商务楼宇。2003年，香港新世界大厦落成，标志着淮海中路全线大规模重建改造基本结束。

## 二、商业业态

　　在淮海中路全线改造中，企业吐故纳新，发生重大变化，淮海中路成为上海高端商业商务企业最集中的地区之一。商业方面，东段以连卡佛、太平洋百货、东方美莎等综合百货公司为主；西段妇女用品商店、中百一店淮海店、华亭伊势丹、新华联、益民百货、二百永新、巴黎春天、百盛购物中心等百货商厦鳞次栉比，加上众多的品牌服装服饰专卖店，经营面积超过15万平方米，营业面积1万平方米以上的大型商场有7家，其中3家在2万平方米以上。商务方面，集中IBM、杜邦、拜耳、陶氏化学、川琦制铁、索尼电器、葛兰素史克等一大批世界闻名企业机构。

　　淮海中路在持续调整改造中，形成顶级百货、高端百货、时尚百货、主题百货、专业百货五大板块。大型百货商厦逐步从门类齐全的日用百货经营,转变为以中高档品牌衣饰为主,配以名牌化妆品、金银珠宝首饰和新潮相机、视听器、小家电的特色经营。这一时期,淮海中路除百货、服装服饰企业闻名遐迩,还汇聚餐饮、娱乐、健身、影视等富有特色的商业企业,形成以白领时尚典雅消费为主流的主体功能。一些商店设有餐饮、娱乐等休闲场所。传统的专业特色店大多为品牌专卖店取代,并从海内外知名品牌专卖的淮海店演变成该品牌专卖的旗舰店。国泰公寓、人民坊沿街铺面经改造调整后,形成世界二三线品牌专卖店长廊。时尚的餐饮业在淮海中路不断发展,从百货大厦小吃广场,到时尚品牌的"麦当劳""肯德基""必胜客""星巴克""永和豆浆"等;以东段楼宇为主,吸引一批特色、精品餐饮企业入驻。同时,服务业态融入休闲文化,从传统的美发、洗烫,向现代的美容美发、健身健美、电影娱乐、展览展示、培训教育、医疗保健等多种业态发展。

这一时期,淮海路上部分有代表性的百货商店和企业有:

### 【上海香港三联书店有限公司】

位于淮海中路 624 号,由上海图书公司、上海三联书店出版社、三联书店(香港)有限公司 3 方合资组建,是国内第一家沪港合资经营的书店。1990 年 4 月正式开业。主要经营国内外的各类出版物,并拥有独立的进出口权,提供进口图书的零售、批发及国内图书的出口服务,在进口原版的广告设计、文博和经管类图书等方面形成自己的品牌特色,成为当时沪上各方学者的首选书店之一。

### 【上海妇女用品商店】

位于淮海中路 447 号~479 号。由原上海市百货公司创建于 1956 年 2 月 6 日,1992 年有偿转让归属上海华联商厦股份有限公司。经营面积 1 200 平方米。商店以 25 岁~50 岁的职业女性为消费对象,经营时装、羊毛衫、羊绒衫、皮鞋、包袋、化妆护肤用品、文胸内衣 7 个大类 5 000 余种中高档女士专业特色用品。2002 年增加准妈妈系列用品。每年的妇女节、国庆节、母亲节、护士节、教师节等,开展"美在'妇女'""职业女装""太太服饰""漂亮妈妈"等主题经营活动。商店备有特大规格的时装、羊毛衫、皮鞋,还设有特殊规格的定制服饰和为患乳腺病的女性特别定制"病理文胸"的服务,并设有护肤美容和孕妇咨询热线。"漂亮妈妈温馨服务队"还深入基层服务。1997 年全年销售达 2.03 亿元,2003 年 3 月 8 日零售达 201.65 万元,成为申城百货商业零售企业单位面积创效最高的企业之一。多次被授予全国"诚信单位"、全国"巾帼建功"先进单位、全国守合同重信用企业、中国百货行业优秀企业等荣誉称号。

### 【上海市第一百货商店股份有限公司淮海店(简称一百淮海店)】

位于淮海中路 523 号,1993 年 6 月 28 日开始营业,主营五金交电、针纺织品、服装鞋帽、日用百货等,兼营油漆、颜料、劳动保护用品、汽车零部件等。之后,经多次调整,以经营服装为主。开业时,淮海路路面刚改建完毕,全线以小型零售商店为主,大中型百货商厦只有伊势丹、妇女用品商店和一百淮海店,因此淮海中路商圈以这 3 家商店为中心。90 年代后期,淮海中路沿街大中型百货商厦相继开业,客源明显分流,受此影响,一百淮海店的销售业绩逐年下降,从 2001 年开始亏损。2003 年 11 月 14 日,一百淮海店经营业务划归百联集团百货事业部管理。

### 【上海国际购物中心(简称国购)】

位于淮海中路 527 号,是集购物、餐饮、娱乐、写字楼出租为一体,并从事物业管理、商贸业务等多种经营项目的企业,1993年6月开业。国购驻有华亭伊势丹百货店、连锁店大型超市和宾馆等众多商业企业,总代理和经销的品牌商品达10余种,并配送到500余家商场、超市、酒家和宾馆。国购的6层商场拥有各类专卖店,其中外汇商品商场是专供出国人员购买进口家电、化妆品、家具、地毯、洁具等免税商品的专业商场;上海外交人员免税店是专供外交人员购买烟、酒、化妆品、家电等免税商品的专业店。七楼近3000平方米的香岛美食广场适合举办大型自助酒会、结婚宴请以及好友聚会。共用国购大楼的伊势丹商厦与一百淮海店同期开业;同楼的"蓝带""夜巴黎"等娱乐场所兴旺,全国各地的高档消费者慕名而来,成为当时夜上海一景。

### 【上海华亭伊势丹有限公司】

位于淮海中路527号,由华亭(集团)公司、上海国际购物中心与日本株式会社伊势丹合作经营,1993年6月9日正式对外营业。商场营业面积5400平方米,共有4个楼层,以女装为中心,以高档、高质、时髦为特色,以"日日为新,时尚的伊势丹"为口号,成为当时上海市民喜爱的一流百货店。华亭伊势丹全面引进伊势丹的经营管理模式,1995年被中国企业形象认定委员会授予中国企业最佳形象称号。日方总经理于1994年获得上海市的白玉兰纪念奖。

### 【上海百盛购物中心淮海店】

位于淮海中路陕西南路口,成立于1994年10月,沪港合作。其地下一层为休闲超市,有丰富的进口商品和齐全的日常用品;一楼由国际名牌化妆品、珠宝金店、婚纱摄影组成并有银行等服务设施;二楼至四楼经营化妆品、个性男女休闲装、职业装、包袋、内衣系列等,融汇众多知名品牌;五楼有运动休闲、电讯、餐饮;六楼有文化用品、影像制品、小家电以及各类礼品、家居用品。百盛广场每逢双休日皆有广场演示、民族歌舞表演、服饰展示等一系列广场文化活动。

### 【上海巴黎春天益民百货有限公司】

位于淮海中路939号~949号,建筑面积22487平方米,地上6层,地下2层,1995年3月4日试营业,经营世界知名品牌的高档商品。其富丽堂皇的法式建筑和世界名牌商品成为当时上海现代商业象征之一。

### 【上海淮海青少年用品有限公司】

位于淮海中路775号,系上海淮海商业(集团)有限公司下属全资子公司,成立于1997年7月25日,注册资金600万元,是专营青少年及儿童用品的主题百货公司,营业面积3200平方米。公司在浦东国际机场、青浦成泰百货公司、金山瑞鑫百货公司、扬州时代广场拥有连锁经营点,被推荐为旅游消费定点场所。

### 【连卡佛】

位于淮海中路111号大上海时代广场,为国内首间连卡佛旗舰店,2000年10月14日开业。该店共有两层,占地2800平方米。作为大上海时代广场内的重点商铺,店内设计的格调简洁时尚,为顾客带来耳目一新的购物体验。上海连卡佛偏重于年轻、时尚的白领消费群,提供优质国际品牌。

### 三、商旅文互动

从1996年举办"淮海路商业文化节"起，卢湾区探索将淮海中路丰富的百年商业文化资源与发展商业服务业和休闲旅游业相结合，先后举办玫瑰婚典、迎新年倒计时、上海旅游节开幕式花车大巡游、上海国际服装文化节等一系列大型时尚节庆活动，形成良好的品牌效应。2002年起，为加强对外文化交往，构建"国际活动周"文化产业，举办上海法国周、德国周、爱尔兰周、亚洲风情日等中外文化交流活动，带动都市旅游休闲，促进商业销售，成为上海商旅文互动发展的典范。

1998年上海旅游节期间，卢湾区推出由新人婚礼系列服务和婚礼活动仪式两大部分组成的玫瑰婚典，引起轰动。此后，在每年举办的上海旅游节期间，玫瑰婚典作为旅游节的主题活动亮相上海滩，主要内容有玫瑰花车巡游、证婚仪式以及冷餐宴会等。每年在淮海路参加盛典的新人有数百对，参与主题活动的观礼人员更是达到数十万人。玫瑰婚典还与国内外进行广泛合作，成功举办"情牵马来西亚""新西兰浪漫之旅""新加坡玫瑰婚典""中法文化交流年特别活动——巴黎玫瑰婚典"等海外游。

2002年5月，卢湾区在雁荡路举行第一届上海法国周，围绕法国的饮食、旅游景点、汽车、化妆品等内容举行一系列街头展示推广活动。数百米的步行街上林立着一个个法国风格的展台，游客们在现场就能参观化妆表演、室内设计、家具、汽车；沿路还有葡萄酒、奶酪、水果泥、蛋糕等法式食品可以品尝。是年10月还在大上海时代广场的露天广场举办了第一届德国周，展出德国商品，介绍德国文化和风土人情。之后，上海法国周、德国周活动年年举行，还举办爱尔兰周、日本周等国际周活动。

## 第四节  打浦桥商贸中心

打浦桥地区处于区域"王"字形框架的中心，是全区典型的旧式里弄、简屋集中地区。1992年，"斜三"地块改造，拉开打浦桥地区改造的序幕。之后，进行徐家汇路、打浦路扩建改建，日晖港埋管填浜筑路等工程。1992—2000年，共拆除各类房屋20余万平方米，动迁居民2万余户，竣工建设项目42个，竣工建筑面积165万平方米，完成投资91亿元；建成海华花园、大同花园、金玉兰广场等建筑，还建成教育小区、文化馆、体育馆、大型公共绿地等一批公共设施，棚户简屋、污染工厂消失。打浦桥现代化商住区框架基本形成，在市中心南区日益发挥着积聚与辐射的作用。

### 一、"斜三"地块改造

区境南部曾是全市有名的棚户集中地区之一，而"斜三"地块则是旧区改造"起步街片"的重点。总面积34 865平方米，有居民1 300多户、单位26家，危屋简棚成片，狭弄窄道曲折，紧邻的日晖港水黑浜臭，近畔的上海碳素厂灰黑味浊，是全市最差的棚户区之一，居民要求改造心切。由于"斜三"是块毛地，按当时的政策，毛地的开发商不允许是外资。可是，靠内资联建，受制于资金，困难重重。1988年，市政府决定各区县从实际情况出发建造若干侨汇商品房。1990年12月，市规划局正式颁发该地块建设用地规划许可证。1992年1月，市土地管理局将"斜三"地块中19 790平方米土地使用权有偿转让给上海海华房产有限公司，建设海华花园。1992年8月，市土地管理局将"斜三"

地块中 9 518 平方米土地使用权,有偿转让给由卢湾区房屋建设开发总公司和香港中国海外发展有限公司合组的上海海兴房产有限公司,建设海兴广场。1995 年 5 月海华花园建成,占地 2 万平方米,总建筑面积 8.4 万平方米,包括 4 幢 31 层商品住宅楼,以及用于商业商务的裙房、幼儿园、地下车库、地上停车场,成为新打浦桥地区第一个标志性建筑。1996 年 6 月,总建筑面积 7.42 万平方米的海兴广场竣工,标志着"斜三"地块旧区改造胜利完成。

## 二、徐家汇路、打浦路改造

### 【徐家汇路】

位于区中部地区,全长 1 706 米,是一条贯通东西的交通主干道。90 年代后,车辆流量猛增,路段经常堵塞。1992 年,区提出"以地带路、以路兴地"的发展战略,自筹资金 4 亿元,用于扩建徐家汇路,改善基础设施条件,推动两侧棚户改造。1994 年 9 月开始动迁,仅用 58 天动迁居民 2 050 户、单位 90 家,拆除各类房屋 5.6 万平方米。11 月开工,仅用 10 个月时间,把徐家汇路建成一条 50 米宽、六快二慢 8 个车道、设计时速为 50 公里的交通干道,使境内东南西北干道全部贯通。1995 年 10 月,工程被上海市市政工程管理局评为优良工程;1996 年被授予市政工程金奖。

### 【打浦路】

1996 年,区再度筹措 1.3 亿元,完成打浦路改建扩建,比规定的工期提前 231 天。新建的打浦路路幅增至 23 米,设置二快二慢 4 个车道、两个港湾式停车站,地下设施包括供水、排水、煤气、电力、通讯和交通信号等 10 余条地下管线。

## 三、日晖港综合治理

日晖港系黄浦江支流,原与肇嘉浜相连,全长 2.2 公里,平均宽度 22.5 米,最深处 5 米。1957 年肇嘉浜填埋后,日晖港成为排污通道,岸边设有垃圾粪便及建材码头。由于河道拥塞,河水终年黑臭。在改革开放的新形势下,日晖港改造受到市、区人民代表的关注和市人大常委会、市政府的高度重视。1991 年 9 月 26 日,市政府确定"填浜、埋管、拓路、绿化"的日晖港环境综合整治方案。

1992 年初,日晖港沿线(中山南一路—肇家浜路)市政设施、单位和居民搬迁工作启动,10 月完成,动迁居民 500 户。是年 12 月在开平路桥北东侧 0.58 公顷土地上,动迁 137 户居民和市蔬菜购销站码头,建造现代化环卫综合码头。短短几年里,总容量为 8 万门的鲁班电话局、3.5 万伏的新肇嘉浜变电站、开平路卢湾环卫综合码头、鲁班邮电局等 10 余个配套工程先后建成,还在寸金之地的区域内新建 3 万平方米的公共绿地。日晖港综合治理,使昔日臭水浜变成林荫道,改善了城区生态环境和道路交通,加快卢湾区旧区改造和打浦桥地区商贸中心建设步伐。

## 四、打浦桥都市商住区

从 90 年代起,经过大规模的土地批租、危房改造、填浜、拓路、工厂转产、招商引资和结构调整,打浦桥地区成为区内新的商业圈。商贸物流、商务服务、房地产服务、零售餐饮、休闲娱乐等行业开始集聚。社区服务、教育、医疗、体育、文化等社会事业比较发达,形成中心城区独特的集商业商务、现代居住两大功能于一体的"都市商住区"格局。徐家汇路是打浦桥地区商业最集中、最发达的核心地带,占该地区商家总数的42.9%。打浦桥地区中档商务资源充足,依托优越的区位、便利的交通,与淮海中路国际商务区错位互补,共同支撑区内现代服务业的发展。

随着旧城区改造,打浦桥地区崛起一批商务商住楼宇。随着楼宇空间的增加,从90年代中期起,一批大型的餐饮服务业企业纷纷入驻。以"新开元""万家灯火"等为代表的杭帮菜首先在打浦桥地区集聚,楼盘餐饮成为沪上餐饮业新兴业态。在其带动下,很快又开出10余家具有较大规模的楼盘餐饮大饭店,泰京顶上、万家灯火、川国演义、新开元、年年有鱼、新天天渔港、霸都等餐饮业纷纷入驻。同时,一批休闲餐饮异军突起,其中有梦幻多瑙的欧美自助菜、圆缘园的台菜、避风塘的港式菜茶点及麦当劳、肯德基等。餐饮热带来服务业功能的配套发展。区文化馆、区体育中心的改造,带动文化、体育、健身项目的发展。一批娱乐业企业也入驻楼宇,其中1997年开张的嘉华海兴影城是香港嘉华影业集团在内地开设的第一家影院。金玉兰广场1层~2层是经营KTV舞厅的大王府娱乐有限公司,东侧1层~2层为极点酒吧;海兴广场2层有麦西仕女俱乐部等休闲娱乐场所。2003年经沪上有关经济、商贸、旅游、文博、历史、方志、档案、建筑等方面的专家评选,打浦桥被评为上海十二大著名街区之一。

# 第五节　经济体制改革

这一时期,区经济规模不断壮大,迫切需要建立与社会主义市场经济相适应的企业经营制度、产权制度和国有资产管理制度,以增强企业的内动力和竞争力,推动区域经济持续快速发展。在改革进程中,政府加强宏观调控,实行政企、政事分开。同时,对国有资产进行战略重组。国有企业改变经营机制,进一步清晰产权,建立现代企业制度。

## 一、经营、产权制度

区通过租赁承包、委托管理等形式加强经营制度改革,以及采取股份合作、上市公司、发起式股份公司,企业售让、破产、关闭歇业等形式推进产权制度改革。区属国有、集体企业改革重心主要集中在企业经营承包责任制、退资租赁等经营制度改革上,同时在公司制建设上加快起步。

为做强优势企业,卢湾共组建了跨行业、跨部门、跨所有制的5个集团公司:1994年,上海益民百货股份有限公司在上海证券所挂牌交易,上海永业(企业)集团成立;1996年组建上海复兴益民(集团)有限公司、上海中城企业(集团)公司、上海淮海商业(集团)公司;1999年组建上海经纬(集团)有限公司。各集团公司成立后,按现代企业制度的要求,加紧经营制度、产权制度和管理制度改革,资产经营和生产经营密切结合,以国有资产吸引联合优势企业,加强品牌建设。通过重点行业、优势企业的扶植,促进扩张,形成"古今内衣""红星眼镜""新宇钟表"等企业"小巨人"。

同时,以"三割断"(卖断企业,与原企业割断资产纽带关系、行政隶属关系;卖断职工,与原企业割断劳动关系)方式售让小企业。至1997年底,全区共售让208个商业网点,并建立区内首家发起式股份有限公司上海药房股份有限公司。1998—1999年,制定《卢湾区关于企业改制为全额置换股份合作制和出售、转让后若干问题的处理意见》,加快放小改革。其间,共批准设立22家股份合作制企业;经纬集团成立后,对属下中华服装公司的12家小企业实行经营承包;首次实施亚洲刀片厂和双爱电器厂的破产。

1998 年起按照建立现代化企业制度的要求，各企业（集团）公司以改革体制、转换机制为突破口，改革管理体制，调整经营结构，推进小型企业改革，实行资产重组，规范企业运作，基本形成适合区情的管资产和管人、管事相结合的资产管理体制。1999 年底成立区集体资产管理委员会，和区国资委实行两块牌子一套班子管理。2000 年，区制定《关于进一步推进我区企业改革的若干意见》，上海复兴益民（集团）有限公司和上海中城企业（集团）有限公司进行整合重组，上海复兴益民（集团）有限公司更名为上海复兴企业（集团）有限公司。企业委托管理工作全面完成。并施行房产使用权、商标使用权、店誉使用权、专营专卖权、销售网络使用权"五权"参与改革和收益分配，建立 1亿元贷款额度的小企业贷款担保基金。

## 二、国有资产重组

为健全国资监管运行机制，实行政资分离，加强对企业的宏观管理，1996 年 2 月成立区国资委，下设国有资产管理局。1997 年 5 月，区国有资产管理局撤销，成立区国有资产管理办公室（增挂集体资产管理办公室、经济体制改革办公室牌子）。同时组建公房资产、教育、体育、医疗等系统资产的管理和经营公司，形成国有资产管理、运行、监督体系的基本框架。

国有资产管理工作，重点是加强公有资产的监督，促进公有企业改革。1996 年起，国资管理以产权结构为重点，推进"抓大放小"工作。为加大国有企业资产经营监管力度，区国有资产管理办公室率先在区属授权经营国有资产的淮海商业集团、复兴益民集团、中城企业集团设专职财务监理，实施动态监管。1998 年 10 月聘请上海审计事务所的 2 名注册会计师为企业集团的财务监理。同时，梳理区属企业不良、不实资产。1998—1999 年，基本摸清区属四大集团以及商委网点之间相互拖欠的三角债情况。为维护国有资产出资者的权益，增强国有资产产权代表人的意识，区国资委从2000 年开始，收缴各授权集团的国资收益并逐年递增，3 年内增率分别为企业上一年度净利润的20％、40％、60％。按照"分类改革"原则，推进国有企业"四全"（国有资产全部退出、职工全部分流安置、网点房产全部收归集团、企业全部改制为民营企业）模式改革。其间，为加强企业活力，先后撤销区商业、工业系统企业行政性公司及街道行政性企业管理公司 8 个。房管、环卫等行政性事业单位转为企业经营。加快各企业富余人员分流，各企业集团及其子公司普遍建立再就业服务中心，接收安排富余人员。

由于实施区属国有资产战略性重组，区国资管理取得重要进展：品牌优势企业得以扩张；中小企业加快转制；街道挂靠企业改制工作全面完成；国资所有者、出资者、经营者之间责、权、利关系进一步理顺，全区国资管理开始从直接管理资产向管理国有股权转变。推进多种经济成分、公有制多种实现形式的资产重组，区属企业股权全面开放，形成投资主体多元化，基本完成各企业集团下属企业产权制度改革。

## 第六节　科 教 兴 区

90 年代，实施科教兴区战略，逐步加大财政对科教的投入，科技和教育事业得以振兴，促进全区经济建设和社会事业的发展。实施优先发展教育的"84422 工程"，使中小学教育事业发生明显变化，区先后获得全国特殊教育先进区、全国学前教育先进区等荣誉称号。开展科技兴贸，连续 5年被市科委列为科技兴贸的重点区。建立全国第一个城市"科普村"，1995 年被中国科协确定为全国街道科普工作试点城区,1999 年被中国科协命名为"全国科普示范区"。

## 一、"84422"工程

由于历史欠账,区内学校大多又破又小。随着旧区改造步伐加快,许多弄堂学校和坐落于改造片区的学校不断被拆除,"入学难"成为教育发展的拦路虎。90 年代初,生育高峰带来的入学高峰逐步向初中、高中移动,给教育的校舍、场地、师资、设备造成巨大压力。1995 年,区政府制订了优先发展教育的"84422"工程,即把原有的 100 多所中小学合并扩大成 80 所,建成 4 个教育小区,建立一支 400 余名教育教学骨干队伍,建造 2 幢教工住宅大楼,筹集 2 000 万元教育奖励基金,应对入学高峰。

### 【改变薄弱学校】

"84422"工程的实施,首先推动"薄弱学校"面貌的改变。采取增加投入、加强师资等手段,到 1995 年经过验收评估,全区中学全部摘去了"薄弱学校"的帽子。1996 年起,又对重庆中学、马当中学、永业中学、建庆中学、三好中学 5 所相对薄弱的学校采取校舍整修以及提高师资力量等新一轮措施。至 1997 年,5 所相对薄弱学校在软、硬件方面都有明显改善,全区已不存在"薄弱学校"。

### 【建设教育小区】

"84422"工程的重要一环就是建设 4 个教育小区,即在一定区域内,以骨干学校为基础,相对集中地建设高中、职校、初中、小学、幼儿园,中、小、幼纵向衔接,普、职教横向沟通,学校、家庭、社会形成合力,形成优势互补、资源共享、纵向衔接、横向拓展的教育平台,并使教育辐射到整个社区。

教育小区的建设从比乐中学开始。由于淮海中路改建和城区功能调整,比乐中学已经历 2 次搬迁。1995 年初,区委、区政府决定在崇德路动迁一个街坊,建立比乐教育小区。为确保 9 月 1 日开学,动迁加造楼时间只有 8 个月。其间,动迁居民 120 户、单位 11 家;建造一幢 6 层的教学大楼;比乐小区其他校舍全部翻新,其容量为原来的 2 所中学和 2 所小学;投入资金 6 390 万元,小区建筑面积从 5 497 平方米扩大到 9 119 平方米。

与此同时,开始建造向明、卢湾、兴业 3 个教育小区。向明教育小区改建向明综合楼和操场,增加专用教室;改建东风中学、长乐路小学、永明中学。卢湾教育小区重建卢湾高级中学、海华小学、中华职业学校、卢湾初级中学。兴业教育小区重建兴业中学,把重庆中学并入兴业中学,改建区一中心小学。至 1998 年,全区投入经费 4 亿元,动迁居民 710 户,建设完成向明、卢湾、兴业、比乐 4 个开放的教育小区,增建建筑面积 4 万平方米。教育小区的建设,使全区教育资源布局合理,促进整体优化和教育技术、教育设施现代化,推动教育均衡发展并提高规模效益和经费、设备的使用效率。

## 二、办学体制改革

改革办学体制,全区先后开设民办、转制、中外合作、沪台合作等多种办学体制的学校。

### 【民办学校】

1993 年 9 月,民办五爱中学开办。这是"文化大革命"后上海最早的民办学校之一,招收义务教育阶段的初中预备班(小学六年级学生在中学里就读,比初一年级低一届,所以称为"初中预备班")至初中三年级共 4 个年级的学生,最大规模时达 12 个班级。学校靠学费收入维持,教学质量在社会上赢得一定信誉。之后,相继出现民办小拇指幼儿园、民办永昌学校。

**【合作学校】**

1994 年,中国和澳大利亚合作创建的长乐—霍尔姆斯职业学校成立,开中外合作办职校之先河。暑假正式招收高中毕业学生 83 人,分为"文秘""商务"2 个专业,学制 1 年(校内俗称"大中专")。1995 年,第一届学生毕业,全部进入上海的"三资"企业,从事中、初级管理工作。是年,全区职业中学试行职教"学分制"取得成效。1996 年,全区实现普教、职教分离。

**【转制学校】**

1994 年 9 月,由日本三晶株式会社社长傅在源资助的公立转制学校——七色花小学建校。该校重视以"美"培育心智,凸显艺术教育特色,先后被评为国家"十五"教育研究课题"尊重平等教育"实验学校、中国创造学会创造教育委员会实验基地。此后,区境内相继出现转制五爱中学、原清华中学高中部转制的炎培高级中学等一批转制学校。

## 三、特色教育

90 年代以后,为全面提高学生素质,推进应试教育向素质教育转化,区内学前教育、特殊教育、职业教育等特色教育加快发展,涌现出向明中学、思南路幼儿园、辅读学校、中华职业学校等一批特色教育品牌。

区域中小学特色教育起步较早,集中体现在体育、科技和艺术 3 个方面。区一直采取体教结合的模式即学校体育、青少年体校和体育场馆三者结合,为国家培养优秀体育人才,形成一批体育传统特色学校:有"乒乓摇篮"之称的巨鹿路第一小学,向国家输送了 365 名优秀运动员,其中世界冠军 6 人;以游泳为特色的长乐路小学,培养出庄泳、乐靖宜等世界冠军;空模、海模是卢湾中学传统特色,空模获 1998 年世界比赛团体银牌,多次获全国团体和个人冠军。科技特色为开展模型、生物、电子、无线电、电脑、机器人等各项科技活动。在艺术教育方面完善区校两级管理网络,通过"艺术节""文艺专场演出""广场文化""学生课余艺术团"等形式,培养学生的艺术兴趣,在音乐、舞蹈、绘画、书法等方面取得较好成果。七色花小学、区一中心小学、区二中心小学、丽园路小学等初步形成艺术教育特色。

## 四、科技发展

这一时期,区不断提高科学技术对经济的贡献率,使全区科学普及、科学技术工作取得长足发展。

**【科技兴贸】**

1994 年在淮海中路商业街率先开展科技兴贸工作,进行计算机应用和推广。1995 年起,区境内上海三枪集团有限公司、上海江南造船集团有限公司、上海篷垫厂、上海富申冷机有限公司、上海兰格科技有限公司、上海易初通用机器有限公司、上海英伍电子有限公司等企业,用市场、资金、项目和品牌等先后与复旦大学、东华大学、上海交通大学、同济大学、上海水产大学、上海第二医科大学等高校的科技资源相结合,建立起以内需为动力的产学研机构,提高企业技术创新和产品开发能力。1998年,卢湾区被列为市信息港工程试点区,实现市民咨询求助电脑联网,建设淮海中路智能化商业街,完成淮海中路84家商业企业和银行联网的金卡工程,建立上海国信国际咨询中心。是年,上海久事复兴大厦被评为全市第一幢甲级智能大楼。1994—2000年,列入国家和市级新产品项目(含中试新产品)共有46项,其中国家级16项;列入国家和市级产业化项目(含火炬、星火计划)64项,其中国家级3项。所有项目总投入预算3.4亿元,总产值预算28.7亿元。2000年,新产品及科技产业化项目总投资556万元,新增利润3675万元,高科技产业化项目新增产值1亿元。

**【科技普及】**

区科普工作起步较早,基础较好。90年代后,区科协以提高市民科学素养为目标,举办"科技节""科技活动周""青少年科技节""科普论坛"等活动,大力开展科普宣传教育。推出卢湾区"科普十佳",组织区科普传播志愿者队伍和区科技拥军志愿团,在江南造船厂建立区域性科普教育基地。1995年,卢湾区被中国科协确定为全国10个科普试点城区之一,瑞金二路、五里桥两个街道被选定为试点单位,在全国街道中率先研究并提出评估社会发展的指标体系和发展规划。1996年起,实施和完成市"2211"科普示范工程任务,即每年评选出20个科普示范学校、20个科普示范街道、10个科普示范基地、10个科普示范企业,启动创建市科普"4个100"工程,即100个科普小区、100所科普学校、100种科普读物、100个科普教育基地。1999年,卢湾区被中国科协命名为全国首批"科普示范城区"。2000年组建区级健康教育科普协会和街道科普协会,创建淮海中路科普一条街。区形成"一线、一校、一站"社区科普教育体系:"一线"即办好科普网站、"一校"即街道社区办好科普社区学校、"一站"即办好居委会科普工作指导站。至2002年,区、街、居委三级共拥有科普团体11个、专业组(队)224个、科普会员1300余人、科普积极分子4800余人。开通科普网站"卢湾科普"(www. kp365. com),创建4个社区科普学校,建立9个小区科普活动指导站,自主编印《科普知识100例》。2002年,卢湾区被中国科协列为多媒体电子科普画廊建设城区,区内第一座电子科普画廊在打浦桥地区的海兴广场建成,全天进行试播。2010年,全区有国家级科普教育基地3个、市级科普教育基地4个、区级科普教育基地5个、市级科普示范街道1个、区科普示范社区39个、市级科技特色学校8所、区级科技特色学校18所。

# 第七节　社区管理

卢湾区社区建设以构建新型社区治理结构为目标,通过创建"全国社区建设实验区、示范区"等综合创建活动,逐步形成"两制(体制、机制创新)、三自(群众自我教育、自我管理、自我服务)、四民(社区组织民主选举、社区事项民主决策、社区事务民主管理、社区工作民主监督)"的工作新格局。1998年被命名为首批全国社区服务示范城区,1999年被民政部确定为全国社区建设实验区。

## 一、"两级政府、三级管理"

改革开放以后,社会主义市场经济发展,经济成分和企事业趋于多元化,原来依附于单位的城市管理体制已不适应形势变化,社区逐步成为城市管理的主要基础。1995年,市委、市政府在卢湾区五里桥街道试点"两级政府、三级管理"的新体制,并在 1996 年 3 月召开的全市城区工作会议上正式确定这一新体制。

1995 年 2 月,区在瑞金二路街道成立社区建设委员会。12 月按照市委、市政府的部署,在五里桥街道试点,建立街道城区管理委员会。1996 年 3 月招聘吸纳 80 名纺织系统干部充实到地区工作,建立条向块输送干部、企业人员向社会流动的新渠道。5 月,区将 8 个街道撤建为 4 个街道,形成大街道小居委的管理格局。街道在机构、人事、财力、执法方面拥有多项综合管理协调权,街道的主体作用得到加强。在管理职能上,强化街道的第三级主体作用,采取管理事权下放,管理重心下移,强化街道综合管理职能等各项措施,使城区管理从以专业条线为主向以社区为载体的综合性管理转变,从事权分散向事权集中转变,按照责、权、利相一致的原则,强化街道在城区管理、社区建设中的职能。2000 年制定《上海市卢湾区社区建设三年计划(2000—2002 年)》,把开展社区建设示范城区工作作为新时期加强社区党建、转变政府职能、扩大基层民主、维护社会稳定和提高社区综合管理效能的一项系统工程。

## 二、居民自治

1991 年试点开展"居民自治示范"(达标)居委会创建活动。1993 年,"居民自治示范"(达标)居委会创建活动由试点逐步向面上推开,并改为"居民自治达标"活动。居委会以"四民"(民主选举、民主决策、民主管理、民主监督)、"三自"(自我管理、自我教育、自我监督)作为民主自治的核心,开展建设达标活动。是年 5 月,卢湾经验在全市推广。1996 年,卢湾在自治达标活动的基础上,开展居委会建设达标升级活动,并在市民政局指导下,制定"等级标准"及"评估标准",后来被引作市标准。同时,居委会与业主委、物业管理公司建立"三位一体"工作机制。1998 年按上海市居委会建设达标升级标准,全区建成达标升级居委会 76 个,占居委会的 76.16%。1999 年 2 月,瑞金二路街道成为首批居委会建设达标街道;9 月,卢湾区被评为首批上海市居委会建设达标区。2000 年居委会换届选举,29 个居委会实行直接民主选举,占全区 78 个居委会的 39.7%。

## 三、社区服务

这一时期,社区服务经历服务内容和形式由单一向综合发展、服务主体由政府向社会各方面发展的过程。1989 年,打浦桥街道率先建立街道社区服务中心和居委会社区服务分中心,探索开展为老服务、扶残助残、优抚军烈属、便民利民等社区服务,成为创新社区服务模式的先行者。

之后,社区服务开始向网络化、社会化、规范化、信息化发展。1997 年 5 月,区成立全国第一家社区求助机构市民求助中心,采用先进信息技术的咨询求助系统,为市民提供 24 小时服务。全区逐步建立起以市民求助中心、街道社区服务中心、居委会好帮手服务亭为基础的社区服务系统,形成各职能部门牵头,各社会团体、各服务机构、社会志愿者和社会热心人士共同参与的覆盖全区的社会服务网络。1998 年 3 月,五里桥街道在全市率先成立集社会保障中心、社区服务中心和市民求助中心于一体,实行"一门式"管理和服务的社区行政事务受理中心。积极组织开展科、教、文、卫、体、法"六进社区、六进家庭"活动。在全市率先建立区、街道两级法律援助网络。社区服务形成政府搭台、各方参与的格局,在很大程度上满足社区居民的需要。2000 年,市政府把设立社区行政事务受理中心作为实事工程,在全市实施。

# 第三章　建设精品城区

进入 21 世纪,卢湾区围绕建设现代化"精品城区"的战略目标,把服务保障上海世博会作为推动科学发展的重大契机,把大力发展现代服务业作为转变经济发展方式的主攻方向,把保障和改善民生放在更加突出的位置,推动经济社会全面协调可持续发展。通过建设"一街七地"即淮海中路商业街、太平桥国际商务集聚地、锦江休闲旅游集聚地、思南路专业服务集聚地、建国东路现代商务集聚地、打浦桥商业商务集聚地、会展旅游集聚地、滨江商务集聚地,推进现代服务业发展,促进区域产业调整,提升产业能级。2008 年起实施"北部率先、中部崛起、南部开发"发展思路:北部以淮海中路、上海新天地为重点,发展金融服务、专业服务等高端服务业和商贸流通业;中部通过改造旧厂房,利用石库门老建筑发展创意产业;南部借世博机遇,打造智能程度高、生态环境优、低碳效能好的滨江生态商务区。同时,部署实施包括南部滨江地区功能开发、淮海中路商业结构调整等在内的迎世博三年行动计划和以提高环境文明、秩序文明、服务文明水平为主要内容的《迎世博 600 天行动计划》,建设"世博会精品大客厅"。

## 第一节　创　意　产　业

1998 年以来,陈逸飞等艺术家先后租用泰康路 210 弄内闲置的厂房办工作室,开区域创意产业之先河,之后画家黄永玉为其起名田子坊。区委、区政府为发展创意产业,先后制定《卢湾区"十一五"文化创意产业发展规划》《卢湾区创意经济发展三年(2008—2010 年)行动计划》《卢湾区加快服务外包发展政策意见》等计划与政策,进行产业引导与扶持。最终形成以田子坊、8 号桥、卓维 700、江南智造等园区为主体,集聚建筑设计、广告设计、时装设计、文化传媒、软件开发等创意行业及服务外包的创意产业集聚区,闯出一条将闲置旧厂房改造为新型创意产业的产业结构转型之路。2010 年,区创意产业增加值 7.14 亿元,比 2009 年增长 9.9%。创意产业园区入驻率平均在 86% 以上,其中 8 号桥一期、智造局一期的入驻率在 90% 以上。8 号桥、田子坊、江南智造、卓维 700 等 4 个创意产业园区的税收总额达 14 199.8 万元。

### 一、田子坊

泰康路是打浦桥地区的一条小街,全长约 400 米,曾是马路集市,一些弄堂里混杂着许多闲置厂房。1998 年 9 月,打浦桥街道办事处把泰康路集贸市场搬入泰康路 37 号室内,其前身为上海人民针厂,开始规划泰康路"工艺品特色街"。12 月,一路发文化发展公司进驻泰康路。随之,在市、区政府支持下,通过对上海人民针厂、上海食品工业机械厂、上海钟塑配件厂、上海新兴皮革厂、上海纸杯厂等旧厂房、旧仓库和部分旧民宅的租赁、转让和置换,逐步改建成画家工作室、设计室、画廊、摄影室、陶艺馆、时装展示厅等。

2000 年 1 月,画家陈逸飞、摄影家尔冬强、上海美协副主席王秾音、书法家王家俊、美术评论家马钦忠等一批有影响的艺术家,在泰康路 210 弄利用闲置厂房办起工作室和艺术品展示,燃起文化创意产业的星星之火。以举办各种画展见长的易典画廊、以镂青竹刻著名的自在工艺品公司等一批艺术品商店纷至沓来。2001年,画家黄永生对泰康路210弄闲置厂房进行改建,以传说中的中国绘画祖师爷田子方之名和上海石库门命名方式,称之为田子坊。遂吸引美国陶艺家吉米、法国设计家卡洛琳、南斯拉夫摄影家龙·费伯、新加坡平面设计家陈志诚、澳大利亚邮人公司、丹麦设计师沈翠娜等国外著名艺术家加盟,大大提高泰康路国际化程度。之后,一批从美国哈佛大学以及日本、加拿大、法国、新加坡学成的"海归派"入驻。各进驻单位经常举办画展、书展、收藏展、摄影展、招贴展、邮币展、陶艺展、雕刻展以及音乐沙龙、钢琴咖啡吧、时装发布会、中外歌舞表演、个人演唱会等。中西文化在这里交融,时称"上海苏荷(SOHO)"。

2003年,泰康路营业面积从2000年的3 000平方米扩至近18 000平方米,2004年被定为上海特色文化街区。2005年,田子坊获首批上海创意产业集聚区称号,泰康路(田子坊)获上海十大休闲街称号。2006年成立上海首个创意行业知识产权保护联盟并通过《田子坊知识产权保护联盟章程》,田子坊被评为中国最佳创意产业园区;2009年获

2006年10月,新落成的创意之桥"8号桥"连通创意园一期和二期(郭长耀摄)

上海市首批文化产业园区;2010年被批准为国家AAA级旅游景区。作为上海十大最具影响力的创意产业集聚区之一,区域包括天成里、和平里、薛华坊、志成坊、平原坊等,共有商户426家,其中文化创意企业297家,占69.7%,形成以旧厂房、旧仓库为主体的画家工作室、设计室、画廊、摄影室等文化创意风格,以及以创意小店为主体的休闲、购物、观赏、美食为一体的石库门文化两大景观。上海世博会期间,接待155批次重要来宾,接待游客195万余人次,接待旅游团队1 786批;日均客流近万人次,最高日客流达3.6万人次。2011年,田子坊获上海区域名牌称号。

## 二、8号桥

区域建国中路8号原为上海汽车制动器公司,占地0.73公顷,建筑面积1万余平方米,有厂房8栋。2003年,上海华轻投资管理有限公司、香港时尚生活策划咨询(上海)有限公司对场地实施改造,建造8号桥创意产业园区。年底建成,占地约7 000平方米,总建筑面积约2万平方米,由7幢办公楼组成,楼房之间以天桥相连;设有上海产业咨询服务园、上海(国际)产业转移咨询服务中心、上海市工业开发区招商服务中心和上海时尚创作中心,即"一园三中心"。在不到1年时间,吸引来自15个国家和地区的近百家国际著名研发、设计、文化及咨询企业入驻,形成以设计为主体的产业链,为上海中心城区房产开发与产业发展有机结合,探索出一条路子。

2005年底开始改建路南的闲置厂房,2006年底启用,设有创意培训中心等。2007年6月横跨

建国中路、连接南北园区的天桥落成,被称为"创意之桥"。2009年,8号桥二期、三期建成,分别位于局门路436号和550号。2010年,8号桥一期、二期、三期总建筑面积约5万平方米,园区一期始终保持100%的出租率,二、三期全面完成招商并营运。2011年,该园区上缴税收8000万元,是2004年的27倍。

园区自开业以来,形成创意、设计、文化的品牌效应。租户来自中国、日本、法国、意大利、英国、美国、德国等国家和中国港澳台地区;90%为建筑设计、室内设计、产品设计、服装设计、广告设计等创意设计类公司,10%为餐饮、咖啡小店等休闲服务配套设施。先后获得上海创意产业集聚区、全国工业旅游示范点、上海市企业信息化示范园区、卢湾区最具影响力品牌等荣誉,是全国工业旅游示范点中首个以创意产业为特色的示范点。2010年,8号桥累计接待逾50批次的中央领导以及逾290批次的省市级领导。同时,作为全国工业旅游示范点,接待逾3700批次各界人士参观。

## 三、江南智造

江南智造是以老厂房等存量资源开发利用为主要载体的创意产业集聚区。2007年,区政府推进建设智造局,为上海首个国际外包服务产业园区,由原上海紫光机械厂、上海互感器厂等旧厂房改建而成,分一期、二期。2009年,区政府发挥区中南部毗邻上海世博会浦西场馆区的优势,将该区域内可改造利用的旧厂房,按照国际化、高端化、特色化的标准,分批建设发展高端服务外包、文化创意产业、生产性服务业的生态型园区,形成"一区多园"的江南智造。入驻企业涉及设计、咨询、贸易、信息技术、文化传媒、广告、商务服务等,其中专业服务、服务外包和文化创意类企业占80%以上。是年,被评为上海市最佳创意产业园区。2010年,江南智造作为全市首个"一区多园"创意产业集群区被列为市、区联动共建项目。

2011年基本形成"一区七园"格局,即智造局一期、二期,8号桥二期、三期,龙之苑,红双喜设计研发中心,SOHO丽园等,面积约11.5万平方米,汇聚200余家企业。

## 四、卓维700

卓维700前身是创建于30年代的上海织袜二厂,90年代初实施"退二进三",成为上海工业楼宇之一。2003年11月起实施改造,A、B、C 3幢楼入驻上海视元素影像有限公司、上海华忻电脑科技有限公司等创意产业企业。2005年为营造更佳商务环境,进行第二期改造,在D楼的9楼配置有屋顶花园的商务场所会务中心。

园区先后引进七匹狼体育用品有限公司、中国台湾开喜影视传播有限公司、上海白羊广告公司、中国台湾影视广告后期制作企业"视元素"等时尚品牌和创意企业,以及逸清轩青瓷艺术馆,建龙泉青瓷精品馆、中国高级工艺美术大师徐朝兴工作室、龙泉青瓷原创工作室和五大名窑作品展示中心。2009年协办逸清轩文化有限公司,建现代陶艺原创大师服务平台。2010年,现代陶艺大师服务平台项目获上海市发展引导资金和卢湾区发展引导配套资金,建陶瓷精品展示厅,引进景德镇艺术精品瓷器的珍艺堂。2011年自建陶艺谷,并引进景德镇陶瓷学院设计艺术学院产学研教育基地、上海市华侨书画院创作基地等。至此,成为以非物质文化遗产技艺展示和市场开发为重点的特色创意产业园区,占地8697平方米,总建筑面积2.47万平方米。

# 第二节　上　海　新　天　地

上海新天地坐落于淮海中路南侧、黄陂南路和马当路之间 3 万平方米的地块,是以石库门建筑旧区为基础、以现代手法改造而成的文化休闲时尚区域和都市旅游景点。它以北里、南里和新天地时尚购物中心为主体,中共"一大"会址纪念馆位于其间,东有企业天地 1 号、2 号两幢商务楼及太平湖公园,北有新天地朗廷酒店、上海安达仕酒店。2001 年建成以来,获国家文化产业示范基地、中国十大新地标、上海市国际文化交流基地、上海十大休闲街、国际建筑最佳全球设计新奖等奖项或称号。俄罗斯总统普京、新加坡总理吴作栋、智利总统拉戈斯等曾到此参观。

## 一、石库门改造

上海新天地建成前是一大片石库门建筑群,为占地 52 公顷的太平桥地区改造规划中的核心地块,位于区境东北角,东起西藏南路,西临马当路,北到兴安路、崇德路,南至合肥路。其东面与中共"一大"会址历史保护区毗邻,北面与淮海中路商业街仅一路之隔,具有极优越的地理位置。1998年,香港瑞安地产有限公司租得 50 年使用权,由香港瑞安集团与上海复兴建设发展有限公司合作投资 1.5 亿美元,在"改变原先的居住功能,赋予它新的商业经营价值"的新理念下,改造石库门建筑,开发上海新天地。工程于 1999 年启动,2001 年建成。动迁近 2 300 户约 8 000 位居民,动迁费用超过 6 亿元。

上海新天地以石库门建筑旧区为基础,对建筑外表整旧如旧,保留原有砖、瓦作为建材;同时翻新内部,打通原先户与户间的隔墙,改造成国际性的餐饮、商业、娱乐、文化的休闲步行街。项目分南北两个地块,南部地块以现代建筑为主,石库门旧建筑为辅;北部地块以保留石库门旧建筑为主,保留与中共"一大"会址纪念馆相毗邻的石库门建筑,使建筑特色融为一体,以延续历史文脉。一条步行街串起南、北两个地块。以新旧建筑对比、中西文化结合表现时空跨度和文化差异的距离美,营造一处中外游客都市旅游的新景点,成为上海时尚的新地标。

配合中国共产党建党 80 周年庆祝活动和亚太经济合作会议的召开,2002 年 9 月 30 日,新天地全面开业。2003 年,上海新天地北里因其理念创新、设计卓越、具经济效益和有助于提高环境品质,成为中国内地首获城市轨道交通与水上英才奖(Urban Land Institute(ULI)Award for Excellence)大奖殊荣单位。这是卢湾人在旧区改造中"拆、改、留"并举、闯出的一条用现代手法对旧建筑进行改造之路,为全市旧城区改造提供新鲜经验。其前期招商准备充分、改造中各方紧密协调配合、整体改造行动迅速等特点,以及组团式发展和对周边地区开发的带动,成为中心城区商业商务项目开发的成功范例。

## 二、太平湖绿地

2000 年,市政府、区政府、瑞安集团投资近 10 亿元,建设太平桥人工湖和绿地。这是上海新天地的配套建设项目,位于太平桥地区中心,东起吉安路,西至黄陂南路,南迄自忠路,并在兴业路、太仓路之间新辟一条自黄陂南路起,越顺昌路、济南路至吉安路的湖滨路为北界。该地块有居民 3 800 户、156 家企业单位,旧式里弄占 94%,拆除建筑占地面积 5.8 万平方米、房屋建筑面积 8.7

万平方米。动迁工作自 2000 年 11 月 10 日起,于 12 月 23 日结束,为区域旧区改造动拆迁中的最快速度,并做到没有一户强迁、没有一次上访。2001 年 1 月一个带有近 1.2 万平方米人工湖的大型公共绿地太平桥绿地正式开工;6 月竣工,建设期只用了 6 个月。2002 年 12 月 31 日,上海新天地 2003 新年倒计时晚会在太平桥人工湖畔举行,参与倒计时晚会活动的有上海各界人士、广大市民和在沪的各国领馆、外国商会、外商企业、华侨华人、港澳台同胞。此后,每年在此举行新年倒计时活动。

### 三、旅游新地标

2002 年,上海新天地全面开业,逐步形成星级宾馆、旅游景点、风味餐饮、特色购物、娱乐活动等多元经营格局,在突出中西文化结合、传统与现代结合的发展模式基础上,不断拓展、提升国际商务和高端商业功能,引进高端商业品牌,形成广场文化主题化、品牌化,实现休闲、旅游、文化的联动发展,成为上海旅游时尚休闲的新地标和世界品牌集聚地之一。

2004 年,上海新天地拥有 80 余家来自 10 多个国家和地区的商家。2004—2006 年,上海新天地每年日均客流量约 2 万人次,周末节假日达到 3 万人次。2007 年,上海新天地对租户进行调整,南里为配合上海时装设计中心建设增加服装、服饰租户,北里提供更多国际精品美食餐饮选择。是年,上海新天地累计新增租户 33 家,其中有首次登陆中国大陆的 Planet Caviar 餐厅和 Hugo Boss orange label 亚洲旗舰店等。2010 年,上海新天地汇集来自世界各地的租户共计 110 家,其中餐饮 50 家、零售 42 家,另有 18 家为文化娱乐和公共服务,营业总收入超过 2.7 亿元。2010 年,新天地向南部延续和发展,新建新天地时尚购物中心。位于自忠路、马当路、复兴中路、黄陂南路地块,与新天地通过天桥连接,将新天地石库门弄堂元素引用到室内。2011 年,新天地时尚购物中心共入驻 102 家租户,集聚着中国和亚洲地区设计师品牌、潮流小店以及时尚个性品牌。

2003 年以来,上海新天地每年投入大量资金安排各类能吸引社会关注的时尚文化活动,形成独特的文化氛围。每年 12 月份在南里广场举行新年亮灯仪式;每年年底在人工湖畔举办迎新年倒计时晚会,参加晚会的人数达上万人;每年举办国际时尚文化交流活动,其中"上海时装周"活动成为上海标志性活动之一。2010 年 3 月,上海新天地成为上海·卢湾"长三角世博主题体验之旅示范点",上海新天地"石库门文化周"同时启动,通过上海新天地石库门文化体验路线图、老上海特色美食、360 行看老上海风情画展、"花样年华"名媛旗袍展、"上海风华"旗袍派对等迎世博系列活动,展示和演绎海派石库门文化,成为世博园区之外中外游客了解上海城市发展的热点。上海世博会期间,上海新天地共接待国内外重要代表团 230 批,共计 4 722 人次,参观新天地的游客突破千万人次。

上海新天地的开发对周边地区形成极大的辐射效应,带动了太平桥地区的改造,太平桥国际商务区已初显成效:依托淮海中路东段和企业天地甲级商务楼宇的集聚优势,强化上海新天地国际品牌效应,完善国际商务服务,引进国际领军企业和地区总部,成为世界 500 强企业和跨国公司集聚地;服务外包企业集聚是太平桥国际商务区的一大特色,国际外包专业协会全球 100 强中,淮海中路太平桥商务区占 5 席,有信息技术服务外包公司 IBM、企业管理咨询服务外包公司麦肯锡等。2010 年 8 月,位于淮海路商业街与新天地之间的新天地朗廷酒店开业。2011 年,位于嵩山路 88 号(朗廷酒店东侧)的上海安达仕酒店开业。是年,紧邻新天地的楼宇——企业天地一期中的企业和机构年创税收高达 21.8 亿元人民币,成为全市单位面积税收产出最高的楼宇。

# 第三节 现代服务业

2004 年,区委、区政府明确提出大力发展现代服务业,逐渐形成商贸物流业、专业服务业、金融服务业、休闲服务业、文化创意业、服务外包构成的"5+1"结构。在推进现代服务业集聚区建设进程中,提出北部地区建设成为上海现代服务业发展的核心区,中部地区和南部地区建设成为上海现代服务业发展的拓展区,实现北、中、南协调发展。2008 年制定实施《加快推进现代服务业发展的若干意见》和 10 项配套政策措施,一批总部型、领袖级、知识密集型企业加快集聚,区域"服务经济为主、涉外经济为主、楼宇经济为主"的经济结构不断优化。2010 年以服务业为主的第三产业完成增加值 115.6 亿元,比 2009 年增长 10.7%,占全区增加值的 94.4%;涉外企业实现税收 90.9 亿元,比 2009 年增长 21.8%,占全部税收比重达 66%;66 幢重点商务楼宇实现税收 90.9 亿元,比 2009 年增长 12.3%,占全部税收比重为 66%。

## 一、国际时尚商务区

区境北部地区以淮海中路—上海新天地为重点,大力发展国际商务、现代服务业和现代商业,形成与周边地区功能互补的竞争优势。

商业商务优势、区位交通环境和历史人文资源,是淮海中路地区商业商务快速发展的基础。2003 年,卢湾区提出淮海中路精品加时尚的总体发展思路,高举文化牌,走商旅文并举的综合发展道路。先后举办玫瑰婚典、迎新年倒计时、上海旅游节开幕式花车大巡游、上海国际服装文化节等一系列大型时尚节庆活动,构建"国际活动周"文化产业,带动都市旅游休闲,促进商业销售,成为上海商旅文互动发展的典范。同时,以国际化、市场化、专业化主导结构调整。经调整,淮海中路重庆南路以东地区,设有美美百货、太平洋百货、"无限度"休闲广场等国际品牌专卖商厦、大型百货商厦、专业购物服务中心,汇集众多总部型、领袖级和知识密集型的商务、金融机构和中外餐饮、休闲娱乐场所,拥有以上海国际服装服饰中心、上海创意之窗为代表的各种时尚精品、创意产业的信息发布和展览展示业,成为上海商务商贸发展速度最快、发展层次最高的地区之一;淮海中路重庆南路以西地区,在基本保持原有建筑风格的基础上,调整和控制沿线的网点资源,重点发展国际著名品牌服装服饰销售和各国高档餐饮和休闲娱乐业,形成以淮海中路与茂名路交叉十字为中心,西起陕西南路、东至瑞金二路、北靠长乐路、南到永嘉路的"金十字"休闲商业核心地带。2008 年起,按照"高雅、时尚"定位,推进淮海中路商业结构调整,引入爱马仕、路易威登、卡地亚、历峰双墅等一批国际高端品牌旗舰店以及 H&M 等一批时尚活力品牌总部。茂名南路、成都南路、雁荡路等支马路调整开发为高级服务定制街、休闲食趣街和休闲活动街。逐步形成并深化百年经典(陕西南路至瑞金路段)、活力创新(瑞金路至重庆南路段)、时尚互动(淮海中路至新天地)、高雅精美(重庆南路至西藏南路段)4 个主题商圈。

此外,充分发挥淮海中路商业商务的辐射功能,紧紧围绕国际时尚商务区的定位开发周边区域。2006 年制定《太平桥地区的现代服务业集聚区建设规划》,努力打造世界 500 强和跨国公司集聚的太平桥国际商务集聚地。太平桥国际商务区初显成效:依托淮海中路东段和企业天地甲级商务楼宇的集聚优势,强化上海新天地国际品牌效应,完善国际商务服务,引进国际领军企业和地区总部,成为世界 500 强企业和跨国公司集聚地;国际外包专业协会全球 100 强中,有 5 家落户淮海中路太平桥商务区,分别是信息技术服务外包公司 IBM、企业管理咨询服务外包公司麦肯锡、会计事务服务外包公司普华永道、人力资源管理服务外包公司翰威特等；上海新天地现代服务业的业态、能级、规模、集聚等，在保持现有建筑形态和休闲娱乐功能的基础上着力拓展、提升国际商务和高端商业功能，引进高端商业品牌，形成广场文化主题化、品牌化，实现休闲、旅游、文化的联动发展，成为上海的时尚魅力中心和世界品牌集聚地之一。

其间，依托淮海中路西段和新锦江大酒店、锦江饭店、花园饭店3个五星级宾馆，完善休闲旅游服务，成为上海五星级宾馆和世界品牌集聚的锦江休闲旅游集聚地。依托上海社科院、上海交通大学医学院、科学会堂等科研院所，结合思南路周边花园别墅的开发利用，拓展专业服务功能，引进咨询、会计、法律等专业服务企业、机构，打造思南路专业服务集聚地。2010年，该区域的思南公馆建成并对外开放，由思南公馆酒店、特色名店、思南公馆公寓、企业公馆4个功能区组成，总建筑面积约7.88万平方米，其中保留保护老建筑近3万平方米，新建建筑2.7万平方米及2.2万平方米的地下空间。思南公馆把商务、商业、文化、旅游、休闲等功能融合在一起，成为集酒店式公馆、多层公寓、企业公馆、特色专卖店、多元化餐饮、时尚休闲服务为一体的高品质生活居住、商业休闲社区，继上海新天地之后成为上海又一时尚新地标。

## 二、现代都市商住区

随着区境北部淮海中路的高速发展和南部滨江"世博"地区的建设启动，中部地区的打浦桥迎来调整提升、加速发展的新机遇。2004年编制《打浦桥商业商务发展规划》，以提升档次、改善环境为重点，推进打浦桥地区结构调整。经过几年的发展，打浦桥地区已拥有8号桥、田子坊、卓维700、广告湾等一批创意企业，并朝集群化、多元化发展。2007年8月、11月，上海首个服务外包园区"智造局"一期、二期先后竣工启用，形成新的"街区式"智力释放工厂，成为卢湾服务外包产业发展的新支撑点。

这一时期，完成新新里一期、绿洲仕格维花园项目、东汇酒店、金色和平酒店等项目建设，成为服务型商业、中高档住宅集聚之地。2010年，打浦桥的新商业区日月光中心广场建成开业，为建设打浦桥休闲商圈，加快该地区的商业结构调整奠定了坚实基础。

## 三、国际博览观光区

区境南部滨江地区既是上海世博会场馆区，又是上海黄浦江现代服务业集聚带的组成部分，地处五里桥街道，东起制造局路，西至瑞金南路，北至中山南一路，南至黄浦江，水陆面积合计1.95平方公里，占全区面积的24.3%。区域以东曾是江南造船厂所在地，为中国2010年上海世界博览会D片区；以西地区大部分原先是工业、仓储、码头用地，二级以下旧里、旧工房和新建的现代住宅园区相间，整体发展相对滞后。2005年以后，南部滨江地区和世博场馆区总计动迁3 000多户居民。2010年又相继拆除中山中学扩建、中电科技上海大厦项目范围内的二级旧里以下房屋，约400户居民改善了居住条件，彻底消除滨江生态商务区内的旧式里弄房屋。

2007年启动由南园公园扩建而成的南园滨江绿地建设。绿地分为新欣南园、都市绿野、工业像素和滨河华灯4个部分。建设中，不仅在挖掘地块原有文化底蕴和文化传承上做景观营造的尝试，还在绿荫停车场、太阳能灯具、智能化管理系统及雨水收集利用等方面，运用先进的园林科技，以低碳、环保的理念建设南园滨江绿地。2010年3月，8万多平方米的开放式滨水公园和50米宽、800米长的沿江岸线绿化观光景区带建成开放；10月，雕塑"源点"在南园滨江绿地落成。

此外，以迎办世博为契机，新建双车道打浦路隧道复线，区域周边新建西藏南路隧道；拆除老的环卫码头，新建功能齐全、环保低碳的环卫中转站；新建、扩建、改建江滨路、富润路、龙华东路、制造局路等 10 条市政道路。轨道交通 13 号线世博园区专用交通联络线卢浦大桥站启用，地区通达性进一步增强。

商业商务功能性项目有香港新世界花园、绿地卢湾滨江 CBD 等 6 个。香港新世界花园位于蒙自路以东，紧邻世博场馆区，占地 12.3 万平方米，于 2007 年 5 月开工，至 2010 年，1 幢 36 层（高度 160 米）超高层商务办公综合楼（面积 6 万平方米）和 5 幢高层住宅（面积 12.1 万平方米）完成结构主体和外立面工程。绿地卢湾滨江 CBD 项目位于日晖东路东侧，占地 5.43 万平方米，汇集超五星级酒店、高端商业、金融、甲级 5A 办公、高档住宅等。其中，甲级 5A 办公楼海外滩中心等于 2010 年基本竣工，住宅楼海珀日晖对外预售。该商务区借鉴世博会城市最佳实践区的经典案例，走"智能化、生态化、低能耗"之路，总投资 203 亿元，平均每平方米投资 2.67 万元，成为卢湾区投资力度最大、城区面貌变化最大、发展潜力最大的区域。

### 四、高端服务外包示范地

进入 21 世纪，服务外包成为全球新一轮服务产业转移的重要形式，从信息服务外包扩展到金融、咨询、人力资源、研发等中高端服务外包。卢湾区抓住机遇，在更高层次上利用外资，加速发展中高端服务外包，更好地融入全球现代服务业的产业链，进一步增强城区的集聚辐射功能。2005 年，全区共有各类服务外包企业约 1 100 家，营业收入约 150 亿元，既有信息技术服务外包，又有基于信息技术基础上的投资咨询、会计审计、人力资源等众多领域。2006 年被商务部批准为中国服务外包基地上海示范区；市信息委在区建立上海国际信息服务外包产业园。在国际服务外包 100 强企业中，埃森哲公司、翰威特公司、高力国际管理公司等 5 家入驻区内。2007 年，卢湾区明确打造高端服务外包示范地的发展思路，并被认定为上海市首个服务外包知识产权保护示范区、服务外包标准化创建示范区，成立上海服务外包人才促进中心和由著名经济学家领衔、国际著名服务外包企业家组成的服务外包顾问团，与中国电子信息产业集团公司、上海浦东发展银行、英国标准协会、高德纳公司等建立战略合作关系。全年共引进 35 家外资服务外包企业和 57 家内资服务外包企业。

是年 8 月，上海首个服务外包园区"智造局"一期项目竣工启用，地处丽园路蒙自路交汇处，是在上海紫光机械厂旧厂区的基础上改造，保留工业建筑的精髓，注入现代化元素，从整体到局部创建国际化、信息化、集约化、人文化的工作和生活区。10 月，二期项目竣工，位于局门路五里桥路交汇处，与一期相连通，是在上海互感器厂旧厂区的基础上改造而成，对整个园区的商务功能和建筑布局进行科学区分，形成新的"街区式"智力释放工厂。"智造局"位于上海世博会展区和上海新天地连线的中点，既让老工业建筑重焕生机，充满现代创意，又依托上海世博会和上海新天地两大重点区域，成为卢湾区服务外包产业发展的新支撑点。2010 年，全区已登记离岸服务外包合同金额达 1.14 亿美元，合同执行金额达 5 985.73 万美元。

## 第四节　创建全国文明城区

### 一、争创历程

1997 年，区委做出创建文明城区的决定。经过 2 年努力，1999 年被中央文明委授予首批"全国创建文明城市工作先进城区";2000年被命名为首批"上海市文明城区"。2003年,区第七次党代会明确提出"努力创建全国文明城区"。之后,区委、区政府每年都将争创全国文明城区列入年度工作要点。2005年在首次依据《全国文明城区测评体系》的评比中,卢湾区再次被中央文明委授予"创建全国文明城市工作先进城区"。2008年初,区委全会向全区发出"迎奥运、迎世博,争创全国文明城区"的号召,区人大作出《关于动员全区人民深入开展争创全国文明城区活动的决定》,区委、区政府专门成立"迎奥运、迎世博,争创全国文明城区"领导小组加强统筹指挥,区政协和各人民团体、驻区企业和单位纷纷发出创建倡议,不断掀起争创全国文明城区新高潮,并取得阶段性成果。在市文明办组织的检查测评中,卢湾区以市第一名的成绩上报中央文明办申请参评全国文明城区。2009年初,卢湾区再次被中央文明委授予"创建全国文明城市工作先进城区"。

## 二、主要成效

### 【城区综合实力迈上新台阶】

2007年,区增加值比上年增长17.1%,全口径税收收入比上年增长35.6%,区级财政收入比上年增长24.8%。2008年,完成区增加值100.47亿元,比上年增长17.4%;全口径税收收入126.7亿元,比上年增长45.9%;区级财政收入40.14亿元,比上年增长33.5%。每平方公里完成区增加值和全口径税收收入均超过10亿元。加快发展现代服务业,呈现服务经济、涉外经济、楼宇经济"3个为主"的特征。

### 【城区市容环境展现新面貌】

编制节约能源"十一五"规划,设立节能减排专项资金,加强节能监测管理,实施节能示范项目,开展能源审计,推广环保节能新技术等。万元增加值能耗水平为全市最低的区县之一。建成卢浦大桥、轨道交通4号线和8号线站点,实施淮海中路等路段架空线入地工程,完成斜土路等39条道路扩建工程和徐家汇路车行下立交等工程建设,建成延安中路、太平桥、丽蒙等大型公共绿地。率先建成全市首批扬尘污染控制区。淮海中路成为全市首条环保模范商业街。市容环境卫生状况满意度连续5年在全市领先。作为全国十个城市网格化管理试点区,网格化管理的立案率、结案率、及时率和市民投诉率在全市保持领先水平。人民生活水平实现新提高。2004年起,每年落实不少于2 000万元促进就业专项资金。实现"零就业家庭""双困人员"100%按期安置。2006—2008年,年均新增就业岗位4.7万个,考核目标完成率均处于全市中心城区前列。建设政府政策帮困网、社会爱心帮困网、社区补充帮困网"三网合一"的社会救助帮困网络,基本实现"应保尽保、分类施保"。在全市率先推出餐位、座位、床位"三位一体"养老模式,加强居家养老服务。实现安全小区全覆盖。

### 【精神文明建设开创新局面】

在全市率先制定教育现代化指标体系,2008年基本实现区教育现代化的阶段性目标。建成青少年活动中心等一批教育设施,以思南路幼儿园为代表的学前教育继续在全市保持领先地位,以卢湾辅读学校为代表的特殊教育在全国保持领先水平,中华职业学校被认定为国家级重点职业高中,全面完成《卢湾区文化发展纲要(2003—2007年)》确定的各项任务。建立文化发展专项资金,累计投入资金1 500万元,形成8个文化品牌项目,逐步扩大上海旅游节开幕式花车大巡游、新天地新年倒计时、玫瑰婚典等文化品牌活动影响力。"上海灯彩"(何克明灯彩艺术)被列入国家级非物质文化遗产名录。承办国际体育舞蹈大赛、全国男子篮球职业联赛等国内外高水平体育赛事。全区经常性参加体育锻炼人口比例达到46％。建成瑞金医院卢湾分院门急诊楼、4所标准化社区卫生服务中心、14个社区卫生服务站等设施。在全市率先整合二、三级医院医疗资源,方便居民就医。居民人均期望寿命达到82.45岁,全区百岁老人72人,处于全市领先水平。在全市率先推出公园广场文化、以量化方式制定《文明社区指标体系》、居民公约、社区道德点评台等特色品牌。率先成立登记注册的志愿者协会,率先向社会公开招募市民巡访团志愿者。

## 三、工作特色

### 【人人参与、人人行动】

坚持"把人人参与、人人行动作为第一要素,把解决问题、改善民生作为第一任务,把社会评价与群众评价作为第一标准",使争创全国文明城区成为人民群众的普遍共识和自觉行动。落实"改善民生、完善服务"的惠民举措。把旧区改造作为事关民生的最重要工作,积极推行"阳光动迁"。卢湾区纳入上海"十一五"规划400万平方米二级以下成片旧里改造计划的有24万平方米,至2008年完成计划的54.6％,在全市率先突破50％。加强旧房综合整治,完善小区物业综合管理,不断改善群众居住条件和生活环境。2003—2008年,共完成廉租住房配租4 407户。自1985年实施政府实事项目以来,共完成社会保障、城市建设、社会事业和社区建设4大类292项实事项目。自2004年开始启动解决群众日常生活突出问题以来,累计实施厨房工程、卫生设施改造、喷淋装置安装、老化电线整治、水表分装、铁门安装等项目1 047个。2006年底,卢湾区全面建成社区事务受理服务中心、社区文化活动中心、社区卫生服务中心和社区信息服务平台,形成"一平台三中心"服务体系。在全市率先形成"一口受理"的社区事务受理工作机制,率先实现社区文化活动中心全覆盖,使社区居民步行10分钟左右就能享受就业指导、文化活动、体育健身、医疗保健、老年人关怀等10类服务。

形成"人人参与、人人行动"的共创局面。以"迎奥运、迎世博,争创全国文明城区"为主题,通过多方式、多渠道进行宣传发动,各界人士同参与,志愿服务共建设,形成多维度、立体化、全方位的创建格局。人大代表、政协委员积极参与监督环境卫生和不文明陋习状况,群策群力整治社区顽症陋习。社区居民积极参与"好人好事新风尚""不良陋习大家评"活动,主动投身每月"清洁日"大扫除活动。2 000余名社区志愿者主动上街宣传交通文明,清理垃圾,劝阻不文明行为。社区青少年利用暑期参与"文明社区啄木鸟""和谐的家园"行动。

### 【打造特色品牌活动】

以迎奥运、迎世博为契机,广泛开展群众性精神文明实践活动。主要包括:举办"迎世博、大家参与"系列活动,开展"'文文、明明'进学校、进家庭、进社区、社会行"活动,实施"共建美好家园——卢湾区公民道德建设综合工程",开展"八年一瞬间"见证卢湾发展摄影大赛、"世博林"植树活动以及"邻里节"活动等。

**"迎世博、大家参与"系列活动**　2002年,为提高市民素质,区有线电视中心制作以"世博会、城市精神、可爱卢湾人"为主题的"大家谈"活动,唤起市民对陋习的自我认识。之后,每年结合上一年的公民道德建设问卷调查情况,开展"迎世博、大家参与"系列活动,先后开展"迎世博、改陋习、大家画""迎世博、改陋习、大家拍""迎世博、树新风、大家写""知荣辱,迎世博,大家评""迎世博、大家查""迎奥运,迎世博,创文明,大家管""告别陋习、提升文明——城市文明大家做"。活动的参与人数与知晓度逐年上升。首次活动"大家谈"98 人参加,居民知晓率 25.5％。2007 年,"大家查"活动有 5 740 人参加,年龄最长的 92 岁,最小的仅 7 岁。2008 年,"大家管"活动的知晓率超过 90％。

**"八年一瞬间"摄影大赛** 2003 年起,策划启动"八年一瞬间"——见证卢湾发展摄影大赛,号召各界人士用镜头记录卢湾区在迎接世博会的 8 年中的发展变化。先后推出"全国党报名记者聚焦卢湾""全国晚报摄影记者聚焦卢湾""外国友人拍卢湾""白领拍卢湾""情系江南""卢湾人拍卢湾""世博在卢湾"八场特别专场。参赛者共计 3 000 余人次,参赛作品 30 000 多幅。每年制作《"八年一瞬间"——见证上海卢湾发展 20 景》中英文明信片,集中展示当年大赛优秀成果。2010 年 5 月举办八年一瞬间"世博在卢湾"摄影专场摄影展,从历年作品中精选 200 多幅照片,再现卢湾打造"世博会精品大客厅"的进程。

**"世博林"植树活动** 2004 年起,每年 3.12 植树节,区委、区政府组织区内各行各业代表、居民,在卢浦大桥下共同栽下寄托美好祝愿的"世博林"。活动以"城市让生活更美好,绿化让空气更清新"为主题,体现"文化世博、生态世博"的个性特征。至 2010 年,先后建成"友谊林""希望林""奉献林""阳光林""和睦林""创意林""欢乐林",总面积 21 528 平方米(其中 4 003 平方米为系统内公共绿地)。2011 年发挥"世博后续效应",建成 3 000 平方米的"幸福林"。

**"文文""明明"进校园活动** 区里还推出"道德阳光伴我成长——'文文''明明'进校园"未成年人思想道德建设主题教育活动。设计区文明宣传形象卡通大使——"文文""明明",并成功申请专利。针对不同年龄段的未成年人,先后开发"文文明明"拼图、游戏棋、魔方、雕塑等载体,赠送给全区幼儿园小朋友和小学生。在 2004 年中央文明办评选出全国 60 个未成年人思想道德建设工作创新奖中,"'文文''明明'进校园"获一等奖。之后"文文""明明"每年聚焦不同的主题,从学校向家庭、社区、社会各层面延伸。2008 年,"'文文''明明'进校园、进家庭、进社区"荣获全国第一届未成年人思想道德建设工作创新案例推广应用奖。2009 年,卢湾区被评为第二届全国未成年人思想道德建设工作先进城市。

**"邻里节"活动** 2005 年举行"温馨家庭、和睦邻里、和谐社区"为主题的首届卢湾邻里节活动。之后,每年元宵节期间均举办邻里节活动,通过邻里间的交流活动,树立邻居不是陌生人的观念,营造"邻里一家亲、人际关系和"的氛围。2010 年 2 月,以"和美家庭,和睦邻里,和谐社区"为主题的第六届卢湾邻里节在全区 4 个街道举行,吸引全区近万户家庭的共同参与。

# 第五节　迎办上海世博会

卢湾区抓住中国 2010 年上海世界博览会(简称上海世博会)举办的机遇,推动区域经济社会文化的全面发展。2008 年率先在全市制定迎世博系列三年行动计划和迎世博 600 天行动计划,着力打造世博会"精品大客厅"。市容市貌焕然一新,城区管理水平、文明程度和市民素质明显提高。世博会期间,全力做好城市运行、交通市容、旅游窗口、医疗卫生、社区保障等工作,城区文明彰显新水平,城区国际影响力和国际化程度显著提升。

## 一、世博园区动迁

卢湾区是上海世博会场馆所在区之一,区域世博会规划红线范围内区域:东至龙华东路 250 号,南至黄浦江江边,西至鲁班路,北至龙华东路。动拆迁涉及五里桥街道铁一居委会的部分居民,动迁居民 788 户,拆除住宅建筑面积 3.85 万平方米。动迁工作坚持公开、公平、公正的动迁机制,针对动迁居民全部为新公房,其中 23.5% 为商品房的实际情况,增加装潢补贴;同时培育社会各界全力支持世博动迁的良好氛围。2005 年 5 月 7 日启动居民动迁签约,70 余户居民排队签约,占动迁居民总数的 16%。5 月 21 日,已经签约的 30 多户居民举行集体搬场,掀起居民支持动迁的高潮。动迁分为两期,一期涉及居民 603 户,二期涉及居民 185 户,其中二期仅用 28 天就完成全部签约任务。2005 年 12 月 30 日在全市率先完成上海世博会园区动迁工作。

## 二、迎世博 600 天行动

2008 年起,实施《卢湾区迎世博 600 天行动计划》,努力做到"6 个明显",即市容市貌明显改观、各项窗口服务明显优化、城市管理明显改善、城区文明程度明显提高、市民文明素质和精神面貌明显提升、社区管理服务水平明显提升,同时打造南部滨江现代城市生态社区、"田子坊"创意休闲社区、"文化广场"人文艺术社区、"新天地"时尚文化社区、"思南公馆"历史人文社区 5 个世博主题实践区,体现"更美的城市、更好的生活、更深的情谊"。

### 【完善区域综合管理】
围绕"市容市貌改观、市民生活改善、管理水平提升、卢湾特色项目"四大工程,实施南昌大楼、中德医院、淮海坊等优秀历史建筑综合整治,凸显卢湾历史人文底蕴;开展西成里、紫荆新苑小区卫生设施综合改造,解决群众关心的日常生活问题;实施淮茂绿地、新华联前、淮海公园北广场等绿化改建,烘托"花园卢湾,共庆世博"主题;对中山南一路、淮海中路沿线 40 多幢楼宇进行景观灯光设计与改造,打造城区亮丽风景线。同时,有效推进非机动车管理,逐步扩大非机动车固定停放点,全区非机动车固定停放点增加至 168 个;有力推进乱设摊整治,对 398 个历史遗留的相对固定的乱设摊点进行"销账式"管理,对 110 个居民有需求的牛奶摊、早点摊开展"引摊入室、引摊入店",按时稳妥完成全区 39 个福利、体育彩票摊(亭)入室整治工作;实施卢湾停车诱导系统一期,实现网上动态停车信息发布,方便市民出行,缓解交通拥堵。

### 【打造城区文化品牌】
重点打造石库门文化品牌,举办"上海石库门遗产保护与文化传承"世博会首场区县论坛,成立"上海石库门文化研究中心",开通"中国·上海·石库门"门户网站。以"阅文化、悦生活"为文化配送平台,推出与上海纪实频道"影院中国计划"、上海歌剧院沙龙和曹鹏音乐中心的合作项目,举办"群星耀卢湾"迎世博青年(创意话剧展演)专场等区域群文品牌活动。

挖掘特色鲜明的主题实践区。分别以南部滨江百年工业变迁、"田子坊"百年海派风情、"新天地"百年时尚文化、"文化广场"百年艺术魅力、"思南公馆"百年人文积淀为文化主题,挖掘 5 个主题实践区历史人文内涵。设计推出主题实践区标识、个性化纪念品,开展卢湾南部崛起与文化振兴专题讲座、老弄堂趣味游戏、时髦外婆旗袍走秀、迎世博 2009 首届戏曲艺术节等文化主题活动,展现主题实践区的特有魅力。

### 【设立世博展示中心】
上海世博会展示中心位于区域淮海中路 300 号香港新世界广场商场三楼,面积 1 000 平方米,是上海世博会事务协调局和区政府联合主办的上海世博会唯一一个公益性展示、宣传和教育基地。展览以"城市"主题立意,从展项设计和展览氛围上演绎"城市"主题。中心于 2008 年 5 月 1 日开馆,2010 年 4 月 30 日闭馆,累计接待国内外 70 个国家和地区的观众 184.87 万人次,团队 14 997 个,媒体 807 家,记者 1 512 人次。

### 三、世博会运行保障

**【落实世博安保】**

上海世博会期间,完成 6 场试运行、开幕庆典和开园仪式、诸多国家馆日、西藏活动周、新疆活动周、高峰论坛、闭幕式以及绿地广场多次大型室外音乐会等重大安保工作任务。共计投入安保力量 45 万余人次,处置各类扰序事件 163 起,完成 234 批次警卫安全保卫任务。辖区内的 3 个园区出入口即马当路站、鲁班路、高雄路周边共设立 20 个过滤线巡逻设卡岗位。马当路出入口首创公安、军队、武警、地方联合指挥、联勤运作的"四方四联"工作模式,减少沟通环节,缩短运转流程,有效解决出入口指挥、保障等问题,在全市第一个建立军地联合、警民联手的指挥体系。组建近 2 万名平安志愿者,由各街道安排平安志愿者参加社会面防控工作,形成强大的群防群治网络。世博安保期间,有 7 天执行一级等级状态,出动平安志愿者 42 061 人次,累计提供服务时间 80 277 小时;27 天为二级等级状态,出动平安志愿者 96 002 人次,累计提供服务时间 156 447 小时;181 天为三级等级状态,出动平安志愿者 551 375 人次,累计提供服务时间 817 481 小时。

**【城市运行保障】**

上海世博会期间,通过卢湾区 3 个出入口入园的人数达到 1 459.6 万人次,占入园总人数的 20%。旅游、住宿业接待游客逾 44 万人次,平均客房出租率 83.1%。成功举办上海旅游节开幕大巡游、上海购物节闭幕式、玫瑰婚典等商旅文活动。实现世博特许商品生产销售总额 3.71 亿元,完成市下达目标任务的 150%。对田子坊参观旅游团队实行预约登记制度,田子坊日均客流达 1 万余人次,最高达到 3.6 万人次。加强对重点区域、重点对象、重要时间节点的控制,落实公交站点、公共部位值守点、小区守望岗等志愿者岗位,累计出动社区志愿者 54 余万人次。成立"世博园区人民调解工作室",成功调解园区矛盾纠纷 33 起,建立"涉博"劳动争议案件快速处理小组,开辟快审快结"绿色通道",成功解决争议案件 16 起。

**【世博接待服务】**

做好国内外重要贵宾、友好城区和重点企业等接待服务工作,圆满完成上海市 2010 年国内优势企业"看世博、谋发展、促合作"活动任务,以及卢湾区承担的韩国、爱尔兰等 9 个国家馆日活动有关工作。从上海世博会试运行至闭幕,接待新疆维吾尔自治区党政代表团、湖南省党政代表团、广州市党政代表团等国内代表团 172 批、3 058 人次,完成中央和市领导来卢湾区视察、考察的重要接待任务 30 余批;接待外宾 298 批、4 447 人次,外国部长级(三级)以上团组共 57 批、1 178 人次,其中总统元首级(一级)团组 8 批、353 人次,副总统副元首级(二级)团组共 16 批、262 人次。根据世博局的安排,共计组织 2 000 余名人员参加韩国、圣马力诺、爱尔兰等 9 个结对国家馆日活动,组织 37 个国家及地区、5 个国际组织及案例馆的 105 名参展方官方代表到卢湾开展为期一天的互动交流活动。举行上海卢湾足球队和圣马力诺足球队的足球友谊赛。与俄罗斯趣橙合唱团联合举行主题为"汇聚上海，博览世界"的友好交流演出等社区文化互动活动以及友城系列活动 40 余场。组织"社区市民活动进世博——魅力卢湾"专场演出 30 场。

### 【宣传和媒体服务】

上海世博会期间，共召开世博主题新闻发布会 26 场，完成在江南智造现代服务业集聚区的倒计时 30 天境外媒体采访团、KBS 韩国广播公司、上海世博会新闻中心"感知上海"记者团的接待任务。开展"八年一瞬间"——见证卢湾发展摄影大赛作品展、"创先争优·感动卢湾"系列主题宣传活动，以及"心的港湾"志愿者主题实践日活动等十大主题实践活动。

### 【组建志愿者队伍】

组建 137 名优秀人员组成的卢湾园区志愿者队伍，参与票务中心、非洲联合馆、出入口三大岗位高峰期的志愿服务。组建近 6 000 人的世博城市服务站点志愿者队伍，从 4 月 19 日站点投入试运营至 10 月 31 日，在全区 50 个世博城市志愿服务站点为世博游客提供信息咨询、语言翻译、文明宣传等志愿服务 2 588 698 人次。其间，突出"明星站点"集聚效应，卢浦大桥站在全市率先推出由志愿者设计制作的站点服务印章，创意设计信息板、公告牌、手机充电器、志愿服务"百宝箱"。组建 5 万人城市文明志愿者队伍，在全区广泛开展"世博宣传、窗口服务、交通文明、清洁城市、平安世博、文明游园、市民巡访和社区服务"城市文明"八大行动"。城市文明志愿者主要分为活动类文明志愿者和岗位类平安志愿者两大类。3 万余名活动类志愿者主要由社区居民、机关干部、企事业单位职工和在校学生组成，参与"三五"（每月的 5、15 和 25 日）集中行动、我微笑我捡起、清洁家园、交通文明等志愿服务活动。2 万余名岗位类（平安）志愿者通过单位内部安全责任落实、居民小区群防治安巡逻、公交站点以及公共场所等重点部位值守等多种形式，参与平安志愿服务。上海世博会期间，全区共出动平安志愿者 660 089 人次，累计提供服务时间 995 072.5 小时，调处各类矛盾纠纷 2 920 件。世博会后，卢湾区所保留的 5 个城市志愿服务站被统一命名为"七彩心帆"，分别设于新天地、淮海中路以及打浦桥区域。由社区居民、企业白领和大学生为主体的城市志愿者，为市民和游客提供日常城市公共信息等志愿服务。

### 【开展创先争优活动】

开展以"世博先锋行动"为主题的创先争优活动，组织广大党员和群众深化落实岗位、家园、志愿"3 项行动"，通过党员亮身份、实施《机关党员奉献世博记录手册》、党员到社区报到服务，人人争当"6 个员"，即世博宣传员、民情气象员、群众服务员、文明示范员、矛盾调解员、治安联防员。上海世博会期间，全区有世博志愿者工作站、五里桥派出所等 7 个集体以及卢湾辅读学校校长何金娣、公安干警林祁斌等 12 名个人被党中央、国务院授予"上海世博会先进集体"和"上海世博会先进个人"称号，共有 54 个集体和 181 名个人获得市级表彰。

表 9 - 3 - 1　卢湾区主要年份基本情况

| 项　　目 | 1978 年 | 1985 年 | 1990 年 | 1995 年 | 2000 年 | 2005 年 | 2010 年 |
|---|---|---|---|---|---|---|---|
| 区域面积（平方公里） | 8.02 | 8.02 | 8.05 | 8.02 | 8.02 | 8.02 | 8.03 |
| 水域面积（平方公里） | 0.5 | 0.5 | 0.5 | 0.5 | 0.5 | 0.5 | 0.49 |
| 年末耕地面积（公顷） | 0 | 0 | 0 | 0 | 0 | 0 | 0 |

（续表）

| 项　　目 | 1978 年 | 1985 年 | 1990 年 | 1995 年 | 2000 年 | 2005 年 | 2010 年 |
|---|---|---|---|---|---|---|---|
| 街道（个） | 9 | 9 | 8 | 8 | 4 | 4 | 4 |
| 镇（个） | 0 | 0 | 0 | 0 | 0 | 0 | 0 |
| 乡（个） | 0 | 0 | 0 | 0 | 0 | 0 | 0 |
| 居民委员会（个） | 109 | 153 | 223 | 224 | 83 | 74 | 72 |
| 村民委员会（个） | 0 | 0 | 0 | 0 | 0 | 0 | 0 |
| 年末户籍人口（万人）[①] | 46.1 | 48.04 | 45.16 | 39.33 | 35.59 | 31.67 | 30.44 |
| 户数（万户）[②] | 13.3 | 14.3 | 15.2 | 14.319 | 12.83 | 11.11 | 10.28 |
| 年末常住人口（万人） | | 47.95 | 45.11 | 39.317 | 35.56 | 36.1 | 24.88 |
| 外来人口（万人） | | | | | | 4.58 | 5.4 |
| 人口密度（人/平方公里） | 51 437 | 59 789 | 56 034 | 49 006 | 44 400 | 39 483 | 37 911 |
| 人口自然增长率（‰） | | 6.52 | 1.33 | −5.8 | −4.8 | −4.39 | −2.18 |
| 城镇登记失业人数（人）[③] | | 350 | 4 385 | 6 403 | 6 393 | 7 346 | 6 524 |
| 新增就业岗位数（个）[④] | | 6 024 | 5 861 | 7 583 | 5 777 | 38 624 | 35 303 |
| 中学（所） | 34 | 24 | 22 | 24 | 26 | 16 | 14 |
| 在校学生（人） | 47 701 | 15 774 | 14 377 | 20 844 | 19 084 | 13 539 | 7 651 |
| 小学（所） | 56（1979 年） | 52 | 47 | 40 | 24 | 14 | 13 |
| 在校学生（人） | 29 258（1979 年） | 23 833 | 34 570 | 33 831 | 16 751 | 7 623 | 6 690 |
| 幼儿园（所） | 26 | 38 | 49 | 31 | 17 | 18 | 15 |
| 在园幼儿（人） | 6 053 | 14 114 | 11 196 | 5 777 | 3 034 | 3 378 | 3 394 |
| 职校（所） | | 10（1986 年） | 10 | 5 | 4 | 3 | 2 |
| 在校学生（人） | | 3 209 | 1 991 | 4 121 | 4 128 | 2 113 | 1 835 |
| 图书馆、室（家） | | 19 | 19 | 18 | 9 | 5 | 5 |
| 文化馆、站（家） | | 9 | 8 | 5 | 5 | 5 | 5 |
| 影剧院、场（家） | | 12 | 11 | 7 | 5 | 5 | 5 |
| 区级医院（所） | 10 | 20 | 20 | 15 | 9 | 10 | 12 |
| 医院床位数（张） | 864 | 2 582 | 2 533 | 2 763 | 3 215 | 3 274 | 4 009 |
| 医疗卫生技术人员（人） | 2 002 | 4 739 | 4 949 | 5 086 | 4 800 | 5 086 | 6 197 |
| 执业医师（人） | | | | | | 1 863 | 2 029 |
| 公共绿地面积（万平方米）[⑤] | | 26.31 | 96.17 | 18.03 | 31.02 | 47.2 | 64.01 |

（续表）

| 项　　目 | 1978 年 | 1985 年 | 1990 年 | 1995 年 | 2000 年 | 2005 年 | 2010 年 |
|---|---|---|---|---|---|---|---|
| 人均公共绿地面积(平方米) | | | | 0.46 | 0.87 | 1.5 | 2.37 |
| 绿化覆盖率(%) | | | 11.95 | 10.25 | 13.27 | 16.5 | 18.67 |
| 公园(个) | 4 | 4 | 4 | 4 | 4 | 6 | 6 |
| 城市居民人均住房面积(平方米) | | | 5.82 | 6.51 | 8.69 | 11.84 | 12.99 |

　　说明：① 1985 年、1990 年、1995 年、2000 年为居民人口；② 1985 年、1990 年、1995 年、2000 年为居民户数；③ 1985 年、1990 年、1995 年为待业人数；④ 1985 年、1990 年为安置待业人数；⑤ 1985 年为绿地面积，1990 年为绿地覆盖面积。

表 9 - 3 - 2　卢湾区主要年份国民经济基本指标

| 项　　目 | 1978 年 | 1985 年 | 1990 年 | 1995 年 | 2000 年 | 2005 年 | 2010 年 |
|---|---|---|---|---|---|---|---|
| 生产总值(亿元)① | | | | 12 | 28.67 | 63.49 | 122.46 |
| 　第二产业(亿元)② | | 3.47 | 4.28 | 17.01 | 5.92 | 6.08 | 6.85 |
| 　　工业(亿元) | | 3.12 | 3.67 | 12.36 | 4.89 | 4.86 | 5.16 |
| 　第三产业(亿元)③ | 4.22 | 13.8 | 29.08 | 100.12 | 22.75 | 57.41 | 115.61 |
| 财政收入(亿元) | 0.92 | 2.6 | 2.8 | 6.65 | 14.22 | | |
| 地方财政收入(亿元) | | | | 4.7 | 11.37 | 23.58 | 51.3 |
| 地方财政支出(亿元) | | 0.36 | 1.07 | 4.02 | 11 | 31.3 | 56.69 |
| 外贸进出口总额(亿美元) | | | | | | 2.49 | 18.5 |
| 出口额(亿美元)① | | | 7 105.6(万元) | 3.02(亿元) | 3.67(亿元) | 1.14 | 5.68 |
| 年末私营企业注册数(个) | | | | 194 | 1 104 | 5 105 | 4 812 |
| 工业总产值(亿元) | | 2.72 | 3.67 | 12.36 | 16.01(销售产值、不含税) | 17.79 | 17.1 |
| 住宅竣工面积(万平方米) | 8.33 | 11.1 | 10.9 | 32.6 | 50.21 | 13.16 | 15.26 |
| 社会消费品零售总额(亿元) | | | | | | 124.4 | 187.45 |

　　说明：① 2000 年、2005 年、2010 年为增加值；② 1985 年、1990 年为工业、建筑业、运输业产值；③ 1978 年为商业销售额，1985 年、1990 年、1995 年为第三产业营业额；④ 1990 年为出口产品产值。

# 第十篇 静安区

静安区地处上海市中心城区中部,因境内千年古刹静安寺而得名。

　　1978 年,静安区行政区域面积 7.62 平方公里,辖有康定路、愚园路、华山路、延安中路、万航渡路、江宁路、余姚路、张家宅路、武定路、威海卫路 10 个街道,下设 132 个居委会,户籍人口 13.58 万户、47.66 万人。1981 年,威海卫路街道更名为威海路街道。1994 年 10 月撤销华山路、愚园路街道,设立静安寺街道;撤销万航渡路、余姚路街道,设立曹家渡街道;撤销康定路、江宁路街道,设立新的江宁路街道;撤销武定路、张家宅街道,设立石门二路街道;撤销威海路、延安中路街道,设立南京西路街道。2010 年,全区行政区域面积 7.62 平方公里,辖有 5 个街道,下设 73 个居委会,户籍人口 10.33 万户、30.51 万人。2015 年 11 月 4 日,国务院批复上海市人民政府同意撤销静安区、闸北区,设立新的静安区。

　　中共十一届三中全会以后,静安区不断实施和推进改革开放政策,区域经济社会发展不断跨上新台阶,大致分为 3 个阶段。

　　1978—1984 年为工作重心转移时期。区委、区政府把工作重点放在消除"文化大革命"影响,推动区域经济建设。首先全面恢复和健全区委、区人大、区政府、区政协领导班子,使各项工作逐步走上正常发展轨道。1979 年,区委组建复查小组,认真平反冤假错案,落实党的各项政策。与此同时,把恢复和推进经济建设提上重要议事日程,区委充实加强城建、财贸、集管工业领导班子,转变思想,消除发展经济的阻碍。重点抓了区属工业的调整和发展、集贸市场的恢复和开放,使全区经济出现较快增长。

　　1984—1999 年为中心城区建设时期。1993 年 2 月,区委提出建设繁荣、文明的现代化中心城区,1995 年 1 月又提出建设一流的现代化中心城区。围绕这一目标,在推进改革上,通过扩大企业自主权,推动行政性公司转型,改革企业产权制度,初步完成国资国企资产重组;在经济发展上,实施产业优化升级,逐步"退二进三",加快第三产业特别是现代商业的发展;在对外开放上,加强招商引资,吸纳外省市特别是国外资金的注入,建立起区域独立的外贸体系,逐步形成外向型经济;在城区建设上以土地批租为契机,引进充足建设资金,大力推进旧区改造。尤其是 1992 年和 1995 年区委、区政府两次召开国际研讨会,集思广益,共同研究,制订和完善《静安南京路发展规划》,以此为龙头推进一流中心城区建设。

　　1999—2010 年为实施"双高"区战略和"国际静安"战略时期。1999 年 12 月,区委六届六中全会确定"建设高品位商业商务区、高品质生活居住区"的"双高"战略目标;2007 年 1 月,区第八次党代会提出"按照'高起点、外向型、国际化'发展思路,坚持'双高'战略,打造国际静安,努力建设现代化国际城区"的发展方略。与此配套,制定《静安双高区战略指标体系》《国际静安指标体系(2007—2011)》和《国际静安指标体系实施意见》。为了实施这一战略,全区积极发展以楼宇经济为主要特征的新型经济形态,同时发展都市工业和创意产业,增强区域经济动能;拓展金融业和专业服务业,以其为支撑不断推动经济再上新的台阶;努力推进高品质生活居住区建设,以房地产业开发为契机,结合新一轮旧区改造、零星旧里改造和"平改坡"工程,着力建设优秀住宅小区;进一步完善城区环境质量,以实施 4 轮环境保护和建设三年计划为抓手,治理污染,加强绿化,美化环境;加大社区管理模式改革,在全市率先停止街道招商引资,优化街道社会管理和社区建设职能;同时,进一步推进精神文明建设,打造充满和谐的现代化国际城区,2009年创建为全国文明城区。

2010年,静安区生产总值173.85亿元,比1995年增长7.61倍;财政收入178.93亿元,比1995年增长21.12倍;社会消费品零售总额237.12亿元,比2000年增长2.62倍。境内有轨道交通2、7号线,延安高架路横穿全区,南北高架路纵贯区境东侧;有中共"二大"会址、茂名路毛泽东旧居、中国劳动组合书记部旧址、八路军驻沪办事处等革命遗址;有静安寺、圆明讲堂、居士林、怀恩堂、新恩堂、大田路天主堂等宗教场所。1994年被国家教委授予"全国双基教育先进区";2002年被全国爱国卫生委员会授予"国家卫生区";2003年、2007年2次被全国双拥工作领导小组、民政部、中国人民解放军总政治部授予"全国双拥模范城";2007年被世界卫生组织安全社区安全促进合作中心亚洲认证与支持中心授予"世界卫生组织安全社区";2009年被中央文明委授予"全国文明城区"。

2011年,《静安区国民经济和社会发展第十二个五年规划纲要》明确指出,按照"高起点、开放型、国际化"的发展思路,坚持双高战略,打造国际静安,扎实推进现代化国际城区建设。主要目标"一港四区":以国际金融和国际服务为核心,以国际商业购物和时尚创意为支撑,加速提升现代服务业集聚度和发展能级,国际服务业主体高度集聚,产业集群融合发展,加快形成繁荣繁华、功能完善的国际商务港。以保障人民群众生命财产安全为根本,切实加强城市公共安全管理,维护社会和谐安定,努力建设管理有序、安全稳定的平安城区。把社会建设放到更加突出的位置,有效整合资源,提高公共服务水平,健全社会保障措施,加强社区基层建设,积极构建服务优质、共建共享的和谐城区。以完善公共文化服务体系、历史文化保护体系和文化产业培育体系为重点,文化助力经济、文化润泽民生、文化彰显文明,着力打造海纳百川、经典时尚的文化城区。按照全国文明城区的标准和要求,建立全方位、多层次、立体化的共建格局,着力提升静安物质文明、政治文明、精神文明和生态文明的整体建设水平,深化创建环境优美、崇尚美德的文明城区,成为经济实力雄厚、产业优势明显、城区功能健全、基础设施完善、生态环境友好、国际交流频繁、文化氛围浓郁、人民生活比较富裕的现代化国际城区。

# 第一章　工作重心转移

"文化大革命"期间,静安区有冤假错案6 600多件,刑讯逼供致非正常死亡315人;被非法抄家17 812户,占全区总户数的14%;民族资产阶级被当作"专政对象",大批爱国人士、知识分子、侨眷、台胞等受到歧视迫害,全区的经济和社会各项事业遭受严重破坏和损失。中共十一届三中全会以后,结束"阶级斗争为纲"的政治局面,恢复调整区级机构,落实各类政策待遇,发展工业和集贸市场,全区工作重点转移到经济建设上来。尤其是1983年2月21日邓小平到胶州路农贸市场视察,给广大个体劳动者和市场工作人员极大鼓舞。

## 第一节　党 政 机 构

"文化大革命"期间,区委组织瘫痪,人民委员会被取代,人大和政协停止活动。中共十一届三中全会后,区里全面拨乱反正,取消"革命委员会",区四套班子陆续恢复,政治生活趋于正常。

### 一、区委

1978年4月,市委重新任命区委组成人员,有委员8人,不再设常委会。1983年9月,区委组成人员作调整,委员有9人。1987年1月,区第三次党代会选举第三届区委委员25人、候补委员6人,每届任期3年,这是时隔16年再次召开区党代会。1993年,区第五次党代会起,每届任期改为5年。

1978年2月,区委重新建立办公室、组织部、宣传部、统战部,恢复正常运行机制。区政府各部门与群众团体恢复设立党组。1979年3月建立政法领导小组,1982年改为政法委。1979年7月成立纪律检查委员会。1980年恢复保密委员会。1981年2月成立对台工作组,1987年10月改为对台办公室,1991年6月又改称台湾工作办公室。1981年3月建立区级机关党委。1983年12月建立"五讲四美三热爱"活动委员会,下设办公室,1989年5月改称为精神文明建设活动委员会。1984年9月增设老干部局,1988年4月又建立区委老干部工作委员会。1986年5月建立党史资料征集委员会,下设办公室,1991年1月,党史办公室改称为党史研究室。除上述部门外,1985年8月—1991年10月,区委在财贸、城建、工业、教育、卫生、文化、人防等7个系统和10个街道建立工作党委,作为区委的派出机构。在区人大常务委员会、区政府、区政协建立党组。1976年12月—1992年底,区委先后建立若干临时工作机构,有清查"四人帮"(江青反革命集团)余党罪行材料组(1977年3月改为揭批"四人帮"材料组)、复查组、摘掉右派分子帽子工作领导小组(1978年11月改为改正右派结论领导小组)、打击经济领域严重犯罪活动领导小组(下设办公室)、干部考察工作领导小组、整党办公室、干部教育领导小组、惩治腐败领导小组、对外宣传小组等。

### 二、区人大

1980年初,区人民代表大会制度恢复,进行区第七届人民代表大会代表的选举工作,民政部确定上海市静安区为选举试点单位,民政部长率工作组到区指导武定路街道的选举活动。4月15日,全国县级直接选举工作办公室向全国各省、自治区、直辖市选举委员会转发《上海市静安区关于选举区第七届人民代表大会代表的工作计划》。6月3日又转发静安区武定路街道推荐代表候选人和选举代表情况的报告。7月,按照《中华人民共和国地方各级人民代表大会和地方各级人民政府组织法》的规定,举行区第七届人民代表大会第一次会议,建立人民代表大会的常设机关——区人民代表大会常务委员会(简称区人大常委会),作为代表大会闭会期间的权力机构,行使法律赋予的监督权、决定权、任免权,并检查人民代表大会决议的执行情况。

这次选举是地方政权建设上的一次重要改革尝试。同前六届相比,有明显的不同:主要是实行差额选举,规定代表候选人的名额应多于应选代表名额的1/2至1倍;改革代表候选人的提名方式,规定选民有3人以上附议可以推荐代表候选人,大部分代表候选人是由选民联名推荐;各政党、各人民团体联合或单独提名的代表候选人一般不超过应选代表总名额的15%。区第七届人民代表大会代表应选名额确定为460人。全区用两种方式推荐提名,作为初步候选人共为12 470人,是应选名额的27倍。经选区选民小组三上三下反复酝酿协商,根据较多数选民的意见,确定的正式代表候选人为738人,然后按选区分别进行无记名投票选举。广大选民以当家做主的心情踊跃参加选举。全区选民参选率99.2%,有效票率99.46%,圈足率90.56%。1982年和1986年,全国人大常委会对《选举法》作了2次修改,规定代表候选人名额由应多于应选代表名额的1/2至1倍改为1/3至1倍,选民3人以上改为10人以上联名可以推荐代表候选人。静安区之后各届人民代表大会代表的选举,都按照上述规定进行。

### 三、区政府

1976年10月,区革命委员会领导班子作调整。1980年7月,区人民代表大会召开,撤销区革命委员会,恢复区人民政府。1993年起,每届政府由3年改为5年。1980年,区政府工作部门经调整后超过20个,1992年增至42个:区政府办公室、民政局、文化局、教育局、卫生局、人事局、劳动局、财政局、税务分局、粮食局、财贸办公室、工商管理局、计划经济委员会、对外经济委员会、审计局、物价局、工业局、建设委员会、市政管理委员会、建设局、房产局、规划土地局、环保局、环卫局、住宅建设办公室、科技委员会、体育运动委员会、爱国卫生运动委员会、计划生育委员会、编制委员会办公室、公安分局、司法局、监察局、人民防空办公室、档案局、外事办公室、法制办公室、侨务办公室、宗教民族事务办公室、台湾事务办公室、地区办公室、地方志办公室。1979年,区政府还设有临时机构34个;1980年44个;1992年62个,其中各种领导小组26个、委员会23个、指挥部5个、专门办公室2个、工作小组5个、静安基金会1个。

### 四、区政协

中共十一届三中全会以后,区政协恢复活动。1980年7月,召开区政协第五届第一次会议,选举产生政协委员336人,代表了20个界别:中共、民革、民盟、民建、民进、农工、九三、共青团、工会、妇联、工商联、华侨、文艺、科技、教育、体育、医务、少数民族、宗教、特邀。之后,随着形势发展,政协委员的人数有所增加,界别逐步完善。1980年政协第五届起,每届任期3年;1993年第九届政协起,每届任期5年。

# 第二节 落 实 政 策

"文化大革命"结束后,政治、经济、社会、文化亟需恢复,区委、区政府按照上级部署,及时恢复和落实党的干部、科技教育、劳动人事、侨务、民族宗教等政策。

## 一、干部政策

"四人帮"(江青反革命集团)被粉碎后,区级领导班子两次进行整顿;区属党政领导班子同时全面调整充实,对"文化大革命"中受排挤、迫害的绝大多数处级干部作安排,其中仍担任处级职务的有 76 人,占 85.4%。1980 年按照各级领导班子逐步年轻化、专业化和精干的要求,在对 132 个单位、部门的领导班子状况进行调查分析的基础上,按照德才兼备标准选拔干部。

1982 年在市委党风调查组的帮助下,区委对在"文化大革命"中深受迫害的同志彻底进行平反,对长期受压制未得到正确使用的干部恢复职务。有 3 人进入区委班子,12 人担任部门负责人。同时对 30 名在"文化大革命"中犯有不同错误的干部,经过考察后作调整。一年中共选拔区管干部 52 人,其中县团级和相当县团级干部 18 人;大多数年龄在 35 岁以下。还建立、调整和充实区复查领导小组、干部考察领导小组等 12 个班子,调整正副负责人 38 人,成员 147 人。

1983 年根据中共中央提出的干部队伍革命化、年轻化、知识化、专业化的要求,一批优秀的中青年干部提拔充实到各级领导班子。在区委新的领导班子建立后,重点抓部分县团级单位领导班子的调整、充实,共选拔干部 111 人,其中县团级以上干部 19 人、女干部 23 人、非中共党员干部 14 人。

1984 年改革干部管理体制,采取分级管理、层层负责的办法,先后 2 次下放干部管理权限。使区委和区委组织部管理的干部比下放前减少 53.9%,能集中精力抓好对县团级以上领导班子的管理工作。同时,按照市委关于建立局、处两级后备干部队伍的指示,按时完成两级后备干部选拔、考核任务,向市委上报 6 名局级后备干部、5 名处级后备干部名单,为县团级领导班子调整打下良好基础。

## 二、科技教育政策

1978 年 6 月,区教育局恢复。1979 年,随着全国高考恢复,区政府加大教育投入,恢复初高中阶段,学制 6 年。80 年代起,进行教育结构改革并调整布局,社会力量办学迅速发展。1984 年,各民主党派、社会团体、企事业单位和私人办的学校有 11 所,学员 22 695 人。办学主要是适应职工文化、技术补课的需要。1985 年又从单一的基础文化教育转向多类型、多层次的非学历教育,办学规模迅速扩大,并在全市首先成立社会力量办学管理小组。1978 年 2 月,区职工业余大学重建,设机械、电子、中文 3 个专业,学员 4 393 人。1979 年 2 月,区电视大学辅导站成立,开设中文、电子专业辅导班各 1 个。1986 年,区职工中专也附设语言文学和法律专业 2 个电视大学辅导班;区委党校开设党政大专班。1984 年春,全国科学大会召开,科技工作进行一系列拨乱反正,区科技事业得到恢复和发展。区科学技术委员会成立,3 月科学技术协会恢复召开第一次代表大会,并逐步健全管理机构,科研、学术交流、技术协作攻关、科技咨询服务、多层次科技培训及科技宣传普及、技术合同登记与管理、科技成果鉴定与推广等活动日趋活跃。在此期间,近 100 家民营科技企业应运而生,成了区科技进步的一支生力军。1987年,静安区在全市率先实施"星火计划",并先后制订区的科技发展规划,建立科技发展基金,实行新产品试制优惠政策,颁发科技进步奖条例,成立区科技专家组等,促进了科学技术发展。

## 三、劳动人事政策

1979年,区里逐步改革劳动、人事制度,改变统包就业、统配干部的政策,建立劳动力和人才市场。一是1980年重新恢复干部录用制度。1981年为300名户籍、治安、司法民警办理转干手续,从1982年起,为符合条件的机关、企事业单位2 457名"以工代干"人员办理转干手续。从1984年起,通过向社会招考录取399名干部。二是1981年企业实行劳动合同制。先在上海织袜八厂和元件五厂等单位试行,1984年逐步推进,年底合同制工人2 508人。1986年开始,全民所有制企业招收新职工全部实行劳动合同制;1988年起,即集体所有制企业也实行劳动合同制;1992年试行全员劳动合同制。三是1978年开始恢复专业技术职称评审工作。1980年按照"条评块授"原则,由市有关局考核评审,区政府和有关局、办批准发证,到1983年,共有133人被授予各种专业技术职称。1986年改革职称评定,实行专业技术职务聘任制度。四是1985年进行工资改革,企业实行工资总额包干,并同经济效益挂钩。机关、事业单位废除原有等级工资制,实行以职务工资为主要内容的结构工资。这一期间还恢复劳动争议仲裁调解机构,加强劳动保护安全生产的监察职能等。

## 四、侨务政策

1978年7月,区里开展落实"三侨"(侨胞、侨眷、归侨)政策和原工商业者政策,解决历史遗留问题。在全市率先建立推广侨务联络员制度,恢复侨联组织。至1987年底,全部归还404户、64 539平方米被冲击占用的"三侨"私房产权,为158件涉及"海外关系"案件平反,逐个妥善安置,肃清影响;对277件受审查而未处理案件的当事人逐个恢复名誉。1978年后创办区华侨服务公司(筹)、华侨工艺社、侨乡建设服务公司等企事业单位,鼓励"三侨"为祖国建设服务。

## 五、知识青年政策

1968—1977年,全区知识青年赴外省"上山下乡"49 909人,其中黑龙江最多,15 092人;安徽次之,13 151人。

1973年起,"上山下乡"知识青年中独生子女或多子女全部在外地、家庭有实际困难的(简称"特困"),以及知识青年患有严重疾病的(简称"病退"),可批准安排回沪。1979年开始,实行职工退休、下乡子女可以顶替回沪政策。至1990年,"特困""病退"回沪25 515人,顶替返沪22 297人。同时按政策规定,从新疆生产建设兵团调沪1 050人,调剂去海丰农场253人。从市属农场调区1 354人。1989年开始,对仍在外省市工作的知识青年子女就读、就业有困难的,每户回沪1名。到1992年累计办理6 347名知识青年子女入户。

1978—1992年,知识青年返城5万多人。根据国家统筹安排的精神,按照"子随父,女随母"归口安排规定,由父母所在单位安排38 832人。1979年组建区劳动服务公司(合作联社)吸收安排3 055人,通过劳动力市场介绍就业7 100余人。

### 六、民族宗教政策

"文化大革命"期间,区内宗教场所被关闭。静安古寺佛像、法器被捣毁,僧众被迫还俗,寺舍被占用,1972 年古寺大雄宝殿失火焚毁。各类宗教活动停止,上海佛学书店停止营业,少数民族联络组也停止活动。中共十一届三中全会后,宗教信仰自由政策重新得到贯彻执行。1979 年 10 月,区革委会恢复民族、宗教事务科。静安古寺、圆明讲堂、居士林等佛教场所,怀恩堂、新恩堂等基督教场所和基督教爱国团体,大田路天主堂(小德肋撒堂),先后恢复宗教活动;宗教界正常开展对外交往。1982 年后,全区各街道又重新成立少数民族联络组。1983 年,国务院确定静安寺为汉族地区全国重点寺庙之一。1984 年 3 月,市佛教协会成立静安古寺修复委员会,按历史原貌修复。占用寺院的市百货公司小百货仓库、印花品厂印花车间等单位全部腾退;并赔偿 20 万元作为 1972 年大雄宝殿焚毁损失。市政府拨专款 30 万元,供寺院修复之用。是年,静安古寺修复开放,接待日本惠果空海纪念堂落成法会访华团一行 200 余人。

## 第三节　区　属　工　业

1978 年后,区委、区政府抓住工作重心转移的契机,积极推进区属工业发展。一方面成立区集体事业管理局,建立各街道工业公司,促使地区工业得到较快发展;另一方面利用区商办工业、校办工业拥有的良好基础,在国家政策鼓励下,进一步得到发展。

### 一、地区工业

1978 年,区集体事业管理局成立,推进地区工业蓬勃发展。1979 年大批回城知识青年被安排到地区工业企业就业;全区 253 个生产组改为 85 家街道工厂。1980 年成立区工业总公司,与静安区集体事业管理局实行"两块牌子,一套机构";各街道集体事业管理组改为工业公司,受区和街道双重管理。1984 年,全区有 112 家地区工业企业,职工 18 304 人,产值 1.66 亿元,缴纳利税 2 020万元。1988 年,地区工业产值逾 4 亿元,利润 4 852.8 万元,居全市各区之首。

### 二、商办工业

1978 年起,区商办工业企业有了新的发展。鞋帽业有蓝棠、博步皮鞋厂合并的蓝棠—博步皮鞋公司,新建 8 000 平方米新厂房,安装先进生产流水线,产量成倍增加。粮食业有新建的康定制面食品厂。副食品业有由豆制品工场逐步形成的静安豆制品厂;咸菜加工场改名的裕华肉食品厂,后与静安熟食工场合并定名亚细亚肉食品厂。烟糖业有新建的爱尔生儿童营养食品厂,后与美籍华人合资成立上海爱皮西儿童营养食品有限公司。1992 年,全区商办工业 21 家,职工 3 176 人,产值1.26 亿元,缴纳利税 1 898.39 万元。

### 三、校办工业

1980 年 2 月,国务院肯定勤工俭学是全面贯彻党的教育方针的重要措施,校办工厂得以恢复与发展。是年,全区校办工厂增至 43 家,总产值 197.91 万元,纯收益 70.59 万元。教职工 260 人参加管理和生产,并吸收回城待业的教职工子女 811 人参加生产。1984 年 10 月建立校办工业公司,加强对勤工俭学工作的领导。

# 第四节　集贸市场

"文化大革命"时期,对集市贸易采取"严格限制,逐步替代"政策,市场趋于衰退,流通渠道单一,副食品上市量不足,猪肉恢复凭票供应。1978 年后,农副产品恢复和发展议购议销。1979 年 10 月,区里首先开放胶州路农副产品市场和凤阳路集市贸易。1981 年 8 月又建立青海路小商品市场。

## 一、胶州路农副产品市场

胶州路农副产品市场位于静安寺北面,一向是商贩集中的地方。自由市场禁止后,小商贩不得已转移到南京西路 1634 弄(又称"庙弄")。改革开放后,这里的自由市场迅速发展,开始从"庙弄"口向北延伸到愚园路弄口。周围有饮食摊、蔬菜摊、小百货摊 50 余个。由于弄堂小,行人多,居民又比较集中,每天上午 10 时左右就收摊。1979 年 10 月,区里专门辟地开设胶州路市场,"庙弄"内的副食品摊位全部进入市场。整个市场全长 150 米,场地使用面积 545.92 平方米,占用胶州路人行道两侧和马路。开始时有 50 多个摊位,之后不断扩展;经营规模由小变大,1980—1984 年经营品种 80 种~100 种。1981 年,全场商品经营量 216 万公斤,商品成交额 233 万元,是这一时期个体经济发展较早较快的一个典型。1983 年 2 月 21 日,邓小平视察市场,一时成为社会关注热点,推进了集市贸易的发展。

## 二、凤阳路集贸市场

又名凤阳路农副产品市场。1979 年 10 月成立,位于成都北路到大田路之间的凤阳路上。约有近 300 个摊位,主要经营服装、百货。后因凤阳路非机动车道改造而移到慈溪路,增加旧自行车、旧红木家具等摊位。年交易额近 100 万元。90 年代初拆除。

## 三、青海路综合市场

位于青海路道路两侧的马路市场,长约 80 米,占地 863 平方米。1981 年开办,东侧为威海路街道开办的农贸市场,多以水果为主;西侧为区劳动局解决知青就业开办的小商品市场,多以服装、布料为主,尤以牛仔裤、呢绒女包、羊毛衫畅销,两侧都搭建棚架和连棚售货柜。年交易额 100 万元以上。1988—1994 年,青海路市场被评为上海市文明集市。由于市场交易难免经常影响居民和上海中医学院附属岳阳医院出行,于 90 年代末拆除。2000 年 9 月,青海路被辟为休闲街。

# 第二章　建设中心城区

　　进入 90 年代,区委提出建设现代化中心城区目标,抓住城市管理体制改革的机遇,利用市里进一步向区、县下放部分财权和管理权,以及实行"两级政府、三级管理"体制等机遇,推动区域发展。通过以产权制度为核心的改革,探索建立现代企业制度,组建五大集团公司,初步建立权责明确的国有资产管理、监督、运营框架体系。通过加快现代商业业态的开发和商业网点发展,初步构成市级商业中心、区级商业中心、专业特色街市和以菜场为中心的"小店群"等 4 个网点层次,加上遍布全区的集贸市场和个体商业户,形成高、中、低档结合的商业服务网络。通过积极吸引外商投资和加大对外贸易推进区域外向型经济发展。1992 年 8 月,上海申安对外经济贸易公司成立,是区内第一家拥有外贸经营权的进出口公司。1997 年,静安区又被市外经贸委列为市国际服务贸易试验区,外向型经济进一步发展。通过采取国家投资、单位自建、集资联建、民建公助以及商品房和侨汇商品房等多种形式推进城区综合开发。投资 20 亿元建设的大型居民住宅区静安新城成为上海大型动迁基地建设样板之一。旧住宅成套改造工程改善 1 600 余户居民的住房条件。1994 年,静安区率先实现民用燃气全气化,全区 99.7% 的居民告别煤球炉。特别是 1992 年邓小平视察南方谈话和上海浦东开发开放,给静安南京路大规模形态开发和功能改造带来了契机。1993 年 8 月 18 日,陕西北路菜场地块定向爆破成功,标志静安南京路综合开发拉开序幕,为建设一流的现代化中心城区奠定扎实基础。

## 第一节　企业制度改革

　　静安区企业制度改革主要经历了扩大企业自主权、推动行政性公司转型、改革企业产权制度、组建企业集团公司等阶段。

### 一、企业自主权

　　1984 年根据《中共中央关于经济体制改革的决定》,重点围绕增强企业活力为中心,进一步简政放权,促使企业向独立的生产和经营者过渡。1987 年后,重点转向以转换企业经营机制为重点,按照政企分开、两权分离原则,实行多种形式的承包经营机制,同时部分企业实行中外合资。

　　80 年代初期,静安区商业企业主要有饮食、糖业烟酒、副食品、百货、服装鞋帽、五金交电等 6 家公司、353 家商店,改革侧重点在探索奖金分配办法和试点多种经营责任制。1981 年 4 月,陕北菜场试行联销计酬经营责任制;12 月,57 家合作饮食店先行推行承包责任制。80 年代中期,区属 16 家商业公司(局)本部和 135 家中心店在全面整顿的基础上,又分层次由点及面地对所属 927 家核算单位进行改革。79 家国营大型企业实行各种形式的经营承包责任制和利改税,粮食行业实行组合承包。国营小型企业采取"改、转、租",即国家所有改由集体经营、直接转为集体所有和租赁给经营者 3 种形式的改革。以区粮食,纺织品两个行业作为全市财贸系统改革试点单位。老集体企业实行自主经营、自负盈亏,采取集体、个人承包和集体、个人租赁形式进行改革。1984 年 8 月,铜仁烟杂店由于长期亏损,停业关闭已4年之久,由两名新婚夫妇的职工租赁经营,重新开业,成为上海零售商业企业改革中第一家夫妻店。至1990年,区属商业改革主要有6种形式:大中型国营企业推行承包经营责任制52家,其中有基数承包(上缴利润基数确定后,超基数增长的部分分档分成)、递增承包(上缴利润基数及递增率确定后,超过承包的部分全部留给企业)、定额承包(上缴利润额确定后,超收部分全部留给企业)3种形式;小型国营企业和集体租赁企业449家,其中有集体(企业)租赁和个人(合伙)租赁,拆账工资制、提成工资制、国家所有集体经营,个人抵押承包3种形式。与之相配套的内部改革,包括大中型企业实行经理负责制、优化劳动组合、企业租赁企业、小型企业优选招标经营者等。

1984年,区域地区工业企业有105家街道工厂,全部划归区集管局管理。是年7月,各工业公司与街道脱钩,改为企业性公司。除华山仪表工业公司、延中复印工业公司仍按原称外,愚园、张家宅、武定、江宁、康定、威海、余姚、万航等8个工业公司分别改名为凯乐电子电器工业公司、利达工业公司、兴达工业公司、华申工贸公司、康利实业公司、大东实业公司、西亚工业公司、华翔电器工业公司。1985年10月为了有利于低微利企业的改造,10家工业公司合并调整为5家各具专业特色的综合性公司,即凯乐与西亚合并为凯乐电子电器工业公司,延中与华申合并为延中复印工业公司,大东与利达合并为大东实业公司,康利与兴达合并为康利电器工业公司,华翔电器工业公司不动,华山仪表工业公司撤销,其所属企业分别归属延中和凯乐两家工业公司。随着改革开放的深入,从理顺领导管理体制着手,各厂实行厂长负责制或承包与聘用相结合,职、权、利相结合,重奖重罚。对微利、亏损企业,由大带小,逐步兼并。还采取企业集体或个人租赁形式,全权负责经营管理,局和公司只作监督。1984—1988年,静安区地区工业5项主要经济指标取得全市"五连冠"的成绩。

1985年2月,延中复印工业公司与美国莎士比亚香港子公司、中国银行上海信托咨询公司三方联建沪港实业有限公司,成为全市地区工业系统首家合资企业。1992年,地区工业有外商投资企业21家,建立2072人的科研专业队伍。

## 二、行政性公司

1988年根据市财贸办《关于市、区商业管理体制分权明责的意见》,建立区商委(筹),同区财贸办实行"两个机构、一套班子",统管全社会商业。

1992年6月—1993年,区16家商业管理公司初步完成转轨变型,在全市率先将政府主管部门直接管理的行政性商业公司转型为25家经营性公司:静安区服装鞋帽公司转型为上海鸿翔(集团)公司、上海金三角鞋帽服饰总公司、上海蓝棠—博步皮鞋公司,静安区纺织品公司转型为上海富丽绸缎呢绒公司,静安区百货公司转型为上海三元百货总公司,上海开开百货公司转型为上海开开实业股份有限公司,上海第九百货商店转型为上海市第九百货商店股份有限公司,静安区五金交电公司转型为上海申生五金机电公司、上海申视实业股份有限公司、上海申艺交电家电公司,静安区粮食局设上海静安粮油食品总公司,静安区副食品公司转型为上海亚细亚贸易总公司,静安区糖业烟酒公司转型为上海永安食品贸易总公司,静安区果品杂货公司转型为上海广发实业总公司,静安区药材公司转型为上海静安药材经营总公司,静安区医药公司转型为上海静安药业贸易公司,静安区土产杂品公司转型为上海开通实业发展公司、上海静安寺旅游品贸易公司,静安区燃料公司转型为上海隆盛燃料物资公司,静安区物资回收利用公司转型为上海勤丰金属机电总公司,静安区饮食公司转型为上海梅龙镇(集团)公司、绿杨邨酒家经营总公司、上海汇丰酒家经营总公司,静安区服务公司转型为上海百乐门经营服务公司、上海正章洗染公司。另外根据市场需要,新组建静安贸易投资、商业房产公司、百乐门大酒店正式营业,3家公司直属于区财贸办。

## 三、企业产权制度

1993年,区里按照"产权清晰、权责明确、政企分开、科学管理"的原则,开始对国有企业进行以现代企业制度为目标的改革。

### 【股份合作制】

1992年,上海新成电脑公司职工出资100万元进行改制,成为区内首批股份合作制试点企业之一。改制3年,公司销售额、资产、全员劳动生产率、职工人均收入分别提高了2.3倍、3.4倍、2.99倍和2.65倍。1994年1月由50名职工集资50万元组建上海新世纪日用化学品公司,3年后拥有900平方米厂房、11辆汽车、电脑管理设施等价值1 000万元以上固定资产及1 000万元自有资金。4月,区政府把股份合作制作为企业改革的首选形式和小企业改革的突破口,制定《静安区推进股份合作制试点的补充意见》,鼓励和引导小型企业实行股份合作。1996年8月,区政府又制定《关于我区小企业改革的试行办法》,股份合作制由试点转入全面推进阶段。1993—1997年,全区893家中小企业实行股份合作制、有限公司制改革,占比为85%。1997年4月成立全市第一家股份合作制企业协会,由区内54家股份合作制企业组成。

### 【公司职工持股会】

1994年,上海中亚食品有限公司成立区内第一家职工持股会,是全市副食品行业第一家由职工"全部买断"的老企业改制单位。改制后第一年利润比1993年增加2.5倍。1996年6月,静安汽车服务有限公司职工出资265万元成立职工持股会,占注册资本的48.18%,盘活存量资产1 050万元。1994—1999年,全区共批准27家公司组建职工持股会,总股本1.23亿元,其中职工持股会3 947.53万元,占总股本的32%。

### 【股份有限公司】

80—90年代,区集管工业系统和商业系统先后有一批企业改制为股份有限公司。1985年1月,上海延中实业股份有限公司向社会公开发行股票10万股,于1990年12月19日上市,1998年5月公告北大方正集团成为其第一大股东控股,股票改名为"方正科技"。1992年6月,上海华成无线电厂和香港新科创力有限公司合资组建海鸟电子股份有限公司,向社会发行股票600万股,于1993年3月4日上市,1999—2000年实施资产重组,股票改名为"ST澄海"。1992年12月,上海开开公司改制为定向募集的股份有限公司,于1996年12月19日向社会发行8 000万股境内上市外资股(B股),2000年12月21日向社会募集增发A股4 500万股。1993年9月,上海市第九百货商店改制为上海市第九百货商店股份有限公司,向社会公开发行股票5 000万股,于1994年2月24日上市,1999年6月,公司名称变更为上海九百股份有限公司。

1997年6月,市体改办制定《关于加快发展本市股份有限公司的意见》。静安区按照经济体制改革的目标和任务,注重盘活存量,吸纳社会资产,多元化投资,发展区域经济。1997年12月,上海静安建筑装饰实业股份有限公司成立,是区内首家跨所有制、跨行业、跨系统的发起式股份有限公司,由上海静安置业集团有限公司、文汇报实业总公司、常熟泛亚建筑陶瓷工业有限公司、上海申港家具厂、上海斯海商贸总公司共同出资 2 400 万元组成。1998 年 1 月,上海静安置业股份有限公司成立,由上海建筑电动工具厂、上海静安置业集团有限公司、上海房地产拍卖行等企业筹集资金 2 040 万元,同朱庆华等 201 名自然人出资 960 万元,发起组建,从事房地产开发、旧房改造项目。区里还注重引导民营高科技企业资产重组,整合资源。2000 年 11 月,上海博科资讯有限公司通过吸纳社会资本、自然人出资改制为股份有限公司,注册资本 1 000 万元。公司改制后逐步成为国家重点高新技术企业、物流管理软件行业知名企业。12 月,上海银欣高科技发展公司会同上海欣兰实业有限公司、上海怡顺投资管理有限公司、中国长城信托投资公司等单位及自然人共同出资 1 500 万元改制为股份有限公司。公司改制后成为国家高新技术企业、上海软件及系统集成行业知名企业。1997—2000 年,全区先后批准组建发起式股份有限公司 7 家。

**【企业集团】**

1995—1996 年,区里先后组建上海静安地产集团有限公司、上海九百集团有限公司、上海开开集团有限公司、上海静安置业集团有限公司,完成上海梅龙镇集团有限公司改制。九百、开开、梅龙镇 3 家商业集团拥有数十家名特优企业,汇集几十个吃、穿、用名牌商标,1996 年净资产 8 亿元,利润 1.3 亿元,占区商业利润的 72.83%。上海静安置业集团有限公司与区房地局政企分离,拥有直管公房 317 万平方米,净资产 15.8 亿元,1996 年产值 5.5 亿元,利税 2.25 亿元。是年,上海静安地产集团有限公司资产 33 亿元,利税 1.73 亿元。1996 年 5 家企业集团授权的国有资产占区经营性国有资产总量的 83%,盘活了存量,发挥了规模效应、示范效应和骨干效应。2005—2006 年,组建上海静工集团有限公司和上海环建集团有限公司。2010 年区属集团公司有 7 家。

# 第二节　现　代　商　业

静安区地处中心城区,商业历来发达。90 年代起,商业新业态不断涌现,商业街市逐步成型,品牌商业企业大量涌入,与此同时,区属商业打破地域界限,开拓全市、全国市场,形成现代商业新格局。

## 一、商业业态

长期以来,区内商业业态以百货商店为主,1993 年后新型业态不断进入。主要有:

**【便利店、连锁店】**

1994 年,第六粮油食品连锁商店开业,是区属第一家连锁商店。由上海静安粮油食品总公司投入 630 万元对全区粮店进行统一改造组建而成,拥有 50 余家便利店,统一店招、服装、进货、价格、核算,规范服务,形成集规模化、统一化的连锁经营新格局。是年,梅龙镇酒家连锁店发展到 21 家,绿杨邨酒家连锁店发展到 10 家。1995 年,正章洗染公司组建"正章"连锁便民服务亭,实现格调、价格、服务项目、服务时间、核算 5 个统一,1998 年在市内连锁网点总数 213 个,居申城同行第一。之后,不断得到发展。2008 年,全区有联华、华联、农工商、家得利、可的、好德等连锁超市、便利店 282 家,零售额 12.09 亿元。

### 【专卖(专业)店】

区内时装、箱包、化妆品、手表、珠宝等专卖(专业)店具有较高的市场知名度。1998年12月3日,意大利贝纳通服饰专卖店开业,位于南京西路1333号,主要经销贝纳通、希思黎等服饰、化妆品品牌。2005年1月1日,炫动乐百动漫城专卖店于南京西路1856号开张,汇集美国迪士尼、魔兽争霸、日本万代以及国内知名动漫品牌。7月1日,日本无印良品上海专卖店在南京西路863号开业,经营服装、生活品、装饰品、食品等5800余种产品,是该品牌在中国的首家专卖店。2005年,静安鸿翔服饰有限公司与日本服饰经销商联手以ev—japan为名由日方投资注册成立公司,在东京和神户的品牌集成店分别开设专卖柜,并在南京西路鸿翔百货商厦内开设专柜。2007年,凯司令糕点制作通过QS认证,立丰食品通过ISO 2000认证,雷允上药业西区有限公司完成药品经营质量管理规范(GSP)、良好作业规范(GMP)认证改造项目。2007年,区内新增专卖店(柜)33家。之后,向阳胜道运动城专卖店于南京西路993号开业,乔治·阿玛尼、杜嘉班纳、迪奥、罗杰·维威耶、普拉达、卡地亚等专卖店在恒隆广场开业,阿玛尼、夏利豪、盖尔斯等品牌专卖店在梅龙镇广场开业,可汗中国首家店、设计师品牌马克·雅各布斯和贝玛莲的最新概念店在中信泰富广场开业,缪缪、汤姆·福特等专卖店在上海商城开业,瑞士钟表品牌爱彼表上海首家专卖店在南京西路1177号开业。

### 【超市】

1994年,陕北超市开业。以"菜篮子"为重点,先后开设连锁超市5家,并建立配置中心,集仓储、运输、冷藏、配货于一体,是区内首家区属商业超市。1997年2月12日,上海镇宁乐购生活购物大卖场(协和量贩店)在南京西路2068号开业,面积1.4万平方米,是区内首家大卖场。1998—2006年,九百家居装饰商城有限公司在各区陆续开出航华店、大华店、莘庄店、上南店、江湾店、松江店6家大型仓储式平价建材超市。2004年9月29日,久光超市在久百城市广场地下一层开业,设有鲜品馆超市和美食长廊,面积6500平方米,主要经营日本、美国等各国不同的精美食品。2010年,区内共有超市49家。

### 【主题商厦】

1994年4月,曹家渡家具城在长宁路121号～131号开业,共分4个馆、14个展示厅,总面积3.68万平方米,配备5000平方米停车场,是上海最具规模的家具专业商店之一。1996年12月16日,开开商城在万航渡路888号开业,1层～6层营业面积2.3万平方米,专业经营家电、装饰品。1997年8月28日,中创大厦在南京西路819号开业,1层～6层营业面积1.55万平方米,为集展示、销售、培训、交流于一体的电脑商场。1999年1月31日,雷允上药城在华山路2号开业,面积5000平方米。"雷允上"是百年"老字号",也是上海经营规模和经营品种名列前茅的药业零售商店。之后,向阳儿童世界在南京西路993号全新开张,是全市首家大型儿童用品主题商厦;九百世纪食品商城在万航渡路50号开业,是境内唯一专门经营食品的主题商场;静安寺珠宝古玩城在北京西路1829号营业,商场有4个楼层,总面积1.2万平方米,是市中心第一家高档室内珠宝古玩交易市场;马莎百货在南京西路855号开业,是英国著名零售企业在中国大陆首家商店、亚洲最大的门店。

### 【购物中心】

1997年8月15日,梅龙镇广场在南京西路1038号开业,是商业面积7万平方米的"销品茂"(shopping mall)式大商场,为区内首家购物中心。之后,购物中心不断涌现。中信泰富广场在南京西路 1160 号开业,商业面积 3.45 万平方米;恒隆广场在南京西路 1266 号开业,是拥有 5.1 万平方米商业面积的顶级商厦;上海金鹰国际购物中心在陕西北路 288 号开业,营业面积 7.8 万平方米,商业面积 3.8 万平方米,以"购物乐趣"为核心理念;久百城市广场・久光百货在南京西路 1618 号营业,建筑面积 9.18 万平方米,是南京路上单体面积最大的商场;八一八广场在南京西路开业,总建筑面积 2.07 万平方米,引进一批首次登陆中国的国际品牌;悦达八八九广场在曹家渡开业,总建筑面积近 10 万平方米,其中商业面积 4.35 万平方米,是一座家庭体验式购物中心。2010 年,全区 1 万平方米以上大型商场有 21 家。

### 【电子商务】

21 世纪初,以电子商务为代表的新商业模式快速发展,2010 年,在区注册的企业拥有独立网站的有 997 家,以品牌自建电子商务网站多为化妆品类品牌企业,如兰蔻、希思黎、娇韵诗、蔻驰、丝芙兰、贝玲妃等;选择淘宝、天猫等专业平台开展电子商务业务的,有优衣库、盖璞、李维斯、欧莱雅、佳丽宝、开开服饰等;搭建平台吸引相关品牌企业入驻,开展电子商务平台的企业有俏物悄语、熟客网、我爱我家、喜试网等。

## 二、商业街市

### 【南京西路商业中心】

位于"中华商业第一街"南京路的静安区段,东起成都北路,西至延安西路,为全市商业中心之一,是静安区经济发展的生命线。1993 年,静安南京路综合开发全面启动,功能定位开始由传统商业向现代高端商业转型。2010 年,商业建筑面积超过 80 万平方米,比 1992 年增长 16 倍多,开业 1 万平方米以上的大型商场 15 家。梅泰恒"金三角"商圈和静安寺"金五星"商圈崛起,沿街商业品牌总数增至 1 283 个,其中国际知名品牌 925 个,进入上海的国际知名品牌有 90% 在静安南京路开设专卖店、旗舰店(参见本章第五节"静安南京路开发")。

### 【曹家渡商业副中心】

位于市中心城区西北部,地跨静安、普陀、长宁三区,大部分属静安区。其中心区域(习称曹家渡五角场)是长寿路、万航渡路、长宁路、长宁支路、万航渡后路 5 条道路交汇,形成一个以环道路为中心的辐射道路网,成为沪西商业、服务业集中的闹市,历史上曾以"沪西小上海"著称。1993—1995 年,曹家渡地区拥有建筑面积 3.68 万平方米的曹家渡家具城、面积 2.4 万平方米的市百一店沪西商厦和金源国际广场、天福大厦,成为沪西最大的商业中心之一。1995 年,静安区所辖的商店有 216 家,年销售额逾 5 亿元。1996 年起,该地区实施大规模旧区改造,拆除小莘庄和太平里危棚简屋,拓宽辟通道路,大批工厂和商店被拆除和外迁,大量居民被动迁。人口骤减,商业规模急剧萎缩,日均客流量从约 20 万人次减至 7 万人次左右。"十五"计划期间,曹家渡地区被列为全市重点发展的 10 个区级商业中心之一,以开开商城、上海友谊商城为代表,以百货零售、餐饮服务、娱乐休闲为主的网点群助推商圈的开发建设。2006 年,静安、普陀、长宁三区联合启动新曹家渡商圈建设。静安区在曹家渡率先启动系列改造工程,开开商厦改造工程、中华城商业改造工程、悦达信一时代广场建设工程等项目,总投资 20 亿元。同期先后竣工落成的高层建筑有智慧广场、怡津大厦、阳光新苑、三鑫花苑、达安花园等商住楼、商务楼、居民楼。2010 年,曹家渡中心地建成三角绿地,建有 2 500 平方米的金采购物地下商场;商业网点 108 家,逐步建成高楼林立、网点密布的曹家渡商业副中心。

### 【商业专业街】

1993 年,区内自然形成的街市有威海路汽车汽配街、石门一路服饰街、康定路生产资料街。1998 年起,根据《振兴静安商业纲要》和《专业街五年发展规划》,区里启动威海路汽车汽配街、静安信息产业街、华山路欧美风情街、石门一路服饰街、吴江路休闲街、吴江路小吃街、愚园路餐饮文化娱乐街、青海路休闲街等专业街开发建设。是年 5 月,区政府成立商业专业街开发建设领导小组,对全区商业专业街实行统一管理,并相应建立各专业街管理委员会。2004 年,区政府对专业街建设提出"重组、完善、再建"的目标,新投入开发建设静安寺步行街、铜仁路咖吧街、陕西北路服饰街、巨鹿路欧洲风情休闲街。2009 年,区政府制定《静安区专业街建设工作推进机制调整方案》,建立区专业街建设管理联席会议、指挥部及办公室,明确各级机构工作职责。2010 年,全区共有 6 条商业专业街:吴江路休闲街、巨鹿路欧洲风情休闲街、铜仁路咖吧街、威海路文化传媒街、陕西北路老字号特色街、"梅泰恒"后街。吴江路休闲街蜚声沪上,2000 年由新加坡先锦置业有限公司、香港众怡置业有限公司、上海锦迪城市建设开发有限公司共同开发建设,街中心设置露天广场,上方架起 2 座人行天桥,连接休闲街北侧的南京西路商厦和南侧的四季坊大型商场,由原来的线状商业结构转变成块状商业格局。2008 年 6 月 27 日重新开街,商铺面积增至 1.6 万平方米左右,引进各类品牌约 120 个,营业额成倍增长。是年被市商委评为"上海商业特色街",2009 年被中国步行商业街工作委员会评为"全国商业街先进示范集体",2010 年被评为"上海市争创迎世博文明示范标志街"。

## 三、品牌企业

### 【国际品牌旗舰店】

90 年代,区里利用区位优势,开始吸引国际品牌入驻。1997 年,英国奢侈品品牌博柏利在梅龙镇广场开设专卖店,经营女装、男装、手袋、饰品等。进入 21 世纪,国际品牌更是大量涌入。2010 年,区内各类商业品牌 1 283 个,其中国际品牌 853 个。进入上海市场的国际一线时尚品牌 90% 入驻区内。全球三大高端品牌集团路威酩轩集团、历峰集团和巴黎春天集团均有品牌子公司落户区内。三大集团旗下主要品牌有路易威登、克丽丝汀迪奥、路威酩轩、宝格丽、芬迪、万宝龙、登喜路、梵克雅宝、卡地亚、古驰等落户区内。同时,其他一线品牌爱马仕、普拉达、阿玛尼、范思哲、博柏利、蒂芙尼、菲拉格慕入驻静安区。部分国际品牌在静安南京路开设旗舰店,其中兰蔻开设中国首家、全球第三家旗舰店,路易威登开设 LV 亚太地区最大旗舰店,可口可乐开设中国首家旗舰店,欧米茄、豪雅分别开设全球最大旗舰店。

### 【中华老字号】

1993 年,区财贸系统被内贸部认定的"中华老字号"有 31 家,大多分布在南京西路。2008 年,区经委制订《静安区推进自主品牌发展的实施办法》,对"老字号"发展项目实行财政专项补贴等政策。至 2010 年,累计投入扶持资金 1 419.1 万元。同时,市商务委投入扶持资金 624 万元。2009 年,区政府还投入 2 000 万元建设陕西北路"中华老字号第一街",引进区内外"老字号",形成集聚效应。2006 年和 2010 年,经商务部认定的区内"中华老字号"企业 21 家,注册商标分别为开开、凯司令、蓝棠—博步、新长发、亨生、立丰、绿杨邨、冠生园、鸿翔、梅龙镇、虎啸、王家沙、龙凤、西区老大房、大美华、三阳盛、正章、华佗、雷允上、乐趣、九和堂。

**【名特商店】**

80年代末,区属商业经市业务主管部门和区政府分批命名的名特商店有91家(含"中华老字号")。几经变化继续保留的主要有:隶属于九百集团的上海景德镇艺术瓷器公司(特色经营景德镇名瓷)、上海儿童食品商店南京西路店(特色经营儿童食品)、白玉兰真丝专卖店(特色经营真丝服饰)、上海泰昌超市公司(特色经营糕点茶叶)、九百家居装饰商城有限公司(特色经营装潢饰品)、上海阿咪儿童食品公司(特色经营无糖食品)、九百世纪食品商城(特色经营知名食品),隶属于开开集团的吴苑饼家(特色经营蟹壳黄饼)、杜六房熟食店(特色经营荤素熟食)、第六粮油食品商店(特色经营粮油食品)、新镇江酒家南京西路店(特色经营川扬菜肴)、鸿宾楼清真馆(特色经营清真菜点)、中英合作红宝石食品有限公司(特色经营西式糕点)、上海良源特种食品有限公司(代理经销品牌)、雷允上药城(特色经营中、西药)、武定菜市场(特色经营各类副食品),隶属于梅龙镇集团的上海南京美发公司南京西路店(特色经营美容美发)。

**【"小巨人"企业】**

1999年初,区委、区政府实施"小巨人"企业发展计划,首批确定上海正章洗染公司、上海立丰食品有限公司、上海雷允上国药西区有限公司、上海中安商业发展有限公司和上海康华电线电缆厂为"小巨人"企业。"小巨人"企业实施计划单列运行模式,在经营、用人、分配、重组、改革方面拥有自主权,优先解决引进人才户口和职称等问题。2001年下半年,上海新中冶金设备厂、上海静安鸿翔服饰有限公司、上海蓝棠—博步皮鞋有限公司、上海新世纪日用化妆品有限公司被列入区"小巨人"行列。年底,区"小巨人"企业共有9家。1999—2002年是"小巨人"发展战略第一轮实施期,企业致力于品牌产品市场拓展和新产品研发,品牌连锁专卖店从28家发展至400家,新产品销售占企业营销总额的60%以上。2003—2005年是"小巨人"发展战略第二轮实施期。企业围绕"创新和发展"主题,以自主品牌实业化生产为主线,推进企业创新自主品牌,总投资近1.8亿元。1998—2005年,"小巨人"企业利润累计5.39亿元,缴纳税金5.15亿元,与区里共投入品牌发展资金1.06亿元之比为5∶1。

## 四、区外市场

90年代初,区委、区政府鼓励区属商业企业走出静安区。1995年是全区区外市场发展最快的一年,新开商店211家,比1994年的105家增长1倍,总面积3.5万平方米,其中500平方米以上商场18家。90年代末,因当地旧区改造或网点拆迁,消费市场变化,大多企业退出区外市场。

**【外区市场】**

1993年起,区属商业先后在浦东地区开设梅龙镇酒家上南分店、凯司令食品分店、永泰制衣工厂、宝城房产公司分公司、静安粮油制品厂、绿杨邨酒家等,在卢湾区开设卢湾商厦,在长宁区建成仙霞商厦,在金山县开设金山商场,在嘉定区开设第六粮油商店江桥食品超市等。

### 【外省(市)市场】

1994年起,开开集团在全国范围内设立41家销售分公司、35家总经销处、1 500个销售网点、近60家开开专卖店或专卖柜,形成销售网络。1996年,鸿翔公司在山东省的济南商厦开业;九百股份公司以无形资产投入与安徽宿州市烟糖公司合作,建立上海市第九百货宿州环宇商厦。1997年1月坐落在江西省九江市大中路的上海九百商城开业,营业面积2 600平方米,3个楼层有8类万余种上海商品开架销售。

### 【境外市场】

1993年8月,上海东亚食品工业有限公司在俄罗斯开设莫斯科康元贸易有限公司,康元饼干进入莫斯科、圣彼得堡100多家大店、名店和超市。是年,公司销售饼干48万美元,1994年上升至120万美元,1995年达400万美元,1996年成为上海在俄罗斯销售额最大的企业之一。1996年3月,绿杨邨酒家经营公司与香港新鸿基地产公司、香港八佰伴国际饮食有限公司合资组建上海绿杨邨酒家(香港)有限公司,投资155万美元在中国香港铜锣湾世界贸易中心大厦设店。6月,仰光上海国际商厦在缅甸仰光玛哈班都拉街中央广场开业,面积4 000多平方米,是缅甸当时最大的商厦。

# 第三节  外向型经济

1992年后,区委、区政府抓住改革开放的机遇,着重加强招商引资和对外贸易,促进企业、资金、商品等要素流动,推进外向型经济发展。其间,虽然受到东南亚经济危机影响,但很快得到恢复增长,外向型经济始终是区域经济的重要特征。

## 一、招商引资

静安区得益于区位优势和区内企业的开拓精神,在吸收利用国际资本上大胆实践。1985年,静安区延中复印机工业公司与美国莎士比亚香港子公司合资创办上海沪港实业有限公司,是全市地区工业首家合资企业。区政府积极抓住市政府逐步下放外商投资项目审批权的机遇,1993年投资总额在1 000万美元以下的项目由区县审批,2009年投资总额3 000万美元以下项目由区县审批、批复、发证,加大招商引资工作。

### 【健全招商机构】

1995年设立区招商办公室,负责全区招商工作的协调、管理和服务。1996年成立区招商服务中心。1998年调整、充实招商领导小组,由正副区长任正副组长,由职能部门领导任成员,下设办公室,领导全区招商工作。2006年制定《关于推进全区招商工作的实施意见》,建立区招商办公室统筹、各相关部门分工负责的招商工作责任制,形成"政府引导、部门联动、社会参与"的大招商格局。

### 【明确招商导向】

从区域特点和功能定位出发,主要采用"地块招商"和"楼宇招商"。1993年起,区内实施大规模旧区改造,大量建设项目立项;产业结构调整为"退二进三",即鼓励第二产业从市区逐步退出,发展第三产业。区通过"地块招商"和专业街、工业园区建设项目,引进和记黄埔、九龙仓集团、香港嘉里集团、恒邦房产、香港百欣等公司,分别建设梅龙镇广场、会德丰国际广场、恒隆广场、五五五商厦等一批楼宇;引进新加坡先锦置业有限公司、香港众怡置业有限公司参与吴江路休闲街开发;上海电气资产经营有限公司、上海申达集团等参与"800秀"创意产业园区、汇智创意园等园区的投资开发。1997年后,以"梅、泰、恒"为标志的一批商务楼宇竣工,区招商导向逐步转向"楼宇招商",重点是南京西路沿线楼宇的招商,实行"一楼一员"负责制,了解招商进度、协调招商难题;试行并推出授权委托招商方式,以点(楼宇)、块(街道)、线(专业街)组建专职招商公司,实行委托招商;汇集全区地块、楼宇、专业街、街道等招商资料,1999年开通在线招商网页,页名为"上海——国际大都市的商业商务中心",开展网上宣传、咨询和招商。

### 【完善招商服务】

1996年在招商服务中心内,由区工商局、区税务分局、区外经委、区协作办、区计委、区建委、区规划局、区房管局、公安静安分局、区文化局、区环保局、区防火监督处、区卫生防疫站、区技术监督局、区招商办15个单位共同组成的对外工作窗口,为投资者或企业提供咨询洽谈、受理项目审批、注册登记等"一门式"服务。这些举措极大地推进了招商引资工作,尤其在吸引外商投资上有长足的进展。1993年,全区有外商投资企业97家,总投资额1.63亿元。1993—2000年,全区批准成立外商(包括中国港澳台商,下同)投资企业386家,投资总额37.19亿美元。2001—2010年,全区批准成立外商投资企业1613家,投资总额90.92亿美元,合同利用外资48.29亿美元。

## 二、对外贸易

### 【自营进出口业务】

80年代,区内企业无直接开展进出口贸易的经营资质,外资生产型企业可对外直销自产产品,内资生产型企业通过市专业外贸公司代理产品出口,流通型企业则挂靠市属有进出口经营权的专业外贸公司开展对外贸易。1992年8月,上海申安对外经济贸易公司成立,是区内第一家拥有外贸经营权的进出口公司,推进了区域对外贸易的发展。当时区内进口贸易多为外商投资企业自用物品、外商投资房地产项目建设自用设备和外贸企业来料加工贸易在国外采购的原材料等。1993年,区外商投资企业进口自用物品贸易额950万美元。1998—1999年受亚洲金融危机影响,连续两年进口贸易额下降。2000年随着国内外市场逐步回暖,进口贸易额开始回升,全区进口贸易额7182万美元。2001年,中国加入世贸组织,部分进口商品关税调整,全区进口贸易额1.47亿美元。2009年受上海世博会建设拉动,贸易额首次突破10亿美元,达11.09亿美元。出口贸易也是如此。1993年,静安区对外贸易出口拨交额2.17亿元,直接对外出口2500万美元。1997年,区外贸出口额1.06亿美元,首次突破1亿美元。1998—1999年,受亚洲金融危机影响,全区对外贸易出现连续下滑,1999年出口贸易额6359万美元。2000年由于外部市场回暖,全年出口贸易额再破1亿美元。2001年对外贸易条件逐步放宽,贸易主体逐年增多,出口贸易额年均保持10%以上增长。2005年为2.95亿美元。2010年,全区对外贸易出口额第一次迈上10亿美元新台阶。

### 【开展国际服务贸易】

这是区域发展外向型经济的一大特色。1997年,市外经贸委将静安区列为市国际服务贸易试点区,区政府先后制定《静安区发展对外服务贸易方案》《静安区对外服务贸易统计管理办法》,并推出与区位功能相适应的服务贸易发展项目。1998年,区9个部门所属25个企事业单位开展对外服务贸易,涉外服务贸易额1 300万美元,其中涉外法律服务贸易额51.89万美元、百货零售涉外服务贸易额139.2万美元。2001年,区国际货运服务企业增至6家,涉外服务额893万美元;律师事务所扩展至50家,2/5的律师事务所开展涉外法律服务,全年涉外服务额520.3万美元。2003年,全区38栋楼宇开展涉外租赁服务,服务额6 369.91万美元;16家计算机信息技术企业开展涉外软件开发、集成电路设计、网络支持服务等,全年服务贸易额846.39万美元。2006年,区成为上海跨国公司地区总部和专业服务业最集中地区之一,区内有世界500强关联企业70多家。至年底,涉外服务资质楼宇71家,全年楼宇涉外租赁服务额6 000万美元;计算机软件开发与应用技术服务规模进一步扩大,全年涉外服务额1 200万美元。2010年,中国上海世界博览会的举办带动区内涉外服务业发展。年底,区内开展服务贸易企业263家,服务贸易额5.5亿美元。其中会计、审计、律师法律服务等专业服务贸易额2.81亿美元,会展、宾馆和旅游业涉外服务额1.01亿美元,涉外办公楼商务租赁服务贸易额1.1亿美元。

# 第四节　旧区改造

静安区地处市中心,惜土如金。1992年后,土地批租给区域旧区改造和静安南京路开发提供了必要的资金,不仅在全市率先完成39万平方米危棚简屋改造任务,加快旧住房成套改造,而且有效推进了静安南京路的开发进程。

## 一、土地批租

1992年,区委、区政府借助于"两级政府、三级管理"体制实施契机,提出"发挥静安区级差地租的优势,用土地批租获取改造旧城区、重建南京西路所需资金"的设想,建立区土地批租领导小组,下设办公室。领导小组的主要职责:决定土地批租出让地块的计划实施,决定土地批租受让人和出让价等,决定土地批租承包前期工程或参与批租的中方企业,决定土地批租工作制度、程序等其他重大工作。1993年初,区土地批租领导小组对计划出让的地块地价,根据市场供求关系及开发成本,以静安南京西路为坐标,定为每平方米800美元左右楼面价,依次推出北京西路以南至威海路地段为每平方米700美元左右楼面价、新闸路以北地段为每平方米500美元左右楼面价。1992—2010年,区以批租形式出让土地49幅(不含"东八块"),其中外资外销土地32幅,用途涉及居住、商业居住综合、商业居住办公综合、绿地等;外资内销土地10幅,用途均为居住用地;新一轮旧区改造土地7幅,用途为居住、商业居住综合、公共设施等。批租土地面积68.58万平方米,可建面积339.03万平方米。

## 二、危棚简屋改造

1992年,上海市提出在20世纪末完成市区范围内365万平方米危棚简屋改造,静安区按照"高起点规划、成街坊建设、分阶段实施、市场化运作、大企业参与、可持续发展"的思路,1993年开始大规模旧区改造。1995年1月,区委五届五次全体扩大会议通过决议:到1996年底,在全市城区改造计划中率先全面完成静安区39万平方米危房、棚户、简屋(简称危棚简屋)改造任务。4月12日，区政府印发《静安区关于改造简棚集中地块的优惠办法及奖惩措施的若干意见》，规定中外企业可以合资或独资改造等投资形式，参建、联建改造区内危棚简屋地块。区政府采取购买、自建等多种渠道，筹措动迁安置房源。购买龙柏新村、航华一村、航华二村、共康八村、七宝黎明花园等处房源，用于安置太平里、泰德里等地块动迁居民。采取"由政府牵头，区属企业具体承办"的方式，由区属静安地产集团在上海西南地区漕宝路购地62万平方米，建设总建筑面积100万平方米的住宅小区静安新城，用于安置小莘庄等地块动迁居民。9月，区政府印发《关于静安区39万平方米危房、棚户、简屋集中地块拆迁安置工作的若干意见》，对改造范围内被拆除房屋及其附属物的补偿、安置做出规定。随即实施小莘庄、太平里、万春街、严家宅、蒋家巷、泰德里、西斯文里、南姚二期和三期等地块改造，至1996年12月，静安区在全市率先完成22幅39万平方米危棚简屋改造任务，建成达安花园等一批住宅小区。

1996年12月25日，静安区在全市率先完成39万平方米危棚简屋地块拆平任务(静安区志办提供)

### 【小莘庄地块】

区危棚简屋改造的重点地块。东起忻康里，西至华阳路，南起曹家宅，北至苏州河。共分为6幅拆迁地块，占地面积8.37万平方米，拆除总建筑面积6.38万平方米，动迁居民4969户、单位119家。1995年11月8日成立旧区改造小莘庄基地指挥部，下设6个分指挥部，由静安贸易发展有限公司、上海康定房产经营公司、上海宏成城市建设开发公司、上海新静安房地产股份有限公司、上海众立房地产开发公司、上海中亚城市建设综合开发公司6家企业实施动拆迁。1996年3月启动，12月6日居民全部搬迁完毕。居民动迁安置采取异地房屋安置和货币补偿两种方式，以异地房屋安置为主。安置房源集中在闵行区七宝黎明花园、静安新城和宝山区共康小区等地。

### 【太平里地块】

区域危棚简屋中人口较为集中、动迁面积较大的地区。东起万航渡路，西至江苏路、长宁路，南与南曹家宅犬牙相交，北至长宁支路。占地面积2.66万平方米，拆除建筑面积3.55万平方米，其中住宅建筑面积3.26万平方米、非住宅建筑面积2 860平方米，动迁居民1 280户。1995年成立太平里地块旧改指挥部，由静安地产（集团）有限公司实施动拆迁。1996年4月启动，12月完成。太平里基地动迁安置主要采取异地房屋安置和货币补偿两种方式，以异地房屋安置为主。安置房源主要集中在闵行区静安新城、红明一村、红明二村，宝山区共康小区和嘉定县江桥地区。

## 三、旧住房成套改造

1992年，全区有旧里住宅建筑面积200万平方米、手提马桶1万只、厨卫合用的新式里弄住宅建筑面积130万平方米。围绕每户拥有一套独用厨卫的目标进行改造，采取区政府出一点（相关部门无息贷款）、企业出一点（改造单位垫资工程款）、个人出一点（超出标准部分居民承担房款，购下改造后的成套住房产权）"三个一点"的办法，每年改造1万平方米，由区房管局实施。全区13个基地同时启动，采用"热水瓶换胆"（对环境良好的新式里弄房屋的内部进行适当改建）、"保留、保护型"（对富有建筑特色的公寓和新式里弄房，拆除部分结构，保留建筑特色与建筑风格）、"拆落地改造"（对整街坊总体房屋建筑良好、但局部有几幢或几排房屋建筑破旧程度严重的，在原有占地面积上新建筑房屋）3种方法进行改造。至1996年完成建筑面积4万多平方米。区政府贴息贷款5 000万元，1 165户居民每户出资3万～4万元购下房屋产权，居民原地回搬率96%以上。1996年，区委、区政府提出进一步开展住房成套改造，设定每年改造建筑面积10万平方米、竣工建筑面积8万平方米的目标。成立区旧住宅成套改造工作领导小组，制订成套改造实施方案、优惠政策、公有住房成套改造后出售办法。规定成套改造免收土地开发统筹费（土地有偿使用费）、公建配套费、投资方向税和营业税、户口摘抄费、房屋拆迁审批管理费、住宅竣工配套包干费、建筑工程质量监督费、建筑工地执照费、环保"三同时"保证金、环卫设施补偿费、有线电缆移位费、建设工程规划许可保证金等。成套改造在多处多地同时展开，大幅推进，居民原地回搬率达85%以上，开创了"就地改造，原地回搬，居民出资，购买产权"的旧住房成套改造静安模式。通过成套改造机制建设静安茂名公寓、富民公寓、丽致公寓、瑞丽公寓、沪中新苑、新福康里等住宅小区。

1999年起，住房成套改造不断提升房型、立面、环境、配套设施等品质。由于房价上扬，动迁安置费攀升，改造成本提高，居民原地回搬支出增加，负担加重，回搬率降至50%以下，有的甚至降至30%左右，余下房屋进入房产市场。2002年后，公益性旧住房成套改造渐趋淡化，被房地产住宅开发取代。

# 第五节　静安南京路开发

上海南京路有"中华商业第一街"的美称，以西藏中路为界分为南京东路和南京西路。其中南京西路的成都北路至延安西路段为静安区管辖，长2 777.5米，占南京路总长的60%。以其为轴心南北两侧面积1.81平方公里的带状街区，即东起成都高架路，西至镇宁路，南起威海路—延安中路、延安西路，北至北京西路—愚园路，为全市八大商圈之一的南京西路商圈所在地，亦为静安区经济发展之生命线。1992年，区政府修订的《上海·静安南京路发展规划》称其为静安南京路。

90年代始，区委、区政府把静安南京路开发作为区域经济发展龙头。1993年，区第五次党代会和第十一届一次人代会确定全区奋斗方向，要以静安南京路全面改造综合开发为龙头，围绕建立社会主义市场经济体制的目标，按照高起点规划、高速度建设、高品位特色、高效益发展的要求，对南京西路进行脱胎换骨式的彻底改造。成立以区长为总指挥的静安区南京路综合开发指挥部,加强对静安南京路开发改造的总体规划、管理和控制。1992—1997年分别实施一批开工和土地批租项目,成为历史上最为鼎盛的大发展期。2005年,区委、区政府提出"站高一步,看远一步,抢先一步",开始调整、完善静安南京路的发展思路,提出"开放的静安南京路,高档的商业商务区"战略,着力推动尚未开工的第二批综合开发项目和洽谈第三批综合开发项目。2007年又确定"一街五区"发展规划,逐步形成静安南京路梅泰恒"金三角"和静安寺"金五星"两个核心商圈,成为市中心一个现代服务业集聚区域;以波特曼丽嘉酒店、静安希尔顿酒店、锦沧文华酒店、四季酒店、璞丽酒店等为代表的高档星级宾馆,成为中外游客优雅休闲的活动空间;千年古刹静安寺重修扩建后再度焕发的魅力,成为中心城区独特的人文景观。

## 一、形态开发

90年代,南京西路零售商业设施建设从过去小型分散改造装修进入扩大规模、加速建设时期。1992年实施繁华南京西路的10个商业重点改造项目,即上海皮革公司商厦、王家沙点心店、鸿翔百货公司、第一西比利亚皮货公司、雪豹(西号)皮草行、贯一时装公司、梅龙镇酒家、跃胜百货公司、景德镇艺术瓷器公司、佳事得酒家,均于年内竣工。连同当年改扩建项目26个,总投资9434万元,扩大建筑面积9880平方米。是年,商业设施建设投资量超过"七五"计划期间5年总投资。上海鸿翔时装公司与香港申雅集团联合投资1800万美元,重建1座高6层、总建筑面积7000平方米的鸿翔百货公司开张,加之南京西路霓虹灯工程的竣工,南京西路全街71家商店开辟2楼以上商场,有8家商场安装自动扶梯,购物环境大为改善。

1993年,区政府结合旧城区改造,对南京西路进行成片整街坊的综合开发,4月7日,"静安区成都北路高架工程建设、南京路综合开发誓师大会"在云峰剧场举行。副市长到会讲话,区长与负责十大工程的领导签订责任书。南京西路商业街的改造建设,在经历"淡妆浓抹"即装潢门面、"拔牙镶牙"即拆一个建一个、"热水瓶换胆"即内部改建3个阶段后,进入整街坊大面积的"脱胎换骨"式改造阶段。8月18日,陕西北路菜场地块定向爆破成功,喻为"静安南京路战役"打响关键的一炮。1993年,南京西路综合开发一期工程的10个重大项目和2个预备项目,即百乐商城、九安大厦、静安协和广场、环球世界大厦、中创静安商厦、静华大厦、亚细亚商城、上海美食娱乐城、静安新时代商厦、胶州大厦、上海长春藤运通商厦、阿波罗大厦,全部开工。总用地面积9.44万平方米,总建筑面积64.9万平方米,总投资43.61亿元。年底,南京西路商业还完成当年开工的10个重点改扩建项目,即雷允上国药公司、摩士达商厦、金三元精品商厦、珠江酒家、卡通城、侨影商厦、鸿翔服饰公司、立丰广东土产食品公司、得利车行、金三角静安商厦。1994年1月9日,静安南京路二期工程十大项目,即新成游泳池、凤阳路石门二路、恒立大厦、静健富丽、第三加油站、慈厚南北里、老街、4507基地、协和广场、新华电影城签约,总用地面积、总建筑面积分别为1993年十大项目的2.54倍和1.84倍。是年还实施十大商业改扩建项目,即南京美发公司、凯司令食品公司、第六粮油商店、五月花夜总会、镇江酒家、卡德池、陕北超市、美福商场、羊城酒家分店、宝华大楼。1993年和1994年开工的22个项目,构筑起静安南京路现代商业街的基本框架。东段即成都北路—陕西北路是以百货、服饰、美食娱乐为主的商业服务中心;中段即陕西北路—常德路是以国际商务、展览交易为主的商务贸易中心;西段即常德路—镇宁路,包括千年古刹静安寺,是以商业旅游、文化娱乐为主的旅游购物中心。1993—1997年,静安南京路地区累计竣工、在建设项目58个,规划地上建筑面积

244.5万平方米,其中商业73.5万平方米、商务141.7万平方米、住宅29.3万平方米,总投资230亿元。

1998年以后,区政府加速推进静安寺地区开发。2001年1月,静安寺地区综合开发指挥部成立,替代静安寺地区综合开发办公室。静安寺地区陆续完成21个项目建设,包括上海机场城市航站楼,静安寺步行街一期工程、二期工程,国际丽都公馆,世纪时空大厦,中福会少年宫综合活动大楼,静安寺庙改建工程,越洋国际广场,宏安瑞士大酒店,东海广场一期,会德丰国际广场,南京西路一七八八国际中心,静安寺交通枢纽综合开发项目,万航渡路拓宽工程,金航大厦,嘉里商务中心二期工程,协和二期工程,九百城市广场,静安寺广场改建工程,明园大厦,鼎固大厦(御华山)等项目,总建筑面积约为120万平方米,静安商圈经历全面建成升级。

2010年,静安南京路有大型商场5所,已营业办公楼76幢,商业商务总建筑面积324.54万平方米(不含酒店和2010年在建商务楼)。年纳税亿元以上楼宇17幢。

## 二、功能开发

1992年,南京西路沿街商业网点457个,其中名特商店69家、"中华老字号"24家,日均人流量88.7万人次,商业年销售额占全区总量的一半,平均每平方米营业面积年实现利税5 857元,被称为静安区的"黄金线"。1993年,静安南京路定位世界先进水平的商业街,其商业功能定位发生变化,开始由传统商业向现代高端商业转型。1997年,梅龙镇广场、中创大厦、静安新时代大厦等一批具有现代化气息的大型商场拔地而起,区政府从市场消费需求出发,开始调整静安南京路沿街商店经营结构、业态结构、布局结构,引进著名品牌旗舰店和专卖店,提升静安南京路的整体形象。1999年以实施"橱窗透亮工程"为契机,开展首轮商业功能大调整。2000年,市中心商业街橱窗布置内光外透工程启动,静安南京路南北两侧78家各类商业服务业企业调整功能。2001年,区里以橱窗透亮延伸工程为契机,同步展开形象塑造和功能调整,沿线30多家企业引进新品牌,29家企业调整功能,梅龙镇、中信泰富、恒隆三大广场引进449个品牌,其中国际品牌236个。至2002年,静安南京路118家商店(商厦、广场)集聚各类品牌893个,其中国际品牌444个,品牌来源地涉及25个国家和地区。随着"梅泰恒"区域高档商业的崛起,区政府加大商业用房"腾笼换鸟"的置换工作,为国际品牌进入静安区提供空间。2004年3月4日,区政府召开静安南京路功能升级换代工作会议,拉开新一轮功能提升再造工程序幕。同年,装修改造静安南京路70家商店120开间门店的外立面、店堂,更新商品品牌,引进"阿玛尼""古驰""兰蔻""雅格布斯""菲拉格慕""江诗丹顿""肖邦"等一批国际知名品牌,恒隆广场1楼~3楼有70%品牌升级换代,中信泰富广场更新1楼~2楼的50%品牌。在涌入静安南京路的品牌中,有20多个国际品牌首次进入中国,60多个国际品牌首次进入上海。2004年9月,久百城市广场、金鹰国际购物中心等相继开张,新增商业面积15万平方米,静安南京路成为上海以世界商业品牌汇聚闻名的区域之一。据静安南京路主要商业网点的抽样调查,2006年,销售额达51.5亿元,比2003年的销售额26.3亿元增长95.4%;梅龙镇、中信泰富、恒隆广场、久光百货四大商厦销售额为39.63亿元,占同期全区社会消费品零售总额的25.85%。2010年,静安南京路各类商业品牌总数增至1 283个,共开设1 425个门面、专柜,其中国际知名品牌925个,涉及服装、饰品、皮具、化妆品、手表等商品。进入上海的世界顶级和一线品牌有90%在静安南京路开设专卖店、旗舰店,成为沪上有名的国际时尚购物和高档商务场所。

## 三、核心商圈

1993—2010年，静安南京路经开发先后形成"梅泰恒"和"静安寺"两大核心商圈。

### 【"梅泰恒"商圈】

东起南汇路，西至西康路；南起南京西路，北至南阳路、奉贤路，长约1 000米，宽约250米，占地面积0.25平方公里，以梅龙镇广场、中信泰富广场和恒隆广场3个标志性购物中心和甲级办公楼为核心，喻称"金三角"。"梅泰恒"商圈为静安南京路最先崛起的商圈。90年代，上海商城作为沪上改革开放后规模最大的多功能场所，起到引领作用。1997年，梅龙镇广场对外营业，以名牌商品为其定位，开展商旅文相结合的营销模式。同一营销模式的中信泰富广场和恒隆广场的相继开业，提升了世界品牌集聚度。2010年，"梅泰恒"商圈聚集国际知名品牌750余个，涉及服装、饰品、皮具、化妆品、手表等商品；一批"中华老字号"和市内知名品牌企业，均在区域内设立网点；聚集甲级办公楼、品牌购物广场、高档酒店、会展中心、服务式公寓，吸引名列全球500强的跨国公司入驻，如摩托罗拉、卡西欧、毕博咨询等，也有澳大利亚、美国、荷兰等国驻沪总领馆，形成结构合理且不断优化的租户群体，成为上海高档购物中心和重要中央商务区（CBD）

2009年，"梅泰恒"商圈（静安区志办提供）

之一，也是上海国际购物标志性地区及上海现代服务业集聚区之一。2009年1月"梅泰恒"商圈被上海市名牌产品推荐委员会命名为2008年上海名牌区域，这是全市第一个以"商贸园区"为功能特点的名牌区域。

### 【"静安寺"商圈】

东起铜仁路、富民路，西至镇宁路，南起长乐路，北至万航渡路、新闸路。商圈东西与南北各长约1 300米，占地面积约1.7平方公里。1998年，区政府加速推进静安寺地区开发，陆续完成21个项目建设，总建筑面积约120万平方米，成为静安区"十一五"期间建设进展最快、力度最大的重点区域。2010年，"静安寺"商圈商业商务楼宇建筑总面积（含在建）190万平方米左右，其中久百城市广场、越洋国际广场、会德丰国际广场、静安嘉里商务中心以及一七八八国际中心五大商业商务楼宇，环绕于占地面积3.3万平方米的静安公园四周，形同"五星拱月"，喻称"金五星"。"静安寺"商圈的上海机场城市航站楼是市中心唯一的微型空港，轨道交通、高架、航站、公交的良好组合，形成便捷的交通出行和可达性优势。同时拥有深厚的历史人文底蕴，静安寺改扩建项目作为佛教文化在商业中心的特殊形态与功能，被列入静安南京路综合开发内容;百乐门舞厅曾被誉为是"远东第一乐府";区域内有文物保护单位 2 处,优秀历史建筑 28 处,以愚谷邨为代表的上海里弄文化是上海重要的对外接待窗口;上海戏剧学院、上海歌剧院、中国福利会少年宫、华山医院、华东医院等都坐落在区域内,形成商旅文融合发展的特色功能。

# 第三章 建设"国际静安"

20 世纪末,为应对亚洲金融危机的冲击,突出与其他中心城区之间"错位发展,以高取胜"的方针,区委、区政府提出"双高"区战略,定位"国际静安",实施一系列战略举措。2000 年首先制定《静安双高区战略指标体系》,把静安区建成信息灵敏、高度开放的商务活动大舞台,名品纷呈的购物大都会,科教发达、人文荟萃的文明大窗口,设施一流、环境优美的现代城市大观园,居住舒适、人情浓郁的社会生活大家庭。同时,对"双高"区建设进行指标量化。通过发展"楼宇经济",开展"楼宇党建",形成具有鲜明区域特征的新型经济形态和新颖党建形式,楼宇经济成为区域经济主要形态。通过发展金融业和专业服务业,不断提升区域产业发展的能级。2003 年,静安南京路被批准为全市第一批现代服务业集聚区。区里不断调整优化产业结构,逐步形成以商贸流通业、专业服务业、房地产业、宾馆会展旅游业和文化生活服务业为支柱的现代服务业为核心的产业体系。通过新一轮的住宅建设,以房地产业为抓手,先后建成一批现代化住宅小区,极大地提升了居住品质。通过不断完善城区环境,完成一批市政基础设施建设;发展区域绿化,新建静安雕塑公园、蝴蝶湾、华山路等一批公共绿地;改善市容卫生,创新城区管理,不断为民办实事,营造良好的工作生活环境。尤其是加强社会事业建设,调整优化街道管理模式,精简街道机构设置;在全市首创社区生活服务中心、社区社会治安综合治理工作中心和区社会组织服务中心等 3 个中心;构建居民党总支、居委会、弄管会、楼管会和楼组长、宣传员、调解员、安全员、社保员、卫生员组成的居民区自治组织体系,取得明显效果。"双高"区、"国际静安"的现代化框架初具轮廓。

## 第一节 战 略 定 位

20 世纪末,为了更好地凸显静安区位优势,错位发展,经多方论证,区委于 1999 年确定实施"双高"区战略;2007 年又进一步确认坚持"双高"战略,打造"国际静安",全面建设现代化国际城区的战略目标。明确的战略定位,为静安区持续发展奠定基石。

### 一、"双高"区战略

1999 年 12 月,区委六届六次全会提出"面向现代化,建设双高区"的发展战略,即通过 5 年～10 年的奋发努力,把静安区基本建成"高品位的商业商务区和高品质的生活居住区"。

2000 年 2 月,区政府明确工作总体要求:围绕建设"双高"区战略目标,认准提高经济运行质量和城区环境品质两条途径,紧扣静安商业振兴、静安寺地区开发、旧住房改造 3 个重点,确保经济持续稳定发展,改革开放继续深入,城市建设与管理同步推进,精神文明建设不断加强,社会秩序稳定良好,为实现静安区新世纪发展目标奠定基础。2002 年,区政府在 2001 年试行基础上制定《静安区双高战略指标体系》。2003 年 3 月,区政府又提出 5 年工作的总体要求:围绕"面向现代化,建设双高区"发展战略,坚持站高一步、看远一步、抢先一步,紧扣一条主线,即充分发挥中心区的区位优势和功能优势,通过错位发展,增强静安区综合竞争力,进一步体现中心区的繁荣和繁华;咬定一个目标，即推动社会全面进步，不断提高人民生活质量，让静安区人民在高一层次上达到安居乐业。

2005年，根据中共区委七届六次全会的"紧扣双高目标，构建和谐静安"的精神，修订《静安区双高战略指标体系》。2006—2010年，静安区双高战略指标体系主要有3个部分、13个目标、61个指标。第一部分，高品位商业商务。目标：商业商务载体建设，包括商业商务楼宇总面积、甲级商业商务楼宇数量、静安南京路每平方米商业面积年销售额、星级宾馆床位数4个指标；目标：产业结构优化，包括现代服务业增加值占区增加值比重、社会消费品零售总额年均增长率、旅游营业收入年均增长率3个指标；目标：国际一体化程度，包括引进跨国公司地区总部和世界500强企业数、国际名品汇集度、外商投资企业和机构总数、海关出口额年均增长率4个指标；目标：市场诚信环境，设全区"规范服务"示范企业比例1个指标。第二部分，高品质生活居住。目标：提升环境品质，包括环境空气质量指数（API）达到二级以上天数、区域降尘量、区域环境噪声平均值（昼间）3个指标；目标：提高生活质量，包括恩格尔系数、人均期望寿命、人口素质指数、居民住宅成套率4个指标；目标：发展社会事业，包括生均教育经费、人均拥有文化娱乐场馆面积、人均拥有体育场馆面积、每千人医院床位数4个指标；目标：家庭信息化普及，包括每百户家庭电脑拥有量、家庭信息消费支出占消费总支出比例2个指标；目标：人口素质和层次，包括大专以上人口比例、新增劳动力平均受教育年限2个指标。第三部分，经济社会资源协调发展。目标：综合实力及资源利用，包括区级财政收入平均增长率、每平方公里区级财政收入、现代服务业税收比重、商务楼宇单位面积税收贡献率、每万元区增加值的能源消耗总量、生活垃圾无害化处置率6个指标。目标：居民收入与扩大就业，包括全区人均GDP、企业职工平均年收入、新增就业岗位累计总数、登记失业人数、困难群体"六助"服务网络覆盖率5个指标。目标：社会和谐程度，包括安居指数：全区绿化覆盖率、市区文明小区创建率、交通网密度、人均居住面积、社区医疗卫生服务网络覆盖率；居民对个体事务满意度指数：对社区人机关系的满意度、对从事职业的满意度、对年收入的满意度、对精神健康状况的满意度、对住房的满意度12个指标。目标：公共服务绩效与能力，包括行政能力指数：重点项目和实事工程计划完成程度、行政审批事项网上实现比例、环境保护投资指数、刑事案件发生率；社会公众对公共事务满意度指数：对本年度政府实事工程的满意度、对市场秩序和诚信环境的满意度、对市政规划建设的满意度、对社会治安状况的满意度、对社会事业发展的满意度11个指标。双高战略目标完成程度总指数为100％。

根据《静安区双高战略评估报告》，区域发展的基本倾向是：增长速度指标优于结构比重指标，经济发展指标优于社会事业指标，环境品质指标优于城市形态指标，产业功能指标优于综合管理型指标。

## 二、"国际静安"战略

2006年7月，区委七届九次全会提出"高起点、外向型、国际化"的发展思路。2007年1月，区第八次党代会继承和深化"双高"战略，提出"按照'高起点、外向型、国际化'发展思路，坚持'双高'战略，打造国际静安，努力建设现代化国际城区"的发展方略，把静安建设成为经济实力雄厚、国际交流频繁、交通信息发达、高端人才积聚、人居环境适宜、居民生活幸福、社会充满和谐的现代化国际城区。

2007年2月，区政府5年政府工作总体要求中提出，按照"高起点、外向型、国际化"发展思路，坚持"双高"战略，打造国际静安。同年7月，区政府制定《国际静安指标体系（2007—2011）》和《国际静安指标体系实施意见》。2007—2011年,国际静安指标体系主要分核心指标群和基础指标群两大类。核心指标群有4个目标、6个指标。目标:上海国际购物的标志性地区,设国际零售品牌汇集度1个指标;目标:上海国际商务的核心地区,包括现代服务业增加值占区增加值比重、金融服务业增加值占区GDP比重2个指标;目标:上海国际文化主流地区,设国际经济和文化交流频率1个指标;目标:共建共享和谐社会的示范地区,包括迎世博600天文明指数、社区公共服务设施标准配置率2个指标。基础指标群有4个部分、16个目标、60个指标。第一部分,产业发展的国际化特征。目标:商业商务的国际化程度,包括国际零售品牌汇集度、外商投资企业和机构比重、跨国公司地区总部和地区性投资公司及世界500强企业数、接待境外旅游者人数4个指标;目标:现代服务业集聚度,包括现代服务业增加值占区增加值比重、专业服务机构集聚度、金融服务业增加值占区GDP比重3个指标;目标:经济发展方式转变实现程度,包括万元增加值能源消耗、科技进步贡献率2个指标。第二部分,城区发展的国际化水准。目标:城区功能形态,包括高档商业商务楼宇总量、星级宾馆客房数、国际经济文化交流活动场次3个指标;目标:城区环境品质,包括区域环境空气质量优良率、全区绿化覆盖率、主要道路市容保洁率、生活垃圾无害化处置率、全区门责单位履约率5个指标;目标:城区基础设施,包括市政道路面积率、公共停车泊位、主要公共标志中英文对照覆盖率、互联网用户普及率4个指标。第三部分,和谐社区的国际化内涵。目标:人口综合素质,包括大专以上人口比例、新增劳动力平均受教育年限、市民运用外语交流的普及率3个指标;目标:扩大就业与收入分配,包括新增就业岗位数、零就业家庭动态为零、居民人均可支配收入3个指标;目标:居民生活质量,包括人均期望寿命、人均居住面积、居民住宅成套率、人均拥有公共文化设施面积、人均拥有公共体育场馆面积、旧住宅小区物业管理一体化覆盖率6个指标;目标:城区文明,包括迎世博600天文明指数、市级区级文明小区创建率、居民对社区人际关系满意度3个指标。第四部分,公共服务的国际化程度。目标:公共事务社会参与,包括人大代表书面意见办结率、政协提案采纳率、依法听证事项听证率、政府信息主动公开部门覆盖率、政府年度实事工程的满意度、行政审批事项网上实现比例、来信来访办结率7个指标;目标:知识产权保护及市场诚信环境,包括每10万人专利申请数、音像制品经营销售正版率、静安南京路地区商业企业诚信档案覆盖率、消费者申投诉举报办结率4个指标;目标:公共服务保障,包括公共财政投入占财政支出比重、社区公共服务设施标准配置率、社区全科医生比例、千人医院床位数、义务教育入学率、孕前检测参与率、重点公共场所无障碍设施配置率7个指标;目标:社会保障体系建设,包括就业社会责任体系覆盖率、综合帮扶服务网络覆盖率、社会化养老服务体系覆盖率3个指标;目标:平安社会建设,设万人刑事案件发案数1个指标;目标:社会组织发展,包括每万人拥有社会组织数量、志愿者人数占人口比例2个指标。

《国际静安指标体系实施意见》从凸显产业发展国际化特征、提升城区建设国际化水准、深化和谐社区国际化内涵、提高公共服务国际化程度等4个方面,提出未来5年推进落实《国家静安指标体系》的主要任务。

至2011年底,"国际静安"指标体系的大部分核心指标超过目标值:进入上海的国际顶级和一线品牌90%以上在静安南京路集聚;商业商务楼宇总面积超过400万平方米;现代服务业税收占税收总收入95%以上;每万元生产总值能耗0.157吨标准煤;2008—2010年8次全市文明指数测评中静安区获得6次第一、1次第二、1次第三;涉外税收131.2亿元,居中心城区第一;居民平均期望寿命83.93岁,主要健康指标居全市前列;年均增加就业岗位约3万个,零就业家庭保持"动态为零";人均居住面积超过18.5平方米;区域空气质量优良率92.9%;生活垃圾无害化处置率100%。

但是,受金融危机等宏观经济面影响,金融业占增加值比重、星级宾馆客房数等指标未实现目标值。

# 第二节 楼 宇 经 济

90 年代后期,曾经盛极一时的集体工业开始走下坡路,企业大量停产,工人办理"协议保留劳动关系",区政府积极谋求企业新的发展道路。2001 年开始,区内利用国有企业闲置厂房实施改造,筹建静安都市工业园区(楼宇)。2006 年,全区都市产业园总数 12 个,其中 5 家为创意产业集聚区。总建筑面积 10 万平方米,入驻企业 168 家,其中创意产业企业 114 家,形成动漫设计、广告制作和传媒产业园、信息产业园、高科技与生物医药园等都市产业园区。2007—2008 年,形成东临苏州河(西苏州路)、泰兴路、石门二路,西至武宁南路,南临武定路,北至海防路、余姚路,建筑面积 13 万平方米,以昌平路为轴线的"都市创意产业集聚带"。2010 年,全区共有都市产业园区与创意产业园区 21 个。

与此同时,随着土地批租和南京西路综合开发的推进,南京西路沿线建设一批现代商业商务楼宇,成为静安区经济新的增长点和新的经济形态。

## 一、发展进程

1997 年后,随着梅龙镇、中信泰富、恒隆广场相继落成并开业,楼宇商务收入逐渐成为静安经济的支柱。21 世纪初,静安区以现代服务业为主导的商务税收超过商业税收。

2001 年,以上海嘉里商务中心全年缴纳税金超过 1 亿元的全市第一幢"亿元楼"诞生为标志,"楼宇经济"成为静安经济发展中新的增长模式。2003 年 12 月 29 日,区委常委会工作报告中首次正式使用"楼宇经济"提法。经过近 10 年推进以"楼宇经济"为特征的新型经济形态,实现以现代服务业为主导的第三产业快速发展。楼宇经济具有城市商圈的依托性、提高经济增长集约化程度、辐射性强、高效率和高收益、外向性等特征。为发展楼宇经济,区在建设规划上,优先考虑增加商务楼宇建设。区加大招商引资力度,实行楼宇招商等多种形式,发展总部经济,坚持招大引强。重点引进金融、专业服务业、宾馆、法律服务企业。优化楼宇服务,成立属地办等机构,推进"白领驿家""白领午餐"等各种服务进楼宇活动。

2007 年,静安区 100 幢重点楼宇税金 50.28 亿元,占全区总税收 54.2%,"亿元楼"11 幢,基本上分布在南京西路地区。以外资投资建设为主(外资 8 幢、内资 3 幢),内资项目也是由中航房产集团、中华企业房产公司等大集团、公司操作。其中恒隆广场税金超过 12 亿元,成为首个税金"月亿楼"。"十一五"期间,久百城市广场、恒隆广场二期、越洋国际广场、会德丰国际广场等一批标志性项目相继建成并投入使用。

2010 年,静安区有商业办公楼宇 250 幢左右,总建筑面积 410 万平方米,全年税金超亿元的楼宇 17 幢,恒隆广场首个成为税金"月双亿楼"。100 幢重点跟踪的商办楼宇税金总额 118.8 亿元,占全区税收 65%。入驻楼宇的企业中,以专业服务业和商贸流通业企业为主,两类企业占入驻企业总数 80% 以上,法律、会计(审计)、咨询、广告、投资、金融等高附加值的知识型服务业企业云集。2010 年,税金收入排名前 10 名的企业中 7 家是外商投资企业。外商投资企业的入驻数稳步增长。1996—2010 年,世界 500 强企业有 33 户在区域楼宇内设立分支机构。

## 二、商务楼

进入 21 世纪,楼宇经济成为区域经济发展的重要形式。在众多亿元商务楼中,上海嘉里商务中心、梅龙镇广场、中信泰富广场、恒隆广场具有代表性。

### 【上海嘉里商务中心(一期)】

位于南京西路 1455 号。由嘉里建设有限公司、香格里拉(亚洲)有限公司及静安区房地产开发经营公司联合建造,总投资 10.7 亿元。1998 年 9 月竣工。整体建筑包括北楼甲级办公楼、南楼酒店服务式公寓以及 3 层裙楼商场,占地 1.1 万平方米,总建筑面积 8.42 万平方米。南楼 28 层,有133 套酒店服务式公寓;北楼为甲级办公楼,共 29 层,标准层面积 1 500 平方米,均为无柱空间设计。地下 2 层,有机动车停车位 335 个。2002 年 1 月,《新民晚报》以《一栋楼一年一个亿》为题,报道静安区嘉里商务中心一年税收超过 1 个亿,惊呼其为"嘉里现象"。2010 年,楼内有日本三井物产投资株式会社上海代表处、三井纤维物资贸易(中国)有限公司等世界 500 强机构,整幢楼宇企业缴纳税金 1.99 亿元。

### 【梅龙镇广场】

位于南京西路 1038 号。由香港和记黄埔地产有限公司、长江实业(集团)有限公司及上海梅龙镇(集团)有限公司共同开发。1997 年 8 月 15 日开业。梅龙镇广场地下 1 楼至地上 10 楼为大型购物商场,中西美食、时尚服装、运动用品、珠宝首饰、美发护理、超级市场、家居用品一应俱全。地上 1楼～7 楼为日本伊势丹百货品牌专卖店,10 楼建有环艺电影城,11 楼为机房设施,12 楼～33 楼为涉外甲级写字楼。2008 年,广场实施外立面翻新、商场内装修。梅龙镇广场开区内现代商业文化风气之先,1998—2010 年,举办各类展会、赛事 34 场。有"青春大使"评选、"虎年毋忘救虎"、恐龙化石展、英国现代文化科技展示活动、国际剑联男女花剑世界杯大奖赛、城市雕塑展、东方国际模特大赛及迎世博三维(3D)艺术展等活动。其中包括庞巴迪运输中国有限公司上海代表处、美国驻上海总领事馆签证处、西班牙驻上海领事馆经济商务处、古驰(中国)有限公司、爱马仕商贸公司、英中贸易协会等入驻。2010 年有 10 个国际知名品牌在此设立专卖点,包括英国品牌博柏利,意大利品牌杰尼亚、蔻驰,德国品牌兰姿、巴卡拉等。2010 年,梅龙镇广场工商登记企业数 87 户,销售额 13.2亿元,整栋楼宇落地企业缴纳税金 4.51 亿元。

### 【中信泰富广场】

位于南京西路 1160 号。由中国国际信托投资(香港集团)有限公司、太古城有限公司和静安城商贸总公司合资兴建。占地 1.45 万平方米,总建筑面积 13.2 万平方米,总投资 22.5 亿港元。2001 年 1 月 9 日开业。商场有 6 层,建筑面积 3.45 万平方米,共百余家国际、国内品牌专卖店及欧美、亚太和港台风味餐饮店。2010 年有 17 个国际知名品牌设立专卖店,包括意大利品牌阿玛尼、康纳利,瑞士品牌巴利,法国品牌奥利维·格兰特、高田贤三,西班牙品牌乐途士,德国品牌万宝龙等。中信泰富广场中厅为区内重要商业展览展示活动场所之一,2001—2010 年举办各类重要会展 74 场。2010 年,中信泰富广场工商登记企业数 82 户,销售额 6.63 亿元,整栋楼缴纳税金 9.44 亿元。

**【恒隆广场】**

位于南京西路 1266 号。由恒邦房产有限公司投资开发,两幢楼分别为 60 层和 48 层 5A 智能化办公室,是上海代表性的建筑标志之一,总投资超 5 亿美元。2001 年 7 月 14 日对外营业。恒隆购物商场定位为构筑与国际大都市地位相匹配的"购物天堂",上海市中心国际甲级大型购物中心。商场有 6 层 100 余家商铺,荟萃世界知名品牌和沪港一线商品,是上海国际品牌旗舰店的汇集点,2010 年有 115 个国际品牌设立专卖店。意大利品牌普拉达、芬迪、阿玛尼,法国品牌路易威登、香奈尔、爱马仕,瑞士品牌伯爵,德国品牌艾思卡达,英国品牌登喜路等均落户于此。广场的圆形大厅和中庭是上海时尚发布地之一,是世界时尚品牌在沪举办展示活动首选地之一。恒隆广场以其标志性建筑地位、5A 级商务楼工作环境成为世界一流企业在上海的聚集点,毕马威华振、赛诺菲・安万特、创机咨询、路威酩轩等跨国公司以及耐克体育、玫琳凯、仲量联行、戴德梁行、美国百利、法国 CMS 法乐菲律师事务所等诸多企业入驻。恒隆广场是区内商旅文结合较好的商家之一,商场中厅 2001—2010 年共计举办各类重要会展 22 场,2005 年 10 月 25 日—11 月 7 日举办的"激情创意法国精品展"等展览引起市场较大反响。2010 年,恒隆广场工商登记企业数 176 户,注册资金 394.69 亿元;销售额 35.79 亿元,整栋楼缴纳税金 24.4 亿元,成为静安区首幢"月双亿元楼"。

## 三、楼宇党建

区内楼宇经济发展,集聚了一批"白领"党员,这些党员在经济组织内长期没有党组织,无法参加党员活动。

2002 年 5 月,位于静安区的中华企业大厦成立党员服务点,开始"支部建在楼上"的探索
(静安区志办提供)

2002年5月,静安寺街道党工委在中华企业大厦创设全市第一个商务楼宇党员服务点。区委在此基础上探索"由属地党组织牵头,以楼宇为单位"建立党组织和党员服务点的商务楼宇党建工作新模式。10月,《解放日报》以《流动党员有了家》为题报道静安区在商务楼中设立党员服务点工作。

2003年2月,区委召开商务楼宇党建工作推进会,制订《静安区商务楼宇党建工作规范(试行)》;3月召开街道党建工作座谈会,要求两年内实现全区"两新"组织党的工作全覆盖,以楼宇、市场、专业街、经济园区为单位,建立党员服务点或党组织;9月10日,中共中央政治局委员、中组部部长视察区商务楼宇党建工作,称赞"支部建在楼上是个新创举";是月,由新华社、人民日报社、中央电视台、中央人民广播电台、《经济日报》等新闻媒体记者组成的中宣部"三个代表"基层采访团采访区商务楼宇党建工作。是年,首次举办116名"两新"组织青年参加的入党启蒙班。

2004年5月,区里面向全市公开招聘商务楼宇工作者53人,专职从事商务楼宇党建工作;6月,区内104幢纯商务楼宇全部建立党组织和党员服务点。进一步制定《静安区商务楼宇工作者工作制度》《静安区商务楼宇工作者管理制度》。

2008年起,每年给予每个社会组织1000元党建工作经费,每个社会组织联合会选派2名社区专职党群工作者。

2009年,设立区社会组织建设工作领导小组办公室,由区社会工作党工委负责社会组织建设与发展日常工作。制定《关于进一步加快社会组织建设与发展的工作意见》《静安区社会组织党建工作三年行动计划(2009—2011年)》《关于加快推进社会组织培育与发展的若干办法(试行)》《静安区政府购买社会化服务办法(试行)》《静安区社会组织孵化基地管理办法》文件,逐步建立社会组织"业务+党务"发展模式。

2010年11月底,全区有"两新"组织党员10 469人,占从业人员数7.1%;新经济组织10 049家,党组织355个,覆盖企业1 402家;新社会组织423个,党组织134个,覆盖单位171个,"两新"组织党组织覆盖率14.8%。12月试行《静安区"两新"组织党建工作指标体系》,在全区的商务楼宇开展党建星级楼宇评比。部分商务楼建立了"白领驿家"等服务站点。

## 第三节　金融业与专业服务业

进入21世纪,静安区金融业、专业服务业有了长足的发展。2009年3月10日,区金融和专业服务业办公室(简称金融办)成立,并制定《静安区金融和专业服务业三年规划(2010—2012年)》,进一步凸显金融业和专业服务业在国际静安战略实施中的重要地位。

### 一、金融业

城市中心的区域位置和发达的区域商业使得金融业发展具有优越的基础。早在80年代,区金融业发展就诞生了3个"第一":1984年11月,经中国人民银行上海分行批准,中国工商银行上海信托投资公司静安分部(简称静安分部)向社会代理发行上海飞乐音响股份有限公司(简称"飞乐音响")50万元股票,每份面值50元,这是中华人民共和国成立以来发行的第一支股票;1985年1月,区内成立延中实业股份有限公司(简称"延中实业"),是全市第一家集体所有股份制企业,并委托静安分部(1985年2月改名为中国工商银行上海信托投资公司静安分公司,简称静安分公司)发行

500 万元股票;1986 年 9 月 26 日,"飞乐音响""延中实业"两支股票上市,由全市第一个证券交易点静安分公司正式挂牌买卖,共售出 1 540 股,这是中华人民共和国成立以来首次股票交易。

2000 年起,区内以中产经投资公司、大鹏资产管理公司为代表的投资公司快速发展。外资银行虽因亚洲金融危机数量有所减少,但保险机构增加,新增典当、拍卖等类型的金融企业。网络技术和电子商务的发展催生以网上业务为代表的新一代金融产品,为此,区政府在 2004 年开展现代服务业专项统计,并设立现代服务业发展专项资金。

2005 年起,金融业逐步成为静安区支柱产业之一。区内金融机构呈现集聚发展态势,对区域经济的影响不断增强。2007 年,以证券业为主的金融业全年缴纳税金 10.9 亿元,区级财政收入的增量部分约 50%来自金融业。2010 年,区内金融业主要包括银行、证券、期货、保险、典当、拍卖和其他金融服务企业,实现税收 26.79 亿元。

## 【银行】

区内银行有内资银行和外资银行,内资银行又分属国有商业银行、股份制银行、城市商业银行、其他银行。国有银行有中国工商银行上海市静安支行,2010 年辖属 18 个网点,包括 8 家综合网点、9 家理财网点和 1 家金融便利店;中国农业银行上海市静安支行,2010 年在区内有 8 个营业网点;中国银行上海市静安支行,2010 年在区内有 12 个营业网点;中国建设银行上海静安支行,2010 年在区内有 12 个营业网点,包括 4 个理财中心、6 个自助银行;交通银行上海市西支行,2010 年除支行营业部在区内外,其余 7 个二级支行分布于静安区、普陀区、浦东新区,区内有 3 个。股份制商业银行有招商银行上海静安寺支行、上海浦东发展银行静安支行、兴业银行上海分行、中国民生银行支行(区内设有静安、京门、市中、延平 4 家)、浙商银行上海分行、广发银行上海静安支行、光大银行上海分行(在区内设有静安、黄浦、市北、常德 4 家支行);城市商业银行有上海银行静安支行、厦门国际银行上海静安支行、宁波银行上海静安支行、浙江泰隆商业银行上海分行。区内 1991—1992 年有英国标准银行上海分行(麦加利银行)和法国里昂银行上海分行 2 家外资银行机构,1997 年外资银行分支机构增至 12 家。亚洲金融危机后,外资银行数量有所减少,1999 年区内外向型经济崛起而重新增长。2010 年,区内有外资银行分支机构及网点 29 家,全部分布于静安南京路区域。其他银行主要有中国邮政储蓄银行股份有限公司上海静安区支行和上海农村商业银行静安支行。

## 【证券】

2000 年,区内有证券公司营业部 35 家,外国证券公司分支机构 2 家。2010 年,区内有国泰君安证券股份有限公司、光大证券股份有限公司、爱建证券有限责任公司 3 家证券公司总部;国海证券有限责任公司上海分公司、中国建银投资证券有限责任公司上海分公司、南方证券股份有限公司上海分公司 3 家证券公司上海分公司;瑞银证券亚洲有限公司上海代表处、巴克莱证券有限公司上海代表处、大华证券(香港)有限公司上海代表处、日兴柯迪证券股份有限公司上海代表处、东洋证券股份有限公司上海代表处、蓝泽证券股份有限公司上海代表处、致富证券有限公司上海代表处 7 家证券公司代表处;30 家证券公司营业部。证券业实现税收收入 25.2 亿元,占金融业税收的 94.06%。

## 【期货】

1993 年,上海黄海期货经纪公司在区内成立。1995 年,区内上海粮油商品交易所获国家批准正式试点。2010 年,区内有国泰君安期货有限公司、摩根士丹利商贸(中国)有限公司、摩根大通(中国)商贸有限公司、司度(上海)贸易有限公司 4 家期货公司;瑞达期货有限公司上海康定路营业部、海航东银期货有限公司上海营业部、湘财祈年期货经纪有限公司上海北京西路营业部等期货公司营业部。

**【保险】**

1992 年,区内有 2 家保险公司,1997 年有 4 家保险分支机构,2010 年发展到 27 家保险分支机构,即天安财产保险股份有限公司上海市静安支公司、大众保险股份有限公司上海静安支公司、美国大陆保险公司上海代表处、泰康人寿保险股份有限公司上海分公司、新华人寿保险股份有限公司上海分公司、中国太平洋财产保险股份有限公司上海市静安支公司、太平人寿保险有限公司上海分公司、中国平安财产保险股份有限公司上海分公司、中国平安财产保险股份有限公司上海市静安支公司、香港蓝十字(亚太)保险有限公司上海代表处、中国人民财产保险股份有限公司上海市静安支公司、中国人寿保险股份有限公司上海分公司江宁路营销服务部、长生人寿保险有限公司静安南京西路营销服务部、民生人寿保险股份有限公司上海分公司、中国人民财产保险股份有限公司上海市分公司静安常德路营销服务部、中国大地财产保险股份有限公司静安支公司、平安健康保险股份有限公司上海分公司、平安养老保险股份有限公司上海分公司、华泰财产保险有限公司上海市静安支公司、平安养老保险股份有限公司上海市静安支公司、永城财产保险股份有限公司上海市静安支公司、太平养老保险股份有限公司上海分公司、中国大地财产保险股份有限公司上海分公司营业部、幸福人寿保险股份有限公司上海分公司、泰康养老保险股份有限公司上海分公司、阳光人寿保险股份有限公司上海分公司、新华人寿保险股份有限公司上海市静安支公司。尤其是 2007—2010 年 4 年中就增设 11 家。

**【典当】**

2004 年,区内有金典典当有限公司和天宝典当行有限公司分行 2 家典当公司。2010 年,区内有 11 家典当公司,分别是上海国盛典当有限公司、上海国泰君安典当有限公司、上海立融典当有限责任公司、上海外高桥典当有限公司、上海金典典当有限公司、上海友邦典当有限公司、上海家鑫典当有限公司、上海嘉业典当有限公司、上海融通典当行有限公司、上海惠罗典当有限公司、上海宝通祥典当有限公司。

**【拍卖】**

2004 年,区内有 4 家拍卖公司,分别是上海嘉泰拍卖有限公司、上海中天拍卖有限公司、上海市房地产拍卖行、上海金槌商品拍卖有限公司。2010 年,区内有 14 家拍卖公司,增加了上海诚信拍卖有限公司、上海鸿海商品拍卖有限公司、上海嘉信拍卖有限责任公司、上海德康拍卖有限公司、上海崇源艺术品拍卖有限公司、上海鸿生拍卖有限公司、上海捷利拍卖有限公司、上海盛昌阁拍卖有限公司、上海景诚拍卖有限公司、上海博奥盛世拍卖有限公司。

**【其他】**

2005 年起,新兴金融机构不断涌现,尤其是 2009 年,一批私募股权投资企业、财务公司、私人银行等纷纷落户区内。外资风投私募企业形成集聚效应,凯雷斯投资咨询(上海)有限公司、洛希尔中国控股有限公司上海代表处、洛希尔父子财务咨询(北京)有限公司上海分公司、红杉资本顾问咨询(北京)有限公司上海分公司、北极光投资顾问(北京)有限公司上海分公司、新加坡淡马锡控股(私人)有限公司上海代表处、太平洋产业基金等企业均设有代表处。同时,还有一批财务公司、投资公司、资产管理公司、小额贷款公司等金融服务业企业。2010年,区内私募股权企业有:海富产业投资基金管理有限公司、上海国顺投资中心(有限合伙)、上海复卿实业投资中心(有限合伙)、上海博融投资中心(有限合伙)、上海华友投资中心(有限合伙)、上海欣创股权投资管理企业(有限合伙)、上海年胜投资管理企业(有限合伙)、上海远见投资企业(有限合伙)、上海金涣鞍重投资管理企业(有限合伙)、太盟(上海)股权投资管理合伙企业(有限合伙)、上海金涣汉能投资管理企业(有限合伙)、上海金涣鲁旭投资管理企业(有限合伙)、上海宏景睿银投资管理中心(有限合伙)、上海嘉茂股权投资合伙企业(有限合伙)、上海华垣投资中心(有限合伙)。

## 二、专业服务业

21世纪初,静安南京路大量商务楼宇引进一批商务机构入驻,为专业服务业的快速发展创造条件。2006年,区经济和社会发展"十一五"规划把区域功能定位为上海国际专业服务业重点地区。同年,金融业和专业服务业地方税收金额8.57亿元。2008年,南京西路专业服务业集聚区被市政府列为全市第一批现代服务业集聚区。信息服务业、法律咨询业、广告业、投资管理咨询业、会计审计业、研发设计业等专业服务业逐渐在全市各区居于领先地位。2010年,金融业专业服务业实现税收收入26.79亿元,其中金融业和投资管理、咨询服务业的比重居前两位。

### 【信息服务业】

90年代以前,区内涉及信息服务业的有上海计算技术研究所、上海长江计算机厂等企事业单位。90年代起,随着计算机的迅速发展和微机的快速普及,信息服务业快速发展。1996年,上海合众计算机工程技术有限公司、上海博科计算机软件研究所、上海长江小型计算机系统公司等企业入选区"十佳"民营科技企业。1997年,上海博科计算机软件有限公司获"上海市十大软件明星企业"称号。1998年5月,方正集团收购上海延中实业股份有限公司,计算机生产注入公司。是年,区政府着手创建愚园路信息产业街,为区内信息服务业发展提供集聚平台。21世纪初,区内机关、企事业单位大多建立网站及局域网。政府加强对科技创新企业的扶持,信息服务业保持稳健增长。2010年,全区信息服务业地方税收1.28亿元,占区税收总收入2.12%。

### 【法律咨询业】

1993年,区内共有3家律师事务所。1998年2月,上海天宏律师事务所成立,是区属第一家合伙制律师事务所。1999年7月,北京海问律师事务所上海分所成立,是区内第一家外省市律师事务所。2000年起,区法律服务业年创收超亿元。2003年12月,上海单新宇律师事务所成立,是区内第一家个人律师事务所。2007—2010年,法律服务业税金连年超过2亿元,成为区域经济增长点。2010年,区属律师事务所133家,律师1 683人,区属律师事务所数量以及执业律师人数均约占全市1/7,为全市第二。与境内的东方公证处、上海仲裁委员会等专业法律服务机构形成集律师、公证、仲裁"三位一体"的法律服务体系。此外,入驻区内的外资法律服务机构近50家,主要集中在上海嘉里商务中心、恒隆广场等高档商务楼宇,机构数量约占全市的1/3。

**【广告业】**

1993 年,区内有广告经营单位 36 个,其中外资单位 1 个;广告从业人员 326 人。1995 年有 9 个广告经营单位获上海市广告"重信誉创优质服务单位"称号。2004 年,"静安区广告业推进大会" "静安区广告业发展论坛"召开,全区广告业 20 强企业获表彰,并成立广告业发展专家咨询委员会。2007 年引进广告企业 24 个,总量 366 个,智威汤逊、雅仕维、博达大桥等国际国内知名广告企业入驻区内。2010 年共有主营广告单位 502 个,广告从业人员 4 751 人,广告经营额 20.48 亿元;另外,兼营广告单位 373 个,互联网广告单位 12 个,媒体经营单位 47 个。

**【投资管理、咨询服务业】**

90 年代以来,投资管理、咨询服务业逐渐成为区域现代服务业中的特色行业,主要是为企业提供管理、投资、财务、商务信息、人力资源、企业形象策划、营销策划、工程造价及市场调研等咨询和服务。2010 年在区注册纳税的投资管理、咨询服务业企业有 1 150 家,通用电气、辉瑞投资、阿克苏诺贝尔管理等世界财富 500 强企业入驻区内。罗兰贝格管理咨询(上海)有限公司 2009 年 12 月成立,其母公司罗兰贝格是全球知名的战略管理咨询公司。贝恩创效管理咨询(上海)有限公司 2009 年 12 月 24 日成立,其母公司贝恩公司是全球领先的战略咨询公司,办事处遍布全球 48 个主要城市,为全世界各行业超过 4 900 家跨国公司、私募基金和其他机构提供专业咨询。

**【会计、审计服务业】**

1993 年后,商业商务楼宇成为区域经济发展的主要载体。大量商务机构的进驻,对会计、审计事务所的需求加大,推动区会计、审计服务业发展。2010 年,全区有会计、审计事务所 33 家,位居全市第二;实现税收 6 500 万元。

# 第四节　住　宅　建　设

静安区在推进高品质生活居住区建设中,紧密结合新一轮旧区改造,积极推进成片住宅开发、零星旧里改造和"平改坡"工程,积极发展房地产业,着力打造优秀住宅小区。

## 一、成片住宅开发

21 世纪初,市委、市政府在全市完成 365 万平方米危棚简屋改造之后,提出开展新一轮旧区改造要求。《静安区国民经济和社会发展第十个五年计划纲要》提出,按照"一轴两翼、南留北改"的城区建设规划,积极引进国外、区外资金,加快新闸路以北地区为重点的新一轮旧区改造,推进成片住宅开发。

2001 年,区内 25 个街坊、占地 80.53 万平方米、建筑面积 63.64 万平方米旧里住宅被列入上海市新一轮旧区改造试点地块。2002 年,区拆平建筑面积 25 万平方米旧里,动迁居民 1 万户。2003 年推行房屋拆迁"五项制度",即公示制度、信访接待制度、举报制度、承诺书制度、监管制度。这一时期发生了"周正毅事件","东八块"旧里改造发生波动。"东八块"地区位于静安区石门二路街道辖区内,东起成都北路,西至石门二路,南起北京西路,北至南苏州路,共 8 个街坊,俗称"东八块",占地 17 万平方米。2001 年底,该地区有居民 1.02 万户,住宅建筑面积 21.49 万平方米,其中旧里面积18.66万平方米,占86.83%;单位建筑面积4.97万平方米。"东八块"地区人口密度高,居住条件十分简陋,绝大多数住房无卫生设施,是区内最大的成片旧式里弄,居民要求改造的呼声强烈。2001年7月被市建委、市房地资源局、市规划局和市住宅局联合审核认定为静安区第一批新一轮旧区改造地块。根据国家和市有关法规,凡列入旧区改造的地块,可以用协议方式由区县进行土地使用权出让。2001年下半年,"东八块"地区正式对外招商开发改造。2002年4月,在对新加坡吉宝置业有限公司、中国台湾远中房地产发展(上海)有限公司、上海农凯发展(集团)有限公司(简称农凯集团)3家企业评审后,经反复论证,集体决定选择农凯集团。"东八块"土地使用权出让地价是当时全市出让地价最高的旧改地块之一。2002年4月5日,农凯集团属下上海佳运投资有限公司(简称佳运公司)与区政府签订合作开发协议书,并支付定金。鉴于"东八块"改造时间紧、规模大、难度高,被区政府列为年度实事工程。区政府从机关抽调100名干部到动迁一线。2003年5月28日发生"周正毅事件",周正毅作为农凯集团董事长,因涉嫌虚报注册资本罪和操纵证券交易价格被捕,并被判处有期徒刑16年。佳运公司未按合同期限支付钱款,区政府根据市政府决定收回出让地块,并纳入全市中心城区将新建的12块大型绿地,其用地性质由房地产开发用地转变为绿化市政用地,建设静安雕塑公园。其时,第一期动迁任务完成98.1%,尚剩下70余户居民未签约。数十户居民到法院起诉,告基地非法拆迁;部分居民不断到区政府、市政府,甚至到北京上访。为此,区房地局启动行政裁决程序,并依法召开由社会公信力代表参加的申请行政强制拆迁听证会。2004年9月,"东八块"第一期地块全部拆平交地。

2004年,随着土地政策和动迁政策调整,动迁成本提高,区统一筹措、调配房源,实行市场化动迁加困难托底保障机制。2001—2005年,建筑面积20余万平方米旧里得到改造,2万余户居民居住条件得到改善。其间,建成中凯城市之光花园、南草坪花园、天鼎花园、河滨花园、嘉园一期等完整街坊住宅小区。

2006年,市政府印发《上海市人民政府批转市建设交通委等五部门关于推进本市中心城区"十一五"旧区改造工作意见的通知》,要求"十一五"期间,中心城区改造成片二级旧里建筑面积400万平方米,其中棚户简屋建筑面积约80万平方米。2009年2月,市政府颁发《关于进一步推进本市旧区改造工作的若干意见》,规定旧区改造实行事前征询制度、动迁补偿实行"数砖头加户型保底"办法、解决住房困难实行与住房保障相衔接办法、动迁安置实行选择性安置方式、动拆迁过程引入第三方参与模式。同年,区政府调整充实区旧区改造工作领导小组,5个街道分别成立街道旧改办,各旧改地块成立旧区改造指挥部,形成区、街道、基地三级指挥网络。2006—2010年,区里通过土地储备为主的多种形式和"拆、改、留、建"的多种方法,开展旧区改造工作。区财政每年提供旧改专项资金和贴息资金,将区所得土地出让金、招拍挂溢价资金、国有房产企业税费等投入旧区改造。区属房地产企业引进社会资金参与旧区改造。"十一五"期间,区拆平成片及零星旧区改造地块34幅,建筑面积约35万平方米,完成上海嘉里商务中心、大中里一期和二期、万航渡路拓宽、延安中路1181号绿地、静安寺交通枢纽、石门二路地区49号和60号地块等重大项目动迁任务。1.3万余户居民居住条件得到改善,全区人均居住面积从2004年的15.38平方米增至2010年的18.5平方米。2001—2010年,全区共完成81幅地块动迁工作,动迁居民35 075户。

## 二、零星旧里改造

零星旧里地块是指土地面积3 000平方米以下、居民户数100户以下、分布散、规模小、规划难度高、资金投入大而又亟需改造的旧里地块,包括成片规划范围以外的旧里边角地块。这一时期,区里共进行 3 轮零星旧里改造。

### 【第一轮零星旧里改造】

1999 年启动。2002 年初,区零星旧里改造工作领导小组建立。4 月,区政府印发《静安区零星旧里改造实施意见》,实行"政府扶持、街道参与、企业运作"工作机制。规定零星旧里改造项目启动资金由实施企业负责贷款,各街道办事处对本街道范围内改造地块牵头组织招商,分别实施改造,分块核算经济;对拆平后建绿地、拓路地块的改造资金,由区财政统一拨付;对原拆原建、拆平后因规划条件限制资金难以平衡的地块,由区财政贴息。项目改造完成后的盈余部分,由区零星旧里改造工作领导小组办公室统一调度,继续用于零星旧里改造项目,滚动开发,循环运作。1999—2004年,常熟路 85 号、常熟路 94 号、铜仁路 92 号、海防路 94 号、余姚路 555 号、康定路 888 弄口和余姚路 8 号 7 幅地块得到改造,动迁居民 460 余户。其中常熟路 85 号、常熟路 94 号、铜仁路 92 号、海防路 94 号以协议出让方式进行商业开发,余姚路 555 号作为公建设施建区看守所,康定路 888 弄口和余姚路 8 号建设绿地。

### 【第二轮零星旧里改造】

2005 年启动。区政府要求把零星旧里改造工作和旧房综合整治相结合,试行旧房改造性大修。同年 7 月,区里制定《静安区旧房改造性大修居民原址安置暂行办法》,将长乐路 966 号作为改造试点。2006 年,区政府将 20 幅地块的零星旧房改造性大修列为政府实事工程。各承建单位根据地块内房屋结构特点、周边条件限制等情况,分别采取翻建、加固加层扩建、抽户解决卫生间非成套独用、镶接加平面分割调整等不同方式进行改造。2005—2007 年,完成长乐路 966 号、延安西路379 弄改造性大修,愚园路 608 弄内 2 幅地块和全区 10 余幅汽车间地块的房屋扩建。

### 【第三轮零星旧里改造】

2008 年启动。6 月,区政府制定《静安区零星地块改造三年行动计划(2008—2010 年)》,计划2010 年前完成 11 幅沿街房屋破旧、配套简陋、环境脏乱、安全隐患突出的地块。7 月,三年行动计划启动。2009 年新增 1 幅地块,共计 12 幅地块,占地面积 1.77 万平方米,动迁居民 749 户,拆除旧房面积 3.43 万平方米。第三轮零星旧里改造地块结合公益事业建设,资金以区财政投入为主,区设立零星旧里改造专项资金,实行"两轮征询"方法和"数砖头加户型保底"旧改新政策,将"两轮居民意见征询"比例提高为第一轮居民同意改造率为 90%,第二轮改造方案居民同意率为 2/3,"两轮征询"达到规定比例后正式启动动迁。2009 年,区政府将 7 幅零星地块改造列为政府实事项目,西康路 771 号作为旧改新方法的试点地块。零星旧里地块拆平后,主要建成公共绿地和社会公益性项目。其中胶州路 175 弄、新闸路 1974 号建成公共绿地,昌平路 984 弄地块建成公共体育场地,愚园路 361 弄 100 号～106 号建便民服务设施,长乐路 524 号建公益设施。

## 三、"平改坡"工程

70—90 年代初,区内建造一大批外形类似火柴盒的平屋面多层住宅。使用一定年限后,屋面渗漏,山墙开裂,保温、隔热性能差,外观陈旧,屋顶隔热层破碎塌陷,影响城市景观和居民日常生活。1999 年 6 月,市委、市政府提出在建筑结构许可条件下,对多层旧住宅实施"平改坡"改造构想,将多层住宅的平屋面改建成坡屋面,整修其外立面。是年,区内延安西路 150 弄 1 号、3 号、延安西路 394 弄 1 号和乌鲁木齐北路 322 号共 4 幢多层平屋面住宅被列入全市 13 个"平改坡"改造试点项目。市建委投入 44.25 万元,建造坡顶屋面 844 平方米,涉及建筑 4 446 平方米。8 月开工,年底全部竣工。

2000 年起,多层住宅房屋"平改坡"改造列入市政府、区政府实事工程。改造资金按照"市里出一点,区里出一点,物业产权人出一点"原则筹措。改造项目决算资金由市补贴 30%,区承担 70%(包括使用维修基金等)。2000 年完成 37 个自然幢、建筑面积 10.58 万平方米多层住宅的"平改坡"改造。

2001 年,区政府对涉及亚太经合组织会议环境整治的道路,上海商城等五大宾馆周边,成都北路、延安高架路、主要景观路段两侧和苏州河沿岸的多层旧住宅实施"平改坡"改造,是年,全区完成"平改坡"改造多层住宅 64 幢、建筑面积 12.64 万平方米。

2004 年,区内"平改坡"改造由"线"扩展到成片、成小区的"面",由平屋面改造为坡屋面和外立面整修的单项改造向小区综合整治改造发展,包括整修小区道路、内楼道、路灯,更新上下水管,增设草坪灯,修复自行车棚,更换旧雨篷,统一安装空调外机冷凝水管,优化小区绿化,改建扩建小区公共活动中心等项目。全年对长华、姚西和光明等大型多层旧住宅小区实施综合性"平改坡"工程,改造住宅建筑面积 33.7 万平方米,总投资 3 000 多万元,受惠居民 6 000 余户,改造量接近前 5 年总和。

2006 年,区在全市率先完成多层住宅"平改坡"改造。"平改坡"改造总投资 9 207.2 万元,其中区出资 5 792.27 万元。全区"平改坡"改造多层平屋面住宅 500 余幢、建筑面积 102.73 万平方米,受惠居民 1.7 万户。

## 四、优秀住宅小区

1993 年起,区内房屋建筑总量逐年增加,尤其是进入 21 世纪,随着房地产开发加快,高层建筑、住宅小区不断涌现。2010 年,全区房屋建筑面积 1 592.9 万平方米。其中居住房屋建筑面积 836 万平方米、各类非居住房屋建筑面积 756.9 万平方米。全区有高层房屋 485 幢,建筑面积近 1 100 万平方米,占房屋建筑面积总量的 2/3。8 层及以上高层住宅增多,住宅小区形成规模,建成一批高档优质住宅小区。住宅建筑外形改变传统的"兵营式""行列式"单调布局,采用点状和条状设计,住宅小区绿化、配套设施、生态环境得到改善,住宅房屋整体质量得到提升。达安花园被市政府命名为"上海市示范居住区",中凯城市之光花园、国际丽都城等 19 个新建住宅楼盘分别在"上海市优秀住宅"评选活动中获奖,三鑫花苑、新福康里等 19 个住宅小区被评为"四高"优秀小区。

### 【达安花园】

位于长寿路 999 弄。占地 8.96 万平方米,总建筑面积 40.04 万平方米,住宅建筑面积 33.89 万平方米,绿化面积 3.76 万平方米。1998 年 12 月开工,分 3 期开发,2004 年 10 月全部竣工。住宅以高层为主,房型主要为二室二厅一卫和三室二厅二卫,建有初级中学、体育馆、会所等。配建 3 个地下车库,共有机动车停车位 682 个。以大面积绿地为核心,构成 3 个住宅组团,围合成约 3 万平方米三大主体花园和中央花园。部分住宅运用外墙保温、有机垃圾生化处理、户式中央空调、智能化管理系统、水和煤气集成电路(IC)卡表具等新技术、新工艺。

**【三鑫花苑】**

位于康定路 1588 号。占地 1.78 万平方米,住宅总建筑面积 5.08 万平方米,绿化面积 4 901 平方米。2000 年竣工,由 3 幢 16 层～18 层高层公寓楼组成。房型从一房二厅至五房二厅,配置齐全。有机动车停车位 184 个。房屋外窗采用铝合金粉末喷涂工艺和隔热、隔音、防霉的中空玻璃新材料;安装小型中央空调系统;设置智能化弱电系统;由综合网络管理,包括中央监控安保、可视对讲、自动报警、访客管理及周边红外线报警系统。

**【新福康里】**

位于新闸路 888 弄。占地 2.8 万平方米,总建筑面积 7.25 万平方米,住宅建筑面积 6.08 万平方米,绿化面积 11 806 平方米。1999 年 3 月 18 日开工,2002 年竣工。是全市第一个重新规划设计建设的旧住房成套改造项目,也是区内第一个整街坊旧住房成套改造项目。小区采用南低北高布局,沿西北两角布置 22 层和 28 层各 1 幢塔式高层,其余 22 幢为低层、多层和小高层。中央有 4 377 平方米的地下车库,有机动车停车位 98 个。沿南侧新闸路布置 2 层～3 层传统联体住宅,保持原有传统里弄特色和城市空间形态;中部由南向北为 5 层～6 层的多层住宅和 8 层小高层住宅;中心区域 6 幢多层住宅底部架空,用过街楼、连廊围成架空层内部空间。

**【中凯城市之光花园】**

位于威海路 333 号。分东、西两片,东片占地 2.62 万平方米,建筑面积 12.83 万平方米,2001 年 7 月开工,2004 年竣工;西片占地 3.43 万平方米,建筑面积 16.13 万平方米,2006 年竣工。有地下机动车位 702 个。绿化面积 9 706 平方米。小区通过立体布置的绿化、大面积水域,联系各处的道路、通道以及各独立的建筑小品,组合成一个整体。配套建有一座医院、一个网球场以及社区服务会所等。在全市住宅小区中首创采用冰蓄能技术,实现小区集中式全空气空调系统、集中生活热水供应和中水回用系统、外墙保温、三星级智能化标准等 14 项住宅科技技术。

**【国际丽都城】**

位于北京西路 758 弄。占地 6.5 万平方米,总建筑面积 28.36 万平方米,含高档住宅、高级酒店公寓、裙房商铺、洋房商铺即丽都黄金走廊、贵宾会馆等。住宅建筑面积 16.14 万平方米,总户数 1 477 户。绿化面积 2.74 万平方米。有机动车停车位 618 个。2001 年 5 月开工,2008 年竣工。项目以局部排空层弥补视觉空间穿透性差的不足,空间总体布局流畅,沿北京路复建原小洋房;水景系统贯通全小区;住宅边缘种植乔木、灌木,主入口假山设置瀑布、水池。在科技应用方面采用综合现代计算机技术、现代控制技术、现代通信技术、现代图形显示技术,以及雨水收集、建筑节能智能化和小型中央空调等技术。

**【静鼎安邦府邸】**

位于康定路 1268 弄。占地 1.29 万平方米,建筑面积 6.11 万平方米,住宅建筑面积 4.9 万平方米。绿化面积 8 371 平方米。有地下机动车停车位 177 个。2003 年 8 月开工,2006 年 3 月竣工。小区整体布局南低北高、西低东高,共有 7 个建筑单体。南侧为 3 层联排别墅,是区内唯一的联排式公寓住宅;北侧为5层叠加式联排别墅;东侧是高层公寓、会所和商业综合楼。小区中央有集中式绿地。引进"内庭式花园"概念,3层联排别墅每套内部均有一庭院花园。内庭花园把室外绿化景观和阳光引入地下室,使地下室会客厅和地上起居室空间共享。

**【泰府名邸】**

位于泰兴路625弄。占地3.25万平方米,总建筑面积约9.71万平方米,绿化面积4 000平方米。有机动车停车位437个。有6幢12层～32层的高层公寓住宅。建筑采用外墙保温系统(XPS)和双层中空低辐射(Low—e)玻璃,小区对有机垃圾生化处理和太阳能清洁能源利用,每户均用变频空调、分时用电技术及远程抄表系统。全装修房使用节水型器具。2004年开工,2009年二期工程竣工。

# 第五节　城 区 环 境

进入21世纪,区委、区政府进一步把优化城区环境作为实施"双高"区战略,实现国际静安的重要一环。

## 一、环保三年行动计划

2000年起,环境综合治理力度逐年加大。根据区环境保护"十五""十一五"规划要求,着重实施了4轮环境保护和建设三年行动计划。

2000—2002年实施第一轮环境保护和建设三年行动计划,从水环境治理、大气环境治理、固体废弃物收运处置、绿化建设、市容环境综合整治等方面提出环境保护各项目标。其间,区内实现燃煤炉灶清洁能源替代502台(眼),削减燃煤量37 368.5吨;建成小型垃圾压缩站12个,垃圾分类收集区域占全区面积80%以上;全区绿化覆盖率14.11%,人均公共绿地0.76平方米;改造排水管网1 664米,基本消除延安路以北因暴雨造成道路严重积水的现象;整治空调器外机1 324台,拆除违法建筑83 020平方米。

2003—2005年实施第二轮环境保护和建设三年行动计划,从旧区改造、绿色单位创建、水环境整治、大气环境治理、声环境整治、固体废物处置与利用、绿化建设、市容环境整治、保障措施等方面提出99项目标。2004年提前一年完成"无燃煤区"建设,年底建成"扬尘污染控制示范区"。2005年,降尘量比2004年大幅度下降,全区主要污染物处理处置水平6项指标全部达标,建成环境空气质量自动连续监测站,整治空调器室外机18 660台,建成公共绿地35 538平方米、临时绿地13 800平方米、屋顶特色绿化55 855平方米,人均公共绿地0.92平方米,绿化覆盖率15.85%,生活垃圾分类收集率95%。

2006—2008年实施第三轮环境保护和建设三年行动计划,从大气环境整治、水环境整治、声环境治理、固体废弃物处置和利用、生态和绿化建设、绿色单位创建、市容环境整治等方面提出77项目标任务。2008年,区域清洁能源使用率97.6%(标准为95%),区域环境空气质量优良率90%左右,化学需氧量和二氧化硫排放指标总量为零,人均公共绿地1.29平方米,绿化覆盖率18.4%,生活垃圾分类收集率95%,生活垃圾无害化处置率95%。

2009—2011年实施第四轮环境保护和建设三年行动计划,从大气环境保护、水环境保护、声环境保护、固体废弃物处置和辐射污染源的监管、生态环境建设和保护、环境管理能力建设及保障措施等方面提出 63 项任务。2010 年,华东医院重油锅炉改造完成,实现区域内锅炉全部使用清洁能源目标,清洁能源使用率 100％;锅炉大气污染物排放达标,区域二氧化硫指数达国家一级标准;区域环境空气质量优良率 91.2％,上海世博会举办期间达 98.7％;医疗废弃物集中收集处置率100％;2009—2010 年建成屋顶绿化 7 877 平方米,完成计划的 78.77％;2009 年建成立体绿化1 098 米,提前一年完成指标。

2010 年,区域环境经过上述一系列的治理,有很大改观。大气环境方面:全区锅炉清洁能源替代率 100％。声环境方面:区域环境噪声平均等效声级昼间为 59 分贝,夜间为 47.1 分贝,比 1993年分别下降 3 分贝和 5.2 分贝;道路交通噪声等效声级平均 62.3 分贝,比 1993 年降低 6.7 分贝。水环境方面:全区废水排放量 3 003.3 万吨,其中生活废水 3 000.55 万吨,占 99.9％;工业废水2.75 万吨,占 0.1％,废水排放纳管率 100％。固体废弃物方面:全部工业废弃物随时产生随时运送至指定企业进行处理和综合利用;医疗废弃物全部由具有资质的专业单位回收至医疗废弃物处理厂进行无害化处置;废弃食用油企业均需签订回收加工协议,明确餐厨垃圾产生、收运、处置的监督管理部门为市容环境卫生管理局。

## 二、园林绿化

2010 年,全区绿化总面积 101.07 万平方米,绿化覆盖面积 153.92 万平方米,绿化覆盖率20.19％,人均公共绿地面积 1.46 平方米。

### 【公园绿化】

2010 年,区内有静安公园、西康公园和静安雕塑公园 3 座,绿化面积 9.52 万平方米。静安雕塑公园于 2007 年 10 月 28 日—2010 年 4 月 29 日分两期建造,占地 5.6 万平方米,在全市以雕塑艺术而著名。公园主要由公园入口广场、流动展示长廊(景观林荫大道)、中心广场、雕塑展示区、梅园景观区和小型景观区构成。以景观林荫大道为主线,串联各个主题景观空间。公园内有长廊、樱花道、跑泉、七彩花带、叠瀑池、曲廊、白玉兰花瓣草坪、中央下沉式草坪、台地园、现代梅园等景点。其中巧妙化解市政电站进、出风井建筑,设计成具有特色的园中园即现代梅园,梅园廊壁上完整地印刻宋代名著《梅花喜神谱》。现代梅园栽有梅花 282 棵,已知品种 77 种。公园自 2008 年起陆续引进世界各国雕塑艺术家的各类雕塑作品 18 组 24 件,分布于各个景观区域中。2010 年 9 月 1 日—2010 年 10 月 31 日,静安雕塑公园举办"2010 世博·静安国际雕塑展",来自世界 8 个国家和中国港澳台地区的 31 位艺术家的 68 件作品参展。静安雕塑公园系列雕塑获 2010 年度全国优秀城市雕塑建设项目年度大奖,雕塑《慈航》《巨型风向车》被评为上海公共艺术作品五星雕塑。

### 【街道绿化】

2010 年,全区有 243 块街道绿地,总面积 35.59 万平方米。主要有:延安中路大型生态绿地,简称延中绿地,位于静安区、卢湾区、黄浦区交界处,占地 23 万平方米,其中静安区段面积 3.48 万平方米。2000 年 2 月开工建设,2001 年 7 月 1 日建成对外开放。蝴蝶湾绿地,位于区境苏州河畔,占地面积约 16 万平方米,是结合污水泵站建设的可供游园的绿地。因绿地平面轮廓酷似字母"W",形如一只展翅欲飞的蝴蝶而得名。蝴蝶湾绿地一期于 2006 年 12 月 8 日开工,2008 年 7 月 27

日建成;二期于 2007 年 10 月 20 日开工,12 月 30 日建成。苏州河绿地是沿西苏州路防汛墙而建,南起昌平路,北至安远路。1999 年结合苏州河防汛墙改造新增绿化面积 2 000 平方米,2010 年占地11 565 平方米。昌平路绿地位于昌平路(武宁南路—江宁路)南北两侧,主要分布于北侧,是结合昌平路拓宽改造建设的道路绿地。其中一期(武宁南路—延平路)7 000 平方米,2000 年建成;二期(延平路—江宁路)17 157 平方米,2002 年建成。华山路绿地,又称延华绿地,位于延安中路、华山路交界处,占地 3 120 平方米。分两期建设,一期 2006 年 8 月开工,12 月建成;二期 2008 年 5 月开工,12月底建成。

**【群众绿化】**

主要有居住区绿化和单位绿化。居住区绿化由业主委托的物业管理企业或者业主负责养护管理,区绿化委员会办公室履行指导、检查、评比、表彰等行业管理职责。区绿化部门先后建立"市民评判、社会评价和专业考核"的小区绿化考核体系,居民、物业、居委"三位一体"管理模式,"4+5"(区绿化办、区房管局、区地区办、静安置业集团和 5 个街道共同参与管理)居住区绿化管理模式等。2002—2010 年,达安花园、国际丽都城、南草坪花园、静安枫景苑等 22 个居住区获"上海市园林式居住区"称号。2010 年,居住区绿化 31.68 万平方米,居住区绿化单位 348 个。单位绿化由区内学校、医院、机关、部队负责,2010 年共有绿化单位 281 个,绿化总面积 24.29 万平方米,有 17 家单位获"上海市花园单位"称号。

**【特色绿化】**

主要有:

**屋顶绿化** 2001—2010 年区制订屋顶绿化实施意见、五年规划和管理办法,建立档案,制订技术规范,全区屋顶绿化面积达 118 032 平方米。

**破墙透绿** 1999 年,区里在全市率先启动破墙透绿工作,2000 年在全市推广。区内道路两侧的公园、学校、医院、科研院所、体育场馆、文娱活动场所、商务楼、宾馆、饭店、住宅、别墅和机关、部队、企事业单位等庭院将围墙改建成能展示庭院绿化的铁栅栏或镂空围墙,提高绿化透视率。2010年底,全区共破墙透绿长度 7 260 米。

**临时绿地** 1998 年,区绿化部门利用成都北路 7 号闲置待建工地建成区内第一块临时公共绿地。1999 年,区制订《关于静安区闲置待建工地建设临时绿化的暂行办法》,利用闲置待建工地建成临时绿地美化城区环境。

**窗阳台绿化** 2009—2010 年,区青少年活动中心、南京西路街道办事处、公安南京西路街道派出所、延安中路 810 号开展窗阳台绿化。其中区青少年活动中心布置常绿植物,南京西路街道办事处、公安南京西路街道派出所、延安中路 810 号窗阳台布置草花。

**围墙绿化** 1997 年,区首创用可拆卸、重复使用的挂墙式花钵、拼装式垂直绿化装饰工地围墙,在南京西路名城广场、通利大厦、慈厚里、中欣广场的工地围墙建成围墙绿化。2008—2010 年,又先后在南京西路 688 号工地、南京西路中国福利会少年宫、石门二路凤阳路工地建围墙绿化。

**特色花街** 2002 年,区绿化部门在吴江路、愚园路、常熟路、南京西路(华山路—常德路)及南京西路(石门一路以东段)5 条道路(路段)摆放容器花卉,布置成区内最早的花街。2007—2010 年,先后建成南京西路、延安中路、新闸路景观道路,华山路、常德路、常熟路、万航渡路、武宁南路机动车隔离带花架,南京西路和延安中路花架护栏,北京西路花钵以及南京西路、华山路灯柱悬吊花球,南京西路（中国福利会少年宫）花墙，石门二路凤阳路绿墙等以各式容器花卉布置为主要载体的特色景观花街。构建以"三横三纵"道路为主的花街景观。

## 三、景观灯光

1999年后，区内南京西路商务楼宇相继落成，为营造更加舒适美好的购物环境，区里加强对楼宇灯光、街景灯光、节日灯光管理。1999年，静安区南京西路灯光夜景被评为上海市十佳灯光夜景之一。2009年，静安寺地区灯光夜景被评为上海旅游节"欧斯朗杯"上海市十佳灯光夜景之一。2003年国庆前夕，坐落于百乐门大酒店16楼的静安区景观灯光集控中心投入使用。该中心拥有操作室、演示室、会议室，对全区楼宇灯光、街景灯光、节日灯光实施监控。2004年，灯光控制中心新增3处监控点，增加控制终端。2010年完成区与市景观灯光集控互联互通施工及调试，集控中心视频控制系统升级改造。是年，区内有景观灯光339处。

**【楼宇灯光】**

1993年，上海商城门前绿化带灯光采用双层立体泛光照明，泰兴大楼、南阳大楼、工商银行大楼相继安装泛光照明灯。1999年，全区76幢大楼实现顶部亮灯和内光外透，并采用科技手段对其中30幢重点楼宇灯光实施灯光集控。2004年，延安高架路沿线、南北高架路沿线新建、改建6处15幢大楼灯光，其中延安中路茂名北路至陕西北路居民楼灯光连线600米长。2009年10月完成南京西路沿线大楼节日彩灯及世纪时空大厦、上海宾馆、市政协大楼、国际丽都等66处景观灯光建设。2009年7月—2010年2月，在威海路文化传媒特色街建设楼宇灯光15幢和围墙灯光1处。

**【节日灯光】**

1993年2月，区实施"南京西路1993年霓虹灯工程计划"，设置霓虹灯商家由1992年底的236户增至337户，灯光由547组增至724组。之后，每逢节日进行灯光布置。2001年亚太经合组织会议期间，开启南京西路、延安中路和延安西路等6条灯光线路，重点调整灯光景点78处，完成南京西路吴江路100家商业单位的橱窗内光外透改造布置。2002年国庆和党的十六大期间，增设节日彩灯210余只，填补灯光暗点。2005年国庆彩灯建设以"幸福雨洒落南京路"（即"流星雨"）为主题，在南京西路（华山路—江宁路）设置"流星雨"彩灯，南京西路（江宁路—成都北路）按照树干形状铺设"珠珠灯"。南京西路沿线大小绿地布置动、静两种形态的LED灯。2006年元旦，在南京西路设置"浅蓝色星星点缀南京路"节日灯景。同年，南京西路以南汇路为界，南汇路—成都北路设置蓝白相间的"珠珠灯"及球形LED灯，南汇路—华山路适当增加暖调彩灯。2010年元旦，在南京西路（华山路—南汇路）行道树上设置以"雪花彩灯"为主题的世博节日灯光。是年4月，在南京西路（华山路—南汇路）行道树上设置以"笑脸灯"为主题的世博节日灯光，后延伸至成都北路。北京西路以"增亮"为主，南京西路东侧以"补缺"为主。2010年，全区共有58处灯光工程竣工。

**【街景灯光】**

1993年结合静安南京路改造开发和门面装修，沿路布置一批泛光灯、广告灯、店招和工地围栏灯等，鸿翔商厦、摩士达商厦、皮革商厦、得利车行等处的灯光各具特色。1994年重点建设南京西路、华山路、常熟路3条景观路线灯光，新增灯光5处；新增南京西路、常德路口轻工机械大厦近百盏泛光照明和霓虹灯等多层次灯光;南京西路(铜仁路—西康路)两侧人行道绿带新增庭院灯 173 盏;王家厍人行天桥安装立柱式彩色软管流动霓虹灯,发布新闻信息和广告。2000 年,南京西路采用字母霓虹灯"APEC"点缀。同年,重新设计改造南京西路(石门一路—陕西北路)两侧沿街 78 户商业店家的店面橱窗,增加亮度。2001 年用七彩变色灯勾勒大胜胡同建筑群(12 幢)。2002 年以静安寺地区为重点,改造南京西路沿线灯光,替换 310 只景观灯,利用新型的光源和技术新建"未来""升""静安之钻"等灯光小品。2005 年,南京西路沿线 50 余家店铺橱窗灯光实施升级改造,南京西路橱窗透亮控制量为 93 家。

## 四、市容环境示范区域

2004 年,区里以"迎世博,创优美环境"为目标,以静安寺地区、南京西路、北京西路、华山路和巨鹿路整街坊为创建重点,主要整治道路两侧建筑物外立面、人行道路板、店招店牌。2005 年,整治沿街建筑外立面 18.2 万平方米、店招店牌 615 块,拆除违章广告牌 39 块 600 余平方米,装饰店面 9 225 平方米,更换封闭式卷帘门 640 扇,拆除沿街报栏 80 块,改建垃圾箱(房)88 只,拆除违法搭建 36 处,综合整治 33 个街角。区各街道开展创建市容环境示范区域活动,静安寺街道于 2005 年 1 月创建成市容环境示范区域,南京西路街道于 2005 年、曹家渡街道于 2006 年、江宁路街道于 2007 年、石门二路街道于 2009 年创建成市容环境示范区域。

# 第六节 社 会 建 设

社会建设是实施"国际静安"战略不可或缺的组成部分。2006 年起,区里停止街道招商引资,由区财政予以财力保障,实行扁平化管理,使街道办事处的工作重心放在民生和社会服务上。与此同时,大力加强精神文明建设,推进文明城区建设,2009 年被中央文明办授予"全国文明城区"称号。

## 一、改革社区管理模式

2006 年 11 月召开区社区工作会议,印发《关于进一步加强社区工作的意见》,提出加强社区党建与管理体制建设、加大社区发展与社区财力保障力度、强化社区管理与公共服务、加强队伍建设与社区人才培养、动员社会参与共建共享和谐社区等 5 方面 27 条意见。印发《关于完善社区(街道)财力保障体制的若干意见》《关于完善"三个中心"为主的社区公共服务设施建设的实施意见》,开创街道集中主要力量加强社区服务和管理的新局面。2008 年 12 月,区委、区政府针对街道管理模式上存在的"职能错位""职能缺位""效率不高"等瓶颈制约问题,提出进一步健全社区条块综合联动机制,完善社区(街道)行政管理体制,把社区建设成为管理有序、服务完善、文明祥和的社会生活共同体。2009 年 3 月制订《关于调整优化社区(街道)管理体制机制试点工作的指导意见》,按照"归口管理,扁平运作,明晰职责,高效行政"要求,强化社区(街道)"组织公共服务,实施综合管理,监督专业管理,指导自治组织"的职能,梳理调整条块职能 170 余项,转化 11 项行政执法类、专业管理类工作,简化 150 项专业服务类工作,强化 13 项街道公共服务类、平安建设类工作。各街道将八科一室调整为五部一室:党群工作部、平安工作部(信访办公室)、社区管理部、社区服务部、人民武装部、党政办公室(人大代表联络室);完善社区共治平台,形成街道层面共有、共商、共治、共享发展局面。推动街道职能归位于解决群众最关心、最直接、最现实的利益问题,集中精力做好社区服务。2010 年,区委、区政府形成《关于进一步加强社会建设的意见》,提出构建社会管理、社会服务、社会动员 3 个体系的建设任务和加强社会建设的基本思路。

## 二、停止街道招商引资

2006 年,区政府明确街道工作重心是加强社区管理和提供公共服务。11 月下发《关于完善社区(街道)财力保障体制的若干意见》,明确 2007 年 1 月起:在区级财政收入稳步增长的前提下,区财政以每年不低于 10％的增长比例增加街道的财力。预算外收入留归街道,实行收支两条线管理,加大转移支付力度。每年在各街道预算中固定安排 60 万元社区党建工作专项经费和 200 万元机动费。

2007—2010 年,进一步调整优化街道职能,推进社会管理和社区建设工作,加大社区发展的财力保障,加强社区队伍与社会组织培育。建立健全各街道社区生活服务中心、社会治安综合治理工作中心和党员服务中心,完成居委会用房第三轮达标实事工程,全区居委会用房总建筑面积 2.5 万平方米。街道办事处组织公共服务、实施综合管理、监督专业管理、调动社区资源、指导自治组织、维护社会稳定的功能得到提升。其间,街道经济重心由直接招商引资转向经济服务,抓好招商服务、留商安商等工作。2010 年,全区 5 个街道居民委员会调整到 73 个,居民小组调整到 2 990 个。

2007 年,区财政在全市率先试点实施新的街道财力保障体制,弱化街道的招商功能,强化街道在社区建设和管理及提供公共服务方面的职能。新体制以 2005 年为基期年,确保街道财力预算安排基数;小税种税收全额返回,纳入街道收入预算;实行收入增长共享,在区级收入稳定增长前提下,在财力预算基数上每年安排不低于 10％的增长比例增加街道财力;加大街道转移支付力度,保证街道用于社区管理、社区服务、社区建设等基础性设施的资金;大幅度增加居委会经费投入,保障居委会人员津贴、办公经费和必要的工作经费。是年,5 个街道总财力 4.43 亿元。2010 年,街道总财力 17.65 亿元,其中财政补贴占街道总财力 92％,实现街道财力基本由财政保障。2007—2010 年,区财政安排专项资金 6.1 亿元,保障街道 3 个中心(社区事务受理中心、社区文化活动中心、社区卫生服务中心)、居委会办公用房和综合活动室达标及"乐龄家园""阳光之家"等建设。5 个街道完成 3 个中心改扩建,合计总面积 35 340 平方米。5 个街道办事处完成调整置换、新建、改建卫生服务站点 29 个、"乐龄家园"33 个、"阳光之家"6 个,新增居民区办公用房和活动室 12 807 平方米、居民区综合活动室 2 200 平方米,新增绿化 5 000 多平方米。

## 三、创建全国文明城区

### 【文明城区创建】

1996 年 12 月,区委五届八次全会审议通过《中共静安区委关于加强社会主义精神文明建设的实施意见》,提出把静安区创建成为现代化文明城区的目标。区委撤销区精神文明建设活动委员会,成立区精神文明建设委员会。1997 年 7 月,区委五届十次全会提出区创建文明城区规划,明确文明城区目标,即到 20 世纪末,率先把静安区建成"商业商务发达,教育科技领先,城区环境优美,文化气息浓郁,社会秩序安定,社会风气良好,服务体系健全,城市管理有序"的社会主义现代化的文明城区。2000年4月,静安区被市文明委命名为首批上海市文明城区。2002年10月,静安区被中央文明委命名为全国创建文明城市工作先进城区。2004年,区文明委审议通过争创全国文明城区计划。2008年5月,区委召开2008年静安区精神文明建设大会暨争创全国文明城区动员大会,以"迎奥运、迎世博、迎全国文明城区检查"(简称"三迎")为主题开展系列活动。区成立以四套班子领导为核心的"三迎"工作指挥部,下设材料审核组、问卷调查组、实地考察组、宣传组和社会动员组。各组结合检查要求开展工作。7月下旬,市文明办组织创建全国文明城区考评团,对区创建工作进行全方位测评。最终,区创建全国文明城区工作通过市文明委的检查,被报送中央文明办参加全国文明城区评选。9月,中央文明办检查组通过开展暗查、听取工作汇报、整体观察问卷调查、材料审核等方式检查评估。2008年12月28日—2009年1月2日,中央文明办对14个全国文明城市(区)进行全国公示,静安区获通过。2009年1月,中央文明办授予静安区"全国文明城区"称号。

### 【"双拥"活动】

1993—1999年,区建立双拥领导小组、军地两用人才工作协调小组和拥军优属委员会联席会议制度,形成区、街道、居委会及地区单位三级双拥工作网络。驻区部队均建立拥政爱民领导小组,区人武部定期召开驻军联席会议,商议拥政爱民事项。1996年建立区科技拥军中心,以区科技馆为平台,为驻区部队提供科技及人才培训服务。1998年6月,建成南京西路双拥一条街。2002年9月,静安双拥中心落成,成为拥军服务窗口、军嫂和战士人才培训基地、军队老干部活动场。2003—2010年,区先后帮助驻区部队解决基础设施改造、信息平台建设、军属就业入学困难等。驻区部队官兵坚持为群众做好事、办实事,密切军政、军民关系,支援地方建设。参与革命传统教育、治安维护、义务劳动、环境整治、学雷锋为民服务、抢险救灾队、消防培训、照顾孤寡老人、纪念馆义务讲解员等各项活动。2000年,静安区获"上海市双拥模范区"称号。2003年,全国双拥工作领导小组、民政部、解放军总政治部命名静安区为"全国双拥模范城"。2007年,再次获"全国双拥模范城"称号。

### 【"三创一做"活动】

1993—1996年,区总工会推广"全国模范职工小家"三阳盛南货店思想政治工作、学习培训、服务艺术、商品质量和基础管理等方面班组工作经验。三阳盛南货店等4个班组获"上海市红旗班组"称号。1997年,区文明办与区总工会开展"三创一做"[创文明单位、创文明班组(岗位)、创文明窗口、做文明职工]活动。2000年,区在全市率先把"三创一做"活动向新建企业延伸,印发新建企业开展"三创一做"活动的若干意见,并把企业合法经营、和谐劳动关系、职工维权纳入创建标准;召开"三创一做"推进会,推广区卫生系统创文明行业经验。2002年,"三创一做"活动以创建文明城区为目标,实现向文明行业、非公企业单位延伸,向文明商务楼拓展。1993—2010年,静安区374个单位获"上海市文明单位"称号、1892个单位获"静安区文明单位"称号。

### 【文明家庭、文明小区、文明社区创建】

1993—2010年,区妇联开展不同内容的"五好文明家庭"和其他特色家庭的创建活动。每年组织一次"五好文明家庭"评选。1995年起,先后开展"我爱我家——小天鹅"家庭美德大讨论、"学习型家庭"评选、"万户家庭学礼仪"活动、"绿色环保家庭"、"节能家庭"、"信息化家庭"评选活动,2009年成立区家庭文明建设指导中心。2010年,倡导全区家庭投入"擦亮窗户迎世博,扮靓窗台办世博"活动。至2010年,区内有许国屏家庭、王觉成家庭被评为全国"五好文明家庭",市级"五好文明家庭"49户。1992年10月,区文明委下发《静安区关于实施文明小区考核验收暂行办法的通知》,明确区级文明小区的标准和申报、考核、验收、表彰、奖励等内容。1993—2010年,全区共创建市级文明小区(居民区)724个,创建区级文明小区361个。1997年,市、区级文明社区创建工作启动。1999年,市文明办总结推广静安寺街道创办社区学校的经验,静安南京路成为上海市创建文明示范标志区域之一。2002年,全区5个街道第一次全部被评为2000—2001年度上海市文明社区。2003年,区全面巩固提升文明社区的创建成果,建立科普、卫生、文化、法律、体育、楼宇党建等6个服务社区的工作机制,形成"与文明同行""社区学校""舒心工程"等在全市较有影响的创建工作特色。2005年,静安寺社区(街道)获"全国创建文明城市工作先进社区"称号。

### 【公民道德建设】

1993—2000年,区开展"学雷锋,学好八连,迎东亚运作贡献"活动,"七不"宣传活动及静安南京路"七不"规范路段创建活动,群众性职业道德、社会公德、家庭美德教育以及"百万少年百万花"护绿种绿活动,知百家事、进百家门、排百家难、解百家忧活动。2001年,编辑"依法治区与以德治区的实践与思考"专辑,拟订《静安区关于学习贯彻中央〈公民道德建设实施纲要〉的意见》。2002年,区文明办编印《道德之光》《职业道德教育与实践》《案与法》《市民巡访员礼赞》系列丛书,宣传静安文明的系列丛书3册;开展"十百千"文明市民评选和市民道德建设演讲、小品比赛进社区等活动。2006年,全年组织有关交通文明的市民道德教育实践活动4次,参与活动10万人次。2007—2010年,全区12 147人参加"万户家庭学礼仪"培训,以迎奥运、迎世博为契机,传播文明理念,征集市民对"双迎"工作的意见建议,每月25日举办"公共秩序日"主题实践活动。

### 【十佳好人好事评选】

1990年起,区开展评选社会主义精神文明建设"十佳好人好事"活动。至2010年,全区入选上海市社会主义精神文明十佳好人好事6人次(其中1人次为提名),评选出区社会主义精神文明十佳好人好事180人次、提名143人次。其中有2000年"执着于对病人的承诺"的宦惠宝医生、2004年度的"继承父辈遗志,关心帮助他人"的蔡衍益、2007年度"帮困助老,为民服务"的第六粮油食品有限公司等。

### 【志愿者活动】

1995年首支由中小学生、教师、居委干部180人组成的"七不"志愿宣传队走上南京路开展宣传活动。其后,在1997年八运会、2000年残运会、2001年亚太经合组织会议、2007年特奥会、2010年上海世博会等重大活动期间都有大量志愿者参与。2002—2003年,组建小区绿化护绿、公用部位整治居民志愿者服务队,抗"非典"守望相助楼组志愿者服务队32 651人,其中外籍人士485人。2006年"静安温馨家园志愿者网站"开通,实现志愿者资源信息化管理。2010年,全区有321支志愿者队伍、3.6万余名志愿者,通过固定服务岗位、服务项目或重大节点参加志愿服务。上海世博会期间,400余位"小白菜"(因服装绿白相间而得名的志愿者昵称)、600名园区志愿者、1 500余名城市志愿服务站点志愿者、近2万名城市文明志愿者,在全区8个外建服务站、27个内建服务站,为市民和游客提供信息咨询、语言翻译、文明宣传和应急服务等志愿服务。1999年11月13日,区在全市率先成立精神文明建设市民巡访团,对境内环境卫生、道路管理、拆违建绿、行业达标、文明创建等精神文明建设工作进行巡访,针对发现问题提出建议,促进整改。2002年9月,区市民巡访团获"上海市志愿者活动优秀集体"称号。2003—2007 年，市民巡访团分别对小区物业管理现状、老式居民住宅试点小区整治工作、迎接全国文明城区检查、政府实事卫生间改造工作开展调研巡访。2010 年，区市民巡访团累计巡访约 6 000 余人次，提出各类意见、建议 500 余条，参与各种公益性活动 500 余次。区市民巡访团有区、街道、居委会成员 160 人，其中年龄最长的 82 岁，最年轻的 28 岁，有 10 人参加巡访 12 年。

表 10 - 3 - 1　静安区主要年份基本情况

| 项　　目 | 1978 年 | 1985 年 | 1990 年 | 1995 年 | 2000 年 | 2005 年 | 2010 年 |
|---|---|---|---|---|---|---|---|
| 区域面积（平方公里） | 7.62 | 7.62 | 7.62 | 7.62 | 7.62 | 7.62 | 7.62 |
| 水域面积（平方公里） | 0.05 | 0.05 | 0.05 | 0.05 | 0.05 | 0.05 | 0.05 |
| 年末耕地面积（公顷） | 0 | 0 | 0 | 0 | 0 | 0 | 0 |
| 街道（个） | 10 | 10 | 10 | 5 | 5 | 5 | 5 |
| 镇（个） | 0 | 0 | 0 | 0 | 0 | 0 | 0 |
| 乡（个） | 0 | 0 | 0 | 0 | 0 | 0 | 0 |
| 居民委员会（个） | | | 221 | 131 | 130 | 85 | 73 |
| 村民委员会（个） | 0 | 0 | 0 | 0 | 0 | 0 | 0 |
| 年末户籍人口（万人） | 47.66 | 49.65 | 46.07 | 40.47 | 35.80 | 31.00 | 30.51 |
| 户数（万户） | 13.58 | 14.42 | 15.11 | 14.28 | 12.27 | 10.76 | 10.33 |
| 年末常住人口（万人）[①] | | | 48.66 | | 30.53 | | 24.68 |
| 外来人口（万人） | | | | | 2.98 | 3.66 | 5.72 |
| 人口密度（人/平方公里） | 62 547 | 65 161 | 64 283 | 53 110 | 46 985 | 40 681 | 40 034 |
| 人口自然增长率(‰)[②] | 0.13 | 6.11 | 1.06 | −5.27 | −3.87 | −4.32 | −2.15 |
| 城镇登记失业人数（人） | | | | | | 7 293 | 6 854 |
| 新增就业岗位数（个）[③] | 2 935 | 2 133 | 3 187 | 4 893 | 4 368 | 36 795 | 29 090 |
| 中学（所） | | 31 | 25 | 19 | 19 | 15 | 16 |
| 　在校学生（人） | | 17 919 | 16 009 | 22 496 | 24 055 | 19 236 | 13 559 |
| 小学（所） | | 56 | 53 | 43 | 19 | 13 | 12 |
| 　在校学生（人） | | 26 361 | 35 922 | 35 001 | 16 684 | 9 153 | 8 846 |
| 幼儿园（所） | | 45 | 118 | 29 | 23 | 12 | 16 |
| 　在园幼儿（人） | | 15 480 | 18 786 | 6 626 | 4 458 | 4 245 | 4 560 |
| 职校（所） | | 5 | | 3 | 1 | 1 | 1 |
| 　在校学生（人） | | | | 2 953 | 2 449 | 2 124 | 1 378 |
| 图书馆、室（家） | | 12 | 12 | 12 | 7 | 7 | 7 |
| 文化馆、站（家） | | 11 | 11 | 6 | 6 | 6 | 6 |

（续表）

| 项　　目 | 1978 年 | 1985 年 | 1990 年 | 1995 年 | 2000 年 | 2005 年 | 2010 年 |
|---|---|---|---|---|---|---|---|
| 影剧院、场（家）① | | | 12 | 7 | | | 14 |
| 区级医院（所） | 1 | 2 | 3 | 3 | 3 | 3 | 3 |
| 医院床位数（张） | | | | 1 202（1992 年） | 3 982 | 3 861 | 3 154 |
| 医疗卫生技术人员（人） | | | 2 209（1992 年） | 2 030 | 1 885 | 1 846 | 1 807 |
| 执业医师（人） | | | | 832 | 755 | 708 | 743 |
| 公共绿地面积（万平方米） | | 1.10 | 1.08 | 7.05 | 18.53 | 28.43 | 45.11 |
| 人均公共绿地面积（平方米）⑤ | | 0.02 | 0.02 | 0.17 | 0.52 | 0.92 | 1.46 |
| 绿化覆盖率（％） | | 1.44 | 1.44 | 9.16 | 12.16 | 15.86 | 20.19 |
| 公园（个） | 3 | 3 | 2 | 3 | 3 | 2 | 3 |

说明：① 全国人口普查数据；② 均为年度人口增长率；③ 1978 年、1985 年、1990 年、1995 年为待业人员安置数；④ 专业电影院、剧场；⑤ 1994 年起绿化统计口径变动。

表 10‐3‐2　静安区主要年份国民经济基本指标

| 项　　目 | 1978 年 | 1985 年 | 1990 年 | 1995 年 | 2000 年 | 2005 年 | 2010 年 |
|---|---|---|---|---|---|---|---|
| 生产总值（亿元）① | | | | 20.19 | 41.13 | 82.34 | 173.85 |
| 第二产业（亿元） | | | | 26.81 | 50.41 | 85.2 | 38.81 |
| 第三产业（亿元）② | | 12.79 | 26.41 | 160.28 | 328.5 | | |
| 固定资产投资完成额（亿元） | | | | 52 | 33.32 | 57.03 | 85.03 |
| 财政收入（亿元） | | | | 8.09 | 14.08 | 64.68 | 178.93 |
| 地方财政收入（亿元） | 0.87 | 2.06 | 3.14 | 4.92 | 11.00 | 30.85 | 65.96 |
| 地方财政支出（亿元） | 0.17 | 0.39 | 1.12 | 5.23 | 11.27 | 39.12 | 71.43 |
| 出口额（亿美元） | | | | 4.39 | 2.21 | 2.95（海关） | 10.56（海关） |
| 外商直接投资实际到位金额（亿美元） | | | | | 1.30 | 2.01 | 3.77 |
| 年末私营企业注册数（个） | | | 2 | 115 | 1 662 | 3 757 | 7 243 |
| 工业总产值（亿元） | | 3.63 | 5.39 | | 36.66 | 52.18 | 38.81 |

（续表）

| 项　　目 | 1978 年 | 1985 年 | 1990 年 | 1995 年 | 2000 年 | 2005 年 | 2010 年 |
|---|---|---|---|---|---|---|---|
| 住宅竣工面积(万平方米) | | | | 22.15 | 19.07 | 47.85 | 0 |
| 社会消费品零售总额(亿元) | | | | | 65.43 | 138.71 | 237.12 |

说明：① 2000 年后为增加值；② 1985 年、1990 年为商业销售额，1995 年、2000 年为营销总额。

# 第十一篇 宝山区

宝山区位于上海市北部,因明永乐十年(1412年)人工堆筑的宝山而得名。

1978年,宝山县行政区域面积370.73平方公里,辖有城厢、罗店、大场、江湾、五角场5个镇和吴淞、杨行、月浦、盛桥、罗泾、罗店、罗南、刘行、顾村、蕰溪、大场、彭浦、庙行、淞南、江湾、五角场、长兴、横沙18个人民公社,耕地面积24 545.13公顷,户籍人口11.15万户、45.53万人。1980年10月,城厢镇以及吴淞、淞南、庙行、月浦、盛桥5个公社的112个生产队划归吴淞区;12月,蕰溪人民公社改名为蕰塘人民公社。1984年3月,政社分设,18个人民公社改设为18个乡。9月,江湾镇划归虹口区;五角场镇划归杨浦区;江湾、五角场、庙行、彭浦4个乡的129个生产队分别划归虹口、杨浦、闸北、普陀等区;盛桥乡19个生产队划归吴淞区。1986年4月,杨行乡撤乡建镇,实行镇管村体制。1987年,全县辖有3个镇、17个乡,下设6个居委会、206个村委会。

吴淞原为宝山县的一个乡,民国17年(1928年)划归上海特别市,设立吴淞区。1956年并入北郊区,1958年随北郊区并入宝山县。1960年,宝山县划出吴淞镇及蕰藻浜以南长江路两侧复设吴淞区,1964年并入杨浦区。1977年11月22日,"上海新钢厂筹建指挥部"在县境成立;12月底定名为上海宝山钢铁总厂(简称宝钢)。1978年12月,上海市宝钢地区办事处建立,1979年4月设立马泾桥、友谊路2个街道,属其管辖;1980年1月,杨浦区的吴淞镇、泗塘2个街道划入;10月30日,国务院批复上海市人民政府同意撤销宝钢地区办事处,成立吴淞区,范围包括宝钢地区和宝山县城厢镇以及宝钢至吴淞之间的地域,全区行政区域面积48.23平方公里,辖有4个街道、1个镇,常住人口4.21万户、16.22万人。1981年8月,从吴淞镇街道划出海滨新村地区设立海滨街道。1982年1月撤销城厢镇、友谊路街道,设立新的友谊路街道。1987年,全区辖有5个街道,下设78个居委会。

1988年1月27日,国务院批复上海市人民政府同意撤销宝山县、吴淞区,设立宝山区。是年,泗塘街道更名为泗塘新村街道,海滨街道更名为海滨新村街道。1989年5月撤销马泾桥街道、月浦乡、盛桥乡,设立月浦镇、盛桥镇;撤销罗店镇、罗店乡,设立新的罗店镇;6月撤销大场镇、大场乡,设立新的大场镇。11月,五角场乡划归杨浦区。1990年10月新设宝林新村街道,11月新设通河新村街道。1992年9月,彭浦乡划归闸北区。1993年,罗泾、罗南、刘行、顾村、蕰塘、庙行、淞南、江湾8乡撤乡建镇,江湾乡改名为高境镇。1994年建立宝山城市工业园区。1995年2月,蕰塘镇改名为祁连镇;10月,吴淞乡撤乡建镇为宝山镇。1996年5月撤销友谊路、宝林新村街道,设立新的友谊路街道。1997年9月,江湾机场划归杨浦区,共康小区部分地区划归闸北区。2000年11月撤销罗店、罗南镇,设立新的罗店镇;撤销顾村、刘行镇,设立新的顾村镇;撤销月浦、盛桥镇,设立新的月浦镇;撤销宝山、杨行镇,设立新的杨行镇;撤销大场、祁连镇,设立新的大场镇。2003年2月,建立宝山工业园区。2005年5月,长兴、横沙2个乡划归崇明县。2006年4月撤销吴淞镇街道、海滨新村街道,设立吴淞街道;5月撤销泗塘新村、通河新村街道,设立张庙街道。2010年,全区行政区域面积293.71平方公里,辖有3个街道、9个镇、2个工业园区,下设312个居委会、109个村委会,户籍人口34.68万户、88.28万人。

中共十一届三中全会以后,宝山进入改革开放新阶段,大致经历3个时期。

1978—1987 年是宝山县发展城郊型经济时期。其间,1980—1987 年是吴淞区建设新颖城区时期。宝山县重点发展城郊型经济,逐步实行家庭联产承包责任制,贯彻"郊区农民口粮立足自给,城市副食品供应立足郊区"的要求,调整农业生产结构,建设一批万猪场、万鸡场和蔬菜大棚,成为上海北部农副产品基地;对工业企业实行承包制改革,大力发展乡镇企业,中外合资企业开始落户宝山,形成自行车零部件、电机、化工、建材、金属加工等七大行业,逐步成为县域农村经济发展支柱。吴淞区则以新颖城区建设为主。同期,为配合宝钢建设,扩建、新建大量新型居民生活区,按现代城市道路标准新建 27 条道路,营造 300 多万平方米新村住宅和多功能公共建筑群,水、电、煤等市政设施配套完善,教、卫、文、体场所齐全。以宝钢商场为龙头的牡丹江路商业街雏形初现。

1988—2004 年是推进城乡一体化时期。1988 年 1 月撤销宝山县、吴淞区,设立宝山区。8 月,中共中央政治局委员、上海市委书记江泽民视察宝山,题词"齐心协力,开拓前进,建设城乡一体的新宝山"。1989 年 7 月,宝山区在全市率先提出城乡一体化总目标,建成一个城乡经济相互依存、城乡文化相互促进、城乡感情相互融合、工农差别逐步缩小、产业结构合理、内外贸易发达、服务功能完备、社会文明安定、对中心城区具有吸引力的适度规模的新型城区;总体结构分为中心区、卫星城镇、农村三层,由布局合理的商业网、四通八达的交通网和便捷的通讯网,把全区城乡联结为一个有机整体。区域农业开始以城郊型现代化农业建设为目标,坚持"高优高(高产、优质、高效)"发展方向;工业利用港口优势,借助宝山部、市属企业优势,发展"中中外"模式外向型经济,同时推进工业园区化战略,提升产业能级,先后创办工业园区、私营经济区和都市型工业园区。以钢材交易为龙头的生产资料交易市场兴起。房地产业渐入佳境。1998 年完成工农业总产值 184 亿元,实现社会消费品零售总额 63 亿元,区级财政收入 12 亿元。1999 年贯彻市委、市政府"一业特强,多业并存"的发展经济指导方针,依托宝钢,做大做强冶金及其延伸加工业,形成集装箱、钢结构、电梯等二产支柱产业;钢材交易、集装箱物流等第三产业发展加快。2002 年 1 月,区委三届八次全会提出"思想再解放,工作再开拓,发展再加快"的思想要求。2003 年,区委制定下发"一、三、五年变样"的工作意见,提出从 2003 年起,用五年时间,实现宝山"大变样",主要经济指标在 2002 年基础上实现翻一番,进入全市郊区先进行列。为此,宝山区突破体制性、机制性障碍,完善社会主义市场经济体制,全面协调推进改革开放,发展混合所有制经济,鼓励国有资本、集体资本和非公有资本的融合,实现投资主体的多元化。宝隆、大华等企业集团整体改制,区属 31 个企业完成转制。随着上海市市政基础设施建设重心北移,全区高架道路、高速公路、轨道交通、越江隧道和大型立交桥等建设快速推进。至 2004 年底,区域内有大型电厂 2 座和宝钢自备电厂 1 座,原水厂 1 座、制水厂 3 座,煤气制气公司 2 家,成为上海市北部能源重要基地。

2005—2010 年是滨江新城建设时期。以"一带二轴三分区"规划全区发展,"一带"即长江、黄浦江滨江发展带,"二轴"即沪太路城市功能拓展轴、宝杨路—宝安公路新城综合发展轴,"三分区"即南部上海中心城宝山部分、中部新城区和北部综合产业发展区。滨江发展带以"三游"即邮轮、游艇、游船产业为主体功能的滨江开发格局基本确立,以"四老"即老码头、老厂房、老堆场、老港区转型为代表的滨江核心区域初现雏形。2005 年开工建设吴淞炮台湾湿地森林公园,2007 年 5 月一期建成开放。2008 年 12 月 20 日,吴淞口国际邮轮港举行奠基仪式。2010 年 4 月 27 日,邮轮港首次成功接靠国际邮轮"钻石公主号",标志着邮轮港建设取得阶段性成果。先后启动顾村、罗店大型居住区建设。寻找培育新兴产业,加快转型提升传统产业,把发展生产性服务业和推进高新技术产业作为调结构促转型的重要举措和主攻方向,发展先进制造业和生产性服务业,形成与现代化滨江新城建设相适应的产业发展新局面。2010 年,全区生产性服务业(不含金融服务业)完成收入 1 918

亿元,实现增加值 141 亿元,占全区增加值比重为 13.5%。

　　2010 年,宝山区生产总值 1 041.17 亿元,比 1990 年增长 23.42 倍;财政总收入 167.57 亿元,比 1990 年增长 14.96 倍;社会消费品零售总额 330.44 亿元,比 1990 年增长 28.64 倍。区域内有逸仙高架路、S20(外环高速)、外环线越江隧道、G1501(上海绕城高速)、共和新路混合高架道路等主干道,有轨道交通 1、3、7 号线到达。是上海重要的冶金工业和电力、煤气、水资源基地,有全国特大型钢铁企业宝钢集团有限公司,以及多家电厂、煤气厂、水厂;是上海北部的水路枢纽,有张华浜、军工路、宝山、罗泾 4 个港区,以及吴淞、宝杨路、石洞口客运码头和上海港吴淞客运中心 4 个水上客运码头;是爱国主义教育重要地区,有上海国际民间艺术展览馆、上海淞沪抗战纪念馆、解放上海纪念馆、宝山烈士陵园、海军上海博览馆、"南京路上好八连"事迹展览馆、陶行知纪念馆、陈化成纪念馆等。罗店龙船、罗店彩灯、月浦锣鼓、罗泾十字挑花技艺、吹塑纸版画、大场江南丝竹列入上海市非物质文化遗产保护名录,其中"端午节——罗店划龙船习俗"入选国家级非物质文化遗产扩展项目名录;罗店镇成为全国端午民俗示范点和上海市第一批非物质文化遗产传承基地。1991 年被文化部授予"中国现代民间绘画之乡";1994 年被林业部授予"全国经济林建设先进县(区)",被国家计生委授予"全国计划生育先进集体";1995 年被文化部授予"全国万里边疆文化长廊先进地区";2001 年被林业部授予"全国平原绿化达标先进单位";2004 年被文化部授予"全国文物工作先进区",被农业部授予"全国生态示范区";2005 年被教育部授予"全国科学教育实验区";2007 年被科技部授予"2005—2006 年度全国科技进步区";2009 年被文化部授予"全国文化先进单位(区)",被公安部、国家发改委、建设部、交通部、农业部、国家安全监管总局联合授予"全国平安畅通县区";1994—2007 年 5 次被全国双拥工作领导小组、民政部、中国人民解放军总政治部授予"全国双拥模范城"。

　　2011 年,《宝山区国民经济和社会发展第十二个五年发展纲要》指出:宝山区发展的总体目标是建设全市加快经济发展方式转变的示范区、推动城市转型发展的最佳实践区,率先基本实现城乡一体化。重点是增强城市综合服务功能,提升现代化国际水平,成为传承历史文脉、彰显城市魅力、发展服务经济的主要承载区。具体是发展方式加快转型,以重点地区调整转型为突破口,加快发展邮轮、金融、商务商贸等新兴产业,第三产业增加值比重达到 60%;经济实力明显增强,经济保持平稳持续较快发展,全区增加值平均增长 10% 以上,区地方财政收入与经济保持同步增长;生态环境持续改善,城市绿化覆盖率达到 43%,积极创建全国绿化模范城市;人民生活稳步提高,城乡居民收入差距不断缩小,就业岗位持续稳定增长,年均扶持成功创业 600 人;社会管理不断优化,深入开展精神文明创建活动,文明小区(文明村)创建保持在 80% 以上。

# 第一章 城郊型经济

宝山县在恢复经济建设时期,重点发展城郊型经济,逐步实行家庭联产承包责任制,调整农业生产结构,建设上海北部农副产品基地;在对工业企业实行承包制改革的基础上,大力发展乡镇企业,活跃城乡经济。这一时期,全县经济发展呈现两大特点:一是城郊型经济特色明显,特别是县城南部是上海市重要的蔬菜和副食品基地;二是乡镇工业持续稳步发展,成为农村经济发展支柱,为建设城乡一体的新宝山奠定基础。

## 第一节 农村生产经营方式

1978年起,宝山县推行以家庭联产承包责任制为主要内容的农村生产经营方式变革,建立统分结合的双层经营体制,探索发展农村社会主义集体经济新路子。1982年底,30个过渡大队全部恢复到生产队为基本核算单位。1984年改革政社合一体制,恢复乡政府建制,人民公社成为单一的经济组织。1987年1月,乡建立经济联合社,村建立经济合作社,取消人民公社体制。

### 一、家庭联产承包责任制

**【联产计酬责任制】**
1980年,宝山县有47个生产队试行包工到组联产计酬生产责任制。下半年,中共中央《进一步加强完善农业生产责任制的几个问题》文件下达后,全县总结联产计酬责任制的典型经验,在98％的生产队推广建立"包工到组,联产计酬""包工到劳,联产计酬""统一收种,分劳承包田间管理,联产奖赔"和"专业承包到劳,联产计酬"等多种形式的责任制,开始打破人民公社体制下"大呼隆"的生产方式和"吃大锅饭"的计酬办法。在蔬菜地区的大场人民公社,为解决粮、菜难以兼顾种植的矛盾,有7个大队46个生产队的少量粮田,按各户口粮数,分口粮田到户,由各户自营,取得较好效果。

**【家庭联产承包责任制】**
宝山县是上海农村承包"口粮田"责任制的发源地之一,在1980年前后,葑塘、顾村、杨行、刘行、大场、吴淞、罗南7个公社计有150多个生产队搞起承包"口粮田"责任制。1982年10月18日,《解放日报》市郊版发表肯定和支持承包"口粮田"责任制的报道和编者按语后,宝山县内300多个生产队在半个月内自发实行承包"口粮田"责任制,之后遍及400多个生产队。中央农村工作会议期间,中央有关领导肯定这种做法。会后,市委、市政府向郊区10个县农村推广包括"口粮田"责任制和"大包干"责任制在内的农村家庭承包经营生产责任制。家庭联产承包责任制将土地所有权和经营权分离,采取"保证国家的,留够集体的,剩下都是自己的"分配办法,利益直接,简便易行。在开始推行家庭联产承包责任制过程中,由于弯子转得较急,干部、群众缺乏经验,土地分割零碎,加上承包期短而不明确,承包户在土地经营过程中对土地掠夺式经营的现象比较普遍。通过总结经验,完善做法,逐步解决承包过程中出现的问题,使家庭联产承包责任制得到更广推行。

**【以统为主、统分结合责任制】**

在罗店乡和南部5个蔬菜乡,采用以统为主、统分结合责任制。坚持生产队统一经营、统一分配,适应自身实际,取得较好效果。罗店乡的农田基本建设基础较好,土地基本连片成方,比较适合一定规模的经营;农机实力较强,可为农业提供各方面的社会化服务。因此,该乡在农村经济体制改革中,从实际出发,采取以统为主、统分结合的责任制,没有把土地承包到户,仍实行生产队统一经营。具体做法是:凡能机械化作业的农活,以统为主;凡有利于分散作业的手工农活,以分为主。对粮食作物实行两头统(收、种)、中间包(田间管理),油菜、棉花实行联产承包到劳为主,既发挥集体经济的优越性,又调动个体经营的积极性。

蔬菜地区的庙行乡康家村则按照郊区农业为城市服务的要求,根据蔬菜生产的产、销特点,采取统一经营,联产、联值、联本到劳的经济责任制(简称"三联责任制"),将菜田按熟包到劳,按统一的品种计划,由承包者种植、管理、采收、分级,集体过秤后统一上市,分人记账。该村实行"三联责任制"后,实现高产、优质、低耗的要求,保证蔬菜的稳产、高产和市场供应。村农业收入由1978年的60万元增加至1985年的128万元,增长1.13倍。这一适合蔬菜生产特点、以统为主的"三联责任制"经验,得到市农委的重视和肯定,在上海蔬菜种植地区全面推广。

## 二、适度规模经营

1983年,宝山县开始出现承包大户,年底有粮食专业承包户8户。1984年春,市委遵照中共中央指示,倡导在郊区发展专业户、重点户,鼓励土地逐步向种田能手集中,讲求规模效益。是年,宝山县有粮食专业承包户185户,承包粮田355.4公顷,户均1.92公顷。1986年起,形成两种适度规模经营形式:一种是专业户经营,包括单户、联户承包;一种是以村为单位,组建类似合作农场性质的粮食专业队或农业车间。1987年,全县1 661个种粮生产队,有粮食专业承包户510户,承包粮田1 108.6公顷,户均2.17公顷;粮食承包联户36户,承包粮田205.47公顷,平均每个联户5.71公顷;粮食专业队42个、劳动力341人,承包粮田371.8公顷,劳均1.09公顷;农业车间21个、劳动力124人,承包粮田123.2公顷,劳均0.99公顷。适度规模经营逐步改变家庭经营"户户粮棉油,家家小而全"的小农经营方式,有利于成片种植的机械化操作,有较好经济效益和社会效益。

## 三、社会化服务体系

1984年起,宝山县加强农业社会化服务体系建设。粮棉地区13个乡、164个村的合作经济组织,发挥优势,逐步建立和完善农业社会化服务体系,在农技推广、植保、种子、农机、排灌以及畜牧生产上的良种、防疫、饲料等方面为承包户提供服务。1987年,全县共有专业服务人员4 574人,平均每村28人。

村级服务体系有两种形式,一是建立村一级综合服务队,提供植保、种子、农机、排灌、技术推广、土肥6个方面的综合服务。全县粮棉地区有59个村建立综合服务队,服务人员1 883人。二是建立专线单项服务,包括植保、种子、农机、排灌、技术推广、土肥6个方面单项服务。全县有105个村建立单项服务,服务人员2 591人。村级服务组织与县、乡农业技术部门上下沟通,形成综合性的技术服务网络。

### 四、农村合作经济组织

1984年,农村经济组织改革启动。宝山县从实际出发,在不打乱原来的集体经济组织和经济关系、不打破多年积累的公共财产、不影响已形成的生产设施及充分发挥农业机械作用的前提下,逐步改变公社、生产大队、生产队三级经济组织的行政隶属关系,使之成为名副其实的合作经济组织,建立起企业式的经济管理体制。

1985年秋,五角场乡、罗店乡成为农村经济体制综合改革试点乡。在试点基础上,1986年全面推开。乡经济联合社是全乡社员共同所有的乡级合作经济组织,它的最高权力机构是全乡社员代表大会,实行所有权与经营权适当分离。村经济合作社是在原生产大队、生产队基础上组建起来的,是完全独立的集体经济组织。生产队仍保持独立核算,是村经济合作社的基层单位,原有财产关系不变。

宝山县农村合作经济组织运用集体经济优势,优化组合诸生产要素,发展乡村企业,并给农民家庭经营提供有效的服务和有力支持,加快改变单一经营农业的局面,形成以农业为基础,工业为主体,农、林、牧、副、渔、工、商、运、建、服全面发展、综合经营的格局。农村合作经济组织,为发展非农经济、为农村剩余劳动力转移开辟新门路。1986年起按照市政府规定,提留"以工补农""以工补副"资金。1988年起按照市农委的规定,提取社员劳动积累。农村合作经济的发展,增加对农业的投入,使农业生产条件逐步改善,农业服务体系日趋完善,促进农业生产持续稳定发展。

## 第二节　农 业 生 产

宝山县遵循"绝不放松粮食生产,积极开展多种经营"和"郊区农民口粮立足自给,城市副食品供应立足郊区"要求,按照市场需求调整农村产业结构,逐步改变单一的粮棉生产结构,大幅增加经济作物和农副产品生产,从而使全县农业生产得到持续发展。1978年,全县农业人口334 775人,农村劳动力224 268人,耕地面积24 545.13公顷,农业产值9 934.4万元。1987年,全县农业人口282 802人,农村劳动力167 332人,耕地面积22 377.07公顷,农业产值14 337万元。

### 一、农业区划

根据发展农业的自然条件和技术、经济条件的类似性以及农业生产的基本特征,全县划分为3个综合农业区,即南部蔬菜、副食品区,北部粮棉油区,两岛粮棉、副食品区。

#### 【南部蔬菜、副食品区】

包括蕰藻浜以南地区,有以种植蔬菜为主的彭浦、庙行、江湾(以上为纯蔬菜区)、五角场和大场5个乡以及以种植粮、棉为主的葑塘、淞南2个乡,共有53个村,436个村民小组(生产队)。1987年,集体耕地面积3 396.93公顷(菜田面积2 000公顷),占全县集体耕地面积的16.44%;农村人口66 354人,占全县农村人口的23.46%;农村劳力37 639人,占全县农村劳力的22.5%,平均每劳力负担耕地0.09公顷。由于紧靠上海市区,青饲料来源充足,以养猪为首的畜牧业发展较快。1987

年,农村合作经济总收入 5.88 亿元,占全县农村合作经济总收入的 32.43%;社员人均分配收入 1 480.85 元,较全县平均分配收入 1 130 元高 31.05%;劳均 2 610 元,是宝山县经济最富裕的地区。

### 【北部粮棉油区】

包括蕴藻浜以北的罗泾、罗店、罗南、盛桥、月浦、刘行、顾村、杨行、吴淞 9 个乡镇,共 104 个村、1 033 个村民小组(生产队)。1987 年,集体耕地面积 11 372.07 公顷,占全县集体耕地面积的 55.03%;农村人口 146 694 人,占全县农村人口的 51.87%;农村劳力 89 690 人,占全县农村劳力的 53.6%,平均每劳力负担耕地 0.13 公顷,是县域主要的粮棉油产区。1985 年前粮食生产绝大部分是三熟制,1985 年后改为两熟制,并减少棉花面积,发展薄荷、青饲料等经济作物。1987 年,农村合作经济总收入 10.14 亿元,占全县农村合作经济总收入的 55.93%;人均分配 1 129 元,劳均 1 846.8 元。

### 【两岛粮棉、副食品区】

指长兴、横沙两乡,共 49 个村(大队)、511 个村民小组(生产队)。1987 年,集体耕地面积 5 895.47 公顷,占全县集体耕地面积的 28.53%,其中长兴乡 3 218.27 公顷,横沙乡 2 677.2 公顷;农村人口 69 754 人,占全县农村人口的 24.67%;农村劳力 40 003 人,占全县农村劳力的 23.9%,平均每劳力负担耕地 0.15 公顷。该地区为粮、棉夹种区,畜牧、渔业比较发达。1984 年起,发展柑橘生产,成为市柑橘生产基地。因地处岛屿,交通不便,经济、技术条件较差,但农业生态环境较好,土地资源比较丰富,发展农业生产潜力较大,也是县域主要的粮棉产区。1987 年,农村合作经济总收入 2.11 亿元,占全县农村合作经济收入的 11.64%;人均分配 787 元,劳均 1 372.48 元。

## 二、农副产品生产

80 年代,县域蕴藻浜以南的彭浦、庙行、江湾、五角场和大场 5 个乡以种植蔬菜为主;莳塘、淞南 2 个乡除种有粮食、棉花、蔬菜等外,1985 年以前生产的洋葱、白蒜、薄荷、留兰香等农产品在市场享有盛名,并有部分出口。之后,县域南部发展成为上海重要的农副产品基地之一。随着社会主义市场经济的逐步建立,种植业结构不断调整,以适应市场的动态变化,调整的重要内容是蔬菜生产。

### 【南菜北移】

1988 年后,区境南部因上海市区拓展和房地产开发需要,菜田布局作了调整。1992 年开始启动"南菜北移"工程,在西北部的祁连、罗南、罗店、月浦 4 个镇和长兴、横沙两岛建立无公害蔬菜生产基地。2000 年开始,减粮扩菜,蔬菜总产量呈现稳中有升态势,基本稳定在 20 万吨左右。随着设施逐步完善、科学种菜水平提高以及高产优质蔬菜品种推广,蔬菜单产呈现出稳步上升趋势。

### 【蔬菜基地建设】

1988—1992 年,基地场建设以种苗场为主,共建成种苗场 29 座;1993—1997 年,区、镇两级蔬菜园艺场建设迅速发展,全区新增蔬菜园艺场 24 座。1997 年以后,由于区域城市建设加快,南部地区种苗场和园艺场大部分被国家征用;北部罗店新镇和工业园区建设,造成部分园艺场被征用。2000 年前后,配合农产品产销形式的变化,建立蔬菜副食品给配基地 3 座和出口加工基地 2 座。

**【畜牧业生产】**

80年代后期，宝山依托上海市副食品发展基金扶持，以养猪为中心的畜牧生产获得迅速发展。1988年，全区有千头以上规模猪场54座，其中内销猪基地场32座、供港猪场（专门供应香港地区）22座；万羽蛋鸡场32座；百头以上奶牛场11座。创办于1988年的康家村万猪场，占地3.6万平方米，平均每年饲养生猪4万多头，上市2.5万多头，是国内规模最大的养猪场。是年创办的前进万猪场占地2万多平方米，平均每年饲养生猪2万多头，上市1.2万多头，市委书记黄菊在1994年视察该养猪场。创办于1983年的康家村万鸡场，占地5万平方米，高峰时饲养蛋鸡20多万羽，上市鸡蛋260多万斤，市长朱镕基于1990年春季专程到该鸡场视察。90年代起，全区畜禽生产比较平稳，但经济效益逐年下滑，迫使企业向高产、优质、高效方向发展，饲养方式由粗放型向集约化、规模化发展。1997年后，畜牧生产的市场价格全面放开，效益有所回升。2000年起，畜牧生产由于环境治理和土地开发等因素的影响而逐渐萎缩。

# 第三节　乡　镇　工　业

宝山乡镇工业萌芽于50年代农业合作化时期。中共十一届三中全会后，乡镇工业发挥靠近上海大城市的优势，服务于城市大工业，机械五金、日用五金、电镀、烘漆、化工等主要行业成为市大工业不可或缺的助手和配角。1987年，全县有乡镇企业1 145家，年总产值12.33亿元，工业利润总额2.2亿元。

## 一、工业规模

1978年，县域社队两级有企业311户，总产值1.42亿元，占全县工农业总产值的38.75％。1980年，乡村工业企业发展到352户，总产值2.51亿元，占工农业总产值的53.6％，比1978年增长77％；镇办工业22家，产值1 043.1万元。之后，随着国民经济调整，全县乡镇工业发展重点从机电、五金转向轻工业，发展一批纺织、针织、服装及与大城市工业联营的工厂。1984年市城乡协调会议后，城市大工业和市政建设项目大批下放到县，乡镇工业发展出现过热现象，有300余个新建、扩建和技术改造项目上马。1985年加强宏观控制，对321个在建项目全面清理，停建、缓建87个项目，压缩投资6 333万元；年底有165个项目竣工投产。同时，采取各种措施，走内涵发展道路，抓效益、抓管理、抓技术进步，提高企业素质，实现乡镇工业发展速度和经济效益同步增长。1987年，全县乡、村、队三级工业企业有1 138家，其中工农联办工厂121家；三级工业年产值12.29亿元，共有务工社员11.02万人，占农村劳动力的65.88％。镇办工业则因五角场、江湾、城厢等镇划出，还剩7家工厂，职工421人，年产值395万元。

1985年，罗店乡成为市郊10个亿元乡之一。1987年又有彭浦乡（1992年7月划归闸北区）工业总产值超过亿元。工业利润超过千万元的有葑塘、罗店、杨行、彭浦、罗南、顾村、江湾、大场、罗泾、月浦10个乡。一批经营有特色、产值利润高、产品畅销的中型骨干企业崛起。与上海钢管厂联营的宝山钢管镀锌厂，1987年生产镀锌钢管9.7万吨，创利1 365.6万元，各项经济技术指标接近或超过同类产品水平，是县域产值利润最高的一个厂。利润超过100万元的重点工厂有23家，其中大场化工厂年利润620.6万元，人均创利4.25万元；舒乐衬衫厂（1992年划归闸北区）采取以款式新颖打开市场、以产品质量巩固市场的生产经营策略，销售衬衫350万件，年利润171万元；月浦电镀厂由 4 个村联办,年创利润 313.72 万元;罗南富强胶鞋厂年产抗菌防臭运动鞋 200 万双,创利润 255.17 万元。

乡镇企业上交国家的税金成为县域财政收入的主要来源。1985 年,全县税金总额中营业税和所得税总计 19 448 万元,其中乡镇企业上缴税金总额 9 573.9 万元,是全县税金总额的 49.23%,相当于当年县财政收入的 41.75%。1987 年,全县各项税收合计 22 171 万元,乡镇工业上缴税金总额上升至 11 966 万元,占税收比重 53.97%,相当于占全年县财政收入的 46.12%。

## 二、联营企业

宝山县乡镇工业在发展中注重依托城市、服务城市,有大批为城市大工业专业协作加工、配套生产的企业,城乡联营企业成为乡镇工业发展的一大特色。联营企业由工方提供设备技术,农方提供土地、厂房、劳动力,利润按照各自的投资比例分成。上海宝山童装厂是宝山第一个工农联营企业,1979 年由宝山月浦乡与上海服装公司所属企业合资兴办,产品曾在全市同行质量评比中获第一名。

1983 年,全县有乡村两级联营企业 22 户,总产值 9 133 万元,利润总额 1 665 万元,销售税金 401 万元。其中,有与城市大工业直接合资联营的企业,有为城市大工业加工零部件、加工工艺的企业,也有按大工业注册商标生产的定牌加工企业。仅为上海自行车公司协作配套加工永久、凤凰牌自行车零件的专业厂就有 9 家。1987 年,全县乡镇工业产值 12.5 亿元,其中联营企业产值 4.14 亿元,占乡镇工业总产值的 33%。1988 年,有乡村两级联营企业 161 户(乡办 77 户、村办 84 户),总产值 6.2 亿元,利润 9 371 万元(其中农方利润 4 015 万元),税金总额 4 785 万元,固定资产原值 2.4 亿元,职工 26 402 人。乡办联营企业产值超 1 000 万元以上的有上海自行车厂顾村分厂、上海塑料薄膜厂二分厂、上海冷冻机厂一分厂等 7 家企业,村办联营企业产值超 1 000 万元以上的有上海铜带厂宝山冶炼分厂、宝建整染厂、工农轧钢厂、上海华通二分厂等 6 家企业。工农联营企业迅猛发展,逐步成为乡镇工业的主体,打破农村工业单一的地域经济格局。

## 三、主要行业

### 【机械五金业】

1978 年有企业 37 家,职工 4 294 人,年产值 2 033.2 万元,利润 644.1 万元。1985 年发展到 139 家,成为宝山县乡镇工业的主要行业之一。全行业职工 17 981 人,总产值 14 866.5 万元,利润 3 627.5 万元。1987 年,全行业共有 134 家企业,职工 10 224 人,产值 2.8 亿元,占全县乡村工业总产值的 23%,居各行业之首。

### 【日用五金业】

1985 年,全行业有 96 家企业(其中 8 家是联营企业),分布在 18 个乡,共有职工 15 152 人。1987 年,全行业有 108 家企业,职工 13 644 人,年产值 1.46 亿元,占乡镇工业总产值的 12%,居乡镇工业各行业的第二位。

### 【电镀、烘漆、抛光业】

1978 年有 42 家企业,职工 5 622 人,主要为城市大工业进行产品工艺协作加工,总产值

1 752.7 万元,利润 686.7 万元。1983 年下半年开始,电镀企业 34 个厂点进行综合治理,经过撤并改造,批准定点生产 19 家。1984 年有 14 家领到市环保局颁发的生产许可证。1987 年,全行业有 41 家企业,职工 7 087 人,产值 11 965 万元,占乡镇工业总产值的 9.9%,是劳动生产率和产值、利润最高的行业之一。

### 【服装鞋帽业】

起步于初级社、高级社时期,开始时是一些为社员加工四季服装的缝纫组。1978 年,全县有服装加工企业 33 家(其中大队办 26 家),年产值 773 万元。1985 年,企业总数达到 64 家,其中乡办 18 家、村队办 45 家,共有职工 11 274 人,产值 9 188 万元,占乡镇工业总产值的 11.7%,利润 723 万元。1984 年 7 月,舒乐牌衬衫被评为市名牌产品,年产量 102.5 万件,畅销全国 16 个省市。与上海新光内衣厂联营的宝山新光内衣厂,1985 年生产上海牌衬衫 27.5 万件,远销欧美各国,创汇 86.5 万美元。1987 年,全行业有 68 家企业,职工 10 768 人,产值 9 970 万元,占乡镇工业总产值的 8.2%。

### 【纺织、针织业】

1985 年共有 32 家企业,职工 7 005 人,总产值 3 770 万元,利润 566 万元。纺织、针织产品是县域主要出口产品之一。罗泾精美被单厂被国家列为外贸出口定点企业。月浦勤丰手套厂和刘行手套厂生产的手套全部由上海工艺品进出口公司销往世界各地。1987 年,全行业有 41 家企业,职工 7 087 人,产值 5 684 万元,占全县乡镇工业总产值的 4.7%。

### 【其他行业】

1987 年,化工业年产值 1.33 亿元,占全县乡村工业总产值的 11%;印刷、纸品业产值 6 215 万元,占乡镇工业总产值的 5.1%;塑料、胶木制品业产值 5 501 万元,占乡镇工业总产值的 4.5%;自行车零件业产值 4 465 万元,占乡村工业总产值的 3.7%,利润 1 166.4 万元。还有机电仪表业、船舶制造业、金属冶炼业、工艺品加工业等,在宝山乡镇工业中都占有一定比重。

# 第二章 新颖城区建设

1978年12月,根据宝钢总厂的建设需要,上海市成立宝钢地区办事处。1980年10月,国务院批复同意设立吴淞区,范围包括原宝钢地区办事处管辖的行政区域以及宝钢至吴淞之间的地域,辖友谊路、马泾桥、吴淞镇、泗塘4个街道和城厢镇。宝钢的兴建带动了区属工业的发展,推动吴淞实现从城郊型地区向城市化地区的转变。其间,配合宝钢建设,吴淞区扩建、新辟大量新型居民生活区,新建城市道路和多功能公共建筑群。同时多措并举,应对重工业发展带来的污染,改善区域生活环境。

## 第一节 区 属 工 业

吴淞区所属工业是从里弄生产组发展而来。1978年后,开始大批安排病退病休等按政策从外地回沪顶替的知识青年,陆续吸收应届和历届初中毕业生(包括原生产组人员退休后由其子女顶替),成为消化城镇待业劳动力和征地农民的重要场所。里弄生产组后改为街道工厂。进入80年代,建立独立生产的工业企业。1982年,全区有各类工厂32家,其中区集体事业管理局(简称区集管局)系统有工厂14家,宝钢地区劳动服务公司有工厂3家,另外有校办工厂11家。1984年4月,区政府决定由区集管局统一领导3个街道工业公司和宝钢地区劳动服务公司管理的企业,成立一局三公司,即区集管局及其所属的工业公司、轻工业公司和商业生活服务公司。工业公司和轻工业公司所属单位,均为区属工业。1985年2月,区集管局改为工贸总公司;7月,工贸公司政企分开,成为小局(集管局)大公司(工贸总公司)。1986年5月撤销工贸总公司,恢复区集管局。1987年,吴淞区属各系统的各类工厂增至46家,产值12 089.17万元,利润1 967.9万元。其中区工业公司和宝钢地区轻工业公司是区属工业主要实体。

### 一、区工业公司

公司是在原有街道工业基础上建立的独立型、产销型企业。1982年有各类企业14家,职工2 100余人,年产值1 368万元,利润176万元。公司生产的产品有扩音机系列、通风机系列、儿童运动鞋、成人服装、不锈钢系列、脱排油烟机、扩音机等。机绣窗帘、儿童旅游鞋于1983年进入国际市场,到1988年形成一定规模的生产销售体系;东海不锈钢制品厂生产的系列产品于1986年获市优秀新产品、地区工业"一厂一品"称号;淞声电讯设备厂于1986年研制出GY2×275－1型乙级扩音机,在全国广播设备评比中名列榜首,被评为市优秀产品,被中央广播电影电视部推荐为农村有线广播设备更新换代替代产品。"步云"牌各类运动鞋、"月猫"牌系列童装、"双脱"牌油烟机和大功率扩音机、自动报警器等均为部优或市优产品。

### 二、宝钢地区轻工业公司

公司创建于1979年5月,原名上海市宝钢地区劳动服务公司,1983年6月更名为上海市宝钢地区轻工业公司,转为企业性公司;1995 年 3 月与上海宝山财政投资公司合资组建为上海宝轻资产经营有限公司。公司主要是安置宝钢一期工程建设征地农民工,先后为大工业建设吸收安置 3 016 人,其中为宝钢吸收安置 1 596 人,代养老 441 人;为华能石洞口发电一厂、二厂吸收安置 979 人,征地农民工占公司职工总数的 95％以上。1979 年后先后联合市工艺美术公司、市轻工业局创办宝钢塑料花厂、双桥绣品厂、宝钢地毯毛纺分厂等联营企业。1985 年陆续创办文汇印刷器材厂、联谊金属型材厂、宝钢联合纺织厂等企业。1987 年有联营企业 4 家、自营企业 6 家,合计完成产值 3 214 万元,实现利润 607 万元。公司所属企业双桥绣品厂生产的"宫灯"牌机绣窗帘为市优秀出口产品,文汇印刷器材厂生产的胶印 PS 感光版和"龙凤"牌油墨、宝钢联合纺织厂生产的免涤腈中长针织绒为市优质名牌产品。

# 第二节 生 活 区 域

1978 年,中国最大的钢铁企业宝钢在境域内开工建设。宝钢项目一改以往"先生产后生活"的建设惯例,在主体工程动工之前兴建宝钢生活区,给吴淞区和宝山县的住宅建设带来重大契机,昔日的农村地区变为具有现代化配套设施的城市地区。

## 一、居民新村

1978 年初,根据宝钢建设需要,在宝山县境内一次性征用土地 1 200 余公顷,涉及盛桥、月浦、吴淞 3 个公社,需要动迁农民近 2 000 户。为此,组成宝钢住宅分指挥部,具体负责实施建设任务,抢建马泾桥和盛桥两个居民新村。

**【马泾桥居民新村】**
地处月浦镇西面,与宝钢厂区距离既不太远,又有一定防护间距,地势较高,交通方便。新村由宝山县建筑公司负责施工,市建四公司负责工程管理和技术指导。1978 年 4 月动工,年底全部住宅竣工并交付使用;公建配套设施在 1979 年上半年全部竣工。共建住宅 64 幢 1 500 户、76 400 平方米,公建配套设施 9 826 平方米,包括中学、小学和幼托各 1 所,50 个床位的卫生院 1 所,文化馆 1 座及邮电、银行、饭店、菜场和商业楼等。

**【盛桥居民新村】**
位于蕰川路以西、盛桥镇以南,与盛桥老镇结合,交通比较方便。承担新村施工任务的是南汇县建筑公司和奉贤县建筑公司,市建二公司负责工程管理和技术指导。1978 年 6 月动工,年底建成,共建住宅 33 幢 720 户、35 856 平方米,完成公建配套设施 6 295 平方米,其中有小学、幼托和卫生院各 1 所,文化馆 1 座及饭店、菜场、百货商场等,还有邮局、银行、派出所、房管所等机构。

**【吴淞居民新村】**
由宝山生活区周围的 3 个居住点组成,即位于宝山五街坊东北角的 56 户住宅 2 715 平方米、位于宝山十一街坊东侧的 108 户住宅 9 969 平方米、位于宝山生活区密山路南面的 360 户住宅 16 284 平方米。新村分 3 次建设,供动迁农民居住。

## 二、居民住宅区

上海市城市规划设计院对宝钢生活区及市政设施进行相应规划,选定宝山、月浦及果园(果园为宝钢单身职工住宅区)作为宝钢职工的 3 个居住区域。

### 【宝山居住区】

位于宝山老城厢,由 20 个街坊组成,占地 170 公顷,分两期建设。北区为一期工程,又称友谊路生活区。南区为二期工程,又称宝林生活区。一期工程于 1978 年 4 月开工建设,至 1988 年底建成,完成各类建筑 85.3 万平方米,包括家属宿舍 63.5 万平方米(其中动迁住宅 2.9 万平方米),单身宿舍 1.4 万平方米(建成后未作单身宿舍使用),商业服务、邮电银行、内外宾馆、文化教育和医疗卫生及地区行政管理机构等各类配套公建 20.4 万平方米。二期工程于 1986 年开始建设,至 1990年完成宝林二村、宝林三村、宝林五村、宝林九村、临江二村和宝钢十村高层等共计 21.4 万平方米的建设任务。

### 【友谊路居民生活区】

是宝钢职工的重要生活区,西北与宝钢厂区相距 1 公里,由宝钢二村、三村、四村、五村等 11 个街坊组成,占地近 1 平方公里,建造家属宿舍 50.2 万平方米。此外,商业网点、邮电银行、文化教育和体育卫生以及行政管理机构等各种公共建筑,分级分类配置齐全。其中有宝山宾馆、宝钢招待所和宝钢医院,以及位于居住区中心的宝钢百货商场、新华书店、中西药店、科技文化馆、少年宫和邮电楼等。

### 【月浦生活区】

靠近月浦老镇南侧,是宝钢第二生活区,1979 年开工建设,1995 年全部建成。

# 第三节　道　路　交　通

随着宝钢特大型企业兴建,区域内道路、桥梁也随之新建、扩建,区域面貌发生根本性变化,新颖城区初具规模。

## 一、道路

吴淞区道路主要形成于清末开埠时期和民国初年,之后长时间少有变化。1978 年后陆续新建一批道路,同时对老路扩建改造。1987 年,全境共有 92 条道路(包括公路、街弄),总长 89.31 公里,其中于 1980 年前后新建、扩建的有 27 条,主要有同济路、月罗公路、逸仙路等。

### 【同济路】

吴淞区主要干道,南起蕰藻浜大桥北塅,北迄丁家桥,南北走向,市辖道路,全长 5.68 公里,沥青混凝土路面。始建于 1922 年,1958 年建设新路,1976 年新、旧路合二为一。1978 年配合宝钢兴建,全线扩建至 45 米,其中车行道 21 米。1980 年正式命名为同济路,是宝山县与吴淞区的交通枢纽,也是市区通往宝钢总厂、上钢五厂等大企业的交通要道。

### 【月罗公路】

月浦镇通往罗店的干线公路,东起月狮路、月杨路口,西迄罗店镇,与沪太路相接,全长 8.7 公里(吴淞区内路段长 1.43 公里)。1978 年,宝罗公路五圣堂至丁家桥段改称同济北路,丁家桥至潘桥宝钢护厂河段划入宝钢厂区,宝钢护厂河至月浦段改称月宝路,月浦至罗店段改称月罗公路。宝山至月浦的线路因中段划入宝钢厂区而南移,于 1981 年 5 月建成富锦路、月杨路,在月浦镇和月罗路衔接。

### 【逸仙路】

南起大柏树,北迄吴淞蕴藻浜大桥南堍,为市区通往吴淞区及宝山县的干线,市辖道路,全长 9.14 公里(吴淞区内长 2.47 公里)。始建于 1919 年,1928 年全路辟通。1975—1980 年改建为沥青混凝土路面。1981 年起,加设人行道、快慢车道、绿化带等,日夜混合交通量超过万辆次。

## 二、桥梁

吴淞区属江南水网地区,原有桥梁颇多。1988 年,区境内各交通线和要道上有主要桥梁 43 座,65% 系 1949 年后新建的钢筋混凝土桥,其中 1978 年以后建造的有同济路桥、富锦路立交桥等 15 座。

### 【同济路桥】

坐落于同济路,跨新市河,建于 1978 年,属永久性钢筋混凝土空心版桥、版桩式结构三孔桥,长 34.99 米、宽 27 米,其中车行道 21 米;梁底标高 5.5 米,可通行 20 吨以下船。

### 【富锦路立交桥】

坐落于示范果园西,为宝钢铁路专线工程的组成部分,上层为宝钢专线列车行驶桥梁,长 40 米、宽 6 米、高 5.2 米;下层为下穿式公路引道,路面宽 27 米,分快慢车道和分割带、人行道,人行道全长 570.09 米。上行铁路桥于 1980 年建成通车,下行道路于 1983 年 9 月 25 日竣工通车。

## 第四节　环　境　卫　生

吴淞区地处近郊,居民生活环境复杂,污染严重,管理工作难度大。针对区境的环境状况,1979 年成立的宝钢地区办事处和 1981 年以后的吴淞区政府均设立环境保护办公室、环境卫生管理所、园林管理所等机构,治理老污染源,控制新污染源,开辟绿化地和绿化带,建设无黑烟区,环境状况有所改善。

## 一、环卫机构

1978 年专门成立管理城区卫生的宝钢地区环境卫生管理所。1982 年改名吴淞区环境卫生管理所,下设 2 个分所、10 个班组,有环卫职工 512 人;设一个车队,有 48 辆环卫专用车辆。随着城区面积扩大、城市人口增多,环境卫生工作逐步加强,尤其是环卫设施得到迅速改善,环卫工作逐步从手工操作过渡到人工操作与机械操作相结合。1987 年,全区有环卫职工 608 人,拥有各种环卫车辆 61 辆。根据区域城乡结合部多、"四害"(即苍蝇、蚊子、老鼠、蟑螂)密度高的特点,采取标本兼治,突击消灭"四害"。同时,形成自上而下、条块结合、以块为主的爱卫会组织网络。

## 二、卫生活动

80 年代,吴淞区开展大规模灭鼠活动。1981—1984 年共灭鼠 19.5 万余只。1986 年开展春、秋两季灭鼠活动,全区统一时间、统一配制毒饵、统一投放药物工具,鼠密度从 8.3% 下降至 1.06%。张华浜及军工路 2 个集装箱装卸公司被评为无鼠害港,海军吴淞码头成为无鼠害军港,达到国境口岸无鼠害要求。1987 年继续开展大规模灭鼠活动,经市、区二级考核验收,达到国家无鼠害城市标准。1988 年 4 月,吴淞区被评为上海市无鼠害区。1983 年起在创建文明单位(街道)活动中,推行门前"三包"(卫生、绿化、秩序)。1984 年重点整治淞兴路,把石子路改造为柏油路,商店门面统一油漆一新。泗塘街道、吴淞镇街道、海滨街道、友谊路街道先后在 1984—1986 年被评为市文明卫生街道。

## 三、环境整治

随着工业发展,吴淞区废气绝对排放量逐年增加。大气综合污染指数从 1983 年的 1.35(轻污染)增加到 1988 年的 1.66(中污染),年均排放废气 254 亿立方米。针对环境污染状况,1981 年 2 月成立吴淞区环境保护办公室,下设环境监测站、排污收费监理所、街道环保等分支机构,各大中型企业设立环保科,全区有专、兼职环保人员 200 人。

全区抓紧对污染源的治理和新污染的控制,通过收取排污费等方法,督促企业抓好污染物处理。1984 年起,吴淞镇、友谊路、泗塘、海滨、马泾桥 5 个街道开展基本无黑烟区建设,市环保局拨款 10 万元作为锅炉除尘改造补助费用。吴淞区共有 1 930 台灶眼及锅炉进行除尘改造,1985 年底经市环保局验收通过。1986 年开展对长江路地区环境综合整治。该地区每年排放烟尘、二氧化硫等污染物 9.3 万吨,排放废水 7 344 万吨,是区域内环境污染最严重的地段。综合治理首先从企业设施改造着手。上钢一厂对转炉、平炉车间进行技术改造,消除 8 条严重污染大气的"黄龙",并采取煤气回收及废水循环利用等方法,减少废气、废水排放。吴淞煤气厂对废水进行循环使用,对有毒废水作生化处理,从而减少大量废水与有害物质的对外排放。上海铁合金厂与大隆机器厂对电炉、冲天炉进行技术改造,减少对环境影响。通过治理,环境状况有所好转,但并未得到根本改观。

1979 年开展马路交通市容三整顿,强化管理。1984 年,吴淞镇与友谊路获市卫生文明街称号。1986 年区"三整顿"办公室改为交通市容办公室。1987 年,逸仙路、同济路市容整治被列为区政府 10 件实事之一。同时,对沿路单位落实门前"三包"责任制,市容路貌发生新的变化。

## 四、绿化建设

1978 年开始,地区逐步重视城区绿化建设。1982 年 4 月,吴淞区成立园林管理所。年底,全区绿化面积83.74公顷,绿地覆盖面积211.27公顷。1987年,全区绿化面积363.33公顷,绿地覆盖面积1 257.52公顷,有吴淞公园、临江公园、月浦公园。同时,开展新村绿化建设,美化环境。1988年,全区新村绿地面积34.74万平方米,绿地覆盖率30％以上,新村绿化达到"优、美、新"目标。

# 第三章　推进城乡一体化

1988—2010年,随着宝山区的建立,区逐步走上城乡一体化发展道路。这一时期,宝山区注重农业经济结构调整,优化工业产业结构,开展企业产权制度改革;发展以"中中外"模式为代表的外向型经济,推进工业园区化战略;依托宝钢,发挥区域优势,做大做强冶金及其延伸加工业。全区人民发挥"三个再"即思想再解放、工作再开拓、发展再加快精神,实现"三变样"即一年小变样、三年中变样、五年大变样目标。

## 第一节　农业结构调整

1988年,宝山县、吴淞区合并后,城乡一体化建设步伐加快。随着区域内农田逐步减少,传统农业加快向现代农业转型,通过发展生态农业,推行农业产业化,建成上海副食品基地。2001年,宝山区遵循上海市"十五"农业发展规划,提出"减粮稳菜、扩绿保果、减猪增奶"的农业经济结构调整原则,推进城郊型农业逐步向都市型农业发展。

### 一、转变观念

建区之初,坚持以农业为基础的指导思想,将加强农业放在经济工作首位。贯彻1989年市农村工作会议"郊县农民口粮和城市主要副食品供应立足于郊县"精神,提出"确保农工副三业协调发展",大力发展"菜篮子工程",实施"以工补农"政策。1990年,区委一届四次全会做出《关于进一步加强农业的决定》,提出保护耕地、稳定农村劳动力、改造中低产田、加大对农业投入等15条措施。

1991年,区"八五"规划不再提"把农业放在经济工作的首位",而代之以"把农业放在重要的位置上",将建区时的"加强提高第一产业"调整为"稳定提高第一产业"。逐步摆脱追求"高产稳产"传统,以城郊型现代化农业建设为目标,加快"高优高(高产、优质、高效)"农业示范区和现代化蔬菜和副食品基地建设,走集约化、规模化、设施化发展道路。

1996年,区"九五"规划在延续"上海市的副食品生产基地"定位的基础上,首度提出农业与第三产业发展相结合,建设旅游度假基地,并提出加快从自给自足城郊型农业向集约化、规模化、设施化都市型农业发展的目标。

2001年,区"十五"规划提出"基本实现农业现代化"目标,推进农业科技化、产业化、标准化、外向化。到2006年"十五"规划末期,农村城市化步伐加快,"三个集中"即人口向城镇集中、产业向园区集中、土地向规模经营集中政策全面实施。2007年,宝山区提出社会主义新农村建设总体规划。

### 二、调整布局

建区时,宝山农业主要以种植业和养殖业为主。建区后,开始实施市政府"菜篮子工程",加强副食品基地建设。1986年起,宝山推进"南猪、中鸡、北鸭"畜牧业布局,出现一批"万猪场""万羽场"副食品生产基地,到 1996 年达到高峰,2000 年后,区域畜牧业逐步退出历史主要舞台。

### 【种植业】

1988 年,全区耕地 21 746.67 公顷,其中粮田 13 226.67 公顷,常年菜地面积近 2 013.33 公顷,棉花面积 552.4 公顷。当年粮食总产量 12.7 万吨,蔬菜产量 15.9 万吨,油菜籽产量 8 300 吨,棉花产量 374 吨。按照市委、市政府对郊县"稳粮、减棉、保菜"要求,至 1990 年,棉花田全部退出历史舞台。2002 年,全区耕地面积 14 993.33 公顷,比 1988 年减少 31％。其中,粮田面积 5 160 公顷,减少61％;粮食总产量 5.3 万吨,减少近 60％。常年菜地面积 3 080 公顷,增加 53％;蔬菜产量 36.65 万吨,增加 130％。

"八五"期间,区建立三级农田保护区,在"三罗"(即罗店、罗南、罗泾)地区建立"三高"(即高质量、高产量、高效益)粮田基地,稳定粮食生产总产量。同时,建立一批特色农业基地,如长兴、横沙柑橘,吴淞草莓,罗南生梨,月浦柿子,顾村无花果等特色水果基地,新增林果等经济作物 1.75 万亩。在罗店引进以色列现代蔬菜园艺场温室技术,建成融蔬菜生产、加工、销售和科研于一体的农业企业。蔬菜生产实施"南菜北移"战略,建成 11 座蔬菜园艺场。

1996 年在耕地继续减少的情况下,区"九五"规划提出到 2000 年全区耕地保持在 1.33 万公顷,粮食年产量 10 万吨;菜田保持在 1 000 公顷,建成现代化温室 10 公顷、园艺管棚 180 公顷,蔬菜总产量 10 万吨。这两个"10 万吨"是市政府考核宝山区工作的重要指标之一,也是区政府及职能部门需要完成的任务目标。

2001 年,区"十五"规划提出调整粮食和经济作物结构、养殖结构、农林结构,扩大优质水稻种植面积,保持粮食生产能力,加快发展种子种苗、出口蔬果、花卉苗木和名特优经济作物。2002 年按照"减粮稳菜、扩绿保果、减猪增奶、调优增效"思路,粮食和经济作物比例调整为 33∶67。

### 【畜牧、水产业】

1988 年,区域畜禽生产迅速发展,以猪禽蛋为主,在南部庙行、高境等乡兴建一批千头以上规模猪场、万羽蛋鸡场。1989 年,全区有各类副食品生产基地 111 座。其中,千头以上肉猪场 54 座(含千头以上供港猪场 22 座),万羽以上蛋鸡场 30 座,10 万羽肉鸡场 1 座,百头以上奶牛场 19 座,百亩以上精养鱼塘 7 座,由此奠定宝山区菜篮子工程基础。

"八五"期间,区养殖业实施"南场北移",同时在江苏、江西、安徽、湖北等地发展奶牛饲养和水产养殖,做到"源头在内,养殖在外",与外省的优质资源互补,实现合作双赢。

## 第二节　工业经济转型

区域工业经济由乡镇企业起步,到发展县(区)办全民企业、集体企业;从公有制为主体、多种所有制并存,到大力发展非公经济;从镇镇有工业,到工业向园区集中。1986 年,区内第一家中外合资企业成立。1988 年,第一家规模较大的私营企业诞生。2011 年,第一家区内企业在香港上市。

1988 年,宝山县、吴淞区"撤二建一"后,伴随浦东开发开放,区域工业经济转型发展加快。从一乡一工业,到工业进园区,区集体企业占 1/3。2001 年后,区集体企业基本消亡,乡镇企业采取多种形式转为非公企业。2005 年后,仅剩下外资企业和非公企业。2010 年,全区有规模以上工业企业 1 048 户,年工业总产值 1 115 亿元,企业从业员工 133 630 人。其中外商及中国港澳台地区投资企业 206 户,年工业产值 480 亿元。

## 一、区属工业改制

建区后,区属工业由区工业局所属宝山城镇集体工业联合社、区集管局所属原吴淞区工业公司和宝钢地区轻工业公司等企业组成。区属工业开启以资产为纽带、投资主体多元化组建企业集团的改革进程。

**【政企分离】**

1992 年 8 月,区撤销区工业局、区乡镇工业局、区集管局和区经委,组建新的区经委,统一对全区的工业企业进行指导服务和管理。1995 年,按产权清晰、职权明确、政企分开、科学管理要求,区工业行政管理机构与区属企业实行政企分离,以资产为纽带完成公司组建。组建的公司有:宝工联资产有限公司(原城镇集体联合社发展形成),下属企业 28 家;宝益资产经营有限公司(原吴淞街道工业企业发展形成),下属企业 11 家;宝轻资产经营有限公司(原宝钢地区轻工业公司),下属企业 19 家以及 1994 年列入上海首批现代企业试点的上海海豹水泥(集团)有限公司。

转制后的公司从传统的行政管理向资产经营管理职能转变,开展清理资产和产权界定,实行资产经营责任制,加快企业转制,对老企业、困难企业进行关、停、并、转、卖,各公司盘活存量资产,增加有效投入,发展股份合作。按照"抓大放下"政策,由市划转到宝山区的上海瓷器厂、上海自沣机械厂等 4 家企业以及宝山粮食局系统划转的 3 家企业和宝山技监局划转的 1 家企业,通过不同形式进行改制。

**【企业转制】**

1999 年,各大公司集体企业合计 53 家。完成产权制度改革的企业中,发起式股份制公司 1 家、股份合作制 13 家、有限公司 8 家,实施兼并 1 家,合计 23 家企业,占应改制企业数的 43.4%。宝轻资产经营有限公司加大经营者持股比例,11 家企业按公司制、股份合作制和买断经营方式转制,基本完成改制任务。由宝工联资产有限公司建立的宝联公司和通宝公司通过改制,系统内进入再就业服务中心的下岗职工有 3 418 人,分流 2 042 人,分流率达 60%。908 名职工参加各项再就业培训,508 名职工领到技能上岗证书,252 名下岗职工被推荐安排就业。

2000 年,区政府出台《关于进一步推进区属国有资本从小企业退出工作的实施办法》《宝山区城乡小企业售让办法》文件,确定改革的原则是"双退二集中",即国有集体资产从公有制中有序退出、从管理体制上规范退出,将有效资产相对集中,使有市场、有产品的优势企业相对集中。改革的目标是企业发展、职工和经营者得益。按相关政策,区属工业系统企业的改革方法为各大公司整体转制,分步实施;实行政策分类、企业分类,采取拍卖、股份合作、兼并、租赁、转让、破产、出让等多种形式。

同时,按照建立现代化企业制度要求,宝山工业企业继续加快产权制度改革步伐。各大公司"因厂制宜",采取以企业流动资产和生产设备作为资本退出的突破口,由经营者持大股买断或从市场挑选经营者买断,或吸收外来资本盘活企业资本存量。集体资本退出,主要用于企业改制成本支出和各项政策性扣减、职工安置和核减不良资产。至 2000 年底,有 52 家企业完成转制。2001 年,区属工业系统成批转为民营企业。至 2003 年,区属国有(集体)工业企业完成转制 65 家,占全部企业的 91.5%。

## 二、外向型经济

随着改革开放不断深入,区外向型经济经历从无到有、从小到大、从低层次起步向高质量追求的发展过程。一批技术含量高、规模大、成长性好的外商投资企业相继落户。在投资项目上,依托区域大工业和港口优势,形成集装箱制造和储运多、冶金相关产业多、产品出口企业多的"三多"和"中中外形式"的区域外向型经济特色。

### 【"中中外"企业】

"宝山的外资企业是从鸡毛、狗起步的"。1986 年 6 月,杨行镇钱湾村钱湾鸡毛帚厂与美国 J·W·特产公司建立宝山地区第一家中外合资企业——上海宝山羽毛制品有限公司,总投资 30 万美元,主要生产鸡毛等羽毛制品。接着又兴办沪台合资的上海格品畜牧有限公司,主要饲养、繁育、销售西藏牧羊犬、犬、猫等玩赏动物,总投资 50.85 万美元。1987 年 3 月,全市第一家由港商、部属企业、市属企业、区属企业和乡镇共同出资组建的上海华安集装箱运输有限公司诞生。之后,这种"中中外"经营模式在全市推行。1993 年,区委、区政府明确提出,必须发挥区域经济优势,依托大工业,"相互依托,优势互补",大力发展"中中外"合资企业。这一思路为市政府肯定,写入市十届人大二次会议的《政府工作报告》中。

1995 年,全区"中中外"企业达 110 家。美国普莱克斯实用气体有限公司、日本三井物产株式会社、日本龟甲万株式会社等一批实力雄厚的国外企业集团与区内国有大中型企业、乡镇企业合资或合作办厂,创造一批起点高、设施先进、管理现代化、经济效益一流的新型企业。

### 【集装箱储运和制造业】

区域襟江带海,依托江海交汇优势,沿江有张华浜、军工路、宝山、罗泾 4 大港区,岸线总长 5 405.3 米,万吨级泊位 22 个,千吨级泊位 7 个,是上海对外海运的主要口岸之一,也是国际货运与中国内地货运的重要中转地。

上海是全国最早开展国际集装箱装卸业务的口岸之一。1978 年 9 月,全国第一个集装箱在宝山军工路码头装卸。当年上海港集装箱吞吐量 7 951 标准箱,全部在宝山境内各港区装卸。之后,集装箱运输量快速增长。1987 年 3 月成立的上海华安集装箱储运有限公司,是上海市第一家经经贸部批准具有国际货运代理权的外商投资储运企业。1992 年,宝山汽车运输总公司购买 10 辆 40 英尺集装箱专用卡车,开始从事集装箱运输业务,成为区第一家集装箱运输企业。1995 年,全区集装箱吞吐量 137 万标箱,占上海港年进出口集装箱总量的 90%。

随着上海及周边地区外贸经济的快速增长,区域各港区集装箱吞吐量大幅度上升,一大批集装箱堆场围绕港务应运而生,营运方式由运输向兼容运输、拆装箱、堆箱和货物储存等功能的储运一体化服务转化,部分堆场还申办国际货代资质。区域发展现代储运业的优势同时被从事集装箱储运、制造、维修业的外商看好。1996 年,全区共建立中外合资、合作储运企业 27 家,总投资 20 434 万美元。据 1998 年调查,在区域内从事集装箱储运业务的企业共 85 家,堆存面积 295 万平方米,运输车辆 2 500 辆,其中集卡 1 500 辆,承运箱量约占区内 3 个集装箱码头吞吐量的 70%,营业收入约 26 亿元。1999 年,区 50 家集装箱储运企业年进出箱量 510 万标准箱。

2003 年 2 月,上海吴淞国际物流园区建设启动。园区内有宝湾国际物流、上海招商局物流、宝山钢材物流等集装箱储运企业 15 家,仓储面积 11.9 万平方米,堆场面积 36.5 万平方米,年处理箱量 47.8 万标准箱。随着浦东外高桥港区开发投产,宝山境内标准箱吞吐量逐年下降,2005 年年吞吐量下降至 386.6 万标准箱,占上海港集装箱进出口总量的 21%。

巨大的集装箱吞吐量推动集装箱制造业的异军突起,不少大型企业相继落户区内。其中,沪台宝伟集装箱制造有限公司总投资 2 950 万美元,年生产 4.5 万标准箱;中韩进道集装箱制造有限公司总投资 2 400 万美元,年生产 4 万标准箱;中韩现代集团集装箱制造有限公司总投资 1 500 万美元,年生产 4.1 万标准箱;中德中集冷藏箱有限公司总投资 5 000 万美元,年生产冷藏集装箱 1 万只。区域成为国内集装箱生产的重要基地之一。

**【外贸出口】**
早期,宝山外贸产品生产和拨交额以农副产品出口为先导。中共十一届三中全会后,境域内乡、镇工业发展迅速,工业产品逐步成为区外贸出口的主体。

90 年代,区外贸出口主体由乡镇企业为主逐步转向外商投资企业为主,出口产品从纺织品、农副产品为主,转向机电、冶金、化工等工业产品、技术密集型产品和高附加值产品为主。1989 年,全区有外贸出口企业 85 家,实现外贸出口拨交额 2.47 亿元,占全区工农业总产值的 7.9%。出口商品主要有服装、绣品、日用纺织品、液压千斤顶和化工原料等 60 多种产品。1991 年,生产出口工业产品和收购出口产品的企业增至 124 家,其中超 100 万元的企业有 20 家,出口拨交额 4.2 亿元,其中工业产品 4.03 亿元、农产品 0.17 亿元。

1995 年,全区完成对外出口贸易 29.23 亿元,比 1994 年增加 93.8%,增长幅度创区历史最高。"三资"即中外合资、中外合作、外商独资经营企业出口额占总出口额的 44.5%;第一产业出口产品以活猪、鳗苗为主,出口额与 1994 年持平;第二产业中纺织、服装出口额比 1994 年有所下降,化工、机电、工艺品等产品出口额大幅度上升,成为主要出口产品。产品出口方式以直接出口为主。1999 年,全区出口拨交额达 56.25 亿元,直接出口 43.49 亿元,因统计口径调整,通过海关直接出口额为 3.65 亿美元,其中集装箱出口 1.68 亿美元,有色金属出口 8 108 万美元,黑色金属 1 987 万美元,服装出口 1 729 万美元。主要出口国家和地区有美国、日本、韩国、英国和中国台湾、香港。年度外贸出口排在前三位的上海新格有色金属有限公司、上海中集冷藏箱有限公司、上海进道集装箱有限公司,其在上海市企业出口额的排名分别是第 39、59、69 名。

2000 年进出口数额统计改为海关直接出口统计口径。全区进出口累计达 11.85 亿美元,其中进口 5.07 亿美元,出口 6.78 亿美元,比 1999 年增长 86.5%,增长率列全市各区县之首。外商投资企业成为区域外贸增长重要因素,出口额达到 6.15 亿美元,占全区出口总额的 90.7%。2010 年,全区外贸进出口 26.94 亿美元,其中出口 19.1 美元,进口 7.84 美元。外商投资企业出口额占全区出口总值 84.1%,出口产品集中在集装箱、铝材、变压器、制冷设备等。宝山区出口商品销往 137 个国家和地区。有 6 家区内企业赴境外投资 3 360 万美元,其中在中国香港设立 4 家,在美国设立 2 家,涉及国际船运、房地产开发、酒店运营管理、汽车零部件和光通讯器件生产销售等领域。

## 三、工业园区

90 年代起,宝山区发展园区经济,先后创办工业园区、私营经济区和都市型工业园区,为各种所有制经济提供创业平台,成为宝山经济发展的推动力量。

### 【乡镇工业园区】

1992 年,为加快农村工业化,开始进行"一乡一点"工业小区规划,出台 14 条关于工业开发区兴办企业若干优惠政策的意见。早期规划的有宝山泰和工业开发区、宝山经济技术开发区,开发面积 3.2 平方公里,重点安排高新技术型企业。1993 年规划通过吴淞乡和淞南、罗南、罗泾、葑塘、罗店、盛桥、刘行、高境镇共 9 个乡、镇工业小区,规划区总占地 586 公顷,总投资 69 200 万元,先期进入工业园区项目 29 项,新开发面积 73.7 公顷。到 1994 年,各乡镇按照高标准、高起点要求,集中规划工业开发小区,14 个小区建设全面启动,一批"中中外"合资项目相继在各乡镇工业开发区内落户。1995 年,14 个乡镇工业小区供电、道路等基础设施投资累计 26 088 万元,批准进入工业小区项目 82 个,乡镇办企业 26 个,实现产值 45 601 万元,利润 6 850 万元。

### 【宝山城市工业园区】

1995 年 11 月 13 日,市政府批准 4.5 平方公里的"宝山城市工业园区"为市级工业区。园区发挥宝山区区位优势,主动承接大工业向郊区拓展,成为上海市的导向性城市工业发展基地。启动一年,有 10 余个大中型项目落户,总投资 10 亿元。

1999 年按照工业向园区集中要求,区委、区政府提出:工业发展要提高集中度,南部的祁连、大场、庙行、淞南、高境 5 个镇以及 5 个街道和长兴、横沙两乡,工业原则上都要进入宝山城市工业园区。北部的宝山、杨行、月浦、盛桥、罗泾、罗店、罗南、刘行、顾村镇的工业发展,也要进入各自工业小区,在政策上给予支持,逐步形成各自的工业特色小区。是年,北部 9 个镇经区政府批准正式成立 9 个园区,从而形成"1+9"工业园区布局,即 1 个城市工业园区(市级)和 9 个乡镇工业小区(区级)。"1+9"工业园区总规划面积 1 970 公顷,是年基础设施投入 4.79 亿元,到 2000 年累计投入 36 亿元。

2001 年,区域工业园区规模效应和集聚效应凸显。各园区新批准项目 112 项,共落户企业 86 家,完成投资 11.5 亿元,实现销售产值 54 亿元。工业园区产业布局日趋合理,逐步形成港机、集装箱、造纸、新材料、金属深加工及电脑配件等重点工业产品和行业发展格局。宝山城市工业园区被列为国家光盘生产基地,投资 3 000 万美元的大锐科技光盘项目获得批准并开始建设。是年,因乡镇建制撤并,镇属工业园区由 9 个调整为 5 个,形成"1+5"工业区。

2002 年,按照区位集中和规模集中要求,全区实施工业园区化战略。区政府出台《加快实施工业园区化战略若干意见》,对工业园区的规划、运作模式、招商引资、扶持政策等作出规定,并与上海银行签订金融服务合作框架,协议 3 年内为工业园区融资 5 亿元,用以推进工业园区建设和特色产业发展。宝山城市工业园区投资 1 亿元用于基础设施建设,各镇工业区完成基础设施投资 2.4 亿元。是年"1+5"工业园区落户企业 163 个,实现销售 53.1 亿元,销售产值比全区增速高 8 个百分点,税金 1.4 亿元。

### 【都市工业园区】

其间,随着中心城区工业企业向第三产业转移的战略实施,区域探索南部城市化地区都市型工业经济发展新思路。南部乡镇利用国有企业闲置厂房,经包装改造发展楼宇工业,建立都市型工业园。同时以规划为先导,利用土地存量资源新建标准厂房,以努力实现工业向都市工业转变、一般产业向科技产业转变、污染项目向环保项目的转变。2002年有3家区域内国有企业改建转型为都市工业园区。大场镇与上海烫金工业有限公司联合组建上海金都工业园区。淞南镇与上海保温瓶厂、上海新华造纸厂组建葵花都市工业园区、新华都市工业园区。3个都市工业园区共投入改造资金475万元,可提供出租面积4.3万平方米。2003年,新增白猫家电科技产业园、八棉都市工业园等4个都市工业园。为加快推进区域都市工业园区发展,区政府出台《支持发展都市型工业的若干意见》,成为全市郊区第一个出台扶持都市型工业政策的区县。2003年底,7个都市工业园区引进15家企业,实现销售5 997万元,创造534个就业岗位,区级税金192万元。都市工业兴起成为区域经济发展新亮点。

### 【宝山工业园区】

2003年2月,市政府批准在区域北部设立23.06平方公里的宝山工业园区。按照区委、区政府"建设一个开放式、有特色、生态型的新型工业园区"要求,制定《园区开发建设实施方案》,明确园区建设"以新型工业化带动农村城市化,建设现代化、园林式、面向长江三角洲的精品钢延伸产业基地"。宝山工业园区计划以宝钢精品钢基地为依托,打造发展中国上海精品钢延伸产业的综合工业区。园区建成精品钢延伸产业区、新材料产业区、金属装备产业区、出口加工区和行政服务中心的"四区一中心"格局,同时高起点规划建设与之配套的罗泾新镇,并和罗店中心镇相呼应,形成工业、城市、生态功能的协调发展。

# 第三节 一业特强、多业并存

区域是国家重要钢铁生产基地之一。1988年起,区域工业伴随宝钢的发展而发展,特别是与宝钢相配套的冶金辅料生产、机械修理、备品备件生产和冶金延伸业得到迅速发展。1999年,区委、区政府贯彻市委、市政府"一业特强,多业并存"的发展经济指导方针,将冶金及配套延伸业作为宝山的优势产业加以扶持,以提高经济综合实力。

## 一、工作机制

2000年4月,区政府成立"一业特强"工作办公室(简称区特强办,设在区经委),从组织体制和运行机制上给予保障,推动重点工作的实质性启动。区经委、区特强办编制"一业特强"实施方案,汇编冶金延伸业企业手册,确定冶金延伸业的行业类别,同时确定扶持10个产值5亿元以上的龙头企业、10个产值3亿元~5亿元的重点企业和10个产值1亿元以上的"小巨人"企业。这30个企业销售产值累计60.9亿元,占全区总量的29.6%。与宝钢开展合作招商,选定意向项目21项,其中签约1项,投资800万美元。创办宝钢—宝山钢材深加工区,建设标准厂房3万平方米,签约及在建项目13项。联合上海交通大学开展产学联合研究,在杨行工业小区另辟土地53.33公顷,设立金属制品加工区,带动相关小区联动开发。

2001年,区委、区政府提出把区域建设成为宝钢精品钢集散地,形成一个相对稳定的宝钢产品用户群体。把准宝钢调整发展节拍,主动加强与宝钢新建项目的协作配套,把宝山的优势和服务与宝钢的改革、改组、改造相呼应,为宝钢主辅剥离的实体在宝山区注册落户提供方便。将宝钢的六大精品与宝山重点小区相对应,加快园区新材料、金属制品产业定位。2002年,促进宝钢—宝山钢材深加工区和上海模具加工区的发展壮大，支持以中集冷藏箱有限公司为龙头的冷藏运输设备的研发和集装箱产业结构优化，支持天通磁业和宝日材料为主的新材料发展。随着宝山工业园区全面启动建成，全面推进冶金延伸业为主的产业发展，上海国际钢铁物流总部、宝冶钢构等项目相继开工建设。

## 二、行业结构

2001 年，区域有金属制品业、机械制造业等 26 个主要行业。金属制品业、有色金属冶炼及其压延加工业，普通机械制造业、电气机械及器材制造业等行业，工业总产值均超过 10 亿元。金属制品业以 44 亿元的工业总产值居各行业的榜首。2005 年，冶金及其延伸加工业继续做大做强，并带动其他行业发展。规模以上工业企业中有 32 个主要行业，金属制品业、有色金属冶炼及其压延加工业、黑色金属冶炼及其压延加工业、电器机械及器材制造业、通用设备制造业等行业，工业销售产值均超过 25 亿元。在销售产值前 10 位的行业中，金属制品业以 113.83 亿元的工业销售产值居各行业之首。

**【金属制品业及金属结构业】**

1995 年，区金属制品行业有 217 家企业。之后，上海宝舜联钢铁制品有限公司、上海鑫杰彩钢结构有限公司、上海四新钢结构制品有限公司、上海钢之杰彩钢有限公司等产值和资产总额超过千万元的中型企业陆续建成投产。其中，宝舜联钢铁制品有限公司是宝钢与台湾厂商在大陆合作的第一家工厂，从事钢铁产品的深加工和建筑行业使用的轻钢龙骨系列产品及配件生产，2003 年拥有资产总值 6 039 万元，年销售收入 15 541 万元，从业人员 121 人，为区金属制品业的骨干企业之一。其间，区内的螺丝、螺帽等标准件生产厂，转产为高科技的金属加工、模具制造；自行车零件、无线电配件等小型工厂发展成为上海三冷金属制品有限公司、上海屹丰模具有限公司等有实力、有规模且科技含量高的新型企业。金属结构制造业迅速发展。2003 年，金属钢结构企业有上海中远川崎重工钢结构有限公司、上海通用钢结构厂、宝山杨北金属结构厂、宝成钢结构厂等 50 多家企业，从业人员 3 933 人，完成销售产值 189 945 万元，工业销售产值占金属制品业的 28.9%。2010 年，全区规模以上金属制品业企业有 187 家，工业销售产值 128.13 亿元，从业人员 18 974 人。

**【通用设备制造业】**

通用设备制造业即普通机械制造业，是区域工业中发展较早的行业之一。1995 年有宝山液压工具厂、宝山标准件厂等 197 家企业，销售收入 98 382 万元，从业人员 13 440 人。2000 年，机械制造业有 180 家企业，销售收入 139 149 万元，从业人员 13 436 人。主要产品有建筑机械、电梯、汽车配件、高低压阀门、汽门、汽门座、标准件、拖拉机配件、起重机械等。2010 年，规模以上成套设备制造企业 127 家，工业销售产值 1 495 501 万元，从业人员 19 278 人。

**【有色金属冶炼及压延加工业】**

1995 年，上海新格有色金属有限公司在区域落户，利用有色金属基地资源以及一些废旧产品、边角料等进行冶炼、压延加工。2002 年，公司迁址至顾村工业园区，投资 2 000 万美元，年产铝合金锭 30 万吨、锌合金 2 万吨、铜合金 1 万吨，销售产值 15.5 亿元，外贸拨交额 2 106 万美元。上海杨行铜材厂是宝山有色金属压延加工业中实力最强的乡镇企业,凭借灵活的经营思路、严格的管理制度,企业迅速壮大,2000 年产值超过 1.7 亿元、利润 1 560 万元。经过 3 次技术改造,企业投资近 1 亿元引进国外同行业先进设备,为国内高电压、大容量变压器生产提供优质换位导线。2010 年,全区有规模以上有色冶金及压延加工企业 25 家,销售产值 675 692 万元,从业人员 5 870 人。

### 【集装箱制造业】

2000 年,全行业有上海中集冷藏箱有限公司、上海进道集装箱有限公司、上海宝伟工业有限公司、上海太平货柜集装箱有限公司、上海瀚洋船舶集装箱零部件制造有限公司、上海宝荣国际集装箱有限公司和上海北郊集装箱修理厂 7 家企业,实现工业总产值 22.83 亿元,占全区工业总产值的 13.1%,占全市同行业的比重为 49.4%,占全国同行业的比重为 11.4%;出口拨交额 19.35 亿元,年利润 1.15 亿元,从业人员 2 718 人。2010 年减少到 3 家企业,从业人员 4 109 人,工业销售产值 47.29 亿元。

# 第四节　振兴区域经济

中共宝山区第四次代表大会是进入 21 世纪后区召开的第一次党的代表大会。大会动员全体共产党员和全体人民按照"思想再解放,工作再开拓,发展再加快"(简称"三个再")的要求,"抓住新机遇,拓展新思路,实现新跨跃",实现"一年小变样,三年中变样,五年大变样"(简称"三变样")目标,为全面建设社会主义现代化宝山新城而努力奋斗。

## 一、"三个再""三变样"

针对部分干部思想观念中存在的"小富即安、小变即满、安于现状、不思进取"等状况以及"懒、散"、加快发展意识不够强等现象,2002 年 1 月召开的区委三届八次全会提出"思想再解放,工作再开拓,发展再加快"的工作要求。区委从经济发展、城乡建设与管理、社会稳定、市民素质和城乡文明程度、人民生活水平和质量、干部精神状态和能力水平 6 个方面,制定下发"一、三、五年变样"的具体工作意见,细化"一、三、五年变样"目标内涵。从 2003 年起,要求用 5 年时间实现宝山"大变样",力争到 2007 年,宝山的主要经济指标在 2002 年基础上实现翻一番,进入全市郊区先进行列。

2003 年 4—9 月,区委、区政府组织开展"世博会与上海新一轮发展,促进宝山大变样"大讨论和"宝山人精神与形象"主题活动,培育和弘扬"在开放放开中敢为人先、在建设发展中永不懈息"的宝山精神。7 月,区委四届二次全会提出坚决突破制约宝山大发展、大变样的思想观念、发展规划、招商引资、城乡环境建设、社会稳定、工作效能六大瓶颈,要求全区党员干部充分认识实现"变样"目标的紧迫性,正确把握"变样"工作的阶段性,缜密思考"变样"工作的具体性,切实增强实现"变样"目标的坚定性,把全区广大干部群众的智慧和力量凝聚起来,聚精会神搞建设,一心一意谋发展。12 月,区委四届三次全会提出"再接再厉、乘势而上,加速发展、加快变样"工作要求,同时明确突出重点,抓住重点,落实重点,切实抓好重大项目、重点工作和重要任务,通过抓重点带动各项工作全面开展。2004 年 7 月,区委四届四次全会号召全区上下求真务实、团结奋进,加快推进"变样"目标的实现。至 2007 年,宝山主要经济指标提前实现翻两番,进入全年郊区先进行列。实现增加值 431 亿元,是 2000 年的 2.1 倍;地方财政收入 52 亿元,固定资产投资 159 亿,均为 2000 年的 2.2 倍;社会消费品零售总额 205 亿元,是 2000 年的 1.8 倍。全区户籍人口 830 561 人,比 2000 年增长 12.3%。2007 年 4 月 24 日,市委书记习近平到宝山区调研工作时指出,宝山区在支持、配合宝钢建设中作出了重要贡献,为全市发展作出了很大贡献,近年来各项发展指标和环境建设都走在全市前列,希望要科学发展、扬长补短、发挥优势、再作贡献。

## 二、调整"三次产业"

### 【着力推进第二产业】

这一时期,区全面协调推进改革开放。宝隆、大华等企业集团整体改制。区属 31 个企业完成转制。发展民营经济,做到思想上放心,条件上放开,政策上放宽,工作上放手,发展上放胆,机制上放活。加强国有、集体资产管理,调整公有资本结构,2003 年,区属中小企业国有资本基本实现从竞争性领域全面退出的目标,全区 90% 以上乡镇企业完成改制。区属国有净资产在亿元以上的行政事业单位全部实行国有资产委托监管。3.2 亿元国有资本从经营性领域退出。仅 2004 年上半年,经营性国有资本退出 4 110.72 万元,全区乡镇经营性集体资产所有者权益比重降至 38% 以下。2007 年制定并实施宝山区产业结构调整三年行动计划、服务业发展三年行动计划、轨道交通站点周边地区功能规划、部市属企业存量资源调整利用规划,提出重点地区、重要行业发展方向。提出优化产业结构,加快发展现代服务业;推进科技创新,加快发展先进制造业;注重延伸产业链,加快发展精品钢延伸业。

坚持"二、三、一"产业发展方针,构筑二、三产业共同推进经济发展格局,经济结构日渐合理,综合经济实力显著增强。2003 年实现增加值 206 亿元,可比增长 22%,在全市区(县)的排位中向前提升一位;完成区级地方财政收入 31 亿元,比 2002 年增长 39.2%;完成社会消费品零售总额 112 亿元,首次突破百亿元,进入全市商业大区行列。2005 年实现增加值 321.9 亿元,可比增长 20.1%;完成区级财政收入 63.6 亿元;区可用财力达到 70 亿元,比 2002 年增加 42.42 亿元,增加值、财政收入均提前两年实现"五年大变样"目标。至 2007 年,宝山经济社会发展保持高位、高幅增长态势。按照建设精品钢延伸、造船、物流、能源、旅游五大产业基地目标,推进传统产业和特色产业发展,巩固提升以精品钢延伸业为主的特强产业,转变经济增长方式,初步形成具有宝山特色的产业体系。坚持实施工业园区战略,推进工业向园区集中,完成宝山工业园区、罗泾镇行政区划管理体制调整工作和区级部分工业园区撤并工作,形成"1+5"(宝山城市工业园区和杨行、月浦、罗店、顾村、罗泾)工业园区格局。启动吴淞物流园区建设,加快航运经济区发展,新建海江都市工业园、通河都市工业园呼兰路工业园、大场都市工业联西工业园、共康都市工业园等 9 个都市工业园。

### 【加快发展第三产业】

通过调整优化商业布局和业态,形成多层次、多样化综合消费新格局。7.2 万平方米北上海商业广场、14.6 万平方米安信商业广场、31.9 万平方米红星美凯龙全球家居生活广场等综合商业体陆续建成开业。易迅网、阿喜网、为为网等电子商务平台公司陆续在宝山注册开业。宝马、奔驰、奥迪、大众、别克、丰田等一批汽车 4S 店在宝山落户。至 2010 年,宝山社会消费品零售总额增长至 330 亿元,是 2000 年的 3.5 倍、2005 年的 1.2 倍。大力发展生产性服务业,陆续建成上海国际钢铁服务业中心、上海钢铁金融产业园、上海智力产业园、上海动漫衍生产业园等生产性服务业基地。2010 年,宝山商品销售额 2 070 亿元,其中钢材批发销售额 1 426 亿元,汽车零售额 63 亿元,住宿和餐饮业零售额 21 亿元,电子商务等新型商业业态零售额超过 10 亿元。推进房地产业发展,形成上海房产"沪北板块"整体效应。2010 年,住宅施工面积 1 081 万平方米,竣工面积 162 万平方米,销售商品房 170 万平方米,销售额 261 亿元。

发展外向型经济,重视外经贸和招商引资工作。2003 年批准外资项目总投资 8.1 亿美元,比 2002 年增长 153.8%;实现外贸出口 11.5 亿美元,比 2002 年增长 57.5%。2010 年,全区进出口总额 26.9 亿美元,其中出口 19.1 亿美元,是 2000 年的 1.8 倍。2010 年批准外资项目 92 个,合同外资总额 2 亿美元。加大招商引资力度,逐步实现由"土地招商"向"多元招商"转变,初步形成"大招商"格局。2003 年 7 月在上海锦江宾馆与宝钢联合举办宝山投资推介会,签订协议项目 22 个,协议资金 21 亿元人民币和 3 亿美元。2004 年 5 月在香港成功举办宝山投资推介会,签订协议资金 2.53 亿美元。2006 年 5 月在上海香格里拉大酒店举办"精钢宝山,滨江新城"上海宝山投资推介会,签订投资项目 20 个,投资资金 114.6 亿元。2007 年新增工商企业注册 2 451 户,新增注册资金 218.66 亿元。

**【重视"三农"(农业、农村、农民)工作】**

按照"稳粮稳菜、减猪稳奶、扩绿保果,扩大异地种养业,积极发展名特优产品"方针,调整优化农业产业布局,逐步形成粮食、林果、蔬菜、水产、奶牛等主要产业,确保农业增效、农民增收、农村稳定,农民人均收入每年比全市平均水平高出近 3 个百分点。培育和增强上海金篮子农产品配送有限公司、北部水产养殖中心等一批农业龙头企业。2007 年,全区有各类农业产业化组织 25 个,实现农业销售总产值 42.6 亿元。

# 第四章 基础设施建设

在城乡一体化建设进程中,宝山区加强市政道路设施建设,推进新农村建设,打造上海能源、水源重要基地,综合整治吴淞工业区环境,加快城市化步伐,为建设特色鲜明的滨江新区城市景观、环境打下基础。

## 第一节 道 路 交 通

建区时,城区面积为 50 平方公里,占全区总面积 11.78%。区境道路多为郊县公路和农村道路,几条主干道路面狭窄,里程较短。1988 年,宝山区域内大型市政交通设施几乎为"零"。建区后,市政基础设施建设重心北移,以路、桥建设为主体的市、区两级重大工程建设项目达 11 个,规模创历史之最。全区高架道路、高速公路、轨道交通、越江隧道和大型立交桥等建设进入高速发展期。

### 一、沪太路改建

沪太路宝山区段总长 28.2 公里,其中城市道路段南自汶水路,北迄顾陈路,长 9 492 米,路幅宽40.5 米~48 米,车行道宽 24 米~27.6 米;市辖公路段南自 A20(外环高速)公路立交至邻江苏省界河桥,长 21.37 公里,路幅宽 40 米,车行道宽 24 米,设四快二慢车道。90 年代起,历经 2 次较大规模的扩建改建。

沪太路(新沪路—省界)扩建工程南起新沪路交叉口,北至江苏省界河桥,除罗店、顾村和大场三段长 10.2 公里因裁弯取直改道外,线路走向与老路基本一致。改建工程分两个阶段审批和实施:1991 年 10 月 18 日,罗店改线段(塔桥至罗店四方村)长 3.6 公里和罗南段(蔡家弄至塔桥)长约 2.9 公里的分段改建先行实施,投资 5 561 万元。沪太路全线改建工程 1992 年 6 月 6 日开工,1995 年 12 月 28 日竣工通车,工程决算 5.42 亿元,包括新沪路—省界长 28.63 公里,新沪路—中山北路长 3.87 公里,工程规划红线宽 40 米,为四快二慢车道;新沪路—大场立交段按城市式标准,大场立交—市界段按国家一级公路标准。

沪太路(新沪路—外环高速)扩建改建工程南起新沪路,北至 A20(外环高速)南接口,按城市主干道一级标准改建。全长 6.56 公里,规划红线宽度 50 米,为六快二慢车道,其余为双向四车道。同时对大场支线铁路道口、塘桥收费站扩建改造,快车道宽度达 12 米。扩建工程于 2002 年 3 月 20日开工,12 月 31 日竣工,总投资 2.23 亿元。

### 二、吴淞大桥改建

吴淞大桥南连市主干道逸仙高架路,北接市干道同济路,跨宝山区最大干河蕴藻浜。桥长968.7 米,其中主桥为三跨,长 200 米,引桥长 355 米,接坡长 413.7 米。大桥设计以 2 个 20 米宽的预应力混凝土单箱形连续梁,合成 40 米宽桥面,车行道宽 34 米,中央快慢车道分隔带 2 米,为八车道,两侧配置人行道各3米。南堍高架引桥长180米,北堍高架引桥长176.03米,均采用预应力混凝土空心板梁。桥面为沥青混凝土,桥台采用扶壁式,引桥墩采用三柱式钢筋混凝土。改建工程分为一、二期实施,1991年10月31日试打桩,1993年12月10日竣工通车。大桥主体工程总造价3.27亿元,其中工程建筑安装造价1.66亿元。改建辅道6条,长2 760米。

大桥改建采取地方政府集资办法,于1991年12月1日零点起对通过吴淞大桥和蕰川路大桥机动车辆收取过桥费,用以偿还建桥贷款。1996年停止收费,共征收过桥通行费2.73亿元。

## 三、逸仙高架路

为解决逸仙路拥堵问题,区政府决定独立引进外资建设逸仙高架路。1995年11月起开始招商引资和前期准备,1997年12月10日开工建设逸仙高架路,是上海市第一条由区引进外资建设的高架道路。工程被列入市1997年重大工程建设项目,总投资2.1亿美元,折合人民币19.088亿元,采用国际通行BOT(建设—经营—转让)融资模式。1999年5月20日,建成通车。高架道路全长8.98公里,直接连通内环高架路、中环高架路和A20(外环高速)。设四车道,桥宽18米,其中殷高路至纪念路为六车道,桥宽25.5米。在双向四车道段内,每公里设一处宽2.5米、长60米紧急停车带。主线最高处为23米,平均高度15米。逸仙高架路地面道路建设工程,南起中山北一路与中山北二路相交处,北至吴淞大桥南侧,全长9.45公里,路幅50米~65米,设六快二慢车道及两侧人行道。工程获上海市市政工程金奖、国家市政工程金杯奖,被市政府评价为“上海市建设重大工程的一个新的创举”。

**1999年5月20日,上海市第一条由区(宝山区)引进外资兴建的逸仙高架路全线通车(经瑞坤摄)**

2000 年后,上海市 A20(外环高速)公路进入城区段、同济高架路等在区境相继建成通车。2002 年,区境内建成高架道路 2 条,长 11.28 公里;在建 3 条,长 10.26 公里。高架道路成为区域道路交通网络重要组成部分,缩短区域与中心城区以及邻近省市的通行时间。

## 四、轨道交通

1988 年后,轨道交通从市中心城区向城郊结合部延伸拓展。2002 年,区境辟筑和延伸轨道交通有 2 条,填补区境无轨道交通的历史,其中轨道交通 1 号线,沿南北高架路延伸至区境,迄于共富新村,终于富锦路,区境段长 3.91 公里,日载客运达 62 万人次。轨道交通 3 号线(轻轨)为全国首条城市高架轨道交通线,一期工程自徐汇区漕河泾至虹口区江湾镇,2000 年通车运营。北延伸段至区境江杨北路,全线长 13.4 公里,2002 年 12 月 24 日开工建设,2006 年 12 月 18 日建成通车。

## 五、吴淞客运中心码头

上海港吴淞客运中心位于泰和路 5 号,之后搬至化成路 271 号,规划占地 24.49 公顷,陆域设施原为吴淞公园。市新一轮城市总体规划确定为主要水陆客运中心之一,码头泊位 5 个,靠泊长度 470 米,可停靠万吨级船舶,其中滚装船泊位 2 个,2 272 平方米候船楼 1 幢,停车场 5 044 平方米,与区域相配套的有建筑面积为 3 300 平方米的长途汽车站。工程共分三期完成,1996 年 7 月开始打桩,2003 年 5 月全部竣工。是年 9 月 16 日,吴淞客运中心揭牌启用,25 日举行首航仪式,接纳上海十六铺码头搬迁至吴淞的全部航线。上海港吴淞客运中心车客渡码头位于吴淞客运中心东北部,工程于 1998 年 8 月 8 日开工,1999 年 1 月竣工,候船室为三层楼框架结构,占地 1 000 平方米,建筑面积 2 772 平方米,工程造价 397.97 万元。

# 第二节　新农村建设

中共十六届五中全会通过《中共中央关于第十一个五年规划纲要》,明确提出社会主义新农村建设重大历史任务。宝山区着眼建设现代化滨江新区的总目标,结合城乡一体化发展形势和区域特点,建立新农村建设体制机制,出台新农村建设措施,发展现代农业,持续改善农村环境和基础设施条件,农村社会事业快速发展,农业农村显著变化,城乡一体化水平不断提升。

## 一、建设目标

区境地处城郊结合部,有农田基本保护区 4 000 公顷,农民约 6 万人。2006 年下半年,区委在四届八次全会上作出坚持八个统筹、加快推进新农村建设的决定,区委、区政府各职能部门相继出台涉及农业产业发展、农村"三资"(资金、资产、资源)管理、经济相对困难村扶持、农村路桥建管、农村教育投入、农村劳动就业、农村社会保障、农村环境改善、农村外口管理、农村集体土地管理、农村公共服务等方面政策文件。2007 年 6 月,区委、区政府成立社会主义新农村建设领导小组及办公室,负责组织、协调、督促、推进新农村建设工作。

2009 年,区委五届八次全会审议通过《关于深入贯彻落实科学发展观,加快统筹城乡一体化发展的若干意见》,对新农村建设再次作出全面部署,提出加快统筹城乡一体化发展的目标任务以及主要指标(简称"358、650"指标体系),即按照"三年加快推进,五年形成框架,八年基本实现"的阶段目标,围绕"规划布局、产业发展、基础设施、公共服务、民生保障、社会管理"等6个方面50项指标,用8年左右时间,着力破除城乡二元结构,形成城乡经济社会一体化发展新格局。

2011年,区第六次党代会明确提出"建设加快经济方式转变示范区、推动城市转型发展最佳实践区、率先基本实现城乡一体化"的总体目标,对区域新农村建设提出新的目标要求。

## 二、措施和成果

### 【农村基础设施】

坚持把加强农村基础设施建设、形成生态良好的城乡环境,作为全面提升城市化水平、增强农村生态保障功能、提高城乡居民生活质量的重要载体。仅2010年,就完成1 800户农户村庄改造,建设20处农民健身家园,完成18家村级公共服务中心建设,让基本农田保护区内2/3的农村群众能够享受"三室一站一店"即标准卫生室、事务代理室、文化活动室(含农家书屋)、为农服务站、便民农家店的便捷服务。建设农村公共厕所、独立垃圾箱房等各类环卫设施,取缔垃圾堆点、旱厕、小粪缸,农村生活垃圾基本实现外运处置。及时处理河道水污染突发事件,骨干河道整治率实现65%,完成区域创模黑臭河道治理。在前两年完成6 909户农村生活污水集中处置基础上,2010年完成农业保护区范围内4 268户农户的生活污水集中处置,农田保护区范围内污水处理率由2009年的50%提升到90%,基本改变农民生活污水直排河道的情况,水环境面貌得到提升,全区城镇污水纳管率实现80%的目标。健全农村路网体系,通过新、改建道路,调整新辟公交线路等措施,加强农村公路养护管理,实施农村公路养护体制改革。2009年实现农村公交"村村通",农民出行更加便利。2010年,首批186.96公里农村公路移交接管,配套的养护、资金等管理办法下发执行,成立11个农村公路管理站,完成9.42公里的农村公路大中修工程。

### 【农村经济组织】

创新农村管理机制,加强农村基层组织建设。推进农村集体经济组织产权制度改革,2010年制定《关于宝山区推进村级集体经济组织产权制度改革工作的实施意见》,规范村级集体经济组织产权制度改革。试点村庙行镇周巷村、淞南镇张行村完成撤村改制,并注册成立社区股份合作社,确立合作社法人地位和村民的股东地位。年底,全区6个行政村完成产权制度改革,量化资产总额13.47亿元,累计股金分红6.09亿元。完成1个村、11个生产队的撤制村队集体资产处置工作,其中撤村资产处置全部以股权形式量化到人,以现金形式进行量化;共处置集体净资产36 028.68万元,可量化分配资金29 657.9万元。规范批准撤销村队建制程序,出具拟撤销村队建制集体资产处置方案初审意见12份。基本完成土地承包经营权确权登记颁证工作,制定《宝山区2010年完善二轮土地延包工作意见》。全区列入农村土地二轮延包完善工作范围的有5个镇41个村280个村民小组,涉及农户总数9 257户,确权面积共1 540公顷。年底,罗泾、罗店、月浦、顾村4个镇36个村,累计签订土地承包及变更合同8 876份,合同签字率达100%;累计发放农村土地承包经营权证8 494本,权证发放率达95.7%。杨行镇西街、湄浦、北宗3个村及顾村镇谭杨、星星2个村因城镇化发展速度快,基本农田规模小,采取以村级集体经济组织与土地占用方、被占用土地所在生产队(组)签订三方协议形式,明确土地收益与分配关系。建成覆盖全区的农村土地承包经营权流转服务中心,规范农村土地流转合同,全区承包农户自愿委托流转率达到97.5%。建立健全村级自我积累与公共财政托底保障相结合的村级组织基本运转经费保障机制,2008年起,先后实施3轮经济相对困难村财政扶持工作,促进农村经济相对薄弱地区加快发展,提高农村居民特别是低收入农户的生活水平。

**【农村社会事业】**

新农村建设开展以来,宝山区加大财政投入和转移支付力度,加快城乡居民公共服务均衡化发展、同质化提升。在就业服务上,建立区、镇、村三级非农就业服务体系,通过实行农民跨区域就业交通费补贴等政策、组建农村环境保洁公益性劳动组织等途径,拓展农村富余劳动力就业渠道,每年新增非农就业岗位数超过3 000个。在社会保障上,加快建立城乡衔接的社会保障体系,农村社会保障覆盖率达99.6%,形成农民养老金增长机制,提高农民养老水平。农村居民家庭人均可支配收入连续多年快速增长,2010年,全区参与农村收益分配人口10.52万人,农民人均所得16 979元,比2009年增加11.5%。

# 第三节　上海北部能源基地

宝山区是上海市能源重要基地。2002年,区域内拥有大型电厂2座和宝钢自备电厂1座,全年发电149.38亿千瓦时;有原水厂1座、制水厂3座,全年供水总量6.86亿吨;煤气制气公司2家,全年生产管道燃气5.23亿立方米。

## 一、电力

1988年,区内有宝山供电所和石洞口发电厂、宝钢自备电厂。1992年建成石洞口第二电厂并投产。2002年,境内有华能上海石洞口第一电厂、华能上海石洞口第二电厂和宝山供电分公司,宝山供电分公司负责区域大部分及周边的杨浦、虹口、闸北区部分地区供电。

**【华能上海石洞口第一电厂】**

原称上海石洞口发电厂、上海石洞口发电有限责任公司,位于月浦镇盛桥沿江,占地58.6公顷,建筑面积16.5万平方米,绿化面积20万平方米,岸线长243米,为全国特大型企业。上海电网第一座过百万容量的现代化港口电站装有4台30万千瓦改进型发电机组,1982年4月筹建,1985年3月1日打桩,采用一次规划设计、连续施工安装方式建设。1999年12月30日成立上海石洞口发电有限责任公司,由上海石洞口发电厂、上海电力检修工程公司共同改制而成,中国华能集团公司持有70%股权,上海市电力公司持有30%股权并代管。2001年7月,华能国际电力股份有限公司收购中国华能集团公司持有的上海股权后,从2002年7月1日起负责对上海石洞口发电厂进行生产、经营和日常工作的管理。2003年1月1日正式更名为华能上海石洞口第一电厂。

**【华能上海石洞口第二电厂】**

位于月浦镇盛桥沿江,规划容量240万千瓦,一期工程装机2台60万千瓦燃煤超临界发电机组,是中国兴建的第一座超临界电站,全国特大型企业,华东电网和上海市电力供应主力发电厂之一,占地 56 公顷。一期工程由华能国际电力开发公司和上海市政府共同筹资,利用外资合作建设。工程自 1988 年 6 月 29 日开工建设,1 号机组、2 号机组先后于 1992 年投产,总工期仅 48 个月。1999 年,华能国际电力股份有限公司出资 35 亿元收购华能上海石洞口第二电厂,成为该公司全资控股企业。

### 【宝钢自备电厂】

位于宝钢厂区,东临长江,北依练祁河,占地 40.4 公顷。宝钢电厂始建于 1979 年,拥有 3 台 35 万千瓦发电机组和 1 台 14.5 万千瓦燃气轮机联合循环发电机组,总装机容量 120 万千瓦,是国内最大的企业自备电厂。宝钢电厂 1 号机组于 1982 年 4 月 30 日并网发电,是年 11 月 1 日投入商业运行;2 号机组于 1983 年 11 月 1 日投入运行。1995 年 3 月 15 日,该厂以高炉煤气为燃料的燃气轮机发电机组开工建设,1997 年 7 月 5 日建成并网发电,7 月 22 日以 100% 单烧高炉煤气发电获成功,11 月 22 日进入商业运行。机组每年可使 20 余亿立方米高炉煤气"变废为宝"。3 号机组属 35 万千瓦煤、高炉煤气混烧的凝汽式汽轮发电机组,于 1996 年 11 月 8 日动工,1997 年 10 月 19 日受电,1999 年 3 月 2 日首次并网发电,10 月 22 日投入商业运行。

## 二、供水

### 【上海城投原水公司长江原水厂】

前身为上海市自来水总公司月浦水厂取水泵站,始建于 1990 年,1992 年 6 月投产。1993 年 1 月定名为上海市原水股份有限公司长江原水厂,位于罗泾镇新川沙路 1 号,占地 145 万平方米,其中水库面积 135 万平方米,负责向上海北部的月浦、大场、闸北、吴淞和浦东凌桥 5 家自来水制水公司提供优质长江原水。长江引水一期、二期工程分别于 1992 年和 1996 年竣工投产,供水设计能力为 130 万吨/日,缓解上海供水紧张矛盾,改善饮用水水质,被市民誉为"生命工程"。拥有大型同步、异步机泵机组 23 台,最大功率 2 000 千瓦,最小功率为 630 千瓦;拥有蘑菇式江心取水、第一输水、第二输水和泰和增压 4 个泵站;3 座 3.5 万伏高压变电站和一座大型水库。长江引水系统输水管道总长约 50 公里,最小管道直径为 1.2 米,最大管道直径为 2.7 米。陈行水库容量为 835 万立方米,具有避咸蓄淡、避污蓄清功能,具备同时向 5 家自来水厂供应长江水能力。1999—2000 年,长江原水厂随上海市原水股份有限公司划归上海市城市建设投资总公司管理,2001 年隶属上海市水务局。2006 年,水厂改制后,隶属上海城投原水公司,并改名为上海城投原水公司长江原水厂。

### 【上海市自来水市北有限公司月浦水厂】

始建于 1991 年,原名上海市自来水公司月浦水厂,是上海市第一家以长江水为水源的制水企业,1995 年 6 月 22 日建成供水。1999 年 4 月 11 日转制为上海月浦自来水制水有限公司,2000 年 10 月改名为上海市自来水市北有限公司月浦水厂。占地 7.37 万平方米,建筑面积 1.07 万平方米,绿化面积 3.39 万平方米,建有平流式沉淀 4 座、气水反冲洗滤池 12 座、Ⅴ 型滤池 12 座、5 000 立方米和 7 000 立方米清水库各 2 座、输水泵房 1 座及相配套的加氯、加氨、加矾等制水设施。供水区域包括闸北、普陀 2 区部分地区、宝山区东北部和罗店新镇。

### 【上海市自来水市北有限公司泰和水厂】

始建于 1996 年,6 月 25 日投产通水。2004 年 7 月起,因原投资方泰晤士水务股权转让,原上海泰晤士大场自来水有限公司并入泰和水厂。位于顾村镇,占地 18.6 万平方米,建有平流式沉淀池 6 座、滤池 32 只、清水库 4 座、回收池 4 座和排泥池 4 座。原水取自长江水源,在制水工艺中采用进口加氯、加矾设备,引进国际、国内先进制水、输配水、监控等设备,保证成品水质量,出厂水浊度小于 0.1NTU,远远低于国家标准。

### 【上海市自来水市北有限公司吴淞水厂】

始建于 1972 年,隶属上海市公用事业局。1974 年对外供水,设计供水能力为 10 万立方米/日。1978 年配合宝山钢铁总厂扩建,总供水能力提高为 15 万立方米/日。1984 年,总供水能力核定为 18.03 万立方米/日。1997 年 2 月引用长江水为原水,黄浦江原水作为备用水源。1999 年 4 月转制为上海吴淞自来水制水有限公司。2000 年 10 月更名为上海市自来水市北有限公司吴淞水厂。水厂位于吴淞街道,占地 2.55 万平方米,建筑面积 0.42 万平方米。生产工艺流程可分为新、老两个系统,新系统由 2 座机械加速澄清池与双阀池组成,老系统由 3 座脉冲澄清池与 2 组综合滤池组成。建有日供水能力 19.01 万立方米进水泵房 1 座、日处理能力 10.08 万立方米脉冲澄清池 3 座、日处理能力 9.66 万立方米机械加速澄清池 2 座、日处理能力 7.45 万立方米双阀滤池 1 座、容量为 1 万立方米清水库 2 座、日供水能力 19.31 万立方米输水泵房 1 座及相配套的加氯、加氨、加矾等制水设置。

### 【宝钢原水基地宝山湖】

是利用长江江堤外侧滩地围堤筑成的水库,1983 年 2 月始建,1985 年 8 月开始蓄水。宝山湖在长江丰水季节和枯水期涨潮时,抽取低氯离子浓度江水贮存起来;当枯水季节宝钢长江直接取水口无法提供生产需要的低氯离子用水时,改由宝山湖供水。宝山湖取水系统由取水泵站和水库组成,取水泵站内有 6 台取水泵,取水能力全负荷 15.12 万立方米/小时;水库内堤长 2 009 米,外堤 3 703 米,堤顶标高 8 米,一期工程库容 927 万吨,二、三期工程扩容为 1 200 万吨。宝山湖原水输水系统主要向宝钢提供生产和生活用原水,输水能力按三期工程设计规模为 40 万吨/日设置。

## 三、燃气

### 【上海吴淞煤气制气有限公司】

原名大上海瓦斯股份有限公司、上海吴淞炼焦制气厂、上海吴淞煤气厂,始建于 1938 年,位于淞南镇,占地 26.8 万平方米。1997 年 11 月,吴淞煤气厂转制为上海吴淞煤气制气有限公司,担负上海城市管道燃气 1/4 左右的供应量,生产热能供汽、余热发电、粗苯、硫磺和回收混合油等多种化工产品。2000 年 8 月实施天然气改制工程,建成 6 台天然气改质炉投产,使生产能力达到 210 万立方米/日的生产水平。

### 【上海石洞口煤气制气有限公司】

建于 1993 年 12 月,原名上海石洞口煤气厂,位于月浦镇盛桥沿江。主体生产设备包括日产城市煤气 210 万立方米的 3 条轻油制气生产线,年储存能力为 10 万吨的 4 座 2 000 立方米液化气球罐,年吞吐能力为 54 万吨的万吨级危险品专用码头和总容量 85 800 立方米的油槽。

# 第四节　吴淞工业区环境综合整治

吴淞工业区位于上海市北端,占地 20.43 平方公里。工业区内主要污染行业为冶金、化工、有色金属、建材等,工业废气排放量列全市各行政区之首,是市重点污染地区之一。通过 6 年综合整治,2005 年,工业区做到产业结构合理、生产工艺先进、经济总量增长、市政基础设施完善、用地布局合理,环境质量达到全市各项指标平均水平。

## 一、环境原状

始建于 50 年代的吴淞工业区,是上海最大的冶金、化工、建材和有色金属的老工业基地,曾为上海经济建设发展做出过巨大贡献。但由于历史原因,工业区缺少整体规划,用地混乱,居民住宅与企业混杂相处;大部分企业生产设备陈旧,工艺技术落后,污染严重,集中全市 10% 的污染大户,烟粉尘排放量占全市排放总量的 29.4%;市政设施严重不足,道路面积仅占工业区面积的 2.7%,交通严重拥堵;绿地率仅为 2.8%。90 年代初,吴淞工业区常规的生产排放降尘量是 22 吨/每平方公里/每月,工业区内 150 座燃煤锅炉烟囱排出的黄色烟尘遮天蔽日。蕴藻浜和工业区范围里的大小河道水质均处于劣五类,常年黑臭。环境严重恶化,居民上访不断,综合整治既迫切又艰难。

## 二、整治机制

1998 年,市政府成立吴淞工业区环境综合整治领导小组,下设办公室(简称市吴淞办),市委副书记、常务副市长任领导小组组长。2000 年 10 月,领导小组制定并以市政府名义下发《上海市吴淞工业区环境综合整治规划》《上海市吴淞工业区环境综合整治实施计划纲要》两个指导性文件和《上海市吴淞工业区环境综合整治配套政策实施意见》,即"一套规划、一套纲要、一套政策",明确以优化冶金、限制化工、淘汰建材为原则,以技术升级为重点,加快产业结构调整优化,实施环境经济双赢战略的指导思想,并将吴淞工业区环境综合整治列为上海市第一、第二轮环保三年行动计划的重点工作。2004 年 10 月,市政府要求吴淞工业区整治,环境质量必须有实质性提高,实现天蓝地绿水清的总要求,为全市工业区整治提供示范。

## 三、整治项目和成果

**【关停污染企业与大气整治】**

工业区内污染企业有 68 家,重点对 34 家生产工艺落后、能耗高、污染排放大的企业进行战略性产业和产品结构调整。关停 17 家污染严重企业和 40 条生产线,同步实施产品结构调整和工艺改造;就地完成污染治理项目 43 项,分别完成计划任务的 242.9%、148.6% 和 187%。关停企业和生产线共涉及约 25 587 名职工下岗。至 2005 年底,完成分流安置 21 760 名职工,其余将近退休年龄的下岗职工给予 10 万余元补贴自谋出路。

宝钢集团投入近 183 亿元对原一钢公司和五钢公司进行战略性结构调整和技术改造,关停全部污染严重的化铁炉、转炉等炼钢生产线,调整一批普通生产线,引进不锈钢热轧板卷、不锈钢长型材等一批工艺技术先进、产品附加值高的项目,使污染物排放大幅度削减,经济效益明显提高。烟粉尘、二氧化硫分别削减 12 759 吨/年和 3 214 吨/年,分别占到工业区总削减量的 79.1% 和 70.6%。

针对工业区内 150 台燃煤锅炉的污染问题,重点利用上海中远化工有限公司和吴淞煤气厂实施结构调整后富余的大锅炉,经改造、脱硫后作为集中供热热源点,建成 A、B 两个集中供热网,日蒸汽供应量达 1 600 余吨,惠及 35 家企业。至 2005 年底,对不能纳入热网的燃煤锅炉关停 51 台,实施集中供热工程拔除 47 台,清洁能源替代 37 台,脱硫整治 15 台,既节约能源,又减少污染。

区政府组织实施烟粉尘无组织排放整治,建立"二级政府、二级受理"工作机制,企业负责对生产性无组织排放的整治。2004 年 4 月成立专项整治机构,全面开展 37 条无名道路、31 处堆场、26 个码头的整治工作,新增道路两侧绿化 54 294 平方米,加强联合执法和道路清扫保洁,区内道路、堆场和码头平均降尘量分别下降 27.6%、20.0% 和 17.6%。

### 【雨污水治理与环保监控】

工业区蕰藻浜以北有 172 家企业需实施雨污水分流、污水纳管排放,至 2004 年底,完成外部 4.1 公里污水管网的建设任务,内部雨污水分流管网建设完成 59 家,占 37%。整治过程中新建污水主管网 16 020 米、污水收集支管网 10 552 米和 2 个污水提升泵站,形成完善的污水管网系统。2005 年 10 月全部完成雨污水分流、污水纳管排放任务。市、区水务部门完成工业区内的沈师浜、老沙浦、南黄泥塘、浅弄河、何家浜 5 条总长度为 9.5 公里河道整治及新建 2 座涵闸的任务。其间,先后建成吴淞工业区环境综合整治信息集成系统和 4 座大气自动监测站、一套烟尘黑度自动识别仪、一批锅炉烟气和污水排放在线监测设施,新增一辆环境质量流动监测车,布设 112 只降尘监测点组成的监测网,逐月跟踪区域、道路、堆场、码头降尘情况。根据工业区内河道水系特点,设置 8 个地表水环境质量监测断面,每季度跟踪监测河道水质。

### 【绿地工程与市政设施建设】

吴淞工业区内规划绿地总量为 531.6 公顷,其中公共绿地 253.8 公顷,企业内部绿地 277.8 公顷。2005 年,建成绿地 439.8 公顷,其中公共防护绿地 172.7 公顷,企业内部绿地 267.1 公顷。工业区绿地率从整治前(1998 年)的 2.8% 提升到 21.7%,绿化覆盖率达到 26.7%。整治期间,由市建设部门、区政府和市吴淞办,分别完成吴淞工业区内 A20(外环高速)泰和路段、A30(郊环高速)同济路段和江杨北路、水产路、铁力路、宝杨路、铁山路等一批主干道及 37 条无名支路等建设任务,使工业区内及其周边具有 8 条高等级道路,机动车道由整治前的 17 条车道,增至 48 条车道,构成畅通的道路交通网。

### 【主要成效】

通过整治,基本建成工业区环境监测系统,搬迁 1 400 户居民。吴淞工业区主要污染物排放较整治前大幅度消减,工业烟粉尘减少 81.7%,二氧化硫减少 39.5%;工业废水减少 66.8%,废水中主要污染物化学需氧量、石油类、氨氮排放量分别下降 71.9%、57% 和 64.7%。区域降尘量减少 38.6%,河道水质消除黑臭,恢复鱼群生存,绿地率增长 10 倍。吴淞工业区主要企业生产总值达到 1999 年的 2.7 倍,万元产值综合能耗下降 50% 以上,万元产值排污削减 80% 以上。

厂群矛盾得到有效缓解,区域发展更加和谐。根据网上调查、问卷调查和盖洛普咨询有限公司专业调查结果,吴淞地区居民对工业区环境综合整治工作的环境质量改善的满意率达到90%以上。

　　历时6年的吴淞工业区环境综合整治,使区域环境保护和经济发展取得历史性突破,实现"用地布局合理、市政基础设施完善、产业结构和生产工艺优化、生态环境明显改善"的整治目标,其成功意义不仅在于有效解决长期困扰吴淞地区的环境与发展问题,而且为传统工业区走协调可持续发展提供示范。

# 第五章  滨江新城建设

宝山区通过发展生产性服务业和推进高新技术产业,形成与现代化滨江新城建设相适应的产业发展新局面;建设大型居住区,统筹城乡发展,加快实现城乡建设一体化;强化军民融合发展理念,推动国防建设与改革发展有机衔接、同频共振,实现"全国双拥模范城"五连冠;举办上海宝山国际民间艺术节,打造区域标志性和引领性文化品牌、文化名片;推动滨江带核心区域改造发展,特别是建成吴淞炮台湾湿地森林公园和吴淞口国际邮轮港,以"老码头、老厂房、老堆场、老港区"转型为代表的滨江核心区域初现雏形。

## 第一节  新 型 产 业

区域作为国家重要钢铁基地和上海重要港口能源基地,在产业上有"三重三大一低一多"的特点。"三重":产业结构重、产业形态重、产业能耗重;"三大":货物运输量、污染排放量比较大,建设用地工业仓储用地比例比较大;"一低":土地资源利用率低;"一多":部市属企业比较多。全区近100平方公里工业仓储用地中,部市属企业用地占40%以上。宝山区通过培育新兴产业、加快转型提升传统产业,把发展生产性服务业和推进高新技术产业作为调结构促转型的重要举措和主攻方向,深化产业结构性调整和战略性转型,逐步形成与现代化滨江新城建设相适应的产业发展新局面。

### 一、生产性服务业

区域生产性服务业发展经历3个时期。

**【起步初创期(2002—2004 年)】**

宝山区利用部市属工业的老厂房、老仓库,在南部地区启动"市区联手,建设都市工业楼宇"工作,着重培育特色产业和主导产品。制定支持南部城市化地区发展都市工业的若干意见,加强对钢结构、生物医药、电子通信等产业的培育。到2004年,共改建16个都市工业园,实现销售收入20亿元、地方税收2 300万元,提供就业岗位1 800多个。新建改建的都市工业园有吴淞八棉都市工业园、大场镇白猫家电科技产业园、高境镇高境都市工业园、庙行镇沪北都市工业园,新建改建面积256 700平方米,获市、区两级资金支持764万元。2004年新引进30余家企业中,有10余家电子信息和研发型企业,如淞南葵花都市工业园引进的汇丰数码科技有限公司、慧巢电子有限公司等企业。

**【培育发展期(2005—2008 年)】**

其间,研究制定《都市产业发展指导意见》,开展服务业发展的课题调研,把服务业载体建设作为抓手,支持引导南部乡镇探索和形成创意产业园区、动漫产业园等发展模式,逐步培育具有区域特色的现代服务业载体。2007年为了适应产业结构调整、经济增长方式转变,制定《宝山区产业结构调整三年行动计划》《宝山区服务业发展三年行动计划》,根据区域特点,形成"一带、三线、三分区"的服务业发展布局,"一带":宝山滨江服务业景观带;"三线":轨道交通1、3、7号线交通服务业综合开发;"三分区":北、中、南部三大服务业功能区,以及吴淞口游轮服务区定位研究规划,建成上海宝山钢铁物流商务一期、北斗星等7个项目。同时,加快启动轨道1号线沿线的上海服务外包基地宝山共康园,轨道交通3号线沿线上海国际节能环保园、上海国际工业设计中心,轨道交通7号线海宝玻璃厂等14个项目,推进棉花仓库智力公园、上海国际研发总部基地等25个项目。2008年以生产性服务业功能区、现代服务业集聚区、创意产业集聚区建设为抓手,推进钢铁服务业、港口船舶服务、创意产业集聚、现代物流业建设项目,其中生产性服务业26个、生活性服务业16个,总建筑面积近360万平方米,总投资近170亿元。

**【加速提升期(2009—2012年)】**

2009年上半年,区制定生产性服务业三年发展目标。年内,通过打造总部楼、培育专业园,初步形成生产性服务业集聚发展态势,上海国际节能环保园、上海智力产业园被认定为上海市生产性服务业功能区。2010年先后制定《推进宝山生产性服务业发展工作方案》《宝山区软件和信息服务业发展三年行动计划》等一系列规划,重点聚焦钢铁服务业、软件和信息服务业、节能环保服务业等五大重点领域。一批生产制造型企业加快向服务型企业转型,区外优秀企业加快向内集聚,区内传统型企业通过业务模式创新和提高科技含量增强发展后劲。宝钢工程技术集团公司、上海亨钧技术有限公司等科技型企业,依托互联网和通信技术,拓展业务新领域。高端化的生产性服务业骨干企业复旦软件园、上海决策者经济顾问有限公司集聚区域发展,吸引一大批信息服务类高新技术企业。上海动漫衍生产业园被评为市首批示范创意产业集聚区,上海国际钢铁服务中心、上海钢铁金融产业园被认定为市级生产性服务业功能区。在全市推进的19个生产性服务业区中,宝山区有4个,数量排名第二位。宝山区同时被认定为市首批"两化融合"实践区之一。是年,全区生产性服务业(不含金融服务业)完成收入1 918亿元,比2009年增长16.3%,高于工业产值增幅2.2个百分点;实现增加值141亿元,占全区增加值比重为13.5%。

## 二、先进制造业

依据上海市的产业布局,宝山区先进制造业在调整中稳步发展,机械装备产业、电子电器产业、新能源产业、精品钢延伸业成为重点产业。

2007年启动《发展先进制造业,进一步提升工业园区实力水平》的调研。2009年制定《宝山区加快推进高新技术产业化的实施方案》《宝山区推进高新技术"2+4+X"产业化行动方案》,明确2009—2012年区域高新技术产业化发展目标,成立推进高新技术产业化领导小组。2009年引进重点领域项目46个,总投资近90亿元,其中有上海发那科机器人有限公司、百万千瓦级压水堆核电站核电阀门项目上海通用阀门真空设备有限公司、生物医药类企业上海复星长征医药科学有限公司等。产业基地建设有宝钢新材料基地、大场民用航空制造基地、宝山城市工业园区新能源产业基地、宝山工业园区装备制造业基地、软件和信息服务业基地。2010年,市经委认定宝山新材料、先进重大装备、软件和信息服务业为高新技术产业化基地。获批的三大高新产业基地为宝山城市工业园区、宝山工业园区、罗店月浦工业园区。提升制造业能级,全年引进高新技术产业化项目25

个,17 个企业(项目)申报高新技术专项、市重点技改专项和中央振兴产业重点技改专项。区内的上海海隆石油工业集团有限公司(集石油装备、新材料研发制造和服务为一体的民营企业)、东芝电梯有限公司等成为业内领军企业;上海汉虹精密机械有限公司成为亚洲第一的集生产、研发、服务于一体的太阳能装备制造基地。至此,区域高新技术产业化领域企业有 175 家,其中新能源 4 家、民用航空 2 家、先进重大装备 45 家、生物医药 24 家、电子信息制造业 20 家、新能源汽车 1 家、海洋工程 9 家、新材料 70 家。是年实现工业总产值 300 亿元(不含宝钢股份),比 2009 年增长 30%,占企业工业总产值的 25%。

## 第二节 大型居住社区

大型居住社区是推进城市发展、完善住房体系、提高居住水平、稳定房地产市场的重要举措。至 2010 年,宝山区先后启动顾村、罗店大型居住社区建设。

### 一、顾村居住社区

位于宝山区顾村镇境内,是市政府于 2003 年首批通过政府主导、企业运作,以动迁安置房、经济适用房等保障性住房为主的大型居住社区,分期分批开发原选址基地、新选址二号基地、新选址一号基地和顾村拓展区。

**【原选址基地】**
规划范围东至沪太路,南邻沙浦河,西至陆翔路,北靠宝安公路,为顾村大居第一期,分二批开发。第一批涉及毅翔、大陆、正义 3 个村 203 户村民,于 2004 年 3 月打桩,2005 年底竣工,建成海尚菊园、古北陆翔苑、爱建顾园 3 个街坊,共计住宅 6 564 套,约 52 万平方米。2009 年 12 月,3 个街坊入住户数 4 423 户,入住人口 12 110 人。第二批开发于 2005 年 8 月启动,约 53 万平方米,涉及刘行老镇改造,动迁毅翔、大陆 2 个村 8 个村民小组 289 户村民、公房 57 户及 13 家企业。规划配建教育、医疗、公交站、商业等公共服务设施 18 个。

**【新选址二号基地】**
规划范围东至陆翔路,南邻沙浦河,西至中心河,为顾村大居第二期第一批开发,动迁毅翔、正义 2个村 193 户村民,于 2005 年 3 月打桩,2008 年 6 月交付使用,建成采菊苑、文宝苑、菊翔苑 3 个街坊。

**【新选址一号基地】**
规划范围东到沪太路,南靠宝安公路,西至陆翔路,北傍鄱阳湖路,为顾村大居第二期第二批开发,动迁涉及归王、毅翔、老安 3 个村、19 个村民小组、644 户村民和 54 家企业,自 2006 年 4 月启动,以沪联路为界分两期进行,至 2009 年 9 月底全面完成动迁工作。其间,基地住宅建设分地块陆续开工建设,2011 年底可集中交付 81 万平方米。

**【顾村拓展区】**
规划范围东至沪太路,南以宝安公路、陆翔路、支八路为界,西临规划 A13 公路(S7 公路),北靠

G1501（上海绕城高速）公路，首期涉及顾村镇的归王、老安、沈宅 3 个村和罗店镇的北金、南周 2 个村共 35 个村民小组，动迁村民 1 609 户，落实保障 3 065 人，以及企业 107 家。分 1、2、3 号地块开发，其中 1 号地块占地 220 公顷，2 号地块占地 20 公顷，3 号地块占地 62 公顷。2010 年，初步形成大基地建设工作流程，开展动迁梳理摸底及动迁方案，开展地价确定，推进专业规划编制等。

## 二、罗店居住社区

位于宝山区罗店镇境内，是上海市第二批大型居住社区 23 个基地之一，按照上海市第三轮建设模式"市区联合储备、以区为主"模式开发建设，规划范围东至沪太路，南至 A30 公路（G1501 公路），西至规划 A13（S7 公路）公路，北至规划月罗公路，毗邻美兰湖北欧新镇。动迁村民 2 764 户，涉及西塘、张士、北金、远景、南周、富强、罗溪 7 个村共 49 个村民小组，企业 148 家。动迁工作自 2010 年 3 月启动，11 月底全部完成，12 月 18 日正式开工建设。规划启动 6 个市政设施和 15 个公建项目建设，6 个市政设施包括 4 条道路、1 条河道和 1 座污水泵站，15 个公建项目涵盖教育、卫生、养老、行政中心及公安派出所等。

# 第三节　全国双拥模范城

宝山区具有拥政爱民、拥军优属的优良传统，先后在 1991 年 12 月、1994 年 1 月、1996 年 10 月、1999 年 12 月、2003 年 7 月、2008 年 5 月 6 次被上海市政府、上海警备区授予"上海市双拥模范区"称号；先后在 1994 年 7 月、1997 年 1 月、2000 年 1 月、2003 年 12 月、2007 年 12 月 5 次被全国双拥工作领导小组、民政部、中国人民解放军总政治部命名为"全国双拥模范城"。

## 一、拥军优属

从 50 年代起，宝山在每年的八一建军节和新年、春节期间开展广泛的群众性拥军优属活动；相关部门优先供应部队粮油、副食品、水电煤气和日常必需品，从各方面支援部队建设。

**【科技拥军】**
2001 年 7 月 17 日，区决定每年拨出 100 万元作为科技拥军的专项经费，支持部队开展科技强军、科技练兵。全区推出"百万电脑进军营"活动，相继在驻区海军和武警部队开办"军营科技夜校"。是年 8 月，区委、区政府办公室转发区科委《关于宝山区科技拥军工作的若干意见》。区科委组织 670 多名拥军志愿者服务队进军营，派出科技讲师团下连队普及科技知识，培养军地两用人才，与部队联合举办"部队机关信息技术培训班"。在建军 75 周年前夕，为鼓励驻区部队官兵开展"科技练兵"，区拨款 14 万元，对 2000—2002 年获大军区以上科技成果奖的 103 名驻区部队官兵给予奖励。吴淞中学、罗店中学、和衷中学等先后 12 次举办计算机培训班，培训部队官兵 480 人、军嫂 160 人。吴淞中学、吴淞四中等学校每年为附近部队战士举办高考复习班，先后有 75 名战士考入各类军事院校。

**【优抚活动】**
通过代耕、优待劳动日、军人家庭服务队、优待金、临时补助、定期定量补助和定期抚恤金、优抚对象医疗费减免、一次性抚恤等措施,落实各项优抚政策,对城乡孤老、病、残、生活困难的烈军属、复退军人每月给予定期补助。按照优抚对象抚恤补助标准,农村义务兵家属和重点优抚对象优待金标准,保障优抚对象的生活水平略高于当地平均生活水平。1991—2010年,全区共发放各类优抚金9 492.5万元,其中义务兵家属发放优待金5 092.4万元。各街镇及区属企事业单位建立基层拥军优属保障基金。至2002年9月底,基层拥军优属保障金达494万元。1995—2005年,通过"爱心献功臣"活动,全区共为市拥军优属基金会筹集资金822万元。

**【安置工作】**

把转业干部、退役士兵安置当作稳军心、固长城的大事来抓。遵循四项安置原则,即坚持政治任务、专业对口、就近安置和妥善合理适用的原则,做好转业干部和退役士兵的安置工作。2007—2010年,全区共接收部队转业干部145人,接收退役士兵1 015人,接收安置率100%。1997年,区出台政策,要求各级机关、事业单位招用人员时,本着公开、公平、竞争、择优的原则,在同等条件下优先录用军嫂。区双拥办会同人事局、劳动局等有关部门,每年7月份组织召开一场军嫂就业专场招聘会。据不完全统计,1997—2010年,全区共安排1 546名军嫂就业,其中126名军嫂走上基层居委会主任或党支部(党总支)书记岗位,并涌现出上海市好军嫂施纪红等一批先进典型。把落实部队军官随迁子女入学作为开展双拥工作的重要内容,帮助解决上学难题。从2002年起,专门制定驻区部队现役军人子女中考增加8分的政策。至2010年,区教育局为234名随军随调子女解决就学问题,并对1 237名军人子女学习和生活上给予重点关心,为96名现役军人子女给予中考加分,其中63名进入重点高中。

## 二、拥政爱民

军民和谐互动、军地融合共进,是宝山区双拥工作的光荣传统。驻区部队和广大子弟兵始终牢记人民军队宗旨,践行"把驻地当故乡、视人民为父母"的诺言,支持地方经济建设,为维护社会安宁,参与国防教育,促进文明和谐,推动城乡发展,维护社会稳定。

**【工程建设】**

驻区部队在完成自身保卫国土任务的同时,开展多种形式的拥政爱民活动,先后派出官兵参加区域沿江海塘和横沙、长兴两岛海塘修建工程,上钢一厂、上钢五厂钢铁基地建设工程,杨盛河开挖、太浦河整治农田水利建设工程,宝钢一期、二期、三期建设工程等经济建设重大工程;参与沪太路、牡丹江路扩建及南北高架路、逸仙高架路、A20(外环高速)建设等市政建设重大工程;参加月浦自来水厂,华能上海石洞口第一、第二电厂,吴淞煤气制气有限公司扩建改建工程和石洞口污水处理厂建设等公用事业工程;参加长江路和泗塘新村地区环境整治和植树绿化工程、拆除违章建筑等环境整治工程;协助完成海塘防汛工程、蕰藻浜防汛墙工程和河道整治等抗台防汛工程;参加上海博物馆和上海大学新校址建设文化教育工程、吴淞客运中心平战结合滚装码头改造战备工程。1989—2010年,驻区部队共投入68.24万余人次参加各项工程建设,派出车辆2.03万多台次,运输物资11.21万多吨,修复海塘17公里,参加街道、小区整治市容3 382人次,清理垃圾5.53万多吨,帮助拆除违章建筑16.36万多平方米,植树12.9万余株。

**【抢险救灾】**

驻区部队官兵面临地方急、险、难、重任务时挺身而出，给予最大支持和帮助。1991—2010年，驻区部队先后参加宝钢电厂外围煤气管道起火、"3·17"先锋石粉厂特大爆炸事故和"6·14"真如电台失火、1997年11号特大台风、1998年长江流域发生百年未遇特大洪灾、2000年"派比安"台风袭击吴淞、2004年上海轨道交通4号线重大塌方险情、2008年初上海市连续强降雪灾情等120余次抢险救灾活动，出动官兵31600余人次，动用车辆1670余台次，堵决口54处，加固堤坝2.46万米，运土方约5300立方米，清除污染面积2万多平方米，铲除污染水草约240吨、污染淤泥近300吨，清洗被污染的防汛堤约2500平方米，援救遇难船只86艘，抢救遇险中外海员和群众1623人次。海军某护卫艇大队的先进事迹多次被《人民日报》《解放军报》《人民海军》《新民晚报》等媒体报道，被军内外誉为"大海救护神""风口浪尖上的'活雷锋'"。

1991—2010年，驻区部队官兵有11.6万余人次参与地方联动执法、联防值勤，完成节日保卫、防火救灾、春运执勤、武装押运、市内押解、城市夜间巡逻等一系列重大任务。协助公安部门严厉打击各类刑事犯罪，成功处置多起突发案件，坚决捍卫地方平安稳定的社会环境，全力保障群众生命和财产安全、保障城市安全有序运行。2000年3月8日，位于祁连镇的上海金路达保健有限公司发生严重爆炸，致使厂房倒塌、民宅受损、11人死亡和17人受伤。驻区武警、消防以及相关部队接到求援令后，迅速抽调400多名官兵携带抢救工具和医疗设备紧急出动，在第一时间赶到事故现场，奋力投入抢险工作，得到赶赴现场的市领导肯定。

## 三、军民共建

区域军民共建共育工作始于1981年，由海军吴淞训练基地与海滨新村街道水产路居委会建立起第一个军民共建点。1983年，军民共建共育工作全面开展。1988年11月，宝山区军民共建领导小组成立，下设军民共建办公室。1996年后，军民共建办公室与区文明委办公室合署办公。

宝山区发挥驻区部队资源优势，搭建军地衔接、互动融合的国防教育平台，相继建成海军上海博览馆、上海解放纪念馆、民兵训练基地等20余个爱国主义和国防教育基地，开展以爱国主义为核心、以拥军优属拥政爱民为重要内容的国防教育实践活动。2010年，全区共有481个军民共建单位，以"共创文明街镇、共建美好家园"为主题，推动群众性文明实践活动，齐心协力把宝山区创建成为"上海市文明城区"。同时，通过开展"军徽映夕阳""百连万兵进社区"等系列活动，驻区部队先后与区内15家敬老院、近300名社区独居老人结成帮扶对子，定期上门送服务、送关爱、送健康。部队官兵还担任驻地学校校外辅导员，与140余名困难学生结对助学，资助学费30万余元。此外，投身"文明同创、军民共建"系列活动，参与"清洁家园行动""三五集中行动日"活动，即每月5日的"窗口服务日"、15日的"环境清洁日"、25日的"公共秩序日"，建立营区周边环境卫生责任制，绿化美化驻地环境，引领倡导文明行为，发挥示范带头作用。

## 第四节  上海宝山国际民间艺术节

上海宝山国际民间艺术节（简称民间艺术节）不仅是区域标志性和引领性文化品牌和文化名片，也是全市重点群众文化活动项目之一。

## 一、概况

民间艺术节创办于 1995 年,至 2011 年成功举办 7 届。民间艺术节以"文化,让生活更和谐"为主题,彰显"大众参与,大众享受"的核心理念。历届参与的群众达 150 多万人次,先后有五大洲四大洋的 49 个国家、99 个艺术团、近 2 400 名来宾及艺术家在艺术节上一展风采。其间,民间艺术节加入联合国国际民间艺术组织;第五届民间艺术节获"2006 年度上海市群众文化优秀活动项目奖",在文化部设立的"群星奖"中获文化服务项目的最高奖。通过这个交流平台,区内的群众文化团体应邀参加多个国外艺术节和国际文化交流活动,为弘扬本土民间艺术和推动民间外交起到积极作用。

首届民间艺术节于 1995 年 10 月 29 日—11 月 11 日举办,来自奥地利、芬兰、法国、荷兰、以色列、意大利、俄罗斯、韩国、西班牙以及中国 10 个国家的中国西藏歌舞团(才旦卓玛领衔)等 12 个艺术团的 257 名民间艺术家参加。第二届民间艺术节作为第四届中国国际民间艺术节的一个组成部分,于 1998 年 8 月 24—29 日举办,来自克罗地亚、意大利、日本、南非、韩国、俄罗斯、西班牙以及中国 8 个国家的中国四川民间艺术团等 9 个艺术团的 187 名演员参加。第三届民间艺术节于 2000 年 10 月 27 日—11 月 3 日举办,来自比利时、加拿大、埃及、贝宁、匈牙利、俄罗斯、以色列、奥地利、波兰、韩国、荷兰、法国、西班牙以及中国 14 个国家的中国新疆阿克苏歌舞剧团等 14 个艺术团的 362 名民间艺术家参加。第四届民间艺术节于 2004 年 10 月 11 日—11 月 22 日举办,来自保加利亚、智利、捷克、匈牙利、斯洛伐克、意大利、日本、苏格兰、乌克兰、美国、德国、加拿大、科特迪瓦、比利时、库克群岛、瑞士以及中国 17 个国家的 19 个艺术团的 490 名民间艺术家参加。第五届民间艺术节于 2006 年 10 月 15 日—11 月 22 日举办,来自斯洛伐克、西班牙、苏格兰、韩国、意大利、尼日利亚、新西兰、委内瑞拉、希腊、印度、波兰、哥斯达黎加、俄罗斯、德国、墨西哥、法国、美国、加拿大、澳大利亚以及中国 20 个国家的 20 个艺术团的 429 名民间艺术家与会。第六届民间艺术节于 2008 年 10 月 15—22 日举办,来自奥地利、比利时、荷属安的列斯库拉索岛、法国、以色列、日本、韩国、拉脱维亚、俄罗斯、塞尔维亚、斯洛伐克、西班牙、土耳其、乌干达、美国以及中国 16 个国家的 16 个艺术团的 356 名民间艺术家参加。第七届民间艺术节于 2011 年 10 月 15—22 日举办,来自奥地利、巴西、哥斯达黎加、捷克、匈牙利、印度尼西亚、以色列、韩国、斯洛伐克、西班牙、刚果(金)、俄罗斯以及中国 13 个国家的 13 个艺术团的 326 名民间艺术家参加。

## 二、特色

民间艺术节经过 17 年运行,活动内容日趋丰富,形成艺术节开幕式、闭幕式和六大版块活动的基本框架。

### 【开闭幕式】

开幕活动创意新颖。例如,2011 年 10 月 16 日晚上,第七届上海宝山国际民间艺术节开幕活动在吴淞炮台湾湿地森林公园内的上海长江河口科技馆广场举行,开幕活动由暖场演出、开幕仪式、主体演出和互动联欢四部分组成。主体演出通过"宝山古韵""五洲风情""滨江魅力"3 个乐章的组合,表现宝山文化的源远流长、海派文化的海纳百川,展示宝山这座滨江新城的激情活力。

闭幕活动隆重简朴。从第五届艺术节开始,闭幕式的总体格局确定为入场仪式、闭幕仪式、互动联欢。

**【主体活动】**

主体活动六大版块特色鲜明。

**特色文化节中节** 结合"全国民间文化艺术之乡"创建的"街镇双年会"活动是其中独有的特色品牌,如罗店镇龙船文化节、月浦镇锣鼓年会、顾村镇诗乡年会、中国民间画乡杨行论坛等与艺术节同步举行,相得益彰。

**剧场广场天天演** 艺术节将大量的活动安排在广场上举行,邀请各界人士参加。以第七届艺术节为例,各国艺术团、艺术家在宝山及外区的剧场和广场进行公益演出19场,参与群众近12万人次。

**欢乐联谊在校园** 区教育局在全区范围内选取艺术特色学校8所~10所,与国外艺术团开展艺术交流和联欢活动。

**生活体验进家庭** 艺术节最受外国艺术团欢迎的项目就是家庭访问活动。全体外国贵宾和艺术团成员到宝山地区的市民家庭做一天"宝山人",参与书法、演唱、编织、烹饪等民俗、民族、民间文化活动,感受中国家庭浓浓的亲情。

**外国团队活动日** 第七届艺术节借鉴上海世博会国家馆日的经验,采取参演外国团队与宝山各街镇结对的形式,通过文艺演出、才艺展示等项目开展互动。

**艺术展示多层面** 第七届艺术节期间,区文化馆、月浦文化馆及全区11个街镇共举办国际面具展、皮影艺术展、艺术节回眸摄影展、剪纸作品展、民俗、民风、民情画展、剪纸作品展等14个各具民间特色的文化艺术展览。

## 三、运作机制

民间艺术节的运行模式从区域实际出发,形成自己的特色。

**【组织领导机制】**

宝山区成立"宝山国际民间艺术节组委会",组委会办公室设在上海宝山国际民间艺术交流与研究中心,具体承担日常运行工作。区相关部门和单位为领导小组成员。组委会实行例会制度和重大事项会商制度,专题研究民间艺术节各项工作,落实任务和具体措施,实现对民间艺术节的有效领导。

**【财政保障机制】**

宝山区探索多元投入机制,一是由区政府提供基本经费,二是力争上海文化发展基金会的资助,三是通过社会机构以无偿或冠名方式获得经费资助,如历届国际民间艺术节等活动均得到宝钢集团公司、有关企业和街镇的经费支持。

**【国际合作机制】**

民间艺术节重视国际合作与交流,于2004年加入联合国国际民间艺术组织,开展与有影响力的国际艺术节合作,实现互惠互利,合作双赢。如与上海国际艺术节合作,在时间上同步,在资源上共享。开展国际交流活动,以民间艺术节和博览馆为平台,每年组织"宝山民间艺术团"等文化团体参与多项国家和上海举办的中外文化年、文化交流活动以及国外知名民间艺术节。

**【区域联动机制】**

民间艺术节从"立足宝山、服务上海、牵手全国、面向世界"的角度提升立意,加强与全市各区县的互动合作,邀约各区县的民间艺术团体参加艺术节活动,吸引广大上海市民关注参与,使艺术节成为上海民间艺术的集聚和展示平台;加强与长三角城市的合作,探索以"主宾城市"或"主宾城区(县)"的民间艺术展示主导某一届民间艺术节庆或展览的模式,将长三角城市丰厚的民间艺术资源集聚展示和传播,创新、丰富民间艺术节的内容;开展跨地区、国家的互动合作,如与国外知名的国际民间艺术活动联动,开展主题关联的系列活动,彼此呼应,互为补充,扩大影响。

**【社会参与机制】**

民间艺术节始终坚持政府主导下的社会运作机制,在坚持公益性前提下,继续扩大国际民间艺术节合作资源,建立参与评审制度,通过评估,使有意愿、有能力的民间机构参与其中,成为公共文化服务的提供者;增强国际民间艺术节与经济、商贸、旅游等行业的关联度和结合度,使国际民间艺术交流这一公共文化服务形式成为宝山区发展文化创意产业的助推器。

**【品牌运作机制】**

深入研究项目的品牌开发和运作策略,构建规模化、系列化、多层次的活动品牌体系,如打造上海宝山国际民间艺术节、上海宝山国际民间艺术博览馆两大主力品牌,在主力品牌引领下,开发、创新和拓展街镇节中节、缤纷校园、外团活动日、家庭一日游、国际民间艺术论坛等系列子品牌,形成"以品牌带活动,以活动树品牌"的良性运作机制;建立品牌运作机构,如品牌实务运作经理部或由相关专家组成的品牌管理委员会,负责确定品牌定位、制定品牌运作措施、整体形象宣传、危机公共关系等工作,并监督落实。

**【宣传推介机制】**

在国际民间艺术节的推广中,区强化宣传推介机制,以新闻发布会为启动标志,通过各大报纸、电视、广播、网络等媒体进行全方位、有针对性的广泛宣传;建立长效宣传推介平台,如开设民间艺术节和博览馆网站、微信公众号等,及时发布各种相关信息,建成长效、固定的宣传推介网络。

# 第五节　滨江带开发

宝山区以吴淞口为核心的滨江发展带核心区域规划逐步完善,以"三游"即邮轮、游艇、游船产业为主体功能的滨江开发格局基本确立,以"四老"即老码头、老厂房、老堆场、老港区转型为代表的滨江核心区域初现雏形。

## 一、体制

2002年1月,市委、市政府批准成立上海市黄浦江两岸开发工作领导小组,下设上海市黄浦江两岸开发工作领导小组办公室（简称市浦江办）作为其办事机构，具体负责落实领导小组的有关决定，对黄浦江两岸开发工作进行组织、协调、督促和检查。同时，组建上海市申江两岸开发建设投资（集团）有限公司（简称申江集团），主要承担沿江公共环境、公共配套设施的建设和土地一级市场的开发，负责市级项目的投融资与建设，发挥在黄浦江两岸开发建设中的主导作用。之后，沿江各区相应成立开发机构，在业务上接受市浦江办的指导，负责黄浦江两岸相应区域综合开发的具体工作。

2005年，按照上海市加强黄浦江两岸开发管理的要求，宝山区与市浦江办签署《合作推进黄浦江两岸（宝山段）综合开发备忘录》，由申江集团以现金参股吴淞口开发公司的方式参与黄浦江两岸（宝山段）综合开发，并明确"合资公司在合作开发范围内所产生的收益主要用于黄浦江宝山段沿岸的公共基础设施、公益性项目建设和滚动开发"。相应成立宝山区黄浦江沿岸开发领导小组及其办公室（简称区浦江办），与吴淞口开发有限公司合署，由吴淞口开发公司董事长兼任区浦江办主任。

2009年5月，宝山区将滨江开发范围从黄浦江沿岸拓展至长江沿岸和蕴藻浜沿岸，同时成立宝山区滨江开发领导小组及其办公室（简称区滨江办），与区浦江办合署。自此，吴淞口开发有限公司归区国资委管理，不再与区浦江办合署。2010年6月成立宝山区滨江开发建设管理委员会（简称区滨江委）和宝山区滨江开发建设管理服务中心，明确区滨江委承担牵头抓总、统筹规划、土地开发前期工作及设施建设等工作职责。

2009年7月，由吴淞口开发公司与上海长江轮船公司合资成立，注册资本3亿元。宝山以土地使用权作价和现金形式出资，上海长江轮船公司以炮台湾水域现有资产及无形资产作价和现金的形式出资，双方各占50%的股份。该公司主要经营内容为：邮轮港区码头及配套项目的开发经营，相关旅游、休闲、娱乐及商业服务项目开发经营；游艇项目开发建设及经营；水上游乐场的开发经营。

## 二、范围

上海市黄浦江两岸综合开发规划控制范围从吴淞口至徐浦大桥，两侧岸线长度约85公里，规划控制面积约74平方公里。规划控制范围内设核心区和协调区，其中核心区分为中心段、南延伸段和北延伸段，涉及浦东新区、宝山、杨浦、虹口、黄浦、卢湾和徐汇区7个行政区。北延伸段27.3平方公里，中心段22.6平方公里，协调区6.7平方公里，南延伸段17.4平方公里。宝山区位于黄浦江开发北延伸段范围。根据上海市黄浦江两岸地区发展"十二五"规划，黄浦江（宝山段）延伸至A30（郊环高速）—吴淞口区域，属于黄浦江北部板块。

宝山滨江开发范围为：沿长江纵深控制1公里，黄浦江沿岸纵深控制500米，蕴藻浜两侧纵深控制300米。其中，长江岸线14公里（宝杨路以北—东林路以东—漠河路以北—牡丹江路以东—宝钢区界，岸线长约3.2公里；宝钢厂界—北蕴川路—省界—长江，岸线长约10.8公里），黄浦江岸线10公里（宝山区黄浦江区界—军工路—逸仙路—同济路—外环线—淞宝路—宝杨路—长江黄浦江交界处，由南向北分为WN3、WN5、WN73个单元，分别以蕴藻浜、A20外环高速为分割），蕴藻浜岸线16.5公里（A20外环高速—宝山嘉定区界—锦秋路—沪太路—大场机场—南蕴藻路—共和新路—呼兰路—江杨南路—长江西路—逸仙路—蕴藻浜）。

## 三、重点项目

### 【吴淞炮台湾湿地森林公园】

总面积 120 万平方米,其中陆域面积 60 万平方米、原生湿地面积 60 万平方米,沿江岸线约 2 000 米。因清政府曾在此建造水师炮台,故得名"炮台湾"。2005 年,规划建造湿地森林公园。公园一期于 2007 年 5 月建成开放,二期于 2011 年 10 月建成,全园开放。公园以野趣为特色,保留长江滩涂湿地,展现长江河口的原生态自然风貌,集科普教育、休闲娱乐、观光旅游等功能于一体,先后获国际"人居环境范例奖""IFLA 亚太区第七届风景园林管理类杰出奖",并被评为"国家旅游 AAAA 级景区""全国科普教育基地""上海市五星级公园"。

### 【宝山滨江公园】

占地约 6.8 公顷,总体定位为人性化、互动型、亲水性的城市开放式公园,于 2011 年竣工开放。

**2009 年 8 月,吴淞口国际邮轮码头(宝山区旅游局提供)**

### 【吴淞口国际邮轮港】

位于宝杨路 1 号,规划岸线总长 1 500 米。2009 年 12 月 8 日开工建设。一期总投资 9 亿元,新建 2 个大型邮轮泊位,可同时靠泊 1 艘 10 万吨级邮轮和 1 艘 20 万吨级邮轮,设计通关能力为每年 60.8 万人次。客运大楼面积约 2.2 万平方米,面向大海,为水环抱,外形宛如贝壳,寓意"城市之眼,长江之睛,放眼世界"。2010 年 4 月 27 日首次成功接靠国际邮轮"钻石公主号"。2011 年 10 月 15 日举行开港仪式。2012 年,交通运输部批准成立以吴淞口地区为核心的"中国邮轮旅游发展实验区"。

### 【半岛1919创意产业园】

位于淞兴西路258号,占地4.8公顷,建筑面积7.3万平方米,由上海纺织控股(集团)和上海红坊文化发展有限公司打造。前身是创建于1919年的大中华纱厂,1925年被永安纺织公司收购改名为永安纱厂,解放后改为上海第八棉纺织厂,2007年改建为文化创意园,由于位置在蕰藻浜与泗塘河的半月形交汇处而取名"半岛"。改建采用修旧如旧手法,保留老厂房的历史原貌,集聚影视传媒、网游动漫制作、艺术培训机构、艺术家工作室、创意体验中心等一系列文化产业项目。

### 【其他】

滨江带开发重点项目还有上港滨江城、吴淞零点广场、滨江大道、吴淞口国际邮轮港二期工程等。其中吴淞口国际邮轮港二期工程,将新建两个大型邮轮泊位及配套水工平台,可同时靠泊2艘10万吨级和2艘20万吨级邮轮。

表 11-5-1 宝山区(县)主要年份基本情况

| 项　　目 | 宝山县 | | 吴淞区 | 宝山区 | | | | |
|---|---|---|---|---|---|---|---|---|
| | 1978 年 | 1985 年 | 1985 年 | 1990 年 | 1995 年 | 2000 年 | 2005 年 | 2010 年 |
| 区域面积(平方公里) | | 370.73 | 52.78 | 425.18 | 425.18 | 424.56 | 293.71 | 293.71 |
| 水域面积(平方公里) | | | 1.93 | 2.99 | 2.99 | 20.69 | | |
| 年末耕地面积(公顷) | 24 557 | 21 977 | | 21 147 | 17 313.5 | 15 381.8 | 7 480.7 | 4 815 |
| 街道(个) | 0 | 0 | 5 | 6 | 6 | 5 | 5 | 3 |
| 镇(个) | 5 | 2 | | 5 | 14 | 14 | 9 | 9 |
| 乡(个) | 18 | 18 | 5 | 12 | 2 | 2 | 0 | 0 |
| 居民委员会(个) | 0 | 0 | 78 | 117 | 167 | 229 | 251 | 302 |
| 村民委员会(个) | | 206 | | 195 | 182 | 170 | 116 | 111 |
| 年末户籍人口(万人) | 45.53 | 31.35 | 17.99 | 57.72 | 69.18 | 80.95 | 80.8 | 88.29 |
| 户数(万户) | 11.15 | 9.79 | 5 | 17.52 | 23.50 | 30.28 | 30.97 | 34.68 |
| 年末常住人口(万人) | | | | 60.6 | | 116.14 | 130.54 | 190.49 |
| 外来人口(万人) | | | 0.99 (1987 年) | 8.23 | | 32.24 | 34.23 | 76.61 |
| 人口密度(人/平方公里) | 1 035 | 452 | 3 408 | 1 358 | 1 525 | 1 852 | 2 751 | 3 006 |
| 人口自然增长率(‰) | | 4.8 | 5.05 | 4.01 | −1.19 | −1.86 | −1.02 | −0.23 |
| 城镇登记失业人数(人)[①] | | | | 2 046 | 6 519 | 22 926 | 22 997 | 29 713 |

（续表）

| 项　目 | 宝山县 | | 吴淞区 | 宝山区 | | | | |
|---|---|---|---|---|---|---|---|---|
| | 1978 年 | 1985 年 | 1985 年 | 1990 年 | 1995 年 | 2000 年 | 2005 年 | 2010 年 |
| 新增就业岗位数（个） | | | | | | 7 022 | 35 000 | 30 428 |
| 中学（所） | 56 | 26 | 15 | 40 | 45 | 53 | 50 | 55 |
| 　在校学生（人） | 31 752 | 16 387 | 9 314 | 22 905 | 37 891 | 40 479 | 43 518 | 39 783 |
| 小学（所） | 202 | 148 | 19 | 146 | 119 | 82 | 58 | 72 |
| 　在校学生（人） | 41 622 | 30 873 | 12 033 | 56 793 | 57 059 | 53 875 | 39 411 | 60 214 |
| 幼儿园（所） | 1 | | 17 | 28 | 56 | 83 | 96 | 125 |
| 　在园幼儿（人） | 178 | | 3 675 | 8 677 | 12 695 | 19 502 | 25 710 | 37 916 |
| 职校（所） | | 5 | 2 | 5 | 5 | 6 | 2 | 2 |
| 　在校学生（人） | | 1 027 | 1 209 | 1 732 | 3 717 | 5 882 | 4 416 | 3 903 |
| 图书馆、室（家） | 1（县级） | 23 | 13 | 20 | 20 | 20 | 51 | 13[②] |
| 文化馆、站（家） | 1（县级） | 13 | 6 | 23 | 25 | 24 | 16 | 14[②] |
| 影剧院、场（家） | 5 | 3 | 3 | 6 | | | 9 | 10[②] |
| 区级医院（所） | 6 | 5 | 1 | 6 | 7 | 8 | 8 | 9 |
| 医院床位数（张） | 987 | 955 | 681 | 1 658 | 2 162 | 2 357 | 4 354 | 4 293 |
| 医疗卫生技术人员（人） | 1 045 | 1 501 | 1 145 | 2 619 | 2 864 | 3 229 | 4 539 | 5 926 |
| 执业医师（人）[③] | 219 | 302 | 403 | 1 233 | 1 966 | 2 280 | 1 823 | 2 074 |
| 公共绿地面积（万平方米） | | | 7.94 | 34.8 | 120.9 | 309.4 | 1 250 | 1 849 |
| 人均公共绿地面积（平方米） | | | | | | 5.4 | 17 | 22 |
| 绿化覆盖率（%） | | | | | | 28.9 | 39.5 | 42 |
| 公园（个） | | | 3 | 4 | 8 | 11 | 11 | 10 |

说明：① 1990 年、1995 年、2000 年为待业人数；② 2010 年统计口径有变；③ 2000 年及之前数据为医师级卫生技术人员。

表 11‑5‑2　宝山区（县）主要年份国民经济基本指标

| 项　目 | 宝山县 | | 吴淞区 | 宝山区 | | | | |
|---|---|---|---|---|---|---|---|---|
| | 1978 年 | 1985 年 | 1985 年 | 1990 年 | 1995 年 | 2000 年 | 2005 年 | 2010 年 |
| 生产总值（亿元）[①] | | 14.67 | | 42.63 | 171.04 | 396.12 | 875.7 | 1 041.17 |
| 　第一产业（亿元） | 1.65 | 2 | | 4.19 | 9.51 | 2.8 | 2.05 | 2.21 |
| 　第二产业（亿元） | | 11.26 | | 33.41 | 138.76 | 272.7 | 654.3 | 650.21 |
| 　　工业（亿元） | 2.02 | 9.43 | | 30.58 | 128.18 | 224.79 | 617.90 | 581.18 |

（续表）

| 项　目 | 宝山县 | | 吴淞区 | 宝山区 | | | | |
|---|---|---|---|---|---|---|---|---|
| | 1978 年 | 1985 年 | 1985 年 | 1990 年 | 1995 年 | 2000 年 | 2005 年 | 2010 年 |
| 第三产业（亿元） | | 1.41 | | 5.03 | 22.76 | 120.6 | 219.4 | 388.75 |
| 固定资产投资完成额（亿元） | | 0.17 | | 0.53 | 4.2 | 50.45 | 201.01 | 292.39 |
| 财政收入（亿元） | 0.99 | 2.69 | 0.71 | 4.83 | 8.17 | 16.17 | 67.57 | 112.11 |
| 地方财政收入（亿元） | 0.75 | 2.04 | 0.52 | 4.41 | 7.78 | 14.37 | 63.58 | 70.35 |
| 地方财政支出（亿元） | 0.22 | 0.44 | 0.18 | 2.16 | 8.69 | 17.33 | 69.96 | 114.43 |
| 外贸进出口总额（亿美元） | | | | | | 11.85 | 25.82 | 26.94 |
| 出口额（亿美元）[②] | | | | 3.03（亿元） | 29.23（亿元） | 6.78 | 16.42 | 19.1 |
| 外商直接投资实际到位金额（亿美元） | | | | | | 4.5 | 1.74 | 1.56 |
| 年末私营企业注册数（个） | | | | 87 | 1 962 | 9 444 | 23 732 | 32 562 |
| 工业总产值（亿元）[③] | 1.95 | 9.43 | | 30.58 | 128.18 | 231.10 | 619.11 | 1 178.18 |
| 农业总产值（亿元） | 1.65 | 2 | | 19 | 9.51 | 7.49 | 5.94 | 5.99 |
| 住宅竣工面积（万平方米） | | 3.53 | | 1.6 | 2.6 | | 296.75 | 183.49 |
| 社会消费品零售总额（亿元） | 1.82 | 3.52 | | 12.58 | 43.82 | 74.09 | 151.00 | 330.44 |

　　说明：① 区域口径，1978—1995 年为社会总产值；② 1990 年为出口产品拨交额，1995 年为工农产品出口拨交额；③ 区属口径，1978 年为不变价。

# 第十二篇 闵行区

闵行区位于上海市西南部,因闵行镇得名。闵行区的历史源于上海县。1960 年 1 月上海县析地设立闵行区。1964 年 5 月撤销闵行区,并入徐汇区。1981 年 2 月从徐汇区划出,恢复闵行区。1992 年 9 月撤销上海县、闵行区,设立新的闵行区。

　　1978 年上海县行政区域面积 446.6 平方公里,辖有莘庄、七宝、龙华、漕河泾、北新泾 5 个镇;纪王、诸翟、华漕、新泾、虹桥、龙华、梅陇、莘庄、塘湾、曹行、北桥、马桥、颛桥、三林、陈行、杜行、鲁汇 17 个人民公社,下设 236 个生产大队,耕地面积 27 486.33 公顷,户籍人口 13.73 万户、54.09 万人。1981 年,北新泾镇、新泾公社、虹桥公社部分地区共 0.45 平方公里划属长宁区。1982 年,曹行、塘湾、北桥、马桥 4 个公社的 15 个大队 29.92 平方公里划属闵行区。1983 年 4 月,诸翟公社改为乡。1984 年全县各公社就社改乡,生产大队改为村;9 月,漕河泾、龙华、北新泾 3 个镇全部和龙华、梅陇、虹桥、新泾、北桥 5 个乡部分地区共 49.98 平方公里分别划属徐汇区 30.03 平方公里,长宁区 16.09 平方公里,闵行区 3.86 平方公里。1986 年,颛桥乡撤乡建镇。1992 年 7 月,龙华乡全部和虹桥乡 4 个村、梅陇乡 3 个村划属徐汇区,新泾乡全部和虹桥乡 2 个村划属长宁区。至此,全县辖有 3 个镇 14 个乡。

　　1981 年 2 月 22 日,国务院批复上海市人民政府同意,恢复闵行区,从徐汇区划入闵行、吴泾 2 个街道,从上海县划入 15 个生产大队,划入区境的农村地区由闵行区和上海县双方协同管理。1982 年 4 月,闵行街道以兰坪路为界,分为华坪路、碧江路 2 个街道。1986 年 1 月 15 日从碧江路街道划出昆阳路街道。至此,全区辖 4 个街道。

　　1992 年 9 月 26 日,国务院批复上海市人民政府同意撤销上海县、闵行区,设立新的闵行区。辖有 3 个镇、14 个乡、4 个街道。1993 年 3 月 17 日,三林乡划归浦东新区;3 月 25 日撤销莘庄乡、莘庄镇,设立新的莘庄镇;4 月 30 日,虹桥、塘湾、梅陇、纪王、北桥、陈行、马桥乡撤乡建镇;9 月 6 日,杜行、曹行、鲁汇、诸翟、华漕乡撤乡建镇。1995 年 8 月 5 日,成立上海市莘庄工业区。1997 年 3 月 3 日撤销昆明路街道,划归碧江路街道;9 月 29 日设立龙柏新村、航华新村街道;1999 年 4 月 30 日建立古美路街道。2000 年 10 月 8 日,撤销陈行、杜行、曹行镇,设立浦江镇;撤销纪王、诸翟、华漕镇,设立新的华漕镇;撤销颛桥、北桥镇,设立新的颛桥镇;撤销梅陇、鲁汇镇,设立新的梅陇镇;撤销吴泾街道、塘湾镇,设立吴泾镇;撤销华坪路、碧江路街道,设立江川路街道;撤销龙柏新村、航华新村街道,设立龙柏街道。2009 年 12 月 25 日,撤销龙柏街道,设立新虹街道。2010 年,全区辖有 9 个镇、3 个街道和 1 个市级工业区,下设 379 个居委会、138 个村委会,行政区域面积 371.68 平方公里,户籍人口 37.68 万户、96.75 万人,常住人口 243.12 万人,其中外来流动人口 151.74 万人。

　　中共十一届三中全会以后,上海县、闵行区人民不懈努力,不断推进改革发展,大致走过 3 个阶段。

　　1978—1992 年为上海县经济恢复时期。全县坚持以经济建设为中心,积极推进改革开放。大致又可分为 2 个阶段:1979—1984 年为步入改革启动阶段,重点在农村。县委、县政府坚决"贯彻郊区为城市服务的方针,建设粮棉油基地、副食品基地和工业产品生产基地",作出一系列决定,支持农民进行农业体制改革,逐步形成以家庭联产承包为主的多种形式的农业生产责任制,推进粮棉油和副食品生产基地建设。1985—1992年为改革深入阶段,重点是以单纯的粮棉种植业转向多种经营和乡镇企业,发展第三产业。1992年,全县第一、二、三产业所占比重分别为10.8%、54.1%、35.1%,农业比重下降较快,产业结构趋向合理,在市郊一产比重最低、三产比重最高,推动了县域经济发展。1992年7月上海县获全国农村综合实力百强县(市)称号,名列第16位。

1981—1992年是闵行区区属经济发展时期。闵行区的恢复就是为了统筹闵行、吴泾地区工业规划布局和农业建设,改善生活条件,鼓励职工、居民迁移定居。区委、区政府强调把工作重点转向振兴区属经济,推进城区建设,加快改革开放步伐。与区境内20多家市属工厂建立厂区联席会议制度,明确地区工作为开发建设闵行服务,为工业发展服务,为全区人民生活服务,提出"主攻工业,大力开发第三产业,以二、三产业带动第一产业"的方针。1982年起,一方面主要抓区属企业的治理整顿,提高管理水平和经济效益;对区属工业实行简政放权,推行经济承包责任制;实行政企职能分开和厂长(经理)负责制。另一方面以发展商业、服务业和住宅小区建设为重点,拓展第三产业。与此同时,加快市政设施建设,修路筑桥,优化道路网络;供水供电供气供热,提升服务水准。1982年9月,区委、区政府支持并实施上海闵行经济技术开发区建设,进一步促进和带动区域经济发展。1992年2月12日,邓小平视察开发区,高度评价所取得的成绩。

1993—2002年为城乡融合发展时期。1992年,上海县和闵行区"撤二建一",迎来新一轮发展机遇。区委、区政府一方面坚持改革开放,加快城乡经济发展。根据中央和市委要求,先后成立国有资产管理委员会和办公室、集团资产管理办公室和区资产投资经营公司,形成3个层次的国有、集体资产管理、监督、运营体系,对区域的工业、商业企业进行现代企业制度改革。在鼓励国有、集体、个体多种所有制共同发展的同时,提出调整优化第二产业的方针,即促进传统工业技术进步和产品升级,又及时发展信息、生物医药、新材料、新能源、航天航空等战略性新兴产业,增强工业活力。1993年出台《闵行区三资企业管理工作意见》,先后成立外商投资服务中心、外商投资企业协会、闵行区国际商会等机构,加强招商引资,全力推进外向型经济发展。与此同时,为了适应城市工业拓展、外来人口导入、城乡居民安居的需要,积极支持房地产业开发,成为第三产业发展的重要增长极,使区域经济在全市各区县中继续保持前列。1995年9月,区委、区政府召开全区科技大会,制定《关于加速科技进步的若干意见》,提出实施"科技兴区"战略,依靠科技进步和提高劳动素质,加快经济社会进步。另一方面利用紧靠中心城区的优势,推进城乡建设。为方便居民出行,缩短区域与市中心的距离,重视改善道路交通。1993年4月,区政府向市政府上报关于莘闵轻轨即轨道交通5号线项目建议书的请求,获得同意,2003年11月投入试运行。积极配合参与市轨道交通、黄浦江越江工程、高速公路等重大工程建设,推进城乡基础设施改善。重视旧城区(镇)改造和"城中村"改造,1993年5月成立闵行老街旧城区改造领导小组及其指挥部;1998年6月印发《关于加快旧城镇改造的若干意见》,2002年4月召开集中城市化地区农村宅基地改造动员大会等,不断推进旧区改造。与此同时,根据区域,尤其是闵行、吴泾地区环境欠账多的现实,加强生态环境建设,积极创建国家环境保护模范城区、国家生态区,逐步建成生态宜居城区。

2003—2010年为现代化新城区崛起时期。区委、区政府着重抓住从农村到城市的社会转型。2004年,提出工业进一步向园区集中,推动经济结构调整与产业不断升级,形成"3+1+N"产业基地:"3"指上海紫竹科学园区、漕河泾开发区浦江高科技园和漕河泾出口加工区3个国家级园区,"1"指上海莘庄工业区1个市级园区,"N"指24个区级与镇级的科技园区、产业园区。2007年7月又在浦江镇设立国家级航天产业基地上海国家民用航天产业基地。制定实施"两个优先发展"即优先发展先进制造业、优先发展现代服务业方针。逐步形成较有区域特色的3大类生产性服务业,即附加值较高的上游、下游产业;面向受众的物流、培训、广告产业;以 IT 为代表的数字网络产业。重视商贸的大型化、连锁化、便利化趋势,逐步形成大型超市、社区商业中心、街坊商业网点相互支撑配套的三级商贸服务体系。2005 年 2 月,区政府下发《闵行区促进农业发展若干意见》,2008 年 11 月又下发《关于加快推进农业产业化发展的若干意见》,增加农业资金投入,推进农民专业合作社、农业重点龙头企业的发展,为农业规模经营,产业化生产奠定基础。区委、区政府还十分重视精神文明建设,2005 年制定《闵行区创建全国文明城区实施意见》,加强文明城区、学习型城区创建,开展文明新区活动、志愿者活动,提升广大市民文明素质。通过两个文明一起抓,逐步将闵行建成现代化新城区。

2010 年,闵行区实现生产总值 1 364.37 亿元,比 1995 年增长 15.90 倍;财政收入 379.41 亿元,比 1995 年增长 27.68 倍。社会消费品零售总额 439.91 亿元,比 1995 年增长 9.68 倍。境内有轨道交通 1、2、5、8、9、10 号线和虹桥综合交通枢纽,沪杭铁路穿过中部,G2(京沪高速)、G60(沪昆高速)、G50(沪渝高速)公路穿越区内。有沪谚(陈行谣谚)、马桥手狮舞、民族乐器制作技艺、江南丝竹 4 项国家级非物质文化遗产。有七宝中学等市中等教育名校和上海交通大学闵行校区、华东师范大学闵行校区、上海电机学院、上海东海职业技术学院等多所高等院校。有距今 4 000 余年的马桥古文化遗址等历史文化古迹;有锦江乐园(4A 级)、召稼楼(3A 级)、热带风暴水上乐园、七宝古镇、韩湘水博园等主要旅游景点;有旗忠森林城网球中心等休闲娱乐场所。1993 年被国家教委授予"全国特殊教育先进区";1994 年、1996 年、1998 年 3 次被国家体委授予"全国田径之乡";1995 年、1999 年、2003 年 3 次被民政部授予"全国村民自治模范区";1997 年、2000 年、2003 年、2007 年 4 次被全国双拥工作领导小组、民政部、中国人民解放军总政治部授予"全国双拥模范城";2000 年被国家环保总局授予"国家环境保护模范城区";2001 年被国家教委授予"全国'两基'工作先进地区"、被建设部授予"中国人居环境范例奖";2003 年被全国爱卫会授予"国家卫生区";2003 年、2005 年、2007 年、2009 年 4 次被科技部授予"全国科技进步先进区";2004 年、2007 年、2010 年 3 次被卫生部、中国红十字会、中国人民解放军总后勤部授予"全国无偿献血先进城";2006 年被国家环保总局授予首批"国家生态区",是唯一地级行政区;2009 年被科技部授予"全国科技进步示范区"。

2011 年,《闵行区国民经济和社会发展第十二个五年规划纲要》指出:以"全面调结构、深度城市化"为主线,建设智慧、生态、宜居新城区。区域经济发展形成"一轴一带三大功能区"的空间布局,即以轨道交通 5 号线及北延伸段沿线区域为城市联动发展轴,以沿黄浦江为发展带,在区域经济发展中形成北、南、东三大板块。北部板块包括华漕、虹桥、七宝、莘庄、梅陇 5 个镇,古美、新虹 2 个街道,主要以虹桥商务区为核心,推进现代服务业发展。南部板块包括吴泾、颛桥、马桥 3 个镇,江川街道和莘庄工业区,以先进制造业为主,推进高新技术产业化,培育战略新兴产业,打造创新引领、人文生态的研发制造功能区。东部板块主要是浦江镇,以浦江镇全国小城镇发展改革试点为契机,依托漕河泾开发区浦江镇高科技园区和出口加工区以及华侨城等项目的发展,使城市化往浦江镇南部拓展。十二五期间,闵行区把信息化作为转变经济发展方式的重要手段和现代化建设的战略举措,建设以数字化、网络化、智能化为主要特征的"智慧闵行"。发展循环经济,深化生态文明建设,推广低碳技术,倡导绿色生活方式,努力建设国家生态文明试点区和低碳宜居城区。推进农业产业化经营,建设生态休闲旅游农业集群,发展"生态精品"现代都市农业。到 2020 年,基本建成与上海社会主义现代化国际大都市相适应的经济发展繁荣活跃、城市管理智能高效、公共服务完善均衡、社会建设文明和谐、人民生活富裕幸福、生态环境优美宜居的现代化新城区。

# 第一章 恢复经济建设

1979年起,县委、县政府把工作重点放在农村,逐步实现家庭联产承包责任制,调动农民生产积极性,扶持发展农业专业户、重点户;抓住熟制改革和稳粮减棉契机,调整农业产业结构,推进农业生产全面发展;在稳步发展县属工业基础上,通过工农联营、引进外资等多种形式,加快乡镇工业发展;充分利用地处近郊的地理优势,从服务城市工业和人民生活出发,积极发展第三产业。全县经济呈现两大特点,一是城郊型经济,是上海城市蔬菜和主要副食品的生产基地,也是市属大工业加工、协作和配套的工业基地。1992年,在郊区向市区提供的蔬菜和主要副食品中,上海县提供的蔬菜占1/3,鲜蛋占1/4,猪肉占1/5。二是外向型经济,是全国十大县级出口产品基地之一。1988年全县有中外合资企业32家,吸引外资9 048.6万美元,居市郊之首。

## 第一节 农村生产经营方式

上海县农村生产经营方式变革首先是从实行家庭联产承包责任制开始,继而发展重点户专业户,推进农业适度规模经营。与此同时,加强农业生产服务体系建设,逐步形成统分结合的双层经营体制。

### 一、家庭联产承包责任制

全县推进家庭联产承包责任制,大致经历4个阶段。

#### 【小段包工、定额计酬】

1977—1979年为第一阶段。三林公社联丰大队马桥生产队和诸翟公社朱家泾大队袁家弄生产队,先后于1977年底、1978年春对粮、棉、蔬菜生产实行小段包工、定额计酬责任制。采取包工到组和包工到户、包工到劳两种形式。记工分采用常年定额包工记分和农忙定额包工记分,1979年,全县247个生产队实行常年定额包工记分,占全县生产队总数的10%;1 460个生产队实行农忙定额包工记分,占64.8%。畜牧业和副业生产实行"几定一奖包上缴",定人员、定产值、定工分、定利润指标,包上缴积累,1978年底扩大到全县80%的饲养场及西瓜、甜瓜等经济作物生产。

#### 【包工到组、责任到人】

1979—1981年为第二阶段。全县以"三不变、五统一"为前提,逐步试行包工到组、责任到人的联产承包责任制。"三不变",即生产资料集体所有制性质不变、基本核算单位不变、生产队统一核算方式和分配方法不变。"五统一",即由生产队统一安排作物计划,统一调配劳动力,统一安排使用农机具、耕畜和生产资料,统一下达生产措施,统一安排全队产品分配;超产或减产部分,以工分结算,实行奖赔。计酬分四种形式:一是专业承包,联产计酬,多数用于生产专业技术要求较高、播种面积较小的作物;二是联产到组,多数采用"五定一奖",即定人员、定面积、定产量(产值)、定工分、定成本,超奖减赔;三是田间管理责任到劳,联产计算奖赔;四是联产到劳,把联产计奖上升到以产计酬,生产队对社员定产、定本、定工,超奖减赔,产量与劳动报酬初步挂钩。1979年秋,诸翟公社19个生产队在市郊率先实行联产承包责任制,1980年在全县夏粮普遍减产情况下,诸翟公社增产15万余公斤;全社普遍实行多种形式联产责任制两年,平均总收入较1977—1978年增68%,劳均收入增33%。1981年底,有1 622个生产队实行联产责任制,占全县生产队总数74.4%。

**【田间管理、责任到劳】**

1981年底—1983年初为第三阶段。责任制由联产逐步转向田间管理责任到劳,即"两头统,中间包"。各类作物产前、产后由生产队集体统一经营,中间管理责任到劳,联系产值产量计酬。生产队对施肥、抗旱、防病治虫等大田作业及耕地统一安排,机械作业;除草、中耕、整枝等田间管理,由承包社员负责。农民乐于接受这种责任制,尤受商品生产程度较高的蔬菜区欢迎。1982年粮棉区也大多推行。9月实行联产到劳的生产队,种水稻的92个,占全县2 053个水稻种植生产队的4.5%;种三麦的154个,占全县2 052个三麦种植生产队的7.5%;种棉花的1 080个,占全县1 890个棉花种植生产队的57.1%;种油菜的288个,占全县1 969个油菜种植生产队的14.6%。是年,实行责任制的生产队三麦、油菜、蔬菜产量和产值都比1981年有较大提高。同时,实行"能统则统,当分则分",联产到组的仍有359个生产队;实行定额包工计酬的有761个生产队;剩余不足20%的生产队继续实行计时工。

**【家庭联产承包】**

1983年冬起为第四阶段。主要形式为家庭联产承包责任制,实行统一经营,包干分配,产前、产中、产后服务由集体承担,生产和管理全由生产者包干,上缴积累,其余归己。1985年,全县实行家庭联产承包责任制的达1 429个生产队,占全县2 150个实行各种联产承包责任制生产队的66.47%。菜区仍实行"两头统、中间包"的责任制。

在实行各种联产承包责任制的过程中,出现承包人只追求近期收益,不愿在承包地投入资金,或将土地放弃从事他业,仅缴有关费用以应付上级的情况。1985年对10个乡30个村200名乡、村二级干部、302户农户调查发现,实行生产责任制后,农民对种植粮食的态度是,口粮田不肯放弃(因事关口粮),责任田不愿多种(只按人头分配的),种粮专业户不愿当(工作量大,收益不高)。

## 二、重点户专业户

1981年,塘湾公社幸福大队第10生产队社员在县内率先专业承包生产队养猪,七一公社友谊大队第四生产队社员专业承包生产队养鱼,塘湾公社共和大队第三生产队社员专业承包西瓜、甜瓜生产。1982年10月,县委制定有关六项规定,鼓励发展农副业重点户、专业户。当年,全县重点户、专业户发展至553户,占总农户0.45%;总收入173.09万元,户年收入2 000元~5 000元的493户,5 000元~10 000元53户,10 000元以上7户。

1983年,全县有专业户、重点户1 884户,占总农户1.7%。其中,承包专业户1 360户,占72%;自营专业户524户,占28%。各专业户大多一户多业,纯农户仅占15%。1984年,专业户、重点户发展到4 100多户,其中粮食承包大户298户,承包耕田345.33公顷,户均1.16公顷。还出现由专业户自愿组成的新经济联合体,虹桥乡130余户养鸡户,由乡第二牧场牵头,组成销售一条龙联合体,为全县同类型联合体中最大的一个经济联合体。

1984年底,在农业内部,劳动者与生产资料重新组合,规模经营初露端倪。经营方式以家庭经营和社会化服务为主要形式,农忙时雇工现象普遍,有的常年雇工。是年,经营规模较大的马桥乡望海大队谢姓农民,承包粮田4.12公顷,饲养母猪4头、肉猪30头,拥有粉碎机1台,所收稻草加工纸板出售。诸翟乡陈家角大队蔡姓农民发展小农场,承包粮田1公顷,开挖鱼塘0.67公顷,养猪50头,购置运输车1辆,雇工数人。1986年,全县有农业专业大户162户,诸翟乡110户承包粮田105.33公顷,户均缴售商品粮5844公斤,劳均3980公斤。有养猪专业户250户,养猪2.53万头;养鸡专业户155户,养鸡36.32万羽;养鱼专业户22户。经营规模较大的七宝镇号上村许家塘许姓农民,1984年承包生产队鸡场,投资1200元;1985年自营,开设孵坊;1986年,养鸡场面积5200平方米,拥有孵箱12只,每箱投资3000元~4000元,种鸡2万余羽;1987年,拥固定资产、流动资金各20万元,产值100万元,净利25万,年产苗鸡70余万羽,聘用顾问、兽医、会计,常年雇工21人。

### 三、统分结合双层经营体制

随着农村经济体制改革,政治体制也发生变化。1983年4月,诸翟公社试行政社分设,建立诸翟乡人民政府,诸翟公社为集体经济组织。1984年4月,全县实行政社分设。1987年5月又取消人民公社,改称为乡经济联合社,生产大队改称为村经济合作社。这些变化又反过来促进了乡镇各类农业服务机构的发展。1985年,县域乡镇一级的农业服务机构得到了调整、充实和加强,209个粮棉村已经有119个建立综合服务队,初步形成以地区性合作经济组织为主体的多层次、多形式的农业服务体系网络,逐步形成了统一经营与分散经营相结合的双层经营体制。1992年底,全县的县、乡、村、农户四级社会化农业服务网络共建立农机、水利排灌、植保、种子、农技推广等16大类的农业服务组织2120个、12878人。这些农业服务组织还兴办经济实体257个,加强农业产前、产中、产后服务,巩固和发展双层经营体制。

### 四、适度规模经营

1988年,随着农村富余劳动转向乡镇企业,农业的规模化经营有了长足发展,促进了农业专业化、商品化和现代化的进程,初步建成一个较为稳固的为城市服务的副食品生产基地。全县有市计划性菜田1180.8公顷,总产值14107.8万元;有136个千头商品猪场;有38个万羽商品蛋鸡场。蔬菜上市量占全市郊县上市总量的1/3,鲜蛋占1/4,肉猪占1/5。农业种植结构布局也朝着为城市服务的方向发展,各类瓜果、特色产品以及名贵花卉等满足不同层次的消费需要。1992年,全县种植业实施内部结构调整,扩大饲料大麦面积2666.67公顷,扩大经济作物面积2000公顷,分别培养和建立土豆、黄金瓜、鲜花、柑橘、草莓五大生产基地,形成一定规模。1992年,全县有适度规模经营单位209个,经营粮田面积达1513.3公顷,占全县商品粮面积的近50%;全县农业总产值6.6亿元。

## 第二节　农　业　生　产

上海县作为近郊县,农业生产较为发达。1978年以后,一方面推行家庭联产承包责任制,调动广大农民生产积极性,另一方面改革耕作制度,三熟制恢复为两熟制,改变了茬口紧、米质差、用工多、劳力紧、成本大的状况。1978 年,三熟制面积达到饱和状态,复种指数高达 257%。三熟制一般是冬麦或油菜,夏、秋两熟早晚稻。1984 年起,缩减双季稻面积,恢复稻麦两熟制,增加单季稻面积。1985 年,两熟制面积占全部粮食面积 75%,种植单季稻占晚秋粮的 67%。从而使全县农业生产得到恢复和发展。

## 一、种植业

县域种植业主要是粮棉油、蔬菜、瓜果生产。

### 【粮棉油】

粮食生产 1978 年种植面积为 30 482 公顷,总产 152 931 吨。1982 年起,推广免耕、少耕简易栽培法。1983 年起,后季稻全部实行秧田抽条留苗,移栽期提前结束而压缩晚茬。1984 年逐步恢复两熟制。1992 年,全县种植面积为 24 153 公顷,总产量 145 529 吨。1993 年起,晚稻和小麦种植面积逐步减少,大麦、蚕豆、大豆先后都停止种植。棉花生产 1978 年种植面积为 8 133 公顷,总产量9 550 吨。随着熟制改革,减棉稳粮,棉花种植逐步减少。1986 年仅种植 1 266 公顷,总产量 640吨。之后,逐步停止种植。油菜生产 1978 年种植面积为 4 200 公顷,总产量 9 200 吨。是年,推广油菜喷硼技术,增产 13.1%;1981—1982 年全面推广喷硼技术,并获县科技成果奖。1992 年,全县种植面积 3 449 公顷,总产量 5 293 吨。

### 【蔬菜】

蔬菜生产历来是全市的主要生产供应基地,1965 年以来,全县常年蔬菜面积和上市量均占市郊蔬菜生产总面积和总上市量的 1/3。1979 年,全县菜田面积为 3 673 公顷,总产量 34.65 万吨。蔬菜生产复种指数较高,主要采取间种、套种、插种,1978 年高达 4 次以上,1980 年以后下降,1984年 3.6 次。与此同时,大力推行先进生产技术,推行工厂化育苗,引进优良品种,利用杂交优势,培育新品种,至 1984 年,菜田灌溉实现喷灌化;推广保护地栽培,中棚温室和地膜栽培面积占全部菜田的 5% 和 69%。蔬菜生产产值占全部种植业的 24.7%。为加强领导,1981 年设立县蔬菜工作办公室。由于国家建设征地,面积不断减少,虽作弥补仍是不足。1992 年,全县菜田面积 1 443.7 公顷,上市蔬菜 23.7 万吨,总产值 8 311 万元。

### 【瓜果】

瓜果生产主要是西甜瓜和桃子、柑橘、梨、葡萄、草莓等果品生产。1980 年,西甜瓜种植面积553.33 公顷,总产量 9 950 吨;果园面积 240 公顷。1992 年,西甜瓜种植面积 186 公顷,总产量3 172 吨,其中西瓜种植面积占 90%;果园面积 583 公顷,总产量 10 863 吨,总产值 2 223 万元。

### 【其他】

食用菌生产,1992 年总产量 616 吨,总产值 295.66 万元,主栽品种为香菇、平菇、蘑菇、金针菇、草菇等;花卉生产,1992 年种植面积 81 公顷,生产各种鲜切花 8 019 万株,盆花、盆景 41 万盆,总产值 2 083 万元;中药材生产,1992 年种植面积 161 公顷,总产值 245 万元。

## 二、畜牧业

县域畜牧业主要是生猪、家禽、奶牛饲养。

### 【生猪】

生猪饲养在县域农村素有习惯，分为农户饲养和集体饲养。"文化大革命"前期，农户家庭养猪被看作是走资本主义道路而受到批判，七一公社号上大队甚至明文规定不准农民私人养猪。1973—1978 年农户每年上市肉猪徘徊在 11 万头～13 万头。1983 年有 57 504 户农户养猪，占全县农户 46.8%，上市生猪 20.18 万头，占全县上市量的 54.63%。集体饲养有公社（乡）猪场、大队（村）猪场、生产队猪场。新泾乡是上海县主要的生猪生产基地之一，1985 年，全乡有 15 个千头猪场，规模效益显著。新泾乡天山村薛家库生产队猪场是市郊首个千头猪场，1973 年后常年圈存超千头；1987 年上市 7 483 头，平均每个饲养员上市 299.3 头。1978 年，全县生猪饲养量 59.62 万头，上市 30.34 万头；1992 年分别为 91.85 万头和 62.69 万头。

### 【家禽】

家禽饲养在县域农村也素有传统。"文化大革命"中，农民户养鸡鸭被视为"资本主义尾巴"，受严格限制，有的地方甚至禁止喂养。塘湾公社共和大队 429 户农民，1968 年仅有 22 户养鸡 23 羽。1978 年后，取消对农民户养鸡鸭的限制，有的农民开办家庭养鸡（鸭）场或签约承包集体禽蛋场。华漕乡建设村朱姓农民，1982 年一家 3 人承包生产队蛋鸭 80 羽，1984 年增至 1 450 羽，3 年上市鲜蛋 7.5 万公斤，1984 年产值 4.9 万元，盈利 0.99 万元。兴办集体养鸡（鸭）场起于 1958 年。1984 年，全县有乡办集体鸡场 16 个、村办 83 个、生产队办 200 个；乡办集体鸭场 11 个、村办 51 个、生产队办 653 个。1979 年 10 月，新泾公社程桥大队建成县内第一家机械化蛋鸡场。1984 年，21 名饲养员饲养蛋鸡 2.6 万羽，上市鸡蛋 28.97 万公斤，创利 14.75 万元，平均每羽鸡盈利 6.19 元。因鸡场成绩突出，场长周妙余被选为第六届全国人民代表大会代表。1978 年，全县肉禽上市量 204 万羽，鲜蛋上市量 390 万公斤；1992 年分别为 739.12 万羽和 2 064.76 万公斤。

### 【奶牛】

奶牛饲养历史上数量很小，解放初期仅几十头规模。1958 年始建公社集体奶牛场，全县有奶牛 626 头，农民户养绝迹。1980 年 12 月，曹行公社曙建大队奶牛场因连续两年奶牛头均产奶超5 000 公斤，获南方 13 省（市）高产先进单位称号。县域饲养奶牛属黑白花奶牛，系荷兰种奶牛在上海地区经长期选育的高产品种。1982 年，全县有成年乳牛 617 头，产奶 258.23 万公斤。1992 年，全县有集体奶牛场 12 家，奶牛 1 397 头；七宝、马桥、梅陇 3 镇的个体农户 7 户，奶牛 249 头。

### 【其他】

湖羊和山羊，以农户饲养为主，华漕咸汤羊肉、七宝白切（红烧）羊肉、杜行白切羊肉各具风味，"三伏天"吃羊肉烧酒是本地农民的养生滋补习俗。1992 年，全县上市肉羊 4 391 只，农民自宰自食肉羊 4 869 只，年末圈存 16 544 只。养兔的品种有皮肉兼用的中国本兔（又称白家兔）、青紫兰兔和日本大耳兔，毛用的法系安哥拉长毛兔、西德长毛兔和上海长毛兔，皮用的德系（法系）獭兔和实验用兔。

1992 年,全县年末圈存 52 539 只,长毛兔占 87.6%,产兔毛 26 627 公斤,上市肉兔 18 815 只。

## 三、渔业

县域渔业主要是内河捕捞(含内塘、河沟养殖,下同)、长江捕捞和海洋捕捞。1978 年,全县水产品总捕捞量 1 700 吨,其中内河捕捞 607 吨、长江捕捞 304 吨、海洋捕捞 789 吨。

### 【海洋捕捞】

1977 年后由于资源减少、产量下降、亏损严重,各公社先后停机,1984 年产量 87.5 吨,约占全县水产捕捞量的 5.6%,濒临停产。

### 【长江捕捞】

1980 年有机帆船 44 吨位、230 马力。清明前入江,作业 10 个潮汛共 5 个月,水产品有凤尾鱼、刀鲚、肉鲚、鮰鱼、枪鱼、虾蟹等 20 余种,鲚鱼产量占 80%,虾蟹占 5%。1984 年捕捞水产 350.2 吨,约占全县水产总捕捞量的 22.1%。之后,随着长江渔业资源下降,逐步衰退。

### 【内河捕捞】

全县有 6 个专业水产队,1984 年,有电捕鱼船 13 条、50 吨位,337 马力;拥有河沟养鱼水面 773.33 公顷、内塘养殖水面 23.92 公顷。与此同时,各乡镇农业队也有从事内河捕捞作业,尤其是从事内塘、河沟养殖。1984 年,全县内河捕量发展到 1 144 吨,约占全县水产捕捞量的 72.3%;其中专业水产队 236.2 吨,农业队 907.7 吨。之后,由于过渡捕捞,内河水产资源遭到破坏,促进了淡水养殖的发展。1992 年,全县水产品总量 3 358 吨,其中淡水产品 3 227 吨;淡水养殖面积 970 公顷,其中池塘面积占 27.7%。

### 【其他】

1992 年,全县还引种试养淡水白鲳、建鲤、福寿螺、牛蛙等特种水产,马桥乡旗忠村创办特种水产养殖场养殖中华鳖。

# 第三节  乡 镇 工 业

1956 年,县属工业基本形成。1958 年,部分县办工厂下放到公社,公社工业兴起。1979 年社队工业崛起,之后初步形成以县、乡村(社队)工业为支柱的县、乡(公社)、村(大队)、联户、个体 5 个层次的工业,有机电五金、家用电器、服装、纺织等行业。1985 年,全县有乡镇企业 1 544 家,总产值 10.48 亿元,占全县工农业总产值的 62.8%。乡镇工业进入了迅猛发展时期。全县乡镇工业发展的最大特色是工农联营企业,新泾乡工业和龙华乡生产队工业的发展充分体现工农联营这一特色。

## 一、工农联营企业

工农联营对乡村工业提升质量、技术起着过渡作用。县域工农联营经历两次发展高潮。第一次是 1979—1980 年，全县相继办起 30 多家以服装、轻工、食品为主的工农联营企业。1979 年 3 月马桥公社工业公司与上海衬衫二厂合资联营组建马桥衬衫厂，为全县首家工农联营企业。当年 4 条流水线先后投产，生产绿叶、大地牌出口衬衫 30 万件，产值 256 万元、利润 27 万元，产品销美国、日本、匈牙利、苏联等国。至 1980 年，11 个公社企业相继与上海衬衫三厂、长江衬衫厂、上海西服厂、长征鞋厂、上海钢锉一厂、上海铁丝三厂、上海铰链二厂、上海电线一厂、上海精益电器厂、上海纺织局器材公司、上海服装二十二厂等市属国营企业联营。1979 年，梅陇公社牌楼大队和卢湾区烟糖公司联营大同南食品厂，成为县内第一家市、生产大队联营企业。第二次是 1984 年，随着上海市鼓励城市工业向郊区扩散、联营政策的出台，全县乡镇企业纷纷寻找与市属大工业联营的途径。不仅发展农工联营，还出现农和商、农和科技部门联营企业，农、工、商或农、工、外贸三方联营。1986 年，全县有工农联营企业 164 家，累计投资 1.66 亿元，实现产值 4.1 亿元，创造利润 7 227 万元。在双方合作的过程中，针对各自特点，创造拨点联营、扩点联营和科技联营 3 种形式，取得良好经济效益。

**【拨点联营】**

市属企业将生产设备、人员、资金下乡与农方联营。供产销和企业管理全由工方承担。工方投资多，分利也多。也有采用包利方式，拨农方固定利润，如上海钢锉一厂新泾联营厂，工、农方职工分别为 259 人和 215 人，工、农方利润按 67％ 和 33％ 分成；上海铰链二厂新泾联营厂工、农方职工分别为 430 人和 180 人，利润按工 81％、农 19％ 分成。1986 年全县有 5 家拨点联营企业。

**【扩点联营】**

市属企业部分设备与乡村企业联营，农方投以土地、厂房、生活设施和劳力，工方提供设备、技术和供销渠道。在县城远郊的联营企业一般工、农方对等投资，对等分利；近郊联营企业大多农方利润包底，超利分成。这类企业在县内创办早，效益也较好。1986 年有 147 家，约占全部联营企业的 90％，规模较大的有虹桥西服厂、鲁汇针织厂、颛桥制鞋厂、马桥衬衫厂等。

**【科技联营】**

工方提供技术、原料和销售渠道，其余均由农方承担，分利农多工少。如纪王联营帽厂，市外贸部门提供技术、原料和销售渠道，利润按农 80％、工 20％ 分成。1986 年有 12 家科技联营企业。

## 二、新泾乡工业

新泾乡与上海市长宁区犬牙交错，交通发达，天原化工厂、上海树脂厂等市、县属工厂 20 家，虹桥飞机场、上海动物园坐落境内。1978 年，全社各业总产值 2 048.51 万元，工业占 33.7％；1985 年总产值 9 167.88 万元，工业占 56.7％，已经成为全乡经济支柱。乡（公社）办工业起步于 1958 年 10 月，先后创办农具厂、饲料加工厂、蘑菇菌种厂等，县手工业系统所属铁木车、制绳等 7 个手工业生产合作社也下放公社。1960—1962 年，部分企业关闭，部分企业复归县属，公社内一度无工业企业。1963 年起逐步恢复。1978 年饲料加工厂转产出口产品柠檬酸。同时，公社利用近郊优势，改革产业结构，大力发展社办工业和市社联营工业。1980 年社办企业 9 家、联营企业 3 家，职工 1 732 人，产值 1 360 万元，利润 313.5 万元。1985 年乡办企业 18 家，联营企业 4 家，职工 2 982 人，产值 3 182 万元，利润 762.4 万元。丝织厂、纺织厂规模最大，分别有职工 788 人、589 人，产值 745.4 万元、542.7万元,利润72万元、172.2万元。

### 三、龙华乡队办工业

龙华乡与上海市徐汇区毗邻,黄浦江、沪杭铁路在乡内过境,市属工厂林立。农业实行家庭联产承包责任制后,部分生产队利用多余菇棚、猪棚、鸡舍和仓库作厂房,为大工业加工产品。1979—1980年,南郊三队为上海驼毛厂加工驼毛,建华二队为上海气动元件厂加工开关线圈,年净收入均在1万元以上。1982年生产队办企业发展至13家,各企业均以生产大队办的名义申请营业执照。1983年,县委、县政府发文允许生产队办工业。1984年,全乡生产队办企业发展到48家,其中生产队独办23家,村、队联办25家。

企业规模较大的有关港灯罩厂,职工70人,年产值40万元、利润10万元。50人以上有5家,一般都在20人~30人,产值10万元左右,以手工劳动为主,固定资产较少。2/3企业为市属厂协作加工,原料工方提供,结算工价。少数企业包利联营,如港口五金厂,农方提供300平方米厂房和9名劳力,不论盈亏,工方除支付从业人员工资外,每年向生产队交纳3万元。1/3企业由为市属工厂加工产品发展为自产自销,生产灯罩、电磁线、摄影器材、玻璃灯管、电子玩具、幼儿园大型玩具、纸盒、箩筐、服装、碎石等40余种产品。工厂实行承包经营,承包人一般担任厂长,也有少数由生产队长兼任厂长。部分生产队办企业发展到一定规模,因受资金、技术和管理水平的限制,转为村办企业,生产队出部分资金、劳力,由村经营管理,利润分成。至1985年有9家厂转为村办企业。

1979—1985年,全乡(公社)有1 000余务农劳力转移到生产队办企业,1979年全乡务农劳力7 416人,劳均占地0.11公顷;1985年务农劳力2 041人,劳均占地提高到0.25公顷。1979—1985年,全乡(公社)生产队纳税由15.4万元增到73.5万元,75%为工业纳税;生产队集体积累由75.16万元增到418.2万元;固定资产原值由227.7万元增到519万元。企业务工农民和务农农民一起参加生产队分配,1979年劳均分配546元,1984年2 106元,1985年3 505元。1985年,生产队分配劳均比乡、村两级分别高1.5倍和1.2倍。农民安心务农,遇到国家征地,不少农民不愿按规定进市属工厂。

### 四、主要行业

乡村工业70%以上的产品不列入国家计划,生产、价格由市场调节。企业有较大的经营自主权,随市场变化,不断调整行业结构。企业兼业、跨业经营较普遍。村、队企业行业结构变化更为频繁。据1985年统计,主要有机械、缝纫、化工、冶金、纺织、食品、建材和文教艺术用品等工业行业。8个行业有企业1 326家,占全县乡镇工业1 542家的85.94%;产值94 918万元,占全县乡镇工业产值的90.59%。

#### 【机械工业】

1978年以前,以农机具修造为主;以后主要为市属工厂加工和生产日用品。1985年有企业574家,占全县乡镇工业数的37.2%;产值37 997万元,占全县乡镇工业产值的36.27%。其中为市属工厂加工产值52.2%,市场内销日用品产值41.7%,外贸产品产值3.4%,支农产品产值2.7%。与市属工厂协作的有喷漆、电镀等加工业务和零配件制造。如虹桥喷漆厂为上海电视一厂、上海电视十一厂、上海无线电四厂等喷涂电视机外壳；虹桥冲压件厂加工几百种零件，为仪器、仪表、电视机、汽车、摩托车等产品配套；诸翟电镀厂是上海电器集团公司和上海日用五金公司定点加工单位，协作单位 60 余户，每天加工件吞吐量达 6 吨。

### 【缝纫业】

50—60 年代，各服装加工场主要为居民零星加工服装；70 年代承接市区服装企业委托加工劳防工作服、军便装、中山装、女两用衫和罩衫、男女西裤等业务；1980 年后趋向专业化生产，逐步形成西服、衬衫、劳防工作服、鞋帽、丝绸服装、绣品等 10 多个门类。1985 年有企业 277 家，占全县乡镇工业企业数的 17.95%；产值 19 227 万元，占全县乡镇工业产值的 18.35%。是年，虹桥西服厂出口西服 26 万套，销往美国、日本、澳大利亚、中国香港等国家和地区；陈行星浪服装厂年产星浪牌衬衫 50 万件，销往美国，美国史加布公司派员驻厂协助外销生产；七一服装厂劳防工作服品种门类齐全、适用、大方，部分出口日本；马桥衬衫厂阿罗牌衬衫销往美国；纪王联营帽厂和纪王东方帽厂专业生产帽子，产品 18 大类 3 000 多品种，年产 42 万打，销往欧美及中国香港等 50 多个国家和地区。

### 【化工业】

50—60 年代主要生产土化肥、土农药；70 年代起，生产化工原料和塑料加工产品。化工原料产品有为市属厂代加工，也有自产自销，主要有用于橡胶和树脂生产的过氧化二苯甲酰，用于电镀业的氨三乙酸和氯化亚锡，用于皮革、印染、针织纺织的固体亚氯酸钠，用于塑料、橡胶、皮革、油漆的系列炭黑制品，用于农业、畜牧业的农药兽药，直接出口的柠檬酸等。氨三乙酸、过氧化二苯甲酰、固体亚氯酸钠为上海市独家生产，用户遍及全国。1985 年有企业 210 家，占全县乡镇工业企业数的 13.61%；产值 13 768 万元，占全县乡镇工业产值的 13.14%。

### 【冶金业】

1964 年起，纪工机械厂、梅陇农机厂、七一农具厂等先后增设翻砂车间，为市属厂翻砂生铁铸件。1967 年，虹桥公社开办熔铝厂；1969 年，诸翟公社开办铸钢厂；1979 年 12 月新泾公社与上海铁丝三厂联营，生产黑铁丝；1980 年 6 月，三林公社建钢管厂，加工冷拔普通无缝钢管；1982 年，纪王乡五金厂承接上钢十厂带钢冷轧和焊接钢管业务；1984 年 5 月，塘湾乡砖瓦厂与上钢十厂联营带钢冷轧、回火和焊接钢管。1985 年有企业 27 家，占全县乡镇工业企业数的 1.75%；产值 7 013 万元，占全县乡镇工业产值 6.69%。

### 【纺织业】

70 年代后期，纺织业才有较快发展。1978—1982 年，主要为市属厂加工和进销，技术及供销都由市属厂包揽。1982 年，开始发展自有产品，新泾宇宙平绒厂从加工型纺织厂分离出来，新建厂房，添置 108 台双喷织机，生产出口平绒。之后为配套生产，又投资 500 万元建印染厂。1985 年，有企业 51 家，占全县乡镇工业企业数 3.31%；产值 5 000 万元，占全县乡镇工业产值 4.77%。其中，自有产品产值和为市属厂加工产值各占 50%。

### 【食品业】

50—60 年代以酱菜为主，70 年代有糖果、糕点和炒货，80 年代有酱菜、糖果糕点、炒货和饮料 4

大类 150 余品种。三林酱菜厂桂花大头菜、萝卜头、咸乳瓜、醋藕畅销全市千余家商店,1979 年起销往日本、新加坡、中国香港等国家和地区。1983 年,莘庄春申炒货厂炒货被定为第五届全国运动会专用食品,为上海城隍庙加工名特产品奶油五香豆,保持特色,年销售炒货 300 余吨。梅陇大同南食品厂月饼在 1985 年全市 40 家同行评比中获第一名。莘庄明星食品厂饼干,在全市 500 余家商店经销,年销 20 万公斤。1985 年有企业 38 家,占全县乡镇工业企业数的 2.46%;产值 3 675 万元,占全县乡镇工业产值的 3.51%。

### 【建材业】

1980 年主要生产砖瓦、水泥、混凝土预制构件,以及装潢、耐火、绝热、水暖设备、涂料、玻璃制品、钢门窗等建材。龙华乡办厂,1979 年试制绝热板,1980 年批量投产,是上海市绝热板独家生产厂,1981 年全国同行评比质量第一。莘庄乡办的莘庄防火材料厂,1977 年和上海市建筑科学研究所联合试制成轻质硅钙板保温制品,1979 年研制成功无石棉硅酸钙复合板,填补国内空白。1985 年有企业 53 家,占全县乡镇工业企业数的 3.43%;产值 3 462 万元,占全县乡镇工业产值的 3.3%。

### 【文教艺术用品业】

上海县艺品编结业历史悠久,是许多地区农民主要家庭副业之一。1978 年,三林服装站为上海华侨商店加工绣品,之后改名为上海三林绣品厂,生产各种手绣台布和床上用品。1979 年 2 月,虹桥公社编结、刺绣、饲料加工组合并为虹桥工艺品厂,生产阿拉伯头巾、手帕、编结刺绣品等。1980 年,莘庄公社木模厂易名工艺模型厂,承接上海工艺品进出口公司首饰盒生产业务,之后还生产出口雕刻彩鸭。1978 年起还发展了印刷业务和文教体育用品。1985 年有企业 96 家,占全县乡镇工业企业数的 6.22%;产值 4 776 万元,占全县乡镇工业产值的 4.56%。

# 第四节　第三产业

上海县地处城乡结合部,市属工业较为集中,改革开放后,县委、县政府抓住这一特点,不失时机发展第三产业,重点是拓展商业、商品房和仓储。1992 年,全县生产总值 27.82 亿元,第一、二、三产业分别占 10.8%、54.1%、35.1%,在市郊处于领先地位。

## 一、商业

1979 年随着县、公社镇、工厂、学校等集体商业以及个体商业兴办,形成以国营、供销合作社商业为主体,集体商业、个体商业同步发展的多种渠道的流通体制,集市贸易扩大开放,商业市场向多元化发展。1982 年成立上海县农工商总公司。1988 年,全县商业社会零售额达到 10 亿元,居全国各县之首。

### 【集体商业】

"文化大革命"期间,大部分合作社商店统归全民所有制商业,实行"二统三不变",即由国营商业统一使用资金、统一调配人员,合作社商店性质不变、人员所有制性质不变、福利待遇不变。1979 年自行核算的合作商店和合作小组留剩 66 个、网点 251 个,占全县商业网点数量的 26%;在册人员

4 357 人(内含供销商业借用 2 220 人),占全县零售商业总人数的 53%;全年营业额 1 046 万元,净利 42 万元,分别占全县供销商业系统零售商业的 6%和 4%;仅有流动资金 125 万元。合作商店经济基础薄弱,人员众多,经营范围受限制,资金积累少,经营业务困难。1980 年实行体制改革,全面调整合作商店。县供销合作社为扶持合作商店,从本系统划出 185 个零售店转由合作商店经营,随同网点划让营业额指标 1 561 万元和利润指标 80 万元,并退还借用人员 1 533 人。由此,合作商业网点增加到 422 个,占全县零售网点的 46%;实际从业人员增加到 3 862 人,占合作商店在册总人数 4 357 人的 88.6%。调整后,合作商店仍由县供销合作社归口领导,合作商店名称统一改为集体商业。各社镇设集体商业中心店,按行业分划核算单位。1984 年,归口县供销合作联合社领导的集体商业有 26 个中心店、104 个核算单位、514 个商业网点、4 525 个从业人员,营业额 5 888 万元,利润 290 万元,自有资金总额 1 018 万元,集体商业经营开始好转。1980 年,非供销合作社归口领导的集体商店纷纷举办。1984 年,有县农工商总公司、乡镇办、待业知识青年办集体商店 173 个,其中纯商业 96 个、饮食业 38 个、服务业 39 个,从业人员 2 449 人,全年零售额 5 436 万元。

**【个体商业】**

1976 年,个体商业寥寥无几,仅剩 53 家。1980 年放宽政策,允许个体经商,到 1984 年领证经商的个体户有 1 873 家。其中纯商业 1 009 家、饮食业 173 家、服务业 458 家、修理业 233 家,从业人员约 2 200 人;经营户中 11%分布于城镇,80%分布于乡村,9%为流动户。从事个体经营的有社会闲散人员、待业青年、农民及退休职工等。

**【集贸市场】**

农民和小贩习惯上镇赶集,于闹市中心觅地交易农副产品、手工制品和土特产品,相聚成市。60 年代,集市贸易尤以北新泾镇最盛,有第二“十六铺”之称。除当地农民外,上市的还有江苏、浙江、安徽、福建、山东、山西等地商贩,交易品种有粮食、油料、香烟、猪羊肉、日用品等。“文化大革命”初,集市被关闭,不久恢复,但对上市物品、销售者均有严格限制。1967 年重申不准麸皮、米糠、粗糠等饲料上市。1969 年 2 月规定不准交易树、竹。1976 年只允许开早市,取消中、下午市,只允许公社范围农民就地上市出售自产的农副产品。1976 年,上市品种 40 种～50 种,成交额 135 万元。1979 年放宽集市贸易,45 万人次上市出售物品,成交额 206 万元。1980 年 58 万人次上市,成交额 303 万元。此后逐年上升,1984 年全县 33 处集市贸易场所,217 万人次上市,成交额 2 427 万元。

**七宝砖瓦市场**　市郊第一个开放的砖瓦市场,1983 年下半年起,浙江嘉兴、嘉善、江苏盐城、北龙港等地砖瓦船只在七宝蒲汇塘交易砖瓦。1984 年 9 月由七宝镇工商所组建设立交易市场,组织上船看货,送货到户,代办结账。是年成交砖瓦 8 192 万块(张),金额 389 万元。

**颛桥苗猪市场**　1984 年 9 月开设,逢旬五、十定期交易。是年成交苗猪 3 400 多头,金额 9.7 万元。

**北新泾集贸市场**　1984 年开放粮油交易,9—12 月成交黄豆 70 多万公斤、豆饼 85 万公斤、玉米 1 万余公斤、粮油 1 万余公斤、成交额 107 万元。

## 二、商品房

50—80 年代初,主要是公房出租,1984 年公房面积 115 万平方米,年收入房租 135 万元,长年收不抵支,靠国家财政补贴维持经营。1982年,县房管部门始建商品房,并在市郊结合部开辟5个商品房基地。1983年出售0.49万平方米,每平方米售价160元~250元;1984年出售0.7万平方米,每平方米售价250元~360元;1986年签约出售9.68万平方米,交付2.07万平方米。商品房售予企事业单位,只转移分配权,产权仍旧归县房管部门。同时根据"谁建造谁分配"的原则,属于国家统建和县财政投资的公房只分配给无建房能力的县党政机关、群众团体和事业单位职工及无工作单位的缺房城镇居民;中央、市属、县办、社镇等企事业单位职工住房,均有单位自建房屋分配。1986年,县委、县府提出变地域优势为经济优势,在城郊结合部,发展以房地产业为重点的第三产业。至1987年,开工面积115万平方米,竣工面积52万平方米。1988年,县、乡两级房地产开发所得利润4 000余万元。1992年抓住涉外经济发展、城市旧城区改造和浦东开发等机遇,房地产市场取得突破性进展。全县房产系统商品住宅开工面积176.34万平方米,批租土地18幅,面积129.8公顷。

## 三、仓储业

50年代中期,仓储业在近郊农村发展,主要为市属工厂、商店或公司储存物资,收取费用,发展缓慢,后又被严厉禁止。1979年后,仓储业成为近郊农村主要产业之一,取得较高的经济效益。1985年有仓库797座。1986年,县委、县府提出变地域优势为经济优势,在城郊结合部发展以仓储业为重点的第三产业。1988年发展到1 107座,其中内仓166万平方米,外仓151万平方米;储存物资30亿元;从业人员6 000人;收入8 734万元。1992年,全县农村仓储收入1.4亿元。仓储业的发展,有力地支持外贸和大工业生产,壮大农村集体经济,增加农村社员收入。

# 第二章　发展区属经济

1958年,按照上海市城市总体规划,市政府决定上海县的闵行、吴泾地区建立机电和化工基地。闵行地区国家投资建造上海重型机器厂、上海锅炉厂闵行分部,由市区陆续迁入上海重型机床厂、上海水泵厂、新民机器厂等企业,相继建成闵行发电厂、闵行自来水厂、闵行污水处理厂等一批骨干基础设施。吴泾地区国家投资建造上海吴泾化工厂、上海焦化厂和上海电化厂等大中型企业,以及与之相配套的吴泾热电厂。1960年从上海县划出闵行、吴泾地区,设闵行区,1964年撤销并入徐汇区。1978年以后,市属企业通过引进先进技术及先进管理,产品升级换代,管理转换机制,效益明显提高,已具备生产30万千瓦核电设备能力。化工、航天、电力工业都有一定程度发展。1981年恢复闵行区。区委、区政府坚持以经济建设为中心,坚持改革开放,更好地服务市属企业和全区人民,把重点放在发展区属工业,安定民生;优化商业布局,满足民需;推进住宅建设,适应民住;加快城市建设,创造良好环境。特别是1982年推进上海闵行经济技术开发区建设,成为1986年8月经国务院批准设立的首批14个国家经济技术开发区之一,成为区域发展中的亮点。

## 第一节　区 属 工 业

闵行区是市属大工业集聚地区,闵行地区以机电工业为主,吴泾地区以化工为主。恢复闵行区后,区委、区政府在服务市属大工业的同时,强调要大力推进区属工业发展,作为区属经济振兴的重点。

### 一、发展历程

区属工业由商办工厂、集管局(工业公司)工厂、开发实业总公司、合作联社等组成。1992年,全区有区属企业79家,其中商办工厂6家、区工业公司22家、开发实业总公司18家、合作联社工厂4家,还有街道直属工厂3家、福利工厂6家、校办工厂20家。

**【商办工厂】**
解放初的前店后工场式的小作坊经社会主义改造发展起来。1965年经调整有五金铁工厂、服装鞋帽厂、食品厂、煤球厂、草帽棉絮厂5家商办工厂,中药、豆制品、蔬菜、酱油、糕团5家商办工场,主要面向区内市场,就近生产,就近销售,年产值100.84万元。1984年,闵行区有商办工厂10家。1988年是商办工厂效益最好的一年,创产值2 375.8万元,利润212.4万元。此后效益逐年下降,1992年亏损47.6万元。是年有商办工厂6家,职工561人,占地2.62万平方米,建筑面积1.67万平方米,固定资产原值788.7万元,工业总产值1 326.8万元。

**【集管局工厂】**
1958年为市属工厂服务的家属生产、生活组发展成工场、工厂。1965年,闵行吴泾地区有里弄生产组 17 个,从业人员 588 人。1982 年后成为区属工业的主体。是年,全区有街道工厂 13 家,职工 2 482 人,固定资产原值 332 万元,产值 1 363 万元,利润 186 万元。1992 年有企业 22 家,职工 1 333 人,占地 4.11 万平方米,建筑面积 2.89 万平方米,固定资产原值 2 260 万元,工业总产值 6 555 万元,利润 395 万元。

### 【开发实业总公司】

1983 年为解决上海闵行经济技术开发区内的农民征地工就业问题,由区政府组建的大集体企业,成为区属工业的重要组成部分。1983 年 7 月—1984 年 1 月,接收征地工 2 101 人,相继开办紫藤针织厂、开发服装厂、捷足皮鞋厂、闵行儿童用品厂、东方包装材料厂等工厂企业。1992 年,区开发实业总公司有企业 18 家,职工 1 680 人,占地 6.53 万平方米,建筑面积 2.93 万平方米,固定资产原值 2 366 万元,工业总产值 9 404 万元,利润 292 万元。

### 【区合作联社】

1982 年为安置返城知识青年,由区政府组建的集体企业。成立时有 15 个合作社,安排待业青年 144 人。成立后,相继开办合作联社供销经理部、供销经理部第一门市部、上海闵行眼镜厂、闵联工程队、闵联汽车队等。1992 年,有工厂 4 家。

1983 年 12 月 17 日,区集管局、工业公司、合作联社实行合署办公。区集管局和工业公司两块牌子、一套班子,区合作联社由区集管局副局长兼任主任。1988 年 6 月 1 日,街道合作联社划归街道办事处领导。

## 二、机制改革

1982 年,区属工业进行产业、产品结构调整。1983 年,区工业产值 2 491 万元,利润 207 万元。1984 年起,区委强调端正业务指导思想,将地区的工作重点转向振兴区属经济,加强城区建设,加快改革开放步伐。区政府对区属工业实行简政放权和经济承包责任制。1986 年,区属工业产值 5 385.9 万元,利润 1 865.5 万元。1989 年,区属工业产值和利润分别比 1986 年增长 75.2％和 58.8％,商品销售额和利润分别比 1986 年增长 81％和 34.8％。1987 年起,区政府对区属工业实行政企职能分开和厂长(经理)负责制,试行企业职工工资总额与经济效益直接挂钩浮动办法;调整产品结构,加强经济联合,兴办斯迈克轴承厂等 9 家联营企业;组织羽绒服装等 7 个产品出口,创汇 1 034 万美元。1990 年起,区政府大力发展外向型经济,至 1993 年 3 月批准立项三资项目 43 个,投资总额 3 536.5 万美元,协议吸收外资 1 495.5 万美元;已领证、开业的三资企业 29 家,投资总额 2 373.1 万美元,注册资本 1 684.4 万美元,直接吸收外资 879.1 万美元。发展厂区合作,与市属企事业单位共同投资建立 28 家联营企业和三资企业。

## 三、主要行业

### 【针织、服装、鞋帽业】

1992 年有工厂 14 家,占地 2.8 万平方米,建筑面积 3.11 万平方米,固定资产原值 2 170 万元,职工 1 822 人,产值 9 153 万元,利润 212 万元。14 家企业中,集体所有制 8 家、国营集体联营 4 家、中外合资 1 家、国营 1 家。

### 【机械、仪器、电器业】

1992 年有工厂 14 家,占地 2.8 万平方米,建筑面积 1.55 万平方米,固定资产原值 980 万元,职工 723 人,产值 5 145 万元,利润 353.6 万元。14 家工厂中,集体所有制 9 家、国营集体联营 2 家、沪港合资 2 家、沪台合资 1 家。

### 【建筑材料业】

1992 年有工厂 5 家,占地 2.98 万平方米,建筑面积 6 754 平方米,固定资产原值 880.8 万元,职工 320 人。5 家企业中,集体所有制 1 家、国营集体联营 3 家、沪港合资 1 家。

### 【医药、食品行业】

1992 年有工厂 5 家,占地 2.76 万平方米,建筑面积 1.33 万平方米,固定资产原值 904.4 万元,职工 455 人。5 家企业中,集体所有制 2 家、国营集体联营 1 家、全民所有制 2 家。

### 【其他行业】

1992 年有工厂有 7 家,占地 1.66 万平方米,建筑面积 6 183 平方米,固定资产原值 331.2 万元,职工 238 人。7 家企业中,集体所有制企业 5 家、中外合资 1 家、全民所有制 1 家。

## 第二节　商 业 布 局

1958 年前,闵行地区商业主要集中在闵行镇,随着闵行区的恢复,逐步形成江川路、兰坪路商业街和吴泾二村商业街,商业网点向工厂和新村延伸,同时开放集贸市场,方便生活,有利生产。

### 一、网点

区属商业主要有国营商业、供销合作社商业、集体商业、个体商业和社会商业。1992 年,全区有商业网点 1 189 个,社会商业零售额 8.02 亿元,上缴税金 1 756.52 万元,从业人员(不含社会商业)5 551 人。

### 【国营商业】

1949 年 6 月,上海县在闵行镇建立第一个国营商业经营机构建中贸易公司松江支公司上海县办事处,逐步发展国营商业。1960 年闵行区有国营商业网点 47 个,其中闵行地区 40 个、吴泾地区 7 个,从业人员 745 人。1966 年 9 月公私合营商业企业全部转为国营企业,主导区域商业发展。闵行区恢复后,逐步推进国营商业改革和发展。1992 年,区商业系统有国营商业企业 106 家,职工 2 384 人,销售额 44 218.45 万元。

### 【供销合作社商业】

1950 年 7 月 14 日,闵行职工消费合作社成立,入社人员为闵行镇和泰山砖瓦厂、国营华东砖瓦一厂的职工,有社员 267 人,440 股,股金 487 元。1962 年,上海市供销合作社设立闵行区办事处,下设副食品、废品两个经理部及果品杂货公司。1963 年 9 月区办事处撤销,其经理部和公司业务直接由市供销合作社领导。1984 年,区内属市供销合作社领导的零售核算单位有 11 家,三级批 1 家,商办厂 1 家,专业场站 3 个,零售网点 23 个。1992 年业务属市供销合作社领导的有区废旧物资利用、土产日用杂品公司和烟糖果品公司中的果品行业。

### 【集体商业】

1956 年在对私营工商业社会主义改造中,由一部分小商小贩自愿组织而成。是年,闵行镇有合作商店和合作小组各 9 个,参加商贩 249 家、423 人,资金总额 6.29 万元。"文化大革命"期间,股息和红利被取消。1978 年起按银行利率发放股息,小商贩股息到退休、退职时发还。1979 年后,集体商业行政隶属区财办领导,业务隶属市商业一局、二局、供销社、粮食局领导。1992 年,集体商业有职工 2 094 人,营业额 18 077.22 万元,利润 251.97 万元。

### 【个体商业】

"文化大革命"中,区内个体商业几乎绝迹。1982 年,区内有个体商业 51 家。1992 年有 783 家、1 073 人,资金 171.37 万元。其中区内个体商业 361 家、471 人,区外来个体商业 422 家、602 人,营业额为 2 776.3 万元。

### 【社会商业】

1958—1960 年,闵行、吴泾地区的工人新村、里弄为方便群众生活,设代销店、居民食堂、修补服务站等。1979 年以后,各街道为解决大批返城知识青年安置和待业青年就业,各工厂企业为安置单位富余人员,学校等事业单位为解决职工的福利来源,自筹资金,自行解决房屋、货源,兴办第三产业(统称"社会商业")。多数为集体所有制性质企业,少数为全民所有制企业。1983 年,全区有"三产"企业 86 家。1992 年有 587 家,其中区属单位 269 家,市属单位 168 家,区外驻区内的 150 家。年销售总额 9 640.49 万元,利润 384.35 万元。

## 二、商业街

### 【江川路、兰坪路商业街】

闵行地区的商业中心。江川路商业街东起沪闵路,西至红园路,建于 1959 年 9 月,1985 年建成百步商场,有百货、服装、鞋帽、钟表、眼镜、食品、理发、照相、粮食、油酱、中西药、无线电等商店及菜馆、书店。兰坪路商业街南起华坪路,北至鹤庆路,1986 年起先后建成镜石、镜海、镜涛 3 个商场。1990 年建造兰坪室内农贸市场,有家电、粮食、洗染、浴室、煤炭、家具等商店。1991 年,区商业系统在兰坪路小高层建筑群底层开辟 3 093 平方米的以销售五金、交电、化轻及汽车配件等商品为主的生产资料市场;之后又投资 1 802 万元,对江川路、兰坪路的商店进行全面装修,改造面积 1.38 万平方米,其中新建网点 1 550 平方米。1992 年,江川路、兰坪路商业中心总面积 2.04 万平方米,有商店 146 家。

### 【老街商业街】

闵行镇主要商业街。1960 年有商店 83 家,分属 31 个行业。1979 年以后,老街南北大街和浦江路的商店大多迁至沪闵路、新安路。1992年老街有商店118家,其中财贸系统59家、社会商业45家、个体商业(不包括个体摊贩)14家。有农贸市场和小商品市场各1个。

### 【吴泾二村商业街】

吴泾地区的商业中心。1960年3月建立吴泾综合商店,下设一村、二村两个商场。二村商场有百货、棉布、服装、日用杂货、煤球、食品、菜场、理发等9家商店。1981年,二村商业向永德路、通海路扩展延伸,改造已有商店面积3 025平方米,辟建农贸市场和小商品市场各1个。1992年,吴泾二村地区有商店95家,其中财贸系统23家、社会商业30家、个体商业42家。

## 三、集市贸易

1984年,闵行区先后在新安路和永德路开放小商品市场。是年,商品成交量808.3万公斤,其中肉禽蛋29.45万公斤、水产品104.5万公斤、蔬菜类482.7万公斤、干鲜果类185.9万公斤。1990年建成兰坪农贸市场,是区内最大的室内农贸市场。1992年有集市贸易市场9个、小商品市场2个。红旗、兰坪、瑞丽3个集市贸易市场先后改建成室内市场。是年,集市贸易的成交额5 888.1万元,小商品市场的成交额344.03万元。

此外,闵行区还拥有5家批发企业。闵行区百货批发部建于1963年,1992年有职工35人,批发销售额1 800万元,利润7.75万元。闵行五金交电批发部建于1977年,1992年从业人员91人,注册资金179.3万元,批零营业总额3 600万元,利润123万元。闵行烟糖批发部建于1960年,1992年有职工39人,销售额2 453万元,利润312万元。闵行医药批发部建于1962年,1992年有职工25人,营业额1 491.2万元,利润91.96万元。闵行日用杂品批发部建于1960年,1992年有职工21人,销售额694万元,利润18.7万元。

# 第三节　住 宅 建 设

闵行区是市属工厂集中地区,加快住宅建设是全区人民的迫切愿望。1958年起,主要是建工人新村。1959—1961年重点建设"闵行一条街成街成坊建筑"和新村。1982年起,重点发展住宅小区建设,形成4个住宅小区,建成5个住宅群,到1992年新建住宅120万平方米。在建设住宅的同时配建学校、商店、医院、影院与一批公共设施。住宅小区开发主要有以下4种形式:

## 一、地方财政统建

1974—1989年地方财政统建住宅26.5万平方米,其中公共配套设施1.8万平方米。

### 【东风住宅小区】

1979—1983年,征用上海县北桥公社新闵大队沈家宅、新闵两个生产队的19.43公顷土地,建成5个街坊,有5、6层住宅106幢,可供4 281户居民居住,建筑面积18.29万平方米;公共配套设施21项,建筑面积1.35万平方米。小区内设有粮油店、食品店与菜场等商业网点,以及中学、小学、幼儿园、托儿所等。

### 【昆阳住宅小区】

1974 年起,由地方财政两次拨款统建住宅,其后上海闵行经济技术开发区在此建立,为安置动迁农民和职工生活需要,又新建一批住宅。第一期工程于 1974 年建成,共 8 幢,建筑面积1.59 万平方米,其中住宅面积 1.51 万平方米;第二期工程于 1979 年建成,共 12 幢,建筑面积2.62 万平方米,其中住宅面积 2.57 万平方米;第三期工程由上海闵行经济技术开发区投资建造,1989 年建成,共 15 幢,建筑面积 4 万平方米。小区内有配套的商业服务网点,二层的室内菜场建筑面积 1 170 平方米,有中学、小学、幼托所、街道文化中心、医院等设施。1 683 户居民迁入定居。

## 二、集资统建共建

1984 年 2 月成立闵行区集资建房领导小组,由区住宅建设办公室兼管,对企事业单位的建房实施"六统一"(即统一规划、征地、设计、施工、管理、分配)的方针,集中建房财力、人力和物力,建成红旗新村(新区)、兰坪、新闵、宝秀路等一批住宅小区。1984—1992 年,全区集资统筹建造住宅 41.42万平方米,其中公共配套设施 4.74 万平方米。

### 【兰坪住宅小区】

由 58 个企事业单位集资建造,征用北桥乡新闵村的金家、南夏与新村生产队的 9.25 公顷土地。1984 年底开工,1989 年 12 月竣工,共建 6 层住宅 39 幢、1 878 套,建筑面积 8.74 万平方米。1985 年起有居民迁入。小区内建有各类公共设施 1.43 万平方米,除按一般标准配建商业网点、幼托外,还有室内农贸市场、自行车停放库和高层业务楼两层商业裙房。

### 【宝秀路住宅小区】

1985 年 9 月开工,1988 年 5 月竣工,征用上海塘湾乡 9.87 公顷土地。建有混合结构的 6 层住宅 29 幢,建筑面积 5.7 万平方米。公共配套设施有商业网点、幼儿园、托儿所等,建筑面积 6 864 平方米。

### 【新闵住宅小区】

1985 年 1 月 10 日征用北桥乡新闵村 10.8 公顷土地进行扩建,第一期工程于 1986 年 3 月开工,1987 年 6 月竣工,共建多层住宅 10 幢,建筑面积 1.91 万平方米;第二期工程于 1987 年 11 月开工,1988 年底竣工,共建多层住宅 4 幢,建筑面积 7 408 平方米;第三期工程于 1990 年 11 月开工,至 1992 年底竣工住宅 10 幢,建筑面积 2.27 万平方米。

### 【红旗新村(新区)住宅小区】

1987 年 3 月 20 日开工,1989 年 9 月竣工,征用马桥乡紫兴大队 41.53 公顷土地,建多层住宅107 幢,建筑面积 23.96 万平方米。各类公共配套设施 37 项,建筑面积 2.39 万平方米。新建中、小学各 1 所,幼儿园、托儿所 6 所,菜场、商业网点 3 243 平方米。有绿地面积 6.72 万平方米。1992年底共迁入 4 620 户。

### 三、企事业单位自建、联建

80年代,各企事业单位利用原有基地或结合基建,联合建造职工住宅,1980—1991年建住宅32.08万平方米,其中公共配套设施1.72万平方米。

**【红旗新村联建住宅】**

1980年11月由上海锅炉厂、上海电动工具厂、上海华银机器厂、上海重型机床厂、新中华机器厂、新民机器厂等在红旗新村(老区)联建6幢混合结构6层楼住宅,建筑面积1.35万平方米,底层商店3 460平方米。

**【东风新村联建住宅】**

1982年7月由上海滚动轴承厂、上海轴承滚子厂、上海发电设备成套设计研究所、上海重型机器厂等单位,征地0.6公顷在兰坪路301弄联建8幢住宅,建筑面积1.15万平方米。

**【永德新村联建住宅】**

1980—1989年由上海吴泾化工厂、上海焦化厂、上海电化厂等11个单位,先后在龙吴路西、剑川路北联建5层～6层住宅44幢,建筑面积8.53万平方米。配有商店、幼儿园等建筑面积3 961平方米。

**【沧源小区自建住宅】**

1987年上海交通大学闵行校区辟建的教职员工住宅区。征用北桥乡黄二村8.91公顷土地,建6层混合结构住宅6幢,建筑面积1.71万平方米。

**【吴泾新村联建住宅】**

1987—1991年由上海氯碱总厂、关港装卸作业区和吴泾热电厂结合厂区新建和扩建工程,联合上海焦化总厂、上海有机氟材料研究所、上海吴泾化工总厂等单位,征用塘湾乡14.68公顷土地建造。1987年7月开工,1991年7月竣工。建多层住宅88幢、18层高层住宅1幢,建筑面积19.34万平方米。配有小学、幼儿园、菜场、银行营业所等,建筑面积1.29万平方米。

### 四、商品住宅

1984年,闵行区始建商品房,至1992年全区有商品房12.56万平方米。

**【闵行老街横泾港东商品住宅】**

1984年,区房产经营公司为改造横泾港东地区危房,开发建设4幢商品住宅,建筑面积6 006平方米。

**【红旗新村商品住宅】**

1986年,上海县马桥乡承包红旗新村(新区)住宅基地的前期动迁安置工作,结合动迁房建设,在景谷路 192 弄建造 4 幢多层商品住宅,建筑面积 1.15 万平方米。1987 年,上海县房地产总公司马桥分公司联合中华企业公司在景谷路 135 弄建造 7 幢多层商品住宅,建筑面积 1.52 万平方米;1989 年在碧江路 502 弄建造 7 幢多层商品住宅,建筑面积 1.67 万平方米。1988 年,区商品房开发经营公司在红旗新村(新区)住宅小区建造商品住宅 1.55 万平方米。

### 【沧源新村商品住宅】

1989 年,上海县房地产总公司北桥分公司在沧源路西、东川路南征地 0.72 公顷,共建多层住宅 6 幢,建筑面积 8 892 平方米;1992 年扩建多层商品住宅 11 幢,建筑面积 2.98 万平方米。

### 【昆阳新村商品住宅】

1988—1990 年,上海闵行联合发展有限公司新建 12 幢 6 层商品住宅,建筑面积 2.3 万平方米。

此外,1985—1992 年,闵行区由地方财政统建和企事业单位联建高层住宅 7 幢,建筑面积 7.62 万平方米,可供 740 户居民居住。

# 第四节　市　政　建　设

1983—1992 年,闵行区根据规划先后建成昆阳、碧江、兰坪、景谷、景东 5 个道路排水系统,城区路网排水能力每秒 66.7 立方米。全区日均生产用电从 347 万千瓦增加到 545 万千瓦,生活用电从 3.09 万千瓦增加到 6.85 万千瓦。敷设 46 公里的输气管道,新建 11 座调压站,管道煤气输配形成网络。民用煤气(含液化气)普及率 82.2%;区内电话通信实现自动化,用户放号从 1 216 户增加到 13 768 户;日供水能力从 5 万吨增加到 16.7 万吨,日处理污水能力从 2.5 万吨增加到 5 万吨。

## 一、道路

1984—1986 年,为开辟闵行新工业区修建绿春路、文井路、东川路西段等 16 条主次道路,重修丽江路,形成昆阳地区的道路网络。1984 年修建沧源路、东川路东段和景谷路东段,形成沧源地区的道路网络。1986 年修建和延伸碧江路、东川路中段、景谷路中段和鹤庆路西段,形成碧江地区的道路网络系统。1988 年在吴泾修建景东路、双柏路、元江路,结合龙吴路改造,形成景东地区道路网络。是年,改造和延伸兰坪路、瑞丽路,辟通鹤庆路,形成兰坪地区的道路网络。至此,结合江川东路、新闵路、平山路、建设路的大修改造,全区主要道路渐成环路。1992 年,闵行区有主次道路 57 条,总长 75.38 公里,车行道 88.81 万平方米,主要干道路宽 20 米～50 米,车行道宽 14 米～23 米;次要道路路宽 10 米～20 米,车行道宽 7 米～10.5 米。绝大部分道路为沥青混凝土和沥青贯入式路面。

### 【沪闵路】

北起漕河泾,向西南行经莘庄,转而南行过颛桥、北桥,直至闵行黄浦江畔,系沪(上海)昆(明)国道(G320)沪杭公路沪闵段,也是区域连接市区的主要干道。全长 23.5 公里,路宽 25 米～34 米,车行道宽 14 米～27 米。区界内长 3.47 公里。1983 年,境内路段两旁各拓宽 3 米为非机动车道,并在快慢车道间设置混凝土隔离障。1985 年,全线装上双排高压钠灯。1991 年,江川路至东川路段两侧铺设人行道。

### 【剑川路】

东起通海路,至昆阳路西大中华橡胶分厂,全长14.3公里,是连接区内闵行、吴泾两个地区的交通干道。1958年始建龙吴路至昆阳路,1984年向东延长至通海路,1987年向西延长至大中华橡胶厂闵行分厂,路宽10米~25米,车行道宽7米~15米。

## 二、桥梁

区境地处江南水乡,河道纵横。80年代起,随着区内经济发展和建设上海闵行经济技术开发区,又新建和改建一些公路桥梁,主要干道的桥梁宽度都放宽到14米以上。1992年,境内有人行及拖拉机桥梁16座、公路桥梁34座,其中荷载10吨以上23座。

### 【东川路横泾港桥】

1988年兴建,为3孔钢筋混凝土梁式公路桥。主孔净跨16米,长34.84米,板面为三板块式。机动车道宽16米,非机动车道宽5米,中间设混凝土隔离屏障,两侧人行道各宽2.75米。设计荷载汽车20吨、拖挂100吨。

### 【江川路沙港桥】

1958年始建,1991年重建。全长42.6米,主跨为22米的简支梁。车行道宽16米,两侧人行道各宽1米。设计荷载汽车20吨、拖挂汽车120吨。

### 【龙吴路车沟桥】

1958年始建,1988年重建。新桥全长41.3米,主跨为长20米的简支梁。桥面车行道宽22.6米,两侧人行道各宽2米。设计荷载为汽车20吨、拖挂汽车120吨。

## 三、供水

闵行、吴泾地区在建区前,除上海汽轮机厂、上海电机厂等少数企事业单位为生产和职工生活需要而自建供水系统外,集镇居民和附近农民均使用河水和井水。1958年7月在江川路、碧江路口的竹港西畔兴建闵行自来水厂,供水量为5万吨/日。1983年3月在江川路荷巷桥南侧建设计供水能力为20万吨/日的闵行第二水厂。首期建设规模供水量10万吨/日,输水管网7.46公里。1984年9月开工,1989年4月供水,总投资2818万元。1987年5月完成沿剑川路、龙吴路全长13.5公里800毫米大口径输配水管线的敷设,吴泾地区改由闵行供水。是年,闵行自来水厂和闵行第二水厂的管网贯通联网。1992年,闵行自来水厂和闵行第二水厂合并成闵行水厂,总供水能力为16.7万吨/日,取水口位于黄浦江上游的准水源保护区。全年供水量为3499万吨,最高日供水量12.7万吨,平均日供水量9.56万吨,全年售水量3341万吨。其中工业用水1709万吨,生活和其他用水1632万吨,城区居民已全部使用自来水。

## 四、供电

1958 年后,新建闵行发电厂和吴泾热电厂,主要供应闵行、吴泾地区工农业生产和城乡居民用电,多余电力输入华东电网。1984 年,闵行发电厂总装机发电能力 81.8 万千瓦。1992 年,吴泾热电厂总装机发电能力 100 万千瓦。

1989 年,区内有公用变电站 7 座,其中,220 千伏变电站 1 座、110 千伏变电站 1 座、35 千伏变电站 5 座。闵行地区有昆阳、沙港和剑川变电站 3 座;吴泾地区有元江、华港、关港和龙剑变电站 4 座,变电站总容量为 39.7 万千伏安。区内企业专用变电站容量 2 400 千伏安以上的共 14 座,闵行地区 9 座,吴泾地区 5 座,总容量 55.14 万千伏安。

区内有两条高压走廊,闵行发电厂出厂高压走廊沿昆阳路东侧向北,跨过新闵铁路支线出区界,高压走廊宽 200 米左右,有 220 千伏线路 2 路、110 千伏线路 4 路、35 千伏线路 1 路;闵行发电厂向南过黄浦江有 220 千伏、110 千伏、35 千伏线路各 1 路,还有 4 路 35 千伏线路为闵行地区服务。吴泾热电厂出厂高压走廊向西沿镇象路北侧,跨过闵吴铁路支线出区界,高压走廊宽约 150 米左右,有 220 千伏线路 6 路、110 千伏线路 2 路、35 千伏线路 12 路;吴泾热电厂向东过黄浦江有 220 千伏线路 1 路,还有 110 千伏线路 1 路和 35 千伏线路 3 路为吴泾地区服务。

1982—1992 年,供电部门增建和配建兰坪等 36 处低压变电设施,降压总容量 1.35 万千伏安,服务全区。

## 五、供气

1972 年春,上海焦化厂向吴泾地区 2 142 户居民供应管道煤气。1982 年又发展 1 500 户。1986 年埋设一根直径为 700 毫米的至上海闵行经济技术开发区的煤气管。1987 年,闵行地区实施管道煤气工程,费用采取地区集资,住户单位负责街坊管网和室内煤气管、配套设施的费用,干、支管工程费用由企业和区政府承担,1992 年 8 月完成。1988 年 3 月 8 日,红旗新村华宁路 191 弄 88 号首先通气。1992 年,全区有 16 706 个用户使用煤气管道,占居民总户数的 37.07%。

1977 年,市煤气公司液化气管理所闵行中心站成立,老街、兰坪、宾川、景谷和昆阳等 5 座供应站先后建成,是年发展闵行地区第一批液化气用户 600 户。1984 年 6 月,市煤气公司在昆阳路、北松路口建成容量为 1 000 立方米的液化气储灌站,用户发展到 14 000 户。1992 年建设金山至闵行的液化气输送管道,储灌站增容扩建,供应站增点增量,液化气用户发展到 20 346 户,占居民总户数的 45.2%。

## 六、供热

吴泾热电厂第一期热网工程 1960 年 1 月开始动工,共敷设供热管 5 984 米,10 月投产,向上海电化厂、上海吴泾化工厂、上海焦化厂供应蒸气。1978 年最大供气量为 336 吨/时,年供热量 599.79 万亿焦耳。1988 年 12 月向上海氯碱总厂供应蒸气。1971 年 7 月,闵行发电厂余热供应上海重型机器厂,热负荷每年约 250 万亿焦耳。工程总投资 980 万元。1992 年,吴泾热电厂和闵行发电厂共向 13 个单位供应蒸气,其中单供生活用蒸气 5 户。供气管道总长度为 14.69 公里,均为架空结构。

# 第五节　上海闵行经济技术开发区

　　上海闵行经济技术开发区(简称"开发区")创设于1982年,占地2.13平方公里。1982—1992年,开发区"边开发、边建设、边生产、边出口",有美国、日本、加拿大、澳大利亚、法国、新加坡、泰国、瑞士、意大利和中国香港、澳门、台湾等14个国家和地区独资、合资、合作厂商98家,形成轻工、纺织、电子仪表、建材、医药、机电设备、精细化工和金属加工等行业。产品出口型企业占65.3%,先进技术型企业占19.4%。在全国14个经济技术开发区中经济效益名列前茅。

　　1993年,开发区二期开发A块基地征地动迁;1994年,开发区与区里签订二期B块基地征地动迁大包干协议,由区里负责动迁安置。至此,开发区面积扩大至350公顷。1993—2002年,开发区累计引进外商投资16.45亿美元,协议外资12.42亿美元,注册资本11.09亿美元,合同外资8.59亿美元;2003—2010年分别为13.55亿美元、13.15亿美元、5.18亿美元和5.26亿美元。1982—1992年入驻开发区的《财富》500强投资企业(按2010年营业收入排名)有中美上海施贵宝制药有限公司等11家,1993—2002年有上海MWB互感器有限公司等17家,2003—2010年有圣戈班研发(上海)有限公司等3家。

## 一、投资环境

　　1982年,市政府决定建立闵行新工业区。1983年4月从闵行区和上海县分别抽调干部成立开发区征地动迁办公室,负责征地、动迁工作。上海县负责征地,闵行区负责动迁、安置,拉开开发区建设序幕。

**1996年,上海闵行经济技术开发区全景(赵养勤摄)**

**【基础设施】**

　　1983年7月,闵行虹桥开发公司组织10余个单位进入开发区,进行"七通一平"(七通是指供水、供电、供煤气、通讯、雨水排放、污水排放和道路,一平是指平整土地)基础设施建设。至1983年底完成埋设雨水、污水管道7 098米,上水管线3 806米,电话导管2 140米,修筑临时便道4 447米,架设输电外线24.5公里,埋设施工上水管2.48公里。1984年6月,沪港合资上海环球玩具有限公司注册,成为开发区第一家合资企业。此后,进入"边开发、边建设、边生产、边出口"的滚动开发引资阶段。1985年,开发区已建成道路12.7公里、桥梁3座,埋设各种管线104公里,建成11万伏变电站 1 座、1 万伏配电站 5 座、1 万门装机容量的华宁电话支局部分投入运转。1987 年 7 月 1 日，日供水量 10 万吨的闵行第二水厂一期工程竣工投产，满足开发区的用水需要。1987 年 10 月，开发区 2 000 门国内、国际直拨程控电话开通。1988 年 3 月，建成外商生活服务中心，具有三星级服务水平的紫藤宾馆开业。1992 年底，开发区有生产和生活服务设施 73.2 万平方米，其中竣工 62 万平方米，在建 11.2 万平方米。

**【优惠政策】**

1988 年 3 月 13 日，市政府颁布《上海市关于闵行、虹桥经济技术开发区外商投资优惠规定》，凡开发区内的外商投资企业，除享受国家和上海市规定的优惠待遇外，还可以享受以下的优惠待遇：开发区内外商投资的生产性企业，在 1995 年底以前免征地方所得税；外商投资企业在开发区自建或购置的房屋，从建成（购置）月份起，免征 5 年房产税；开发区内外商投资企业，按规定纳税有困难的，经企业申请、税务机关批准，可给予减征或免征工商统一税；对开发区内的外商投资企业，有关单位确保提供生活经营所需的水、电、煤气、运输条件和通信设施等，并按当地国营企业收费标准计收费用；对开发区内的外商投资企业在生产和流通过程中需要借贷的短期周转资金，经开户银行或其他金融机构审核后，确保贷放，必要的信贷资金优先贷放。

**【管理服务】**

1987 年，开发区在全国率先建立为外商投资企业提供"一站服务"的上海市闵行经济技术开发区行政管理服务中心，并由市外资委牵头，市有关单位派员进驻行政管理服务中心，为开发区内企业的生产经营办理各种申报手续，处理进出口业务提供服务。至 1992 年底，有 21 家管理单位和服务公司参与、进驻。凡开发区内企业日常生产经营和需办理的各种进出口和银行、保险等业务手续都能在该行政管理中心内及时办理。开发区编写《投资指南》，介绍外商投资手续、项目审批程序、税收和场地、厂房、运输、仓储、通讯、自来水、电力、燃料及职工福利等各方面内容。

## 二、外商投资

1984 年 6 月首家合资企业入驻，1986 年起形成外商投资高潮，至 1992 年累计引进 98 个项目，年均吸引 14 家外商企业；合同投资总额 6.02 亿美元，其中外商投资 3.31 亿美元。1986—1992 年累计完成工业产值 74.66 亿元，出口创汇 5.36 亿美元，实现税利 20.4 亿元（含海关关税），上缴各种税收 8.1 亿元（含海关关税）。

开发区的投资导向，以工业项目、外商投资企业、产品出口企业和先进技术企业为主。引进项目中被政府主管部门认定为出口创汇型企业占项目总数的 65.3％，先进技术型企业占 19.4％，这两类企业占项目总数的 84.7％。

投资项目来自 14 个国家和地区，1992 年底以美国、中国香港、日本为主，在投资总额中美国占 32.8％，中国香港占 30.9％，日本占 19.5％。

在投资的 98 个项目中，平均单项投资额 614 万美元；总投资超过 500 万美元的企业占 34.7％，其中超过 1 000 万美元的占 19.4％；著名跨国公司的项目占 26.5％，投资金额占 51.1％。

98 个引进项目都属生产性项目，其中中外合资经营企业 67 家，占 68.37％；中外合作经营企业 3 家，占 3.06％；外商独资企业 28 家，占 28.57％。

　　开发区吸引外资投资的经济效益较好,每投资 1 元基础设施建设,可引进 3.54 美元的项目投资,创造 3.15 美元的外汇收入,产出 43.8 元产值,上缴 4.8 元税收。1992 年在开发区已投产的 74 家企业中,有 25 家增加投资扩大生产规模,平均增资幅度 54.4%。

### 三、双优企业

　　1992 年,开发区评出 1991 年度全国双优企业 21 家,占开发区投产企业数的 28.4%,占上海市获此荣誉三资企业总数的 24.3%,为一批投资规模较大、创汇创利双优、产品技术较新的企业形式。

#### 【中美上海施贵宝制药有限公司】

　　1982 年 10 月成立,1985 年 10 月 18 日开业,占地 5.43 万平方米,总投资额 1948 万美元,是中国第一家中美合资制药企业,按国际标准美国现代优良药品制造规范(GMB)设计、生产、管理和经营。1988 年 6 月、1989 年 9 月分获加拿大政府保健局(HPB)、国际药政权威机构美国食品、药品管理局(FDA)批准成为中国第一家获准西药制剂产品出口美国的制药企业。1992 年总产值 3.34 亿元,净利润 7 652.72 万元,主要生产抗感染、维生素和心血类药品,是市政府命名的技术密集型、知识密集型合资企业。

#### 【上海环球玩具有限公司】

　　1984 年 6 月成立,占地 1.65 万平方米,由上海玩具进出口公司、上海市投资信托公司、上海爱建股份有限公司、中国银行信托咨询公司和香港环球玩具集团公司联合投资,是开发区内创办的首家合资企业。专业生产注册"MATCHBOX"国际商标的各类锌合金仿真玩具,产品主要销往美国、加拿大、欧洲、日本及东南亚国家和中国香港,内销全国各地。1989—1992 年每年被中国外商投资协会评为全国双优三资企业和上海市双优三资企业。

#### 【上海三菱电梯有限公司】

　　1987 年 1 月成立,占地 15.8 万平方米,由上海机电实业公司、中国机械进出口总公司、日本三菱电机株式会社、香港菱电工程有限公司联合投资。公司引进日本三菱电机株式会社 80 年代产品技术,生产全电脑交流变压变频控制(VVVF)电梯、观光梯、液压梯及自动扶梯共 9 个系列 100 多种规格的电梯。1987 年被市政府确认为先进技术企业,并连续 3 年被评为全国双优三资企业。1992 年利税 1.26 亿元,在全国 500 家最大企业中名列第 372 位。

#### 【上海申美饮料食品有限公司】

　　1987 年 2 月成立,占地 4.15 万平方米,由上海市食品开发实业公司、上海市投资信托公司与美国可口可乐公司合作经营,投资额中方 2 616.6 万元、外方 1 184.3 万美元。主要产品有可口可乐公司产品系列浓缩液,雪菲力系列主剂,雪碧、芬达、雪菲力软饮料。此外还自产 PET 聚酯瓶等包装材料。1990—1992 年连续 3 年被评为全国外商投资先进企业。1992 年创利 1.44 亿元,在中国 500 家规模最大外商投资企业列第 57 位。

# 第三章　发展城乡经济

1992年"撤二建一",建立新的闵行区,区委、区政府把发展城乡经济放在首要位置。通过推进经济体制改革,使各类企业更好地适应社会主义市场经济发展;通过引进先进技术,调整产业结构,逐步形成以高新技术为先导的新兴产业与经升级换代的传统优势产业相结合的工业体系,增强区域工业活力;重视招商引资,加大引资力度,把外向型经济作为经济发展的重中之重;发挥科技进步的巨大作用,把经济发展转移到依靠技术进步和提高劳动者素质的轨道上来;利用区位优势,把房地产业作为第三产业发展的重要抓手,逐步实现"稳步提高第一产业,调整优化第二产业,积极拓展第三产业"的发展战略。

## 第一节　经济体制改革

区域经济体制改革着重从工业管理与经营体制、流通领域经营体制、企业制度3个方面展开:

### 一、工业管理与经营体制

#### 【工业管理体制】

这项改革是从启动政企分离开始。1995—1996年,区工业局等6个局改为公司,局机关人员全部转为公司员工。改制后的公司对区属国有、集体企业经营实施管理。1996年,区属国有资产实现授权经营。国有集体资产专司管理体制的建立和政企的分离,彻底改变以往政府直接管理企业的格局。1997年起,国有集体企业逐步退出竞争性行业,转入基础型、公益型和管理型领域。随着外资和民营企业快速发展,区内工业企业所有制结构发生明显变化,形成国有、民营和外资等多种经济形式共同发展的新格局。企业内部法人治理确立,经营机制市场化,企业逐步成为自我经营发展的市场主体。国有出资人制度的建立、政企分离的实现,使政府的管理职能得以转变,市场体制条件下的企业管理新模式形成。

#### 【工业经营体制】

这项改革主要是深化厂长负责制、经营承包责任制。1993年3月,深化改革厂长承包经营责任制和厂长负责制,所有权与经营权分离,将企业逐步引向市场经济之路。1993年,区政府制定《关于企业兼并实施办法(试行)》《关于企业解散实施办法》《关于企业实行国有民营实施办法》。区工业局在前两轮经营承包基础上,完善经营承包方案,实施"按标定分,按分定档,按档报酬",制定考核指标和相应的制约指标。是年实行各种经营承包责任制的企业624户;实行"转换机制,放开经营"改革试点企业由1992年的3家发展至5家,全员劳动合同制综合配套改革由19家发展至58家,全员劳动合同和上岗聘用合同单项改革由91家发展至217家。至年底,双合同制在区属工业企业中全面推行。区工业局系统23家企业实行全员劳动合同制,占应改企业的80%;11家企业同时实行职工上岗合同或上岗聘用承包合同。与职工签订上岗合同的企业均实行岗位技能工资制,以"劳动技能、劳动责任、劳动强度、劳动条件"四大要素,测评岗位工时定额标准及计分奖励等劳动收入分配标准。锋利工具厂把 7 个岗位调整为 10 个,"以岗定薪,变岗变薪",鼓励职工上高岗。华岭机械厂、华丰电器厂、手工艺品厂等单位,实行划小劳资核算单位,职工主人翁意识明显提高。1994 年,区工业局制定厂长、经理考核办法,以企业资本利润率为主要考核依据,将全工业局系统参与考核的 27 家企业按资本金大小分为 6 大类,分别制定资本金利润率指标及年薪、奖励办法。是年,全区 340 家企业实行全员劳动合同制及上岗合同综合改革。1997 年随着企业产权制度改革全面实施,承包经营制改革终止。

## 二、流通领域经营体制

### 【商业系统】

1993 年,区属商业企业美昌时装公司、闵行百货公司批发部等 4 家企业,推行经营活动、商品定价、劳动用工、工资分配、投资发展、机构设置等"六自主"改革。区商业系统 10 家公司先后完成管理型向经营型的转变,成为自主经营的核算单位。浦江五金电料商店、红旗菜场等小型商业企业采用股份合作制、风险抵押承包制等多种形式实施改革。是年,商业系统共有 3 667 名职工签订全员劳动合同制合同。1994 年,区商委成立,推进商业企业经营机制改革。改革的主要内容:大中型商业企业中继续推进"六自主"改革;推行全员劳动合同制、上岗合同制和岗位技能工资制等内部综合配套改革;推行股份合作制和风险抵押承包制改革;推行政企分开,改革商业管理体制;扶持个体、私营商业企业。是年,闵行商业总公司实行政企分开,农工商总公司组建神龙农工商(集团)公司,区粮食局形成以区粮油总公司为龙头的经营格局。26 家商业企业实行股份合作,73 家小型商业企业实行风险抵押承包经营,开设个体商业企业 4 175 家、私营商业企业 368 家。1998 年,商业经营体制改革,主要是连锁经营。由区属商业 6 家股东单位投资的闵行商业连锁有限公司,开设连锁超市 7 家,实施统一进货、定价,分散经营。是年,全区 44 家医药行业、17 家烟草专卖行业、14 家生产资料行业、7 家照相行业实现连锁经营。2000 年按《中华人民共和国公司法》,有限责任公司和股份合作制企业组建董事会、监事会,聘任总经理。2004 年,辖区国有、集体性质商业企业全部完成改制,依法改变企业原有的资本结构、组织形式、经营管理模式或体制。

### 【供销社系统】

1993 年,区供销社实施二级风险抵押承包制,区总社对所属企业实行"核定指标、定额上缴,风险抵押、强化制约"承包办法,有 40 个基层供销社的法人代表与区供销社签订承包合同,向区总社缴纳风险抵押金;基层供销社门店、班组与基层供销社签订承包合同,承包人和职工向基层门点缴纳风险抵押金,签约率为 100%。1994 年 3 月,区总社召开第一届第一次社员代表大会,审议通过"一区一社"体制改革。区总社领导职务实行竞争上岗、量化考核,148 个"边、小、微、亏"门店实行"社有自营"抽资承包。年底,全部完成试点,9 家菜场实行全行业经营承包制和全浮动工资分配。1996 年,164 个"边、小、微、亏"门店,全部实行以职工出资承包为主的经营责任制;完成出资承包签约,占零售网点的 1/3。1998 年,区供销社在 50 个实行股份合作制的门店中,撤销 15 个不规范的股份合作制门店,其中 5 个转为职工购买永续使用权,5 个实行职工租赁经营。1999 年,区供销社在 220 个由职工出资承包的门店中,150 个转为个体、私营或合伙经营。2000 年,区供销总社本部实施第三次改革。区总社与海星(集团)公司分家,海星(集团)公司改制为有限公司,分设莘亚资产经营有限公司、海星商业建设公司、海星旅游公司等 7 家子公司。2004 年,总社行政管理职能已转为对所属商业经营门店的协调、服务。

### 【外贸系统】

1993 年,区里批准成立上海申联进出口贸易公司。1995 年成立上海闵行外贸公司。1998 年,莘庄镇莘吴实业公司成立上海莘吴进出口有限公司。根据中央精神,逐步改变在计划经济体制下,企业无权从事产品进出口业务的状况。1997 年,闵行区成为上海市首批加工贸易试点区。1998 年,区外经委全年审批加工贸易合同 4 044 份,出口总额 6.35 亿美元。1999 年,书面文件审批改为电脑联网审批,实行企业和商品分类审批,加工贸易"空转"和"实转"区别审批。第一批 37 家认定为 A 类企业,13 家认定为 AA 类企业,201 家有产品出口证书企业。2000 年,为适应中国加入WTO 后的环境,逐步放开企业的外贸经营权,审批制改为核准制。全区有直接出口权企业增加到472 家,其中出口额 1 000 万美元以上的企业 26 家。2004 年 7 月起,按照重新修订的《中华人民共和国对外贸易法》,外贸经营权核准制改为备案制,全区产品出口企业数量剧增,出口额猛升,分别达到 937 家、39.76 亿美元。

## 三、企业制度

### 【公司制和股份合作制】

1997 年,区里实施企业公司制和股份合作制改革,搞活中小企业,涉及工业、商业、农业、副业、建筑业等各个行业。对符合改革条件的区属国有企业、镇村集体企业,实施以资产置换为主要内容的股份合作制改革。至年底,实行资产置换企业 344 家,置换资产 7.25 亿元;2 431 家区属国有企业与镇村工业企业,应改制企业 1 900 家,完成改制 1 636 家,改制率 86%。

### 【产权制度】

1999 年 8 月,区委、区政府下发《关于推进国有和集体企业产权制度改革的若干意见》及 11 个配套文件,提出用两年时间完成国有、集体企业从一般竞争性企业中退出的目标要求。企业产权制度改革由此从少数单位试点转入全面推进,采取拍卖出售、协议出让、股权转让、外资嫁接等资产置换方式,将国有、集体企业的净资产整体或部分置换给企业职工、经营者、自然人和法人,提倡企业经营群体参股控股、持大股、职工自愿入股。将保留的国有或集体股份,从企业中全部退出。1998 年改制企业 446 家,1999 年改制企业 650 家,2000 年改制企业 240 家。2005 年起,企业产权协议转让取消,产权(股权)转让一律公开挂牌。闵行房地集团国有股权转让,为区内第一家在上海市联合产权交易所公开挂牌转让企业。

### 【现代企业制度】

1994 年,区里在上海金球(集团)公司等 4 户不同行业企业试行现代企业制度,力求培育为自主经营、自负盈亏、自我约束、自我发展的市场竞争主体。1995 年,上海金球集团列入上海市 140 家现代企业制度试点单位。是年,又批准上海金三角水利(集团)公司、上海锦江建筑材料公司、上海东苑房地产经营公司等 16 家企业进行现代企业制度试点。1996 年,区政府出台《关于现代企业制度试点单位股东会、董事会、监事会成员组成和管理办法》《闵行区现代企业制度试点单位工资管理办法》等文件,全区169家企业完成由无限责任到有限责任公司的改制,占全区国有和集体企业总数的9.4％。全区组建企业集团32家,其中市级集团23家、区级集团9家。1998年底,闵行区现代企业制度改革工作基本完成。

改革工作由区内上海锋利电动工具厂改制可见一斑。该厂是闵行区申信工业(集团)公司下属骨干企业,职工1100余人,专业生产各种电动工具,年产值6000万元,年利税200万元。1996年,申信工业(集团)决定上海锋利电动工具厂兼并上海砂轮机厂,兼并后企业一度背上包袱,发展受到影响。在对各种改革模式进行比较分析后,制订经营者持大股、经营层控股的改制方案:第一步,集体资产全额退出,上级公司不再拥有企业股份;第二步,股权向经营群体集聚,职工自愿参与入股。方案经职代会讨论通过,于1998年8月正式实施改制。经资产评估和追加审计,企业净资产为1331万元(不包括土地使用权),按改制政策剥离331万元后,余额1000万元由厂长为首的经营骨干等35人一次性出资全额买断,企业改制为以自然人名义持股的有限责任公司。其中经营者出资200万元,占企业总股本金的20％;其余34人出资最高的为50万元,最低的在20万元以上。改制完成当月,召开股东会选举产生8名董事组成董事会,3名监事组成监事会。董事会成立后对兼并的上海砂轮机厂进行资产重组,对原上海砂轮机厂256名职工进行分流与安置。改制后企业得以平稳过渡,职工收入随生产率同步增长。

# 第二节　支　柱　产　业

1993—1995年,区域工业逐步由依靠传统行业支撑转向依靠科技进步和新兴支柱产业支撑,形成电气机械器材、服装、金属制品、化工、塑料制品、有色金属六大支柱产业。1996—2000年,除重点发展六大支柱产业,同时开拓扶持电子及通信设备制造业等先导性新兴产业,调整改造机械工业、纺织业等传统产业。2001—2005年,重点发展电子与通讯设备制造业、电气机械及器材制造业、新材料和汽车制造业。2006—2010年,重点发展航天、光电子、微电子产业和现代装备制造业,培育太阳能、风能等新能源,以及新材料、生物医药等产业,继续发展传统优势产业和都市型工业。至此,逐步形成区域优势产业,不断增强工业活力。

## 一、装备制造业

区域先进重大装备制造业有明显的优势,集聚着一批对全国乃至世界有影响的大中型企业。2004年,上海市在闵行区正式实行在地统计。年底,全区有法人装备制造企业2020家,占在区全部法人工业企业的29.1％;从业人员15.7万多人,占35.4％;全年营业收入886.9亿元,占48.1％;上缴税金22.6亿元,占29.1％。规模以上工业企业中,装备制造业创造工业总产值720.1亿元,占全区的42.6％;实现利润总额46.4亿元,占39.2％。1993—2002年成立的主要企业有思源电气股份有限公司、上海西门子开关有限公司、博朗(上海)有限公司,上海ABB电机有限公司、上海施耐德低压终端电器有限公司、上海南洋—藤仓电缆有限公司、大金空调(上海)有限公司,上海亿力电器有限公司、上海电气集团上海电机厂有限公司、上海太阳能科技有限公司、上海南华兰陵电器有限公司,2002—2010年有ABB高压电机有限公司、上海电气风电设备有限公司、尚德太阳能电力有限公司、上海神舟新能源发展有限公司、利奥电池系统(上海)有限公司。主要工业产品有电站锅炉、电站汽轮机、电站燃气轮机、数控机床、大型锻造件、矿山设备、海洋工程设备、三菱电梯。

## 二、电子信息业

进入 21 世纪，区里电子信息产业得到迅速发展。在招商引资和工业园区引进项目中，区里重视引进高科技、高就业、高税收项目，特别是信息技术（IT）项目。2002 年，全区 IT 行业中产值超过 5 000 万元企业有 19 家、超过 1 亿元的 13 家、超过 2 亿元的 6 家、超过 3 亿的 1 家。之后，增长仍然十分强劲。2008 年，有 17 家企业产值突破 5 亿元，覆盖信息制造业八大类中的 7 个行业（通用电子仪器仪表制造业除外），其中 8 家在 20 亿元以上，3 家在 100 亿元以上。1993—2002 年成立的主要企业有上海索广电子有限公司、上海元一电子有限公司、上海忠麟电子企业有限公司、上海宜鑫实业有限公司、上海广联电子有限公司、上海安费诺永亿通讯电子有限公司、奥特斯（中国）有限公司、莱尔德电子材料上海有限公司，2003—2010 年有上海三思电子工程有限公司、英顺达科技有限公司、英源达科技有限公司、英华达（上海）科技有限公司、英业达科技有限公司、晟碟半导体（上海）有限公司、上海广电富士光电材料有限公司、上海中航光电有限公司。主要工业产品有索广电子、富士施乐、晟碟半导体。

## 三、化学原料与化学制品制造业

区域是全市化学原料与化学制品的重点地区：一块是以焦化、氯碱和吴泾化工等国有企业为主构成的重化工，生产化学工业的基础原料；另一块是众多中小企业，生产初级化学制品。90 年代起，上海氯碱化工股份有限公司建成投产，吴泾、曹行等地的中小化工企业纷纷建立，使得生产能力大幅度扩张。90 年代中期逐渐形成境内制造业中产值比重较大的企业，工业产值在全区规模以上企业中保持 7% 的比重，2001 年达到 10%，为最高值，位列全区规模以上工业各行业第二名。1993—2002 年成立的主要企业有上海 DIC 油墨有限公司、上海花王有限公司，罗地亚聚酰胺（上海）有限公司、上海花王化学有限公司、上海申星化工有限公司、蓝星有机硅（上海）有限公司、巴斯夫上海涂料有限公司、上海锦湖日丽塑料有限公司、上海科华染料工业有限公司、芬美意香料（中国）有限公司。主要工业产品有"吴泾牌"工业冰乙酸、乙酸乙酯、硫酸，"申峰牌"聚氯乙烯树脂，"电化（申峰）牌"48% 离子膜烧碱、氯乙烯、聚氯乙烯树脂、糊状聚氯乙烯树脂、盐酸。

## 四、生物医药制造业

1982 年 10 月成立的中美上海施贵宝制药有限公司，是中国第一家中美合资制药企业，主要生产抗感染、维生素和心血管类药品。1998 年 8 月成立上海莱士血制品有限公司，主要生产纯化白蛋白、免疫球白凝血因子和特殊免疫球蛋白，以及其他人血清制品。进入 21 世纪，区域生物医药业开始较快发展。2001 年，区政府提出优先发展现代生物医药等高新技术产业；2005 年，区"十一五"规划将生物医药产业列入发展的战略新兴产业。2008 年，全区共有生物医药企业 86 家，其中规模以上企业 53 家；29 家为医药制造企业；24 家为医疗仪器设备及器械制造企业。2009 年，闵行区被上海市确定为生物医药高新技术产业重点区。1993—2002 年成立的主要企业有上海欣科医药有限公司、上海荣盛生物药业有限公司、上海强生制药有限公司、上海卡乐康包衣技术有限公司、上海信谊天平药业有限公司、上海通用药业股份有限公司、上海恒瑞医药有限公司、申联生物医药（上海）

有限公司、上海天伟生物制药有限公司、上海太阳生物技术有限公司,2003—2010年有明尼达矿业制造医用器材(上海)有限公司。主要工业产品有施贵宝制药、强生制药、第一生化药业。

## 五、新材料制造业

2000年、2005年,区里先后制定第十、十一个五年规划,均提出重点发展新材料,形成产业集群,将紫竹科学园作为发展新材料产业重要园区之一。2009年,在上海市《新材料领域产业化重点发展项目目录(2009年度)》6大类66项子类别中,区域新材料研发涵盖前5大类中的近30个子类别。其中,在钛合金、高温合金精密锻造、特种大型锻造件,改性工程塑料、有机氟、有机硅、精细化工、树脂基复合材料及其制品、金属基复合材料及制品、石膏基复合水硬性胶凝材料、建筑节能环保材料、新型包装材料等领域,区里初步形成规模以上的产业集群。以华谊集团氯碱公司为龙头的高分子材料产业群的产业竞争力居国内领先地位。华谊集团三爱富公司作为中国氟化工的发源地,是国内品种最全、规模与技术领先的高新技术企业。上海电气集团在特种金属材料加工制造方面具有独特优势。亚斯兰管理(上海)有限公司是全球领先的集优质专业化工、精细化工等于一体的多元化化工企业。赢创德固赛(上海)公司在特种化工领域研发处于全球领先地位。罗地亚(中国)公司是世界精细化工产业的领先企业,以亨特道格拉斯(中国)公司为龙头的高档新型建筑材料,以紫江集团有限公司为龙头的新型包装材料产业群在国内具有影响力。上海杰事杰新材料(集团)股份有限公司、上海日之升科技有限公司作为民营科技小巨人企业,在工程塑料及高分子新材料方面具有特色优势,位列国内行业三甲。主要工业产品有巴斯夫涂料、三爱富新材料、杰事杰新材料。

## 六、新能源产业

2006年,区政府将新能源产业作为调整产业结构、转变经济发展方式的重要途径之一。2008年有新能源重点企业21家、新能源技术专业研发机构6家,研发范围涵盖太阳能、风能、核能等主要新能源领域。2009年一批大项目相继开工建设:尚德电力薄膜太阳能项目上海浦江工厂首片5.72平方米薄膜太阳能组件于7月1日正式下线,进入试生产阶段;总投资4.5亿元的上海航天车用动力锂离子电池项目落户闵行的上海航天产业基地,是上海市高新技术产业重点项目和上海航天局2009年一号产业化工程;总投资10亿元的热电联产项目,针对莘庄工业区热供站进行燃气轮机热电联产或燃气的冷热电三联供改造。国核电站运行服务技术有限公司入驻漕河泾开发区,上海太阳能工程技术研究中心有限公司入驻紫竹科学园区。主要工业产品有尚德太阳能、神舟新能源。

## 七、民用航天航空产业

1993年起,尤其是进入21世纪,区里把航天航空产业作为重点培育的战略性新兴产业。境内在航天航空技术应用产业和航天航空服务业领域形成一定的规模优势和集聚效应,成为上海航天产业的主要承载区和大飞机项目的核心区之一。民用航天产业重点发展卫星应用、新材料与新能源、航天特种技术应用等产业。复合材料气瓶、航天新能源等项目落户闵行的民用航天产业园区。2008年,上海航天局所属上海太阳能科技有限公司实现销售收入10亿元,上海空调国际公司实现销售收入 2 亿元。2010 年,国内首个国家卫星导航应用产业项目落户闵行,首期建设用地 3.53 公顷,重点建设卫星导航技术应用研究中心、应用终端生产中心、应用监控指挥中心的 5 个中心。民用航空产业抓住中国集中力量发展商用大飞机项目的战略机遇,重点发展商用飞机发动机研发、商用飞机客户服务及民用航空电子研发制造等相关产业。投资 60 亿元的中国商用飞机发动机公司等相关企业和研究机构落户紫竹科学园区。主要工业产品有运载火箭、应用卫星、载人航天、深空探测器。

### 八、纺织服装、鞋帽制造业

1993 年,区域纺织服装、鞋帽制造业是六大支柱行业之一,是吸纳国内劳动力的主要领域和出口创汇的主力军,区里推进服装实行工业化生产,陆续更新设备,引进先进技术,扩大生产规模,除国内销售外,部分远销境外。出口交货值从 1993 年的 7.54 亿元增加到 1995 年的 17.19 亿元。1996—2000 年,服装及其他纤维制品制造业平稳发展,1997 年达到顶峰,之后受 1998 年长江特大洪灾和亚洲金融危机影响,发展略有波动。2001—2005 年,这一行业得到快速发展,工业从总产值从 40.99 亿元增加到 72.1 亿元,出口创汇从 22.43 亿元增加到 26.77 亿元,分别增长 75.9% 和 19.35%;吸引就业人数从 3 320 人增加到 36 086 人。2006—2010 年,受国际金融危机等影响,企业户数、从业人员年平均人数、出口交货值均减少。1993—2002 年成立的主要企业有上海丽婴房婴童用品有限公司、上海世界联合服装有限公司、衣恋时装(上海)有限公司、上海仪华服饰有限公司、上海中玄服饰有限公司、上海维特服饰有限公司、上海泛太制帽有限公司、上海隆纺服饰织品有限公司、上海欧迪芬内衣精品服饰有限公司、宇旭时装(上海)有限公司、裘格(上海)服饰有限公司,2003—2010 年有钜兆时装(上海)有限公司、依恋(上海)时装贸易有限公司、百延(上海)服装服饰有限公司。主要工业产品有罗莱家纺、题桥家纺、依恋时装、丽婴房婴童用品。

# 第三节　招 商 引 资

1993 年,区里将引进外资作为“招商引资”的重中之重,而引进内资则“顺其自然”。1998 年,区政府出台《闵行区关于落实市政府〈关于进一步服务全国扩大对内开放的若干政策意见〉的实施方法》,扩大对内开放,开始实施内、外资引进并重。

### 一、内资招商

1993 年,全区引进内资企业累计 340 家,投资规模 11 亿元,其中外省市来区投资 8.9 亿元。2002 年,仅吸引外省市企业累计 1 008 家,注册资金 21.16 亿元,其中 1 000 万元以上的企业 25 家。投资 1 亿元以上的外省市企业 4 家,分别是:北京上海华润万佳超市有限公司,注册资金 3 亿元,落户莘庄镇;杭州上海绿城森林高尔夫别墅开发有限公司,注册资金 1 亿元,落户马桥镇;蚌埠上海宙世企业投资有限公司,注册资金 1.1 亿元,落户虹桥镇;沈阳上海中油天宝钢管有限公司,注册资金 1 亿美元,落户浦江镇。

2003 年后,区里内资招商项目逐步向现代服务业和大项目转变。2006—2010 年,引进的亿元以上内资项目 198 个,其中现代服务业项目达 142 个;大项目引进的注册资金达到 515.2 亿元。

其间,最大内资项目分别是:上海广电光电子有限公司,注册资金35亿元;上海莘闵轨道交通线发展有限公司,注册资金6.5亿元;上海电气电站设备有限公司,注册资金8亿元;上海沪申高速公路建设发展有限公司,注册资金8.2亿元;上海中航光电子有限公司,注册资金8.5亿元。

**【建立机构和机制】**

2001年成立区证照办理中心,方便内资企业在区的入驻和运营。2003年,区政府成立闵行区企业服务工作办公室,承担证照办理窗口管理、中介受理窗口管理和企业指导服务3项工作。2005年8月,区经委成立,撤销闵行区企业服务工作办公室,内设区投资发展局,负责管理全区非公经济的投资发展。2009年2月,区投资发展局更名为区投资发展办公室,制定《闵行区服务流动企业工作机制》《大招商机制实施办法》,该办法共22条,推进全区内资招商引资资源融合、联动,全区各级招商部门以高新技术产业和现代服务业为导向推进"大招商"。

**【制定优惠政策】**

1993年3月起,区政府相继出台非公经济发展扶持、高新技术产业与科教兴区扶持、生物医药产业优惠、新能源产业优惠以及民用航天航空产业、先进重大装备产业、电子信息产业、新材料产业、现代服务业扶持和创新创业等政策。各街道镇出台的招商政策,都惠及来闵行投资的内资企业。

**【开展活动和服务】**

2005年8月,区投资发展局成立后,招商活动与服务增多。2005年12月29日,"创新创业、报效祖国——2005海外学人回国创业周"(上海)活动在闵行举行,宣传推介闵行,搭建海外学人和区内各有关单位、企业之间在人才、技术、项目、资金等方面合作交流的平台,吸引海外学人到闵行创业发展。同时到国内有关省市举办投资推介会。2008年应对国际金融危机的影响,区里采取4项金融措施,包括:搭建政策性融资担保平台,扩大中小企业担保贷款规模,简化担保程序;搭建股权融资平台,一方面支持有意向上市的企业上市,另一方面采用多种方式吸引社会投资,帮助企业获得成长必需的资金;搭建银行借贷平台,区投资发展局向农业银行推荐成长性好的中小企业和区里列入中小企业改制上市培育工程的企业;组建小额贷款公司,解决农村和中小企业融资贷款难问题。2010年,区经委开通"投资闵行"门户网站,创办全区招商信息管理服务平台,将全区可用土地资源、存量厂房、商圈和楼宇入驻情况、招商政策、项目信息、企业情况按不同权限予以公开。

## 二、外资招商

1993—2000年,区里利用外资稳步发展,累计合同吸收外资34.33亿美元,年均合同吸收外资4.29亿美元。2000年,全区有外资企业1 518家,总投资38.72亿美元,其中1 000万美元以上的大项目94个,总投资20.06亿美元。2001年起,在中国加入WTO、扩大开放的大背景下,区里利用独特地理优势和优良服务环境,引进国际资本促进地方经济发展,外商投资步入快速发展期。

区委、区政府一直重视招商引资工作,尤其是吸引外资。1993年成立区外经贸委。2001年9月,区外经贸委改名区外经委,同时增挂"闵行区人民政府协作办公室"牌子。区外经委主管全区外资招商、外资利用,以及对内经济协作。作为政府职能部门,主要工作是招商、审批、管理、协作,任务是吸收外资、外贸出口、外资到位、对内协作,设6个科室。2009年2月,区经委和外经委合并成立新的闵行区经委,同时成立区商委,实行"一套班子、两块牌子",负责全区对外招商引资、对外经济贸易和对外经济合作等事宜。

与此同时,区里充分发挥2个服务中心和2个外贸社团的作用。2个服务中心是:1987年闵行经济技术开发区在全国率先建立为外商投资企业提供"一站服务"的上海市闵行经济技术开发区行政管理服务中心,处理进出口业务;1998年10月5日,成立由区外经贸委、工商闵行分局、区外商投资服务中心等全区18家职能部门组成的闵行区招商服务中心,开始"一门式"服务。服务受理范围包括在区内投资的外资、内资项目;服务预审内容包括项目的产业导向、规划选址、环境保护等方面的可行性;服务预审受理部门,外商投资项目为区外经贸委,内联企业项目为区协作办,私营企业项目为区工商局,民营科技项目为区科委,固定资产投资项目为区计委。2个社团是:1993年11月成立的区外商投资企业协会,负责维护会员企业权益,提供服务,增进会员企业与政府部门的了解和支持,加强会员企业间的友谊合作,2002年全区累计会员企业389家;2004年10月28日成立的闵行国际商会,宗旨是成为企业与政府沟通的桥梁、中外企业交流的纽带,主要组织企业参加海外、市举办的展览会、博览会,参加涉外经贸考察、经贸洽谈,以及市、区两级贸促会组织的沙龙活动,办理原产地证书等。区里还积极做好外资企业的服务。

**【投诉协调】**

90年代,外资企业投诉协调主要涉及中外双方矛盾严重要求解除合同,外方设备进价硬"斩"中方,职工劳动保护差、正当权益受侵犯3个方面。1993年,区外经贸委受理投诉8件14次。1996年,区外经贸、海关、工商、土地、劳动等部门组成外资企业投诉综合受理协调小组。1999年,区外经贸委协调案件18件,其中位于莘庄工业区的台资上海慧高精密电子有限公司投诉"三免四减半"政策不兑现,与当地镇政府和工业区联系后得到兑现;上海大河针织有限公司中外合资双方有矛盾,及时予以排解;美商投资的蔬菜种植企业未能享受"三免四减半"优惠政策,会同区外税所予以享受。2002年受理投诉22件,涉及加工贸易中海关、税务、外汇管理、规划管理、劳动、水、环境等问题。2005年受理投诉25件,集中在土地规划、调整、搬迁、用电等方面。

**【窗口与网站服务】**

2000年,区外经贸委开始在区证照中心设立服务窗口。2003—2010年,窗口共受理材料1万余件,接待咨询2.1万人次,接听电话咨询2.5万余人次,办结发证1000余份。2004年,区外经贸委编制"政府信息目录"在网上发布。充分利用网络平台,更新网站内容,实施网上审批,促进电子商务,服务、方便外商投资者。

**【国际市场开拓】**

1993年起,区里主要通过组团赴境外招商考察,组织企业参加展会,鼓励境外企业来区投资等。1996年,闵行区招商队伍赴日本、韩国和欧美、中东等地进行招商,北欧考察团召开了3次招商恳谈会,莘庄工业区与5家知名企业签订5项合作开发及投资协议,投资总额近3亿元。1998年,区外经贸委组织6批35人次,赴美国、英国、德国、澳大利亚、巴西等国家和地区参加海外展览会、博览会。2002年,区里组织5家企业赴俄罗斯、日本、美国等地参加国际展览,经贸考察,组织2家企业的高级管理人员赴台经贸考察。还组织区内企业参加国内的华交会、广交会等各类展会。

### 三、世界 500 强企业

1994 年,美国英特尔公司完成对莘北投资环境的考察,日本八佰伴与南方商城、联农公司的合资项目立项,德国贺利氏公司和申莘投资公司的合作项目被批准。世界 500 强企业开始在闵行区投资办项目,1998 年有 13 家世界 500 强企业在区内,2010 年有 58 家世界 500 强企业在区内投资 93 个项目。

#### 【奥特斯(中国)有限公司】

公司是奥地利 AT&S 集团在中国设立的独资企业,是奥地利在华投资的最大项目。奥地利 AT&S 集团成立于 1987 年,是欧洲最大、全球领先的印制电路板制造商,尤其在高端高密度微孔印制电路板市场一直处于领先地位。2001 年,奥特斯落户上海莘庄工业区,主要产品为 HDI 高端印刷电路板,客户包括 RAM、索尼、摩托罗拉、索尼爱立信等全球领先的通信设备制造商。根据中国印刷电路行业协会(CPCA)的排名,奥特斯(中国)已经成为全球最大的高端 HDI 印制电路制造基地。企业被上海外商企业投资协会选为"改革开放 30 周年上海最有代表性的 30 户外企"。

#### 【英业达集团】

集团是中国台湾名列前茅的信息技术(IT)高科技企业,成立于 1975 年,以台北及上海为双总部,投资于北京、上海、西安、天津、南京五大城市,并延伸至北美、欧洲、日本、马来西亚等地。2003 年投资闵行,主要从事计算机、消费性电子、电子词典、通讯、资讯及网络应用等领域的研发和制造。英业达集团上海浦东厂区位于闵行区浦江镇上海漕河泾出口加工区,总投资规模超过 5 亿美元。有 5 家工厂、2 个设计中心和 1 个 EMI 实验室。笔记本电脑的年产能为 3 000 万台,服务器为 300 万台,移动电话为 1 000 万只。浦江镇浦东厂区 2010 年出货金额超过 100 亿美元。

#### 【基伊埃工程技术(中国)有限公司(GEA)】

2007 年 1 月 4 日落户区内,注册资本 1 000 万欧元,实到资本 1 000 万欧元,经营期限 30 年。占地 1.61 公顷,厂房面积 1.3 万平方米。主要从事轻工、化工、制药工业领域的机械设备生产、工艺流程设计及工程配套服务。生产的设备出口至新西兰、澳大利亚、韩国、日本及东南亚国家,充当支持亚太区 GEA 公司业务的一个重要的成员。2010 年通过 ISO9001：2008 国际认证。

落户区里的世界 500 强知名外资企业还有：大金空调(上海)有限公司、三得利啤酒(上海)有限公司、三菱电机上海机电电梯有限公司、衣恋时装(上海)有限公司、上海安费诺永亿通讯电子有限公司、上海贺利氏工业技术材料有限公司、巴斯夫上海涂料有限公司等。

## 第四节　房　地　产　业

1993 年以来,闵行区抓住服务中心城区重大工程建设、旧区改造动迁、莘庄与虹桥交通枢纽建设、外来流动人口导入等一系列契机,促进房地产业开发。1993—2000 年,区房地产市场先后遭遇紧缩性宏观调控和宽松性宏观调控。房地产交易经历由小到大,从培育到活跃的过程,交易种类也由单一的新建商品房交易逐步扩大到以新建商品房交易为主、"二手房"交易为辅的状态。至 2000

年底,新建商品房累计销售 807.94 万平方米,"二手房"销售 257.1 万平方米。区内住房均价从 1992 年的 900 元/平方米上升到 2000 年的 2 100 元/平方米,二、三级市场联动的势头开始显现。2001—2010 年,区房地产市场先后经历快速发展和频繁调控。房产交易量逐年提高,并于高点趋于稳定,交易价格也经历快速上涨后,趋于稳定小幅增长,全区商品房销售量位居市郊各区县前列。

## 一、总量与分布

90 年代起,上海市中心旧区改造加快,闵行区成为中心城区动迁居民迁入的重要区县,此外,外地人口的导入和蓝印户口政策的实行,拉动区内住宅建筑量以年均 300 万～400 万平方米的速度快速增长。1993 年,区内住宅竣工面积 199 万平方米。至 1997 年,累计住宅竣工面积 981.9 万平方米,占全市 17%,初步形成航华、龙柏、田园都市等 10 余个大型居住区。2009 年起,住宅开发从商品房为主转变为商品房和保障房建设并举。开发类型上,由动迁安置房逐步扩展到普通商品房、高档公寓房、别墅小区以及各类保障性住房,满足市场不同收入群体的购房需求。2010 年,区内住宅建设新开工面积 312 万平方米,住宅竣工面积 96 万平方米,公寓房屋成交均价为 21 050 元/平方米。

1993—2010 年,区域房地产开发布局着重于中心城、新城区、新市镇三大层次,以街镇组团式为开发模式,以市场需求为导向,以板块开发为理念,先后提出"居住闵行""生活闵行""宜居闵行"等区域形象建设,引领房地产开发与新城区功能完善有机融合,板块分布区位特色明显,共计 22 个板块。

### 【中心城】
包括区域行政范围内外环线以内部分,房地产开发分为虹桥、古美、梅陇城三大板块。虹桥板块东至镇界,南至漕宝路,西至外环线,北至镇界;古美板块东至虹梅路,南到沪闵路,西至外环线,北至漕宝路;梅陇城板块东至虹梅路,南至外环线,北至梅陇西路。

### 【新城区】
包括七宝、莘庄、春申、梅陇、都市路、颛桥、森林体育城、马桥、江川、新江川、曹行、吴泾、紫竹 13 个板块。七宝板块东至外环线,南至顾戴路,西至镇界,北至沪青平公路;莘庄板块东至莘奉金高速和外环线,南至春申塘,西至镇界,北至顾戴路;春申板块东至集心路,南至春申塘,西至莘奉金高速,北至外环线;梅陇板块东至镇界,南至春申塘,西到莲花路(不含春申景城),北至外环线;都市路板块东至莲花路,南至闵吴支线,西至沪闵路,北至春申塘;颛桥板块东至沪闵路,南至镇界,西至北沙港,北至春申塘;森林体育城板块东至北沙港,南至北松公路,西至马桥镇界,北至光华路;马桥板块为除森林体育城板块以外的马桥镇区;江川板块东至沪闵路,南、西至镇界,北至闵吴支线;新江川板块东至莘奉金高速,西至沪闵路,北至东川路地区。曹行板块东、南、西至镇界,北至春申塘;吴泾板块东、西、北至镇界,南至东川路;紫竹板块东、南至黄浦江,西至莘奉金高速,北至东川路。

### 【新市镇】
包括诸翟国际社区、华漕、浦江中心镇、谈家港社区、鲁汇社区、浦江生态区 6 个板块。诸翟国际社区板块东至纪翟路,南、西至镇界,北至北青路;华漕板块为除诸翟国际社区板块的华漕镇区;浦江中心镇板块东至浦星公路,南到丰收河,西至滨江大道,北至芦恒路;谈家港社区板块东至新汇路,南至盐铁路,西至三鲁路,北至沈杜公路;鲁汇社区板块东至新汇路,南至大治河,西至浦星路,北至鲁北路;浦江生态区板块东至浦星路,南至大治河,西至黄浦江,北至丰收河。

## 二、开发企业

1993 年起,境内土地供应量明显增长,房屋总量不断增加,房地产市场由小变大,房地产开发企业快速发展。2005 年达到高峰,共有房地产开发企业 331 家,其中二级企业 36 家、三级企业 32 家、暂定企业 263 家。

1994 年底以前,闵行区的房地产开发企业资质直接由市房产管理局受理、审批。1995 年起,由闵行区受理、初审,然后报市房地局审批。2005 年起,二级以下的房地产开发企业由区房地局受理审批,报市房地局备案;一级企业由市房地局直接受理报国家建设部审批;三资企业、外资企业由市房地局直接受理、审批。

鉴于房地产开发企业变动性较大,暂定资质企业如一年内没有开发项目即予以注销。对区内房地产开发企业的资质,每年都要进行一次梳理,对一些长期没项目、不开发的开发商和一些开发一两个项目,后续又没有项目的开发商,及时进行清理。特别是“莲花河畔景苑”倒楼事件发生以后,市、区房屋土地管理局对开发企业的资质进行彻查,严厉整顿,尤其强化管理各类资质等级企业配备落实结构、统计等专业技术人员情况。2010 年,区内房地产开发规模及影响较大的闵行区企业有上海闵行房地(集团)有限公司、上海东苑房地产开发(集团)有限公司、上海莘松房地产有限公司、上海漕河泾开发区高科技园发展有限公司等,外埠企业有万科房地产集团、上海万源房地产开发有限公司、上海天祥华侨城投资有限公司等。

## 三、交易市场

1992—1996 年,房地产交易的核准和商品房预售合同的审核管理工作由区房产交易管理所负责,并核发《房屋转移许可证》,作为核准过户办理产权登记的依据。2004 年 3 月和 2007 年 1 月,房产交易先后实施和贯彻执行“商品房销售合同网上备案制度”和“存量房交易合同网上签约备案制度”,并对“二手房”交易提供资金监管服务,提高房屋交易信息的透明度,加强对房地产公司和经纪机构的管理,规范商品房销售行为和经纪机构的经纪行为,保障房地产交易安全。1994—2002 年,区房地产管理部门共核准新建商品房交易 153 511 件,“二手房”交易 60 210 件;2003—2010 年,共核准新建商品房交易 276 215 件,“二手房”交易 241 397 件。

**【闵行区房地产交易市场】**
1994 年 6 月,在七莘路、庙泾路口建立,是国企性质的房地产固定交易市场,主要为了集中展示、推介区域内新建商品房楼盘和方便市民购买商品房。上海县房产总公司、沪莘房地产联合总公司、莘闵房地产总公司等近 20 家房地产公司常驻交易市场,房地产评估所、交易所、产权监理所和财政等行政管理部门均进场设立服务窗口,为房地产交易提供“一条龙”服务,1998 年解散歇业。

**【闵行区房地产交易中心】**
1997 年 8 月在雅致路 215 号成立,是集房地产交易、信息、服务和管理为一体的大型交易市场。

与房地产交易相关的财政、税务、银行、评估和公证等部门均进场设立服务窗口,区房地产测绘和区房地产登记部门也进驻交易中心并合署办公。还开设 400 平方米的房地产中介服务区,共有近 30 家房地产经纪机构进驻,为市民提供"二手房"居间代理服务。2000 年按照"一门式"受理的要求,实施交易过户和产权登记合并受理的制度,提高办事效率。

**【上海闵行房地产交易市场】**

2005 年 10 月在水清路 159 号成立,是区内又一家房产交易市场,主要服务"二手房"交易、过户完税交易、市场协调。房地产交易中心、房地产登记处、财政、税务、银行、评估和公证等部门进驻,开设 300 平方米的房地产中介服务区,共有近 10 家房地产经纪机构进驻为市民提供"二手房"居间代理服务;开设 300 平方米的房地产信息展示区,提供"二手房"信息,发布出让土地招投标和新建楼盘信息。2007 年,位于雅致路 215 号的受理服务大厅合并到水清路 159 号。2009 年 8 月,闵行区房地产交易中心和房地产登记处整体迁入上海闵行房地产交易市场。

# 第五节　重视科学技术

1993 年,区委、区政府提出"科教兴区"目标。1996 年制定科技发展"九五"规划专门实施这一战略。1993—1996 年,区里以"星火""火炬"项目为龙头,带动区域科技向成果产业化发展。其间,民营科技企业崛起,高新技术企业得到政策扶持,走上科技与产业互相促进的良性发展道路。1996 年起,逐步形成以微电子科学和电子信息技术及其产品为支柱的高新技术产业发展格局。2000 年,中小型科技企业技工贸总收入 90 亿元,实现向科技含量高、生产型、实业型、规模型和创汇型发展。2002 年,闵行区开始创建全国科技进步先进城区,6 月成立上海紫竹科学园区。2006 年,全区专利申请量首次破万件,居全市区县第一;高新技术产业实现工业总产值 1 288 亿元,占全区工业总产值的 42.5%。2009 年被批准为"全国科技进步示范区"建设区,是全市首批获此称号的区县;成为首批实施国家知识产权强县工程的区县。

## 一、科技发展

为实施"科教兴区"战略,区里专门制定鼓励政策,增大科技投入,加强科技交流,逐步推进科技发展。

**【鼓励政策】**

1992 年初,上海县制定《关于鼓励科技进步的若干意见》,提出"从事新产品的科技人员可以从新产品销售利润中提取 5%～10%作为科技开发奖,科技成果可以作为资金入股进行利润分配"等10 项具体措施;县科委制定《关于支持科技进步若干奖励办法的意见》,设立科技精英奖、提高科技进步奖的额度、对获奖科技成果主要完成人实施津贴等。1996 年,闵行区政府设立科技工作者金质奖章专项,在全区企事业单位每两年评一次,奖励作出突出贡献的科技人员,建立激励机制,倡导尊重知识、尊重人才的社会风尚。该奖项共执行 3 期 6 年,2002 年后停止。2003 年,区政府制定《关于设立闵行区科技创新发展资金的若干意见》,推进科技创新机制、鼓励研发机构发展、提高自主知识产权拥有量、促进科技人才聚集和高新技术产业化等工作。2005 年 9 月,区委、区政府召开

"科教兴区"推进大会,颁布《闵行区实施科教兴区行动纲要》《关于进一步推动科技研发和成果产业化的试行意见》《关于完善闵行区科教兴区专项资金的试行意见》,明确全区建立每年不少于2亿元的"科教兴区"专项资金。之后相继推出《关于贯彻落实科学发展观,进一步推进科技创新和成果产业化的实施意见》及"实施意见操作办法"(简称科技"47条"政策)等。2010年出台《闵行区创业投资引导基金管理办法(试行)》,区财政设立5亿元的创业投资引导基金,聚集区自主创新和高新技术产业化发展;出台《关于鼓励和促进科技企业孵化器发展实施意见》,对创业苗圃、科技企业孵化器、科技企业加速器等创新创业载体和科技创业给予全程扶持和服务。

### 【科技投入】

1993—1997年,区本级财政每年拨款科技发展基金200万～300万元,主要用于支持区属单位科学研究、新产品试制、引进新技术、推广科技成果等项目。科技体制改革后,科技经费按不同类型科学技术活动的特点进行管理。1998—2002年,全区财政划拨科技经费为:区本级2 604万元、镇(街道)2 216万元,合计4 820万元,其中2002年分别为841万元、165万元和1 006万元。2003—2010年,全区财政划拨科技经费为:区本级226 082万元、镇(街道)87 778万元,合计313 860万元,其中2010年分别为75 199万元、26 316万元和101 515万元。区本级经费又分为科学事业费,主要为自然科学课题、科学普及等方面支出;科技三项经费,主要为新产品试制费、中间试验费、重大科研项目补贴费的支出;科技基本建设费,主要用于科技重大专项支出。

### 【科技交流】

2005年10月,成立闵行区域科技处长联席会议,成员单位包括区内24家高等院校、科研院所、科技园区、高新技术企业和市属大型企业。主要任务:高等院校、科研院所和企业及时了解闵行推动科技、经济和社会发展的政策导向,使科技资源更主动服务于区域的发展;政府及时了解区域内科研动向、科技成果产业化动向,为科学决策提供依据;高等院校、科研院所和企业之间互通信息,获得更多技术和市场信息,加强科技交流与协作。联席会议定期或不定期举行:每年定期举行2次活动;或由1个或多个成员提议,经征求其他成员同意,临时举行活动。举办科技企业与高校、科研院所产学研合作对接会,召开沪港科技合作会等,推进企业与科技院所合作。例如上海创博生物技术有限公司与上海交大农业与生物学院共同组建"上海交大创博水果黄瓜及世博会花卉产业化专项技术研究中心";上海京城高新技术开发有限公司与华东师大建立"交互式教学设备联合实验室";上海精星仓储设备工程技术有限公司与上海交大机械与动力工程学院拟定在仓储设备工程技术项目进行合作开发等。学习浙江省的杭州市与浙江大学共建、萧山市创建全国科技进步示范区的经验做法;学习上海市杨浦区在"三区联动"、风险投资,青浦区在生态农业、科技农业,金山区在专业孵化器建设等方面的经验等。

## 二、科技企业

区委、区政府历来重视服务科技企业发展,90年代起制定一系列优惠政策扶持发展。进入21世纪,为促进科创企业更快发展,2000年上海莘闵高新技术暨回国留学生科技创业园区在上海莘庄工业区内建立,2002年上海八六三软件孵化器有限公司在浦江镇成立。之后根据需要,不断新建。2010年,上海国民新能源孵化器有限公司在梅陇镇成立。至此,全区有科技企业孵化器7家,其中国家级 2 家、市级 5 家；侧重领域：综合 3 家、电子信息 2 家、环保低碳 1 家、新能源 1 家，培育出一批中小型科技创业企业。

### 【上海莘闵高新技术暨回国留学人员科技创业园区】

2000 年 7 月，由区政府投资兴建，总规划面积 66.67 公顷，首期开发 20 公顷，是全区首家孵化器，被科技部认定为"国家高新技术创业服务中心"，科技部、教育部命名的"春晖杯"中国留学人员创新创业大赛创业基地，市人保局与区政府共建的市级留学生创业园区，中国青年创业国际计划（YBC）服务站。至 2010 年底，园区孵化企业申请并获国家级科研项目 45 项、市级科研项目 87 项；各级政府无偿资助资金 7 724 万元。有中组部"千人计划"1 人、区级科技小巨人 9 家。

### 【紫竹创业投资有限公司（上海紫竹大学生/教师创业中心）】

2006 年，区政府在上海紫竹科学园区建成上海紫竹科技创新服务中心、上海紫竹大学生/教师创业中心、上海紫竹科技成果展示中心，分别成立管理办公室。是年，创新服务中心入驻的 35 家科技服务机构为区内企业提供 3 000 多项次服务，针对企业需求开展专题咨询服务活动；创业中心入驻创业企业 56 家，产业涉及信息技术、咨询、新材料、环保、机电等领域，为创业者打造创业条件。8 月，区政府与中国青年创业国际计划（YBC）、上海紫竹科技园区合作投资 300 万元，建立 YBC 紫竹专项资金，扶持区内无法通过其他渠道融资的初创型科技企业。专项资金实行"资金扶持＋创业导师"的扶持模式，青年创业者不仅获资金支持，还有导师专业指导。2009 年，专项资金增至 1 700 万元，采取 10 万元基础扶持和 30 万元接力扶持的组合方式。

### 【上海漕河泾开发区创新创业园】

2006 年成立，2008 年 11 月开园，位于漕河泾开发区闵行园内，规划建筑面积 40 万平方米。定位为国家级综合类专业孵化器，设新能源产业孵化器、留学生创业园和国际企业孵化器，专为新能源等企业提供创新创业服务。2009—2010 年，孵化器通过"联络员＋辅导员＋创业导师＋专家团队"的服务手段，依照"扶优扶强、加速助推、创业孵化"三位一体的梯度服务结构，按科技企业"初创型—成长型—规模型"的成长路线图，围绕科技人才、科技项目和科技金融三大科技创新核心要素，开展"苗圃—孵化器—加速器—产业集群"科技企业创新创业服务。

### 【上海上孵企业管理有限公司】

2010 年 11 月成立，位于创新园浦江基地，以低碳环保产业为主体，构建"投资＋孵化"的新型孵化模式和"创业苗圃＋科技企业孵化器＋科技企业加速器"的科技创业载体链，以"体检诊断、项目评估、规划指导、资源对接、操作协调"为核心，构建具有专业特色、配套完善的"十大企业服务平台"和"资金宝""智慧宝""智能宝"金融服务体系，为"种子期、初创期、成长期"等不同发展阶段的创业企业提供孵化模式，培育和孵化以低能耗、低污染、低排放为基本特征的高新技术产业群，推进区域低碳技术及经济的发展。

## 三、科学研究

国家级项目主要由区内高等院校和科研机构承担，区内主要是推进市级项目和区级项目。

## 【国家级项目】

1992—1998 年,上海交大、华东理工、上海农科院在区制订"燃煤污染防治的基础研究""煤解热、气化和高温净化过程的基础研究""农作物核心种质构建重要新基因发掘与有效利用研究"等 6 项国家 973 计划项目,国家拨款投资 166 万元,单位匹配经费 16.6 万元,至 2004 年 12 月前全部完成。2001—2010 年,闵行区获国家 863 计划项目 420 项、973 计划项目 75 项、自然科学基金项目 90 项、科技支撑计划项目 67 项,主要由上海交通大学、华东理工大学、华东师范大学等高校承担。

## 【市级项目】

1993—2001 年,闵行区所获市级项目以"星火计划""火炬计划"项目为主,其中星火计划项目验收 45 项,总投资 2 238 万元,新增年利润 2 452 万元,投入产出比 1∶8.12,投入利润比 1∶0.95。2002 年获批上海市级科技项目共 68 项,其中新产品项目 32 项、科技产业化项目 12 项、高新技术成果转化项目 24 项;获市级各类科技资金 1 361 万元。2003—2010 年,获批市科技型中小企业技术创新资金项目、国内国际合作计划项目、科技攻关计划项目、浦江人才、青年科技启明星计划、优秀学科带头人计划等人才培养计划项目等市级科技项目共 1 739 项,获市级资助资金共 9.13 亿元。

## 【区级项目】

1993—2004 年,闵行区共有区级科技项目 886 项。1993 年,区科委会同有关部门,确立"高性能填充级 PP 的开发与产业化""GMF-515 全密封免维护蓄电池""银杏引种试验"等 37 项课题为区科技开发项目,投入科研开发经费 48.2 万元。1994 年,区科委会同有关部门确立"微波炉控制器""水稻轻型栽培育秧载体技术研究"等 45 个科技开发项目,投入经费 76 万元。1995 年,科技开发、科研攻关项目 43 项,投入经费 113 万元。1996 年,开发科研推广项目 48 项,科技开发总投入 3 335 万元,项目完成后形成新增产值 3.09 亿元,新增税利 4 276 万元。1997 年侧重新产品开发,促使科技成果从研究室走向生产领域,47 个项目总投资 4 931 万元,项目完成后形成新增产值 2.82 亿元,新增税利 4 410 万元。1999 年,科技开发、科技攻关项目 86 项。2000 年编制区科技攻关开发项目 89 项,获市拨贴息、补贴经费和科技部科研经费 850 万元,区财政安排"科技三项经费"100 万元。2001—2004 年,区科研开发和新产品试制项目共 428 项。2005—2010 年,区科技项目共 796 项,经费共 7 828.5 万元,其中自然科学研究课题共 379 项,经费共 775.5 万元。

# 第四章　推进城乡建设

闵行区在加快城乡经济发展的同时,积极推进城乡建设。通过旧区改造,改善和提高城乡居民的居住环境和条件;加大城区基础设施,基本实现城乡居民"一小时生活圈";推进生态环境建设,有效缓解历史欠账,促进宜居城区建设,提升全区城市化水平。在推进城乡建设中,涌现不少亮点,一是轨道交通 5 号线立项建设,极大改善区域交通环境,这是全线在区内的国内首条高架轻轨交通线。二是 2000 年 2 月被国家环保总局授予"国家环境保护模范城区"称号,是全国直辖市首个通过验收的(地市级)区;2006 年 6 月 5 日被国家环保总局授予"国家生态区"奖牌,是获此殊荣的唯一一家地级行政区;2009 年 6 月被环保部批准为"全国生态文明建设试点区",是全国 18 家试点单位之一。

## 第一节　旧　区　改　造

区域旧区改造重点在于旧住宅小区改造和旧村宅改造,为了有效推进这项任务,区里不断探索完善拆迁政策,维护城乡居民应有权利。

### 一、旧住宅小区

1996 年前,境内的直管公房由闵行区房屋土地管理局下属各房管所统一管理。1996 年底,成立闵行房地(集团)有限公司,接手直管公房管理业务。共管理 181.6 万平方米的直管公房。

1997—2000 年,区房地集团共投入资金 8 279 万元,对成套及危旧直管公房进行改造,改造面积 78 552 平方米。其中,成套改造 36 192 平方米,危旧房改造 42 360 平方米,受益 1 112 户。

2000 年起,区里通过"平改坡"工程对旧住房实施成套化改造,主要是 1998 年前建成的直管公房,系统公房,无人管理的住宅小区,房屋存在较严重问题、影响使用功能、急需修缮的动迁房小区以及以动迁房为主的混合性小区等 5 类房屋。改造资金由市、区、镇以及产权人分担。2000—2002 年,实施"平改坡"工程,投入资金 3 012.22 万元,改造完成建筑面积 37.65 万平方米。

2003 年,区里一方面继续实施"平改坡"工程,另一方面采取综合整治的改造方式,即更换旧小区陈旧设备、铺设或更新室外排水管道,修路增绿,完善配套设施,改善小区整体环境,较为彻底地解决旧住房的"渗、漏、堵"现象。是年,实施"平改坡"、综合整治两种改造形式,投入资金 4 094.45 万元,改造完成 99.41 万平方米。

2004 年结合单项"平改坡"提升房屋本体质量以及综合整治改善小区整体环境的特点,合并形成"平改坡"综合改造方式,俗称"穿新衣、戴新帽、换内胆",通过将旧住房"平顶"改"坡顶",楼道粉刷维护,房屋外墙维护和装饰,排水系统改建维护,小区绿化、道路修补维护,提升房屋使用功能,改善小区居住环境。2004—2005 年,实施"平改坡"、综合整治、"平改坡"综合整治 3 种改造形式,投入资金 30 591.71 万元,改造完成建筑面积 396.74 万平方米。2006—2010 年,实施综合整治、"平改坡"综合整治两种改造形式,投入资金 154 439.73 万元,改造完成 1 168.51 万平方米。2000—2010

年,通过旧住宅小区改造,21 万户居民受益。

## 二、旧村宅

2002 年起,区里启动集中城市化地区的旧村宅改造,具体范围是:东至徐汇、长宁交界,南至春申塘,西至南沪杭铁路两侧,北至沪青平公路,约 73 平方公里,覆盖莘庄、梅陇、七宝、虹桥 4 个镇和古美路、龙柏 2 个街道。在此范围内村宅基地周边高楼林立,城市化氛围浓,故村宅改造称为“城中村”改造,重点是对旧村宅按规划实施动迁改造。4 月成立区旧村宅改造领导小组,主要任务是统筹协调推进“城中村”改造,领导小组下设办公室,具体负责推进工作。8 月,区政府出台《关于加快集中城市化地区旧村宅改造的意见》,鼓励房地产公司参与;12 月,区政府办公室颁发《关于修改闵府发(2002)15 号文第五条的通知》,确定经区政府核定的旧村宅改造地块,均采取邀请招标或公开招标方式。用于建造农民动迁房的地块,采取议标出让方式。是年,全区集中城市化地区共有村宅基地 190 幅,涉及 1.14 万多户农民,总的建筑面积 229 余万平方米。其中,大部分土地未征,一小部分是土地征用以后还未动迁改造。至 2010 年底,城中村共动迁农户 6 000 余户,腾地 100 余块,城区环境得到改善。

## 三、动拆迁

1993—2010 年,区域拆迁主要是征用集体土地上的房屋拆迁,按拆迁政策的不同,大致分为 2 个阶段:第一阶段从 1993 年 1 月—2001 年 10 月,第二阶段从 2001 年 11 月—2011 年 12 月。

第一阶段:1993 年起,区内房屋拆迁主要依据国务院《城市房屋拆迁管理条例》和《上海市城市房屋拆迁管理实施细则》。其特点是按人头进行补偿安置,形式有拆私房还私房、拆私房安置公房。该阶段前期拆迁数量不大。

第二阶段:2001 年 11 月,国务院《城市房屋拆迁管理条例》实行,依据《上海市城市房屋拆迁管理实施细则》《上海市征用集体所有土地拆迁房屋补偿安置若干规定》,闵行区实行以被拆除房屋的面积为基础进行补偿安置,即与货币补偿金额同等价值的产权房屋调换,也可以进行货币补偿或在具备一定条件下的异地建房。货币补偿金额的计算公式为:(被拆除房屋建安重置单价结合成新＋同区域新建多层商品住房每平方米建筑面积的土地使用权基价＋价格补贴)×被拆除房屋建筑面积。其中,建安重置单价由估价公司进行评估,土地使用权基价由区政府发布,价格补贴为上述前两项的 25％。

区政府于 2002 年、2003 年、2004 年分别发文,对征用集体所有土地拆迁房屋区域划分及补偿标准进行规定和调整,主要是按区域规定土地使用权基价。与此同时,各镇、街道、莘庄工业区根据本区域经济发展实际情况,对房屋拆迁补偿中奖励费、过渡费、搬家费等进行规定,补偿标准均不同程度地高于市、区有关政策。

2002 年,区里征用集体所有土地拆迁房屋区域划分为 6 类,其中一类范围为虹桥镇、梅陇镇(外环线以内)、龙柏街道(外环线以内)、古美路街道;二类范围为七宝镇、龙柏街道(外环线以外)、莘庄镇;三类范围为江川路街道、梅陇镇(外环线以外)、颛桥镇(元江路以北);四类范围为吴泾镇、华漕镇(吴漕路以东、沪青平高速公路以北、横泾港以西)、颛桥镇(元江路以南);五类范围为马桥镇、华漕镇(吴漕路以西);六类范围为浦江镇。2003 年改为五类区域,此次一类区域的梅陇镇外环线以内改为春申塘以北,三类的梅陇镇外环线以外改为春申塘以北、颛桥镇改为全部而不仅为元江路以北,四类范围取消颛桥镇元江路以南,五类区域范围增加浦江镇,其余同 2002 年。2004 年仍为五类,各类范围同 2003 年。所有区域、范围被拆除房屋的建安重置单价结合成新,由建设单位委托具有市房地资源局核准的房屋拆迁评估资格的房地产估价机构评估。

1993—2002 年,全区因城市建设、旧区改造、房地产开发等核发房屋拆迁许可证 275 张;动迁居民 15 855 户,面积 264.34 万平方米;动迁单位 82 家,面积 13.89 万平方米。2003—2010 年分别为 464 张、30 586 户、642.94 万平方米和 3 987 家、1 001.95 万平方米。

# 第二节 基础设施建设

“撤二建一”以后,区里重视基础设施配套建设,1993—1997 年累计投入建设资金 90 亿元,1998—2002 年累计投入 160 亿元,建成一批主干道路、轨道交通、桥梁工程,以及供电、供气、供水等公用设施。之后,继续加大投入,加快建设和发展。

## 一、道路

1993 年,闵行区公路总里程 315.47 公里,其中国省干线 60.52 公里、区道 120.81 公里、专用公路 7.17 公里、农村公路 126.97 公里。公路密度 0.85 公里/平方公里。1996—2009 年,莘松公路、沪松公路、S4(沪金高速)、S32(申嘉湖高速)、G318(沪青平公路)、浦星公路等一批市辖公路在境内建成通车,三鲁路、放鹤路、元江路、春申路、中春路、银都路、顾戴路等一批区辖公路建成竣工。至 2010 年,全区共有公路总里程 756.36 公里,其中国省干线 122.64 公里、区道 225.77 公里、农村公路 407.75 公里。公路密度为 2.03 公里/平方公里。

**【主要干道】**

**S4(沪金高速)闵行段** 外环莘庄立交—奉贤县,长度 12.72 公里,路基宽度 29.5 米,途经莘庄、颛桥两镇。前期上海市公路管理处斥资 1 937 万元,闵行区政府斥资 6 530 万元,莘庄镇斥资 410.02 万元,颛桥镇斥资 2 906.2 万元,合计 11 783 万元。1997 年 12 月动工,1998 年 12 月竣工;2000 年 4 月拓宽延伸,闵行境内段为原线改建拓宽,2002 年 12 月竣工。

**G2(京沪高速)闵行段** 江桥西—青浦界,长度 5.48 公里,路基宽度 26 米,1993 年动工,1996 年竣工。

**G60(沪昆高速)闵行段** 外环莘庄立交—松江界,长度 3.12 公里,路基宽度 35.3 米～42.8 米,1996 年动工,1998 年竣工。

**S20(外环高速)闵行段** 浦东界到吴中路段,长度 15.57 公里,路基宽度 50 米,1997 年动工,1998 年竣工。

**G50(沪渝高速)闵行段** 延安路高架—沪青平外环立交,长度 4.72 公里,路基宽度 26 米,2000 年动工,2002 年竣工。

**S32(申嘉湖高速)闵行段** 航头服务区—闵行界,长度 20.3 公里,路基宽度 80 米,2007 年动工,2009 年竣工。

**浦星公路闵行段** 浦东界—奉贤界,长度 12.89 公里,路基宽度 39.6 米,总投资 2.2 亿元。

2002 年 12 月,莘庄立交夜景(闵行区志办提供)

1995 年动工,1997 年竣工,原名沿浦路,后改名济阳南路,1999 年定名为浦星公路。2005 年拓宽改建,2007 年改建为六车道。

**沪青平公路闵行段** 外环高架—闵行界,长度 4.46 公里,路基宽度 33 米,1992 年动工,1993 年竣工。

**沪闵公路闵行段** 长度 9.94 公里,路基宽度 32 米,1992 年动工,1993 年竣工。

**北松公路闵行段** 放鹤路—松江界,长度 7.53 公里,路基宽度 32 米,2005 年动工,2006 年竣工。

**【城市道路】**

1992 年,境内有城市道路 57 条段,共 75.38 公里,道路密度为 0.2 公里/平方公里。1996—2000 年,修建 43 条段,计 47.42 公里;2001—2005 年,修建 80 条段,计 106.12 公里;2006—2010年,修建 62 条段,计 87.86 公里。至 2010 年,全区城市道路 246 条段,总计 330.18 公里,道路密度 0.89 公里/平方公里。

**沪闵高架路闵行段** 2001 年 12 月开工,虹梅南路—莘庄立交,长度 3.2 公里,总投资 8.12 亿元,2003 年 12 月竣工,实现区内高架路零的突破。

**中环高架路闵行段** 古羊路—上中西路,长度 6.5 公里,2005 年动工,2006 年 8 月竣工。

**崧泽高架路闵行段** 嘉闵高架路—青浦界,长度 0.5 公里,2008 年 1 月动工,2010 年 3 月竣工。

**北翟高架路闵行段** 绥宁路—嘉闵高架路,长度 3.6 公里,2008 年 7 月动工,2010 年 3 月竣工。

**嘉闵高架路闵行段** 北翟路—联闵路,长度9.6公里,2008年8月动工,2010年3月竣工,为虹桥综合交通枢纽全面营运打下基础。

### 【区域农村公路】

1992年,境内农村公路总里程126.97公里,车行道面积82.74万平方米。其中,水泥混凝土路面33.77公里,沥青混凝土路面3.5公里,低级路面89.7公里。2001—2005年,区里把握上海市建设社会主义新农村的机遇,加大农村公路建设步伐,共改建农村公路63条,总里程110.43公里;2006—2010年共改建农村公路129条,总里程177.5公里。至2010年,全区有农村公路289条,总里程407.75公里,提高和改善了农村公路基本状况。

## 二、轨道交通

1993—2010年,区境内建成并运营轨道交通有1、2、5、8、9、10号线。

### 【1号线闵行段】

1993年3月,区委、区政府提出将在建轨交1号线(全市首条轨交线)引入闵行区莘庄,提升区域城市化发展基础,改善环境,解决区内市民出行问题。1994年4月,轨交1号线上海火车站至锦江乐园站开通。12月10日南延伸段工程开建,1997年7月1日正式运营,长度4.65公里,全部在区境内,为全封闭地面线路,设莲花路站、外环路站、莘庄站3座车站。由闵行区重点工程建设指挥部与上海市地铁公司共同建设,工程总投资6.2亿元。其中闵行区承担征地、动迁和线路路基及3座车站的建筑施工建设等前期工作,财政斥资1.8亿元。

### 【5号线】

早期称莘闵轻轨,是全线在闵行区内的国内首条高架轻轨交通线。1993年3月,闵行区莘闵轻轨指挥部成立,组织力量编制《预可行性研究报告和项目建议书》;6月13日,市计委委托市投资咨询公司组织专家评估并上报国家计委;1994年8月,国家计委下达批复,同意建设上海莘闵轻轨交通线工程。根据区情,区委、区政府决定招商引资举债筑路,经与50余家外商洽谈,最后于1995年12月11日与澳大利亚单轨交通公司正式签订协议。后因澳方主要负责人病故,项目中止。1998年12月11日,轨交莘闵线筹建处成立,闵行区与上海久事公司签订合作建设协议,总投资估算34亿元,由上海久事公司独立建制单位,上海申通集团、闵行区政府、闵行经济技术开发区按50%、40%、10%的比例共同投资。12月18日举行正式动工签约仪式,1999年2月28日举行建设工程奠基仪式,2001年10月15日全线贯通,一期工程完成;2002年12月28日二期工程建成,进行试通车,2003年11月25日正式投入试运行。全长17.2公里,设11座车站,起始点为莘庄站,终点为闵行开发区站。工程总决算投资为29.78亿元,其中闵行区财政投入12.9亿元。

### 【9号线闵行段】

2002年12月,闵行区正式启动工程前期工作,区财政用于征地、拆迁费3.8亿元。闵行段全长6.8公里,为地下线路,设4座车站和中春路停车场。2007年12月29日,轨交9号线一期松江新城至桂林路通车。

### 【8 号线闵行段】

闵行城市建设投资开发有限公司于 2002 年起负责区内征地、动迁等前期工作,长 6.62 公里,为高架线路,设 5 座车站和浦江镇停车场。总投资 5.94 亿元。2009 年 7 月 5 日,轨交 8 号线市光路至航天博物馆全线通车。

### 【2 号线闵行段】

2006 年开通,是轨交 2 号线西延伸段一部分,长 4.1 公里,为地下线路,设 2 座车站和北翟路停车场。西延伸段工程包括青浦区徐泾东,总投资 40.67 亿元,是虹桥综合交通枢纽配套工程。2010年 7 月 1 日,轨交 2 号线浦东国际机场至徐泾东全线贯通运营。

### 【10 号线闵行段】

分主、支线,全长 8.73 公里,为地下线路,主线设 2 座车站,支线设 3 座车站,以及吴中路停车场。闵行城投负责工程涉及闵行区范围内征用地的房屋动拆迁、绿化搬迁等前期工作,总投资16.12 亿元。2006 年 6 月动工,2010 年 11 月 30 日轨交 10 号线新江湾城至虹桥火车站全线贯通运行。

## 三、桥梁

1992 年,境内桥梁总计 258 座,其中城市桥梁 34 座、区管公路桥梁 156 座、农村公路桥梁 68座。1993 年起,区市政建设进入快车道,桥梁建设快速推进。2010 年,区内共有桥梁 648 座,其中城市桥梁 177 座、市管公路桥梁 46 座、区管公路桥 202 座、农村公路桥梁 223 座。重大桥梁建设工程有:

### 【闵浦大桥】

西岸位于区域吴泾镇,东岸位于区域浦江镇,全长 3.98 公里。2005 年 9 月 1 日开工,2009 年 7月 22 日大桥主桥提前合龙。上层 S32(申嘉湖高速)公路段于 2009 年 12 月 31 日建成通车,下层普通二级公路段于 2010 年 4 月 20 日通车,建成时为世界上跨度最大的双塔双索面双层公路斜拉桥。主桥全长 1 212 米,主跨长 708 米。通航能力为 2 万吨级。总投资 29.5 亿元,区投资 1.78 亿元。

### 【闵浦二桥】

北岸位于闵行区江川路街道,南岸位于奉贤区西渡社区,是公轨两用一体化双层大桥,上层为二级公路,下层为双线轨交 5 号线奉闵段。2007 年 1 月动工,2010 年 5 月建成通车。

# 第三节　生　态　环　境

1993 年,区内环境污染种类杂、历史欠账多,环境基础设施和环境管理跟不上工业化、城市化的快速发展,环境矛盾集中凸显。1994—1996 年,城市环境综合定量考核(简称"城考")闵行区连续3年名列全市倒数第二,大力推进生态环境建设已刻不容缓。1996年起,区环保投入占地区生产总值(GDP)比重始终保持在3%以上。1996—1999年,每年超过3亿元,为1999年创国家环境保护模范城区(简称"创模")奠定基础。2000—2005年,环保投入持续增加,每年超过20亿元,为2006年创建国家生态区奠定基础。经过全区上下同心协力,2000年闵行区获"城考"市区组第一名。2001年市环保局中止对各区县"城考"。2006—2010年,环保投入持续强劲增加,每年超过30亿元。

## 一、水环境

1993年起,区里先后实施苏州河环境综合整治、中小河道环境综合治理,实施一系列污水外排工程以及新农村生活污水治理,水环境明显改善。

### 【苏州河环境综合整治】

1996年,上海市把苏州河环境综合整治列为上海水环境污染治理的标志性工程。闵行区参与"合流污水一期截流区外污染源截流工程",经对苏州河流域区境内3个镇生产情况调查,37家企事业单位和17家码头普查,1997年4月成立区苏州河综合整治指挥部,区环保局、建设局、水利局、华漕镇、诸翟镇、纪王镇为成员单位。1998年,苏州河闵行区段环境综合整治实质性启动:劳动钢管厂、华漕镇华江新村和虹桥小区住宅区、上海市农科院住宅共5 056吨/日废水纳入苏州河合流污水一期总管;完成绿化1 200平方米;关闭纪王种畜场,限期治理乡镇工业企业;完成河道水面保洁383条、158.35公里,保洁水面315.07万平方米,占流域三镇河道总面积94.18%,清除垃圾23 028吨。与此同时,结合苏州河环境整治和中小河道环境综合治理,实施"中北片污水外排工程",涉及七镇二街道。2000年,闵行区在华漕镇许浦港、王泥浜村、纪王镇联发路等3处建设滨河绿化样板段,总长度约2公里;市苏州河建设公司在苏州河闵行区沿岸建设护岸工程约8公里,并进行苏州河疏浚和沿岸绿化。2001年,"中北片污水外排工程"实际完成923个污染源的污水纳管,截污8万吨~12万吨/日;9月截污工程通水后,截流区域内河道的水质得到改善。9条常规监测河道按高锰酸盐指数评价,除华漕港水质在四类和劣五类区间波动外,有4条河道水质达到三类水标准,1条河道达到四类水标准,3条河道达到五类水标准。至2002年,闵行区苏州河六支流污水截流一期工程累计完成2 001个污染源纳管,截污11万吨/日,污水收集率90%以上。

### 【中小河道环境综合整治】

1998—1999年,区里开展河道整治和河道"面洁"工作,改善城乡水环境,推动从农业水利向城市水务转型。1999年,区、镇二级河道疏浚总量比常年增一倍。2001年,建立区级河道保洁公司,形成区、镇、村三级河道管理网络。2002年,增加区、镇、村三级河道保洁人员,开展水葫芦专项整治,河道保洁覆盖率85%以上。2003—2005年,完成河道黑臭整治。2005年起,推广河道生态修复技术,在中小河道修建生态护岸,种植品种多样的水生植物,放养螺蛳、鱼、虾等水生动物,开展群闸联合调度实施调水。至年底,全区河道长效管理覆盖率95%。2006年,推进村宅河道黑臭整治,结合全市"万河整治"行动,整治门前屋后的村宅河道。

### 【污水外排工程】

主要有吴闵北排工程与春元昆污水外排工程等。吴闵北排工程地处黄浦江上游,是利用世界银行优惠贷款治理黄浦江上游污染、保护黄浦江上游饮用水源水质的重大项目。服务范围为北起虹桥乡、东南临黄浦江、西到原中心城区边缘地区及铁路,面积92.1平方公里,投资15.03亿元,其中世界银行贷款2 500万美元;设计截流企事业单位268家,现状污水量33.58万立方米/日,其中闵行区184家,现状污水量22.34万立方米/日;设计生活和第三产业污水24.57万立方米/日;设计地下水渗入量9.21万立方米/日。1995年,区政府成立"闵吴污水外排工程指挥部"。1997年增加朱行地区26户市属工业企业列入纳管范围。1999年与北排工程同步完成支管工程,10月工程建成通水。2000年开展纳管范围内的各企业和居民小区污水纳管;上海氯碱化工股份有限公司等47家污水纳管项目竣工验收。2005年底实际排水量达68万立方米/日,2006年一季度超过70万立方米/日,其原因是闵行区、徐汇区导入人口大幅度增长,生活和第三产业污水急剧增加。春元昆污水外排工程。1996年,区里利用吴闵污水北排工程贯穿区浦西地区东南部和尚有纳管余量,实施"春元昆污水外排工程",是与吴闵污水北排工程配套的市政污水外排工程,2005年完成。此外,还实施紫竹科学园区污水外排工程、旗忠森林体育城污水外排工程、浦江地区污水外排工程、莘庄地区污水管网改造工程、江川路街道地区污水收集系统完善工程、浦江高科技园区污水收集管网建设(包括闵东工业区、东方私营经济城)、漕河泾开发区污水收集管网建设、向阳工业区污水收集管网建设等。

### 【新农村生活污水处理】

2004—2005年,开展新农村生活污水处理设施建设,生活污水暂无条件纳入市政污水管网的自然村落,建设粪池、大小三格等无公害化设施。2006—2008年,结合农村自然村落综合整治,试点建设农村生活污水地埋式土壤净化系统,完成马桥镇彭渡村、同心村、民主村、吴会村等村组污水收集支管建设工程,涉及农户613户;浦江镇正义村、汇中村、联合村、永丰村、汇南村、光继村和梅陇镇集心村、许泾村建设农村生活污水就地处理系统共44套,涉及农户749户。2009—2010年,完成浦江、马桥、华漕等镇生活污水收集处理工程,新建土壤渗滤式污水处理设施300余套。

## 二、大气环境

1993年起,区里通过"烟尘控制区""大气污染达标区""基本无燃煤区"与"无燃煤区"的创建,控制和消除燃煤对空气的污染,提升大气环境质量。

### 【创建"烟尘控制区"】

1993—1996年,烟尘控制区创建工作严重制约"城考"成绩。1994年9月,市环保局"烟尘控制区工作会议"要求闵行区开展烟尘控制区创建。1994—1995年,闵行区在莘庄镇等街镇开展创建和巩固"烟尘控制区"。1996年,昆阳、吴泾、碧江、华坪、莘庄、七宝6个街镇烟尘控制区(二期工程)通过市环保局复验,"烟尘控制区"面积为186.1平方公里。

### 【创建"大气污染物排放达标区"】

1998年起,市环保局在全市开展创建"大气污染物排放达标区"活动。11月,闵行区龙柏新村街道召开"创建大气污染物排放达标街道签约会议",区内创建工作起步;1999年1月,航华新村街道、龙柏新村街道创建"大气污染物排放达标街道"通过市环保局验收,是区内首批达标街道。1999

年,把燃煤小炉灶清洁能源替代治理与创建"烟尘控制区"和"大气污染物排放达标街道"、实施"蓝天工程"结合起来,200 台燃煤小炉灶清洁能源替代治理任务列入 1999 年区政府实事项目。莘庄镇、七宝镇、莘庄工业区、古美路街道、龙柏新村街道、航华新村街道、华坪街道、吴泾街道、鲁汇镇均开展创建烟尘控制区活动。11 月,9 个街镇创建"大气污染物排放达标小区"通过市级验收,全区累计创建成烟尘控制区 115.75 平方公里。

### 【创建"基本无燃煤区"与"无燃煤区"】

2000 年,龙柏新村、航华新村和古美路 3 个街道创建成基本无燃煤街道。2001 年,莘庄镇创建成基本无燃煤镇。2002 年,莘庄工业区建成基本无燃煤工业区,2004 年、2005 年,虹桥镇、七宝镇先后创建成"基本无燃煤镇"。2002 年,市环保局开展创建"基本无燃煤区"活动。区政府批转执行市环保局划定的闵行区创建"基本无燃煤区"范围为 64.02 平方公里,包括龙柏街道、虹桥镇、古美路街道、莘庄镇、莘庄工业区全部和七宝镇、梅陇镇部分区域。是年,龙柏新村街道建成全区第一个"无燃煤街道"。2003 年,古美路街道创建成"无燃煤街道"。2008 年,虹桥镇、莘庄镇创建成"无燃煤镇"。

### 【建筑工地扬尘污染控制】

2006 年起,区环保局会同区建交委,结合文明工地创建,加强建筑工地扬尘污染控制,并在外环线内的龙柏、古美、虹桥、七宝、莘庄等有关街镇开展创建"扬尘控制区"活动,累计创建成"扬尘控制区"60.55 平方公里。

## 三、声环境

区域声环境综合整治着重于创建环境噪声达标区、加强交通噪声治理和推行"绿色护考行动"。

### 【创建"环境噪声达标区"】

1993 年,市环保局首次进行环境噪声控制区、环境噪声达标区复验,华坪、碧江、昆阳、吴泾 4 个街道的"低噪声控制区"和"环境噪声达标区"得到巩固。1999 年 11 月,9 个街镇(工业区)结合"创模""宁静工程",创建环境噪声达标街镇(工业区)通过市级"一揽子"验收。环境噪声达标区面积扩大到 88.4 平方公里,其中建成区环境噪声达标区 31.9 平方公里:分为一类区 6.8 平方公里,二类区 11.8 平方公里,三类区 13.3 平方公里,覆盖率达 63.9%。达标区内有固定噪声源 285 个,达标率为 96.1%。2000 年,虹桥镇和梅陇镇创建成"环境噪声达标镇";闵行区创建成"上海市环境噪声治理达标区",成为全市首批创建成的区(县)之一。2006 年,马桥镇创建成"环境噪声达标镇"。1996—2010 年,累计创建成环境噪声达标区总面积为 200 余平方公里。

### 【创建"上海市安静居住小区"】

2003 年起,市环保局根据国家环保总局要求,在全市树立一批环境管理优秀,生活安静、舒适、优美的居住小区典范。梅陇镇罗阳五村、古美路街道古美七村被命名为 2003 年度上海市"安静居住小区",江川路街道紫藤新园、吴泾镇氯碱新村被命名为 2004 年度上海市"安静居住小区",莘庄镇春申万科城、虹桥镇锦绣江南小区、莘庄镇名都新城、古美路街道鸿发家园被命名为 2005 年度上海市"安静居住小区"。2006年,市环保局制定《上海市安静居住小区复查办法》,明确每3年复查一次,上述8个小区先后通过复查。

**【交通噪声治理】**

1998年11月20日,外环线(一期)正式通车。1999年1月7日,龙柏四村第三居委会居民向市环保局投诉交通噪声严重扰民,成为区域在城市化进程中新的环境热点问题。2006年被市政府列入8个限期治理项目之一,由市政府出资,于2007年基本完成隔声屏障工程;未完成路段(罗阳九村地区)列入区第三轮环保三年行动计划,由市、区两级政府共同出资于2008年全面完成。2008—2010年,区政府出资在A4(莘奉金高速)公路和S20(外环高速)安装隔声屏障19 529米,为居住区居民安置通风隔声窗1 577户,完成低噪声路面改造22.28公里。在兴建A9(沪青平高速)公路、中春路高架道路、A4(莘奉金高速)公路、闵浦二桥、嘉闵高架路等一批重大交通市政工程新项目时,按照环境影响评价审批要求,同步建设交通噪声隔声屏障。1993年后,区交警支队在建成区敏感地区设立禁鸣区。2007年6月1日起,外环线以内区域全天禁止鸣笛,区境内一律执行。2008—2010年,区交警支队在区境内外环线以外地区增设禁鸣、限速、重型车辆禁驶标志384套。

**【"绿色护考行动"】**

2000年,上海市在全国率先要求中、高考期间加强环境噪声监督管理(简称"绿色护考行动")。6月20日—7月10日高考期间,区环保局在全市各区县率先实施"绿色护考行动",实施时间为22时至次日6时,除紧急抢险、抢修作业和市政重大工程外,禁止夜间建筑施工;检查并处理文化娱乐场所和工业企业环境噪声超标;考场100米范围内,禁止噪声超标。此后每年高考、中考期间,均开展"绿色护考行动"。

## 四、环保三年行动计划

2000年起,区县组织实施《上海市环境保护和生态建设三年行动计划》(简称环保三年行动计划),滚动推进。2002年,区政府专门成立区实施环保三年行动计划领导小组。

第一轮环保三年行动计划(2000—2002年)完成五大领域45项任务。地表水污染得到控制,80%以上主要河流主要指标已达五类水以上标准,空气环境质量改善,降尘量下降17.2%,区域环境噪声和交通噪声质量有所下降。

第二轮环保三年行动计划(2003—2005年)完成七大领域23类59项任务,完成率98.3%。污水收集处理率达到72%,水环境功能区达标率提高,绿地率33.8%,绿化覆盖率39%,人均公共绿地面积达到15平方米,生活垃圾无害化处置率提高到78%。

第三轮环保三年行动计划(2006—2008年)完成八大领域89项任务,其中第一责任项目82项,除1项取消外,79项完成,2项基本完成。污水收集处理率提高到82%,空气质量优良率连续三年稳定在90%,区域环境噪声达到二类功能区标准,交通干线噪声改善,绿化覆盖率39.3%,人均公共绿地16.5平方米,生活垃圾无害化处置率提高到95%以上。

第四轮环保三年行动计划(2009—2011年)完成八大领域55项任务(其中1项结转至第五轮实施)。污水收集处理率提高到85%,空气质量优良率连续3年稳定在90%以上,区域环境噪声达到功能区标准,绿化覆盖率提高到39.5%,生活垃圾无害化处置率提高到98%以上。

通过实施四轮环保三年行动计划,公众对环境质量的满意率83.3%。

## 五、创建生态文明城区

### 【创建国家环境保护模范城区】

1997年,国家环保局正式开展"创模"活动,年底,区环保局编制区"创模"方案,1998年,闵行区被选为全市率先试点区之一。之后列入区政府工作报告,并经区人大二届第一次会议批准,正式实施。1998—1999年,采取建立"创模"党政一把手"亲自抓、负总责"机制,把"创模"责任制纳入城考,实施工业污染物排放总量控制计划和排污许可证制度,把创建环保"烟尘控制区"和"环境噪声达标街道"纳入创建"文明小区"工作,加大环保资金投入,坚持依法保护环境等6项措施,实施碧水工程、蓝天工程、绿地工程、宁静工程、洁净工程、绿色工业工程、都市农业工程、宣教工程等"八大工程","创模"工作取得重大进展;建成区绿化覆盖率从19%增至35%,城市污水处理率从65.6%增至82.3%,烟尘控制区覆盖率增加243.1个百分点,环境噪声达标区覆盖率增加386.8个百分点,生活垃圾处理率从66.1%增至80.1%,城市水功能区水质达标率从88.7%增至100%。1999年3月30日,市政府在莘庄镇召开"创建国家环境保护模范城区现场会"。12月23日,国家环保总局核查组前来核查,闵行区"创模"27项指标均达到考核要求,经国家环保总局审定,成为全国直辖市中第一个通过验收的(地市级)区。2000年2月,被授予"国家环境保护模范城区"称号。

### 【创建国家生态区】

2003年7月10日,区委三届二次会议提出将创建"国家生态区"作为环境建设的新目标。编制《闵行区生态建设规划(2003—2020)》、《创建"生态城区"工作方案》,设想从2003年起,花15年~20年,通过若干个环保三年行动计划,达到"生产发展、生活富裕、生态良好"的目标,实施循环经济建设、ISO14000系列标准推进、现代农业园区建设、生态环境建设、生态人居建设、生态河道恢复、蓝天净化、绿色文化培育、绿色消费促进、科学决策管理"十大工程",构筑生态经济、生态环境和生态文化三大板块。根据生态区建设分类指导原则,在国家确定的24项指标基础上,自行增加"指导指标"10项。2002年起,莘庄、七宝、虹桥、梅陇、马桥、颛桥、浦江7个镇,先后获得"全国环境优美镇"命名,为创建国家生态区创造条件。至2006年,"国家生态区"建设34项指标达标,5月19—23日通过国家环保总局考核组考核验收,6月5日在首都人民大会堂举行"国家生态区"授牌仪式,这是全国首次,闵行区是获此称号的唯一的地级行政区。

### 【全国生态文明试点区建设】

2009年6月,闵行区被环保部批准为"全国生态文明建设试点区",是全国18家试点单位之一。是年,编制《闵行区生态文明建设规划》,初步确定"1246"生态文明建设框架体系,即以"建设生态文明"为1个总目标,以"可持续发展观、生态伦理观"为2个基本点,以"生态文化繁荣、生态机制健全、生态经济高速、生态环境友好"为4个基本目标,以"低碳发展与循环经济、环境改善与生态建设、城乡统筹与民生保障、文化传承与宣传教育、公众参与与生态意识、能力建设与机制创新"为6大建设领域,构成4个目标层、12个主题层和30项具体指标体系,以"闵行生态文明建设综合指数"(MHECI)综合衡量区生态文明建设进程。2010年3月27日,通过环保部专家评审。

# 第五章　现代化新城区崛起

进入 21 世纪,区委、区政府抓住"迎世博,促发展"的机遇,把提升经济发展能级和推进文明城区建设放在重要位置。通过市、区、镇、三级园区的开发,推进区域先进制造业和生产性服务业的发展,增强为市属大工业服务能力。通过发展农民专业合作社、重点龙头企业,使适度规模经营成为现实,逐步走上农业产业化发展道路。通过构建现代化的商业网络,逐步向"大商业、大市场、大流通"发展,更好地服务工农业生产、服务城区居民生活需求。与此同时,十分注重精神文明建设,通过创建文明城区,开展志愿者活动来提升文明素质,使广大人民群众共享经济发展成果,收入水平不断提高,精神面貌不断焕发,生活质量明显上升。

## 第一节　重　点　园　区

1986 年,上海闵行经济技术开发区建立(参见第二章)。之后,又先后成立上海市莘庄工业区、漕河泾开发区浦江高科技园和上海紫竹高新技术产业开发区;2007 年建立上海国家民用航天产业基地。重点园区建设对企业集聚、产业集聚、技术集聚、投资集聚、效益集聚产生重大影响,促进区域经济发展。

### 一、上海市莘庄工业区

上海市莘庄工业区(简称莘庄工业区)位于区域中部,东至横泾港,南至北松公路,西至沙港,北至莘庄镇,总面积约 17.88 平方公里。1995 年,市政府同意将莘庄工业区列为市级工业区,为全国第七家、全市首家国家生态工业示范园区,被国家发改委列为第二批国家循环经济试点单位。产业结构主要是电子信息行业、机械及汽车零部件、重大装备制造、新材料及精细化工 4 个重点行业,另加平板显示产业基地和航天研发新区 2 个产业基地。

**【吸引外资】**
1992—1994 年,莘庄工业区成立前,上海申莘工业投资开发总公司与上海莘北投资发展总公司引进的企业中以电子、精细化工、生物医药、工业模具等行业为主。其中引进"三资"企业 12 户,协议吸收外资 9 034 万美元。1995 年莘庄工业区成立后,吸引外资经历从注重引进企业数量、投资额,到注重高科技研发企业及高附加值的高端制造业企业的招商,再到工业区自主规划产业格局的过程。2003 年提出"非占用资源性招商"模式,吸引跨国公司、地区总部、销售中心、采购中心等入驻;同时回购劣势企业,为优势企业发展腾出空间。阿文美驰公司亚太地区总部暨研发中心项目、波士胶亚太研发中心等世界知名企业的科研中心落户工业区。工业区项目资源与附近乡镇的物质资源有效结合,实现优势资源共享和双赢。2010 年,西马克梅尔工程(中国)有限公司的中国新生产基地正式落成,是区政府牵头、莘庄工业区和颛桥镇于 2008 年合作招商引进的区内首个区域联动投资项目,总投资 2 亿元。

**【吸引内资】**

1993—1994年,共引进内资企业4家,资金1.65亿元;1995—2010年,引进内资企业5 978家,资金287.83亿元。1999年5月,市农委批复同意成立莘庄工业区天为经济城,作为莘庄工业区的"园中园",重点开展私营、民营企业的招商服务。2003年,中国船舶重工集团公司第711、701研究所正式签约落户;2004年,上海思源电气股份有限公司的A股在深圳证券交易所中小企业板块挂牌上市,开创区内民营科技企业在中小企业板块上市的先河;2007年7月26日,上海电气集团落户莘庄工业区。

**【经济总量】**

1995年莘庄工业区生产总值为0.13亿元,工业总产值0.33亿元,工业企业利润总额283.8万元。2010年,生产总值为179.53亿元,工业总产值614.67亿元,工业企业利润总额72.45亿元。

**【产业结构】**

1995—2010年一直以工业为主导产业,主要包括通用设备制造业、电气机械及器材制造业、通信设备和计算机及其他电子设备制造业、交通运输设备制造业、化学原料及化学制品制造业五大重点行业。

## 二、漕河泾开发区浦江高科技园

浦江高科技园位于浦江镇,东起万芳路,南到沈庄塘,西邻浦星公路,北至中心河,总用地面积10.7平方公里。1988年国务院批准漕河泾新兴技术开发区为全国首批国家级经济技术开发区之一;1991年被批准为全国首批国家级高新技术产业开发区。2004年7月,国务院批准漕河泾开发区扩区,在闵行区浦江镇成立浦江高科技园,形成"一区一园"的格局。"一区"位于徐汇区,"一园"位于闵行区。浦江高科技园由出口加工区、高新产业区和综合配套区构成,兼具国家级经济技术开发区和国家级出口加工区功能。高新产业区重点建设国家生物医药产业基地、太阳能光伏产业园、创新孵化基地,以及总部经济园区和商务园区,2010年初具规模。2009年7月,浦江高科技园被国家科委授予国家级生物医药产业基地;园内双创园2009年被认定为首家上海科技孵化器和企业加速器;园内出口加工区2009年和2010年获上海市品牌示范区称号。

**【招商引资】**

2004年,园区引进企业4家。至2010年,园区总计引进各类企业160家;合同利用外资金额6.63亿美元,实际到位外资金额5.82亿美元。园区入驻世界500强企业7家。

**【经济总量】**

2004年实现工业总产值136.11亿元,税收1.2亿元,进出口总额30.97万美元,从业人员7 569人。2010年实现工业总产值843.52亿元,税收(含海关)13.99亿元,利润总额5.68亿元,进出口总额132.78万美元,从业人员43 461人。

**【产业结构】**

2004—2010年,逐步形成以电子信息产业为依托,集生物医药、环保、新能源、汽车配套研发为主体,辅以现代生产性服务业聚集功能的"一四一"产业导向。

### 三、上海紫竹高新技术产业开发区

上海紫竹高新技术产业开发区(简称紫竹高新区)位于区域东南部,东至虹梅南路和龙吴路,南至黄浦江,西至莘奉金高速公路,北至剑川路,占地1 830公顷。2001年9月12日依据《上海市人民政府关于同意建设上海紫竹科学园区的批复》而成立。2003年被列为上海市高新技术产业开发区。2011年6月,国务院发文《关于同意上海紫竹高新技术产业园区升级为国家高新技术产业开发区的批复》,并更名为上海紫竹高新技术产业开发区。紫竹高新区开发主体为上海紫竹高新区(集团)有限公司,注册资本20亿元。股权结构:上海紫江(集团)有限公司股权比例为50.25%,上海联和投资有限公司为20%,上海紫江企业集团股份有限公司为4.75%,上海交大产业投资管理(集团)有限公司为2.5%,上海市闵行资产投资经营有限公司为10%,上海吴泾经济发展有限公司为10%,上海交通大学教育发展基金会为2.5%。搭建由三级政府、民营企业和大学共建的全新组织架构,形成在政府主导下,以民间资本为主体的市场化运作模式。2009年9月被商务部和科技部授予"国家科技兴贸创新基地(生物医药)",被国家发改委授予"上海国家生物产业基地";10月被中共中央组织部认定为国家实施"千人计划"人才战略"海外高层次人才创新创业基地";2010年2月被国家广播电影电视总局授予"中国(上海)网络视听产业基地"。

**【招商引资】**
2002—2010年,引进外资企业中投资性公司4家、研发中心16个;引进中国商用发动机有限公司、中国航空无线电电子研究所、中国商飞上海飞机客户服务有限公司、中航工业民机航电基地、中国广东核电集团上海研发中心、上海太阳能工程技术研究中心、上海市清洁能源促进中心、上海电气风电设备有限公司、上海电气工程设计院等一批国家和省(市)级重大项目,承担着大飞机、ARJ21支线飞机,以及核能、太阳能、风能等新能源、洁净煤、整体煤气化联合循环发电系统(IGCC)等国家战略性产业关键技术、关键部件的研制任务。2010年底,高新区内注册企业400余家,其中外资企业80余家、内资企业320余家。

**【经济总量】**
2005年紫竹科学园区成立后,各项经济指标年均增长率均超过30%,总利润从2005年的0.87亿元发展到2010年的30.45亿元。2010年全年完成固定资产投资20.63亿元,税收收入23.97亿元,销售总额216.53亿元。

**【产业结构】**
2002—2010年,逐步形成以集成电路与软件、新能源、航空、数字内容、新材料、生命科学六大类产业为主导产业,重点吸引区域总部、研发中心、风险投资公司及高科技研发和高端制造企业入驻。

### 四、上海国家民用航天产业基地

2006年1月22日,上海市政府、闵行区政府分别与中国航天科技集团公司签订"航天闵行"的框架协议，启动航天研发、航天产业、航天科普三大基地建设的合作。3月，市政府在漕河泾开发区浦江高科技园内调整出1平方公里土地，用作上海国家民用航天产业基地（简称"航天产业基地"）的启动区，先行招商。2007年7月20日，经国家发改委批准，"上海国家民用航天产业基地"揭牌。航天产业基地是中国首个获批的国家级航天产业基地，位于闵行区浦江镇东北部，东至杨高南路延伸线，南至规划河道和联航路，西至万芳路，北至中心河。规划建设4大区域，即产业基地核心区、主导产业区、综合产业区、科技研发及孵化区，形成"一核两翼"格局，通过建立军民两用、高新技术产业化的体制和机制，优先扶持高新技术、高附加值的投资项目，加快航天技术向新能源、卫星应用、信息技术、新型材料、特种装备等民用产品生产领域延伸拓展，形成一定规模的航天产业链和产业群。同时，依靠"部市合作"机制，入驻企业在财政、税收、产业及人才等多个方面享受优惠政策。

**【招商引资】**

2006年6月30日举行首批启动项目奠基仪式，包括航天机电太阳能光伏、康巴赛特复合材料气瓶2个项目，2007年2个项目正式入驻。2009年12月25日，上海神舟新能源发展有限公司、上海航天万源稀土电机研发中心、上海航天万源稀土电机有限公司、上海空间推进研究所4个项目开工，投资总额20亿元。至2010年，航天产业基地有12户企业，累计投资总额34.49亿元，注册资金10.28亿元。其中，国有企业6家、民营企业5家、外商独资企业1家。

# 第二节 现代商贸

2000年起，区内加快大市场、大商场、大餐饮和社区便民商业的网络建设，至2010年底，建成4个社区商业中心、20余个大型超市、90余家菜市场、300余家标准超市和便利店、2万余个商业网点以及4条特色商业街，商业服务设施总经营面积400余万平方米，逐步形成商业中心、居住区商业、街坊商业3级社区商业网络服务体系，商业设施朝着大型化、连锁化、便利化方向发展。

## 一、社区商业中心

全区城市化进程加快，中心城区人口迁移，外来人口集聚，消费需求旺盛，促进了社区商业中心发展，2010年全区建成4个社区商业中心。

**【南方商城社区商业中心】**

位于沪闵路7388号，轨道交通1号线莲花路站正对面，是全市第一家以社区定位的购物中心，为全国社区商业示范社区。1992年动工，占地14公顷，建筑面积12万多平方米，总投资4.2亿元，1995年10月开业。商城有上海IMM南方商城、上海南方商城大酒店、上海南方停车场、上海南方商城美食街与商业街4个经济实体。上海IMM南方商城是由上海南方商城与日本八佰伴国际集团有限公司、新加坡国际流通中心合资建立，注册资本5450万美元，商城建筑面积7.8万平方米，有5个楼面的大型商场。上海南方商城大酒店是上海南方商城独资子公司，建筑面积2.5万平方米，高14层，分南楼、北楼，有标准客房500套。上海南方商城美食街、商业街由上海南方商城出资建造，社会自然人承租经营。美食街由72家餐饮店组成，商业街由8家小商店组成，建筑面积1.2万平方米。南方商城经营范围，从日用百货、家电五金到建筑装潢、园艺等，还有图书音像城、琴行、健身房、游艺天地、乒乓弹子房、保龄球房等文化设施。广场可放映露天电影,开设有美食广场、咖啡吧等。广场上还有喷水池、邮局和银行等附属设施。2010年,南方商城实现营业收入28.57亿元。

### 【七宝社区商业中心】

位于七宝镇中北部,包括七宝老街特色商业街区、乐购商业区域和龙城购物中心3个商业核心区域。南部的七宝老街特色商业街区以零售购物和娱乐餐饮为主。中部的乐购商业区域位于万科城市花园东门至漕宝路沿线,总长度430米,包括乐购大卖场、河畔百货、星钻城、七宝商城、汇宝购物广场以及泰景苑小区的沿街商铺,以大卖场和百货商店为主。龙城购物中心是集百货、餐饮、大卖场、休闲、娱乐于一体的大型购物中心,建筑面积8.6万平方米,营业面积5.16万平方米,分生活百货、商业街、美食街、主题餐厅、俱乐部、大卖场等多个经营区域。七宝商城于1994年筹建,至2010年驻有乐购超市、永乐家电、来天华餐饮等大型企业以及其他餐饮、服饰、百货、家具等行业的商家上百家,是七莘路上最繁华的商区之一。七宝社区商业中心被命名为"2007上海社区商业示范社区"。2009年,七宝商城、七宝龙城购物中心和七宝老街分别实现营业收入10.28亿元、10.74亿元和1.25亿元。

### 【莘庄地区商业中心】

位于莘庄镇,轨道交通1号线西段终点,占地1.2平方公里,集办公、购物、娱乐、休闲于一体的综合性商务中心。又可以分为五大社区商业生活中心,即:镇南部的地铁南广场区域,以仲盛世界商城为核心;西部的农工商区域;西北部的莘庄乐购区域;中部的世纪联华区域、莘庄龙之梦购物广场;东北部的华润万佳区域。仲盛世界商城(又称闵行商贸中心、仲盛商业中心)是莘庄地区商业中心规模最大的商业综合体,位于地铁莘庄南广场,由上海莘盛发展有限公司投资建设,美国KMD公司规划设计,占地6.4万平方米,总建筑面积29.29万多平方米,共8层,地面5层,地下3层,由入口广场、花卉庭园、生活品位市场、休闲地带、工作坊、食府街道、高雅小街等12个部分组成,是集购物、休闲、娱乐为一体的区域性大型购物中心。引进主力百货为九海百盛,引进生活类大卖场为家乐福,建材类大卖场为百安居(B&Q)。莘庄地区商业中心有超市大卖场、家具卖场、百货公司、品牌专卖店,以及家庭娱乐中心、夜总会、电影院、糖果屋等,购物、餐饮、娱乐功能一应俱全;此外还有各种风味餐馆、酒吧,基本满足莘庄地区居民的购物消费。

### 【梅陇新都会社区商业中心】

位于莲花南路1500号,由绿地集团投资建设,建筑面积12万平方米,是集高档商务办公、国际酒店、餐饮、娱乐、健身、购物等多种功能为一体的商务集聚区。2007年12月8日试营业。引进的商家主要有:洲际快捷假日酒店、星巴克、必胜客、美格菲、味千拉面、屈臣氏、东方卫视、一茶一坐、德大西餐厅、和佰家居、游艺城、沈大成、澳门豆捞、火狐、日式酒吧、乐高儿童教育、法派、绫致、井臻香、家庭量贩KTV等40余个国际、国内著名品牌。

## 二、大型超市

1997年,麦德龙闵行店建成开业,大型超市在区域迅速发展。超市最初经营的主要是食品,后扩展到服装、家庭日用杂品、家用电器、玩具、家具以及医药用品等;一般备有手提篮或手推车供顾客使用,开放式任由顾客挑选商品,出口处统一结算;通常采用会员卡等方式搞促销;相当部分大型超市,还有班车接送购物居民,争揽客源。2010年,全区共有大型超市20余家,在全市名列前茅,主要有麦德龙、农工商、世纪联华、乐购、家乐福、大润发、易初莲花、好美家、沃尔玛等。

### 【Tesco乐购都市店】

位于都市路3366号,于2007年12月18日开业,营业面积6 874平方米,仓库面积1 217平方米,总建筑面积18 118平方米,车位199个,员工和促销员共400多人。超市第一层为副食品、水果、蔬菜、水产品,第二层为服装、化妆品、生活日用品等。超市的周边商业街成熟,有品悦酒店、克莉丝汀等商铺,会员58 356人。

### 【大润发春申店】

位于春申路2801号,于2004年10月开业,投资商为江苏昆山润华商业有限公司上海闵行分公司。该店营业面积1.1万平方米,一楼商店街,二楼经营生鲜食品、杂货食品,三楼经营百货。员工及导购1 100人,日均有顾客约1.2万人。

### 【卜蜂莲花浦江店】

位于浦江镇江月路1800号,总建筑面积达2.2万平方米,投资商为泰国正大集团。该店靠近浦江世博家园公交路线、轨道交通8号线江月路车站,也可以通过人行天桥直接进入商场,为方便世博动迁居民生活所建的大型商业配套项目。整个购物中心营业面积1.5万平方米,共3层:一层有小型餐饮和出租商铺,二层为食品销售区,三层为非食品销售区。地下一层为停车场。

### 【沃尔玛浦江店】

位于浦江镇浦锦路309弄(江园路口)、绿地乐和城商业中心内,投资商为美国零售商巨头沃尔玛公司。该店在商业中心的地下一层,营业面积8 000平方米。所在的浦江中心城为浦江镇核心居住区,该区域除有约3万世博动迁居民的世博家园外,还有数个成熟社区。超市第一层为副食品、水果、水产品、家用电器等,第二层为服装、化妆品、日用百货等。

## 三、标准超市·便利店·专卖店

1993年起,区内传统商业网点逐渐被标准超市、便利店、专卖店替代。1995年,区里建成标准超市6家、便利店10家,其中烟草糖酒有限公司仅上半年就开设6家连锁便利商店。2001年,标准超市达到114家、良友便利店23家。其间,市属公司开设的标准超市在闵行逐年增加,区内商业系统的超市则逐年减少,区供销社、粮油总公司开设的超市关闭。2010年,上海世博会的成功举办拉动区内消费,全区批发和零售业实现社会消费品零售总额第一次突破400亿元,达到403.65亿元,其中标准超市、便利店、专业专卖店作出较大贡献。

## 四、特色商业街

区域特色商业街于90年代末开始出现。其中有曾经辉煌的特色商业街如沪青平公路商贸一条街,由华漕镇开发"公路经济"而兴旺繁荣,但也随着 2006 年 7 月虹桥交通枢纽建设而逐渐萧条。

2010 年,全区被市商务委认定的特色商业街共有 4 条,分别是:富有休闲特色、异国情调的虹梅休闲街,以餐饮为主要特色的龙茗路十尚坊餐饮街,以旅游为主要特色的七宝老街,以汽车销售为主要特色的吴中路商业街。它们的形成路径大致有:满足生活需求多样化,购物、消费、休闲、娱乐一体化而形成,政府因势利导、优化布局,吴中路商业街属此类型;引入社会资本,通过招商引资推动而成,虹梅休闲街、龙茗路十尚坊餐饮街属此类型;基于悠久的历史沉淀、得天独厚的自然条件以及良好的地理位置,逐渐发育成熟,七宝老街属此类型。

**【吴中路商业街】**

位于虹桥镇中心地段,全长 2.5 公里。吴中路东段为餐饮休闲娱乐区,有大众美林阁、陌生人酒家、莫泰连锁旅店、嘉伟酒店、添彩大酒店、蓝龙虾,辅以中小型中式餐饮点心、茶室。吴中路中段主要为大型建材超市区,有好美家、石头剪刀布、德美家具、中中家缘等家居装饰布艺及明清古典家具摆设、仿古家具等商店。吴中路西段主要为汽车销售区,南北侧有永达、虹隆、恒昌、开隆、万弘、东南、九华等汽车销售公司,三星、原海、添亿、美车饰等汽车配件、装潢等公司,销售福特、奔驰、天津丰田、马自达等汽车。2008 年,吴中路以其汽车销售业绩被命名为市级商业特色街,从而成为全市一条以汽车销售为特色的市级商业特色街。

**【七宝老街】**

位于七宝镇内,占地约 5.73 公顷。主要街道与蒲汇塘形成"十"字,蒲汇塘桥为"十"字的中点。街分南北二大街,南大街以特色小吃为主,北大街以旅游工艺品、古玩、字画为主。老街成为集"休

2005 年 10 月,七宝老街(闵行区志办提供)

闲、旅游、购物"为一体的繁华街市,继周庄、西塘、朱家角之后,上海人出行水乡的又一选择地。七宝镇政府把老街开发定位为历史风貌和以小吃为主的休闲旅游街,符合中档消费者的需求。2007年七宝老街被评为"上海市特色商业街"。

### 【虹梅路休闲街】

位于虹梅路至虹许路间,地处闵行、长宁两区分界线上。休闲街四周聚集高级住宅别墅、住宅群：虹许路附近有古北新区、名都城、虹桥高尔夫别墅等,虹梅路沿线有嘉年别墅、虹梅别墅、虹桥别墅、华光花园、虹桥新苑等,居民白领居多,成为休闲街的常客。休闲街于2002年4月19日落成,长约500米,宽16.9米～22米,建筑面积5 000平方米。2007年被评为上海市特色商业街。休闲街采用欧陆风格设计,各种现代雕塑、喷泉、小山瀑布错落有致,各种各样的花卉、盆景遍布其中,品位高雅,是条闹中取静的休闲街道。街区分为中餐、异国风味、酒吧茶座、休闲娱乐四大功能区,中西餐饮、酒吧、咖啡吧、美容美发、会所、翰林匾额馆等融为一体。街内境外商家集聚,包括美国、法国、德国、加拿大、印度、韩国、日本、泰国及中国港台等地区的经营者,有印度料理、日本料理、韩国料理、泰国料理、美式西餐等多种部类、不同风格的菜系；中餐有上海菜、四川菜、安徽菜、新疆菜和西北菜；酒吧有日式酒吧、法式酒吧、德式酒吧和美式酒吧；休闲文化有棋牌娱乐中心和女子瘦身坊等。每日光顾的境外游客占30％～40％。

### 【龙茗路十尚坊餐饮街】

位于区域龙茗路,全长300米,总建筑面积1.8万平方米。十尚坊定义为休闲园林的概念,打造独具园林特色的商业街区新模式,营造在市中心难以寻觅的惬意休闲娱乐氛围,2007年被评为上海市特色商业街。商业街引入日本HMA建筑设计公司和上海景观工程建设有限公司进行整体设计和空间布局,大量木、砖、玻璃和铁板的建筑原料融合国际流行元素的设计,使整个商业街充满简约时尚的现代气息。10幢商业建筑结合独特景观和园林设计,形成江南古朴典雅与"后现代简约主义"水乳交融的风格。十尚坊属于区域互补型商业,集餐饮、娱乐、休闲、购物及文化、时尚为一体的休闲消费中心。

# 第三节  现代服务业

2004年,区内现代服务业渐成规模,其增加值占经济总量的10％,占第三产业增加值的比重达36％。2008年国际金融危机后,现代服务业成为重要驱动力。2010年,区服务业实现增加值476.5亿元,占全区生产总值的35.39％。区内现代服务业主要分布在北、中、南部。北部以虹桥综合交通枢纽为主,枢纽周边地区及闵北商务区主要发展空港物流、国际医疗中心、会展业,建设虹桥商务核心区(虹桥天地)；中部规划以七宝生态商务区、莘庄商务区、地铁莘庄站综合交通枢纽、南方商务区等项目为主；南部规划以元江商务区和剑川路站点经济为主。

## 一、生产性服务业

进入21世纪,随着工业和信息技术加速融合,生产性服务业在区内开始崛起,2006年主要有三大类：第一类是第二产业中附加值较高的上游研发、设计和下游营销、结算(包括总部经济),以及由此派生的售后服务、会展等功能性中心,其代表性园区是颛桥明申财富天地生产性服务业功能区、紫竹科学园区生产性服务业功能区、梅陇莲花生产性服务业功能区、上海漕河泾开发区浦江生产性服务业功能区;第二类是第三产业,受众主要是物流、培训、广告,其代表性园区是闵行国际物流中心、七宝中春路生产性服务业功能区;第三类是以信息产业(IT)为代表的数字网络产业,包括电子商务、软件业,其代表性园区是国家服务外包浦江基地。

2010年,区委、区政府采取一系列措施推进生产性服务业发展。如对位于虹桥商务区核心区一期的9幅地块、莘庄商务区的丰树项目完成土地出让,推进西子联合项目,推动中春路和莘庄工业区西区生产性服务业集聚区建设,完善总部集聚、信息研发、综合配套等功能建设和增值服务。中国(上海)网络视听产业基地开工,有百视通、土豆网、激动网等10余家国内外知名网络视听企业落户。与软银中国等创投机构合作建立5个子基金,推进知识产权质押融资试点园区建设。

### 【紫竹科学园区生产性服务业功能区】

2006年以后迅速发展,2007年落户的研发中心有16家,含有研发机构的企业44家,包括公共技术服务平台2个,信息技术、航空技术、能源环保等各类企业的研发机构。

### 【浦江生产性服务业功能区】

位于漕河泾高新技术开发区浦江高科技园的南部区域,是一个以发展服务外包为特色的集聚区,整个功能区分为信息技术外包、业务流程外包、离岸服务外包、信息安全外包和外包配套服务5个板块。至2007年,有上海维豪信息技术有限公司、上海基泓信息技术有限公司、上海软件开发中心、上海锋众信息科技有限公司等入驻。发展目标是服务外包基地、服务外包示范基地和技术研究基地。

### 【颛桥明申财富天地生产性服务业功能区】

由上海明申企业(集团)有限公司投资建设,目标是打造以企业研发、总部经济、商务会展、加工物流为主要功能的现代服务业功能区,并辅以体育休闲中心和配套商业设施。2006年上半年开工建设,2011年建成。研发中心(一期)位于西北部,与体育休闲中心融合,建筑面积7万平方米。会议展示中心位于东北部,有超过2万平方米的大型绿地广场,为企业提供会议及产品展示场地。加工和物流中心位于东南部,建筑面积36万平方米。企业总部建筑面积约15万平方米,为设立在全区的大型企业总部服务。

### 【闵行国际物流中心】

规划总面积125.6公顷,由上海闵行国际物流中心公司和吴泾镇共同开发。中心一期工程主要由仓储贸易区、堆场区、配套公建区、综合发展备用地4个部分构成。2007年,物流中心入驻的企业有丰田工业商贸(中国)有限公司、雅诗兰黛(上海)商贸有限公司、中外运敦豪国际航空快递有限公司(DHL)、艾力高有限公司(ERICO)上海代表处等。吴泾镇开发部分由美国普罗斯置业有限公司负责二次建设和招商,至2007年建成仓库1万平方米、在建仓库4万平方米。2010年,中心建设和运营基本成熟。

### 【梅陇莲花生产性服务业功能区】

总面积约106.28公顷,是一个以总集成总承包、科技研发、总部物流、电子商务、航空配套等总部经济为主的产业群体。2010年在莲花功能区的项目中,有汇源果汁上海公司、红阳集团、能美西科姆公司,还有森马服饰集团、化妆品牌苹果公司、格兰照明公司等入驻。

### 【上海漕河泾开发区浦江生产性服务业功能区】

总面积约44.91万平方米。通过集聚一批跨国公司地区总部和研发、技术、管理、采购、销售、营运、结算中心等项目,以及提供科技中介、技术产品展示和交易、会计事务、律师事务、专利商标及知识产权事务等综合配套服务项目,形成总部经济、研发设计、创新孵化、综合服务等平台。

### 【七宝中春路生产性服务业功能区】

规划总面积151.3公顷,以创意研发、生产装配、物流展示为主体。园区从北向南由三大板块组成,分别是沪松公路—联明路地块高端商务办公区、联明路—中谊路地块综合商务服务区、中谊路—七宝镇界创意产业工坊,各板块均有配套设施。2010年功能区初具规模。

## 二、仓储服务业

2004年起,全区仓储业也向规模化、数字化、机械化的大型仓储业方向发展,农村仓库每年以10%~15%的速度减少,仓储的经营模式从单一的商品仓储发展到整理、包装、配送动态经营。是年,仓储业主要分布在南马桥、中梅陇、北华漕3块。特点是南扩,仓库数量、面积有所扩大;中缩,商业、房地产业发展,仓库规模缩小;北减,航空、铁路等交通便捷因素,物流企业动态经营方式增多,国际物流公司美国联合包裹公司(UPS)、中外运敦豪国际航空快递有限公司(DHL)、快递和邮政服务(TNT,总部在荷兰)等落户园区内。2010年,全区交通运输业法人单位118家,其中公路客运业13家、公路货运业98家、水路货运业3家、其他4家,从业人员共13 913人。是年,全区主要仓储公司有梅陇仓储公司、闵行仓储公司、畅尔杰仓储公司、吉桥仓储公司、惠承仓储公司、华漕仓储公司、闵行皖胜仓储公司、神龙农工商仓储公司、老闵行仓储公司、上海电气集团仓储公司等。

## 三、文化创意产业

2006年起,区里开始发展文化创意产业,主要分布在区域中南部地区。其中,江川路街道、吴泾镇、虹桥镇、莘庄镇和梅陇镇较为集中,以上5个街道、镇合计规模以上企业192户,占全区规模以上文化创意产业企业总数的61.94%;合计营业收入256.04亿元,占79.86%;合计从业人数29 996人,占70.8%。2010年,闵行区有国家级文化产业园区1个(在建)、市级文化产业园区4个。建成市级梅陇439和市级虹桥西郊·鑫桥两家创意产业园区,市级虹桥525创意产业园区开业,市级中国梦谷·南上海创意产业园区加快建设。

### 【梅陇439创意园区】

位于景联路439号,总建筑面积8万平方米,首期商城面积3万平方米。创意产业园分布在2栋厂房式建筑物和2栋办公楼式建筑物内的一至四层,为市级创意产业园。园区以时尚编织的创意设计为核心,加工、供应、展示、交易、发布为支撑,直接产生订单与消费的"创意设计＋都市产业＋营销订货＋孵化服务"的时尚编织创意产业示范基地。

**【虹桥西郊·鑫桥创意产业园】**

位于虹许路 631 号,是市经委第四批授牌的上海创意集聚区,闵行区第一家创意产业园。园区的设计小巧精致、简洁典雅,充满着艺术韵味,既保留着工业厂房特征,又穿插着现代元素。主办者引导园区加强与旅游的合作,借助上海市创意产业周和闵行旅游节,开展各类活动。创意产业为建筑装饰设计、服装、家具设计、文化艺术。

**【虹桥 525 创意园区】**

位于虹许路 731 号,创意产业为广告设计、影视传媒、信息产业、文化传媒。中国梦谷·南上海创意产业园区位于虹梅南路、曲吴路口,创意产业为电子商务、创意设计、网络设计等。紫竹"中国(上海)网络视听产业基地"(国家级)开工,发展以网络视听、新媒体产业为主的文化创意产业,为网络视听产业发展提供示范效应。吸引 15 户在网络视听产业细分领域处于领先地位的企业入驻基地,集聚百视通、土豆网、悠游网页游戏平台等一批在网络视听、游戏等方面处于领军地位的企业,注册资本 2.5 亿元。

# 第四节　农　业　产　业　化

随着农村地区城市化进程加快,耕地不断减少。2010 年,全区耕地面积 5 765 公顷,比 1993 年的 14 782 公顷减少 61%。与城市化进程相适应,发展农业专业合作社,培育农业龙头企业,增加农业资金投入,推进农业产业化和规模经营成为区域农业发展的必经之路。

## 一、农民专业合作社

2004 年 5 月,市农委和市工商局联合下发《关于做好农民专业合作社工商登记工作的通知》;6 月,市农委下发《关于加快发展农民专业合作社的若干意见》。区里开始发展农民专业合作社;9 月和 11 月,上海虹鲁蔬菜专业合作社和上海丰伟果蔬专业合作社、上海城市蔬菜产销合作社率先工商登记,成立合作社有限公司。

2005 年 2 月,区政府下发《闵行区促进农业发展若干意见》。是年,有农民专业合作社 15 家。之后,原有蔬菜园艺场多数转性为农民专业合作社,这些蔬菜园艺场发展于 90 年代。1993 年,区政府在虹桥、七宝、梅陇、莘庄、曹行、诸翟、纪王、陈行、杜行、马桥 10 个镇投资建 10 家蔬菜园艺场,经营总面积 62.2 公顷。1993—1997 年,粮食生产通过市级"三高"粮田示范区和"三高"粮田示范方等的建设,形成一批农场和种植大户。1997 年,全区有农场 77 家,经营面积 1 187 公顷;种植大户 288 户,经营面积 920 公顷,农场和大户经营面积占全区粮田面积的 24%。上述两类是农民专业合作社发展的重要基础。2010 年,全区有农民专业合作社 72 家、社员 600 人,带动非农成员农户 6 500 户。合作社分布:浦江镇 48 家、华漕镇 7 家、马桥镇 7 家、吴泾镇 6 家、颛桥镇 4 家。按产业分类:种植业 52 家(粮食 20 家、蔬果 30 家、花卉 1 家、果林 1 家)、养殖业 3 家、农机服务业 8 家、农家乐型 7 家、生态农业开发型 2 家。农民专业合作社示范社 14 家,其中国家级(同时也是市级)9 家:上海城市蔬菜产销专业合作社、上海秋良稻米专业合作社、上海恒孚蔬菜种植专业合作社、上海冯氏果蔬专业合作社、上海稻德粮食专业合作社、上海鲁华农机服务专业合作社、上海虹鲁蔬菜专业合作社、上海振贤农机专业合作社、上海申苗香石竹种苗专业合作社;区级 5 家:上海元江稻米专业合作社、上海敏顺蔬果专业合作社、上海亮苗稻米专业合作社、上海闵优家禽养殖专业合作社、上海丰伟果蔬专业合作社。

### 【上海城市蔬菜产销专业合作社】

位于华漕镇红卫村,2004年11月在上海城市园艺场(简称城市园艺场)基础上成立,注册资金100万元,注册商标"城市",经营面积146公顷,另有各类特约生产基地600余公顷,经营蔬菜(西甜瓜)生产、加工、销售等业务,集生产、科研、生态、休闲、观光、旅游于一体。5.27公顷菜地获国家农业部有机认证。2005—2008年,先后通过GAP(良好农业规范,是一种科学管理体系)、HACCP认证。2006年,"城市"商标成为上海市著名商标,"城市"牌蔬菜是上海名牌产品。2008—2010年,先后被指定为北京奥运会上海赛区、上海世博会等重大活动蔬菜供应单位,先后被评为上海市知识产权示范企业、国家农业标准化示范区(蔬菜配、送)、国家首批农民专业合作社示范社和全国设施农业装备与技术示范单位。2011年,成为上海市无公害整体认证园艺场(浦江、华漕镇基地)。

### 【上海秋良稻米专业合作社】

位于浦江镇建中村,2005年10月成立,注册资金50万元,注册商标"秋亮",经营面积83公顷,集粮食生产、加工、销售于一体。2007年,被农业部农产品质量认证中心认证为"无公害大米"生产单位。2008年,通过ISO9001认证。2010年,10公顷水稻通过3年有机转换被认证为有机农产品。2009年和2011年分别获上海市优质大米评比二等奖和银牌。2011年,被评为国家首批农民专业合作社示范社。

## 二、重点龙头企业

由龙头企业带动,与市场链接,实行生产、加工、销售一体化经营,是农业产业化经营的又一种重要形式。90年代已有一定发展,进入21世纪,通过"公司＋基地""公司＋基地＋农户"等方式,发展"订单农业",扩大销售渠道。2010年,全区有农业产业化重点龙头企业9家,其中国家级1家:上海正义园艺有限公司;市级3家:上海城市食品配送有限公司、上海三明食品有限公司、上海福新面粉有限公司;区级5家:上海振东园艺有限公司、上海虹鲁蔬菜专业合作社、上海恒孚蔬菜种植专业合作社、上海市农业机械研究所实验厂、上海创博生态工程有限公司。

### 【上海正义园艺有限公司】

位于浦江镇正义村,1999年9月成立,注册资金3 500万元,注册商标"天寿",生产基地为上海正义园艺场(简称正义园艺场),经营面积26公顷,另有各类特约生产基地600余公顷,是集蔬菜(农副产品)生产、加工、销售于一体的民营企业。12月,被市农委评为"上海市十佳农产品营销组织"。2004—2009年,先后通过国际标准化组织质量管理体系(ISO9001)、危害分析和关键控制点(HACCP,是食品安全控制体系)、国际标准化组织食品安全管理体系(ISO22000)认证。2009年,"天寿"商标成为上海市著名商标,"天寿"牌蔬菜是上海名牌产品。2001—2010年,正义园艺场先后被指定为亚太经济合作组织(APEC)会议、上海合作组织峰会、中国2010年上海世界博览会等重大活动蔬菜供应基地;先后被评为国家农业标准化示范区、全国"双学双比"示范基地和全国科普教育基地。

**【上海振东园艺有限公司】**

位于马桥镇民主村，2004 年 6 月成立，注册资金 300 万元，注册商标"振东园艺"，经营面积 20 公顷。生产花卉主要有香石竹（即康乃馨）、郁金香、菊花、非洲菊、天竺葵、繁星花、一串红、孔雀草、百合等品种，"元红"香石竹为特色品种。2006 年，公司繁育的香石竹种苗占国内销售市场的 40%。2008 年被评为闵行区农业产业化重点龙头企业。2010 年通过国际标准化组织质量管理体系（ISO9001）认证，是 2010 中国上海世界博览会草花应急储备供应定点生产单位。

## 三、农产品认证

2001 年起，区里以蔬菜园艺场为重点，开展农业标准化建设。2005 年，为农、正义、建南 3 家蔬菜园艺场成为上海市农业标准化示范区，正义园艺场（蔬菜产、加、销）和城市园艺场（蔬菜配送）被确认为国家农业标准化示范区。

2004—2010 年，区里农产品由农业部农产品质量认证中心和上海市农产品质量认证中心开展产地与产品"三品"（无公害食品、绿色食品、有机食品）认证，并由种植业向养殖业拓展。

2004 年，虹桥、为农、永丰、联农、正义、建南蔬菜园艺场取得无公害农产品产地认定证书。正义园艺场的黄瓜、番茄、青菜获上海市安全卫生优质（绿色）农产品认证。城市园艺场 5 公顷菜地取得国际环保总局有机食品发展中心颁发的有机农场转换证书。

2005 年，浦江、华漕两镇域内的区畜禽种场、中南牧场、汇中良种鸡场等 9 家规模畜禽养殖场（其中猪场 4 家、种鸡场 1 家、奶牛场 1 家、鸽场 2 家、鹿场 1 家）和上海锦洋观赏鱼有限公司基地场、浦江镇键农水产养殖场等 8 家水产养殖单位获得无公害产地认证书。

2006 年，虹桥、永丰、正义园艺场共 29.33 公顷菜地生产的 2 412 吨蔬菜获无公害产品认证。正义园艺场 6 公顷菜地生产的小白菜、番茄、黄瓜计 250 吨获绿色产品认证。286 吨稻米获无公害产品认证，首创上海市郊稻米质量认证。

2008 年，皋阳稻米专业合作社、友爱粮食专业合作社等 6 家粮食生产基地生产的 2 674 吨稻米获无公害产品认证，13 家园艺场生产的小白菜、番茄、生菜、黄瓜等 35 个品种 1.05 万吨蔬菜获无公害产品认证。全区认证无公害农产品产地面积 306.57 公顷、有机农产品产地面积 4.93 公顷，认证总面积占全区主要农产品生产面积的 12%。

2009 年，9 家蔬菜生产基地（园艺场、合作社）的 99.7 公顷菜地获无公害产地认证，1.18 万吨（50 个品种）蔬菜获无公害产品认证。新增种植类无公害认证面积 420.32 公顷，家禽认证 50 万羽。

至 2010 年，全区获农产品认证农业企业（合作社）累计 39 家，种植类认证总面积 1 141.62 公顷，家禽认证 50 万羽。按产业分：蔬菜认证面积 215.1 公顷，占全区常年菜田面积 16.2%；粮食认证面积 816.69 公顷，占全区粮食种植面积 68.2%；果品认证面积 109.83 公顷，占全区果品（含果树和西、甜瓜）种植面积 55%。按认证类别分：无公害食品认证 1 102.12 公顷、绿色食品认证 24.7 公顷、有机食品认证 14.8 公顷。区农产品认证率列全市第一。

# 第五节　文明城区建设

1993 年，闵行区精神文明建设指导委员会成立。1996 年，区文明委改名为区精神文明建设委员会（简称区文明委）。1997 年起，全区精神文明建设逐步实施"三委二办一员"体制，即区、镇（街道）、村（居委）三级设立精神文明建设委员会；区、镇（街道）设文明办，受同级文明委授权；村（居）委设专职人员 1 人，开展精神文明建设。进入 21 世纪，区委在加强思想道德建设、职业道德教育、家庭与未成年人道德教育的同时，把推进文明城区建设作为精神文明建设的重要抓手，持之以恒，抓出成效。

## 一、创建文明城区

区里在创建文明城区的总目标下，开展不同层次的创建活动。

### 【上海市文明城区创建】

2000 年，区委明确提出"三创建一巩固"目标，即创建市文明城区、国家园林城区、国家卫生区，巩固国家环境保护模范城区创建成果。4 月召开动员大会，全区镇、街道、莘庄工业区和部、委、办、局的主要负责人与区长签订"闵行区创建上海市文明城区目标责任书"。2001 年 4 月召开区创建市文明城区动员大会，区文明委制定《闵行区创建上海市文明城区实施意见》《闵行区创建上海市文明城区指标体系》，确立"三委二办一员"的创建领导体制，建立健全创建的管理、协调、考评和激励机制。2002 年 8 月，区文明办组建由 45 名区、镇人大代表，区政协委员和社区群众参加的区精神文明建设市民巡访团，进行动态性监督，实行公示制度。2003 年 8 月被命名为上海市文明城区。

### 【全国文明城区创建】

2005 年 3 月，区文明委全会提出创建全国文明城区目标；4 月召开动员大会；5 月向市文明办申报参加"全国创建文明城市工作先进城区"评选。是年，闵行区创建全国文明城区领导小组成立，制定《闵行区创建全国文明城区实施意见》，明确创建工作的目标、内容、步骤和措施。2006 年，区文明委制订全国文明城区创建指标内容及责任分解书，明确责任部门和单位，推行分级把关，制定《全国文明城区重点推进工作目标管理考核办法》《闵行区精神文明创建工作奖励办法》，明确以项目推进、品牌建设、长效常态管理为主要考核内容，以社会化、专业化考核为手段的管理、评估、激励机制。2007 年组建闵行区全国文明城区创建专项工作组，设宣传教育、创建资料、社会事业、城区管理和创建指导 5 个组。各组由区文明委领导总负责，区有关职能部门主要领导任组长，相关部门和镇、街道参与；组织开展"融入闵行、共建文明"创建活动，向区内高校、大型企事业单位、工业园区等全方位延伸，形成大创建格局；委托市质协用户评价中心对创建情况实施专业化测评，委托市民巡访团、社会监督员对相关单位进行日常监督和集中巡访。2008 年 7 月在市文明委创建考核组全面综合考核中，闵行区创建工作考评得分列全市第三。2009—2010 年继续完善和推进创建活动。2015 年获得全国文明城区提名区称号。

### 【文明小区、文明社区创建】

文明小区创建始于 1993 年，华坪街道华江小区创建成区内首个区级文明小区，1994 年创建为全区首个市级文明小区。1996 年，区文明委制定《闵行区文明小区创建管理细则》；1997 年，市级文明小区创建工作首次纳入区政府实事工程项目，并在全市率先推出文明小区"以奖代补"激励政策，即根据创建成效给予奖励，以奖金替代创建补贴经费；1998 年 4 月首次召开文明小区创建工作总结表彰会。至 2002 年底，全区建成市、区两级文明小区 276 个，约占全区小区总数的 85%，其中市级文明小区 172 个,占区文明小区数的 62.32%;全区所有小区建有文化活动室和健身苑、点。2009—2010 年,建成市级文明小区 318 个。文明社区创建始于 1998 年,是文明小区创建的延伸和拓展。是年,区文明委结合市文明社区创建标准,制定《闵行区文明社区创建暂行规定》。年内,华坪街道、吴泾街道创建成市级文明社区。2003 年 5 月,区文明委修订和补充《闵行区文明社区创建暂行规定》,各街道结合自身实际开展创建活动,区文明办会同有关部门指导创建工作。1998—2009 年,全区共建成市级文明社区 7 个 18 次。

### 【文明村、文明镇创建】

1993 年,文明村镇建设在全区展开。1996 年,区文明委制订文明村镇的标准和规划;1997 年 5 月召开文明村镇创建现场会,推广七宝镇的经验和做法。1998 年 5 月,区文明委制定《闵行区开展创建文明村镇活动规划》,7 月制订《闵行区文明村镇创建暂行规定》。1999 年 6 月,上海市农村精神文明建设工作现场会在七宝镇召开,闵行区创建文明村镇工作经验在会上推广;9 月,被中央文明委授予"全国创建文明村镇工作先进区"称号。2000 年后,文明村镇创建工作深入推进,全区行政村建垃圾收集处置系统,水泥道路覆盖率约 95%,各村建村民文化教育活动室和用于集体操办"红白喜事"的"村民之家"。文明村普遍制定村规民约或村民自治章程,开展卫生、科普、文体及各类道德实践活动。1998—2010 年,全区共建成市级文明村 467 个次。1998—2009 年,共建成市级文明镇 9 个 37 次。2001 年,七宝镇获全国创建文明小城镇示范点。2002—2009 年,创建成全国文明村镇工作先进村镇的有:2002 年梅陇镇,2005 年虹桥镇、七宝镇、莘庄镇,2009 年梅陇镇行西村、七宝镇九星村、华漕镇陈家角村。2005—2009 年创建成全国文明村镇的有:2005 年梅陇镇、2009 年七宝镇。

### 【文明行业、文明单位创建】

1994 年起,区文明委以窗口单位为重点,围绕优质、文明、高效服务,开展"放心店""文明交警""十佳窗口"等竞赛活动。1998 年起,在行业规范服务达标活动中加强社会监督、舆论监督、自我监督;同时,将文明单位创建范围扩大到凡建有党的基层组织、具有法人资格、经济独立核算、能独立开展社会活动的企事业单位和具有一定规模的三资企业;区文明办制订《闵行区镇、街道、局(行)级文明单位标准》,开展创建活动。2005 年 9 月,区文明委出台《闵行区文明行业创建管理规定》。2006 年 11 月首次借助社会专业机构——市质协用户评价中心,对区域 6 个行业 50 个单位开展为期 1 周的实地测评,形成评估报告。2007 年 8 月,区文明委在全区窗口单位开展文明窗口建设活动。2008 年 3 月,区文明委推出窗口文明监测方案,委托市质协用户评价中心开展每两月一次的综合监测,在媒体上公布发现的问题,以群众满意度评价结果。在首次市"迎世博 600 天"服务文明指数测评中,闵行区行业服务文明满意度调查得分列市郊第一。1993—2010 年,全区共建成市级文明单位 482 个次。2005—2009 年,创建成全国精神文明建设工作先进单位的有:2005 年江川路街道办事处、古美路街道办事处,2009 年区卫生局、七宝中学。2009 年创建成全国文明单位的有古美路街道办事处。

## 二、创建学习型城区

闵行区创建学习型城区着重于 3 个方面:

**【市民终身教育体系】**

2003年,闵行区成立建设学习型城区工作领导小组,成立区社区教育指导中心,构建区、街镇、村(居)委三级市民终身教育组织网络。2004年制定《闵行区建设学习型城区五年规划》和评价指标体系,建立社区教育讲师团队伍。2005年制定《关于进一步完善社区学校管理体制的工作意见》《社区学校和教学点分级管理评估标准》。2006年成立区社区教育服务指导中心,加强对市民教育的统筹、管理和服务指导。各镇、街道12所社区学校归属全民事业单位。推进市民教育阵地标准化、规范化建设,全区社区学校规范化达标率100%,教学点规范化达标率83.4%。加强社区学校校长、社区教育指导员和志愿者师资队伍建设,形成近3000人规模的师资储备;开发市民学习课程,推出360多项菜单式培训服务;建立基层特色培育工作跟踪、反馈制度和评估认证制度,指导和扶持社区学校、教学点培育特色品牌。2007年成立区社区学院,初步形成以区社区学院为统领、街镇社区学校为主体、村(居)委教学点为基础的市民终身教育体系框架。启动"新上海人学习乐园"建设,建立一批以来沪人员为服务对象的教学点;建立"闵行区终身学习网",创设数字化市民学习平台,推进各类社会教育资源向社区开放;加强课程开发,设计学习项目;启动社区教育专业人员培训和资质认证,建立市民教育三级志愿者讲师团队伍。

**【学习型组织】**

2004年,闵行区学习型城区建设工作推进会提出创建学习型机关、学习型社区(镇)、学习型居民区(村)、学习型家庭、学习型企业5类学习型组织。2006年,区妇联、区总工会、区人事局、区文明办、区民政局5个学习型组织创建工作牵头单位探索建立创建评估机制,创设载体开展活动。区妇联开展以礼仪学习、践行为主题的学习型家庭创建活动;区总工会结合区政府实事项目万名职工计算机初级培训活动和学习型班组创建,组织开展学习型企业创建活动;区人事局组织开展各类公务员学习培训,推进全区学习型机关创建;区文明办、区民政局结合社区文化活动中心、分中心,居民区、村的标准化老年活动室建设,推进创建工作硬件建设和市民学习平台建设。2007年编制出台学习型城区建设总体评估体系,委托社会专业机构对5类学习型组织创建工作开展社会化评估。区建设学习型城区工作领导小组命名表彰各类学习型组织和学习型城区建设工作先进单位、个人。

**【学习节活动】**

2005年以"学习,创造生活"为主题,举办首届闵行学习节,历时1个多月,共组织开展各类专题学习活动787场、培训讲座2630场次,参与市民55万人次。闵行学习节、"华漕杯"百万上海市民科教兴市知识竞赛,虹桥外来建设者读书会3个项目被评为当年市读书节优秀活动项目。2006年举办第二届闵行学习节,历时5个月,共组织开展各类专题学习活动1300多场,参与市民超过42万人次。其间,与市文明办、市总工会、市读书指导委员会办公室等共同举办"建设学习型企业闵行论坛",该项目被评为当年市读书节优秀活动项目。2007年,第三届闵行学习节围绕创建全国文明城区先进区,将学习节活动与形势任务、公民道德、拆除违法建筑宣传教育,与科技节和迎特奥等活动结合,共组织开展各类专题学习活动1300多场,参与市民超过60万人次。其间,与市总工会、市读书指导委员会办公室等联合举办"新上海人系列读书"活动,组织外来建设者开展文化采风、格言征集、研讨交流等主题活动,区"第四届机关公务员综合素质竞赛"项目被评为当年市读书节优秀活动项目。2008年,举办第四届闵行学习节。区社区学院及各镇、街道、莘庄工业区社区学校围绕"迎奥运、迎世博、创全国文明城区——我学习、我参与、我快乐"主题,推出"千项课程、百堂讲座"学习菜单、"生态文明走进百姓"系列教材,开展各种活动项目 4 649 场次,参与市民 22.57 万人。2008年后停办。

### 三、评选"可爱的闵行人"

2003 年起,区里以"感动闵行——可爱的闵行人"评选为抓手,开展"文明城区文明人"系列活动,由区委宣传部主办,每年根据不同侧重点确定评选主题。2003—2010 年共举办 6 届,48 人和 6个集体获"可爱的闵行人"称号。

2003 年,第一届评选聚焦抗击"非典"典型人物,5 名医务工作者、社区工作者入选;2004 年,第二届评选挖掘志愿者典型,以此推动全区志愿者工作,获当年"十佳志愿者"称号的 10 名社区居民、律师、医务人员等入选;2004 年 11 月—2005 年 4 月,第三届"可爱的闵行人"评选采取社会化评选方式,5 人和 3 个集体入选;2006 年,第四届评选主要对象是服务经济、服务社会的优秀典型,9 人和1 个集体入选;2007—2008 年,第五届评选侧重道德模范和平民英雄,9 人和 1 个集体入选;2009—2010 年,第六届评选侧重助人为乐、诚实守信、爱岗敬业,11 人和 1 个集体入选。

每届评选后,区委宣传部通过出版书籍、拍摄专题片、制作专栏及大型户外广告、举办"可爱的闵行人"事迹巡回演讲、网上报告会等形式,宣传其先进事迹。这些先进事迹较集中地表现在见义勇为、热心公益、爱岗敬业等方面。

### 四、志愿者服务

1995 年 4 月,闵行区青年志愿者协会成立,从全区各界招募青年组织专兼职志愿服务队,开展便民利民、爱心帮困活动,为区实事工程、重大活动提供志愿服务。是年,市青年志愿者区服务中心、区青年志愿服务热线运行。

进入 21 世纪,区志愿者队伍发展壮大,至 2006 年,全区建立区、街镇、局行、村(居)委、基层单位志愿者工作三级网络。成立区志愿者工作领导小组,组织管理全区志愿者工作,由区文明办总负责;区文明办、团区委、区妇联等部门组成志愿者工作办公室,组织安排日常志愿者活动;镇、街道、局行均有志愿者工作组织,由其文明办主任负责,各科室负责人兼任志愿者工作组织成员,负责协调、组织、管理志愿者工作。2007 年 7 月,区文明办整合志愿者队伍,成立区志愿服务总队,建立区级志愿者管理中心,各街镇、莘庄工业区成立志愿服务分队。2009 年成立区志愿者协会,主管部门为区文明办,有 67 个团体会员;2011 年成立区志愿服务工作总站及工作站,形成区文明委统一领导、区文明办综合协调、区志愿者联合组织实施、相关单位配合的志愿者工作机制。区志愿者开展一系列活动,主要集中于:

#### 【运动会志愿服务】

1996 年,为迎接全国"八运会"召开,组织志愿者开展"讲文明、树新风、迎八运"活动,集中进行环境整治、优质服务、交通安全等专项活动。2007 年 9 月 28 日—10 月 12 日,上海世界特殊奥运会乒乓球、网球两项赛事分别在区体育馆和旗忠网球中心举行,区内 4 所高校 730 名赛期服务志愿者和各街镇、莘庄工业区的 508 名社区接待志愿者承担赛事服务和社区接待任务。区文明办被评为市特奥志愿服务优秀组织单位。

**【交通文明志愿服务】**

2000 年 2 000 余名志愿者配合区公安部门开展"依法治理交通秩序,规范走路骑车行为"宣传教育活动。2004 年在全区文明路口创建工作中,每天早上 7:30—8:30 有志愿者在各重点路口、轨交车站和公交站点上岗,协助交警、交通协管员进行文明走路、文明乘车、文明骑车、文明驾车宣传教育。全年有近 2 万人次志愿者参加交通文明专项活动。沪闵路、水清路路口为公务员道德实践点,全区 50 多个区级机关、近 500 名志愿者每天有人参与交通文明志愿服务。之后,交通文明志愿服务趋于常态化。

**【助人为乐志愿服务】**

内容丰富多样。2002 年数百名志愿者参加区民政局组织开展的"7259"帮老助残行动,为全区 122 个依靠 75 岁以上老人抚养而不能自食其力的残疾子女家庭提供每日 1 小时家务劳动服务。2004 年 3 月 5 日举办"爱的传递"闵行青年志愿者集中行动日活动,青年志愿者代表向全区青年倡议主动参加无偿献血公益活动,启动青年献血志愿者招募,全年招募青年献血志愿者 1 806 人、青年献血宣传志愿者 2 267 人,其中 273 人参加无偿献血。2007 年 3 月,"绿化志愿者行动日"宣传活动在闵行体育公园举行,区内 25 支绿化志愿者队伍、2 000 多名游客参加。2008 年 3 月 5 日,由区文明办、团区委、区残联、区教育局、区慈善基金会联合举办的"'智'(挚)爱心连心志愿服务"项目在区启智学校启动,由在校大学生和社会志愿者为区内不能正常就学的智障儿童提供送教服务,等等。

**【世博会志愿服务】**

2010 年,全方位开展世博志愿服务,全区建立以世博园区高峰志愿者、城市志愿服务站点志愿者和城市文明志愿服务行动志愿者为主体的 16 万人的志愿者队伍。4 月 20 日起,全区 54 个世博会城市志愿服务站点投入试运行,3 303 名志愿者在世博会期间提供信息查询、语言翻译、文明宣传和应急服务。6 月 19 日—10 月 31 日世博会闭园,364 名高峰志愿者分 3 批在双休日及节假日高峰时段,进驻世博园区进行服务,承担文明劝导、应急处置、宣传宣讲等任务。

闵行区伴随着经济发展、社会文明,城乡居民生活水平不断提高。2010 年,农村居民家庭人均纯收入 17 859 元,城镇居民家庭人均可支配收入 27 403 元。城乡居民食品支出占总支出的比重大幅下降,衣、食、住、行、乐的消费档次不断提升。部分富裕家庭住上独栋别墅、高级公寓,家用电器等耐用消费品、移动电话、个人电脑等在城乡基本普及,私人轿车进入寻常百姓家,上网泡吧、健身旅游、饲养宠物、收藏集邮、影视欣赏、琴棋书画、游园观展、广场舞蹈等是市民业余生活、退休生活的主要内容。一个文明、富裕、和谐、宜居的现代化新城区正在逐步形成。

表 12-5-1　闵行区主要年份基本情况

| 项　目 | 上海县 | | | 原闵行区 | | 闵行区 | | | |
|---|---|---|---|---|---|---|---|---|---|
| | 1978 年 | 1985 年 | 1990 年 | 1985 年 | 1990 年 | 1995 年 | 2000 年 | 2005 年 | 2010 年 |
| 区域面积(平方公里) | 430 | 385 | 378 | 36.81 | 38.81 | 370.75 | 371.68 | 371.68 | 371.68 |
| 水域面积(平方公里)① | | | | | | | | | 2 382 |
| 年末耕地面积(公顷) | 27 486.33 | 24 109.47 | 0 | 0 | 0 | 13 643 | 11 429 | 6 411 | 5 765 |
| 街道(个) | 0 | 0 | 0 | 3 | 4 | 1 | 3 | 3 | 3 |

（续表）

| 项 目 | 上海县 | | | 原闵行区 | | 闵行区 | | | |
|---|---|---|---|---|---|---|---|---|---|
| | 1978年 | 1985年 | 1990年 | 1985年 | 1990年 | 1995年 | 2000年 | 2005年 | 2010年 |
| 镇(个) | 5 | 2 | 3 | 0 | 0 | 15 | 9 | 9 | 9 |
| 乡(个) | 18 | 17 | 16 | 0 | 0 | 1 | 1 | 1 | 1 |
| 居民委员会(个) | | 27 | 39 | | 56 | | 111 | 303 | 361 |
| 村民委员会(个) | | 237 | 239 | | 14 | 186 | 178 | 164 | 156 |
| 年末户籍人口(万人) | 54.08 | 39.974 6 | 41.73 | 11.75 | 15.13 | 54.4 | 65.4 | 82.52 | 96.75 |
| 户数(万户) | 13.73 | 11.06 | 12.98 | 3.13 | 4.18 | 18.02 | 23.74 | 31.76 | 37.68 |
| 年末常住人口(万人) | | | | 11.75 | 15.88 | | | 187.91 | 243.12 |
| 外来人口(万人) | | | | | | | | 92.18 | 146.19 |
| 人口密度(人/平方公里) | 1 258 | 1 038 | 1 102 | 3 025 | 3 899 | 1 467 | 1 757 | 2 220 | 2 615 |
| 人口自然增长率(‰) | 9 | 5.95 | 3.01 | 6.74 | 5.06 | 0.13 | −0.09 | 1.93 | 2.97 |
| 城镇登记失业人数(人) | | | | | | 4 639 | 9 001 | 13 700 | 14 002 |
| 新增就业岗位数(个) | | | | | | 1 968 | 13 269 | 33 205 | 34 746 |
| 中学(所) | 48 | 31 | 29 | 9 | 9 | 37 | 47 | 56 | 59 |
| 在校学生(人) | 36 947 | 18 863 | 16 894 | 4 613 | 5 027 | 29 551 | 35 955 | 45 780 | 42 025 |
| 小学(所) | 241 | 179 | 143 | 19 | 19 | 94 | 63 | 42 | 61 |
| 在校学生(人) | 50 034 | 32 058 | 41 623 | 7 402 | 11 553 | 42 739 | 41 284 | 38 811 | 73 202 |
| 幼儿园(所) | 269 | 3 | 5 | 23 | 26 | 37 | 54 | 84 | 143 |
| 在园幼儿(人) | 10 789 | 5 263 | 11 044 | 2 473 | 3 636 | 12 810 | 16 079 | 27 372 | 49 803 |
| 职校(所) | | 14 | 9 | 1 | 1 | 5 | 4 | 4 | 2 |
| 在校学生(人) | | | 2 402 | 244 | 157 | 2 758 | 2 826 | 5 929 | 5 841 |
| 图书馆、室(家) | 23 | 21 | 19 | 4 | 5 | 21 | 20 | 13 | 13 |
| 文化馆、站(家) | 23 | 20 | 27 | 4 | 5 | 22 | 21 | 13 | 13 |
| 影剧院、场(家) | 6 | 12 | 15 | 2 | 2 | 19 | 18 | 10 | 11 |
| 区级医院(所) | 2 | 2 | 4 | 2 | 2 | 7 | 24 | 11 | 13 |
| 医院床位数(张) | 1 097 | 1 439 | 1 299 | 840 | 1 154 | 2 568 | 3 085 | 4 000 | 4 787 |
| 医疗卫生技术人员(人) | 1 542 | 1 859 | 1 683 | 1 798 | 1 167 | 2 643 | 3 231 | 3 718 | 5 452 |
| 执业医师(人) | 269 | 412 | 951 | 388 | 463 | 891 | 1 177 | 1 361 | 1 941 |
| 公共绿地面积(万平方米) | | | | 12.81 | | | | 1 510 | 2 144 |

（续表）

| 项　目 | 上海县 | | | 原闵行区 | | 闵行区 | | | |
|---|---|---|---|---|---|---|---|---|---|
| | 1978 年 | 1985 年 | 1990 年 | 1985 年 | 1990 年 | 1995 年 | 2000 年 | 2005 年 | 2010 年 |
| 人均公共绿地面积（平方米） | | | | | | | | 15 | 18 |
| 绿化覆盖率(%) | | | | 1.28 | 2 | | | 39 | 36.5 |
| 公园(个) | 7 | | | 2 | 2 | | | 18 | 20 |

说明：① 不包括黄浦江和苏州河。

表 12－5－2　闵行区主要年份国民经济基本指标

| 项　目 | 上海县 | | | 原闵行区 | | 闵行区 | | | |
|---|---|---|---|---|---|---|---|---|---|
| | 1978 年 | 1985 年 | 1990 年 | 1985 年 | 1990 年 | 1995 年 | 2000 年 | 2005 年 | 2010 年 |
| 生产总值(亿元)① | 3.049 8 | 8.21 | 19.99 | | | 80.73 | 179.1 | 734.95 | 1 364.37 |
| 第一产业(亿元) | 1.16 | 1.76 | 2.84 | 0 | 0 | 3.19 | 4.04 | 2.63 | 1.55 |
| 第二产业(亿元) | 1.29 | 4.87 | 10.1 | | | 45.89 | 100.79 | 533.05 | 886.25 |
| 工业(亿元) | | | 9.27 | | | 43.38 | 94.58 | 510.5 | 840.65 |
| 第三产业(亿元) | 0.61 | 1.58 | 7.05 | | | 31.65 | 74.27 | 199.27 | 476.57 |
| 固定资产投资完成额(亿元) | | 2.69 | 1.83 | | | 42.84 | 54.65 | 179.54 | 308.45 |
| 财政收入(亿元) | 0.943 8 | 2.45 | 3.72 | 0.24 | 0.66 | 13.23 | 29.9 | 195.01 | 379.41 |
| 地方财政收入(亿元) | 0.279 2 | 2.42 | 3.45 | 0.236 3 | 0.663 5 | 6.38 | 14.67 | 61.95 | 125.3 |
| 地方财政支出(亿元) | 0.275 4 | 0.45 | | 0.116 9 | 0.466 2 | 7.86 | 20.43 | 81.86 | 156.6 |
| 外贸进出口总额(亿美元) | | | | | | | | | 241.92 |
| 出口额(亿美元) | 3 588（万元） | 2 316（万元） | 84 442（万元） | 1 032（万元） | 2 000（万元） | 58.32（亿元） | 11.56 | 78.85 | 170.87 |
| 外商直接投资实际到位金额(亿美元) | | | | | | | | 8.73 | 14.18 |
| 年末私营企业注册数(个) | | | | | 8 | 1 200 | 7 641 | 26 319 | 55 215 |
| 工业总产值(亿元) | 3.562 2 | 13.88 | 39.37 | 5.12 | 11.83 | 251.81 | 432.23 | 1 508.85 | 3 780.04 |
| 农业总产值(亿元) | 1.584 7 | | 5.95 | 0 | 0 | 9.8 | 9.25 | 5.91 | 4.25 |
| 住宅竣工面积(万平方米) | | | 6.31 | 6.7 | | 336 | 273 | 348 | 296 |
| 社会消费品零售总额(亿元) | 1.568 2 | 4.013 | 9.18 | | | 41.18 | 82.06 | 163.69 | 439.91 |

说明：① 其中若干年为增加值。

# 第十三篇　嘉定区

嘉定区位于上海市的西北部,以南宋嘉定年号命名。

1978年,嘉定县行政区域面积496平方公里,辖有城厢、南翔、真如、安亭4个镇;马陆、徐行、黄渡、南翔、外冈、娄塘、长征、朱桥、封浜、华亭、城东、城西、安亭、方泰、曹王、唐行、江桥、望新、桃浦19个人民公社;户籍人口12.53万户、48.42万人。1980年,城厢镇改为嘉定镇,城东、城西、朱桥人民公社分别改称戬浜、嘉西、朱家桥人民公社。1983年4月撤销南翔人民公社、南翔镇,设立新的南翔镇;7月完成政社分设,人民公社全部改为乡建制。1984年9月,真如镇划归普陀区。1986年6月,娄塘乡撤乡建镇。1987年7月撤销安亭乡、安亭镇,设立新的安亭镇。1992年7月,长征、桃浦两个乡划归普陀区;12月,马陆、黄渡乡撤乡建镇。1992年10月11日,国务院批复上海市人民政府同意撤销嘉定县,设立嘉定区。1993年,封浜、戬浜、嘉西、徐行、曹王、华亭、唐行、朱家桥、外冈、望新、方泰、江桥乡先后撤乡建镇。1994年9月8日,嘉定工业区被市政府批准为市级工业区,区域规划控制面积24.8平方公里。1995年7月,撤销嘉定、嘉西镇,设立新的嘉定镇;划出戬浜镇一部分和迎园小区设立新成路街道;划出江桥镇一部分,设立真新新村街道。1997年1月,区政府决定建立菊园小区开发领导小组,7月建立菊园小区管委会,9月建立中共菊园小区工作委员会,辖区面积5.03平方公里,称菊园小区。2000年,撤销外冈、望新镇,设立新的外冈镇;撤销安亭、方泰镇,设立新的安亭镇;撤销嘉定镇,设立嘉定镇街道;菊园小区更名为菊园新区。2001年,撤销娄塘、朱家桥镇,设立新的娄塘镇;撤销江桥、封浜镇,设立新的江桥镇;撤销马陆、戬浜镇,设立新的马陆镇;撤销徐行、曹王镇,设立新的徐行镇;撤销华亭、唐行镇,设立新的华亭镇。2003年撤销娄塘镇,其行政区域范围划入徐行镇,由嘉定工业区行使行政管理职能。2006年9月,真新新村街道更名为真新街道。2009年撤销安亭、黄渡镇,设立新的安亭镇。2010年,全区行政区域面积463.55平方公里,辖有7个镇3个街道、1个嘉定工业区和1个菊园新区,下设120个居委会、150个村委会,户籍人口19.64万户、55.75万人。

改革开放以来,嘉定凭借得天独厚的自然地理优势,不断深化改革,使经济和社会事业发生了历史性变化,大致经历3个时期。

1978—1992年为县域经济发展时期。中共十一届三中全会以后,县委、县政府及时将工作重心转到以经济建设为中心,推进经济体制改革。从县域实际出发,1979年2月制定《关于试行农副产品生产包干,超售奖励合同制的意见》;1981年1月印发《关于进一步加强和完善生产责任制的意见》,9月印发《关于加强和完善农业联产计酬责任制的通知》;1982年2月又印发《戬浜公社生产队"专业承包,联产计酬"生产责任制试行条例》。1983年,全县家庭联产承包的生产队达到96.6%。同时,抓住时机进行耕作制度改革,恢复"两熟制",为农业内部结构调整创造条件,有效推进农业生产全面发展。工业经营体制改革也同步推进。1984年11月,县委印发《关于进一步增强企业活力的若干问题》,5月又印发《关于进一步放宽农村经济政策若干问题的通知》,决定在企业工资奖金总额的增长率不超过劳动创利增长率的前提下,取消奖金封顶,扩大企业在生产经营、干部任用和劳动力管理等方面的自主权,推进县域工业,尤其是乡镇工业的快速发展,成为县域经济的主要支柱。流通领域改革重点逐步放开搞活,取消统购统销政策,实现由计划经济向市场经济转变,为全县经济振兴注入市场活力。1992年，全县工农业总产值达到93.43亿元，比1978年增长12.99倍，其中农业产值年均增长22.97％、工业产值年均增长116.23％。

1993—2000年为产业结构调整时期。1992年，邓小平南巡讲话为区域经济发展注入新的活力，奠定新的基础。区委、区政府抓住撤县建区的有利时机，及时加快工业发展，合理农业布局，优化商贸流通，使三次产业结构得到进一步优化和调整。在农业发展上，1993年，区里明确农业向规模化、设施化发展，建设现代农业园区。种植业在耕地面积大幅度减少的情况下，着重向"高、优、高"即高产、优质、高效发展，在稳定推广优质水稻和小麦种植基础上，增加大蒜、西甜瓜等经济作物面积，粮经作物比例为50：50；养殖业一方面稳定肉猪生产，另一方面扩大禽、蛋、奶、鱼饲养，发展特种养殖。在工业发展上，1992年，县委、县政府下发《关于加快嘉定工业区建设的若干意见》，推动蓝天、希望、绿地、大众等一批私营经济小区的建设。1997年又提出"大力开发市级工业区，合理规划区级工业区，适度发展镇级工业区，坚决不搞村级工业区"的原则，加快工业区的整合和规范力度，形成市级、区级、乡镇级工业区开发格局。与此同时，1992年，县政府下发《关于加快"三资"企业发展意见的通知》，1994年印发《关于进一步加强外商投资企业管理工作的若干问题的通知》，1995年和1999年又相继发文，推进招商引资工作不断深入。在此基础上，区委、区政府从区域实际出发，提出轿车及其零部件等六大支柱工业产业的发展目标，并根据变化及时优化；积极组建上海嘉宝实业（集团）股份有限公司等一批企业集团，大大增加区域工业发展能级，产生质的飞跃。在第三产业发展上，区里提出高起点、高质量发展商贸的要求，一批上档次、上规模的商业新业态不断涌现；安亭汽车市场、嘉定城中贸易市场等一批专业市场相继建立。与此同时，现代物流、房地产业、旅游业、信息产业、金融保险等呈现较快发展态势。1986年，全县实现三次产业结构从"二一三"转变为"二三一"；1990年，三次产业的结构为13.5：63.1：23.4；1995年为4.0：68.1：27.9；2000年发展为2.1：67.2：30.7。

2001—2010年为"汽车嘉定"建设时期。进入21世纪，嘉定汽车产业在全市地位越来越显著。根据市委、市政府要求，2001年，区委二届七次全会、区人大二届五次会议明确提出，建设上海国际汽车城；9月，上海国际汽车城举行全面开工仪式。2001年，市计委联合市经委、市规划局、市体育局、嘉定区政府、上汽集团、上物集团、同济大学等单位，形成《上海国际汽车城总体策划方案》，提出建设上海国际汽车城的总体定位和功能设计。是年9月，市政府下发文件，批复同意《安亭—上海国际汽车城结构规划》。"汽车嘉定"成为嘉定区改革发展的战略目标。区委、区政府在规划嘉定新城的建设中，明确提出必须依托汽车产业为基础，重点培育现代服务、生活居住和都市工业三大功能，确定"一核两翼"的城市空间布局，"一核"为嘉定新城主城区，"两翼"为安亭地区的上海国际汽车城和南翔江桥地区的综合城市功能区，使嘉定新城建设与汽车重点产业发展相得益彰。与此相适应，在社会主义新农村建设上，成立区新农村建设领导小组及其办公室，积极试点村镇宅基地置换，大力开展村庄改造，改变村容村貌，加强经济薄弱村的扶持，逐步形成与区域发展相匹配的城镇体系。在基础设施建设上，积极配合在区域开工的市级重大工程，包括高速公路和轨道交通建设，逐步形成立体交通网；大力推进电力、燃气、上下水、通讯等一批市政建设项目，提升区域经济社会发展的承载力。在生态环境保护上，以滚动开展环保三年行动计划为抓手，加强污染源控制与治理、河道综合整治及园林绿化建设，成功创建国家卫生区、国家绿化先进城市、上海环保模范城区、上海市园林城区。在社会事业发展上，通过建立政府责任体系，实施一系列劳动就业工程，逐步完善劳动就业机制；不断完善"城保""镇保""农保""综保"等社会保障体系，提高覆盖面；不断健全"一口上下"社会救助机制，即把救助对象纳入户口所在地的街道和乡镇，各社区设立社会救助中心，救助对象的救助申请、政府救济和社会互助款物下发均通过这个"口子";不断提升社会福利事业,逐步提高农村养老金最低发放标准;积极开展文明城区创建活动,推进区域精神文明建设,2005年成功创建上海市文明城区,2017年荣获全国文明城区称号。

2010年,嘉定区实现生产总值806亿元,比1978年增长231.51倍;财政收入267.6亿元,比1978年增长303.09倍;社会消费品零售总额242.9亿元,比1978年增长124.21倍。境内蕴藻浜、练祁河、娄塘河横卧东西,盐铁塘、横沥、新槎浦、罗蕴河纵贯南北,有铁路沪宁线、沪杭外环线、京沪高铁、轨道11、13号线过境,有G15(沈海高速)、G2(京沪高速)、S5(沪嘉高速)、S6(沪翔高速)、G1501(上海绕城高速)、沪宜公路(属204国道)、曹安公路(属312国道)等形成公路交通网络,有开往浙江、重庆、安徽、河南、江苏等地的始发客运线路25条,有南翔寺砖塔、嘉定孔庙、法华塔、秋霞圃、汇龙潭等名胜古迹,有上海国际赛车场、上海高尔夫俱乐部、浏岛风景区、真新百佛园、江桥新泽源、安亭银杏园、华亭人家等旅游场所,有侯峒曾、黄淳耀先生墓、钱大昕墓、顾维钧生平陈列室、陆俨少艺术院等名人纪念处所。1983年、1984年、1985年3次被国家计生委授予"全国计划生育先进县";1988年被国家教委、财政部授予"全国教育先进县",被国家体委授予"全国体育先进县";1989年被国家教委、全国妇联授予"全国幼儿教育先进县";1991年被国务院妇女儿童工作委员会授予"全国儿童少年工作先进县";1992年被卫生部等5部委授予"全国初保达标先进县";1992—2010年7次被全国双拥工作领导小组、民政部、中国人民解放军总政治部授予"全国双拥模范城";1994年被国家教委授予"全国农村教育综合改革先进区",被民政部授予"全国民政工作先进区";2000年被建设部授予"全国平原绿化先进单位",被国务院妇女儿童工作委员会授予"全国儿童工作先进区";2003年被建设部授予"园林绿化先进城市",被民政部授予"全国村民自治模范区";2005年被民政部授予"全国老龄工作先进区";2006年被全国国防教育委员会授予"全国国防教育先进单位",被中宣部、司法部、全国普法办授予2001—2005年度"全国法制宣传先进县(市、区)",被民政部授予"全国村务公开民主管理示范单位",被国务院授予"全国民政工作先进区";2008年被民政部授予"全国村务公开民主管理示范区",被卫生部授予"全国计划生育优质服务先进单位";2009年被民政部授予"全国和谐社区建设示范单位",被国务院军队转业干部安置工作小组、中组部、人社部、中国人民解放军总政治部授予"全国军转安置工作先进单位";2010年被民政部授予"全国养老服务示范活动示范单位"。

2011年,《嘉定区国民经济和社会发展第十二个五年规划纲要》提出:要以"率先加快发展方式转变,全面推进城市化"为主线,聚焦"一核两翼",促进"两个融合",着力深化改革开放,着力推进体制创新,着力强化产业支撑,着力提升功能服务,更好地发挥嘉定在上海乃至长三角区域城市群中的枢纽和节点作用。主要任务:一是突出集聚发展,着力打造生态宜居、创业创新的城市特质,全面推进新城主城区建设,不断提升"两翼"城市发展水平,着力优化新市镇布局体系;二是突出转型发展,努力形成业态集聚、特色鲜明的城市产业,做大现代服务业,做强先进制造业,做实战略性新兴产业,做精现代农业;三是突出统筹发展,全面提升设施完备、服务完善的城市综合功能,构建交通便捷、保障有力的基础设施网络,构建布局合理、功能完善的公共服务网络,构建广覆盖、多层次的民生保障网络;四是突出持续发展,不断增强人口、资源和环境相协调的城市发展能力,优化人口结构,提高城市人口素质,强化资源利用,倡导低碳集约发展,加强环境保护,构筑良好生态体系;五是突出内涵发展,全力塑造风尚良好、人文和谐的城市文明,创建文明城区,培育文明风尚,创新城市管理,提升运营水平,加强社会建设,营造和谐氛围。到"十二五"期末,基本形成城市管理科学、服务功能完善的城镇体系;基本形成产业结构合理、创新能力突出的产业体系;基本形成人文特色鲜明、优质资源集聚的社会事业体系；实现新城建设出好形象、产业转型全市率先、社会发展市郊领先的目标，成为经济发达、功能完备、内涵丰富、生态宜居，具有科技特色和高端制造功能的长三角综合性节点城市。

# 第一章　恢复经济建设

1978—1992 年,县委、县政府以改革为抓手,积极推进以家庭联产承包为主要形式的农业生产责任制,同时推动工业经营体制和商业流通体制改革,为县域经济恢复和发展奠定扎实基础。农业生产确定稳粮增值目标,逐步调整种养业结构,增加资金投入,推广优良品种,强化服务体系,促进农林牧副渔全面增长。工业生产一方面积极振兴县属工业,另一方面大力发展乡镇企业,鼓励兴办联营企业和外资企业,逐步形成二三一产业发展格局。商业流通改变"多环节、分配型、封闭式"的状况,逐步实现"少环节、多渠道、开放式"的格局,更好地为工农业发展和居民生活便利提供服务。

## 第一节　农村经营体制改革

嘉定县经济体制改革从农业生产开始,继而推进到工业企业和商业流通领域,重点是改革计划经济体制,逐步走上社会主义市场经济道路。

### 一、农业经营体制

#### 【家庭承包经营】

1978 年初,马陆公社北管大队率先冲破"包"字禁区,以何小弟为主的 3 名饲养员与大队养猪场签订"三定一奖"(即定工、定本、定产,超产奖励)的承包协议书。是年,转亏为盈,何小弟按协议得奖金 80 元,另 2 名饲养员各得奖金 20 元。饲养员的奖金发放在全县引起激烈的争论,县委和公社党委给予肯定回答,决定向全县推广。与此同时,城西公社皇庆大队第三生产队自夏熟起试行全部作物包产到组、超产奖励责任制(简称"包产到组")。是年,全队增产增收,4 个承包组,组组超产,户户得奖。1979 年春,县委、县政府推广北管、皇庆大队的经验。1980 年,全县实行全部作物"包产到组"的有 103 个生产队,单项或多项经济作物"包产到组"的有 297 个生产队。是年秋,封浜公社火线大队朱家村生产队、曹王公社和平大队张北生产队等 5 个生产队试行粮食作物"包产到户"。1981 年夏收前,县委、县政府组织三级干部开展历时 1 个月的调查研究,消除部分干部对粮食作物"包产到户"的余悸和疑虑,决定秋熟就实行"包产到户"的增至 389 个生产队,定于 1982 年夏熟"包产到户"的有 185 个生产队。城西公社胜利大队杨家生产队从秋播起取消评工记分,试行粮食、经济双包干到户(简称"大包干"),以解决"包产到户"中"三难"(即实际产量难核、工本指标难定、奖赔比例难划)、"三不清"(即会计算不清、干部说不清、社员弄不清)的弊端。1982 年夏熟,全县 785 个实行包产到户的生产队比未实行的生产队,三麦单产高 6.4%,油菜籽单产高 14.2%,早稻单产高 8.3%。实行"大包干"的杨家生产队全年粮食总产比 1981 年增 35%,农副业净收入增 28.6%。是年秋播,全县"包产到户"的生产队增至 1 805 个,占全县粮食生产队的 81.4%;实行"大包干"的生产队有 24 个。"大包干"更好地体现了统一经营与分散经营相结合、劳动报酬与最终产品挂钩、统一分配与包干并存的原则,使集体经济的优越性与农民个人的积极性都得到了较为充分的发挥。1983 年,全县有 2 100 个生产队实行"大包干",占粮棉生产队总数的 96.6%。

**【粮田规模经营】**

1983 年秋,全县有 29 户农户分别承包左邻右舍中因主要劳动力外出务工等原因而无力耕种的责任田共 54.7 公顷,为全县第一批粮食生产专业承包户(简称"粮食专业户")。1984 年,县委、县政府因势利导,推广粮食生产专业承包,促进粮田规模经营。乡镇、村按专业户承包的粮田或交售商品粮的多少,给予经济补贴,并在资金、农机、植保、技术服务等方面予以优惠,全县"粮食专业户"发展至 204 户。9 月,县委、县政府召开专业户、个体户代表会,表彰先进,并规定"粮食专业户"的标准是:全家至少有一个劳力专业从事粮食生产,经营粮田 0.8 公顷以上,粮田经济收入占全家总收入 60% 以上。1986 年秋,方泰乡顾垒村钱兰馨等 7 户农民联合承包本村 15.13 公顷低产田,定名为新兴农场,为全县第一个村办合作农场。乡、村共同提供资金 9.5 万元,支持农场购置农业机械,建造仓库、场地,改善农田水利设施,实行"统一经营,统一核算"。1987 年,市农委确定嘉定县为全市农业适度规模经营试点。县委、县政府作出至 1990 年全县 2 667 公顷商品粮田全部实现规模经营的发展规划。是年,规模经营粮田 932 公顷,其中 577 户"粮食专业户"经营 848 公顷,占规模经营粮田的 91%。1991 年,全县商品粮田全部实行规模经营,面积达 2 785 公顷,其中 650 户专业户经营粮田 1 166 公顷,占 41.9%;村办合作农场 84 个,经营粮田 1 139 公顷,场均 13.6 公顷,加上 10 个乡镇合作农场经营粮田 480 公顷,共 1 619 公顷,占 58.1%。是年,包括合作农场承包户在内的外地承包户由 1990 年的 59 户增至 261 户,经营粮田由 116 公顷增至 562 公顷,占规模经营粮田的 20.17%。1992 年,外地承包户增至 657 户,经营粮田 1 991 公顷,占全县 3 300 公顷规模经营粮田的 60.3%。外地承包户的增加,加快全县粮田规模经营的发展和本地农村劳动力向二、三产业转移。乡镇、村为鼓励外地承包户精耕细作、专心经营,除采取措施加强管理外,在社会化服务和经济利益上与本地承包户坚持一视同仁,推进发展。

**【农业社会化服务】**

由于在耕地的分配上大多采用远近搭配、好差均等、水旱兼有的办法,在作物布局、茬口安排上难以成片,影响作物管理和农机耕作。最为突出的一个自然村,91 家农户共承包耕地 520 块(平均每户 5.7 块),其中 0.03 公顷以下的有 330 块,占 64%,最小的一块为 0.006 公顷。同时,随着农村二、三产业的迅速发展,农户又大多成为兼业户,经济收入由以农业为主转而以二、三产业为主,对农业的劳力、资金投入减少,甚至出现承包地被抛荒的现象。为此,推行"人分口粮田,劳分责任田,猪分饲料田",并逐年"微调",使"三田"(1985 年国家取消农副产品统购派购制度后,不再划分饲料田,即成两田)联片。在实行家庭承包的同时,村合作经济组织建立由村统一经营的农业社会化服务组织,为承包农户提供产前、产中、产后服务,农业的双层经营体制初步形成。随着家庭承包经营和规模经营的发展,农业社会化服务体系逐步建立。1987 年,全县有村级植保、水利、农机服务队 639 个,服务人员 5 447 人,另有 19 个乡镇建立种子场和肥料场。1990 年,服务队人员 7 636 人,人均服务耕地 4 公顷。1992 年,全县有各类农业服务组织 1 138 个,服务人员 8 382 人,服务领域遍及农林牧副渔各业。

## 二、工业经营体制

**【"五定一奖"制】**

1979 年 9 月,城西公社效法养殖业的生产责任制,在公社镀锌厂试行按企业超额利润 5% 提取企业奖金。10月,娄塘公社电镀厂试行按企业利润超额比例提取企业奖金。是年底,曹王公社在社办企业中全面实行定工时、定产值、定利润,超额奖励的"三定一奖"责任制,年终结算,兑现奖赔。1980年,县委在社队工业企业中全面推行定人员、工时、产值、成本、分配水平和上缴利润超额奖励(支农亏本企业则核定亏损指标)的"五定一奖"责任制,奖金按季预发,年终结算。全年奖金总额控制在一个半月,最多不超两个月的平均工资总额以内。企业超工、减利,预发的奖金在工资额中扣除,人员、产品、设备在年度内若有增减,"五定"指标相应调整。1982年,全县实行"五定一奖"的社队工业占企业总数的84.2%。嗣后,经改革实行利润包干责任制。

### 【利润包干责任制】

1982年,县属集体企业嘉定建筑材料厂划归朱家桥公社旺泾大队经营,县工业局对该厂试行自负盈亏包干责任制,即企业按规定缴足属县的设备折旧费和大队的管理费后,余下的均由企业自行支配。经营不到8个月,转亏为盈。是年,嘉西公社对12家社办工业企业、2家联营企业和17家队办企业试行"利润包干,超利分成,减收赔偿,实奖实赔"责任制,时称"大包干"经营责任制。利润包干指标以上年利润或前三年平均利润为依据,同时充分估计包干年度内企业在人员、产品、设备等方面的各种可变因素予以确定。包干指标层层分解至车间、班组和职工。企业利润在纳税后,一般实行"四马分肥",即上缴公社、队,留作企业生产发展基金,提取务农社员共享金,充作企业工资、奖励金。允许企业在工资、福利(奖金)总额的增长率不超过劳动创利率的前提下,奖金额度不封顶,但务工与务农、务副社员的基本报酬要保持大体平衡。1983—1985年,全县大多数工业企业实行利润包干经营责任制。

### 【承包经营责任制】

1985年,工业企业经营体制改革从乡镇企业扩大到县属国有企业和县属城镇集体企业。1986年,嘉西乡18家乡办工业企业试行以厂长为主的集体承包责任制。承包指标以前三年的平均利润加上年投资额的25%(新企业35%)为基数,并考虑企业三年内在产品结构、市场行情等方面的可变因素确定承包额,超额部分的25%为职工奖励基金,75%为企业发展基金。1988年,全面推行集体承包厂长负责制。承包期以3年为一个轮回,1988—1990年为第一轮。全县1 515家工业企业中,实行集体承包厂长负责制的企业1 472家,占企业总数的97.2%;个人或合伙承包的30家,占2%。1991年1月,进入第二轮承包。全县19个乡镇,1 384家乡村工业企业签订新一轮承包合同,其中1 352家企业的厂长(经理)被续聘,占97.7%;实行集体承包厂长负责制的企业占96.2%。

### 【股份合作制】

1984年,黄渡乡建立新陆禽蛋生产合作社,为全县首家股份合作制企业。1987年,嘉西风机厂试行股份合作制,287名职工,每人1股,每股200元,后因操作不规范和企业税后留利不多,股红分配微几,于1991年底全部退股。1988年底,戬浜乡城东村在全村5家企业中试行股份合作制,270名职工参股204股,每股500元,期限5年,亦因红利微薄,于1991年提前退股。1992年6月,县委、县政府以马陆制药厂、戬浜柯佳沙发厂、嘉定弯管厂、嘉定摩配公司、朱桥保温材料厂、外冈水暖器材厂、桃浦三废利用厂、南翔五星商场等12家企业为首批股份合作制试点。9月,县政府制定《关于农村股份合作制企业试行办法》,明确股份合作制是由2个以上劳动者或投资者,按照章程或协议,以资金、实物、技术、土地使用权为股份,自愿组织起来,实行民主管理、按劳分配与按股份分红相结合,并留有公共积累的企业法人。是年,企业共组建股份合作制企业 74 家,吸纳股本金 1.6 亿元。

1992 年以后,全县实行多种形式的公司制,主要有股份有限公司、有限责任公司,并推进企业集团的组建和发展。

### 三、流通体制

#### 【管理体制】

1978 年,撤销县商业局,其所属企业由县供销社代管。1979 年试办县集体商业上海市嘉定农工商联合企业,旨在建立农工商、产加销一体化的流通体制,突破传统商业经营模式。与此同时,个体和私营商业开始恢复并有所发展。1985 年,国家取消粮、油、棉和猪、禽、蛋等统购、派购制度,改行合同定购制度。1988 年,取消蔬菜统购包销。国家在生产资料供应上采用计划分配与市场调节、计划价(平价)与议价相结合的"双轨制",计划分配物资的种类与比重逐年减少,至 1993 年,生产资料全面放开经营,形成国家、集体、个体一齐上,多经济成分、多渠道、多层次的流通格局。

#### 【经营体制】

1983 年 1 月在恢复基层供销社"三性"即组织上的群众性、管理上的民主性、经营上的灵活性的同时,试行商业企业的经营责任制。县供销社在涉及商业、饮食业、服务业、修理业的 39 家企业中试行承包经营责任制。其中实行"核定基数,考核两效(经济效益、社会效益),超额分成,缺额赔补,工资浮动"的纯商业企业和商办厂 16 家,实行"经营承包、定额分成、缺额赔补、民主管理"的饮食企业 4 家,实行"定额上缴、缺额赔补,工资浮动,结余全分"的饮食企业 8 家,实行其他形式经营责任制的服务业、修理业 11 家。1986 年 1 月,县联社将县食品公司所属的食品站、零售商店、工业企业等国有小型企业改为"国家所有,集体经营,照章纳税,自负盈亏"的独立法人,推行集体企业财务会计制度。1987 年,县联社在 6 家国有商业企业中实行"上缴利润,基数包干,增长分成"的承包经营责任制,在 61 家供销基层单位实行"企业工资总额与上缴税金挂钩浮动"的责任制,在 14 家基层单位实行"税金超缴提成工资制",在 115 家独立核算的小型零售商店和 40 家饮食服务门店实行"租赁经营""定率承包""全额提成工资制""拆账工资制"等多种形式的经营责任制。1989 年 1 月,县联社退出政府行政机构序列,进行工商登记,成为名副其实的自主经营、自负盈亏、照章纳税、民主管理的联合经济实体。1992 年 1 月,市政府财贸办、体改办决定在大中型国有商业和供销合作商业企业中,开展经营活动自主、商品定价自主、劳动用工自主、工资分配自主、投资发展自主、机构设置自主(简称"六自主")为主要内容的改革试点。县百货公司被列为市试点单位,列为县试点单位的有:县联社所属的物资回收利用 6 家公司、2 家生产厂、1 家商场、7 个基层社以及县物资局的建筑材料公司共 17 家。各试点企业经反复酝酿,分别制定"六自主"改革总体方案,以及用工、分配等配套方案,提交职代会审议通过执行。至年底,县联社 18 家试点企业(包括市试点单位县百货公司)共 3 137 名职工与企业签订劳动合同,其中 380 余名职工与企业签订上岗合同。

#### 【蔬菜购销】

1985 年 5 月始,全市商品菜的统购包销改为合同定购,合同额外的商品菜实行议购议销。1987 年,全县合同定购数为 17.8 万吨。1988 年实行"大管小活,管七放三",即除 16 个大宗品种蔬菜仍实行计划生产、计划上市和计划价格外,其他品种均实行指导性管理价格随行就市。1990 年,合同定购数减至 14.45 万吨,1991 年减至 12.25 万吨,品种由 16 个减至 14 个。1991 年 11 月 1 日起,全市蔬菜生产实行"三放开"即放开种植、放开流通、放开价格。与此同时,保持"六个不变":即菜田面积不变;生产责任制形式不变;蔬菜产品以主渠道交易为主不变,菜区 70%的蔬菜仍由国家交易市场成交,但成交价格由产销双方参照市蔬菜公司公布的行情价,按品种质量和供求状况自行商定上下浮动;对剩销蔬菜以财政补贴不变,市财政每年仍补贴本县 120 万元;菜区享受乡镇工业返税的政策不变,凡进入国家交易市场成交的蔬菜,每百公斤享受返税 4 元,当年菜田每公顷享受返税款 1 050 元,返税款用于发展生产和风险调节;菜农享受的各种优惠政策不变,菜农的口粮、食油、燃料按原规定供应,菜田设施建设继续按原规定办法扶持。为保证淡季供应,市蔬菜公司与各乡仍实行"五定"指标即定数量、定品种、定质量、定上市时间、定价格水平,签订保价定购合同。

## 四、农村经济管理体制

随着农村经营体制改革的深入,改变"队为基础,三级所有,政社合一"的人民公社体制势在必行。1982 年 4 月,市委、市政府在嘉定县曹王公社进行政社分设的试点。1983 年 4 月,曹王乡人民政府成立,为上海市郊第一个建立的乡政府。5 月,县试点单位徐行乡人民政府成立。乡政府建立后,以生产大队建村,成立村民委员会,以生产队建立村民小组。至年底,全县政社分设全面完成。

1987 年 3 月,撤销人民公社建制,乡镇建立农工商联合社,村建立农工商合作社。乡镇、村农工商联合社、合作社都是在乡镇政府领导下的独立的商品生产者和经营者。乡镇农工商联合社的权力机构为乡镇社员代表大会,代表由乡镇人大代表中的农民兼任。社员代表大会选举产生 11 人~13 人的联合社董事会,董事长由乡镇党委书记兼任。村农工商合作社的权力机构为村社员大会,其管理机构为村农工商合作社管理委员会,与村民委员会一套班子、两块牌子。至 1990 年底,全县 19 个乡镇均建立农工商联合社,共有各类专业公司 104 个,拥有固定资产原值 10.2 亿元。全县 269 个村,有 192 个村建立农工商合作社,占 71.4%。其中 76 个村的社主任由村民委员主任兼任,116 个村的社主任由党支部书记兼任。

# 第二节　农　业　生　产

嘉定县是传统的农业综合区。耕作制度历来以夏秋两熟制为主,1955 年始逐步实行"两旱一水"和"两水一旱"的三熟制,1983 年后又逐步恢复两熟制。家庭联产承包责任制的实施和熟制改革的推行,调动了农民的生产积极性,推动农业内部结构调整,使全县特色农产品和畜牧、水产养殖均有较快发展。

## 一、种植业

县域种植业主要是粮、棉、油、蒜、瓜果和蔬菜生产。

### 【粮食】

1984 年前 10 多年,全县粮田面积稳定在 1.5 万公顷左右,1985 年扩至 1.68 万公顷,1987 年增至1.82万公顷。1988—1992年,粮田年均面积1.89万公顷;粮食年均总产20.24万吨,其中1991年粮食总产达21.02万吨,创历史记录。夏粮在恢复稻麦两熟制后主种小麦,大元麦、蚕豆等夏粮有少量种植。1988—1992年,夏粮年均种植1.52万公顷,年均产量6.08万吨,其中1990年夏粮达6.08万吨,名列全国夏粮生产先进县。秋粮以单季稻为主,薯类、玉米有少量种植。1988—1992年,秋粮年均种植1.9万公顷,年均总产14.17万吨,其中1991年秋粮总产达14.83万吨,单产7 780公斤/公顷,均为历史最高记录。

### 【棉花】

恢复稻麦两熟后,棉花的经济收益相对低于粮食、瓜果,又因农村女劳力大量向二、三产业转移,种植面积逐年减少。80年代初,由于化纤工业发展,国家对棉花种植由指令性计划改为指导性计划。1987年,全县棉花种植面积由1984年的8 107公顷减至2 994公顷,皮棉总产由8 115吨减至1 881吨。1988—1992年,年均种植棉花1 875公顷,年均皮棉总产1 668吨。

### 【油菜、大豆】

油菜为夏熟的主要经济作物,但与小麦相比,用工多,收益差,农户不愿多种。1987年,全县种植油菜由1985年的5 239公顷减至3 747公顷,总产由1985年的8 310吨减至6 043吨,以后面积、产量渐趋稳定。1988—1992年,年均种植3 935公顷,总产6 775吨,年均单产1 722公斤/公顷。大豆为种植大蒜和培育油菜秧苗最为理想的前茬作物,1988年后,随着大蒜、油菜种植面积同步减少。1988—1992年,年均种植810公顷,年均总产1 264吨。

### 【大蒜】

大蒜为县域传统出口农产品,1980年种植面积突破3 000公顷,1984年、1986年达3 200多公顷。1988年推广"二号蒜"种,并采用大蒜瓣播种、适时晚播、降低密度、增施钾肥等技术措施,全县2 755公顷大蒜,单产9 529公斤/公顷,总产2.63万吨,出口率46.38%,产值(包括蒜苗,下同)2 658.56万元,均创历史之最。1989年出口受阻,种植面积减至2 556公顷,又遇冬春偏暖,出现严重次生现象,单产仅为6 843公斤/公顷,总产1.75万吨,出口率25.67%,产值2 397.3万元。1992年,全县种植面积减至2 139公顷。

### 【瓜果】

西瓜为县域传统农产品,甜瓜也有少量种植。1985年种植936公顷,年产量1.15万吨,大多数销往市区。随着外地西瓜的大量来沪,种植面积逐年减少,1991年仅种植14公顷,总产量231吨。1988—1992年,年均种植132公顷,年均总产1 583吨。1985年始,嘉定县大力发展葡萄生产,当年种植86公顷,1987年发展至676公顷,年产量3 424吨。1992年,葡萄种植面积775公顷,年产量1.77万吨。1984年始种草莓,1987年种植面积61.1公顷,年产量35吨。1992年种植166公顷,年产量2 111吨。

### 【蔬菜】

长征、桃浦、江桥、封浜、黄渡、安亭6个乡镇为蔬菜生产区(简称菜区),专程供应市区蔬菜。1978年菜田3 186.07公顷。1987年,6个乡镇有64个蔬菜村、519个蔬菜队,常年菜田(简称菜田)

3 050.8 公顷,占全市供市菜田的 21.2%,在市郊各县中居第二位。此外,在嘉西乡有群裕、城南、城西、皇庆 4 个专供城区的蔬菜生产村,计划菜田 130.4 公顷,实种 90 公顷,年上市蔬菜 1.8 万吨左右。1990 年,全市蔬菜生产严重过剩,大量青菜返销。1991 年遵照市农委指示,县政府对"三废"污染以及田多劳少地区的菜田,改种其他经济作物,全县共减少菜田 492.4 公顷。1992 年,菜区共有菜田 2 054.5 公顷,其中长征乡 288.3 公顷、桃浦乡 263.4 公顷、江桥乡 723.4 公顷、封浜乡 367.7 公顷、黄渡乡 358.7 公顷、安亭镇 53 公顷。

## 二、养殖业

县域传统养殖业以猪、禽、鱼为主,其次为奶牛、羊、兔。改革开放后,按照"服务城市,富裕农民"的方针,改革经营体制,优化产品结构,发展市场适销的瘦肉型猪和创汇"供港猪"即专销香港肉猪,以及奶牛、肉鸽、鹌鹑等珍禽和鳖、罗氏沼虾、蟹、珍珠等特种水产。养殖业开始由数量型向效益型转变,市场适应能力增强。

**【畜品】**

包括猪、羊、兔、奶牛和水貂。1988—1992 年,全县年均饲养生猪 65.6 万头,出栏 41.4 万头,圈存 24.2 万头,比 1987 年分别增 25.2%、17.9%和 39.9%。1987 年起,生猪品种由肉、脂兼用型转向瘦肉型,苏白猪全部淘汰,代之以大型约克夏、长白、杜洛克、汉普夏等与嘉定梅山良种或杜梅、长上、汉梅等二品种杂交为三品种杂交,胴体平均瘦肉率由 1987 年的 45%,提高至 1992 年的 50%。是年,受到农业部嘉奖,被定为全国瘦肉型商品猪生产基地县。1992 年随着城乡居民对羊肉需求的增加,全县饲养羊 4.76 万头,出栏 2.43 万头,羊毛量达 36 吨,分别比 1978 年增长 9.7 倍、19.6 倍和 38.5%。1985 年,全县毛兔圈存量高达百万只,出售兔毛 270 吨,创历史之最。时有养兔专业户 1 000 余户,各乡镇均办种兔场,唐行长毛兔名闻全国。嗣后,国际市场兔毛销售起伏,价格下跌,养兔业不断下滑,1992 年,圈存兔 17.5 万只,产兔毛 97 吨,分别比 1987 年减少 39.7%、52%。1982 年起,奶牛列为饲养业发展的重点,市、县在资金以及饲料等方面给予扶持,鲜奶收购价和以奶换料的标准不断提高。1992 年,全县圈存奶牛 2 758 头,产奶 10 223 吨,比 1987 年分别增 20.5%、109.4%;每头成年奶牛平均年产奶 6.24 吨。桃浦奶牛场 122 头奶牛,每头平均年产奶 7.04 吨,居全县之首。1972 年引进水貂试养,1987 年全县有 20 多个饲养点,圈存 2 997 只,1988 年圈存 3 145 只,由于饲料的涨价幅度大大超过貂皮的涨幅,饲养量急剧下降,至 1992 年圈存仅 400 只。

**【禽蛋】**

包括肉禽、蛋禽、珍禽。肉禽主要是饲养肉鸽和肉鸭。1986 年起,县域专产内销肉鸽。1987 年圈存 278 万羽,上市 671 万羽,其中专业户上市 199 万羽;1992 年圈存 249 万羽,上市 671 万羽,其中专业户上市 122 万羽。1990—1992 年,全县有 15 个单位专为市禽蛋五厂饲养生产快、瘦肉多的樱桃肉鸭,年饲养种鸭 2 万羽、肉鸭 8 万。1978 年,全县圈存蛋禽 33 万羽,1987 年扩大生产,圈存量增至 76 万羽,其中蛋鸡、蛋鸭 43 万羽;1992 年圈存 105.9 万羽,其中蛋鸡 61.6 万羽、蛋鸭 44.3 万羽。珍禽主要有:丝毛鸡又名乌骨鸡,1980 年引进,1987 年饲养 3.5 万羽,1992 年上市 15 万羽。鹌鹑 80 年代后期始养,1987 年达到高峰,上市鹌鹑蛋 2.12 万公斤,鹌鹑存栏 3.21 万羽。之后,市场波动,1992年上市鹌鹑蛋2500公斤,鹌鹑存栏3000羽。山鸡(雉)俗称野鸡,1991年始养,1992年圈存500余羽,后因销售不畅,1993年停养。

### 【水产】

包括鱼苗、成鱼养殖、特种水产和蚌珍珠。1962年,望新鱼苗场人工繁殖(简称"人繁")鲢鱼成功。不久,鳙、草、青鱼苗"人繁"又获成功。1979年,"人繁"鱼苗1.1亿余尾,1987年突破5亿尾,1992年达7.8亿尾。是年,望新水产良种场被列为市级水产良种场。鱼苗远销20个省、市、自治区。1985—1992年,全县增加鱼种塘68公顷,累计鱼种塘总面积达114公顷,年均生产鱼种2100余吨。1985—1986年着重发展成鱼养殖,市、县财政拨款建渔场105个,开挖精养鱼塘409.1公顷。1991年,全县有精养鱼塘444.3公顷,单产7800公斤/公顷。1992年,鱼塘育珠(蚌珍珠)面积扩大,鱼单位产量下降12.5%,遂规定每公顷水面育珠(手术蚌)不得超过4500只。特种水产主要有:鳖,俗称甲鱼,1984年试养,1987年饲养面积1.33公顷。1992年6月,市水产局、县水产技术推广站和马陆佳马实业公司联营的上海佳马特种水产养殖总场和马陆甲鱼良种场,建成快速工厂化育鳖基地,投资700万元,占地4.67公顷,养殖池面积1.33公顷。1993年秋,养殖亲鳖380只,产卵12.3万个,孵仔鳖10.2万只,自养5.2万只,上市商品鳖7000公斤,年产值328万元,利润90万元。此外,还养殖罗氏沼虾、牛蛙、河蟹、青虾、鳜鱼、叉尾鱼等特种水产。1990年,人工养殖虾、蟹产量59吨,1992年产量达123吨。河蚌育珠始于1967年,就地捕捞褶纹冠蚌接种,后转向湖南、江苏、浙江、安徽等购买产珠质量好的三角帆蚌,因蚌源有限,发展缓慢,1969年全县产珠7.28公斤。1973年,人工繁殖幼蚌成功,蚌源自给有余,育珠成为农村一块大宗副业。1989年,养殖面积170公顷,产珠4911公斤,占全市蚌珠产量的87%。1990年,本县域境内养殖面积670公顷,并向江苏、浙江等省租赁优质水面养殖,是年产珠5036公斤。1992年产珠4715公斤。

## 三、基地场

1987年,市政府实施"菜篮子工程",县和乡镇增加投入,建设猪、禽、水产生产基地场,扶持饲养专业户,养殖业集约化经营水平和经济效益逐渐提高。

### 【内销肉猪基地场】

1987年,以乡镇为主、中小型为主、扩建为主,筹建32个千头以上内销肉猪基地场。其中乡镇级22个、村级10个;新建15个、扩建17个;边建设,边投产,1988年上市肉猪6942头。1989年整顿验收,一级场有朱家桥乡、望新乡、戬浜乡、徐行乡伏虎村4个牧场,二级场22个,三级场6个。1992年,上市肉猪增至5.06万头。年终评比,一级场有9个,二级场16个,三级场7个,朱家桥乡肉猪场获市金猪大赛银奖。32个基地场建筑总面积74.2万平方米,总投资1448.7万元,其中市副食品基金会贷款598万元,县副食品基金会贷款87.7万元,各基地场自筹资金和向县农业银行贷款763万元。

### 【"供港猪"基地场】

1987年"供港猪"基地场12个,年上市供港中猪2.4万头。1988年,南翔联营"供港猪"场建成投产,13个基地场全年上市"供港猪"2.6万头,其中大猪891头、中猪2.47万头。1992年,全县上市"供港猪"5.52万头,其中大猪6 287头,都为特良品种;中猪4.89万头,为良甲品种,完成年计划的110.4％,比1987年增长130.2％。徐行乡二牧场获一等奖,南翔"供港猪"联营场被评为1991年度市外贸系统明星企业。1991年1月,县畜牧水产局在县种畜场兴建"供港猪"良种场,总投资55.87万元,建造猪舍1 744平方米。当年饲养良种母猪200头、公猪6头,能满足年更新小母猪800头的需要。

### 【禽蛋基地场】

1988—1989年,全县新建万羽以上蛋鸡场10个,扩建3个;新建年上市20万羽以上肉鸡场2个和种鸡场1个,扩建种鸡场1个。共建造生产用房8.44万平方米,附属设施1.37万平方米;总投资2 982万元,其中市副食品基金会贷款2 019万元,县副食品基金会贷款50万元,自筹资金和向银行贷款913万元。1990—1992年,13个蛋鸡场年存栏蛋鸡47万羽~48万羽,年上市鸡蛋550万公斤,占全县鸡蛋上市量的90％,南翔镇蛋鸡场1992年被评为最佳蛋鸡场。2个肉鸡场规划上市肉鸡70万羽,但仅上市40万羽~45万羽,经济效益不佳,嘉封肉鸡场连年亏损,于1993年转让给上海申宝鸡场经营。

### 【水产基地场】

1985—1986年,全县划出653.33公顷土地兴建105个水产基地场,开挖精养鱼塘409.1公顷,水产基地场建设基金,由市财政每公顷无偿投资6 750元,无息贷款3 750元,县、乡镇扶持贴息贷款每公顷分别为3 000元和4 500元,市、县总投资736万元。

# 第三节　县　域　工　业

1978年起,县域工业,尤其是社队工业(1984年改称乡镇工业)在中共中央提出的"社队工业要有个大发展"精神指引下,摆脱"左"的思想羁绊迅速发展。"五五"计划期间,全县工业总产值由3.87亿元增至7.5亿元,年递增14.1％,其中社队工业总产值由2.14亿元增至4.96亿元,年递增18.3％。"六五""七五"计划期间,全县工业总产值分别增11.95亿元和33.11亿元,年递增分别为21％、22％,其中乡镇工业总产值分别增10.08亿元、24.86亿元,年递增分别为24.8％、21.5％。

## 一、县属工业

县属工业企业多数是在手工业生产合作社的基础上逐步发展起来的。50年代中叶,县成立手工业联合社,领导和管理手工业生产合作社(组),形成县属集体企业。1958年下半年始,手工业生产合作社(组)分别进行撤社建厂,部分经合并后转为县全民企业,部分转为社办企业。1978年县属集体企业有25家,职工7 458人,实现工业产值9 175万元。

1979年后,县属工业系统深入进行经济体制改革和技术改造,调整行业和产品结构,兴办了一批跨系统、跨地区的联合企业。同时,县供销社系统22家企业划归县属工业管理与统计。至1992年,县域工业管理体制基本上沿袭计划经济体制下的按照企业所有制性质,实行部门管理或社区管理,主管部门对所属企业实行人、财、物、产、供、销等全面管理。1990年,上海嘉宝照明电器公司的建立和1991年嘉定工业区的创建,开始突破部门和社区行政管理的体制。

1992年，全县县属工业企业129家，职工1.7万人，分别比1978年增4.16倍和1.3倍；实现工业总产值13.87亿元，利润总额8728万元，上缴税额1960万元，分别比1978年增长9.67倍、2.73倍和2.94倍。是年，县属工业企业主要分属：工业局26家、职工8886人，产值3.91亿元，利润893万元，税金1193万元；粮食局18家、职工1527人，产值2.25亿元，利润888万元，税金70万元；供销联社38家、职工2350人，产值0.99亿元，利润556万元，税金449万元；交通局9家、职工1788人，产值6亿元，利润5628万元，税金59万元；乡镇工业局7家、职工803人，产值0.31亿元，利润182万元，税金77万元；畜牧水产局3家、职工258人，产值0.21亿元，利润18万元，税金14万元；民政局等其他部门28家、职工1458人，产值0.4亿元，利润563万元，税金98万元。

## 二、乡镇工业

乡镇集体工业是在1958年人民公社化运动后发展起来的，主要有农具修造、农副产品加工、服装缝制、建筑材料生产等行业。60年代初期，为加强农业生产第一线，整顿社办工业，精简企业职工；后期为适应农业机械化发展的需要，兴办了一批以农机具修造为主的社队企业。1970年中央北方农业会议提出"围绕农业办工业，办好工业支援农业"后，社队工业出现生机。1976年，全县有社（镇）、队办企业689家、职工4.12万人，产值1.99亿元，占全县工业总产值的57％。

1978年后，县委、县政府为振兴农村经济，决定加快社队工业发展步伐。1979年10月成立县社队工业局，各乡镇建立工业公司。1984年，社队工业改称乡镇工业。随之，县社队工业局易名为乡镇工业局。这一时期，一方面借鉴农业联产承包责任制经验，促进乡镇工业不断深化改革，逐步建立多种形式的生产责任制；另一方面加强对乡镇企业人才培训和技术改造。与此同时，鼓励乡镇、村集体和个人集资办企业，银行、信用社向乡镇工业倾斜，促使投资规模迅速扩大。1985—1987年，新增固定资产4.61亿元，年均1.54亿元。1987年，全县有乡镇、村、生产队企业1362家，职工15.78万人，拥有固定资产8.11亿元，实现工业产值19.23亿元，占全县工业总产值79.11％。马陆、南翔、封浜、长征、嘉西、戬浜、徐行、安亭8个乡镇的工业产值超亿元，其中马陆乡工业总产值达2.64亿元，居全县之首。

1991年，邓小平视察上海，提出"思想更解放一点、胆子更大一点、步子更快一点"，极大地推动县域乡镇工业进一步发展。1992年，全县乡镇工业总数1562家，其中乡办436家、村办1095家、镇办31家；职工总数17.90万人，其中乡办9.44万人、村办8.12万人、镇办0.34万人；工业总产值65.82亿元，其中乡办38.43亿元、村办26.11亿元、镇办1.28亿元；利润总额5.19亿元，其中乡办2.79亿元、村办2.32亿元、镇办0.08亿元；固定资产原值24.26亿元，其中乡办15.2亿元、村办8.57亿元、镇办0.49亿元。乡镇工业的发展，不但没有"冲击"农业，反而为农业大量"输血"，促进了农业的稳定、健康、持续发展；不但没有"以小挤大"，影响城市大工业的发展，反而为城市大工业的发展缓解"膨胀病"提供了广阔的天地；不但没有动摇"农心"，反而使农民增知识、长才干，迅速走上共同富裕的道路。

## 三、联营企业

1979年后，县域联营企业发展迅速，形式多样，有市属工业企业、外贸公司、大专院校、科研单位与本县有关乡、镇、村的联营，也有县内有关单位之间的联营及跨省市的联营。其中以市属工贸企业和乡镇、村、集体企业联营居多。

　　1979—1980 年,先后创办的城乡联营企业有:上海衬衫五厂唐行分厂、上海高压容器厂华亭分厂、上海文教厂封浜联营厂、上海益丰搪瓷总厂封浜联营厂 4 家,职工 1 348 名,固定资产 518 万元,产值 1 359 万元,利润 252 万元。之后,发展速度加快,尤其是 1986 年后,结合城市大工业的扩散和改造,紧靠市区和工业区的长征、桃浦、封浜、南翔、安亭等乡镇联营企业有新的发展。1987 年,全县有联营企业 202 家,其中市属企业与县属企业联营的 8 家,与乡办企业联营的有 89 家,与镇办企业联营的有 10 家,与村办企业联营的有 95 家;固定资产 3.22 亿元;职工 3.96 万名;产值 8.02 亿元,占全县工业总产值 33%;利润 1.11 亿元,占全县工业利润 31%。城乡联营企业发挥了工农双方优势,将大工业的先进管理、技术和乡镇企业比较灵活的经营机制结合起来,因而投资省、上马快、劳动生产率高。1985 年,城乡联营企业的全员劳动生产率为 12 850 元,比一般乡镇企业高 69.7%。1992 年,全县联营企业达 394 家,职工 7.09 万人,分别比 1987 年增 95%、78.9%。其中,县属企业联营 7 家,乡镇企业联营 161 家,村办企业联营 226 家,分别占全县联营企业的 1.8%、40.9%和 57.3%。

　　1991 年调查,全县联营企业中双方关系好,经济效益显著的有 236 家,占 393 家联营企业的 60%;关系和经济效益均属一般的 99 家,占 25.2%;矛盾较多、经济效益差的 58 家,占 14.8%。矛盾多的联营企业大多是因为没有真正贯彻"平等互利"的原则,在投资上,市属企业把商标、代销渠道等作为软件投入,而乡镇、村的土地作无偿使用;在利润分配上,市属企业利润在毛利中提取,企业所得税、三项基金、计税工资等均由乡镇、村一方负担;双方职工同工不同酬;出口产品外汇留成和奖励,由市属企业独占;董事会形同虚设,往往工方说了算,以致"联营不联心",丧失了联营优势。个别联营企业成为工方转移低档产品、陈旧设备的场所和提供廉价农副产品,安排企业富余人员的基地,挫伤了农方积极性,联营难以为继。

## 【上海汽车厂】

　　坐落于安亭镇。1984 年,上海汽车拖拉机工业公司为使上海大众汽车公司桑塔纳轿车技术改造工程能按时上马,决定迁建上海汽车厂并与嘉定县工业公司实行联营。是年 12 月 8 日,双方签订联营协议。注册资本 5 032 万元,其中工方 4 012 万元,农方 1 020 万元。1986 年 5 月 16 日投产,生产 SG760A 上海牌轿车,兼产 SH760B 改进型上海牌轿车和 SQ110、SQ110A 货车。SH760B 型上海牌轿车获上海市 1981 年优秀新产品奖,SQ110 货车获全国轿车变形设计奖。1991 年,根据市政府关于发展上海轿车工业的部署,确定上海汽车厂与上海大众汽车公司合并。是年 11 月 25 日,最后一辆上海牌轿车离开生产流水线,上海汽车厂宣告停产,双方联营亦告终止。联营的上海汽车厂 6 年中共生产上海牌轿车 3.27 万辆,产值 13.61 亿元,利润 2.29 亿元,纳税 1.18 亿元,为桑塔纳轿车筹集国产化资金 7 610 万元。建造生产和生活用房 7.4 万平方米。农方获净利 5 482 万元。

## 【上海汽车齿轮总厂】

　　坐落于嘉定南门。1991 年,市政府有关部门根据上海轿车工业和嘉定县经济发展的共同需要决定实行联营。上海汽车工业总公司齿轮厂为甲方,上海市嘉定城镇集体工业联合社为乙方,1991 年 11 月 8 日双方签订为期 15 年的联营协议,1992 年 5 月改现名,联营总厂以年产 15 万台桑塔纳变速器为目标,总投资 8 亿元,甲方投资 70%,乙方投资 30%。乙方投资方式以建造厂房为主。

1992年生产桑塔纳变速器6万台,产值5.15亿元,利润按投资比例分成,先分利后纳税,1994年改为先税后分。是年,变速器年产量达13万台,双方决定增加投资6亿元,以实现至1992年轿车变速器年产量30万台的目标。

**【上海通信电缆厂】**

坐落于南翔镇。1982年由南翔镇与上海邮电工业公司联合创办,总投资4317万元,工方占62.94%,农方占31.06%。引进日本、德国、美国100台套先进设备,1988年生产全塑市话通信电缆60万对公里、铅包市话通信电缆20万对公里、通信光缆500皮公里。其12芯光缆和HTA系列电缆分别获市优秀产品二等奖、三等奖。1990年实现产值1.1亿元,利润922.9万元。1992年产值达2.05亿元,利润1088万元。

## 四、外资企业

1984年10月兴办上海联华合纤有限公司。1988年,全县有外资企业14家。1990年增至37家,累计引进外资5831万美元。

1991年,批准建立外资企业27家,总投资2810万美元。1992年,批准建立外资企业200家,总投资2.9亿美元。其中:中国香港95家、中国台湾50家、美国15家、日本14家,其余为英国、新加坡、澳大利亚、韩国、瑞士、加拿大、泰国、德国、巴拿马、马来西亚等。按所属单位分:马陆、黄渡乡各21家,南翔镇18家,曹王乡16家,江桥乡14家,封浜乡12家,长征乡8家,娄塘镇和外冈、桃浦乡各7家,嘉西、戬浜乡和安亭镇各6家,嘉定镇、徐行乡各5家,方泰、朱家桥乡各4家,华亭、望新、唐行乡各3家,其余属县联社、交通局、建设局、卫生局、畜牧水产局等。

1992年,全县累计外资企业214家,总投资3.54亿美元,注册资本4.54亿美元,其中外方认交额2.42亿美元,投产企业47家。1990—1992年,外资企业累计实现工业产值14.58亿元,其中1992年工业产值8.58亿元,占58.8%;出口创汇2.14亿美元,其中1992年出口创汇1.3亿美元,占60.7%。

# 第四节　商 业 流 通

1978年后,县域商业随着工农业生产的增长,城乡居民购买力的提高,以及商业体制改革,国有、集体和个体商业都有很大发展;商品零售网点、从业人员增加,商业设施改善,社会商品零售额以10%以上速度递增,居民消费支出中逐步由"吃"为主转变为以"用"为主。

## 一、零售业、服务业

**【商业网点】**

1978年起,改革商业体制,建立多渠道、少环节的流通体制。试办农工商联合企业,全县逐步形成以国有商业和供销合作社为主体、小型集体商业为助手、私营商业为补充的社会主义统一市场,城乡市场商品日趋丰富。1978年前,全县个体商业网点19家。1979年实行改革开放,搞活、放宽经济政策,个体商业户激增。是年,全县个体商业户2896家,从业人员3830人。随着个体商业的发展和各行各业兴办"第三产业"以及工业企业产品直销经营业务的开展,全县商品零售点不断增加。1992年,全县有零售点3 580个,从业人员13 755人,比1987年2 556个、9 411人分别增长40.1%、46.2%。其中个体商店1992年由1987年的1 661家、2 051人增至2 457家、3 054人,分别增长47.9%和70.8%。国有、集体商业面对个体商业的激烈竞争,1990年起,将一部分专业零售店改为综合零售店,同时减少肉食、蔬菜、熟食、烟杂、水果、日用果品、鞋帽、服装等零售店,国有、集体商业零售店由1991年的1 474个减至1 123个,从业人员由11 093人减至10 251人。

**【餐饮业网点】**

1978年前,全县餐饮业网点182户,资金4.04万元。随着改革开放的不断深入和经济社会的发展,个体餐饮业网点不断增加,1987年,全县饮食店(摊)466个,从业人员2 752人,其中个体饮食店(摊)315个,从业人员659人,营业额2 707万元,比1978年增2.8倍。随着企业、团体业务的宴请盛行,城镇居民婚丧去酒家设宴者增多,1988年后,全县每年新开饭店、酒家有数十家。供销社系统先后开设桃浦古浪餐厅、封浜宫霄酒家、江桥宫霄酒家、方泰赵巷酒家、黄渡沁苑酒家、戬浜宫霄酒家、徐行饭店等;在县城开设第一家清真馆民族饭店;所属老店设施更新,经营各具特色,有凤巢酒家的早茶、佳露西菜社的西点、凌云楼的生猛海鲜,又有梅园饮食店的风味小吃等。1992年,全县餐饮店823家,从业人员3 880人,比1987年分别增76.6%和41%。

**【服务业网点】**

1978年前,全县个体服务业8家。1979年,服务业网点增至614家。随着经济社会的发展和城乡居民生活水平的提高,消费结构发生了很大变化,特别是扩大开放和加快外资企业发展的需要,社会服务业方兴未艾。1987年,上海市嘉定农工商联合企业总公司与香港上海实业有限公司合资经营的嘉定宾馆开业,是县城第一家涉外宾馆。1989年,迎园饭店和嘉定别墅先后列为涉外宾馆。华亭、安亭等乡镇也投资兴办有一定档次的宾馆。1992年,全县有集体经营的旅店37家,从业人员940人,比1987年29家、525人分别增27.6%和79%;个体旅店由1987年的9家,从业人员9人,增至11家、15人。

**【其他网点】**

理发、美容业发展迅猛。1992年,全县有集体理发、美容店25家,从业人员154人,个体理发、美容店302家、346人。沐浴业由于随着企业自建职工浴室和家用热水器的普及,沐浴业发展步履维艰,设施简陋的浴室难以为继。至1992年底,全县尚存浴室5家,从业人员31人。照相业1992年全县有集体照相馆11家,从业人员71人;个体照相馆19家,从业人员23人。洗染业经营普遍清淡,1992年尚存5家,从业人员101人。茶馆业经营日趋萎缩,全县1992年由1987年的17家、从业人员70人减少为茶馆个体5家、从业人员9人。修理业发展迅速,特别是个体修理业发展独占鳌头。1978年前,全县个体修理业仅10家。1987年,全县修理业有347家,从业人员555人,其中个体修理业319家,从业人员396人,分别占91.9%和71.4%。1992年,集体修理业基本稳定,有31家,从业人员204人,仅比1987年增3家和45人;而个体修理业发展迅猛,增至464家,从业人员512人,分别比1987年增45.5%和29.3%。此外,还有私营修理业6家,从业人员69人。

## 二、农副产品购销

### 【粮油购销】

1979 年开始,国家实行农村经济体制改革,提高粮食收购价格,逐步减少粮食征购,增加销售。1982 年,国家对生产队签订粮食购销合同,实行"定购定销,差额包干,余粮留用,一包三年"的办法。1985 年,粮油统购改为合同定购,国家按粮食定购数供应计划化肥、柴油,发放定金。市核定全县定购粮食 2.75 万吨,比 1984 年 3.2 万吨的统购数减 14%。1987—1992 年,每年定购粮食 2.1 万吨。1992 年,国家再次提高定购粮的收购价和议购粮的收购指导价。1985—1987年,全县年合同定购油菜籽 3 009 吨,1988 年增至 3 750 吨。1980 年起,县粮食局为解决全县饲料粮的缺口和品种的调剂,每年向外省市采购一定数量的议购粮。1988 年始于"菜篮子工程",外采粮逐年增加。1992 年外采粮 10.88 万吨,比 1988 年的 7.17 万吨,增 51.7%。粮油取消统购后,城镇居民的口粮、口油仍由国家平价供应,粮油购销价格倒挂,1987 年由县财政对粮食部门实行政策性亏损补贴,全年补贴 915.67 万元。1987 年 5 月起,全面整顿城镇统销,核减不合理统销 586.9 吨。粮食、工商、公安、交通部门联合执法,打击粮贩非法活动,拦截外流粮 46.5吨。1988 年压缩不合理统销粮 1 100 吨,拦截外流粮 49 吨。1993 年 4 月 1 日,粮油收购及价格全面放开。生猪饲料供应自 1985 年起,实行"统一计划,分组负责,两级定购,共同负担"的原则。1988 年仍按 1986 年确定的原则,定购调市的以及供应本县城镇的生猪,其平议价饲料差价补贴由市经营部门负担;定购供应本县农村的生猪,其平议价饲料差补贴由县在乡镇工业利润中统筹解决。1988—1992 年,全县年均供应饲料 11 万吨,1988 年议价饲料占 60.7%,1992 年占 78.4%。

80 年代初,棉花收购现场(陈启宇摄)

**【棉花购销】**

1979 年,国家对棉农实行确定基数,超售加价奖励的政策。1984 年取消基数,实行"正四六"比例加价,即等级棉的 40% 部分加价 30%。1985 年,国家改棉花统购为合同定购,对合同定购的棉花继续奖售化肥、柴油和给予比例加价;棉农在完成定购后,其余的棉花可自行销售,价格随行就市,亦可出售给国家,按国家牌价收购,不奖售,不加价。1987 年,定购外的棉花一律由供销社收购,与定购棉花同样奖售,并改"正四六"比例加价为"倒三七"比例加价,即等级棉的 70% 部分加价 30%。1988—1992 年,棉农每交售皮棉 50 公斤,国家奖售优质标准化肥 35 公斤、柴油 2.5 公斤;合同定购棉每交售皮棉 50 公斤,返还棉仁饼 30 公斤、棉子壳 10 公斤。

**【畜牧水产品购销】**

1985 年 4 月,国家取消副食口统派购制度,生猪、肉禽与鲜蛋实行合同定购(供应平价饲料)和市场收购相结合的办法,水产品放开经营。是年,全县生猪合同定购 30 万头,其中调市 8.78 万头;肉禽合同定购 73 万羽;鲜蛋合同定购 5 300 吨。1985—1986 年,猪肉、禽蛋货源较足,实行敞开供应。1987 年 7 月,货源趋紧,禽蛋恢复按户(居民户)凭票定量供应;9 月,猪肉实行凭卡不限量供应,11 月又改为按人(包括居民,农民)凭票定量供应。1992 年 3 月 1 日—5 月 11 日,分别取消禽蛋和猪肉凭票定量供应,放开经营,放开价格。

**【其他农产品购销】**

干蒜,1980 年前由县供销社代市蔬菜公司收购。之后外销干蒜全归嘉定农工商联合企业收购,交市外贸专业公司出口;不符合出口规格的干蒜部分转为内销,部分加工成蒜片、蒜粉和蒜油出口。农工商联合企业以经营所得利润的 50% 返回蒜农。香蘑菇,1980 年由县供销社收购改由嘉定农工商联合企业收购,供应食品加工企业或自行加工盐水蘑菇、脱水香菇,交市外贸专业公司出口。1990 年起香蘑菇出口锐减。桃李、柑橘等水果从 1985 年起产地直销和个体营销量不断增加,国有、集体商业组织货源参与竞争,购销量不断增长。西瓜、甜瓜因国有和集体商业营销手段不及个体灵活,购销量下降。

## 三、生产生活资料供应

**【生产资料供应】**

主要有:农用生产资料,包括化肥、农药、农业机械、农用薄膜、小农具等,一般均由县供销社专营。1992 年,各乡镇参与经营,农资专营体制打破。石油供应自 1986 年由县供销社经营改为市石油公司经营,基层供销社经销部分农用汽油、柴油和民用煤油。是年,境内设有 3 个加油站。1989 年后,县乡镇集体单位开始经营石油,1992 年加油站增至 9 个,1993 年增至 21 个。煤炭市场自 1981 年起逐步放开,全县所需煤炭主要靠市场调节,市煤炭公司和外省市的煤炭企业进入境内,煤炭经营单位逐年增加。县煤炭公司先后与淮南大同矿务局、大屯煤电公司、兖州矿务局等建立协作关系,以确保价廉质优煤炭货源。1992 年,县供销社供应煤炭 281 515 吨,煤球、煤饼 30 945 吨。建筑材料自 1979 年起,允许集体和个体经营计划外的。1988 年,全县经营木材单位有 70 家,经营其他建材有 300 多家。1992 年,建材市场基本放开,县物资局和县供销社销售水泥 4.3 万吨,其中县供销社占 35%;木材 3.97 万立方米,其中县供销社占 36.3%。金属、化轻、机电等物资,1979 年起,国家逐步缩减指令性计划物资的范围和数量,县物资局采用协作串联、加工改制、补偿贸易等办法采购各类物资,以满足城乡生产、生活需要。1988 年,大部分物资计划调拨改为市场调节,集体和个体经营单位迅速发展,仅经营钢材单位达 129 家。是年,县乡镇工业局工业供销公司,为乡镇企业提供黑色金属材料 1.56 万吨、化工原料 1 368 吨。1990 年提供黑色金属材料 2.35 万吨、化工原料 503 吨。1993 年,国家取消化工原料和生活用煤的指令性计划,物资市场全面放开。

**【生活资料供应】**

1983 年,国家始行多种经济形式、多种经营方式、多种流通渠道、减少流转环节的农村商品流通体制,计划供应商品逐年减少。日用百货中的铁锅、铝壶从 1988 年 9 月开始实行以旧换新,1989年 3 月敞开供应;家用缝纫机从 1991 年 1 月起敞开供应;纺织品自 1983 年 12 月 1 日起,国家取消布票,全部敞开供应。五金交电商品自 1988 年后计划分配的范围和数量进一步缩小与减少,市场调节和工厂自产的比重继续扩大,进货渠道已不再受批发层次和地区的限制,市场商品更加丰富,销售结构向名、优、新、高发展。1992 年,卷烟、食糖、冰糖、食盐等所有商品全部敞开供应。

# 第二章 调整产业结构

撤县建区后,区委、区政府把改革发展的重点放在调整产业结构、加快区域经济发展上。工业结构调整主要是,通过兴办市级、区级、乡镇级工业开发区,形成产业集聚和规模效应;加大招商引资力度,推进外向型经济发展;确定产业发展目标,逐步形成以轿车及其零部件为特色产业,电子电器、金属制品、纺织服装为优势产业的"六大支柱产业";组建上海嘉宝实业(集团)股份有限公司等一批企业集团,使工业生产进一步上规模、上能级。农业结构调整主要是,通过现代农业园区和农产品基地建设,促进设施农业发展,形成有地域特色的农产品生产,有机农产品、无公害农产品、绿色农产品、品牌农产品得到较大发展,提高农业生产效益,提升农产品品质。商贸结构调整主要是,通过拓宽流通渠道,放宽经营范围,推进多种所有制共同发展,出现了一批新型商业业态、工业品专业市场,形成商贸物流基地。与此同时,推动金融业、房地产业、旅游业、信息业等第三产业较快发展。20世纪末,全区"二三一"产业结构得到进一步优化,与区域实际进一步吻合。

## 第一节 支 柱 产 业

1997年,区委、区政府从区域工业实际出发,逐步确定并实施"六大支柱产业"的产业发展目标,即轿车及其零部件、电子电器、金属制品、精细化工、通讯电缆及设备、纺织服装。2000年,"六大支柱产业"工业总产值204.96亿元,工业利润总额15.17亿元,分别占全区工业总产值和工业利润总额的45.9%、59.3%。

### 一、轿车及其零部件

1997年,轿车及其零部件是嘉定工业行业中的第一支柱产业,有企业120家,以上海众达汽车冲压件有限公司、上海德尔福派克电气系统有限公司、上海飞众汽车配件有限公司等大型骨干企业为引领,至2000年,汽车工业企业不仅增至123家,而且企业规模迅速扩张,在汽车行业中规模以上前三强的企业分别为上海德尔福派克电气系统有限公司、上海先锋电声器材有限公司和上海安谊车轮有限公司;又分别位于全区工业销售收入百强企业的第2、第4、第6位。是年,轿车及其零部件实现工业产值52.8亿元,分别占六大支柱产业的工业总产值和全区工业总产值的25.8%、11.8%;利润总额6.75亿元,分别占44.5%、26.4%。

**【上海德尔福派克电气系统有限公司】**
坐落在安亭镇,于1995年8月成立,是一家中美合资企业,主要配套生产汽车电线系统产品。2000年,企业职工1773人,实现工业销售收入7.71亿元,利润总额15443万元,上缴税额1668万元。

**【上海先锋电声器材有限公司】**
坐落在封浜镇,于1989年成立。该企业原是一家村办企业,而后由职工持股,组建股份合作制企业,后又与香港投资商合资,是一家沪港合资企业,再后有上海供电局参股,主要配套生产供电局系统的电声器材和配电柜产品。2000年,企业职工2 235人,实现工业销售收入8.26亿元,利润总额8 760万元,上缴税额1 672万元。

## 二、电子电器

蝉联全国灯泡评比"九连冠"的照明电器业是嘉定的优势产业,"嘉宝"公司通过收购、兼并等多种形式,盘活存量资产,实现滚动增值。同时,在家用电器和日用电器工业中,有富士通将军(上海)有限公司、上海灿坤电器实业有限公司、先锋音响和震旦办公用品等具有市场竞争力的大型企业。2000年电子电器实现工业产值41.22亿元,分别占六大支柱产业工业产值和全区工业总产值的20.1%、9.2%;利润总额0.62亿元,分别占4.1%、2.4%。

### 【富士通将军(上海)有限公司】
坐落在嘉定工业区,于1995年成立,是一家日本独资企业,主要生产各类富士通将军空调。2000年,企业职工932人,实现工业销售收入12.75亿元,利润总额561万元。

### 【上海灿坤电器实业有限公司】
坐落于黄渡镇,于1989年成立,是一家中外合资企业,主要生产各类家用电器。2000年,企业职工2 846人,实现工业销售收入6.75亿元,利润总额4 212万元,上缴税额2 161万元。

## 三、金属制品

2000年,金属制品企业有276家,在"六大支柱产业"中企业户数居于首位,其中中外合资的上海太平洋国际货柜有限公司为行业企业之冠,上海胜狮冷冻货柜有限公司和上海美建钢结构有限公司均为行业内"巨头"。是年,金属制品实现工业产值43.45亿元,分别占"六大支柱产业"工业总产值和全区工业总产值的21.1%、9.7%;利润总额2.45亿元,分别占16.2%、9.5%。

### 【上海太平洋国际货柜有限公司】
坐落在嘉定工业区,隶属区交通局,是一家中外合资企业,于1995年成立,主要生产集装箱柜。2000年,有企业职工791人,实现工业销售收入8.01亿元,利润总额3 527万元。

### 【上海胜狮冷冻货柜有限公司】
坐落在嘉西镇,于1998年成立,是一家外资独资企业,主要生产恒温集装箱产品。2000年底,企业职工274人,实现工业销售收入2.89亿元,利润总额622万元。

## 四、精细化工

1991—1995年,县域化学工业经过结构调整,关停污染严重的生产企业,发展时起时伏。1997年后,化工业积极与区境外乃至国外大公司合资、合作,兴建中涂化工(上海)有限公司、上海金宗化工有限公司等一批大型骨干企业,引进高科技的精细化工,嘉定新行医药化工集团有限公司根据市场需求,扩大生产能力,成为精细化工发展的代表性企业之一。2000 年,精细化工实现工业产值23.7 亿元,分别占"六大支柱产业"工业总产值和全区工业总产值 11.6%、5.3%;利润总额 2.19 亿元,分别占 14.4%、8.6%。

### 【上海中涂化工(上海)有限公司】

坐落在安亭镇,于 1993 年成立,是一家中日合资企业,主要生产船舶涂料。2000 年,企业职工200 人,实现工业销售收入 2.6 亿元,利润总额 667 万元,上缴税额 99 万元。

### 【上海金宗化工有限公司】

坐落在黄渡镇,于 1992 年成立,是一家沪台合资企业,主要生产化工原料。2000 年,企业职工239 人,实现工业销售收入 2.12 亿元,利润总额 663 万元,上缴税额 384 万元。

## 五、通讯电缆及设备

通讯电缆业是一项新兴产业,由于通讯电缆的快速发展,又拉动设备业的发展。县域在 1992年引进上海华新电线电缆有限公司后,拉开通信行业的发展,2000 年有企业 20 家,其中上海华新电线电缆有限公司为行业龙头,上海通信电缆一分厂和上海乐庭电线工业有限公司等成为行业领军企业。是年,通讯电缆及设备实现工业产值 12.48 亿元,分别占"六大支柱产业"的工业产值和全区工业总产值的 6.1%、2.8%;工业利润总额 1.09 亿元,分别占 7.2%、4.3%。

### 【上海华新电线电缆有限公司】

坐落在南翔镇,于 1992 年成立,是一家国集联营的镇办企业,1995 年又与台湾合资,成为沪台合资企业,发展势头迅猛,主要生产通信电线电缆。2000 年,企业职工 444 人,实现工业销售收入4.46 亿元,利润总额 2 412 万元,上缴税额 1 784 万元。

### 【上海乐庭电线工业有限公司】

坐落在安亭镇,于 1993 年 12 月成立,是一家沪港合资企业,主要生产电线电缆产品。2000 年,企业职工 261 人,实现工业销售收入 1.68 亿元,利润总额 2 095 万元,上缴税额 408 万元。

## 六、纺织服装

纺织服装是劳动密集型著称的行业。1993 年后,嘉定区经过引进先进的科学管理和先进的生产流水线"双管齐下",实现了两个转变:一是传统的劳动密集型模式向资金与技术相结合的密集型模式转变,二是落后的企业内部管理模式向"以人为本"的资产与生产混合经营管理模式转变。2000 年,纺织服装业有企业 144 家,其中上海美山时装有限公司、上海内野毛巾有限公司和上海皇都纤维制品有限公司成为本行业的前三强。是年,纺织服装业实现工业产值 31.31 亿元,分别占"六大支柱产业"产值和全区工业总产值的 15.3%、7.1%;利润总额 2.07 亿元,分别占13.6%、8.1%。

**【上海内野毛巾有限公司】**

坐落在娄塘镇,于 1993 年成立,是一家日本独资企业,主要生产各类毛巾、毛巾被、浴巾、浴衣等纺织产品。2000 年,企业职工 1 597 人,实现工业销售收入 3.22 亿元,利润总额 4 861 万元。

**【上海美山时装有限公司】**

坐落在黄渡镇,于 1992 年成立,是一家日本独资企业,主要生产各类男女精品时装。2000 年,企业职工 580 人,实现工业销售收入 1.04 亿元,利润总额持平,上缴税额 37 万元。

进入 21 世纪,区委、区政府在工业"六大支柱产业"中,又制定实施"一强三优"的工业发展战略,即轿车及其零部件为特强产业,电子电器、金属制品和纺织服装为优势产业。同时,根据质量和效益发展需求,对"三优"产品不断进行调整和提升。

# 第二节　工业企业集团

进入 90 年代,随着改革开放的深入深化,工业企业实行公司制、股份合作制已迫在眉睫,为做大做强区域经济,先后组建了一批企业集团。1990 年 10 月,上海嘉宝照明电器公司成立,是全县首个企业集团。1991 年有 5 家公司成立。1992 年又有 4 家公司成立。之后,经历发展、重组、变化,至 1995 年,全区共有企业集团 12 个,其中市级集团 7 个,区级集团 5 个。上海嘉宝实业(集团)股份有限公司、上海协通(集团)有限公司、西上海(集团)有限公司具有代表性。

## 一、上海嘉宝实业(集团)股份有限公司

1990 年 10 月,由南翔、戬浜、嘉西、徐行、曹王、华亭 6 个乡镇投资创办的上海南翔灯泡厂、上海联合灯泡厂、上海光明灯头总厂、上海申华灯泡厂 4 家骨干企业强强联合,组建上海嘉宝照明电器公司。1992 年 4 月 28 日经市经委批准实行股份制。5 月 8 日经市工商行政管理局登记改制为上海嘉宝实业股份有限公司。公司全部注册资本由等额股份构成,通过发行股票筹集资本,时为全国首家实行股份制的乡镇企业。5 月 14 日,中国人民银行上海市分行批准嘉宝发行 A 种股票,每股 1元,总额 1.063 亿元,每股面值 10 元,计 1 063 万股。其中,集体资产经评估折股 813 万股,向社会发行法人股 150 万股,个人股 100 万股,包括社会个人股 80 万股、职工股 20 万股,6 月 13—30 日,以每股溢价 50 元向社会公开发行,共吸纳社会资金 1.25 亿元。8 月 8 日召开公司成立大会暨第一届股东大会第一次会议,审议通过嘉宝股份有限公司的设立报告和公司章程,选举产生公司董事会和监事会。12 月 3 日,公司的社会个人股正式上市交易。

1993 年 5 月 6 日,上海嘉宝股份有限公司与美国通用电气公司(GE)合资经营项目,经上海市外国投资工作委员会批准立项。12 月 13 日,国家工商行政管理局核准,定名为通用电气嘉宝照明有限公司。12 月 18 日,上海嘉宝股份有限公司与美国通用电气公司签订合资协议。1994 年 6 月30 日,区政府批准嘉宝实业股份有限公司改建为上海嘉宝实业(集团)股份有限公司(简称嘉宝集团),8 月经市工商行政管理局登记注册。是年,集团公司除核心企业外,拥有 14 家控股企业、2 家参股企业、7 家契约企业;拥有资产总额 8.44 亿元,员工 10 500 名;实现主营业务 4.5 亿元,利润6 039.4 万元;灯头产量 13.9 亿只,灯泡产量 4.6 亿只;出口创汇 672.2 万美元。之后,嘉宝集团继续拓展实业,向立体型经济发展。1994 年 8 月,对中外合资上海家乐调味食品有限公司投资 8 000

万元,控股51%,组建上海东锦食品有限公司;12月,组建上海嘉宝国际水陆工程公司,并在广西省北海市分别开办了北海嘉源贸易有限责任公司和北海嘉宝水陆工程有限公司,开辟边关贸易和水陆工程市场。2000年,嘉宝集团实现主营业务2.28亿元,利润亏损8 905.2万元,出现较大滑坡的原因为市场竞争激烈、产品降价、短期投资减值等。之后,嘉宝集团主营业务以开发房地产业、发展工贸型企业开展对外投资业务为主。2010年,嘉宝集团实现营业收入8.05亿元,净利润3.38亿元。

## 二、上海协通(集团)有限公司

1991年3月,黄渡乡的黄渡针织厂通过与上海针织进出口公司、日本协同组合贸易株式会社、日本梦前株式会社、日本生活协同组合联合会共同投资创办上海协通针织有限公司。4月8日,县委、县政府为使县内几家针织企业得到良好发展,决定以上海协通针织有限公司为"龙头",由黄渡、方泰、马陆、戬浜4个乡6家针织企业联合组建上海协通针织集团。1994年2月15日成立上海协通(集团)公司,集团有4家合资(合作)企业、14家直属联营企业,员工3 000名,固定资产8 000万元。是年,集团完成产值4.25亿元,利润2 050.78万元,出口创汇3 200万美元。之后,集团公司开始向多元化、跨行业、跨地域、跨所有制的方向发展。2000年,集团完成产值11.29亿元,利润6 074万元,营业收入为上海市工业集团50强第28位,进入上海市自营出口10强之列。2001年1月,集团公司完成改制,由集体所有制向股份制企业转型,正式组建股份制企业上海协通(集团)有限公司(简称协通集团)。2002年,协通集团基本形成工业、国际贸易、酒店旅游、建筑房产和汽车服务五大产业。2010年,协通集团实现总产值58亿元,完成利税2.54亿元,实现进出口总额2.3亿美元。营业收入列上海市企业集团排名第41位。

## 三、西上海(集团)有限公司

1992年12月,上海安亭汽车市场发展有限公司在安亭镇成立,公司注册资本2 000万元。1993年5月,公司召开第一次董事会,通过公司章程,组成董事会。12家股东单位分别为嘉定建业投资开发公司、上海嘉定区通信发展总公司、上海安亭实业总公司、上海嘉定劳服企业总公司、上海嘉定水利建设工程有限公司、上海嘉定区市场建设总公司、上海市嘉定区自来水公司、上海嘉定区绿洲房地产(集团)有限公司、上海大众联合发展有限公司、上海易初摩托车有限公司、嘉定区安亭镇南安村民委员会、上海峰达实业有限公司。是年7月,由中国第一汽车集团公司、东风汽车股份有限公司、上海大众汽车有限公司、上海宝钢集团有限公司、上海宝钢集团联合公司和上海易初摩托车有限公司6家单位共同投资5 000万元组建的"上海宝钢集团汽车物资联营公司"在上海安亭汽车市场发展有限公司注册经营。8月,上海安亭汽车市场发展有限公司取得汽车经销权,汽车和配件销售进入实质启动阶段。之后,公司采用多元投资的经营模式,先后成立房地产开发公司、贸易商行、国际货运、储运物流、燃料建材、汽车配套及相关企业。1997年公司产值3.95亿元,利润3 322万元,税收1 668万元。1998年3月22日,上海安亭汽车市场发展有限公司变更为西上海(集团)有限公司,注册资金由2 000万元增至1亿元。由10余家股东共同投资组建,其中全资(控股)企业12家,参股企业5家,契约企业众多。集团坚持"一业为主、多种经营、内联全国、接轨世界"的宗旨和配套"大众"、服务"上汽"、工贸并举互补的经营策略。经过5年多时间的建设开发,形成了新旧汽车贸易、车辆售后服务和仓储保税、工业开发、私营经济、生活娱乐等六大区域滚动发展，集汽车、钢材、煤炭、百货为一体的物流中心。是年，集团公司实现销售总额35.7亿元，创税4244万元，创利8629万元，其控股、参股企业实现利润3338万元。公司改制后，找准定位，坚持科学发展，调整产业结构，发展汽车、房地产、现代服务业三大产业，培育产业群体，打造旗舰企业。2000年，西上海（集团）有限公司年产值达到7亿元，利润6000万元，税收2224万元。2002年，集团公司组织架构增设二级公司，变二级管理为三级管理，时设六大板块，即物流板块、汽销板块、置业板块、招商板块、企业板块和天寿陵园有限公司。2003年，集团改制为由经营团队的自然人身份持股、职工持股会、集体资产和国有资产企业法人持股的混合所有制企业，股东由12家变为4家，职工持股会占股52.2％。2010年，西上海（集团）有限公司实现销售总额324.16亿元，上缴税额3.89亿元。

# 第三节 工业园区

1992年，嘉定区启动工业开发区建设。1995年，全区有区级工业区2个、镇级工业区32个。1997年，区里按照大力开发市级工业区、合理规划区级工业区、适度发展镇级工业、坚决不搞村级工业区的原则，重新确定市级工业区1个、市级配套工业区1个、区级工业区3个、镇级工业区17个。2003年，按照产业集聚要求，形成市级工业区2个，即上海市嘉定工业区、上海国际汽车城零部件配套工业园区；区级工业区5个，即南翔、江桥、徐行、黄渡、外冈工业区；镇级工业区21个。

## 一、市级工业区

### 【上海市嘉定工业区】

1992年，县委、县政府决定在县城西南开发以发展工业为主的经济新区，定名"嘉定工业开发区"。1994年9月，市政府将其列为市级工业区，定名"上海市嘉定工业区"（简称嘉定工业区）。用地范围：东起戬浜镇，西至漳浦，南起宝安公路，北至练祁河和嘉戬公路，总面积24.8平方公里。1996年，市规划局批准嘉定工业区整体规划。2002年12月，区里决定将娄塘镇部分地区，即宝钱公路以北、沪苏线以南、沪嘉浏高速公路以东、横沥以西面积17.96平方公里，划归嘉定工业区管辖。2003年4月，市政府下发《关于松江、青浦、嘉定试点园区范围规划方案的批复》，嘉定试点园区分南翼、北翼两个部分。南翼依托嘉定工业区，规划面积24.8平方公里；北翼整合娄塘镇、外冈镇镇级工业区，规划面积32.4平方公里，留有发展备用地9.9平方公里，确定嘉定试点园区规划面积共计57.2平方公里。是年6月，区政府将娄塘镇与嘉定工业区"撤二建一"，建立新的嘉定工业区，总面积78平方公里。之后，嘉定工业区确立2003—2005年奋斗目标：3年基本建成32.4平方公里核心区，宝钱公路以北建成高科技产业区，宝钱公路以南建成城市化生活配套区；沪嘉浏高速公路北区段以西建成出口加工区，使其成为集工业化、现代化、生态化、国际化为一体的城市化地区。南区将以高新产业板块为工业增长极，以光电子、信息技术等为产业发展重点；北区将以先进制造业为工业增长极，以采用新材料、新工艺、新技术、新装备的新型产业为发展重点。嘉定工业区以吸引大集团、兴办大项目、形成大产业为重点，发挥"集聚效应"和"规模效应"。2005年，嘉定工业区完成工业总产值185.32亿元，税收11.80亿元，利润7.54亿元；新增注册企业5248家，引进合同外资3.7亿美元。2010年，嘉定工业区完成规模以上工业企业总产值555.36亿元，新增注册企业

2 541 家,引进合同外资 2.1 亿美元。

### 【上海国际汽车城零部件配套工业园区】

1999 年 9 月,嘉定区成立上海大众工业园区。2001 年 9 月,经市政府批准,更名为上海国际汽车城零部件配套工业园区,同时升级为市级工业园区,开发面积由 1.2 平方公里扩展为 8 平方公里。位于沪宁铁路以北、宝安公路两侧。2010 年,园区完成工业产值 426.57 亿元,其中汽车零部件产出占 80%;实现利润 38.53 亿元;共吸引 300 多家企业入驻,企业投资超过 300 亿元。来自 24 个国家及地区的外资企业和国内汽车零部件企业及汽车关联企业各占 50%,其中,世界 500 强投资企业 16 家、世界汽车零部件 100 强企业 16 家、总部型企业 20 家。入驻园区的汽车零部件及关联企业,不但为上海大众提供零部件配套服务的技术、工程、装备等外包服务,形成汽车底盘、发动机、车身、内饰、门窗、座椅和安全系统、汽车电子等 10 多条汽车零部件上下游供应链,还面向国内整车企业配套服务,并打进国外汽车大公司的全球采购供应体系;成为国内零部件门类最齐全、产业规模最大的汽车零部件产业基地。2007 年 8 月,被科技部批准为国家火炬计划上海安亭汽车零部件产业基地。2009 年 7 月 18 日,上海新能源汽车及关键零部件产业基地在上海国际汽车城产业园揭牌。产业基地由市政府批准建设,位于上海国际汽车城北部、外冈镇南部,总体规划面积 40 平方公里,首期开发 9.5 平方公里。新能源汽车产业基地第一阶段开发建设 2 平方公里,第二阶段扩展至 4 平方公里,第三阶段整合 9.5 平方公里。至 2010 年,新能源汽车及关键零部件产业基地总投资 20 亿元,吸纳 10 多家为新能源汽车提供电机、电控、电池等关键零部件的"三电"企业入驻,形成上海新能源汽车及关键零部件产业基地雏形,带动上海汽车产业升级。至 2005 年,上海国际汽车城零部件配套工业园区经过多年的招商引资,8 平方公里土地资源已充分利用,累计投入资金 300 亿元,配套企业 234 家,累计引资人民币 190 亿元、外资 10 亿美元。其中包括总投资 1.08 亿美元的上海宝钢阿赛洛激光拼焊项目;总投资各 1.6 亿元的上海捷众汽车冲压件项目、大众汽车仓储项目;总投资 2 300 万美元的瑞典企业斯凯孚(上海)汽车技术有限公司,主要生产国际领先的高性能精密汽车轴承和汽车电子产品;总投资 2 980 万美元,由美国江森与武汉云鹤汽车座椅公司合资兴建的江森鹤华汽车金属零部件有限公司,其主导产品汽车座椅骨架,年销售额达 10 亿元;总投资 3 000 万元的清洁汽车能源公司主要从事 CNG 气瓶及车用燃气系统的生产销售,年产能力 10 万只。

## 二、区级工业园区

### 【南翔工业园区】

1995 年成立,范围为:东起利翔路,南与宝山区城市工业园区为邻,西至中槎浦,北靠蕴藻浜;规划面积 364 公顷;由上海同济大学城市规划设计研究院规划。1996 年,园区边规划建设,边招商引资。2001 年,基础设施建设累计投资超过亿元,引进规模企业累计 98 家;完成工业总产值 6.04 亿元,税金总额 1 000 万元,工业利润 1 288 万元。2010 年,完成工业总产值 38.89 亿元,税金总额 1.43 亿元,工业利润 1.20 亿元。

### 【江桥工业园区】

1994 年开始建设,位于沪宁高速公路南侧,东起新槎浦,南靠吴淞江,西至洪沟港,规划面积 266.67 公顷。年内完成"五通"(路、水、电、气、通讯),各项配套设施累计投资 4 113 万元。1995 年

4月,经区政府批准升格为区级工业园区。是年6月底入驻企业为13家。1997年入驻企业增至34家,其中外资15家,联营企业9家,集体、福利等企业10家。2001年7月,江桥镇与封浜镇"撤二建一",建立新的江桥镇。12月,江桥工业园区与封浜工业园区、金宝工业园区合并为金宝工业园区。

### 【徐行工业园区】

2002年3月由区政府批准建立的区级工业园区。范围以宝钱公路和浏翔公路为中心,规划面积490.32公顷。2003年引进投资项目21个,其中内资3个、外资3个、私营15个,总投资3.9亿元。2005年调整园区规划,总面积为206.99公顷。是年,引进投资项目28个,其中内资18个、外资10个,总投资20.54亿元。2006年,按照国务院"布局集中、用地集约、产业集聚"清理整顿开发区的要求,市政府于8月7日发出关于同意设立上海宝山工业园区等14个开发区,由宝山城市工业园区、罗店工业小区、徐行工业园区整合为上海宝山工业园区,徐行工业园区更名为上海宝山工业园区徐行工业分园区。2010年,园区有注册企业70家,其中高新技术企业7家,实现工业总产值55.82亿元,工业利润3.67亿元,上缴税金3.34亿元。2002—2010年,工业园区已出让工业用地120公顷,累计固定资产投资总额24.47亿元,吸引合同外资总额2.6亿美元,进出口总额4.1亿美元。

### 【黄渡工业园区】

2002年11月由区政府批准设立的区级工业园区,范围东至G15(沈海高速)公路,南至曹安公路,西起盐铁塘,北至沪宁铁路,规划面积386.35公顷。2003年12月,区政府批准将黄渡工业园区归并整合,整合后的黄渡工业园区由星塔工业区和配套区组成,园区总面积扩展为584公顷。是年,黄渡工业园区实现工业总产值23亿元,利润总额1.33亿元,上缴税额6180万元。

### 【外冈工业园区】

80年代中后期,外冈乡政府以204国道拓宽为契机,选择国道沿线,东至盐铁河,西至吴铁河,形成1.5平方公里的工业园区。2002年,区政府批准其为区级工业园区,用地面积扩大为4.92平方公里。以盐铁河为界分东西两区,东区2.74平方公里,西区2.18平方公里。2003年,经过整合,成为嘉定试点园区北翼的重要组成部分,定名为上海市嘉定试点园区外冈工业园区。2010年入驻企业248家,完成工业产值77亿元,上缴税额2.35亿元。

## 三、镇级工业(经济)区

1993年4月,区政府颁布《上海市嘉定区关于加快发展个体私营经济的若干意见(试行)》,对简化工商登记手续,放宽范围和经营方式,适当减轻税赋,妥善解决用地,放宽租房限制,提供必要的贷款,允许从事中介业务,鼓励从事社会福利事业,支持创办合资合作企业,保护个体、私营业主的合法权益等10个方面作出具体规定。1993年7月,马陆镇率先创办全区第一家经济小区。7月24日,中共中央政治局委员、上海市委书记吴邦国视察时题词"上海希望私营经济城"。1996年9月成立区私营经济管理办公室,一方面联合区工商部门开展整治,另一方面规范招商、注册登记、招工、企业生产基地建设和纳税等一系列政策,进一步推进经济小区持续、快速、健康发展。2000年,全区镇级工业经济区21个,并在市区设立招商办事处500多个,形成一支近万名招商大军。

### 【上海希望私营经济城】

坐落在马陆镇,1993年7月创办。之后,在规划1.5平方公里上高效率、高起点地完成了基础设施建设,并在希望路两侧建设标准厂房。2000年,园区面积逐步扩大到12.8平方公里,成为一个高标准的工业经济园区,被列为国家级高新技术园区和台商工业园区等。上海希望私营经济城开发、管理和快速发展的成功经验,为全区开创了以经济小区开展招商引资发展私营经济的新模式。2000年有各类企业2147家,实现工业销售收入22.22亿元,上缴税额1.51亿元。

### 【上海蓝天经济城】

坐落在南翔镇,于1994年8月成立。园区开辟2平方公里的银南翔文化工业商务区,项目审批实行"一个窗口受理,一院式办公,一条龙服务",斥资5000万元建立中小企业发展扶持奖励基金,设立1000万元科技企业奖励基金,并根据"布局园区化,企业实体化,管理规范化,成分多元化"的目标,引进上海市知识产权和专利的示范企业,即上海新时达电气股份有限公司等一大批实业型企业。2000年有各类企业2237家,实现工业销售收入16.71亿元,上缴税额9211万元。上海新时达电气股份有限公司成立于1995年3月,是一家工业自动化、高效节能、绿色能源领域的专业公司,其产品广泛应用于装备制造业和节能改造项目,产品主要有高、中、低压各种变频器,一体化驱动控制器和工业机器人以及电梯控制系统等。2000年有职工1480人,其中博士学历6人、硕士学历105人、本科学历433人、本科以下学历936人。新时达注册商标STEP,是上海市著名商标,也是国家重点支持的高新技术企业。是年,实现工业销售收入225.43万元,上缴税额45.48万元。

### 【上海大众经济城】

坐落在安亭镇,于1994年12月成立。经济城紧紧抓住国际汽车城建设发展的机遇,以"服务是生存之本,创新是发展之路"的宗旨,着力建成网络招商体系,做到操作流程简化、办事快速、服务优良,并通过开展"比素质,比技能,比服务,比贡献,比实绩"的"五比"活动,完善考核制度,开发编制企业管理软件,不断提高现代化管理水平。2000年有各类企业1970家,实现工业销售收入10.72亿元,上缴税额9598万元。

### 【上海绿地经济城】

坐落在黄渡镇,于1994年10月成立。经济城倾心为客户搭建创业平台,用心帮企业创造未来,实行"五个一体化"的服务理念:依托地理优势,一体化规划;镇城融合,一体化开发;高起点高标准,一体化建设;强化服务功能,一体化管理;抓规范强素质,一体化发展。2000年有各类企业1314家,实现工业销售收入6.26亿元,上缴税额5557万元。1996年7月,园区引进上海凯泉泵业(集团)有限公司,这是一家集设计、开发、生产和销售各类水泵、给水设备和电器设备为一体的企业,有员工1400人,其中大专以上学历占70%,年生产能力达10万台。2000年完成销售收入3.5亿元,名列全国泵行业之首,并荣获上海市重合同守信用百家优秀企业、上海市百强民营企业第六名和"嘉定区文明单位"称号。

### 【上海沪太经济城】

坐落在曹王镇,于1994年4月成立。经济城秉持"企业第一,需求服务"的发展理念,为企业寻找更广泛的市场,不断提高企业的核心竞争力。2000年有各类企业1109家,实现工业销售收入

9.5亿元,上缴税额5 943万元。1995年6月,上海爱普香料集团股份有限公司入驻园区,主要产品为食品香精、烟草香精、日化香精和香料等4大类,有员工200人,其中工程技术人员80人,占员工总数的40%。在全国设立6个办事处和销售公司、100多个专销点、1 000多个直接用户。1997年通过ISO9001质量体系认证。1998年始连续3年进入上海市百强民营企业。2000年完成销售收入1.22亿元,利税3 200万元,其中纳税990万元。

# 第四节　外 向 型 经 济

1993年,区委、区政府提出要加快发展外向型经济,不断改善和优化投资环境,全方位、多元化拓宽外资利用领域,加大招商引资力度,开拓和接轨国际市场。

## 一、机构设置

1988年4月,县政府对外经济贸易办公室建立。1986年,县政府经济协作办公室建立,实行两块牌子一套班子。1990年撤销对外经济贸易办公室,建立对外经济委员会,审批外商投资企业,协调管理全县外经工作。乡镇和有关局同时成立对外经济办公室。

1993年5月,县对外经济委员会改为区对外经济贸易委员会(简称区外经贸委),下设四科一室:项目审批科、管理协调科、招商科、外贸科、办公室。同时,区政府决定将区外贸公司、嘉达利发展有限公司归口区外经贸委领导,两个公司的级别及干部的职级不变,干部任命、委派的渠道不变。9月,全区各镇、局的对外经济办公室亦改为对外经济贸易办公室,办公室主任为助理级。至此,全区的对外经济贸易工作全部归口区外经贸委统一领导,形成全区性对外经济贸易领导管理网络系统。

嘉定县对外贸易公司(简称县外贸公司)于1980年建立,属嘉定农工商联合企业领导和管理,经营项目有淡水珍珠、速冻食品、盐水蘑菇、大蒜以及化工、服装等出口产品,并代理材料和机械设备的少量进口业务。1992年,县外贸公司设业务一部、二部、三部及经营部、外贸商行、办公室和财务部,下属企业有上海申嘉进出口公司、上海外轮嘉定货运公司、上海亚特拉斯冻干食品有限公司、上海大凯拉链厂、上海嘉定三锚链头厂。

## 二、优惠政策

1993年,区委、区政府为了进一步利用区位优势和区域内比较完备的工业、科技、人才优势,加强对外招商引资活动,加快利用外资发展经济,连续颁发了一系列优惠政策。1994年,区政府印发《关于进一步加强外商投资企业管理工作的若干问题的通知》,提出要着力加强外资项目开发和外商投资企业管理工作。1995年,区政府印发《关于加强招商引资工作的通知》,强调要继续加强对外招商引资,降低投资成本,为外商提供优质高效服务,并提出奖励引进外资有功人员等10条意见。1999年9月,区委、区政府联合印发《关于进一步营造引资环境加强招商稳商工作的若干意见》,着重从5个方面制定优惠税收政策。一是外商投资企业所得税"两免三减半"到期后的处理办法:对生产性外商投资企业,经营期在10年以上的,从开始获利的年度起,嘉定工业区、上海金宝工业园区,西上海集团内的企业经有关部门批准,减按15%的税率征收企业所得税;其他地区减按24%税率征收企业所得税,再按4.5%税率由同级财政返还。对外商投资企业所得税"两免三减半"

到期后,从企业取得的利润直接再投资于该企业或从境外和其他汇入资金增加注册资本后其新增利润,经营期不少于5年的,经投资者申请,税务部门审核批准,可作新办企业对待,从获利年度起,第一年和第二年免征企业所得税,第三年至第五年减半征收企业所得税。对经济效益较好、能稳定经营的外商投资企业,"两免三减半"政策到期后,以第三个减半年度的税前利润为基数,其新增利润部分缴纳的企业所得税返还50%,一定5年不变。外商投资举办的出口产品企业按规定减免企业所得税后,凡当年企业出口产品的产值达到企业产品产值70%以上的,减半征收企业所得税,由同级财政再按2%税率返还已征税额。先进技术企业按规定减免企业所得税期满后,仍为先进技术企业的,可以延长3年享受减半的税率征收企业所得税,再由同级财政按4.5%税率返还已征税额。二是国内投资企业有关税收的处理方法:在现行区和市财政管理体制不变的前提下,注册资本1亿元以上的国内其他地区的大集团、国家级、省市级大公司总部注册到嘉定,经营期不少于3年的,3年内,原在其他地区缴纳的基数税款(营业税、企业所得税、增值税)的地方收入部分,由同级财政列收列支全额返还,其增量部分按70%返还。3年后,其基数部分继续全额返还。在现行区和市财政管理体制不变的前提下,国内其他地区的一般企业注册到嘉定,经营期不少于5年的,5年内,缴纳给当地的(营业税、企业所得税、增值税)的地方收入部分,由同级财政列收列支,第一年和第二年返还给企业70%,第三到第五年返还给企业50%。在现行区和镇财政管理体制不变的前提下,国内其他地区注册至嘉定的企业,一次性购买本区500平方米以上企业用房的,减半收取手续费,房产契税留成部分全额返还。高科技企业、"农林牧"企业免收手续费,房产契税留成部分全额返还。三是私营企业有关政策的处理方法:凡本市其他区县迁入嘉定注册的私营企业,按"特事特办"程序处理,允许保留企业原名称,免查名,免验资,区工商分局在规定时间内发照,"特殊"企业在7个工作日内发照,除了增资部分、验证工本费外不再收取迁入企业在区外已缴纳的有关费用。凡从外区县注册至嘉定的私营企业,一般采用按销售带征所得税的征税方式,可享受比外商投资企业更优惠的政策,具体实施由各单位自行掌握。为了进一步增强各镇(街道)招商、稳商的活力,区财政从1999年起在一定年限内从共享收入中每年拿出30%左右的资金返还给各镇,由各镇自行建立企业贷款担保发展基金,主要用于对重点企业的扶持和发展,具体返还到各镇的比例和额度及其实施办法另行制定。四是土地批租收益分成的处理方法:区委、区政府为了扶持各镇的发展,从1999年起凡土地批租收入扣除上缴市的部分,其余部分收益全额返还,主要用于基础设施建设,改善引资环境。嘉府〔1994〕16号和〔1995〕16号文件中原来对征地收取的市政设施基金、动拆迁平摊费等,从1999年起为减轻各镇征地负担停止收取。外商对土地批租的资金按规定的出让价格,资金如能一次到位,各镇和嘉定工业区、上海金宝工业园区、西上海集团可根据该企业开办以后上缴的增值税、营业税、企业所得税地方财政实际留成部分,逐年返还一定的比例给予奖励,奖励的最高限额为每平方米土地批租价格的85%。五是对中介人实施奖励的处理办法:对项目中介人实施的各项奖励(包括货币型、实物型、政策型),由该项目落户单位自行提出实施意见,奖励额度可从原来实到资金的3‰~10‰放宽到4‰~12‰之内掌握。对成功介绍和引进实际注册资金500万美元以上的外资项目、1 000万元人民币以上的内资项目,或一年内引进多个项目超过上述额度的个人和单位,其奖励的额度可适当放宽至5‰~15‰左右。职务型的单位和个人报区政府裁定,另行确定兑现方式。

## 三、招商活动

### 【组团出访】

1993年10月11—21日,撤县建区后首批组团15人赴新加坡举办'93上海嘉定经济贸易洽谈会、新加坡国会议员、新加坡中华商会代表、国家开发局官员、中国驻新加坡参赞,以及新加坡一些大公司和企业总裁或代表100多人参加洽谈会,期间签订合作意向项目50余个,涉及房地产、建筑及建材制造、食品加工与包装、造纸、服装、纺织、高级木器具、摩托车部件加工和珠宝首饰等行业。是年,全区组团101个出境考察,出访人员285人次,出访地有美国、加拿大、日本、法国、德国、俄罗斯和东南亚以及中国香港等24个国家和地区。至年底,全区引进外商投资项目245个。1995年7月,嘉定代表团赴美国参加旧金山上海周活动,并举办洛杉矶嘉定周招商说明会。代表团接待美国28家客户,洽谈利用太阳能等3个项目意向,签订150万美元的鸡精、草编制品等贸易意向。

**【邀请外商】**

1994年9月,区政府举行'94上海外商投资环境说明会。国外驻沪总领事、国外大银行、大企业集团总经理、商务代表等200余人参加。是年,全区引进293个外商投资项目。1995年,嘉定组团在旧金山举办上海周活动后,外商反响强烈。是年,外商来嘉定考察、洽谈投资项目的有110批,共353人次。

**【提供服务】**

1993年1月12日,嘉定县外商投资企业协会成立,这是全市第一家区县级外商投资协会。协会的职能是:根据国家改革开放和鼓励外商投资的方针、政策、法律的有关规定,努力为会员企业服务,维护会员企业合法权益,增进企业与政府机关、企业中外方、企业之间的了解、友谊和合作等。至年底,协会吸收会员企业167家。7月9日,经区政府批准,上海市外商投资企业物资服务公司嘉定分公司成立,行政关系属区外经贸委领导,业务受上海市外商投资公司指导,其主要业务是代理本区"三资"企业产品出口和企业进口所需的原材料、汽车、办公用品等各种物资,并提供咨询服务。

## 四、外经外贸

**【引进外资】**

1993年,在嘉定投资的外商来自美国、加拿大、英国、法国、德国、意大利、韩国、日本和中国香港等21个国家和地区,批准外资项目245个,协议利用外资2.34亿美元。由于1997年暴发亚洲金融危机,1998—1999年全区协议利用外资锐减。1999年9月,区委、区政府联合印发《关于进一步营造引资环境加强招商稳商工作的若干意见》。2000年,全区协议利用外资再创新高,达5.11亿美元,比1993年增1.18倍,比历史上最高的1997年增50.3%。8年间,全区累计协议利用外资23.76亿美元,年均2.97亿美元。

**【外贸产品解交额】**

撤县建区后,由于外资企业的迅速发展,外贸产品出口也不断增长。1993年,全区实现外贸产品解交额4.16亿美元,其中工业产品4.09亿美元,占98.3%;农副产品0.069亿美元,占1.7%,比上年增21.8%。2000年,全区外贸产品解交额完成12.48亿美元(以直接出口计算),比1993年增2倍。在外贸产品出口中,工业产品占99.9%。在工业产品出口结构中,机电、音像、设备、纺织品、交通运输机械等产品占出口总额72%,出口产品的技术含量有了很大提升。全区有5家企业入围全市外资企业出口额前 50 名，分别是：富士通将军（上海）有限公司（第 18 名），年出口额 11 655 万美元；上海先锋电声器材有限公司（第 22 名），年出口额 8 906 万美元；上海灿坤实业有限公司（第 25 名），年出口额 8 127 万美元；上海太平国际货柜有限公司（第 31 名），年出口额 6 533 万美元；上海德尔福派克电气有限公司（第 45 名），年出口额 4 865 万美元。

### 【进口贸易】

1993 年，区内建立有自营进出口经营权的区级外贸进出口公司上海申嘉进出口公司。1994 年，内资企业上海嘉宝实业股份有限公司和上海协通针织（集团）有限公司经批准获得自营进出口权。1995 年，全区进口 9.72 亿美元，1996 年为 13.28 亿美元。1997—1998 年，由于亚洲金融危机致使进口额有所回落，跌至 9.85 亿美元；2000 年出现回升，达 13.5 亿美元，比 1993 年增 38.9％。

### 【劳务输出】

1993 年 4 月，经嘉定外经国际劳务分公司公开招聘、选拔和行政审核合格的第一批 38 人派往美国塞班的缝纫工抵达塞班岛，开区域劳务输出之先河。之后，又为新加坡、日本和中国香港等国家和地区选派技术劳动人员 57 人。1997 年输出劳务人员 154 人，其中日本 149 人、韩国 5 人。工种构成：缝纫 107 人，服装品检工 27 人，电子装配 20 人。1993—2000 年，全区劳务输出共 645 人，创汇收入 1 027.33 万美元。

## 第五节　设施农业

撤县建区后，嘉定区根据《嘉定农业区域开发总体规划（1991—2000 年）》，逐步形成南、中、北三大农业产业整体布局：南部以种植生态林为主，重点建设江桥生态观光园和生态片林，同时兼顾部分蔬菜生产；中部以种植经济林和少量粮田为主，重点发展马陆葡萄，带动旅游、观光、休闲农业的发展；北部发展以现代农业园区、设施粮田、设施菜田、嘉宝片林和规模养殖场、鱼塘为主，重点建设嘉定现代农业基地。与此同时，随着区耕地面积连年减少，农村劳动力快速转移的情况，积极进行结构调整，稳定粮食生产，发展林果及特色经济，全区种植业粮经比例从 1992 年的 67：33 调整到 2000 年的 50：50。

### 一、农业基地

#### 【"三高"粮田】

1995 年，娄塘、唐行、方泰三镇被列入市"三高"即高科技、高产量、高效益粮田建设项目区。1997 年，方泰镇"三高"粮田示范方被市评为市郊 25 个示范方第一名。1998 年，全区 3 个市级"三高"粮田建设区粮田面积达 843.18 公顷，累计投入资金 2 286 万元，其中市、区财政扶持 599 万元，其余为镇村自筹。建设项目有修建沟、渠、路，建造晒场、库房、脱粒棚，添置农机，开展技术培训，改善灌、排条件，"三高"粮田建设区小麦机收面积 100％，水稻机收面积 40％。2000 年，在马陆镇封家村、安亭镇塔庙村、外冈镇大陆村、朱家桥镇白墙村启动区级"三高"粮田建设，粮田面积 1 780 公顷，累计投入资金 4 349.7 万元。

### 【农业示范区】

1993—1997 年,嘉定相继建成戬浜、朱家桥、安亭、娄塘、徐行、南翔、华亭、方泰、马陆、望新、黄渡、曹王、外冈和唐行 14 个农业示范区,总面积 667 公顷,累计投入资金 3 000 多万元,建设项目主要有购置各类农业机械,建造仓库、管棚、加工厂,修筑道路、场地、地下渠道,平整土地,种植绿化,开挖鱼塘等,形成各具特色的特种养殖区、林果花卉区、水稻种植区、蔬菜生产区、农产品加工区、旅游观赏区等。1997 年,14 个农业示范区种植水稻 218.67 公顷,种植小麦 218.67 公顷,种植蔬菜、瓜果、花草 60.47 公顷,饲养肉猪 4 000 头。

### 【片林建设】

90 年代末,嘉定以新城建设和新农村建设为契机,通过调整农村种植业结构,为林业和区域绿化争得用地空间。2005 年用于林业的林地面积与全区种植地用地之比,由 1999 年的 5.9% 提高到 11%,新增林业用地主要用于大面积的工程化造林。由此,新建一批林苗基地、生态景观林和防护林,对部分高压输电线下走廊和道路、河道两侧防护林也扩大了范围。2000 年,全区共有戬浜、唐行、黄渡、马陆、徐行、安亭和方泰 7 个工程化造林项目,面积 320 公顷,累计投入资金 7 040.64 万元。

## 二、特色农业

### 【马陆葡萄】

嘉定传统以"巨峰葡萄"为主栽品种。1993 年后,相继引进大"藤稔"及"京亚"等早、中熟新品种,形成以"巨峰""藤稔"为搭配,其他小品种为互补的种植格局。而后,区域葡萄以"巨峰""巨玫瑰""醉金香"为主要种植品种,占全区葡萄种植总面积的 89.75%。其他有"夏黑""藤稔"及少量"红富士""金手指""京亚""黑扎马特""喜乐""寒香密""美人指""黄密"等品种。1993 年,区域葡萄生产进入发展期,全区种植面积 1 127.3 公顷,总产 22 384 吨,实现农业产值 2 686.1 万元。1996—1997 年,全区种植面积降至 1 000 公顷以下。2000 年,全区种植葡萄面积 680.8 公顷。葡萄种植以篱架和手架式栽培为主。1993 年后,先后推广葡萄优质高效栽培技术,采取果穗套袋、大棚栽种、

**2006 年,马陆葡萄公园(马陆镇提供)**

疏穗疏粒和增施有机肥等新技术。1996年,嘉西镇种子场推广巨峰葡萄改接藤稔葡萄栽培技术获得成功,马陆镇开展葡萄无土栽培试种成功。而后,区农业技术推广服务中心推广葡萄设施栽培,"三疏"控产,测土配方施肥、病虫害绿色防控和收藏保鲜等技术。2000年,区域葡萄生产又从单一立架或露地栽培,发展为大棚促成栽培、避雨栽培和少量日光温室栽培等多种设施栽培形式。1992年8月,马陆镇率先成立市郊第一家葡萄专业性研究机构,集科研、培训、推广为一体。2000年由原市农林局挂牌升级为上海市葡萄研究所。马陆葡萄研究所有种植基地4个,种植葡萄面积40公顷,主栽品种56个,葡萄品种圃3.33公顷,保存种质资源170余个。基地全部采用设施栽培,配备日光温室、单栋大棚、连栋大棚等多种设施。葡萄研究所先后承担农业部、市科委、市农委等下达的多项科技攻关、课题研究、技术推广项目,被农业部、国家标准化管理委员会评为"国家葡萄产业技术体系综合试验示范点""国家农业标准化示范区"。

**【灯塔草莓】**

1993年,区域种植的草莓品种有"春香""达娜""金交早生"和"82-6"等。是年,全区种植草莓面积125公顷,总产1 656吨。1996年,全区种植面积409公顷,总产6 026吨。而后种植面积逐年下降。2000年,全区种植面积150公顷,主要集中在嘉定工业区的灯塔村,华亭、安亭两个镇有少量种植。区域草莓经过多年种植,已形成一套较为成熟的栽培技术,改露地栽培为大棚设施栽培和繁育壮苗。适时定植和微喷应用技术是两项最关键的技术。草莓主要病虫害有炭疽病、根腐病、灰霉病、青枯病和线虫病、红蜘蛛、蚜虫等,以农业防治为主,采用中耕松土、剥除老叶、夏季闷棚减少病菌基数等方法,并选择高效、低毒、低残留农药。

**【安亭银杏】**

区域成片种植银杏始于1991年。是年,望新、朱家桥两个乡引进、种植银杏4 000棵。之后全区各镇开始建银杏林带。1993年,安亭镇观赏果园示范区建成1 000米的银杏林带;1995年,南翔示范区培植200米银杏林带。1998年,市级黄渡林业示范区工程建设启动,嫁接银杏8 000棵。1999年,安亭银杏园引进、种植银杏2万棵。2003年,安亭银杏园部分银杏树见果,产果750公斤。之后几年,安亭银杏园年产银杏果40吨。由此,安亭镇申请"安亭白果"商标,成为"一镇一品"特色农业品牌。2010年,全区种植银杏面积45.3公顷。

# 第六节　现代商贸服务业

1993年后,区委、区政府强化现代商贸服务业发展,一方面以市场为导向,加快商业体制转型,计划商业逐渐转变为市场商业,通过引进大卖场、超市、便利店开设专业市场,形成多种业态的商业新格局,另一方面逐步调整传统服务业,发展现代服务业,加快商贸物流基地建设。

## 一、商业业态

为满足生产和生活消费需求,自90年代中期开始,全区综合性商业街、大型百货商场通过转型继续保留。与此同时,新兴的商业综合体陆续投入开发建设,连锁商业进入快速发展期,主要有大型商场、大型购物中心,以及大卖场、超市、便利店3类。

## 【大型商场】

区域有代表性的是：嘉定商城,1998年1月开业,坐落于清河路商业街,由区供销合作总社投资建设,建筑面积2.43万平方米,是区域最大的集商业、休闲娱乐于一体的综合性商场。主要经营百货、针纺织品、五金交电、建筑装潢材料、糖烟酒、食品、杂货、通信器材、音像制品、珠宝玉器等2万余种商品。是年,销售额达5 963.41万元。之后根据市场变化,逐步缩小休闲娱乐项目规模,将综合性市场改造为以服装销售为主的百货商场。2010年,实现销售额1.34亿元。高扬商厦,2000年5月由原清河路高扬商厦迁至城中路66号新址开张营业,经营面积1.4万平方米。一、二楼主要经营糖烟酒、日用百货、南北杂货、五金家电、服装针织、文具体育用品、农副产品等28个大类2万余种商品。2001年3月,三、四楼服装城对外营业,引进100余家厂商入驻经营,引进著名品牌服装174个。2008年1月,高扬商厦改由上海友谊集团全额投资经营,改名为上海东方商厦嘉定店,改建成大型百货商业企业,建筑面积1.9万平方米,其中商场面积1.5万平方米,办公面积3 600平方米,分为4个楼面及地下室。商厦主要经营化妆品、黄金珠宝、服装、钟表礼品、儿童用品、家居服务器、食品等14个大类的中高端热门品牌为主。2010年实现销售额3亿元。

## 【大型购物中心】

区域有代表性的是：上海曹安商贸城,位于真新街道环西二大道内侧,占地1.25平方公里,各商业市场总经营面积近70万平方米,集聚上海市轻纺市场、东方汽配城、上海国际鞋城、江桥批发市场、上海粮食交易市场、上海茶叶交易批发市场、上海工业品批发市场7个大型综合性专业市场。2005年启动建设。2006年6月,上海曹安全球采购中心在上海曹安商贸城揭牌。2007年4月,上海国际鞋城对外营业。9月,上海曹安国际商城开业。至2010年基本形成集购物、休闲、餐饮为一体的大型商业中心。罗宾森购物广场,位于城中路138号。2007年2月开业,占地面积3.02万平方米,建筑面积7.8万平方米,营业面积4.3万平方米,集购物、休闲、娱乐、餐饮为一体的大型购物休闲中心,设有必胜客、避风塘、肯德基、数字影院、新华书店、屈臣氏、世纪联华等。上海江桥万达广场,位于江桥镇,占地18万平方米,总建筑面积55万平方米,其中商业面积占50%。2009年开工建设,2011年6月对外营业。广场集中城市公寓、商业广场、办公楼宇、餐饮酒吧街等多重物业类型,汇集百货、超市、影城、KTV、儿童娱乐、特色美食、时尚服饰等多重商业业态。

## 【大卖场、超市、便利店】

2002年,易初莲花大卖场在曹安公路1538号真新街道建成开业,经营面积7 000余平方米,主要经营生鲜食品、服装鞋帽、针纺织品、化妆品、运动器材等6大类5万余种商品,引入肯德基、COCO奶茶等,经营品种4万余种。2010年实现营业额5亿元。这一时期,相继建成开业的还有乐购、欧尚、世纪联华、家乐福、大润发、沃尔玛等大卖场。1996年,上海联华超市嘉定店开业。是年,区内共有超市7家,1998年底增至30家。2000年底,区内连锁超市已发展到52家,其中联华超市13家、华联超市12家、农工商超市9家、捷强超市2家、八仙超市2家、九百超市1家、为民超市1家,总营业面积2万平方米。2001年以后,随着大卖场和大型购物中心、购物广场的发展,超市面临调整,除农工商超市、联华超市、家得利超市外,其余超市关门或退出嘉定。2010年,有农工商超市13家、联华超市12家。1998年,连锁便利店开始进入商业领域。便利店采取连锁加盟形式开设门店,除销售市民日用生活商品外,还代收公用事业费等服务项目,实行16小时服务制。1999年,上海嘉定网店置业有限公司与上海联华便利商业有限公司合资组建联华便利嘉定有限公司,之后更名为联华快客便利。2000年,区内共有联华便利店17家,营业面积1 650平方米。2000年12月,良友便利店温宿店开业;2002年4月,好德便利沙霞店开业;2006年,伍缘便利店开业。2010年,全区共有便利店98家,营业面积6 400平方米。其中,联华快客便利店48家,营业面积2 446平方米;良友便利店7家;好德便利店25家,营业面积1 163平方米;伍缘便利店9家,营业面积2 561平方米。

## 二、专业市场

1992年12月,上海安亭汽车市场成立,是全区第一家生产资料市场。1995年9月,上海市轻纺市场建成开业。1996年10月,上海嘉定胶合板市场开业。2000年10月,上海二手车交易市场开业。至2001年全区共有专业市场23家,2010年发展到25家,市场成交额403.6亿元。

### 【上海安亭汽车市场】

上海安亭汽车市场发展有限公司成立于1992年12月,是集生产、经销、管理,融多种产业于一体的全民所有制企业,由区内12家企业共同投资组建,注册资金2 000万元,总规划用地139公顷,其中一期工程占地4.8公顷。公司位于安亭镇。1994年初步形成汽车贸易、售后服务、仓储保税、私营经济、汽车工业、生活娱乐六大产业区的基本格局,年底累计进场注册登记的工商企业45家,注册资本近2亿元。1995年进场注册企业81家,全年完成工业产值和销售额25.2亿元,实现利税5 046万元。1996年、1997年,上海安亭汽车市场采取调低成交管理费,免收车展费和自选车停车费、电子屏信息发布费等优惠措施吸引105家企业进场。至1997年底,上海安亭汽车市场注册经销单位及相关工商企业186家,完成销售额41.7亿元,实现利税1.46亿元。1998年,董事会决定以汽车市场发展有限公司为核心,以企业成员单位为依托组建西上海集团。

### 【上海市轻纺市场】

1995年9月,沪上最大的上海市轻纺市场在江桥镇建成开业,成为面向全国、辐射海外的全国性专业市场,占地4.67公顷,配套用地4公顷,经营场地13万平方米,设有营业房4 000余间,经营单位2 000个,主要经营轻纺类产品,包括服装、鞋帽、布料、布艺、箱包及家具等10余个大类数万种商品。因经营品种繁多、物美价廉,市场广受消费者青睐,月均人流量达3万人次～4万人次。市场客户来自国内外,其中以本市及江、浙两省居多,上海南京路、淮海路等著名商业街商家均到市场进货,阿拉伯、非洲、东欧地区的客商也纷纷进场采购。

### 【粮食交易市场】

1993年,在粮油市场放开后,粮油销售市场迅速发展,区内规模较大的有上海真新粮食交易市场和上海市江桥粮油批发市场。2005年,两大批发市场实现大米成交量50.24万吨,占全市粮食批发交易量的45.67%。2007年,两大批发市场实现交易量72万吨,占全市批发量的52.17%。对保障全市粮食供应和维护地区社会稳定起到重要作用。上海真新粮食交易市场1993年4月开业,地处曹安公路五号桥南侧1501号,占地1.07公顷,建筑面积1.1万平方米,仓库面积2 000平方米,市场以租赁经营为主,有经工商登记的租赁经营户140户。粮食来源主要以东北三省为主,约占50%,其次为江苏、安徽等地。有供货生产企业220多家。销售品种以大米、面粉为主,兼以部分杂粮,经营方式以批发为主,部分零售。上海市江桥粮油批发市场 2003 年 12 月开业,位于江桥镇华江路 1115 号,占地 3.53 公顷,建筑面积 1 万平方米,铺位 320 个,仓库 4 000 平方米,主要经营业务以租赁铺位为主。销售品种:大米占 37%,面粉占 60%,杂粮油占 3%。经营方式以批发为主,零售为辅。粮食来源:大米主要来自江苏、山东、黑龙江等省。

## 三、生产性服务业

撤县建区后,嘉定区加快调整传统服务业,推动仓储物流业、文化信息产业,总部经济和现代服务业园区建设。

### 【仓储物流业】

1993 年,嘉定农工商联合企业总公司所属区仓储公司有农村代管仓库 97 家,仓储面积 60.9 万平方米,储存物资价值 16 亿元,仓储年收入 2 400 万元。1996 年,安亭镇和上海安亭汽车市场投资 2 000 万元,开发建设占地 3.87 公顷的大众汽车储运中心转运站和上海汽车工业安亭室内库,为汽车城配套仓储物流服务。2002 年 12 月,上海西北物流园区(江桥)开工建设,园区占地 3.3 平方公里,规划用地 339 公顷。园区以多式联运为特点,冷链物流和专营性采购为特色,建设集物流配送、商品展示、批发贸易、产品分销、信息研于一体的陆路口岸型物流园区。是年,全区共有 1 万平方米以上大型仓储企业 10 家,5 000 平方米以上中型企业 20 家,大、中型仓储企业占全区仓储企业的 45.5%。初步形成三大仓储区:以上海大众汽车有限公司为依托,为汽车制造业提供物流服务的安亭、黄渡仓储物流配送区;为商贸流通提供储存基地的江桥、真新仓储物流区;以区内工商为服务对象,提供仓储服务的嘉定工业区、南翔等综合类仓储物流区。是年 5 月,经交通部、外贸部批准,建设上海安吉汽车零部件物流有限公司,地处安亭镇米泉路 258 号,注册资本 3 000 万美元,是国内当时注册资本最大的中外合资物流企业,从事与汽车整车、汽车零部件相关的物流、国内国际货运代理服务。2008 年,全区共有仓储物流企业 127 家,资产总计 15.63 亿元,年营业收入 12.39 亿元。2010 年,全区仓储物流业实现增加值 3.01 亿元,占全区第三产业增加值的 1%。

### 【现代服务业园区】

1994 年,由市科委和区政府出资筹建上海张江高科嘉定园区,位于叶城路 1288 号,是国务院批准的上海张江高新技术开发区"一区六园"之一。园区总规划面积 2 平方公里,由嘉定高科技园区、复华高新技术园区和中科高科技工业园等 3 个园区组成。2006 年,上海国际汽车城现代服务业集聚区列入市级现代服务业集聚区,上海西部生产性服务业集聚区部分交付使用。2009 年,全区共有现代服务业集聚区 27 家,其中国家级服务业集聚区 9 家。2010 年,区集聚重点区域和重点领域,加快园区建设,推进园区集聚发展,逐步形成东方慧谷·上海文化信息产业园、中广国际·中国广告总部基地、南翔智地·上海文化影视园、金沙 3131·上海国际信息服务产业园、上海张江高科嘉定分区、上海盛创信息软件园、上海西郊服务外包集聚区、练祁 3518 创意园、新泽原创意产业园、六里创意园 10 家现代服务业园区为重点园区。是年,10 家重点园区内有企业 958 家,实现营业收入 103.64 亿元,上缴税额 3.49 亿元。

# 第三章　建设"汽车嘉定"

进入 21 世纪,区委、区政府加快实施"汽车嘉定"的发展目标。通过构建新型的城镇体系,把嘉定建设与上海国际汽车城建设融为一体,既把新城建设为具有鲜明特色的第三产业发展高地,又实现以汽车制造、汽车销售为主导的区域产业格局。通过加强新农村建设,推进城镇化进程,促进农村发展与区域目标实施相一致。通过推进基础设施建设,强化生态环境保护,既极大改善城乡面貌,又全面提升人居环境。与此同时,社会事业全面发展,劳动就业逐步完善,社会保障不断健全,全区人民进一步安居乐业。

## 第一节　嘉　定　新　城

嘉定新城由嘉定新城主城区,安亭地区,南翔、江桥地区 3 个组团构成,总规划面积 270 平方公里,规划人口 80 万人～100 万人。按照"一核两翼"进行城市空间布局,"一核"即嘉定新城主城区,规划面积 122 平方公里,规划人口约 50 万人,范围东起浏翔公路,南至蕰藻浜,西起嘉松北路,北至森林大道;"两翼"分别是:安亭地区,规划面积 68 平方公里,建设成为产城融合的上海国际汽车城;南翔、江桥地区,规划面积 80 平方公里,建设成为具有综合城市功能的新型城区。嘉定新城核心区位于嘉定新城主城区南部,东起 S5(沪嘉高速公路),南至宝安公路,西接漳浦河,北至 G1501(上海绕城高速),用地面积 17.23 平方公里。

2006 年,区政府制定《嘉定区新城中心区"十一五"发展规划》明确:至 2010 年底,初步建成嘉定新城中心区的基本框架,初步建成产业化、城市化相融合、相匹配的经济社会发展体系,初步建成最具现代和时尚魅力的、具有浓郁江南特色和嘉定独特历史文化格调的现代化新城,充分显示新城中心区现代、高雅、繁华的建筑风貌,充分展示"自然和谐、创业创新"的城市特征,成为宜居、办公和创业的乐土。本节主要记述新城中心区(简称中心区)建设。

### 一、基础开发

2006 年,中心区按照规划先行、动拆迁先行、基础设施先行、功能性项目先行的要求,坚持"著名规划设计师、著名建造师、著名投资开发商、著名建设项目"的建设标准,有序有力推进开发建设,通过土地出让进行骨干道路建设、生态绿化建设和房地产开发。

**【土地出让】**
这是开发建设筹措资金的重要途径。至 2010 年底,中心区共出让土地 38 幅,总面积 293.9 公顷,总金额 155.9 亿元,其中中心区 A15—1、B05—1 地块 6.3 公顷的出让金额达 17.29 亿元,每公顷为 27 521.55 万元,为最高竞拍价。

**【骨干道路】**
形成以"四纵四横"为支撑的骨干道路框架体系,四纵即沪宜公路、胜辛路、永盛路、阿克苏路,四横即宝安公路、白银路、伊宁路、双丁路。宝安公路横穿区境东西,胜辛路纵贯区境南北,新建的伊宁路、白银路、双丁路贯穿沪宜公路,胜辛路又与轨道交通 11 号线连接,使上海、江苏、浙江过境车辆分散运营,又为 F1 国际赛车场赛事活动疏缓交通。永盛路、阿克苏路南北连通宝安公路、沪宜公路,不但使嘉定新城和嘉定老城贯通,浑然一体,又与域外紧密连接,四通八达。经过多年努力,至 2000 年基本建成,有 32 条、64 公里道路建成通车,有 18 条公交线路通达,累计完成投资 18 亿元。

**【生态绿化】**

实现"三个结合、三个同步",即项目建设与环境建设相结合,同步推进生态湖和环境绿带的建设;道路建设与道路绿化相结合,同步推进道路绿化建设;河道整治与河道景观相结合,同步推进河道景观建设。远香湖、紫气东来、石冈门塘和环城林带是中心区四大生态景观工程,共有 209.87 万平方米,投资 11.6 亿元。远香湖地处中心区的中轴东端,向四周辐射,是区域内有统领作用的水面,也是规划的 18 个湖中最大的一个。由世界知名的荷兰 NITA 公司设计,形态以"海"字为意象,与位于中轴西端的 F1 赛道的"上"字形态相呼应。同时,以远香湖为核心,荷香潭、绿竹池等 17 个湖泊交相串联,宛如一颗颗晶莹的珍珠镶嵌在新城之中,湖湖相串,湖中有湖,湖中有岛,满城景色一重又一重。远香湖北侧以商务办公、商业服务功能为主,南侧以商务休闲、酒店为主。用地面积 65.5 公顷,其中陆地面积 31.5 公顷、水体面积 34 公顷。总投资 3.41 亿元。紫气东来景观绿轴工程地处中心区内,总用地面积 65 万平方米,长 2.5 公里,宽 350 米,是链接上海国际赛车场"上"字赛道与"海"字形远香湖的中央景观轴线,成为赛车场和远香湖之间的一条景观廊道和视觉走廊。紫气东来公园是嘉定新城的中心景观,共分 5 个区,活动内容与周边的用地性质相匹配,将丰富多变的空间体验和基地的自然环境、嘉定的丰富文化传统相结合,犹如"林中的舞蹈"。石冈门塘长 2.5 公里,占地面积 27 万平方米,与伊宁路银杏大道等构成贯穿东西的绿色景观带,是从远香湖到上海国际赛车场的水上旅游通道,是"划着小船去看 F1"水上游线的重要组成部分,横穿新城中心区,总投资 1.28 亿元。环城林带项目位于嘉定新城西北侧,全长 5 600 米,总面积 42.89 公顷,总投资 1.29 亿元。设计中运用了"绿色城墙"概念,既通过抬高基地地形,提升"绿墙"的基底高度,又加大植被的种植面积,丰富植被种植层次,增加"绿墙"的厚度,为游客和居民提供丰富、饱满的绿色感受。2010 年底项目初步完成,"千米一湖、百米一林、河湖相串、荷香满城"的生态景观体系初步显现。

**【房地产开发】**

中心区开发建设中的重要一环。2004—2010 年,中心区房地产项目规划占地面积 132.4 公顷,项目规划建筑面积 316.48 万平方米,累计投资 95.22 亿元。远香舫新苑(一期)配套商品房住宅小区是新城动迁基地内率先启动的重点项目,占地面积 8 万平方米,总建筑面积 17.26 万平方米,有 17 幢 14 层~18 层的高层住宅楼组成,可供 1 506 户居民入住。工程按高起点规划、高水平设计、高质量施工、高标准管理等优秀小区标准进行建设,被评为"上海市白玉兰建筑工程"奖,荣获第六届"上海市优秀住宅"规划建筑、房型设计两个单项奖。2010 年 10 月 28 日举行入住仪式,首批 1 400 户动迁居民入住,是嘉定新城首个大型动迁安置房社区。2004 年 8 月 18 日,惠民家园举行开工仪式,是市政府"两个 1 000 万"建设工程。用地面积 119.33 公顷,建设用地面积 7.44 公顷,建筑体量 19.17 万平方米,配套住宅 1 916 户,总投资 5.39 亿元。2006 年,惠民家园一期、二期工程 6 幢地上

18层计6.9万平方米全部实现结构封顶,2007年6月竣工并交付使用。

中心区在农民动迁房项目建设中遵循"四就地"原则:一是农民就地就近安置,让首批1200多户农民率先享受嘉定新城的建设成果;二是产业就地升级,力求在新城建设过程中,淘汰一批、转移一批、升级一批,部分留下的厂房改造后成为新城的业务集聚地或公共服务设施;三是基础建设就地完善,让新建道路与原有道路融为一体,那些有着历史资源的老路都不丢弃,对于星罗棋布的小河浜,对水网进行疏浚和清淤,恢复原生态;四是发展备用地就地预留,在新城建设中分阶段预留部分土地,为今后科学发展创造更大的空间。

## 二、商业布局

中心区引进商业、商务配套项目,坚持宜居宜业和提升城市品质的发展理念,以商业发展提升城市品质。经过15个大型商业项目开发,初步形成"三街、三购、六邻"的商业格局。

**【商业街】**

主要有东云街、西云楼和台北时尚风情街3条。东云街由四个街区组成,占地14.5公顷,分成30幅地块,总建筑面积34万平方米,其中商业面积15万平方米、商务办公面积19万平方米,是集购物、美食、休闲、健身、娱乐等多业态的城市级综合商业体。2010年已建28万平方米,占总建筑面积的82.4%。西云楼是文化休闲商业街,由上海易铭置业有限公司投资开发建设,是一条长逾千米、沿河沿街伸展的"曲尺"状商业步行街,由26幢单体建筑组成,总建筑面积9万平方米。2010年,西云楼项目结构封顶,2015年11月竣工,2016年对外营业。台北时尚风情街位于阿克苏路、天祝路口,由保利置业集团投资建造,总建筑面积12.8万平方米,2015年底开业运营。

**【购物中心】**

主要有嘉定宝龙城市广场、中信泰富购物中心和上海大融城购物中心3个。嘉定宝龙城市广场建筑面积20万平方米,其中,商业面积8.8万平方米、酒店式公寓面积2.4万平方米,1500个停车位。2010年首期推出商铺270平方米享受统一经营、返租政策。中信泰富购物中心项目位于轨道交通11号线嘉定新城站,总建筑面积33.7万平方米,其中地上21.4万平方米、地下12.3万平方米。3栋办公楼共7.7万平方米,地下车位2070个,整个项目2017年底竣工。上海大融城购物中心位于宝安公路与沪宜公路交汇处,建筑面积4.8万平方米,2016年开业。

**【邻里中心】**

主要有龙湖郦城、新城金郡、绿地秋霞坊、保利天琴宇、嘉宝联友和马陆金沙湾二期6个社区邻里中心。建设小超市、菜场和居民日常生活用品商店,建筑面积均在7平方米～10平方米,其中5平方米～7平方米为商业部分用房,2平方米～3平方米为公益部分用房。邻里中心由社区建筑商投资建设,建成后交付社区居委无偿使用。至2010年底,已完成规划和项目建设设计方案,2015—2017年期间先后建设竣工及交付使用。

此外,2011年开工兴建的凯悦大酒店,是国际著名五星级酒店。由保利置业上海有限公司开发建设,建成后进一步提升中心区城市品质。

## 三、文化设施

2010年,中心区竣工并投入使用的文化设施项目3个,建筑总面积2.7万平方米;新开工项目5个,建筑总面积17万平方米,累计完成投资2.14万元。新城初级中学、实验幼儿园已招生开学。在建项目中嘉定图书馆(文化馆)、博物馆、德富小学和司法中心、妇幼保健院等主体结构封顶;瑞金医院北院项目完成投资额8715万元,交大附中嘉定分校项目完成投资额1000万元;保利大剧院于6月开工建设;好侍食品厂房改造项目结构施工完成,西云楼王家宅保护项目全面启动。

**【嘉定图书馆(文化馆)】**

2009年11月开工,至2010年底主体结构完成,2012年10月竣工。由马达思班设计事务所马青运设计,沿袭江南书院风格,其屋顶就像一本本打开的书,成为区域综合性、多功能、多载体、智能化的城市公共图书馆(文化馆)。占地2.26公顷,总建筑体量1.85万平方米,建筑体长42.2米,宽95.4米,高20米,地下一层,地上两层,"前庭后院中天井"的景观设计,别具中国风格的意境和审美。被誉为上海"最美图书馆",被美国权威设计杂志评为2013年"全球最佳公共图书馆"。

**【保利大剧院】**

2010年6月开工,2014年9月投入使用。总建筑面积5万平方米。项目位于中心区远香湖畔,地基北侧为白银路,西侧为环湖路,东侧和南侧临远香湖。作为"水景剧院"的著名项目,由国际著名大师安藤忠雄设计,延续他一贯主张的将建筑和自然环境融合的理念。主要配置1500座剧院和一个400座多功能厅,能满足舞剧、话剧、综合文艺演出以及其他现代剧目演出的需要,具备接待世界优秀表演艺术团体演出的条件和能力。

## 四、"智慧城市"

"智慧城市"是嘉定区建设现代化新型城市的重要标志,也是全面提升城市综合品质的集中体现。2006年开始,新城公司在征求市民意见及相关主管单位的基础上,先后组织完成嘉定新城"智慧城市"建设概念性总体方案、嘉定新城"智慧城市"总体设计方案、嘉定新城"智慧城市"Logo设计征集、智能交通系统方案咨询、智慧智能公交建设咨询、智能停车系统咨询等应用项目的策划咨询。在实施规划策划的同时,采取公开征集方案、公开招投标、公开征集Logo设计等措施,扩大嘉定新城"智慧城市"建设在上海及全国、全球的影响。2006年8月,上海市信息委授牌"嘉定新城——无线城市示范区",市建交委授牌"嘉定新城——建筑节能示范城区"。12月举行嘉定新城"无线城市"合作签约暨建设启动仪式。2008年5月,全国第一个无线城市嘉定新城一期工程建成并使用;11月,"嘉定新城无线城市"二期工程建设启动。至2010年,新城中心区"智慧城市"建设有序推进,完成物联网应用环境监测项目工程方案、智慧上海嘉定示范区发展战略规划、智慧社区建设方案、智能家居建设方案等编制,启动智能交通方案设计。与此同时,确立了"智慧城市""1+3+N"即"1个运营与管理中心,3张基础网络即3G网络、城域光纤网、无线城市网,N种智慧应用"的总体建设构架。凭借信息化技术应用水平、宽带网络率等方面成果,嘉定新城从200多个城市中脱颖而出,进入前21名,成为2013年度Smart21智能城市之一。

嘉定新城智能交通试点一期工程是对新城中心区"三纵一横"主干道(伊宁路、胜辛路、永盛路、阿克苏路)相关交通管理中心系统、信号控制系统、道路信息发布系统、社区发布系统等进行建设。具体内容包括：新城"三纵一横"34个路口的交通信息采集子系统设备安装(除信号灯改造外,还有8块发布屏、4块区域屏、4块广域屏的交通信息发布子系统的安装、调试及试运行),基本完成交通综合信息平台软件开发,落实同市交警总队、市交通信息中心的网络连接并实施。

智能提货项目是"智慧城市"城市中的一项智慧应用。为了使新城居民切实提升生活品质,切实享受到智能生活所带来的便利,针对发展迅猛的电商行业和物流快递行业,新城公司及时组织开展智能提货项目的研究和实施。通过创建面对所有电商、快递公司与市民的开放性信息化平台,结合智慧自助提货终端,为市民提供优质、便捷、安全的公共服务。主要建设内容包括前端智能公共自助提货柜系统、后端系统管理云计算平台和数据交换系统、前后端互联的网络平台三大部分。项目结合嘉定新城"智慧城市"建设已有的基础设施,在社区、医院、公共机构、学校等人流集中、交通便利位置建设完成16个点、20个智能公共自助提货柜子系统,涵盖瑞金医院北院、国资金融中心、金钛怡和大厦、区图书馆(文化馆)等重要地点。通过开发的管理平台和数据交换技术,实现快件在货柜中的快速、安全存取中转,实现"7×24"的全天候快递服务、快件的动态密码安全管理,减少安全隐患及保护个人隐私,提高投递效率,提升城市服务水平。

"嘉定无线城市"无线网络基础建成,完成物联网应用环境监测项目工程方案、智慧上海嘉定示范区发展战略规划、智慧社区建设方案、智能家居建设方案等编制,启动智慧交通方案设计,结合战略性新兴产业物联网技术的发展,大力推进物联网技术应用示范建设。

## 第二节　上海国际汽车城

2000年6月15日,中共中央政治局委员、上海市委书记黄菊率市委调研组到嘉定区调研,提出建设上海国际汽车城的构想。2001年,区委二届七次全会、区人大二届五次会议明确提出,建设上海国际汽车城。是年4月5日,市政府成立上海国际汽车城建设领导小组及其办公室;5月13日,召开领导小组第一次会议,上海国际汽车城领导小组办公室和上海国际汽车城发展有限公司同时揭牌;9月28日,上海国际汽车城举行全面开工仪式,上海二手车交易市场等6个项目同时启动。

### 一、总体目标与功能定位

上海国际汽车城位于嘉定安亭地区,西起江苏省昆山市交界,东至盐铁塘,北至G1501(上海绕城高速),南至G60(沪宁高速),规划面积68平方公里。建设上海国际汽车城是上海汽车产业未来发展的重点,也是嘉定难得的发展机遇。汽车产业被市政府确定为嘉定的特强产业,在嘉定建世界一流的国际汽车城,不但有利于特强产业的迅速发展壮大,而且有利于形成较长的产业链,带动全区产业结构的调整和综合经济实力的增强,有利于提升嘉定作为上海西大门的整体形象。2002年依据《上海国际汽车城总体规划》,确定上海国际汽车城5年基本建成的总体目标和功能标志。总体目标:抓住中国加入WTO和国际制造业梯度转移的机遇,经过5年的努力,基本建成以延伸汽车产业链为核心内涵,集汽车制造、研发、贸易、博览、运动、旅游等功能于一体的综合性汽车产业基地。功能标志:成为中国汽车贸易和展示博览的重要基地,成为中国汽车竞技运动及训练基地;成为中国现代化城镇建设的先行示范区,成为上海新的旅游景点。

2001—2010 年,上海国际汽车城共投入资金 60 余亿元,用于供水、供电、供气、通讯、市政工程及基础设施建设。

## 二、汽车贸易与博览

上海国际汽车城将汽车贸易作为汽车城建设的核心功能。2004 年建成上海首条以看车、购车、购物休闲和汽车文化为主,全长 1 公里的汽车展示街,总建筑面积 7 万平方米,汇聚中外汽车品牌 4S 店 27 家,实施新车贸易,整车零售。2010 年销售整车 10 339 辆,实现销售收入 53.5 亿元。2001 年 9 月,选址墨玉南路,投资 1 亿元,占地 6.94 万平方米,建设二手车交易市场(一期);2006年 10 月,投资 641 万元,建设二期工程,占地 2.47 万平方米,建筑面积 2 571 平方米。汽车零部件贸易,由企业自销和搭建贸易平台实施。上海国际汽车城为帮助汽车零部件企业做大做强零部件贸易业务,搭建两大平台:一是 2008 年 6 月,国家汽车及零部件出口基地(上海)成立并挂牌上海国际汽车城;二是成立上海国际汽车城零部件采购中心有限公司,面向国内外独立售后市场,从事汽车配件及汽车服务业务。

**2007 年,上海安亭汽车市场(张建华摄)**

上海国际汽车城将会展博览作为汽车产业链的重要环节,在上海国际汽车城核心贸易区搭建上海汽车会展中心和上海汽车博物馆两个平台,用于普及、弘扬汽车文化,推动汽车服务与发展。上海汽车会展中心占地 39 890 平方米,建筑面积 61 510 平方米,2006 年对外开放。上海汽车博物馆是中国首家专业汽车博物馆,于 2004 年 8 月开工建设,2007 年 1 月向公众开放,占地 1.17 万平方米,建筑面积 2.8 万平方米,总投资 4.5 亿元。汽车博物馆陈列着 20 多个品牌近百辆经典汽车,向观众展现汽车百年发展的精彩历史。2010 年,观众 56 227 人。

## 三、汽车研发与科技

上海国际汽车城通过打造汽车研发公共服务平台、引导企业建立技术中心、开展高校汽车研发、筹建汽车研发集聚区等,初步建成自主知识产权的研发体系,推动产学研联合和科技成果产业化,走出一条利用外资、引进技术、滚动发展的道路。以汽车研发必不可少的整车风洞、专用试车场和机动车检测机构为三大领衔平台,还先后建成数个与汽车相关的公共研发服务平台。

### 【上海地面交通工具风洞中心】

2004 年 12 月开工建设,2009 年 9 月落成,总投资 5.2 亿元,总建筑面积 21 095 平方米。至 2010 年,累计为 60 多家国内外汽车整车、零部件提供空气动力学、气动声学、热管理等试验研究,完成研发试验项目 900 余项,测试车辆 2 000 余辆。

### 【上海机动车检测中心】

一期工程于 2002 年 7 月开工,2003 年 9 月竣工启用,可满足国家 48 项汽车强制性检验要求。二期工程 2006 年开工,2010 年竣工,强制性检验能力扩展至百余项。至 2010 年底,上海机动车检测中心开展各类科研项目和技改项目 135 项。

### 【上海大众试车场】

1998 年 5 月开工,2003 年 8 月对外开放,占地 1.44 平方公里,总投资 12 亿元,是国内第一座为轿车开发试验而建造的专业试验场,拥有高速环道、动态试验场、SVP 强化道路、SWP 耐久交变试验道路、制动试验路段等功能区域。

2001—2010 年,上海国际汽车城还积极引导、扶持区域内 26 家汽车企业建立汽车企业技术研发中心,让企业成为汽车研发创新的主体。

### 【上海大众技术中心】

1992 年 7 月成立,1997 年 3 月被认定为上海市企业技术中心。该中心由开发试制实验基地和试车场两大部分组成,占地 3.51 万平方米。其中,开发试制实验基地于 1999 年 12 月扩建竣工启用,配备各种试验试制设备 2 000 余台,可以完成从设施、工程分析到试制、试验等各个环节的完整开发过程,具备包括车身开发和发动机、底盘、电子电器匹配开发的整车开发能力,每年可完成 500 辆以上样车试制。至 2010 年,中心累计投入资金 67 亿元,拥有各类开发人员 800 多人,初步形成整车自主开发能力。

### 【上海汽车集团股份有限公司技术中心】

2007 年入驻。中心是国家级企业技术中心,也是上汽集团自主品牌汽车和新能源汽车的研发主体,拥有安亭总部和南京、英国两个分中心。安亭总部主要承担产品主体研发任务,具备研发、试制、检测、路试等功能。2010 年,拥有研发检测设备 877 套,关键性配套设施 116 台(套),研发人员

1 500 余名。

### 【德尔福派克亚太区工程技术中心】

2004 年落户。公司实现从单纯生产到生产、研发并重的战略性转变。2008 年,中心进一步扩建,成为国内首屈一指的汽车线束和车用连接器产品的认证机构,每年测量 2 300 多项。增强工程能力和产品验证能力,技术人员增加到 1 000 多名,为亚太和全球客户提供服务。2010 年,中心累计申请专利 70 多项。

### 【舍弗勒上海安亭研发中心】

2005 年入驻。拥有最先进的测试、计算和模拟产品研发,为国内汽车和工业领域的客户提供及时可靠的检测结果。2007 年 5 月 16 日,总投资 2.2 亿元、占地面积 2.1 万平方米的德国舍弗勒集团上海安亭研发中心一期建成运营,2010 年拥有员工 1 000 多人,其中工程师 500 多人。

### 【同济大学新能源汽车工程中心】

2003 年开工建设,2004 年 12 月竣工,占地 9 043 平方米,建筑面积 24 126 平方米,总投资 4.845 亿元。中心由动力平台总成、电驱动、电子信息、燃料电池系统和新能源/新材料 5 个部门组成,拥有科研实力雄厚、年龄结构合理的学术梯队。至 2010 年,中心先后承接科研项目 755 项,其中国家级项目 129 项、省级项目 120 项。

### 【同济汽车设计研究院有限公司】

2009 年 11 月成立,主要业务为汽车整车开发,重点是车型规划、造型设计、展览样车制造、车身结构设计、整车性能改进咨询和工程样本制造等。研究院拥有丰富开发经验的研发人员 200 多人,其中包含技术专家、外国专家、"海归"技术人员等,博士、硕士研究生占研发团队比例达到 20％；主要研究方向为微型智能四轮电动车、高性能燃料电池增程式四轮驱动电动汽车和 IEV 智能微型电动车等。

## 四、整车与零部件制造

汽车制造历来是上海国际汽车城所在地安亭的强项,上海大众汽车有限公司主要整车制造地。2001 年,上海大众共生产轿车 23.02 万辆,占国内轿车销售市场份额的 34％；2010 年,产销突破 100 万辆,上海大众入驻上海国际汽车城的主要企业有汽车一厂、汽车二厂、汽车三厂、发动机一厂、发动机二厂。2007 年 8 月,上海汽车集团股份有限公司乘用车分公司入驻上海国际汽车城,拥有上海临港、南京浦口和美国长桥三大制造基地,年产整车 50 万辆,拥有荣威和名爵两大名牌。在上海国际汽车城零部件生产园区,集聚 300 多家汽车企业,产品涉及汽车发动机、底盘、车架、车身、安全系统、电子电器、汽车玻璃和汽车内饰等 15 个大类。2010 年,入驻上海国际汽车城的世界汽车零部件百强投资企业有：加拿大麦格纳集团,法国佛吉亚集团,美国江森自控国际有限公司、天合汽车集团、德尔福集团、李尔公司、天纳克公司、伟世通公司,德国本特勒集团、舍弗勒集团等。

### 五、汽车赛事与汽车文化

上海国际汽车城在筹备策划阶段就将汽车赛事作为弘扬汽车文化、丰富市民文化生活、促进汽车产业发展的重要功能,建设上海国际赛车场是上海国际汽车城建设的重要功能标志。

上海国际赛车场位于安亭镇东北,规划用地 5.3 平方公里,由 2.5 平方公里赛车场区与 2.8 平方公里商业博览及文化娱乐区组成。建筑面积 13.6 万平方米,工程总投资 26 亿元,2002 年 10 月开工,2004 年 3 月完成,主体工程包括赛道、看台、指挥中心、新闻中心、车队生活区、维修平台等。主要国际赛事主要有:世界一级方程式锦标赛(F1)中国站大赛自 2004—2010 年举办七届,2006—2008 年 3 次举办 A1 世界杯汽车大奖赛上海站大赛,2005—2008 年 4 次举办世界摩托车锦标赛中国大奖赛,2005 年 V8 超级房车赛中国大奖赛等。主要国内赛事有:2004—2010 年举办 7 次全国汽车场地锦标赛(CCC)/中国房车锦标赛(CTCC),2007 年举办中国方程式公开赛(CFO);2007—2008 年举办 2 次亚洲方程式国际公开赛(CGF)/中国方程式大奖赛(CFGP),2010 年举办首届中国大学生方程式汽车大赛(FSAE)等赛事。

上海国际汽车城的汽车文化,主要体现在每两年举办一届的上海汽车文化节和举办嘉定汽车论坛。2005 年 9 月,首届上海汽车文化节以"城市,让生活更美好;汽车,让生活更精彩"为主题,在上海汽车博览公园举办,为期 20 天的活动将汽车论坛、汽车会展、汽车赛事、汽车经贸融为一体。2007 年 10 月举办的第二届上海汽车文化节被批准为市级重大活动,以"汽车——让城市更精彩"为主题,全方位展示上海汽车产业发展和上海国际汽车城建设的成就,推动汽车文化的培育和汽车产业的集聚,吸引更多喜爱汽车和崇尚汽车文化的市民积极参与。2009 年汽车文化节,设汽车文明、汽车产业、汽车生活三大板块,举办第四届嘉定汽车论坛、汽车创新论坛和系列招商等活动。至 2010 年,上海汽车文化节共举办三届。

# 第三节　新农村建设

2005 年 10 月,中共十六届五中全会提出建设社会主义新农村的目标。区委、区政府结合自身发展实际,以嘉定新城建设为核心,以农村宅基地置换试点为突破口,加快城镇规划体系建设,探索富有上海特点、嘉定特色的现代化新农村建设道路,加快推进农村"三个集中"即产业集聚、土地集约、人口集中的目标。

2007 年 8 月,区委下发《关于建立上海市嘉定区推进新农村建设工作领导小组及其组成人员的通知》,成立由区委书记任组长的新农村建设领导小组,各镇相应成立领导小组,明确工作职能,有序推进新农村建设。重点在于扶持经济薄弱村,改善经济薄弱村的生产、生活条件,为民办实事。实施村庄改造,美化农民家园;在华亭镇宅基地置换试点基础上,在全区有条件的镇推广实施。

2006—2010 年,全区扶持经济薄弱村 26 个,完成村庄改造农户 7 186 户、宅基地置换 1 681 户。

### 一、扶持经济薄弱村

随着城乡一体化、农业现代化的发展,农村产业结构的调整和经营体制的改革,农村经济不断壮大,为新农村建设奠定扎实基础。但由于所处地理位置等多方面原因,区内北部农村经济相当薄弱。2005年,全区村级经济可支配收入不足百万元的村有26个。2006年起,区里对这些经济薄弱村实施3年一轮的扶持政策,并对扶持对象、时期、方法等作了明确规定。区财政实施"财力补差"投入,即对村人均收入不足600元予以补足。首轮扶持,全区共投入财政资金6597.3万元,其中区投入4270万元、镇投入2327.3万元,包含补差资金1996.2万元、项目补助3642.6万元、奖金298.95万元。补差资金主要用于村正常业务开支,实施村路、桥建设和农业基础设施投入及村庄改造等;项目资金由镇集中统一开发投资产业配套商业用房、工业项目和购买标准厂房等。通过财政扶持,2006—2008年项目投资总额为4572.01万元,累计收益400.69万元,收益率8.76%。至2008年,全区26个经济薄弱村年可支配90.46万元,比扶持前的74.86万元增20.84%,有4个村超过100万元,初步改变经济薄弱状况。

2009年起,区里开展第二轮扶持,全区财政投入"财力补差"和"项目补差"资金6466.77万元。2009—2011年项目投资总额为5847.69万元。与此同时,2008年,将经济薄弱村的路、桥改造列入政府实事项目,投入资金总额3500万元,区财政承担2825万元,镇财政配套675万元。2009年,路、桥改造项目资金2153万元,区、镇财政按比例分摊。2012年,区、镇共投入资金1800万元,对24个村实施扶持。

## 二、村庄改造

村庄改造的内容分为村庄环境和农民住宅两部分。村庄环境以路桥、绿化、外墙面刷白为主,农民住宅以污水纳管、天然气建设为重点并兼顾其他。村庄改造由政府给予资金扶持,天然气和污水纳管项目由市、区奖补资金内补贴,环境整治、绿化种植等由镇、村及农户自筹解决;自然村根据具体实施项目予以补贴。补贴标准为:天然气每户1.8万元,污水纳管每户1.2万元,自然村改造每户2.5万元。

2006年3月,华亭镇毛桥村在全区率先开展村庄改造。毛桥村的村庄改造以"统一规划、因地制宜、政府推动、村民参与、突出重点、兼顾全面"为基本原则,通过对"房、厨、路、网、河、水、绿、厕"的"八改",实现"外墙白化、道路硬化、路灯亮化、河道净化、卫生洁化、庭院绿化、环境白化、生活优化"等"八化"。共新建桥梁6座,新建道路1270米,改造宅间道路740米,河道3000米,疏浚土方3万立方米,铺设上下水管道2000多米,新建污水生化处理池1座、绿地1.7万平方米。首期105户村庄改造工程于年底完成,农宅保留了传统江南民宅的特色。是年,毛桥村被市委、市政府列为全市5个建设社会主义新农村试点单位之一,被农业部列为全国35个社会主义新农村建设示范村之一。

2006—2010年,全区共完成31个村7186户的村庄改造任务,主要建设项目有路桥建设、河道疏浚、污水处理、卫厨改造、墙面修缮、环卫设施建设、增加绿化、环境整治、燃气工程、公共服务场所建设和拆违等。村庄改造后的长效管理由镇、村统一负责,镇政府为责任主体,负责河道、道路桥梁、污水管网等;村委会为实施主体,负责卫生、公共设施、绿化管护等,区、镇统筹给予相应的资金补贴。

## 三、惠民超市

2008年,为推动嘉定农村商业发展,满足农村居民消费需求,改善农村购物环境,区里组建面向农村的便民超市。由区供销合作总社下属区百货公司组建上海嘉定惠民超市具体操作运营,超市秉承"惠民连百村、实惠利千家"的经营理念,以连锁经营、物流配送新型业态,借"惠民"品牌发展连锁经营网络。在农村人口相对集聚、交通比较便利、对周边有一定辐射作用的中心村或农民聚居点,开设惠民超市,让农村居民走出家门就能买到实惠的日用生活品。超市实行"商品采购统一、商品质量统一、商品价格统一、员工着装统一、服务规范统一、店面设计统一"的"六统一"建设标准。每家超市经营面积为 60 平方米~150 平方米不等,主要销售食品、日用百货、烟酒饮料、南北杂货等约 1 500 种日常消费品。2010 年,全区农村共建惠民商业网店 61 家。

## 四、宅基地置换

2004 年底,嘉定区启动华亭镇、外冈镇的宅基地置换试点项目。华亭镇的试点区域为联华村和联三村八组,共 13 个村民小组,总户数 553 户,常住人口 415 人,农民宅基地面积 36.02 公顷。新建居住区华亭佳苑,建筑总面积 16.17 万平方米,其中居住面积 13.81 万平方米、公建配套面积 2.36 万平方米,建住宅 1 110 套,水、电、气、有线电视、污水管、绿化等配套设施齐全,2007 年底竣工,总投资 5.23 亿元。项目节余土地 29.28 公顷,实现资金平衡。外冈镇宅基地置换区域为 13 个村,总户数 1 128 户,常住人口 3 552 人,采取"宅基地换住宅、土地征用换保障、土地流转增收入"的办法。项目总投资 6.75 亿元,通过节余土地 32.33 公顷,实现开发建设和销售中、高档商品房资金平衡。新建居住区外冈新苑,位于外冈新镇规划区域内,建筑总面积 34.7 万平方米,其中住宅面积 31.7 万平方米、公建配套面积 2.97 万平方米。有各类住宅 2 862 套,基础设施及菜场、幼儿园、卫生、文化等配套设施一应俱全,2006 年底完成。

2010 年,嘉定区启动新一轮宅基地置换工作,并将宅基地置换作为区优先规划内容。外冈、徐行、安亭镇和嘉定工业区、菊园新区的 7 个宅基地置换项目相继启动。2011 年,外冈镇实施 522 户农民宅基地置换和 8 家企业动迁工作,宅基地置换农民集中居住区的西、南地块分别在 9 月、12 月开工建设。

# 第四节 基 础 设 施

区域重大基础工程主要有以 S5(沪嘉高速)为主的高速公路(嘉定段)建设,以及轨道交通 11 号线嘉定段建设,使区域与市区及周边地区的通行时间大为缩短。与此同时,公用事业不断有着新的进展,尤其是进入 21 世纪,随着嘉定新城和上海国际汽车城的兴建,更是得到了长足的发展。

## 一、高速公路

S5(沪嘉高速)公路是中国大陆兴建的第一条高速公路。全长 18.65 公里,贯通嘉定中南部,对区域经济社会发展起着极其重要的作用。首期工程 1984 年 12 月 12 日开工,1988 年 10 月 31 日通车。公路南起祁连山路,北迄嘉定南门外嘉戬公路,全长 15.9 公里。二期工程 1991 年 12 月动工,1993 年 12 月 18 日竣工。工程由祁连山路向南延伸至真北路,全长 2.75 公里。

【建设规划】
为改善沪宜公路自嘉定南门至上海市区路段的交通条件,1983 年 5 月,市政府批准对沪嘉路段进行改建。同年6月,经专家勘察论证,提出辟筑新线方案。1984年,市政府决定新线按高速公路标准建造,当年12月正式施工,全线用地287.5公顷,其中征用土地180.3公顷、借用土地187.2公顷,拆除集体和私人房屋298户、5.83万平方米;迁移各种管线140公里,完成土方136.6万立方米;使用水泥、砂石、钢材、三渣混合料69.3万吨,使用木材1.5万立方米;植树36 707棵,铺种草皮3万余平方米。

**【设计与施工】**

S5(沪嘉高速)主体线占地宽45米,路幅宽26.5米,其中机动车道15米(上下行车道各7.5米),车道中央分隔离带3米,两侧路缘带、硬路肩、土路肩8.5米,两端联络线总宽30米~36米,其中机动车道16米,非机动车道8米~9米,分隔带1米,人行道和绿带6米~9米,全线平均路堤高度为2.8米,公路以沥青混凝土路面为主,由上海市城市建设设计院和上海科技大学设计。一期总投资2.28亿元,参加施工的有上海市第一市政公司、宝钢十九冶特种公司、宝钢二十冶机械化公司、东海舰队筑港工程公司等28个单位,近万人。二期总投资2.17亿元,由上海市城市建设设计院设计,上海市第一市政公司及嘉定、宝山、金山、交通部门所属的施工企业承建。

**【结构设施】**

S5(沪嘉高速)一期全线共有桥梁24座,总长2 702米,载重20吨~120吨。其中立交桥3座,即马陆立交桥、南翔立交桥、真北路立交桥,全长279.48米;大桥3座,即新槎浦大桥、蕰藻浜大桥、中槎浦大桥,全长1 608.23米;中小型桥梁18座,全长814.34米;涵洞14座,横穿孔道18座。设南翔、马陆上下匝道。承担市区至嘉定56%的客货运交通量。

嘉定区域内还有4条高速公路穿越。G2(沪京高速)嘉定段,1993年1月开建,1996年竣工通车,路宽25米,双向四车道,中间设3米绿化分隔带,两侧各设2.5米紧急停车带。嘉定段设真北、外环、嘉松、安亭4座互通立交桥,3座分离式立交桥,3座跨河大桥和中小桥20座,横向通道35处。2006年8月拓宽改建,拓宽为双向八车道。G15(沈海高速,原名嘉浏高速、嘉金高速)一期工程1994年12月开建,1999年12月竣工,从S5(沪嘉高速)至上海红旗水泥厂(嘉西立交桥),全长7公里;二期于2001年12月竣工通车,从上海红旗水泥厂向北延伸至江苏省交界(浏河),全长10.3公里。A5(嘉金高速)嘉定段,2003年6月开建,2004年9月通车,设双向6车道,全长12.1公里。2009年10月,A5(嘉浏、嘉金高速)统一命名为G15(沈海高速)。G1501(上海绕城高速)于2002年开建,2004年竣工通车,嘉定段长19.43公里,为双向六车道。S20(外环高速)浦西段,1997年7月开建,1998年12月竣工通车,嘉定段长3.72公里,穿越江桥镇、真新街道,双向八车道。

## 二、轨道交通

21世纪初,为配合"汽车嘉定"的发展,在市委、市政府的重视和支持下,区委、区政府审时度势,作出建设轨道交通11号线的重大决策。

**【工程概况】**

轨道交通11号线主线起点为嘉定区嘉定北站,终点为长宁区华山路中间风井;支线起点为嘉定新城站,终点为安亭镇安亭站,线路呈西北至东南走向,途经嘉定、普陀、长宁三区。线路全长

46.008公里,设21座车站,地下线长21.675公里,高架线长22.284公里,地面线长2.049公里。其中主线嘉定段共设6座车站,分别为南翔站、马陆站、嘉定新城站、白银路站、嘉定西站、嘉定北站;支线长13.013公里,设4座车站,分别为上海赛车场站、昌吉东路站、上海国际汽车城站、安亭站。

### 【工程建设】

2002年8月,上海嘉定轨道交通建设投资有限公司应运组建,职能是代表嘉定区政府对轨道交通11号线(嘉定段)进行投资管理,具体承担动拆迁、投融资和站点综合开发任务。2003年4月,嘉定区与上海申通集团共同出资组建上海申嘉线发展有限公司,成为轨道交通11号线开发的实体单位。7月,上海赛车场站率先开工。2004年,嘉定区在学习借鉴相关国家和地区轨道交通建设经验基础上,结合嘉定实际提出"交通引导开发模式、地铁＋物业开发模式、站点综合体开发模式"的轨道交通建设开发新理念,开国内轨道交通站点综合开发之先河。是年底,11号线线路走向、站点规划设置全部落地。2005年11月,嘉定段动迁腾地全面启动;12月,嘉定新城站、嘉定北站破土动工。2006年6月底,嘉定段站沿线规划红线内动迁腾地全面完成,共动迁企业136家、居民584户。2009年6月,轨道列车上线运行调试。

### 【开通运营】

2009年12月31日,轨道交通11号线主线试运营,共配备12列A型列车,实行单一交路运行方式。2010年3月29日,主线运营覆盖早晚高峰,支线同步开通。是年底,共运送乘客4 700万余人次,日均客流18万人次,最高峰达21万人次,其中嘉定段日均客流与市区段基本持平。

境内还有轨道交通13号线嘉定段。2010年动工兴建,嘉定段长4.6公里,设金运路、金沙江西路、丰庄3座车站。2012年12月,金运路至金沙江西路开通试运营。

## 三、公用事业

### 【供水】

1987年,嘉定水厂日制水能力1万多吨,但嘉定镇最高日用水量达5.6万吨,远远不能满足日益增长的生产和生活用水。1989年,嘉定水厂扩建,日供水能力增至6万吨。1992—1993年,水厂再次扩建,日供水能力提高至8万吨。1992年,嘉定水厂管网总长82.7公里,供水面积40平方公里,供水13.1万人,供水普及率100％,全年供水2 061.9万吨。1994年11月,嘉定第二水厂一期工程水源厂在华亭镇联一村开工,总投资2.17亿元,占地14.83公顷,原水取自墅沟引水河道引入的长江水。墅沟引水工程于1994年1月全线竣工,水质达到国家地面水三级标准。水源厂建有60万吨原水库存1座,日可供原水25万吨。1995年12月投产后,嘉定自来水使用长江原水。是年开始敷设从水源厂至嘉定第二水厂(永胜水厂)的原水管道17.82公里,其中水源厂至永胜水厂直径1.5米管道13.3公里,永胜水厂至嘉定水厂直径1米管道4.5公里。2000年,自来水用量6 484.9万吨,日最高供水22.4万吨。2003年3月,总投资4 731万元、总长21公里的永胜水厂至安亭水厂原水工程竣工通水。是年,水源厂至永胜水厂的原水复线建成使用。2004年6月,安亭原水复线竣工。2008年12月,自水源厂敷设直径1.5米管道3.77公里,引长江原水进2010年新建的嘉北水厂。嗣后,以长江水为自来水原水的供应范围覆盖区域大部,饮用水质得到明显改善。2005年,全区各镇、村建有规模不等的小水厂先后关闭,实行集约化供水。2010 年,自来水用量 15 001.7 万吨,其中居民生活用水 5 201.8 万吨。

**【供电】**

1987 年,全县用电户为 1.95 万户,用电 6.31 亿千瓦时,其中农业、工业、交通运输和市政生活用电分别占 52.46%、39.39%、0.53% 和 7.62%。1992 年,全县用电户为 3.60 万户,年用电量 7.86 亿千瓦时。是年,境内有 35 千伏输电线 27 条,160 公里;10 千伏配电线 90 条,928.34 公里。1993 年,叶城、杨家、永胜、望新 4 座 35 千伏变电站相继投入使用。1995 年,35 万伏娄塘、塔城、华江变电站建成投运,新增电力 12 万千伏安。全区 18 个镇均建有 35 万伏变电站,在全市各区县中首次实现"镇镇有变电站"。2000 年,区内建有 110 千伏变电站 4 座(主变压器 8 台)、35 万伏变电站 25 座(主变压器 50 台),电力总容量 13 486 万千伏安。是年,全区用电户 14.50 万户,售电量 21.57 亿千瓦时;2000—2001 年,全区完成 14.33 万户农村居民"一户一表"改造工程。2002 年完成第二批农村电网改造工程。2006 年完成各类电网改造项目 64 项,新增电力 50.9 万千伏安;2007 年新增电力 8 万千伏安;2008 年新增电力 31.5 万千伏安;2010 年新增电力 31.5 万千伏安。是年,全区用电户 37.84 万户,售电量 75.18 亿千瓦时。

**【供气】**

1964 年 8 月,上海市煤气公司在嘉定县城铺设煤气管道供应煤气,嘉定成为市郊第一个使用管道煤气的县,中科院上海原子核研究所为首先使用煤气的单位。1966 年起,煤气开始供应少量居民家用。1969 年,马陆电子厂使用煤气,邻旁马陆村 327 户农民家庭相继用上煤气,成为全国最先使用管道煤气的农民家庭。1985 年 5 月,南翔镇有 2 个居民新村和 3 个小区居民用上管道煤气。至 1987 年,嘉定有 123 个企事业单位、1.28 万户居民用上煤气,年用气量 2 252 万立方米。1986 年,市煤气公司与县政府共同投资敷设嘉罗公路煤气管。1990 年建造 5.4 万立方米嘉定煤气柜。1992 年,全县居民煤气用户 2.15 万户,年用气量 1 057 万立方米;工业用户 211 户,年用气量 2 979 万立方米。1992 年 7 月,兴建安亭煤气厂,为大众"二期"扩建配套工程之一,坐落方泰乡境内,占地 11.44 公顷,建筑面积 2.39 万平方米,主要设施有直径 3.3 米二段炉 2 台、400 立方米球 2 个、中压煤气管 18 公里,储配站 1 座,总投资 1.96 亿元,日产煤气 10 万立方米。1994 年 12 月投产。1995 年 9 月,沪嘉煤气复线工程竣工。日输气量从 10 万立方米提高至 30 万立方米,工程由市煤气公司和嘉定区共同投资,其中嘉定区投资 2 800 万元。2003 年 12 月,"西气东输"天然气上海首站在安亭建高压调压门站,嘉定区开始使用天然气。2006 年,嘉定区域内建有燃气管线 1 098.44 公里。2008 年,嘉定区域内人工煤气用气量 4 386.1 万立方米,天然气用气量 6 596.17 万立方米。是年底,人工煤气退出历史舞台,嘉定区内居民和单位全部置换为天然气。

1985 年起,嘉定、安亭两镇居民陆续使用液化气,到 1987 年,全县液化气用户约 2 000 户。1991 年 10 月,县成立液化气管理所,对液化气实行统一管理。1992 年 5 月兴建 1 200 立方米封浜液化气储灌站。是年,全县液化气用户 14 239 户,年用气量 1 260 吨。2000 年,全区居民和单位用气量为 1.12 万吨;2010 年用气量为 3.23 万吨。

**【通信】**

1978 年,嘉定城厢镇开通 2 000 门纵横交换机,同时设 250 门共电交换机,设备容量增至 3 250

门，实装用户 1 266 户。1986 年增设 1 000 门交换机，自动机容量达 4 000 门。1989 年 6 月开通市话程控电话交换机 2 000 门，市话用户可直拨国内、国际长途电话，12 月，在市郊率先实现全县电话交换自动化。1992 年，全县电话交换机总容量由 1985 年的 0.85 万门扩容至 2.64 万门，用户由 1985 年的 0.59 万户增至 1.95 万户，话机普及率由 2.1 部/百人增至 6 部/百人。至 1997 年，全区有固定电话用户 11.53 万户。1998 年 6 月，嘉定建成上海市郊第一个电话区，全区电话用户 14.53 万户，居民每百户平均装机率 86.8%。2010 年，全区固定电话用户 40.32 万户，宽带用户 20.85 万户，交互式网络电视（IPTV）用户 7.89 万户，移动电话用户 140 万余户（包括外来流动人口）。

# 第五节　生态环境

区域生态环境建设主要以创建环境保护模范城区为目标，滚动推进环保三年行动计划，开展区、镇、村 3 级生态创建，实施环境污染整治，全力打造经济快速发展、环境清洁优美、生态良性循环的上海西北新城。

## 一、环保三年行动计划

2000 年起，嘉定区滚动开展四轮环保三年行动计划，共完成环保项目 297 个。

第一轮环保三年行动计划（2000—2002 年）主要任务为改善水和大气环境质量，推进固体废物安全处置，提高城市绿化水平，实施环境综合整治，加大水资源和土地资源保护。"一轮"完成环保项目 37 个。空气质量一级和二级天数从 1999 年的 330 天增至 2002 年的 342 天。水功能区考核断面（农田灌溉用水）PH 值、汞水化合物、镉及化合物、石油类、全盐量等 5 个考核指标达标率为 100%。区域环境噪声平均值略有下降，达到国家二级标准。交通干线噪声平均值基本持平，达到国家四级标准。市民对城市环境满意率为 91.7%。

第二轮环保三年行动计划（2003—2005 年）主要任务为开展饮用水源保护、骨干河道综合整治、重点地区水系综合整治、污水处理系统建设、医院污水处理。建成区创建基本无燃煤区，全区消除冒黑烟现象，控制扬尘污染。推进垃圾综合利用和无害化处置，开展医院废物处理处置。"二轮"完成环保项目 111 个。2005 年和 2002 年相比，水和大气环境中各主要污染物排放强度均有较大幅度下降。水环境中，南部地区水质恶化得到遏制，全区河道水质污染物排放平均下降 5% 以上；大气环境中，空气质量优良率连续 3 年稳定在 90% 以上。市民对区域环境质量改善满意率为 71%。

第三轮环保三年行动计划（2006—2008 年）主要任务为巩固和提高中部、北部地区水环境整治成果，南部地区河道基本消除黑臭，建成覆盖全区的污水处理设施框架体系。城市环境空气质量满足功能区要求，基本解决直接影响生活环境的中小锅炉和扬尘污染问题，杜绝烟囱冒黑烟现象，改善扬尘污染。"三轮"完成环保项目 58 个。2008 年，环境空气质量优良率 93.4%，较 2006 年提高 2.3 个百分点；区控监测断面地表水质较 2006 年改善率为 8.6%；遭受严重污染的南部地区水质出现拐点，趋于好转。

第四轮环保三年行动计划（2009—2011 年）主要任务为确保饮用水安全，提高污水处理设施建设和运行水平，深化河道整治，完善河道监管体系建设。推进并深化燃煤设施脱硫和脱硝，强化扬尘污染全过程控制，消除区域内炉窑灶冒黑烟和恶臭现象。提升城市生活垃圾无害化处置能力，加强农业污染治理，推进养殖业污染综合治理，实施农村整治。建设嘉定新城绿化。"四轮"完成环保项目 91 个,完成率 93.8%。2011 年,空气环境优良天数 341 天,优良率为 93.4%,高于全市平均水平;区域环境降尘量为 5.4 平方公里·月,比 2010 年下降 8.5%,空气质量普遍好转;饮用水污染源地水质保持稳定,达到水环境功能区要求;区控断面平均综合水质指数为 5.3,属 Ⅴ 类水。

## 二、污染源控制与治理

区里对环境监测环境治理源十分重视。2010 年除蕰藻浜以北氨氮、总磷指标超标外,其余达到 Ⅳ 类水功能要求,河道基本消除黑臭。蕰藻浜以南,仍有部分镇村级河道存在黑臭现象。声环境质量基本达到环境噪声标准。

### 【环境监测】

1988—1990 年,设 12 个河流水质监测断面,每月根据不同潮位分别采样,分析化学耗氧量等 37 项水环境指标。在嘉定镇设 2 个点,连续监测大气中二氧化硫等 4 项环境指标。全县设除尘监测点 15 个、硫酸盐化速率监测点 8 个、氟化物监测点 7 个、降雨监测点 1 个。县监测站 3 年完成废水监测数据 38 433 个、窑炉监测 1 540 台次、噪声源监测数 572 个、污染事故数据 909 个。2000 年,嘉定环境质量在稳定中有所改善,水源保护区水质方面,嘉定水厂华亭取水 23 个监测项目中,Ⅰ 类 17 个、Ⅱ 类 3 个、Ⅲ 类 11 个、Ⅴ 类 2 个(石油类、氨氮)。全区镇级以上河流考核断面的水质基本达到水环境质量要求。大气环境质量方面:建成区常年监测区的二氧化硫长期保持在 Ⅰ 类水平,氮氧化物和总悬浮颗粒总体上处于 Ⅱ 类水平,除尘量保持在较好的水平。声环境质量方面:主要道路交通噪声比 1999 年有所控制。2007 年,嘉定区实施“第一次全国污染源普查”数据显示:全区有工业企业 6 790 家,工业源综合能源消费 118.96 万吨标准煤。其中,原煤消费占总量的 19.3%,其余为煤气、天然气、液化石油气、电力等清洁能源。工业用水总量 16 887 万吨,生产废水 2 437 万吨,排放 2 389 万吨。其中进入污水厂集中处理 1 333 万吨,占排放量的 55.8%;直接排入环境水体 1 056 吨,占 44.2%。369 家企业拥有 415 套污水处理设施,废水处理 1 741 万吨,占工业废水排放量的 72.8%。工业废气排放量 339.49 亿立方米,59% 的废气经过处理后排放。烟尘产生 1.78 万吨,处理率 83%。二氧化硫产生 6 905 吨,排放 5 131 吨,处理率 26%。工业固废物产生量 36.44 万吨,综合利用 27.78 万吨,综合利用率 76.29%。工业源危险废物 5.53 万吨,利用 2.84 万吨,处置 2.68 万吨,贮存 19.4 万吨,无倾倒现象。农业污染主要为畜禽养殖产生的污染。2007 年,区域畜禽养殖产生的畜禽粪年总量为 8.38 万吨;污水总量为 13 万立方米,处理利用率 70% 以上。其处理利用方式是施入农田,污水以灌溉农田为主。

### 【环境治理】

1988—1990 年,县环保部门组织 8 次全县性的对口检查和突击抽查,对违反环保法者依法给予警告、罚款等行政处罚。3 年中,全县共发生环境污染事故近 40 起,罚款金额 20 余万元。1990 年,全面调查工业企业及大中型畜牧场污染源,调查企业 700 家,为 500 家企业建立污染档案。1993 年,撤县建区后,区环保局根据排污费交纳义务和使用返回权利相结合的原则,每年对重污企业下达污染治理专项贷款项目。1993 年,安排治理项目 3 批共 18 个。1995 年,安排项目 9 个。依据环保法,对严重超标排放企业下达限期治理达标。1993—1997 年,先后向娄塘化工厂的废水污染、嘉定水泥厂的粉尘污染,对练祁河、娄塘水源保护区内的 4 家污染企业限期整治;对徐行化工厂、曹王化工厂、嘉定钢厂、方泰冷轧厂等企业的炉窑烟尘、废水污染下达整治通知。1997年,市环保局向嘉定区下达"一控双达标"计划,实施主要污染物排放总量控制,排污单位污染物排放达到国家对应的排放标准。全区322家排污企业列入考核名录。之后,嘉定区先后关闭嘉定化肥厂、上海红旗水泥厂、上海东嘉生化厂、上海同创生物制品厂、上海皇都毛毯印染有限公司等污染大户。90年代后期,上海汇龙化工厂、上海嘉定硼砂厂、上海天益味精厂等78家污染重、治理有难度的企业先后关闭或产业调整。1994年,对娄塘化工厂、华亭化工厂等15家企业发放上海市液体污染物排放许可证制度,10家企业进行排污口规范化管理试点。2002年,对248家重点排污单位实施"一厂一档"动态管理。2007—2010年,全区淘汰环保劣势企业834家,其中22家为市级重点监管企业。新增污水管网412公里,新增纳管企业1612家。建成大众污水处理厂二期、安亭汽车城污水处理厂二期工程,新增污水处理能力15万立方/日。"十一五"期间,嘉定共完成化学需氧量减排15917吨;排放总量控制在13132吨;城镇污水截污率81%;完成二氧化硫减排3714吨,排放总量控制在3553吨,各项指标均实现"十一五"总量控制目标。

## 三、河道综合整治

### 【区干河整治】

1993—2010年,区里共投入资金12.87亿元,对境内20余条干河实施综合整治,涉及河道46条(段),长度累计197.21公里。整治的干河均达到规划标准,恢复和增强河道的防洪、除涝、调水、生态、航行和景观功能。其中,市级河道为蕰藻浜、新槎浦、练祁河,区级主干河道为环城河、娄塘河、虬江及延伸段、盐铁塘、横沥、蒲华塘,区级次干河道11条。2002年9月,区主干河道盐铁塘被列为市、区重点项目启动整治,2003年5月竣工,总投资5587.22万元,市、区二级财政按1:1比例分担。工程为新建河岸27.09公里,河道疏浚土方56.62万立方米,通道2195.6平方米。两岸各种植8米宽的水杉林带。河道通过清淤、护岸、植树绿化、治污等,重现水畅其流、两岸呈绿、河水变清的水乡风貌。2003年,区干河道虬江综合整治工程被列为区政府实事工程,西起盐铁塘,东至普陀区交界。通过拓浚马桥港、浅江、顾港泾、西虬江,形成一条长达15.4公里的东西向骨干河道。与此同时,对4.2公里南虬江实施整治,改善水环境,理顺南部地区的河网水系。工程于10月启动,2004年6月竣工,总投资1.09亿元。项目有新建护岸35公里,新建桥梁13座,疏浚河道土方62万立方米,新增绿化13.35万平方米。

### 【镇村河道整治】

90年代初,随着农民罱泥积肥传统的停止、城市化的发展,嘉定地区镇、村二级河道加速淤塞,自净能力下降,库容量减少。至90年代中期,境内大多河道严重淤塞,水质恶化,部分河段流淌黑水。1998年,上海市启动以苏州河环境综合整治为重点的中小河道整治工作,嘉定区确定用3年~5年时间对全区河道实施以"底深、面清、岸净"为目标,以"截污为本,标本兼治"为主要内容的综合整治。是年,投入资金4096.2万元,在2332条(段)河道的河面、河岸上清除垃圾81347吨,清除2709公顷水面上的水花生等水生植物。同时实施农户垃圾箱修建、农村垃圾房整治、粪便无害化处理等截污措施和水面保洁。是年10月,市政府在嘉定区召开市河道整治和农田水利建设现场会。2000年,嘉定区在市郊河道综合整治评比中获一等奖,嘉定镇市心河、嘉定工业区牛肠河等6条(段)河道被评为1998—2000年度上海市河道综合整治优秀(良)样板河道。1999年1月,区政府首次颁布全区镇、村二级河道规划,在《嘉定报》上公示,明确"各镇人民政府负责制定镇、村二级河道的整治和维护计划,组织实施","街道办事处对本区域内的河道行使日常监督管理",规范镇、村二级河道整治标准,落实管理责任。之后,区里在贯彻社会主义新农村建设、创建国家环境保护模范城市行动等活动中,持续开展河道专项整治。打捞水葫芦5.95万吨。在吴淞江沿线支流口和连通江苏省境内河道的出口处,设立防污栅即拦污浮坝300处,拦截外省入侵水葫芦并制止区境水葫芦等漂浮物流入苏州河。嘉定区水葫芦专项整治工作获2002年上海市水葫芦专项整治工作一等奖。2006年起,区里结合社会主义新农村建设,贯彻实施镇、村级河道整治三年行动计划,又称"万河整治行动计划"。至2008年,累计整治镇、村河道及沟宅河1641条(段)1308.37公里,疏浚土方1830.7万立方米,种植绿化409.9万平方米,修建结构型护岸188.56公里,投入资金4.08亿元。2009年,对未列入"万河整治行动计划"的村沟宅河进行整治。至年底,累计投入资金2776.96万元,完成河道274条(段)97.1公里,疏浚土方105.09万立方米,完成绿化11.23万平方米,结构护岸16.81公里。2008—2009年,实施黑臭河道整治共113条(段)142.2公里,疏浚土方210.72万立方米,新建护岸115.55公里、通道11.4万平方米,种植绿化158.53万平方米,截污纳管223.98公里。

## 四、园林绿化

1998年起,嘉定区各街镇按"一镇一园"的要求,先后建成公园(绿地)10个。2002年,嘉定区成功创建"上海市园林城区"。2005年后,在嘉定新城的规划建设中,实现"千米一林、百米一湖"的绿化规划。

### 【大型绿地】

1993年,全区有城镇公共绿地35.46公顷,绿化覆盖率15.8%,人均公共绿地3.08平方米。2000年3月,在群众性创建"绿化合格单位""园林式居住区""花园式单位"的基础上,区里提出园林城区创建目标。以"三古(古城、古园和古树)、一环(环城河绿带)、一镇一园"为创建特色,创建范围为嘉定中心城区和南翔、安亭、马陆的部分地区,创建面积32.54平方公里,区域人口15.3万人。2000—2002年,嘉定区在创建上海市园林城区过程中,充分利用嘉定的人文历史景观,结合老区改造和文物保护,围绕古迹,辟建绿地,先后建成嘉定入城口、人民街、东大街、城中街、南门古城墙、西门古城墙、孔庙周边、嘉宝等14块绿地,面积9.5万平方米。2010年,全区城镇范围内有3000平方米以上的大型公共绿地110块;4万平方米以上的26块;10万平方米以上的13块。分别为:浏岛游览村23.25公顷、外环线林带(嘉定段)51.36公顷、上海赛车场场外绿地38.85公顷、上海汽车博览公园71.62公顷、安亭镇东城物业景观绿带30.53公顷、安亭新镇A块绿地29.14公顷、安亭新镇D块绿地16公顷、环城河绿带28.83公顷、伊宁路一期景观绿地15公顷、嘉定新城环城林带一期14.7公顷、嘉定新城环城林带二期19.8公顷、远香湖景观工程一期10公顷、石岗门塘绿化二期10公顷。

### 【单位、社区绿地】

1995—2010年,南翔镇环卫所、上海延锋汽车内饰件厂、嘉定区实验幼儿园等122个单位先后被评定为市级绿化合格单位。2004年起先后有安亭中学、核工业第八研究所、上海师范大学天华学院等63家单位创建成为市级花园式单位。1993年,嘉定区居民区绿地面积总量为22万平方米,至 2010 年居民区绿地面积的总量增长 16.23 倍,达 379 万平方米。2004 年起,先后有嘉华山庄、泰宸新苑、金地格林春岸等 25 个居住区建成市级园林式居住区。

**【园林绿地】**

主要有秋霞圃、古猗园、汇龙潭公园、儿童公园、安亭公园等,其中秋霞圃、古猗园、汇龙潭公园始建于明代。1988 年 7 月,儿童公园建成对外开放。1995 年 5 月,安亭公园建成。1998—2004 年,区里实施"一镇一园"绿化建设。至 2004 年,实际建成公园(绿地)10 座,其中黄渡公园、古银杏公园、金沙公园、马陆公园、南苑公园、小河口公园和新成公园等 7 座公园补列入镇级公园。

**秋霞圃** 位于嘉定镇东大街 314 号,始建于明弘治十五年(1502 年),其内部的城隍庙早在洪武三年(1370 年)迁建于此。公园主要由龚、沈、金三姓的私家园林的邑庙(城隍庙)合并组成,由桃花潭、凝霞阁、清镜塘和邑庙 4 个景区组成。1962 年、1984 年 2 次被列为上海市文物保护单位。园内有楼、台、亭、阁、回廊、水榭、城隍庙大殿、寝宫等明清建筑,有百年以上的桂花、银杏、枫杨、榉树、木瓜、瓜子黄杨、枸骨、山茶和女贞等古树名木 12 株,有金镶白玉嵌、紫竹、佛肚竹等竹子 13 种。公园占地 2.72 公顷。2004 年,秋霞圃被评为四星级公园。2010 年,游客量达 8.63 万人次。

**古猗园** 位于南翔古镇东部,南临沪宜公路,始建于明嘉靖中期。1991—2010 年,公园经历 6 次改、扩建。其中在 2008—2010 年实施的改扩建中,园区东扩 1.49 公顷,进行叠山理水、园林街景的扩建;对西部老园区,依据清代《江南园林志》的记载,将园林景点和建筑小品按历史风貌予以恢复,公园南出入口由西侧移至原西南门位置;由逸野堂、戏池、鸳鸯湖、松鹤园、青清园、南翔壁等 6 个景区,改分为猗园、曲溪鹤影、花香仙苑、幽篁烟月四大景区、40 多个景点,拥有绿竹猗猗、花石小路、幽静曲水、楹联诗词等特色风貌。经过改造和扩建,公园面积由 1993 年的 8.89 公顷扩大至 2010 年的 10.72 公顷,建筑面积由 3 414 平方米增至 8 010 平方米。全园植有竹子 30 多种,其中青清园占地 2.2 公顷,以竹林、竹山和竹亭构景。2003 年、2004 年,公园先后被评为上海市四星级、五星级公园。2005 年 12 月,古猗园被评为国家 AAAA 级旅游景区。2010 年,游客量 147.5 万人次。

**汇龙潭公园** 位于嘉定镇塔城路 299 号,西临横沥,与孔庙为邻。明天顺四年(1460 年),在重建孔庙大成殿时,筑土山,名"应奎山"。万历十六年(1588 年),开凿汇龙潭。民国 18 年(1929 年),现公园南部和孔庙一起被辟为"奎山公园",系区境最早的公园。1978 年由市、县两级政府拨款,以原奎山公园残景为基础,拓地扩建。汇龙潭公园内有不可移动文物 10 项,树木 150 种 1.2 万株,其中古树名木 11 株,古树后续资源 25 棵。公园有南北 2 个景区组成。南部景区以汇龙潭为中心,有应奎山、状元楼、龙门桥、魁星阁、文昌阁、百鸟朝凤台、钟楼、碧荷池、井亭、瀑布和侯黄纪念碑等景物,以山、水、亭、阁配合组景。北部景区布局紧凑,建筑集中,有玉莲池、波影榭、碎玉泉、碎玉亭、夕照亭、芭蕉小院、翠篁阁、怡安堂、矗云峰、缀华堂、万佛宝塔、畅观楼等景物。1996 年,公园南部景区占地 3.3 公顷,其中水面 0.67 公顷;北部景区占地 1.49 公顷,共 4.79 公顷。2002 年公园免费开放,2004 年恢复收费,2006 年被评为三星级公园。2010 年,游客量达 11.68 万人次。

嘉定区对古树名木保护也十分重视。2010 年,全区登记在册的古树名木 175 棵,主要分布在园林及周边地区。

# 第六节　民生事业

进入 21 世纪,区委、区政府一方面加快推进"汽车嘉定"建设,另一方面重视民生事业发展。通过完善劳动就业机制,实施一系列再就业工程。2001—2010 年,新增就业岗位 30.1 万个,城镇登记失业人数控制在 4.5％以下。通过完善社会保障体系,实施"城保""镇保""农保""综保"等,2010年,全区社会保障覆盖面达 98.5％。通过完善社会救助和社会福利,为困难群体提供最低保障。

## 一、劳动就业机制

1994 年为分流安置企业改革中困难企业的下岗待业人员,政府实施再就业工程。1996 年 9 月,区政府成立再就业工程领导小组,11 月又成立区就业指导中心,指导和规范职工下岗程序,控制下岗职工年末存量指标,保障下岗职工基本生活,组织下岗职工分流安置。在此基础上,有关的改革改制企业分别建立再就业服务中心,对再就业困难的下岗职工实行托管,按托管协议向下岗待业职工发放基本生活费,报销门诊医疗费,办理养老、医疗等社会保险,同时开展职业技能培训,组织劳务输出,重新择业和分流。1997—2001 年,全区共分流下岗待业职工 8 477 人。2001 年起,对下岗待业职工不再安排进再就业服务中心,下岗待业职工分流安置工作结束。2000 年,区再就业工程领导小组研究建立政府责任体系,实施创造就业岗位和建设网格化劳动力市场,作为政府实事工程来实施增加就业的措施,实现就业体制向劳动力市场转变的目标,实施一系列促进就业政府责任体系工程(项目)。

### 【"4050"项目】

政府为解决女 40 岁左右、男 50 岁左右,就业条件较差的城镇失业、协保人员及征地之中就业困难群体实现就业的实事项目,是 2001 年市政府净增 10 万就业岗位的重点工作。2001 年 6 月,区政府下发《关于开发"4050"项目实施意见的通知》,通知就如何落实政府促进就业的责任体系,落实政策,扶持"4050"人员上岗;加强对开发"4050 项目"的宣传、服务和管理考核作出规定。2001—2006 年,全区共推出"4050"项目 400 余个,共安置"4050"人员 2.46 万人。

### 【"万人就业项目"】

由政府出资购买,政府特许经营或收费以及无偿使用公共资源开发服务的社会管理和公共服务项目,能帮助就业困难的长期失业人员、协保人员、农村富余劳动力实现体面就业。2004 年作为市政府第一号实事项目,至 2010 年"万人就业项目"一直作为市、区两级政府的实事项目加以实施。2004—2010 年,全区"万人就业项目"共惠及就业人员 9.23 万人。

### 【就业托底工程】

自 2003 年始,对就业愿望迫切,但仅靠自身努力难以解决特困人群体(也称特困对象),全面实施双向承诺,做到"出现一个,认定一个,安置一个,保障一个";政府通过公益性岗位帮助就业,实施岗位托底。2003—2007 年,全区安置就业特困对象 3 380 人。

### 【"创业广场"服务创业项目】

区"创业广场"于 2003 年 9 月在全市率先开业,由区里工、青、妇等群众团体参与,引进社会中介机构及有关企业驻场服务,为下岗、协保、农村富余劳动力等自主择业提供创业平台。2005—2010 年,"创业广场"服务创业项目 3 496 个,带动 8 759 人就业。

## 二、社会保障体系

1993—2010 年,区贯彻执行国家及上海市的社会保障法规政策,推行城镇职工社会保险、农村社会养老保险、小城镇社会保险、征用地人员社会保险等,不断扩大社会保障覆盖面,逐步形成广覆盖、保基本、多层次、可持续的社会保障体系。

### 【城镇职工养老保险】

1993 年起,城镇职工的养老保险纳入全市的统筹范围:实行个人缴费,由国家、单位和个人共同负担养老费用。1994 年 6 月开始,养老保险费由单位和在职人员每月按规定期限缴纳,单位承担在职人员工资总额的 25.5%,之后逐步调为 22%;个人承担月工资收入的 3%,之后调整为 8%。1994 年,全区参保人数为 17.27 万人,平均月待遇为 784 元;2010 年分别为 19.03 万人、1 807 元。

### 【农村社会养老保险】

1991 年 3 月,县建立农村社会养老办公室。1994 年 4 月,区建立农村社会养老保险事业管理办公室,1996 年 4 月更名为区农村社会养老保险事业管理中心。2006 年 11 月起,对农村社会养老保险基金实行专账管理、专款专用,并实行区、镇两级管理。2008 年 7 月,农村社会养老基金实行区级统一管理,区、镇分账立户。1993 年,全区农村社会养老保险缴纳人数为 12.93 万人,退休人数为 5.44 万人,养老金发放 1 646.8 万元;2000 年分别为 11.66 万人、5.47 万人、4 777.万元;2010 年分别为 0.55 万人、1.51 万人、7 277.45 万元。

### 【小城镇社会保险】

2002 年 11 月,区在 4 家企业试点小城镇社会保险。2003 年 10 月,小城镇社会保险正式实施,保险内容含养老、医疗、失业、生育、工伤等社会保险和补充社会保险,保险对象为上海市郊区范围内的用人单位及具有本地户籍的从业人员、被征地人员中的征地劳动力。基本保险费由用人单位按月缴纳,缴纳基数为上年度全市职工月平均工资的 60%,缴费比例为基数的 24%。其中,养老保险缴费比例为 17%,医疗保险缴费比例为 5%,失业保险缴费比例为 2%。被征地人员应一次性缴纳不低于 15 年的基本养老、医疗保险费。2005 年,全区参加小城镇社会保险的参保人数为 11.57 万人,平均每月领取养老金 485.61 元;2010 年分别为 15.78 万人、848.82 元。

## 三、社会救助

进入 90 年代,社会救助从传统的民政对象救助发展为以低保救助为中心、多项救助相结合的救助体系,实现城乡居民应保尽保。1993 年 5 月,上海市建立城镇居民最低生活保障线,低保标准为月人均 120 元,之后低保标准先后调整,2010 年为月人均 450 元。2000—2010 年,区城镇低保人数呈马鞍形走势,2000—2003 年快速增长,2003 年达 11 801 人,之后逐年减少,11 年间共救助城镇低保对象 8.75 万人,发放低保金 2.12 亿元。1994 年 7 月,上海市农村最低生活保障线确立,区标准为每人全年 850 元,之后多次调整,2010 年标准为每人全年 3 600 元。1994—2010 年,农村低保人数同样呈马鞍形走势,2002 年达 5 332 人,2010 年减至 514 人,17 年间共救助农村低保对象 3.59

万人,发放低保金 2 270 万元。

### 【医疗救助】

主要是对因患大病重病、医药费支出影响家庭基本生活的困难人员提供医药费补助和医疗照顾。2000 年,区制定出台《关于做好本区医疗救助工作的实施意见》,明确大、重病医疗救助对象为孤老、孤儿、孤残、城镇低保家庭中丧失劳动能力的无业人员和未成年子女,以及医保对象低收入家庭中因患尿毒透析、精神病、恶性肿瘤等病人;救助标准为住院期间的基本医疗费用在扣除各项医疗保险可支付部分及单位应报销部分后,累计自负金额超过 1 000 元以上的,其个人支付部分按 1/4 比例给予补助,全年累计医疗救助额度一般不超过 5 000 元。嘉定先于全市一年将救助对象范围扩大至农村低保对象中患尿毒透析、精神病、恶性肿瘤等大、重病对象。2004—2010 年,区又先后 3 次出台文件,对市级医疗救助政策进行补充,扩展救助对象范围,取消病种限制,将低保和低收入患其他大病的对象也纳入区级医疗救助政策中,年度累计医疗救助限额提高至 5 万元。2000—2010 年,全区有 21 897 名病人得到医疗救助 7 229.96 万元。

### 【教育救助】

1996 年起,区利用农村扶贫基金对就读大中专的农村贫困户子女开展每年两次的扶志助学活动。1996—1999 年,共实施补助农村贫困子女 363 人。2000 年开始,助学覆盖面拓展至城镇低保家庭中的大中专学生。1996—2010 年,全区共资助 13 956 人次,救助金额达 1 213 万元。2005 年 8 月起,向城乡低保家庭义务教育阶段学生发放助学券,每学期 1 张,学生凭券享受免书本费、学费及生活费补助(每生每月 110 元,每年按 9 个月补助)的助学救助。2006 年始,低保家庭全日制中等职业学校学生也可享受助学券。至 2010 年共发放助学券 12 890 张。

## 四、社会福利

进入 21 世纪,社会福利主要是拓展养老服务,发展福利企业解决残疾人就业需求,销售福利彩票,募集社会福利基金用于社会公益。

### 【养老服务】

1993 年,嘉定区有养老机构 18 个,床位 554 张,平均每 100 位老人拥有养老床位 0.8 张。2001—2004 年,每年将 80％的福利彩票公益金资助城乡社区老年人福利服务设施建设,3 年共 1.16 亿元资金新建标准型老年活动室 60 家,面积达 3.37 万平方米;改造、新建敬老院 12 家,新增床位 437 张。2006 年,嘉定区制定《关于推进养老服务社会化发展的意见》《养老机构社会化运作及资金补贴的实施意见》,在市财政对每张养老床位补贴 5 000 元的基础上,区财政再补贴 5 000 元,并按核定床位数内收养的嘉定籍老人以每人每月 100 元给养老机构运营补贴,促进了养老机构的发展。2010 年,全区有各类养老机构 21 家,拥有床位 5 223 张。2008 年始,区按照全市统一政策实施居家助养老服务项目,各街镇的社区助老服务社为 60 岁以上有生活照料需求的居家老年人提供送(做)饭、洗衣、助浴、喂药、购物等上门服务。2010 年,服务对象达 9 755 人。2003 年,嘉定区首家老年人日间服务中心建立。2010 年共有 15 家老年人日间服务中心,日服务 760 人。建成标准化老年活动室 154 家,新建和改扩建面积达 8 万平方米,建设资金达 8 700 万元。2001—2010 年,全区为有需要的独居老人和高龄纯老家庭免费安装"安康通"紧急呼叫器2 103台,由社会服务机构提供服务7 902次。

**【福利企业】**

1993年,全区有社会福利企业276家,产值8.94亿元,利税1.08亿元;1997年有福利企业363家,产值27.2亿元。1993—2010年,全区福利企业总产值达到475.05亿元,利税46.55亿元。1993年,区福利企业安置残疾职工就业6 228人。1998年7月,市里规定对重残无业人员实行最低生活保障金制度,一批原挂靠福利企业、无劳动能力不上岗的残疾人改由政府保障。2010年,全区106家福利企业安置残疾职工总数为3 142人。1993年,福利企业职工(含残疾职工)月平均工资250元,之后逐步调整提高。2010年,福利企业残疾职工月收入与市最低工资标准基本持平,月工资为1 209.17元。2001年起,福利企业的残疾职工参加养老保险达到100%。

**【慈善事业】**

在政府牵头推动,慈善组织积极努力和市民踊跃参与下,区慈善事业不断壮大。进入21世纪,随着市民慈善意识的增强和收入水平的提高,慈善活动和范围从区内扩展至国内和国际。

**救灾募捐**　1998—2010年,区先后组织救灾募捐7次,募集捐款1.52亿元及衣被物资等。1998年抗洪救灾全区募集捐款770余万元、衣被38.8万件;2003年抗击"非典"募捐款1 045余万元;2004年印度洋地震海啸灾难募集赈灾款85.76余万元;2008年抗击汶川地震募捐救灾款1.29亿元;2010年为海地地震募捐赈灾款20.1万元,为青海玉树地震募集赈灾款320.12万元,为青海舟曲泥石流募集赈灾款40余万元。

**对口支援募捐**　1991—2010年,全区共组织18次募捐活动,募集新旧衣被262.85万件,重量达474.33吨;现金1 730.82万元,受援地区有安徽、云南、湖南、江西、四川、甘肃等省。

# 第七节　创建全国文明城区

精神文明建设活动与创建活动起始于80年代初,1981年3月,嘉定县响应全国总工会、共青团中央等9个团体的倡议,投入"五讲四美"文明礼貌月活动。1985年开展第一届市、县级文明单位的评选,之后相继开展文明村镇、文明小区(社区)等创建活动。进入21世纪,嘉定区的精神文明建设活动在文明单位、文明村镇、文明社区(小区)、文明行业、文明机关等创建的基础上,2002年开始上海市文明城区的创建,2005年成功创建为上海市文明城区;2007年正式启动全国文明城区创建,2015年获全国文明城区提名,2017年荣获全国文明城区称号。

## 一、思想道德建设

以社会公德、职业道德、家庭美德为主要内容,开展"文明礼貌、助人为乐、爱护公物、保护环境、遵纪守法"的主题教育活动。1993年,全区各街镇、各单位以市民学校、巡回演讲、班级学习、个人自学《文明市民教育读本》和观看录像等形式,开展文明市民教育,全年有73.8万人接受教育,发放《上海市民文明知识200题》5 000册,开展"七不"规范教育。1997年始,开展"讲文明、树新风"活动,解决文明言行、环境卫生、服务质量、交通秩序等4个方面的突出问题。2003年,市、区、镇三级联动,以迎接 F1 汽车大奖赛中国站比赛在嘉定举行的契机,开展"与文明同行、向陋习告别、让礼仪相伴、以诚信为本"四大教育活动,营造"当好东道主,拥抱 F1"的氛围。职业道德,以建设一支"有理想、有道德、有文化、有纪律"的职工队伍为目标,坚持以先进思想教育职工,以先进文化引导职工,以先进评选激励职工,有序开展职工道德教育。家庭美德建设,以"五好文明家庭"创建为载体,把思想道德教育、法律、科普知识和文明、健康、科学的生活方式引进家庭,提升家庭成员的文明道德修养。

## 二、文明单位创建

以开展文明单位的评比和管理为主要抓手,每两年评选表彰一批创建成绩显著的文明单位。1985—1992 年,市、县共进行 6 届文明单位的评选活动,全县先后评出市文明单位 23 个、市农口系统文明单位 21 个、县文明单位 396 个。1994 年,区文明委把创建"社会安定、环境优秀、生活方便、文化生活丰富"的文明城镇和文明小区,列入文明建设的重要内容。1994—2003 年,全区市级文明小区从 2 个增至 63 个。至 2010 年,全区获评市级文明单位 94 个、区级文明单位 463 个、市级文明社区 8 个、市级文明小区 99 个、区级文明社区 8 个、区级文明小区 145 个、市级文明村 72 个、区级文明村 118 个。1999 年、2003 年,南翔镇、马陆镇分获全国创建文明村镇工作先进单位称号。

## 三、上海市文明城区创建

2002 年 4 月,嘉定区提出创建上海市文明城区目标,制订《嘉定区创建上海市文明城区规划》《嘉定区创建上海市文明城区宣传工作实施意见》,确立以文明城区创建为龙头,环保模范城区、园林城区和卫生城区四大创建齐头并进的创建思路,将 133 项指标任务分解至 32 个职能部门和各个镇、街道。2003—2004 年,嘉定区以"创文明城区、塑嘉定形象"为主题,制作 1 万套(5 万张)系列宣传海报,在全区征集创建格言、播放电视公益广告等。围绕"与文明同行""向陋习告别""让礼仪相伴""以诚信为本"四大活动,实施教育实践工程。着眼于"实事化、项目化、功能化、网络化",将创建文明城区与"当好东道主、迎接 F1"活动相结合,组织实施 300 多个活动项目,相继举办"嘉定汽车论坛""走近 F1,走进嘉定,同一首歌"大型演唱会和"万户家庭看嘉定,协力建设汽车城"等活动。2003 年组织开展文化指导员进社区辅导活动,举办诗书画创作活动;组织群众性文艺创作节目汇演和百姓才艺大展示活动。2004 年 4—5 月,修订《嘉定区创建上海市文明城区指标体系达标评估表》,发放公众问卷调查 13 000 万份,查找交通文明、市容环境等方面存在的突出问题,实施专项整改。2004 年 9 月,市文明办会同有关职能部门组成考查评估组,对嘉定区文明城区创建进行实地评估,认定嘉定区已基本符合上海市文明城区创建标准。2005 年 5 月,嘉定区被市委、市政府命名为上海市文明城区。

## 四、全国文明城区创建

2007 年 1 月,嘉定区提出创建全国文明城区目标,5 月建立创建全国文明城区工作领导小组,按全国文明城区创建 7 个一级指标,组建政务环境、法治环境、生活环境、生态环境、市场环境、人文环境和创建工作 7 个全国文明城区创建专项工作组,每个组分别由区领导分管,牵头部门主要领导担任组长,全面统筹、协调,整体推进创建工作。区文明委与各镇（街道）、嘉定工业区、菊园新区及70个区级职能部门签订《嘉定区创建全国文明城区目标责任书》。6月下发《嘉定区创建全国文明城区实施计划》《嘉定区创建全国文明城区指标任务分解》。7月,嘉定区向市文明办提交创建全国文明城区书面报告。8—9月组织开展全国文明城区创建指标排摸工作,查找存在问题,提出相关对策。11—12月,开展全国文明城区创建基础性数据调查,发放书面问卷2 400份,回收2 349份,获取市民对创建全国文明城区工作的知晓率、支持率、满意率等数据。2007—2010年,嘉定区建立区、镇两级市民巡访督查机制、文明创建（迎世博）实事项目申报评估机制、7个专项工作组分片检查指导机制、迎世博城市文明指数机制和文明建设考核机制等,督促街镇和职能部门及时发现问题、加强整改,组织实施市民素质提升工程等。2009年4月,成立区净化社会文化环境工作协调小组,同时制订《嘉定区关于进一步净化社会文化环境,促进未成年人健康成长的实施意见》《嘉定区净化社会文化环境工作实施方案》,落实净化社会文化环境工作。5月起,组织开展迎世博城市文明指数测评工作。从测评指标、方法、测评点和时间等方面与市级测评体系相对接,至2010年底,先后开展8次城市文明测评,测评前指导,测评后点评,城市环境文明、秩序文明、窗口服务文明等城市文明指数稳步提升,位居全市8个郊区第二。2010年,嘉定区12个街镇全部创建成为2008—2009年度上海市文明镇（社区）,首次实现市级文明镇（社区）全覆盖,位居全市8个郊区前列。安亭镇被评为全国文明村镇,南翔镇、江桥镇被评为全国创建文明村镇工作先进村镇,嘉定镇街道、真新街道被评为全国精神文明建设工作先进单位。年内启动"千点联运,文明共创"主题活动,600多个创建单位以"区域共建""条块共建""特色共建"等系列活动,带动900多个非创建单位,参与社会公益活动和社会公共管理。8月17日,嘉定区精神文明建设网"嘉定网"开通试运行。10月26日,嘉定区召开精神文明建设委员会全体会议,通报区精神文明建设"十二五"规划编制进展、全国文明城区创建目标。2015年12月,嘉定顺利完成中央文明办组织的年度测评督查,以92.55的最高分处在全国123个地级以上"全国文明城市（区）提名城市（区）"中,位列4个直辖市14个提名城区第一名。2017年11月,嘉定区荣获"全国文明城区"称号。

表 13 - 3 - 1　嘉定区（县）主要年份基本指标

| 项　　目 | 1978 年 | 1985 年 | 1990 年 | 1995 年 | 2000 年 | 2005 年 | 2010 年 |
|---|---|---|---|---|---|---|---|
| 区域面积（平方公里） | 496.00 | 484.00 | 484.00 | 458.80 | 458.80 | 463.90 | 463.40 |
| 水域面积（平方公里） | 50.00 | | | | | | 37.19 |
| 年末耕地面积（公顷） | 32 544 | 31 285 | 29 819 | 25 205 | 24 302 | 21 412 | 11 041 |
| 街道（个） | 0 | 0 | 0 | 0 | 4 | 5 | 5 |
| 镇（个） | 23 | 22 | 20 | 18 | 16 | 8 | 7 |
| 居民委员会（个） | | 36 | 54 | 82 | 118 | 92 | 120 |
| 村民委员会（个） | 245 | 269 | 270 | 245 | 233 | 167 | 151 |
| 年末户籍人口（万人） | 48.42 | 49.58 | 50.89 | 47.87 | 48.64 | 52.71 | 55.70 |
| 户数（万户） | 12.53 | 13.84 | 14.88 | 14.60 | 15.89 | 17.99 | 19.60 |
| 年末常住人口（万人） | 48.42 | 49.58 | 59.36 | 47.87 | 75.31 | 103.39 | 147.12 |
| 外来人口（万人） | | | | 4.73 | 26.67 | 48.10 | 91.42 |

（续表）

| 项　　目 | 1978 年 | 1985 年 | 1990 年 | 1995 年 | 2000 年 | 2005 年 | 2010 年 |
|---|---|---|---|---|---|---|---|
| 人口密度（人/平方公里） | 976 | 1 024 | 1 051 | 1 043 | 1 060 | 1 136 | 1 204 |
| 人口自然增长率(‰) | 9.30 | 3.00 | 2.00 | —0.55 | 2.64 | 0.61 | —1.24 |
| 新增就业岗位数(个) | | | | | 10 525 | 34 165 | 30 500 |
| 中学(所) | 53 | 28 | 29 | 27 | 31 | 33 | 32 |
| 在校学生(人) | 29 600 | 22 709 | 23 321 | 32 665 | 26 094 | 26 359 | 23 418 |
| 小学(所) | 242 | 193 | 140 | 65 | 35 | 24 | 23 |
| 在校学生(人) | 43 000 | 43 759 | 52 272 | 35 502 | 28 311 | 23 460 | 22 842 |
| 幼儿园(所) | 239 | 16 | 20 | 34 | 34 | 34 | 49 |
| 在园幼儿(人) | 10 036 | 19 386 | 11 377 | 10 895 | 10 991 | 14 414 | 20 144 |
| 图书馆、室(家) | 24 | 22 | 21 | 19 | 19 | 14 | 13 |
| 文化馆、站(家) | | | 21 | 19 | 19 | 14 | 13 |
| 影剧院、场(家) | 3 | 4 | 12 | 15 | 11 | 6 | 2 |
| 区级医院(所) | 6 | 7 | 8 | 8 | 7 | 7 | 6 |
| 医院床位数(张) | 1 549 | 1 616 | 2 255 | 2 091 | 2 041 | 2 330 | 1 919 |
| 医疗卫生技术人员(人) | 1 120 | 1 884 | 2 470 | 2 546 | 3 023 | 3 131 | 4 531 |
| 执业医师(人) | 669 | 1 123 | 1 535 | 1 639 | 1 629 | 1 527 | 2 000 |
| 公共绿地面积(万平方米) | | | | | 212.40 | 552.20 | 690.30 |
| 人均公共绿地面积(平方米) | | | | | 10.20 | 15.70 | 16.20 |
| 绿化覆盖率(%) | | | | | 30.00 | 37.80 | 38.20 |
| 公园(个) | | | | | 5 | 5 | 10 |
| 城市居民家庭人均可支配收入(元) | | 1 111 | 2 317 | 1 944 | 13 859 | 15 640 | 26 611 |
| 城市居民家庭人均可消费支出(元) | | 995 | 8 060 | 7 180 | 17 178 | 10 192 | 16 153 |
| 农村居民家庭人均可支配收入(元) | 345 | 837 | 1 683 | 5 268 | 6 730 | 9 601 | 15 262 |
| 农村居民家庭人均可消费支出(元) | 204 | 878 | 1 164 | 4 952 | 4 451 | 8 050 | 12 510 |
| 城市居民人均住房面积(平方米) | 7.40 | 9.70 | 11.20 | 11.90 | 16.70 | 27.10 | 29.60 |
| 农村居民人均住房面积(平方米) | 17.50 | 32.30 | 39.40 | 45.50 | 54.30 | 65.40 | 66.70 |

表 13-3-2 嘉定区(县)主要年份国民经济基本指标

| 项 目 | 1978年 | 1985年 | 1990年 | 1995年 | 2000年 | 2005年 | 2010年 |
|---|---|---|---|---|---|---|---|
| 生产总值(亿元)① | 3.47 | 8.60 | 21.11 | 74.89 | 170.45 | 410.70 | 806.81 |
| 第一产业(亿元) | 1.12 | 1.78 | 2.85 | 2.99 | 3.55 | 2.50 | 4.11 |
| 第二产业(亿元) | 1.82 | 5.23 | 13.32 | 50.95 | 114.54 | 280.87 | 524.68 |
| 工业(亿元) | 1.34 | 5.20 | 12.77 | 48.91 | 108.55 | 265.43 | 496.14 |
| 第三产业(亿元) | 0.53 | 1.59 | 4.94 | 20.95 | 52.36 | 127.33 | 278.02 |
| 固定资产投资完成额(亿元) | 2.81 | 0.28 | 1.22 | 37.60 | 37.70 | 160.90 | 345.01 |
| 财政收入(亿元) | 0.88 | 2.56 | | 9.42 | 22.92 | 131.38 | 267.60 |
| 地方财政收入(亿元) | | | 4.40(县级) | 4.17(区级) | 13.33 | 57.82 | 82.96 |
| 地方财政支出(亿元) | 0.23 | 0.44 | 1.97 | 5.01 | 16.12 | 69.66 | 112.80 |
| 外贸进出口总额(亿美元) | | | 0.18 | 3.59 | 12.48 | 71.89 | 153.10 |
| 出口额(亿美元) | 0.17 | | 0.18 | 3.59 | 12.48 | 43.88 | 78.40 |
| 外商直接投资实际到位金额(亿美元) | | | | 2.84 | 1.84 | 4.52 | 5.16 |
| 年末私营企业注册数(个) | | | 85 | 7 002 | 24 039 | 100 333 | 108 462 |
| 工业总产值(亿元)② | 4.13 | 15.12 | 51.35 | 227.20 | 446.28 | 957.24 | 2 316.20 |
| 农业总产值(亿元)② | 1.68 | 2.99 | 6.51 | 13.46 | 14.36 | 9.84 | 12.26 |
| 住宅竣工面积(万平方米) | | 3.09 | 1.59 | 67.00 | 74.10 | 567.46 | 236.00 |
| 社会消费品零售总额(亿元) | 1.94 | 2.64 | 10.48 | 27.38 | 56.24 | 123.13 | 242.90 |

说明:① 2000年、2005年、2010年为增加值;② 1978年、1985年、1990年、1995年、2000年为不变价。

# 第十四篇 金山区

金山区位于上海市郊西南部,因近海的金山岛而得名。

1978年,金山县行政区域面积586.05平方公里。辖有朱泾、张堰、亭林、枫泾4个镇,枫围、兴塔、朱泾、新农、松隐、亭新、朱行、张堰、金山卫、山阳、漕泾、钱圩、廊下、吕巷、干巷15个人民公社,下设212个生产大队、2 249个生产队。耕地面积3.83万余公顷,户籍人口11.18万户、43.83万人。1984年实行政社分设,15个人民公社均改为乡;年底,恢复村建制,改生产大队为村民委员会,全县有236个村民委员会、23个居民委员会。1986年3月,吕巷乡撤乡建镇。1993年,山阳、朱行、漕泾、金山卫、钱圩、廊下、干巷、兴塔乡撤乡建镇;撤销枫围乡、枫泾镇,设立新的枫泾镇;撤销张堰乡、张堰镇,设立新的张堰镇;撤销亭新乡、亭林镇,设立新的亭林镇。1994年,新农、松隐乡撤乡建镇。1997年4月29日,国务院批复上海市人民政府同意撤销金山县,设立金山区。是日,成立石化街道。2000年撤销朱泾镇、朱泾乡,设立新的朱泾镇。2001年撤销金山卫、钱圩镇,设立新的金山卫镇。2005年撤销枫泾、兴塔镇,设立新的枫泾镇;撤销朱泾、新农镇,设立新的朱泾镇;撤销亭林、松隐、朱行镇,设立新的亭林镇,同时,成立金山工业区管理委员会,对朱行行政区域行驶行政管理职能;撤销吕巷、干巷镇,设立新的吕巷镇。2010年,全区辖有9个镇、1个街道、1个工业区管理委员会,下设81个居委会、124个村委会。耕地面积26 292公顷,户籍人口17.79万户、51.57万人,外来常住人口21.24万人。

中共十一届三中全会以后,金山改革开放和经济发展大致经历3个阶段。

1978—1983年为工作重心转移时期。县委认真落实中央有关拨乱反正、平反冤假错案政策,对在"文化大革命"中遭受不公正待遇的党外人士及其家属落实政策,清退发还被占用私房、被查抄财物。1978年起,落实知识青年政策。1980年开始,恢复对在职科技人员的技术职称评定。1979年2月起,对地主、富农等"四类分子"进行摘帽,1983年基本完成平反冤假错案和相关政策落实工作。1981年4月召开金山县第七届人民代表大会第一次会议,撤销县革命委员会,恢复金山县人民政府,县级政治体制得到恢复。产业结构上提出以粮食为主,发展多种经营,并得到有效贯彻。同时,逐步开放集贸市场,促进城乡市场的兴旺繁荣。这一时期,全县的政治、经济和社会生活逐渐理性、有序,拨乱反正恢复经济取得成效。

1983—1997年为经济体制改革时期。1983年,县委先后制定《关于推进联产承包责任制的具体实施意见》《关于进一步完善联产承包责任制的意见》等,推动农村经济改革。1984年成立县经济改革领导小组,家庭联产承包责任制逐步推广。1986年县政府制定《关于扶持农业大户的十项规定》,发展种粮大户;1987年创办合作农场,建设丰产方(片、带),推进农业适度规模经营,逐渐形成农业社会化服务体系。1990年开始把调整种植业结构和优化农业结构并列为农业首要任务,提高农业综合生产能力和经济效益。农村改革为乡镇企业的迅速崛起起到了催化作用,1986年,乡镇企业产值已占全县工业产值67.71%,1996年达77.92%。与此同时,乡镇企业改革也有条不紊地推进。1984年,县工业局制定《关于扩大经济承包责任制改革试行方案》,1986年推行厂长承包经营责任制,1990年试行风险承包责任制。1987年,县域第一家外资企业落户。1988年4月,县政府发布鼓励外商投资及发展"三来一补"业务8项优惠政策;1992年6月,县委、县政府制定《金山县鼓励外商投资企业若干优惠政策》,加快招商引资。流通领域经济体制改革也于 80 年代中期开始,1987 年,全县商业企业试行"工利挂钩"承包。1990 年县委、县政府作出"着手规划建设枫泾商品交易市场"的决定,1991 年开始建设,1992 年 8 月建成试营业。1992 年,县委作出《关于进一步搞活商品流通的决定》,制定支持搞活商品经济 10 项政策。1993 年制定《关于在基层社推行集体所有、个人经营承包责任制的意见》,在基层供销门店实行"社有民营"。1994 年制定《关于实行风险抵押金制度的意见》,实行风险抵押承包。1995 年开始发展连锁经营,在经营体制上呈现多元化。

1997—2010 年为金山新城崛起时期。撤县建区后,政治中心从朱泾镇南移至石化城区,建设金山新城势所必然。2000 年 1 月,金山新城区建设发展有限公司成立,金山新城建设启动。同时,区内各镇及新农村建设也同步进行,在规划引领的理念下,全区各镇全部进行重新规划定位,10 年间均取得重大进展,大批高档住宅拔地而起,市政设施得到全面改造更新,城乡交通建设发展显著。2006 年起建设村村通公交,至 2010 年全区形成公交专线 28 条,总里程 281.59 公里。同时,全区经济产业也快速发展,一是重新规划全区工业发展格局,加快工业园区建设。二是建设现代农业园区,发展科技农业、生态农业、都市农业、观光农业和效益农业。2000 年 8 月启动"家家富工程",即以提高纯农户经济效益为目标,为农户配置田间管棚,指导农户种植时令蔬菜、瓜果和饲养特色家禽、水产等,效果十分明显。三是拓展商业新业态,建设商业圈、大型综合超市和农贸市场,方便居民生活,提升城乡消费档次。四是开辟旅游事业,1998 年区政府将商业委员会更名为商业旅游委员会,增加旅游管理职能;2005 年成立区旅游局,制定《金山区"十一五"旅游发展规划》,加大投入,开发建设一批旅游项目和娱乐设施,旅游环境进一步改善,成为金山经济强劲增长点。

2010 年,金山区生产总值 363.32 亿元,比 1985 年增长 59.65 倍;财政收入 96.85 亿元,比 1978 年增长 123.17 倍;社会消费品零售总额 213.77 亿元,比 1978 年增长 118.42 倍。境内有上海仅存的古海岸线遗址漕泾古冈身沙冈、戚家墩、查山、亭林、招贤浜、南阳港等文化遗址。东南离陆地 6.2 公里处有大金山、小金山、浮山三岛,大金山海拔 103.4 米,是全市地理最高点,生长着上海地区陆上早已绝迹的原始植被和珍稀植物。沪杭铁路、沪杭高铁、金山铁路支线穿越区境。有枫泾古镇、城市沙滩、松隐禅寺、五龙禅寺、枫泾性觉寺、万寿寺、东林禅寺、华严塔、施王庙、丁聪漫画馆、程十发祖居、中国农民画村等人文景观及李一谔、陆龙飞烈士墓,金山卫城南门侵华日军登录处遗址、十字街侵华日军杀人塘、南社纪念馆等爱国主义教育基地。1988 年被商业部授予"全国粮食生产、交售先进县",被国家体委授予"全国体育先进县";1989 年被商业部授予"全国油菜籽生产先进县";1990 年被国务院授予"夏熟油菜籽生产先进县""粮食生产先进县";1999 年被建设部授予"全国园林绿化先进城区";2000 年被国家体育总局授予"全国全民健身先进单位";2003 年被建设部授予"国家园林城区";2008 年被文化部授予"中国民间绘画之乡"。

2011 年,《金山区国民经济和社会发展第十二个五年规划纲要》明确:区域将按照上海南部的门户城市、环杭州湾的核心节点、生态宜居的滨海新区、先进制造业的基地、现代农业示范园区的定位,立足上海"四个中心"国际化大都市建设和长三角一体化发展大局,把"转变发展方式,推动聚焦发展"贯穿发展全过程和各个环节,以建设"创业金山、宜居金山、和谐金山"为目标,坚持"二三一"产业发展方针,以先进制造业和战略性新兴产业为主攻方向,以改革创新为动力,着力推进以金山工业区等市级工业区为重点的产业基地建设,明确以金山新城和枫泾特色镇为重点,建设"1158"城镇体系:1 个新城,即金山新城,是全区政治、经济、文化和信息中心;1 个特色城镇,即枫泾特色镇,重点发展商贸、商业及现代服务业;5 个新市镇,即朱泾镇、亭林镇、吕巷镇、张堰镇和廊下镇;80个左右中心村,着力建设先进制造业基地,加快公共服务均等化步伐,进一步释放和提升经济社会发展能量。着力推进以金山现代农业园区为重点的新农村建设,着力推进以改善民生为重点的社会建设,进一步增强综合经济实力,进一步提高城镇化水平,进一步提升人民富裕和文明程度。

# 第一章 工作重心转移

1978 年后,县委、县政府首要任务是拨乱反正、平反冤假错案,落实干部政策、知识分子政策、知识青年政策、侨务和台胞、台属政策等,调动广大人民群众的积极性;恢复农业生产和经济建设,在认真搞好主业的同时,广开生产门路,促进农、林、牧、副、渔业全面发展;搞活流通渠道,发展多种经济形式和多种经营方式,调整农副产品购销政策,开放集贸市场,活跃市场。

## 第一节 落 实 政 策

中共十一届三中全会以后,金山县把拨乱反正、平反冤假错案作为一件大事,抓紧落实有关政策。1979 年对"文化大革命"期间处理的 522 件政治、刑事案件进行复查,平反政治案件 194 件、刑事案件 30 件,撤销定性不当的案件 36 件。1983 年,县公安局组织 120 名干部组成县、乡两级复查组,对解放以来公安机关处理的案件逐件复查,1987 年 2 月结束。共复查 2 109 件,平反纠正 1 228 件,其中复查政治案件 577 件,平反 311 件;刑事案件 700 件,平反 131 件;对所谓漏划地主、富农分子 832 件,予以恢复土改时成分 786 件。

### 一、干部政策

1978 年起,干部管理逐步得到恢复、调整、加强。1984 年 8 月,根据"一级管一级"原则,改革人事制度,干部管理权限调整为:县委委员以上、县政府正副县长、县人大、政协正职由市管理;县人大、政协的副职、常委、委员、县部委办正副职,各局党政正副职、党委成员、乡镇党政正副职、党委委员、公社主任及相应部门领导人员,由县管理。除上述县管干部外,县部委办一般干部由县委组织部代管,其他原属县管的干部,一律由各乡、镇、局管理。县党政领导干部由县党代会、县人代会选举或罢免,也由上级党政部门任免,县政府各委办局正职及检察员、审判员以上司法人员,由县人大常委会任免,副职由县人民政府任免。其他须由选举产生的干部,亦须按规定由同级有关会议民主选举产生或罢免,报上一级主管部门批准。

1978 年 4 月恢复县委党校,根据"革命化、年轻化、知识化、专业化"的要求,有计划地培训各级干部,至 1985 年,全县党政领导和机关一般干部参加县委党校短期轮训的共 6 768 人次,另有 102 人参加市党校、高校各类短期轮训。

1979 年恢复正常的干部考核制度,按照各类干部担任现职所应具备的条件,从德、能、勤、绩四个方面进行考核,采用组织考核与群众评议、平时考察与定期考核相结合的方式进行。在考核基础上,1982 年恢复机关、事业单位工作人员行政奖惩。年终,全县 8 425 人参加评选活动,116 人受奖,15 人受处分。

### 二、知识分子政策

1979—1983 年,对历次政治运动中受立案审查的 784 件知识分子案件进行全面复查。平反冤假错案 722 件;对 1957 年被错划为右派的 56 名知识分子作了改正,安排工作,理清档案。对在"文化大革命"中受错误处理而变动工作岗位、使用不合理的 73 人,进行调整和安排;对因错误处理造成夫妻两地分居的 78 人,作妥善调整;对"文化大革命"中因冤假错案而造成经济、财产损失的予以补偿。全县被扣发、减发工资有 47 人,计 66 425 元,全部补发;属被查抄财物的有 35 户,归还或折价归还的有 33 户;被没收、挤占的私房有 10 户 25 间,有 9 户 23 间归还原房,1 户 2 间折价偿还;对需要落实政策而本人已调离本地区本单位的 10 人,经与所在地区和单位联系,亦均得到落实。

恢复技术职称评定。1980 年 2 月建立县自然科学干部技术职称评定委员会,1983 年 9 月评定工作暂停为止,全县累计授予或晋升技术职称 951 人,其中评为高级技术职称的 8 人、中级技术职称 88 人、初级职称 855 人。1986 年试行职称改革,1987 年 3 月成立县职称改革工作领导小组,全县机关、事业单位共定为 17 个专业系列,属职称改革范围的专业人员 7 391 人。1988 年 6 月,全县事业单位中累计有 7 035 人受聘,其中聘为高级职称的 81 人、中级职称 1 539 人、初级职称 5 415 人。

## 三、知识青年政策

1968—1978 年,全县知识青年上山下乡总人数 11 909 人,包括市区下放到县里的知识青年 3 372 人。1979 年落实上山下乡知识青年政策,通过顶替、商调、招工、升学等途径,进行统筹安排,年底共安排 3 030 人;1980 年安排 2 328 人。1985 年底,基本解决"文化大革命"所遗留的知识青年就业问题。1985 年 4 月对 226 名"文化大革命"期间下乡插队已上调的已婚女知识青年的未成年(15 周岁以下)子女办理随母入户手续,共 327 人。1986 年 4 月对 613 名于"文化大革命"期间插队的已婚男知青安排工作后,对其未成年(15 周岁以下)子女办理了"农转非"手续,共 686 人。1985 年底,全县还有 3 名因长期患病,回城后难以安排就业的知青,由县劳动部门给予长期补助。

## 四、侨务和台胞台属政策

1979 年 9 月,县委设立侨务办公室,恢复和加强侨务工作。1981 年 1 月与宗教、民族合并为一个科,称宗教民族侨务事务科。1984 年 8 月重设侨务办公室,1985 年 8 月成立归侨侨眷联络组,并在此基础上于 1988 年 12 月成立县归国华侨联合会,在政治上、生活上关心归侨和侨眷。1978—1987 年,县认真落实侨属政策 120 余件,归还私房 950 余平方米,偿还或妥善处理在"文化大革命"中被查抄的财物近千件。1987 年 8 月成立上海郊区第一个台胞台属联谊会,12 月又建立县台胞事务办公室,负责处理涉台事务,继续解决尚未落实的遗留问题。此外,还对一些台属在住房分配、工作调动、子女升学等方面的合理要求,给予解决。在台胞台属联谊会和县台办的努力下,1989 年 5 月县内台属与在台人员取得通讯、通汇联系的达 510 户。

## 五、"四类分子"摘帽

1979 年 2 月,根据中共中央 5 号文件精神,在朱行公社对"四类分子"即地主、富农、反革命和坏分子进行评审试点。全乡 164 名"四类分子"中,纠错 25 人,其余 139 人全部摘帽;对已死亡的 12 人,本着实事求是精神,纠错 11 人;对 350 户、590 名"四类分子"子女,纠正了本人成分。接着在全县普遍展开，8月，全县"四类分子"2 364人，纠错222人，摘帽2 127人。1983年对剩余的15人全部予以摘帽。

# 第二节 农 业 生 产

金山县是典型的农业大县，是全市乃至全国的产粮大县，更是全市农副产品的主要生产、供应基地。中共十一届三中全会以后，县委、县政府以经济建设为中心，狠抓农林牧副渔生产，促进农业生产全面发展。

## 一、种植业

县域种植业种类主要有粮、棉、油、西瓜、蔬菜和食用菌。

### 【粮棉油】

60年代中期，贯彻"以粮为纲"方针，推行粮食一年三熟制。1978年单季稻种植面积17.4公顷，早稻面积22 105.07公顷，后季稻面积28 238.4公顷。由于全面推广三熟制，复种指数过高，用地与养地矛盾突出，劳动力和茬口季节安排紧张，某些年份因热量不足而产量偏低，农本相应增加，经济效益不高。1985年起，市县适当调减粮食定购任务，恢复单季稻种植。1987年起，开始实现稻一麦、油菜和油菜一棉花两熟制，复种指数降为204%。1991年单季稻种植面积26 935.4公顷，后季稻面积2 676.73公顷，早稻已不种植。1978年全县粮食总产32 704.65万公斤，1983年为25 049.2万公斤。在"以粮为纲"年代，棉花种植一直控制在4 000公顷～6 000公顷，1978年为5 996.2公顷。1980年着眼于经济效益和轮作改良土壤，棉花种植面积达8 689.33公顷，被列为全国重点产棉县之一。1981年种植面积为10 546.2公顷，占耕地面积28%，为历史上种植面积最多的年份。1985年为贯彻市里稳粮调棉精神，加之棉花收购价格下降，种植面积逐步减少。1978年全县皮棉总产量831.97万公斤，1983年为658.01万公斤。解放前，农家种植少量土油菜榨油以自食。50年代，由于油菜籽未列入国家计划，种植面积一直在3 000公顷～4 000公顷之间，1966年市里提出菜油自给自足目标，种植面积达到6 851.2公顷（突破10万亩），1978年为7 503.73公顷。1985年鉴于油菜经济价值大、产量稳而高，收购不限量，种植面积猛增至14 890.2公顷，占耕地面积40.64%，成为上海郊区油菜种植最多的县。1978年，全县油菜籽总产量1 727.73万公斤，1983年为1 777.16万公斤。

### 【瓜菜菌】

西瓜品种主要为金山长形马玲瓜，以新农乡五龙庙地区的马玲瓜为代表，呈长圆形，皮色分为乌、蓝、白3种，肉色有老虎黄、麦柴黄2种。另有少量浜瓜。1977年全县种植西瓜480公顷，总产量2 550万公斤，上市1 829万公斤。1980年引进中育1号、冰台、无籽西瓜等品种，1984年引进杂交一代浙蜜1号、新澄1号等品种，并推广地膜覆盖育苗。1985年调整种植结构，种植面积扩大到1 726.67公顷，大面积推广新品种，普遍实行地膜覆盖加塑料双层小环棚，改进肥水管理，促使西瓜6月中旬上市，虽然当年天气不利西瓜生产，但总产量仍达4 730.5万公斤，上市3 993.5万公斤。枫围乡盛新村成为闻名郊县的西瓜村。蔬菜品种有青茄、白菜、毛豆、豇豆、黄瓜等，水生品种有茨菇、茭白等。1974年为确保石化地区蔬菜供应,在山阳、金山卫公社建蔬菜基地140公顷,并新建一批榨菜加工厂。1977年蔬菜种植纳入全市计划,种植面积扩大到273公顷。1978年上市蔬菜2 140万公斤。1982年成立县蔬菜技术推广站,充实技术力量,推广温室栽培等新技术,加强菜田基地建设。1985年建起喷灌设备,蔬菜增产。栽培蘑菇始于1959年,廊下公社景阳大队率先试种。1978年重新发展蘑菇生产,全县有9个公社种植22万平方米,春秋两季共收鲜菇9.79万公斤,产值19.69万元。1981年种春菇30万平方米,总产32.58万公斤,产值72.07万元。1982年,漕泾公社邓桥大队试种地棚菇成功,1983年推广地棚秋菇11.18万平方米,占秋菇面积的70%。

## 二、林业

县域林业主要是营造防护林,发展经济林。防护林主要为海塘防护林带,1980年共有55.8公顷,主要是以水杉为主的混交林带,占全县林地面积的8.8%。还有圩堤、河岸、道路边的护堤林、护岸林、护路林等。经济林主要是桑树、果树。

### 【桑树】

金山种桑历史悠久,早在明、清时期就有种桑养蚕和加工丝绸传统。1971年全县桑树面积曾扩大到203.2公顷,产蚕茧9.65万公斤。70年代中期,由于桑树更新、毁桑卖泥制砖,大批桑树被砍,蚕桑生产停滞。1978年起,推广荷叶白、湖桑197、湖桑199等新品种,采用塑料薄膜覆盖育苗等新技术,蚕桑生产获得恢复和发展。1982年,全县有桑田166.4公顷,产茧10.96万公斤,是解放后最高年产量。1985年,全县有10个乡、74个村、290个生产队、708户从事蚕桑生产,重点分布在朱行、兴塔、山阳、亭新、枫围、廊下等乡,成为上海郊区主要产茧县。

### 【果树】

金山栽培果树也有悠久历史。民国时期,江苏省以金山卫为果类特产区,品种有锦荔枝、桃、花红、无花果等。1978年,果树种植面积33.4公顷,产量43.18万公斤。1984年,全县有果园26个,面积41.86公顷,产量49.01万公斤,其中桃树12.67公顷,梨树15公顷,柑橘9.71公顷,葡萄0.32公顷,李、梅树0.48公顷,草莓0.43公顷。

## 三、畜牧业

县域畜牧业主要是饲养生猪、奶牛、毛兔、鸡鸭和养蜂。

### 【生猪】

金山县是枫泾良种猪的发源地。60—70年代是金山养猪的鼎盛期。1976年6月20—29日,农林部在县里召开全国养猪生产现场会,1978年1月12—19日,农林部在金山县、无锡县举行全国养猪生产观摩会。1979年,全县生猪圈存量41.64万头,饲养量96.36万头,上市量54.47万头,平均头重76公斤,创历史最高水平。1983年起,随着家庭联产承包责任制的推行,生猪生产经营方式发生变化。1985年,全县集体养猪场仅剩320个,其中乡级15个、村级184个、生产队级121个。与此同时出现218个养猪专业户、重点户,上市生猪2 041头。

## 【奶牛】

奶牛饲养起步于 60 年代,发展于 80 年代。1981 年,全县建成 12 个特级奶牛场,圈存奶牛 1 117 头,其中乳牛 599 头,产奶 301.8 万公斤。1985 年发展至 26 个,其中 21 个被批准为特级奶牛场,圈存奶牛 2 612 头,其中乳牛 1 332 头,产奶 645.8 万公斤。还有奶牛专业户 6 户,饲养奶牛 51 头。奶牛品种是中国黑白花牛。

## 【毛兔】

毛兔饲养开始于 1956 年,但数量不多,60 年代已几乎绝迹。1978 年,兔毛成为国际市场紧俏商品,县多种经营办公室和供销社帮助各公社从浙江引进日本长毛兔种兔 3 000 只,全县毛兔圈存量为 6 383 只,交售兔毛 907.5 公斤,产值 2.25 万元。1979 年 10 月,县组织各公社分管副业的副主任去浙江省新昌、天台等县学习毛兔生产经验,并引进西德纯种种兔 2 000 多只,12 月召开 350 多人参加的毛兔生产大会,部署进一步发展毛兔生产。1981 年,全县集体兔场增加到 330 个,饲养毛兔 4.48 万只,年获净利 18.32 万元,每只成年兔盈利 8 元~9 元。毛兔饲养受国际市场影响较大,几经周折。1983 年受挫,1985 年又兴起,1986 年再受挫。

## 【鸡鸭】

1966 年起,全县逐步兴建集体鸡场,引进白洛克等新品种,发展出口肉鸡。1978 年,集体鸡场发展到 1 033 个,其中盈利场 909 个、亏本场 124 个,出现了养鸡专业户、重点户。1979—1985 年,年均上市鸡蛋 119.3 万公斤,其中集体养鸡场占 89.6％。70 年代,养鸭也迅速发展,年均上市肉鸭 29.8 万羽,鸭蛋 237.68 万斤。80 年代,引进樱桃谷和狄高斯新品种,蛋鸭继续发展,肉鸭却不稳定。1980 年,全县集体养鸭场、鸭班 1 134 个,上市鸭蛋 625 万斤、肉鸭 36.4 万羽,分别占上市量的 98.3％和 95.4％,其中盈利场占 87.5％,亏本场占 12.5％。家庭联产承包责任制实施后,涌现了一批养鸭专业户、重点户。

## 【养蜂】

1958 年,全县先后办起 10 个养蜂场。70 年代养蜂业较为稳定,年均养蜂 8 556 箱,产值 108.22 万元。1979 年,全县有 15 个养蜂场,养蜂 10 180 箱,越冬蜂 8 310 箱,总产值 164.78 万元。亭新乡养蜂场规模大、收益多,是全国五大养蜂场之一。1952 年由 12 个养蜂户联合组织养蜂互助组,1958 年办场,有蜂群 360 箱。60 年代末创造了"开门运蜂"和"关王计划繁殖"新技术,获市养蜂科技成果二等奖;并在老巢脾中提留精蜂膏,提供上海市制药三厂制作鼻炎宁主要原料,获县科技成果奖。1985 年有职工 155 人,蜂群 2 680 箱,产蜜 8.4 万公斤,皇浆 1 450 公斤,产值 67 万元,获净利 33.28 万元,固定资产 35.86 万元。

## 四、渔业

县域渔业主要是海洋捕捞和淡水养殖。

## 【海洋捕捞】

1960 年开始发展机帆船,1966 年有 3 对。年底,山阳、漕泾公社的海洋渔业队并入金山县,机帆船增加到 11 对,另有近海渔船 23 艘。1973 年海洋捕捞开始北上胶东、南下闽东一带海区和公海。1978 年 22 对渔船捕捞 894.5 万公斤,对船产量 40.66 万公斤。80 年代,由于过度捕捞,加之海水逐年受污染,水产资源衰退,只能在舟山渔场捕捞。近海渔船也从 23 艘减少到 8 艘,产量大幅下降。

### 【淡水养殖】

1978 年以前,淡水养殖发展缓慢,产量仅占淡水鱼总产的 7%。1979 年起,全县精养鱼塘快速发展。1983 年,国家补贴新开鱼塘每公顷 10 500 元,全县精养鱼塘增加到 77.13 公顷,商品鱼产量达 42.05 万公斤。1984 年 3 月,鱼价全面放开,随行就市,经济效益明显高于种植业,各乡村普遍利用低洼地开挖鱼塘。1985 年,全县有 172 个养殖场,建成精养鱼塘 410 公顷,商品鱼产量 324.65 万公斤。

# 第三节　贸　易　市　场

1978 年以后,为了活跃市场,搞活城乡经济,流通领域逐步开放,改变国营、集体商业一统天下的局面,呈现出多种经济形式和经营方式,市场活力得到恢复和发展。

## 一、多种商业

### 【国营商业】

70 年代末,国营商业主要由供销、粮食、物资 3 个系统构成。1983 年始,供销社恢复集体所有制性质,原属县商业局系统的国营公司,除食品、石油煤炭两个公司划归市公司领导外,其余均归县供销社领导。1979 年起,按照专业化的要求,物资局将 3 个供应站扩建为 6 个专业公司和 1 个综合物资供应站。同时按照"计划经济为主,市场调节为辅"的方针,进行物资流通体制改革,组建生产资料物资服务公司和物资贸易中心,经营单位有一定的购销自主权。1978—1983 年,粮食供应仍执行统购统销政策,国家统一收购,按月定点定量供应,购销自主权有限,直到 1994 年,完全取消粮食票证供应。

### 【集体商业】

集体商业主要有合作商店(小组)、农村代购代销店、部门集体商业等形式。1978 年后,合作商业逐步恢复自主经营,国营商业和供销社陆续归还长期借用的人员,让出网点给合作商店经营。1985 年 1 月,县供销社成立县城镇商业公司,下设 14 个乡镇分公司,是全县合作商业的管理机构。年底,全县合作商业共有独立核算单位 151 个,门市部 482 个,职工 2 931 人,固定资产(净值)231.46 万元,自有流动资金 393.9 万元,年销售总额 5 800.17 万元,利润总额 183.19 万元。农村代购代销店主要代销生活、生产资料小商品,代理收购废品及禽、蛋等副食品。1980 年,双代店增至 148 个,双代员 625 人。1978 年后,第三产业崛起,各行各业办商,出现一大批新型的集体商业。1985 年,全县已有乡、镇、厂及部门办集体商业 103 家,从业人员 959 人,固定资产 397.06 万元,年营业额 1 686.17 万元。

## 【私营、个体商业】

"文化大革命"中,全县个体有证商贩被全部取消。中共十一届三中全会后,重新肯定个体商业是公有制经济的有益补充,允许并鼓励待业知识青年、闲散居民和农村富余劳动力从事商业服务业。1985 年,全县已有个体商业 1 875 家,从业人员 3 091 人,资金总额 137.16 万元。其中,纯商业932 家、1 585 人,资金 95.61 万元;饮食业 395 家、678 人,资金 14.09 万元;服务业 548 家、828 人,资金 27.46 万元。

## 二、集贸市场

"文化大革命"中,农村家庭副业产业和个体经济被当作"资本主义尾巴"砍除,农贸市场衰落。1968 年,集市贸易成交额仅 130 万元,上市品种仅 66 种。中共十一届三中全会以后,集市贸易日益兴盛。1979 年成立县工商行政管理局,加强农贸市场管理。1985 年底,全县有固定的农贸市场 17个,每个镇(公社)集镇有一个农贸市场,主要经营蔬菜、瓜果、水产、家禽等,农副产品经营者有当地菜农、果农,也有专业的个体商贩,专业交易市场有金山嘴水产市场和朱泾生活用具调剂市场,成交总额 1 971.4 万元,上市品种 132 种。不少农贸市场还开辟了代购、代销、代存及信息咨询等 30 余个服务项目。基本满足城乡居民日常生活消费需求。

## 三、农副产品经营

## 【支持多种经营】

1978 年始,供销商业部门积极从外地引进种禽、种兔、种苗和种植、养殖等方面的先进技术,并给予物资、资金上的扶持。1978—1985 年,全县供销商业部门共发放扶持生产资金 444.93 万元,年均发放 55.62 万元,其中用于猪、禽、蛋生产 324.93 万元,用于其他副业生产 120 万元。1978—1984 年,每年发放的棉花预购定金 200 万元左右,1985 年起停发。农村实行联产承包责任制后,供销商业部门将工作重点转向为专业户、重点户发展商品生产服务,提供商品信息,开展技术咨询,疏通产供销渠道。1985 年,县供销社系统共扶持专业户、重点户、贫困户 1 225 户。

## 【农副产品收购】

"文化大革命"期间,主要农副产品大部分试行统购包销。棉花长期来为国家统购物资,由县供销社代购,采取"多购少留,购优留劣,优质优价,多产多留,超售奖励"政策,1985 年作出了重大调整,改为合同定购,合同以外部分允许棉花自由出售。西瓜 1959 年开始由商业部门统购包销,并列入调市计划。1979 年随着西瓜种植面积的不断扩大,商业部门统购包销的任务难以承受,"卖瓜难"的矛盾日趋突出。1982 年曾发生瓜船挤满码头,大批烂瓜倒入黄浦江的事件,县供销社系统直接损失达 100 多万元。1983 年起,西瓜生产由集体转为家庭承包,全县有瓜农 1.7 万户,为适应新的情况,商业部门改变经营方式,变统购包销为全面放开,自由购销。1985 年,全区建立 20 多个西瓜交易市场,销售量占到上市量 30％以上;农民直接进城自销约占 27％。副食品购销也是如此。猪肉、禽、蛋 1966 年实行"计划收购",1980 年实行"按计划饲养,按计划上市,按计划供应饲料"办法,1983 年 4 月改为"按合同计划收购、调市"。1978 年后,渔业实行承包责任制,自由上市比重逐年增加,商业部门购销量相应下降。集市贸易货源充沛,淡水鱼、海产品四季有售。蔬菜由县农副公司经营,收购价参考市蔬菜公司执行的远郊牌价。旺产季节,供大于求,购销价格倒挂,由县财政补贴,年补贴额在 3 万元~4 万元。1983 年全面放开后,产销直接见面,市场货源充足,花色品种增多,价格随行就市。

**【生产资料和生活资料市场】**

生产资料经营业务分属县物资局、县供销社主管。1985 年,县物资局系统有生产资料专业公司 6 个、物资贸易中心及综合物资供应站各 1 个、代销门市部 61 个,供销社系统有生产资料专业公司 1 个、生产资料商店 15 个。国家规定,重要生产资料由物资局统一经营,进行内部分配和调拨;农业生产资料由供销社商业专营,基本上实行指令性计划。改革开放以后,生产资料逐步进入市场。比如木材,计划内木材由上海市木材供应公司下达分配计划,按指定地点分批进货;计划外木材自行采购,或由市公司分配计划外指标,由各县直接派员去指定产区接运。1979—1985 年,全县自行采购计划外木材就达 2.59 万立方米。生活资料主要有:纺织品、百货、五金、交电、烟类、酒类、果品、日杂以及中西药品等。经营规模年年有所扩大,品种也不断增加,但商品货源主要由市一级对应的公司调入,许多商品如纺织品、日用百货中的名牌商品、中高档卷烟、食糖等实行定量、计划供应。1978 年起,除计划调拨外,还自行组织外地货源,丰富市场供应。随着轻纺工业发展,日用百货商品日益增多,许多商品开始取消凭票,敞开供应。

## 四、进出口贸易

**【出口】**

1979 年 11 月,县对外贸易公司成立,主要任务为乡镇企业开拓、组织出口商品的加工生产和收购。对外贸易公司业务归口市外贸公司,不直接组织经营。改革开放以后,外贸渠道畅通,出口额成倍增长,出口产品结构也发生显著变化,由农副土畜产品为主逐步转向工业品为主。1980 年,全县出口总额 2 234.9 万元,1985 年增至 11 615.6 万元。出口商品有五金、机械、化工、塑料、丝织品、针织品、工艺品、服装、药品、棉花、粮食、蔬菜、水产、畜产品以及农民画等 15 个大类 100 多个品种,行销 40 多个国家和地区。1979 年起,逐步建立和发展"种植、养殖、加工相结合,农工商为一体"的出口商品生产基地。80 年代初,全县承接外贸出口产品加工任务的工厂有 83 家,其中县乡镇企业局所属厂 67 家、农机工业局所属厂 6 家、粮食局所属厂 10 家。从事专业外贸产品生产的劳动力 12 400 余人,手工艺品外发工队伍 8 500 余人。

**【进口】**

县域进口贸易始于 80 年代初。1981—1983 年,县物资部门通过市木材公司,利用县留成外汇,从美国、苏联等国进口木材 7 708 立方米。1985 年由县外贸公司经办,为新农乡毛纺厂、枫围乡针织厂进口日本野村贸易株式会社"兄弟"牌 860 型、230 型家用编织横机 240 台,动用外汇 11 万美元。同时为朱泾镇金星拉链厂从香港引进台湾产成套拉链生产设备,动用外汇 75 万美元。县供销社通过市供销社中介,为金山食品厂进口意大利 300 立升冰淇淋机两台,支付外汇 15.9 万美元。县人民医院通过市华山医院,利用市卫生部门自留外汇,进口联邦德国产 500 毫米西门子 X 光设备一套,合人民币 57 万元。另外,县物资局通过市金属材料供应公司,利用留成外汇,进口日本产钢材 2 677 吨。但总体上,规模较为有限。

# 第二章 经济体制改革

1983年起,县委、县政府着重开展经济体制改革。农业方面实行家庭联产承包责任制,推进粮田适度经营,扶持专业户、重点户,建立农业社会化服务体系,调动广大农民的生产积极性;工业方面通过经济体制改革,调整企业所有制结构,加强产权制度建设,促进国有、集体、私营、联营和"三资"企业多元发展,并逐步建立现代企业制度;商业方面通过流通和经营体制改革,逐步形成"多渠道、少环节、开放型"的流通格局,发展行业连锁配送、超市等新业态和经营网络,增强生机和活力。全县以改革为动力,促进一、二、三产业全面发展。尤其值得关注的是:探索种养业产加销一条龙建设,为农副产品走向市场,组织农业产业化经营积累了宝贵经验;上海枫泾商城建设,是市郊起步最早、规模最大、集商品集散、信息、交易功能于一体的综合性贸易中心,对跨省市场物资交流、活跃农村市场、提升金山人民的商品经济意识发挥积极作用。

## 第一节 农业生产经营方式

1978年,金山县农业开始恢复劳动定额管理,推行联产计酬,1983年全面推行家庭联产承包责任制,建立农业生产经营新体制。1986年推行粮田适度规模经营,发展种粮大户,专业户,建设丰产方(片、带),创办合作农场。同时,全县逐步建立乡(镇)、村农业社会化服务队,为农户、农场提供机耕、排灌、供种、植保、农技等服务,形成农业社会化服务体系。

### 一、家庭联产承包责任制

**【家庭联产承包】**

1983年,全县全面推行"统一经营、包干到户"家庭联产承包责任制。在坚持基本生产资料公有制不变和联产承包责任制15年不变的前提下,生产队集体耕地按农业人口分口粮田、按劳动力分责任田,以户承包。承包户按国家指导性计划种植,完成粮食、棉花、油菜籽等国家合同定购任务,上缴国家农业税和集体积累后,余下的自主支配。全县2 787个生产队,实行家庭联产承包责任制的2 739个,实行集体劳动、定额管理的37个,继续按时记工的11个。1984年,全县粮食总产31.41万吨,棉花总产9 886吨,分别比1982年增20.67%、14.18%。农户生产经营自主,自己安排种植和时间,利用宅前屋后零星土地和多余房舍,发展家庭副业和多种经营。1986年,钱圩乡有4 462户农民搞种、养、加副业,产值1 351万元,户均收入3 028元。朱行乡有4 400户农民种桑养蚕,仅此一项户均收入1 658元。1987年,全县2 806个村民小组(生产队已改设村民小组)全部实行家庭联产承包责任制,11.32万农户、40.14万人口承包耕地32 791公顷。

**【承包田调整】**

实行家庭联产承包责任制后,因招生、招工、婚嫁等原因,农户人口、劳动力发生变化,出现农户承包田多少不均问题。1986年秋,在漕泾乡东海村进行承包田调整试点。1987年,县委、县政府制订调整承包田的实施意见,提出"大稳定、小调整"的总体思路,即在稳定土地承包经营权、稳定中央关于土地承包经营15年不变、稳定土地所有权集体所有基础上,调整人(劳)地矛盾突出的村民小组农户之间土地承包。调整承包田由村组织实施,以村民小组为单位,按农业人口人均0.033公顷~0.04公顷的标准分口粮田;扣除口粮田后的耕田为责任田,按村民小组劳动力计算出劳均责任田面积,再算出各户责任田面积。口粮田面积加上责任田面积,即为各户应承包的面积。农户原来劳均承包面积超过或不足本组劳均责任田面积比较多的给予调整,否则不予调整。多田农户和少田农户协商同意后由村划转。1987年8—10月,全县调整承包田。13个乡(除干巷乡、吕巷镇)131个村的1066个村民小组完成调整,分别占全县村和村民小组总数的55%、38%。其中调进土地8364户,面积794.7公顷;调出土地7420户,面积794.7公顷。共涉及15784户,占全县农户总数14.7%;面积1589.4公顷,占全县承包田面积4.7%。调整承包面积后,农户承包面积与人(劳)的比例趋于合理,承包田经营过于分散的状况有所改善。由于乡镇企业发展、农村人口增加等原因,经调整,口粮田由承包初期占集体耕田的44%上升到65%,责任田由56%下降到35%。1999年,区贯彻执行土地承包期再延长30年不变的政策(简称"土地延包"),确定农户土地承包权(简称"确权")起始期为1999年8月1日,承包期为确权日起30年。年底,全区140个村共发放土地承包经营权证51455本,权证发放率55.94%。涉及全区16个乡镇、223个村(包括金山嘴工业区4个村及漕泾工业区1个村)、2731个村民小组、10.72万户农户、农业人口34.38万人,耕地面积3.06万公顷。有2486个村民小组91982户农户与所在村民委员会签订土地承包合同,合同签订率为97.32%,承包期限一般为30年。其中采用直接延包的有849个村民小组,占34.15%;小调整延包的有1633个村民小组,占65.69%;大调整延包的有4个村民小组,占0.16%。确权面积2.47万公顷。经区政府批准列入暂缓确权范围的有245个村民小组,暂缓确权面积0.33万公顷。农户自愿放弃承包权的土地面积有0.12万公顷,占耕地面积的3.92%;集体预留机动田0.11万公顷,占耕地面积的3.53%。

## 二、粮田适度规模经营

### 【专业户、重点户】

实行家庭联产承包责任制后,农村多余劳动力逐步向乡村工业和第三产业转移,产业结构逐步调整,出现一批专业户、重点户。1985年,全县有种植大户5129户,共承包耕田约4070公顷。其中承包1公顷以上151户,近180公顷。1986年,县政府制定《关于扶持种植业大户的十项规定》,鼓励土地向种田能手集中,发挥规模经营效益。对承包1公顷以上或交售粮食5吨以上的大农户,实行交售粮食费用补贴,对贡献突出大农户进行奖励。各乡镇也出台扶持大农户的优惠政策。如交售商品粮2.5吨以上,赠送劳动车一辆、小型脱粒机一台和尿素50公斤;每交售0.5公斤商品粮,奖人民币0.02元;粮管所在收粮时设大户专磅,供销社送化肥上门,农业服务队优先为大农户服务。大农户自主经营,有一定规模,成本较低,效益较好。1986年,干巷乡颜家村农户顾仁根承包耕田3.39公顷,全年产粮31150公斤,净收入8046元,人均收入1609元,劳均收入4023元,分别比全县平均水平高895元和2901元。朱行乡高楼村农户张鑫叶承包耕田2.46公顷,全年产粮18607公斤,净收入4806元,人均收入1602元,劳均收入2403元,分别比全县平均水平高888元和1281元。1989年1月和8月,县政府2次召开大农户代表座谈会,支持和鼓励大农户,并向他们颁发荣誉证书。之后大农户逐年发展,1996年达到763户,经营面积1955.6公顷,占全县粮田面积的7.7%。

## 【"三丰"田建设】

实行家庭联产承包后,农户承包田分散,农户自行安排种植,水旱作物相间,给排灌、农机耕作以及农田基础设施建设带来困难。1985年,金卫乡农建村开始建设丰产方,即在不改变家庭联产承包的前提下,将一家一户的承包田连成方,统一种植稻或麦。1987年秋,全县推广农建村做法,开始建设丰产方、丰产片、丰产带(简称"三丰"),实行家庭分散经营,集体统一服务,茬口、品种、病虫防治、肥水管理实行"四统一"。1991年,全县"三丰"田面积2 045.4公顷,其中乡(镇)级丰产方24个,面积165公顷,每公顷产粮8 660公斤,比全县平均单产高14.3%;村级丰产方222个,面积819.1公顷;新建乡、村两级丰产带面积1 061.3公顷。1992年起,在亭(林)枫(泾)、亭(林)卫(金卫)公路两侧沿线建设万亩丰产带,涉及枫围、新农、亭新、山阳等9个乡、40个村、142个村民小组;土地总面积820.8公顷,沟、渠、路基础设施建设配套齐全;种植的640公顷粮食,每公顷10 904公斤,比全县前三年平均单产高11.6%,被列入市科委星火计划。1996年,全县"三丰"面积达到2 685.4公顷,占全县粮田面积10.6%。

## 【合作农场】

1991年春,朱行乡欢兴村、吕巷镇太平寺村、亭新乡亭西村和廊下乡中联村试办合作农场,经营57公顷粮田;秋,钱圩乡刘堰村和塔港村、枫围乡新春村、山阳乡海光村新办合作农场,面积51.4公顷;1993年,金山卫镇横浦村、漕泾镇明华村、朱行镇胥浦村、兴塔镇洋泾村新办合作农场,面积55公顷。1990年,吕巷镇在太平村试行"两田分离",即口粮田与责任田分离,把责任田集中,建立全镇第一个村合作农场。1996年,全镇有14个村办合作农场,经营面积457.9公顷。1994年起,枫泾镇新春村、新农镇幸福村等农场尝试适度规模经营和基地建设项目有机结合,建设"高优高"即高产、优质、高效农业示范区和"三高"即高产量、高效益、高科技粮田工程,示范区内沟、渠、路、林、库、场、农机等设施配套,集体统一经营,生产条件得到进一步改善。1996年,全县有县级、乡级、村级和联办合作农场144家,经营面积2 148.5公顷,占全县粮田面积8.5%。有"高优高"示范区10个,即枫泾镇新春村、新农镇幸福村、钱圩镇刘堰村、漕泾镇镇丰村、干巷镇和平村、张堰镇秦阳村、松隐镇南星村和周栅村、朱泾镇良种村、兴塔镇双庙村、山阳镇工农村;"三高"粮田工程8个,面积1 133.3公顷。

## 【土地使用权流转】

农田承包后,有农户因务工、经商、出嫁等原因,劳动力缺少,把承包田部分或全部转让给其他农户种植;部分土地因办农场或被建设项目征用,土地使用权出现流转。1986—1996年,全县在土地使用权流转中,按照"明确所有权、稳定承包权、搞活使用权"原则,依法流转土地使用权。土地使用权流转有两种方式:一是农户之间自由流转,二是由乡(镇)、村统一协调流转。土地使用权流转方法,有的实行"两田分离制",农户只种口粮田,责任田由村统一安排。如吕巷镇把责任田集中起来办14个村级合作农场;有的租赁承包,承包方与发包方签订合同,确定土地租赁期限,租金(含农业税、公积金、公益金)由承包方负担。90年代起,安徽、江苏、浙江等外省人到金山县承包农田不断增多,一般采用此方法。也有土地入股,每公顷责任田股本金一般为3 000元,股本的25%作为股息,土地使用权流转出去的农户,每年除收取股息外,还按产出净利润享受红利,如兴塔镇农业公司经营双庙村23公顷"高优高"农业示范区就是如此。还有的在转包、转让时,与农户商定补偿标准。土地使用权流转,加快了土地经营向规模化转变。2003年,区政府提出"探索建立农村土地使用权有秩规范流转机制,促进土地向规模经营集中"。制定指导性的农用地最低流转价格和补偿标准,并根据情况适时调整。土地流转包括转包、转让、租赁、入股合作 4 种形式。2004 年,全区土地流转面积 7 595.13 公顷,占全区集体耕地面积 29.87%,其中农户承包田 6 953 公顷,涉及农户 4.07 万户,承包户从土地流转中收益 3 375 万元。2006 年,全区流转土地 15 160 公顷,占当年集体耕地面积的 51.5%。

### 三、农业服务体系

实行家庭联产承包后,单家独户在机耕、灌溉、种子培育、农业技术等方面遇到问题。一些村办起为农业服务专业队。如山阳乡工农村先后成立机耕、排灌、植保、运输、粮食加工等 8 条专业服务队,为农户提供服务,解决困难。1986 年,县委、县政府提出在全县建立农业社会化服务体系,15 个乡(镇)建立农业公司,配备农业技术服务人员。1987 年,15 个乡(镇)先后建立和完善农科站、农机站等为农服务机构,237 个村建立农机、排灌、用电、植保等单项性、季节性农业服务队。1990 年 5 月,县委制定《关于进一步加强农业若干问题的规定(试行)》,明确每个村可有 10 名农业服务队人员报酬在村办企业中列支,其他服务队人员劳动工资和福利费准许在农业服务队经济实体中支付。1992 年,有乡(镇)级为农服务机构 90 家,乡(镇)、村两级农业服务人员 9 934 人,其中村级服务人员 9 319 人,占 93.81%;乡(镇)级农业服务人员 615 人,占 6.19%。

1985 年起,县政府和市政府共同设立粮食生产专项资金。1993 年,全县专项资金 1 957.02 万元,其中市、县两级财政投入 1 380.55 万元,占 70.54%;乡镇、村配套资金 576.47 万元,占 29.46%。资金用于建设良种繁育基地设施,建种子仓库 1.14 万平方米,晴雨棚 2 700 平方米,种子晒场 3.25 万平方米,种子化验室 640 平方米,购置堆包机 21 台、种子精选机 47 台、种子化验仪器设备 182 台,购买工农 36 型、曙光 22 型喷雾机 1 908 台,东方红 18 型喷雾机 1 186 台,对农作物进行统一防治;购置上海 50 型大拖拉机 227 台,配套农机具旋耕犁、灭茬机、铧犁、开沟犁、插秧机、耕播机、割晒机、联合收割机等 921 台,吸泥船 12 套。1996 年,全县农机总动力 16.58 万千瓦,每百公顷机耕田动力 64 千瓦。

1985 年,山阳乡工农村农业服务队首先办起冶炼、钣金、五金修理等工业项目,收入补充服务队经费,支付服务队人员工资。1987 年,县政府要求农业服务队创办自己的经济实体,解决服务队经费不足以及服务人员的劳动报酬问题。1991 年,村级综合服务队经济实体 52 家,乡(镇)级农业服务机构经济实体 98 家,两级合计从业人员 3 270 人。1996 年,两级有经济实体 274 家,产值由 1991 年的 1 574.8 万元提高到 2 747.9 万元,利税由 1991 年的 138.6 万元提高到 989.8 万元。1997 年 5 月,全县稻、麦、油、棉良种统一供种率,由 1986 年的 29.9% 提高至 69.8%,良种覆盖率 98%。全县统一防治村民小组由 1986 年的 30% 提高至 70%,统防面积 60%。全县 2 762 个村民小组、11 万农户得到机耕、排灌、植保、农技、供种"五统一"服务,大拖拉机深耕、麦田机械化开沟、水稻机直播、联合收割机收割脱粒等面积逐年增加。形成"县为中心,乡为枢纽,村为基础,户为对象,上下相通,左右相连"农业社会化服务体系。

## 第二节 产、加、销一条龙

1985—1987 年,县人大、县政府组织有关部门开展种植业、养殖业生产、加工专题调研。就农副产品如何走向市场、提高经济效益、增加农民收入进行探索,组织农业产业化经营。先后实施生猪、蔬菜、蚕桑、苎麻、对虾等种养业产、加、销一条龙建设。重点抓加工、销售环节,提高附加值,减少中间环节,取得一定成效。

## 一、生猪

金山县生猪主要供应市内和当地,因市场变化不定,养猪经济效益起伏较大,供不应求,价格上涨,往往一哄而上;供大于求,价格下跌,常常大幅萎缩,农民形容养猪市场"少啦少啦""多啦多啦"。1985年,县委、县政府以市场为导向,组织实施生猪养、加、销一条龙生产,稳定农民养猪积极性。

### 【饲养】

1986年,全县生猪饲养量60.86万头,上市肉猪34.74万头。1987—1990年,全县投入623万元,建成千头猪场18个;1992年建成生猪饲养基地21个,饲养生产母猪4.5万头;1996年,生猪饲养量64.53万头,上市肉猪43.17万头。养猪业的稳定发展,为开展生猪加工经营,提供了原料基础。

### 【加工】

1985年由上海市爱建公司和金山分公司、县食品工业公司、朱泾乡四方合作,联营兴办金山肉类食品厂,利用当地生猪猪源和向外地采购鲜猪肉加工各种肉类熟食品。1988年建成金联肉食品加工厂,生产猪肉熟食品供应市场。1992年7月成立上海市金山肉类食品(集团)公司,整合养猪和肉食品加工的资源优势,实行"一条龙"生产经营。1994年,公司下辖上海金山肉类食品厂、上海联昌肉食品有限公司、上海真豪食品有限公司等7家加工企业,上海天元商务有限公司、金山燃料公司等6家联营公司,形成以养殖业为基础、肉类联合加工为主体、市场销售为导向的产、加、销一体化的综合性经营格局。1994年,真豪食品有限公司开发"红太阳"系列海苔肉酥和肉脯。1993年10月6日,县供销社与外方合资组建上海枫泾丁蹄食品有限公司,引进外资进行技术攻关,"枫泾丁蹄"的保质期延长到3个月,卤汁在30℃常温下不溶化,并保持原有的风味和形态,经鉴定产品符合GB2726~81的卫生标准。1994年扩大生产规模,生产、销售丁蹄310吨,比1993年增加2.5倍。1995—1996年,又开发了熟食新产品,形成以"枫泾丁蹄"为龙头的"丁义兴"系列产品。"枫泾丁蹄"是县域招牌产品,始于清咸丰十三年(1852年),中华老字号;80年代恢复生产,1986年载入《中国土特产名集》。

### 【销售】

1986年,金山肉类食品厂向全市熟食销售店和部分高校、机关大伙食团体推荐产品和建立销售网点。1987年在市区各种肉食制品和销售网点有140多家。1988年,金联肉食品加工厂投产后,销售点继续扩大,1990年300多家,1994年800多家,销售肉类制品万吨。各销售点还挂出了"金山肉类食品厂"或"金山熟食"霓虹灯广告牌。各种肉类制品还辐射江苏、浙江、河北、辽宁、北京、天津、深圳、福建等10多个省市。1994年,枫泾丁蹄改进包装,进入市区超市,在华联超市、东方商厦、市百一店、市食品一店、八佰伴等124个单位设立销售点,并在杭州、无锡、苏州、浦东等地打开销路,产品畅销。

1995年生猪养加销一条龙项目被列为市政府"菜篮子工程"重点项目。

## 二、蔬菜

1993年,市政府决定近郊菜地向中、远郊县转移,并加大菜地建设的投入。金山县抓住机遇,发展蔬菜基地建设和生产、加工、销售一条龙经营,成为上海市"菜篮子工程"基地之一。

### 【生产】

1986年,全县种植蔬菜303.33公顷,总产蔬菜9 213.3吨,其中市属计划菜地140公顷、县属菜地163.33公顷。1986—1990年,蔬菜地基本建设投入500万元,60%菜田实现自动化喷灌,蔬菜主要供应石化总厂。其间,县政府提出要重点抓好"菜篮子工程"。1993年,市政府决定近郊菜地向中、远郊县转移,成立县政府蔬菜办公室,各乡镇先后建立蔬菜服务公司,加强蔬菜产销服务。1994年,全县蔬菜面积扩大到1 432.2公顷,其中市属菜地591.9公顷。1994—1995年,菜田建设投入资金4 886.17万元,其中国家扶持资金3 686.66万元,自筹1 199.51万元。建成4个乡级种苗场、1个种子场、1个优质蔬菜示范基地场。1996年,全县蔬菜菜地1 508.6公顷,总产15.13万吨,产值12 107.3万元,其中市属菜地712.62公顷,总产蔬菜7.25万吨,产值5 131万元。

### 【加工】

1984年,建立年产能力300吨的兴塔乡蔬菜脱水加工厂,组织厂周围生产队和农户种植蔬菜提供原料,加工主要产品有脱水刀豆、大蒜、洋葱、甜椒、茭白等品种。1990年,县政府提出要稳定和落实各项政策,扎扎实实抓好蔬菜基地管理,有计划地发展蔬菜加工。1992年,南汇县酱菜客商在张堰乡建立高桥酱菜厂,至1996年,累计投资150多万元,年加工鲜菜能力1万吨,产品有各类酱菜,年销成品300多吨,销售金额500多万元,上缴税金15万多元。1993年8月,台湾客商在山阳镇建立老蔡酱菜厂,至1996年累计投资240万美元,产品以酱菜、酱油为主,年加工鲜菜能力1.5万吨,年加工成品1 000多吨,年销售金额4 500万元左右。1995年8月,澳大利亚洲太平洋有限公司在廊下镇建立上海亚太国际蔬菜有限公司,总投资490万美元,装置一条澳大利亚生产的保鲜蔬菜切割加工流水线设备和一个育苗工厂,以加工保鲜蔬菜西兰花、结球生菜、甜玉米为主,年加工能力1万吨~1.2万吨。

### 【销售】

1985年改革蔬菜产销体制,市属菜地统购包销改为合同定购,县属菜地全面放开,由种植蔬菜生产队自行销售。1991年11月,市属菜地蔬菜上市价格和销售渠道放开,淡季实行合同定购"保淡"补贴,蔬菜产销由计划安排逐步转向市场调节,菜农自销蔬菜数量、金额比例上升。1994年发展新的市属菜地,除完成市"保淡"任务外,其余蔬菜由菜农自销为主。10月,县新建亭林蔬菜批发交易市场,建筑面积2 173平方米。1995年组建金山县蔬菜服务公司,下设亭林蔬菜批发交易市场、农资服务部,负责蔬菜销售和农资供应等。各乡镇建立蔬菜服务公司,实行县、乡、村三级销售,打破金山菜区和上海中山西路蔬菜批发交易市场挂钩的单一局面。年底,在市区开辟直挂直销渠道,挂钩直销单位有卢湾、杨浦、长宁、徐汇、黄浦5个区14个菜场和24个伙食团体。1996年将全县55个蔬菜场分散经营转为集体统一经营。亭林蔬菜批发交易市场与市内8个区的17个交易市场、27个菜场、36个伙食团建立销售关系,年销售蔬菜47 429吨,占总产量65%。各镇蔬菜服务公司也建立一批直供直销单位,发展直挂、直销和小包装净菜上市。

## 三、桑蚕

金山县是市郊种桑养蚕重点县。1990年,县政府在《政府工作报告》中提出要重点抓好桑蚕一条龙的产前、产中和产后服务,推进桑蚕产、加、销一条龙发展。

### 【生产】

金山县养蚕分春、夏、秋三季,秋季养蚕又分早秋、中秋、晚秋三季。1986年,朱行乡采取多种优惠措施,扶持农民种桑养蚕,全乡种桑111.08公顷,占全县桑田面积的71%。1990年,市长朱镕基对金山县发展桑蚕丝绸生产十分赞赏,市政府批准金山县减棉扩桑533.3公顷,1992年提前一年完成。9月1日,上海市金山桑蚕丝绸集团公司成立,股东单位有上海市丝绸印染七厂,县农业局林业站催青室,县供销社朱泾、朱行烘茧站,朱行镇缫丝厂。集团公司建立后,加强桑蚕生产管理。1993年出现了3个养蚕万元户:兴塔镇毛家村毛良华售茧年收入11 873元、朱行镇胥浦村宋秀华11 568元、兴塔镇卫星村陆芳云10 190元。1994年全县桑田面积达1 993公顷,养蚕68 178张,产茧2 483.09吨,产值5 199.78万元。涌现一批高产高效益典型,兴塔镇王家村王七宝售茧年收入23 721.2元,成为全县养蚕状元户;兴塔镇卫星村陆芳云、朱行镇胥浦村宋秀华售茧收入也超2万元;枫泾镇盛新村、团结村和朱行镇卫星村年售茧收入均超过170万元。

### 【加工】

1989年,为提高蚕桑产品附加值,县政府指导朱行乡创办上海朱港丝织厂,以缫丝业为主。1990年,缫丝13吨,织绸20万米。全县丝绸加工、销售400万元,创汇60万美元。1992年建成德力真丝针织厂。1994年7月建成新亚丝厂,是金山第二家缫丝厂,当年销售收入200余万元。8月由金山蚕桑丝绸集团公司与枫泾镇工业公司联营合作,筹建上海枫泾自动化缫丝厂,被列入市星火项目,设备为国内先进的D301型3组自动缫丝机,产品达到当年技术商检2A级标准。

### 【购销】

1985年,全县蚕农总收入45.41万元,1990年提高到316.24万元。期间,蚕茧价格、蚕桑产量提高,蚕农增加收入,31%是由于产量提高,69%是由于茧价上涨。全县平均每公顷桑田产茧收入,1985年为3 045元,1990年为13 815元。1992年,金山蚕桑丝绸集团公司负责全县桑茧购销,全年收购鲜茧1 099.2吨,收购金额1 004.4万元。1993年发放蚕种2.7万张,产鲜茧1 954.81吨,收购金额4 080.84万元。

1995年起,全国丝绸出口受阻,市场失衡,农户生产效益滑坡,经营企业亏损,1996年出现砍桑复种粮棉,桑蚕产、加、销一条龙就此夭折。

## 四、苎麻

80年代初,国际市场苎麻紧俏,在市农委、市农科院、市纺织局的倡导下,县里适时调整种植业结构和提高种植业经济效益,县政府组织实施苎麻种、加、销一条龙。

## 【种植】

1985 年,从湖南、湖北引进苎麻种子和种根,安排在亭新、张堰、兴塔、吕巷、漕泾 5 个乡镇、11 个村、26 个生产队进行试种,并对品种、肥料、密度、联体压条、嫩梢及黑杆扦插等项目进行对比试验。经过一年试种成功,全县试种"芦竹青"苎麻 41.47 公顷,原麻总产量 11 吨,平均每公顷产 255 公斤,每公顷产值 2 064 元。1987 年,全县苎麻种植发展到 1 080.6 公顷,与市第九棉纺织厂和金山县卡登、金康麻毛有限公司签订供销协议。生产技术上采取连片种植、增施基肥、合理密植、适时追肥、及时剥麻等措施,当年生产原麻总产 420 吨。

## 【销售】

1984—1986 年,国际市场苎麻供不应求,麻价大幅上升。1986 年,市场收购价每公斤原麻从 1984 年 2.4 元上升到 14 元~16 元。全国种植苎麻面积猛增,宏观失控;收购苎麻不顾质量,苎麻制品出口受阻,出现生产过剩。1987 年 3 月 1 日,国家对苎麻收购实行限价,实际收购价还向下浮动,种麻经济效益下降。农民出现退麻还种粮棉,苎麻产加销一条龙逐步消亡。

# 五、对虾

金山县具有养殖对虾的优越自然条件。80 年代,漕泾乡等利用围塘筑堤等方式,与科研机构合作,开展对虾养殖,县政府也出台相应政策,扶持对虾产加销一条龙。

## 【养殖】

1983 年,漕泾乡海涯村利用废弃盐田开挖围塘养殖对虾成功后,建立海涯村对虾养殖场。1986 年 11 月,漕泾乡和县水利局一起组织 6 000 余人围塘筑堤,新建海堤东起淙缺,西至张家厍,全长 4.43 公里,耗用 78.11 万人工,土石方 4.76 万立方米,投资 603.88 万元,新建虾塘 83.8 公顷;成立金山县海塘所、漕泾乡和漕泾乡塘外村三个对虾养殖场。1987 年,漕泾地区 4 个单位养殖对虾 145.27 公顷,总产 280.5 吨,每公顷产 1 920 公斤,总产值 680 万元,面积、总产、单产、总产值比 1985 年分别增长 152%、243%、29.3%和 464%。1990 年,漕泾乡成立对虾养殖公司,1991 年更名为"上海金山对虾经营公司",在上海水产大学、上海东海水产研究所和渔机所指导下,自行繁殖对虾苗 500 万尾。1992 年从浙江宁波、象山港和山东石臼港引进青虾 1 400 尾,新建容积 300 立方米的育苗池,繁殖 8 360 万尾虾苗,除自繁放养外,多余 5 000 万尾虾苗供应兄弟单位养殖,创利 10 万元。是年,全县养殖对虾塘面积 182.53 公顷,其中,漕泾乡养殖公司对虾场 55.8 公顷、县海塘所对虾场 23.3 公顷、漕泾乡海涯村对虾场 75.3 公顷、塘外村对虾场 28.13 公顷,总产 840 吨,每公顷产 4 605 公斤,总产值 2 147 万元。

## 【加工销售】

1987 年,漕泾乡海涯村养殖场建储藏量 100 吨冷库,漕泾乡对虾养殖公司建成日速冻能力 5 吨及 150 吨冷库。1992 年,漕泾乡对虾养殖公司投资 10 万美元从日本引进对虾加工设备,改造原来 350 平方米厂房,新建 50 平方米更衣、消毒等配套用房,日加工无头剥壳(留尾一节)对虾 1 吨~2

吨,产品按每袋 320 克的规格真空包装,供应国内外市场。当年深加工无头剥壳虾肉 151 吨,出口创汇 140 万美元,为历史最高水平。

1993 年,受海水赤潮和病毒侵袭造成虾病大爆发,少数虾塘绝产,多数虾塘产量大幅度下降,4 个单位养殖对虾 185 公顷,投放虾苗 2.99 亿尾,总产 28 吨,每公顷仅产 546 公斤。1996 年,漕泾地区 4 个单位养殖对虾 174.53 公顷,投放虾苗 1 040 万尾,总产 189 吨,每公顷产 1 083 公斤,减产亏本,对虾养殖衰退。

# 第三节　工业体制改革

80 年代中期,在农业生产经营方式取得成效基础上,全县开展了工业体制改革,一方面变革单一的所有制形式,逐步形成国有、集体、私营、联营、"三资"企业共存的格局;另一方面推进工业企业责任制改革,着重于承包责任制和厂长(经理)负责制,80 年代末则进一步推进产权制度改革,建立现代企业制度,使全县工业生产不断跃上新台阶。

## 一、所有制形式

1985 年,国有和集体工业企业占全县工业企业总数的 99.39%,基本上是单一的公有制形式。为此,县委、县政府提出调整所有制结构,大力发展联营企业、个体私营企业、外商和港澳台地区投资企业,形成公有制经济、非公有制经济和混合经济共同发展的局面。80 年代初,县委、县政府作出"依托石化,吸引石化和市区大工业辐射,兴办联营企业"决策,联营企业按照互惠互利原则,共同投资,共同所有,按比例利润分成,风险共担。企业所有权和经营权属于联营双方,打破了国有、集体所有制的界限。1988 年 4 月,县政府发布《金山县鼓励外商投资及发展"三来一补"业务的优惠政策》。1993 年,县政府制定《关于加快发展个体、私营经济的若干意见》,推进"三资"企业和私营工业发展。经过企业所有制改革,1995 年,全县公有制(国有、集体)工业企业占 63.6%,非公有制(私营、外商和港澳台等)工业企业占 28.6%,混合所有制(联营、企业集团)工业企业占 7.8%。

1996 年,全县有工业企业 1 703 家,职工 119 119 人,产值 925 667 万元。其中乡镇工业产值 721 274 万元,占全县工业产值的 77.92%;县办工业产值 150 186 万元,占 16.22%;私营工业产值 54 207 万元,占 5.86%。乡镇工业成为全县工业的主要组成部分。同时,通过横向联合和吸引外资,发展联营企业和"三资企业",即中外合资、中外合作和外商独资企业。

**【县办工业】**

1992 年 10 月,金山县工业总公司成立,前身为金山县农机工业局,实行政企分开,成为经济实体。1986 年所属工业企业 31 家,其中全民所有制企业 3 家、集体所有制企业 28 家,拥有固定资产 5 599 万元、职工 6 772 人,产值 11 579 万元。1996 年工业企业增至 37 家,其中全民所有制企业 3 家、集体所有制企业 34 家,拥有固定资产原值 19 684 万元、职工 5 084 人,产值 38 423 万元。其他县办工业主要集中在粮食局、供销社、交通局、教育局(校办工业)、建设局、水利局等 6 个部门。1986 年,6 个部门所属工业企业总数为 94 家,拥有固定资产原值 2 380 万元、职工 3 752 人,产值 13 921.9 万元。1996 年增至 149 家,拥有固定资产原值 34 362 万元、职工 29 902 人,产值 50 289.5 万元。

### 【乡镇工业】

1986年,乡镇、村工业企业802家,其中乡办工业207家,镇办33家,村办520家,村民小组、联户办企业42家;职工94 600人,占全县工业企业职工总数的89.51%。1987年起,在上海市第二次城乡工业协调大会推动下,乡镇工业迅速发展,工农联营企业增加。1993年,工业企业增至1 106家,其中新增乡镇办企业108家、村办企业238家;职工118 885人。1994年起,除"三资"企业继续增加外,部分产品结构不合理、经营亏损企业关闭,其中以村办企业为多。1996年,乡镇、村工业企业885家,其中乡镇办企业394家、村办企业491家,职工91 340人。

### 【私营企业】

1988年6月,金山县根据《中华人民共和国私营企业暂行条例若干意见》,开始受理私营企业登记。年底,核发私营工业企业执照3家,工业产值425万元。1992年,国家放宽对私营企业信贷、税收政策,私营工业企业增至202家,从业人员3 417人,注册资本金1 834万元。1993年,县政府制定《关于加快发展个体、私营经济的若干意见》,推进私营企业发展,当年有私营企业302家,注册资本金7 322万元,工业产值7 887万元。1996年,全县注册登记私营工业企业606家,注册资本金61 054万元,从业人员8 137人,工业产值54 206万元。

### 【联营企业】

1979年,上海华东化工学院与松隐公社联合建上海华东化工学院金山联营树脂厂,为县内首家工农联营企业。80年代,在城乡工业一体化方针推动下,联营企业发展较快,全县以工农联营为主。工方(大城市工业企业)主要负责产品、技术和财务管理,农方(主要为乡镇企业)提供厂房、设备和劳动力。行政管理归属地方或部门。1986年,全县有联营企业35家,其中县属2家、乡镇办26家、村办7家,职工7 570人,产品主要涉及机械制造、针织服装、纺织、化纤、塑料制品、造纸、皮革制品、印染、化工、食品制造等行业。1988年,县政府制定《金山县发展横向经济联合的主要优惠政策》,联营企业加快发展。1990年,全县有联营企业216家、职工43 378人,产值102 018万元,利润7 499万元,是联营企业数量最多、经营效益最好的一年。1991年起,随着改革深化,经营体制、机制转换和"三资"企业发展,联营企业数量逐年减少,产值、利润下降。1995年,全县有联营企业106家、职工23 973人,产值94 175万元,利润3 436万元。

### 【"三资"企业】

1985年10月,金山县纺织服装公司、上海石油化工总厂联营开发部、中国进出口商品基地建设公司上海分公司与中国香港康登实业有限公司达成合资办企业协议,投资100万美元,在新农乡创办金康毛麻有限公司,1987年建成投产,是县内首家"三资"企业。1988年起,县政府先后出台一系列政策,加大招商引资力度,"三资"企业迅速发展。1996年有236家"三资"企业建成投产,其中总投资超过500万美元以上的22家;工业总产值384 926万元,占全县工业总产值41.58%;出口拨交值205 770万元,出口创汇26 633万美元。

## 二、经济责任制

工业企业改革经历先易后难、由点到面、不断推进深化的过程。1981年少数社队企业试行"酬利挂钩"分配法,即下达利润指标,超利分成奖励的分配方法。1984 年全县乡镇(村)企业全面推行"五定一奖",即定人员、产值、利润、流动资金、基建设备,超利润提成奖励,一定 3 年不变,企业内部实行岗位责任制,厂与车间、车间与班组签订承包合同。是年,县工业局制定《关于扩大经济承包责任制试行方案》,在金山农业机械厂、金山电视机配件厂、金山标准件厂等 8 家县属国有、集体企业试行工人联产计奖和管理人员职责计奖等责任制。1986 年乡镇(村)企业推行"两定一挂"即定基础利润和目标利润,定工资奖金基数,工资奖金与利润挂钩浮动的厂长承包经营责任制,并进行承包招标。1988 年,全县工业企业全部实行承包经营责任制。1990 年部分县属国有、集体企业试行风险承包责任制,由企业厂长(经理)代表全体职工与主管局签订承包合同,并建立风险基金,经营者交纳一定数量的风险金,完成承包合同指标,按确定比例予以奖励;未完成指标,同比例扣减风险抵押金。1994 年,县工业总公司在全系统推行风险承包责任制。

1986 年,县委、县政府推行厂长(经理)负责制和任期目标责任制,先在县工业总公司所属的金山五金工程塑料厂、金山标准件厂试点,制定《厂长任期目标责任制试行细则》《厂长任期目标》,民主选举企业经营者;建立和实施《厂长(经理)工作条例》《党支部工作条例》和《职工代表大会工作条例》,理顺党、政、工三者关系,确立厂长(经理)在企业的生产、经营、管理上的中心地位。1988 年,县工业总公司有 19 家企业实行厂长(经理)负责制,30 家企业实行厂长(经理)任期目标责任制。其他部门的工业企业也逐步推行。1987 年,县乡镇企业局选择 20 家生产经营正常、管理基础较好的乡镇企业试行厂长(经理)负责制和任期目标责任制。试点企业的厂长(经理)全权主持生产、供销、财务、人事管理等,对中层干部和管理人员实行聘任制,对职工实行劳动合同制,厂长(经理)按照当年的经营绩效,自主决定企业内部的分配。1988 年,县委、县政府下发《关于完善厂长负责制及深化企业改革的几点设想》,5 月召开推行厂长(经理)负责制现场会。1990 年,全县工业企业全部实行厂长(经理)负责制和任期目标责任制。

## 三、产权制度

80 年代末,全县工业企业以发展股份合作制为突破口,深化产权制度改革。主要有 3 种形式:

### 【股份合作制】

1989 年初,县政府率先在干巷汽车配件厂试点,组建全县首家股份合作制企业。1992 年 4 月,县领导组织人员到温州考察股份合作制改革。5 月,县委、县政府制定《关于股份合作制的试行意见》,在 60 家企业试点。试点企业总股本金 14 064 万元,吸收社会和个人资金 4 516 万元,职工认股人数占职工总数的 90%,资金到位率 80%以上。股份合作制形式有企业内部增量扩股型、企业资产拆股转轨型、个人出资合股型、多元股份复合型等。1996 年,县委、县政府制定《关于完善、发展股份合作制的若干意见》,进一步明确股份合作制的特征,完善发展的重点、改制的政策措施。年底,全县组建股份合作制企业 298 家,占全县企业总数的 17.5%;股本总额 5.01 亿元,吸纳社会资金 2.42 亿元。股本构成:集体股 25 789.92 万元,占总股本 51.47%;内部职工股 11 459 万元,占 22.87%;社会个人股 8 119 万元,占 16.2%;社会法人股 4 108 万元,占 8.19%;国家股 638 万元,占 1.27%。

### 【有限责任公司】

1996 年,县供销社将金泉葡萄糖厂改制为金泉企业有限责任公司。随后,百货、五金交电、医药、纺织品、农资、煤炭、金属回收、广发、棉花特产、金品房产 10 家公司先后改制为有限责任公司。建立起"三会一层"即董事会、监事会、理事会、经理层的现代企业法人管理结构,成为独立法人和市场主体。其中 5 家公司设职工持股会,职工持股股金总额 354.5 万元,占注册资金的 28.7%;另 5 家公司由 142 个自然人发起组建,自然人出资 151.3 万元,企业产权为集体和职工共有。年底,全县共组建有限责任公司 445 家。

## 【"三改一转让"】

1993 年下半年,县委、县政府在乡镇集体企业探索"三改一转让"。"三改"即对生产规模大、产品销路好、经济效益高的重点骨干企业,嫁接改制为中外合资企业,或组建企业集团;对有条件的一般企业,改制为股份合作制;对微利或亏损企业,有的改制为股份合作制,有的让优势企业兼并,有的搞租赁、抽资承包、"公有民营"。"一转让"即资产置换,将资产转让、拍卖。在"三改一转让"中,实现"三个优先":外资"嫁接"优先,外省市优秀企业经营者资金到位的优先,国有、集体优秀企业优先。在"三改一转让"改革中,为保护集体资产所有者、经营者的合法权益,不使资产流失,县委、县政府制定《金山县集体资产管理暂行规定》《金山县集体资产所有制企业审计工作暂行规定》等一系列政策和规定,对集体资产的管理宗旨、管理机构、中介组织、经营方式、资产运行、收益分配、资产转移等问题做了规定。同时明确规定集体企业转制为股份合作制或进行产权交易的,必须由县资产评估机构对企业资产进行评估;产权交易必须由县产权经纪公司确认,并经市产权交易所鉴证,严禁场外交易。企业经产权界定、明确权属后进行产权登记,由县集体资产管理委员会发放"集体资产产权证"。1996 年,通过"三改一转让",全县企业嫁接"三资"企业 211 家。整体转让集体企业产权 227 家,转让资产总额 3.26 亿元,其中转让给国有、集体 61 家,成交额 0.96 亿元;转让给外地私人 22 家,成交额 0.45 亿元;转让给县内自然人和原企业经营者 144 家,成交额 1.85 亿元。经产权交易中介,实现产权交易转让的 68 家,成交资产 1.06 亿元。全县完成改制企业 747 家,改制率 64.9%。

# 第四节　商业体制改革

80 年代中期,全县开展商业流通体制、经营体制改革,改"单一渠道、多环节、封闭型"为"多渠道、少环节、开放型"。

## 一、流通体制

80 年代以前,粮油实行统购统销,之后出现议购议销,地处沪浙五县即金山、嘉善、平湖、松江、青浦交界的枫泾粮食市场形成,交易活跃,月成交量 50 吨以上。1981 年 11 月成立金山县粮油议价经营部,之后扩大为金山县粮油贸易公司。1984 年 7 月,国务院批转商业部《关于当前城市商业体制改革若干问题的报告》,提出进一步疏理城市流通渠道。金山县商业逐步冲破一、二、三级批发层次,突破"单一渠道、封闭运营"流通模式。1985 年 1 月,中共中央、国务院发出《关于进一步活跃农村经济的十项政策》,决定改革农产品统派购制度。改粮食指令性统购为合同定购和市场收购,完成合同定购后的粮油可多渠道自由经营,实行计划与市场"双轨制"体制。计划物资价格按市、县物价政策执行,计划外物资价格按物价部门规定作价并上报审批。县物资局成立物资贸易中心,建立专业市场。下属各公司也相继建立专业小市场,逐步形成以物资贸易中心为主体、大小专业市场相配套的县级物资市场网络。1987年成立金山县物资协作开发公司,通过物资串换、余缺调剂、外援协作等争取计划外物资。1989年1月,县供销社退出政府序列,恢复合作经济集体所有制性质。1990年秋起,粮食合同定购改为国家定购、议价收购,全县粮油购销开始放开。1992年1月,金山县委六届四次全会作出《关于进一步搞活商品流通的决定》,提出进一步搞活商品流通的目标、任务和措施。5月,县物资总公司成立,建立枫泾粮油交易市场,是全市第一家粮油贸易市场,在川沙县开设上海金浦贸易公司。12月,金山县粮油总公司成立,其下属16个粮管所改制为粮油公司。1993年,生产资料全面放开经营,物资取消计划供应,全县物资流通全部进入市场调节。个体、私营商业加速发展,出现产销合作、农商联合、商商联营等跨行业、跨系统的产供销联合体,先后建成一批具有一定规模和特色的批发交易市场、商品集散中心,以及枫泾商城、金山商厦等一批标志性的批发、零售商业网点。90年代中期,全县商业基本形成多元化市场体系和"多渠道、少环节、开放型"的流通格局。

## 二、经营体制

### 【"工利挂钩"承包】

1987年,全县商业企业实行"工利挂钩"承包,即工资总额与上缴税利挂钩。县供销社对下属枫围、兴塔等15个基层供销社和百货、五金等18个县级公司推行"工利挂钩"经营承包责任制;各企业对门店采用绩效挂钩的"部分工资浮动"和"全额工资浮动"两种承包形式。年底,全社97个门店实行承包,涉及职工4 056人,占职工总数的73%。县物资局对下属金属、木材、化轻公司3家企业试行"基数(以1986年应缴国家税利为基数)承包,工利挂钩浮动";对下属农机公司、车队2家企业试行"工利挂钩"单项承包。县粮食局下属吕巷粮管所、朱泾粮管所等12家企业实行应缴税利与工资总额挂钩。1988年粮食系统全部实行"工利挂钩"承包。1988—1990年,县财政局与供销社、物资局、粮食局下属商业企业签订承包经营责任书,确定以1987年实绩为基数,超基数分成的税利承包制。1991—1992年实施第二轮承包,供销社、粮食局代表其下属企业与县财政局签订承包经营责任书,并分别与下属企业实行工资总额与经济效益挂钩的承包办法。县财政局与物资局下属8个企业分别签订承包经营责任书,确定上缴利润基数,增长分成为财政30%、企业70%。

### 【"社有民营""抽资抵押承包"】

90年代,基层供销社经济效益出现滑坡。1993年,县供销社与县税务局、财政局联合下发《关于在基层社推行集体所有、个人经营承包责任制的意见》,在基层供销社门店实行"社有民营",即以门店为单位,"抽资承包"。愿意承包的职工与基层供销社签订门店承包责任书,自筹资金置换商品资金,经营盈余自己所得。1994年底,15个基层供销社248个门店推行"抽资承包",抽回商品资金968.30万元,占应抽资金额72.37%;有14个基层供销社扭亏为盈。同年县供销社实行风险抵押金制度,下发《关于实行风险抵押金制度的意见》。干部职工按职务缴纳风险抵押金,风险抵押金利息和红利与企业经济效益挂钩,企业保值增长的可按社会股息保息分红,反之按同比例扣减风险抵押金。年底,15个供销社108家门店实行风险抵押金承包,缴纳风险抵押金246.1万元,人均3 221元。1995年,县供销社直属公司批发部、商店中有104家实行风险抵押承包,缴纳风险抵押金

247.43 万元,人均 3 300 元。

### 【"两定"承包】

1989 年,县城镇商业公司下属 14 个分公司 144 个独立核算单位,有 96 个亏损,亏损面 67%。1992 年 9 月全面推行"两定"承包,即以门店为单位,定额纳税、定率带征所得税。门店自筹资金,自主经营,自主分配,与分公司签订承包合同,按规定缴费纳税。县税务、财政部门代表下属企业与县城镇商业公司核定全年销售额,按定额、定率核定全年税金承包基数。

### 【"六自主"改革】

1992 年,市政府发布《关于完善商业企业经营机制,推进"六自主"改革的试行办法》,即经营活动自主、商品定价自主、劳动用工自主、工资分配自主、投资发展自主、机构设置自主。县烟糖公司被列为市首批"六自主"改革试点单位。1993 年,朱行、漕泾供销社列入全市第二批试点单位。1994 年上半年,全县供销社企业"六自主"改革完成。

### 【行业连锁经营】

1995 年,县供销社部分县公司与基层供销社门店开展连锁经营,组建农资、医药、烟糖、百货 4 个行业共 18 家连锁店。1996 年,医药、烟糖行业全面连锁经营。1997 年,农资、百货行业相继实现全面连锁经营。全县基层供销社农资商店划归县农资公司,实行农资商品连锁专营。

## 第五节 上海枫泾商城

上海枫泾商城(下称"商城")坐落在枫泾镇西北侧朱枫公路 588 号。1991 年 7 月 1 日破土动工,1995 年基本建成,占地 62.5 公顷,建筑面积 7.5 万平方米,投资 9 040 万元,是市郊起步最早、规模最大,具有商品集散、信息、交易功能的综合性贸易中心。2005 年实施资产分流,保留上海枫泾商城企业发展有限公司,负责土地、资产经营,所属万泉招商有限公司纳入金山区海岸线发展有限公司。商城不再作为区政府直属公司。

### 一、建设

1990 年 12 月 13 日,县委、县政府为促进跨省市物资交流,活跃农村市场,发展金山经济,作出"着手规划建设枫泾商品交易批发市场"的决定。1991 年 4 月 4 日,市农委批准建设上海枫泾商城。商城由上海民用设计院设计。一次规划,分期实施,列入县政府实事项目。第一期工程于 1991—1992 年实施,边筹资,边工程设计,边施工,竣工面积 2.89 万平方米。建工业品批发大厅 0.5 万平方米,商品零售大厅 1.17 万平方米,农副产品交易大厅 0.2 万平方米,旅馆、餐饮、停车场、服务中心等配套设施 1.02 万平方米。第二期工程于 1993—1994 年实施。竣工面积 3.71 万平方米。建交易大厅 1.12 万平方米,宾馆、商品房、饭店、旅游、库房、客房等配套设施 2.59 万平方米。1995 年建娱乐中心、茶室 0.9 万平方米,基本完成工程建设。1996 年,商城建有营业厅 26 个,可容经营门面、摊位 12 000 多个。定港塘河东 9 个营业厅为私营企业、个体工商户经营区,河西 17 个营业厅为国营、集体单位经营区。

## 二、招商

1991年9月19日,市政府在金山县召开现场办公会,研究解决商城优惠政策及开办中的有关问题,形成会议纪要。按照会议精神,制定《上海枫泾商城若干优惠政策》,吸引客户投资和注册商城,支撑商城繁荣发展。1992年12月14日制定《关于支持发展私营和个体家庭工业的若干优惠政策》,私营企业、家庭工业开始落户商城。1994年,国家实行新税制,税收政策和收支环节起变化,为吸引和稳定客户,县政府对商城增值税实行"收归收,国税不能少;退归退,财政作补贴"办法。1996年起,商城调增国营、集体、私营企业和摩托车市场内企业(限摩托车产品)退税幅度,以税额50%奖国营、集体企业,20%奖私营企业,60%奖摩托车专卖市场内企业;适当调低个体工商户市场管理费,经营服装、餐饮、小百货的调整为每月20元,经营卷烟、南北杂货的调整为每月40元;国内外客商来商城办实业,凡投资100万元以上,用地按现有价优惠30%,并可分期付款、以价计息、盈利归还。与此同时,加强招商宣传。1991年向全国各地发送商城优惠政策、规划建议等有关资料,在上海《新民晚报》连续刊登招商广告,在金山电视台持续播放招商广告,接受各方客户咨询。1993年起,招商宣传以大客户为重点,创办《枫泾商城简报》,30多篇介绍商城文章在上海市级报刊上发表。1994年起,招商宣传以私营企业、个体工商户为重点,在商城两次举办《解放日报》《劳动报》《东方城乡报》《上海供销信息报》等报社记者联谊活动;接待中央电视台拍摄商城专题片,在中央电视台《经济半小时》、上海东方电视台《经济传真》专题播出。中国香港《大公报》记者采访后,以"上海枫泾商城在崛起"为题作介绍,称其是"上海经济增长点的辉煌"。1994年,商城注册客户达到1 896家,其中国营、集体1 070家,私营226家,个体600家;年销售额5 000万元以上客户500多家。1996年,商品销售额达到33.4亿元。

## 三、经营

1992年8月28日,商城试营业。综合经营工业产品、工业生产资料、农副土特产品、饮食服务等,商品近万种;近3万名顾客云集,成交额4 000多万元。1997年撤县设区后,除个别年份外,年销售额一直稳定在40亿元以上,2001年最高达54亿元。商城还形成专业经营和工贸结合经营。

**【专业经营】**
商城开辟一系列特色专业经营市场,主要有:

**摩托车交易市场**　1994年7月20日,经市计划委员会批准,商城投资300万元,建1 000平方米20个门面摩托车交易大厅,由已在商城经营摩托车的18家专业公司和全国著名的幸福、建设、洪都、嘉陵牌等摩托车生产、经销商加盟,组建市第一家摩托车交易市场。批发、零售摩托车、助动车及其配件。1996年8月,豪鑫、大申、益民3家专业经营摩托车商店加盟摩托车交易市场。营业房面积增至4 000平方米30个门面,总投资500万元。当年销售摩托车8万辆,成为江苏、浙江、上海地区最大的摩托车销售市场。

**烟草交易市场**　1994年9月,市烟草(集团)公司与县烟糖公司联合投资200万元,买下1号厅1 400平方米营业房,组建烟草专卖市场,批发、零售沪产卷烟为主20多个品种。经营期间,每天销售额200万元左右。

**家交电交易市场** 1994 年,在商城经营家交电的 20 家五金交电公司、生产厂联合组建家交电专卖市场,经销各种牌号规格的电冰箱、彩电等。当年销售电冰箱 1.14 万台、彩电 1.26 万台、洗衣机 2.35 万台。至 1996 年,销售额 4.2 亿元。

**南北杂货交易市场** 1994 年,商城 11、13、14 号营业厅内的 400 多私营企业和个体工商户,经销全国各地土特产、炒货、食品等 200 多个品种,自然形成南北杂货专卖市场。商城周边十几个县农村供销网点前来批发商品,价格便宜 10%～30%,每天成交额 40 万元左右。

## 【工贸结合经营】

主要是拓展直销商品,向产业寻求支撑。1994 年 8 月,商城开发总公司利用枫泾镇文枫厂厂房,建"枫泾商城超级综合市场",商品直接向生产单位进货。1995 年,商城低息出资 7.5 万元,与枫泾镇联手扶持新义村 12 户家庭购置织机,就地加工纺织品,提供商城销售。是年 3 月,商城开发总公司与上海金依诺服饰有限公司在商城联办第一个经济实体上海金依诺有限公司。1996 年已有 50 多家国营大型企业、500 多家乡镇企业及一批家庭、私营企业产品直接落户商城。

# 第三章 金山新城崛起

1997 年,金山撤县建区、联合建政,迎来新的发展契机。区委、区政府以金山新城建设为重点,提升城乡市政建设档次,构筑大交通格局,推进供气、供电、供水设施建设,发展邮政通讯,建设国家园林城区,城乡面貌日新月异;以建设上海廊下现代农业园区为标志,发展现代科技农业,推进农业设施化、生态化、信息化、产业化;实施工业向园区集中战略,加大招商引资力度,重新布局、定位、整合,逐步形成市级、区级、镇级层次鲜明的工业开发区布局;拓展商业新业态,形成商业圈、商业街、大型商场、大型超市、连锁店、便利店、专业市场、集贸市场多层次多元化的市场格局;旅游业从无到有,异军突起,形成区域旅游品牌,民间文化旅游、田园生态旅游、滨海观光旅游等成为经济新增长点。金山农民画作为中国民间艺术的一朵奇葩,又有新的发展,2006 年,建于枫泾镇中洪村的"中国农民画村"在成为 AAA 级景区的同时,吸引全国各地农民画家入驻。

## 第一节 金山新城建设

1997 年,金山撤县建区、联合建政,政治中心南移,金山新城建设提上议事日程。2000 年 1 月,上海金山新城区建设发展有限公司成立,注册资本 11 000 万元;8 月,金山区新城区管理委员会成立。2003 年 12 月,区政府第二十五次常务委员会议明确:新城区开发建设工作由新城区建设发展有限公司按照市场化运作开发;2004 年 12 月,公司和管委会合二为一。

### 一、联合建政

1972 年经国务院批准,在县境南部金山卫海滩兴建上海石油化工总厂(简称石化总厂)及其市政、生活服务、文化等配套设施,逐步成立相应管理机构。1993 年 6 月 29 日,石化总厂实行股份制改制,成立上海石油化工股份有限公司(简称上海石化)和中国石化上海金山实业公司(简称实业公司),地区办事处划归实业公司代管,仍实行政企合一,企业管社会。

1992 年 12 月 9 日,石化总厂分别向上海市政府和中国石油化工总公司(简称中石化)提出《关于上海石化总厂股份制改造后地区建政和有关政策的报告》,并转报国家体改委。要求将企业承担政府行政管理职能的部门和单位划转地方政府,实行政企分开。

1993 年 2 月 3 日,县政府向市政府提出《关于要求撤销金山县建立金山市的请示》。10 月 20 日,县政府和实业公司向市政府提出《关于联合建政的请示》,提出联合建政的途径是撤销县政府和地区办事处,建立金山市(二级市)或金山区。新的行政中心拟设在金山卫地区。

1996 年 1 月 22—23 日和 3 月 15 日,中石化总经理、副总经理与中共上海市委书记、市长等分别在上海和北京深入洽商,形成联合建政的一致意见。

1997 年 3 月 21 日,国务院总理办公会议原则同意金山县撤县建区方案,撤县建区、联合建政进入法定程序。4 月 3 日,市十届人大常委会举行第三十五次会议,审议通过《关于撤销金山县设立金山区若干问题的决定》。4 月 22 日,市人大常委会向市政府办公厅发出《关于转发〈上海市人民代表大会关于撤销金山县设立金山区若干问题的决定〉的函》。4 月 29 日,国务院批复:"上海市人民政府:你市《关于撤销金山县设立金山区的请示》(沪府〔1996〕39 号)收悉。同意撤销金山县,设立金山区,以原金山县的行政区域为金山区的行政区域,区人民政府驻金山卫镇。"4 月 30 日,市委发出《关于组建中共金山区领导班子的通知》,决定建立中共金山区委常委会。5 月 12 日,市委、市政府在石化工人影剧院召开金山建区干部大会,宣读国务院批复、市人大常委会关于金山撤县建区若干问题的决定、中共金山区委常委会组成人员名单。5 月 14—16 日,金山区第一届人民代表大会第一次会议在石化工人影剧院召开;政协金山区第一届委员会第一次会议在金山卫城区少年宫召开,分别选举产生区人大、区政府、区政协领导班子。

5 月 16 日,区委、区人大常委会、区政府、区政协在石化工人影剧院揭牌,金山区诞生。

## 二、新城建设

按照金山新城建设规划,金山新城西至张泾港,北至 S4(沪金高速,原称莘奉金高速)公路防护绿地与红旗港,东至龙泉港,南至金卫护城河、卫二路以及杭州湾海岸线,总规划面积 34.04 平方公里,城市人口规模 38 万人。规划总体布局为沿海滨在莘奉金高速公路以南呈组团式发展,形成"一线两带三区四团",其中"一线":沿杭州湾海岸线;"二带":沿杭州湾大道南北都市带、沿金山大道商务带;"三区":石化绿色过渡区、龙泉绿色隔离过渡区、北部城市森林区;"四团":新城区都市组团、金山第二工业区组团、上海石化工业组团、金山嘴港口及工业组团的组团式结构。金山新城总体发展结构为"一个核心、三个景观轴、三个绿带和六个城市片区",其中"一个核心":以金山新城行政中心为主,结合新城商业中心、开放生态公园的核心区;"三个景观轴":沿杭州湾大道都市景观轴、沿金山大道自然景观轴、沿海滨岸线海滨景观轴;"三个绿带":防护隔离林带、建设过渡带、都市森林带;"六个城市片区"居住功能为主的中心居住片区、石化居住片区、山阳居住片区、海滨居住片区、产业功能为主的金山卫科研片区、山阳工业片区。金山新城中心城区规划面积 9.46 平方公里,近期主要开发建设核心区 6.63 平方公里,其余 2.83 平方公里作为城市发展备留用地。金山新城建设目标是:坚持"高起点规划、高水平设计、高质量建设、高标准管理"的工作标准,按照"自然、人民、政府"相和谐的规划理念,通过精心建设高品质的城市居住区、行政办公区、商业金融区和现代化的公共配套服务设施,力求实现"人居环境优美、休闲娱乐高尚",把金山新城建设成为金山区政治、经济、文化中心,杭州湾畔具有花园城特色的现代化生态滨海城市。

新城建设分 3 个部分同时进行:紧挨原石化城区的区行政区域建设,即金山大道以北区委、区人大、区政府、区政协及委办局行政机构所在地;原石化城区市政形态改造、扩展,包括城市沙滩建设;位于原石化城区东面的新城区建设。至 2010 年,第一部分的建设全部完成。第二部分建成国家 AAAA 级旅游景点——城市沙滩,包括建成 1.6 公里海堤景观长廊以及 7 米宽、3.5 公里长、能抗 12 级台风狂浪的防汛保滩长提,围就 1.75 平方公里清水海域,建成 12 万平方米的人工沙滩、2.2 万平方米的国际一流沙滩排球馆,一条衔接景观长廊的时尚休闲商业街。原石化城区市政设施得到全面改造、更新,新建一批公共绿地、广场、高档住宅、大型商场、星级宾馆等。第三部分,新城区建设 6.63 平方公里核心区,以市政道路为主的基础设施已经完成,竣工近 30 万平方米商品房以及相关的配套商场、学校等,石化城区面积扩大了一倍多。金山新城正朝着以"沙白、水清、天蓝、地绿"的海景为标志,与金山特色文化和生态环境保护紧密结合,体现人居环境优美、休闲娱乐高档两大现代化滨海新城目标,加快建设,并且初露风情。

# 第二节 市 政 建 设

撤县建区后,区委、区政府加大城乡市政建设,着重推进城乡道路拓建,供水、供电、供气和园林绿化,逐步形成全区大交通格局,并成功创建国家园林城区。

## 一、公路桥梁

金山历史上陆上交通一直比较落后。1996年,金山县有国家公路19条,总长196.88公里,公路密度每平方公里0.34公里。建区后着力于大交通格局建设,1997—2007年,扩建、改建、新建公路20条,总长183.44公里。2007年,全区共有国家公路39条,总长380.32公里。其中区管公路28条,总长181.92公里;高速公路6条,总长93.29公里。公路桥336座,城镇桥176座。至2010年基本形成"铁路、高速公路、一级公路"为主要构架的大交通格局。有沪杭铁路(桃泾站)、沪杭高铁(金山北站)、金山铁路支线(亭林、金山园区、金山卫站)、浦东铁路(阮巷、漕泾站)穿越区境。

高速公路形成"三横":S32(申嘉湖高速)金山段,由青浦入境至枫泾南长浜进入浙江省,2009年12月上海段通车;亭枫公路,西通浙江省接G60(沪昆高速),东至兴农枢纽接G1501(上海绕城高速)入奉贤区,2002年12月动工,2005年12月通车,全长12.21公里,G1501(上海绕城高速)金山段2002年建成通车;S4(沪金高速)金山段,由奉贤区入境,后称G15(沈海高速)通浙江省,全长57.8公里,2002年支线通车,2008年出省段通车。"三纵":G60(沪昆高速)金山段,途经枫泾镇,全长45公里,2010年1月通车;G1501(新卫高速即同三国道)金山段,北由松江区入境,跨亭枫公路,南至G15(沈海高速),全长20.9公里,2005年底通车。G15(沈海高速)金山段,由松江区入境,途经亭林、漕泾、山阳镇至S4(沪金高速)相连,全长13.5公里,2003年12月动工,2007年2月竣工。

一级公路形成"四横":亭枫公路(亭林—枫泾)、朱吕公路(朱行—吕巷)、漕廊公路(漕泾—廊下)、浦卫公路(浦东—金山卫);"五纵":朱枫公路(朱家角—枫泾)、朱平公路(朱泾—平湖)、金廊公路(朱泾—廊下)、松卫公路(松隐—金山卫)、亭卫公路(亭林—金山卫)。

区里还实施村村通公交工程,解决农村居民出行难问题。1997年初,区域公共交通客运服务单位有上海市公共交通总公司金山公交公司、中国农牧渔业国际化合作上海分公司京申汽车服务公司、上海锦山客运汽车服务部,开设36条公交线路。2006年6月,廊下首先开通全市第一条镇村公交线路。8月,枫泾镇开通枫泾1路(枫泾镇—新元村)、2路(枫泾镇—团新村)、3路(兴塔社区—下坊村)3条镇域公交线路,成为上海市率先实现镇域"村村通"公交的镇。9月,亭林镇开通镇村公交线路。年底,全区镇村公交里程55.5公里,7.4万人受益。2007年,金山工业区、张堰镇开通镇村公交线路,新增朱泾1路、2路、3路,枫泾4路、5路,金山卫1路,张堰1路,山阳1路,吕巷1路,廊下2路,廊下5路镇村公交线路,配置中型客车48辆,每条线路日均58班次,总里程91.8公里,途经行政村49个,受益村民11.9万人。其中枫泾镇、廊下镇实现"村村通公交"。2010年,新增廊下5路、朱泾4路和社区巴士1路、2路、3路、6路、7路镇村、社区公交线路。年底,共有镇村公交专线28条,总里程281.59公里,配置中型客车120辆,日均952班次;社区巴士专线5条,总里程44.9公里,配置中型客车15辆,日均130班次。

## 二、公用事业

### 【供水】

金山区供水系统分为区属水厂、镇级水厂和上海石化股份公司生活水厂3个体系。1997年,金山区有枫泾、兴塔、朱泾、新农、松隐、亭林、朱行、漕泾、金山卫、钱圩、廊下、张堰、干巷、吕巷、山阳15个镇建有地面水厂16座、地下深井水厂28座,年供水量为1 915万立方米。金山一水厂位于亭林镇松隐社区,取水自黄浦江上游水资源保护区,2006年建成,向朱泾、新农、松隐、亭林、吕巷、廊下、钱圩、干巷、张堰、朱行、漕泾镇和山阳、金山卫镇部分区域供水,全年供水4 612万立方米,全区12个镇级水厂因此关闭,40万人用上黄浦江上游优质水。枫泾水厂负责枫泾镇供水,兴塔水厂负责兴塔地区供水。上海石化生活水厂负责石化城区及山阳、金山卫镇部分区域供水。2006年,区属水厂年供水5 081万立方米,镇级水厂年供水891万立方米,上海石化生活水厂年供水3 274万立方米,全区公共供水企业年供水9 246万立方米。

2010年8月31日,金山一水厂二期供水项目特许权合同签约。主要内容为,在原基础上扩建20万立方米/日净水厂、扩建20万立方米/日取水泵等,总投资5.99亿元。

### 【供电】

1997年起,电网建设加快。2006年,全区供电营业区域内拥有220千伏变电站1座,主变压器2台,容量240兆伏安;110千伏变电站2座,主变压器4台,容量252兆伏安;35千伏变电站18座,主变压器36台,容量619兆伏安。公房小区配电站664座(台),容量367.98兆伏安;系统变压器3 207台,容量514.98兆伏安。拥有4条110千伏线路,长76.35公里;40条35千伏线路,长368.69公里;208条10千伏线路,长1 647.25公里。2010年新建220千伏核电站35千伏优化工程。一期工程竣工,总投资7 500万元,是年金山全年共用电55.92亿千瓦时。

### 【供气】

区发改委是全区燃气行政管理部门,委托其属下的金山区燃气管理办公室负责实施金山区燃气行业的日常管理和行政执法等工作。全区有供应液化石油气企业7家,分别是上海金山燃气有限公司、上海石化股份有限公司公用事业公司液化气管理所、上海金山欣安液化气有限公司、上海碧辟液化石油气有限公司金山分公司、上海万时红管道燃气经营有限公司、上海金山卫镇众兴液化气供应站、上海金山枫加液化气供应站;有液化石油气储配站2家,分别是金山液化石油气储配站、上海石化液化气管理所储配站。区域居民使用"西气东输"的天然气,由2003年12月31日成立的上海金山天然气有限公司供应,主要区域在朱泾镇和金山新城区。2010年,供应天然气2 558立方米,液化石油气26 902吨。

## 三、园林绿化

### 【城镇绿化】

区域绿化有良好的基础。1997年初,全区公共绿地145.79公顷,人均占有2.51平方米。朱泾、张堰、亭林、枫泾及金山新城区绿化覆盖率30%,人均占有公共绿化8.6平方米。1999年、2000

年分别获得"全国园林绿化先进城区""全国造林绿化十佳城市"称号,并率先创建成"上海市创建绿化文明行业达标城区"。2002 年,全区新建绿地 50.32 公顷;2004 年新建、改造绿化面积 135 公顷;2006 年,全区绿化建设投资近 1 亿元,建设区内 A6(新卫高速)、A7(亭枫高速)、A30(郊环高速)等 7 个高速公路出口景观绿化、五一广场绿地、沪杭路(卫三路——卫六路)防护林、卫六路和张泾河西侧林带等,累计新建各类绿地 156.9 公顷,改造(补缺)卫一路、大堤路口西北角和学府路两侧、南安路、板桥路、新城路等绿地近 19 处 2.13 公顷,新建(修葺)树穴框 1 168 个;2008 年完成 A4(莘奉金高速)新城出入口接松卫南路、金山大道卫八路向西至检查站、松卫南路金山大道至体育场北环路景观绿化等,绿地建设 59.86 公顷,总投资 7 800 万元;新建中心城区零星绿地 3 510 平方米,调整改造绿地 7.75 公顷,改造卫零路行道树混凝土树穴 199 个;2010 年完成 S4(沪金高速)杭浦高速出口两侧景观绿化、金山大道卫零路至午卫南路绿化调整改造、松卫南路漕廊公路至吕朱公路绿化景观优化工程及金山第二工业区省界防护林带建设,新增各类绿地 66.23 公顷。新建屋顶绿化 1 700 平方米、走道环廊沿口绿化 100 米及绿墙 1 965 米。至此,全区城镇绿化覆盖率 36.97%,绿化率 35.22%,人均公共绿地面积 19.59 平方米。

**【创建国家园林城区】**

1997 年 11 月,金山区成立创建"国家园林城区"工作领导小组,历时 5 年,投资 5.01 亿元,2002 年创建成功。中心城区和张堰镇 18 平方公里创建范围内新建 3 个大型优质绿地。

**东礁苑开放绿地**　位于东礁一村,二村、三村、四村之间,1998 年 10 月 15 日开工,12 月 31 日竣工。绿地总面积 17 956 平方米,投资 250 万元。建有为居民提供大型文体活动的中心广场,内设 1 座金山黑陶陶艺雕塑,长廊壁画采用彩色瓷砖烧制的金山农民画,边缘有滤坐减噪装置和近旁居民楼隔离的高大密林植物群落,周边低栏相围,还设有供老年人弈棋玩牌的石桌、石凳。绿地植物配置以高大喜阳的乔木为建群树种,以耐阴花灌木为下木,并配之耐阴、开花草本植物如红花酢浆草、鸢尾等地被植物,品种达 65 种。

**金山市民广场绿地**　位于区政府驻地南侧,2000 年 9 月 30 日动工,2000 年 11 月竣工。整个广场分绿地、下沉式广场、两侧广场、区政府会议中心、停车道五部分。两侧绿地种植以雪松、香樟、女贞等高大常绿乔木为主,配以八角金盘、紫鹃、鸢尾等地被植物。两侧广场种植 32 株榉树,四周设置树坛、凳,大理石铺设地面。下沉式中心广场中心位置设 1 座不锈钢具时代精神的雕塑,四周有花坛,大理石铺设地面。

**月亮湾广场绿地**　南靠沪杭路,北临月亮湾住宅小区,总面积 4 242 平方米,2000 年 1 月 18 日动工,5 月 20 日竣工。种植香樟、广玉兰、榉树、银杏、水杉、红叶李等大小乔木 276 株,罗汉松、八角金盘、大叶毛鹃、金丝桃、金叶女贞各类灌木 2 204 株,种植草坪、草花和各类地被 1 592 平方米。文体活动的广场地坪 614 平方米,嵌草地坪和卵石园路 362 平方米,下棋玩牌的疏林地坪 194 平方米,设置石桌、石凳 7 套,还有大小不同的景墙、花坛等园林装饰小品。2010 年,创建区域绿地率 34.14%,绿化覆盖率 38.41%,人均公共绿地 19.35 平方米,植物种类 571 种;25 个居民小区绿化达标,12 条道路绿化为"上海市百佳道路",43 个单位创建成"上海市花园单位",建成公园、广场绿地、小游园 32 处。

# 第三节　工 业 园 区

1983—1986 年,在亭林镇东部辟建县内首个工业区,拉开工业区建设序幕。1995 年,县委七届六次会议决定,加快建设市级工业区、县级工业区以及乡镇工业园区。2003年,区政府提出推进工业项目向园区集中,明确"1+2+3"的工业布局和产业定位:"1"指市级金山工业区;"2"指金山第二工业区和上海化学工业区金山分区;"3"指金山工业区西部分区、北部分区和中部分区,并积极推进镇级工业区建设。期间凡新招工业企业一律落户相关工业区,已有工业企业逐步迁建到工业区。

## 一、市级工业区

1993年初,县政府决定在山阳镇以南、杭州湾以北建金山嘴工业区,12月被列为市级工业区,规划面积20平方公里,分山阳工业区、宏山工业区、香港招商局金山工业区和行政区域4个小区。11月与香港招商局签署联合建设金山嘴工业区协议,成立招商局金山工业区(上海)联合发展有限公司。金山县以土地作价入股,占35%股权;香港招商局以现汇入股,占65%股权,协议开发面积3.45平方公里。1994年审批各类项目246个,其中内资项目236个,注册资本金140 519万元;"三资"项目10个,协议引进外资3 701万美元。2003年,调整金山市级工业区规划,以朱行镇区域为范围,重新开发建设,面积增至58平方公里。2004年,经市政府批准,改称金山工业区,工业区管理委员会驻朱行镇开乐大街158号。2010年,工业区国内生产总值20.21亿元,工业总产值100.35亿元,外贸出口拨交值9.39亿元,税收6.26亿元,工业利润2.78亿元。有工业企业531家,其中规模以上企业(年销售额500万元以上)131家、产值超亿元企业20家、高新技术企业9家。

## 二、区级工业区

区级工业区包括上海化学工业区金山分区、金山第二工业区、枫泾工业区、亭林工业区。

### 【上海化学工业区金山分区】

1998年4月,漕泾工业区成立,2000年7月更名为上海化学工业区金山分区(简称金山分区),是上海化学工业区(简称化工区)的配套区。2000—2006年,金山分区共投入资金1.25亿元,进行基础设施建设。先后平整土地248.67公顷;筑公路12条,总长12 060米,造桥8座,区域内道路网架贯通;建造日产工业用水1万吨的自来水公司,埋设自来水管和污水排放管道37公里;安装电路55公里,建造3.5万伏变电站;建设独立电话站,构建电信电缆、上网光缆环形网,敷设电信电缆、光缆管道10公里;敷设有线电视光缆9公里,满足区域内交通、供水排水、供电、通讯、娱乐等需要。金山分区依托化工区走联合发展之路,推进化工区和金山区相互支持、优势互补、共赢发展。一方面为化工区建设配套服务,承担大量的动拆迁工作,先后组建8家有限公司,配套服务化工区项目开发工作;另一方面建立物流产业园,与化工区供需对接,形成生产性服务业集聚区。2010年,金山分区工业总产值66.8亿元,税收1.35亿元。建成上海化学工业区应急响应中心金山分区中心。物流产业园获"上海品牌建设优秀园区"称号。

### 【金山第二工业区】

1989年,金卫乡与上海石油化工总厂商定,在沪杭公路以北、亭卫公路以南、卫六路以东、松金公路以西建上海金山卫第二工业区,面积3平方公里。1999年9月,金山区决定将东至铁路、南起卫清路、西至浙江省界河、北至杭金公路,面积5平方公里的金山卫第一工业区合并,改称金山卫工业区。2001 年又改称为金山第二工业区。2006 年被列为上海市循环经济试点园区和精细化工产业园。2010 年,工业总产值 45.19 亿元,税收 1.77 亿元。

### 【枫泾工业区】

位于枫泾镇东、亭枫公路与 A8(沪杭高速)出口处,规划面积 5 平方公里。1999 年首期开发 3.25 平方公里。2000 年"六通一平"基础设施建设全部完成,建标准厂房 10 640 平方米。年底,累计引进内外资项目 18 个,协议总投资 22.8 亿元,其中杰士达企业发展有限公司协议总投资高达 20 亿元。2003 年,枫泾工业区确定为金山工业区西部分区,面积增至 5.8 平方公里。2010 年,枫泾镇工业区建成企业 58 家,其中外资企业 7 家,工业产值 234.4 亿元。

### 【亭林工业区】

1992 年 6 月,亭林镇在车亭公路以西、南亭公路与亭枫公路之间建金山首个工业区,规划面积 1 平方公里。1993 年,亭新乡与亭林镇合并,改建制为亭林镇。1995 年在亭卫公路两侧辟建新工业区。1999 年累计征用土地 62.8 公顷;落户企业 11 家,其中外资企业 8 家,总投资 3 124 万美元;实现工业产值 4.94 亿元,被区政府确定为区级工业区。2003 年,亭林工业区确定为金山工业区中部分区。2005 年 3 月,松隐镇建制撤销,并入亭林镇,松隐工业区改称亭林镇西部工业区。2010 年,亭林镇工业产值 116.75 亿元。

## 三、镇级工业区

2010 年,全区主要有朱泾、吕巷、廊下、张堰 4 个镇级工业区。

### 【朱泾工业区】

1992 年 9 月,朱泾镇在掘石港以东、新星路以西、亭枫公路以北建工业区,规划面积 2.2 平方公里,被县政府确定为县级工业区。1999 年,区政府提出工业区建设规划,被列为镇级工业区。2002 年扩大规划面积 2.8 平方公里。2003 年,朱泾工业区确定为金山工业区北部分区,面积增至 4.14 平方公里。2005 年调整规划面积减至 2.55 平方公里。2010 年朱泾镇工业产值 107.22 亿元。

### 【吕巷工业区】

1997 年,吕巷镇在吕朱公路两侧辟建工业园区和私营经济城,面积 0.03 平方公里。2001 年,规划面积扩至 1 平方公里。2002 年 5 月成立浦江工业园区管理委员会。2003 年,建成 2.7 万平方米"两纵一横"道路,新建标准厂房 19 幢,建筑面积 3.6 万平方米,总投资 1 亿余元。是年,标准厂房被客商争购一空,落户实业型企业 20 家。2005 年,干巷镇与吕巷镇合并,形成"二片一点"工业格局,即"东片"原干巷镇工业区,"西片"吕巷镇工业区,"一点"即吕巷镇浦江工业区工业新基地,面积增至 2.61 平方公里。2010 年,吕巷镇工业总产值 76.39 亿元。

### 【廊下工业区】

2001 年,廊下镇建工业区,规划面积 0.6 平方公里。首期开发面积 0.23 平方公里;2002 年二期工程建设启动,完成道路建设 1.7 公里;2003 年,完成五通一平基础设施建设,累计落户项目 36

个。之后，不断完善基础设施建设，加大招商引资力度。2010 年，廊下镇工业产值 44.19 亿元。

### 【张堰工业区】

2000 年，张堰镇在东至张泾河、南至金张支路、西至胜利河、北至高家宅，辟建工业区，规划面积 0.18 平方公里。2002 年，规划面积扩至 0.45 平方公里，一期开发面积 0.24 平方公里。2003 年启动建设位于同三高速公路张堰出口处的上海有色高科技工业园区，重点发展以铜、稀有金属为原料的产品深加工及各类电线、电缆、电子产品生产加工。5 月被列为市级高科技工业园区，规划面积 10 平方公里。首期开发面积 2.2 平方公里。2004 年经中央五部委检查后，保留上海有色高科技工业园区，面积核减至 6 平方公里。2010 年，张堰镇工业总产值 115.08 亿元。

# 第四节　现　代　农　业

建区后，区委、区政府加快发展现代农业，提高农民生活水平，推进社会主义新农村建设。

## 一、家家富工程

2000 年 8 月，全区实施"家家富工程"，提高纯农户经济效益。

### 【起因】

1997—1998 年，由于农产品供求关系的变化和大宗农产品价格下调，化肥、农药等农业生产资料涨价，导致以经营种植业为主的纯农户增产不增收，甚至有所下降。1999 年，全区有纯农户 26 087 户，占农户总数的 24.1%，这一情况引起各级领导关注。经区、镇和有关部门调查研究，认为当务之急是发展设施农业，解决纯农户增收问题。

### 【方案】

2000 年 9 月，区政府制订金山区"家家富工程"实施方案。设想：以农业增效、农民增收为基本目标，以农村纯农户为基本对象，以规模和特色为基本要求，通过改善农业设施条件，发展特色种养业，优化农业产业结构，提高农业生产水平，推进农业产业化和现代化。目标：2004 年，全区 26 087 户承包 0.33 公顷以上的纯农户每公顷收入从 1999 年的 1.72 万元，提高到 4.8 万元。用 3 年时间为每户纯农户配置钢管大棚 3 套，每套阔 6 米、长 30 米，计 180 平方米。种植特色经济作物和养殖珍禽水产。

### 【实施】

2000 年下半年开始实施，按"统分结合，以分为主，多种经营，形成特色"的原则，给纯农户配置管棚，第一期 10 670 套。因配置过于分散，难以形成规模开拓市场。2001 年 5 月，区"家家富工程"领导小组决定，管棚配置改为"统分结合、规模开发、干部带头、典型推动、多种经营、形成特色、抓住机遇、加快发展"推进原则。注重特色，突破纯农户的限制，鼓励农场、联户配置管棚。第二期配套 24 170 套，第三期分两批配置 40 196 套。管棚主要种植蔬菜、西甜瓜、果树（葡萄为主）、花卉、草莓、苗木、食用菌等经济作物和发展畜禽、水产项目。2004 年，全区实施种养的管棚 59 915 套，其中种植业 57 117 套，占投资管棚总数 95.3%；养殖业 2 798 套，占 4.7%。

**【保障】**

2000年8月8日成立全区"家家富工程"领导小组,区长任组长,在区农林局设领导小组办公室,并把它定位为"一把手工程"。资金筹集实施"三三制",工程分三期配置的管棚共筹集资金24 717.12万元,用户自筹、市财政补贴和区、镇财政补贴各1/3,各计8 305.7万元,区财政局农财科设立资金专户统一管理。各有关部门按照"引导农民种(养)、帮助农民销、带着农民富"的要求,做好管棚生产的"产前、产中、产后"服务工作,重点是技术指导服务、种子种苗服务、产销合作服务。对配置的管棚授权镇农业部门与用户签订经营合同,由金山区第一公证处公证,以保护管棚用户合法权益,防止被移作他用和转让出售。此外,还在宣传、示范、展示等方面营造氛围。

**【成效】**

实施"家家富工程"后,全区钢管塑料大棚拥有量翻三番多,设施农业有了较大发展。亚太、银龙、泰晟和山阳、张堰等农产品加工企业与实施"家家富工程"农户建立产销关系,推进了订单农业。2004年"家家富工程"投产种养面积的1 348.6公顷的59 915套管棚,每公顷均净收入3.73万元,比常规种植平均每公顷净收入1.18万元增收2.55万元。是年,全区农民增收3 340万元,还为管棚经营单位打工农民提供劳务收入1 000万元以上。

2005年10月,"家家富工程"由区农委作为日常工作直接管理。

## 二、廊下现代农业园区

2000年,市委、市政府在郊区规划第二批12个市级现代农业园区建设,上海金山现代农业园区(简称园区)列为其中之一,定位综合性园区。2000年3月,金山现代农业园区管理委员会成立,园区位于新农镇,总面积21.32平方公里。2003年,区委、区政府提出开发建设金山工业区、现代农业园区、金山新城和海岸线战略举措,决定将市级金山现代农业园区建设地址迁至廊下镇,实现"镇区合一"的行政管理体制。镇域面积由36.25平方公里扩大到46.56平方公里,人口由2.5万人增至3.1万人。2006年6月9日,市规划局批复同意《上海金山现代农业园区(廊下镇)总体规划》。近期至2010年,远期至2020年,形成"1核1区1环"的空间布局:"1核"指园区管理中心(镇区)和现代农业加工区;"1区"指现代农业示范区,包括现代农业示范区、农业科技孵化区、国家农业展示区、农业休闲和水文化景观区;"1环"指外围经济林。

2010年,园区完成土壤改良和土地平整20公顷,新建砂石路5 000平方米、混凝土场地580平方米、混凝土明沟1.7公里,修建仓库420平方米,新建蘑菇房98.6万平方尺,新建冷库1 350立方米,架设农电线路1公里,修建泵站1座,铺设覆盖20公顷耕地喷滴灌设施。建成上海黄浦江水资源通道林生态片林环133.33公顷,种植4万棵香樟大树。林间养殖区散养着南非波尔羊、孔雀、鹅、鸡、鸭、鹧鸪、锦鸡等。农业科技孵化区吸引加拿大、以色列等国家和中国台湾地区知名企业以及一批高校、科研机构落户,有种子、种苗培育繁殖,有专种出口高档花卉、名贵药材、特色果品等。其中上海农业科技种子种苗生产基地,占地8.53公顷,建有国内最先进的全开型育苗玻璃温室5 068平方米以及1.63多万平方米的连栋大棚、育苗车间、催芽室等。现代农业示范区建成866.67公顷高标准设施粮田,由教授级高级工程师主持田间管理,电脑监测温、湿度和光照,施有机肥,年产5 000吨"金山博士米"无公害优质大米;建成33.33公顷无公害绿色蔬菜生产基地,施有机肥,采用生态物理除虫法,自动灌溉。现代农业加工区建成设施一流的农产品加工厂。在农业休闲和水

**2006 年,廊下镇现代农业园区大棚设施(金山区志办提供)**

文化景观区,由上海锦江集团打造的"中华村农家乐"2006 年被市旅游协会评为"三星级"农家乐,为农家乐的最高星级。由民营企业经营的"金山农村新天地"主体建筑兼国际农业展示中心,聘请法国设计师设计,功能定位"展示、品尝、专卖",经营面积达 1 万余平方米。2006 年,农产品加工区被国家农业部确定为"全国农产品加工示范基地",农业示范区被国土资源部确定为"国家级农田保护示范区","金山农村新天地""中华村农家乐"被国家旅游局确定为"全国农业旅游示范点"。同年,经市人事局批准,园区挂牌成立博士后创新实践基地。上海交通大学、同济大学、南京农业大学、上海水产大学(海洋大学)、上海农科院与园区签订合作框架协议,成为首批合作的高校和科研院所。此外,园区还建有 6 000 头奶牛养殖场、53.33 公顷草坪培育基地、申漕特种水产园以及有湖、有岛的月亮湾垂钓、休闲场所,拥有一架农用飞机及机场等设施。园区各村都通公交,出行十分方便。由于坚持绿色生产,几乎不用化肥、农药,生态效应十分显著,引来大量鸟类,尤以白鹭为最多,成千上万,随处可见。

## 三、农业信息化

1999 年 4 月,区农林局成立区农业信息服务中心,主要负责全区农业信息的管理指导,制定农业信息化总体规划,预测、分析、发布农业政策、农业科技、农产品市场等信息。

【农业网站】

"金山农业网"以展现全区农业新貌、传播农业信息、提供信息服务为宗旨,2001 年 9 月 21 日开通第一版网站,设九大栏目,涉及 40 多个网站页面。其中金山概况、家家富工程、产业化经营、投资政策、现代农业园区、农业实用技术六大栏目作为建设重点,为本地原创,反映金山特色;供求热线、专家咨询、市场行情 3 个栏目利用上海农业网信息资源。经过 2002 年、2005 年改版,设有七大板块、28 个大栏、90 个子栏。主栏目包括金山概况、优势农业、市场营销、科技之窗、农业标准、人物风采、服务中心、新增网上办事、农村基层信息服务站、病虫预警、网站专题等子栏目。第三版的农业网先后开发金蓓农业、唐龙海产、金品特种养殖等网站。组织全区蔬菜、瓜果、水产品等 65 个名特优农产品参加网上展示,制作廊下中华村、枫泾中洪村、漕泾水库水庄、山阳田园 4 家农业旅游网页,组织 10 家基层信息服务站上网。是年 6 月,开设"都市农业专题"。2006 年 3 月,开设"农业组织化"专栏。金山农业网成为金山农业信息化的主要平台和常态服务抓手。

**【农业信息管理系统】**

金山区农业信息管理系统由区农委、区信息委牵头,区农业信息服务中心具体负责,涉及全区规模经营户、农家乐等多个子系统,与农业网站同步建设。第一期以区内从事粮食种植大农户、基地为主,实现数据的录入、查询、统计、分析、GIS 应用等功能,后期陆续开发蔬菜、林业、畜牧业、渔业等板块。

**【为农综合信息服务平台】**

2006 年 3 月,全区正式启动为农综合信息服务千村通工程,第一批共建设 7 个村:廊下镇南塘村、光明村、友好村、山塘村、南陆村,吕巷镇三新村,枫泾镇泖桥村。8 月 7 台为农综合信息服务平台(农科 ATM 机)配送到位,9 月完成宽带安装,10 月进行安装调试,11 月组织村级信息员培训。2010 年,农业信息服务"三电合一"即电话、电视、电脑项目建成并通过验收,100 家为农综合信息服务站全部开通。"金山区为农综合信息服务千村通项目"建成并通过市农委科技中心、信息中心及区有关部门专家组验收。

## 四、农业产业化

90 年代,金山区农业生产出现规模化、专业化、商品化发展趋势。2000 年农业结构调整,按照"稳定秋粮、调活茬口、调优品种、调高效益"的基本思路,种植业形成粮、油、瓜果、菜、菌五大主导产业,养殖业优化猪、禽、奶、鱼、渔五大产业,并发展一批特色品种。全区 11 家农业产业化经营体,联系农户 9 927 户。2006 年,金山区委、区政府出台《关于推进农业组织化工作的若干意见》,区政府出台《关于完善粮食生产规模经营及相关扶持政策的实施办法》,组建一批农民专业合作社。是年,新发展各类合作社 35 家。年底,全区共有农民专业合作社 55 家,总收入 1.2 亿元,利润总额 1 882 万元,从业人员 2 600 多人,带动农户数 5 800 多户。金山银龙蔬菜加工厂、上海双汇大昌泰森有限公司、上海金山市场有限公司、上海漕泾农业有限公司、上海日丰农业发展有限公司、上海申漕特种水产开发公司、上海沙龙畜牧有限公司、上海林杰生物科技有限公司 8 家龙头企业销售收入 31.5 亿元。2010 年,全区共培育扶持专业农民 1 100 人、农民专业合作社 414 家,被评为"市级示范合作社"32 家、区级 13 家,培育扶持龙头企业、营销公司 31 家,其中获市级以上荣誉称号企业 6 家。

# 第五节 商业新业态

1997—2010 年,全区国有、集体商业加快改制。经过企业转制,资产置换、重组,组建有限责任公司、合伙企业、独资企业、私营企业等,一大批职工从企业分流出去,置换身份,购买或租赁门店,自主经营。1997 年,全区私营商业 1 972 户,注册资金 10.7 亿元。2010 年,全区商业形成经济成分多元、商业布局合理、业态丰富多样的形势。既有满足高端消费需求的大型商场,又有遍布全区、方便居民日常生活消费的连锁店、便利店、集贸市场。全区有大型百货商场 3 家、大型超市 5 家、大型家电连锁商场 6 家、星级宾馆 12 家、农贸市场 30 家、农村便民服务店 290 余家。全区社会消费品零售额 213.77 亿元,城乡集市贸易成交额 32.98 亿元。

## 一、城镇商业圈

2001 年起,实施以石化中心城区为重点的商业发展规划。是年,石化中心城区扩建、改造、开设专卖店、专业店 43 家,引进麦当劳、肯德基、永和豆浆等一批快餐店。2003 年,石化卫零路欧洲商业广场建成开业。2004 年,石化乐购购物中心、海翁海鲜酒家、蓝山咖啡店等大型商业企业落户金山。2005 年,区级中心石化城区商业圈已具雏形,随塘河特色小吃一条街、卫清路和欧洲商业广场成为大酒店、咖啡店、大卖场和百货商场集聚区。2010 年建成开业的百联金山购物中心坐落于卫清路 188 号,占地 3.7 万平方米,建筑面积 8.5 万平方米,中心有东方商厦百货商场、世纪联华大卖场及丹麦 JYSK、居世家、奥特莱斯、星巴克、哈根达斯、爱茜茜里、汤姆熊等品牌商户 270 家,是集购物、餐饮、休闲娱乐、健身、早教、邮政等服务功能为一体的大型购物中心。与此同时,枫泾、朱泾、张堰、亭林通过建设商业集聚街、步行街,形成中心镇商业圈,廊下、吕巷、漕泾等一般镇也形成相对集中的商业圈。

## 二、农贸市场

金山农贸市场随着全区城镇建设的发展变化而不断调整、完善。1997—2006 年,迁建金山卫镇西门市场、干巷市场 2 个集贸市场;新建石化柳城市场(建筑面积 5 500 平方米)、万安商业广场(建筑面积 22 808 平方米)、廊下农副产品加工配送基地(建筑面积 26 162 平方米)等 11 个集贸市场。1999 年,区政府成立上海金山卫综合市场有限公司(后更名为上海金山市场有限公司,以下简称公司),加强市场建设,市场管理相对独立,市场资产、经营由公司托管。2002 年,公司将 25 个集贸市场归并为万安市场、亭林市场、金山卫市场、东礁市场等 12 个建制市场。至 2006 年,公司有市场 31 个,其中农贸市场 17 个、小商品市场 5 个、批发市场 5 个;总占地 223 210 平方米,建筑面积 144 399 公顷;摊位 3 337 个,从业人员 12 010 人;固定资产 15 802 万元。2010 年全区农贸市场 30 家,经营面积 18.74 万平方米,摊位(门店)3 335 个,全年成交额 25 亿元。

## 三、农村便民店

1996 年,金山农村有代购代销店 149 家,农村综合服务站 27 家。2003 年由区供销社、基层供销和经营者共同出资,改造代购代销店,建农村综合便民店。是年建成 12 家。便民店由区供销社统一管理,多数食品统一配货,业者自主经营、自负盈亏、自我发展,营业面积在 100 平方米左右,在保持代购代销店主要功能的同时,以小超市的形式经营,增加理发、农机修理等便民内容。2005 年成立上海金山综合便民服务有限公司,根据商务部建设农村"万村千乡"市场工程试点工作要求,区政府提出建设 100 家农村综合便民服务店,列入当年政府实事项目,分两年实施。2006 年,全区有农村综合服务店 243 家,其中列为政府实事项目 101 家、区供销社便民店 142 家。2010 年,全区农村便民店有 290 余家,每个村不少于 2 家,满足了全区农村基本生活、生产消费。

# 第六节　旅　游　资　源

金山区有悠久的历史和丰富的人文资源,2002 年开始整合、开发旅游资源,旅游业迅速发展。2010 年有旅游景点 15 个,其中 AAAA 级景点 2 个,国内旅行社 37 家,星级宾馆 12 家,达标社会旅馆 23 家,接待游客 339 万人次,旅游企业营业收入 8.51 亿元。

## 一、民间文化旅游

### 【枫泾古镇】

吴越名镇枫泾有 1 500 多年历史,是上海市首个"中国历史文化名镇",为国家 AAAA 级旅游景区。枫泾是典型"小桥、流水、人家"的江南水乡古镇,有大小河道 20 多条,古桥 50 多座。

2005 年,枫泾镇枫泾三桥(金山区志办提供)

枫泾名人辈出,文化底蕴深厚,如围棋国手顾水如、国画大师程十发、漫画家丁聪等。古镇内主要景点有人民公社旧址、三桥、三百园、性觉寺、古戏台、东区火政会、长廊景观、古镇牌坊、施王庙、毛泽东像章珍藏馆、程十发祖居、丁聪漫画陈列馆、朱学范生平陈列馆等。金枫黄酒、枫泾丁蹄、状元糕、豆腐干四大土特产被称作"枫泾四宝",金山农民画、丁聪的漫画、程十发的国画和顾水如的围棋被誉为"三画一棋"。

### 【中国农民画村】

初建时称为金山农民画村,位于枫泾镇北部的中洪村,是集休闲、娱乐于一体的文化旅游景点。游客可参与作画、购画、钓鱼、踏水车、观光及品尝地道的农家菜。中洪村是金山农民画重要发源地,规划面积 590 公顷,包括服务管理中心和 5 个景区,其中服务管理中心 5 公顷,"丹青人家" 18.67 公顷,已建成开放的是"丹青人家"景区,包括"丹青人家""乡村嘉年华""农民画培训中心"和

"农民高尔夫"4个既相对独立又相互关联的部分，是金山农民画村生态休闲园的核心。2006年，被评为"全国农业旅游示范点"，列入上海市乡村游十大精品线路。2007年获"中国乡村旅游飞燕奖""上海市民喜爱的乡村旅游景点"。

### 【东林寺】

位于金山区朱泾镇东林街160号，始建于元至大元年（1308年）。2006年1月扩建工程启动，2007年5月竣工，占地1.37公顷，建筑面积7354平方米。翻修扩建后以重现元代古刹特点。寺内拥有亚洲最大的室内千手千眼观世音、吉尼斯世界纪录的铜千佛门，以及镇寺之宝的灵雨观音。从外看，东林寺是一座耀眼的山体奇观——佛是一座山，山卧一尊佛。达到"虽为人作，宛如天开"的完美境界。

### 【松隐禅寺】

位于松隐镇九丰村，建于元至正十二年（1342年）。1998年占地18648平方米，建筑面积7237平方米。1999年建天王殿、方丈殿，面积445平方米；2001年建东、西禅堂，建筑面积1870平方米。主要建筑有大雄宝殿、三圣殿、观音殿、念佛堂、寮房、竹园、放生池。寺内华严塔为方型7层，砖木结构，唐代风格，通高32米，是浦南地区现存唯一古塔。

### 【其他】

**五龙禅寺**  坐落于朱泾镇五龙村，供奉宋将施谔。60年代坍毁，1988年1月重修。1995年宗教场所登记时占地3331平方米，建筑面积658.2平方米。

**枫泾性觉寺**  坐落于枫泾镇北白牛路，始建于明万历年间。1963年拆建移作他用，1994年易地重建。1997年竣工时占地10185平方米，建筑面积3025.4平方米。

**万寿寺**  坐落于金山卫镇金卫村，初名万寿院，创建于宋淳熙六年（1179年）。历史上几度毁于战火，又几度重修，1956年万寿寺原址建农业中学，后又改为金卫中学食堂，1994年易地重建。1995年11月3日建成对外开放，占地24875平方米。

## 二、田园生态旅游

### 【金山现代农业园区】

位于金山区中部廊下镇，是上海市最大的农业园区，是以"世外桃源、诗情画意"为建设理念的生态农业休闲观光度假区。主要景点有：中华村农家乐、金山农村新天地、申漕特种水产基地、灵芝园、种子种苗基地、何鄂雕塑馆、桃花人家。园内分布着万春苑农民新居、万亩设施粮田、无农药蔬菜基地、6000头荷斯坦奶牛基地、高科技特种养殖场等。中华村农家乐是以金山农村新天地为主要资源，由上海锦江国际集团投资开发，全市首个整体规划的农家乐项目，涉及116户农户，共118幢农居，占地约16公顷。2006先期工程完成，能提供餐饮15桌，同时接待150人；客房80间，约150个床位。11月营业，是上海郊区设施最为舒适的农家乐。村内生态自然、空气清新、处处田野风光，保留了廊下民居"白墙、黛瓦、观音兜"的原味风貌。金山农村新天地位于中华村农家乐东侧，建有占地4公顷的莲花瓣形景观厅、逾1万平方米的餐饮天地、江南庭院和大型开放式绿地，集休闲观光、农业生产、科研、展示、销售、会务于一体。2006年，中华村农家乐——金山农村新天地被评为"全国农业旅游示范点"。

### 【漕泾休闲水庄】

位于漕泾镇水库村,休闲水庄以"以水为魂、以农为本"为设计理念,以生态、休闲、娱乐、旅游为四大主题,规划面积 188 公顷;其中中心区域 80 公顷,水面积占 40％,是上海市配套 2010 年中国上海世界博览会的农家乐试点项目。2010 年对外开放的区域有:游客服务中心,位于水庄中部,占地面积 2 公顷;精品农业展示区,温室大棚占地面积 6 公顷,这里一年四季瓜果不断,游客来此既可观赏又能自助采摘;水上游览区,面积 32 公顷,串联水庄各个区域;垂钓基地,占地 13 公顷;农家乐活动区,游客可以体验住农家房、吃农家菜、干农家活的乐趣;原生态景观及活动休闲区,占地面积约 5 公顷。

### 【其他】

**吕巷镇施泉葡萄园**　占地 6.66 公顷,为钢架大棚全设施栽培的优质无公害葡萄采摘游览基地。葡萄品种 10 多个,可提供优质葡萄、提子,开展现场采摘或定购业务。

**吕巷镇芳心园农庄**　处于万亩生态林中,农庄主栽蟠桃、猕猴桃、冬枣,兼种油桃等特色果树,可供游人不同季节采摘品尝。农庄还可垂钓、品茶、娱乐,是休闲的好去处。

**山阳镇山阳田园**　园内分布有大棚种植区、休闲接待中心、垂钓基地、美阳田园、田园艺墅创作室等,种植有优质西甜瓜、观赏型南瓜和西葫芦等,为金山区内一个集艺术农业、观赏农业和味觉农业为一体的农业旅游景点。

**枫泾镇上海百年桂花园**　占地 129.3 公顷,分原林、水、疏草坪区,种有百年桂花树 8 000 多株,香樟、银杏、樱花、梅花、玉兰等名木数千棵。总投资 2.5 亿元,2007 年 9 月 18 日对外接待游客。

**金山卫镇文雷果园**　占地 61 公顷,种植葡萄 33.33 公顷、桃子 10 公顷、草莓 6.67 公顷、西甜瓜 6.67 公顷。注册商标"保春牌"水果系列获"上海市安全卫生、优质农产品证书"。2005 年 7 月,成为上海旅游集散中心"一日游"旅游休闲果品采摘点。

## 三、滨海观光旅游

金山城市沙滩位于金山区南端的杭州湾北岸,是国家 AAAA 景区,始建于 2004 年。由滨海景观长廊、防汛保滩长堤、人工沙滩等组成,是一条集海景、海趣、海乐为一体的城市景观海岸线。

### 【景观长廊】

全长 1 600 米,蜿蜒细长,用鹅卵石、火烧石铺成观海廊道,上面有波浪形索膜结构顶棚覆盖,给人以波浪起伏的感觉。站在景观长廊,天蓝、地绿、水清、沙白的沙滩美景尽收眼底。

### 【长堤】

全长 3.5 公里,岸堤高 5.4 米、宽 7 米,长堤起着防汛保滩作用,可抵御 12 级台风的狂浪,为城市沙滩提供一道安全屏障。岸堤内 1.75 平方公里的清水海域,与堤外浑浊海水泾渭分明,是一片优质的海滨浴场,成为人们乐海、嬉海的场所。

## 【人工沙滩】

约12万平方米,建有国际一流的沙滩排球馆,外场面积2.2万平方米,可同时进行8场比赛,主赛场可容纳3600名观众。沙滩排球馆已连续成功举办世界男子、女子沙滩排球巡回赛中国上海公开赛、第一届全国沙滩足球锦标赛、全国风筝邀请赛等体育赛事。还成功举办EIITE世界精英模特大赛、风夏音乐季、欢乐周末行等大型文艺活动。同时城市沙滩开发沙地摩托车、沙地攀岩、蹦极、海上摩托艇、海上帆船、海上自行车、水上乐园、儿童乐园等娱乐设施,满足不同年龄层次的人群休闲、游玩。

## 四、节庆旅游活动

### 【旅游节】

金山农民画旅游节为上海国际旅游节项目之一,1998年开始,至2003年共举办6届。在枫泾镇、朱泾镇、金山卫镇、石化街道等地举办,主要展出金山农民画,展销农民画、黑陶等特色产品,开展金山农民画新作评比,举行驻沪领事及其夫人参加的艺术之旅活动及相关研讨、演出、比赛活动等。2003年,第六届农民画旅游节期间,展出大型花车20辆;古镇枫泾开放丁聪漫画陈列馆、程十发祖居旅游观光景点;开放金山民间收藏馆;举办少数民族文艺汇演、大型滑稽文艺专场演出。2004年,更名金山旅游节。2005年,旅游节期间举办庆祝枫泾镇获"中国历史文化名镇"文艺晚会和水乡婚典、沙滩水幕激光音乐会、朱学范故居开放仪式。2007年组织海上音乐烟花晚会等特色活动,至2010年共举办7届,是年接待游客50余万人次。

### 【美食节】

首届金山美食节于2006年在金山宾馆举办,活动方式为一地开幕,多地联动,评选金山特色美食,命名金山特色菜肴及各类特色餐厅。2010年美食节,区旅游协会、餐饮协会组织专家筛选评比30道"世博金山特色美食",产生金山新八样特色农家菜:农家小茄子、葱烤酒酿鲫鱼、农家大蛋饺、抱腌菜草鸡、杭式手捏菜、筒骨萝卜、金山一品鲜、经典二〇老鸭。2006—2010年共举办5届。

### 【上海吕巷蟠桃节】

2007年7月在吕巷镇举行。吕巷镇有上海首家以水果为主题开放式公园"吕巷水果公园",园内种植近万亩特色果林,其中"皇母"蟠桃以其"皮薄、汁多、肉质细腻、甜中带鲜"等特点,获国家级地理标志和生态原产地保护产品、上海著名商标、上海品牌产品等称号。至2010年共举办4届。

### 【莲湘文化节】

2007年在廊下镇举办。"连厢",亦名连相、连像、连箱、莲湘、打连厢,民间亦有称其为霸王鞭、打花棍、金钱鞭、浑身响等名目,是古代的一种民间歌舞戏,来源于沿门逐疫、驱邪、撵鬼、祈福的民间信仰民俗。至2010年共举办4届。

## 五、其他特色旅游

### 【新天鸿名人高尔夫城】

位于朱泾镇金石公路6666号。上海新天鸿物业发展有限公司(沪港合资)投资8400万美元兴建。2003 年工程启动,占地 200 公顷,有名人高尔夫球场和天鸿苑别墅群两部分。其中商业配套面积 2.5 万平方米、高尔夫会所 2.6 万平方米、高尔夫公寓酒店 4.5 万平方米、其他配套 6 500 平方米。27 洞标准高尔夫球场由美国设计大师尼尔设计。

### 【上海马术运动场】

位于朱泾镇牡丹村,由市政府投资 8 500 万元兴建,2003 年 7 月动工,占地 8.67 公顷,场内设有马厩、舞步场地、练习赛跑道,另建有风雨馆、综合楼。场内饲养澳大利亚及中国香港、新疆、广西等地的良种马 86 匹,从多个国家和地区请来教练及骑手 15 名。2005 年 9 月第十届全运会马术比赛、2007 年世界夏季特殊奥林匹克运动会马术比赛在此举行。

### 【"南社"纪念馆】

位于张堰镇新华路南侧,占地 1 800 多平方米,主要陈列南社历史人物事迹。2005 年 3 月为纪念"南社"在中国民主进程中作出的历史贡献,纪念馆在姚石子故居建设启动。根据"一次规划,分步实施"方案,一期修缮故居三进、四进、一侧厅及二庭心。修缮方案由上海交通大学专家设计,工程建设由市文物管理委员会指定的具有古建筑一级资质的市建筑第一工程公司承建,2007 年 5 月落成。纪念馆内展出"南社"全体成员名单,创建者高天梅、陈去病、柳亚子塑像及 120 位成员照片等与"南社"运动有关的文献和实物。2010 年获评国家 AAA 级旅游景区。

### 【金枫酒事馆】

位于枫泾镇环城路 18 号,是首个全国工业旅游示范点。体现金枫酒业对中国黄酒文化的传承,也是金枫自身企业文化的集中展示。馆内珍藏着许多珍贵的资料与历史实物,2006 年 9 月 15 日开馆。

# 第七节　金 山 农 民 画

金山农民画是金山民间艺术的亮丽名片。它发端于民间,成型于 70 年代,之后开始走向全国、走向世界,成为中国民间艺术的一枝奇葩。

## 一、渊源

金山民间美术艺术丰富多彩,有蓝印花布、家具雕刻、灶壁画,以及花灯、剪纸、编织、泥塑等,历史悠久,为金山农民画提供肥沃的土壤。1972 年,枫围公社胜利大队(现为枫泾镇中洪村)青年陈富林、龚明华等画了一套《新旧社会两重天》的村史画,颇受农民喜欢。县文化馆非常重视,在胜利大队举办农民美术学习班,传授绘画技巧。1974 年,程十发、韩和平、王观清等一批著名画家在枫围农村"体验"生活,从速写、素描入手,辅导农民作画。是年,陕西省户县农民画在沪展出,受其现代民间艺术要扎根"泥土"的启迪,金山农民画开始形成初期风格。1977 年,县文化馆美术组深入枫围农村采风,领悟到民间刺绣艺术素养,融入农民画创作。金山农民画最大特点取材于现实生活,《采药姑娘》是当过赤脚医生的曹秀文处女作,描绘送药到田头的情景,背景上的花朵、枝叶,都是当地农村出产的中草药。《放鸭》是作者顾忠强描述经历的一次暴风雨袭击时鸭子受惊,在河里飞扑的情景。老画家沈德贤当过饲养员,爱牛成癖,画的牛天真活泼,憨态可掬。金山农民画经过不断探索和实践,在民间艺术基础上,逐步形成"质朴纯真的构思、明快强烈的色彩、夸张变形的构图"独特艺术风格。比如,画母鸡可以画出肚子里的蛋,画雄鸡可以是七彩的,画鲤鱼可以清一色是红的。1988年,金山县被文化部社文局命名为"中国民间绘画画乡"。

## 二、创作

20世纪末,金山农民画艺术得到较大提升,1998年12月,农民画作者陆永忠于1992年10月—1997年5月创作完成的长16米、宽0.7米的《农家乐》,表现了江南农村民俗风情的热闹景象,画面共有人物5 000人,申报并获"上海大世界吉尼斯纪录"。1999年为庆祝上海市农民运动会举行,由阮章云、邵其华、赵龙观、徐小星创作《水乡四季健身图》,以市郊特有的水乡、古镇、田野、村庄、集市、公园为背景,描写农村风波的体育健身活动场面,绘有562个人物和市运会会标、吉祥人物图案;以春夏秋冬四季景色自然过渡连成一幅,色彩鲜艳、四季分明、连贯和谐。全长25米,裱成画轴总长30米,是金山农民画最长作品,出席市农运会的市领导和参加开幕式的运动员在画上签名。2000年7月,吴彤章、张新英服务为闵行区万科城市花园绘制5幅大型农民画租花,每幅宽7米~10米,高21米。

2003年起,区里重视金山农民画理论研究和资料整理,保护和传承工作。2006年,以金山农民画艺术申报市级非物质文化遗产名录为契机,系统梳理金山农民画30余年的发展历史,形成代表作品、代表作者、制作工具、地域环境、文化承脉、艺术风格、历史价值、濒危程度、保护意义等在内的理论体系。2007年,金山农民画艺术被列入金山区和上海市第一批非物质文化遗产保护名录。

## 三、展览

1980年4月27日—5月20日,《上海金山农民画展》首次在中国最高美术殿堂中国美术馆展览,著名漫画家、中国美术家协会副主席华君武在县文化馆观看了金山农民画创作后,为独特魅力打动,提议促成展览。以中国美术馆、上海市美术家协会名义联办,共展出作品138幅,文化部、中国美术家协会的领导专家、各国驻华使节参观了展览,首都各大新闻媒体和外国新闻机构均发表展览盛况信息。展览期间,比利时、美国、日本有关机构和艺术公司当场签订展览、出版合同。7月,金山农民画在美国洛杉矶、纽约、华盛顿、芝加哥巡回展出,被誉为"中国最优秀的民间艺术"。之后,先后受邀在英国、日本、法国、德国、加拿大、澳大利亚、荷兰、丹麦、挪威、瑞典、南斯拉夫、古巴、尼泊尔等国家展出,德国波恩一家报纸称"中国上海金山县的一些农村绣花妇女了不起地开拓了一个美术新领域"。与此同时,也在北京、天津、广州、杭州、西安、长春、南宁、成都、桂林、昆明等城市和中国香港、澳门、台湾等地区展出。许多国家博物馆、地区博物馆、美术研究机构和收藏家纷纷购买珍藏。2000年10月15日—11月15日在金山区枫泾镇还首次举办中国农民画联展,来自全国23个省市、48个国内知名的"中国现代民间绘画画乡"100多名代表,参展作品436幅。参观的中外宾客7万人次。

1997—2006年,金山农民画先后参加国内市级以上及港、台地区展览40余次1 156幅,在国家级画展中获奖222幅,其中一等奖11幅、二等奖24幅、三等奖42幅、金奖4幅、银奖9幅、铜奖17幅、优秀奖106幅、优秀作品奖1幅、优秀创作奖8幅。

## 四、基地

金山农民画院和中国农民画村作为推进金山农民画传承、提高和发展的2个重要基地,发挥着培养队伍、创作作品、组织展览、开展活动等一系列重要作用。

### 【金山农民画院】

1984年在县文化馆美术组基础上成立金山农民画社,驻朱泾镇健康路,建筑面积670平方米。1989年,画社独立建制,直属县文化局。1992年易名金山农民画院(简称画院),设创作室、陈列室、中外来宾接待室和销售部等。2002年,区政府将原金山县少年宫旧址(健康路)划拨给画院,投资100万元进行改扩建。画院自成立起,为金山农民画的发展开展一系列活动。每年举办农民画创作培训班,吸收新、老作者参加,请专职美术老师辅导,年均培训300余人次。2001年,画院还举办残疾人创作培训班,26名残疾人参加,创作农民画47幅。每年举办农民画创作年会,每季度举行例会,交流创作心得。1998年起,组织作者跨地域采风,观摩画展,学习交流,搜集创作素材。1998年4月25日,画院与上海艺苑旅行社联合举办第一届"民间艺术之旅"活动,在上海的美国学校师生35人观摩金山农民画创作,亲手临摹农民画,访问农民画家,这一活动成为区里的一项文化活动。1999年起,画院与作者签订《创作协议书》《入住画院创作协议书》《作品出版委托书》,形成制度。画院实行优秀作品奖励制,优先推荐优秀作品参加展览、出版、收藏和销售。对于获奖作品,画院还发给奖金。作者需要住在画院创作,提供免费住宿,水电、煤气费用及画具费用也予免除。1999年,画院被评为上海市优秀外事接待单位、上海市农村十大标志性改革成果。2002年6月22日被评为全国"五星级画廊"(全国共5家)。中国文联书画艺术中心授予铜牌、荣誉证书。

2006年的中国农民画村——枫泾镇中洪村(金山区志办提供)

**【中国农民画村】**

2006 年,枫泾镇中洪村建成金山农民画村,因集聚效应,吸引了中国各地农民画家入驻,更名为中国农民画村(简称画村)。地处枫泾镇北部的三角地带,东与松江区新浜镇接壤,西邻浙江省嘉善县清凉庵镇,北接青浦区练塘镇,距枫泾镇区 3.5 公里。画村面积 5.88 平方公里,有 1 000 多户、4 200 多居民。画村不仅是区域重要的乡村精品旅游景点,更是金山农民画起源、发展和创作之地。2006 年起,枫泾镇政府与金山区文广局在画村联办金山农民画作者培训班,请中国文联书画处、上海市美协等一批民艺专家指导农民画创作。

全村有 50 多户农户、100 多位专门从事金山农民画创作的画家,集聚吉林东丰、陕西户县、重庆綦江、青海湟中、云南腾冲、山东日照、湖北黄州、河南舞阳 9 个著名"中国现代民间画画乡"的优秀农民画家常年驻村作画。村内设有"农民画展示中心",可欣赏、购买全国各地 10 个著名画乡风格各异的农民画。"乡土艺术长廊"里展示来自全国 12 个城市乡村的农民画精品。2006 年 5 月 1 日正式开放,吸引众多游客,既品尝乡村特有美味,更欣赏金山农民画特有风味。2006 年,上海市、金山区两级政府注资 1 000 万元,在上海文化发展基金会设立"金山农民画专项基金"。

表 14 - 3 - 1 金山区(县)主要年份基本情况

| 项 目 | 1978 年 | 1985 年 | 1990 年 | 1995 年 | 2000 年 | 2005 年 | 2010 年 |
|---|---|---|---|---|---|---|---|
| 区域面积(平方公里) | 586.05 | 586.05 | 586.05 | 586.05 | 586.05 | 586.05 | 586.05 |
| 年末耕地面积(公顷) | 38 449.26 | 37 202.07 | 34 866.67 | 31 295 | 31 774.99 | 27 016 | 26 292 |
| 街道(个) | 0 | 0 | 0 | 0 | 1 | 1 | 1 |
| 镇(个) | 4 | 5 | 5 | 15 | 15 | 9 | 9 |
| 乡(个) | 15 | 15 | 14 | 1 | 0 | 0 | 0 |
| 居民委员会(个) |  |  | 40 | 48 | 74 | 62 | 81 |
| 村民委员会(个) | 221 | 237 | 236 | 236 | 224 | 136 | 124 |
| 年末户籍人口(万人)[①] | 43.83 | 45.96 | 47.15 | 55.37 | 53.01 | 52.42 | 51.66 |
| 户数(万户)[①] | 11.19 | 12.81 | 14.21 | 14.74 | 17.27 | 17.39 | 17.79 |
| 年末常住人口(万人) |  |  | 0.27 |  |  |  |  |
| 人口密度(人/平方公里) |  |  | 804.54 | 945 | 904.33 | 895 | 881.5 |
| 人口自然增长率(‰) | 10.49 | 2.96 | 4.72 | −0.3 | −0.48 | −0.12 | −1.58 |
| 城镇登记失业人数(人) |  |  |  | 609 | 3 357 | 6 956 | 6 474 |
| 新增就业岗位数(个) |  |  |  |  |  | 30 448 | 25 343 |
| 中学(所) | 53 | 50 | 33 | 23 | 27 | 30 | 30 |
| 在校学生(人) | 31 244 | 21 875 | 20 024 | 29 773 | 28 340 | 30 966 | 24 333 |
| 小学(所) | 320 | 241 | 186 | 121 | 63 | 23 | 32 |
| 在校学生(人) | 51 544 | 43 601 | 49 170 | 35 187 | 36 002 | 21 474 | 27 097 |

（续表）

| 项　　目 | 1978 年 | 1985 年 | 1990 年 | 1995 年 | 2000 年 | 2005 年 | 2010 年 |
|---|---|---|---|---|---|---|---|
| 幼儿园（所） | 162 | 264 | 26 | 17 | 29 | 19 | 30 |
| 在园幼儿（人） | 6 291 | 14 815 | 9 850 | 3 786 | 10 622 | 10 600 | 13 370 |
| 职校（所） | 0 | 1 | | 3 | 1 | 4 | 3 |
| 在校学生（人） | 0 | 79 | | 2 123 | 876 | 7 760 | 8 015 |
| 图书馆、室（家） | 11 | 20 | | 17 | 17 | 10 | 12 |
| 文化馆、站（家） | 20 | 20 | | 17 | 16 | 11 | 11 |
| 影剧院、场（家） | 5 | 6 | | 15 | 16 | 8 | 7 |
| 区级医院（所） | 5 | 6 | 13 | 4 | | 6 | 6 |
| 医院床位数（张） | 1 485 | 1 546 | 1 653 | 2 301 | 2 296 | 2 639 | 3 619 |
| 医疗卫生技术人员（人） | 1 290 | 1 836 | 2 071 | 3 655 | 3 654 | 3 291 | 4 250 |
| 执业医师（人） | | | | | | 1 215 | 1 578 |

说明：① 1990 年不含石化地区。

表 14 - 3 - 2　金山区（县）主要年份国民经济基本指标

| 项　　目 | 1978 年 | 1985 年 | 1990 年 | 1995 年 | 2000 年 | 2005 年 | 2010 年 |
|---|---|---|---|---|---|---|---|
| 生产总值（亿元）① | | 5.99 | 13.17 | 37.90 | 71.28 | 201.27 | 363.32 |
| 第一产业（亿元） | | | 2.90 | 6.56 | 6.55 | 7.47 | 11.27 |
| 第二产业（亿元） | | 3.15 | 7.29 | 20.39 | 34.99 | 133.40 | 221.98 |
| 工业（亿元） | 2.31 | 7.75 | 5.98 | 15.03 | 29.15 | 122.20 | 208.13 |
| 第三产业（亿元） | | 1.26 | 2.97 | 10.95 | 29.75 | 60.40 | 130.07 |
| 固定资产投资完成额（亿元） | | | 1.1 | 9.85 | 25.18 | 141.03 | 113.76 |
| 财政收入（亿元） | 0.78 | 1.68 | 2.06 | 4.12 | 13.59 | 57.32 | 96.85 |
| 地方财政收入（亿元） | 0.19 | 0.39 | 1.90 | 1.95 | 7.22 | 29.29 | 30.75 |
| 地方财政支出（亿元） | 0.77 | 1.68 | 0.96 | 3.03 | 13.61 | 41.30 | 70.98 |
| 外贸进出口总额（亿美元） | | | | | | | 42.46 |
| 出口额（亿美元）② | 0.10 | 1.16 | 7.07 | 19.31 | 41.44 | 13.69 | 20.21 |
| 外商直接投资实际到位金额（亿美元） | | | 0.06 | 0.91 | 0.82 | 3.03 | 1.31 |
| 年末私营企业注册数（个） | | | 1 257 | | | 39 547 | 73 550 |
| 工业总产值（亿元）③ | 2.31 | 7.75 | 25.60 | 128.93 | 144.12 | 616.92 | 1 112.96 |

（续表）

| 项　目 | 1978 年 | 1985 年 | 1990 年 | 1995 年 | 2000 年 | 2005 年 | 2010 年 |
|---|---|---|---|---|---|---|---|
| 农业总产值(亿元)④ | 2.09 | 2.93 | 6.27 | 7.50 | 17.13 | 23.27 | 32.07 |
| 住宅竣工面积(万平方米) | 14.26 | 16.51 | 4.1 | 12.2 | 19.04 | 67.6 | 78.7 |
| 社会消费品零售总额(亿元) | 1.79 | 3.46 | 6.7 | 15.51 | 43.15 | 115.82 | 213.77 |

　　说明：① 其中若干年为增加值,1978 年为不变价;② 1978—2000 年为外贸出口拨交值;③ 1978 年为不变价;④ 1978 年、1995 年为不变价。

# 第十五篇　松江区

松江区位于上海市郊西南部,因吴淞江而得名。

　　1978 年,松江县行政区域面积 605.58 平方公里,辖有城厢、泗泾 2 个镇,泗联、新桥、城北、城东、城西、古松、佘山、天马、叶榭、张泽、新浜、新五、泖港、九亭、砖桥、昆冈、塔汇、高桥、大港 19 个人民公社,下设 2 366 个生产队。县属耕地面积 39 154 公顷,户籍人口 11.83 万户、45.37 万人。1980 年,城北、城东、城西、砖桥、高桥人民公社分别更名为五里塘、华阳桥、仓桥、洞泾、车墩人民公社,城厢镇更名为松江镇。1984 年,全县 19 个人民公社改制为乡人民政府。1986 年 6 月,佘山乡撤乡建镇。1991 年 4 月撤销泗联乡、泗泾镇,设立新的泗泾镇。1993 年 7 月,车墩乡、新桥乡、泖港乡撤乡建镇,昆冈乡撤乡建立小昆山镇;8 月,洞泾、九亭乡撤乡建镇。1994 年 2 月 27 日,大港、新浜、张泽、叶榭乡撤乡建镇,天马乡、塔汇乡、古松乡、新五乡分别撤乡建立天马山镇、李塔汇镇、石湖荡镇、五库镇;5 月,建立上海松江工业区;6 月,仓桥乡撤乡建镇,五里塘乡、华阳桥乡分别撤乡建立茸北镇、华阳镇。1995 年 6 月,国务院批复同意建立上海佘山国家旅游度假区;11 月,上海佘山国家旅游度假区管委会成立。1998 年 2 月 27 日,国务院批复上海市人民政府同意撤销松江县,设立松江区。2000 年 4 月,建立国家级出口加工区,上海佘山国家旅游度假区核心区区域行政单列。2001 年 1 月,撤销松江镇,设立岳阳、方松街道;撤销茸北镇,和松江镇部分区域设立中山街道;撤销仓桥镇,和松江镇部分区域设立永丰街道;撤销天马山、佘山镇,设立新的佘山镇;撤销华阳、车墩镇,设立新的车墩镇;撤销小昆山镇和大港镇,设立新的小昆山镇和人昆工业园区;撤销李塔汇、石湖荡镇,设立新的石湖荡镇;撤销泖港、五库镇,设立新的泖港镇;撤销叶榭、张泽镇,设立新的叶榭镇。洞泾镇部分区域划归中山街道管辖。2002 年 6 月,撤销小昆山镇,建立上海松江科技园区。2007 年 7 月撤销上海松江科技园区,恢复小昆山镇建制。2010 年,全区行政区域面积 604.62 平方公里,辖有 4 个街道、11 个镇和上海松江工业区、上海佘山国家旅游度假区,下设 153 个居委会、107 个村委会,户籍人口 19.16 万户、57.6 万人,常住人口 171.15 万人,其中外来人口 113.59 万人。

　　中共十一届三中全会以后,改革开放的春风吹遍大地,以传统农业经济为主业的松江发生显著变化,大致经历 3 个阶段。

　　1978—1991 年为恢复经济建设时期。县委、县政府紧紧抓住农村经济体制改革的契机,一方面及时对公社、大队主要干部进行轮训,另一方面选择先行社队进行改革试点,有力推进家庭联产承包责任制实行。1984 年根据县域实际,提出土地逐步向种田能手集中,发展粮食专业大户;1990 年下发《关于进一步巩固和发展农业适度规模经营的若干意见》,推进农业适度规模经营健康发展。与此同时,积极推进种植业耕作制度改革,调整农业生产结构,稳粮减棉,发展经济作物,加大畜牧业、淡水养殖业比重,促进农业生产全面发展。1991 年每公顷粮田突破 15 吨粮记录,成为全国商品粮基地县,农业总产值处于市郊领先地位。县委、县政府十分重视发展乡镇企业,1986 年下发《关于当前发展乡镇工业有关问题的处理意见》,1987 年下发《关于加快发展全县村办工业的若干意见》,1988 年下发《简化企业项目审批权限的若干措施》等,全县每年召开经济工作会议均要对乡镇工业发展提出意见。1991 年,全县有工业企业 2 234 户,其中乡镇办企业 411 户、村办企业 526 户,二者占全县工业企业数的 41.9%;全县工业总产值(1990 年不变价)47.92 亿元,其中乡办、镇办、村办工业共35.27亿元,占73.6%。乡镇工业已逐渐成为县域经济的主要支柱。县委、县政府还十分关注商贸服务业发展,为活跃市场、缓解供需矛盾,积极推进商业体制改革,鼓励和支持私营商业的发展,形成多种所有制共同发展的局面,搞活集贸市场,拓展商业网点,为城乡居民提供便利。

1992—1997年为推进城乡发展时期。县委根据"增实力、上水平、展新貌、富百姓"的总体要求,推动工业、农业、房地产业、基础设施建设等领域更大更快发展。在工业生产上,1997年,县委、县政府颁发《关于企业制度改革的若干政策规定》,成立县产权制度改革领导小组,全面推进县域工业企业产权制度改革。1992年兴办松江工业区,1994年被列为全市首家市级工业区;1993年,县政府下发《关于同意建立"上海民发私营经济开发区"的批复》,张泽镇率全县之首兴办私营经济开发区,由此拉开依托上海中心城区,接轨浦东开发开放的工业园区建设序幕,以土地为资本,招商引资,鼓励支持私营经济发展,逐步形成市级、县级、乡镇级工业区格局。1993年又抓住时机,支持上海大江(集团)股份有限公司和上海海欣(集团)股份有限公司改制上市,推进县域工业企业能级的提升。在农业生产上,县委、县政府提出要加快推进农业规模经营和农业产业化发展,加大资金投入,逐步建成粮食、蔬菜、畜牧、淡水养殖等农业生产基地。在房地产开发上,县委、县政府抓住住房制度改革契机,结合松江城区和集镇发展的需要,鼓励支持房地产开发企业,加大各类商品房建设,有力地推进城镇发展繁荣。在基础设施建设上,配合市里莘松高速公路建设,一方面积极搞好配套工程建设,另一方面加强县域道路、水电、燃气等基础设施建设,推进城乡一体化进程。

1998—2010年为现代新城崛起时期。区委、区政府抓住撤县建区的重要契机,全力推进现代新城建设,提出"一业特强、多业发展"的产业导向,实施"聚焦试点园区"战略,推动园区"二次创业"。2006年1月,在《关于上海市松江区国民经济和社会发展第十一个五年规划纲要(草案)的报告》中提出,要努力建成上海参与全球竞争的先进制造业基地、"产学研"一体的综合教育基地、功能集聚的现代休闲旅游基地、都市特色的农业发展基地,把松江建设成与上海国际大都市相匹配的实力较强、功能完善、环境优美、生活富裕、社会和谐的社会主义现代化新郊区先行示范区的目标。据此,在工业发展上,设立上海首个出口加工区,推出多种类型的现代产业园区,聚焦以电子信息一业特强、多业发展的产业格局。在农业生产上,出台《关于鼓励发展粮食生产家庭农场的意见》等系列政策,推动多种形式的家庭农场蓬勃发展,引导农业走规模化、产业化、现代化发展之路。在第三产业上,一方面积极推进现代服务业发展,另一方面抓住上海佘山国家旅游度假区建设项目设立,制定《松江区农业旅游发展规划》,培育农业休闲旅游,形成具有区域特色的旅游新格局。在城区建设上,以松江大学城建设为重点,一方面制定《上海市松江新城总体规划》,推进具有"一城两貌"特色的松江新城建设,另一方面在2002年和2009年,先后制定《关于加快推进松江城乡一体化的若干意见》《关于松江区进一步加强城乡统筹,加快形成城乡发展一体化新格局的实施意见》,统筹城乡发展。经过不懈努力,一座"生产发展、生活改善、生态友好"的宜居新城已在区域崛起。

2010年,松江区生产总值900.48亿元,比1978年增长351倍;财政收入233.7亿元,比1978年增长295倍;社会消费品零售总额292.16亿元,比1978年增长165倍。区域西北部有佘山、天马山、小昆山等12座小山峰。其中天马山为上海陆上最高点,海拔高度98.2米。境内有广富林遗址,有松江唐代陀罗尼经幢、宋代兴圣教寺塔两处全国重点文物保护单位,以及元代清真寺、明代照壁、清代醉白池等历史遗址,有顾绣、龙舞(舞草龙)、锣鼓艺术(泗泾十锦细锣鼓)3项国家级非物质文化遗产,有佘山国家森林公园、上海方塔园、上海月湖雕塑公园等3个AAAA级景区,以及天马山高尔夫俱乐部、佘山高尔夫俱乐部、世贸国际会议中心等旅游休闲场所和国内规模最大的辰山植物园。1990年被国务院授予"全国粮食生产先进单位";1992年被国家教委授予"全国扫盲先进县";1996年被文化部授予"全国文化先进县";1997年被国家广播电影电视总局授予"全国广播电视工作先进县";2003年被水利部授予"国家水利风景区",被住房和城乡建设部授予"中国人居环境范例奖";2005年被全国绿化委员会授予"全国绿化模范城市";2008年被国家双拥工作领导小组、民政部、中国人民解放军总政治部授予"全国双拥模范城";2009年被全国爱国卫生运动委员会授予"国家卫生区"。

2011年,《上海市松江区国民经济和社会发展第十二个五年规划纲要》指出:松江区要把握机遇,发挥区位优势,以科学发展为主题,以加快转变经济发展方式为主线,深入推进工业化、城市化和城乡一体化,坚持创新驱动、转型发展,三次产业融合发展;坚持以松江新城功能完善为核心,全面推进城镇化建设;坚持以民生保障为根本,确保改革发展成果惠及人民群众,努力建设工业经济发达、服务经济繁荣、新城功能完备、环境生态友好、社会和谐稳定、人民幸福安康的现代化新松江。坚持二产、三产并举,三次产业融合发展的产业发展方针,大力发展先进制造业,加快发展服务业,积极发展现代农业,不断提高经济发展的质量和效益;着力打造"一城一带两翼三片"的区域发展格局,加快拓展和完善松江新城、佘山国家旅游度假区功能,稳步推进新城南部区域规划建设,加快推进老城改造,扎实推进大型居住社区建设,发展城市经济,促进产城融合,加强城市综合管理,不断完善城市功能;注重浦南、浦北区域协调发展,加大农村基础设施建设和公共服务,深入推进城乡统筹;以人为本,着力提高城乡居民收入和保障水平,加快完善公共服务体系、社会保障体系和社会管理体系,注重把世博理念和世博经验转化为城市管理长效机制,进一步加强社会管理;统筹人口、资源、环境和发展的关系,加强人口调控,推动土地节约、集约利用,加大节能减排和环境保护力度,加强生态建设;加快体制机制创新,深化各领域改革,继续扩大对内对外开放,加强区域合作交流,进一步提高区域发展动力和活力。

# 第一章　恢复经济建设

1978 年后，县委、县政府把工作重点放在恢复和发展县域经济。通过推进农村生产经营方式变革，逐步实行家庭联产承包责任制，适时发展种养业专业户，促进农业适度规模经营；在此基础上，抓住熟制改革机遇，调整农业生产结构，推进农林牧副渔全面发展；通过兴办乡镇企业，加强工农联营，发展三资企业，形成以机械、纺织、化工为拳头行业的格局，成为县域经济的主要支柱；通过发展商贸服务业，拓展商业网点布局，加强商业设施建设，搞活集市贸易，形成国有、集体、私营商业并存局面，方便群众生产、生活。

## 第一节　农村生产经营方式

松江县农村改革经历了"小段包工、定额计酬""联产到组、联产到劳""专业承包、联产计酬""家庭联产承包"等多种形式的农业生产责任制，不断调动农民的生产积极性。

### 一、家庭联产承包责任制

1980 年，县域农村改革逐步从"小段包工、定额计酬"发展为"定额包工、联产计酬"，从部分作物联产到组、联产到劳，发展为全部作物统一经营、包干分配。1981 年 7 月，县、公社两级组织力量开展调查研究，向市委、市农委党组提出建立、健全、完善生产责任制的措施。年底，全县 2 613 个生产队中 90％相继建立不同形式的生产责任制，主要有 4 种类型：第一类，全部农作物实行"定额计酬"的有 1 288 个队，占总队数的 49.3％；第二类，部分农作物实行"定额包工、联产计酬"的有 985 个队，占 37.7％；第三类，全部农作物实行"联产计酬"的有 35 个队，占 1.34％，其中联产到组的 34 个队、联产到劳的 1 个队；第四类，未建立责任制的有 295 个队，占 11.3％。

1982 年 1 月 1 日，中共中央下发第一个关于农业的一号文件，肯定以包产到户、包干到户为主要形式的家庭联产承包责任制。3 月 5 日，县委以此为学习内容，分 3 批在县城轮训公社、大队主要干部和生产队长共 3 774 人。12 月，市委召开郊区党员干部会议，传达贯彻一号文件精神，宣布取消"三不"（即不搞包产到户、不搞分田单干、不分口粮田），倡导总结推广"统一经营、包干分配"的家庭联产承包责任制。之后，松江县经试点成功，全县推广。1987 年底，全县 19 个乡镇、319 个村、2 792 个生产队全部实行家庭联产承包制。全县户均承包 0.66 公顷以下土地的户数占总户数 94％，承包经营面积 23 332 公顷，占粮田总面积的 85.2％；户均承包 0.66 公顷以上粮田的有 3 297 户（联户、村办农场、合作农场），面积 3 740 公顷，户均 1.13 公顷，占粮田总面积 14.8％。

家庭联产承包责任制的内容和做法：生产队把集体耕地按农业人口分口粮田，按劳力分责任田，以户承包，农户按承包合同规定，上缴集体公积金、公益金、管理费、固定资产折旧金，统称"上缴四金"，有的队还上缴集体代付的农业税。农户按国家计划完成应交售的粮食、棉花、油菜籽等合同定购任务，余下的经济收益和农副产品都由农户自主支配。村队集体经济组织负担统一经营职能，为农户解决生产、流通中不能解决的问题。

种植蔬菜的村队因生产和运销中大部分农活仍需集体"统"起来,大多仍实行以"集体统一经营,联产、联值到劳"为主的责任制,以"宜统则统、宜包则包"联产计酬责任制的村队逐年增加。

推行家庭联产承包责任制后,确立了双层经营体制中农户家庭生产经营的主体地位,农户对承包耕地有相对独立的经营自主权,成为农产品的主要生产者。1984—1988年,全县年均粮食总产28.32万吨,比推行家庭联产承包责任制前5年年均粮食总产26.52万吨,年均增加1.8万吨,增产幅度6.8%。承包户收入增长,据对58户种粮农户家庭调查,1988年户均承包耕地2.3公顷,户均净收入9655元,人均净收入2196元,比1985年户均净收入3271元,人均净收入1344元,分别增加6384元和852元,增幅分别为195.2%、63.4%。

## 二、农业专业户

松江县在逐步完善家庭联产承包责任制进程中,还经历了土地向种田能手集中的发展历程。

1984年秋冬,县委、县政府提出土地要逐步向种田能手集中,发展粮食专业大户。通过专业户的示范,带动全县农民发展商品生产。1985年,全县承包1公顷以上粮田的有135户,承包经营土地426.5公顷,占粮田面积1.6%,户均2.91公顷。1987年8月,县委、县政府下发《关于发展农业适度规模经营的若干意见》,进一步推动和深化这项改革。1988年,全县承包0.67公顷(10亩)以上粮田的3297户(包括联户、村办农场、合作农场),承包粮田面积3740.33公顷,户均1.13公顷,占粮田面积的14.76%,其中,承包0.67公顷~1公顷(10亩~15亩)的有2825户,承包粮田2252.07公顷,占60.21%;承包1.07公顷~2公顷(16亩~30亩)的有297户,承包粮田400.93公顷,占10.72%;承包2.07公顷~3.33公顷(31亩~50亩)的有72户,承包粮田169.60公顷,占4.53%;承包3.4公顷~6.67公顷(50亩~100亩)的有48户,承包粮田199.80公顷,占5.34%;承包6.67公顷(100亩)以上的有55户,承包粮田717.93公顷,占19.2%。承包形式以专业户为主。粮田适度规模经营显示出优越性。粮食专业户的产量比一般农户高5%~10%,劳均提供商品粮比一般农户高出数倍,收入比务工劳动力一般高1倍左右。

1990年,县委、县政府又下发《关于进一步巩固和发展农业适度规模经营的若干意见》,提出在稳定家庭联产承包制的基础上,积极创办集体农场,实施"土地向农场集中"。大港镇有367公顷商品粮田和25公顷蔬菜,成立了17个农场和2个蔬菜园艺场,由镇农业公司和10个村服务队集体承包经营,实行镇与公司签订承包合同,公司与服务队签订合同,农场内部实行企业化管理,推行"四定一奖"制,即定亩产量产值、定劳工费用、定生产成本、定效益分成和超收奖励。大港镇237名农业服务人员,人均耕种土地1.45公顷,服务面积3.94公顷,人均产粮18966公斤,商品率达到95%以上。粮食单产每公顷1.31万公斤,比一般家庭联产承包经营的单产增加10%以上,浦港农场粮食单产每公顷达到1.46万公斤。

## 三、农业生产服务体系

为了巩固双层经营体制,县委、县政府加大农业生产服务体系建设,推进对农户的产前、产中、产后服务。一是服务队伍。1988年,全县19个乡(含余山镇)、321个村全部建立农业服务组织,有服务队人员9840人,平均每个村30余人。二是服务设施。全县拥有农机总动力26.4万马力,排灌动力5.2万马力。其中大拖拉机1189台、收割机111台、插秧机224台。1986—1988年,乡、村两级用于粮食发展资金 848 万元。三是服务内容。由单项农机服务发展到信息、种子、农机、技术、肥料、农药、运输、销售等多功能、系列化配套服务。四是服务质量。全县有半数以上村级服务队签订了服务承包合同,明确岗位职责、服务内容、质量标准、时间要求,实行百分考核奖励,提高服务素质。县、乡、村有关部门对粮食专业承包大户还实行"五优先综合服务"。即农业科技部门优先提供优良种子,加强技术指导;农机部门优先提供各种农机服务;粮食部门优先收购,及时结算;供销部门优先供应紧缺农用生产资料;银行、信用社优先提供贷款,保证资金供应。与此同时,1988 年,全县 1/3 的村级服务队兴办各种形式的经济实体,如"以工养队""以副养队""以商养队""以机养队"等多种形式,增加经济实力,改善服务设施,强化服务功能,促进农业生产。

# 第二节　农　业　生　产

80 年代,一方面实行家庭联产承包责任制,另一方面进行熟制调整,极大地释放农村活力,推进农林牧副渔全面发展。

## 一、种植业

县域种植业主要是粮、棉、油生产和蔬菜生产。

### 【粮棉油生产】

1979—1988 年,从麦、稻、稻"一年三熟制"为主,逐步调整为双季稻或麦(油)、稻"一年二熟制"和稻、麦、棉"二年三熟制"并存。1988 年,全县耕田面积 2.73 万公顷,粮食复种指数 174.3％,其中三麦 1.56 万公顷、单季晚稻 2.18 万公顷、早稻 4 126.2 公顷、后季稻 6 058 公顷、棉花 3 304.2 公顷、油菜 7 792 公顷。1989 年结束三熟制早稻种植,单季晚稻成为粮食生产主栽品种。1979 年,粮田常年种植面积 26 555.3 公顷,每公顷常年单产 12 660 公斤,总产为 336 190 吨;1991 年分别为28 070.6 公顷、10 859 公斤和 304 860 吨。1984 年单产创历史最高,平均每公顷为 12 735 公斤,向国家提供商品粮在市郊处于领先地位。1979 年,棉花种植面积为 5 767.14 公顷,每公顷单产为1 065 公斤,总产为 6 142 吨;1991 年分别为 2 338.1 公顷、1 265 公斤和 2 957 吨。1980—1985 年,是全国重点产棉区,年均种植 8 356 公顷,1981 年种植面积最多,达 9 553 公顷。1986—1990 年逐年递减,年均种植 2 405.4 公顷。1994 年更是大幅减少,为 207.7 公顷,仅在浦南地区有零星种植。1979 年油菜种植面积为 5 644.76 公顷,每公顷单产为 2 167.5 公斤,总产为 12 235 吨;1991 年分别为 8 962.4 公顷、2 220 公斤和 19 894 吨,总产为历史最高。

### 【蔬菜生产】

80 年代初,全县蔬菜面积稳定在 307 公顷,其中供市菜田 70 公顷、供松江镇菜田 157 公顷、供县内集镇菜田 80 公顷,年均上市量约 1.85 万吨。1991 年,全县常年菜田面积 640 公顷,主要分布在九亭、仓桥、华阳桥、五里塘等地,年产 3.48 万吨,以生产大宗粗菜品种为主。1994 年,近郊市属菜田向中远郊转移,松江县列入市属计划菜区,常年菜田面积增至 990 公顷;1998 年又增至 1 700公顷,占耕地面积 5.5％,总产 15.05 万吨,产值 1.2 亿元,占种植业产值 16％。

## 二、林业

县域林业主要是植树造林、苗木花卉和水果生产。

### 【植树造林】

1979—1985年,全县累计植树504.21万株,年均植树72.03万株。1990—1992年,全县累计完成"四旁"(路旁、河旁、田旁、宅旁)植树260.13万株,年均植树86.71万株,完成造林面积11.8公顷。三年间全县新增农田林网化面积4 559.3公顷,国家对林业直接投资累计为104万元。

### 【苗木花卉】

1986—1998年,全县苗圃面积累计945.6公顷,年均72.7公顷,基本满足全县植树绿化苗木需求。1986—1996年,花卉生产面积7公顷,品种仅银柳、香石竹、菖兰等;1997年,为31.7公顷,主要品种有月季、香石竹、菖兰、菊花、银柳及其他盆花;1998年为147.6公顷,年销售量1 600余万枝(盆),年销售额3 466万元。新桥镇成为市郊最大的花木生产交易市场之一。

### 【水果生产】

以水蜜桃、生梨、葡萄、柑橘为主,佘山水蜜桃、仓桥水晶梨在上海市场享有盛誉。1985年,全县水果生产面积196.1公顷,总产量1 252.6吨。1991年,分别增至444.5公顷和1 912吨。

1985年,县域有林木花卉专业户143家,以培育水杉、池杉苗木为主,也有培育果苗和花卉的。新桥乡农民杨才余,每年培育香樟、水杉、池杉3万株~5万株,年收入3 000元左右;仓桥乡农民沈雪明,以培育桃苗、梨苗为主,年收入2 000元~3 000元;车墩乡农民俞春根,培育各种月季,品种有200余个;张泽乡农民陈秀芬,以培育柑橘苗为主,年收入5 000元左右。

## 三、畜牧业

县域畜牧生产主要以饲养猪、羊、兔、奶牛、鸡和鸭为主,猪为大宗产品。

### 【猪的饲养】

以枫泾猪为主要品种。1960年起,县畜牧兽医站以枫围公社为基点,进行枫泾猪的本品种选育。1970年起,县种畜场和洞泾、新桥、张泽、叶榭等4个公社种畜场建立育种基地,经过6年~14年的闭锁繁育,建起繁育体系。1981年,洞泾公社种畜场因枫泾猪育种建成亲族群,获市农业科学技术进步二等奖。1985年,全县生产母猪18 594头,其中枫泾猪占95.96%,成为市郊枫泾猪繁育基地之一。1978年,全县生猪饲养量76.62万头,上市量36.09万头;1991年分别为50.76万头、30.89万头。

### 【羊的饲养】

以山羊为主。张泽乡饲养最多,1998年张泽圈存2 909只,约占全县总数28%,其次是佘山乡、叶榭乡。饲养方式以农户散养和当地草料就地放养或圈养为主,上市量很少,主要是农户自宰自食。1983 年,全县圈存羊 9 757 只,1991 年为 16 066 只。

### 【兔的饲养】

以长毛兔为主,都为农户散养,以交售兔毛获利。1978 年前,主要从浙江新昌、天台引进英系和法系安哥拉杂交种,年产毛 100 克～200 克,毛短质差。1978—1981 年,市、县从资金、物资等方面采取了一系列扶持政策,提高了兔毛收购价格,并引进联邦德国良种毛兔,建立县良种繁育基地,促进长毛兔饲养的迅速发展。1981 年底,长毛兔圈存量 14.92 万只,收购兔毛 20.2 吨,分别比 1978 年增加 24.23 倍、13.14 倍。1982 年 6 月,长毛兔圈存量高达 35.9 万只,下半年受国际市场影响,年底圈存下降为 15.99 万只。1983 年下半年逐步好转。1985 年底,全县联邦德国兔及其杂交种圈存量达 87.92 万只,为历史最高。1991 年为 10.9 万只。

### 【牛的饲养】

分为耕牛和奶牛。1956 年圈存量 3.65 万头,全县平均每两家农户饲养耕牛 1 头,每头负担耕田 1.33 公顷。随着拖拉机和电灌逐步普及,耕牛逐年减少。1983 年,全县耕牛仅存 2 425 头。1989 年,存 513 头,至 1997 年消失。奶牛生产始于 1956 年,70 年代起逐步发展,叶榭、仓桥、泖港、新桥、新五、新浜、张泽、五里塘公社相继建立奶牛场,奶牛圈存量由 1977 年的 190 头,发展至 1991 年的 2 899 头,产出牛奶 8 328 吨。

### 【鸡的饲养】

分为肉鸡和蛋鸡。集体养鸡始于 50 年代后期,1979 年,全县有养鸡场 1 378 个,上市肉鸡 363.29 万羽。70—80 年代,陆续引进加拿大雪佛公司的"星布罗"、英国罗斯公司的"罗斯一号"、新加坡"安纳加"等优良配套肉用种鸡,推动肉鸡生产发展。1983 年,以县种禽场为基地饲养星布罗曾祖代 3 500 羽,新桥、九亭、张泽、塔汇四乡祖代鸡饲养场,饲养祖代星布罗鸡 8.5 万羽,组成完整的白羽肉用鸡生产体系,为全县 1 000 多个肉用鸡饲养场提供雏鸡,肉用鸡生产的数量和质量均名列上海市郊县前茅。1985 年 8 月,中泰合资上海大江股份有限公司成立,引进美国爱拔益加(AA鸡)白羽肉用鸡品种,俗称大江肉鸡,很快在全县推广。1985 年肉鸡圈存 55.13 万羽,1990 年 118 万羽,全年上市 1 568.56 万羽,其中出口 701.47 万羽。蛋鸡专业化生产始于 1977 年,在市财政和商业部门的支持下,泖港、张泽、新桥等 11 个公社相继兴办半机械化笼养蛋鸡场,发展大群蛋鸡饲养和专业化生产。1983 年,县种禽场从英国引进罗斯棕壳蛋祖代和父母代种鸡 6 000 羽,经两年繁殖,在全县推广。1988 年引进美国迪卡布公司迪卡蛋鸡。1991 年,全县蛋鸡圈存 69.66 万羽,上市鸡蛋 8 691 吨,是 1979 年的 16.38 倍。

### 【鸭的饲养】

分为肉鸭和蛋鸭。肉鸭的集体养殖始于 1958 年,70 年代后期以北京鸭为主。80 年代初,为解决北京鸭太肥的缺点,分别从广州和澳大利亚引进樱桃谷肉鸭、狄高鸭。后推广"关棚养鸭"的经验,改变只养早春鸭的习惯,部分单位做到全年饲养,上市增多。1983 年,全县有养鸭场 275 个,专业户 129 个,全年上市 78.97 万羽。至 1990 年,肉鸭圈存 29.64 万羽,上市 244.51 万羽。蛋鸭自 70 年代起大量发展,以绍兴麻鸭为主要品种,1978 年全县饲养蛋鸭 40 万羽,至 1991 年圈存量增至 108.75 万羽,年产鸭蛋 13 651 吨。

此外,还有一批名特优畜禽产品,如梅花鹿、鸵鸟、野鸭、野鸡、肉鹅、火鸡、肉鸽等。

## 四、渔业

县域渔业主要是海洋捕捞和淡水养殖。

### 【海洋捕捞】

70年代初,重新创建海洋渔业,城东、城西、城北、泖港和张泽5个公社先后成立海洋渔业大队,建造机帆船16艘(8对),马力1920匹,1100吨。由于海洋渔业资源急剧衰退,加上本县距海较远,难以及时赶上鱼汛,产量低,成本高,加之船网工具无力维修等原因,至1985年海洋渔业大队陆续停业。1970—1984年,共获海鲜11547.7吨,平均年产824.85吨。

### 【淡水养殖】

70年代中期,主要是内塘养殖,但规模较小。1978年,全县共建成内塘47.07公顷,其中鱼种塘21.73公顷、成鱼塘25.33公顷,淡水鱼产量480.15吨。80年代为解决市民"吃鱼难",县里发展商品鱼养殖基地。凡纳入市商品鱼基地的新开精养鱼塘,市财政予以每公顷水面土方费投资6750元,周转资金贷款3750元,但需完成商品鱼定购及调市任务。1985年,全县新增精养鱼塘565.33公顷,累计745.33公顷,成为上海市商品鱼三大基地县之一。1986年实施世界银行贷款解决大城市吃鱼难的"水产项目"工程,全县精养鱼塘面积增至871.84公顷,加上河沟养殖及农业队(村)养殖水面,淡水养殖总面积1603.8公顷。养鱼场分布较为分散,一般养鱼水面10公顷~15公顷,养鱼水面较大的有:洞泾百鸟淡水养殖场34.28公顷、大港镇渔场22.88公顷、石湖荡镇渔场18.37公顷、五厍镇渔场16.22公顷、松江县水产良种场49.06公顷。1991年,全县淡水鱼养殖面积达1893.33公顷,为历史最高,水产品总产量9342吨。

此外,还养殖罗氏沼虾、云斑鮰、加州鲈鱼、中华绒螯蟹、中华鳖、鳜鱼、日本沼虾等一批名特水产。

## 五、副业

县域副业主要包括种植、养殖和编织3类。

### 【种植】

以食用菌、瓜果、特色蔬菜为主。食用菌生产以蘑菇为主,主要供外贸出口,另有草菇、香菇、金针菇、大球盖菇、灵芝等。1984年,种植面积61.69万平方米。1986年,外贸出口受阻,蘑菇生产出现下跌。90年代起,国际市场回暖,国内市场需求增加,全县蘑菇栽种面积维持在7万~8万平方米,产值逐年上升。1998年,全县食用菌生产总值721.36万元,其中蘑菇500.63万元。西瓜、甜瓜栽培在县域历史悠久。西瓜品种,60年代有解放、平湖、开封,70年代有台黑、华东26,80年代有蜜宝、新澄、中育1号、浙蜜1号、苏蜜1号等。甜瓜品种有丁条筋、黄金瓜、青皮绿肉、白雪瓜、雪瓜、茅柴青等,其中亭林雪瓜、泗泾黄金瓜是县域传统名产。90年代末,县域已初步形成一镇一品和一村一品格局,有叶榭、九亭的西甜瓜,佘山的水蜜桃,仓桥的水晶梨,大港、五厍、仓桥的青甜玉米,新浜的蔺草,洞泾、茸北、佘山、天马的青毛豆,五库、小昆山、石湖荡的茭白,仓桥、天马的水红菱,新浜、洞泾、佘山的塘藕等。

**【养殖】**

以蜜蜂、蚕桑、蛇为主。县域华阳、叶榭、九亭、车墩、茸北等镇养蜂,品种是意大利蜂。80年代初,全县养蜂数量约4 000箱;1986年,全县圈存蜜蜂1 225箱。县域有种桑养蚕传统,但80年代几近消失。1991年,五库镇恢复种桑养蚕,当年种植桑树41.4公顷,1992年有桑园55公顷,1993年108公顷,从浙江桐乡县引进蚕种529张,当年产茧18.21吨。1994年,全镇养蚕种3 700张,产茧148.76吨,产值328万元,养蚕加工产值400万元。1995年后,蚕茧销售不畅,蚕桑业逐步消失。1986年春,洞泾张泾村兽医创办集体所有制洞泾红星养蛇场,总投资150万元,占地0.3公顷。从福建引进蝮蛇、竹叶青等毒蛇,人工饲养,成熟后每隔20天取蛇毒液1次,作药原料出售。酿制蛇干、蛇酒,产品出口日本,年产值60万元～70万元,年均圈存毒蛇8万条。90年代后期,改名上海樊达蛇类制品有限公司,个体经营。

**【编织】**

有织草包、织席、杞柳条编织、竹制品制作、钩绣手套、羊毛衫刺绣针织等。主要分布在新浜、张泽、叶榭、茸北、车墩、九亭、大港、小昆山等乡镇。例如,大港镇沈溇村从事竹编及杞柳条编织,1997年,全村家庭竹器编制业收入80多万元,其中1户年产值25万元。新浜镇许家草村与日本东京丸一商事株式会社以补偿贸易形式生产"榻榻米",年创外汇20余万美元。1993年,补偿贸易合同期满,又与日本东大阪和熊本县生产销售商以合作形式在村里投资办厂,专门生产"榻榻米",成立上海申宝草织品有限公司,总投资80万美元;里佳叠表有限公司,总投资100万美元。年产"榻榻米"40万条,年创外汇180万美元。

# 第三节　乡　镇　企　业

县域乡镇工业起步于50年代后期。60年代经调整,几乎全部下马。70年代起,为建立三级农机修造网,公社(镇)、大队工业逐步兴起。中共十一届三中全会后,乡镇工业呈现持续发展势头,出现联营企业、三资企业,形成拳头行业,逐步成为县域工业的主体。

## 一、发展历程

1978年,全县有公社(镇)、大队工业421家,其中公社办90家、镇办15家、大队办316家,产值114 572万元。进入80年代,乡镇工业得到迅速发展。1980—1982年,乡镇工业总产值平均每年增加5 550.2万元,年均递增28.3％。1986年,全县已初步形成一批骨干企业和优质产品。洞泾毛纺厂、华阳毛条厂、新五布厂、上海麻纺织厂、泗联协昌缝纫机联营厂,年产值都在千万元以上。泖港电石厂的电石、五里塘塑料厂的聚乙烯热收缩套管、天马耐火材料厂的锆刚玉砖、塔汇锅炉厂的生活用系列锅炉,分别获得国家部、局级和市级科技成果奖和优质产品奖。松江镇光华电器灯具厂加工制造的信号灯、波纹管网套,在我国人造卫星和运载火箭中安装使用;茸城电子元件厂生产的CD11电解电容器、泗泾镇属上海市消防药剂厂生产的YE-13A型空气泡沫液,都被选用于我国首次太平洋运载火箭中,并先后受到中共中央、国务院、中央军委的贺电、表扬和嘉奖。

1987年下发《关于加快发展全县村办工业的若干意见》,1988年下发《简化企业项目审批权限的若干措施》。1989年,全县乡镇工业开始由注重产值增长为主转向提高经济效益为主,由"内向型"经济为主转向"外向型"为主,由注重外延发展为主转向内涵发展为主。优先发展支农支副产品,发展支援城市与大工业协作加工配套产品,发展外贸出口产品,发展为城乡人民生活服务的产品。同时,调整企业结构、产品结构,关停企业83家,兼并33家。对关停企业"腾笼换鸟",如松江镇停办新江塑料厂后,腾出厂房,与大江公司联办大华实业公司,当年利润超百万元。

1990年,全县乡镇工业1236家,固定资产原值104 816万元,其中乡镇办399家、村办837家。完成工业总产值223 991万元,其中乡镇办163 948万元、村办60 043万元。实现利润19 576万元,其中乡镇办14 637万元、村办5 598万元。上缴税收10 552万元。乡镇工业总产值占全县工业总产值74.9%,占全县工农业总产值66.7%,成为县域经济的主要支柱。

## 二、联营企业

1979年,仓桥乡与市属上海塑料十四厂合资建办全县第一家工农联营企业上海塑料十四厂仓桥联营厂,泗联乡与上海协昌缝纫机厂合资建办上海协昌缝纫机厂泗联分厂。1981年,松江镇与上海纺织工业局毛麻公司合资建办上海麻纺织厂,解决了大批返城知青就业问题。1985年,全县乡镇工业有联营企业18家,工业总产值7 471万元,利润1 121万元,占乡镇工业总产值和利润的11.8%、12.7%。80年代,联营企业扩大了乡镇企业规模,调整了产品结构,经济效益显著提高,成为县域经济主要增长点。1986年起,多种形式的联营企业发展迅速。乡镇企业依托城市大工业的技术水平、信息渠道、管理能力和市场优势,整体水平得到提高。政府出台一系列优惠政策,调动工农双方的积极性、主动性、创造性,推动了联营企业快速发展。1990年,全县乡镇工业联营企业222家,占全县乡镇工业企业总数的18%,其中乡镇办工业联营137家、村办工业联营85家,工业产值133 304万元,占61%;利润12 389万元,占63.3%。联营企业工业产值占全乡(镇)工业产值比重较高的有:洞泾占86.4%、泗泾79.3%、新桥72.2%。乡镇办联营企业占联营企业总数70.2%,其中比重超过80%的有洞泾、泗联、新桥、大港、叶榭五乡;村办联营企业占29.8%,其中比重超40%以上的有洞泾、泗联、泖港、佘山、古松五乡。

90年代起,联营企业依靠人才,加强技术改造,开发新产品,发展速度、经济效益均创县域工业新高。1990年技术改造项目17个,投资519万元。1991—1998年累计409个、114 554万元,年均51.13个、14 319.25万元。九亭乡上海万象汽车厂投入2 000万元技术改造,中型客车生产能力从年产不足500辆扩大到2 000辆,1992年生产中型面包车1 008辆,比1991年翻了一番,产值10 016万元,利润1 008万元,分别比1991年增长147.5%、73.4%,上缴税收551.3万元。上海飞亭电器公司通过改造,黑白电视机大幅增长,1991年产值3 994万元,利润617万元。泗联上海第一铜棒厂松江分厂革新有色金属加工冶炼工艺,首创变2次熔炼为1次熔炼工艺,降耗50%,降原料损耗3%,提高产量50%,1990年产值5 897万元,利润144.9万元。洞泾花桥村松江工业搪瓷厂改造自动切割、焊等工艺后,1991年产值1 224.6万元,利润228.3万元;1992年分别增长37.3%、48.1%,两年上缴税收155.8万元。仓桥上海汽车地毯总厂投入技改资金4 565万元,引进德国先进设备,成为桑塔纳轿车国产化配套厂之一,1992年,工业产值5 312万元,利润1 377万元;1993年为9 185万元、1 604万元。1995年,新五上海先格电子公司投入850万元技改资金,对4条收录机生产流水线、喷漆车间技术改造,是年完成产值 39 418 万元,利润 4 180 万元,比 1994 年增长 53.4%、146.9%。

## 三、三资企业

1984 年,大港乡建全市第一家中外合资企业上海益联纺织厂,新桥乡建中外合资企业上海新艺毛纺织有限公司。1986 年 7 月,洞泾乡建中外合资上海海欣有限公司等 4 家三资企业,其中 1 家为来料加工项目,1 家为补偿贸易项目,总投资 1 033 万美元,引进外资 477 万美元。1988 年洽谈合资、合作、"三来一补"项目 48 个,涉及外商投资范围 11 个国家和地区,立项 30 个,吸收外资项目 15 个,其中合资 13 个、来料加工和补偿贸易各 1 个。1992 年建三资企业 76 家,总投资 8 724 万美元,吸收外资 6 107 万美元,工业产值 64 717 万元,占全县乡镇工业产值的 13.8%;利润 9 258 万元,占 32.9%。消灭了浦南地区三资企业空白点,全县 20 个乡镇都建有"三资"企业。

**【上海益联纺织厂】**

1984 年 10 月由松江县开发投资公司(含大港乡工业公司)、上海市抽纱品出口联营分公司、香港中艺有限公司、香港美胜洋行合资建办,厂址大港乡。总投资人民币 400 万元,其中港币 600 万元(折人民币 192 万元)。投资比例:市抽纱公司占 14.5%,县开发投资公司占 37.5%,香港美胜洋行占 18%,香港中艺公司占 30%。1985 年破土动工,1986 年 7 月投产,有职工 600 人。向香港宝星纱厂购进 24 420 锭整套纺纱设备,经拆迁组装,形成年生产 1.5 万纱锭～2 万纱锭生产能力。生产原料棉花由市抽纱公司提供,产品由市抽纱公司与美胜洋行负责销售。盈亏分配比例按投资比例计算,合资年限 10 年。投产后 1 年半收回第一期工程的全部投资。1987 年,生产各类棉纱 3 014 吨,其中出口 1 447 吨,工业总产值 1 869 万元,出口创汇 309 万美元,工业利润 400 万元。

**【上海新艺毛纺织厂】**

1984 年 12 月由上海市畜产进出口公司(含新桥乡工业公司)、上海市外贸总公司、香港永新企业有限公司合资经营,厂址新桥镇。总投资 300 万美元,其中市外贸总公司占 25%,市畜产进出口公司占 31.83%,新桥乡工业公司占 18.17%,香港永新企业有限公司占 25%。1985 年第二季度筹建,1986 年初成功投产,有职工 125 人。公司配备粗毛纺设备,有波兰产和毛机 2 台、梳毛机 4 台、德国产 480 锭走锭机 4 台、日本产 40 筒络筒机 1 台、日本产包针磨针机套及波兰产梳毛机备件各 1 套等。生产 16 支单股兔毛纱。生产原料用外汇美元计算,兔毛由上海市畜产进出口公司按国内市场价格供应。产品以外销为主,由市畜产进出口公司和香港永新企业有限公司代销。盈亏分配比例按投资比例计算,合资年限 20 年。1987 年,生产兔毛纱 421 吨,全部用于出口,工业总产值 2 907 万元,出口创汇 4 500 万美元。2 年全部收回投资,企业职工实际收益较同行业人员约高 25%。

**【上海海欣有限公司】**

1986 年 8 月兴建,总投资 450 万美元,注册资本 300 万美元。投资企业与投资额分别为:香港申海有限公司 90 万美元,占投资总额 30%;福欣有限公司 60 万美元,占 20%;洞泾乡工业公司 75 万美元,占 25%;上海市玩具进出口公司 45 万美元,占 15%;上海开隆投资开发公司 30 万美元,占

10%。厂址洞泾乡,公司主要生产长毛绒玩具面料,年设计能力生产 300 万米。合资年限 10 年。1987 年 10 月开始生产,从德国和中国台湾引进大小织机 80 台和后道整理大型设备,日产长毛绒玩具面料 6 000 米,改变了中国长毛绒面料一直靠进口的状况。

## 四、主要行业

县域乡镇工业多数通过与城市大工业挂钩协作,逐步形成机械、纺织、化工、冶金、建材、食品、缝纫、皮革、造纸等 10 余个行业。其中,机械、纺织、化工名列前三位。

### 【机械工业】

1978 年,县域有机械业乡镇企业 19 家,年产值 1 317.1 万元,占全县乡镇工业总产值的 11.5%;利润 367.8 万元,占全县乡镇工业利润总额的 13.68%。1991 年有机械业乡镇企业 303 户,职工人数 27 747 人,固定资产原值 22 354.6 万元,占全县乡镇工业固定资产总额的 18.1%;年产值 56 044.1 万元,占全县乡镇工业总产值的 15.9%;年利润 3 060 万元,占全县乡镇工业利润总额的 16.6%。80 年代初期,一部分农机厂开始生产自己的独立产品,主要有旋耕机、六铧犁、耕耙犁、棉花开槽机、脱粒机、打浆机和农用水泵等。80 年代中后期,通过协作,以服务于大工业为主,其产值占行业总产值的 50% 以上。产品包括农、牧、副、渔业机械、纺织机械、医疗机械、印刷机械、家电及家用机械、建筑设备、交通设备、环保设备、照相器材、仪表仪器、包装用具、生活锅炉、各种电器等生产及生活用品,种类上千。在发展过程中,逐步形成了一批"拳头"产品,名、优、特产品和出口创汇产品。泗联乡松江农业机具厂生产的"南农"旋耕机,1981 年产量占全国同行业总产量的 50%,1983 年被评为上海市和市农机工业局优质产品,产品远销全国各地。华阳印刷机械厂的 P802 印刷机,除西藏外,用户遍及国内各省市自治区,还远销巴基斯坦、尼泊尔等国和中国香港地区。新五乡工具厂生产的"鲈鱼牌"活络扳手,年产近 80 万把,产量居全市同行第二。塔汇乡锅炉厂生产的系列生活锅炉,获市科技成果三等奖,产品行销国内 28 个省市。天马乡环保设备厂生产的处理有机废水的"超声波气流振荡装置",具有占地少、效益高的特点,获国家专利证书。九亭五金厂生产的"连环牌"门锁,美观耐用,产品除内销外,还出口新加坡、伊朗、墨西哥等 10 余个国家和地区。新浜铸造厂生产的"红花牌"铸铁锅,是上海市优质产品,年产 120 万口,在市场中占有重要位置。洞泾乡花桥村机电厂专为各地加工冷凝器反应锅封头,年利润超过 100 万元。新桥乡生产的静电喷涂设备,畅销国内。松江镇制冷设备厂生产多种型号的厨房冰箱,广销国内 11 个省、市、自治区。此外,县里生产的动物链条、电动葫芦、紧固件、游标卡尺、阀门、节日灯泡、元钉、渔业机械等,也享有很高的声誉。

### 【纺织工业】

1978 年,县域有纺织业乡镇企业 22 家,年产值 1 762.6 万元,占全县乡镇工业总产值的 15.4%;利润 356.5 万元,占全县乡镇工业利润总额的 13.3%。1991 年有纺织业乡镇企业 198 户,职工人数 34 959 人,固定资产原值 34 200.6 万元,占全县乡镇工业固定资产总额的 27.7%;年产值 104 571.4 万元,占全县乡镇工业总产值的 29.6%;年利润 8 162 万元,占全县乡镇工业利润总额的 34.2%。县域乡镇纺织工业专业化程度较高,除 8 家企业从事两个以上品种生产外,其余均为一厂一品。产品主要有化纤、化纤布、棉布、棉纱、针织线、被单、被面、针织衫裤、毛巾、袜子等 30 余个大类品种,有羊毛、化纤梳条、热定型絮片、拣羊毛、尼龙加弹、摇纱等工业性作业多种。洞泾乡办华美纺织一、二厂,是本县乡镇纺织业中唯一生产羊毛针织线的工厂。大港被单厂自1981年建厂后,被单的产量、质量稳定,生产纳入计划渠道,产品全部出口,吸引了美国、日本、加拿大、中国香港等20余个国家和地区的客商。塔汇羊毛衫厂产品质量上乘,交货及时,享有盛誉,被市外贸公司列为羊毛衫定点生产单位,产品远销美国、加拿大及西欧各国。泗泾镇绒布厂以加工漂白绒布和生产哔叽绒布为主,产品远销美国、日本、加拿大、澳大利亚、中国香港等10余个国家和地区。华阳桥毛条厂从事羊毛、化纤梳条,主要是为大工业协作配套提供服务。

**【化工工业】**

1978年,县域有化工业乡镇企业13户,年产值2 167.8万元,占全县乡镇工业总产值18.9%;利润407万元,占全县乡镇工业利润总额15.1%。1991年有化工业乡镇企业158户,职工人数14 557人,固定资产原值21 639.1万元,占全县乡镇工业固定资产总额的17.5%;年产值56 934.3万元,占全县乡镇工业总产值16.9%;年利润3 406.4万元,占全县乡镇工业利润总额的13.8%。县域乡镇化工行业产品有500余个品种,以化工原料和中间体生产为主。其中,有不少是在全市乃至全国有一定影响的"拳头"产品。泖港电石厂年产电石2万吨,占上海市场的25%,产品由市化轻公司包销。仓桥中亚钛白粉厂以年产800余吨钛白粉而居全市同行第三,其中焊条钛白粉的产量占全市第一,且质量上乘。仓桥上塑14厂联营厂年产聚氯乙烯泡沫塑料和聚丙烯板材等860余吨。泗联化工厂生产化学试剂,有的产品占全市同行首位。新桥化工厂的羊毛脂畅销国内,供不应求。五里塘塑料厂生产的PVC热收缩套管是当时国内较为理想的新型包装材料,曾获国家外经部和中国包装进出口公司科研成果奖、新产品科研发明奖,为国家填补了一项空白。张泽化工厂生产的硫酸铝,年产量6万吨,占全市自来水净水剂用量的60%。叶榭橡胶厂的丁基内胎,质量上乘,供出口,属当时国内新型产品。洞泾香料厂的氯化苄、三氯甲苯也饮誉国内。

# 第四节 商 贸 服 务 业

"文化大革命"期间,县域商业体制存在统得过多过死、流通渠道单一、网点拆并过多等弊端。中共十一届三中全会后,放开集贸市场,增加商业网点,改造商业设施,引进超市等新型商业业态,鼓励、支持私营商业在国家允许范围内发展,县域商贸服务业得到恢复和改观。

## 一、多种所有制

1979年后,县域商业出现多种所有制形式并存局面。其中,国有商业集中于供销社、物资局、粮食局三个系统,90年代之前仍占市场主导地位;集体商业(合作商业)主要表现为合作商店和代购代销店两种形式,盛极一时;个体私营经济方兴未艾,逐渐发展成一定规模。

**【国营企业】**

**供销社系统** 1986年,供销社下属企业有烟糖、百货、五金、食品、饮服、果土(果品、土产)、农资、棉花、药材、石油、煤炭、蔬菜、百货零售、商办工业、物资综合利用、汽车综合服务16个公司,另设贸易中心、松江县轧花厂、松江酿造厂、泗泾商业站、供销中专学校,以及19个乡镇基层供销社。

其中食品、石油两公司为供销社代管。另有归口供销社集体商业总店 26 个。1992 年,县供销社系统新建 108 个经营机构,其中,新公司 14 家、经营部 27 个、批发部 7 个、新办厂 8 家、新开商店 52 家。1990—1992 年,全县供销社系统购进总值 23.4 亿元,销售总值 26.7 亿元,社会商品零售额 11.97 亿元,缴纳税金 7 374 万元,实现利润 5 505.4 万元。

**粮食局系统**　　1986 年,县粮食局有松江面粉厂、松江油脂化工厂、松江粮油机械厂、松江县粮食局仓库车队、松江县粮油贸易公司等 5 家直属企业。至 1992 年,全县粮食工商企业发展为 30 家,其中 19 个乡的粮管所在保留行政职能的同时,实行一套班子、两块牌子,分别成立粮油公司;为适应粮食流通体制改革形势,新建茸发工贸实业公司、茸达房产经营公司;将粮食局仓库及车队合建为茸兴物资储运公司;粮食局工会兴办集体所有制性质的上海松江县申升实业公司;国家与集体联营的上海松江麦芽厂 1992 年 11 月终止联营,归属为县粮食局直属企业。是年,县域粮食系统固定资产原值达 8 109.91 万元,粮油饲总经营量 2 158.48 万吨,商业销售额 84 765.01 万元。

**物资局系统**　　1986 年,物资企业经营机构有松江县金属材料供应公司、松江县化工轻工供应公司、松江县木材供应公司、松江县建筑材料供应公司、松江县机电设备供应公司、松江县农业机械供应公司 6 个专业公司,以及松江县生产资料服务公司、松江县物资贸易中心、松江建材综合门市部、松江木材综合门市部。经营地点均在松江城区,主要经营金属材料、建筑材料、木材、机电设备、农业机械、化工轻工等生产资料。1988 年 5 月,设立松江县钢模出租服务公司。1992 年 8 月,县物资局转变机关职能,成立松江县物资总公司,下设金属材料、化工轻工、木材、建材、机电设备、农业机械、生资服务、钢模服务 8 个公司以及物资贸易中心、总公司经营部、宏大商行和 2 个综合供应企业。1992 年底,物资系统共有批零网点 13 个,职工 436 人,全年物资销售总额 46 627 万元,实现利润总额 506.5 万元。

## 【集体商业】

1956 年对私营商业社会主义改造后,由小商小贩组织起来的合作商业,具体又分为合作商店和代购代销店。1982 年,全县按行政区域、县城按归口公司分别建立 26 个合作商店总店(集体总店)。1985 年底,全县有独立核算合作商店 97 个、经营网点 420 个,计有从业人员 3 226 人。1986 年 4 月,五里塘、新五供销社与当地集体总店合并试点,合作商业总店减至 18 家。此后,因集体总店退休人员增多,负担加重,经营萎缩,亏损增加,暂不推行合并。1989 年,经济效益较好的车墩、九亭基层社与集体总店合并。1990 年,供销社系统有县以上集体总店 6 个、基层 6 个。70 年代,随着农村中城镇商业人员大部回镇,县域农村双代店大量发展,1985 年底,已有农村双代店 245 个,从业人员 968 人。1990—1993 年,全县基层供销社有农村双代店 201 家,636 名双代员,分布在各乡镇农村,经营生活必需品和部分小农具、化肥、农药等 200 余种商品,年销售额 3 000 万元左右,年支付代销费 130 余万元。1996 年起,县供销社系统推行小型门店抽资承包,各基层供销社相继抽回农村双代店的商品铺底资金,变更营业执照,逐步转为个体经营。

## 【私营商业】

1980 年,全县商业个体户 99 家,99 人,资金 7 633 元,营业额 5.08 万元,其中纯商业 15 家、饮食业 43 家、服务业 41 家。1991 年,个体工商户增至 4 646 家,从业人员 6 545 人,注册资金 1 082 万元,营业额(含产值)7 832 万元。商业为主体,有 2 244 家,营业额 5 260.62 万元;其次为服务业,有 560 家,营业额 279.93 万元;再次为饮食业 560 家,营业额 872.83 万元;最后为修理业 478 家,营业额 266.76 万元。

## 二、商业布局

80 年代,松江县拓展商业网点,加强设施建设,丰富经营业态,县域商业呈现全新面貌。

**【商业网点】**

1986 年,县域国有、集体经济商业网点为 596 个,1990 年增至 2 231 个。私营企业商业网点 1988 年为 1 个,至 1991 年发展至 50 个,其中商业 30 个、饮食业 1 个、服务业 9 个、修理业 8 个、科技咨询业 2 个。个体户商业网点 1988 年为 3 071 个,1991 年增为 3 869 个。

**【商业设施】**

1986 年前,县域商业设施一般门面狭小,设备陈旧,商店改造停留在门楣小装修。1989 年 5 月 20 日,松江百货商场开张,为县域第一家多层现代商厦。1991 年 1 月 1 日,供销商厦竣工开业。此后,商业设施建设发展迅猛,先后建成上海云间商厦、市百六店松江店、上海第一百货松江店、松江商城、松江良友商厦、余天成堂药店、黎明商店等,新建商厦大店装饰富丽,购物环境宽敞,功能设施俱全。1986—1998 年,县里供销、粮食、物资等系统商业设施建设总投资 2.74 亿元,新增建筑面积 12.07 万平方米,营业面积 5.44 万平方米。

**【商业业态】**

1991 年 7 月,松江百货零售公司在松江百货商场三楼辟出 300 平方米开办县域第一家自选商场,经营食品和日用百货,共 2 000 余个品种,日均销售额 14 万元～15 万元,社会反响良好。1992 年 5 月,县粮食局投资 58 万元在谷阳南路 52 号开办自选商场谷阳商苑,经营面积 278 平方米,主要经营烟糖食品和日用小百货,品种 1 000 多个,月均销售额 16 万余元。1994 年 12 月,上海第一百货松江店开业,在底层辟出 180 平方米开设自选商场,主要经营烟糖食品、日杂百货等小商品 1 000 余种,月均销售额 18 万元。90 年代中期,上海各超市纷纷抢滩松江。1995 年 7 月,心族超市最先开设于原县府礼堂,到 1998 年先后在县域开设超市的有上海星地超市股份有限公司、农工商 55 分店、百佳、联华、华联等 10 余家。1997 年 7 月 1 日,黎明超市在中山中路县供销社综合商业楼开业,是本地商业开设的第一家超市。1994 年 5 月,供销商厦与洞泾供销社开设第一家连锁经营店,到年底销售额 295 万元,居全县基层社商场之首。是年,县医药药材公司以余天成堂品牌,对全县各基层社药店分批逐个开展连锁经营。此后,云间商厦、烟糖公司、百货总公司、农资总公司、物利总公司等相继与各基层供销社开办相关专业连锁店。与此同时,随着商厦不断落成,县域还诞生了松江百货商场等 9 家大型商店和心族超市等 11 家超市。众多便利店、连锁店也在各乡镇、居民住宅区开设。

## 三、集市贸易

1978 年起,建立集市贸易市场统计制度,市场建设加强,县域集市贸易逐渐恢复繁荣。至 1986 年,全县有农贸市场 22 个、小商品市场 1 个,全年上集市人次 115.03 万人次,成交额 2 496.27 万元。1987年,新建人民路、菜花泾、谷阳南路、车墩、新五农贸市场和庙前路旧货市场,关闭马路桥及谷阳路农贸市场。县工商局专设松江市场管理所。1988年,将谷阳农贸市场改建为谷阳小商品市场,新建新桥、古松、新浜和泗泾肉鸭市场。1989年,新建叶榭、昆冈市场。县域各市场推行目标管理责任制,公开办事制度即摊位安排、收费标准、市场法律法规、处罚意见及管理人员姓名公开,大部分市场对经营者采取凭票入场、对号入座、计量收费办法。1990年,新建九亭、泖港、洞泾农贸市场,扩建菜花泾、迎宾路农贸市场,县域集贸市场货源充沛、品种齐全、货多质好、价格稳定,购销两旺,集贸市场成交额首次突破亿元大关。1991年,按照"全面规划、统筹安排、先急后缓、分期实施"的原则,新建佘山、新五、新桥、仓桥4个集贸市场,扩建泖港、大港和人乐3个集市,总投资380万元,总占地11 169平方米,新增建筑面积9 284平方米,棚顶面积2 827平方米。全县初步形成布局较为合理、设施较为齐全,并具有一定规模的集贸市场网络。各市场管理以规范化为抓手,以保护消费者权益为重点,突出抓亮照经营、明码标价、落实卫生措施、查处短斤缺两行为,提高市场信誉度。全年集市达122.18万人次,成交额1.16亿元,占全县商品零售额14%。这一时期县域较有影响的集贸市场有:

### 【佘北农贸市场】

地处佘山镇佘北公路东侧。占地3 900平方米,营业面积1 500平方米。1978年6月营业,摊位45个。1978—1984年,市场交易仅限于本地农户渔民出售多余蔬菜、禽蛋、水产,量少,成交额一天不满1 000元。1985年起,随着市场开放,商贩增多,贸易额逐年增加,1988年达173万元。1991年9月,农贸市场迁建至陈坊桥桃源路,占地5 400平方米,营业面积2 470平方米,摊位150个。2002年重建佘北农贸市场。2010年成交额926万元。

### 【车墩集贸市场】

地处车墩镇虬长路109弄110号。占地5 400平方米,营业面积2 600平方米。1988年3月营业,摊位90个。1992年投资198元,改建菜场,可容纳肉类、水产、蔬菜等各种摊位140个。之后,又经多次改造,成为全区首批5个标准化菜场之一。2010年成交额1 265万元。

### 【叶榭农贸市场】

地处叶榭镇中元二村85号,占地4 600平方米,营业面积2 500平方米。1989年9月营业,摊位53个。1994年4月,市场重建。2006年10月改建成标准化菜场,经营肉类、禽、蛋、水产、蔬菜、豆制品、海鲜、南北杂货、水果、小百货等。2010年成交额3 120万元。

### 【上海松沪家禽批发市场】

地处九亭镇松沪村,占地1.28万平方米,营业面积5 000平方米。1992年7月营业,摊位30个。开办初以活禽交易为主,每天成交量3万余只。2004年,"非典"爆发,市场内禁止活禽经营。2005年改为光禽交易。市场重新设定固定摊位,每摊位设有冷库可全天候交易服务,经营人员大部分来自安徽、浙江等地。2010年成交额4 594万元。

# 第二章　推进城乡发展

进入 90 年代,县委、县政府着力推进城乡融合发展。通过工业体制改革,完善承包经营,推进现代产权制度,形成多种形式的股份制企业,尤其是组建上市公司,加快企业适应市场经济的进程;通过建立市、县、乡镇三级工业园区,特别是松江工业区和乡镇私营经济区的兴建,加大招商引资力度,推进私营企业发展;通过农业生产基地建设,加快农业产业化步伐,逐步实现农业专业化、商品化、集约化、基地化生产格局;通过住房制度改革,推进房地产业发展,涌现一批房地产开发企业,推进商品房建设,逐步改善城乡居民的生活条件;通过加强城乡基础设施建设,增强了城镇化发展的活力。尤其是全市最早修成的两条高速公路之一的莘松高速公路通车,缩短了县域与市中心的时间距离,推动全县社会经济快速发展,成为一大亮点。

## 第一节　工业经济体制改革

县域工业企业改革起步于 80 年代中后期,主要是实行承包经营。90 年代起,改革向广度、深度发展,主要是进行产权制度改革。

### 一、承包经营

县属工业企业和乡镇工业企业先后实施承包经营改革,内容、形式、步骤大致相同,略有区别。

**【县属工业】**

**厂长负责制和厂长任期目标责任制**　1987 年 1 月,上海精美机械厂实行厂长负责制试点工作,制定集体企业《厂长工作条例》《基层党组织工作条例》《职工代表大会条例》实施细则。至年底,上海市精益手套厂、上海市松江电子元件厂、上海市松江电讯器材厂、上海市工艺品厂、上海市松丰造船厂、上海华美工艺品厂、上海温度仪表厂 7 家工业企业实行厂长负责制,占全部集体企业的 26%。全民所有制企业上海市松江水泥厂实行厂长任期制。1988 年有 18 家,1989 年有 14 家工业企业完成年度任期目标。1989 年底,有 5 家企业厂长 3 年任期届满,经审计和考核,除上海精美机械厂更换厂长人选外,上海市松江电讯器材厂、上海市松江工艺品厂、上海市精益手套厂、上海松丰造船厂 4 家企业厂长在 3 年任期内,共完成产值 16 910.9 万元,比任期前 3 年增长 28.7%;利润 1 852.7 万元,增 52.8%;税利 2 539.4 万元,增 38%;职工人均收入 2 580.5 万元,增 23.1%。

**企业工资总额同经济效益挂钩**　1989 年起,县工业局扩大试点,在按税利和出口产品拨交量挂钩基础上,增加同销售额、实物同工资含量、净产值及投入与产出率挂钩。1989—1991 年,8 家实行工资总额同税利挂钩提浮办法,8 家实行工资总额同税利、外贸收购款、利润和销售量挂钩办法。其他按利润及销售量为基数,工资总额基数按核定基数提浮,多超多提,欠收自补,按 1:0.6～1:0.9 浮动比例提浮。1992 年,集体企业全部实行税前工资总额与实现税利挂钩浮动办法,实现利润比上年增加 837.81 万元,增提工资基金 279.28 万元,人均增提 320 元。是年,全民所有制企业松江水泥厂和松江印刷厂首次实行人均工资总额与人均实现税利挂钩浮动办法,2家企业增加税利83万元,增提工资基金35万元,人均增提437元。

**抵押承包责任制** 1996年,县工业局对2家微利和亏损小企业上海益新针织品厂、上海华艺手套厂进行抵押承包试点,发包给陈桂芳、龚德昌合伙承包经营。抵押承包标的和抵押金额由企业职代会讨论通过,报县工业局审批确定。承包方在3年承包期内向工业局上缴66万元,并确定每年利润不低于10万元,每年递增20%,确保企业固定资产保值、增值。承包方合伙将自有产权房81.7平方米公房1套、支付现金2万元进行风险抵押。承包合同经公证处公证。经1年运作,与承包前相比,产值增5%,利润降65%,固定资产持平。1998年,因承包企业划转五库镇、泖港镇,与县工业局终止承包。

**上岗合同制和全员劳动合同制** 1991年7月起,上海华美工艺品厂和松江水泥厂开始以签订上岗合同为中心内容的劳动用工改革试点,分别在1991年12月、1992年3月完成上岗合同签订。年底,实行全员劳动合同制和以岗位技能工资制为主要形式的工资分配制度。1992年,上海华美工艺品厂工业总产值1 230万元,比上年增25%;利润总额170.6万元,比上年增142%。松江水泥厂分别为1 601万元、24%;190.1万元、40%。1992年,县局工业局27户工业企业推行上岗合同制和全员劳动合同制,占企业总数的90%、职工总数的90%。

## 【乡镇工业】

1985年12月25日,县委、县政府批转县委农工部、县乡镇企业局《关于1986年完善乡、村工业经济责任制的意见》,推动乡、村工业经济责任制的推行。1986年底,九亭五金厂、新桥五金厂进行经济承包责任制试点。1987年,全县有1 000多个乡(镇)村工业企业实行厂长经济承包责任制,所有权和经营权分开。1986—1990年,乡(镇)村工业连续5年年均产值递增31.6%,利润递增15.53%。1990年,全县乡(镇)村工业总产值223 991.6万元(80不变价),利润19 876.3万元,分别比1985年增长2.65倍、1.91倍。

**承包责任制形式** 主要有:定比分成,按企业国民收入中工资含量定比分成;超利税后分成,定利润基数,超利税后分成;利润包干上交,以手工操作为主,产值利润较低或经营不景气,发生亏损的企业实行利润包干上交,完成包干指标,发基本工资,超过包干指标部分,在交纳税收后,其余部分提留生产发展基金、集体福利基金和职工奖励基金;个人租赁、承包,对个别长期亏损、接近倒闭或已经倒闭的企业,经主管单位批准后,把部分厂房或设备租赁或承包给个人经营,在规定年限内,由经营者上交规定全额或租赁费用,其余部分由经营者自行分配。经济承包企业实行厂长负责制后,制定《厂长工作条例》《基层党组织工作条例》《职工代表大会条例》,确立厂长在企业的中心地位和作用。厂长对企业全面负责,企业党组织由全面领导转变为发挥保证、监督作用。厂长任期每届3年~5年,可以连选连任。厂长由主管部门委派或由职代会民主推荐或选举。

**考核经营目标** 推行经济承包责任制时,同厂长任期目标制结合起来考核经营目标。包括:生产经营指标,考核产值(或收入)、产量、质量、成本、物资消耗和利润等;企业提留指标,考核固定资产折旧、发展资金、大修理资金和福利基金、教育基金等提留标准;保证措施指标,考核企业生产发展主要保证措施指标,如职工培训、新产品开发、技术改造、横向联合、"三废"治理、安全生产和职工福利。1987年10月,县委、县政府下发《关于深化乡镇工业企业内部改革的若干意见》,完善乡村工业经济责任制。1989年12月21日,县政府办公室批转《关于完善发展1990年乡镇工业企业承包经营责任制的意见》。对于企业管理基础好、产品稳定适销、承包措施得力、效果明显的企业,通过厂长自我评估总结、民意测验,经主管部门审计考核后,直接转入下一轮任期目标承包。

**签订经济承包合同**　合同由企业经营者同乡(镇)、村领导签订。执行过程中,如发生调整政策、市场价格变动、增减资金、增减设备和人员、不可抗拒的自然灾害等情况变化,经承包双方协商后对承包指标及时调整。企业的留利比例,一般不少于税后利润的60%。国家对企业的免税优惠,全部留给企业发展生产或归还银行贷款。企业超利留成部分的分配,分为发展生产基金、职工集体福利和奖励基金。

**工资奖金分配**　分配办法由企业自主决定,实行个人或小组计件、定额计酬超额奖励、浮动工资等,体现按劳取酬、多劳多得,奖勤罚懒,克服平均主义。干部完成规定任务的,全年劳动报酬一般高于本企业职工平均报酬的30%~50%,经营效益显著的可以高于1倍左右,贡献突出的可以高于职工平均报酬的2倍~3倍,有重大贡献者由上级部门再给予重奖。企业完不成承包经营指标的,干部的报酬同群众一样相应下降。厂长有过错,造成经济损失的,视情节轻重作出处理。

**风险抵押**　一是根据风险和责、权、利相结合的原则,实行分层分级抵押,拉开企业内部人员之间抵押档次。同时加强抵押金管理,由企业实行专户储存。抵押金可以用于补充企业流动资金,不能挪作他用。抵押期与企业承包期一致,中途不得抽回。抵押金利息按银行存款利息支付,一年一结。企业未能完成当年承包指标的,一般不能计息,企业亏损时用押金补偿,承包期满可以退还给抵押人,下届承包再重新抵押。二是生产经营正常企业,试行职工风险自我保障制度。全员风险抵押与保息分红结合,形成"风险股金制"。具体实施办法:年终分配时,在每个职工的报酬中统一留下一定数额作为风险股金(经营者和干部多留),发给风险股金券。连续执行数年,使每个职工投入的风险股金达到一定数量。一般年份由企业保息分红,股息按当年银行利息计算,红利根据人均净利润水平在年中分配中统筹安排。企业遇到风险,职工分配水平大幅度下降时,将风险股金部分或全部返还给职工。

## 二、产权制度

### 【进程】

县属工业企业产权制度改革早于乡镇企业。县属工业产权制度改革。1987年1月起,选择上海精美机械厂(县联社投资为主的合作工厂)、上海市松江电子元件厂(集体资产自有企业)、上海市精益手套厂(国、集、工贸联营企业)3种类型集体企业试行企业股份制,或称股份合作制,设联社股、企业股、个人股3种股份。通过清理资产、划分归属,确定股金额、股息和股红分配办法,制定股份合作制章程,动员职工入股。3家企业职工入股共计32.9万元,入股面91.37%,人均股金额270元。按照亏损共负、盈余共享原则,年底职工股息、股红共计分得59981.31元,股息红利18.19%。上海市精益手套厂实现利润173.28万元,比上年增31.09%;上海市精美机械厂为31.98万元,下降55%;上海松江电子元件厂为14.89万元,下降53%。

1997年3—9月,根据县委、县府对企业股份制改制工作精神,县工业局13家工业企业进行股份制改制,9月底全部结束。1998年,13家工业企业产值下降2764.5万元,比上年下降77%;利润亏损205.6万元,增加亏损额48%。其中,仅松江水泥厂产值和利润略有增加,产值161.9万元,增9%;利润18.9万元,增10.4%。2001年,13家股份合作制企业中,7家企业自行歇业,职工全部下岗,由松江工业系统再就业中心托管。

乡镇工业产权制度改革。1992年6月8日,上海松江工业搪瓷厂在全县乡镇工业中首先进行产权制度改革。经资产清查评估小组评估,固定资产总额为 660.25 万元。以谁投资谁所有原则确定资产所有权,确定总股 788 万元,每股 500 元,其中村投资 58 万元,折 1 160 股;企业资金 535 万元,折 10 700 股。全厂职工 416 人,参股 398 人,参股 120 万元。7 月 8 日,共集资 1.6 万股,股金 800 万元,其中集体股 11 860 股,股金 593 万元,占股金总额 74.12%;个人股 4 140 股,股金 207 万元(其中社会股 1 740 股,金额 87 万元),占股金总额 25.88%。制定上海松江工业搪瓷厂股份合作制章程,共 6 章 28 条。产生 37 名股董代表,召开股董代表大会,实行董事会领导下的厂长负责制。1993 年,全厂工业产值 3 223 万元,利润 622.5 万元,比 1990 年分别增长 334.36%、342.74%,名列全县村办工业之首。同时,仓桥乡上海飞晰航电线电缆厂、车墩乡俞塘机电厂、九亭乡九亭五金厂、新桥乡新桥五金厂、洞泾乡洞泾化工厂等工业企业开展产权制度改革试点。

1996 年 8 月—1997 年 4 月,加快产权制度改革步伐,加大推进力度。县政府成立产权制度改革领导小组,下设办公室。县、镇(局)村三级组织 1 200 多人参加企业产权制度改革工作。1997 年 4 月,改制组建股份合作制企业 105 家。4 月 18 日,县委、县政府颁发《关于企业制度改革的若干政策规定》,推动企业产权制度改革。通过试点,共组建股份合作制企业 273 家,股金总额 3.12 亿元;组建企业集团 10 家,重组资产 17.67 亿元;上市、转让企业 110 家,盘活存量资产 1.17 亿元;119 家国有、集体企业利用存量资产进行外资嫁接改造;47 家国集联营企业实行租赁经营,抽资承包。

1997 年 4 月—8 月,全面推进产权制度改革。4 月 12 日,县委、县政府召开县、镇、村干部和企业厂长(经理)等 2 000 多人参加的三级干部大会,在全县掀起"百人取经、千人动员、万人参与"的新一轮企业体制改革高潮。

## 【内容】

改革立足实际,因企制宜,不搞一刀切,分类实施。一是资产规模较大的工业骨干企业,原则上集体控股、参股,组建有限责任公司、股份合作制企业或企业集团。二是净资产较多的企业,原则上"先售后股",改制成股份合作制企业或有限责任公司。三是集体小、微、亏企业,原则上采取拍卖、租赁形式改制。对特种行业工业企业,明晰权责后,采取承包经营方法。四是净资产为零或资不抵债企业,以增资扩股方式组建股份合作制企业。严重资不抵债企业,实行主辅分离,脱壳改制。原企业债务仍由老企业承包,将企业内有效资产辟出重新组建股份合作制企业。五是国集联营工业企业,工方同意的,改制成股份合作制企业;工方不同意的,或农方、或工方退出,改制成股份合作制企业。

在改制中,对已组建的股份合作制企业,但体制尚未完善的,列为企业改制的重点,实施两次改制,予以深化完善。企业实施二次改制时,将已有的集体股权转让给企业内部职工或社会法人。股权转让时,重新评估资产,按照"利益共享、风险共担"原则,对资产的增值或贬值按企业总股本计算收益和承包责任,核定集体股权实际金额。股份合作制企业集体股权转让手续由县产权经纪公司负责办理。

企业内部职工股分"基本股"和"自愿股"两种。基本股为必购股,股额标准以改制企业上年末职工人均年收入额为限。自愿股为职工个人自愿出资认购股,股额最高限额由企业改制小组视情况确定。职工个人购股额在 1 万元以上,一次交满有困难的,可分期交纳,但创立时一次交纳不得少于 50%,其余部分以负债入股,由认股人按同期银行贷款利率支付负债股息。个人分期付款期限最长不得超过 3 年。困难企业改制为股份合作制后的一定时间内,允许经营者和经营集体先持大股,一般所持股份不超过总股本 50%。经营情况好转时,再通过增资扩股等方式提高职工持股比例。"基本股"和"自愿股"分档登记。"基本股"红利在30％以内的暂不征收个人所得税,"自愿股"红利则征收个人所得税。企业内业务需要,可划出一部分股权配置"社会股",其最高额度一般不超过全部股金的20％。允许经营者持大股,经营者持股为职工股的10倍为"基本股",其余为"自愿股"。

改制企业享受税收优惠政策。国有小企业改制为股份合作制的,以改制前一年应缴企业所得税为基数,超基数部分两年全免、三年减半征收企业所得税。福利企业、校办企业改成股份合作制后,仍享受原有的优惠政策。国家减免税收部分主要用于社会福利事业、教育事业,不作为分红基金分红。职工持有的股份在5年内按银行贷款利率,在企业税前列支股息。企业列支的股息收入记入分红基金分配。

## 【形式】

1997年8月底,累计1 300家企业改制,占国有、集体工业企业总数的92.8％。形成以股份合作制为主的7种改制形式,一是组织跨地区、跨行业、跨所有制、跨部门的市级企业集团10家,其中国有资产控股的5家、集体资产控股的4家、职工个人资产控股的1家。二是组建成股份合作制企业567家,其中国有企业组建的47家、城镇集体企业组建的82家、农村集体企业组建的438家;公有资产参股、控股的占25％,个人买断公有资产后新组建的纯自然人参股的股份合作制企业占75％。三是按《合同法》组建股份有限公司和责任有限公司的172家。四是抽资承包,租赁经营的工业企业290家。改变对企业总资产租赁承包经营办法,将国有、集体不动产部分由国家或集体抽回,再将企业的不动产(不含机器设备)租赁给企业经营。五是关闭歇业,企业兼并84家,其中关闭歇业67家、企业兼并17家。六是110家企业的集体资产,通过产权交易市场有偿转让,包括转让给外商、私营业主等。七是67家工业企业实行管理置换、股权调整、包干核算型改制(返承包)。对原有国集联营的工业企业,除组建成股份合作制企业或有限责任公司外,通过股权结构调整后,由单方进行管理,包干上缴利润。

# 第二节　工业园区

80年代中后期,松江县出现乡镇工业园区雏形。90年代,县委、县政府注重工业园区建设,推进外向型经济发展。1991年,天马乡建立天马工业区,是全县首家乡镇级工业区。1992年,县政府决定建立松江经济技术开发区,1994年被市政府批准为市级工业区,改称上海市松江工业区,为市郊首家市级工业区。1994年,九亭工业区建立,是全县首家县级工业区。之后,根据经济社会发展的需要,工业园区几经调整,主要有市级工业区、松江工业区分区、乡镇工业区等。

## 一、市级工业区

1992年5月22日,县政府宣布成立松江经济技术开发区管理委员会,7月启动松江东部工业区开发建设。1993年列为全县经济工作一号重点工程,7月1日,中共中央政治局委员、上海市委书记吴邦国视察工业区,并题词"一流基础设施、一流工业企业、一流生活设施、一流管理水平"。1994年5月13日,市政府批准松江东部工业区为市级工业区,改称上海市松江工业区,为市郊首家市级工业区。成立上海市松江工业区管理委员会,在区内行使统一的行政管理权,实行党、政、企合一的管理模式。

上海市松江工业区位于松江城东部，A8（沪杭高速）公路南侧，距上海吴淞港47公里、虹桥国际机场20公里。规划用地规模20.56平方公里，按自然条件分三期开发布局。一期工程2.55平方公里，位于洞泾港以西区域，重点发展电子、医药生物为主的外资企业，多为中小型企业。同时，建设工业区行政管理服务中心及生活服务配套区。相应建设金融、银行、物流等第三产业。1996年底基本建成。二期工程7.51平方公里，位于洞泾港以东、沪杭铁路以北，重点发展轻纺、建材、化工、机电等外资中大型企业。1998年底，在工业区主干道荣乐东路两侧景观线已基本布满企业。三期工程10.5平方公里，位于洞泾港以东、沪杭铁路以南，重点发展高新技术产业和出口加工类产业。工业区工业规划用地1 305.9公顷，公共设施规划用地23.6公顷，环境保护和绿化规划用地83.6公顷，分别占规划总用地的63.5%、1.15%和9.15%；住宅规划用地300.45公顷，可容纳3万人~3.5万人居住。

1992—1998年，工业区按照"坚持规划先行，高起点、高标准、高质量建设市政基础设施"原则，投资约6.16亿人民币，基本建成具备"七通一平"（道路、电力、电讯、上水、下排水、雨污水、燃气通；地平）的投资环境。与此同时，在已经开发的10平方公里，引进项目188项，总投资逾18亿美元，其中建成投产企业124家。进入松江工业区的国际著名公司有美国福特、上海巴特勒有限公司、道康宁（上海）有限公司，英国ICI，上海雀巢有限公司、博斯特（上海）有限公司，日本日立、富士通、三井、美能达、建伍、日东电工、中外制药，德国豪玛克、PM，法国依视路，丹麦嘉士伯，韩国白洋，泰国正大，新加坡杨协成及中国台湾中兴集团等企业。1998年，以电子信息、新型建材、精细化工、食品饮料、生物医药为支柱的产业群体已具雏形，工业企业销售收入超过5 000万元11家，工业利润超过500万元2家；出口交货值为22.55亿元人民币，出口创汇2.54亿美元。

## 二、松江工业区分区

1994年设立松江东部工业区新桥分区，同时建立松江东部工业区新桥分区管委会，规划面积600公顷，后更名松江工业区新桥分区；设立松江工业区仓桥分区，规划面积133.33公顷，2002年扩大至345.6公顷；设立松江工业区茸北分区，规划面积275.4公顷。

1996年5月设立松江工业区佘山分区，规划用地160公顷。

1999年设立松江工业区华阳分区，规划面积192公顷；设立松江工业区洞泾分区，规划面积166.67公顷。

2001年设立松江工业区洞泾分区二期，规划面积185公顷。

2002年设立松江工业区车墩分区，规划面积596公顷；设立松江工业区石湖荡分区，规划面积350公顷；设立松江工业区李塔汇分区，规划面积350公顷；设立松江工业区泖港分区，规划面积283公顷；设立松江工业区叶榭分区，规划面积199.8公顷。

2003年设立松江工业区佘山分区二期，规划面积680公顷；设立松江工业区石湖荡分区二期，规划面积350公顷；设立松江工业区新浜分区二期，规划面积264公顷。

2004年4月，区政府决定撤销松江工业区茸北分区、石湖荡分区（二期）、仓桥分区、洞泾分区（一期）、上海松江高新技术园区（位于永丰街道）、新桥工业点、天马山工业园区、松江张泽工业园区、上海九亭经济开发区、洞泾镇私营经济开发区，面积2 466.67公顷。整合保留松江试点园区、松江工业区新浜分区、泖港分区、石湖荡分区、佘山分区、叶榭分区、洞泾分区（二期）、上海松江高科技园区(位于九亭镇)、上海泗泾高新技术开发区,总用地7 100公顷。5月,撤销松江工业区叶榭分区、泖港分区、新浜分区,整合保留松江工业区佘山分区,面积82.6公顷;上海泗泾高新技术开发区,面积73.53公顷;上海松江高科技园区(位于九亭镇),面积206.93公顷;松江工业区洞泾分区,面积127.8公顷;松江工业区石湖荡分区,面积175公顷。

2006年8月,市政府批准松江试点园区内的松江工业区新桥分区、松江工业区车墩分区、松江科技园区、松江工业区中山街道分区(原茸北分区)、松江工业区石湖荡分区列入上海松江工业区(包括上海市松江工业区、上海松江出口加工区)。上海松江高科技园区(位于九亭镇)、上海泗泾高新技术开发区、松江工业区洞泾分区列入上海松江经济开发区。其中,松江工业区新桥分区规划面积280公顷,松江工业区车墩分区规划面积1 100公顷,松江科技园区规划面积551公顷,松江工业区中山街道分区规划面积260公顷,松江工业区石湖荡分区规划面积175公顷,上海松江高科技园区(位于九亭镇)规划面积207公顷,上海泗泾高新技术开发区规划面积73公顷,松江工业区洞泾分区规划面积128公顷。

2010年,松江工业区有9个分区:松江出口加工区(A区、B区)、上海松江经济技术开发、上海松江经济开发区、松江区永丰街道都市产业园区、泗泾镇工业区、上海临港松江科技城、久富工业区、松江工业区佘山分区、中山工业园区。

### 三、乡镇工业区

80年代中期,洞泾乡工业用地安排在洞泾港与沪松公路之间排灌不便的狭长农田地带,相继落户香料厂,华美纺织一厂、三厂、总厂,金属拉丝厂以及海欣公司、毛皮一分厂等工业企业。1988年,洞泾乡编制松江洞泾工业区规划方案。松江县出现乡镇工业园区雏形。

1991年,天马乡在天马集镇西面建立天马工业区,规划面积100公顷。古松乡建立工业小区,上海福斯特手套有限公司落户。1992年,新桥乡建立新桥工业区。泗泾镇在横塘桥村辟建泗泾镇东部工业区,规划面积946.67公顷。佘山乡在陈坊桥集镇北部建立佘山工业区,规划面积160公顷。泖港乡开辟2个工业小区。仓桥乡建立松江仓桥工业。五里塘乡在沪松公路北侧建立五里塘乡工业园区。

1993年,张泽、车墩、新桥3个乡镇建立私营经济园区,车墩镇在A5(嘉金高速)公路西侧建立车墩工业区,叶榭乡在车亭公路西侧开辟工业小区。5个工业开发区规划开发面积累计1 880公顷。1994—1996年,各乡镇建立各类工业园区27个,规划开发面积5 060公顷。

1993年,各乡镇各类工业园区内外资工业企业工业产值4.31亿元,工业利润6 970万元。"三资"工业企业出口创汇5 576万美元。内资工业企业出口交货值1 086万元,纳税76万元。1994—1998年,各镇各类工业园区内外资工业企业工业产值累计68.37亿元,工业利润累计3.13亿元。"三资"工业企业出口创汇累计12.02亿美元。内资工业企业出口交货值累计4.15亿元,纳税累计1.15亿元。

## 第三节　上　市　公　司

1985年,中泰合资上海大江有限公司在县城成立,1993年改制为上海大江(集团)股份有限公司(简称公司或大江集团),11月和12月先后发行A股、B股在上海证券交易所上市。1986年,中外合资上海海欣有限公司在洞泾镇成立,1993年改制为上海海欣(集团)股份有限公司(简称海欣集团),10月和11月先后发行A股、B股在上海证券交易所上市。

# 一、上海大江(集团)股份有限公司

**【发展进程】**

1984年4月,市长汪道涵收到泰国正大集团总裁谢国民希望能与上海联袂开发现代化畜禽业的亲笔信。经赴泰考察和多次洽谈,1985年8月10日,上海大江有限公司在松江县谷阳南路26号成立,总投资1 609万美元,其中注册资本600万美元,中泰双方各出资50%,合营期限25年。

1986—1992年,"大江模式"在实践中形成共经历3个阶段。第一阶段"公司+农场"。公司联合松江县10个乡、镇共同投资兴建9个配套场,其中1个为父母代鸡场,8个为肉鸡场;联办1个肉食品厂,初步建立"一条龙"连贯作业体系。第二阶段"公司+农户"。公司向农民提供苗鸡、技术、饲料,按合同收购肉鸡。农户投资少,见效快,但经营粗放,难以控制"药残"标准。1990年下半年,进口国提高了进口鸡肉药物残留标准,农户饲养鸡肉出口受阻。第三阶段"公司+农场"再发展。1991年,公司在松江、青浦两县新建年产130万羽大型集体养鸡场21个,肉鸡年生产规模由1 200万羽增至3 500万羽。坚持科学管理,严格实行"全封闭"生产模式,统一引种、统一供料、统一免疫程序、统一饲养管理、统一屠宰加工。公司还与当地乡镇及军队农场等联办6个大型种鸡场、3家肉食品厂和2家饲料厂。1993年4月,经中泰合资双方连续5次增资,公司注册资本增至2.6亿元,比公司创建时增加14.2倍,饲料厂由1家发展到4家,祖代种禽场由1个发展到4个,父母代种鸡场由1个发展到9个,商品代肉鸡场由8个发展到27个,肉食品厂由1家发展到5家。

1993年4月26日,公司董事会向政府主管部门申请改制为上海大江(集团)股份有限公司;7月27日,市农委批准同意;8月7日,市工商局核准大江公司改组股份制企业筹建登记;8月8日,公司董事会会议通过《上海大江(集团)股份有限公司人民币股票招股说明书》;8月10日,经上海市证券管理办公室批准,发布招股说明书,至9月30日发行结束;10月11日,国家工商总局核准上海大江(集团)股份有限公司名称,并于11月14日颁发大江集团法人营业执照;11月22日和12月15日,大江股份(A股)和大江B股先后在上海证券交易所挂牌交易。由上海申银证券公司代销,8月向社会法人和个人发行A股股票2 500万股,扣除费用后实收资金人民币9 870万元。11月,向境外法人和自然人发行人民币特种股票(B)3 500万股,扣除费用后实收资金1 326万美元。其中约270万美元在松江、青浦两县新建7个肉禽场,扩建2个肉禽场;出资300万美元,投资联营上海申德机械有限公司;向上海大江生物制药公司投资约200万美元;向中外合资上海大江水产有限公司投资约250万美元;约100万美元筹建上海大江快餐公司。

1996年8月,欧盟停止进口中国禽肉,大江食品出口受阻。1997年7月,受亚洲金融危机冲击,鸡肉出口、内销价格下降,玉米、大豆等饲料原料价格上扬,苗鸡滞销跌价,公司生产经营开始滑坡,步入困难时期。

1998年,公司采取4项举措。一是调整种鸡饲养规模。祖代种鸡、父母代种鸡饲养规模分别压缩近50%、30%,根据季节调整肉鸡饲养量,减轻种鸡、苗鸡市场风险。二是主攻鸡肉产销平衡,降低鸡肉库存量。是年,公司出口鸡肉3.35万吨,出口创汇5 587.31万美元,全年鸡肉产品产销率100.3%,鸡肉库存量比最高峰时下降60%。三是压缩饲料原料库存量,降低原料采购成本。年底,玉米、鱼粉库存量分别比年初下降40%、78%,玉米、豆粕、鱼粉库存平均价格基本上与市场现行价持平。四是加快流动资金周转。年底,公司银行贷款余额比年初减少2.19亿元,存款余额下降近4亿元,资产负债率下降5.2%。是年,母公司主营业务收入26.4亿元,净利润总额亏损1.11亿元,是公司创建以来最困难之年。

1999年,公司全年主营业务收入17.8亿元,出口创汇5 010万美元,税前利润总额2 669万元,净利润690.4万元,实现扭亏为盈。

**【主要产业】**

**饲料加工业**　1985年9月,公司建立工业部,发展饲料工业;1987年6月,工业部与大江饲料厂业务合一;1990年3月成立饲料工业部;1993年12月,设立饲料部。公司与国有企业、农村经济组织联办饲料厂,1995年共有10家饲料厂,1998年发展到12家,成为公司基础产业,形成饲料工业体系。年底,总产饲料705 999吨,饲料销售收入13.97亿元,占公司销售总收入53.9%。上海大江饲料厂是大江公司第一家现代化饲料加工厂,位于茸北镇,占地面积4.4公顷,建筑面积6 747平方米,员工102人。1986年9月18日动工,1987年8月13日建成投产,总投资1 878万元。

**畜禽饲养业**　一是祖代种禽、孵化系统。上海大江(集团)股份有限公司种禽场是第一个祖代种禽场,公司直属企业。1985年在佘山乡张朴村动工兴建,占地23.3公顷,一期工程建成3幢鸡舍和相应孵化设施,饲养规模9 000套种鸡;二期工程建造饲养6 000套从美国引进的迪卡祖代蛋种苗鸡设施。1990年起,为完善大江公司"养鸡一条龙"系列,陆续建成塘桥、武警、洋泾湾、新业4个祖代种禽场。松江县洞泾种禽场是第一个父母代种禽场。1985年10月初在洞泾乡渔洋浜村兴建,集体所有制企业,1995年8月18日起由洞泾镇副业公司与公司联营,占地面积37公顷,建有28幢鸡舍,饲养规模12.88万套,为国内最大的现代化种鸡场。1988年起,又陆续新建新泾种禽场、三裕养鸡场(与上海县马桥乡三裕村联营)、天马种禽场、光星养鸡场、五里塘种禽场、新金养鸡场。1998年底,联营场累计提供AA商品代种蛋4.20亿枚。二是肉禽系统。1986年6月,松江县9个乡投资4 000万元,兴建泗联、新桥、华阳、车墩、天马、昆冈、塔汇、仓大8个肉禽场;1991年6月,公司投资1.5亿元,在松江、青浦两县兴建21个肉禽场,其中松江县9个、青浦县12个;1994年5月,公司利用发行股票募集的资金,投资1亿多元,在松江县新建7个肉禽场,在青浦县扩建2个肉禽场;12月又在青浦县与3个村合办3个肉禽场。1995年下半年各肉禽场由集体企业改为公司与集体联营。1998年个别肉禽场出现关闭。年底,公司有种禽场15个、孵化厂1家、肉禽场37个、实验场2个、种猪场1个。

**食品加工业**　1985年9月,公司建立销售部;1992年4月建立食品部,统筹公司的食品生产和内外销售业务;1993年12月,公司建立进出口部;1994年4月30日,食品部与进出口部合并为食品进出口部。1987年8月,公司在华阳桥乡建成首家肉食品加工厂上海大江肉食品厂,简称"一厂",原为上海华亭食品厂,后改名,由大江公司出资900万元,华阳乡工业公司出资540万元,上海食品进出口公司出资180万元,中粮畜禽肉食品出口公司出资180万元,总投资1 800万元,联营建办上海穆斯林家禽加工厂。至1999年又陆续兴建了上海大江肉食品二厂、三厂、四厂、五厂、六厂和上海大江有限公司新桥分公司。1986—1998年,公司屠宰肉鸡总量36.08亿羽,年均2 833.01万羽;鸡肉分割产品生产总量72.17万吨,年均5.55万吨。

**生物制药业**　1992年8月6日,上海大江生物制药公司在松江工业区成立,为大江集团下属全资子公司,非法人单位。占地3.31万平方米,总投资3 000万元,注册资本2 000万元,后经数次增资,累计投资7 000多万元。1993年,中科院上海生化所完成国家"八五"攻关项目——基因工程人表皮生长因子（rhEGF）研究通过有关鉴定，公司以 300 万元购买技术，从事生物制药产业。1998 年 11 月通过市卫生局验收。1999 年已批量生产国家一类新药"康合素"（rhEGF）和国家二类新药玻璃酸钠及玻璃酸钠注射液。

此外，公司还拥有采购储运业、饲料机械业、畜牧器械业、设备安装业、餐饮服务业等。

## 二、上海海欣（集团）股份有限公司

### 【发展进程】

1986 年 9 月，松江县洞泾工业公司、上海玩具进出口公司、上海开隆投资开发公司和香港申海有限公司、香港福欣实业有限公司共同协商，签订合同，注册资本 300 万美元（其中沪方 150 万美元、港方 150 万美元），总投资 450 万美元，组建沪港合资上海海欣有限公司。主营产品：针织毛绒、毛皮、薄绒面料。1988 年 1 月正式投产。

1990 年 7 月，公司第一次增资扩建，注册资本由 300 万美元增至 510 万美元，投资总额由 450 万美元增至 870 万美元。1992 年 10 月，公司第二次增资扩建，注册资本增至 1 010 万美元，投资总额增至 2 120 万美元。1986—1993 年，先后筹建上海海欣毛纺有限公司、上海海达毛纺有限公司、上海海利玩具有限公司、上海海欣化纤有限公司、上海海发玩具有限公司，形成以海欣为龙头的一条龙生产经营体系，产品填补了国内玩具长毛绒生产的空白。1993 年，公司发展到 10 家企业（其中 3 家关联企业），职工 750 人，注册资本 8 334.11 万元，总资产 4.67 亿元。

1993 年底，企业进行公司制改制，组建上海海欣（集团）股份有限公司。10 月，向社会公众发行人民币股票（A 股）1 000 万股，实收资金 6 909 万元；11 月，向境外法人和自然人发行人民币特种股票（B 股）3 500 万股，实收资金 2 303 万美元，总股本为 1.28 亿元人民币。2000 年 10 月，公司经中国证监会批准，成功增发 6 000 万股 A 股，共筹集资金 8.12 亿元。

1993—1995 年，海欣公司先后投资 825 万美元，联建上海海欣大津毛织有限公司；投资 357 万美元，联建上海海天毛纺有限公司；投资 21 万美元，联建上海海燕玩具有限公司；投资 51 万美元，联建上海海欣包装制品有限公司；投资 4 200 万元，联建上海金欣联合发展有限公司；自建上海海欣（香港）国际投资有限公司。1995 年底，公司有 8 家控股子公司、4 家投资公司和 5 家生产关联企业。海欣进行第三次机制转换，经国家工商总局批准，组建成上海海欣集团。1997 年，公司进行配股，向社会筹资 1.82 亿元，用于收购上海海欣毛纺有限公司 72％股份；新建新型毛绒生产企业；增资上海海欣大津毛织有限公司二、三工程；投入超细复合丝深加工项目，继续扩大再生产，由 1 家长毛绒生产企业发展为"进口原料—制条纺纱—染色印花—织造整理—玩具、毛绒生产—包装—对外销售"生产、经营一条龙的集团公司。1999 年，海欣公司有 20 家企业，总资产 17.5 亿元，比 1993 年的 4.67 亿元增长 275％。1986—1997 年，年产值、利润持续保持 40％以上增长率。2002 年，海欣公司收购美国 GLENOIT 公司纺织分部及 46 个可永久使用的品牌商标，从亚洲毛绒生产大企业跃升成为世界毛纺生产巨头之一，毛绒服装面料年生产能力提高到 0.4 亿米。2003 年，海欣集团有 29 家境内外公司，总资产 36.83 亿元，总股本 6.04 亿股，形成毛绒生产、生物医药、金融投资三位一体的综合经济发展格局，成为集科研、开发、生产、经营和物流、出口、销售于一体的大型工业基地。

### 【主要产业】

**长毛绒面料产业** 为公司核心产业。1995—2003 年，海欣集团有上海海欣集团股份有限公司、上海海欣长毛绒有限公司、南海海欣长毛绒有限公司、美国 HG 公司和南京海欣丽宁长毛绒有限公司 5 家长毛绒面料生产企业,有上海东华海欣纺织科技发展有限公司 1 家科技开发公司。1998 年,生产各类长毛绒面料 894 万米,主营业务收入 7.88 亿元。2002 年,公司各类长毛绒面料年产量、年出口量均约占国内该产品总量的 25%,为全国 400 余家同类企业中规模最大、效益最好的企业。公司主营业务收入 16.29 亿元,总利润 1.76 亿元,净利润 1.58 亿元。

**服装产业** 1993 年,上海海欣集团股份有限公司投资 29 万美元,在洞泾镇筹建海黄时装公司,注册资本 221 万美元,投资总额 420 万美元,其中公司占 41%股权,三黄(上海)有限公司占 39%股权,上海盛昊贸易有限公司占 20%股权。经营范围包括针织羊毛衫、服装、时装等。2002 年 12 月,上海海欣集团服装有限公司在浦东新区金桥出口加工区成立,注册资本 100 万美元,其中海欣集团出资 60 万美元,占 60%股权;集团全资子公司上海海欣(香港)国际投资有限公司出资 25 万美元,占 25%股权;上海运鸿裘皮服装有限公司出资 15 万美元,占 15%股权。主要生产各类中高档服装,销售自产产品及提供相关售后服务。年生产服装能力 40 万件,产品以外销为主。2003 年 7 月 16 日,南京海欣丽宁服饰有限公司在南京市江宁经济技术开发区成立。注册资本 500 万美元,其中海欣集团出资 265 万美元,占注册资本 53%;香港丽达集团有限公司经公司出资 120 万美元,占 24%;香港丽达贸易有限公司出资 115 万美元,占 23%。主要生产各类织物面料的服装、毛毯、装饰毯、室内装饰品及其他工艺品,销售自产产品。年产服装 100 万件,毛毯、装饰毯、室内装饰品 100 万件(条),产品全部外销。

**玩具产业** 1989 年,公司参股筹建上海海利玩具有限公司。1993—1994 年,公司投资 173 万美元,创办上海海发玩具有限公司、上海海燕玩具有限公司;先后投资 24 万元,组建南京海欣玩具有限公司,占 60%股权(2002 年度该公司被香港丽达集团有限公司承包经营);投资 20.4 万元组建上海海欣天马玩具有限公司,占 51%股权。

此外,海欣集团还涉足医药产业、金融投资业、化纤工业、物流业、房地产开发业、物业管理业等。

# 第四节 农 业 基 地

90 年代,县域农业在实现粗放型向集约型、传统农业向现代农业、城郊农业向都市农业转变进程中,加快农业生产基地建设。畜牧业进入历史最好时期,名优水产养殖有较快发展。

## 一、粮食

重点是开展商品粮基地建设和“三高”粮田建设。

**【商品粮基地】**

1986 年起,从征收的乡镇企业所得税、工商税中拿出部分用于扶持粮食生产。至 1990 年,全县投入粮食专项资金 1 485.7 万元,其中市、县投入资金 1 103.6 万元,乡、村自筹配套资金 382.1 万元。1991—1995 年,投入粮食专项资金 3 583.04 万元,其中市、县国家投入资金 2 345 万元,镇村自筹配套资金 1 238.04 万元。主要用于修建各类仓库、晒场、水泥明沟、地下渠道、水泥道路、排灌泵站涵闸,购置大型拖拉机、联合收割机、粮油加工机械、植保机械和其他配套机械等,强化农业服务体系。1995年,据粮食专项基金投入项目区调查,共有粮田12 913公顷,占全县粮田面积的47.5%,其中商品粮田5 647公顷,占全县商品粮田面积的49.2%。粮食总产13.42万吨,农业总产值3.3亿元,平均每公顷产粮10 395公斤,生产商品粮69 199吨。加快耕地向农场集中,促进了农产品"产加销"一体化发展。1995年全县适度规模经营总面积6 834公顷,占全县商品粮食面积的68.3%,其中县级农场12个、镇级农场62个、村级农场125个、承包1公顷以上大户1 502户。大港镇和五厍镇规模经营面积分别占全镇商品粮田面积的90%和92%。全县13个镇农业公司形成大米产、加、销一体化企业,产品直销上海市场。

### 【"三高"粮田】

1996年2月,市召开粮食专项资金工作会议,确定分层次建设全市百万亩"三高"(高科技、高产量、高效益)粮田工程。松江县实施建设项目区4个,含九亭、新桥、泗泾、佘山、五厍、石湖荡、仓桥、大港、小昆山9镇,耕地13 446.67公顷,其中粮田11 706.67公顷,占全县粮田面积的43.5%。内设"三高"粮田示范区4个,总面积183.67公顷。1996—1998年,"三高"粮田项目区和示范方建设总投资5 202.11万元,其中国家投入2 594万元,集体自筹资金2 608.11万元。按投入项目分,其中水利资金2 156.16万元,农业机械投资780.91万元,农业设施项目1 390.74万元,"三高"粮田示范区630.67万元,产业化项目243.63万元。"三高"粮田建设取得较大成效,一是加快规模化经营。1998年全县规模化经营面积8 379.6公顷,占粮田面积的84%。二是发挥示范辐射效应。项目区、示范方农田成方,粮田成片,设施配套,排管通畅,道路挺直,绿化成网,库场规范,配置合理。三是促进新农艺、新技术推广,提高劳动生产力和土地产出率。项目区中水稻直播、抛秧稻、二麦、油菜免浅耕、秸秆还田、平衡配套施肥、病虫草害综合防治等技术应用率达90%以上,水稻机械收割面积达80%以上。1998年,仓桥、泗泾、大港、石湖荡4个"三高"粮田示范方平均每公顷产量9 822公斤,比全县单季稻平均增产1 182公斤,增13.8%,稻麦二熟相加平均每公顷产量超13 500公斤;粮田平均每公顷产值2.7万元,劳均产粮3.5万公斤,成为市郊新一轮"米袋子"工程的窗口和样板。四是初步形成产、加、销一体化农业产业化格局。各镇依托上海"江南春"粮贸公司年销售大米近千万公斤,获利百万元以上。

## 二、蔬菜

1994年,市委、市政府实施"新一轮菜篮子工程"建设。近郊蔬菜基地向中远郊转移,松江列入市属蔬菜生产规划与建设。是年,县政府恢复成立县蔬菜办公室,着手市属蔬菜基地建设,在九亭、泗泾、洞泾、叶榭、仓桥、新桥、大港七镇实施蔬菜基地场建设。1998年,全县有21个蔬菜园艺场,面积226.2公顷,投资7 600元。其中九亭镇6个(含县直属场1个)、泗泾镇3个、洞泾镇2个、叶榭镇2个、仓桥镇3个、新桥镇3个、大港镇2个。

### 【松江县蔬菜原种场】

位于九亭镇朱泾浜村,占地6公顷。隶松江县蔬菜技术推广站,集体所有制农业企业。1996年6月建,分3年3期建设,总投资300万元,其中市财政补贴140万元,县财政补贴160万元。主要建设项目:仓库780平方米、六型管棚250套、三连栋管棚10套、菜篮子工程车1辆、农业机具7台、仪器仪表4套,喷管滴灌齐全,沟路渠配套。引进繁殖适合县域蔬菜种植的国内外优质蔬菜品种,对现有常规品种、杂交亲本等提纯复壮。1998年,蔬菜上市量8吨,产值63万元,提供原种300公斤、良种2 500公斤。为上海市二级园艺场。

### 【新桥基地场】

1997年下半年建,松江万亩蔬菜基地建设重要工程之一。占地21.5公顷,总投资逾1 000万元。1998年,中日合资上海义济堂农业科技有限公司成立进驻,是县域蔬菜条线首个利用外资项目。该场生产的"锦菜园"有机蔬菜在国内外蔬菜市场产生一定影响。蔬菜栽培以施用有机肥料和生物农药为主,严禁使用有毒有害农药,取得国家有机食品认证,开全市有机蔬菜栽培先河。

## 三、畜牧

80年代以来,畜牧业蓬勃发展,全县建成畜禽基地场35个,畜禽产品有较大增加。90年代起,畜牧生产为了适应市场需要,逐步向高产、优质、高效方向发展,由粗放型向集约型、规模效益型转变。1998年,松江畜牧业总产值9.57亿元,占农业总产值的69%。

### 【生猪基地场】

1988年起,实施"菜篮子工程",扩大专业户养猪,建立副食品生产基地,养猪生产走向专业化、规模化,生猪饲养量与上市量逐年上升。1988—1992年,利用市政府副食品发展基金,全县共建年上市千头以上生猪饲养基地场22个。90年代开始,集体养猪以经济承包和改制方式转给私人经营,同时少数工商业私人出资兴办大型猪场,数量、规模越来越大,设备设施越来越先进。1990—1996年,建成千头以上肉猪场78个,其中年上市万头以上的有10个,0.5万头~1万头的有12个,上市量占全县肉猪上市总量70%。1998年,规模化程度由1985年的5.1%上升至63.36%,全县形成生猪规模化生产三大龙头企业:县五丰公司、县松林工贸公司和市惠农实业公司。

### 【家禽饲养场】

80年代以来,在大江公司的带动下,松江禽类养殖发展迅猛,1990年上市量列为全国县级地区之首,成为禽蛋生产的重要产区。1997年,肉鸡圈存量达历史最高的577万羽。90年代末,蛋鸡圈存量稳定在40万羽左右,传统白羽肉鸡消费市场日益萎缩,饲养场(户)不是微利就是亏本,九亭、泗泾、车墩和泖港等镇转向黄羽肉鸡饲养,市场看好,发展迅速。之后,因建设黄浦江水源保护区的需要,条件不符的养殖场被清退关闭。

### 【奶牛饲养场】

1990年起,县域各奶牛场扭亏为盈,县财政先后补贴资金用于奶牛场粪便综合治理、消毒、奶牛引种设施等,全县奶牛业出现健康发展态势,养殖数量稳定在2 600头左右。1997年,按市政府提出的"奶牛养殖要实行规模化、标准化、集约化生产"的号召,全县将原有的15个奶牛场合并为6个,全部配上管道式挤奶机和直冷式奶缸,对提高生奶质量起到重要作用。1998年,全县牛奶年产量突破1万吨。之后,因建设黄浦江水源保护区的需要,陆续关闭奶牛场8家,奶牛饲养数下降。

## 四、淡水养殖

80 年代以来,县域大力发展淡水养殖业,开挖精养鱼塘,建设商品鱼基地,解决"吃鱼难"问题。至 1993 年,精养鱼塘达到最高峰 1 033 公顷。2000 年,陆续开挖部分稻田发展水产养殖生产。2001 年,水产养殖面积达到最高,为 2 794.47 公顷。1991 年起,随着名特优水产养殖的出现,成鱼养殖面积略有下降,但单产水平有所上升。2000 年,松江区渔业生产进入新的发展阶段,罗氏沼虾、河蟹、甲鱼、淡水白鲳、鳜鱼、加州鲈鱼、罗非鱼、青虾、美国鮰鱼、黄颡鱼、南美白对虾等纷纷引进养殖,名特优水产养殖面积当年为 1 227.33 公顷,占养殖总面积的 48.9%;年产名特优水产 1 869.2 吨,占养殖总产量 1.483 万吨的 12.6%。2003 年 7 月,松江区水产良种场通过农业部国家级水产良种场验收,成为上海市唯一的国家级水产良种场。2004 年 9 月,"上海西部渔村垂钓休闲中心"正式对外开放。2006 年 2 月,上海市重点水产建设项目、以种养循环为生产模式的标准化生态型水产养殖场"松江浦南标准化生态型水产养殖场"开工建设。与此同时,随着松江区域农村城镇化建设的推进,水产养殖面积逐年减少。

# 第五节　房 地 产 业

90 年代,松江县积极落实住房制度改革,推进房地产业开发,有力促进城镇建设和发展。

## 一、住房制度

1988 年起,松江县成立松江县住房制度改革领导小组,进行改革前期调查测算。1991 年起,实施《上海市住房制度改革实施方案》《关于本市郊县实施房改方案的处理意见》,推行公积金,提租发补贴,配房买债券。通过购房优惠政策,出售城镇已出租成套公房。1992 年成立松江县住房制度改革委员会。

**【推行公积金】**

1991 年 12 月,全县首次公积金缴交开户 572 个单位,涉及 70 738 人,其中县属单位 529 个,44 453 人;市属单位 43 个,26 285 人,公积金缴交 93.77 万元。之后逐步推行至县域各单位。1998 年,全县公积金缴交单位 900 多个,涉及 7 万多人,公积金总缴交额 25 980 万元。1992 年利用公积金解决住房困难单位贷款 168.4 万元,个人贷款 18.7 万元。之后,个人买房抵押贷款、按揭贷款和组合贷款成为公积金使用的一个重要途径。1993 年 1 月成立松江县公积金管理运用中心。

**【提租发补贴】**

1991 年 12 月,全县应发《租用公房证明》3.17 万户,实发《租用公房证明》3.12 万户。全县提租 3.38 万户,月租金从 14.1 万元提租为 28.94 万元。减免离休干部、烈属、社会孤老等 35 户。

**【配房买债券】**

1991—1994 年,全县职工配房买债券共 288.08 万元,其中 1991 年 7 040 元、1992 年 40.27 万

元、1993年95.51万元、1994年151.6万元。

### 【出售已租住成套公房】

1992年，县工业局等自管公房单位率先试点出售已租住公房。1994年4—10月，县房管局以购房自愿、产权归己、维修自理的原则，在松江镇、泗泾镇出售已租住成套公房。标准基价为建筑面积每平方米440元，房屋维修基金个人负担部分按737元的1.7％支付，出售单位按867元的6％提取，专项用于房屋公用和共用设备的维修。考虑到住户的经济承受能力，给予房价10％的一次性优惠；住房折旧率每年2％，折旧率最高不超过40％；按承租人或同住人每一年工龄给予房价1％的优惠，工龄可依承租人或成年人中工龄最长的一人为计算依据，但该工龄最长者再迁至他处不得重复享受优惠；购房者仍享受住房补贴；购房者免缴房产税、契税、并缓征地租；购房者拥有全部产权；购房人以现金一次付清全部房价款的，给予20％的优惠，但申请职工住房抵押贷款的除外。之后，出售已租住公房的成本价和优惠条件作相应调整，鼓励职工买房。1996年，全县出售公房18 427户，建筑面积95.67万平方米。大部分单位推行住房货币分配新体制试点，打破住房分配福利制。是年，个人购买商品房面积27万平方米，占当年竣工量70％，无偿分配住房不到5％。

## 二、开发企业

1992年7月，松江县成立第一家房地产开发企业上海振华房地产开发经营公司。1993年成立上海市松江工业区房地产开发公司、上海松江房地产总公司等15家；1994年成立上海湘江房地产公司、新松江置业集团等14家；1995年成立上海云间房地产公司、上海佘山风景区房地产开发有限公司、新浜房地产开发公司等8家。1998年，在松江县注册的房地产开发企业共76家，其中上海振华房地产开发经营公司、上海市松江工业区房地产开发公司、上海松江房地产总公司3家为二级资质公司；上海湘江房地产公司、新松江置业集团2家为暂定二级资质；具有正式三级资质的有12家，其余均为暂定三级资质。

### 【上海振华房地产开发经营公司】

位于人民北路云间大厦21楼，1992年7月经县政府批准组建，同年10月由市房产管理局核定为二级资质房地产企业。为集体所有制企业，以县供销社为主体。下属单位有上海隆城建筑装潢公司、上海泖峰建筑装潢材料配件厂。主营商品房、住宅、商业网建房、厂房仓库，兼营建筑材料、室内外装饰。1992—1996年，先后承建云间大厦、松江商城、经幢公寓等，承担公寓中山中路两侧房屋改建，及交通银行松江分行、云间大厦、松江商城装潢等项目。

### 【上海市松江工业区房地产开发公司】

位于荣乐路18号，为国有企业，由上海市松江工业区管理委员会主管。前身为松江高速公路工作承包公司，曾于1984—1990年负责莘松高速公路的建设。1993年因工业区开发需要组建，主要负责上海市松江工业区配套生活区的开发建设。1993年2月，经市房产管理局核定为暂定二级资质房地产开发企业，1996年被核定为二级资质。公司主营房地产开发、经营，兼营建材、房屋装修。有分支机构两家，流动资金3 000万元。1993—1996年，先后承建开发蓝天新村、月光公寓、沁园春别墅、碧海大厦、沙河大厦、蓝天商场等，建筑总面积15万平方米。

### 【上海松江房地产总公司】

位于松江镇谷阳北路 275 号,1993 年由县房产经营公司、县建设局属下住宅开发公司以及县住宅建设办公室合并而成。1993 年 4 月被核定为暂定二级资质房地产企业,1996 年 5 月核定为二级资质。为县政府领导下的全民所有制综合公司,有流动资金 2 171 万元。1989 年,公司前身县房产经营公司曾建造工商银行松江县支行营业用房和 13 幢商品住宅,建筑面积 2.67 万平方米。1991—1995 年,公司共完成房产开发产值 2.1 亿元,竣工房屋面积 13.56 万平方米。工程质量合格品率均达 100%;优良品率 1991 年为 87%,1992 年、1993 年、1994 年、1995 年分别为 31%、42%、29%、27.7%。

## 三、商品房

县域商品房开发始于 1985 年,县房管所与上海中华企业公司联合建造松江镇人乐四村,征用土地 2.67 公顷,一次开发 17 幢多层商品住宅,建筑总面积 3.43 万平方米。1989 年,县房产经营公司建造工商银行松江县支行营业用房和 13 幢商品住宅,建筑总面积 2.67 万平方米。1993 年建商品房 9.55 万平方米,城镇住宅商品房售价每平方米最低 950 元、最高 1 200 元,农村住宅商品房售价每平方米最低 620 元、最高 800 元。1994—1998 年,商品房施工面积 397.34 万平方米,竣工面积 166.82 万平方米,实销商品房 97.86 万平方米,实际销售额 13.8 亿元。主要集中于:

### 【城区房地产开发】

1993—1995 年,上海振华房地产开发经营公司投资 4 800 万元,承建集商贸、住宅、仓库为一体的 21 层综合大楼云间商厦,建筑面积 2.5 万平方米;建成松江商城,建筑面积 1.51 万平方米。1993—1996 年,松江工业区房地产开发公司先后开发蓝天新村、月光公寓、沁园春别墅、碧海大厦、沙河大厦、蓝天商场。1997 年,松江新城区江虹花园、江中公寓、明丰公寓、公捷苑、天乐小区、老年公寓等地块建设启动,开工面积 14 万平方米。1998 年,新城区累计接纳 14 家房产开发企业,共出让土地面积约 66 公顷,房产开发 29.14 万平方米,竣工 14.02 万平方米,销售 11.8 万平方米。县域有近 50% 的房地产开发企业在松江城区开发房地产。

### 【集镇房地产开发】

1986—1996 年,小昆山镇建设农民进镇住宅,先后建成清河新村 392 户、平原新村 464 户、东华新村 360 户、西苑新村 364 户、谷安别墅群 27 幢。谷安新村是小昆山镇第一个居民别墅区,1993 年开工,1994 年 8 月竣工,共投资 297 万元,占地 1.33 公顷,建筑面积 4 320 平方米,全部由村镇居民一次性购买居住。1997—1998 年,又建成农民进镇住宅 2 600 多套,建筑面积 20 万平方米。90 年代,泗泾、佘山、九亭、新桥、洞泾、茸北、仓桥、华阳桥、车墩、新浜等镇均进行房地产开发,还有不少农民集资进镇建商品房。

## 四、房产评估、交易

1990 年 7 月成立事业单位松江县房产评估所,凡房产买卖交易、纳税和动拆迁补偿,其价格均须由房产评估所按标准评估决定。房产评估员承办房产评估业务,实地勘丈测估,绘制房屋平面图,按市房产管理局《上海市房屋估价表》逐一评估。1990—1998 年,评估房屋建筑面积 235.04 万平方米,估值 4.92 亿元。

1987 年 3 月成立松江县房产交易管理所。1993 年 9 月建松江县房地产交易市场、松江县房地产拍卖行,与房产交易管理所合署办公。房地产交易市场集房屋买卖、租赁、评估、拍卖、交换、法规咨询、房产信息查询于一体,为县内外的房地产开发经营公司和购房客户提供一条龙服务。1998 年 1 月成立松江县房地产交易中心,负责县内各类房地产转让、租赁等交易行为的过户审核及各类土地使用权、房屋所有权的登记发证,安排与之相关的测绘、评估、公证、税收、金融等机构进交易中心办公,实行一条龙服务。负责全县房地产信息的统计发布,与上海市房地产交易中心联网。是年,完成房地产初始登记 3 840 件、抵押登记 3 447 件,办理已售公房上市交易 712 套,不可售公房交易 14 套。

1998 年,全县有已备案房地产中介公司 21 家,注册资本共 1 700 万元,从业人员 188 人,其中持有经纪人证书的 101 人。

### 五、物业管理

1992 年 8 月,县房产管理局房屋修建队率先成立松房物业管理所。1994 年 11 月,上海新松江物业发展有限公司成立,注册资金 1 500 万元,承担 58 万平方米售后房和系统单位委托的 29 万平方米售后房物业管理。1998 年,全县有 35 家物业管理企业,受理管理房屋面积 360.3 万平方米,管理住宅 4.43 万套,资产总计 1.66 亿元,年经营收入 6 575 万元,经营利润 121 万元。

1996 年 3 月起,各物业公司执行《上海市公有住宅售后管理暂行办法》。年底,全县已建立业主管委会 23 家。1997 年,县房地局依据《上海市居住物业管理条例》草拟《松江县居住物业管理暂行规定》。1998 年基本达到 1 个小区有 1 家物业公司管理,建立 35 家业主委员会。是年对在松江注册登记的 39 家物业管理企业实行资质评审,4 家企业被取消资质,对 7 家企业发出整改通知书。

## 第六节　基 础 设 施

### 一、道路

1986—1998 年,县域公路建设突飞猛进,新建、改建国道、市道、县道近百公里,路况彻底改善,设施全面提高。1990 年底,莘松高速公路通车;1998 年底,A8(沪杭高速)全线贯通,2007 年命名为 G92(杭州湾环线高速,与 G60 沪昆高速共线)。2010 年,区域内有高速公路 4 条,公路总长达 1 331.83 公里,其中二级公路 495.49 公里、三级公路 232.23 公里、四级公路 482.6 公里。全区已形成以松江新城为中心,以国道、省道高等级公路为骨架,以县(区)道为支脉,以乡村公路为连接线的公路网络。

**【境内国道】**
**G320(沪瑞公路)松江段**　1974 年兴建,东起松江区与闵行区交界处,西至叶榭镇建设河桥。全长 15.52 公里,宽 13 米～32 米,路面面积 26.73 万平方米,沥青混凝土路面。

**G60(沪昆高速)松江段**　1990 年 12 月建成,东起松江区 20.45(起讫桩号),西南至松江区与金山区交界处七仙泾桥。全长 40.65 公里,宽 25.5 米～37.6 米,路面面积 147.35 万平方米,沥青混凝土路面。其中主线莘庄至松江城区段（简称"莘松段"），起自莘庄沪闵路与七莘路交叉处，经新桥乡至松江县城，全长 20.59 公里。1985 年 5 月 23 日奠基，1990 年 12 月 22 日建成通车，是全国第二条高速公路。

**G1501（上海绕城高速）松江段**　2006 年 12 月建成，北起松江区佘山镇与青浦区交界处，南至泖港镇大泖港桥。全长 22.7 公里，宽 23 米，路面面积 52.21 万平方米，沥青混凝土路面。境内设有 G50 沪渝高速公路立交、天马立交、大港立交、李塔汇立交、泖港立交 5 座。

**G50（沪渝高速）松江段**　2006 年 12 月建成，东起九亭镇，西至佘山镇。全长 2.33 公里，宽 26 米，路面面积 6.06 万平方米，沥青混凝土路面。

**G15（沈海高速）松江段**　2007 年 2 月建成，北起松江区与青浦区交界处普江庙桥，南至叶榭镇毛家汇公路。全长 28.76 公里，宽 31 米，路面面积 89.15 万平方米，沥青混凝土路面。

**【境内省道】**

**沪松卫线松江段**　北起松江区与闵行区交界处，南至松江区叶榭镇与金山区交界处。全长 31.6 公里，宽 24 米～35 米，道路面积 80.6 万平方米。沪松卫线分为沪松公路和松卫北路两段，系二级公路。沪松公路松江段，1957 年 2 月建成，1964 年、1996 年、1998 年、2003 年分别进行扩建、改建。松卫公路松江段分 3 次修建：茸平路至北松江路段，2004 年 7 月建成；北松公路至叶新公路段，2010 年 6 月建成；叶新公路至松江与金山交界段，2013 年 1 月建成。至此全线通车。

**新车公路松江段**　1989 年建成，南起车墩镇境内沪瑞公路，北至 G60（沪昆高速）新桥出口。全长 4.73 公里，宽 20 米，路面面积 9.45 万平方米，沥青混凝土路面。按二级公路标准设计。

**嘉松公路松江段**　1998 年 12 月建成，北起松江区与青浦区交界的三泾港桥，南至南期昌路。全长 10.22 公里，路面面积 52.73 万平方米。按二级公路标准施工。

**东新公路松江段**　1999 年 9 月建成，东起叶榭镇与奉贤区交界的千步泾，西至与金山区交界的白牛塘。全长 30.29 公里，宽 15 米～24 米，路面面积 69.1 万平方米。

**S32（申嘉湖高速）松江段**　2009 年 12 月建成，东起松江区与闵行区交界处，西至松江区与青浦区交界处。全长 24.3 公里，宽 57 米，路面面积 138.51 万平方米。

**【境内县级公路】**

1932 年修建的松汇路（今北松公路）是境内第一条县级公路。1959—2012 年，先后修建佘天昆公路、玉树路、长石路、贵南路、泖新公路、九新公路、闵塔公路、莘砖公路、辰塔路等 34 条。全长 179.13 公里，路面面积 613.69 万平方米。

**【境内城市道路】**

1986—1998 年县内城市道路也得到较快发展。县政府投入 1.49 亿元，新建、改建松汇西路、中山中路等市政道路 17 条，总长度 14.35 公里，其中东西向道路 7 条，南北向道路 10 条。最宽的中山中路路宽 36 米，最窄的迎宾路、西林路、普照路路宽 16 米。建桥 8 座，桥梁总长度 348.4 米，其中最宽桥梁阳华桥，桥宽 28.7 米；最窄桥梁利农桥，桥宽 10.6 米。建成穿越铁路、高速公路下穿式地道 6 座。建成排水泵站 7 座，除蒋泾桥雨水泵站外，均系铁路、公路立交桥排水泵站。建成与道路相配套的雨水主管道 1.25 万米、雨水窨井 357 座、彩色人行道板 2 万平方米。松江城区形成五横（松汇路、中山路、中山二路、乐都路、荣乐路）、九竖（环城路、方塔路、北内路、普照路、谷阳路、人民路、西林路、永丰路、玉树路)城市交通网络,其中谷阳路、人民路、西林路穿越沪杭高速公路向北延伸,连通松江新、老城区。1998年底,松江城区共有主干道和支路26条,全长29.33公里;桥梁13座,全长533.6延米;地道6座。

## 二、供水

县域供水分为城区水厂供水、公用给水站供水、农村供水3种。

### 【水厂供水】

松江城镇供水主要靠松江自来水厂和泗泾水厂供水。

**松江自来水厂**　取水口设在通波塘,1986年以前供水能力4万立方米/日,1988年投资225万元,完成折板反应斜管沉淀池主体工程,滤池双层滤料改造工程,一、二级泵房改造工程,北内路、普照路及厂内管道铺设工程,供水能力提高到6万立方米/日。因城区用水量不断增加,1994年起实施县政府重点工程,筹建规模日供水量20万立方米的第二水厂。位于永丰街道玉树路2625号,占地7.18万平方米,建筑面积6261平方米,工程总投资1.32亿元。1994年5月21日开工,1995年12月26日建成通水。日供水能力10万立方米,供水水源达到国家二级标准,净水工艺用国内先进的气水反冲滤池并配备先进设备,为全市县级水厂之最。水厂取水口位于大港镇芦家村斜塘东侧,通过铺设管道8.14公里,穿越大港、仓桥二镇,跨越11条河道,将原水送至水厂净水区处理。2006年起,供水能力达到20万立方米/日。因兴建第二水厂,松江自来水厂改名为第一水厂;第二水厂通水后,第一水厂暂停供水,作为应急备用水厂。

**泗泾水厂**　始建于1965年,取泗泾塘河水。后因水源污染及城镇发展需要,1982年7月迁建,取水口在沪松公路淀浦河桥西侧,距泗泾镇2.7公里。厂区面积6000平方米,制水能力1万立方米/日,供水范围为泗泾镇、九亭集镇及敷设管线沿途农户。1985年9月竣工。1991年7月,泗泾水厂征地1067平方米,扩建规模为1万立方米/日,新建430立方米/时机械加速澄清池1座、1万立方米/日滤池1组、1000立方米清水库1座,扩建原有一、二泵房,增加厂外管道,改造厂内管道。扩建工程投资347万元,1993年5月15日竣工运行,供水能力增至2万立方米/日,供水范围得到扩大。1997年2月,廿八溇村水厂关闭,泗泾水厂供水覆盖全镇区域。

### 【给水站供水】

公用给水站是自来水厂为解决居民生活用水的一种简易给水方式。松江、泗泾二镇共设置公用给水站270个,其中松江镇218个、泗泾镇52个。公用给水站不装水表,向居民按月按人收费,浪费惊人。1987年底,松江自来水厂对155个公用给水站统计调查:改造前每只水站每天用水约18立方米,改造后同等用水户每天用水约5.2立方米。公用给水站改造开始于1985年下半年,组建松江县公用给水站改造办公室,按上水、下水工程要求,分别由自来水公司、县房屋管理所实施改造,1991年底全部完成。松江镇共改造公用给水站218个,受益11658户、38707人;泗泾镇共改造52个,受益1820户、5460人。改造后,全县年节约自来水约126.1万立方米。

### 【农村供水】

1982年起,松江县实施以兴建农村自来水厂为主的改水工程。1988年,松江县农村改水领导小组成立,下设办公室,实行市、县、镇三级领导管理网络,制定全县改水计划。改水工程共筹集资金9 783.49万元,其中财政补贴1 537.69万元、集体筹措4 006.17万元、农民个人出资4 239.63万元。1994年12月,最后一家镇级水厂张泽镇水厂建成投产,松江县农村改水工程历时13年,建成镇级水厂18座、村级水厂23座,提前两年完成农村改水任务。1985年,全县饮用自来水人口占总人口的28%,饮用井水占53%,饮用河水占19%。1997年10月,全县供水能力从1994年24.12万立方米/日提高到41.66万立方米/日,饮用自来水人口占总人口的99.6%。为根本解决松江县北部六镇一区饮用水水质,1998年12月,松江北部地区原水工程奠基动工,2000年9月28日竣工通水,列入世界银行贷款项目。工程总投资计划1.52亿元,日供原水能力16万吨,总敷设管道43公里、途中管桥44座、倒虹管15座。工程竣工通水,解决区域北部九亭、泗泾、新桥、洞泾、佘山、天马六镇7个水厂的原水供应,改善了北部地区饮用水质量。

## 三、供电

1998年,全县有110 KV、35 KV、10 KV线路275条,近1 700公里,通过26座各种等级变电站联结成供电网络。其中,110 KV线路3条30.12公里,35 KV线路31条315.82公里,10 KV线路241条1 345.5公里。有220 KV、110 KV、35 KV变电站24座,主变压器51台,总容量121.2万KVA。1998年,全县用电户数105 496户,占全县户数的9%,是1985年的4.43倍。

### 【架空线入地】

1998年,松江供电局经与县政府有关部门商定,实施松江镇中山中路(谷阳路至人民路)720米路段架空线入地,及周边地区配套10 KV网架环网改造工程,在市郊首创架空线入地。工程由松江供电局设计,松江供电局实业公司施工,总费用4 084.64万元。1998年10月开工,1999年4月完工。

### 【电网维修改造】

1997年,线路大修耗资704.3万元,10 KV电缆加绑70万元,35 KV线路改造110.2万元,新浜、泖港变电站二回路线路改造工程473.2万元,10 KV架空线路调大50.9万元,松江镇电网改造630.1万元,系统10 KV线路改造696.4万元,村镇电网改造623.45万元,合计3 358.55万元。

### 【变电站建设】

1985年,松江供电所有110 KV变电站1座、主变压器1台,容量9.45万KVA;35 KV变电站9座,主变压器18台,容量12.08 KVA,合计总容量21.53 KVA。1986—1998年,松江新建35 KV变电站13座,分别是泖港站、赵家角站、凤凰山站、方塔站、金星站、江田站、九亭站、效中站、洞泾站、五厍站、昆岗站、荣乐站、岸泾站。重建2座,分别是南门站、佘山站。尽增容量53.6万KVA。1991年12月1日,220 KV松江站由上海超高压公司移交给松江供电局管理。1994年,增加3号主变压器,容量12万KVA,松江站总容量36万KVA。1995年,110 KV车墩站2号主变压器调大,增容5.15万KVA,车墩站总容量14.6万KVA。1986—1998年,拆除老110 KV松江站,减去9.45万KVA容量;拆除老南门35 KVA站、老佘山站,减少容量4.53万KVA。其中1994年、1995年,共投入1.51亿元新建35 KV变电站7座,对9座变电站12次调大主变压器14台,2年尽增容量 51.27 万 KVA,相当于 1985 年总容量的 2.38 倍,是松江电力发展最快时期。1998 年,松江供电局供电总容量比 1985 年增长 4.63 倍,跻身全国供电大局行列。

## 四、燃气

县域燃气供应主要是液化气和管道煤气供应。

### 【液化气】

1984 年 9 月,松江县第一个液化气供应站在乐都路 91 号建成,首批市计划液化气供应用户 240 户,全年供气不足 50 吨。1988 年底,县域液化气用户约 4 500 户,占全县城镇居民的 1/10。县内液化气有证经营单位 23 家,下设服务窗口 41 个,全年液化气供应总量 2.14 万吨,其中家庭用气 9 877 吨、单位用气 1.15 万吨。1989 年始,在佘山、小昆山、叶榭、新浜、石湖荡、华阳桥等乡镇建液化气供应站;1991 年,迎宾路液化气供应站(中转瓶库)、泗泾镇液化气供应站建成。1992 年 5 月 8 日,县燃气总公司投入 1 400 万元,在仓桥地区建液化气储配站,1993 年 5 月 5 日竣工。占地 2.13 万平方米,库房面积 847 平方米,有 100 立方米储罐 8 只、50 立方米残液罐 2 只,总储存量 400 吨,实际具备全年 9 000 吨液化气充装能力。1995 年成立上海市松江工业区燃气经营有限公司,4 月开始筹建,1996 年 7 月竣工建成。投资 1 600 万元,建成 100 立方米液化气卧罐 4 只及相应配建的装卸设备、消防设施、报警系统等,铺设输气管网 7.3 公里,主要为松江工业区内 69 户大型工业企业供气,年最大供气能力约 1 万吨。1998 年,全县液化气用户 139 498 户,其中居民 136 009 户、单位 3 489 家,全年销售量 21 410 吨。2010 年,全区液化气用户 263 117 户,其中居民 257 274 户、单位 5 843 家,全年销售量 64 458 吨。

### 【管道煤气】

1988 年 4 月,市计委、市建委联合发文,同意启动松江煤气工程,拨建设费 300 万元。6 月,市燃气公司设计所完成《松江县域煤气工程输配管网初步设计》。确定工程近期规模日供气能力 1 万立方米,居民用户 4 000 户,总投资 891.87 万元。8 月首期工程动工,铺设松江化工厂到向阳新村的煤气输气管。12 月 22 日,利用松江化肥厂的驰放气开始为向阳四村 224 户居民供应煤气,煤气气质较差,热值仅 10 兆焦/1 立方米。1989 年初,在松汇西路 1105 号松江燃气经营总公司园内,建成第一座容量为 1 万立方米的湿式螺旋式煤气储柜。12 月 20 日向人乐新村 2 000 多户居民用户供气。1990 年底规划供气范围的向阳、人乐、荣乐 3 个新村 4 038 户居民用上煤气。1993 年底,第二座 1 万立方米湿式螺旋式煤气储柜建成,缓解了松江化工厂驰放气储存和供应压力平衡问题。1996 年底,煤气总用户(包括单位用户)4 571 户。1996 年,上海"九五"燃气发展规划主要内容之一的松江城市煤气外引工程启动。6 月 20 日,县政府与上海市煤气公司合资经营松江县管道煤气工程正式签约。首期工程双方共同出资 6 000 万元,松江县 3 600 万元,占 60%;市煤气公司 2 400 万元,占 40%,铺设沪松煤气输气主管道。8 月 7 日,松江管道煤气有限公司成立,隶县计委。同时,铺设煤气主管道及相应设施工程动工,12 月 23 日全线竣工。主管道由上海七宝途经九亭、泗泾、洞泾三镇至松江城区,全长 22.5 公里,管径 500 毫米。12 月 31 日下午 2 时 20 分通气点火,实现市县煤气并网。松江城市煤气日供气能力由 2 万立方米提高到 12 万立方米,气质提高到 14.5 兆焦/1 立方米,可新增居民用户 4 万户。1998 年,松江城区管道煤气供气范围由 3 个居民小区扩大到 6 个,新增居民煤气用户 1 760 户。在松江、九亭、泗泾、洞泾设立 4 个管道煤气营业服务网点,四镇 24 个住宅小区实施煤气配套。全县煤气用户 8 830 户,其中家庭用户 8 818 户、单位用户 12 家。

# 第三章 现代新城崛起

撤县建区后,区委、区政府着力推进工业化、城市化和城乡一体化。通过设立全市首个出口加工区,形成重要的进出口节点,加快区域经济与外部经济的联系。通过建设现代化产业园区、科技园区、生产性服务业功能区、文化与创意产业园区、特色园区等,不断优化三次产业结构,推进区域民营经济进一步发展。通过工业产业集聚,优胜劣汰,逐步形成以电子信息、现代装备、精细化工等为主导的区域工业产业体系。通过培育现代农业经营主体,发展家庭农场,逐步形成现代都市农业格局。抓住上海佘山国家旅游度假区开发建设的契机,结合区域休闲农业旅游特色,推进旅游业发展,是区域的一个亮点。尤其是市郊最大的松江新城建设,形成"一城两貌"的城市特色,泰晤士小镇、松江大学城的建成,成为区域发展的一张重要名片。

## 第一节 松 江 新 城

1998 年 2 月 27 日,国务院批复上海市人民政府同意撤销松江县,设立松江区。90 年代后期,松江城区规划编制起步,将城区以 A8(沪杭高速)公路为主轴,分南翼为"老城区",北翼为"新城区",加快松江新城建设步伐。新城建设以泰晤士小镇、松江大学城为重点和亮点。2007 年,松江大学城、泰晤士小镇相继建成,一批重大工程完工和启用,标志着松江新城初步形成。

### 一、规划

1996 年,由上海市城市规划设计研究院和县建设局编制完成《松江新区总体规划》;1997 年 9 月,法国思构国际设计公司、县规划管理所担纲,聘请上海市城市规划设计研究院为顾问,联合编制完成《松江北部新区规划设计方案》;1999 年 1 月,上海同济城市规划设计研究院和区规划管理局联合编制完成《松江中心城区总体规划》和《松江中心城区总体规划图》,将新区建设和旧城改造通盘加以规划,并以沪杭高速公路为界线,南称老城区,北为新城区;2001 年 12 月,区规划管理局编制完成《松江新城总体规划》和《松江新城总体规划图》;2004 年 2 月,市城市规划设计研究院和区规划管理局联合编制完成《松江新城总体规划》和《松江新城总体规划图(2003 年 11 月)》,并经市政府批准。规划将松江新城定义为代表上海郊区综合发展实力与水平、居住环境优美的历史文化型生态园林城市。至 2020 年,松江新城常住人口规划为 60 万人。规划用地规模为 63.46 平方公里,其范围为:东自沪松公路,南至沪杭铁路,西至油墩港,北至辰花公路。规划采用一轴、两片、双中心的发展模式,即以沪杭高速公路为发展轴,将城市分为南北两片,每个城区形成各自的城市中心,构建相对完整的城市功能。其中北片城区用地面积为 43.1 平方公里,规划人口 43 万人,主要发展行政文化、商业金融、教育科研和居住等功能;南片城区以松江老城区为基础,用地面积约 20.3 平方公里,人口规模 17 万人,主体功能为传统的商业服务、文化旅游和居住。规划通过若干条上跨或下穿沪杭高速公路的城市道路作为两片城区的联系通道,形成新老城区相互联系又保持相对独立的"一城两貌"的城市特色。新城的功能结构概况为:2 个中心城区,即北片城区、南片城区;2 个专业园区，即松江大学城、松江工业园区；3 条轴线（嘉松公路—人民路、中山路、中心绿带）；9 个居住园区；
10 个专业中心，即行政办公中心、新城区商业购物中心、老城区商业购物中心、新城区体育中心、老
城区体育中心、文体金融中心、商业交通中心、文化旅游中心、物流中心和交通集散中心。

2005 年 8 月，根据市政府"1966"四级城镇体系规划布局，对松江新城总体规划作出调整，将泗
泾组团和九亭组团同时编入，作为松江新城的辅城。松江新城是松江区的政治、经济、文化中心，是
上海中心城人口的主要疏解方向，是上海的重要高教基地。松江新城用地规模控制在 78.4 平方公
里，人口控制在 81 万，其中新城主城 60.8 平方公里，人口 60 万；泗泾辅城 6.4 平方公里，人口 7
万；九亭辅城 11.2 平方公里，人口 14 万。

## 二、泰晤士小镇

泰晤士小镇位于方松地区西部、松江大学城南侧，西依三新北路，东傍沈泾塘和华亭湖，南临文
诚路，北靠新松江路，是一个低密度、具有旅游休闲功能的英式风貌社区。总占地 1 平方公里，建筑
面积 50 万平方米，建筑容积率 0.35，绿化覆盖率 63%。

**2008 年，泰晤士小镇夜景（孙新峰摄）**

泰晤士小镇由英国阿特金斯公司于 2001 年 11 月设计，后数易其稿，不断细化。由松江新城建
设发展有限公司负责开发建设，采取 1 次规划，分 5 期实施，2002 年 10 月 20 日动工，2006 年 10 月
20 日正式开放。

小镇规划布局上分为旧城风貌区、新市镇中心风貌区、河岸风貌区三部分。旧城风貌区位于小
镇中心区域，以步行街为主，穿插旧镇露天集市广场、教堂广场、商业街内院等，极大程度地体现了
英式风貌街的特色，街头、广场随处可见英国传统雕塑、小品、设施，与传统的英式民居建筑共同反

映出英伦早期的建筑风貌。新市镇中心风貌区紧临小镇人工湖,通过一系列连续的广场空间将旧城中心与小镇东面的华亭湖湖面连接起来,构成了一个现代化的公共开放空间,内集市民广场、购物广场、图书馆、旅游点、办公楼、大型绿地、公园、湖滨广场等,是一个混合多功能的新型城市空间。河岸风貌区建筑融合了传统英国小型工业建筑风貌和现代混合商住功能,由特色酒吧、小旅馆、小餐厅、精品商铺以及底层商业用途的公寓楼组成,是娱乐购物区和居民散步、休闲区。

功能区外围为小镇住宅区,包括"丽斯花园""诺丁汉绿洲""罗兰岗""汉普顿庄园""温莎半岛别墅""维多利亚花园"6个别墅区,及"肯辛顿花园""尼尔庭院""切尔西庭北区""切尔西庭南区""河滨公园"5个公寓居住区。各居住小区以特具英伦风情的小街相隔,沈泾塘、华亭湖、泰晤士河、康河(杨箭港)等景观河湖环绕小镇四周,沿河沿湖均筑有英式景观。

小镇文化设施、教育设施、体育卫生设施、商务设施、旅游设施齐全。文化设施包括位于小镇东侧的城市规划展示馆、松江美术馆等,其中城市规划展示馆由第一视觉创意广场于2008年11月4日改建而来,包括城市规划馆、工业展示馆和会务中心、4D影院。松江美术馆,总建筑面积4 300平方米,有常设展厅3个、移动展厅、雕塑庭院、艺术家工作室等。教育设施包括位于小镇西北角的哈瑞公学、位于泰晤士河南岸的和谐幼儿园等。体育卫生设施包括泰晤士体检会所、健身会所等。商务设施包括市政厅商务办公楼、婚庆服务区、雅馔餐厅、翠晶水上餐厅、超市、咸亨酒店、上海立诗顿宾馆等。旅游设施包括位于小镇核心区的教堂、华亭湖码头、大卫德堡(城堡)等。

## 三、松江大学城

2000年2月4日,区政府与市教委签约合作建设松江大学城(又称松江大学园区),位于松江新城区,东至嘉松公路,西临沈泾塘,北起广富林路,南达文翔路。规划总面积540公顷,总建筑面积约208万平方米,其中教学区建筑面积123.44万平方米、生活区建筑面积78.5万平方米、共享教学资源区建筑面积6.5万平方米。2005年,按"一流规划、一流环境、一流设施、一流质量"要求建设的松江大学城初具规模。2010年有在校学生7.8万人。

**【教学区】**

松江大学城为市重点工程项目。总投资57.53亿元,采用多元化集资的渠道筹集建设资金。园区土地由松江区政府无偿提供,水、电、通信等配套设施也由区政府负责施工。松江大学园区建设按照"一次规划、分期实施"的原则进行,分3期完成。第一期为上海外国语大学、上海对外贸易学院、上海立信会计学院和园区内生活区、共享区建设,总用地243.03公顷。2000年7月28日举行大学城建设奠基仪式,2000年8月26日上海对外贸易学院松江校区、上海立信会计学院松江校区举行建设奠基仪式,28日上海外国语大学松江校区举行建设奠基仪式。主要工程有大学城内市政总体配套工程,上海外国语大学第二教学楼、校行政办公楼、食堂3个单体及校园配套总体工程,上海对外贸易学院教学楼、学生活动中心、食堂3个单体及校园配套总体工程,上海立信会计学院教学楼、综合楼、校行政管理中心、食堂4个单体及校园配套总体工程,大学城生活园区学生公寓群楼及园区配套整体工程。2001年10月,3所大学的新生入驻各校松江校区。

第二期为东华大学、华东政法大学、上海工程技术大学建设,总用地189.18公顷。东华大学于2002年10月17日举行松江校区奠基开工典礼,华东政法大学松江校区、上海工程技术大学松江校区于2003年2月11日举行奠基开工典礼。2003年2月工程全面展开,大部分单体工程于2003年竣工。2003年10月,3所大学的新生入驻各校松江校区。

第三期为复旦大学上海视觉艺术学院建设,用地50.23公顷,2004年7月8日举行奠基开工典礼,于2005年初具规模,10月招收首届学生。

至此,松江大学城建设工程基本完工。各校建筑一校一貌,融合了中国园林和欧亚各国建筑风格,如东华大学融江南园林、现代建筑风格于一体,华东政法大学以哥特式风格呈现沉稳、典雅的中国庭院院式布局,上海外国语大学穹顶大楼突显西亚情调,上海对外贸易学院语言信息中心大楼宏伟典雅,上海工程技术大学的主体建筑体现"现代化、信息化、人文化、园林化"理念。

大学城中部建有重要配套工程学生街(文汇路),是集餐饮、购物、娱乐、休闲、体育、文化交流互动为一体的综合性服务区域。2002年1月18日动工建设,2003年6月建成,9月投入使用。东西长2.5公里,建筑面积8万平方米。

## 【生活区】

主要为学生公寓,占地61.9万平方米,分5期进行开发建设。一期位于文汇路600弄,占地7.5万平方米,建筑面积10万平方米,由上海教育发展有限公司建造。共有25幢单体建筑、2 206间房间、8 824个床位,由上海对外贸易学院学生入住。二期位于文汇路300弄,占地13.4万平方米,建筑面积19.7万平方米,有42幢单体建筑、5 662间房间、22 648个床位,由上海外国语大学、东华大学学生入住。三期位于文汇路800弄,占地6.3万平方米,建筑面积9.6万平方米,有26幢单体建筑、3 479间房间、13 916个床位,由上海对外贸易学院、上海工程技术大学学生入住。四期位于文汇路1000弄,占地17.4万平方米,建筑面积31.3万平方米。有42幢单体建筑、6 108间房间、24 432个床位,由上海工程技术大学、上海立信会计学院、复旦大学上海视觉艺术学院学生入住。五期位于广富林路3455号,占地17.3万平方米,建筑面积31.6万平方米,有54幢单体建筑、3 360间房间、13 440个床位,由华东政法大学学生入住。

## 【共享教学资源区】

位于大学园区中心地带,包括上海大学生体育中心、大学城公交枢纽站、中心景观绿地等,总占地15.92公顷,总建筑面积为51 483.8平方米,绿化率42%。

**上海大学生体育中心** 位于文翔路2000号,占地117 105平方米,总建筑面积4.8万平方米,总投资37 620万元,由上海东亚(集团)有限公司管理。由体育场、游泳馆和体育馆组成。体育场暨东华大学体育场,位于龙腾路388号,占地4.21万平方米,建筑面积5 526.8平方米,有座位9 960个。游泳馆建筑面积1.45万平方米,有50米×25米、水深2.5米的标准温水游泳池,置8条泳道,席容量1 000座,其中固定座位500座。体育馆,建筑面积28 767平方米,观众席8 000座,其中2 000座为活动座位。内设870平方米训练馆,即上海大学生综合球类馆。2008年9月增设滑冰场,冰面面积1 830平方米。

**大学城公交枢纽站** 位于文汇路南侧,建筑面积2 116平方米,设候车长廊和雨棚。松江12路、松江17路、松江3路、松江99路、松莘线、松莘B线、松梅专线、松闵线、松重线、1801路、1804路等在此停靠,线路辐射至松江新城、松江老城、闵行区、青浦区等。

松江大学城在保持各校自主办学和教学特色的基础上,形成7所大学教学资源共享机制:一是具有健全的学分制教学管理制度,学生可跨校选课;二是开设跨校辅修专业,为学生提供广阔的学习选择空间;三是跨校互聘教师,提供最优秀的师资和教学;四是统一大学园区内的学术交流,提供高水平的学术讲座。2005 年各校学生互选课程达 10 630 人次,互选学分 8 万多分,上海立信会计学院的应用会计、上海外国语大学的小语种、上海对外贸易学院的贸易、华东政法学院的法律等课程受到学生欢迎。2008 年跨校选修有 76 门课程、4 689 人次。

# 第二节　现代都市农业

进入 21 世纪,随着农村劳动力大量转移,农业现代化、专业化、规模化发展成为必然,区委、区政府主动培育现代农业经营主体,加大农业园区建设,发展家庭农场,兴办一批农业重点工程,形成现代都市农业格局。

## 一、农业园区

上海市松江现代农业园区五厍示范区位于黄浦江上游水源保护区,东起六里庵港,西止茹塘港,南起曙光村六号桥,北止泖新公路,区域总面积 11.19 平方公里,耕地 722 公顷。90 年代初兴建,由五厍镇朱定村、曹家浜村、茹塘村 3 个自然村及镇属基地农场组成。园区共有 1 516 户农户,总人口 5 209 人。园区内渔业水质和农田灌溉水质均达 I 级标准,环境空气的污染程度为清洁,土壤、空气和水质中的所有污染物衡量测定值均在标准之内,空气符合 A 级绿色食品生产环境质量要求。

90 年代初,县政府对园区投入粮食专项资金、低洼地改造资金,1997 年起投入"三高"农田及农业综合开发资金,到 2000 年,区域内各类农业开发项目已投入 1 325 万元,建成仓库 1 393 平方米,管棚设施面积 75 公顷。2000 年,园区内已发展种植特种瓜果、精细蔬菜 255 公顷,特种水产养殖面积 175 公顷,建有设施栽培葡萄 67 公顷、芦荟 27 公顷,连栋智能型温室面积 22 公顷,是全市规模最大的连栋智能型温室群。粮经比例 40：60。结构调整由数量型向质量型转变,以"绿源"注册的西瓜、番茄获农业部"绿色食品"认证,每公顷土地产值从 6 697.5 元提高到 40 500 元。示范区与上海农科院、上海交大农学院、南京农业大学、上海航天局等多家科研院校单位建立长期技术合作关系。"优质特色瓜果蔬菜新品种选育""太空育种基地建设""南美白对虾"等名特水产品种的繁育推广顺利开展。晶莹兰业、成美、上海种业集团、上海山岗农艺有限公司、美侬草坪公司、原野特种养殖场等外资和国内企业投资园区,从事中高档花卉、绿色食品、基质草坪和特种珍禽兽的种养殖。

## 二、家庭农场

90 年代,家庭农场已有一定发展。进入 21 世纪,开始探索经营 6.67 公顷~10 公顷(100 亩~150 亩)土地规模较大的家庭农场。2007 年,区政府出台《关于鼓励发展粮食生产家庭农场的意见》,对规范土地流转、给予种粮补贴、农机购置补贴、推广种养结合补贴、家庭农场贷款贴息、水稻保险补贴等都有具体操作意见。区农委又制定家庭农场(粮食)农业服务规范,并下发《关于对家庭农场(粮食)做好服务的通知》,对技术、农机、农资、产品销售等服务内容、单位、方式、时间、标准和费用都作出了明确规定。之后,区里又先后出台《关于进一步巩固家庭农场发展的指导意见》《关于进一步规范家庭农场发展的意见》,确定发展家庭农场的 5 项原则,即"农民自愿有偿、经营者自耕、适度规模、土地流转费合理、经营者择优",推进了家庭农场蓬勃发展。2013 年中央一号文件肯定了松江区家庭农场模式,全国各地纷纷来松学习考察。2014 年,泖港镇腰泾村家庭农场主李春风

90 年代末,家庭农场的稻田(钱勇赴摄)

被农业部评为全国"十佳农民"称号。

**【基本做法】**

**规范土地流转**　坚持鼓励和规范土地流转,重点平衡好土地承包农户与家庭农场经营者之间的利益关系,既要确保农民的土地承包权益,又要保证家庭农场经营的合理收益,充分调动经营者的积极性。一是以"依法、自愿、有偿"为原则,推行农民承包土地委托村委会统一流转的方式,集中农民土地,实行规模经营,将土地交给真正有志于从事农业生产的农民经营;二是发挥政策杠杆调节作用,及时调整土地流转政策,将土地流转费由原本固定的每公顷 9 000 元调整为以 3 750 公斤稻谷实物折价,使土地流转费随粮食收购价变动,使流出土地农民和家庭农场之间的利益由市场调节。

**建立准入机制**　一是根据《关于进一步巩固家庭农场发展的指导意见》中明确的家庭农场基本原则,在农民自愿申请的基础上实行民主选拔,即由本村老干部、村民代表进行民主评定,择优选择,每年 2 次~3 次对家庭农场进行生产经营管理考核,实行淘汰退出机制;二是发展种养结合、机农一体家庭农场,使家庭农场成为既种粮又养猪,还会农机操作的自耕农,成为一种专业的劳动;三是加强家庭农场户分级技术培训、颁发培训证书,提高家庭农场生产经营能力。

**坚持适度规模**　根据现有农机装备下以家庭自耕为主的生产能力,以及当时粮价、政策补贴、生产成本、规模效益和农村非农劳力状况,将家庭农场规模确定在 6.67 公顷~10 公顷。即完全可以由 1 户 2 个劳动力自己生产经营,在 2007 年稻谷价格不到每公斤 2 元的情况下一年有 5 万元~6 万元的收入。这样,一方面使农业经营者高于务工收入,有利于家庭农场经营者队伍的稳定;另一方面与当前农业机械化能力和家庭农场自耕生产能力相适应,实现现有生产条件下劳动力与耕地面积的合理配置,提高劳动生产率。随着农业科技水平提高,农业人口减少,新生代加入专业农民队伍,家庭农场经营规模还可以进一步扩大。

**实行配套服务**　制定《粮食家庭农场服务规范》,印发《服务手册》,为家庭农场提供产前、产中、产后服务。一是建立粮食种子繁育供应基地(1个原种场、3个扩繁场),实行水稻良种区级统一供种,全区水稻良种覆盖率100%;二是组建农机互助点,作业覆盖全区约1.13万公顷粮田,实现水稻生产全程机械化,并实行"家庭农场农机大户+家庭农场机手"农机作业组织方式;三是加强农资供应服务,建立农资超市门店14家,为家庭农场提供防治农药统一到村送户服务;四是建设粮食烘干设施,使水稻收割后直接到粮食收购点烘干,改变原来水稻收割后靠晒场、晒马路的习惯。同时加强对家庭农场的技术指导、经营管理、农业金融和气象信息等服务。

**加强政策扶持**　2007年制定《松江区关于鼓励发展粮食生产家庭农场的意见》,对规范土地流转、种粮补贴、农机购置补贴、推广种养结合补贴、家庭农场贷款贴息、水稻保险补贴等都有具体操作意见。2011年制定《关于松江区家庭农场考核和补贴的实施意见》,2013年出台《关于进一步规范家庭农场发展的意见》,将土地流转费补贴调整为考核奖励,鼓励家庭农场进行高产竞赛、推广秸秆还田、机直播和新农艺新技术推广,不断提高家庭农场生产经营水平。

## 【主要形式】

**粮食家庭农场**　2010年,区域粮食家庭农场发展至960户,经营面积7 920公顷,占全区10 860公顷粮田的72.9%。家庭农场水稻每公顷产量8 460公斤,每公顷均净收入12 855元,户均收入10.6万元。

**种养结合家庭农场**　2008年,区域开始推行种粮与养猪相结合的生产经营模式,简称种养结合家庭农场。当年出现5户,2010年发展到37户。养殖规模达1.9万头,涉及农田面积227.87公顷。种养结合家庭农场通过"政策扶持、农田配套、企业经营、农场饲养"来运行。政策扶持体现在简化建设用地申请手续,采取用地备案方式。农户零投入,棚舍、道路等基础设施建设由区财政全额配套解决。鼓励粪尿还田,每头还田补贴10元。每户经营的粮田面积在6.67公顷左右。养猪采用"公司+农户"的经营方式,即生猪企业提供苗猪、饲料、技术等服务,农户养殖,公司以支付代养费每头50元的方式收购生猪。每户种养结合家庭农场年养殖2.5批~3批,每批500头左右,年出栏1 300头左右。政府在发展过程中严把四关:远离村庄,不对周边村民造成环境影响;选择有一定饲养经验,勤劳诚信的农户经营;占地少、面积利用率高、投资造价低;选择本区的生猪龙头企业松林公司作为运行企业,对农户通过料肉比、死亡率考核后支付代养费。猪粪尿经无害化处理后通过泥浆泵喷施在其经营的农田。还田方式有休闲田、深翻田喷灌,麦田、水稻田淌灌。据测算,每吨猪粪尿还田后可节约1公斤左右纯氮,猪粪尿用量掌握在每公顷150吨左右。据区农业技术推广中心调查,2010年22户种养结合家庭农场,平均每公顷用猪粪尿175.5吨,折纯氮化肥192公斤,比未用猪粪尿田块减少纯氮化肥112.5公斤,减幅34%。

**机农结合家庭农场**　机农一体是家庭农场实现真正自耕的有效方式,也是实现家庭农场走向现代化的重要支撑。2010年,松江区在农机专业合作社服务的基础上,探索家庭农场农机服务新模式,提出了"大机互助化,小机家庭化"服务方式,推进"机农一体"家庭农场发展。是年,全区有机农一体家庭农场97户,占960户家庭农场总数的10.1%。机农一体家庭农场发展以"机农互助点"模式为主推模式,实行"以点带户、以户结点"的推进方式。全区"机农互助点"有两种类型:一是张小弟式农机互助作业点模式,以1户农机大户带3户~4户已承包土地的农户为1个农机互助作业点;二是沈忠良式农机互助作业点模式,3户～4户拥有单一农机的"机农一体"散户结成机农互助点,通过"机型互补、作业互补"的形式,抱团发展。

## 三、农民专业合作社

90年代初,县政府作出加快发展农业产业化经营的决定,提高农产品商品率,扩大主导产业基地建设规模,农副产品加工龙头企业应运而生,农业规模化生产、品牌化销售开始起步。进入21世纪,各镇大胆探索,在农业生产上走出"农户＋公司"和"农户＋合作社"的路子,成为松江区促进农民增收的重要途径和引领农民进入市场的重要方式。

2003年,区里在叶榭镇开展农民专业合作社建设试点工作,至2004年底,共在仓桥、叶榭、九亭分别组建上海仓桥蔬菜合作社、上海家绿蔬菜合作社、上海绿发蔬菜合作社,运转良好,自愿入社的菜农队伍不断发展。2005年7月,为探索集体土地股份化运作机制,成立全区第一家土地股份制专业合作社叶达蔬菜合作社。是年,区水产技术推广站科技人员郎月林自主创业,联合20户水产养殖户(80公顷水面)组建上海鱼跃水产专业合作社,通过统一培育苗种、技术指导和上市销售,实现户均增收6万元。是年底,全区各类农业合作社达到25个。开展农民专业合作社市级培训1次。区镇二级培训15次,全区合作社年销售额达到1.58亿元,带动农户4 919户,生产及带动面积3 666.67公顷。2007年,《农民专业合作社法》公布,对全区农民专业合作社进行进一步规范,于2008年6月底全部完成更名。2010年8月,经上海松林畜禽养殖专业合作社、上海鱼跃水产专业合作社、上海绿秾果蔬专业合作社、上海佘农稻米专业合作社、上海老来青米业专业合作社、上海众益桃业专业合作社和上海仓桥水晶梨专业合作社7家单位发起,区农民专业合作社联合会成立。是年底,全区有注册登记合作社221家,其中粮食类76家、蔬菜类35家、农机服务类35家、瓜果类28家、水产类13家、花木类20家、畜禽类7家。合作社普遍实行以资金、土地等形式入股,并制定章程,建立理事会、监事会、成员大会等内部管理制度。2010年销售收入约3.14亿元,带动农户4 957户,经营面积4 733.33公顷。合作社注册商标12个,无公害认证面积472.4公顷,绿色认证面积183.33公顷,有机认证面积40.33公顷。

### 【上海鱼跃水产专业合作社】
位于景德路41号6号楼201室,2004年10月成立,入社社员53人,其中工商登记5人,水产养殖面积198.67公顷,辐射养殖面积100公顷。主要养殖黄浦江大闸蟹、南美白对虾、青虾、团头鲂等为主的名、优、特品种。2007年起着手开展"黄浦江大闸蟹大规格生态养殖"研究,至2010年,形成上海内陆地区池塘大规格河蟹生态养成的"松江模式",为全市河蟹生态养殖做出示范。合作社先后获"上海市农民专业合作社示范社""上海市农民专业合作社标兵"等称号,"三泖牌"黄浦江大闸蟹多次获全国河蟹大赛"金蟹奖""最佳口感奖"等,2008年获"松江区重点推荐农副产品证书"。

### 【上海松林畜禽养殖专业合作社】
位于叶榭镇东石村,2007年8月成立,成员出资总额1 545万元,有社员56个,其中工商登记26个,包括25名农民和1家企业(上海松林工贸有限公司)。每个农民社员均为中央结合家庭农场户,每户年上市商品猪约1 500头,同时有10公顷左右农地作配套,实现种田、养殖共同生产,发展生态农业,实现循环利用。合作社在全市设立松林猪肉专营店34家,有下属大型种猪场3个:上海松林东石猪场、上海松林薛家猪场、上海松林茹塘猪场。饲养生产母猪近 5 000 头,商品猪由种养结合家庭农场饲养。

# 第三节　工业产业集聚

进入 21 世纪,区委、区政府加强工业产业结构优化,不断调整产业结构,向"一业特强""一镇一品"方向发展。2005 年初步形成电子信息、现代装备、精细化工、新材料、生物医药五大主导产业,2010 年,五大产业产值达 3 497.7 亿元,占全区工业总产值的 80.6%。其中电子信息产业产值为 2 540.7 亿元,居首位。

## 一、电子信息

2001 年,区域初步形成以电子信息产业为标志的"一业特强"工业发展格局,电子信息产业成为松江工业经济发展的重要支撑。2003 年,区内电子信息产业集群发展,达丰(上海)电脑有限公司、达功(上海)电脑有限公司等一批规模型、骨干型、集团型企业迅速壮大,仅达丰(上海)电脑有限公司工业产值达 486.3 亿元,比 2002 年增长 5 倍。2005 年,电子信息产业产值突破千亿元,达丰、达业、达功、达辉、达研、达群 6 家"达"氏企业工业产值占 90.4%。2007 年,产值突破 2 000 亿元。2008—2009 年,受国际市场影响,区域电子信息产业产值有所回落。2010 年经调整产品结构,增加新产品比重,提高市场占有率,产值达到历史最高水平,为 2 540.7 亿元,占全区工业总产值的 58.6%。

### 【达功(上海)电脑有限公司】

位于松江出口加工区三庄路 68 号,是广达集团产品制造基地。主要生产主机板、微型计算机、高档服务器、掌上电脑、新型平板显示器、液晶电视、接入网通信系统设备、移动通信系统手机、网络电话、多媒体终端、数字摄录机、数字录放机、数字照相机、数字音视频编解码设备、数字多媒体存储播放设备、收音机、电子专用设备,测试仪器及与以上产品相关半成品和零部件。从事电子产品生产技术、品质保证、产品开发、应用功能研究、开发和中试,转让自研成果和提供技术咨询服务、商业性检测、相关精密仪器设备维修服务,从事相关进出口业务、批发业务、佣金代理及其他配套业务、相关信息处理服务。2001 年投产,出口创汇 1.7 亿美元,2007 年出口创汇达 300 多亿美元。曾获上海市外贸出口第一名及上海外贸出口百强企业金奖,列中国外商投资企业出口创汇第二名、中国外资企业 500 强第四名、中国外商投资企业出口前十名。2010 年,职工 6.21 万人,占地 57.96 公顷,建筑面积 52.47 万平方米,主营业务收入 1 352.19 亿元,工业利润 7.09 亿元。

### 【达丰(上海)电脑有限公司】

位于松江出口加工区三庄路 58 弄 2 号。主要生产笔记本电脑、服务器、手机、液晶显示器、液晶电视、接入网通信系统设备以及这些产品的零部件。产品销往欧洲、美国和日本等。2001 年,销售收入 14.25 亿元,出口创汇 1.59 亿美元;2005 年,销售收入 363.3 亿元,出口额 40.4 亿美元;2008 年,工业利润 3.52 亿元,出口额 66.68 亿美元。2010 年,职工 1.18 万人,占地 22.63 公顷,建筑面积 20.5 万平方米,主营业务收入 66.4 亿元,工业利润 3.78 亿元。

## 二、现代装备

2005年，以龙工（上海）机械制造有限公司为代表的现代装备产业崛起，生产企业341家，工业产值138.04亿元。2006年，一批国内外现代装备产业企业来松投资，有115个新项目启动建设，相当部分利用标准厂房当年投产，生产企业比2005年增加80家，工业产值增长近1倍。2010年，松江区域现代装备产业经济效益明显好于其他主导产业，产值751.07亿元，工业利润60.6亿元，比2005年增长4.44倍，占全区工业利润的38.9%。

### 【正泰电气股份有限公司】

位于文合路855号。主要生产高低压成套开关设备、箱式变电站、电气自动化设备、高中变压器、开关元件、避雷器、互感器、电线电缆。产品销往波兰、南非、安哥拉、哥伦比亚等30多个国家。先后开发16个系列、80项产品，获得专利39项，研发重点新产品23项，高分断252千伏高压六氟化硫断路器填补国内空白，小型化XGN77固定柜获国家发明专利。通过ISO9000质量体系认证、ISO14000环境体系认证、OHSAS18001职业健康安全管理体系认证。曾被评为上海市高新技术企业、全国质量管理先进企业、上海市企业技术中心、国家级企业技术中心、重点培育和发展的中国出口名牌企业、中国驰名商标，获国家火炬计划项目和上海市重大产业升级项目。完成内蒙古电网运行、西气东输、青藏铁路等80多个重点工程项目。2010年，职工4100人，占地100公顷，建筑面积9.78万平方米，主营业务收入50.78亿元，工业利润1.16亿元。

### 【龙工（上海）机械制造有限公司】

位于新桥镇民益路26号。主要生产装载机、新型工程机械设备。品种有龙工牌ZL30F、ZL40F、ZL50、ZL50B、ZL50D、ZL50E、ZL50F、ZL50G、ZLG50B（高原型）、ZLC40F（侧卸机）、ZLC50B（侧卸机）、ZLC50D（侧卸机）、ZLJ50B（夹木机）、ZLJ50D（夹木机）、LG526K（矿用）、LG526J（井下）等轮式装载机及YZJ16、YZJ18振动压路机等。通过ISO9001∶2000标准质量管理体系认证和FMRC认证。2010年，职工2627人，占地48.36公顷，建筑面积13.5万平方米，主营业务收入39.92亿元，工业利润6.84亿元。

## 三、精细化工

2002年，精细化工产业发展快，工业产值从2001年的0.7亿元上升到66.3亿元，增长93.71倍。至2005年被列为五大主导产业之一。2006年，规模型企业产出率明显增长，工业产值超过2亿元企业达11家，其中庄信万丰（上海）化工有限公司工业产值8.01亿元。2007起，松江区精细化工产业以"精"取胜，开发新产品，产出不断增长，至2009年，工业利润达8.66亿元，仅次于电子信息产业。2010年，松江区精细化工业产值137.01亿元，工业利润12.07亿元，比2005年分别增长1.25倍和1.86倍，工业产值占全区工业总产值的3.2%。

### 【阿克苏诺贝尔太古漆油（上海）有限公司】

位于荣乐东路536号。主要生产多乐士二代5合1墙面漆、皓白墙面漆、超易洗墙面漆、配得丽墙面漆、丽明珠墙面漆、晴雨漆、幻色家墙面漆、梦色家墙面漆、利登外墙漆和美时丽乳胶漆。总部设在英国,是一个全球性化工集团、全球最大的建筑装饰漆供应商之一、全球化工行业名列前十位、财富世界 500 强企业之一。2010 年,职工 644 人,占地 9.74 公顷,建筑面积 2.47 万平方米,主营业务收入 15.72 亿元,工业利润 1.52 亿元。

### 【庄信万丰(上海)化工有限公司】

位于东兴路 588 号。主要生产汽车、摩托车尾气净化催化剂及其他助剂(贵金属化学品)。先后通过 TSI6949 认证、ISO14001 和 OHSASI8001 认证。曾评为上海市外商投资先进技术企业、上海市先进外商投资企业。2009 年,工业产值 9.41 亿元,工业利税 2.44 亿元。2010 年,职工 211人,占地 2.4 公顷,建筑面积 9 379 平方米,主营业务收入 14.94 亿元,工业利润 1.78 亿元。

## 四、新材料

2001 年起,松江区把新材料产业作为新兴产业加以培育和促进,2002 年新材料产业工业产值比上年增长 3.22 倍,至 2005 年被列为五大主导产业之一,有生产企业 62 家,工业产值 45.81 亿元,分别比 2001 年增长 4.42 倍和 4.03 倍。2006—2009 年,新材料产业发展缓慢,工业产值增长较少。2010 年,松江区新材料产业略有发展,工业产值 61.39 亿元,工业利润 4.94 亿元。在全区工业经济中比重较低,工业产值占全区工业总产值的 1.4%。

### 【上海轻合金精成型国家工程研究中心有限公司】

位于九亭镇九泾路 1501 号。主要生产镁、铝合金产品和设备。利用国内镁资源优势,依托上海交大科研力量,致力于镁、铝等轻合金材料在交通、计算机和通信等领域的应用,提升轻合金材料应用技术水平,拥有高品质镁、铝合金材料成型技术研究中心和镁合金应用产业化示范基地,开发镁资源。2010 年,职工 110 人,占地 1.33 公顷,建筑面积 2.59 万平方米,主营业务收入 1.78 亿元,工业利润 489 万元。

### 【上海北玻玻璃技术工业有限公司】

位于小昆山镇光华路 328 号。主要生产玻璃机械设备:平钢、中空、夹层、防弹、防火玻璃及复合制品,研发玻璃深加工新工艺、新技术。曾为国家大剧院、中华世纪坛、上海黄浦江畔的世贸滨江花园、东昌财富广场、上广电研究院办公楼、常州恐龙园、温州世纪之光、中国海洋石油总公司总部大厦、首都国际机场、中国国际广播电台、北京财富中心等国家级重点工程提供玻璃制品。2010年,职工 627 人,占地 17.33 公顷,建筑面积 11 万平方米,主营业务收入 3.25 亿元,工业利润 2 165万元。

## 五、生物医药

2001 年,松江区开始培育生物医药产业,至 2005 年被列为五大主导产业之一,工业产值 6.23亿元,工业利润 3 624 万元。与其他主导产业相比,产出基数较低。2006 起,产值不断下降,利润不断缩水,2008 年工业利润为负 713 万元。2009 年起生物医药产业扭亏为盈,2010 年工业产值 7.53

亿元,工业利润8 230万元,分别比2005年增长20.9%和1.27倍。

**【上海交大昂立股份有限公司】**

位于环城路666号。1997年12月27日,公司在原有股东基础上,吸纳上海新南洋股份有限公司、大众交通(集团)股份有限公司等9家单位共同发起成立上市公司。2001年7月成为国家保健品行业中第一家上市公司,主要从事开发、生产和销售保健食品,有"昂立一号"口服液、昂立多邦胶囊等系列产品。公司获得多项荣誉称号,主要有"上海市高新技术企业""上海市著名商标""中国驰名商标""上海市质量金奖企业""上海市文明单位""中国保健品十大最具公信力品牌"等,在同行中率先通过ISO9001质量体系认证和ISO22000食品安全体系认证。2016年底,公司注册资本7.8亿元,总股本数为7.8亿元,总资产24.65亿元。

# 第四节 出 口 加 工 区

上海松江出口加工区由A区和B区组成,分别于2000年和2003年经国务院批准设立,实行全封闭管理,区内海关、商检、税务、工商、银行、外贸、运输、报关俱全,落户企业可在区内办理一切出口手续,货物进出口的通关物流时间只需4小时,达到先进国家水平。2006年12月,国务院批准上海松江出口加工区列为全国首批7家保税物流试点单位之一。2007年启动保税物流试点,生产企业未经实质性加工的货物进行"体内循环",进行"区外—区内—境外"货物流通,加快发展国际物流业,改变产业链、供应链、价值链隔断状况。是年4月,松江出口加工区被列入首批全国出口加工区功能拓展试点单位,形成以加工贸易功能为主,以保税物流、研发、检测、维修等业务为辅的特殊监管区。

2010年,上海松江出口加工区A、B区总面积6.53平方公里,批租土地累计242.53公顷,投资超过500万美元(包括增资)"三资"工业企业43户,投资合计18.64亿美元。2000—2011年,完成进出口总额2 797亿美元,连续8年蝉联全国出口加工区进出口总额第一;出口创汇1 935亿美元,占全国出口加工区的30%,位列全国各出口加工区之首;招商落户出口加工区企业117户,已经成为松江区对外开放的示范窗口和区域经济的重要增长点,也成为建设松江新城的产业依托。

## 一、出口加工区A区

**【成立过程】**

2000年4月27日,国务院批准设立上海松江出口加工区,是全国首批15家试点单位之一,属国家级出口加工区。7月25日,成立上海松江出口加工区管理委员会,与上海市松江工业区管理委员会实行"两块牌子、一套班子"。11月8日,A区通过海关总署等8部委联合验收。2001年1月18日,A区一期1.98平方公里完成建设封关运作。2002年8月28日,二期1平方公里完成建设封关运作。

**【区位功能】**

A区位于松江工业区中部分区,G15(沈海高速)公路、南乐路、北松公路所围范围,规划面积2.98平方公里,实行全封闭管理,监管设施包括区内卡口、监管仓库、验货场地、隔离设施、检验检疫、数字监控、计算机网络及通信系统等。封关范围以陆家浜、南区路、北松公路、华恒路的围合范围为界,并沿通航河道蟠龙港、俞塘河设内部围网后,划分为4个相对隔离的加工片区,各部分之间以桥梁连通。

## 二、出口加工区B区

### 【成立过程】

2003年3月14日,国务院批准设立上海松江出口加工区B区。11月23日,B区一期1.33平方公里完成建设封关运作。

### 【区位功能】

B区位于松江城区西侧,紧邻松江新城和松江大学城,规划面积2.98平方公里,实行全封闭管理。监管设施包括区内卡口、监管仓库、验货场地、隔离设施、检验检疫、数字监控、计算机网络及通信系统等。根据出口加工区隔离和有关海关监管设施的特殊要求,加工区B区内沿隔离围墙设12米宽巡逻通道,由南至北形成3条环路,供区内车辆通行和海关监管,内部道路交叉口均为平面交叉口,连接松蒸公路南北两侧的主要道路为上跨道路,以满足海关对出口加工区的封闭隔离要求,物业管理办公用房和海关商检、监管办公用房设于物流卡口内东西两侧地块内。

## 三、管理运行机制

松江出口加工区在不断摸索的实践中,逐步建立、完善具有松江特色的"六大运行机制",保障加工区各项业务有序、规范、健康运行。

### 【快速干线通关机制】

2001年起,松江海关加工区办事处尝试改革传统通关模式,实施"提前报关,舱单后核;即时提货,机场直递;实时监控,卡口验放"的新型通关模式,将传统的集中在货到后办理报关、报检等手续的橄榄型模式通过前推后移向哑铃型模式转变。2006年起,在通关监管环节相继推出6项整合优化举措。一是分送集报模式。对二线进出区货物实施"分批进出区、30天集中申报",既降低企业报关成本,加快货物流动,又减少报关单量,有效缓解了海关监管资源紧张的局面。2008年,分送集报模式拓展至长三角地区以实现跨关区联动。二是作业方式由"串联式"改为"并联式"。即将原接单、放行"串联式"的作业整合为"接放一体化"的"并联式"作业,使报关验证的平均作业时间大大缩减;同时将区内与口岸"两次放行"整合为区内"一次放行"。三是构建"一站式"服务平台。即对区内货物实施"三个一"即"一次申报、一次查验、一次放行"的作业方式。四是推广电子化通关。在区内不断扩大企业无纸通关和税费电子化支付的覆盖面。2008年,实际进出境报关单中的无纸报关比例达92%,税费的电子化支付比例(包含网上支付和EDI支付)达90%。五是倡导跨部门间联网。为提高企业报检、报关速度,通过与商检协调,截至2008年,共有6家企业加入"电子通关单联网、纸质通关单后补"试点。六是开辟应急货物通道。对因系统故障等急货"以客户为导向"特事特办。

## 【严密物流监控机制】

松江海关对来往加工区和口岸及其他特殊区域的监管车辆采用 GPS 在途、全程监控。自 2006 年起,试行对空运货物电子式封锁,代替原有的铁制式封锁。这两种高技术手段的运用为加工区严密监管进出区保税货物提供双保险,保障海关监管的安全、有序。

## 【全程联网监管机制】

2005 年,信息化建设从已有的电子账册管理迈入全面实行信息化联网管理的序列,实现网上审批、网上报关、EDI 无纸化报关、区间调拨系统和物流监控系统等信息化改革措施。加工区管委会与海关合作建设出口加工区局域网"特殊区域信息化系统",作为增加政策透明度,为企业提供沟通和咨询的平台,又在局域网上建立海关、管委会、商检等政府部门的公共管理网络平台,以实现政务公开、网上办公。

## 【动态核查与简易核销机制】

开发中期核查系统,探索"以查代销"模式,即以"工单"核销代替传统的"单耗"核销:通过企业 ERP 系统与该系统联网,企业每日申报工单数据,海关实时获得企业生产全程的领料、耗料、生产、入库数据,每 14 天获得申报库存,海关将系统的计算库存和企业的申报库存进行比对和分析,对风险点采取实地核查验证,大大简化传统的单耗核销,强化对企业的据实核销,实现海关监管高效与企业运作便捷的高度统一。鉴于企业信息化程度的不同,又实施分类核销:对信息化程度较低的中小企业每半年进行一次电子账册核销,对信息化程度较高的 10 家大型企业进行"以查代销"试点。

## 【风险管理机制】

2007 年,松江海关针对监管对象、执法环境复杂化,监管业务多元化的特点,设定 114 项静动态风险指标,涵盖企业通关、卡口监管、查验、核查、核销中的全部风险点,为区内每家企业建立档案,设计集监控、预警、处置和绩效评估于一体的风险管理平台。该系统获上海海关批准立项,探索以诚信管理为基础的海关规范化信任管理与企业分级管理相结合的制度,以逐步形成以企业为单元的"企业自管、海关监管、区域协管、社会共管"的企业后续管理模式,以此推进特殊区域风险管理系统建设。

## 【跨部门沟通协作机制】

主要有:成立由区政府牵头、10 个部委参加的联合工作小组;加工区管委会与海关开展联合工作调研,共同促进招商引资;建立各执法部门长效协作机制,定期召开海关、商检、国税、外汇和管委会的联席会议制度;多次召开企业宣讲会和座谈会,方便企业及时了解海关政策;主动与兄弟海关交流经验,与长三角地区海关开展合作交流,分别与苏州工业园区、昆山和常熟三地海关建立货物简化流转合作机制、工作联系协调机制和业务定期交流机制,共同促进货物流转便利。

# 第五节　现代产业园区

90 年代后期,区域各种产业园区得到较快发展。2010 年,全区有科技园区 2 个、生产性服务业功能区 5 个、文化与创意产业园区 5 个、特色园区 5 个。规划面积 1 826.67 公顷,完成开发建设面积 820 公顷, 营业或销售收入 738.8 亿元, 税收额 8.96 亿元。落户民营企业 1 843 家, 占产业园区总数 2 573 家的 71.63%。

## 一、科技园区

### 【上海松江高科技园区】

2000 年 7 月, 九亭镇建立上海松江高科技园区。位于小寅、朱坊两村, 规划面积 366.67 公顷, 其中工业用地 260 公顷。由上海九亭高科技发展有限公司开发经营, 主要吸纳中外高新技术项目和企业, 吸纳大专院校、科研机构创新项目。相继引入上海轻合金精成型国家工程研究中心有限公司、上海依视路光学有限公司、上海核威实业有限公司、上海仪表厂有限责任公司等。2010 年, 落户企业 111 家, 营业或销售收入 44.75 亿元, 税收额 1.21 亿元。2005 年 8 月被市科委认定为市级科技园区。

### 【上海漕河泾开发区松江高科技园区】

2006 年 5 月, 新桥镇与上海漕河泾新兴技术开发区联合建立上海漕河泾开发区松江高科技园区。位于新桥镇, 规划面积 39 公顷, 分为通用厂房区、科技研发区、现代服务业集聚区 3 个区域, 由上海漕河泾开发区新经济园发展有限公司开发经营。2007 年批租土地 16.67 公顷, 基础投资 3 亿元, 其中新桥镇占 40%, 上海漕河泾开发区占 60%, 开工兴建第一期。2008 年第二期工程开工。2010 年, 第三期工程开工。9 月 27 日, 松江区政府与上海漕河泾开发区发展总公司签署《关于进一步推动"区区合作、品牌联动"示范基地工作备忘录》, 推动上海漕河泾开发区松江高科技园区"三区联动", 即大学校区(松江大学城)、科技园区和公共社区(松江新城)示范基地建设。松江区负责聚焦政策、土地储备、动迁安置、市政配套, 上海漕河泾开发区负责引进项目、筹措资金、培养人才。年底, 批租土地完成, 落户企业累计 136 家, 营业或销售收入 25.63 亿元, 税收额 7 590 万元。落户的高科技企业有上海佳豪船舶工程设计股份有限公司、上海形状记忆合金材料有限公司、上海艾泰科技有限公司、大唐移动通信设备有限公司、中交第三航务工程局有限公司、乐普(北京)医疗器械股份有限公司等。

### 【上海松江高新技术园区】

1999 年 11 月, 上海松江高新技术园区于仓桥镇松江工业区仓桥分区建立, 规划面积 100 公顷, 由仓桥镇工业公司、区科委、区总工会、区水利局联合投资开发, 上海松江高新技术开发有限公司经营, 重点引进高新技术产业化项目、国内外高新技术企业和民营科技企业。相继引进上海时代科普网络有限公司、上海康乐网络技术有限公司、上海骑骠动物保健品有限公司等。2003 年, 落户企业累计 665 家, 其中科技型企业 314 家, 完成开发建设面积 75 公顷, 营业或销售收入 13.42 亿元, 税收额 7 500 万元。2004 年 6 月, 上海松江高新技术园区撤销, 落户企业管理业务转入永丰街道工业公司, 2008 年底转入上海仓桥富民经济城。

## 二、生产性服务业功能区

### 【上海松江新城生产性服务业功能区】

2005 年 5 月, 中山街道建立上海松江新城生产性服务业功能区, 规划面积 216.73 公顷, 由上海茸北工贸实业总公司经营,重点发展设计、商务服务、时尚创意等相关产业。2010年,完成开发面积186.67公顷,落户企业累计295家,从业人员1.24万人,营业或销售收入580亿元,税收额2.68亿元。从事服装设计、研发的企业有上海蝉之翼实业有限公司、上海仪松服饰有限公司、汤尼威尔(上海)服饰有限公司等,从事家电研发的有上海奔腾企业(集团)有限公司、上海飞科电器股份有限公司等。

### 【上海九亭生产性服务业功能区】

2006年6月,九亭镇建立上海九亭生产性服务业功能区,规划面积133.33公顷,由上海田富实业有限公司经营,重点发展技术服务业、商务服务业、贸易服务业和配套服务。布局分为研发设计区、总部功能区、物流贸易区和综合配套区。研发设计区位于东南部,以引进研发、设计、技术交易等企业为主;总部功能区位于西北部,以引进技术、管理、采购、销售、营运和结算服务中心为主;物流贸易区位于东北部,以引进现代物流企业为主;综合配套区位于西南部,以引进人流、信息流、资金流为主。2010年完成开发建设面积10公顷,落户企业累计39家,其中民营企业34家,营业或销售收入3.22亿元,税收额1 250万元。

### 【上海浦江源生产性服务业功能区】

2007年6月,车墩镇建立上海浦江源生产性服务业功能区,规划开发建设面积225公顷(包括松江工业区车墩分区一部分和莘莘学子创业园一部分),由上海车墩工业开发有限公司经营。2009年5月,由市经信委认定为市级生产性服务业功能区。2010年完成开发建设面积128.13公顷,厂房建筑面积累计87.25万平方米,总投资累计15.92亿元。在建工程项目6个,占地面积13.77公顷,厂房建筑面积15万平方米。落户企业累计195家,民营企业为160家。其中,生产性服务业企业78家,占47.27%。在生产性服务业企业中,研发和服务外包企业31家、品牌运营企业15家、地区总部经济企业11家、其他类型企业21家。营业或销售收入34.82亿元,税收额1.37亿元。落户企业有上海尚立制衣有限公司、上海精星物流设备工程有限公司、上海天逸电器有限公司等。

### 【上海漕河泾开发区松江生产性服务业功能区】

2007年4月,新桥镇、九亭镇与上海漕河泾新兴技术开发区联合建立上海漕河泾开发区松江生产性服务业功能区。位于新桥、九亭二镇,规划面积183.93公顷,由上海漕河泾开发区新经济园发展有限公司经营。2009年被市经信委列为上海市重点推进园区;2010年9月,又认定为市级生产性服务业功能区。是年底,完成开发建设面积15公顷,厂房建筑面积累计24万平方米,总投资累计3.6亿元。落户企业累计94家,民营企业为90家,其中民营企业投入生产45家。营业或销售收入2.95亿元,税收额1 345万元。落户企业有上海溢通贸易有限公司、上海锵达纺织有限公司、上海星荣体育用品有限公司等。

### 【上海仓桥生产性服务业功能区】

2008年7月,永丰街道建立上海仓桥生产性服务业功能区。规划面积113公顷,由上海仓桥资产经营有限公司经营,重点建设总部经济区域、商务服务区域、现代物流区域和综合配套区域,形成服务外包产业园区、国际商务居住社区以及大学生创业基地。2009年5月被市经信委认定为市级生产性服务业功能区。2010年完成开发建设面积40公顷,落户生产性服务业企业累计38家,营业或销售收入 4.88 亿元,税收额 2 896 万元。落户企业有上海信辰通信工程有限公司、上海安居财务顾问有限公司、上海新地物流发展有限公司等。

## 三、文化与创意产业园区

### 【泰晤士小镇文化产业园区】

2006 年 9 月,方松街道建立泰晤士小镇文化产业园区(初名为第一视觉创意广场)。规划开发建设面积 73.07 公顷,由上海松江文化创意园有限公司经营,功能定位时尚消费、研发设计、咨询策划,主要分布婚庆产业区、时尚艺术产业区、特色商品区、文化展示区和时尚消费区。2010 年,落户企业 75 家,其中民营企业为 55 家。7 月被市经信委认定为市级文化产业园区。12 月,松江新城公司与北京电影学院所属动画学院签订动画产业战略合作协议,共同组建影视动漫艺术研究平台、影视动漫产业基地、国际动漫产业联盟、国际动画教育联盟、动漫产业服务平台。年底,完成开发建设面积 14.67 公顷,营业用房与楼宇建筑面积累计 9.42 万平方米,出让或租赁面积 5.83 万平方米,占 61.89%。营业或销售收入 1.36 亿元,税收额 598 万元。落户企业有上海开元地中海影剧院有限公司、上海人达文化传播有限公司、上海恩彼生物科技有限公司、大元建筑及设计事务所等。

### 【上海仓城胜强影视文化产业园区】

2008 年 3 月,永丰街道建立上海仓城胜强影视文化产业园区。规划开发建设面积 99.67 公顷,计划总投资 7.5 亿元,由上海仓城文化创意发展有限公司经营,主要发展广告、影视、动漫设计、文化活动策划、企业形象策划、投资咨询、财务咨询、商务信息咨询、会展会务服务等产业。2009 年 3 月被市经信委认定为市级文化产业园区。2010 年加入上海市创意产业协会,成为会员单位。年底,完成开发建设面积 52 公顷;落户企业 377 家,其中民营企业 212 家;营业或销售收入 6.67 亿元,税收额 5 670 万元。落户企业有上海剧酷文化传播有限公司、上海宝宏影视文化传媒有限公司、上海东汉文化发展有限公司等。

### 【叁零·SHANGHAI 文化创意产业园区】

2009 年 3 月,车墩镇建立叁零·SHANGHAI 文化创意产业园区。规划开发建设面积 66.67 公顷,由上海莘莘学子创业投资有限公司经营。主要发展影视和文化传媒创意产业、时尚消费创意产业、研发设计创意产业、咨询策划创意产业和销售总部。分设创意办公区、经典体验区和艺术人文区。2010 年完成开发建设面积 12 公顷,建设企业用房、楼宇等建筑面积 8.3 万平方米;落户企业累计 99 家,其中民营企业 87 家;营业或销售收入 2.69 亿元,税收额 2 588 万元。落户企业有上海安买电子商务有限公司、上海益科建筑设计工程有限公司、上海昊浦影视文化有限公司等。

### 【时尚谷创意产业集聚区】

2007 年 6 月,松江工业区建立时尚谷创意产业集聚区。规划开发建设面积 10 公顷,由上海华汇流行面料工程发展有限公司经营。计划建造营业用房与楼宇 16 万平方米,分两期工程,第一期工程建筑面积 10.5 万平方米,有设计中心区、设计研发区和公共服务区。其中,设计中心区建筑面积 1.17 万平方米,用于设计师俱乐部活动中心、中国流行面料产品发布中心、中国流行色协会色彩创新中心、中国国家标准色彩体系(CNCS)全球技术服务中心、中国纺织工业协会检测中心、设计服务中心和中国纺织面料设计师培训基地。设计研发区建筑面积 5.57 万平方米,公共服务区建筑面积 3.76 万平方米。2009 年,中国纺织工业协会与松江区签订合作协议,推进时尚谷创意产业集聚区开发建设。2010 年,第一期工程全面竣工,总投资 9 616 万元;完成开发建设面积 6.6 公顷;落户企业 35 家,民营企业为 25 家,其中著名企业 12 家;营业或销售收入 1.23 亿元,税收额 690 万元。同时,中国纺织信息中心、中国服装协会培训部、中国流行色协会、盛世嘉年时尚管理学院、上海市设计师协会等机构入驻。是年 10 月被市经信委认定为市级创意产业集聚区。

### 【创异工房创意产业集聚区】

2008 年 8 月,洞泾镇建立创异工房创意产业集聚区。规划开发建设面积 13.33 公顷,计划总投资 2 亿元,由上海佳利特实业有限公司经营。2010 年完成开发建设面积 6.87 公顷,投资累计 1.99 亿元;落户企业累计 20 家,民营企业为 12 家,主要是服装设计创意企业、汽车广告拍摄、制作和创意企业;营业或销售收入 3.58 亿元,税收额 980 万元。

## 四、特色园区

### 【上海国际中小企业城】

2000 年 4 月,松江区小企业发展办公室暨区私营经济办公室建立上海国际中小企业城。位于松江工业区内,规划面积 53.33 公顷,由上海国际中小企业城发展有限公司经营。主要功能为探索中小企业服务体系建设,促进科技成果转化,培育中小型企业、都市型企业、出口型企业发展壮大。7 月,国家经济贸易委员会和上海市人民政府批准上海国际中小企业城列为上海中小企业服务体系建设试点城市试点区,建成上海市中小企业公共服务示范平台,是全国十个中小企业服务体系建设试点园区之一。2010 年完成开发建设面积 24.87 公顷,固定资产投入累计 1.96 亿元,建筑面积累计 35 万平方米;落户企业 180 家,其中民营企业 169 家;营业或销售收入 15.38 亿元,税收额 7 223 万元。落户企业有上海一统纺织发展有限公司、上海舒卡羊绒制衣有限公司、上海鑫嵘实业有限公司等。

### 【富荣经济区服装针织特色园区】

2001 年 5 月,叶榭镇建立富荣经济区服装针织特色园区。位于上海富荣私营经济开发区内,由上海富荣经贸发展有限公司经营。重点推进服装针织产业集聚,形成机缝、手摇、绣印、水洗、包装、辅料等多种工艺相配套的服装针织产业链,拥有童装、男士服装、羊绒系列生产企业,产出"春竹""米老鼠""巧帛""老爷车""红蜻蜓"等服装针织名牌产品。2007 年,叶榭镇被中国纺织工业协会、中国服装协会授予中国品牌服装制造名镇,成为全国 111 个纺织产品集群试点地区之一。2010 年落户服装针织企业 176 家,其中民营企业 152 家;营业或销售收入 8.46 亿元,税收额 4 175 万元。

### 【财富兴园总部经济园区】

2005 年 7 月,车墩镇建立财富兴园总部经济园区。规划面积 13.33 公顷,计划建造营业用房和楼宇建筑面积 30 万平方米,总投资 8 亿元,由上海财富兴园置业发展有限公司经营。主要功能为汇聚企业,提供发展平台和服务,服务内容包括商务咨询、车辆租赁、物流管理、展会组织、新闻发布、融资支持。2010 年,完成开发建设面积 10 公顷;落户企业 15 家,其中民营企业 12 家;营业或销售收入 1.84 亿元,税收额 1 013 万元。落户企业有上海仪途电子科技有限公司、上海莹亮照明科技有限公司等。

### 【大业领地总部经济园区】

2005 年 8 月,松江工业区建立大业领地总部经济园区。位于松江工业区西部二期工业园区,规划开发建设面积 120 公顷,计划建造营业用房和楼宇建筑面积 60 万平方米,总投资 26 亿元,由浙江星月集团投资建设,上海星月建设发展有限公司经营。主要功能为发展研发、展示、贸易、结算等经济产业链。2010 年完成开发建设面积 23.33 公顷;落户企业累计 23 家,其中民营企业 15 家;营业或销售收入 1.35 亿元,税收额 950 万元。落户企业有浙江海正药业股份有限公司、上海斐讯数据通信技术有限公司、安琪酵母股份有限公司、上海艾尔琪实业有限公司等。

### 【上海松江国际光仪电产业园区】

2008 年 10 月,新桥镇、九亭镇与上海漕河泾新兴技术开发区联合建立上海松江国际光仪电产业园区。位于九亭、新桥两镇,包括上海漕河泾开发区松江高科技园区二期、上海漕河泾开发区松江高新产业园区、上海漕河泾开发区松江企业服务外包基地,规划开发建设面积 183.93 公顷,由上海漕河泾开发区新经济园发展有限公司经营,以"三区联动"集聚光仪电产业链。2009 年被市经信委认定为市级"三区联动"示范基地,在全市属首例。2010 年完成开发建设面积 25.33 公顷,厂房建筑面积累计 40 万平方米;总投资累计 3.22 亿元;落户企业 158 家,民营企业为 141 家,其中光仪电产业企业 30 余家;营业或销售收入 3.59 亿元,税收额 4 265 万元。

## 第六节　特色旅游业

80 年代中后期,县域旅游业以开发佘山风景区及城区古文化、古文物、古园林为主。90 年代中前期,建设主题公园,一度成为上海旅游业最为旺盛的地区之一。90 年代中后期,以上海佘山国家旅游度假区成立为标志,进入重点开发休闲度假旅游设施的新阶段。进入 21 世纪,区里贯彻"全域旅游"理念,重点发展佘山国家旅游度假区、休闲农业游等精品特色项目,作为"上海后花园"的松江旅游魅力日益凸显。

### 一、上海佘山国家旅游度假区

1995 年 6 月 13 日,国务院批准建立上海佘山国家旅游度假区(以下简称"佘山度假区")。1996 年 5 月 27 日,市政府常务会议审议并原则通过《上海佘山国家旅游度假区战略规划》和《上海佘山国家旅游度假区总体规划(纲要)》。确定佘山度假区规划控制区域为东至方松公路,西至 5120(黑龙江同江—海南三亚)国道,南至旗天公路,北至泗陈公路及县界;规划控制面积 64.08 平方公里,规划用地面积 45.99 平方公里,核心区面积 12.6 平方公里。规划区内涉及佘山、天马、昆冈、洞泾、茸北、泗泾 6 个镇及佘山、天马山、小昆山等 12 座山峰。佘山度假区由核心区、4 个特色游览区、生态环境建设区、镇区、旅游品加工观赏区、规划控制区 6 个部分构成。核心区是佘山度假区的主体部分。4 个特色游览区分别是:天马游览区、横山游览区、小昆山游览区、北竿山游览区。具体结构为由"绿心"(即东佘山、西佘山、凤凰山、天马山、小昆山、横山等山体)形成"绿轴"(生态环境建设

**2007 年,佘山国家旅游度假区(松江区志办提供)**

区),带动核心区及以 3 个镇区(陈坊桥、天马、小昆山)为依托的 4 个特色游览区和综合旅游设施建设。

1999 年 9 月 30 日,《上海佘山旅游度假区核心区规划》经市规划局批准实施。规划范围东至方松公路,南至沈砖公路,北至泗陈公路,西至辰山塘,用地面积约 10.88 平方公里。规划功能布局为"一心",即核心部分,主要以文化展示、旅游服务和商业娱乐为主;"一圈",主要以重大密植型的绿化带为主,适当考虑旷地型的项目,形成核心区的绿化保护圈;"四区",包括自然景观风貌区、水上风光游览区、休闲娱乐游嬉区和旅游度假别墅区。

2001 年,佘山度假区委托同济大学编制完成《上海佘山国家旅游度假区核心区控制性详细规划》《上海佘山国家旅游度假区核心区修建性详细规划》。8 月,佘山度假区委托上海市城市规划设计研究院编制完成《上海佘山国家旅游度假区调整规划》。调整后的规划对原"一心""一圈"的功能布局不变。原"四区"调整为"五区":自然景观风貌区主体是东西佘山、薛山、凤凰山等山体群落及周围形成的空间,用地 76 公顷;水上风光游览区以人工湖月湖为主要景观,以及湖边开敞绿地形成的区域,用地 245.3 公顷;旅游度假区由两部分构成,一部分位于西北自然景观风貌区,另一部分位于林荫路东南,为公众提供休闲旅游的度假别墅区,用地 350.4 公顷;体育运动区在核心区东北角,以建造大型高尔夫球场为主的休闲运动区域,用地 124.9 公顷;商品别墅区在核心区的东面和西南,开发形成高档别墅区,用地 291.4 公顷。总用地 1 088 公顷。

**【主要景观】**

**佘山国家森林公园东佘山园** 1994 年 11 月对外开放,位于佘山度假区核心区。园内既有林木葱郁,又有泉石之美,自古遗存的历史景观有木鱼石、骑龙堰、沸香泉、眉公钓鱼矶、白石山亭等,园内新建的有凉亭、观光瞭望塔、森林浴场、仙人洞、龙潭、滴水观音、勇敢者道路等 30 余处景观、景点和娱乐场所。2000年12月,佘山国家森林公园被国家旅游局批准为首批AAAA旅游景区;2001年2月被国家林业部评为"全国文明森林公园";2005年通过ISO9001：2000质量管理体系认证,被国家林业局批准为上海唯一的"全国生态文化教育基地"。2008年,东佘山园追加建设资金约900万元,实施内部环境整治和配套设施建设,并于9月20日起向广大市民免费开放。

**佘山国家森林公园西佘山园**　1994年对外开放,位于佘山度假区核心区。园内古木参天,浓荫蔽日,翼然有亭,曲径通幽。被评为松江十二景之一的"佘山修篁",即是西佘山山间竹径。西佘山特别适宜竹林生长,除春季采摘部分嫩笋外,每年遗留几万株春笋,令新篁成林。公园管理方创意举办一年一度的"兰笋节",组织游客自己动手挖笋,成为热门旅游项目。2002年,在山园北大门内投资80万元兴建"竹海乐园",占地面积25 000平方米,院内有"八卦阵"迷宫、芳草滑道、长征之路、100米障碍赛、水帘猴山、双人网床、情侣秋千等目前国内新颖的休闲娱乐、挑战极限、运动健身的项目设施。西佘山西南坡有上海唯一的开放式山林茶园,占地3公顷。佘山绿茶被茶界誉为"上海龙井",被市农委评为"沪郊百宝"之一。

**佘山国家森林公园天马山园**　1998年筹建,位于佘山度假区特色游览区。山麓建有垂檐拱壁仿古式西大门头和东大门头,修筑山体围墙1 000米,建成山间石阶路3 000米及山林防火蓄水池3座,环境改造与建设累计投入350万元。2000年建成对外开放。山上有建于宋代的护珠宝光塔,还有三高士墓、选胜楼等。据传宋代银甲将军周文达亲植的已有800多年树龄的古银杏树至今犹存。2000年,在上峰寺原址重塑一尊高3米、重1 800公斤的观音立像。天马山斜塔、岩壁、深谷、奇石以及漫山遍野的野菊花、野草莓、石蒜等,构成富有野趣的独特山林自然生态景致。天马山园内的护珠塔以"斜塔初雪"入选为松江十二景之一。

**佘山国家森林公园小昆山园**　1998年开发,位于佘山度假区特色游览区,累计投入资金250万元,2002年对外开放。园区借重小昆山自身浓厚的历史人文资源,以"玉人生此山,山亦传此名"的"二陆"(西晋陆机、陆云)文化诸如"二陆读书台""婉娈草堂"等为主线,以山下荡湾村夏允彝、夏完淳父子墓和山上宋代文学家苏东坡手迹"夕阳在山"摩崖石刻,以及北山峰古刹泗洲塔院旧址处翻建的九峰寺等景点相串联,开辟小昆山园绿色古文化旅游线路,并冠以"华亭鹤影"之名,录入松江十二景之中。九峰寺西侧有银杏一株,相传为泗洲塔院古德大师手植,树龄达500年,历经战乱,兀自屹立至今。

**佘山月湖雕塑公园**　位于佘山度假区核心区。月湖系1999年开挖的人工湖,面积30.4公顷,蓄水量达70余万立方米,改变了佘山度假区有山无湖的状况。2001—2002年,月湖景区实施绿化工程约50余公顷,环湖绿化布景。2002年对游客开放。同年12月26日,佘山国家旅游度假区联合发展总公司和曹佳叶国际股份有限公司合作,开发、建设、经营以雕塑为主题、综合园林文化的旅游休闲项目。2004年月湖雕塑公园建成开放。月湖雕塑公园由湖面、湖区和小佘山组成,面积86.67公顷,园区周边凤凰山、薛山、东佘山、小佘山环立,世界知名雕塑艺术家为月湖度身订制、倾力创作的珍贵雕塑作品60余件散落置放园内。公园依托自然山林,用艺术手段融合现代雕塑、建筑艺术、自然山水景观和高档休闲娱乐于一体。以湖面为中心,环湖分为春、夏、秋、冬四季岸区,展现四季风貌,利用园内的天然温泉启建一座温泉酒店。公园总投资已超过4亿元。"月湖沉璧"被公众推举为松江新十二景之一。


**【大型旅游项目】**

**上海华侨城欢乐谷**　位于佘山度假区核心区,由上海华侨城投资发展有限公司投资建设。占地90万平方米,一期投资约40亿元,是华侨城四大欢乐谷(北京、成都、深圳、上海)中面积最大、投资金额最多的一个项目。2007年10月始建,2009年8月16日试营业,9月12日正式开业。欢乐谷分为阳光港、欢乐时光、香格里拉、蚂蚁王国、上海滩、金矿镇和飓风湾七大主题区,各类游乐设备42台(套)、顶级游乐设备12项,如轨道最长无底板跌落式过山车、国内首台木质过山车、首座4K高清飞行影院、首座双座舱式天旋地转机等。设有五大表演场馆和散落园区各处的表演点,荟萃世界各地的演艺活动。园内拥有一条2000米的主环道和一条2500米的水上游览线,将散布在园内的50多个景点串联在一起。园区实行一票制,为餐饮、购物、游玩提供便利。上海欢乐谷开园伊始即成功承办2009年上海旅游节开幕仪式,2009年"十一"黄金周共计接待游客16.58万人次,营业收入2300万元。

**上海辰山植物园** 位于佘山度假区核心区以南,由上海市人民政府、中国科学院、国家林业局、中国林科院合作共建。投资总额约20.77亿元,2007年3月底始建,2010年初建成,与中国2010年上海世界博览会园区同步开放。植物园分四大功能区:中心展示区、植物保育区、科学实验区和外围林带区。中心展示区包括总长4500米的绿环、30个专类园,其中有利用历史上辰山山体南侧采石遗留的悬崖岩壁和山体西侧矿坑构筑而成的沉床花园、穹形结构的植物展览温室、华东植物区、水生植物区、木槿和桂花品种收集区等。园区内各类建筑面积约为7.8万平方米,包括穹形温室、科研中心主入口综合建筑、水下世界、园艺管理设施以及廊、亭、榭等景观设施和服务配套设施。绿化种植面积达106万平方米,各类植物1200万株,其中基础景观植物4万余株、名贵植物2000余株,是上海市地带性植物群落和物种多样性展示基地。

**世茂体验中心** 位于佘山度假区西南部天马山和横山间,占地42.82公顷,总建筑面积为55万平方米。全称上海天马现代服务业集聚区暨世茂体验中心,由上海世茂集团投资建设。2008年初,中心项目建设启动。体验中心工程包括一座拥有400间客房的5星级深坑宾馆、一座拥有350间客房的4星级酒店、一座拥有400间客房的4星级服务式公寓酒店。5星级深坑宾馆主体建筑分为地上部分、坑下至水面部分和水下部分。建筑高度地上11.35米,地下海拔负61.6米,建筑规模地上2层、地下(坑内)16层,总高71.9米,建筑面积53487平方米。其中酒店客房、会务、餐饮设施面积48417平方米,坑外地下设备层面积5010平方米。还利用地质深坑的特点,开发蹦极、攀崖及水上瑜伽等体育、娱乐项目,堪称区内一项特色工程。2016年9月28日,深坑宾馆实现结构封顶,2018年11月对外营业。

## 二、休闲农业游

1996年,泖港镇兴办番茄农庄,是县域首家农业旅游景点,揭开农业旅游发展序幕。是年底,全区规模以上的农业旅游景点4家,接待游客10.3万人次,年经营收入1270万元。2006年,全区农业旅游景点发展到26家,全区接待游客40.5万人次,实现旅游收入4860万元,初步形成农业观光型、休闲度假型、特色餐饮型、科普修学型、商务会务型、生态康体型等多种形式的旅游格局,经营方式也由单一的企业自主经营逐步转变为村集体经营、农户自主经营、政府主导经营、混合经营等多种经营方式。全区农业旅游发展重心由数量扩张转向质量提升,逐步向规模化、集聚化、品牌化方向发展,浦南农业旅游集聚的核心地位日渐凸显,浦南各镇相继成立农业旅游发展公司。2010年编制《松江区农业旅游发展规划》,制定并实行全行业管理标准,确立"吃、住、行、游、购、娱"六大行业管理方向。是年,全区有农业旅游景点37个,接待游客78.8万人次,实现旅游收入8449万元。3月,五库农业休闲观光园、西部渔村垂钓休闲中心、青青旅游世界、金泖渔村、浦江源温泉农庄、荷花公社6家单位被市农委、市旅游局命名为第一批"世博观光农园"。7月,张泽羊肉庄被市农业委员会、市旅游局列入第二批"世博观光农园"。

**【特色景点】**

**五库农业休闲观光园**　位于松江区西南部,占地200公顷。2006年4月对外营业,设有上海农业科普馆松江馆、新晴采摘苑、浦江源、花卉工厂、世界名犬园、热带植物园等10多个主要景点。2006年被评为上海市"我最喜爱的上海乡村景点"、"上海市乡村旅游10条精品线"之一、上海市科普教育基地。2007年被评定为全国农业旅游示范点。

**西部渔村垂钓休闲中心**　位于小昆山镇,占地36公顷。2004年9月对外开放,是集垂钓、餐饮、会务、住宿为一体的大型垂钓休闲场所。拥有休闲垂钓水面20公顷、室内垂钓池1650平方米,垂钓品种比较丰富,有团头鲂"浦江1号"(鳊鱼)、浦江鲫、青鱼、草鱼、花鲢、白鲢、斑点叉尾鮰、加州鲈鱼等品种,可以满足不同层次垂钓爱好者的需求。此外还提供会议、餐饮、棋牌、卡拉OK等商务、休闲、娱乐设施。每年承办市级、全国性大型垂钓比赛10多场,已成为上海乃至全国较有影响的垂钓休闲场所。

**青青旅游世界**　位于松江新城区,毗邻松江大学城,西枕佘山国家旅游度假区,是集休闲度假、观光娱乐、会务培训、住宿餐饮于一体的现代都市生态园林。园区以绿色生态为主题,生态林占地200多公顷,覆以100多万株名贵苗木,品种达280余种;设有紫藤长廊、星月湖风景区、外婆桥、阳光沙滩、孔雀园、钓鱼池、跑马场等108个景点;可向游客提供协力车、老爷车、草地越野车、游船、网球、篮球、彩弹射击、国防教育训练、拓展培训等户外活动项目。

**金泖渔村**　位于石湖荡镇泖新村,因其邻近泖河三面环水而得名。2007年6月对外营业,占地7.7公顷,是集餐饮住宿、观光体验、商务会务为一体的综合性休闲度假园。园内建有竹木结构船舫餐厅、金泖客栈、江南第一网、珍禽观赏区、休闲垂钓区、金泖艺术馆、农产品展示区等,设住宿床位50张、餐饮包房15间、大小会议室2个,以野生河鲜、农家散养禽类为主要原料的农家餐饮及江南第一网是渔村最大的特色。同时一年四季为游客提供当地优质农产品。

**浦江源温泉农庄**　位于泖港镇黄桥村,2009年5月开业。占地53公顷,其中涵养林面积22公顷,汇集了巨型古香樟、日本冷杉等上百种名贵树种10余万棵。农庄内建有设施完备的温泉浴场、供市民自耕自收的"开心菜园",引进加拿大最新的Super E技术标准建成的一批环保节能新农舍。拥有床位150张、餐位20桌、大小会议室3个,开设了游船、棋牌、酒吧、卡拉OK等各项娱乐活动。

**荷花公社**　位于新浜镇南杨村,占地16.67公顷,其中13.33公顷实水生湿地,遍植荷花、睡莲以及其他水生植物,众多的候鸟在此繁殖生息。2003年开业。荷花公社主打"荷花"主题,是集观光旅游、节日聚会、修养小憩于一体的乡村农家乐。作为华东地区占地最大、品种最全的荷花睡莲出口基地,每年出口欧美50于万株各类水生植物。

**马桥农家乐**　位于叶榭镇马桥村,2009年8月开业,是一家集农家美食、观光体验、农村风貌展示于一体的农家休闲度假区。农家乐以"张泽羊肉庄"最负盛名,年均接待人次8.5万,年收入460万元,内设大小包厢13个,可同时容纳298人就餐。此外,还有多个旅游休闲景点,如景山休闲农庄、求精花园等,景区内种植数百亩各类果树、蔬菜,供游人四季采摘;同时配有标房、套房45间80张床位,并提供棋牌、卡拉OK、乒乓、台球、垂钓等娱乐项目。

【节庆活动】

**西部渔村垂钓文化节** 2009年9月26日由区农委、区商旅委和西部渔村垂钓休闲中心共同举办，至2010年共举办两届。主要活动包括全国性竞技垂钓比赛、西部渔村家庭垂钓赛、免费亲子垂钓培训＋亲子垂钓趣味赛、渔乐公园、松江区优质农产品展销、中外钓具展销、欢乐品鱼会、黄浦江上游——泖河步游带等，是区"上海之根"文化节重要组成部分。

**五厍农耕文化节** 2008年9月29日—10月5日，由五厍农业休闲观光园举办，至2010年共举办3届。主要向游客全面展示"上海之根"松江悠久的农耕文化历史和21世纪现代化农业的发展。活动内容包括农耕文化及手工作坊展示、田园休闲观光旅游、现代高科技农业展示、果蔬采摘农耕体验、农业科普知识教育等。

**仓桥水晶梨游园节** 2008年7月5日—8月28日，由永丰街道办事处、区农委、区科委、区旅游局在仓桥水晶梨生产基地举办，每年同一时间连办，至2010年共举办3届。主要内容有梨文化科技展示、夏令营、暑期亲子活动、松江青年学农体验、梨园采摘等。

**新浜荷花节** 2010年7月18日—8月18日，由区旅游局、新浜镇人民政府举办，以"缤纷荷花、生态新浜"为主题，通过"赏"缤纷荷花、"尝"农家美食、"游"乡村风景、"乐"无穷激情、"购"时尚名品等主题活动，展示市郊独特的田园风光，感受现代农村生活韵味。

**张泽羊肉节** 由叶榭镇政府和马桥村张泽羊肉庄共同主办。时间为每年7月8日—10月8日，2009年举办首届。内容有张泽羊肉文化体验及风味品尝、垂钓娱乐、趣味采摘、体会原生态乡村休闲生活等，还可购买叶榭软糕、马桥豆腐干、"家绿"系列农产品等叶榭名特优土特产。

## 三、广富林文化遗址

广富林遗址位于松江新城北端，西接辰山塘，北距佘山约4公里。地势平坦，河道纵横，大多地块处于低洼地，入土数尺即有潜水冒出。

【遗址考古】

1958年，在沟通施家浜与辰山塘河道时，曾出土大批古代遗物。1959年7月，市文管会考古工作者在松江县进行文物普查时，在佘山公社广富林村发现这里较大一块区域是原始社会古文化遗址。

1961年，市文管会在广富林小范围发掘两座良渚文化时期的墓葬及其他遗址遗物。1977年，广富林遗址被列为上海市文物保护地点。1984年，市政府题名立碑"广富林古文化遗址"，并确定为上海古文化遗址保护地。1999—2005年，上海博物馆再次对遗址进行调查及发掘，发现新石器时代、周代、汉代等文化遗存，尤其重要的是，发现并确认为长江下游地区一支新的考古学文化。发现之初，为学术谨慎起见，暂称为"广富林遗存"。2006年6月15—16日，"环太湖地区新石器时代末期文化暨广富林遗存研讨会"在松江区召开，会上原故宫博物院院长、中国考古学会副理事长张忠培等专家提出将"广富林遗存"命名为"广富林文化"。"广富林文化"的发现和确认，填补这一地区历史年代的缺环和文化发展的空白，对长江流域文明、上海历史研究都具有突出价值。

2012年2—8月，由上海博物馆主持，联合复旦大学、上海大学、南京大学、山东大学和宁波市文物考古研究所共同组成的考古队对广富林遗址再次进行抢救性考古发掘。面积约1.5万平方米，创上海市考古之最。2013年，广富林遗址被列为第七批全国重点文物保护单位。经2008—2015年

6 万多平方米的挖掘研究,广富林文化在上海和全国早期文化研究中的重要性不断凸显,专业地位进一步强化。

**【遗址项目】**

广富林文化遗址项目东至龙源路,南至广富林路,西至沈泾塘,北至银涌起路,以"以追寻上海历史之根,探究海派文化之源,品味自然生态之美,享受休闲旅游之乐"的理念开发设计,项目规划用地 56.67 公顷,总建筑面积约 37 万平方米。

2009 年,在市委、市政府的高度重视下,在区委、区政府的大力支持下,由市、区两级职能部门共同推动,广富林文化遗址项目启动。东片区以文化展示为主,占地 19.33 公顷,建筑面积约 8.3 万平方米;南片区以古镇商业为主,占地 12 公顷,建筑面积约 15.5 万平方米;西片区以文化展示配套为主,占地 10 公顷,建筑面积约 4.6 万平方米;北片区考古研究展示馆、五星级酒店占地 6 公顷,建筑面积约 8.6 万平方米;中间区域以遗址保护为主,为占地 9.33 公顷的农耕文化保护区。

2018 年 6 月 26 日,广富林文化遗址一期试运行。广富林文化展示馆、陈子龙纪念馆、朵云书院、古陶艺术馆、富林塔、木艺展示馆、墨宁国乐、富林印记、知也禅寺、三元宫、城隍庙、关帝庙共 12 个场馆对外开放。年底,累计接待游客 94.35 万人次。2019 年,广富林文化遗址加快推进二期标志性建设。科创人文生态展示馆、考古研究展示馆计划于 7 月 1 日前对外开放。

表 15 - 3 - 1　松江区(县)主要年份基本情况

| 项　目 | 1978 年 | 1985 年 | 1990 年 | 1995 年 | 2000 年 | 2005 年 | 2010 年 |
|---|---|---|---|---|---|---|---|
| 区域面积(平方公里) | 605.58 | 605.58 | 605.64 | 605.64 | 604.78 | 604.06 | 604.67 |
| 水域面积(平方公里) | | 9.06 | 60.56 | 60.49 | 60.49 | 37.17 | 31.17 |
| 年末耕地面积(公顷) | 39 153.67 | 38 000 | 35 571.07 | 32 890.4 | 27 831.7 | 17 082 | 17 000.3 |
| 街道(个) | 0 | | 0 | 0 | 0 | 4 | 4 |
| 镇(个) | 2 | 2 | 3 | 20 | 23 | 10 | 11 |
| 乡(个) | 19(人民公社) | 19 | 18 | 0 | 0 | 0 | 0 |
| 居民委员会(个) | | 53 | 79 | 88 | 88 | 130 | 153 |
| 村民委员会(个) | 285 个农业大队 15 个渔业大队 | 318 | 317 | 316 | 219 | 115 | 107 |
| 年末户籍人口(万人) | 45.373 6 | 48.268 8 | 49.938 | 49.547 4 | 49.550 8 | 52.213 8 | 57.603 2 |
| 户数(万户) | 11.825 2 | 13.813 1 | 15.296 4 | 16.060 9 | 16.505 4 | 17.256 6 | 19.162 2 |
| 年末常住人口(万人) | | | | 49.54 | 64.12 | 96.98 | 158.24 |
| 外来人口(万人) | | | | 0.163 6 | 13.52 | 44.08 | 93.74 |
| 户籍人口密度(人/平方公里) | | 797 | | 818 | 819 | 864 | 953 |
| 人口自然增长率(‰) | 10.51 | 1.65 | 3.15 | −0.13 | −0.6 | 0.06 | 1.01 |
| 城镇登记失业人数(人) | | 847 | | | 2 009 | 5 968 | 7 262 |

（续表）

| 项　　目 | 1978 年 | 1985 年 | 1990 年 | 1995 年 | 2000 年 | 2005 年 | 2010 年 |
|---|---|---|---|---|---|---|---|
| 新增就业岗位数（个） | | | | 2 242 | 7 000 | 49 030 | 38 200 |
| 中学（所） | 92 | 49（完全中学 10） | 35 | 31 | 31 | 33 | 32 |
| 在校学生（人） | 31 956 | 21 797 | 26 254 | 29 000 | 27 348 | 33 205 | 31 210 |
| 小学（所） | 336 | 261 | 200 | 101 | 26 | 13 | 33 |
| 在校学生（人） | 49 114 | 50 286 | 48 024 | 37 796 | 32 748 | 25 811 | 54 081 |
| 幼儿园（所） | 321 | 386 | 243 | 28 | 30 | 34 | 73 |
| 在园幼儿（人） | 11 148 | 17 465 | 10 572 | 10 973 | 10 298 | 13 998 | 26 749 |
| 职校（所） | | 2 | 2 | 4 | 2 | 2 | 5 |
| 在校学生（人） | | 1 037 | 1 686 | 3 781 | 2 461 | 2 495 | 4 889 |
| 图书馆、室（家） | 16 | 22 | 22 | 20 | 21 | 16 | 16 |
| 文化馆、站（家）① | 1 | 22 | 1 | 22 | 22 | | 16 |
| 影剧院、场（家） | 3 | 3 | 1 | 16 | 14 | 8 | 4 |
| 区级医院（所） | 1 | 12 | | | 11 | 12 | 13 |
| 医院床位数（张） | 1 532 | 1 503 | 1 998 | 2 431 | 2 862 | 3 674 | 4 017 |
| 医疗卫生技术人员（人） | 1 458 | 2 250 | 2 256 | 2 504 | 2 734 | 2 698 | 4 283 |
| 执业医师（人） | | 378 | | 1 068 | 1 258 | 907 | 1 735 |
| 公共绿地面积（万平方米）② | | | 27 | 101.41 | 108 | 356.51 | 682.27 |
| 人均公共绿地面积（平方米） | | | 12.3 | 2.61 | 9.6 | 13.75 | 22.4 |
| 绿化覆盖率（%） | | | 15.31 | 11.63 | | 44.1 | 37.4 |
| 公园（个） | | 2 | 2 | 2 | 2 | 3 | 3 |
| 农村居民家庭人均可支配收入（元） | | 718 | 1 568 | 3 599 | 5 244 | 8 521 | 14 125.6 |
| 农村居民家庭人均消费支出（元） | | 838 | 951 | 2 800 | 4 385 | 7 164.8 | 9 214.1 |
| 城市居民人均住房面积（平方米） | | | 9.8 | 10.43 | 19.34 | 31.8 | 36.91 |
| 农村居民人均住房面积（平方米） | 13.6 | 24 | 35.95 | 49.52 | 48.4 | 55.89 | 59.81 |

说明：① 1978 年、1990 年为县文化站；② 只统计城区的。

表 15－3－2 松江区(县)主要年份国民经济基本指标

| 项 目 | 1978 年 | 1985 年 | 1990 年 | 1995 年 | 2000 年 | 2005 年 | 2010 年 |
|---|---|---|---|---|---|---|---|
| 生产总值(亿元)[①] | 2.57 | 7.03 | 15.73 | 55.55 | 130.89 | 456.38 | 900.48 |
| 第一产业(亿元) | 1.22 | 1.93 | 3.76 | 8.23 | 8.76 | 7.27 | 7.83 |
| 第二产业(亿元) | 1.00 | 3.46 | 8.58 | 32.44 | 79.89 | 324.70 | 613.48 |
| 工业(亿元) | | | 7.88 | 29.95 | 75.38 | 307.26 | 584.01 |
| 第三产业(亿元) | 0.34 | 1.63 | 3.39 | 14.88 | 42.24 | 124.41 | 279.17 |
| 固定资产投资完成额(亿元) | | 0.35 | 3.29 | 31.81 | 46.46 | 237.47 | 242.81 |
| 财政收入(亿元) | 0.79 | 1.62 | 2.36 | 4.98 | 21.28 | 123.95 | 233.70 |
| 地方财政收入(亿元) | 0.21 | 0.43 | 2.18 | 2.83 | 12.07 | 59.19 | 77.33 |
| 地方财政支出(亿元) | 0.17 | 0.37 | 1.12 | 3.56 | 13.34 | 66.46 | 103.55 |
| 外贸进出口总额(亿美元) | | | | | | 265.33 | 552.29 |
| 出口额(亿美元) | | | | | | 157.83 | 400.74 |
| 外商直接投资实际到位金额(亿美元) | | | | | | 7.69 | 4.62 |
| 年末私营企业注册数(个) | | | 301 | 8 203 | 22 916 | 48 825 | 56 056 |
| 工业总产值(亿元)[②] | 2.35 | 9.74 | 38.12 | 199.39 | 406.75 | 2 130.27 | 4 337.61 |
| 农业总产值(亿元)[③] | 2.17 | 3.13 | 4.65 | 11.68 | 14.31 | 18.68 | 19.26 |
| 住宅竣工面积(万平方米) | 5.34 | 3.24 | 4.2 | 23.42 | 81.31 | 344.63 | 180.88 |
| 社会消费品零售总额(亿元) | 1.76 | 3.13 | 7.43 | 25.87 | 62.44 | 130.08 | 292.167 |

说明：① 除 1990 年外,均为增加值;② 1995 年为不变价;③ 1995 年为不变价。

# 第十六篇　青浦区

青浦区位于上海市郊西南部,因境内有青龙镇和五浦(即赵屯浦、大盈浦、顾会浦、盘龙浦、崧子浦)汇于吴淞江而得名。

1978年,青浦县行政区域面积677.8平方公里,辖有城厢、朱家角、练塘3个镇;赵巷、徐泾、华潮、凤溪、重固、香花、白鹤、赵屯、新桥、城东、城西、朱家角、沈巷、练塘、小蒸、蒸淀、莲盛、西岑、金泽、商榻、解放21个人民公社,下设19个居委会、326个生产大队。耕地面积37 173公顷,户籍人口11.08万户、41.84万人。1980年,城厢镇改为青浦镇,华潮、香花、新桥、城东、城西人民公社分别改为华新、香花桥、大盈、环城、盈中人民公社。1984年4月实行政社分设,建立乡、镇人民政府。1986年4月撤销金泽乡,设立金泽镇。1990年12月撤销朱家角乡、朱家角镇,设立新的朱家角镇;撤销练塘乡、练塘镇,设立新的练塘镇;撤销解放乡,将解放乡分布于各乡镇区域内的渔业村就近并入所在乡镇。1993年12月,沈巷、商榻、赵巷、徐泾、华新、白鹤、凤溪、重固、赵屯、香花桥乡撤乡建镇。1994年6月,小蒸、蒸淀、莲盛、西岑、大盈乡撤乡建镇。1995年9月,环城乡撤乡建镇;12月5日,青浦县西郊工业区列为市级工业园区,定名为上海青浦工业园区。1996年1月,撤销盈中乡,并入上海青浦工业园区。1999年9月16日,国务院批复上海市人民政府同意撤销青浦县,设立青浦区。2000年9月开始进行镇级行政区划调整。11月1日撤销青浦、环城镇,设立新的青浦镇。2001年1月5日撤销练塘、小蒸、蒸淀镇,设立新的练塘镇;撤销朱家角、沈巷镇,设立新的朱家角镇;撤销华新、凤溪镇,设立新的华新镇;撤销重固、香花桥镇,设立新的重固镇;撤销赵屯、大盈镇,设立新的赵屯镇;撤销西岑、莲盛镇,设立新的西岑镇。2004年3月4日撤销西岑、金泽、商榻镇,设立新的金泽镇;撤销青浦镇,设立夏阳、盈浦两个街道;8月31日又设立香花桥街道;撤销白鹤、赵屯镇,设立新的白鹤镇。2010年,全区行政区域面积668.49平方公里,其中水域面积112.46平方公里。辖有8个镇、3个街道,下设184个村委会、85个居委会。耕地面积23 845公顷。户籍人口16.31万户、46.19万人,常住人口108.07万人。

中共十一届三中全会以后,随着工作重心转移,青浦结合区域实际,推进改革开放,推动经济发展和社会进步,大致经历3个时期。

1978—1990年为经济社会恢复发展时期。经济建设着重于两个方面,一是县委、县政府于1983年在全县农村推进农业生产责任制改革,逐步实现统分结合、双层经营的家庭联产承包责任制,制定《关于支持发展粮食专业户若干问题的规定》《关于支持发展多种经营专业户若干问题的规定》,推进农业适度规模经营。县委在调查研究的基础上,打破以粮为纲的生产布局,于1978年5月在练塘人民公社召开农业现场会议,从县域实际出发,推进熟制改革、开发自然资源、发展以"三水"即水生蔬菜、水禽、淡水鱼为主的特色种养业,形成新的农副业生产格局。二是在发展县域工业过程中,重视乡镇工业的发展。县政府多次制定下发有关工业发展的文件,每年召开1次~2次全县经济工作会议,针对出现的问题,采取不同举措,例如,80年代,抓住城市大工业扩散的机遇,凭借场地和劳动力优势,积极组建工农联营企业。政治建设着重推进县级政治体制改革和乡镇行政体制建设。1978年县委与县革会分设。1981年召开县第七届人民代表大会第一次会议,决定县革委会改称县人民政府;召开县政协第五届第一次会议;分别选举产生县领导班子,并逐步走上制度化、法制化轨道。1984年实行政社分设,恢复乡人民政府。1987年撤销公社管理委员会的名称。1991年开展村民自治示范活动,推进基层政权建设。社会事业建设着重推进"科教兴县"战略,狠抓教育改革,实行普教、职教、成教统筹,学历教育、素质教育并重,提高教育水平,服务于县域经济的发展。

1991—2000年为优化产业结构时期。1990年,县委制定《关于促进农业生产稳定发展的若干规定》,提出稳定发展农业,完善和巩固菜篮子工程等10项规定,为建设农副产品基地奠定基础。把全县分为四大生产区:北部为蔬菜区,中部为粮食畜牧区,西部为渔粮经济作物区,西南部为粮油、水生作物区。因势利导,发展粮经型、优势型、创汇型农业。1992年12月,县委、县政府编制完成的《青浦县域综合发展规划(1990—2010年)》明确提出,以二、三、一产业结构发展县域经济。新辟市级、县级和乡(镇)级工业区,规划工业区20个,总面积15平方公里。1993年8月制定《关于进一步鼓励扶持骨干企业和重点村加快发展再上新台阶的意见》,1995年4月制定《关于深化企业改革的意见》,提出加快建立现代企业制度,为县域工业稳定、持续、高质量发展创造条件。90年代,县委、县政府十分重视第三产业的发展,明确以旅游业、商贸业、房地产业为先导,抓紧《淀山湖风景名胜旅游区总体规划》的实施,挖掘崧泽等地域古文化历史遗址,加快现代旅游景点和娱乐设施建设,推进旅游业的迅速发展;拓展商贸业,1993年成立县贸易办公室,1997年成立县商业委员会后,建成青浦鞋城、青浦商厦、百货大楼、白玉兰商城等骨干设施,推进商贸迅速发展;1991年抓住城镇住房制度改革契机,房地产开发企业纷纷成立,商品房建设全面启动,推进房地产业迅速发展。1991年,三次产业增加值分别为3.23亿元、9.09亿元、3.35亿元,比例为20.61∶58.01∶21.38;2000年分别为8.41亿元、75.8亿元、41.2亿元,比例为6.71∶60.04∶32.85,城郊型经济逐步形成。

2001—2010年为建设"绿色青浦"时期。2000年9月26日,中共青浦区第一次代表大会提出:充分利用青浦的资源优势和区位优势,全面实施可持续发展战略、科教兴区战略和城市化战略,着力形成布局合理、结构优化的新型工业区,体现古文化、水文化特色的休闲旅游度假区,具有集约型、都市型特征的生态农业区,梯度辐射、风貌凸显的现代城镇体系,努力把青浦建成经济繁荣、环境优美、社会文明的上海现代化的西大门和美丽的后花园。2005年,区第二届第六次会议进一步提出:以新的发展战略——建设"绿色青浦"来引领全区经济、社会和环境等各方面的发展。在发展经济方面,第一产业依托产业基础优势和青西地区生态资源,组织专业合作社,推进产业化经营,加强品牌农业建设,逐步实现高效、生态、休闲、安全的都市型现代农业;第二产业通过整合,形成"1+5"工业园区,实施绿色工业品牌、工业形态集中与业态集聚并举,以先进制造业为重点,发展"属地型、实业型、科技型、外向型"企业,形成电子信息、现代纺织、精密机械、印刷传媒等支柱产业和文体(休闲)特色产业;第三产业注重发展仓储、物流、信息和软件服务等为重点的现代服务业,着重建设"三区一圈"为主的区域商贸旅游网络。在社会建设方面,以实施4轮环境保护和建设三年行动计划为抓手,开展环境治理,有序推进淀山湖生态带建设和大莲湖湿地修复工程,建成"国家环境保护模范城区";加快市政基础设施建设,完善区域公路交通网络,改善供电、供水、供气状况,与绿色青浦建设相得益彰;通过推进青浦新城、中心镇、一般镇建设,实施农村宅基地置换,引导农民向城镇和中心村集中;继续完善就业和社会保障体系,积极推进社会福利和社会慈善事业;切实提高城乡居民收入水平和生活质量,逐步实现上海现代化的西大门和美丽后花园的目标。

2010年,青浦区实现生产总值589.71亿元,比1980年增长216倍;财政收入188.7亿元,比1980年增长247.4倍;社会消费品零售总额250.61亿元,比1978年增长265.6倍。境内有崧泽古文化遗址，是太湖地区新石器时代具有一定典型性代表的原始社会文化；有福泉山古文化遗址，被称为"上海历史年表"，完整保留6 000年以来各个时期文化叠压遗存；有朱家角镇、练塘镇和金泽镇等中国历史文化名镇，唐青龙塔、唐泖塔、清万寿塔等古塔，宋普济桥、元迎祥桥、明放生桥等古桥；有陈云故居暨青浦革命历史纪念馆、小蒸农民暴动指挥所等革命纪念地；有太浦河、大蒸塘、淀浦河、拦路港、吴淞江、泖河、油墩港等主干河道；有G50（沪渝高速）、S26（沪常高速）、G1501（上海绕城高速）、G15（沈海高速）、G2（京沪高速）、G60（沪昆高速）等穿越；有东方绿舟、太阳岛旅游度假区、上海大观园、上海国际高尔夫乡村俱乐部和日月岛度假村等休闲娱乐场所。1983年被林业部授予"全国平原绿化先进县"；1986年经国务院批准授予"全国基础教育先进县"；1990年被国家体委授予"全国体育先进县"；1996年被农业部授予"全国农民收入先进县"；1999年被科技部授予"全国科技工作先进县"；2009年被民政部授予"全国村务公开民主管理示范单位""全国农村社会建设实验全覆盖示范单位"，被文化部授予"全国文化先进县（区）"，被教育部授予"全国推进义务教育均衡发展先进地区"；2010年被全国爱国卫生委员会授予"国家卫生区"。

2011年，《上海市青浦区国民经济和社会发展第十二个五年规划纲要》提出，按照统筹区域协调发展的要求，立足于不同区域的特点和基础优势，力争打造产城一体、水城融合、多元要素集聚均衡发展的现代化新城增长点。新城东翼依托虹桥商务区发展商业商务和现代服务业，新城西翼利用天然湖泊资源发展湖区经济，形成相互促进、协同发展的"一城两翼"战略布局。着重推进淀山湖新城建设，加快形成集"生态、生产、生活"等城市综合功能于一体，具有水都特色和历史文化底蕴的生态宜居的湖滨新城。尽力打造西虹桥现代服务业新高地，形成上海西部面向长三角的特色服务业集聚区、总部经济功能区以及上海国际贸易中心主体功能区的西部拓展区，成为特色凸显、布局合理、功能高端的现代服务业新高地。促进湖区经济发展，重点发展休闲旅游、商务会务、康体疗养、文化创意、特色居住、现代农业等"生态、低碳、环保"的经济业态，打造与上海国际大都市功能相适应、"水文化"和"古文化"特色明显、长三角最具有影响力和竞争力的湖区之一。推进基本公共服务保障体系建设，建立与经济社会发展水平相适应的社会保障体系；统筹布局区、镇（街道）、村（居）多级多层次的公共设施体系，进一步提高社会事业发展水平和质量。

# 第一章　经济社会恢复发展

1978年起,县委、县政府以党的工作重心转移为契机,逐步推进经济、社会、政治体制的改革发展。通过推行家庭联产承包制,发展适度规模经济经营,使农业生产经营方式适应农村生产力的发展;通过调整农业产业结构,实行熟制改革,发展具有县域特色的种养业,农业生产得到恢复与发展;通过兴办乡镇工业,加强与城市大工业联营,拓展外向型经济,使县域工业迈上新台阶;通过县级、乡村政治体制改革,完善县级四套领导班子,加强村民自治,稳步推进基层政权建设;通过重视农村教育,实行普通教育、职业教育、成人教育统筹发展,提升农民文化素养和技能水平。尤其是总结推广顾泠沅数学教改经验,大力提升县域初中数学水平,成为教育改革的亮点,1989年获得教育部颁发的教育科学成果一等奖。

## 第一节　农村生产经营方式

中共十一届三中全会后,青浦县以农村生产经营方式改革为抓手,由实行小段包工、定额计酬,逐步过渡到家庭联产承包责任制,进而发展适度规模经营,以所有权、经营权的分离,调动农民的生产积极性。

### 一、家庭联产承包责任制

1979年春,首先有徐泾、华新等12个公社的1 537个生产队,实行小段包工、定额计酬生产责任制。从西瓜、油菜籽、棉花等经济作物包产,发展到粮食作物包产;从部分作物联产到劳(组),发展到全部作物联产到劳。

1980年下半年,朱家角公社在周家港7队试行对油菜播种进行联产计酬生产责任制;1981年在新华大队试行成本包干、取消工分、产品归队、收支到户、队留分担、直接计酬的生产责任制;在周家港3队、6队,山湾8队、9队试行"五定一奖"即定劳力、定面积、定产量、定成本、定工分,超者奖,"三不变"即集体所有制不变、基本核算单位不变、定产以内统一分配不变,"四统一"即统一生产计划、统一茬口安排、统一农机具调配、统一产品交售,责任到劳、联产计酬生产责任制。1982年10月,全社19个生产大队189个生产队中,有104个生产队全部作物联产到劳,有13个生产队全部作物联产到组。

1983年总结徐泾、华新、朱家角、商榻等公社的做法和经验,在全县推行统分结合、双层经营的家庭联产承包责任制。具体方法为:土地按口粮和劳力分配给农户,由农户承包经营,所有权仍归集体;机耕、植保、排灌等农业服务由集体统一经营管理。年终,农户的收成在交纳国家农业税和集体公积金、公益金、管理费等提留款后,余下都归自己,俗称"大包干",即交足国家的,留好集体的,余下都是自己的。在推行家庭联产承包制过程中,针对部分党员、干部有"辛辛苦苦三十年,一夜回到解放前"的感慨,做好思想宣传教育工作,形成"三十年前分田是为了耕者有其田,三十年后分田是为了耕者有其责"的共识和有其人、干其活、负其责、钻其业,一年任务早知道,千斤担子众人挑的生产氛围。针对部分群众特别是缺少劳动力的老、弱、病、残人员或孤寡人员担忧"分田到户后遇到困难没人管"的想法,着重加强农副业服务体系建设,建立农业服务队,做到农机、植保、排灌、用电、种子等四配套或五配套服务,为农户特别是老、弱、病、残或孤寡人员排忧解难,提供产前、产中、产后服务。是年,全县实行大包干的生产队占总队数的68.2%,1984年占94.4%,1985年达99.6%。全年,共承包集体耕地33 615.87公顷,其中口粮田14 436.67公顷,占43%,平均每人口粮田0.04公顷。年每公顷产粮9 052.5公斤,比1977年每公顷增产1 035公斤。集体提留的公益金,从1984年起改为按全队折合总劳力平均提留,公积金和管理费仍按承包耕地面积提留。农户家庭承包集体耕地后,机耕、排灌和部分植保、种子等仍由集体经营,形成统分结合、双层经营体制。

## 二、适度规模经营

实现家庭联产承包制以后,农业生产出现新情况,主要表现为"家家粮棉油,户户小而全"带来的问题,有一技之长或劳力充足的农户在完成承包任务后,因种植粮、棉、油难以增加收入,因而把家庭富余劳力及资金、技术等生产要素投向养猪、养鸭、种植蔬菜等,增加家庭收入。一部分劳动力、资金、技术缺乏的家庭,则因为在分包土地时采取好田、孬田、近田、远田平均搭配的办法,造成承包耕地零碎,不利于耕作,加上粮田复种指数高,劳动力投入强度大,难以胜任责任田的耕作,使责任田出现抛荒、半抛荒现象,并因家庭人口、劳动力因素以及就业变化等而要求转包责任田。

1984年3月、6月,县委、县政府制定《关于支持发展粮食专业户若干问题的规定》《关于支持发展多种经营专业户若干问题的规定》,倡导发展专业户、重点户,鼓励土地逐步向种田能手集中,追求规模效益。是年,县政府向873户粮食专业户颁发《粮食专业户光荣证》。专业户连同部分粮食重点户共2 102户,提供粮、棉(1公斤折粮8公斤)、油(1公斤折粮3公斤)折合商品粮1 877.5万公斤,平均每户8 900公斤,商品率为72%。1985年,规模经营由粮食种植扩展到瓜果蔬菜种植以及畜禽、水产养殖等领域,有的还形成生产基地。比较突出的有:徐泾乡张鸿兴,投资100万元办起私人养猪场,自办饲料加工厂,从1985年起,每年上市肉猪3万头;大盈乡徐国华,经营家庭养鸭业,逐步形成孵化、饲养、宰杀、包装、储运、运销一体化经营的肉鸭专业户;练塘乡曾余根,养殖特种水产,年产值达到100多万元。1985年,全县内塘和外荡养鱼有千余处,养殖单位和专业户近300个,年产各类淡水鱼13 250吨,占市郊淡水鱼总产量的26.5%,收购和调市量均占市郊总量的40%左右,为全市之首;养猪专业户、重点户有568户,全县饲养量42.38万头,上市量为25.15万头;水生蔬菜上市3.18万吨,比1981年增加2倍多。1987年,全县已有各类专业户6 135户,其中,农业专业户1 057户,承包耕地面积788.53公顷,占集体耕地面积的2.32%。与此同时,部分专业户从发展规模生产的需要出发,组织新经济联合体,1985年有270个,1986年增至700多个。专业户、新经济联合体的出现,起到示范、带动、引领作用,农业由传统的自给性生产逐步向商品化生产转化。青浦县每年为国家提供商品粮1亿公斤左右,并提供大量水产品、猪、禽、蛋以及各种蔬菜等副食品。

# 第二节　农　业　生　产

1984年,党中央、国务院取消农副产品统购统销制度,为农业熟制改革、结构调整、生产发展提供契机。县委、县政府根据县域地势低洼、湖荡密布、滩涂连片等特点,在保证居民粮油自给和完成市定购任务的前提下,实行熟制改革,不种双季稻,减少棉花种植面积;开发利用水面资源,大力发展以"三水"即水生蔬菜、水禽、淡水鱼为主的特色种养业;扩种蔬菜、水果、油料及其他经济作物。1990年,全县茭白种植面积2933公顷,为全市菜场茭白供应的主产区,约占全市生产量的90%;淡水鱼产量达25392吨,为市郊最高;生猪上市32万头,肉禽上市994.49万羽,蛋上市2229.8公斤,成为全市重要的副食品生产基地。

## 一、耕作制度改革

青浦县是郊区粮食主产区,农业生产基本上以粮、棉、油为主,熟制有三熟制、二熟制、一熟制3种。三熟制一般种植麦(油菜)、早稻(玉米)、后季稻;两熟制一年种植两熟作物,通常秋末初冬种三麦、油菜,春末夏初种水稻、棉花、玉米等作物,也有只种水稻和蔬菜的两熟制;一熟制仅分布在青浦境内腹部低洼地区和青西淀湖(河)片的滩田,只能种植一熟作物,并以单季早熟水稻为主。因低荡田长年积水,冬季只能休闲、搁置。后对低洼田逐年改造,一熟制种植面积相应减少,"文化大革命"期间,强调"以粮为纲",一熟制基本淘汰,改为两熟制,两熟制则改为三熟制,1983年全县三熟制面积占农田总面积的85%,复种指数达到230%。虽然三熟制提高作物复种指数,但因成本高、投工多、效益低、收入少,并不受农民欢迎。实行家庭联产承包制后,承包户在完成定购任务后,生产经营有了自主权,取消农副产品统购统销制度更成为推进熟制调整的契机。县委、县政府决定通过调整熟制,调整粮经比例,不仅抓好粮棉油,而且抓紧猪禽蛋,重视淡水鱼养殖,因地制宜发展县域种养业,使青浦县东部地区秋季以播种三麦为主,其次是油菜,夏季种植水稻;西部地区秋季以播种油菜为主,其次是三麦,夏季种植水稻或种植蔺草、茭白,后茬种植水稻。1985年,青浦县在赵屯乡曙光村进行粮食生产三熟制改两熟制的试点。1986年起,全县粮食生产改三熟制为二熟制,粮食复种指数从1985年的197%下降到1990年的135%。

## 二、结构调整

**【粮棉油生产】**

**粮食**　主要分稻类品种、麦类品种、杂粮品种。水稻是全县农业的主要作物,以单季晚稻为主,其次是双季稻,即早稻和晚稻连作法,1986年后,不再种植双季稻。1985年,全县水稻种植面积3.12万公顷,总产量16.92万吨,每公顷单产5423公斤;1990年分别为2.01公顷、16.37万吨和8129公斤。三麦主要是大麦、元麦、小麦,种植有耕种麦、套种麦和免耕麦。1989年,全县免耕麦面积14992.7公顷,占三麦种植面积的94.1%。1992起,全县基本不种元麦,改三麦为二麦。1985年,全县三麦种植面积1.92万公顷,总产量6.26万吨,每公顷单产3266公斤;1990年分别为1.68万公顷、5.75万吨和3418公斤;2000年分别为0.7万公顷、2.88万吨和4136公斤。杂粮主要是蚕豆、玉米、甘薯等,有统计的仅为蚕豆和玉米。

**棉花**　先后采用散播和条直播两种。1985年,棉花种植面积为6933.33公顷;1986年为722.67公顷,每公顷皮棉产量855公斤,总产617.88吨;1990年为666.33公顷;1997年为3.5公顷,之后逐年减少,基本不种植。

**油菜**　主要是打潭穴栽,也有套勒条形移栽。1985年,全县油菜种植面积7996.93公顷,总产量1.31万吨,每公顷单产1640公斤;1990年分别为8424.3公顷、1.57万吨和1860公斤;2000年分别为 6 286.7 公顷、1.43 万吨和 2 267 公斤。

## 【蔬菜瓜果生产】

**蔬菜** 以十字花科和葫芦科植物居多。1985 年,全县蔬菜种植面积 5 905.73 公顷,总产量 11.68 万吨。蔬菜生产实行管放结合的办法,生产者根据与商业企业签订购销合同安排生产和交售。1988 年 10 月,市政府决定放开价格,放开零售经营,鼓励农民种植蔬菜。全县蔬菜种植面积 9 042.87 公顷,总产量 18.88 万吨。1989 年贯彻"郊区生产为城市服务"和"菜区生产以菜为主"的方针,县里根据市蔬菜产销规定,实行计划种植和合同定购上市。全县有常年菜田 1 295.53 公顷,茭白种植面积 2 666.67 公顷/次,种植蔬菜种类 67 个,品种 162 个,全年生产总量 18.57 万吨。是年,县投入资金 200 万元,建成乡、村蔬菜种子场 9 个,推进蔬菜种植设施建设。1997 年,全县有常年菜田 1 684 公顷,生产各类蔬菜 33 万吨,上市 30 万吨,产值 2.8 亿元,占种植业总产值的 30.4%,成为全市重要的蔬菜生产基地之一。

**瓜果** 主要是草莓和西甜瓜。草莓种植集中于赵屯乡。1983 年,赵屯乡梅桥一位村民从上海农科院园艺所采购 3 棵苗,栽种成功,在赵屯乡农业公司扶持下得到推广。1989 年,全乡种植草莓 9 公顷,之后又在全县逐步推广。1998 年,全县草莓种植面积 585.2 公顷,年产量 7 309 吨,其中赵屯镇种植面积 533.33 公顷。1999 年 8 月,赵屯镇被全国农村特色经济之乡推荐宣传组织委员会评为"中国草莓之乡"。西甜瓜种植主要品种有西薄洛托、伊丽莎白、右喇叭等。1988 年,全县西甜瓜种植面积 2 688.8 公顷,是最多的一年;1995 年为 271.7 公顷,是最少的一年。此外,还有桃、梨、柑橘、葡萄等。

## 【其他经济作物】

主要是食用菌和蔺草,食用菌有蘑菇、香菇、草菇、鸡腿菇等。1985 年,全县种植蘑菇 20.36 万平方米,产量 950.55 吨,产值 204.28 万元;种植香菇 444.44 平方米,产量 2.6 吨,产值 0.65 万元。蔺草亦称灯心草,色绿纤小,细长,能编织草席。县域练塘地区土壤、水质宜于蔺草生长,且不易倒伏,形成地域特色的"练塘蔺草"。1985—1990 年,全县蔺草种植面积分别为 30.93 公顷、57.8 公顷、61.53 公顷、82.87 公顷、2 231 公顷、3 725 公顷。1994 年,全县种植面积 909.7 公顷,产量 10 029 吨,销售收入 4 678 万元。其中练塘种植面积 800 公顷,占全镇粮田面积的 30%。1998 年起,随着农业产业结构的进一步调整,食用菌和蔺草种植逐步减少。

## 【畜禽饲养】

**生猪** 1985 年,全县生猪饲养量 42.38 万头,上市量 26.12 万头,圈存量 16.26 万头。粮食价格放开后,因饲料价格偏高,养猪成本高、效益低,集体与农户的饲养量有所减少,曾一度造成市场上猪肉供应紧缺。1988 年,青浦县投入资金 3 819 万元,兴建生猪饲养场 60 个,其中 5 000 头猪以上的饲养场 20 个。是年,全县饲养生猪 35.02 万头。之后,青浦县生猪的饲养量和上市量逐年增加。

**养牛** 80 年代,县域养牛主要是耕牛。1985 年有 1 938 头,随着农业机械化程度的逐步提高,机械化耕作替代牛役,耕牛饲养量逐年减少,1996 年仅存 89 头。80 年代初,开始建办奶牛场。1985 年,全县有 11 个奶牛场,饲养奶牛 1 270 头,牛奶产量 3 315 吨。1988 年,建立青浦县奶牛管理服务站,负责全县各奶牛场的奶牛饲养管理、配种繁育、疾病防治等技术服务和指导,并从荷兰引进黑白花奶牛繁育良种。2000年,全县有奶牛场10个,饲养奶牛2 257头,牛奶产量11 262吨。

**家禽**　县域饲养鸡的品种有杂交草鸡、浦东鸡、狼山鸡、萧山鸡等。70年代起,集体养鸡场饲养白洛克鸡、星布罗鸡、来航鸡和三黄鸡等品种,还引进罗斯鸡、洛岛红鸡、新汉鸡等国外良种。1985年,全县肉用禽饲养量500.8万羽,蛋鸡饲养量7.59万羽,全年肉用禽上市量312.16万羽。之后,逐步进入调整和建设发展阶段。

县域饲养鸭的品种主要有绍兴鸭、娄门鸭、北京白鸭等。90年代起,引进瘦肉型山鸭饲养。1987年,青浦县朱家角、环城、大盈、盈中4个乡的鸭饲养量最多。环城乡塔湾一队有74%的农户养鸭,其中养鸭专业户34户,饲养鸭185万羽,成为全县第一个养鸭专业村。1990年,全县肉用鸭饲养量883.4万羽,蛋鸭饲养量188.79万羽,全年肉用鸭上市量775.8万羽。1991年起,青浦县取消农副产品订购任务,放开供应饲料,促进养鸭业发展。

### 【水产品养殖】

县内以内塘精养为主,湖泊河沟放养为辅。青浦县农业在产业结构调整中,利用荒废湖泊、旧河道、马路沟和低洼田进行改造,开挖精养鱼塘和养鱼内塘。湖泊河沟养殖通过围湖建塘养殖、网箱养殖和人工放流等手段,利用水面积8 469.87公顷发展淡水鱼养殖,养殖面积8 003.33公顷;此外,还有稻田养鱼。养殖的种类有鱼类、虾类、蟹类、贝壳类、蛙类等。

## 三、生产布局

熟制改革、粮经比例调整,带来农林牧副渔全面发展的新气象。县委、县政府一方面因势利导、因地制宜,根据水、土、气候等自然条件和技术等社会条件以及农业生产的基础,及时调整完善农业生产布局,逐步形成具有区域特色的四大农业生产区;另一方面积极理顺产销渠道,确保货畅其流。县委、县政府推动各乡镇建立和健全经营服务型的农业公司和副业公司,由其筹划农副产品的生产、销售,并通过产销直接挂钩,与全市销售市场及市区菜场、工厂、学校、宾馆等签订合同,实行农副产品挂钩销售;创办农副产品专业市场,先后建成23个不同类型的产地批发市场,吸引外地运销单位到青浦县进行农副产品运销,发挥市场的集聚、扩散功能;实行农商联营,即乡镇农业公司、副业公司与供销社联合办供销服务公司,在市区和江苏、浙江两省中小城市设立销售点,形成销售网络;扶持有经营能力的农民从事农副产品的贩运等,为县域农业生产区的形成发展奠定基础。

### 【东北部菜粮区】

包括华新乡全部,白鹤乡大部,凤溪、重固、赵屯、徐泾乡的部分,全县4.5米的高地半数集中在此,是传统的蔬菜区,适宜种植旱生蔬菜。1982年有菜田938.67公顷,占全县菜田总数的70%。80年代,在统筹减棉,安排粮、菜播种面积的基础上,创出一整套粮菜轮作调茬的种植制度,并有计划建造温室、大棚。采取保护地栽培,使蔬菜四季常青,为城市提供更多质优的新鲜蔬菜。

### 【中部商品粮畜禽区】

包括赵巷、环城、盈中、大盈、香花桥乡的全部,徐泾、凤溪、重固、赵屯乡的大部,土质黏重,地下水位较高,易积雨成涝。历史上水患频繁,只适宜种植一季水稻,但一直有养鸭传统。80年代,由于调整肉鸭收购价格,实行以肉换料等措施,饲养量猛增,环城、盈中、大盈、朱家角乡饲养量为全县最多,被称为"养鸭之乡"。环城乡塔湾1队有74%的农户养鸭,成为全县闻名的饲养白鸭专业村。由此,逐步形成农、牧、渔相结合,综合发展的新型商品粮畜禽区。

### 【西部渔粮经济作物区】

包括淀山湖周围的朱家角、西岑、金泽、商榻乡的全部和莲盛乡的部分,80年代,解放乡的渔民大都分布在上述各乡。擅长发展淡水鱼养殖,为此,产业结构调整中,把淡水鱼养殖作为主攻方向,取得较好成绩。莲盛乡1979年开始挖塘养鱼,1985年达到213.33公顷,总产量超过1 500吨,位列市郊第二名。解放乡的淡水鱼养殖产量1983年达到2 000吨,1988年突破3 000吨。

### 【西南部粮油水生作物区】

包括沈巷、小蒸、蒸淀、练塘乡的全部和莲盛乡的大部,历史上以种单季稻为主。80年代利用荡田种植水生作物,经济效益较好。1982年,水生蔬菜田有398.67公顷,年收入341万元,其中练塘乡占209.5万元,为该乡农业总收入的24%左右。高、平田可实行稻草(蔺草)轮作,低荡田水生作物与水稻轮作,既能保证粮、油的稳定增长,又可增加水生作物产量,提高农村经济收入。特别是以蔺草为原料的编织加工,为扩大出口创造条件。

农业产业结构调整,使全县粮食种植面积由占耕地的92.5%减少到64%,棉花、蔬菜、水果等经济作物种植面积从占耕地的6.5%增加到30%以上,且农副业生产逐步向商品化发展。成为上海最大的副食品生产基地,成为上海的"菜篮子""米袋子"。

## 第三节　乡　镇　企　业

青浦县乡镇企业发展经历从横向经济联合到全面利用内外资,从内向型经济到外向型经济,从吃"大锅饭"到落实生产责任制、完善经济承包经营责任制的过程。

### 一、发展历程

1978年前后,全县各公社在农机修配厂的基础上,发展一批以机械制造为主的小工厂。年底,全县有社队工业企业532家,从业人员35 642人,全年完成产值11 567万元,占全县工业总产值的48.68%。之后,县内社队工业异军突起,发展迅速。各公社、大队通过各种渠道或信息,承接城市大工业向郊县农村扩散、转移的加工、配套任务,并由机械粗加工发展到制药、棉纺以及外贸服装等劳动密集型行业。这些为大工业加工、配套服务的生产任务,最初由委托方负责安排,进而发展到协作生产、定点生产、联营生产。这一发展过程不但使农机修配厂改变微利或亏损现状,而且为农村实行家庭联产承包制后农业一线劳动力向二、三产业转移创造了条件。

1990年,全县乡镇工业、村级工业企业1430家,职工124 954人,固定资产原值95 701万元,工业总产值(1990年不变价)238 900万元,工业净产值38 830万元,工业利润17 917万元,工业利税27 196万元,工业产品出口拨交额54 768万元。其中,乡办工业企业390家,职工66 125人,固定资产原值62 944万元,工业产值152 542万元,工业净产值37 405万元,工业利润10 977万元,工业利税16 945万元,工业产品出口拨交值51 824万元;镇办工业企业26家,职工2 477人,固定资产原值1 668万元,工业产值4 264万元,工业净产值1 425万元,工业利润284万元,工业利税456万元,工业产品出口拨交值 1 102 万元;村办工业企业 1 014 家,职工 56 352 人,固定资产原值 31 089
万元,工业产值 82 094 万元,工业利润 6 656 万元,工业利税 9 795 万元,工业产品出口拨交值 1 842
万元。

## 二、联营企业

在承接城市大工业向郊县农村扩散、转移加工、配套任务的过程中,社队工业凭借较灵活的经
营机制及场地、劳动力的优势,依托市区工业的资金、信息、技术、销售渠道、管理能力等优势,走工
农联合发展道路,组建工农联营企业。1980 年与上海五洲服装厂联营的重固公社服装厂和练塘公
社服装厂,为县内最早的两家工农联营企业。上海重固服装厂位于北青公路北、陈华江桥边,东临
北青支路,西靠通波塘江。前身由山前、毛家角、中新、回龙、钱家泾、郏店、新力 7 个大队于 1969 年
自筹资金利用毛家角村空余房子合股投资的大联服装厂。主要生产劳防用品,即手套、工作服等,
原料自己采购,产品自产自销。1972 年由于业务扩大,决定在重固镇河西街新建 300 平方米的厂
房,产品由劳防用品转做上海服装二十二厂的内销加工产品。1974 年转做上海五州服装厂的外销
加工产品。1979 年 1 月同上海五州服装厂协商办厂,9 月取得成功,1980 年签署合同并生效。上海
五州服装厂提供机器设备、原材料、负责商品销售,重固公社提供厂房及职工来源,联营厂取名为
"上海重固服装厂",产品主要是布服装,利润分成各为 50%。1985 年,全厂厂房面积达 4 640 平方
米,产值 310 万元,利润为 41.8 万元,固定资产 70 万元,拥有缝纫机 215 台、拷边机 19 台、锁眼机 2
台、电熨斗 90 台,共有职工 418 人。与上海五洲服装厂联营的练塘公社服装厂原先是公社农机厂,
1980 年,原先农机厂整体搬迁,原址的房屋与上海五洲服装厂联营,上海五州服装厂提供机器设
备、原材料,负责商品销售,产品主要做外销的牛仔服装。之后,各公社相继效仿,其中乡镇、村办联
营工业企业居多。1985 年,全县乡办集体工业企业中有联营企业 30 户,完成产值 10 059 万元、利
润 1 732.8 万元,固定资产原值 2 725.7 万元。1986 年后,县内联营工业企业发展迅速。1990 年,
全县有乡镇、村两级工业联营企业 246 家,完成产值(1990 年不变价)111 274 万元、利润 10 274 万
元,职工 40 051 人,年底固定资产原值 44 814 万元。

## 三、外向型企业

改革开放后,县内社队工业与上海市服装、丝绸、轻工、玩具、针织品、五金、抽纱等行业的进出
口公司联合,走"贸工农"路子,建立出口生产基地。县内外向型工业初试阶段主要依托市外贸公
司,开展外引内联。1979 年,白鹤公社与上海服装进出口公司联营的白鹤服装厂与美国雅美集团
有限公司签约,利用该集团投资引进国外先进设备和技术,以补偿贸易方式从事出口服装加工。
1990 年被外经贸部定名为贸工农联合出口生产基地企业。从创办到 1991 年止,累计产值达 26 261
万元,创汇 7 429 万美元。练塘公社北王浜大队以补偿贸易方式办起蔺草加工企业,从事榻榻米席
的加工业务,是青浦县社队企业第一次以商品信贷的形式引进外资和技术、设备的成功尝试。两家
企业开市郊乡镇企业产品进入国际市场之先河。1986 年 1 月,白鹤乡第二服装厂投产,1987 年更
名为上海进出口公司白鹤联营服装二厂。由于生产的熊猫牌夹克衫品种多(布夹克、牛仔夹克、皮
夹克)并适应四季特点(棉、单、夹),还能根据不同地区的客商要求,按不同人种、性别、体形及气候
差别,专门编制尺码,选用不同衣料,精心缝制,深受外商欢迎,产品远销欧美及东南亚等诸多国家

和国内各大城市。是年4月,荣获市外经委颁发的"新优美创新设计奖";1990年,美国雅美集团有限公司赠予"信守合同,产品优质"纪念牌;1991年又荣获"全国乡镇企业系统先进企业"称号。是年,全厂产值达14 116万元,为国家创汇3 065万美元。之后,青浦县凤溪镇、上海文体用品进出口公司和日商三方共同投资创办的上海ACE箱包有限公司,中国纺织品进出口公司上海市针织品分公司、徐泾乡工业公司、中国香港利新漂染厂有限公司三方合资兴办上海新虹漂染有限公司等,通过参与国际市场竞争,使一批外向型企业迅速壮大。

1990年,乡(镇)村工业出口产品生产企业从1979年的26家增至88家;出口交货值从1979年的346.2万元增至54 768万元;年交货值500万元以上的出口大户33家,1 000万元以上的19家。许多产品在国际市场信誉颇佳,尤其是出口服装生产厂家,争创优质名牌产品,形成一批在国际市场上具有竞争力的拳头产品。白鹤联营服装厂的服装,淀山湖时装厂的真丝时装、绣衣,白鹤联营服装二厂的熊猫牌夹克衫,被评为上海市优质出口商品。白鹤联营服装厂、淀山湖时装厂等14家企业被农业部、外经贸部评为1989—1990年度全国乡镇企业出口创汇先进单位。

# 第四节　政治体制建设

"文化大革命"结束后,青浦县政治体制建设进入一个新的历史时期,着重于县级政治体制和乡镇行政体制建设。

## 一、县级政治体制

### 【县委】

民国16年(1927年)3月,组建中共青浦县独立支部,11月建立中共青浦县委员会,陈云任县委书记。1949年5月,青浦解放,组建新的中共青浦县委员会。1966年"文化大革命"开始后,县委工作陷于瘫痪。1968年3月成立县革命委员会,实行党政合一。1969年11月建中共青浦县核心小组。1971年召开县第四次代表大会,党的核心小组遂告结束。1978年4月,县委与县革会分开办公。1986年12月召开第五次党代表大会,选举产生委员19人、候补委员4人。此后,县党代表大会步入按党章规定正常举行的轨道。1987年10月,县委工作机构设有县委办公室、组织部、宣传部、农工部、统战部、政法委员会办公室、老干部局、机关党委、党史资料征集领导小组办公室、党校等。2000年12月,区委工作机构设有区委办公室、组织部、宣传部、统战部、政法委员会、政策研究室、老干部局、区直机关党工委、信访办、党史研究室、党校、青浦报社等。

### 【县人大】

县人大是地方国家权力机构,县人大常委会是常设机构。1954年7月召开县第一届人民代表大会,建立县的地方权力机构。1966年3月为召开县第六届代表大会,全县进行普选,因"文化大革命"开始而未举行。1981年9月召开县第七届人民代表大会,选举人大常委会正、副主任5人,委员12人,正、副县长6人,以及县法院院长和县检察院检察长等。大会决定,将县革命委员会改称县人民政府。此后,县人民代表大会按宪法、法律规定步入正常举行轨道。从1984年县第八届人民代表大会起,县人大代表由间接选举改为选民直接选举。

**【县政府】**

1981 年 9 月恢复县人民政府建制,机构设置进行重新调整,1985 年设有办公室、计委、体委、科委和人事、水利、农业、畜牧、水产、统计、物价(后改物委)、环境保护、民政、劳动、工商行政管理、财政(含税务)、审计、交通、建设、农机工业、社队工业(后改乡镇企业)、粮食、物资、宗教、文化、教育、卫生、邮电、司法、公安等局及人民银行、建设银行、标准计量所、广播电台、供销联社、防空办公室等职能部门。另设县志编纂委员会办公室为直属事业机构,合署办公的有县文物保护委员会、县爱国卫生运动委员会、县计划生育委员会、县武装委员会、县绿化委员会等。1987 年 12 月新设县监察局。之后,根据经济社会发展需要不断调整。

**【县政协】**

1956 年 6 月,依照《中国人民政治协商会议章程》组成中国人民政治协商会议青浦县委员会,并于 27 日召开第一届第一次会议。"文化大革命"期间,县政协被迫停止活动。1980 年 4 月 11 日,第四届常务委员会恢复办公,着手筹备县政协第五届委员会。1981 年 9 月召开县政协第五届第一次会议,经协商选举产生县政协主席、副主席 7 人,委员 133 人,其中常务 35 人。政协选举也步入法制轨道。1990 年 4 月召开政协上海市青浦县第八届委员会第一次会议选举产生 164 名委员,代表 19 个界别,设学习、提案工作、文史资料、三胞联谊、经济科技、教育文体、医药卫生、城建财贸、民族宗教、社会工作等 10 个专门委员会。

## 二、乡(镇)行政体制

1972 年起,县内各公社、镇的党委书记兼革委会第一召集人,实行"党政一元化领导"。1978—1987 年,各公社、镇先后召开第七、第八、第九、第十届人民代表大会。1980 年 12 月,第八届人民代表大会将社、镇革委会分别改称为人民公社管理委员会和镇人民政府。1984 年 4 月第九届人民代表大会起,按照宪法规定,改变人民公社政社合一体制,实行政社分设,恢复建立乡人民政府,为基层一级政权机构,形成党、政、社三套班子并列的体制。下半年,又开始进行乡级体制改革试点工作,将党、政、社三套班子改为党、政两套班子,撤销公社管委会。乡政府设经济办公室或经营管理站,由一位副乡长专管经济工作,行使乡政府领导和管理职能,并建立农业、工业、副业等公司为乡级经济实体组织。试点结束后,各乡(镇)全面展开乡级体制改革。1985 年 9 月,金泽乡进行撤乡建镇试点。1990 年 12 月—1996 年,全县进行撤乡建镇的行政体制建设,21 个乡、3 个县属镇建成 20 个镇和 1 市级工业园区——青浦工业园区(内设农村工作委员会)。

随着乡(镇)行政体制建设的深化,基层政权建设也逐步开展。1985 年 1 月,全县 21 个乡以已有生产大队为基础,采用"一大队一村"的做法,建立 331 个村委会。1987 年,对村委会进行调整和改选。1989 年,依法开展村委会换届选举,除解放、莲盛、赵屯 3 个乡各有 1 个村因故推迟外,329 个村如期进行,选出村委会成员 1 422 人,其中女性 285 人,占 20.04%。1991 年起,又在全县农村基层开展村民自治示范活动,并于 1992 年、1995 年分别进行村委会换届选举。1998 年 11 月,《中华人民共和国村民委员会组织法》颁布。1999 年按新组织法进行村委会换届选举。全县 318 个村有 1 个村因故延期,有 161 个村采用 5 人以上联名提名预选产生候选人,156 个村采用直接预选产生正式候选人的方法,共选出村委会成员 1 044 人,其中女性当选主任有 27 人,当选副主任、委员的有 228 人。

1985年，县民政局会同公安、司法部门对青浦、朱家角、练塘3个县属镇的居委会进行调整改选，主要是围绕调整居委会规模、健全居委会组织关系、理顺居委会工作任务3个环节展开。至年底，改选工作结束，3个镇共设居委会32个、居民小组412个，有居委会成员200人。通过调整改选，统一居委会规模，每个居委会400户～600户，健全组织机构，充实骨干力量，居委会干部由居民选举产生，改变过去由政府任命的做法。

改选后的居委会设人民调解、治安保卫、公共卫生、民政福利、文化教育、劳动服务等工作委员会。1987年，《中华人民共和国城市居民委员会组织法》颁布。1991—2000年，全县居委会在"自我管理、自我教育、自我服务"基础上，分别进行4次居委会干部换届选举。

# 第五节　教　育　改　革

1980年，青浦县总结、推广顾泠沅数学教改小组经验，加强基础教育，大面积提高教育质量。同时，注重职业教育、成人教育，实行"三教"即普通教育、职业教育、成人教育统筹，为全县经济发展提供人才支持和技术支撑。1986年，青浦县被国家教委评为全国基础教育先进县。

## 一、顾泠沅数学教改

"文化大革命"中，全县教育质量低下。1979年用初中二年级数学试题对全县中学四年级学生即应届高中毕业生进行统考，平均成绩为11.7分，其中0分的占23.5％。要改变青浦教学落后的面貌，必须找一条大面积提高教育质量的新路，由此，以顾泠沅为主的县中学数学教改实验小组应运而生。首先从教育调查开始，实验小组用3年时间走遍全县每所学校，对学生数学学习情况进行22次质量普查，并作详细的数据统计和分析，总结好、中、差三类学生的学习态度、水平和方式上的差别。同时，选择有代表性的7所农村中学，对50名数学教师作了两年的跟踪听课。收集、梳理、整理、总结出"抓住典型，组织教材；新旧联系，归纳对比；综合运用，一题多变；举一反三，逐步迁移"等教学经验160多项。1980年4月，实验小组对这些经验在青浦中学开始为期一年半的实践筛选，让经验在课堂实践中接受检验。每星期半天汇总情况，研究计划；5天试教，考察评价。如此循环50次，最后优化出4条有效的教学措施：激发兴趣，让学生在迫切要求下学习；处理教材，组织好课堂教学的层次、序列；改进方法，在讲授的同时辅之尝试指导；效果回授，及时掌握教学效果的信息，随时调节教学。

为检验教学措施能否在整个教学面上取得成果，实验小组又用3年时间，选择县重点中学、一般完全中学、农村初级中学3种不同类型的5所学校，每校抽两个刚入学的初一新生班共440人作研究对象。实验重点放在"尝试指导"和"效果回授"上，结果证实"效果回授"确实是大面积提高教学质量的有效措施，5个不同类型的实验班成绩测试的合格率、优秀率全部高于对照组。此后，实验组又制定《青浦县中学数学学科教学常规》《青浦县中学数学学科评课常规》，从实际出发，把实验成果化为通俗、易懂、可操作的集体规定，作为全县课堂教学的基本要求。1986年，青浦县初中毕业生升学考试数学成绩平均79.2分，合格率85％，优秀率42％，超全市平均值。是年，上海市教育局在全市推广青浦县教学改革经验，市级重点课题《一个县大面积提高基础教育质量的实践与理论研究》启动。美国著名教育心理学家布卢姆用"你们做了相当于我几十年所做的工作"来评价青浦县教改。教改小组的研究成果，先后两次获上海市教育科研成果一等奖，4次获中国教育学会优秀论文奖；1989 年，获国家教委颁发的建国 40 年来全国教育科学成果一等奖。

## 二、"三教"统筹

青浦县历来重视成人教育和职业教育。在实践基础上，1987 年、1991 年先后形成和修订的"七五""八五"规划明确指出，调整教育结构，普、职、成三教协调发展的思路。

### 【成人教育】

1979 年，青浦县建立工农教育委员会，从提高职工、农民文化素质开始，从"双补"培训转向中等职业技术教育，让教育为经济发展提供人才支持和技术支撑。1980 年，共扫除文盲 71 474 人，青壮年非盲率为 85.6%。之后，成人教育重点转向进一步提高工人、农民文化技术素质。各局、行、所主管单位相继创办干部学校、职工业余中学，县、社、队三级也相继办起农民业余学校。1985 年，全县除电大分校和农业广播学校分校外，有职工业余中学 7 所、农民业余中学 30 所、业余初等技术学校 17 所。成人教育常年文化班，计有大专学员 568 人，其中职工 291 人、干部 15 人、农民 262 人；高中、中技学员 2 177 人，其中职工 681 人、农民 1 496 人；初中学员 9 725 人，其中职工 936 人、干部 10 人、农民 8 779 人；农民业余初等技术学校学员 3 295 人，合计 15 765 人。期间，县供销合作联合社于 1978 年 8 月，创办干部学校，对商业系统干部、职工进行政治、业务和技术培训。办学 7 年，共举办党、政、团、民兵培训班 15 期，学员 794 人次；业务技术培训 23 期，学员 698 人次；师资培训及青年职工文化补课 4 期，学员 165 人次，合计 42 期，学员 1 657 人次。县工业局 1982 年 9 月在盈中乡俞家埭建立职工业余中学，开办文化技术班 18 个，学员 600 多人。80 年代中后期，县域筹建农牧渔业、工业机械、粮食、建筑、交通、商业、卫生、党政干部、财务会计、特殊工种十大培训中心。各乡镇筹办 1 所业余初等技术学校，1990 年，全县形成以电大青浦分校、农广校青浦分校和县成人教师进修学校（包括县职工业余中学、电视中专辅导站）为中心，以农、牧、渔等行业主管单位筹建、管理的十大培训中心为基地，以乡（镇）成人教育单位为基础的多层次、多渠道成人教育办学体系。

### 【职业教育】

随着成人政治、业务和技术培训的开展，职业技术教育也陆续走上专业化的道路。1980 年贯彻国务院批转的教育部、国家劳动总局《关于中等教育结构改革的报告》后，职工技术教育在全县城乡陆续铺开。1982 年 9 月青浦县第三中学试办财会班，招收城镇初中毕业生 38 人，毕业后由县劳动局安排工作。县政府通报表扬，《中国教育报》《文汇报》也作报道。1984 年 9 月，有 9 所中学分别与县社队工业局、县妇联联办财会、幼师职业班，与县财政局联办财税中专班。职业技术班在初中毕业生升学考试中，按照一定的分数线录取新生，学生户口性质不变。是年，共招收会计、幼师、机电、畜牧兽医、建筑预算、建筑施工、缝纫裁剪、热处理和模具等职业技术班（均修业 2 年）新生 457 人。

1985 年 9 月，青浦县第三中学改为青浦县职业学校，开设财会、幼师、机械、烹饪等 5 个职业技术班，学生 242 人；中专 2 个班，学生 80 人。1987 年 2 月，教育局把设在北崧镇北崧中学内的赵巷职业学校迁至赵巷镇镇政府大院内，并独立建制为青浦县赵巷职业技术学校。新建教学楼 1 幢，开设 7 个班，以机电专业为主，学生 206 名。1988 年，县教育局将朱家角东湖中学校址改办为朱家角职业技术学校，以服装裁剪、汽车驾驶等专业为主，当年招 3 个班，共 115 名学生。在 3 所职校中，青浦职校是一所综合性职业学校,开设的专业有"财务会计""幼师""机械""烹饪""工业企业管理";赵巷职校是一所工科性机械类职业学校,开设"机械""模具"专业;朱家角职校开设"行政管理""汽车驾驶与修理""服装工艺"专业。此外,县域内香花初中、盈中初中、赵屯初中、练塘二中、华新初中、金泽初中也附设职业班,是年,全县职业班总数达到 31 班,学生总数 1 073 名。1990 年,全县有职业技术学校 3 所和中学附设职业班教学点 12 个,共有班级 53 班、学生 1 842 名、毕业生 495 名。1999 年有 66 班、学生 3 001 名、毕业生 924 名。是年,市督导团的专家经过督导调研后,认为青浦县中等教育按 40%的学生升职业学校和 60%的学生升普通高中的比例符合青浦实际,初步实现中等职业教育结构改革的目的。

## 三、经、教、科结合

1988 年,青浦县被列为全国实施燎原计划示范县。由此,县里提出农村建设、农村科技、农村教育即"经、科、教"结合,以实施"燎原计划"为抓手,推进农村教育综合改革。1989 年起,由县、乡镇两级政府牵头,组织相关部门把"燎原计划""丰收计划""星火计划"有机组合起来,共同实施。组织农民参加草莓、食用菌栽培和瘦肉型猪饲养、增产菌使用、薄膜育秧等 30 多种实用技术培训。把教育为经济发展服务与帮助农民致富挂起钩来,把开放教育、终身教育的理念落到实处。赵屯职校在市农学院、农科院的支持下,与乡农业公司联手,围绕粮食类、蔬果类种植,设置 10 多个栽培管理新技术试验,重点是草莓种植引进、管理等技术环节。享誉市场的赵屯草莓最初是在 1984 年职校与农业公司联手,托农科院从日本引进的 100 棵草莓试管苗种,尽管像宝贝一样伺候,结果只成活 2 棵,但试验人员没有泄气,在上海农学院老师的指导下,把 2 棵苗繁育成 28 棵。在栽培上,经历露天栽培到竹环棚栽培,再到钢管大棚栽培的过程;在品种上,从引进品种到培育自己的新品种"新屯一号";在草莓果型、防止虫害和草害、果品粘泥和高产上,摸索试验出黑色薄膜覆盖地面,在黑膜打洞种草莓和在大棚中放置蜜蜂箱,通过蜜蜂授粉,解决畸形果问题。还利用成人学校园艺场作为示范基地,落实咨询普及人员,开展项目培训,把草莓种植变成农民致富门路。1993 年,赵屯实施的草莓、黑米种植两个项目获上海市科技兴农推广奖,还进行优质亩产草莓基地建设和延长供应期研究项目,于 1997 年获上海市星火科技成果一等奖,推荐为中国科技普及 100 项农业实用技术中的一项。2000 年,赵屯镇种植草莓总产值 4 452 万元,占全镇种植业总产值 10 050 万元的 44.3%。赵屯、沈巷、白鹤 3 个乡的成人学校和水产学校进行引进或开发新品种试验,研究并推广黑籼、黑糯、草莓新品种和食荚青豌豆、美国刀豆、罗氏沼虾、上农香糯等。全县有 58 个项目取得成果,赵屯草莓、练塘蔺草、沈巷庭院经济被列为市优秀项目。1989 年,沈巷乡"沪 005"特早熟桃获国家发明三等奖。基本达到"实施一个项目、推广一项技术、培训一批农民、致富一方百姓"的目标。1994 年,青浦县被评为全国农村教育综合改革实验县先进单位。

# 第二章 优化产业结构

90年代起,县委、县政府着重于产业结构优化,促进三次产业协调发展。农业通过农副产品基地建设,充分利用种养业的资源优势,促进产加销一体化、集约化经营,形成具有县域特色的主导产品。工业通过兴办开发区,构建市级、县级、乡镇三级体系,集聚规模效应,加快开发开放。尤其是乡镇工业小区的兴建,鼓励和推进民营企业的发展。与此同时,通过企业产权制度改革,促进县属工业盘活存量、优化组合,增加活力,形成投资主体多元化和多种经济成分共同发展的格局。第三产业以旅游业、商贸业、房地产业为重点,通过发展水乡风情游、古文化旅游、度假休闲游,使其成为带动第三产业发展的主导产业;通过发展商贸业,增加商业网点,方便县城居民生产、生活需求;通过开发房地产业,改善人们居住环境,促进城镇化发展。

## 第一节 农业一体化

1991起,县委、县政府从加强基地建设着手,引导种植业、养殖业利用资源优势,主攻农副业产品开发,推动主导产品上规模、上档次;与此同时,把与农副业生产前后相关的工商业有机结合起来,组成经济联合体,形成"产加销一条龙、贸工农一体化"格局。

### 一、生产基地

加强基地建设,重视丰产方、"三高"农田、农业示范工程,推动农业规模化、产业化经营。2000年粮经比例为48:52。逐步形成"一地一品""一乡一品"的种养业格局。徐泾扁豆,赵屯草莓,练塘茭白、蔺草,华新土豆,白鹤韭菜,西岑莼菜,大盈雪菜、玉米、鸭子,沈巷咸蛋、皮蛋成为各乡镇的农产品特色品牌,形成较大产能和规模经营。淡水鱼、鲜蛋、家禽、牛奶商品率达到80%以上,生猪商品率在70%以上,成为全市菜篮子供应的重要基地。主要有5类:

**【粮棉油丰产方】**

1990年,青浦县开始实施粮棉油丰产方基地建设。建单季晚稻丰产方333个,丰产方面积1 979公顷,每公顷产量7 590公斤,比全县单季晚稻平均产量每公顷增产600公斤;三麦丰产方232个,丰产方面积923.33公顷,每公顷产量4 375.5公斤,比全县三麦平均产量每公顷增产1 036.5公斤;建油菜丰产方84个,丰产方面积203.6公顷,每公顷产量2 242.5公斤,比全县油菜平均产量每公顷增产382.5公斤;建棉花丰产方20个,丰产方面积31.7公顷,每公顷平均交售皮棉1 107公斤,比全县棉花平均产量每公顷增产312公斤。1991年,全县粮、棉、油丰产方面积达4 000公顷,还有丰产带面积1 590.3公顷。1992年、1993年和1994年,继续实施水稻丰产方基地建设,尤其在1993后,采用新农艺栽培技术以及水稻现代农艺的项目开发,丰产方建设向高产、优质、高效农业的方向发展。1994年,经对19个乡镇级丰产方面积180.67公顷进行熟期评估测产,平均每公顷产量8 475公斤,比全县平均每公顷产量7 695公斤,增长10.1%。

**【商品粮基地】**

1995—1996年,青浦县被国家计委、农业部、水利部列为"八五"期间第四批商品粮基地建设县。根据国家和市下达的计划,青浦县商品粮基地建设项目总投资为900万元,其中国家投资300万元,市配套投资90万元,县配套272.4万元,乡镇建设单位自筹217.6万元,建设单位(村或专业户、专业场)自筹20万元,主要用于良种繁育体系、农田水利基础设施、农业推广体系和农机服务体系等建设项目。实际投入资金1003.94万元,进一步健全良种繁育体系,提高县统一供种的良种覆盖率。1996年统一供种率达77%,全县良种覆盖率达97%。通过对两个农田水利基础设施建设后的基地统计,是年,大麦、小麦平均每公顷产量4680公斤,比全县平均水平每公顷增加405公斤,增长9.5%;水稻每公顷产量9225公斤,比全县平均水平每公顷增加975公斤,增长11.8%。商品粮基地建设使水稻直播、抛秧等新技术得到推广,全县推广水稻种植新农艺面积占83.7%。1997年,青浦利用国家"粮棉大县专项贷款"资金3633万元和自筹配套资金5369万元,总投资9002万元建成商品粮基地建设项目25个,是年新增产值10980万元。

**【蔬菜园艺场】**

1993—1998年,全县增加菜田面积600多公顷,投入资金7717万元,建设镇、村两级蔬菜园艺场12个,铺设菜区明沟323公里,建设蔬菜中管棚5448套,折合面积533公顷;建设蔬菜丰产方2个,投入资金700万元。1999年,全县建设和完善蔬菜种苗场3个,铺设水泥明沟20公里,添置蔬菜生产中管棚900套,三连幢蔬菜温室3.64公顷,全年投入资金1100余万元。是年,全县有蔬菜配送中心8家,拥有"菜篮子"工程车12辆,冷风库102立方米,加工场地4118平方米,总投资额186.5万元。赵屯家乐福配送中心日配送蔬菜20吨;沈巷镇配送中心日配送蔬菜量5吨;县农发园艺有限公司在赵巷、环城、香花桥等地建立基地,专营外贸出口蔬菜。2000年建香花桥农业现代园区园艺场,引种日本西瓜、南瓜、食用菌等品种;完善白鹤联合场;建沈巷出口蔬菜基地及配送中心;扶持建设赵屯、重固两镇的蔬菜配送中心各一个;添置(98)(99)型连栋管棚各5.33公顷,联合六型管棚1100套;铺设水泥明沟60公里;建半固定喷灌10.67公顷,购置耕作机械18台(套),总投入资金2550.17万元。

**【畜禽饲养场】**

1988年,青浦县投入资金3819万元,兴建养猪饲养场60个,其中饲养万头以上的场7个、饲养5000头猪以上的场13个。是年,全县饲养生猪35.02万头。之后,青浦县生猪饲养量和上市量逐年增加。1998年,全县经过调整,有集体养猪场33个,其中县级种畜场1个、千头以上猪饲养场21个、百头以上猪饲养场11个。全年生猪饲养量76.92万头,上市量53.62万头。2000年,区域内有集约化养猪场54个,饲养生猪81.39万头,上市量56.43万头,圈存量24.96万元,完成养猪产值3.8亿元。

1990年,全县肉用鸡饲养量259.8万羽,蛋鸡饲养量34.49万羽,全年肉用鸡上市量218.69万羽。1995年,养鸡业发展速度较快,饲养量成倍增长。全县肉用鸡饲养量2601.5万羽,蛋鸡饲养量38.58万羽,全年肉用鸡上市量2126.32万羽。2000年,肉用鸡饲养量达到2791万羽,蛋鸡饲养量40.14万羽,肉用鸡上市量2467.19万羽。此外,上海大江集团股份有限公司(简称大江公司)于1992年12月在青浦县朱家角乡建办第一个养鸡场,饲养AA肉用鸡。至2000年,大江公司在青浦地区建办养鸡场16个,饲养肉用鸡累计17089万羽。

1990年,全县肉用鸭饲养量883.64万羽,蛋鸭饲养量188.79万羽,年肉用鸭上市量775.8万羽。1995年,全县肉用鸭饲养量1 016.75万羽,蛋鸭饲养量116.36万羽,肉用鸭上市量1 094.96万羽。2000年,青浦的养鸭业又有较大发展,全年肉用鸭饲养量1 289.49万羽,蛋鸭饲养量142.4万羽,肉用鸭上市量1 173.99万羽。

1990年,全县鲜蛋上市量22 297.8吨,其中鸡蛋2 192.3吨、鸭蛋20 105.5吨。1995年,全县鲜蛋上市量23 399.2吨,其中鸡蛋3 332.9吨、鸭蛋20 066.3吨。2000年,全区鲜蛋上市量32 017吨,其中鸡蛋3 934吨、鸭蛋28 083吨。

### 【水产品养殖】

青浦县水产品养殖主要有3种方法,一是湖泊养殖。1990年渔业养殖面积8 003.33公顷,其中围湖建池塘养殖面积2 127.47公顷、围养面积564.53公顷、网箱养殖面积3.33公顷、人工放流面积5 308公顷,水产品产量25 392吨。二是池塘养殖。青浦县在农业产业结构调整中,开挖精养鱼塘和养鱼内塘。1991年,全县有精养塘3 247.8公顷,内塘养殖面积57公顷。1995年,全县有精养塘面积2 944公顷,内塘养殖面积121公顷,水产品产量28 942吨。2000年,青浦区有精养塘面积2 962.8公顷,内塘养殖面积783.8公顷,水产品产量33 164吨。三是稻田养殖。1996年,全县利用稻田养鱼2.33公顷;2000年,全区利用稻田养鱼1 074.4公顷。

## 二、经营组织

县委、县政府积极引导农副业生产向种养加一条龙、农工贸一体化的方向发展。2000年,全区共有农副业农工贸一体化组织45个,其中属全民所有制企业5个、属合(独)资企业6个,其余均为集体企业。产值在1 000万元以上的有13个,涉及粮油、畜牧、水产、蔬菜、林业花卉等领域。完成总产值9.1亿元,销售总额8.73亿元,实现增加值3.00亿元,出口创汇3 400万美元,利润3 639万元,纳税750万元。一体化组织带动农户9.43万户、从业人员7 025人,占农业劳动力的10.6%,农户从一体化组织中新增收入5 400万。主要有:

### 【蔺(席)草一体化经营组织】

1985年,练塘镇引进蔺草种植,并办厂编织“榻榻米”销往日本。是年出口50余万张,创汇20万美元。在引进的基础上,蔺草公司的科技人员积极摸索种植规律,以日本种草技术为依据,结合练塘地区的资源条件和种植习惯,成功地研制一套“优质蔺草高产栽培技术”模式,获得首届上海市科学技术博览会金奖。通过应用推广,“练塘蔺草”品质优于国内其他产地甚至日本产地,吸引众多日本客商前来采购蔺草及蔺草制品。每公顷产值从原来的1.5万元增加到3万元以上,种植面积也逐年增加,1994年达909.7公顷,销售收入达4 678万元。1995年,蔺草种植发展至蒸淀、小蒸、莲盛等镇。与此同时,促进了加工业的发展,形成地区独特的产业优势。1992年,蔺草加工企业增加到13家,有织机306台,出口“榻榻米”180余万张,年创汇130万美元。1994年有镇、村两级蔺草加工企业17家,其中中日合资企业2家,补偿贸易9家,其他6家。从事蔺草加工的农民1 300人,加工出口总收入5 194万元。1996年,练塘镇完成蔺草加工总产值5 822.5万元,创利税873.38万元,创汇820.01万美元。1998年,根据市场变化,下调蔺草种植面积为666.67公顷,1999年减至266.7公顷。是年,全县蔺草总产量225万公斤,总产值628.4万元;练塘镇蔺草加工企业减至 6 家,销售蔺草"榻榻米"42 万张,销售总产值 714 万元。

### 【大盈肉禽一体化经营组织】

1993 年 5 月,大盈镇与上海农业投资公司、上海畜牧总公司联合投资 1.5 亿元组建大盈肉禽联合总公司,下设饲料、养殖、食品、销售等分公司。公司立足"公司+农户"生产模式,有产销衔接的养鸭专业户 108 户。在公司建立后的 8 年中,引导 800 多户农民养鸭。并按市场需求,调整品种和生产规模。公司建办时,引进英国樱桃谷农场的 SWZ 型优良种鸭,引进年孵化鸭苗能力达 650 万羽的比利时生产的整套全自动孵化设备,引进年生产各种禽畜饲料能力达 8 万吨的荷兰生产的全自动饲料生产流水线,引进由荷兰制造年屠宰能力达 450 万羽肉鸭的全自动屠宰流水线,还从荷兰、美国、德国等国家引进年生产肉鸭类系列方便食品、旅游休闲食品达 3 000 吨的后续加工流水生产线。公司还与全市各大超市、菜场及大卖场签订长期"销售协议书"。

1996 年加工肉鸭 400 万羽,实现加工产值 1.08 亿元,利税 1 018 万元,农民得益 500 多万元;出口肉鸭及其制品 20 吨,创汇 400 多万美元。生产的"大盈"牌瘦肉型冻鸭,荣获全国第二届农业博览会金奖;盐水鸭、鸭胗肝、鸭胸腿等熟食系列产品,荣获国际食品加工技术博览会金奖。1999 年,公司分别在练塘、金泽等地建立上万羽规模的肉鸭饲养基地,同时发展一定比例的肉鹅生产。全年加工肉鸭 245 万羽、肉鹅 28 万羽,实现销售产值 1.15 亿元。是年,低度盐水鸭等 5 个系列品种,获 99 中国国际农业博览会名牌产品称号。2000 年,公司孵化苗鸭 2 559.97 万羽,屠宰上市优质肉鸭 2 078.93 万羽,"大盈牌"鸭 10 个系列 48 个品种,销往国内大中城市和亚洲 10 多个国家及地区。完成工业总产值 74 724.47 万元。成品肉鸭出口外汇收入 1 060 万美元。

### 【农副产品交易一体化经营组织】

1992 年下半年起,县内先后建成白鹤青安路蔬菜交易市场、华新白华路蔬菜交易市场和练塘(2 个)、沈巷、莲盛、蒸淀、小蒸 6 个茭白交易市场。蔬菜交易市场设在产地,便于菜农就地销售,是年,交易量占生产总量的 65%。1999 年,蔬菜批发市场依托基地扩大网点,延长营业时间,全年蔬菜成交量 20 万吨,占全县蔬菜生产总量的 75%,成交额 1.4 亿元,并使全县茭白种植面积稳定在 2 773.3 公顷。2000 年,全区 70%的蔬菜由交易市场销往各地,年成交量超过 25 万吨。香花桥镇、沈巷镇开办的出口蔬菜加工厂,为蔬菜出口发挥桥梁作用,2000 年出口蔬菜 2 000 多吨;赵屯家乐福配送中心是一个专为法国家乐福超市配送蔬菜的产销服务企业,每天配送量约 50 吨,年销售金额达 1 亿元。在区、镇的扶持下,农产品运销专业户、运销经纪人日益增多,"订单农业"大面积推广应用,县内的胜新、赵巷、新丰、新联等蔬菜园艺场实行产销联结,取得良好的经济效益,为分散经营的广大农户解决销售难问题。

### 【蛋品一体化经营组织】

1991 年,建立沈巷乡禽蛋生产合作社,帮助农户解决鲜蛋卖难问题。在市区各菜场及江苏、苏州、常州等地建立固定的鲜蛋销售网点,年鲜蛋销售量 365 万公斤。1992 年,朱家角镇副业公司蛋品加工场生产无泥、无膜、无铅皮蛋 65 万公斤。皮蛋的色、香、味醇正,受到消费者欢迎,曾获上海市优秀新品二等奖。

1995 年,以沈巷禽蛋生产合作社为主体,建立青浦蛋品总公司,主营加工咸蛋、皮蛋,年提供商品蛋 500 万公斤,带动蛋鸭、养鸭户 450 户,并为农户提供苗鸭、饲料、防病、销售等服务。1998 年起,蛋品总公司联手县内其他蛋品加工企业合作经营。至 1999 年,全县有朱家角、沈巷、莲盛、西岑、凤溪 5 个蛋制品加工场,全年加工鲜蛋 3 600 多万枚,完成产值 2 800 多万元。产品有咸蛋、无铅皮蛋、熟咸蛋以及真空包装咸蛋黄等 10 多个品种,销往江苏、浙江、上海地区的大型超市及连锁店。还与江苏高邮蛋品厂合作再制蛋生产,生产的高邮咸蛋、松花皮蛋、咸蛋黄产品,投放市场受到消费者青睐。数十万只咸蛋被外贸公司收购,远渡重洋销往加拿大。在集体蛋制品加工发展的情况下,个体、私营的蛋制品加工业悄然兴起。2000 年,朱家角镇一个体户上市蛋制品 120 万公斤,西岑镇一个体户上市蛋制品 150 万公斤。

## 第二节　企业产权制度改革

县域工业体制改革从承包经营开始。90 年代,县属、乡镇工业从两方面深化改革:一方面针对经营承包责任制不完善产生的弊病,积极推行租赁制风险抵押承包和资产增值承包,建立承包经营的风险机制和约束机制;另一方面采取试行股份合作制,开展企业产权制度改革,进行公司制、股份制改造,盘活存量资产,优化资产组合,增强企业活力,促进全县工业特别是乡镇工业的快速发展。2000 年,工业企业累计改制 1 901 家,改制面达 98.5%。

### 一、承包经营责任制

80 年代,县域乡镇工业进入快速发展时期。1984 年,各乡镇借鉴农业联产承包责任制办法,在乡(镇)村企业中推行"四定一分成"(定年总产值、税前利润、职工人数和工资总额、净上缴利润,实行超额分成)、集体大包干、个人大包干 3 种类型承包经营责任制,改变"大锅饭"状况。1985 年 4 月,全县 226 家乡(镇)企业中,有 216 家企业签订上述 3 种形式的经济承包合同,占总数的 95.58%;全县 483 家村办企业中,419 家签订经济承包合同,占总数的 86.75%。1988 年制定《关于进一步发展乡镇工业的若干规定》,在全县工业企业中推行以承包经营责任制为主,配套以厂长负责制、厂长任期目标制和终结审计制的"四制"改革。1989 年 5 月制定《青浦县企业试行劳动报酬与毛利额挂钩浮动的办法》(简称酬利挂钩),12 月制定《关于完善乡镇企业承包经营责任制的意见》《关于乡镇企业厂长(经理)任期目标责任制的内容与考核奖励的试行办法》,要求凡实行承包经营责任制的企业,应同时实行厂长(经理)负责制、厂长(经理)任期目标责任制和任期终结审计制。1990 年 12 月制定《关于完善 1991 年乡镇企业承包经营责任制的补充意见》,实行以酬利挂钩为主的承包责任制,并对企业经营者的报酬、企业内部责任制等问题提出完善意见。1991 年下半年,又针对企业承包经营后出现的"包盈不包亏、奖优不罚劣"现象,选择部分企业实行厂长风险承包责任制。在承包期内,对经营者只发放生活费,完成和超额完成承包指标的按一定比例提奖,否则不发奖金和其他生活补贴。1995 年 12 月,县政府下发《关于镇村集体工业企业施行资产经营责任制的若干意见》,将县内乡镇企业由利润承包经营改为资产保值增值经营。同时,建立资产经营风险基金,在企业完不成核定净资产增值额时,由风险基金弥补,弥补不足的,从经营者和职工工资中扣交。2000 年,全区有承包、租赁经营企业 730 家。经济承包经营责任制的落实,促使乡(镇)村工业深化改革、转换机制,由生产型转为生产经营型。

## 二、股份合作制

1992 年 7 月，县里制定《关于农村股份合作制企业试点办法的若干意见》，提出当年每个乡镇都要有 1 家～3 家企业试行股份合作制，明确试行企业以坚持集体经济主体地位为原则，实行自愿入股、股权平等、同股同利、风险共担、利益共享；县属城镇集体所有制企业可参照执行。是年，全县试行股份合作制企业 40 家。同时制定《关于申报、审批股份合作制企业规范程序的意见》《青浦县股份合作制资产评估实施办法》，由县经济管理部门负责县属全民、集体和乡镇办企业试行股份合作制的审批与管理，以及村办及以下试行企业的备案。选择上海华伦食品机械厂、莲盛水泵厂、青浦有色金属铸件厂 3 家企业试行股份合作制。7 月 24 日，上海华伦食品机械厂获准成为全县第一家股份合作制企业，更名为上海华伦食品机械股份公司。年底，全县批准股份合作制企业 42 家，其中县属企业 6 家、乡镇企业 22 家、村办企业 14 家；股本总额 5 669 万元，集体股、职工个人股、社会股占比分别为 34.8%、33.8%、31.4%，职工人均入股 1 812 元。

1993 年，全县股份合作制由试点转入全面推进阶段。4 月 29 日，县政府召开全县股份合作制工作会议，提出通过放开股权比例，鼓励经营者和职工个人多入股，逐步缩减集体股比重等办法，在新办企业和老企业改造中发展股份合作制的要求。年底，全县有股份合作制企业 125 家。审计其中 97 家乡镇股份合作制企业，有 87 家企业的销售收入、利税总额、职工人均收入、企业净利等多项经济指标比转制前有不同程度增长，8 家企业效益持平，2 家亏损。1998 年，全县批准股份合作制企业 375 家，其中 112 家运行正常。2000 年，部分股份合作制企业改制成其他形式，全区实有股份合作制企业 99 家。

## 三、现代企业制度

1995 年，县委、县政府贯彻中央对国有企业实行"抓大放小"的指示，鼓励县内企业优化组合生产要素，调整组织结构，加快产权制度改革，形成资产混合所有的经济单位，推动规模化、集团化经营，提高规模经济效益。其形式多数改组为有限责任公司，有条件的改组为股份有限公司，有的以优势产业、名牌产品和骨干企业为龙头组建成企业集团。是年，镇办集体所有制企业上海九龙铜材实业公司被市政府批准为上海市第一批 140 家现代企业制度试点单位之一，组建上海九龙（集团）公司，成为青浦县第一个企业集团。该实业公司于 1989 年 1 月成立后，及时提出立足上海、面向全国、走向世界的营销方略。同时，制定一系列措施，落实产品质量质保体系，完善检测手段，使生产的系列电工产品均取得国家电工认证委员会的认证证书，部分产品取得美国认证，可以直接对外销售。此次组建后，辖有 15 家所属单位（内含 5 家中外合资企业、3 家国集联营企业），总资产 6.8 亿元，产品从裸铜丝、电线、漆包线等初级加工换代提升为以生产电源线组为主，出口成倍增加，1995 年实现利润超过 1 000 万元，成为县重点骨干企业；2000 年获上海工业集团营业收入 50 强第 38 位。

1996 年 2 月出台《关于加快发展规模经济的意见》，将 1995 年利税超过 1 000 万元的列为县重点骨干企业，利税超过 500 万元的列为骨干企业；1996 年销售收入超过 3 亿元、利税超过 3 000 万元，有优势产品、发展后劲和强有力领导班子的骨干企业，确定为县重点工业企业。同时，鼓励骨干企业兼并收购中小企业，抓好主导产品上规模、上水平，并对其在税收、资金等方面制定扶持措施。

6月起,对县内年销售收入5 000万元或利税500万元以上的95家骨干或重点骨干企业进行重点培育和扶持。9月又出台《关于组建企业集团的意见》,逐步推开组建企业集团工作。1999年,全县有13家市级企业集团,平均拥有资产3.4亿元,完成销售收入84.3亿元,利润2.8亿元,外贸出口1.9亿元。至2000年底,全区先后批准建立市级企业集团18家,正常运转10家。

1997年6月,市体改委制定《关于加快发展本市股份有限公司的意见》。下半年,县内开始推进组建发起式股份有限公司,至2000年底,先后批准组建发起式股份有限公司15家,正常运转7家。

## 四、企业产权转让

1994年3月,县内成立产权交易经纪公司,开展企业产权转让。1997年6月,根据市体改委等10个单位联合下发的《关于本市放活小企业的若干政策意见》,对规模小、技术落后、微利或亏损的企业在核实资产,处理好债权、债务的基础上,通过租赁、承包、兼并、出售等多种形式实行改制。2000年,全区有承包(租赁)经营企业508家,兼并重组13家。在企业产权转让过程中,由县财政、税务、国资管理、银行等部门介入,严格按照规定,对一批小企业进行清产核资、资产评估并做好其资产剥离、核销与提留,随后由青浦产权交易经纪公司操作将其出售转让。至2000年底,全县产权交易成交131家,成交额9.18亿元,其中国有资产5 065万元、城镇集体资产376万元、其他资产8.64亿元。

# 第三节　开　发　区

90年代,县委、县政府抓住浦东开发开放的机遇,敞开"县门",实施全方位对内、对外开放,发展各种层级的工业开发区,不仅大力促进私营经济的发展,而且加大利用外资力度,吸引30多个国家和地区及一批国际知名跨国公司落户县内。2000年,全县有1个市级工业开发区、2个县级工业开发区,33个乡镇级工业小区。

## 一、市级开发区

1995年11月25日,经市政府批准,县属上海西郊工业园区正式列为市级工业开发区,成为市郊九大工业园区之一,定名为上海青浦工业园区(简称青浦工业园区)。园区规划面积16.16平方公里,坐落于青浦县城北侧,北至北青公路,东至油墩港,西至西大盈港,南至上达河。1996年1月1日,盈中乡辖区的村以及香花桥镇的杨元村、袁家村、七汇村和环城镇的陈桥村、仓桥村划归青浦工业园区。2003年,按照《上海市人民政府关于松江、青浦、嘉定试点园区范围规划方案的批复》的精神,青浦工业园区规划面积扩大至56.2平方公里。1997年4月,成立青浦工业园区农村工作委员会,具体管辖18个行政村和隶属于盈中乡的企事业单位。园区成立后,县政府持续投入资金,建设厂房及水、电、煤、路、通信等基础配套设施。2000年底,累计用于基本建设资金3.5亿元,为园区发挥集聚效应、促使各类项目落户创造条件。1995—2000年,共引进包括17个国家和地区在内的外资项目113个,吸纳外资累计10.28亿美元。德国的巴斯夫,意大利的索菲玛汽滤,美国的杜邦、罗门哈斯,日本的富士冷机等一批著名大企业相继落户,形成纺织材料、机械电子、精细化工、新型包装材料、医药生物工程等产业。在吸引外资的同时,大力吸收内资,有42家国内大集团、大公司在园区投资,总投资额 11.42 亿元;与上海汽车、纺织、机电等集团企业签订一批联合发展协议。2000 年,青浦工业园区完成工业总产值 10.5 亿元,工业销售产值 9.4 亿元,出口产品拨交值 5.9 亿元,第三产业产值 33.9 亿元,实现增加值 4.9 亿元。

## 二、县级开发区

### 【上海西郊经济技术开发区】

1993 年 12 月,经县政府批准,设立上海西郊经济技术开发区(简称西郊经济开发区),规划面积 24 平方公里,首期开发区域涉及徐泾镇 5 个村,占地 266.67 公顷,成立上海西郊经济技术开发总公司。1994 年起,又相继成立上海西郊投资公司、上海徐泾经济城、上海生产资料交易市场,使开发区区域向北拓展至北青公路,向东扩展到虹江路,向西延伸到明珠路,占地扩大到 450 公顷。

落户开发区的企业按规定享受优惠政策。对外商投资企业,根据财政部文件精神,经营 10 年以上的生产性企业从获利当年起实行"两免三减半"的税收优惠政策,第三年起 3 年内减半征收企业所得税;对外商投资的高科技企业按税法免、减企业所得税期满后,当年出口产品产值达到企业产品产值的 70% 以上的,按 10% 的税率征收所得税。对民营投资企业实行税务奖励政策,具体做法是:注册在徐泾的工业、商贸内资企业按其上缴税收返还镇财政净得部分的多少给予奖励,即镇财政净得在 10 万元~20 万元的按 5% 奖励,21 万元~40 万元的按 10% 奖励,41 万元~100 万元的按 30% 奖励,100 万元以上的按 50% 奖励;注册在徐泾镇的建筑行业企业,按其上缴税收返还镇财政净得部分的多少给予奖励,即镇财政净得 50 万元以下的按 30% 比例奖励,50 万元~100 万元的按 50% 奖励,100 万元以上的按 70% 奖励;注册在徐泾但在镇外从事房产开发、经营的企业按其上缴税收返还镇财政净得的 70% 返还企业。

·注册落户外资企业主要有美商投资的金朋(上海)有限公司,德国拜耳斯道夫股份有限公司投资的妮维雅(上海)有限公司,新加坡佳通集团投资的上海精元机械有限公司、泰丰箱包有限公司、日本的东王子包装有限公司、黑田电器(上海)有限公司以及中国香港、台湾地区的客商投资企业等。内资企业有上海家化联合有限公司、上海关勒铭有限公司等。至 2000 年底,外资企业总注册资金 2.49 亿美元,内资企业总投资额 2.12 亿余元。1998 年 8 月起,西郊经济开发区由县级管理转为徐泾镇管理,至 2000 年有注册企业 51 家,其中实地型企业 41 家、贸易型企业 10 家;实现销售 25 亿元,纳税 1.25 亿元。9 月被农业部批准为全国乡镇企业示范区。

### 【中国纺织科技产业城】

1994 年 4 月,中国纺织科技城在县城东侧奠基建设,首期规划面积 213 公顷,分高新技术产业、经济文化管理、生活配套服务 3 个功能区。由中国纺织总会、中国华源集团有限公司和青浦工业园区三方共同出资组建中国纺织科技产业城发展公司,注册资本 1 亿元。该公司为按市场经济规则组建的有限责任公司,国家不投入资金,靠自身运作,滚动开发。1998 年底,累计开工 25 个,面积 120 万平方米;项目总投资 6.01 亿元;批租土地 72.9 公顷、转让土地 5.04 公顷、自用土地 27.35 公顷,共计 105.29 公顷,占实际开发面积的 55%。落户中纺科技城并投产的企业有香港独资腾龙无纺布有限公司、沪港合资兴和织带有限公司、韩国独资裳邦尔服装和协南服装有限公司、中美合资杜邦纤维(中国)有限公司和英特飞地毯有限公司、美商独资佳斯迈威非织造布有限公司、中法合资博舍工业有限公司、中德合资巴斯夫—华源尼龙有限公司、法国独资蕾纳毛织染有限公司、上海华源铝业有限公司、上海华源复合新材料公司、中纺热力厂和中纺污水处理厂等,其中杜邦纤维(中国)有限公司、巴斯夫—华源尼龙有限公司、佳斯迈威(上海)非织造布有限公司、英特飞地毯有限公司和博舍工业有限公司5家公司被认定为高新技术企业。2000年有工业企业11家,其中国有企业1家、三资企业10家,从业人员1 650人,完成工业产值(1990年不变价)13.03亿元,完成外贸出口拨交值0.13亿元,年底拥有固定资产原值19.58亿元,资产总计25.52亿元。

## 三、乡镇开发小区

1992年7月,蒸淀乡创建上海富民私营经济开发区,8月,华新、凤溪、大盈、金泽4个乡紧跟着各自投资办起工业开发区。1993年,赵巷、朱家角、重固3个乡相继创办工业开发区。1994年,赵巷、赵屯、徐泾、环城、香花桥、盈中、小蒸、莲盛、沈巷、练塘、商榻、白鹤12个乡相继创办工业开发区。1995年,青浦镇办起天佳经济发展有限公司。至此,全区各乡镇先后建立1个~2个私营经济开发小区或工业小区。各工业小区实行土地有偿使用制度,走"以地集资、滚动开发"之路,呈现良好发展势头。2000年,全区工业小区共计33个,注册登记的各类私营企业共2.38万户,累计注册资本284.70亿元。

### 【上海富民私营经济开发区】

1992年7月,蒸淀乡创办上海富民经济开发区,是华东地区第一个私营经济开发区。成立之时,占地47.47公顷,划分工业区、商业区、生活区和办公区。乡党委、乡政府组织党员、干部通过集资、银行借贷启动开发区道路、标准厂房建设,第一期11 000平方米、第二期8 600平方米,并建有变电站、电讯支局、自来水厂和液化气供应站等设施。开发区管理委员会根据上海市工商局公布的14条鼓励私营和个体经济发展的优惠政策,采取"筑巢引凤、蓄水养鱼"的工作方针,对投资者实行优惠政策,提供配套服务,包括税收优惠、房价从优、简便开业手续等。凡委托办理开业登记的企业,从工商注册、验资、税务、登记、银行开户等方面实行一条龙服务。采取边建设、边招商的办法,吸引私营企业注册落户。创办仅5个月,注册的私营企业有108家,创税收37万元。开发区以规范的管理、优质的服务吸引更多的客商慕名落户,注册企业。除了上海市外,有江苏、浙江、安徽、河南、山东、辽宁、黑龙江等省和日本、韩国、新加坡、马来西亚等国家以及中国香港、台湾等地区。1994年6月,还迈出跨地区经营的第一步,与松江仓桥镇创办富民仓桥私营经济区,与金山朱泾镇创办富民珠龙私营经济区,不断延伸富民私营经济开发区的触角。2000年,开发区占地面积5平方公里,建有各类标准厂房15万平方米,吸纳各类企业2 589家,注册资金13.4亿元,实现产值33亿元,完成税收1.1亿元。

### 【上海新城经济区】

1993年,上海新城经济区初创时,占地173.33公顷,建造标准厂房7万平方米,配建1 600千伏安变电站和水电通信等基础设施。至1994年底,在经济区内注册落户的私营企业1 450多家,吸纳资金超过10亿元,两年累计完成工贸产值7.5亿元,上缴税金0.13多亿元。在注册落户的私营企业中,科技型、实业型企业占2/3,中外合资企业30家。2000年,新城经济区注册企业累计4 800多户,完成年工贸产值63亿元,完成税收2.6亿元,各项指标均有大幅增长。

### 【上海腾富民营经济城】

1994 年 1 月，赵屯乡建立上海腾富民营经济城。初期规划面积 33.3 公顷，以后逐年发展扩大。下设上海腾富民营经济开发公司，后改为上海腾富企业发展有限公司，其经营范围主要是承接开发项目、开发技术、装潢、商业贸易及服务和物业管理等；承接除国家控制项目外的各类经济成分工业企业，包括外商合资合作和独资企业。为招揽客户，推出一系列优惠政策。在土地使用政策方面，土地批租价格以建办实体型企业为例，每平方米为 18 美元，土地使用年限为 50 年。土地征用每公顷价格 97.5 万元，内资年限不限。土地合作每公顷价格为 45 万元～60 万元，内资年限不限。每公顷每年再支付土地补偿费 4.5 万元，以后年递增率 3%～5%。租赁厂房每平方米月租金 5 元～10元。高新技术项目免缴土地使用费或补偿费。在税收政策方面，所得税视项目和行业情况，部分或全部予以奖励；营业税视项目和行业情况，按总税额的 10%～30% 予以奖励；从事高新技术和产品开发的新办企业以及国家或市有关部门认定的新办高新技术企业和科研试验基地，经财税部门批准，对其两年内缴纳的增值税、企业所得税可返还企业 100%，对其余年限缴纳的企业所得税可返还50%。1994—1995 年底，腾富民营经济城注册的私营企业共 1 462 家。1996—2000 年，新增注册企业 1 055 家，累计注册私营企业 2 517 家，注册资金 21.2 亿元，2000 年实现销售 22.6 亿元，完成税收 0.7 亿元。

# 第四节　旅　游　业

青浦县旅游资源丰富，一向有"唐、宋、元、明、清，从古看到今"之说。90 年代初，围绕以朱家角古镇和大观园为代表的水乡风情，以崧泽遗址、福泉山遗址为代表的古文化，以淀山湖和太阳岛为代表的度假休闲三大旅游主题，加强旅游设施建设，开发旅游产品，使旅游业成为带动第三产业发展的主导行业。

## 一、水乡风情旅游

### 【朱家角古镇】

据史料记载，在宋、元年间已成小型集市，明万历年间建镇。镇上的深宅大院大多是明清时代的建筑，风火墙、石库门、墙门式的古建筑飞檐翘角，黛瓦粉墙，全镇尚存 400 余处。1991 年，朱家角镇被列为上海市历史文化名镇，随之，县里将修复与开发古镇纳入旅游发展规划。1994 年投入 200万元，修复独具明清风格的北大街店铺，重建放生亭、放生池及美周弄至桥梓湾沿河段石驳。1995—2000 年，市、县、镇共投入资金 3 000 余万元，历经数年，进行修复、建设与开发。1998 年着重加快"两点两线一条街"的修复和建设，"两点"即放生桥、城隍庙，"两线"即陆上旅游线、水上旅游线，"一条街"即北大街。实施"三线（电源线、电话线、电视网络线）入地，立面（地面建筑物）改造"。且要求修旧如旧，保持古镇原汁原味。接着疏浚瑚珶港市河、西井亭港市河。政府又以"免费租房、减免税收"等优惠政策，对外招商引资，古董、花鸟、书画、陶瓷、土特产、工艺品、特色小吃、餐饮、茶馆等店铺相继开市。1999 年重点对古镇再次实施"四三一"开发与修复，即修复课植园（马家花园）、井亭港、涵大隆酱园、历史陈列馆 4 个景点，整修放生桥、市河、美周弄 3 处两侧古建筑，建 1 个为游客提供休闲场所的银杏树广场。2000 年，按照高起点、高质量、高品位要求，重点修复"八点五线一面"："八点"为圆津禅院、大清邮局、童天和药店、东井水榭、西井街 75 号舒宅、青铜器陈列馆、中观音桥歇凉亭及镇中心广场,"五线"为东井街、西井街、大新街、漕河街、西湖街,"一面"为放生桥北立面整治(东井亭港口—西井亭港口)。同时,再次疏浚珊瑚港市河和西井亭港市河。是年 10 月 12—18 日,由国家体育总局和青浦县政府在古镇主办的"第四届亚洲龙舟锦标赛""2000 年上海朱家角古镇旅游节暨青浦秋季招商会",古镇游客如潮。

### 【上海大观园】

1978 年 11 月,市园林管理局淀山湖风景区筹备处成立,着手规划、建设上海大观园。大观园以"红"即红楼文化、"绿"即绿化环境两大特色形成旅游风景区,占地 137.93 公顷,其中绿化面积 78.13 公顷(不含水面积)。景区中间横贯金商公路,将景区划分为东西两个部分。东部景区以草木花卉为主要景点,建有梅坞春浓、柳堤春晓、群芳争艳和金雪飘香四大景观,并以亭、廊、桥等建筑点缀,凸显出绿化环境和江南水乡的秀美风貌。梅坞春浓又称梅园,是全市规模最大、品种最多的最佳赏梅胜地。柳堤春晓是人工垒石填土筑成的人造堤,堤中间一座双龙抢珠石拱桥将大堤连成一体,把淀山湖分成外湖与内湖。群芳争艳,植有广玉兰、白玉兰、紫玉兰、紫薇、杜鹃、石榴、玫瑰、桂花、腊梅等四季花卉,有翠竹、雪松、300 多年树龄的胡秃子和 4.67 公顷的大草坪,被称为"百花园"。金雪飘香又称"桂花园",是上海地区植桂树最多的地方。有哈尼族、傣族、苗族、景颇族、低族、彝族、侗族、白族、摩梭族、蒙古族 10 个少数民族的村寨和白塔、缅司、鼓楼、风雨桥、大理三塔、蝴蝶泉等 20 多个景点。西部景区是红楼梦大观园仿古建筑群。仿古建筑群是根据中国古典文学《红楼梦》的意境,建造的一座集中国四大园林即皇家园林、私家园林、山水园林、寺观园林特色的大型仿古建筑群。主要景点有怡红园、潇湘馆、大观楼、藕香榭、蓄芜院、稻香村、紫菱洲、暖香坞、沁芳亭、丹凤榭、红香圃、寥风轩、秋爽斋等,还有塔院、商业街、水上游乐场、女娲遗石、桃花坞等景点。上海大观园是国家 AAAA 级旅游景点和上海市五星级公园。1989 年 11 月获国家建筑业联合会颁发的"建筑工程鲁班奖",1990 年获国家质量奖审定委员会颁发的"中华人民共和国国家质量银质奖",1997 年 3 月获上海市建设委员会、上海十佳休闲新景点组委会颁发的"上海十佳休闲新景点",1999 年 10 月获建国 50 周年上海经典建筑评选活动理事会颁发的"新中国 50 年上海优秀建筑",2000 年 12 月获住建部颁发的"国家风景名胜区先进集体"称号。

## 二、古文化旅游

### 【崧泽古文化遗址】

位于县城东 4 公里处,以崧泽文化遗址的中层文化为代表的一类新石器时代古文化。大致分布在长江以南、钱塘江以北、太湖以东地区。1961 年、1974 年的两次有计划发掘,探明崧泽文化时期墓葬共 100 座,出土大量玉器、陶器,还发现许多居住遗迹、制作石器场地遗迹和 6 000 多年前的水稻种子粳稻谷、籼稻谷以及家畜猪、犬的骨骼。1982 年,在杭州举行的中国考古学年会上,全国考古学家认定崧泽文化是前承嘉兴马家浜文化,后接余杭良渚文化的太湖地区新石器时代的文化。崧泽文化的发现对研究长江中下游人类发展史,特别是太湖地区的原始文化和上海的古代史,提供了重要资料。崧泽古文化遗址于 1961 年、1977 年分别被列为青浦县和上海市文物保护单位。

2001年,福泉山古文化遗址挖掘现场(青浦区博物馆供稿)

## 【福泉山古文化遗址】

位于重固镇西200米处,是一座高约7米、南北宽84米、东西长94米的土墩。初因山形似覆船,称覆船山,后以井泉甘美改称福泉山。1962年,上海博物馆考古调查时,发现该处有新石器时代的石器、陶片和红烧土等文化堆积,确定是古文化遗址。1983年12月—1988年1月,3次对福泉山古文化遗址进行有计划的发掘,涉及面积共2 235平方米,合计清理崧泽文化居住遗址1处、崧泽文化墓葬19座、良渚文化祭祀遗址3处、良渚文化墓葬30座、唐墓1座、宋墓3座,出土各类文物2 800多件。墓葬位于福泉山西,距土墩面深6.95米的灰黑土层内,为平地堆土埋葬。随葬器物非常丰富,除陶制的网、鼎、豆、罐等以外,还有骨镞、玉坠、玉璜和玉管等。福泉山的崧泽文化层厚200多厘米,出土崧泽文化晚期扁方型带凸棱的鼎足、甑残片、圈足器底等,还有崧泽文化早期的澄滤器、圆锥形蒂凹眼鼎足、黑红陶豆残片等。遗迹出土的骨镞、骨匕、陶纺轮、陶网坠、石凿,以及猪、鹿、獐、鱼等碎骨,显现出先民居住的生活迹象。福泉山古文化遗址于1984年被列为青浦县和上海市文物保护单位,2001年6月被国务院列为全国重点文物保护单位。

## 【其他遗址】

县境内还有:寺前村遗址,位于大盈镇天一村;金山坟遗址,位于蒸淀镇东河村;刘夏村遗址,位于赵巷镇刘夏村;千步村遗址,位于赵巷镇崧泽村;果园村遗址,位于凤溪镇嵩山村;凌家角遗址,位于沈巷镇凌家角村;乐泉村遗址,位于小蒸镇芦花村;骆驼墩遗址,位于重固镇北;西洋淀遗址,位于朱家角镇北;淀山湖遗址,位于淀山湖西南沼湖一带湖中。另有保存完好或基本完好的古建筑,包括塔、桥、园、寺庙、教堂等20余处。

### 三、度假休闲旅游

#### 【淀山湖风景区】

淀山湖旧称薛淀湖,位于县城西侧。湖跨青浦、昆山两县,水域面积 6 200 公顷,青浦县境内约为 4 750 公顷,是全市最大的淡水湖泊。80—90 年代,淀山湖景区相继开发青少年野营基地、东方绿舟、上海市水上运动场、福克游艇俱乐部等。上海市野营基地于 80 年代初建造,营地内主要建筑以童话式小别墅和野营帐篷为主,集自然景观、现代建筑情趣于一体,设有帆船、高速摩托艇、方程赛车、卡丁车、多功能舞厅、桌球、垂钓、溜冰、投影电视等娱乐设施和游艺宫等游艺设施。在湖坪之间设有嬉水池,备有滑梯、喷水等设备。1994—2000 年,基地营业收入累计 1 509 万元,接待游客累计 17.74 万人次。东方绿舟于 2000 年 8 月动工建设,投资总额 12.26 亿元,2002 年 3 月开始对外接待。东方绿舟由勇敢智慧区、知识大道区、科学探索区、生存挑战区、生活实践区、国防教育区、水上运动区、体育训练区 8 个园区组成。以其烟波浩淼、植被苍翠的自然风光,恢弘大气的建筑群落和功能齐全的户外活动设施,充分满足不同年龄、不同层次游客的旅游观光、休闲度假和教学实践等多种需求。被列入国家级"全国青少年校外活动示范基地""小公民道德建设活动实践基地"和市级"上海市爱国主义教育基地""科普教育基地"。上海市水上运动场于 1981 年开工建设,1983 年 8 月建成并投入使用,先后承办第五届、第八届全国运动会,第二届、第六届亚洲赛艇锦标赛,第一届东亚运动会等国内外大型水上运动项目比赛。福克游艇俱乐部于 1994 年建成迎客。水上参与性活动设施有高速潜水艇、滑水艇、摩托艇及豪华双层帆艇、橡皮艇等。陆上娱乐设施有野外烧烤、沙地排球、网球场、游泳池等新型的活动项目,是中外游客度假、会友、商务、游览、观光的理想乐园。

#### 【太阳岛旅游度假区】

太阳岛原名泖岛,位于沈巷镇沈太路 2588 号。东西宽 700 米,南北长 4 000 米,总面积 160 余公顷,周围由东、西泖河,拦路港、太浦河水系环抱。90 年代,新加坡国际元立集团投资近 1 亿美元建设太阳岛旅游度假区。工程于 1993 年 9 月动工,1996 年 5 月竣工后对外开放。主要项目设施有:占地 89.5 公顷的国际标准 18 洞高尔夫球场和建筑面积达 13 000 余平方米的俱乐部会所,内有 14 个会议室。配套设施有 KTV、桑拿、舞厅、美容院、酒吧、桌球室、棋牌室、中西餐厅、商务中心等。在外围有游艇观光、迷你高尔夫、高尔夫球练习场、射箭馆、溜冰场、篮球场、天然温泉保健中心等。岛中央大道两侧有占地 25 公顷的度假村和温泉别墅群。在中央大道前建有一栋具印度式的孔雀王朝建筑物,配有餐厅、超市等设施。孔雀王朝背面是太阳乐园,内有人工造波游泳池、沙滩、水滑梯和南端的溜马场、水上自行车、水上摩托、垂钓等项目。太阳岛上最具文化内涵的是建于唐代的泖塔,经按原貌修葺一新后,成为岛上的标志性建筑和游览景点。

## 第五节 商 贸 业

进入 90 年代,县域商业网点分布日趋合理,逐步形成具有旅游、餐饮、服饰、购物、休闲等特点的商业街,综合性、多品种的专业市场,以及保持传统经营特色、诚信服务的一批名店,点缀着日趋繁华的商业景象。2000 年,区域有商业网点 32 630 个,比 1985 年的 3 927 个增长 8.29 倍,其中商业饮食业网点 25 898 个,服务、修理业网点 6 732 个。

## 一、商业街

90年代,青浦城区、乡镇众多商业街发展较快,颇具经营特色的商业街有:

**【聚星街】**
位于青浦老城区东部,与庙前街并行。街南端与码头街衔接,北与三元街相连。有五金交电、鞋帽百货、服装、水果、南货、油漆、土特产等大小店铺100多家,街道两旁有小商品摊、玩具摊、童装摊、水果摊、杂货摊等,种类繁多,为青浦镇商业中心。随着市镇建设的不断发展,街道两边的旧房被改建成大型商场和广场,聚星街的长度比原来缩短约1/2。2000年,聚星街两边的店铺有60多家,经营着服装、鞋帽、小五金、小百货、小商品等商品,是较为繁华的商业步行街。

**【欧洲街】**
位于青浦镇公园路348号,北至体育场路,西至原青浦汽车站,东至商城路。1996年春由青浦县教育局所属现代房产商社投资5 500万元兴建,1998年5月竣工。主街道总长280米,3条支街道总长150米。占地1.73公顷,建筑面积22 345.22平方米。街南面正门以"凯旋门"设计建造的高36.8米7层主体公寓式商务办公楼,街区内有2、3层单体小楼房78幢,4层过街楼1幢,6层商住楼2幢。街内有2米~3米的青铜雕塑4座,2米~2.8米高的墙面雕塑5幅,分别以欧洲雕刻仿造,还有多种墙面雕花100多帧,采用欧洲窗套装饰门窗。主体大楼正面1 560平方米的广场中设有青铜巨雕1座,充满着欧洲情调,又集商业、休闲于一体,成为购物与旅游观光的景点。2000年,商铺有100多家,主要经营服装、美发美容、旅行服务、广告服务、百货食品等项目,其中服装销售店约占50%。

**【服装街】**
90年代初,青浦镇规划商业市场布局,为体现市场营销特色,确定由城中南路的实验小学路口向南至青浦二中校门口止的街道为服装街,路段总长300米,设在此路段的商铺都经营各类服装和鞋帽。2000年,经销店有30多家。

**【北大街】**
位于朱家角镇的北大街,是市郊保存最完整的明清建筑街。从美周弄至放生桥,全长1 000多米,清末民初以来,一直是镇上一条主要的商业街道。街的两边旧式民宅鳞次栉比,店铺林立,商贾云集。230多家商号各具特色地经营着茶楼酒肆、南北杂货、日用百货、糖果卷烟、绸缎布匹、中西药材等商品。90年代后,朱家角旅游开发纳入历史文化名镇总体规划,在保持老街旧貌的基础上,对北大街进行整修改造,实施优惠政策招商引资,古董、花鸟、书画、陶瓷、土特产、工艺品、特色小吃等店铺相继落户。稻米乡情馆、涵大隆酱园、桥文化馆等景点使老街成为旅游观光、购物餐饮的好去处。

## 二、专业市场

1992年,全县初步形成十大专业市场,即练塘、沈巷、莲盛3个茭白市场,华新、白鹤2个蔬菜市场、赵巷苗猪市场、朱家角粮油市场和禽蛋市场、青浦鞋城以及大观园购物中心。后几经变化,2000年有8个交易市场,即白鹤、华新、莲盛3个农副产品交易市场,练塘茭白交易市场,赵巷苗猪市场,蒸淀羊毛衫市场,商榻水产批发交易市场,巷农经贸有限公司。完成交易额45 673万元。还有规模较小的商品交易市场45个,市场面积13万平方米。其中楼层市场6个,面积1.5万平方米;室内市场7个,面积1.2万平方米;棚顶市场28个,面积8万平方米;其他市场4个,面积2.3万平方米。

### 【青浦鞋城】

建于1991年4月,1992年10月8日正式开张营业,招来客商386家。经营特色定名为鞋类产品贸易城,取名为青浦鞋城。因不具备类似温州模式的产业支撑,全国各地厂商和贸易商入城的鞋类普遍成本高,费用大。1993—1995年交易额徘徊在2亿元~4亿元,发展缓慢。1995年底,划归青浦工业园区,更名为上海青浦商城实业总公司,1998年2月按《中华人民共和国公司法》要求改制为上海青浦商城实业有限公司。将主体大楼租给上海市农工商超市总公司,开设县内规模最大的大卖场;其他商业楼则有租有售,并发展招商引资工作,成为商贸市场。

### 【蒸淀羊毛衫市场】

1994年7月创办,是采用民间集资形式建立的集体性质的大型羊毛衫批发交易市场,总投资5 960万元,招商450家。市场具有较大的生产能力,日加工羊毛衫10万件,日平均交易量5万件,交易额达200万元。市场为经营者提供原料供应、漂染、整理、打包托运、仓储、法律顾问以及财务、治安、通讯等方面的配套服务。90年代末,市场逐步由贸易型转向工贸型,由松散型转向实体型,由单纯的产销转向供、产、销一条龙服务。2000年完成产值9.1亿元。

### 【茭白市场】

1987年,沈巷乡种植茭白620余公顷,练塘乡种植茭白1 000余公顷,茭白交易额205万元。在发展种植茭白的同时,县政府关心茭白销售,先后在练塘、莲盛、沈巷等乡建设茭白交易市场。沈巷乡于1987年6月投资7万元创建茭白交易市场,1990年茭白市场扩建到占地6 600平方米,建筑面积256平方米,交易钢棚372平方米,日最大交易额达到15万元。练塘镇于1991年初在朱家庄、叶库、泖口、泖甸等地筹建5个茭白交易市场,总面积达3公顷,建筑面积450平方米,总投资250万元,日最大交易量500余吨。随着各乡镇工业园区的拓展、小城镇建设的加快、绿化、林木种植面积的扩大,茭白的种植面积逐渐减少,1999年后的茭白交易量和成交额出现小幅下降。

### 【赵巷苗猪市场】

赵巷方家窑苗猪交易市场最早形成于70年代初,后于1987年10月由赵巷乡食品站与方东村第九生产队合作管理经营,并迁址方东九队饲养场。1991年由赵巷乡方东村、赵巷工商所、赵巷食品站三方共同出资,征用318国道(青浦段)边4 000平方米土地,投资45万元,建造水泥场地2 500平方米,结算、检疫等办公建筑面积200平方米,1994年4月领取市场管理证。1988—1991年,市场交易量比较平淡,自1992年起呈逐年递增的态势。1993—1996年平均年交易苗猪45 000头,年均交易额1 504万元。1997年后,随着闵行地区养猪大户的减少,到苗猪市场采购苗猪的专业户逐年减少,交易量也随之下降,2000年成交量24 450头,成交额600万元。

## 【商榻水产城】

青浦县西部地区依托淀山湖、鼋荡等水资源,具有淡水产品养殖的优势,有鱼类、甲壳类、爬行类、贝类水产品 60 种~70 种。1999 年 3 月,商榻镇投资 281 万元建办水产交易城,占地 2.54 公顷,建筑面积 1 500 平方米,交易大棚面积 1 800 平方米。2000 年成交各类水产品 2 700 吨,成交额 6 300 万元。

# 三、诚信名店

90 年代后期,县城涌现一批既有经营规模、经营特色,又能热情待客、诚信服务的商店,获得县"顾客购物放心店"。

## 【青浦百货商店】

位于青浦镇聚星街北首,是县百货公司所属的全县最大的一家百货商店,设立于 1954 年底,1956 年扩建至营业面积 671 平方米,仓容面积 150 平方米。经营的商品有日用小商品、玩具、化妆品、针棉织品、毛线、铝搪制品、胶鞋、凉鞋、手表、缝纫机等 10 多个大类 2 700 余种品种。随着商店经营范围的扩大,增加电风扇、半导体收音机、收录机等家用电器的经销。80 年代后,青浦百货商店经常开展工商联合展销和节令商品单项促销活动,保持经营发展势头。1993 年 12 月,青浦百货商店移址青浦镇城中西路、城中南路口青浦百货大楼营业,扩大服装、金银首饰、彩色电视机、皮鞋等高档商品的经销,营业面积扩大至 2 060 平方米,成为青浦城区百货综合经销的中心店。1997—2000 年连续 4 年被县政府命名为"顾客购物放心店"。

## 【青浦食品世界】

位于青浦镇公园路 665 号,隶属青浦烟草糖酒有限公司。80—90 年代,食品世界是青浦镇上颇受顾客欢迎的食品商店。营业面积 600 平方米,主要经营各类食品和南北杂货,在商业信息更新变化、商品日益繁多的情况下,食品世界坚持以特色食品经营为主。2000 年完成销售收入 1 650 万元,利税 243 万元。1999—2000 年连续两年被县政府命名为"顾客购物放心店"。

## 【益寿春药店】

位于青浦镇公园路 525 号,1971 年开业,前身是青浦工农兵药店。1983 年更名益寿春药店,营业面积 400 余平方米。主要经营中成药、中药饮片、化学药制剂、抗生素、生化药品、生物制品、麻醉药品、二类精神药品、医疗用毒性药品、医疗器械、保健用品等,经营品种达 2 500 余种。1994 年,益寿春药店获上海市中药行业协会示范企业、示范柜组称号。1997—2000 年连续 4 年被县政府命名为"顾客购物放心店"。

## 【珊瑚药店】

位于青浦镇城中南路 502 号,1985 年开业,营业面积 515 平方米,是青浦镇规模较大的药店。主要经营中成药,化学药制剂、抗生素、生化药品、生物制品、二类精神药品、医疗用毒性药品器械、医疗器械、保健用品等,经营品种达 1 500 余种。1997—2000 年连续 4 年被县政府命名为"顾客购物放心店"。

**【青浦商厦】**

1989年9月1日开业,1990年从县百货公司析出,独立建制为青浦县供销社的直属企业,是一个零售兼批发的大型综合商场。1990—1992年,青浦商厦完成商品销售总额8 864.42万元,其中商品零售额8 342.41万元、商品批发额522.01万元;完成利润总额210.76万元,上缴税金总额187.4万元。1997—2000年连续4年被县政府命名为"顾客购物放心店"。

**【青浦稻香村商场】**

位于青浦镇公园路544号,隶属青浦烟草糖酒有限公司。1989年开业,营业面积2 400平方米,主要经营卷烟、食品、服装、百货、针织、鞋帽等商品。稻香村商场以顾客至上、信誉至上的服务理念,坚持诚信服务,热情待客,把好服务质量关,企业的经济效益连年得到增长。2000年完成销售收入3 750万元,利税635万元。1997—2000年连续4年被县政府命名为"顾客购物放心店"。

**【金叶超市城北店】**

位于青浦镇城中北路、海盈路口,是县烟草糖酒有限公司设立的金叶超市连锁店,主要经营日用百货、食品糖酒、卷烟什货等商品。2000年完成销售收入800万元,占金叶超市20家连锁店销售收入总额的13.33%。1997—2000年连续4年被县政府命名为"顾客购物放心店"。

# 第六节 房 地 产 业

1991年,青浦县按照《上海住房制度改革实施方案》,有计划、有步骤地开展城镇住房制度改革,为开放房地产产业,建设商品房创造条件。

## 一、住房制度

1991年3月,县成立住房制度改革办公室,通过推行公积金、提租发补贴、配房买债券、买房给优惠、建立房委会等措施推行城镇住房制度改革。

**【公积金缴交】**

1991年,建设银行青浦支行组建房改信贷科,设置公积金缴交点,并于12月正式运转。根据规定,凡上海市区或郊县具有城镇户口的国家机关、群众团体、企事业单位固定职工(包括合同制职工、私营企业职工、三资企业中的中方职工),均实行住房公积金缴交办法。是年12月,全县开户单位478家,涉及职工48 164人,月公积金缴交额62.02万元。至2000年,全县累计归集公积金2.84亿元。从1997年起,对部分经济效益较好的单位,实行缴交补充公积金制度。是年,开户单位22家,涉及职工3 000人,归集补充公积金83.19万元。1998年、1999年、2000年开户单位涉及职工、归集补充公积金分别是56家、70家、73家、3 800人、4 300人、4 409人、950万元、1 491万元、2 000万元。

**【公积金贷款】**

1992年5月,县政府批准成立青浦公积金运用中心(以下简称"中心"),以更好地用好用活房改资金,提高资金效益,加快住宅建设步伐。"中心"根据县计委批准的建房计划,向市公积金管理中心申请公积金贷款。是月,申请贷款 400 万元,在万寿小区建房 6 401.12 平方米;1993 年 1 月、5 月,共申请贷款 600 万元,在界泾港小区建造平价住宅 14 260 平方米;1996 年 10 月和 1997 年 1 月、8 月,分别申请贷款 1 060 万元、2 271.08 万元,在西部花苑建造平价住宅 22 325.08 平方米。上述房屋按缴交公积金的比例分解到各系统、各单位出售给职工。1999 年,"中心"从房地局划归县住宅发展局。从 1992 年开始,根据公积金抵押贷款的有关规定,职工购买住房可申请房屋抵押贷款。2000 年,全县累计公积金贷款购房户 9 330 户,利用公积金贷款金额 5.8 亿元。

### 【提租发补贴】

1991 年 12 月起,根据规定调整公有住房租金,同时给予职工适当补贴。是年,对承租直管公房的 20 104 户住户提高房租,新租金标准比原标准提高 1 倍。住房提租补贴标准按职工工资或离退休费的 2% 计算,不足 2 元的补足到 2 元,由职工所在单位一次核定,按月随工资发放。

### 【配房买债券】

住房制度改革实施以后,凡是新分配租住公房的职工,均需按《上海市住宅建设债券发行和认购办法》购买住宅建设债券;凡是拥有住房产权的单位,都要按《上海市优惠价房出售管理办法》,向本单位职工出售优惠价房。

### 【出售已租成套公房】

1994 年下半年,开始公有住房出售工作。凡有上海市常住户口的公有住房承租人(或其同住成年人)和符合分配住房条件的职工,均可购买已租住的独用成套公有房屋。出售公有住房,贯彻"购房自愿、产权归己、维修自理"的原则。是年,公有住房出售的优惠条件是:每平方米建筑面积成本价为 902 元;地段增减率,青浦为 6 级,即成本价的 50%;房屋成新折旧,每年 2%;按购房人工龄,每年给予 1% 的优惠;现金一次付清全部房款的,给予 20% 的优惠及面积折扣 15% 等。同时,对所购住房的建筑面积进行控制,标准为:一般按人均 24 平方米计算,一般干部、职工家庭为 50 平方米～75 平方米,科级为 60 平方米～85 平方米,县处级为 70 平方米～100 平方米,副局级为 80 平方米～120 平方米,正局级为 90 平方米～140 平方米。对超过购房控制标准部分的优惠进行限制。1995—2000 年,上海市先后颁布文件,对公有住房出售的优惠条件先后作多次调整修改,每平方米的成本价分别调整为 1 060 元、1 198 元、1 295 元。

## 二、开发企业

1991 年,实施住房制度改革后,各类房地产开发企业相继成立,并不断建造、销售商品住宅房。居民的住房由原来国家投资建房、计划分配逐步转向住房市场化、商品化,既保障供给,又促进消费。2000 年底,全县累计注册成立 81 家房地产开发企业,经县房产局初审、市房地局批准,56 家有房地产开发资质,其中实力较强的房地产开发企业有:

### 【青浦房地产总公司】

于 1992 年 8 月成立,为国有企业,与县房管局实行两块牌子、一套班子。1997 年与区房管局实行政企分开,至 2000 年底,共开发商品房 44.7 万平方米。连续多年名列上海市房地产企业销售面积百强。1999 年承建的西部花苑(二区)获市住宅发展局颁发的"完整街坊"称号,在市建筑业联合会质量评比中获"浦江杯"优质建筑工程奖。

### 【青浦房产经营公司】

于 1989 年 11 月成立,为国有企业,属县房管局管辖。1997 年划归房地产总公司,作为其下属单位。至 2000 年底,共开发商品房 25.14 万平方米。1996 年该公司名列上海市房地产企业销售面积百强,为上海市房地产"重信誉企业"。

### 【青浦住宅开发公司】

于 1984 年 5 月成立,国有企业,属县建设局管辖。1997 年划归县城建开发总公司。至 2000 年底,共开发商品房 51.99 万平方米。自 1987 年起,连续 3 届被评为市级文明单位。

### 【新青浦置业有限公司】

于 1997 年 7 月成立,1998 年起开发"新青浦花苑"住宅小区,建筑面积 18 万平方米;2000 年度名列上海房地产企业销售面积百强,同时,还获得 1999—2000 年度"上海市绿化先进集体"称号及上海市住宅局颁发的 2000 年度"四高优秀小区"称号。

### 【上海豪都房地产开发经营有限公司】

于 1993 年 2 月成立,香港独资企业,三级资质。1994—2000 年,在徐泾镇沪青平公路南侧建"上海豪都国际花园",占地 27.73 万平方米,建造欧式花园别墅 300 多幢、多层中高级公寓住宅房共 25 万平方米,及游泳池、网球场、高尔夫练习房等娱乐休闲设施 1 万平方米。1996 年、1997 年连续获得上海市房地产企业销售面积百强称号,1998 年获上海市优秀住宅房型奖,2000 年获上海市最佳房型奖。

### 【上海锦虹房产经营有限公司】

于 1992 年 9 月成立,由市公房资产经营公司、徐泾房产实业公司、香港安利投资股份有限公司联合组建。在徐泾镇民主村批租土地 17.87 公顷,兴建康虹花园、康虹园,合称康虹小区,其中康虹花园建筑面积 5.49 万平方米,属外销房,有独栋别墅、联体别墅、小高层公寓三类房型;康虹园建筑面积 6.8 万平方米,属内销房。康虹小区具有浓郁的欧式田园风光,其大型雕塑《生命》被上海市城雕协会评为上海十大雕塑之一。

### 【徐泾房产实业公司】

于 1992 年 5 月成立,由徐泾镇和青浦房产经营公司联合组建的国集联营企业,分别持 70%、30% 的股份。1993 年 11 月投资建造广虹公寓,2000 年底交付使用住宅楼 19 幢、花园别墅 6 幢,建筑面积约 4.4 万平方米。2000 年 3 月,投资建造广虹馨苑小区,占地 2.67 公顷,规划建造 6 层住宅楼 25 幢,总面积 3 万平方米。

### 【青浦三友房产经营公司】

于 1992 年 8 月成立,由华新城乡建设总公司、青浦房产经营公司、青浦建设总公司联合组建的集体企业。成立以后,先后在华新镇建成戏院新村、城建新村、华富小区、华强明珠苑等,还在徐汇、宝山、普陀等区开发住宅,共约15万平方米。

### 三、商品房

1985年,青浦住宅开发公司与上海中华企业公司合资,在浦仓路西、城中东路南、淀浦河北、章浜新村东地段开发建造商品住宅小区城东新村,共建商品房1万平方米,住宅公司自建商品房5 000平方米,是青浦县第一个商品房住宅小区。90年代,以中心镇及中心村两个层次和各地块不同等级的集聚能力来带动区域发展。确定青浦镇、朱家角镇、徐泾镇、赵巷镇、金泽镇"五点"以318国道为轴和华新镇、练塘镇为"两翼"作为特色居住区试点,根据不同区域、不同产业布局,确定不同开发定位和规模,发展以经济适用型、古文化与水文化融合型、近郊田园型、回归自然型以及江南水乡型为主要特色的居住区域。至1998年,华新、重固、大盈等5个镇共竣工农民集资房245幢,总建筑面积39.64万平方米;赵屯、环城、小蒸、蒸淀等镇建成农民集资房、商品房和小别墅20.86万平方米。2000年,共为通过规划方案评审的16个基地核发配套条件批准书,总面积43.6万平方米,在建面积约67万平方米。2000年底,注册登记在青浦的房地产开发企业,在青浦地区共开发建造各类内销商品房443.74万平方米,其中居住房407.19万平方米(包括一般住宅房393.65万平方米、别墅房13.54万平方米)、非居住房36.55万平方米;实际销售商品房362.23万平方米,其中居住房343.81万平方米(包括一般住宅房332.08万平方米、别墅房11.73万平方米)、非居住房18.42万平方米。1985—2000年,青浦商品房价格与全市一样,呈直线上升趋势。按青浦一般商品房基价为例:1985年售价约500元/平方米,1995年约1 000元/平方米,2000年约2 000元/平方米。之后,房价又急剧上涨,2003年约3 500元/平方米,2005年约6 000元/平方米。

### 四、房产评估、交易

90年代以前,县域房产评估业务量很少。1990年9月,县成立青浦县房产评估所,隶属县房管局。配备专职评估人员,承办房屋评估业务,实地进行勘测评估,绘制房屋平面图,按上海市房屋估价标准进行评估。随着房地产的开发,房产评估数量逐步增加。2000年累计评估房屋1 416起(户)、建筑面积16.05万平方米,共计估值1.11亿元。

1987年9月,青浦县房产交易管理所成立,与县房产管理所实行两块牌子、一套班子。1990年成立县房产管理局,为局直属单位之一。其主要职责是:负责全县房屋买卖管理,办理房产买卖登记,组织房产交易和买卖的审核、批报,代征契税和超标准费;接受委托、协助双方介绍买卖对象,洽谈价格,草拟契约;处理房屋买卖纠纷,联系有关部门查处违法案件。

1995年9月,青浦县房地产交易中心建立,与房产交易所合署办公。1988—2000年,共经办房产交易6 988起(户),成交房屋面积104.74万平方米。同时,大量的房产中介机构和经纪人应运而生。

### 五、物业管理

1993年,青浦县出现企业型的物业管理企业(物业公司),为居住区提供房屋维修、安全保卫、花草整理、清洁卫生等全方位的管理服务。

**【物业公司】**

1993年1月12日,成立上海青浦环城住宅物业管理有限公司,是青浦县首家物业管理公司。是年6月,成立上海太浦河物业管理有限公司。1994年6—12月,县房产管理局下属的青浦第一、第二、白鹤、重固、朱家角、练塘、金泽等7个房管所内陆续成立物业管理公司,实行两块牌子、一套班子,合署办公的物业管理服务。1997年7月,县房地局实行政企分设后,除青浦第一、二房管所(物业管理公司)划为青浦县房地产总公司外,朱家角、白鹤房管所与其物业管理公司随之分设,保留其朱家角物业管理公司和白鹤物业管理公司,为独立核算、自负盈亏的国有企业单位;练塘、金泽、重固房管所内的物业管理公司予以撤销。1995年后,商品房不断开发建造,为适应新居住的物业管理服务,陆续建立物业管理公司,至2000年底,全县注册登记的物业管理公司、企业单位有45家,管理房屋面积470.36万平方米,其中转制的有3家,管理房屋面积80.54万平方米;新建的物业公司有27家,管理房屋面积319.01万平方米;房屋开发商自管的有15家,管理房屋面积70.81万平方米。物业管理单位性质有民营企业、中外合资企业、外商独资企业、国有企业、集体企业、有限公司企业等。

**【服务对象、事项】**

物业管理服务对象为物业产权人和物业使用人(含承租人)。物业管理服务主要事项有:房屋设备运行服务,包括电梯、水泵、各类电器系统、消防设施的正常运行;保洁服务,维护房屋公用部位、公共场所的整洁卫生;保安服务、巡视、值班等安全保卫;物业维修服务,按物业管理服务合同中约定的项目实施;物业账务管理,按幢建账,按户核算;物业资料保管,包括产权清册、业主情况、共用设备、公共设施、维修记录、财务等资料;业主、使用人委托服务的其他项目。物业管理企业由业主(大会)委员会选聘或解聘。

# 第三章 建设"绿色青浦"

撤县建区为区域经济社会全面发展带来新的契机。区委、区政府以创建现代农业园区为抓手，引导和推进设施农业、品牌农业、产业化农业的发展，逐步形成现代农业经营格局；加快工业产业集聚，以电子信息产业等支柱产业为引导，进行结构优化，布局调整和形态、业态集中，建设绿色工业；进一步完善商业服务网络，通过"三区一圈"商业商务集聚区建设，拓展现代商贸服务业；加强基础设施建设，公路、桥梁、供电、供水、供气均得到较大改善；以4轮环境保护与建设三年行动计划实施为重点，推进河道整治、水利建设、污染控制和园林绿化，不断提升环境质量；通过青浦新城建设，逐步形成新城、中心镇、一般镇等较为完善的城镇体系，加快城镇化进程；通过促进社会事业协调发展，不断提高城乡居民生活水平和质量，逐步建成生态、和谐、宜居、宜业的"绿色青浦"。

## 第一节 现 代 农 业

2001年2月27日，区一届人大三次会议提出"转变农业生产方式，实施农业从城郊型向都市型方向发展"战略，从创建农业园区着手，推进农业产业化经营，组织农民专业合作社，建设品牌农业。

### 一、现代农业园区

2002年，区委、区政府决定将位于香花桥镇的上海市4个现代农业园区之一的香花桥现代农业园区西移扩建，落户练塘镇西南与浙江交界处，规划总面积17.07平方公里。以建立生态效益型农业高地为目标，建设集约型、都市型特征的现代农业区域，发挥示范、辐射、带动作用。

2003—2005年，青浦现代农业园区开展农田道路、排灌设施、土地整理综合开发，推进"三高"粮田项目建设。农田基础设施通过翻建泵站、硬化沟渠，解决防洪、除涝问题；配套组合道路网络和绿化建设，改善交通运输条件；整理土地600公顷，新增耕地37.33公顷，为进一步发展累积土地资源；在淀山荡内建生态河堤10.1公里，优化农业生态环境。2005年，园区与峰创商务咨询有限公司合作建成休闲温室园，集展示、观光、休闲功能于一体；引进上海绿诚苑农业科技有限公司、上海交大香草植物驯化基地、上海园林建筑有限公司、李平特种水产养殖场、上海野龙果业有限公司等，形成为都市居民提供优质农副产品和优美生态环境的集约化、多功能农业。

2006—2008年，青浦现代农业园区加快发展以休闲、观光、体验为特色的现代都市型生态农业，形成特色林果、优质种源、设施菜地、特种水产、生态园林等特色。2008年，实现"发展稻蛙生态种养，形成产业化"工作任务，实现带动农民致富的目标。2009—2010年，坚持科技兴园、产业强园、生态建园、创新治园的发展思路，加快园区农业旅游观光产业的发展，完善农业观光配套设施。启动休闲展示中心项目，在田间建设长245米、宽2.5米的原木道路，形成稻蛙项目观光栈道；建成国家级农业综合开发项目——食用菌工厂化栽培，形成日产高档食用菌杏鲍菇4吨的瓶载杏鲍菇种养基地，产品90%出口；上海原兴农副产品专业合作社和上海百家汇网络科技股份有限公司两家企业进入上海世博会供应商名单，组建上海青浦现代农业园区生态农场有限公司等全资子公司，走

**2010 年 9 月,朱家角镇大淀湖捕鱼场景(青浦报提供)**

集生态、绿色、安全、科技、循环、观光旅游于一体的农业可持续发展之路。

## 二、农业产业化

2002 年,编制完成《青浦区农业产业化经营重点项目》,并上报市农业产业化领导小组备案。上海绿色工业编结有限公司中标市农业产业化招投标项目,由市政府拨款 80 万元支持发展;青西禽蛋生产联合社被农业部选为全国农民专业合作经济组织 100 家试点单位之一。2006 年,全区拥有农业产业化经营组织 157 家,其中龙头企业带动型 30 家、专业市场带动型 8 家、中介组织带动型 111 家(包括农民专业合作社 70 家)、其他带动型 8 家。这些产业化组织带动农户 59 706 户(其中农民专业合作社 9 756 户)。2007 年,全区累计有区级农业产业化龙头企业 32 家,其中,上海绿色工艺编结有限公司为市级农业产业化龙头企业。

### 【上海大盈肉禽联合总公司】

1993 年,由上海市农业投资公司上海畜牧总公司与青浦县联合投资组建的肉鸭产、加、销一条龙现代化企业。当时,为解决养鸭农民由于缺少市场信息,找不到销售渠道而出现的养鸭难、养鸭效益差的状况,在大盈乡征地 3.33 公顷,通过财政贷款 3 600 万元,从荷兰引进一整套全自动生产设备,建起年加工 300 万只的肉禽加工厂,取名大盈肉禽联合总公司。公司成立后,坚持实施养鸭户与市场两头一肩挑的经营理念。为了扶持养鸭户,提出了 4 个统一,即统一供种、供苗,种鸭从英国引进,鸭苗自己孵化;统一供料,饲料由公司调配,保证鸭子肉质;统一防疫,疫苗由公司提供,并派专人上门打防疫针;统一销售、结算,公司保证农户每只鸭子有1元钱的净利润。为了找好市场,积极参与全市菜篮子建设工程,保证每年提供300万只、每天最高2万只肉鸭,并根据市场需求引导和调节农户生产。在上海的市场占有率一度达到90%。公司还通过深加工,强化产业化经营。开发鸭血盒装;鸭毛烘干,按鸭毛、鸭绒分开出售,光鸭分割成鸭脖、鸭肫、鸭掌、鸭腿、胸肌肉等生的、熟的大大小小50多个品种,不仅在国内市场销售,还出口到日本、韩国和欧洲。2002年被评为上海市农业产业化龙头企业称号。

### 【青西禽蛋生产联合社】

1994年在西岑镇成立,2009年变更为上海青悠禽蛋专业合作社。成立以来,坚持"诚信发展、开拓创新"的经营理念,坚持"优质、安全、健康、物美"的经营方针,以合同形式联结农户,带动蛋鸭(鸡)养殖和加工,从最初的35户,蛋禽养殖4.2万羽,年产鲜蛋66万公斤,加工产品为皮蛋、咸蛋及鲜蛋3个品种5个~6个单品,年产值300万元;发展到2002年,养殖户151户,年养殖规模30万羽,年产鲜蛋480万公斤,加工产品有皮蛋、咸蛋、咸蛋黄、休闲卤蛋及鲜蛋5个品种共20多个单品,年产值3000万元。2010年带动养殖户215户,年产值突破7000万元。为了拓宽销售渠道加快产品流通,合作社努力打造产品品牌,1998年申请注册"淀山湖"牌商标,使"淀山湖"牌蛋制品先后进入联华、百佳、麦德龙、大润发、农工商、好又多、欧尚、乐购等大型连锁商业,成为百胜餐饮、东方航空食品、冠生园食品、元祖食品等集团公司的定点供应商。2002年,被评为全国农民专业合作经济组织首批百家试点单位;是年,"淀山湖"牌商标被评为上海市著名商标,"淀山湖"牌蛋制品被评为上海名牌产品,并通过HACCP、ISO9001:2008质量体系认证。2012年,被评为上海市农民专业合作社示范社。

## 三、农民专业合作社

在农业产业化、集约化、市场化的进程中,县委、县政府积极引导农民专业合作社规范健康发展。2006年,全区累计成立农民专业合作社70个,涉及种植业、水产业、畜牧业、加工业等。2007年进一步采取政策扶持壮大合作社,对经各镇、街道和青浦现代农业园区推荐、申请的14个农民专业合作社扶持资金累计280万元;对全区享受市财政扶持的8个农民专业合作社实行财务报账制并进行财务检查和公示。2010年,全区农民专业合作社发展到188个,其中获区认定的龙头企业41家、初具规模的农民专业合作社147家,产值分别为9.41亿元、6.19亿元。主要有以下6种模式:

### 【加工企业+合作社+农户模式】

这种模式以加工企业为龙头,由加工企业与合作社签订购销合同,收购农产品,并通过加工提高产品的附加值,进行销售。合作社为农户提供生产和销售服务。龙头企业和合作社分别承担生产风险和销售风险,农户只承担其生产中的有限风险。白鹤镇的上海盈正农产品有限公司、香花桥街道的上海润新油脂有限公司与相关合作社实施这种模式,他们分别收购合作社及与其合作的农户所生产的玉米、油菜籽,经加工成菜籽油和玉米棒后进行销售,实现增效目标。

### 【销售企业+合作社/基地+农户模式】

这种模式以配菜公司等销售企业为龙头,由销售企业按所签合同收购合作社农产品,经包装、选洗后进行销售,合作社通过为农户提供生产和销售服务,与农户建立合作关系。有些销售企业将合作社作为其下属单位或企业的组成部分,合作社的任务就是为其提供又多又好的农产品。上海弘阳农产品有限公司与白鹤镇的上海春鸣蔬菜专业合作社、光明集团下属上海都市生活企业发展有限公司与夏阳街道的上海美晨果蔬专业合作社实施这种模式。弘阳农产品有限公司创办人陈春民1993年起开始做蔬菜运销,1997年后开设门店搞批发销售,2003年成立上海弘阳农业有限公司,建立蔬菜配送中心。2008年在白鹤镇青龙村流转土地28公顷,作为弘阳的绿叶蔬菜生产基地,并于2008年4月成立春鸣蔬菜专业合作社。公司专心于开拓市场接订单,合作社专门管理蔬菜基地,农户主要负责蔬菜生产,形成“公司＋合作社/基地＋农户”的蔬菜产销经营体系,集蔬菜种植、冷藏保鲜、初加工和配送于一体,实现生产和市场的有机对接。产品主要通过农超对接销往家乐福、华润乐购、易买得、香港城市超市等各大超市。

### 【农家乐酒店＋合作社＋农户模式】

这种模式是随着农家乐旅游的较快发展而产生的。农家乐酒店和度假村,为满足游客需求,与相关合作社建立产销联盟。合作社为保证农产品供给,与农户建立合作关系。上海联怡餐饮管理有限公司设在生态枇杷园的唐郁店和夏阳街道的上海沪香果业专业合作社实施这种模式。

### 【合作社＋销售商＋农户】

这种模式以合作社为主导,与销售商或经纪人实行产销联合,并以提供生产、销售服务为纽带,与农户建立合作关系。金泽镇的上海森鑫水产品专业合作社利用自己生产的巴鱼、河豚、南美白对虾优势,由南京一家水产经营部为其销售特色水产品,同时提供生产、销售服务,与农户合作,共同发展。

### 【合作社＋农户】

这种模式是建立在许多农民专业合作社由农业龙头企业改制而成的基础上,合作社不仅是农产品生产与销售的集合体,而且以生产、销售服务为纽带,与农户建立合作关系。夏阳街道的上海彰显渔业专业合作社、白鹤镇的上海小农夫玉米专业合作社、重固镇的新君宴蔬果专业合作社、朱家角镇的上海乔业食用菌专业合作社、练塘镇的上海秋华农产品专业合作社等实行这种模式。

### 【公司＋农户】

这种模式以加工企业或销售企业为龙头,直接与农户建立合作关系。白鹤镇的上海腾富绿色产品配送有限公司、朱家角镇的上海任翔农业科技有限公司、练塘镇的叶绿茭白有限公司、金泽镇的商绿食用农产品配送有限公司等实施这种模式,都取得较好的业绩。

## 四、品牌农业

2003年,以练塘镇林家草、朱家庄和朱家角镇张马村及朱家角出口蔬菜基地为重点,建立标准化生产基地,实施主要蔬菜的标准化生产。新建立标准化基地280余公顷,制定茭白、洋葱、大葱、韭菜、卷心菜和大西洋马铃薯等品种质量标准和生产技术操作规范,并在生产中推广实施。2004年着重以金太、巾帼、翠之园、胜新、金长等10个蔬菜园艺场(基地)为切入点,推进蔬菜标准化建设。贯彻蔬菜标准化生产要求,建立规范的田间档案,推广新农药、新农艺(杀虫灯、防虫网)应用,开展技术培训,加强农药应用检查和农药残留物检测,蔬菜品质明显提高。同时,重点对番茄、丝瓜、茭白等蔬菜制定标准化生产技术操作规程和产品质量标准,以此来指导和规范分散的种植农户,即用标准来严格控制从种子(种苗)到种植(生产)、加工、销售各个环节,实施"放心菜"工程。出口蔬菜大葱、洋葱、花菜、生菜、韭菜等的合格率也明显提高。练塘的"叶绿"牌茭白和朱家角巷农公司的"泖塔"牌卷心菜、小白菜、茭白通过优质认证,金太园艺场通过无公害产地认定,巾帼园艺场3.33公顷草莓通过有机认证。

同时,畜牧业生产继续向良种化、规模化、生态化发展。猪、奶牛、肉禽、蛋鸭的良种覆盖率达95%以上,利用成片经济林、生态林发展林牧结合生态养禽初具规模,上市园林草鸡13万羽。形成禽食草虫、禽粪肥树互为利用的良性循环,畜业产值占农业总产值的50%,成为农民收入的主导产业。2004年,首批7家单位的11个水产品养殖基地通过国家无公害水产品生产产地认定。全区水产养殖业改变片面追求单产指标的养殖模式,向"适度的产量,优异的品质,安全放心的产品"转变,并向优势产区集中。形成沿湖、沿泖、沿江和沿路4个农业特色区:环淀山湖地区朱家角、西岑、金泽、商榻等淡水鱼养殖区,沿泖河地区练塘、沈巷、莲盛等以茭白为主的水生蔬菜区,沿吴淞江地区华新、白鹤、赵屯等蔬菜生产基地,沿"318"国道徐泾、赵巷、青浦镇等花卉、苗木、果树种植基地。

2009年,围绕"企业(合作社)+基地+品牌"的农业产业化模式,推动农业标准化、品牌化建设。制定农业标准化生产操作规程62个、农产品质量标准70项。通过标准化生产获认证的各类农产品131个,其中有机产品6个、绿色产品5个、无公害产品120个。建立农业标准化生产基地58个,其中练塘(茭白)和赵屯(草莓)成为国家级农业标准化生产示范基地。注册农产品商标60件,其中"练塘"牌茭白、"赵屯桥"牌草莓、"淀山湖"牌禽蛋被评为上海市著名商标和名牌产品,"练塘"牌茭白获得中国名牌农产品称号。2010年,青浦区获全国果菜标准化建设十强县、中国草莓无公害科技创新示范区称号。

## 第二节　工业产业集聚

撤县建区后,乡镇行政区划进行调整,随之,工业园区也进行整合。2000年11月整合成"1+6+6"工业布局,即1个市级青浦工业园区、6个配套工业园区、6个集镇工业园区。2003年,根据"一城五片"经济发展战略,又调整为"1+5"工业布局,即青浦工业园区和徐泾、华新、白鹤、朱家角、练塘5个配套工业园区。为实施工业产业结构性调整创造条件,有力地推进产业集聚。2001年,区域初步形成信息电子、现代纺织、精密机电三大支柱产业和文体(休闲)用品制造特色产业。三大支柱产业合计产值163.46亿元,占全区工业总产值的38.15%;特色产业产值24.75亿元,占全区工业总产值的5.78%。2006年1月,区委、区政府进一步提出,要做大做强信息电子、现代纺织、精密机电、印刷传媒四大支柱产业和文体(休闲)用品制造特色产业;区经委出台《青浦区工业主导产业和服务业发展重点指南(2006版)》,引导各镇(街道)和工业园区重点发展"4+1"主导产业;增设"推进产业发展办公室",开展课题调研、项目跟踪服务、规划编制及实施等方面工作。2010年,全区工业实现规模总产值1326.5亿元,其中四大支柱产业和1个特色产业实现规模产值682.9亿元,占全区规模产值比重51.5%。

## 一、信息电子

2002年,青浦工业园区调整优化产业布局和产业结构,引进台湾宏茂微电子(上海)有限公司,形成以其为龙头的电子信息产业基地。2005年底,落户区域内的信息电子产业企业有51家,完成产值62.1亿元,占全区规模企业产值的8.7%。2006年起,落户区域的信息电子企业步伐加快,主要有:拥有世界最先进的挠性电路产品生产技术的美国PARLEX集团投资的美国伯乐电路项目、中德合资上海西门子低压断路器有限公司、上海输配电股份有限公司所属上海人民电器厂投资建设的中低压电器生产基地、上海豪港网络信息科技有限公司投资1亿元建设的电信交换机等通信设备生产基地,以及主要经营开发、生产和销售LCD液晶显示模块,广泛应用于手机、PDA、IC卡话机、仪器仪表的上海晨兴希姆通电子科技有限公司等。2010年底,全区有信息电子产业74家,实现工业总产值120.06亿元。主要企业有:

### 【台湾宏茂微电子(上海)有限公司】
总投资5亿美元,2002年筹建,一期建成厂房4万平方米,主要从事内存半导体封装测试及LED驱动半导体封装测试两大核心业务。经过几年的发展,成为国内最大的存储器、驱动PC的集成电路封装测试企业,使得青浦的信息电子产业在长三角地区IT产业链中占据了一席之地。

### 【星科金朋(上海)有限公司】
2004年,由青浦现代电子有限公司与新加坡星科电子有限公司联合建立。主要从事半导体封装测试业务,拥有先进的芯片粘接、引线接键、塑封等工艺和薄膜芯片粘接、芯片剪薄能力,为国内技术最先进的集成电路封测分包商之一。

### 【中德合资上海西门子低压断路器有限公司】
由全球最大的电气和电子公司之一西门子公司和上海精益电器有限公司共同投资设立,注册资金1.8亿元,总投资2.4亿元,批租土地8.67公顷,建设厂房7万平方米,一期工程2.7万平方米厂房于2007年竣工投产。

## 二、现代纺织

2000年,以中国纺织科技产业城为品牌的现代纺织新材料基地,有杜邦纤维(中国)有限公司、巴斯夫—华源尼龙有限公司、佳斯迈威(上海)非织造布有限公司、英飞特地毯有限公司等。2001年起,上海皮皮狗毛纺织有限公司、上海金发科技发展有限公司、上海东隆羽绒制品有限公司、上海佳齐服饰用品有限公司、上海水山时装有限公司等纺织服装企业纷纷落户区域。2005年底,现代纺织产业落户区域的企业有226家,实现工业总产值115.79万元,占全区规模企业产值的16.3%。2006年,市政府在国家级"上海张江高新技术产业开发区"进一步实施一区多园格局,中纺科技城被列为"一区六园"之一,先后有英威达特种纤维(上海)有限公司、上海东隆羽绒制品有限公司等企业落户。2010年,区域内有现代纺织产业落户企业205家,其中:纺织业81家,纺织服装、鞋、帽制造业90家,皮革、毛皮、羽毛(绒)及其制品业25家,化学纤维制造业9家;实现工业总产值112.31

亿元。主要企业有:

### 【巴斯夫—华源尼龙有限公司】

坐落于青浦区华清路 501 号,1997 年投资 66 081 万元建厂,是中德合资企业。进入 21 世纪后,又连续开工建设二、三期工程,是中国最大的尼龙地毯丝生产厂家。三期工程完成后,年生产能力达到 19 000 吨,成为亚太地区最大的尼龙地毯纤维供应厂家,占据国内尼龙地毯纱线市场 80％的份额。

### 【上海皮皮狗毛纺织有限公司】

坐落于重固镇,拥有现代化厂房 3 万多平方米,引进全套日本毛纺织生产设备,年产羊绒纱 200 吨、各款羊绒衫 40 万件、羊绒围巾 10 万条,产品远销欧美、日本等国家和地区。2001 年,销售额超过 1 亿元,荣获上海市百强私营企业称号。

### 【英威达特种纤维(上海)有限公司】

由世界最大的聚合纤维和中间体生产商英威达公司投资,公司注册资金 2 070 万美元,总投资 6 200 万美元,批租土地 2 公顷,主要生产高坚韧尼龙 6.6 纱线(用于汽车安全气囊)。2008 年投产,年生产能力 11 000 吨,为中国最大的尼龙 6.6 气囊纤维生产基地。

### 【上海东隆羽绒制品有限公司】

筹建于 1992 年 7 月,由青浦县商榻工业公司与香港东隆(国际)羽绒有限公司共同组建的合资企业。注册资本 250 万美元,其中,商榻工业公司出资 100 万美元,香港东隆(国际)羽绒有限公司出资 150 万美元。1997 年企业改制,由企业原经营者 19 人和职工 80 余人出资转让商榻工业公司股份 100 万美元和香港东隆(国际)羽绒有限公司股份 50 万美元,并增资 150 万美元,组建中翎科技发展有限公司;香港东隆(国际)羽绒有限公司剩余股份 100 万美元转让给香港华岳贸易有限公司。经此改制,组成新的沪港合资企业,注册资本 400 万美元,双方占比为 75％和 25％,成为一家集研发、设计、生产销售于一体的出口型企业。落户于金泽镇商榻工业开发区,在全国及国外设立10 个生产基地,占地 437 562 平方米,拥有员工 9 800 人,主要生产羽绒床上用品、羽绒服装、衬衫、高档窗帘等产品,远销日本、韩国、德国、美国、意大利等国家。

## 三、精密机电

区域内较早兴办的精密机电制造企业有:上海美蓓亚精密机电有限公司、建荣精密机械(上海)有限公司、高田(上海)汽配制造有限公司、胡默尔连接器系统(上海)有限公司、上海华盛企业集团有限公司、上海德力西(集团)有限公司等。2005 年底,落户区域的精密机电企业有 260 家,实现工业总产值 171.51 亿元,其中通用设备制造业 113 家、专用设备制造业 64 家、交通运输设备制造业 83 家。2006—2010 年,先后在区域投资建厂的有上海置信电气非晶有限公司、NEC 光电(上海)有限公司、日立电梯(上海)有限公司、上海拓璞精密五金有限公司、力诺瑞特(上海)新能源有限公司等。2010 年底,区域内有精密机电企业 356 家,实现工业总产值 371.18 亿元,占四大支柱产业总产值的 58.26％。其中,通用设备制造业 173 家、专用设备制造业 77 家、交通运输设备制造业 106

家。主要企业有：

### 【上海美蓓亚精密机电有限公司(MEHC)】

由日本美蓓亚株式会社独家投资6.2亿元兴建,主要经营产品有微型·小口径滚珠轴承、传动轴、直流·交流轴流风扇马达、计测器等,产品主要营销国外。2003年,二期工厂被国家环保总局评为"环境保护百佳工程",在全国77家获此荣誉称号的企业中,独资企业仅此1家。2011年,销售额达到20亿元,纳税4 400万元。

### 【上海华盛企业集团有限公司】

拥有9家子公司,注册资本2.51亿元,总资产12.98亿元(青浦区内9.9亿元),产品主要涉及压力容器、消防器材、精细化工、环保涂料和机械设备制造等。2003年实现销售总额6.82亿元(其中出口销售额1 018万美元),净利润2 790万元,纳税1 823万元。之后,通过对上海高压容器有限公司的流程重组,对德国威尔公司的收购,对重庆益峰高压容器公司的控股,使集团公司综合实力增强,企业被排为上海市民营企业第五位,居青浦区民营"小巨人"企业第一位。

### 【上海德力西(集团)有限公司】

注册资本1.92亿元,总资产5.03亿元,净资产2.36亿元。2003年实现销售额3.67亿元,纳税1 058万元,实现利润3 073万元。拥有日本制造的钣金柔性自动流水加工生产线、德国制造的母排加工机床、金属壳体毛坯表面自动化前处理和喷涂生产线、激光焊割机、焊接机器人等国际先进生产设备以及国内先进的工艺装备和测试设备。产品主要有高中低压输电成套电气设备、箱式变电站、高压元件和11万伏、22万伏GIS六氟化硫开关设备等,广泛用于电力、铁路、石化、轨道交通等重大基础设施建设项目。其产品在中国酒泉卫星发射中心的"发射基地配电系统改造项目"招投标活动中中标,签订了基地试验任务用低压电器定点采购及特约维修中心建设协议,在酒泉建立了产品检测中心和物流配送中心,与酒泉卫星发射中心建立长期稳定的电器供应合作伙伴关系,助力"神五""神六""神七""神八""天宫一号"成功飞天。

### 【上海普惠飞机发动机维修有限公司】

由中国东方航空股份有限公司与美国普惠公司于2007年10月合资成立。占地2.3万平方米,总投资9 900万美元,是普惠在亚洲的第一家发动机维修企业,引入飞机发动机深度维修技术,每年可大修200台~300台CFM56发动机,为东航以及亚太区其他航空公司提供最新的发动机服务。2009年9月开业。2010年1月,第一台型号为CFM56－5B的飞机航空发动机维修成功下线,全年修理发动机41台。是年,东航再度投资10亿元设立技术应用研发中心有限公司,建设附件翻修生产区、机务实作区、代用品研发区、维修能力开发区等研发、应用平台。

### 【日立电梯(上海)有限公司】

2007年5月奠基,注册资金4 000万美元,投资总额6 000万美元。经营范围主要以载客电梯、自动电梯的设计、制造、研发为主,年产能力10 000台。2010年,公司研发中心试验塔建成,共32层,高172米,是中国最高的电梯试验塔,可测试10米/秒的超高速电梯。

## 四、印刷传媒

2005年,印刷传媒业发展迅速,全年实现工业产值10.8亿元,比2004年增长33%,以其业绩成为四大主导产业之一。之后,世界著名的美国当纳利公司、德国海德堡公司、中国香港中华印务和国内报业巨头文汇新民联合报业集团等印刷传媒业企业,以及中华商务印刷有限公司、上海世纪出版物流中心、上海金汇通包装印刷有限公司、上海中华商务联合印刷有限公司等相继落户。2010年底,落户区域的印刷传媒企业有32家,其中印刷业及记录媒介的复制23家、油墨及类似产品制造4家、印刷专业设备制造5家,实现工业产值33.61亿元。主要企业有:

### 【文新青浦现代印刷中心】

由文汇新民联合报业集团和上海印刷集团共同兴建,于2006年底落成,为中共上海市委宣传系统印刷行业标志性项目。投资总额3亿元,占地12万多平方米,建筑面积9.5万平方米,其中印刷厂房面积5.4万平方米,项目投产后成为集书报刊印刷、商业包装印刷、电子印刷于一体的现代化印刷基地。

### 【海德堡印刷设备(上海)有限公司】

由德国海德堡印刷机械股份有限公司投资的外商独资企业。一期工程于2006年9月竣工,投资总额1.12亿欧元,建筑面积6 979平方米;2007年二期工程竣工,建筑面积1.1万平方米;2008年,再次增加投资4 500万欧元,批租土地6.67公顷,用于三期、四期5万平方米新厂房建设。主要产品有折页机78、速霸52四色印刷机、速霸74四色印刷机、速霸CD102四色胶印机等。2011年,销售额达8.1亿元,纳税4 500万元。

### 【上海金汇通包装印刷有限公司】

坐落于徐泾镇华徐公路888号,是一家以创意为驱动的包装整体方案服务商,为中国最具影响力的创意性包装企业之一。业务涉及品牌整合、广告营销、产品策划、包装印刷等领域。拥有100多人的创意、研发、营销团队,拥有包括日本小森KOMORI四色胶印、五色、六色连机上光胶印、SCREEN高精度CTP制版机、IIJIMA－MI1040E全自动模切机等世界领先水平的印刷设备,拥有3万多平方米创意转化生产基地和800多人创意产品转化生产制造队伍,是中国包联A级设计机构、上海包装行业4星级企业。

## 五、文体(休闲)用品

2002年,区经委、计委对全区特色产业进行排摸筛选,经市政府审核,确认37家企业为青浦区文体产品生产企业。4月4日,区政府同市经委联合召开推进文体类(休闲)用品产业的政策说明会,下发《青浦区文体特色产业手册》。之后,在朱家角镇开展一系列活动:一是在上海工博会举办专场会议,推介特色产业;二是吸纳4名温州投资者共同组建文体市场,进行规划选址;三是联手青浦工业园区,分别走访全国文体产品销售规模前50名的企业和上海文体产品纳税50万元以上的企业70多家。是年,吸引实体型企业37家,注册资金4 295万元;全年文体类企业创产值30.5亿元,比 2001 年增长 23.23%。2005 年,区里制订特色产业发展三年规划。对重点企业、产业基地实施重点扶持、优先发展,其中,占地 100 公顷、总投资 12 亿元的朱家角特色产业基地上海东方国际文体产业城完成总体规划设计并启动建设。2010 年底,全区有文体类(休闲)用品制造业 56 家,实现工业总产值 66.76 亿元,占“4+1”重点发展产业产值的 9.78%。主要企业有:

**【美津浓(中国)体育用品有限公司】**

成立于 2005 年 5 月,是日本美津浓株式会社在中国境内投资设立的第二家全资子公司。注册资金 3 480 万美元,投资总额 4 480 万美元。主要产品有乒乓球、足球、羽毛球、游泳、棒垒球等体育服装及休闲系列产品、高尔夫系列产品及跑步鞋产品。先后在北京、广州、沈阳、重庆、成都、大连、西安等城市的大型百货商场设立自营专柜或专卖店,在天津、山西、山东、河南和福建等地区发展品牌经销商并得到良好的支持及效果。

**【安硕文教用品(上海)有限公司】**

为美商独资企业,主要产品包括:高级绘铅笔、高级办公铅笔、学生铅笔、彩色铅笔、特种铅笔、美术画笔及各类学生文具。是全球位居前三的最大单体木制铅笔生产商和全球众多高品质的一线铅笔品牌的 OEM 生产商。产品行销全球 80 多个国家,占有全球铅笔市场的 20%～30% 的产量。“马可”品牌铅笔也是中国制笔行业优秀品牌之一。

**【上海荣泰健身科技发展有限公司】**

是一家集研发、生产、销售按摩保健器材产品为一体的中国龙头企业。注册资金 2 500 万元,占地 1.93 公顷,建筑面积 2 万平方米。2004 年,公司从温州整体搬迁至朱家角工业园区后,产销额从 0.6 亿元起步,2011 年达到 4 亿元。累计纳税 5 000 多万元,出口创汇 1 亿多美元。企业被评为“中国优秀民营科技企业”“上海创新型企业”“上海高新技术企业”,2008 年为“北京奥运会按摩椅捐赠商”,2009 年为“中国航天事业合作伙伴”,2010 年为“上海世博会按摩椅专项赞助商”。

# 第三节　现代商贸服务业

2003 年 1 月,区第二次党代表大会提出:“完善商业服务网络,加快业态调整,大力扶持现代商贸服务业和其他新兴服务业,重视各类专业市场建设,培育发展现代物流业。”据此,区委、区政府制定《青浦区现代商贸业(服务业)发展规划》,着力推动区域现代商贸业(服务业)发展。

## 一、商业商务集聚区

2004 年起,青浦区加快推进赵巷市郊现代服务业集聚区、新虹桥生态商务区、环淀山湖休闲旅游区和青浦新城商贸圈“三区一圈”商业商务集聚区建设。

**【赵巷市郊现代服务业集聚区】**

2004 年,首期项目上海奥特莱斯品牌直销广场在赵巷方家窑破土动工,占地 12 公顷,总建筑面积 11 万平方米,由百联集团和香港九龙仓集团共同投资 4 亿元建设,于 2006 年 4 月开业。有国际一线品牌范思哲、阿玛尼等,以及著名品牌企鹅、佳丽斯等共100余个;平均日人均流量6 000余人,最多日人流量达15 000人;2006年实现销售额3.96亿元,最高日销售额540万元;2010年,全年实现销售额17.3亿元。2006年5月20日,吉盛伟邦(绿地)国际家具村一期工程在集聚区破土动工,占地18.67公顷,建筑面积18万平方米,为中国最具规模的全球家具展销中心,集家具展销、物流配送、信息交流、创意设计和家居文化等功能于一体。2007年9月开业,有152家国内外家具企业入驻,入驻率超过95%;经营品牌300多个,国际顶尖品牌超过30%。年底,完成销售收入5 000万元。2009年,二期工程结构封顶,并招商布展;2010年4月家饰中心开业,10月灯饰中心开业。吉盛伟邦(绿地)国际家具村还分别于2007年9月、2008年9月2次举办全球采购大会,接待103个国家和地区、专业买家47 000人次,其中海外买家8 600人次。2010年12月,集聚区内的赵巷珠江创展国际商贸中心西区商业项目结构封顶,建筑面积14.66万平方米。至此,2005年被市里列为首批启动建设的9个市级现代服务业集聚区之一的赵巷市郊现代服务业集聚区初具规模。

## 【西虹桥商贸商务集聚区】

2006年,区政府启动规划徐泾临空商务港建设方案,探索发展现代服务业途径。2010年组织进行《依托西虹桥商务区开发建设,推动青东地区现代服务业跨越式发展》课题研究,从产业规划、区域开发、资源配置、存量盘活、项目规划、财政支持、环境优化、招商引资、开发体制机制等方面,探索实现青东地区服务经济跨越式发展的思路、目标和途径。3月26日成立上海西虹桥商务开发有限公司,承担西虹桥商务区19.02平方公里的整体开发建设和招商引资等任务。2011年,入选上海市"十二五"规划现代服务业集聚区;12月10日,青浦西虹桥总部园挂牌成立;26日举行中国博览会会展综合体开工仪式;2012年3月11日共建"中国北斗卫星导航位置服务技术创新西虹桥基地"框架协议在西虹桥商务公司举行签字仪式;7月28日举行国家会展综合体项目主体开工仪式。至此,西虹桥商贸商务集聚区进入实质性建设。

## 【环淀山湖休闲旅游区】

进入21世纪,青浦区实施环淀山湖旅游发展战略和规划,加快推进以朱家角古镇为核心,层次分明、种类齐全、特色各异的环淀山湖旅游景区(点)建设。首先,通过资源整合,连点串线,整体联动,形成以朱家角镇为中心的与环淀山湖地区五大景区,即东方绿舟、陈云故居暨青浦革命历史纪念馆、大观园、金泽桥乡和太阳岛旅游度假村规模效应互动的环淀山湖休闲旅游区。2009年被市里评为新沪上八景之一,定名为"淀山湖——淀湖环秀"。其次,抓基础设施建设。徐泾国际大酒店等一批新酒店开工建设,绿舟宾馆等一批旅游服务设施的改建、扩建,创建舒适旅游环境。再次,抓景点内涵建设,各个景点从自身特点和全局出发,进一步开发建设,朱家角镇增添一批具有文化特色、民族风格的特色景点,其中有"上海申窑"展示馆和"全华艺术馆""上海手工艺朱家角展示馆""翰林匾额博物馆"等;东方绿舟进一步拓展全国最大的青少年校外基地功能,集青少年教育、休闲旅游、会议度假、团队拓展、国际修学、水上活动等一体;陈云故居暨青浦区革命历史纪念馆增设陈云文物展示室,展示陈云生前用过、留下的61件物品,新建陈云手迹碑廊,展出陈云手迹和毛泽东、周恩来等党和国家领导人有关陈云的评价、题词等笔墨近百幅,供游客瞻仰;大观园以新的视角举办"红楼艺术节""红楼旅游节"等活动,以凸显"红楼"特色,弘扬"红楼"文化,还根据不同节气,开展"梅展""桂花节""荷花节",以拓展和丰富绿色活动;太阳岛旅游度假区每年根据国内外民俗或重大赛事组织休闲、游览、度假活动,增设福寿园——太阳岛清明扫墓踏青游、迎奥运太阳岛啤酒烧烤节、中秋烧烤晚会、圣诞新年度假火鸡大餐等,还与金泽、西岑、商榻等镇利用临河、环湖的特点,开辟各具特色的农家乐休闲、购物游。2008年12月,金泽镇岑卜村、建国村被市环保局列为"上海市生态村",其中岑卜村把全村分为7个生态功能区,即村落居住区、森林公园、农家风情区、生态渔业养殖垂钓区、花卉苗木观赏区、蔬菜设施区、农业体验区,建有游客接待中心,除观光游览外,还可在农业体验区以租赁形式认领种植。随着旅游硬件、软件建设的加强,形成以"乡村之旅""民俗之旅""品牌之旅""赏桂之旅"和"红色之旅"五大核心产品,开辟"红色教育""绿色青浦""古色神韵""文化休闲"专题游和"商旅结合购物游"等旅游线路。2005年,全区完成旅游接待320万人次,旅游收入11.2亿元,分别比2000年的150万人次、2亿元增长113%、460%。2010年,全区完成旅游接待650万人次,旅游收入35亿元,分别比2005年增长103%、213%。

### 【青浦新城商贸圈】

90年代中期,新城区建设拉开序幕。1998年,《青浦新城区规划》出台,向东拓展到同三国道,向西拓展到港俞路,向北拓展到盈港路。随着区政府的东迁,科教文卫体各机构的进驻,各具特色住宅的建造,新城商贸圈也逐步形成。2002—2006年,依托区位、交通、旅游、生态、文化资源优势,高层次超级商业中心迅速发展。先后开工建设和营业的有以大型超市为主体,集购物、餐饮、休闲为一体的购物中心世纪联华青浦大卖场,是继农工商超市青浦店落户后又一家大型商业超市,经营范围包括杂货、生鲜、家电、家用百货和纺织品,经营品种3万种,日均销售额近100万元;2004年,港隆广场暨好美家装饰举行开工典礼,建成后,成为集建材超市、休闲商业街、餐饮美食总汇、公寓式酒店等一体的现代商贸集聚区,与世纪联华青浦大卖场一起,对新城北部地区商业圈延伸和区域性经济集聚功能的发挥有积极作用;新老城区交界的青安路、老城区公园路向东延伸段,周边地区商业设施及网点的建设和拓展顺利推进,其中,上海卫远置业有限公司投资的凯特利广场开业,该广场总营业面积1万平方米,主要经营者有上海双和凯特利百货有限公司、曲臣氏超市等,为青浦又一集餐饮、娱乐、购物为一体的大型购物中心;还有稻香村购物苑建设,建成后,既保留原先稻香村商场名烟、名酒、名茶经营特色,又延伸精品食品、老字号产品、大型品牌餐饮和生鲜超市等,是区内首家食品类休闲消费中心。这些中心又与曲水园、青浦城隍庙连成一体的老城厢商业集聚区桥梓湾购物中心与环城河隔河相望。

## 二、区域商业中心

根据《青浦区现代商贸业(服务业)发展规划》,结合城区"一城五片"布局,适度超前推进区域商业中心建设,推进现代商贸服务业集聚发展。着重在于市场建设,并与"三区一圈"错位发展。2007年,华新国际小商品城一期工程10万平方米完工并进行招商;朱家角"奥世澜"项目一期工程10万平方米完工;华新镇上海永乐家电物流中心、朱家角"金舟渔村"项目奠基开工;重固上海国际建材家居品牌中心北区(精品商业区)总投资15亿元,总建筑面积48万平方米。2008年,上海西郊国际农产品交易中心一期蔬菜交易中心项目竣工、二期展示中心项目开工建设;徐泾永业商业广场一期商业项目引进家乐福、迪卡侬和百安居等商业业态相继开业,每天销售额约100万元,补充和丰富了区域商业业态,吸引原来到闵行消费的青东徐泾等地的消费人群。2010年3月,上海西郊国际农产品交易中心试营业;9月,上海西郊国际农产品展示中心开业。

### 三、现代服务业

2009年，青浦区围绕信息与软件服务业、生产性服务产业、现代物流业为重点的现代服务业，加大扶持力度。积极培育包括运输、配送、加工、存储、信息处理一体化、规模化、社会化的综合服务平台，进一步推进现代服务业发展。

2009年，全球领先的食品和保护性包装材料及系统制造商希悦尔亚太地区总部落户于工业园区；世界500强企业、全球规模最大、技术最先进的国际油田服务公司斯伦贝谢公司与青浦签约，在工业园区建立亚太地区最大的工程研发和加工中心；美国泰科、福特汽车测试中心、韩国CJ配送中心等一批生产性服务业项目也相继落户青浦。民营企业上海德力西集团有限公司是一家生产高低压成套设备及元件的大型企业。该公司剥离集团的商贸流通、现代物流、营销等环节，组建围绕主业发展的营销产业，建立生产性服务企业，注册资本500万元。

2010年9月，包括IT基础设施产品支持服务、IT基础设施专业服务和IT基础设施管理外包服务的民营企业天玑科技股份有限公司落户青浦，用地2公顷，投资1.8亿元，主要建设总部大楼、数据中心、研发中心及备件中心。在中国高端IT基础设施服务领域中，居于第三方服务市场领先地位。12月，上海汉得信息技术股份有限公司通过在深圳证券所上市审核（2011年上市，代码300170）。该公司是为企业提供高端ERP服务的IT咨询企业，已为近500家不同行业的公司提供ERP实施及外包服务，拥有松下电器（中国）有限公司、九阳股份有限公司、深圳中兴通讯股份有限公司、日立电梯（中国）有限公司、中国中纺集团公司等众多客户，总资产27 357万元。2010年，营业收入35 543万元，利润总额6 962万元。是年，落户区域的外资软件和信息服务业新项目6个，合计吸收合同外资33 518.06万美元，其中投资规模500万美元以上的4个；在区工商部门注册登记从事信息传输、计算机服务和软件开放的智力服务业型企业累计2 002户，注册资本213.14亿元。

2009年6月，区内华新生产性服务业功能区（物流园区）被市经信委、发改委、规土局和环保局联合认定为全市首批19家生产性服务业功能区之一并被授牌；该功能区位于华新工业区两侧，规划面积51.8公顷，北面主要以仓储物流、信息物流业发展为主，南面以企业总部经济发展为主。2010年，区政府发文，积极鼓励扶持现代服务业加快发展，全区有15家企业（单位）的16个项目获得区财政拨付2010年度现代服务业专项扶持资金支持，发放扶持资金340.1万元。上海德邦物流有限公司的物流一体化信息综合管理平台、上海时代光华教育发展有限公司面向企业的PAAS学习服务平台和金汇通创意营运总部建设项目分别获得2010年度市服务业发展引导资金支持。由此，带动国内外现代服务业企业在青浦地区集聚，推动现代服务业产业园建设，促进产业升级转型。

2010年，区域文化创意产业和物流业均已得到较快发展。2011年，全区认定"书香门第"创意产业园、迎祥文化产业园和尚之坊时尚文化创意产业园为青浦区文化创意产业园；12月，中国·梦谷上海西虹桥文化产业园（徐泾镇）、青浦现代印刷产业园区（青浦工业园区）、尚之坊时尚文化创意产业园（青浦出口加工）、上海迎祥文化产业园（金泽镇）被授牌为上海文化产业园区。是年，区域集聚了德邦物流股份有限公司、上海佳吉快运有限公司、上海顺意丰速运有限公司、申通快递有限公司、上海韵达货运有限公司、上海圆通速递有限公司、上海中通吉速递服务有限公司等7家国内知名物流快递企业，有关部门积极引导企业通过申报驰名、著名商标提升竞争力。成功培育"佳吉快运"为上海市著名商标和中国驰名商标,"申通"为上海市著名商标;助推"德邦物流""韵达快递"
"圆通速递"申报 2011 年上海市第 16 批著名商标。

# 第四节 生 态 环 境

2000 年起,区委、区政府按照建设绿色青浦的要求,连续实施 4 轮环境保护和建设三年行动计
划,从区域实际出发,重点开展河道治理和水利建设;推进工业、农业污染源治理和生活污水处理;
加强绿化建设,进一步改善生态环境。

## 一、水环境治理

### 【河道整治】

青浦区湖泊交叉、水系发达,尤其作为黄浦江上游水源和淀山湖水质保护,水环境治理十分重
要,是实施四轮环境保护与建设三年行动计划的重点。第一轮(2000—2002 年)三年行动计划共投
资 4 201 万元,疏浚整治区、镇、村三级河道 591 条段,长度 423.96 公里,土方 672.26 万立方米,尤
其是完成区重点河道泖阳港、新通波塘、柘泽塘、朱昆河、淀山港的整治任务,进一步增强水体交换
能力。这一时期,区里还积极参与 2002 年太湖流域综合治理上海的"2+1"工程,即拦路港工程(含
元荡分流)、红旗塘工程(含俞汇塘、大蒸塘)和黄浦江上游工程,涉及青浦区的工程总投资 2.31 亿
元。其中,拦路港工程投入 1.36 亿元、红旗塘工程投入 0.95 亿元,共完成新建护岸 18.6 公里、水
闸 6 座、机耕桥 1 座、大桥 1 座,加固水闸 22 座,疏浚土方 200 万立方米。该流域工程使北片形成
防洪除涝体系,使拦路港通航能力提高到 500 吨级。第二轮(2003—2005 年)三年行动计划共计疏
浚整治镇村级中小河道 648 条段,长度 528 公里,土方 945 万立方米。完成对市河、环城河、太浦
河、大蒸港的疏浚整治;完成对北横港、上达河和千步泾 3 条区管河道以及污染严重的跃进河及其 6
条支流的疏浚整治。经过整治的河道、水系基本实现"底清、面洁、岸绿"的目标。第三轮(2006—
2008 年)三年行动计划安排 43 个项目,着重提出"千河整治"行动。至 2007 年底,腰泾港、青浦城区
上达河西段、西大盈港城区段、淀浦河城区段、大淀湖整治完毕。其中,大淀湖及周边水系综合整治
投入 9 500 万元,完成大淀湖及周边 9 条支河水系的综合整治,共计疏浚湖区土方 74.55 万立方米,
新建沿湖护岸 16.87 公里,建防洪通道 3.22 万平方米,绿化 12.22 万平方米,使湖区水生态系统得
以恢复。共疏浚整治镇村级河道 1 293 条段,长度 1 322 公里,土方 2 119 万立方米,完成投资 2.5
亿元,全区水环境面貌得到显著改善。第四轮(2009—2011 年)三年行动计划共有 79 项任务,其中
市下达任务 58 个(包括 21 个太湖流域工程项目)、区级项目 21 个。在实施过程中,区委、区政府坚
持"机构、建制、资金"三落实,做到全面推进、重点突破。2011 年底,全面完成第四轮三年行动计划
各项目节点目标,从而使青浦的环境基础设施不断完善,污染防治工作更加有效,生态环境质量进
一步改善。

### 【水利工程】

随着水环境整治、河道疏浚工程的开展,水利工程建设围绕水土保持、圩区自动化控制等方面
陆续开展。2003 年以提高农村防汛、排涝和灌溉能力为重点,开展 3 个方面的建设。一是对 11 个
镇(街道)的 27 个圩口进行改造,新建、改建水闸 25 座,新建、改建排涝泵站 34 座 46 台套;二是开

展水土保持生态建设和应急护坡建设,对西岑镇、白鹤镇实施镇级、村级河道生态护坡建设 27.4 公里,对练塘镇河道和航道实施护坡建设 3 公里;三是实施农业综合开发和"三高"农田建设,新建、整修电灌站 6 座、排涝站 7 座,砌明沟 70 公里,机耕路 68 公里,平整农田 1 133.33 公顷,新增灌溉面积 200 公顷,改善灌溉面积 866.67 公顷,有效地改善了农业生产条件。2004 年继续以提高农村防汛、排涝和灌溉能力为重点,开展圩区达标工程建设,涉及 6 个镇、18 圩区、8 000 公顷农田收益。完成赵巷镇水土保持生态示范片建设,开展青浦工业园区水系调整,开展田间水利配套工作,清理外三沟 2 505 公里,平整土地 1 400 公顷,"三高"农田建设实施节水化改造。由此,在市对区 2003—2004 年度的冬春水利建设目标考核中,青浦区连续 3 年位于郊区前列。2005 年,冬春水利建设再次获上海市一等奖。2006—2010 年继续加强城乡一体水利建设。在防汛保安方面,五大水利控制片、128 个圩区拥有动力达到 531.83 立方米/秒,流域防洪挡潮能力达到 50 年一遇,圩区排涝能力达到 10 年一遇以上,城区排水基本达到一年一遇。在农田水利方面,开展农业生态园区水系整治和水利配套,实施设施粮田和设施菜田外围水利配套,使水利设施兴利除害的能力明显提高。

## 二、污染源治理

### 【工业污染源治理】

这是 4 轮环境保护和建设三年行动计划中又一项重要任务。2000—2002 年,区域完成并巩固"一控双达标"工作,使工业污染物排放总量得到较大幅度削减,一氧化硫削减 76.13%,工业粉尘削减 95.47%,化学耗氧量削减 43.57%。在 2000 年完成治理达标任务的 228 家工业企业中,有 205 家企业污染物排放继续保持稳定达标,达标率为 89.91%,治理设施运转率为 97.36%。完成 341 家企事业单位的排污申报工作,建立数据库。青浦镇在"大气污染物排放达标区"的基础上创建"基本无燃煤区",朱家角镇、练塘镇在"烟尘控制区"基础上创建"大气污染物排放达标区",并对烟控区进行复验,进一步改善上述三镇的空气质量。2003—2005 年,先后对 20 家企业的 27 台(33.18 蒸吨)燃煤锅炉实行清洁能源替代;陆续对 120 家餐饮店的餐饮油烟气污染进行整治;分批对 52 000 辆应检机动车进行尾气管理,实检 49 392 辆,合格率 95%,上道检查车辆 6 000 辆,合格率 98%;强制淘汰燃油助动车 79 辆;把虹桥机场周围 15 公里以及沪青平高速等主要骨干公路两侧划定为农作物秸秆禁烧区;每年还开展对码头堆场、建筑工地渣土运输联合执法检查,对扬尘污染进行控制管理。2005 年,建造 1 个大气环境质量自动监测站,每天在电视台、区环保局网站公布空气环境质量日报。全区的扬尘污染 2003 年底为 10.62 吨/平方公里·月,2005 年 6 月底为 5.4 吨/平方公里·月,改善率为 49.2%,空气环境质量优良率达到 89% 以上。2006—2008 年,对上海青浦赵巷五金拉丝厂、上海春良拉丝厂、上海青浦凤溪热处理厂等 6 家重点大气排放企业进行污染物达标治理。全区 8 个镇、3 个街道烟尘控制区全部完成创建,面积达 498 平方公里;青浦城区的扬尘污染控制区建成并通过区级和市级验收,面积 17.02 平方公里,进一步改善空气质量。2009—2011 年,强化污染源监控管理,稳步推进污染减排和做好大气环境治理和保护工作;建立上海市第一家危废物管理系统,对企业危险废物产生、收集、贮存、利用、运输、处置等各个环节进行全程监管;开展"整治违法排污企业,保障群众健康"环保专项执法和饮食服务业油烟污染等专项整治工作,先后开展重金属排放企业专项整治、城镇污水处理厂污染减排专项检查、规模化畜禽养殖场专项执法检查等 9 项专项检查,强化污染源的监控管理。2011 年,全区环境质量状况基本稳定,全年空气优良率为 93.4%,降尘均值为每月 4.8 吨/平方公里。是年 5 月,环保部授予青浦区"国家环境保护模范城区"称号;11月,区环保局获得"全国环保系统先进集体"称号。

### 【农业污染源治理】

2000—2002年,着重加强畜禽粪尿治理。完成华新蔬菜园艺场、重固良种猪场、大盈正雅牧场3家畜禽场的治理,建成2家复合肥厂,消除畜禽粪尿对周边环境的污染。2003—2005年,在黄浦江上游水源保护区共关闭大中型畜禽牧场25家;投入2 200多万元,对淀山湖网箱养鱼进行治理,取消网箱养鱼204.33公顷;通过"替代、减少"等措施,使农药化肥使用量逐步削减,至2005年,氮素化肥每公顷平均使用量减少91.8公斤,减幅为15%,农药减少1.15公斤,减幅达到20%。2006—2008年,建成无公害农产品生产基地30个;退养小型畜禽场(户)2 683家,退养规模化畜禽场70家;同时加强对不规范养殖的整治,有效降低畜禽养殖污染。2009—2011年,继续推行设施粮田、菜田建设,练塘镇146.67公顷国家农业综合开发土地治理技术通过市级验收;完成496.67公顷露地设施菜田建设;推进畜牧标准化生态养殖场建设和标准化水产养殖场建设,完成2009年申报的2个标准化生态畜牧场建设、2010年申报的3个标准化生态畜牧场70%的建设任务;开展安全使用农药工作,开展高效低毒低残留农药的推广和农残检测工作,使农业污染得到有效控制。

### 【污水处理】

2000—2002年,黄浦江上游水源保护区练塘镇污水处理厂全面竣工,运转通过调试;朱家角镇污水处理厂前期准备工作就绪;青浦第二污水厂一期工程完成并投入运行,日处理能力4.5万吨的二期工程前期准备工作就绪。2003—2005年,扩建青浦第二污水处理厂二期工程,对青浦污水处理厂进行达标改造,加快练塘污水收集管网工程建设,新建徐泾、朱家角、商榻、金泽和西岑5个污水处理厂及其管网工程等。至2005年底,全区新增污水处理能力9万吨/日,污水收集管网长度达181.94公里,覆盖面积117.5平方公里,城镇污水处理率从2002年的35%提高到了60%。2006—2008年,涉及污水处理厂和污水管网建设工程11项。其间,华新污水处理厂日处理能力1.7万吨主体工程投入运行,总管建成63公里;徐泾、朱家角、商榻、金泽、西岑5个污水处理厂的配套管网完善工程进展顺利,赵巷地区、白鹤地区、赵屯地区、朱家角沈巷地区污水管网工程也在开工建设中。至此,企业污水纳管和农村集镇社区生活污水纳管都有长足推进,全区污水处理能力达到17.4万吨/日,污水管网达到350公里。2009—2011年,安排水环境治理与保护项目26个,其中污水处理厂建设工程4个、污水管网完善工程11个。投入资金17.5亿元。建成青浦第二污水处理厂三期、练塘污水处理厂二期、商榻污水处理厂迁建工程和徐泾污水处理厂二期扩建工程;敷设污水管网126.3公里,使城区污水处理率达到95%,城镇污水处理率达到80%;强化污染源监控管理,稳步推进污染减排工作,全区水环境重点监管企业废水达标排放率90%;继续推进乡村清洁工程,加快农村地区水系沟通、村沟宅河整治和生活污水治理,共实施水系沟通283个坝基改造、155公里村沟宅河的整治和完成21 964户农村生活污水处理设施。

### 【固体废物处置】

2000—2002年,开展工业固废收集处置的规范化整治工作,规范企事业单位的工业固废处置行为,杜绝工业固废的二次污染;同时,启动农村生活垃圾收集处置系统工程建设。2000年,徐泾、赵巷、环城、朱家角、西岑、金泽6个镇共95个村建立生活垃圾处置系统,配备保洁员801名,市、区、镇、村共投入资金993万元新建垃圾房190间、垃圾堆场34个以及添置垃圾运输车辆、手推车和垃圾桶等设施。2001年，华新、重固、白鹤、赵屯、青浦、商榻和工业园区134个行政村1319个村民小组，软硬件建设投入资金1464.98万元，完成建造垃圾房（中转站）466座、6个镇级垃圾堆场和28个村级堆场，购买49768只垃圾桶，做到每户1只，组建保洁员队伍1315人。2002年，完成3个镇90个行政村的生活垃圾收集系统工程，减轻农村随意倾倒垃圾对环境污染的影响。2003—2005年，固体废物处置投资1320万元，建造7座80吨位～100吨位的生活垃圾中转站，生活垃圾密闭运输率达到93%。共撤除镇、村生活垃圾及临时堆点47个，撤除苏州河上游段白鹤、赵屯3个生活垃圾堆场。同时，积极推进生活垃圾分类收集工作，在青浦城区各企事业单位设置废电池收集容器；在各镇、街道的17个居民小区实行生活垃圾分类收集，回收有毒有害垃圾；在全区设立规范化的废旧物资回收站50个，建立废旧物资回收利用机制；开展多次医疗废物处置的执法检查，强化对医疗废物的规范安全处置。2006—2008年，着重对农村生活垃圾收集系统设施进行进一步维修、改造、更新，共计投入928万元，基本建成农村生活垃圾收集系统；区生活垃圾综合处置厂基础工程基本完成，5个单体工程部分设备开始安装、运行。2009—2011年，倡导垃圾分类收集。2009年，在城区149个居民小区实施，分类收集率为40%。2011年，引导群众参与"百万家庭低碳行、垃圾分类要先行"市政府实事项目，主动将生活垃圾干湿分类，环卫部门在楼道口放置生活垃圾二分类桶即餐厨垃圾、其他垃圾；在小区门口放置四分类桶，即有毒有害垃圾、可回收垃圾、玻璃、废旧衣物。是年，全区建41个垃圾分类小区。其间，农村地区实现生活垃圾桶装化收运模式，区、镇（街道）共投入资金435万元，购置农村生活垃圾收集车2267辆，使农村生活垃圾收集、收运、处置得到有效衔接，日常作业效率得到明显提升。

## 三、园林绿化

在连续实施环保三年行动计划的过程中，通过扩大一镇一品的经济林种植，形成经济林产业特色，增加农民收入；加强通道绿化建设，形成绿化景观带；开展环淀山湖生态片林和水源涵养林建设，改善区域生态环境，保护黄浦江上游的水源；推进"点、线、面、园、林"为特征的城镇绿化建设，创建园林城区。

### 【经济林】

2000年，区域内环城、凤溪、赵屯、商榻、小蒸、重固、朱家角、金泽等镇以及农业园区在实施"九五"平原绿化达标的过程中，积极发展经济林种植，在全区形成5个经济成片林，总面积181公顷，品种有白沙枇杷、欧亚种葡萄、银杏、猕猴桃、桃、翠冠梨、柑橘和水杉、雪松、竹林等。年底，全区经济林面积1204.87公顷，2005年发展到1859.33公顷。

### 【市政绿化】

2001年，区、镇两级政府投资1亿多元，全面整治318国道青浦段两侧环境，新增绿地106.67公顷，形成8个靓丽景点，构筑长达49.5公里的绿色长廊。2002年10月启动北青公路两侧各11米宽的绿化景观带建设，公路沿途各镇负责实施集镇段城市式绿化改造工程，两项工程共14.4公里，绿化面积17.4万平方米。2003年后陆续完成沪青平高速公路两侧27公里通道防护林149.9公顷工程建设，以及外青松公路、漕盈路、同三国道等通道绿化带建设。2010年，全区通道防护林面积为1615公顷。

**【生态涵养林】**

2003—2005年,大力开展生态片林和水源涵养林建设。此前,淀山湖周边绿化初见成效,商榻镇建成10公顷淀山湖圩堤防护林,西岑镇建成66.67公顷绿化生态苗木基地,东方绿舟形成占地373.33公顷人工生态森林;建成西大盈港20公里长、6米宽的河道防护林;启动建设生态林666.67公顷,其中朱家角镇生态林133.33公顷、太浦河金泽段涵养林100公顷;启动建设练塘泖河口涵养林510.93公顷,2003年底形成以太浦河、泖河为中心沿岸开发的生态涵养林,范围为朱枫公路以东至太浦河出口、泖河西岸至练塘工业园区之间和朱枫公路以西太浦河南岸。2005年底,完成黄浦江上游水源保护区水源涵养林832.86公顷。2008年完成生态片林淀山湖景观带公益林建设93.47公顷。2010年,全区水源涵养林达到1 586公顷。

**【园林城区创建】**

2004年起,青浦以"古韵、绿廊、碧水"为目标,继续开展园林城区创建工作,推进以"点、线、面、园、林"为特征的绿化建设。创建范围从最初的70.25平方公里扩大至97.57平方公里,先后建成崧泽绿地广场、夏阳湖绿化景观、沪青平高速公路青浦入城口绿化工程等一大批公共绿地。2006—2008年,完成城区胜利路、保安路、万寿小区3块中心绿地的调整改造,面积2.2万平方米;完成万寿路、保安路等8条道路的行道树的改造;完成城区环城东路绿地、漕俞路绿化、淀山湖大道景观绿地。2009—2011年,完成朱家角新镇区淀浦河沿岸绿化工程、嘉松公路绿化带(青浦段)、沪渝高速(朱家角以西)沿线绿化和同三国道东侧林带(华盈路—陶泾浜)的绿化建设;建成创建区23条骨干河道沿岸绿化带;完成28.7公顷环湖生态带绿化建设和41.6公顷大莲湖湿地修复工程。2006年对城区16个住宅小区绿化进行调整改造,提升城区绿地景观形象;加强花园单位、绿化合格单位、园林式小区创建工作,全区有"花园单位"40家、"园林式居住区"7家、绿化合格单位124家。2011年底,创建市级"花园单位"47家、"园林式居住区"10家、市级绿化合格单位159家;城区除曲水园外,新增北箐园、南箐园;相继建成朱家角镇主题公园(占地4.67公顷)、凤溪公园、华新人民公园、赵屯公园、徐泾广场,均被市绿化局认定为镇级公园。青浦区以出色的成绩,全力迎接"上海市园林城区"复查。

2010年,全区园林绿地总面积6 201.9万平方米,其中公共绿地面积1 071.3万平方米,绿地率42.6%;园林绿化覆盖总面积为6 238.1万平方米,绿化覆盖率42.9%;人均公共绿地面积23.3平方米/人。城区绿地总面积529.3万平方米,城区绿地率30.2%,城区人均公共绿地19.6平方米/人;城区绿化覆盖面积549.7万平方米,绿化覆盖率31.4%。

# 第五节　市政基础设施

进入21世纪,区里本着"全面规划、合理布局、统筹安排、分期建设"原则,加快道路交通、供电供水供气等基础设施建设。

## 一、公路

1990年1月—1993年4月,沪青平公路青浦段改扩建为"四快二慢"一级公路,为上海一级公路零的突破。2000年,全区有3条国道、2条省道路段及127条区道、乡道,公路总长501.19公里,形成以县城为中心、国道和干线公路为主骨架、县级公路和乡村公路相互贯通的公路网络,公路密度为 0.53 公里/平方公里。2010 年,全区境内公路总里程 1 062.9 公里,其中境内高速公路 102.1 公里、318 国道青浦段 47.9 公里、区管公路 912.9 公里。

**【高速公路】**

2000 年以来,区内先后完成 G50(沪渝高速)青浦段、G1501(上海绕城高速)青浦段、A5(嘉金高速)青浦段、机场路青浦段、S32(申嘉湖高速)青浦段、S26(沪常高速)青浦段建设。

**G50(沪渝高速)青浦段** 全长 44 公里,分两期施工。第一期于 2000 年完成前期各项准备工作,2002 年 12 月 27 日竣工通车;第二期于 2004 完成前期各项准备工作,2006 年通车至金泽镇。金泽至江苏省界约 2 公里,于 2008 年 1 月 12 日通车。G50(沪渝高速)连接延安高架路及外环高架路,横贯青浦全区,与 G1501(上海绕城高速)青浦段道路相接,是通往朱家角镇、淀山湖等休闲旅游度假区的主要通道,也是上海西部与外埠沟通的重要交通要道之一。

**G1501(上海绕城高速)青浦段** 全长 21.3 公里,南起 G50(沪渝高速)青浦段,向北经青浦城区、重固镇、白鹤镇进入嘉定安亭地界,有郊环沪青平枢纽、重固、白鹤 3 个出口。2004 年开工,2005 年竣工。

**A5(嘉金高速)青浦段** 全长 13.01 公里,纵贯嘉定、青浦、松江、金山 4 个区,青浦段经过华新、徐泾,双向六车道。2004 年开工,2005 年竣工。

**【区域公路】**

2001 年始,以 318 国道为轴,在南北两翼加强区域公路改建、扩建、整治工程,强化区域交通网络。至 2010 年底,先后涉及区域公路 24 条(段),全长 110.97 公里,构成与区域高速公路相连接的区域交通网络。

**北青公路改建工程** 全长 14.4 公里,总投资 1.7 亿元,西起外青松公路,东至闵行区交界。2000 年 5 月开工,2001 年 6 月建成通车,途经香花桥、重固、徐泾三镇,为青浦区北部地区通往市区的重要通道之一。

**朱枫公路二期扩建工程** 全长 3.4 公里,总投资 3 200 万元,北接朱枫公路一期,南至松蒸公路。2001 年 4 月开工,12 月建成通车。

**松蒸公路(青浦段)改建工程** 全长 4.05 公里,总投资 3 738 万元。2002 年 5 月开工,年底建成通车,改善了区域南部地区交通条件。

**嘉松公路综合整治工程** 全长 16.13 公里,总投资 1.44 亿元,绿化面积 61.85 万平方米。2009 年开工,2010 年 4 月完工,成为区域东部地区一条连通嘉定、青浦、松江的南北向景观道路。

**【市政道路】**

2001 年起,青浦城区市政道路建设得到加快。在 90 年代末形成的二横(公园路,城中东、西路)二纵(青松路、青安路,城中南、北路)"井"字形市政道路的基础上,向东、向西拓展,向南、向北延伸,形成新的市政道路网络。

至 2010 年底,城区东部地区先后开工建设的道路有:清湖路,即城中东路向东拓展至同三国道。公园路向东延伸段,即西起外青松公路,东至沪青平公路改建工程,全长 3.28 公里。在清湖路、公园路两条路之间,新建南北向道路华青路、华浦路、华乐路,3 条路南起于淀浦河北岸,向北延伸至青浦工业园区;东西向道路青舟路、青舟支路、青龙路、青峰路横亘其间。城区西部地区开工建设的有:淀山湖大道一期工程,即城中西路延伸段,东起港俞路,西至漕俞路,全长872米,分南北两条单向车道;2005年12月启动,2006年12月正式通车。作为推进新城西片地区基础设施建设和城市标志性景观骨干道路,主干道路路面采用国际先进的SMA沥青砼,人行道路面铺设采用环保透水砼,具有使用寿命长、高温抗车辙能力强、代温抗裂性好、车行舒适度高、噪声低及不积水等优点,通车后获上海市市政建设最高奖市政金奖。2008年11月,淀山湖大道二期工程开工,即一期工程继续向西延伸,东起漕盈路,西至港周路,全长约3.36公里,分南北两条单向道路,2010年4月完工。为青浦"一城两翼"建设的重要工程,连接青浦和朱家角的交通要道和观光走廊。

## 二、桥梁

境内是典型的江南水乡泽国,河多荡多,平均每建1公里公路,需造1座~2座桥。80年代中期,乡村公路桥梁建设开始发展;90年代,随着县内公路等级提高,改建和新建一批载重量大、桥面宽的公路桥。2000年,全区有公路桥梁566座,其中高速公路桥10座、国道桥51座、省道桥41座,全部为钢筋混凝土梁式桥;县道桥112座,内有3座为拱形桥,其余为钢筋混凝土梁式桥;乡道桥252座,其中拱桥24座,全部为钢筋混凝土结构。新建桥梁中,有百米长桥20多座。进入新世纪,随着城市化建设进程的推进、区域公路的建设、市政道路的延伸,桥梁建设、等级也同步跟进,上等级、上规模的公路桥有较大的增长,一部分桥梁还成为具有观赏性、地标性建筑物。与此同时,对20世纪末农村尚存的1824座(包括古代石桥99座)人行桥和1373座机耕桥,根据农村水利和乡镇道路建设的需要,进行改建、新建或拆除。2003—2008年,共完成危桥改建786座,改善了农村的交通出行条件。

区域河港属黄浦江水系,太湖流域东排涝水经急水港、拦路港、太浦河、淀浦河等泄入黄浦江,建在这些河面上的桥梁比较有名的有:

### 【太浦河桥】
位于朱枫公路练塘镇东北,1998年朱枫公路练塘段改线兴建,全长600米,宽24.3米,底梁标高10.8米,主桥(40+60+40)为预应力混凝土变截面箱型连续梁结构,工程造价6000万元,为境内规模最大的公路桥梁。

### 【拦路港桥】
位于沪青平公路淀峰村,1991年因改建沪青平一级公路而建新桥,全长376.38米,15孔,中间4孔为35米简支梁,桥面宽24.5米。路桥同宽,梁底标高10.8米,工程造价1000多万元。

### 【急水港桥】
位于金商公路商榻镇南,1981年开发淀山湖风景区,金商机耕路改建为三级公路。1990年7月,在原急水港机耕桥位置重建,桥长374.74米,13孔,中间5个主孔(34+48×3+34),为预应力混凝土变截面单箱式连续梁结构,桥面宽12米,中孔梁底标高10.8米,达四级航道要求,工程造价1000多万元。

### 【浦仓路人行廊桥】

是一座空间转折、全钢结构、跨越淀浦河的人行廊桥,其在结构形式及材料上突破传统观念,将艺术与环境融为一体,使之成为青浦城区一道亮丽的风景线,获得 2008 年度上海市金属结构建设工程"金钢奖"(市优质工程)。

### 【崧泽大桥】

2004 年 1 月通车,是青浦城区范围内第六座淀浦河大桥,全长 228.88 米,宽 32.5 米,由 11 跨组成,最大跨径 28 米,由同济大学建筑设计院设计。

## 三、公用事业

### 【供电】

区域供电由青浦供电局负责。2001 年 1 月,青浦供电局更名为上海市电力公司青浦供电所,辖区供电面积 677 平方公里,担负着全区的供电和区域内 110 kV 及以下供电设备的安装、运行、检修、计划、设计、施工和供用电管理等职能。

1992 年,各乡镇陆续办起民营经济开发区,用电量急剧增加,引发输电线路快速发展。2000 年,境内有 110 千伏线路 5 条,总长 57.84 公里;有 35 千伏线路 39 条,总长 348.59 公里;有 10 千伏线路总长 1 603.68 公里;0.4 千伏低压线路总长 1 008.79 公里。同时配套建有 110 千伏和 35 千伏变电站 23 座,变压器 47 台,容量 1 036.5 兆伏安,公房小区站 65 座。

进入 21 世纪,供电事业的发展主要在于:一是 2001 年完成农村"一户一表"电网改造工程,新增 10 千伏线路 166.1 公里,新增和调换配电变压器 705 台,新增容量 66 666 千伏安,总投资 36 322 万元。改造后,农村用电实现同网同质同价,农村安全、正常用电得到保证,电价从原来的 0.68 元降至 0.61 元,近 10 万户农户用上安全电、廉价电。是年,售电量 16.11 亿千瓦时。二是 2002 年随着乡镇行政区域的调整、工业小区的整合,促使电网建设再次较快发展。2003 年,完成重大工程供电配套建设 29 项,年售电量达 22.78 亿千瓦时,日用电最高负荷达 47.2 万千瓦。三是 2008 年随着城市化进程的推进,电网建设和改造又一次加快。青浦供电分公司新府、新区、崧辉、金桥等 4 座 35 千伏变电站顺利投入运行,新增 35 千伏胜利站第 3 台主变,配合市南供电公司完成 220 千伏青香站 15 条出线以及 220 千伏新通站 3 条 35 千伏负荷割接工作,完成城区城中东西路架空线入地等工程,完成年度大修任务、更改项目 41 项以及各类工程 837 项。2009 年,完成 35 千伏天一变电站、35 千伏巷居站(10 千伏设备)建设并投入运行,新增供电容量 63 兆伏安;完成 220 千伏新通输变电站配套出线项目,新增 110 千伏电缆线路 3.85 公里,新增 35 千伏电缆线路 15.4 公里;完成市政配套崧泽大道、沙淀中路专项排管。2010 年,完成售电量 47.63 亿千瓦时,最高负荷 106.24 万千瓦,综合电压合格率 99.82%;城网供电可靠率 99.99%。

### 【供水】

县域城镇供水 1985 年由青浦、朱家角、练塘 3 个镇的自来水厂负责,日供水能力 3.7 万吨,95% 的城镇居民饮用自来水。随后多次扩建,更换、增添设备,扩大规模,提高供水能力,2000 年日供水能力达 11.7 万吨。80—90 年代,县域农村通过国家投资、乡镇投资、村投资、群众集资、银行贷款等途径,总投资 11 361.45 万元,进行改水工作,至 1993 年底,各乡镇 318 个行政村全部完成改水任务,农村自来水普及率98.7%,农民摆脱世代依赖河水、井水的历史。1998年,全县有自来水厂44家,供水管道836公里,年供水量9290万吨,城镇、农村自来水普及率均为100%。

进入21世纪,供水事业的发展主要于:一是启动太浦河原水取水口建设工程。位于练塘镇太浦河北岸新朱枫公路西侧,占地0.8公顷,设计总取水能力为每日26万立方米,一期工程为每日13万立方米。铺设直径1200毫米玻璃钢输水管道13.5公里,途经练塘、朱家角、青浦3个镇,总投资7452万元,2001年6月建成使用。取水口水质达饮用水国家2类~3类地面水标准,较好地改善了青浦城区原水水质。二期工程于2005年2月开工,7月26日开始供水,规模为13万吨/日,总投资800万元,由区投资公司筹措。二是建造青浦第二自来水厂。2000年4月,一期工程(10万吨/日)开工建设,位于青浦城南沪青平公路5855号,2002年10月建成通水,建成后,将赵巷、重固、赵屯、白鹤、朱家角5镇和青浦工业园区纳入供水范围。二期扩建工程于2005年动工,2006年通水。并与第二水厂一期和第一水厂共同向青浦中部地区供水,使区自来水公司供水能力最高到26万吨/日。三是实施清水管建设工程。2007年起,青浦自来水公司出资2312.8万元,对青浦、大盈、赵屯、白鹤、赵巷、环城、重固、大盈和青浦城北小区28号~43号及环城塔湾新村等地进行旧管网改造,翻排各类口径管道83121米,受益户数15542户。2009年起,又对青浦中部地区100公里供水干管和赵巷、白鹤等13个村进行口径为20毫米~200毫米的供水支管进行改造,并通过新建清水管道,将取自太浦河的优质原水经集中加工后送至各镇调压后,经原配水管网供至用户。农村供水管网在此期间也得到相应的改造。四是采取用水高峰期前,机泵维修养护和水库清洗,将水质检测原水项目由38项增至45项,实行水质常规4项检测结果网上日报制等措施,确保日常供水安全和28.87万吨的日最高供水量。2010年,年供水量93827.69千立方米,水质4项综合合格率达99.5%。是年,启动第二水厂三期及深度处理工程,青浦原水厂三期、青浦第三水厂一期等工程按计划推进。

**【供气】**

县域供气由县煤气管理所负责,主要分为管道燃气和液化气两类。管道燃气又以2004年为界,前期为煤气供应,后期为天然气供应。1984年9月—1985年6月,县里改造青浦化工厂部分设备,生产出半水煤气和驰放气的混合气,采取低压送气供应青浦镇庆华、城北新村及部分单位共3000多户首先使用,日供气1万立方米,称为青浦镇煤气一期工程,是市计委批准的小城镇煤气工程示范性试点项目,青浦镇成为全国较早使用煤气的县级城镇。1988年6月,启动青浦镇煤气二期工程甲烷化工程。1990年10月竣工投产,总投资999万元,日供气3.5万立方米,热值为每立方米3200大卡,采取中压送气,供2万户居民和部分企事业单位用气。1998年6月—1999年8月,投资2830万元,新建青浦燃气厂,由同济大学设计,生产以45%液化气和55%空气混合而成的新气源,热值为每立方米1.15万大卡,日供气3万立方米。1999年底,青浦镇气源置换结束,改装置换21060户居民的家用煤气灶、淋浴器及用气单位的燃具。之后,逐步推进管道煤气供应。2004年,区里开始建设天然气门站工程,顺利地将西部天然气接入青浦。7月1日进行首批天然气转换工作,9月底全部完成,煤气用户进入天然气时代。是年底,全区管道燃气居民总用户数39636户,社会团体、企业用户160家,销售管道燃气927.59万立方米。

2005年,燃气建设过程加快,完成东北片天然气主干工程全长约24公里(白鹤段7.5公里、华新段16.5公里)的建设,加强白鹤、重固、华新三镇以及香花、凤溪、赵屯三社区清洁能源的供给。2006年,完成朱家角、赵巷、华新、重固和大盈5个镇级服务点的设置工作,积极发展赵巷、重固、朱家角等镇居民燃气用户。2008年,配合川气东输,完成朱家角至练塘天然气主管工程,为扩大天然气在全区的覆盖率和扩大天然气用户创造条件。2010年,练塘天然气门站出站管道一期工程,总长7.2公里,总投资1 932万元,进入施工招投标,练塘天然气门站工程,占地0.42公顷,总投资1 675万元,完成施工招标;金泽天然气主干管工程,总长19.4公里,总投资4 338万元,进入施工招投标阶段,2011年三项工程项目开工建设并于年底完工。是年,全区天然气用户新增4 991户,年底天然气用户总数81 613户,销售量7 868万立方米。

1984年,青浦县投资20万元,建造青浦液化气储配站,用灌装液化气钢瓶解决部分老干部和老城区不通管道煤气居民的燃气。此后,其他乡镇也陆续设立规模小、供应量少的液化气经营供应点,为小集镇居民及部分农民提供燃气。1993年5月,县煤气管理所投资1 300万元,建立液化气灌装站,1994年1月投产后,又在朱家角等13个乡镇建造供应站,统一向各乡镇供应液化气。2000年,煤气管理所系统液化气供应站14家,用户9.67万户,年销售液化气6 499吨;有社会经营单位7家,经营管理12个液化气供应站,用户3.6万户,年销售液化气3 058吨。之后,为了"绿色青浦"建设需要,在管道燃气未到地区,发展液化气用户,落实便民措施,定期上门安检,确保用气安全。2010年底,全区液化气居民用户203 522户,销售量14 461吨。

# 第六节　城　镇　建　设

2001年,区里组织编制《青浦区区域规划》《青浦新城总体规划》《上海历史文化名镇朱家角中心镇总体规划》等各类规划10项。至2003年底,共编制完成各类城乡建设规划25项。其中《青浦区区域规划》中,规划了青浦区城镇体系:1个新城即青浦新城,3个中心镇即华新、朱家角、练塘镇和8个一般镇即徐泾、商榻、西岑、赵屯、赵巷、白鹤、金泽、重固镇。之后,随着行政区划变化和经济社会发展,城镇格局略有改变,有些城镇逐步变化为社区。在推进城镇化进程中,区里着重加快青浦新城、朱家角和华新中心镇、徐泾和赵巷等一般城镇建设。

## 一、青浦新城

2005年,区里编制新一轮《青浦新城总体规划》并上报市政府审批。规划将青浦新城发展成为占地53.8平方公里、居住人口50万,具有"水乡文化""历史文化"内涵的中等规模城市。区域范围包括青浦老城区、向东拓展区、新城东区、向西延伸区及朱家角镇区5部分,依托同三国道、318国道、淀湖路、淀浦河等主要公共轴线,发挥对居住、休闲旅游、商贸等城市服务业的集聚功能,形成"三轴、四片、五心"布局,以构建布局合理、适宜居住、体现历史文脉和地方特色的"水网之城、绿网之城"。

### 【老城区改造】

始于80年代后期,90年代初见成效。主要是:新建、扩建、改建城中东路、城中西路、城中北路、老城区公园路、环城路、青安路、青松路,并逐步形成东至外青松公路、南至淀浦河、北至盈港路、西至港俞路的环老城区和向东拓展区在内的青浦城区。老城区内建有庆华、城北、庆丰、盈中等居民新村及西部花苑一、二区,首创郊区完整街坊;大型商业网点配套落成的有青浦镇三元河农贸市场、青浦商厦、青浦百货大楼、青浦食品世界、东原大厦,配套建设幼儿园、中小学、体育场、公共绿地广场和河滨绿化带或绿化走廊。东原大厦由青浦会场地块批租改建,于1996年9月竣工,高16层64.3米,成为青浦县城首幢高层建筑。与此一路相隔的曲水园占地1.82公顷,原为青浦城隍庙附属园林,建于清乾隆十年(1745年),宣统三年(1911年)由县公款公产管理处管辖,称为公园。1980年,改称曲水园。1986年,市拨款96.5万元对曲水园重新修整,新叠假山2处,在空旷处断以粉墙、通以游廊、蜿蜒起伏、精致含蓄,把园区分为凝和堂、有觉堂、荷花池、植物景观四大景区,是全市五大古典名园之一。2003年,老城改造再次迈开步伐,以曲水园、桥梓湾、和平桥绿地、南门街、小西门为代表的一批老城改造项目相继启动。上海百联桥梓湾购物中心一期工程总建筑面积62 000平方米,地上建筑面积46 000平方米,均为商铺。东侧与青浦城隍庙和曲水园相接,并与两个老建筑的修复、修缮衔接起来,传承江南水乡的水文化特色和历史文化遗存风貌,又融入时尚的现代建筑理念;同时还与现代生活消费结合在一起,形成多褶皱、多庭院的格局,营造出古园林、古庙、行人商业街浑然一体的,集文化、休闲、商业、旅游、餐饮等多功能的生活空间。位于老城厢中心区域的和平桥绿地南临城中东路,西靠城中北路,北接公园路,占地15 770平方米,投资1 600万元。整个绿地以混堂浜为界分南北2块,北块为调整和改建的白玉兰广场,南块为新建休闲广场和绿地,南北2块以景桥连接。改造后的和平桥绿地与桥梓湾商城、曲水园沿公园路改造后的城隍庙广场、景观河、休闲道相连接,并通过布绿和景观灯的配套,使曲水园、城隍庙、百联桥梓湾商城及和平桥绿地融为一体,构成一幅老城区新景观。

90年代,老城区向东拓展区建设加快,1994年已建有城东新村、章浜新村等10个住宅小区,面积共60.39万平方米。其周围配套的商住两用楼宅亦交替落成,沿城中东路有浦东发展银行青浦支行、四兴大楼、建设银行青浦支行、工商银行青浦支行新大楼、小商品市场聚新街等;沿公园路,建有信用社大楼、青浦商城、欧洲街、劳动保障中心、青浦海关、区文化科技中心、区档案馆、农业银行青浦支行和青浦首幢高18层70米的商住楼青浦大厦等一批标志性重点工程。2006年11月,协和大厦在公园路、青安路交汇处的老城区汽车站旧址落成,是一座现代化城市新建筑。高17层,主楼1层～4层为商业配套用房,7层～17层为酒店式公寓;沿街还有约7 000平方米商业铺楼用来安置大众化商业业态,并与周围的成泰百货大楼、稻香村商场等构成又一处商业集聚区,为城市居民的生活、娱乐、休闲提供方便和实惠。集聚区附近的青浦中医医院、青浦第一中学、区体育馆、庆华菜场、庆华小区、庆华小学也为城市居民居住、就学、就医、体锻带来方便。

### 【新城东区建设】

1998年6月,县规划管理部门和上海同济规划设计研究院按"新区成形,道路成网,市政成套,绿化成片"的总体目标,共同编制《青浦新城区规划》。新城东区范围,东至同三国道,南至淀浦河,西至外青松路,北至盈港路,总面积约220公顷。1999年,实施新城东区两条主干道,即城中东路延伸段(保安新村—华青路)、华青路(城中东路延伸段—公园路)的建设,为新城东区建设打基础,带动一批重大项目建设。一是自外青松公路沿公园路向东,总投资3 200多万元、占地2.67公顷的青浦县广播电视中心落成,高168米的广播电视发射塔成为青浦城区东大门的一个醒目标志。沿公园路还先后建成青浦信息大楼、上海工商信息学校改建工程、中山医院青浦分院、老年公寓、青浦高级中学(上海市11所现代化寄宿制中学之一)、科技教育综合楼、检察院迁建工程、区疾控中心等。二是自外青松公路起至同三国道的青湖路形成购物、休闲、美容一条街,建有协和大厦、芊岱大厦等标志性城市建筑群;汇集建行、农行、信用社、民生、中信等金融单位;拥有包括夏阳湖畔五星级大酒店在内的酒家、风味小吃等各类餐饮酒店。三是沿华青路及两侧建有北箐园、南箐园、崧泽广场、博物馆、图书馆、夏阳湖景观、淀浦河城区景观、体育公园、新城规划展示中心、行政学院、青浦实验幼儿园、毓秀学校等一批公建项目。其中,毓秀学校为九年一贯制,建设用地53 022平方米,建筑面积23 060平方米,包括4幢教学楼和行政办公楼、图书馆、体育馆、餐厅以及标准足球场、篮球场等体育设施;北箐园是园林式休闲绿地,坐落于城区中心居民住宅群之间的开放式景观绿地,占地44 000平方米,其中绿地面积28 000平方米、水体面积8 500平方米,园内绿树成荫、花草满地,成为居民调节生活、休闲漫步、健身锻炼和儿童娱乐游戏的最佳场所;夏阳湖景观有上海最大的"水上空中花园"美称的浦阳阁,由东西向纵深210米长的两个高低起伏的波浪形屋面组成,屋顶高低落差达19米多,是集屋顶景观花园、商业区、公共用地、文化社会设施于一体的多功能娱乐休闲中心。四是新城东区夏阳湖周边建成亲水半岛、锦泽苑、夏阳湖国际花园、运杰城市花园、吉富绅花园、淀浦河帕缇欧香等一批设计理念新颖、结构布局合理、富有现代气息和水乡特色的小高层、多层商住楼。

2007年,新城向西延伸区加快建设。继新城东区夏阳湖城市核心区初见成效后,区里又提出新城建设"东扩西进、先西后东、组团开发、两线两片"的开发建设思路。首先建设淀山湖大道一期、南北向漕盈路,形成318国道、淀山湖大道和盈港路、漕盈路和港俞路"三横二竖"的新城向西延伸区交通格局。沿淀山湖大道两边建有多家商业银行,大型居民住宅区"世纪苑""御澜湾",购物休闲中心"吾悦广场""迪卡侬体育用品及运动服装商场"及青浦实验小学(西部);港俞路建有居民住宅区"景港名人苑""都市绿舟";青赵路建有大型居民住宅区"忆华里""青浦实验中学";漕盈路至西大盈港沿河建有居民住宅区"东渡·青筑"等。由此,具有居住、商贸、旅游、休闲功能的新城向西延伸区初步建成。之后,淀山湖大道二期工程、西大盈港桥、景观绿地建设工程等上马建设,轨道交通17号线从西大盈港附近经过,为这一区域建设增加新的亮点。

**2009年,青浦新城夏阳湖一景(张军华摄)**

2006年,青浦新城建设获得建设部颁发的"中国人居环境范例奖",全国有41个项目获此殊荣,上海仅此一例;2008年获得"迪拜国际改善居住环境范例奖",使"绿色水都、佳居青浦"的城市名片走向全世界,有效提升知名度和宜居形象。

## 二、中心镇

进入21世纪,区委、区政府提出加快建设规模适度、功能齐全的中心城镇,朱家角镇、华新镇依据各自的区域特点,得到较快发展。

### 【朱家角中心镇】

2000年,区政府组织朱家角中心镇风貌景观规划国际方案征集活动,以台湾李祖原建筑师事务所的入选方案为基础,制定镇的中心规划。全镇 8.14 平方公里规划为 3 个部分:0.68 平方公里的古镇区修旧如旧,凸显旅游功能;2.4 平方公里的老镇区协调过渡,为旅游配套服务;5.06 平方公里的新镇区拓展提升,彰显现代江南水乡民居特色。2001 年,朱家角镇被市委、市政府列为"一城九镇"中心镇之一。2006 年,镇域市政基础设施建设基本完成,新镇区形成以淀山湖大道、朱溪路、复兴路等为代表的主要道路网络。老镇区全面实施综合管网改造。

**古镇区改造**　对列入区级文物保护的古桥、古园、古宅,进行保护性开发。朱家角历代建造的古桥保存下来的有 16 座,其中有上海最大的古桥放生桥、最小的古桥课植桥。放生桥是朱家角镇的标志,也是游览的经典景点。古园的开发主要是课植园,占地 20 860 平方米,建筑面积 3 547 平方米,初建于民国元年(1912 年),园内亭台楼榭、假山水池、古树名木、奇花异草遍布,课植桥就是其中一景,风格集江南园林之精华,融中西合璧于一园。1999 年,投资 600 万元对部分园林建筑进行全面修复;2003 年,又一次对课植园进行复旧整修,2008 年结束,恢复历史原貌。古镇有 9 条老街依水旁河,千余栋民宅临河而建。2004 年,市文管委公布的"不可移动文物"清单中,青浦区有 50处,朱家角镇占有 25 处,其中席氏厅堂为明代宅第经典建筑,三泖渔庄为清代著名学者王昶旧居,舒文海宅建于清同治年间。朱家角历史上还是一个"长街三里、店铺千家",南北杂货、各业齐全,乡脚遍及江、浙两省百里之外的商业重镇,其中北大街又称"一线街",东起放生桥,西至美周弄,是著名的商业街。朱家角投资有限公司通过资产运作,对北大街产权的控制程度达到 60%,30% 的商铺可直接对外招商,使其商业业态配比为:文化类商业达到总量的 45%,特色餐饮和食品类占 40%,其中土特产食品类占 5%,余下为日用品、服饰类及其他。古镇区经过修旧如旧,开发开放课植园、城隍庙、园津禅院、童天和药号、放生桥、大清邮局、王昶纪念馆、稻米乡情馆、上海远古文化展示馆等 20 多个景点,成为国家级 AAAA 旅游景区。

**新镇区建设**　2006—2008 年得到新的拓展,坚持园林绿化与古镇开发相结合,把集镇周边区域 27.5 平方公里纳入创建国家园林城镇范围,创建区绿化总量 1 200 万平方米,公共绿地总面积为274.3 万平方米,绿地覆盖率 45.7%。建有典型江南鱼米之乡文化内涵的尚都里(北),位于漕港河北面,三面邻水,西面与古镇东井街相连,占地 6.4 万平方米,内有"创意中心""时尚城""酒店区"等。有以保护、传承和推动传统民间工艺美术发展为己任的国内首座非物质文化遗产博物馆延艺堂,分南北两楼,北楼为精品馆,陈列着林善学等 10 多位国家级大师的扛鼎之作;南楼为民间手工艺集中展示区,集参观、展示、交流休闲诸功能为一体,并为手工艺专家和学者交流的平台。有获最佳居住建筑奖的康桥水乡水城。2008 年 9 月,经过住建部专家评审,朱家角镇成为中国第二、华东第一的宜居城市;10 月 28 日,住建部授予朱家角镇"国家园林城镇"奖牌。

## 【华新中心镇】

1994 年,《华新镇规划》出台,将全镇 26.1 平方公里规划成 3 个功能区域,即中心集镇区、工业园区、农业耕作区,拉开华新中心镇建设序幕。

**中心集镇区**　面积为 6 平方公里。1994—2001 年,建成华新大戏院、华新广播电视大楼、华新教育园、人民公园、城建大楼、邮电大楼、镇政府机关大楼、银信大楼医院、华新农贸市场等一大批标志性建筑;建有各类住房 229 余幢,总面积 30 万平方米;形成新丰、城建、联建、公园、徐谢、戏院、华巷、华富 8 个居民小区;初步形成纵横各 6 条街道的华新政治、商贸、住宅和文娱中心。2003 年,被列为上海市郊 22 个中心镇之一,着力构筑以小商品城商业区、农民中心村、农民住宅区的新型城镇体系框架。吸引上海国际小商品城、永乐家电物流中心等落户镇内新谊村,形成上海国际小商品城日用品市场、服饰市场、小五金市场及精品街和商贸交易区等不同功能区域，突出名特优强四大特色，且集聚购物、餐饮、休闲、娱乐、旅游、住宿等多功能于一体，体现高科技、信息化、人性化的专业商业市场。农民中心村地处域内周浜村，占地21.29公顷，经设计布局，建有别墅型独院住宅、双拼式独院住宅104幢，计144户；有4层~5层多层住宅616户，总建筑面积13.1万平方米，经市地名办批准定名为"梦里水乡花园"。农民住宅区新建多层住宅355幢，面积8.88万平方米。与此同时，公用事业建设逐步推进：一是大力开展环境整治，镇区道路落实全天候保洁机制；二是实施规划造绿、插绿、社会绿化的"三绿工程"，2003年底全镇公共绿化环境面积415万平方米，其中中心集镇区绿化面积55.9万平方米；三是实现区域第一家信息化建设"村村通"工程，2004年新开发的公共信息平台建设项目通过专家验收，利用镇有线电视光缆形成一个覆盖面广、性能稳定、技术先进的信息高速公路网。

**工业园区**　面积为6平方公里。园区内以50米宽的中央大道为主干线，支路成网，供水、供电、供气和通信等基础设施一应俱全。2003年底，吸引国内外企业1160户落户，形成摩托车、塑料制品、汽车电器、精细化工等较为齐全的工业行业，新大洲本田、重庆嘉陵等7家上市公司在镇内形成规模生产基地。新大洲本田摩托有限公司是由新大洲控股股份有限公司、日本本田技研工业株式会社和本田技研工业（中国）投资有限公司共同投资设立的中外合资企业，投资总额和注册资本均为1.29亿美元，主要制造、销售各种型号的摩托车，曾获得上海百强企业、上海市制造业50强称号。2011年，公司销售额47.9亿元，纳税1.9亿元。

**农业耕作区**　面积为14平方公里。分布于工业小区的外围，是粮菜夹种地区。在产业结构调整中，积极引进蔬菜新品种，发展花卉、苗木种植。2002年起，夏熟种植减少二麦面积，增加经济作物面积，以油、麦、豆和大西洋土豆为突破口，扩种其他适销对路的经济作物，创造条件引入名、特、优经济作物品种，粮经比例为35∶65。同时，组建农副产品配送中心，建设上海西郊国际农产品交易中心、上海西郊国际农产品展示直销中心，农业规模化、专业化、产业化逐步推进，全镇有11家农民专业合作社，其中华新华卉苗木生产基地被区农委认定为区级种养基地；淮海村、马阳村建设设施农业，发展蔬菜生产；华嵩蔬菜专业合作社被区评为星级农民专业合作社。

2009年，区里进一步编制华新镇区、凤溪社区控制性详细规划。2011年，镇第三次党代表大会提出实施"一镇二城"，即：南城以大型社区和凤溪老镇区为主，打造全新的社区新城；北城以华新镇为基础，打造新的行政、文化、金融中心。"一园二区"，即：以工业园区内的产业功能布局为导向，划分为先进制造业区和生产性功能服务区。"一域三线"，即：以嘉松路沿线重点企业为基础的"产业提升线"，以新凤路两侧文化产业和商住房配套为主题的"人文居住线"，沿新府路两侧集金融、休闲、购物、娱乐为一体的"商务商贸线"。华新中心镇建设进入新时期。

## 三、一般城镇

90年代中期，各乡镇按建设都市农村新型小城镇的目标，将小城镇建设与工业开发建设相结合、新镇区与旧镇区建设相结合、建设与管理相结合，统一部署基础设施、住宅、文教卫生事业和商业服务业等布局和发展，相继制定乡镇总体发展规划。1993年，全县投资1109万元改造乡镇道路及车站。各乡镇也投入大量财力，继续完善以道路交通为重点的基础设施建设，达到"村村通"要求。在此期间，各镇依据小城镇建设规划，积极推进集镇区公共设施建设。改造、维修老街、老路，拆除违章搭建，铺设彩色人行道，安装路灯，改善镇容镇貌；先后新建、改建广电文化中心、图书馆、电影院、大型运动场、灯光篮球场等文体设施,新建商业街、商业网点、农贸市场;还采取财政投资、民间集资、农民自建等办法,推动住宅建设。2006 年,随着镇级行政区划调整,推进实现现代化新农村建设目标,区里编制完成《上海市青浦区村镇体系布局规划方案》,确定全区"1870"城乡建设方案,即"1 个新城、8 个新市镇、70 个左右中心村",以此规划布局,将全区 1 968 个自然村划分为 4 种类型,着手制定集中居住点、保护改造点的用地规模、用地布局、风貌景观控制等规划控制条件,以保证"1870"城乡体系落地。各镇根据自身实际,调整规划,既逐步推进中心村建设,又加快城镇建设步伐。迈入 21 世纪,在城镇化建设进程中,徐泾镇、赵巷镇颇具特色。

### 【徐泾镇】

1993 年,青浦县成立上海西郊经济技术开发区,位于徐泾镇。由于靠近虹桥机场,具有独特的区位优势,很快吸引了美国、德国、新加坡、日本以及中国香港、台湾地区的客商落户,徐泾镇成为全县经济发展较快的镇之一。为把徐泾镇建设成为布局合理、交通方便、设施齐全、环境优美、农工商综合发展的经济、文化中心,按 21 世纪新城镇的要求,编制《徐泾镇总体规划》,集镇规模常住人口 3 万人,总用地 147.7 公顷。90 年代,投入 7 000 余万元,对镇的基础设施进行新建、改建、扩建。居民住房由福利分房逐步向集资房(个人集资、单位筹建)、商品房过渡。2000 年底,全镇累计有房地产公司 25 家,其中 7 家房地产公司建造的景都小区、华伦公寓等 20 多万平方米的公寓楼主要被本地区居民所购;全镇 15 个村的 1 829 户农民建房户,建造别墅的占总数的 98%。

进入 21 世纪,作为国家级小城镇建设试点镇,实行建管并举,一手抓形象建设,一手抓长效管理,对 318 国道徐泾段的镇区企事业单位及商住办公楼通过搬迁、改造、新建等措施进行整治。2001—2002 年,在此地段新建投售的康虹花园、海天花园、豪都国际花园、安盛彬山庄、长堤别墅、金水湾贵园、西郊名邸等楼盘,一上市就被订购一空。2004 年,区里把徐泾镇列为建设重点之一,加快推进。为此,徐泾镇依托经济实力和产业支撑,在完善"五横五纵"镇城交通网的同时,邀请上海同济城市规划设计研究院对镇域交通框架、产业布局、生态景观、市政设施等进行总体规划,并通过评审验收;通过国际招标,由德国的规划设计公司承担详细规划并实施。一是对镇域内道路全面进行整治、改造、维修、黑化(水泥路改柏油路),部分路段安装人行灯、交通信号灯。二是对镇区主要道路两旁 1 020 块店招店牌统一更新,对徐泾一村、京华小区、徐泾车站等 7 个地段两侧建筑物外墙进行清洗粉刷。三是加强对公用事业的建设和服务。四是着力建设好都市型工业区、中高档房产区和繁荣集镇区。围绕徐泾西虹桥生态商务区建设的推进,国家会展中心的入驻、中国博览会会展综合体建设、中国北斗卫星导航位置服务技术创新西虹桥基地建设,推进现代服务业的发展,引进区内第一家国际品牌星级酒店上海西郊假日酒店及永业购物中心,集聚法国超市巨头家乐福、运动品专卖迪卡侬以及装修卖场百安居等大型连锁超市,逐步建成与大都市辐射相匹配的现代化城镇。

### 【赵巷镇】

1984 年,镇党委、镇政府结合实际,对集镇进行整体规划,加快建设。1990 年 11 月获得"全国村镇建设先进单位"称号。1999 年 8 月编制完成《赵巷镇总体规划》,规划近期至 2000 年,远期至2010 年;把集镇建成集居住办公、商业服务、文化教育于一体,城镇基础设施和公用事业建设配套的中心镇。通过建设,镇中心区道路为"三横三纵","三横"有赵兴路、赵华路和镇北路,"三纵"有中央大道、赵中路、赵重路集镇段。居住区主要集中在赵兴路、赵华路两侧,教育、卫生保健、商业服务等公共设施位于中央大道、镇北路、赵华路和赵兴路两侧,分别形成行政文化中心和商业服务中心。公路两侧和新通波塘沿河绿化带与广场绿化、镇中心绿化形成"点、线、面"绿化系统,形成清洁、优美、舒适的生态环境。

赵巷镇颇具特色的是农民集资房、农民新村、特色居住区建设。1993年起,根据农户自身经济条件和意愿,开始在集镇规划区内建造集资房,到2000年底,结合开发区动迁,全镇共建农民集资房69 433平方米。新辟镇中小区、裕泽公寓、泾港公寓等,农户逐步从农村住进集镇。其中,最多的是崧泽公寓,建筑面积达36 871平方米,小区内道路四通八达,分为主干道、次干道和人行道;绿化密布,展现出具有现代化的、优美的村镇花园式新村风貌。

令人瞩目的还有方东新村、"金葫芦"中心村的建造。1993年,集体经济实力较强的方东村,率先在村东首建起方东农民新村。新村上下二层一单元的楼房共97幢,分东西走向,前后排楼房之间是一条宽畅的水泥大道,两旁树木花草绿地,楼房隐居在成荫的绿树之中。整个新村四周是砖砌的围墙,门卫24小时值班。资金来源采取个人负担、集体垫付的办法,根据居住农户的经济条件,一般先由集体垫付部分资金,农户在规定的年限内向集体付清房屋建设款。"金葫芦"农民新村坐落于赵巷集镇东北角,2001年开始筹建,2003年第一批住户入住,2004年6月成立"金葫芦"社区居委会。至2010年,"金葫芦"社区已经发展成赵巷镇乃至整个市郊规模最大的农民新村,总规划占地118.76公顷,分为16个居住小区,建农民别墅1 768幢,规划户数2 652户。2010年入住1 990户,人口近9 000人;建有"金葫芦"社区综合服务中心,内设老年活动中心、中青年活动中心、公共绿化广场、超市等,社区居民还包括镇内几个不同自然村的拆迁村民,成为农村城市化典范。

# 第七节　民　生　事　业

进入21世纪,青浦区以加强就业工作、完善社会保障和救助体系、提高人民群众生活水平为重点,促进民生事业不断发展。

## 一、劳动就业机制

劳动就业涉及千家万户的切身利益,区委、区政府历来十分重视,采取多种措施提高就业率。

**【实行劳动合同制】**

1996年底,县内全面贯彻《中华人民共和国劳动法》,推行全员合同制。县属企业用工主体由国家转为企业,职工与企业关系由行政隶属转为合同契约,出台相应的工资分配方案和技能培训措施,初步形成能上能下、能进能出的机制,全县有101家县属企业与职工签订劳动合同,实行全员合同制。1998年,镇办、村办、联营、私营股份制合作制企业和个体工商户的招工也开始实行劳动合同制,2000年底,区内各类企业基本实行劳动合同制这种新型用工制度。

**【建立就业服务组织】**

2001年7月,上海职业介绍中心青浦分中心启用,全区12个镇的社会保障服务中心也在年内建成。区政府把全年转移5 800个农村劳动力的目标任务分解下达,列为各镇的综合经济考核,各镇社会保障服务中心通过开辟就业绿色通道,形成职业介绍、职业指导、劳务输出、岗位开发和就业培训的一体化服务,帮助农民就业,实现新增农村劳动力就业岗位 9 041 个。2002 年,区、镇两级政府建立促进就业领导小组,区、镇两级财政增加资金投入,建设和完善劳动保障信息网络,配备电脑和有关现代办公设备,实现市、区、镇的职业介绍工作联网。在此基础上,把劳动保障职能进一步向居委、村委延伸,实施劳动保障工作信息化、现代化和网络化管理。2006 年,进一步完善全社会促进就业长效机制和公共就业服务体系,完善建立"校企合作平台",4 家职业培训学校与 19 家企业签订校企合作协议,为用人单位、培训机构和劳动者之间搭建信息互通平台。

**【实施扩大就业工程】**

2003 年起,组织"西劳东输、青劳外输"工程,加大农村非农就业工作力度。西劳东输即将青浦城区西部的农村富余劳动力通过就业援助员介绍、职介所组织培训、发放交通补贴等措施,鼓励他们到青浦城区东部就业;青劳外输即青年劳动力特别是从中专、职校毕业出来的有专业技能的青年到区域外地区甚至出国就业。2009 年,全区享受"西劳东输"非农就业补贴达 25 253 人次,全年发放补贴 4 152.8 万元。发展非正规就业劳动组织,鼓励以创业带动就业,区里不断完善劳务输出体系,改善自主创业环境,使区域自主创业得到较快发展。2009 年累计有 165 家非正规组织转为个体工商户或企业。加强职业技能培训,加强培训资质的审核和审批,提高职工技能素质和农村富余劳动力就业率。大力开展援助性就业工作,推动创建充分就业社区,努力使社区总体就业率、就业困难人员安置率、零就业家庭安置率、就业困难高校毕业生就业率等指标都达到创建要求。2010 年,全区认定就业困难人员 244 人,认定零就业家庭 11 户,均在规定的时间内予以妥善安置。是年,全区高校毕业生 2 452 人,实现就业及升学、出国的有 2 038 人,就业率为 94.7%。

**【增加就业岗位】**

上述一系列措施的实施,极大地缓解了区域劳动力就业压力。2001 年,区政府确定全年净增 1 万个就业岗位,其中城镇 4 200 个,属市政府下达指标;农村富余劳动力转移 5 800 个。实际净增就业岗位 17 323 个。2002 年,全区实现新增农村劳动力就业岗位 12 370 个。2003—2005 年,区政府将新增 2 万、2.6 万、2.6 万个就业岗位列入政府实事,实际新增就业岗位 88 749 个,其中实现非农就业 55 435 个;全区城镇失业人数分别下降为 6 551 人、5 952 人和 5 951 人,控制在市下达数之内。2006—2008 年,新增就业岗位达 102 537 个,连续 3 年超额完成市政府下达指标。2009 年,新增就业岗位 29 719 个,其中农村富余劳动力转移 8 643 人。2010 年,全区新增就业岗位 30 777 个,完成市政府下达指标 25 100 个的 122.6%;城镇登记失业人数 5 675 人,控制在市政府下达指标 6 500之内。

## 二、社会保障体系

进入 21 世纪,本着广覆盖、保基本、多层次、可持续地推进社会保障体系建设,坚持深化城保、推进镇保、完善农保、扩大综保的原则,推进养老保险和医疗保险,逐步实现基本保险社会化。

**【城镇社会保险】**

2000 年底,全区有 2 256 个城镇企事业单位、机关以及个体工商户共 64 361 人参加基本养老保险,17 930 名离退休人员参加养老保险社会统筹。2003 年,城镇职工养老保险调整社会保险缴费基数,调整城镇从业人员和个体工商户等人员缴纳养老保险费比例,同时,调整退休人员养老金和实行养老金社会化发放。2004 年参加城镇社会保险的单位累计为 4 611 家,参保 97 851 人,其中在职职工 76 614 人、离退休人员 21 237 人;共征收城镇社会保险费 46 221.5 万元,征缴率为 99.97%。2006 年,重点在四方面健全社会保障体系,有序推进城镇高龄无保障老人纳入社会保障。全区有 923 位高龄无保障老人享受此待遇,每人每月 460 元;医疗保障待遇为门、急诊医疗费报销 50%,住院医疗费报销 70%,其余部分由个人承担;调整精减退职回乡老职工死亡后配偶生活补助标准,补助标准为,每月在原基础上提高 22 元,全区有 416 人享受生活补助;非因工死亡职工的遗属生活困难补助纳入养老保险,补助标准每人每月 300 元,孤身一人的增加 30%,全区有 710 人申领。2010 年底,全区参加城保单位 9 997 家共 92 705 人,享受城镇养老待遇 29 814 人,其中年内新增 1 904 人。

**【小城镇社会保险】**

2003 年 10 月,区内施行小城镇社会保险("镇保")。实行社会统筹和个人账户相结合的办法,包括养老、医疗、失业、生育、工伤等基本社会保险和补充社会保险。2004 年,"镇保"工作写进"青浦经济和社会发展三年行动纲要",并以签约形式将 5.32 万个目标任务分解到各镇、街道和工业园区,纳入综合考核范围,按照"落实社会保障、土地处置、户籍转性"三联动原则逐步推进。全区 76 476 名征地农业人员参加了镇保,另有单位和个体工商户 1 100 家 16 949 人登记参加镇保,全区共有 93 425 人参加镇保。2006 年,拓展小城镇社会保障覆盖人群,制定出台《青浦区关于建立征地养老人员小城镇社会保险资金偿债机制的实施意见》,具体规定各镇、街道镇保资金偿债基数、期限和操作方法,规范镇保资金的筹集机制,确保镇保还款资金的按时足额上缴。年内新增小城镇社会保险参保 54 432 人,其中征地人员参保 4 289 人、征地养老人员参保 22 146 人、面上企业参保 3 005 家 27 997 人。2010 年,参加镇保单位 6 117 家共 58 416 人;享受小城镇养老待遇 46 338 人,其中年内新增 5 710 人。

**【农村社会养老保险】**

1993 年,县委、县政府把建立和健全农村社会养老保险制度列为政府实事工程之一,制定《青浦县农村社会养老保险暂行办法》,首先在金泽镇试点,然后再全县推开,至 1998 年底,农村投保率达到 93.5%。1997 年被民政部评为全国农村社会养老保险先进县。2001 年,全区缴费投保人数 12.7 万人,投保率 93.5%,收取个人保险费 3 339.5 万元,收取单位保险费 3 961.8 万元,收到各镇上解资金 4 013.1 万元。2002 年,着重围绕建立农村养老保险集体统筹金的税务托收制度,以提高征缴率,确保养老基金的来源;实行养老保险基金区级管理、分镇立账的管理制度,防止基金的随意拆借和违规支付问题,依靠财政手段解决各镇历年来的基金拆借问题。2004 年通过向企业宣传社会保险政策,引导企业树立自觉缴纳社会保险费的意识;做好台账并加强与单位联系,及时催缴社会保险费,同时在各社区建立社会保险协管员队伍,协助社保中心做好社区养老人员的社会保险管理工作。完善农村养老保险政策,加大农村养老保险征缴力度;同时调整提高全区 60 周岁～65 周岁和 65 周岁以上的老年农民养老金水平。2007 年,全区统一农村农副业人员的个人缴费标准,在全市范围内率先建立统一的个人、单位缴费基数及比例模式,为推进农保区级统筹奠定基础。2008 年,实现农保基金区级统筹和收支两条线管理,建立财政分期注入、托底保障机制,调整各镇(街道)

扩大农民纳入养老保障体系的覆盖率指标,推动农保和综合保险扩大覆盖工作。2010年,农村社会养老保险年末在保人数24 197人,全年缴费金额5 739万元,其中个人缴费3 910万元、单位缴费1 829万元;年末领取养老金人数27 301人,全年支付养老金11 644万元。

**【农村医疗保险】**

2000年底,全区318个村,全部实施合作医疗保健制度,镇村覆盖率100％,参加合作医疗保健制度的村民250 833人,占应参加人数的75.4％;应筹集个人资金3 687万元,实筹资金3 687万元,资金到位率100％。2003年成立区、镇合作医疗基金管理中心,合作医疗基金征集坚持以“个人为主,企业统筹,政府适当扶助”的政策。2005年,区政府下发《青浦区新型农村合作医疗制度实施意见》,在原有大病全区统筹的基础上,新增住院费用全区统筹政策,农村低保户、五保户、残疾人等特困家庭的个人投保经费由政府支付。2008年,农村合作医疗调整门急诊报销比例,其中村卫生室、社区卫生服务中心提高到80％,二级、三级医院报销比例都有不同程度增加;取消家庭账户,不设起付线,合理引导病人梯度诊疗,提高农民保障水平;开展农村合作医疗信息化建设,统一财务制度,加强经费使用监管力度,提高资金使用效率。2010年,新型农村合作医疗工作坚持政府组织、积极引导、农民自愿参保的原则,全区镇村覆盖率100％,实际投保率99.43％,实现应保尽保,全年筹资8 484.26万元,年内人均享有合作医疗资金985元;同时推广“医卡通”实时结报,方便农民看病就医。

## 三、社会救助和社会福利

区委、区政府在加快完善社会保障体系建设同时,不断加强社会救助工作,动员社会各界参与;依托养老机构,开展多种为老服务;发展福利事业,稳妥安置残疾就业人员;广泛发动各方参与慈善事业。

**【社会救助】**

社会救助以进一步健全社会保障体系为前提,努力构建“政府负责、民政管理、部门尽责、社会参与、基层实施的”社会救助体系。救助对象和项目有:特困人员实物救助、重残无业人员最低生活保障金、支疆回沪特困人员临时生活救助金、帮困粮油供应卡、城镇居民最低生活保证金、“协保”人员生活困难补助金、特困人员医疗救助金等。2003年在落实城镇低保“应保尽保”的基础上,实现农村低保“应保尽保”,实现社会救助对象全面覆盖。至2005年,社会救助以“应保尽保、应业助业、应帮即帮”为指导思想,加强动态管理,全年实施救助项目9项,救助对象76 079人次,发放救助金1 687.36万元。2008年,社会救助发展为城镇低保、农村低保、实物救助、重残无业、协保、农婚知青、支内回沪、粮油卡、粮油券、医疗救助、居民医保、农村低保等12项常规救助。2010年,救助对象为208 874人次,救助金额6 105.15万元。

**【养老服务】**

2001年根据市有关文件精神,对养老机构实施行政审批和补办执业登记。全区养老机构20家,养老床位961张,养老床位数量占老年人人口比例为1.3％。2002—2003年,加大对薄弱敬老院的改造,有6家新增床位,有3家增设日间服务中心;同时完成经市、区两级验收并启用的老年活动室 29 家,总面积 7 532 平方米,投入资金 1 402.37 万元。2005 年以"民办公助"的形式,鼓励社会力量兴办养老机构,新建上海西湖老年公寓,改扩建金泽敬老院、华新敬老院、健乐颐养院。2008 年起,开展多种形式的养老服务,逐步形成机构养老、居家养老、日间照料中心、爱心助餐等多种形式养老服务新局面。2010 年底,全区有养老机构 22 家,共有养老床位 4 010 张,入住 1 347 人,入住率 33.59%。其中,政府办 13 家,床位 1 601 张,入住老人 870 人,入住率达 54.34%;社会力量办 9 家,床位 2 409 张,入住老人 477 人,入住率 19.8%。全区有老年人日间服务中心 4 家;有爱心送餐服务点 10 家,能为 700 名居家老人提供助餐服务,年底有 500 余名老人用餐;有 631 名居家养老服务员,为 2 540 名享受政府居家养老服务补贴的老年人服务,并按照料等级发放补贴费;有志愿者为 4 147 名老人开展居家养老服务,全区享受居家养老服务的老人达 6 687 人。

**【福利企业】**

2003 年,全区有社会福利企业 256 家,完成利税 1.9 亿元,安置劳动就业人员 9 124 人,其中残疾职工 3 936 人,参加残疾人社会保险 3 866 人,未参保的 70 人,后由企业补缴,使参保率达到 100%。2004 年新增 18 家,安置职工 767 人,其中残疾职工 308 人。2007 年,国家出台《关于调整完善现行福利企业税收优惠政策试点工作的通知》,实行税制改革试点工作。放开福利企业开办主体,调整福利企业残疾职工与职工总数的比重,免税款全额退税改为以在岗残疾职工为退税基数,因此,福利企业数量有所减少。2009 年为摆脱福利企业困境、扶持残疾人就业,区财政对超比例安置残疾职工的企业实行补贴,总额 84.9 万元;通过宣传教育,企业与残疾职工签订劳动合同,确保残疾职工权益;福利企业业主积极为残疾职工因地制宜、因人制宜地安排适合其生理特点的工作岗位,实行"同工同酬,按劳取酬,适当照顾"原则,残疾职工收入达到或超过最低工资标准线,并通过银行打卡发放;残疾职工社会保险、医疗保险达到 100%。2010 年,继续倡导扶残、助残的社会氛围,创建示范福利企业基地,提高残疾人就业整体水平和社会福利企业综合素质。全区有社会福利企业 130 家,职工 9 320 人,其中,残疾职工 3 341 人,占企业职工的 35.85%;残疾职工社会保险、医疗保险投保率达 100%。成功创建为全国残疾人工作示范城市。

**【慈善事业】**

2001 年 5 月,青浦区成立上海慈善基金会青浦区办事处(2004 年 10 月更名为上海市慈善基金会青浦分会)。11 个镇(街道)成立慈善工作站,由镇长、街道办事处主任担任站长。面向社会各方筹集资金,帮困救助特困人员,慈善助学,为特困人员发放慈善医疗卡,慰问孤儿和城镇社会孤老、农村五保户,开展"蓝天下的至爱"万人捐、帮万家,让特困家庭过好年"一日捐"活动,筹集资金用来实施助学、助困、助医等慈善公益性项目。2010 年,"蓝天下的至爱"募捐活动募得善款 6 639.21 万元;为玉树地震募得捐款 404.9 万元,用于实施助学、助困、助医等慈善公益性项目;发放各类慈善救助资金 2 652.86 万元。2006 年起,社会救助工作注意对政策未覆盖到的困难群众进行救助。全区区管干部及各委、办、局、街道、镇科级干部与近 2 000 户贫困家庭对接,实行一对一帮困。各镇、街道一般干部及村干部也开展一对一帮困活动。区、街道(镇)两级普遍建立社区市民综合帮护资金,为政策未覆盖到的困难群众进行救助。是年,筹集帮护资金 1 526 万元。至 2010 年底,累计筹集资金 2 967.88 万元,其中区级 1 270.66 万元、镇级 1 697.22 万元,发放给政策未覆盖到的困难群众帮扶支出 1 648.58 万元。

## 四、城乡居民生活

随着全区经济持续快速健康发展,社会事业的健全和完善,青浦区城镇、农村居民收入持续增长,社会消费品零售额有较大提高,居住条件得到改善,生活质量进一步提高。

### 【收入消费持续增长】

2000 年,全区职工年平均工资性收入 13 278 元,农民人均纯收入 5 501 元,城乡居民年末储蓄存款余额 58.6 亿元,社会消费品零售总额 46.9 亿元。2005 年分别达到 23 948 元、7 940 元、158.5 亿元、100.34 亿元,出现耐用消费品拥有量明显增加、人均水电气消费量上升的新趋势。2010 年又分别提高到 25 152 元、12 936 元、320.8 亿元、250.61 亿元,居民对家用汽车、住房等仍然看好,耐用消费品拥有量继续增加。

### 【居住条件逐步改善】

1990 年,全县农村住宅房屋建筑总面积 1 487.53 万平方米,人均拥有房屋面积 37.9 平方米,农民住宅 90% 为楼房。之后,随着经济的发展,收入消费持续增长,城乡居民的居住条件进一步改善。2005 年,全区城镇人均居住面积 26.3 平方米,农村人均居住面积 52.2 平方米。2010 年底,按人均收入水平对全区 900 户农村居民家庭记账户的统计表明:人均住房面积 61.1 平方米,其中低收入家庭为 52.7 平方米,中低收入家庭为 54.8 平方米,中等收入家庭为 61.2 平方米,中高收入家庭为 63.3 平方米,高收入家庭为 75.1 平方米。

此外,为健全住房保障体系,对符合廉租住房条件的家庭增配住房面积。2003 年,对 25 户符合廉租住房条件的家庭增配住房面积 299.18 平方米,补贴租金 81 288 元,完成公房解危 37 190 平方米。2004—2008 年,先后对符合规定的 114 户家庭实行廉租住房租金配租,配租面积 64 122.34 平方米,发放补贴资金 68.88 万元。2009—2010 年,对符合规定的 145 户家庭实行廉租住房租金配租,共配租面积 3.32 万平方米,发放租金补贴 104.73 万元。

### 【耐用消费品日益增多】

家庭收入的持续增长,带来耐用消费品日益增多。2002 年,统计部门对农村居民每百户家庭耐用品进行调查,有 24 种耐用消费品列入,每百户拥有家用计算机 13 台、移动电话 72 台、彩电 132 台、电冰箱 82 台、空调机 31 台、热水器 65 台、洗衣机 65 台;2005 年,每百户耐用消费品拥有量大幅增加,分别为 32 台、144 台、174 台、92 台、87 台、81 台、85 台;2010 年继续增多,分别增加为 88 台、211 台、210 台、104 台、104 台、103 台、100 台。

2003 年后,家用汽车逐步成为城乡居民重要的交通工具,全区私人拥有汽车 3 213 辆,比上年增加 2 339 辆,增幅为 267.6%。2004 年底,全区私人拥有汽车 13 037 辆,比上年增加 9 824 辆,增幅为 305.8%;全区城乡居民电脑宽带用户 39 023 户,其中 ADSL 用户 27 299 户,比上年增长 57.1%;LAN 用户 11 724 户,比上年增长 72.3%。2006—2010 年,城乡居民对住房、家用汽车等日益看好,对耐用消费品不仅拥有量继续增加,而且追求时尚、品位。热水器有 40% 是太阳能热水器,既省电又安全;自行车有 58% 换成电动自行车,既快又省力;移动电话有 12% 接入互联网;彩色电视机 90% 接入有线电视网;家用计算机有 92% 接入互联网,现代化生活方式在城乡居民家庭进一步普及。

表 16‑3‑1　青浦区(县)主要年份基本情况

| 项　目 | 1978 年 | 1985 年 | 1990 年 | 1995 年 | 2000 年 | 2005 年 | 2010 年 |
|---|---|---|---|---|---|---|---|
| 区域面积(平方公里) | 677.80 | 677.80 | 677.80 | 675.52 | 675.10 | 669.69 | 668.49 |
| 水域面积(平方公里) | 146.41 | 146.41 | 146.41 | 124.86 | 149.04 | 148.97 | 112.46 |
| 年末耕地面积(公顷) | 37 172 | 34 427 | 32 495 | 29 648 | 27 622 | 23 015 | 23 845 |
| 街道(个) | 0 | 0 | 0 | 0 | 0 | 3 | 3 |
| 镇(个) | 3 | 3 | 4 | 20 个镇、1 个市级工业园区 | 19 个镇、1 个市级工业园区 | 8 | 8 |
| 乡(个) | 21 (人民公社) | 21 | 17 | 0 | 0 | 0 | 0 |
| 居民委员会(个) | 19 | 32 | 43 | 64 | 71 | 61 | 85 |
| 村民委员会(个) | 326 (生产大队) | 331 | 332 | 322 | 318 | 184 | 184 |
| 年末户籍人口(万人) | 41.84 | 44.03 | 45.42 | 45.78 | 45.89 | 45.52 | 46.19 |
| 户数(万户) | 11.08 | 13.23 | 14.32 | 14.54 | 14.77 | 15.19 | 16.31 |
| 年末常住人口(万人) | 41.84 | 44.72 | 49.08 | 48.99 | 59.45 | 86.92 | 108.07 |
| 外来人口(万人) |  | 0.69 | 3.66 | 3.21 | 13.56 | 41.40 | 60.56 |
| 人口密度(人/平方公里) | 617.33 | 649.55 | 670.00 | 678 | 882.68 | 1 101.26 | 1 616.63 |
| 人口自然增长率(‰) | 8.8 | 3.5 | 4.1 | 1.3 | 1.96 | 0.62 | —0.8 |
| 城镇登记失业人数(人) |  | 750 | 942 | 1 415 | 1 489 | 5 921 | 5 675 |
| 新增就业岗位数(个) |  |  | 651 | 6 383 | 6 160 | 32 195 | 30 777 |
| 中学(所) | 92 | 42 | 31 | 29 | 29 | 29 | 25 |
| 在校学生(人) | 29 149 | 19 337 | 20 612 | 26 156 | 24 574 | 27 590 | 24 812 |
| 小学(所) | 462 | 292 | 236 | 98 | 36 | 24 | 45 |
| 在校学生(人) | 47 334 | 40 658 | 42 226 | 35 130 | 31 302 | 23 773 | 41 848 |
| 幼儿园(所) | 240 | 339 | 292 | 211 | 57 | 35 | 46 |
| 在园幼儿(人) | 7 827 | 14 231 | 10 613 | 9 979 | 9 384 | 11 323 | 18 185 |
| 职校(所) | 1 | 2 | 4 | 3 | 2 | 2 | 2 |
| 在校学生(人) | 60 | 953 | 1 842 | 2 487 | 2 448 | 4 565 | 4 721 |
| 图书馆、室(家) | 1 | 2 | 27 | 23 | 23 | 12 | 10 |
| 文化馆、站(家) | 1 | 25 | 25 | 22 | 22 | 12 | 11 |
| 影剧院、场(家) | 3 | 3 | 13 | 16 | 19 | 17 | 14 |
| 区级医院(所) | 3 | 3 | 6 | 5 | 4 | 1 | 1 |
| 医院床位数(张) | 1 272 | 1 414 | 1 956 | 1 864 | 1 544 | 1 779 | 2 014 |

（续表）

| 项　目 | 1978 年 | 1985 年 | 1990 年 | 1995 年 | 2000 年 | 2005 年 | 2010 年 |
|---|---|---|---|---|---|---|---|
| 医疗卫生技术人员（人） | 1 412 | 1 805 | 2 146 | 2 292 | 2 618 | 2 262 | 2 682 |
| 执业医师（人） | 614 | 744 | 952 | 1 047 | 1 218 | 976 | 1 115 |
| 公共绿地面积（万平方米） | | | | 15.71 | 47.71 | 396.2 | 1 071.3 |
| 人均公共绿地面积（平方米） | | | | 3.24 | 4.4 | 17.2 | 23.3 |
| 绿化覆盖率（%） | | | | 9 | 13.34 | 47.8 | 42.6 |
| 公园（个） | 1 | 1 | 2 | 2 | 2 | 3 | 城镇 3 镇级 4 |
| 城市居民人均住房面积（平方米） | | | | | 15.82 | 26.3 | 29.1 |
| 农村居民人均住房面积（平方米） | | 22.6 | 32 | | | 52.2 | 61.4 |

表 16 - 3 - 2　青浦区（县）主要年份国民经济基本指标

| 项　目 | 1978 年 | 1985 年 | 1990 年 | 1995 年 | 2000 年 | 2005 年 | 2010 年 |
|---|---|---|---|---|---|---|---|
| 生产总值（亿元）[①] | | 6.61 | 13.60 | 54.97 | 125.41 | 306.23 | 589.71 |
| 　第一产业（亿元） | | 1.81 | 3.20 | 6.58 | 8.41 | 8.50 | 9.01 |
| 　第二产业（亿元） | | 3.52 | 7.54 | 31.94 | 75.80 | 191.89 | 358.67 |
| 　　工业（亿元） | 2.32 | 9.52 | 29.80 | 150.42 | 356.09 | 846.06 | 1 633.70 |
| 　第三产业（亿元） | | 1.28 | 2.86 | 16.45 | 41.20 | 105.83 | 222.04 |
| 固定资产投资完成额（亿元） | 0.46 | 1.35 | 1.36 | 32.18 | 55.02 | 156.15 | 277.97 |
| 财政收入（亿元） | 0.64 | 1.52 | 2.47 | 6.14 | 23.51 | 107.56 | 188.70 |
| 地方财政收入（亿元） | 0.64 | 1.54 | 2.30 | 3.40 | 13.21 | 35.72 | 58.95 |
| 地方财政支出（亿元） | 0.18 | 0.37 | 1.16 | 3.98 | 15.36 | 64.71 | 88.40 |
| 外贸进出口总额（亿美元） | | | | | 21.97 | 50.77 | 117.12 |
| 出口额（亿美元） | | | 7.23（亿元） | 43.64（亿元） | 12.63 | 30.98 | 65.39 |
| 外商直接投资实际到位金额（亿美元） | | | | | 2.04 | 4.05 | 4.93 |
| 年末私营企业注册数（个） | | | 270 | 12 128 | 23 819 | 59 578 | 64 630 |
| 工业总产值（亿元） | 2.32 | 9.52 | 29.81 | 150.42 | 356.09 | 846.06 | 1 633.70 |

（续表）

| 项　　目 | 1978 年 | 1985 年 | 1990 年 | 1995 年 | 2000 年 | 2005 年 | 2010 年 |
|---|---|---|---|---|---|---|---|
| 农业总产值(亿元) | 1.76 | 2.8 | 6.59 | 22.40 | 26.39 | 26.06 | 22.63 |
| 住宅竣工面积(万平方米) | | 6.19 | 4.25 | 35.21 | 88.30 | 160.10 | 74.90 |
| 社会消费品零售总额(亿元) | 0.94 | 2.78 | 4.77 | 22.92 | 46.90 | 100.34 | 250.61 |

说明：① 其中若干年为增加值。

# 第十七篇 奉贤区

奉贤区位于上海市郊西南部,因相传孔子弟子言偃来境讲学、后人敬奉贤人而得名。

1978年,奉贤县行政区域面积674.58平方公里,辖有南桥镇和江海、萧塘、邹桥、新寺、胡桥、庄行、齐贤、金汇、泰日、头桥、奉城、四团、平安、塘外、青村、光明、钱桥17个人民公社,以及奉贤盐场。下设237个生产大队、2 378个生产队。县属耕地面积37 933.87公顷,户籍人口13.32万户、51.45万人。1979年9月设立新海人民公社筹建组,辖县境南段由沿海滩涂围垦而成的9.46平方公里区域。1983年5月—1984年3月,全县18个人民公社实现政社分立,分别设立乡人民政府。1984年2月由新寺乡分出部分村和海洋渔业队及奉贤盐场设立柘林乡;4月,新海乡改名为奉新乡。1986年5月,奉城乡撤乡建镇;7月设立洪庙、邵厂乡。1994年2月9日—1995年2月5日,全县20个乡渐次撤乡建镇,其中萧塘乡更名为西渡镇。2001年1月9日,国务院批复上海市人民政府同意撤销奉贤县,设立奉贤区。2002年4月撤销南桥、江海镇,设立新的南桥镇;撤销金汇、齐贤镇,设立新的金汇镇;撤销奉城、洪庙、塘外镇,设立新的奉城镇;撤销平安、邵厂镇,设立新的平安镇;撤销奉新镇,设立奉贤海湾旅游区。2003年11月撤销南桥、西渡镇,设立新的南桥镇;撤销金汇、泰日镇,设立新的金汇镇;撤销奉城、头桥镇,设立新的奉城镇;撤销四团、平安镇,设立新的四团镇;撤销青村、钱桥、光明镇,设立新的青村镇;撤销庄行、邹桥镇,设立新的庄行镇;撤销柘林、新寺、胡桥镇,设立新的柘林镇。2005年9月16日设立海湾镇。2010年,全区行政区域面积720.44平方公里,其中水域面积56.55平方公里;辖有8个镇,下设178个村委会、92个居委会;区属耕地面积26 877公顷;户籍人口20.56万户、52.18万人;常住人口108.42万人,其中外来人口52.72万人。

中共十一届三中全会以后,奉贤人民不断推进改革开放,促进经济社会发展,大致走过4个阶段。

1978—1991年为社会经济恢复发展时期。主要是推动实行家庭联产承包责任制和鼓励农业适度规模经营,在企业中推行多种形式的经济责任制。1984—1988年县委、县政府相继发出《关于进一步放宽农村经济政策的意见》《关于进一步发展乡村工业有关政策规定》《关于发展村办工业的若干政策》《关于进一步完善双层经营体制,积极探索农业适度规模经营的意见》《关于发展外向型经济和发展内联工业的若干政策意见》等,推进家庭联产承包责任制的实施,1985年全县实行家庭联产承包的单位达99.85%,实行大包干农户达92.76%。鼓励农民扩大生产经营规模,扶持农业专业户、专业组、专业队的发展,积极支持开发性生产,帮助多种经营专业户排难解忧。引导乡镇企业崛起,推行多种形式的经济责任制,1986年9月推行以厂长负责制、厂长任期目标制为主要形式的经济责任制,实行政企职责分开。1987年又在商业、供销系统实行承包经营责任制、任期目标制、厂长(经理、主任)负责制、内部经济审计制的"四制"改革,逐步把商业企业推向市场。还积极引导家庭个体工商业的发展。与此同时,一方面不失时机地推进县级和基层政治体制改革,为党的工作重心转移打下扎实基础;另一方面积极推进农民自筹资金进行小城镇建设,为加快农村城市化步伐创造有利条件。

1992—2000年为推进城乡建设时期。主要是推进企业产权制度改革,建立现代企业制度,实施"土地延包"和推进城镇化建设。1992年,县政府下发《奉贤县股份合作制企业试行意见》,开始

"入股自愿、独立核算、自负盈亏、资金共筹、风险共担、利益共享、积累共有"的劳动和资本合作的股份合作制试点工作。1996年6月，又成立县企业产权制度改革工作队，下发《奉贤县1996年—1998年企业产权制度改革实施方案》等4个产权改革配套文件，全面启动县域企业产权制度深化改革。2001年，全县各级集体企业改制基本完成，有1 932家企业进行产权交易，总额达83.28亿元。1999年县政府下发《关于开展土地延包，稳定和完善土地承包经营制度的意见》，5月在邬桥镇耀东村进行试点，10月全县土地延包签约承包合同94 507份。1996年4月，县政府就工业向园区集中、土地向规模化经营集中、农民向城镇集中的课题展开调研，形成促进"三个集中"的意见。2000年，镇区面积由1985年的9.89平方公里扩大至28.86平方公里。同时加强以路桥建设为重点的基础设施建设。1995—2000年，奉浦大桥、S4(莘奉金高速)公路、大叶公路、大亭公路先后建成通车，城市煤气过江工程、污水南排入海工程、人工煤气转换天然气工程、杭州湾北岸保滩工程、贯通县域东西的浦东铁路一期工程、东部污水处理厂和奉贤第二、第三水厂等相继竣工投入使用，轨道交通5号线南延伸工程、A8(沪杭高速)公路越江工程等也相继启动建设。

2001—2005年为经济全面发展时期。撤县建区后，经济社会发展进入崭新的历史阶段。区委、区政府相继出台《关于进一步加快奉贤私营经济发展的若干政策意见》《关于印发〈关于局镇挂钩、招商引资工作考核办法〉的通知》《成立奉贤区招商引资领导小组的通知》等，加大私营、民营经济发展力度，把招商引资作为经济工作的"重中之重"，适时推出"围绕城乡一体化，加快农村城市化，推进农业现代化，实现农民市民化"的郊区发展战略。2000年，县委、县政府提出并组织实施"万家富工程"，有效增加农民收入、提高农业效益。推进现代设施农业园区建设，基本形成"一核四园"布局，即上海现代农业园区，是市级农业园区，为"一核"；上海申隆生态园、上海申亚花卉科技园区、柘林绿都农园、庄行现代农业园区是区级农业园区，为"四园"。推进农民专业合作社建设，2004年创建柘林绿都农业合作社，是市郊首家土地入股合作社。2005年全区农业合作社发展到35个，入社社员2 840人，入股金额415.78万元，注册资本1 770万元，年销售农产品金额5.6亿元。推进农业品牌建设，初步形成庄行蜜梨、青村黄桃、柘林葡萄、奉城方柿、金汇草莓、四团蔬菜等"一镇一品"，培育标准化品牌基地59个。推进传统商业的调整和升级，逐步形成南中路、人民路、奉浦一条街等特色商业街。推进"海""农"特色的旅游业发展，开辟碧海金沙水上乐园景区、上海都市菜园、玉穗绿苑、海湾国家森林公园、金汇中央游艇岛城等旅游景点。2002年，区委、区政府根据全市"一业特强、多业发展"战略要求，确定把具有一定优势和发展潜力的输配电特色产业做大做强，成为规模最大、辐射效应最广、竞争能力最强的高度聚集产业，推动区域"产业联动，全面发展"的态势。

2006—2010年为现代化滨海新城崛起时期。主要是积极对接上海"四个中心"建设和大浦东开发，紧紧围绕打造滨海产业集聚区、知识创新区、生态居住区、国际游艇母港基地、建设现代化滨海新城的目标，加快城乡一体化进程，推进南桥新城和海湾地区规划建设。2006年1月在《关于上海市奉贤区国民经济和社会发展第十一个五年规划纲要(草案)的报告》中提出要建设成为布局合理、功能协调、环境优美、实力强劲的现代化滨海新城。产业格局上，提出"6＋8"的现代产业格局，即：新能源、新材料、生物医药、航空配套、重大装备、智能电网六大高新技术产业，输配电、电子信息、精细化工、汽车配件、物流装备、游艇制造、光仪电、农产品加工八大优势产业。新农村建设上，先后制定《奉贤区推进社会主义新农村建设2007—2009年三年行动计划纲要》《关于推进强村富民，建设和谐村镇的若干意见》等一系列文件，推进宅基地置换试点，庄行镇"新华村模式""新叶村模式"，青村镇"北唐模式"等成为新农村建设的有益探索。现代服务业发展上，积极推动南桥中小企业总部商务区、上海金融产业服务基地、漕河泾科技绿洲奉贤园区等基地建设。要素市场建设上,2009年9月,区域内成立上海农村产权交易所,是全市首家农业要素交易所;成立上海联合产权交易所中小企业融资服务中心奉贤分中心。精神文明建设上,2007年,区委首次提出"敬奉贤人,见贤思齐"的口号,开始倡导"贤文化"建设;2009年10月,区委第二届第十二次全会审议通过《关于进一步加强"贤文化"建设,促进区域文化发展的若干意见》,成为奉贤全力打造文化"软实力"的纲领性文件。一座滨海新城已经在浦东南岸、杭州湾畔初步建成。

2010年,奉贤区生产总值493.5亿元,比1984年增长80倍;财政收入127.23亿元,比1978年增长189倍;社会消费品零售总额250.83亿元,比1978年增长242.52倍。境内有奉浦大桥、闵浦二桥和西渡、邬桥2个轮渡口;有新石器时代晚期柘林、江海两处古文化遗址,属良渚文化、马桥文化遗存,以及始筑于清雍正三年(1725年)的华亭石塘遗迹;有滚灯、吴语山歌等国家级非物质文化遗产;有中共奉贤县委旧址暨奉贤革命历史陈列室、奉贤烈士陵园等革命遗址与遗迹;有碧海金沙、海湾国家森林公园等旅游休闲娱乐场所。1989年被建设部授予"全国城乡建设规划先进县";1990年被国家体委授予"全国体育先进县";1995年被文化部评为"全国文化先进县";1999年被国家中医药管理局授予"全国农村中医工作先进县";2000年被国家广电总局授予"全国广播电视工作先进县";2002年被民政部授予"全国民政工作先进县(区)";2008年被国家食品药品监管局授予"国家食品安全示范区",被全国双拥工作领导小组、民政部、中国人民解放军总政治部授予"全国双拥模范城"。

2011年,《上海市奉贤区国民经济和社会发展第十二个五年规划纲要》强调,要创新发展新能源、生物医药、新材料、重大装备、智能电网、航空配套六大战略性新兴产业。依托上海市工业综合开发区,率先建立智能电网功能示范应用基地、智能电网关键技术研发基地、智能电网核心设备产业基地。以建设杭州湾北岸现代服务业集聚新高地为目标,培育发展金融服务、新型商贸服务、现代物流、文化创意、会展服务等现代服务业,形成与大浦东、大虹桥错位配套、联动发展的格局。推进无公害农产品认证、国家地理标志农产品认证等工作,打造一批具有奉贤特色的名特优品牌。聚焦南桥新城开发建设,凸显"低碳、生态、智慧、宜居"新理念,着力打造上海杭州湾北岸地区的综合性服务型核心城市。推进南桥新城、东部区域、海湾区域三大组团联动发展,突出组团主导功能,统筹全区协调发展。深化大学校区、科技园区、公共社区"三区联动",充分发挥驻奉大学和科研院所作用,构建产业技术创新联盟。重点调整南桥新城、杭州湾北岸(海湾地区)、黄浦江南岸区域内高污染、高能耗、高危险、低效益企业。保护好海湾地区生态环境,开展塘外化工区生态修复工程,对用海项目开展及时有效的海域动态监测与管理。把握社会主义核心价值体系和"贤文化"内涵的契合点,全面加强公民思想道德建设,培育良好的社会公德、职业道德、家庭美德和个人品德。

# 第一章　经济社会恢复发展

中共十一届三中全会后,奉贤县首先把工作重点放在农村,逐步实行家庭联产承包责任制,适时推进农业适度规模经营,探索农工一体化;然后逐步进行政治体制改革,取消人民公社体制,恢复乡镇人民政府;逐步推动乡镇企业发展,活跃城乡经济;逐步推进小城镇建设,鼓励农民进镇落户。这时期主要有三件事受到人们关注:一是农业生产经营方式变革中如何破除"不搞分田单干,大田作物不搞包产到户,不搞口粮田"的思想束缚;二是乡镇企业崛起中如何评价"星期日工程师",震惊全国的"韩琨事件"如何解决;三是全市第一个农民集资新建的洪庙集镇如何落成。这些事情的妥善解决,对全县经济社会恢复发展产生重大影响。

## 第一节　农村生产经营方式

县域改革是从农村开始,通过推进家庭联产承包责任制改革,使农民获得土地经营权,解放了农村社会生产力,为县域经济、社会恢复和发展奠定扎实基础。

### 一、家庭联产承包责任制

1978年春,奉城人民公社爱民四队首先对棉田管理试行"任务到组,超产奖励"的责任制,皮棉产量比1977年增长91%。为此,1979年公社对全部作物均实行联产责任制。全县其他社队相继效行。1979年2月13日,县委召开三级干部会议,传达学习中共中央《关于加快农业发展若干问题的决定(草案)》《农村人民公社工作条例(试行草案)》。1980年10月18日,县委召开社、场、镇、局党委书记与部、委、办主要负责人会议,传达学习中共中央《关于进一步加强和完善农业生产责任制的几个问题》,推行各种生产责任制。1981年7月,全县3 363个生产队中有3 201个实行不同形式的生产责任制,占比95.18%,主要有专业承包、统一经营联产到组、统一经营联产到劳3种生产承包形式。联产计酬方法:有的按产量、农本统一结算,以净收入平均数为基础,超产者奖,不足者赔,多奖少赔;有的只计产量,不算本。此外,还有179个生产队把口粮田承包到户。"杂边"地绝大多数实行包产或包干到户。

1982年起,中央连续5年以一号文件形式发出对农村经济改革的指示,推进农村各项改革步伐。1982年2月1日,县委召开党员干部会议,传达学习中共中央批转《全国农村工作会议纪要》和市委相关会议精神。主要是贯彻因地制宜、分类指导完善生产责任制以及市委提出的"三不搞",即"不搞分田单干,大田作物不搞包产到户,不搞口粮田"。但仍有生产队试行联产承包责任制。1982年春,江海人民公社跃进大队的6个生产队实行"统一经营,包干分配"责任制,即经济、产量双包。在坚持土地等基本生产资料公有制的前提下,接受国家计划指导,兼顾国家、集体、个人三者利益,统筹安排农、副、工三业的生产和劳力。承包对象原则上是在队务农劳动力,包括生产队干部,外出劳动力一般不承包责任田,但仍分给一部分或全部口粮田。"五包户"一般不分口粮田,退养社员一般不分责任田,烈军属和老、弱、病、残与困难户优先分给近田或多分旱作物土地,并由生产队组织协作。大队干部除承包口粮田外,党支部书记、大队长、总会计等大队正职干部承包同等劳力责任田的 30%～50%,副职干部承包 60%～80%。耕地由生产队逐块丈量,按照土质、生产条件分等定级,按折算的标准劳力或劳力底分计算到人,归并到户,并逐块核定产量指标,遇自然灾害则统一修订。在生产管理上,对生产计划的安排、大中型机械耕作、灌溉、植物保护、水利、农田基本建设等,均由生产队统一经营;手扶拖拉机、耕牛包给专人,实行管、养、用合一;犁耙、农船、脱粒机、仓库、场地等,由生产队统一调配使用;农用尼龙、小型喷雾机等,由农户保管使用。生产费用由承包户自负。原有集体福利事业和对烈军属、"五包户"、困难户的照顾,维持不变。社、队企业利润,仍按一定比例分给社员共享。干部误工补贴由当地干群民主评议,在承包户上交集体管理费中支拨。11月,《解放日报》发表《江海公社三个生产队实行大包干一年,使昔日缺粮队翻了身》的新闻报道。12月,上海电视台播放江海公社 3 个生产队实行大包干的电视专题片《农业起飞的新途径》,从而揭开上海郊区推行家庭联产承包责任制的序幕。12 月 14—24 日,市委召开郊区党员干部会议,宣布上海取消"三不"禁令,不再划框框作硬性规定。1983 年秋,县委、县政府部署,借鉴跃进十队的做法,在全县全面推行农业家庭联产承包责任制。年底,全县有 3 060 个生产队推行家庭联产承包责任制,占总数的 94.36%。1984 年种植蔬菜的生产队也实行家庭联产承包责任制。

"双包"后的生产成果,在完成国家任务和上交集体提留后,均归承包者所有。承包与社员个人经济利益直接挂钩,激发农民生产管理积极性,生产效益不断提高。据江海人民公社调查:1983 年在 204 个生产队的粮食生产中,承包的 118 个生产队常年产量每公顷 10 995 公斤,未承包的 86 个生产队常年产量每公顷 10 440 公斤。在 196 个生产队的棉花生产中,承包的 166 个生产队皮棉产量每公顷 945 公斤,产值 2 634 元,未承包的 30 个生产队皮棉产量每公顷 660 公斤,产值 1 659 元。1985 年,全县实行联产承包责任制的生产队达 3 233 个,占总数的 99.85%。

## 二、适度规模经营

1984 年,市委在市郊倡导发展专业户、重点户,鼓励土地向种田能手集中,求得农业发展的规模效应,为此县政府下发《关于进一步放宽农村经济政策的意见》,1987 年又下发《关于进一步完善双层经营体制,积极探索农业适度规模经营的意见》,鼓励农民在实施家庭联产承包责任制的基础上扩大生产经营规模。1984 年,全县承包耕田 1 公顷以上的种植业专业户 62 户,承包土地面积 70.3 公顷,平均每户 1.1 公顷,年收入一般达到万元以上。1987 年扩大到 81 户。1991 年又扩大到 170 户,承包土地面积 318 公顷,比 1984 年增长 4.53 倍。据抽样调查,143 户大农户共产粮 235.84 万公斤,向国家交售商品粮 221.45 万公斤,商品率 93.9%,高于全县平均商品率 33.9 个百分点;户均净收入 8 433 元,劳均收入 4 588 元,相当于乡镇企业职工 23 人的年收入。

1990 年 10 月,光明乡石家村建成全县第一个以家庭承包为基础、统分结合双层经营为特征的合作农场,耕地总面积 34 公顷,其中商品粮基地 16.67 公顷、良种繁育基地 16 公顷、综合经营基地 1.33 公顷,总投资 75.78 万元。农场主要进行新技术、新项目、新措施、新品种等试验示范,推进科技兴农工作的开展。1991 年,全县合作农场包括家庭农场发展至 21 个,承包面积 188.7 公顷,占全县规模经营面积的 39.8%,平均每个农场承包土地 8.99 公顷。

1992 年后,全县农业适度规模经营呈多种形式发展,主要有大农户、联户经营、家庭农场、农业车间、合作农场等。1995 年,钱桥镇滕家村对口粮田和承包田实行分离。1996 年,四团镇在秋播时开展两田分离试点。针对农业经营状况变化,县里逐步形成切合实际的政策措施,主要包括:制定规划,分步实施;建立土地流转制度,实行有偿使用土地;实行两田分离,清理居民户三田现象;允许多种农业规模经营共同发展;用好土地置换政策,增加农业规模经营投入;解决农村劳动力出路,加强外地农民承包粮田的清理工作等,指导农村集体资产管理制度改革试点镇的确立。1995年,全面推行此项制度的改革,建立健全镇集体资产管理委员会。

### 三、农工一体化

1984—1985年,为完善统一经营和分散经营相结合的双层经营体制,庄行乡潘垫村、钱桥乡滕家村和胡桥乡大树村试点农工一体化。1986年秋,江海乡五星村、萧塘乡鸿宝村、邬桥乡张塘村、金汇乡东星村、泰日乡光辉村、青村乡唐家村、光明乡庙泾村7家单位也加入农工一体化试点行列。

**【潘垫村】**

1984年秋开始试行农工一体化,在村办企业中增设农业车间,实行以工补农。全村除按人口分口粮田外,89.53公顷农田由215户承包,占总农户的比重由88%降为50%,平均每户承包量由0.25公顷上升为0.42公顷。承包责任田满0.33公顷,其务农劳力作为一名农业工人列编村办企业,基本报酬比靠村办企业职工,超产奖励各自享受。在定产值、定施肥量、定商品粮、定净收入的基础上,每公顷补助1200元,对承包0.67公顷以上的每公顷相应增补300元～600元。全村46名为农服务的农机、排灌、植保、种子、育秧人员全部列入农业车间编制。列编农业工人的报酬和承包田补贴,全部于村办企业税前支出。1985年交售商品粮42.5万公斤,务农劳力年平均分配收入由1984年的918元增至1104元,接近村办企业职工的水平。两年间全村有135人转入村办工业,新办炒货厂和食品机械厂,扩大空调设备厂、食品厂等老企业。1985年,全村工业总产值871.52万元,工业利润126.33万元,上缴税金94.12万元,分别比1984年增长92%、61%和58.2%。

**【滕家村】**

1985年试行农工一体化,务农劳力由1984年的257人减为33人,占全村总劳力的比重从29.4%降为4.1%。33名种田能手承包全村24公顷农田,列入农业车间编制,其余224个务农劳力转移到工业和第三产业。是年,承包农户交售商品粮10.5万公斤,比1981年全村交售量增长20%,人均收入达1230元。1986年,村里采用招标形式,农业工人由33人减为14人,承包土地增至26.7公顷,人均承包1.91公顷,最多的1人承包4公顷。是年,集体未向承包户贴补工业利润,相反由承包户按每公顷向村管理部门上交420元作为社会性费用。1992年,承包户每公顷上交1500元,为全县最高。

90年代起,全县粮食连年丰收,粮价一度持续走低,承包户效益滑坡,积极性受挫,加上90年代中期后,企业陆续改制,农业工人在企业的报酬难以保证,农工一体化遂告终止。

## 第二节　政治体制建设

伴随经济体制改革的深入,奉贤县政治体制建设也逐步展开,一方面逐步推进县级政治体制建设,分别恢复县委、县人大、县政府、县政协;另一方面加强基层政治体制建设,实行政社分设,逐步取消人民公社,恢复乡政府等。与此同时,及时调整乡镇行政区划,不断适应县域经济社会发展。

## 一、县级政治体制

### 【县委】

1971年6月恢复中共奉贤县委。下设办公室、组织组、政宣组、运动办公室(以上均与县革会合署办公)、武装部,建立商业局、工交局、文教卫生局及南桥镇4个核心小组,五七干校总支,农业局、财政金融管理局、邮政局、广播站4个支部,以及奉城等17个人民公社党委和奉贤盐场党委。1978年4月正式恢复县委办公室、组织部、宣传部及党校,12月成立政策调查研究室。1980年恢复统战部。1981年10月将政策调查研究室改为农村工作部。1984年7月增设老干部科。1984年底县委下设办公室、组织、宣传、统战、农村工作、武装5个部,党校,老干部科以及整党、核查、政法、县志4个临时办公室,县直属机关、农业银行县支行、畜牧水产局、粮食局、物资局、建设局、交通运输局、农业局、水利局、教育局、供销社、工商局、工业局、公安局、卫生局、财政局16个部门党委,科委、社队工业局、检察院、人民法院、审计局、文化局、民政局、总工会、建设银行县支行、司法局、体委、县人大常委会、县政府、县政协14个党组,南桥镇党委和奉城等19个乡党委。

### 【县人大】

1981年1月恢复县人代会制度。1月6—10日,召开县第七届人民代表大会第一次会议,代表493名,实到473名,县政协委员全部列席,会议选举县人大常委会委员19名,主任、副主任5名,使人代会工作走上经常化、制度化的轨道。

### 【县政府】

1980年12月恢复县人民政府。各委、办、局、行重新实行主任、局长、行长制。1981年县第七届人民代表大会选举产生新的县政府领导班子。县政府工作部门,1977年设有16个单位,1984年设有33个,1990年设有41个。1984年设有办公室、计委、统计局、物委、劳动局、民政局、人事局、科委、宗教科、计量所、工业局、社队工业局、交通局、建设局、农业局、水利局、畜牧水产局、审计局、建设银行、体委、教育局、文化局、卫生局、粮食局、邮电局、物资局、供销社、工商局、财政局、农业银行、公安局、司法局、防空办公室33个部门,以及南桥镇政府和奉城等19个乡政府。

### 【县政协】

1981年1月4—9日,县政协四届一次会议召开,成立政协奉贤县第四届委员会,选举产生正、副主席7名。从第四届到第七届每届任期均为3年,1993年第八届起每届任期为5年。第四届委员会由15个界别73名委员组成,第八届委员会由19个届别147名委员组成。

## 二、基层政治体制

### 【政社合一】

1958年9月,根据中共中央《关于在农村建立人民公社问题的决议》,全县掀起大办人民公社的高潮。9月17日—10月19日,全县15个乡、1个镇相继组成11个人民公社,分别为:萧塘、邬桥两乡为红旗人民公社,南桥镇与南桥乡为南桥人民公社,新寺、胡桥两乡为跃进人民公社,庄行乡为东风人民公社,金汇乡为卫星人民公社,泰日乡与头桥乡一部分为八一人民公社,奉城乡与头桥乡一部分为曙光人民公社,四团乡与头桥乡一部分为东方红人民公社,平安乡为星火人民公社,青村乡为英雄人民公社,三官、钱桥两乡为幸福人民公社,下辖86个生产队,2 310个生产小队,实行"政社合一"体制。1959年2月在公社以下建立57个管理区、274个生产队、2 041个生产小队,实行以生产队为基本核算单位。是年9月将11个人民公社调整为1个县属镇,即南桥镇;14个人民公社,即江海、萧塘、邬桥、新寺、庄行、金汇、泰日、头桥、奉城、四团、平安、青村、三官、钱桥人民公社,259个生产大队,2 090个生产小队。1961—1962年相继建立胡桥、齐贤和塘外3个人民公社。1962年4月实行以生产队为基本核算单位的三级所有制,全县调整为17个人民公社、290个生产大队、2 952个生产队。

### 【政社分设】

1978年开始,伴随着家庭联产承包责任制的普遍实行,人民公社"政社合一"体制受到冲击,推动了乡村基层组织体制的改革。1979年10月—1981年1月,全县17个人民公社撤销革命委员会,恢复公社管理委员会。1983年1月,中共中央下发《当前农村经济政策的若干问题》,提出政社分设的要求。10月12日,中共中央、国务院又发出《关于实行政社分开建立乡政府的通知》,要求各地有领导、有步骤地搞好政社分设的改革。据此,县委建立"农村体制改革领导小组",指导全县政社分设工作。

1983年5月17日,青村人民公社被列为全市第一批政社分设两家试点单位之一,召开公社第九届人民代表大会第三次会议,实行党、政、企分设体制,将人民公社管理委员会和人民公社党委两套班子,变成青村乡党委、乡政府、公社管委会三套班子。6月,青村乡各大队建立村民委员会,生产队建立村民小组。1984年2月11日,县委召开会议全面推进政社分设工作。年底,全县成立了1个县属南桥镇政府、19个乡政府、300个村委会、3 243个村民小组,人民公社管理委员会暂时保留,政社分设工作完成,结束持续25年的人民公社"政社合一""三级所有、队为基础"的体制。

### 【撤销公社】

1987年7月,全县农村基层政权组织又进行了第二次改革,着重解决人员冗多、机构职责不清、工作拖而不决等问题,撤销各乡人民公社管理委员会,改成乡党委、乡政府两套班子,生产大队改为村民委员会,明确是农村基层自治组织,生产队改为村民小组,受乡政府指导、协调。下设的农、副、工、贸易各专业公司办成独立经营、自负盈亏的经济实体,成为名副其实的乡级专业公司,并受政府指导、协调。形成在乡党委领导下,乡政府全面领导和管理全乡的经济工作的格局。

### 【撤乡建镇】

1994年为进一步加快小城镇建设步伐,全县启动撤乡建镇工作。1985年11月市政府批准奉城乡建制为奉城镇,同时增设洪庙乡、邵厂乡。1986年7月洪庙乡、邵厂乡成立,洪庙乡由奉城镇、四团乡、平安乡共析出11个行政村组成,邵厂乡由平安乡析出9个行政村组成。1994年2月9日洪庙、庄行、青村、萧塘、奉新、四团乡撤乡建镇,其中萧塘乡更名为西渡镇;6月21日泰日、平安、齐贤、钱桥、头桥、金汇乡撤乡建镇;9月19日光明、柘林、新寺、胡桥乡撤乡建镇;1995年2月5日塘外、邵厂、江海、邬桥乡撤乡建镇。至此,全县的乡全部改建为镇,实行镇管村建制。

### 三、区的行政体制

随着 90 年代上海国际化大都市地位的提高和农村城市化进程的加快，2000 年 4 月 14 日县政府向市政府提交《关于撤销奉贤县设立奉贤区的请示》。市政府上报国务院。2001 年 1 月 9 日国务院批复同意撤销奉贤县，设立奉贤区，以原奉贤县的行政区域为奉贤区的行政区域，区政府驻南桥镇。8 月 24 日市委、市政府在县会议中心召开撤县设区干部会议，宣读相关文件和区委常委会成员名单及区人大常委会正副主任、区政府正副区长、区政协正副主席、区法院院长、区检察院检察长候选人名单。10 月 10—11 日区第一届人民代表大会第一次会议召开，10 月 9—10 日区政协第一届委员会第一次会议召开，选举产生区人大、区政府、区政协领导班子和区法院院长、区检察院检察长。10 月 11 日下午，举行"中共上海市奉贤区委员会""上海市奉贤区人民代表大会常务委员会""上海市奉贤区人民政府""中国人民政治协商会议上海市奉贤区委员会"揭牌仪式，奉贤区设立。

2002—2003 年，根据市委、市政府对全市镇级行政区划调整的总体要求，全区进行了两次镇级行政区域调整。2002 年 4 月 22 个镇撤并为 16 个镇，即南桥、江海撤并为南桥镇，金汇、齐贤撤并为金汇镇，奉城、洪庙、塘外撤并为奉城镇，平安、邵厂撤并为平安镇，以及西渡镇、邬桥镇、泰日镇、光明镇、钱桥镇、头桥镇、四团镇、青村镇、庄行镇、新寺镇、胡桥镇、柘林镇，奉新镇撤镇建海湾旅游区。2003 年 11 月进一步撤并为 7 个镇，即南桥、西渡撤并为南桥镇，金汇、泰日撤并为金汇镇，奉城、头桥撤并为奉城镇，四团、平安撤并为四团镇，青村、钱桥、光明撤并为青村镇，庄行、邬桥撤并为庄行镇，柘林、新寺、胡桥撤并为柘林镇。2005 年 9 月 16 日海湾镇挂牌成立，由区域内市属农场行政和社会管理属地化移交后形成，范围包括五四农场、星火农场、上海海湾国家森林公园、上海星火开发区和奉贤区海湾旅游区。2008 年对村委会、居委会作较大幅度调整，村委会比 2007 年减少 59 个，居委会增加 3 个。2010 年形成 8 个镇、6 个开发区、178 个村委会、92 个居委会的行政格局。

## 第三节  乡 镇 企 业

县域乡镇工业起步于 50 年代，经过 60 年代的调整和 70 年代的徘徊、复苏，到 80 年代进入迅速发展的新阶段。1988 年，全县乡镇工业乡村两级产值上升为 17.93 亿元，占全县工农业总产值的 71.65%；利润 2.28 亿元，占全县工业利润的 90.12%，上缴国家财政 1.37 亿元，占全县财政收入的 60.22%。

### 一、挤入市场竞争

奉贤县人多地少，1949 年人均耕地 0.16 公顷，而 1979 年降为 0.076 公顷，单一的农业经济难以改变农村面貌。实行家庭联产承包责任制后，农业生产力迅速发展，为县域乡镇工业的崛起准备了物质条件，提供了劳动力资源。但由于基础薄弱，技术和市场均先天不足，起步伊始只能奉行"拾遗补缺"方针，县委、县政府大胆探索，自觉引入市场机制，1986 年 7 月发出《关于进一步发展乡村工业有关政策的补充规定》，对新办企业和新产品开发、经济薄弱乡村实行减免税收等优惠政策。1987 年 3 月，县委、县政府专门组织 7 个工业生产"三重点"联络组，深入到 4 个乡、71 家重点企业和 47 个重点项目进行为期 1 年的服务协调工作，振兴乡村企业。1988 年县政府下发《关于发展村办工业的若干政策》《关于鼓励专业科技人员参加乡镇经济建设的若干政策》等文件,加大扶持乡镇企业力度。

80 年代是全县乡镇工业发展的全盛时期。无供销计划,就跑市场找议价材料,开辟产品代销点;无放贷指标,就发动群众集资解困;无技术人才,就到处招贤纳士,"找米下锅要饭吃,游走四方销产品"。当时县境内无大中型国营企业的落户,注定只有千方百计、见缝插针地挤入市场,走出去参与竞争才能有出路。1978 年 6 月 19—21 日,胡桥人民公社在北京通县召开胡桥糖果设备工艺操作观摩交流座谈会,即熬糖锅质量现场会,有 11 个省市的 85 名代表参加,历时 3 天,开创了全市乡镇企业赴外省市举办展销会的先例。1982 年 2 月,县社队工业局在县体育馆举办轻工机械、轻纺织品和小商品实样展销会,全国 24 个省市 214 家客户应邀参加,历时 16 天,签订订货合同 879 份,成交额 444 万元,为奉贤县工业产品销往全国各地打开窗口。1988 年涌现出 11 个千万利润村、14 个百万利润村。1991 年,全县乡(镇)村企业 1 515 家,职工 15.79 万人,占农村劳动力总数的 64.87%;乡镇工业产值达 22.89 亿元,占全县工业总产值的 55.32%;利润 2.22 亿元,占全县工业利润总额 80.21%。80 年代末,区域在全国颇有名气的成套纸箱包装设备、成套食品机械设备、系列木工机械设备及酿造设备、洗涤设备和化工机械、皮革机械、精密机床等上千种规格的产品占领国内市场,畅销全国 29 个省市自治区,部分远销欧美、东南亚、非洲等地。据统计,广东省生产的食品 60% 进入上海市场,而其 80% 的设备是奉贤县制造的。

## 二、引进培养人才

80 年代,奉贤县率先在市郊打破人才部门所有制限制,走"内培外聘"的育才之路,从市区聘请了一批工程技术人才作为乡镇工业的技术后盾,研修图纸,研制配方,攻克技术难题,使全县乡镇工业走上发展的快车道。这一时期,发生了震惊全国的"韩琨事件"。

1979 年,奉贤县钱桥橡塑厂是生产胶木件、橡胶塑料件等产品的社办企业,为了研发出技术含量高的产品,聘请上海橡胶制品研究所助理工程师韩琨利用星期日业余时间来指导帮助。1980 年 11 月微型轴承橡胶密封圈试制成功,填补国内空白,并投入批量生产。为奖励韩琨对社办企业发展做出的贡献,经钱桥人民公社党委批准,先后合计给了 3 418 元作为报酬。1981 年 9 月上海市长宁区检察院根据市橡胶制品研究所控告,立案审查,造成韩琨家被抄,"下放"劳动,接受审查,取消晋升工程师资格。1981 年 11 月 27 日,长宁区检察院又以"收受贿赂"向长宁区人民法院起诉。法官三下钱桥调查真相,结论认定无罪,要求撤诉。律师郑学诚依法为韩琨辩护,据理力争。华东政法学院院长观点鲜明地在《光明日报》上撰文辩护。1982 年 12 月 23 日,《光明日报》头版头条登载"救活工厂有功,接受报酬无罪"为标题、"助理工程师韩琨工余受聘贡献技术帮助攻关"为副标题的文章。1983 年 1 月 8 日,《光明日报》又在头版发表编者按,就此拉开全国范围内大讨论的序幕。大讨论持续 10 个月,共发表文章、消息 42 篇,有基层群众和省、市、部、委、司法界共 19 个部门的领导干部,绝大多数支持韩琨的行为,认为应功非过。1983 年 1 月 21 日根据《光明日报》的大讨论及司法部门提供的材料,中央政法委员会会议专题讨论研究韩琨事件,并作出六条规定,其中第一条认定韩琨的行为不构成犯罪,第二条明确指出类似韩琨的人一律释放。之后,国务院又在下达的关于科技体制改革的文件中明确规定,允许科技人员业余兼职并获得报酬。1983 年 3 月 8 日,长宁区检察院宣布对韩琨撤销起诉决定,改作无罪处理。"韩琨事件"获得圆满结局,"星期日工程师"得以正名,推动全国乡镇企业的发展。

1984 年 10 月 27 日,县政府成立人才交流服务处。1991 年累计引进 1 000 余名技术人才,成为各条战线的技术骨干。与此同时,还注重培养人才,1980 年 10 月创办县第一所社办技工学校,1985 年 7 月,县、乡两级已拥有中专及职工技校 19 所,形成中、初级职工技术教育体系。1983 年又先后在农村集体单位和乡镇企业开展专业技术职称评定工作,1985 年累计评定乡镇企业初中级技术人员 221 人。1986 年 7 月成立县乡镇工业培训中心,为市郊首创。此后,全县各条战线、各个乡镇都创办业余学校,对职工进行行业余培训和上岗培训,使全县乡镇工业的技术队伍日益壮大,生产的产品也开始由劳动密集型向技术密集型转变。1988 年,全县自培工程技术人员 956 人,其中中级工以上 118 人、一般技术员 838 人。

## 三、技术开发

80 年代初期,全县各社(镇)先后将工业组改成工业公司,生产大队配备工业干部,加强社队两级工业生产的领导和管理。1982 年,钱桥、庄行、新寺、江海等人民公社的机械、化工、电子等行业,首先依托城市大厂科技资料,借助科技力量对老产品进行工艺改革,研制新产品。与上海交通大学、同济大学、上海科技大学、上海工业大学、华东化工学院、上海民用设计院、上海轻工研究所等 30 多家高校、科研机构挂钩,与大专院校科研部门合作,依靠科技进步,运用高新技术,提高产品附加值。1988 年底,全县 15 个乡的 30 多家单位共获得市、市农机工业局和县的科技进步奖 37 个。1987 年起,乡、村企业开始实行国务院批准的"星火计划"来促进企业发展、产品升级。1988 年底,全县有 15 个项目被批准列入市"星火计划"。

在此期间,社队工业在承接城市工业扩散加工产品的同时,立足市场,大力发展自产自销产品,行业不断扩大,产品不断增多,产值不断增加,效益不断提高。由乡镇村企业自己设计、制造、销售的轻工机械产品,营销全国 29 个省、市、自治区,部分远销东南亚地区。1988 年,乡镇工业产品增加到近 200 个品种,70%的工业产品进入大市场、大流通的市场经济轨道,有 162 个工业产品获得国际、国家、上海市优质产品称号,其中神仙大曲和神仙白酒、金鸡牌上海辣酱油、古桥牌鲜橘汁、铁花牌油压千斤顶、象牌台扇等 9 个被评为部优产品,经纬牌腈纶薄绒衫裤等 7 个被评为市优产品,舒乐牌多功能搅拌机等 33 个被评为市农机工业局优质产品,获市(局)级奖的产品 12 个,直接和间接外贸产品 76 个。

## 四、内联外引

80 年代起,随着"城乡一体化"和"发展外向型经济"等观点的提出,依托城市经济、科技、人才等优势,横向联合的企业运营机制势在必行。1984 年,县委、县政府决定成立县经济开发总公司,批准建立县政府经济协作办公室,二者合署办公,负责国内外的经济合作。总公司成立后,先后与上海工业发展基金会、上海市军工工业、机电行业中的一些部门及多家外贸进出口公司建立了联合、联营合作关系。1988 年,县委、县政府决定单列对外经济贸易委员会和经济协作办公室,加快全县外引内联的步伐。

**【县内联营】**
这类企业开始于 1986 年,以借助对方资金、技术、原材料供应,推动企业发展。1987 年底,全县仅有 3 家,其中乡办企业 1 家、村办企业 2 家,占县联营企业总数的 5.77％;产值 633.99 万元,占联营企业总产值的 3％;创利 106.8 万元,占联营企业总利润的 3.2％。

**【省市联合】**

这类企业是乡村企业开展横向经济联合的主体,重头是本市大工业,相当一部分系长期为其协作加工产品的单位,因双方相互信任而实行联营,这种联营企业一般规模比较大,产值比较高,效益比较好。涌现出像上海凤凰自行车联营四厂、上海泰康食品厂奉贤分厂等一批效益显著的企业。1987 年底,全县省市联营企业共有 46 家,其中与本市联营的有 45 家、外省市 1 家;乡办 27 家、村办 19 家,占全县联营企业总数的 88.46％。省市联营企业完成产值 19 331.7 万元,利润 3 205.01 万元,分别占全县乡村两级企业的 14.81％和 20.49％。

**【中外联营】**

这类企业均属乡办,1987 年共有 3 家,其中与中国香港联营 2 家,与日本联营 1 家,占县联营企业总数的 5.77％,完成产值 845.79 万元,利润 37.51 万元。

# 第四节　建 设 小 城 镇

80 年代中期,随着乡镇工业和商品经济发展速度的加快,全县出现农村人口向县城镇和乡集镇流动的趋向。县委、县政府有计划、有步骤地引导农民向城镇集中,推进小城镇建设,加快城乡一体化进程。

## 一、政策引导

1984 年,国务院发出《关于农民进入集镇落户问题的通知》,允许农民自理口粮落户务工经商。1987 年,县委、县政府发出关于在集镇有住房并在集镇务工经商的农民可以申报自理口粮户的文件,吸引一大批农民进入集镇。1992 年 6 月,又作出进一步鼓励农民进镇落户的决定,把农民进镇落户的条件放宽为只要承包土地合理转移承包,确保不抛荒,并在集镇购买商品房或集资房的,便可申报自理口粮户,在政策上给予进镇农民优惠。

全县在发展农村小城镇、建设农民住宅过程中,特别注意各种市政公建配套设施。每兴建一个住宅小区,首先根据规划同步完成各种配套设施,解决进镇居民的后顾之忧。同时,要求各集镇在建造农民住宅过程中,采取集资房、组建房、商品房并举的多渠道房源开发形式,努力降低集镇房价,让不同经济层次的农民根据承受能力购房进镇,真正让农民得到购房进镇的实惠,提高农民进镇的积极性。1994—1996 年,全县筹资 10 多亿元建造 200 余万平方米的农民集资房、商品房。

1991 年,全县居住小城镇的人口为 13.5 万人,占农户总数 85.6％。1996 年又达到 18.1 万人,比 1985 年增加 1.5 倍,其中吸引农民进镇 10.3 万人;集镇城区面积 25.4 平方公里,增加 1.1 倍;集镇各类房屋建筑面积达到 840 余万平方米,增加 1.3 倍;其中住宅面积 440 万平方米,翻了两番多。1997 年,全县农村城市化人口达到 42％,城乡居民燃气化率达到 65％以上,自来水率为 100％,299 个行政村全部实现电话通,广大农民梦寐以求的城市化生活逐步成为现实。

### 二、洪庙农民城

1987 年,洪庙农民城首期工程完工,是全市第一个农民集资兴建的集镇。1986 年,县委、县政府根据广大农民对提高生产质量的迫切愿望,按照"统一规划、合理布局、有序开发、配套建设、综合改革"的原则,开始筹划洪庙集镇的建设。7 月 12 日,市政府批准由奉贤县奉城、四团、平安 3 个乡镇边缘地带的 11 个村组建成洪庙乡,乡政府设在洪庙村。

洪庙村历史上是一个小集镇,因境内有建于清乾隆年间的"洪福寺"而得名。1968 年开挖洪新港,即洪庙至新场航道,洪庙集镇受其影响,至建乡时村内仅存下伸店 1 家、村办厂 2 家,村民沿洪卫港东侧居住。村落外阡陌纵横,绿畴连绵,洪庙仅作为地名存留而已。现在要建设新集镇需要大量资金,靠国家拨款不现实,向银行贷款无偿还能力,1986 年 8 月 14 日,洪庙乡党政班子就如何建设洪庙新镇达成共识,形成"农民集镇农民建,建好集镇为农民"的新思路,决定发动农民集资建镇,同时提出要高规格、高起点建设好布局合理、功能齐全的农民城。

**1987 年 7 月 22 日,全市第一个由农民集资兴建的集镇——洪庙镇落成(奉贤区志办提供)**

为了建设新集镇,首先从规划入手,在征询群众意见的同时,请县城乡规划所和同济大学、上海市城建局完成洪庙集镇总体规划。1986 年 10 月 26 日,县政府批准此方案。其次制定农民集资建镇的具体政策和操作办法,规定四类人可进镇落户:进入集镇规划区经营工商、服务业,确有经营能力并有工商营业执照的人员及其家属;乡办企事业单位的技术骨干及其家属;夫妻双方,其中一方是居民户口,另一方是乡办企事业单位的职工;乡党政机关在编干部、工作人员及其家属。明确进镇落户人员待遇:农村户口可转为自理口粮户;经商服务性行业中,因各种原因致使倒闭或失业的,经个体劳动者协会调查、审核,其住宅可出租、转让、出卖;政府不负责解决落户者就业问题。在建镇过程中摸索总结出 6 个"统一":统一规划、统一征地、统一设计、统一施工、统一分配、统一管理。

集资建镇决定一出台,便有 300 余户农民报名。1986 年 12 月 12 日动工建设农民城,10 个建筑工程队、1 000 余名建筑工人同时开进洪庙,铺设管道,筑路造楼;1988 年 7 月首期工程按计划完工。首期建房分居民住宅、商业住宅两类。居民住宅每套 83 平方米,三室一厅,17 000 元;商业住宅每套 144 平方米,下店上居室,28 000 元。首期工程实有 474 户农民进镇居住,总计集资 1 033 万元。政府机关大楼、广播电视站、派出所同期建成。1988年7月—1989年为第二期工程,进镇农民增至994户,集资总额2 580万元。住宅式样增加了每幢建筑面积174平方米的二层小别墅,价格有4.5万元和6.5万元两种。与此同时,中小学、幼儿园、卫生院、敬老院、银行、生产资料门市部、农贸市场等设施相继配套,其中幼儿园、卫生院、敬老院系洪庙各界募捐14万余元所建。至此,集镇初具规模。随着洪庙农民城声名鹊起,四邻八乡的农民纷纷要求入住,原规定的进镇落户条件逐步废止,住宅建设也由集资房开始向商品房转化。

1991年11月,洪庙乡决定走区域化发展新路,建设与大都市相匹配的现代化农民城,再次委托同济大学和上海市城建局专家,按照"都市的农村,农村的都市"功能定位,重新修订总体规划,规划城区面积3平方公里,分中心居住区、休闲旅游区、工业开发区、农业园林城区四大区域,1997年基本建成。洪庙全乡80%农户共5 000余户居住集镇,另有外省市400余户入住。

1986—1997年,洪庙农民城累计筹集资金10亿元,其中60%用于建造农民住宅,40%用于各项配套设施建设。1995年,洪庙镇下辖11个行政村、2个居委会,拥有总资产12亿元;镇村办企事业单位111家、独资企业15家、私营企业280家,在全国各地建有18个生产基地或贸易窗口,在美国也开设了1家企业;全镇工业总产值7.5亿元,利润达4 000万元,年递增率45%以上;农民人均年收入由建乡时的500元跃增至4 200元。1989年、1990年连续两年被评为全国村镇建设文明镇、先进镇,1992年被列为全国农村小城镇建设试点镇之一,1996年又被市政府推荐为全国农村小城镇综合改革试点单位。1991年12月26日,市委书记吴邦国为洪庙题词"新型的集镇,农民的乐园"。

# 第二章　推进城乡建设

奉贤县在推进城乡建设时期,把工作重点放在企业改革和基础设施建设,逐步推进企业产权制度改革,建立现代企业;引导企业搞联合,发展企业集团,做大做强;逐步推进经济园区建设,充分发挥工业集中运营效应;逐步加强基础设施建设,推进城镇化步伐,改善县城投资环境;通过土地整理与复垦,不断提高土地利用率与产出率,尤其是作为市郊首家农工商经济联合体,即上海古华中药材农商股份集团组建与壮大,推进了县域经济发展;县自筹资金建造奉浦大桥,有效缩短与市中心的时间距离。

## 第一节　企业制度改革

1992年起,奉贤县为了适应社会主义市场经济的需要,及时进行股份合作制、现代产权制度等一系列企业制度的改革。同时,加快多种所有制经济共同发展,非公经济突飞猛进,成为全县经济新的增长点。

### 一、股份合作制

1992年4月,县委、县政府成立县体制改革领导小组,其任务之一是试行集体经济组织的股份合作制模式,首先在乡办、村办企业中进行试点。5月22日,江海乡沪江锻压厂召开股份合作制企业成立大会,成为境内第一家实行股份合作制的企业。5月26日四团乡上海神仙酒厂召开股份合作制企业成立大会。是年,有15家企业进行股份合作制试点,其中乡办企业9家、村办企业3家、县属城镇集体企业3家;老企业14家、新组建企业1家。由此产权制度改革在全县迅速开展。1993年,县政府下发《奉贤县农村集体经济组织股份合作制企业的实施意见(试行)》,1994年又发文补充实施意见,推进"入股自愿、独立核算、自负盈亏、资金共筹、风险共担、利益共享、积累共有"的劳动和资本合作的股份合作制试点工作。

1992年,全县股份合作制试点的主要模式是增量扩股型。根据市体改委和市农委的相关规定,老企业改制,集体资产的股金必须超过50%才能享受集体企业待遇。由此导致了此时期的企业改制存在政企分开步子缓慢、企业自主权落而不实等问题。1993年,四团乡金洋村对村办企业进行改制,实行将3家村办企业的集体产权全部有偿转让给职工,再办股份合作制的做法,使原来集体控股变为职工控股,称之为"先售后股"。这种新型的集体经济性质的股份合作制企业模式给企业发展带来了活力,职工联股联心,生产积极性空前高涨,之后在全县推广。1994年,全县共有股份合作制企业236家。是年,上海奉贤产权经纪公司成立,办理产权交易66家,交易总额8620万元。

### 二、企业产权制度

1996年,县委、县政府按照"产权清晰、政企分开、职权明确、管理科学"的目标推行现代企业制度。主要采取了 4 条措施：一是县委 3 次组织各镇领导干部和县政府职能部门领导赴山东学习改革的先进经验；二是建立产权制度改革办公室，负责处理、协调、指导企业改革中出现的问题和日常的审批等业务工作；三是建立企业产权制度改革领导小组，先后制定《奉贤县 1996—1998 年企业产权制度改革实施方案》《关于进一步深化乡镇企业制度改革，加快发展和完善股份合作制企业的若干试行意见》《关于国有小企业和县属、城镇集体企业改制股份合作制的若干试行意见》《关于在企业产权制度改革中加强纪律的若干规定》4 个配套文件；四是先后抽调 88 名干部组成 30 个企业产权制度改革工作队，分赴 22 个乡镇和 18 个经济管理局，开展企业产权制度改革的现场指导和督查。6 月 12 日，县政府召开深化企业产权制度改革动员大会，县、镇、村集体产权制度改革全面展开，涉及 22 个乡镇、17 个委办局。

1997 年底，全县镇村集体企业改制 1 310 家，占镇村企业 1 341 家的 97.7％。其中，股份合作制企业 468 家，占 35.7％；有限责任公司 149 家，占 11.4％；联营、外资企业 38 家，占 2.9％；整体出售及私营、个体企业 655 家，占 50％。1998 年底，全县 15 个有改制任务的委、办、局（公司）完成企业改制 276 家，占应改制企业数的 98％。其中股份合作制企业 25 家，占 9.1％；有限责任公司 89 家，占 32.1％；合资合作 3 家，占 1.1％；承包 70 家，占 25.4％；兼并 16 家，占 6％；歇业 39 家，占 14％；其他 34 家，占 12.3％。是年，全县基本完成企业产权制度改革的任务。

### 三、资产重组

1997 年，企业产权制度改革的重点转向国有、县属和镇办集体企业进行"资产重组"和"劳动关系重组"改革。8 月，航星集团与县交通运输局协商，并经县深化企业产权制度改革领导小组同意，进行产权制度改革试点。县资产评估机构确认航星集团资产价值为税后净资产 3 000 万元。经县政府同意，将 2 000 万元作为回报归原始投入的上一级部门县交通运输局，另外 1 000 万元作为股份，按在厂职工的工作岗位、责任大小、贡献大小以及工龄等划归于在职职工名下。集体资本全部退出。该厂生产发展基金，由划归职工名下的 1 000 万元，以 1∶2 投资入股。1998 年 1 月，航星集团产权制度改革顺利完成。此后相继有上海柘中（集团）有限公司、上海广电电气（集团）有限公司、上海凯托（集团）有限公司、上海华龙企业（集团）有限公司、上海贤华（集团）有限公司等进行"资产重组"。

2000 年，上海申粮工贸有限公司进行"资产重组"和"劳动关系重组"的体制改革。是年，上海南方经济发展（集团）有限公司，连同县乡镇工业总公司所属企业一并彻底改制，有效解脱县政府对企业的无限经济责任。上海申兰（集团）有限公司经县政府协调，由上海市农业投资公司整建制收购。之后，对有条件的企业全面实施"资产重组"和"劳动关系重组"。2001 年，县、镇、村等集体企业改制任务基本完成，有 1 932 家企业进行产权交易，交易总额为 83.28 亿元。

### 四、多种所有制

1992 年，全县经济以国有、集体经济为主，在工业中占 91.66％，在商业中占 74.59％，在建筑业为全部。1995 年后，全县初步形成宽松的政策环境、良好的投资环境，吸引更多外来投资者来县创业，培养一批较有影响的私营企业，使全县非公有制经济得到较快发展，仅私营企业户数由 1994 年的 541 家发展到 1997 年的 2 247 家。

90年代中后期,全县私营、个体经济发展步伐加快,所有制结构发生变化。县域公有制经济的实现形式主要有国有、集体企业之间的合作,国有、内资非国有、集体企业之间的合作,国有、集体企业与外资企业之间的合作等。全县形成以外资企业为主的混合经济,私营经济和混合经济成为主要形式。2000年,全县非公经济工业产值达180.56亿元,比重为77.11％,其中规模以下私营企业1 945家,产值92.59亿元。私营经济在工业、商业中所占比例跃升至39.54％、50.22％,并开始进入房地产业,占比为1.61％;混合经济在工业、商业、建筑业和房地产业中分别占37.59％、26.12％、5.34％和44.02％。非公有制经济的发展为全县经济振兴、社会稳定作出了贡献。1997年仅在私营企业从业的管理人员就达到3 827人,雇佣工人22 645人,安置城镇待业和下岗职工2 315人。

# 第二节　企业集团

90年代,县里认真贯彻抓大扶强、放小搞活的方针,积极组建企业集团,扭转县属企业面临的产品单一、设备技术落后、资金缺乏、效益下滑等问题,成为全市组建企业集团进展较快的区县之一。

## 一、组建进程

奉贤县受地域和经济限制,工商企业规模向来较小。随着市场经济深入发展,小厂、小店难以适应激烈的市场竞争,集团企业脱颖而出。1986年6月21日市郊首家农工商经济联合体"上海古华中药材农商股份集团"组成,这是县内最早的企业集团雏形。1993年,县政府直辖的企业集团有3家。

1995年始,县委、县政府坚持"放水养鱼"方针,对企业集团实施倾斜扶持政策。在新项目开发、规划、选址、用地等方面给予优先;开展银企挂钩活动,协调银行给予集团重点支持;减免集团收购、兼并企业新增利润部分所得税;鼓励集团加大技改力度。1995年制定《关于组建县级企业集团的若干意见》,推动全县组建企业集团步伐加快。是年,全县共组建11家集团,改制企业集团5家。1997年为县域企业集团发展的鼎盛时期,全县注册登记的企业集团达到32家,其中市级18家、县级14家,集团总资产88.7亿元,完成经营收入62.3亿元,上缴税金2.76亿元,占全县税收的34.2％。

2001年,列入《奉贤统计年鉴》统计的企业集团19家,其中县组建11家、镇村组建7家、民营1家,共拥有资金总额132.33亿元、职工3.85万人,全年经济总收入118.37亿元,缴纳税金2.99亿元,占全县税收的19.4％。企业集团所从事的行业涉及工业、房地产业、商业、建筑业、服务业和农业,显示综合性发展的趋势。

县直属企业集团中,上海申兰(集团)有限公司、上海新中港企业(集团)有限公司、上海贤华(集团)有限公司,由于产品不对路或未及时改变管理机制等原因,被兼并、收购或解体。镇、村组建的集团,多数未解决经营体制问题,大多随企业转制而消亡。

## 二、主要企业集团

### 【上海古华(集团)有限公司】

是以资产为纽带,根据"优势互补、互利互惠"的原则组成的以医药为主体的经济联合体。1986

年以中药生产、加工、销售为主,集团总资产仅 362.7 万元,销售额 1 804.72 万元。2001 年经过改制、发展,成为跨行业、跨地区经营的综合性集团企业,总资产达 3.56 亿元,销售额 5.59 亿元,分别比初创时增长 97.15 倍和 29.98 倍。生产的"古华"牌饮片远销东南亚、美国,新药黄芪口服液为全国首家生产,独家生产的左旋多巴片行销全国。古华集团拥有直属企业 8 家,其中核心企业 1 家,即上海古华药业(集团)有限公司,成立于 1999 年 1 月,主业为医药批发和中药材收购经营。控股企业 4 家:上海人和堂国药有限公司,建于 1998 年 7 月,专业经营医药零售业务;上海古华物资有限公司,建于 1995 年 1 月,主要经营建材、装潢材料与化工原料等;上海华记建设工程责任有限公司,建于 1995 年 1 月,专业从事工程建筑与装潢业务;上海华合贸易有限公司,建于 1998 年 1 月,主要经营百货、服装、鞋帽、化妆品、钟表、黄金首饰等。参股企业 3 家:上海德华国药制品有限公司,建于 1993 年,专业生产加工中药饮片、保健品;上海福达制药有限公司,建于 1994 年,专业生产注射液、片剂、胶囊、贴膜、栓剂等;上海新时代药业有限公司,建于 2000 年,专业经营药品批发等业务。

### 【上海华龙企业(集团)有限公司】

成立于 1995 年 10 月,重点发展房地产、商业贸易、工业和建设工业园区,并代管原伊利达集团 8 家企业,为市级企业集团。2001 年集团总资产 13.35 亿元,其中固定资产 6.63 亿元。1995—2001 年集团累计销售收入 70.32 亿元,实现利税 6.57 亿元。1995 年 12 月与新加坡佳能国际私人投资有限公司共同投资建设占地 20.47 公顷的龙洋工业园区,至 2001 年共有 28 家企业入驻园区。2000 年集团全面改制,公有资本退出。2001 年集团共有控股企业 20 家、参股企业 3 家;总资产 13.35 亿元,其中固定资产 6.63 亿元,总销售收入 11.49 亿元;利税 1.12 亿元,其中房地产业利税占华龙集团总利税的 62.38%,工业占 5.32%,商业占 32.3%。

### 【上海广电电气(集团)有限公司】

前身是县广播电台的"三产",经多次更名,于 1995 年 9 月组建而成,是专业生产中、低压输配电设备的市级企业集团。1991 年集团跻身全市 9 家获得生产高级配电设备资格的企业行列。2001 年广电集团成员单位有 16 家,其中上海广电电气(集团)有限公司为核心企业,全资子公司有 4 家,控股企业有 3 家,参股企业 8 家。广电集团先后为葛洲坝发电站、上海市虹桥国际机场、嘉兴电厂、青岛电厂、上海电视大厦、上海地铁、广州地铁、外高桥港区、上海市国贸中心、杨浦大桥等国内外重大工程项目提供设备和服务。1996 年列市工业集团公司营业收入第 19 名,1997 年列市物资流通利润总额 50 强第 3 名。

### 【上海奉贤城建(集团)有限公司】

以房地产开发为主,是全市首批拥有一级资质的房地产开发企业之一。1996 年 8 月经县政府批准成立,前身是县城乡建设工程公司,成立于 1985 年。2001 年底,集团有下属企业 10 家,均为国有全资子公司;集团累计销售商品房 135.6 万平方米,连续 5 年名列市房地产业"双百强"排行榜,拥有总资产 11.2 亿元。

### 【上海柘中(集团)有限公司】

成立于 1996 年 2 月,是由一家校办厂起步发展而成的企业集团,持有中华人民共和国机械工业部、电力工业部生产许可证,主要产品是电器成套设备,包括高、中、低压开关柜。1996年,集团年销售收入逾亿万元,列入市工业销售500强排行榜。1997年3月通过瑞士公证行国际认证,是全市首家获中、英、美三国认证证书及中国商检证书的电器成套设备生产企业。1998年1月企业改制,成立上海柘中电气股份有限公司。2001年,集团有下属企业7家,总资产4.25亿元,净资产2.17亿元。

# 第三节　经济园区

90年代,县委、县政府为完善投资环境,发挥工业集聚效应,贯彻市政府"工业向园区集中"的战略思想,调整工业布局,开始建设市、县、镇三级经济园区。2001年,区境内有市级经济园区3个、区级2个、镇级26个,市、区两级经济园区实现工业产值59.65亿元,镇级经济园区总产值113.8亿元。

## 一、市级园区

2001年,区域内共有3家市级经济园区,分别为上海市星火开发区、上海市工业综合开发区、上海奉贤现代农业园区。

### 【上海市星火开发区】

位于境内市属星火农场,东西宽约4公里,南北长约2公里,占地8.78平方公里。1984年10月经市政府批准成立上海星火轻纺工业区,是全市第一个市级工业开发区,1992年更名为上海市星火开发区。1985年启动建设,以发展纺织、造纸业等为主,重点发展轻纺。8月成立上海市星火轻纺工业区开发公司,从事市政基础设施开发建设。1992年5月成立上海市星火工业区管理委员会,11月更名为上海市星火开发区管理委员会。1993年9月,上海浦东新区管理委员会与上海市农场管理局签署协议,组建上海浦东星火开发区联合发展公司(简称星联公司),注册资金5亿元,浦东国资公司与农工商联合企业总公司即上海市农工商(集团)总公司各投资50%。1995年4月,上海久事公司以自来水工程项目贷款转为投资,作股18%,浦东国资公司、上海市农工商(集团)总公司投资股份调整为各41%。至此,星联公司成为3家公司联合投资组建的联营公司,全面负责开发区的开发建设、招商引资和经营管理。星联公司成立后,上海市星火轻纺工业区开发公司转而从事房产、商业等第三产业经营,2001年实现工业产值50.03亿元。

### 【上海市工业综合开发区】

位于奉浦地区,占地20.8平方公里。1994年5月在上海市政府"东进(浦东)南下(杭州湾北岸)"发展战略指引下,上海市奉浦开发区成立,是县内第一个经济园区。3月,县第十一届人民代表大会第二次会议审议并通过的《政府工作报告》提出,年内"组织专门班子,落实行之有效的措施,推进沿江17平方公里滚动开发"。会议收到人大代表提交的6号议案,议题为《尽早制定奉浦经济开发区总体规划》。5月21日,县第十一届人民政府第二十五次常务会议决定,成立奉浦开发区管理委员会和上海奉浦经济发展实业总公司。年中,奉浦开发区规划基本形成,基础设施建设进入启动阶段。1995年3月,县第十一届人民代表大会第三次会议审议并通过的《政府工作报告》指出:

"奉浦工业区建设,对全县经济发展具有带动作用。"1995 年 8 月 5 日经县政府申报,市政府批准列入市级工业开发区,更名为上海市奉浦工业区。10 月 28 日举行成立仪式。2000 年 4 月 5 日更名为上海市工业综合开发区。2001 年实现工业产值 4.45 亿元,外贸出口 2 384 万美元。

### 【上海奉贤现代农业园区】

位于县域中西部,1996 年 10 月始建时为县级金汇农业园区,规划面积 1 平方公里,1999 年面积增至 2.35 平方公里。2000 年 8 月经上海市现代农业园区建设工作领导小组批准,列为上海市首批启动的 4 个市级农业园区之一,遂改称今名。区域范围向周边延伸,呈"T"形条状分布,规划面积 13.15 平方公里,其中耕地面积 10.41 平方公里。2001 年 11 月,区域再次扩大,地形由"T"形调整为长方形地块,面积为 18.49 平方公里,其中耕地面积 12.38 平方公里。2001 年底,先后引进上海高榕食品有限公司、上海青长蔬菜有限公司、上海丰科生物科技股份有限公司 3 家农产品加工龙头企业,实现产值 7 380 万元。2004 年 10 月被农业部命名为"全国农产品加工示范基地"。

## 二、区级园区

2001 年,区境内有区级经济园区两家,分别为奉贤海湾旅游区、上海化学工业区奉贤分区。

### 【奉贤海湾旅游区(简称海湾旅游区)】

地处区境最南端,属杭州湾北岸,境内 13.7 公里海岸线横亘东西,金汇港通江(黄浦江)达海(杭州湾)。1991 年,该地区属奉新乡,建有奉新国际风筝放飞场,曾多次举办国际、国内风筝比赛。1998 年 9 月,县委、县政府依托杭州湾的独特地理优势,提出"蓝天海韵自然化,海岛森林野趣化,风筝放飞娱乐化,休闲度假大众化"的开发建设思路,突出"海"文化,重点发展旅游业,批准建立奉贤海湾旅游区和管理委员会,首期开发面积 3 平方公里,重点是旅游景点建设。1999 年又重新制订一期、二期发展规划。一期规划布局以西部即金汇港以西开发为主,分 3 个层次:第一层次加快基础设施和市政建设配套,创造良好的投资环境;第二层次重点实施和完善十大旅游景点建设;第三层次开发房地产业,突出度假、休闲别墅群建设。二期规划布局以东部即金汇港以东开发为主,"碧海金沙·黄金海岸"示范区、上海海景城、高尔夫球场、海上运动场、游艇俱乐部、海鲜一条街和渔人码头等 20 余个项目相继开工,逐个建成。2001 年,海湾旅游区总产值 8.76 亿元,其中第三产业产值 5.42 亿元,分别比 1998 年增长 5.69 倍和 32.88 倍,三产比重也由 12.21%升至 61.87%。

### 【上海化学工业区奉贤分区(简称奉贤分区)】

位于区境西南部杭州湾畔。1996 年 8 月,国务院批准设立上海化学工业区后,县委、县政府贯彻"不求所有,只求所得;不求形式,只求发展"的新理念,主动参与建设,充分接受其产业延伸和辐射,于 2000 年 6 月成立上海奉贤化学工业区,9 月改称今名,12 月 18 日举行揭牌仪式。2001 年为支持上海化学工业区发展,将奉贤分区的 8.4 平方公里土地划与。12 月,奉贤分区重新选址 3.47 平方公里作为一期开发用地,规划公建区、工业区和绿地区 3 部分布局。奉贤分区遵循"以石油化工为主,以精细化工为特色"的产业发展方向,把"服从、服务、延伸、配套、参与"大化工作为工作方针,规划开发面积 10.37 平方公里。2001 年,奉贤分区共引进实业型工业项目 17 个,完成工业产值 1.29 亿元,实现销售收入 1.25 亿元,创利 201 万元;引进注册型项目 142 个,注册资金 9.08 亿元。

## 三、镇级园区

90年代初,乡镇工业发展逐渐摆脱"村村冒烟"式的小农经济束缚,强化规模经济意识。1993年3月,县第十一届人民代表大会第一次会议审议并通过的《政府工作报告》明确要求按照统一规划、统一发展的原则,加快县、乡(镇)工业小区的建设速度。2001年,区境内共建成镇级经济园区26个,累计引进实业型企业2 343家、注册型企业9 134家,实现总产值113.8亿元,其中排名前三位的为庄行、头桥及江海经济园区。

### 【庄行经济园区】

由1995年成立的华严开发区和1998年成立的上海庄行欧洲工业园区组成,由庄行镇开发建设。2001年共引进实业型企业45家、注册型企业1 336家,总产值14.93亿元。华严开发区位于庄行镇华严村境内,是上海市首批私营经济开发区之一,规划面积0.33平方公里。2001年累计开发投入1.8亿元,新建标准厂房3.83万平方米,共入驻实业型企业15家,其中外资企业6家、内资私营企业9家,企业总投资2.15亿元,职工总数1 280人;实现产值12.72亿元,其中民营企业8.22亿元、外资企业4.5亿元;创利7 966万元;纳税4 728万元,其中民营企业4 130万元、外资企业598万元。上海庄行欧洲工业园区分为西区和东区,规划面积10平方公里。启动开发后,累计投入10余亿元,营造良好的投资环境。2000年10月被国家农业部命名为全国乡镇企业示范区。2001年累计开发面积1.5平方公里,先后引进实业型企业30家,其中外资企业5家、私营企业25家,企业投资总额3.3亿元,形成以精细化工、机电、轻纺、印刷等为主的产业格局;实现产值1.45亿元,利税总额587万元。

### 【头桥经济园区】

由头桥经济城和头桥工业园区组成,由头桥镇开发建设。1995年2月筹建头桥私营经济城,1996年5月更名为上海头桥经济城,位于集镇南侧,占地40公顷。1995—1998年、1998—2000年经二期工程开发,新建一批标准厂房,累计投入建设资金2.17亿元。主要引进项目为木器家具、服装、汽配、五金。2001年落户实业型企业21家,其中外资企业1家、私营企业20家;实现产值1.11亿元。头桥工业园区于1996年10月启动建设,首期规划面积1.66平方公里。2001年累计投入开发资金1.5亿元;新建标准厂房25.97万平方米;进驻实业型企业13家,其中外资企业1家、私营企业12家;总投资6.8亿元,实现产值11.2亿元。

### 【江海经济园区】

地处南桥新城西北,占地273.60公顷。1993年5月由江海乡启动开发,称江海工业小区。1995年3月改名上海江海私营经济城。1996年4月更名上海奉浦—江海经济园区(简称江海经济园区)。开发后累计投入资金3 793万元,实现"七通一平"即供水、供电、供气、通讯、雨水排放、污水排放和道路七通,以及土地平整。2001年入驻实业型企业721家,其中外资企业41家、内资企业680家,投资总额21.68亿元;引进注册型企业1 327家,注册资金总额18.32亿元;总产值11.36亿元,利税总额2亿元。1999年,江海经济园区被市农业委员会和市工商行政管理局评为管理规范小区,2000年、2001年先后被国家农业部评为全国乡镇企业示范区和全国乡镇企业科技园区。

# 第四节　城乡一体化

奉贤县经济实力的不断增强,城乡建设资金大幅增加,1977年为582万元,1984年为1543万元,1992年为8401万元,比1977年增长13.43倍,为推进城乡一体化提供坚实基础。

## 一、统筹规划

### 【县域规划】

1981年奉贤县城乡建设规划办公室成立,始编全县城乡规划。1991年在全国城市第二次城市规划会议上,奉贤县被授予"全国城市规划先进单位"称号。1993年贯彻市政府"高起点、高水平编制现代化国际大都市总体规划"要求,分别调整南桥中心城及21个乡镇的总体规划,奉城镇规划为次中心,洪庙乡规划以居住、旅游为主,西渡乡以房地产开发为主,奉新乡规划以开发旅游业为主。1994年2月—1995年2月撤乡建镇后,其他各镇总体规划和工业区规划重新调整。2000年4月,县政府成立"县域规划"编制小组,按《上海市城市总体规划(1999—2020)》要求,规划实施"新城和中心镇优先发展"战略,接纳市区大工业和市中心人口有序扩散。县域规划年限2000—2020年,12月完成初稿。县域规划定位:"从全县整体发展出发,优化城镇结构体系,制订城镇发展战略。规划以川南奉公路、南奉公路、南亭公路一线为主发展轴,大叶公路、奉柘公路、随塘河路一线为次发展轴;以南桥新城为中心,以奉城中心镇为次中心,适当调整一般镇,推动中心村建设,使奉贤县形成新城—中心镇—一般镇—中心村四级体系。"规划总面积687.39平方公里,规划人口68万,其中县籍人口50万、外来常住人口18万,城市化水平76%。

### 【县城规划】

1981年5月始编《南桥镇总体规划》,1982年2月完成草案,1988年7月修改总体规划。1993年重新编制《南桥中心城总体规划》。2000年4月根据"上海市新城和中心镇优先发展"的战略,又一次进行规划,期限为2000—2020年;设想南桥—奉贤新城为全县政治、经济、文化和信息中心,是上海市市区人口与产业疏解基地之一,也是21世纪上海市南翼重要的工业、商业、贸易、居住以及旅游等功能齐全的、杭州湾北岸的现代化新城;规划新城人口28万,用地规模34.1平方公里,其中,公共设施用地2.57平方公里、对外交通用地0.1平方公里、道路广场用地4.58平方公里、居住用地11.3平方公里、市政用地0.74平方公里、绿化用地4.65平方公里、仓储用地0.8平方公里、工业用地9.36平方公里;规划新城南片以生活用地为主,北片以工业用地为主。1995年起先后开展以上海市工业综合开发区及上海市化学工业区奉贤分区为主的经济园区规划。

### 【镇村规划】

1986年奉城镇始编集镇规划,县内的洪庙、泰日、柘林3个乡集镇列入上海市集镇建设试点镇,统一规划,综合开发,配套建设。1986年各乡均编成集镇规划。初次规划大多起点较低,1987年予以调整完善。1994年全县开始撤乡建镇,各镇总体规划重新编制,着重补充镇级经济园区规划。1995年按照"把上海建成国际大都市"的战略目标,高起点、高标准制订跨世纪集镇规划,各镇规划再次调整充实,年限均为1995—2020年;镇域面积35平方公里～50平方公里,镇区用地规模1.08

平方公里～2.06 平方公里，人口 0.8 万人～1.2 万人。市政设施、道路交通、园林绿化都进一步规划完善。1998 年根据市农业委员会关于"保护优先的土地资源"要求，县里率先以洪庙镇协新村、江海镇五星村、青村镇岳和村为试点，制定中心村规划，分为近期（1998—2002 年）、远期（2002—2020 年）。2020 年，协新村规划村域 3.84 平方公里，人口规模 2 500 人；五星村规划村域 4.1 平方公里，人口规模 2 500 人；岳和村规划村域 5.6 平方公里，人口规模 2 500 人，并分别对其功能布局、道路交通、市政设施、绿化及用地平衡等作了规划。1999 年奉城列入上海市"一城九镇"之一，该镇作为中心镇规划重新调整，年限为 2000—2020 年。规划集镇总面积为 8.66 平方公里，其中，居住用地 2.47 平方公里、公共设施用地 0.42 平方公里、工业用地 2.1 平方公里、仓储用地 0.84 平方公里、绿化用地 1.15 平方公里、对外交通用地 0.02 平方公里、道路广场用地 0.88 平方公里、市政设施用地 0.18 平方公里、河流水域用地 0.6 平方公里；总人口 9.4 万人。

至 2000 年，县域、县城、中心镇、乡镇、中心村、上海市工业开发区、上海化学工业区奉贤分区及各镇工业园区先后做出有序规划，并在实践中不断充实、完善与调整。2001 年奉贤撤县设区后，全县镇区面积由 1985 年的 9.89 平方公里扩大至 28.86 平方公里；进城镇的农民 27.58 万人，占全县户籍人口的 54.61%。

## 二、基础设施

县委、县政府一贯坚持"奉贤经济要腾飞，造桥修路是关键"的工作思路，依据财力，统筹兼顾，确保重点，集中力量打"歼灭战"，使境内基础设施取得了突破性的进展，相继建成一批重大项目。

1985 年，启动建设占地 21 公顷的南桥 50 万伏变电站，1988 年建成，是中国第一座交直流汇集变电站。1987 年建成管道煤气工程，南桥镇解放新村 439 户居民率先用上管道煤气。1989 年 12 月市郊年度最大的水利工程泰青港工程竣工。1992 年起先后启动奉浦大桥、莘奉金公路奉贤段、大叶公路奉贤段、大亭公路奉贤段、城市煤气过江工程、奉贤第三水厂及污水南排入海工程等城乡建设 7 项重大工程，1999 年 10 月全部告竣，总投资 19.09 亿元。全县 2001 年累计新建、改建市级公路 6 条，总长 157.39 公里；新建县级公路 21 条，总长 114.3 公里，改建、扩建 14 条；新建、改建乡村公路 34 条，新建村级混凝土道路 534 条；新建、改建市级公路桥梁 140 座，县级公路桥梁 166 座；形成了四通八达的道路交通体系。90 年代中期，全县邮电通信迅猛发展，并且实现综合管理计算机化，在市郊率先跨入国际行列。供电设施齐全，供电能量不断增强，1999 年起全县年用电量达到 10 亿度以上。

## 三、住房建设

### 【住房制度变革】

80 年代以前，全县城镇居民的住房主要依靠国家投资统筹。以南桥镇为例，1955 年，国家首次投资 3.5 万元，于今宏伟路东侧建造县直机关住房 0.1 万平方米。至 1992 年共计拥有国家统建住宅 50.83 万平方米。1988 年 1 月，国务院召开全国住房制度改革工作会议，确定了推行住房商品化的房改整体方案。8 月县政府召开房改动员大会，拉开了房改工作的序幕。按照市统一部署，县房管所对公有住房承租的住房状况、家庭收入、房租水平和企事业单位的建房现状、住房资金来源进行调查，总计涉及 2 万余户职工家庭和 500 余家企事业单位，同时对房租进行分析测算。1991 年 7

月县住房制度改革领导小组成立,9月县住房委员会成立,各单位也相继成立房改组织机构。1992年5月1日市住房制度改革方案在郊县实施,其内容是推行公积金、提租发补贴、配房买债券、建立房委会。全县527家单位的55 013名职工如期缴纳住房公积金,14 641户公房承租户领到了住房补贴,9户社会困难户的房租得到减免。1993年县住房公积金运用中心成立。1991—1996年,全县在住房制度改革中共汇集资金3.76亿元,其中住房公积金2.73亿元、配套住宅建设债券0.01亿元、旧公房售出款1.02亿元。通过住房制度改革,形成了国家、集体、个人三结合筹资建设住宅的机制,从根本上改变了由国家全包的建房、配房办法。

### 【农村住房建设】

1985年奉城等乡镇引导农民进镇自建住房,鼓励集体单位建造职工住房。1987年各镇先后启动集资房建设,县城乡建设工程公司则推出首批商品房4 400平方米。90年代初,是县域农村楼房建造的高峰时期,草房基本停建或作畜棚、仓库之用。1996年,农村新建楼房343.92万平方米,创全县历史新高。1997年后,大批农民进城购买商品房。1999年起,全县住房建设、小区建设质量不断提升,一批高档小区先后创建为"完整街坊"。2000年,奉贤海湾旅游区与浙江省嵊泗县联合开发滩浒岛,岛上65户渔民移住奉贤海湾旅游区,新建楼房7 800平方米。2001年,193户三峡移民定居奉贤,新建楼房2.62万平方米;全县建成新村、小区166个,建筑面积910.94万平方米;建成高层建筑11幢;建制集镇开发商品房、建造集资房和职工住宅617.46万平方米。百户农村住户住房面积14 079平方米。全县住房面积增至3 334.85万平方米,其中农村住房2 221.51万平方米,分别比1985年增长134.03%、79.34%。

## 四、奉浦大桥

建奉浦大桥前,县境内北大门西渡与闵行地区隔江相望,唯有西渡—闵行客货轮渡为贯通沪杭公路至上海市区之要津。80年代以后,沪杭公路及西渡轮渡运量逐年增加,形成全县交通枢纽的"瓶颈"。1986年6月25日,市委办公厅《内参信息》上刊登《奉贤县要求在西渡口建桥解决浦江车辆摆渡难》一文。1987年在市八届六次人代会期间,作为市人大代表的县委、县人大常委会领导郑重提出在西渡口建造黄浦江大桥的议案。1988年3月,县委、县政府将建造黄浦江大桥列入工作议程。5月28日成立县西渡浦江大桥筹建指挥部,委托上海市城市建设设计院、铁道部大桥工程局勘测设计院进行项目可行性研究。此后,由于筹资困难等原因,大桥筹建工作停顿。

1992年建造浦江大桥再次被提上县委、县政府的议事日程。8月成立县政府路桥指挥部。12月,市计委会发文同意奉浦大桥工程项目立项,建设资金由县负责筹措。7月18日,奉贤工贸总公司与澳门利联国际投资有限公司签订意向书,合资建造奉浦大桥(初称贵妃大桥)。1993年2月16日,市政府将大桥建造列入重大工程项目之一,计划于1995年建成通车。2月20日,县总工会、县团委、县妇联、县个体劳动者协会、县私营经济协会5家单位联合向全县人民发出为建设大桥捐资的倡议,共收到捐款778 278.96元。上半年大桥工程开始征地动迁。7月中旬,黑龙江省路桥公司施工队伍入场,进行大桥墩位试桩。年底因澳方资金拖延1年未到位,县政府同意终止合资建桥的合同。12月7日,市政府在奉贤召开研究大桥建设的专题会议,议定建立奉浦大桥建设有限公司,以股份制形式筹集资金,为市政建设开创一种新的机制。1994年1月27日,奉浦大桥建设有限公司成立,建桥资金来源包括奉浦大桥建设有限公司投资1.15亿元、向各银行借资、铁道部带资施工

5 500 万元、市建行信托投资公司于 1994 年 11 月 22 日发行奉浦大桥建设债券 6 000 万元以及社会捐资,共计资金 43 260 万元。3 月 8 日,市建委会批准奉浦大桥初步设计。3 月 18 日,奉浦大桥一期工程动工。

1995 年 5 月 23 日,中共中央总书记江泽民为奉浦大桥题写桥名。10 月 26 日建成通车。1996 年 8 月 22 日,县审计局对工程项目竣工决算做出审计意见,总概算 4.46 亿元,决算支出 4.35 亿元。1997 年,大桥获中国建筑企业学会"鲁班奖"。

# 第五节　土地整理复垦与延包

90 年代,奉贤县为适应快速发展的经济社会建设对用地的需求,有序开展土地整理,改善用地布局,减少建设用地外延现象;对农村闲置用地开展复垦,增加有效耕地面积,并及时进行延包,不断改善农业生产条件。

## 一、土地整理

80 年代中期,钱桥乡滕家村、青村乡吴家村等实施土地"格子化"平整,发挥先行示范效应。90 年代,随着经济发展加快,各项建设对土地的需求剧增,年均需非农建设用地 200 公顷~300 公顷。1955—1997 年,全县进行 11 次滩涂围垦,共获土地 101.97 平方公里。70 年代后期,围涂增地总量锐减,盘活存量势在必行。

1996 年,县里启动现代农业园区建设,需要平整土地。县委、县政府及时作出土地整理和土地复垦决策,解决土地供求矛盾。首先选择金汇镇新强村和西渡镇陈湾村、公谊村共 70.46 公顷土地进行整理。其中新强村整理土地 46.42 公顷,投入资金 1 180 万元,共搬迁 7 个自然村、12 家农户住房、1 个镇办种子场,填平 67 条废弃河浜,铲平高低相差近 1 米、大小不一的 350 余块地块,新开挖两条排水河道,并通过修筑道路,将平整后的土地划分为 100 米见方,即 1 公顷地块 40 方,每块耕地四周铺设水泥明渠,合理配置绿化,区域内埋设暗渠 2 条 4 000 多米,净增耕地 6.37 公顷。西渡镇陈湾村、公谊村整理土地 24.04 公顷,净增耕地 1.11 公顷。自此规模型、机械化土地整理在全县展开。

1997 年 4 月 15 日,中共中央、国务院《关于加强土地管理切实保护耕地的通知》下发,提出"各地区必须严格按照耕地总量动态平衡"的要求,"非农建设用地确需占用耕地的,必须开发、复垦不少于所占面积且符合质量标准的耕地"。县境内已经进行的土地整理工作受到国家和市有关部门的关注。5 月 23 日,国家土地管理局专程到县里对金汇、西渡镇土地整理示范田进行验收,并给予肯定。1997 年,县成立了土地整理领导小组,各镇相应建立农田整理指挥部。县政府就土地整理制定 3 项政策、6 条原则以及工作程序、质量标准等。3 项政策是:新增耕地减免农业税 3 年;土地整理中损害群众利益必须给予补偿;土地整理每公顷财政补助 7 500 元,2001 年另按净增耕地每一个百分点补 750 元。6 条原则是:群众自愿、维护农民利益、谁投资谁得益、不误农时、规模化、量力而行。质量标准是:土地平整,高低相差不超过 10 厘米;排灌畅通,地下管道深埋 50 厘米以下;大型农业机械可直接开进每一块田地。全县当年共整理土地 510.47 公顷,净增耕地 63.68 公顷,占整理面积的 12.47%。2001 年整理土地 1 242 公顷,净增耕地 162.52 公顷。单块面积趋大,有 8 块每块超过 33.33 公顷,有 18 块每块超过 20 公顷,齐贤镇齐贤、三长、陈家 3 个村联合整理的 106.4

公顷地块,是历年来最大的一块,净增耕地18.67公顷。1996—2001年,全县共整理土地4 877.83公顷,净增耕地676.8公顷。县财政补助4 817.73万元。1999年,奉贤县被国家国土资源部列为全国20个土地整理示范区县之一,16个镇的23块地块、1 974.67公顷耕地(2000年调整为1 183公顷)被列为国家级示范地块。

## 二、土地复垦与延包

1996年前,县内复垦还耕工作仅限于零星地块,数量不多。1997年始,对农村闲置的农民宅基地,集体经济组织遗留下来的农业仓库、场地、畜牧场,关闭或停产的村队工业用地及荒地、废弃河浜、低洼地进行复垦,沟、渠、路重新安排,县财政给予土地复垦资金补贴,宅基地、河浜、荒地每公顷复垦补贴1.5万元,复垦压毁的耕地每公顷另补0.6万元;2001年,宅基地、仓库、畜牧场复垦每公顷补贴7.5万元,河浜、荒地复垦补贴标准不变,压毁耕地不再补贴。1997—2001年,全县复垦土地149.4公顷,复垦补助615.28万元。其中闲置的农民宅基地2000年全部复垦。

1983—1985年,全县推行家庭联产承包责任制,中央规定土地承包期限为15年。1993年,中共中央提出第一轮土地承包到期后,承包期再延长30年不变。1999年5月,县委、县政府开始在邬桥镇耀东村进行农村第二轮土地延包试点工作。6月下发《关于开展土地延包,稳定和完善土地承包经营制度的意见》。6月16日,奉贤县第一批土地延包再延长30年签约仪式在邬桥镇耀东村举行,县领导为签约的4户农民颁发土地承包公证书。7—9月按"大稳定、小调整"的原则,在全县积极稳妥地展开,10月下旬全面完成确权、签约、公证、发证、归档。经村民代表会议讨论后,采取直接延包的村民小组2 126个、小调整延包的560个、调整后延包的75个,确权面积17 179公顷,暂缓确权面积3 014公顷,预留机动田5 228公顷,共签订土地承包合同94 507份,合同签订率占确权户数99.46%,已公证88 520份。造成暂缓确权和预留机动田数量较大的原因是,第二轮土地延包时农村劳力务工的不确定性,加上农业产出低、农民负担重,不少农户自愿放弃土地承包权。

# 第三章 经济全面发展

奉贤区在经济全面发展时期,把工作重点放在招商引资和做强输配电制造业。2001 年撤县建区,之后又对镇级行政区划进行两轮调整。利用这一契机,在经济发展中把招商引资列为重中之重,逐步加大引进科技型和劳动密集型项目、规模型企业及对土地利用率和资金产出率高的项目,引进瑞典宜家集团大型自用型物流分拨中心及三一重工股份有限公司的华东总部及国际贸易、产品研发、人才培训中心。不断提高区域输配电设备制造业能级,2002 年被市政府批准为"一业特强"特色产业。借助上海奉贤现代农业园区建设契机,逐步实现传统农业向现代农业的转变;积极实施"万家富工程",发展都市农业,逐步改变农村面貌,提高农业收入,改善农民生活。

## 第一节 招 商 引 资

县域工业较早实行"外引内联",从城市大工业中寻觅合作伙伴。1980 年 10 月,全县第一家联营企业上海玻璃器皿二厂头桥联营厂成立。1984 年 12 月,奉贤第一家沪港合作企业上海奉港空调冷冻工程有限公司成立。此后,奉贤工业"外引内联"形式多样。1985 年仅乡镇食品工业,就与外省市联合建新厂 50 家。80 年代,奉贤县的食品机械、纸箱机械、工业洗涤设备在国内市场上独占鳌头,可谓名噪一时,辉煌可鉴。进入 21 世纪,县委、县政府从区域实际出发,加大招商引资力度。

### 一、制定策略

1992 年,邓小平视察南方重要谈话发表后,县委、县政府把扩大外贸和联营作为主攻方向,加强对外宣传,加大招商力度,增加工业经济的有效投入,吸引大工业扩散加工点。1993 年继续主攻外贸、扩大联营、招商引资发展外资企业,是年落户外资企业 145 家。1994 年走内销与出口、合资合作与独资并举之路。1996 年抓住城市大工业调整改造的机遇,配合上海"东进南下"战略,加强横向经济协作;在一、二、三产业与基础设施、城镇建设等领域全方位吸引和利用外资。1997 年,吸引外资与吸引国内大企业投资并举、直接投资和间接投资并举、直接招商与委托招商并举,敞开大门,降低门槛,实行"一门式"便民服务。1998 年,上海市工业综合开发区及各镇经济园区相继建成并转入功能开发阶段,各种招商引资政策相继出台,招商引资走上快速发展轨道。

1999 年,全县形成二、三、一产业,外资、内资、集体、民营全方位的招商格局。2 月成立县人民政府招商办公室,是年各镇和经济园区相继设立招商办公室,并在市内、市外设立招商点。2000 年县委八届四次全会提出"全党动员,全民动手,全线出击,全年招商"的战略性口号。制定出台《关于进一步加强投资项目并联审批的意见》《关于方便企业登记的若干问题》两个文件,从入户和收费两个环节简化审批手续;推出"局镇挂钩"招商举措,充分发挥全县各行政职能部门和综合部门在招商引资工作中的作用,下发《关于实施招商引资"局镇挂钩"的通知》《奉贤县招商引资"局镇挂钩"工作考核实施办法》,要求全体机关工作人员在做好本职工作的同时将招商引资作为分内事来抓。

2001 年,奉贤区积极落实八届四次全会提出的"主攻外资、强化内资、注重实业、重视注册"的招商策略,形成"人人塑造奉贤形象,人人创造投资环境,人人参与招商引资"的招商氛围。2002年奉贤区"二、三、一"产业齐招商,开始注重输配电等特色产业的招商。2003年起,对引进实业型项目提出"三个注重"的工作思路,即注重科技型和劳动密集型项目共同引进,注重规模型企业的引进,以及对引进的项目要注重土地利用率和项目产出率。组织开展实业型项目"三早"即早建设、早竣工、早投产活动,取得一定成果。2004年起,配合区内输配电产业的发展,开始加大对输配电产业的招商力度,并开始尝试在境外推介奉贤,引进更优质的企业。2005年起,强化园区服务和管理,推动工业、商业和旅游业招商并举,加大商贸型企业招商力度。

## 二、开展活动

80年代起,奉贤县着重内资招商,乡镇企业与城市大工业合作,实行"内联"发展联营企业。1984年对外招商起步,初始缺乏经验,仅以项目中介引荐为主,形式单一,规模小,声势不大,引进外资步伐缓慢。1992年后,县委、县政府出台《关于进一步促进我县外引内联的若干政策意见》《关于印发〈调整完善促进我县外引内联的若干政策意见〉的通知》《关于加快奉贤私营经济发展的若干政策意见的通知》一系列政策,加大招商引资力度,并采取灵活的招商措施,特别是县、镇两级政府和职能部门介入和参与,推动全县招商活动蓬勃展开。招商活动以召开项目签约会为主,兼以综合性招商会、投资环境推介会、产业发展说明会等。至2001年,全县共组织召开综合性招商活动24次,投资环境推介会5次。

2001年1月5日,县招商工作会议确立"3个突破",即引进外资实现重点突破、引进内资实业型项目争取新的突破、引进注册型企业实现量的突破;"5项措施",即招商与服务并重、招商与管理并举、内资与外资并举、走出去和请进来并举、完善落实招商引资的各项政策。之后进一步加大招商推介活动力度。是年先后在上海、浙江、广东等地召开投资推介会。其中,7月26日在上海金茂大厦凯悦大酒店举行的上海奉贤投资招商会,现场签约项目36个,意向投资总额36亿元,其中外资3.23亿美元。2003年8月1日—10月31日组织开展"后非典"招商大擂台竞赛活动,进一步推动招商引资工作。2004年成功举办境外驻沪机构参观奉贤一日活动,在日本大阪、东京分别举办投资环境说明会,在中国香港举行两场招商会,招商触角伸至港澳地区及境外,全区共引进实业型内资项目到位资金87.2亿元;合同外资4.83亿美元,外资到位资金2.1亿美元;注册型企业完成纳税总额18.3亿元,净增纳税总额7.65亿元。2005年在日本东京、韩国大田和中国上海、香港等地举办多场输配电产业、光仪电产业和物流装备方面的专题招商会。2006年在德国、澳大利亚等国和中国香港、北京、深圳等地举办多场专题招商会,进一步提高奉贤区的知名度。年底,全区完成内资到位资金70.89亿元、合同外资5.07亿美元、外资到位资金2.77亿美元。2007年在日本、澳大利亚等国和中国台湾、香港、深圳、宁波等地举办多场专题招商会,大力推介奉贤。年底,全区完成内资到位资金57.78亿元。实现合同外资5.14亿美元、外资到位资金2.71亿美元;注册型企业完成纳税额39.6亿元,比上年增加5.5亿元。2008年,区招商引资工作紧紧围绕"三区一基地"建设,突出优势产业,在日本以及中国香港、深圳、保定举办专题招商会,参加多场国际展览展示会和商务考察活动,大力宣传区域投资环境和产业优势。

## 三、招商成效

自1999年建立县、镇两级招商机构以来,奉贤区(县)招商步伐逐步加快,招商成果不断扩大。

1999—2001年,全县共引进项目11 984个,审计到位资金136.18亿元,不包括2001年未审计的注册型项目到位资金。2001年,区地方财政收入达9.2亿元,分别比2000年和1999年净增2.5亿元、3.5亿元。2005年,全区合同利用外资5.51亿美元。内资项目从联营企业发端,拓展到国内一批民营企业和其他所有制企业到奉贤落户或注册。世界500强企业美国通用电气、德国西格里碳素集团、比利时优西比特化工有限公司等落户。其中瑞典宜家集团投资建设的大型自用型物流分拨中心一期仓库于2009年1月投用,三一重工股份有限公司投资200亿元建立的华东总部及国际贸易、产品研发、人才培训中心于当年8月投用。

镇级招商业绩稳步上升。1999年,县政府把招商引资业绩列入各镇、经济局和直属公司考核内容,每年年终公布招商成果。1999—2001年,全县21个镇共引进项目10 569个,奉新镇因筹建海湾旅游区未计入,其中引进实业型项目1 840个、注册型项目8 725个,引进实业型项目到位资金74.87亿元。

经济园区、企业集团、部委办局招商力度持续加强。2000年全县参与招商引资的部委办局单位58个,共引进项目199个,其中引进实业型项目49个,到位资金1.01亿元;注册型项目150个,引资金额2.77亿元。2001年参与招商引资的部委办局单位55个,共引进项目128个,其中实业型项目41个,到位资金2.97亿元;注册型项目87个,引资金额1.95亿元。鼓励"局镇挂钩",业绩同时作为各镇、经济园区、直属公司招商成果。1999年,上海市奉浦开发区、奉贤海湾旅游区和县直属企业集团共引进实业型项目141个,占全县引进实业型项目总数1 345个的10.48%,共引进项目到位资金3.99亿元,占全县引进实业型项目到位资金总额23.66亿元的16.86%。2010年,全区经济园区和直属企业集团共引进实业型项目到位资金76亿元,实现合同外资4.2亿美元,到位外资3.2亿美元,注册型企业完成纳税额64亿元。

# 第二节　重 点 产 业

2001年起,区里根据国家和上海市的相关战略和规划,依托已有的输配电设备及配件制造产业基础,开始实施重点发展战略。通过加大输配电产业的扶持力度和扶持面,促进企业做大做强,带动区内更多的配套企业发展,培养和形成规模较大的以产品配套为纽带、以龙头企业为核心的输配电企业群体,打造成集研发、制造和营销为一体的国际级输配电产业基地。

## 一、抓住机遇

2000年,上海市为建设"四个中心"实施了工业布局的调整和转移,提出了"外环线外发展大规模制造业"的工业布局方向,为县域经济特别是输配电特色产业的发展带来了机遇。输配电产业是区域的一大特色,也是工业经济的"重头戏",起步于80年代,大发展于90年代,拥有上海广电电气(集团)有限公司、上海柘中(集团)有限公司、上海海滨电气实业有限公司、上海市南变配电站服务有限公司等一批名优企业。

2001年,奉贤区在市政府产业发展规划中定位于上海输配电产业基地,2002年被市政府批准为"一业特强"特色产业。区委、区政府依据国家有关政策和市对奉贤输配电行业的扶持政策,结合自身实际情况,大力扶持发展输配电产业。2002年2月,区特色产业发展领导小组、区特色产业发展基金理事会相继成立,出台《奉贤区特色产业发展基金会管理办法》等。

2002年3月、6月和10月，区政府联合市发改委、市经委，分别在温州市、上海市区和西安市举办上海（奉贤）输配电特色产业发展战略说明会，3次招商会共引进输配电项目30个，协议投资总额10.31亿元，合作意向项目25个。7月，区政府与上海电气控股（集团）公司签订《市区联手共同推进特色产品发展合作协议》，把输配电特色产业发展推向了新的高潮。11月，区政府组团参加第四届上海国际工业博览会，设立奉贤输配电特色产业展览区，在长江沿岸中小城市投资项目洽谈会上，区经委发表了"上海（奉贤）输配电特色产业发展战略"的演讲。飞洲电器、双菱电器、中发电器、海天电器等浙江民营企业纷纷来区域兴办输配电企业。美国的通用电器、日本的富士通电机、英国的ABB等国外跨国公司也先后在奉贤区投资组建输配电企业。2002年，全区被列入市政府"一业特强"扶持体系的"变压器制造业、整流器制造业、电容器制造业、开关控制设备行业和其他输配电及控制设备制造业"企业120家，其中经市有关部门认定为特色产品目录企业有66家，完成产值23.63亿元，比2001年增长38%；实现销售收入22亿元，增长30%；实现利润0.97亿元，增长31%；上缴税金0.99亿元，增长41.4%。主要分布在南桥镇23家，柘林镇20家，新寺镇8家，泰日镇和光明镇各4家，邬桥镇和钱桥镇各2家，金汇镇、庄行镇、胡桥镇各1家。按产品分类：变压器制造企业7家、开关控制设备企业46家、其他输配电及控制设备制造企业13家。

## 二、建设基地

2007年8月经国家科学技术部火炬高新技术产业开发区认定，国家火炬计划上海奉贤输配电产业基地（简称"基地"）正式被同意建立。基地建设在上海市工业综合开发区A区二期，产业面积7.6平方公里；产品主要包括五大方面：变压器制造业、整流器制造业、电容器制造业、开关控制设备制造业、输配电及控制设备制造业，是市重点支持的输配电项目。

随着基地建立、政策支持、资源集聚，以基地为载体的奉贤输配电产业迎来了快速发展期。一方面，区委、区政府提出"一业特强"及优势产业发展的方针，制定实施《关于加快输配电特色产业发展的若干意见》等配套政策，对输配电产业落实高新技术企业、财政贴息等优惠政策；另一方面，基地机制顺利运行，担负起对全区产业的管理及指导、对企业的宣传及创新引导工作。

同时通过政府的招商引资，奉贤区加大与输配电产业发达国家、地区的经济合作，许多国内外知名输配电企业入驻新建成套、元器件和配件制造企业，建立企业营销网络，使奉贤输配电特色产业的发展融入长三角和世界一体化范围。

## 三、形成规模

2005年在市、区两级政府的积极扶持下，区域输配电企业发展到150余家，其中规模以上企业71家，实现工业总产值55亿元，占全区工业总产值的7.2%。一大批名特优产品脱颖而出，扩大了市场占有率，提高了对外影响力，整体竞争力有了新的提升。上海柘中（集团）有限公司生产的WZI-10金属铠装抽出中置式开关柜和35千伏及以下高低压开关柜被评为上海市名牌产品，"柘中"牌获上海市著名商标；9家企业的18个输配电系列产品获评市行业名优产品；6家企业被评为市高新技术企业；4家企业的产品分别获得"2005年度上海市专利新产品和区引进技术的吸收与创新项目"称号。上海华明高压开关有限公司生产的组合电器、断路器、高压隔离开关都达到国际先进技术水平，作为国家重点项目的葛洲坝水电站二期建设中就采用了该公司的产品。上海柘中（集团)有限公司的封闭式开关设备在上海的地铁、上海浦东国际机场等重大工程建设中被采用。上海胜武电器有限公司的智能化电器控制系统被上海洋山国际航运中心、北京奥运工程、成都地铁工程采用。

2006年，区域输配电产业已由分散型趋向集聚型，形成南桥、柘林、青村三大输配电企业集聚区。2009年，奉贤县被市政府批准为上海市智能化电网产业基地。2010年完成工业产值121亿元，占全县规模以上企业工业总产值的9.4%。区域基本形成新能源发电、储电、输配电、用电设备等相对完善的产业链，为发展智能电网设备产业打下扎实的基础。

# 第三节 都市农业

1998年起，县里在全市较早地探索发展都市农业道路，通过调整农业生产布局，推进农业产业生产，发展农业社会化服务载体，建立农业综合示范基地等多种有效形式，走出一条高效、生态、创意的农业发展之路。

2008年，奉贤区庄行镇建成花米庄行(奉贤区志办提供)

## 一、布局调整

90年代末，随着经济发展和城市建设带来的城市功能的变动与城区的扩展，促使农业生产用地不断减少，农业增加值占全县生产值(GDP)的比重逐年降低。为了巩固农业的基础地位，增强在区域经济发展中的应有功能，进入21世纪，奉贤区着手探索农工贸一体化、技术资金集约的以农产品加工、观光休闲等为特征的多元化、综合性都市农业发展道路。

2003年调整农业区域化发展布局，形成东、南、西、北、中5个板块。东部泰日、洪庙特种禽培育，发展特色农业；南部柘林水产养殖，营造水产大区；西部庄行、胡桥经济林和生态绿化苗木基地，发展绿色产业；北部西渡出口蔬菜和出口花卉生产，发展创汇农业；中部青村与塘外小水果种植区、海湾四季林、现代农业园区恢复自然生态园为主，发展旅游农业，建成十大环境旅游生态农业景点。

2005年根据都市农业发展的总体要求，结合农业资源现状以及发展趋势，发展点、片结合的农业综合园区和农业专业园区，快速形成"一区、一带、四片、多点"的区域都市农业发展新格局，实现农业的跨越式发展。"一区"即现代农业园区,发挥好聚集、带动、生态三大功能;"一带"即亭大公路以南,以碧海金沙人工海滩为轴心,建设集旅游、观光、休闲为一体,铸造具有海文化气息,以现代农业为特征,体现经济、生态的新型产业带;"四片"即以奉城市民农庄、泰日花卉基地、庄行景观农业、胡桥种源农业片,建立特色农业园区;"多点"即其余各镇根据需要与可能,建立大小不等的产学研、农科教、产加销一体化的各类专业园区。

2006年出台《上海市奉贤现代都市型农业先行区发展规划》,由1个市级农业园区上海奉贤现代农业园区和3个区级农业园区即上海申隆生态园和上海申亚花卉科技园区、柘林绿都农园、庄行现代农业园区构成,形成"1+3"的板块格局,使农业逐步实现三大转变,从依靠自然资源的粗放型发展方式,向智力、资本、技术相结合的集约式发展方式转变;从个体、分散的小规模经营模式,向以龙头企业、专业合作社为主体的组织化经营模式转变;从功能单一的纯农业态向多元业态转变。之后,深化"一核三区"理念,提出打造"一核四园",即以上海奉贤现代农业园区为核心,庄行规模农业园区,青村申隆、申亚生态园,柘林绿都农园和海湾都市菜园联动的都市现代农业发展为框架,形成全国一流的现代农业产业集群。2006—2010年,"一核四园"建设提升了区域农业集约化生产程度,农业集聚度达到70%。先行区占地4 400公顷,占全区农业可耕地面积的17%;产值8亿元,占全区农业总产值的22%,带动销售30亿元。其中上海奉贤现代农业园区成为全国的品牌,实现加工、服务业产值20多亿元。2006—2007年,又先后在吉林榆树市和黑龙江木兰县创建了两个以上海奉贤农业园区命名的省级合作农业园区。区域农业开始跨入"生态、高效、创意"型的都市高端农业发展轨道,农业科技化水平明显提高,农产品附加值不断提升,农业发展的内在活力得到了释放。1998—2007年,全区耕地面积减少20%,农业产值增加50%,农业增加值占全区(县)生产值(GDP)的比重高于全市平均水平3个多百分点。2007年实现产值30亿元,带动销售30亿元,都市型农业先行区成为全国一流的现代农业产业集群,显示出对全区现代农业发展的强劲辐射带动功能。

## 二、农业产业化

90年代后期,县委、县政府按照市场牵龙头、龙头带基地、基地连农户的思路,加快推进农业产业化步伐。一是形成农业产业发展特色化。2010年,特种水产、食用菌、特色瓜果花卉及珍禽为主的四大农业支柱产业集群分别占据上海市场的52%、37%、53%和64%。二是形成农产品销售品牌化。2010年,区域品牌农业在国内外形成较强影响力,获得了市级农产品品牌58个、市名牌产品9个、国家级农产品品牌11个。玉穗葡萄、丰科食用菌、高榕无公害蔬菜等一批品牌农产品受到好评。"锦绣黄桃"被国家质检总局认定为地理标志产品。三是形成农业业态发展休闲化。2006年,奉贤区在全国率先成立农业旅游协会,建成申隆生态园、都市菜园、海湾国家森林公园、金色田园、百枣园等206个各具特色的农家乐,形成了十大农业生态旅游景点、7条精品旅游线路。2010年,区各大农业旅游景点共接待游客533.1万人次,收入25.1亿元。四是形成农业经济开发功能化。奉贤区农业由产品开发向功能开发转变,农业的经济功能、生态功能、文化功能、社会功能得到深度挖掘。经过多年努力,形成具有观光、旅游、休闲、科普功能的生态景观农业;运用现代繁育技术、无土栽培技术、气候调控技术、标准化技术等前沿技术的生物科技设施农业;以产业链、产业群集聚、联动为导向,依托龙头企业,产销两头在外,辐射市内外农户的产业化精深加工农业。五是成立上海农村产权交易所,创立农业资本交易新平台。奉贤区借助上海国际金融中心建设动力,积极探索利用资本市场平台,推进农业产业化、资本化发展。2009年9月18日,上海农交所揭牌,首批推出

140 宗挂牌项目,涉及农村企业产权转让、农村土地承包经营权流转、农业技术转让、农业设施租赁权转让等,涉及金额 3.54 亿元。试运营期间,又开发九大范围 4 大类项目 112 个,涉及资金 4.33 亿元。同时,储备项目 100 余个,涉及资金 5 亿多元。

## 三、社会化服务

迈入 21 世纪,奉贤区先后探索农业经纪人、农业龙头企业、农业行业协会和农民专业合作社 4 类为农服务载体。

### 【农业经纪人】

1985 年,长途贩运的经纪人取得合法地位,在市场营销中发挥重要作用。1998 年,全县农副产品经纪人发展到 4 000 余人,位居市郊前列。5 月,县农委率先召开营销经纪人座谈会。6 月,县政府召开全县首次营销经纪人会议,颁布有关市场营销及经纪人的"农业 10 项优惠政策",规定"对帮助全县农户营销农副产品的经纪人,由县工商部门培训、考核、登记后印发营销证,应税项目 3 年内实行税收优惠政策",并确定每年在全县范围内评选优秀农副产品营销经纪人 10 人,由县政府给予每人 0.5 万元~1 万元奖励。通过抓队伍、定政策、发证书,在全市率先规范农副产品营销经纪人行为,155 名营销经纪人获得市工商局认可的准销合格证书。12 月在上海市农业产业化领导小组和《东方城乡报》联合举办的上海农村农产品营销组织、营销大户评选活动中,奉贤县 7 个营销组织、7 名营销大户同时跻身"十佳"营销组织和营销大户行列。1999—2001 年,县委、县政府每年召开农业表彰大会,其中被评为"十佳"营销大户的累计 30 人次。2000 年 3 月,奉贤正式成立市郊第一家经纪人协会。是年,全县各类农副产品经纪人 4 500 余人,其中 247 人获得市工商局颁发的准销合格证书;年销售额 500 万元以上的经纪人有 70 人,10 万元以上的有 650 人;年销农副产品总量 5.5 万吨,销售额 2.7 亿元,其中赵三宝年销售罗氏沼虾 2 000 吨,占全市市场沼虾销量的 90%。2001 年,经纪人队伍发展到 5 000 余人。

### 【农业服务组织】

1999 年,农业产业化组织有 12 家,其中龙头企业带动的 2 家、中介组织带动的 10 家,固定资产总额 1 556.8 万元,带动农户 3 290 户,生产基地 2 797.21 公顷,畜禽饲养 430.9 万只,销售总额 2.78 亿元,农户年新增收入 466.8 元。2001 年农业产业化组织增至 21 家,实现销售 3.31 亿元,带动农户 6 000 余户。上海青长蔬菜有限公司、上海高榕食品有限公司奉贤加工中心、上海丰科生物科技股份有限公司一批产业化龙头企业先后投产。2004 年经全国农业产业化联席会议认定,上海大山合集团有限公司入选第三批 210 家农业产业化国家重点龙头企业。2010 年累计组建为农综合服务站 83 家,为农业、农民、农村提供了包括信息、技术、农资、卫生、销售等全方位服务;累计组建各类涉农研究所 27 家,占市郊同类研究所总数的 50%以上,完成科技项目 140 多项,获省市以上专业奖项 80 多项,获得国家专利技术 100 多项,自主开发中试示范应用技术成果 50 多项,创新成果近 70 项。

## 四、综合示范基地

1999 年,奉贤县与上海农科院联合建立农业科技综合示范基地,分布在四团、青村、奉城、江海、西渡、金汇6个镇以及奉贤现代农业示范区、西渡高优高农业示范区、奉浦园艺场。首批建设项目有万亩水稻良种示范推广、"双低"油菜示范推广、特色食用菇类示范推广、优质果树示范推广、名特优蔬菜新品种示范推广、大中型猪场标准生产模式示范推广6个。2001年均取得明显成效，其中"水稻良种示范推广"项目，先后推广种植杂交水稻"申优1号""八优161"，较原主栽品种增产12％以上，增收1 400万元。"双低"油菜示范推广项目，较原主栽品种增产15％，增收913万元。优质水果新品种示范推广项目，使全县600公顷黄桃产量、品质有较大提高，平均每公顷增收6 000元以上。特色食用菌菇类示范推广项目，以点带面辐射示范户200户，品种增加4个，总产量比实施前翻一番。名特优蔬菜新品种示范推广项目，共引进叶菜类、豆类、瓜类新品种23个，推广面积930公顷，平均每公顷产值9万元以上，提高效益1.2倍。大中型猪场标准生产模式示范推广项目，通过配套组套"种、料、病、管"标准生产模式，料肉比下降，产仔率、成活率提高，累计节约成本1 180万元。

# 第四节　万家富工程

农村改革推进农业经济的迅速发展，农民收入的逐年增长。但90年代起，农业生产结构性矛盾日益突出，优质农产品相对不足，低质农产品生产过剩，农业比较效益下降。1996年以后，农副产品销售不畅，价格下跌。以县域主要农产品每千克收购价格比较：1995年稻谷2元、小麦1.46元、大麦1.4元、油菜籽2.91元；1999年稻谷1.26元、小麦1.14元、大麦0.84元、油菜籽2.35元。按以上4个品种全县总产量的价差计算，1999年农民总收入减少1.75亿元。同时随着乡村企业转制，农民就业能力减弱，工资性收入减少。1995年，全县镇、村企业从业人员13.2万人，1999年减至8.5万人，部分务工农民转移至私营、合资企业，而大多数则回流农村；2000年净回流农村劳动力累计3万人，城乡差距又一次拉大。

1999年第二季度始，县委开展调查研究，广泛听取农村干部和农民的意见，想办法增加农民收入。2000年1月，中共中央、国务院下发《关于做好2000年农业和农村工作意见》，提出为适应农业和农村经济发展新阶段的要求，要大力推进农业和农村经济战略性调整，全面提高农业和农村经济的素质和效益，增加农民收入。据此，县委、县政府决定实施"万家富工程"。

## 一、内容

2000年3月，县委、县政府发出《关于全县开展"万家富"工程的通知》《关于实施"万家富"工程的方案》。万家富工程的主要内容是，动员和引导农民特别是低收入农户从事"小果园、小鱼塘、小畜禽、小菜园、小经作（经济作物）、小苗圃、小庭院、小流通、小加工"（简称"九小"项目）等生产经营活动。以"九小"项目为内容，以增加农民收入为出发点和落脚点，以调整优化农业产业结构为主线，要求各级干部和有关部门积极引导农民调整，指导农民种养，帮助农民销售。工程分3年实施，2000年为起始年，按年度对各镇考核验收。考核的标准是，以户为单位，从事"九小"项目一种以上，每户纯收入达到1万元以上。计划2000年、2001年、2002年的达标户数分别为10 210户、17 500户、25 245户，共计52 955户。

## 二、做法

2000—2002年，县（区）委、县（区）府通过建立机构、广泛宣传、推广科技、加强指导与扶持等，稳步推进种植业结构调整的步伐,调整粮食、经济作物的比例,增加农民收入。具体通过以下步骤推进。

### 【建立机构,制定计划】

2000 年 3 月,各镇建立由主要领导牵头、分管领导负责的"万家富工程"领导小组,下设办公室,落实责任制;按照年度达标任务,制定 3 年工作规划,分期实施,逐步推进。11 月建立以县委副书记、副县长为首的"万家富工程"领导小组,成员有县级机关和相关部门负责人共 19 人。

### 【广泛宣传,吸引参与】

运用新闻媒体等多种宣传形式,引导广大农民转变观念,提高自身素质,增强市场经济和现代农业意识,按照"宜工则工、宜农则农、宜商则商,一业为主、各业发展"的原则,自行选择合适的"九小"项目。2000 年有 11 693 户农民投入到"万家富工程"。其中,从事小果园、小菜园、小苗圃、小经作、小庭院项目的有 2 368 户,主要种植桃、橘、梨、柿、枣、草莓、西瓜、甜瓜、甘蔗、蔬菜、花卉、食用菌、浅水藕、鲜食糯玉米等品种;从事小畜禽、小鱼塘项目有 3 411 户,主要养殖猪、羊、鸡、鸭、鹅、兔、鹌鹑、肉鸽等畜禽,及鱼、虾、蟹、甲鱼等水产品;从事小流通、小加工项目的有 5 914 户,主要经营运输、商业、营销,及家庭作坊和小型企业等。

### 【推广科技,搞好服务】

县委组织部举办党员干部实用技术培训班 32 期,3 422 人受训;县科委、文化局开展科普下乡活动,向农民发放科普资料和赠送科技图书;县农委组织编辑《万家富农业实用技术》,分发到农村干部和农民手中;县妇联组织农村妇女推广"食用菌周年生产"新技术,并多次举办种植、养殖技术讲座,有 3.5 万名农村妇女受训;县工商局举办农产品营销经纪人学习班;2001—2002 年,县、镇农业部门开展"结对致富"活动,共有 1 711 户低收入农户受益;同时还选派 600 余名联络员下到农业生产一线,帮助农民调整生产品种、疏通销售渠道。

### 【信息指导,搞活流通】

建立奉贤县农业信息服务中心,及时提供市场供求、产品价格及新品种与新技术等信息,为农户提供"因特网"交易服务。工商、税务等部门开办集贸市场,搞活农产品流通,解决农民的"卖难"问题。同时,鼓励和支持农民进入流通领域,发展和规范农民经纪人队伍,建立营销新经济组织。2000 年有各类农业协会、联合会、配送中心等新经济组织 104 家。

### 【资金扶持,政策配套】

2000 年由县直属部门和单位共同出资 42 万元,资助 92 户农民发展种植、养殖业。2001 年,县财政拨款 50 万元,扶持 200 户农民;另为农户贷款贴息 38.6 万元。2002 年,财政拨款 192 万元,扶持 3 840 户建造农业大棚。各镇分别以贴息、补贴、奖励的方式,对低收入农户的生产活动予以资助。"万家富工程"实施过程中,各有关部门通力协作,在土地、道路、用水、用电、办理执照等方面提供方便。

## 三、成效

在"万家富工程"实施的 3 年间,2000 年 11 693 户农户参与,比计划户超 14.5%,达标率

100%;户均纯收入 1.89 万元,其中小加工项目有 2 143 户,户均纯收入达 2.78 万元。2001 年 18 376 户农户参与,比计划户超 5%,实际达标户 18 304 户,达标率 99.6%;户均纯收入 2.07 万元,其中小加工项目有 3 805 户,户均纯收入 3.19 万元。2002 年 27 220 户农户参与,比计划户超 7.8%,实际达标户 25 859 户,达标率 95%;户均纯收入 2.07 万元,其中小加工项目有 5 618 户,户均纯收入 3.32 万元。

　　"万家富工程"不仅使农民收入有较大幅度增长,2000—2002 年,全县(区)农民年人均纯收入分别为 3 574 元、4 027 元、4 501 元,分别比上年增长 4.8%、12.7%、11.8%;而且使农民积累了有效提高农业生产效益、增加收入的经验,并持续发挥作用。县(区)委、县(区)政府两次召开总结表彰大会,对 25 个示范村、100 户达标农户、18 个优秀组织单位、70 名先进个人给予表彰和奖励。

# 第四章　滨海新城崛起

　　奉贤区在滨海新城崛起时期，把工作重点放在建设南桥新城，推进城乡统筹，加快经济转型。通过南桥新城建设，逐步形成"1750"滨海城镇体系，即1个南桥新城，奉城、海湾、柘林、青村、金汇、庄行、四团7个专业特色新市镇，50个左右中心村；大力扶持中小企业发展，调整区域三次产业结构，提高二、三产业比重，逐步增强市场意识，提高竞争能力；推进宅基地置换，实现农民、土地、工业"三集中"，提高区域生态环境质量；积极开展"敬奉贤人，见贤思齐"主题实践活动，提升市民人文素质和精神文明水平。特别是全市宅基地置换试点单位之一的青村、庄行试行的"新华模式""北唐模式""新叶模式"走出农业地区实施新农村建设的新路；弘扬"贤文化"作为精神文明建设的重要载体，也得到中央精神文明办的肯定和推广，体现了区域特点。

## 第一节　南　桥　新　城

　　南桥新城（简称新城）是上海市"十一五"期间提出的"1966"城乡规划体系中9个新城之一，是上海市"十二五"期间重点推进建设的三大新城之一。2008年，奉贤区启动建设南桥新城，明确提出"低碳、生态、智慧、宜居"的发展理念。2010年，一个全新的南桥新城正在逐步建成。

### 一、规划编制

　　区委、区政府历来高度重视城区总体发展规划的研究和制订，2002年就举行国际招标，来自澳大利亚、意大利等国的设计公司和上海市城市规划设计研究院等国内单位参与投标，形成完整方案。2005年明确作为全市9座新城之一后，区委、区政府加快新城总体规划的研究和编制工作，2006年9月，《南桥新城总体规划（2004—2020）》得到市政府批复同意。主要包括4个方面，即新城规划范围、规划功能定位、规划总体布局，以及新城道路系统。2008年1月成立南桥新城开发管理委员会并下设办公室，统领新城的规划、开发与建设。规划控制范围南至平庄公路，西至沙港，东至金汇港，北至大叶公路，用地面积84平方公里。设想2010年人口规模为28万人，城市建设用地为21.31平方公里；2020年人口规模为45万人，城市建设用地为31.91平方公里。将形成"五心五片区"的总体布局结构，其中，老城区为商业及公共活动中心，北部城区为商业服务副中心，东部新区为现代服务业集群的商贸服务副中心，西部新区为商务及文化综合副中心，北部新区为景观功能中心。老城区与北部城区为建成城区，面积约13平方公里；剩下3片城区均为新建城区。首期开发就将打造一个以现代服务业中心和休闲游憩中心为特色，以居住生活、商务办公、休闲游憩、商业服务等功能为主的城市综合新区。周边分布有上海市工业综合开发区、上海市闵行出口加工区、上海星火开发区及上海奉贤现代农业园区，亦已成为新城的产业支柱和入住人口资源。

　　2010年7月又制定《南桥新城总体规划修编（2010—2020）》，获市政府批复同意，明确提出建设成为"上海杭州湾北岸综合性服务型核心新城、上海服务长三角南翼以及大浦东开发的重要门户枢纽"的功能定位和坚持"低碳·生态·智慧·宜居"的城市发展理念。规划范围也调整扩大为北至大叶公路,东至浦星公路,南至上海绕城高速公路(G1501),西至南沙港和沪杭公路,总面积71.39平方公里。新城增长边界南至平庄公路,规划控制面积约84平方公里。设想2020年人口规模为75万人~100万人,空间结构为"一核联四片、一环串两带":"一核"是由2.53平方公里的"上海之鱼"和4.78平方公里的中央生态公园构成的城市生态核心区,"四片"是老城、城北、城南三大综合片区和一个产业片区,"一环"是指浦南运河、金汇港等自然水系形成的环状生态绿带,"两带"是解放路公共服务带和金汇港生态景观带。即以生态核心区辐射四个片区,依托一环两带,塑造"上海风情,贤韵水乡"的新江南城市风貌。

## 二、总部商务区

南桥中小企业总部商务区(简称总部商务区)位于新城的生态核心区,是2007年3月经市经委命名的全市首批20个现代服务业集聚区之一,也是全市唯一以"中小企业总部经济"命名的集聚区。总部商务区既是新城的重点开发区域,也是新城发展现代服务业、实施总部经济战略的重要载体。

2007年2月,区政府成立南桥中小企业总部商务区建设推进领导小组,下设办公室。2008年1月,南桥中小企业总部商务区正式开园;8月将商务区推进办与南桥新城办合署办公,明确南桥新城公司作为商务区开发建设的主体。2007年7月,区规土局与同济大学建筑与城市规划学院完成总部商务区1.47平方公里的控制性详细规划研究,2010年1月完成修编并通过审批。总部商务区东至金海公路,西至沪金高速公路(S4),南至上海绕城高速公路(G1501),北至南奉公路,建筑总面积256万平方米,其中商业和商务总面积172.58万平方米、住宅83.47万平方米。功能配套和空间布局分为四大区域,包括总部办公区、商务配套区、商业休闲区及生活居住区,集中建设高品质、现代化商业楼宇、酒店和综合商业设施,形成企业总部商务特色鲜明、专业生产服务功能突出、商务旅游休闲集中的现代服务业集聚区。

2009年,区政府制定实施《关于鼓励企业入驻南桥中小企业总部商务区的若干政策》,于2009年第三届中国中小企业节在南桥新城举行时颁布施行。3月,南桥新城公司在浦东上海市土地交易市场推出首批7幅地块,正式对外招商。10月29日,中国中小企业大厦奠基仪式在新城举行,为国内首个为中小企业服务的集聚区,标志着总部商务区进入实质性启动。2010年底,总部商务区一期初现雏形,绿天商城建成并启动租售运营;百联南桥购物中心结构封顶;绿地望海新都B区4栋高层住宅建成并售罄,A区商办楼开工建设,主楼高138米。总部商务区二期南桥国际商业广场项目建成并开始租售。

## 三、大型居住社区

2010年9月29日,大型居住社区奉贤区南桥基地在新城正式开工建设,是上海市新一轮大型居住社区23个基地之一。范围东至浦星公路,南至上海绕城高速公路(G1501),西至金汇港,北至环城北路,占地约10.64平方公里,包括保留区域。规划建筑总量1 192万平方米,其中住宅建筑量约为911.66万平方米,容积率0.94。地区居住人口约为23万人,居住户数9万户。规划用3年~5年时间建设成为以居住生活、商务办公、休闲观光、商业服务等功能为主的城市综合新区。先期建设动迁安置基地分4个标段,占地88.33公顷。区政府成立区大型居住社区推进工作领导小组,下设推进办公室,分设综合协调、前期业务、法务维稳、动迁安置、工程建设、资金管理6个工作小组开展具体工作。为确保动迁工作顺利推进,在全区层面借调一批干部,建立一支70人左右动迁督导队伍,并对原分别隶属于部门和开发区两家动迁公司的人员进行整合,专业人员从60人增加到120人,加强动迁工作第一线力量。

与此同时,新城加大住宅及商业项目的开发力度。2010年3月19日,新城住宅和商业项目集中启动,包括绿地望海新都A区、恒盛湖畔豪庭二期、南方国际商业广场三期以及华商大公馆、银河丽湾、同盛南桥花园、汇贤铭邸、理想未来中心等,合计建筑面积116.38万平方米,涉及住宅71.53万平方米,商业、商务办公44.85万平方米。

基础设施建设同步推进。2010年完成百兴路等5条道路及其相关配套管线建设。启动虹梅南路至金海路越江工程、轨道交通5号线南延伸工程、"两路一带"西段民防工程、恒盛幼儿园、金海幼儿园、敬贤中学等重点项目建设。推进中心医院迁建工程。世界外国语学校、格致中学等优质教育资源在新城选址落户。

## 四、生态核心区

生态核心区是以中央生态公园及"上海之鱼"为核心形成的区域。采用"一核联四片"优势空间布局,以南桥中央生态公园为核心,四周以活水水网与绿化带对新城的产业、居住、商业等四大片区产生优势辐射。

### 【中央生态公园】

是一座整体规划面积4.78平方公里,规模赶超纽约中央公园的大型城市公园,位于S4(莘奉金高速)公路以东、金汇港以西、奉浦大道以南、航南公路以北。以"低碳生态"的建设理念规划南桥新城中央绿地,与"上海之鱼"共同构成整个新城的生态绿核,创建"低碳生态、智慧宜居"的现代化新城。涉及森林湿地区,面积约为211.33公顷,是构建生态系统及净化功能、游览、科普等为一体的区域;城市森林公园区,面积91.03公顷,依据周边地块统筹规划,为不同人群提供休闲度假的理想场所;综合商业区,面积为92.93公顷,为整个城市注入商业活力和经济动力;体育运动区,面积约为24.76公顷,包括体育场馆区及休闲运动区等。

### 【"上海之鱼"】

是由金汇港与浦南运河丰富的水景资源围合成的外围水系,并形成入口航道与鱼形内湖贯通,水上船只可以由此直通黄浦江,抵达上海市中心区域,直至进入东海,是一条全新的上海水上旅游观光线路。"上海之鱼"最早是作为"游艇基地"项目提出,并拟开挖人工湖"金海湖"。2005年经与美国朗润投资集团接洽并达成合作意向,高起点推进以游艇文化为核心的区域开发,正式提出"上海之鱼"概念。2008年9月,上海市规划管理局批复,"上海之鱼"规划水域面积71.03公顷(包括金鱼造型的金海湖与其环河),绿地面积66.3公顷;经营性用地80.71万平方米,建筑面积117.12万平方米,其中商业70.09万平方米、住宅47.03万平方米。2009年12月,第一期工程项目建议书获得区发改委批复,2010年9月28日正式动工。项目位于金海路以东、航南公路以南、金汇港以西、浦南运河以北,占地2.53平方公里,总建筑面积122.07万平方米,功能定位为新城城市客厅和景观核心的重要组成部分。"上海之鱼"的架构融合时尚元素,土地被塑造成鱼形,由鱼身、鱼尾、鱼鳍3

大湖面构成鱼身水体,形成以鱼身为中心的环形水道,沿岸规划建设高品质住宅及各类度假村、游艇俱乐部、休闲度假酒店、水岸商业街、会展中心等设施,是多位一体的新型主题国际社区。项目由美国朗润公司担任总顾问,一期、二期总投资1.86亿元。

# 第二节 扶持中小企业

中小企业在奉贤的经济社会发展中具有举足轻重的作用。2008年,全区中小企业纳税占96%,增加值占95%,吸纳超过90%的劳动力就业。为此,区政府千方百计做好服务,努力将中小企业做大、做强、做好。

## 一、政策平台

区政府从2006年起围绕中小企业发展,先后推出一系列扶持政策,特别是2008年5月发布实施《关于进一步促进中小企业发展的实施意见》,涉及科技进步、信息化改造、品牌战略、人才引进、新项目投入、中小企业准入等方面,并在进一步降低民营企业准入门槛、强化科技创新服务、实施品牌战略、鼓励技术改造等多方面提出了30条扶持政策。2009年相继出台《关于对工业标准化项目实施专项奖励的请示》《关于应对当前经济形势切实做好促进就业工作的若干意见》《关于加快发展新能源产业的若干意见》《关于加快发展生物医药产业的若干意见》《奉贤区关于进一步鼓励支持和引导民营经济发展的实施意见》等,分别在工业、新能源产业、生物医药产业以及企业就业等方面提供相应的政策支持。每年区财政扶持中小企业投入力度远远高于周边地区,2006—2010年,每年用于鼓励企业技术进步、技术创新、技术改造和品牌建设的扶持资金约2000万元;用于淘汰劣势企业、节能降耗等调结构的贴补约2000万元。各镇、开发区也纷纷出台相应政策,与区政府政策配套实施。南桥镇连续多年拿出上百万元,奖励区域内企业实施技术改造等项目。

## 二、融资平台

为帮助中小企业解决融资困难,1999年,区政府在市郊率先成立小企业贷款担保中心。2008年,区委、区政府领导带队,用两个月左右时间对100家重点企业和重点项目进行走访,帮助企业解决发展中面临的实际问题,又相继成立上海奉贤新发展小额贷款股份有限公司、上海奉贤绿地小额贷款股份有限公司、上海奉贤南郊小额贷款股份有限公司3家小企业贷款公司和1家浦发村镇银行,使中小企业在融资中有更多机会。其中2009年3月成立的上海奉贤绿地小额贷款股份有限公司,以3亿元注册资本的规模,成为全国最大的小额贷款公司。区经委企业服务中心通过与银行、担保、风投等机构的合作协调,积极搭建银企交流平台,为企业缓解融资难题。区小企业贷款担保中心逐步提高贷款担保风险责任,由原来承担本金的85%提高到95%,进一步提高各商业银行运作信用担保贷款的积极性。2010年累计开展各类金融服务活动11次,791家次企业参加,融资金额达6亿多元。

## 三、科技平台

2008年,区科技创新服务中心与全市11家优质技术经纪机构签约,先后派遣约400人的技术经纪人队伍,为全区科技型中小企业提供技术转移、融资等服务。依托区域内的华东理工大学、上海师范大学等8所高校,推动与企业的产学研深度合作。2008—2009年全区企业共获国家级、市级各类科技项目立项468项,获得7 314万元资助资金,技术水平与数量均有历史性突破。

2009年9月又在全市率先成立上海市高新技术产业化促进中心奉贤分中心,为中小企业提供又一科技服务平台。还相继成立上海生物医药产业基地、上海新能源产业基地、上海新材料产业基地、上海民用航空制造业产业基地,为直接接受市高新技术产业促进中心业务指导、加快项目推进提供有利条件。2009年,区财政对中小企业扶持资金为3.02亿元,其中技改贴息1 200万元,科技创新1 360万元,企业信息化改造、科技孵化基地建设、名牌产品及专利新产品申报、工业标准化建议等7 038万元。

## 四、服务平台

2005年,奉贤区在市郊率先设立中小企业服务中心,向企业公布服务热线,提供培育企业品牌,推进企业信息化,协助申报国家部委、市级有关中小企业专项资金,以及产品参展、教育培训等一条龙服务,让中小企业落户奉贤便能找到"家"的感觉。

2007年设立的总部商务区更为全区中小企业做大做强提供了机遇。总部商务区着力打造融资结算中心、物流采购中心、技术研发中心、信息咨询中心、法律维权中心、会务会展中心六大服务中心,成为区域中小企业和民营经济集聚和提升的重要发展平台。2009年,银联支付中心等一批企业已捷足先登,签约入驻。2010年4月28日,区中小企业经济纠纷调解工作室成立,同时组建法律风险防范机制工作小组,让入户中小企业的合法权益得到前置性的保护。是年10月,奉贤区承办第三届中国中小企业节,利用全国和海外商界人士聚焦的商机,共同谋划中小企业发展。

# 第三节 农民专业合作社

区域农村在传统农业向现代农业转变的过程中,农民的市场意识不断增强。2004年,农民专业合作社首批成立6个,之后得到较快发展。2010年,全区农民专业合作社296个,其中市级示范合作社52个、区级示范合作社40个,带动农户6.4万户,在市郊各区县中名列前茅。

## 一、组织形式

2004年初,县政府在总结建于1999年的塘外珍禽联合社经验基础上,着手推进农民专业合作社的组建,从年底的6个发展到2009年底的217个,遍布全区每个镇。出资成员近1.9万户,出资总额1.17亿元,带动周边农户5.5万户,总数达7.4万户,占全区从事第一产业农户数的86%。直接和带动经营的种植面积、养殖面积18 533公顷,占全区耕地总面积近70%。

217家农民专业合作社主要分7种类型。粮食种植类72个,占总数的33.18%;种植面积6 946.66公顷,占全区粮食种植面积的45%。蔬菜种植类23个,占总数的10.6%;种植面积1 513公顷,占全区蔬菜面积的35%。花果瓜种植类21个,占总数的9.68%;种植面积为1 320公顷,占全区花果瓜面积的50%。水产养殖类53个,占总数的24.42%;养殖面积6 666余公顷,占全区养殖面积的 72%。畜禽养殖类 33 个,占总数的 15.21%;养殖规模年上市生猪 10 万头、禽 2 370 万羽,占全区畜禽上市量的 55%。农机服务类 9 个,占总数的 4.15%;耕作面积 11 333 公顷,占全区耕作面积的 100%。综合类 6 个,占总数的 2.76%。

217 个农民合作社遵照国家《农民专业合作社法》的规定,按农民自愿、自治和"四民"即民办、民有、民管、民收益的管理原则,创立一条农民土地经营权入股、企业资金投入、科技人员参与、惠农政策扶持的经营组织形式。农民的土地使用权和经营权分离,社员享有的土地承包权利不变,由合作社统一经营。

## 二、经营模式

217 个农民专业合作社的组织经营模式主要有 5 种。

### 【龙头企业＋合作社＋农户】

占总数的 8%。是在农业龙头企业基础上发起组建的合作社。由合作社组织生产农副产品,按照企业的标准卖给农业龙头企业,由企业通过加工后再推向市场。合作社承担生产领域的风险,农业龙头企业承担市场领域里的风险。

### 【合作社＋基地＋农户】

占总数的 30%。是在某一个农产品生产基地的基础上,由基地的能人发起组建的合作社,再带动周边的农户。一般有成熟的市场和生产技能优势,广大农户就能依靠合作社进行技术培训、产品信息服务以及解决产品的销售。

### 【合作社＋农户】

占总数的 20%。是由生产同专业产品的几十家甚至上百家农户联合起来成立的专业合作社,民主选举出理事会、理事长,负责为广大农户提供产前、产中、产后的供种、技术、信息、销售等服务。

### 【专业协会＋合作社＋农业经纪人＋农户】

占总数的 35%。主要做到统一布局、统一供种、统一技术、统一销售等,具体耕作采取分散劳动。

### 【农业技术推广部门＋合作社＋农户】

占总数的 7%。是由农业科技推广部门的科技人员发起,将生产同类产品并有一定规模的农户组织起来成立专业合作社。合作社理事长负责对本社农户的产前信息、种源服务等。

## 三、政府扶持

2004 年 3 月,奉贤区农产品新组织联合会(简称农联会)成立,为合作社与政府架起沟通桥梁。区政府通过农联会对农产品专业协会和农民专业合作社以政策及财政支持,每组建 1 个协会、1 个合作社,区财政补贴 5 万元和 1.5 万元,为有条件的合作社积极向上申报项目。同时对合作社的税收采取先征后补的扶持政策。2004—2006 年先后有 25 个合作社享受项目补贴，仅 2006 年就有 9 个农民专业合作社得到 360 万元财政扶持项目，其中中央财政 10 万元、市财政 350 万元。出台合作社贷款担保规定，建立 300 万元财政担保基金，对合作社在购买农资等方面所需的小额贷款予以担保。至 2010 年底，帮助 72 个合作社获得信用贷资金 1.36 亿元，占全市合作社贷款 3.76 亿元的 36.2%。出台规范合作社办公场所、财务制度和决策顺序的相关规定，要求合作社成立后配备持证财务人员，统一实行小企业会计制度，每月 10 日前向区农联会上报月报表，每季度进行财务会审。上海沪哈南北粮食种植合作社、南北种源渔业养殖合作社等一批跨地区的合作社也在区域内出现，从而构建起一条南北联手合作、惠及农民、互惠双赢的通道。2006 年在国家发改委和农业部召开的农村合作经济交流会上，奉贤区作为先进典型在会上作交流发言。

2007 年 7 月 1 日，《全国农民专业合作社法》正式实施，农民专业合作社新的登记条例也相应出台，奉贤区随即对区内的合作社开展改制和重新登记工作，10 月 1 日对已有的 104 个农民专业合作社全部改制完毕。在提高农民组织化程度的进程中，区政府把住入口质量，围绕规范与发展，努力打造质量型农民专业合作社。2007 年 150 个农民专业合作社中，已通过无公害产品认证的有 5 个，通过安全卫生优质农产品认证的有 7 个，完成品牌商标注册的有 17 个。2008 年 14 个农民专业合作社被列入市首批示范农民专业合作社。

区里还积极为农民专业合作社提供科技服务，注重创建基层农业科技创新体系。2009 年底，全区有各类涉农研究所 23 家，占市郊同类研究所总数的 50% 以上，其中龙头企业型研究所 6 家、合作社型田头研究所 17 家；有研究人员 200 多人，其中中高级职称人员 49 人、专业技术人员 92 人、农民技术人员 60 多人；完成科技项目 138 项，获省市以上专业类奖项 80 项；创新成果近 70 项，获得国家级专利技术 94 项，成功孵化科技型农业企业 30 多家。

## 四、实施成效

一是降低生产成本，增加农户收入。合作社是通过国家工商行政管理机关注册登记获得营业执照的法人，可以团购生产资料、饲料等原材料，享受优惠批发价格，批零相差 10% 以上。二是提高科技含量，提高单位面积产量。因合作社有各类专业技术人员作科技支撑，对种源、栽培技术、防病除虫、水肥管理等做到统一培训，指导实施。生产经营的单位面积产量比单家农户种植要高出 6% 以上。三是打造品牌农业，提高农产品的知名度，增加产品附加值。2010 年，区域内获得"上海市安全、卫生优质农产品"认证的有 24 个，农业部无公害农产品认证的有 26 个，绿色农产品认证的有 8 个，有机农产品认证的有 17 个。上海行民粮食种植、上海万圣肉禽养殖、上海锦绣黄桃种植、上海康源虾业养殖等 17 家专业合作社，产品不但通过无公害农产品认证，而且产品品牌注册商标 17 个，如"行灵牌"大米、"圣华牌"肉禽、"锦绣"牌黄桃、"三坎"牌冻虾、玉穗葡萄、丰科食用菌、高榕无公害蔬菜等广受市场好评，农产品出口欧洲、北美和东南亚 69 个国家和地区。四是有利于农产品新技术推广和新品种的引进。如上海红艳山鸡养殖和上海欣荣大皇鸽养殖两家合作社，落实为成员服务，注重推广新技术、新品种的科技发展主战略。为提高养鸽、山鸡收益，成功实施"双雌配对"二母一公和山鸡笼养，推广人工授精，使每羽种鸽、种山鸡的经济效益提高 8% 以上。五是有利于耕地向规模经营集中，为发展现代农业奠定扎实基础。合作社实施规模化统一经营，更有利于提高土地产出率、资源利用率、劳动生产率、环保优化率。

# 第四节　宅基地置换

2000年后,奉贤区努力破解宅基地使用权权能不完整、实现方式单一等阻碍统筹城乡发展的制度性问题,稳妥地开展宅基地使用权的改革探索。2004年在试点基础上,形成多种模式,为逐步解决城乡二元结构提供有益的借鉴。

## 一、杨王村探索

2001年,南桥镇杨王村率先自发实施人口向城镇集中、土地向种田能手集中、工业向园区集中的农民宅基地置换,自筹资金搬迁老宅基地,集中规划建设本村的农民住宅,引导农民居住向新城、中心镇、农村新建居住点集中。杨王村农民宅基地置换的做法是,对农民旧住宅作评估,归村集体所有,统一拆除。旧房和新房的置换采用"双作价"形式。置换取得显著成效,一是农民的居住条件发生根本改变,住进环境优美、配套齐全、安全保障的新型社区;二是盘活存量土地,老房拆除后节余建设用地28公顷,通过土地复垦平整,净增耕地14.53公顷。村里对土地进行规划调整,形成工业小区、现代农业区、现代服务业发展区等几大区域板块。

## 二、新华、北唐模式

2004年,庄行镇、青村镇被市政府确定为全市首批15个农村宅基地置换试点基地,由政府牵头推进产业向规模经营集中、工业向园区集中、农民居住向城镇集中。7月23日,市政府在奉贤区召开推进"三个集中"现场会,重点是宅基地置换试点工作。9月13日,区政府召开宅基地置换试点工作会议,就推进试点工作作专门部署。

庄行镇试点区域为新华行政村,面积6平方公里,区域内自然村宅点74个、农户939户、户籍人口3396人,村民住宅面积19.84万平方米,新建面积22.88万平方米。庄行镇试点的集中建房基地位于南亭公路以南、叶庄公路以东、新苑路以北,用地面积30.4公顷。青村镇试点区域为北唐行政村,面积5.85平方公里,区域内自然村宅点62个、农户1688户、户籍人口3964人,村民住宅面积27.86万平方米,新建面积27.71万平方米。青村镇试点的集中建房基地位于浦南运河以北、林海路以东、新南奉公路以南,用地面积42.05公顷。两个试点镇区域内2627户,置换签约搬迁2606户,占99.2%,其中2007年搬迁2566户,为置换总户数的97.68%。为节约更多的土地资源,在置换过程中,村民原有住宅的补偿根据现行动迁标准执行,按"双作价"原则"购买"新房,对于一些希望货币安置的村民,庄行、青村两试点镇均采取一定的鼓励措施。坚持自愿置换、"双作价"置换,在集中建房基地确定后,凡镇域范围内的村民愿意宅基地置换,并将宅基地、自留地、承包地都退还给集体经济组织的,以自然村为单位提出申请,经镇政府批准,均可享受置换政策。两个村共拆除原有村民住宅50万平方米,并集中建造庄行新苑和青村北唐新苑两个小区。

2007年12月,集中建造的庄行新苑和北唐新苑基本完成。2008年4月完成产权证办理手续,并接受市推进"三个集中"试点工作联席会议办公室验收。两个镇新建小区建筑面积50.59万平方米,建设周期3年半,涉及两个中心村11.85平方公里,占地1109.96公顷,惠及7360名农村人口。经宅基地置换后,两个试点基地共合并136个自然村(宅)点,节约土地101.67公顷。由于被置换

**2004 年,庄行镇、青村镇被市政府确定为全市 15 个农村宅基地置换试点基地。图为庄行试点区域新华村(奉贤区志办提供)**

农民交回自留地和承包地,农用地也被最大限度地集中,仅庄行镇新华村试点基地就集中了 534 公顷土地。村民住进镇上新建小区,成为城镇居民,实现"农民变市民",置换的土地则用于小城镇开发。

### 三、百曲村模式

2007 年,金汇镇百曲村在镇政府牵头下,引进工商资本,对农民住宅实施"拆旧建新"工程。具体做法是,由出资公司全额出资为每户农户建造 1 幢三层别墅,产权归农户所有,老房子拆除。新房建成后,农户住新房的底楼,楼上共有 3 套成套住房由农户以出租方式交给企业投资经营,30 年的经营权归企业。农户对每套住房收取 300 元/月的房租费,并约定每 5 年房租增长 10%。金汇镇的百曲村在置换农民宅基地的同时,开展村企合作、生产生活结合和农民市民融合的探索,成为"百曲村模式"。但因部分村组已列入市级大型居住区基地,享受大居动迁政策,没列入大居动迁范围的村民也不再愿意进行宅基地置换。因此百曲村只完成了首期 30 户农户的宅基地置换工作。

### 四、新叶村模式

2010 年,庄行镇新叶村开始在全村范围内启动实施农民宅基地归并。与以往的多种农民宅基地置换不同,新叶村建新拆旧,在"农民不离土"的前提下,厘清村级经济,明确分配方式,提高农民收入，走出了一条在相对远离城镇的纯农业地区实施新农村建设的新路。

新叶村模式分两步进行。第一步是对农民宅基地归并，以"一个自主、三个不变、四个统一"原则推进。"一个自主"是农民自愿、自主建房，"三个不变"是农民身份不变、农民承包地不变、农民宅基地证不变，"四个统一"是统一规划、统一设计、统一外立面、统一屋顶。第二步是进行土地整理和现代农业规划布局。通过复垦整理，新叶村增加农业用地 57.73 公顷，使农业总用地量达到 328.73 公顷。

宅基地归并取得的成效十分明显。一是生活设施改善。新叶村农民新家园总规划面积 21.6 公顷，设计有四种房型，建筑面积按家庭农村户口人数分别为 130、180、225、270 平方米。居住区内，各类设施均按城市化标准配套。每户还配有 0.01 公顷蔬菜地、晒场，一口水井，赠送一台太阳能热水器。二是公共服务到位。在居住小区的中心位置建造了农家会所，老年活动室、医务室、多媒体教室、商场、菜市场、餐饮等文化娱乐设施一应俱全。三是增加农民资产。村委会成立农业资源经营专业合作社，以集体土地和资产入股，统一进行规模化、专业化经营。农民以土地承包经营权入股，年底享受分红，2012 年，202 公顷土地由村合作社流转，占全部承包地面积的 81%，每公顷土地流转收益达 15 750 元。对复垦土地进行招商经营，已引进 11 家农业企业和专业合作社，农民可在合作社或企业打工获取劳动报酬。

2010 年，区制定出台《关于实行农村集体建设用地流转提高土地节约集约利用水平的意见》，继续推进庄行镇新叶村宅基地归并试点。区农村土地承包经营权流转管理服务中心挂牌成立，提升农村土地承包纠纷调解仲裁工作。在各镇建立农村土地承包经营权流转管理服务中心和流转市场，全面开展农村土地确地、确权、确利工作。推进村庄规划及居民点规划编制，有序开展村庄改造，切实做好土地整理复垦工作。

# 第五节　"贤文化"建设

"敬奉贤人、见贤思齐"的价值理念，是奉贤区儿女在长期的劳动实践中逐渐认同的价值观，展现全区人民奋发有为、追求卓越的精神风貌。2007 年起，区里结合各项文明创建工作，通过挖掘、整理"贤文化"的传统元素，不断丰富和拓展其内涵，逐渐提升为创建文明城区的工作理念，不断提升城区文明程度和市民文明素质。

## 一、核心内容

奉贤历史悠久，相传春秋时，孔子门生言偃曾到青溪（现青村镇一带）结坛讲学，传学布道，当地民众对其推崇备至，形成了"敬奉贤人"的传统。后世建县，以此典故为依据，取县名"奉贤"，寓意此地崇奉言子之贤德。独特区位和文化底蕴积淀而成的"贤文化"经过祖祖辈辈奉贤人的传承，成为贤文化"之根、之源"。2007 年 8 月 29 日，市委书记习近平到区视察时指出："奉贤的地名很有特点，敬奉贤人、见贤思齐，地名本身就体现民风之淳厚。"

区委秉承"以文化人，以文兴文"理念，2007 年把它确定为创建上海市文明城区的目标，提出开展以"敬奉贤人、见贤思齐"为主题的文明城区创建活动，挖掘、整理奉贤丰富的传统文化资源，在全区开展"贤文化"大宣传、大讨论，引导大众积极参与"敬贤、学贤、齐贤"为内容的主题实践活动。"贤文化"的核心是倡导"敬贤、学贤、齐贤"的价值取向和"开放、进取、向上"的精神状态。

2009年3月24日—4月17日,由区委书记牵头组成课题组,对"以迎世博为契机,不断增强'贤文化'的吸引力与感染力,促进'贤文化'建设形成特色"广泛深入地开展调研,几易其稿,形成《弘扬"贤文化",建设滨海新城—奉贤区"贤文化"建设调研报告》。10月,区委出台《关于进一步加强"贤文化"建设促进区域文化发展的若干意见》,提出发挥"贤文化"引领区文化建设的作用、不断完善公共文化服务体系、加快构建文化产业发展体系、规范健全文化市场管理体系、建立有效的舆论引导体系等任务,全面深入推进"贤文化"建设。

## 二、"贤文化"活动

### 【理论研究】

2008年8月13日,区委宣传部、市思想政治工作研究会联合召开"贤文化"建设理论研讨会,来自上海交通大学、华东师范大学、上海大学、上海师范大学、市委党校、市社联、市委党史研究室、新华社上海分社、文汇报社等单位的10多位专家和媒体工作者,围绕"贤文化"与建设共有精神家园这一主题,从理论与实践的结合上展开了深入研讨。2009年4月7日,区委宣传部、区文广局邀请来自上海大学、复旦大学、上海戏剧学院、同济大学、市委党校等10位沪上知名专家学者举行"贤文化"建设专家研讨会,为进一步做强做大"贤文化"提出真知灼见。2010年8月16日区"贤文化"研究会成立,系统开展"贤文化"研究工作;推出"一堂二站三卡四会"("一堂"是宅基课堂,"二站"是村民居民服务指导站,来奉党员人员服务指导站,"三卡"是联系服务卡、需求记载卡、结果问效卡,"四会"是决策听证会、矛盾协调会、信访代理会、村务居务评议会)群众工作方法,用"贤文化"引领,成为群众宣传思想工作的新模式、新品牌。同时借助高校研究力量开展子课题研究,完成"贤文化系列丛书""古华贤人谱""贤文化研究集萃""奉贤区文化遗产精粹"。

### 【传播实践】

2009年,全区三级公共文化设施体系全面建设完成,实现镇级社区文化活动中心和村级综合文化活动室全覆盖,有线电视"户户通"工程有序推进。同时利用"群文四季歌""言子讲坛""宣传大篷车""企业文化"等载体的"贤文化"宣传阵地作用,把"贤文化"建设纳入区域发展战略。2008年6月奉贤"言子讲坛"开讲。多名国内文化界名人受邀做客演讲,平均每月一次。同时"言子讲坛"还尝试通过开展奉贤乡土纸艺等讲座,深入挖掘自身的文化品牌特色与内涵。同时发展"贤文化"推广的阵地。2010年3月全面启动以"贤文化"教育提升区域德育实践研究项目,探索在学校德育工作中融入"贤文化"的有效途径。6月,区首部10集历史广播剧《言子与奉贤》首发式举行。2011年,区教育局编写出版《奉贤"贤文化"教育读本》,推动"贤文化"进入课堂。在区委的高度重视下,使"贤文化"建设从一项主题活动提升为区域精神文明建设的重要发展战略。

### 【内涵拓展】

2009年起,奉贤注重将世博文化与"贤文化"建设有机融合,强化世博工作对"贤文化"建设的助推力。举行迎世博专场文艺演出和迎世博宣传展示活动;参与"社区文化进世博"活动、上海城市广场文化活动"周周演"演出、上海世博会公众参与馆展品征集等世博园区内外的活动,并整理、挖掘、弘扬、创新"贤文化"的人文内涵,组织开展专题群众文艺创作,推出奉贤的特色文化品牌项目,使奉贤的文化形象、文化内涵、文化美丽进一步得到提升,扩大奉贤在全市的影响力和知名度,同时激发市民群众对上海世博会的关注度和参与热情。2010年6月29日,"贤文化"交流之旅结对上海世博会国家参展方到奉开展文化交流活动,40余个国家和地区的80余位友人应邀参加。传统的滚灯技艺、齐贤皮影戏、川剧变脸、木偶表演等一一呈现给中外宾客。8月演出以"贤城和韵"为主题的上海世博会"社区市民活动"奉贤专场,共30场,融合"贤文化"元素,向市民展示。

### 三、传播实效

推进"贤文化"建设,是从加强思想道德建设、制定人才发展战略、积极培育行业精神、广泛开展传播活动等方面,提高市民文明素质,提升区域精神文明建设水平,促进区域经济社会事业发展。

一是形成群贤毕至、人尽其才、和谐相处的社会发展机制。"敬奉贤人、见贤思齐"思想的传播推广,营造广纳贤才、群贤毕至的人文环境。2012年8月6日,奉贤区建成全国首个千人计划创业园,营造创业干事环境。一大批在海内外事业有成的青年人才落户扎根奉贤创业发展,涌现一大批青年科技领军人物和创业人才。

二是在弘扬"贤文化"传统的基础上,立足家庭平台,在全区广泛深入地开展"好家训好家风"活动。不仅提升市民的社会公德、家庭美德、个人品德,也得到各级领导部门的高度关注和大力推广。2014年9月29日,中央文明办、全国妇联在奉贤区召开"传承好家风、敬奉贤德人"华东地区现场会,全面总结、推广奉贤经验。

三是构建精神文明建设群众化工作机制。通过将"贤文化"建设,尤其是"好家训、好家风"活动纳入文明创建整体框架,与文明家庭达标创建、星级文明户创建等有机结合,因地制宜、因人制宜、因时制宜地将大主题化为小故事,将大道理寓于群众实践经验感悟中,实现典型引领常态化,使典型效应发展成为群体效应、社会效应。

表 17-4-1　奉贤区(县)主要年份基本情况

| 项　目 | 1978年 | 1985年 | 1990年 | 1995年 | 2000年 | 2005年 | 2010年 |
|---|---|---|---|---|---|---|---|
| 区域面积(平方公里) | | 674.58 | 687.39 | 687.39 | 698.89 | 704.94 | 720.44 |
| 水域面积(平方公里) | 84.0 | 85.02 | | 123.65 | | 78.78 | |
| 年末耕地面积(公顷) | 38 187 | 35 840 | 32 256 | 31 027 | 29 317 | 26 791 | 26 877 |
| 镇(个) | 1 | 2 | 2 | 22 | 22 | 8 | 8 |
| 乡(个) | 0 | 18 | 20 | 0 | 0 | 0 | 0 |
| 居民委员会(个) | 4 | 30 | 34 | 55 | 80 | 75 | 92 |
| 村民委员会(个) | 289 | 300 | 298 | 300 | 296 | 270 | 178 |
| 年末户籍总户数(户) | 133 236 | 159 717 | 194 030 | 199 729 | 201 097 | 209 417 | 205 583 |
| 年末户籍人口(万人) | 51.45 | 51.30 | 52.05 | 52.05 | 50.42 | 51.19 | 52.18 |
| 年末常住人口(万人) | | | | | 57.00 | 73.44 | 108.42 |
| 外来人口(万人) | | 0.92 | 1.79 | 2.98 | 6.75 | 31.85 | 39.89 |
| 人口密度(人/平方公里) | | 760 | 757 | 754 | 733 | 726 | 724 |
| 人口自然增长率(‰) | 12.20 | 6.32 | 3.64 | 1.03 | 0.68 | -0.21 | -1.31 |

(续表)

| 项　目 | 1978 年 | 1985 年 | 1990 年 | 1995 年 | 2000 年 | 2005 年 | 2010 年 |
|---|---|---|---|---|---|---|---|
| 城镇登记失业人数（人） | | | | | 2 922 | 5 496 | 5 591 |
| 新增就业岗位数（万个） | | | | | 1 | 3.92 | 3.78 |
| 中学（所） | 54 | 46 | 39 | 32 | 32 | 37 | 36 |
| 在校学生（万人） | 2.94 | 2.40 | 2.63 | 3.05 | 2.51 | 3.76 | 2.93 |
| 小学（所） | 323 | 261 | 193 | 77 | 32 | 16 | 33 |
| 在校学生（万人） | 5.31 | 5.26 | 5.13 | 3.74 | 3.08 | 2.67 | 4.69 |
| 幼儿园（所） | 331 | 309 | 297 | 140 | 40 | 21 | 59 |
| 在园幼儿（万人） | 1.55 | 1.95 | 1.41 | 1.16 | 1.09 | 1.41 | 2.28 |
| 职校（所） | | 3 | 5 | 16 | 1 | 1 | 1 |
| 在校学生（万人） | | 0.07 | 0.25 | 0.25 | 0.18 | 0.27 | 0.21 |
| 图书馆、室（家） | | 22 | 21 | 23 | 23 | 20 | 9 |
| 文化馆、站（家） | | 21 | 23 | 22 | 24 | 9 | 9 |
| 影剧院、场（家） | | | 5 | 16 | 22 | 20 | 35 | 199 |
| 区级医院（所） | 3 | 5 | 5 | 5 | 5 | 5 | 5 |
| 医院床位数（张） | 1 463 | 1 723 | 1 913 | 1 915 | 2 596 | 4 302 | 4 553 |
| 医疗卫生技术人员（人） | 1 336 | 1 771 | 2 051 | 2 525 | 3 339 | 3 017 | 3 860 |
| 执业医师（人） | 184 | 719 | 920 | 1 034 | 1 424 | 1 501 | 1 470 |
| 公共绿地面积（万平方米） | | | | | | 148 | 369 |
| 人均公共绿地面积（平方米） | | | | | | 9.98 | 10.93 |
| 绿化覆盖率（％） | | | | | | 41.45 | 24.56 |
| 公园（个） | 0 | 1 | 1 | 1 | 1 | 1 | 1 |
| 城镇职工年工资总额（亿元） | 0.16 | 0.44 | 1.07 | 4.25 | 6.43 | 15.67 | 37.12 |
| 城镇职工年平均工资（元） | 582 | 1 231 | 2 406 | 8 132 | 13 539 | 23 769 | 47 285 |
| 农民劳均收入（元） | 378 | 1 186 | 2 033 | 4 699 | 6 186 | 11 912 | 18 314 |
| 农民人均收入（元） | 243 | 789 | 1 167 | 2 718 | 3 574 | 7 556 | 13 211 |
| 年末百户农村住户人均总收入（元） | | 1 073 | 2 320 | 5 067 | 6 239 | 9 154 | 16 040 |
| 年末百户农村住户人均总支出（元） | | 957 | 1 714 | 3 886 | 3 978 | 8 522 | 12 072 |

表 17－4－2　奉贤区(县)主要年份国民经济基本指标

| 项　目 | 1978 年 | 1985 年 | 1990 年 | 1995 年 | 2000 年 | 2005 年 | 2010 年 |
|---|---|---|---|---|---|---|---|
| 生产总值(亿元) | | 8.20 | 14.65 | 47.89 | 86.13 | 229.02 | 493.52 |
| 第一产业(亿元) | | 1.68 | 3.22 | 5.61 | 7.94 | 9.76 | 15.88 |
| 第二产业(亿元) | | 5.16 | 8.58 | 29.11 | 49.55 | 158.72 | 320.56 |
| 工业(亿元) | | 4.66 | 7.95 | 25.79 | 45.28 | 145.83 | 298.30 |
| 第三产业(亿元) | | 1.35 | 2.84 | 13.16 | 28.63 | 60.54 | 157.07 |
| 固定资产投资完成额(亿元) | 0.05 | 1.06 | 0.27 | 13.95 | 25.31 | 116.08 | 207.96 |
| 财政收入(亿元) | 0.67 | 2.12 | 2.76 | 5.89 | 12.00 | 60.61 | 127.23 |
| 地方财政收入(亿元) | 0.63 | 2.09 | 2.59 | 2.77 | 5.34 | 31.15 | 40.43 |
| 地方财政支出(亿元) | 0.21 | 0.41 | 1.05 | 3.28 | 7.96 | 40.40 | 114.75 |
| 外贸进出口总额(亿美元) | | | | | | 17.58 | 79.29 |
| 外贸出口总额(万美元)① | | | | | | 120 417 | 470 121 |
| 外商直接投资实际到位金额(亿美元) | | | 0.02 | 0.35 | 0.30 | 2.50 | 3.20 |
| 年末私营企业注册数(个) | | | 107 | 996 | 8 034 | 35 210 | 65 326 |
| 工业总产值(亿元)② | 2.35 | 12.46 | 25.48 | 145.09 | 234.16 | 707.07 | 1 408.27 |
| 农业总产值(亿元)③ | 2.18 | 2.04 | 2.48 | 7.98 | 12.995 | 30.53 | 39.75 |
| 住宅竣工面积(万平方米) | 1.72 | 5.96 | 12.20 | 6.78 | 59.82 | 118.91 | 31.83 |
| 社会消费品零售总额(亿元) | 1.03 | 2.96 | 5.55 | 19.84 | 35.32 | 108.23 | 250.83 |

说明：① 其中若干年为增加值；② 1978—2000 年为不变价；③ 1978—2000 年为不变价。

# 第十八篇 崇明县

崇明县位于上海市长江口,三面环江,东临东海,素有万里长江门户之称,崇明岛是世界上最大的河口冲积岛,中国第三大岛。相传明太祖朱元璋曾称之为"东海瀛洲",并御笔赐予崇明州而闻名。

　　1978年,崇明县行政区域面积1064平方公里,辖有城桥、堡镇2个镇,新村、三星、海桥、合作、庙镇、江口、港西、城桥、城北、城东、建设、大同、新河、新民、竖河、堡镇、大新、马桥、五滧、合兴、向化、汲浜、陈镇、裕安和渔业25个人民公社,1个新建副业场,跃进、新海、红星、长征、东风、长江、前进、前哨8个市属国营农场,富民、海军2个军垦农场。县内各人民公社下设451个生产大队、4653个生产小队。县属耕地面积47574.2公顷。户籍人口20.05万户、81.9万人,包括8个国营农场、在崇部队、军垦农场等。1980年11月,城北、城东、马桥人民公社分别更名为港东、鳌山、港沿人民公社。1984年3月,全县25个人民公社实现政、社分立,分别设立乡人民政府,其中渔业人民公社更名为新渔乡;新建副业场设立为绿华乡。1986年,新河乡撤乡建镇;1987年人民公社建制撤销;1993年撤销城桥乡、城桥镇,设立新的城桥镇;撤销堡镇乡、堡镇镇,设立新的堡镇镇。1994年,裕安、向化、竖河、江口、庙镇乡撤乡建镇,其中竖河乡更名为竖新镇;撤销新渔乡,所属7个渔业村就地分别归属陈镇乡、五滧乡、向化镇、汲浜乡、堡镇镇、城桥镇管理。1995年,绿华、三星、鳌山、新民、汲浜、陈镇、大新、港沿、大同、港西、建设、合作乡撤乡建镇,其中鳌山乡更名为侯家镇,汲浜乡更名为中兴镇,陈镇乡更名为陈家镇。2000年,撤销三星镇、海桥乡,设立新的三星镇;撤销庙镇镇、合作镇、江口镇,设立庙镇;撤销港西镇、港东乡,设立新的港西镇;撤销城桥、侯家镇,设立新的城桥镇;撤销建设、大同镇,设立新的建设镇;撤销新河、新民镇,设立新的新河镇;撤销竖新、大新镇,设立新的竖新镇;撤销堡镇镇、五滧乡,设立堡镇;撤销港沿镇、合兴乡,设立新的港沿镇;撤销陈家、裕安镇,设立新的陈家镇。2005年5月宝山区的长兴、横沙2个乡整建置划入。2008年8月设立东平、新海2个镇,镇域辖光明食品集团所属的8个市属国营农场;2009年11月,长兴乡撤乡建镇。2010年,全县行政区域面积为1411平方公里;辖有16个镇、2个乡,下设271个村委会、73个居委会。县属耕地面积为50140.2公顷;户籍人口30.1万户、68.95万人;常住人口77.1万人。2016年6月8日,国务院批复上海市人民政府同意撤销崇明县,设立崇明区。

　　中共十一届三中全会以后,崇明县拉开改革开放序幕,开启经济社会发展新的征程,大致可分3个时期。

　　1978—1991年为振兴农村经济时期。主要推进家庭联产承包责任制,全面发展农林牧副渔,兴办乡镇企业,发展县属工业。1979年,县内农村部分地区率先实行小段包工、定额计酬、联产计酬等形式的农业生产责任制。县委在多次调研试点基础上,1983年2月出台《关于农业联产承包责任制若干问题试行意见》,在全县范围内全面推开家庭联产承包责任制。1984年3月下发《关于稳定和完善联产承包责任制的意见》,年底,全县5583个生产队实行家庭联产承包责任制,占总数的99.8%。之后又按照"宜统则统,宜分则分,统分结合"的原则,建立农业双层经营体制,逐步推行家庭经营、联合经营、集体经营等多种方式的农业适度规模经营。1985年起又实行粮食生产由三熟改二熟的耕作制度。县委、县政府十分重视农村经济的振兴,一方面推进农林牧副渔的全面发展,

1981—1984 年先后成立食用菌研究会和多种经营技术推广站,走出一条以食用菌为主打产品以及西甜瓜、芦笋、甜玉米、金瓜、脱水蔬菜等一批加工产品齐头并进的区域特色经济和创汇农业发展新路。1985—1991 年确定全民、集体、个体三结合发展畜牧业的方针,先后建成 28 个万头猪场和 14 个万羽鸡场;抓住岛屿特有的地理优势,发展内陆淡水养殖,拓展江海捕捞,90 年代初已形成淡水鱼养殖场 104 个,计 2 333 公顷,水产品产量名列全市首位。1982—1991 年,全岛开展全民植树绿化活动,构筑一条长 270 余公里的沿江防护林带,林地覆盖率达 9.66%。另一方面大力兴办农村工业。1978 年成立县农机工业局,之后又建立社队工业局、城镇集体工业联合社、经济委员会等机构。1986 年 2 月,县委转发《关于落实乡镇企业经济责任制的几点意见》,1988 年 4 月批转《关于进一步放宽农村经济政策的若干意见》,1989 年 12 月出台《关于进一步完善我县乡镇企业经济承包责任制的若干意见》,对县域工业的发展起到有效的推动作用。1987 年,全县拥有县属企业 78 家,实现工业产值 39 358 万元,首次名列市郊第一,一批县属企业生产的产品多次被国家机械工业部评为名牌产品。

1992—2000 年为两个文明同步建设时期。主要推进经济体制改革、调整农村产业结构、建设经济小区、围垦开发滩涂、开展精神文明建设等。在经济体制改革上,县委、县政府通过试点,制定股份合作制企业试行办法,1996 年提出完善企业产权制度的意见,1997 年下发《深化完善企业产权制度改革的若干意见》,1999 年制定《关于进一步推进深化完善企业产权制度改革的若干意见》,全县工商企业按照制度创新、形式多样、讲究实效、取长补短的原则,建立股份有限公司、有限责任公司、股份合作制等新型企业;全县乡镇村办企业产权制度改革也同时基本完成,企业改制完成率为 92.72%。在调整产业结构上,县委、县政府提出稳定提高第一产业、加快发展第二产业、大力拓展第三产业的战略思考,1993 年正式提出从"二、三、一"逐步向"三、二、一"过渡的产业取向和布局。与此同时,积极调整优化三次产业的内部结构,减少粮食作物种植,增加蔬菜和经济作物面积,大力发展畜牧业和水产养殖,实施科技兴农战略,实行农业综合开发;加快出口食品加工区、高效生态农业区、高科技园区、旅游开发区等建设,形成开放型岛屿经济。在建设经济小区上,1994 年 3 月—1998 年 10 月,县委、县政府按照"产业集聚、项目集中、土地集约"的要求,相继成立崇明经济技术开发区、崇明工业园区、上海富盛经济开发区;1999 年 10 月,县政府批转《关于本县经济小区若干财税政策的意见的通知》,推进全县各个乡镇均建立经济小区,基本形成多层次共同发展格局。在围垦开发滩涂上,1990 年 6 月,市水利局《关于崇明东滩围垦方案的请示》得到市政府的批准,之后,市级层面在东旺沙滩涂进行 3 次围垦,圈围土地 6 940 公顷;县级层面在团结沙、新村外小圩等 7 处滩涂组织围垦,围圈土地 5 398.48 公顷。在精神文明建设上,县委先后下发《关于当前加强农村精神文明建设的意见》《关于加强社会主义精神文明建设的实施意见》《精神文明建设活动实施意见》等文件;在全县相继推出"爱岛建岛"立功竞赛活动,"兴三学之风,抓庭院经济,建文明家园""崇尚科学文明、反对封建迷信"等一系列主题教育实践活动,组织开展市、县级文明单位创建活动,县级文明窗口评选活动;文明小区、文明村创建活动;开展军民共建、结对共建等活动;连续开展 3 届"双百功臣"即百名经济建设突出贡献功臣、百名精神文明突出表现功臣竞赛活动,陈家镇瀛东村、竖新镇前卫村双双获得"全国创建文明村镇工作先进村"称号。

2001—2010 年是推进生态岛建设时期。重点实施"三岛联动、三次产业融合发展、经济社会民生三管齐下"的发展战略和"两轮驱动、两手抓、两促进"的发展战略。2002 年 11 月,县委、县政府根据市第八次党代会对崇明发展的总体要求,正式启动规划编制工作。2005 年《崇明三岛功能定位》经市委常委会第 130 次会议审议并通过,之后又先后形成《崇明三岛总体规划(2005—2020)》《崇明生态县建设规划》《崇明生态岛建设纲要(2010—2020)》,以及与之相匹配的《崇明生态岛建设三年行动纲要(2010—2012)》,明确把崇明县建设成环境优美、资源集约利用、经济协调发展的现代化生态岛。着重推进绿色经济培育、生态环境改善、生态旅游开发、基础设施建设和新农村建设。2001年1月,县委八届七次全会提出"以发展绿色经济为主线"的发展战略,并列入"十五计划",首先集中体现在现代农业领域,2002—2010年,县内先后建成25个农业标准化示范基地。2001年6月编制完成《崇明岛旅游事业发展总体规划》,先后推出前卫村"农家乐"、绿港村"果家乐"、瀛东村"渔家乐"等品牌农家游项目,连续举办森林旅游节和自行车赛国内国际赛事,东平国家森林公园、东滩湿地、西沙湿地等有影响的旅游景区(点)成为县域生态旅游的亮点。2000年,县政府结合县域实际制定《崇明县"十五"环境保护行动计划》,2002年又出台《崇明岛环境保护和生态建设规划》,连续实施4轮环保三年行动计划,生态环境得到显著改善。以上海长江隧桥、崇启大桥建设为契机,加强全岛的交通等基础设施建设。2006年,县委九届八次全会作出《关于我县推进社会主义新农村建设的决议》,出台《崇明县推进社会主义新农村建设的实施意见》,围绕"生产发展、生活宽裕、乡风文明、村容整洁、管理民主"20字方针,推进新农村建设。

2010年,崇明县生产总值194.43亿元,比1985年增长27.76倍;财政收入54.06亿元,比1978年增长51.6倍;社会消费品零售总额46.21亿元,比1978年增长18.3倍。境内有6条通往市区的公交线路,6条埠际线路辐射江苏、山东、安徽等省,上海长江大桥连接崇明、长兴两岛经隧道直通市区;有国家森林公园、东滩湿地、西沙湿地、明珠湖等旅游胜地,有寿安寺、广福寺、无为寺、寒山寺等佛教场所,有800年历史的金鳌山及崇明学宫、唐一岑墓、黄家花园等历史保护单位;有国家级非物质文化遗产瀛洲古调派琵琶演奏技艺。1983年被林业部授予"全国平原绿化先进单位";1984年被中央绿化委员会授予"全国全民义务植树先进单位";1986年被全国爱委会授予"全国农村改水工作先进县";1987年被国家体委授予"全国体育先进县";1990年被农业部授予"全国渔业先进县";1992年被林业部授予"平原绿化达标县""全国平原绿化先进单位";1994年被林业部授予"全国林业科技推广先进县";1997年被全国双拥工作领导小组、民政部、中国人民解放军总政治部授予"全国双拥模范城";2002年被国家环保总局授予"国家级生态示范区";2010年被教育部授予"全国阳光体育先进县",被财政部授予"全国可再生能源建筑应用示范县",被国家能源局、财政部、农业部授予"国家绿色能源示范县"。

2011年,《崇明县国民经济和社会发展第十二个五年规划纲要》提出:未来发展要紧紧围绕崇明现代化生态岛建设总体目标,加大经济发展与产业创新,加快发展现代服务业,大力发展先进制造业,积极发展高效生态农业,加强资源利用与环境保护,加大自然资源保护和利用力度,加强废弃物综合利用,促进能源高效利用和节能减排。坚持"三岛联动、三次产业融合发展、经济社会民生三管齐下"的战略和"两轮驱动、两手抓、两促进"的发展策略,以《崇明生态岛建设纲要(2010—2020)》为引领,以低碳发展为主线,以创建国家可持续发展实验区为抓手,以深化改革为强大动力,坚持创新驱动,主动生态优先,加快调整优化产业结构步伐,大力推进重点地区和基础设施建设,积极保护生态环境,着力加强以改善民生为重点的社会建设,努力促进经济健康协调发展和社会全面进步,使崇明成为上海可持续发展的战略空间和现代化综合生态岛。

# 第一章　振兴农村经济

中共十一届三中全会后,全县农村经济得到恢复和发展,通过农村经营方式的重大变革,逐步实行由集体经济转变为家庭联产承包责任制,提高广大农民生产积极性,有效推进农林牧副渔业全面发展;县属工业、乡镇企业随之兴起,迅速发展,活跃了城乡经济。随着农村经济蓬勃向上,农民收入不断增加,城乡面貌发生巨变。尤为突出的是海岛绿化、农田林网化、发展经济林、营造防护林,进一步优化生态环境。1979—1989 年,崇明县四次被林业部、中央绿化委员会评为绿化先进单位。

## 第一节　农村生产经营方式

1978 年后,先在点上试行定额计酬、联产计酬等责任制形式,取得成功后,逐步在全县推进以家庭联产承包责任制为主要形式的农村生产经营方式。其间,还推行农业"双层"经营体制、土地适度规模经营机制和耕作制度改革,贯彻实行土地延包政策。

### 一、家庭联产承包责任制

1979 年初,全县有 23 个生产队实行联产计酬生产责任制的试点工作。1980 年 10 月起,农业生产责任制形式从定额到联产计酬、从单项或部分作物联产到全部作物联产、从联产到组到联产到劳不断发展。1981 年 9 月,全县 5 226 个生产队中有 5 093 个实行各种形式联产计酬生产责任制,占 97.5%。其中,全部作物联产到组的有 155 个生产队,占生产队总数的 2.8%;全部作物联产到劳的有 1 650 个生产队,占 31.5%;部分作物联产到组的有 176 个生产队,占 3.4%;部分作物联产到劳的有 3 118 个生产队,占 59.8%。1982 年,县委要求各公社把生产责任制、干部岗位责任制和技术联产责任制三者紧密联系起来,一起抓好。

1983 年,县委根据市里精神宣布取消"三不",即不搞包产到户、不搞分田单干、不分口粮田、不再划框框作硬性规定。从实际出发,总结推广"统一经营,包干分配"的责任制形式。通过试点,1984 年底,全县 5 594 个生产队中有 5 583 个生产队实行家庭联产承包责任制,占 99.8%。

1985 年,县委、县政府针对农业生产经营方式改革中存在的一些问题,提出"正确处理统分关系,充分发挥分散经营积极性和统一经营优越性"等 8 条意见。按照"宜统则统,宜分则分,统分结合"的原则,建立农村双层经营体制,即一个层面是农户家庭承包,分散经营;另一个层面是为农户分散经营服务的集体统一经营。村队集体经济组织建立植保、农机等农业服务队,为承包农户解决机耕难、灌水难等自身难以解决的困难,切实加强承包合同签订和土地调整等工作,家庭联产承包责任制在实践中得到完善。

在普遍实行家庭联产承包责任制后,承包土地几经大小调整,划田基本合理,划田方法比较得当,并普遍延长承包期。1984 年 12 月,县政府下发关于向承包土地的农户颁发土地承包证的通知,1985 年承包期一般为 15 年的土地承包证全部颁发到户。1993 年,中共中央提出第一轮土地承包到期后,土地承包期再延长30年。1999年初,县委、县政府下发《关于进一步稳定和完善土地延包关系的意见》,土地延包工作在全县推开。年底,全县25个乡镇、430个村、5 239个村民小组的万户承包土地延包签约领证工作完成。

## 二、适度规模经营

1984年,县政府认真贯彻中央文件精神,对粮食作物适度规模经营进行探索试点,使土地逐步向种田能手集中。堡镇乡八大队第二生产队和第四生产队樊汉培和刘卫东2人,于1984年共同承包粮田4.8公顷,全年共收粮食44 720公斤,毛收入14 867.49元,净收入7 817.38元,平均每人净收入3 908.69元。1987年,全县种田大户达456户,承包面积约960公顷,占总耕地面积的2.27%,占粮田总面积的3.4%。1988年"三秋"前夕,县委、县政府在县农业工作会议上提出,实行土地规模经营应贯彻"积极引导、精心组织、因地制宜、多种形式、循序渐进、逐步实施"的方针,以积极而慎重的态度发展规模经营。之后,发展速度有所加快。1991年,全县规模经营大户有1 018户,经营面积达2 090公顷,占总耕地面积的4.72%,占粮食作物种植面积的7.5%。此后,土地规模经营大户户数及经营面积相对稳定。

合作农场是土地规模经营的另一形式。1989年,绿华合作农场成立,是全县第一个合作农场,前身是绿华乡良种场。1991年"三秋"时,全县共有合作农场103个,经营耕地面积1 119公顷,占全县集体耕地总面积的2.72%。其中,乡级11个,耕地面积606公顷;村级92个,耕地面积513公顷。合作农场主要有4种成因:一是因人均耕地多,部分农民在土地调整中自愿放弃一些土地,村队干部将划分不掉的土地集中起来组建合作农场,有46个,占44.66%;二是垦区和集体经营的种子场等基地创办合作农场,有36个,占34.95%;三是一些集体经济实力较强的村队,主要劳动力大都转向非农产业,农民有稳定的非农收入,这些村分给农民口粮田后,将责任田集中起来办合作农场,有10个,占9.71%;四是承包大户承包期满后无意续包,土地收归集体建合作农场,有11个,占10.68%。合作农场经营的方式有3种:集体经营、分户承包、包干上交的有77个,占74.76%;集体经营、分户管理、联产计酬的有21个,占20.39%;集体经营、村干部中分工1人兼管、年终联系成果进行分配的有5个,占4.85%。1992年后,这些合作农场先后解体,土地或由种田能手承包,或化整为零划分到户。

崇明县粮食种植规模经营的形式是一项探索性工作,没有现成模式,依靠群众创造,因此,按群众自己称谓来分,有专业户、家庭农场、联户经营、村办农场、合作农场、专业队、科技站承包、村队企业办农业车间等多种格局。

县委、县政府坚持推行土地适度规模经营,不断推出完善土地规模经营的措施。一是统一思想,提高干部群众对农业现代化的认识。通过调查研究,因地制宜、积极稳妥地分阶段制定当地发展土地规模经营的规划和措施。二是正确把握条件,适时引导发展。发展规模经营制订分类指导的措施。对村级企业税后净利润在20万元以上,多数农户有要实行规模经营的;对经济虽属一般,但地处边远,有成片耕地可实行规模经营的,采取积极试点的态度,分步骤实施规模经营。三是加强政策引导,促进规模经营发展。如建立土地集中机制,实行土地有偿使用制度。四是切实巩固和完善已经形成的规模经营。延长土地承包年限,一般不少于5年,并制订使用土地准则,严格挑选那些立志务农、身体健康、有技术、懂经营、会管理的农民来经营土地等。

### 三、耕作制度改革

1980 年秋播开始时,县委、县政府根据中央精神,对不合理的耕作制度提出改革举措,适当压缩粮食三熟制,增种部分棉花和油菜等经济作物。

1982 年 9 月—1984 年 10 月,县委、县政府通过深入调查研究,充分认识到安排好农业内部各种比例关系,以提高经济效益和增加农民收入的重要性,在完善家庭联产承包责任制的基础上,形成以调整产业结构为中心的改革思路,重点在种植业内部。1984 年夏天,县政府组织县机关办公室、农工部、农业局、粮食局等部门主要负责人 20 多人,到江苏省海安、如皋、宝应、兴化、建湖、无锡等地学习考察,以制订秋播计划为契机,开始对农业生产结构和耕作制度进行大刀阔斧的改革。

1985 年起,全县大幅度削减粮食三熟制,推行二熟制,粮食三熟制的面积由 1984 年占粮田面积的 70.7%,下降到 1990 年的 5.3%左右。粮食复种指数回落,由 1980 年的 2.46,下降到 1990 年 1.56。同时调整种植业内部结构,使之逐步趋向合理。1985 年后,因小麦产量高,价格也高,小麦面积不断扩大,效益较低的元麦种植逐渐减少,以致不种。油菜由于经济效益较好,种植面积不断扩大,由 1978 年的 5 000 公顷扩大到 1995 年 16 280 公顷。棉花由于花工量大,生产期长,价格不高,因而经济效益相对较差,种植面积逐年下降。1990 年,全县棉花种植面积由 1978 年 1.4 万公顷下降到 1 866 公顷。棉花面积的压缩为其他经济作物和创汇作物的发展创造了条件。效益高、市场需求大的蔺草、丝瓜络、西红花(药材)、芦笋以及出口蔬菜等作物得到迅速发展,种植面积扩大。

## 第二节　农　业　生　产

农业是崇明县的经济基础。1978 年后,县委、县政府提出要合理调整农业产业结构,改革种植业传统格局,加大以食用菌、西甜瓜、芦笋、金瓜以及甜玉米、脱水蔬菜等为主的特色农业创汇农业的发展,形成具有岛屿特色的外向型农业经济格局,推进农林牧副渔全面发展。

### 一、种植业

**【粮棉油】**

县域种植业主要以粮棉油为主。1985 年起,推进耕作制度改革,种植结构不断调整。1985 年,全县粮食作物播种面积 57 098 公顷,单产每公顷 4 653 公斤,总产量 260 550 吨;1991 年分别为 57 089 公顷、5 609 公斤和 320 231 吨。1985 年,全县棉花播种面积 10 232 公顷,单产每公顷 369.8 公斤,总产量 3 785 吨;1991 年分别为 2 175.5 公顷、640 公斤和 1 403.2 吨。1985 年,全县油菜播种面积 9 774.3 公顷,油菜籽单产每公顷 1 905 公斤,总产量 18 650 吨;1991 年分别为 16 775.7 公顷、2 227 公斤和 37 231 吨。1985 年,全县种植业产值为 28 589 万元,1991 年为 37 277 万元。

**【食用菌】**

全县发展特色农业、创汇农业的重要起步项目之一。蘑菇是当地传统食用菌品种。1978 年,全县蘑菇种植面积 5.5 公顷,总产量约 28 万公斤,总产值 58 万元。1981 年 6 月县专门成立食用菌研究会,总结、推广、应用蘑菇种植新技术。1983 年起,县畜牧局多种经营股在竖河公社堡西大队搞示范,专业承包,联产计酬,并制订定人、定面积、定产值、奖利润的"三定一奖"措施,全县蘑菇生产掀起一轮高潮。个人、集体纷纷利用旧仓库、旧屋、空房子,或搭半地下式简易棚或地棚等种植蘑菇。1984 年,全县蘑菇种植面积达 53 万平方米,有菌种厂 33 个,乡食用菌专管员 25 人,村级专管员 33 人。随着多种经营生产业务的不断扩展和需要,县政府于 1984 年以 36 号文件批准建立崇明县多种经营技术推广站,负责全县多种经营业务方面的新品种引进、新技术推广以及植病防治等有关方面技术工作。1985—1990 年是蘑菇生产的鼎盛期,平均每年种植面积 17.37 公顷。1985 年种植面积达 26.78 公顷,1989 年总产量达 955 吨。1991 年后,因销售渠道不畅、销售价格不稳、原材料价格上涨、经济效益不佳等原因,种植面积减少。

**【西甜瓜】**

县域主要经济作物之一。西瓜品种有"新澄""8424""新 1 号""郑杂 7 号"等,其中"郑杂 7 号"因糖度足、产量高,又耐运输而成为主要产品。甜瓜有唐家甜头、小麦瓜、十棱瓜、牛角瓜等当地品种。1985 年,全县西甜瓜播种面积 1 886 公顷,单产每公顷 19 194 公斤,总产量 36 200 吨;1991 年分别达为 1 320 公顷、20 444 公斤、26 986 吨。

**【芦笋】**

是较名贵的蔬菜品种,其幼茎在出土前采收,色白柔嫩,被称为白芦笋;幼茎出土后,见光呈绿色,被称为绿芦笋。1980 年起,先后从美国引进"玛丽·华盛顿 5000 号"等 6 个优质品种。1985—1994 年,以种植白芦笋为主,累计种植面积 786 公顷,总产量 4 065 吨,总产值 8 983 万元。

**【金瓜】**

县域有较长的种植历史,是特色产品之一,但规模不大。1985 年,全县种植仅 73 公顷,总产量 0.22 万吨。此后,种植面积和产量逐年增加。至 1996 年,种植面积扩大到 725 公顷,总产量达 2.42 万吨,为历史最高水平。

## 二、林业

1979 年,县林业站成立,专职抓植树造林、绿化海岛工作。1980 年成立县绿化委员会,由副县长担任主任,各乡镇明确一名副乡(镇)长抓绿化工作,并配备林业辅导员,相继建立林业工作站。1981 年国家确定"植树节"以来,义务植树形成制度化。1982 年,全县党政军民学齐动手,组织 3 次声势浩大的海岛植树活动,仅县乡两级领导、干部职工参加植树的就达 8 000 多人次,完成植树 19 万多株。1984 年经县委批准,由团县委等 5 家单位牵头,在城桥地区组织以青年、民兵为主体的江堤绿化"百团大战",全县有 7 万多青少年投入植树活动,植树 20 多万株。1989 年 9 月,县委、县政府向全县人民发出"加快步伐,苦干二年,实现绿化达标县"的动员令,组织声势浩大的绿化达标活动,并把绿化成效列入各级领导任期目标政绩考核的一项重要内容。全县一方面推进义务植树,另一方面贯彻执行"种管并重"方针,实行各种形式的责任制,加强林木的种植和管理。

**【农田林网化】**

全县植树绿化以"四旁"植树和农田林网化建设为重点。1992 年,全县农田林网控制面积

39 254 公顷,占农田面积的 82.61％;实现林网化村 395 个,占村总数的 84.58％。是年 12 月,林业部授予崇明县"平原绿化达标县"称号,为市郊第一家。1999 年,全县农林网控制面积达 4.6 万公顷,覆盖农田面积接近 100％;452 个村全部实现林网化。15 年累计"四旁"植树 1 886 万株。

### 【发展经济林】

1985 年,全县经济林面积 934 公顷,其中果树 254 公顷、桑园 91 公顷、竹林 478 公顷、其他 111 公顷。之后又不断增长,2004 年经济林面积增加到 8 453 公顷,2010 年达 20 565 公顷。果树品种早先主要是桃、梨、柑橘、柿、葡萄、枇杷等 8 个,之后增加到苹果、梨枣、石榴、无花果等 18 个。果树在全县各乡镇均有分布,绿华镇相对集中。桑园发展最快是在 1991 年农业种植结构调整中,汲浜、向化、合兴、五滧、裕安、城桥、海桥、合作 8 个乡镇发展栽桑养蚕。1994 年,全县桑园面积达 623 公顷,产茧 245 吨。之后,因市场因素出现起起落落。竹林品种有"三度头""四月季""五月季""暗笋竹"和嘉定篾竹等,1995 年又从浙江临安引进雷竹,属笋用竹。在绿化示范工程中,河道两旁的水源涵养林选择竹子为绿化品种,老滧河示范点种植的竹林达 12.5 公里,面积达 27.6 公顷。

### 【营造防护林】

1979—1991 年间,市、县两级政府多次投入专项资金用于防护林建设,主要是营造海塘防护林。1991 年由县长牵头动员全县 25 个乡镇,组织团结沙绿化大会战。奋战半个月,在团结沙农场环海 13.4 公里的骨干大堤上,营造了 19 行树木并行的复合型林 45.2 公顷,植树总株数 78 844 棵,成为防护林营造之最、海岛绿化之最。1991 年,全县防护林面积为 1 267 公顷。

## 三、畜牧业

崇明县畜牧业以饲养猪、牛、羊、鸡、鸭为主。1978 年后,以家禽业大规模集约化生产为突破口,发挥科技兴牧的作用,通过各种成功范例向养猪等生产领域辐射。尤其是 1988—1990 年,根据市政府对副食品基地建设的"三个结合,三个为主"的方针,即全民、集体、个体相结合,以集体为主;大、中、小型相结合,以中小型为主;新建、扩建、改建相结合,以扩建为主,逐步改变畜禽生产以家庭散养为主的传统模式,实现大规模饲养的商品化生产。

### 【生猪】

县域生猪生产在 1985 年由指令性计划改为指导性计划,实行"统一计划,分级负责,两级定购,共同负担"的办法,肉猪绝大部分由农户家庭饲养,并由派购改为合同定购。1988 年实施"菜篮子"工程,全县新建、扩建年上市肉猪千头以上养猪基地场 29 个,形成年上市 3.34 万头肉猪的生产规模。90 年代中期,随着产销体制改革和价格放开,各基地场先后转制,向规模化、科学化、效益化方向发展。

### 【养牛】

县域饲养的水牛主要用于耕作,随着农业机械化水平的提升,牛耕逐步减少。饲养奶牛是以黑白花奶牛品种为主。市政府为解决市民喝奶难采取一系列鼓励政策,尤其是调拨资金支持集体牧场和重点奶牛饲养户,全县奶牛饲养呈不断增长,1991 年达 6 295 头,其中 27 个集体奶牛场饲养

2 480 头,1 260 户农户饲养 3 815 头,产鲜奶 18 765 吨。

### 【养羊】

县域养羊是传统家庭副业,主要品种为崇明白山羊,饲养方式以割草圈养为主。1991 年,饲养量达 19.07 万只。1993 年,市科委、市农委把崇明白山羊选育提纯列为重点科技攻关项目。1994 年崇明白山羊产、加、销一条龙综合开发项目列入上海市"十大农业项目"之一,并经市农业资金领导小组批准,列入市政府菜篮子工程。1996 年,崇明县被农业部列为秸秆养羊示范县。2002 年,全县山羊饲养量达 72.23 万只,为历史之最。

### 【家禽】

县域家禽生产主要是鸡、鸭。1985 年饲养的肉鸡以出口为主,1996 年始转向国内市场为主,逐渐形成绿华镇、东平林场、上海亚通生态农业发展有限公司等 3 个规模较大的散养鸡饲养基地。80 年代起,随着鸡蛋市场兴旺,蛋鸡饲养不断增加。1985 年,全县有较大规模的蛋鸡场 47 个,其中万羽以上半机械化笼养蛋鸡场 5 个。1988 年,11 个乡镇新建、扩建 3 万羽以上蛋鸡场 14 个,饲养总规模达 57 万羽。1997 年为历史上上市鸡蛋最多的一年,达 1 589.92 万公斤。饲养肉鸭主要分布在三星、海桥、港东、港西、港沿等地区。蛋鸭生产 1991 年起有较快发展,年末蛋鸭圈存 38.93 万羽。

## 四、渔业

崇明县渔业包括江海捕捞、淡水养殖和特种养殖。1978 年前,以江海捕捞为主,之后随着海洋水产资源衰减,淡水养殖成为渔业发展的重点。1979 年,全县渔业产值 593.49 万元,水产品产量 9 857.55 吨;1991 年分别增加到 18 009 万元、36 442 吨。崇明县于 1986 年被列为全市三大商品鱼生产基地之一,1991 年被评为全国十省市百强渔业县之一。

### 【江海捕捞】

1985 年,县域设有市郊唯一专业从事江海捕捞的渔业乡,即新渔乡。下辖 7 个渔民村,分布在奚家港、开港、六滧港、四滧港、堡镇镇、老滧港和施翘河。江海捕捞又分为近海捕捞和长江捕捞。近海捕捞作业区北起北纬 31°42′,南至北纬 30°52′,东达东经 122°~124°。捕捞品种主要有条虾、竹节虾、毛虾、杏子虾、台湾虾、舌鳎鱼、黄姑鱼、鲳鱼、海鳗、梭子蟹、海蜇、文蛤等。捕捞网具主要是桁拖网。1995 年开始,国家规定每年 6 月 16 日—7 月 16 日为东海休渔期。2003 年起全市实施桁拖网休渔。长江捕捞作业区西起绿华镇西边水域,东至东经 122°08′。捕捞品种主要有刀鲚、凤鲚、银鱼、鲈鱼、白虾、冬蟹、鳗鱼、蟹苗等,捕捞作业网主要有船挑网、定置张网、锚抛定刺网、打桩刺网、漂流刺网等。2002 年,农业部颁布长江禁渔制度,规定每年 4 月 1 日—6 月 30 日,除刀鲚、凤鲚实行专项捕捞管理外,禁止其他一切捕捞生产活动。

### 【淡水养殖】

1978 年 4 月,全县放养水面积划归各公社经营,并试行专业承包,以精养鱼塘养殖和河沟养殖为主。1985 年,全县从事精养鱼塘养殖的单位有 72 家,从业人员 2 428 人,养殖面积 1 457 公顷。

养殖品种以草、鲫、鲢、鳙等鱼为主,捕捞量 6 088 吨。1985 年后,经营方式逐渐由原来的集体统一经营改为"两头统、中间包"(即统一放养、统一捕捞、中间由个人承包)。1991 年,全县河沟养殖面积 1 261 公顷,捕捞量 1 270 吨。1994 年实行家庭联产承包责任制,调动了渔民生产积极性,同时通过改进放养模式、实施轮捕轮放、引进高产优良品种、调整养殖品种结构、使用配合饲料、做好疫病防治等,生产水平不断提高。

**【特种养殖】**

1985 年后,崇明县发展特种养殖,主要品种有河蟹、南美白对虾、罗氏沼虾、青虾、台湾草虾、加州鲈鱼、淡水白鲳、斑点叉尾鮰鱼(美国鮰鱼)、鳖(甲鱼)、河豚、大口胭脂鱼、河蚌、七星鲈鱼、翘嘴红白(白丝)、鳜鱼、河鳗、黄鳝等。其中,河蟹和南美白对虾养殖规模较大。1992 年成立县河蟹养殖中心,开展人工培育蟹苗。1993 年起,通过稻田养蟹培育蟹种。1996 年,全县蟹种培育面积达 1 133 公顷,当年生产蟹种 100 吨。南美白对虾于 2000 年引进养殖获得成功,当年养殖 0.4 公顷。

# 第三节　乡 镇 企 业

1979 年,县委、县政府认真贯彻党中央关于"发挥优势、保护竞争、推动联合"的方针,从实际出发,推动乡镇工业实行内联外引,加强企业经营机制改革等,走出一条工农联营、发展城郊型工业企业新路子,逐步使其成为全县经济的重要支柱。

## 一、发展历程

1978 年,全县有社队企业 581 个,从业人员 65 515 名。1979 年起,在国家税收、贷款等方面的扶持和城市工业的支持下得到迅速发展,出现了队队联营、社队联营、工农联营等新的经济联合体。

1984 年随着政社分立,社队工业改称为乡镇企业。在全县 942 家工业企业中,共有乡镇企业 715 家,其中镇办工业企业 11 家、乡办工业企业 238 家、村办工业企业 466 个,从业人员 105 791 名,企业占地 448.47 公顷,建筑面积 139.35 平方米,固定资产原值 22 785 万元,产值 56 078 万元,分别占全县工业企业单位数、从业人员数、固定资产原值、总产值的 75.9%、64.19%、44%、40.18%。全县乡镇企业拥有冶金、化学、机械、建材、食品、纺织、缝纫、皮革、造纸、文教艺术用品和其他工业行业,产品达千余种,成为县域农村经济的重要支柱。

80 年代中后期,乡镇工业发展迅速。1991 年,全县乡镇工业企业 1 363 家,从业人员 145 486 人,固定资产原值 99 724 万元,产值 252 886 万元,分别比 1984 年增长 90.63%、37.52%、337% 和451%,年均增长率分别达 9.65%、4.66%、23.48%、24.01%。1995 年起,全面推行乡镇企业体制改革,通过改制、转制,乡镇和村办工业企业单位数和从业人员数逐年减少,但通过增加投资,生产规模不断扩大,经济效益大幅提升。2004 年,全县 2 072 家工业企业中,有乡镇和村属工业企业 492家,从业人员 49 669 人,固定资产原值 321 361 万元,产值 765 381 万元。在全县工业企业单位数、从业人员数、固定资产原值、总产值中所占比重分别为 23.75%、56.76%、59.44%、68.79%。2010年,全县 815 家工业企业中,有乡镇工业企业 758 家,从业人员 69 339 人,工业总产值(现行价)3 637 400 万元,工业销售产值 3 588 317 万元。在全县工业企业单位数、从业人员数、固定资产原值、总产值中所占比重分别为 93.01%、93.44%、96.64%、96.6%。

## 二、内联外引

1979年,县委、县政府根据中共中央关于"发挥优势,保护竞争,推动联合"的方针。从实际出发,走出一条工农联营发展城郊型企业的路子,使乡镇工业逐步成为县域工业经济的主体。1979年12月,港沿乡工业公司同上海向阳玩具厂正式签约联营,兴办上海向阳马桥联营玩具厂,是全县第一家市乡联营企业。1985年,全县有联营企业10家。1986年,中共中央关于"扬长避短,形式多样,互惠互利,共同发展"横向经济联合原则的出台,促进全县联营企业大发展。1993年,全县各类联营企业173家,与5省22县市发生经济协作关系。1995年,全县共有城乡联营企业165家,联营产值为13.91亿元,占全县工业总产值的24%。乡镇工业在"调整、改革、整顿、提高"八字方针指引下,本着发挥各自优势、相互支援、互惠互利、共同发展原则,积极同城市大工业、大专院校、外贸专业公司、科研单位进行横向经济联合,一大批打破行业界限的贸工农、科工农联营企业迅速崛起,成为乡镇工业重要骨干力量。

全县乡镇工业在改革开放中,积极与外贸部门通力合作,充分发挥机制灵活、适应性强优势,根据国际市场需求变化,不断调整产品结构,在巩固、提高传统出口产品基础上,积极开发新产品、新品种,依靠小批量、多品种、交货快赢得信誉,使更多的出口、创汇产品进入国际市场。上海华通毛纺织有限公司是全县发展中外合资企业的首创。从此,全县对外经济联合不断扩大,同港、澳、台同胞和国外客商进行广泛合作,发展中外合资企业,开展来料加工、来样生产、来件装配和补偿贸易等多种形式的中外经济技术合作,逐步走出一条健康发展的道路。1991年,全年领取营业执照的中外合资经营企业6家,其中4家开业投产,项目总投资额340万美元,注册资本243万美元,协议吸收外资额117万美元。1996年,全县累计批准三资企业222家,协议吸收外资19 858.8万美元,实际到位资金4 584.5万美元,其中实际投产三资企业90家,拥有固定资产净值81 617.5万元,职工1.1万余名,年产值11.8亿元,出口产值3 761.6万美元,年利润2 864.3万元。

上海向阳马桥联营玩具厂,由上海玩具公司向阳玩具厂与港沿乡工业公司合资联营,专业生产各类长毛绒和布制玩具。厂址在港沿乡三号桥东垛,建于1979年12月,1980年4月投产。1984年总产值795.4万元,利润52.7万元。该厂生产的SAX313大熊猫、SAX600大象等6种玩具被市外贸公司评为优质产品,远销英国、美国、日本等国和中国香港地区。

上海华通毛纺织有限公司,1986年4月经县政府批准成立,由县大新乡工业公司、上海外贸针织品进口公司、香港中发公司和香港恒通贸易公司合资联办,公司投建在大新乡境内,总投资442万美元。1988年8月举行开业典礼。进入90年代中期企业面临全面转制,因不能适应市场经济竞争机制,于2003年关闭。

## 三、经营机制

1984年,全县乡镇工业依据市场经济的变化情况,建立和健全"责、权、利"相结合的企业经营机制,促使企业融入市场,真正走上自负盈亏的道路。1985年在"总体规划、配套改革、有主有次、分步实施"的改革方针指引下,厂长负责制和任期目标责任制及多种形式的经营承包责任制在乡镇工业中全面展开,企业自主权进一步扩大,极大地调动企业职工积极性。1990年,全县乡镇企业有70%推行承包经营责任制,乡办企业全部实行厂长负责制,95%的村办企业实行厂长负责制,部分企业开始实行风险抵押承包。在"公开竞争、公开评议、择优选拔"的原则下，全县乡镇工业将竞争机制引入到企业的用人制度中，通过招标投标或民主选举来确定企业经营者，同时出台一系列配套改革措施：在内部分配上，能多能少；劳动用工上，能进能出；干部使用上，能上能下，优化劳动组合，调动职工积极性、主动性，促进生产发展，提高企业经济效益，使企业改革向纵深方向发展。

1984年初，上海大新棉纺织厂在全县工业企业中率先实行厂长负责制、干部聘任制、供销人员招标制、职工合同制、工资奖金浮动制，严格制订和实施以产品质量为前提、降耗节能为重点、培养人才为根本，感情融通为先导的管理方案；按照精员减层，提高效率的原则，改分层管理、多头指挥为条块结合、分级负责；同时把竞争机制引进车间管理，划小核算单位，实行横向承包、纵向到底一系列治厂改革，收到显著效果。1989年完成工业总产值1 187万元，实现利润327.6万元，生产的直贡呢坯布连年获市农机工业局优良产品和"一乡一品"证书，各种规格的大鹏布以全棉、优质先后打入美国、日本等国际市场。

# 第四节　县 属 工 业

县属工业形成于对手工业和私营工业的社会主义改造时期。1978年后，得以逐步恢复和发展，成为县域经济的重要组成部分。

## 一、管理机构

1978年，县属工业企业主要由各主管部门的内设机构进行管理。1985年3月，县委、县政府为加强对全县工业的指导、管理和协调，撤销县农业机械工业局和县社队工业局，建立县经济工作委员会，负责管理这两个局的工业企业，其他县属工业企业仍由各主管部门负责管理。

1990年6月，县农业机械工业局所属企业的管理职能从县经委中分离出来，由新成立的县属工业联合社负责管理。12月建立县属工业总公司，与县属工业联合社实行两块牌子、一套班子体系。

1993年5月13日，县委、县政府根据县级机构改革的总体方案，撤销县经济工作委员会、县对外经济委员会、县对外协作办公室、县标准计量所，合并为县工业委员会，作为县政府职能部门，主管全县工业。6月，县属工业总公司更名为县工贸总公司，隶属县工业委员会。机构改革后，县工业委员会内设"四科三办"，即生产科、企管科、技监科、财务科、外经办、外协办和办公室，下辖工贸总公司。县属工业企业纳入工贸总公司管理。机关人员从4个职能部门的116人减少至50多人，改变人浮于事的局面，提高办事效率，适应改革发展大局，使县属工业健康发展。1995年，县属工业企业达176家，固定资产原值达52 275万元。之后随着企业改制，县属工业企业逐渐减少。

## 二、系统类别

中共十一届三中全会后，县政府相关职能部门积极兴办工业企业。1979年，县交通局、粮食局分别兴办交通工具修造厂和崇明县饲料一厂、粮食制品厂。1981年建城桥自来水厂，1983年建堡镇自来水厂。1984年，全县有县属工业企业78家，其中全民所有制企业35家、集体所有制企业43家。1991年，县属工业企业发展到161家，其中县属工业联合社系统37家，含全民所有制企业4家、集体所有制企业33家。80—90年代，各系统固定资产原值和工业产值均有一定幅度增长。

### 【农机工业局系统企业】

是县属工业企业的主体。1984 年所属工业企业有 44 家,从业人员 7 941 人,固定资产原值 4 411 万元,产值 14 283 万元。1987 年实现工业产值 32 482 万元,在市郊农机工业局系统的工业产值排名中列第一;1988 年再次名列市郊第一。1989 年起,因家用电器行业市场竞争日趋激烈,所属家用电器行业为主的企业发展受阻,如远东冰箱厂、万里电吹风厂等在岛内外很有影响的企业先后关、停、并、转。

### 【商委系统企业】

包括县供销社所属工业企业和原粮食局所属工业企业。1984 年,所属工业企业有 21 家,从业人员 1 942 人,固定资产原值 1 722 万元,产值 9 537 万元。1988 年企业增加到 48 家。

### 【农委系统企业】

包括农业局、畜牧水产局、水利局等所属企业。1984 年所属工业企业有 8 家,从业人员 1 223 人,固定资产原值 1 108 万元,产值 1 327 万元。

### 【其他系统企业】

1984 年所属工业企业有 5 家,从业人员 789 人,固定资产原值 959 万元,产值 847 万元。

## 三、主导行业

### 【形成过程】

70 年代初期,日用电器行业在县域崛起,成为县属工业的一个重要新兴行业。1971 年崇明胶木电器厂承接堡镇红旗开关厂的平开关、床头开关和插口灯座生产,成为县属工业日用电器行业的首家企业,当年生产各类开关、插座 328 万件。1986 年改名为崇明电器二厂。

1971 年 10 月,崇明电器厂承接生产上海缝纫机公司的万里牌 642 型、638 型电吹风。1972 年起不断扩大生产规模,改进产品款式,相继推出 604 型、626 型新款电吹风,1976 年产量已达 6.38 万只。工厂聘请上海财经大学、北京清华大学等高等院校专家教授,运用科学的管理方法和先进技术,加快企业内部管理体制改革,加大新产品的科研试制,迅速开发生产既适用于理发行业,又适用于家庭的 3 个系列 14 个品种的万里牌电吹风。以其规格多样、款式新颖、质量上乘而打入国际市场,为县域工业产品批量出口开了先河。

1978 年后,县属工业在深入调查研究市场情况的基础上,利用原有技术、设备,引进人才,开发新产品,推进日用电器行业进入飞跃发展时期。崇明电机厂在 1978 年利用散装件开始组装生产 100 升葵花牌双门双温间冷式电冰箱,不久又先后试制成功 180 升、150 升无霜气化式家用电冰箱,成为全市第一家家用电冰箱专业生产厂。1985 年,企业改名上海市远东冰箱厂,于 1986 年引进意大利梅尼尔公司的整套家用冰箱生产流水线,试制生产远东牌家用电冰箱系列,三门双冷冻室冰箱首批产品 10 万台,一经面世,即被抢购一空,走俏大上海,畅销全国 20 多个省市自治区。70 年代末,县域日用电器行业已初具规模,有 10 余种产品,从业人员 3 140 名,产值 2 560 万元,创利 670 万元,成为县属工业中具有较强发展势头的新兴行业。

1984 年在"调整、改革、整顿、提高"八字方针指引下,崇明电扇厂等 8 家企业推行联产承包改革,使家电产品得到迅速发展。1986年,中共中央提出的"总体设计,配套改革,有主有次,分步实施"的改革方针和"两权分离"的原则,使得特定目标奖励制、招标租赁经营,以及审计制、厂长负责制、任期目标制等多种形式的经营承包责任制迅速在日用电器行业的28家企业中铺开,极大地调动了企业干部、职工的积极性。1986—1988年,以日用电器为主的县属工业的产值绝对额在市郊工业中夺得三连冠。1988年,县域日用电器行业产品种类达28种,共生产电冰箱12.8万台、洗衣机20.3万台、台扇12万台、落地扇15.3万台、电风扇21.4万台、电吹风60.5万只、石英钟19.7万只、镇流器34.8万只、电熨斗5.7万只、日光灯管305万支、电度表19.7万只、胶木电器1.5亿只。共有企业245家,职工26186人,固定资产原值12499万元,固定资产净值9134.7万元,实现工业总产值54385.5万元,创利6511.9万元,上交国家税金2605.2万元,成为崇明县上缴国家利税最多的行业。

### 【国内市场】

随着经济发展和人民生活水平的不断提高,县域的上海市万里电器总厂、上海市远东冰箱厂等企业,善于捕捉市场信息,不断瞄准新领域,努力开发新产品。1991年3月,崇明电扇厂推出荷花牌不锈钢内胆热水器,其采用国际市场最新款式,引进意大利阿里斯顿先进制造技术,在此基础上改用不锈钢制造,依据用户需求加大容量,可广泛用于家庭、饭店等方面。1992年,上海登瀛制冷设备厂新开发的NZL系列玻璃钢装配式冷库,具有体轻质优、造型美观、无毒耐用、防腐不锈、保温良好等优点,1993年又通过表面涂覆树脂胶衣新工艺,进一步提高了库板强度和保温性能,质量达到国内同类产品先进水平,成为市场上最畅销的产品,被评为全市同行中唯一的名牌产品,列入市级星火计划新产品。

### 【国际市场】

在国外,随着改革开放的不断深入,县委、县政府逐渐形成发展外向型经济的新思路,并制定一系列新举措,推动日用电器产品进入国际市场。80年代,电吹风、胶木电器、吊扇、电灶、电冰箱、电熨斗、日光灯镇流器等产品远销美国、日本、意大利、新加坡、中国香港等100多个国家和地区,1987年出口产品产值占总产值的15.91%。率先参与国际竞争的万里牌电吹风,其出口量曾占到全国电吹风总出口量的80%左右,1988年出口拨交额达331万元,产品享誉新加坡、印尼、伊朗、美国、日本、中国香港等10多个国家和地区。崇明素有"胶木之乡"之称,1985年胶木电器外贸出口量达3000余万件,占据上海胶木电器出口总量的1/3。上海申福电器厂于1986年引进装配、测试、喷漆流水线及高速冲床自动冲料装置,在普通型吊扇的基础上,成功研制开发仿古(亮)铜色外壳,花型木质风叶,配有装饰灯具的豪华型吊扇系列,产品远销美国市场。1987—1988年,崇明电器二厂、上海市申福电器厂分别被国务院机电出口办公室批准为首批外贸扩权企业。

# 第二章  两个文明同步发展

90年代,全县工作重点放在提升经济发展水平和开展精神文明建设上,推进两个文明同步发展。通过推进经济体制改革、建立现代产权制度,增添了企业发展的活力;通过调整产业结构,确立稳定第一产业、发展第二产业、突破第三产业的方针,使全县经济登上新台阶;通过建设经济开发区,形成市级、县级、乡镇级经济园区共同发展格局,既推进私营经济上新台阶,又为招商引资创造良好条件。通过精神文明创建、精神文明共建、思想道德建设、开展志愿者活动和主题教育实践活动等,使全县精神文明建设呈现蓬勃向上景象。尤其是滩涂保护和滩涂围垦,作为海岛建设的一大特色,这一时期取得重要成果,东部东旺沙、团结沙围垦工程作为市政府重要实事工程,其实施和竣工在全市有着显著影响。

## 第一节  经济体制改革

全县经济体制改革起于经济管理机构改革,成于建立现代企业产权制度。90年代,通过推行股份合作制试点,相继出台一系列改革举措,加快县属企业和乡镇企业产权制度改革,出现诸如股份有限公司、有限责任公司和股份合作制等新型企业,为全县经济发展增添了活力。

### 一、经济管理机构

1990年起,依据转换职能、明责放权、理顺关系、提高效率、组建实体、强化服务的要求,县级机构改革开始起步,经过相关机构的成立、划出,撤销,合并等,不断增强为经济发展服务的能力,也搞活了县域经济。

1991年6月根据市政府关于财政与税务分设的要求,县财政局和县税务局分设,并内设办公室、人事科、宣教科、监察科、税政科、稽管科(法制科)和计划会计科。1992年8月成立对外税务所(科、所合一)。基层设新海税务所、草棚税务所、庙镇税务所、城桥税务一所、城桥税务二所、城桥税务三所、侯家镇税务所、新河税务所、堡镇税务所、向化税务所、陈家镇税务所、长江税务所,查账税务一所、查账税务二所,另设有稽查中队。1993年5月在县级机构改革中,县财政局与县税务局合并,两块牌子、一套班子。除与财政的4个共有科室外,县税务局的业务科室有税政科、稽征管理科、计划会计科。基层所16个,保留已有的14个所,其中城桥税务三所改为工业园区税务所,增设查账税务三所和查账税务四所。1994年9月成立崇明县国家税务局,仅挂牌子,机构未变。1997年3月撤销对外税务所,成立外税科。1999年4月外税科并入税政科。2001年12月与财政局分设,同时成立上海市地方税务局崇明分局,与崇明县国家税务局合署办公。

1993年5月,县工商局与县物价委员会合并成立县工商物价局,内设办公室、人事监察科、企业登记管理科、外资企业登记管理科、经济合同管理科、个体私营经济管理科、市场管理科、经济检查科、商标广告管理科、价格管理科10个科(室)。基层设陈家镇、向化、堡镇、新河、侯家镇、城桥、庙镇、草棚镇、新海、长江等10个工商所。1996年11月,县工商物价局复名为县工商局和县物价委员会,合署办公。1998 年 8 月,县工商检查中队改名为检查大队。1999 年 3 月,上海工商行政管理系统实行垂直领导,县工商局更名为上海市工商行政管理局崇明分局(简称工商崇明分局)。

1993 年,县委、县政府分别于 6 月、7 月进行县属工业管理机构改革,成立县工业委员会,下辖工贸总公司,管理全县县属工业。(详见第一章第四节)

1994 年 3 月,县政府建立崇明外商投资开发区管理委员会,6 月建立隶属于其下的崇明县对外经济发展总公司;1995 年 5 月将其更名为崇明经济技术开发区管理委员会。1996 年 2 月,市政府批复同意成立上海市崇明工业园区,列为市级工业园区,3 月又将其更名为上海市崇明县工业园区管理委员会。1997 年 6 月和 1998 年 7 月相继成立物业管理中心和春郭房地产开发有限公司。2000 年 7 月组建崇明工业园区开发有限公司,为独立核算、自收自支的国有企业,主要负责园区开发建设、实业投资、招商引资及资产管理。

## 二、产权制度

80 年代,工业企业改革主要是实行多种形式经济承包责任制,以及扩大企业经营自主权。90 年代开始探索并逐步推行以股份合作制为重点的企业产权制度改革。

### 【乡镇企业产权制度】

1988 年,首先在城桥乡瀛洲塑料厂进行股份合作制试点。通过清产核资、评估折股,理顺较为模糊的产权关系,建立起一套新型的管理制度,成立崇明塑料股份有限公司。后由于各种原因,该企业在生产经营中发生困难,股份制的运行机制名存实亡。1992 年 4 月,县委、县政府通过组织有关人员外出学习取经,进一步开展股份合作制试点。6 月,三星环保设备厂成为全县第一家改制成功的企业。随后,县委、县政府下发《关于开展股份合作制试点工作的意见》,推进乡镇企业产权制度改革。为加快企业改制步伐,组织编写教材,举办专题培训班,推广三星环保设备厂的试点经验;县和乡镇都建立由主要领导和有关方面负责人组成的领导小组,28 个乡镇共配备 131 名专业人员直接参与试点企业的改制工作,抽调 52 名县级机关干部分插到各乡镇指导改制试点工作。县委、县政府还将企业改制试点工作列为各乡镇目标责任书的重要内容。年底,全县有 34 家企业实行股份合作制,其中老企业改制 24 家、新组建 10 家。1993 年相继组建股份合作制企业 135 家。全县股份合作制企业共有 169 家,股本金为 12 046 万元。1994 年,全县改制和新组建的股份合作制企业 396 家,占工业企业总数的 28.73%。股本金总额 35 897 万元,其中集体股(包括社会法人股和国家股)19 887 万元,占 55.42%;职工股(包括社会个人股)16 010 万元,占 44.58%。1995 年在加快推进股份合作制的同时,还通过兼并、拍卖等其他形式,不断加大企业产权制度改革力度。1999 年按照县委八届三次全会提出的到年底基本完成县、乡(镇)、村企业产权制度改革任务,制定《关于进一步推进、深化、完善企业产权制度改革的若干意见》,成立由县委书记任组长的企业改革领导小组。年底,全县乡镇企业产权制度改革基本完成。

### 【县属企业产权制度】

1994 年下半年,上海万里电器总厂试点工作取得成功,是崇明首家产权制度改革县属企业。1995 年起,县属企业改制工作全面启动,年底,县属工业联合社系统的 18 家企业相继转制,占联社企业总数的 50%,其中 7 家企业实行资产买断,11 家企业采取租赁经营形式。1998 年 10 月,112

家县属工业企业中,改制的有 27 家,占 24.11%。1999 年,县属企业改制步伐加快。在老企业改制中,原来实行的增量扩股逐步向存量转让发展。2001 年,县属企业改制任务基本完成。

# 第二节 调整产业结构

进入 90 年代,县委从全局出发,及时对产业结构调整作出相应决策,逐步实现一、二、三次产业转变为二、三、一次产业,尤其为加快发展第二产业、大力拓展第三产业推出一系列举措,凸显政策引领,着重在调整农业结构、优化工业结构、突破第三产业上下功夫,有效地促进县域经济稳步发展。

## 一、政策引领

县委根据经济形势的不断变化,结合县域发展实际,及时就产业结构调整作出相应决策。1986年,县第五次党代会依据崇明岛优越的地理位置和丰富的自然资源,提出稳定第一产业、发展第二产业、突破第三产业的战略目标。

1990 年,县第六次党代会提出重点加强农业和基础设施建设,调整、整顿、改造、提高乡镇工业。农业内部稳定增加粮食生产,大力发展创汇农业和副食品生产。工业经济结构贯彻"三优""三压""一依靠",即优先发展农副产品加工业,优先发展市场适销对路产品,优先发展出口创汇和替代产品;压长线产品,压微利、亏损企业,压高消耗、质量差、污染严重的生产项目;依靠科技进步,实施星火计划,抓好技术改造和新产品开发。

1993 年,县第七次党代会提出崇明要依靠科技进步,调整产业结构,发展外向型经济。坚持按照"二、三、一"逐步向"三、二、一"过渡的产业取向和布局,加快发展第二产业,大力拓展第三产业,稳定提高第一产业,加速形成开放型岛屿经济。

1998 年,县第八次党代会把大力培育新的经济增长点,促进崇明经济可持续发展作为目标。提出推进工业结构调整,提高传统产业素质,壮大支持产业实力,加快优势产业发展。不断壮大食品饮料业、修船业、电工器材业、日用五金制品、汽车摩托车配件制造业等五大主导产业;继续加强农业基础地位,抓好新一轮"菜篮子""米袋子"工程建设,调整种养业结构,实现由增量型向增效型转变;加快发展金融、商业、流通、邮电通信、房地产、保险业为重点的第三产业;推进工业园区建设。

2003 年,县第九次党代会再次对产业结构作出调整,突出大力发展绿色现代农业,加快发展优质大米、特色蔬菜、河蟹、食草畜禽和林果花为主导产业的特色经济;大力发展新型优势工业,扶持"一县一品""一业特强"企业,做大做强重点骨干企业和日用不锈钢制品为主的特色行业;加快发展电子信息、生物医药、食品加工、修造船等支柱产业,限制淘汰高能耗、重污染企业;培育新兴第三产业,大力发展旅游业、会展业为龙头的现代服务业。

2007 年,县第十次党代会坚持以产业结构优化升级为核心,推动三次产业融合发展。大力发展现代生态农业,推进农业规模化、组织化、标准化生产,不断提升农业生态功能、社会功能和经济功能;加快发展先进制造业,扎实推进长兴海洋装备基地建设,进一步完善基础设施,提高配套服务能力;有序推进崇明工业园区和富盛经济开发区建设,促进工业向园区集中。依托港口优势,积极发展岸线型产业;继续扶持"一业特强"等重点骨干企业;加快发展现代服务业,重点推进陈家镇滨江地区建设,促进形成商务会展、户外运动等产业功能;加快旅游基础设施建设,提升旅游产业能级,努力打造生态旅游品牌;大力发展物流、金融、信息等新兴服务业,调整优化商贸服务业,有序发展房地产业。坚持按照产业导向,着力优化投资环境,不断提高招商引资水平。

## 二、农业结构

90年代,全县进一步调整农业生产结构。在不放松粮食生产、稳定粮食总产的前提下,逐步减少粮食作物种植面积,增加蔬菜和经济作物面积,发展畜禽和水产养殖,结合岛屿特色,推进林业生产不断发展。重点推进"米袋子""菜篮子"工程建设。

### 【"米袋子"工程】

1985年起,全县推行熟制改革,实行麦(油菜)稻一年两熟制,在粮食播种面积调减幅度较大的情况下,由于单产增加,总产量还是有所增加。县域内粮食生产包括夏粮与秋粮,秋粮包括早秋粮与晚秋粮。夏粮作物品种主要有小麦、大麦、元麦和蚕豆,秋粮作物品种主要有玉米、水稻(单季稻、双季稻)以及大豆、山芋等杂粮。2000年全县粮食播种面积48 242公顷,比1985年减少8 856公顷,减幅为15.51%;单产每公顷6 203公斤,比1985年增加1 640公斤,增幅为35.94%;总产量299 254吨,比1985年增加38 704吨,增长14.85%。成为全市"米袋子"工程建设重要地区之一。

### 【"菜篮子"工程】

1985年起,上海实施"菜篮子"工程,全县逐步增加菜蔬和经济作物面积,发展畜禽和水产养殖。1985年全县蔬菜播种面积2 438公顷(包括复种面积,下同),总产量6.87万吨。2000年为30 436公顷,比1985年增长11.48倍,年均增幅18.33%;总产量71.25万吨,比1985年增长9.37倍,年均增幅16.88%。

### 【植树造林】

进入90年代,全县广大干部群众积极参加全面义务植树,一片片具有纪念意义的林子,被命名为"共青林""军民友谊林""三八妇女林""老干部幸福林"。1989年进行第三次森林资源普查,林地面积3 338公顷,森林覆盖率7.34%;1992年秋冬,通过部、市两级联合验收合格,全县实现绿化达标的夙愿;1994年进行第四次森林资源普查,林地面积3 860公顷,森林覆盖率8.31%;1999年进行第五次森林资源普查,林地面积4 579公顷,森林覆盖率9.77%。

## 三、工业结构

90年代,县委、县政府通过加强技术改造,提高产品档次,优化工业生产结构,加速工业发展。

### 【调整行业结构】

县委、县政府根据国家产业政策和县城工业发展的实际情况,在1991—1995年期间,提出重点发展适合海岛特点的拆船、修船、造船业,加快发展利用岛屿水、土、气洁净的环境优势和农副产品资源优势的食品加工业以及能耗少、物耗少、运量小的电子仪器仪表制造业,对日用电器、纺织、冶金等传统行业进行技术改造提高,对化工、电镀、造纸、印染、砖瓦等污染企业进行整顿管理。在

1996—2000年期间,提出重点扶持食品生产、船舶修造及拆船、汽车和摩托车配件制造、日用金属制品、电工器材制造等优势行业,加快改造纺织、造纸、胶木电器、砖瓦等传统行业,大力培育生物制品、医药、新材料等高新技术产品,对锻造、电镀、热处理等生产企业则进行清理整顿、强化管理。2000年全县纺织服装、金属制品、电器制造、船舶修造及拆船等四大重点行业的产值达到341 083万元,占全县工业总产值的61.22%。其中,纺织服装行业实现产值161 919万元,金属制品行业实现产值88 854万元。

**【调整产品结构】**

全县工业在产销两旺的情况下,仍注重新产品的开发和出口创汇产品的生产。随着日用金属制品、电工器材制造等优势行业的迅速发展,相继形成超市货架、电磁线、不锈钢餐具、毛纺织品等一批"拳头产品"。2000年,不锈钢制品产值达到55 780万元,占金属制品行业产值的62.78%;毛纺织品产值41 195万元,占纺织服装行业产值的25.44%;电磁线产值26 828万元,占电器制造行业产值的28.98%。位于竖新镇的上海瀛春毛纺织有限公司集纺、织、染、整于一体,是县内专业生产粗纺呢绒面料的重点骨干企业。1998年获得自行进出口权后,公司成立国外销售中心,建立国际网站,并与国外时装师挂钩,及时获取流行时尚的时装信息,设计生产新的产品。"瀛春"牌呢绒面料年年被推荐为上海名牌产品。1999年,自行研制开发的羊驼绒高级时装面料被评为国家级重点新产品,成为风靡国内外市场的抢手货。

**【调整工业布局】**

90年代,县委、县政府在优化工业行业结构和产品结构的同时,对原来"村村办厂、处处冒烟"的散乱工业布局进行调整,重点是建立各级工业园区(小区),按照"产业集聚、项目集中、土地集约"的要求,引导和促进新项目及已有企业向园区集中,发挥园区的集聚效应,实现工业经济的布局效益。

## 四、第三产业

在社会主义市场经济体制逐步建立的新形势下,县委、县政府在原有基础上,利用区位、环境、资源的综合优势,逐步拓展第三产业,所占比重增大。1992年在全县增加值中第一产业占22.56%,第二产业占49.36%,第三产业占28.08%。2000年所占比重分别为24.81%、37.45%和37.74%。

**【商贸服务业构成变化】**

1985年,县内重要的生产资料和生活资料实行计划供应,国营商业企业和供销商业企业发挥主渠道作用。1993年5月成立崇明县商业委员会,主管全县商业工作。撤销粮食局、物资局,县商业总公司、粮油总公司、物资总公司隶属于县商业委员会,供销、粮食、物资三大系统长期沿袭的"政企合一"管理体制被打破。1995年起,供销、物资、粮食系统的商业企业先后实施产权制度改革,原有国有、集体经济性质的商业企业在改制中有的关闭,有的成为股份合作制企业,有的转为个体或合伙经营,商业经济所有制构成发生明显变化。1992年,全县有个体商户6 547家,从业人员8 732人。1993年4月,市工商行政管理局先后制定鼓励个体经济发展的政策及补充规定。2000年,全县有个体商户 8 344 家,从业人员 11 013 人,分别比 1992 年增长 27.45％和 26.12％。

**【对外贸易稳步增长】**

80 年代,县内外贸生产经营企业无权与外商直接签约交易,只能通过省市级专业外贸公司以收购或代理的方式进行货物进出口。1992 年利用浦东开发的优惠政策,崇明县外贸公司与上海机械进出口公司合资,在浦东新区注册成立上海五洲进出口公司,是市郊第一家有进出口经营权的综合性对外贸易公司。1994 年经外经贸部批准,由合作乡与上海五矿进出口公司联营的上海联合金属丝网厂获得自营进出口权,成为全县首家有外贸经营权的生产企业,是年,自营出口额达 30 万美元。1996 年 7 月,县外贸公司经外经贸部批准,取得外贸流通经营权,成为全县首家有外贸代理经营资格的专业外贸企业。1998—1999 年,县里又有 6 家生产企业先后获得自营进出口权,其中上海六宝针织制衣有限公司为县内首家取得外贸经营权的私营企业。2004 年,全县有直接进出口经营资格、在崇明海关注册的企业有 180 家。1992 年,全县外贸出口拨交额 59 301 万元,1996 年突破10 亿元,为 100 562 万元;2000 年达 137 696 万元,比 1992 年增长 1.32 倍,年均增幅 11.1％。1995年起,崇明县对直接进口企业的商品进口情况开始统计,是年,全县进口总额 2 985 万美元;2000 年增加到 6 046 万美元,比 1995 年增长 1.03 倍,年均增幅 15.16％。

# 第三节　经济园区

崇明县经济园(小)区建设是从推进私营经济发展开始。1993 年,上海富盛经济开发区的兴建,就是搭建有效的发展平台。随着乡镇经济小区的发展,县委、县政府又不失时机地提出"产业集聚、项目集中、土地集约"的原则,积极推进上海市崇明工业园区建设,逐步形成市、县、乡镇三级经济园区相得益彰的格局,为加快县域二、三产业发展奠定基础。

## 一、上海富盛经济开发区

崇明县私营经济在改革开放初起步缓慢。1988 年下半年,受理和核准第一批 14 家私营企业的登记。邓小平南巡讲话后,极大地鼓舞和调动了私营投资者办企业的积极性,私营企业得到迅速发展。

1993 年下半年,县委、县政府提出了筹建私营经济开发区的改革举措。11 月 1 日,上海富盛私营经济开发区拉开土建序幕。开发区东邻新河镇,西接崇明新城,南临申崇车客渡码头,北衔陈海公路。1994 年 6 月 8 日正式挂牌成立,成为县域第一家乡镇级经济小区,隶属新河镇政府。年底,共招商注册 100 户企业,其中以化工、印刷、轻纺织品为主的生产性企业 22 家,以食品、电器元件、建筑装潢、音响器材、办公用品销售为主的非生产性企业 78 家;有 70 家为县外企业,注册资金达7 300 万元,实现销售产值 1 800 万元。

1995 年,县委、县政府推出开发区优惠政策,将上海一些著名的非生产性集体企业吸引到开发区注册,如上海康业建筑装饰有限公司、上海上南热电有限公司、上海社科咨询服务有限公司等。1996 年 3 月更名为上海富盛经济开发区,是年吸引注册户数 132 户,注册资本 17 937 万元,实现税收 1 212.07 万元,累计产值达 45 067 万元。1997 年开发区共有注册企业 500 家,其中私营企业 363家、集体企业(包括国有、股份)130 家、中外合资企业 7 家。经过多年的发展,开发区以招商为重点,实现经济快速稳定的增长。2001年12月,上海富盛经济开发区由乡镇级经济小区升格为县级开发区。

## 二、上海市崇明工业园区

1994年3月10日,县政府决定建立崇明外商投资开发区管理委员会,创建崇明外商投资开发区。1995年5月23日,县政府批准更名为崇明经济技术开发区管理委员会和崇明经济技术开发区,隶属县政府。开发区位于城桥镇,占地1 000公顷,东与中心城区毗邻,南距南门港码头15公里,北接陈海公路,西濒三沙洪。以交通、能源、原材料生产、生物工程、仪表电子通信、服装纺织、工艺品精加工、机动车辆配件生产、食品加工和无污染无公害的其他工业项目为开发内容,通过引进国外高新技术的项目,调整、更新县内目前的工业结构,带动县内工业企业实行现代化管理,是一个科技含量高、附加值大、管理先进、功能齐全的现代化工业区。1995年有生产、贸易、建筑、交通运输等6类注册企业235家,总投资金额8.5亿元。其中合资企业15家,投资金额510万美元,完成税收3 000多万元。

1996年2月1日经市政府批准,定名为"上海市崇明工业园区"(简称园区),被列为市郊9个市级工业区之一。1999年5月7日组建上海市崇明工业投资有限公司,首期注册4 050万元。2001年2月1日成立上海市崇明工业园区开发有限公司,注册资金1亿元。

园区根据发展需要,下设第一、第二招商中心以及规划工程部、财务资产部、企业管理服务部、政工部和办公室等部室,分别具有招商引资引税、形态开发建设、财务资产管理、企业服务管理等职能。园区自南向北依次为出口加工区、都市型工业区、高新技术与科技孵化产业区。其中都市型工业区由配套加工、精密机械和生物制药3个组团组成,高新技术与科技孵化产业区由高新技术、IT产业和科研孵化产业3个组团组成。

2001年,园区共引进企业210家,注册资金81 900万元,上缴税金16 000万元。先后获"全国乡镇企业示范区""上海市高科技产业基地"和"上海市科技园区"等称号。

## 三、乡镇经济园区

1999年下半年,全县各乡镇经济小区相继建立。10月,县政府向市农委请示,经批复同意,除新河镇外其他24个乡镇均建立经济小区。即:绿华镇绿华经济小区、新村乡新村经济小区、三星镇三星经济小区、海桥乡海桥经济小区、庙镇镇庙镇经济小区、合作镇合作经济小区、江口镇江口经济小区、港西镇津桥经济小区、港东乡城北经济小区、侯家镇金鳌山经济小区、建设镇建设经济小区、大同镇大同经济小区、新民镇新民经济小区、竖新镇竖新经济小区、大新镇大新经济小区、港沿镇港沿经济小区、五滧乡五滧经济小区、合兴乡合兴经济小区、向化镇永冠经济小区、中兴镇广福经济小区、陈家镇陈家镇经济小区、裕安镇裕安经济小区、城桥镇城桥经济小区、堡镇镇堡镇经济小区。由此,全县逐步形成市级上海市崇明工业园区、县级上海富盛经济开发区、24个乡镇经济小区共同发展的格局。

为深入开展招商引资工作,县外协办组织经济小区负责人到金山、奉贤等邻近区县学习取经,组织参加市农委、市工商局举办的经济小区负责人培训班,相继向县政府提交《关于24个县级经济小区进展情况的汇报》《关于推进经济小区招商引资工作的若干建议报告》《崇明县国内合作服务年实施方案》《崇明县工业园区（小区）布局调整设想》等报告,提出"落实招商引资措施,加大招商引资力度,成立招商引资领导机构,加强招商引资事后服务"等具体建议,得到县委、县政府的重视和采纳,从而使经济小区招商引资工作有了稳步发展。

2001 年乡镇行政区划调整,24 个乡镇经济小区相应调整为 13 个。为整合资源优势,县里提出调整工业布局新的设想,在基本保持一个乡镇一个经济小区的格局下,重点规划建设陈家镇绿色食品加工工业区、堡镇机电产品工业区、新河服饰服装加工工业区、向化永冠金属制品生产基地、大新瀛春毛纺织品生产基地和江口兴信不锈钢厨房用具生产基地。2001 年,经济小区累计引进企业 2 177 户,注册资金总额 16 亿元,税收总额 4 961 万元。

# 第四节　滩涂保护围垦

崇明岛拥有丰富的滩涂资源,尤其是东滩和北沿长江北支边滩,滩涂淤涨的速度逐年加快,是开发和发展的一大优势。

## 一、滩涂保护

### 【政策保护】

1995 年 10 月 30 日,市人大常委会通过《上海市滩涂管理条例》(简称管理条例)。1996 年 5 月,县执法部门组织保护滩涂的执法检查,对所发现的问题提出处理意见。1998 年 5 月,县人大代表视察管理条例实施情况,对所发现的问题提出意见建议。1999 年 6 月,县有关部门组织对保护湿地的执法检查,对未经批准、擅自改变湿地地貌的情况,提出处理意见。2001 年 1 月 1 日,县水利局颁布施行《崇明县海塘滩涂管理办法》(简称办法),主要提出在滩涂淤涨过程中采取种青(主要种植芦苇)方法促使加速淤涨,禁止未经批准擅自围垦滩涂,禁止未经批准擅自改变滩涂地貌,保护滩涂绿色植被,保护海塘设施。遵照管理条例和办法,县里统一规划,统筹兼顾,因地制宜,根据滩涂自然生态状况,划定保护区域,采取退耕还滩和种青等措施,加强对滩涂的保护和管理。滩涂保护区域主要分布在岛的东部、北沿及黄瓜沙、南沿的东风沙和东风东沙等地。

### 【滩涂促淤】

90 年代,主要采用生物促淤的方式,即滩涂种青。滩涂种青具有良好的促淤、消浪、保坍的功能。滩涂种青又分滩涂种植芦苇和滩涂种植互花米草两种。1992—2000 年,全县滩涂种植芦苇 4 254.18 公顷,国家补助 203.08 万元。2000 年起,受上海市造地有限公司委托,科技人员在黄瓜沙夹槽低滩地首次试种互花米草 133.3 公顷;2001 年在东旺沙滩地种植 578 公顷、黄瓜沙 2 333.3 公顷、前进至"五七"农场夹槽 119.3 公顷。2004 年后,因互花米草被国家列入外来入侵物种名单而停止种植。进入 21 世纪,增加工程促淤,如黄瓜沙促淤坝、北沿三通港和北沿四通港防冲应急工程等。

## 二、滩涂围垦

崇明岛的发展史可以说是一部开发利用滩涂史,崇明岛形成至上海解放之初是以自然形成滩涂为主。50 年代末,县域开始进行滩涂围垦。60 年代,市委、市政府发出"变崇明芦滩为城市副食品供应基地"的号召,出现大规模滩涂围垦。通过几十年的围垦,崇明岛域面积进一步扩大。其中1992—2000 年,先后围垦滩地 12 处,圈围土地 10 588.07 公顷,共投入资金 23 634.03 万元。滩涂围垦主要由市政府、县政府、县属单位和乡镇组织。

80 年代滩涂围垦现场(章天根摄)

### 【东旺沙滩涂围垦】

工程是市政府重要实事工程之一。市农场局成立东旺沙围垦指挥部,在崇明岛的 8 个市属国营农场同时成立 8 个分指挥部。1991 年 11 月 26 日全线开工,1992 年 3 月 15 日竣工。农场职工和 5 000 多名民工奋战 111 天,筑堤 17.3 公里,完成土方 232.79 万立方米,圈围土地 4 400 公顷,工程总投资 8 305.08 万元。东旺沙滩涂二期围垦工程由市农场局实施,1996 年 12 月下旬动工,1997 年 12 月底竣工。第一期采用人工挑筑方法围堰,并利用原围堤为里围埝,适当加固加高。第二期则采用水力挖塘机组进行水力冲填筑堤,共筑堤 3 677 米,堤顶高程 8 米,堤顶宽 5 米,外坡 1 比 3,内坡 1 比 2,完成土方 25.75 万立方米,圈围土地 260 公顷,总投资 530.90 万元。三期围垦位于东旺沙水闸东侧,沿东旺沙一期工程向东延伸,至团结沙隔堤止。工程由上海市农工商(集团)总公司实施。1998 年 6 月底—8 月初进行踏滩测量;9 月中下旬全面开展大堤轴线外侧挡潮小围堰的临时道路施工,先后堵港汊 80 多条;11 月 26 日完成难度最大的白港堵港工程;1999 年 11 月围垦工程大堤采用人工挑筑和泥浆泵力冲填筑堤,2000 年 12 月竣工。2001 年 2 月 25 日三期围垦工程通过验收。完成总土方 444 万立方米,圈围土地 2 280 公顷,工程总投资 7 499.03 万元。此外,还有崇明北沿圈围垦。

### 【团结沙滩涂围垦】

工程由县政府组织。位于岛域东南角,北接东旺沙,西接陈家镇。1990 年 10 月,经市委、市政府批准,成立团结沙围垦工程施工指挥部,全县 25 个乡镇相应组成围垦工程施工领导小组。1990 年 11 月 24 日,由陈家镇、汲浜、裕安、向化乡组织近万名民工对白港、二通港、红旗港和北二通港进行堵港,经 3 天奋力施工,4 条港槽合龙。12 月 22 日,团结沙围堤工程全面开工,1991 年 2 月 22 日

13.4公里的大堤竣工。1991年5月,县政府批准成立团结沙农场。2000年将其转让给"上海实业集团有限公司"经营开发。

**【县属单位围垦】**

主要有：县滩地造地工程所组织的北七滧西滩涂、新村外小圩滩涂围垦,分别于1993年和1999年进行,围得土地645.47公顷和1 000公顷。县水利工程公司组织的南四滧滩涂、团结沙水闸西支堤滩涂围垦,均于1994年进行,围得土地42公顷和13.23公顷。县海塘工程所组织的团结沙水闸东支堤滩涂围垦1994年实施,围得土地10公顷。县滩涂造地工程所即县工业园区组织的北六滧西滩涂、北八滧东侧滩涂围垦,分别于1996年和1997年进行,围得土地637.37公顷和866.67公顷。县水利工程管理所组织的二通沙滩涂围垦,1997年实施,围得土地340公顷。总计围垦面积3 554.74公顷,总投资额7 089.02万元。

**【瀛东村围垦】**

1994年10月—1995年12月,瀛东村组织围垦瀛东村南分场滩涂,位于团结沙西南角和陈家镇第二养殖场之间。竣工后,大堤总长2 064米,完成土方17万立方米,围得土地93.33公顷,总投资210万元。1999年10月通过市水利局围垦处验收。

# 第五节　精神文明建设

1984年4月,崇明县成立"五讲(讲文明、讲礼貌、讲卫生、讲秩序、讲道德)四美(心灵美、语言美、行为美、环境美)三热爱(热爱祖国、热爱社会主义、热爱中国共产党)"活动委员会,下设办公室,加强对全县精神文明建设工作的组织协调。1989年6月,县"五讲四美三热爱"活动委员会改名为县精神文明建设活动委员会。1996年11月,县精神文明建设活动委员会又改名为县精神文明建设委员会(简称县文明委),下设办公室(简称县文明办),组织指导开展全县精神文明创建工作。

## 一、精神文明创建

崇明县精神文明创建主要有文明单位创建、文明窗口(行业)创建、文明小区创建和文明村镇创建。

**【文明单位创建】**

1985年文明单位创建标准为"六好"：环境整洁优美,讲究卫生好；实现安定团结,社会秩序好；礼貌热情周到,服务态度好；重视文化科学知识教育,计划生育好；加强思想教育,道德风尚好；生产持续发展,工作成绩好。1991年起,文明单位创建标准和内容在原有的基础上略有调整,创建的"六好"标准是：加强思想教育,道德风尚好；生产蓬勃发展,工作成绩好；礼貌热情周到,服务质量好；重视文教和计划生育,文体活动好；实现安定团结,公共秩序好；环境整洁优美,安全卫生好。2001年起,对文明单位创建的标准和内容进一步修订,创建的"六好"标准是：领导班子坚强,党风廉政好；加强思想教育,道德风尚好；生产稳步发展,工作成绩好；重视教育、科学、文化、计划生育好；安定团结,公共秩序好；环境整洁优美,安全生产好。1985年、1986年每年评比、命名,1987年起每两年评比、命名 1 次。文明单位分市级、市农口级、县级 3 个层次,其中市农口级文明单位 1991—1992 年起评比、命名,2001—2002 年起停止。1991—1992 年全县有上海市文明单位 12 个、上海市农口级文明单位 23 个、县级文明单位 220 个;2001—2002 年有市级 35 个、县级 314 个;2009—2010 年有市级 66 个、县级 405 个。

### 【文明窗口（行业）创建】

1986 年文明窗口考核标准为"五好":党风正、民风好,优质服务好,环境优美好,优良秩序好,经济效益好。1991 年底,文明窗口创建标准为"四好":领导重视,组织落实,活动开展好;规范服务,优质服务,经济效益好;硬件建设,注重投入,环境改造好;强化管理,安全达标,工作秩序好。1985 年 8 月,在城桥镇和堡镇镇的公交、财贸、卫生等系统开展"十大文明窗口"竞赛活动。1986 年 5 月制定文明窗口、文明柜(班组)百分考核标准和优秀营业员、服务员、优秀医护人员的入选条件。1994 年起,文明窗口创建区域拓展到每个乡镇,拓展到与人民生活相关的所有单位。1993 年进行县级文明窗口评选、命名,1994 年起每两年组织 1 次。文明窗口评选、命名分为市农口级和县级两个层次,其中市农口级 1994—1995 年起评比、命名,2002—2003 年起停止。1994—1995 年全县有上海市农口级文明窗口 12 个、县级文明窗口 43 个;2000—2001 年有市农口级 34 个、县级 111 个;2008—2009 年有县级 287 个。

### 【文明小区创建】

1995 年起,全县农民居住逐步向城镇集中,居住小区规模逐步扩大,小区生活设施逐步完善。为把精神文明建设和城镇管理的各项工作落实到小区,在全县开展文明小区创建活动。文明小区创建标准为 5 项:治安秩序良好、环境整洁优美、社区服务全面、邻里关系和睦、文化生活丰富。文明小区分市级、市农口级、县级 3 个层次。其中,市级文明小区每年评比、命名 1 次;市农口级文明小区 1995—1997 年每年评比、命名 1 次,1998—2001 年改为每两年 1 次,2002—2003 年起停止;县级文明小区 1995—2002 年每两年评比、命名 1 次,2003—2004 年改为每年 1 次。1995 年有市级文明小区 1 个、市农口级文明小区 2 个;1995—1996 年有县级文明小区 6 个;2009—2010 年有市级 13 个、县级 45 个。

### 【文明村镇创建】

文明村镇标准为"六好":党政领导班子坚强,组织建设好;农工副业稳步发展,经济效益好;村镇建设规划有序,环境整洁好;社会风气健康向上,思想道德好;科教文卫计划生育,全面发展好;综合治理措施到位,安全防范好。1985 年,县委、县政府以创建文明村(点)为基本形式,开展"五讲四美三热爱"活动。1986 年全县开展评选文明村活动。1997 年全县规划 110 个村参加文明村创建活动。1998 年起每年组织评比、命名 1 次。其中,市农口级文明村 1998 年、1999 年每年评比、命名 1 次,2000 年起改为两年 1 次,2002—2003 年起停止;县级文明村 1997—2000 年每两年评比、命名 1 次,2001 年、2002 年未评比、命名,2003 年起每年评比、命名 1 次。1998 年市级文明村 3 个、市农口级文明村 14 个;1997—1998 年县级文明村 79 个;2009—2010 年有市级 33 个、县级 148 个。1997 年,县委、县政府规划文明镇创建。同样分为市级、市农口级、县级 3 个层次。除 1999 年评比、命名一次外,均为每两年 1 次,其中市农口级文明镇评比、命名于 2002—2003 年起停止,县级于 1999 年起停止。1997—1998 年市级文明镇 1 个、市农口级文明镇 2 个、县级文明镇 6 个。2008—2009 年有市级 2 个。

## 二、精神文明共建

崇明县精神文明共建主要有军(警)民共建共育、机关与社区结对共建和城乡结对共建。

### 【军(警)民共建共育】

1982 年 7 月,县成立"双拥"(拥军优属、拥政爱民)领导小组,统一领导军民共建工作。在有驻军的地区和军民共建点,由地方单位和部队建立共建领导小组,统一部署和领导军民共建精神文明活动。1985 年起,军民共建精神文明发展到军(警)民共建共育,按照"同呼吸、共命运、心连心"的共建宗旨,促进军(警)政、军(警)民团结和军(警)地双方两个文明建设。1987 年军(警)民共建共育先进单位标准为 5 项:领导重视、组织健全、目标明确、制度落实、效果明显。每两年评选、命名 1 次。1991—1992 年,全县有市级军(警)民共建共育先进集体 4 个、县级先进集体 9 个;1999—2000 年有市级 7 对、县级 17 对;2003—2004 年有市级 10 对、县级 40 对;2007—2008 年有市级 6 对、县级 53 对。

### 【机关与社区结对共建】

2000 年起,全县 38 个县级机关单位与城桥镇 23 个社区居委会结成共建精神文明对子,并围绕"文化建设、环境整治、扶贫帮困"等内容,开展共建活动。县司法局组织人员深入社区开展法律咨询活动,县人防办组织人员到社区开展防灾、减灾知识宣讲活动,县级机关工作委员会组织机关部门与结对单位开展"我为社区做一件好事""法规进家庭、科普进家庭、绿化进家庭、卫生进家庭、文体进家庭"的"五进"活动和医疗义诊、家电维修等服务活动,并组织机关干部参与"捐一日工资、献一份爱心"主题活动和组织有关部门向社区赠送图书音像、健身器材、公共设施等物品。

### 【城乡结对共建】

2001 年起,崇明县组织开展城乡结对共建精神文明活动。市级层面由市文明办、市郊区工委组织开展"三镇三村"结对共建活动,县级层面确定县内 28 个文明单位与 14 个村结对共建。这些结对共建的市属和县属单位充分利用自身优势,以各种形式和结对村开展共建活动。

## 三、思想道德建设

崇明县思想道德建设以社会公德教育、职业道德教育、家庭美德教育为主要内容。

### 【社会公德教育】

1986 年,县"五讲四美三热爱"活动委员会提出开展"五讲四美三热爱"活动的要点,主要包括四个方面的内容:一是结合形势和干部群众思想实际,开展爱国主义教育、革命传统教育、职业道德教育、社会主义法制教育、审美观教育、尊老敬老教育和尊师教育,并寓教育于生产实践和文化活动,增强思想教育的实际效果;二是开展城乡精神文明创建,以创建文明单位、文明村、文明乡镇、文明街、文明窗口、文明柜(班组)、文明户等为活动载体,提高城乡文明程度;三是开展城乡社会与环境整治,做到"三要六不要"(要讲文明,要有礼貌,要守纪律;不要拥挤起哄,不要滋事打架,不要随地吐痰、乱扔乱画,不要损坏公物、文物,不要辱骂演员运动员、裁判员,不要做有损国格人格的事);四是开展"人人遵守文明公约,个个争做文明市民"活动,贯彻落实《上海市民文明公约》,树立社会新风,提高市民素质。1987年起,精神文明创建向军民共建延伸,综合治理"脏、乱、差"取得较大成果,道路与环境建设做到"八无"(道路两侧无三乱,广告招贴无乱涂,沿线绿化无空缺,路面平整无积水,垃圾渣土无寄存,沿路无违章,机动车、非机动车无乱停,交通标志无破损)。1995年起,全县开展"大家从我做起,遵守'七不'规范"活动(不随地吐痰、不乱穿马路、不乱扔垃圾、不在公共场所吸烟、不损坏公物、不说粗话脏话、不破坏绿化)。1997年将"七不"规范内容深化到社区建设,要求居民小区达到"六无"标准:无乱吐乱扔,无乱张贴,无乱搭建,无乱设摊,无乱堆物,无乱晾晒。此外,1996年,县精神文明建设委员会在征求各方面意见的基础上,形成一套《基本礼仪规范》,制作成小册子,下发通知,在全县推广。

### 【职业道德教育】

1990年起,各行业从教育职工遵守"爱岗敬业、诚实守信、办事公道、服务群众、奉献社会"的职业道德入手,通过举办培训班、组织学习、开设讲座等形式,对职工进行系统、规范的职业道德教育,帮助职工树立正确的职业观念、职业态度和良好的职业作风。根据职业道德实践活动的实绩,表彰职业道德建设先进集体和先进个人,并通过报告会、媒体宣传等形式,宣传先进集体和个人的先进经验和先进事迹,提升各行各业员工的职业道德水平。

### 【家庭美德教育】

1985年起,崇明县乡镇开展创建新风户活动。新风户的评选条件为"五无":无赌博、无封建迷信、无超计划生育、无邻里纠纷、无违法乱纪。评为新风户的挂"新风户"标牌。1988年,全县各乡镇评出新风户54 316户,占全县总数的24.69%;1989年评出87 923户,占39.97%;1996年评出120 288户,占54.68%。1986年全县开展"五好"家庭、"双文明户"评选,全县评出乡镇级"五好"家庭21 573户,乡镇级"双文明户"98户。1995年起,开展"五好"文明家庭创建活动。"五好"文明家庭的标准是:思想道德、生产(工作)好,家庭和睦、尊老爱幼好,教育子女、计划生育好,移风易俗、勤俭持家好,邻里团结、文明礼貌好。2000年,"五好"文明家庭评选条件调整为:爱国守法、热心公益好,学习进取、爱岗敬业好,男女平等、尊老爱幼好,移风易俗、少生优育好,勤劳致富、勤俭持家、绿化环境好。1985—2004年,全县累计评出市级"五好"文明家庭144户次,县级"五好"文明家庭1 163户次。

## 四、志愿者活动

1998年成立崇明县志愿者协会。县委分管精神文明创建工作的副书记任会长,常设机构设在县文明办,下由县青年志愿者服务总队、县职工志愿者服务总队、县家庭志愿者服务总队和县精神文明建设市民巡访团组成。

### 【重大活动志愿服务】

崇明森林旅游节和三峡移民落户崇明吸引了广大志愿者的参加。1998—2004年,共组织志愿者5 000余人次参与崇明每届森林旅游节服务活动。志愿者经培训后,分赴码头、车站、景点等重要旅游服务场所,发放宣传资料,宣传崇明风光和人文景观,提供周到的咨询和导游导购,参与搬运重物、装订材料、布置会场,保障了旅游节活动顺利进行。2000年8月、2001年7月和2004年8月,先后有3批三峡移民落户崇明,县政府组织欢迎活动。在县志愿者协会统一协调下,团县委、县总工会和县妇联先后组织志愿者500余人次,冒着高温酷暑,开展礼仪引路、行走搀扶、茶水供应、医疗救护、物资装卸和后勤保障等志愿服务活动。

### 【日常公益性志愿服务】

每年3月5日,团县委组织城、堡两镇青年志愿者服务队,上街设摊义务开展医疗保健、修理加工、理发、缝纫等服务。各乡镇团委自行组织开展"学雷锋、树新风"志愿服务活动,形成县、乡(镇)联动服务社会的良好氛围。每年"全国高血压日"、"八一"建军节、"4·15"爱心行动日、"敬老日"等节日,全县广大团员青年志愿者深入社区宣传医疗卫生和法律知识,提供各类便民服务。还上门为敬老院老人理发和打扫卫生。每年酷暑季节,团县委组织青年医务志愿者送医到企业和社区,为职工和社区居民提供口腔保健、医疗咨询、体格检查等便民服务。

### 【市民巡访志愿服务】

2002年8月成立崇明县精神文明建设市民巡访团,由原县人大代表、老干部、退休教师、社区工作者等20人组成。市民巡访团根据有关规定,按照县文明办的总体安排,参加文明小区、文明窗口、文明单位、文明行业以及其他群众性精神文明创建活动的巡访、测评和考核。至2004年,巡访团共出动2 000余人次,累计巡访路程达5 000余公里,足迹遍布全县每个乡镇。

## 五、主题教育实践活动

1986—1992年开展"爱岛建岛"立功竞赛活动,1992年起开展"兴'三学'之风,抓庭院经济,建文明家园"活动,1998—2001年连续开展3届"双百功臣"竞赛活动等等。

### 【"爱岛建岛"立功竞赛活动】

1986年起,全县开展"爱岛建岛"立功竞赛活动。活动设工业"葵花杯"、农业"丰收杯"、村镇建设"新星杯"、环境绿化"水仙杯"、社会风气"新风杯"、机关作风"公仆杯"等"六杯"竞赛。县级竞赛有"六杯"综合赛、单项赛、好事实事赛、优秀成果赛、功臣积极分子个人赛等五种形式。各乡、镇、局、行和各行各业根据自身的实际,分别设立具体竞赛项目。如工业系统开展"保质量、增效益、创名牌"劳动竞赛,农业战线开展"丰产方""高产田"竞赛,教育系统开展"教书育人"擂台赛,卫生战线开展"白求恩杯"赛等。全县共设立竞赛项目651个。1986—1992年,全县共评出"六杯"综合优胜单位166个次,单项先进和好事实事奖、成果奖311个次,"十路"标兵和功臣积极分子548人次。

### 【"双百功臣"竞赛活动】

1998—2001年,崇明县连续开展3届(1998年第一届,1999年第二届,2000—2001年第三届)"双百功臣"竞赛活动。"双百功臣"为100名经济建设方面有突出贡献的功臣和100名精神文明建设方面有突出表现的功臣。经济建设功臣评选和精神文明建设功臣评选采取不同的评选办法。经济建设功臣评选采取有关委、局与乡镇相结合推荐的办法进行。每个乡镇在不同行业推荐 5 人～7 人，有关委局、农场等单位在系统内推荐 2 人～5 人。在各乡镇、委局、农场推荐基础上，由县政研室会同有关委局按照好中选优的原则筛选出候选对象，经评定小组审核通过后报县委、县政府批准。精神文明建设功臣评选由各乡镇、委局、市属单位分别推荐 2 人～3 人，各驻崇部队分别推荐 1 人～2 人，由县文明办按照好中选优的原则筛选对象，经县文明委审核通过后报县委、县政府批准。第一届命名表彰经济建设功臣 121 人、精神文明建设功臣 75 人。第二届命名表彰经济建设功臣 113 人、精神文明建设功臣 95 人。第三届命名表彰经济建设功臣 118 人、精神文明建设功臣 86 人。

## 【"兴、抓、建"活动】

1992 年起，县委、县政府为推进全县两个文明建设，将"新风户""五好家庭"评选活动拓展，在全县开展"兴'三学'（学科学、学知识、学技术）之风，抓庭院经济，建文明家园"活动。1992—1993 年，各乡镇、村和企业举办学习文化知识、农业科技和各类技术培训班，组织干部群众学科学、学知识、学技术，提高参训人员的文化科技素质。1994 年在各企事业单位中开展以岗位培训、岗位练兵和技术比武为主要内容的"三学"活动。1992—1997 年，全县参加"三学"活动有 30 万余人次，获市级"三学"状元称号 2 人，县级"三学"积极分子 250 余人。

各乡镇在发展庭院经济中，以文明示范村和示范基地建设为抓手，以具有海岛特色的"五个一"（一只蟹、一棵菜、一株树、一根草、一头羊）工程为突破口，以让农民家庭"绿起来、美起来、富起来"为目标，发展家庭种植业、养殖业、加工业等多种经营的庭院经济。1996 年有庭院经济建设市级示范村 5 个、县级示范村 86 个、乡镇级示范村 150 个；示范队 1 266 个，示范户 21 812 个；庭院经济特色基地 16 个，总面积为 288 公顷。全县庭院经济收入近 2 亿元。

文明家园的评选条件为"八好"：爱国爱乡好，勤劳致富好，家园环境好，遵纪守法好，团结互助好，移风易俗好，计划生育好，家庭教育好。各乡镇按照文明家园的评选条件，组织农户积极参与创建。1997 年，全县评选出文明家园 9.57 万户。

# 第三章　生态岛建设

2001 年,上海市城市总体规划确定把崇明岛建设成为生态岛,是全县发展的一个新的里程碑。县委、县政府认识到,"水清、土洁、气净"的生态环境是县域持续发展的最大优势和后劲,通过编制一系列规划、纲要,不断明确以优化环境作为突破口的生态岛建设蓝图,逐步走上依法建岛的轨道;通过发展生态农业,不断提升农产品品质,实现农业生产的现代化、生态化;通过发展生态旅游,把岛屿资源开发与生态环境保护有机结合,凸显绿色经济发展理念;通过进一步改善生态环境,加强环保实事项目建设,不断提升岛屿环境质量;通过加强基础设施建设,尤其是上海长江隧桥、崇启大桥通车,缩短县域与外界的距离,使生态岛建设与全市发展融为一体。这一时期,更为重要的是从岛屿农村人口众多的现实出发,重心向下,加大建设具有海岛特色的社会主义新农村。2010 年,崇明县被中国老年学会列为中国第 15 个"长寿之乡",是全市唯一的一个。

## 第一节　生态岛规划

县委、县政府一直把生态建设、规划先行作为推进崇明岛发展的思路。80 年代末就组织全县探讨研究崇明县发展规划。进入 21 世纪,在市有关部门和研究机构帮助下,先后编制《崇明岛域总体规划》《崇明三岛总体规划(2005—2020)》《崇明生态岛建设纲要(2010—2020 年)》。

### 一、《崇明岛域总体规划》

2001 年 5 月,国务院批准《上海市城市总体规划(1999—2020)》,提出"将崇明作为 21 世纪上海可持续发展的重要战略空间",明确将崇明岛建设成为生态岛。2002 年 11 月,《崇明岛域总体规划》编制工作正式启动,《规划》全面贯彻 5 月市第八次党代会提出的"构建崇明岛开发总体规划,加快越江通道建设,积极做好崇明开发准备"的总体要求,在市计委和市规划局的指导下,于 2003 年高起点完成编制。2004 年 7 月,中共中央总书记胡锦涛到崇明县视察,对崇明岛域规划编制成果给予充分肯定。

《崇明岛域总体规划》的定位是:崇明县未来的发展必须服从、服务于上海建设"四个中心"和实现"两个率先"的战略目标,至 2020 年,把崇明建成以优美的生态环境为品牌,以闻名的旅游度假为主导,以发达的清洁生产为支撑,环境优美、经济发达、文化繁荣、保障健全、城乡融合的上海国际大都市的综合型生态岛区,西太平洋沿岸的海上花园,连接长江三角洲和沿海大通道的北翼纽带,国内领先、国际一流的具有长江口地域特色和上海大都市特点的人类生态发展模式示范地区。《规划》的总体功能布局是:依据生态岛的目标定位,结合崇明岛域自南向北的地带性规律和东西两端的生态环境特色,将崇明建成森林花园岛、生态社区岛、旅游度假岛、科技研创岛。形成"五大功能片区",即崇中分区以森林度假、休闲居住为主的中央森林区、崇南分区以人口集聚为主的田园式新城和新市镇区、崇北分区以生态农业为主的规模农业区和战略储备区以及崇东分区以生态居住、休闲运动、国际教育为主的教研区和门户景观区和崇西分区以国际会议、湖滨度假为主的生态景湖会展区。全岛城镇体系布局框架为"一城五镇三片","一城"为崇明新城,"五镇"为陈家镇、向化镇、堡镇、新河镇、庙镇,"三片"为东滩片、明珠湖(西沙)片、北湖片。

## 二、《崇明三岛总体规划(2005—2020)》

2005年5月,国务院正式批复同意长兴、横沙两岛行政区划归崇明县管辖,7月,市委常委会审议通过《崇明三岛功能定位》,《崇明三岛总体规划(2005—2020)》编制工作全面启动。《规划》将崇明岛建设放在全国、全市发展的大局中来思考和谋划,坚持走一条跨越传统工业化的"生态型现代化"发展之路,坚持"留足自然生态环境涵养空间"和"留足未来国际级项目建设选址空间",使其成为上海体现科学发展观和可持续发展模式亮点地区之一。10月与上海交通大学合作完成,2006年3月,市政府常务会议批准通过。

《规划》确定的发展目标是:以科学发展为统领,依靠科技创新,发展生态产业,至2020年,建设成为环境优美和谐、资源集约利用、经济社会协同发展的"现代生态岛区"。按照"统一规划、资源整合、优势互补、联动发展"的要求,把崇明"五大功能片区"拓展为七大功能分区,增加的长兴分区是以船舶、港机制造业为主的海洋装备岛,横沙分区是以休闲度假为特色的生态旅游度假区。围绕世界级生态岛的总体目标,将崇明建设成为森林花园岛、生态人居岛、休闲度假岛、绿色食品岛、海洋装备岛和科技研创岛。与此相配套,崇明县编制《崇明三岛生态环境保护与建设规划》、20本专项规划、《崇明三岛"19208"城乡体系规划》(即"1个新城",为崇明新城;"9个新市镇",为陈家镇、向化镇、堡镇、新河镇、庙镇、明珠湖镇、北湖镇、凤凰镇和新民镇;"208个左右中心村",为在三岛非开发建设用地中的农民生产、生活和居住基本单元)以及新城总体规划、森林公园周边地区规划、陈家镇—东滩地区等重点建设区域控制性详细规划等,均融入生态保护和生态建设相关要素。2007年7月,《崇明生态县建设规划》和16个乡镇《环境保护与建设规划》编制完成。

## 三、《崇明生态岛建设纲要(2010—2020年)》

市委、市政府高度重视崇明生态岛的建设。2008—2009年,市科委从构建世界级生态岛的目标出发,牵头完成《崇明生态岛建设指标体系》编制;市环保局从生态环境质量监测角度,牵头完成控制性指标研究;市发改委牵头在已有研究成果基础上,编制完成《崇明生态岛建设纲要(2010—2020年)》,2010年1月,市政府召开新闻发布会予以公布。

《纲要》按照建设世界级生态岛的总体目标,以科学的指标评价体系为指导,大力推进资源、环境、产业、基础设施和社会服务等领域的协调发展,把生态保护和环境建设放在更加突出的位置,加强项目建设、措施管理和政策配套,力争到2020年形成崇明现代化生态岛建设的初步框架。《纲要》涵盖自然资源保护利用、循环经济和废弃物综合利用、能源利用和节能减排、环境污染治理和生态环境建设、生态型产业发展、基础设施和公共服务六大行动领域。在运营管理方面,重点建立健全市领导层面的推进机制,加强对生态岛建设的统筹协调;制定三年行动计划,形成可持续的滚动发展机制;建立监测评估制度,加强生态岛建设绩效管理;加强各方合作交流,形成全社会参与的发展格局;建立健全法制体系,依法推进和实施生态岛建设。在政策保障方面,重点实行人口综合调控,推进生态岛人口结构优化;完善土地控制政策,合理利用生态岛土地资源;制定产业准入政策,推动绿色产业体系建设;建立绿色消费模式,倡导低碳生活方式;拓宽建设资金渠道,完善生态岛建设的投融资机制；营造良好社会氛围，鼓励社会公众参与和监督。与此相配套，市、县相关部门编制《崇明生态岛建设三年行动计划》《崇明生态岛建设纲要主要评价指标统计实施办法》等。

# 第二节　生　态　农　业

县委、县政府根据生态岛发展规划，不断探索寻求大农业发展之路，实现由传统农业向现代化生态农业转变，创出一条"绿色、有机、环保"的生态农业之路。

## 一、现代农业园区

2000年8月经市政府批准建立市级崇明现代农业园区（简称农业园区），10月成立崇明现代农业园区管理委员会和上海市崇明现代农业园区开发有限公司。农业园区位于县域东北部垦区，占地33平方公里，实有土地1 600公顷，是一个综合性现代农业开发区，定位为都市型生态农业，发展目标是高效生态农业。2004年8月被农业部授予国家级绿色食品加工示范基地，形成以种植业为基础的低碳农业示范区、以设施农业为基调的生态观光旅游、以县域优质农产品为基础的深加工区三大主导产业。2010年已有中国华源集团天然药物开发有限公司、新加坡中新农业发展公司（泰生农场）等10余家企业落户。

农业园区生产、加工的优质农产品在消费者中产生良好口碑，形成农业园区特有的农产品系列商标，如上海崇明现代农业园区开发有限公司的"申瀛"注册商标、上海老杜鸭鸭养殖有限公司的"老杜"注册商标、上海健绿花菜合作社的"新健绿"注册商标等，其中"老杜"商标被认定为市著名商标，"新健绿"商标被评为市名牌商标。2002年，崇明县种子公司入驻农业园区的北七滧垦区，租地40公顷，作为杂交水稻制种基地，每年可提供优良"寒优湘晴"杂交稻种10万公斤。是年，上海崇明种山羊、奶牛场入驻园区的北八滧垦区，占地53.33公顷，主要进行崇明白山羊、奶牛品种的选育、提纯，培育优良种羊和种奶牛。农业园区生产的大米、芦笋、西甜瓜、花椰菜等均获得上海市优质农产品。通过多年经营，农业园区逐步实现农业规模经营，2010年12月获"上海品牌建设优秀园区"称号。

## 二、农业标准化建设

1998年成立县农业标准化领导小组，制定并实施《崇明县农业标准化三年规划》。之后三年间，县质监局会同县农委等有关主管部门制定《崇明县无公害农业产品技术标准》等29项县级地方标准，经专家审定通过后在全县颁布实施。

2001年建立和完善县乡两级农产品安全监管体系，成立县食用农产品检测中心。2003年完成"崇明无公害农产品标准化生产研究及应用"和"全国首批无公害蔬菜生产示范基地县"创建和年审。2004年10月由中兴镇镇政府、县农委和县质监局联合申报的"中兴镇无公害花椰菜国家级标准化示范区项目"通过国家质量技术监督局考核验收。实施后取得显著的经济效益和社会效益，并以点带面，辐射周边。2004—2005年在崇明现代农业园区建成一个蔬菜标准化加工中心，在港沿镇建成40公顷菜田基地和100公顷芦笋设施基地；全县共建成牛奶、肉猪、柑橘、桑果、草莓、林地鸡、河蟹、花菜等25个农业标准化示范基地，其中国家级1个、市级3个、县级21个；16个乡镇和现代农业园区全部通过上海市无公害农产品生产基地认定。2006—2007 年实施科教兴农战略,获得市安全卫生优质农产品 10 个、绿色食品 10 个、无公害农产品 22 个。2008—2010 年完成 3 866.7 公顷国家农业综合开发土地治理项目和 1 438 公顷设施菜田建设,建成 26 个标准化畜禽养殖场和 19 个标准化水产养殖场。2010 年,全县有农业标准化示范基地 60 个,其中国家级 6 个、市级 4 个、县级 50 个。国家级示范基地主要有:无公害花椰菜标准化示范区,长兴、横沙柑橘生产国家标准化示范区,长江水系中华绒螯蟹养殖标准化示范区,绿华柑橘生产标准化示范区,绿色芦笋栽培标准化示范区和白山羊养殖标准化示范区等;市级示范基地主要有:上海市无公害生鲜奶标准化示范区、上海市沙乌头商品猪标准化示范区、上海市无公害绿芦笋标准化示范区、上海市绿色鲜梨种植标准化示范区等;县级示范基地主要有:上海汤商大葱专业合作社、上海源水果蔬专业合作社、上海净达蔬菜专业合作社等。北湖万亩有机大米生产基地、绿华镇 8 000 公顷柑橘种植基地、中兴镇 6 700 公顷花菜种植基地,成为崇明特色农产品标准化规模生产基地。全县已有 132 只农产品取得无公害农产品、绿色、有机食品认证,其中 22 只农产品取得绿色食品认证,4 只农产品取得有机食品认证,主要农产品认证率达到其种植面积的 70% 以上。2010 年 12 月 28 日举行创建国家级生态农业标准化综合示范县启动仪式,国家标准委、市政府及相关委局、县政府等领导出席会议。

## 三、科技攻关和技术推广

2001 年围绕现代化生态农业建设,对河蟹、优质大米、特色蔬菜、白山羊、林果花等五大重点进行科技攻关和技术推广,组织实施科技攻关项目 37 项。

**【河蟹】**

着重推进人工生态繁育蟹苗和成蟹养殖技术攻关及技术推广。蟹种培育基地逐年扩大,形成岛内养殖亲本、培育优质蟹种、繁育生态蟹苗,岛外天然淡水湖泊养殖成蟹的产业链。2002 年岛内外河蟹养殖面积达 2 万公顷,提供蟹种 5 亿只,同时崇明优质蟹苗和养殖技术为外省市养蟹业提供强大辐射。2010 年,全县养蟹面积 7.07 万公顷,其中 53 家企业和大户走出海岛发展养蟹业,岛外养蟹面积达 6.4 万公顷,遍及全国 9 个省区 28 个市县,成为生态农业结构调整的支柱产业,保持"全国科技先进县"称号。

**【优质大米】**

着重推进以"寒优湘晴"为主的杂交水稻良种技术攻关和技术推广。2002 年"寒优湘晴"优质大米被中国粮食行业协会授予"放心米"称号,被国家绿色食品发展中心授权使用绿色食品标志。2010 年推广以"寒优湘晴"为主的优质水稻面积 2.46 万公顷,占种植面积的 100%;推广各种优质、高效、无公害新农药防治病虫害面积 10 万公顷次;推广高效专用肥(水稻)5 800 吨;推广有机肥 14 200 吨,主要农作物良种覆盖率保持在 98% 以上,优质杂交稻良种供应 208.8 吨、优质常规稻良种供应 1 442.9 吨;推广水机插秧面积 8 173.9 公顷。

**【特色蔬菜】**

着重推进引进和自繁培育蔬菜新品种技术攻关和技术推广。形成具有崇明特色蔬菜新品种"申花""崇花"系列花椰菜和芦笋、黑皮冬瓜等 200 多个品种,叶菜类、茄果类、瓜类等蔬、果、瓜品种的种植面积和产量不断增加。2004年,全县芦笋种植面积达133公顷,成为上海地区最大的种植基地。2010年继续做好全县特色蔬菜种源工程项目,先后收集114个金瓜、80个香酥芋、50个白扁豆、76个本地毛豆、150个花菜、50个红皮马铃薯、10个薄皮甜瓜、8个山药和2个香芋等种源材料,进行种性恢复与提纯复壮工作,分别在港西镇、中兴镇、庙镇、港沿镇、新河镇等地繁育崇明特色蔬菜常规与杂交良种20余吨。

## 【白山羊】

着重推进品种选育、杂交改良技术攻关和技术推广。崇明白山羊具有适应性强、肌肉丰满、肉质细嫩鲜美、肥而不腻、营养丰富等优良品质,但其生长速度慢,出栏率低。1992年起,先后引进萨能、波尔、苏淮、黄淮等良种公羊,进行杂交改良。2004年以波尔、萨能为父本,崇明白山羊为母本的杂交羊成为崇明当地肉羊的主要品种。是年,全县饲养量53.09万只,出栏量29.5万只,杂交率50.54%,年末圈存量23.58万只。山羊杂交技术的推行促进了养羊业迅速发展。2008年依靠市财政支农资金,在三星镇建设白山羊特色养殖示范区基地,1个500头规模的白山羊扩繁场和2个养殖示范小区已建成并投入运行。

## 【林果花】

着重推进引种栽培技术攻关和技术推广。长期以来全县果树品种以柑橘为主,2002—2003年开始引进适应本地生长的梨、果桑、桃、枣、葡萄、柿、枇杷等果树新品种,已初获成功,并且种植比例逐年上升。崇明水仙和福建漳州水仙并称为中国水仙,为中国十大名花之一。2000年,县多种经营技术推广站承担"植物组织培养技术在培养水仙等组培苗中的应用"项目,2003年上海履芳园艺场承担"崇明水仙花优质高产栽培技术应用"项目,为水仙花栽培技术应用作出贡献。是年,县林业站获市科委颁发的"国外优质球根花卉引种栽培试验"科技技术进步二等奖。

组织实施科技攻关和技术推广,推进县域农产品打造国内品牌。2007年10月,"崇明老白酒""崇明老毛蟹"获得国家质检总局颁发的国家地理标志产品保护认证;2009年8月,"崇明香酥芋"被国家工商总局商标局授予原产地地理标志;9月,崇明县"白狗"牌芦笋、"新健绿"牌花菜和"联益"牌黄金瓜等3项农产品获得第七届中国国际农产品交易会金奖。

# 第三节　生态旅游

1994年,《崇明县旅游业发展总体规划纲要》出台。21世纪后,又陆续编制《东滩地区科旅一体化详规》《西沙·明珠湖地区旅游发展策划与核心结构规划》《竖新镇农业旅游规划》《高家庄园发展提升规划》《前卫村旅游发展规划》等,特别是崇明岛国家地质公园的建设,为发展生态旅游奠定扎实基础。

## 一、国家地质公园

2008年4月27日,崇明岛国家地质公园揭碑开园,是以整个崇明岛为范围,根据崇明地形和景点分布状况,将崇明国家地质公园划分为"一核五极"。一核为世界河流博物馆,五极为5个主要景观区,分别为新城三角洲文化区、西沙地质科学景观区、东滩湿地生态景观区、东滩国际候鸟生态景观区、东滩河口中华鲟生态景观区。

### 【世界河流博物馆】

是整个地质公园建设的核心工程,位于崇明新城,主要依托崇明岛,建设世界一流博物馆,展出世界河流独特自然生态、水利工程及文化遗迹。

### 【新城三角洲文化区】

是地质公园的重要景观区,位于崇明新城内东门路以东、老滧港以西,鳌山路以南一直到长江边滩的区域,控制面积 300 公顷,规划面积 100 公顷。功能定位为主要展示三角洲文化。通过雕塑、展柜和各文化博物馆,展示长江三角洲的悠久古文化和崇明岛独特的围垦文化等。

### 【西沙地质科学景观区】

是地质公园的光环区,位于崇明岛西端绿华镇新建水闸以东、明珠湖以西、沿江大道以外的区域,区内建设河口地质博物馆和西沙边滩湿地观光区。其中,河口地质博物馆控制范围 150 公顷,规划范围 60 公顷。西沙边滩湿地观光区控制范围 500 公顷,规划范围 360 公顷。在河口地质博物馆内通过各种手段展示长江三角洲独特的地质地貌,在西沙边滩湿地观光区通过栈桥展示湿地实际的潮沟、沙波等地质地貌和生态景观,给游客一个强烈的大河口地质地貌概貌,兼顾旅游服务功能。

### 【东滩湿地生态景观区】

是地质公园的重要景观区,位于崇明东滩 1992 大堤和 1998 大堤之间,东滩大道以北的区域。控制范围 200 公顷,规划范围 150 公顷。功能定位为主要展示封闭性的潮滩湿地各种地貌生态遗迹,开展各种休闲娱乐活动,让游客感受优美的湿地生态环境,享受优美环境下的美好生活。

### 【东滩国际候鸟生态景观区】

是地质公园的核心生态景观区,位于崇明东滩 1998 大堤之外,控制范围 2 000 公顷,规划范围 600 公顷。因控制区同时也是地质公园生态敏感区,为国际候鸟观赏区和保护区。区内不进行任何重大建设。

### 【东滩河口中华鲟生态景观区】

是湿地地质公园的主要景区,位于东滩南侧瀛东村南分场。控制范围 70 公顷,规划范围 10 公顷。为河口珍稀鱼类观赏保育区。

## 二、森林旅游节

崇明森林旅游节是上海旅游节的组成部分,是以海岛特有的森林、湿地、田园风光、人文景观等旅游资源作为依托,以客源市场为导向,采取市场化运作手段,提升县域生态旅游的知名度。

东平国家森林公园是全县最早开辟的旅游景点之一,1997 年获"上海十佳休闲新景点"称号,被国家旅游局评为国家"AAAA"级旅游景区(点)和首批"全国农业旅游示范点"。1998 年 10 月 10

**1994年,东平国家森林公园秋季美景(顾勤摄)**

日,县委、县政府充分利用这一旅游资源,举办首届崇明森林旅游节,开幕式在东平国家森林公园正门广场举行,以"绿色旅游,回归自然"为主题,组织开展"信欣杯"海岛自行车赛、第六届全国攀岩锦标赛等体育赛事活动和"寻找白雪公主""浪漫森林婚礼"等大型主题活动。还开展丰富多彩的广场文艺演出、杂技专场演出和广场歌舞时装表演,举办商品展销会、绿色农副产品展示会,进行"知识青年崇明再相会""我爱森林自然美"青少年摄影展等活动。旅游节期间,共接待游客28万余人次,其中接待原农场知识青年4万多人次。首届崇明森林旅游节被上海市旅游节组织委员会评为优秀组织奖。之后每年9、10月份举办1届。2010年9月举办第13届崇明森林旅游节,也是上海长江隧桥贯通后首次举办大型旅游节庆活动,主题为"绿色崇明,生态之旅",定位为"大众的节日"。开幕式上,举行"生态之旅"森林交响音乐会,上海歌剧院交响乐团与在国内享有"北戴、南魏、港莫"盛誉的戴玉强、魏松、莫华伦三大男高音歌唱家联袂演出,著名沙画艺术家苏大宝同台献艺,著名女歌唱家汤灿以嘉宾身份到场祝贺。表演中还融入崇明本土元素,增加互动环节,充分展示出崇明浓郁的文化气息。森林旅游节从9月17日开始,至10月底结束,全县共接待岛内外游客64.35万人次,实现旅游直接收入6 800余万元,创下历史最好纪录。崇明森林旅游节积极探索旅游、疗养、休闲、度假为一体,吃、住、行、游、购、娱有机结合的旅游发展模式,活动丰富多彩。1998—2010年共吸引国内外游客300多万人次,成为县域绿色生态旅游的一个亮点。

## 三、自行车赛事

**【国内赛事】**

2003年4月11—12日,"瀛通杯"全国公路自行车精英赛在崇明举行。自行车赛由中国自行车协会主办,市体局总会和县政府承办。这是在崇明岛首次举办的公路自行车赛,来自北京、天津等国内 10 支车队 48 名运动员参赛。2004 年举办"种种园林杯"全国公路自行车冠军赛,由国家体育总局自行车击剑运动管理中心主办,市体育总局和县政府承办,上海种种园林绿化有限公司独家赞助。有 17 个省、市、自治区和香港、澳门特别行政区及部分行业体协、俱乐部,共 25 个单位 57 支队伍的 289 名运动员参赛。2005 年举办"崇明岛杯"全国公路自行车冠军赛,由国家体育总局自行车击剑运动管理中心主办,市体育总局和县政府承办,有 17 个省、市、自治区和香港特别行政区以及解放军、行业体协、俱乐部等 23 个单位的 258 名男女运动员参加比赛。

**【国际赛事】**

2006 年,中国自行车运动协会和市体育局共同主办"环崇明岛国际公路自行车赛",这是崇明县政府首次承办自行车国际赛事,有 11 个国家和地区的 15 支自行车队 90 名男子运动员参加比赛。2007 年和 2008 年举办环崇明岛女子国际公路自行车赛,其中 2007 年有 10 个国家和地区的 14 支队伍 77 名运动员参加角逐;2008 年有 9 个国家和地区的 14 支队伍 75 名运动员参加比赛。2009 年,环崇明岛女子国际公路自行车赛提升为洲际顶级赛事,由国际自行车联盟、国家体育总局和市政府共同主办,中国自行车运动协会、市体育局、市文广局和县政府承办,有 12 个国家和地区的 14 支车队 83 名运动员参加比赛。2010 年经国际自行车联盟批准,崇明县获得承办国际自行车联盟女子公路世界杯赛的承办权,这在中国、亚洲为首次举办,有 15 个国家和地区 17 支排名前列的国家队和职业队 99 名运动员参加比赛,首次将上海长江大桥作为赛段的重要组成部分,首次采用航拍技术宣传赛事。市政府将 2010 年环岛赛和世界杯赛列为上海世博会系列活动之一,赛事极大地推动了县域旅游产业的发展。

## 四、农家特色游

农家游是崇明岛特色生态旅游项目,迎合都市居民休闲度假、回归自然心理。2010 年,全县已发展到 107 家。

**【前卫村"农家乐"】**

竖新镇前卫村与东平国家森林公园相邻,距县城 23 公里,60 年代末围垦滩涂建成。该村十分注重生态环境建设,被誉为"崇明生态第一村",1996 年获联合国"全球生态环境 500 佳"提名奖,2000 年被全国绿化委员会授予"全国绿化十佳村"称号。1999 年 5 月前卫生态村依托生态农业,推出"农家乐"项目,是市郊首个,2000 年 9 月成为全县规模最大的"农家乐"旅游单位。2002 年,全村 200 户农家中有 120 户办起"农家乐",村委会采取统一经营的管理模式,主打"吃农家饭、住农家屋、干农家活、享农家乐"特色品牌。主要有:瀛洲古村。四合院芦草建筑结构,仿清末民初海岛农舍而建,占地面积 3 000 多平方米。耸立在古村前的"东海瀛洲"碑记载着崇明岛的演变历史,据传"东海瀛洲"系明朝开国皇帝朱元璋所赐。湿地游览。村北边有一片 600 多公顷的湿地,建有离地约 1 米、宽 1.5 米、长 1 500 多米的观光栈桥,可以观赏无际的芦苇、多彩的湿地、掠起的飞鸟、探头的螃蟹和欢奔的跳跳鱼。栈桥尽头 5 层高的观景楼临江伫立,可观日出、日落和滩涂湿地的美景。还有"旭日""夕阳""观潮""赏月""望星"等 5 个休息凉亭。动物天地。为上海野生动物园幼年动物驯养基地,占地 1.33 公顷,饲养豚鼠、香猪、蛇、鹦哥、老鹰、孔雀、松鼠、猴、梅花鹿等动物。还有生态循

**1992 年,前卫村村貌(徐兵摄)**

环链基地、全国青少年科普教育基地、鸳鸯楼、健身苑和前卫休闲广场等。村里还通过举行前卫金秋文化旅游节、前卫柑橘节等活动,增强吸引力,扩大影响力。2004 年被国家旅游局命名为"全国农业旅游示范点";7 月 27 日中共中央总书记胡锦涛视察前卫村时说"农家乐前途无量"。2010 年 12 月 27 日,前卫村被授予 AAAA 级旅游景区。是年,全村有 107 户持有农家游接待许可证,有客房 723 间、床位 1 450 张。

### 【瀛东村"渔家乐"】

瀛东村位于崇明岛东端,于 1985 年围垦滩涂而建,以淡水养殖为主业。2001 年开始探索"农旅、渔旅"结合的经济发展思路,推出"渔家乐"旅游项目。瀛东村开辟鱼塘,建造渔舫,并备有钓、叉、攀等多种捕鱼工具及表演项目,游客既可观赏,又可亲临感受捕鱼、分享渔家乐趣。东湖是一个有数十公顷水面的天然湖泊,可供垂钓爱好者一展身手。第六、第七届崇明森林旅游节期间都在东湖举行钓鱼比赛活动。游客也可在渔家乐宾馆顶端观鸟阁借助望远镜尽情观赏"绕山"而飞的各种鸟类,也可远眺东滩和东海。2003 年,瀛东村建成渔具博览馆,共陈列牵、拉、挂、插、丝、撒、攀等 50 多种 200 余件古今渔民捕鱼工具。2004 年 6 月 25 日,县委、县政府在瀛东村举行"崇明岛精神"雕像落成仪式。此外,品渔家菜、游渔家乐园等也广受游客欢迎。2004 年,全村有 19 户农户具有接待游客的资格,其中一星级 4 户、二星级 13 户、三星级 2 户,床位 93 张。是年接待游客 2.71 万人次,营业收入 105.95 万元。

### 【绿港村"西沙风情游"】

绿港村地处崇明岛的西南端,西、南两面紧靠长江,东接占地 200 多公顷水面的天然湖泊——

明珠湖。2003 年 10 月,第六届崇明森林旅游节期间推出的绿港村"西沙风情游"旅游项目受到都市游客的喜欢。2003 年建成的崇西水闸采用 3 孔对称开敞式结构,每孔净孔径 12 米,是上海地区最大的水闸。位于崇西水闸北侧的世界河口沙洲水文化展示馆,以长江水文化为主题,集图文、声控、影像于一体。2003 年 9 月建成的促织园又名蟋蟀搏击馆,占地 6.67 公顷,10 月在促织园举行"上海绿华全国蟋蟀大奖赛",成为崇明森林旅游节活动中的一个亮点。金秋赏橘采橘、划沙船比赛、捕鱼比赛、做一天渔民、品尝渔家宴等活动,使游客充分享受乐趣。2004 年有接待资格的农户 11 户,其中一星级 4 户、二星级 4 户、三星级 3 户,床位 92 张。是年接待游客 0.31 万人次,营业收入10.44 万元。

## 五、旅游土特产

崇明县土特产品丰富,种类繁多。90 年代末,随着崇明旅游业的迅速发展,崇明土特产品市场规模初现,并形成若干著名品牌。

### 【崇明老白酒】

以糯米或大米为原料,经淋饭拌酒药精制而成。味道甜润,色呈乳白,有甜白酒、水酒、米酒之称。酒的质地优良,风味独特,有别于一般的白酒和黄酒,上口甜而微酸,香味醇厚,酒精度适中(12度~13 度),饮后有回味,后劲足。酿造崇明老白酒的有上海大陆酿造有限公司、上海农家酿酒有限公司、上海东明酿造有限公司、上海飘香酿造有限公司等,品种有"金桂米酒""瀛酒""皇家米酒""黑皇后米酒""东明清酒""菜花黄""十月白"等。其中,"瀛三泉"牌米酒 1993 年被评为"上海市名牌产品",是全市首个;"第三大岛米酒"2004 年被评为"中国消费者放心购物质量可信产品";"农本"牌崇明老白酒 2010 年成为上海世博会特许商品,成为崇明县地理标志产品走出海岛、走向全国。

### 【崇明甜包瓜】

亦称酱包瓜,俗称包瓜。以崇明本地生产的皮薄肉厚、水多味淡、质地细密、嫩而带脆的上等青皮生瓜为原料,按科学配方腌制,工艺非常考究。崇明甜包瓜色泽橙黄,晶莹透明,皮肉一色,含水欲滴,香气醇厚,咸甜适口,清脆鲜嫩,回味无穷。因色、香、味俱佳,被清朝皇宫列为贡瓜。1987 年,"公鸡"牌甜包瓜获得商业部"优质产品"称号,2004 年又被评为"上海市名优食品"。

### 【崇明糕】

以糯米、粳米为基本原料,以红枣、核桃仁、赤豆、果脯等为配料蒸煮而成,清香松口,糯而不黏,老少皆宜,畅销于岛内外。崇明糕分硬糕和松糕两种,松糕一般冷吃,硬糕则蒸软后吃,或做成酒酿糕丝汤,别有风味。做崇明糕、吃崇明糕是崇明岛先辈们遗传下来的一种乡土饮食文化。逢年过节,蒸糕是崇明家家户户的一件大事,圆圆的崇明糕象征家庭团圆、美满,生活水平一年比一年高("高"与"糕"谐音),也为节日增添喜庆气氛。如今,崇明糕已成为崇明岛的名特糕点,多家厂家常年生产、商家常年销售。

# 第四节　生　态　环　境

县委、县政府重视生态环境保护,推进资源集约利用,发展循环经济,努力建设资源节约型、环境友好型社会。2002 年 4 月,县十二届人大常委会审议通过《崇明"十五"生态环境保护行动计划》,标志着生态环境保护走上法制化、规范化和科学化轨道。

## 一、环保"三年行动计划"

迈入 21 世纪,县委、县政府根据全市要求,结合生态岛建设实际,制定和实施环境保护和建设"三年行动计划",经县人大常委会审议通过,以项目化形式进行滚动实施。

第一轮环保"三年行动计划",2000—2002 年实施。三年中,全县累计投入资金 18.63 亿元,建设成片林 4 133 公顷、江海防护林 667 公顷,新增苗木基地 800 公顷,发展果树经济林 1 600 公顷。2002 年全县森林覆盖率达 13.6%。疏浚县级、乡镇级和村级河道 13 240 条(段),完成防坍工程土方 1 758 万立方米。开展 13 个畜禽场的综合治理工作,建成一个畜禽粪便处理中心,畜禽污染防治工作得到切实加强。通过截污、引清、清淤和污水治理等一系列措施,排污单位的治理设施运转率、污水治理率和达标率均明显提高,工业污染治理率为 100%,污染物排放达标率达 90%以上,全岛内河水质也有新的提高。

第二轮环保"三年行动计划",2003—2005 年实施。全县主要河道实现"面洁、岸清、有绿、畅流、水净",水质进一步改善,地面水水质达到国家 3 类标准,饮用水源水质达到国家 2 类～3 类标准。大气环境质量优于国家 2 级标准,全县二氧化硫、烟尘、工业粉尘排放总量在 2000 年基础上减少 10%,杜绝烟囱、机动车冒黑烟及各类扬尘污染。全县民用气化率达到 90%以上,推广集中供热。全县森林覆盖率达到 21.62%。农业生态环境保护与建设得到加强,全县畜禽养殖场的粪便实现达标排放或生态还田,每公顷农田平均化肥年施用量减少 15%以上,农药年施用量减少 20%,建设若干生态农业示范项目,提高秸秆综合利用率,进一步健全农业面源污染长效控制机制。重点工业企业污染实现达标排放。

第三轮环保"三年行动计划",2006—2008 年实施。共有 52 个项目,其中 15 项为重点推进项目、37 项为管理类项目,所有项目已全部完成并发挥效益。通过大力推进污水处理厂及其管网建设,使全县城镇污水处理率从零提高到 27%;全县生活垃圾基本形成收集、转运、安全处置和综合利用的构架体系;绿化建设和自然生态保护得到加强;主要污染物总量的排放强度呈双降趋势。

第四轮环保"三年行动计划",2009—2011 年实施。其间,全面完成水环境治理与保护、噪声污染控制、固体废物治理、工业污染防治、循环经济与清洁生产、农业与农村环境保护、生态环境保护与建设七大领域以及保障措施等 8 个方面共 77 个项目。2010 年,崇明县相继成为全国可再生能源建筑应用示范县、国家可持续发展实验区、国家绿色能源示范县。大气环境质量常年保持在国家一级标准,地表水环境质量综合标识指数达到国家 2 类～3 类标准。

## 二、污染源控制与管理

打造"生态崇明",必须坚持源头控制与污染治理并重的原则。从源头上防治污染,成效更显著。

## 【排污许可证管理】

2002 年在全县开始全面推行。根据《上海市污染物排放许可证管理规定》,在 2001 年排污申报的基础上,经审核向辖区内 305 家企事业单位发放排污许可证。其中核发 3 年期排污许可证 45 份,1 年期临时许可证 260 份。2003 年第四季度对 240 家临时证单位进行换发证工作。2004 年对 1 年期 240 家临时许可证单位进行换发证工作。

## 【整治重污染行业】

主要有:电镀行业整治。2002 年起制定环保行业规范,提出整治目标,强化监察和执法力度,其间分别向 9 家电镀厂(点)发出限期治理通知书。经过两年整治,崇明县进化电镀厂、崇明县振兴电镀厂等 6 家电镀厂自行歇业。漂染行业整治,2002 年对上海同大染整厂等 4 家企业提出限期治理,2003 年对上海华通毛纺织有限公司等 4 家企业提出限期治理。根据治理期限,有 6 家企业完成治理任务。餐饮行业整治。2004 年对城桥镇地区具有一定规模的 30 家饮食服务业发出责令改正通知书。2005 年对 11 家饮食服务业发出责令改正通知书。有 37 家完成了加装油烟净化器或提升油烟排放口高度的整改任务。2006—2007 年全县共淘汰环保不达标企业 41 家,其中电镀 8 家、铸造业 2 家、漂染 4 家、酸洗 7 家。重点污染企业在线监测和排污口整治,完成 4 家企业在线监测设施安装和 7 家企业的排污口规范化整治。2010 年责令限期治理企业 2 家,均按时完成。

## 【创建"烟尘控制区"】

2002 年建成城桥镇、新河镇、堡镇"烟尘控制区";2003 年建成城桥中心城区、东平国家森林公园"基本无燃煤区";2005 年建成陈家镇、港沿镇地区"基本无燃煤区"和"烟尘控制区";2006—2007 年完成城桥镇以东 8 个镇 438 平方公里的创建任务;2008 年建成城桥镇的湄洲路—团城路—三沙洪路—长江南堤范围内共 4 平方公里"扬尘污染控制区";建成三星、庙镇、新村、绿华 4 个乡镇 266 平方公里"烟尘控制区";2009 年建成长兴、横沙、东平、新海 4 个乡镇 359.4 平方公里"烟尘控制区",并通过市级考核验收。至此,崇明县全面完成"烟尘控制区"的创建任务,大气环境质量进一步提高。

# 三、环保实事项目

2000—2010 年,全县开展一系列环保实事项目,有效提升县域环境质量,主要有:

## 【森林公园人工湿地污水处理工程】

这是一项新型的污水处理技术,即把芦苇、美人蕉等植物按一定比例配置,栽种到由沙子、细石等填料构成的土壤介质(水池)中,污水通过管道输入土壤介质,在湿地地表水下流淌,以抑制因污水渗入地表水而散发的异味,减少对森林公园整体景观的影响。2004 年 9 月,东平国家森林公园人工湿地污水处理站建成并投入试运行。工程总投资 1 200 万元,污水处理量为 3 000 吨/日。工程技术含量高,与传统的二级污水处理系统相比具有成本低、易维护、经济效益好、治污效果显著等特点。

### 【上海澄西船舶有限公司污水处理工程】

2003 年 1 月，上海澄西船舶有限公司从上海市区迁至竖新镇新东联路 1 号，公司有职工 4 531 人，每年产生的生活污水达 105 万吨。公司按照环保要求，在开工建设过程中，先行办理环保审批手续，建造生活污水处理系统，生活污水经处理后达标排放。投资 300 万元，建造 3 套（每套年处理生活污水能力为 40 万吨）治理设施，并安装 3 套自动监测仪。污水处理工程建成后，经县环保局环境监测部门测试，处理后生活污水中的污染因子均达到国家排放标准，确保了当地的生态环境免受污染。

### 【上海永程固体废物处理工程】

2004 年 4 月经上海市环境保护局审核批准，从事固体废物焚烧处置的专业企业上海永程固体废物处理有限公司落户于崇明县港沿镇。公司投资 72 万元，建造以固体废物焚烧炉为主体的固体废物处理工程。是年，共计焚烧一次性医疗废物（属危险废物）60 吨、工业废物 100 吨、农药包装废物 50 吨。

### 【农村生活垃圾收集处置系统】

2004—2005 年，市县两级共投入 3 775.64 万元建设农村生活垃圾收集处置系统，在陈家镇、新河镇、三星镇、庙镇建成 4 座垃圾中转站，在全县完成村级垃圾中转房建设 545 座，配发 473 630 个农户垃圾储存桶和 1 204 辆人力三轮车，添置村级垃圾储存桶 4 696 个，配备机动收集车 40 辆、推土机 3 辆、挖掘机和装载机各 1 台。其中为每座垃圾中转站配备 2 辆～3 辆 8 吨拉臂车，给各乡镇配备 2 辆 3 吨后装式压缩车。整个垃圾收集处置系统于 2005 年 5 月 28 日开始正常营运，同时取消全县所有生活垃圾填埋点，垃圾收集率达 100％，全县广大农村地区的环境卫生面貌得到明显改观。

## 四、生态保护实例

### 【"能源利用和节能减排"实例】

崇明岛濒江临海，拥有丰富的风力资源。1997 年电力部同意崇明利用世界银行贷款建设风电场。2001 年 11 月 16 日成立上海风力发展有限公司，标志岛上风电工程正式启动。崇明风电场位于东旺沙 92 大堤外侧，分三期建设，总投资 1.92 亿元。2004 年 7 月一期工程风电场控制楼土建竣工，9 月 24 日 10 千伏变电设备安装结束。2005 年首批 3 台单机容量为 1 500 千瓦、由美国 GE（通用电气）公司设计制造的进口发电机组全部安装完毕。此外，为充分利用东滩风力资源，推进清洁能源的开发应用，积极配合上海风力发电有限公司测量、分析东滩地区的风能资源及踏勘风机选址，2007 年 8 月 28 日，东滩风电场扩建工程开工，该工程总装机容量 1.5 万千瓦，总投资约 2 亿元，年底完成土建工程。2008 年，东滩共有风力发电机组 13 台，总装机容量 1.95 万千瓦，年发电 4 300 万千瓦时，成为上海风力发电的最大产区。

### 【"绿色建筑与建筑节能"实例】

2009 年，崇明陈家镇建设发展有限公司生态示范楼建成启用，采用围护结构节能体系、地源热泵空调系统、可再生能源利用、自然通风系统等 10 项国际上较为成熟的生态技术，综合节能 75％～

80％，达到国内领先水平，成为引领环保、节能、绿色风尚的示范建筑。示范楼采用新型保温材料和遮阳系统，达冬季保温、夏季散热、降低能耗的目的；采用 75 千瓦的太阳能光伏发电并网系统和 50 千瓦的水平轴风力发电并网系统，系统配置控制器和逆变器，且配有相应通信接口，可与智能控制系统连接统计风力系统全年发电量；卫生间内利用尿液和粪便"源分离"技术，采用真空负压排污，以实现尿粪的资源化利用，修补生态农业缺失的有机肥环节。

### 【"'四位一体'能源生态模式"实例】

由竖新镇前卫村首创，是以土地资源为基础，以太阳能为动力，以沼气为纽带，种植、养殖相结合，通过生物能转换技术，在农户土地上，在全封闭状态下，将沼气池、猪禽舍、厕所、日光温室连在一起，组成前卫村能源综合利用体系。2010 年 4 月 29 日，前卫村被中国村社发展促进会特色村工作委员会和亚太环境保护协会授予"中国低碳第一示范村"称号。

## 第五节　基础设施建设

《崇明县国民经济和社会发展第十一个五年规划纲要》提出，加强岛域基础设施建设，使交通、通信、电力、给排水等基础设施适应现代化生态岛区建设需要。着重支持和配合上海长江隧桥、崇启大桥建设，加大三岛电力、道路和水上交通等基础设施建设。

### 一、上海长江隧桥

崇明越江通道可行性研究始于 90 年代。2001 年 3 月，市计委正式将《上海崇明越江通道工程项目建议书》上报国家计委，7 月通过交通部审查。2001 年 8 月 5—10 日召开"崇明越江通道工程设计方案征集评选会"，推荐浦东五号沟—长兴岛—崇明陈家镇南隧北桥方案。2002 年经交通部审查和评估，由国家计委上报国务院，12 月经国务院批准，国家计委批复上海市计委，要求编制上报可行性研究报告。2003 年 4 月完成《上海崇明越江通道工程可行性研究报告》，通过专家预评审，上报国家计委，年底，上海中鑫建设咨询有限公司完成《上海崇明越江通道工程可行性报告评估书》，上报国家发改委，审查后上报国务院审批。2004 年 4 月通过招投标，上海沪崇越江通道投资发展有限公司与上海隧道工程轨道交通设计研究院签订《上海崇明越江通道南港隧道工程设计合同》，与上海市政工程设计研究总院签订《上海崇明越江通道北港大桥工程设计合同》。7 月 21 日，国务院常务会议讨论通过上海崇明越江通道工程可行性报告。11 月由市发改委牵头完成项目设计方案，并正式上报交通部。12 月 9—12 日组织专家在沪召开设计方案审查会，一致通过设计方案审查。12 月 28 日，上海长江隧桥工程建设正式启动，市委、市政府、市人大、市政协领导出席奠基仪式。2008 年 6 月 27 日全线贯通，单体工程投资 126.16 亿元，隧桥总长度达 25.5 公里。2009 年 10 月 31 日隆重举行通车典礼。

上海长江隧桥由上海长江隧道和上海长江大桥组成。上海长江隧道由浦东新区曹路镇五号沟至长兴岛，长 8.95 公里，其中穿越水域部分 7.5 公里。隧道盾构直径为 15.2 米，是世界上最大直径的盾构隧道，已经获得世界纪录协会世界最大直径的盾构隧道项目候选世界纪录。整体断面设计为上下双管隧道，两单管间净距约为 16 米，沿其纵向每隔 800 米左右设一条横向人行联络通道。上海长江大桥由长兴岛至崇明县陈家镇，长 16.65 公里，其中接线道路 6.68 公里，跨江桥梁 9.97

公里,设计车速 100 公里/小时。桥面两侧预留宽 4.15 米的空间,留作轨道交通备用。为沟通岛内交通,长兴岛潘园公路及崇明陈家镇各设有一座互通式立交。北港大桥的建设充分体现生态与环保的要求,是一座高科技和美学价值完美结合的大桥,全线呈 S 形弯,不仅造型美观,而且水流对大桥的影响最小。大桥防护栏每隔 30 米有一盏防雾灯,大雾天气时,发出一闪一闪的红光,引导车辆安全行驶。主桥的景观灯设置别具匠心,夜间大桥灯光在海面上勾勒出一条"江海之界"的光带。在桥身两侧,置有蓝色和黄色的发光二极管(LED)光带,东南临大海一侧采用蓝色光源,西北靠长江一侧采用黄色光源,既能为往来船只和飞机提供警示,又形成一道独特的风景线。隧道两端入口处"上海长江隧道"和大桥两个主塔上"上海长江大桥"由江泽民题写。

## 二、崇启大桥

崇启大桥又称崇启通道工程,是 G40(沪陕高速)公路的一部分,也是长三角高速公路网规划的城际通道。2001 年 4 月,上海市和江苏省首次明确沪崇苏大通道省际接口设置在启东和崇明之间。2003 年 10 月,江苏省交通厅与上海市政工程管理局签订"关于江苏省与上海市共同同步建成崇启大桥的协议";2004 年 6 月 24 日,双方又在南京联合召开《上海至西安国家高速公路崇启通道项目预可行性研究报告》技术预审会议;2006 年 2 月,两地发改委联合签发《关于报送上海至西安国家高速公路崇明至启东长江过江通道项目建议书的请示》,呈报国家发改委和交通部。2006 年 6 月 7—9 日,交通部国家规划研究院受交通部委托,组织专家对崇启大桥项目进行现场调研审核,并于 7 月底上报交通部,通过部内层层审核,形成的部行业评审意见于 9 月 6 日送国家发改委。2006 年 11 月 10 日,国家发改委批准立项。2008 年 2 月 28 日,国土资源部正式批准土地预审手续。4 月 16 日,国家发改委正式批准项目工可报告。8 月 1 日奠基仪式在崇明举行。

崇启大桥起自崇明陈家镇,接上海长江大桥,终于启东市汇龙镇,与 G40(宁启高速,即沪陕高速的一个部分)公路相接。全长约 51.76 公里,其中跨江大桥总长 6.84 公里,桥宽 33.2 米,设计车速为 100 公里/小时。按省界划分为江苏段和上海段,由两省市独立进行建设和运营管理。其中上海段全长为 30.74 公里,途经崇明县陈家镇、向化镇、港沿镇和竖新镇,道路等级为双向六车道高速公路。上海段 2008 年 12 月 26 日开工,江苏段 2009 年 2 月 28 日开工,2011 年 12 月 24 日建成通车。12 月 26 日由上海市人民政府、江苏省人民政府联合举办的"崇启大桥通车仪式"在江苏启东举行。

## 三、"60～90"工程

崇明岛特有的地理位置,使水上交通成为与岛外联系的重要通道。90 年代,岛内有 6 个码头 11 条航线,船型结构单一,小型高速客船不足,船舶行驶速度较慢,从市区到岛上需花 3 小时左右。进入 21 世纪后,市建委提出交通"153060"工程计划,即重要工业区、重要集镇、交通枢纽、客货主要集散地 15 分钟进入高速公路网,中心城与新城、中心城至省界 30 分钟互通,高速网上任意两点间 60 分钟内到达。崇明县结合海岛实情,提出"申崇交通 60～90"计划,即"十五"期间,基本实现从市中心人民广场出发 30 分钟至码头,搭乘高速轮 30 分钟、普通客轮 60 分钟到达崇明。县里以此为目标,加快崇明县对外交通建设,2010 年全面实现"申崇交通 60～90"计划。

### 【码头建设】

2000 年下半年在宝杨路码头竣工完成两个高速船泊位。2001 年 9 月改造完成南门港三号码头扩建工程,同时增建高速船泊位,为高速航线开通创造条件。2002 年 10 月在绿华新建港内建造一座铲坡式码头。2003 年 8 月石洞口车客渡码头扩建完成 2 个车客渡泊位,并新建 1 个高速船泊位。2005 年在南门港新建 2 座车客渡码头即 1 号、4 号码头(原 1 号码头停止使用)。2008 年 1 月 8 日,石洞口客运站改扩建工程举行开工仪式,2010 年建成启用。

### 【运力投运】

2000—2001 年投运"乐岛""奥宝""青龙 8 号"和"亚通"等 4 艘小型高速客轮,航行时间保持在 30 分钟～45 分钟之间,航班密度也有所提高。2002—2003 年又投运 10 艘高速客轮、5 艘车客渡船,新增船舶客位 3 231 个、标准车位 113 个。2004—2005 年再投运 9 艘高速轮、3 艘车客渡船,新增船舶客位 2 042 个、标准车位 79 个。2006—2007 年继续投运 2 艘高速客轮以及 3 艘车客渡轮,新增船舶客位 1 288 个、标准车位 74 个。

### 【增开航线】

2002 年在申崇航线增开 3 条高速客轮航线,即南门至石洞口、新河至吴淞和堡镇至宝杨路。7 月 1 日南门至石洞口车客渡航线实行 24 小时通航。2007 年 11 月开辟南石航线新航道,航行时间缩短了 30 分钟。2008 年,上海亚通股份有限公司开通南门港至石洞口码头高速轮航线。

## 四、岛内基础设施

### 【公路建设】

陈海公路是岛内东西向交通主干道,1986 年以来,经多次扩建、改建,陈海公路路况一直保持较好状态。1996 年起,又先后分西段、东段和中段全程改建。2001 年西段建设工程竣工,同时启动东段建设工程,2002 年建成通车;2003 年启动中段工程建设,2005 年 12 月竣工通车。全线东至陈家镇西至海桥,全长 67.2 公里,双向四车道,为一级公路。1998—2004 年,崇明县加大对乡村公路建设的投入,共建设三、四级乡村公路 155 条(段),总长 424.07 公里,其中乡级三级公路 110.25 公里、村级四级公路 313.82 公里,总投资为 1.4 亿元。2009 年 12 月开通堡新线、陈先线 2 条公交线路,完成堡镇桃源村、堡渔村,新河镇三烈村,陈家镇东海村、先锋村等最后 5 个行政村公交通车,至此,崇明岛全面实现公交村村通目标。2010 年建成农村公路(指村主路和村支路)5 571 公里,初步形成便捷的农村公路网络。

### 【电力建设】

2001 年全部完成农村电网改造工程。2004 年,南通至崇明中双港 220 千伏双回路电网设施建设工程竣工并投入使用,用电难的矛盾基本解决。2007 年建成长兴圆沙、陈家镇变电站和前卫光伏发电工程。2010 年,上海—长兴—崇明 220 千伏电网工程竣工运营。该项目将崇明三岛的电网开始纳入全市的大电网之中,提高了供电安全。12 月 9 日,220 千伏堡北输变电站工程正式开工建设。该工程位于堡镇堡北村,占地 18 879 平方米。建成投运后将有效改善和优化崇明地区的电网结构,进一步增强电力供应的可靠性和稳定性,为经济社会发展提供更有力的保障。

### 【信息化建设】

2000—2001 年,全面推进农村有线广播整治,共投入资金 404 万元,对 434 个行政村的广播线路进行整修,整治广播干线 1 415 杆公里,治响广播喇叭 12.5 万只,基本做到农村广播线路条条通,喇叭只只响。2002 年推进崇明有线电视市县联网工程,启动有线电视家家通建设。2003 年,县妇联、县文明办、县科协、县信息委等 4 个单位联合开展"百万家庭网上行"活动,普及全县信息化知识,提高社区居民信息化应用水平。2004 年新增有线电视用户 3 500 家,2009 年全面完成。2006年以公务网、政务外网、政府门户网站为主体的电子政务网络体系初步形成。2008 年,县教育局实施市政府实事项目"千村万户"农民信息化培训,培训人数 1 619 人。2009 年 11 月建成崇明县农村信息化建设 269 个村级服务点,设备设施全部达到配置标准。

### 【公共服务场馆(所)建设】

1999 年,崇明县启动上海市社区健身苑(点)实事工程建设,在城桥镇和堡镇地区开始建设健身苑(点),当年建成 7 个健身苑(点)。2001 年又有 14 个健身苑(点)先后建成并开放。2004 年,全县共建成健身苑(点)126 个,其中健身苑 9 个、健身点 117 个,共有健身器材 2 085 件。2010 年,新城公园、新城文化活动中心、行政服务中心、规划展示馆等功能性、标志性项目也陆续建成投运。其中新城公园占地 15.8 公顷,内有湖泊面积 7 万平方米、绿化面积 6 万平方米、建筑面积 5 900 平方米,总投资 1.5 亿元。定位为庆典活力公园,按功能定位共分庆典广场、缓冲林带、公园博物馆等十大区域,是市民休闲娱乐的好去处。

## 第六节　新农村建设

2006 年 7 月 11 日,中共崇明县九届八次全会审议并通过《关于我县推进社会主义新农村建设的决议》,通过开展组织动员工作,改善农村生活环境,兴建公共服务设施,推进乡风文明建设,扶持农民专业合作社,促进农民收入不断增加,逐步建成与生态岛建设相匹配的社会主义新农村。与此同时,崇明县也成为全国第 15 个"中国长寿之乡"。

### 一、组织动员机制

### 【组织保障】

2006 年 7 月按照中央和市委精神,成立县推进社会主义新农村建设领导小组及其办公室,正式展开全县新农村建设。2006 年 8 月—2007 年 1 月,依据"统筹兼顾、通盘考虑,综合平衡、优化结构,推进交流、能上能下,服从组织、严明纪律"的原则,全县 16 个乡镇领导班子进行正常换届。调整后从 205 人减少到 181 人,女性干部的比例有较大提高,年龄结构得到优化,学历层次明显提升,增强了整体功能,为推进新农村建设提供组织保证。2008 年进一步明确村级集体组织职能,把工作重心落到社会管理和公共服务上,村干部的精力主要用于为民办事、为民服务。同时切实解决待遇保障等问题,调动了积极性,发挥了应有的作用。2009 年积极推进农村改革,加强和改善党对农村工作的领导,建立县委农村工作办公室,调整农村经营管理指导部门的职能,进一步配强乡镇党委政府领导"三农"工作的力量。

## 【宣传发动】

2007年3月16—23日，县委、县政府举办以新农村建设为主要内容的农村基层干部专题培训班，全县468名农村党支部书记、村主任分四批参加培训。通过集中动员、分批辅导、外出考察等形式，提高广大农村基层干部对新农村建设的认识，增强信心，鼓足干劲。县委宣传部制作《一个新的伟大建设工程》新农村专题宣传片，以及《明日崇明在我手中》宣传手册、新农村建设宣传招贴画，发放至各乡镇及农户。崇明报社和农行县支行联合举办"农行杯"崇明县社会主义新农村建设知识竞赛活动，共发放竞赛卷23.7万份，收到答卷7.8万份，有3 216家农户获奖。同时县级媒体开设专栏，紧紧围绕"清洁家园、农村改厕、沟河整治、植树绿化"等新农村建设内容，采取现场报道、基层访谈、深度报道等形式，宣传新农村建设进展情况。通过演讲、专题学习和文艺巡演等实践活动，努力营造新农村建设的氛围。各乡镇、村充分发挥舆论阵地作用，利用标语、黑板报等宣传中央和市县建设新农村有关精神，传递涉农信息，积极倡导农村健康文明的生产生活方式。

## 【以点带面】

2007年5月按照统一规划、综合平衡、突出重点的原则，在确定绿华镇及其华西村、陈家镇及其鸿田村为市级新农村建设试点镇和试点村的基础上，确定县级首批38个新农村建设试点村。试点村建设以宣传教育、清洁家园、社会事业发展和平安社区创建为四大专题，并以清洁家园为重点。2007年全年完成新建三格化粪池2.5万户，取缔小粪坑3.4万只，拆除五棚12万平方米，整治宅河935条，改造涵洞599条，绿化沟河坡64万平方米，植树64.5万株。2008年通过点面结合、扩大试点，不断整合建设项目，新农村建设工作取得阶段性成效。经广泛征求意见，结合城乡规划等，县内80个行政村又获批成为试点村，建设专项为宣传教育、清洁家园和社会事业三大主题。其中新河镇民生村和竖新镇仙桥村被市确定为2008年市村庄改造试点村。全县其他行政村则推进科技入户、有线电视家家通、农村文化信息化、农产品营销网络体系、党员干部现代远程教育及政务外网延伸工程、平安社区创建、农村和居民区基层组织及基层干部工作考核、完善对村（居）委会财政转移支付和村级财务规范化管理等建设。2009年，全县新农村建设由试点转向全面推进，为期3年的农户改厕、棚舍整治、沟河清洁、庭园绿化等新农村专项建设基本完成。

# 二、农村生活环境

## 【整治水环境】

2006—2008年，全县开展为期3年的"万河整治行动"，主要实施河道疏浚和村沟宅河整治。市、县两级共投入资金约9 000万元，整治河道4 884条段3 105公里，拆坝改涵7 000多道，疏浚土方1 472万方。农村水环境面貌改善，河道蓄水、调水、自净能力明显提高。

## 【治理农村污染源】

**污水处理** 2007年制定《崇明县饮用水水源保护区划分工作方案》，启动农村污水集中处理项目；2008年投资6.8亿元，城桥、长兴、陈家镇污水处理厂建成并投入运行；新河、堡镇污水处理厂进入施工建设；庙镇等11个乡镇进入工程筹备阶段，年底城镇生活污水处理率达50%。2010年，新河和堡镇2家污水处理厂建成并投入运行，全县城镇污水处理率上升到82.8%。

**畜禽粪水治理** 2007年畜禽粪便沼气化在港西镇北双村、中兴镇红星村和陈家镇陈西村试点成功;2008—2009年全面推行畜禽粪便沼气化治理模式;2010年,全县规模化养殖场畜禽粪便综合利用率达85%。

**生活垃圾处理**　2010年,农村生活垃圾收集和危险废物处置监管体系基本完善,餐厨垃圾处理厂基本建成,全县基本实现农村生活垃圾全覆盖收集和集中填埋的目标。

### 【改善居住条件】

主要体现在大规模开展农村改厕和农村低收入户危旧房改造两大实事工程。

**农村改厕**　提出用4年时间全县农村住户用上卫生厕所,改变传统用厕习惯的总体目标。2007年正式启动,2008—2009年全面推进,2010年全县财政总计投入21 146万元,完成改厕22.9万户,占全县农村住户97.65%。

**农村低收入户危旧房改造**　2010年,市、县两级政府将其列为重大实事项目,投入政府补贴资金2 540万元,全年对2 487户实施改造,有效改善农村低收入户的居住条件。

## 三、乡风文明建设

### 【新型农民培训计划】

2005—2007年,结合市政府实事工程项目"郊区劳动力职业教育三年行动计划",开设培训项目20多个,培训人员6万多人次。其中,2005年培训8 300人,超出市下达的6 000人指标,同时培训农村富余劳动力2 550人;2006年开展成人职业技能培训和农村实用技术培训,受训农民8 959人,同时培训农村富余劳动力12 705人;2007年完成"郊区劳动力职业教育三年行动计划"任务,培训6 657人,同时培训农村富余劳动力1万多人次。

### 【文化下乡"百千万"工程】

"百"就是每年下乡演出文艺节目100场次,"千"就是每年到农村田头宅旁放映电影1 000场次,"万"就是每年将万册图书送到基层、送到农户。2007年开始实施,下乡演出"和谐崇明——欢乐行"100场次,观众达5万人次;各乡镇自行组织文艺演出超过450场次,观众达10万人次;放映电影1 252场次,观众达30余万人次;下乡送书1.5万余册。至2009年,全县累计下乡演出文艺节目660余场次,下乡放电影3 300场次,下乡送书36 000余册。

### 【"五星级文明户"评选】

2007年为发挥农村家庭在社会主义新农村建设中的主体作用,县文明办在全县16个乡镇38个新农村建设试点村农户中率先开展"五星级文明户"创建活动。创建标准以清洁卫生星、遵纪守法星、勤劳致富星、移风易俗星与和谐家庭星为主要内容。整个创建活动划分6个阶段,即宣传发动阶段、农户自我申报阶段、日常考察阶段、年终考评公示阶段、审核验收阶段和表彰授牌阶段。2009年在面上铺开,至2010年共有12 224家农户被评为"五星级文明户"。

## 四、农民专业合作社

2004年初,崇明县开始组建农民专业生产合作社,年底,全县有11家。2007年7月2日,市工商局举行市首批农民专业合作社营业执照颁发仪式，上海崇明三星柑橘专业合作社领取全市首批、全县首张营业执照。《中华人民共和国农民专业合作社法》颁布实施后，2008年12月，县政府转发市政府办公厅《关于本市扶持农民专业合作社发展若干政策的意见》，先后制定《崇明县农委关于加强农民专业合作社规范建设的意见》《关于扶持崇明特色农产品加快发展的实施意见》，农民专业合作社得到迅猛发展。2010年，全县拥有947家，其中市县两级示范合作社29家，合作社股东成员1.2万人，总注册资本7.9亿元；涉及粮食产销、蔬菜瓜果、畜牧水产、农机服务和农产品营销等8个领域，产业链服务带动10万多农户。

### 【上海崇明三星柑橘专业合作社】

2007年7月1日注册成立，注册资金3.5万元，成员144人，种植面积79.07公顷。设理事长1人，理事2人，理事会3人。合作社是在农村家庭承包经营基础上，种植柑橘的生产经营者自愿联合，民主管理的互助性经济组织，并按照《农民专业合作社法》注册登记，具有法人资格。以合作社成员为主要服务对象，谋求全体成员共同利益，为成员组织技术培训、技术服务，采购生产资料，提供市场信息，帮助社员销售产品。曾经被评为市级专业合作社，取得绿色产品证书，是崇明区绿联会成员。

### 【上海健绿花菜专业合作社】

2004年8月成立，坐落于土净、水净、空气清新的崇明现代农业园区内，拥有露地20公顷，主要种植崇明白花菜；小棚53.33公顷，主要种植绿芦笋；半智能化联栋温室10公顷，智能化玻璃温室1公顷，主要用于崇明特色农产品的示范和新品种的引试。合作社先后获"上海市示范农民专业合作社""上海市守信农民专业合作社""上海市蔬菜生产安全监管示范基地"等称号，成为"上海市科普教育基地"和"上海市女职工创业示范点"。2010年被评为农业部蔬菜标准园、上海市"迎世博、保安全"重点蔬菜生产基地先进单位。

### 【崇明芦笋种植专业合作联社】

2010年9月6日成立，是由上海绿笋芦笋种植专业合作社发起的市首家农民专业合作联社。上海绿笋芦笋种植专业合作社前身是合兴蔬菜基地，位于崇明县东部，建于2004年11月，占地200余公顷，是市府菜篮子工程重点基地。生产的"白狗牌"芦笋，为国家级绿色食品A级标准，产品占据上海、北京、广州和香港等市场。专业合作联社由8个农民专业合作社抱团组建，生产规模显著扩大，产品品牌得到有效整合，营销策略更趋完善，市场竞争力明显提升，经济效益显著提高。组织形式的新突破，在政策咨询、信息服务等方面更加便捷，走出一条具有海岛特色农业产业化之路。

## 五、长寿之乡

2010年9月13日，中国老年学会发布《关于"中国长寿之乡"的公告》，崇明县被授予"中国长寿之乡"称号，是全国第15个、4个直辖市中首个。参照中国老年学会制定的《"中国长寿之乡"考核标准》，2010年6月底，在长寿的代表性方面，全县有百周岁及以上老人95位，占总人口的十万分之十三点八，而标准为十万分之七；在长寿的整体性方面，全县人口平均寿命达80.26岁，而全国平均寿命为72岁；在长寿的持续性方面，全县80岁以上老人2.9万，占总人口数的4.3%，而标准为 1.4%。

## 【宜居的生态环境】

崇明岛地处北亚热带季风气候区,春、夏多东南风,秋、冬多西北风,夏、秋常有台风过境。气候条件优越,全年四季分明,气候温和,日照充足,雨量充沛。同时三面环江,一面临海,土净、水洁、气清,绿色植被和森林覆盖率高,空气中的负氧离子含量每立方厘米 1 000 个～2 000 个,世界卫生组织规定,清新空气中的负氧离子含量每立方厘米不低于 1 000 个～1 500 个,堪称天然"氧吧"。让人心情畅快、心胸开阔,对防病保健大有裨益。

## 【普惠的政策保障】

2010 年,县级财政收入 28 亿元,比 2001 年的 17.2 亿元增长 62.8%;农村居民家庭人均可支配收入 9 527 元,是 2001 年的 4 596 元的 2.07 倍。经济的增长为养老提供优质服务。2000—2001年,民政部门为 25 100 多名 70 岁以上老人办理了一条龙服务优待证;2002 年对 1 249 名高龄和长寿老人免费体检,为 68 名行走不便的老人建立家庭病床;2003 年为 1 945 名老年人提供量血压、理发等服务;2010 年起,百岁老人生日当天,赠送市政府百岁寿星生日贺卡,并送上 1 000 元慰问金、一束鲜花和一个蛋糕。2001 年建成城桥镇城中居委会、陈家镇裕弘居委会和竖新镇瀛兴居委会 3个示范性老年活动室,建成堡镇电业居委会和港沿镇沿中居委会 2 个标准化老年活动室;2005 年新建老年活动室 20 个;2006 年投入资金 370 万元,创建 51 个标准化老年活动室;2009 年,已创建的标准化老年活动室达 310 个。2005 年 10 月,成立居家养老服务中心工会,以政府购买服务的方式来服务老人。2010 年,全县共有居家养老服务员 2 800 名,服务对象 10 800 人。

## 【良好的饮食习惯】

百岁老人大多生活在农村,年轻时吃苦耐劳,体质比较好。同时饮食清淡,多食绿色食品,以五谷杂粮和蔬菜为主,喜欢粗茶淡饭。富饶、洁净的土地孕育了大量地方特产,崇明的白山羊、老毛蟹、花椰菜、白扁豆、刀鱼、金瓜、甜芦粟等闻名遐迩。合理的饮食结构和饮食习惯也是形成长寿现象的重要原因。

表 18-3-1　崇明县主要年份基本情况

| 项　　目 | 1978 年 | 1985 年 | 1990 年 | 1995 年 | 2000 年 | 2005 年 | 2010 年 |
|---|---|---|---|---|---|---|---|
| 区域面积(平方公里) | 1 064 | 1 064 | 1 083 | 1 160 | 1 200 | 1 411 | 1 411 |
| 水域面积(平方公里) | | | | | | 109.42 | |
| 年末耕地面积(公顷) | 47 570 | 46 217 | | 46 538 | 47 476 | 50 678 | 50 140 |
| 街道(个) | 0 | 0 | 0 | 0 | 0 | 0 | 0 |
| 镇(个) | 2 | 2 | 3 | 20 | 13 | 13 | 16 |
| 乡(个) | | 26 | 25 | 5 | 1 | 3 | 2 |
| 居民委员会(个) | | 28 | 36 | 39 | 52 | 55 | 73 |
| 村民委员会(个) | | 460 | 457 | 454 | 448 | 272 | 271 |

（续表）

| 项　目 | 1978 年 | 1985 年 | 1990 年 | 1995 年 | 2000 年 | 2005 年 | 2010 年 |
|---|---|---|---|---|---|---|---|
| 年末户籍人数（万人） | 81.90 | 74.50 | 73.43 | 71.79 | 64.7 | 70.1 | 68.95 |
| 户数（万户） | 20.05 | 24.47 | 25.63 | 27.35 | 25.52 | 30.87 | 30.10 |
| 年末常住人口（万人） | | | | 86.72 | 87.21 | 86.36 | 85.81 |
| 外来人口（万人） | | 0.32 | 1.87 | 2.12 | 3.50 | 8.3 | 15.41 |
| 人口密度（人/平方公里） | | 168 | | | | 529 | 489 |
| 人口自然增长率（‰） | 7.60 | 7.93 | −1.71 | −1.37 | −3.83 | −2.91 | −3.98 |
| 城镇登记失业人数（人） | | | | 1 634 | 5 100 | 7 943 | 7 576 |
| 中学（所） | 90 | 57 | 39 | 38 | 36 | 35 | 33 |
| 在校学生（人） | 42 560 | 28 866 | 30 100 | 36 389 | 33 895 | 39 051 | 24 503 |
| 小学（所） | 324 | 272 | 218 | 174 | 92 | 29 | 34 |
| 在校学生（人） | 66 861 | 58 633 | 62 027 | 51 079 | 40 931 | 20 659 | 19 085 |
| 幼儿园（所） | | 7 | 30 | 8 | 32 | 27 | 37 |
| 在园幼儿（人） | 14 878 | 19 425 | 13 763 | 12 818 | 8 222 | 8 078 | 10 567 |
| 职校（所） | 0 | 19 | 4 | 4 | 4 | 3 | 1 |
| 在校学生（人） | 0 | 1 782 | 1 555 | 6 122 | 3 238 | 2 625 | 3 737 |
| 图书馆、室（家） | 1 | 28 | 26 | 26 | 28 | 16 | 19 |
| 文化馆、站（家） | 1 | 29 | 30 | 30 | 27 | 16 | 19 |
| 影剧院、场（家） | | 15 | 17 | 20 | 20 | 1 | 1 |
| 县级医院（所） | 3 | 3 | 3 | 3 | 3 | 3 | 3 |
| 医院床位数（张） | 2 124 | 2 497 | 2 704 | 2 633 | 2 867 | 2 761 | 3 424 |
| 医疗卫生技术人员（人） | 1 726 | 2 027 | 2 561 | 3 759 | 2 757 | 2 595 | 3 249 |
| 执业医师（人） | | 490 | 520 | 765 | 1 381 | 1 203 | 1 284 |
| 森林覆盖率（%） | 2.18 | 6.28 | | | 20.32 | 21.62 | 20.51 |
| 公园（个） | 1 | 1 | 3 | 3 | 3 | 3 | 3 |
| 城市居民家庭人均可支配收入（元）① | 536.64 | 1 214 | 2 428 | 7 600 | 11 458 | 20 020 | 23 069 |
| 农村居民家庭人均可支配收入（元）② | 184 | 604 | 1 293 | 3 095 | 5 138 | 6 185 | 9 527 |
| 农村居民人均生活消费支出（元） | | 522 | 1 023 | 2 672 | 4 263 | 4 804 | 7 459 |
| 城镇居民人均住房面积（平方米） | | 5.2 | 8.6 | 12.0 | 14.8 | 19.7 | |
| 农村居民人均住房面积（平方米） | | 21.4 | 35.3 | 49.9 | 66.0 | 67.0 | |

说明：① 1985 年、1995 年、2004 年为城镇职工人均工资；② 1985 年、1995 年、2004 年为农村居民人均纯收入。

表 18 - 3 - 2　崇明县主要年份国民经济基本指标

| 项　　目 | 1978 年 | 1985 年 | 1990 年 | 1995 年 | 2000 年 | 2005 年 | 2010 年 |
|---|---|---|---|---|---|---|---|
| 生产总值(亿元)① | 2.54 | 6.76 | 13.0 | 34.31 | 54.0 | 95.7 | 194.4 |
| 第一产业(亿元) | 0.70 | 1.70 | 6.82 | 9.83 | 13.4 | 16.10 | 18.92 |
| 第二产业(亿元) | 0.99 | 3.77 | 26.65 | 14.90 | 20.2 | 43.9 | 108.30 |
| 工业(亿元) | | 3.32 | 5.05 | 12.26 | 15.02 | 30.65 | 85.56 |
| 第三产业(亿元) | 0.85 | 1.29 | 7.17 | 9.58 | 20.4 | 35.7 | 67.2 |
| 固定资产投资完成额(亿元) | | 0.11 | 0.88 | 10.30 | 9.0 | 27.70 | 150.77 |
| 财政收入(亿元) | 1.03 | 2.89 | 2.98 | 9.56 | 8.1 | 26.38 | 54.06 |
| 地方财政收入(亿元) | | 2.62 | 2.87 | 6.74 | 4.86 | 18.17 | 28.04 |
| 地方财政支出(亿元) | 0.25 | 2.57 | 1.48 | 6.45 | 6.99 | 22.77 | 78.21 |
| 外贸进出口总额(亿元)② | | 1.79 | | 11.25 | 1.79 | 2.69 | 159.1 |
| 出口额(亿美元) | | | 4.81 | 0.30 | 1.13 | 1.92 | 2.40 |
| 外商直接投资实际到位金额(亿美元) | | | 0.13 | 1.47 | 0.15 | 2.89 | 0.12 |
| 年末私营企业注册数(个) | | | | 1 129 | 3 027 | 6 248 | 24 892 |
| 工业总产值(亿元) | 4.46 | 15.62 | 28.58 | 56.44 | 63.84 | 116.79 | 376.39 |
| 农业总产值(亿元) | 2.13 | 2.92 | 6.82 | 22.73 | 32.54 | 43.79 | 52.78 |
| 住宅竣工面积(万平方米) | | 23.81 | 105.8 | 49.50 | 12.3 | 42.6 | 3.0 |
| 社会消费品零售总额(亿元) | 2.39 | 3.57 | 5.47 | 18.25 | 12.9 | 20.1 | 46.21 |

说明：① 其中若干年为增加值；② 外贸进出口拨交额。

# 第十九篇 南汇区

南汇区位于上海市郊东南部,因明洪武年间筑南汇城而得名。

1978 年 9 月,南汇县行政区域面积 664.4 平方公里,辖有惠南、周浦、新场、大团 4 个镇和瓦屑、横沔、周浦、周西、下沙、航头、新场、宣桥、三灶、坦直、六灶、祝桥、东海、盐仓、惠南、黄路、三墩、大团、彭镇、泥城、书院、万祥、新港、老港、果园 25 个人民公社。1982 年 12 月成立滨海人民公社。1983 年 5 月,六灶人民公社试点政社分设,建立乡政府,至 1984 年 4 月,全县政社分设工作全部结束,人民公社均改为乡。1989 年 4 月设立芦潮港镇;5 月撤销下沙乡,设立下沙镇。1993 年 3 月撤销芦潮港镇、果园乡,设立新的芦潮港镇。1994 年 5 月撤销大团镇、大团乡,设立新的大团镇;撤销新场镇、新场乡,设立新的新场镇;8 月,瓦屑、盐仓、祝桥、六灶、周西、航头、泥城、横沔 8 个乡撤乡建镇,其中周西乡更名为康桥镇。1995 年 3 月撤销惠南镇、惠南乡,设立新的惠南镇;6 月撤销周浦镇、周浦乡,设立新的周浦镇;9 月,宣桥、坦直、三灶、黄路、新港、老港、万祥、三墩、彭镇、东海、书院 11 个乡撤乡建镇。1996 年 4 月撤销滨海乡,划归老港镇。2000 年 6 月撤销康桥、横沔镇,设立新的康桥镇。2001 年 8 月,国务院批复上海市人民政府同意撤销南汇县,设立南汇区,辖有 24 个镇。2002 年 7 月撤销周浦、瓦屑镇,设立新的周浦镇;撤销航头、下沙镇,设立新的航头镇;撤销新场、坦直镇,设立新的新场镇;撤销宣桥、三灶镇,设立新的宣桥镇;撤销泥城、彭镇镇,设立新的泥城镇。2003 年 4 月撤销惠南、黄路镇,设立新的惠南镇;撤销大团、三墩镇,设立新的大团镇;撤销祝桥、盐仓、东海镇,设立新的祝桥镇;撤销书院、新港镇,设立新的书院镇;对东海农场实行属地化管理,划归书院镇管辖。2006 年在上海临港新城设立申港街道;对朝阳、芦潮港 2 个农场实行属地化管理,分别划归祝桥、芦潮港镇管辖。2008 年,全区行政区域面积 860.1 平方公里,辖有 14 个镇、1 个街道,下设 183 个村委会、90 个居委会;户籍人口 29.8 万户、74.31 万人。2009 年 4 月,国务院批复上海市人民政府同意撤销南汇区,并入浦东新区。

中共十一届三中全会以来,南汇不断推进改革发展,大致经历 3 个阶段。

1978—1990 年为恢复经济建设时期。1978 年,南汇县开始推进以家庭联产承包责任制为主体的农村生产经营方式变革。1981 年,全县已进行定额记工、统一收种、承包到组、几定一奖等多种形式的探索,但没有从根本上解决集体经营中的"大锅饭""平均主义"问题。1982 年春,南汇县把推行家庭联产承包责任制作为头等大事来抓,广泛发动,分田到户。至 1985 年,全县有 3 725 个村民小组实施家庭联产承包责任制,占总数的 99.3%。同时调整种植业结构,引导发展以粮食生产为主的农业适度规模经营。全县粮食播种面积 4.7 万公顷,总产量 24.56 万吨。这一时期,南汇县形成以社办工业为主体,机械、纺织、缝纫为主要行业门类,纺织厂、木螺钉厂为骨干企业的社队工业格局。1978 年,全县社办工厂 177 家,队办工厂 349 家,完成工业总产值 2.24 亿元。1984 年,全县乡(镇)村两级工业总产值 8.88 亿元,自此连续 4 年居上海郊区 10 县第一名。1990 年,全县乡(镇)村集体工业完成总产值 33.5 亿元,是 1978 年的 15 倍;有外贸出口生产加工企业 202 家,出口产品交货值突破 10 亿元,外贸出口产品产值占工业总产值的 25%,外贸出口规模在全国 2 000 多个县(市)中居第三位。

1990—2001 年为调整经济结构时期。县委、县政府一方面加快发展现代农业,另一方面调整工业经济结构,兴办"三资"企业,在县境西北辟建康桥工业区、中部建立南汇工业园区,各乡镇也纷纷辟建工业小区。各工业园区"筑巢引凤",加大招商引资力度,英国皮尔金顿公司、法国施耐德集团、德国大众公司和中国台湾宏仁集团等一大批中外知名企业和跨国公司先后来县域投资兴业。装备制造、电子信息、医药及医疗器械、汽车及零部件等产业逐渐成为县域工业的主导产业。1996年,县委、县政府发文,统一部署企业改制工作。1997年,企业改制工作在全县范围内铺开。2001年,各镇基本完成工业企业产权制度改革任务。其间,民营经济加速发展。2001年,全区有民营工业企业3 212户,总产值72亿元。2008年,全区民营工业企业完成工业总产值260.32亿元,民营工业逐渐成为市场的一支重要力量。同期城乡建设掀起新高潮。要想富,先修路。2001年,全区公路通车里程829.22公里,其中等级公路475.6公里、乡村公路353.62公里。之后,等级公路从无到有,远东大道改建为A30(郊环高速)公路,新建连通A20(外环高速)直达上海临港新城的A2(沪芦高速)公路。上海临港新城道路等也陆续开工建设;惠南镇、周浦镇、新场镇和大团镇等25个集镇兴起街道改造,镇区主要街道全部改建为沥青路面;各工业园区道路建设方兴未艾。至2008年底,全区高速公路62公里、其他等级公路710公里。随着浦东铁路一期工程建成并投入使用,洋山深水港一期、二期工程和东海大桥的建成,浦东机场扩建工程的完工,南汇海陆空立体交通优势更加凸显。80年代,县域启动住宅和商品房建设。1982年开工兴建荡湾新村,为县内第一个封闭式住宅小区。1986年起开始"安居工程"建设,在继续推进配建公房、自建公房建设的基础上,鼓励城镇居民参与私建公助房建设。还开始试点建设和销售市场化商品房。1990—1997年,全县兴建各类住宅175.1万平方米,年平均建造21.88万平方米。之后,随着各工业园区开发加速、上海临港新城开工建设和浦东机场扩建,区域内动拆迁总量一跃成为全市最多的地区。2004—2007年,全区动迁居住用房2.7万户,拆除面积达493.57万平方米;全区动迁非居住用房817户,拆除面积达44.19万平方米。全区配套住宅小区建设大规模展开,听潮民乐苑、泥城、书院、芦潮港、万祥、祝桥等数十个动拆迁安置基地相继完工和开工建设,南汇城市化进程不断推进。

2001—2008年为建设临港新城时期。南汇撤县建区后,城镇化建设加快,同时启动海港新城规划工作。2003年11月,海港新城正式定名上海临港新城,年底开工建设。2008年5月,上海临港新城建设取得阶段性成果,完成主城区"填海"造地、南汇嘴主题公园、滴水湖湖岸景观、道路绿化和滴水湖云塔等工程,以及上海临港新城展示服务中心、南汇区行政中心、上海海事大学、上海水产大学、一期住宅和医院、中小学等主要功能项目。其间,全长32.5公里的东海大桥建成通车,铁路芦潮港集装箱枢纽站建成启用。临港产业区建设也初具规模,重装备产业区、国际物流园区、综合产业区招商引资成效显著,上海电气、沪东重机、上汽30万辆轿车、核电成套起重运输设备项目落地,国际航运知名公司马士基物流、中远集团、中海集团、德国全球货运、卡特彼勒等入驻,为配套洋山国际深水港建设打下扎实基础。同期,区各项事业蓬勃发展。2008年底,区属城镇绿化总覆盖面积2 758.18万平方米,人均公共绿地面积达15.26平方米。全区有公办高中5所、完全中学4所、初级中学12所、12年一贯制学校1所、9年一贯制学校14所、小学22所、民办中小学5所、少年体育学校1所、特殊教育学校1所,有中小学生7.08万人;有各级、各类医疗卫生机构310所,实际开放床位5 423张;有10.47万人参加城镇养老保险,10.44万人参加城镇医疗保险,14.65万人参加农村养老保险,39.57万人参加农村合作医疗保险。

2008年,南汇区生产总值548.03亿元,比1978年增长157.39倍;财政收入149.47亿元,比1978年增长99.99倍;社会消费品零售总额225.07亿元,比1978年增长108.79倍;境内有大治河、浦东运河、渤马河、咸塘港、白龙港、惠新河等主要河流;有沪南公路、周祝公路、南六公路、东大公路、川南奉公路和 G1501(上海绕城高速)、S2(沪芦高速)等主要公路;有芦潮港客运码头和开往普陀山、嵊泗等地的客运班轮。有古钟园、南汇古城墙遗址、大成殿、中山堂、石笋里牌楼等名胜古迹;有上海野生动物园、滨海高尔夫俱乐部、上海浦东射击场、上海桃花村、滨海森林公园,以及上海临港新城展示中心、滴水湖、南汇嘴观海公园、东海大桥、洋山国际深水港等。1990 年被中宣部、司法部授予"全国'一五'普法先进县";1997 年被国防部评为"全国征兵工作先进单位";1999 年被科技部授予"全国科技工作先进县";2000 年被中宣部、司法部授予"全国'三五'普法先进县"。

# 第一章　恢复经济建设

中共十一届三中全会后，南汇县推行农业生产责任制、家庭联产承包责任制，发展以粮食生产为主的农业适度规模经营。同时推动社队工业从加工型、作坊式向比较正规的工业企业过渡，特别是城乡联营企业的发展，带来大工业的技术、产品和管理经验，由此，社队工业迈上新台阶。

## 第一节　农村生产经营方式

1979 年，南汇县开始推行农业生产责任制。之后，实行家庭联产承包责任制，发展以粮食生产为主的农业适度规模经营。

### 一、生产责任制

1979 年春开始，南汇县因地制宜实行多种形式的农业生产责任制，主要有 5 种形式。专业承包、联产计酬责任制，即在生产大队或生产队统一经营的前提下，根据生产经营的内容和劳动力的专长，实行专业分工，按业包产量或产值、包用工、包费用。按方便生产、有利经营的原则，分别包到作业组或农户或劳力；生产过程的各项作业，宜统则统，宜分则分；包产部分统一分配，超产或减产则分别受奖或受罚。统一经营、联产到劳责任制，即在生产队统一经营的前提下，务农社员承包大田作业，可以承包全部作物，也可以承包部分作物；生产队对承包者实行"五定一奖"，即定劳力、定田块、定产量或产值、定成本、定工分，超产奖励，减产受罚。包产到组、联产计酬责任制，即在生产队统一经营前提下，全队务农劳动力划分为若干个作业组，劳力、耕地、中小型农具相对固定到组，综合承包；生产队对作业组实行"三包一奖"，即包用工、包成本、包产量或产值，超产减产实行奖罚。田间管理到劳、联产奖赔责任制，即收种两头由生产队统一组织进行，田间管理阶段，由务农劳动力承包管理田块，定农作物管理要求，联系产量、产值或联系农作物长势及田间管理的好差，确定报酬和奖赔。实行这种责任制的主要是部分种植蔬菜或水稻的生产队。小段包工、定额计酬责任制，即由生产队制定劳动定额，按农业生产计划要求，把小段作业承包到组，或承包到户、到劳；生产队对承包者实行"五定"，即定人员、定生产任务、定质量标准、定完成任务时间、定工分报酬。

1981 年 7 月，全县 3 601 个生产队有 2 767 个队实行定额包工，有 796 个队实行部分联产计酬，有 27 个队实行全部作物联产计酬。

### 二、家庭联产承包责任制

1983 年 2 月，南汇县因地制宜引导和推行家庭联产承包责任制。1983—1998 年，全县实施第一轮土地承包。1985 年，全县 3 753 个村民小组，有 3 725 个村民小组实行家庭联产承包责任制。

#### 【承包形式】

主要有两种承包形式：包产到户，即以土地等主要生产资料公有制为前提，以户为单位承包，包工、包产、包费用，按合同规定在限定的生产费用范围内完成一定的生产任务，实现承包合同指标受奖，达不到承包指标受罚；包干到户（又称大包干），即承包合同中不规定生产费用限额和产量指标，由承包者自行安排生产活动，产品除向国家交纳农业税、向集体交纳公共提留以外，其余农产品完全归承包者所有，用老百姓的通俗语言即"交够国家的，留够集体的，剩下都是自己的"。南汇县普遍采用包干到户。

**【承包内容】**

一是土地承包到户，这种形式在南汇县最为普遍；二是专业户（包括种粮大户），全县有 300 余户采用户内自有劳动力为主承包经营；三是家庭农场，以聘用劳动力为主进行生产，规模较大，并兼营其他，如书院乡徐根生家 1985 年承包乡种子场；四是联户，即 2 户以上联合经营，全县有 30 余户；五是农业车间，由乡办或村办工厂出面承包，作为工厂的一部分，全县有 10 余个；六是专业队承包，即由乡农业方面的专业队，如拖拉机队等出面承包，还有由村委会承包的"村办农场"等。

家庭联产承包责任制确立双层经营体制中农户家庭生产经营的主体地位，农户对承包耕地有相对独立的经营自主权，调动了生产积极性，农业劳动生产率快速提高。

### 三、适度规模经营

1984 年春，南汇县在稳定家庭联产承包责任制的前提下，尊重队情民意，引导发展以粮食生产为主的农业适度规模经营。1990 年起，开始进行市、县、乡各级农业示范工程"三丰二田"，即丰产方、丰产片、丰产带、建设吨粮田、改造中低产田，作为农业"四新"技术即新品种、新工艺、新技术、新设备的推广载体和示范样板，带动一片，致富一方，推动农业从依靠土地和劳力的低水平发展向依靠科技和知识为主的现代增长方式转移，促进全县生产水平的进一步提高。随着配套建设工程的建成，抗灾能力、生产水平和经济效益不断提高，示范带动作用日益明显。1993 年，"三丰二田"改称为"高（产）、优（质）、高（效）示范区"。1998 年，全县实施农田规模经营 732.07 公顷，共建市级"吨粮田""高优高示范区"1 300 公顷，县级"高优高示范区"400 公顷，乡镇示范方 300 公顷，以及沿路（沪南公路）形象示范工程区 130 公顷，占全县可耕地面积 7.7％。随着县域农业功能定位由"城郊型"向"都市型现代农业"转变，农业示范工程加快建设进度并有质的提高。

## 第二节　种　植　业

县域是传统的农业大县。1978 年，全县种植业主要是一年三熟，以双季稻为主，实施多种多收和高产多收。进入 80 年代，全县作出适应性、开发性、延伸性调整，减少棉花、双季稻和三麦面积，扩大单季稻。1985 年，全县粮经作物种植比例调整为 6.5：3.5。20 世纪末，南汇区实施"保粮、增值、富民、繁荣市场、服务城市"方针，基本停止棉、油种植，稳定粮食生产。

### 一、粮食作物

**【水稻】**

60 年代中期至 80 年代中期，县域大力改进耕作制度，推广一年三熟制，单季稻改为双季稻，实施多种多收和高产多收并举的技术措施。1985年,全县有耕地面积3.4万公顷、水稻复种面积(早稻加后季稻)3.17万公顷,常年每公顷产量13 357.5公斤,创历史最高水平。之后,随着市场经济的发展,传统农业不断向城郊型和都市型农业转变,农业产业结构调整,双季稻和三麦播种面积减少,扩大单季稻,发展粮经型种植模式。1992年,单季稻面积增至2万公顷,进入以单季稻种植为主、经济作物茬后季稻为辅的时代。1993年后,全县水稻种植面积开始调减。

### 【三麦】

小麦、大麦、元麦是县域夏熟作物(又称越冬作物)中的主要粮食作物。1985年,全县种植三麦1.69万公顷,占粮食总面积的34.15%;总产6.03万吨,占粮食总产量的24.57%。之后,三麦面积逐年调减,但仍保持在1.2万公顷以上。1992年后,调减速度加快,种植面积迅速减少。

### 【玉米】

70年代,县域玉米种植面积缩减至300公顷左右。80年代前期,全县玉米种植面积大幅下降,每年只有80公顷左右,平均每公顷产量3 780公斤。1985年后,随着郊区粮食熟制由三熟制变为两熟制,玉米种植面积有所回升。90年代中期,全县玉米种植面积稳定在600公顷左右。其间,先后种植饲料玉米和鲜食玉米。

## 二、经济作物

### 【棉花】

棉花是县域传统的重要经济作物,曾保持全国高产县的先进水平。1975年、1979年,农业部先后2次在南汇县召开全国棉花高产栽培技术交流会。1977—1986年,全县平均种植棉花1.24万公顷,平均每公顷产皮棉1 015.6公斤,与前10年基本持平。之后,确定调减棉花种植战略,全县棉花种植面积逐年减少。1989年后降至2 000公顷左右。

### 【油菜】

解放后,县域开始大面积种植油菜。80年代中期,油菜种植面积稳定在4 000公顷～10 000公顷。1985年,全县油菜种植面积4 676公顷,每公顷产4 387.5公斤,总产2.05万吨,单产、总产均创历史新高。80年代中期至90年代初,国家取消统购、派购制度,实行家庭联产承包责任制,油料市场放开。由于当时油菜籽生产效益较好,油菜生产持续发展。1992年,全县油菜种植面积1.34万公顷,每公顷产2 125.5公斤,总产2.84万吨,种植面积和总产创历史之最,被国务院命名为“全国油菜高产县”。90年代中后期,农民种植油菜的积极性开始下降。

## 三、瓜果

### 【西瓜】

1979起,县域在大治河两岸种植的果树,常插夹种植部分西瓜。1985年,全县西瓜种植面积1 388公顷,上市量达到4.04万吨。1987年,西瓜取消计划种植,种植面积基本稳定在3 400公顷左右。品种主要有“早佳(8424)”“春光”等,优质品种的覆盖率占种植总面积的79.8%。

### 【甜瓜】

县域种植甜瓜主要有"伊丽莎白""西薄洛托""古拉巴"等品种。1990 年，全县甜瓜种植面积 36公顷。1993 年，全县种植面积增至 800 公顷。之后，在"企业＋农户＋基地"生产合作机制逐渐形成的基础上，甜瓜生产得到快速发展。南汇甜瓜在上海瓜果市场供果占有率达到 80％以上。1997 年12 月，南汇县被农业部命名为"中国瓜果之乡"，成为全国除新疆以外最大的厚皮甜瓜生产基地。

### 【桃】

水蜜桃是县域的著名地方特产。1985 年，全县桃树种植面积达 991.8 公顷，总产量 8 626.4吨，约占水果总产量的 43％。品种有早、中、晚多种。1990 年成为上海桃子重点产区，种植面积增加到 2 137 公顷。品种不断更新、优化，形成"大团蜜露""新凤蜜露""湖景蜜露"为主的良种体系，成为江南平原地区水蜜桃栽培面积最大、分布最集中、产量最多、品质最好、商品量最大的区域，被林业部列为特种经济林水蜜桃名特优商品基地。

### 【梨】

县域是上海重点产梨区之一，以"菊水""二宫白""秋蜜""新世纪""翠冠"等为主要品种。1982年，年产量达到 1.24 万吨。1985 年，全县种植面积 542.5 公顷，产量 1.05 万吨。

### 【柑橘】

1979 年后，在大治河河道南岸重点发展柑橘生产，同时在新场、三墩、大团、横沔等地亦有少量柑橘种植。1985 年，全县柑橘种植面积达 183.1 公顷，年产量 589.7 吨。

## 四、蔬菜和食用菌

### 【蔬菜】

1978 年后，农民科学种菜，不断改进栽培技术。1985 年，全县蔬菜种植面积扩大到 5 276.7 公顷，产量 93 173.85 吨。1988 年起，县实施上海市"菜篮子工程"，扩大蔬菜种植面积，建成康桥、下沙、航头、航头商城、宣桥、新场、三灶、祝桥等 8 个市级蔬菜种植区，市属常年菜田 1 398.93 公顷。1999 年，县"菜篮子工程"被纳入上海市食用农产品安全行动计划，为市场提供"放心菜"。

### 【食用菌】

50 年代末，县域开始生产食用菌，主要品种有蘑菇、草菇、金针菇、香菇、秀珍菇、杏鲍菇、平菇等。80 年代，食用菌成为南汇县重要出口创汇产品。县域蘑菇生产集中在书院、万祥、泥城、下沙、航头等地，草菇生产则主要在宣桥、三墩等地。20 世纪末，区域内有多家食用菌生产经营企业相继成立，食用菌生产由分散经营开始向规模经营转变，"企业＋基地＋农户"的新经济组织模式基本形成。

# 第三节　乡（镇）村工业

1978 年后，县域社队工业得到快速发展。1981 年后，县社队工业产值连续 5 年列为上海市郊区第一名。

## 一、工业规模

1978 年始,县域社队工业进入全面发展的新阶段。全县社办工厂 177 家、队办工厂 349 家,职工 7.32 万人,工业总产值 2.24 亿元,利润总额 5 445 万元,缴纳税金(含所得税)2 143 万元,占全县财政收入的 19%。是年,南汇县创办全国第一家国营和集体联营企业友谊毛纺厂,固定资产投资 877 万元,生产规模为 2 000 锭毛纺锭,曾连续 10 年为全县十大企业之一。之后,六灶公社果园大队的沪汇日用化学品包装材料厂,老港公社上海市服装进出口公司老港联营厂,周浦公社上海周浦织布厂、周浦电池联营厂,彭镇公社上海大孚橡胶厂南汇轮胎厂,东海公社东海服装一厂、二厂和华东服装厂,横沔公社外贸联合纸箱厂、绣衣联营厂,下沙公社联营木螺钉一厂、二厂,上海新庄轧钢厂,瓦屑公社上海外贸瓦屑包装袋厂、联营西服厂等一大批联营企业成为县内重点骨干企业。

1984 年实行政社分设,人民公社改设为乡镇后,乡(镇)村两级工业总产值 8.88 亿元,相当于 1978 年社队工业总产值的 4 倍。1990 年,乡(镇)村企业依靠科技进步,优化行业结构,乡(镇)村两级集体工业完成总产值 33.5 亿元(其中外贸出口产品产值 10.5 亿元),占全县工业总产值 82%;利润总额 1.95 亿元,上缴国家税金 1.73 亿元,占全县财政收入 48%。全县有企业 1 518 家,比 1978 年的 526 家增长 1.9 倍;全员劳动生产率 14 317 元,比 1978 年的 3 022 元增长 3.7 倍。同时,大力开展横向经济联合,发展联营企业。全县有联营企业 227 家,占全县工业企业总数的 7.4%,联营工业产值年递增 45%,联营企业产值占全县工业总产值的 34%。加快外向型经济发展,全县有外贸出口生产加工企业 202 家,出口产品交货值突破 10 亿元,外贸出口产品产值占全县工业总产值的 25%,外贸出口规模在全国 2 000 多个县(市)中居第三位。之后,县域逐步形成服装、化工、纺织、电器、交通设备、金属制品、机械、有色金属压延加工、食品、塑料十大行业。

## 二、行业门类

县域乡(镇)村工业行业产值占比 1% 以上的门类有 19 种,主要行业有 8 种。

**【纺织业】**

纺织业是县域传统工业行业。1973 年形成行业规模。1980 年,国集联营企业大治河毛纺厂和友谊毛纺厂建成投产。1985 年底,全县纺织企业 88 家,产值 2.77 亿元,占乡村工业总产值的 24%。1986—1990 年,纺织业进行设备改造和技术更新,促进行业配套,形成棉纺、毛纺、捻线、漂染、棉织、丝织、毛织、针织和线带等门类。15 家棉织厂年产棉布 1 亿多米,细布、平绒等产品出口。1990 年,乡村纺织企业有 143 家,职工 3.87 万人,固定资产原值 2.18 亿元;产值 5.26 亿元,占县乡(镇)村工业总产值的 19%,占市郊全行业总产值的 15%;年出口产值 3.01 亿元,利润总额 3 079 万元,缴纳税金 2 786 万元,分别占县乡(镇)村工业总数的 21%、16% 和 16%。

**【服装业】**

县域服装业起步于 50 年代中后期。1980 年,县内第一家服装联营厂上海服装一厂一分厂建立。是年,社办服装厂增至 20 家,年产值 1 955 万元。1980 年后,各乡(镇)追加资金,县内规模大、设备新的缝纫厂数量增多。1985年,祝桥、瓦屑等乡村村有缝纫厂,全县有乡村缝纫企业142家,产值1.2亿元,利润1 609万元,分别占全县乡村工业总数的10%和15%。"七五"期间,缝纫企业规模扩大,固定资产原值平均额增至112万元。1990年,全县有缝纫企业110家(联营企业39家),固定资产原值1.24亿元,年产值4.93亿元,占全县乡(镇)村工业总产值的18%,占郊县同行业总产值的19%;利润总额4 332万元,占全县乡(镇)村工业利润总额的23%,居县各行业之首;出口产品产值占行业总产值的94%,居各行业第一。产品品种有夹克衫、时装、丝绸服装、绣衣等,年产服装3 000万件。"方块袜"被市农机工业局评为优质产品,获"全国十年改革民用产品精英大赛"大奖;"牡丹"牌女绣衣被评为上海市优质产品。

## 【机械工业】

70年代,县接纳城市工业扩散项目,率先扩展千斤顶、木螺钉生产业务。1980年,全县有社办机械企业45家,产值7 517万元。1980年后继续扩大工业产品生产业务,行业规模随之扩大。1985年,全行业有企业128家,职工2.42万人,年产值1.87亿元。1990年,全行业有企业236家,职工3.17万人,总产值2.91亿元,固定资产原值2.05亿元。主要产品有干炼机、硫化机、采煤机、染色机、千斤顶、引风机、空压泵、减速器、改装汽车、阀门、标准紧固件、木螺钉和各种机械零部件等,其中"珠峰"牌QY16T油压千斤顶被评为市优质产品、农业部优质产品,"钻石"牌木螺钉获出口产品品质优良证书,"火箭"牌木螺钉评为市农机工业局优良产品。

## 【金属制品业】

70年代后,县内陆续建立社办电镀厂,行业规模逐渐形成,但厂点多、品种多、产品小、档次低。80年代初,阀门厂、镀锌铁丝厂和各类五金厂相继建立,行业开始向专业化方向发展。1988年建成上海浦江缆索厂,为建设南浦大桥提供1 464吨钢索,为天津、江苏等地重点工程提供配套器材。1990年,金属制品业门类包括金属结构、工具、金属丝绳、建筑五金等。铜铁水嘴、花色钳子等为常年出口产品;纺织工业用"打结刀"年产量占全国总用量的70%以上。是年,全行业有企业217家,职工2.43万人,固定资产原值1.35亿元,分别占乡村工业总数的16%、12%和11%;工业总产值2.36亿元,比1985年增长81%,平均每年递增13%;行业产值占全县乡(镇)村工业总产值的8%,占市郊乡(镇)村工业行业总产值的10%。

## 【有色金属冶炼及压延加工业】

1985年,全县有行业企业9家,其中乡办企业3家;产值2 674万元。"七五"期间,周浦、宣桥、六灶等乡相继建立铜材、铝材等压延加工企业。周浦乡还兴建由6个乡村联合经营的企业有色金属冶炼总厂(1991年改名为金属制品专业公司)。有色金属冶炼及压延加工业成为县乡(镇)村工业新兴的骨干行业。主要门类有色金属合金、有色金属压延加工和再生料冶炼。产品"铝硅铁""苔形铝"等炼钢用脱氧剂产品作为宝山钢铁总厂定点产品,年产量7 000多吨。1990年,全行业有乡(镇)村办企业19家,其中联营企业8家,固定资产原值3 411万元,行业总产值1.59亿元,比1985年增长4倍,平均每年递增43%。

## 【电气机械及器材制造业】

1985年,全县有行业企业58家,其中乡办企业12家;年产值6 723万元,成为骨干行业之一。

"七五"期间,品种增加,档次提高。品种有电动加煤机、微型电机、电配箱、电度表、变压器、镇流器、电动保护器、漆包线、电线电缆、电热器、电池、霓虹灯、日光灯、书写台灯、装饰灯、汽车灯和矿灯等。芦潮港机械厂生产的"磁座钻",年出口 1 000 余台。1990 年,全行业有企业 64 家、职工 8 432 人,固定资产原值 3 956 万元,行业工业总产值 1.51 亿元,占全县乡(镇)村工业总产值的 5%,比 1985 年增长 1.24 倍,平均每年递增 18%。

### 【化学工业】

1980 年,全县有行业企业 13 家,产值 995 万元,占社办工业总产值的 3%。其中三墩农化厂年产值 337 万元,占行业产值的 37%。1985 年,全县有乡(镇)村化工企业 22 家,其中村办企业 9 家;年产值 2 855 万元。"七五"期间,新产品、新品种开发步子加快,六灶乡沪汇日用化学品厂生产洗发精,年产值 4 042 万元,年利润 941 万元,分别占行业总数 28% 和 72.61%。1990 年,全县有行业企业 61 家,其中联营企业 9 家,职工 5 857 人;固定资产原值 5 468 万元,比 1985 年增长 5.6 倍,平均每年递增 46%;行业总产值 1.45 亿元,比 1985 年增长 4 倍,平均每年递增 40%。产品"不溶性硫黄"填补中国橡胶工业空白,IS-60 不溶性硫黄获全国科学大会奖。

### 【塑料制品业】

1980 年,县内有行业企业 6 家,主要为社办塑料厂,总产值 702 万元,占社办工业总产值 2%,产品多为城市电视机厂、无线电厂和打字机厂协作配套用。1985 年,行业企业增加到 56 家,年产值 6 658 万元,占乡(镇)村工业总产值的 6%。六灶家用化学品包装材料厂 1990 年产值 3 480 万元,利润 713 万元,分别占行业总数的 27% 和 41%。行业主要产品有电子、电气产品机壳、机件、装潢建材、塑料水管等。1990 年,全行业乡村企业 73 家,职工 6 998 人;固定资产原值 4 049 万元,比 1985 年增长 1.86 倍,平均每年递增 23%;行业总产值 1.31 亿元,比 1985 年增长 97%,平均每年递增 14%,占郊区乡(镇)村塑料制品业总产值的 13%。

## 第四节　县属工业

南汇县属上海远郊,工业基础较薄弱。1978 年后,县属工业迎来发展新机遇,除南汇工业局(工业总公司)工业外,还包括交通局、建设局、供销社、粮食局、建筑总公司、计量所、文化局、教育局、卫生局、爱建公司、农业局、畜牧局、水利局、华建公司、物资局等其他系统工业,性质多数为县(区)级集体所有制企业。

### 一、工业局系统

1980 年开始,县域城镇工业系统在企业内部进行体制改革。1981 年,县工业局进行局、厂之间的"利润包干"。到 1983 年实施利润包干的县办厂有 19 家。1984 年,县工业局拟定扩大企业自主权 10 条规定,扩大企业自主经营权力。1985 年,所有县办厂实行经济承包责任制。承包以利润为主要考核依据,附加考核产值、质量、成本和安全生产 4 项指标。县工业局首先在南汇化工二厂试行厂长负责制,赋予厂长生产经营的指挥权决策权、行政机构的设置权、中层干部的任免权、建议与修改企业管理制度权、奖惩权、日常问题处置权 6 项自主权。1985 年,县工业局系统工业总产值

1.96 亿元,利润 2 178.1 万元。1986 年,县工业局推出发展工业"50 条"意见,包括扩大企业自主权 10 条、改善企业内部环境 10 条、搞活供销工作 10 条、鼓励科技进步 10 条、优惠外贸出口 10 条。

1987 年,县工业局全面推行厂长负责制。相继施行厂长负责制的企业单位有电工机械厂、金属丝网厂、华星灯具厂、防水涂料厂、利民锁厂、温泉保温桶厂等。与此同时,根据"所有权同经营权可以适当分开"的原则,对小型微利企业试行租赁承包经营制。是年 5 月,农具七厂首先试行租赁承包,以后又有五金七厂、南汇铁箱厂、周浦印刷厂实行租赁承包,南汇五金灯具厂则实行抵押承包。同时,县工业局淡化局直接管理职能,为政企分开创造条件。1989 年,全县工业局系统工业总产值达 2.58 亿元,比 1985 年增长 31.63%。

1989—1991 年,县工业局系统的企业开发新产品 80 类,淘汰老产品 16 类,限产产品 5 类,撤并小企业 7 家,以大企业带小企业 4 家。1991 年,县工业局工业系统共有工业企业 50 家,其中全民 4 家、集体 46 家;实现工业总产值 3.48 亿元,其中全民企业为 1.11 亿元;实现利润 1 612.6 万元,比 1990 年增长 113.2%;全年完成外贸出口产品交货值 4 672.7 万元。1989—1992 年,在极端困难情况下,县工业局系统工业总产值仍以 5% 的比例增长。

1993 年 8 月,县工业局转换为县工业总公司,从政府的行政管理机构演变成经营型经济实体。南汇县在县属工业企业中推行产权制度改革。一些工业企业的资产有偿转让给其他企业或自然人,或全产权转让或部分产权转让;一些工业企业共同入股,改组为股份制或股份合作制企业;一些经营差、效益低的工业企业相继关停并转。1997 年后,县工业总公司系统的工业生产总值总体趋势下降,开始走下坡路。2001 年撤县建区后,区工业总公司继续实施企业改制。2006 年,县属工业上缴税收只有 470 万元,实现税后利润 900 万元。

## 二、其他系统

80 年代,县校办企业发展势头良好。1987 年,全县校办工业产值 1 928.7 万元,利润 363.5 万元。1989 年,县政府出台《关于进一步发展校办工业的意见》,要求各乡镇积极扶持发展新的校办工业,县内掀起"乡办厂转制校办厂"的热潮。1993 年,全县有校办工厂 463 家,产值 1.91 亿元,利润 1 358.6 万元,分别是 1985 年的 25 倍和 8 倍。

除教育局校办工业外,县文化系统、商业系统、水利系统、交通系统、粮食系统也有一些工业企业,规模不大,产值不高,主要为行业发展提供服务。1985 年,这些系统办工业总产值 1.89 亿元,占全县工业总产值的 11.78% 左右。

# 第二章 调整经济结构

90年代,南汇县加大经济结构调整力度,一方面推动传统农业向现代农业转变;另一方面加大招商引资力度,制订工商登记、税收优惠等各类政策,为"三资"企业发展营造良好的环境和条件。一批知名企业和跨国公司先后来县域投资兴业。其间,还加大对民营经济政策扶持。1990年,私营企业开始上规模、上档次。1992年,全县私营企业数在全市区县中名列第二。2000年,《南汇县人民政府关于促进非公经济发展若干意见》出台。是年,全县私营企业有5 268户,新增注册资金17.6亿元;有个体工商户总数达12 423家,从业人员13 259人;个私经济产值65.1亿元。同时,推进城镇化建设。1991—2008年,南汇县(区)人民的居住条件得到显著改善,累计归集住房公积金12余亿元;累计为13 564户家庭办理公积金贷款手续。1996—2008年,南汇县(区)合计完成房地产投资645.58亿元,累计销售商品房1 530.35万平方米。

## 第一节 现 代 农 业

1991年起,南汇县开始发展现代农业,兴办农业旅游基地,每年举办一次"桃花节"。2001年撤县建区后,逐步实现"城郊型"农业向"都市型"现代农业转变,实现农业增效、农民增收的目标。

### 一、信息农业

1993年,县农业信息中心建立,负责农村信息的收集、分析和服务,农业信息化建设,农业网维护管理,农业信息应用培训等职能。之后,启动农业信息化建设,主要摘引报刊、杂志上的农产品供求信息,印发各乡镇农副公司和县有关部门。

2001年,南汇农业网建设列入政府实事工程,成立农业信息网建设领导小组,落实专(兼)职信息员。是年2月16日,南汇农业网(http://nh.shac.gov.cn)开通,设农业政策、农业资源、农产品标准化、品牌农产品等12个栏目,推出各类农业专业技术文章8 000余篇。至2009年4月,访问量达60万人次,提高区域农产品的知名度。

### 二、农业标准化

县(区)农业部门把加强农业标准化建设作为深化农业结构调整,发展现代农业,提升农产品质量安全水平和市场竞争力,促进农民增收的重要举措。1999年制订南汇县《西甜瓜产品标准》《西甜瓜栽培技术操作规范》两个上海地方标准。

#### 【农业标准化示范】

2001年,区成立农业标准化领导小组,并制定《关于实施南汇区农业标准化建设的若干意见》《南汇区农业标准化示范区管理办法》《南汇区农业标准化示范区建设考核办法》等相关文件。之后,区第一个市级农业标准化示范区——区西甜瓜产加销一体标准化示范区通过市级验收,区第一个国家级农业标准化示范区——南汇水蜜桃标准化示范区项目通过国家验收,国家级南汇区西甜瓜标准化示范区、阿强牌鲜鸡蛋标准化示范区实施并通过国家验收。

**【品牌培育】**
县十分重视农业品牌培育。1994 年,上海沪郊蜂业联合社"联蜂"商标正式注册,成为南汇县第一个农副产品商标。之后,"阿强"蛋品、"申凤"蜜露桃、"双月"水晶年糕、"联峰"蜂产品、"牛肚"雪菜、"绿妮"西甜瓜、"田博"西甜瓜、"一只鼎"系列产品、"大地"种苗、"汇仓"鳖制品被评为区知名品牌。2005 年,南汇水蜜桃经国家质检总局批准,列为国家地理标志保护产品。

## 三、农业产业化

1995 年,县围绕优势产业水蜜桃和西甜瓜,开展以区域布局为基础的种植业结构调整;在养殖业上构建以"三黄鸡"为基础的种养加、产供销、内外贸、农工商一体化的生产经营体系。1996 年鼓励农民发展多种形式的合作与联合,大力发展贸工农一体化,积极发展农业产业化经营。农业产业化组织发展主要有:市场带动型,即市场终端+农户;"龙头"企业牵动型,即公司+农户;生产基地启动型,即基地+农户;合作经济组织推动型,即合作社+农户;农业旅游带动型,即农业旅游景点+农户 5 种模式。县(区)先后被农业部等部门授予"中国瓜果之乡""中国青扁豆之乡""中国雪菜之乡""国家经济林产业示范区""中国水蜜桃标准化示范区"等称号。

## 四、上海南汇现代农业园区

2000 年 8 月 25 日,上海市级现代农业园区上海南汇现代农业园区成立。规划面积 16.98 平方公里,涉及惠南、老港、祝桥、万祥、泥城、大团 6 个镇的 27 个行政村;规划和功能板块包括农产品物流与交易产业区、科技研发产业区、生态休闲产业区、现代农居区、农产品加工出口产业区。园区与中国台湾农业部门达成协议,成立沪台农业研发中心;与加拿大农业部门达成协议,成立中国与加拿大农业国际研发中心、中加食品科技技术创新中心。园区通过农业产业国际化、生态化、科技化的发展,整合要素,集聚人才,流通服务,带动辐射,实现社会效益、经济效益、生态效益、科技效益四统一,带动农民共同富裕。

# 第二节 "三资"企业

80 年代起,县开始引进"三资"企业。2000 年,全县有"三资"企业 757 家,合同外资 12.69 亿美元,实际到位外资 7.33 亿美元。

## 一、发展历程

1985 年,县"三资"企业起步。最初外商投资项目以中小项目为主,航头乡工业公司、上海工艺品出口公司和日本天豪公司合资 32.26 万美元创办的佳来福鞋业有限公司,成为县第一家中外合资企业,标志着利用外资进入实质性启动阶段。年内,先后批准建立沪鸽齿科材料有限公司、上海集珍毛纺织有限公司、上海百乐毛纺织有限公司 4 家中外合资企业。年底,共创办中外合资企业 5 家,总投资额 1 078.66 万美元,其中外商投资 180.98 万美元,占 16.8%。

1988 年 7 月起,500 万美元以下的"三资"即中外合资、中外合作、外商独资企业登记注册初审工作由市工商局委托给各区、县工商局受理。1992 年,市政府对外资登记再次明责放权,将县级可审批 500 万美元以下投资项目权限扩大到 1 000 万美元以下,其中县康桥工业区的项目审批权限放大至 3 000 万美元以下,利用外资的步伐进一步加快。世界 500 强跨国公司中有 7 家落户县域。外资企业投资逐渐增多,投资额也不断扩大。注册地在坦直乡、由港商投资的上海开联制衣有限公司,成为县最早成立的外商独资企业。是年共受理"三资"企业注册登记 55 家,总投资 1.23 亿美元,注册资本 1.02 亿美元;全县"三资"企业总数为 115 家。1993 年继续增至 271 家,为 1985 年的54.2 倍。

1994—1995 年,县域投资环境进一步改善,外商不断加大投资兴业。澳大利亚 BHP 控股有限公司投资 1 800 万美元,建立布罗肯希尔建筑钢品(上海)有限公司。美国德尔福汽车系统公司投资5 500 万美元,建立上海德尔福国际蓄电池有限公司。周浦镇引进中国香港的大型现代化企业德胜联兴印铁容器有限公司,总投资 6 亿港元,6 条生产线年产易拉罐 3 亿个。1995 年,县通过网上招商、委托代理招商、专题招商、以外引外、联外引外等方式,吸引境外企业落户,受理外资企业登记 41家,其中外商独资 21 家、中外合资 9 家、中外合作 11 家;总投资 3.36 亿美元,注册资本 3.01 美元。年底共有"三资"企业 389 家。之后,逐渐成为"三资"企业投资热土,包括日本伊藤忠商事株式会社、美国通用汽车公司、法国巴黎国民银行、法国施奈德公司、日本凸版印刷公司、日本住金物产株式会社、澳大利亚 BHP 公司、英国皮尔金顿公司等世界 500 强跨国公司,促进汽车零部件加工、新型建材、精细化工、电子电器等新兴行业、支柱行业的形成与发展,并逐步形成信息产业、微电子、生物工程和医药、新材料等高新技术产业的雏形。2000 年,全县新批准外商投资企业 47 家,增资项目21 个,项目总投资 1.65 亿美元,合同外资 0.9 亿美元。项目涉及英属维尔京群岛、美国、日本等国家以及中国香港、台湾地区。年底,全县有"三资"企业 757 家,合同外资 12.69 亿美元,实际到位外资 7.33 亿美元。

## 二、重点企业

"三资"企业兴起,助力全县经济发展,具有代表性的"三资"企业有:

### 【上海纳铁福传动轴有限公司】

公司属中德合资企业,位于康沈路 900 号,前身为上海汽车传动轴厂,成立于 1988 年 9 月 1日,是中国第一家汽车零部件合资企业,向国内外汽车主机厂提供各系列传动轴配套服务。1995年 1 月,公司在康桥路 950 号建设生产基地,占地 8.4 万平方米,建筑面积 3.4 万平方米,1996 年竣工投产。中方股东由上海汽车工业(集团)总公司、国投轻机有限公司、交通银行股份有限公司上海分行组成,外方股东为德国 GKN 传动系统国际有限公司,中外股东投资各占 50%。总投资 1.87亿欧元,注册资本 8 925 万欧元。2008 年拥有资产 15.28 亿元,有职工 1 647 人,完成工业产值21.01 亿元,实现利润 3.74 亿元。

### 【上海耀皮康桥汽车玻璃有限公司】

公司由中英合资上海耀华皮尔金顿玻璃有限公司于 2002 年 8 月投资创建,位于康柳路 55 号,总投资 5.97 亿元,占地 11.6 万平方米,建筑面积 6.01 万平方米。生产各类汽车前风挡、车门、侧窗、后风挡玻璃,是国内第一家整套出口汽车玻璃的先进技术型企业。公司全面实施质量、环境、职业健康安全管理体系,通过 ISO9002、QS9000、VDA6.1、ISO/TS16949、ISO14001、OHSI8000 等体系认证,获得美国 DOT 标准、欧共体 ECE 标准及中国 3C 标准的认证。2008 年拥有资产 6.3 亿元,有职工 990 人,实现工业产值 3.86 亿元。

### 【上海宏和电子材料有限公司】

公司为中国台湾独资企业,创建于 1998 年 8 月,位于秀沿路 123 号,占地 9 万平方米,建筑面积 7.2 万平方米。注册资本 6 400 万美元,总投资 15.4 亿元。主要生产高品质电子级玻璃纤维布,为制造铜箔基板的主要原料,广泛应用于计算机、通信器材、航天仪器及其他高科技电子产品,月产量 1 200 万米。2008 年拥有资产 12.62 亿元,有职工 500 人,完成工业产值 8.18 亿元,实现利润 4 010 万元。

# 第三节  民 营 经 济

80 年代末,县域诞生第一家私营企业。90 年代建立第一个私营经济区。之后,相继出台一系列扶植民营经济政策,县域民营经济迎来发展黄金时期。

## 一、政策引导

90 年代中期,《南汇县人民政府关于促进非公经济发展若干意见》出台,部分国有工业、镇办工业、村办工业加快经营机制转换步伐,先后推行过厂长(经理)负责制、承包经营制等经营方式。之后,开始加大改革力度,或进行股份制、股份合作制改造,或进行产权改造,转让给私人经营,完成向市场经济的过渡。1996 年,全县有 80 余家企业完成产权转让。民营工业经营范围广,涉及领域宽,经营机制灵活,逐渐成为市场的生力军。

1992 年 12 月,县建立第一个私营经济区祝桥工业城。由于私营经济区有固定的招商引资人员,有一定的优惠政策,引发私营企业的发展高潮。1993 年,县确定把个体私营经济的发展作为经济新的增长点,县主要领导带领工商、税务、财政、银行等有关局、行领导到浙江省、福建省、广东省等沿海地区考察个体私营经济发展状况,结合县域的实际,研究发展战略,制定政策、措施。是年 9 月,南汇县召开民营企业工作大会,明确规定对民营企业的发展应与国有、集体企业一样看待,做到思想重视、服务到位、资金融通、依法管理,下发《南汇县人民政府关于加快发展私营经济的若干意见》。1995 年 7 月又下发《南汇县人民政府关于加快私营经济发展的若干补充意见》,要求进一步解放思想,转变观念,真正把发展私营经济作为县域发展经济的一大措施,尽快形成"五个轮子"(五种经济成分)一齐转的公平竞争机制。随着社会舆论和人们观念的转变,一些有能力的私营业主认准方向,逐步增加投资,扩大经营规模。私营企业数量逐年增长,并向有限责任公司方向发展,由此大量增加资金投入,社会效益和经济效益明显增长。

1998 年初,南汇县召开非公有制经济人士座谈会,邀请 10 名私营企业代表参加,共商民营经济发展大计。1999 年 6 月 28 日,县政府建立中小企业贷款担保中心。2000 年,《南汇县人民政府关于促进非公经济发展若干意见》出台,在经营范围、土地使用、劳动用工、人才引进、财税政策、资金借贷等方面作出规定,助推全县非公经济可持续发展。

## 二、经济规模

1988 年 12 月 16 日,上海南汇新东五金厂在县工商局注册,成为县第一家私营企业,拉开非公经济发展的序幕。1989 年,全县有 21 家私营企业注册,从事服装加工、食品、羊毛衫、五金、电器等产品的加工制造;共雇工 332 人,户平均 15.7 人;注册资金 183.43 万元,户均 8.73 万元,其中最多1 户 39.3 万元。

1990 年,县个体私营经济在零售商业、饮食、服务业充分发挥其拾遗补缺的功能。全年共发展个体工商户 772 家,其中商业零售 493 家、饮食业 137 家、修理及其他 142 家,年底,全县有个体工商户总数为 8 260 家,从业人员 13 361 人。新场工艺品厂、南汇通达电器厂等私营企业开始上规模、上档次,年产值达到 100 万元以上。1992 年,全县私营企业数在全市区县中名列第二,仅次于松江县。1999 年,私营企业发展到 3 247 家,个体工商户发展到 10 698 家,拉动全县工业经济增幅13.7 个百分点。2000 年,私营企业有 5 268 家,比 1999 年增加 1 977 家;新增注册资金 17.6 亿元;从业人员 63 592 人,比 1999 年增加 26 143 人;个体工商户总数达 12 423 家,从业人员 13 259 人;整个民营经济产值 65.1 亿元;缴纳税金 3.05 亿元,比 1999 年增加 1.52 亿元。

2001 年撤县建区后,民营经济进一步发展,成为拉动经济增长的重要动力。区内一批具有发展潜力的私营企业中路实业、华东制药、华露置业、泰苑房产、万德体育呈现集团规模型经营,成为发展经济的主力军。

# 第三章 推进城镇化

90年代初,县委、县政府根据上海市道路总体布局规划,确定以"沿路、沿海、沿线"为主的"三沿"开发思路,把建设干线公路作为县域公路网络建设的重点。同时,主动接受浦东开发开放辐射,相继建立康桥工业区、南汇工业园区;各乡镇先后辟建坦直工业区、宣桥工业区、周浦繁荣工业区等33个工业园区。2004年整合为"1+3+3+X"的发展模式,"1"为临港新城产业区,前一个"3"为康桥工业区、南汇工业园区、上海国际医学园区,后一个"3"为祝桥空港工业区、老港工业区、大麦湾工业区,"X"为若干都市型产业区。其间,开始兴起都市旅游业。

## 第一节 公路、航道建设

90年代,南汇县开展公路新建、改建和扩建工程,同时加强市郊航道、区内航道管理和维护。

### 一、公路

县域公路建设起步于社场公路建设。1956—1974年配合农业合作化,先后修建公路9条,总长80.93公里。1975—1984年为社场公路建设的高潮阶段,合计兴筑社场公路10条、支线9条,工程质量全部合格。1985—1992年为社场公路建设的后续时期,又新建公路5条。

1992年,全县公路里程在全市郊县位列第二,但缺乏二级公路及以上的高等级公路,道路和桥梁荷载等级偏低、车道狭窄、路网结构不合理,出现行车速度慢、机非混行等现象,滞后于城镇化建设进程。1993年6月,市长黄菊在现场办公时指出:"南汇县一定要花大力气,把公路修好,筑路是今后三年的重头戏,要下决心,走自己的路。"县委、县政府根据上海市道路总体布局规划,确定以"沿路、沿海、沿线"为主的"三沿"开发思路,筹措资金,把建设干线公路作为县域公路网络建设的重点。

至2000年底,新建、改建南芦公路,长26.24公里;扩建、改建川南奉公路惠南镇—浦东新区界段,长9.38公里;新建拱极路,长4.6公里;南六公路沪南公路—S20(外环高速)段改建延伸成二级公路,长12.94公里;新建亭大公路南汇段,长1.47公里;新建远东大道南汇段,长10.18公里;新建大叶公路南汇段,长1.09公里;新建S20(外环高速)南汇段,长9.7公里;改建上南路沪南公路到百曲桥段,长2.18公里;新建杨高南路南汇段,长1.51公里。

2001年撤县建区后,公路建设投入不断加大,开始建设干线公路网络,包括"二横四纵"高速公路、"三横五纵"省道干线和"四横五纵"区道干线;新建白玉兰大道森林公园至郊环高速段,长19.95公里;在原远东大道、亭大公路的基础上改建成A30(郊环高速)公路,2007年命名为G1501(上海绕城高速),长22.7公里;新建人民西路南六公路至听潮路段,长2.64公里;新建A30(郊环高速)—大叶公路段,长7.93公里;新建南团公路沪南公路摇荡湾桥至宣黄公路段,长2.05公里;新建宣黄公路东川南奉公路至城西路段,长2.59公里;新建改建周祝公路申江公路至沪南公路段,长6.82公里;川南奉公路北段改道工程,长8.77公里;新建拱为路,长615米;新建听潮路,长560米。

2008年,全区建成高速公路62公里、一级公路8公里、二级公路279公里、三级公路188公里、四级公路235公里;有各类公路桥梁21.35公里、660座(不包括高速公路和临港新城桥梁),其中单跨大于等于40米、多跨大于100米的大桥有20余座。

## 二、航道

南汇地区水网发达,既为内河航运提供运输之便,又为农业提供灌溉之利,成为促进经济发展的"动脉"。2006年,南汇区有市郊航道4条、区内航道26条,通航里程269.14公里。其中市级干线航道大治河航道,西起黄浦江,东至东海,全长38.1公里,横贯闵行、南汇区,是上海解放后人工开挖规模最大的航道,于1977年11月破土开挖,1979年1月底全线竣工。航道沿线有桥梁21座、跨河架空缆线30根、水下缆线1根和船套闸1座。河面宽度大于103米,最低水位时水深3.3米以上,全线可通行300吨级船队,与黄浦江、浦东运河沟通,为上海市300吨级航道环线的重要航段。区级骨干航道有惠新港航道(曾名卫星港),境内全程15.6公里,通航等级6级;浦东运河航道,境内全程19.3公里,通航等级6级;咸塘港航道,境内全程17.8公里,通航等级6级。此外还有芦潮港、团芦港、石皮泐港、五尺沟等区级航道20余条。

1998年6月按照市政府提出的"大力开展航道整治改善生态环境"的要求,县内全面整治航道。围绕"使全县骨干航道面洁、岸清、底深、有绿和建设优美水环境"的奋斗目标,经过3年多时间的努力,清除大量杂草垃圾,绿化栽树26万株,拆违动迁面积1.35万平方米,新建防护墙9766米,先后建设浦东运河、一灶港、人民港、随塘河、大治河等8条段样板河,总长12.9公里。一灶港、泥城人民港段在2000年被授予上海市优秀样板河段称号。浦东运河祝桥段拓宽工程1.5公里,成为县级样板河。经上海市考核评定,南汇县3年航道整治和水环境建设分获一、二等奖。

撤县建区后,南汇区加大航道维护投入。2001年完成浦东运河祝桥段景观航道,新建驳岸1.5公里。2002—2004年,惠南镇城河段、咸塘港下沙段、团芦港海关段、惠新港新场段、盐船港横泐段等瓶颈航段实施紧急疏浚,疏浚土方5.2万余立方米。2006年,团芦港全线、浦东运河局部、二灶港局部航段实施疏浚;六灶港整治3315.9米,内容包括建造护岸、绿化工程、防汛通道、疏浚航道;咸塘港综合整治,内容包括建造护岸、疏浚航道。

2007年第三次港口普查,区域内共有各类河道2943条,其中市管河道2条、区管河道30条、镇管河道283条、村管河道577条、其他河道2051条。河道总长2944公里,水域面积58.71平方公里。全区有等级航道26条,通航里程270公里。其中市管航道有大治河和浦东运河2条,通航里程35.04公里;区管航道24条,通航里程234.96公里。

# 第二节　住宅建设

2001年撤县建区后,城市化建设进程进一步提速。在大开发、大建设中,有大批农村居民迁出旧宅,离开土地,成为新市民;还有大批市区的动迁居民被安置到区域居住。市、区、镇各级政府和开发建设单位开辟动迁安置基地,建设动迁安置住宅小区,区域配套商品房建设规模越来越大,质量越来越好。其中周康航(周浦、康桥、航头)拓展基地是市政府规划定点在区内的大型居住社区,按"四高"标准即高起点规划、高水平设计、高质量施工、高标准管理,2004年启动建设。2008年,康桥基地建成秀康新城,共有7个住宅小区,建筑总面积97万平方米;周浦基地建成桃园新城,有9

个住宅小区,建筑总面积107万平方米,其中2个小区位于航头基地。区级配套商品房也严格按照"四高"标准建设,其中祝桥镇千汇苑、宣桥镇欣松苑、欣梅苑、欣兰苑等配套商品房住宅小区被评为市"四高"优秀住宅小区,祝桥镇千汇苑同时获得市优秀住宅金奖;汤巷中心村、绿地临港家园、绿地东岸涟城等住宅小区则分别获得上海优秀住宅单项奖。

全区人民的居住条件不断改善。1991—2008年累计归集住房公积金12余亿元,累计为13 564户家庭办理公积金贷款手续。1996—2008年,累计完成房地产投资645.58亿元,其中商品房投资606.63亿元,占总投资94%;累计销售商品房1 530.35万平方米。

## 一、普通住宅小区

普通住宅小区从1982年建设荡湾新村开始,2008年已经多达数十处,规模、质量、面貌、功能都发生巨大的变化。特别是在临港新城开发和大基地建设中,南汇出现数十万、上百万平方米建筑面积的大型住宅小区。其中具有代表性的有:

### 【听潮新村】

位于惠南镇老城区西首,东起城西路,南临卫星河,西到听潮路,北至拱极路,由听潮一村、二村、四村、五村、六村和零一、零二街坊组成,住宅建筑52万平方米,房型以4层~6层混合结构楼房为主。其中,听潮一村位于人民西路、城西路北首,于1984年开工,1988年建成,以公房为主,建筑面积6.24万平方米,入住居民831户;听潮二村位于人民西路、通济路北首,占地7.4公顷,于1991年开工,1994年建成,以私建公助房为主,有私建公助房476套、公房154套,建筑面积6.49万平方米,入住户数620户;听潮四村位于西门路,占地5.6公顷,于1993年开工,1996年建成,以商品房为主,兼有少量公房,建筑面积6.5万平方米;听潮五村位于西门路、城西路,占地10公顷,为多层商品房住宅小区,于1994年开工,1998年建成,建筑面积9.62万平方米;听潮六村位于西门路121弄,占地11.3公顷,为多层商品房住宅小区,于1994年开工,2001年建成,建筑面积11.43万平方米,有住宅1 318套;零一、零二街坊为多层动迁安置房小区,占地14公顷,建筑面积12万平方米。

### 【东城花苑】

位于惠南镇东城区,东至政海路,南至人民东路,西至靖海路,北至拱极路,为东城区开发中较早建成的多层商品房住宅小区,包括东城一村、二村两个区域,占地21.21公顷,建筑面积27.21万平方米。其中东城一村占地12.45公顷,于2000年开工建设,建筑面积15.65万平方米,配套绿化面积5.82万平方米,绿化覆盖率46.7%;东城二村占地8.76公顷,于2001年开工建设,建筑面积11.56万平方米,配套绿化面积3.2万平方米,绿化覆盖率36.5%。

### 【印象春城】

位于周浦镇商业主街年家浜东路129弄,为集多层建筑、高层建筑和联排别墅为一体的高品位新型住宅区。小区东至周园路,与周浦公园毗邻;南至年家浜路,可沿年家浜路直至万达广场;西至周东路镇区;北至关岳路。于2007年起滚动开发,规划共建多层、高层住宅40.65万平方米、联排别墅7.04万平方米,配套建造商铺9.13万平方米,合计建筑总面积56.82万平方米,入住户数3 015户。2009年被评为市节能省地型"四高"优秀小区,获得市优秀住宅金奖。

**【艺泰安邦】**

位于宣桥镇段南六公路 399 弄,为上海刚泰置业有限公司投资开发的综合型住宅区,占地 40 公顷,主要建造高层、小高层住宅,配套建设多功能会所、商业中心、艺术博览中心、文化休闲广场等综合设施,建筑面积 56 万平方米,可容纳居民 4 000 户。至 2008 年,建成住宅 10.4 万平方米,并配套建成商铺、会所、休闲广场、博览中心等设施。小区将艺术与安居有机结合,营造在艺术之地居住的风雅氛围,整体建成后,将成为一个富有特色的社区。

**【宜浩佳园】**

位于临港新城主城区竹柏路,由上海临港新城投资建设有限公司开发建设,为临港新城主城区首批建成的配套商品住宅之一,共建造多层建筑 195 幢、小高层建筑 16 幢,建筑总面积 62.19 万平方米,其中住宅 48.28 万平方米,有住宅 5 574 套。于 2007 年开工,2009 年建成交房。整个小区分为竹柏路 100 弄、111 弄、333 弄、366 弄 4 个组团,为临港新城开发创业者的宜居家园。

## 二、别墅小区

城市化进程加快,吸引一批上海市属和外省市高资质房产开发企业入驻,开发建设一批品质较高的别墅区,其中较有代表性的为绿宝园、康桥半岛等。别墅区大都有独立别墅、联排别墅、高层住宅、小高层住宅,可供经济条件不同的业主自由选择。

**【绿宝园】**

位于康桥镇段沪南公路西侧、秀沿路南侧,占地 45 公顷,1999—2008 年滚动开发,建筑面积 48 万平方米。其中住宅建筑已建成具有北美风情的低密度独栋别墅、豪华别墅、联排别墅 195 幢,配套建设 2 个豪华会所、1 个国际学校、1 座篮球馆、1 个多功能厅,还有办公楼、物业管理楼及商铺等。房源主要出售、租赁给外资企业高级管理人员、外商及国内外实业家居住,为区域品位较高的涉外别墅住宅小区,房屋租、售率达 100%。2005—2007 年被连续评为"中国十大豪宅"之一。

**【康桥半岛】**

位于康桥镇段 A20(外环高速)南侧,东至周园路,南至秀浦路,西临咸塘港,项目占地 158.6 公顷,规划建造以新独院住宅为主体的特色住宅 120 万平方米,户数 5 851 户。1999—2008 年已开发 5 期房产,共建成新独院住宅、独立别墅及多层、小高层住宅 89 万平方米。其中南加州园、夏威夷家园、半岛豪庭、迈阿密水岸、半岛新城等楼盘受购房者欢迎,分别创造沪上热销楼盘新纪录。

**【枫丹白露别墅区】**

位于宣桥镇段南六公路 188 号,由凯迪集团和上海东银产业投资发展有限公司开发建设。项目占地 27.8 公顷,规划建造别墅 193 幢,其中独栋别墅 118 幢、联排别墅 75 幢,配套建设豪华会所、地下车库、商业街等,建筑总面积 10.26 万平方米。2000—2002 年完成一期、二期工程,建造低密度独栋别墅 78 幢,同时建成会所、车库、商业街等配套设施,建筑面积 5.71 万平方米。2003—2009 年开发三期工程,用地 12.9 公顷,建造低密度独栋别墅 40 幢、联排别墅 75 幢,建筑面积 4.55 万平方米。

## 【建德南郊别墅区】

位于宣桥镇段南六公路 578 号,原为上海中华民族大观园园址,于 2000 年拍卖,由上海建德企业发展有限公司改营房地产,2002 年建造建德南郊别墅。占地 74.5 公顷,率先开发土地 43 公顷,建造独栋别墅 400 幢,建筑面积 8 万平方米。属混合型别墅小区,房型兼容欧洲、北美、澳洲等风格特色,还有适合 3 口之家居住的小型别墅,在使用面积、购房总价上可供消费者自由选择。小区内部配套建有中央花园、乡村俱乐部、高尔夫练习场等,每幢别墅配有大面积私家花园。小区绿化覆盖率达 70%。

### 三、农民新村

进入新世纪,大批农民住房完成动拆迁,移地建成一批农民新村,农民居住条件得到很大改善。较有代表性的农民新村有汤巷中心村、鹤鸣新村。

## 【汤巷中心村】

位于康桥镇汤巷村(原横沔镇汤巷村),为上海市农民动迁安置房示范中心村之一,规划用地 32.4 公顷,由同济大学设计院负责规划设计,由 4 个动迁农民自建房小区和康桥新苑组成,主要安置上海城市 A20(外环高速)建设等重点工程、康桥工业区开发等项目中的动迁户。于 1998 年 6 月开工建设,2008 年先后建成动迁农民自建的独栋 2 层楼房(俗称农民别墅)452 幢、4 层~5 层公寓式住宅楼 25 幢,建筑总面积 14 万平方米,其中住宅面积 11.2 万平方米。配套建设绿化面积 12.2 万平方米,绿化覆盖率为 35%。内部公建配套设施有图书室、卫生室、宴会厅、超市、市民健身广场、社区活动中心等,还有老年活动室、健身房、乒乓室、舞蹈房、民乐室等文体活动用房。

## 【鹤鸣新村】

位于航头镇鹤鸣村,东至沪南公路,南至航三公路,西至航鹤路,北至下沙中学围墙,与鹤鸣二村毗邻,成为有分有合的一个住宅小区。主要为由航头镇统一规划的动迁农民安置,占地 6.54 公顷,于 2000 年开工建设,2005 年建成,有独栋农民住宅 166 幢,建筑面积 3.91 万平方米,道路、绿化等配套设施齐全,还建有专为小区服务的社区活动中心。

# 第三节 经 济 园 区

90 年代初,南汇县利用周西、横沔地区区位优势,辟建康桥工业区。1994 年 8 月成立上海南汇工业园区。1992—2002 年,各乡镇先后辟建坦直、宣桥、周浦繁荣、船头大麦湾、六灶鹿园、三灶等 33 个工业园区。2003 年为优化产业布局和产业结构,出台《关于推进南汇工业小区整合的实施意见》,将全区 33 个工业园区整合为 1 个市级工业区即上海浦东康桥工业区,9 个区级园区即南汇工业园区、祝桥空港工业区、大麦湾工业区、繁荣工业区、鹿园工业区、老港化工区、新场工业区、大团工业区和宣桥三灶工业区,确定"1+9"工业园区的规划面积和主导产业,制定各工业区的形态规划和产业规划。

2004 年,区政府把"1+9"工业区整合为"1+3+3+X"的发展模式,即"1"为临港新城产业区,前一个"3"为康桥工业区、南汇工业园区、上海国际医学园区,后一个"3"为祝桥空港工业区、老港工业区、大麦湾工业区,"X"为若干都市型产业区。年底,康桥工业区、南汇工业园区、上海国际医学园区被定为市级工业区,祝桥空港工业区、老港工业区、大麦湾工业区被定为区级工业区。2006年,祝桥空港工业区、老港工业区被提升为市级工业区。

2008年,康桥工业区先进制造技术专业孵化基地、创研智造生产研发基地、医谷现代商务园等7个生产性服务业集聚区雏形初现,实现总产值594.77亿元,占全区工业总产值的47.57%;出口创汇33.09亿美元,占全区出口创汇总额的65.92%。工业向园区集中的目标基本实现。

## 一、上海浦东康桥工业区

简称康桥工业区,创建于1992年5月,地处黄浦江东岸,位于区域西北端康桥镇境域的A20(外环高速)南北两侧,为南汇、浦东、闵行3区接合部。最初辖区面积约8平方公里,1994年扩至26.88平方公里。1994年8月被批准为上海市级工业区。至2008年累计引进外资企业389家,总投资45.41亿美元;共引进内资企业2 446家,总投资156.63亿元;累计固定资产投入430.18亿元,其中工业固定资产投入236.88亿元。2008年被市开发区协会、市商标协会评为"上海市品牌建设优秀园区"。

1992—2008年,工业区市政基础设施和公建配套设施建设共投资35亿元,建成道路10余条,全长46.7公里;建成220千伏变电站1座、35千伏变电站3座、35千伏开关站1座;建成日供水量5万立方米水厂1座;建成2家邮政支局、2家具有万门程控电话交换设备的电信支局;建成市污水二期(南线)工程,日纳管排量为5万立方米。同期,建造别墅和独院住宅2 630座,建筑面积44.92万平方米;建造公寓式楼房4 754套,建筑面积36.89万平方米。区内设幼儿园5所、小学6所、中学6所及上海申花足球训练中心暨申花足球学校和民办上海建桥学院、医院1所、文化活动中心1个。

2000年之前,工业区外来投资企业不多,产业结构与乡镇工业时期类似,主要有电气、机械、建材、服装、轻工等行业,产品附加值较低,技术含量不足。1995年,工业区完成工业总产值18.8亿元。至1998年累计引进工业项目460个,总投资144.6亿元,其中"三资"工业项目211个,总投资14亿美元。2000年完成工业总产值89.1亿元,年均增长36.5%,工业区已形成汽车组装与配件、电子电器、新型建材、医药保健四大支柱产业。美国通用和福特汽车公司、英国皮尔金顿公司、法国施耐德集团、阿尔斯通公司、德国豪迈集团、大众公司、澳大利亚BHP公司等世界著名跨国公司和中国台湾宏仁集团相继落户康桥。中国一汽、东风汽车集团、中国有色金属总公司等国内大型企业和浙江、安徽等省的一批大型民营企业也在康桥投资置业。

2001—2005年,工业区外资企业不断落户,逐渐形成新的支柱产业和主要产业,有电子电气、造纸、机械、新型建材等。主要产品有电器、汽车零部件、数控机床、建筑钢品、玻璃等。2001年,工业产值105亿元,增加值28.5亿元,上缴税收4.55亿元,分别占全区总量的比重为1/3、1/5、1/4。2002年,工业区引进外资项目50个,总投资4.1亿美元,其中今芯盛半导体、华源光纤及863信息安全3个大项目,总投资7 000万美元。上海汉威康桥电线电缆有限公司年内投入3 700万元,是年实现销售收入3 000万元,创利税600万元,被区认定为特色行业的特色企业。瑞士德特威勒电缆系统(上海)有限公司正式投产,项目总投资2 500万美元,注册资本1 000万美元,主要生产具有国际标准品质的电线电缆、光纤、通讯部件及研制LAN系统。经过10年开发,500多个工业项目落户康桥工业区,协议总投资144亿元。2005年,英国杰西博工程机械(上海)有限公司开工。是年,工业区完成工业总产值 209.4 亿元。

2006—2008 年,工业区的主导产业群基本形成。有以昌硕科技(上海)有限公司、恭硕科技(上海)有限公司、威宏电子(上海)有限公司为代表的电子信息产业,有以延锋江森座椅有限公司、上海纳铁福传动轴有限公司为代表的汽车及零部件产业,有以施耐德配电电器有限公司为代表的电器及线缆制造产业,有以中隆纸业和杰西博工程机械为代表的造纸及机械制造产业,有以美特斯·邦威为代表的服装产业和以夏特装饰材料为代表的新型建材产业。科技含量高、适销对路的产品产量迅速增加,新产品不断涌现,主要产品有笔记本电脑、电脑芯片、关键性半导体元器件、电子元件、通讯电缆、汽车零配件、电机、蓄电池。

2008 年,工业区实现工业总产值 594.77 亿元,其中电子信息产业产值 271.181 亿元、汽车及零部件行业产值 117.5 亿元、电器及线缆制造行业产值 55.29 亿元、造纸及机械制造产业产值 33.74 亿元、服装产业产值 46.15 亿元、新型建材产业产值 15.86 亿元,占工业区工业总产值的 90.7%;上缴税收 41.92 亿元;出口创汇 33.09 亿美元。康桥先进制造技术专业孵化基地、创研智造生产研发基地、医谷现代商务园等 7 个生产性服务业集聚区雏形初现。

## 二、上海南汇工业园区

成立于 1994 年 8 月,前身为上海浦东南沙工业园区,系县级工业开发区,2006 年被批准为市级工业开发区,并确立光电子产业和装备制造产业两个主导产业。园区位于县城惠南镇西南部,规划面积 9.6 平方公里,2004 年调整为 28 平方公里,西起 A2(沪卢高速)和六奉公路,北抵惠新港,东至西乐路,南达区界和东大公路。以大治河为界,分为北区和南区,北区 13 平方公里、南区 15 平方公里。区内基础设施不断完善,投资 5 亿元,建设南园路、园中路、汇成路等,共 5.82 公里;建成 35 千伏变电站 1 座;建成日供水 5 万立方米的增压泵站 1 座;建成 5 万门电话程控交换局;建成排污管道系统,日排放量为 15 万立方米;与道路建设同步,埋设天然气管道。

1995—2000 年,园区内食品、轻纺、五金机械及高档住宅等产业初露端倪。园区经济平均每年以 50% 的速度递增。但这一时期外来投资企业不多,乡镇工业所占比例较大,工业产业结构仍与乡镇工业时期类似,主要工业产业有电器、机械、服装等,产品附加值较低,技术含量不足。

2001—2005 年,园区外资企业、内资投产企业日益增多,形成新的支柱产业和主要产业,有机械、服装、汽车零部件、食品等。2001 年完成工业总产值 6.57 亿元,上缴税金 0.98 亿元。2002 年,园区分为工业、物流、旅游、公建 4 个功能区;引进项目 34 个,其中内资项目投资 8.9 亿元,外资项目投资 9272.9 万美元;引进注册企业 256 家,注册资金 5 亿元,税收 1.2 亿元。2003 年,上海财经大学电子有限公司、华东理工大学华昌聚合物有限公司等 6 个首批高校科技项目入驻;印尼金锋集团不锈钢制品项目落户,项目一期投资 8000 万美元,注册资本 4000 万美元。2005 年,园区完成工业总产值 30.3 亿元。

2006—2008 年,园区调整产业招引导向,把着力点转移到两大主导产业上来,重点导入一批光显示、光储存、光通信等光电方面的生产企业,重点发展船舶、汽车等相关制造产业,引进罗尔斯·罗伊斯、安特、法莱奥等一批技术含量高、能源消耗低的优质项目,促进装备制造业产业能级的提升。规划 11.38 平方公里的光电产业基地,投入 25 亿元资金用于基础设施建设。2008 年,园区吸引注册企业 135 家,注册资本 4.5 亿元;完成工业总产值 59.10 亿元,税收 5.43 亿元。

### 三、上海国际医学园区

成立于2003年4月,位于南汇区周浦镇周祝公路303号,东临申江路,南依外环线,西靠A3(沪奉高速),北缘周邓公路,占地39.67公顷,建筑面积57万平方米,总投资16亿元。园区属新型综合性医学园,以中外合资国际医院为核心,以打造高端医疗服务平台为目标,以国际化、现代化、多元化为导向,集"医、教、研、产"为一体,分为国际医院区、医学院校区、医疗器械产业区、国际康复区、医学研发区和国际商务区6个功能区。

2008年,园区实现规模以上工业总产值14.4亿元,完成工业固定资产投资4.26亿元,财政收入8 588万元,获上海首批服务外包专业园区、上海南汇留学生创业园、市首批生产性服务业集聚区等称号。园区将"医谷现代商务园""留学生创业园""时代医创园"标准厂房整合,获批上海市生产性服务业功能区,成为全市生产性服务业19个功能区之一。"医谷现代商务园"入驻德赛公司等企业16家,"留学生创业园"签约引进留学生企业6家,"时代创业园"22幢房屋结构封顶,启动营销宣传和招商引资工作。

### 四、上海浦东空港工业区

成立于2000年3月,为上海市级工业区,坐拥国际航空枢纽港浦东国际机场,南依洋山深水港,距临港新城、洋山保税区25公里,G1501(上海绕城高速)公路、S32(机场高速)公路、新川南奉公路、规划中的沪通铁路和连接海港、空港的两港大道贯穿整个工业区。工业区规划面积9.44平方公里,以G1501(上海绕城高速)公路为界,形成西侧的主制造业区和东侧的航空物流区,其中航空物流区规划面积4.34平方公里,包括综合保税区0.55平方公里、物流区1.68平方公里和物流仓储区2.11平方公里。区内主要企业有上海森松化工成套装备有限公司、上海欧利生东邦涂料有限公司、赫比(上海)精密冲压模具制品有限公司、上海阀特流体控制阀门有限公司、上海航新航宇机械技术有限公司。2008年,工业区完成工业总产值51亿元,税收2.6亿元;完成工业固定资产投入8.1亿元;引进合同外资3 517万美元,实际到位2 614万美元。

## 第四节　都 市 旅 游

1991年,首次举办"南汇桃花节"活动。之后,不断加大招商引资力度,开发都市旅游,建设滨海旅游经济带和南六公路旅游经济带。1999年,上海桃苑度假中心与南汇县彭镇彭六村联手,推出以"两人世界,三口之家"为主的系列"农家乐"活动。2001年3月22日在彭镇彭六村举行"农家乐定点户"授牌仪式,首批发展10家基础条件较好的农户,利用南汇知名农副产品的影响力,开展品(西瓜、甜瓜)、游(蔬菜基地、花卉基地)、玩(滨海高尔夫球场)、乐(农艺节目)、憩(桃苑)等旅游活动,并在夏季利用南汇海滩资源,推出赶海、踏浪、捉螃蟹、拾贝壳活动。

2001年,滨海旅游经济带(滨海旅游度假区)开发、开业的旅游用地为420公顷,各类旅游项目投资总额5.79亿元,建成黄金海滨度假村、浦东射击俱乐部、滨海桃源、海港赛车俱乐部、滨海高尔夫、滨海森林公园、宫霄度假村等。是年,区内旅游企业接待游客63.47万人次,直接旅游收入1.11亿元。

**2007 年，南汇区的豪布斯卡（浦东新区志办提供）**

南六公路旅游经济带（三灶旅游度假区）开发的旅游用地为 280 公顷，投资总额为 3.8 亿元，建成全国第一家野生动物园——上海野生动物园。2001 年，区内旅游企业（主要是野生动物园）接待游客 110 万人次，营业收入 6 247 万元，其中门票收入 5 488 万元。

2002 年起，南汇区进一步调整和优化旅游业结构，南汇桃花节晋升为市级旅游节庆——上海桃花节。"五一""十一"等假日旅游经济发展迅速，"农家乐"逐渐兴盛起来。2003 年起随着上海鲜花港的开业和洋山国际深水港、东海大桥和上海临港新城的开工建设，区域旅游业开始向东南部转移，看花、观海、港城桥一日游逐渐火爆起来。2008 年，全区旅游业接待人数 304 万人次，实现旅游总收入 3.57 亿元，分别比 2007 年增长 26% 和 8%。

## 一、上海桃花节

县域桃园面积达 2 666.67 公顷（4 万余亩），是华东平原地区最大的"桃源"。借助浦东新区的开发，利用人们渴望回归自然的心态和潜在的人文需求，1991 年成功举办第一届南汇桃花节，成为推动社会经济发展和招商引资的媒介，发展旅游业的尝试。桃花节以桃花、梨花、菜花等自然风光的观赏为中心，糅合民俗风情、民间文艺，以乡野消闲、传统农艺、品尝特色小吃、特色工艺产品展销等多种休闲购物活动为旅游形式，为居住在闹市里的人们营造一个休闲娱乐、踏青赏花的佳境。

2002 年，南汇桃花节升格为上海桃花节，成为真正意义上的市级旅游节庆。桃花节除开展踏青赏花、游览观光外，还设港城建设与南汇旅游业发展论坛、大学生桃源欢乐周、全国卡丁车锦标赛、高尔夫邀请赛、百架钢琴演奏会等主题活动近 20 项。桃花节期间，全区主要旅游景点接待游客

55余万人次,直接营业收入1 200万元;星级饭店平均客房出租率80%,双休日更是达到100%。

2008年,上海桃花节以"和谐新南汇,都市桃花源"为主题,推出"踏青赏花、主题观光、美食购物、奥运健身、文化休闲"五大游园线路,全区各旅游景点和主题活动吸引游客70余万人次,总收入达4 200余万元。

在实践中,桃花节成功地实现从"官办"到"民办"的转轨,形成"政府搭台、企业唱戏,文化搭台、经贸唱戏,节庆搭台、第三产业唱戏"的新机制。至2008年,连续举办18届桃花节,而且规模越来越大,档次越来越高,影响越来越广;节庆时间从2天延长到20天,游客从2 000多人次增加到65万人次,旅游景点从3个发展到20多个。

## 二、旅游景点

### 【新场古镇】

古称"石笋里",素有"十三牌楼九环龙,小小新场赛苏州"之誉,牌坊和拱桥是当地两大特色。镇内有市、区级文化保护单位37处;有100余户明清古宅院,其中最具代表性的是奚家厅和张厅;留存石驳岸6 000多米,其中1 500多米建于民国之前,最早的可以追溯到元代;有马鞍型水桥20余座,桥岸建筑考究,水桥系舟石刻有精细的暗八仙、如意图形。

### 【上海鲜花港】

位于东海之滨,北邻国际航空港,南邻洋山深水港,2002年9月开业,是以花农培训、花卉种植、新品展示、新品研发、种苗出口为主的现代农业示范园区,也是全国农业旅游示范点、上海市科普教育基地。规划面积10平方公里,核心区规模面积1平方公里,主要由自控温室生产区、花卉新品种展示区、教育研发推广区、配套服务区四部分构成。其中花卉新品展示区是游客春赏郁金香、夏赏荷、秋赏菊的景点,农科专家称之是一个为农民、市民服务的都市型农业经营新模式。

### 【上海野生动物园】

是市政府和林业部合作建设的国家级野生动物园、AAAAA级旅游景点之一。园区投资3亿多元,占地153.33公顷,于1995年11月18日正式对外开放。汇集着世界各地具有代表性的动物和珍稀动物200余种、上万余头。其中有来自国外的长颈鹿、斑马、白犀牛、猎豹等,也有中国的一级保护动物大熊猫、金丝猴、华南虎、亚洲象等。整个园区分为车行和步行两大参观区,由食草动物放养区、食肉动物放养区、散养动物区、火烈鸟区、水禽湖、百鸟园、动物幼儿园、宠物猴园、珍稀动物圈养区、动物表演场、海狮表演场等景点组成。在车行区,有长颈鹿、大象、猎豹、东北虎等珍稀动物;在步行区,有袋鼠、梅花鹿、节尾狐猴、金刚鹦鹉等众多温顺的动物。设有大型的动物表演场、动物竞技场、海狮表演馆等场所,每天上演人熊摔跤、老虎骑马、斗狗、斗马、百人群兽同台共舞等广场表演。

### 【滨海高尔夫俱乐部】

位于东海之滨、大治河南岸,由中国香港新地集团投资兴建,澳大利亚专家彼得·汤姆逊设计。规划占地353公顷,其中球场面积250公顷、酒店面积5公顷、绿化面积约60公顷,总投资1.2亿美元。由18洞仙湖球场、18洞海滨球场、18洞森林球场组成。首期18洞仙湖球场于2000年7月建成开打。除球场外,俱乐部还设有高级会所、独立的包厢式高尔夫练习场。

2008 年,临港湿地(浦东新区志办提供)

### 【滨海森林公园】

位于区域东南部,1999 年 7 月破土动工,先期投入 6 000 万元,完成第一、二期土方工程和第一期 66.67 公顷绿化工程及部分道路配套工程建设。2001 年 5 月 9 日,滨海森林公园与香港亿源集团达成协议,将 333.3 公顷整体无偿转让其投资管理、经营开发。森林公园于 2003 年春季试开园。规划面积 360 公顷,其中森林 252 公顷,占 70%;河湖 90 公顷,占 25%;建筑、道路、停车场 18 公顷,占 5%,投资额 3.2 亿元。公园有森林浴疗区、健身游乐区、森林生态住宅示范区、百果园区、科技宣教区、沼生植物区、湿地生态保护区、水上迷宫、森林仙湖区、滨海观光区。

### 【城北桃源民俗村】

位于惠南镇城北村,处在 53.3 公顷桃林之中,1993 年被辟为旅游景点,一直是上海桃花节的传统赏花点。占地 26.67 公顷,人工湖泊 6.67 公顷,投入资金约 500 万元。景点有:展示浦东蓝印花布历史和制作过程的"蓝布坊",展示浦东民间文化艺术的"乡土广场",展示浦东农村小吃的"大佬倌小吃街""老八样饭店",还有"孟姜祠"、桃源农家、古戏台等 10 余个分景点。村内柴门竹篱、小桥流水、阡陌纵横,设有踩水车、赶牛车、撒网捕鱼、织布推磨等项目供游人体验农家生活。

# 第四章　建设临港新城

上海临港新城位于上海市东南部,是洋山深水港的陆域腹地和主要的集疏运基地,是依托集装箱国际深水枢纽港、国际航空枢纽港以及国家级现代化装备制造业园区,充分体现 21 世纪上海建设水平的综合型滨海新城。临港新城包括主城区和泥城、书院、万祥、芦潮港 4 个分城区,规划面积 298 平方公里,总人口 80 万人。主城区规划面积 74.1 平方公里,人口约 45 万人。一期城市规划用地面积约 22 平方公里,初步形成生活环境优美、交通便利、布局合理的现代化滨海城区,为洋山深水港及临港产业区等做好陆域配套及生活配套服务。

根据上海地区装备制造业东移的发展战略,市委、市政府决定在南汇区东南部的泥城和芦潮港地区辟建重装备产业区,其中临港产业区面积约为 200 平方公里,有重装备产业区、国际物流园区、综合产业区等。其中重装备产业区占地 65 平方公里,主要发展重型设备、汽车整车及零部件、轨道交通等先进装备类制造业,充分体现"临港制造、卓越制造"的先进理念。2008 年,上海电气、沪东重机、上汽 30 万辆轿车、核电成套起重运输设备项目均已先后落户产业区,部分项目已建成并投入生产,成为区域未来经济的新的增长点。临港新城开工建设以来,习近平、胡锦涛等先后视察临港新城,对临港产业发展成绩给予充分肯定。

2009 年,上海临港新城夜景(浦东新区志办提供)

## 第一节　新城主城区

上海临港新城总体规划最终形成于 2004 年,源于海港新城规划。2002 年 6 月,上海临港新城主城区一期工程开始建设。2008 年,主城区城市功能形态建设取得阶段性成果。

### 一、规划

作为洋山国际深水港的陆上配套工程,海港新城规划工作于 2001 年 8 月启动,由市城市规划管理局主持编制，最终选用德国 GMP 公司的"一滴水方案"。2003 年 11 月 30 日，海港新城正式定名为上海临港新城主城区，并随着上海装备工业产业区选址南汇区，在海港新城规划的基础上，结合产业布局，重新编制，2004 年 1 月形成《临港新城总体规划》。

根据《总体规划》，临港新城主城区将是一个生态型、信息化、现代港口、产业发达、具有国际通行制度、凸显海洋文化特征、有着独特风貌的滨海园林城区。在城区中央布置规则的圆形、直径 2.5 公里、面积约 5.56 平方公里的滴水湖，是主城区最具代表性的城市景观中心和生态调节中心。以滴水湖为中心向外扩展，形成 4 个功能环带。一环带：城市生活中心带，功能属办公、商业、居住及休闲娱乐区，是新城集中的生活中心，设置行政办公、商业金融、文化娱乐、步行购物街区及高档公寓住宅等综合功能建筑群。二环带：城市公园带，功能属城市公园及公共设施区，有环形的水系及小型人工湖，与滴水湖相通；由放射状的城市主要道路分割为 6 个占地 75 公顷左右的绿地；环状公园内散落布置城市级行政办公和社会公共服务设施，东南区域布置高档点式景观住宅区，建筑布置面向大海。三环带：居住功能带，布置 18 个"城市岛"居住小区，以罗盘射线方向围绕城市中心布置在东、南、西、北的各个方向上；每一个"城市岛"设计为占地约 720 米×720 米或 720 米×810 米的标准居住社区，居住人口约 1.3 万人；每个"城市岛"内均安排独立的社区服务设施；"城市岛"之间是大型楔形绿地，犹如城市的"绿肺"。四环带：居住区的延伸带，设置 6 个"城市岛"居住区，"城市岛"之间是大型结构绿地，在结构绿地中适量低密度地布置高级中学和若干地区级公共服务设施。临港新城主城区远期规划至 2020 年，总面积 74.1 平方公里，人口约 45 万人。一期城市规划用地面积约 22 平方公里，初步形成生活环境优美、交通便利、布局合理的现代化滨海城区，为洋山深水港及临港产业区等做好陆域配套及生活配套服务。

## 二、基础设施

2002 年 6 月，临港新城主城区一期工程开始建设，至 2008 年底，临港产业区和主城区主要开展城市功能形态建设，包括开挖滴水湖，铺设各类道路、桥梁，建设水系工程、市政配套工程、综合交通工程、景观工程等，投资硬件环境明显改善，累计投资超过 200 亿元。其间，洋山深水港区暨保税港区开港，临港新城主城区建设达到"港开、桥通、城用"的一期建设目标，上海海事大学、上海海洋大学、上海中学东校、上海第六人民医院东院、中国（上海）航海博物馆等一批教育、医疗、旅游机构开始迁入和建设。2008 年 10 月，区政府迁入临港办公中心。

**【陆域吹填】**
临港新城主城区 74 平方公里的城用地，全赖"人工填海"而成。港城第一阶段吹填工程（+2 米高程裸吹）于 2002 年 9 月 19 日开工，由上海航道局、武汉航道局、海南龙湾港疏浚工程有限公司 3 个施工单位按设计要求组织施工，2003 年 5 月 10 日竣工。完成吹填合同工程量 1 052.62 万立方米，吹填区域 3a、3b、4、5、6、7 号库区的滩地标高达到设计要求的 +2 米标高，为港城第二阶段围堤工程的实施创造良好的条件。是年 5 月 25 日，港城二阶段吹填工程开工，施工单位为海南龙湾港疏浚工程有限公司。围堤工程主要为 4、5、6、7 号库区以及第二阶段围堤工程堤身用土的吹填，要求吹填至 +4 米设计标高。

**【滴水湖开挖】**
滴水湖是在区域尚未成陆的海滩上填海造陆开挖的人工湖，呈圆形，直径为 2.5 公里，面积为

5.56平方公里。2002年6月26日开工,2003年10月6日基本完工,累计开挖土方1780多万立方米。沿湖为平均80米宽的风景带,以绿化建设为主。湖中有三岛:北岛占地约23.5万平方米,西岛占地约6万平方米,南岛占地约14万平方米,规划建设各类休闲娱乐设施。

**【海塘兴筑】**

为保证临港新城免受台风和海水大潮侵袭,2002年4月起,上海市深水港工程建设指挥部港城分指挥部开始加固世纪塘,新建东滩五期大堤、东滩四期大堤、港城大堤、临港大堤,使区域海岸、海塘连成一线。大治河以南41公里长的一线海塘,达到能防御"200年一遇"高潮位加12级台风正面袭击的防御标准。

**【道路修筑】**

2002年10月起,各路建设大军汇集到港城建设工地。2003年12月,临港新城首条市政道路(环湖大道)开工建设。2008年,临港新城完成环湖一路、环湖西二路、环湖西三路、护城环路4条环路,完成临港大道、申港大道、海港大道、两港大道和花柏路、铃兰路、杞青路等城市支路及一批供电、供水、通信设施等市政基础工程建设。2010年完成芦潮港铁路中心站及20公里浦东铁路、芦潮港车客渡码头等建设;完成市政道路162公里,其中城市快速路31公里、城市主干路25公里、城市次干路26公里、城市支路80公里。主城区一期市政道路有14条,其中包括"四环三射"城市主干道和14条道路,总长48.8公里,合计面积171.28万平方米。

**【东海大桥建设】**

东海大桥工程是上海国际航运中心洋山深水港区一期工程的重要配套工程,为洋山深水港区集装箱陆路集疏运和供水、供电、通信等需求提供服务。东海大桥全线可分为约2.3公里的陆上段、海堤至大乌龟岛之间约25.5公里的海上段、大乌龟至小洋山岛之间约3.5公里的港桥连接段,总长约为31公里。2005年5月建成通车。大桥宽31.5米,分上、下行双幅桥面,双向六车道,设计时速每小时80公里。大桥全线按高速公路标准设计,设计基准期为100年。大桥的最大主航通孔,离海面净高达40米,相当于10层楼高,可满足万吨级货轮的通航要求。

# 第二节 临港产业区

2004年起,临港产业区规划和建设起步,至2008年累计完成固定资产投资172.13亿元,发电及输变电设备、大型船舶关键件、海洋工程装备、汽车整车及零部件、大型工程机械制造五大装备产业初具规模,现代航运物流、保税展示与贸易、服务贸易与服务外包等现代服务业框架基本形成,"临港制造"品牌效应开始显现。是年,临港产业区总产值140.68亿元,其中装备园区的项目产值最高,达76.95亿元。

## 一、规划

2002年夏,市政府有关部门提出在南汇区与空港、海港相邻地区规划一处具有一定规模的产业园区,暂名为滨江综合产业园区,后更名为临港综合经济开发区,产业定位是以迎接国际产业转移为契机,以提升国家装备业核心竞争能力为目的,形成集先进制造、成套总装、研发创新、职业教育、出口加工和现代物流于一体的中国规模最大、水平最高的综合性装备制造业基地。

2003 年 2 月,《上海市政府工作报告》中提出,建设临港综合经济开发区是上海新一轮优化产业布局的重要举措,要按照起点高、规模大、模式新的要求推进建设,成为高新技术产业、现代装备制造业和出口加工的新型产业基地。2003 年 3 月在《上海临港综合经济开发区规划选址与布局建议》(送审稿)中,第一次明确提出与届时的海港新城形成整体发展的设想,临港新城的发展规模和空间范围初步形成。4—7 月,市城市规划管理局组织市城市规划设计研究院开展上海市临港开发区规划设计条件研究。2004 年 1 月,《临港新城总体规划》明确:临港新城产业将以现代装备制造业为核心,主产业区是上海现代装备制造业基地的主体部分,综合区是以城市生态建设和高科技产业为主的综合功能区,重装备产业区和物流园区是上海现代装备制造业基地的重要组成部分。临港新城要在满足上海国际航运中心洋山港区的重要配套功能的前提下,由主产业区、综合区、重装备产业区和物流园区共同构成上海现代装备制造业基地的功能,物流园区要结合海关关检建设,保留建设自由贸易区、出口加工区的可能。重装备园区、综合区和物流园区共约 15 平方公里。2008 年 11 月,《上海临港物流园区奉贤分区总体规划》获批。

## 二、建设

临港地区产业发展的基础条件相对较差,产业基础、社会配套几乎为零。2004 年起,临港产业区开始建设,坚持体现国家战略、上海优势、国际竞争力的发展战略,以装备制造业、自主创新、产业集聚为主,瞄准"高端制造""极端制造""自主制造",努力填补国家在事关国计民生与核心利益领域中的关键技术、关键装备的空白,实现自主创新和技术突破,引领中国重点装备产业快速发展,培育战略性新兴产业。

**【新能源装备产业】**

临港新能源装备产业重点引进核电、风电、燃气发电等电站设备以及大型输变电设备制造企业,其中在核电领域覆盖核岛、核电堆内构件和控制机构、核电主泵、核电环岛设备、汽轮机和发电机组等完整产业链。

2005 年 7 月 9 日—2008 年 7 月,上海电气临港重型装备制造基地一期工程开工建设。包括电气集团的重型装备制造基地和大型船用曲轴项目,投资 32 亿元。上海电气集团与临港集团签订《深化战略合作协议》,签订上海电气集团临港重型机械、船用曲轴、低速磁悬浮交通试验线 3 个项目的前期土地开发及配套协议。2007 年 8 月,上海电气电站设备有限公司成立,上海电气电站临港工厂投产;9 月,上海电气临港重装备基地码头工程竣工验收。之后,上海电气集团投资的特高压输变电设备制造基地开工建设;上海电气集团风电设备临港制造基地一期暨上海电气风电临港试验风场开工建设,并举行 2 兆瓦风力发电机组下线仪式。2008 年 7 月,上海电气临港重装备基地生产的 60 万千瓦蒸汽发生器下线,发运秦山核电站二期扩建工程;上海电气临港核电制造基地二期工程开工建设。2009 年 5 月,西门子风电及新能源产业项目开工奠基仪式在临港产业区举行。至此,以上海电气集团、西门子集团、阿尔斯通集团、ABB 集团等知名企业为代表的临港电气装备基地已具规模,成为全国最大、最先进、成套最全的新能源装备制造基地,是全国乃至世界规模最大、能力最完整的核电装备制造基地,具备制造全球最大风电机舱、最长风电叶片的能力。

**【汽车整车及零部件产业】**

临港汽车整车及零部件产业重点引进汽车整车设计与制造、发动机制造与维修、汽车零部件制造等相关企业。2007年，上汽集团旗下的上海幸福摩托车配件经销公司、联众汽车配件（上海）有限公司、申冈汽配件公司先后入驻，为形成"荣威"整车零配件分拨基地奠定坚实的基础。2008年5月，上海汽车股份有限公司在临港基地开发自主品牌新产品乘用车以及发动机产品。9月，上汽集团自主品牌"荣威"550轿车在临港基地下线。2010年，完全自主知识产权的上汽荣威550、名爵6、名爵3及KV4/KV6系列发动机实现量产。

**【船舶关键件制造产业】**

临港船舶关键件制造产业主要集聚发动机、曲轴等船舶动力核心零部件与关键件研制。2005年7月—2008年底，中国船舶工业集团公司（简称中船）临港船用柴油机生产基地开工建设。其间，上海瓦锡兰齐耀柴油机有限公司开业；上海外高桥造船有限公司与临港集团签订《海洋工程及大型船舶配套基地项目投资意向书》，总投资32亿人民币；中船三井柴油机临港产业区制造基地正式启动，上海中船三井造船柴油机有限公司7K90MC－C6型柴油机总装试生产，并向德国船东——REEDEREI HAMBURGER LLOYD公司提交建造的CMD－MAN8K98MC柴油机；中船临港船用大功率柴油机生产基地码头竣工；沪东中华造船集团联合沪东重机公司投资的沪临重工基地一期建成投产；上海船舶工艺研究所投资的上海中船临港船舶装备有限公司临港项目一期开工建设；临港基地诞生世界最大缸径980毫米低速大功率柴油机以及与之匹配的980船用曲轴，并具备制造缸径1080毫米柴油机的能力；批量制造世界最先进、全国首制的低能耗、低排放、高效率的电控智能柴油机（10S90ME－C9.2型）。

**【海洋工程装备制造产业】**

海洋工程装备产业是为海洋资源开发及国防建设提供技术装备的现代综合性产业。临港海洋工程基地汇聚一批如外高桥船厂、天合石油、上海中曼石油装备有限公司等从事海洋工程、钻井研制、深井钻采工具和油田专用设备研制的大型企业。基地具备年产2座自升式钻井平台、2座半潜式钻井平台、50多个船用上层模块的能力，其中半潜式平台是双井架、全智能钻井，最大作业水深为3000米，属于第六代海上深水钻井平台，代表着钻井平台的世界先进水平。基地已开工建造世界高端的JU2000E型自升式钻井平台，最大钻井作业深度为9150米。

2007年10月，上海外高桥造船海洋工程有限公司成立。2008年4月，中船上海临港海洋工程基地开工建设，位于临港产业区沧海路，占地103.53公顷，总建筑面积为28.05万平方米。按照"一次规划，总体协调，完整配套，分步实施，滚动发展"的建设方针实施，主要生产船舶分段、上层建筑、海工产品及特种小船等产品。

**【大型工程机械制造产业】**

工程机械产业是装备工业的重要组成部分，主要生产土石方施工工程、路面建设与养护、流动式起重装卸作业和各种建筑工程所需的综合性机械化施工工程所必需的机械装备。临港工程机械产业基地位于临港奉贤园区，汇集上海三一重机股份有限公司、三一重型机器有限公司（原上海三一精机有限公司）、科尼港机临港生产基地、卡哥特科工业（中国）有限公司等一批有代表性的工程机械企业。三一重工自主研制的200吨级、履带式、全液压SY2000挖掘机填补国内工程机械行业的空白,代表世界一流技术水平;最大起吊能力为 1 180 吨的 SCC118000 履带式起重机是亚洲第一。临港已成为全国最大、最先进的挖掘机制造基地之一,全国最先进的精密机床制造基地之一。2009 年 12 月,三一集团临港产业基地在临港产业区奉贤园区开工建设。

**【物流产业】**

临港物流园区依托洋山保税港区,大力推进保税物流和非保税物流的联动发展。由于园区运输网络便捷、配套设施完备、服务优质高效,马士基、叶水福、DHL 敦豪、卡特彼勒、中远、中海等中外知名物流企业先后入驻。2005 年 7 月—2008 年 5 月,上海临港经济发展(集团)有限公司和卡特彼勒物流服务中国有限公司签约投资建设"卡特彼勒北亚配件中心"物流仓储设施及经营国际物流业务、第三方物流业务及增值物流服务,上海临港国际物流发展有限公司先后与新加坡叶水福集团、马士基物流公司、中海集团物流有限公司就仓储、物流等项目签约,中远集团旗下中远集运公司开工建设综合国际物流基地,中国海运集团总公司旗下上海中海洋山国际集装箱储运有限公司物流仓储项目开工建设。

表 19-4-1　南汇区(县)主要年份基本情况表

| 项　　目 | 1978 年 | 1985 年 | 1990 年 | 1995 年 | 2000 年 | 2005 年 | 2010 年 |
|---|---|---|---|---|---|---|---|
| 区域面积(平方公里) | 664.4 | 646.8 | 681.38 | 676.39 | 681.6 | 809.5 | 860.1 |
| 水域面积(平方公里) | 96 | | | | | | 93.32 |
| 年末耕地面积(公顷) | 3.60 | 3.38 | 3.15 | 2.94 | 2.75 | 2.45 | 3.31 |
| 街道(个) | 0 | 0 | 0 | 0 | 0 | 0 | 1 |
| 镇(个) | 4 | 4 | 6 | 25 | 24 | 14 | 14 |
| 乡(个) | 25(人民公社) | 26 | 25 | 0 | 0 | 0 | 0 |
| 居民委员会(个) | 25 | 39 | | 63 | 67 | 90 | |
| 村民委员会(个) | 340(生产大队) | 347 | 345 | | 339 | 189 | 183 |
| 年末户籍人口(万人) | 63.83 | 67.26 | 69.78 | 70.03 | 69.05 | 71.89 | 74.31 |
| 户数(万户) | 17.80 | 22.05 | 24.09 | 25.84 | 26.60 | 28.71 | 29.80 |
| 年末常住人口(万人) | 63.83 | 67.26 | 71.03 | 73.24 | 81.31 | 96.88 | 119.66 |
| 外来人口(万人) | | | 1.25 | 3.21 | 11.97 | 24.99 | 45.35 |
| 人口密度(人/平方公里) | 927 | 976 | 1 013 | 1 017 | 1 002 | 829 | 859 |
| 人口自然增长率(‰) | 9.12 | 4.79 | 7.11 | 0.86 | -1.17 | 1.24 | 0.70 |
| 城镇登记失业人数(人) | | 543 | 2 022 | 2 705 | 2 977 | 6 471 | 6 581 |
| 新增就业岗位数(个) | | | | | 15 349 | 37 203 | 46 351 |
| 中学(所) | 61 | 56 | 37 | 37 | 41 | 47 | 48 |
| 在校学生(人) | 62 478 | 30 088 | 31 781 | 44 096 | 37 503 | 44 277 | 33 897 |
| 小学(所) | 367 | 315 | 243 | 147 | 52 | 24 | 27 |

（续表）

| 项　　目 | 1978 年 | 1985 年 | 1990 年 | 1995 年 | 2000 年 | 2005 年 | 2010 年 |
|---|---|---|---|---|---|---|---|
| 在校学生（人） | 70 535 | 64 753 | 72 098 | 56 251 | 46 974 | 32 931 | 34 817 |
| 幼儿园（所） | | | | 36 | 36 | 86 | 71 |
| 在园幼儿（人） | 18 143 | 23 794 | | 16 297 | 13 904 | 17 507 | 16 100 |
| 图书馆、室（家） | | 31 | 31 | 26 | 25 | 15 | 15 |
| 文化馆、站（家） | | 31 | 32 | 27 | 25 | 15 | 15 |
| 影剧院、场（家） | | 27 | 27 | 27 | 25 | 25 | 25 |
| 区级医院（所） | 5 | 5 | 5 | 6 | 5 | 6 | 7 |
| 医院床位数（张） | 1 676 | 2 482 | 2 857 | 2 815 | 2 639 | 4 533 | 5 423 |
| 医疗卫生技术人员（人） | 1 835 | 2 906 | 3 234 | 2 939 | 3 503 | 4 190 | 4 898 |
| 执业医师（人） | | | | | 2 017 | 2 068 | 2 226 |
| 公共绿地面积（万平方米） | | | | 46.6 | 104 | 420.7 | 417.91 |
| 人均公共绿地面积（平方米） | | | | | 7.78 | 11.04 | 9.2 |
| 绿化覆盖率（%） | | | | | 7.6 | 30.5 | 32.0 |
| 公园（个） | | | | | | 2 | 14 |
| 农村居民家庭人均可支配收入（元） | 214 | 849 | 1 564 | 3 012 | 5 818 | 7 773 | 10 464 |
| 农村居民家庭人均消费支出（元） | | 823 | 1 109 | 2 598 | 4 588 | 6 318 | 7 465 |

表 19－4－2　南汇区（县）主要年份国民经济基本指标

| 项　　目 | 1978 年 | 1985 年 | 1990 年 | 1995 年 | 2000 年 | 2005 年 | 2010 年 |
|---|---|---|---|---|---|---|---|
| 生产总值（亿元）① | 3.46 | 10.04 | 17.85 | 53.41 | 119.75 | 274.85 | 548.03 |
| 第一产业（亿元） | 0.95 | 2.19 | 3.02 | 5.82 | 11.91 | 15.05 | 20.81 |
| 第二产业（亿元） | 2.18 | 6.20 | 10.91 | 32.67 | 65.79 | 162.39 | 298.85 |
| 工业（亿元） | | 5.34 | 9.68 | 28.30 | 57.09 | 142.50 | 271.31 |
| 第三产业（亿元） | 0.38 | 1.65 | 3.92 | 14.91 | 42.05 | 97.41 | 228.37 |
| 固定资产投资完成额（亿元） | | 1.46 | 1.63 | 28.08 | 45.73 | 328.30 | 380.18 |
| 财政收入（亿元） | 1.48 | 2.70 | 3.64 | 6.70 | 14.88 | 74.77 | 149.47 |
| 地方财政收入（亿元） | 1.10 | 2.45 | 1.26 | 3.70 | 7.85 | 37.87 | 45.61 |
| 地方财政支出（亿元） | 0.30 | 0.44 | 1.25 | 3.97 | 9.40 | 46.84 | 73.94 |

(续表)

| 项 目 | 1978 年 | 1985 年 | 1990 年 | 1995 年 | 2000 年 | 2005 年 | 2010 年 |
|---|---|---|---|---|---|---|---|
| 出口额(亿美元)[②] | | 2.00<br>(亿元) | 10.60<br>(亿元) | 46.38<br>(亿元) | 67.56<br>(亿元) | 12.27 | 50.2 |
| 外商直接投资实际到位金额(亿美元) | | | | 3.46 | 0.90 | 9.14 | 4.4 |
| 年末私营企业注册数(个) | | | 254 | 1 404 | 14 080 | 28 092 | 33 908 |
| 工业总产值(亿元) | 5.51 | 21.25 | 40.88 | 139.88 | 285.31 | 562.44 | 1 257.96 |
| 农业总产值(亿元) | 5.38 | 6.42 | 8.11 | 12.83 | 18.45 | 39.19 | 53.60 |
| 住宅竣工面积(万平方米) | | 4.04 | 2.92 | 22.30 | 41.46 | 121.10 | 334.00 |
| 社会消费品零售总额(亿元) | 2.05 | 5.21 | 9.46 | 30.29 | 51.05 | 124.71 | 225.07 |

说明：① 其中若干年为增加值；② 1985—2000 年为外贸出口拨交额。

# 附 录

# 党政机关、主要事业单位全称、简称对照表

| 全　　称 | 简　　称 |
|---|---|
| 中国共产党中央委员会 | 中共中央 |
| 中共中央政治局常务委员会 | 中共中央政治局常委会 |
| 中国共产党中央纪律检查委员会 | 中纪委 |
| 中共中央办公厅 | 中央办公厅 |
| 中华人民共和国全国人民代表大会 | 全国人大 |
| 中华人民共和国全国人民代表大会常务委员会 | 全国人大常委会 |
| 中华人民共和国国务院 | 国务院 |
| 中华人民共和国国务院办公厅 | 国务院办公厅 |
| 中华人民共和国外交部 | 外交部 |
| 中华人民共和国公安部 | 公安部 |
| 中华人民共和国国家安全部 | 安全部 |
| 中华人民共和国民政部 | 民政部 |
| 国家体育运动委员会 | 国家体委 |
| 国家体育总局 | 体育总局 |
| 中央精神文明建设指导委员会办公室 | 中央文明办 |
| 中华人民共和国国家计划委员会 | 国家计委 |
| 中华人民共和国国家发展和改革委员会 | 国家发展改革委 |
| 中华人民共和国教育部 | 教育部 |
| 中华人民共和国财政部 | 财政部 |
| 中华人民共和国建设部 | 建设部 |
| 中华人民共和国铁道部 | 铁道部 |
| 中华人民共和国交通部 | 交通部 |
| 中华人民共和国信息产业部 | 信息产业部 |
| 中华人民共和国文化部 | 文化部 |
| 中华人民共和国卫生部 | 卫生部 |
| 国家质量监督检验检疫总局 | 国家质检总局 |

（续表）

| 全　　称 | 简　　称 |
|---|---|
| 国家广播电影电视总局 | 国家广电总局 |
| **中国人民政治协商会议** | **全国政协** |
| 中国共产主义青年团中央委员会 | 共青团中央 |
| 中华全国总工会 | 全国总工会 |
| 中华全国妇女联合会 | 全国妇联 |
| 中国残疾人联合会 | 中国残联 |
| 新华通讯社 | 新华社 |
| **中国共产党上海市委员会** | **中共上海市委/上海市委** |
| 中共上海市委办公厅 | 市委办公厅 |
| 中共上海市委组织部 | 市委组织部 |
| 中共上海市委宣传部 | 市委宣传部 |
| 中共上海市委政法委员会 | 市委政法委 |
| **上海市人民代表大会** | **市人大** |
| 上海市人民代表大会常务委员会 | 市大人常委会 |
| **上海市人民政府** | **市政府** |
| 上海市人民政府办公厅 | 市政府办公厅 |
| 上海市经济委员会 | 市经委 |
| 上海市计划委员会 | 市计委 |
| 上海市发展和改革委员会 | 市发展改革委 |
| 上海市物价局 | 市物价局 |
| 上海市国有资产监督管理委员会 | 市国资委 |
| 上海市精神文明建设委员会办公室 | 市文明办 |
| 上海市人民政府侨务办公室 | 市政府侨办 |
| 上海市人民政府法制办公室 | 市政府法制办 |
| 上海市人民政府研究室 | 市政府研究室 |
| 上海金融服务办公室 | 市金融办 |
| 上海市人民政府发展研究中心 | 市政府发展研究中心 |
| 上海市教育委员会 | 市教委 |
| 上海市科学技术委员会 | 市科委 |
| 上海市信息化委员会 | 市信息委 |
| 上海市农业委员会 | 市农委 |

（续表）

| 全　　　称 | 简　　　称 |
| --- | --- |
| 上海市对外经济贸易委员会 | 市外经贸委 |
| 上海市外国投资工作委员会 | 市外资委 |
| 上海市公安局 | 市公安局 |
| 上海市医疗保险局 | 市医保局 |
| 上海市国家安全局 | 市安全局 |
| 上海市城市交通管理局 | 市交通局 |
| 上海市卫生局 | 市卫生局 |
| 上海市卫生和计划生育委员会 | 市卫计委 |
| 上海市人口和计划生育委员会 | 市人口计生委 |
| 上海市财政局 | 市财政局 |
| 上海市统计局 | 市统计局 |
| 上海市国家税务局、上海市地方税务局 | 市税务局 |
| 上海市司法局 | 市司法局 |
| 上海市人事局 | 市人事局 |
| 上海市劳动和社会保障局 | 市劳动保障局 |
| 上海市人力资源和社会保障局 | 市人社局 |
| 上海市体育运动委员会 | 市体委 |
| 上海市体育局 | 市体育局 |
| 上海市人民政府新闻办公室 | 市新闻办 |
| 上海市人民政府外事办公室 | 市政府外办 |
| 上海市人民政府合作交流办公室 | 市合作交流办 |
| 上海市旅游事业管理委员会 | 市旅游委 |
| 上海市旅游局 | 市旅游局 |
| 上海市民族和宗教事务委员会 | 市民宗委 |
| 上海市建设和管理委员会 | 市建委 |
| 上海市建设和交通委员会 | 市建交委 |
| 上海市交通运输局 | 市交通局 |
| 上海市交通委员会 | 市交通委 |
| 上海市港口管理局 | 市港口局 |
| 上海市文化局 | 市文化局 |
| 上海市文化广播影视管理局 | 市文广局 |

| 全　称 | 简　称 |
|---|---|
| 上海市工商行政管理局 | 市工商局 |
| 上海市审计局 | 市审计局 |
| 上海市档案局 | 市档案局 |
| 上海市水务局 | 市水务局 |
| 上海市新闻出版局 | 市新闻出版局 |
| 上海市版权局 | 市版权局 |
| 上海市知识产权局 | 市知识产权局 |
| 上海市城市规划管理局 | 市规划局 |
| 上海市房屋土地资源管理局 | 市房地局 |
| 上海出入境检验检疫局 | 上海检验检疫局 |
| 上海市食品药品监督管理局 | 市食药监局 |
| 上海市质量技术监督局 | 市质监局 |
| 上海市安全生产监督管理局 | 市安全生产监管局 |
| 上海市环境保护局 | 市环保局 |
| 上海市粮食局 | 市粮食局 |
| 上海市市政工程管理局 | 市市政局 |
| 上海市绿化管理局 | 市绿化局 |
| 上海市容环境卫生管理局 | 市市容环卫局 |
| 上海市农林局 | 市农林局 |
| 上海市绿化和市容管理局 | 市绿化市容局 |
| **中国人民政治协商会议上海市委员会** | **市政协** |
| 上海市总工会 | 市总工会 |
| 上海市妇女联合会 | 市妇联 |
| 中国共产主义青年团上海市委员会 | 团市委 |

注：上海市各区(县)党政机关、主要事业单位名称,比照市级机关、市级事业单位名称的简称来进行简化处理。如,"中国共产党上海市浦东新区委员会"简称为"浦东新区区委"(正文中多承前省略区县名,径称"区委");再如,"上海市静安区妇女联合会"简称为"静安区妇联"(正文中多承前省略区县名,径称"区妇联")。以上种种处理,此处不再赘述。

# 上海市 1978—2010 年推进区县
# 改革发展部分文件目录

1.《关于编制漕泾化工区总体规划设计任务书的通知》(1978 年 1 月 28 日市计委发布)

2.《关于贯彻中央对本市民族资产阶级分子被查抄财务处理意见批示精神的请示报告》(1978 年 2 月 26 日市委同意并批转)

3.《关于上海新建钢铁厂的厂址选择、建设规模和有关问题的请示报告》(1978 年 3 月 10 日国务院批准)

4.《关于上海市清查工作的情况报告》(1978 年 3 月 11 日市委上报中央)

5.《关于落实党对民族资产阶级若干政策问题的请示报告》(1978 年 8 月 24 日市委上报中央)

6.《上海市人民司法工作会议纪要》(1978 年 9 月 5 日市委批转)

7. 关于贯彻执行《中共中央批转共青团十大筹委会〈关于红卫兵问题的请示报告〉的通知》的报告(1978 年 9 月 15 日市委批转)

8.《关于发展集体所有制企业若干问题的请示报告》(1978 年 11 月 30 日市革委会批转)

9.《关于对明显冤错案件的被关押人员先行释放的请示报告》(1978 年 12 月 19 日市委批转同意)

10.《关于解决所谓"一月革命"问题的请示报告》(1978 年 12 月 21 日市委上报中央)

11.《关于贯彻执行国务院关于安置老弱病残干部和工人退休、退职的两个"暂行办法"若干具体问题的处理意见》(1979 年 1 月 5 日市劳动局发布)

12.《加强安定团结,广泛深入地开展增产节约运动》(1979 年 3 月 10 日市总工会发布)

13.《关于"五个 20 万"新产品的情况报告》(1979 年 5 月 8 日市轻工业局发布)

14.《上海城市市容、卫生管理的试行规定》(1979 年 6 月 10 日市革委会发布)

15.《关于国营企业固定资产实行有偿调拨的试行办法》(1979 年 6 月 26 日市财政局转发)

16.《上海市优质产品证书试行办法》(1979 年 9 月 5 日市政府发布)

17.《关于严防干部侵占农村社员劳动所得,用来大吃大喝、请客送礼的不正之风的通告》(1979 年 9 月 19 日市委印发)

18.《关于解决本市青少年违法犯罪问题的请示报告》(1979 年 10 月 20 日市委批转同意)

19.《上海高等学校校(院)长试行工作条例》(1980 年 1 月 4 日市政府批转)

20.《关于要求将苏州河污水治理列入国家重点基本建设项目的报告》(1980 年 2 月 23 日上海市政府和江苏省政府联合向国务院上报)

21.《关于职工升级工作的意见》(1980 年 5 月 15 日市委、市政府批转)

22.《关于搞好"三废"治理,解决工厂与居民矛盾的报告》(1980 年 6 月 4 日市委、市政府批转)

23.《关于开展发扬社会主义道德风尚宣传教育活动的意见》(1980 年 8 月 8 日市委批转)

24.《关于本市适当发展城镇个体经济的意见》(1980 年 10 月 30 日市政府批转)

25. 关于贯彻《中共中央关于印发〈进一步加强和完善农业生产责任制几个问题〉的通知》的情况报告(1980 年 11 月 20 日市农委发布)

26. 《关于改进蔬菜生产和供应工作的若干规定》（1981 年 5 月 11 日市委、市政府发布）

27. 《关于传达学习六中全会精神的通知》（1981 年 7 月 25 日市委发布）

28. 《关于加强和完善郊区农业生产责任制的意见》（1981 年 9 月 26 日市委发布）

29. 《关于进一步贯彻国务院决定在国民经济调整时期加强环境保护工作的通知》（1981 年 11 月 18 日市政府发布）

30. 《关于调整各级人民防空组织体制的通知》（1981 年 11 月 20 日市委、市革委会、上海警备区联合发布）

31. 《关于国营农场进一步试行生产责任制的意见》（1982 年 1 月 30 日中共上海市农场管理局委员会、上海市农场管理局发布）

32. 《关于深入开展"五讲四美"活动的意见》（1982 年 2 月 27 日市委发布）

33. 关于认真学习中共中央、国务院《关于打击经济领域中严重犯罪活动的决定》的通知（1982 年 4 月 15 日市委发布）

34. 《关于清理进城做工的农村劳动力若干问题的意见》（1982 年 9 月 25 日市委、市政府批转）

35. 《上海市蔬菜生产保护区暂行规定》（1982 年 10 月 14 日市政府发布）

36. 《关于检查知识分子工作的情况报告》（1982 年 12 月 22 日市委批转）

37. 《关于改革商业体制的若干规定》（1983 年 2 月 3 日市政府发布）

38. 《关于引进技术改造中小企业在上海进行扩权试点的报告》（1983 年 3 月 17 日国务院批准）

39. 《关于坚决制止党员、干部在建房分房中的歪风的通知》（1983 年 3 月 17 日市委发布）

40. 《关于全国健全企业领导制度经验交流会的情况和本市贯彻的意见》（1983 年 6 月 20 日市政府批转）

41. 《关于本市开展清理基本建设项目的请示报告》（1983 年 8 月 6 日市政府批转）

42. 《关于在工业生产中加强质量工作的若干决定（试行）》（1983 年 10 月 21 日市政府发布）

43. 《关于组织"五路大军"加强科技部门与经济部门结合的若干意见》（1984 年 4 月 24 日市科委、市经委等联合发布）

44. 《上海市出售商品住宅管理办法》（1984 年 5 月 28 日市政府批转）

45. 《上海市蔬菜工作纲要（1984—1990）（试行）》（1984 年 6 月 26 日市政府批转）

46. 《关于进一步搞活和发展街道集体企业、镇办集体企业、局办"新集体"企业和合作社的意见（试行）》（1984 年 6 月 29 日市政府批转）

47. 《关于上海郊区农业计划体制改革的意见》（1984 年 9 月 5 日市计委发布）

48. 《关于进一步扩大本市国营工业企业自主权的若干规定》（1984 年 12 月 21 日市政府批转）

49. 《关于上海经济发展战略的汇报提纲》（1985 年 2 月 8 日国务院批转）

50. 《关于上海市进一步对外开放有关问题》（1985 年 3 月 8 日国务院批复）

51. 《关于调整生猪等副食品和农村粮油价格的通知》（1985 年 4 月 9 日市政府发出）

52. 《关于扩大出口、多创外汇的几点意见》（1985 年 4 月 26 日市政府批转）

53. 《关于改进县财政管理体制的报告》（1985 年 5 月 7 日市政府批转）

54. 《关于改进区财政管理体制的报告》（1985 年 5 月 27 日市政府批转）

55. 《关于本市当前企业经济体制改革若干问题的意见》（1985 年 6 月 4 日市政府批转）

56. 《上海市工人合理流动试点办法》（1985 年 11 月 15 日市政府批转）

57.《上海市科学技术进步奖励规定》(1985 年 12 月 25 日市政府发布)

58.《上海市卫生工作改革方案》(1986 年 1 月 26 日市政府发布)

59.《关于在乡镇企业中建立"以工补农"专项资金的报告》(1986 年 3 月 10 日市政府批转)

60.《上海市进一步推动横向经济联合的试行办法》(1986 年 6 月 10 日市政府发布)

61.《关于划定上海市对外开放享受优惠待遇地区范围的通知》(1986 年 7 月 16 日市政府发布)

62.《关于本市行政性工业公司体制的改革方案》(1986 年 7 月 26 日市委办公厅、市政府办公厅转发)

63.《上海市城市总体规划方案》(1986 年 10 月 13 日国务院批复)

64.《关于贯彻〈中共中央、国务院关于加强农村基层政权建设工作的通知〉的意见》(1986 年 12 月 9 日市委、市政府批转)

65.《关于上海文化发展战略的汇报提纲》(1987 年 2 月 13 日市委、市政府发布)

66.《关于"七五"期间加强上海郊县农业的意见》(1987 年 6 月 25 日市委、市政府批转)

67.《上海市土地使用权有偿转让办法》(1987 年 11 月 29 日市政府发布)

68.《关于深化改革、扩大开放、加快上海经济向外向型转变的报告》(1988 年 2 月 21 日国务院批转)

69.《关于完善全民所有制工业企业承包经营责任制的意见》(1988 年 2 月 27 日市政府批转)

70.《关于对县实行包干上交财政管理体制的请示》(1988 年 3 月 29 日市政府批转)

71.《关于进一步扩大区、县固定资产审批权限的请示》(1988 年 4 月 12 日市政府批转)

72.《关于建设郊区副食品生产基地,改革产销管理体制的决定》(1988 年 8 月 11 日市委、市政府发布)

73.《关于印发"上海市实施'燎原计划'方案"的通知》(1989 年 3 月 20 日市教卫办、市农委等联合发布)

74.《上海市外商投资企业价格管理办法》(1989 年 6 月 12 日市政府发布)

75.《关于开发浦东的请示》(1990 年 2 月 26 日市委、市政府向中共中央、国务院上报,5 月 4 日批复原则同意)

76.《上海外资金融机构、中外合资金融机构管理办法》(1990 年 9 月 8 日国务院批准)

77.《中华人民共和国海关对进出上海外高桥保税区货物、运输工具和个人携带物品的管理办法》(1990 年 9 月 8 日国务院批准,1990 年 9 月 9 日海关总署发布)

78.《上海市证券交易管理办法》(1990 年 11 月 27 日市政府发布)

79.《上海市住房制度改革实施方案》(1991 年 3 月 2 日国务院批准)

80.《关于进一步加强干部工作的若干意见》(1991 年 3 月 11 日市委颁发)

81.《上海市文明单位建设暂行规定》(1991 年 3 月 20 日市委、市政府批转)

82.《中国共产党上海市街道工作委员会条例(试行)》(1991 年 7 月 3 日市委批转)

83.《上海市城市房屋拆迁管理实施细则》(1991 年 7 月 19 日市政府发布)

84.《上海市鼓励外地投资浦东新区的暂行办法》(1991 年 9 月 18 日发布)

85.《关于完善商业企业经营机制,推进"六自主"改革问题的通知》(1992 年市政府办公厅印发)

86.《关于向区、县简政放权的若干意见》(1992 年 5 月 15 日市政府批转)

87.《关于发展上海个体私营经济的若干政策性规定》(1992年6月13日市工商行政管理局发布)

88.《关于进一步深化改革,扩大开放,加快本市外贸发展的措施》(1992年6月30日市对外贸易工作委员会、市对外经济贸易委员会联合发布)

89.《关于发展科学技术,依靠科技进步振兴上海经济的决定》(1992年8月28日市委、市政府发布)

90.《中华人民共和国海关对进出上海浦东新区的货物、运输工具、行李物品和邮递物品的管理办法》(1992年11月1日海关总署发布)

91.《关于放开粮油购销和价格的通知》(1993年3月12日市政府发布)

92.《上海市私营企业管理办法》(1993年7月1日市劳动局发布)

93.《关于深化上海教育改革的若干意见》(1993年8月24日市委、市政府印发)

94.《关于市与区、县实行分税制财政管理体制的决定》(1994年3月5日市政府发布)

95.《本市进行现代企业制度试点若干问题的意见》(1994年10月19日市体改委、市经委等联合发布)

96.《上海市城镇私营企业养老保险办法》(1995年1月6日市政府发布)

97.《上海市城镇个体工商户及其帮工养老保险办法》(1995年1月6日市政府发布)

98.《关于本市商品房开发和销售若干问题的规定》(1995年1月17日市政府办公厅发布)

99.《上海市爱国卫生工作管理规定》(1995年8月24日市政府发布)

100.《上海市人民代表大会常务委员会关于本市区、县级乡镇人民代表大会直接选举的实施细则(修订)》(1995年8月23日上海市十届人大常委会第二十次会议通过)

101.《上海市金山—吴泾乙烯管线保护办法》(1995年11月27日市政府发布)

102.《上海市城镇环境卫生设施设置规定(修订)》(1995年11月30日市政府发布)

103.《上海市外滩风景区综合管理暂行规定》(1995年12月19日市政府发布)

104.《上海市乡镇人大工作若干规定》(1995年12月29日上海市十届人大常委会第二十四次会议通过)

105.《上海市农村社会养老金保险办法》(1996年1月15日市政府发布)

106.《上海市住房公积金条例》(1996年4月12日市政府公布)

107.《关于深化本市公费医疗制度改革实施办法》(1996年9月30日市政府公布)

108.《关于划转部分市属工业小企业的若干政策意见》(1996年10月30日市政府公布)

109.《上海市延安高架路专营管理办法》(1997年1月2日市政府发布)

110.《上海市街道办事处条例》(1997年1月15日市十届人大常委会第三十三次会议通过)

111.《上海市金山三岛海洋生态自然保护区管理办法》(1997年3月2日市政府发布)

112.《上海市农村土地整理暂行办法》(1997年10月13日市政府批转)

113.《上海市逸仙路高架和蕰川路大桥专营管理办法》(1997年10月18日市民政府发布)

114.《上海市加强高科技产业人才队伍建设的若干规定》(1997年11月21日市政府发布)

115.《上海市商业连锁企业若干规定》(1997年11月25日市政府发布)

116.《上海市危棚简屋改造地块居住房屋拆迁补偿安置试行办法》(1997年12月8日市政府发布)

117.《上海市苏州河环境综合整治管理办法》(1998年8月17日市政府发布)

118. 上海市人民政府批转市农委关于《上海市撤制村、队集体资产处置暂行办法》补充意见（1998 年 12 月 2 日市政府发布）

119. 实施《上海市街道办事处条例》的若干意见（1998 年 12 月 28 日市政府发布）

120. 《上海市村民委员会选举办法》（1999 年 6 月 1 日上海市十一届人大常委会第十次会议通过）

121. 《上海市拆除违法建筑若干规定》（1999 年 6 月 1 日上海市十一届人大常委会第十次会议通过）

122. 《上海市南京路步行街综合管理暂行规定》（1999 年 11 月 4 日市政府发布）

123. 《上海市促进张江高科技园区发展的若干规定》（2000 年 1 月 7 日市政府发布）

124. 《上海市人民代表大会常务委员会关于同意在本市进行城市管理综合执法试点工作的决定》（2000 年 7 月 13 日上海市十一届人大常委会第二十次会议通过）

125. 《上海市城市管理综合执法暂行规定》（2000 年 9 月 20 日市政府发布）

126. 《上海松江出口加工区管理暂行办法》（2000 年 10 月 19 日市政府发布）

127. 《上海市市民体育健身条例》（2000 年 12 月 15 日上海市十一届人大常委会第二十四次会议通过）

128. 上海市人民代表大会常务委员会关于撤销南汇县、奉贤县设立南汇区、奉贤区若干问题的决定（2001 年 8 月 20 日上海市十一届人大常委会第三十次会议通过）

129. 《上海市人民政府关于公布第一批取消和不再审批的行政审批事项的通知》（2001 年 10 月 25 日市政府发布）

130. 《上海市市容环境卫生管理条例》（2001 年 11 月 15 日上海市十一届人大常委会第三十三次会议通过）

131. 《上海金桥出口加工区海关监管区管理暂行办法》（2002 年 3 月 27 日市政府发布）

132. 《上海市征用集体所有土地拆迁房屋补偿安置若干规定》（2002 年 4 月 10 日市政府发布）

133. 《引进人才实行〈上海市居住证〉制度暂行规定》（2002 年 4 月 30 日市政府发布）

134. 《上海市鼓励外国跨国公司设立地区总部的暂行规定》（2002 年 7 月 20 日市政府发布）

135. 《上海市九段沙湿地自然保护区管理办法》（2003 年 10 月 15 日市政府发布）

136. 《上海市临港新城管理办法》（2003 年 12 月 28 日市政府发布）

137. 《上海市土地储备办法》（2004 年 6 月 9 日市政府发布）

138. 《上海市出口加工区管理办法》（2004 年 9 月 24 日市政府发布）

139. 《上海市产权交易市场管理办法》（2004 年 10 月 25 日市政府发布）

140. 《上海市长江口中华鲟自然保护区管理办法》（2005 年 3 月 15 日市政府发布）

141. 《上海市人民政府关于本市开展市级层面城市管理领域相对集中行政处罚权工作的决定》（2005 年 6 月 27 日市政府发布）

142. 《上海市人民政府关于贯彻落实〈国务院办公厅关于推行行政执法责任制的若干意见〉的实施意见》（2005 年 6 月 27 日市政府发布）

143. 《上海市地面沉降防治管理办法》（2006 年 8 月 24 日市政府公布）

144. 《洋山保税港区管理办法》（2006 年 10 月 24 日市政府公布）

145. 《上海市农村村民住房建设管理办法》（2007 年 5 月 26 日市政府公布）

146. 《上海市促进农业科技进步若干规定》（2007 年 10 月 10 日上海市十二届人大常委会第三

十九次会议通过）

147.《上海市生猪产品质量安全监督管理办法》（2007年12月6日市政府公布）

148.《上海市人民代表大会常务委员会关于本市促进和保障世博会筹备和举办工作的决定》（2008年6月19日上海市十三届人大常委会第四次会议通过）

149.《上海市城市生活垃圾收运处置管理办法》（2008年8月1日市政府公布）

150.《上海市长兴岛开发建设管理办法》（2008年9月23日市政府公布）

151.《上海市促进电子商务发展规定》（2008年11月26日上海市十三届人大常委会第七次会议通过）

152.《上海市门弄号管理办法》（2009年4月17日市政府公布）

153.《关于同意上海市调整部分行政区划的批复》，同意撤销上海市南汇区，将其行政区域划入上海市浦东新区（2009年4月24日国务院批复）

154.《上海市推进国际金融中心建设条例》（2009年6月25日上海市十三届人大常委会第十二次会议通过）

155.《上海市饮用水水源保护条例》（2009年12月10日上海市十三届人大常委会第十五次会议通过）

156.《上海市虹桥商务区管理办法》（2010年1月6日市政府公布）

157.《上海浦东机场综合保税区管理办法》（2010年5月28日市政府公布）

158.《上海市临港产业区管理办法》（2010年6月1日市政府公布）

159.《上海市社会治安综合治理条例》（2010年11月11日上海市十三届人大常委会第二十二次会议通过）

160.《上海市城乡规划条例》（2010年11月11日上海市十三届人大常委会第二十二次会议通过）

# 索　引

使用说明：

一、本索引采用内容分析索引法编制，除大事记外，志书中有实质检索意义的内容均予以标引，以便检索使用。

二、基于本志书的内容特性，分别编制各个区县的主题索引以及区县概述主题索引，各索引依照志书次序排列。各个主题索引内的索引词基本上按汉语拼音音序排列，具体排列方法如下：以数字开头的，排在最前面；汉字标目则按首字的音序、音调依次排列，首字相同时则以第二个字排序，依此类推。

三、索引词后面的数字，表示检索内容所在的正文页码。用表格、图片反映的内容，在索引词后面用括号注明（表）（图）字，以区别于文字索引词。

四、为反映索引词间的隶属关系，对于二级索引词，采取在上一级索引词下缩二格的形式编排，之下再按汉语拼音音序、音调排列。

## 区县概述　主题索引

# 浦东新区　主题索引

# 徐汇区　主题索引

# 长宁区　主题索引

# 普陀区　主题索引

# 闸北区　主题索引

# 虹口区　主题索引

# 杨浦区　主题索引

# 黄浦区 主题索引

# 卢湾区　主题索引

# 静安区　主题索引

# 宝山区 主题索引

# 闵行区　主题索引

# 嘉定区　主题索引

# 宝山区　主题索引

# 松江区　主题索引

# 青浦区　主题索引

# 奉贤区　主题索引

# 崇明县　主题索引

# 南汇区　主题索引

（王彦祥、张若舒、毋栋　编制）

# 编 后 记

　　《上海市志·区县简况(1978—2010)》(简称《区县简况》)是《上海市志(1978—2010)》中的一本,由上海市地方志办公室牵头,各区县地方志办公室参与,采用课题组形式组织编纂。2014年12月24日召开区县地方志工作会议,进行相关工作部署,启动编纂。2015年6月11日举行《区县简况》编纂委员会第一次全体会议,审定编纂实施方案和篇目暂定稿,重点部署资料长编收集整理、大事记编纂,确定杨浦、静安、奉贤三区为正文撰写试点区,先行一步。2016年6月8日举行《区县简况》编纂委员会第二次全体会议,听取资料长编收集整理、大事记编纂以及3个试点区正文样稿基本完成情况,全面部署各区县正文撰写和表格、照片制作的规范要求。2017年12月15日举行《区县简况》编纂委员会第三次全体会议,对志稿进行内评内审。3年中,根据编纂进程需要和编纂中出现的相关问题还召开近10次不同规模的会议进行商议和部署。2018年6月28日通过专家组评议,12月19日通过专家组审定;2019年5月9日通过市地方志办公室验收。

　　《区县简况》编纂着重解决3个问题。一是确定正文篇目构架。有一种主张,各区县篇目构架拟应横排门类,即按自然、经济、政治、社会、文化设章。从志书编纂的一般思维看,有一定的道理,但本志书较难实施。首先,各区县解放以来均已编有2本~3本志书,400万字~500万字,如要面面俱到,浓缩成几万字,极有可能是数据的堆积,必将缺乏新意;其次,区县是一个完整的小社会,样样齐全,如要横排门类,重点难以凸显,无论如何选择,总会挂一漏万;再次,各区县均以五大块设章,不仅目录基本相同,而且记述内容也无大的区别,各自特色就难以充分反映。经多次酝酿,确定以2010年上海市辖有的18个区县设篇,南汇区于2009年5月并入浦东新区,离记述下限较近,故仍单列,设为第19篇;黄浦区、卢湾区2011年6月撤二建一,为保持记述的相对完整性,可适当下延。各篇则以各区县改革发展为主线,以发展时段设章,力求从整体上清晰地反映各区县33年来的改革进程、发展脉络。这一设想,首先,比较符合上海市第二轮《上海市志》编纂的总体要求。这轮志书时段限定在1978—2010年,就是为了全面记述中共十一届三中全会以来上海改革开放和社会主义现代化建设的历程,本志书从区县层面全面记述这一历程,比较适宜。其次,分改革发展时段能较好地体现各区县的特色。从本志书看,在改革发展初期,各区县进程大致相同,略有差异,但从90年代以后,特别是进入21世纪以来,各区县改革发展千姿百态,各具特色。再次,以改革发展为主线,可以使各区县的记述突出重点。由于每篇字数有限,突出重点是必须的。中共十一届三中全会作出党的工作重心转移到以经济建设为中心的重大决策,本志书重点记述改革开放、经济发展也就成为必然。当然,政治、社会、文化的改革也在大力推进,也有较大发展,各篇也尽可能地予以记述和反映。总之,确定现有篇目构架是从本志书编纂的实际出发,从志书的整体性角度体现横排门类、竖记史实的要求。

　　二是制定大事记标准。大事记顾名思义是要选择大事、要事记述,但各区县从自身角度出发,往往不一,统一标准成为编纂大事记的重要一环。最初拟定的收入标准仅 3 条,至后扩展为 7 条,乃至 17 条。主要是以改革开放发展为主线,重点记述在各区县组织实施的全国、全市性重大项目,需有较大影响,有较高知名度,与区县发展要有相关性;尤其是区县参与的,更应选择;各区县组织实施的大事,要在全国、全市、郊区领先,需有一定的影响,或有明显的区域特色,对区县改革发展产生重大作用。与此同时,对各级领导视察、外国政要访问、区县行政变化、荣誉称号获得、科教文卫体重大活动开展,以及特大事故和特大自然灾害等方面的记述,都作出相应规定。但标准无论如何细化,也难以包罗万象,需不断商议、抉择,力求在统一标准下,既完整呈现区县全貌,又充分体现区县特色。

三是提出各项内容的编纂要求。资料长编编纂提出特别关注四方面资料,即事件的完整资料、鲜明的典型资料、区域的特色资料、前后的连贯资料,为志书编纂打下扎实基础。概述撰写提出按历史阶段从区县视角记述改革发展的进程,要突出重点,以重要事件记载刻画出改革发展脉络,其与《上海市志·总述》的最大区别在于立足区县。志首设立 3 张图,即 2017 年上海市政区图、2010年上海市政区图、1978 年上海市政区示意图,直观地反映区县行政区划的演变和所处的方位。照片设卷首照和插文照,卷首照以重大工程、区县特色区域、新旧对比、人民生活四方面直观反映志书记述的主要内容。各篇末则附该区县主要年份基本情况、主要年份国民经济基本指标表格 2 张,全面、系统反映区县 33 年来自然、经济、政治、社会、文化发展变化情况,进一步体现《区县简况》的基本要求。

《区县简况》编纂是众人合力的成果。由市、区两级地方志办公室负责人组成的编纂委员会发挥领导、决策作用;由区县地方志办公室负责正文、大事记初稿的撰写,资料照片表格的提供;由课题组编纂办公室负责方案设计、整体构思、修改定稿。具体分工如下:莫建备任总纂,马学新任副总纂,正文第五、七、十、十二、十三、十四、十五、十六、十七、十八篇由莫建备修改定稿,第一、二、三、四、六、八、九、十一、十九篇由马学新修改定稿;概述由吕志伟撰写,马学新修改定稿;大事记由莫建备、林德珍修改定稿;照片、表格由林德珍负责选定、改定,余璐协助;资料长编及志稿格式由余璐修改定稿。感谢上海市年鉴学会的王继杰、裘晓燕、沈思睿、王师师,课题组挂靠其下,做了大量的服务工作;感谢市地方志办公室市志处黄晓明、余璐、翟辉、刘雪芹和区县处的黄文雷,作为课题主管部门既悉心指导,又热情服务。当然还有不少同志在编纂进程中给予各种帮助,在此深表感谢。

《区县简况》正式出版,能给读者一些收获,我们将深感欣慰。

《区县简况》编纂办公室

2019 年 11 月 7 日

**图书在版编目(CIP)数据**

上海市志. 区县简况：1978—2010/
上海市地方志编纂委员会编. —上海：上海古籍出版社，
2019.12
ISBN 978 - 7 - 5325 - 9416 - 0

Ⅰ. ①上… Ⅱ. ①上… Ⅲ. ①上海—地方志②区(城
市)—概况—上海—1978—2010③县—概况—上海—1978—
2010 Ⅳ. ①K295.1

中国版本图书馆 CIP 数据核字(2019)第 258416 号


**责任编辑**　张祎琛
**封面设计**　严克勤

**上海市志·区县简况(1978—2010)**
上海市地方志编纂委员会　编

**出版发行**　上海古籍出版社
　　　　　　（200020　上海瑞金二路 272 号）
**印　　刷**　上海中华商务联合印刷有限公司
**开　　本**　889×1194　1/16
**印　　张**　79.25
**插　　页**　31
**字　　数**　2,077,000
**版　　次**　2019 年 12 月第 1 版
**印　　次**　2019 年 12 月第 1 次印刷
ISBN 978-7-5325-9416-0/K · 2733
**定　　价**　460.00 元